Avenarius/Hanschmann
Schulrecht

Avenarius/Hanschmann

Schulrecht

Ein Handbuch für Praxis, Rechtsprechung und Wissenschaft

von

Prof. Dr. jur. Hermann Avenarius
und Prof. Dr. jur. Felix Hanschmann

unter Mitarbeit von Merlin Eichele

9., neu bearbeitete Auflage

Carl Link

Abgeschlossen nach dem Rechtsstand vom 30. Juni 2018

Bibliographische Information der Deutschen Nationalbibliothek

Die Deutsche Nationalbibliothek verzeichnet diese Publikation in der Deutschen Nationalbibliografie; detaillierte bibliografische Daten sind im Internet über **http://d-nb.de** abrufbar.

ISBN 978-3-556-07364-3

Dr. jur. Hermann Avenarius ist Professor für öffentliches Recht und Verwaltungswissenschaft am DIPF | Leibniz-Institut für Bildungsforschung und Bildungsinformation in Frankfurt am Main. Aufgrund seiner zahlreichen Veröffentlichungen und umfangreicher Beratungstätigkeit für die Schulverwaltung ist er ein ausgewiesener Fachmann auf schulrechtlichem Gebiet.

Dr. jur. Felix Hanschmann ist Professor für öffentliches Recht an der Humboldt-Universität zu Berlin. Er vertritt dort seit 2017 den Lehrstuhl für Öffentliches Recht, insbesondere Verfassungsrecht und Rechtsphilosophie. Er hat zahlreiche Veröffentlichungen zum Schulrecht vorgelegt; so seine Habilitationsschrift zu aktuellen Herausforderungen für den staatlichen Bildungs- und Erziehungsauftrag.

www.wolterskluwer.de
www.schulverwaltung.de

Umschlagkonzeption: Martina Busch, Grafikdesign, Homburg-Kirrberg
Satz: Innodata Inc., Noida, Indien
Druck und Weiterverarbeitung: Williams Lea & Tag GmbH, München

Gedruckt auf säurefreiem, alterungsbeständigem und chlorfreiem Papier.

Vorwort

Will man die vorherrschende Tendenz in der Entwicklung des Schulrechts seit der letzten, 2010 erschienenen Auflage dieses Buchs mit einem Wort beschreiben, so ist es die herausragende Bedeutung, die der Integrationsfunktion der öffentlichen Schule zugewiesen wird. Sowohl das Bundesverfassungsgericht als auch das Bundesverwaltungsgericht sehen in der Schule die Institution, die vor allem auf den Zusammenhalt der nachwachsenden Generation in einer zunehmend pluralistischen Gesellschaft hinwirken, ein friedliches Miteinander verschiedener Kulturen, Religionen und Lebensstile anstreben soll. Daraus ergeben sich Akzentverschiebungen bei der Verwirklichung des staatlichen Bildungs- und Erziehungsauftrags. Diese Veränderungen greift die Neuauflage des Buchs auf.

Doch bezieht sich der Integrationsauftrag der öffentlichen Schule nicht allein auf ihre Rolle in einer pluralistischen Gesellschaft, sondern auch auf die gemeinsame Unterrichtung junger Menschen mit und ohne Behinderungen. Das Buch geht daher der Frage nach, wie die rechtlichen Regelungen der Bundesländer das auf der UN-Behindertenrechtskonvention beruhende Inklusionsprinzip im Schulwesen umgesetzt haben.

Das Recht der Auslandsschulen ist umfassend reformiert worden; das findet ebenso seinen Widerhall wie die Änderungen des für die Schulen relevanten Urheberrechts. Nicht zu übersehen ist die Einwirkung des Rechts der Europäischen Union auf das innerstaatliche Recht, und damit auch auf das Schulrecht. Das zeigte sich zuletzt bei der EU-Datenschutz-Grundverordnung, die neue Anforderungen für den schulischen Datenschutz mit sich bringt.

Themen, die schon in der letzten Auflage erörtert wurden, bleiben aktuell: Steuerung des Schulwesens in Richtung stärkerer Output-Orientierung, Erweiterung der Selbständigkeit der Schule, Berechtigungswesen und Leistungsbewertungen, Erziehungsmaßnahmen und Ordnungsmaßnahmen. Auch der Streit über die Dauer der gymnasialen Schulzeit (G9 versus G8) hat sich fortgesetzt, nun aber mit dem Ergebnis, dass der G9-Variante außer in den ostdeutschen Ländern der Vorzug gegeben wurde. Wie in der Vorauflage geht es auch diesmal um die Rechtsstellung des Religionsunterrichts, insonderheit des islamischen Religionsunterrichts, das Verhältnis von Religions- und Ethikunterricht, den Kopftuchstreit und seine Beilegung durch die Rechtsprechung des Bundesverfassungsgerichts, die Auseinandersetzung über die Zulässigkeit eines Schulgebets. Diese Beispiele zeigen zugleich, wie stark religiöse Fragen das Schulrecht weiterhin herausfordern.

Erstaunlich ist die Entschiedenheit, mit der das Bundesverfassungsgericht im November 2014 klargestellt hat, dass die Trägerschaft von Volksschulen (Grund- und Hauptschulen), die der Erfüllung der allgemeinen Schulpflicht dienen, zu den von Art. 28 Abs. 2 Satz 1 GG garantierten Selbstverwaltungsaufgaben selbständiger Gemeinden zählt; diese Zuordnung werde nicht dadurch in Frage gestellt, dass der Landesgesetzgeber die „Volksschulen" mit anderen Schularten zusammenlege. Nicht weniger erstaunlich ist die Tatsache, dass, sieht man von Sachsen ab, Schulgesetzgebung und Literatur über diesen Beschluss stillschweigend hinweggegangen sind. Grund genug, auf die Entscheidung näher einzugehen.

Je vielfältiger die Herausforderungen sind, die das öffentliche Schulwesen zu bewältigen hat, desto attraktiver werden Privatschulen. Auch deshalb ist dem Privatschulrecht in der Neuauflage wiederum ein eigenes Kapitel gewidmet.

Die Grobgliederung des Buchs hat sich nicht geändert. So befasst sich der Dritte Teil wie schon in der Vorauflage wiederum mit dem Lehrerrecht. Da aber immerhin ein Viertel der insgesamt 830.000 Lehrkräfte nicht verbeamtet sind, sondern als Tarifbeschäftigte in einem Arbeitsverhältnis stehen, haben es die Autoren für angemessen gehalten, den arbeitsrechtlichen Fragen in der Darstellung des Rechtsstatus der Lehrerinnen und Lehrer größeren Raum beizumessen.

Das Schulrecht ist überwiegend Landesrecht, also Recht der 16 Länder mit ihren spezifischen Traditionen und bildungspolitischen Konzepten. So drängt sich die Frage auf, ob eine länderübergreifende Darstellung überhaupt lohnt. Bei genauerer Betrachtung zeigt sich indes erneut, dass das Schulrecht alles in allem überraschend einheitlich ist. Aber auch und gerade dort, wo das jeweilige Landesrecht von der Rechtslage in anderen Bundesländern abweicht, ist eine Gesamtdarstellung nützlich; sie ermöglicht den Vergleich und hilft dadurch, die landesspezifischen Ausprägungen des Schulrechts in einem anderen Licht zu sehen und besser zu verstehen. Überdies erweist es sich im Blick auf die Rechtsverhältnisse der Bildungssysteme anderer Staaten als hilfreich, die rechtliche Ordnung des deutschen Schulwesens in seiner Gesamtheit zur Geltung zu bringen.

In der Autorenschaft hat sich eine Veränderung ergeben. Ursprünglich war vereinbart, dass Prof. Dr. Hans-Peter Füssel, der schon Mitautor der 2010 erschienenen Auflage war, das Buch von der neuen Auflage an in alleiniger Verantwortung fortführt. Zu unser beider Bedauern konnte Herr Füssel, der im Frühjahr 2014 in den Ruhestand getreten ist, diese Aufgabe am Ende doch nicht übernehmen. Daher habe ich mich entschlossen, noch einmal ans Werk zu gehen. Diese Entscheidung wurde mir dadurch erleichtert, dass Prof. Dr. Felix Hanschmann sich bereit erklärte, als Koautor an dieser Auflage mitzuwirken. Künftig wird er das Buch in eigener Regie veröffentlichen.

Die Autoren haben die Bearbeitung der 32 Kapitel unter sich aufgeteilt: Avenarius hat die Kapitel 1, 3, 5, 7, 8, 10, 11, 15, 16, 17, 19, 23, 24 und 25 sowie 27 bis 32 übernommen, Hanschmann die Kapitel 2, 4, 6, 9, 12, 13, 14, 18, 20, 21, 22 und 26. Für das Gesamtwerk tragen beide gemeinsam die Verantwortung.

Ohne die Hilfe anderer hätte das Werk nicht entstehen können. Merlin Eichele, wissenschaftlicher Mitarbeiter im Fachbereich Rechtswissenschaft der Goethe-Universität Frankfurt am Main, hat mit großer Sachkenntnis und mit dem Blick für das Wesentliche Literatur und Rechtsprechung aufbereitet, überdies das Sachregister, das Verzeichnis der abgekürzt zitierten Literatur sowie das Abkürzungsverzeichnis erstellt. Mitarbeiterinnen der Frankfurter Forschungsbibliothek des Deutschen Instituts für Internationale Pädagogische Forschung (DIPF) unter Dr. Simon Rettelbachs Leitung, insbesondere Elisa-Marie Bandlow, Juliane Eichenberg, Helen Kim und Birgit Volpert, haben zügig und effizient die benötigte Literatur beschafft. Von außerhalb des Instituts konnte Ulrich Schäfer, M.A., als vielseitig erfahrener Lektor hinzugewonnen werden; er hat sich mit Umsicht und Sorgfalt der Korrektur des Manuskripts und der Druckfahnen angenommen. Ihnen allen sei vielmals für ihre Unterstützung gedankt. An dieser Stelle sei darauf hingewiesen, dass das DIPF fortan eine neue Bezeichnung trägt: DIPF | Leibniz-Institut für Bildungsforschung und Bildungsinformation.

Ein besonderer Dank gebührt auch diesmal Gerda Sandner, der Programmleiterin des Carl Link Verlags, für ihre Beharrlichkeit und Geduld. Sie hat die verlegerischen Tugenden Glaube, Hoffnung und Liebe aufs Äußerste anspannen müssen, bis das vollständige Manuskript endlich in ihren Händen lag.

Außergewöhnliche Verdienste hat sich Dr. Renate Martini vom Informationszentrum Bildung des DIPF um die Fertigstellung dieses Buchs erworben. Ihr ist es vor allem in der Schlussphase durch geschicktes Management gelungen, die vorhandenen Kräfte zu bündeln, so dass das Werk schließlich doch einigermaßen termingerecht publiziert werden konnte. Wir Autoren sind ihr zu großem Dank verpflichtet.

Einen persönlichen Dank darf ich hinzufügen. Er gilt Ministerialdirigenten a.D. Bernd Frommelt und Prof. Dr. Karl Schmitt, die mir während der vielen Monate mühsamer Arbeit jeder auf seine Weise immer wieder mit klugem Rat und ermutigendem Zuspruch zur Seite gestanden haben.

Das Manuskript wurde Ende Juni 2018 abgeschlossen. Danach eingetretene Neuerungen konnten nur noch vereinzelt berücksichtigt werden.

Das Buch ist gewiss nicht fehlerfrei. Für Hinweise auf Unrichtigkeiten und Versäumnisse, für Kritik und Anregungen sind die Autoren dankbar.

Frankfurt am Main, Juli 2018

Hermann Avenarius

Anschriften der Autoren:

Prof. Dr. jur. Hermann Avenarius
DIPF | Leibniz-Institut für
Bildungsforschung und Bildungsinformation
Rostocker Straße 6
60323 Frankfurt am Main
E-mail: avenarius@dipf.de

Prof. Dr. jur. Felix Hanschmann
Humboldt-Universität zu Berlin
Juristische Fakultät
Unter den Linden 6
10099 Berlin
E-mail: felix.hanschmann@rewi.hu-berlin.de

Inhaltsverzeichnis

3. Kapitel: Aufbau und Gliederung des Schulwesens

4. Kapitel: Schulorganisation, Berechtigungswesen, Disparitäten im Schulsystem

Zweiter Teil: Schülerinnen und Schüler sowie Eltern

16. Kapitel: Schulverhältnis, Rechtsstellung der Schülerinnen und Schüler, Elternrecht

17. Kapitel: Schulpflicht

18. Kapitel: Zugang zur Schule

19. Kapitel: Unterricht und sonstige Schulveranstaltungen, Schutz- und Fürsorgepflichten der Schule

20. Kapitel: Leistungsbewertungen

22. Kapitel: Erziehungsmaßnahmen, Ordnungsmaßnahmen

23. Kapitel: Finanzielle Hilfen für Schülerinnen und Schüler

24. Kapitel: Schülerdaten und Datenschutz

Dritter Teil: Lehrerinnen und Lehrer im öffentlichen Schulwesen

27. Kapitel: Lehrerbildung

28. Kapitel: Der Rechtsstatus der Lehrkräfte

29. Kapitel: Pflichten der Lehrkräfte

30. Kapitel: Nichtvermögenswerte Rechte der Lehrkräfte

31. Kapitel: Vermögenswerte Rechte der Lehrkräfte

32. Kapitel: Rechtsschutz

Abkürzungsverzeichnis

a.A.	abweichender Ansicht
a.a.O.	am angegebenen Ort
AbgG	Abgeordnetengesetz
ABl.	Amtsblatt
Abs.	Absatz
AEUV	Vertrag über die Arbeitsweise der Europäischen Union
AGG	Allgemeines Gleichbehandlungsgesetz
a.F.	alte Fassung
Amtsbl.	Amtsblatt
ÄndTV	Änderungstarifvertrag
Anm.	Anmerkung
AöR	Archiv des öffentlichen Rechts (Z)
AP	Arbeitsrechtliche Praxis (Nachschlagewerk des Bundesarbeitsgerichts)
APuZ	Aus Politik und Zeitgeschichte (Z)
ArbG	Arbeitsgericht
ArbGG	Arbeitsgerichtsgesetz
ArbPlSchG	Arbeitsplatzschutzgesetz
ArbSchG	Arbeitsschutzgesetz
Art.	Artikel
ASchO	Allgemeine Schulordnung
AsylG	Asylgesetz
Aufl.	Auflage
AufenthG	Aufenthaltsgesetz
ausf.	ausführlich
AV	Ausführungsvorschriften
Az.	Aktenzeichen
BAföG	Bundesausbildungsförderungsgesetz
BAG	Bundesarbeitsgericht
BAGE	Entscheidungen des Bundesarbeitsgerichts (Amtliche Sammlung)
BAMF	Bundesamt für Migration und Flüchtlinge
BAnz	Bundesanzeiger
BAT	Bundesangestelltentarifvertrag
Bay, bay	Bayern, bayerisch
BayEUG	Bayerisches Gesetz über das Erziehungs- und Unterrichtswesen
BaySchFG	Bayerisches Schulfinanzierungsgesetz
BayVBl.	Bayerische Verwaltungsblätter (Z)
BayVGHE	Sammlung von Entscheidungen des Bayerischen Verfassungsgerichtshofs
BB	Betriebs-Berater (Z)
BBesG	Bundesbesoldungsgesetz
Bbg, bbg	Brandenburg, brandenburgisch
BBG	Bundesbeamtengesetz
BBiG	Berufsbildungsgesetz
Bd., Bde.	Band, Bände

BDG	Bundesdisziplinargesetz
BDSG	Bundesdatenschutzgesetz
BeamtStG	Beamtenstatusgesetz
BeamtVG	Beamtenversorgungsgesetz
BeckRS	Beck-Rechtsprechung. Rechtsprechungssammlung in beck-online
BEEG	Bundeselterngeld- und Elternzeitgesetz
Bek.	Bekanntmachung
ber.	berichtigt
Beschl.	Beschluss
BesGr	Besoldungsgruppe
BetrVG	Betriebsverfassungsgesetz
BG	Beamtengesetz
BGB	Bürgerliches Gesetzbuch
BGBl.	Bundesgesetzblatt
BGH	Bundesgerichtshof
BGHZ	Entscheidungen des Bundesgerichtshofs in Zivilsachen (Amtliche Sammlung)
BesÜV	Besoldungs-Übergangsverordnung
BHO	Bundeshaushaltsordnung
Bln, bln	Berlin, berlinisch
BMBF	Bundesministerium für Bildung und Forschung
BPersVG	Bundespersonalvertretungsgesetz
BR-Drs.	Drucksachen des Bundesrates
Brem, brem	Bremen, bremisch
BRK	Behindertenrechtskonvention
BRRG	Beamtenrechtsrahmengesetz
BrSBl.	Bremer Schulblatt
BSG	Bundessozialgericht
BSGE	Entscheidungen des Bundessozialgerichts
BT-Drs.	Drucksachen des Deutschen Bundestages
BtMG	Betäubungsmittelgesetz
Buchholz	Sammel- und Nachschlagewerk der Rechtsprechung des Bundesverwaltungsgerichts. Begründet v. Karl Buchholz, hrsg. von den Mitgliedern des Gerichts, Köln 1957 ff.
BVerfG	Bundesverfassungsgericht
BVerfGE	Entscheidungen des Bundesverfassungsgerichts (Amtliche Sammlung)
BVerfGG	Bundesverfassungsgerichtsgesetz
BVerfGK	Kammerentscheidungen des Bundesverfassungsgerichts
BVerwG	Bundesverwaltungsgericht
BVerwGE	Entscheidungen des Bundesverwaltungsgerichts (Amtliche Sammlung)
BW, bw	Baden-Württemberg, baden-württembergisch
CR	Computer und Recht (Z)
DBest	Durchführungsbestimmungen
DBl.	Dienstblatt
DDR	Deutsche Demokratische Republik
DDS	Die Deutsche Schule (Z)

ders., dies.	derselbe, dieselbe
DG	Disziplinargesetz
Diss.	Dissertation
DJT	Deutscher Juristentag
DJT-SchulGE	Schule im Rechtsstaat. Bd. I: Entwurf für ein Landesschulgesetz. Bericht der Kommission Schulrecht des Deutschen Juristentages, München 1981
DÖD	Der Öffentliche Dienst (Z)
DÖV	Die Öffentliche Verwaltung (Z)
DSB	Datenschutz-Berater (Z)
DSG	Datenschutzgesetz
DSGVO	Datenschutz-Grundverordnung
DStR	Deutsches Steuerrecht (Z)
DtZ	Deutsch-Deutsche Rechts-Zeitschrift
DuD	Datenschutz und Datensicherung (Z)
DuR	Demokratie und Recht (Z)
DV	Die Verwaltung (Z)
DVO	Durchführungsverordnung
DVBl.	Deutsches Verwaltungsblatt (Z)
EAS	Europäisches Arbeits- und Sozialrecht (Z)
Ebd.	Ebenda
ECTS	European Credit Transfer System
EFG	Ersatzschulfinanzgesetz (NRW)
EGMR	Europäischer Gerichtshof für Menschenrechte
EGV	Vertrag zur Gründung der Europäischen Gemeinschaft
EKG	Evangelische Kirche in Deutschland
EMRK	(Europäische) Konvention zum Schutze der Menschrechte und Grundfreiheiten
EntgGr	Entgeltgruppe
EMVO	Verordnung über die Mitwirkung der Eltern in den Schulen (Sachsen)
Erl.	Erlass
ESchFG	Ersatzschulfinanzierungsgesetz (Hess)
EStG	Einkommensteuergesetz
ESVGH	Entscheidungssammlung des Hessischen Verwaltungsgerichtshofs und des Verwaltungsgerichtshofs Baden-Württemberg mit Entscheidungen der Staatsgerichtshöfe beider Länder (Amtliche Sammlung)
EuGH	Gerichtshof der Europäischen Union
EUGRZ	Europäische Grundrechte-Zeitschrift
EuR	Europarecht (Z)
EuroAS	Informationsdienst Europäisches Arbeits- und Sozialrecht (Z)
EUV	Vertrag über die Europäische Union
EuZW	Europäische Zeitschrift für Wirtschaftsrecht
e.V.	eingetragener Verein
EVtr	Vertrag zwischen der Bundesrepublik Deutschland und der Deutschen Demokratischen Republik über die Herstellung der Einheit Deutschlands (Einigungsvertrag)
EWGV	Vertrag zur Gründung der Europäischen Wirtschaftsgemeinschaft

f., ff.	folgend(e)
FAG	Finanzausgleichsgesetz
FamFG	Gesetz über das Verfahren in Familiensachen und in den Angelegenheiten der freiwilligen Gerichtsbarkeit
FamRZ	Zeitschrift für das gesamte Familienrecht
FernUSG	Fernunterrichtsschutzgesetz
FPR	Familie Partnerschaft Recht (Z)
FG	Finanzgericht
FrTrSchulG	Gesetz über Schulen in freier Trägerschaft
FSG	Förderschulgesetz (Thüringen)
G.	Gesetz
GA	Goltdammer's Archiv für Strafrecht (Z)
GABl.	Gemeinsames Amtsblatt
GBl.	Gesetzblatt
g.d.	geändert durch
gem.	gemäß, gemeinsam
GEMA	Gesellschaft für musikalische Aufführungs- und mechanische Vervielfältigungsrechte
GewO	Gewerbeordnung
GG	Grundgesetz für die Bundesrepublik Deutschland
GMBl.	Gemeinsames Ministerialblatt
GrCh	Charta der Grundrechte der Europäischen Union
GV., GVBl., GVOBl.	Gesetz- und Verordnungsblatt
GVG	Gerichtsverfassungsgesetz
GVwR	Grundlagen des Verwaltungsrechts (Handbuch)
HdbStR	Handbuch des Deutschen Staatsrechts
HDG	Handbuch der Grundrechte in Deutschland und Europa
HDSG	Hessisches Datenschutzgesetz
HDSIG	Hessisches Datenschutz- und Informationsfreiheitsgesetz
Hess, hess	Hessen, hessisch
HGrG	Haushaltsgrundsätzegesetz
HKJGB	Hessisches Kinder- und Jugendhilfegesetzbuch
h.M.	herrschende Meinung
Hmb, hmb	Hamburg, hamburgisch
HmbSG	Hamburgisches Schulgesetz
HRG	Hochschulrahmengesetz
Hrsg.	Herausgeber
HSchG	Hessisches Schulgesetz
HandwO	Handwerksordung
i.d.F. (d.Bek.v.)	in der Fassung (der Bekanntmachung vom)
i.d.R.	in der Regel
IfSG	Infektionsschutzgesetz
InfAuslR	Informationsbrief Ausländerrecht (Z)
IPwskR	Internationaler Pakt über wirtschaftliche, soziale und kulturelle Rechte
i.S.v.	im Sinne von
i.V.m.	in Verbindung mit

JA	Juristische Arbeitsblätter (Z)
JArbSchG	Jugendarbeitsschutzgesetz
JGG	Jugendgerichtsgesetz
JöR	Jahrbuch des öffentlichen Rechts der Gegenwart
JR	Juristische Rundschau (Z)
jur.	juristisch
Jura	Juristische Ausbildung (Z)
JuS	Juristische Schulung (Z)
JZ	Juristenzeitung
Kap.	Kapitel
KG	Kammergericht
KJ	Kritische Justiz (Z)
KM	Kultusministerium
KMBl.	Amtsblatt des Bayerischen Staatsministeriums für Unterricht und Kultus
KMK	Kultusministerkonferenz
KMK-BeschlS.	Sammlung der Beschlüsse der Ständigen Konferenz der Kultusminister der Länder in der Bundesrepublik Deutschland
KritVj	Kritische Vierteljahresschrift für Gesetzgebung und Rechtswissenschaft
KSchG	Kündigungsschutzgesetz
K.u.U.	Kultus und Unterricht. Amtsblatt des Ministeriums für Kultus, Jugend und Sport Baden-Württemberg, Ausgabe A.
KWMBl.	Amtsblatt der Bayerischen Staatsministerien für Unterricht und Kultus und Wissenschaft, Forschung und Kunst
LABG	Lehrerausbildungsgesetz
LAG	Landesarbeitsgericht
LBesG	Landesbesoldungsgesetz
LBG	Landesbeamtengesetz
LBiG	Lehrerbildungsgesetz
LDG	Landesdisziplinargesetz
LDO	Lehrerdienstordnung
LDSG	Landesdatenschutzgesetz
LG	Landgericht
LHO	Landeshaushaltsordnung
Lit.	Literatur
LKV	Landes- und Kommunalverwaltung (Z)
LKRZ	Zeitschrift für Landes- und Kommunalrecht
LPartG	Lebenspartnerschaftsgesetz
Ls.	Leitsatz
LSA	Land Sachsen-Anhalt
LSG	Landessozialgericht
LVO	Laufbahn(en)verordnung
m.Anm.v.	mit Anmerkung von
MBl.	Ministerialblatt, Mitteilungsblatt
MDR	Monatsschrift für Deutsches Recht (Z)

MedR	Medizinrecht (Z)
MfS	Ministerium für Staatssicherheit
Mittbl.	Mitteilungsblatt
MuSchG	Mutterschutzgesetz
M-V, m-v	Mecklenburg-Vorpommern, mecklenburg-vorpommerisch
m.w.N.	mit weiteren Nachweisen
Nachw.	Nachweis(e)
NBl.	Nachrichtenblatt
Nds, nds	Niedersachsen, niedersächsisch
Nds VBl.	Niedersächsische Verwaltungsblätter (Z)
n.F.	neue Fassung
NJW	Neue Juristische Wochenschrift (Z)
NJOZ	Neue Juristische Online-Zeitschrift
NordÖR	Zeitschrift für öffentliches Recht in Norddeutschland
Nr.	Nummer
NRW, nrw	Nordrhein-Westfalen, nordrhein-westfälisch
NRSG, NSG	Nichtraucherschutzgesetz
NSchG	Niedersächsisches Schulgesetz
NStZ	Neue Zeitschrift für Strafrecht
NtV, NVO	Nebentätigkeitsverordnung
NVwZ	Neue Zeitschrift für Verwaltungsrecht
NVwZ-RR	NVwZ-Rechtsprechungs-Report
NWVBl.	Nordrhein-Westfälische Verwaltungsblätter (Z)
NZA	Neue Zeitschrift für Arbeitsrecht
NZS	Neue Zeitschrift für Sozialrecht
NZV	Neue Zeitschrift für Verkehrsrecht
OECD	Organisation für wirtschaftliche Zusammenarbeit und Entwicklung
OLG	Oberlandesgericht
OVG	Oberverwaltungsgericht
OWiG	Gesetz über Ordnungswidrigkeiten
PädF	Pädagogische Führung (Z)
PersR	Personalrat (Z)
PersV	Die Personalvertretung (Z)
PersVG	Personalvertretungsgesetz
PrivSchG, PSchG	Privatschulgesetz
RdErl.	Runderlass
RdJB	Recht der Jugend und des Bildungswesens (Z)
Rdschr.	Rundschreiben
RDV	Recht der Datenverarbeitung (Z)
RiA	Recht im Amt (Z)
RKEG	Gesetz über die religiöse Kindererziehung
RL	Richtlinie
Rn.	Randnummer(n)
RP, rp	Rheinland-Pfalz, rheinland-pfälzisch
RPfleger	Der Deutsche Rechtspfleger (Z)
Rspr.	Rechtsprechung

RVO	Reichsversicherungsordnung
R&B	Recht und Bildung (Z)
K&R	Kommunikation & Recht (Z)
S.	Seite
Saarl, saarl	Saarland, saarländisch
SaBremR	Sammlung des bremischen Rechts
Sachs, sächs	Sachsen, sächsisch
SächsVBL	Sächsische Verwaltungsblätter (Z)
SchAG	Schulaufsichtsgesetz
SchFG	Schulfinanzgesetz, Schulfinanzierungsgesetz
SchfTG	Gesetz über Schulen in freier Trägerschaft
SchoG	Schulordnungsgesetz (Saarland)
SchPflG, SchpflG	Schulpflichtgesetz
SchumG	Schulmitbestimmungsgesetz (Saarland)
SchulG, SchG	Schulgesetz
SchuR	SchulRecht. Informationsdienst für Schulleitung und Schulaufsicht (Z)
SchulWO	Schulwahlordnung (RP)
SchVG, SchVwG	Schulverwaltungsgesetz
SchwbG	Schwerbehindertengesetz
Sek.	Sekundarstufe
SG	Sozialgericht
SGB	Sozialgesetzbuch
SGG	Sozialgerichtsgesetz
SH, sh	Schleswig-Holstein, schleswig-holsteinisch
Slg.	Sammlung der Rechtsprechung des Gerichtshofs und des Gerichts erster Instanz der Europäischen Gemeinschaft/Union
sm	Schulmanagement (Z)
SMV	Schülermitverantwortung/Schülermitverwaltung
SMVO	Verordnung über die Mitwirkung der Schüler in der Schulen (Sachsen)
SozSich	Soziale Sicherheit (Z)
SPE	Sammlung schul- und prüfungsrechtlicher Entscheidungen
SR	Sonderregelung
StAnz.	Staatsanzeiger
Sten.Ber.	Stenographischer Bericht
StGB	Strafgesetzbuch
StGH	Staatsgerichtshof
StHG	Staatshaftungsgesetz
StPO	Strafprozessordnung
st.Rspr.	ständige Rechtsprechung
StV	Staatsvertrag
SV	Schülervertretung
SVBl.	Schulverwaltungsblatt
TdL	Tarifgemeinschaft deutscher Länder
Thür, thür	Thüringen, thüringisch
ThürVBl.	Thüringer Verwaltungsblätter (Z)
TV EntgO	Tarifvertrag über die Entgeltordnung

TVG	Tarifvertragsgesetz
TV-L	Tarifvertrag für den öffentlichen Dienst der Länder
TVöD	Tarifvertrag für den öffentlichen Dienst
TZ	Textziffer
TzBfG	Teilzeit- und Befristungsgesetz
u.a.	und andere, unter anderem
u.ä.	und ähnliches
UN	Vereinte Nationen
UN-KRK	UN-Kinderrechtskonvention
UrhG	Urheberrechtsgesetz
UrlVO	Urlaubsverordnung
Urt.	Urteil
UStG	Umsatzsteuergesetz
VBl	Verordnungsblatt
VBL	Versorgungsanstalt des Bundes und der Länder
VBlBW	Verwaltungsblätter für Baden-Württemberg (Z)
Verf.	Verfassung
VerfGH	Verfassungsgerichtshof
VersR	Versicherungsrecht (Z)
VerwArch	Verwaltungsarchiv (Z)
VG	Verwaltungsgericht
VGH	Verwaltungsgerichtshof
Vgl.	Vergleiche
VG WORT	Verwertungsgesellschaft WORT
VO	Verordnung
VR	Verwaltungsrundschau (Z)
VV	Verwaltungsvorschrift(en)
VVDStRL	Veröffentlichungen der Vereinigung der Deutschen Staatsrechtslehrer
VwGO	Verwaltungsgerichtsordnung
VwVfG	Verwaltungsverfahrensgesetz
WissR	Wissenschaftsrecht, Wissenschaftsverwaltung, Wissenschaftsförderung (Z)
WR-Drs.	Drucksachen des Wissenschaftsrates
WRV	Weimarer Reichsverfassung
Z	Zeitschrift
ZAR	Zeitschrift für Ausländerrecht und Ausländerpolitik
ZBR	Zeitschrift für Beamtenrecht
ZBV	Zeitschrift für Bildungsverwaltung
ZDG	Zivildienstgesetz
ZevKR	Zeitschrift für evangelisches Kirchenrecht
ZfE	Zeitschrift für Erziehungswissenschaft
ZfJ	Zentralblatt für Jugendrecht (früher: und Jugendwohlfahrt)
ZfPäd	Zeitschrift für Pädagogik
ZG	Zeitschrift für Gesetzgebung
Ziff.	Ziffer
ZJJ	Zeitschrift für Jugendkriminalrecht und Jugendhilfe
ZPO	Zivilprozessordnung

ZRP	Zeitschrift für Rechtspolitik
ZTR	Zeitschrift für Tarifrecht
zul.g.d.	zuletzt geändert durch
ZVS	Zentralstelle für die Vergabe von Studienplätzen

Soweit Abkürzungen nicht erläutert sind, wird verwiesen auf Kirchner: Abkürzungsverzeichnis der Rechtssprache. 9. Aufl., Berlin: de Gruyter 2018

Verzeichnis der abgekürzt zitierten Literatur

Battis, BBG	Ulrich Battis, Bundesbeamtengesetz. Kommentar. 5. Aufl., München 2017
BEFT	Frank-Rüdiger Jach (Hrsg.), Bildung und Erziehung in freier Trägerschaft. Loseblattausgabe. Neuwied (Stand: September 2017)
Bildungsbericht 2006	Konsortium Bildungsberichterstattung, Bildung in Deutschland. Ein indikatorengestützter Bericht mit einer Analyse zu Bildung und Migration, Bielefeld 2006
Bildungsbericht 2008	Autorengruppe Bildungsberichterstattung, Bildung in Deutschland. Ein indikatorengestützter Bericht mit einer Analyse zu Übergängen im Anschluss an den Sekundarbereich I, Bielefeld 2008
Bildungsbericht 2010	Autorengruppe Bildungsberichterstattung, Bildung in Deutschland. Ein indikatorengestützter Bericht mit einer Analyse zu Perspektiven des Bildungswesens im demografischen Wandel, Bielefeld 2010
Bildungsbericht 2012	Autorengruppe Bildungsberichterstattung, Bildung in Deutschland. Ein indikatorengestützter Bericht mit einer Analyse zur kulturellen Bildung im Lebenslauf, Bielefeld 2012
Bildungsbericht 2014	Autorengruppe Bildungsberichterstattung, Bildung in Deutschland. Ein indikatorengestützter Bericht mit einer Analyse zur Bildung von Menschen mit Behinderungen, Bielefeld 2014
Bildungsbericht 2016	Autorengruppe Bildungsberichterstattung, Bildung in Deutschland. Ein indikatorengestützter Bericht mit einer Analyse zu Bildung und Migration, Bielefeld 2016
Bonner Kommentar zum Grundgesetz	Wolfgang Kahl/Christian Waldhoff/Christian Walter (Hrsg.), Bonner Kommentar zum Grundgesetz. Loseblattausgabe, Heidelberg (Stand: April 2018)
Calliess/Ruffert, EUV/AEUV. Kommentar	Christian Calliess/Matthias Ruffert, Kommentar zum EUV/AEUV. Das Verfassungsrecht der Europäischen Union mit Europäischer Grundrechtecharta. 5. Aufl., München 2016
DJT-SchulGE	Deutscher Juristentag, Schule im Rechtsstaat. Bd. I: Entwurf für ein Landesschulgesetz. Bericht der Kommission Schulrecht des Deutschen Juristentages, München 1981
Dreier, Grundgesetz. Kommentar	Horst Dreier (Hrsg.), Grundgesetz. Kommentar. Bd. I. Präambel. Artikel 1-19. 3. Aufl., Tübingen 2013 Bd. II. Art. 20-82. 3. Aufl., Tübingen 2015

Ehlers/Pünder, Allgemeines Verwaltungsrecht	Dirk Ehlers/Hermann Pünder (Hrsg.), Allgemeines Verwaltungsrecht. 15. Aufl., Berlin 2015
Ehlers/Fehling/Pünder, Besonderes Verwaltungsrecht	Dirk Ehlers/Michael Fehling/Hermann Pünder (Hrsg.), Besonderes Verwaltungsrecht. Bd. III, Kommunalrecht, Haushalts- und Abgabenrecht, Ordnungsrecht, Sozialrecht, Bildungsrecht, Recht des öffentlichen Dienstes. 3. Aufl., Heidelberg 2013
Epping/Hillgruber, Grundgesetz. Kommentar	Volker Epping/Christian Hillgruber (Hrsg.), Grundgesetz. Kommentar. 2. Aufl., München 2013
Friauf/Höfling, Berliner Kommentar zum Grundgesetz	Karl Heinrich Friauf/Wolfram Höfling (Hrsg.), Berliner Kommentar zum Grundgesetz. Loseblattausgabe, Berlin (Stand: September 2017)
Grabitz/Hilf/Nettesheim, EUV/AEUV. Kommentar	Martin Nettesheim (Hrsg.), Das Recht der Europäischen Union. Kommentar zum EUV/AEUV. Begründet von Eberhard Grabitz und fortgeführt von Meinhard Hilf. Loseblattausgabe, München (Stand: Dezember 2017)
GVwR	Wolfgang Hoffmann-Riem/Eberhard Schmidt-Aßmann/Andreas Voßkuhle (Hrsg.), Grundlagen des Verwaltungsrechts. Bd. I. Methoden, Maßstäbe, Aufgaben, Organisation. 2. Aufl., München 2012 Bd. II. Informationsordnung, Verwaltungsverfahren, Handlungsformen, 2. Aufl., München 2012
HdbStR	Josef Isensee/Paul Kirchhof, (Hrsg.), Handbuch des Staatsrechts der Bundesrepublik Deutschland Bd. I: Historische Grundlagen. 3. Aufl., Heidelberg 2003 Bd. II: Verfassungsstaat. 3. Aufl., Heidelberg 2004 Bd. IV: Aufgaben des Staates. 3. Aufl., Heidelberg 2006 Bd. V: Rechtsquellen, Organisation, Finanzen. 3. Aufl., Heidelberg 2007 Bd. VI: Bundesstaat. 3. Aufl., Heidelberg 2008 Bd. VII: Freiheitsrechte. 3. Aufl., Heidelberg 2009 Bd. VIII: Grundrechte, Wirtschaft, Verfahren, Gleichheit, 3. Aufl., Heidelberg 2010 Bd. IX: Allgemeine Grundrechtslehren, Heidelberg 2011
Hufen, Staatsrecht II	Friedhelm Hufen, Staatsrecht II. Grundrechte. 6. Aufl., München 2017
Jarass/Pieroth, Grundgesetz. Kommentar	Hans D. Jarass/Bodo Pieroth (Hrsg.), Grundgesetz für die Bundesrepublik Deutschland. Kommentar. 14. Aufl., München 2016
Kingreen/Poscher, Grundrechte	Thorsten Kingreen/Ralf Poscher, Grundrechte. Staatsrecht II. 33. Aufl., München 2017
v. Mangoldt/Klein/Starck, Grundgesetz. Kommentar	Christian Starck (Hrsg.), Kommentar zum Grundgesetz. Begründet von Hermann von Mangoldt und fortgeführt von Friedrich Klein Bd. I. Präambel, Artikel 1 bis 19. 6. Aufl., München 2010

Maunz/Dürig, Grundgesetz. Kommentar	Roman Herzog/Rupert Scholz/Matthias Herdegen/Hans H. Klein (Hrsg.), Grundgesetz. Kommentar. Begründet von Theodor Maunz und Günter Dürig. Loseblattausgabe, München (Stand: September 2017)
Maurer/Waldhoff, Verwaltungsrecht	Hartmut Maurer/Christian Waldhoff, Allgemeines Verwaltungsrecht. 19. Aufl., München 2017
MPI-Bildungsbericht	Kai S. Cortina/Jürgen Baumert/Achim Leschinsky/Karl Ulrich Mayer/Luitgard Trommer (Hrsg.), Das Bildungswesen in der Bundesrepublik Deutschland, Reinbek 2008
von Münch/Kunig, Grundgesetz. Kommentar	Ingo von Münch/Philip Kunig (Hrsg.), Grundgesetz. Kommentar Band I: Präambel, Art.1 bis Art. 69. 6. Aufl., München 2012 Band II: Art. 70 bis Art. 146 und Gesamtregister. 6. Aufl., München 2012
Niehues/Fischer/Jeremias, Prüfungsrecht	Norbert Niehues/Edgar Fischer/Christoph Jeremias: Prüfungsrecht. 6. Aufl., München 2014
Oppermann, Gutachten	Thomas Oppermann, Nach welchen rechtlichen Grundsätzen sind das öffentliche Schulwesen und die Stellung der an ihm Beteiligten zu ordnen? Gutachten C für den 51. Deutschen Juristentag, München 1976
Reich, BeamtStG. Kommentar	Andreas Reich, Beamtenstatusgesetz. Kommentar. München 2012
Rux/Niehues, Schulrecht	Johannes Rux/ Norbert Niehues, Schulrecht. 5. Aufl., München 2013
Sachs, Grundgesetz. Kommentar	Michael Sachs (Hrsg.), Grundgesetz. Kommentar. 7. Aufl., München 2014
Schmidt-Bleibtreu/Hofmann/Henneke, Grundgesetz. Kommentar	Bruno Schmidt-Bleibtreu/Hans Hofmann/Hans Günter Henneke (Hrsg.), Kommentar zum Grundgesetz.14 Aufl., Köln 2017
Schnellenbach/Bodanowitz, Beamtenrecht in der Praxis	Helmut Schnellenbach/Jan Bodanowitz, Beamtenrecht in der Praxis. 9. Aufl., München 2017
Schoch, Besonderes Verwaltungsrecht	Friedrich Schoch (Hrsg.), Besonderes Verwaltungsrecht. 15. Aufl., Berlin 2013
Wolff/Bachof/Stober/Kluth, Verwaltungsrecht I	Hans-Julius Wolff/Otto Bachof/Rolf Stober/Winfried Kluth, Verwaltungsrecht. Bd. 1. 13. Aufl., München 2017
Wolff/Bachof/Stober/Kluth, Verwaltungsrecht II	Hans-Julius Wolff/Otto Bachof/Rolf Stober/Winfried Kluth, Verwaltungsrecht. Bd. 2. 7. Aufl., München 2010

Erster Teil:
Rechtliche, organisatorische und administrative Grundlagen

1. Kapitel: Schule und Recht

1.1 Die Schule als Gegenstand des Rechts

Mit wachsender Komplexität der Gesellschaft nimmt auch die Komplexität des Rechts zu. Das Recht vollzieht im Grunde nur nach, was durch technische und soziale Umwälzungen vorgegeben ist. Je weiter die Technik voranschreitet, umso mehr bedarf es ihrer rechtlichen Einhegung; man denke nur an die gerade für Jugendliche so überaus attraktive Online-Welt von Smartphone, Facebook und WhatsApp. Je mehr sich die Gesellschaft ausdifferenziert, desto differenzierter muss das Recht darauf reagieren. Je weniger das Handeln der Menschen von Traditionen und Gebräuchen bestimmt wird, umso mehr sind wir auf das Recht angewiesen. Daran werden noch so gut gemeinte Forderungen nach Deregulierung kaum etwas ändern. Sie mögen bewirken, dass sich die Ebenen der Rechtserzeugung verschieben, dass unterstaatliche und nichtstaatliche Organisationen größeren Anteil an der Rechtsetzung gewinnen. Die Zwangsläufigkeit, mit der das Recht in nahezu alle Bereiche des gesellschaftlichen Daseins eindringt, werden sie indes nicht außer Kraft setzen. Und weiterhin wird es der Staat sein, dessen Autorität für die Entstehung und Durchsetzung des Rechts unverzichtbar bleibt.

Die Expansion des staatlich gesetzten Rechts hat auch vor der Schule nicht Halt gemacht. Als mit der Begründung des modernen Staates ein Interesse daran erwuchs, den Untertan in den elementaren Kulturfertigkeiten zu unterrichten, damit er die Anordnungen der Obrigkeit lesen und sich im Beamtenstaat schriftlich verständigen konnte, damit er vor allem in die Lage versetzt wurde, durch wirtschaftliche Tüchtigkeit an der Hebung der Wohlfahrt des Ganzen mitzuwirken, begann der Staat im 17. Jahrhundert von der Schule Besitz zu ergreifen.

Allerdings rührt die Hereinnahme der Schule in die Rechtsordnung nicht an ihr eigenständiges Wesen als Stätte von Unterricht und Erziehung. Die rechtlich nicht erfasste Klosterschule des Mittelalters war ebenso Schule wie die rechtlich geregelte Schule der Gegenwart. Aber der Staat, der zunächst nur bestimmte Bereiche der Schule seiner Rechtsordnung unterworfen hat, ist ständig bereit, weitere Gebiete zu erfassen. Die Unterrichts- und Erziehungsarbeit als solche ist unter rechtlichen Aspekten zunächst von geringer Bedeutung. Welche Fremdsprachen gelehrt, welche Unterrichtsmethoden die besten und am ehesten kindgemäß sind, wie Leistungen der Schülerinnen und Schüler zu bewerten sind, das sind in erster Linie pädagogische Fragen. Wenn es aber darum geht, dass die Eltern geltend machen, schulische Entscheidungen beeinträchtigten ihre Rechte oder die Rechte ihres Kindes, wenn sie Widerspruch oder Klage erheben, dann können auch pädagogische Maßnahmen rechtlich relevant werden. Aufschlussreich sind die Landesverfassungen, die nach 1945 in Westdeutschland und seit 1990, nach Neuerrichtung der Länder in Ostdeutschland, verabschiedet worden sind. Gerade weil man die politische Bedeutung von Bildung und Erziehung erkannt hatte, entschloss man sich, die Bildungs- und Erziehungsziele verfassungsmäßig zu verankern und sie dadurch rechtlich verbindlich zu machen (TZ 2.3, 5.12). So zeigt sich, dass die Schule immer stärker vom Recht erfasst wird, dass das Recht aber die Schule in einer Weise sieht und wertet, die nicht diejenige der Pädagogik zu sein braucht und es häufig auch nicht ist.

1.2 Rechtliche Begriffsbestimmungen der Schule

1.21 Begriffselemente

Betrachtet man die Verwendung des Schulbegriffs im Alltagsleben, so zeigt sich, dass das Wort „Schule“ in *verschiedenen Bedeutungen* vorkommt. Man bezeichnet als Schule die konkrete Einzelschule, zum Beispiel die Goetheschule in der Stadt X, daneben aber auch eine bestimmte Schulgattung (Schulart oder Schulform), wenn beispielsweise die Leistungen des Gymnasiums erörtert werden. Vielfach bedeutet Schule die Gesamtheit des Schulwesens (Schule als Institution), wenn etwa von den Erziehungszielen der Schule gesprochen wird. Alle diese Momente kommen zusammen, wenn die Rede davon ist, dass ein Kind „zur Schule geht“. Darin steckt der Gedanke an die konkrete Schule, die das Kind besucht, an die Tatsache, dass diese Schule einer Schulgattung zugeordnet ist, sowie daran, dass das Kind von der Schule als Institution erfasst ist. Damit sind jedoch die Bedeutungen des Wortes noch nicht erschöpft. So wird auch das einzelne Schulgebäude als Schule bezeichnet (die Schule ist schlecht geheizt). Überdies rechnen zu den Schulen im allgemeinen Sprachgebrauch sämtliche Einrichtungen, in denen unterrichtet wird; wenn wir aber von einer Tanzschule oder einer Fahrschule sprechen, wissen wir, dass es sich nicht um Schulen im hier gemeinten Sinne handelt. Schließlich ist noch an die übertragene Bedeutung des Wortes zu erinnern, die für eine besondere wissenschaftliche oder künstlerische Tradition steht, z.B. die „Frankfurter Schule“ als eine Richtung der kritischen Theorie der Gesellschaft oder die „Kölner Malschule“ als Ausdruck einer bestimmten geistigen und handwerklichen Zusammengehörigkeit mittelalterlicher Maler. Es liegt auf der Hand, dass für eine rechtliche Definition der Schule die letztgenannten Wortbedeutungen auszuscheiden haben. Ausgangspunkt der Begriffsbestimmung ist die einzelne Schule; die Schularten, das Schulwesen in seiner Gesamtheit sind dann Zusammenfassungen zu übergeordneten Einheiten.

Sucht man die *kennzeichnenden Elemente der Schule* zu erfassen, so ergibt sich: Schule ist eine geplante Einrichtung, kein zufälliger Zusammenschluss. Deshalb gehören zu ihr eine gewisse Dauer und die Unabhängigkeit vom Wechsel der beteiligten Personen, also der Lehrkräfte sowie der Schülerinnen und Schüler. Ein weiteres Merkmal der Schule ist, dass sie von mehreren Schülerinnen und Schülern besucht wird; nicht erforderlich ist, dass auch mehrere Lehrkräfte an ihr tätig sind. Jede Institution hat zudem einen Zweck; Zweck der Schule ist es, die Bildungs- und Erziehungsziele zu erreichen, die vom Staat oder von einer anderen die Schule bestimmenden Organisation oder Person gesetzt sind. Diese Zweckhaftigkeit ist ein Teil des Schulbegriffs. Die Schule dient dem Unterricht und der Erziehung ihrer Schülerinnen und Schüler. Erziehung ohne Unterricht vollzieht sich in anderen Einrichtungen. Bloßer Unterricht ohne Erziehungswirkungen ist fast undenkbar, da selbst die lediglich mechanische Vermittlung von Fertigkeiten letztlich erzieherisch wirkt.[1] Zur Schule gehört ferner die Gemeinsamkeit der Arbeit, die ein räumliches Beisammensein von Lehrenden und Lernenden erfordert; Fernunterricht ist nicht Schule. Der Bildungs- und Erziehungszweck lässt sich nur verwirklichen, wenn in mehreren Fächern unterrichtet wird; handelt es sich nur um *ein* Unterrichtsfach, kann von Schule nicht die Rede sein. Bei alledem kommt es nicht auf den Namen an, den die Bildungseinrichtung führt, zumal die Schulbezeichnung in Deutschland rechtlich nicht geschützt ist. Eine Einrichtung, die die Schulbezeichnung vermeidet, kann Schule sein (z.B. die Landerziehungsheime), während umgekehrt Einrichtungen, die sich Schule

1 Allerdings kann bloßer Drill schwerlich mit Erziehung einhergehen; ein solcher Unterricht ist erzieherisch kontraproduktiv.

nennen, nicht Schulen zu sein brauchen (z.B. die Fahrschulen). *Der Begriff der Schule* ist daher wie folgt zu bestimmen:

Schule ist eine organisierte, auf eine Mindestdauer angelegte Einrichtung, in der unabhängig vom Wechsel der Lehrkräfte und der Schülerinnen und Schüler durch planmäßiges gemeinsames Lernen in mehreren Fächern bestimmte Bildungs- und Erziehungsziele verfolgt werden.[2]

Dieser in Rechtsprechung und Schrifttum bislang unangefochtene Schulbegriff liegt auch den folgenden Ausführungen zu Grunde.[3]

1.22 Abgrenzungen

Herkömmlich zählen *nicht als Schulen* einerseits die Einrichtungen der Elementarbildung (Tageseinrichtungen für Kinder)[4], andererseits die Hochschulen.[5] Auch die Ein-

2 Als Beispiel für eine entsprechende gesetzliche Definition der Schule sei § 2 Nr. 1 BbgSchulG zitiert: Schulen sind „Einrichtungen, in denen unabhängig vom Wechsel der Lehrkräfte, Schülerinnen und Schüler durch planmäßiges und gemeinsames Lernen und durch das gemeinsame Schulleben bestimmte Erziehungs- und Bildungsziele erreicht werden sollen". Zur Definition des Schulbegriffs Hans *Heckel,* Deutsches Privatschulrecht, Berlin 1955, S. 218, sowie *ders.*, Schulrecht und Schulpolitik, Neuwied 1967, S. 119; daran anschließend Max-Emanuel *Geis*, in: Friauf/Höfling, Berliner Kommentar zum Grundgesetz, Art. 7 Rn. 13; Friedhelm *Hufen*, Staatsrecht II. § 32 Rn. 4; Matthias *Jestaedt*: Schule und außerschulische Erziehung, HdBStR VII, § 156 Rn. 34; *Rux/Niehues,* Schulrecht, Rn. 6 ff.; Arnd *Uhle*, in: Epping/Hillgruber, Grundgesetz. Kommentar, Art. 7 Rn. 7; Hinnerk *Wißmann*, in: Bonner Kommentar zum Grundgesetz, Art. 7-III Rn. 11 ff.

3 Demgegenüber wird neuerdings die Meinung vertreten, der herkömmliche Schulbegriff sei zur Bewältigung der gesellschaftlichen Anforderungen im Schulwesen ungeeignet. So Frauke *Brosius-Gersdorf*, in: Dreier, Grundgesetz. Kommentar, Art. 7 Rn. 34 ff; s. auch *dies.*, Privatschulen zwischen Autonomie und staatlicher Aufsicht, DV 2012, 389 (403 ff.). *Brosius-Gersdorf* spricht sich für einen *funktionalen* Schulbegriff aus, der an die Stelle des überkommenen organisatorisch-formalen Schulbegriffs treten solle. Der Schulbegriff im Sinn des Art. 7 Abs. 1 GG knüpfe nicht an formal-organisatorische Merkmale, sondern an die Aufgabe der Bildung von Kindern und Jugendlichen an. Entgegen der Ansicht des BVerG und der ganz überwiegenden Ansicht im Schrifttum komme der Schule kein Erziehungsauftrag zu, der eigenständig als zweite Säule neben dem staatlichen Bildungsauftrag und unabhängig vom Erziehungsrecht der Eltern bestehe; die Schule habe vielmehr lediglich einen akzessorischen Erziehungsauftrag, der auf ihre Bildungsaufgabe bezogen sei. Dazu sei bemerkt: Der von *Brosius-Gersdorf* vertretene Schulbegriff unterscheidet sich nicht durch seine Funktionalität vom überkommenen Schulbegriff, sondern durch sein engeres Verständnis der Schulfunktion (Bildung mit allenfalls akzessorischer Erziehung statt Bildung *und* Erziehung) sowie durch das Fehlen institutioneller Merkmale. Das hat zur Folge, dass die Grenzen ihres Schulbegriffs verschwimmen, schließt er doch u.a. Kindertagesstätten ein, die demgemäß allesamt der staatlichen Schulaufsicht unterlägen. Kritisch zu dem von *Brosius-Gersdorf* vertretenen Ansatz auch *Wißmann* (Fn. 2), Art. 7-III Rn. 16 ff.: Auch die vorschulische Erziehung geriete unter den unmittelbaren staatlichen Einfluss der „Schulaufsicht".

4 §§ 22 ff. SGB VIII.

5 Hochschulen sind nach Maßgabe der Hochschulgesetze der meisten Länder die folgenden Einrichtungen: Universitäten, Kunsthochschulen und Fachhochschulen (Hochschulen für angewandte Wissenschaften); s. etwa § 1 Abs. 2 bw Landeshochschulgesetz vom 1.1.2005 (GBl. S. 1), zul.g.d.G. vom 1.4.2014 (GBl. S. 99); Art. 1 Abs. 2 Bay Hochschulgesetz vom 23.5.2006 (GVBl. S. 245), zul.g.d.G. vom 22.7.2014 (GVBl. S. 286); § 1 Abs. 2 nrw Hochschulgesetz vom 16.9.2014 (GV. S. 547), § 1 Abs. 2 nrw Kunsthochschulgesetz vom 13.3.2008 (GV. S. 195); § 1 Abs. 1 Sächs Hochschulfreiheitsgesetz i.d.F.d.Bek.v. 15.1.2013 (GVBl. S. 3), zul.g.d.G. vom 15.10.2017 (GVBl. S. 546). In Baden-Württemberg zählen zu den Hochschulen darüber hinaus die Pädagogischen Hochschulen (vor allem für lehrerbildende Studiengänge) sowie die Duale Hochschule Baden-Württemberg mit Sitz in Stuttgart (als Verbindung des Studiums an der Studienakademie mit praxisorientierter Ausbildung in den beteiligten Ausbildungsstätten). – Literatur zum Hochschulrecht: Werner *Thieme,* Deutsches Hochschulrecht. 3. Aufl., Köln 2004; Michael *Hartmer*/Hubert *Detmer* (Hrsg.), Hochschulrecht. 2. Aufl., Heidelberg u.a. 2011. Kommentare: Max-Emanuel *Geis* (Hrsg.), Hochschulrecht in Bund und Ländern – Kommentar. 3 Bde, Heidelberg (Loseblattwerk, Stand: November 2017). Zeitschriften: Wissenschaftsrecht; Deutsche Universitäts-Zeitung; Forschung & Lehre.

richtungen der Weiterbildung (Erwachsenenbildung) wie Volkshochschulen oder Bildungseinrichtungen der Kirchen, Gewerkschaften und berufsständischen Vereinigungen sind keine Schulen.[6] Aber es gibt Ausnahmen. Die Abendgymnasien und die Fachschulen rechnen, obwohl sie eigentlich Einrichtungen der Weiterbildung sind, zu den Schulen. Andererseits gelten Lehrgänge und Kurse, Arbeitskreise und Arbeitsgemeinschaften, auch Fernunterrichtseinrichtungen nicht als Schulen.[7] Auch die Musikschule ist keine Schule im Rechtssinne, weil sie nicht das Merkmal der gemeinschaftlichen Unterweisung in mehreren Fächern erfüllt.[8] Reine Erziehungseinrichtungen wie Kinderhorte und selbständige Heime gehören nicht zu den Schulen, weil kein Unterricht erteilt wird.

Die Begriffsbestimmung der Schule ist von praktischer Bedeutung für das Schulrecht. Denn davon, was unter Schule zu verstehen ist, hängt die Anwendung der schulrechtlichen Vorschriften ab. Nur wenn man weiß, was eine Schule ist, lässt sich entscheiden, ob etwa eine Tanzschule dem Schulrecht und der Schulaufsicht untersteht (das ist nicht der Fall), ob das Schulrecht für Schülerheime gilt (das ist bei den selbständigen Heimen, die nicht organisch mit einer Schule verbunden sind, zu verneinen) oder wie es sich bei einem Fernunterrichtsinstitut verhält (bei dem Schulrecht allenfalls mittelbar zum Zuge kommt).[9] Zu beachten ist auch, dass aufgrund gesonderter gesetzlicher Regelung eine Reihe von Bundesländern bestimmte Formen von Schulen ganz oder teilweise außerhalb der schulgesetzlichen Bestimmungen stellen, beispielsweise Verwaltungsschulen, in denen in verwaltungsinterner Form der Nachwuchs für den mittleren Dienst der öffentlichen Verwaltung ausgebildet wird; dies gilt in ähnlicher Weise auch für Schulen des Gesundheitswesens.[10]

Die in den 70er Jahren des vorigen Jahrhunderts zu beobachtende Tendenz, die vorschulische Erziehung (Kindertageseinrichtungen) in die Schule und ihr Recht einzubeziehen, hat sich nicht durchgesetzt.[11] Die früher dem Schulwesen zugeordneten Höheren Fachschulen und Ingenieurschulen sind als Fachhochschulen in den Hochschulbereich übergeführt worden.

---

6 Grundlagenliteratur zur Weiterbildung: Ingo *Richter*, Recht der Weiterbildung, Neuwied 1993; Peter *Faulstich*/Per *Vespermann* (Hrsg.), Weiterbildung in den Bundesländern. Materialien und Analysen zu Situation, Strukturen und Perspektiven. Weinheim 2002; Vera *Diemer*/Otto *Peters*, Bildungsbereich Weiterbildung. Rechtliche und organisatorische Bedingungen, Inhalte, Teilnehmer, Weinheim 1998; Detlef *Kuhlenkamp*, Rechtliche Rahmenbedingungen in der Erwachsenenbildung. Studienbrief Fernstudium Erwachsenenbildung. Kaiserslautern. Teil 1 (2000): Einführung in das Weiterbildungsrecht; Teil 2 (2002): Landesrechtliche Regelungen in der Weiterbildung; Teil 3 (2002): Bundesrechtliche Regelungen in der Weiterbildung; Hans-Peter *Füssel*, Recht der Weiterbildung – Recht auf Weiterbildung, in: Peter Faulstich (Hrsg.), Lernzeiten – Für ein Recht auf Weiterbildung, Hamburg 2002, S. 31; Peter *Krug*/Ekkehard *Nuissl* (Hrsg.), Praxishandbuch Weiterbildungsrecht. Fachwissen und Rechtsquellen für das Management von Bildungseinrichtungen (Loseblattausgabe), Neuwied 2004 ff., Stand: Dezember 2015; Peter *Faulstich*, Weiterbildung, in: MPI-Bildungsbericht, S. 647. Zeitschrift: Report. Zeitschrift für Weiterbildungsforschung.

7 Zu den Kriterien der Abgrenzung zwischen Schule und Lehrgang: VGH München, NVwZ-RR 1995, 38 (39).

8 Oliver *Scheytt*, Die Musikschule – eine Bildungs- und Kultureinrichtung im rechtsfreien Raum?, DÖV 1994, 249 (253); weiterführend *ders.*, Die Musikschule. Diss. jur., Bochum 1989; Andreas *Zach*, Kommunale und private Musikschulen in Deutschland, wirtschaftliche und pädagogische Aspekte der Musikschularbeit, Berlin 2006; *Deutscher Musikrat*, Musikalische Bildung in Deutschland. Ein Thema in 16 Variationen, Berlin 2012.

9 Zur Abgrenzung der Schule von der privaten Unterrichtserteilung und zu deren Rechtslage s. TZ 15.9.

10 So ausdrücklich § 2 Abs. 3 bw SchG, Art. 121, 122 Abs. 1 BayEUG, § 6 Abs. 3 Nr. 2 und 3 bln SchulG, § 1 Abs. 3 BbgSchulG, § 1 Abs. 1 Satz 3 Nr. 3 und 4 BremSchulG, § 180 Abs. 1 Nr. 1 und 2 HSchG, § 135 Abs. 1 Nr. 2 SchulG M-V, § 1 Abs. 5 Satz 1 Nr. 2 und 3 NSchG, § 6 Abs. 2 Satz 3 nrw SchulG, § 8 Abs. 2 Nr. 4 und 5 saarl SchoG, § 2 Abs. 4 und 5 SchulG LSA, § 142 Abs. 1 Nr. 2 und 4 sh SchulG.

11 Vgl. dazu Hans-Günther *Roßbach*, Vorschulische Erziehung, in: MPI-Bildungsbericht, S. 291.

1.3 Schulrecht

1.31 Rechtsnormen und Regelungsbereich

1.311 Als Schulrecht bezeichnet man die Gesamtheit der *Rechtsnormen*, die sich auf die Schule und das Schulwesen beziehen. Rechtsnormen (Rechtssätze) enthalten Regelungen darüber, wie Konflikte zwischen den Rechtsgenossen sowie zwischen ihnen und den Hoheitsträgern, insbesondere dem Staat, zu lösen sind. Angesichts der unüberschaubaren Menge konfliktträchtiger Sachverhalte wäre es unmöglich, für jeden denkbaren Fall eine eigens darauf zugeschnittene konkrete Regelung bereitzuhalten. Rechtsnormen müssen deshalb so formuliert sein, dass sie mit Hilfe von allgemeinen Begriffen eine Vielzahl von Einzelfällen abdecken. Eine Rechtsnorm ist demnach eine generell-abstrakte hoheitliche Anordnung, die sich an eine unbestimmte Zahl von Personen (generell) zur Regelung einer unbestimmten Zahl von Fällen (abstrakt) wendet. Sie ist üblicherweise dadurch gekennzeichnet, dass sie eine Rechtsfolge an einen Tatbestand knüpft. Der Tatbestand umschreibt in abstrakter Weise die Tatumstände, die im konkreten Fall „erfüllt" sein müssen, um die Rechtsfolge „auszulösen". Als Beispiel diene folgende Bestimmung: „Ist der Schüler in derselben Jahrgangsstufe zweimal nicht versetzt worden" (Tatbestand), „muss er die Schule verlassen" (Rechtsfolge).

Die pädagogische Arbeit der Schule und das Zusammenleben der an ihr Beteiligten lässt sich jedoch nur partiell durch solche konditionalen (nach dem Wenn-dann-Schema strukturierte) Rechtsnormen steuern. Deshalb verwendet der Gesetzgeber vielfach finale und appellative Rechtssätze.

Es sind vor allem *finale Rechtsnormen*, die in den letzten Jahren an Bedeutung gewonnen haben. Sie geben ein Ziel vor, überlassen es aber den für die Zielerreichung Verantwortlichen, *wie* sie das Ziel verwirklichen. Neben den schulischen Bildungs- und Erziehungszielen (vgl. TZ 5.12) geht es dabei vor allem um Ansätze des *Neuen Steuerungsmodells*[12] (*New Public Management*), das im Zuge der Modernisierung der öffentlichen Verwaltung zunehmend auch auf den Schulbereich einwirkt (vgl. TZ 13.1, 13.32). Nach diesem Modell tritt an die Stelle der bislang vorherrschenden input-orientierten Lenkung der öffentlichen Verwaltung, die den nachgeordneten Verwaltungseinheiten nur wenig Spielraum für eine sachgerechte und effiziente Aufgabenerledigung belässt, in zunehmendem Maße eine *output-orientierte Steuerung*, die stärker an den angestrebten Ergebnissen orientiert ist und den einzelnen Verwaltungseinheiten mehr Eigenständigkeit und Selbständigkeit bei der Zielerreichung einräumt.[13] Finale Rechtsnormen sind im Sinne des Neuen Steuerungsmodells als Zweckprogramme, als „Handlungsaufträge an die Verwaltung[14] anzusehen, die durch *Ziel- oder Leistungsvereinbarungen*" zwischen den verschiedenen Ebenen der Verwaltung – vom Kultusministerium über das Staatliche Schulamt bis hin zur einzelnen Schule – sowie innerhalb der jeweiligen Behörde und der jeweiligen Schule verwirklicht werden. Mehrere Schulgesetze sehen den Abschluss von Ziel- oder Leistungsvereinbarungen zwischen Schulbehörde und Schulen ausdrücklich vor (dazu und zur Rechtsnatur dieser Vereinbarungen TZ 13.324).

---

12 *Kommunale Gemeinschaftsstelle für Verwaltungsvereinfachung*, Das Neue Steuerungsmodell. Begründung, Konturen, Umsetzung. Köln 1993. Vgl. auch Gunnar Folke *Schuppert*, Verwaltungsorganisation und Verwaltungsorganisationsrecht als Steuerungsfaktoren, GVwR I, § 16 Rn. 117 ff.; Eva Julia *Lohse*, Verwaltungsrechtliche Steuerung von schulischem Bildungserwerb. Neue Handlungsformen an öffentlichen Schulen, Baden-Baden 2015.

13 Hartmut *Bauer*, Verwaltungsverträge, GVwR II, § 36 Rn. 54.

14 Claudio *Franzius*, Modalitäten und Wirkungsfaktoren der Steuerung durch Recht, GVwR I, § 4 Rn. 13 ff.

Appellative Rechtsnormen fordern die Adressaten auf, ein bestimmtes Verhalten an den Tag zu legen, indem sie etwa Lehrkräfte, Schülerinnen und Schüler sowie Eltern zu partnerschaftlichem Zusammenwirken anhalten. Da die Verhaltenspflichten der Eindeutigkeit ermangeln, sind die sie begründenden Normen im schulischen Alltag oft nur schwer durchsetzbar. Neuere Entwicklungen in der Praxis tragen diesem Problem dadurch Rechnung, dass Schulen mit Schülern und Eltern sogenannte Bildungs- und Erziehungsvereinbarungen zur Konkretisierung von Verhaltenspflichten abschließen (dazu TZ 21.11).

Darüber hinaus enthält das Schulrecht zahlreiche organisatorische Normen, die Errichtung, Zuständigkeit und Verfahren schulischer Organe und Gremien bestimmen. Hinzu kommen Normen planenden Inhalts. Sie sind mit den finalen Rechtsnormen insoweit verwandt, als sie Ziele vorgeben; ihre Besonderheit besteht darin, dass sie die zu erreichenden Ziele vergleichsweise präzise bestimmen und auch das Verfahren der Zielerreichung festlegen. Wichtigste Planungsnormen im Schulbereich sind die Schulentwicklungspläne (vgl. TZ 10.412).

1.312 Zu dem durch schulrechtliche Rechtsnormen erfassten *Regelungsbereich* gehören insbesondere
- Struktur, Aufbau und Gliederung (Organisation) des Schulwesens in seiner Gesamtheit;
- staatliche Schulhoheit und Schulaufsicht;
- Verfassung, Unterhaltung und Verwaltung des öffentlichen Schulwesens und die Rechtsverhältnisse der an der Schule beteiligten Personen (Schülerinnen und Schüler, Eltern, Lehrkräfte u.a.);
- die Rechtsverhältnisse der Privatschulen (Schulen in freier Trägerschaft) und der daran beteiligten Personen.

Dass die Darstellung in diesem Buch einer anderen Anordnung folgt als der vorstehenden, hat praktische Gründe. Der Mensch steht im Mittelpunkt des Rechts, gerade auch des Schulrechts. Die Darstellung ist daher an den Menschen in der Schule orientiert; soweit möglich, werden die Materien den Gruppen zugeordnet, die an ihnen besonders interessiert sind oder von ihnen vornehmlich betroffen werden. Die Rechtsverhältnisse der Schüler und Eltern sowie der Lehrkräfte machen im Zweiten und im Dritten Teil den Kern des Buches aus. Der vorgezogene Erste Teil enthält die rechtlichen, organisatorischen und administrativen Grundlagen des Schulwesens und der Einzelschule, also des „Gehäuses“, in dem sich der schulische Alltag abspielt.

1.32 Erscheinungsformen

1.321 Wenn der Schulträger den Außenputz des Schulgebäudes erneuern lässt oder für die Aula neues Gestühl bestellt, schließt er Verträge des bürgerlichen Rechts ab; mit Schulrecht hat eine solche Teilnahme am allgemeinen Rechtsverkehr nichts zu tun. Geht es aber um die Frage, ob die Nichtversetzung eines Schülers in die nächsthöhere Klasse rechtmäßig ist, kommt unmittelbar Schulrecht zur Anwendung. Darüber hinaus leuchtet es sofort ein, dass für Inhalt und Umfang der Amtsverschwiegenheit des Lehrers im Unterschied zu der des Finanzbeamten, des Diplomaten oder des Gerichtsvollziehers schulrechtliche Erwägungen bestimmend sind; der allgemeine beamtenrechtliche Grundsatz der Amtsverschwiegenheit erhält bei Lehrerinnen und Lehrern eine besondere schulbezogene Färbung. Demgemäß unterscheiden wir zwischen Schulrecht im engeren und Schulrecht im weiteren Sinne.

Von *Schulrecht im engeren Sinne* sprechen wir, wenn es sich um eigens für die Schule gesetzte Rechtsnormen handelt. Zum Schulrecht gehören aber auch die auf die Schule anzuwendenden Rechtssätze anderer Rechtsgebiete. Dieses *Schulrecht im weiteren Sinne* umfasst wichtige Sachbereiche; es spielt überall da eine Rolle, wo Schulrecht im engeren Sinne fehlt und Rechtssätze aus anderen Rechtsgebieten herangezogen werden müssen. Die Rechtsstellung und Besoldung der beamteten Lehrkräfte zum Beispiel wird durch die Beamten- und Besoldungsgesetze geregelt. Verwaltung und Finanzierung des Schulwesens ergeben sich vielfach aus dem Kommunalrecht. Die Lücken des Schulrechts im engeren Sinne werden ferner durch Normen des allgemeinen Verwaltungsrechts, des bürgerlichen Rechts, des Jugendrechts u.a. sinngemäß ausgefüllt. Insbesondere sind es die in den Verfassungen enthaltenen Grundrechte und Grundsätze, mit deren Hilfe solche Lücken geschlossen werden können (vgl. das 2. Kapitel).

1.322 Neben der Unterscheidung zwischen Schulrecht im engeren und im weiteren Sinne ist die Differenzierung zwischen inneren und äußeren Schulangelegenheiten von Bedeutung – eine Unterscheidung, die auf die Steinsche Städteordnung von 1808 (§ 179 Tit. b) zurückgeht.[15] Zu den *inneren Schulangelegenheiten* gehört alles, was sich auf das Leben und die Arbeit der Schule bezieht: Unterricht und Erziehung, Lehrplan und Methode, Prüfungen und Zeugnisse. Die *äußeren Schulangelegenheiten* umfassen nach herkömmlichem Verständnis insbesondere die Errichtung und Unterhaltung der Schulgebäude sowie die Beschaffung und Bereithaltung der Lehrmittel.

Zwar lassen sich innere und äußere Schulangelegenheiten nicht immer eindeutig voneinander trennen, gibt es doch kaum eine schulische Tätigkeit oder Einrichtung, die nicht zugleich eine innere und eine äußere Seite hat. Doch ist der Nutzen dieser althergebrachten Unterscheidung, die in Verwaltungspraxis und Rechtsprechung nach wie vor gebräuchlich ist, unverkennbar. Auf ihr beruht die Verteilung der staatlichen und der kommunalen Kompetenzen im Schulwesen.[16] Der staatlichen Schulhoheit und Schulaufsicht sind die inneren, den – in der Regel – kommunalen Schulträgern die äußeren Schulangelegenheiten zugewiesen (vgl. TZ 10.12 a.E.).

1.33 Schulgesetze und sonstige Rechtsquellen

1.331 Rechtsnormen lassen sich nach der Art der Rechtsquelle unterscheiden.[17] *Rechtsquellen*[18] sind Verfassung, Gesetz, Rechtsverordnung, öffentlich-rechtliche Satzung und Gewohnheitsrecht sowie Rechtsakte der Europäischen Union und völkerrechtliche Verträge.[19]

---

15 Zur Steinschen Städteordnung: Ernst Rudolf *Huber*, Deutsche Verfassungsgeschichte seit 1789. Bd. I. 2. Aufl., Stuttgart 1975, S. 174 ff.; Georg-Christoph *von Unruh*, Preußen – Die Veränderungen der Preußischen Staatsauffassung durch Sozial- und Verwaltungsreformen, in: Kurt G.A. Jeserich/Hans Pohl/Georg-Christoph von Unruh (Hrsg.), Deutsche Verwaltungsgeschichte. Bd. 2., Stuttgart 1983, S. 399 (416 ff.). Vgl. auch Bernd *Zymek*, Schulrecht und Schulentwicklung. Zum Verhältnis von Städten und Staat in der deutschen Schulgeschichte und heute, RdJB 2013, 484 (486 ff.).

16 Günter *Püttner*/Johannes *Rux*, Schulrecht, in: Norbert Achterberg/Günter Püttner/Thomas Württenberger (Hrsg.), Besonderes Verwaltungsrecht, 2. Aufl., Heidelberg 2000, Rn. 20 ff.; vgl. *Heckel*, Schulrecht und Schulpolitik, S. 48 ff.

17 Für das Schulrecht s. Thomas *Oppermann*, Kulturverwaltungsrecht, Tübingen 1969, S. 158 ff.

18 Zum Begriff der Rechtsquelle *Wolff/Bachof/Stober/Kluth*, Verwaltungsrecht I, § 24; *Maurer/Waldhoff*, Verwaltungsrecht, § 4 Rn. 1 ff.; Fritz *Ossenbühl*, Gesetz und Recht – Die Rechtsquellen im demokratischen Rechtsstaat, HdbStR V, § 100.

19 Zur „Typik des Schulrechts“, das sich in seinen wesentlichen Schichten nach dieser allgemeinen Gliederung der Rechtsquellen erfassen lässt, vgl. *Oppermann*, Kulturverwaltungsrecht, S. 158 ff.

Wichtigste Quellen des Schulrechts sind neben dem *Verfassungsrecht des Bundes und der Länder* (Grundgesetz und Landesverfassungen, vgl. dazu das 2. Kapitel) die *Schulgesetze der Länder*, d.h. die im verfassungsmäßigen Gesetzgebungsverfahren vom Parlament verabschiedeten und ordnungsgemäß im Gesetzblatt verkündeten formellen Gesetze, die sich mit der Schule befassen. Zum Schulrecht gehören insbesondere auch *Rechtsverordnungen*, die von dem für die Schulen zuständigen Landesministerium (Kultusministerium) aufgrund einer gesetzlichen Ermächtigung erlassen werden; diese *Rechtsverordnungen* müssen ebenfalls im Gesetzblatt verkündet werden. Hinzu kommen die die Schulen betreffenden *Satzungen* der kommunalen Schulträger; auch sie haben die Qualität von Rechtssätzen. Früher wurde angenommen, es gebe auch Schulrecht, das durch lang dauernde Übung in der Praxis der Schulaufsichtsbehörden entsteht (*Schulgewohnheitsrecht*). Angesichts der Tatsache, dass der Staat den schulischen Bereich durch das von ihm gesetzte Recht in zunehmender Weise reguliert hat, dürfte indes für die (Weiter-)Geltung gewohnheitsrechtlicher Normen heute kein Raum mehr sein.

Während die Schulgesetzgebung sich zunächst damit begnügt hatte, einzelne regelungsbedürftige Sachbereiche zu ordnen (insbesondere die Schulpflicht), sind die letzten Jahrzehnte durch die Tendenz zu umfassenden Regelungen gekennzeichnet. Solche Gesetze, die Gesamtregelungen im Sinne einer Kodifikation zum Ziel haben oder diesem Ziel wenigstens nahezukommen suchen, tragen in der Regel die Bezeichnung Schulgesetz; Bayern hat ein Gesetz über das Erziehungs- und Unterrichtswesen, das Saarland ein Schulordnungsgesetz, Bremen kennt ein Schulgesetz und ein Schulverwaltungsgesetz. Daneben gibt es häufig Gesetze, die Einzelfragen regeln, z.B. Schulfinanzierungsgesetze oder Privatschulgesetze.

1.332 Schulgesetze des Bundes gibt es nicht, da ihm die gesetzgeberische Zuständigkeit im Schulwesen fehlt[20] (vgl. TZ 2.11). Wohl aber finden *verschiedene Bundesgesetze* auch im Schulwesen Anwendung und zählen insoweit zum Schulrecht im weiteren Sinne. Hier sind u.a. zu nennen das Beamtenstatusgesetz, die Verwaltungsgerichtsordnung sowie einzelne Vorschriften anderer Bundesgesetze. Hierher gehören auch die Kulturabkommen des Bundes mit ausländischen Staaten, die das Schulwesen und das Schulrecht der Länder zumindest mittelbar beeinflussen. Als einfaches Bundesrecht gelten auch die Europäische Konvention zum Schutz der Menschenrechte und Grundfreiheiten sowie andere internationale Abkommen und Konventionen, denen die Bundesrepublik Deutschland beigetreten ist (z.B. die Behindertenrechtskonvention der Vereinten Nationen, dazu TZ 3.622). Zur Einwirkung des Rechts der Europäischen Union auf das Schulwesen in Deutschland TZ 2.41.

1.333 Reichsrecht aus der Zeit vor 1945 gilt nach Art. 123 Abs. 1 GG fort, soweit es dem Grundgesetz nicht widerspricht. Noch heute sind von Bedeutung:
- das Reichsgesetz über die religiöse Kindererziehung vom 15.7.1921, das gemäß Art. 125 Nr. 1 GG i.V.m. Art. 74 Abs. 1 Nr. 1 GG als Bundesrecht fortgilt, sowie
- die Staatsverträge des Reiches, die sich auf Gegenstände beziehen, für die die Landesgesetzgebung zuständig ist. Sie bleiben nach Art. 123 Abs. 2 GG bis zu ihrem Ablauf oder bis zum Abschluss neuer Staatsverträge unter Vorbehalt aller Rechte und Einwendungen der Beteiligten in Kraft, wenn sie nach allgemeinen Rechtsgrundsätzen gültig sind und fortgelten. Das Reichskonkordat vom 20.7.1933 ist zwar in Kraft geblieben; die Landesgesetzgebung ist jedoch an dessen Schulbestimmungen nicht

20 Das schließt nicht aus, dass dem Bund auf einzelnen Gebieten ausnahmsweise die Befugnis eingeräumt ist, fachgesetzliche Bestimmungen zu erlassen, die sich auf das Schulwesen beziehen; so z.B. bei den Schulen des Gesundheitswesens (dazu TZ 3.523 a.E.).

gebunden.[21] Die Länder können also die bekenntnismäßige Gestaltung ihres Schulwesens im Rahmen der Art. 7 und 141 GG frei regeln.

1.334 *Verwaltungsvorschriften*[22] (Verwaltungsverordnungen, Richtlinien, Erlasse, Runderlasse, Durchführungsbestimmungen) sind generell-abstrakte Anordnungen einer Behörde an nachgeordnete Behörden oder eines Vorgesetzten an die ihm unterstellten Bediensteten. Sie beruhen auf der Organisationsgewalt der Regierung und bedürfen daher im Unterschied zu den Rechtsverordnungen keiner gesetzlichen Ermächtigung. Es handelt sich um verwaltungsinterne Regelungen ohne unmittelbare Außenwirkung gegenüber dem Bürger. Soweit Verwaltungsvorschriften das Handeln der Behörden und ihrer Bediensteten bei der Ausübung des ihnen eingeräumten Ermessens steuern, gelangt jedoch der Gleichheitssatz (Art. 3 Abs. 1 GG) zur Anwendung. Dadurch kann eine mittelbare Außenwirkung eintreten. Führen die Verwaltungsvorschriften nämlich zu einer ständigen gleichmäßigen Verwaltungspraxis, ist die Behörde dadurch gebunden; sie darf in dem zu entscheidenden Fall ohne sachlichen Grund nicht von der durch die Verwaltungsvorschriften begründeten Praxis abweichen. Diese *Selbstbindung der Verwaltung* tritt aber nur ein, wenn die Verwaltungsvorschrift geltendem Recht nicht widerspricht.

1.335 Die *Abkommen zwischen dem Bund und den Ländern* und die *Abkommen der Ministerpräsidenten der Länder* binden nur die vertragsschließenden Parteien; der Bürger kann sich im Allgemeinen nicht auf sie berufen. Die *Beschlüsse der Ständigen Konferenz der Kultusminister der Länder in der Bundesrepublik Deutschland (KMK)* sind in der Regel nichts anderes als – aufgrund von Vereinbarungen zustande gekommene – Empfehlungen an die Länder mit dem Ziel gleichartiger Behandlung und Regelung bestimmter Angelegenheiten (z.B. gegenseitige Anerkennung von Abschlüssen). Im Verhältnis zum Bürger erhalten die Ländervereinbarungen rechtliche Wirksamkeit erst dann, wenn sie in den Ländern förmlich durch Gesetz (oder durch Rechtsverordnung aufgrund gesetzlicher Ermächtigung) verbindlich gemacht worden sind.[23]

1.336 Die unterschiedliche rechtliche Bedeutung von formellen Gesetzen, Rechtsverordnungen, Satzungen und Verwaltungsvorschriften zeigt sich vor allem im gerichtlichen Verfahren. Die Gerichte sind an die Gesetze gebunden; halten sie ein Gesetz, auf dessen Gültigkeit es bei der Entscheidung ankommt, für verfassungswidrig, müssen sie es dem zuständigen Verfassungsgericht im Wege der konkreten Normenkontrolle zur Überprüfung vorlegen (vgl. Art. 100 Abs. 1 GG). Rechtsverordnungen und Satzungen, die gegen höherrangiges Recht verstoßen, sind nichtig, dürfen also von den Gerichten nicht angewendet werden. Verwaltungsvorschriften sind mangels ihrer unmittelbaren Außenwirkung für die Gerichte grundsätzlich nicht bindend; etwas anderes gilt nur dann, wenn sie eine Selbstbindung der Verwaltung (vgl. TZ 1.334) zur Folge haben.

---

21 So das Bundesverfassungsgericht in seinem Konkordats-Urteil, BVerfGE 6, 309 (330 ff., 340 ff.); dazu Thomas *Brechenmacher*, Das Reichskonkordat 1933 – Forschungsstand, Kontroversen, Dokumente, Paderborn 2007.

22 Zum Begriff der Verwaltungsvorschriften *Maurer/Waldhoff*, Verwaltungsrecht, § 24; *Wolff/Bachof/Stober/Kluth*, Verwaltungsrecht I, § 24 Rn. 18 ff.

23 Näheres zur rechtlichen Bedeutung der Ländervereinbarungen bei *Heckel*, Schulrecht und Schulpolitik (Fn. 2), S. 16 f.; *Oppermann*, Kulturverwaltungsrecht (Fn), S. 182 ff. S. auch Walter *Rudolf*, Kooperation im Bundesstaat, HdbStR VI, § 141 Rn. 50 ff.; Hans-Jochen *Vogel*, Die bundesstaatliche Ordnung des Grundgesetzes, in: Ernst Benda/Werner Maihofer/Hans-Jochen Vogel (Hrsg.), Handbuch des Verfassungsrechts. 2. Aufl., Berlin 1994, S. 1041 (1093 ff.).

1.34 Geschichte[24]

Die reformatorischen und nachreformatorischen Ordnungen des Schulwesens durch Stadtmagistrate und Territorialherren, denen im 17. Jahrhundert die ersten Ansätze von Schulpflichtregelungen folgten, stehen am Anfang des Schulrechts. Die volle Schulrechtsentwicklung setzt aber erst mit den großen Kodifikationen um die Wende vom 18. zum 19. Jahrhundert ein, die, wie das Preußische Allgemeine Landrecht, die Schule zu einer Veranstaltung des Staates erklären und die Schulaufsicht des Staates begründen.[25] Mit der *allgemeinen Unterrichts- und Schulpflicht*, die der Wohlfahrts- und Polizeistaat des Absolutismus einführte, aber nicht voll durchzusetzen vermochte – das geschah erst in der ersten Hälfte des 19. Jahrhunderts –, entwickelten sich in den deutschen Bundesstaaten Ansätze eines staatlichen Schulmonopols, dem umfassende staatliche Aufsichts- und Gestaltungsrechte im Schulwesen entsprachen. Doch waren die Positionen des Staates von vornherein durch Rechte anderer beschränkt: Neben den Kirchen unterhielten die aufgrund der preußischen Kommunalreform in ihrer Selbstverwaltung gestärkten Gemeinden eigene Schulen. Der politische Liberalismus des 19. Jahrhunderts trug dazu bei, dass ein – im Vergleich zu ausländischen Entwicklungen allerdings eher bescheidenes – privates Schulwesen entstand.

Die Schulverwaltung, die zunächst ein Glied der Kirchenverwaltung blieb und im 19. Jahrhundert erst allmählich aus ihr herausgelöst wurde, verlor in der Folgezeit teilweise den Anschluss an die klassischen Verwaltungszweige. Damit verlor das Schulrecht auch den Anschluss an die allgemeine Rechtsentwicklung; es blieb weitgehend unberührt von der Anwendung rechtsstaatlicher Grundsätze auf das Handeln der Verwaltung. Wollte man die Lage überspitzt charakterisieren, so könnte man sagen, Schulrecht und Schulverwaltung seien in Preußen vor den Stein-Hardenbergschen Reformen ste-

---

24 Zur Ergänzung dieses groben Umrisses einer Schulrechtsgeschichte sei verwiesen auf das Handbuch der deutschen Bildungsgeschichte (Bd. I: 15. bis 17. Jahrhundert, hrsg. von Notker *Hammerstein*, München 1996; Bd. II: 18. Jahrhundert, hrsg. von Notger *Hammerstein* und Ulrich *Hermann*, München 2005; Bd. III: 1800-1870, hrsg. von Karl-Ernst *Jeismann* und Peter *Lundgreen*, München 1987; Bd. IV: 1870-1918, hrsg. von Christa *Berg*, München 1991; Bd. V: 1918-1945, hrsg. von Dieter *Langewiesche* und Heinz-Elmar *Tenorth*, München 1989, und Bd. VI/1 und VI/2: 1945 bis zur Gegenwart, hrsg. von Christoph *Führ* und Carl-Ludwig *Furck*, München 1991 und 1997); die einzelnen Bände enthalten Verweise auf die für die verschiedenen Epochen wichtige Literatur. Immer noch grundlegend Friedrich *Paulsen*, Das Deutsche Bildungswesen in seiner geschichtlichen Entwicklung, Leipzig 1906. Monographien aus neuerer Zeit: Ludwig *von Friedeburg*, Bildungsreform in Deutschland. Geschichte und gesellschaftlicher Widerspruch, Frankfurt am Main 1992; Gert *Geißler*, Schulgeschichte in Deutschland. Von den Anfängen bis in die Gegenwart. 2. Aufl., Frankfurt am Main 2014; Hans-Georg *Herrlitz*/Wulf *Hopf*/Hartmut *Titze*/Ernst *Cloer*, Deutsche Schulgeschichte von 1800 bis zur Gegenwart, Weinheim 2008; Sabine *Reh*/Hans-Peter *Füssel* (Hrsg.), Recht und moderne Schule. Beiträge zu ihrer Geschichte, Berlin 2014. Unübertroffen in der Verarbeitung und Durchdringung einer überwältigenden Fülle bildungs- und schulgeschichtlicher Ereignisse: Ernst Rudolf *Huber*, Deutsche Verfassungsgeschichte seit 1789. 8 Bde., teilweise 2. oder 3. Aufl., Stuttgart 1960-1995; das Werk endet mit dem Untergang der Weimarer Republik. Die Bildungsgeschichte erschließt sich ferner aus Kurt G.A. *Jeserich*/Hans *Pohl*/Georg-Christoph *von Unruh* (Hrsg.): Deutsche Verwaltungsgeschichte. 4 Bde., Stuttgart 1983-1985. Jeder Band enthält einen Abschnitt, der sich mit schulgeschichtlichen Entwicklungen befasst: Bd. 1: Vom Spätmittelalter bis zum Ende des Reiches, S. 383 ff. (Georg-Christoph *von Unruh*); Bd. 2: Vom Reichsdeputationshauptschluß bis zur Auflösung des Deutschen Bundes, S. 487 ff. (Georg-Christoph *von Unruh*); Bd. 3: Das Deutsche Reich bis zum Ende der Monarchie, S. 466 ff. (Lothar *Burchardt*); Bd. 4: Das Reich als Republik und in der Zeit des Nationalsozialismus, S. 349 ff. (Philipp *Eggers*); s. auch Heinz-Elmar *Tenorth*, Geschichte der Erziehung, 4. Aufl. Weinheim 2008. Hans-Georg *Herrlitz* u.a. Deutsche Schulgeschichte von 1800 bis zur Gegenwart. Eine Einführung. 5. Aufl., Weinheim und München 2009. S. ferner die beiden der Geschichte des Bildungsrechts gewidmeten Schwerpunkthefte von RdJB 4/2012 und 4/2013; darin u.a. Heinz-Elmar *Tenorth*, „Schulrecht" – Perspektiven ihrer Historiographie, RdJB 2012, S. 399.

25 Vgl. dazu Georg-Christoph *von Unruh*, Der bildungsrechtliche Gehalt des Preußischen Allgemeinen Landrechts von 1794 mit seinen geistigen und pragmatischen Grundlagen, RdJB 1995, 42.

hengeblieben[26]; sie behielten im Großen und Ganzen *Geist und Praxis des aufgeklärten absolutistischen Wohlfahrtsstaates* bei. Da es in Preußen bis 1918 nicht zu dem in der Verfassung von 1850 vorgesehenen umfassenden Schulgesetz kam – mehrere Anläufe, insbesondere unter den Kultusministern von Mühler und Falk, scheiterten –, hatte die Unterrichtsverwaltung relativ freie Hand bei der Gestaltung des Bildungswesens.[27] Wenn das preußische Schulwesen um 1900 gleichwohl Weltgeltung gewann, dann ist dies nicht zuletzt die Leistung der zahlenmäßig kleinen, fachlich hervorragend entwickelten Unterrichtsverwaltung, die sich weitgehend frei von Partei- und Verbandsinteressen zu halten wusste. Ihr stand eine qualifizierte kommunale Selbstverwaltung zur Seite. Freilich kam die Demokratisierung des öffentlichen Schulwesens unter den Bedingungen der konstitutionellen Monarchie nur sehr allmählich zum Zuge. Dies änderte sich grundlegend nach 1918. Neben Preußen waren es vornehmlich die Länder Hamburg, Sachsen und Thüringen, die moderne Schulgesetze verabschiedeten und die gerichtliche Anfechtbarkeit schulischer Entscheidungen ermöglichten, das Schulrecht also justiziabel machten. Das Reich schuf das Grundschulgesetz und das Gesetz über die religiöse Kindererziehung.[28] Der Nationalsozialismus brachte, abgesehen von dem allerdings bedeutsamen Reichsschulpflichtgesetz, schulrechtlich wenig Neues, beseitigte vielmehr manche der in der Zeit der Weimarer Republik entwickelten positiven Ansätze wie etwa die Anerkennung des Elternrechts. Ohnehin ließ sich die NS-Diktatur bei der Durchsetzung ihrer totalitären Weltanschauung und Rassenideologie auch in der Schule nicht durch rechtliche Vorschriften einschränken.[29]

Hier führte im Westen der Neuaufbau der Demokratie nach 1945 unter der Ägide der Besatzungsmächte zu einem gründlichen Wandel. Das Bemühen, bisher Versäumtes nachzuholen und das Schulrecht der allgemeinen Entwicklung des Rechts und des politischen Denkens anzupassen, erklärt daher die Aktivität im Bereich der Schulgesetzgebung seit dieser Zeit.

Eine besondere Prägung erhält die Geschichte des deutschen Schulrechts durch die historisch begründete *Kulturautonomie der Länder* (vgl. TZ 2.1). Sie erklärt sich nicht zuletzt durch die konfessionelle Gliederung des Alten Reiches. Die deutschen Territorialstaaten besaßen die staatliche Schulhoheit und behielten sie auch im Kaiserreich von 1871. Die Weimarer Verfassung schuf – unter Rückgriff auf die Verfassungsdiskussion um 1848/49 – in Art. 143 bis 149 die Grundlagen eines gemeindeutschen Schulrechts[30] und gab überdies dem Reich das Recht, im Wege der Gesetzgebung Grundsätze für das Schulwesen aufzustellen und in deren Rahmen die Reichsaufsicht über die Länder auszuüben (Art. 10 Nr. 2, Art. 15 Abs. 1). Abgesehen von dem erwähnten Grundschulgesetz von 1920, gelang es dem Reich nicht, die ebenfalls in der Verfassung vorgesehene Regelung des Volks- und Berufsschulwesens sowie der Lehrerbildung auf den Weg zu bringen.

---

26 Vgl. zu den Stein-Hardenbergschen Reformen: Georg-Christoph *von Unruh*, Preußen – Die Veränderungen der Preußischen Staatsverfassung durch Sozial- und Verwaltungsreformen, in: Kurt G.A. Jeserich/Hans Pohl/Georg-Christoph von Unruh (Hrsg.), Deutsche Verwaltungsgeschichte. Bd. 2, Stuttgart 1983, S. 399.

27 Vgl. Roland *Schmidt-Bleker*, Legislative Defizite im Schulrecht der preußischen konstitutionellen Monarchie, Baden-Baden 2005.

28 Gerhard *Kluchert*, Umbruch, Aufbruch, Abbruch. Schulrecht und Schulreform in der Weimarer Republik – eine Skizze, RdJB 2012, 443.

29 Wolfgang *Keim*, Erziehung unter der NS-Diktatur, Darmstadt 2011; Klaus-Peter *Horn*/Jörg-W. *Link* (Hrsg.), Erziehungsverhältnisse im Nationalsozialismus. Totaler Anspruch und Erziehungswirklichkeit, Bad Heilbrunn 2011. Aufschlussreich hierzu auch die Dokumente in: Hans-Jochen *Gamm*, Führung und Verführung. Pädagogik des Nationalsozialismus. 3. Aufl., München 1990.

30 Dazu *Püttner*/*Rux* Schulrecht (Fn. 16), Rn. 4; Gerhard *Kluchert*, Schule der Einheit? – Die Einführung der für alle gemeinsamen Grundschule in der Weimarer Republik, RdJB 2007, 306.

Mehrere Versuche, das Reichsschulgesetz zu verabschieden, scheiterten.[31] Deshalb und wegen fehlender Finanzmittel griff das Reich in die Kulturhoheit der Länder praktisch nicht ein, war aber darauf bedacht, auf dem Wege von Vereinbarungen eine gemeinsame Grundordnung zu sichern. Selbst der Nationalsozialismus, der ansonsten Vereinheitlichungen und Zentralisierungen im Verwaltungswege zu verwirklichen suchte und 1934 ein Reichserziehungsministerium errichtete, ließ die Unterrichtsverwaltungen der Länder bestehen und beschränkte sich darauf, die preußische Unterrichtsverwaltung mit der des Reiches zu vereinigen. Das *Grundgesetz* hat die Kulturhoheit der Länder wiederhergestellt (Art. 30 und 70 ff.) und sich in Art. 7, 141 mit einzelnen Regelungen des Schulrechts begnügt. Es hat insbesondere für den Bund auf das dem Reich nach der Weimarer Verfassung zustehende Recht der Rahmen-(Grundsatz-)Gesetzgebung im Schulwesen verzichtet. Die Länder haben von ihrer wiedererworbenen Kulturhoheit vor allem in den Anfangsjahren der Bundesrepublik mit Nachdruck Gebrauch gemacht; nach einer Phase der verstärkten Bund-Länder-Verflechtung auch in Bildungsfragen ist es Ziel der Föderalismusreform des Jahres 2006 gewesen, zum Prinzip einer klaren Trennung der Zuständigkeiten des Bundes und der Länder zurückzukehren.[32]

Ganz anders waren die Ausgangsbedingungen in der DDR.[33] Schon in der Sowjetischen Besatzungszone begann eine tiefgreifende Umgestaltung des Schulwesens mit dem Gesetz zur Demokratisierung der deutschen Schule vom Mai 1946, das von der Berliner Zentralverwaltung erarbeitet worden war und als Grundlage für entsprechende Gesetze in den Ländern Thüringen, Sachsen, Sachsen-Anhalt, Brandenburg und Mecklenburg diente. Der Systemwandel fand seinen förmlichen Abschluss in dem Gesetz über das einheitliche sozialistische Bildungswesen vom 25.2.1965. 1952 wurden die Landesregierungen und Landtage aufgehoben. Damit setzte sich der zentralistische Einheitsstaat durch, der mit dem Inkrafttreten der Sozialistischen Verfassung der DDR vom 6.4.1968 verfassungsrechtlich abgesegnet wurde. Dieser sogenannte demokratische Zentralismus prägte auch das Bildungswesen. Er durchzog als Herrschaftsform nicht nur seine wesentlichen Strukturen, sondern wirkte als Kontroll-, Überwachungs- und Reglementierungsmecha-

---

31 Ludwig *von Friedeburg*, Bildungsreform in Deutschland (Fn. 25), S. 222 f.; Christoph *Führ*, Zur Schulpolitik der Weimarer Republik. 2. Aufl., Weinheim 1972, S. 31 ff.; Ludwig *Richter*, Kirche und Schule in den Beratungen der Weimarer Nationalversammlung, Düsseldorf 1996, S. 668 ff.

32 Vgl. speziell für das Bildungswesen Jörg *Ennuschat*/Carsten *Ulrich*, Neuverteilung der Kompetenzen von Bund und Ländern im Schul- und Hochschulbereich nach der Föderalismusreform, VBlBW 2007, 121; Annette *Guckelberger*, Bildung und Föderalismus, in: Ines Härtel (Hrsg.), Handbuch Föderalismus. Föderalismus als demokratische Rechtsordnung und Rechtskultur in Deutschland, Europa und der Welt, Bd. III, Berlin und Heidelberg 2012, § 61 Rn. 30 ff.; Ulrich *Karpen*, Bildung, Wissenschaft und Kultur in der Föderalismusreform, ZG 2006, 271; Ute *Mager*, Die Neuordnung der Kompetenzen im Bereich von Bildung und Forschung – Eine kritische Analyse der Debatte in der Föderalismuskommission, RdJB 2005, 312; Stefan *Oeter*/Sigrid *Boysen*, Wissenschafts- und Bildungspolitik im föderalen Staat – ein strukturelles Problem?, RdJB 2005, 296; Ingo *Richter*, Das Bildungswesen im Föderalismusstreit – zu den Ergebnissen der Bundesstaatskommission, RdJB 2005, 3; Ferdinand *Wollenschläger*, Die Föderalismusreform: Genese, Grundlinien und Auswirkungen auf die Bereiche Bildung und Wissenschaft, RdJB 2007, 8 (17 ff.); auch Hermann *Avenarius*, Schulpolitik im Bundesstaat zwischen Unitarisierung und Wettbewerb. Zu den Auswirkungen der Föderalismusreform, in: Antonius Liedhegener/Torsten Opelland (Hrsg.), Parteiendemokratie in der Bewährung. Festschrift für Karl Schmitt, Baden-Baden 2009, S. 177; Markus *Winkler*, Der Bildungsföderalismus auf dem Prüfstand, DVBl. 2013, 1069.

33 Dazu Bd. VI/2 des Handbuchs der deutschen Bildungsgeschichte (Fn. 25). Ferner: Hans *Döbert*, Das Bildungswesen der DDR in Stichworten. Inhaltliche und administrative Sachverhalte und ihre Rechtsgrundlagen, Neuwied 1995; Gert *Geißler*, Schuladministration und Schulrecht in der DDR, RdJB 2012, 453; *ders.*, Schule und Erziehung in der DDR, Tübingen 2015; vgl. auch Oskar *Anweiler*/Hans-Jürgen *Fuchs*/Martina *Dorner*/Eberhard *Petermann* (Hrsg.), Bildungspolitik in Deutschland. Ein historisch-vergleichender Quellenband, Bonn 1992.

nismus bis in jede einzelne Schule hinein.[34] Erst durch das Ländereinführungsgesetz der DDR vom 22.6.1990 wurden die Länder Brandenburg, Mecklenburg-Vorpommern, Sachsen, Sachsen-Anhalt und Thüringen errichtet, die sodann gemäß Art. 1 Abs. 1 des Einigungsvertrages Länder der Bundesrepublik wurden.[35] Damit haben diese Länder die Kulturautonomie auf dem Gebiet des Schulrechts wiedererlangt. Längst ist auch dort der Aufbau eines modernen, leistungsfähigen und rechtsstaatlich ausgestalteten Schulwesens zum Abschluss gekommen.[36]

1.35 Schule und Gesellschaft

Die Schule ist eine der großen gesellschaftlichen Institutionen der Gegenwart. Jeder geht zumindest neun Jahre vollzeitlich und anschließend drei Jahre teilzeitlich zur Schule und erfährt dort entscheidende Einflüsse und Erlebnisse. Glück und Kummer zahlloser Kinder, Behagen und Unbehagen vieler Familien hängen davon ab, in welchem Klima sich Arbeit und Leben der Schule vollziehen. Durch Unterricht und Erziehung, durch Prüfungen, Versetzungen, Zeugnisse, Förderungs- und Lenkungsmaßnahmen wirkt die Schule prägend und gestaltend auf die geistige und menschliche Entwicklung, auf die späteren Berufs- und Lebensschicksale ein. Aber die Bedeutung der Schule erschöpft sich nicht im Persönlichen; sie wirkt darüber hinaus auf politische, gesellschaftliche und wirtschaftliche Prozesse ein. Auch heute, da vor allem die modernen Medien – Fernsehen, Internet und zunehmend Social-Media-Dienste wie Facebook, Instagram oder Youtube – die Erziehung beeinflussen, wird die heranwachsende Generation immer noch weitgehend von der Schule geprägt. Die Lehrerschaft ist eine der größten Gruppen des öffentlichen Dienstes, dazu weitgehend organisiert. Wirtschaftlich repräsentiert die Schule einen der bedeutendsten Ausgabeposten jedes Bundeslandes.[37]

1.36 „Verrechtlichung"

1.361 Trotz der vitalen Bedeutung der Schule für den Einzelnen und für die Gesellschaft insgesamt hat das Schul*recht* lange Zeit nur eine untergeordnete Rolle im Rechtssystem gespielt. Je mehr aber die Schule im Zuge der Bildungsreformen, etwa ab Mitte der sechziger Jahre des vorigen Jahrhunderts, in ihrer sozialpolitischen Funktion als „Zuteilungsapparatur von Lebens-Chancen"[38] betrachtet wurde, je heftiger sich in den siebziger Jahren die bildungspolitischen Kontroversen zuspitzten, desto größer war die Herausforderung, diese Konflikte mit den Mitteln des Rechts zu bewältigen. So waren Rechtsprechung und Rechtswissenschaft gezwungen, sich intensiv mit dem bis dahin vernachlässigten Schulrecht zu beschäftigen. Von dieser Hinwendung zeugen heute eine Vielzahl von Gerichtsentscheidungen und Veröffentlichungen sowie eine emsige normative Tätigkeit der Parlamente und Kultusverwaltungen.[39]

---

34 Vgl. etwa Gert *Geißler*/Ulrich *Wiegmann*, Pädagogik und Herrschaft in der DDR. Die parteilichen, geheimdienstlichen und vormilitärischen Erziehungsverhältnisse, Frankfurt am Main 1996.

35 Ost-Berlin, vormals Hauptstadt der DDR, wurde Teil des Landes Berlin (Art. 1 Abs. 2 EVtr).

36 Zum Stand der Gesetzgebung in den ersten Jahren nach Errichtung der neuen Länder: Sönke *Anders*, Die Schulgesetzgebung der neuen Bundesländer. Eine verfassungsrechtliche Untersuchung über die vorläufige Schulgesetzgebung nach Maßgabe des Einigungsvertrags, München 1995; s. auch Hans-Werner *Fuchs*/Lutz R. *Reuter* (Hrsg.), Bildungspolitik seit der Wende. Dokumente zum Umbau des ostdeutschen Bildungssystems (1989-1994), Opladen 1995.

37 2013 wurden in den öffentlichen Haushalten 76,1 Mrd. € für den Schulbereich aufgewendet (Bildungsbericht 2016, S. 235, Tab. B3-1A); das entspricht einem Anteil von 3,1 Prozent am Bruttoinlandsprodukt.

38 Helmut *Schelsky*, Schule und Erziehung in der industriellen Gesellschaft, Würzburg 1957, S. 18.

39 Vgl. dazu den informativen Abriss in DJT-SchulGE, S. 25 ff. Wenn auch in den 80er Jahren eine gewisse Konsolidierung eingetreten ist, so hatten doch der deutsche Einigungsprozess und die Entwicklung in

Seither pflegt man allenthalben von der „Verrechtlichung“ der Schule zu sprechen. Dieser Begriff hat freilich eine ambivalente Bedeutung. Die einen verstehen darunter Formalisierung und Bürokratisierung; sie befürchten, dass die Schule vollends den Juristen überantwortet, dass ihr pädagogischer Freiraum durch eine Flut von Normen und Gerichtsentscheidungen weggespült wird. Die anderen begreifen demgegenüber Verrechtlichung als einen Prozess, der die Schule stärker als bisher in die rechtsstaatlich-demokratische Ordnung einbindet, sie gerade dadurch von bürokratischer Gängelung befreit und somit überhaupt erst die Voraussetzung rechtlich gesicherter pädagogischer Eigenverantwortung schafft.[40]

Dabei kommt der Judikatur des Bundesverfassungsgerichts und des Bundesverwaltungsgerichts große Tragweite zu. Während die überlieferte Lehre das Schulverhältnis als „besonderes Gewaltverhältnis“ einstufte und mit dieser Konstruktion Eingriffe in die Rechte des Schülers auch ohne gesetzliche Grundlage legitimierte, hat die Rechtsprechung, gestützt und begleitet vom wissenschaftlichen Schrifttum[41], das Schulverhältnis als ein *Rechtsverhältnis* anerkannt (vgl. dazu TZ 16.1). Das bedeutet, dass die Schulverwaltung in die Rechts- und Freiheitssphäre des Schülers nur durch Gesetz oder aufgrund eines Gesetzes eingreifen darf. Das Bundesverfassungsgericht hat den *Gesetzesvorbehalt* indes nicht auf Eingriffshandlungen beschränkt, sondern ihm eine umfassende Funktion beigemessen. Danach verpflichten das Rechtsstaatsprinzip und das Demokratieprinzip den Gesetzgeber, die *wesentlichen* Entscheidungen im Schulwesen selbst zu treffen und nicht der Schulverwaltung zu überlassen (*Parlamentsvorbehalt*, dazu ausführlich

---

der Europäischen Union die bildungspolitische Diskussion erneut belebt. Neue Herausforderungen auch und gerade an das Schulrecht haben die Debatte über die sogenannte Schulautonomie (dazu TZ 13.2), über die aufgrund der Ergebnisse der PISA-Studien verstärkten Bemühungen um eine Verbesserung der Qualität der schulischen Arbeit (dazu TZ 13.3), die Föderalismusreform I (dazu TZ 2.11) und die UN-Behindertenrechtskonvention mit ihren Bestimmungen zur Einführung eines inklusiven Bildungssystems (dazu TZ 3.622) ausgelöst.

40 Als hilfreich für das Verständnis des Verrechtlichungsphänomens erweist sich die Unterscheidung dreier Grundtypen der Verrechtlichung: Vergesetzlichung, Bürokratisierung und Justizialisierung. *Vergesetzlichung* meint die kontinuierlich ansteigende Zahl von Gesetzen – eine Entwicklung, die auf einem veränderten Verständnis der Staatsaufgaben und der Funktionen von Parlament und Gesetzgebung beruht. Unter *Bürokratisierung* ist die zunehmende Selbststeuerung der Verwaltung und die Setzung eigenen Rechts auf untergesetzlicher Ebene zu verstehen. *Justizialisierung* bedeutet die Verlagerung politischer Entscheidungsfunktionen auf die Gerichte. Dazu im Einzelnen Rüdiger *Voigt*, Verrechtlichung in Staat und Gesellschaft, in: ders. (Hrsg.), Verrechtlichung, Königstein 1980, S. 15 ff. Vgl. auch Lutz-Rainer *Reuter*, Bildung zwischen Politik und Recht, in: Rüdiger Voigt (Hrsg.), Verrechtlichung, ebda., S. 116; Jürgen *Staupe*, Die „Verrechtlichung“ der Schule, Leviathan 1982, S. 273 ff.; *Forschungsgruppe „Schulverwaltung und Unterricht“*: Schulrecht, Schulverwaltung und Unterricht, Weinheim 1983. Vgl. auch die Stellungnahme der KMK vom 23./24.6.1983 zu den Ursachen und Auswirkungen der Verrechtlichung im Schulwesen, RdJB 1983, 388. – Grundlegend zur Problematik der Verrechtlichung: Albert *Janssen*, Über die Grenzen des legislativen Zugriffsrechts, Tübingen 1990; auch Olaf *Gericke*, Möglichkeiten und Grenzen eines Abbaus der Verrechtlichung: eine kritische Analyse von Gesetzgebung und Gesetzgebungslehre, Aachen 2004; Fritz *Ossenbühl*, Vorrang und Vorbehalt des Gesetzes, HdbStR V § 101 Rn. 35 ff., insbes. Rn. 46 ff.; Franz *Reimer*, Das Parlamentsgesetz als Steuerungsmittel und Kontrollmaßstab, GVwR I, § 9 Rn 98 ff.; Gunnar Folke *Schuppert*, Verwaltungsorganisation und Verwaltungsorganisationsrecht als Steuerungsfaktoren, GVwR I, § 16 Rn. 31 ff.

41 Beispielhaft genannt seien Hans-Ulrich *Evers*/Ernst-Werner *Fuß*, Verwaltung und Schule, VVDStRL 23 (1966), S. 147, 199; *Oppermann*, Gutachten, C 46 f.; Frank *Hennecke*, Staat und Unterricht. Die Festlegung didaktischer Inhalte durch den Staat im öffentlichen Schulwesen, Berlin 1972, S. 132 ff.; Bernd *Löhning*, Der Vorbehalt des Gesetzes im Schulverhältnis, Berlin 1974; Jürgen *Staupe*, Parlamentsvorbehalt und Delegationsbefugnis. Zur „Wesentlichkeitstheorie“ und zur Reichweite legislativer Regelungskompetenz insbesondere im Schulrecht, Berlin 1986, S. 74 ff.; ferner Wolfgang *Kopke*, Rechtschreibreform und Verfassungsrecht, Tübingen 1995, S. 143 ff.

TZ 2.23).[42] Unter „wesentlich" werden dabei in erster Linie die Sachverhalte verstanden, die wesentlich für die Verwirklichung der Grundrechte sind. Was zum „Wesentlichen" rechnet und damit gesetzlicher Normierung bedarf, lässt sich allerdings nicht in abstrakten Formeln fassen, sondern nur schrittweise, im Wege der Konkretisierung, ermitteln. Die Parlamente aller Bundesländer tragen den vom Bundesverfassungsgericht gestellten Anforderungen zur Beachtung des Parlamentsvorbehalts bei Novellierungen oder Neukodifizierungen ihrer Schulgesetze inzwischen weitgehend Rechnung.

1.362 In diesem Zusammenhang sind immer noch die Vorarbeiten der *Kommission Schulrecht des Deutschen Juristentages* hervorzuheben. Sie hatte im Anschluss an die Empfehlungen des 51. Deutschen Juristentages von 1976[43] den Entwurf für ein Landesschulgesetz vorgelegt.[44] Die Kommission gelangte in ihrem 1981 veröffentlichten Bericht zu der Auffassung, dass die Frage, was durch Gesetz zu regeln sei und was aufgrund gesetzlicher Ermächtigung durch Rechtsverordnung geregelt werden könne, für die einzelnen Bereiche des Schulrechts unter Berücksichtigung ihrer jeweiligen Besonderheiten unterschiedlich zu beantworten sei.[45] Dementsprechend weist der in 13 Teile und 119 Paragraphen gegliederte Gesetzentwurf Vorschriften unterschiedlichen Umfangs und unterschiedlicher Dichte auf.

Der Vorschlag der Schulrechtskommission verdient bis heute aus zwei Gründen Beachtung: Er bietet zum einen ein Gesamtkonzept zur Durchsetzung des Parlamentsvorbehalts im Schulwesen; zum anderen sucht er der Schule weitgehende Selbständigkeit und den Lehrkräften ein Höchstmaß an pädagogischer Freiheit zu sichern. Der Entwurf ist bei Wissenschaftlern und Praktikern überwiegend auf positive Resonanz gestoßen; doch haben sich auch kritische Stimmen zu Wort gemeldet.[46] Das Bundesverfassungsgericht hat den Entwurf als einen „Orientierungsrahmen für weitere zukünftige Lösungsansätze" gewürdigt.[47] Mehrere neue Schulgesetze, so beispielsweise in Berlin, Brandenburg, Bremen, Hamburg, Hessen, Mecklenburg-Vorpommern, Niedersachsen, Nordrhein-Westfalen und Schleswig-Holstein, haben auf Regelungen des Entwurfs bis in einzelne Formulierungen hinein zurückgegriffen.

---

42 Vgl. BVerfGE 34, 165 (192 f.): hess. Förderstufe; E 41, 251 (259 f.): Speyer-Kolleg; E 45, 400 (470 f.): hess. Oberstufenreform; E 47, 46 (78 f.): Sexualkunde; E 58, 257 (269 f.): Nichtversetzung; E 108, 282 (311 ff.), E 108, 282 (311 ff.): Kopftuch I; E 138, 296 (326 ff.): Kopftuch II.

43 *Ständige Deputation des Deutschen Juristentages* (Hrsg.), Verhandlungen des 51. Deutschen Juristentages, Stuttgart 1976. Bd. II (Sitzungsbericht M), München 1976, M 230 ff.

44 *Deutscher Juristentag*, Schule im Rechtsstaat. Bd. I: Entwurf für ein Landesschulgesetz. Bericht der Kommission Schulrecht des Deutschen Juristentages, München 1981 (DJT-SchulGE). Zusammenfassend Raimund *Wimmer*, Konturen einer gerechten Schule, DVBl. 1981, 473. Wimmer hat als Initiator und Vorsitzender der Kommission maßgeblich zum Erfolg ihrer Bemühungen beigetragen.

45 DJT-SchulGE, S. 47.

46 Sehr informativ sind die in Heft 3/1981 von RdJB abgedruckten Stellungnahmen. Distanziert bis ablehnend äußerte sich die Kultusministerkonferenz (Beschluss vom 11./12.3.1982, abgedruckt in RdJB 1982, 252). Vgl. demgegenüber Horst *Sendler* (von 1980 bis 1991 Präsident des Bundesverwaltungsgerichts), Gesetzesrecht und Richterrecht im Schulwesen, DVBl. 1982, 381, der den SchulGE eine „insgesamt vorzügliche Diskussionsgrundlage" (S. 389) nennt. Scharf ablehnend hingegen Gerhart *Eiselt*, Schulaufsicht im Rechtsstaat, DÖV 1981, 821; *ders.*, Ein höchst gefährlicher Vorschlag: Schulaufsicht als reine Rechtsaufsicht, RdJB 1981, 169. Zu den praktischen Auswirkungen des DJT-SchulGE: Bodo *Pieroth,* Von der Schwierigkeit des Reformierens im Schulrecht, Der Staat 1985, 101. Rückblickend äußern sich Helmut *Fetzer*, Der Schulgesetzentwurf des Deutschen Juristentages – Zehn Jahre danach, PädF 1990, 203, und Raimund *Wimmer,* Ein halbes Jahrhundert Gesetzesvorbehalt im Schulwesen, RdJB 1997, 15.

47 BVerfGE 58, 257 (270).

1.37 Schulrecht: Kontinuität und Wandel

1.371 Mit dem Recht, auch mit dem Schulrecht, verbindet sich die Erwartung an *Verlässlichkeit und Stabilität*. Es kann seine Rolle als unverzichtbare Ordnungsmacht in der Schule nur wirksam erfüllen, wenn es sich selbst „treu bleibt", wenn es dauerhaft und berechenbar ist. Diese Erwartung hat das Schulrecht bislang im Großen und Ganzen nicht enttäuscht. Es schützt wie eh und je die Rechte der Schülerinnen und Schüler wie der Eltern gegen unzulässige Übergriffe der Schule und der Schulverwaltung. Es gewährt den Lehrkräften einen gesicherten Status. Es verpflichtet die an der Schule Beteiligten zu verantwortungsvoller Mitwirkung. Und die staatlichen Gerichte vermögen das Recht in Konfliktfällen auch durchzusetzen.

1.372 Das heißt jedoch nicht, dass das die Schule einhegende Recht starr wäre. In einer Welt, die sich ständig verändert, *muss das Schulrecht auf veränderte Verhältnisse reagieren*. Dies sei an einigen Entwicklungen der vergangenen Jahre beispielhaft verdeutlicht.

Zu den wichtigsten, zugleich schwierigsten Herausforderungen, die die Schule zu bewältigen hat, gehört ihre Aufgabe, *die nachwachsende Generation in die Gesellschaft zu integrieren*. Das gilt umso mehr, als vor allem in den größeren Städten eine wachsende Zahl *junger Menschen mit Migrationshintergrund* zur Schülerklientel zählt. In der Schule stoßen weit mehr als früher *verschiedene Kulturen, Religionen, Lebensstile* aufeinander. Soll die Gesellschaft nicht auseinanderbrechen, muss es der Schule gelingen, die Kinder und Jugendlichen so zu bilden und zu erziehen, dass sie einander respektieren und ihre Rolle als verantwortliche Bürgerinnen und Bürger im gemeinsamen Staat wahrzunehmen imstande sind. Auf die unvermeidlichen Spannungen, die sich auf die Schulen auswirken – man denke nur an den Streit um das Kreuz in der Schule oder um das Kopftuch der muslimischen Lehrerin im Unterricht, an die Auseinandersetzungen über Religions- und Ethikunterricht, an die Durchsetzung der Schulpflicht –, hat das Schulrecht in den letzten Jahren durch teilweise heftig umstrittene gesetzliche Regelungen und Gerichtsentscheidungen reagiert.

Unverkennbar tun sich immer mehr Familien, aus welchen Gründen auch immer, schwer, ihrer Erziehungsaufgabe gerecht zu werden. Das bringt es unvermeidbar mit sich, dass die Schule in nicht wenigen Fällen Erziehungs- und Betreuungsaufgaben übernehmen muss, die früher ganz selbstverständlich von den Eltern wahrgenommen wurden. Nicht zuletzt mit dem Ziel, dieses familiäre Erziehungsdefizit zu kompensieren, haben die Landesgesetzgeber in neuerer Zeit die Einführung von *Ganztagsschulen* vorangetrieben. Das vertraute Bild von der für Deutschland charakteristischen Halbtagsschule verliert dadurch seine Dominanz.

Die Schulen stehen je nach dem Umfeld, in dem sie arbeiten, vor unterschiedlichen Problemen. Das Gymnasium in einer Kleinstadt hat eine andere Schülerklientel als die Gesamtschule im sozialen Brennpunkt einer Großstadt. Damit sie ihren jeweiligen Bildungsauftrag situationsgerecht erfüllen können, brauchen die Schulen ein hohes Maß an *pädagogischer Eigenständigkeit*, die ihnen die Schulgesetze der meisten Länder inzwischen ausdrücklich einräumen. Zugleich versuchen die Landesgesetzgeber durch verschiedene Maßnahmen, vor allem durch das Instrument der internen und externen Evaluation, der Gefahr vorzubeugen, dass schulische Selbständigkeit zu Lasten der *pädagogischen Qualität* geht.

Ging es in den 70er und 80er Jahren des vorigen Jahrhunderts im Zusammenhang mit der *Meinungsfreiheit der Schülerinnen und Schüler* vor allem darum, Reichweite und Grenzen dieses Grundrechts im Hinblick auf Demonstrationen und Schülerstreiks, Plaketten und Abzeichen zu konturieren, so stehen heute andere Formen der Meinungsäußerung im Vordergrund. Dabei handelt es sich zum Beispiel um anonym im *Internet* publizierte Kritik an Mitschülern und Lehrkräften bis hin zu beleidigenden Äußerungen. Hier steht das Schulrecht vor der Aufgabe, das Spannungsverhältnis zwischen Meinungsfreiheit und Persönlichkeitsrecht neu auszutarieren.[48]

Auf die Rechtsstellung der zumeist beamteten *Lehrkräfte* hat sich die Föderalismusreform des Jahres 2006 erheblich ausgewirkt. Die Regelung ihrer Laufbahnen, Besoldung und Versorgung ist nunmehr ausschließlich Sache der Länder. Ob und wie weit die rechtlichen Konsequenzen, die sich daraus ergeben, langfristig einen *Wettbewerb zwischen finanzstarken und finanzschwachen Ländern um die knappe Ressource Lehrpersonal* nach sich ziehen, bleibt abzuwarten. Gegenwärtig scheint es nicht so sehr die Konkurrenz zwischen finanzstarken und finanzschwachen Ländern zu sein, die sich auf dem Lehrerarbeitsmarkt auswirkt; es ist eher die Frage der Verbeamtung, die für die Anziehungskraft eines Landes im Wettbewerb um Lehrkräfte den Ausschlag gibt.

Es wäre allerdings zu kurz gegriffen, den Wandel des Schulrechts ausschließlich als Reaktion auf Änderungen der gesellschaftlichen und technischen Verhältnisse oder als Ergebnis politischer Reformen zu erklären. Neben diesem „exogen“ bedingten gibt es nämlich gelegentlich auch einen „endogenen“ Rechtswandel. Als herausragendes Beispiel für eine tiefgreifende Änderung des Schulrechts gewissermaßen „aus sich selbst“ ist die *Abwendung von der Rechtsfigur des Schulverhältnisses als eines besonderen Gewaltverhältnisses* anzuführen; an seine Stelle ist das öffentlich-rechtliche Schulverhältnis getreten, in dem die Einschränkung von Rechten der Schülerinnen und Schüler stets nur in den verfassungsrechtlich vorgesehenen Formen durch Gesetz oder aufgrund eines Gesetzes zulässig ist. Dieser Rechtswandel ist der Rechtsprechung des Bundesverfassungsgerichts zu verdanken, das ihn bereits vor 40 Jahren vollzogen hat.

1.373 Aufgabe des Schulrechts ist es, die Voraussetzungen dafür zu schaffen, dass die Schule durch Unterricht und Erziehung die ihr anvertrauten Kinder und Jugendlichen befähigen kann, ihre geistigen, seelischen und körperlichen Anlagen bestmöglich zu entfalten. Doch stößt das Schulrecht auch auf *Grenzen* seiner Möglichkeiten. So kann es eine über viele Jahre verfehlte Einwanderungspolitik in ihren Auswirkungen auf das Heranwachsen junger Menschen nicht allein reparieren. Auch sind Bildungspolitik und Schulrecht überfordert, wenn ihnen abverlangt wird, Versäumnisse der Familien- und Sozialpolitik umfassend zu kompensieren.

1.374 Diese Hinweise mögen die unterschiedlichen Dimensionen des Schulrechts deutlich gemacht haben: einerseits die auf Dauer angelegte Verlässlichkeit des Schulrechts; andererseits seine Flexibilität, die veränderten Verhältnissen Rechnung trägt; schließlich aber auch die Grenzen seiner Wirkungskraft. Von dieser komplexen Vielfalt des Schulrechts handeln die folgenden Kapitel.

---

48 Zum inzwischen inaktiven Lehrerbewertungsportal „www.spickmich.de“: Der BGH war der Auffassung, dass die Benotung der pädagogischen Tätigkeit von Lehrkräften durch Schüler in Internetportalen unter Nennung ihres Namens keine Verletzung des Rechts auf informationelle Selbstbestimmung darstelle (BGHZ 181, 328). Die gegen diese Entscheidung gerichtete Verfassungsbeschwerde hat das BVerfG ohne Begründung nicht zur Entscheidung angenommen: BVerfG, Beschl. vom 16.8.2010, 1 BvR 1750/09 (juris).

2. Kapitel: Verfassungsrecht, Recht der Europäischen Union und internationales Recht in ihrer Bedeutung für das Schulwesen

2.1 Kulturhoheit der Länder

2.11 Bund und Länder

Die Bundesrepublik ist ein Bundesstaat (Art. 20 Abs. 1 GG), in dem die Gesetzgebungs- und Verwaltungskompetenzen in Schulangelegenheiten grundsätzlich den Ländern zugewiesen sind (Art. 30 und Art. 70 ff. GG).[1] Demgegenüber verfügt der Bund im Schulwesen nur über sachlich eng umgrenzte Zuständigkeiten (z.B. im Bereich der beruflichen Bildung[2], der Ausbildungsbeihilfen[3] oder für die Auslandsschulen[4]). Das Bundesverfassungsgericht hat in einer frühen Entscheidung die *Kulturhoheit der Länder* als das „Kernstück der Eigenstaatlichkeit“[5] bezeichnet und seitdem diesem Aspekt der Kompetenzverteilung zwischen Bund und Ländern im föderalen Staat eine besondere Bedeutung beigemessen.[6] In der politischen Auseinandersetzung hat der Begriff Verwendung zwischen Rechtfertigung[7] und Polemik[8] gefunden. Dabei wird besonders die Hoheit auf dem Gebiet des Schulwesens seit beinahe sechzig Jahren wie kaum ein anderer in die Zuständigkeit der Bundesländer fallender Bereich in zahllosen Kompetenzstreitigkeiten gegen Ingerenzen des Bundes vehement, lautstark und manchmal auch unter Inkauf-

---

1 Mit den Problemen des deutschen Bildungsföderalismus befassen sich u.a. Peter *Glotz*/Klaus *Faber*, Richtlinien und Grenzen des Grundgesetzes für das Bildungswesen, in: Ernst Benda/Werner Maihofer/ Hans-Jochen Vogel (Hrsg.), Handbuch des Verfassungsrechts der Bundesrepublik Deutschland. 2. Aufl., Berlin 1994, S. 1363 ff.; Matthias *Herdegen*, Strukturen und Institute des Verfassungsrechts der Länder, HdbStR VI, § 129, Rn. 79 ff.; *Oppermann*, Gutachten, C 64 ff.; Ingo *Richter*, Das Bildungswesen im Föderalismusstreit – Zu den Ergebnissen der Bundesstaatskommission, RdJB 2005, S. 3; Ursula *Münch*, Bildungspolitik als föderativer Streitpunkt, in: Europäisches Zentrum für Föderalismusforschung (Hrsg.), Jahrbuch des Föderalismus 2005, Baden-Baden 2005, S. 150; Stefan *Oeter*/Sigrid *Boysen*, Wissenschafts- und Bildungspolitik im föderalen Staat – ein strukturelles Problem, RdJB 2005, 296. S. auch die Beiträge von Bernhard *Ehrenzeller* und Astrid *Wallrabenstein* zu dem Thema „Der Bildungsföderalismus auf dem Prüfstand“ in: VVDStRL 73 (2014), S. 7 und S. 41.

2 Das „Recht der Wirtschaft“ in Art. 74 Abs. 1 Nr. 11 GG erfasst das Recht der beruflichen Bildung allerdings nur hinsichtlich der außerschulischen Vermittlung berufsspezifischer Kenntnisse und Fähigkeiten; nicht erfasst sind hingegen erzieherische Aspekte oder die Vermittlung allgemeinbildender Wissensbestände. Speziell für Regelungen bezüglich der Zulassung zu ärztlichen und anderen Heilberufen und zum Heilgewerbe steht dem Bund darüber hinaus die konkurrierende Gesetzgebungskompetenz nach Art. 74 Abs. 1 Nr. 19 GG zu.

3 Art. 74 Abs. 1 Nr. 13 Alt. 1 GG.

4 Art. 73 Abs. 1 Nr. 1 GG. Darauf gestützt s. das Gesetz über die Förderung Deutscher Auslandsschulen vom 26.8.2013 (BGBl. I S. 3306). Ausführlich zu den Auslandsschulen: Siegfried *Jutzi*, Die Deutschen Schulen im Ausland. Eine Untersuchung der Zuständigkeitsverteilung zwischen dem Bund und den Ländern nach dem Grundgesetz für die Bundesrepublik Deutschland, Baden-Baden 1977. S. auch TZ 14.1.

5 So im Urt. v. 26.3.1957 zum Reichskonkordat, BVerfGE 6, 309 (346 f. und 354).

6 Durchgängige Rechtsprechung, s. zuletzt: BVerfGE 119, 59 (82); 106, 62 (132); zum Hochschulwesen als weiterem wichtigen Bestandteil der Kulturhoheit: BVerfGE 37, 314 (322); 108, 1 (14); 122, 89 (110).

7 So regelmäßig die Kultusministerkonferenz, vgl. etwa Erklärung der Kultusministerkonferenz anlässlich ihrer 250. Plenarsitzung am 4./5.10.1990 in München, KMK-BeschlS. Nr. 25.8, S. 1; Saarbrücker Erklärung zum sechzigjährigen Bestehen der Kultusministerkonferenz vom 16.10.2008, KMK-BeschlS. Nr. 25.10, S. 1.

8 „Verfassungsfolklore“, so Michael *Naumann*, in: Die ZEIT Nr. 45/2000.

nahme des Scheiterns politisch bedeutsamer Reformprojekte verteidigt.[9] Daran hat bislang auch die Tatsache nichts geändert, dass zwischen der eifersüchtig gehüteten Kulturhoheit auf der einen Seite und der Verfassungswirklichkeit auf der anderen Seite eine ziemlich große Diskrepanz besteht. Denn abgesehen davon, dass dem Bund schon den grundgesetzlichen Vorschriften nach Kompetenzen für kulturelle Sachverhalte zukommen, ist vor allem diese von den normativen Grundlagen zu unterscheidende Wirklichkeit wesentlich komplexer und differenzierter als es der Terminus von der Kulturhoheit suggeriert.[10] Jedenfalls ist die *Kulturhoheit* der Länder weder unbegrenzt noch hinsichtlich ihrer Grenzen unveränderlich.

Grenzen findet die Kulturhoheit zunächst in der Verfassungsbestimmung, dass Landesrecht dem Bundesrecht nicht widersprechen darf (Art. 31 GG).[11] Die in Art. 7 GG enthaltenen grundsätzlichen Regelungen zu einzelnen Fragen des Schulrechts binden die Landesgesetzgeber und sind bei der Schaffung und Auslegung schulrechtlicher Normen in den Ländern zu beachten. Gleiches gilt für die übrigen Vorschriften des Grundgesetzes. Hier ist außer den Grundrechten besonders Art. 28 Abs. 1 Satz 1 GG zu nennen, der die Länder auf die Grundsätze des demokratischen und sozialen Rechtsstaats verpflichtet; diese sind somit auch für die Landesschulgesetzgebung maßgeblich. Objektive Verfassungsprinzipien und die Grundrechte wirken somit in schulpolitische Fragestellungen hinein, überformen das grundsätzlich in die Kompetenz der Bundesländer fallende Bildungswesen und limitieren dort in ihrer durch die Rechtsprechung konkretisierten Form landespolitische Entscheidungsspielräume.[12]

Doch besteht der Vorrang des Bundesrechts gegenüber dem Landesrecht nicht ausnahmslos. Gemäß Art. 142 GG sind Grundrechtsbestimmungen der Landesverfassungen wirksam, soweit sie mit Grundrechtsbestimmungen des Grundgesetzes übereinstimmen; sie können sogar über diese hinausgehen, sofern sie grundrechtliche Positionen Dritter nicht stärker beschränken, als dies die im Grundgesetz gewährleisteten Grundrechte zulassen.[13] Darüber hinaus gilt ganz allgemein, dass das Bundesverfassungsrecht wegen des im Bundesstaat gebotenen Respekts vor einer Landesverfassung inhaltsgleiches Landesverfassungsrecht nicht bricht.[14] Überdies lässt Art. 141 GG dem vor dem 1. 1.1949 entstandenen Landesrecht den Vorrang gegenüber Art. 7 Abs. 3 GG (sog. Bremer Klausel, TZ 5.222).

---

9 Kyrill-Alexander *Schwarz,* Die Finanzierung von Bildung und Erziehung in der bundesstaatlichen Ordnung, RdJB 2008, 283, zufolge unterliegt die Kultur „prinzipiell dem Gedanken einer totalen Immunisierung der Länder gegenüber Ingerenzen des Bundes“. Nach Ernst Rudolf *Huber*, Zur Problematik des Kulturstaats, in: Knut Nevermann/Ingo Richter (Hrsg.), Verfassung und Verwaltung der Schule, Stuttgart 1979, S. 40 (53), ist der Besitz der Kulturhoheit „ein eifersüchtig verteidigter und energisch gehandhabter Bestand staatlicher Zuständigkeiten, Verantwortlichkeiten und Machtpositionen“.

10 Bezogen auf Terminologie, Kompetenzverteilung und Verfassungswirklichkeit daher kritisch zum Begriff der „Kulturhoheit der Länder“: Max-Emanuel *Geis*, Die „Kulturhoheit der Länder“, DÖV 1992, 522 (524 und 528); Ansgar *Hense*, Bundeskulturpolitik als verfassungs- und verwaltungsrechtliches Problem, DVBl. 2000, 376 (379 f. und 383 f.); Thomas *Oppermann*, Kulturverwaltungsrecht, Tübingen 1969, S. 556; zurückhaltender Jürgen *Baumert*/Hans-Peter *Füssel*, Kooperation im föderalen Bildungssystem, in: Ines Härtel (Hrsg.), Handbuch Föderalismus, Bd. III, Berlin 2012, § 62 Rn. 5.

11 „Bundesrecht bricht Landesrecht“; zur Bedeutung des Art. 31 GG vgl. Jost *Pietzcker*, Zuständigkeitsordnung und Kollisionsrecht im Bundesstaat, HdbStR VI, § 134, Rn. 38 ff.

12 Sigrid *Boysen*, in: von Münch/Kunig Grundgesetz. Kommentar, Bd. 1, Art. 7 Rn. 17 ff.; *Glotz/Faber* (Fn. 1), § 28 Rn. 36 ff. S. 1396. Am Beispiel der in jüngerer Zeit insoweit besonders bedeutsamen Religionsfreiheit aus Art. 4 Abs. 1 und 2 GG, vgl. Hinnerk *Wißmann*, Religionsverfassungsrecht im föderalen Mehrebenensystem, in: Härtel (Fn. 10), § 60 Rn. 25.

13 *Pietzcker* (Fn. 11), Rn. 66 (74 ff.).

14 BVerfGE 36, 342 (366).

Die konkrete Abgrenzung der Länderkompetenzen im Bildungsbereich von denjenigen des Bundes verläuft im historischen Kontext in einer Art von „Wellenbewegung“[15]. Nach der strikten Trennung der Kompetenzen in Bildungs- und Kulturfragen in den 1950er Jahren[16] war mit dem Konzept eines „kooperativen Föderalismus“[17] nach der Grundgesetzreform des Jahres 1969 eine stärkere Verflechtung der Aktivitäten von Bund und Ländern mit ausgeprägten unitarisierenden Tendenzen auch im Bereich des Bildungswesens angestrebt worden.[18] In den 1970er Jahren hatte ein – letztlich vergeblicher – Vorstoß des Bundes mit dem Ziel der Übertragung von Regelungskompetenzen an den Schnittstellen des Bildungssystems zeitweise die bildungspolitische Debatte bestimmt.[19] In Umsetzung des Vertrages zwischen der Bundesrepublik Deutschland und der Deutschen Demokratischen Republik (Einigungsvertrag[20]) sind nur wenige Grundgesetzänderungen im Rahmen einer Neubestimmung des Verhältnisses zwischen Bund und Ländern vorgenommen worden.[21]

Eine tiefgreifendere Veränderung der bundesstaatlichen Ordnung hat im Jahr 2006 die *„Föderalismusreform I“*[22] bewirkt.[23] Dem Prinzip des *Wettbewerbsföderalismus*[24] fol-

---

15 Zu den unterschiedlichen Phasen der Kooperation von Bund und Ländern seit Gründung der Bundesrepublik: Peter *Collin*, Entwicklungslinien, in: Margrit Seckelmann u.a. (Hrsg.), Die Gemeinschaftsaufgaben von Bund und Ländern in der Wissenschafts- und Bildungspolitik, Baden-Baden 2010, S. 37; Armin *Dittmann*, Das Bildungswesen im föderalistischen Kompetenzgefüge, RdJB 1978, 168 (169 ff.); Matthias *Rürup*, Schulpolitik im deutschen Bundesstaat, in: Europäisches Zentrum für Föderalismus-Forschung (Hrsg.), Jahrbuch des Föderalismus 2008, Baden-Baden, S. 172

16 BVerfGE 12, 205 (229).

17 Zu den negativen Auswirkungen jener „Politikverflechtungsfalle“ s. Lutz-Rainer *Reuter*/Isabelle *Sieh*, Politik- und rechtswissenschaftliche Bildungsforschung, in: Rudolf Tippelt/Bernhard Schmidt (Hrsg.), Handbuch Bildungsforschung, 3. Aufl., Wiesbaden 2010, S. 185 (193).

18 Art. 91 b GG i.d.F. vom 12.05.69 (BGBl. I S. 359) lautete: „Bund und Länder können auf Grund von Vereinbarungen bei der Bildungsplanung und bei der Förderung von Einrichtungen und Vorhaben der wissenschaftlichen Forschung von überregionaler Bedeutung zusammenwirken. Die Aufteilung der Kosten wird in der Vereinbarung geregelt.“ Speziell zu dieser Phase, s. Hans-Georg *Herrlitz* u.a., Deutsche Schulgeschichte von 1800 bis zur Gegenwart, 5. Aufl., Weinheim 2009, S. 171 ff.; Jürgen *Raschert*, Bildungspolitik im kooperativen Föderalismus, in: MPI für Bildungsforschung (Hrsg.), Bildung in der Bundesrepublik Deutschland, Bd. I, Stuttgart 1980, S. 103.

19 *Der Bundesminister für Bildung und Wissenschaft* (Hrsg.), Bericht der Bundesregierung über die strukturellen Probleme des föderativen Bildungssystems, Bonn 1978 (auch als BT-Drs. 8/1551); *ders.*, Schlussfolgerungen der Bundesregierung aus dem Bericht über die strukturellen Probleme des föderativen Bildungssystems, Bonn 1978; Stellungnahme der Kultusministerkonferenz zum Bericht der Bundesregierung über die strukturellen Probleme des föderativen Bildungssystems vom 21.4.1978, KMK-BeschlS. Nr. 20.1; auch Stellungnahme der KMK zur „Reform des Bildungsföderalismus“ vom 28.1.1983, KMK-BeschlS. Nr. 20.2; dazu Christoph *Führ*, Zur Koordination der Bildungspolitik von Bund und Ländern, in: ders./Carl-Ludwig Furck (Hrsg.), Handbuch der deutschen Bildungsgeschichte, Band VI/1, München 1997, S. 82 f.

20 S. Art. 5 des Einigungsvertrages vom 31.8.1990 (BGBl. II S. 889).

21 Gesetz zur Änderung des Grundgesetzes vom 27.10.1994 (BGBl. I S. 3146); vgl. dazu Hubertus *Rybak*/Hans *Hofmann*, Verteilung der Gesetzgebungsrechte zwischen Bund und Ländern nach der Reform des Grundgesetzes, NVwZ 1995, 230; Stephan *Rohn*/Rüdiger *Sannwald*, Die Ergebnisse der Gemeinsamen Verfassungskommission, ZRP 1994, 65; s. auch Bericht der Gemeinsamen Verfassungskommission, BT-Drs. 12/6000, insb. S. 30 ff.

22 Zu dieser Verfassungsreform s. etwa Christian *Starck* u.a. (Hrsg.), Föderalismusreform 2006. Einführung, München 2007; Christoph *Degenhart*, Die Neuordnung der Gesetzgebungskompetenzen durch die Föderalismusreform, NVwZ 2006, 1209; Jörn *Ipsen*, Die Kompetenzverteilung zwischen Bund und Ländern nach der Föderalismusnovelle, NJW 2006, 2801; Fritz *Scharpf*, Weshalb wurde so wenig erreicht? in: APuZ 50/2006, S. 6.

23 Vgl. Gesetz zur Änderung des Grundgesetzes vom 28.8.2006 (BGBl I S. 2034) und Föderalismusbegleitgesetz vom 5.11.2006 (BGBl I S. 2098).

24 Vgl. dazu die Gesetzesbegründung in BT-Drs. 16/813, S. 17; früher schon der damalige Bundesjustizminister Edzard *Schmidt-Jorzig*, Herausforderungen für den Föderalismus in Deutschland – Plädoyer für einen neuen Wettbewerbsföderalismus, DÖV 1998, 746.

gend, sind die Kompetenzen von Bund und Ländern im Bereich der Bildung wieder stärker entflochten und die ohnehin nicht sonderlich umfangreichen Einflussmöglichkeiten des Bundes auf die Schule noch einmal deutlich beschränkt worden.[25] Nicht zuletzt vorangehende Entscheidungen des Bundesverfassungsgerichts hatten maßgeblichen Einfluss auf den Diskussionsverlauf.[26] Ziel der *„Föderalismusreform II"* im Jahre 2009 war es, die Finanzbeziehungen zwischen Bund und Ländern zu modernisieren, um diese an die veränderten Rahmenbedingungen für die Wachstums- und Beschäftigungspolitik anzupassen.[27]

Die *„Föderalismusreform I"* umfasst im Hinblick auf den Bildungsbereich im Wesentlichen eine Reform der Verteilung der Gesetzgebungskompetenzen zwischen Bund und Ländern und eine klarere Zuordnung der Finanzverantwortung zwischen Bund und Ländern.[28] Die *Reform der Verteilung der Gesetzgebungskompetenzen* hat zur Abschaffung der Rahmengesetzgebung des Bundes (Art. 75 GG a.F.) und zu einer Neuordnung des Katalogs der konkurrierenden Gesetzgebung (Art. 74 GG) mit einer Reduzierung des Anwendungsbereichs der Erforderlichkeitsklausel (Art. 72 Abs. 2 GG) geführt.[29] Im Bereich der Bildung drückt sich die stärkere Trennung der Kompetenzen von Bund und Ländern einerseits darin aus, dass die bisherigen Gesetzgebungskompetenzen des Bundes für die Besoldung und Versorgung der Landesbeamten entfallen sind; dies betrifft auch die Vielzahl der beamteten Lehrkräfte. Neu eingeführt wurde eine konkurrierende Gesetzgebungsbefugnis des Bundes zur Regelung der Statusrechte und -pflichten der Angehörigen des öffentlichen Dienstes der Länder, Gemeinden und anderen Körperschaften des öffentlichen Rechts, die in einem Dienst- und Treueverhältnis stehen; nicht von der Bundeskompetenz umfasst sind die Festlegung der Laufbahnen sowie Besoldung und Versorgung (Art. 74 Abs. 1 Nr. 27 GG neu, vgl. hierzu TZ 31.11 und 31.12). Gesetze, welche vor dieser Grundgesetzänderung als Bundesrecht erlassen worden sind, die aber wegen der Veränderung der Gesetzgebungskompetenzen nicht mehr als Bun-

---

25 Hierzu Hermann *Avenarius*, Schulpolitik im Bundesstaat zwischen Unitarisierung und Wettbewerb, in: Antonius Liedhegener/Torsten Oppelland (Hrsg.), Festschrift für Karl Schmitt, Baden-Baden 2009, S. 177; Jörg *Ennuschat*/Carsten *Ulrich*, Neuverteilung der Kompetenzen von Bund und Ländern im Schul- und Hochschulbereich nach der Föderalismusreform, VBlBW 2007, 121; Annette *Guckelberger*, Bildung und Föderalismus, in: Härtel (Fn. 10), § 61 Rn. 30 ff.; Hans-Günther *Henneke*, in: Schmidt-Bleibtreu/Hofmann/ders., Grundgesetz. Kommentar, Art. 91b Rn. 2; Ulrich *Karpen*, Bildung, Wissenschaft und Kultur in der Föderalismusreform, ZG 2006, 271; Ute *Mager*, Die Neuordnung der Kompetenzen im Bereich von Bildung und Forschung – Eine kritische Analyse der Debatte in der Föderalismuskommission, RdJB 2005, 312; Ferdinand *Wollenschläger*, Die Föderalismusreform: Genese, Grundlinien und Auswirkungen auf die Bereiche Bildung und Wissenschaft, RdJB 2007, 8.

26 Vgl. dazu m.w.N. Joachim *Stünker*, Zur Entwicklung der Neufassung von Artikel 72 Abs. 2 GG (Erforderlichkeitsklausel) und Artikel 72 Abs. 3 (Abweichungsrechte), in: Rainer Holtschneider/Walter Schön (Hrsg.), Die Reform des Bundesstaates, Baden-Baden 2007, S. 91 (92 ff.). Die zunächst eingesetzte Bundesstaatskommission scheiterte vor allem, weil keine Einigkeit über die Fragen des Bildungswesens erzielt werden konnte, vgl. dazu die Nachweise bei *Mager* (Fn. 25); hierzu auch: Ingo *Richter*, Das Bildungswesen im Föderalismusstreit, in: Rudolf Hrebek/Annegret Eppler (Hrsg.), Die unvollendete Föderalismus-Reform, Tübingen 2005, S. 43.

27 Vgl. hierzu BT-Drs. 16/12410; Gesetz zur Änderung des Grundgesetzes vom 29.6.2009 (BGBl. I S. 2284) und BT-Drs. 16/12400; Begleitgesetz zur zweiten Föderalismusreform vom 10.8.2009 (BGBl. I S. 2702). Zum aktuellen Stand s. Margrit *Seckelmann*, „Föderalismusreform III" im Wissenschaftsbereich? Zur aktuellen Neuordnung der föderalen Kooperation, NVwZ 2015, 248.

28 Unter dem Titel »Entflechten – überleiten – neu gestalten« hat die KMK eine Übersicht über das Zusammenwirken von Bund und Ländern in Bildung, Wissenschaft und Kultur nach der „Föderalismusreform I" erstellt. Die Übersicht und die dazugehörenden Anlagen können auf der Homepage der KMK (https://www.kmk.org) unter der Rubrik »Dokumentation und Statistik« aufgerufen werden.

29 Verbunden damit ist die Einführung einer Abweichungsgesetzgebung in bestimmten Gesetzgebungsbereichen (Art. 72 Abs. 3 GG n.F.); s. hierzu nur: Christoph *Degenhart*, Verfassungsrechtliche Rahmenbedingungen der Abweichungsgesetzgebung, DÖV 2010, 422.

desrecht erlassen werden könnten, gelten zunächst fort. Sie können allerdings jederzeit durch Landesgesetze ersetzt werden (Art. 125a GG n.F.).[30]

Im Bereich des Hochschulwesens ist anstelle der früheren Rahmengesetzgebung für die allgemeinen Grundsätze des Hochschulwesens (Art. 75 Abs. 1 Satz 1 Nr. 1a GG a.F.) eine auf die Regelung der Hochschulzulassung und Hochschulabschlüsse beschränkte konkurrierende Gesetzgebung mit einem Abweichungsrecht der Länder getreten (Art. 74 Abs. 1 Nr. 33 GG n.F.). Damit soll dem Bundesgesetzgeber eine Vollregelung der von dieser Kompetenzart umfassten Materien ermöglicht werden[31], zugleich aber die Länder nicht an einer eigenen landesgesetzlichen Regelung gehindert sein, um unterschiedlichen Gegebenheiten und Bedürfnissen der Länder Rechnung tragen zu können.[32]

Durch die Abschaffung[33] der gemeinsamen Bildungsplanung (Art. 91b GG a.F), die sich auf die Rahmen-, Detail- und experimentelle Planung sowie auf die Datenerhebung und Evaluation in Bezug auf sämtliche Bildungseinrichtungen von der Vorschule über das gesamte allgemeinbildende Schulwesen, die berufliche Aus- und Fortbildung bis hin zur Hochschule und der Erwachsenenbildung erstreckte[34], und die nunmehrige Beschränkung auf das Zusammenwirken von Bund und Ländern bei der „Feststellung der Leistungsfähigkeit des Bildungswesens im internationalen Vergleich und bei diesbezüglichen Berichten und Empfehlungen“[35], wurde versucht, die gemeinsame Verantwortung von Bund und Ländern auf

30 Zu dem Bundesrecht, das wegen Änderung des Artikels 75 GG (Wegfall der Rahmengesetzgebung) nicht mehr als Bundesrecht erlassen werden könnte, aber nach Art. 125a Abs. 1 GG als Bundesrecht fortgilt, bevor es ggf. durch Landesrecht ersetzt wird, gehören etwa die auf der Grundlage des Art. 75 Abs. 1 S. 1 Nr. 1 lit. a GG a.F. erlassenen Rahmenvorschriften für die Gesetzgebung der Länder über die „allgemeinen Grundsätze des Hochschulwesens“.

31 Diese Kompetenz soll es dem Bund ausweislich der Gesetzesbegründung ermöglichen, Vorgaben für die Ermittlung und vollständige Ausschöpfung der vorhandenen Ausbildungskapazitäten der Hochschulen sowie für die Vergabe der Studienplätze und Auswahlverfahren einheitlich zu regeln. Nicht erfasst werden von dieser Kompetenz Regelungen über den Hochschulzugang, die aufgrund ihres engen Bezugs zum Schulwesen zur Zuständigkeit der Länder gehören sowie die Regelung von Studiengebühren. Die Kompetenz für die Hochschulabschlüsse soll es dem Bund ermöglichen, im Interesse der Gleichwertigkeit einander entsprechender Studienleistungen und -abschlüsse die Abschlussniveaus und die Regelstudienzeiten festzulegen. Der Bund soll insofern „einen Beitrag zur Verwirklichung des einheitlichen europäischen Hochschulraums und zur internationalen Akzeptanz deutscher Hochschulabschlüsse leisten“ (BT-Drs. 16/813, S. 14). Vereinzelt werden weitergehende Kompetenzen des Bundes in Bezug auf den Hochschulzugang i.S.d. fachlichen Voraussetzungen für die Aufnahme eines Studiums sowie für die Einführung von Studiengebühren angenommen; s. Jakob Julius *Nolte*, Die Zuständigkeit des Bundes für das Hochschulwesen, DVBl. 2010, S. 84 (88 ff.); dagegen nur Erik *Hansalek*, Die neuen Kompetenzen des Bundes im Hochschulrecht, NVwZ 2006, 668 (668).

32 Ob allerdings von dieser Möglichkeit Gebrauch gemacht wird oder ob die bundesgesetzlichen Regelungen ohne Abweichung gelten sollen, unterliegt der verantwortlichen politischen Entscheidung des jeweiligen Landesgesetzgebers, vgl. BT-Drs. 16/813, S. 11. Hierzu *Hansalek* (Fn. 31), 668 (670 f.).

33 Allerdings sind aufgrund von Art 143c GG und des dazu ergangenen „Gesetzes zur Entflechtung von Gemeinschaftsaufgaben und Finanzhilfen (Entflechtungsgesetz)“ vom 5.9.2006 (BGBl. I S. 2102), das mit Gesetz vom 15.7.2013 (BGBl. I S. 2401 [2402 f.]) gem. Art. 143c Abs. 3 GG auf die Jahre 2014 bis 2019 erstreckt worden ist, umfangreiche Übergangsregelungen geschaffen worden, die den Ländern ein geordnetes Auslaufen der entsprechenden Programme ermöglichen.

34 M.w.N. zu unterschiedlich weit reichenden Definitionen s. Michael *Sachs*, Abschied von der gesamtstaatlichen Verantwortung?, in: DGBV (Hrsg.), „Abschied von der gesamtstaatlichen Verantwortung? Das Bildungswesen nach der Föderalismusreform“, Berlin 2008, S. 7 (11 mit Fn. 16); vgl. ferner die Beschreibung im Bildungsgesamtplan aus dem Jahre 1973, BT-Drs. 7/1474, S. 10 ff. Ausführlich zum „Rechtsbegriff der Bildungsplanung“ Armin *Dittmann*, Bildungsplanung als Gemeinschaftsaufgabe, Bad Honnef 1975, S. 43 ff.

35 So Art. 91 lit. b Abs. 2 GG in der Fassung der Verfassungsreform von 2006, Gesetz vom 28.8.2006 (BGBl. I S. 2034 ff.); vgl. insgesamt dazu Annette *Guckelberger*, Bildungsevaluation als neue Gemeinschaftsaufgabe gemäß Art. 91b Abs. 2 GG, RdJB 2008, 267.

zentrale Fragen des Bildungswesens zu konzentrieren[36], wie sie nicht zuletzt als Folge der Ergebnisse internationaler Vergleichsstudien wie PISA identifiziert worden sind.[37] Ziel der Regelung ist folglich eine gemeinsame Bildungsberichterstattung, die Grundinformationen für die Gewährleistung der internationalen Gleichwertigkeit und Wettbewerbsfähigkeit des deutschen Bildungswesens zur Verfügung stellen soll.[38] Ausdrücklich festgehalten ist in der Gesetzesbegründung jedoch, dass für „Folgerungen aus diesem Zusammenwirken [...] – unbeschadet eventueller gemeinsamer Empfehlungen – allein die Länder zuständig [sind], soweit nicht der Bund konkrete Zuständigkeiten hat“[39].[40]

2.12 Angleichungsschritte

2.121 Die durch die *Kulturhoheit* der Länder ermöglichte Mannigfaltigkeit im deutschen Schulwesen bedeutet nichts Neues. In den Jahren der Geltung der Weimarer Verfassung wurde sie durch Abkommen der Unterrichtsverwaltungen der Länder überbrückt, während des Nationalsozialismus durch Gleichschaltung verdrängt. Nach 1945 konnten sich in Westdeutschland die föderativen Kräfte, unterstützt von den alliierten Kontrollmächten, die die Dezentralisierung als eine Garantie gegen den Missbrauch der Schulpolitik zu ideologischen Zwecken betrachteten, zunächst entfalten. Doch führte das von wirtschaftlichen und gesellschaftlichen Ansprüchen getragene Bedürfnis nach Angleichung sehr bald zu Maßnahmen der Koordinierung, die ein Auseinanderbrechen des Schulwesens verhindern sollten. Bereits seit Ende der 40er Jahre des letzten Jahrhunderts gab es ein von Öffentlichkeit und Presse, politischen Parteien, kulturellen Organisationen und Berufsverbänden gefördertes Bemühen, die Zersplitterung der Schulpolitik zu überwinden.

Die bereits vor Gründung der beiden deutschen Staaten im Jahr 1948 etablierte *Ständige Konferenz der Kultusminister in der Bundesrepublik Deutschland (KMK)* – ein Beratungs-, Empfehlungs- und Beschlussgremium – zielt seither darauf ab, das Schulwesen in den Ländern durch Vereinbarungen anzugleichen (TZ 1.334)[41], seit 1990 auch unter Mitwirkung der zuständigen Minister der neuen Länder.[42]

---

36 Dazu Heinz-Elmar *Tenorth*, Bildungsföderalismus – Über den Nutzen von Konkurrenz in der Arbeit an „Gemeinschaftsaufgaben“, RdJB 2008, 249 (255 f.)

37 S. *Kultusministerkonferenz* (Hrsg.), Gesamtstrategie der Kultusministerkonferenz zum Bildungsmonitoring, Berlin und Bonn 2016.

38 *Henneke* (Fn. 25), Art. 104a Rn. 19.

39 BT-Drs. 16/813, S. 17.

40 Das gilt ungeachtet der insoweit missverständlichen Gesetzesbegründung auch für das Instrument der „Empfehlungen“, da diesen schon der Begrifflichkeit nach keine rechtliche Bindungswirkung zukommt und es deshalb auch bei ihnen unabhängig vom Konkretisierungsgrad vom Willen der beteiligten Bundesländer abhängig ist, ob und wie die in den Empfehlungen enthaltenen Vorschläge umgesetzt werden; exemplarisch für die zum Teil starke Konkretisierung der Empfehlungen, s. die „Gemeinsame[n] Empfehlungen der Kultusministerkonferenz und des Bundesministeriums für Bildung und Forschung zu den Ergebnissen von PIRLS/IGLU 2006-I und PISA 2006-I“, Beschluss der KMK vom 6.3.2008.

41 Besonders hinzuweisen ist auf die mehrbändige Loseblattausgabe „Sammlung der Beschlüsse der Ständigen Konferenz der Kultusminister der Länder in der Bundesrepublik Deutschland“ (KMK-Beschl S.), nunmehr erscheinend im Verlag Carl Link, Kronach. – Informationen über die KMK finden sich auch in: *Sekretariat der Ständigen Konferenz der Kultusminister der Länder in der Bundesrepublik Deutschland* (Hrsg.), Einheit in der Vielfalt: 50 Jahre Kultusministerkonferenz 1948-1998, Neuwied 1998; *Joachim Schulz-Hardt*, Die Ständige Konferenz der Kultusminister der Länder in der Bundesrepublik Deutschland, in: Christian Flämig u.a. (Hrsg.), Handbuch des Wissenschaftsrechts, Bd. 2. 2. Aufl., Berlin 1996, S. 1655; s. auch Hans-Peter *Füssel*/Achim *Leschinsky*, Der institutionelle Rahmen des Bildungswesens, in: MPI-Bildungsbericht, S. 131 (157 ff.).

42 Über die 251. Plenarsitzung, auf der die neuen Länder ihren Beitritt erklärten, und die folgenden Plenarsitzungen der KMK berichtet Albert *Munding*, Die Kultusministerkonferenz im Prozess der deutschen Einigung, Deutschland-Archiv 1995, 507 (508 ff.).

Angesichts des in der Öffentlichkeit verbreiteten Unwillens über den sog. Schulwirrwarr haben sich auch die *Ministerpräsidenten der Länder* ihrerseits um eine Vereinheitlichung des Schulwesens bemüht und im Jahre 1955 eine Vereinbarung getroffen, welche die ärgsten Missstände beseitigen sollte. Dieses *Düsseldorfer Abkommen* regelte Schuljahresbeginn, Schulferien, Schul- und Klassenbezeichnungen, Bezeichnung der Notenstufen, Formen der Mittelschule und der höheren Schule sowie die gegenseitige Anerkennung von Prüfungen. Das Düsseldorfer Abkommen wurde am 28.10.1964 durch eine neue Vereinbarung der Ministerpräsidenten, das *Hamburger Abkommen*, ersetzt.[43] Dieses Abkommen bildete neben den einschlägigen Vereinbarungen der Kultusministerkonferenz (KMK) auch die Grundlage für die Neugestaltung des Schulwesens in den ostdeutschen Ländern und für die Anerkennung der in der DDR erworbenen schulischen Abschlüsse (Art. 37 Abs. 4 Satz 3 EVtr).[44]

Hatte sich in der Vergangenheit die Kritik an der Arbeit der KMK an der Langsamkeit sowie dem oftmals politisch formelhaften Kompromisscharakter ihrer Beschlüsse entzündet und wurde auch das mit den Verfahrensweisen der KMK verknüpfte Beharrungsvermögen gegenüber neueren Entwicklungen beklagt[45], so ist eine Veränderung mit der Erklärung der KMK eingetreten, sich zukünftig auf Rahmenabsprachen zu konzentrieren und stärker den „Spielraum für länderspezifische Regelungen“ anerkennen zu wollen.[46]

2.122 Bund und Länder errichteten in der Vergangenheit gemeinsam verschiedene Beratungsgremien, die wichtige Reformpläne für das Bildungswesen erarbeiteten:

Den Anfang machte der *Deutsche Ausschuss für das Erziehungs- und Bildungswesen* (1953 bis 1965) mit seinen Empfehlungen für die Gestaltung des Schulwesens, deren wichtigste der „Rahmenplan zur Umgestaltung und Vereinheitlichung des allgemeinbildenden öffentlichen Schulwesens“ (1959) war. Die Stelle des Deutschen Ausschusses übernahm – mit erweiterten Kompetenzen und Funktionen – in den Jahren 1965 bis 1975 der *Deutsche Bildungsrat*. Ihm war die Aufgabe zugewiesen, Bedarfs- und Entwicklungspläne für das deutsche Bildungswesen unter Berücksichtigung der Gegenwarts- und Zukunftserfordernisse zu entwerfen, Vorschläge für seine Struktur zu unterbreiten, den Finanzbedarf zu berechnen sowie Empfehlungen für langfristige Planungen auszusprechen. Unter den zahlreichen Veröffentlichungen der Bildungskommission des Bildungsrates ist der am 13.2.1970 verabschiedete Strukturplan für das Bildungswesen hervorzuheben.[47]

---

43 I.d.F. vom 14.10.1971, KMK-BeschlS. Nr. 101. Die durch verschiedene Vereinbarungen bedingten Weiterentwicklungen seit dem Hamburger Abkommen, insbesondere zum Zwecke gegenseitiger Anerkennung von Bildungsgängen und Abschlüssen, hat die Kultusministerkonferenz in ihrem Beschluss vom 10.5.2001 zur „Weiterentwicklung des Schulwesens in Deutschland seit Abschluss des Abkommens zwischen den Ländern der Bundesrepublik Deutschland zur Vereinheitlichung auf dem Gebiete des Schulwesens vom 28. 10. 1964 i.d.F. vom 14.10.1971“ festgehalten.

44 Voraussetzung für die Anerkennung der in der DDR erworbenen Abschlüsse in den alten Ländern war allerdings nach Art. 37 Abs. 1 S. 2 EVtr die Gleichwertigkeit (dazu TZ 4.14).

45 Hierzu nur Lutz-Rainer *Reuter*, Bildungspolitik, in: Klaus-Peter Horn u.a. (Hrsg.), Klinkhardt Lexikon Erziehungswissenschaft, Bd. 1, Bad Heilbrunn/Obb. 2012, S. 177 (178); *ders./Sieh* (Fn. 17), S. 185 (193).

46 S. etwa Saarbrücker Erklärung der KMK vom 16.10.2008, KMK-BeschlS. Nr. 25.10, S. 2; früher schon in der Erklärung „Föderalismus braucht Wettbewerb und Kooperation“, Presseerklärung vom 2.12.2004, zu finden auf der Homepage der KMK.

47 *Deutscher Bildungsrat*, Strukturplan für das Bildungswesen, Stuttgart 1970; *ders.*, Bericht '75. Entwicklungen im Bildungswesen, Stuttgart 1975.; s. auch die Erklärung der KMK zum Strukturplan vom 2.7.1970, KMK-BeschlS. Nr. 27, sowie Knut *Nevermann*, Grundzüge des Schulverfassungsrechts, in: ders./Ingo Richter, Rechte der Lehrer – Rechte der Schüler – Rechte der Eltern, München 1977, S. 173 (174 ff.); *ders.*, Die Schule im Rechtsstaat, ZfPäd 1977, 119 (125 ff.).

Im Jahre 1970 schlossen die Regierungen des Bundes und der Länder auf der Grundlage des damaligen Art. 91b GG ein Verwaltungsabkommen über die Errichtung einer gemeinsamen Kommission für Bildungsplanung.[48] Diese Kommission – seit 1975 mit erweiterter Aufgabenstellung unter der Bezeichnung *Bund-Länder-Kommission für Bildungsplanung und Forschungsförderung (BLK)* – verabschiedete am 15.6.1973 den Bildungsgesamtplan, der Leitlinien für die künftige Gestaltung des Bildungswesens, insbesondere des Schulbereichs, bis zum Jahre 1985 enthielt.[49] Die Fortschreibung dieses Plans bis 1995 scheiterte nicht nur an unterschiedlichen bildungspolitischen Auffassungen und divergenten Positionen der einzelnen Länder, sondern auch an den nicht zu überbrückenden Meinungsdifferenzen zwischen Bildungs- und Finanzpolitikern.[50] Mit der Verfassungsreform des Jahres 2006 ist die gemeinsame Bund-Länder-Aufgabe der Bildungsplanung entfallen und die BLK aufgelöst worden; für die gemeinsame Behandlung von Fragen der Wissenschafts- und Forschungsförderung wurde ebenfalls durch Verwaltungsvereinbarung eine neue *Gemeinsame Wissenschaftskonferenz* (GWK) gegründet.[51]

2.123 Einen weiteren Anstoß zu übergreifenden Lösungen im Bildungswesen suchte die vom Deutschen Bundestag Ende 1987 eingesetzte *Enquête-Kommission* „Zukünftige Bildungspolitik – Bildung 2000" zu geben. Sie sollte der Frage nachgehen, wie die sich abzeichnenden Herausforderungen an der Jahrtausendwende bildungspolitisch zu meistern sind. Doch gelang es der Kommission nicht, bleibende Spuren zu hinterlassen. Nicht zuletzt wirkten sich die Meinungsverschiedenheiten zwischen Bund und Ländern über die Zuständigkeiten des Bundes im Bildungsbereich nachteilig auf ihre Arbeit aus.[52] Erfolgreicher war demgegenüber das gemeinsam von Bund und Ländern im Jahre 1999 errichtete *„Forum Bildung"* insofern, als es gelang, sich gemeinsam mit Vertretern gesellschaftlicher Gruppen und unter Einbeziehung verschiedenster Experten[53] in den knapp zwei Jahres des Bestehens auf eine Reihe von Empfehlungen zu verständigen[54], deren Umsetzung allerdings nach wie vor aussteht.[55]

2.124 Die Selbstkoordination der Länder (TZ 2.121), welche aus gesellschaftlichen Bedingungen resultierenden Angleichungszwängen geschuldet sind (wie etwa bei Schulabschlüssen oder grundlegenden systemischen Strukturen infolge der innerstaatlichen Mobilität der Bürgerinnen und Bürger), hat eine Zersplitterung des Schulrechts verhindert. Zudem führten technische und wirtschaftliche Entwicklungen zu einer Verein-

48 Verwaltungsabkommen über die Errichtung einer gemeinsamen Kommission für Bildungsplanung vom 25.6.1970, nach Beitritt der neuen Länder i.d.F. vom 17./21.12.1990, BAnz 1991, S. 683.

49 *Bund-Länder-Kommission für Bildungsplanung*, Bildungsgesamtplan, 2 Bde., Stuttgart 1973. Hierzu auch Willi *Blümel*, Verwaltungszuständigkeit, HdbStR IV (2. Aufl., Heidelberg 1999), § 101 Rn. 156 ff.; Thomas *Oppermann*, Schule und berufliche Ausbildung, HdbStR V (Heidelberg 1989), § 135 Rn. 28 ff., und *Glotz/Faber* (Fn. 1), S. 1404 ff., jeweils m.w.N.

50 S. nur *Avenarius* (Fn. 25), S. 177 (180 f.); Fritz W. *Scharpf*, Föderalismusreform. Kein Ausweg aus der Politikverflechtungsfalle?, Frankfurt am Main 2009, S. 104.

51 Art. 1 des Verwaltungsabkommen zwischen Bund und Ländern über die Errichtung einer Gemeinsamen Wissenschaftskonferenz (GWK-Abkommen) vom 11.9.2007 (Bekanntmachung vom 19.9.2007, BAnz S. 7787, geändert durch Beschluss der Gemeinsamen Wissenschaftskonferenz (GWK) vom 17.4.2015, BAnz AT 16.7.2015 B4).

52 S. Schlussbericht der Enquête-Kommission „Zukünftige Bildungspolitik – Bildung 2000". (BT-Drs. 11/7820); s. auch Zwischenbericht der Enquête-Kommission „Zukünftige Bildungspolitik – Bildung 2000" (BT-Drs. 11/5349).

53 S. *Arbeitsstab Forum Bildung* (Hrsg.), Expertenberichte des Forum Bildung, Bonn 2002.

54 *Arbeitsstab Forum Bildung* (Hrsg.), Empfehlungen des Forum Bildung, Bonn 2001, sowie Empfehlungen und Einzelergebnisse des Forum Bildung, Bonn 2002.

55 Die Kultusministerkonferenz „würdigte" zwar die Ergebnisse des Forum Bildung, sah aber zugleich deren Empfehlungen in den nach Vorlage der ersten PISA-Ergebnisse von der KMK im Jahre 2001 beschlossenen „Handlungsfeldern" als mit umfasst an; eine weitere Behandlung unterblieb.

heitlichung der Lebensverhältnisse, die sich auch auf das Schulwesen auswirkte. So ist das Schulrecht trotz mancher Abweichungen terminologischer, organisatorischer oder finanztechnischer Art gleichförmiger, als man gemeinhin denkt.[56] Die Bildungsziele, der Aufbau des Schulwesens und die Befugnisse der Schulaufsicht sind weitgehend ähnlich. Schulgeldfreiheit ist überall eingeführt. Vertretungen der Schülerinnen und Schüler sowie der Eltern, ihre Mitwirkung bei der Gestaltung des Schullebens sind trotz Divergenzen hinsichtlich des Umfangs der Beteiligungsrechte in sämtlichen Ländern gesichert. Unter dem Druck internationaler und nationaler Schulleistungsstudien ist zudem zu beobachten, dass die Länder in den letzten Jahren unabhängig von den jeweiligen politischen Machtverhältnissen die gleichen systemrelevanten Struktur- und Organisationsreformen (wie z.B. den Ausbau der Ganztagsschule oder die Erweiterung der Selbständigkeit der Einzelschule) durchgeführt und nahezu identische neue Steuerungsinstrumente (wie z.B. Schulprogramme und -profile, interne und externe Evaluationen, Vergleichsarbeiten oder Bildungsstandards) implementiert haben.[57] Selbst die Verschiedenheit der den Gemeinden und den Gemeindeverbänden im Schulwesen zustehenden Rechte, die sich aus der abweichenden Entwicklung der kommunalen Selbstverwaltung im 19. Jahrhundert erklärt, hat den Prozess der Angleichung nicht gehemmt. Die weitgehende Gleichförmigkeit des Schulrechts ist aber nur zum Teil Folge bildungspolitischer Koordinierung. Vereinheitlichende Wirkungen gehen auch von den Verwaltungsverfahrensgesetzen der Länder aus, die inhaltlich und auch in der Paragraphenfolge nahezu völlig übereinstimmen.[58]

Vor allem aber ist die beherrschende Rolle des Grundgesetzes zu beachten, dessen Strukturprinzipien und grundrechtliche Normen auf das Schulrecht maßgebend einwirken[59] (Näheres TZ 2.2). Es ist nicht zuletzt das Verdienst der Rechtsprechung, insbesondere der des Bundesverfassungsgerichts, die Bedeutung des Grundgesetzes für das Schulrecht herausgestellt zu haben.

---

56 So auch *Boysen* (Fn. 12), Art. 7 Rn. 16; *Oeter/Boysen* (Fn. 1), S. 296 (304 f.); Fritz *Ossenbühl*, Bildungspolitik, in: Görres-Gesellschaft (Hrsg.), Staatslexikon, Bd. I, 7. Aufl., Freiburg 1985, S. 800 (801); Kyrill-Alexander *Schwarz*, Die Finanzierung von Bildung und Erziehung in der bundesstaatlichen Ordnung, RdJB 2008, 283 (284); zurückhaltender hingegen: Peter *Badura*, in: Maunz/Dürig, Grundgesetz. Kommentar, Art. 7 Rn. 13: Die KMK sei „trotz vieler Erfolge der Einigung eine letztlich nur lockere Klammer des föderativen Schulwesens". S. auch die insoweit grundlegende Schrift „Der unitarische Bundesstaat", in der Konrad *Hesse* schon vor über fünfzig Jahren festgestellt hat, dass eine Selbstkoordinierung, die durch den Drang zur „Wahrung der Einheitlichkeit der Lebensverhältnisse" getrieben sei, von „individueller Eigenart wenig übrig" lasse (Konrad *Hesse*, Der unitarische Bundesstaat, Karlsruhe 1962, S. 19 f.). Einige Länder heben in ihren Schulgesetzen die Verpflichtung zur Wahrung der Einheit des deutschen Schulwesens ausdrücklich hervor, s. etwa § 3 Abs. 2 bw SchG, § 3 Abs. 15 HSchG, § 2 Abs. 2 Halbsatz 2 saarl SchoG.

57 Auch wenn selbstverständlich die konkreten Ausgestaltungen entsprechender Reformen bzw. Steuerungsinstrumente in den Schulgesetzen der einzelnen Bundesländer mehr oder weniger große Unterschiede aufweisen können, was in gleicher Weise für die Geschwindigkeit gilt, mit der organisatorisch-strukturelle Reformen betrieben oder Schulsysteme auf eine stärker am Output orientierte Steuerung umgestellt werden.

58 Eine Ausnahme macht lediglich Schleswig-Holstein, dessen Landesverwaltungsgesetz nicht nur in der Nummerierung der Paragraphen, sondern auch im Inhalt einzelner Regelungen von den Verwaltungsverfahrensgesetzen des Bundes und der anderen Länder abweicht. In Berlin verweist das Gesetz über das Verfahren der Berliner Verwaltung in § 1 Abs. 1 auf das VwVfG des Bundes. Dazu etwa: *Maurer/Waldhoff*, Verwaltungsrecht, § 5 Rn. 17 ff.

59 In diesem Sinne auch Peter M. *Huber*, Erziehungsauftrag und Erziehungsmaßstab der Schule im freiheitlichen Verfassungsstaat, BayVBl 1994, 545 (552); zur umfassenden Wirkung der Grundrechte im Bildungswesen s. *Glotz/Faber* (Fn. 1), S. 1396 ff.

2.13 Kritische Bilanz

Der Kulturföderalismus ermöglicht die Berücksichtigung sozialer, historischer und regionaler, politischer und konfessioneller Besonderheiten und zugleich einen Wettbewerb zwischen Ländern mit unterschiedlichen bildungspolitischen Konzeptionen und Strukturen. Untragbar wäre andererseits eine Vielfalt, bei der die Länder die gebotene Rücksicht aufeinander vermissen ließen; das ginge vor allem zu Lasten der Schülerinnen, Schüler und Eltern, die unter den Folgen eines Schulwechsels von einem Bundesland in ein anderes zu leiden hätten. Gerade unter dem Aspekt der auch über die deutschen Grenzen hinweg reichenden Anforderungen an die Mobilität der Berufstätigen gilt der Frage nach der Anerkennung von (schulischen) Abschlüssen eine besondere Aufmerksamkeit der Öffentlichkeit, die sich unmittelbar mit der Frage nach der Qualität der mit diesen Abschlüssen zertifizierten Kompetenzen verbindet. Insoweit ist eine Verlagerung der an die Vergleichbarkeit von Qualifikationen gestellten Anforderungen und Erwartungen zu beobachten, der sich die innerstaatlichen Koordinierungsinstanzen – wie die KMK – gegenübersehen. Hinzutreten europarechtliche Impulse (dazu TZ 2.4), die in nationale Regelungen zu transferiert und inkorporiert werden und die zugleich den Handlungsspielraum für abweichende Bestimmungen einengen.

Der erwünschte Wettbewerb unter den Bundesländern um die bessere Lösung sieht sich unter dem Einfluss der Forderungen nach Vergleichbarkeit und Sicherung der Qualität einem spezifischen Konformitätsdruck gegenüber, der gegenwärtig trotz der Ziele der Verfassungsreform des Jahres 2006 eher wettbewerbshindernd denn wettbewerbsbefördernd wirkt.[60] Dabei treten die Debatten um die äußeren Rahmenbedingungen von Schule zunehmend stärker in den Hintergrund. Fragen der Leistungsfähigkeit, von Effizienz und Effektivität des schulischen Handelns werden wichtiger und bewirken aufgrund bundeseinheitlicher Maßstäbe („*Bildungsstandards*“) eine weitergehende Vereinheitlichung über Bundesländergrenzen hinweg.[61]

2.2 Grundgesetz und Schule

2.21 Art. 7 GG

Art. 7 GG als einziger *Schulartikel des Grundgesetzes*[62] enthält keine umfassende Ordnung des Schulwesens, sondern regelt nur Einzelfragen des Schulwesens.[63] Demgegenüber

---

60 Überaus kritisch zu einem „Bildungswettbewerbsföderalismus“ *Wallrabenstein* (Fn. 1), S. 49 (55 ff.): Es fehle an den praktischen Voraussetzungen eines Nachfragewettbewerbs, die bildungspolitischen Entscheidungsprozesse folgten nicht ökonomischen Rationalitätskriterien, der Bildungswettbewerbsföderalismus setze eine in demokratischer Hinsicht problematische exekutivische Ausrichtung voraus und wegen der hohen Mobilität der Bevölkerung würden sich Bildungsinvestitionen nur teilweise in dem Land realisieren, das die Investitionen getätigt hat und verlangten „deshalb einen Ausgleich zwischen den Ländern oder andere Strategien, um die Externalisierung der Gewinne aufzufangen“.

61 Etwa durch die Nutzung gemeinsamer, alle Bundesländer umfassender Evaluationsverfahren, wie z.B. Vergleichsarbeiten in der 3. und 8. Jahrgangsstufe (VERA-3 bzw. VERA-8). S. dazu die Vereinbarung zur Weiterentwicklung von VERA (Beschluss der KMK vom 8.3.2012); zu VERA auch TZ 13.325.

62 Wenn man von der sog. „Bremer Klausel“ in Art. 141 GG, die eine Ausnahmebestimmung zu Art. 7 Abs. 3 S. 1 GG darstellt, absieht; dazu TZ 5.222; einen ausdrücklichen Bezug zur Schule haben schließlich auch Art. 23 Abs. 6 GG, der sich mit der Zuständigkeit bei der Behandlung von Fragen schulischer Bildung auf europäischer Ebene befasst, sowie Art. 91 lit. b Abs. 2 GG, der sich auf die Feststellung der Leistungsfähigkeit des Bildungswesens im internationalen Vergleich bezieht.

63 BVerfGE 26, 228 (238); Matthias *Jestaedt*, Schule und außerschulische Erziehung, in: Isensee/Kirchhof (Hrsg.), HdbStR VII, § 156 Rn. 22: „fragmentarisch, sektoral und partiell“. Zu den Gründen für den recht fragmentarischen Inhalt des Art. 7 GG auch Armin *Dittmann*, Erziehungsauftrag und Erziehungsmaßstab der Schule im freiheitlichen Verfassungsstaat, VVDStRL 54 (1995), S. 47 (54).

enthielten die Schulbestimmungen der Weimarer Reichsverfassung – wie auch die Landesverfassungen – wesentlich umfassendere Regelungen zum Schulrecht.[64] In Art. 7 GG sind nur geregelt die Schulaufsicht des Staates (Abs. 1), der Religionsunterricht (Abs. 2 und 3), das Privatschulrecht (Abs. 4 und 5) sowie in Absatz 6 eine Einzelfrage des Schulaufbaues (Vorschulen bleiben aufgehoben). Dieser recht fragmentarische Inhalt des Art. 7 GG erklärt sich aus der Entwicklung seit 1919 und aus der Tatsache, dass die zum Zeitpunkt der Verabschiedung des Grundgesetzes im Jahre 1949 in Kraft befindlichen Landesverfassungen bereits schulrechtliche Grundentscheidungen enthielten.[65] Viele der in den Schulartikeln der Weimarer Verfassung niedergelegten Grundsätze waren inzwischen selbstverständlich geworden; sie kehren in den Landesverfassungen in manchmal erweiterter, manchmal abgewandelter Form wieder.

2.22 Strukturprinzipien der Verfassung und Grundrechte

So dürftig die direkten Aussagen des Grundgesetzes zur Schule in Art. 7, so reichhaltig und ergiebig sind die indirekten Aussagen, die aus den im Grundgesetz verankerten Strukturprinzipien und aus den Grundrechten abzuleiten sind und die für die einzelne Schule wie für das Schulwesen in seiner Gesamtheit jene überragende Geltung besitzen, die dem Verfassungsrecht zukommt.[66] Insbesondere die Grundsätze des demokratischen und sozialen Rechtsstaats (Art. 20 und 28 GG) bestimmen neben den im Grundgesetz gewährleisteten Grundrechten mit über den Erziehungs- und Bildungsauftrag der Schule.[67]

2.221 Die Schule lebt im *Rechtsstaat*[68], d.h. in einem Staat, dessen Verwaltung und Rechtsprechung an Gesetz und Recht gebunden sind (Art. 20 Abs. 3 GG)[69], in dem jeder, der sich in seinen Rechten verletzt fühlt, Rechtsschutz vor unabhängigen Gerichten findet (Art. 19 Abs. 4 GG)[70], in dem Rechtssicherheit und damit ein unabdingbares Maß an Berechenbarkeit und Vorhersehbarkeit staatlicher Maßnahmen gewährleistet sind.[71] Die Schule erzieht ihre Schülerinnen und Schüler zu rechtsstaatlichem Denken vor allem dadurch, dass sie ihnen Gelegenheit gibt, die Schule als Institution zu erleben, in der es möglichst gerecht zugeht.[72] Aber auch in der besten Schule muss man Irrtümer und Fehlurteile in Rechnung stellen. Daher wird es immer wieder Fälle geben, in denen

---

64 Die Weimarer Reichsverfassung enthielt nicht nur bedeutend mehr Regelungen bezüglich des Schulaufbaus und des Schulbesuchs, der Schulpflicht und der Festlegung von Unterrichtsgegenständen und Erziehungszielen, sondern in Art. 10 Nr. 2 Alt. 1 auch eine Gesetzgebungskompetenz für die Grundsätze des Schulwesens. Insofern war die WRV im Unterschied zum GG, wie zutreffend bemerkt wird, „vergleichsweise unitaristisch geprägt": Max-Emanuel *Geis*, in: Friauf/Höfling, Berliner Kommentar zum Grundgesetz, Art. 7 Rn. 5.

65 Zu den Beratungen im Parlamentarischen Rat über Art. 7 GG: Klaus-Berto *von Doemming*/*Rudolf* Werner *Füsslein*/Werner *Matz*, Entstehungsgeschichte der Artikel des Grundgesetzes, JöR 1951, 101.

66 Sehr übersichtlich aufbereitet in Bezug auf die Schule hat diese Problematik *Oppermann*, Gutachten, C 19 ff. und C 81 ff. Vgl. auch Ingo *Richter*, Schule, Schulverfassung und Demokratie, RdJB 1987, 254.

67 Vgl. etwa die ausdrücklichen Bezugnahmen in § 1 Abs. 1 bw SchG, § 4 Abs. 1 S. 1 BbgSchulG, § 5 Abs. 1 BremSchulG, § 2 Abs. 1 S. 1 HmbSG, § 2 Abs. 2 HSchG, § 2 Abs. 1 S. 1 SchulG M-V, § 2 Abs. 1 S. 2 NSchG, § 2 Abs. 1 S. 1 nrw SchulG, § 1 Abs. 2 S. 4 sächs SchulG, § 1 Abs. 1 S. 1 SchulG LSA, § 4 Abs. 2 S. 2 sh SchulG, § 2 Abs. 1 S. 1 ThürSchulG.

68 Einführend zum Rechtsstaatsprinzip Eberhard *Schmidt-Aßmann*, Der Rechtsstaat, HdbStR II, § 26.

69 Vgl. BVerfGE 6, 32 (43).

70 Vgl. BVerfGE 53, 115 (127).

71 Vgl. BVerfGE 2, 380 (403); 60, 253 (268 f.).

72 Zur Bedeutung des Rechtsstaatsprinzips als Erziehungsmaßstab *Huber* (Fn. 59), S. 545 (552); vgl. auch Gabriele *Behler*, Die Bedeutung der Schule für den Rechtsstaat, in: Franz Josef Düvell (Hrsg.), Festschrift für Diether Posser zum 75. Geburtstag, Köln 1997, S. 309.

Rechte verletzt werden oder in denen ungerecht entschieden wird. An dieser Stelle setzt die Wirkung des Rechtsstaats ein. Schülerinnen und Schüler, Eltern und sonstige Beteiligte sind den Maßnahmen und Entscheidungen der Schule nicht ausgeliefert. Vielmehr stehen ihnen, wenn sie sich in ihren Rechten verletzt fühlen, Beschwerde- und Rechtswege offen, und zwar nötigenfalls bis hin zu unabhängigen Gerichten (Art. 19 Abs. 4, 97, 101 Abs. 1, 103 Abs. 1 GG). Es mag für Schule und Lehrkräfte nicht angenehm sein, wenn Rechtsverletzungen und Irrtümer durch Gerichte korrigiert werden. Doch ist die Schule von der Rechtskontrolle, der die öffentliche Verwaltung insgesamt unterliegt, nicht ausgenommen. Die Schule ist keine Insel im Rechtsstaat. Zum Rechtsschutz der Schülerinnen und Schüler sowie der Eltern vgl. das 26. Kapitel.

2.222 Die Schule ist darüber hinaus eingebunden in die *Demokratie.*[73] Das bedeutet zunächst, dass sie die Entscheidungen der demokratisch legitimierten Staatsorgane – des Parlaments, der Regierung und der Gerichte – zu befolgen hat.[74] Darüber hinaus ist es Aufgabe der Schule, die Schülerinnen und Schüler in demokratischem Geist zu erziehen.[75] In zahlreichen Landesverfassungen wird die Erziehung zur freiheitlichen demokratischen Gesinnung neben anderen staatsbürgerlichen Orientierungspunkten schulischer Erziehung, wie Toleranz[76] oder selbständigem Denken und Handeln[77], ausdrücklich als Erziehungsziel der Schule hervorgehoben.[78] Aufgabe der Schule ist es daher, den Schülerinnen und Schülern im Unterricht, aber auch durch die organisatorische Ausgestaltung ihrer eigenen Schule das parlamentarisch-repräsentative System der Bundesrepublik zu erläutern und ihnen die Einsicht in die Notwendigkeit von Mehrheitsentscheidungen ebenso zu vermitteln wie die Bedeutung des Schutzes einer parlamentarischen und außerparlamentarischen Opposition, von individuellen Grundrechten und von Minderheiten.[79] Die Schülerinnen und Schüler sollen lernen und in ihrer Schule erfahren,

---

73 Einführend zum Demokratieprinzip sowie zur Bedeutung der Schule für die Demokratie: Ernst-Wolfgang *Böckenförde*, Demokratie als Verfassungsprinzip, HdbStR I, § 24 Rn. 2 ff. und 9 ff. Grundlegend: BVerfGE 5, 85 (197 ff. und 204 ff.); s. auch: Hans-Peter *Füssel*, Demokratie und Schule, Demokratie in der Schule – rechts- und schulpolitische Überlegungen. Berlin 2004.

74 Zum Problem der demokratischen Legitimation: BVerfGE 93, 37 (66 ff.) mit Nachw. der eigenen Rspr. Kritisch zu diesem Urteil: Ulrich *Battis*/Jens *Kersten*, Demokratieprinzip und Mitbestimmung im öffentlichen Dienst, DÖV 1996, 584; Hans-Peter *Bull*, Hierarchie als Verfassungsgebot? Zur Demokratietheorie des Bundesverfassungsgerichts, in: Michael Th. Greven (Hrsg.), Festschrift für Udo Bermbach zum 60. Geburtstag, Baden-Baden 1998, S. 241; speziell zu den Auswirkungen für den Bereich der öffentlichen Schulen: Max-Emanuel *Geis*, Möglichkeiten und Grenzen schulischer Partizipationsregelungen am Beispiel der sogenannten Schulkonferenz, in: Frank-Rüdiger Jach/Siegfried Jenkner (Hrsg.), Festschrift zum 65. Geburtstag von J.P. Vogel, Berlin 1998, S. 31; Wolfram *Höfling*, Demokratiewidrige Schulautonomie, RdJB 1997, 361. Mittlerweile hat das BVerfG allerdings seine strikten Vorgaben zum Demokratieprinzip – zumindest für den Bereich der sog. funktionalen Selbstverwaltung – gelockert, vgl. BVerfGE 107, 59 (92 ff.).

75 Pointiert Josef *Isensee*, Grundrechtsvoraussetzungen und Verfassungserwartungen an die Grundrechtsausübung, HdbStR V (Heidelberg 1992), § 115 Rn. 178. Vgl. auch Michael *Bothe*, Erziehungsauftrag und Erziehungsmaßstab der Schule im freiheitlichen Verfassungsstaat, VVDStRL 54 (1995), S. 7 (30 und 34); *Huber* (Fn. 59), 545 (551), sowie die vielfältigen Beiträge in Gerd F. *Hepp*/Herbert *Schneider* (Hrsg.), Schule in der Bürgergesellschaft. Demokratisches Lernen im Lebens- und Erfahrungsraum Schule, Schwalbach/Ts. 1999.

76 Art. 15 Abs. 4 Verf. M-V, Art. 27 Abs. 1 Verf. LSA, Art. 22 Abs. 1 thür Verf. Als Aufforderung an die Lehrerinnen und Lehrer, insb. im Zusammenhang mit der Deklarierung der christlichen Gemeinschaftsschulen, s. Art. 27 Abs. 4 Satz 2 saarl Verf.

77 Art. 28 bbg Verf.

78 Art. 12 Abs. 1 bw Verf. Ähnlich Art. 131 Abs. 3 bay Verf., Art. 28 bbg Verf., Art. 7 Abs. 2 nrw Verf., Art. 33 rp Verf., Art. 30 saarl Verf., Art. 101 Abs. 1 sächs Verf., Art. 22 Abs. 1 thür Verf. Negativ formuliert hingegen in Art. 56 Abs. 5 Satz 2 hess Verf., wonach Auffassungen nicht zu dulden sind, „welche die Grundlagen des demokratischen Staates gefährden".

79 Vgl. zum Schutz von Opposition und parlamentarischer Minderheit BVerfG, NVwZ 2016, 922 m.w.N. Hierzu auch Paulina *Starski*, Die „Große Koalition" als Problem des Verfassungsrechts – Recht auf effektive Opposition vs. Gleichheit der Abgeordneten, DÖV 2016, 750.

dass die Demokratie einerseits von unterschiedlichen Meinungen und Auffassungen, der offenen Auseinandersetzung, von Kritik und vom Konflikt lebt[80], andererseits aber auch des Interessenausgleichs und des Konsenses bedarf. Ziel ist es, in der Schule durch praktische Erfahrungen demokratische Lebensformen einzuüben sowie die Fähigkeit der Schülerinnen und Schüler zu eigenständiger und verantwortlicher Mitwirkung in Staat und Gesellschaft zu entwickeln.[81] Die Schülerinnen und Schüler sollen mündig werden in dem Sinne, dass sie Vorurteile abbauen, Distanz zur eigenen Zeit gewinnen, Vorgefundenes kritisch reflektieren und sich auf dieser Basis entscheiden können, „die jeweiligen gesellschaftlichen und politischen Verhältnisse zu akzeptieren oder auf ihre Veränderung hin zu wirken."[82] Der Erziehung im Geist der Demokratie entspricht es daher, wenn die Schulverfassung (vgl. Kapitel 6 bis 8) den Schülern und Eltern Mitwirkungsrechte einräumt und ein Schulklima herrscht, das auf Toleranz und Offenheit angelegt ist. Vor Fehlschlüssen ist indes zu warnen. Denn das Demokratieprinzip des Grundgesetzes gebietet es nicht, die Schule in einer Weise zu „demokratisieren", dass sich der Staat seiner Verantwortung für das Schulwesen (Art. 7 Abs. 1 GG) im Interesse der Gesamtheit der Bürgerinnen und Bürger, auch soweit sie schulisch nicht „betroffen" sind, entledigt und sich das Schulwesen in politisch nicht mehr beeinflussbare Subsysteme mit desintegrativen Wirkungen für die Gesellschaft auflöst.[83]

Im Übrigen haben das Demokratie- und das Rechtsstaatsprinzip erhebliche Bedeutung für die Verteilung der staatlichen Kompetenzen. Sie verpflichten den Gesetzgeber, die wesentlichen Entscheidungen im Schulwesen selbst zu treffen und nicht der Schulverwaltung zu überlassen (sog. Wesentlichkeitslehre, Näheres TZ 2.23).

2.223 Die Schule ist schließlich eingebettet in den *Sozialstaat*, d.h. in einen Staat, der das gesellschaftliche Leben im Sinne sozialer Gerechtigkeit zu ordnen verpflichtet ist.[84] Das geschieht vor allem durch Maßnahmen zur Herbeiführung und Sicherung annähernd gleicher Lebens- und Entwicklungschancen und durch Gewährung von Schutz und Lebenshilfe für die wirtschaftlich und sozial Schwachen. Im Schulbereich ergibt sich daraus die Aufgabe des Staates, für die Bereitstellung und Förderung der Schuleinrichtungen, für die allgemeine Öffnung des Zugangs zu ihnen und für ihre soziale Ausgestaltung zu sorgen.[85] Gerade wenn ein Schul- und Bildungssystem soziale Disparitäten nicht abzubauen vermag, sondern in sozialer Hinsicht hochgradig selektive Effekte aufweist[86], ist die öffentliche Schule im Rahmen ihrer sozialstaatlichen Eingebundenheit gefordert, diesen Tendenzen entgegenzuwirken. Der Verwirklichung dieser Aufgabe dienen Rechtsvorschriften und Verwaltungsmaßnahmen, die die Verpflichtung des Staates und der kommunalen Schulträger zur Schaffung und Unterhaltung von Schuleinrichtungen zum Gegenstand haben, die Erfüllung der Schulpflicht sichern und den Zugang zu weiterführenden Stufen des Schulwesens für jedermann, der geeignet ist, öffnen. Darüber hinaus sind hierzu aber auch alle Fördermaßnahmen zu zählen, die

---

80 Zur Bedeutung der Meinungs- und Informationsfreiheit für die freiheitliche Demokratie: BVerfGE 7, 198 (208); 27, 71 (81); 121, 30 (63); 93, 266 (292 f.); s. auch BVerfGE 124, 300 (321 ff.).

81 Ingo *Richter*, Theorien der Schulautonomie, RdJB 1994, 5 (13).

82 Peter *Massing*, Normativ-kritische Dimensionen politischer Bildung, in: Georg Weißeno (Hrsg.), Politik besser verstehen. Neue Wege der politischen Bildung, Wiesbaden 2005, S. 19 (20).

83 Dazu Hermann *Avenarius*, Schulische Selbstverwaltung – Grenzen und Möglichkeiten, RdJB 1994, 256 (263).

84 Einführend zum Sozialstaatsprinzip: Hans Friedrich *Zacher*, Das soziale Staatsziel, HdbStR II, § 28. Zur Bedeutung des Sozialstaatsprinzips für den Erziehungsauftrag der Schule: *Bothe* (Fn. 75), S. 7 (17 f.), sowie *Huber* (Fn. 59), 545 (547).

85 S. auch: Ingo *Richter*, Die öffentliche Schule im Umbau des Sozialstaats, in: ders., Das Grundgesetz – Eine gute Verfassung für Familie, Kultur und Bildung?, Berlin 2009, S. 271

86 Bildungsbericht 2008, S. 10; Kai *Maaz*/Jürgen *Baumert*/Kai *Cortina*, Soziale und regionale Ungleichheit im deutschen Bildungssystem, in: MPI-Bildungsbericht, S. 205.

staatlicherseits ergriffen werden, um Unterschiede in den Lernmöglichkeiten einzelner Schülerinnen und Schüler auszugleichen. Zu den sozialstaatlichen Maßnahmen rechnen schließlich auch die Unterrichtsgeld- und Lernmittelfreiheit, Erziehungs- und Ausbildungsbeihilfen, Fahrgelderstattungen, die Schulgesundheitspflege und die Unfallfürsorge. Dass das öffentliche Schulwesen von den Betroffenen nicht als selektiv und diskriminierend wahrgenommen wird, ist eine wesentliche Voraussetzung dafür, dass die Schülerinnen und Schüler in Übereinstimmung mit den Erziehungszielen zahlreicher Landesverfassungen zu „sozialer Bewährung“[87] bzw. „sozialem Handeln“[88] erzogen werden und bei ihnen der „Wille zu sozialer Gerechtigkeit“[89] gefördert werden kann.

2.224 Von großer Tragweite für das Schulverhältnis und für die Gestaltung des Schulwesens überhaupt sind die im Grundgesetz gewährleisteten *Grundrechte*. Sie wurzeln in der unantastbaren Würde des Menschen, die zu achten und zu schützen Verpflichtung aller staatlichen Gewalt ist (Art. 1 Abs. 1). Schulrechtlich relevante Grundrechte sind vor allem: die freie Entfaltung der Persönlichkeit (Art. 2 Abs. 1), die Gleichheit (Art. 3), die Glaubens- und Gewissensfreiheit (Art. 4 Abs. 1 und 2, Art. 7 Abs. 2 und 3), die Meinungsfreiheit (Art. 5 Abs. 1 Satz 1), das Elternrecht (Art. 6 Abs. 2 Satz 1), die Privatschulfreiheit (Art. 7 Abs. 4) und die freie Wahl der Ausbildungsstätte (Art. 12 Abs. 1 Satz 1). Neben dem Grundgesetz enthält die Europäische Konvention zum Schutze der Menschenrechte und Grundfreiheiten vom 4.11.1950 Grundrechte, die innerstaatlich mit der Kraft eines einfachen Bundesgesetzes gelten; diese decken sich inhaltlich weitgehend mit den Grundrechten des Grundgesetzes. (Zu den Gewährleistungen des Rechts der Europäischen Union s. TZ 2.4.)

Die Grundrechte sind zunächst *Abwehrrechte* des Individuums gegen staatliche Übergriffe.[90] Sie bilden darüber hinaus *wertentscheidende Grundsatznormen*, aus denen sich die objektiv-rechtliche Verpflichtung des Staates ergibt, im Rahmen seiner Möglichkeiten alles zu tun, um den einzelnen in den Stand zu setzen, die Grundrechte auch tatsächlich in Anspruch zu nehmen. Diese objektiv-rechtliche Dimension der Grundrechte[91] hat gerade für den Schulbereich, der ganz überwiegend in den Händen des Staates liegt, erhebliches Gewicht.

Aus den Grundrechten als wertentscheidenden Grundsatznormen ergibt sich nicht nur ein – durch das Sozialstaatsprinzip zusätzlich abgesicherter – Verfassungsauftrag an den Staat, ein funktions- und leistungsfähiges sowie sozial gerechtes Bildungswesen vorzuhalten, das allen jungen Menschen gemäß ihren Fähigkeiten die dem heutigen gesellschaftlichen Leben entsprechenden Bildungsmöglichkeiten eröffnet.[92] Er ist darüber hinaus verpflichtet, bei der inhaltlichen Ausgestaltung der Schule dem grundgesetzlich verankerten und in seiner Bedeutung besonders für die öffentliche Schule immer wieder hervorgehobenen *Gebot der Toleranz* (vor allem Art. 2 Abs. 1, Art. 4 Abs. 1 und 2,

87 Art. 12 Abs. 1 bw Verf., Art. 30 saarl Verf.

88 Art. 7 Abs. 1 nrw Verf., Art. 101 Abs. 1 sächs Verf.

89 Art. 28 bbg Verf., Art. 26 Abs. 1 brem Verf., Art. 22 Abs. 1 thür Verf.

90 Zur Einführung: Josef *Isensee*, Das Grundrecht als Abwehrrecht und als staatliche Schutzpflicht, HdbStR IX, § 191, Rn. 29 ff.; Michael *Sachs*, Abwehrrechte, in: Detlef Merten/Hans-Jürgen Papier (Hrsg.) HdbGR, Bd. II, Grundrechte in Deutschland – Allgemeine Lehren I, Heidelberg 2009, § 39.

91 Zur objektiv-rechtlichen Funktion von Grundrechten: *Kingreen/Poscher*, Grundrechte, Rn. 97 ff.; Horst *Dreier*, Subjektiv-rechtliche und objektiv-rechtliche Grundrechtsgehalte, Jura 1994, 505 (509 ff.).

92 BVerfGE 26, 228 (238); 34, 165 (182); 47, 46 (71 f.); 59, 360 (377); 96, 288 (303); BVerwGE 42, 128 (130); 94, 82 (84); BayVerfGH, BayVBl 1995, 173 (174); NdsStGH, NVwZ 1997, 267 (267). S. hierzu auch: *Bothe* (Fn. 75), S. 7 (17 ff.); *Geis* (Fn. 64), Art. 7 Rn. 21; Gerhard *Robbers*, in: von Mangoldt/Klein/Starck, Grundgesetz. Kommentar, Art. 7 Rn. 69.

Art. 6 Abs. 2, Art. 7 Abs. 2 und 3 GG) Rechnung zu tragen.[93] Die Schule muss daher eine „offene" Schule im Sinne von Freiheitlichkeit und Pluralität sein. Eine – begrifflich und im Einzelfall allerdings schwer zu fassende – Indoktrination der Schüler nach Maßgabe bestimmter Weltanschauungen, Lehrmeinungen oder parteipolitischer Programme ist verfassungswidrig.[94]

Umstritten ist, ob die Grundrechtsnormen in Verbindung mit dem Sozialstaatsgebot dem einzelnen auch Ansprüche auf staatliche Leistungen, sog. *Teilhaberechte*, einräumen[95] und ob sich daraus ein subjektives *Recht auf Bildung* ableiten lässt.[96] Dabei ist zwischen „derivativen" (abgeleiteten) und „originären" (ursprünglichen) Teilhaberechten zu unterscheiden. Das bedeutet: Soweit bereits öffentliche Bildungseinrichtungen bestehen, ergibt sich aus dem einschlägigen Freiheitsrecht (Art. 2 Abs. 1 oder Art. 12 Abs. 1 GG[97]) i.V.m. dem allgemeinen Gleichheitssatz (Art. 3 Abs. 1 GG) und dem Sozialstaatsgebot (Art. 20 Abs. 1 GG) ein Recht auf Bildung im Sinne eines *Anspruchs auf gleiche Teilhabe an den vorhandenen Bildungseinrichtungen*. Vermittelt werden durch das Recht also keine durchsetzbaren Ansprüche auf die Erfüllung bestimmter individueller Bedürfnisse (z.B. auf Ausweitung der vorhandenen Kapazitäten durch Errichtung oder Erweiterung von Bildungseinrichtungen), sondern lediglich der Anspruch, bei der Verteilung der

93 Dazu: BVerwGE 147, 362 (376 f.); BVerfGE 8, 151 (153); BVerfG, Beschl. v. 21.4.1989, Az.: 1 BvR 235/89, Rn. 3 und 4 (juris); Bodo *Pieroth*, Erziehungsauftrag und Erziehungsmaßstab der Schule im freiheitlichen Verfassungsstaat, DVBl. 1994, 949 (960).

94 S. BVerfGE 47, 46 (77); BVerfGK 1, 141 (144); 8, 151 (153 f.); BVerfG, NJW 2009, 3151 (3152); NVwZ 1990, 54 (55); BVerfG, Beschl. v. 9.2.1989, Az.: 1 BvR 1181/88, Rn. 6 (juris); BVerwGE 147, 362 (367 f.); 79, 298 (301 f.); BVerwG, NVwZ 2014, 237 (239 f.); NVwZ 2009, 56 (56); NVwZ-RR 1990, 18 (19); NJW 1982, 250 (250). Bereits in den Entscheidungen zum christlichen Charakter staatlicher Schulen hat das BVerfG ein dem Indoktrinationsverbot nahestehendes Missionierungsverbot betont: BVerfGE 41, 29 (51); 41, 65 (78); 52, 223 (237); s. auch BVerfGE 93, 1 (19 f. und 23 einerseits, 29 f. und 33 andererseits). Kritisch zum Indoktrinationsverbot: Friedhelm *Hufen*, Zum Sexualkundeurteil des Bundesverfassungsgerichts vom 21.12.1977, RdJB 1978, 381 (384); Ulrich K. *Preuß*, Zum Grundrecht auf eine tolerante Schule, RdJB 1977, 114 (115, die zutreffend darauf hinweisen, dass der Vorwurf der Indoktrination in bildungspolitischen Auseinandersetzungen nicht selten zur Diskreditierung persönlich nicht goutierter Bildungs- und Erziehungskonzepte oder -inhalte verwendet wird; Versuche zur Abgrenzung von indoktrinierenden und nicht-indoktrinierenden Handlungen des Schulpersonals bei: Stefan *Huster*, Staatliche Neutralität und schulische Erziehung – Einige Anmerkungen aus verfassungsrechtlicher und sozialphilosophischer Sicht, Neue Sammlung 2001, 399 (404 ff.), der wegen der Unklarheit des Begriffs, seiner Missbrauchsanfälligkeit und der Tatsache, dass das, was er zu schützen vorgibt, bereits durch Normen des Grundgesetzes geschützt wird, empfehlen, das Indoktrinationsverbot in der juristischen Diskussion aufzugeben.

95 Zur Einführung Dietrich *Murswiek*, Grundrechte als Teilhaberechte, soziale Grundrechte, in: HdbStR IX, § 192, Rn. 23 ff. und 55 ff.; Wolfgang *Rüfner*, Leistungsrechte, in: HDG, Bd. II, § 40 Rn. 2 ff.

96 Während das BVerwG und andere Gerichte von einem in Art. 2 Abs. 1 GG enthaltenen Recht auf Bildung ausgehen (BVerwGE 105, 44 [47]; 56, 155 [158]; 47, 201 [204]; HessStGH NJW 1982, 1381 [1385]), hat das BVerfG die Frage bislang offen gelassen (BVerfGE 45, 400 [417]; ferner BVerfGE 53, 185 [203]; BVerfG NVwZ 1997, 782 [782]). Aus der umfangreichen Literatur s. nur: *Oppermann*, Gutachten, C 86 ff.; Lutz-Rainer *Reuter*, Das Recht auf Bildung in der deutschen Bildungsgeschichte seit 1945, in: Frank-Rüdiger Jach/Siegfried Jenkner (Hrsg.), 50 Jahre Grundgesetz und Schulverfassung, Berlin 2000, S. 17 – mit Hinweisen auf andere europäische Verfassungen und völkerrechtliche Verträge: Hans D. *Jarass*, Zum Grundrecht auf Bildung und Ausbildung, DÖV 1995, 674; Ralf *Poscher*/Johannes *Rux*/Thomas *Langer*, Das Recht auf Bildung. Völkerrechtliche Grundlagen und innerstaatliche Umsetzung, Baden-Baden 2009.

97 Art. 12 Abs. 1 GG (Recht auf freie Wahl der Ausbildungsstätte) ist jedenfalls dann einschlägig, wenn es sich um Schulen mit Berufsvorbereitungscharakter handelt. Dies ist hinsichtlich der berufsbildenden Schulen stets zu bejahen, dürfte aber auch für die weiterführenden allgemeinbildenden Schulen gelten. Nach Ansicht des BVerfG sprechen gewichtige Gründe dafür, das Gymnasium – vor allem nach der eine berufsbezogene Spezialisierung ermöglichenden und nahelegenden Oberstufenreform – zu den Ausbildungsstätten im Sinne des Art. 12 Abs. 1 GG zu rechnen (BVerfGE 58, 257 [273]); so auch VGH Mannheim, NVwZ-RR 1990, 246.

sachlichen, personellen und inhaltlichen Leistungen schulischer Bildung gleichbehandelt bzw. nicht ohne sachlichen Grund schlechter behandelt zu werden als andere Schülerinnen und Schüler.[98] „Originäre“ Teilhaberechte, die auf die Verpflichtung des Staates abzielen, bestimmte Einrichtungen zur Verfügung zu stellen, dürften nur in sehr seltenen Ausnahmefällen bei evidenter Verletzung des verfassungsrechtlich Gebotenen gegeben sein. Versuche, zumindest ein Grundrecht auf einen Minimalstandard von Bildung („Minimumgrundrecht“) aus dem Grundgesetz abzuleiten[99], haben sich bisher nicht durchsetzen können.[100] Zwar ist der Staat verfassungsrechtlich verpflichtet, für ein funktions- und leistungsfähiges sowie sozial gerechtes Bildungswesen Sorge zu tragen. Auf welchem Wege und mit welchen Mitteln er diese Verpflichtung erfüllt, ist aber in erster Linie von den staatlichen Organen, insbesondere vom Gesetzgeber, zu entscheiden. Ein dem individuellen Belieben anheimgestellter gerichtlich verfolgbarer Anspruch auf diese oder jene Bildungsmöglichkeit liefe auf ein Missverständnis von Freiheit hinaus, bei dem verkannt würde, dass sich persönliche Freiheit auf die Dauer nicht losgelöst von der Funktionsfähigkeit und dem Gleichgewicht des Ganzen verwirklichen lässt und dass ein unbegrenztes Anspruchsdenken auf Kosten der Allgemeinheit unvereinbar ist mit dem Sozialstaatsgedanken.[101] Von einem Recht auf Bildung kann daher allenfalls insoweit die Rede sein, als es einen Anspruch auf allgemeine und gleiche Bildungschancen vermittelt.

Entsprechendes gilt für das in nahezu allen Landesverfassungen gewährleistete Recht auf Bildung[102] wie auch für die Bestimmung in Art. 2 Satz 1 des Ersten Zusatzprotokolls zur Europäischen Konvention zum Schutze der Menschenrechte und Grundfreiheiten, wonach das Recht auf Bildung niemandem verwehrt werden darf.[103] Im Übrigen lassen sich subjektive Rechte des Einzelnen unmittelbar nur aus den vom Gesetzgeber in Ausführung seiner verfassungsrechtlichen Verpflichtungen erlassenen Gesetzen herleiten.[104]

2.225 Die Anwendung der Strukturprinzipien des Rechtsstaates, der Demokratie und des Sozialstaates sowie der Grundrechtsnormen auf das Schulwesen ermöglicht es, unter Einbeziehung der konkreten Inhalte des Art. 7 GG das Gerüst eines *materiellen Schulrechts mit Verfassungsqualität* zu entwickeln, das jeder gesetzlichen Regelung vorgegeben ist. Auf diesem einheitlich im gesamten Bundesgebiet geltenden schulrelevanten Verfassungsrecht vor allem beruht die oben erwähnte Gleichförmigkeit im Schulrecht

---

98 OVG Bremen, NordÖR 2012, 250; OVG Koblenz, NVwZ-RR 2003, 218 (219); OVG Berlin, NVwZ-RR 2002, 577; VG Berlin, Beschl. v. 1.9.2016, Az.: 9 L 199.16 (juris). S. auch die entsprechende Konkretisierung des Rechtes auf Bildung in Art. 20 S. 2 ThürVerf: „Der freie und gleiche Zugang zu den Bildungseinrichtungen wird nach Maßgabe der Gesetze gewährleistet.“

99 S. etwa Ingo *Richter*, in: AK-GG, 3. Aufl., Neuwied 2001, Art. 7 Rn. 39; *Geis* (Fn. 64), Art. 7 Rn. 41; auch Hans-Peter *Füssel*, Chancengleichheit – oder: Das überforderte Bildungswesen?, in: Ina Sylvester u.a. (Hrsg.), Festschrift für Lutz R. Reuter, Münster 2009, S. 33 (41 ff.). S. auch: Heinz-Elmar *Tenorth*, Die pädagogische Dimension des Grundgesetzes, RdJB 2009, 422 (426): „basale Sicherung von Beschulung“.

100 Sie haben allerdings wieder Auftrieb bekommen im Zuge der Diskussion um die Einführung nationaler Bildungsstandards, denn die hierfür eingesetzte Expertenkommission plädierte in ihren Empfehlungen im Interesse des Abbaus sozialer Disparitäten im deutschen Bildungswesen für verbindliche Minimalstandards (vgl. *BMBF*, Zur Entwicklung nationaler Bildungsstandards. Expertise, Bonn 2009, S. 27 f.), was in der Literatur gerade als Versuch der Konkretisierung des bis dahin inhaltlich blassen Rechtes auf Bildung aufgefasst worden ist (s. *Tenorth* [Fn. 99], 422 [428]).

101 Vgl. BVerfGE 33, 303 (332 ff.).

102 Vgl. Art. 11 Abs. 1 bw Verf., Art. 128 Abs. 1 bay Verf., Art. 20 Abs. 1 S. 1 bln Verf., Art. 29 Abs. 1 bbg Verf., Art. 27 Abs. 1 brem Verf., Art. 8 S. 1 Verf. M-V, Art. 4 Abs. 1 nds Verf., Art. 8 Abs. 1 S. 1 nrw Verf., Art. 31 S. 1 rp Verf, Art. 24a Abs. 1 saarl Verf., Art. 7 Abs. 1 sächs Verf., Art. 25 Abs. 1 Verf. LSA, Art. 10 Abs. 3 S. 1 sh Verf. und Art. 20 S. 1 thür Verf. Zu den Gewährleistungen im Landesverfassungsrecht *Poscher/Rux/Langer* (Fn. 96), S. 107 ff.

103 S. hierzu unten TZ 2.51.

104 Aus der Grundrechtsliteratur s. vor allem Albert *Bleckmann*, Staatsrecht II – Die Grundrechte. 4. Aufl., Köln 1997, S. 1011.

der Bundesländer, die eine Gesamtdarstellung des deutschen Schulrechts ermöglicht und rechtfertigt.

2.23 Wesentlichkeitslehre

Wenn Art. 7 Abs. 1 GG dem „Staat" die Aufsicht über das gesamte Schulwesen zuweist, so ist damit nicht die Frage beantwortet, welche staatliche Gewalt – Parlament oder Verwaltung – zur Wahrnehmung dieser Aufgaben im Einzelnen berechtigt und verpflichtet ist. War nach früherer Auffassung dieser Bereich der Regelung der Verwaltung übertragen, so ist unter der „Herrschaft des Grundgesetzes" die auf dem Rechtsstaats- und dem Demokratieprinzip beruhende *Zuordnung der Staatsfunktionen* zu beachten. Wegen der weitreichenden Bedeutung der Bildung und Erziehung in Schulen für die Gesellschaft und ihre Bürgerinnen und Bürger ist der freiheitssichernde rechtsstaatliche Grundsatz der Gesetzmäßigkeit des Verwaltungshandelns (Grundsatz vom Vorbehalt des Gesetzes[105]), der die Vorhersehbarkeit und Berechenbarkeit staatlichen Handelns beinhaltet, auch auf das Schulverhältnis zu erstrecken. Außerdem gebietet das demokratische Prinzip, dass die Ordnung wichtiger Lebensbereiche wie des Schulwesens zumindest in den Grundzügen vom demokratisch unmittelbar legitimierten Gesetzgeber selbst verantwortet und in einem öffentlichen Willensbildungsprozess unter Abwägung der verschiedenen, unter Umständen widerstreitenden Interessen gestaltet wird.[106] *Das Rechtsstaats- und das Demokratieprinzip des Grundgesetzes verpflichten daher den Gesetzgeber, die wesentlichen Entscheidungen im Schulwesen selbst zu treffen und nicht der Schulverwaltung zu überlassen (Parlamentsvorbehalt).*[107] Das gilt insbesondere für diejenigen Regelungsbereiche, in denen die staatliche Gestaltung des Schulwesens die Grundrechte der Beteiligten betrifft.[108]

Die Bedeutung dieser vom Bundesverfassungsgericht entwickelten sog. *Wesentlichkeitslehre* liegt einmal darin, dass sie dem Vorbehalt des Gesetzes auch im Schulverhältnis Geltung verschafft und damit die überkommene Lehre vom besonderen Gewaltverhältnis (dazu TZ 16.111) überwindet; sie besteht zum anderen darin, dass sie den Gesetzesvorbehalt, der ursprünglich auf Eingriffe in Freiheit und Eigentum des Bürgers beschränkt wurde, nicht auf Eingriffsakte begrenzt, sondern auf die gesamte organisierende, planende und leitende Tätigkeit des Staates im Schulwesen ausdehnt.[109]

---

105 Zum Problembereich des Vorbehalts des Gesetzes existiert mittlerweile eine kaum noch zu überblickende Flut von Rechtsprechung und rechtswissenschaftlicher Literatur. Allgemein zum Gesetzesvorbehalt sei daher nur verwiesen auf: Franz *Reimer*, Das Parlamentsgesetz als Steuerungsmittel und Kontrollmaßstab, in: GVwR I, § 9 Rn. 47 ff; Helmuth *Schulze-Fielitz*, in: Dreier, Grundgesetz. Kommentar, Art. 20 (Rechtsstaat) Rn. 105 ff. Speziell zum Gesetzesvorbehalt im Schulrecht: *Oppermann*, Gutachten, C 44 ff.; *Rux/Niehues*, Schulrecht, Rn. 26 ff.; zu speziellen schulrechtlichen Fragen s. z.B. Hinnerk *Wißmann*, Rechtsgrundlage und Zustimmungsbedürftigkeit bei schulischen Kompetenztests – Zu den Fragen von Eingriff und Gesetzesvorbehalt im Sonderstatusverhältnis, RdJB 2003, 179; Ralph *Zimmermann*, Gesetzesvorbehalt für schulordnungsrechtliche Maßnahmen gegen religiöse Äußerungen von Schülern?, LKV 2010, 394.

106 So BVerfGE 41, 251 (259 ff.) in Zusammenfassung seiner vorausgegangenen Rspr.

107 St. Rspr. des BVerfG und des BVerwG. Neben der in der vorherigen Fußnote zitierten Entscheidung, s. BVerfGE 34, 165 (193); 45, 400 (417 ff.); 47, 46 (78 f.); 58, 257 (268); 108, 282 (311 f.); BVerwGE 47, 194 (197 f.); 47, 201 (203); 56, 155 (157); 57, 360 (363); 64, 308 (310 f.); so auch BayVerfGH, DVBl. 1995, 419 (420).

108 BVerfGE 34, 165 (192 f.); 45, 400 (417 f.); 108, 282 (311 f.); vgl. auch BVerfGE 83, 130 (142 und 152); 85, 386 (403 f.).

109 M.w.N. zur Kritik an der Wesentlichkeitstheorie und zu deren Relativierung s. Wolfram *Cremer*, Das Schulverhältnis zwischen exekutiver Verantwortung, gesetzlicher Determinierung und gerichtlicher Kontrolle, DV 2012, 359 (366 f.).

2.231 Das Grundgesetz räumt dem Parlament keinen allumfassenden Vorrang bei grundlegenden Entscheidungen ein. Aus dem Umstand, dass allein die Mitglieder des Parlaments unmittelbar vom Volk gewählt werden, folgt also nicht, dass andere Institutionen und Funktionen der Staatsgewalt der demokratischen Legitimation entbehrten.[110] Wohl aber ist der Gesetzgeber verpflichtet, in grundlegenden Bereichen alle wesentlichen Entscheidungen selbst zu treffen. Das bedeutet, dass das Parlament die erforderlichen normativen Grundlagen für das Verwaltungshandeln zu schaffen, nicht aber die konkreten Einzelmaßnahmen der Exekutive zu ersetzen oder gar überflüssig zu machen hat.[111]

Ob eine Maßnahme wesentlich ist und damit dem Parlament vorbehalten bleiben muss oder zumindest nur aufgrund einer inhaltlich bestimmten parlamentarischen Ermächtigung von der Exekutive getroffen werden darf, richtet sich zunächst allgemein nach dem Grundgesetz.[112] Dabei spielt der Schutz der Grundrechte eine besondere Rolle. *Im grundrechtsrelevanten Bereich bedeutet „wesentlich" in der Regel „wesentlich für die Verwirklichung der Grundrechte"*.[113] Der Gesetzgeber ist vor allem dann verpflichtet, die für den fraglichen Lebensbereich erforderlichen Leitlinien selbst zu bestimmen, „wenn miteinander konkurrierende grundrechtliche Freiheitsrechte aufeinander treffen und deren jeweilige Grenzen fließend und nur schwer auszumachen sind"[114]. Doch ist wiederum zu beachten, dass nur solche Maßnahmen, die den Freiheits- und Gleichheitsbereich „wesentlich betreffen", einer gesetzlichen Grundlage bedürfen.[115] So sind z.B. alltägliche Maßnahmen im Unterricht (die von einem Lehrer ausgesprochene Rüge, die Veränderung der Sitzordnung in der Klasse o.ä.) derart geringfügig, dass sie ohne gesetzliche Normierung ergehen können.[116]

In den verschiedenen Regelungsbereichen des Schulrechts und von Fallgruppe zu Fallgruppe ist jeweils anhand der von der Rechtsprechung entwickelten Wesentlichkeitsmerkmale zu ermitteln, was der parlamentarischen Willensbildung als Leitentscheidung vorbehalten ist und was der Exekutive zur konkretisierenden Regelung übertragen werden darf.[117] Dabei ist es im Hinblick auf die Wesentlichkeitslehre unerheblich, ob der Gesetzgeber der Verwaltung die seine Leitentscheidungen konkretisierenden Regelungskompetenzen durch eine Ermächtigung zum Erlass einer Verordnung oder durch ausfüllungsbedürftige unbestimmte Rechtsbegriffe überträgt.[118] Die Formenfreiheit findet nur dort ihre Grenze, wo – zur Begründung, Aufhebung oder Änderung von Rechten und Pflichten im Staat-Bürger-Verhältnis – eine Regelung durch Rechtssatz erforderlich ist. In solchen Fällen ist stets eine Rechtsverordnung vorzusehen.[119]

Soweit der Gesetzgeber die Exekutive zum Erlass von *Rechtsverordnungen* ermächtigt, hat er Art. 80 Abs. 1 Satz 2 GG zu beachten. Danach muss er Inhalt, Zweck und Ausmaß der erteilten Ermächtigung im Gesetz bestimmen.[120] Die grundgesetzliche Vorschrift ist

---

110 So BVerfGE 49, 89 (124 ff.); s. auch BVerfGE 68, 1 (86 f.); 107, 59 (87 f.).

111 *Rux/Niehues*, Schulrecht, Rn. 28 ff.

112 *Reimer* (Fn. 105), § 9 Rn. 47 ff. m.w.N.

113 So BVerfGE 47, 46 (79) unter Aufnahme der vorherigen Rspr; zuletzt BVerfGE 98, 218 (251 f.).

114 So zuletzt BVerfGE 108, 282 (311).

115 BVerfGE 49, 89 (126).

116 S. hierzu *Rux/Niehues*, Schulrecht, Rn. 319 ff.

117 BVerfGE 58, 257 (274); s. auch Bbg VerfGH, Urt. v. 12.12.2014, Az.: 31/12, Rn. 163 (juris). *Cremer* (Fn. 109), 359 (386), spricht treffend von der Notwendigkeit einer „einzelphänomenorientierten Betrachtung von Wesentlichkeit und Eigenart des zu regelnden Sachbereichs."

118 S. *Rux/Niehues*, Schulrecht, Rn. 51 ff. Zu den Begriffen „Rechtsverordnung" und „Verwaltungsvorschrift" s. TZ 1.331 und 1.334.

119 Dazu schon: Horst *Sendler*, Gesetzesrecht und Richterrecht im Schulwesen, DVBl. 1982, 381 (386).

120 Vgl. dazu: Fritz *Ossenbühl*, Rechtsverordnung, in: HdbStR V, § 103 Rn. 20 ff.; Hermann *Hill*/Mario *Martini*, Normsetzung und andere Formen exekutivischer Selbstprogrammierung, in: GVwR II, § 34

zwar nicht unmittelbar auf die Gesetzgebung der Länder anwendbar, die Verfassungen der Länder enthalten allerdings nahezu gleichlautende Vorschriften.[121] Selbst wenn dies nicht der Fall wäre, sind die in Art. 80 Abs. 1 GG normierten Grundsätze als Ausprägung des rechtsstaatlichen und demokratischen Verfassungssystems gleichwohl auch für die Landesgesetzgebung verbindlich.[122] Jedoch dürfen die Bestimmtheitsanforderungen nicht überspannt werden. Zur Klärung von Inhalt, Zweck und Ausmaß der Ermächtigung können der Sinnzusammenhang der Norm mit anderen Vorschriften und das mit der gesetzlichen Regelung verfolgte Ziel, aber auch die Entstehungsgeschichte der Norm berücksichtigt werden.[123] Wichtig ist, dass das Parlament die Rechtsetzung der Exekutive so eindeutig bestimmt, dass schon aus der Ermächtigung *erkennbar* und *vorhersehbar* ist, was dem Bürger gegenüber zulässig sein soll.[124] Der Grad der Bestimmtheit muss sich insbesondere danach richten, wie intensiv die Regelung in die Rechtsstellung des Betroffenen eingreift. Zugleich ist aber der Besonderheit des jeweiligen Regelungsgegenstands Rechnung zu tragen. Bei vielgestaltigen und sich stetig ändernden Materien sind im Interesse sachgerechten und situationsbezogenen Verwaltungshandelns entsprechend geringere Anforderungen an die Bestimmtheit der Verordnungsermächtigung zu stellen.[125]

Angesichts der auf die Schule einwirkenden gesellschaftlichen, wirtschaftlichen und pädagogischen Veränderungen erweist es sich unter dem Aspekt der Praktikabilität und Flexibilität vielfach als zweckmäßig, dass der Gesetzgeber *unbestimmte Rechtsbegriffe*[126] verwendet und es damit der Schulverwaltung überlässt, Konkretisierungen – soweit

---

Rn. 20 ff.; Hartmut *Bauer*, in: Dreier (Fn. 105), Art. 80 Rn. 19 ff.; Jörg-Detlef *Kühne*/Thomas *Mann*, in: Sachs, Grundgesetz. Kommentar, Art. 80 Rn. 21 ff.

121 Art. 61 Abs. 1 bw Verf., Art. 55 Nr. 2 bay Verf., Art. 64 Abs. 1 bln Verf., Art. 80 bbg Verf., Art. 124 brem Verf., Art. 53 hmb Verf., Art. 118 hess Verf., Art. 57 Verf. M-V, Art. 43 nds Verf., Art. 70 nrw Verf., Art. 110 rp Verf., Art. 104 saarl Verf., Art. 75 Abs. 1 sächs Verf., Art. 79 Verf. LSA und Art. 84 thür Verf.

122 BVerfGE 55, 207 (226); 58, 257 (276 ff.) m.w.N.

123 BVerfGE 8, 274 (307); 55, 207 (226 f.); 58, 257 (277).

124 BVerfGE 58, 257 (277); 78, 249 (272).

125 BVerfGE 58, 257 (277 f.). – Ob Unbestimmtheiten der gesetzlichen Ermächtigung zum Erlass von Rechtsverordnungen dadurch ausgeglichen werden können, dass im ermächtigenden Gesetz ein Mitwirkungsrecht des Parlaments oder eines Parlamentsausschusses in Form eines Zustimmungsvorbehalts begründet wird, ist umstritten. Grundsätzlich befürwortend: Gunter *Kisker*, Zulässigkeit und Konsequenzen einer Mitwirkung des Parlaments beim Erlass von Rechtsverordnungen, S. 9 (bes. 26 ff.); Rupert *Scholz*/Hans *Bismark*, Schulrecht zwischen Parlament und Verwaltung, S. 73 (bes. 112 ff., 121 ff. und 133 ff.), beide in: Schule im Rechtsstaat. Bd. II: Gutachten für die Kommission Schulrecht des Deutschen Juristentages, München 1980; Arnd *Uhle*, Parlament und Rechtsverordnung, München 1999, S. 430 ff. und 481 ff.; *ders.*, Verordnungsgeberische Entscheidungsmacht und parlamentarischer Kontrollvorbehalt, NVwZ 2002, 15; ablehnend: DJT-SchulGE, S. 50 ff.; Michael *Kotulla*/Michael *Rolfsen*, Zur Begründbarkeit von Zustimmungsvorbehalten zu Gunsten des Bundestages beim Erlass von Rechtsverordnungen, NVwZ 2010, 943; Christoph *Möllers*, Gewaltengliederung, Tübingen 2005, S. 204 f. Nach Ansicht des BVerfG verstößt die Staatspraxis von parlamentarischen Zustimmungsvorbehalten bei Rechtsverordnungen zwar nicht gegen das Grundgesetz, trage andererseits aber auch nicht zur klaren Abgrenzung der Verantwortung von Exekutive und Legislative bei. Im Ergebnis seien Zustimmungserfordernisse „jedenfalls für solche Sachbereiche mit dem Grundgesetz vereinbar, für die ein legitimes Interesse der Legislative anerkannt werden muss, zwar einerseits die Rechtsetzung auf die Exekutive zu delegieren, sich aber andererseits – wegen der Bedeutung der zu treffenden Regelungen – entscheidenden Einfluss auf Erlass und Inhalt der Verordnungen vorzubehalten“, so BVerfGE 8, 274 (321); ebenso BVerfGE 24, 184 (199); vgl. auch VGH München, DVBl. 1983, 1157.

126 Z.B. „geordneter Schulbetrieb“, „persönliche, sächliche und schulorganisatorische Voraussetzungen“, „Bedürfnis“, „öffentliches Interesse“, vor allem die Notenstufen von „sehr gut“ bis „ungenügend“ (TZ 27.11). – Zum unbestimmten Rechtsbegriff: *Maurer*/*Waldhoff*, Verwaltungsrecht, § 7 Rn. 26 ff.; Matthias *Jestaedt*, Maßstäbe des Verwaltungshandelns, in: Ehlers/Pünder, Allgemeines Verwaltungsrecht, § 11 Rn. 10 ff.

erforderlich – durch *Verwaltungsvorschriften* vorzunehmen.[127] Das gilt insbesondere für die administrative Umsetzung der gesetzlich vorgegebenen Bildungs- und Erziehungsziele und Unterrichtsprogramme in Rahmenrichtlinien oder Lehrplänen[128] oder auch dort, wo Entwicklungen noch nicht abgeschlossen sind und deren Ausgang noch ungewiss ist.[129] Die „Unbestimmtheit" der unbestimmten Rechtsbegriffe darf im Übrigen nicht zu Fehlschlüssen verleiten. Sie findet stets ihre Grenze in dem auf dem Rechtsstaats- und dem Demokratieprinzip beruhenden Bestimmtheitsgebot. Das Parlament muss die administrative Normierung so weit vorprogrammieren, wie es nach der Sachstruktur des zu regelnden Gegenstands möglich ist.

2.232 Im Hinblick auf die Reichweite des Gesetzesvorbehalts im Schulbereich besteht Einigkeit, dass die grundlegenden Erziehungs- und Bildungsziele gesetzlich festgelegt sein müssen[130]; dieser Forderung tragen heute alle Länder in ihren Schulgesetzen Rechnung.[131] Angesichts ihres hohen Abstraktionsgrades reichen indes diese Zielsetzungen weder als Grundlage für die Deduktion konkreter Lehr- und Lerninhalte noch allein zur gesetzlichen Steuerung von Schule und Unterricht aus. Es ist deshalb erforderlich, dass das Parlament darüber hinaus zumindest die typusbestimmenden inhaltlichen Merkmale der verschiedenen Schularten und Schulstufen, ihr Unterrichtsprogramm und ihr spezifisches Qualifikationsprofil fixiert. Das gilt jedenfalls insoweit, als nicht ein allgemeiner Konsens über die charakteristischen Merkmale der jeweiligen Schulart herrscht.[132]

Demgegenüber ist es nicht geboten, den für die einzelnen Schularten und Schulstufen maßgeblichen *Fächerkanon* und die *fachspezifischen Lerninhalte und Lernziele* gesetzlich zu bestimmen.[133] Der Erlass von Rahmenrichtlinien bzw. Lehrplänen sollte daher der Schulverwaltung aus Gründen ihrer größeren Sachnähe und Flexibilität überlassen bleiben[134], wobei sich die Rechtsform der Verwaltungsvorschrift als zweckmäßig erweist.[135]

---

127 Vgl. auch: BVerfGE 49, 89 (135 ff.).

128 Dazu schon: Gerhard *Eiselt*, Richtlinien für Unterricht und Erziehung im Schulwesen als administrativ gesetztes Recht, DÖV 1980, 405; Hans-Ulrich *Evers*, Parlamentszuständigkeit zur inhaltlichen Gestaltung des Unterrichts, RdJB 1982, 227 (228 ff.); Knut *Nevermann*, Lehrplanrevision und Vergesetzlichung, VerwArch 1980, 241 (249 ff.) – demgegenüber sah § 7 DJT-SchulGE (mit Begründung auf S. 165 ff.) vor, dass die Lehrpläne als Rechtsverordnungen zu erlassen sind.

129 Vgl. BVerfGE 49, 89 (137).

130 Vgl. BVerfGE 47, 46 (83); HessStGH, StAnz. 1995, 3391 (3415); BVerwG, DVBl. 1996, 1381 f.

131 S. § 1 Abs. 1 und 2 bw SchG; Art. 1 Abs. 1 BayEUG; § 1 und 3 bln SchulG; § 4 Abs. 1, 5 und 6 BbgSchulG; § 5 BremSchulG; § 2 HmbSG; § 2 HSchG; § 2 und 3 SchulG M-V; § 2 NSchG; § 2 Abs. 1, 2, 4, 5 und 6 nrw SchulG; § 1 rp SchulG; § 1 Abs. 1, 2 und 2 lit. a saarl SchoG; § 1 Abs. 1 und 2 sächs SchulG; § 1 Abs. 1 und 2 SchulG LSA; § 4 Abs. 1 bis 6 sh SchulG; § 2 Abs. 1 ThürSchulG.

132 Diesen Anforderungen genügen inzwischen alle Schulgesetze, vgl.: §§ 3 ff. bw SchG; Art. 6 ff. BayEUG; §§ 17 und 20 ff. bln SchulG; §§ 15 ff. BbgSchulG; §§ 16 ff. BremSchulG; §§ 11 und 14 ff. HmbSG; §§ 11 ff. und 17 ff. HSchG; §§ 11 ff. SchulG M-V; §§ 5 ff. NSchG; §§ 10 ff. nrw SchulG; §§ 9 ff. rp SchulG; §§ 2 ff. saarl SchoG; §§ 4 ff. sächs SchulG; §§ 3 ff. SchulG LSA; §§ 8 f. sh SchulG; §§ 4 ff. ThürSchulG; vgl. §§ 5 und 6 DJT-SchulGE. S. auch Raimund *Wimmer*, Ein halbes Jahrhundert Gesetzesvorbehalt im Schulwesen, RdJB 1997, 15 (17), der meint, es sei weder der Schulrechtskommission des Deutschen Juristentages gelungen noch gelinge es den Schulgesetzen, griffig zu definieren, was das Spezifikum der unterschiedlichen Schularten sei.

133 So aber die Empfehlungen des 51. Deutschen Juristentages, in: Verhandlungen des 51. Deutschen Juristentages. Bd. 2, München 1976, M 230; ferner Brun-Otto *Bryde*, Neue Entwicklungen im Schulrecht, DÖV 1982, 661 (669); *Nevermann* (Fn. 128), S. 241 (253); wie hier *Eiselt* (Fn. 128), S. 405 (406); *Rux/Niehues*, Schulrecht, Rn. 63, 864 und bes. 874; OVG Bautzen, NVwZ-RR 2011, 152; vgl. auch die Regelungen in § 12 bln SchulG, §§ 11 f. BbgSchulG oder § 5 HmbSG sowie im Hinblick auf die Berücksichtigung der sorbischen Sprache und Kultur in der Schule die Regelungen in § 5 BbgSchulG und § 2 sächs SchulG.

134 Vgl. insoweit nur § 11 bln SchulG oder § 10 BbgSchulG.

135 Vgl. demgegenüber DJT-SchulGE, §§ 7 ff. (68 ff.): Der Kultusminister wird zum Erlass von Lehrplänen durch Rechtsverordnung ermächtigt; für die Entwicklung der Lehrpläne wird ihm ein bestimmtes

Mit der Einführung von *Bildungsstandards* ist ein Wechsel in der Organisations- und Steuerungsphilosophie des Schulwesens verbunden, der nicht allein von der Schulverwaltung getroffen werden darf. Dagegen unterliegt der Inhalt einzelner Bildungsstandards nicht dem Vorbehalt des Gesetzes, die nähere Konkretisierung kann vielmehr der Schulverwaltung überlassen werden.[136] Nicht alle Landesschulgesetzgeber haben diese Anforderung bisher erfüllt, Baden-Württemberg, Bremen, das Saarland und Thüringen haben die Einführung der Bildungsstandards bisher nicht in ihr Schulgesetz aufgenommen. In den übrigen Landesschulgesetzen ist die Einführung der Bildungsstandards in unterschiedlicher Art und Weise geregelt. In Hamburg, Hessen und Sachsen-Anhalt ist die Einführung von Bildungsstandards ausdrücklich und klar normiert.[137] Zwar genügen auch die Schulgesetze von Bayern, Berlin, Brandenburg, Niedersachsen, Mecklenburg-Vorpommern, Nordrhein-Westfalen, Rheinland-Pfalz, Sachsen und Schleswig-Holstein diesbezüglich dem Vorbehalt des Gesetzes, die Regelungen sind aber – gerade angesichts der umfangreichen Diskussionen in der Bildungspolitik, Bildungsverwaltung und Bildungsforschung über die Einführung der Bildungsstandards erstaunlich knapp gehalten.[138] Von dem Erfordernis einer gesetzlichen Grundlage für die Einführung von Bildungsstandards zu unterscheiden ist die gleichfalls umstrittene Frage, ob die von der KMK für die einzelnen Schulfächer beschlossenen bundesweiten Bildungsstandards auf der Grundlage der schulgesetzlichen Ermächtigung vom jeweiligen Kultusministerium sodann zwingend durch Rechtsverordnung umgesetzt bzw. unmittelbar für verbindlich erklärt werden müssen. Das wird mit dem Argument bejaht, dass die Grundrechtsrelevanz der ohnehin für einen längeren Zeitraum konzipierten und auf Kerninhalte der jeweiligen Fächer beschränkten Bildungsstandards deren amtliche Veröffentlichung erfordere.[139] Demgegenüber wird auf die größere Flexibilität und Sachnähe der Exekutive verwiesen und die Form der Verwaltungsvorschrift als ebenso ausreichend für die Implementierung der Bildungsstandards betrachtet, wie bisher für den Erlass von Lehrplänen.[140] Die diesbezügliche Rechtslage in den Bundesländern ist uneinheitlich.

Verfahren (Einsetzung von Lehrplan-Kommissionen, öffentliche Auslegung der Lehrplanentwürfe, öffentliche Anhörung) vorgeschrieben. Nach § 4a Abs. 3 S. 2 Halbsatz 1 HSchG sind Lehrpläne durch Rechtsverordnung zur Erprobung freizugeben oder für verbindlich zu erklären. S. auch *Wimmer* (Fn. 132), 15 (17), der Rahmenpläne und Lehrpläne in Form von Verwaltungsvorschriften jedenfalls dann für problematisch hält, wenn sie Grundlage für spätere Prüfungsanforderungen sind. Allgemein zur Thematik: Peter *Grauer*, Die Unterrichtsrichtlinien. Rechtsnatur, Bindungswirkung, Justiziabilität, Rheinfelden 1988.

136 Ebenso Hermann *Avenarius*, Bildungsstandards auf dem rechtlichen Prüfstand, RdJB 2005, 423 (428); Annette *Guckelberger*, Die Einführung nationaler Bildungsstandards, NVwZ 2005, 750 (753 f.); Christine *Langenfeld*, Aktivierung von Bildungsressourcen durch Verwaltungsrecht, DV 2007, 347 (370 f.); abweichend aber *Wißmann* (Fn. 105), 179 (187 ff.), wonach parallel zur Leistungserfassung und Notengebung eine spezielle Ermächtigung nur dann notwendig sei, wenn verpflichtende Kompetenztests auf eine Individualisierbarkeit der Schülerleistungen ausgerichtet seien; insoweit übereinstimmend die wissenschaftliche Expertenrunde, s. *BMBF* (Fn. 101), S. 122.

137 § 4 HmbSG; § 4 HSchG; § 10 SchulG LSA. Insb. die Regelung des hessischen Schulgesetzes erweist sich als vorbildlich, weil in ihr die gesamte Konzeption der Bildungsstandards ausformuliert worden ist.

138 Art. 45 BayEUG; §§ 10 Abs. 1 und 4, 17 Abs. 2 bln SchulG; § 10 Abs. 3 BbgSchulG; 39a Abs. 2, 4 und Abs. 6 Nr. 2 lit c SchluG M-V; § 122 Abs. 1 S. 4 NSchG §§ 3, 29 Abs. 1 nrw SchulG; § 96 Abs. 3 rp SchulG; § 35, § 59a Abs. 1 sächs SchulG; § 126 Abs. 4 sh SchulG.

139 So *Guckelberger* (Fn. 136); Lutz-Rainer *Reuter*, Folgerungen aus den PISA-Befunden: Anmerkungen aus bildungsrechtlicher Sicht, in: Hans Döbert u.a. (Hrsg.), Bildung vor neuen Herausforderungen. Historische Bezüge – Rechtliche Aspekte – Steuerungsfragen – Internationale Perspektiven (Hermann Avenarius zum 65. Geburtstag gewidmet), Neuwied 2003, S. 35 (41 f.)

140 *Avenarius* (Fn. 136), 423 (428 und 431); Julian Asmus *Nebel*, Schulprogramme als innovative Steuerungsinstrumente im System des allgemeinen Verwaltungsrechts, Berlin 2011, S. 208.

Während Bildungsstandards beispielsweise in Hamburg[141], Hessen[142] oder in Mecklenburg-Vorpommern[143] mittels Rechtsverordnung umgesetzt werden, wird in Berlin[144], Brandenburg[145], Rheinland-Pfalz[146], Sachsen[147], Sachsen-Anhalt[148] oder in Schleswig-Holstein[149] die Transformation von Bildungsstandards durch Verwaltungsvorschriften als ausreichend erachtet. Hiergegen ist in der Tat nichts einzuwenden, wenn für eine hinreichende Publikation gesorgt ist, die bei Außenwirkung entfaltenden Verwaltungsvorschriften ohnehin zunehmend und zu Recht für notwendig erachtet wird.[150] Für bestimmte Unterrichtsfächer und Unterrichtsbereiche, wie z.B. *Sexualerziehung* (TZ 19.14) oder *Ethikunterricht* (TZ 5.24), die eine besondere Grundrechtsrelevanz im Spannungsverhältnis zwischen dem Elternrecht (Art. 6 Abs. 2 GG), den Persönlichkeitsrechten der Schülerinnen und Schüler (Art. 2 Abs. 1 GG), im Einzelfall auch den religiösen Überzeugungen (Art. 4 Abs. 1 und 2 GG), sowie dem staatlichen Bildungs- und Erziehungsauftrag (Art. 7 Abs. 1 GG) aufweisen, werden formellgesetzliche Normierungen gefordert, die erkennen lassen müssen, in welcher Weise das Unterrichtsziel angestrebt werden soll.[151] Gleiches gilt, wenn das herkömmliche schulartspezifische Unterrichtsprogramm durch die *Einführung neuer Fächer*, eine *Änderung der Sprachenfolge* o.ä. wesentlich umgestaltet wird.[152] Für den *politischen Unterricht* (*Gemeinschaftskunde, Gesellschaftslehre*, dazu TZ 19.14) ergeben sich aus den verfassungsrechtlichen Strukturprinzipien und den Grundrechten (dazu TZ 2.22) sowie aus den in Verfassungen und Schulgesetzen explizit enthaltenen Bildungs- und Erziehungszielen hinlänglich klare Orientierungen.[153] Das schließt andererseits jedoch nicht aus, dass das Parlament zusätzlich konkretisierende Richtlinien für die inhaltliche Gestaltung des Unterrichts setzt.[154]

141 § 4 Abs. 4 S. 1 HmbSG.
142 § 4 Abs. 5 S. 2 Halbsatz 1 HSchG.
143 § 39a Abs. 6 SchulG M-V.
144 § 11 Abs. 3 S. 1 bln SchulG.
145 § 10 Abs. 6 S. 1 BbgSchulG.
146 § 96 Abs. 3 rp SchulG.
147 § 35 Abs. 1 S. 2 sächs SchulG.
148 § 10 Abs. 1 S. 1 SchulG LSA.
149 § 126 Abs. 3 S. 4 sh SchulG.
150 *Maurer/Waldhoff*, Verwaltungsrecht, § 24 Rn. 31; offen gelassen: BVerwGE 61, 15; 61, 40; vgl. auch: BVerwGE 104, 220 (224).
151 Zur Sexualerziehung in der Schule BVerfGE 47, 46 (78 f. und 81 ff.); BVerwGE 57, 360 (362 ff.). Zu den grundrechtsensiblen Unterrichtsbereichen s. ferner: *Rux/Niehues*, Schulrecht, Rn. 875 ff.
152 Nach BVerwGE 64, 308 (310 ff.) ist für die Einführung von Englisch als einziger Fremdsprache in der bremischen Orientierungsstufe eine Entscheidung des Gesetzgebers erforderlich; nicht im Gegensatz dazu steht, dass der VGH Mannheim für die Einführung von Fremdsprachenunterricht in der Grundschule wegen der geringen Bedeutung im Gesamtcurriculum eine Rechtsverordnung hat ausreichen lassen (VBlBW 2003, 384 [384 ff.]); bestätigt durch VGH Mannheim, DÖV 2007, 1059, der ein formelles Gesetz aber dann fordert, wenn Gymnasialschülerinnen und -schüler verpflichtet werden, in verschiedenen Regionen eines Bundeslandes unterschiedliche Fremdsprachen (Englisch bzw. Französisch) als Kernfach zu erlernen.
153 Ausführlich und detailliert hierzu: Lutz-Rainer *Reuter*, Normative Grundlagen des politischen Unterrichts. Dokumentation und Analyse, Wiesbaden 1979, S. 35 ff. und 90 ff. Zur Geschichte des politischen Unterrichts in der Schule: Wolfgang *Sander*, Politik in der Schule. Kleine Geschichte der politischen Bildung in Deutschland, 2. Aufl., Marburg 2010.
154 Vgl. etwa § 4 Abs. 12 sh SchulG, wonach die Schule Sachverhalte nicht politisch einseitig behandeln darf und sich parteipolitisch neutral verhalten muss. Nach Auffassung des VGH Mannheim, NJW 1987, 3274, ist der Gesetzgeber gehalten, ein förmliches Gesetz zur inhaltlichen Ausgestaltung des fächerübergreifenden Unterrichts „Friedenssicherung und Bundeswehr" zu erlassen, da insoweit sowohl rechtliche, politische als auch weltanschaulich-religiöse Bereiche und damit Grundrechte (Art. 4 Abs. 1 und 2, Art. 6 Abs. 2 Satz 1 GG) berührt würden. Allerdings hält der VGH eine Festlegung der Groblernziele für hinreichend, wobei geringere Anforderungen als beispielsweise beim Sexualkundeunterricht erfüllt werden müssten – zum einen, weil das Thema Friedenssicherung teilweise Parallelen zu sonstigen schulischen Unterrichtsgegenständen (Gemeinschafts- und Staatsbürgerkunde) aufweise, zum anderen, weil mit ihm nicht der sog. Intimbereich angesprochen werde.

In der Auseinandersetzung über die *Einführung der Rechtschreibreform* hat das Bundesverfassungsgericht eine entscheidende Markierung für die Untergrenze des Vorbehalts des Gesetzes gesetzt. Das Gericht verneinte hier die Notwendigkeit einer gesetzlichen Regelung u.a. mit der Begründung, dass die Neuregelung nicht wesentlich für die Verwirklichung der Grundrechte der Schüler und Eltern sei, falls diese überhaupt berührt seien. Es betonte ausdrücklich, dass die zuständigen Fachverwaltungen aufgrund ihrer Kompetenz und Nähe zur schulischen Praxis für die Beantwortung von pädagogischen, sprachwissenschaftlichen und schulpraktischen Fragen grundsätzlich besser ausgerüstet seien als die Landesparlamente.[155]

Das Verfahren der *Schulbuchzulassung* (dazu TZ 5.133) ist zumindest in den Grundzügen gesetzlich zu regeln[156], da die Schulbuchgenehmigung die Presse- und Meinungsfreiheit (Art. 5 Abs. 1 GG), aber auch das Grundrecht der Berufsfreiheit der Verleger (Art. 12 Abs. 1 Satz 1 GG) sowie das geistige Eigentum der Autoren (Art. 14 Abs. 1 Satz 1 GG) erheblich berührt und die Schulbücher überdies den Inhalt des Unterrichts nachhaltig – meist unmittelbarer und intensiver als die Lehrpläne – beeinflussen.[157]

2.233 Auch bei der Anwendung des Gesetzesvorbehalts auf die *Organisation des Schulwesens* ist der Wesentlichkeitstheorie in differenzierter Weise Rechnung zu tragen. Soweit organisatorische Maßnahmen die Voraussetzungen für den Bildungsweg des Schülers betreffen, berühren sie unmittelbar die Grundrechtssphäre im Spannungsverhältnis zwischen Persönlichkeitsrecht des Kindes, Elternrecht und staatlicher Schulhoheit. Außerdem wächst Organisationsregelungen, ungeachtet ihrer möglichen Grundrechtsrelevanz, immer dann erhebliche Bedeutung zu, wenn sie Ausdruck bildungspolitischer Grundentscheidungen sind oder wichtige Zuständigkeitsabgrenzungen enthalten.

Zu den wesentlichen Angelegenheiten der Schulorganisation rechnet insbesondere, wie dargestellt, die *Struktur des Schulwesens* mit den für die einzelnen Schularten und -stufen typusbestimmenden inhaltlichen Merkmalen. Die Anforderungen an die gesetzliche Regelungsdichte mögen geringer sein, sofern es sich um Schularten handelt, die – wie Grundschule, Hauptschule, Realschule, Gymnasium und Berufsschule – im allgemeinen Verständnis verhältnismäßig klare Konturen aufweisen. Bei *Strukturwandlungen* indes, die das überkommene Gefüge des Schulwesens durch neue Formen ersetzen oder ergänzen sollen[158], ist eine eindeutige Entscheidung der Legislative erfor-

---

Unabdingbar sei jedenfalls eine legislative „Fixierung des Gebotes der Toleranz, der Offenheit und der angemessenen Rücksichtnahme auf die bestehenden unterschiedlichen Auffassungen sowie das Verbot der Indoktrinierung der Schüler" (a.a.O., 3276).

155 Vgl. BVerfGE 98, 218; aufgenommen von BVerwGE 108, 355. Zu dieser Entscheidung: Friedhelm *Hufen*, Rechtschreibreform – Karlsruhe locuta, RdJB 1998, 472; Bernhard W. *Wegener*, Rechtschreibreform und Verfassungsrecht, Jura 1999, 185.

156 Jürgen *Staupe*, Parlamentsvorbehalt und Delegationsbefugnis, Berlin 1986, S. 361 f.; Sönke *Anders*, Die Schulgesetzgebung der neuen Bundesländer, Weinheim 1995, S. 292 f.; *Wimmer* (Fn. 132), 15 (17); s. auch *Rux/Niehues*, Schulrecht, Rn. 900 ff.

157 Vgl. DJT-SchulGE, S. 177 und die in §§ 12-14 (S. 70 f.) vorgeschlagenen Bestimmungen. Die meisten Länder haben inzwischen entsprechende Regelungen erlassen; s. beispielsweise § 35a bw SchG, Art. 51 BayEUG, § 16 bln SchulG, § 14 BbgSchulG, § 9 HmbSG, § 10 HSchG, § 10 SchulG M-V, § 30 nrw SchulG, § 29 NSchG, § 17a saarl SchoG, § 60 sächs SchulG, § 10a SchulG LSA, § 43 Abs. 2 bis 4 ThürSchulG; vgl. auch § 127 sh SchulG, § 2 Abs. 4 ThürSchAG.

158 Dies gilt beispielsweise für die Einführung neuer Schulformen in der Sekundarstufe I, wie der integrierten Sekundarschule (s. § 22 bln SchulG) bzw. der Gemeinschaftsschule (s. § 43 sh SchulG) oder der Regionalschulen (§ 16 SchulG M-V).

derlich.[159] Deshalb waren die wesentlichen Merkmale der *Förderstufe* (*Orientierungsstufe*), der *reformierten gymnasialen Oberstufe* und der *integrierten Gesamtschule* gesetzlich zu bestimmen.[160]

Für die Einführung der Ganztagsschule (vgl. hierzu TZ 3.71) ist mit Rücksicht auf die Veränderung der überkommenen Verantwortungsteilung zwischen staatlicher Schulausbildung und elterlichem Erziehungsrecht jedenfalls dann eine gesetzliche Regelung erforderlich, die den Umfang und die Gestaltungsmöglichkeit der auf den Nachmittag ausgedehnten Unterrichts- und Erziehungsarbeit und die vom Ganztagsunterricht erfassten Schularten regelt, wenn der Besuch der Ganztagsschule obligatorisch ist.[161]

Der Gesetzgeber hat schließlich auch die allgemeinen Kriterien für die *Errichtung*, *Auflösung*, *Verlegung* und *Zusammenlegung von Schulen* festzusetzen.[162]

Die Einführung einer substanziell erweiterten Eigenverantwortung der Schulen etwa in den Bereichen Finanzen, Organisation, Personal oder curricularer Gestaltung des Unterrichts unterliegt dem Vorbehalt des Gesetzes. Bei dieser grundlegenden Wende in der Steuerung der Schulen handelt es sich um eine bildungspolitische Entscheidung, die nicht von der Exekutive getroffen werden darf, sondern nur auf Grundlage eines Gesetzes erfolgen kann. Dem sind die Schulgesetzgeber in den Bundesländern mittlerweile nachgekommen.[163]

2.234 Zu den Aufgaben des Parlaments gehört es ferner, die *Verantwortungsbereiche zwischen dem Staat und den (kommunalen) Schulträgern abzugrenzen* und die Schul-

---

159 Werden traditionelle Schularten unter Wahrung ihrer Eigenart lediglich zusammengefasst, so soll keine wesentliche Umgestaltung vorliegen, die einer parlamentarischen Legitimation bedürfe, so BVerwG, DVBl. 1979, 354.

160 BVerfGE 34, 165 (192): hessische Förderstufe; BVerfGE 45, 400 (417 ff.): hessische Oberstufenreform. Nach Auffassung des BVerfG reichte es aus, dass das hessische Vorschaltgesetz zur Neuregelung der gymnasialen Oberstufe vom 26.10.1976 die Gliederung der Oberstufe in eine Eingangsphase und ein Kurssystem festlegte, als Ziel der Ausbildung den Erwerb der allgemeinen Hochschulreife oder die Vorbereitung auf eine berufliche Ausbildung bezeichnete und die Leistungsbewertung nach einem Punktsystem einführte (BVerfGE 45, 400 [419 ff.]). – Zum Gesetzesvorbehalt bei experimentellen Neuerungen (Schulversuchen) s. TZ 5.1, bei schulorganisatorischen Vorkehrungen für die Bildung- und Erziehung von Kindern und Jugendlichen mit Migrationshintergrund s. TZ 5.224.

161 Christian *Bumke*, Die Ganztagsschule, NVwZ 2005, 519; Annette *Guckelberger*, Ganztagsschule und elterliches Erziehungsrecht, RdJB 2006, 11; Stefanie *Schmahl*, Die Ganztagsschule im Spannungsfeld von elterlichem Erziehungsrecht, staatlichem Bildungsauftrag und Kindeswohl, DÖV 2006, 885; s. auch: VerfGH Saarland, SPE 280 Nr. 16, S. 42 ff.; *Rux/Niehues*, Schulrecht, Rn. 169; *Staupe* (Fn. 156), S. 349; Thomas *Clemens*, Grenzen staatlicher Maßnahmen im Schulbereich. Rechtsschutz gegen Änderungen der Schulstruktur, NVwZ 1984, 65 (66).

162 Zur Schulschließung: BVerfGE 51, 268 (287); BVerwG, DVBl. 1978, 640, DVBl. 1979, 352; OVG Bremen, SPE 132 Nr. 28 und Nr. 32; VGH Kassel, NVwZ 1989, 779 (780); OVG Koblenz, NVwZ-RR 1988, 82; OVG Münster, SPE 132 Nr. 39 und Nr. 41; OVG Münster, NVwZ-RR 1996, 90; implizit auch VG Oldenburg, Urt. v. 9.2.2015, Az.: 5 A 1579/14, Rn. 31 (juris); VG Münster, Urt. v. 21.2.2008, Az.: 1 K 1464/07, Rn. 66 f. (juris).

163 S. z.B. § 7 BbgSchulG, § 9 BremSchulG, §§ 50 f. HmbSG, §§ 127 ff. HSchG, §§ 4 Abs. 7, 39a Abs. 1, 52 Abs. 2 SchulG M-V, § 32 Abs. 1 NSchG, §§ 3 Abs. 1, 62 Abs. 1 Satz 1 nrw SchulG, § 23 Abs. 1 rp SchulG, § 17 Abs. 2 saarl SchoG, § 1 Abs. 3 Satz 1 sächs SchulG, § 24 Abs. 1 Satz 1 SchulG LSA, § 3 Abs. 1 Satz 1 sh SchulG. In Bayern kann einer Schule zur Verbesserung der Qualität von Unterricht und Erziehung auf Antrag der Status einer MODUS-Schule zuerkannt werden (Art. 82 Abs. 5 Satz 1 i.V.m. Art. 83 Abs. 1 BayEUG), mit der Folge, dass die Schule Weiterentwicklungsmaßnahmen in Bezug auf die Unterrichts- und Personalentwicklung sowie inner- und außerschulische Partnerschaften erproben darf (Art. 82 Abs. 5 Satz 2 BayEUG). Insb. ist es den MODUS-Schulen gestattet, von den Schulordnungen abzuweichen, soweit sichergestellt ist, dass die Lehrplanziele erreicht werden, die Abschlüsse gleichwertig sind und der Übergang in andere Schulen möglich bleibt (Art. 82 Abs. 5 Satz 3 BayEUG).

finanzierung zu regeln.[164] Es hat darüber hinaus die *Behördenorganisation der Schulaufsicht* in den Grundzügen auszugestalten. Auch die *Schulverfassung* bildet einen Bereich, der in seinen wesentlichen Ausprägungen vom Gesetzgeber zu ordnen ist. Dessen Aufgabe ist es zu bestimmen, welche Form die Schulleitung aufweisen soll und in welcher Weise die Lehrer, Schüler und Eltern an den schulischen Willensbildungsprozessen zu beteiligen sind.

2.235 Für die Begründung und Ausgestaltung der *Schulpflicht* ist nach der Wesentlichkeitstheorie schon deshalb eine formellgesetzliche Regelung erforderlich, weil sie auf die Rechtssphäre der Schüler und Eltern unmittelbar einwirkt.[165] Sämtliche Bundesländer haben entsprechende gesetzliche Vorschriften erlassen, die zumeist an das Reichsschulpflichtgesetz aus dem Jahre 1938[166] anknüpfen (dazu das 17. Kapitel).

Das *Schulverhältnis* (TZ 16.1) selbst ist als Rechtsverhältnis in seinen wesentlichen Merkmalen gesetzlich auszugestalten. Hierbei ergeben sich je nach Sachverhalt unterschiedliche Anforderungen an die Regelungsdichte. Da die *Schullaufbahn* für den künftigen Berufsweg vorentscheidend ist und Einschränkungen der Freiheit bei der Wahl der Schule sowohl in das Elternrecht als auch in das Recht des Schülers auf Bildung (im Sinne eines Anspruchs auf gleiche Teilhabe an den vorhandenen öffentlichen Bildungseinrichtungen, vgl. TZ 2.224) eingreifen, bedarf es zur Bestimmung der Voraussetzungen und Grenzen des *Zugangs zu weiterführenden Schulen* (s. hierzu das 18. Kapitel) einer gesetzlichen Grundlage. Das Parlament muss Kriterien für die zur Aufnahme in eine Schule erforderliche Eignung und für das bei eventuellen Kapazitätsengpässen anzuwendende Auswahlverfahren festlegen.[167] Davon zu unterscheiden ist die Frage, ob und gegebenenfalls in welcher Dichte die Schulgesetzgeber in den Ländern die Kriterien für den Zugang zu einer ganz bestimmten Schule regeln müssen. Grundsätzlich wird man dies jedenfalls dann bejahen müssen, wenn die mit einer Erweiterung der Selbständigkeit der Einzelschule einhergehende Profilierung und Schwerpunktbildung weiter fortschreitet und die Auswahlrechte von Eltern, Schülern und Schule eine größere Relevanz

---

164 VerfGH NRW, DVBl. 1993, 1209 (1210): Eine gesetzliche Bestimmung, die den Kultusminister ermächtigt, Klassenrichtwerte nach den pädagogischen und verwaltungsmäßigen Bedürfnissen der einzelnen Schulformen, Schulstufen oder Klassen durch Rechtsverordnung festzusetzen, ist eine ausreichende Grundlage für die der Schulaufsichtsbehörde durch die Verordnung übertragene Aufgabe, die Entscheidung der Schulleitungen über die Aufnahme von Schülern unter Beteiligung des Schulträgers zu koordinieren, um möglichst gleich große Klassen zu bilden. – Zur Schulträgerschaft und zur Schulfinanzierung s. im Übrigen das 9. und 10. Kapitel.

165 Im Ergebnis ebenso: Paul *Theuersbacher*, Die Entwicklung des Schulrechts in den Jahren 1995 und 1996, TNVwZ 1997, S. 744 (746). – Ob eine gesetzliche Regelung, die Kinder mit Behinderungen – sofern sie nicht gemeinsam mit Kindern ohne Behinderungen unterrichtet werden (dazu TZ 3.6) – zum Besuch „einer ihrer Eigenart entsprechenden Sonderschule" verpflichtet, ausreichend bestimmt, d.h. durch den Gesetzgeber selbst hinreichend konkretisiert ist, erscheint angesichts der gravierenden Unterschiede zwischen den verschiedenen Förderschularten und der dadurch möglichen Auswirkungen auf die Persönlichkeitsentwicklung der betroffenen Kinder äußerst zweifelhaft (so auch VGH Kassel, NVwZ-RR 1989, 302 [303]; vgl. dazu auch *Rux/Niehues*, Schulrecht, Rn. 208; *Staupe* [Fn. 156], S. 342 f.) – Nach OVG Hamburg, SchuR 1998, 124, liegt es nahe, die Erweiterung der Wochenstundenzahl für die Schülerinnen und Schüler der ersten Klasse von bisher 19 auf 23 Unterrichtsstunden als eine Erweiterung der Schulpflicht anzusehen, die so wesentlich sei, dass sie nicht ohne besondere Entscheidung des Gesetzgebers vorgenommen werden dürfe.

166 Gesetz über die Schulpflicht im Deutschen Reich vom 6.7.1938. qwe

167 *Rux/Niehues*, Schulrecht, Rn. 56 und 685 ff.; vgl. auch Hermann *Avenarius*/Bernd *Jeand'Heur*, Elternwille und staatliches Bestimmungsrecht bei der Wahl der Schullaufbahn, Berlin 1992, S. 20 ff. Aus der Rspr.: OVG Bautzen, LKV 2017, 30 (31 ff.); VGH Kassel, NVwZ 1988, 949 (951); OVG Koblenz, NVwZ-RR 1993, 143; VGH München, BayVBl 1997, 431 (432); OVG Weimar, ThürVBl 1997, 42 (43). Nach Auffassung des OVG Bremen, NVwZ-RR 1989, 546, bedarf die Einführung von Zugangsbeschränkungen (Tests) zu einer besonders ausgelegten Orientierungsstufe, die auf den Besuch eines bilingualen Gymnasiums speziell vorbereiten soll, einer gesetzlichen Regelung.

erlangen.[168] Der Gesetzgeber hat außerdem die wesentlichen Vorschriften über die *leistungsbedingte zwangsweise Schulentlassung* – ihre Voraussetzungen sowie die Zuständigkeiten und Verfahrensgrundsätze – selbst zu erlassen.[169] Für die *Nichtversetzung* in die nächsthöhere Jahrgangsstufe (TZ 20.23) – die eine erheblich weniger einschneidende Maßnahme mit vorrangig pädagogischer Zielrichtung ist – genügt es hingegen, wenn der Gesetzgeber den Begriff „Versetzungen" verwendet und die Exekutive zur Regelung der näheren Einzelheiten ermächtigt.[170] Auch braucht der Gesetzgeber die Ermittlung der Zeugnisnote aus schriftlichen und mündlichen Leistungsnachweisen in einem versetzungsrelevanten Fach nicht selbst zu regeln.[171] Für schulische *Prüfungen* (vgl. hierzu das 20. Kapitel), die wie z.B. die Abiturprüfung unmittelbar auf den Schutzbereich des Art. 12 GG einwirken, ist eine formellgesetzliche Grundlage erforderlich.[172] Dabei muss zumindest bei Prüfungen, die den weiteren Lebensweg eines Prüflings bestimmen, der Gesetzgeber Anforderungen, Bewertungsmaßstäbe[173], Verfahren[174] und Zuständigkeiten in den Grundzügen selbst festlegen.[175]

Bei schulischen *Ordnungsmaßnahmen* (TZ 22.2), die intensiv die Freiheitssphäre des Schülers beschränken, ist eine Regelung durch Gesetz oder aufgrund eines Gesetzes durch Rechtsverordnung erforderlich. Dabei steigen die aus dem Gesetzesvorbehalt sich ergebenden Anforderungen mit der Intensität der jeweiligen Maßnahme. Für den zwangsweisen Ausschluss von der Schule muss das Parlament daher die Voraussetzun-

168 Ebenfalls bejahend: *Cremer* (Fn. 109), 359 (364 ff.), allerdings unter Verweis auf das zwischen einzelnen Gymnasien zum Teil beträchtlich differierende (Anspruchs-)Niveau, was dazu führe, dass die Wahl einer bestimmten Schule „ebenso wie die zwangsweise Schulentlassung die Grundfrage von Zugehörigkeit und Nichtzugehörigkeit" betreffe (a.a.O., 372 ff. und 385 f.); anders die Rspr.: OVG Münster, NWVBl 2013, 448 (359); OVG Saarlouis, BeckRS 2012, 55345; OVG Bautzen, NVwZ-RR 2010, 478 (478); Beschl. v. 19.8.2011, Az.: 2 B 158/11, Rn. 5 (juris); Beschl. v. 8.12.2008, Az.: 2 B 316/08, Rn. 8 ff. (juris); vgl. aber auch BVerfG, NJW 2013, 2813 (2814), wo festgestellt wird, dass „mit zunehmender Einräumung von eigenständigen pädagogischen Profilbildungen in den Grundschulen zu erwarten (ist), dass der Gesetzgeber bei der Gestaltung der Ausnahmeregelungen zur Schulsprengelpflicht darauf Rücksicht nimmt und die Schulbehörden und Verwaltungsgerichte dies bei der Auslegung und Anwendung der bestehenden Ausnahmevorschriften berücksichtigen und diese gegebenenfalls weit interpretieren". Allgemein zum Zugang zu einer bestimmten Schule: Tristan *Barczak*, Die Entwicklung des Schulverwaltungs- und Schulverfassungsrechts seit dem Jahr 2010, NVwZ 2014, 1556 (1558); *ders.*, Der Übergang von der Grundschule in die Sekundarstufe als Grundrechtsproblem, Baden-Baden 2011, S. 367 ff.

169 BVerfGE 58, 257 (275); BVerwG, NVwZ 1998, 859; OVG Bautzen, LKV 2006, 329 (329 f.).

170 BVerfGE 58, 257 (275 ff.); VG Köln, Urt. v. 14.1.2009, Az.: 10 K 3275/08, Rn. 29 ff. (juris); so auch: *Cremer* (Fn. 109), 359 (369); *Rux/Niehues*, Schulrecht, Rn. 56.

171 BVerwG, NVwZ 1998, 859.

172 Norbert *Niehues* u.a., Prüfungsrecht, 6. Aufl., München 2014, Rn. 19; Wolfgang *Zimmerling*, Prüfungsrecht, 3. Aufl., Köln 2007, § 2, Rn. 8 ff.; ferner Peter *Becker*, Der Parlamentsvorbehalt im Prüfungsrecht, NJW 1990, 273 (276 ff.).

173 Für die Erstreckung des Parlamentsvorbehaltes auf die Gewährung von Notenschutz für Schülerinnen und Schüler mit Behinderung in schulischen Abschlussprüfungen und dessen Vermerk im Abschlusszeugnis s. BVerwGE 152, 330 (342 ff.), wonach die gesetzlichen Regelungen „zumindest den begünstigten Personenkreis allgemein umschreiben, die erfassten schulischen Abschlussprüfungen anführen und bestimmen müssen, auf welche Weise Notenschutz gewährt wird."

174 Die Bekanntgabe von Abiturprüfungsterminen erfordert nach Ansicht des OVG Lüneburg nicht einmal eine Regelung auf Verordnungsebene, „wenn für die Bekanntgabe der Prüfungstermine herkömmliche, lange bewährte Methoden genutzt werden und im Regelfall keine besonders schwierigen Aufgaben der Informationsübermittlung zu bewältigen sind" (Beschl. v. 12.9.2016, Az.: 2 LA 125/16, Rn. 15 ff. [juris]); die Festlegung konkreter nach Punkten oder Noten bemessener Bestehensgrenzen kann auch unterhalb eines Parlamentsgesetzes erfolgen, s. VG Hamburg, BeckRS 2010, 54437.

175 Vgl. als Beispiele für entsprechende gesetzliche Regelungen Art. 52 ff. BayEUG, §§ 58 ff. bln SchulG; § 48 ff. nrw SchulG.

gen und die Rahmenbedingungen vorgeben.[176] Für *Erziehungsmaßnahmen*[177], die die Grundrechte des Schülers wie auch das Elternrecht nur geringfügig tangieren, reicht es demgegenüber aus, dass die Legislative die Schule mit der Wahrnehmung der Bildungs- und Erziehungsaufgabe beauftragt.[178].

Einschränkungen der *Meinungsfreiheit der Schülerinnen und Schüler*, vor allem bei der Veröffentlichung von *Schülerzeitungen* (dazu TZ 21.26), bedürfen, soweit sie verfassungsrechtlich überhaupt zulässig sind, einer Grundlegung durch förmliches Gesetz.[179]

2.236 Die Rechtsprechung zur Wesentlichkeitstheorie, die inzwischen übereinstimmend von allen Gerichten vertreten wird, hat inzwischen breite Anerkennung gefunden und die hieraus abgeleiteten Anforderungen haben sich in der Schulgesetzgebung weitgehend durchgesetzt. In Anbetracht neuerer bildungspolitischer Entwicklungen und sich verändernder Rahmenbedingungen geschieht aber die rechtlich gebotene Umsetzung von Reformen in nicht immer angemessenen Formen; Mängel in der rechtlichen Ausgestaltung werden durch manches verfassungs- und verwaltungsgerichtliche Verfahren offenkundig.[180] Insofern bleibt auch weiterhin klärungsbedürftig, ob schulrechtliche Regelungen, die der erforderlichen gesetzlichen Form entbehren, trotz dieses Verfassungsverstoßes für eine *Übergangszeit* weiter gelten können.[181] Dies ist mit dem Bundesverfassungsgericht nur dann und ausnahmsweise zu bejahen, wenn sich allein auf diesem Wege eine sonst eintretende Funktionsunfähigkeit der Schule vermeiden lässt[182]; mögliche Eingriffe sind auf das Minimum zu beschränken. Insgesamt aber lässt sich die Weitergeltung formell verfassungswidriger Normen während einer Übergangsfrist mit fortschreitender Zeit immer weniger rechtfertigen. Fast vierzig Jahre nach Beginn der Rechtsprechung des Bundesverfassungsgerichts zum Vorbehalt des Gesetzes kann der Staat, der trotz Kenntnis des gewandelten Verfassungsverständnisses die notwendigen gesetzlichen Regelungen unterlassen hat oder bei der Implementierung neuer Instru-

---

176 Zum zwangsweisen Ausschluss von einer Einrichtung des Zweiten Bildungswegs (Speyer-Kolleg): BVerfGE 41, 251 (259 ff., insb. 265); vgl. auch DJT-SchulGE, § 65 (S. 96 f. und 289 ff.; Anke *Peters*, Grundrechtseingriffe durch schulische Erziehungs- und Ordnungsmaßnahmen, RdJB 1994, 229. Aus der Gesetzgebung der Länder: § 90 bw SchG, Art. 86 ff. BayEUG, §§ 62 f. bln SchulG, §§ 63 f. BbgSchulG, §§ 46 ff. BremSchulG, § 49 HmbSG, § 82 HSchG, §§ 60 f. SchulG M-V, §§ 61 f. NSchG, § 53 nrw SchulG, § 32 saarl SchoG, § 39 sächs SchulG, § 44 SchulG LSA, § 25 sh SchulG, §§ 51 f. ThürSchulG

177 Für die Unterscheidung zwischen Ordnungsmaßnahmen und Erziehungsmaßnahmen kommt es nicht auf die Terminologie des Gesetzes an. Was der Gesetzgeber als „Erziehungsmaßnahme" bezeichnet, kann sehr wohl eine Ordnungsmaßnahme sein und umgekehrt; entscheidend ist die Eingriffsintensität der jeweiligen Maßnahme. S. auch: Kurt *Fassbender*/Tilman *Herbrich*, Rechtliche Anforderungen an schulische Ordnungsmaßnahmen wegen Fehlverhaltens im Internet, DVBl. 2016, 216 (216).

178 *Rux/Niehues*, Schulrecht, Rn. 420; *Fassbender/Herbrich* (Fn. 177). Der VGH Mannheim, NVwZ 1984, 808, hat deshalb für den Fall des „Nachsitzens" eine Grundrechtsrelevanz (keine Beschränkung der körperlichen Bewegungsfreiheit i.S.d. Art. 2 Abs. 2 S. 2 GG) verneint. Zur Gegenansicht s. Lutz *Dietze*, Zur Zulässigkeit von Schulstrafen, RdJB 1985, 145; Monika *Franke*, Grundrechte des Schülers und Schulverhältnis, Neuwied 1974, S. 44 ff.

179 *Rux/Niehues*, Schulrecht, Rn. 53 und 595 ff.; s. auch *Anders* (Fn. 156), S. 297.

180 Zu den immer noch vorhandenen Defiziten *Cremer* (Fn. 109), 359 (359 f. und 386); *Wimmer* (Fn. 132), 15 (17 f.).

181 S. hierzu m.w.N.: *Cremer* (Fn. 109), 359 (361 f.).

182 BVerfGE 41, 251 (267); 58, 257 (280 f.). Danach ist z.B. die als Ordnungsmaßnahme verfügte zwangsweise Entlassung eines Schülers während der Übergangszeit in der Regel unzulässig (vgl. BVerfGE 41, 251 [266 f.], ebenso BayVerfGH, NJW 1982, 1089 [1091 f.]). Anders ist die Situation zu beurteilen, wenn ein Schüler aufgrund einer dem Vorbehalt des Gesetzes nicht genügenden Verordnungsregelung wegen wiederholter Nichtversetzung aus der Schule mit Wirkung für alle Schulen derselben Schulart des Landes entlassen wird. Ein solcher Ausschluss ist für einen funktionsfähigen Schulbetrieb unerlässlich, da die Schulen über Mittel verfügen müssen, ungeeignete Schüler aus dem Schulverhältnis zu entlassen (BVerfGE 58, 257 [281 f.]).

mente unterlässt, nur noch in äußerst gravierenden Ausnahmefällen von den nachteiligen Folgen seiner Säumnis freigestellt werden.

2.3 Landesverfassungen

Die Mehrzahl der Länder hat in ihre Verfassungen Normen über das Schulwesen aufgenommen.[183] Ausnahmen bilden Hamburg (dessen Verfassung nur ein Organisationsgesetz darstellt) und Berlin (dessen Verfassung vom 23.11.1995 abgesehen von einer technischen Regelung zur personellen Besetzung der Ausübung der Schulaufsicht in Art. 67 Abs. 4 zwar in Art. 20 ein Grundrecht auf Bildung[184], sonst aber keine speziellen Normen über das Schulwesen enthält). Die übrigen Landesverfassungen enthalten mehr oder weniger ausführliche Grundsätze und Vorschriften, die mit relativ geringen Abweichungen, Auslassungen und Ergänzungen die Regelungen der Weimarer Verfassung übernehmen und sich daher nicht allzu sehr voneinander unterscheiden. Die Besonderheiten liegen vorwiegend in bestimmten religiös-weltanschaulichen und politischen Akzentsetzungen. Inhaltlich stimmen die Schulartikel der Landesverfassungen durchweg mit den Normen des Grundgesetzes überein; sie gelten daher weiter (vgl. TZ 2.11). Ausführlich zu den Bildungs- und Erziehungszielen der Schule TZ 5.11.

2.4 Recht der Europäischen Union

Das Recht der Europäischen Union (EU) beeinflusst auch die nationale Bildungspolitik der Mitgliedstaaten und wirkt auf das Schulrecht der Bundesländer in nicht unerheblichem Maße ein. Obgleich die Mitgliedstaaten für die Organisation des Bildungswesens und die Bildungspolitik zuständig bleiben, gewinnt die europäische Bildungspolitik für die Bereiche der allgemeinen und der beruflichen Bildung an Bedeutung, da die EU wie zuvor bereits die Europäische Gemeinschaft, wenn auch begrenzt, in diesen Bereichen Befugnisse innehat. Das Recht der EU – welches vor dem Inkrafttreten des *Vertrages von Lissabon* als Europäisches Gemeinschaftsrecht bezeichnet wurde – umfasst das primäre und das sekundäre Unionsrecht. Zum ersteren gehören gleichrangig der „Vertrag über die Arbeitsweise der Europäischen Union“ (AEUV), der „Vertrag über die Europäische Union“ (EUV), die „Charta der Grundrechte der Europäischen Union“ (GRCh) sowie die vom Europäischen Gerichtshof entwickelten Allgemeinen Rechtsgrundsätze. Das sekundäre Unionsrecht bilden die Rechtsakte, die auf der Grundlage des Primärrechts ergehen und mit diesem in Einklang stehen müssen. Art. 288 Abs. 1 AEUV listet insoweit fünf Handlungsformen auf, die die Organe der EU bei der Ausübung ihrer Kompetenzen benutzen können: Verordnungen, Richtlinien, Beschlüsse, Empfehlungen und Stellungnahmen.

2.41 Neuerungen durch den Vertrag von Lissabon

Mit dem *Vertrag von Lissabon* (Reformvertrag)[185] ist am 1.12.2009 die auf den Vertrag von Nizza folgende, nunmehr fünfte große europäische Vertragsreform in Kraft getreten. Die bisherigen Bestimmungen zur europäischen Bildungspolitik wurden durch den *Ver-*

183 Texte der Landesverfassungen sind im Internet (z.B. unter http://www.verfassungen.de) einsehbar oder, teilweise mit Erläuterungen, bei den jeweiligen Landeszentralen für politische Bildung erhältlich.
184 Zur rechtlichen Bedeutung des in einigen Landesverfassungen gewährleisteten Rechts auf Bildung s. TZ 2.224.
185 ABl. C 115 vom 9.5.2008, S. 1.

trag von Lissabon indes kaum verändert.[186] Zwar räumt der Vertrag einer europäischen Bildungspolitik insoweit ein stärkeres Gewicht ein, als er ein hohes Niveau der allgemeinen und beruflichen Bildung zum ausdrücklichen Ziel der EU erklärt (Art. 9 AEUV). An der bisherigen Aufteilung der Zuständigkeiten zwischen der EU und den Mitgliedstaaten für den Bildungsbereich hält er aber fest (Art. 2 Abs. 5, Art. 6 lit. e AEUV). Als wenige inhaltliche Neuerungen beziehen die Art. 165 und 166 AEUV, welche die Vorläuferbestimmungen in Art. 149 und 150 EGV ersetzen, die europäische Dimension des Sports mit ein und heben die stärkere Beteiligung von Jugendlichen am demokratischen Leben hervor; schließlich kann der Rat nunmehr auf Vorschlag der Kommission auch im Rahmen der beruflichen Bildung Empfehlungen erlassen, was zuvor nur bei der allgemeinen Bildung vorgesehen war.

Gemäß Art. 5 Abs. 1 Satz 1 EUV gilt für die Abgrenzung der Zuständigkeiten der EU im Verhältnis zu ihren Mitgliedstaaten das Prinzip der *„begrenzten Einzelermächtigung"*, wobei für die Ausübung der Zuständigkeiten der Union nach Art. 5 Abs. 1 Satz 2 EUV die Grundsätze der Subsidiarität und der Verhältnismäßigkeit gelten. Die Bedeutung des Prinzips hat das Bundesverfassungsgericht in seiner Entscheidung zum *Vertrag von Lissabon* noch einmal betont[187] (s. auch TZ 2.42). Rechtsakte des europäischen Unionsrechts dürfen danach nur ergehen, soweit hierfür eine ausdrückliche Grundlage in den europäischen Verträgen gefunden werden kann. Ob das Bundesverfassungsgericht aber einer – wie unter der Geltung der vorherigen Verträge üblichen – extensiven Auslegung der Bildungsartikel nach dem Inkrafttreten des *Vertrages von Lissabon* zukünftig Grenzen setzen wird, bleibt abzuwarten. Hinweise auf eine solche Entwicklung lassen sich der Entscheidung zum *Vertrag von Lissabon* zumindest insoweit entnehmen, als dort das „Schul- und Bildungssystem" als ein Bereich hervorgehoben wird, dem eine besondere Bedeutung „für die demokratische Selbstgestaltungsfähigkeit eines Verfassungsstaates" zukomme und der in einem engen Zusammenhang mit der nationalen Identität der Mitgliedstaaten stehe. Die Gestaltung von Lehrplänen und Bildungsinhalten sowie etwa die Struktur eines gegliederten Schulsystems seien politische Grundentscheidungen, die einen starken Bezug zu den kulturellen Wurzeln und Wertvorstellungen eines jeden Staates haben. Schule und Bildung berührten in besonderem Maße gewachsene Überzeugungen und Wertvorstellungen, die in spezifischen historischen Traditionen und Erfahrungen verwurzelt seien. Daher erfordere eine demokratische Selbstbestimmung in diesem Bereich, dass die jeweilige durch solche Traditionen und Überzeugungen verbundene politische Gemeinschaft das Subjekt demokratischer Legitimation bleibe. Zudem hat das Gericht in seinem Urteil festgehalten, dass die „bereits wahrnehmbaren Aktivitäten der Europäischen Union auf diesen Gebieten [...] auf einer Ebene in die Gesellschaft ein[greifen], die in der primären Verantwortung der Mitgliedstaaten und ihrer Gliederungen steht".[188]

186 Zu den wichtigsten Neuerungen des Vertrages von Lissabon: Franz *Mayer*; Der Vertrag von Lissabon im Überblick, JuS 2010, 189.

187 BVerfGE 123, 267 (Ls. 2a und 4, 347, 350 ff. 364 f., 368 ff., 381 ff., 394, 397, 411 und 433). Speziell zum Prinzip der begrenzten Einzelermächtigung im Vertrag von Lissabon s. auch: Eckhard *Pache*/Franziska *Rösch*, Der Vertrag von Lissabon, NVwZ 2008, 473 (478 f.).

188 BVerfGE 123, 267 (358 f. und 363); speziell zu diesen Passagen des Urteils s. Klaus Ferdinand *Gärditz*, Die Lissabon-Entscheidung des Bundesverfassungsgerichts und das Bildungsrecht – eine wegweisende Entscheidung mit offenen Folgen; Helmut *Goerlich*/Ralph *Zimmermann*, Bildung als Reservat verfassungsstaatlicher Identität – eine verfassungsprozessuale *aberratio ictus*, beide in: Kerstin Odendahl (Hrsg.), Europäische (Bildungs-)Union?, Berlin 2011, S. 25 bzw. S. 49.

2.42 Entwicklung bis zum Inkrafttreten des Vertrages von Lissabon

Vor dem Inkrafttreten des Maastrichter Vertrages am 1.11.1993 besaß die damalige Europäische Gemeinschaft in der Bildungspolitik allein im Rahmen der Berufsausbildung sowie der gegenseitigen Anerkennung von Diplomen und Zeugnissen begrenzte Kompetenzen. Aber nicht zuletzt durch seine integrationsfreundliche Rechtsprechung hat der *Europäische Gerichtshof* (EuGH) dazu beigetragen, eine Ausdehnung der Einwirkungsmöglichkeiten der europäischen Organe auch in Bildungsfragen zu befördern, indem er die ursprünglich beschränkten Kompetenzen in den Gesamtzusammenhang der Gemeinschaftstätigkeit stellte, die primär auf die Herstellung von Freizügigkeit, Mobilität der Arbeitskräfte und Verbesserung der Lebensbedingungen der Arbeitnehmer zielte. Zwar hatte der EuGH in einer nahezu klassisch gewordenen Wendung immer wieder betont, dass *„die Organisation des Bildungswesens und die Bildungspolitik als solche zwar nicht zu den Materien gehören, die der Vertrag der Zuständigkeit der Gemeinschaftsorgane unterworfen hat"*, zugleich aber – besonders durch seine Ausführungen in der grundlegenden Entscheidung im Falle „Gravier"[189] – festgestellt, dass der *„Zugang zum und die Teilnahme am Unterricht im Bildungswesen [...] nicht außerhalb des Gemeinschaftsrechts"* stehen.[190] *Unionsbürgerinnen und Unionsbürger*, die sich lediglich zu Ausbildungszwecken in einen anderen Mitgliedstaat begeben, haben daher einen Anspruch auf gleichberechtigten, d.h. nicht aus Gründen der Staatsangehörigkeit differenzierten Zugang zu den Berufsbildungseinrichtungen des Aufnahmelandes. Der Zugang zur Berufsausbildung sei geeignet – so der EuGH –*„die Freizügigkeit innerhalb der gesamten Gemeinschaft zu fördern, indem er den Einzelnen die Möglichkeit gibt, eine Qualifikation in dem Mitgliedstaat zu erwerben, in dem sie ihre Berufstätigkeit ausüben wollen, sowie die Möglichkeit, in dem Mitgliedstaat, dessen berufliches Bildungswesen die entsprechende Spezialisierung anbietet, ihre Ausbildung zu vervollkommnen und ihre besonderen Fähigkeiten zu entwickeln"*.[191] Den Begriff der Berufsausbildung fasste der Gerichtshof im „Gravier"-Urteil wie in späteren Entscheidungen sehr weit. Er rechnet dazu *„jede Form der Ausbildung, die auf eine Qualifikation für einen bestimmten Beruf oder eine bestimmte Beschäftigung vorbereitet oder die die besondere Befähigung zur Ausübung eines solchen Berufes oder einer solchen Beschäftigung verleiht,* [...] *und zwar unabhängig vom Alter und vom Ausbildungsniveau der Schüler oder Studenten und selbst dann, wenn der Lehrplan auch allgemeinbildenden Unterricht enthält"*.[192] Die Europäische Kommission sah sich nicht zuletzt durch diese Rechtsprechung veranlasst, Zuständigkeiten der Gemeinschaft auszudehnen, sie auf den Bildungsbereich insgesamt

---

189 EuGH, Rs. 293/83, Slg. 1985, 593, Rn. 19 ff.; vgl. dazu auch: Frank *Fechner*, Auswirkungen des europarechtlichen Diskriminierungsverbots auf die Bildung, RdJB 2002, 342.

190 S. auch EuGH, Rs. C-76/05, Slg. 2007, I-6849, Rn. 70, wo der Gerichtshof feststellt, „dass das Gemeinschaftsrecht die Zuständigkeit der Mitgliedstaaten zum einen für die Lehrinhalte und die Gestaltung des Bildungssystems sowie die Vielfalt ihrer Kulturen und Sprachen [...] und zum anderen für Inhalt und Gestaltung der beruflichen Bildung [...] unberührt lässt", gleichwohl aber „die Mitgliedstaaten bei der Ausübung dieser Befugnis das Gemeinschaftsrecht beachten" müssen.

191 EuGH, Rs. 293/83, Slg. 1985, 593, Rn. 24; vergleichbar zur Dienstleistungsfreiheit s. EuGH, Rs. C-76/05, Slg. 2007, I-6849, Rn. 64 ff. Hierzu auch: Wolfram *Cremer*, Die Auswirkungen der Grundfreiheiten auf den Bildungsbereich, in: Odendahl (Fn. 188), S. 131 (141 ff.).

192 EuGH, Rs. 293/83, Slg. 1985, 593 Rn. 30. In seiner weiteren Rechtsprechung ist der Gerichtshof noch einen Schritt weitergegangen, indem er grundsätzlich jedes Hochschulstudium unabhängig von der Frage, ob es auf den Erwerb einer unmittelbaren Qualifikation zur Ausübung eines bestimmten Berufs gerichtet ist, als Berufsausbildung gesehen (EuGH, Rs. 24/86, Slg. 1988, 379) oder sogar ein Unterrichtsjahr des staatlichen Sekundarunterrichts als Berufsbildung betrachtet hat, soweit jenes Jahr zu einem Ausbildungsgang gehört, der als berufsbildend zu qualifizieren ist (EuGH, Rs. 263/86, Slg. 1988, 5365).

zu erstrecken und dort eine Koordinator- und Katalysatorfunktion zu übernehmen.[193] Infolgedessen wurden bereits vor dem Maastrichter Vertrag eine Reihe bildungspolitischer Maßnahmen ergriffen.[194] Um aber Unsicherheiten über die tatsächliche Reichweite der gemeinschaftlichen Kompetenzen zu beseitigen, widmete der Maastrichter Vertrag – erstmalig – der Bildungspolitik ein *eigenes Kapitel*. Das neue Bildungskapitel umfasste mit den damaligen Art. 126 und 127 EGV zwei neue Rechtsgrundlagen für die allgemeine und berufliche Bildung, mit denen die bildungspolitischen Kompetenzen der Gemeinschaft deutlich ausgeweitet wurden. Zuvor enthielt Art. 128 des Vertrages zur Gründung der Europäischen Wirtschaftsgemeinschaft (EWGV) in Art. 128 lediglich eine Befugnis des Rates zur Aufstellung allgemeiner Grundsätze zur Durchführung einer gemeinsamen Politik im Bereich der Berufsbildung. Darüber hinaus wurde der neue Zuständigkeitsbereich der Gemeinschaft in Art. 3 Abs. 1 p) EGV festgeschrieben. Durch den im Jahre 1999 in Kraft getretenen *Amsterdamer Vertrag* wurden die Art. 126 und 127 EGV in Art. 149 und 150 EGV umnummeriert und geringfügig geändert; in dem seit 2003 geltenden *Vertrag von Nizza* sind die Artikel unverändert übernommen worden. Der *Vertrag von Lissabon* hat – mit Ausnahme der erwähnten Ergänzungen (TZ 2.41) – keine inhaltlichen Veränderungen in den neuen Art. 165 und 166 AEUV vorgenommen.

2.43 Vertrag über die Arbeitsweise der Europäischen Union: Allgemeine Bildung und berufliche Bildung

Während Art. 165 AEUV den allgemeinen Bildungsbereich – das Schul- und Hochschulwesen – betrifft, behandelt Art. 166 AEUV als spezielle Norm die berufliche Bildung. Im Einzelnen gehören zur allgemeinen Bildung die frühkindliche Bildung in Kindergärten bzw. Kindertagesstätten, die Primarstufe und die Sekundarstufen, im Wesentlichen das Hochschulwesen, sowie die Erwachsenenbildung; unerheblich ist, ob die Bildung in staatlichen oder privaten Anstalten vermittelt wird bzw. die Wissensvermittlung institutionalisiert oder nur punktuell geschieht. Der beruflichen Bildung wird das Berufsschulwesen zugeordnet, und zwar ungeachtet seines in Deutschland dualen Charakters und seiner auch allgemeinbildenden Aufgaben.[195] Für die Ausgestaltung der Bildungspolitik bleiben sowohl für die allgemeine als auch für die berufliche Bildung vorrangig die Mitgliedstaaten zuständig. Der EU ist der Aufbau eines europäischen Bildungswesens versagt. Sie kann lediglich fördernde, unterstützende und ergänzende Maßnahmen entsprechend dem *Prinzip der begrenzten Einzelermächtigung* nach Art. 5 Abs. 1 EUV ergreifen. Zugleich wird damit dem Gebot des Art. 4 Abs. 2 Satz 1 EUV Rechnung getragen, die grundlegenden politischen und verfassungsmäßigen Strukturprinzipien der Mitgliedstaaten zu achten. Aufgrund der Rechtsprechung des Bundesverfassungsgerichts kommt dem insoweit eine besondere Bedeutung gerade für das Schul- und Bildungssystem zu, als dieses vom Gericht zu den integrationsfesten und verfassungsrechtlich unverfügbaren Bereichen gezählt wird.

193 Vgl. Thomas *Oppermann*, Europäisches Gemeinschaftsrecht und deutsche Bildungsordnung – „Gravier" und die Folgen, Bad Honnef 1987; *ders.*, Von der EG-Freizügigkeit zur gemeinsamen europäischen Ausbildungspolitik? Die „Gravier"-Doktrin des Gerichtshofes der Europäischen Gemeinschaften, Berlin 1988.

194 So verabschiedete die Kommission im Vorfeld des Vertrages von Maastricht drei Grundsatzmemoranden: Memorandum zur Hochschulbildung, KOM (1991) 349 endg.; Memorandum zum Fernunterricht, KOM (1991) 388 endg.; Memorandum über die Berufsausbildungspolitik für die 90er Jahre, KOM (1991) 397 endg. S. weiter Leitlinien für die Gemeinschaftsaktion im Bereich allgemeine und berufliche Bildung, KOM (1993) 183 endg.

195 M.w.N.: Matthias *Ruffert*, in: Calliess/ders., EUV/AEUV. Kommentar, AEUV Art. 165 Rn. 11.

Soweit die EU nach Art. 165 und 166 AEUV zuständig ist, gilt der *„Anwendungsvorrang“* des Unionsrechts.[196] In diesem Fall sind die zuständigen staatlichen Stellen, insbesondere die Gerichte und Behörden, verpflichtet, den Normen des Unionsrechts Vorrang in jedem konkreten Einzelfall einzuräumen und unionswidriges innerstaatliches Recht nicht anzuwenden.

2.431 Art. 165 Abs. 1 UAbs. 1 AEUV stellt der EU auf dem Gebiet der *allgemeinen Bildung* die Aufgabe, zur Entwicklung einer qualitativ hochstehenden Bildung dadurch beizutragen, dass sie die Zusammenarbeit zwischen den Mitgliedstaaten fördert und die Tätigkeit der Mitgliedstaaten „unter strikter Beachtung der Verantwortung der Mitgliedstaaten für die Lehrinhalte und die Gestaltung des Bildungssystems sowie der Vielfalt ihrer Kulturen und Sprachen erforderlichenfalls unterstützt und ergänzt“. Unerheblich ist, ob die mitgliedstaatliche Zusammenarbeit von den Staaten selbst initiiert oder von der Union konzipiert ist. Art. 165 Abs. 2 AEUV konkretisiert abschließend die Ziele der unionalen Tätigkeiten und nennt hier unter anderem die „Mobilität von Lernenden und Lehrenden“, die Fernlehre und den „Ausbau des Jugendaustauschs“. Die Ziele sind im Bereich der allgemeinen Bildung – mit Ausnahme des Ziels der „Entwicklung der europäischen Dimension im Bildungswesen, insbesondere durch Erlernen und Verbreiten der Sprachen der Mitgliedstaaten“[197] – auf eine Förderung durch die Union beschränkt. Dementsprechend erlaubt Art. 165 Abs. 4 AEUV zur Verwirklichung dieser Ziele lediglich Fördermaßnahmen und rechtlich nicht verbindliche Empfehlungen. Bei den Fördermaßnahmen handelt es sich regelmäßig um Formen finanzieller Unterstützung oder um Lösungsvorschläge der Union für die Mitgliedstaaten, bei denen allerdings gemäß Art. 165 Abs. 4 1. Spstr. AEUV jegliche Harmonisierung der Rechts- und Verwaltungsvorschriften der Mitgliedstaaten ausgeschlossen ist. Das gilt wegen der Gefahr der Umgehung des Harmonierungsverbotes auch für eine sog. mittelbare Harmonisierung, bei der die EU finanzielle Fördermittel gegenüber den Mitgliedstaaten mit Forderungen verbindet, die nationale Bildungspolitik bzw. -gesetzgebung in einer bestimmten Weise auszugestalten. Eine europäische Rechtsangleichung ist somit untersagt, sofern nicht andere Ermächtigungsgrundlagen Ausnahmen ermöglichen oder bildungspolitische Aspekte betroffen sind, welche der Verwirklichung einer Grundfreiheit dienen.

2.432 Die Kompetenzen der EU auf dem Gebiet der *beruflichen Bildung* nach Art. 166 AEUV reichen weiter als auf dem der allgemeinen Bildung. Unter Berücksichtigung der in Art. 166 Abs. 2 normierten Zielsetzungen meint berufliche Bildung die berufliche Aus-, Fort- und Weiterbildung sowie die berufliche Umschulung. In diesen Bereichen hat die Union eine eigene politische Zuständigkeit, die erlaubt, eigene politische Initiativen zu ergreifen („führt eine Politik der beruflichen Bildung“). Im Unterschied zu dem in Art. 165 AEUV geregelten Bereich der allgemeinen Bildung kann die Union nicht nur fördern, sondern auch „Maßnahmen“ ergreifen, d.h. sie ist nicht auf das Setzen von Anreizen oder das Offerieren bestimmter Modelle beschränkt. Diese Maßnahmen ergehen im ordentlichen Gesetzgebungsverfahren gemäß Art. 294 AEUV nach Anhörung des Wirtschafts- und Sozialausschusses und des Ausschusses der Regionen. Zudem kann der Rat auf Vorschlag der Kommission – rechtlich nicht verbindliche – Empfehlungen erlassen. Allerdings werden die Handlungsmöglichkeiten der Union auch bei der beruf-

196 Zum Anwendungsvorrang: EuGH, Rs. 6/64, Slg. 1964, S. 1251 (1269 f.); BVerfGE 37, 271 (279 ff.); 73, 339 (366 ff.); 75, 223 (244 f.); 85, 191 (204 f.); 89, 155 (190 ff.); 126, 296 (303 f.); 134, 266 (382 ff.); *Ruffert* (Fn. 195), AEUV Art. 1 Rn. 16 ff.

197 Dazu: Peter *Hilpold*, Die Sprachenregelung der Union zwischen Grundfreiheiten und Kulturpolitik, ZEuP 2011, 500 (512); Werner *Pfeil*, Die Notwendigkeit der Förderung der Mehrsprachigkeit im Europäischen Bildungswesen als Folge einer sich im Wandel befindlichen europäischen Sprachenpolitik, RdJB 1999, 43.

lichen Bildung insoweit begrenzt, als sie die Politik der Mitgliedstaaten nur unterstützen und ergänzen darf und auch hier eine Harmonisierung der Rechts- und Verwaltungsvorschriften der Mitgliedstaaten ausgeschlossen ist.

2.44 Besondere Bildungsregelungen im Primärrecht

Über die Art. 165 und 166 AEUV hinaus können weitere Bestimmungen der primärrechtlichen Verträge der EU zur Anwendung gelangen. Bildungsfragen berühren nicht nur eine Vielzahl anderer Politikbereiche, in denen die Union über Kompetenzen verfügt, sondern sie betreffen auch die im europäischen Primärrecht den Unionsbürgerinnen und Unionsbürgern garantierten Grundfreiheiten.

2.441 Grundfreiheiten sind in grenzüberschreitenden Fällen einschlägig und regeln ebenso wie das die Grundfreiheiten konkretisierende Sekundärrecht Sachverhalte, die Voraussetzung dafür sind, Bildung zu realisieren, wie den Zugang zu Bildungsinstitutionen, zu Finanzierungshilfen zur Ausbildung (BAföG) oder die steuerliche Berücksichtigung gezahlten Schulgeldes. Bewegen sich Personen von einem Mitgliedstaat in einen anderen, sind die Arbeitnehmerfreizügigkeit nach den Art. 45-48 AEUV, die Niederlassungsfreiheit nach den Art. 49-55 AEUV und die Dienstleistungsfreiheit nach den Art. 56-62 AEUV berührt.[198] In diesem Zusammenhang hat der Gerichtshof in mehreren Entscheidungen klargestellt, dass die Grundsätze der Arbeitnehmerfreizügigkeit nach Art. 45 AEUV auch für Lehrkräfte gelten. Dabei ergibt sich die besondere Bedeutung der Grundfreiheiten auch daraus, dass die in den Art. 165 und 166 AEUV normierten Begrenzungen für eine Bildungspolitik der EU nicht gelten, soweit der Anwendungsbereich der Grundfreiheiten eröffnet ist.

2.442 Darüber hinaus sieht Art. 53 Abs. 1 AEUV im Interesse der Förderung der Mobilität den Erlass von Richtlinien zur gegenseitigen Anerkennung von Diplomen, Prüfungszeugnissen und sonstigen Befähigungsnachweisen vor.[199]

2.443 Die in Art. 166 AEUV angesprochene berufliche Bildung weist Schnittstellen mit der Beschäftigungspolitik nach Art. 145-150 AEUV auf, da diese gerade auch auf die Förderung der Ausbildung, Qualifizierung und Fortbildung von Arbeitnehmern zielt. Ferner bestehen Verbindungen zur Sozialpolitik nach Art. 151-161 AEUV und hier speziell mit dem *Europäischen Sozialfonds* (ESF) nach Art. 162 bis 164 AEUV. Der ESF unterstützt Maßnahmen zur Verhinderung und Bekämpfung der Arbeitslosigkeit, zur Entwicklung von Humanressourcen und der sozialen Integration in den Arbeitsmarkt.

2.444 Das *allgemeine Diskriminierungsverbot* des Art. 18 AEUV verbietet im Anwendungsbereich der Verträge der Union jede Diskriminierung aus Gründen der Staatsangehörigkeit.[200] Verboten sind nicht nur offensichtliche Diskriminierungen auf Grund der Staatsangehörigkeit, sondern auch versteckte Formen der Diskriminierung, die durch die Anwendung anderer Unterscheidungsmerkmale tatsächlich zu dem gleichen Ergeb-

---

198 Dazu m.w.N.: *Ruffert* (Fn. 195), AEUV Art. 165 Rn. 6, der in Bezug auf die Grundfreiheiten von dem „Schwerpunkt der bildungspolitischen Relevanz des Europarechts" spricht.

199 S. dazu etwa die Richtlinie 2005/36/EG des Europäischen Parlaments und des Rates vom 7.9.2005 über die Anerkennung von Berufsqualifikationen (ABl. L 225 vom 30.9.2005, S. 22), zul.g.d. die Richtlinie 2013/55/EU des Europäischen Parlamentes und des Rates vom 20.11.2013 (ABl. L 354 vom 28.12.2013, S. 132); hierzu eingehend: Stefan *Stork*, Die Änderung der Richtlinie 2005/36/EG über die Anerkennung von Berufsqualifikationen, GewArch 2013, 338.

200 Zur Bedeutung des allgemeinen Diskriminierungsverbotes für das Bildungswesen: Dirk *Staudenmayer*, Mittelbare Auswirkungen des Gemeinschaftsrechts auf das Bildungswesen, WissR 1994, 249 (250 ff.).

nis führen.[201] Im Ergebnis können sich die Staatsangehörigen der Mitgliedstaaten, die zugleich Unionsbürger sind, auf ein umfassendes Recht auf Gleichbehandlung berufen, soweit sie sich im Gebiet des Aufnahmestaates frei bewegen und aufhalten.[202] In diesem Sinne stellte der Europäische Gerichtshof im „Grzelczyk"-Urteil[203] fest, dass ein mittelloser französischer Student in Belgien im vierten und fünften Studienjahr grundsätzlich auch diejenige beitragsunabhängige Sozialleistung zur Sicherung des Existenzminimums beanspruchen kann, die belgischen Studenten in ähnlicher Lage gewährt wird. Auch haben Angehörige anderer Mitgliedstaaten unter den gleichen Bedingungen ein Recht auf *Zugang zu Bildungseinrichtungen und -veranstaltungen* wie Inländer; dieses Recht wird häufig gerade auch durch mittelbare Diskriminierungen beeinträchtigt, etwa wenn Fahrpreisermäßigungen Studierenden vorbehalten werden, deren Eltern im Aufnahmestaat Familienhilfen beziehen.[204]

2.45 Die Europäische Grundrechtecharta

Mit Inkrafttreten des *Vertrages von Lissabon* ist die anlässlich des Europäischen Rates von Nizza[205] feierlich verkündete *Europäische Grundrechtecharta* rechtsverbindlich geworden.[206] Art. 6 Abs. 1 EUV verweist auf die Grundrechtecharta und schreibt ausdrücklich fest, dass diese Charta den gleichen Rang besitzt wie der EUV und der AEUV.

Die Europäische *Grundrechtecharta* normiert in Art. 14 ein *Recht auf Bildung*[207] für jedermann; es umfasst auch die Möglichkeit, unentgeltlich am Pflichtschulunterricht teilzunehmen. Darüber hinaus wird das Recht auf Zugang zur beruflichen Ausbildung und Weiterbildung verbürgt. Weiterhin werden die Freiheit zur Gründung von Lehranstalten unter Achtung der demokratischen Grundsätze sowie das Recht der Eltern, die Erziehung und den Unterricht ihrer Kinder entsprechend ihren eigenen religiösen, weltanschaulichen und erzieherischen Überzeugungen sicherzustellen, gemäß den einzelstaatlichen Gesetzen gewährleistet. Zwar wird mit Art. 14 der *Grundrechtecharta* der Formulierung nach schon jetzt ein konkretes und verbindliches Recht auf Bildung durch das Europäische Unionsrecht normiert; ob diesem Recht in Zukunft jedoch ein Gewährleistungsgehalt entnommen werden wird, der über das in den Landesverfassungen und Schulgesetzen normierte Bildungsrecht, das in Art. 7 Abs. 4 GG gewährleistete Recht

---

201 EuGH, Rs. C-147/03, Slg. 2005, I-5969, Rn. 41 und 47; Slg 2005, I-2119, Rn. 51; Slg. 1973, 153, Rn. 11.

202 S. Art. 21 Abs. 1 AEUV.

203 EuGH, Rs. C-184/99, Slg. 2001, I-6193, Rn. 27 ff.; dazu: Klaus *Sieveking*, Befristete Ausbildungsfinanzierung als europäischer Solidarbeitrag – öffentliche Unterstützung bei Existenznot für im EU-Ausland studierende Unionsbürger, RdJB 2004, S. 256; vgl. aber auch: EuGH, Rs. C-158/07, Slg. 2008, I-8507, Rn. 25 ff.; Peter *Hilpold*, Unterhaltsstipendien für Unionsbürger – Die Rechtssache „Förster" und die Grenzen mitgliedstaatlicher Solidarität, EuZW 2009, S. 40.

204 EuGH, Urt. v. 4.10.2012, Rs. C-75/11, Rn. 36 ff. (juris); ebenfalls für den Zugang zum Hochschul- und Universitätsstudium EuGH, Rs. C-73/08, Slg. 2010, I-2735, Rn. 28 ff.; Rs. C-147/03, Slg. 2005, I-5969, Rn. 31 ff. Ausführlich hierzu auch: Josef Franz *Lindner*, Die Europäisierung des Wissenschaftsrechts, Tübingen 2009, S. 123 ff.; Peter *Hilpold*, Hochschulzugang und Unionsbürgerschaft, EuZW 2005, S. 647.

205 Bulletin der EU 12/2000, I 3, 2.2.1.

206 S. Hans D. *Jarass*, Charta der Grundrechte der Europäischen Union – Kommentar, 3. Aufl., München 2016; Jürgen *Meyer* (Hrsg.), Charta der Grundrechte der Europäischen Union, 4. Aufl., Baden-Baden 2014; Klaus *Stern*/Michael *Sachs* (Hrsg.), Europäische Grundrechte-Charta – Kommentar, München 2016.

207 S. neben den in der vorherigen Fußnote angegebenen Kommentierungen des Art. 14 GrCh hierzu ausführlich: Ino *Augsberg*, Art. 14: Recht auf Bildung, in: Hans von der Groeben/Jürgen Schwarze/Armin Hatje (Hrsg.), Europäisches Unionsrecht, 7. Aufl., Baden-Baden 2015, Bd. 1, S. 603 ff.; Johannes *Caspar*, Die EU-Charta der Grundrechte und das Bildungsrecht, RdJB 2001, 165; Hermann *Pünder*, Kunst- und Wissenschaftsfreiheit, Recht auf Bildung, in: Dirk Ehlers (Hrsg.), Europäische Grundrechte und Grundfreiheiten, 4. Aufl., Berlin 2014, § 18, insb. Rn. 16 ff.

zur Errichtung von privaten Schulen sowie das in Art. 6 Abs. 2 Satz 1 GG gewährleistete Erziehungsrecht der Eltern hinausgeht, ist noch offen.

2.46 Europa 2020-Strategie, Kopenhagen-Prozess und Europäischer Qualifikationsrahmen

Außerhalb der Unionsverträge eröffnen schließlich die sog. *Europa 2020-Strategie* und der sog. *Kopenhagen-Prozess* Möglichkeiten gemeinsamen Handelns der Mitgliedstaaten. Aufbauend auf dem von den Staats- und Regierungschefs der Mitgliedstaaten im März 2000 in Lissabon beschlossenen Ziel, *„die Union zum wettbewerbsfähigsten und dynamischsten wissensbasierten Wirtschaftsraum der Welt zu machen“*[208], formulieren die zur Umsetzung der *Europa 2020-Strategie*[209] entwickelten *Integrierten Leitlinien für Wirtschafts- und Beschäftigungspolitik* als ein Kernziel die Steigerung des Bildungsniveaus. Hieraus hervorgegangen ist der *Kopenhagen-Prozess*, der das Ziel hat, in einem europäischen Land erworbene Qualifikationen in den Bildungssystemen und Arbeitsmärkten anderer Staaten besser beurteilen und bewerten zu können, um so die Mobilität in und zwischen den europäischen Bildungssystemen sowie auf dem europäischen Arbeitsmarkt zu verbessern. Ein zentrales Element des Kopenhagen-Prozesses bildet der *Europäische Qualifikationsrahmen* für das lebenslange Lernen (EQR).[210] Er bezieht sich auf das gesamte Bildungs- und Qualifizierungssystem und erfasst die allgemeine und die berufliche Aus- und Weiterbildung, die Hochschulbildung sowie die nicht formale und informelle Bildung. Der EQR stellt einen gemeinsamen Bezugsrahmen dar, indem er Lernergebnisse bzw. Kompetenzen, die in den einzelnen nationalen Bildungssystemen in einem Bildungsgang oder auch informell erworben wurden, acht vertikalen Niveaustufen zuordnet. Diese Niveaustufen reichen von grundlegenden allgemeinen Kenntnissen und Fertigkeiten (Stufe 1) bis zur Beherrschung eines hoch spezialisierten Wissensgebiets (Stufe 8). Durch die einheitliche Beschreibung der Lernergebnisse soll ein innereuropäischer Vergleich ermöglicht werden, wobei der EQR als „Meta-Qualifikationsrahmen“ dient, weil die Lernergebnisse zunächst einem Niveau der nationalen Qualifikationsrahmen (NQR) der europäischen Staaten zugeordnet werden. Auf der Ebene des jeweiligen NQR sollen die Besonderheiten der nationalen Bildungssysteme besser berücksichtigt werden. Die Einzelstaaten waren aufgefordert, bis 2012 ihre nationalen Qualifikationssysteme an den EQR zu koppeln, so dass sie den Niveaustufen des EQR entsprechen. In Deutschland geschah dies Anfang August 2013 durch die Verabschiedung des *Deutschen Qualifikationsrahmens für lebenslanges Lernen* (DQR).[211] Schließlich wurde im Rahmen des *Kopenhagen-Prozesses* ein Leistungspunktesystem für die berufliche Bildung, das sog. ECVET-System[212], entwickelt, das sich seinerseits am

208 Europäischer Rat von Lissabon, Bulletin der EU 3/2000, I.5.5.

209 S. Mitteilung der Kommission. Europa 2020. Eine Strategie für intelligentes, nachhaltiges und integratives Wachstum, KOM (2010) 2020 endg. 3.3.2010.

210 Empfehlung von Europäischem Parlament und Rat zur Einrichtung eines Europäischen Qualifikationsrahmens für lebenslanges Lernen vom 23.4.2008 (ABl. C 111 vom 6.5.2008, S. 1); s. hierzu und zur Bedeutung für das deutsche Bildungswesen: *Bundesministerium für Bildung und Forschung/Kultusministerkonferenz*, Deutscher EQR-Referenzierungsbericht, Berlin und Bonn 2013; ausführlich zu den mit dieser Empfehlung verbundenen (Verfassungs-)Rechtsfragen Matthias *Herdegen*, Die rechtliche Dimension des Europäischen Qualifikationsrahmens für lebenslanges Lernen, RdJB 2011, 226.

211 Gemeinsamer Beschluss der Ständigen Konferenz der Kultusminister der Länder in der Bundesrepublik Deutschland, des Bundesministeriums für Bildung und Forschung, der Wirtschaftsministerkonferenz und des Bundesministeriums für Wirtschaft und Technologie zum Deutschen Qualifikationsrahmen für lebenslanges Lernen (DQR) vom 1.8.2013, BAnz. AT 20.11.2013 B2, S. 1.

212 Empfehlung des Europäischen Parlaments und des Rats vom 18.6.2009 zur Einrichtung eines Europäischen Leistungspunktesystems für die Berufsbildung (ECVET), ABl. C 155 vom 8.7.2009, S. 11. ECVET steht für European Credits for Vocational Education and Training.

Leistungspunktesystem für die Hochschulausbildung orientiert und perspektivisch mit diesem zusammengeführt werden könnte.

2.5 Internationales Recht

Neben dem Recht der Europäischen Union wirkt schließlich auch das Völkerrecht zunehmend auf die Gestaltung der Bildungssysteme in den Nationalstaaten ein.[213]

2.51 Europäische Menschenrechtskonvention

Die Europäische Menschenrechtskonvention (EMRK) vom 4.11.1950 und ihre Zusatzprotokolle sind wichtige Grundlagen für die Arbeit des am 5.5.1949 als erster großer europäischer Nachkriegsorganisation gegründeten Europarates.[214] Die EMRK ist ein völkerrechtlicher Vertrag, der durch ein förmliches Zustimmungsgesetz des Bundesgesetzgebers in die deutsche Rechtsordnung inkorporiert worden ist und seitdem als einfaches Bundesgesetz gilt[215] Eine Missachtung der in der Konvention geschützten Rechte kann von jedermann mit einer Individualbeschwerde beim Europäischen Gerichtshof für Menschenrechte (EGMR) in Straßburg gerügt werden.[216] Ohnehin kommt der EMRK aufgrund der Völkerrechtsfreundlichkeit des Grundgesetzes eine besondere verfassungsrechtliche Bedeutung zu. Danach beeinflussen die Gewährleistungen der EMRK und die Rechtsprechung des EGMR die in der deutschen Verfassung normierten Grundrechte und rechtsstaatlichen Grundsätze und dienen deutschen Behörden und Gerichten als Auslegungshilfen für die Bestimmung von deren Inhalt und Reichweite.[217] Als Bundesrecht geht die EMRK schließlich den Landesschulgesetzen im Falle einer etwaigen Kollision vor (Art. 31 GG: Bundesrecht bricht Landesrecht).

Für das Schulwesen ist – neben der in Art. 9 Abs. 1 EMRK normierten Gedanken-, Gewissens- und Religionsfreiheit – vor allem das in Art. 2 Satz 1 des 1. Zusatzprotokolls der EMRK vom 20.3.1952[218] garantierte Recht auf Bildung von Bedeutung, das inhaltlich grundsätzlich jedoch nicht über die im deutschen Recht bereits normierten Bildungsrechte hinausgeht.[219] Gleichwohl gibt es in Bezug auf einzelne Fragen vom EGMR entwickelte Konkretisierungen des Rechtes auf Bildung aus Art. 2 1. Zusatzprotokoll,

---

213 Für einen Überblick s. Claudia *Mahler*/Norman *Weiß*, Der Einfluss der internationalen Menschenrechtsverträge auf die deutsche Bildungsrechtsordnung, RdJB 2007, 430; Ralf *Poscher*, Das Recht auf Bildung im Völkerrecht und seine Bedeutung für das innerstaatliche Recht, in: Institut für Bildungsforschung und Bildungsrecht e.V. (Hrsg.), Selektion und Gerechtigkeit in der Schule, Baden-Baden 2012, S. 35.

214 Ursprünglich aus 10 Gründungsmitgliedern bestehend, hat der Europarat heute 47 Mitgliedstaaten. Deutschland ist am 13.7.1950 als 14. Mitglied dem Europarat beigetreten (BGBl. II 1952, S. 558).

215 Der Bundesgesetzgeber hat der EMRK mit förmlichem Gesetz gemäß Art. 59 Abs. 2 GG zugestimmt; s. Gesetz über die Konvention zum Schutze der Menschenrechte und Grundfreiheiten vom 7.8.1952, BGBl. II S. 685. Die EMRK ist gemäß der Bekanntmachung vom 15.12.1953, BGBl. II 1954, S. 14 für Deutschland in Kraft seit dem 23.11.1953; Neubekanntmachung vom 22.10.2010 der Konvention in der Fassung des 14. Zusatzprotokolls in BGBl. II S. 1198.

216 S. Art. 34 ff. EMRK.

217 BVerfGE 74, 358 (370); 111, 307 (316 ff.); für eine Berücksichtigungspflicht gegenüber der UN-Behindertenrechtskonvention: BVerfGE 128, 282 (306).

218 Gesetz über das Zusatzprotokoll vom 20.3.1952 zur Konvention zum Schutze der Menschenrechte und Grundfreiheiten vom 20.12.1956, BGBl. II S. 1879; nunmehr in der Neufassung vom 17.5.2002, BGBl. II S. 1054.

219 Zum Bildungsrecht gemäß Art. 2 1. ZP EMRK s. m.w.N. Stephan *Bitter*, in Ulrich Karpenstein/Fanz C. Mayer, EMRK – Kommentar, 2. Aufl., München 2015, Art. 2 ZP I; Felix *Hanschmann*, in: Jens Mayer-Ladewig u.a. (Hrsg.), EMRK – Handkommentar, 4. Aufl., Baden-Baden 2017, Artikel 2 Recht auf Bildung, Rn. 8 ff.

welche die Konventionsstaaten in ihren Bildungssystemen berücksichtigen müssen. So hat der Gerichtshof in Straßburg beispielsweise festgestellt, dass aus dem Bildungsrecht zwar keine Verpflichtung des Staates erwächst, Schulunterricht in einer anderen Sprache als der des betreffenden Landes zu gewährleisten[220], die Konventionsstaaten in der Sekundarstufe Schulbildung in einer von den Eltern gewünschten Sprache aber dann zur Verfügung stellen müssen, wenn diese Sprache bereits in der Primarstufe angeboten worden ist.[221] Darüber hinaus lässt die Rechtsprechung des Gerichtshofes zur Diskriminierung von Kindern von Roma deutlich erkennen, dass ein segregatives Bildungswesen, in dem bestimmte Gruppen von Schülerinnen und Schülern ohne die Gewährleistung der Durchlässigkeit dauerhaft in speziellen Schulen oder Klassen separiert werden, einen Verstoß gegen das Diskriminierungsverbot aus Art. 14 EMRK i.V.m. dem Recht auf Bildung darstellt.[222] Diesbezüglich können sich für die Konventionsstaaten auch bestimmte Pflichten zur Förderung und – im Interesse der Förderung – zur formalen Ungleichbehandlung benachteiligter Minderheiten ergeben.[223]

2.52 Sonstige bildungsbezogene Normen im internationalen Recht

Neben der EMRK findet sich im internationalen Recht eine Vielzahl weiterer Normen, die das Recht auf Bildung garantieren oder Bezüge zum nationalen Bildungs- und Erziehungswesen aufweisen.

2.521 Die am 10.12.1948 von der Vollversammlung der Vereinten Nationen ohne Gegenstimmen angenommene *Allgemeine Erklärung der Menschenrechte* (AEMR) enthält in einem umfassenden Katalog die allgemeinen und unveräußerlichen Grundsätze der Menschenrechte.[224] Nach Art. 26 Abs. 1 AEMR hat jeder Mensch das Recht auf Bildung: Der Unterricht muss wenigstens in den Elementar- und Grundschulen unentgeltlich sein; der Elementarunterricht ist obligatorisch; fachlicher und beruflicher Unterricht soll allgemein zugänglich sein, die höheren Studien sollen allen nach Maßgabe ihrer Fähigkeiten und Leistungen in gleicher Weise offen stehen. Nach Art. 26 Abs. 3 AEMR haben die Eltern ein vorrangiges Recht, die Art der Bildung zu wählen, die ihren Kindern zuteil werden soll. Als bloße Resolution der Generalversammlung der Vereinten Nationen ist die AEMR jedoch völkerrechtlich nicht verbindlich. Deutschland wird durch sie nicht rechtlich verpflichtet. Gleiches gilt für die ebenfalls als Resolution der Vereinten Nationen beschlossene Erklärung der Rechte des Kindes vom 20.11.1959[225]; auch diese Erklärung hat lediglich proklamativen Charakter.[226] Demgegenüber handelt

---

220 EGMR 23.7.1968 – 1474/62, Série A Vol. 6 Rn. 3, 6, 11 und 25 – Belgischer Sprachenfall; ferner EGMR 19.10.2012 – 43370/04, 8252/05, 18454/06 (GK), Slg 2012-V Rn. 137 – Catan ua/Moldawien u. Russland; 10.5.2001 – 25781/94, Slg 2001-IV Rn. 277 – Zypern/Griechenland.

221 EGMR 10.5.2001 – 25781/94, Slg 01- IV Rn. 278 – Zypern/Griechenland.

222 EGMR 30.5.2013 – 7973/10, Rn. 61 ff. – Lavida ua/Griechenland; 29.1.2013 – 11146/11, Rn. 105, 110 ff. und 127 ff. – Horváth u. Kiss/Ungarn; 11.12.2012 – 59608/09, Rn. 75 ff. – Sampani ua/Griechenland; 16.3.2010 – 15766/03 (GK), Rn. 143 ff. – Oršuš ua/Kroation; 5.6.2008 – 32526/05, Rn. 66 ff. – Sampanis ua/Griechenland; 13.11.2007 – 57325/00 (GK), Slg 2007-IV Rn. 175 ff. – D.H. ua/Tschechische Republik.

223 Zur Rechtsprechung des EGMR zur Diskriminierung von Roma-Kindern: Hans-Peter *Folz*, Ethnische Diskriminierung im Bildungswesen, RdJB 2009, 395 (insb. 400 ff.). Zu den möglichen Folgen dieser Rechtsprechung für das hochgradig selektive deutsche Bildungssystem: Christine *Langenfeld*, in: Oliver Dörr/Rainer Grote/Thilo Marauhn (Hrsg.), EMRK/GG – Konkordanzkommentar, Bd. 2, 2. Aufl., Tübingen 2013, Kap. 23 Rn. 37.

224 Allgemeine Erklärung der Menschenrechte der UN-Generalversammlung, GA Resolution 217 A (III) vom 10.12.1948, UN-Dok. A/810 at 71.

225 GA Res. 1386, UN-Doc. A/4354, 1959.

226 Zu dieser Erklärung: Ralph *Bethke*, Das Übereinkommen der Vereinten Nationen über die Rechte des Kindes und seine Umsetzung in der Bundesrepublik Deutschland, 2. Aufl., München 2014, S. 39 ff.

es sich bei den nachfolgend erörterten Konventionen um völkerrechtliche Verträge, die nach ihrer Transformation in die deutsche Rechtsordnung verbindlich sind.

2.522 Der multilaterale *Internationale Pakt über wirtschaftliche, soziale und kulturelle Rechte* (IPwskR) vom 19.12.1966 hat mit dem Transformationsgesetz vom 23.11.1973 den Rang eines formellen Bundesgesetzes erhalten.[227] Nach Art. 13 Abs. 1 IPwskR erkennen die Mitgliedsstaaten das Recht eines jeden auf Bildung an. Dieses Recht wird in Art. 13 Abs. 2 des Vertrags konkretisiert: Der Grundschulunterricht muss für jedermann Pflicht und allen unentgeltlich zugänglich sein und die verschiedenen Formen des höheren Schulwesens müssen allgemein verfügbar und jedermann zugänglich gemacht werden.[228] Die Einhaltung der Paktbestimmungen wird von dem „UN-Ausschuss für wirtschaftliche, soziale und kulturelle Rechte“ überwacht.

2.523 Die *UN-Kinderrechtskonvention* (UN-KRK) wurde am 20.11.1989 von der UN-Generalversammlung angenommen. Mit Zustimmungsgesetz vom 17.2.1992 ist die Kinderrechtskonvention Bestandteil der deutschen Rechtsordnung im Range eines Bundesgesetzes geworden.[229] Gemäß Art. 28 Abs. 1 der UN-Kinderrechtskonvention erkennen die Vertragsstaaten das Recht eines jeden auf Bildung an. Der Grundschulunterricht muss für jedermann Pflicht und allen unentgeltlich zugänglich sein (Abs. 1 lit. a) und die verschiedenen Formen des höheren Schulwesens müssen allgemein verfügbar und jedermann zugänglich gemacht werden (Abs. 1 lit. b). Ferner ist die Bildungs- und Berufsberatung allen Kindern verfügbar und zugänglich zu machen (Abs. 1 lit. d). Die Vertragsstaaten müssen Maßnahmen treffen, die den regelmäßigen Schulbesuch fördern und den Anteil derjenigen, welche die Schule vorzeitig verlassen, verringern (Abs. 1 lit. e).[230] Die Einhaltung der Bestimmungen der Konvention überwacht der „UN-Ausschuss für die Rechte des Kindes“ (KRA), der die ihm alle fünf Jahre vorzulegenden Umsetzungsberichte der Unterzeichnerstaaten auswertet (Art. 44 und 45).

Die auf Betreiben der Länder von der Bundesrepublik Deutschland bei der Ratifikation der UN-KRK abgegebene Erklärung, dass das deutsche Ausländerrecht Vorrang vor den Verpflichtungen der Konvention hat[231] und die Konventionsrechte somit gegenüber nicht-deutschen Kindern und Jugendlichen nicht vollumfänglich zur Geltung kommen sollten, ist nach anhaltender Kritik in der rechtswissenschaftlichen Literatur[232], mehreren

---

227 BGBl II S. 1533, für Deutschland in Kraft seit dem 3.1.1976, vgl. BGBl II S. 428.

228 Vgl. dazu auch: BVerwGE 134, 1 (7 ff.), zu der – auch an dem im IPwskR normierten Bildungsrecht geprüften – Verfassungsmäßigkeit allgemeiner Studiengebühren. Allgemein zu Art. 13 IPwskR: *Deutsches Institut für Menschenrechte*, Die „General Comments“ zu den VN-Menschenrechtsverträgen, Baden-Baden 2005, S. 263 ff.

229 BGBl. II 1992, S. 121; für Deutschland in Kraft seit dem 5.4.1992, vgl. Bekanntmachung vom 10.7.1992, BGBl II S. 990. Vgl. dazu auch die Erklärung der KMK zur Umsetzung des Übereinkommens über die Rechte des Kindes, Beschluss vom 03.3.2006, KMK-BeschlS Nr. 37, und die Würdigung von Lothar *Krappmann*, Die Erklärung der Kultusministerkonferenz der Länder zur Umsetzung des Übereinkommens der Vereinten Nationen über die Rechte der Kinder, RdJB 2007, S. 406.

230 Zu Art. 28 KRK: Stefanie *Schmahl*, Kinderrechtskonvention mit Zusatzprotokollen – Kommentar, 2. Aufl., München 2013, Artikel 28/29; Mieke *Verheyde*, in: A. Alan et al (eds.), A Commentary on the United Nations Convention on the Rights of the Child: Article 28, Leiden 2006.

231 S: in Abschnitt IV der bei der Hinterlegung der Ratifikationsurkunde abgegebenen Ratifikationserklärung, Bekanntmachung vom 10.7.1992 (BGBl II S. 990 [991]).

232 Erich *Peter*, Die Rücknahme des deutschen Ausländervorbehalts zur UN-Kinderrechtskonvention im Spannungsfeld verfassungsrechtlicher Kompetenzzuweisung, ZAR 2002, 144 (146); Christian *Ullmann*, Verfassungs- und völkerrechtliche Widersprüche bei der Ratifikation der UNO-Kinderrechtskonvention, FamRZ 1991, 898; Joachim *Wolf*, Ratifizierung unter Vorbehalten – Einstieg oder Ausstieg der Bundesrepublik Deutschland aus der UN-Konvention über die Rechte des Kindes?, ZRP 1991, S. 374.

Vorstößen im Bundestag[233] und im Bundesrat[234] sowie entsprechenden Forderungen des KRA[235] von der Bundesregierung am 15.7.2010 mit Wirkung zum 1.11.2010 zurückgenommen worden.[236]

2.523 Nach dem ebenfalls in die deutsche Rechtsordnung übernommenen Art. 3 des *Übereinkommens gegen Diskriminierung im Unterrichtswesen* vom 15.12.1960[237] verpflichten sich die Vertragsstaaten, jede Diskriminierung zu beseitigen und zu verhüten, u.a. in Bezug auf Schulgebühren, auf die Gewährung von Freiplätzen oder sonstige Vergünstigungen für Schüler sowie auf etwa erforderliche Genehmigungen und Erleichterungen für Studien im Ausland keine unterschiedliche Behandlung ihrer eigenen Staatsangehörigen durch die Behörden zuzulassen es sei denn aufgrund von Leistung und Bedürftigkeit. Bei keiner Form von Unterstützung, die Unterrichtsanstalten von behördlicher Seite gewährt wird, soll eine Bevorzugung oder Beschränkung zugelassen sein, die einzig auf die Zugehörigkeit der Schülerinnen und Schüler zu einer bestimmten Personengruppe gestützt wird. Ausländischen Staatsangehörigen, die in ihrem Hoheitsgebiet ansässig sind, soll derselbe Zugang zum Unterricht gewährt werden wie den eigenen Staatsangehörigen.

2.524 Das *Übereinkommen über die Rechte von Menschen mit Behinderungen* ist zusammen mit dem dazugehörigen Fakultativprotokoll[238] am 13.12.2006 von der Generalversammlung der Vereinten Nationen angenommen worden.[239] Mit Gesetz vom 21.12.2008 sind die UN-Behindertenrechtskonvention (UN-BRK) und das Fakultativprotokoll in die deutsche Rechtsordnung im Rang von Bundesgesetzen übernommen worden.[240] Die UN-BRK konkretisiert und ergänzt die bereits geltenden Menschenrechtsabkommen für die Lebenssituation von Menschen mit Behinderungen.[241] Zweck des Übereinkommens ist es, den vollen und gleichberechtigten Genuss aller Menschenrechte und Grundfreiheiten durch alle Menschen mit Behinderungen zu fördern, zu schützen und

233 S. den Antrag der Fraktion der SPD „Kinderrechte stärken – Erklärung zur UN-Kinderrechtskonvention zurücknehmen" (BT-Drs. 17/57), den Antrag mehrerer Abgeordneter und der Fraktion DIE LINKE „UN-Kinderrechtskonvention umfassend umsetzen" (BT-Drs. 17/59) sowie die Anträge mehrerer Abgeordneter und der Fraktion BÜNDNIS90/DIE GRÜNEN „UN-Kinderrechtskonvention in Deutschland unverzüglich vollständig umsetzen" (BT-Drs. 17/61) und „Kinderrechte in Deutschland stärken – Erklärung zur UN-Kinderrechtskonvention zurücknehmen" (BT-Drs. 15/4724). Zum Widerstand der Länder BT-Drs. 16/6076, S. 3 und 4.

234 S. die Anträge der Länder Berlin, Brandenburg, Bremen, und Rheinland-Pfalz: BR-Drs. 405/08 und BR-Drs. 829/09.

235 Hierzu nur die „Concluding observations" zur Situation in Deutschland CRC/C/15/Add. 43, Rn. 13, sowie die Schlussfolgerungen vom 30.1.2004 CRC/C/15/Add. 226, Rn. 8.

236 S. *Bundesministerium der Justiz*, Pressemitteilungen vom 3.5.2010 und 15.7.2010: Zu den Folgen der Rücknahme des Vorbehalts: Hendrik *Cremer*, Die UN-Kinderrechtskonvention. Geltung und Anwendbarkeit in Deutschland nach der Rücknahme der Vorbehalte, Berlin 2011; Tillmann *Löhr*, Gesetzliche Konsequenzen aus der Rücknahme des Vorbehalts zur Kinderrechtskonvention, ZAR 2010, S. 378; Ralph Alexander *Lorz*/Heiko *Sauer*, Kinderrechte ohne Vorbehalt. Die Folgen der unmittelbaren Anwendbarkeit des Kindeswohlvorrangs nach der UN-Kinderrechtskonvention in der deutschen Rechtsordnung, MRM 1/2011, S. 5 (6 ff.).

237 BGBl. II 1968, S. 385, für Deutschland in Kraft seit dem 17.10.1968.

238 Das Fakultativprotokoll ist ein eigenständiger völkerrechtlicher Vertrag, der die Zuständigkeit, das Verfahren und die Handlungsmöglichkeiten des Ausschusses für die Rechte von Menschen mit Behinderungen regelt.

239 UN GA Res. 61/106 of 13. December 2006; United Nations, Treaty Series, vol. 2518, p. 283 (Doc.A/61/611).

240 Vgl. BGBl. II, S. 1419, für Deutschland in Kraft seit dem 26.3.2009.

241 Allgemein zur BRK: Thomas *Bernhard*, Anforderungen an ein inklusives Bildungssystem nach der UN-Behindertenrechtskonvention, Baden-Baden 2016; speziell zu Entstehungsgeschichte der Konvention: Jochen *von Bernstorf*/Theresia *Degener*, Menschenrechtsschutz für behinderte Menschen, Vereinte Nationen 2006, 104 ff.

zu gewährleisten und die Achtung der ihnen innewohnenden Würde zu fördern (Art. 1 UN-BRK). Art. 24 UN-BRK enthält ein Recht von Menschen mit Behinderungen auf Bildung, zu dessen diskriminierungsfreier Verwirklichung die Vertragsstaaten ein „integratives" Bildungssystem auf allen Ebenen des Bildungswesens gewährleisten müssen (Abs. 1).[242] Es muss sichergestellt werden, dass Menschen mit Behinderungen nicht aufgrund von Behinderung vom allgemeinen Bildungssystem ausgeschlossen werden und dass Kinder mit Behinderungen nicht aufgrund von Behinderung vom unentgeltlichen und obligatorischen Grundschulunterricht oder vom Besuch weiterführender Schulen ausgeschlossen werden (Abs. 2 lit. a). Menschen mit Behinderungen müssen gleichberechtigt mit anderen in der Gemeinschaft, in der sie leben, Zugang zu einem integrativen, hochwertigen und unentgeltlichen Unterricht an Grundschulen und weiterführenden Schulen haben (Abs. 2 lit. b). Bei der Verwirklichung des Rechts auf Bildung aus Abs. 1 müssen die Vertragsstaaten dafür Sorge tragen, dass Menschen mit Behinderungen innerhalb des allgemeinen Bildungssystems die notwendige Unterstützung geleistet wird, um deren erfolgreiche Bildung zu erleichtern (Abs. 2 lit. d), angemessene Vorkehrungen für die Bedürfnisse des Einzelnen getroffen (Abs. 2 lit. c) sowie in Übereinstimmung mit dem Ziel der vollständigen Integration wirksame individuell angepasste Unterstützungsmaßnahmen in einem Umfeld angeboten werden, das die bestmögliche schulische und soziale Entwicklung gestattet (Abs. 2 lit. e).

Die Umsetzung und Einhaltung der UN-BRK wird durch den „UN-Ausschuss für die Rechte von Menschen mit Behinderungen" überwacht. Die Vertragsstaaten legen dem Ausschuss unter anderem regelmäßig Staatenberichte über den Stand der Umsetzung des Übereinkommens vor, die der Ausschuss prüft und zu denen er Stellung nehmen kann. Eine erste Prüfung und Bewertung der Situation in Deutschland wurde vom Ausschuss im März 2015 vorgenommen und dabei in Bezug auf Art. 24 UN-BRK die Besorgnis darüber geäußert, „dass der Großteil der Schülerinnen und Schüler mit Behinderungen in dem Bildungssystem des Vertragsstaats segregierte Förderschulen besucht".[243] Mit Rücksicht auf die vielfach beklagten Schwächen des Staatenberichtsverfahrens der UN-Fachausschüsse[244] und unter Berücksichtigung der Aufforderung in Art. 33 Abs. 2 UN-BRK[245] wird die Umsetzung der Konvention in Deutschland seit 2009 im Auftrag der Bundesregierung zusätzlich von der unabhängigen und überparteilichen Monitoring-Stelle UN-Behindertenrechtskonvention des Deutschen Instituts für Menschenrechte in Berlin kritisch begleitet.[246] Das Fakultativprotokoll erweitert die Kompetenzen des Vertragsausschusses um ein Individualbeschwerde- und ein Untersuchungsverfahren.[247] Die UN-BRK ist damit das erste völkerrechtliche Abkommen über soziale und kulturelle Rechte, das Individuen und Gruppen erlaubt, gegen Rechtsverletzungen durch Vertragsstaaten vorzugehen.[248]

242 So die amtliche deutsche Übersetzung des Art. 24 BRK.

243 *Ausschuss für die Rechte von Menschen mit Behinderungen*, Dreizehnte Tagung, 25. März – 17. April 2015, Abschließenden Bemerkungen über den ersten Staatenbericht Deutschlands, 13.5.2015, CRPD/C/DEU/CO/1, Ziff. 45.

244 Hierzu nur die Beiträge in: Philip *Alston*/James *Crawford* (eds.), The Future of UN Human Rights Treaty Monitoring, Cambridge 2000.

245 Danach „unterhalten, stärken, bestimmen oder schaffen" die Vertragsstaaten „nach Maßgabe ihres Rechts- und Verwaltungssystems auf einzelstaatlicher Ebene für die Förderung, den Schutz und die Überwachung der Durchführung" der UN-BRK „eine Struktur, die, je nachdem, was angebracht ist, einen oder mehrere unabhängige Mechanismen einschließt."

246 S. beispielsweise *Monitoring-Stelle UN-Behindertenrechtskonvention*, Kommentar zum Nationalen Aktionsplan 2.0 der Bundesregierung zur Umsetzung der UN-Behindertenrechtskonvention vom Bundeskabinett verabschiedet am 28. Juni 2016, Berlin Juli 2016.

247 S. Art. 1 Abs. 1 des Fakultativprotokolls.

248 Theresa *Degener*, Die UN-Behindertenrechtskonvention als Inklusionsmotor, RdJB 2009, 200 (210 f.)

Behindertenpolitisch markiert die UN-BRK einen „Paradigmenwechsel vom medizinischen zum menschenrechtlichen Modell von Behinderung auf internationaler Ebene“[249]. Damit verweist die UN-BRK zugleich auf einen Begriff von Behinderung, der nicht nur medizinisch-biologisch definiert, sondern als ein auch sozial konstruiertes Phänomen verstanden wird.[250] Vor diesem Hintergrund ist nicht ohne Kritik geblieben, dass die amtliche deutsche Übersetzung des – für die Auswirkungen der UN-BRK auf das deutsche Schulsystem – zentralen englischen Begriffs „inclusion“ mit „Integration“ übersetzt worden ist, da dies dem Perspektivenwechsel vom Konzept der Integration zum Konzept der Inklusion nicht gerecht wird.[251] Denn die unter Bezugnahme auf den Begriff der „Inklusion“ geltend gemachten Ansprüche zielen nicht nur darauf ab, innerhalb bestehender Strukturen Raum auch für Menschen mit Behinderung zu schaffen, sondern gesellschaftliche Strukturen so zu gestalten und zu verändern, dass sie Menschen mit Behinderung von vornherein besser gerecht werden. Mit der Umstellung auf das Paradigma der Inklusion statt Integration wird demnach deutlich gemacht, dass Menschen mit Behinderung nicht gleichsam nachträglich in eine Gesellschaft integriert werden, aus der sie zuvor exkludiert worden sind; vielmehr sind die gesellschaftlichen einstellungs- und umweltbezogenen Bedingungen – gerade auch in der Schule – so zu gestalten, dass Menschen mit Behinderungen von vorne herein selbstverständlich zur Gesellschaft dazu gehören.

249 So *Degener* (Fn. 248), 200 (200).

250 S. Art. 1 Abs. 2 UN BRK. Hierzu auch: *Autorengruppe Bildungsberichterstattung*, Bildung in Deutschland 2014. Ein indikatorengestützter Bericht mit einer Analyse zur Bildung von Menschen mit Behinderung, Bielefeld 2014, S. 158; Theresia *Degener*, Verfassungsrechtliche Probleme der Behindertendiskriminierung, KJ 2000, 425 (425 ff.).

251 In ihrem am 28.6.2016 verabschiedeten „Nationalen Aktionsplan 2.0“ spricht die Bundesregierung in Bezug auf das Recht auf Bildung mittlerweile ebenfalls von „Inklusion“. S. *Bundesministerium für Arbeit und Soziales*, „Unser Weg in eine inklusive Gesellschaft“. Nationaler Aktionsplan 2.0 der Bundesregierung zur UN-Behindertenrechtskonvention (UN-BRK), Berlin 2016, S. 51 ff.; vgl. auch schon BT-Drs. 16/11234, S. 7 und 9.

3. Kapitel: Aufbau und Gliederung des Schulwesens

3.1 Grundlegende Einteilungen[1]

3.11 Öffentliche und private Schulen

Ein grundlegendes Ordnungsprinzip, das im Grundgesetz und in den Landesverfassungen angelegt ist und das Schulrecht strukturiert, ist die Unterscheidung zwischen öffentlichen und privaten Schulen.[2] Unbeschadet der das gesamte Schulwesen umfassenden Aufsicht des Staates und trotz des Umstands, dass das Schulwesen sich faktisch überwiegend in öffentlicher Hand befindet, besteht in der Bundesrepublik *kein öffentliches oder staatliches Schulmonopol*. Das Recht zur Errichtung und zum Betrieb privater Schulen ist durch Art. 7 Abs. 4 GG und entsprechende Vorschriften der Landesverfassungen garantiert. Aber gerade die verfassungsrechtliche Gewährleistung macht den *Ausnahmecharakter der Privatschule* deutlich. Die öffentliche Schule ist in der deutschen bildungsgeschichtlichen Entwicklung die Regelschule geworden, wenngleich sich private Schulen seit einiger Zeit zunehmender Beliebtheit erfreuen.[3] Zwar hat das Grundgesetz darauf verzichtet, den Grundsatz der Weimarer Verfassung (Art. 143 Abs. 1) aufzunehmen, für die Bildung der Jugend sei durch „öffentliche Anstalten" zu sorgen.[4] Doch lässt sich nicht übersehen, dass auch nach den Aussagen des Grundgesetzes die öffentliche Schule als Maßstab (Art. 7 Abs. 4) und Regel (Art. 7 Abs. 5) dient. Dies gilt umso mehr, als der öffentlichen Schule nach der jüngeren Rechtsprechung des Bundesverfassungsgerichts und des Bundesverwaltungsgerichts eine herausragende Rolle bei der Integration der nachwachsenden Generation in die pluralistische Gesellschaft beizumessen ist (dazu des Näheren TZ 5.12, 17.144, 15.627).

Die Schulgesetzgebung hat die in den Verfassungsbestimmungen nur mittelbar enthaltene Aussage, welche Schulen öffentliche und welche private sind, durch Bezug auf den Schulträgerbegriff (10. Kapitel) konkretisiert. Öffentliche Schulen sind die von den Gebietskörperschaften (Gemeinden, Gemeindeverbänden, Staat) getragenen Schulen. In Nordrhein-Westfalen sind öffentliche Schulen auch die sogenannten Kammerschulen, deren Träger Innungen, Handwerkskammern, Industrie- und Handelskammern und Landwirtschaftskammern sind; in Mecklenburg-Vorpommern auch die Schulen der Gesundheitsberufe der öffentlichen Krankenhausträger; in Hessen auch die vom Landeswohlfahrtsverband getragenen Schulen, vor allem die Förderschulen von überregionaler Bedeutung; in Schleswig-Holstein können die Industrie- und Handelskammern, die Handwerkskammern und die Landwirtschaftskammer Träger von Landesberufs-

---

1 Isabell *van Ackeren*/Klaus *Klemm*/Svenja Mareike *Kühn*, Entstehung, Struktur und Steuerung des deutschen Schulsystems. Eine Einführung. 3. Aufl., Wiesbaden 2015, S. 47 ff.; MPI-Bildungsbericht, passim; Christoph *Führ*, Deutsches Bildungswesen seit 1945. Grundzüge und Probleme, Bonn 1996, S. 85 ff. (trotz der seit 1996 eingetretenen Strukturveränderungen im Schulbereich vor allem im Blick auf historische Zusammenhänge immer noch informativ); Marcel *Helbig*/Rita *Nicolai*, Die Unvergleichlichen. Der Wandel der Schulsysteme in den deutschen Bundesländern seit 1949, Bad Heilbrunn 2015.

2 Das Grundgesetz selbst unterscheidet in Art. 7 Abs. 4 auch terminologisch zwischen öffentlichen und privaten Schulen. Zur verbreiteten Tendenz, Privatschulen als „Schulen in freier Trägerschaft" oder als „Freie Schulen" zu bezeichnen, s. TZ 15.11.

3 Für aktuelle Zahlen: *Statistisches Bundesamt*, Bildung und Kultur. Private Schulen (Fachserie 11, Reihe 1.1, 2016/2017), Wiesbaden 2017.

4 Mehrere Landesverfassungen halten demgegenüber an diesem Grundsatz ausdrücklich fest: Art. 133 Abs. 1 bay Verf., Art. 29 Abs. 2 bbg. Verf., Art. 27 Abs. 2 brem Verf., Art. 15 Abs. 2 Satz 1 m-v Verf., Art. 27 Abs. 2 rp Verf., Art. 26 Abs. 1 Verf. LSA, Art. 24 Abs. 1 thür Verf.

schulen sein.[5] Alle anderen Schulen sind Privatschulen. Träger der Privatschulen können Einzelpersonen, Personenvereinigungen oder Stiftungen des bürgerlichen Rechts, aber auch Korporationen des öffentlichen Rechts sein, insbesondere die Kirchen. Öffentliche und private Schulen unterscheiden sich in ihrer Rechtsstellung. Die öffentliche Schule besitzt als nichtrechtsfähige Anstalt des öffentlichen Rechts Behördencharakter; ihre Lehrerinnen und Lehrer sind im Regelfall Beamte. Die Rechtsverhältnisse der Privatschulen dagegen werden zwar auch vom Schulrecht als Teil des Verwaltungsrechts, im Übrigen aber von anderen Rechtsgebieten, vor allem vom bürgerlichen Recht und vom Arbeitsrecht, bestimmt. Zur Stellung der Privatschulen und zum Privatschulrecht ausführlich das 15. Kapitel.

3.12 Schulstufen, Schularten

Das Schulwesen gliedert sich in Schulstufen und Schularten. Schulstufen (Schulbereiche) sind die Primarstufe (Grundschule), der die Einrichtungen der frühkindlichen Bildung und Erziehung vorgelagert sind, die Sekundarstufe I und die Sekundarstufe II. Unter den Schularten (Schulformen) sind zu nennen Grundschule; Hauptschule, Realschule, Gymnasium sowie Gesamtschule und andere weiterführende Schulen mit mehreren Bildungsgängen, z.B. Gemeinschaftsschule[6], Sekundarschule, Oberschule; Berufsschule, Berufsfachschule, Fachoberschule; Förderschule sowie die Schulen des Zweiten Bildungswegs für Berufstätige.[7]

3.13 Allgemeinbildende und berufsbildende Schulen

Die verschiedenen Schularten können in zwei Gruppen gegliedert werden: allgemeinbildende und berufsbildende (berufliche) Schulen.[8] Die *allgemeinbildenden Schulen* – dazu rechnen die Grundschule, die Hauptschule, die Realschule, das Gymnasium sowie die Gesamtschule und andere Schulen mit mehreren Bildungsgängen – verfolgen kein unmittelbares Berufsziel; das schließt nicht aus, dass die in ihnen erlangten Kenntnisse, Fertigkeiten und Fähigkeiten für die künftige Berufsausbildung und Berufstätigkeit von Bedeutung sind oder dass einzelne Unterrichtsgegenstände mit dem Ziel späteren beruflichen Nutzens gelehrt werden. *Berufsbildende Schulen* sind die Berufsschule als Teilzeitschule und die verschiedenen nach Fachrichtungen aufgegliederten Arten der berufsbildenden Vollzeitschulen (z.B. die Berufsfachschule). Die berufsbildenden Schu-

---

5 § 139 HSchG, § 103 Abs. 1 Satz 1 Nr. 3 SchulG M-V, § 6 Abs. 4 nrw SchulG, § 95 Abs. 2 sh SchulG.

6 Die hier gemeinte Gemeinschaftsschule ist zu unterscheiden von der Gemeinschaftsschule (Simultanschule) im Sinne des Art. 7 Abs. 5 GG.

7 Die KMK verwendet in ihren Beschlüssen die Bezeichnung Schulart statt Schulform (vgl. dazu die Vereinbarung über die Schularten und Bildungsgänge im Sekundarbereich I vom 3.12.1993 i.d.F.v. 25.9.2014 [KMK-BeschlS. Nr. 102]); dem folgt auch dieses Buch. Die Terminologie ist gelegentlich verwirrend, vor allem dann, wenn in den Schulgesetzen beide Begriffe (Schulart, Schulform) auftauchen. So sieht das BremSchulG in § 2 Abs. 2 Nr. 4 und 5 neben Schularten auch Schulformen vor, bei denen es sich um Einheiten handelt, die mehrere Schularten organisatorisch zusammenfassen. In Nordrhein-Westfalen ist die Bezeichnung Schulform ein Synonym für den hier gebrauchten Begriff Schulart (§ 10 ff. SchulG), während sich Schulart auf die weltanschauliche Gliederung (Gemeinschaftsschule, Bekenntnisschule oder Weltanschauungsschule) von Grundschulen und Hauptschulen bezieht (§§ 26 ff. SchulG). In Thüringen wird im allgemeinbildenden Schulwesen nach Schularten, im berufsbildenden Schulwesen nach Schulformen unterschieden (§ 3 Abs. 1, §§ 4 und 8 SchulG).

8 Vgl. Art. 6 Abs. 1 Satz1 BayEUG, § 11 Abs. 3 Nr. 1 und 2 HSchG, § 5 Abs. 2 NSchG, § 3 Abs. 2 Satz 1 saarl SchoG, § 4 Abs. 1 Nr. 1 und 2 sächs SchulG, § 3 Abs. 2 SchulG LSA. Statistische Informationen über die allgemeinbildenden und berufsbildenden Schulen enthält der Bildungsbericht 2016 in den Kapiteln D und E mit den entsprechenden Tabellen im Tabellenanhang.

len zielen auf eine qualifizierte fachliche Ausbildung, darüber hinaus auf die weitere Vermittlung allgemeiner Bildung.

3.14 Studienqualifizierende und berufsqualifizierende Bildungsgänge

Die hergebrachten Grenzen zwischen den allgemeinbildenden und den berufsbildenden Schulen sind gelegentlich fließend (z.B. beim beruflichen Gymnasium). Als hilfreicher erweist sich daher im Bereich der Sekundarstufe II (TZ 3.5) ein formales Unterscheidungskriterium, das auf die Art der Abschlüsse abhebt: einerseits Schulen mit *studienqualifizierenden Bildungsgängen* (z.B. gymnasiale Oberstufe, Fachoberschule, berufliches Gymnasium), andererseits Schulen mit *berufsqualifizierenden Bildungsgängen* (z.B. Berufsschule, Berufsfachschule, Fachschule). Die Darstellung des Aufbaus des Schulwesens, die in diesem Kapitel (TZ 3.3 bis 3.5) zugrunde gelegt wird, orientiert sich im Wesentlichen am Gliederungsprinzip der Schulstufen und behandelt innerhalb der einzelnen Schulstufen die verschiedenen Schularten mit ihren Bildungsgängen.[9] Schulen für Schülerinnen und Schüler mit sonderpädagogischem Förderbedarf (TZ 3.6) und Einrichtungen des Zweiten Bildungswegs (TZ 3.8) werden je für sich erörtert.

3.15 Pflichtschulen, Wahlschulen

Als *Pflichtschulen* wurden früher diejenigen Schulen bezeichnet, in denen die Schülerinnen und Schüler in der Regel die Schulpflicht zu erfüllen hatten. Dazu gehörten die Grundschule, die Hauptschule und die Berufsschule. Im Bereich der weiterführenden Schulen konnte die Schulpflicht wahlweise (statt in der Hauptschule) auch in der Realschule, im Gymnasium, in der Gesamtschule und (statt in der Berufsschule) in berufsbildenden Vollzeitschulen erfüllt werden; man sprach deshalb von *Wahlschulen*. Die traditionelle Gegenüberstellung von Pflichtschulen einerseits und Wahlschulen andererseits hat in den neueren Schulgesetzen insoweit an Bedeutung verloren, als sämtliche weiterführenden Schulen in gleicher Weise der Erfüllung der Schulpflicht dienen und sich im Wesentlichen nur nach der Art der von ihnen verliehenen Abschlüsse voneinander abheben. Doch ist die Unterscheidung von Pflicht- und Wahlschulen unter einem anderen Gesichtspunkt weiterhin relevant. Danach sind Pflichtschulen solche Schulen, für die eine *Sprengelpflicht* besteht. Demgemäß muss der Schüler diejenige Schule besuchen, in deren Schulbezirk er wohnt; das gilt z.B. – außer in Nordrhein-Westfalen und Schleswig-Holstein – für die Grundschule. Bei Wahlschulen gibt es solche örtlichen Zuständigkeitsgrenzen im Allgemeinen nicht (TZ 4.13, 17.223).

9 Zur terminologischen Klarstellung sei darauf hingewiesen, dass der Begriff Schulart mit dem des Bildungsgangs nicht verwechselt werden darf. Ein Bildungsgang ist ein Bildungsangebot, dessen Unterrichtsorganisation und Anforderungen das Erreichen eines bestimmten Abschlusses bezwecken (vgl. z.B. § 11 Abs. 3 SchulG M-V). Demgemäß kann eine Schulart einen oder mehrere Bildungsgänge aufweisen. Während bei der Hauptschule, der Realschule und dem Gymnasium Schulart und Bildungsgang zusammenfallen, umfasst beispielsweise die Gesamtschule in der Sekundarstufe I mehrere Bildungsgänge: den der Hauptschule, den der Realschule und den des Gymnasiums (dazu TZ 3.41, 3.42). Es kommt hinzu, dass sich ohnehin eine zunehmende *Entkopplung von Schulabschluss und Schulart* abzeichnet. Häufig ist daher der Erwerb von Abschlüssen nicht mehr an eine bestimmte Schulart gebunden; ein nicht unerheblicher Teil der allgemeinbildenden Abschlüsse wird inzwischen außerhalb des allgemeinbildenden Schulwesens erworben. Dazu näher Bildungsbericht 2006, S. 75 f.; Bildungsbericht 2008, S. 88; Bildungsbericht 2010, S. 90; Bildungsbericht 2012, S. 96; Bildungsbericht 2014, S. 93 f.

3.16 Gliederungen innerhalb der Schule

3.161 Innerhalb der Schule ist in der Regel die *Jahrgangsstufe* (Klasse) die nach Alter und Leistungsstand der Schüler organisierte Grundeinheit. Die Schule baut sich aus den verschiedenen Jahrgangsstufen auf. Diese werden aufsteigend vom ersten Grundschuljahr an durchgezählt. Zur Grundschule gehören die Klassen 1 bis 4 (in Berlin und Brandenburg 1 bis 6), zur Hauptschule die Klassen 5 bis 9 (oder 10), zur Realschule die Klassen 5 bis 10, zur Schule mit mehreren nichtgymnasialen Bildungsgängen (z.B. die Oberschule in Sachsen, die Regelschule in Thüringen) die Klassen 5 bis 9 oder 10, zum Gymnasium die Jahrgangsstufen 5 bis 12 oder 13. Eine Gesamtschule umgreift in der Regel die Jahrgangsstufen 5 bis 10, bei Einbeziehung der gymnasialen Oberstufe die Jahrgangsstufen 5 bis 13. In Berlin und Brandenburg setzen die an die Grundschule anschließenden weiterführenden Schulen in der Jahrgangsstufe 7 ein.[10] In kleinen Schulen oder kleinen Klassen sind Zusammenfassungen (Kombinationen) möglich. Andererseits gibt es auch Gruppierungen innerhalb einer Klasse (Arbeitsgruppen, Arbeitsgemeinschaften) oder solche, die den Klassenrahmen sprengen (Lerngruppen, Leistungsgruppen und vor allem die Kurse im Rahmen der gymnasialen Oberstufe).

3.162 Man unterscheidet *ein- und mehrzügige Schulen*, wobei als Schulzug jede einzelne Reihe der Klassen von unten nach oben bezeichnet wird. Eine Schule ist zwei- oder mehrzügig, wenn die Schülerzahl die Teilung der Klassen und die Führung von Parallelzügen dauernd erfordert. Eine Zusammenfassung von Parallelklassen oder Parallelzügen in einzelnen Fächern ist möglich. Für einen geordneten Schulbetrieb wird je nach Schulart eine bestimmte Mindestzahl von Zügen verlangt. Um die vorhandenen Schulen auch bei sinkenden Schülerzahlen nach Möglichkeit zu erhalten, haben mehrere Flächenländer in den letzten Jahren die Anforderungen herabgesetzt, so dass sie beispielsweise bei Grundschulen Einzügigkeit genügen lassen.[11] Eine Sonderform der Teilung in Züge ist die *Gabelung* (vor allem in der Sekundarstufe I des Gymnasiums). Sie besteht darin, dass oberhalb eines gemeinsamen Unterbaues eine Teilung nach Schultypen (z.B. altsprachlicher, neusprachlicher, mathematisch-naturwissenschaftlicher Zweig) einsetzt; die Gabelung kann auf einzelne Fächer beschränkt sein.

3.2 Frühkindliche Bildung und Erziehung

In den letzten Jahren ist – nicht zuletzt aufgrund der durch die PISA-Studien ausgelösten Debatten – die Frühpädagogik stärker ins Blickfeld der Öffentlichkeit gerückt. Die Erkenntnis hat sich durchgesetzt, dass die Bildung des Kindes schon unmittelbar nach der Geburt beginnt. Vor allem für Kinder aus bildungsfernen Familien erweist sich die frühe Förderung durch geeignete Einrichtungen der vorschulischen Bildung und Erzie-

10 Allerdings bestehen in Berlin neben den mit Klasse 7 beginnenden Gymnasien sog. grundständige Gymnasien, die bereits ab Klasse 5 mit der Sekundarstufe I einsetzen. Es handelt sich dabei um Schulen besonderer pädagogischer Prägung, insbes. bilinguale Gymnasien, Schulen mit mathematisch-naturwissenschaftlicher Prägung und mit musikalischer Prägung; hinzu kommen Schnelllernerklassen an „normalen" Gymnasien. Die Aufnahme der Schülerinnen und Schüler hängt von ihrer Eignung für das spezifische Angebot der jeweiligen Schule ab. S. im Einzelnen Verordnung über die Aufnahme in Schulen besonderer pädagogischer Prägung vom 23.3.2006 (GVBl. S. 306), zul.g.d.VO vom 23.1.2017 (GVBl. S. 202).

11 Vgl. etwa für Bayern Art. 32 Abs. 2 EUG; für Brandenburg § 103 Abs. 1 Satz 4 SchulG; für Niedersachsen § 4 Abs. 1 Nr. 1 VO für die Schulorganisation vom 17.2.2011 (GVBl. S. 62), zul.g.d.G. vom 19.6.2013 (GVBl. S. 165); für Rheinland-Pfalz § 13 Abs 1 SchulG; für Sachsen-Anhalt § 4 Abs. 6 SchulG LSA. In Bayern können zwei Jahrgangsstufen in einer Klasse zusammengefasst werden; auch Niedersachsen und Sachsen-Anhalt lassen im Interesse eines wohnortnahen Schulangebots Ausnahmen vom Mindesterfordernis der Einzügigkeit zu.

hung als überaus wichtig.[12] Zu unterscheiden sind Tageseinrichtungen für Kinder einerseits (TZ 3.21), Vorklassen und Schulkindergärten (TZ 3.22) andererseits.

3.21 Kindertageseinrichtungen

Kindertageseinrichtungen (Kindertagesstätten), in denen sich Kinder für einen Teil des Tages oder ganztägig aufhalten, sind *Einrichtungen der Jugendhilfe* zur Förderung von Kindern durch Bildung, Erziehung und Betreuung.[13] Ihre Rechtsverhältnisse sind bundesrechtlich durch das Achte Buch des Sozialgesetzbuches (SGB VIII), also das Kinder- und Jugendhilfegesetz, landesrechtlich durch Ausführungsgesetze zum KJHG (z.B. Kindertagesstättengesetze) geregelt; in den Ländern ist entweder das für Schulen verantwortliche Ministerium oder das Sozialministerium für diesen Aufgabenbereich zuständig.

Die Kindertagesstätten, die überwiegend von freien Trägern, vor allem von kirchlichen Einrichtungen, im Übrigen von den Gemeinden getragen werden, unterstehen der Aufsicht des Jugendamts. Von besonderer Bedeutung sind *Kinderkrippen* für Kinder bis zum vollendeten dritten Lebensjahr und *Kindergärten* vom vollendeten dritten Lebensjahr bis zum Schulbesuch.

Die Tageseinrichtungen, deren Besuch freiwillig ist[14], haben einen eigenständigen Bildungs- und Erziehungsauftrag; sie ergänzen und unterstützen die familiäre Erziehung und fördern die Gesamtentwicklung des Kindes durch allgemeine und gezielte erzie-

---

12 Einrichtungen der vorschulischen Bildung und Erziehung dürfen nicht mit den nach Art. 7 Abs. 6 GG unzulässigen *Vorschulen* verwechselt werden. Die nach dieser Vorschrift verbotenen privaten und öffentlichen Vorschulen waren Unterrichtseinrichtungen, die auf den Besuch „höherer Schulen" vorbereiteten. Sie wurden schon durch die Weimarer Verfassung (Art. 145, 146 Abs. 1, 147 Abs. 3) für unzulässig erklärt; für alle Kinder galt seitdem die Pflicht zum achtjährigen Besuch der öffentlichen Volksschule vom 6. Lebensjahr an, sodann die Pflicht zum vierjährigen Besuch der anschließenden Fortbildungsschule (= Berufsschule) bis zum vollendeten 18. Lebensjahr. Eine Einschränkung dieser Pflichten bestand nur beim Übergang in die weiterführenden mittleren und höheren Schulen nach vierjährigem Grundschulbesuch. Dazu Ernst Rudolf *Huber*, Deutsche Verfassungsgeschichte seit 1789. Bd. 6, Stuttgart 1981, S. 941 f.; vgl. auch Max-Emanuel *Geis*, in: Friauf/Höfling, Berliner Kommentar zum Grundgesetz, Art. 7 Rn. 98; Frauke *Brosius-Gersdorf*, in: Dreier: Grundgesetz. Kommentar, Art. 7 Rn. 136 f. und Markus *Thiel*, in: Sachs, Grundgesetz. Kommentar, Art. 7 Rn. 77.

13 Hans-Günther *Roßbach*, Vorschulische Erziehung, in: MPI-Bildungsbericht, S. 283; Bildungsbericht 2016, S. 47 ff.

14 In letzter Zeit wird verschiedentlich die Forderung nach Einführung einer allgemeinen *Kindergartenpflicht* erhoben, die nicht zuletzt dazu beitragen soll, die Sprachfähigkeit der Kinder im Einschulungsalter zu verbessern; diese Maßnahme soll vor allem Kindern mit Migrationshintergrund zugute kommen. Gegen die Verfassungsmäßigkeit einer Pflicht zum Besuch des Kindergartens spricht vor allem das Elternrecht aus Art. 6 Abs. 2 GG; danach muss es der Entscheidung der Eltern überlassen bleiben, ob sie die Erziehung ihres Kindes einem Dritten anvertrauen oder nicht. Zum Diskussionsstand: Johann *Bader*, Verfassungsrechtliche Probleme der Kindergartenbesuchspflicht und vorschulischen Sprachförderung, NVwZ 2007, 537; Guy *Beaucamp*, Möglichkeiten und Grenzen des Grundsatzes der Chancengleichheit im Bildungsrecht, DVBl. 2014, 1364 (1366); *ders.*, Die Kindergartenpflicht aus grundrechtlicher Perspektive, LKV 2014, 344; Annette *Guckelberger*, Verfassungsrechtliche Probleme einer allgemeinen Kindergartenpflicht, RdJB 2012, 5; Josef *Hoffmann*, Verfassungsfragen einer Kindergartenpflicht, Zeitschrift für Kindschaftsrecht und Jugendhilfe 2006, 436; Timo *Hartmann*, Verfassungsrechtliche Grenzen der Einführung einer Kindergartenpflicht, DVBl. 2014, 478; Ralf *Terpitz-Müller*, Vätermonate und Kindergartenpflicht – wie viel Staat verträgt die Familie?, JZ 2006, 991. Monographien: Stefanie *Schmitt*, Kindergartenpflicht? Zur Frage der Vereinbarkeit einer Kindergartenbesuchspflicht mit der Verfassung, insbesondere mit dem Grundrecht der Eltern auf Pflege und Erziehung ihrer Kinder, Hamburg 2011; Henrike Franziska *Voet*, Zur Verfassungsmäßigkeit einer allgemeinen Kindergartenpflicht im letzten Jahr vor dem Eintritt in die Grundschule, Hamburg 2011.

herische Bildungs- und Erziehungsangebote.[15] Vor allem bei der Überwindung von Bildungsbarrieren spielen sie eine wichtige Rolle; sie dienen dazu, schicht-, kultur-, sprach- und milieubedingte Benachteiligungen auszugleichen. Die Träger der öffentlichen Jugendhilfe sollen sicherstellen, dass die Erzieherinnen und Erzieher mit den Schulen zusammenarbeiten, um den Kindern einen guten Übergang in die Schule zu sichern (§ 22a Abs. 2 Satz 1 Nr. 3 SGB VIII). Die meisten Länder haben durch sogenannte Bildungs- und Erziehungspläne einen Orientierungsrahmen für die Arbeit der Kindertageseinrichtungen vorgelegt.[16]

Für *Kinder, die das erste Lebensjahr vollendet haben,* besteht ein Anspruch auf frühkindliche Förderung *in einer Kindertageseinrichtung* oder durch Tagespflege bis zur Vollendung des dritten Lebensjahres (§ 24 Abs. 2 Satz 1 SGB VIII). *Kinder, die das dritte Lebensjahr vollendet haben,* haben bis zum Schuleintritt Anspruch auf Förderung in einer Tageseinrichtung (§ 24 Abs. 3 Satz 1 SGB VIII). Ein *Kind, das das erste Lebensjahr noch nicht vollendet hat,* ist in einer Einrichtung oder in Kindertagespflege zu fördern, wenn diese Leistung für seine Entwicklung zu einer eigenverantwortlichen und gemeinschaftsfähigen Persönlichkeit geboten ist oder wenn die Erziehungsberechtigten einer Erwerbstätigkeit nachgehen, eine Erwerbstätigkeit aufnehmen oder Arbeit suchend sind, sich in einer beruflichen Bildungsmaßnahme, Schulausbildung oder Hochschulausbildung befinden oder Leistungen der Grundsicherung für Arbeitsuchende erhalten (§ 24 Abs. 1 SGB VIII).[17]

Für die Inanspruchnahme von Kindertagesstätten ist im Allgemeinen ein Entgelt zu entrichten, das auf der Grundlage von § 90 Abs. 1 Satz 1 Nr. 3 SGB VIII erhoben wird und zumeist nach den Einkommensverhältnissen der Eltern und/oder nach der Kinderzahl gestaffelt ist (§ 90 Abs. 1 Satz 2 bis 4 SGB VIII).[18] Von vielen Seiten wird die Gebührenfreiheit des Kindergartenbesuchs gefordert. In Berlin und Rheinland-Pfalz ist sie durch landesgesetzliche Vorschrift verwirklicht;[19] in Niedersachen hat der Landesgesetzgeber

---

15 § 22 Abs. 2 und 3 SGB VIII mit ergänzenden Bestimmungen in den Ausführungsgesetzen der Länder, z.B. § 26 Abs. 1 Hess Kinder- und Jugendhilfegesetzbuch vom 18.12.2006 (GVBl. I S. 698), zul.g.d.G. vom 28.9.2015 (GVBl. S. 366); § 2 nrw Kinderbildungsgesetz vom 30.10.2007 (GV. S. 216), zul.g.d.G. vom 17.6.2014 (GV. S. 336). Zur neuen Akzentuierung des Förderungsauftrags nach § 22 Abs. 3 Satz 1 SGB VIII („Erziehung, Bildung und Betreuung") statt „Betreuung, Bildung und Erziehung" in § 22 Abs. 3 Satz 1 SGB VIII a.F. s. Thomas *Lakies*, in: Frankfurter Kommentar zum SGB VIII. Kinder- und Jugendhilfe, 8. Aufl., Baden-Baden 2018, § 22 Rn. 14.

16 Z.B. Baden-Württemberg: *Ministerium für Kultus, Jugend und Sport* (Hrsg.), Orientierungsplan für Bildung und Erziehung in baden-württembergischen Kindergärten und weiteren Kindertageseinrichtungen, Stuttgart, Fassung vom 15.3.2011; Bayern: *Bayerisches Staatsministerium für Arbeit und Sozialordnung, Familien und Frauen/Staatsinstitut für Frühpädagogik München* (Hrsg.), Der Bayerische Bildungs- und Erziehungsplan für Kinder in Tageseinrichtungen bis zur Einschulung. 5. Aufl., Berlin 2012; Berlin: *Senatsverwaltung für Bildung, Jugend und Wissenschaft* (Hrsg.), Berliner Bildungsprogramm für Kitas und Kindertagespflege. Aktuelle Neuauflage, Berlin 2014; Hamburg: *Behörde für Arbeit, Soziales, Familie und Integration* (Hrsg.), Hamburger Bildungsempfehlungen für die Bildung und Erziehung von Kindern in Tageseinrichtungen, Hamburg, 2012.

17 Nach h.M. handelt es sich bei § 24 Abs. 1 SGB VIII nicht um einen Rechtsanspruch i.S. eines einklagbaren subjektiven Rechts, sondern um eine (nur) objektiv-rechtliche Verpflichtung. Vgl. Jutta *Struck*, in: Reinhard Wiesner, SGB VIII. Kinder- und Jugendhilfe, 5. Aufl., München 2015, § 24 Rn. 7 m.w.N.; a.A. (Rechtsanspruch bejahend) Thomas *Lakies*, in: Frankfurter Kommentar zum SGB VIII (Fn. 15), § 24 Rn. 64.

18 Nach § 90 Abs. 3 SGB VIII soll der Kostenbeitrag auf Antrag ganz oder teilweise erlassen oder vom Träger der öffentlichen Jugendhilfe übernommen werden, wenn die Belastung den Eltern und dem Kind nicht zuzumuten ist.

19 § 3 Abs. 5 bln Tagesbetreuungskostenbeteiligungsgesetz vom 28.8.2001 (GVBl. S. 494, 576), zul.g.d.G. vom 19.6.2012 (GVBl. S. 166); § 13 Abs. 3 rp Kindertagesstättengesetz vom 15.3.1991 (GVBl. S. 79), zul.g.d.G. vom 18.6.2013 (GVBl. S. 256).

Kostenfreiheit für das letzte Jahr des Kindergartenbesuchs angeordnet;[20] in Hessen ist das letzte Kindergartenjahr in vielen Gemeinden gebührenfrei.[21]

3.22 Vorklasse und Schulkindergarten

Eine Übergangsstellung zwischen Elementarbereich und Primarstufe nehmen in einigen Ländern *Vorklassen* an Grundschulen ein, die fünfjährige Kinder in Form spielerischen Lernens auf den Eintritt in die Grundschule vorbereiten. Auch der Besuch dieser Einrichtungen ist freiwillig. Verschiedentlich werden Vorklasse und Klasse 1 der Grundschule zu einer zweijährigen *Eingangsstufe* zusammengefasst.[22] In den *privaten Montessori-Schulen* bilden Kindergarten und Schule von vornherein eine pädagogische und organisatorische Einheit. Von den Vorklassen zu unterscheiden sind die in den meisten Ländern, insbesondere in Großstädten, bestehenden, überwiegend der Grundschule zugeordneten Schulkindergärten, die schulpflichtige, aber noch nicht schulreife Kinder betreuen. Allerdings ist die Terminologie nicht einheitlich. So werden die Schulkindergärten z.B. in Baden-Württemberg als Grundschulförderklassen, in Hessen als Vorklassen und in Mecklenburg-Vorpommern als Diagnoseförderklassen bezeichnet.[23]

3.3 Primarstufe (Grundschule)

Die Grundschule ist als erste Pflichtschule der für alle Kinder gemeinsame Unterbau des gesamten Schulwesens.[24] Sie umfasst die Klassen 1 bis 4, in Berlin und Brandenburg die Klassen 1 bis 6.[25] Die Grundschule, die mit den Kindertageseinrichtungen zusammenarbeiten soll, vermittelt grundlegende Fähigkeiten und Fertigkeiten, ermöglicht eine allmähliche Einführung in den Fachunterricht und bereitet auf den Übergang in die Schularten der Sekundarstufe I vor; in den meisten Ländern kann ab Klasse 3 eine Fremdsprache angeboten werden.[26] Die selbständige Grundschule ist in der Regel zweizügig (vgl. aber TZ 3.162). Vor allem in den ostdeutschen Ländern stellen die Gemeinden für Grundschüler, teilweise auch für Schüler der Jahrgangsstufe 5 und 6 der weiterfüh-

20 § 21 Abs. 1 nds Gesetz über Tageseinrichtungen für Kinder (KiTaG) i.d.F. vom 7.2.2002 (GVBl. S. 57), zul.g.d.G. vom 18.12.2014 (GVBl. S. 477). Vom Kindergartenjahr 2018/2019 an soll in Niedersachsen nach der Koalitionsvereinbarung zwischen den Landesverbänden der SPD und der CDU für die Wahlperiode 2017 bis 2022 die vollständige Beitragsfreiheit im Kindergarten eingeführt werden.

21 Das Land fördert die Kommunen nach § 32c Abs. 1 HKJGB vom 18.12.2006 (GVBl. I S. 698) insofern, als diese die Möglichkeit erhalten, das letzte Kindergartenjahr gebührenfrei zu stellen.

22 Z.B. § 18 Abs. 3 HSchG.

23 § 5a bw SchG, § 18 Abs. 2 HSchG, § 14 Abs. 1 SchulG M-V.

24 Dazu die Empfehlungen der KMK zur Arbeit in der Grundschule vom 2.7.1970 i.d.F. vom 11.6.2015 (KMK-BeschlS. 130.2). Aus der Literatur: Wolfgang *Einsiedler*/Sabine *Martschinke*/Gisela *Kammermeyer*, Die Grundschule zwichen Heterogenität und gemeinsamer Bildung, in: MPI-Bildungsbericht, S. 325; *Führ*, Deutsches Bildungswesen, S. 100 ff.; Johannes *Jung*, Zur (grundschul-)pädagogischen Begründung der für alle gemeinsamen Grundschule aus heutiger Sicht, RdJB 2007, 292; Günther *Hoegg*, Schulrecht für die Grundschule, Berlin 2013. Die historische Entwicklung beleuchtet Bernd *Zymek*, Von den Vorschulen des 19. Jahrhunderts zur Grundschule des 20. Jahrhunderts und zurück?, Zeitschrift für Grundschulforschung 2/2015, 7; vgl. auch Gerhard *Kluchert*, Schule der Einheit? Die Einführung der für alle gemeinsamen Grundschule in der Weimarer Republik, RdJB 2007, 306.

25 § 20 Abs. 1 Satz 4 bln SchulG, § 19 Abs. 2 Satz 1 BbgSchulG. – In Hamburg sollte gemäß einer von der Bürgerschaft beschlossenen Schulstrukturreform die Grundschule um die Klassen 5 und 6 erweitert werden. Dieses Vorhaben wurde durch einen am 18.7.2010 durchgeführten Volksentscheid abgelehnt.

26 In Berlin und Sachsen ist der Fremdsprachenunterricht ab Jahrgangsstufe 3 sogar gesetzlich vorgeschrieben: § 20 Abs. 4 bln SchulG, § 5 Abs. 3 sächs SchulG. Zu „Fremdsprachen in der Grundschule – Sachstand und Konzeptionen“ s. den Bericht der Kultusministerkonferenz im Beschluss vom 17.10.2013.

renden Schulen Horte bereit, so dass die Kinder ganztägig betreut sind.[27] Der Besuch der Horte ist freiwillig. Die Erziehungsberechtigten müssen sich an den Kosten durch Elternbeiträge beteiligen (vgl. TZ 23.1).

Unabhängig von der außerunterrichtlichen Betreuung durch Horte sehen die Schulgesetze mehrerer Länder insbesondere für Grundschüler Betreuungsangebote vor, die von den Schulträgern eingerichtet werden können und der Verantwortung der Schule unterliegen. Sie sollen zu einer für die Eltern zeitlich verlässlichen Grundversorgung (z.B. in Form der „vollen Halbtagsschule") führen.[28] Zur Ganztagsschule s. TZ 3.71.

3.4 Sekundarstufe I

Die Schularten der Sekundarstufe I[29] vermitteln ein differenziertes Unterrichtsangebot, das die Schülerinnen und Schüler nach ihren Begabungen, Fähigkeiten und Neigungen auf die Fortsetzung des Bildungsgangs in den allgemein- und berufsbildenden Schulen der Sekundarstufe II vorbereiten soll. Dabei bilden die Jahrgangsstufen 5 und 6 als *Orientierungsstufe* (Förderstufe) eine Phase besonderer Förderung, Beobachtung und Orientierung über den weiteren Bildungsgang mit seinen fachlichen Schwerpunkten; in Berlin und Brandenburg erfüllen die Klassen 5 und 6 der Grundschule (Primarschule) die Orientierungsfunktion. In den meisten Ländern wird die Orientierungsstufe schulartbezogen – also innerhalb der verschiedenen Schularten der Sekundarstufe I – geführt.[30]

In der Sekundarstufe I sind Schularten mit nur einem Bildungsgang (TZ 3.41) von denen zu unterscheiden, die mehrere Bildungsgänge umfassen (TZ 3.42).

3.41 Schularten mit einem Bildungsgang

Schularten mit einem Bildungsgang, bei denen der gesamte Unterricht auf einen bestimmten Abschluss bezogen ist, sind die Hauptschule, die Realschule und das Gymnasium.

27 Berlin: § 19 Abs. 6 Satz 1 und 2 SchulG; Brandenburg: §§ 1 und 2 Kindertagesstättengesetz i.d.F.d.Bek.v. 27.6.2004 (GVBl. I S. 384), zul.g.d.G. vom 27.7.2015 (GVBl. I S. 384); Mecklenburg-Vorpommern: § 2 Abs. 5 Kindertagesförderungsgesetz vom 1.4.2004 (GVOBl. S. 146), zul.g.d.G. vom 3.11.2014 (GVOBl. S. 594); Sachsen: § 1 Abs. 4 SächsKitaG i.d.F.d.Bek.v. 17.5.2009 (GVBl. S. 225), zul.g.d.G. vom 29.4.2015 (GVBl. S. 349); Sachsen-Anhalt: § 3 Abs. 1 Satz 1 Nr. 1 Buchst. b Kinderförderungsgesetz vom 5.3.2003 (GVBl. S. 48), zul.g.d.G. vom 231.2013 (GVBl. S. 38); Thüringen: § 10 Abs. 1 ThürSchulG, § 1 Abs. 1 Nr. 3 Thür Kindertageseinrichtungsgesetz v. 16.12.2005 (GVBl. S. 365, 371), zul.g.d.G. vom 21.12.2015 (GVBl. S. 233, 236).

28 Z.B. § 20 Abs. 6 bln SchulG („in der Regel jeweils sechs Zeitstunden"), § 18 Abs. 3 Satz 2 BbgSchulG („verlässliche Halbtagsschule"), § 15a Abs. 1 HSchG („Gewährleistung einer verlässlichen Schulzeit von mindestens fünf Zeitstunden"), § 39 Abs. 1 SchulG M-V („zeitlich verlässliche Betreuung"), § 10 Abs. 2 Satz 4 rp SchulG („volle Halbtagsschule"), § 4 Abs. 2 SchulG LSA („schultäglich in der Regel fünf und eine halbe Zeitstunde"). Die Regelung im SchulG LSA verstößt weder gegen das Elternrecht noch gegen Grundrechte der Schüler (BVerfG, DVBl. 2002, 971).

29 Dazu Vereinbarung der KMK über die Schularten und Bildungsgänge im Sekundarbereich I vom 3.12.1993 i.d.F.v. 25.9.2014 (KMK-BeschlS. Nr. 102).

30 In Rheinland-Pfalz kann die Orientierungsstufe schulartabhängig oder schulartübergreifend errichtet werden (§ 9 Abs. 6 Satz 2 Halbsatz 2 SchulG). In Hessen kann eine verbundene Haupt- und Realschule wie auch eine kooperative Gesamtschule auf Beschluss der Schulkonferenz eine Förderstufe errichten oder aufheben (§§ 23b Abs. 1, 26 Abs. 3, 129 Nr. 3 HSchG). Nur in Mecklenburg-Vorpommern besteht die Orientierungsstufe noch ausschließlich als eigenständige Schulart, die an den Regionalen Schulen sowie an den integrierten und kooperativen Gesamtschulen einzurichten ist; sie muss von allen Schülerinnen und Schülern besucht werden, also auch von denjenigen, die aufs Gymnasium übergehen sollen (§§ 15, 19 Abs. 1 SchulG M-V).

3.411 Die *Hauptschule*[31] gibt es außer in Baden-Württemberg und Bayern[32] nur noch in Hessen, Niedersachsen und Nordrhein-Westfalen. Sie umfasst die Jahrgangsstufen 5 bis 9, in Nordrhein-Westfalen 5 bis 10. Die Hauptschule vermittelt ihren Schülerinnen und Schülern eine grundlegende allgemeine Bildung, die sie entsprechend ihren Leistungen und Neigungen durch Schwerpunktbildung befähigt, nach Maßgabe der Abschlüsse ihren Bildungsweg vor allem in berufs-, aber auch in studienqualifizierenden Bildungsgängen fortzusetzen. Sie soll die Jugendlichen insbesondere in die Arbeitswelt einführen und ihnen die Entscheidung bei der Berufswahl erleichtern; diesem Zweck dient vor allem der Unterrichtsbereich Arbeitslehre. In der Hauptschule wird eine Fremdsprache gelehrt (in der Regel Englisch). Der *Hauptschulabschluss*[33] (in Bayern: Abschluss der Mittelschule) befähigt zum Eintritt in die Berufsausbildung des dualen Systems und berechtigt zum Besuch der Berufsfachschule. Bei Nachweis besonderer Leistungen kann ein qualifizierender (qualifizierter oder erweiterter) Hauptschulabschluss erworben werden, der zum Besuch der 10. Klasse der Realschule berechtigt. Darüber hinaus besteht die Möglichkeit, nach (freiwilligem) Besuch eines 10. Hauptschuljahres den Realschulabschluss zu erreichen.[34] Die Hauptschule ist grundsätzlich zweizügig, in Ausnahmefällen – z.B. bei sonst unzumutbar langen Schulwegen – kann ein Klassenzug genügen.[35]

Unverkennbar hat die Hauptschule in den letzten Jahrzehnten aus vielerlei Gründen – nicht zuletzt wegen der sozialen Einseitigkeit der Schülerrekrutierung – einen erheblichen Bedeutungsverlust zu verzeichnen.

3.412 Die *Realschule*[36], die als eigenständige Schulart in Baden-Württemberg, Bayern, Hessen, Niedersachsen und Nordrhein-Westfalen besteht, umfasst im Anschluss an die Grundschule sechs Jahrgangsstufen. Sie vermittelt ihren Schülern eine über die Hauptschule hinausgehende Allgemeinbildung. Der *Realschulabschluss*[37] eröffnet den Zugang

- zur betrieblichen Berufsausbildung mit gleichzeitigem Berufsschulbesuch,
- zur Laufbahn des mittleren öffentlichen Dienstes mit gleichzeitigem Berufsschulbesuch,

---

31 Achim *Leschinsky*, Die Hauptschule – von der Be- zur Enthauptung, in: MPI-Bildungsbericht, S. 377; *Führ*, Deutsches Bildungswesen, S.118 ff.

32 In Bayern sind die Hauptschulen zu Beginn des Schuljahres 2011/2012 in Mittelschulen umgewandelt worden (Art. 7a BayEUG).

33 Einige Länder, die den Bildungsgang der Hauptschule in einer Schule mit mehreren Bildungsgängen führen, verwenden für den Hauptschulabschluss eine andere Bezeichnung. So heißt er in Berlin, Brandenburg und Bremen Berufsbildungsreife, in Mecklenburg-Vorpommern und Rheinland-Pfalz Berufsreife.

34 In Baden-Württemberg ist an die Stelle der Hauptschule die berufsorientierte *Werkrealschule* getreten. Diese Schulart, die sechs Schuljahre umfasst und mindestens zweizügig ist, vermittelt einen dem Realschulabschluss gleichwertigen Bildungsstand; der Hauptschulabschluss wird mit dem erfolgreichen Abschluss des 5. Schuljahres, also am Ende der Jahrgangsstufe 9, erworben. Soweit aber Schulen das sechste Schuljahr nicht anbieten und auch nicht mit einer sechsjährigen Werkrealschule kooperieren, führen sie die Schulartbezeichnung „Hauptschule" (vgl. § 6 SchG). – In Nordrhein-Westfalen war die Hauptschule früher als Institution verfassungsrechtlich garantiert (Art. 8 Abs. 2 Halbsatz 2, 12 Verf. a.F.; hierzu VerfgH NRW, NVwZ 1984, 781 [782 f.]). Diese Garantie lief vor allem im ländlichen Raum zunehmend ins Leere, weil sich die Hauptschule als eigenständiger Bildungsgang mangels Nachfrage kaum noch aufrechterhalten ließ. Seit der durch einen bildungspolitischen Schulkonsens ermöglichten Änderung der Landesverfassung vom 19.7.2011 ist die Hauptschule nicht mehr verfassungsrechtlich abgesichert.

35 Vgl. z.B. § 4 Abs. 1 Nr. 2 nds VO für die Schulorganisation (Fn. 11).

36 Achim *Leschinsky*, Die Realschule – ein zweischneidiger Erfolg, in: MPI-Bildungsbericht, S. 407; *Führ*, Deutsches Bildungswesen, S. 128 ff.

37 In Hessen wird der Realschulabschluss als mittlerer Abschluss, in Nordrhein-Westfalen als mittlerer Schulabschluss bezeichnet. In anderen Ländern heißt der Realschulabschluss u.a. qualifizierter Sekundarabschluss I (Rheinland-Pfalz) und mittlerer Bildungsabschluss (Sachsen-Anhalt). Die KMK verwendet die Bezeichnung Mittlerer Schulabschluss.

- zu Schulen der Sekundarstufe II (z.B. zur Berufsfachschule, zur Fachoberschule sowie, bei Erfüllung besonderer Leistungsanforderungen, zur gymnasialen Oberstufe).

3.413 Das *Gymnasium*[38], das Sekundarstufe I und Sekundarstufe II verbindet, führt zur allgemeinen Hochschulreife (Abitur). Diese Schulart hat sich in allen 16 Ländern behaupten können. Früher umfasste das Gymnasium – je nach Dauer der Grundschule und der Organisationsform der Orientierungsstufe – neun oder sieben Jahrgangsstufen. Im ersten Jahrzehnt dieses Jahrhunderts haben sämtliche Länder außer Rheinland-Pfalz die gymnasiale Schulzeit auf acht Jahre („G8") verkürzt[39]; in Ländern mit sechsjähriger Grundschule (Berlin und Brandenburg) oder mit schulartunabhängiger Orientierungsstufe (Mecklenburg-Vorpommern) umfasst das Gymnasium demgemäß nur sechs Jahre.[40]

Inzwischen ist die Debatte über G8 oder G9 in den meisten Ländern, die sich vor zehn Jahren für die verkürzte Gymnasialzeit entschieden hatten, wieder voll entbrannt. Seither ist Niedersachsen zum neunjährigen Gymnasium zurückgekehrt; auch in Bayern wird das G9 zum Beginn des Schuljahres 2018/19 wieder eingeführt. In den Stadtstaaten, in Brandenburg und im Saarland haben Eltern bzw. Schülerinnen und Schüler die Wahl zwischen G8 und G9; in Hessen entscheidet die Schulkonferenz über G8 oder G9. In anderen G8-Ländern ist den Gymnasien im Rahmen von Schulversuchen die Möglichkeit eingeräumt worden, für G9 zu optieren.

Die Einführung des G8 hatte von vornherein ein strukturelles Dilemma zur Folge: Wollte der Gesetzgeber an der dreijährigen Dauer der gymnasialen Oberstufe festhalten, musste er – systemwidrig – die sonst der Sekundarstufe I zugehörige Jahrgangsstufe 10 der Sekundarstufe II zuordnen; beschränkte er die gymnasiale Oberstufe auf die Jahrgangsstufen 11 und 12, musste er – wiederum systemwidrig – der Jahrgangsstufe 10 der Sekundarstufe I eine Doppelfunktion (letzter Schuljahrgang der Sekundarstufe I und zugleich Einführungsphase der gymnasialen Oberstufe) zuweisen. Bremen, Hamburg, Hessen, Mecklenburg-Vorpommern, Nordrhein-Westfalen, das Saarland, Schleswig-Holstein und Thüringen haben der ersten, Baden-Württemberg, Bayern, Berlin, Brandenburg, Sachsen und Sachsen-Anhalt der zweiten Variante den Vorzug gegeben.

Das Gymnasium bietet nach einer breiten Grundbildung in der Sekundarstufe I Möglichkeiten der individuellen Schwerpunktbildung in der Sekundarstufe II (dazu TZ 3.511). Nach den Bestimmungen der meisten Schulgesetze wird am Ende der Jahrgangsstufe 10 zugleich mit der Versetzung der Realschulabschluss vergeben; wer zu diesem Zeitpunkt das Gymnasium verlässt, steht folglich nicht ohne Abschluss da. Der Fremdsprachenunterricht beginnt in Klassenstufe 5 zumeist mit Englisch, gelegentlich mit Französisch oder Latein. Neben weiteren Fremdsprachen gibt es zusätzliche Unterrichtsangebote im mathematisch-naturwissenschaftlichen, wirtschaftswissenschaftlichen oder musischen Bereich. Hinzu kommen in mehreren Ländern bilinguale Gymnasien. In Ostdeutschland knüpfen einige Länder an die DDR-Tradition der Spezialschulen an, indem sie Spezialgymnasien für Musik und Sport vorhalten.[41] Dank dieser Vielfalt der Angebote

---

38 Ulrich *Trautwein*/Marko *Neumann*, Das Gymnasium, in: MPI-Bildungsbericht, S. 467; *Führ*, Deutsches Bildungswesen, S. 130 ff.; Hans-Werner *Fuchs*: Gymnasialbildung im Widerstreit: Die Entwicklung des Gymnasiums seit 1945 und die Rolle der Kultusministerkonferenz, Frankfurt am Main 2004; Andrä *Wolter*, Das deutsche Gymnasium zwischen Qualität und Quantität. Die Entwicklung des Gymnasiums und der Wandel gesellschaftlichen Wissens, Oldenburg 1997.

39 Doch können Gymnasien auch in Rheinland-Pfalz ihren Schülerinnen und Schülern den Erwerb der allgemeinen Hochschulreife schon nach zwölf Jahrgangsstufen ermöglichen (vgl. § 10 Abs. 4 SchulG); Voraussetzung ist, dass diese Schulen als verpflichtende Ganztagsschulen operieren.

40 Zu den in Berlin weiterhin bestehenden grundständigen Gymnasien s. Fn. 10.

41 Z.B. § 19 Abs. 2 SchulG M-V, § 7 Abs. 7 und 8 ThürSchulG.

können die verschiedenen Begabungen und Neigungen der Schüler berücksichtigt werden. Zu beruflichen Gymnasien, Fachgymnasien s. TZ 3.512.

3.42 Schularten mit mehreren Bildungsgängen

An Schularten mit mehreren Bildungsgängen[42] wird der Unterricht entweder in abschlussbezogenen Klassen oder – in einem Teil der Fächer – leistungsdifferenziert auf mindestens zwei Anspruchsebenen in Kursen erteilt. Schularten mit mehreren Bildungsgängen sind die Gesamtschule, welche die Bildungsgänge der Hauptschule, der Realschule und des Gymnasiums einschließt (TZ 3.421), sowie mehrere Varianten einer Schulart, in der die nichtgymnasialen Bildungsgänge pädagogisch und organisatorisch zusammengefasst sind (TZ 3.422).

3.421 Die in den meisten Ländern (außer Bayern und Sachsen) vorhandene *Gesamtschule*[43] führt die Klassen bis zur Jahrgangsstufe 10; an ihr können alle Abschlüsse der Sekundarstufe I erworben werden. In Baden-Württemberg, Schleswig-Holstein und Thüringen sowie im Saarland wird die Gesamtschule als Gemeinschaftsschule bezeichnet[44]; in Berlin heißt sie Integrierte Sekundarschule, in Bremen Oberschule, in Hamburg Stadtteilschule.[45] Die Gesamtschule beginnt mit Jahrgangsstufe 5 oder, sofern sie auf der sechsklassigen Grundschule aufbaut (Berlin und Brandenburg), mit Jahrgangsstufe 7. Soweit sie eine gymnasiale Oberstufe einschließt, erstreckt diese sich, anders als bei den auf acht Jahre verkürzten Gymnasien, auf die Jahrgangsstufen 11 bis 13. Die Gesamtschule verbindet die Bildungsgänge der Hauptschule, der Realschule und des Gymnasiums zu einer pädagogischen, organisatorischen und räumlichen Einheit mit dem Ziel, das Bildungsangebot nach den Fähigkeiten und Interessen der Schüler zu differenzieren und den Übergang zwischen den verschiedenen Bildungsgängen zu erleichtern.[46] Dabei sind zwei Formen zu unterscheiden: die Kooperative und die Integrierte Gesamtschule. Die *Kooperative (Additive) Gesamtschule* bildet zwar ein einheitliches Gesamtsystem, doch behalten die darin zusammengefassten Schularten (Hauptschul-, Realschul- und Gymnasialzweig) weitgehende Selbständigkeit. In der *Integrierten Gesamtschule* werden demgegenüber die herkömmlichen Schularten zu einer Einheit verschmolzen; der Unterricht in den Jahrgangsstufen wird in gemeinsamen Kerngruppen sowie in nach Leistung, Begabung und Neigung differenzierten Kursgruppen erteilt.

---

42 Dazu Vereinbarung der KMK über die Schularten und Bildungsgänge im Sekundarbereich I vom 3.12.1993 i.d.F.v. 25.9.2014 (Fn. 7), Ziff. 3.2.5.

43 Olaf *Köller*, Gesamtschule – Erweiterung statt Alternative, in: MPI-Bildungsbericht, S. 437; *Führ*, Deutsches Bildungswesen, S. 136 ff.

44 Zur Gemeinschaftsschule in Baden-Württemberg s. Thorsten *Bohl*/Sibylle *Meissner*, Expertise Gemeinschaftsschule. Forschungsergebnisse und Handlungsempfehlungen für Baden-Württemberg, Weinheim 2013.

45 Der Begriff *Gemeinschaftsschule* hat im Schulrecht inzwischen drei verschiedene Bedeutungen: Zum einen meint er einen Schultyp im Sinne des Art. 7 Abs. 5 GG (Simultanschule), zum anderen eine Ausprägung der Gesamtschule. Darüber hinaus verwendet das Berliner Schulgesetz die Bezeichnung für den Zusammenschluss von Grundschulen, Integrierten Sekundarschulen und Gymnasien (§ 17a SchulG). In den so benannten Schulen kann bis einschließlich Jahrgangsstufe 8 der Lernerfolg der Schülerinnen und Schüler statt durch Noten und Zeugnisse „durch geeignete schriftliche Informationen zur Lern- und Leistungsentwicklung“ beurteilt werden, wenn dies im Schulprogramm festgelegt ist. Bis zum Abschluss der Sekundarstufe I finden Nichtversetzungen nur in besonders begründeten Ausnahmefällen statt.

46 In Nordrhein-Westfalen und Sachsen-Anhalt besteht zusätzlich zur Gesamtschule eine Sekundarschule bzw. Gemeinschaftsschule, die gleichfalls den Erwerb sämtlicher Abschlüsse der Sekundarstufe I ermöglicht.

Die Kontroverse um die Integrierte Gesamtschule, gegen deren Einführung als Schulart mit Monopolcharakter verfassungsrechtliche Bedenken erhoben wurden (dazu TZ 16.334), konnte zunächst durch die Rahmenvereinbarung der Kultusministerkonferenz über die gegenseitige Anerkennung von Abschlüssen an Integrierten Gesamtschulen vom Mai 1982, sodann durch die KMK-Vereinbarung über die Schularten und Bildungsgänge im Sekundarbereich I vom 3.12.1993 versachlicht werden. Danach muss der Unterricht in der Integrierten Gesamtschule auf mindestens zwei Anspruchsebenen erteilt werden, und zwar in Mathematik und erster Fremdsprache ab Jahrgangsstufe 7, in Deutsch in der Regel ab Jahrgangsstufe 8 (spätestens ab Jahrgangsstufe 9), in mindestens einem naturwissenschaftlichen Fach (Physik oder Chemie) spätestens ab Jahrgangsstufe 9.[47]

Teils erweitert die Gesamtschule das traditionelle dreigliedrige Schulsystem, teils existiert sie neben dem Gymnasium und einer die Bildungsgänge der Hauptschule und der Realschule zusammenfassenden Schulart (dazu TZ 3.422), teils ist sie einzige Alternative zum Gymnasium (Berlin, Bremen, Hamburg, Saarland, Schleswig-Holstein).[48]

3.422 In den meisten Ländern gibt es eine *Schulart, die die nichtgymnasialen Bildungsgänge miteinander verbindet*. In Sachsen und in Thüringen ist es die Oberschule (Mittelschule) bzw. Regelschule, die neben dem Gymnasium existiert.[49] In anderen Ländern tritt diese Schulart zum Gymnasium und zur Gesamtschule hinzu, so dass dort ein neuartiges dreigliedriges Schulsystem entstanden ist; in Brandenburg heißt sie Oberschule, in Mecklenburg-Vorpommern Regionale Schule, in Rheinland-Pfalz Realschule plus, in Sachsen-Anhalt Sekundarschule. In Hessen findet sich die verbundene Haupt- und Realschule, in Niedersachsen die Oberschule neben selbständigen Hauptschulen und Realschulen einerseits, Gesamtschulen und Gymnasien andererseits; dort existiert also in den größeren Städten ein fünfgliedriges Schulsystem, das in Hessen zusätzlich noch durch die Mittelstufenschule erweitert wird.

Erteilt eine Schule, die die nichtgymnasialen Bildungsgänge kombiniert, Unterricht in integrierter Form, so gelten die gleichen Maßgaben wie für die integrierte Gesamtschule (vgl. TZ 3.421).

3.5 Sekundarstufe II

Zur Sekundarstufe II zählen die Schularten, die auf der Sekundarstufe I aufbauen. Sie bereiten entweder auf das Studium an einer wissenschaftlichen Hochschule bzw. an einer Fachhochschule oder auf einen Beruf vor. Mehrere Länder sehen die Möglichkeit *doppeltqualifizierender Bildungsgänge* vor, die gleichzeitig Studien- und Berufsqualifikationen vermitteln.[50]

---

47 Ziff. 3.2.5 der KMK-Vereinbarung (Fn. 7).

48 Vgl. Marko *Neumann*/Kai *Maaz*/Michael *Becker*, Die Abkehr von der traditionellen Dreigliedrigkeit im Sekundarschulsystem: Auf unterschiedlichen Wegen zum gleichen Ziel?, RdJB 2013, 274.

49 In Sachsen führen die Schulen der in § 6 SchulG geregelten Schulart Mittelschule seit dem 1.8.2013 die Bezeichnung „Oberschule"; so § 2 Abs. 4 der VO des Sächsischen Staatsministeriums für Kultus über Mittel- und Abendmittelschulen im Freistaat Sachsen vom 11.7.2011 (GVBl. S. 277) i.d.F. der Zweiten VO zur Änderung der Schulordnung Mittel- und Abendmittelschulen vom 20.2.2013 (GVBl. S. 123).

50 S. etwa § 15 Abs. 4 BbgSchulG, § 31 BremSchulG, § 36 HSchG.

3.51 Studienqualifizierende Bildungsgänge

Studienqualifizierende Bildungsgänge eröffnen ihren Absolventen den Zugang zu einem Studium an einer wissenschaftlichen Hochschule oder an einer Fachhochschule. Zu unterscheiden sind die gymnasiale Oberstufe (TZ 3.511), das berufliche Gymnasium oder Fachgymnasium (TZ 3.512), die Fachoberschule (TZ 3.513) und die Berufsoberschule (TZ 3.514).

3.511 Die *gymnasiale Oberstufe*[51] vermittelt mit ihrem Abschluss, dem *Abitur*, die allgemeine Hochschulreife. Sie erstreckte sich früher, als die gymnasiale Schuldauer in der „alten" Bundesrepublik überall noch neun Jahre betrug, auf die Jahrgangsstufen 11 bis 13 mit einer einjährigen Einführungsphase und einer zweijährigen Qualifizierungsphase. Nachdem die meisten Länder die gymnasiale Schulzeit auf acht Jahre reduziert hatten, umfasste die gymnasiale Oberstufe in einigen Ländern die Jahrgangsstufen 10 bis 12, in anderen nur die Jahrgangsstufen 11 und 12 (dazu TZ 3.413). Inzwischen sind die meisten Länder wieder zum neunjährigen Gymnasium und damit auch zur dreijährigen gymnasialen Oberstufe zurückgekehrt. Soweit Gesamtschulen über eine gymnasiale Oberstufe verfügen, erstreckt sich diese nach wie vor auf drei Jahre, so dass das Abitur nicht schon nach zwölf, sondern erst nach 13 Schuljahren abgelegt werden kann. In jedem Fall muss während der Dauer der Schulzeit von der Klasse 5 bis zum Abitur ein Gesamtstundenvolumen von mindestens 265 Jahreswochenstunden nachgewiesen werden.

Die gymnasiale Oberstufe ist mehrfach, mit teilweise unterschiedlichen Zielsetzungen, umfassend reformiert worden. Standen anfangs die individuellen Bedürfnisse und Fähigkeiten der Schülerinnen und Schüler mit breit angelegten Wahlmöglichkeiten für verschiedene, auch neuartige Fächer im Vordergrund, so geht es nunmehr vorrangig um eine vertiefte allgemeine Grundbildung, allgemeine Studierfähigkeit sowie wissenschaftspropädeutische Bildung, wobei den „basalen" Fächern Deutsch, Fremdsprache und Mathematik besondere Bedeutung beigemessen wird. Die Einzelheiten ergeben sich aus der KMK-Vereinbarung zur Gestaltung der gymnasialen Oberstufe in der Sekundarstufe II[52], deren Regelungen in die Schulgesetze der Länder übernommen worden sind. Der Unterricht wird in Pflicht- und Wahlfächern erteilt. Diese umfassen das sprachlich-literarisch-künstlerische, das gesellschaftswissenschaftliche und das mathematisch-naturwissenschaftliche Aufgabenfeld sowie Religion bzw. ein Ersatzfach und Sport. An die Stelle des früheren Klassenverbands sind Kurse getreten. Der Unterricht wird auf unterschiedlichen Anspruchsebenen erteilt; dabei wird zwischen grundlegendem Anspruchsniveau (in Grundkursen) und erhöhtem Anforderungsniveau (in Leistungskursen) unterschieden. Fächer mit erhöhtem Anspruchsniveau werden mindestens vierstündig unterrichtet; der Unterricht in Deutsch, Mathematik und Fremdsprache erstreckt sich, auch wenn er nicht auf erhöhtem Anspruchsniveau erteilt wird, auf mindestens drei Wochenstunden. Schülerinnen und Schüler müssen in der Qualifikationsphase für die Dauer von jeweils vier Schulhalbjahren bestimmte Fächer belegen, darunter Deutsch, Geschichte, Mathematik und Naturwissenschaften. Mindestens zwei Fächer sind in fünfstündigen oder drei Fächer in vierstündigen Leistungskursen zu belegen, darunter entweder Deutsch, eine Fremdsprache, Mathematik oder eine Naturwissenschaft. Zu den Abiturprüfungsfächern müssen gehören: mindestens zwei Fächer mit erhöhtem

51 Ulrich *Trautwein*/Marko *Neumann*, Das Gymnasium, in: MPI-Bildungsbericht, S. 467 (485 ff.); Hans-Werner *Fuchs*, Reform der gymnasialen Oberstufe, in: Hans Döbert/Christian Ernst (Hrsg.), Schulen in staatlicher und freier Trägerschaft, Baltmannsweiler 2001, S. 133; Hanna-Renate *Laurien*, Abitur – eine endlose Geschichte, in: *Sekretariat der Ständigen Konferenz der Kultusminister der Länder in der Bundesrepublik Deutschland* (Hrsg.), Einheit in der Vielfalt: 50 Jahre Kultusministerkonferenz 1948–1998, Neuwied 1998, S. 35.

52 Vom 7.7.1972 i.d.F. vom 8.12.2016, KMK-BeschlS. Nr. 176.

Anforderungsniveau, zwei der drei Fächer Deutsch, Fremdsprache oder Mathematik und mindestens ein Fach aus jedem der drei Aufgabenfelder. Ein Fach kann nur dann als Prüfungsfach angeboten werden, wenn dafür ein genehmigter Lehrplan sowie entweder von der KMK beschlossene *„Einheitliche Prüfungsanforderungen in der Abiturprüfung“* (EPA)[53] oder *Bildungsstandards für die Allgemeine Hochschulreife*[54] vorliegen.

Leistungen werden mit den herkömmlichen Noten bewertet; in der Qualifikationsphase werden sie in Punkte (0 bis 15 Punkte) umgerechnet (vgl. TZ 20.121). Aus den Leistungen der vier Schulhalbjahre der Qualifikationsphase und aus den in der Abiturprüfung gezeigten Leistungen wird eine Gesamtpunktzahl im Verhältnis 2:1 ermittelt. Dabei sind in der Qualifikationsphase maximal 600 Punkte und in der Abiturprüfung maximal 300 Punkte zu erreichen. Insgesamt lassen sich somit höchstens 900 Punkte erzielen; für das Bestehen des Abiturs sind mindestens 300 Punkte erforderlich. Das Abiturzeugnis (Zeugnis der allgemeinen Hochschulreife) berechtigt zum Studium aller Fachrichtungen an den deutschen Hochschulen. In der Praxis wird der Hochschulzugang allerdings in mehreren Fächern durch Zulassungsbeschränkungen aufgrund des Numerus clausus (dazu TZ 4.22) nicht unerheblich eingeschränkt.

Schülerinnen und Schüler der gymnasialen Oberstufe können frühestens nach dem Besuch von zwei Schulhalbjahren der Qualifikationsphase den Antrag auf Feststellung der *Fachhochschulreife* stellen, die zum Studium an einer Fachhochschule berechtigt. Diese wird ihnen zuerkannt, wenn sie in je zwei Schulhalbjahren zwei Fächer mit erhöhtem Anforderungsniveau belegt und insgesamt mindestens 95 Punkte erreicht haben.[55]

3.512 Die in den meisten Ländern, so z.B. in Baden-Württemberg, Bremen, Mecklenburg-Vorpommern, Rheinland-Pfalz, Sachsen, Sachsen-Anhalt, Schleswig-Holstein und Thüringen, bestehenden *beruflichen Gymnasien* bzw. *Fachgymnasien*[56], deren Besuch den Realschulabschluss voraussetzt, spezialisieren sich auf bestimmte berufsbezogene Schwerpunkte, z.B. Wirtschafts- oder Ingenieurwissenschaften, Hauswirtschaft, Pädagogik; sie umfassen die Jahrgangsstufen 11, 12 und 13. Während sie ursprünglich nur eine fachgebundene Hochschulreife vermittelten, führen sie heute zur allgemeinen Hochschulreife. Sie ebnen vor allem qualifizierten Realschülerinnen und Realschülern den Weg zum Hochschulstudium.[57] Die für die gymnasiale Oberstufe geltenden Bestimmungen (dazu TZ 3.511) sind auch für diese Schulart maßgeblich.

---

53 Vereinbarung über Einheitliche Prüfungsanforderungen in der Abiturprüfung vom 1.6.1979 i.d.F. vom 24.10.2008 (KMK-BeschlS. Nr. 195). Die Prüfungsanforderungen für die einzelnen Fächer sind in der KMK-BeschlS. Nr. 196.1 ff. festgehalten. Die EPA sollen nicht zuletzt im Hinblick auf den Numerus clausus (vgl. dazu TZ 4.22) zu einer Vergleichbarkeit der Leistungsbewertung im Abitur beitragen.

54 Die KMK hat durch Beschluss vom 18.10.2012 Bildungsstandards für die Allgemeine Hochschulreife in den Fächern Deutsch und Mathematik sowie Englisch und Französisch eingeführt und damit für diese Fächer die EPA abgelöst. Die Länder haben demgemäß vereinbart, Strategien für die Implementation der Bildungsstandards zu entwickeln und umzusetzen. Ein gemeinsam von den Ländern gestaltetes Element des Implementationsprozesses ist der Aufbau von Abituraufgabenpools für die genannten Fächer, die den Ländern ab dem Schuljahr 2016/2017 als Angebot für den Einsatz in der Abiturprüfung zur Verfügung stehen sollen. Mit der Koordination der Entwicklung der Abituraufgabenpools wurde als wissenschaftliche Einrichtung der Länder das Institut zur Qualitätsentwicklung im Bildungswesen (IQB) an der Humboldt-Universität zu Berlin beauftragt. Zugleich wurde das IQB gebeten, in Abstimmung mit den Ländern eine Sammlung von Abiturprüfungsaufgaben zu veröffentlichen.

55 S. Ziff. 12 der KMK-Vereinbarung zur Gestaltung der gymnasialen Oberstufe in der Sekundarstufe II vom 7.7.1972 i.d.F. vom 8.12.2016 (KMK-BeschlS. Nr. 176).

56 § 8 Abs. 3 bw SchG, § 28a BremSchulG, § 22 SchulG M-V, § 11 Abs. 6 rp SchulG, § 12 sächs SchulG, § 9 Abs. 7 SchulG LSA, § 92 sh SchulG, § 8 Abs. 7 ThürSchulG.

57 Jochen *Kramer*, Berufliche Gymnasien: Entwicklung, Effekte und aktuelle Herausforderungen, RdJB 2015, 85.

3.513 Die *Fachoberschule*[58] – mit dem Realschulabschluss oder einem gleichwertigen Abschluss als Eingangsvoraussetzung – führt zur Fachhochschulreife. Sie ist eine Vollzeitschule, die sich auf die Jahrgangsstufen 11 und 12 erstreckt. Die Fachoberschule deckt bestimmte Fachrichtungen ab: Wirtschaft und Verwaltung, Technik, Gesundheit und Soziales, Gestaltung, Ernährung und Hauswirtschaft, Agrarwirtschaft. In Baden-Württemberg erfüllt das *Berufskolleg* weitgehend die Funktion der Fachoberschule.[59]

3.514 Die *Berufsoberschule*[60] (in Baden-Württemberg, Bayern, Berlin, Niedersachsen, Rheinland-Pfalz und Schleswig-Holstein) ist eine Vollzeitschule[61], die eine allgemeine und fachtheoretische Bildung vermittelt und in mindestens zwei Jahren zur fachgebundenen Hochschulreife führt; durch eine Ergänzungsprüfung in der zweiten Fremdsprache können die Schülerinnen und Schüler die allgemeine Hochschulreife erwerben. Die Aufnahme in die Berufsoberschule setzt den Realschulabschluss und eine mindestens zweijährige erfolgreich abgeschlossene Berufsausbildung oder eine mindestens fünfjährige einschlägige Berufspraxis voraus.

3.52 Berufsqualifizierende Bildungsgänge

Berufsqualifizierende Bildungsgänge[62] sollen die Jugendlichen auf den Eintritt in bestimmte Berufe fachlich vorbereiten und zugleich ihre Persönlichkeitsentwicklung fördern. Berufsqualifikationen können in Berufsschulen parallel zur betrieblichen Ausbildung, also *teilzeitlich*, oder in beruflichen *Vollzeit*schulen (Berufsfachschule, Berufsaufbauschule und Fachschule) erworben werden.

3.521 Die *Berufsschule*[63] ist berufsbegleitende Pflichtschule für Jugendliche, die sich nach Erfüllung der Vollzeitschulpflicht (dazu TZ 17.22) in der beruflichen Erstausbildung befinden. Da sie an zwei Lernorten (Betrieb und Berufsschule) ausgebildet werden, spricht man von einem *dualen System*.[64] Mit Rücksicht auf die betriebliche Ausbildung,

58 Dazu KMK-Rahmenvereinbarung über die Fachoberschule vom 16.12.2004 i.d.F. v. 1.10.2010 (KMK-BeschlS. Nr. 418).

59 § 12 SchG.

60 Dazu KMK-Rahmenvereinbarung über die Berufsoberschule vom 25.11.1976 i.d.F. vom 3.12.2010 (KMK-BeschlS. Nr. 470).

61 In Bayern, Berlin und Schleswig-Holstein kann die Berufsoberschule auch in Teilzeitform geführt werden (Art. 17 Abs. 2 Satz 2 BayEUG, § 32 Abs. 1 Satz 3 bln SchulG, § 90 Abs. 2 sh SchulG).

62 Hermann *Avenarius*/Johannes *Rux*, Rechtsprobleme der Berufsausbildung. Zur geltenden Rechtslage und zu den Möglichkeiten ihrer Änderung, Weinheim 2004; Martin *Baethge*, Das berufliche Bildungswesen in Deutschland am Beginn des 21. Jahrhunderts, in: MPI-Bildungsbericht, S. 541; Friedhelm *Hufen*, Der verfassungsrechtliche Rahmen des Berufsbildungsrechts nach dem Grundgesetz, RdJB 2003, 58; Jörg-Peter *Pahl*, Berufsbildende Schule. Bestandsaufnahme und Perspektiven, Bielefeld 2007; Vgl. auch Frank *Braun*/Boris *Geier*, Bildungsgänge des „Übergangssystems“: Genese, Rechtsgrundlagen, Profile und Anschlüsse, RdJB 2012, 361; Martina *Benecke*/Nadja *Fee*/Viola *Groß*/Peter *Gseller*, Übergangssysteme – Abstellgleis oder Chancenverbesserung, RdJB 2012, 375; Susan *Seeber*/Christian *Michelis*, Zur Entwicklung des Schulberufssystems: eine Analyse im Kontext demografischer Veränderungen und arbeitsmarktbezogener Herausforderungen, RdJB 2015, 271.

63 Dazu KMK-Rahmenvereinbarung über die Berufsschule. Beschluss vom 12.3.2015 (KMK-BeschlS. Nr. 323).

64 Die Zweiteilung bezieht sich nicht nur auf die beiden Lernorte – Betrieb und Schule – (dazu Martina *Benecke*/Carmen Silvia *Hergenröder*, BBiG. Berufsbildungsgesetz. Kommentar, München 2009, § 2 Rn. 12), sondern ebenso auf die Zuständigkeit für das berufliche Ausbildungswesen, die einerseits vom Staat, andererseits von den Selbstverwaltungsorganen der Wirtschaft wahrgenommen wird. Was die staatliche Verantwortung betrifft, so sind die Länder aufgrund ihrer Kulturhoheit (vgl. TZ 2.11) für den schulischen Teil der Berufsausbildung verantwortlich, der Bund aufgrund seiner Gesetzgebungskompetenz für das Recht der Wirtschaft (Art. 74 Abs. 1 Nr. 11 GG) hingegen für den betrieblichen bzw. überbetrieblichen Bereich.

die sich nach den Bestimmungen des Berufsbildungsgesetzes vollzieht[65], ist die Berufsschule im Unterschied zu fast allen anderen Schularten Teilzeitschule. Die Jugendlichen besuchen in der Regel für drei Jahre die Berufsschule an einem oder zwei Wochentagen; der Unterricht umfasst zwölf Wochenstunden. Er besteht überwiegend aus berufsbezogenen, im Übrigen aus allgemeinbildenden Fächern. Entsprechend seiner Bedeutung für den jeweiligen Ausbildungsberuf soll der Fremdsprachenunterricht angemessen berücksichtigt werden. Statt des berufsbegleitenden Teilzeitunterrichts kann im Wechsel mit der betrieblichen oder einer überbetrieblichen Ausbildung auch Vollzeitunterricht in zusammenhängenden Zeitabschnitten als *Blockunterricht* erteilt werden; das geschieht meist in Zentralberufsschulen, die die Auszubildenden aus Streu- und Splitterberufen erfassen. In der einjährigen Grundstufe (*Berufsgrundbildungsjahr*) wird eine berufliche Grundbildung für das gesamte Berufsfeld (z.B. Elektrotechnik) vermittelt, auf der eine zweijährige Fachstufe zur berufsbezogenen Fachbildung (z.B. Systemelektronik) aufbaut.[66]

Die Berufsschule ist nach Wirtschaftszweigen und Berufen gegliedert. Man unterscheidet kaufmännische, gewerbliche oder gewerblich-technische, hauswirtschaftlich-sozialpflegerische und landwirtschaftliche Fachrichtungen. Der Berufsschulabschluss gewährleistet berufliche und allgemeine Qualifikationen. Nach den Bestimmungen des jeweiligen Landes kann in ihm ein Bildungsstand bestätigt werden, der in seinen Berechtigungen dem Hauptschulabschluss entspricht; er kann auch einen dem Realschulabschluss gleichwertigen Abschluss einschließen.[67] In Verbindung mit dem Zeugnis über die Abschlussprüfung in der betrieblichen Ausbildung (Facharbeiter- bzw. Gesellenbrief) berechtigt der Berufsschulabschluss zum Besuch der Fachschule.

Der Berufsschulpflicht unterliegen auch Jugendliche, die in einem Arbeitsverhältnis stehen, sowie arbeitslose Jugendliche. Zur Berufsschulpflicht TZ 17.3.

3.522 In zunehmendem Maße wird die Möglichkeit eröffnet, das Berufsgrundbildungsjahr in vollzeitschulischer Form an der Berufsschule (*Berufsgrundschuljahr*) zu absolvieren.[68] Das Berufsgrundschuljahr, das auf die Ausbildungszeit voll angerechnet wird und dem sich die Stufe der Fachbildung anschließt, zielt darauf ab, allgemeine fachtheoretische und fachpraktische Lerninhalte auf dem Gebiet des Berufsfeldes zu vermitteln. In den meisten Ländern besteht für Jugendliche ohne Ausbildungsplatz die Möglichkeit,

---

65 Berufsbildungsgesetz und Handwerksordnung schreiben vor, dass Jugendliche unter 18 Jahren grundsätzlich nur in anerkannten Ausbildungsberufen ausgebildet werden dürfen (§ 4 Abs. 3 BBiG, § 25 Abs. 3 HandwO). Die Ausbildung richtet sich nach Ausbildungsordnungen, die das Bundesministerium für Wirtschaft und Technologie oder das sonst zuständige Fachministerium im Einvernehmen mit dem Bundesministerium für Bildung und Forschung als Rechtsverordnung erlässt (§ 4 Abs. 1 BBiG, § 25 Abs. 3 HandwO). Dazu Ben *Behmenburg*, Kompetenzverteilung bei der Berufsausbildung, Berlin 2003.

66 Berufsfelder sind u.a.: Wirtschaft und Verwaltung, Metalltechnik, Elektrotechnik, Bautechnik, Textiltechnik und Bekleidung, Drucktechnik, Ernährung und Hauswirtschaft. Zum Berufsfeld Elektrotechnik gehören beispielsweise folgende Ausbildungsberufe: Elektromechaniker, Elektroniker Fachrichtung Automatisierungstechnik, Elektroniker Fachrichtung Energie- und Gebäudetechnik, Elektroniker Fachrichtung Informations- und Telekommunikationstechnik, Elektroniker für Maschinen- und Antriebstechnik sowie Systemelektroniker.

67 Der Bildungsbericht 2006, S. 74 ff. konstatierte, dass im Zuge einer sich ausbreitenden Entkopplung von Schulabschluss und Schulart allgemeinbildende Schulabschlüsse zunehmend in der beruflichen Bildung erworben werden; diese Tendenz setzt sich fort (Bildungsbericht 2008, S. 88; Bildungsbericht 2010, S. 90; Bildungsbericht 2012, S. 96; Bildungsbericht 2014, S. 93 f.).

68 Ziff. 1.3 der KMK-Rahmenvereinbarung über die Berufsschule (Fn. 63) sieht die Aufgabe der Berufsschule u.a. darin, ein die Berufsausbildung vorbereitendes Bildungsangebot bereitzustellen, das schließt das Angebot des Berufsbildungsjahrs ein. Die frühere KMK-Rahmenvereinbarung über das Berufsgrundbildungsjahr vom 19.5.1978 ist weggefallen (s. Ziff. 11 der KMK-Rahmenvereinbarung über die Berufsschule).

verschiedentlich sogar die Pflicht zum Besuch eines einjährigen Vollzeitschuljahres an der Berufsschule (sogenanntes *Berufsvorbereitungsjahr*).

3.523 Die *Berufsfachschule*[69] ist in ihrer Regelform eine Vollzeitschule, an der die Jugendlichen eine berufliche Grundbildung, eine auf die nachfolgende Ausbildung anrechenbare berufliche Teilqualifikation oder eine volle Berufsqualifikation erwerben können. Für die Zulassung sind weder Berufsausbildung noch Berufserfahrung erforderlich. Der Schulbesuch dauert je nach Art des Bildungsgangs ein bis drei Jahre. Die Berufsfachschule eröffnet die Möglichkeit der nachträglichen Erteilung eines Abschlusses der Sekundarstufe I.

Folgende Bildungsgänge der Berufsfachschule sind zu unterscheiden:
- Bildungsgänge, die eine berufliche Grundbildung vermitteln, ohne dass der erfolgreiche Besuch der Schule auf die Ausbildungszeit in anerkannten Ausbildungsberufen angerechnet wird (Dauer: ein oder zwei Jahre);
- Bildungsgänge, die auf eine nachfolgende Ausbildung in einem anerkannten Ausbildungsberuf vorbereiten und deren Besuch auf die Dauer der Berufsausbildung im dualen System angerechnet wird, z.B. Handelsschulen, Wirtschaftsschulen (Dauer: ein oder zwei Jahre);
- Bildungsgänge, die zu einem Abschluss in einem anerkannten Ausbildungsberuf führen, z.B. Schulen für Maschinenbau, Glas, Schmuck, Fotografie (Dauer: entsprechend dem Zeitraum der Ausbildung im dualen System)[70];
- Bildungsgänge, die zu einer nur an Schulen erreichbaren Berufsqualifikation führen, z.B. Berufsfachschulen für Fremdsprachenkorrespondenten, Designer, Informatiker, Medienassistenten (Dauer: in der Regel drei Jahre).

Eine *besondere Rechtsstellung* unter den Berufsfachschulen nehmen die *Schulen des Gesundheitswesens* ein. Zu nennen sind in diesem Zusammenhang vor allem Altenpflegeschulen, Krankenpflegeschulen, Hebammenschulen, Schulen für medizinisch-technische Berufe (MTA-Schulen) und Diätassistentenschulen. Es handelt sich ganz überwiegend um Privatschulen, die zumeist Krankenhäusern angegliedert sind. Die Besonderheit dieser Schulen besteht darin, dass ihre *gesetzliche Grundlage nicht auf Landes-, sondern auf Bundesrecht beruht*: Gemäß Art. 72 Abs. 1, 74 Abs. 1 Nr. 19 GG hat der Bund die konkurrierende Gesetzgebungszuständigkeit für die Regelung der Zulassung zu (ärztlichen und anderen) Heilberufen; damit steht ihm auch das Recht zu, die Voraussetzungen für die Zulassung, nämlich die Ausbildung zu den Berufen, festzulegen.[71] Von dieser Befugnis hat der Bund im Rahmen der von ihm erlassenen Gesetze zu den nichtakademischen Gesundheitsberufen Gebrauch gemacht, u.a. durch das Altenpflegegesetz, das Krankenpflegegesetz, das Hebammengesetz, das MTA-Gesetz und das Gesetz über den Beruf der Diätassistentin und des Diätassistenten. Danach dauert die Ausbildung grundsätzlich drei Jahre. Sie besteht aus theoretischem und praktischem Unterricht und einer prak-

69 Dazu KMK-Rahmenvereinbarung über die Berufsfachschulen vom 17.10.2013 (KMK-BeschlS. Nr. 401).

70 S. auch § 28 Abs. 2 BbgSchulG, wonach im Benehmen mit dem Landesausschuss für Berufsbildung Bildungsgänge an Berufsfachschulen eingerichtet werden können, die in schulischer Form zu Berufsabschlüssen nach dem Berufsbildungsgesetz oder der Handwerksordnung führen. Vgl. auch § 43 Abs. 3 BBiG, § 36 Abs. 2 HandwO; nach diesen Vorschriften ist zur Abschlussprüfung bzw. zur Gesellenprüfung zuzulassen, wer in einer berufsbildenden Schule oder einer sonstigen Berufsbildungseinrichtung ausgebildet worden ist, sofern diese Ausbildung der Berufsausbildung in einem anerkannten Ausbildungsberuf entspricht. Dazu auch *Avenarius/Rux*, Rechtsprobleme der Berufsausbildung (Fn. 62), S. 58 ff.

71 BVerfG, Urt. vom 24.10.2002, E 106, 62 (104 ff.). Der Grundsatz der Kulturhoheit der Länder (TZ 2.1) bedeutet also nicht, dass es dem Bund ganz und gar verwehrt wäre, fachgesetzliche Bestimmungen zu erlassen, die sich auf das Schulwesen beziehen; dazu *Avenarius/Rux* (Fn. 62), S. 32 ff.

tischen Ausbildung in außerschulischen Einrichtungen; die Gesamtverantwortung für die Ausbildung trägt die Schule. Die Ausbildung zum Altenpflege- und zum Krankenpflegeberuf kann auch in Teilzeitform durchgeführt werden und erstreckt sich in diesem Fall auf bis zu fünf Jahre. Der Zugang zur Ausbildung setzt den Realschulabschluss oder eine andere gleichwertige Schulbildung sowie gesundheitliche Berufseignung voraus.[72] Eine staatliche Prüfung, die aus einem schriftlichen, einem mündlichen und einem praktischen Teil besteht, schließt die Ausbildung ab. Die Schulen des Gesundheitswesens bedürfen der *staatlichen Anerkennung*.[73] Die Anerkennung fällt in die Zuständigkeit der Landesbehörden, denen gemäß Art. 83 f. GG auch im Übrigen die Ausführung der die Schulen des Gesundheitswesens betreffenden bundesrechtlichen Vorschriften obliegt; sie haben insbesondere darüber zu wachen, dass die Schulen die ihnen durch Bundesgesetz auferlegten Qualitätsstandards einhalten.[74]

3.524 Die *Berufsaufbauschule* vermittelt eine über das Ziel der Berufsschule hinausgehende allgemeine und fachtheoretische Bildung und führt zur Fachschulreife, die den Nachweis des Realschulabschlusses einschließt. Nachdem die Schülerzahlen an den Berufsaufbauschulen – vor allem wegen der zahlreichen neu eröffneten Möglichkeiten, den Realschulabschluss zu erwerben – immer mehr gesunken waren, haben die meisten Länder diese Schulart abgeschafft. Heute ist sie nur noch im Bremischen Schulgesetz (§ 27) geregelt.

3.525 Die *Fachschule*[75] ist eine Einrichtung der beruflichen Weiterbildung. Ihre Bildungsgänge schließen an eine berufliche Erstausbildung und an Berufserfahrungen an. Die Fachschule qualifiziert für die Übernahme von Führungsaufgaben der mittleren Ebene und fördert die Bereitschaft zur beruflichen Selbständigkeit. Der Ausbildungsgang dauert je nach Berufsziel und Berufsart unterschiedlich lang. Er umfasst bei Vollzeitunterricht in der Regel mindestens ein Jahr, bei Teilzeitunterricht einen entsprechend längeren Zeitraum. In Verbindung mit dem Abschluss der Fachschule kann die Fachhochschulreife erworben werden.[76]

Fachschulen gibt es für folgende Fachbereiche:
- Fachschulen für *Agrarwirtschaft* (Fachrichtungen: Gartenbau, Landwirtschaft, Milch- und Molkereiwirtschaft, Weinbau, Forstwirtschaft u.a.; Berufsbezeichnung: staatlich geprüfter Agrarbetriebswirt);

72 Die Ausbildung zu einigen Gesundheitsberufen, u.a. zu den Altenpflege-, Krankenpflege- und Hebammenberufen, findet im Rahmen eines *Ausbildungsverhältnisses* statt, das durch einen schriftlichen Ausbildungsvertrag zwischen dem Träger der Ausbildung (der häufig mit dem Schulträger identisch ist) und der Schülerin bzw. dem Schüler begründet wird. Der Träger der Ausbildung hat die Ausbildung so durchzuführen, dass das Ausbildungsziel in der vorgesehenen Zeit erreicht werden kann; Schülerin und Schüler müssen sich bemühen, die für die Erreichung des Ausbildungsziels erforderlichen Kompetenzen zu erwerben. Der Träger der Ausbildung hat den Schülerinnen und Schülern eine angemessene *Ausbildungsvergütung* zu gewähren.

73 § 5 Abs. 1 AltPflG, § 4 Abs. 2 und 3 KrPflG, § 6 Abs. 2 HebG, § 4 Satz 2 MTAG, § 4 Satz 2 DiätAssG. Die staatliche Anerkennung dieser Schulen ist nicht identisch mit der landesrechtlich geregelten staatlichen Anerkennung genehmigter privater Ersatzschulen (dazu TZ 15.65). Während Letztere den Ersatzschulen die Befugnis verleiht, ihren Schülerinnen und Schülern Leistungsnachweise (z.B. Abiturzeugnis) mit öffentlich-rechtlicher Wirkung zu erteilen, ist die staatliche Anerkennung einer Schule des Gesundheitswesens Bedingung für die Aufnahme ihrer Tätigkeit; sie ist zu erteilen, wenn die Schule für die Ausbildung zu dem jeweiligen Beruf geeignet ist.

74 S. etwa Niedersächsisches Gesetz über Schulen für Gesundheitsfachberufe und Einrichtungen für die praktische Ausbildung vom 22.11.2016 (GVBl. S. 250).

75 Dazu die KMK-Rahmenvereinbarung über Fachschulen vom 7.11.2002 i.d.F. vom 15.6.2015 (KMK-BeschlS. Nr. 430).

76 KMK-Vereinbarung über den Erwerb der Fachhochschulreife in beruflichen Bildungsgängen i.d.F. vom 9.3.2001 (KMK-BeschlS. Nr. 469.1).

- Fachschulen für *Gestaltung* (Fachrichtungen: Design und visuelle Kommunikation, Farbtechnik und Raumgestaltung, Produktdesign, Werbe- und Mediengestaltung u.a.; Berufsbezeichnung: staatlich geprüfter Gestalter);
- Fachschulen für *Technik* (Fachrichtungen: Abfall-, Bio-, Lebensmittel-, Reinigungs- und Hygiene-, Sanitär-, Kraftfahrzeugtechnik u.a.; Berufsbezeichnung: staatlich geprüfter Techniker);
- Fachschulen für *Wirtschaft* (Fachrichtungen: Marketing, Logistik, Informationsmanagement, Tourismus, Hotel- und Gaststättengewerbe; Berufsbezeichnung: staatlich geprüfter Betriebswirt);
- Fachschulen für *Sozialwesen* (Fachrichtungen: Sozialpädagogik, Heilpädagogik; Berufsbezeichnung: staatlich anerkannter Erzieher, staatlich anerkannter Heilpädagoge).

Die Dauer des Unterrichts beträgt in den Fachbereichen Agrarwirtschaft, Gestaltung, Technik und Wirtschaft insgesamt 2.400 Stunden, in der Fachrichtung Heilpädagogik des Fachbereichs Sozialwesen 1.200 Stunden.

3.526 Mehrere Länder haben die berufsqualifizierenden Bildungsgänge *zu einer organisatorischen Einheit zusammengefasst*: in Berlin zum Oberstufenzentrum, in Mecklenburg-Vorpommern zur Beruflichen Schule, in Nordrhein-Westfalen zum Berufskolleg, im Saarland zum Berufsbildungszentrum.[77]

3.6 Schulen für Schülerinnen und Schüler mit sonderpädagogischem Förderbedarf: Von der Separation zur Inklusion

3.61 Neue Ansätze der sonderpädagogischen Förderung

3.611 Noch zu Beginn der 90er Jahre des vorigen Jahrhunderts war die sonderpädagogische Förderung behinderter Schülerinnen und Schüler ausschließlich den sogenannten Sonderschulen zur Aufgabe gestellt; nach den übereinstimmenden schulgesetzlichen Vorschriften der Länder dienten sie der Unterrichtung und der Erziehung von Kindern und Jugendlichen, deren Förderung in einer allgemeinen Schule nicht ausreichend gewährleistet werden konnte.[78] Diese Schulen – hernach in den meisten Ländern als Förderschulen bezeichnet – waren entsprechend dem Förderbedarf der Schülerinnen und Schüler in ihrer Arbeit auf die Förderschwerpunkte Lern- und Leistungsverhalten, Sprache, emotionale und soziale Entwicklung, geistige Entwicklung, körperliche und motorische Entwicklung, Hören, Sehen ausgerichtet.[79] Sie bildeten in ihren unterschiedlichen Ausprägungen eine eigene Schulart, häufig mit Heimen verbunden oder in Heimen eingerichtet. Nach den gesetzlichen Regelungen der meisten Länder führten sie zu den Bildungszielen der allgemeinen Schulen. Auf eine teilweise lange Tradition gehen überregionale Bildungseinrichtungen für hörgeschädigte sowie blinde und sehbehinderte Schülerinnen und Schüler zurück, die unter bestimmten Voraussetzungen den Erwerb höherer Abschlüsse (u.a. Realschulabschluss, Abitur) ermöglichen: einerseits die Samuel-Heinicke-Schule (Sächsische Landesschule für Hörgeschädigte) in Leipzig und die Schule am Sommerhoffpark (Schule für Hörgeschädigte) in Frankfurt am Main, andererseits die Deutsche Blindenanstalt (Carl-Strehl-Schule) in Marburg. In einigen Ländern gab und gibt es für behinderte Schülerinnen und Schüler Berufsschulen oder

77 § 35 Abs. 1 bln SchulG, § 29 SchulG M-V, § 22 nrw SchulG, § 3b Abs. 5 saarl SchulG.
78 Vgl. Rolf *Werning*/Helmut *Reiser*, Sonderpädagogische Förderung, in: MPI-Bildungsbericht, S. 505.
79 Zu den verschiedenen Formen der Förderschule (Sonderschule) hatte die KMK mehrere ins Einzelne gehende Empfehlungen verabschiedet (KMK-BeschlS. Nr. 302 bis 315).

besondere Berufsschulklassen und Berufsfachschulen; soweit die fachpraktische Ausbildung nicht in einem Betrieb ermöglicht werden kann, findet sie in Berufsbildungswerken oder ähnlichen Einrichtungen statt.

3.612 Im Interesse der gesellschaftlichen Integration behinderter Menschen wurde schon vor längerer Zeit gefordert, *behinderte Schülerinnen und Schüler möglichst gemeinsam mit nichtbehinderten Schülerinnen und Schülern in den allgemeinen Schulen (Regelschulen) zu unterrichten.* So hatte sich etwa die Bildungskommission des Deutschen Bildungsrates bereits 1973 gegen die Überweisung behinderter und von Behinderung bedrohter Kinder und Jugendlicher an Sonderschulen ausgesprochen und stattdessen empfohlen, behinderte und nichtbehinderte Schüler soweit wie möglich gemeinsam zu unterrichten.[80] Auch die Kultusministerkonferenz plädierte in ihren „Empfehlungen zur sonderpädagogischen Förderung in den Schulen der Bundesrepublik Deutschland" vom 6.5.1994[81] dafür, die Bildung behinderter junger Menschen verstärkt als gemeinsame Aufgabe grundsätzlich aller Schulen anzustreben. Kinder und Jugendliche mit sonderpädagogischem Förderbedarf könnten allgemeine Schulen besuchen, wenn dort die notwendige sonderpädagogische Förderung und auch sächliche Unterstützung sowie die räumlichen Voraussetzungen gewährleistet seien; die Förderung aller Schülerinnen und Schüler müsse sichergestellt sein.[82]

3.62 Verfassungsrechtliche und völkerrechtliche Maßgaben

3.621 In *verfassungsrechtlicher* Hinsicht hatte die Grundgesetzänderung vom 27.10.1994[83] erhebliche Bedeutung für die Ausgestaltung der sonderpädagogischen Förderung im deutschen Schulwesen. Damals wurde Art. 3 Abs. 3 GG um einen zweiten Satz ergänzt, wonach niemand wegen seiner Behinderung benachteiligt werden darf. Die Neuregelung unterscheidet sich von den Diskriminierungsverboten des Art. 3 Abs. 3 Satz 1 GG schon im Wortlaut dadurch, dass sie kein Bevorzugungsverbot enthält; auf diese Weise lässt sie den Schutzzweck, die Stellung behinderter Menschen in Recht und Gesellschaft zu stärken, deutlich hervortreten.[84] In diesem Zusammenhang ist vor allem der *Beschluss des Bundesverfassungsgerichts vom 8.10.1997* hervorzuheben.[85] Darin hat das Gericht klargestellt, dass den Staat eine besondere Verantwortung für die Bildung und Erziehung behinderter Kinder und Jugendlicher trifft. Diese ergebe sich nicht nur aus dem Recht des Schülers auf möglichst ungehinderte Entfaltung seiner Persönlichkeit (Art. 2 Abs. 1 GG) und dem elterlichen Erziehungsrecht (Art. 6 Abs. 2 GG), das dem Erziehungsauftrag des Staates nach Art. 7 Abs. 1 GG gleichgeordnet sei, sondern insbesondere auch aus der Ergänzung des Art. 3 Abs. 3 Satz 2 GG. Der Staat sei nicht nur grundsätzlich gehalten, für behinderte Kinder und Jugendliche schulische Einrichtungen bereitzustellen, die auch ihnen eine sachgerechte Erziehung, Bildung und Ausbildung ermöglichen. Darüber hinaus lasse sich *ein genereller Ausschluss der Möglichkeit einer gemeinsamen Erziehung und Unterrichtung von behinderten Schülern mit nichtbehinderten verfassungsrechtlich nicht rechtfertigen.* Zugleich hat das Bundesverfassungsgericht aber unter Verweis auf seine frühere Rechtsprechung betont, dass der Staat seine Aufgabe, ein begabungsgerechtes Schulsystem bereitzustellen, von vornherein *nur im Rahmen seiner finanziellen und organisatorischen Möglichkeiten* erfüllen könne;

---

80 *Deutscher Bildungsrat*, Empfehlungen der Bildungskommission: Zur pädagogischen Förderung behinderter und von Behinderung bedrohter Kinder und Jugendlicher, Bonn 1973.
81 KMK-BeschlS. Nr. 301, Abschnitt I.
82 Abschnitt III Nr. 3.2.
83 BGBl. I S. 3146.
84 Werner *Heun*, in Dreier, Grundgesetz. Kommentar, Art. 3 Rn. 134.
85 BVerfGE 96, 288 (303 ff.).

dies erkläre sich daraus, dass der Gesetzgeber bei seinen Entscheidungen auch andere Gemeinschaftsbelange berücksichtigen und imstande sein müsse, die nur begrenzt verfügbaren öffentlichen Mittel für solche anderen Belange einzusetzen, wenn er dies für erforderlich halte. Daher sei es von Verfassungs wegen nicht zu beanstanden, wenn der Gesetzgeber die zielgleiche wie die zieldifferente integrative Erziehung und Unterrichtung unter den Vorbehalt des organisatorisch, personell und von den sächlichen Voraussetzungen her Möglichen stelle und am Fortbestand der Sonderschule (Förderschule) als eigenständiger Schulform im gegliederten Schulwesen festhalte. Ein *Einschätzungsspielraum des Gesetzgebers* sowie der Vorbehalt des tatsächlich Machbaren und finanziell Möglichen bestünden *auch bezüglich der Ausgestaltung des Integrationskonzepts*. Der Gesetzgeber sei nicht verpflichtet, alle Formen integrativer Beschulung – d.h. zielgleiche, zieldifferente und beide Arten verbindende Unterrichtsmethoden – bereitzuhalten. Im Rahmen seiner Entscheidungsfreiheit könne er vielmehr von der Einführung solcher Integrationsformen absehen, deren Verwirklichung ihm aus pädagogischen, aber auch aus organisatorischen, personellen und finanziellen Gründen nicht vertretbar erscheine. Voraussetzung dafür sei, dass die verbleibenden Möglichkeiten einer integrativen Erziehung und Unterrichtung den Belangen behinderter Kinder und Jugendlicher ausreichend Rechnung trügen.

3.622 Das Schulrecht der deutschen Länder mit seinen Regelungen zur sonderpädagogischen Förderung muss überdies den *völkerrechtlichen Verpflichtungen* entsprechen, welche die Bundesrepublik Deutschland durch die Ratifizierung des Übereinkommens der Vereinten Nationen vom 13.12.2006 über die Rechte von Menschen mit Behinderungen eingegangen ist. Die *Behindertenrechtskonvention* (BRK) ist nach Verabschiedung des Ratifikationsgesetzes durch Bundestag und Bundesrat im Dezember 2008 am 1.1.2009 in innerstaatliches Recht, d.h. in Bundesrecht transformiert worden[86] und für Deutschland gemäß Art. 45 Abs. 2 BRK 30 Tage nach Hinterlegung der Vertragsurkunde, also am 26.3.2009, völkerrechtlich in Kraft getreten (dazu näher TZ 2.524). Das Abkommen geht über die vom Bundesverfassungsgericht als verfassungsrechtlich geboten erachtete Öffnung des Schulwesens für eine integrative Unterrichtung behinderter Schülerinnen und Schüler erheblich hinaus.[87]

Die für die sonderpädagogische Förderung wichtigsten Vorschriften sind in Art. 24 BRK enthalten. Nach dessen Absatz 1 erkennen die Vertragsstaaten das Recht von Menschen

86 BGBl. 2008 II S. 1419.

87 Grundlegend zur BRK: Ralf *Poscher*/Johannes *Rux*/Thomas *Langer*, Von der Integration zur Inklusion. Das Recht auf Bildung aus der Behindertenrechtskonvention der Vereinten Nationen und seine innerstaatliche Umsetzung, Baden-Baden 2008. Ferner: Valentin *Aichele*, Die UN-Behindertenrechtskonvention und ihr Fakultativprotokoll. Ein Beitrag zur Ratifikationsdebatte, Berlin 2008; Eibe *Riedel*, Zur Wirkung der internationalen Konvention über die Rechte von Menschen mit Behinderung und ihres Fakultativprotokolls auf das deutsche Schulsystem, Mannheim/Genf 2010; Wolfram *Höfling*, Rechtsfragen zur Umsetzung der Inklusion im Schulbereich. Gutachten im Auftrag des Städtetages Nordrhein-Westfalen, Köln 2012. Vgl. ferner Theresia *Degener*, Das Recht auf inklusive Bildung als Menschenrecht, KJ 2012, 405; *dies*., Die UN-Behindertenrechtskonvention, RdJB 2009, 200; Angela *Faber*/Verena *Roth*, Die Umsetzung der UN-Behindertenrechtskonvention durch die Schulgesetzgebung der Länder, DVBl. 2010, 1193; Markus *Krajewski*, Ein Menschenrecht auf integrativen Schulunterricht. Zur innerstaatlichen Wirkung von Art. 24 der UN-Behindertenkonvention, JZ 2010, 120; Markus *Winkler*, Inklusiver Unterricht mit behinderten Schülerinnen und Schülern: Wer muss das bezahlen?, NWVBl. 2011, 409; Jochen *von Bernstorff*, Anmerkungen zur innerstaatlichen Anwendbarkeit ratifizierter Menschenrechtsverträge: Welche Rechtswirkungen erzeugt das Menschenrecht auf inklusive Schulbildung aus der UN-Behindertenrechtskonvention im deutschen Sozial- und Bildungsrecht?, RdJB 2011, 203; Angelika *Siehr*/Michael *Wrase*, Das Recht auf inklusive Schulbildung als Strukturfrage des deutschen Schulrechts – Anforderungen aus Art. 24 BRK und Art. 3 Abs. 2 S. 2 GG, RdJB 2014, 161; Werner *van den Hövel*, Inklusion statt Integration: Zur Umsetzung von Artikel 24 der VN-Behindertenrechtskonvention in Nordrhein-Westfalen, RdJB 2014, 183.

mit Behinderungen auf Bildung an (Satz 1). Um dieses Recht ohne Diskriminierung und auf der Grundlage der Chancengleichheit zu verwirklichen, gewährleisten sie ein *inklusives Bildungssystem* auf allen Ebenen und lebenslanges Lernen (Satz 2).[88] Das Inklusionskonzept geht über eine zielgleiche integrative Erziehung, die die meisten behinderten Schülerinnen und Schüler überfordern würde, hinaus, indem es einen lernzieldifferenten Unterricht voraussetzt, bei dem das von den behinderten Kindern und Jugendlichen geforderte Leistungsniveau ihrer Leistungsfähigkeit angepasst ist.

Die Vertragsstaaten stellen sicher, dass Kinder mit Behinderungen nicht aufgrund ihrer Behinderung vom unentgeltlichen und obligatorischen Grundschulunterricht oder vom Besuch weiterführender Schulen ausgeschlossen werden (Art. 24 Abs. 2 Buchstabe a) und dass sie gleichberechtigt mit anderen in der Gemeinschaft, in der sie leben, Zugang zu einem inklusiven, hochwertigen und unentgeltlichen Unterricht an Grundschulen und weiterführenden Schulen haben (Art. 24 Abs. 2 Buchstabe b).

Inklusives Schulsystem heißt allerdings nicht Einheitsschule. Art. 24 BRK regelt (nur) die Rechtsstellung von Menschen mit Behinderungen im jeweils vorhandenen Bildungswesen. Dem Abkommen lässt sich keine Verpflichtung auf ein bestimmtes Schulsystem entnehmen. Im Rahmen eines gegliederten Schulwesens bezieht sich aber die Inklusionsverpflichtung auf alle Schularten.[89]

Die bildungsrechtlichen Vorschriften der BRK gelten, wie die Konvention insgesamt, im Rang eines einfachen Bundesgesetzes. Eine unmittelbare Anwendbarkeit kommt ihnen mangels Bestimmtheit nicht zu.[90] Der Bund selbst kann sie seinerseits nicht in vollzugsfähige schulrechtliche Normen umformen, da ihm hierfür die Zuständigkeit fehlt. Die Gesetzgebungs- und Verwaltungszuständigkeiten in Schulangelegenheiten sind gemäß Art. 30 und Art. 70 ff. GG den Ländern zugewiesen. Nur die Länder vermögen daher die das Schulwesen betreffenden Bestimmungen der Konvention in ihr jeweiliges Landesrecht umzusetzen[91]; zu einer solchen Umsetzung, also zu einer inhaltlichen Anpassung ihres Schulrechts an die bildungsrelevanten Konventionsvorschriften, sind sie nach dem Grundsatz der Bundestreue verpflichtet.[92] Erst dann, wenn ein Land diesen Schritt vollzogen hat, können behinderte Schülerinnen und Schüler wie auch deren Eltern die durch die Konvention gewährleisteten Leistungsrechte geltend machen.

Dem Abkommen liegt die Zielvorstellung einer fast vollständigen Inklusion von Schülerinnen und Schülern mit Behinderungen in der allgemeinen Schule zugrunde; sie beruht auf der Annahme, dass 80 bis 90 Prozent aller Kinder mit sonderpädagogischem För-

---

88 Die zwischen Deutschland, Liechtenstein, Österreich und der Schweiz abgestimmte amtliche deutsche Übersetzung verwendet den Begriff „integratives Bildungssystem". Diese Formulierung entspricht nicht der in der völkerrechtlich verbindlichen englischen Fassung der BRK verwendeten Bezeichnung „inclusive education system". Der in der deutschen Fassung verwendete Begriff des „integrativen Bildungssystems" ist daher im Sinn eines „inklusiven Bildungssystems" zu verstehen. So auch *Poscher/Rux/Langer* (Fn. 87), S. 22 ff.; vgl. auch *Faber/Roth* (Fn. 87), S. 1195.

89 Poscher/Rux/Langer (Fn. 87), S. 29, 118.

90 So die wohl h.M. in Rspr. und Schrifttum. S. etwa VGH Kassel, NVwZ-RR 2010, 602; ebenso OVG Lüneburg, Beschl. v. 16.9.2010, – ME 278/10 (juris); *Krajewsk* (Fn. 87), S. 123 f.; *Winkler* (Fn. 87), S. 409 f.; *Faber/Roth* (Fn. 87), S. 1196; *Höfling* (Fn. 87), S. 38 f. Dagegen halten die BRK für unmittelbar anwendbar: *von Bernstorff* (Fn. 87), 209 ff.; *Siehr/Wrase* (Fn. 87), S. 172 ff.; vgl. auch *Riedel* (Fn. 87), S. 7 ff.

91 VGH Kassel, NVwZ-RR 2010, 605; BVerwG, Beschl. v. 18.1.2010, – 6 B 52/09 (juris); *Krajewski* (Fn. 87), S. 120; *Winkler* (Fn. 87), S 409 f.; *Faber/Roth (Fn. 87), S.* 1195 f.

92 Wie *Faber/Roth* (Fn. 87), S. 1196, zu Recht betonen, hat der Bund darauf hinzuwirken und notfalls auch dafür einzustehen, dass die BRK durch die Bundesländer, soweit deren Gesetzgebungszuständigkeiten betroffen sind, korrekt ins jeweilige Landesrecht transformiert wird.

derbedarf in der allgemeinen Schule unterrichtet werden können.[93] Doch verpflichtet Art. 24 Abs. 1 Satz 2 BRK die Vertragsstaaten nicht zur generellen Abschaffung von Förderschulen.[94]

Was die zeitliche Perspektive für die Einführung eines inklusiven Schulsystems angeht, so ist Art. 4 Abs. 2 BRK zu beachten. Nach dieser Bestimmung verpflichtet sich jeder Vertragsstaat, hinsichtlich der wirtschaftlichen, sozialen und kulturellen Rechte unter Ausschöpfung seiner verfügbaren Mittel und erforderlichenfalls im Rahmen der internationalen Zusammenarbeit Maßnahmen zu treffen, um „nach und nach" die volle Verwirklichung dieser Rechte zu erreichen, unbeschadet derjenigen Verpflichtungen aus diesem Übereinkommen, die nach dem Völkerrecht sofort anwendbar sind. Da die bildungsrechtlichen Verpflichtungen der Vertragsstaaten aus Art. 24 BRK sich auf kulturelle Rechte beziehen, müssen die Länder die Errichtung eines inklusiven Bildungssystems demnach nur schrittweise umsetzen. Nun sind allerdings seit dem Inkrafttreten der BRK im März 2009 neun Jahre vergangen. Der den Ländern für die Umstellung ihres Schulwesens nach Maßgabe des Inklusionskonzepts eingeräumte Zeitraum dürfte daher abgelaufen sein.[95]

3.63 Die neuen Regelungen zur sonderpädagogischen Förderung in den Schulgesetzen der Länder

3.631 Geht man mit der überwiegenden Auffassung in der rechtswissenschaftlichen Literatur davon aus, dass die Normen der BRK nicht unmittelbar anwendbar sind (vgl. TZ 3.622), kommt es für die Rechtsstellung der Schülerinnen und Schüler mit sonderpädagogischem Förderbedarf sowie ihrer Eltern umso mehr darauf an, wie die Länder ihr Schulrecht den Normen der Konvention angepasst haben. Die hierzu erlassenen schulgesetzlichen Vorschriften weisen manche Gemeinsamkeit auf, lassen aber auch deutliche Unterschiede erkennen.[96]

---

93 Dazu mit eingehenden Nachweisen *Poscher//Rux/Langer* (Fn. 87), S. 27 ff.

94 *Poscher/Rux/Langer* (Fn. 87), S. 28.

95 Nach Art. 45 Abs. 2 BRK muss der Vertragsstaat innerhalb von zwei Jahren nach Inkrafttreten des Übereinkommens dem UN-Ausschuss für Rechte von Menschen mit Behinderungen einen umfassenden Bericht über die zur Erfüllung der Vertragsverpflichtungen getroffenen Maßnahmen vorlegen. Das legt den Schluss nahe, dass ein Zeitraum von zwei Jahren eröffnet ist, in dem die Verwirklichung der vertraglich vereinbarten Grundsätze in innerstaatliches Recht zu erfolgen hat. Die Umsetzungsfrist hätte demzufolge bereits am 26.3.2011 geendet. So der VGH Kassel, NVwZ-RR 2010, 602 (603).

96 Die folgenden gesetzlichen Bestimmungen zur sonderpädagogischen Förderung sind in diesem Zusammenhang relevant: Baden-Württemberg: §§ 15, 82 ff. SchG; Bayern: Art. 2 Abs. 2, 33, 36, 41 BayEUG; Berlin: §§ 36 ff. SchulG; Brandenburg: §§ 29 f., 39 Abs. 1 BbgSchulG; Bremen: §§ 3 Abs. 4, 22, 35, 70a; Hamburg: §§ 12, 19 HmbSG; Hessen: §§ 11 Abs. 3 Nr. 1 Buchst. h, 49 ff. HSchG; Mecklenburg-Vorpommern: §§ 34 ff. SchulG M-V; Niedersachsen: §§ 4, 5 Abs. 2 Nr. 1 Buchst. i, 14, 59 Abs. 1 Satz 1 NSchG; Nordrhein-Westfalen: §§ 2 Abs. 5, 19 f. SchulG; Rheinland-Pfalz: §§ 3 Abs. 5, 10 Abs. 10, 12, 14a, 59 Abs. 4 SchulG; Saarland: §§ 4, 4a SchoG, § 5 Abs. 4 SchPflG; Sachsen: § 4 Abs. 1 Nr. 1 Buchst. b, 4c, 13 SchulG; Sachsen-Anhalt: §§ 1 Abs. 3a, 3 Abs. 2 Nr. 1 Buchst. f, 8, 8a, 39 SchulG; Schleswig-Holstein: §§ 5 Abs. 2, 21 Abs. 2, 24, 45 SchulG; Thüringen: §§ 4 Abs. 1 Nr. 7 und Abs. 11, 53 Abs. 2 ThürSchulG, §§ 1 Abs. 2, 6 Abs. 1, 8 ThürFSG. – In Baden-Württemberg heißt die Förderschule sonderpädagogisches Bildungs- und Beratungszentrum, in Berlin Schule mit sonderpädagogischem Förderschwerpunkt, in Schleswig-Holstein Förderzentrum, in Hamburg Sonderschule. – Zu den rechtlichen Regelungen der Länder s. Werner *van den Hövel*, Schulen auf dem Weg zur Inklusion. Rechtliche Grundlagen der inklusiven Bildung und Erziehung in Nordrhein-Westfalen, Köln 2015; Sven *Mißling*/Oliver *Ückert*, Das Recht auf inklusive Bildung in der Schule. Stand der Umsetzung von Art. 24 UN-BRK in der deutschen Schulgesetzgebung nach fünf Jahren, RdJB 2015, 79.

Alle Länder haben ihre Schulgesetze in Richtung inklusiver Bildung novelliert und dabei die Inklusionsverpflichtung nicht auf bestimmte Schularten eingeschränkt.[97] Zugleich fällt auf, dass sie, mit Ausnahme Bremens, *an der Förderschule* mit den herkömmlichen Förderschwerpunkten[98] *festhalten*; sie haben sich mithin für eine *Pluralität der Lernorte* auf dem Gebiet der sonderpädagogischen Förderung entschieden. Ein radikaler Systemwechsel hat also in Deutschland bislang nicht stattgefunden.

In *Bremen* wird sonderpädagogische Förderung in den allgemeinen Schulen durch eingegliederte Zentren für unterstützende Pädagogik geleistet; ohnehin bleiben einige namentlich aufgeführte Schulen für Hörgeschädigte, Sehgeschädigte und für körperliche und motorische Entwicklung als Wahlangebot bestehen.

In *Hamburg, Niedersachsen, Nordrhein-Westfalen* und *Rheinland-Pfalz* haben Eltern von Schülerinnen und Schülern mit Behinderungen einen *Anspruch* darauf, ihr Kind *auf eine allgemeine Schule* zu schicken. Es steht ihnen jedoch frei, sich stattdessen für den Besuch einer Förderschule zu entscheiden.[99]

Auch in den meisten anderen Ländern haben die Eltern eines Kindes mit Behinderungen ein Wahlrecht; sie entscheiden darüber, ob es eine allgemeine Schule oder eine Förderschule besuchen soll. *Der Anspruch auf den Zugang zur allgemeinen Schule ist jedoch nicht vorbehaltlos gewährt*: Haben sich nämlich die Eltern für die allgemeine Schule entschieden, so ist gleichwohl die Förderschule zu besuchen, und zwar dann:
- wenn besonders gelagerte Einzelfälle vorliegen (*Baden-Württemberg*), der individuelle sonderpädagogische Förderbedarf an der allgemeinen Schule nicht hinreichend gedeckt werden kann und der Schüler dadurch in der Entwicklung gefährdet ist oder die Rechte von Mitgliedern der Schulgemeinschaft erheblich gefährdet (*Bayern*) oder wenn das Kindeswohl, insbesondere der Schutz der Gesundheit eines Schülers oder der Schutz anderer Schüler dies dringend erfordert und die Möglichkeiten der Förderung in der allgemeinen Schule erschöpft sind (*Saarland*);
- wenn in der allgemeinen Schule die für eine angemessene Förderung notwendigen personellen, sächlichen und organisatorischen Möglichkeiten fehlen; ein solcher Ressourcenvorbehalt gilt in *Berlin, Brandenburg, Hessen, Mecklenburg-Vorpommern, Sachsen-Anhalt* und *Schleswig-Holstein.*

Nach den in *Sachsen und Thüringen* maßgeblichen Bestimmungen haben die Eltern von Schülern mit Behinderungen bei der Frage, ob eine allgemeine Schule oder eine Förderschule besucht werden soll, *kein Wahlrecht*. In *Sachsen können* Schüler mit sonderpädagogischem Förderbedarf in allen Schulen unterrichtet werden, wenn dies unter Berücksichtigung der organisatorischen, personellen und sächlichen Voraussetzungen dem individuellen Förderbedarf des Schülers entspricht und soweit eine angemessene Förderung anderer Schüler nicht unerheblich beeinträchtigt wird. Die Schulaufsichtsbehörde berät die Eltern, in welcher Schule dem individuellen Förderbedarf des Schülers entsprochen werden kann; über die Aufnahme des Schülers entscheidet letztlich der Schulleiter. In *Thüringen* werden Schüler mit sonderpädagogischem Förderbedarf *soweit möglich* in der allgemeinen Schule unterrichtet. Können sie dort auch mit Unterstützung

97 Was beispielsweise zur Folge hat, dass auch die Gymnasien grundsätzlich verpflichtet sind, Schülerinnen und Schüler mit sonderpädagogischem Förderbedarf aufzunehmen.

98 Es handelt sich um die sieben Förderschwerpunkte Lernen, Sprache, Emotionale und soziale Entwicklung, Hören und Kommunikation, Sehen, Geistige Entwicklung, Körperliche und motorische Entwicklung. Mehrere Länder rechnen auch die Unterrichtung kranker Schülerinnen und Schüler der sonderpädagogischen Förderung zu.

99 In NRW kann die Schulaufsichtsbehörde allerdings *in besonderen Ausnahmefällen* abweichend von der Wahl der Eltern die allgemeine Schule anstelle der Förderschule oder die Förderschule anstelle der allgemeinen Schule bestimmen.

durch die Mobilen Sonderpädagogischen Dienste nicht oder nicht ausreichend gefördert werden, sind sie in Förderschulen zu unterrichten. Stimmen die Eltern einer Aufnahme in die Förderschule nicht zu, entscheidet eine Aufnahmekommission; sofern die Eltern widersprechen, entscheidet das staatliche Schulamt.

Die meisten Schulgesetze stellen ausdrücklich klar, dass für die inklusive Schule das *Prinzip des lernzieldifferenten Unterrichts* maßgeblich ist, dass also die für Schüler mit sonderpädagogischem Förderbedarf maßgeblichen Bildungsziele und Leistungsanforderungen von denen der besuchten Schule abweichen können.[100] Einige Länder sehen vor, dass *gemeinsamer Unterricht* von Schülerinnen und Schülern mit und ohne sonderpädagogischen Förderbedarf auch *an einer Förderschule* stattfinden kann.[101]

3.632 Es bleibt *zu klären, ob die dargestellten Regelungen mit der Behindertenrechtskonvention in Einklang* stehen. Dabei geht es vor allem um die Frage, ob die in nahezu allen Ländern auf dem Gebiet der sonderpädagogischen Förderung vorgesehene *Pluralität der Lernorte*, also das Nebeneinander von allgemeiner Schule und Förderschule, mit dem gemäß Art. 24 BRK zu gewährleistenden inklusiven Schulsystem zu vereinbaren ist.[102] Dies dürfte jedenfalls dann zu bejahen sein, wenn Eltern behinderter Schülerinnen und Schüler, wie es in Hamburg, Niedersachsen, Nordrhein-Westfalen und Rheinland-Pfalz der Fall ist, einen uneingeschränkten Anspruch darauf haben, ihr Kind auf die allgemeine Schule zu schicken. Ohnehin schließt die Behindertenrechtskonvention das Vorhandensein von Förderschulen nicht aus. Es kommt hinzu, dass nach ihrem Art. 7 Abs. 2 bei allen Maßnahmen, die Kinder mit Behinderungen betreffen, das Kindeswohl ein mit Vorrang zu berücksichtigender Gesichtspunkt ist, was in manchen Fällen für eine Unterrichtung in der Förderschule sprechen dürfte.[103]

Demgegenüber erscheint es problematisch, dass mehrere Länder den Eltern zwar das Recht einräumen, ihr behindertes Kind auf eine allgemeine Schule zu schicken, die Verwirklichung dieses Anspruchs im konkreten Fall aber an einen Organisations- und Ressourcenvorbehalt knüpfen[104] oder sogar von der Gewährung eines solchen Anspruchs absehen (Sachsen, Thüringen).

Aufbau und Unterhaltung eines inklusiven Schulsystems sind mit *erheblichen Kosten* verbunden. Länder und Kommunen werden auf Dauer kaum in der Lage sein, daneben

---

100 Z.B. § 15 Abs. 4 bw SchG, § 37 bln SchulG, § 4 Abs. 2 Satz 2 NSchG, § 20 Abs. 3 nrw SchulG, § 3 Abs. 5 Satz 3 rp SchulG.

101 Z.B. § 15 Abs. 5 bw SchulG, § 13 Abs. 1 Satz 2 sächs SchulG. Die Öffnung etwa von Förderschulen für Hörgeschädigte und Sehbehinderte für Nichtbehinderte dürfte nicht zuletzt deshalb sehr attraktiv sein, weil diese Schulen vorzüglich ausgestattet sind.

102 Entgegen der in Rechtsprechung und juristischem Schrifttum herrschenden Auffassung halten einige Autoren eine umfassende Umgestaltung des Schulwesens im Sinne einer „Schule für alle“ für geboten und wenden sich insbesondere gegen die Pluralität der Lernorte, die sich in der Parallelität von inklusiven Schulen und Förderschulen manifestiert. Dazu insbesondere Hans *Wocken*, Über die Entkernung der Behindertenrechtskonvention, Zeitschrift für Inklusion-online.net. http://www.inklusion-online.net/index.php/inklusion-online/article/view/80/80.

103 So auch *Höfling* (Fn. 87), S. 42 ff., der zutreffend darauf hinweist, dass nach Art. 24 Abs. 3 Buchstabe c BRK bei bestimmten Formen der Behinderung, z.B. für Blinde oder Gehörlose, wegen der Ausbildung spezifischer Fertigkeiten, wie etwa Blindenschrift, Gebärdensprache, ein separater Unterricht sogar geboten sein kann. – Von einigen Autoren wird allerdings die Auffassung vertreten, dass das Kindeswohl aus der Perspektive der BRK in erster Linie dazu diene, Kindern mit Behinderungen die Durchsetzung ihres Anspruchs auf gesellschaftliche Inklusion zu gewährleisten; es dürfe nicht als Schranke eben dieses Anspruchs herangezogen werden (so insbesondere *Riedel* [Fn. 87], S. 24). Diese Ansicht scheint in ihrer Rigorosität überzogen, zumal sie den Gesichtspunkt völlig ausblendet, dass behinderte Schüler das Zusammensein mit Kindern ohne Behinderungen nicht ausnahmslos als ein segensreiches Schicksal empfinden dürften.

104 Zur Frage der völkerrechtlichen Zulässigkeit eines Ressourcenvorbehalts vgl. *Riedel* (Fn. 87), S. 26 ff.

noch ein umfassendes Angebot an Förderschulen für sämtliche Förderschwerpunkte aufrechtzuerhalten.[105] Sie stoßen finanziell an ihre Grenzen. Eine Reduktion der für die sonderpädagogische Förderung verfügbaren Mittel darf allerdings wegen der durch die Behindertenrechtskonvention eingegangenen völkerrechtlichen Verpflichtungen nicht zu Lasten der schulischen Inklusion gehen. Länder und Kommunen werden also vermutlich nicht umhinkommen, bei den Förderschulen zu sparen, z.B. dadurch, dass sie einzelne Schulen oder auch eine Gesamtheit von Schulen für bestimmte Formen der Behinderung schließen.[106] Sie sind weder durch Grundgesetz noch durch Landesverfassung dazu verpflichtet, die vorhandenen Förderschulen aufrechtzuerhalten. Die Organisation des Schulwesens gehört zum Verantwortungsbereich des Staates; Eltern haben aufgrund des Elternrechts nach Art. 6 Abs. 2 GG keinen Anspruch darauf, dass der Staat eine an ihren Wünschen orientierte Schulart aufrechterhält (dazu ausführlich TZ 16.32).[107] Zum Zusammenwirken von Staat und kommunalen Schulträgern bei der Einführung eines inklusiven Schulwesens und zur Finanzierung der dabei entstehenden Kosten s. TZ 11.12.

3.633 Die Realität der sonderpädagogischen Förderung scheint von dem in den rechtlichen Regelungen der Länder betonten Vorrang der inklusiven Bildung noch nicht wesentlich beeinflusst zu sein. So besuchte im Schuljahr 2016/17 von den etwa 497.000 Schülerinnen und Schülern mit sonderpädagogischem Förderbedarf nach wie vor der Großteil (63,9%) eine Förderschule; allerdings haben sich sowohl die Anzahl als auch der Anteil der Schülerinnen und Schüler mit sonderpädagogischem Förderbedarf, die eine allgemeine Schule besuchen, seit dem Schuljahr 2000/01 verdreifacht.[108]

3.7 Ganztagsschule, Heimbetreuung für Schülerinnen und Schüler

Besondere Organisationsformen schulischer Bildung und Erziehung sind die Ganztagsschulen (TZ 3.71) und die verschiedenen Formen der Heimbetreuung für Schülerinnen und Schüler (TZ 3.72).

---

105 So auch *Faber/Roth* (Fn. 87), S. 1197, die die Frage aufwerfen, ob Länder und Kommunen es sich auf Dauer überhaupt leisten können, Parallelsysteme für sämtliche Förderschwerpunkte vorzuhalten.

106 Dafür plädieren etwa Klaus *Klemm*/Ulf *Preuss-Lausitz*, Auf dem Weg zur schulischen Inklusion in Nordrhein-Westfalen. Empfehlungen zur Umsetzung der UN-Behindertenrechtskonvention im Bereich der allgemeinen Schulen, Essen und Berlin 2011, S. 67 ff. Die Autoren empfehlen, die Förderschulangebote für die Förderschwerpunkte Lernen, Emotionale und soziale Entwicklung sowie Sprache konsequent auslaufen zu lassen; demgegenüber könnten die Förderschulen der Schwerpunkte Sehen, Hören und Kommunikation, Geistige Entwicklung sowie Körperliche und motorische Entwicklung weitergeführt werden.

107 S. dazu die Gegenposition von Hansgünter *Lang*, Das Bildungsangebot für Behinderte. Verfassungsrechtliche Anforderungen an das System der sonderpädagogischen Förderung. Eine Untersuchung auf der Grundlage der rechtlichen Regelungen und der schulischen Praxis im Saarland, Berlin 2017, insbes. S. 335 ff. Der Verf. vertritt die Auffassung, aus dem Bildungsanspruch des behinderten Kindes (Art. 2 Abs. 1 i.V.m. Art. 3 Abs. 3 Satz 1 GG) sowie dem Elternrecht (Art. 6 Abs. 2 Satz 1 GG) ergebe sich eine objektivrechtliche Verpflichtung des Staates, auch Förderschulen in zumutbarer Entfernung bereitzustellen. Er verkennt zwar nicht die Rspr. des BVerfG, nach der die organisatorische Gliederung des Schulwesens grundsätzlich zum Gestaltungsbereich des Staates gehört und die Eltern keinen Anspruch darauf haben, dass der Staat eine ihren Wünschen entsprechende Schulform zur Verfügung stellt, meint aber, dass der Staat nach derselben Rspr. ein Schulsystem bereitstellen müsse, das den verschiedenen Begabungsrichtungen Raum zur Entfaltung lasse. Eine ausschließlich integrativ/inklusive Unterrichtung behinderter Kinder werde diesem Differenzierungsgebot nicht gerecht.

108 *Statistisches Bundesamt*, Bildung und Kultur, Allgemeinbildende Schulen, Schuljahr 2016/2017, Fachserie 11. Reihe 1, Wiesbaden 2017, S. 227, 230.

3.71 Ganztagsschule

3.711 In den letzten Jahren hat die *Ganztagsschule*[109], in der die Schülerinnen und Schüler nicht nur unterrichtet, sondern auch durch außerunterrichtliche Angebote (z.B. Hausaufgabenbetreuung, Arbeitsgruppen, sportliche Aktivitäten, Computerkurse) betreut werden, erheblich an Bedeutung gewonnen; dabei können Unterricht und Betreuung jeweils auf Vormittage und Nachmittage verteilt werden. Die Ganztagsschule soll die Lern- und Persönlichkeitsentwicklung der Schülerinnen und Schüler fördern und dadurch die familiäre Erziehung ergänzen. Besonders wichtig erscheint eine Ganztagsbetreuung für leistungsschwächere Kinder und für Kinder mit Migrationshintergrund. Es war nicht zuletzt der durch die Ergebnisse der PISA-Studien ausgelöste Schock angesichts der unzureichenden Qualität und der hohen sozialen Selektivität des deutschen Schulwesens, der dazu beigetragen hat, den Ausbau von Ganztagsschulen mit ihrem bildungsfördernden Klima voranzutreiben. Hinzu kommt, dass sich die Ganztagsschule für Alleinerziehende und für Eltern, die beide berufstätig sind, als eine wichtige Hilfe erweist. Die Entwicklung der Ganztagsschule war nicht zuletzt aufgrund eines vom Bund im Jahre 2003 aufgelegten Investitionsprogramms erheblich vorangetrieben worden.[110] Über alle Schularten des Primar- und Sekundarbereichs I hinweg belief sich die Gesamtzahl der Schulen mit Ganztagsangebot 2014 auf ca. 16.500; das entspricht einer bundesweiten Ganztagsquote von 60%, bei allerdings erheblichen Unterschieden zwischen den Ländern. Am häufigsten sind Ganztagsangebote an Integrierten Gesamtschulen (86%), Schulen mit mehreren Bildungsgängen (78%) und Hauptschulen (70%); auffällig ist, dass Grundschulen mit einem Ganztagsanteil von 53% inzwischen den insgesamt niedrigsten Ausbaustand unter allen allgemeinbildenden Schularten haben.[111]

3.712 Die KMK *definiert* Ganztagsschulen als Schulen, die im Primarbereich und in der Sekundarstufe I an mindestens drei Tagen in der Woche ein ganztägiges Angebot von mindestens sieben Zeitstunden bereitstellen, die Schülerinnen und Schüler an den

109 *Sekretariat der Kultusministerkonferenz*, Allgemeinbildende Schulen in Ganztagsform in den Ländern in der Bundesrepublik Deutschland – Statistik 2011 bis 2015, Berlin 2017; *Kultusministerkonferenz*, Ganztagsschulen in Deutschland (Bericht der Kultusministerkonferenz vom 3.12.2015); Bildungsbericht 2016, S. 82 ff.; *Studie zur Entwicklung von Ganztagsschulen (StEG)*, Ganztagsschule: Bildungsqualität und Wirkungen außerunterrichtlicher Angebote. Ergebnisse der Studie zur Entwicklung von Ganztagsschulen 2012-2015, Frankfurt am Main u.a. 2015; Thomas *Coelen*/Ludwig *Stecher* (Hrsg.), Die Ganztagsschule: Eine Einführung, Weinheim 2014; Volker *Ladenthin*/Jürgen *Rekus* (Hrsg.), Die Ganztagsschule: Alltag, Reform, Geschichte Theorie, Weinheim 2005; Sebastian *Stark*, Ein blinder Fleck in der Ganztagsschulforschung? Unterschiedliche rechtliche Rahmenbedingungen für die Gestaltung schulischer Ganztagsangebote in den Ländern, RdJB 2013, 330.

110 Vor dem Inkrafttreten der Föderalismusreform am 1.9.2006 konnte der Bund gemäß Art. 104a Abs. 4 GG a.F. „den Ländern Finanzhilfen für besonders bedeutsame Investitionen der Länder und Gemeinden (Gemeindeverbände) gewähren, die zur Förderung des wirtschaftlichen Wachstums erforderlich sind." Auf dieser Grundlage hat er mit den Ländern am 5.12.2003 eine Verwaltungsvereinbarung über ein „Investitionsprogramm Zukunft Bildung und Betreuung 2003 bis 2007" zur Förderung der Errichtung von Ganztagsschulen abgeschlossen, dessen Laufzeit verlängert wurde. Danach stellte der Bund den Ländern bis Ende 2009 für den Bau und Ausbau von Ganztagsschulen Investitionsmittel in Höhe von insgesamt 4 Mrd. Euro bereit, um ein bedarfsgerechtes Angebot von Ganztagsschulen in ganz Deutschland zu schaffen. Künftig kann der Bund nach dem neuen Art. 104b Abs. 1 GG Finanzhilfen für besonders bedeutsame Investitionen der Länder und Gemeinden zur Förderung des wirtschaftlichen Wachstums nur noch gewähren, „soweit dieses Grundgesetz ihm Gesetzgebungsbefugnisse verleiht". Da der Bund im Schulwesen über keine legislativen Kompetenzen verfügt, wäre ihm auf diesem Gebiet eine finanzielle Einflussnahme nach Art des Investitionsprogramms zur Ganztagsschulförderung fortan verwehrt. Doch haben CDU, CSU und SPD im Koalitionsvertrag für die 18. Legislaturperiode vom 12.3.2018 vereinbart, die *Mittel für Bildung im Zusammenwirken von Bund und Ländern nochmals zu erhöhen*; in diesem Zusammenhang wird betont, dass *Ausbau und Qualität von Kitas und Ganztagsschulen* den Bildungserfolg der Kinder verbessern.

111 Bildungsbericht 2016, S. 82 f.

Tagen des Ganztagsschulbetriebs mit einem Mittagessen versorgen und bei denen die Ganztagsangebote unter der Aufsicht und Verantwortung der Schulleitung organisiert und in enger Kooperation mit ihr durchgeführt werden sowie in einem konzeptionellen Zusammenhang mit dem Unterricht stehen.[112]

Zwei Organisationsformen der Ganztagsschule lassen sich unterscheiden: die offene und die gebundene Ganztagsschule. Bei der *offenen Schule* ist zwar die Teilnahme an dem nach der Stundentafel zu erteilenden Unterricht, nicht aber die Teilnahme an den zusätzlichen Angeboten Pflicht. In *gebundenen Schulen* hingegen ist die Teilnahme am Ganztagsprogramm insgesamt verpflichtend. Dabei wird wiederum zwischen vollgebundenen und teilweise gebundenen Schulen unterschieden. *Vollgebunden* bedeutet, dass alle Schülerinnen und Schüler am Ganztagsbetrieb teilnehmen, während an den *teilweise gebundenen Schulen* nur einzelne Klassen oder Züge zur Mitwirkung verpflichtet sind.

3.713 *Die Einführung der Ganztagsschule* und damit der Abschied von der überkommenen Halbtagsschule bedeutet eine tiefgreifende Neuerung im deutschen Schulwesen, zumal sie die Grenze zwischen staatlicher Schulhoheit (Art. 7 Abs. 1 GG) einerseits, elterlichem Erziehungsrecht (Art. 6 Abs. 2 GG) und Kindesgrundrecht (Art. 2 Abs. 1 GG) andererseits zu Gunsten des Staates verschiebt. Sie *bedarf* daher, unabhängig von ihrer Organisationsform, *einer gesetzlichen Grundlage*.[113] Alle Länder haben inzwischen entsprechende Bestimmungen, allerdings mit unterschiedlicher Regelungsdichte, in ihre Schulgesetze aufgenommen.[114]

Ob der Staat gesetzliche Regelungen treffen darf, die den Schülerinnen und Schülern den Besuch der Ganztagsschule zur Pflicht machen, ist umstritten.[115] Doch dürfte die Ganztagsschule jedenfalls in den durch die geltenden Schulgesetze vorgesehenen Organisationsformen weder das Elternrecht (Art. 6 Abs. 2 GG) noch das Recht des Schülers auf freie Persönlichkeitsentfaltung (Art. 2 Abs. 1 GG) verletzen[116], zumal der Gesetzgeber bei der Einführung und Ausgestaltung der Ganztagsschule nicht zuletzt zu berücksichtigen hat, dass gerade dieser Schultyp zur Integration der nachwachsenden Generation,

---

112 Vgl. *Sekretariat der Kultusministerkonferenz*, Allgemeinbildende Schulen in Ganztagsform (Fn. 109), S. 5. Die Begriffsbestimmungen in den Schulgesetzen weichen von dieser Definition allerdings teilweise ab.

113 OVG Bremen, NVwZ-RR 2008, 111. Bereits 1987 hatte der Saarl VerfGH festgestellt (RdJB 1988, 349), dass die Einführung der Ganztagsschule wegen ihrer Grundrechtsrelevanz eine wesentliche Entscheidung sei, die vom Parlament getroffen werden müsse; hierbei müsse die gesetzliche Bestimmung hinreichende Anhaltspunkte für die inhaltliche, organisatorische und zeitliche Ausgestaltung der Ganztagsschule enthalten. Zur Frage des Gesetzesvorbehalts s. Christian *Bumke*: Die Ganztagsschule, NVwZ 2005, 519; Annette *Guckelberger*, Ganztagsschule und elterliches Erziehungsrecht, RdJB 2006, 11; Felix *Hanschmann*, Staatliche Bildung und Erziehung. Ganztagsschule, Bildungsstandards und selbständige Schule als Herausforderungen für das Verfassungs- und Schulrecht, Tübingen 2017, S. 65 ff.; Stefanie *Schmahl*: Die Ganztagsschule im Spannungsfeld von elterlichem Erziehungsrecht, staatlichem Bildungsauftrag und Kindeswohl, DÖV 2006, 885.

114 § 4a bw SchG, Art. 6 Abs. 4 BayEUG, § 19 bln SchulG, §18 BbgSchulG, § 23 BremSchulG, § 13 HmbSG, § 15 Abs. 3 bis 5 HSchG, § 39 SchulG M-V, § 23 NSchG, § 9 nrw SchulG, § 14 rp SchulG, § 5a saarl SchulG, § 16a sächs SchulG, § 12 SchulG LSA, § 6 sh SchulG, § 11 ThürSchulG.

115 Bejahend *Bumke* (Fn. 113), S. 523); *Hanschmann* (Fn. 113), S. 163; ablehnend *Schmahl* (Fn. 113), S. 892).

116 Selbst eine Ganztagsschule in vollgebundener Form mit Monopolcharakter, bei der das den Nachmittag einschließende Ganztagsangebot nur an drei Wochentagen stattfindet, lässt den Eltern ausreichend Raum für die Wahrnehmung ihres Erziehungsauftrags; sie können sich an zwei Nachmittagen und am Wochenende, im Übrigen abends und in der Ferienzeit der Erziehung ihrer Kinder widmen. Dazu *Guckelberger*, RdJB 2006, 16 ff. Nach BVerfG, DVBl. 2002, 972, ist die gesetzliche Einführung der Grundschule mit festen Öffnungszeiten in Sachsen-Anhalt mit schultäglich fünfeinhalb Zeitstunden mit dem Elternrecht und den Schülergrundrechten vereinbar.

vor allem zur Sozialisation von Kindern und Jugendlichen aus bildungsfernen Familien beitragen kann.

3.714 Schulen können als Ganztagsschulen errichtet werden, wenn die personellen, sächlichen und räumlichen Voraussetzungen erfüllt sind.[117] Die Entscheidung trifft je nach landesrechtlicher Regelung der Schulträger mit Zustimmung der Schulbehörde oder die Schulbehörde auf Antrag des Schulträgers bzw. der Schulkonferenz. Unterschiedlich sind auch die Bestimmungen der Schulgesetze über die Schularten, deren Schulen zu Ganztagsschulen ausgebaut werden können: teils Schulen sämtlicher Schularten[118], teils nur Schulen der allgemeinbildenden Schularten[119], teils nur Grundschulen.[120]

3.72 Heimbetreuung für Schülerinnen und Schüler

Zu unterscheiden sind Schülerheime (TZ 3.721), Heimschulen (TZ 3.722) und Schullandheime (TZ 3.723).

3.721 *Schülerheime* sind Einrichtungen zur Unterbringung und Erziehung von Schülerinnen und Schülern während der Schulzeit. Es gibt verschiedene Arten von Schülerheimen; für sie können neben schulrechtlichen Bestimmungen auch Regelungen aus dem Kinder- und Jugendhilferecht sowie Gewerbe-, Polizei- und Ordnungsrecht maßgeblich sein.

Schülerheime als *selbständige Einrichtungen*, in denen minderjährige Schülerinnen und Schüler ganztägig oder für einen Teil des Tages betreut werden, sind Einrichtungen im Sinne des § 45 Abs. 1 SGB VIII. Die Träger der Einrichtungen (z.B. Wohlfahrtsverbände, kirchliche Organisationen) bedürfen der Erlaubnis des Landesjugendamts und unterstehen seiner Aufsicht (§ 85 Abs. 2 Nr. 6 Satz 1 SGB VIII). Dabei ist es in rechtlicher Hinsicht unerheblich, ob sie in Verbindung mit einer bestimmten Schule stehen oder nicht.[121] Auf Schülerheime, die nach Landesrecht der Schulaufsicht unterstehen, finden die Vorschriften des SGB VIII keine Anwendung (§ 45 Abs. 1 Satz 2 Nr. 2 SGB VIII).

Bei *Erziehungshilfeheimen* (§ 34 SGB VIII), in denen Kinder und Jugendliche außerhalb des Elternhauses über Tag und Nacht betreut und erzogen werden, wird nicht das Heim von der Schule, sondern die Schule vom Heim her bestimmt (z.B. ein Heim für schwererziehbare Kinder mit angegliederter Förderschule). Die Aufsicht über das Heim obliegt dem Landesjugendamt; die Schulbehörde bleibt auf die Schulaufsicht beschränkt.

3.722 *Heimschulen* (Internatsschulen)[122] sind Schulen, deren Unterrichts- und Erziehungsarbeit wie auch deren Organisation darauf beruhen, dass alle Schülerinnen und Schüler oder wenigstens eine Mehrzahl von ihnen im Heim wohnen; Schul- und Heimerziehung bilden eine pädagogische Einheit, Lehrer und Heimerzieher sind häufig iden-

---

117 S. etwa § 18 Abs. 2 BbgSchulG, § 9 Abs. 1 nrw SchulG, § 5a Abs. 1 saarl SchulG.

118 Berlin, Brandenburg, Mecklenburg-Vorpommern, Nordrhein-Westfalen, Rheinland-Pfalz und Saarland. In Berlin sind Grundschulen und Integrierte Gesamtschulen kraft Gesetzes Ganztagsschulen.

119 Bremen, Hessen, Niedersachsen, Sachsen und Schleswig-Holstein.

120 Baden-Württemberg.

121 Als Beispiel für rechtlich selbständige, aber jeweils einer bestimmten Schule zugeordnete Heime sei § 13 Abs. 2 sächs SchulG genannt. Danach hat der Schulträger einer Förderschule unter den gesetzlich bestimmten Voraussetzungen dafür Sorge zu tragen, dass bei der Schule ein Heim, das nicht Bestandteil der Förderschule ist, eingerichtet wird; dort sollen die Schüler Unterkunft, Verpflegung, familiengemäße Betreuung und eine ihrer Behinderung entsprechende Förderung erhalten.

122 Z.B. die Landerziehungsheime (TZ 15.144), ferner die häufig mit Internaten verbundenen Schulen in katholischer Trägerschaft (TZ 15.141).

tisch. Schule und Heim befinden sich in der Hand desselben (öffentlichen oder privaten) Trägers; das Heim ist Bestandteil der Schule.[123] Heimschulen unterstehen in ihrer Gesamtheit der Schulaufsicht.[124] Die Schulaufsichtsbehörden haben also das Recht und die Pflicht, im Zusammenhang mit der Schule auch das Heim und dessen Betrieb zu beaufsichtigen. Aus der organischen Verbindung des Heims mit der Schule folgt, dass für die Rechtsverhältnisse in den Heimschulen die Grundsätze des Schulrechts gelten. Die Lehrkräfte, die in der Regel Funktionen als *Heimerzieher* übernehmen, werden in ihrem Stundenmaß entlastet. Der *Heimleiter* ist – je nach Schulverfassung – beauftragter Vertreter des Schulleiters oder der Lehrerkonferenz für die Erfüllung der Heimaufgaben. Zur Rechtsstellung der Schüler in Heimschulen und zu den Rechten ihrer Eltern vgl. TZ 16.141.

3.723 *Schullandheime* sind Einrichtungen zur vorübergehenden klassenweisen Unterbringung, Verpflegung, Unterrichtung und Erziehung von Schülerinnen und Schülern einer oder mehrerer Schulen (meist Großstadtschulen) außerhalb des Schulortes in landschaftlich oder klimatisch besonders günstigen Gegenden. Ihr Zweck ist neben der Erholung die Vermittlung von Gemeinschafts- und Naturerlebnissen sowie die Förderung der Gemeinschaftserziehung. Die Landheime können im Eigentum des Schulträgers stehen; nicht selten gehören sie gemeinnützigen Vereinigungen, deren Mitglieder den Schulen des Schulträgers verbunden sind. Der Aufenthalt im Landheim gehört als Schulveranstaltung zum Schulbetrieb; der Unterricht wird im Heim weitergeführt, wenn auch meist in abgewandelter und verkürzter Form (TZ 19.223). Die Heime unterstehen deshalb der Schulaufsicht. Die Schullandheime dürfen nicht verwechselt werden mit den Landschulheimen (Landerziehungsheimen), die Heimschulen in ländlicher Umgebung sind (TZ 3.722).

3.8 Zweiter Bildungsweg

Der Zweite Bildungsweg bietet befähigten Berufstätigen die Möglichkeit, Bildungsabschlüsse nachzuholen. Zu nennen sind insbesondere das Kolleg (Institut zur Erlangung der Hochschulreife), das Abendgymnasium und die Abendrealschule.

Kolleg und *Abendgymnasium* führen Personen, die älter als 18 Jahre sind, eine abgeschlossene Berufsausbildung oder eine mindestens zweijährige geregelte Berufstätigkeit nachweisen und den Realschulabschluss erworben haben, zur Hochschulreife. Bewerberinnen und Bewerber ohne Realschulabschluss werden ins Kolleg nur aufgenommen, wenn sie eine Eingangsprüfung bestanden oder erfolgreich an einem mindestens halbjährigen Vorkurs teilgenommen haben; für die Aufnahme ins Abendgymnasium genügt in diesem Fall die Teilnahme an einem entsprechenden Vorkurs. In beiden Einrichtungen dauert der Bildungsgang drei, höchstens vier Jahre. Er beginnt mit einer Einführungsphase von zwei Halbjahren und wird danach in dem der gymnasialen Oberstufe (vgl. TZ 3.511) entsprechenden Kurssystem mit einer Dauer von vier Halbjahren fortgesetzt. Der wichtigste Unterschied zwischen Kolleg und Abendgymnasium: Während des Kollegbesuchs sollen Studierende keine geregelte berufliche

123 Vgl. die Definition in Art. 106 Satz 2 Halbsatz 2 BayEUG.

124 S. aber Art. 109 BayEUG: Sofern es sich bei der Heimschule um eine Grundschule, eine Mittelschule oder eine Förderschule handelt, untersteht das Heim der Aufsicht nach den Bestimmungen des SGB VIII, d.h. der Aufsicht des Landesjugendamts (§ 85 Abs. 2 Nr. 6 SGB VIII).

Tätigkeit ausüben; am Abendgymnasium müssen sie, außer in den letzten drei Halbjahren, berufstätig sein.[125]

Dem Zweiten Bildungsweg sind auch Lehrgänge des *Fernunterrichts* und der Volkshochschulen zuzurechnen, die auf die in den meisten Ländern vorgesehenen staatlichen *Schulfremdenprüfungen* (*Nichtschülerprüfungen*) zum Erwerb des Hauptschul- und Realschulabschlusses, der Hochschulreife und berufsqualifizierender Abschlüsse vorbereiten. (Zum Fernunterricht TZ 15.93, zu Schulfremdenprüfungen an zwar genehmigten, aber nicht anerkannten privaten Ersatzschulen TZ 20.256) Teilnehmerinnen und Teilnehmer an Fernlehrgängen richten ihre Meldung zur Prüfung an die nach Landesrecht zuständige Prüfungsbehörde.[126]

Für Berufstätige, die mindestens 25 Jahre alt sind und aufgrund ihrer Begabung, ihrer Persönlichkeit und ihrer Vorbildung für ein Hochschulstudium in Betracht kommen, besteht die Möglichkeit, die Prüfung für den *Hochschulzugang besonders befähigter Berufstätiger* abzulegen. Zulassungsvoraussetzung ist, dass die Bewerberinnen und Bewerber nach abgeschlossener beruflicher Ausbildung und längerer Berufstätigkeit studienrelevante Kenntnisse und Fähigkeiten erworben haben und ihnen ein schulischer Bildungsgang oder die Teilnahme an einer Nichtschüler-Reifeprüfung nicht zugemutet werden kann. Die selbständige Führung eines Familienhaushalts mit mindestens drei Personen ist anderen Berufstätigkeiten gleichgestellt. Die Aufgaben in der Prüfung, die aus einem schriftlichen und einem mündlichen Teil besteht, sollen die Berufserfahrung der Bewerberinnen und Bewerber angemessen berücksichtigen.[127]

3.9 Entwicklungen und Tendenzen

Wie schon in der Vorauflage ist erneut zu konstatieren, dass sich die Erwartungen an die *Durchlässigkeit* der verschiedenen Schularten der Sekundarstufe I nicht erfüllt haben, ja, dass die Übergänge zwischen ihnen eher gering und zumeist abwärts gerichtet sind. Demgegenüber fällt wiederum eine zunehmende *Entkopplung von Schulart und Schulabschluss* ins Gewicht: Weiterhin erwerben immer mehr Jugendliche nachträglich an beruflichen Schulen einen allgemeinbildenden Abschluss; häufig wird auf diese Weise der allgemeinbildende Abschluss aufgebessert, z.B. dadurch, dass der frühere Hauptschulabschluss durch einen Realschulabschluss ersetzt oder ergänzt wird.

Das *Gymnasium* hat seine hohe Attraktivität noch zu steigern vermocht. Immer mehr Grundschülerinnen und Grundschüler wechseln auf diese Schulart über. Die zu Beginn des Jahrhunderts in den meisten westdeutschen Ländern vollzogene *Verkürzung der gymnasialen Schulzeit* von neun auf acht Jahre (*G8*) ist inzwischen wieder heftig umstritten. Niedersachsen hat die Reform rückgängig gemacht, Bayern führt das G9 wieder ein, Hessen überlässt den Gymnasien Wahlfreiheit zwischen G8 und G9, in den Stadtstaaten, in Brandenburg und im Saarland können Eltern bzw. Schüler zwischen beiden Varianten wählen, andere Länder ermöglichen im Rahmen von Modellversuchen die Rückkehr zu G9.

125 Vgl. im Einzelnen die Vereinbarungen der KMK zur Gestaltung der Kollegs vom 21.6.1979 i.d.F. vom 9.6.2017 (KMK-BeschlS. Nr. 248.1) und zur Gestaltung der Abendgymnasien vom 21.6.1979 i.d.F. vom 9.6.2017 (KMK-BeschlS. Nr. 240.2).

126 Vgl. etwa Nr. 1.1 der KMK-Vereinbarung über die Abiturprüfung für Nichtschülerinnen und Nichtschüler entsprechend der Gestaltung der gymnasialen Oberstufe in der Sekundarstufe II vom 13.9.1974 i.d.F. vom 9.6.2017 (KMK-BeschlS. Nr. 192.2).

127 Einzelheiten regelt die KMK-Vereinbarung über die Prüfung für den Hochschulzugang von besonders befähigten Berufstätigen vom 28.5.1982 i.d.F. vom 3.3.2010 (KMK-BeschlS. Nr. 298).

Sieht man von der unangefochtenen Stellung des Gymnasiums ab, bietet die *Struktur der Sekundarstufe I* ein eher verwirrendes Bild. Immerhin hat sich die *Gesamtschule*, die die Bildungsgänge der Hauptschule, der Realschule und des Gymnasiums einschließt, außer in Bayern und Sachsen, *fest etabliert*; in neun Ländern (Brandenburg, Hessen, Mecklenburg-Vorpommern, Niedersachsen, Nordrhein-Westfalen, Rheinland-Pfalz, Sachsen, Sachsen-Anhalt und Thüringen) finden sich außerdem Schularten, die die Bildungsgänge der Realschule und der Hauptschule zusammenfassen. Diese Expansion von Schularten mit mehreren Bildungsgängen wiederum hat tendenziell zur Folge, dass die Realschule, vor allem aber die Hauptschule, die ohnehin ums Überleben kämpft, an Bedeutung verlieren. Zur Unübersichtlichkeit der Sekundarstufe I trägt bei, dass sie sich in ihrer Struktur von Land zu Land unterscheidet. Die Spannweite reicht von Schulsystemen mit nur zwei Schularten (Berlin, Bremen, Hamburg, Saarland, Sachsen, Schleswig-Holstein) über solche mit drei (Bayern, Brandenburg, Rheinland-Pfalz, Thüringen) und vier Schularten (Baden-Württemberg, Mecklenburg-Vorpommern, Sachsen-Anhalt) bis hin zu Systemen mit einer Vielfalt von fünf (Niedersachsen, Nordrhein-Westfalen) und sogar sechs Schularten (Hessen). Jedenfalls hat sich die vor Jahren vorhergesagte Tendenz zur Zweigliedrigkeit der Sekundarstufe I bundesweit nicht durchgesetzt. Darüber hinaus stiftet auch die Terminologie der Schulartbezeichnungen Konfusion. So tritt die Gesamtschule in einigen Ländern unter anderem Namen auf: in Baden-Württemberg, im Saarland, in Schleswig-Holstein und in Thüringen firmiert sie als Gemeinschaftsschule, in Berlin als Integrierte Sekundarschule, in Hamburg als Stadtteilschule; manche dürfte es irritieren, dass in Sachsen-Anhalt der Gesamtschule noch eine Gemeinschaftsschule zur Seite tritt. Schulartbezeichnungen, an die man sich längst gewöhnt hatte, wurden geändert: Bayern hat die Hauptschule in Mittelschule umbenannt, Sachsen wiederum die Mittelschule zur Oberschule veredelt.

Hinsichtlich der Entwicklung des *beruflichen Schulwesens* kann man auf die Erkenntnisse der Vorauflage zurückgreifen: Dieser Bildungsbereich hat sich zwar weiter *konsolidiert*, vermag aber die Defizite des allgemeinbildenden Schulsystems nur teilweise zu kompensieren. Für viele Hauptschülerinnen und Hauptschüler – ob mit oder ohne Abschluss – wird es immer schwieriger, einen Ausbildungsplatz zu finden. Sie werden zumeist von einem Übergangssektor der beruflichen Bildung aufgefangen, der ihnen mit seinen häufig unkoordiniert nebeneinander stehenden Maßnahmen – vom Berufsgrundbildungsjahr bis zu berufsvorbereitenden Angeboten der Bundesagentur für Arbeit – kaum eine reelle Chance verschaffen kann, auf dem Arbeitsmarkt Fuß zu fassen.

Auf dem Gebiet der *sonderpädagogischen Förderung* haben die Länder die Behindertenrechtskonvention der Vereinten Nationen, die sie zur Einführung eines *inklusiven Bildungssystems* verpflichtet, jedenfalls insoweit in ihr jeweiliges Schulrecht umgesetzt, als sie die allgemeine Schule für Schülerinnen und Schüler mit Behinderungen geöffnet haben. Doch haben behinderte Schüler noch nicht überall einen uneingeschränkten Anspruch auf Zugang zur allgemeinen Schule. Im Übrigen fällt auf, dass nahezu alle Länder *an der Existenz der Förderschulen* mit ihren verschiedenen Förderschwerpunkten bis auf weiteres *festhalten*. Diese *Pluralität der Lernorte* missfällt manchen Befürwortern der Inklusion, die entgegen der in Rechtsprechung und juristischem Schrifttum herrschenden Auffassung der Meinung sind, dass das Nebeneinander von allgemeinen Schulen und Förderschulen nicht mit der Behindertenrechtskonvention vereinbar sei, und eine „Schule für alle" fordern. Es ist auch aus diesem Grund nicht auszuschließen, dass im Zusammenhang mit der Umsetzung der schulischen Inklusion der bildungspolitische Streit über das gegliederte Schulsystems wieder aufflammt.

Der Ausbau der *Ganztagsschulen* ist in allen Ländern zügig vorangeschritten. Allerdings spielen sie bislang nur in der Form der offenen Ganztagsschule eine Rolle, für deren außerunterrichtlichen Angebote keine Teilnahmepflicht besteht. Spürbare Wirkungen zeigen Ganztagsangebote bislang vor allem in Bezug auf Sozialverhalten, Motivation und Selbstkonzept der Schülerinnen und Schüler. Ihren Beitrag zur Überwindung der sozialen Selektivität des Bildungssystems werden Ganztagsschulen aber vermutlich nur leisten können, wenn sie insbesondere in den nichtgymnasialen Bildungsgängen der Sekundarstufe I alle Schülerinnen und Schüler einbeziehen. Diese Voraussetzung könnte nur die gebundene Ganztagsschule erfüllen. Ihre flächendeckende Einführung dürfte jedoch in absehbarer Zeit bildungspolitisch nicht zu realisieren sein.

4. Kapitel: Schulorganisation, Berechtigungswesen, Disparitäten im Schulsystem

4.1 Schulorganisation

4.11 Schuljahr und Ferien

Durch das Hamburger Abkommen (TZ 2.121) und die Beschlüsse zur Weiterentwicklung dieses Abkommens[1] sind Schuljahr und Schulferien in den 16 Ländern gleichmäßig geregelt. Das *Schuljahr* beginnt am 1. August und endet am 31. Juli des folgenden Jahres. Der tatsächliche *Unterrichtsbeginn* und das tatsächliche *Unterrichtsende* hängen von der Terminierung der Sommerferien ab. Die Gesamtdauer der Schulferien beträgt 75 Werktage (ohne Anrechnung der aus besonderen Gründen für schulfrei erklärten Tage). Die sechswöchigen Sommerferien sollen in der Zeit zwischen dem 1. Juli und dem 10. September liegen. Um die Urlaubs- und Verkehrsströme während der Ferientermine zu entzerren, bevorzugte und weniger bevorzugte Ferienzeiträume gerecht zu verteilen und den Interessen der Tourismusindustrie an einem möglichst langen Ferienkorridor entgegenzukommen[2], werden sie regional gestaffelt.[3] Über die Festsetzung der Sommerferientermine in den einzelnen Ländern trifft die Kultusministerkonferenz für jedes Jahr eine Vereinbarung.[4] Weitere zusammenhängende Ferienabschnitte liegen zur Oster- und zur Weihnachtszeit. Kürzere Pfingst-, Herbst- oder Skiferien sowie einzelne bewegliche Ferientage zur Berücksichtigung besonderer örtlicher Verhältnisse sind zugelassen.[5]

4.12 Unterrichtszeit

4.121 Die Anzahl der wöchentlichen Unterrichtsstunden und ihre Verteilung auf die verschiedenen Fächer ergeben sich aus den für die einzelnen Schularten und Jahrgangsstufen geltenden *Stundentafeln*. Insbesondere im Zuge der Erweiterung der Selbständigkeit der Einzelschule wird den Schulen zunehmend mehr Flexibilität hinsichtlich der konkreten Ausgestaltung der Stundentafeln zugebilligt, etwa indem Stundentafeln nur noch Bandbreiten oder Kontingente angeben, sie auf einen längeren Zeitraum[6] bemessen sind oder

---

1 Für eine Zusammenfassung der einzelnen Weiterentwicklungen des Hamburger Abkommens s. *Kultusministerkonferenz*, Weiterentwicklung des Schulwesens seit Abschluss des Abkommens zwischen den Ländern der Bundesrepublik zur Vereinheitlichung auf dem Gebiet des Schulwesens vom 28.10.1964 i.d.F. vom 14.10.1971, Beschluss vom 10.5.2001.

2 *Bundesministerium für Wirtschaft und Technologie* (Hrsg.), Tourismuspolitischer Bericht der Bundesregierung – 17. Legislaturperiode, Berlin 2013, S. 14.

3 Die Länder haben sich auf ein rollierendes System zur Festlegung der Sommerferientermine mit derzeit fünf Ländergruppen geeinigt, die u.a. im Hinblick auf eine möglichst gleichmäßige Verteilung der Gesamtbevölkerung auf den Gesamtferienzeitraum gebildet werden; faktisch beteiligen sich die Länder Bayern und Baden-Württemberg, in denen es traditionell längere Pfingstferien gibt, jedoch nicht am Rotationssystem und nutzen jährlich den letztmöglichen Termin für die Sommerferien.

4 Zur langfristigen Sommerferienregelung vgl. KMK-BeschlS. Nr. 105. Mit Beschluss vom 12.6.2014 hat die KMK Beginn und Ende der Sommerferien in den einzelnen Bundesländern bis zum Jahr 2024 festgelegt (abrufbar unter: https://www.kmk.org/service/ferien.html).

5 Zu den rechtlichen Grundlagen der Schulferien, s. Hans-Jürgen *Kryzweck*, Rechtsgrundlagen der Schulferien. Sind Alternativen zu bestehenden Regelungen denkbar?, SchuR 2007, 50.

6 Zur Umstellung von wochenbezogenen Stundentafeln auf Jahresstundentafeln: Hermann *Avenarius*, Schulautonomie auf dem verfassungsrechtlichen Prüfstand, in: Manfred Aschke/Reimund Schmidt-De Caluwe (Hrsg.), Festschrift für Friedrich von Zezschwitz zum 70. Geburtstag, Baden-Baden 2005, S. 82 (83).

eine bestimmte Anzahl von Stunden ausgewiesen wird, in denen die Schule den Unterricht selbstbestimmt gestalten kann.[7]

Das Tageshöchstmaß beträgt bei den herkömmlichen Halbtagsschulen sechs, in Ausnahmefällen sieben hintereinander folgende Stunden von in der Regel 45 Minuten Dauer, zwischen denen ausreichende Pausen liegen müssen.[8] Allerdings wird den Schulen auch diesbezüglich zunehmend erlaubt, den Schultag nicht in die bislang übliche 45minütige Schulstunde zu zergliedern, sondern mit Rücksicht auf ihre spezifischen pädagogischen Bedürfnisse andere zeitliche Einteilungen zu wählen oder stärker zu variieren, sofern die Vorgaben der Stundentafeln eingehalten werden.[9] So ist beispielsweise die Zusammenfassung von zwei Unterrichtsstunden zu Blockstunden zulässig, oft sogar besonders fruchtbar. (Zum zeitlichen Umfang der Ganztagsschule, die auch außerunterrichtliche Aktivitäten umfasst, s. TZ 3.712). Der *Stundenplan* wird vom Schulleiter festgelegt. Allerdings unterscheidet sich die Zahl der wöchentlichen Unterrichtsstunden je nach Bundesland.[10]

- In der *Grundschule* beträgt die Zahl der wöchentlichen Unterrichtsstunden anfangs (1. Klasse) zwischen 18 und 21 und steigt auf 26 bis 28 Stunden an.
- Im Bildungsgang der *Hauptschule* steigt die wöchentliche Stundenzahl von 28 bis auf 30, 32 oder 34 Stunden an.
- Im Bildungsgang der *Realschule* nimmt die wöchentliche Stundenzahl von 28-32 (5. Schuljahr) bis 31-35 Stunden zu.
- Im *Gymnasium* erhöht sich die wöchentliche Stundenzahl von 30-33 (5. Schuljahr) auf 32-35 Stunden (10. Schuljahr). In der Oberstufe (TZ 3.511) richtet sich die Zahl der Wochenstunden nach der Zahl der von den Schülerinnen und Schülern zu besuchenden Pflichtfächer und der Vertiefungsfächer sowie eventuell zusätzlichen Stunden (wie z.B. besonderen Profilstunden); die für die vier Halbjahre der Qualifikationsphase insgesamt vorgeschriebene Mindestzahl an Wochenstunden darf dabei nicht unterschritten werden.
- Die Stundenzahl in der *Berufsschule* als Teilzeitschule beträgt zwischen neun und zwölf Wochenstunden an einem oder zwei Schultagen. Zur Möglichkeit des Blockunterrichts vgl. TZ 3.521.
- Die Stundenzahl in den *berufsbildenden Vollzeitschulen* schwankt nach Ausbau und Fachrichtung zwischen 30 und 48 wöchentlich.

4.122 In der bislang in Deutschland üblichen Halbtagsschule wurde der Unterricht, abgesehen von Sonderstunden (z.B. Sport, Werken) oder Arbeitsgemeinschaften, *grundsätzlich*

---

7 So kann die Schulkonferenz bzw. der Schulleiter in einigen Ländern in einem bestimmten Rahmen über Abweichungen von der ministeriell festgelegten Stundentafel entscheiden (z.B. § 9 Abs. 5 Halbsatz 2 HSchG); allerdings muss sichergestellt sein, dass die Richtwerte der Jahresstundentafel eingehalten werden (vgl. § 2 hess VO über die Stundentafeln für die Primarstufe und die Sekundarstufe I vom 5.9.2011 [ABl. S. 653], zul.g.d. VO vom 27.10.2015 [ABl. S. 582]). In Baden-Württemberg, Brandenburg, Hamburg, Hessen, Mecklenburg-Vorpommern, Nordrhein-Westfalen und Rheinland-Pfalz weist die oberste Schulbehörde vor allem den Schulen der Sekundarstufe I sogenannte Kontingentstundentafeln zu, die festlegen, wie viele Jahreswochenstunden im Laufe eines Bildungsgangs oder in mehreren zusammengefassten Jahrgangsstufen insgesamt zu erteilen sind; es ist dann Sache der Schulkonferenz, auf dieser Grundlage eine schuleigene Stundentafel zu beschließen. S. dazu etwa § 9 Abs. 1 und 2 SchulG M-V.

8 Der 45-Minuten-Regelumfang einer Unterrichtsstunde ist zumeist durch Verwaltungsvorschrift oder Rechtsverordnung festgelegt. Vgl. etwa Nr. 2 Abs. 3 der bbg Verwaltungsvorschriften über die Organisation der Schulen in inneren und äußeren Schulangelegenheiten (VV-SchulB) vom 29.6.2010 (ABl. MBJS/10 [Nr. 6], S.154), zul.g.d. VV vom 10.9.2015 (ABl. MBJS/15 [Nr. 23], S. 317); die Unterrichtsstunde von 45 Minuten Dauer ist im Allgemeinen auch die Maßeinheit für die Pflichtstundenzahl der Lehrer (dazu TZ 31.341).

9 Vgl. z.B. § 1 Abs. 2 hess VO über die Stundentafeln für die Primarstufe und die Sekundarstufe I (vgl. Fn. 7).

10 Für Nordrhein-Westfalen s. z.B. § 1 Abs. 1 der Verordnung zur Ausführung des § 93 Abs. 2 Schulgesetz vom 18.3.2005 (GV. S. 218), zul.g.d. VO vom 14.3.2017 (GV. S. 373).

am Vormittag erteilt; bei der gymnasialen Oberstufe ist es allerdings wegen der komplizierten Verteilung der Kurse häufig unvermeidlich, auf den Nachmittag auszuweichen. Zur Organisation des Unterrichts und der Betreuungsangebote in der Ganztagsschule, die mittlerweile bei allen Schularten, wenn auch unterschiedlich stark ausgeprägt, an Bedeutung gewinnt, s. TZ 3.71.

4.123 Inzwischen hat sich in allen Ländern die *5-Tage-Woche* (Montag bis Freitag) durchgesetzt.[11] Mehrere Schulgesetze räumen der Schulkonferenz aber die Befugnis ein, über die Verteilung des Unterrichts auf sechs statt auf fünf Wochentage zu entscheiden.[12]

4.13 Schulbezirke, Schuleinzugsbereiche

Die *Pflichtschulen* sind räumlich abgegrenzten Gebieten, sogenannten Schulbezirken (Schulsprengeln, Einschulungsbereich, Einzugsbezirk[13]), zugeordnet, aus denen ihre Schülerschaft rekrutiert wird (vgl. TZ 3.15). Die Einteilung dient dazu, möglichst gleichmäßige Besucherzahlen sicherzustellen. Der Schulbezirk ist obligatorisch, d.h. der Pflichtschüler hat die Schule zu besuchen, in deren Schulbezirk er wohnt oder arbeitet (sogenannte *Sprengelpflicht*).[14] Damit soll das durch die Schulbestimmungen des Art. 7 Abs. 4 bis 6 GG gerechtfertigte Ziel erreicht werden, Kinder und Jugendliche unabhängig von ihrer sozialen Herkunft in einer Schule zusammenzufassen und ihnen einen einheitlichen Bildungsweg zu ermöglichen.[15] Ausnahmsweise kann die Schulbehörde den Besuch einer anderen Schule gestatten, wenn ein wichtiger Grund vorliegt.[16] Das ist in der Regel der Fall, wenn die präferierte Schule außerhalb des eigentlich maßgeblichen Schulbezirks in der Nähe der Arbeitsstelle eines alleinerziehenden Elternteils liegt, der Besuch einer im Schulbezirk nicht vorhandenen oder bereits ausgelasteten Ganztagsschule aufgrund der Berufstätigkeit der Eltern erforderlich ist oder ein Schüler während des Schuljahres umzieht, aber vorerst innerhalb seiner gewohnten Klassengemeinschaft bleiben soll.[17]

---

11 Nach BVerwGE 47, 201, genügte für die Einführung der 5-Tage-Woche (statt der früher üblichen 6-Tage-Woche) eine Verwaltungsvorschrift; Entsprechendes muss gelten, wenn der Unterricht auf sechs statt auf fünf Wochentage verteilt wird. Demgegenüber fordert der DJT-SchulGE gesetzgeberische Leitentscheidungen zu Umfang und Verteilung der Unterrichtszeit auf die Wochentage sowie eine gesetzliche Regelung der Dauer der Ferien (S. 264 f.). Ausführlich zum Gesetzesvorbehalt (TZ 2.3). – Die Einführung eines unterrichtsfreien Tages hat keine Regelung der Arbeitszeit der Lehrkräfte zum Gegenstand, sondern ist eine der Mitbestimmung des Personalrats entzogene Maßnahme der Schulorganisation. So BVerwG, DVBl. 1983, 808.

12 Z.B. § 47 Abs. 3 Nr. 2 bw SchG, § 91 Abs. 1 Satz 2 Nr. 4 BbgSchulG, § 63 Abs. 2 BremSchulG, § 129 Nr. 10 i.V.m. § 9 Abs. 4 HSchG.

13 Die Terminologie ist nicht einheitlich; teilweise wird in den Schulgesetzen auch nur von der „zuständigen Schule" gesprochen.

14 VGH Kassel, DÖV 2009, 959, zur Verfassungsmäßigkeit der Sprengelpflicht für die Grundschule in Hessen. Ausführlich zur Sprengelpflicht: Günter *Püttner*, Die Sprengelpflicht, RdJB 1992, 230.

15 BVerfG, NJW 2013, 2813 (2814); NVwZ-RR 2001, 311 (313). Abhängig von der jeweiligen Zuschneidung des Schulbezirks insb. in größeren Städten kann das aber dazu führen, dass sich die unterschiedlichen Sozialstrukturen der einzelnen Stadtteile in den jeweiligen Schulen widerspiegeln und die sozialräumliche Segregation dadurch im Bildungssystem noch weiter verstärkt wird. S. *Rux/Niehues*, Schulrecht, Rn. 741 mit Fn. 867 und Rn. 747.

16 Vgl. z.B. § 76 Abs. 2 Satz 3 bw SchG, § 106 Abs. 4 Satz 3 BbgSchulG, § 62 Abs. 2 Satz 3 rp SchulG, § 19 Abs. 3 saarl SchoG, § 41 Abs. 1 Satz 3 SchulG LSA, § 15 Abs. 1 ThürSchulG; vgl. auch Art. 43 Abs. 1 Satz 1 BayEUG, wo sogar „zwingende persönliche Gründe" gefordert werden. Wenn der Wechsel des Schulbezirks mit einem Wechsel des Schulträgers einhergeht, ist für eine solche Ausnahmegenehmigung weder das Einverständnis des „abgebenden" Schulträgers erforderlich, noch kann dieser eine Verletzung eigener Rechtspositionen geltend machen: VGH Mannheim, DVBl. 1989, 1267; in Hessen muss das Staatliche Schulamt allerdings „im Benehmen mit dem Schulträger" entscheiden (§ 66 HSchG).

17 Nach § 41 Abs. 3 Satz 1 SchulG LSA können Schülerinnen und Schüler, die während des Schulbesuchs ihren Wohnort wechseln, ihre Schule auf Antrag sogar bis zum Abschluss ihres Bildungsganges weiter besuchen.

Kein wichtiger Grund liegt hingegen vor, wenn lediglich der Schulweg in zeitlicher oder sonstiger Hinsicht günstiger ist, die im Schulbezirk liegende Schule einen schlechten Ruf genießt oder ein Kind die Schule mit seinen Freundinnen und Freunden besuchen soll.[18] Ob der Wunsch, außerhalb des eigenen Schulbezirks eine Schule mit einem besonderen Profil zu besuchen, einen wichtigen Grund darstellt und folglich eine Ausnahme von der Sprengelpflicht rechtfertigt, ist noch nicht abschließend geklärt. Nicht zu verkennen und vom Bundesverfassungsgericht auch bereits angedeutet ist aber, dass jedenfalls dann ein gewisser Widerspruch zwischen der gesetzlichen Aufforderung zur Ausprägung besonderer Schulprofile und der Sprengelpflicht besteht, wenn eine Schule mit einem besonderen Profil nur außerhalb des eigentlich maßgeblichen Schulbezirks existiert.[19]

Der Kreis der Pflichtschulen im Bereich von allgemeinbildenden und berufsbildenden Schulen ist von Land zu Land unterschiedlich weit gezogen. In Bayern umfasst er Grundschulen, Mittelschulen[20] und Berufsschulen[21], in Thüringen Grundschulen, Regelschulen und Berufsschulen[22], in Niedersachsen Schulen im Primarbereich und, je nach Entscheidung des Schulträgers, im Sekundarbereich I[23], in Baden-Württemberg, Brandenburg, Hessen, Mecklenburg-Vorpommern, Rheinland-Pfalz, im Saarland und in Sachsen Grundschulen und Berufsschulen[24], in Sachsen-Anhalt Grundschulen und Sekundarschulen[25], in Berlin, Bremen und Hamburg nur die Grundschulen[26], in Schleswig-Holstein nur die Berufsschulen[27]. Nachdem in Nordrhein-Westfalen die Sprengelpflicht auch für Grund-

18 S. z.B. § 106 Abs. 4 Satz 3 BbgSchulG, § 55a Abs. 2 bln SchulG, § 63 Abs. 3 Satz 4 NSchG, § 4 Abs. der hess Verordnung zur Gestaltung des Gastschulverhältnisses (VOGSV) vom 19.10.2011 (ABl. S. 546), zul.g.d. VO vom 29.4.2015 (Abl. S. 234). Für Ausnahmen von der Sprengelpflicht beim Besuch einer außerhalb des Schulbezirks liegende Ganztagsschule: BVerfG, NVwZ-RR 2001, 311; VGH München, Beschl. v. 25.1.2010, Az.: 7 ZB 09.3009 (juris); Beschl. v. 10.9.2009, Az.: 7 CE 09.2110 (juris); OVG Hamburg, NVwZ-RR 2000, 679; VG Hamburg, Beschl. v. 29.9.2000, Az.: 4 VG 3515/99 (juris); VG Hannover, NdsVBl. 1996, 94; vgl. auch § 55a Abs. 2 Satz 2 Nr. 2 bln SchulG, § 63 Abs. 4 NSchG.

19 S. hierzu VG Darmstadt, Beschl. v. 12. 8.2009, Az.: 7 L 840/09.DA (3) (juris), wo die Frage der Vergleichbarkeit zweier Schulen zwar noch im Hinblick auf das Vorliegen eines „wichtigen Grundes" erörtert wird, der nach § 66 Satz 1 HSchG ausnahmsweise zum Besuch einer außerhalb des maßgeblichen Schulbezirks liegenden Schule berechtigt, demgegenüber schließt zumindest das BVerfG die Möglichkeit der Unvereinbarkeit von Sprengelpflicht und schulischer Profilbildungen aber schon nicht mehr aus (s. BVerfG, NJW 2013, S. 2813 (2813 f,); vgl. auch VGH Kassel, NVwZ-RR 2009, 958). Auf Dauer wird man jedoch den Konflikt zwischen der Sprengelpflicht und der Profilbildung der Schulen kaum in Einzelfallentscheidungen über die in den Schulgesetzen vorgesehenen Ausnahmeregelungen lösen können. S. vor diesem Hintergrund die Regelung in § 6 Abs. 3 Satz 6 BremSchVwG, demzufolge Anträge auf Zuweisungen in eine regional nicht zuständige Grundschule im Rahmen der Kapazitäten u.a. dann zu berücksichtigen sind, sofern es sich um eine genehmigte Grundschule mit besonderem Sprach- oder Sportangebot handelt.

20 Bei Mittelschulen handelt es sich um eine fachliche und strukturelle Fortentwicklung der Hauptschule. Mittelschulen bauen auf der Grundschule auf und umfassen die Jahrgangsstufen 5 bis 9 sowie darüber hinaus die Jahrgangsstufe 10, wenn neben dem erfolgreichen Abschluss der Mittelschule in der Jahrgangsstufe 9 der Erwerb der Mittleren Reife ermöglicht wird. Für weitere Merkmale einschließlich des spezifischen Bildungsangebots der Mittelschule, s. Art. 7a BayEUG.

21 Art. 42 BayEUG.

22 §§ 14 ThürSchulG.

23 § 63 Abs. 2 NSchG.

24 § 25 Abs. 1 bw SchG, § 106 Abs. 1 BbgSchulG, § 143 Abs. 1 und 2 HSchG, § 45 Abs. 1 Satz 3 und SchulG M-V, § 62 Abs. 1 rp SchulG, § 19 Abs. 1 saarl SchoG, § 25 Abs. 1 und 2 sächs SchulG (die Festlegung von Einzugsbereichen für die Bildungsgänge der Berufsschule liegt dort gemäß Absatz der Vorschrift im Ermessen des Kultusministeriums).

25 § 41 Abs. 1 SchulG LSA.

26 § 55a Abs. 1 bln SchulG (allerdings können die Eltern entsprechend Absatz 2 unter Darlegung der Gründe den Besuch einer anderen Grundschule beantragen); § 6 Abs. 3 Satz 1 BremSchVwG (Anträge auf Zuweisung in eine Grundschule außerhalb der Wohnregion können nach Absatz 3 Satz 7 berücksichtigt werden, sofern dort noch Kapazitäten frei sind); § 42 Abs. 2 Satz 1 HmbSG.

27 § 24 Abs. 4 Satz 2 sh SchulG.

schulen und Berufsschulen zum Ende des Schuljahres 2007/08 abgeschafft worden war[28] und damit alle Schulen mit Ausnahme von Förderschulen zu Wahlschulen wurden, steht es infolge einer erneuten Gesetzesänderung im Jahr 2010[29] den Schulträgern nunmehr frei, für jede öffentliche Schule Schuleinzugsbereiche zu bilden.[30]

Sofern der Schulbezirk nicht bereits durch Gesetz festgesetzt ist[31], ist es im allgemeinen Aufgabe des Schulträgers, dessen Grenzen zu bestimmen.[32] Dabei bedarf er üblicherweise des Einvernehmens der Schulaufsicht.[33] Für die Bildung und Änderung eines Schulbezirks genügt weder eine verwaltungsinterne Regelung noch ein Verwaltungsakt in Form einer Allgemeinverfügung; erforderlich ist vielmehr eine rechtssatzförmige Regelung. Schulbezirke müssen daher entweder durch Satzung oder durch Rechtsverordnung festgelegt oder geändert werden.[34] Auch wenn die Erziehungsberechtigten keinen rechtlichen Anspruch darauf haben, dass ihre Kinder eine bestimmte Schule der gewählten Schulform besuchen, kann die Festlegung bzw. Änderung von Schulbezirken als eine das Schulwesen betreffende Planungs- und Organisationsentscheidung die Rechtsstellung der schulpflichtigen Kinder und ihrer Erziehungsberechtigten tangieren (etwa infolge eines dadurch entstehenden unzumutbaren Schulweges) und muss deshalb dem im Rechtsstaatsprinzip verankerten Gebot der gerechten Abwägung genügen.[35] Rechtsschutzsuchende sind allerdings auf die Geltendmachung eigener Belange beschränkt und müssen die den eigenen Belangen gegenüber stehenden, für die Festlegung bzw. Änderung des Schulbezirks sprechenden Belange gegen sich gelten lassen.[36] Im Interesse der Gewährleistung des Spielraums planerischer Gestaltungsfreiheit und unter Berücksichtigung des in Art. 7 Abs. 1 GG normierten staatlichen Bildungs- und Erziehungsauftrages, der planerische sowie organisatorische Handlungsbefugnisse voraussetzt, ist die gerichtliche Rechtskontrolle bei der Schulbezirks-

28 Art. 1 Nr. 60 des 2. Schulrechtsänderungsgesetzes vom 27.6.2006 (GV. S. 277).

29 Art. 1 Nr. 6 des 4. Schulrechtsänderungsgesetzes vom 21.12.2010 (GV. S. 685).

30 § 84 Abs. 1 Satz 1 nrw SchulG. Ausführlich zur wechselhaften Gesetzeslage in Nordrhein-Westfalen Kathrin *Breuing*, Schulwahl und Schulwettbewerb im dualen System, Wiesbaden 2014, S. 25 ff.

31 So z.B. in Sachsen, wo der Schulbezirk gemäß § 25 Abs. 2 Satz 1 des Schulgesetzes „das Gebiet des Schulträgers" ist.

32 Z.B. § 143 Abs. 1 HSchG.

33 § 41 Abs. 1 Satz 1 SchulG LSA (im Einvernehmen mit der Schulbehörde; vgl. auch § 41 Abs. 1a Satz 1 für den vollständigen oder teilweisen Verzicht auf die Festlegung von Schulbezirken); § 14 Abs. 1 Satz 1 Halbsatz 1 ThürSchulG (im Einvernehmen mit dem Kultusministerium). Anders ist die Rechtslage in Rheinland-Pfalz, wo die Schulbehörde den Schulbezirk für Grundschulen im Einvernehmen, für Berufsschulen im Benehmen mit dem Schulträger festlegt (§ 62 Abs 1 Satz 1 Halbsatz 1 SchulG); wird ein Einvernehmen nicht erzielt, kann der Schulbezirk von der Schulbehörde festgelegt werden, wenn die oberste Schulbehörde ein dringendes öffentliches Interesse feststellt (§ 62 Abs 1 Satz 2 SchulG). Im Saarland entscheidet über die Bildung von Schulbezirken die Schulaufsichtsbehörde im Benehmen mit dem Schulträger und nach Anhörung der Schulregionalkonferenz (§ 19 Abs. 1 Satz 1 SchoG). In Sachsen werden Einzugsbereiche für Berufsschulen durch das Kultusministerium festgelegt (§ 25 Abs. 3 Satz 1 sächs SchulG), das seine Zuständigkeit jedoch durch Rechtsverordnung ganz oder teilweise auf die Sächsische Bildungsagentur übertragen kann (§ 25 Abs. 3 Satz 2 sächs SchulG). Kritisch gegenüber der Festlegung von Schulbezirken durch die Schulaufsichtsbehörden unter Berufung auf die in Art. 28 Abs. 2 GG garantierte kommunale Selbstverwaltungsgarantie *Rux/Niehues*, Schulrecht, Rn. 757; für Schulentwicklungspläne, die Voraussetzung schulorganisatorischer Maßnahmen sind, s. auch Markus *Winkler*, Schulentwicklungsplanung zwischen kommunaler Selbstverwaltung und staatlicher Schulverantwortung, DÖV 2011, S. 686 (insb. 687 f., 693).

34 So OVG Lüneburg, Urt. vom 21.5.1996, Az.: 13 L 148/90, Rn. 2 ff. (juris); VGH Kassel, NVwZ 1984, 116 (117).

35 BVerwG, NJW 1979, 828; OVG Koblenz, NVwZ 1986, 1036 (1036 f.).

36 Für die Schließung von Schulen, s. schon BVerwGE 18, 40; BVerwG NJW 1979, 828; speziell für Einteilung von Schulbezirken BVerwG, NJW 1979, 176; OVG Lüneburg, NdsVBl 2013, 243; NdsVBl 2011, 276.

einteilung zudem auf die Prüfung unzumutbarer Beeinträchtigungen und/oder grober Planungsfehler beschränkt.[37]

Für *Wahlschulen* können in einigen Ländern Schuleinzugsbereiche gebildet werden. Anders als bei der dargestellten Sprengelpflicht besteht dann zwar keine schulgesetzlich explizit normierte Pflicht zum Besuch einer im jeweiligen Schuleinzugsbereich gelegenen Schule; die Aufnahme eines Schülers, der nicht im Einzugsbereich wohnt, kann aber abgelehnt werden, wenn keine besonderen Gründe für die Aufnahme bestehen[38] (dazu TZ 18.223).

4.14 Schulwechsel, Anerkennung von Abschlüssen

Durch einen Schulwechsel, etwa im Zusammenhang mit dem Umzug der Eltern, entstehen für Schülerinnen und Schüler nicht selten erhebliche Schwierigkeiten. Häufig werden andere Schulbücher verwendet. Bei einem Schulwechsel über Landesgrenzen hinweg werden darüber hinaus auch andere Lehrpläne zugrunde gelegt. Der Leistungsstand der neuen Klasse unterscheidet sich zumeist vom bisherigen Niveau. Hinzu kommt, dass jede Schule eine individuelle Prägung bzw. ein eigenes Profil hat, was den Schulwechsel sogar innerhalb derselben Stadt erschweren kann. Besondere Probleme ergeben sich durch das Fächersystem der gymnasialen Oberstufe, da die Fächer mit erhöhten Anforderungen, die die Neigungen und Wünsche der Schülerinnen und Schüler berücksichtigen sollen, von Schule zu Schule unterschiedlich ausfallen.

Bei einem *Schulwechsel von Land zu Land* stellt sich die Frage, ob der Schüler den bisherigen Bildungsgang ohne weiteres fortsetzen und sich auf die ihm zuvor erteilten Berechtigungen berufen kann. Die *Abschlüsse der Sekundarstufe I* werden gemäß Ziffer 7 i.V.m. den Ziffern 5 und 6 der Vereinbarung der Kultusministerkonferenz über die Schularten und Bildungsgänge im Sekundarbereich I gegenseitig generell anerkannt.[39] Gleiches gilt nach § 10 der Vereinbarung über die Abiturprüfung der gymnasialen Oberstufe in der Sekundarstufe II[40] hinsichtlich der *Zeugnisse der Allgemeinen Hochschulreife*. Schüler und Eltern können jedoch aus diesen Abkommen oder sonstigen Vereinbarungen, die nur die beteiligten Ministerien binden, in der Regel keine unmittelbaren Rechte herleiten.[41] Ohnehin sind die Landesgesetzgeber frei, das schulische Berechtigungswesen nach eigenen Vorstellungen, also auch abweichend von Beschlüssen der Kultusministerkonferenz und Regelungen anderer Länder, zu gestalten. Allerdings ergibt sich aus dem der bundesstaatlichen Ordnung des Grundgesetzes innewohnenden Grundsatz der Bundestreue ein Appell an die Länder, ihr Berechtigungswesen so aufeinander abzustimmen, dass eine effektive Wahrnehmung des Grundrechts auf Freizügigkeit gemäß Art. 11 Abs. 1 GG im ganzen Bundesgebiet möglich ist; jedenfalls dürfen sich die Länder der Anerkennung der Schulabschlüsse anderer Länder dann nicht versagen, wenn in Bezug auf konkrete Abschlüsse eine materielle Gleichwertigkeit (z.B. hinsichtlich der Dauer des jeweiligen Bildungsganges,

37 OVG Lüneburg, NVwZ-RR 2015, S. 935 (936); OVG Lüneburg, NVwZ-RR 2015, S. 935 (936); einen Anspruch auf umfassende Nachprüfung der Abwägungsentscheidung unter Einschluss von auf öffentliche Belange bezogenen Abwägungsfehlern bejahen hingegen VG Minden, Urt. vom 27.4.2012, Az.: 8 K 1318/11, Rn. 25 ff. (juris); VG Leipzig, Beschl. vom 19.7.2002, Az.: 4 K 1107/02, Rn. 37 (juris); OVG Münster, NJW 1984, 804; offen gelassen OVG Bremen, NVwZ 1986, 1038 (1039).

38 So z.B. § 84 Abs. 1 Satz 1 und 2 nrw SchulG, § 41 Abs. 2 SchulG LSA.

39 Beschluss vom 3.12.1993 i.d.F. vom 25.9.2014 (KMK-BeschlS. Nr. 102). Zu verweisen ist ferner auf § 17 des Hamburger Abkommens vom 28.10.1964 (KMK-BeschlS. Nr. 101). – Zur bundesweiten Anerkennung von Berechtigungen DJT-SchulGE, § 61 (S. 95), S. 281 ff.

40 Beschluss 13.12.1973 i.d.F. vom 24.10.2008 (KMK-BeschlS. Nr. 192).

41 Etwas anderes gilt dann, wenn die auf einer KMK-Vereinbarung beruhende Praxis der Anerkennung zu einer Selbstbindung der Verwaltung geführt hat (vgl.TZ 1.334).

der Curricula oder der Anforderungen an das Prüfungsverfahren) gegeben ist.[42] Im Übrigen aber bleibt es jedem Land unbenommen, von allen Schülerinnen und Schülern, die zu einer bestimmten Stufe des Bildungssystems zugelassen werden wollen, die Erfüllung der vorgeschriebenen Eignungskriterien zu fordern. Diese subjektiven Zulassungsvoraussetzungen, die dem Schutz wichtiger Gemeinschaftsgüter – hier: der Funktionsfähigkeit der Schule – dienen, sind mit Art. 12 Abs. 1 GG, Art. 2 Abs. 1 GG vereinbar. Verfügt der zugezogene Schüler aber über *gleichwertige* Berechtigungen, kann er aufgrund seines Rechts auf gleiche Teilhabe an den öffentlichen Bildungseinrichtungen (TZ 2.224 a.E.) verlangen, in die entsprechende Klasse oder Schulart aufgenommen zu werden. Geringfügige Unterschiede in der Vorbildung, z.B. nur drei statt vier Wochenstunden in einer Fremdsprache, dürfen sich nicht als Nachteil erweisen. Allerdings ist es im Streitfall Sache des Schülers, die Gleichwertigkeit seines Berechtigungsnachweises darzulegen; lässt sich diese nicht hinreichend sicher feststellen, kann er die Aufnahme in die gewünschte Klasse oder Schulart nicht erreichen.[43]

4.15 Klassenstärken und Messzahlen

4.151 Für organisatorische und planerische Entscheidungen (Klassenteilung oder -zusammenlegung, Einrichtung oder Abbau von Parallelzügen, Begründung neuer oder Zusammenlegung bestehender Schulen), für die Ermittlung des Unterrichtsbedarfs und die Errechnung der Zahl der erforderlichen Lehrkräfte und der Höhe der aufzubringenden Personalkosten sind die jeweiligen Klassenstärken (Klassenbesuchszahlen, Klassenfrequenzen) bedeutsam. Der Bestimmung der Klassenstärken legen die Länder unterschiedliche Bemessungsverfahren zugrunde. So werden beispielsweise in Hessen in Bezug auf die verschiedenen Schularten für Klassen, Gruppen und Kurse *Schülerhöchst- und Schülermindestzahlen* festgesetzt, wobei die wirklichen Klassen-, Gruppen- bzw. Kursstärken die Höchstzahlen nur ausnahmsweise überschreiten dürfen; die Anzahl der Klassen, Gruppen oder Kurse die in einer Jahrgangsstufe der jeweiligen Schulart einzurichten sind, ergibt sich sodann aus der Teilung der Anzahl der Schülerinnen und Schüler durch die maßgebliche Schülerhöchstzahl.[44] In manchen Ländern, so z.B. in Brandenburg und in Nordrhein-Westfalen, werden Klassen auf der Grundlage von Frequenzrichtwerten und Bandbreiten gebildet.[45] In den Berufsfach- und Fachschulen sind die Klassenhöchststärken von den Unterrichtsmöglichkeiten der jeweiligen Fachrichtung und Ausbildungsart bestimmt.

---

42 Josef *Isensee*, Idee und Gestalt des Föderalismus im Grundgesetz, HdbStR VI, § 126 Rn. 43 f.; weitergehend noch Herbert *Bethge*, Die Grundrechtssicherung im föderativen Bereich, AöR 110 (1985), 169 (214 ff.).

43 § 61 DJT-SchulGE verschafft dem Schüler demgegenüber eine günstigere Ausgangsposition. Nach dieser Vorschrift darf die Anerkennung nur bei offensichtlicher Ungleichwertigkeit versagt werden; bloße Zweifel gehen daher zu Lasten der Schulbehörde des aufnehmenden Landes.

44 §§ 1 und 2 der hess VO über die Festlegung der Anzahl und der Größe der Klassen, Gruppen und Kurse in allen Schulformen vom 23.5.2017 (ABl. S. 188). Ähnlich in Sachsen, wo eine Differenzierung nach Schularten jedoch nur für die Mindestschülerzahlen (§ 4a Abs. 1 SchulG), nicht aber für die Schülerhöchstzahlen (§ 4a Abs. 2 SchulG) stattfindet; auch hier kann die Klassenobergrenze von 28 Schülerinnen und Schülern ausnahmsweise überschritten werden, wenn die Schulkonferenz dies beschließt (§ 4a Abs. 2 Satz 2 SchulG).

45 Nr. 5 i.V.m. Anlage 1 der bbg VV über die Unterrichtsorganisation vom 27.3.2012 (ABl. MBJS/12 [Nr. 3], S. 94), zul.g.d. VV vom 29.4.2015 (ABl. MBJS/15 [Nr. 7], S. 116); § 6 nrw VO zur Ausführung des § 93 Abs. 2 SchulG vom 18.3.2005 (GV. S. 218), zul.g.d. VO vom 14.3.2017 (GV. S. 373). In NRW beträgt z.B. der Klassenfrequenzrichtwert für die Hauptschule grundsätzlich 24 mit einer Bandbreite von 18 bis 30, für die Realschule und die Sekundarstufe I des Gymnasiums und der Gesamtschule grundsätzlich 28 mit Bandbreiten von 26 bis 30, abweichend hiervon in den Klassen 5 bis 8 der Klassenfrequenzrichtwert 27 bei einer Bandbreite von 25 bis 29 (§ 6a Abs. 4 und 5); Grundschulen sind von der Berechnung nach Frequenzrichtwerten und Bandbreiten ausgenommen (vgl. § 6a).

4.152 Der *Errechnung des Unterrichtsbedarfs*, d.h. der Zahl der erforderlichen Lehrerstellen, liegen sogenannte *Messzahlen* zugrunde. Die Messzahlen sind *entweder* schematische Schüler-Lehrer-Relationen (Verhältniszahlen), die in der Regel von den festgelegten Klassenhöchstzahlen nicht allzu sehr nach unten abweichen (z.B. je 20 Schüler eine Lehrkraft), *oder* unter Zugrundelegung des Unterrichtsmaßes der Schüler und der Unterrichtsverpflichtung der Lehrkräfte (einschließlich Stundenreserve) gewonnene Werte, die den Unterrichtsbedarf je Klasse wiedergeben (z.B. je Gymnasialklasse 1,7 Lehrer). Im ersten Fall werden die Gesamtzahlen der Schüler einer Schulart, Schulstufe oder Klassenstufe in Land, Kreis oder Gemeinde ermittelt und durch die Messzahl (Verhältniszahl) geteilt. Im zweiten Fall wird die Zahl der im Land (Kreis, Gemeinde) je Schulart oder Stufe bestehenden Klassen, nötigenfalls korrigiert durch Berücksichtigung der Klassenhöchststärken, zugrunde gelegt und mit der Messzahl (Lehrerbedarf je Klasse) multipliziert. Das Resultat ergibt die Zahl der erforderlichen Lehrkräfte. Dieses Berechnungsverfahren ist differenzierter als das erste, berücksichtigt jedoch wie jenes nur den Normalfall und bedarf zum Teil erheblicher Korrekturen, wenn den Besonderheiten einzelner Schulen oder Klassen Rechnung getragen werden soll.

Der künftige Lehrerbedarf hängt mithin in hohem Maße von der Entwicklung der Schülerzahlen ab. Ging die Kultusministerkonferenz in einer Vorausberechnung der Schüler- und Absolventenzahlen für die Jahre 2012 bis 2025 noch davon aus, dass die Zahl der Schülerinnen und Schüler von insgesamt knapp 11,3 Mio. im Jahr 2011 um 1,6 Mio. (13,8 Prozent) auf knapp 9,7 Mio. im Jahr 2025 zurückgehen wird[46], hat sie ihre Prognosen in einer neuen Vorausberechnung vom Mai 2018 mittlerweile korrigiert. In der aktuellen Vorausberechnung geht die Kultusministerkonferenz nunmehr davon aus, dass die Zahl aller Schülerinnen und Schüler von knapp 10,9 Mio. im Jahr 2016 bis zum Jahr 2030 um 278.000 (2,5 Prozent) auf ca. 11,2 Mio. ansteigen wird.[47] Dabei handelt es sich um einen Prozess, der in den einzelnen Regionen und verschiedenen Bildungsbereichen jedoch unterschiedlich stark ausfällt. Während in den ostdeutschen Flächenländern, wo sich im Jahr 2016 die Schülerzahl mit knapp 1,41 Mio. auf einem ohnehin niedrigen Stand befand, nach Angaben der Kultusministerkonferenz im Jahr 2030 ein Niveau von 1,44 Mio. erreicht sein soll, steigen im gleichen Zeitraum die Schülerzahlen in den westdeutschen Flächenländern von knapp 8,7 Mio. im Jahr 2016 um 83.000 (1 Prozent) auf etwa 8,8 Mio. im Jahr 2030. Demgegenüber steigen die Schülerzahlen in den Stadtstaaten deutlich an und zwar von 2016 bis 2030 um 20,4 Prozent, so dass im Jahr 2030 eine Schülerzahl in Höhe von insgesamt 935.000 erwartet wird.[48] In den verschiedenen Bildungsbereichen – von der Primarstufe über die Sekundarstufe I bis hin zur Sekundarstufe II – läuft der Prozess der Abnahme der Schülerzahlen phasenversetzt ab. Besondere demographischen Erscheinungen, wie der starke Rückgang der Geburtenzahlen in den neuen Ländern nach der deutschen Einigung, schieben sich in ihren Auswirkungen zeitverschoben durch die Bildungsbereiche und bestimmen so die Größenordnungen der Schülerzahlen entscheidend mit. Während im Primarbereich ausgehend von 2,9 Mio. Schülerinnen und Schülern im Jahr 2016 bis 2030 deutschlandweit eine Steigerung um mehr als 145.000 (5,1 Prozent) auf etwas über 3 Mio. erwartet wird, steigt die Schülerzahl im Sekundarbereich I im gleichen Zeitraum von ca. 4,1 Mio. voraussichtlich um 274.000 (6,6 Prozent) auf etwas über 4,4 Mio., wohin-

46 *Sekretariat der Kultusministerkonferenz* (Hrsg.), Vorausberechnung der Schüler- und Absolventenzahlen 2012 bis 2025, Berlin 2013. S. auch *Statistisches Bundesamt*, Schulen auf einen Blick. Ausgabe 2016, Wiesbaden 2016;

47 *Sekretariat der Kultusministerkonferenz* (Hrsg.), Vorausberechnung der Schüler- und Absolventenzahlen 2016 bis 2030, Berlin 2018, S. 9. S. auch Klaus *Klemm*/Dirk *Zorn*, Demographische Rendite adé. Aktuelle Bevölkerungsentwicklung und Folgen für die allgemeinbildenden Schulen, Gütersloh 2017.

48 *Sekretariat der Kultusministerkonferenz* (Fn. 47), S. 9 sowie die zahlreichen Tabellen mit den differenzierten empirischen Angaben auf den S. 34 ff.

gegen sie im Sekundarbereich II um 118.000 (3,3 Prozent) von 3,5 Mio. auf knapp 3,4 Mio. zurückgeht.[49]

Welche Konsequenzen aus dem erwarteten Rückgang der Schülerzahlen hergeleitet werden, bleibt offen. Weniger Schülerinnen und Schüler kann bedeuten, dass es weniger Klassen gibt und folglich weniger Schulgebäude sowie weniger Lehrerinnen und Lehrer gebraucht werden. In der Konsequenz könnten ferner die heute bereits in ländlichen Regionen zu beobachtenden Schließungen von Schulen weiter zunehmen.[50] Frei werdende Ressourcen könnten andererseits aber auch zu einer Verbesserung der Unterrichtsversorgung, für einen Ausbau der Ganztagsschulen oder die Umsetzung der inklusiven Beschulung genutzt werden.[51] Dazu bedarf es allerdings entsprechender bildungs- und finanzpolitischer Entscheidungen. Schon deshalb unterliegen Prognosen über den künftigen Lehrereinstellungsbedarf erheblichen Unsicherheiten.[52]

4.16 Schulversuche

Durch Schulversuche soll die Weiterentwicklung des Schulwesens und die Verbesserung pädagogischer Förderung ermöglicht werden.[53] Sie dienen der Erprobung neuer pädagogischer, didaktischer, curricularer oder organisatorischer Konzepte. Es kann sich um Teilversuche an vorhandenen Schulen (z.B. bestimmter Unterrichtsmethoden) oder um Gesamtversuche in Form besonderer Versuchs- oder Modellschulen handeln.[54]

Die Durchführung von Schulversuchen ist überall an die *Genehmigung der obersten Schulbehörde* gebunden. Über den Antrag auf Genehmigung beschließt die Lehrerkonferenz oder die Schulkonferenz; je nach landesrechtlicher Regelung sind Schulelternbeirat und Schulträger zu beteiligen. In mehreren Ländern sind Schulversuche wissenschaftlich zu begleiten.[55] Für Versuche, die von der im Hamburger Abkommen vereinbarten Grundstruktur des Schulwesens abweichen, schreibt § 16 des Abkommens außerdem eine vorherige Empfehlung der Kultusministerkonferenz vor. An dieser Bedingung wird jedoch schon seit längerem nicht mehr festgehalten. Die Kultusministerkonferenz lässt es in solchen Fällen vielmehr genügen, dass das zuständige Land den Versuch spätestens

49 *Sekretariat der Kultusministerkonferenz* (Fn. 47), S. 10.

50 Laut dem Bildungsbericht 2016 ist das Angebot an allgemeinbildenden Schulen sowohl im Primar- als auch Sekundarbereich stetig rückläufig; die insoweit besonders interessante Anzahl der Grundschulen hat sich von 16.743 im Jahr 2006 auf 15.578 im Jahr 2014 verringert (Bildungsbericht 2016, S. 72).

51 *Klemm/Zorn*, Demographische Rendite adé, insb. S. 7 und 28.

52 Vgl. etwa *Sekretariat der Kultusministerkonferenz* (Hrsg.), Lehrereinstellungsbedarf und -angebot in der Bundesrepublik Deutschland 2014 – 2025 – Zusammengefasste Modellrechnung der Länder, Berlin 2015; Klaus *Klemm*, Zur Entwicklung des Lehrerinnen- und Lehrerbedarfs in Deutschland, SchulVerwaltung Hess/RP 2009, S. 294.

53 § 22 Abs. 1 bw SchG, Art. 81 BayEUG, § 18 Abs. 1 Satz 1 und 2 bln SchulG, § 8 Abs. 1 Satz 1 und 2 BbgSchulG, § 13 Abs. 1 Satz 1 BremSchulG, § 10 Abs. 1 HmbSG, § 14 Abs. 1 HSchG, § 38 Abs. 1 Satz 1 SchulG M-V, § 22 Abs. 1 Satz 1 Halbsatz 1 NSchG, § 25 Abs. 1 Satz 1 und 2 nrw SchulG, § 20 Abs. 1 und Abs. 3 rp SchulG, § 5 Abs. 1 saarl SchoG, § 15 Abs. 1 Satz 1 sächs SchulG, § 11 Abs. 1 SchulG LSA, § 138 Abs. 1 Satz 1 und 3 sh SchulG, § 12 Abs. 1 Satz 1 und 4 ThürSchulG. Ausführlich zu Schulversuchen Günter *Winands*, Der Schulversuch. Historische Entwicklung und geltendes Recht, Berlin 2014.

54 In den Schulgesetzen wird zumeist der Terminus Schulversuch als Oberbegriff, die Bezeichnung Versuchsschule als besondere Art eines Schulversuchs verwendet. Gelegentlich wird zwischen Schulversuchen (innerhalb bestehender Schulen) und Versuchs- oder Modellschulen (als Abweichungen von den vorhandenen Schularten) unterschieden, so z.B. § 14 HSchG, § 34 DJT-SchulGE. In Thüringen werden Schulversuche an besonderen Versuchsschulen durchgeführt (§ 12 Abs. 1 Satz 2 ThürSchulG).

55 Z.B. § 14 Abs. 6 Satz 1 HSchG, § 38 Abs. 3 Satz 4 SchulG M-V, § 22 Abs. 2 Satz 1 NSchG, § 20 Abs. 4 rp SchulG, § 15 Abs. 1 Satz 4 sächs SchulG, vgl. auch § 138 Abs. 2 Satz 4 sh SchulG: „Schulversuche sind zeitlich zu begrenzen und in angemessener Zeit daraufhin auszuwerten, wieweit ihre Ergebnisse auf das Schulwesen übertragbar sind. Die Ergebnisse sind zu veröffentlichen."

sechs Monate vor dem geplanten Beginn den Mitgliedern des Schulausschusses über das Sekretariat der Kultusministerkonferenz unter Beifügung der relevanten Unterlagen (Ziele und Dauer des Versuchs, Ausmaß der Abweichungen von der Grundstruktur u.a.) anzeigt; der Versuch wird für den angemeldeten Zeitraum zugelassen.[56]

Schulversuche bedürfen schon deshalb einer *gesetzlichen Grundlage*, weil sie von den allgemeingültigen Regelungen abweichen. Das gilt umso mehr, als sie häufig angesichts ihrer Auswirkungen auf die Wahl des Bildungsweges die Grundrechte der betroffenen Schüler und Eltern tangieren.[57] Vor allem dann, wenn sie schrittweise irreversible Reformen einleiten, bedürfen sie wegen der Bedeutung der dadurch bewirkten Änderungen des Schulwesens einer über die schulgesetzliche Schulversuchsregelung hinausgehenden gesetzlichen Verankerung durch das Parlament[58] (dazu TZ 2.23). Die – gesetzliche – Verpflichtung zur Teilnahme am Schulversuch ist nur zulässig, wenn die Gewähr gegeben ist, dass die betroffenen Schülerinnen und Schüler gleiche oder gleichwertige Abschlüsse wie an anderen Schulen erwerben können. Eltern und Schüler haben in diesem Fall keinen Anspruch darauf, dass die vor dem Schulversuch bestehenden Organisationsformen aufrechterhalten werden[59]; allerdings muss es ihnen unbenommen bleiben, auf vorhandene Schulen des Regelsystems auszuweichen[60]. Es gibt weder ein Recht auf Unterlassung eines Schulversuchs, noch einen Anspruch auf dessen Fortführung.[61] In Berlin, Brandenburg, Bremen und Hamburg hängt die Teilnahme an einem Schulversuch vom Einverständnis der Erziehungsberechtigten bzw. der volljährigen Schülerinnen und Schüler ab.[62]

4.17 Koedukation

Während früher Mädchen und Jungen in getrennten Schulen unterrichtet wurden und der Bereich der höheren Bildung bis zu Beginn des 20. Jahrhunderts Mädchen in der Regel größtenteils verschlossen blieb, hat sich seit den 1950er Jahren schrittweise in allen Schulformen der Grundsatz der Koedukation durchgesetzt.[63] Vollzog sich dieser Prozess

---

56 *Sekretariat der Kultusministerkonferenz*, Durchführung von Schulversuchen und gegenseitige Anerkennung der entsprechenden Abschlüsse, Beschluss vom 16.2.1990 i.d.F. vom 21.6.2012 (KMK-BeschlS. Nr. 472).

57 Dem genügen die oben in Fn. 53 bereits angegeben Normen der Schulgesetze der Bundesländer. Zu Anforderungen an die Differenziertheit entsprechender Normen unter Berücksichtigung des Gesetzesvorbehalts Thomas *Clemens*, Grenzen staatlicher Maßnahmen im Schulbereich, NVwZ 1984, 65 (67).

58 *Oppermann*, Gutachten, C 56 ff; *Clemens*, NVwZ 1984, 65 (66); DJT-SchulGE, §§ 34-36 (S. 82 f.), S. 222. Auch der DJT-SchulGE verlangt für die Einführung flächendeckender Versuche ein besonderes Gesetz (§ 34 Abs. 4). Für die in Nordrhein-Westfalen per Erlass über die Schulversuchsnorm in § 25 nrw SchulG auf den Weg gebrachte, zahlenmäßig nicht beschränkte landesweite Einführung der „Gemeinschaftsschule“ s. Günter Winands, Die „Gemeinschaftsschule“ in Nordrhein-Westfalen: Grenzen eines Schulversuchs, DÖV 2011, 45.

59 Explizit geregelt z.B. in Art. 82 Abs. 2 BayEUG, § 12 Abs. 4 ThürSchulG.

60 Vgl. etwa Art. 82 Abs. 1 Satz 2 BayEUG. S. hierzu auch im Zusammenhang mit der großflächigen Einführung der Gemeinschaftsschule in Nordrhein-Westfalen *Winands*, DÖV 2011, 45 (48); allgemein hierzu *Clemens*, NVwZ 1984, 65 (70).

61 BVerwG, NJW 1976, 864: weder aus dem Grundrecht der allgemeinen Handlungsfreiheit gemäß Art. 2 Abs. 1 GG noch aus dem elterlichen Erziehungsrecht gemäß Art. 6 Abs. 2 Satz 1 GG folgt ein Anspruch auf Fortführung eines Schulversuchs, da Eltern und Schüler keine ihren Wünschen entsprechende Schule fordern können. A.A. Ingo *Richter*, Schulversuche vor Gericht, JZ 1978, 553 (554), der ein Recht auf die Fortführung eines begonnenen Schulversuchs bejaht, da sich Eltern und Schüler auf den Schulversuch eingelassen und auf dessen Fortführung vertraut hätten und bei Beendigung des Versuchs möglicherweise mit Übergangsschwierigkeiten konfrontiert seien.

62 § 18 Abs. 4 bln SchulG, § 8 Abs. 2 Satz 2 BbgSchulG, § 13 Abs. 3 Satz 4 BremSchulG, § 10 Abs. 4 HmbSG.

63 In den Ländern der Bundesrepublik Deutschland herrschte jedenfalls bezogen auf Realschulen und Gymnasien allerdings bis in die 1970er Jahren der nach Geschlechtern getrennte Unterricht mit divergierenden Schwerpunkten, Curricula, Lehrbüchern usw. vor, wohingegen in den ostdeutschen Ländern der koedukative Unterricht bereits mit der Gründung der DDR in allen Schulen eingeführt worden

weitgehend geräuschlos und nahezu ohne gesellschaftliche Diskussion, wurden mit dem Aufkommen einer westdeutschen feministischen Schulforschung Anfang der 80er Jahre des vergangenen Jahrhunderts Bedenken gegen die koedukative Schule geäußert.[64] Diese beruhten unter anderem auf der Annahme, dass Mädchen infolge der auch in der Schule rekonstruierten stereotypen Geschlechterrollen bei gemeinsamer Unterrichtung mit Jungen vor allem in Mathematik und in den naturwissenschaftlich-technischen Fächern benachteiligt würden. Umgekehrt kam mit der Veröffentlichung der Ergebnisse internationaler Schulleistungsstudien die These auf, dass es gerade Jungen sind, die im allgemeinbildenden Schulwesen Nachteile erleiden[65], und es wurde bereits ein „„boy turn“ in research on gender and education“[66] ausgemacht (hierzu unten TZ 4.34).[67]

Für das Festhalten an einer koedukativen Beschulung spricht die damit verfolgte Intention, Mädchen und Jungen nicht auf bestimmte traditionelle Rollenmuster festzulegen und so die Gleichberechtigung der Geschlechter auch im Schulwesen zu verwirklichen (Art. 3 Abs. 2 GG).[68] Dies setzt freilich voraus, dass Schulen Geschlechterstereotype dekonstruieren und die Frage reflektieren, welche Rolle die Kategorie Geschlecht in ihrem Kontext spielt.[69] Das ändert nichts daran, dass die Pflicht, am koedukativ erteilten Unterricht teilzunehmen, das Elternrecht und das Entfaltungsrecht der Schülerinnen und Schüler tangiert. Gerade aufgrund dieser Grundrechtsrelevanz bedarf es für den koedukativen Unterricht einer gesetzlichen Regelung.[70]

---

war. Zur Geschichte der Koedukation: Jürgen *Budde*/Katja *Kansteiner*/Andrea *Bossen*, Zwischen Differenz und Differenzierung. Erziehungswissenschaftliche Forschung zu Mono- und Koedukation, Wiesbaden 2016, S. 25 ff.

64 Zur feministischen Schulkritik s. die Beiträge in Uta *Enders-Dragäser*/Claudia *Fuchs* (Hrsg.), Frauensache Schule, Frankfurt am Main 1991; Maria Anna *Kreienbaum* (Hrsg.), Frauen Bilden Macht. Dokumentation des 7. Fachkongresses Frauen und Schule, Dortmund 1989; Monika *Stüzer* u.a. (Hrsg.), Geschlechterverhältnisse in der Schule, Opladen 2003, sowie die empirische Studie zur sozialen Konstruktion von Geschlecht in schulischen Interaktionen von Hannelore *Faulstich-Wieland*/Martina *Weber*/Katharina *Willems*, Doing Gender im heutigen Schulalltag, Weinheim 2004.

65 Differenzierend und eher distanziert gegenüber der These Bettina *Hannover*/Ursula *Kessels*, Sind Jungen die neuen Bildungsverlierer? Empirische Evidenz für Geschlechterdisparitäten zuungunsten von Jungen und Erklärungsansätze, Zeitschrift für Pädagogische Psychologie 2011, 89; Hans-Peter *Kuhn*, Geschlechterverhältnisse in der Schule: Sind die Jungen jetzt benachteiligt? Eine Sichtung empirischer Studien, in: Barbara Rendtorff/Annedore Prengel (Hrsg.), Kinder und ihr Geschlecht, Opladen 2008, S. 49. Danach gibt es zwar Indizien für die Benachteiligung von Jungen in einigen Bereichen des allgemeinbildenden Schulwesens (beispielsweise durch die starke Gewichtung der Deutschnote bei der Grundschulempfehlung am Ende des Primarbereichs), verlässliche Aussagen lassen sich aber aufgrund immer noch vorhandener Forschungsdesiderata nur schwer treffen.

66 Marcus *Weaver-Hightower*, The „Boy Turn“ in Research on Gender and Education, Review of Educational Research 2003, 471.

67 Zum aktuellen Forschungsstand: *Budde*/*Kansteiner*/*Bossen*, Zwischen Differenz und Differenzierung, S. 14 ff.

68 Vgl. BayVerfGH, NJW 1987, 1543, wonach der Grundsatz der Gleichberechtigung zwar nicht zur Koedukation im schulischen Bereich verpflichtet, es aber untersagt, dass Jungen keinen Zugang bekommen zu den seinerzeit bestehenden Sozialwissenschaftlichen Gymnasien, die ausgerichtet waren auf die Ausbildung von nach Ansicht des bayerischen (Verfassungs-)Gesetzgebers vermeintlich spezifisch weiblichen Fähigkeiten (wie Säuglingspflege, Kindererziehung und Hauswirtschaft).

69 S. Monika *Stürzer*, Zur Debatte um Koedukation, Monoedukation und reflexive Koedukation, in: dies. u.a., Geschlechterverhältnisse in der Schule, Opladen 2003, S. 171 (insb. 182 ff.).

70 Gesetzliche Bestimmungen, die ausdrücklich Koedukation vorschreiben, finden sich gegenwärtig nur in § 4 Abs. 2 Satz 2 bln SchulG, § 10 BremSchulG, § 3 Abs. 2 Satz 1 HmbSG, § 3 Abs. 4 Satz 2 und 3 HSchG, § 4 Abs. 6 SchulG M-V, § 2 Abs. 4 Satz 4 nrw SchulG, § 5 Abs. 1 Satz 1 und 2 sh SchulG. Nach diesen Vorschriften werden Mädchen und Jungen grundsätzlich gemeinsam unterrichtet; meistens ist bestimmt, dass sie aus pädagogischen Erwägungen zeitweise auch getrennt unterrichtet werden können. Die Tatsache, dass inzwischen nahezu alle Schulgesetze dazu übergegangen sind, die Rechtsverhältnisse der *„Schülerinnen und Schüler“*, nicht mehr nur die der *„Schüler“* zu regeln, legt es freilich nahe, bereits daraus den Grundsatz der gemeinsamen Unterrichtung und Erziehung von Mädchen und Jungen herzuleiten.

4.2 Berechtigungswesen

4.21 Notwendigkeit und Nutzen

Versetzung und erfolgreicher Abschluss der Schule (Schulart, Schulstufe) vermitteln den Schülerinnen und Schülern die Berechtigung zum Zugang zur nächsthöheren Jahrgangsstufe, zum Besuch weiterführender Schularten und höherer Stufen des Bildungswesens, zum Eintritt in berufliche Laufbahnen oder zum Ergreifen bestimmter Berufe. Die Schule übernimmt mit der Vergabe von Berechtigungen die Rolle einer „Zuteilungsapparatur von Lebens-Chancen“[71].

Das relativ starre Berechtigungswesen ist gewiss mit Nachteilen verbunden. Es kann pädagogisch schädliche Wirkungen auslösen, wie sie beispielsweise in dem durch den Numerus clausus (TZ 4.22) verursachten Verteilungskampf um Noten und Punkte in der gymnasialen Oberstufe anschaulich zutage treten. Ohnehin sind Zeugnisse und Abschlüsse vor allem beim Übergang ins Berufsleben zwar eine zumeist notwendige, nicht aber eine hinreichende Bedingung für erfolgreiche Bewerbungen.[72] Häufig kommt es auf zusätzliche, beispielsweise in Testverfahren nachzuweisende Fähigkeiten an; nicht selten geben soziale Herkunft und persönliche Beziehungen den Ausschlag.[73] Oft genug beeinträchtigt das Berechtigungswesen überdies die Persönlichkeitsentwicklung derer, die sich im Beruf bewährt haben, denen jedoch die nötigen Berechtigungsnachweise fehlen; hier kann freilich der Zweite Bildungsweg Abhilfe schaffen (TZ 3.8).

Die Mängel des Berechtigungswesens ändern indes nichts an seiner Notwendigkeit. Wenn auch das Versetzungs-, Abschluss- oder Prüfungszeugnis keinen absolut zuverlässigen Aufschluss über den Bildungs-, Reife- oder Intelligenzgrad gibt, so darf doch vermutet werden, dass jemand, der diesen Nachweis erbringt, für den Besuch weiterer Ausbildungsstufen oder für die Erfüllung bestimmter Berufsanforderungen geeignet ist. Die Berechtigungen enthalten schematisierte und formalisierte Eignungsvermutungen. Da individuelle Eignungserprobungen in einer Massengesellschaft nur begrenzt möglich sind, müssen solche Vermutungen als Notlösungen hingenommen werden; das grobe Ausleseverfahren mit Hilfe der Versetzungsentscheidungen und Schulabschlüsse ist immer noch besser als der Verzicht auf jede Auslese. Die Berechtigungen, die die verschiedenen Schularten und Schulstufen vermitteln, ergeben sich aus der Darstellung unter TZ 3.4 ff.; vgl. ferner das 18. und das 20. Kapitel.

4.22 Numerus clausus

Zu den wichtigsten von den Schulen erteilten Qualifikationen gehört die durch das Abitur vermittelte allgemeine Hochschulreife (vgl. TZ 3.511), durch deren Nachweis jeder Deutsche, außerdem jeder Staatsangehörige eines anderen Mitgliedstaats der Europäischen Union (§ 27 HRG) zu dem von ihm gewählten Hochschulstudium berechtigt ist. Die Verwirklichung dieses Rechts stößt angesichts der durch die Überfüllung der Hochschulen notwendig gewordenen Zulassungsbeschränkungen in mehreren Studienfächern auf

71 So die prägnante Formulierung des Soziologen Helmut *Schelsky*, Schule und Erziehung in der industriellen Gesellschaft, 6. Aufl., Würzburg 1967, S. 18. Zu dieser sogenannten Allokationsfunktion der Schule Helmut *Fend*, Neue Theorie der Schule., 2. Aufl., Wiesbaden 2008, S. 44, 46, 50 und 52 ff.

72 S. für Lehrkräfte z.B. Kristin *Wolf*, Prädikatoren für den multikriterialen Berufserfolg von Lehrkräften. Zum Zusammenhang zwischen Abiturdurchschnittsnote, Studienerfolg und Berufserfolgsmaßen, Wiesbaden 2017, S. 9 ff. S. auch: *Wissenschaftsrat*, WR-Drs. 5920/03 vom 30.1.2005, Empfehlungen zur Reform des Hochschulzugangs, S. 44 f.

73 Zu den von institutionell-strukturellen und individuellen Faktoren beeinflussten Übergängen von der Schule in das Berufsleben Bildungsbericht 2016, S. 113 ff.

Grenzen. In seinem grundlegenden Numerus-clausus-Urteil vom 18.7.1972[74] hat das Bundesverfassungsgericht einerseits ausgesprochen, dass aus dem in Art. 12 Abs. 1 Satz 1 GG gewährleisteten Recht auf freie Wahl des Berufs und der Ausbildungsstätte in Verbindung mit dem allgemeinen Gleichheitssatz des Art. 3 Abs. 1 GG und dem Sozialstaatsprinzip der Art. 20 Abs. 1, 28 Abs. 1 Satz 1 GG ein Recht auf Zulassung zum Hochschulstudium folgt. Es hat andererseits aber auch festgestellt, dass dieses Recht durch Gesetz oder aufgrund eines Gesetzes eingeschränkt werden kann. Allerdings sei ein absoluter Numerus clausus für Studienanfänger an strenge Voraussetzungen gebunden und nur verfassungsmäßig, „wenn er (1.) in den Grenzen des unbedingt Erforderlichen unter erschöpfender Nutzung der vorhandenen, mit öffentlichen Mitteln geschaffenen Ausbildungskapazitäten angeordnet wird [...] und wenn (2.) Auswahl und Verteilung nach sachgerechten Kriterien mit einer Chance für jeden an sich hochschulreifen Bewerber und unter möglichster Berücksichtigung der individuellen Wahl des Ausbildungsortes erfolgen“[75].[76]

Das gegenwärtig geltende Hochschulzulassungsrecht, das ungeachtet zahlreicher Modifikationen in den vergangenen Jahren weitgehend auf das erste Numerus-clausus-Urteil des Bundesverfassungsgerichts zurückgeht, beruht (noch) auf dem Hochschulrahmengesetz (HRG) i.d.F. vom 19.1.1999[77] sowie auf dem Staatsvertrag über die Errichtung einer gemeinsamen Einrichtung für Hochschulzulassung vom 5.6.2008. Durch diesen Staatsvertrag wurde zum 1.5.2010 die *Stiftung für Hochschulzulassung* in Dortmund als rechtsfähige Stiftung des öffentlichen Rechts mit ihrem Bewerberportal „hochschulstart.de“ errichtet. Sie ist Rechtsnachfolgerin der früheren Zentralstelle für die Vergabe von Studienplätzen (ZVS), deren Aufgaben, Rechte und Verbindlichkeiten auf sie übergegangen sind. Mit einem weiteren Staatsvertrag über die gemeinsame Einrichtung für Hochschulzulassung vom 17.3.2016 (StV) haben sich die Länder schließlich auf eine Weiterentwicklung der gemeinsamen Regelungen für das Vergabeverfahren von Studienplätzen geeinigt; die Ratifikation durch alle Bundesländer vorausgesetzt (s. Art. 19 Abs. 1 Satz 1 StV), finden die neuen Regelungen gemäß Art. 19 Abs. 1 Satz 2 StV frühestens auf das Vergabeverfahren zum Wintersemester 2018/2019 Anwendung.[78]

Die Stiftung hat die Aufgabe, in den „harten“ Numerus-clausus-Fächern das bundesweit ausgerichtete zentrale Vergabeverfahren durchzuführen, und soll darüber hinaus die Hochschulen bei den dezentralen Zulassungsverfahren und bei der Durchführung von Anmeldeverfahren in zulassungsfreien Studiengängen unterstützen (Art. 2 Abs. 1, 4 StV). In das *zentrale Vergabeverfahren* werden grundsätzlich diejenigen Studiengänge einbezogen, für die für alle staatlichen Hochschulen nach Landesrecht zu bestimmende Zulassungszahlen festgesetzt worden sind und bei denen zu erwarten ist, dass die Bewerberzahl die Gesamtzahl der zur Verfügung stehenden Studienplätze übersteigt (vgl. Art. 7 Abs. 1 StV). Bundesweit zulassungsbeschränkte Studiengänge, die zentral über die Stiftung

---

74 BVerfGE 33, 303 (329 ff.); vgl. auch BVerfGE 37, 104; E 43, 291; E 85, 36 (53 f.); E 134, 1 (13 f.); BVerfG, NVwZ-RR 2016, 846 (846).

75 BVerfGE 33, 303 (338).

76 Zur historischen Kontextualisierung sowie zu den grundrechtsdogmatischen, wissenschaftssystembezogenen und gesellschafts- bzw. bildungspolitischen Prämissen des Urteils: Rudolf *Steinberg*/Henrik *Müller*, Art. 12 GG, Numerus Clausus und die neue Hochschule, NVwZ 2006, 1113 (1113 f.).

77 BGBl. I S. 18, zul.g.d. G. vom 23.5.2017 (BGBl. I S. 1228). Durch die Föderalismusreform I (dazu TZ 2.11) ist das Recht des Bundes, Rahmenvorschriften u.a. über die allgemeinen Grundsätze des Hochschulwesens zu erlassen (Art. 75 Abs. 1 Nr. 1a GG a.F.), aufgehoben worden. Er kann aber nunmehr aufgrund der geänderten Zuständigkeiten auf dem Gebiet der konkurrierenden Gesetzgebung Hochschulzulassung und Hochschulabschlüsse regeln (Art. 74 Abs. 1 Nr. 33 GG n.F.). Bis auf Weiteres gelten die Bestimmungen des HRG bezüglich der Hochschulzulassung gemäß Art. 125b Abs. 1 Satz 1 GG fort.

78 Zugleich tritt nach Art. 19 Abs. 1 Satz 3 StV der alte Staatsvertrag über die Errichtung einer gemeinsamen Einrichtung für Hochschulzulassung vom 5.6.2008 mit Abschluss desjenigen Vergabeverfahrens außer Kraft, das dem ersten Vergabeverfahren am Maßstab des neuen Staatsvertrages vorangeht.

für Hochschulzulassung vergeben werden, sind in der Regel Medizin, Tiermedizin, Zahnmedizin und Pharmazie. Es findet ein *Auswahlverfahren* statt. Für die Auswahl gelten die folgenden Kriterien: Bis zu 20 Prozent der Studienplätze sind als sogenannte *Vorabquoten* außergewöhnlichen Härtefällen, Ausländern[79], Bewerbern für ein Zweitstudium, in der beruflichen Bildung qualifizierten Personen u.a. vorzubehalten (Art. 9 StV). Von den verbleibenden Studienplätzen werden 20 Prozent nach dem *Grad der Qualifikation* für das gewählte Studium vergeben (Art. 10 Abs. 1 Satz 1 Nr. 1 StV). Die Länder tragen dafür Sorge, dass die Qualifikationsnachweise vergleichbar sind, wobei nur geringfügig voneinander abweichende Qualifikationsgrade als ranggleich behandelt werden können. Solange ein Notengefälle zwischen den Ländern besteht, werden Landesquoten gebildet. Die Quote eines Landes bemisst sich zu einem Drittel nach seinem Anteil an der Gesamtzahl der Bewerberinnen und Bewerber für den betreffenden Studiengang (Bewerberanteil) und zu zwei Dritteln nach seinem Anteil an der Gesamtzahl der 18- bis unter 21-Jährigen (Bevölkerungsanteil); für die Stadtstaaten werden die sich danach ergebenden Quoten um 30 Prozent erhöht. Weitere 20 Prozent der Studienplätze werden nach der Zahl der Semester, für die sich die Bewerberin oder der Bewerber im jeweiligen Studiengang beworben hat (*Bewerbungssemester*), zugewiesen (Art. 10 Abs. 1 Satz 1 Nr. 2 Halbsatz 1 StV); auf die Wartezeit werden sogenannte Parkstudienzeiten an deutschen Hochschulen allerdings nicht angerechnet (Art. 10 Abs. 1 Satz 1 Nr. 2 Halbsatz 2 StV). Dadurch soll vermieden werden, dass abgewiesene Bewerberinnen und Bewerber durch ein Ausweichstudium Plätze in anderen Studiengängen blockieren.

Alle anderen Studienplätze werden von den Hochschulen nach dem Ergebnis eines *hochschuleigenen Auswahlverfahrens* vergeben, an dem alle Studienbewerberinnen und Studienbewerber teilnehmen, welche die betreffende Hochschule in ihrem Antrag an die Stiftung für Hochschulzulassung genannt haben und die nicht bereits aufgrund ihrer Qualifikation oder der Wartezeit zugelassen worden sind (Art. 10 Abs. 1 Satz 5 StV). Zugrunde zu legen ist in diesen Auswahlverfahren eine Kombination mehrerer Gesichtspunkte, wie der Grad der Qualifikation, die gewichteten Einzelnoten der Qualifikation in Bezug auf die fachspezifische Eignung, das Ergebnis eines fachspezifischen Studierfähigkeitstests, die Art einer Beraufsausbildung oder Berufstätigkeit und das Ergebnis eines von der Hochschule durchzuführenden Bewerbungsgesprächs (Art. 10 Abs. 1 Satz 1 Nr. 3 StV).[80] Dem Grad der Qualifikation muss allerdings ein maßgeblicher Einfluss gegeben werden (Art. 10 Abs. 1 Satz 2 StV).[81] In seiner Entscheidung zur Zulassung zum Studium der Humanmedizin[82] vom 19.12.2017 hat das Bundesverfassungsgericht diese Grundsätze im Wesentlichen bestätigt, zugleich aber weiter konkretisiert. So dürfen sich die Regelungen für die Verteilung knapper Studienplätze zwar grundsätzlich am Kriterium der Eignung orientieren, soweit die Vielfalt der möglichen Anknüpfungspunkte zur Erfassung der Eig-

---

79 Staatsangehörige eines anderen Mitgliedstaats der Europäischen Union sowie sonstige ausländische Staatsangehörige und Staatenlose, die eine deutsche Hochschulzugangsberechtigung besitzen, sind Deutschen gleichgestellt (Art. 5 Abs. 2 Satz 2 StV).

80 Differenziert zu den universitären Auswahlverfahren in den einzelnen Bundesländern Volker *Haug*, „Wer die Wahl hat, hat die Qual?" – Hochschulauswahlrecht im Vergleich, WissR 2006, 96 (101 ff.).

81 Bei diesen hochschuleigenen Auswahlverfahren kommt es vielfach zu Mehrfachzulassungen. Es ist nicht zuletzt Aufgabe der Stiftung für Hochschulzulassung, solche Mehrfachzulassungen abzugleichen und nicht besetzte Studienplätze zu vermitteln.

82 Vor der Entscheidung des Bundesverfassungsgerichts wurden die Studienplätze bei bundesweit zulassungsbeschränkten Studiengänge nach Quoten vergeben. Über eine zentrale Studienplatzvergabe durch die Stiftung für Hochschulzulassung wurden 20 Prozent der Plätze an diejenigen Bewerber mit den besten Abiturnoten vergeben und weitere 20 Prozent an Bewerber, die bestimmte Wartezeiten erfüllt hatten. Die übrigen 60 Prozent der Studienplätze wurden hingegen in eigenständigen Auswahlverfahren von den Hochschulen nach bestimmten, von den Hochschulen innerhalb gewisser Vorgaben weitgehend frei wählbaren und kombinierbaren Kriterien vergeben.

nung abgebildet wird. Der Gesetzgeber muss allerdings die Standardisierung und Strukturierung hochschuleigener Eignungsprüfungen sicherstellen und darf den Hochschulen für deren eigenständiges Auswahlverfahren kein eigenes Kriterienfindungsrecht zugestehen. Soweit in den Auswahlverfahren der Hochschulen die Abiturnote berücksichtigt wird, muss zudem dafür gesorgt sein, dass unter Berücksichtigung von deren eingeschränkter länderübergreifender Vergleichbarkeit im Zulassungsverfahren Ausgleichsmechanismen implementiert werden. Wartezeitquoten sind nach Ansicht des Bundesverfassungsgerichts zwar verfassungsrechtlich nicht geboten, aber zulässig, soweit sie einen Anteil von 20 Prozent der Studienplätze nicht überschreiten.[83]

Auch *außerhalb der „harten" NC-Fächer* ist etwa die Hälfte aller Studienangebote mit *Zulassungsbeschränkungen* belegt. Die Verantwortung für die Auswahl der Bewerberinnen und Bewerber bleibt hierbei aber vollständig in der Hand der Hochschulen (*dezentrales Zulassungsverfahren*). Die Stiftung für Hochschulzulassung mit ihrem Bewerberportal „hochschulstart.de" vergibt selbst keine Studienplätze; sie wird vielmehr als *Serviceeinrichtung für die Hochschulen* tätig, in deren Auftrag und nach deren Vorgaben sie ganz oder teilweise die administrativen Schritte des Auswahlverfahrens durchführt (vgl. auch Art. 4 StV).

Angesichts der seit den 90er Jahren des vorigen Jahrhunderts zu verzeichnenden tiefgreifenden Veränderungen der Hochschulpolitik und des Hochschulsystems – stärkere Autonomisierung der Hochschulen, Einführung von Wettbewerbselementen wie z.B. der Exzellenzinitiative, unterschiedliche Ausbildungsangebote und Studiengänge – stellt sich allerdings die Frage, ob das gegenwärtige Hochschulzulassungsrecht, das auf der Prämisse bundeseinheitlicher Ausbildungskonzepte und prinzipiell gleicher Zugangsberechtigung aller hochschulreifen Studienbewerber beruht, noch aufrechtzuerhalten ist.[84]

4.3 Ungleichheit im deutschen Schulsystem

Längst ist erwiesen, dass die Bildungschancen von Kindern und Jugendlichen im deutschen Bildungssystem in hohem Maße von ihrer sozioökonomischen und soziokulturellen Herkunft abhängen (TZ 4.31). Das betrifft in negativer Weise vor allem Schülerinnen und Schüler mit Migrationshintergrund (TZ 4.32). Auch in der Dichte des Schulangebots zeigen sich teilweise erhebliche Unterschiede, die sich nachteilig auf die Bildungskarrieren junger Menschen auswirken können (TZ 4.33). Demgegenüber ist die Benachteiligung der Mädchen im Schulbereich deutlich zurückgegangen (TZ 4.34).

4.31 Soziale Ungleichheit

4.311 Sowohl die Bildungsbeteiligung als auch der Kompetenzerwerb von Kindern und Jugendlichen sind in Deutschland sehr stark durch die familiäre Herkunft und die damit verbundenen Unterschiede in der ökonomischen, sozialen und kulturellen Ausstattung beeinflusst.[85] Die Wahl der weiterführenden Schule am Ende der Grundschule, die in

83 BVerfG, NJW 2018, 361.

84 Für eine grundlegende Reform des Hochschulzulassungsrechts *Steinberg/Müller*, NVwZ 2006, 1113.

85 Kai *Maaz*/Jürgen *Baumert*/Kai S. *Cortina*, Soziale und regionale Ungleichheit im deutschen Bildungssystem, in: MPI-Bildungsbericht, S. 205; Jürgen *Baumert*/Gundel *Schümer*, Familiäre Lebensverhältnisse, Bildungsbeteiligung und Kompetenzerwerb im nationalen Vergleich, in: Jürgen Baumert u.a. (Hrsg.) PISA 2000 – Die Länder der Bundesrepublik Deutschland im Vergleich, Opladen 2002, S. 159; Timo *Ehmke*/Jürgen *Baumert*, Soziale Herkunft und Kompetenzerwerb. Vergleiche zwischen PISA 2000, 2003 und 2006, in: Manfred Prenzel u.a. (Hrsg.), PISA 2006. Die Ergebnisse der dritten internationalen Vergleichsstudie, Münster 2007, S. 309; Timo *Ehmke*/Nina *Jude*, Soziale Herkunft und

Deutschland in einem vergleichsweise frühen Alter in der Regel bereits nach der vierten Klasse erfolgt und die sich als wichtigste Gelenkstelle bei der Verteilung von Bildungs- und Lebenschancen erweist, wird maßgeblich auch durch die Bildungsaspirationen der Eltern bestimmt. Zudem zeigen wissenschaftliche Studien, dass Lehrkräfte Schülerinnen und Schülern aus unteren sozialen Schichten selbst bei gleichen Leistungen schlechtere Noten und Schullaufbahnempfehlungen erteilen. Dies hat zur Folge, dass diese Kinder auch bei gleichen Schulnoten und Schulleistungen deutlich häufiger als die Kinder aus höheren sozialen Schichten auf eine Schule mit einem niedrigeren Anspruchsniveau wechseln, während Kinder aus höheren sozialen Schichten bei gleich schwachen Leistungen insoweit bevorzugt sind, als es den Eltern häufiger zu gelingen scheint, ihre Kinder auf Schulen mit einem höheren Anspruchsniveau unterzubringen.[86] So besuchte im Schuljahr 2014/15 der Großteil der Kinder und Jugendliche mit einem niedrigen sozioökonomischen Status die Realschule (30 Prozent) oder eine Schule der integrierten Form (27 Prozent), wohingegen sich 69 Prozent der Kinder und Jugendlichen mit einem hohen sozioökonomischen Status am Gymnasium wiederfanden.[87] Mit der Verteilung auf unterschiedliche Schulformen, welche auf eine Homogenisierung der Schülergruppen zielt, ist folglich zugleich eine soziale Segregation[88] als Kehrseite der institutionellen Leistungsdifferenzierung verbunden.[89]

Die sozialen Disparitäten setzen sich im Bildungsverlauf fort und verstärken sich sogar: Schülerinnen und Schüler aus unteren sozialen Gruppen haben es nicht nur schwerer, auf höher qualifizierende Schulen zu kommen; sie haben darüber hinaus auch größere Probleme, sich dort zu halten und nicht auf eine Schulart mit niedrigerem Anspruchsniveau hinabgestuft zu werden.[90] Es kommt hinzu, dass nur noch ein Drittel der Jugendlichen

---

Kompetenzerwerb, in: Eckhard *Klieme* u.a. (Hrsg.), PISA 2009. Bilanz nach einem Jahrzehnt, Münster 2010, S. 231; Katharina *Müller*/Timo *Ehmke*, Soziale Herkunft und Kompetenzerwerb, in: Kristina Reiss u.a. (Hrsg.), PISA 2015. Eine Studie zwischen Kontinuität und Innovation, Münster 2016, S. 285.

86 S. hierzu m.w.N. Hannah *Dumont* u.a., Soziale Ungleichheiten beim Übergang von der Grundschule in die Sekundarstufe I: Theorie, Forschungsstand, Interventions- und Fördermöglichkeiten, in: Kai Maaz u.a. (Hrsg.), Herkunft und Bildungserfolg von der frühen Kindheit bis ins Erwachsenenalter, Wiesbaden 2014, S. 141; Kai *Maaz* u.a., Genese sozialer Ungleichheit im institutionellen Kontext der Schule: Wo entsteht und vergrößert sich soziale Ungleichheit?, in: Jürgen Baumert u.a. (Hrsg.), Bildungsentscheidungen, Wiesbaden 2009, S. 11.

87 Bildungsbericht 2016, S. 77 ff. Weitere Angaben bei Felix *Hanschmann*, Staatliche Bildung und Erziehung, Tübingen 2017, S. 16 ff.

88 Mit Segregation ist eine (freiwillige oder erzwungene) räumliche Trennung von Personen entlang gleicher Merkmale (z.B. Herkunft, Ethnie, Geschlecht) gemeint, die sich in der Beschränkung von Zugangsmöglichkeiten beispielsweise zu Bildungseinrichtungen äußern kann. Von segregierten Schulen spricht man dann, wenn der an ihnen vorhandene Anteil an Schülerinnen und Schülern mit Migrationshintergrund und/oder aus sozioökonomisch benachteiligten Milieus überdurchschnittlich hoch bzw. unterdurchschnittlich niedrig ist, wobei eine konkrete Schwelle aufgrund der zum Teil erheblichen sozialräumlichen Unterschiede zwischen Bundesländern und Kommunen sowie der noch schwachen empirischen Befundlage zu der Frage, ab wann sich aus der Zusammensetzung der Schülerschaft einer Einzelschule negative Effekte, insb. auf die Leistungen, ergeben, kaum zu bestimmen ist. S. nur Petra *Stanat*, Schulleistungen von Jugendlichen mit Migrationshintergrund: Die Rolle der Zusammensetzung der Schülerschaft, in: Jürgen Baumert u.a. (Hrsg.), Herkunftsbedingte Disparitäten im Bildungswesen. Differenzielle Bildungsprozesse und Probleme der Verteilungsgerechtigkeit, Wiesbaden 2006, S. 189 (193 ff.); Michel *Knigge*/Olaf *Köller*, Effekte der sozialen Zusammensetzung der Schülerschaft, in: Olaf Köller u.a. (Hrsg.), Sprachliche Kompetenzen im Ländervergleich, Münster 2010, S. 227.

89 Umfassend hierzu Jürgen *Baumert* u.a., Schulstruktur und die Entstehung differenzieller Lern- und Entwicklungsmilieus, in: ders. (Fn. 86), S. 95.

90 *Bertelsmann Stiftung* u.a. (Hrsg.), Chancenspiegel – Eine Zwischenbilanz. Zur Chancengerechtigkeit und Leistungsfähigkeit des deutschen Schulsystems seit 2002, Gütersloh 2017, S. 59 ff.: In Deutschland kamen im Schuljahr 2014/15 auf einen Aufwärtswechsel durchschnittlich 5,4 Wechsel in eine niedrigere Schulart, wobei jedoch erhebliche Unterschiede zwischen den einzelnen Bundesländern bestehen. Während in der oberen Gruppe der Länder auf einen Aufwärtswechsel durchschnittlich 2,9 Abwärtswechsel kamen, standen einem Aufwärtswechsel in der unteren Gruppe der Länder durchschnittlich

mit Hauptschulabschluss einen Ausbildungsplatz im dualen System erreichen; für Jugendliche ohne Hauptschulabschluss bleibt kaum noch eine Chance auf eine Ausbildung im dualen System. Beinahe die Hälfte der Jugendlichen werden von einem Übergangssektor mit vielfältigen, unkoordiniert nebeneinander agierenden Einrichtungen aufgefangen; die Teilnahme an deren Ausbildungsangeboten führt nicht zu einem Berufsbildungsabschluss und wird in den meisten Fällen auch nicht auf duale oder vollzeitschulische Ausbildungsgänge angerechnet. Die Jugendlichen haben daher nur geringe Aussichten auf eine qualifizierte Ausbildung und Beschäftigung.[91] Auch wenn sich der Zusammenhang zwischen der sozialen Herkunft und der Bildungsleistung seit der PISA-Studie 2006 gegenüber den Erhebungsrunden in den Jahren 2000 und 2003 abgeschwächt hat, ist die soziale Selektivität des deutschen Bildungssystems gemessen an den Kompetenzen der 15-Jährigen in Mathematik, Naturwissenschaften und Lesen im internationalen Vergleich immer noch stark ausgeprägt.[92] Andere Länder sind offensichtlich besser in der Lage, Schülerinnen und Schüler aus unterschiedlichen sozioökonomischen Milieus zu einem hohen Kompetenzniveau zu führen.

4.312 Wie die sozialen Disparitäten im Schulwesen auszugleichen oder zumindest sukzessive zu verringern sind, ist eine Frage, die nicht nur unter pädagogischen und gesellschafts- wie bildungspolitischen Gesichtspunkten von Belang ist, sondern auch einer *rechtlichen Klärung* bedarf. Dabei lassen sich allerdings weder dem Grundgesetz noch den Landesverfassungen konkrete Handlungsanweisungen entnehmen. Das heißt indes nicht, dass der Staat den Dingen ihren Lauf lassen dürfte. Aus rechtlicher Sicht ist er vielmehr vor allem aufgrund des Sozialstaatsgebots verpflichtet, der schulischen Benachteiligung junger Menschen wegen ihrer sozialen Herkunft entgegenzuwirken (vgl. TZ 2.223).

Welche Maßnahmen er hierbei trifft – z.B. durch Verbesserung der Bildung und Erziehung im Elementarbereich[93], eine gezielte Sprachförderung[94], den Ausbau von Ganztagsschulen[95] oder Reformen der Lehrerbildung mit dem Ziel der Stärkung der diagnostischen und methodischen Kompetenzen der Lehrerinnen und Lehrer[96] –, das bleibt seiner bil-

---

9,4 Abwärtswechsel gegenüber. Vgl. die nur leicht abweichenden Angaben in der Tabelle D2-3A in: Bildungsbericht 2014, S. 256. Für Schülerinnen und Schüler mit Migrationshintergrund sind Bildungsaufstiege von der Hauptschule auf Realschulen oder Gymnasien zudem noch unwahrscheinlicher, Bildungsabstiege hingegen häufiger als bei Schülerinnen und Schülern ohne Migrationshintergrund (Bildungsbericht 2006, S. 52 und 151 f.).

91 Bildungsbericht 2006, S. 80 ff.; Bildungsbericht 2008, S. 96 ff. Bildungsbericht 2016, S. 101 ff.; ferner Steffen *Hillmert*, Bildung, Ausbildung und soziale Ungleichheiten im Lebenslauf, in: Maaz u.a. (Fn. 86), S. 73.

92 *Ehmke/Jude* (Fn. 85), S. 231 (insb. 242 ff.); *Müller/Ehmke* (Fn. 85), S. 285 (insb. 300 ff.). Hinsichtlich des Grades der Kopplung von sozialer Herkunft und erreichten Kompetenzen bestehen zwischen den einzelnen Bundesländern allerdings zum Teil erhebliche Unterschiede. S. Poldi *Kuhl* u.a., Soziale Disparitäten, in: Petra *Stanat* u.a. (Hrsg.), IQB-Bildungstrend 2015. Sprachliche Kompetenzen am Ende der 9. Jahrgangsstufe im zweiten Ländervergleich, Münster 2016, S. 409; *ders.* u.a., Soziale Disparitäten, in: Hans Anand Pant u.a. (Hrsg.), IQB-Ländervergleich 2012. Mathematische und naturwissenschaftliche Kompetenzen am Ende der Sekundarstufe I, Münster 2013, S. 275.

93 Marcus *Hasselhorn*/Susanne *Kuger*, Wirksamkeit schulrelevanter Förderung in Kindertagesstätten, in: Maaz (Fn. 86), S. 299; zu dem positiven Zusammenhang zwischen der Dauer des Kindergartenbesuchs und der Wahrscheinlichkeit des Besuchs einer höher qualifizierten weiterführenden Schule, s. auch Susanne *Seyda*, Kindergartenbesuch und späterer Schulerfolg, ZfE 2009, 233.

94 Jennifer *Paetsch* u.a., Sprachförderung von Kindern und Jugendlichen aus Zuwandererfamilien, in: Maaz (Fn. 86), S. 315; zu den unterschiedlichen Konzepten im vorschulischen Bereich Marcus *Hasselhorn*/Stephan *Sallat*, Sprachförderung zur Prävention von Bildungsmisserfolg, in: Stephan Sallat u.a. (Hrsg.), Sprache professionell fördern, Idstein 2014, S. 28.

95 Rolf *Strietholt* u.a., Bildung und Bildungsungleichheit an Halb- und Ganztagsschulen, ZfE 2015, S. 737; *Hanschmann* (Fn. 87), S. 52 ff. und 65 ff.

96 S. hierzu *Kultusministerkonferenz*, Standards für die Lehrerbildung: Bildungswissenschaften, Beschluss der KMK vom 16.12.2004 i.d.F. vom 12.6.2014.

dungspolitischen Einschätzung anheim gegeben. Daher führen beispielsweise Versuche, aus dem Grundgesetz oder aus den Verfassungen einzelner Länder, etwa unter Rückgriff auf das Gleichheitsgebot, die Forderung nach einem integrativen Schulsystem abzuleiten, ebenso in die Irre, wie Versuche, bestimmte Schularten wie z.B. das Gymnasium unter Bezugnahme auf verfassungsgesetzliche Normen zu konservieren.[97] Darüber hinaus sind die Grenzen zu berücksichtigen, die der Bildungspolitik vielfach gezogen sind. Strukturelle Entwicklungen, z.B. in der Zusammensetzung der durch das jeweilige Wohnmilieu bestimmten Schülerschaft, kann sie nur begrenzt durch einen alternativen Zuschnitt der Schuleinzugsbereiche, ein verändertes Schulangebot oder eine sozialindizierte Zuteilung von Ressourcen[98] beeinflussen; gefordert sind daneben aber auch Politikfelder wie die Integrationspolitik, die Kinder- und Jugendhilfe oder die Stadtentwicklung. Andererseits stellt sich die Frage, ob der Staat, wenn er schon im Anschluss an die Grundschule Schularten mit unterschiedlichem Anspruchsniveau vorhält, die Wahl der Schulart trotz entgegengesetzter Empfehlung der Grundschule den Eltern überlassen und auf eine Eignungsprüfung verzichten darf (vgl. auch TZ 18.211). Dadurch wird es bildungsbewussten Eltern leicht gemacht, ihrem Kind auch bei schwachen Leistungen den Zugang zu einer höher qualifizierenden Schule, insbesondere zum Gymnasium, zu verschaffen, während Kinder aus bildungsfernen Familien mit gleich schwachen Leistungen auf Schulen mit einem niedrigeren Anspruchsniveau zurückbleiben müssen. Hinzu kommt, dass bildungsbewusste Eltern generell weit eher in der Lage sind, ihren Standpunkt gegenüber der Schule durchzusetzen, während viele Familien aus sozial schwächeren Schichten sich um die Schullaufbahn ihres Kindes entweder nicht in der gleiche Weise kümmern oder ihnen das kulturelle und soziale Kapital für entsprechende Bildungsentscheidungen fehlt. Auf diese Weise wird die sozial bedingte Ungleichheit der Bildungschancen noch zusätzlich gesteigert.[99]

4.32 Migrationsbezogene Ungleichheit

4.321 Zu den großen Problemen des Bildungssystems gehört der Umgang mit Kindern und Jugendlichen aus Zuwanderungsfamilien.[100] Noch vor wenigen Jahren wurde die Zuwanderung in der amtlichen Statistik mit Hilfe des an der Staatsangehörigkeit ori-

---

97 Vgl. insb. das Förderstufenurteil des BVerfG, wonach das GG keinen Maßstab für die pädagogische Beurteilung von Schulsystemen enthält, wenngleich es auch hier äußerste Grenzen geben mag, deren Überschreiten verfassungsrechtlich relevant wäre (BVerfGE 34, 165 (185); ähnlich auch BVerfGE 45, 400 (414 f.); E 47, 46 (66 und 85); E 53, 185 (197 und 202); E 59, 360 (377); E 75, 40 (67); BVerfG, NVwZ 2008, 72 (73); BVerfG, Beschl. vom 21.4.1989, Az.: 1 BvR 235/89, Rn. 3 (juris). Etwas anderes gilt nur dann, wenn Landesverfassungen bestimmte Schulformen explizit nennen, wie z.B. Art. 27 Abs. 3 Satz 2 sächs Verf. die Gemeinschaftsschulen und Gymnasien.

98 Hierzu Horst *Weishaupt*, Schulen in schwieriger Lage und Schulfinanzierung, DDS 2016, 354; *ders.*/Thomas *Kemper*, Stellenzuweisung über einen Sozialindex, SchVw NRW 2016, 341; *Bundesministerium für Bildung und Forschung* (Hrsg.), Zur Konstruktion von Sozialindizes. Ein Beitrag zur Analyse sozialräumlicher Benachteiligung von Schulen als Voraussetzung für qualitative Schulentwicklung, Berlin 2010.

99 Demgegenüber fällt in Bundesländern mit einer verbindlichen Schullaufbahnempfehlung der Einfluss der familiären Herkunft niedriger aus. S. Kai *Maaz*/Gabriel *Nagy*, Der Übergang von der Grundschule in die weiterführenden Schulen des Sekundarschulsystems: Definition, Spezifikation und Quantifizierung primärer und sekundärer Herkunftseffekte, in: Baumert u.a. (Fn. 86), S. 153.

100 Zur Benachteiligung von Schülerinnen und Schülern mit Migrationshintergrund im deutschen Bildungssystem Bildungsbericht 2016, S. 161 ff.; Bildungsbericht 2006, S. 137; Jörg *Dollmann*, Unwillig oder benachteiligt? Migranten im deutschen Bildungssystem, in: in: Rolf Becker/Wolfgang Lauterbach (Hrsg.), Bildung als Privileg. Erklärungen und Befunde zu den Ursachen der Bildungsungleichheit, 5. Aufl., Wiesbaden 2016, S. 253; Heike *Diefenbach*, Kinder und Jugendliche aus Migrantenfamilien im deutschen Bildungssystem, 3. Aufl., Wiesbaden 2010; Mechthild *Gomolla*/Frank-Olaf *Radtke*, Institutionelle Diskriminierung, 3. Aufl., Wiesbaden 2009. Für eine Darstellung des Entwicklungsverlaufs zwischen den PISA-Studien 2000 und 2009 im internationalen Vergleich, s. Petra *Stanat* u.a., Schülerinnen und Schüler mit Migrationshintergrund, in: Klieme u.a. (Fn. 85), S. 200.

entierten Ausländerkonzepts erhoben. Inzwischen hat sich die Erkenntnis durchgesetzt, dass auf diese Weise der Charakter und die Größenordnung der mit der Zuwanderung verbundenen Aufgaben für Bildungspolitik und pädagogische Praxis vor allem deshalb nicht angemessen erfasst werden können, weil eingebürgerte Personen mit eigener oder durch die Eltern vermittelter Zuwanderungserfahrung unberücksichtigt bleiben. Um den tatsächlichen Umfang und die unterschiedlichen Ausprägungen der Bevölkerung mit Migrationshintergrund erfassen zu können, bedarf es daher der Erhebung von Merkmalen, die über die Staatsangehörigkeit hinausgehen (z.B. Geburtsort in oder außerhalb Deutschlands oder Staatsangehörigkeit und Geburtsort der Eltern). Danach betrug im Jahr 2016 der *Anteil der Personen mit Migrationshintergrund über ein Fünftel* (22,5 Prozent) der deutschen Bevölkerung. Davon machen Ausländerinnen und Ausländer, d.h. Personen ohne deutsche Staatsangehörigkeit, mit 9,0 Mio. oder 10,9 Prozent der Bevölkerung weniger als die Hälfte aller Personen mit Migrationshintergrund aus; die Mehrheit bilden mit 9,6 Mio. oder 11,7 Prozent der gesamtdeutschen Bevölkerung jene Personen, die über einen Migrationshintergrund verfügen und die deutsche Staatsangehörigkeit besitzen.[101] Von besonderem bildungspolitischen Interesse ist, dass der Anteil der Menschen mit Migrationshintergrund in den jüngeren Altersklassen besonders hoch ist: bundesweit hat bei den unter 10-Jährigen mehr als ein Drittel einen Migrationshintergrund, während der Anteil bei den 20- bis 45-Jährigen immer noch ein gutes Viertel beträgt, wobei die Anteile in den alten Bundesländern, in den Ballungszentren und in den Großstädten noch deutlich höher ausfallen.[102]

Die Ergebnisse internationaler Schulleistungsuntersuchungen der vergangenen Jahre zeigen, dass gerade Schülerinnen und Schüler mit Migrationshintergrund beim Kompetenzerwerb aufholen. Bei den jüngeren Erhebungen haben sie zum Teil substantiell bessere Leistungen erzielt.[103] Gleichwohl sind deren Kompetenznachteile bei einer Vielzahl unabhängig von ihrem Geburtsort und auch noch nach Kontrolle von Merkmalen des ökonomischen und kulturellen Kapitals gegenüber Schülerinnen und Schülern ohne Migrationshintergrund immer noch enorm. Bezogen auf bestimmte Gruppen, deren Zusammensetzung sich nach dem sozioökonomischen Hintergrund, der konkreten ethnischen Herkunft, der Zugehörigkeit zu einer bestimmten Migrationsgruppe und der in der Familie jeweils gesprochenen Sprache bestimmt, entsprechen die gemessenen Kompetenzabstände zu Kindern und Jugendlichen ohne migrantischen Hintergrund ungefähr einem Lernfortschritt, der in der Regel im Verlauf von mehr als einem Schuljahr erreicht wird.[104] Ähnlich wie bei sozioökonomisch bedingten Diskriminierungen kann die Benachteiligung entlang ethnischer Kriterien des Weiteren daran abgelesen werden, welche Schulformen Kinder und Jugendliche besuchen. Fanden sich deutsche Schülerinnen und Schüler im Schuljahr 2014/15 beinahe zur Hälfte an Gymnasien (44 Prozent) und nur zu 8 Prozent an Hauptschulen wieder, besuchten nur 24 Prozent der ausländischen Schülerinnen und Schüler ein Gymnasium, während sie an der Hauptschule mit 25 Prozent stark überrepräsentiert waren; allerdings bestehen hier – ebenso wie beim Kompetenzerwerb – jedoch

101 *Statistisches Bundesamt*, Bevölkerung und Erwerbstätigkeit. Bevölkerung mit Migrationshintergrund – Ergebnisse des Mikrozensus 2016 –, Fachserie 1 Reihe 2.2, Wiesbaden 2017, S. 8.

102 Ausführlich dazu Bildungsbericht 2016, S. 161 ff.

103 Für PISA *Stanat* u.a. (Fn. 100), S. 200 (211 ff.); zu ähnlichen Entwicklungen bei der Grundschul-Lese-Untersuchung IGLU: Knut *Schwippert* u.a., Lesekompetenzen von Schülerinnen und Schülern mit Migrationshintergrund, in: Wilfried Bos u.a. (Hrsg.), IGLU 2011. Leskompetenzen von Grundschulkindern in Deutschland im internationalen Vergleich, Münster 2012, S. 191 (199 ff.).

104 *Stanat* u.a. (Fn. 100), S. 200 (199 f.). S. auch *Schwippert* (Fn. 103), S. 191 (199), wonach Schülerinnen und Schüler ohne Migrationshintergrund auf einen Leistungsmittelwert von 555 Punkten kommen, während diejenigen Schülerinnen und Schüler, deren Elternteile beide im Ausland geboren sind, lediglich einen Leistungsmittelwert von 513 Punkten erzielen, was einen Leistungsvorsprung bedeutet, der ungefähr dem Leistungszuwachs von über einem Lernjahr entspricht.

ganz erhebliche Unterschiede abhängig von den Herkunftsstaaten der Schülerinnen und Schüler beziehungsweise ihrer Eltern und dem jeweiligen Generationenstatus.[105] In einzelnen Schulen kann der Anteil der Schülerinnen und Schüler mit Migrationshintergrund je nach Einzugsbereich der Schule zudem an 80 Prozent und mehr heranreichen, während er in den Gymnasien durchweg unter 50 Prozent verbleibt. Ein hoher Migrantenanteil, der häufig mit einem hohen Anteil an Schülerinnen und Schülern mit einem niedrigen sozialen Status korreliert, bedeutet auch eine verstärkte soziale Abschottung. So besucht jeder vierte Schüler, der eine Migrationserfahrung aufweist, eine Schule, in der Kinder und Jugendliche mit Migrationshintergrund die Mehrheit stellen. Auf dadurch bedingte ungünstigere Lernumwelten stoßen jene Kinder bereits in der Grundschule, lernen sie im Unterschied zu Kindern ohne Migrationshintergrund das Fach Deutsch doch beispielsweise mehr als drei Mal (in Großstädten sogar mehr als sechs Mal) häufiger in Klassen, in denen die Mehrheit der Schülerinnen und Schüler bei Untersuchungen zur Lesefähigkeit nur die unteren beiden Kompetenzstufen erreicht.[106]

4.322 Hinsichtlich der Frage, wie Bildungspolitik und Schulen auf die migrationsbezogenen Disparitäten zu reagieren haben, gelten unter *rechtlichen Aspekten* zunächst weitgehend die gleichen Überlegungen wie unter TZ 4.312.[107] Allerdings sind der Bildungspolitik gerade beim Umgang mit Kindern und Jugendlichen aus Migrantenfamilien Grenzen gesetzt, die durch Fehlentwicklungen in anderen Politikfeldern verursacht worden sind. Deutschland verstand sich bis vor wenigen Jahren nicht als Einwanderungsland. Migrantinnen und Migranten wurden seit der zweiten Hälfte der 50er Jahre des vorigen Jahrhunderts nach Deutschland angeworben, um hier unqualifizierte Arbeit zu leisten, für die deutsche Arbeitnehmerinnen und Arbeitnehmer, auch wegen der Bildungsexpansion, immer weniger zur Verfügung standen. Der Schulbildung der Kinder dieser Migrantinnen und Migranten wurde, zumal in den frühen Jahren der Einwanderung, wenig Beachtung geschenkt, nicht zuletzt auch deshalb, weil offiziell angenommen wurde, dass die Arbeitsmigranten und ihre Familien schon bald wieder in ihre Herkunftsländer zurückkehren würden. Das Rotationsprinzip hat sich indes als unrealistisch erwiesen. Die Folgen dieses Scheiterns müssen die Kinder und Kindeskinder der Arbeitsmigranten ausbaden. Die dadurch entstandenen Probleme sind zugleich zu ganz unterschiedlichen Herausforderungen für die Politik in Deutschland, insbesondere für die Bildungspolitik geworden.[108]

Das ändert nichts daran, dass der Staat, d.h. jedes einzelne Bundesland, wegen der ihm durch Art. 7 Abs. 1 GG zugewiesenen Verantwortung für das Schulwesen verpflichtet ist, für die Integration der nachwachsenden Generation zu sorgen und auf diese Weise den gesellschaftlichen Zusammenhalt zu wahren.[109] Angesichts der Tatsache, dass der Bildungserfolg und damit auch die spätere Positionierung im Berufsleben in hohem Maße von der Beherrschung der deutschen Sprache abhängen, liegt es nahe, dass Schulbehörden und Schulen vor allem auf diesem Gebiet Fördermaßnahmen einsetzen: von sprachlicher

105 Bildungsbericht 2016, S. 173 ff. und 331; vgl. auch Bildungsbericht 2006, S. 152. Mit weiteren Angaben und Differenzierungen Kathrin *Dedering*/Heinz Günther *Holtappels*, Schulische Bildung, in: Rudolf Tippelt/Bernhard Schmidt (Hrsg.), Handbuch Bildungsforschung, 3. Aufl., Wiesbaden 2010, S. 365 (377 ff.).

106 Bildungsbericht 2006, S. 161 ff., Bildungsbericht 2016, S. 173 ff.; *Sachverständigenrat deutscher Stiftungen für Integration und Migration* (Hrsg.), Segregation an deutschen Schulen. Ausmaß, Folgen und Handlungsempfehlungen für bessere Bildungschancen, Berlin 2013, S. 20 f.

107 Vgl. Stefanie *Schmahl*, Die Beschulung von Kindern und Jugendlichen mit Migrationshintergrund. Eine Bestandsaufnahme des geltenden Rechts, RdJB 2004, 23.

108 Bildungsbericht 2016, S. 185 ff., *Sachverständigenrat deutscher Stiftungen für Integration und Migration* (Fn. 106), S. 25 ff.

109 Dazu: Gemeinsame Erklärung der Kultusministerkonferenz und der Organisationen von Menschen mit Migrationshintergrund: „Integration als Chance – gemeinsam für mehr Chancengerechtigkeit". Beschluss der KMK vom 13.12.2007 (KMK-BeschlS. Nr. 35).

Frühförderung in Kindertagesstätten über den Ausbau der Sprachstandsdiagnostik, die Einrichtung von Förderkursen für Deutsch (dazu TZ 17.213), die Implementierung eines sprachsensiblen Fachunterrichts, den bereits seit längerem und in unterschiedlichen Sprachen angebotenen herkunftssprachlichen Unterricht bis hin zu außerunterrichtlichen Integrationsmaßnahmen insbesondere an Schulen mit hohem Migrantenanteil.[110] Insbesondere die Integration von geflüchteten Kindern und Jugendlichen stellt Bund, Länder und Kommunen vor ganz erhebliche und überaus vielfältige Herausforderungen. Das liegt weniger an den Zahlen, sind doch geschätzt nicht einmal drei Prozent der Schülerinnen und Schüler in deutschen Schulen geflüchtete Kinder und Jugendliche.[111] Allerdings kommen diese Kinder und Jugendlichen aus verschiedenen Ländern, bringen ganz unterschiedliche Prägungen und Kenntnisse mit, sind aufgrund ihrer Erfahrungen vor und auf der Flucht nicht selten traumatisiert und verfügen in der Regel über keine oder nur geringe Deutschkenntnisse, die eine zentrale Voraussetzung bilden für die schulische Integration und eine erfolgreiche Teilnahme am Unterricht.[112] Um den Herausforderungen zu begegnen, bedarf es personeller, räumlicher und finanzieller Ressourcen ebenso wie komplexer Koordinierungsleistungen der staatlichen Akteure und der Kooperation unterschiedlicher Behörden und Einrichtungen (z.B. Gesundheitsämter, Jugendhilfe, Vereine). In Reaktion auf den seit dem Jahr 2015 zu verzeichnenden Anstieg der Flüchtlingszahlen haben einige Bundesländer im allgemeinbildenden Schulwesen in der jüngsten Vergangenheit insbesondere Vorbereitungs- oder Intensivklassen[113] eingerichtet, in denen eine intensive Sprachförderung im Zentrum steht und die dazu dienen, geflüchtete Kinder und Jugendliche möglichst schnell in die Regelklassen zu integrieren. Andere Bundesländer integrieren junge Geflüchtete unmittelbar in die Regelklassen und setzen auf eine ergänzende Sprachförderung.[114] Darüber hinaus wurden schulpsychologische Beratungsstellen ausgebaut sowie Qualifizierungs- und Fortbildungsmaßnahmen für deren Personal realisiert, um den in den letzten Jahren deutlich gestiegenen Unterstützungsbedarf für traumatisierte Kinder und Jugendliche an den Schulen leisten zu können. Umgekehrt hängt die erfolgreiche Beschulung von geflüchteten Kindern und Jugendliche von der Akzeptanz sowie der Einsicht in die individuelle und gesellschaftliche Bedeutung der angebotenen Bildungsmöglichkeiten ab, was wiederum auf die Qualität der Zusammenarbeit zwischen Eltern und Schulen verweist. Hinsichtlich der Integration ebenso wie hinsichtlich der migrationsbezogenen Disparitäten im deutschen Schulsystem gilt aber auch für die Frage nach der konkreten Beschulung von geflüchteten Kindern und Jugendlichen, dass dem Staat

---

110 Hierzu: Ingrid *Gogolin* u.a., Förderung von Kindern und Jugendlichen mit Migrationshintergrund FÖRMIG. Bilanz und Perspektiven eines Modellprogramms, Münster 2011; *dies.*/Marianne *Krüger-Potratz*, Einführung in die interkulturelle Pädagogik, 2. Aufl. Opladen 2010, S. 171 ff., dort auch zur Entwicklung von Instrumenten der Sprachdiagnostik, die beim Schuleintritt von zentraler Bedeutung sind (a.a.O., S. 180 ff.).

111 Ausführlich zu den nicht unbeträchtlichen statistischen Schwierigkeiten: *Mercator Institut für Sprachförderung und Deutsch als Zweitsprache/Zentrum für LehrerInnenbildung der Universität zu Köln* (Hrsg.), Bestandsaufnahme und Empfehlungen. Neu zugewanderte Kinder und Jugendliche im deutschen Schulsystem, Köln 2015, S. 15 ff.

112 Siehe hierzu die Beiträge in: Maren *Gag*/Franziska *Goges* (Hrsg.), Inklusion auf Raten. Zur Teilhabe von Flüchtlingen an Ausbildung und Arbeit, Münster 2014, insb. Marika *Schwaiger*/Ursula *Neumann*, Junge Flüchtlinge im allgemeinbildenden Schulsystem und die Anforderungen an Schule, Unterricht und Lehrkräfte, S. 60.

113 Die jeweiligen Bezeichnungen können sich je nach Bundesland und Jahrgangsstufe unterscheiden. In Hamburg gibt es beispielsweise Alphabetisierungsklassen bzw. internationale Vorbereitungsklassen, in Nordrhein-Westfalen neben den Vorbereitungsklassen noch sogenannte Auffangklassen.

114 S. den Bericht der KMK zur Integration von jungen Geflüchteten durch Bildung (Beschl v. 6.10.2016), in dem die von den Bundesländern ergriffenen Maßnahmen dargestellt werden. Differenzierter zu den unterschiedlichen Modellen in den einzelnen Bundesländern: *Mercator Institut für Sprachförderung und Deutsch als Zweitsprache/Zentrum für LehrerInnenbildung der Universität zu Köln* (Fn. 111) S. 43 ff.

ein nicht unerheblicher Gestaltungsspielraum zukommt. Denn welche Maßnahmen der Bund, die Länder und die Kommunen im Einzelnen ergreifen, um den Herausforderungen zu begegnen, entzieht sich größtenteils der verfassungsrechtlichen Beurteilung. Jedenfalls aber darf der Staat im Schulwesen nicht die Entstehung und Verfestigung struktureller bzw. institutioneller Diskriminierungen und eine daran gekoppelte Segregation zulassen oder gar fördern.

4.33 Regionale Ungleichheit

4.331 Disparitäten im Schulsystem bestehen darüber hinaus auch in regionaler Hinsicht.[115] Auch wenn aufgrund der von der Kultusministerkonferenz mittlerweile korrigierten Zahlen (vgl. TZ 4.152) bis zum Jahr 2030 von einem Anstieg der Schülerzahlen insbesondere in den Stadtstaaten bzw. urbanen Regionen ausgegangen werden kann, ist andererseits nicht auszuschließen, dass es für die Schulträger in den ländlichen Regionen Deutschlands immer schwieriger werden kann, in kleineren Gemeinden selbst bei Umstellung auf jahrgangsübergreifende Klassen die Existenz von Grundschulen zu sichern und insbesondere ein wohnortnahes differenziertes Angebot an weiterführenden Schulen vorzuhalten.[116] Die niedrige Siedlungsdichte im ländlichen Raum erzwingt nicht selten eine Wohnortferne weiterführender Schulen, insbesondere des Gymnasiums.

Daneben zeigen sich teils signifikante Unterschiede in der Bildungsbeteiligung und den Bildungschancen zwischen einzelnen Bundesländern, die in den vergangenen Jahren noch zugenommen haben. Das betrifft das durchschnittliche Kompetenzniveau der Schülerinnen und Schüler in unterschiedlichen Leistungsdomänen[117], den Ausbau von Ganztagsschulangeboten[118], die Öffnung der allgemeinbildenden Schulen für Kinder und Jugendliche mit einem sonderpädagogischen Förderbedarf[119], die Quote der Absolventen eines Schuljahrgangs, welche die Hochschul- oder Fachhochschulreife erreichen[120] oder den Anteil derjenigen Schülerinnen und Schüler, die die Schule ohne zumindest einen Haupt-

115 Hierzu *Bertelsmann Stiftung* u.a. (Fn. 90); Isabell *van Ackeren*/Klaus *Klemm*, Entstehung, Struktur und Steuerung des deutschen Schulsystems, 3. Aufl., Wiesbaden 2015, S. 79 f.; Horst *Weishaupt*, Bildung und Region, in: Tippelt/Schmidt (Fn. 105), S. 217; insb. zu unterschiedlichen Leistungsniveaus in den einzelnen Bundesländern s. ferner Olaf *Köller*/Michel *Knigge*/Bernd *Tesch* (Hrsg.); Sprachliche Kompetenzen im Ländervergleich, Münster 2010; sowie die in Fn. 92 angegebenen Studien von Poldi *Kuhl* u.a.

116 Während die Anzahl der allgemeinbildenden Schulen in städtischen Regionen seit 2004 um 9 Prozent gesunken ist, mussten in ländlichen Regionen ungefähr doppelt so viele Schulen schließen. S. Bildungsbericht 2016, S. 34 f. Hierzu speziell für Ostdeutschland Caroline *Kann*, Schulschließungen und Umbau von Schulstandorten, Wiesbaden 2017.

117 Z.B betrug im Jahr 2015 der Unterschied in den Leseleistungen von Neuntklässlern zwischen den Bundesländern mit den besten (537 Punkte) und den schlechtesten (470 Punkte) Kompetenzwerten 67 Punkte, was einem Rückstand von mehr als drei Schuljahren entspricht. Nahezu identisch waren die 2012 im Fach Mathematik gemessenen Abstände zwischen den Ländern: Während die Schülerinnen und Schüler in Sachsen im Durchschnitt auf 536 Punkte kamen, erreichten die Bremischen Schülerinnen und Schüler durchschnittlich nur 471 Punkte.

118 Während beispielsweise im Schuljahr 2014/15 in Hamburg 88 Prozent der Schülerinnen und Schüler eine Ganztagsschule besuchten, waren es in Bayern nur 15 Prozent.

119 Die Anteile der Schülerinnen und Schüler, die keine Regelschule im allgemeinbildenden Schulwesen besuchen, sind in einzelnen Ländern und Jahren mehr als drei Mal so hoch wie in anderen Ländern. Während z.B. in den Stadtstaaten und in Schleswig-Holstein nur 2,6 Prozent der Schülerinnen und Schüler eine Förderschule besuchen, liegt der Anteil in Baden-Württemberg, Mecklenburg-Vorpommern, Sachsen und Sachsen-Anhalt bei 6,1 Prozent, wobei Bremen mit 1,5 Prozent die niedrigste und Mecklenburg-Vorpommern mit 6,9 Prozent die höchste Quote aufweisen.

120 Während beispielsweise im Jahr 2014 die Abiturientenquote in Hamburg 62,5 Prozent betrug, lag sie in Sachsen-Anhalt nur bei 38,1 Prozent.

schulabschluss verlassen[121].[122] Bildungschancen sind aber nicht nur zwischen den Ländern ungleich verteilt, sondern auch innerhalb eines Bundeslandes. Betrug zum Beispiel im Schuljahr 2016/17 die Übergangsquote zum Gymnasium in Duisburg nur etwas über 33 Prozent, lag sie in der nicht weit entfernten Stadt Essen bei über 45 Prozent und in Bonn sogar bei knapp 53 Prozent.[123]

Schließlich kommt es auch innerhalb einzelner Kommunen infolge räumlicher Segregationsprozesse, die wiederum in einem engen Zusammenhang stehen mit einem ungünstigen sozioökonomischen Status der jeweiligen Bevölkerung in den jeweiligen Stadtteilen, zu Bildungsdisparitäten. So konnte am Beispiel der Städte Mannheim und Heidelberg unter besonderer Berücksichtigung von Kindern mit Migrationshintergrund gezeigt werden, dass erstens die Quoten der Übergänge von der Primar- in die Sekundarstufe zwischen Grundschulen und Stadtteilen zum Teil erheblich voneinander abweichen, zweitens eine enge Korrelation zwischen dem soziostrukturellen Profil eines Stadtteils und den Bildungsaspirationen der dort lebenden Familien besteht, drittens bei einigen Grundschulen eine Tendenz zur „Versäulung" im Sinne ihrer straffen Kopplung mit bestimmten Schulformen der Sekundarstufe (i.d.R. entweder mit einer Haupt- bzw. Gesamtschule oder mit einem Gymnasium) zu beobachten ist und viertens sozioräumliche Bildungsungleichheiten jedenfalls in Mannheim im Zeitraum zwischen 1980 und 2002 zugenommen und sich teilweise institutionell verfestigt haben.[124] Im Übrigen sind bis zu drei Prozent der Leistungsvarianz im Fach Mathematik zwischen Schulen auf wirtschaftliche und soziale Kontextbedingungen, wie die regionale Arbeitslosenquote, die Anzahl der Empfänger von Sozialleitungen und den Anteil an Schulabgängern mit Hochschulreife, zurückzuführen, auch wenn sich derzeit noch nicht sagen lässt, über welche Vermittlungsprozesse sich die sozialräumlichen Bedingungen auf den individuellen Kompetenzerwerb auswirken.[125] Nicht von der Hand zu weisen ist jedenfalls, dass sich Bildungschancen in Deutschland auch nach dem regionalen Kontext bestimmen, in dem Kinder und Jugendliche aufwachsen.[126]

4.332 Wie die Bildungspolitik auf staatlicher und auf Schulträgerebene auf diese Herausforderungen reagiert, ist wiederum eine Frage, für deren Beantwortung weder das Grundgesetz noch die Landesverfassungen einen eindeutigen Maßstab enthalten. Selbst dort, wo die Landesverfassung ein Recht auf Bildung gewährleistet[127], besteht nur ein Anspruch auf

---

121 Im Jahr 2014 blieb in Nordrhein-Westfalen, Schleswig-Holstein, Berlin und Sachsen mit 18,4 Prozent im Durchschnitt fast jeder fünfte ausländische Jugendliche eines Altersjahrgangs ohne zumindest einen Hauptschulabschluss, wohingegen der durchschnittliche Anteil ausländischer Schülerinnen und Schüler ohne Schulabschluss in der oberen Ländergruppe, bestehend aus Brandenburg, Thüringen, Mecklenburg-Vorpommern und Hessen, nur 8,7 Prozent betrug.

122 Für alle Angaben s. *Bertelsmann Stiftung* u.a. (Fn. 90), S 109 ff.

123 S. *Landesdatenbank NRW*, Kommunales Bildungsmonitoring (abrufbar unter: https://www.landesdatenbank.nrw.de). Speziell für das Ruhrgebiet ferner Tobias *Terpoorten*, Räumliche Konfiguration der Bildungschancen. Segregation und Bildungsdisparitäten am Übergang in die weiterführenden Schulen im Agglomerationsraum Ruhrgebiet, Bochum 2014.

124 Thomas *Hauf*, Innerstädtische Bildungsdisparitäten an der Übergangsschwelle von den Grundschulen zum Sekundarschulsystem, ZfPäd 2007, 299. Am Beispiel von Kernstädten des Ruhrgebietes, s. Tobias *Terpoorten*, Geografie der Bildungschancen, DDS 2007, 468, der mit Hilfe einer Sozialraumanalyse zu dem Ergebnis kommt, dass in sozioökonomisch schwachen Stadtteilen die Übergangsquote zum Gymnasium meist unter 30 Prozent, in Einzelfällen auch nur bei knapp über 10 Prozent liegt, in sozioökonomisch besser gestellten Stadtteilen hingegen bei über 50 Prozent und in manchen Stadtteilen sogar bei über 80 Prozent, wobei hiervon insb. Kinder mit Migrationshintergrund betroffen sind.

125 Jürgen *Baumert* u.a., Wirtschaftliche, soziale und kulturelle Lebensverhältnisse und regionale Disparitäten des Kompetenzerwerbs, in: Manfred Prenzel u.a. (Hrsg.), PISA 2003. Der zweite Vergleich der Länder in Deutschland – Was wissen und können Jugendliche, Münster 2005, S. 323.

126 So auch *van Ackeren/Klemm* (Fn. 115), S. 80; *Weishaupt* (Fn. 115), S. 217 (224 ff.).

127 Art. 11 Abs. 1 bw. Verf., Art. 128 Abs. 1 bay Verf., Art. 20 Abs. 1 Satz 1 bln Verf., Art. 29 Abs. 1 bbg Verf., Art. 27 Abs. 1 brem Verf., Art. 8 Satz 1 Verf. M-V, Art. 4 Abs. 1 nds Verf., Art. 8 Abs. 1 Satz 1

Gleichbehandlung bei der Teilhabe an den vorhandenen Bildungseinrichtungen, nicht hingegen auf die Bereitstellung bestimmter Schulen an bestimmten Standorten. Gleichwohl hat der Staat – wie auch der betroffene Schulträger – für ein leistungsfähiges und vor allem auch sozial gerechtes Schulwesen zu sorgen. Welche Wege er diesbezüglich beschreitet und mit welchen Mitteln er seine Verpflichtung erfüllt, bleibt indes weitgehend seiner Entscheidung vorbehalten (vgl. TZ 2.224 und 2.3). Nur bei evidenter Pflichtverletzung, kann der Staat auf ein bestimmtes Handeln in Anspruch genommen werden. Wo die Grenze zu verfassungswidriger Untätigkeit überschritten ist – z.B. durch Festhalten an einer Schulentwicklungsplanung, die für viele Kinder und Jugendliche weit entfernte und schwer erreichbare Schulstandorte aufrechterhält oder die Chance auf den Besuch einer weiterführenden Schule mit einem höheren Anspruchsniveau zur Makulatur werden lässt –, lässt sich aber nur im konkreten Fall einschätzen.

4.34 Geschlechtsspezifische Ungleichheit

Zwar gibt es nach wie vor geschlechtsspezifische Disparitäten in der Bildungsbeteiligung; sie haben aber insgesamt an Bedeutung verloren bzw. stellen sich heute differenzierter dar als noch in den 1960er Jahren, in denen die Rede vom „katholischen Arbeitermädchen vom Lande“ empirisch durchaus noch ihre Berechtigung hatte. Tendenziell sind im allgemeinbildenden Schulwesen (vor allem beim Besuch des Gymnasiums) inzwischen vielfach die Mädchen im Vorteil. Sie haben die Jungen aber nicht nur in der Bildungsbeteiligung und bei den Bildungsabschlüssen überholt. Im Vergleich mit Jungen weisen sie darüber hinaus seltener einen Sprachförderbedarf auf und werden weniger oft von Einschulungen zurückgestellt oder in Förderschulen eingeschult. In weiterführenden Stufen der beruflichen Bildung bzw. in der Weiterbildung sind demgegenüber in der Regel weiterhin Jungen stärker vertreten, auch wenn sich die Unterschiede in diesen Bereichen des Bildungssystems in den vergangenen Jahren nahezu nivelliert haben.[128] Betrachtet man speziell den Kompetenzerwerb, ist die Realität ebenfalls wesentlicher differenzierter als es die oben (TZ 4.17) bereits dargestellten Thesen einer generellen Benachteiligung von Mädchen oder Jungen suggerieren. Danach schneiden zwar 15-jährige Jungen vor allem in Mathematik deutlich besser als gleichaltrige Mädchen ab. Bei der Lesekompetenz aber erreichen die Mädchen in dieser Altersgruppe nicht zuletzt aufgrund einer größeren Lesefreude erheblich bessere Ergebnisse[129], während die geschlechtsbezogenen Leistungsunterschiede in den Naturwissenschaften im Durchschnitt eher gering sind. Wenngleich somit Fördermaßnahmen zum Abbau geschlechtsbezogener Benachteilungen weiterhin notwendig sind, kann man doch das jahrzehntelange bildungspolitische Engagement für die Stärkung der Bildungschancen von Mädchen insgesamt als Erfolgsgeschichte bezeichnen.

---

nrw Verf., Art. 31 Satz 1 rp Verf., Art. 24a Abs. 1 saarl Verf., Art. 7 Abs. 1 sächs Verf., Art. 25 Abs. 1 Verf. LSA, Art. 10 Abs. 3 Satz 1 sächs Verf. und Art. 20 Satz 1 thür Verf.

128 Bildungsbericht 2016, S. 68 und 215. S. ferner *van Ackeren/Klemm* (Fn. 115), S. 78.

129 Zur größeren Lesefreude bei Mädchen und den Folgen für den Kompetenzerwerb: Bildungsbericht 2016, S. 95 und 270; Johannes *Hartig*/Nina *Jude*, Sprachkompetenzen von Mädchen und Jungen, in: Eckhard Klieme (Hrsg.), Unterricht und Kompetenzerwerb in Deutsch und Englisch. Ergebnisse der DESI-Studie, Weinheim 2008, S. 202.

5. Kapitel: Die öffentliche Schule als Einrichtung der Bildung und Erziehung

Wegen der großen Bedeutung der Schule für die Persönlichkeitsentwicklung junger Menschen wie auch für die Zukunft von Staat und Gesellschaft ist es wichtig, die Frage zu klären, welche Inhalte sie vermitteln, in welchem „Geist“ sie die ihr anvertrauten Schülerinnen und Schüler bilden und erziehen soll. Die folgenden Ausführungen befassen sich daher mit dem Erziehungsauftrag und den Erziehungszielen des Staates in der öffentlichen Schule[1] sowie mit den Instrumenten, die er zur Verwirklichung der Erziehungsziele einsetzt (TZ 5.1). Darüber hinaus werden die für die pädagogische Arbeit der Schule relevanten religiös-weltanschaulichen Themen, insbesondere die Rechtslage des Religions- und des Ethikunterrichts, sowie die Zulässigkeit religiöser Symbole und Verrichtungen in den Räumen der Schule erörtert (TZ 5.2).

5.1 Reichweite und Grenzen der Bildungs- und Erziehungsaufgabe der Schule

Die in Art. 7 Abs. 1 GG statuierte Schulaufsicht des Staates ist nicht auf die äußere Organisation des Schulwesens beschränkt, sondern umfasst zugleich einen *Bildungs- und Erziehungsauftrag.*[2] Dieser bedeutet nicht nur Vermittlung von Wissensstoff, sondern hat auch zum *Ziel, den einzelnen Schüler und die einzelne Schülerin zu einem selbstverantwortlichen Mitglied der Gesellschaft heranzubilden.* Die Unterscheidung der Begriffe Bildung und Erziehung bereitet nicht geringe Schwierigkeiten. Es mag einiges dafür sprechen, Bildung eher auf die geistig-intellektuelle, Erziehung eher auf die charakterliche Entwicklung der Schülerpersönlichkeit zu beziehen.[3] Doch lassen sich die beiden Begriffe letztlich kaum trennscharf gegeneinander abgrenzen; ein solcher Versuch sollte im Übrigen, worauf *Robbers* zu Recht hinweist, im Interesse der Herausbildung der Gesamtpersönlichkeit vermieden werden.[4] Mit dem Bundesverfassungsgericht ist daran festzuhalten, dass die *schu-*

---

1 Zum Begriff Schule s. TZ 1.21 a.E.

2 Zum Thema „Erziehungsauftrag und Erziehungsmaßstab der Schule im freiheitlichen Verfassungsstaat“ bei der Jahrestagung 1994 der Vereinigung der Deutschen Staatsrechtslehrer s. die Berichte von Michael *Bothe*, VVDStRL 54 (1995), S. 7 und Armin *Dittmann*, VVDStRL 54 (1995), sowie die Beiträge von Peter M. *Huber*, BayVBl. 1994, 545 und Bodo *Pieroth*, DVBl. 1994, 949. Dazu ferner Hans-Ulrich *Evers*, Die Befugnis des Staates zur Festlegung von Erziehungszielen in der pluralistischen Gesellschaft, Berlin 1979; Frank *Hennecke*, Staat und Unterricht, Berlin 1972. Aus neuerer Zeit: Peter *Badura*, in: Maunz/Dürig, Grundgesetz. Kommentar, Art. 7; Frauke *Brosius-Gersdorf*, in: Dreier, Grundgesetz. Kommentar, Art. 7 Rn. 19 ff.; Max-Emanuel *Geis*, in: Friauf/Höfling, Berliner Kommentar zum Grundgesetz, Art. 7 Rn. 19; Felix *Hanschmann*, Staatliche Bildung und Erziehung. Ganztagsschule, Bildungsstandards und selbständige Schule als Herausforderungen für das Verfassungs- und Schulrecht, Tübingen 2017, S. 78 ff.; Matthias *Jestaedt*, Schule und außerschulische Erziehung, in: HdbStR VII, § 156 Rn. 43 ff.; Gerhard *Robbers*, in: von Mangoldt/Klein/Starck, Grundgesetz-Kommentar, Art. 7 Rn. 80 ff.; Ingo *Richter*, Der Staat als Erzieher. Ist eine staatliche Erziehung zur Demokratie möglich?, RdJB 2015, 483; *Rux/Niehues*, Schulrecht, Rn. 851-916; Johannes *Rux*, Die Schulpflicht und der Bildungs- und Erziehungsanspruch des Staates, RdJB 2002, S. 423; Markus *Thiel*, Der Erziehungsauftrag des Staates in der Schule. Grundlagen und Grenzen staatlicher Erziehungstätigkeit im öffentlichen Schulwesen, Berlin 2000; *ders.*, in: Sachs, Grundgesetz. Kommentar, Art. 7 Rn 22 ff.; Arnd *Uhle*, in: Epping/Hillgruber, Grundgesetz. Kommentar, Art. 7 Rn. 21 ff.; Hinnerk *Wißmann*, in: Bonner Kommentar, Art. 7-III Rn. 59 ff.

3 *Huber*, BayVBl. 1994, 544 f.; *Robbers*, in: von Mangoldt/Klein/Starck, Grundgesetz-Kommentar, Art. 7 Rn. 80; *Uhle*, in: Epping/Hillgruber, Grundgesetz. Kommentar, Art. 7 Rn. 22; *Wißmann*, in: Bonner Kommentar, Art. 7-III, Rn. 63 ff.

4 *Robbers*, ebda. Das BVerfG selbst verwendet die Begriffe nach eigenem Bekunden „in nicht unerheblichem Maße synonym“ (NVwZ 1990, 54 [55]). Auch in den folgenden Ausführungen werden die Wörter, soweit sie nicht additiv („Bildung und Erziehung“) verwendet werden, synonym gebraucht.

lische Erziehung nicht nur der Erlernung der grundlegenden Kulturtechniken und der Entwicklung kognitiver Fähigkeiten dient, sondern auch die emotionalen und affektiven Anlagen der Schülerinnen und Schüler zur Entfaltung bringen soll; das Schulgeschehen ist darauf angelegt, ihre Persönlichkeitsentwicklung umfassend zu fördern und insbesondere auch das Sozialverhalten zu beeinflussen.[5] Es läuft daher auf eine unzulässige Verkürzung der Aufgabe der Schule hinaus, wenn man ihre Rolle auf die Vermittlung von Wissen und Fertigkeiten reduziert[6] oder wenn ihr lediglich ein „akzessorischer Erziehungsauftrag" eingeräumt wird, der auf die Bildungsaufgabe der Schule bezogen und beschränkt ist und nur als Mittel zur Erfüllung der Bildungsaufgabe oder begleitend zur schulischen Bildung besteht.[7] Vielmehr hat die Schule eine *Integrationsaufgabe* zu erfüllen, indem sie die Grundanforderungen des sozialen und politischen Zusammenlebens zur Geltung bringt.[8] Diese Aufgabe ist heutzutage umso wichtiger, als es darum geht, junge Menschen unterschiedlicher ethnischer, kultureller, und religiöser Herkunft zu befähigen, unter Wahrung ihrer Identität in der hiesigen Gesellschaft heimisch zu werden, in der deutschen Sprache zu kommunizieren und die allgemein akzeptierten „Spielregeln" im Umgang miteinander einzuüben.[9] In diesem Zusammenhang sei an die wachsende Bedeutung der Ganztagsschule mit ihren außerunterrichtlichen Angeboten erinnert (TZ 3.71).

5.11 Schulische Erziehungsziele

Die Bejahung des Erziehungsauftrags der Schule sagt noch nichts darüber aus, an welchen Zielen sich die pädagogische Arbeit der Schule im Einzelnen auszurichten hat. Das Grundgesetz selbst enthält keine ausdrücklichen Erziehungsziele. Wohl aber sind ihm Maßstäbe für die inhaltliche Gestaltung von Unterricht und Erziehung zu entnehmen. Das gilt unmittelbar für den Schutz der Menschenwürde (Art. 1 Abs. 1 GG). Darüber hinaus ergibt sich aus den Grundrechten als wertentscheidenden Grundsatznormen die Verpflichtung der Schule, den Schülerinnen und Schülern die Möglichkeit zu eröffnen,

---

5 BVerfGE 93, 1 (20). So auch *Wißmann*, Bonner Kommentar, Art. 7-III Rn. 65

6 So aber *Thiel*, in: Sachs, Grundgesetz. Kommentar, Art. 7 Rn. 26, unter Berufung auf das Verfassungsprinzip der religiös-weltanschaulichen Neutralität des Staates, der allerdings zugleich (Rn. 28) auf eine gewichtige Ausnahme von der dem Staat aufgegebenen Abstinenz in Fragen der schulischen Wertvermittlung hinweist: Neben der Rechtstreue sei es die „Verfassungsessenz", verstanden als der in Art. 79 Abs. 3 GG umschriebene Bereich, der durch die Verfassung selbst aus der Zone des im Wege politischen Meinungsstreits Veränderbaren herausgenommen sei. Für die Eingrenzung der schulischen Bildungsaktivitäten im Sinne der Wissensvermittlung unter Berufung auf das den Eltern vorbehaltene Erziehungsrecht bereits Fritz *Ossenbühl*, Schule im Rechtsstaat, DÖV 1977, 801 (808).

7 So aber *Brosius-Gersdorf*, in: Dreier, Grundgesetz. Kommentar, Art. 7 Rn. 25. Diese Position ablehnend *Wißmann*, Bonner Kommentar, Art. 7-III Rn. 64 f.

8 Zur Integrationsaufgabe des Staates in der pluralistischen Gesellschaft als Rechtfertigung eines eigenständigen staatlichen Erziehungsauftrags s. grundlegend Ernst-Wolfgang *Böckenförde*, Elternrecht – Recht des Kindes – Recht des Staates, in: Joseph Krautscheidt/Heiner Marré (Hrsg.), Essener Gespräche zum Thema Staat und Kirche. Bd. 14, Münster 1980, S. 84. Das BVerfG hebt die Bedeutung der Integrationsaufgabe der öffentlichen Schule seit einiger Zeit stark hervor; vgl. die Kammerbeschlüsse vom 29.4.2003, NVwZ 2003, 1113; vom 31.5.2006, FamRZ 2006, 1094; vom 15.10.2014, NJW 2015, 44. Auch das BVerwG betont die herausragende Bedeutung der öffentlichen Schule für die Integration der nachwachsenden Generation in die pluralistische Gesellschaft; s. Urteil vom 11.9.2013, NJW 2014, 804 (807) („Krabat") wie auch das an demselben Tag ergangene „Burkini"-Urteil, BVerwGE 147, 362 (366), NVwZ 2014, 81. Zur Integrationsfunktion der Schule s. insbesondere auch *Jestaedt*, HdBStR VII, § 156 Rn. 44, der deutlich macht, dass die im Kollektiv des Klassenverbandes stattfindende schulische Erziehung darauf ziele, dem einzelnen jungen Menschen die soziale wie kulturelle Integration in das freiheitlich-demokratische Gemeinwesen des Grundgesetzes zu ermöglichen und zu erleichtern. Ebenso *Wißmann*, Bonner Kommentar, Art. 7-III Rn. 65.

9 Friedhelm *Hufen*, Staatsrecht II. § 32 Rn. 37, hält die Schulpflicht gerade deshalb in einer modernen, kulturübergreifenden Gesellschaft für unabdingbar.

zu kritischen und selbstbestimmten Personen heranzureifen (Art. 2 Abs. 1 GG)[10]; sie hat dem grundgesetzlich verankerten *Gebot der Toleranz* (vor allem Art. 2 Abs. 1, Art. 4 Abs. 1 und 2, Art. 5 Abs. 1, Art. 6 Abs. 2, Art. 7 Abs. 2 und 3 GG) Rechnung zu tragen.[11] Die Schule muss daher eine „offene" Schule im Sinne von Freiheitlichkeit und Pluralität sein. Eine Ausrichtung der Bildungs- und Erziehungsarbeit der Schule nach Maßgabe bestimmter Weltanschauungen, Lehrmeinungen und parteipolitischer Programme ist verfassungswidrig.

Zwölf Länder (Baden-Württemberg, Bayern, Brandenburg, Bremen, Hessen, Mecklenburg-Vorpommern, Nordrhein-Westfalen, Rheinland-Pfalz, das Saarland, Sachsen, Sachsen-Anhalt und Thüringen) haben darüber hinaus die Erziehungsziele der Schule nicht nur in ihren Schulgesetzen, sondern überdies in ihren Verfassungen mehr oder weniger umfangreich bestimmt[12]; Berlin, Hamburg, Niedersachsen und Schleswig-Holstein begnügen sich mit schulgesetzlichen Regelungen. Die Formulierungen sind bei Übereinstimmung im Grundsätzlichen nicht einheitlich; je nach politischem und historisch-kulturell geprägtem Profil des Landes, nach Tendenz zur Bewahrung oder zur Veränderung und nach dem Zeitpunkt der Entstehung der Vorschriften stehen unterschiedliche Akzente im Vordergrund.[13]

Die Kultusminister haben in ihrer Erklärung vom 25.5.1973[14] die inhaltlich übereinstimmenden Bildungs- und Erziehungsziele in neun Punkten zusammengefasst:

„Die Schule soll
- Wissen, Fertigkeiten und Fähigkeiten vermitteln,
- zu selbständigem kritischem Urteil, eigenverantwortlichem Handeln und schöpferischer Tätigkeit befähigen,
- zu Freiheit und Demokratie erziehen,
- zu Toleranz, Achtung vor der Würde des anderen Menschen und Respekt vor anderen Überzeugungen erziehen,
- friedliche Gesinnung im Geist der Völkerverständigung wecken,
- ethische Normen sowie kulturelle und religiöse Werte verständlich machen,
- die Bereitschaft zu sozialem Handeln und zu politischer Verantwortlichkeit wecken,
- zur Wahrnehmung von Rechten und Pflichten in der Gesellschaft befähigen,
- über die Bedingungen der Arbeitswelt orientieren."

Dieser vor mehr als vier Jahrzehnten gefasste Beschluss hat weiterhin Bestand. Die darin vereinbarten Erziehungsziele enthalten einen ethischen, weltanschaulichen und politischen Mindestkonsens[15]; über diesen Mindestkonsens hinaus muss in einer freiheitlichen demokratischen Ordnung ein Pluralismus der Werte akzeptiert werden. Demgemäß muss das staatliche Erziehungsprogramm für die verschiedenen in der

---

10 Vgl. *Dittmann*, VVDStRL 54 (1995), S. 57.

11 Dazu *Bothe*, VVDStRL 54 (1995), S. 29 f.; *Huber*, BayVBl. 1994, 553 f.; *Dittmann*, VVDStRL 54 (1995), S. 59; *Pieroth*, DVBl. 1994, 960 f. *Jestaedt*, HdBStR VII, § 156 Rn. 68 ff., stellt klar, dass das Toleranzgebot eine rechtliche Maxime sei, die der Staat als Erziehungsziel für die Schüler aufrichten und damit zum Leitgrundsetz des Verhaltens der Schüler untereinander erheben dürfe, dass es aber kein Gebot sei, dem der Staat selbst als Grundrechtsverpflichteter unterworfen wäre oder unterworfen werden dürfte. Zum Toleranzgebot s. auch TZ 16.332.

12 Zu den in den Verfassungen der neuen Länder festgelegten Erziehungszielen Jörg-Detlef *Kühne*, Neue Länder – neue Erziehungsziele, RdJB 1994, 39; ferner *Bothe*, VVDStRL 54 (1995), S. 32 ff., sowie *Dittmann*. VVDStRL 54 (1995),S. 42 f.

13 Vgl. die Synopsen und Analysen der Erziehungsziele in den alten Bundesländern bei *Evers*, Die Befugnis des Staates zur Festlegung von Erziehungszielen, S. 34 ff.

14 KMK-BeschlS. Nr. 824.

15 Zur Notwendigkeit eines Wertekonsenses s. auch Dian *Schefold*, Erziehung als Wertvermittlung im wertpluralistischen Staat, RdJB 1996, 309 (320 f.).

Gesellschaft vorhandenen Wertauffassungen offen sein, darf der Staat keine missionarische Schule betreiben und in der Schule nicht indoktrinieren.[16] Das schließt nicht aus, dass er mit dem schulischen Unterricht eine wertgebundene Erziehung anstrebt. Wenn er hierbei Erziehungsziele wie „Verantwortung vor Gott“ oder „Geist christlicher Nächstenliebe“[17] verfolgt, verstößt er dadurch nicht gegen das Gebot staatlicher Neutralität; der Bezug auf christliche Elemente ist einschränkend dahin zu verstehen, dass er den prägenden Kultur- und Bildungswert der christlichen Religionen, nicht aber christliche Glaubenswahrheiten und ein entsprechendes Bekenntnis als Erziehungsziel meint.[18] Die auf dem Grundrecht der positiven wie negativen Religionsfreiheit beruhende staatliche Neutralitätspflicht gewährt keinen Anspruch darauf, „in der Schule von der Konfrontation mit christlichen Glaubensinhalten überhaupt verschont zu bleiben“.[19] Der Staat hat – in den Worten Adolf Arndts – zwei Grenzen zu beachten: „keine Ausschließlichkeit seines Wirkens im Erziehungswesen und keine Entfremdung von Wahrheiten, über die er nicht Richter ist“.[20] Soweit Landesverfassungen und Schulgesetze „Ehrfurcht vor Gott" als schulisches Erziehungsziel bestimmen, bedeutet dies daher nicht, dass Schülerinnen und Schüler auf den Glauben an einen bestimmten Gott hingeführt werden sollen, wohl aber, dass der Glaube an Gott nicht herabgesetzt werden darf, wobei dieses Erziehungsziel wiederum nicht von dem gleichfalls betonten Toleranzprinzip zu trennen ist, das sich gerade auch auf das Verhältnis zwischen Gläubigen und Nichtgläubigen bezieht.

Außer den durch die Verfassungen und Schulgesetze der Länder festgelegten Erziehungszielen sind auch diejenigen Bildungsziele zu beachten, die sich aus völkerrechtlichen Verträgen ergeben, so u.a. aus Art. 29 Abs. 1 des Übereinkommens über die Rechte des Kindes vom 20.11.1989, aus Art. 13 Abs. 1 des Internationalen Paktes über wirtschaftliche, soziale und kulturelle Rechte vom 19.12.1966 sowie aus Art. 7 und 24 des Übereinkommens über die Rechte von Menschen mit Behinderungen vom 13.12.2006. Zu den Wirkungen dieser völkerrechtlichen Abkommen im innerstaatlichen Recht TZ 2.52, s. auch TZ 3.622.

Die verfassungsrechtlich oder gesetzlich festgelegten Bildungsziele sind unmittelbar geltendes Recht und daher für Schule und Lehrkräfte verbindlich.[21] Es handelt sich freilich um

---

16 Dazu *Oppermann*: Gutachten, C 92 ff.; *Bothe*, VVDStRL 54 (1994), 29 ff.; *Evers*, Die Befugnis des Staates zur Festlegung von Erziehungszielen, S. 82 ff.; *Huber*, BayVBl. 1994, 553 f.; *Geis*, in: Friauf/Höfling, Berliner Kommentar zum Grundgesetz, Art. 7 Rn. 26; *Robbers*, in: von Mangoldt/Klein/Starck, Grundgesetz-Kommentar, Art. 7 Rn. 39. Aus der Rspr.: BVerfG, NVwZ 1990, 54; BVerwGE 79, 298 (307). Skeptisch gegenüber dem rechtlichen Gehalt eines Indoktrinations- und Missionierungsverbots *Jestaedt*, HdBStR VII, § 156 Rn. 70: Es gebe keine Antwort auf die Frage, unter welchen Bedingungen die Selbstbestimmung des zu Erziehenden Gegenstand erzieherischer Fremdeinwirkungen werden dürfe und unter welchen nicht. Diesem Einwand ist entgegenzuhalten, dass sowohl das Indoktrinations- als auch das Missionierungsverbot einer Indienstnahme des staatlichen Erziehungsmandats für Ziele entgegenwirken sollen, die dem Prinzip einer auf Freiheitlichkeit und Pluralität ausgerichteten „offenen Schule“ zuwiderlaufen.

17 So z.B. Art. 12 Verf. BW.

18 BVerwG, DÖV 1998, 1058 (1060).

19 BVerwG, ebda.; so auch BVerfGE 108, 282 (302); E 138, 296 (336).

20 Adolf *Arndt*, Aufgaben und Grenzen der Staatsgewalt im Bereich der Schulbildung, in: ders., Politische Reden und Schriften (Hrsg.: Horst Ehmke/Carlo Schmid), Berlin 1976, S. 203 (219).

21 *Bothe*, VVDStRL 54 (1995), S. 25 ff.; *Pieroth*, DVBl. 1994, 954; *Robbers*, in: von Mangoldt/Klein/Starck, Grundgesetz-Kommentar, Art. 7 Rn. 85. A.A. Gerd *Roellecke*, Erziehungsziele und der Auftrag der Staatsschule, in: Wolfgang Zeidler/Theodor Maunz/Gerd Roellecke (Hrsg.), Festschrift Hans Joachim Faller, München 1984, S. 187 (199), der Bildungsziele nicht einmal als Rechtssätze, sondern nur als „moralische Stützen der Lehrer im Unterricht“ erachtet. Josef *Isensee*, Grundrechtsvoraussetzungen und Verfassungserwartungen an die Grundrechtsausübung, HdbStR V (2. Aufl., 2000), § 115 Rn. 178, sieht in den Bildungszielen Verfassungserwartungen an die Schüler verkörpert; diese seien zwar „normative Determinanten des pädagogischen Ermessens“, nicht aber justiziable Rechtssätze.

finale Rechtsnormen (dazu TZ 1.311), die der Lehrkraft bei der pädagogisch-didaktischen Umsetzung einen Freiraum belassen. Wie Lehrerinnen und Lehrer beispielsweise „nicht nur Wissen und Können vermitteln, sondern auch Herz und Charakter bilden", wie sie „Aufgeschlossenheit für alles Wahre, Gute und Schöne und Verantwortungsbewusstsein für Natur und Umwelt" fördern (Art. 131 Abs. 1 und 2 bay Verf.), das müssen sie nach bestem Wissen und Gewissen im Rahmen ihrer professionellen Kompetenz entscheiden. Erziehungsziele gebieten den Lehrkräften nur, die zur Zielerreichung erforderliche und mögliche Bildungsarbeit zu leisten, verlangen von ihnen aber nicht, die Verwirklichung der Ziele bei allen Schülern zu gewährleisten.[22] Erziehungsziele können vor allem dann Bedeutung gewinnen, wenn es darum geht, Fehlentwicklungen in der Bildungsarbeit der Schule, z.B. durch Missachtung des Toleranzgebots, entgegenzuwirken. Eine Lehrkraft, die Völkerversöhnung als Gefühlsduselei der Lächerlichkeit preisgibt oder dem Rassenhass Vorschub leistet, versagt nicht nur in ihrer pädagogischen Aufgabe, sie handelt rechtswidrig. (Zu den möglichen strafrechtlichen und disziplinarrechtlichen Folgen TZ 29.32/33).

5.12 Staatlicher Erziehungsauftrag und elterliches Erziehungsrecht

Nach Art. 6 Abs. 2 GG sind Pflege und Erziehung der Kinder das natürliche Recht der Eltern und die zuvörderst ihnen obliegende Pflicht. Über ihre Betätigung wacht die staatliche Gemeinschaft. In der Schule bleibt der Staat nicht auf dieses Wächteramt beschränkt. Dort hat er einen *eigenständigen Erziehungsauftrag, der* – wie das Bundesverfassungsgericht hervorgehoben hat – *„in seinem Bereich dem elterlichen Erziehungsrecht nicht nach-, sondern gleichgeordnet ist"*.[23] Diese gemeinsame Erziehungsaufgabe von Eltern und Schule ist in einem „sinnvoll aufeinander bezogenen Zusammenwirken" zu erfüllen. Der Staat muss deshalb die Verantwortung der Eltern für den Gesamtplan der Erziehung ihrer Kinder achten und für die Vielfalt der Anschauungen in Erziehungsfragen so weit offen sein, wie es sich mit einem geordneten staatlichen Schulwesen verträgt.[24]

Die Wendung von der gemeinsamen Erziehungsaufgabe von Eltern und Schule besagt nicht, dass das Grundgesetz die Erziehungsaufgabe Eltern und Schule gewissermaßen „zur gesamten Hand" zuordne[25]; die abstrakte Gleichordnung bedeutet keine Gleichrangigkeit im konkreten Konfliktfall.[26] Sofern schulische und familiäre Erziehungsvorstellungen kollidieren, ist der Konflikt nach dem Grundsatz praktischer Konkordanz zu lösen[27]; das Erziehungsrecht der Eltern und das staatliche Erziehungsmandat bedürfen wechselseitiger Begrenzung. Das gilt vor allem dann, wenn elterliche Anschauungen über die Verbindlichkeit religiöser Verhaltensgebote für die Kinder in die Schule hineinwirken. In diesem Fall sind der staatliche Bildungs- und Erziehungsauftrag aus Art. 7 Abs. 1 GG einerseits und das vorbehaltlos gewährleistete religiöse Erziehungsrecht der Eltern aus Art. 6 Abs. 2 i.V.m. Art. 4 Abs. 1 GG andererseits zum Ausgleich zu bringen. Zur Klärung der Frage, wie bei einer Kollision dieser Verfassungspositionen zu verfahren ist, dürfte fortan das wegweisende „Krabat"-Urteil des *Bundesverwaltungsgerichts* beitragen.[28] Mit dem Gericht ist

---

22 *Pieroth*, DVBl. 1994, 954; *Evers*, Die Befugnis des Staates zur Festlegung von Erziehungszielen, S. 122.
23 BVerfGE 34, 165 (183); 41, 29 (44); 52, 223 (236); 96, 288 (304); 98, 218 (244); 108, 282 (301).
24 BVerGE 34, 165 (183); 47, 46 (74 f.); 98, 218 (244 f.).
25 So treffend *Jestaedt*, HdbStR VII, § 156 Rn. 83; vgl. auch die Kritik bei Stefan *Huster*, Endlich: Abschichtung statt Abwägung, DÖV 2014, 860 (862 ff.).
26 Wolfram *Höfling*, Elternrecht, in: HdbStR VII, § 155 Rn. 91.
27 BVerfGE 93, 1 (21).
28 Urteil vom 11.9.2013, NJW 2014, 804 („Krabat"); vgl. auch das an demselben Tag ergangene Urteil BVerwGE 147, 362, NVwZ 2014, 81 („Burkini"). – In dem „Krabat"-Verfahren ging es um die Klage von Eltern eines 12-jährigen Schülers, die wie ihr Sohn der Religionsgemeinschaft der Zeugen Jehovas

davon auszugehen, dass die verfassungsrechtlich anerkannte Bildungs- und Integrationsfunktion der Schule nur unvollkommen Wirksamkeit erlangte, wenn der Staat die Schul- und Unterrichtsgestaltung auf den kleinsten gemeinsamen Nenner der Vorstellungen der Beteiligten ausrichten müsste. Eine kategorische Beachtlichkeit sämtlicher elterlicherseits vorgebrachter religiöser Verhaltensgebote liefe auf einen prinzipiellen Vorrang jedweder individuellen Glaubensposition vor dem staatlichen Bestimmungsrecht im Schulwesen hinaus, das insoweit dann seinerseits leerlaufen müsste. Ist aber die staatliche Pflicht zur Rücksichtnahme auf religiöse Belange aus Gründen der Praktikabilität und insbesondere auch *auf Grund der Integrationsfunktion der Schule* im Prinzip begrenzt, so *folgt* hieraus nach zutreffender Auffassung des Gerichts *für alle Eltern, „dass sie in einem bestimmten Umfang Beeinträchtigungen religiöser Erziehungsvorstellungen als typische, von der Verfassung von vornherein einberechnete Begleiterscheinung des staatlichen Bildungs- und Erziehungsauftrags [...] hinzunehmen haben"*. Ein Zurücktreten des staatlichen Bestimmungsrechts gegenüber dem religiösen Erziehungsrecht der Eltern kommt – so das Bundesverwaltungsgericht – nur dann in Betracht, wenn ein religiöses Verhaltensgebot aus Sicht der Eltern *„imperativen Charakter"* aufweist.[29] Zu den sich aus Art. 6 Abs. 2 GG ergebenden Befugnissen der Eltern gegenüber der Schule (Recht auf Bestimmung des Bildungswegs des Kindes, Abwehrrecht gegen Eingriffe in ihre Erziehungsverantwortung, Recht auf Information über erziehungsrelevante Vorgänge in der Schule) s. TZ 16.33.

5.13 Lehrpläne, Bildungsstandards, Schulbücher

Um die Bildungsziele im schulischen Unterricht wirksam werden zu lassen, trifft der Staat Festlegungen durch Lehrpläne (TZ 5.131) oder Bildungsstandards (TZ 5.132) und unterwirft die in den verschiedenen Fächern verwendeten Schulbücher einem Genehmigungsverfahren (TZ 5.133).

---

angehören. Im Deutschunterricht war das Buch „Krabat" von Otfried Preußler behandelt worden; daran hatte der Sohn teilgenommen. Als die Klasse hernach den Kinofilm „Krabat" besuchen sollte, beantragten die Eltern unter Berufung auf religiöse Gründe, ihren Sohn von der Teilnahme zu befreien, da der Film sich mit schwarzer Magie befasse. Dieser Antrag wurde vom Schulleiter abgelehnt. Daraufhin verhinderten die Eltern die Teilnahme ihres Sohnes aus eigenem Entschluss. Mit ihrer Klage begehrten sie die Feststellung, dass die Ablehnung der Befreiung rechtswidrig war. Das VG hatte die Klage abgewiesen, das OVG Münster ihr auf die Berufung der Kläger stattgegeben. Auf die Revision des beklagten Landes wies das BVerwG die Klage ab. – In dem entschiedenen Fall war es allerdings nicht das Kind selbst, es waren die Eltern, die seine Teilnahme am Besuch des Filmes ablehnten. Der Siebtklässler wurde an dem Verfahren nicht beteiligt, seine Meinung wurde nicht erfragt und in die Entscheidung nicht einbezogen. Nach Auffassung von Friederike *Wrapler* (Religiöse Kindererziehung: Grenzen des Rechts, RdJB 2015, 420 [447]) liegt darin ein eklatanter Verstoß gegen das Recht des Kindes auf Beteiligung und Berücksichtigung aus Art. 2 Abs. 1 i.V.m. Art. 1 Abs. 1 GG sowie aus Art. 12 UN-KRK. Die Bedeutung der Selbstbestimmungsrechte Minderjähriger werde verkannt, wenn derartige Entscheidungen staatlicherseits allein mit den Eltern ausgehandelt würden.

29 Das BVerwG wendet sich zwar expressis verbis gegen ein „Modell weitgehender kompetenzieller Abschichtung im schulischen Bereich", die zur Folge hätte, dass der Staat „jeglicher Verpflichtung durch Art. 6 II 1 i.V.m. Art. 4 I GG ledig wäre, solange er nur das Neutralitäts- und Toleranzgebot beachtet"; das Gericht legt aber für den Regelfall, wenn es sich also „in einem bestimmten Umfang" um „Beeinträchtigungen religiöser Erziehungsvorstellungen als typische, von der Verfassung von vornherein einberechnete Begleiterscheinung des staatlichen Bildungs- und Erziehungsauftrags" handelt, eben dieses Modell zugrunde. Zustimmend zu dieser Rechtsprechung *Huster*, DÖV 2014, 860 (864); Stefan *Muckel*, Befreiung von der Teilnahme an einer Schulveranstaltung aus religiösen Gründen – Kinofilm „Krabat", JA 2014, 232; kritisch, wegen Vernachlässigung der besonderen Umstände des im „Krabat"-Urteil entschiedenen Falls, Arnd *Uhle*, Integration durch Schule, NVwZ 2014, 541 (547); Bedenken auch bei Markus *Winkler*, Anmerkung, JZ 2014, 143 (144), weil das Gericht „nach seinem Modell in diesem Fall gar nicht zu einer Abwägung kommen konnte".

5.131 *Lehrpläne*, *Bildungspläne* oder Richtlinien („*Rahmenrichtlinien*") sollen die Bildungsziele für die einzelnen Fächer, Fächerkombinationen oder fächerübergreifenden Lernbereiche konkretisieren. Sie bestimmen die fachbezogenen und fächerübergreifenden Ziele und Inhalte des Unterrichts. Indem sie überwiegend dem curricularen Ansatz folgen, sich also nicht an „Stoffen", sondern an Lernzielen orientieren, verzichten sie auf eine Detailsteuerung des Unterrichts und räumen so der Lehrkraft einen breiten Spielraum inhaltlicher und didaktischer Gestaltung ein. Allerdings hat sich gezeigt, dass die Steuerungswirkung der Lehrpläne wegen der eher vage gehaltenen Lernziele nur gering ist; eine präzise Überprüfung des durch den Unterricht erreichten Lernerfolgs der einzelnen Schülerinnen und Schüler, auch im klassen- und schulübergreifenden Vergleich, lassen sie kaum zu.[30] Insbesondere die PISA-Studien haben deutlich gemacht, dass die herkömmlichen, auf dem Verfahren der „Input"-Steuerung beruhenden Lehrpläne und Rahmenrichtlinien offensichtlich einen nur unzureichenden Einfluss auf das tatsächlich erreichte Lernniveau der Schülerinnen und Schüler haben. Diese Erkenntnis hatte zur Folge, dass die Länder zunehmend dazu übergegangen sind, den „Output" der Schulen als Bezugspunkt für Maßnahmen der Verbesserung der Lernergebnisse in den Blick zu nehmen (vgl. TZ 1.311, 13.1).

Zur Rechtsqualität der Lehrpläne und zur Zuständigkeit für ihren Erlass (Exekutive oder Legislative) s. TZ 2.42.

5.132 Bei diesem „output"-orientierten Ansatz erweist sich die Einführung von *Bildungsstandards* als ein wichtiger und notwendiger Schritt zur Weiterentwicklung der Qualität des in die Kritik geratenen deutschen Schulwesens.[31] So misst vor allem die Kultusministerkonferenz Bildungsstandards besondere Bedeutung zu, erachtet sie als Bestandteil eines umfassenden Systems der Qualitätssicherung.[32]

Bildungsstandards legen fest, welche Kompetenzen die Schülerinnen und Schüler bis zu einer bestimmten Jahrgangsstufe an wesentlichen Inhalten erworben haben sollen. Sie beschränken sich auf Kernbereiche eines Fachs und benennen erwartete Lernergebnisse. Die meisten Länder haben in den vergangenen Jahren die gesetzlichen Voraussetzungen für die Einführung von Bildungsstandards geschaffen. Ausführlich zu den Bildungsstandards TZ 13.322.

5.133 Neben Lehrplänen und Bildungsstandards sind die *Schulbücher* – ob als Printausgabe oder in digitaler Version – ein wichtiges Mittel zur Steuerung des Fachunterrichts.[33] Damit die staatliche Kontrolle der Unterrichtsinhalte nicht durch private Verlage unter-

---

30 So gelangen Witlof *Vollstädt*/Klaus-Jürgen *Tillmann*/Udo *Rauin*/Katrin *Höhmann*/Andrea *Tebrügge*, Lehrpläne im Schulalltag. Eine empirische Studie zur Akzeptanz und Wirkung von Lehrplänen in der Sekundarstufe I, Opladen 1999, zu dem Ergebnis, dass offizielle Erwartungen an die Impuls- und Anregungswirkung von Lehrplänen größer sind als ihr tatsächlicher Einfluss im Schulalltag (S. 214). Zu den Steuerungsdefiziten von Lehrplänen s. auch *Hanschmann*, Staatliche Bildung und Erziehung (Fn. 2), S. 171 ff.

31 Dazu vor allem Eckhard *Klieme* u.a., Zur Entwicklung nationaler Bildungsstandards. Eine Expertise, herausgegeben vom Bundesministerium für Bildung und Forschung, Berlin 2003; *Hanschmann*, Staatliche Bildung und Erziehung (Fn. 2), S. 173 ff.

32 *Sekretariat der Ständigen Konferenz der Kultusminister der Länder in der Bundesrepublik Deutschland* (Hrsg.), Bildungsstandards der Kultusministerkonferenz. Erläuterungen zur Konzeption und Entwicklung. Am 16.12.2004 von der Kultusministerkonferenz zustimmend zur Kenntnis genommen, München, Neuwied 2005, S. 5.

33 Zur Pflicht der Lehrkraft, ein auf Vorschlag der Fachkonferenz und auf Antrag der Gesamtkonferenz beschafftes Schulbuch im Unterricht zu verwenden, BVerwG, NVwZ 1994, 583; dazu auch TZ 30.713. Diese Bindung ist auch deshalb erforderlich, um sicherzustellen, dass im Fall eines Lehrerwechsels nahtlos an den bisher erteilten Unterricht angeknüpft werden kann (*Rux*/*Niehues*, Schulrecht, Rn. 900). Hingegen ist eine Lehrkraft nicht verpflichtet, Schulbücher aus eigenen Mitteln anzuschaffen; so OVG Münster, Beschluss vom 25.10.2006, Az.6 B 1880/06 (juris).

laufen wird, bedürfen Schulbücher einer ministeriellen Zulassung.[34] Die Genehmigung wird – meist nach Durchführung eines förmlichen Begutachtungsverfahrens – erteilt, wenn die Bücher allgemeinen Verfassungsgrundsätzen und Rechtsvorschriften nicht widersprechen[35], mit den Lehrplänen vereinbar, didaktisch wie auch sprachlich geeignet und nicht zu teuer sind.[36] Über Auswahl und Einführung von Schulbüchern in den einzelnen Schulen entscheidet zumeist die Lehrerkonferenz (Gesamtkonferenz oder Fachkonferenz). Zur verfassungsrechtlichen Zulässigkeit des Genehmigungsverfahrens und zur Frage der Geltung des Gesetzesvorbehalts s. TZ 2.33.

5.2 Staat, Religion, Schule

5.21 Grundlagen

Die Rechtsbeziehungen zwischen dem Staat einerseits, den Kirchen und sonstigen Religionsgemeinschaften andererseits beruhen auf den staatskirchenrechtlichen Bestimmungen der Art. 137, 138 und 141 WRV, die als Bestandteil des Grundgesetzes weitergelten (Art. 140 GG).[37] Sie sind außerdem teils durch Konkordate mit der katholischen und durch Kirchenverträge mit der evangelischen Kirche[38], teils durch Gesetz geregelt. Das Verbot der Staatskirche (Art. 137 Abs. 1 WRV) untersagt einerseits die Erhebung einer einzelnen Religionsgemeinschaft zur Staatskirche oder Staatsreligion, andererseits die Errichtung einer Oberaufsicht des Staates über die Kirchen, wie sie bis 1918/19 als landesherrliches Kirchenregiment in den meisten evangelischen Landeskirchen existierte.[39] Es besteht eine organisatorische Trennung von Staat und Religionsgemeinschaften, jedoch nicht, wie z.B. in Frankreich, im laizistischen Sinne, also nicht in der Weise, dass der Staat das öffentliche Wirken der Religionsgemeinschaften ablehnt und ihnen mit Indifferenz und Zurück-

34 DJT-SchulGE, S. 177. Sabine *Leppek*, Die Zulassung und Einführung von Schulbüchern und anderen Lernmitteln. Verfassungs- und verwaltungsrechtliche Grundfragen, Marburg 2002.

35 Dazu *Rux/Niehues*, Schulrecht, Rn. 902 ff. Prägnant BVerwGE 79, 298 (301): „Politischen, ideologischen oder weltanschaulichen Richtungen darf deshalb weder im Unterricht noch im Schulbuch gezielt parteiisch, gleichsam mit Missionstendenz das Wort geredet werden, in umstrittenen, die Öffentlichkeit berührenden Fragen nicht die eine Seite verteufelt, die andere verherrlicht werden. Das schließt nicht aus, dass auch extreme und von außenseiterischen Minderheiten vertretene Meinungen in einem Schulbuch zu Worte kommen dürfen. Entscheidend ist, dass Unterricht und Schulbuch nicht als Mittel verwendet werden, den Schüler politisch, ideologisch oder weltanschaulich zu indoktrinieren." Das BVerwG verzichtet jedoch ausdrücklich darauf, „Ausgewogenheit" und „Binnenpluralität" für den Inhalt des einzelnen Schulbuchs zu fordern. Das BVerfG, NVwZ 1990, 54, hat die gegen das ersterwähnte Urteil des BVerwG gerichtete Verfassungsbeschwerde nicht zur Entscheidung angenommen.

36 In diesem Sinne z.B. § 35a Abs. 2 Nr. 2 bw SchG, § 14 Abs. 3 BbgSchulG, § 10 Abs. 2 HSchG, § 96 Abs. 4 rp SchulG, § 60 Abs. 2 sächs SchulG, § 127 sh SchulG. Vgl. auch die Richtlinien der KMK für die Genehmigung von Schulbüchern, Beschluss vom 29.6.1972 (BeschlS. Nr. 490). Bei der Zulassung von Schulbüchern steht der Unterrichtsverwaltung unter fachwissenschaftlichen und pädagogischen Gesichtspunkten ein Beurteilungsspielraum zu (VGH München, NVwZ-RR 1993, 357; vgl. auch BVerwGE 79, 298 [300]).

37 Dazu Axel Freiherr *von Campenhausen*/Heinrich *de Wall*, Staatskirchenrecht, 4. Aufl., München 2006; Gerhard *Czermak*, Religions- und Weltanschauungsrecht, Berlin, Heidelberg 2008; Dirk *Ehlers*, Die Lage des Staatskirchenrechts in der Bundesrepublik Deutschland, ZevKR 2000, 201; Bernd *Jeand'Heur*/Stephan *Korioth*, Grundzüge des Staatskirchenrechts, Stuttgart 2000; Stefan *Mückl*, Freiheit kirchlichen Wirkens, HdbStR VII, § 161 Rn. 22 ff.; Christian *Waldhoff*, Erfordern weltanschauliche und religiöse Entwicklungen Antworten des Staates? in: Verhandlungen des 68. Deutschen Juristentages, Berlin 2010. Bd. I: Gutachten/Teil D: Neue Religionskonflikte und staatliche Neutralität, München 2010, D 89.

38 Zu den Kirchenverträgen mit den neuen Bundesländern: Hans U. *Anke*, Die Neubestimmung des Staat-Kirche-Verhältnisses in den neuen Ländern durch Staatskirchenverträge, Tübingen 2000.

39 Vgl. Bernd *Jeand'Heur*, Der Begriff der „Staatskirche" in seiner historischen Entwicklung, Der Staat 1991, 442.

weisung begegnet.[40] Vielmehr sucht er, in Wahrung der ihm auferlegten religiösen Neutralität, ihre Aktivitäten auch im öffentlichen Bereich zu fördern, ohne sich freilich mit ihnen zu identifizieren und ohne die eine oder andere Kirche oder Religionsgemeinschaft zu bevorzugen.

In der Schule ist die Verbindung zwischen Staat und Religion ohnehin enger als auf anderen Gebieten des öffentlichen Lebens.[41] Das zeigt sich vor allem in der besonderen Stellung des Religionsunterrichts (TZ 5.22, 5.23)[42], aber auch in Ausprägungen der öffentlichen Schule, z.B. als christlicher Gemeinschaftsschule oder Bekenntnisschule (TZ 5.25), ferner im Blick auf die Frage, ob und wie weit religiöse Symbole, z.B. Kreuz im Klassenzimmer, Kopftuch muslimischer Lehrerinnen und Schülerinnen, innerhalb der Schule erlaubt sind (TZ 5.26), und schließlich in der Frage der Zulässigkeit des Schulgebets und des Gebets in der Schule (TZ 5.27).

Zwar gilt auch für die Schule das Gebot religiös-weltanschaulicher Neutralität; diese ist aber nicht im Sinne einer distanzierenden, religiös-weltanschauliche Bezüge strikt abweisenden Neutralität, sondern als eine offene und übergreifende, die Glaubensfreiheit für alle Bekenntnisse gleichermaßen fördernde Haltung zu verstehen. Art. 4 GG, der die Glaubensfreiheit vorbehaltlos gewährleistet, gebietet auch, religiös-weltanschaulichen Bestrebungen Raum zu geben und ihnen die Freiheit der Entfaltung zu lassen; doch darf sich die Schule mit solchen Bestrebungen nicht identifizieren.[43] Es mag mit der zunehmenden Entchristlichung der Gesellschaft und mit dem Vordringen anderer Religionen, insbesondere des Islam, zusammenhängen, dass die Rechtsprechung des Bundesverfassungsgerichts seit Mitte der 90er Jahre des vorigen Jahrhunderts gelegentlich dazu neigt, dem in der Schule zu beachtenden Neutralitätsgebot einen eher distanzierenden Bedeutungsgehalt zuzuweisen.[44]

5.22 Religionsunterricht

5.221 Nach Art. 7 Abs. 3 Satz 1 GG ist der *Religionsunterricht* in den öffentlichen Schulen mit Ausnahme der bekenntnisfreien Schulen *ordentliches Lehrfach*.[45] Er wird, unbe-

40 Hans-Georg *Franzke,* Die Laizität als staatskirchenrechtliches Leitprinzip Frankreichs, DÖV 2004, 383; Athanasios *Gromitsaris,* Laizität und Neutralität in der Schule. Ein Vergleich der Rechtslage in Frankreich und Deutschland, AöR 1996, 359.

41 Axel Freiherr *von Campenhausen,* Erziehungsauftrag und staatliche Schulträgerschaft, Göttingen 1967, S. 109 ff.; Eibe *Riedel* (Hrsg.), Öffentliches Schulwesen im Spannungsfeld von Staat und Kirche, Baden-Baden 1998; Gerhard *Robbers,* Religion in der öffentlichen Schule, RdJB 2003, 11; Martin *Stock,* Viele Religionen in der einen öffentlichen Schule, RdJB 2005, 94; Michael *Germann*/Cornelius *Wiesner*, Staat und Religion in der Entwicklung des Schulwesens in Deutschland, RdJB 2013, 396.

42 Zum Ethikunterricht anstelle des Religionsunterrichts s. TZ 5.24.

43 So vor allem BVerfGE 41, 29 (49); so auch zuletzt BVerwGE 141, 223 (233).

44 So insbesondere der Kruzifix-Beschluss des BVerfG 93, 1; dazu näher unter TZ 5.261. Vgl. auch Klaus *Rennert,* Entwicklungen in der Rechtsprechung zum Schulrecht, DVBl. 2001, 504 (510 ff.), der konstatiert, dass das Neutralitätsgebot in der Rspr. des BVerfG ein neues Gesicht erhalten habe: Vom Verbot der Indoktrination und Missionierung werde es zum Gebot religiöser Enthaltsamkeit; aus der respektierend offenen werde die distanzierende Neutralität.

45 Michael *Frisch,* Grundsätzliche und aktuelle Aspekte der grundgesetzlichen Garantie des Religionsunterrichts, DÖV 2004, 462; Peter *Gullo,* Religions- und Ethikunterricht im Kulturstaat, Berlin 2003; Martin *Heckel,* Der Rechtsstatus des Religionsunterrichts im pluralistischen Verfassungssystem, Tübingen 2002; Uta *Hildebrand,* Das Grundrecht auf Religionsunterricht. Eine Untersuchung zum subjektiven Rechtsgehalt des Art. 7 Abs. 3 GG, Tübingen 2000; *Jestaedt*, HdbStR VII, § 156 Rn. 64 ff.; Karl-Hermann *Kästner,* Religiöse Bildung und Erziehung in der öffentlichen Schule – Grundlagen und Tragweite der Verfassungsgarantie staatlichen Religionsunterrichts, in: Heiner Marré/Dieter Schümmelfeder/Burkhard Kämper (Hrsg.), Essener Gespräche zum Thema Staat und Kirche. Bd. 32, Münster 1998, S. 61; Stefan *Korioth,* Der Auftrag des Religionsunterrichts nach Art. 7 Abs. 3 GG, in: Burkhard Kämper/Klaus Pfeffer (Hrsg.), Essener Gespräche zum Thema Staat und Kirche. Bd. 49, Münster

schadet des staatlichen Aufsichtsrechts, in Übereinstimmung mit den Grundsätzen der Religionsgemeinschaften erteilt (Art. 7 Abs. 3 Satz 2 GG). Art. 7 Abs. 3 Satz 1 GG enthält eine *institutionelle Garantie* des Religionsunterricht als selbständiges Fach in der öffentlichen Schule.[46] Umstritten ist, ob der Vorschrift auch ein subjektives öffentliches Recht der Religionsgemeinschaften auf Einrichtung von Religionsunterricht entnommen werden kann[47] und ob sie überdies ein Grundrecht der Schüler und Eltern auf Erteilung von Religionsunterricht umfasst.[48] Bei den bekenntnisfreien, der Verpflichtung zur Erteilung von Religionsunterricht enthobenen Schulen handelt es sich um weltliche Schulen mit betont laizistischer Tendenz, zu denen auch die Weltanschauungsschulen rechnen.[49] Als ordentliches Lehrfach ist der Religionsunterricht Pflichtfach; im Kurssystem der gymnasialen Oberstufe ist er in sämtlichen Halbjahren zu belegen. Das Grundgesetz gebietet indes nicht, dass die Note im Religionsunterricht bei Versetzungen und Abschlüssen zu berücksichtigen ist, verbietet dies aber auch nicht, sondern belässt den Ländern insoweit einen Spielraum; die Befreiungsmöglichkeit nach Art. 7 Abs. 2 GG steht der Zulässigkeit der versetzungserheblichen Benotung des Religionsunterrichts nicht entgegen.[50] Die Erteilung des Religionsunterrichts kann von einer Mindestzahl an Schülerinnen und Schülern des entsprechenden Bekenntnisses abhängig gemacht werden.[51] Aus dem Charakter des Religionsunterrichts als eines ordentlichen Lehrfachs folgt außerdem, dass Religionslehrer Sitz und Stimme in der Lehrerkonferenz haben, und zwar auch dann, wenn ein im dienstrechtlichen Sinne nicht dem Kollegium angehörender Geistlicher oder Katechet mit der Erteilung betraut ist.[52] Schließlich darf der Religionsunterricht gegenüber anderen Fächern nicht diskriminiert werden. Ihm muss daher eine angemessene Stundenzahl eingeräumt

---

2016, S. 7; Christoph *Link,* Religionsunterricht, in: Joseph Listl/Dietrich Pirson (Hrsg.), Handbuch des Staatskirchenrechts der Bundesrepublik Deutschland. Bd. 2. 2. Aufl., Berlin 1995, S. 439; Hartmut *Maurer,* Die verfassungsrechtliche Grundlage des Religionsunterrichts, in: ders., Abhandlungen zum Kirchenrecht und zum Staatskirchenrecht, Tübingen 1998, S. 234; Stefan *Mückl,* Staatskirchenrechtliche Regelungen zum Religionsunterricht, AöR 1997, 513; *ders.,* Freiheit kirchlichen Wirkens, HdbStR VII, § 161, Rn. 28. ff.; Janbernd *Oebbecke,* Reichweite und Voraussetzungen der grundgesetzlichen Garantie des Religionsunterrichts, DVBl. 1996, 336; Wilhelm *Rees,* Der Religionsunterricht und die katechetische Unterweisung in der kirchlichen und staatlichen Rechtsordnung, Regensburg 1986; *ders.,* Der Religionsunterricht, in: Joseph Listl/Heribert Schmitz (Hrsg.), Handbuch des katholischen Kirchenrechts. 2. Aufl., Regensburg 1999, S. 734; Ludwig *Renck,* Rechtsfragen des Religionsunterrichts im bekenntnisneutralen Staat, DÖV 1994, 27; Christoph Th. *Scheilke,* Religion in der Schule einer pluralen Gesellschaft, RdJB 1996, 340; *ders.,* Religions- und Ethikunterricht – neue Diskussionen, neue Entwicklungen, RdJB 2001, 314; Reinhard *Schmoeckel,* Der Religionsunterricht. Die rechtliche Regelung nach Grundgesetz- und Landesgesetzgebung, Neuwied 1964.

46 So die h.L., vgl. die Nachw. bei *Thiel,* in: Sachs, Grundgesetz. Kommentar, Art. 7 Rn. 43 f.

47 So BVerwGE 123, 49 (52 ff.).

48 So *Hildebrand,* Das Grundrecht auf Religionsunterricht (Fn. 45), S. 216 ff.; *Maurer,* Die verfassungsrechtliche Grundlage des Religionsunterrichts, S. 239 f.; *Uhle,* in: Epping/Hillgruber, Grundgesetz. Kommentar, Art. 7 Rn. 69; *Wißmann,* in: Bonner Kommentar, Art. 7-III Rn. 137; *Hufen,* Staatsrecht II. § 32 Rn. 21; ablehnend *Brosius-Gersdorf,* in: Dreier, Grundgesetz-Kommentar, Art. 7 Rn. 90.

49 Zur Begriffsgeschichte *Schmoeckel,* Der Religionsunterricht (Fn. 45), S. 92 ff. Vgl. BVerwGE 89, 368 (372): Die Weltanschauungsschule ist „ein Unterfall der in Art. 7 Abs. 3 GG angesprochenen bekenntnisfreien Schule". A.A. Andreas *Goeschen,* Die bekenntnisfreie weltliche Schule: kein Fall der Weltanschauungsschule im Sinne des Art. 7 Abs. 5 Alt. 2 GG?, Frankfurt am Main 2005, S. 139, der die bekenntnisfreie Schule (religionsfrei) und die Weltanschauungsschule gemäß Art. 7 Abs. 5 GG (durch eine nicht- oder antireligiöse Weltanschauung geprägt) als zwei Unterfälle einer Weltanschauungsschule im weiteren Sinne erachtet.

50 BVerwGE 42, 346 (347 ff.); so auch *Badura,* in: Maunz/Dürig, Grundgesetz. Kommentar, Art. 7 Rn. 76; *Thiel,* in: Sachs, Grundgesetz. Kommentar, Art. 7 Rn 46.

51 *Hildebrand,* Das Grundrecht auf Religionsunterricht (Fn. 45), S. 49; *Wißmann,* in: Bonner Kommentar, Art. 7-III Rn. 162. Nach *Robbers,* in: von Mangoldt/Klein/Starck, Grundgesetz-Kommentar, Art. 7 Rn. 144, sind Mindestschülerzahlen zwischen fünf und zwölf Schülern, abhängig von den besonderen örtlichen Gegebenheiten, zulässig.

52 *Link,* Religionsunterricht, S. 462.

werden; es geht ferner nicht an, dass er durch prinzipielle Zuweisung von Eckstunden marginalisiert wird.[53]

5.222 Die Vorschrift des Art. 7 Abs. 3 Satz 1 GG findet nach Art. 141 GG keine Anwendung in einem Land, in dem am 1. Januar 1949 eine andere landesrechtliche Regelung bestand (sog. *Bremer Klausel*). Die Bremer Klausel gilt für Bremen und Berlin[54]; dort ist die Erteilung des Religionsunterrichts allein den Kirchen und den sonstigen Religionsgemeinschaften überlassen.[55] Die Frage, ob Art. 141 GG auch auf die neuen Länder Anwendung findet, ist umstritten; von praktischer Bedeutung ist der Streit nur für Brandenburg (dazu TZ 5.245), da die anderen neuen Länder eine dem Art. 7 Abs. 3 GG entsprechende Regelung in ihren Schulgesetzen, überwiegend auch in ihren Landesverfassungen getroffen haben.[56]

Die Garantie des Religionsunterrichts darf nicht dadurch unterlaufen werden, dass die nicht von der Bremer Klausel erfassten Länder bekenntnisfreie Schulen zur Regelschule erheben[57]; könnten alle Länder der Verpflichtung zur Erteilung von Religionsunterricht durch flächendeckende Einführung der bekenntnisfreien Schule entgehen, wäre die Sonderregelung des Art. 141 GG entbehrlich.[58]

5.223 Wo der Religionsunterricht ordentliches Lehrfach ist, untersteht er als Bestandteil des Schulunterrichts der *staatlichen Schulaufsicht*. Er ist also eine staatliche Lehrveranstaltung. Der Staat ist verpflichtet, die Sach- und Personalkosten dieses Unterrichts zu tragen; soweit er durch kirchliche Bedienstete erteilt wird, sind der Religionsgemeinschaft die dabei anfallenden Personalkosten zu erstatten.[59] Der Religionsunterricht ist in Übereinstimmung mit den Grundsätzen der Religionsgemeinschaften (Art. 7 Abs. 3 Satz 2 GG), also in „konfessioneller Positivität und Gebundenheit“ zu erteilen.[60] Er ist mithin „keine überkonfessionelle vergleichende Betrachtung religiöser Lehren, nicht bloße Morallehre, Sittenunterricht, historisierende und relativierende Religionskunde, Religions- oder Bibelgeschichte. Sein Gegenstand ist vielmehr der Bekenntnisinhalt, nämlich die Glaubenssätze der jeweiligen Religionsgemeinschaft. Diese als bestehende Wahrheiten zu vermitteln ist

---

53 *Link*, Religionsunterricht, S. 461 f.; *Badura*, in: Maunz/Dürig, Grundgesetz. Kommentar, Art. 7 Rn. 75. Allerdings folgt daraus kein subjektives Recht der Schüler und Eltern auf eine bestimmte Stundenplangestaltung: BVerwG, NVwZ 1993, 355; VGH München, BayVBl. 1990, 244.

54 Dass sie in ganz Berlin gilt, hat das Bundesverwaltungsgericht klargestellt (BVerwGE 110, 326). Demgegenüber vertritt Holger *Kremser*, Das verfassungsrechtliche Verhältnis von Religions- und Ethikunterricht dargestellt am Beispiel Berlin, DÖV 2008, 607 die These, dass Art. 141 GG nicht einmal für Berlin gelte; die Vorschrift habe zum Zeitpunkt ihrer Inkraftsetzung Berlin nicht erfassen können, da die Stadt wegen des Besatzungsstatus nicht als ein „Land“ im Sinne von Art. 141 habe angesehen werden dürfen.

55 Der in Art. 32 Abs. 2 der Bremischen Verfassung vorgesehene Unterricht in Biblischer Geschichte ist kein Religionsunterricht: BVerfGE 30, 112 (113 f.); BremStGH, DÖV 1965, 812. Dazu Ralf *Poscher*, Religions- oder Religionskundeunterricht? Eine Fallstudie zu einer verfassungsrechtlichen Dichotomie am Beispiel des Bremer Unterrichts in Biblischer Geschichte, RdJB 2006, 460.

56 Mecklenburg-Vorpommern: § 7 SchulG; Sachsen: Art. 105 Verf., § 18 SchulG; Sachsen-Anhalt: Art. 27 Abs. 3 Verf., § 19 Abs. 1 SchulG; Thüringen: Art. 45 Verf., § 46 ThürSchulG.

57 *Badura*, in: Maunz/Dürig, Grundgesetz. Kommentar, Art. 7 Rn. 74; *Heckel*, Der Rechtsstatus des Religionsunterrichts, S. 97; *Robbers*, in: von Mangoldt/Klein/Starck, Grundgesetz-Kommentar, Art. 7 Rn. 129; Bernhard *Schlink*, Religionsunterricht in den neuen Ländern, NJW 1992, 1008 (1009 f.); *Thiel*, in: Sachs, Grundgesetz. Kommentar, Art. 7 Rn. 49. *Brosius-Gersdorf*, in: Dreier, Grundgesetz. Kommentar, Art. 7 Rn. 93, hält diese Auffassung für zweifelhaft.

58 So insbesondere *Schlink*, NJW 1992, 1009 f.; s. auch *Thiel*, ebda., Art. 7 Rn. 49.

59 *Link*, Religionsunterricht, S. 469; *Rees*, Der Religionsunterricht und die katechetische Unterweisung, S. 255 f.; *Wißmann*, in: Bonner Kommentar, Art. 7-III Rn. 160.

60 So die klassische Formel von Gerhard *Anschütz*, Die Verfassung des Deutschen Reichs vom 11. August 1919. Kommentar. 14. Aufl., Berlin 1933, Art. 149 Anm. 4.

seine Aufgabe".[61] Die Übereinstimmungsklausel sichert den Kirchen Mitwirkungsrechte bei der Ausgestaltung der Lehrpläne und Richtlinien sowie bei der Auswahl der Lehrbücher, ferner das Recht, ihre Beauftragten zu Unterrichtsbesuchen zu entsenden (Visitationsrecht), sowie Mitbestimmungsrechte bei Auswahl und Bestellung der Religionslehrerinnen und -lehrer. Letztere äußern sich in der Verleihung einer besonderen kirchlichen Bevollmächtigung (evangelisch: *vocatio*, katholisch: *missio canonica*), der eine entsprechende Überprüfung der Kandidaten vorausgeht. Dem Staat ist es untersagt, einen Lehrer mit dem Religionsunterricht zu betrauen, dessen Eignung von seiner Kirche nicht oder nicht mehr anerkannt wird. Andererseits darf keine Lehrkraft gegen ihren Willen verpflichtet werden, Religionsunterricht zu erteilen (Art. 7 Abs. 3 Satz 3 GG). Außer staatlichen Lehrkräften können auch Geistliche und Katecheten zur Erteilung von Religionsunterricht herangezogen werden.[62] Verlangen Angehörige eines anderen Bekenntnisses Unterlassung angeblich falscher ihre Religionsgemeinschaft betreffender Tatsachenbehauptungen, die ein an der Schule tätiger Geistlicher im Religionsunterricht geäußert hat, so ist die Klage gegen den Staat zu richten; da der Religionsunterricht eine staatliche Veranstaltung ist, sind solche Äußerungen allein dem Staat und nicht der Kirche als Anstellungskörperschaft zuzurechnen.[63]

Mit der *konfessionellen Prägung des Religionsunterrichts* lässt es sich nicht vereinbaren, dass er in eine Gesellschaftslehre, Sozialkunde oder eine andere höchst weltliche Lehrveranstaltung umfunktioniert wird. Eine von den Bekenntnisgrundlagen losgelöste Erörterung individueller Lebensfragen und gesellschaftlich-politischer Entwicklungen ist von der Verfassungsgarantie des Art. 7 Abs. 3 GG nicht gedeckt. Angesichts der abnehmenden Zahl der am Religionsunterricht teilnehmenden Kinder und Jugendlichen wächst allerdings die Tendenz, das Fach für Schülerinnen und Schüler des jeweils anderen Bekenntnisses zu öffnen. Auch streben Schüler und Eltern nicht selten mit Rücksicht auf wissenschaftlich-pädagogische Qualitätsunterschiede ein Überwechseln in den fremdkonfessionellen Religionsunterricht an.

Das führt zu der Frage, ob sich aus der gebotenen Übereinstimmung des Religionsunterrichts mit den Grundsätzen der Religionsgemeinschaften das Prinzip einer *konfessionellen Schülerhomogenität* ergibt, ob also die Schülerinnen und Schüler dem jeweiligen Bekenntnis angehören müssen.[64] Hierzu hat das Bundesverfassungsgericht[65] klargestellt, dass durch die Teilnahme konfessionsfremder Schüler das Selbstbestimmungsrecht der Religionsgemeinschaft über Ziel und Inhalt des Unterrichts betroffen ist. Die Zusammensetzung des Teilnehmerkreises habe unmittelbare Rückwirkungen auf die Unterrichtsgestaltung. Demgemäß stehe die Entscheidung über die Zulassung solcher Schüler den Religionsge-

61 BVerfGE 74, 244 (252), in Bestätigung von BVerwGE 68, 16 (19 f.); so auch BVerwGE 110, 326 (333).

62 Verschiedene Länder haben hierzu mit den Kirchen *Gestellungsverträge* abgeschlossen. Diese regeln die Abstellung von kirchlichen Bediensteten (Pfarrer und Kapläne, Pastoral- und Gemeindereferenten u.a.) unter Bestimmung der für die Erteilung des Religionsunterrichts erforderlichen Ausbildungsstandards. Diese nicht-staatlichen Religionslehrer erhalten ihre Bezüge von den Kirchen, die sie beauftragen; das Land wiederum erstattet den Kirchen ihre Aufwendungen für die Besoldung und beteiligt sich an den Versorgungslasten (z.B. § 57 Abs. 4 Satz 3 nrw SchulG, § 74 Abs. 2 rp SchulG, § 34 Abs. 3 sh SchulG).

63 So VGH München, DVBl. 2008, 1512.

64 Zur Problematik der Teilnahme von Schülerinnen und Schülern am Religionsunterricht einer anderen Konfession s. die Rechtsgutachten von Christoph *Link* und Armin *Pahlke*, Joseph *Listl*, Ulrich *Scheuner*, Alexander *Hollerbach* in: Joseph Listl (Hrsg.), Der Religionsunterricht als bekenntnisgebundenes Lehrfach, Berlin 1983; Erwin *Fischer*, Teilnahme an konfessionsfremdem Religionsunterricht, NJW 1988, 879; *Mückl*, HdbStR VII, § 161 Rn. 31; *Rees*, Der Religionsunterricht und die katechetische Unterweisung, S. 284 ff.

65 BVerfGE 74, 244 (253 ff.), in Bestätigung von BVerwGE 68, 16 (19 f.).

meinschaften zu. Ihnen dürfe kein Angehöriger einer anderen Konfession aufgezwungen werden.

Vor allem in den neuen Ländern kommt der Frage, ob *konfessionslose Schülerinnen und Schüler* am Religionsunterricht teilnehmen dürfen, erhebliche praktische Bedeutung zu. Auch hierzu ist die Einwilligung der betreffenden Kirche erforderlich.[66] Andererseits dürfen die Religionsgemeinschaften vom Staat nicht gehindert werden, bekenntnisfremde oder bekenntnislose Schüler zum Religionsunterricht zuzulassen.[67]

Im Zeichen zunehmender Entchristlichung der Gesellschaft, insbesondere in den neuen Ländern, erscheint manchen das Beharren auf der konfessionellen Ausrichtung des Religionsunterrichts als nicht mehr zeitgemäß. Sie plädieren dafür, das Fach solle, von ökumenischem Geist geprägt, interkonfessionell unterrichtet werden. Diesem Postulat ist entgegenzuhalten, dass das Fach prinzipiell bekenntnisgebunden ist. Eine Umwandlung des bislang konfessionell veranstalteten in einen *überkonfessionellen Religionsunterricht* betrifft die Grundsätze der Religionsgemeinschaften. Sie ist dem religiös-weltanschaulich neutralen Staat verwehrt, der auch nicht dulden darf, dass etwa die Schulkonferenz in Verkennung der Grenzen ihrer Befugnisse eine solche Entscheidung trifft. Es bleibt den Kirchen allerdings unbenommen, ihre Grundsätze in der Weise fortzubilden, dass das Fach in bestimmten Fällen, Klassen, Schulstufen oder Schularten fortan ganz oder teilweise auf ökumenischer Basis, auf der Grundlage der übereinstimmenden Lehren beider Kirchen, erteilt wird.[68] Dazu genügt freilich nicht eine Absprache der an der Schule tätigen Religionslehrer; auch die pragmatische Duldung der beteiligten Kirchen reicht nicht aus. Vielmehr sind ein förmliches Einvernehmen der Kirchen und eine förmliche Erklärung gegenüber der jeweiligen Landesregierung erforderlich, dass der interkonfessionelle Unterricht mit ihren Grundsätzen überstimmt.[69]

5.224 Über die *Teilnahme des Kindes* am Religionsunterricht bestimmen die Erziehungsberechtigten (Art. 7 Abs. 2 GG). Eigene Bestimmungsrechte des Kindes und Jugendlichen ergeben sich aus dem Gesetz über die religiöse Kindererziehung (dazu ausführlich TZ 19.144).

5.23 Islamischer Religionsunterricht

5.231 Von großer aktueller Bedeutung ist die Frage, ob für die laut Wissenschaftsrat schätzungsweise 700.000 muslimischen Schülerinnen und Schüler[70], also vor allem für die zahl-

---

66 So ausdrücklich die Regelung § 46 Abs. 3 ThürSchulG. Der evangelische Religionsunterricht steht generell allen Schülerinnen und Schülern offen; so *Kirchenamt der EKD* (Hrsg.), Religionsunterricht: 10 Thesen des Rates der Evangelischen Kirche in Deutschland, Hannover 2006, S. 5.

67 Vgl. VG Braunschweig, NVwZ 1991, 1113.

68 Joseph *Listl* (Hrsg.), Der Religionsunterrichts als bekenntnisgebundenes Lehrfach, Berlin 1983, S. 77; *Uhle*, in: Epping/Hillgruber, Grundgesetz. Kommentar, Art. 7 Rn. 61; so schon Walter *Landé*, Die Schule in der Reichsverfassung, Berlin 1929, S. 201.

69 Sowohl die evangelische als auch die katholische Kirche befürworten zwar eine Zusammenarbeit im ökumenischen Geiste, halten aber weiterhin an der Konfessionalität des Religionsunterrichts fest. Dazu: *Kirchenamt der EKD* (Hrsg.), Identität und Verständigung. Standort und Perspektiven des Religionsunterrichts in der Pluralität. Eine Denkschrift der Evangelischen Kirche in Deutschland. Gütersloh 1994; *Sekretariat der Deutschen Bischofskonferenz* (Hrsg.), Die bildende Kraft des Religionsunterrichts. Zur Konfessionalität des katholischen Religionsunterrichts, Bonn 1996, 5. Aufl. 2009. Auf der Grundlage dieser beiden Schriften haben sich die Deutsche Bischofskonferenz und die EKD Anfang 1998 auf eine gemeinsame Erklärung „Zur Kooperation von Evangelischem und Katholischem Religionsunterricht" verständigt, die vor allem verschiedene Formen der konfessionellen Zusammenarbeit in der schulischen Praxis, auf der Ebene der Schulverwaltungen und in der Lehrerbildung anstrebt.

70 *Wissenschaftsrat*, Empfehlungen zur Weiterentwicklung von Theologien und religionsbezogenen Wissenschaften an deutschen Hochschulen vom 29.1.2010, S. 82. Die Anzahl muslimischer Kinder und

reichen türkischen Kinder sunnitischer Glaubensrichtung, islamischer Religionsunterricht in der Schule einzurichten ist.[71] Sofern eine ausreichende Zahl von Schülern eines muslimischen Bekenntnisses an einer Schule vorhanden ist, ist die Frage grundsätzlich zu bejahen. Auch die *Deutsche Islam Konferenz* stimmt darin überein, dass ein solcher Unterricht als ordentliches Lehrfach in deutscher Sprache an öffentlichen Schulen eingeführt werden soll.[72] Allerdings kann der weltanschaulich neutrale Staat die zu vermittelnden Glaubensinhalte nicht bestimmen; er ist auf islamische Religionsgemeinschaften als Partner angewiesen, mit deren Grundsätzen der Religionsunterricht übereinstimmen muss (Art. 7 Abs. 3 Satz 2 GG). Hier liegt eines der schwierigsten Probleme, nicht zuletzt deshalb, weil es dem Selbstverständnis des Islam zu widersprechen scheint, eine organisatorische Instanz zu akzeptieren, die mit verbindlicher Autorität über die im Religionsunterricht zu lehrenden Inhalte entscheidet. Ob die Dachverbände der muslimischen Gemeinden jeweils die für die religionsbezogenen Elemente eines islamischen Religionsunterrichts prinzipiell erforderliche, zuverlässig organisierte repräsentative Instanz sind, um als Ansprechpartner auf muslimischer Seite zu dienen, ist eine offene Frage.[73] Zwar kann grundsätzlich auch ein

---

Jugendlicher, die in Deutschland schulpflichtig sind, dürfte wegen der syrischen und afghanischen Flüchtlinge, die in den letzten Jahren zugewandert sind, noch erheblich zugenommen haben.

71 Dazu *Sachverständigenrat deutscher Stiftungen für Integration und Migration* (Hrsg.), Viele Götter, ein Staat: Religiöse Vielfalt und Teilhabe im Einwanderungsland. Jahresgutachten 2016 mit Integrationsbarometer, Berlin 2016, insbes. S. 105 ff. Aus der kaum überschaubaren Literatur seien noch die folgenden Veröffentlichungen genannt: Guy *Beaucamp*/Karin *Wißmann*, Islamischer Religionsunterricht – Warum ist das eine unendliche Geschichte?, DVBl. 2017, 1517; Wolfgang *Bock* (Hrsg.), Islamischer Religionsunterricht? Rechtsfragen, Länderberichte, Hintergründe. 2. Aufl., Tübingen 2007; Martin *Heckel*, Religionsunterricht für Muslime? Kulturelle Integration unter Wahrung der religiösen Integrität. Ein Beispiel für die komplementäre Natur der Religionsfreiheit, JZ 1999, 741; *ders*, Unterricht im Islam an deutschen Schulen – seine Gründe und Formen, Voraussetzungen und Grenzen, RdJB 2004, 23; Christine *Langenfeld*, Die rechtlichen Voraussetzungen für islamischen Religionsunterricht an öffentlichen Schulen, in: dies./Volker Lipp/Irene Schneider (Hrsg.), Islamische Religionsgemeinschaften und islamischer Religionsunterricht: Probleme und Perspektiven, Göttingen 2005, S. 17; *dies.*, Integration und kulturelle Pluralität zugewanderter Minderheiten. Eine Untersuchung am Beispiel des allgemeinbildenden Schulwesens in der Bundesrepublik Deutschland, Tübingen 2001; *dies.*, Islam und Grundgesetz, RdJB 2010, 5; Janbernd *Oebbecke*, Die rechtliche Ordnung des islamischen Religionsunterrichts in Deutschland – Stand und Perspektiven, in: Burkhard Kämper/Klaus Pfeffer (Hrsg.), Essener Gespräche zum Thema Staat und Kirche. Bd. 49, Münster 2016, S. 153; Ibrahim *Salama*, Muslimische Gemeinschaften in Deutschland. Recht und Rechtswissenschaft im Integrationsprozess, Frankfurt am Main 2010, S. 69 ff.; Reiner *Tillmanns*, Rechtliche Voraussetzungen für die Einführung eines islamischen Religionsunterrichts an öffentlichen Schulen, in: Rauf Ceylan (Hrsg.), Islam und Diaspora. Analysen zum muslimischen Leben in Deutschland aus historischer, rechtlicher sowie migrations- und religionssoziologischer Perspektive, Frankfurt am Main 2012, S. 161; Antje *von Ungern-Sternberg*, Islamischer Religionsunterricht und islamische Theologie – die Suche nach verfassungskonformen Lösungen, RdJB 2016, 30.

72 Die Deutsche Islam Konferenz (DIK) wurde im September 2006 vom Bundesministerium des Innern ins Leben gerufen; sie soll dem Dialog zwischen dem Staat und den in Deutschland lebenden Muslimen dienen (dazu Conelia *Rogall-Grothe*, Die Deutsche Islam Konferenz, RdJB 2010, 9). An der DIK sind zehn Dachverbände muslimischer Gemeinden beteiligt. Die vier größten Verbände repräsentieren Muslime mit türkischem Migrationshintergrund: die Türkisch-Islamische Union der Anstalt für Religion e.V. (DITIB), der Verband der Islamischen Kulturzentren e.V. (VIKZ), der Islamrat für die Bundesrepublik Deutschland e.V. (IRD) und der Zentralrat der Muslime in Deutschland e.V. (ZMD). Weitere Dachverbände sind u.a. die Ahmadiyya Muslim Jamaat e.V. (AMJ), die Alevitische Gemeinde Deutschlands e.V. (AABF) und die Islamische Gemeinschaft der Schiitischen Gemeinden in Deutschland (IGS). – Die DIK hat in ihrer Plenarsitzung am 13.3.2008 die von einer ihrer Arbeitsgruppen vorgelegten „Verfassungsrechtlichen Rahmenbedingungen eines islamischen Religionsunterrichts" zustimmend zur Kenntnis genommen.

73 Dazu Heinrich *de Wall*, Mitwirkung von Muslimen in den Ländern: Religionsverfassungsrecht und muslimische Ansprechpartner, in: Geschäftsstelle der Deutschen Islam Konferenz/Bundesamt für Migration und Flüchtlinge (Hrsg.), Islamischer Religionsunterricht in Deutschland. Perspektiven und Herausforderungen. Dokumentation der Tagung der Deutschen Islam Konferenz vom 13. bis 14. Februar 2011 in Nürnberg, Berlin 2011, S. 90; *Sachverständigenrat deutscher Stiftungen*, Jahresgutachten 2016, S. 97 ff.

Dachverband als Religionsgemeinschaft anzusehen sein.[74] Er bedarf dann aber einer personalen Grundlage, eines organisatorischen Bandes, das vom Dachverband an der Spitze bis hinunter zum einfachen Gemeindemitglied reicht, selbst wenn die dem Dachverband zuzuordnenden muslimischen Gläubigen konfessionell nicht vollständig homogen sind. Erforderlich ist neben einer gewissen zahlenmäßigen Stärke auch die mit der rechtlichen Organisationsstruktur zu vereinbarende Fähigkeit, verbindliche Aussagen zu den für den Religionsunterricht ausschlaggebenden Grundsätzen der Religionsgemeinschaft zu treffen. Auch muss der Dachverband über eine eindeutige Mitgliederstruktur verfügen, damit sich feststellen lässt, welche Schulkinder zum Besuch des entsprechenden Religionsunterrichts verpflichtet sind. Keinesfalls darf es der Staat hinnehmen, dass zur inhaltlichen Gestaltung eines Religionsunterrichts eine Religionsgemeinschaft zugelassen wird, welche die in Art. 1 und 20 GG niedergelegten Grundsätze in Frage stellt, die Art. 79 Abs. 3 GG jeglicher Änderung entzieht. Probleme rühren auch daher, dass es gegenwärtig noch an einer ausreichenden Zahl von Lehrkräften fehlt, die theologisch und didaktisch geeignet wären, einen solchen Unterricht zu erteilen.[75]

Die meisten Länder sind bemüht, ihrerseits die Voraussetzungen für die Einrichtung dieses Fachs zu schaffen.[76] Solange die vorhandenen muslimischen Organisationen als staatliche Kooperationspartner nicht in Betracht kommen, liegt es nahe, *Übergangslösungen* anzustreben, bei denen der Staat die Aufgabe eines informierten Mittlers wahrzunehmen hätte. Solche Übergangsmodelle dürften verfassungsrechtlich unter dem Gesichtspunkt zulässig sein, dass sie der grundgesetzlichen Regelung näher stehen als die gänzliche Abwesenheit religiöser Unterweisung für eine große Zahl islamischer Schülerinnen und Schüler.[77]

---

74 BVerwGE 123, 49 (57 ff.).

75 Der Wissenschaftsrat hat in seinen Empfehlungen zur Weiterentwicklung von Theologien und religionsbezogenen Wissenschaften an deutschen Hochschulen (Fn. 70), S. 80 ff., vorgeschlagen, an zwei bis drei Standorten im staatlichen Hochschulsystem größere autonome Organisationseinheiten für Islamische Studien zu etablieren, an denen u.a. Lehrkräfte für den islamischen Religionsunterricht ausgebildet werden. Da der bekenntnisneutrale Staat nicht die alleinige Verantwortung für die Inhalte des Theologiestudiums und der Religionslehrerausbildung tragen könne, sollten an der Einrichtung, Änderung und Aufhebung theologischer Studiengänge sowie bei der Einstellung des wissenschaftlichen Personals theologisch kompetente Beiräte beteiligt werden; die Zusammensetzung des jeweiligen Beirats sollte dem Selbstverständnis der Muslime, der Vielfalt ihrer Organisationsformen sowie den Anforderungen an theologische Kompetenz Rechnung tragen. Vom Bund geförderte Studiengänge für islamische Theologie gibt es seitdem an den Doppelstandorten Münster/Osnabrück und Frankfurt am Main/Gießen sowie an den Universitäten Erlangen-Nürnberg und Tübingen.

76 Hessen hat zum Schuljahr 2013/14 konfessionsorientierten islamischen Religionsunterricht gemäß Art. 7 Abs. 3 GG eingeführt, und zwar zunächst an 27 Grundschulen. Das Land kooperiert dabei mit den islamischen Verbänden DITIB (Türkisch-Islamische Union der Anstalt für Religion e.V.) und Ahmadiyya Muslim Jamaat e.V.; das Hessische Kultusministerium hält trotz der politischen Unruhen in der Türkei an der Kooperation mit DITIB fest. Das Land hat überdies der Ahmadiyya Muslim Jamaat im Jahr 2013 auf deren Antrag den Status einer Körperschaft des öffentlichen Rechts im Sinne des Art. 140 GG i.V.m. Art. 137 Abs. 5 Satz 2 WRK verliehen. Zur Bedeutung dieses Status und zur Frage, ob der organisierte Islam die dafür erforderlichen Voraussetzungen erfüllen kann, s. *Sachverständigenrat deutscher Stiftungen*, Jahresgutachten 2016, S. 99 ff. – Niedersachsen baut den islamischen Religionsunterricht seit 2013 nach einem fast zehnjährigen Modellversuch zum Regelfach aus. Die Landesregierung plant seit Längerem, u.a. die DITIB als Religionsgemeinschaft anzuerkennen; die Verwirklichung dieses Vorhabens könnte allerdings an den politischen Unruhen in der Türkei und deren Auswirkungen auf die Rolle der DITIB scheitern.

77 So Wolfgang *Bock*, Islamischer Religionsunterricht oder Religionskunde? Zu ihren verfassungsrechtlichen Rahmenbedingungen, in: ders. (Hrsg.), Islamischer Religionsunterricht? Rechtsfragen, Länderberichte, Hintergründe (Fn. 71), S. 3 (27). Demgemäß hat z.B. Nordrhein-Westfalen Ende 2011 mit dem neuen § 132a SchulG eine „Übergangsvorschrift zur Einführung von islamischem Religionsunterricht" erlassen. Danach kann das Schulministerium übergangsweise mit einer oder mehreren Organisationen zusammenarbeiten, die für die religiöse Identität ihrer Mitglieder oder Unterorganisationen wesentliche Aufgaben wahrnehmen oder von diesen für die Durchführung des Religionsunterrichts bestimmt worden sind. Zu diesem Zweck bildet das Ministerium einen Beirat, der die Anliegen der islamischen

Sofern die Bemühungen der Länder letztlich zum Erfolg führen, gilt auch für den islamischen Religionsunterricht der Grundsatz der auf Art. 7 Abs. 1 GG beruhenden staatlichen Verantwortung. Der Staat muss deshalb dafür Sorge tragen, dass der Unterricht nicht in Widerspruch zu den Bildungszielen der Schule, insbesondere zum Toleranzprinzip, gerät.

5.232 In *Berlin* besteht auch bezüglich des islamischen Religionsunterrichts eine *besondere Rechtslage*. Dort findet Art. 7 Abs. 3 Satz 1 GG wegen der Bremer Klausel des Art. 141 GG keine Anwendung (vgl. TZ 5.222); der Religionsunterricht ist vielmehr Sache der Kirchen und Religionsgemeinschaften (§ 13 Abs. 1 Satz 1 SchulG). Die Religionsgemeinschaften übernehmen die Verantwortung dafür, dass der Religionsunterricht gemäß den für den allgemeinen Unterricht geltenden Bestimmungen durchgeführt wird; sie reichen bei der Senatsschulverwaltung Rahmenlehrpläne ein, die erkennen lassen müssen, dass der Religionsunterricht den pädagogischen und fachlichen Maßstäben gerecht wird, die an den allgemeinen Unterricht gestellt werden (§ 13 Abs. 3 SchulG).

Die im Ruf des islamischen Fundamentalismus stehende Islamische Föderation Berlin e.V. hat sich mit dem Antrag, ihr die Erteilung von islamischem Religionsunterricht in der Berliner Schule zu gestatten, gegen den ablehnenden Bescheid der Schulverwaltung vor Gericht letztlich durchgesetzt. Während das Verwaltungsgericht Berlin ihr die Eigenschaft einer Religionsgemeinschaft im Sinne des Art. 7 Abs. 3 GG mangels klarer Organisationsstruktur und mangels eines unterscheidbaren Bekenntnisses abgesprochen hatte, kam das Oberverwaltungsgericht Berlin zu dem Ergebnis, es handele sich bei der Föderation um eine Religionsgemeinschaft im Sinne des Berliner Schulrechts; dieser Begriff erfordere nicht, dass sich der religiöse Zusammenschluss streng zu einer bestimmten Glaubensrichtung innerhalb der betreffenden Religion bekenne und von anderen abgrenze. Das Land habe weder Anhaltspunkte für Bedenken gegen die Verfassungstreue des Verbandes vorgetragen noch Zweifel daran geäußert. Das Bundesverwaltungsgericht hat diese Entscheidung im Ergebnis bestätigt.[78]

5.24 Ethikunterricht

5.241 Die Teilnahme am Religionsunterricht ist gemäß Art. 7 Abs. 2 freiwillig (dazu TZ 5.224). Mehrere Länder (Baden-Württemberg, Bayern, Hessen, Rheinland-Pfalz, das Saarland, Sachsen, Sachsen-Anhalt und Thüringen) haben für Schülerinnen und Schüler, die nicht am Religionsunterricht teilnehmen, Ethikunterricht[79] als verbindliches alternatives

---

Organisationen bei der Einführung und Durchführung des islamischen Religionsunterrichts vertritt. Dem Beirat gehören an: vier theologisch, religionspädagogisch oder islamwissenschaftlich qualifizierte Vertreter der organisierten Muslime sowie vier vom Ministerium im Einvernehmen mit den islamischen Organisationen bestimmte Muslime (zwei Persönlichkeiten des öffentlichen Lebens, zwei Religionsgelehrte). Der Beirat stellt fest, ob der Religionsunterricht den Grundsätzen i.S. des Art. 7 Abs. 3 Satz 2 GG entspricht; er ist an der Erstellung der Unterrichtsvorgaben, der Auswahl der Lehrpläne und Lehrbücher sowie der Bevollmächtigung von Lehrkräften zu beteiligen. Die Übergangsregelung ist bis zum 31.7.2019 befristet. – Die Landesregierung NRW hat inzwischen ihr Vorhaben, die DITIB als Religionsgemeinschaft anzuerkennen, wegen der politischen Entwicklungen in der Türkei zunächst zurückgestellt (Pressemitteilung der Landesregierung vom 25.8.2016). – In Baden-Württemberg, Bayern, Rheinland-Pfalz und im Saarland wird islamischer Religionsunterricht im Rahmen von Modellversuchen vor allem im Grundschulbereich erprobt.

78 VG Berlin, InfAuslR 1998, 353; OVG Berlin, DVBl. 1999, 554; BVerwGE 110, 326. Zu dem Rechtsstreit Wolfgang *Bock*, Islamischer Religionsunterricht im Lande Berlin, in: ders. (Hrsg.), Islamischer Religionsunterricht oder Religionskunde?, S. 93; vgl. auch Reiner *Tillmanns*, Islamischer Religionsunterricht in Berlin. Anmerkungen zu einem langjährigen Rechtsstreit, RdJB 1999, 471.

79 Grundlegend: Claudia *Erwin*, Verfassungsrechtliche Anforderungen an das Schulfach Ethik/Philosophie, Berlin 2001; vgl. auch Peter *Gullo*, Religions- und Ethikunterricht im Kulturstaat, Berlin 2003, S. 191 ff.

Unterrichtsfach eingeführt[80]; es soll ihnen das Verständnis für Wertvorstellungen und ethische Grundsätze und den Zugang zu ethischen, philosophischen und religionskundlichen Fragen vermitteln.[81]

Der Ethikunterricht als Ersatz oder Alternative für den Religionsunterricht weist eine besondere Grundrechtsrelevanz im Spannungsverhältnis zwischen Elternrecht (Art. 6 Abs. 2 GG), Persönlichkeitsrechten der Schüler (Art. 2 Abs. 1 GG) und staatlicher Schulverantwortung (Art. 7 Abs. 1 GG) auf. Deshalb bedarf die Einführung dieses Fachs einer *formellgesetzlichen Regelung*, die auch die wesentlichen Unterrichtsziele festzulegen hat.

5.242 Die verfassungsrechtliche Zulässigkeit des Ethikunterrichts als „Ersatzfach" für den Religionsunterricht ist wiederholt bestritten worden[82]; sie war Gegenstand mehrerer Gerichtsverfahren.[83] Dabei geht es im Wesentlichen um die Frage, ob es dem Freiwilligkeitsgrundsatz entspricht, dass Schülerinnen und Schüler, die den Religionsunterricht nicht besuchen, verpflichtet werden, am Ethikunterricht teilzunehmen, und ob diese Verpflichtung, die aus der Entscheidung gegen den Religionsunterricht folgt, mit dem Diskriminierungsverbot des Art. 3 Abs. 3 Satz 1 GG (keine Benachteiligung wegen des Glaubens oder der religiösen Anschauungen) vereinbar ist.

Das Bundesverwaltungsgericht hat den Streit durch Urteil vom 17.6.1998 entschieden.[84] Das Gericht hebt hervor, dass der Staat kraft der ihm durch Art. 7 Abs. 1 GG eingeräumten Gestaltungsfreiheit einen verpflichtenden Unterricht im Fach Ethik vorsehen könne.

---

80 § 100a bw SchulG; Art. 137 Abs. 2 BayVerf., Art. 47 BayEUG, § 8 Abs. 4 HSchG; Art. 35 Abs. 2 rp Verf.; § 15 Abs. 1 Satz 2 und 3 saarl SchoG; Art. 105 Abs. 1 sächs Verf., § 19 sächs SchulG; Art. 27 Abs. 3 Satz 1 Verf. LSA, § 19 Abs. 2 SchulG LSA; Art. 25 Abs. 1 thür Verf., § 46 Abs. 4 ThürSchulG. In Niedersachsen sind Schülerinnen und Schüler, die nicht am Religionsunterricht teilnehmen, stattdessen zur Teilnahme am Unterricht „Werte und Normen" verpflichtet, wenn die Schule diesen Unterricht eingerichtet hat (§ 128 NSchG). In Nordrhein-Westfalen nehmen solche Schülerinnen und Schüler am Fach Praktische Philosophie teil, soweit dieses Fach in der Ausbildungsordnung vorgesehen und an der Schule eingerichtet ist; in der gymnasialen Oberstufe besteht die Verpflichtung, nach einer Befreiung vom Religionsunterricht das Fach Philosophie zu belegen (§ 32 nrw SchulG). In Schleswig-Holstein erhalten Schülerinnen und Schüler „stattdessen anderen Unterricht" (§ 7 Abs. 2 Satz 3 SchulG), und zwar in den Sekundarstufen I und II Philosophie. In Mecklenburg-Vorpommern gibt es für diese Schüler „im Primar- und Sekundarbereich I Unterricht im Philosophieren mit Kindern, im Sekundarbereich II Unterricht in Philosophie" (§ 7 Abs. 2 Satz 2 SchulG). In Hamburg wird Schülern, soweit in der Stundentafel vorgesehen, eine Wahlpflicht-Alternative zum Religionsunterricht in den Bereichen Ethik und Philosophie angeboten (§ 7 Abs. 4 HmbSG). Vgl. auch die Übersicht in: *Sekretariat der Ständigen Konferenz der Kultusminister der Länder in der Bundesrepublik Deutschland* (Hrsg.), Zur Situation des Ethikunterrichts in der Bundesrepublik Deutschland. Bericht der Kultusministerkonferenz vom 22.2.2008, Bonn 2008.

81 So z.B. die Regelung in § 8 Abs. 4 Satz 1 HSchG.

82 Die Verfassungsmäßigkeit des Ethikunterrichts als Ersatzfach lehnen ab: Johann *Bader,* Zur Verfassungsmäßigkeit des obligatorischen Ethikunterrichts, NVwZ 1998, 256; Gerhard *Czermak,* Das Pflicht-Ersatzfach Ethikunterricht als Problem der Religionsfreiheit, des Elternrechts und der Gleichheitsrechte, NVwZ 1996, 450; Ludwig *Renck,* Verfassungsprobleme des Ethikunterrichts, BayVBl. 1992, 519; *ders.,* Nochmals: Verfassungswidriger Ethikunterricht? Eine Erwiderung auf Schockenhoff, BayVBl. 1994, 432; *ders.*, Rechtsfragen des Religionsunterrichts im bekenntnisneutralen Staat, DÖV 1994, 27 (32). Für die Zulässigkeit dieses Unterrichts: *Erwin*, Verfassungsrechtliche Anforderungen, S. 193, 304; *Gullo*, Religions- und Ethikunterricht, S. 289; *Mückl*, AöR 1997, S. 532 f.; *ders.,* Verfassungswidriger Ethikunterricht?, VBlBW 1998, 86; Martin *Schockenhoff,* Ist Ethikunterricht verfassungswidrig? Zugleich Erwiderung auf Renck, BayVBl. 1993, 737; Gitta *Werner,* Ethik als Ersatzfach, NVwZ 1998, 816.

83 VG Freiburg, NVwZ 1996, 507; VGH Mannheim, NVwZ 1998, 309 (Verfassungsmäßigkeit bejahend). Der Vorlagebeschluss des VG Hannover, NVwZ 1998, 316, wonach die gesetzliche Verpflichtung zur Teilnahme am Unterricht „Werte und Normen" als Ersatzfach für den Religionsunterricht verfassungswidrig sei, wurde vom BVerfG durch Beschluss vom 17.2.1999 (NJW 1999, 756) als unzulässig verworfen.

84 BVerwGE 107, 75.

Dieser müsse weltanschaulich und religiös neutral sein; das schließe nicht aus, dass er die prägenden Kultur- und Bildungswerte der christlichen Religionen angemessen berücksichtige. Ethikunterricht als verbindliche Alternative zum Religionsunterricht sei dann zulässig, wenn er als gleichwertiges Fach eingerichtet werde. Dies setze voraus, dass schwerpunktmäßig vergleichbare Erziehungsziele, wie die Erziehung zu verantwortungs- und wertbewusstem Verhalten, angestrebt würden und dass beide Fächer darauf angelegt seien, ethische Mindeststandards zu überliefern und mit pädagogischen Mitteln zu festigen. Seien diese Voraussetzungen erfüllt, werde das Gebot der Gleichbehandlung der Schüler nicht dadurch missachtet, dass die am Religionsunterricht teilnehmenden Schüler vom Besuch des Ethikunterrichts freigestellt würden. Allerdings müsse sich die Gleichwertigkeit der Fächer auch in ihrer tatsächlichen Ausgestaltung niederschlagen; die Schüler müssten mit Rücksicht auf ihre Chancengleichheit mit jedem der beiden Fächer den vorgesehenen Schulerfolg erreichen können. Die Gleichwertigkeit könne im Übrigen nicht mit dem Argument in Frage gestellt werden, dass es sich beim Ethikunterricht, nicht aber beim Religionsunterricht um ein wissenschaftliches Fach handele; auch der Religionsunterricht müsse als ordentliches Lehrfach wissenschaftlichen Ansprüchen genügen.[85]

Da die gegen das Urteil des Bundesverwaltungsgerichts eingelegte Beschwerde vom Bundesverfassungsgericht nicht zur Entscheidung angenommen wurde[86], dürfte der Streit um die Verfassungsmäßigkeit des als Ersatzfach zum Religionsunterricht eingerichteten Ethikunterrichts zumindest zu einem vorläufigen Abschluss gelangt sein.

5.243 In einem neueren Urteil hatte das Bundesverwaltungsgericht, anders als zuvor, nicht über die Frage zu entscheiden, ob der Staat einen verpflichtenden Ethikunterricht als Ersatz für den Religionsunterricht einführen *kann*; vielmehr war gerade umgekehrt darüber zu befinden, ob der Staat auf Verlangen von Eltern ein solches Fach für die nicht am Religionsunterricht teilnehmenden Schülerinnen und Schüler von Verfassung wegen einrichten *muss*. Das Gericht hat einen entsprechenden *Anspruch verneint*.[87] Das elterliche Erziehungsrecht aus Art. 6 Abs. 2 Satz 1 GG mache zwar vor der Schule nicht generell halt; es stoße dort jedoch auf den Bildungs- und Erziehungsauftrag des Staates aus Art. 7 Abs. 1 GG. Bei der Festlegung des schulischen Bildungs- und Erziehungsprogramms verbleibe dem Staat Gestaltungsfreiheit; namentlich könnten die Eltern nicht die Einrichtung bestimmter Schulfächer verlangen, der Staat könne nicht allen, oft unterschiedlichen Elterninteressen Rechnung tragen. Im Übrigen räume Art. 7 Abs. 3 GG zwar den Religionsgemeinschaften als außerstaatlichen Bildungs- und Erziehungsträgern die Möglichkeit schulbezogener Mitwirkung im Interesse der Religionsfreiheit ein; für die Forderung nach Einführung eines nichtkonfessionellen Ethikunterrichts als Ersatzfach für

85 Ein Verstoß gegen Art. 3 Abs. 3 Satz 1 GG ist schon deshalb zu verneinen, weil die Verpflichtung, den Ethikunterricht zu besuchen, nicht an einen religiösen Tatbestand, sondern schlicht an die Erklärung des Schülers beziehungsweise seiner Eltern anknüpft, nicht am Religionsunterricht teilnehmen zu wollen. Die Beweggründe für diese Entscheidung – die beispielsweise auch in der besseren Qualität des Ethikunterrichts liegen mögen – gehen die Schule nichts an (vgl. TZ 5.224).

86 BVerfG, Beschluss vom 18.2.1999 (Az.: 1 BvR 1840/98) (juris).

87 BVerwG, Urteil vom 16.4.2014, NVwZ 2014, 1163. In dem der Entscheidung zu Grunde liegenden Fall hatte die alleinsorgeberechtigte Mutter dreier nicht konfessionsgebundener Söhne, die eine Grundschule in Freiburg besuchten, die Einrichtung des Fachs Ethik an dieser Schule verlangt. Gemäß § 96 Abs. 1 bw SchG ist der Religionsunterricht ordentliches Lehrfach an allen öffentlichen Schulen Baden-Württembergs. Nach § 100a Abs. 1 SchG wird für Schüler, die nicht am Religionsunterricht teilnehmen, das Fach Ethik als ordentliches Unterrichtsfach eingerichtet. § 100a Abs. 3 des Gesetzes ermächtigt das Kultusministerium, durch Rechtsverordnung festzustellen, ab welchem Zeitpunkt der Unterricht im Fach Ethik in den einzelnen Schularten und Klassen zu besuchen ist. Von dieser Ermächtigung hat das Kultusministerium im Bereich der allgemeinbildenden Schulen bislang nur für die Haupt- und Realschulen ab Klasse 8 und für die Gymnasien ab Klasse 7, nicht aber für die Grundschulen Gebrauch gemacht.

den Religionsunterricht biete die Vorschrift indes keine Grundlage. Die Vorschrift treffe nicht die Regelungsaussage, dass der Staat zur moralisch-ethischen Erziehung der Kinder im Rahmen eines gesonderten Schulfachs verpflichtet wäre und dieser Verpflichtung mit Blick auf die Abnahme religiöser Bindungen durch zusätzliche Einrichtung eines nicht-konfessionell orientierten Ersatzfachs für das Fach Religion nachzukommen hätte. Ob der Verzicht auf die Einrichtung des Fachs Ethik im tatbestandlichen Sinne eine Ungleichbehandlung konfessionsloser Schüler gegenüber konfessionell gebundenen Schülern darstelle, könne dahingestellt bleiben, da ein Verstoß gegen Art. 3 Abs. 3 GG schon deshalb ausscheide, weil die Einrichtung von Religionsunterricht durch das Grundgesetz selbst in Art. 7 Abs. 3 Satz 1 vorgesehen sei, die Einrichtung eines gesonderten Fachs Ethik hingegen nicht.[88]

5.244 In *Berlin*, wo Art. 7 Abs. 3 Satz 1 GG wegen der Bremer Klausel keine Anwendung findet (dazu TZ 5.222), ist der Ethikunterricht kein Ersatzunterricht für den Religionsunterricht, sondern originäres Pflichtfach. Schülerinnen und Schüler sind nach § 12 Abs. 6 SchulG seit Beginn des Schuljahres 2006/07 verpflichtet, in den Jahrgangsstufen 7 bis 10 am Fach Ethik als ordentlichem Lehrfach teilzunehmen. Ziel des Ethikunterrichts ist es, die Bereitschaft und Fähigkeit der Schülerinnen und Schüler unabhängig von ihrer kulturellen, ethnischen, religiösen und weltanschaulichen Herkunft zu fördern, sich gemeinsam mit grundlegenden kulturellen und ethischen Problemen des individuellen Lebens, des gesellschaftlichen Zusammenlebens sowie mit unterschiedlichen Wert- und Sinnangeboten konstruktiv auseinanderzusetzen; dadurch sollen die Schülerinnen und Schüler Grundlagen für ein selbstbestimmtes und verantwortungsbewusstes Leben gewinnen und soziale Kompetenz, interkulturelle Dialogfähigkeit und ethische Urteilsfähigkeit erwerben. Der Ethikunterricht besteht als Pflichtfach ohne Abmeldemöglichkeit neben dem in § 13 SchulG geregelten Religions- und Weltanschauungsunterricht, dessen Besuch freiwillig ist. Eine Befreiung von der Pflicht zum Besuch des Ethikunterrichts für Schülerinnen und Schüler, die am Religionsunterricht teilnehmen, ist nicht vorgesehen.

Nach Auffassung des Bundesverfassungsgerichts[89] sind diese Regelungen mit dem Grundgesetz vereinbar. Sie zwängen die betroffenen Schülerinnen und Schüler nicht, an einem Unterricht teilzunehmen, dessen Inhalt ihrem Glauben widerspreche, wirkten vielmehr der Entstehung von religiös oder weltanschaulich motivierten „Parallelgesellschaften" entgegen und dienten somit auch dem Ziel, Minderheiten zu integrieren. Der Ethikunterricht ohne Abmeldemöglichkeit für religiös gebundene Schüler verstoße im Blick auf Art. 4 Abs. 1 und 2 sowie Art. 6 Abs. 2 GG auch nicht deshalb gegen das Gebot der Verhältnismäßigkeit, weil das bestehende Angebot eines Religionsunterrichts für religiös gebundene Schüler ein gleichgeeignetes „milderes Mittel" zur Erreichung der Unterrichtsziele wäre. Der Berliner Landesgesetzgeber habe nämlich davon ausgehen dürfen, dass bei einer Separierung der Schüler nach der jeweiligen Glaubensrichtung in getrennt erteiltem Religionsunterricht und dem Recht der Abmeldung vom Ethikunterricht dem Anliegen der Ausbildung einer dialogischen Gesprächskultur möglicherweise nicht in der gleichen Weise Rechnung getragen werde wie durch einen gemeinsamen Pflichtethikunterricht.

Der Versuch, den Religionsunterricht als Wahlpflichtfach neben dem Ethikunterricht durch Volksentscheid einzuführen, ist im April 2009 gescheitert.[90]

---

88 Zu dem Urteil des BVerwG die Stellungnahme von Thomas *Traub*/Alexandra *Stauenbiel*, Ethikunterricht zwischen elterlichem Erziehungsrecht und staatlichem Bildungsauftrag, NVwZ 2014, 1142.

89 Kammerbeschluss vom 15.3.2007, NVwZ 2008, 72.

90 Der zur Abstimmung gestellte Gesetzentwurf der Volksinitiative „Pro Reli" erreichte beim Volksentscheid am 26.4.2009 mit 48,5 % der abgegebenen Stimmen nicht die nach § 36 Abs. 1 Abstimmungsgesetz erforderliche Mehrheit der Teilnehmer und bei einer Wahlbeteiligung von nur 29,2% auch nicht

5.245 Das Land *Brandenburg* hat im Jahrs 1996 unter Berufung auf die Bremer Klausel des Art. 141 GG (vgl. TZ 5.222) das Fach *„Lebensgestaltung – Ethik – Religionskunde" (LER)* als ordentliches Lehrfach anstelle des Religionsunterrichts eingeführt. Gemäß § 11 Abs. 2 Satz 2 BbgSchulG dient das Unterrichtsfach der Vermittlung von Grundlagen für eine wertorientierte Lebensgestaltung, von Wissen über Traditionen philosophischer Ethik und Grundsätzen ethischer Urteilsbildung sowie über Religionen und Weltanschauungen. Das Fach soll bekenntnisfrei, religiös und weltanschaulich neutral unterrichtet werden (§ 11 Abs. 3 Satz 1 BbgSchulG). Die Erteilung von Religionsunterricht bleibt demgegenüber den Kirchen und Religionsgemeinschaften überlassen. § 9 Abs. 2 BbgSchulG räumt diesen das Recht ein, Schülerinnen und Schüler in den Räumen der Schule nach ihrem Bekenntnis durch selbstbeauftragte Personen zu unterrichten. Kinder, deren Eltern gegenüber der Schule erklären, dass sie Religionsunterricht anstelle des Faches LER erhalten sollen, und den Besuch eines solchen Unterrichts nachweisen, sind von der Verpflichtung zur Teilnahme am Unterricht im Fach LER befreit; vom 14. Lebensjahr an tritt die eigene Erklärung der Jugendlichen an die Stelle der Erklärung der Eltern (§ 11 Abs. 3 Satz 4 und 5 BbgSchulG).[91]

5.25 Religiöse Bezüge in den Organisationsformen der öffentlichen Schulen

5.251 Die öffentlichen Schulen in Deutschland sind in der Regel *Gemeinschaftsschulen.* In ihnen werden Schülerinnen und Schüler ohne Unterschied des Bekenntnisses oder der Weltanschauung unterrichtet und erzogen.[92] Hessen und das Saarland geben hierbei den Schulen sämtlicher Schularten eine christliche Grundierung.[93] Baden-Württemberg und Nordrhein-Westfalen beschränken die christliche Prägung von Unterricht und Erziehung auf Grund- und Hauptschulen, Bayern und Rheinland-Pfalz auf Grundschulen.[94] Alle

---

das nach derselben Vorschrift notwendige Quorum der Zustimmenden von einem Viertel der Stimmberechtigten.

91 Ursprünglich war eine Befreiung der am Religionsunterricht teilnehmenden Schülerinnen und Schüler von der Pflicht zum Besuch des Fachs LER nicht vorgesehen. Damit stellte sich die heftig umstrittene Frage, ob Art. 141 GG im Land Brandenburg Anwendung findet. Das BVerfG, das aufgrund eines gegen das Brandenburgische Schulgesetz gerichteten Normenkontrollantrags und mehrerer entsprechender Verfassungsbeschwerden über die Geltung des Art. 141 GG für das Land Brandenburg zu befinden hatte, hat die Streitfrage nicht entschieden, sondern den Verfahrensbeteiligten im Juni 2001 stattdessen einen Vorschlag für eine „einvernehmliche Verständigung" unterbreitet, wonach insbesondere die Teilnahme am Religionsunterricht die Pflicht zur Teilnahme am Unterricht im Fach LER entfallen lassen solle (BVerfGE 104, 305). Nach Maßgabe dieses Vorschlags hat der Landtag das Schulgesetz im August 2002 geändert. Zu den damaligen Auseinandersetzungen Imma *Hillerich*, Bildungspolitik und Religion: Die Diskussion um das Schulfach LER in Brandenburg, in: Manfred Brocker/Hartmut Behr/Mathias Hildebrand (Hrsg.), Religion – Staat – Politik. Zur Rolle der Religion in der nationalen und internationalen Politik, Wiesbaden 2003, S. 199 (218 f.).

92 S. z.B. Art. 56 Abs. 2 hess Verf., Art. 26 Abs. 2 Verf. LSA, § 7 Abs. 3 Satz 2 sh SchulG, Art. 24 Abs. 2 thür Verf. – Die Schulgesetze der Länder Baden-Württemberg, Saarland, Sachsen-Anhalt, Schleswig-Holstein und Thüringen verwenden den Begriff „Gemeinschaftsschule" allerdings nicht für einen Schultyp im Sinne der in Art. 7 Abs. 5 gemeinten Gemeinschaftsschule, die Schülerinnen und Schüler ohne Unterschied des Bekenntnisses und der Weltanschauung zusammenfasst, sondern bezeichnen damit eine Schulart der Sekundarstufe I, die der Gesamtschule entspricht (§ 8a bw SchG, § 3a saarl SchoG, § 5b SchulG LSA, § 43 sh SchulG, § 6a ThürSchulG). Vgl. TZ 3.421.

93 § 2 Abs. 1 Satz 2 HSchG: „… Bildungsauftrag, der auf humanistischer und christlicher Tradition beruht", Art. 27 Abs. 4 saarl Verf.: „… auf der Grundlage christlicher Bildungs- und Kulturwerte".

94 Art. 15 Abs. 1 bw Verf.: „Die öffentlichen Volksschulen (Grund- und Hauptschulen) haben die Schulform der christlichen Gemeinschaftsschule" nach Maßgabe der früheren badischen Simultanschule mit christlichem Charakter. Art. 12 Abs. 2 Satz 1 und Abs. 3 Satz 1 nrw Verf.: Grundschulen sind Gemeinschaftsschulen, Bekenntnisschulen oder Weltanschauungsschulen; in Gemeinschaftsschulen werden „Kinder auf der Grundlage christlicher Bildungs- und Kulturwerte in Offenheit für die christlichen Bekenntnisse und für andere religiöse und weltanschauliche Überzeugungen gemeinsam unterrichtet und erzogen"; § 26 Abs. 1 und 2 nrw SchulG: Grundschulen sind Gemeinschaftsschulen, Bekennt-

anderen Länder verzichten auf eine Orientierung der Schulen im Sinne der christlichen Gemeinschaftsschule.

Die christliche Gemeinschaftsschule ist mit dem Grundgesetz vereinbar. Sie ist einerseits offen für die christlichen Bekenntnisse, andererseits schaltet sie weltanschaulich-religiöse Zwänge so weit wie möglich aus und gibt unter Wahrung des Toleranzgebots Raum für eine sachliche Auseinandersetzung mit allen religiösen und weltanschaulichen Auffassungen. Das Erziehungsziel einer solchen Schule darf – außerhalb des Religionsunterrichts, zu dessen Besuch niemand gezwungen werden kann – nicht christlich konfessionell fixiert sein. Deshalb führt sie weder Eltern und Kinder, die eine bekenntnisgebundene religiöse Erziehung wünschen, noch solche, die eine christlich-religiöse Erziehung durch die Schule ablehnen, in einen verfassungsrechtlich unzumutbaren Glaubens- und Gewissenskonflikt.[95]

Soweit Verfassungen und Schulgesetze der Länder nichts anderes bestimmen, sind ihre Schulen *Gemeinschaftsschulen ohne christliche Bezüge*, in denen allerdings der Religionsunterricht gleichwohl ordentliches Lehrfach ist. Davon zu unterscheiden ist die *bekenntnisfreie Schule*, die jedwede religiös-weltanschauliche Orientierung zurückweist und in der deshalb gemäß Art. 7 Abs. 3 GG auch kein Religionsunterricht erteilt wird (vgl. TZ 5.221).

5.252 In zwei Ländern gibt es außer Gemeinschaftsschulen auch *Bekenntnisschulen.*[96] In *Niedersachsen* sind auf Antrag von Erziehungsberechtigten öffentliche Grundschulen für Schülerinnen und Schüler des gleichen Bekenntnisses zu errichten, wenn daneben der Fortbestand oder die Errichtung mindestens einzügiger Gemeinschafts-Grundschulen mit zumutbaren Schulwegen möglich bleibt.[97]

In *Nordrhein-Westfalen* ist die *Grundschule* nach Wahl der Erziehungsberechtigten (christliche) Gemeinschaftsschule, Bekenntnisschule oder Weltanschauungsschule (§ 27 SchulG); der Antrag muss von Eltern gestellt werden, die mindestens ein Fünftel der für

---

nisschulen oder Weltanschauungsschulen; Hauptschulen sind in der Regel Gemeinschaftsschulen. In Gemeinschaftsschulen werden die Schülerinnen und Schüler „auf der Grundlage christlicher Bildungs- und Kulturwerte in Offenheit für die christlichen Bekenntnisse und für andere religiöse und weltanschauliche Überzeugungen gemeinsam unterrichtet und erzogen". – Auch die Verfassungen von Bayern und Rheinland-Pfalz erklären Grund- und Hauptschulen zu christlichen Gemeinschaftsschulen: Art. 135 Satz 2 bay Verf.: In den öffentlichen Volksschulen „werden die Schüler nach den Grundsätzen der christlichen Bekenntnisse unterrichtet und erzogen"; Art. 29 rp Verf.: „Die öffentlichen Grund-, Haupt- und Sonderschulen sind christliche Gemeinschaftsschulen." Da es aber in Bayern die Volksschule als organisatorische Einheit von Grundschule und Hauptschule seit dem Beginn des Schuljahres 2012/13 nicht mehr gibt und die Hauptschule durch die Mittelschule ersetzt wurde (Gesetz zur Änderung des BayEUG vom 9.7.2012, GVBl. S. 344) und da auch in Rheinland-Pfalz die Hauptschule als eigenständige Schulart aufgrund der Änderung des Schulgesetzes vom 22.12.2008 (GVBl. S. 340) nicht mehr besteht, sondern in der Realschule plus aufgegangen ist (§§ 10 Abs. 3, 10a SchulG), fehlt in der Sekundarstufe I nunmehr das institutionelle Substrat für die in der jeweiligen Landesverfassung vorgeschriebene christliche Gemeinschaftsschule. Nur für die Grundschule schreibt nunmehr Art. 7 Abs. 3 BayEUG ausdrücklich vor, dass die Schülerinnen und Schüler nach den gemeinsamen Grundsätzen der christlichen Bekenntnisse unterrichtet und erzogen werden und dass in Klassen mit Schülerinnen und Schülern gleichen Bekenntnisses darüber hinaus den besonderen Grundsätzen dieses Bekenntnisses Rechnung getragen wird.

95 Dazu vor allem die drei Entscheidungen BVerfGE 41, 29; 41, 65 und 41, 88.

96 Art. 7 Abs. 5 GG setzt voraus, dass öffentliche Volksschulen nicht nur als Gemeinschaftsschulen, sondern auch als Bekenntnis- oder Weltanschauungsschulen eingerichtet sein können. Dazu BVerfGE 41, 29 (46). Vgl. Thomas *Böhm*, Rechtsgrundlagen öffentlicher Bekenntnisschulen, SchuR 2018, 4. In Schleswig-Holstein sind Bekenntnisschulen gemäß ausdrücklicher landesrechtlicher Regelung (§ 7 Abs. 3 SchulG) nur an Schulen in freier Trägerschaft zulässig.

97 §§ 129 ff. NSchG; gemäß § 138 NSchG gelten im Bereich des ehemaligen Landes Oldenburg Sonderregelungen.

einen geordneten Schulbetrieb erforderlichen Schülerinnen und Schüler vertreten.[98] Der auf Einrichtung einer Bekenntnisschule gerichtete Antrag muss auf religiösen Gründen beruhen; geben andere Erwägungen – z.B. die Zusammensetzung der Schülerschaft – den Ausschlag, so hält sich die Ausübung des Bestimmungsrechts der Erziehungsberechtigten nicht mehr im Rahmen von Treu und Glauben, so dass ein solcher Antrag rechtsunwirksam und unbeachtlich ist.[99] *Hauptschulen* werden von Amts wegen als (christliche) Gemeinschaftsschulen errichtet; auf Antrag der Eltern ist eine Hauptschule als Bekenntnisschule oder Weltanschauungsschule zu errichten, wenn gewährleistet ist, dass eine Gemeinschaftsschule in zumutbarer Weise erreichbar ist. Auch in diesem Fall schreibt das Gesetz vor, dass die Antragsteller mindestens ein Fünftel der für einen geordneten Schulbetrieb erforderlichen Schülerinnen und Schüler vertreten (§ 28 SchulG).

In der *Bekenntnisschule (Konfessionsschule)* gehören Lehrkräfte wie auch Schülerinnen und Schüler im Allgemeinen demselben Bekenntnis an (formeller Sinn); darüber hinaus wird der gesamte Unterricht, nicht nur der Religionsunterricht, im Geist des Bekenntnisses erteilt (materieller Sinn).[100] An dem Charakter der Bekenntnisschule ändert es nichts, wenn sie auch von Schülerinnen und Schülern anderer Bekenntnisse besucht wird oder wenn Lehrkräfte anderer Bekenntnisse an ihr unterrichten.[101]

Weltanschauungsschulen sind Schulen, in denen eine Weltanschauung als subjektiv verbindliches Gedankensystem die Schule sowie ihren gesamten Unterricht nicht nur methodisch, sondern auch inhaltlich prägt.[102] Für sie gelten die Ausführungen zu den Bekenntnisschulen sinngemäß.[103]

5.26 Religiöse Symbole

5.261 In den 90er Jahren des vorigen Jahrhunderts hat der *„Kruzifix-Beschluss"* des Bundesverfassungsgerichts vom 16.5.1995[104] heftige Kontroversen in der Öffentlichkeit ausgelöst. Das Gericht kam darin zu dem Ergebnis, dass die Anbringung eines Kreuzes

98 Die für einen geordneten Schulbetrieb erforderliche Mindestgröße von Schulen ergibt sich aus § 82 SchulG.

99 OVG Münster, Beschluss vom 17.3.2009, Az.: 19 B 1314/07 (juris), zur Unzulässigkeit eines nicht durch religiöse Gründe bestimmten Antrags auf Umwandlung einer Gemeinschaftsschule in eine Bekenntnisschule.

100 S. auch die Definition der Bekenntnisschule in Art. 12 Abs. 3 Satz 2 nrw Verf. und in § 26 Abs. 3 Satz 2 nrw SchulG: In Bekenntnisschulen werden Kinder des katholischen oder des evangelischen Glaubens oder einer anderen Religionsgemeinschaft nach den Grundsätzen des betreffenden Bekenntnisses unterrichtet und erzogen.

101 Zu den formellen wie materiellen Merkmalen einer Bekenntnisschule BVerwGE 90, 1 (3 ff.). Zum Aufnahmeanspruch bekenntnisfremder Schüler BVerwG, DÖV 1982, 249. S. auch OVG Münster, NVwZ-RR 2016, 581: Übersteigt die Zahl der Anmeldungen an einer Bekenntnisschule die Zahl der zur Verfügung stehenden Plätze, so sind bekenntnisangehörige Kinder vorrangig vor bekenntnisfremden Schülern aufzunehmen; ferner BVerwG, NVwZ 2017, 1141: Die Aufnahme eines bekenntnisfremden minderjährigen Schülers in eine öffentliche Bekenntnisschule kommt nur in Betracht, wenn die Eltern die Unterrichtung und Erziehung ihres Kindes nach den Grundsätzen des Bekenntnisses vorbehaltlos anerkennen. (Im entschiedenen Fall erstrebten die muslimischen Eltern die Aufnahme ihres Kindes in eine in unmittelbarer Nähe ihrer Wohnung gelegene katholische Bekenntnisschule, stimmten aber der Teilnahme des Schülers am katholischen Religionsunterricht nicht zu.) Zur Frage der Vereinbarkeit der Bekenntnisschule in NRW mit dem Allgemeinen Gleichbehandlungsgesetz: Sebastian *Hartmann*, Die staatliche Bekenntnisschule im Lichte des AGG, DÖV 2015, 875.

102 BVerwGE 89, 368 (370 ff.); VGH München, NVwZ 1991, 1101.

103 Weltanschauungsschulen sind allerdings bislang in Nordrhein-Westfalen nicht entstanden. So Christian *Jülich*/Werner *van den Hövel* (Hrsg.), Schulrechtshandbuch Nordrhein-Westfalen. Kommentar zum Schulgesetz NRW mit Ratgeber und ergänzenden Vorschriften. Loseblattsammlung, Neuwied 2005 ff., Stand: Februar 2018, § 26 Rn. 17.

104 BVerfGE 93, 1.

oder Kruzifixes in den Unterrichtsräumen einer staatlichen Schule, die keine Bekenntnisschule sei, gegen Art. 4 Abs. 1 GG verstoße. Demzufolge erklärte es § 13 Abs. 1 Satz 3 der Schulordnung für die Volksschulen in Bayern („In jedem Klassenzimmer ist ein Kreuz anzubringen") für nichtig.[105]

In der Begründung seines Beschlusses hält das Bundesverfassungsgericht zunächst ausdrücklich an seiner früheren Rechtsprechung, insbesondere zur christlichen Gemeinschaftsschule[106] und zum Schulgebet[107], fest: Der Landesgesetzgeber müsse bei der ihm durch Art. 7 Abs. 1 Grundgesetz aufgegebenen Gestaltung der öffentlichen Pflichtschule das unvermeidliche Spannungsverhältnis zwischen negativer und positiver Religionsfreiheit unter Berücksichtigung des Toleranzgebots lösen. Danach sei ihm die Einführung „christlicher Bezüge" bei der Gestaltung der öffentlichen Volksschulen nicht schlechthin verboten, auch wenn Erziehungsberechtigte, die bei der Erziehung ihrer Kinder dieser Schule nicht ausweichen könnten, keine religiöse Erziehung wünschten. Voraussetzung sei jedoch, dass damit nur das unerlässliche Minimum an Zwangselementen verbunden sei. Die Bejahung des Christentums beziehe sich insofern auf die Anerkennung des „prägenden Kultur- und Bildungsfaktors", nicht auf bestimmte Glaubenswahrheiten. Sodann aber gelangt das Gericht zu dem Schluss, die Anbringung von Kreuzen in Klassenzimmern überschreite die Grenze der zulässigen religiös-weltanschaulichen Ausrichtung der Schule. Das Kreuz sei ein spezifisches Glaubenssymbol des Christentums; es könne nicht auf ein allgemeines Zeichen abendländischer Kulturtradition reduziert werden. Zusammen mit der allgemeinen Schulpflicht führten Kreuze in Unterrichtsräumen vielmehr dazu, dass die Schüler während des Unterrichts von Staats wegen und ohne Ausweichmöglichkeit mit diesem Symbol konfrontiert seien und gezwungen würden, „unter dem Kreuz" zu lernen.

Die Entscheidung des Bundesverfassungsgerichts ist im juristischen Schrifttum überwiegend auf Ablehnung gestoßen.[108] Insbesondere wurde eingewandt, es gehe nicht an, dem in Schulräumen angebrachten Kreuz oder Kruzifix Zwangscharakter beizulegen. Dem

---

105 S. demgegenüber die Entscheidung der Großen Kammer des Europäischen Gerichtshofs für Menschenrechte vom 18.3.2011 in der Rechtssache Lautsi u.a. ./. Italien, NVwZ 2011, 737: Nachdem die Zweite Kammer des Gerichtshofs in ihrer Entscheidung vom 3.11.2009 zu dem Ergebnis gelangt war, Kruzifixe in Klassenzimmern staatlicher Schulen Italiens verstießen gegen die Religionsfreiheit der Schüler (Art. 9 EMRK) und gegen das Erziehungsrecht der Eltern (Art. 2 des Ersten Zusatzprotokolls zur EMRK), hat die Große Kammer, an welche die Rechtssache auf Antrag des italienischen Staates verwiesen worden war, einen solchen Verstoß verneint. Die dominante Sichtbarkeit der christlichen Mehrheitsreligion sei keine unzulässige Indoktrinierung; ein an der Wand angebrachtes Kruzifix müsse als ein „wesentlich passives Symbol" betrachtet werden. Kritisch zu dieser Entscheidung die Anmerkung von Michael L. *Fremuth*, NVwZ 2011, 741.

106 BVerfGE 41, 29; 41, 65; 41, 88 (vgl. TZ 5.251).

107 BVerfGE 52, 223 (vgl. TZ 5.27).

108 Aus der Vielzahl der kontroversen Stellungnahmen zur Entscheidung des BVerfG seien genannt: Peter *Badura*, Das Kreuz im Schulzimmer, BayVBl. 1996, 33; Ernst *Benda*, Wirklich Götterdämmerung in Karlsruhe?, NJW 1995, 2470; Winfried *Brugger*/Stefan *Huster* (Hrsg.), Der Streit um das Kreuz in der Schule. Zur religiös-weltanschaulichen Neutralität des Staates, Baden-Baden 1998; Gerhard *Czermak*, Der Kruzifix-Beschluß des BVerfG, NJW 1995, 3348; Max-Emanuel *Geis*, Geheime Offenbarung oder Offenbarungseid? Anmerkungen zum „Kruzifix-Beschluß" des Bundesverfassungsgerichts, RdJB 1995, 373; Helmut *Goerlich*, Krieg dem Kreuz in der Schule?, NVwZ 1995, 1184; Martin *Heckel*, Das Kreuz im öffentlichen Raum. Zum „Kruzifix-Beschluß" des Bundesverfassungsgerichts, DVBl. 1996, 453; Friedhelm *Hufen*, Anbringen von Kruzifixen in staatlichen Pflichtschulen als Verstoß gegen Art. 4 Abs. 1 GG, JuS 1996, 258; Josef *Isensee*, Bildersturm durch Grundrechtsinterpretation. Der Kruzifix-Beschluß des BVerfG, ZRP 1996, 10; Bernd *Jeand'Heur*/Stefan *Korioth*, Grundzüge des Staatskirchenrechts, Stuttgart 2000, S. 86 ff.; Juliane *Kokott*, in: Sachs: Grundgesetz. Kommentar, Art. 4 Rn. 39 ff.; Christine *Langenfeld*, Integration und kulturelle Identität zugewanderter Minderheiten, Tübingen 2001, S. 479 f.; Christoph *Link*, Stat Crux? Die „Kruzifix"-Entscheidung des Bundesverfassungsgerichts, NJW 1995, 3353; Ludwig *Renck*, Zum rechtlichen Gehalt der Kruzifix-Debatte, ZRP 1996, 16; Gerhard *Robbers*, Religion in der öffentlichen Schule, RdJB 2003, 11 (15 f.).

Gericht stehe im religiös neutralen Staat keine Definitionsmacht hinsichtlich der Bedeutung des Kreuzes zu. Dessen theologischen Gehalt zu bestimmen, bleibe allein den Kirchen aufgrund des ihnen gewährleisteten Selbstbestimmungsrechts (Art. 140 GG i.V.m. Art. 137 Abs. 3 WRV) vorbehalten. In der öffentlichen Pflichtschule, die nicht Bekenntnisschule ist, könne und dürfe das Kreuz nur „Kultur- und Bildungsfaktor" sein; es sei Ausdruck der vom Christentum mitgeprägten abendländischen Kultur und diene dazu, deren Werte und Normen in der Schule zu symbolisieren.[109] Schließlich setze sich das Bundesverfassungsgericht mit seinem Beschluss auch über das föderalistische Prinzip hinweg: Die Länder verfügten aufgrund ihrer Kulturhoheit über weitgehende Selbständigkeit bei der weltanschaulich-religiösen Gestaltung der öffentlichen Schulen. Wenn sie sogar die Bekenntnisschule als Regelform der Volksschule einführen könnten (vgl. Art. 7 Abs. 5 GG), dürfe ihnen auch die Verwendung religiöser Bezüge in der christlichen Gemeinschaftsschule nicht verwehrt sein.[110]

Wenige Monate nach dem Beschluss hat Bayern eine formell-gesetzliche Regelung getroffen, die bestimmt, dass „angesichts der geschichtlichen und kulturellen Prägung Bayerns" in jedem Klassenraum der Volksschule ein Kreuz anzubringen ist, zugleich aber eine Widerspruchsmöglichkeit eröffnet.[111]

5.262 Umstritten ist, ob und unter welchen Voraussetzungen einer *Lehrerin islamischer Religionszugehörigkeit das Tragen des Kopftuchs in der Schule* untersagt werden darf und ob es zulässig ist, einer Bewerberin muslimischen Glaubens, die aus religiösen Gründen auf der Verwendung dieses Kleidungsstücks im Unterricht beharrt, die Übernahme in den Schuldienst zu verweigern.

Der Zweite Senat des Bundesverfassungsgerichts hatte dazu in seinem Urteil vom 24.9.2003[112] im Wesentlichen Folgendes ausgeführt: Das Verbot, ein Kopftuch zu tragen, sei auf seine Vereinbarkeit mit dem grundrechtsgleichen Grundrecht des Art. 33 Abs. 2 GG zu prüfen, das jedem deutschen Bewerber nach Maßgabe seiner Eignung, Befähigung und fachlichen Leistung gleichen Zugang zu jedem öffentlichen Amt eröffne. Die Beurteilung der Eignung eines Bewerbers durch den Dienstherrn umfasse eine vorausschauende Aussage darüber, ob der Betreffende die ihm in dem angestrebten Amt obliegenden beamtenrechtlichen Pflichten erfüllen werde. Diese Pflichten müssten gesetzlich hinreichend

109 So vor allem *Heckel*, DVBl. 1996, 465.

110 *Heckel*, DVBl. 1996, 459; *Geis*, RdJB 1995, 385; *Isensee*, ZRP 1996, 14.

111 Art. 7 Abs. 3 BayEUG, eingefügt durch Gesetz vom 23.12.1995 (GVBl. S. 850): „Wird der Anbringung des Kreuzes aus ernsthaften und einsehbaren Gründen des Glaubens oder der Weltanschauung durch die Erziehungsberechtigten widersprochen, versucht die Schulleiterin bzw. der Schulleiter eine gütliche Einigung. Gelingt eine Einigung nicht, hat er nach Unterrichtung des Schulamts für den Einzelfall eine Regelung zu treffen, welche die Glaubensfreiheit des Widersprechenden achtet und die religiösen und weltanschaulichen Überzeugungen aller in der Klasse Betroffenen zu einem gerechten Ausgleich bringt; dabei ist auch der Wille der Mehrheit soweit möglich zu berücksichtigen." Die gegen diese Bestimmungen gerichteten Popularklagen wurden vom BayVerfGH durch Urteil vom 1.8.1997 abgewiesen (NVwZ 1997, 3157). Die gegen das Urteil des BayVerfGH erhobene Verfassungsbeschwerde wurde vom BVerfG, NVwZ 1999, 1020, nicht zur Entscheidung angenommen. Einer auf Entfernung der Kruzifixe in den Schulräumen zielenden Klage hat das Bundesverwaltungsgericht (BVerwGE 109, 40) in letzter Instanz stattgegeben. Zwar hat es die gesetzliche Neuregelung gebilligt, im konkreten Fall aber den Freistaat verpflichtet, die Kruzifixe in denjenigen Räumen abzunehmen, in denen das Kind der Kläger üblicherweise unterrichtet wird: Die Anforderungen an die Begründung des Widerspruchs dürften nicht überzogen werden; es genüge ein sachlicher Zusammenhang zwischen der Position der (atheistischen) Kläger und ihrem Verlangen nach Entfernung der Kreuze. – Seit der zu Beginn des Schuljahres 2012/2013 vollzogenen Umwandlung der Hauptschulen in Mittelschulen gibt es die Volksschule als organisatorische Einheit von Grund- und Hauptschule, wie sie Art. 7 Abs. 1 BayEUG a.F. vorsah, nicht mehr. Ein Kreuz ist seitdem nur noch in jedem Klassenraum einer *Grundschule* anzubringen (Art. 7 Abs. 4 BayEUG n.F.).

112 BVerfGE 108, 282 (295 ff.).

bestimmt sein und die durch die Grundrechte des Bewerbers gesetzten Grenzen beachten. Eine dem Beamten auferlegte Pflicht, als Lehrer die eigene Zugehörigkeit zu einer Religionsgemeinschaft in Schule und Unterricht nicht durch das Befolgen von religiösen Bekleidungsregeln sichtbar werden zu lassen, greife in die grundgesetzlich durch Art. 4 Abs. 1 und 2 geschützte *Glaubensfreiheit* ein. Diese sei *vorbehaltlos gewährleistet*; Einschränkungen könnten sich daher nur aus der Verfassung selbst ergeben und bedürften überdies einer hinreichend bestimmten gesetzlichen Grundlage. Auch Art. 33 Abs. 3 GG, wonach die Zulassung zu öffentlichen Ämtern unabhängig von dem religiösen Bekenntnis sei und niemandem aus der Zugehörigkeit oder Nichtzugehörigkeit zu einem Bekenntnis oder zu einer Weltanschauung ein Nachteil erwachsen dürfe, sei berührt. Die Vorschrift verbiete, die Zulassung zu öffentlichen Ämtern aus Gründen zu verwehren, die mit der durch Art. 4 Abs. 1 und 2 GG geschützten Glaubensfreiheit unvereinbar seien. Dies schließe die Begründung von Dienstpflichten, die in die Glaubensfreiheit von Amtsinhabern und Bewerbern um öffentliche Ämter eingriffen, zwar nicht aus, unterwerfe sie aber den strengen Rechtfertigungsanforderungen, die für Einschränkungen der vorbehaltlos gewährleisteten Glaubensfreiheit gälten; dabei sei das Gebot strikter Gleichbehandlung der verschiedenen Glaubensrichtungen zu beachten. Bei der dem Gesetzgeber vorbehaltenen Entscheidung, wie das unvermeidliche Spannungsverhältnis zwischen positiver Glaubensfreiheit eines Lehrers einerseits und der staatlichen Pflicht zu weltanschaulich-religiöser Neutralität, dem Erziehungsrecht der Eltern sowie der negativen Glaubensfreiheit der Schüler andererseits durch eine Bestimmung des zulässigen Ausmaßes religiöser Bezüge in der Schule zu lösen sei, seien christliche Bezüge zwar nicht schlechthin verboten, die Schule müsse aber auch für andere weltanschauliche und religiöse Werte offen sein. Doch könnten die Länder in ihren gesetzlichen Bestimmungen auch Schultraditionen, die konfessionelle Zusammensetzung der Bevölkerung und ihre mehr oder weniger starke religiöse Verwurzelung berücksichtigen. Soweit der Gesetzgeber in dem Tragen eines Kopftuchs eine *abstrakte Gefährdung* des allgemeinen Schulfriedens erblicke, müsse er selbst eine Rechtsgrundlage schaffen, um diese Gefährdung durch die entsprechende Gestaltung dienstlicher Pflichten der Beamten auszuschließen. Dabei stehe es in seinem weiten Ermessen, ob er eine eher offene oder eine striktere, mehr als bisher distanzierende Lösung wähle. Aus einer solchen Regelung könnten sich dann für die Lehrkräfte Konkretisierungen ihrer allgemeinen beamtenrechtlichen Pflichten auch in Bezug auf ihr äußeres Auftreten ergeben, soweit dies ihre Verbundenheit mit bestimmten Glaubensüberzeugungen oder Weltanschauungen deutlich werden lasse. Insoweit seien auch gesetzliche Einschränkungen der Glaubensfreiheit denkbar. Sei von vornherein absehbar, dass ein Bewerber solchen Verhaltensregeln nicht nachkommen werde, könne ihm dies als Mangel seiner Eignung im Sinne des Art. 33 Abs. 2 GG entgegengehalten werden.[113]

Seit dem Urteil von 2003 war die Rechtslage in den Ländern unterschiedlich. Brandenburg, Hamburg, Mecklenburg-Vorpommern, Rheinland-Pfalz, Sachsen, Sachsen-Anhalt, Schleswig-Holstein und Thüringen haben bislang davon abgesehen, die Zulässigkeit oder Unzulässigkeit des Tragens religiös-weltanschaulich motivierter Zeichen im öffentlichen Dienst zu regeln, so dass dort muslimische Lehrerinnen weiterhin eine Kopfbedeckung

113 Zu diesem Urteil: Johann *Bader*, Cuius regio, eius religio – Wessen Land, dessen Religion, NJW 2004, 3092; Gerhard *Czermak*, Kopftuch, Neutralität und Ideologie – Das Kopftuch-Urteil des BVerfG im ideologischen Streit, NVwZ 2004, 943; Klaas *Engelken*, Nach dem Kopftuchurteil des Bundesverfassungsgerichts, BayVBl. 2004, 97; Friedhelm *Hufen*, Der Regelungsspielraum des Landesgesetzgebers im „Kopftuchstreit“, NVwZ 2004, 575; Jörn *Ipsen*, Karlsruhe locuta, causa non finita. Das BVerfG im so genannten „Kopftuch-Streit“, NVwZ 2003, 1210; Michael *Klöpfer*, Der Islam in Deutschland als Verfassungsfrage, DÖV 2006, 45 (49 f.); Michael *Sachs*, Wiederbelebung des besonderen Gewaltverhältnisses, NWVBl. 2004, 209; Ute *Sacksofsky*, Die Kopftuch-Entscheidung – von der religiösen zur föderalen Vielfalt, NJW 2003, 3297; Martin *Stock*, Viele Religionen in der einen öffentlichen Schule, RdJB 2005, 94 (101 ff.).

in der Schule verwenden dürfen. Die anderen acht Länder hatten hingegen das Tragen religiös-weltanschaulich motivierter äußerer Zeichen im öffentlichen (Schul-)Dienst ausnahmslos oder unter bestimmten Voraussetzungen untersagt.[114] Zu diesen Ländern gehörte auch Nordrhein Westfalen. § 57 Abs. 4 Satz 1 SchulG bestimmte, dass Lehrkräfte in der Schule keine politischen, religiösen, weltanschaulichen oder ähnliche Bekundungen abgeben dürfen, die geeignet sind, die Neutralität des Landes gegenüber Schülern und Eltern oder den politischen, religiösen oder weltanschaulichen Schulfrieden zu gefährden oder zu stören. Satz 2 der Vorschrift erklärte insbesondere ein äußeres Verhalten für unzulässig, welches bei Schülern oder Eltern den Eindruck hervorrufen kann, dass eine Lehrkraft gegen die Menschenwürde, die Gleichberechtigung, die Freiheitsgrundrechte oder die freiheitlich-demokratische Grundordnung auftritt. Satz 3 stellte klar, dass die Wahrnehmung des Erziehungsauftrags nach der Landesverfassung und die entsprechende Darstellung christlicher und abendländischer Bildungs- und Kulturwerte oder Traditionen nicht dem Verhaltensgebot nach Satz 1 widerspricht.[115]

Zwei im nordrhein-westfälischen Schuldienst angestellte muslimische Frauen setzten sich mit Verfassungsbeschwerden gegen die von Arbeitsgerichten bestätigten Sanktionen zur Wehr, die gegen sie wegen ihrer Weigerung, im Schuldienst ein aus religiösen Gründen getragenes Kopftuch bzw. eine als Ersatz hierfür getragene Wollmütze abzulegen, verhängt worden waren. Ihre Beschwerden richteten sich zugleich mittelbar gegen die diesen Sanktionen zu Grunde liegenden Bestimmungen des Schulgesetzes.

In dem Verfahren war nicht der Zweite, sondern der Erste Senat des Bundesverfassungsgerichts zuständig. Dieser kam in seinem Urteil vom 27.1.2015[116] zu dem Ergebnis, der Schutz des Grundrechts auf Glaubens- und Bekenntnisfreiheit (Art. 4 Abs. 1 und 2 GG) gewährleiste auch Lehrkräften in der öffentlichen bekenntnisoffenen Gemeinschaftsschule die Freiheit, einem aus religiösen Gründen als verpflichtend verstandenen Bedeckungsgebot zu genügen, wie dies durch das Tragen eines islamischen Kopftuchs der Fall sein könne. Ein landesweites *Verbot religiöser Bekundungen* in der Bekleidung von Lehrkräften allein *wegen der abstrakten Gefahr* für den Schulfrieden oder die staatliche Neutralität in der öffentlichen Gemeinschaftsschule sei *unverhältnismäßig*, wenn dieses Verhalten nachvollziehbar auf ein als verpflichtend empfundenes religiöses Gebot zurückzuführen sei. Ein angemessener Ausgleich der gegenläufigen verfassungsrechtlich verankerten Positionen – der Glaubensfreiheit der Lehrkräfte, der negativen Glaubens- und Bekenntnisfreiheit der Schülerinnen und Schüler sowie der Eltern, des Elterngrundrechts und des staatlichen Erziehungsauftrags – erfordere eine einschränkende Auslegung der Verbotsnorm, nach der zumindest eine hinreichend *konkrete Gefahr* für die Schutzgüter vorliegen müsse.[117]

Gesetzliche Regelungen der Länder, die das Tragen eines Kopftuchs oder anderer religiös motivierter Kleidungsstücke in der Schule generell untersagen, dürfen nach diesem Urteil künftig nur dann als Rechtsgrundlage für ein Verbot herangezogen werden, wenn durch die Kleidung der Schulfrieden oder die staatliche Neutralität in der Schule konkret gefährdet ist. Ob diese Voraussetzung erfüllt ist, darüber hat fortan in der Regel die Schulleitung

114 Dazu Corinna *Sicko*, Das Kopftuch-Urteil des Bundesverfassungsgerichts und seine Umsetzung durch die Landesgesetzgeber, Frankfurt am Main 2008.

115 Eine § 57 Abs. 4 Sätze 1 bis 3 nrw SchulG nahezu wortgleich entsprechende Regelung hat Baden-Württemberg in § 38 Abs. 2 SchG getroffen.

116 BVerfGE 138, 296; NJW 2015, 1359; NVwZ 2015, 884; DÖV 2015, 471; DVBl. 2015, 565.

117 Inzwischen hat das BVerfG durch Kammerbeschluss vom 18.10.2016 (NVwZ 2017, 549) auch ein generelles Kopftuchverbot für Erzieherinnen an Kindertagesstätten in kommunaler Trägerschaft als unzulässig erklärt. Die abstrakte Gefahr einer Beeinträchtigung des Einrichtungsfriedens und der Neutralität des Einrichtungsträgers aufgrund des aus Glaubensgründen getragenen islamischen Kopftuchs reiche für ein solches Verbot nicht aus; erforderlich sei vielmehr der Nachweis einer hinreichend konkreten Gefahr für diese Schutzgüter.

im Rahmen ihres Beurteilungsspielraums zu entscheiden. Soweit Regelungen der Länder die *Darstellung christlicher und abendländischer Kulturwerte* von dem generellen Bekundungsverbot ausnehmen, ist diese *Privilegierung mit Art. 3 Abs. 3 Satz 1 und mit Art. 33 Abs. 3 GG unvereinbar*. Das Gericht hat demgemäß § 57 Abs. 4 Satz 3 des nordrhein-westfälischen Schulgesetzes für nichtig erklärt.[118] Der Landtag hat kurz darauf § 57 Abs. 4 des Schulgesetzes insgesamt aufgehoben.[119]

5.263 Einer muslimischen *Lehramtsanwärterin* (Referendarin), die sich aus religiösen Gründen für verpflichtet hält, im Unterricht ein Kopftuch zu tragen, kann der Zugang zur Lehrerausbildung nicht verweigert werden[120]; dies gilt selbst dann, wenn der Landesgesetzgeber, wie z.B. in Bremen, bestimmt hat, den sich aus möglichen Konflikten ergebenden Gefährdungen des Schulfriedens dadurch vorzubeugen, dass er Lehrkräften generell untersagt, religiös-weltanschaulich motivierte Kleidungsstücke oder Symbole in der Schule zu tragen. Da der Vorbereitungsdienst zumindest faktisch einem staatlichen Monopol unterliegt, darf mit Rücksicht auf das Grundrecht der freien Wahl der Ausbildungsstätte (Art. 12 Abs. 1 Satz 1 GG) der Frau weder der Zugang zum Referendariat noch der Verbleib im Vorbereitungsdienst versagt werden.[121]

5.264 *Eine Schülerin muslimischen Glaubens darf in der Schule ein Kopftuch, grundsätzlich auch den traditionellen islamischen Ganzkörperschleier tragen*[122] – sei es die arabische Nikab mit dem Sehschlitz, den persischen Tschador, der das Gesicht meist unbedeckt lässt, oder die afghanische Burka mit dem Stoffgitter vor dem Gesicht. Gerade die Verhüllung des Gesichts durch den Schleier ist ein Akt der Religionsausübung, der durch das vorbehaltlos gewährleistete Grundrecht des Art. 4 Abs. 1, insbesondere Abs. 2 GG geschützt ist. Auch das Elternrecht, das den Eltern das Recht gewährleistet, das Kind nach ihrer religiösen Überzeugung zu erziehen (Art. 6 Abs. 2 i.V.m. Art. 4 Abs. 1 und 2 GG), ist betrof-

---

118 Zu dem Urteil des BVerfG vom 17.1.2015 äußern sich Daniel *Enzensperger*, Verfassungsmäßigkeit eines pauschalen Kopftuchverbots für Lehrkräfte an öffentlichen Schulen, NVwZ 2015, 871; Tonio *Klein*, Das Kopftuch im Klassenzimmer: konkrete, abstrakte, gefühlte Gefahr?, DÖV 2015, 464; Hans-Jürgen *Papier*, Zur Kopftuchentscheidung des Bundesverfassungsgerichts, RdJB 2015, 213; Ute *Sacksofsky*, Kopftuch als Gefahr – ein dogmatischer Irrweg, DVBl. 2015, 801. – Das Urteil ist in den Medien weithin als „Korrektur" der Entscheidung des Zweiten Senats aus dem Jahr 2003 wahrgenommen worden. Erstaunlich ist, dass der Erste Senat trotz seiner Abweichung von der Rechtsauffassung des Zweiten Senats nicht gemäß § 16 Abs. 1 BVerfGG das Plenum des BVerfG angerufen hat. – Eine die Rechtslage in Deutschland und Frankreich vergleichende Untersuchung unterbreitet Rudolf *Steinberg*, Kopftuch und Burka. Laizität, Toleranz und religiöse Homogenität in Deutschland und Frankreich, Baden-Baden 2015.

119 Nr. 10 des 12. Schulrechtsänderungsgesetzes vom 25.6.2015 (GV. NRW, S. 499).

120 Entsprechende gesetzliche Regelungen in § 3 bw SchG, Art. 59 Abs. 2 Satz 4 BayEUG, § 4 bln Gesetz zu Artikel 29 der Verfassung von Berlin, § 86 Abs. 3 Satz 4 HSchG, § 51 Abs. 4 Satz 2 NSchG, § 57 Abs. 6 Satz 3 nrw SchulG.

121 So BVerwG, NJW 2008, 3654. Demgegenüber dürfen *Referendarinnen im juristischen Vorbereitungsdienst* des Landes Hessen, die aus religiösen Gründen ein Kopftuch tragen, nach einem Erlass des Hessischen Ministeriums der Justiz bei Verhandlungen im Gerichtssaal nicht auf der Richterbank sitzen, keine Sitzungsleitungen und Beweisaufnahmen durchführen, keine Sitzungsvertretungen für die Amtsanwaltschaft übernehmen und während der Verwaltungsstation keine Anhörungsausschusssitzung leiten. Gegen diese Beschränkungen setzte sich eine Rechtsreferendarin islamischen Glaubens unter Berufung auf ihre Glaubensfreiheit (Art. 4 Abs. 1 und 2 GG) und ihre Berufsfreiheit (Art. 12 Abs. 1 GG) vor den Verwaltungsgerichten letztlich ohne Erfolg zur Wehr. Das BVerfG hat ihren Antrag auf Erlass einer einstweiligen Anordnung gegen das Kopftuchverbot abgelehnt (NJW 2017, 2333).

122 Dazu Axel *Spies*, Verschleierte Schülerinnen in Frankreich und Deutschland, NVwZ 1993, 637; Ernst Gottfried *Mahrenholz*, Darf die Schulverwaltung einer Schülerin das Tragen eines Schleiers in der Schule verbieten?, RdJB 1998, 287; *Rux/Niehues*, Schulrecht, Rn. 644 ff.; Stefanie *Schmahl*, Die Beschulung von Kindern und Jugendlichen mit Migrationshintergrund: Eine Bestandsaufnahe des geltenden Rechts, RdJB 2004, 23 (32).

fen.[123] In das Grundrecht aus Art. 4 Abs. 1 und 2 GG darf nur eingegriffen werden, soweit ihm durch andere Bestimmungen des Grundgesetzes Schranken gezogen sind.[124] Grundrechte der Mitschülerinnen und Mitschüler werden durch den Anblick des Schleiers nicht tangiert. Die negative Religionsfreiheit (Art. 4 Abs. 1, 140 GG i.V.m. Art. 136 Abs. 3 Satz 1 WRV) gewährt ihnen keinen Anspruch gegen die Schule, der muslimischen Schülerin das Tragen des Schleiers zu verbieten. Nur für den Fall, dass das Mädchen zugleich ein Verhalten an den Tag legt, das auf Missionierung, insbesondere bei ihren muslimischen Mitschülerinnen zielt, ist die Schule mit Rücksicht auf deren Religionsfreiheit zum Erlass eines Verbots berechtigt. Eine Begrenzung der Glaubensfreiheit der muslimischen Schülerin kann sich im Übrigen aus dem staatlichen Bildungs- und Erziehungsauftrag (Art. 7 Abs. 1 GG) ergeben, und zwar dann, wenn eine pädagogische Interaktion mit dem Mädchen nicht mehr möglich ist, etwa deshalb, weil es nicht bereit ist, sich durch männliche Lehrkräfte ansprechen zu lassen.[125] Die Außenseiterrolle in der Klasse, in die sich die Schülerin durch ihre Bekleidung möglicherweise begibt, ist allein kein ausreichender Grund, ihr das Tragen des Schleiers zu untersagen. Soweit Mitschüler aggressiv gegen das Mädchen vorgehen, muss die Schule die zu seinem Schutz erforderlichen Maßnahmen ergreifen. Nötigenfalls ist die Schülerin in eine Parallelklasse zu versetzen.[126] In all diesen Fällen hat die Schule bei der Wahrnehmung des ihr zugewiesenen Bildungs- und Erziehungsauftrags von Verfassungs wegen den Grundsatz der Toleranz zu beachten und den Schülerinnen die Möglichkeit einzuräumen, sich auch in der Schule zu ihren religiösen Überzeugungen zu bekennen. Wie Erfahrungen in Frankreich zeigen, dürfte ein strenges Kopftuchverbot den Frieden in der Schule eher gefährden und dadurch den staatlichen Erziehungsauftrag nachhaltiger beeinträchtigen als gelassene Duldung und Überzeugungsarbeit.

Zur Frage, wie weit die Glaubens- und Gewissensfreiheit von Mädchen islamischen Glaubens in der Organisation des *Sportunterrichts* und bei anderen Schulveranstaltungen, insbesondere bei *Klassenfahrten*, zu respektieren ist, s. TZ 17.146, 19.224.

5.27 Schulgebet, Gebet in der Schule

5.271 Die früher heftig umstrittene Frage nach der *Zulässigkeit des Schulgebets* an christlichen Gemeinschaftsschulen (zum Begriff vgl. TZ 5.251) ist 1979 durch das Bundesverfassungsgericht geklärt worden. Während der Hessische Staatsgerichtshof das Schulgebet für unzulässig gehalten hatte, sofern auch nur ein Schüler oder sein Erziehungsberechtigter widerspreche[127], hat das Bundesverfassungsgericht in Übereinstimmung mit dem Bundesverwaltungsgericht die Zulässigkeit eines überkonfessionellen Schulgebets an den christlichen Gemeinschaftsschulen bejaht, sofern die Teilnahme freiwillig geschehe und der Schüler, der nicht an dem Gebet teilnehmen wolle, nicht in eine unzumutbare Ausnahmesituation gedrängt werde.[128]

123 Dabei ist allerdings die mit Vollendung des 14. Lebensjahres einsetzende Religionsmündigkeit des Kindes zu beachten (dazu TZ 19.144, vgl. auch TZ 17.146 a.E.).

124 BVerfGE 44, 37 (49 f.).

125 *Mahrenholz*, RdJB 1998, 297. S. auch VGH München, NVwZ 2014, 1109: Das Verbot, während des Unterrichts an einer Berufsoberschule einen gesichtsverhüllenden Schleier zu tragen, begrenzt das Recht einer Schülerin auf freie Religionsausübung in zulässiger Weise. Als gesetzliche Grundlage dieses Verbots dient Art. 56 Abs. 4 BayEUG, der die Schülerinnen und Schüler verpflichtet, sich so zu verhalten, dass die Schule ihre Aufgabe erfüllen kann.

126 *Spies*, NVwZ 1993, 640.

127 HessStGH, NJW 1966, 31.

128 BVerfGE 52, 223; BVerwGE 44, 196. Dazu immer noch aufschlussreich die Diskussion zwischen Ernst-Wolfgang *Böckenförde* und Ulrich *Scheuner* „Zum Ende des Schulgebetsstreits“, DÖV 1980, 323, 513, 515.

5.272 Diese Gerichtsentscheidungen wirken wie ein Nachhall aus längst vergangener Zeit. Die schwindende Bindung junger Menschen durch das Christentum zeigt sich nicht zuletzt im Bedeutungsverlust des gemeinsamen Schulgebets, das an christlichen Gemeinschaftsschulen kaum noch eine Rolle spielt. Umso größeres Aufsehen erregte der Fall eines 16-jährigen muslimischen Schülers eines Berliner staatlichen Gymnasiums, der darauf bestand, *einmal täglich in der Schule außerhalb der Unterrichtszeit* sein *islamisches Gebet* zu verrichten. Die Schulleitung untersagte ihm dieses Verhalten und teilte seinen Eltern schriftlich mit, an der Schule seien religiöse Bekundungen, insbesondere Gebete, nicht erlaubt. In dem Rechtsstreit hatte das Verwaltungsgericht Berlin der Klage des Schülers, mit der er die Feststellung beantragte, dass er berechtigt sei, während des Schulbesuchs außerhalb der Unterrichtszeit einmal täglich sein islamisches Gebet zu verrichten, stattgegeben;[129] das Oberverwaltungsgericht Berlin-Brandenburg hatte die Klage in der Berufungsinstanz abgewiesen.[130] Auf die vom OVG zugelassene Revision hat das Bundesverwaltungsgericht zu Gunsten des Landes entschieden.[131] Es stützt sein Urteil im Wesentlichen auf die folgenden Gründe.

Die in Art. 4 Abs. 1 und 2 GG verbürgte *Glaubensfreiheit des Schülers* sei *vorbehaltlos gewährleistet*. Sie berechtige ihn grundsätzlich, während des Besuchs der Schule außerhalb der Unterrichtszeit ein Gebet zu verrichten. *Einschränkungen dieses Grundrechts seien nur insoweit zulässig, als sie sich aus der Verfassung selbst ergäben.* Hierzu zählten die Grundrechte Dritter sowie Gemeinschaftswerte von Verfassungsrang. Die Einschränkung der vorbehaltlos gewährleisteten Glaubensfreiheit bedürfe überdies einer hinreichend bestimmten gesetzlichen Grundlage.

Durch die negative Glaubensfreiheit anderer Schüler und der Lehrkräfte sei das Recht des Schülers, seinen Glauben zu bekunden, *nicht eingeschränkt*; die negative Glaubensfreiheit sei ein Abwehrrecht, das sich gegen den Staat richte; der Staat dürfe keine Lage schaffen, in welcher der Einzelne ohne Ausweichmöglichkeit dem Einfluss eines bestimmten Glaubens ausgesetzt sei. In einer Gesellschaft, die unterschiedlichen Glaubensbekundungen Raum gebe, habe er jedoch kein Recht darauf, von fremden Glaubensbekundungen verschont zu bleiben. Die Glaubensfreiheit des klagenden Schülers werde auch *nicht durch das verfassungsrechtliche Gebot religiöser Neutralität des Staates beschränkt*. Die vom Staat zu wahrende religiös-weltanschauliche Neutralität sei nicht als eine distanzierende Haltung im Sinne einer strikten Trennung von Staat und Religion zu verstehen, sondern als eine offene und übergreifende Haltung, welche die Glaubensfreiheit für alle Bekenntnisse gleichermaßen fördere. *Die Neutralitätspflicht des Staates verlange demgemäß keine Schule, die von jeglichen religiösen Bezügen freigehalten werde*; vielmehr sei die Schule gehalten, die weltanschaulichen und religiösen Zusammenhänge unter Berücksichtigung der gesellschaftlichen Realitäten zu vermitteln, ohne sie in der einen oder anderen Richtung einseitig zu bewerten. Daran gemessen sei eine Verletzung des Gebots staatlicher Neutralität nicht zu besorgen, wenn die Schulverwaltung zulasse, dass der Schüler sein Gebet auf dem Flur des Schulgebäudes verrichte. Allerdings könne der gesellschaftliche Wandel, der mit einer zunehmenden religiösen Pluralität verbunden sei, Anlass sein, das Ausmaß der in der Schule zulässigen religiösen Bezüge zu begrenzen. Es möge gute Gründe dafür geben, der staatlichen Neutralitätspflicht im schulischen Bereich eine striktere und mehr als bisher distanzierende Bedeutung beizumessen und demgemäß religiöse Bezüge, die von Schülern in die Schule hineingetragen würden, aus der Schule grundsätzlich fernzuhalten, um

129 Urteil vom 29.9.2009, NVwZ-RR 2010,189; DVBl. 2010, 132 m.Anm.v. Cathrin *Corell*.

130 Urteil vom 27.5.2010, NVwZ 2010, 189. Zu den Urteilen des VG und des OVG die Abhandlung von Jan Philipp *Schaefer*, Die religiöse Neutralität des Staates im öffentlichen Raum – Dargestellt am Beispiel des Gebetsraums im Schulgebäude, VerwArch 2012, 136.

131 Urteil vom 30.11.2011, BVerwGE 141, 223; NVwZ 2012, 162.

Konflikte mit Schülern, Eltern oder anderen Lehrkräften von vornherein zu vermeiden. Wie auf die gewandelten Verhältnisse zu reagieren sei, habe aber nicht die Exekutive zu entscheiden; vielmehr bedürfe es hierfür einer Regelung durch den parlamentarischen Gesetzeber; daran fehle es in Berlin. Deshalb sei es der Schulverwaltung derzeit verwehrt, ohne Rücksicht auf eine konkrete Gefährdung des Schulfriedens im Einzelfall vorbeugend die Verrichtung von Gebeten und die Vornahme vergleichbarer kultischer Handlungen in der Schule wegen derer abstrakter Eignung für die Gefährdung des Schulfriedens zu unterbinden.

Die *Glaubensfreiheit des Schülers* und seine daraus herleitbare Berechtigung, auch in der Schule sein Gebet zu verrichten, *finde aber ihre Schranke in dem Gebot, den Schulfrieden zu wahren*. Die Erfüllung des staatlichen Erziehungs- und Bildungsauftrags nach Art. 7 Abs. 1 GG setze voraus, dass ein Zustand der Konfliktfreiheit und -bewältigung vorherrsche, der den ordnungsgemäßen Unterrichtsablauf ermögliche und somit die Verwirklichung des staatlichen Bildungs- und Erziehungsauftrags gewährleiste. Nach den Tatsachenfeststellungen des Oberverwaltungsgerichts würde die Verrichtung des Gebets auf dem Schulflur durch den Schüler eine ohnehin bereits bestehende *konkrete Gefahr für den Schulfrieden* weiter verschärfen; der Schulfrieden könne auch durch religiös motiviertes Verhalten beeinträchtigt werden. Aufgrund der heterogenen Zusammensetzung der Schülerschaft seien unter den Schülern teilweise sehr heftige Konflikte ausgetragen worden. Aus derartigen Anlässen sei es zu Mobbing, Beleidigung, insbesondere mit antisemitischer Zielrichtung, Bedrohung und sexistischen Diskriminierungen gekommen. Daraus habe das OVG den Schluss gezogen, die ohnehin bestehende Konfliktlage würde sich verschärfen, wenn die Ausübung religiöser Riten auf dem Schulgelände gestattet wäre und deutlich an Präsenz gewönne. An diese Feststellungen sei das Bundesverwaltungsgericht gemäß § 137 Abs. 2 VwGO gebunden. Angesichts einer solchen Situation sei die Untersagung des Schulgebets verhältnismäßig gewesen: Sie sei nach den Umständen des Falles eine geeignete und erforderliche Maßnahme gewesen, die auch nicht außer Verhältnis zu dem sie rechtfertigenden legitimen Zweck stehe; die Wahrung des Schulfriedens sei höher zu gewichten als die Beeinträchtigung der Glaubensfreiheit des Schülers. Das zur Behebung der drohenden Gefährdung des Schulfriedens notwendige Verbot könne zudem auf eine ausreichende gesetzliche Grundlage, nämlich § 46 Abs. 2 Satz 3 SchulG i.V.m. Nr. II.16 Schulordnung[132], zurückgeführt werden.

132 § 46 Abs. 2 Satz 3 bln SchulG lautet: „Die Schülerinnen und Schüler sind an die Vorgaben gebunden, die dazu bestimmt sind, das Bildungs- und Erziehungsziel der Schule zu erreichen sowie das Zusammenleben und die Ordnung der Schule aufrechtzuerhalten." Die Schulordnung des betreffenden Gymnasiums, die sich ihrerseits auf eine parlamentarische Ermächtigung zurückführen lässt, regelt in ihrer Nr. II.16 unter Hinweis auf das Gebot weltanschaulicher und religiöser Neutralität des Staates, dass die Ausübung religiöser Riten im Religionsunterricht erfolgt.

6. Kapitel: Rechtsstellung der Schule, Schulverfassung I (Grundlagen)

6.1 Rechtsstellung der Schule

6.11 Anstalts- und Behördencharakter

6.111 Die öffentliche Schule, nach ihrer Aufgabe eine Einrichtung der Bildung und Erziehung (dazu das 5. Kapitel), ist zugleich Teil der öffentlichen Verwaltung.[1] Diese Doppelnatur ist der Schule nicht immer bekömmlich. Es droht die Gefahr, dass über der Verwaltungsfunktion die pädagogische Aufgabe zu kurz kommt; das Schlagwort von der „*verwalteten Schule*"[2], die der „Zerstörung des Lebens und des Geistes durch Verwaltung"[3] Vorschub leistet, deutet eine Situation an, in der die Schule allzu sehr als Glied des Behördenapparates wahrgenommen wird und sich selbst in dieser Weise versteht.[4] Andererseits darf nicht verkannt werden, dass die ordnungsgemäße Erfüllung der Verwaltungsfunktionen für die Sicherung von Unterricht und Erziehung notwendig ist. In einer „verwalteten Welt" kann sich die Schule nur behaupten, wenn sie, ohne der Bürokratisierung zu verfallen, ihre administrativen Aufgaben bewältigt. Ihre Doppelnatur – primär pädagogische Einrichtung, zugleich öffentliche Verwaltungsinstitution – schlägt sich auch im Rechtscharakter ihrer Maßnahmen und Entscheidungen nieder. Diese erfüllen zwar ganz überwiegend als pädagogische Handlungen des schulischen Tagesbetriebs öffentliche Leistungsaufgaben im tatsächlichen Bereich; sie werden in der verwaltungsrechtlichen Terminologie als *Realakte* bzw. *schlichtes Verwaltungshandeln* bezeichnet.[5] Sofern aber eine Maßnahme der Schule einen Einzelfall mit unmittelbarer Rechtswirkung nach außen regelt, d.h. auf die Begründung, Aufhebung oder Änderung subjektiver Rechte zielt (z.B. eine Versetzungsentscheidung oder ein Schulverweis), handelt es sich um einen *Verwaltungsakt*.[6] Konsequenzen hat die Unterscheidung zwischen Realakten und Verwaltungsakten vor allem für die Ausgestaltung des Rechtsschutzes. Näheres im 26. Kapitel, insbesondere TZ 26.2 und 26.3.

---

1 Zur Einführung in dieses Kapitel *Oppermann*, Gutachten, C 28 ff.; DJT-SchulGE, §§ 74-94 (S. 103 ff.), S. 320 ff.; *Rux/Niehues*, Schulrecht, Rn. 1014 ff.; Hans-Peter *Füssel*/Achim *Leschinsky* (Hrsg.), Reform der Schulverfassung. Wieviel Freiheit braucht die Schule? Wieviel Freiheit verträgt die Schule?, Berlin 1991; Ingo *Richter*, Bildungsverfassungsrecht, 2. Aufl., Stuttgart 1977; *ders.*, Grundgesetz und Schulreform, Weinheim 1974; Martin *Stock*, Pädagogische Freiheit und politischer Auftrag der Schule, Heidelberg 1971.

2 Hierzu das Hellmut *Becker* zum 80. Geburtstag gewidmete Themenheft 2/1993 der RdJB „Die verwaltete Schule" mit dem Neuabdruck seines gleichnamigen Aufsatzes aus dem Jahre 1954 (S. 130).

3 Hellmut *Becker*, Die verwaltete Schule, RdJB 1993, 130. Nach *Becker* stand die Schule auf der gleichen Stufe wie „das Finanzamt, das Arbeitsamt, die Ortspolizei und in einem deutlichem Gegensatz zur Selbstverwaltung der Gemeinde". In ihr würden „Verwaltungsprinzipien auf die Welt von Zehnjährigen" (S. 132) übertragen und Lehrer entwickelten sich zu Funktionären, während gleichzeitig die Schule in Gefahr sei, „nur noch Funktionäre zu bilden" (S. 130). Für den „Aufbau einer neuen Welt" (S. 131) komme es demgegenüber jedoch darauf an, „das Verordnungswesen als solches einzuschränken und den Schulbetrieb freierer Gestaltung zu überlassen" sowie eine „größere Freiheit in der Gestaltung des Unterrichts" (S. 137) zu gewährleisten.

4 Zur pädagogischen Kritik an einer administrativ überregulierten Schule, s. auch Horst *Rumpf*, Die administrative Verstörung der Schule, Essen 1966.

5 Zum Begriff des Realakts TZ 26.211. Vgl. auch *Maurer/Waldhoff*, Verwaltungsrecht, § 15; Barbara *Remmert*, Schlichtes Verwaltungshandeln, in: Ehlers/Pünder, Allgemeines Verwaltungsrecht, § 36.

6 Zum Begriff des Verwaltungsakts TZ 26.211. Vgl. auch *Maurer/Waldhoff*, Verwaltungsrecht, § 9; Matthias *Ruffert*, Bedeutung, Funktion und Begriff des Verwaltungsakts, in: Ehlers/Pünder, Allgemeines Verwaltungsrecht, § 21 Rn. 14 ff.

6.112 In allen Bundesländern ist *die einzelne Schule eine nichtrechtsfähige öffentliche Anstalt*[7]; die Schulen in kommunaler Trägerschaft (kommunale und staatlich-kommunale Schulen) sind unselbständige Gemeindeanstalten im Sinne des Kommunalrechts, die Schulen in staatlicher Trägerschaft (staatliche Schulen) sind unselbständige Staatsanstalten.[8] Verwaltungsrechtlich ist eine öffentliche Anstalt – nach der klassischen Definition *Otto Mayers* – „ein Bestand von Mitteln, sächlichen wie persönlichen, welche in der Hand eines Trägers öffentlicher Verwaltung einem besonderen öffentlichen Zweck dauernd zu dienen bestimmt sind“[9]. Dabei besteht der Zweck vornehmlich in der Erbringung von Leistungen für die Bürgerin und den Bürger aufgrund eines Benutzungsverhältnisses.[10] Die Tatsache, dass es Ansätze zu einer teilweise körperschaftsähnlich strukturierten Organisationsform der Schule gibt, ändert an ihrem Charakter als nichtrechtsfähiger Anstalt nichts.[11]

Die Errichtung und Änderung, Fortführung und Auflösung einer Schule ist Sache des Schulträgers und der staatlichen Schulaufsicht. Zu den Aufgaben des Schulträgers gehören ferner die Schulunterhaltung und die Sorge für Schulgrundstück, Schulgebäude und Inventar. Der Schulträger ist für die Verwaltung der äußeren Schulangelegenheiten (TZ 10.21) verantwortlich; er kann die Verwaltungsführung der Schulleitung überlassen. Die Schulen werden auf dem Gebiet der äußeren Schulangelegenheiten von ihren Trägern gerichtlich und außergerichtlich vertreten. Rechtsgeschäfte schließen sie nicht aus eigenem Recht, sondern in Vollmacht ihrer Träger ab, soweit sich diese den Abschluss nicht selbst vorbehalten haben. Im Zuge der Bestrebungen, den Schulen in höherem Maße auch eine wirtschaftliche Selbstverwaltung zu ermöglichen, haben ihnen die Schulgesetze mehrerer Länder die Befugnis eingeräumt, im Rahmen der den Schulen zugewiesenen Mittel generell oder aufgrund einer allgemein bzw. im Einzelfall erteilten Bevollmächtigung selbst Rechtsgeschäfte mit Wirkung für den Schulträger bzw. das Land abzuschließen und Verpflichtungen für den Schulträger bzw. das Land einzugehen.[12] Der Schulträger ist Eigentümer der den Schulzwecken gewidmeten Vermögenswerte (Schulvermögen); die Schulgrundstücke sind im Grundbuch auf seinen Namen eingetragen. Schenkungen an die Schule und Stiftungen zugunsten der Schule werden zweckgebundenes Eigentum des Schulträgers (s. aber TZ 12.222). Über die Vermögenswerte, die der Schulträger selbst der Schule gewidmet hat, kann er verfügen, soweit dem Schulzweck nicht Abbruch getan wird; hat er z.B. einen Schulneubau an einer anderen Stelle errichtet, kann er das alte Grundstück für andere Zwecke verwenden. (Ausführlich zur Schulträgerschaft das 10. Kapitel.)

---

7 § 23 Abs. 1 Satz 1 bw SchG, Art. 3 Abs. 1 Satz 4 BayEUG, § 7 Abs. 1 Satz 1 bln SchulG, § 6 Abs. 1 Satz 1 BbgSchulG, § 21 Abs. 1 Satz 1 BremSchVwG (dort allerdings nur die eigentümliche Feststellung, die Schule sei „nicht rechtsfähig“), § 111 Abs. 2 Satz 1 HmbSG, § 127a Abs. 1 Satz 1 HSchG, § 52 Abs. 1 Satz 1 SchulG M-V, § 1 Abs. 3 Satz 2 NSchG, § 6 Abs. 3 Satz 2 nrw SchulG, § 73 Satz 2 rp SchulG, § 16 Abs. 1 Satz 1 saarl SchoG, § 32 Abs. 1 Satz 1 sächs SchulG, § 2 Abs. 2 Satz 2 SchulG LSA, § 2 Abs. 2 Satz 2 sh SchulG, § 13 Abs. 1 Satz 2 ThürSchulG.

8 Zur Diskussion über den Rechtsstatus und die Organisationsformen der Schulen Jörg *Ennuschat*, Organisation der öffentlichen Schule, DV 2012, 331 (342 ff.).

9 Otto *Mayer*, Deutsches Verwaltungsrecht. Bd. II, 3. Aufl., München 1924 (unveränderter Nachdruck Berlin 2004), S. 268 und 331.

10 Dazu im Einzelnen *Maurer/Waldhoff*, Verwaltungsrecht, § 23 Rn. 46 ff.

11 Ingo *Richter*, Schule, Schulverfassung und Demokratie. Gibt es eine neue Demokratiediskussion um die Schule?, in: Hans-Peter de Lorent/Gudrun Zimdahl (Hrsg.), Autonomie der Schule, Hamburg 1993, S. 51 (52).

12 S. etwa § 7 Abs. 1 Satz 2 Halbsatz 1 bln SchulG, § 6 Abs. 1 Satz 2 BbgSchulG, § 21 Abs. 1 Satz 2 BremSchulVG, § 127a Abs. 1 Satz 2 HSchG, § 52 Abs. 1 Satz 2 SchulG M-V, § 95 Abs. 2 Satz 2 nrw SchulG, § 16 Abs. 1 Satz 3 saarl SchoG, § 3 Abs. 2 sh SchulG.

6.113 Der öffentlichen Schule kommt *Behördencharakter* zu.[13] Als Einrichtung auf der untersten Ebene der staatlichen Verwaltungshierarchie übt sie bestimmte *hoheitliche Befugnisse* aus; ihre Zeugnisse sind öffentliche Urkunden. Soweit die Schule auf dem Gebiet der inneren Schulangelegenheiten (vgl. TZ 10.12) tätig wird, also die Verantwortung unmittelbar für Unterricht und Erziehung wahrnimmt, handelt sie nicht als Anstalt des Schulträgers, sondern als Einrichtung des Landes. Insoweit ist das Land Rechtsträger der Schule. Daher ist z.B. die Anfechtungsklage gegen eine Nichtversetzung oder eine Ordnungsmaßnahme nicht gegen die Schule, sondern gegen das Land zu richten (dazu TZ 26.343).

Die Schulleiterin bzw. der Schulleiter führt das Dienstsiegel nach den im Lande geltenden Vorschriften über die Siegelführung (an sich das Dienstsiegel des Schulträgers, in einigen Ländern das Landessiegel).[14] Jede Schule hat eine Bezeichnung, die Schulart, Schulstufe und Schulträger erkennen lässt und sich durch Zusätze (Eigennamen oder Ziffern) von der Bezeichnung der anderen am Ort befindlichen Schulen unterscheidet (dazu TZ 10.423).

6.114 *Besonderheiten hinsichtlich der Rechtsstellung beruflicher Schulen* gelten in Hamburg, Hessen und Schleswig-Holstein. In *Hamburg* nimmt das *Hamburger Institut für Berufliche Bildung (HIBB)* die Aufgaben der Schulverwaltung und Schulaufsicht bezüglich der beruflichen Schulen wahr; diese wiederum *sollen* als Teil des HIBB geführt werden, dabei aber im Rahmen ihrer Selbstverwaltung eine weitgehende Übertragung der Budget- und Personalverantwortung erhalten (§ 85a Abs. 1 und 3 Alt. 1 HmbSG). Das HIBB ist ein Landesbetrieb nach § 106 Abs. 1 der Landeshaushaltsordnung (LHO).[15] Staatliche berufliche Schulen *können* auch selbst als Landesbetrieb nach der LHO geführt werden (§ 85a Abs. 3 Alt. 2 HmbSG).

In Hessen können die Träger selbständiger öffentlicher beruflicher Schulen diese nach § 127e Abs. 1 und 2 HSchG auf Antrag der Schulleitung nach Beschluss der Schulkonferenz sowie nach Anhörung der Gesamtkonferenz, des Schulelternbeirats und der Schülervertretung durch Satzung in rechtsfähige Anstalten des öffentlichen Rechts umwandeln, wenn die betreffende Schule zusätzlich zu ihrem Bildungs- und Erziehungsauftrag in einem Verbund mit anderen Bildungseinrichtungen Maßnahmen der beruflichen und allgemeinen Fort- und Weiterbildung durchführt; die Schule führt dann die Bezeichnung „rechtlich selbständige berufliche Schule“ und den Zusatz „rechtsfähige Anstalt des öffentlichen Rechts“. Die Lehrkräfte werden den Schulen vom Land zur Verfügung gestellt, welches auch die entsprechenden Kosten trägt (§ 127i Abs. 1 Satz 1 HSchG). Mit dem jeweils zuständigen Schulamt schließen die Schulen Zielvereinbarungen ab, in denen u.a. die nähere Ausgestaltung der von der Schule zu erfüllenden Pflichten und Leistungen unter Berücksichtigung des öffentlichen Bedürfnisses sowie Maßnahmen

---

13 § 52 Abs. 3 Satz 1 SchulG M-V, § 16 Abs. 3 saarl SchoG, § 2 Abs. 2 Satz 4 sh SchulG. Nach diesen und entsprechenden Bestimmungen in anderen Ländern *gelten* die Schulen, soweit sie auf dem Gebiet der inneren Schulangelegenheiten einen Verwaltungsakt erlassen, als untere bzw. unterste Landesbehörden.

14 S. z.B. § 7 Abs. 2 Nr. 2 VO über die Hoheitszeichen des Landes Hessen (Hoheitszeichenverordnung) vom 11.9.2014 (GV S. 212); Bezeichnung und Siegelführung der Schulen, RdErl. d. nds. MK vom 11.12.2013 –16-01405/1 (Nds.MBl. 1/2014, 9; SVBl. 2/2014, 50).

15 Haushaltsordnung der Freien und Hansestadt Hamburg (Landeshaushaltsordnung – LHO) vom 17.12.2013 (HmbGVBl. S. 503) zul.g. am 18.7.2017 (HmbGVBl. S. 222). Gemäß § 106 Abs. 1 LHO sind Landesbetriebe rechtlich unselbständige Teile der Verwaltung der Freien und Hansestadt Hamburg. Nach den üblichen Kategorien des Verwaltungsorganisationsrechts handelt es sich also um nichtrechtsfähige Anstalten. Schulen als Teil des HIBB sind demgemäß nichtrechtsfähige Anstalten einer nichtrechtsfähigen Anstalt.

zur Sicherung der Qualität des schulischen Angebotes geregelt werden (§ 127i Abs. 3 HSchG).

In *Schleswig-Holstein* können die Kreise und kreisfreien Städte sowie die Kammern als Träger öffentlicher *berufsbildender Schulen* (vgl. TZ 10.33) diese durch Satzung oder öffentlich-rechtlichen Vertrag in der *Rechtsform der rechtsfähigen Anstalt des öffentlichen Rechts* errichten (s. im Einzelnen § 2 Abs. 2 Satz 3 i.V.m. §§ 100 ff. sh SchulG). Die Anstalt, die in ihrem Namen die Bezeichnung „*Regionales Berufsbildungszentrum*" (RBZ) mit dem Zusatz „rechtsfähige Anstalt des öffentlichen Rechts" führt, kann aus einer oder mehreren Schulen eines oder mehrerer Schulträger entstehen. Das RBZ erfüllt den staatlichen Bildungsauftrag der berufsbildenden Schulen nach den für diese geltenden Bestimmungen. Darüber hinaus kann das RBZ im Rahmen zusätzlich erwirtschafteter eigener Mittel weitere schulgesetzlich nicht vorgesehene Angebote der beruflichen Weiterbildung in Abstimmung mit den örtlichen Weiterbildungsverbünden entwickeln und vorhalten. Der Anstaltsträger erfüllt die Aufgaben, wie sie Schulträger wahrzunehmen haben, hat also insbesondere für den Sachbedarf des Schulbetriebs zu sorgen; das Land stellt die Stellen der Lehrkräfte und die Mittel für deren persönliche Kosten zur Verfügung.[16]

6.12 Pädagogische Eigenverantwortung

Als unterstes Glied in der Hierarchie der staatlichen Schulverwaltung ist die Schule an Weisungen und Anordnungen der staatlichen Schulaufsicht und des Schulträgers gebunden, ebenso wie jede nachgeordnete Behörde grundsätzlich vielfältigen Eingriffsrechten der übergeordneten Behörden unterliegt.[17] Gleichwohl besitzt sie beachtliche *Gestaltungsspielräume*, die es ihr ermöglichen, innerhalb der vorgegebenen Regelungen eigenverantwortlich zu handeln, und die der Aufsichtsbehörde oder dem Schulträger Grenzen ziehen, wenn diese Aufgaben der Schule an sich ziehen oder ihre Selbständigkeit durch ein Übermaß an Weisungen und Richtlinien lähmen wollen.[18] Die Schule hat vor allem in ihrer pädagogischen Arbeit weitgehende Freiheiten, aber auch in der Ordnung des Schullebens und der Fürsorge für die Schülerinnen und Schüler sowie bei Aufgaben, die eng mit diesen Aufgaben zusammenhängen (Schüleraufnahme, Überwachung der Schulpflicht, Ordnungsmaßnahmen, Prüfungen, Laufbahnberatung). Die Wahrnehmung der schulischen Eigenverantwortung obliegt unmittelbar der Schulleitung und den Konferenzen, mittelbar jeder Lehrkraft in Ausübung ihrer *pädagogischen Freiheit* (TZ 29.4). Ausführlich zur Reichweite und zu den Grenzen der den Schulen in den Schulgesetzen der Länder eingeräumten „*Schulautonomie*" s. TZ 13.2.

16 Zu den Rechtsfragen beruflicher Schulen als multifunktionaler Einrichtungen der beruflichen Aus- und Weiterbildung in Form der rechtsfähigen Anstalt des öffentlichen Rechts s. Hermann *Avenarius*, Berufliche Schulen als Kompetenzzentren regionaler Bildungsnetzwerke – Rechtliche Rahmenbedingungen, RdJB 2001, 470.

17 Lutz-Rainer *Reuter*, Administrative Grundlagen und Rahmenbedingungen, in: Christoph Führ/Carl-Ludwig Furck (Hrsg.), Handbuch der deutschen Bildungsgeschichte, Bd. VI/1, München 1998, S. 58 (59 f.).

18 Diese Freiheit ist der Schule in den gesetzlichen Vorschriften der Länder unter verschiedenen Bezeichnungen eingeräumt („Selbständigkeit", „Eigenständigkeit", „Selbstverwaltung", „Selbstverantwortung", „Eigenverantwortung"): § 7 Abs. 2 bln SchulG, § 7 Abs. 1 bis 3 BbgSchulG, § 9 Abs. 1 BremSchulG, § 22 Abs. 1 und 2 BremSchVwG, § 50 HmbSG, § 127a HSchG, §§ 73 ff. SchulG M-V; § 32 Abs. 1 NSchG, §§ 3 Abs. 1, 62 Abs. 1 Satz 1 nrw SchulG, § 23 Abs. 1 rp SchulG, § 17 Abs. 1 und 2 saarl SchoG, § 24 Abs. 1 SchulG LSA; § 3 Abs. 1 sh SchulG, § 3 Abs. 2 ThürSchAG.

6.2 Schulverfassung als Organisationsbegriff

Als Schulverfassung bezeichnet man die Gesamtheit der Rechtsnormen, die die innere Organisation der Schule, ihre Organe und die Mitwirkung der an ihr beteiligten Personen regeln.[19]

Wenngleich sich der Begriff bislang nur in den gesetzlichen Vorschriften der Länder Berlin, Hamburg, Hessen, Niedersachsen, Nordrhein-Westfalen, Sachsen und Sachsen-Anhalt findet, ist die Schulverfassung als solche in allen Ländern, wenn auch in unterschiedlichem Umfang, gesetzlich geregelt. Inhaltlich war das Schulverfassungsrecht bis in die 90er Jahre des vorigen Jahrhunderts in seinen Grundzügen überall gleich, unterschieden freilich in seinen Akzentuierungen: hier mehr, dort weniger Eigenständigkeit der Schule; hier ein stärkerer Schulleiter, dort eine mit weitreichenden Zuständigkeiten ausgestattete Lehrerkonferenz; hier Mitwirkungsrechte der Schülerinnen und Schüler sowie der Eltern bis hin zur Mitbestimmung, dort eine auf Anhörung oder Beratung beschränkte Beteiligung; hier Trennung, dort Verzahnung der Organe. Seitdem sind die meisten Länder dazu übergegangen, ihr Schulverfassungsrecht umfassend zu reformieren, indem sie die Eigenständigkeit der Schule gestärkt und ihren Gremien, vor allem der Schulkonferenz, weitreichende Gestaltungsrechte eingeräumt haben. Dazu im Einzelnen TZ 6.3 sowie das 7. und 8. Kapitel, ferner TZ 13.2.

6.3 Partizipation

6.31 Entwicklung und gegenwärtiger Stand

6.311 Partizipation in der Schule bedeutet die *institutionalisierte Beteiligung der Lehrerinnen und Lehrer, der Schülerinnen und Schüler sowie der Eltern* an den Handlungen und Entscheidungen der Schule. Sie gewinnt in dem Maße an Bedeutung, als der Schule wichtige Angelegenheiten zur selbständigen Erledigung überlassen werden. In nicht institutionalisierten Formen hat es eine solche Beteiligung schon immer gegeben. Für die Lehrkräfte ist das ohnehin selbstverständlich; auch der „Schulmonarch" vergangener Zeiten war auf ihre Mitwirkung und ihr Urteil angewiesen. Individuelle Kontakte des Elternhauses zur Schule sind gleichfalls stets gepflegt worden, und gute Lehrkräfte haben immer Wert darauf gelegt, die Eltern zu informieren und zu beraten. Selbst die Schülerinnen und Schüler waren niemals nur Objekte des Schulunterrichts und der Schulerziehung; durch ihr Verhalten haben sie Unterricht, Erziehung und Schulordnung mitbestimmt, Qualität, Stil und Atmosphäre der Schule mitgeprägt.

6.312 Die Tendenz, den Lehrkräften, Schülern und Eltern auch formell Mitwirkungsrechte einzuräumen, fand während der Weimarer Republik ein relativ schwaches Echo; sie setzte sich erst nach Gründung der Bundesrepublik Deutschland allgemein durch. Die *direktoriale Schulleitung* mit einem nahezu absolut regierenden Schulleiter wurde zunächst von der Lehrerseite her aufgebrochen und allmählich durch kollegiale Leitungsformen abgelöst, bei denen die Lehrerkonferenz der entscheidende Träger der Willensbildung in der Schule wurde; der Schulleiter stand nunmehr mit begrenzten eigenen Rechten neben der Konferenz und trug gemeinsam mit ihr die Verantwortung für die Schule und ihre Arbeit. Diese kollegial geprägte Schulleitung, zunächst in der Volksschule verwirklicht, hat allmählich auch Auswirkungen auf die Gymnasien und die berufsbildenden Schulen erlangt; auch bei förmlichem Fortbestand des Direktorial-

19 Zum Begriff der Schulverfassung s. *Rux/Niehues*, Schulrecht, Rn. 1014 ff.

systems verstärkte sich die Stellung der Lehrerkonferenz im Laufe der Zeit derart, dass ein sachlicher Unterschied zur kollegialen Schulleitung kaum mehr festzustellen war.[20]

Etwas später als die Lehrkräfte begannen auch die Eltern und Schüler ihre Ansprüche auf Mitwirkung in der Schule anzumelden. Die schwachen Ansätze der Weimarer Zeit (Elternbeiräte, Schulgemeinden) waren vom Nationalsozialismus mit seinem „Führerprinzip" zerschlagen worden. Nach 1945 setzte sich zunehmend die Überzeugung durch, dass die Schule nicht zuletzt im Interesse einer demokratischen Erziehung der Schülerinnen und Schüler in ihrer inneren Ordnung demokratischen Grundsätzen entsprechen müsse. Das führte zur Anerkennung von Mitwirkungsrechten der Schüler und Eltern bei der Gestaltung des Lebens und der Arbeit der Schule. Ende der 60er und Anfang der 70er Jahre des vorigen Jahrhunderts wurde die inhaltliche und institutionelle Erweiterung der Partizipationsrechte unter dem Schlagwort *„Demokratisierung der Schule"* gefordert.[21] Aber auch über den Rahmen der einzelnen Schule hinaus verlangten nun, ebenso wie zuvor die Lehrkräfte, die Schüler und Eltern Mitwirkungsrechte in Schulverwaltung und Bildungspolitik.

Diese Forderungen griff der *Deutsche Bildungsrat* auf. Nachdem 1970 bereits der Strukturplan für das deutsche Bildungswesen die Bedeutung der Einbeziehung der schulischen Akteure hervorgehoben hatte[22], plädierten drei Jahre später die Empfehlungen der Bildungskommission zur Reform von Organisation und Verwaltung im Bildungswesen noch dezidierter für eine die parlamentarische Willensbildung ergänzende stärkere Partizipation der Lehrer, Schüler und Eltern in der Schule. Inhaltliche, administrative und finanzielle Kompetenzen sollten auf die einzelnen Schulen verlagert und bei gleichzeitiger Beschneidung der Kontroll- und Eingriffsbefugnisse der Schulaufsicht von den schulischen Akteuren selbst wahrgenommen werden.[23] Gerade die mit der bereichsbezogenen Herauslösung der Schulen aus der zentralisierten und hierarchischen Struktur der Bildungsverwaltung einhergehende Forderung nach einer Stärkung der Partizipationsrechte von Lehrern, Schülern und Eltern provozierte aber auch kritische Stimmen, die durch die Vielzahl der vorgesehenen Gremien mit zahlreichen Kompetenzüberschneidungen und -verflechtungen die Funktionsfähigkeit der Schule, die Garantie der Chancengleichheit und den Schutz von Individuen und Gruppen gefährdet sahen.[24]

Inzwischen sehen alle Bundesländer Beteiligungsrechte der Lehrer, Schüler und Eltern vor und zwar entweder in den allgemeinen Schulgesetzen oder in besonderen Gesetzen (z.B. in Bremen im Schulverwaltungsgesetz[25] oder im Saarland im Schulmitbestimmungsgesetz). Im Einzelnen gibt es freilich durchaus Unterschiede zwischen partizipationsfreundlichen Ländern und solchen, die der Mitwirkung der Schulbeteiligten an den schulischen Angelegenheiten eher zurückhaltend gegenüberstehen.

---

20 Zur Geschichte der Schulleitung eingehend das 2. und 3. Kapitel von Knut *Nevermann*, Der Schulleiter, Stuttgart 1982.

21 Hierzu *Richter* (Fn. 11); Doris *Knab*, Schritte auf dem Weg zu einer demokratischen Schulverfassung, RdJB 1987, 248; ferner aus dem zeitgeschichtlichen Kontext die Beiträge in Volker *Lenhart* (Hrsg.), Demokratisierung der Schule, Frankfurt am Main 1972.

22 *Deutscher Bildungsrat*, Strukturplan für das Bildungswesen, Stuttgart 1970, S. 253 ff. Ausführlich hierzu Knut *Nevermann*, Grundzüge des Schulverfassungsrechts, in: ders./Ingo Richter, Rechte der Lehrer – Rechte der Schüler – Rechte der Eltern, München 1977, S. 173 (174 ff.).

23 *Deutscher Bildungsrat*, Zur Reform von Organisation und Verwaltung im Bildungswesen. Teil I: Verstärkte Selbständigkeit der Schule und Partizipation der Lehrer, Schüler und Eltern, Stuttgart 1973.

24 Vgl. das Minderheitsvotum und die Protokollerklärung in *Deutscher Bildungsrat* (Fn. 23), A 139 (143 f.). Scharfe Kritik kam daneben aus der juristischen Literatur, s. nur Gerhard *Eiselt*, Ein höchst gefährlicher Vorschlag: Schulaufsicht als reine Rechtsaufsicht, RdJB 1981, 169.

25 Insb. in den §§ 25 ff. BremSchVwG.

6.313 Ob und in welchem Umfang die institutionalisierte Partizipation verfassungsrechtlich geboten ist, ist umstritten. Jedenfalls verlangt das grundgesetzliche Demokratieprinzip (Art. 20 Abs. 1, 28 Abs. 1) nicht, die Schule in dem Sinne zu „demokratisieren", dass sie vollständig in die Hände der Schulbeteiligten gegeben wird (dazu TZ 2.222). Denn nach der Rechsprechung des Bundesverfassungsgerichts wurzeln zwar auch die Prinzipien der funktionalen Selbstverwaltung und der Autonomie im Demokratieprinzip[26]; bei der Ausübung relevanter Staatsaufgaben – also auch schulischer Maßnahmen – muss die Letztentscheidung eines dem Parlament verantwortlichen Verwaltungsträgers jedoch gesichert sein[27] (dazu TZ 13.232). Auch das Elternrecht (Art. 6 Abs. 2 GG) und das Entfaltungsrecht des Schülers (Art. 2 Abs. 1 GG) bilden keine verfassungsrechtliche Grundlage für eine kollektive Mitwirkung der Eltern und Schüler, schließen sie aber auch nicht aus.[28] (Zum sogenannten kollektiven Elternrecht TZ 16.36). Anderseits wird geltend gemacht, „dass das organisatorische Grundmuster der Schule unter dem GG notwendig ein partizipatorisches zu sein hat"[29], weil Schülerinnen und Schüler die sowohl für sie als auch für die Gesellschaft essentiellen und in den Erziehungskatalogen zahlreicher Bundesländer[30] hervorgehobenen Erfahrungen demokratischer Teilhabe in ihrer Schule nur sehr eingeschränkt sammeln können, solange sie „den eigenen Lebensraum Schule nicht demokratisch mitgestalten können"[31]. Die Schule kann mit anderen Worten den ihr durch Art. 7 Abs. 1 GG vorgegebenen Auftrag, die Schülerinnen und Schüler zur Übernahme von Mitverantwortung in Gesellschaft und Staat zu befähigen, nur dann erfüllen, wenn sie sie im Geist der Demokratie, der Toleranz und Offenheit erzieht, und dem entspricht am ehesten eine Schulverfassung, die partizipatorisch ausgestaltet ist.[32]

Darüber hinaus kommt der Institutionalisierung von Mitwirkungsrechten erhebliche Bedeutung für den Schutz der Grundrechte zu, indem sie deren Ausübung durch Organisation und Verfahren zusätzlich absichert; man denke etwa an die Schlichtungsfunktion der Schulkonferenz (TZ 7.322) oder an die Anhörung der Eltern- und Schülervertretung vor der Anwendung schwerer Ordnungsmaßnahmen (TZ 22.252). Im Übrigen ist darauf hinzuweisen, dass einige Landesverfassungen Partzipationsrechte ausdrücklich gewährleisten.[33]

---

26 BVerfGE 33, 125 (159); E 107, 59 (91 ff.); E 111, 119 (215 f.). Zum Zusammenhang zwischen dem demokratischen Prinzip und dem Gedanken der Selbstverwaltung, s. auch Horst *Dreier*, Hierarchische Verwaltung im demokratischen Staat, Tübingen 1991, S. 276 ff.; Thomas *Emde*, Die demokratische Legitimation der funktionalen Selbstverwaltung, Berlin 1991, S. 382 ff.; mit besonderem Bezug zur Schule Frank *Hennecke*, Schule und Selbstverwaltung – Schülermitverwaltung und Elternmitwirkung in der Schulorganisation, in: Albert von Mutius (Hrsg.), Festgabe zum 70. Geburtstag von Georg Christoph von Unruh, Heidelberg 1983, S. 931 (938 ff.).

27 BVerfGE 107, 59 (86 ff.); E 93, 37 (65 ff.); E 83, 60 (71 ff.). Hierzu auch Ernst-Wolfgang *Böckenförde*, Demokratie als Verfassungsprinzip, in: HdbStR II, § 24 Rn. 14 ff.

28 So Nds StGH, NVwZ 1997, 267 (270).

29 *Oppermann*, Gutachten, C 39.

30 S. mit nur leicht variierenden Formulierungen z.B. Art. 12 Abs. 1 bw Verf., Art. 131 Abs. 3 bay Verf., Art. 28 bbg Verf., Art. 7 Abs. 2 nrw Verf., Art. 33 rp Verf., Art. 30 saarl Verf., Art. 101 Abs. 1 sächs Verf., Art. 22 Abs. 1 thür Verf.

31 Wolfgang *Böttcher*, Politische Bildung in der Schule. Über Bedingungen solidarischen Lernens, in: ders. u.a. (Hrsg.), Bildung und Solidarität, Weinheim 1997, S. 186 (188 f.).

32 Hermann *Avenarius*, Schulische Selbstverwaltung – Grenzen und Möglichkeiten, RdJB 1994, 256 (259); Friedhelm *Hufen*, Verfassungsrechtliche Möglichkeiten und Grenzen schulischer Selbstgestaltung, in: Frank-Rüdiger Jach/Siegfried Jenkner (Hrsg.), Festschrift zum 65. Geburtstag von J.P. Vogel, Berlin 1998, S. 51 (57 f.); vgl. auch DJT-SchulGE, S. 334 ff.

33 Z.B. Art. 17 Abs. 4 bw Verf., Art. 30 Abs. 2 Satz 2 bbg Verf., Art. 56 Abs. 6 hess Verf., Art. 10 Abs. 2 nrw Verf., Art. 104 Abs. 1 sächs Verf., Art. 29 Abs. 2 Verf. LSA, Art. 23 Abs. 3 thür Verf.

6.32 Partizipationsformen

Allerdings können sich die Partizipationsrechte der schulischen Akteure in ihrem jeweiligen Anspruchsinhalt und dem Grad der konkreten Einwirkungsmöglichkeit auf schulische Entscheidungen unterscheiden.

6.321 Die wichtigsten Partizipationsformen sind
- *Mitwirkung*. Dazu gehören
  - Recht auf Information,
  - Recht auf Anhörung/Stellungnahme,
  - einfaches Recht auf Erörterung,
  - qualifiziertes Recht auf Erörterung (mit dem Ziel, zu einer Einigung zu gelangen [*Benehmen*]),
  - Vorschlagsrecht,
  - Einspruchsrecht (*Veto*).
- *Mitbestimmung* (Mitentscheidung, Zustimmung, Einvernehmen, Einverständnis).

Hinzu kommen die *stimmberechtigte Teilnahme an Wahlen* und die *Vermittlung (Schlichtung)* in Konfliktfällen und bei Ordnungsmaßnahmen.

Doch sollte man sich nicht der Illusion hingeben, der tatsächliche Einfluss auf das Schulgeschehen hänge stets von den rechtlich gewährten Partizipationsbefugnissen ab. Einer Eltern- oder Schülervertretung, deren Mitglieder sich aus Desinteresse oder Trägheit passiv verhalten, bringt eine von Rechts wegen noch so starke Stellung nichts ein. Andererseits kann ein engagiertes, klug agierendes und Ansehen genießendes beratendes Mitglied ohne Stimmrecht mehr zur Entscheidungsfindung einer Konferenz beitragen als eine Mehrzahl der Stimmberechtigten. Ebenso wenig spiegelt die Zusammensetzung eines Gremiums unbedingt die tatsächlichen Kräfteverhältnisse wider.

6.322 Wie auch immer die Partizipation der Lehrkräfte, der Schülerinnen und Schüler sowie der Eltern ausgestaltet ist: die Funktionsfähigkeit der Schule und die Letztverantwortung der demokratisch legitimierten Amtsträger darf dadurch nicht gefährdet werden. So hoch die Interessen und Bedürfnisse zu veranschlagen sind, die Schüler und Eltern in den schulischen Gremien zur Geltung bringen, so offensichtlich sind doch auch die zentrifugalen Kräfte, die durch eine dezentrale Organisation des Schulwesens unter Einbeziehung der schulischen Akteure freigesetzt werden und die staatliche Verantwortung für ein auf das Demokratie- und Sozialstaatsprinzip sowie auf Grundrechte verpflichtetes Schulwesen zu unterhöhlen drohen. Diesen Gefahren kann der Staat, der in seinen Schulen mitgestaltende Einflüsse von Schülern und Eltern zulässt, aber auch durch eine die Wahrnehmung einer effektiven Gewährleistungs- und Auffangverantwortung begegnen. Die Gewährleistungsfunktion kann der Staat erfüllen, indem er neben der Zurverfügungstellung der für das Schulehalten erforderlichen Ressourcen strukturelle Vorgaben macht, beispielsweise in Gestalt von gesetzlichen Bildungs- und Erziehungszielen, Bildungsstandards oder Kerncurricula, die für jede Schule obligatorisch sind und deren Einhaltung mit speziellen Instrumenten, wie Genehmigungsvorbehalten[34] oder externen Evaluationen, administrativ kontrolliert wird.[35] Die Auffang-

34 Wie beim Schulprogramm, das in einigen Bundesländern von der Genehmigung durch die zentrale Schulaufsichtbehörde abhängig ist, wobei die Genehmigung nur dann verweigert werden darf, wenn das Schulprogramm gegen Rechts- oder Verwaltungsvorschriften verstößt, nicht mit dem Bildungs- und Erziehungsauftrag der Schule vereinbar ist oder die bildungsgangbezogenen Standards im Hinblick auf die Gleichwertigkeit des schulischen Angebot nicht sichergestellt werden können (s. z.B. § 8 Abs. 4 Satz 1 und 2 bln SchulG, § 39a Abs. 3 Satz 1 und 2 SchulG M-V). In Schleswig-Holstein muss die Schule nach § 3 Abs. 1 Satz 2 sh SchulG das Schulprogramm der Schulaufsichtsbehörde vorlegen.

35 *Hennecke* (Fn. 26), S. 931 (947).

verantwortung hingegen beinhaltet die Verpflichtung des Staates, dann tätig zu werden, wenn die dezentrale Aufgabenwahrnehmung mit Beteiligung von Schülern und Eltern zu Ereignissen oder Entwicklungen führt, die (verfassungs-)rechtliche Vorgaben verletzen oder zu verletzen drohen. Dies kann durch eine aufgrund des Art. 7 Abs. 1 GG und des Demokratieprinzips sowie einer zur Sicherung der Grundrechte der am Schulverhältnis Beteiligten unverzichtbare Rechtmäßigkeitskontrolle realisiert werden, die von der Schulaufsichtsbehörde als Bestandteil der hierarchisch strukturierten Verwaltung ausgeübt wird, aber auch durch Aufhebungs-[36], Einspruchs- beziehungsweise Beanstandungs-[37], Aufsichts-[38], Weisungs-[39] oder Letztentscheidungsrechte[40] der in einer demokratischen Legitimationskette stehenden Schulleitung. An das grundgesetzliche Demokratieprinzip gebundene Aufsicht im Sinne des Art. 7 Abs. 1 GG würde dann „als das verstanden werden, was das Wort sagt, als Aufsicht über begrenzt selbständige Institutionen"[41], in denen die Akteure der Schulgemeinschaft in bestimmten Bereichen in eigener Verantwortung über die Gestaltung ihrer Schule diskutieren und selbst entscheiden.

---

36 S. z.B.: § 63 Abs. 2 Satz 3 BremSchVwG.

37 Als Beispiel für gleichlautende Vorschriften in den Schulgesetzen anderer Länder s. § 87 Abs. 3 Satz 1 bis 3 HSchG, wonach die Schulleiterin bzw. der Schulleiter gegen Rechts- und Verwaltungsvorschriften, das Schulprogramm oder Anordnungen der Schulaufsichtsbehörde verstoßende Konferenz- oder Ausschussbeschlüsse mit aufschiebender Wirkung beanstanden kann; wird der Beanstandung nicht abgeholfen, entscheidet die Schulaufsichtsbehörde.

38 S. z.B. § 59 Abs. 5 Satz 1 nrw SchulG, demzufolge der Schulleiterin bzw. dem Schulleiter „[z]ur Stärkung der Selbstverwaltung und Eigenverantwortung der Schulen [...] Aufgaben der oder des Dienstvorgesetzten übertragen" werden.

39 Als Beispiel für ganz ähnliche Normen in den anderen Bundesländern s. § 69 Abs. 4 Satz 1 bln SchulG, demzufolge die Schulleiterin oder der Schulleiter im Rahmen der Verwaltungsaufgaben gegenüber den an der Schule tätigen Lehrkräften und den schulischen Mitarbeiterinnen und Mitarbeitern weisungsbefugt ist.

40 S. z.B. nach § 63 Abs. 1 Satz 3-5 BremSchVwG für die Qualitätsentwicklung und die Qualitätssicherung des Unterrichts.

41 Ingo *Richter*, Die Verteidigung des Status quo, in: ders. (Fn. 1), S. 114 (120).

7. Kapitel: Schulverfassung II (Schulleitung, Lehrerkonferenz, Schulkonferenz)

7.1 Schulleitung

7.11 Allgemeine Rechtslage

Das gegenüber der Öffentlichkeit, aber auch gegenüber dem Schulträger und den Schulbehörden am deutlichsten in Erscheinung tretende Organ der Schule ist die *Schulleiterin* bzw. der *Schulleiter.*[1] Statt einer Einzelperson kann die Schulleitung in Ausnahmefällen einem *Leitungskollegium* übertragen werden, das die Leitungsgeschäfte mit verteilten Rollen ausübt. Das Leitungskollegium hat einen Vorsitzenden, der wiederum die Bezeichnung Schulleiter führt und dem im Regelfall die wichtigsten Aufgaben des Einzelschulleiters vorbehalten bleiben. Die Leitung der Schule durch ein Leitungskollegium ist schon mehrfach in Reformempfehlungen – so z.B. des Deutschen Bildungsrates und der Schulrechtskommission des Deutschen Juristentags – vorgeschlagen worden[2]; bislang spielt sie aber nur in wenigen Ländern eine Rolle.[3]

7.111 Schulleiter kann nur werden, wer die Befähigung zum Lehramt der betreffenden Schulart besitzt und seine Eignung durch Kenntnisse, Fähigkeiten, Leistung und charakterliche Bewährung bewiesen hat.[4] Der Schulleiter führt eine besondere Amtsbezeichnung (Rektor, Realschulrektor, Gesamtschulrektor, Sekundarschulrektor, Förderschulrektor, Oberstudiendirektor). Für den verhinderten Schulleiter handelt sein ständiger Vertreter; ist kein solcher bestellt, ist die Vertretung Sache des dienstältesten Lehrers der Schule.

1 Herbert *Buchen*/Hans-Günter *Rolff,* Professionswissen Schulleitung. 4. Aufl., Weinheim 2016; Rolf *Dubs,* Die Führung einer Schule – Leadership und Management. 2. Aufl., Stuttgart 2015; Armin *Lohmann*/Dorothea *Minderop,* Führungsverantwortung der Schulleitung. 3. Aufl., Neuwied 2008; Knut *Nevermann,* Der Schulleiter, Stuttgart 1982; Raimund *Pfundtner* (Hrsg.), Grundwissen Schulleitung. 3. Aufl., Neuwied 2014; Jochen *Wissinger*/Stephan G. *Huber* (Hrsg.), Schulleitung – Forschung und Qualifizierung, Wiesbaden 2002. – Speziell auf Schulleiterbedürfnisse zugeschnitten sind die Zeitschriften „SchulRecht" („SchuR"), „Pädagogische Führung", „schul-management" sowie „SchulVerwaltung" (letztere mit ihren verschiedenen Landesausgaben). – Zahlreiche Schulleiterinnen und Schulleiter sind in Interessenverbänden auf Landesebene organisiert, die sich zum Allgemeinen Schulleitungsverband Deutschlands (ASD) als Dachverband zusammengeschlossen haben. Hinzuweisen ist auch auf die Bundesvereinigung der Oberstudiendirektoren (BDK) mit ihren Landesverbänden.

2 *Deutscher Bildungsrat,* Zur Reform von Organisation und Verwaltung im Bildungswesen. Teil I: Verstärkte Selbständigkeit der Schule und Partizipation der Lehrer, Schüler und Eltern, Stuttgart 1973, S. 112 ff.; DJT-SchulGE, § 17 (S. 100), S. 312 ff.

3 § 87 HSchG; § 72 BbgSchulG (bei Schulen mit 25 Mitgliedern der Lehrerkonferenz aufgrund eines mit Zwei-Drittel-Mehrheit zu fassenden Beschlusses, der der Genehmigung des staatlichen Schulamts bedarf); § 64 BremSchVwG (sofern in der Satzung der Schule eine solche Regelung getroffen ist); § 44 NSchG (mit Genehmigung der Schulbehörde auf Antrag der Schule); § 60 nrw SchulG. Außer in Bremen bleiben in all diesen Fällen dem Schulleiter wichtige Aufgaben, vor allem die Gesamtverantwortung für die Schule, vorbehalten. – Hans-Joachim *Schmidt,* Schulleiter/-in – Schulleitungsteam? Ein Streifzug durch deutsche Schulgesetze, PädF 2007, 67.

4 Vgl. etwa § 71 bln SchulG, § 73 Abs. 1 BbgSchulG, § 91 HmbSG, § 61 Abs. 5 Nr. 1, Abs. 6 Satz 1 nrw SchulG, § 26 Abs. 6 rp SchulG, § 21 Abs. 2 saarl SchoG, § 33 Abs. 1 sh SchulG, § 33 Abs. 2 Satz 3 ThürSchulG. § 71 bln SchulG verlangt darüber hinaus ausdrücklich Fähigkeiten zur Führung und Organisation einer Schule und zur pädagogischen Beurteilung von Unterricht und Erziehung, Team- und Konfliktfähigkeit sowie die Bereitschaft zur Zusammenarbeit mit schulischen und außerschulischen Einrichtungen und zur Innovation und Weiterentwicklung der Schule, die durch Qualifizierungsmaßnahmen nachgewiesen werden sollen. Ähnlich § 91 HmbSG, § 61 Abs. 6 Satz 2 nrw SchulG.

Der Schulleiter ist gegenüber den Lehrerinnen und Lehrern sowie gegenüber dem sonstigen Schulpersonal (Sekretärin, Hausmeister, technische Hilfskräfte u.a.), aber auch gegenüber den an der Schule tätigen außerschulischen Mitarbeitern (z.B. Soziapädagogen, Sozialarbeiter in einer Ganztagsschule) *weisungsbefugt*. Er besitzt also auch den Lehrkräften gegenüber die Befugnisse des *Vorgesetzten*.[5] Mit den sich aus den Rechten der Konferenzen ergebenden Einschränkungen kann er ihnen gegenüber dienstliche Anordnungen und Entscheidungen treffen (z.B. eine Lehrkraft mit der Vertretung eines plötzlich erkrankten Kollegen beauftragen, kurzfristig Urlaub erteilen). Er kann den noch in der Ausbildung befindlichen Lehrkräften Anweisungen für ihre Unterrichts- und Erziehungsarbeit geben. Bei voll ausgebildeten Lehrpersonen ist er zwar zu *Unterrichtsbesuchen* berechtigt; doch soll er mit Rücksicht auf ihre pädagogische Freiheit in die Unterrichts- und Erziehungsarbeit nur in Ausnahmefällen eingreifen (dazu TZ 30.722).

7.112 Der Schulleiter ist *Vorsitzender der Gesamtkonferenz* der Lehrkräfte, die er einberuft und leitet.[6] In allen Ländern gilt der Grundsatz, dass das gesamte Kollegium, ungeachtet der dem Schulleiter gesetzlich zugewiesenen Rolle, die Verantwortung für die Unterrichts- und Erziehungsarbeit der Schule zumindest mitträgt. Andererseits wird das Prinzip der Kollegialität dadurch begrenzt, dass bestimmte Aufgaben (insbesondere die Vertretung der Schule nach außen und die Sorge für die Aufrechterhaltung der Ordnung und des laufenden Betriebes in der Schule) ausdrücklich der Schulleiterin bzw. dem Schulleiter übertragen sind.

7.12 Bestellung des Schulleiters

7.121 Die Ernennung des Schulleiters bzw. der Schulleiterin, der grundsätzlich eine Ausschreibung der freien Stelle vorauszugehen hat[7], ist *Sache der Schulaufsichtsbehörde*. Der Mitwirkung nichtstaatlicher Stellen – z.B. des Schulträgers, der Schulkonferenz, der Lehrerkonferenz, eines Findungsausschusses – bei der Auswahl des Schulleiters sind durch das Prinzip der repräsentativen Demokratie (Art. 20 Abs. 2, Art. 28 Abs. 1 Satz 1 GG) Grenzen gezogen. Eine dem Parlament verantwortliche Regierung kann die von ihr geforderte Verantwortung nur tragen, wenn sie über Mittel und Möglichkeiten verfügt, die ihr zugewiesenen Aufgaben auch tatsächlich zu erfüllen. Die Auslese der Beamten gehört zu den Kompetenzen, die wegen ihrer politischen Tragweite nicht generell der Regierungsverantwortung entzogen werden dürfen.[8] Das gilt in besonderem Maße für die Schulleiterinnen und Schulleiter, ohne die der Staat die ihm durch Art. 7 Abs. 1 GG zugewiesene Verantwortung für das Schulwesen nicht wahrnehmen könnte. Aus diesen

5 Zur Rolle des Schulleiters als Vorgesetzten, in einigen Ländern auch als Dienstvorgesetzten der Lehrkräfte einschließlich der Erteilung dienstlicher Beurteilungen s. TZ 28.214.

6 S. etwa § 41 Abs. 1 Satz 1 bw SchG, Art. 58 Abs. 2 Satz 2 BayEUG, § 82 Abs. 1 Nr. 1 bln SchulG, § 85 Abs. 1 Satz 2 BbgSchulG, § 87 Abs. 3 Satz 2 HSchG, § 77 Abs. 2 Satz 1 SchulG M-V, § 43 Abs. 4 Nr. 2 SchG, § 68 Abs. 1 Satz 2 nrw SchulG, § 26 Abs. 2 Satz 2 rp SchulG, § 8 Abs. 2 Satz 1 Buchst. a saarl SchumG, § 42 Abs. 1 Satz 1 sächs SchulG. Besonderheiten gelten in Schleswig-Holstein; dort wird der bzw. die Vorsitzende der Lehrerkonferenz aus derer Mitte gewählt (§ 68 Abs. 2 Satz 1 SchulG).

7 Hierbei verstößt eine von vornherein vorgesehene generelle und grundsätzliche Nichtberücksichtigung von Bewerbern aus dem Kollegium der betreffenden Schule gegen den in Art. 33 Abs. 2 GG verankerten Grundsatz der Bestenauswahl (Auswahl nach Eignung, Befähigung und fachlicher Leistung); so VGH Kassel, NVwZ-RR 1989, 30. Vgl. aber § 40 Abs. 4 Satz 2 bw SchG, wonach Schulkonferenz und Schulträger gehalten sind, bei ihren Besetzungsvorschlägen unter sonst gleichwertigen Bewerbern demjenigen den Vorzug zu geben, der der Schule nicht angehört. Nach § 45 Abs. 3 NSchG sollen Bewerbungen von Lehrkräften, die der betroffenen Schule angehören, nur berücksichtigt werden, wenn besondere Gründe dies rechtfertigen; nach § 39 Abs. 3 sh SchulG soll das Bildungsministerium die Stelle erneut ausschreiben, sofern sich auf die Ausschreibung ausschließlich eine an der Schule tätige Lehrkraft bewirbt; das gilt nicht, wenn es sich um eine wiederholte Ausschreibung handelt.

8 BVerfGE 9, 268 (282 ff.); s. auch BVerfGE 93, 37 (66 ff.) und BVerfGE 107, 59 (87 f.).

Gründen wäre eine Wahl des Schulleiters durch nichtstaatliche Körperschaften und Gremien, bei der die Rolle der Schulbehörde auf den formalen Ernennungsakt beschränkt bliebe, verfassungsrechtlich unzulässig. Das schließt die Beteiligung des Schulträgers und schulischer Organe an der Personalauswahl nicht aus; gerade eine Schule, der Selbstverantwortung eingeräumt wird und die sich ein eigenes Profil geben soll, muss die Möglichkeit haben, bei der Auswahl des Schulleiters ein Wort mitzusprechen. Eine solche Beteiligung ist in den meisten Ländern, wenn auch in sehr unterschiedlicher Weise, vorgesehen: vom bloßen Anregungs-, Anhörungs- und Vorschlagsrecht über ein Einspruchs- oder Vetorecht bis hin zum Auswahl- und Benennungsrecht. Die Grenze des verfassungsrechtlich Zulässigen ist jedenfalls dann überschritten, wenn der Behörde ein Kandidat gegen ihren Willen aufgezwungen werden kann. Es muss ihr zumindest freistehen, einen ihr als ungeeignet erscheinenden Bewerber zurückzuweisen.[9] Zu den Einzelheiten des Verfahrens bei Auswahl und Ernennung des Schulleiters vgl. TZ 11.4, jeweils unter Buchstabe b.

7.122 Früher wurde eine *Schulleiterstelle* üblicherweise im Wege der Beförderung besetzt; sie wurde der Beamtin bzw. dem Beamten somit unmittelbar *auf Lebenszeit übertragen*. Diese Verfahrensweise hatte den Nachteil, dass der Dienstherr seine Eignungsprognose hernach nicht mehr korrigieren konnte. Um solchen Fehleinschätzungen vorzubeugen, eröffnet § 4 Abs. 3 Buchst. b des 2008 im Zuge der Föderalismusreform verabschiedeten Beamtenstatusgesetzes (BeamtStG) den Ländern die Möglichkeit, ein Amt mit leitender Funktion zunächst im Beamtenverhältnis *auf Probe* zu übertragen. Von dieser Befugnis haben mehrere Länder in ihren Beamtengesetzen auch bezüglich der Besetzung der Schulleiterstellen Gebrauch gemacht.[10] Die regelmäßige Probezeit beträgt in diesen Fällen zwei Jahre; sie kann bis auf ein Jahr verkürzt, aber nicht verlängert werden. Vom Tag der Ernennung an ruhen für die Dauer der Probezeit die Rechte und Pflichten aus dem Amt, das der Beamtin oder dem Beamten zuletzt im Beamtenverhältnis auf Lebenszeit übertragen worden ist, mit Ausnahme der Verschwiegenheitspflicht und des Verbotes der Annahme von Belohnungen, Geschenken und sonstigen Vorteilen. Mit dem erfolgreichen Abschluss der Probezeit muss dem Beamten das Schulleiteramt im Beamtenverhältnis auf Lebenszeit übertragen werden; er muss unverzüglich befördert werden. Haben sich die Leistungserwartungen indes nicht erfüllt, verbleibt er in dem Statusamt, das er vor der Ernennung zum Beamten auf Probe innehatte; er ist nunmehr wieder auf einem diesem Status entsprechenden Dienstposten einzusetzen.[11]

---

9 Selbst in Bremen, Hamburg, Niedersachsen und Schleswig-Holstein – in diesen Ländern nehmen nichtstaatliche Stellen einen nicht unerheblichen Einfluss auf die Auswahl des Schulleiters – braucht sich die Schulbehörde keinen Bewerber aufdrängen zu lassen. Vgl. im Einzelnen § 70 Satz 2 BremSchVwG, § 94 Abs. 1 Satz 2 HmbSG, § 45 Abs. 2 Satz 2 NSchG, § 39 Abs. 6 sh SchulG.

10 Baden-Württemberg: § 8 LBG (Buchstabe C Nr. 17 des Anhangs zu § 8); Bayern: Art. 46 BayBG (§ 2 Nr. 2 VO über die im Beamtenverhältnis auf Probe zu übertragenden Ämter vom 16.6.1998 [GVBl. S. 302], zul.g.d. VO vom 1.4.2009 [GVBl. S. 79]); Berlin: § 97 Abs. 1 Nr. 2 LBG; Brandenburg: § 120 Abs. 1 Nr. 2 LBG; Bremen: § 5 Abs. 2 Satz 1 BremBG; Hamburg: § 5 Abs. 2 HmbBG; Hessen: § 4 Abs. 1 HBG; Nordrhein-Westfalen: § 22 Abs. 7 Satz 1 Nr. 1.5 LBG; Sachsen: § 8 Abs. 1 Nr. 3 SächsBG; Sachsen-Anhalt: § 5 Abs. 2 Satz 1 Nr. 2: ab BesGr. A 16; Schleswig-Holstein: § 5 Abs. 2 Satz 1 LBG.

11 § 4 Abs. 2 Buchst. b BeamtStG räumt den Ländern überdies die Möglichkeit ein, Ämter mit leitender Funktion zunächst befristet im *Beamtenverhältnis auf Zeit* zu übertragen. Eine Regelung dieses Inhalts hat das BVerfG 2008 allerdings wegen Verstoßes gegen Art. 33 Abs. 5 GG für nichtig erklärt (BVerfGE 121, 205 [219 ff.]): Das Lebenszeitprinzip gehöre zu den hergebrachten Strukturprinzipien des Berufsbeamtentums, die wegen ihrer wesensprägenden Bedeutung vom Gesetzgeber nicht nur zu berücksichtigen, sondern zu beachten seien. Es sichere dem Beamten die persönliche Unabhängigkeit. Diese sei kein Privileg, sondern solle dem Gemeinwohl dienen; nur so könne realistischerweise erwartet werden, dass ein Beamter auch dann auf rechtsstaatlicher Amtsführung beharre, wenn sie (partei-)politisch unerwünscht sein sollte. S. auch BVerfGE 141, 56 Rn. 39: „Zu den das deutsche Beamtenrecht seit jeher prägenden hergebrachten Grundsätzen gehört nicht nur die Anstellung der Beamten auf Lebenszeit, sondern auch das Prinzip der lebenszeitigen Übertragung der Ämter. Das Lebenszeitprinzip schützt

7.13 Aufgaben

Der Aufgabenkreis der Schulleitung umfasst die unmittelbare Führung im Unterrichts- und Erziehungs-, Verwaltungs- und Ordnungsbereich sowie die Vertretung der Schule nach außen. Die Aufgaben sind in den Schulgesetzen und Dienstordnungen der Länder katalogartig aufgezählt.[12] Dazu im Einzelnen:

7.131 Hauptaufgabe des Schulleiters ist die *Sorge für die Unterrichts- und Erziehungsarbeit* der Schule und *für das hierzu erforderliche einheitliche Zusammenwirken* aller Beteiligten (wofür jede Lehrkraft in ihrem Bereich und alle Lehrkräfte im Gesamtbereich der Schule mitverantwortlich sind). Daraus erwächst eine Fülle pädagogischer und administrativer Alltagsarbeit, die von der Aufstellung der Unterrichtsverteilung und der Stunden- und Aufsichtspläne, der Planung von Schulveranstaltungen, der Schülerbetreuung im weitesten Sinne sowie der Pflege der Beziehungen zur Elternschaft bis zur dienstlichen und menschlichen Betreuung der Lehrer reicht. Als dem Vorsitzenden der Gesamtkonferenz der Lehrkräfte obliegt ihm in besonderem Maße die Sorge für die *Durchführung und Einhaltung der Konferenzbeschlüsse* (vgl. TZ 7.214).

7.132 Neben der Unterrichts- und Erziehungsaufgabe und der Fürsorge für Schüler und Lehrkräfte steht die *Sorge für einen geordneten Schulbetrieb*. Hierbei handelt es sich vorwiegend um die Durchsetzung der Schul- und Hausordnung im Schulalltag (Ausübung des Hausrechts, Erlass der nötigen Einzelweisungen). Während die allgemeinen und grundsätzlichen Anordnungen von der Schul- oder Lehrerkonferenz oder doch mindestens unter ihrer Mitwirkung getroffen werden, ist die *Wahrung des Hausrechts* und die Sorge für die Ordnung im Einzelfall Sache des Schulleiters, nötigenfalls auch der einzelnen Lehrkraft.

7.133 Zu dem *Aufgabenkreis der äußeren Verwaltung*, der sich in mancher Hinsicht mit den Ordnungsaufgaben überschneidet, gehören vor allem (vgl. im Einzelnen TZ 12.21):
- Sorge für Verwaltung, Pflege, Reinigung, Betriebs-, Feuer- und Verkehrssicherheit des Schulgrundstücks, Schulgebäudes und Schulinventars, ferner die Vermietung von Schulräumen für fremde Zwecke, soweit sich nicht der Schulträger diese Entscheidung vorbehalten hat;
- Dienstaufsicht über das Hilfspersonal der Schule (Sekretärin, Hausmeister, Reinigungspersonal);
- Bewirtschaftung der der Schule zur Verfügung stehenden Mittel, Anmeldung des finanziellen Bedarfs beim Schulträger, Kassen- und Rechnungsführung, soweit dem Schulleiter übertragen;
- Führung der laufenden Verwaltungsgeschäfte, insbesondere des Schriftverkehrs mit Schulträger, Schulaufsichtsbehörde und sonstigen Dienststellen, Eltern, Publikum.

Die Schulleiterin oder der Schulleiter kann Mitglieder des Lehrkörpers zu bestimmten Verwaltungsarbeiten heranziehen.[13] Außerdem obliegen jedem Klassen- und Fachlehrer die mit der Klassenführung und der Fachbetreuung zusammenhängenden Verwaltungsarbeiten. Wo ein *ständiger Vertreter* bestellt ist, können diesem zwecks Entlastung des Schulleiters bestimmte Verwaltungsaufgaben oder sonstige Aufgaben der Schulleitung

---

nicht nur den Grundstatus des Beamten auf Lebenszeit, sondern auch das ihm jeweils übertragene statusrechtliche Amt.“ Dazu Josef Franz *Lindner*, Die „conditio sine qua non“-Formel des BVerfG zum Berufsbeamtentum – zugleich ein Beitrag zur Verfassungswidrigtkeit von Führungsämtern auf Zeit –, DVBl. 2016, 816.

12 Z.B. § 41 bw SchG, Art. 57 BayEUG, § 69 bln SchulG, § 71 BbgSchulG, §§ 62 f. BremSchVwG, § 89 HmbSG, § 88 HSchG, § 43 NSchG, § 59 nrw SchulG, § 26 rp SchulG, § 21 saarl SchoG, § 42 sächs SchulG, § 26 SchulG LSA, § 33 sh SchulG, § 33 ThürSchulG.

13 Z.B. § 69 Abs. 3 Satz 1 BbgSchulG, § 60 Abs. 3 nrw SchulG.

übertragen werden. In großen Schulen (Gesamtschulen, Oberstufenzentren, Berufskollegs u.a.), die in Abteilungen gegliedert sind, nehmen Abteilungsleiter als Inhaber von Funktionsstellen Leitungsaufgaben unter der Gesamtverantwortung des Schulleiters wahr.[14]

7.134 Die *allgemeine Vertretung der Schule nach außen* obliegt allein der Schulleiterin oder dem Schulleiter.[15] Zur Auskunftserteilung gegenüber der Presse, den Gerichten, der Polizei u.a. vgl. die Ausführungen über die Verschwiegenheitspflicht der Lehrkräfte (TZ 29.115/29.12). Die laufende *Zusammenarbeit mit den Eltern* ist nicht nur Sache des Schulleiters, sondern Aufgabe jeder Lehrkraft in ihrem eigenen Arbeitsbereich.

7.135 *Im Zuge der erweiterten Selbständigkeit der Schule* (dazu TZ 13.2) erwachsen den Schulleiterinnen und Schulleitern zusätzliche Aufgaben und Befugnisse, die in einigen Schulgesetzen ausdrücklich hervorgehoben sind.[16] So haben sie für die Entwicklung, Fortschreibung und Umsetzung sowie für die Qualitätssicherung und interne Evaluation der schulischen Arbeit zu sorgen.[17] Sie müssen auf die Fortbildung der Lehrkräfte hinwirken und die Einhaltung der Fortbildungsverpflichtung überprüfen.[18] Ihnen wird in zunehmendem Umfang Einfluss auf die Rekrutierung des pädagogischen Personals, bis hin zum Abschluss von Arbeitsverträgen, eingeräumt.[19] In mehreren Ländern nehmen sie Aufgaben der Dienstaufsicht auch gegenüber den Lehrkräften wahr, indem sie beispielsweise über die Bewilligung von Nebentätigkeiten und Sonderurlaub entscheiden oder dienstliche Beurteilungen abgeben.[20] Verschiedentlich obliegt ihnen auch ganz allgemein die rechtsgeschäftliche Vertretung des Schulträgers und des Landes im Rahmen der Eigenverantwortung der Schule, so dass sie zum Beispiel auch Honorarvereinbarungen mit aushilfsweise eingesetzten Lehrkräften treffen können.[21] Mehrere Schulgesetze

14 Z.B. § 73 bln SchulG, § 96 HmbSG.

15 S. etwa § 41 Abs. 1 Satz 3 bw SchG, Art. 57 Abs. 3 BayEUG, § 69 Abs. 1 Nr. 7 bln SchulG, § 71 Abs. 1 Nr. 5 BbgSchulG, § 88 Abs. 3 Nr. 4 HSchG, § 43 Abs. 4 Nr. 1 NSchG, § 59 Abs. 2 Nr. 1 nrw SchulG, § 42 Abs. 1 Satz 1 sächs SchulG.

16 Dazu Klaus *Hanßen*, Rechtliche Regelungen zu Tätigkeitsfeldern von Schulleiterinnen und Schulleitern bei erweiterter Eigenverantwortung von Schulen. Eine Untersuchung der Rechtslage in den Ländern Bayern, Hessen und Nordrhein-Westfalen. Manuskript, Berlin, Juni 2011; *ders.*, Rechtliche Regelungen zu Tätigkeitsfeldern von Schulleiterinnen und Schulleitern bei erweiterter Eigenverantwortung von Schulen. Eine Untersuchun der Rechtslage in den Ländern Brandenburg und Hamburg. Manuskript, Berlin, September 2012.

17 § 69 Abs. 2 Nr. 2 bln SchulG, § 89 Abs. 3 Satz 2 HmbSG, § 88 Abs. 2 Satz 2 Nr. 1 HSchG, § 101 Abs. 4 Satz 2 Nr. 1 SchulG M-V.

18 § 69 Abs. 5 Satz 1 bln SchulG, § 71 Abs. 4 Satz 1 BbgSchulG, § 89 Abs. 3 Satz 2 HmbSG, § 88 Abs. 2 Satz 2 Nr. 5 HSchG, § 101 Abs. 4 Satz 2 Nr. 4 SchulG M-V, § 42 Abs. 1 Satz 6 sächs SchulG, § 33 Abs. 3 Satz 4 sh SchulG, § 33 Abs. 1 Satz 5 ThürSchulG. Verschiedentlich ist überdies ausdrücklich bestimmt, dass Schulleiterinnen und Schulleiter mit den an der Schule Beschäftigten Mitarbeitergespräche führen müssen (vgl. bay Bekanntmachung über Durchführung des Mitarbeitergesprächs an den staatlichen Schulen v. 16.5.2014 [KWMBl. I S. 109]).

19 Besonders weitgehend §§ 69 Abs. 1 Nr. 3, 7 Abs. 3 Satz 1 und 2 bln SchulG: Danach ist der Schulleiter für schulbezogene Ausschreibungen und für die Personalauswahl zuständig, wobei er aber die Vorgaben der Dienstbehörde einhalten muss; die Ernennung selbst bleibt der Dienstbehörde vorbehalten. Auf der anderen Seite hat sich die Dienstbehörde bei der Umsetzung von Lehrkräften und sonstigen Mitarbeitern mit der Schulleitung ins Benehmen zu setzen. Vgl. im Übrigen § 59 Abs. 4 Satz 1 nrw SchulG, § 42 Abs. 2 Satz 3 sächs SchulG, § 33 Abs. 2 Satz 5 sh SchulG, § 33 Abs. 1 Satz 4 ThürSchulG. – Zur Rolle der Schulleitung bei der Personalrekrutierung s. Harald *Mier*, Die Schulleitung bestimmt das Personal: Anspruch und Wirklichkeit, SchuR 2014, 4.

20 Zu den Einzelheiten s. etwa § 69 Abs. 6 bln SchulG, § 71 Abs. 3 BbgSchulG, § 89 Abs. 2 Satz 2 HmbSG, § 88 Abs. 1 Satz 3 HSchG, § 59 Abs. 4 nrw SchulG.

21 § 69 Abs. 2 Satz 2 Nr. 3 i.V.m. § 7 Abs. 3, 5 und 6 bln SchulG, § 6 Abs. 1 Satz 2 i.V.m. § 71 Abs 1 Nr. 1 BbgSchulG, §§ 88 Abs. 3 Satz 2 Nr. 6, 127a Abs. 2 Satz 2 und 3 HSchG, § 3 Abs. 2 sh SchulG.

sehen vor, dass die Schulleiterinnen und Schulleiter bei der Weiterentwicklung ihrer Schulen Zielvereinbarungen mit der Schulaufsicht abschließen.[22]

7.14 Konfliktmöglichkeiten

Bei der Wahrnehmung seiner vielfältigen Aufgaben kann der Schulleiter in Konflikt mit der Lehrerkonferenz geraten, deren Funktionen sich oft mit den eigenen Zuständigkeiten überschneiden. Spannungen können sich auch mit einzelnen Lehrkräften ergeben, die seinen Weisungen ihre pädagogische Freiheit entgegensetzen.[23] Konflikte sind außerdem im Verhältnis zu Eltern und Schülern möglich, deren Forderungen er die Rechte der Schule und der Lehrkräfte entgegensetzen muss.[24] Solche Auseinandersetzungen sind im Allgemeinen in den zuständigen schulischen Gremien, vor allem in der Lehrerkonferenz und in der Schulkonferenz, auszutragen. Ist der Schulleiter dort nicht imstande, seine Auffassung durchzusetzen, kann er einen Gremienbeschluss, den er aufgrund seiner Gesamtverantwortung für die Schule für nicht vertretbar hält, unter bestimmten Voraussetzungen beanstanden (dazu im Einzelnen TZ 7.214).

7.2 Lehrerkonferenz

7.21 Allgemeine Rechtslage

7.211 Die Lehrerkonferenz ist der maßgebliche Träger der Willensbildung in Angelegenheiten des Unterrichts und der Erziehung, soweit nicht die Schulleiterin oder der Schulleiter eigene Zuständigkeiten besitzt oder es sich um Gegenstände handelt, die in den Aufgabenbereich der aus Lehrkräften, Schülern und Eltern zusammengesetzten Schulkonferenz (TZ 7.3) fallen, und soweit nicht ihrer weitreichenden Bedeutung wegen die Schulbehörden zuständig sind.[25] Man unterscheidet die *Gesamtkonferenz* mit dem Schulleiter als Vorsitzendem und allen Lehrkräften der Schule als Mitgliedern und die *Teilkonferenzen* (Stufen-, Jahrgangs- oder Klassen-, Fachkonferenzen, weiterhin bei

---

22 §§ 89 Abs. 1 Satz 2, 85 Abs. 1 Satz 3 HmbSG, § 127b Abs. 5 HSchG; vgl. auch § 7 Abs. 3 Satz 4 bln SchulG. Zur rechtlichen Einordnung des Steuerungsinstruments der Ziel- und Leistungsvereinbarungen in der öffentlichen (Schul-)Verwaltung s. TZ 13.324.

23 Bei tiefgreifenden Spannungen zwischen dem Schulleiter und anderen an der Schule Beteiligten darf die Schulaufsicht nicht einseitig zu Lasten des Schulleiters intervenieren. Wenn sie ihn ohne hinreichende Klärung der Spannungsursachen von der Schule wegversetzt, handelt sie rechtswidrig. So VGH München, PersV 2007, 189.

24 Hinzu kommen Pflichtenkollisionen, die sich aus der Verflochtenheit der inneren Schulangelegenheiten, die den staatlichen Schulaufsichtsbehörden zugeordnet sind, mit den äußeren Schulangelegenheiten ergeben können, die den Schulträger angehen. So entscheidet nach § 46 Abs. 1 nrw SchulG der *Schulleiter* über die Aufnahme der Schülerin oder des Schülers in die Schule innerhalb des vom *Schulträger* für die Aufnahme festgelegten allgemeinen Rahmens, doch bleibt das Zuweisungsrecht der *Schulaufsichtsbehörde* nach § 46 Abs. 7 nrw SchulG unberührt.

25 Die Einzelheiten ergeben sich aus den Schulgesetzen, teilweise auch aus Konferenzordnungen oder Schulordnungen der Länder: Baden-Württemberg: § 44 ff. SchG, §§ 10 ff. Konferenzordnung vom 5.6.1984 (GBl. S. 423), zul.g.d.VO vom 11.4.2012 (GBl. S. 334, 353). Bayern: Art. 58 BayEUG i.V.m. den Bestimmungen der jeweiligen Schulordnung. Berlin: §§ 79, 82 SchulG. Brandenburg: § 85 BbgSchulG. Bremen: § 36 f. BremSchVwG. Hamburg: §§ 57 f. HmbSG. Hessen: §§ 133, 136 HSchG, §§ 17 ff., 34 Konferenzordnung vom 29.6.1993 (ABl. S. 718), zul.g.d.VO vom 19.11.2012 (ABl. S. 710). Mecklenburg-Vorpommern: § 77 SchulG M-V. Niedersachsen: §§ 34, 36 NSchG. Nordrhein-Westfalen: §§ 68, 63 SchulG. Rheinland-Pfalz: §§ 27 f. SchulG. Saarland: §§ 6 Abs. 2, 8 SchumG. Sachsen: § 44 SchulG, §§ 2, 7 ff. LehrerkonferenzVO vom 12.7.1994 (GVBl. S. 499), zul.g.d.VO vom 21.7.2004 (GVBl. S. 353). Sachsen-Anhalt: §§ 27 ff. SchulG LSA; §§ 1 ff. Konferenzordnung vom 2.8.2005 (GVBl. S. 491), zul.g.d.VO vom 22.7.2013 (GVBl. S. 397). Schleswig-Holstein: § 64 SchulG. Thüringen: § 37 ThürSchulG.

berufsbildenden Schulen nach Berufsgruppen gegliederte Gruppenkonferenzen, ferner bei additiven Gesamtschulen Schulartkonferenzen). Leitung und Teilnehmerkreis der Teilkonferenzen ergeben sich aus deren jeweiligem Aufgabenbereich (z.B. gehören der Klassenkonferenz alle in der Klasse unterrichtenden Lehrkräfte unter Vorsitz der Klassenlehrerin bzw. des Klassenlehrers an). In den großen Schulen stehen die Teilkonferenzen im Mittelpunkt des Schulalltages, während der Gesamtkonferenz die grundlegenden Entscheidungen vorbehalten bleiben, die den Lehrkörper in seiner Gesamtheit berühren.

7.212 In allen Ländern haben die hauptamtlichen Lehrkräfte volles Stimmrecht in der Lehrerkonferenz; sie sind zur Teilnahme berechtigt und verpflichtet. Im Übrigen aber sind *Zusammensetzung der Lehrerkonferenz* und *Stimmrechte* unterschiedlich geregelt. In einigen Ländern haben nebenamtlich und teilzeitbeschäftigte Lehrkräfte, Referendarinnen und Referendare, pädagogische Mitarbeiterinnen und Mitarbeiter usw. (beschränktes) Teilnahme- und Stimmrecht, in anderen nicht.[26] Teilweise gehören der Lehrerkonferenz nur Lehrkräfte, teilweise auch Schüler- und Elternvertreter (mit oder ohne Stimmrecht) an. Auch die beratende Teilnahme von Vertretern des Schulträgers ist in einigen Ländern vorgesehen. Die Vertreter der Schulaufsichtsbehörden haben durchweg ein Teilnahmerecht. Konferenzen mit einer großen Zahl von Mitgliedern können *Ausschüsse* bilden, denen die laufenden Entscheidungen, die Sorge für bestimmte Teilbereiche (z.B. die Orientierungsstufe), die ständige Beratung der Schulleiterin bzw. des Schulleiters, die Erfüllung bestimmter Aufgaben (z.B. Auswahl und Beschaffung von Lehr- und Lernmitteln, Behandlung von Ordnungsverstößen) oder die Vorbereitung der Konferenzentscheidungen obliegen, so dass die Konferenz als solche nur zu besonders wichtigen Beratungen und Entscheidungen zusammentritt.

7.213 Die *Formvorschriften*, welche die Modalitäten des Verfahrens betreffen (Einberufung, Verhandlungsform, Beschlussfähigkeit, Fristen, Befangenheit, Abstimmungen, Protokoll usw.), gleichen einander weitgehend.[27] Diese häufig als lästig empfundenen Verfahrensvorschriften sind kein „juristischer Formelkram“, sondern verwirklichen zentrale rechtsstaatliche Prinzipien; man denke nur an die Lebensbedeutung von Versetzungs- und Prüfungsentscheidungen. Ein (unnötig) hoher Anteil verwaltungsgerichtlicher Klagen ist allein wegen Nichtbeachtung von Formvorschriften erfolgreich, obwohl die Beschlüsse inhaltlich Bestand gehabt hätten.[28] Die Verhandlungen in den Konferenzen unterliegen der *Amtsverschwiegenheit*, soweit sich aus der Sache nicht das Gegenteil ergibt. Grobe Verstöße können strafrechtlich (vgl. §§ 203 Abs. 2, 353b StGB) und bei beamteten Lehrkräften disziplinarrechtlich (nach den Vorschriften des jeweiligen Landesdisziplinargesetzes) geahndet werden.

7.214 Der Schulleiter als Vorsitzender der Gesamtkonferenz (TZ 7.112) ist für den Vollzug ihrer Beschlüsse verantwortlich; er hat auch dafür zu sorgen, dass die Beschlüsse der Teilkonferenzen umgesetzt werden. Sofern und soweit er sich mit Rücksicht auf seine Verantwortlichkeit für die Schule, seine Dienstpflichten gegenüber Schulbehörde und Schulträger oder sonst aus Rechtsgründen außerstande sieht, einen *Konferenzbeschluss* durchzuführen, muss er ihn *beanstanden*, seine Durchführung aussetzen und nochma-

26 Zum Teilnahme- und Stimmrecht der Religionslehrerinnen und -lehrer s. TZ 5.221.

27 Thomas *Böhm*, Geschäftsordnungsanträge bei schulischen Konferenzen, SchuR 2008, 102; Hans-Joachim *Schmidt*, Ordnungsmäßigkeit der Einberufung und Beschlussfähigkeit einer Konferenz, SchuR 2006, 2.

28 Auf einen Verfahrensmangel kann sich nach § 46 VwVfG, der auch für die Tätigkeit der Schulen gilt (vgl. z.B. § 2 Abs. 3 Nr. 3 hess VwVfG, § 2 Abs. 1 Var. 2 SächsVwVfG), der Kläger nur dann nicht berufen, wenn der Fehler auf die Entscheidung in der Sache *offensichtlich* keinen Einfluss gehabt hat. Gerade bei den von der Lehrerkonferenz zu treffenden Bewertungsentscheidungen (z.B. über Versetzung oder Nichtversetzung eines Schülers) kann aber nicht ausgeschlossen werden, dass die Konferenz bei Beachtung der Formvorschrift zu einem anderen Ergebnis gekommen wäre.

lige Beratung verlangen; erhält die Konferenz den beanstandeten Beschluss aufrecht, hat er die Entscheidung der Schulaufsicht einzuholen.[29] Auch den Lehrkräften steht vielfach das Recht zu, die Entscheidung der Schulbehörde gegen Konferenzbeschlüsse anzurufen. Erfüllt die Konferenz ihre Aufgabe nicht, erweist sie sich als arbeitsunfähig oder bringt sie es nicht fertig, die nötige Einheitlichkeit der Schularbeit zu sichern, kann die Schulaufsichtsbehörde der Schulleiterin oder dem Schulleiter die entsprechenden Befugnisse übertragen. Außerdem ist der Schulleiter als Konferenzvorsitzender im Rahmen seiner *Eilkompetenz* zu allen vorläufigen Anordnungen, Entscheidungen und Maßnahmen befugt, die notwendig werden, ehe die Einberufung der Konferenz möglich ist (z.B. an Feiertagen, in den Ferien).[30]

7.22 Aufgaben

Die Lehrerkonferenz (Gesamtkonferenz, Teilkonferenzen) berät und entscheidet in den *bedeutsamen Angelegenheiten des Unterrichts und der Erziehung*. Sie tritt vor allem dann in Funktion, wenn ein gleichgerichtetes und aufeinander abgestimmtes Handeln der Lehrkräfte in der gesamten Schule oder im Aufgabenbereich einer Teilkonferenz erforderlich ist. Sie legt die Grundsätze fest, nach denen Schulleitung und Lehrkräfte im Einzelfall verfahren sollen, und beschließt die für Arbeit und Leben der Schule verbindlichen allgemeinen Regelungen und Ordnungen. Die Gesamtkonferenz und die Teilkonferenzen treffen schließlich in abgestuften Zuständigkeiten jene Entscheidungen, deren Gewicht und deren Folgen die Verantwortungskraft des Schulleiters oder einer einzelnen Lehrkraft übersteigen und überfordern würden (z.B. Versetzungsentscheidungen, Verhängung von schwerwiegenden Ordnungsmaßnahmen). Zuständigkeiten und Aufgaben der Lehrerkonferenz sind in den Schulgesetzen oder in Konferenzordnungen katalogartig aufgezählt, häufig im Anschluss an eine Generalklausel.[31] Die Durchführung der aus Konferenzbeschlüssen sich ergebenden Einzelmaßnahmen obliegt dem Schulleiter, soweit sie nicht Sache jeder einzelnen Lehrkraft ist. Die Verwaltungs-, Vertretungs- und Führungssfunktionen der Schulleitung (TZ 7.133 bis 7.135) stehen nicht zur Disposition der Lehrerkonferenz.

7.23 Konfliktmöglichkeiten

Wie der Schulleiter kann auch eine Lehrerkonferenz leicht in Konfliktsituationen geraten (vgl. TZ 7.14). Hier handelt es sich vor allem um den nicht selten auftretenden Gegensatz zwischen der *pädagogischen Eigenverantwortung und Freiheit der einzelnen Lehrkraft* und der *Bindung an Konferenzbeschlüsse*, die ihren pädagogischen Vorstellungen widersprechen. Je mehr die Schulen sich ein eigenes, in einem Schulprogramm niedergelegtes *Profil* geben (vgl. TZ 13.222), desto mehr ist die Schule darauf angewiesen, Lehrerinnen und Lehrer zu haben, die sich mit diesem Profil identifizieren, desto geringer wird andererseits der Spielraum der einzelnen Lehrkraft. Anders formuliert: Das höhere Maß an Freiheit der Schule als Institution geht zu Lasten der individuellen Freiheit der Lehrkräfte. Die Lehrerinnen und Lehrer sind in Aufgabe, Organisation und Ordnung der Schule eingefügt, der sie angehören. Sie sind daher auch an die Mehrheitsbeschlüsse der Konferenzen gebunden. So sehr es grundsätzlich ihre eigene Sache ist zu bestimmen,

29 S. etwa § 44 Abs. 3 bw SchG, § 70 Abs. 1 bln SchulG, § 87 Abs. 4 HSchG, § 59 Abs. 10 nrw SchulG. Weitergehend § 44 Abs. 2 sächs SchulG: Ist der Schulleiter der Auffassung, dass ein Beschluss der Lehrerkonferenz gegen eine Rechtsvorschrift oder eine Verwaltungsanordnung verstößt, trifft er die Entscheidung.

30 S. etwa § 70 Abs. 2 bln SchulG, § 87 Abs. 2 HSchG.

31 S. die in Fn. 25 angeführten Rechtsvorschriften.

wie sie ihre Ziele erreichen, müssen sie doch immer das Gesamtbild der Schule im Auge behalten. Das bedeutet den notwendigen Verzicht auf Sonderwege und -methoden, die dem von der Konferenz festgelegten pädagogischen Grundkonzept der Schule widersprechen (vgl. auch TZ 30.713).

7.3 Schulkonferenz

7.31 Allgemeine Rechtslage[32]

Der Wunsch, Vertreter der *Lehrkräfte, der Schülerinnen und Schüler sowie der Eltern* zum Zusammenwirken im Interesse der Schule und ihrer Unterrichts- und Erziehungsarbeit organisatorisch zu vereinigen, hat außer in Sachsen-Anhalt dazu geführt, neben der Schulleitung und den Lehrerkonferenzen eine Schulkonferenz (in Bayern: Schulforum, in Niedersachsen: Schulvorstand, in Rheinland-Pfalz: Schulausschuss) als zusätzliches Organ einzurichten (vgl. im Einzelnen die Übersicht in TZ 8.3). Was die Zusammensetzung der Schulkonferenz betrifft, so legen die Länder unterschiedliche Modelle mit Abweichungen in den Einzelheiten zugrunde: Übergewicht der Lehrergruppe, einschließlich Schulleiter, gegenüber der Gesamtheit der Vertreter der Eltern und Schüler (Hessen); Parität zwischen der Vertretung der Lehrkräfte einerseits und der Vertretung der Eltern und Schüler andererseits (Bremen, Niedersachsen, Nordrhein-Westfalen);[33] Drittelparität zwischen Vertretern der Lehrkräfte, Schüler und Eltern (Baden-Württemberg, Bayern, Berlin, Brandenburg, Hamburg, Mecklenburg-Vorpommern, Nordrhein-Westfalen, Rheinland-Pfalz, Saarland, Sachsen, Schleswig-Holstein, Thüringen).[34] Die der Schulkonferenz angehörenden Lehrkräfte, Schüler und Eltern werden jeweils von der Gesamtkonferenz (TZ 7.211), der Schülervertretung (TZ 8.1) und der Elternvertretung (TZ 8.2) gewählt. Bei berufsbildenden Schulen wird die Schulkonferenz nicht selten durch Beteiligung von Vertretern der Arbeitnehmer und Arbeitgeber oder der betrieblichen Ausbilder erweitert. In den beruflichen Schulen Hamburgs tritt der Schulvorstand an die Stelle der Schulkonferenz.[35] In Sachsen-Anhalt, wo es keine Schulkonferenz gibt, sind Eltern- und Schülervertreter an der Gesamtkonferenz der Lehrer mit Stimmrecht beteiligt.[36]

---

32 Dazu die folgenden schulgesetzlichen Regelungen, die in Baden-Württemberg, Bayern, Hessen, Sachsen, Sachsen-Anhalt u.a. durch Konferenzordnungen bzw. Schulordnungen ergänzt werden: § 47 bw SchG, Art. 69 BayEUG, §§ 75 bln SchulG, §§ 90 f. BbgSchulG, §§ 33 BremSchVwG, §§ 52 ff. HmbSG, §§ 128 HSchG, § 76 SchulG M-V, §§ 38a NSchG, §§ 65 ff. nrw SchulG, §§ 48 f. rp SchulG, §§ 44 ff. saarl SchumG, §§ 43 ff. sächs SchulG, §§ 62 f. sh SchulG, § 38 ThürSchulG.

33 In Bremen gehört zusätzlich der Schulleiter der Schulkonferenz als Mitglied an; ein Mitglied des nichtunterrichtenden Personals zählt zur Lehrergruppe.

34 Dabei wird entweder der Schulleiter, der der Schulkonferenz von Amts wegen als Vorsitzender angehört, der Lehrergruppe zugerechnet (Baden-Württemberg, Brandenburg, Mecklenburg-Vorpommern, Saarland), oder er hat als Vorsitzender nur beratende Stimme (Nordrhein-Westfalen, Rheinland-Pfalz, Sachsen, Thüringen). In Bayern, Berlin, Hamburg und Schleswig-Holstein ist der Grundsatz der Drittelparität insoweit abgeschwächt, als die Schulkonferenz aus dem (stimmberechtigten) Schulleiter und einer je gleichen Anzahl von gewählten Vertretern der Schüler, Eltern und Lehrkräfte besteht. In Bayern, Brandenburg, Mecklenburg-Vorpommern und Niedersachsen gehört der Schulkonferenz zusätzlich ein Vertreter des Schulträgers an, der in Niedersachsen kein Stimmrecht hat.

35 Zu den Befugnissen des Schulvorstands, zu der je nach Schulart unterschiedlichen Zusammensetzung dieses Organs (Schulvorstand I, Schulvorstand II) und zu den Verfahrensgrundsätzen s. § 76 ff. HmbSG. – Zur Rolle des Verwaltungsrats und der Pädagogischen Konferenz in den Regionalen Berufsbildungszentren Schleswig-Holsteins s. §§ 105, 108 SchulG (vgl. auch TZ 6.114).

36 § 29 Abs. 1 Satz 1 Nr. 3 SchulG LSA, § 36 Abs. 1 Nr. 1 Buchst. h NSchG.

7.32 Aufgaben

7.321 Die Schulkonferenz hat vor allem zwei Aufgaben: solche, bei denen es sich um die Gestaltung, die Ordnung und den Betrieb, also um die *bedeutsamen Fragen der pädagogischen Arbeit und des Lebens der Schule in ihrer Gesamtheit* handelt (z.B. Ziele und Schwerpunkte der schulischen Arbeit, Hausordnung, Gestaltung der Hausaufgaben, Grundsätze für außerunterrichtliche Schulveranstaltungen), sowie solche, die *Einzelschicksale* nachhaltig berühren (tiefergreifende Konfliktsituationen, schwerwiegende Ordnungsmaßnahmen wie den Schulausschluss). Die Beteiligungs- und Mitwirkungsrechte, die der Schulkonferenz eingeräumt werden, sind je nach Land und nach Gegenstand verschieden. Sie reichen von der überall vorgesehenen Vermittlungs- und Schlichtungsfunktion über beratende Meinungsäußerung und das Recht, Empfehlungen auszusprechen (Bayern, Rheinland-Pfalz), bis hin zur Mitbestimmung (Baden-Württemberg, Sachsen) und, darüber hinaus, zu mehr oder weniger weitreichenden Entscheidungsbefugnissen in den übrigen Ländern. Beschlüsse der Schulkonferenz kann der Schulleiter unter den gleichen Voraussetzungen wie bei Entscheidungen der Lehrerkonferenz beanstanden[37] (vgl. TZ 7.214).

7.322 Hervorzuheben ist die *Schlichtungs-, Vermittlungs- und Konfliktregelungsfunktion* der Schulkonferenz. Sie wird häufig durch ein besonderes Gremium, den *Vermittlungsausschuss*, erfüllt, dem Lehrkräfte, Schülerinnen und Schüler sowie Eltern meist in paritätischer Zusammensetzung angehören. Auf diese Weise trägt die Schulkonferenz dazu bei, den Schulfrieden zu wahren und Härteentscheidungen der Lehrerkonferenz zu vermeiden; sie soll überdies dazu dienen, verwaltungsgerichtliche Verfahren möglichst überflüssig zu machen.

7.323 In den vergangenen 20 Jahren hat die Schulkonferenz in der Mehrzahl der Länder dadurch einen Bedeutungszuwachs erfahren, dass ihr die Aufgabe übertragen wurde, über das Profil der Schule in Form eines *Schulprogramms* – üblicherweise auf der Grundlage eines Vorschlags der Gesamtkonferenz – zu entscheiden.[38] Diese Ausprägung der „Schulautonomie" darf allerdings nicht so weit gehen, dass die staatliche Verantwortung für das Schulwesen (Art. 7 Abs. 1 GG) ausgehöhlt wird (vgl. TZ 13.231). Der Staat hat insbesondere dafür Sorge zu tragen, dass die öffentlichen Schulen religiös-weltanschauliche Neutralität wahren (Art. 4 Abs. 1 GG) und das Recht der Schülerinnen und Schüler auf gleiche Bildungschancen achten (Art. 3 Abs.1 GG). Überdies muss das Handeln der Schulkonferenz im Einklang mit dem Demokratieprinzip (Art. 20 Abs. 1 und 2, Art. 28 Abs. 1 Satz 1 GG) stehen (dazu TZ 13.232). Zum Spannungsverhältnis zwischen dem von der Schulkonferenz beschlossenen Schulprogramm und der pädagogischen Freiheit der einzelnen Lehrkraft s. TZ 30.714.

---

37 Zur Beteiligungsfähigkeit der Schulkonferenz an verwaltungsgerichtlichen Verfahren zur Durchsetzung von Mitwirkungsrechten bei schulorganisatorischen Maßnahmen: VG Bremen, NVwZ-RR 1989, 78; OVG Berlin, NVwZ-RR 1990, 21; VG Frankfurt am Main, NVwZ-RR 1999, 379 (dazu TZ 26.343).

38 § 76 Abs. 1 Nr. 2 bln SchulG, § 91 Abs. 2 Nr. 1 BbgSchulG, § 33 Abs. 2 Satz 3 Nr. 1 BremSchVwG, § 53 Abs. 1 HmbSG, § 129 Nr. 1 HSchG, § 65 Abs. 2 Nr. 1 nrw SchulG, § 43 Abs. 2 Nr. 1 sächs SchulG; in den beruflichen Schulen Hamburgs entscheidet der Schulvorstand „über Ziele, Schwerpunkte und Organisationsformen der pädagogischen Arbeit im Rahmen eines Qualitätsmanagements" (§ 76 Abs. 2 Nr. 1 HmbSG). In Niedersachsen, Rheinland-Pfalz und Sachsen-Anhalt beschließt die Gesamtkonferenz das Schulprogramm. In den Regionalen Berufsbildungszentren Schleswig-Holsteins (TZ 6.114) beschließt der Verwaltungsrat auf Vorschlag der Pädagogischen Konferenz das Schulprogramm (§ 105 Abs. 3 Nr. 1 SchulG).

7.33 Konfliktmöglichkeiten

Spannungen können mit der Schulleitung, aber auch mit der Gesamtkonferenz und mit Teilkonferenzen der Lehrkräfte entstehen, wenn die beteiligten Organe unterschiedliche pädagogische Konzepte, zum Beispiel bei der Entwicklung und Umsetzung des Schulprogramms, verfolgen oder von gegensätzlichen Auffassungen, etwa bei der Reaktion auf Störungen der schulischen Ordnung, ausgehen. Auch im Verhältnis zu einzelnen Lehrkräften sind Auseinandersetzungen nicht immer vermeidbar.[39] Schließlich kann es auch zu Konflikten zwischen der Schulkonferenz, die das Gesamtinteresse der Schule im Blick haben muss, und den gelegentlich auf die Wahrnehmung von Gruppeninteressen gerichteten Vertretungsorganen der Schüler und Eltern kommen.

7.4 Konferenzen oberhalb der Schulebene

Oberhalb der Einzelschule ist das Schulverfassungsrecht relativ schwach ausgebildet. Auf Landesebene bestehen außer in Bremen, Nordrhein-Westfalen und Rheinland-Pfalz *Landesschulbeiräte* (im Saarland: Landesschulkonferenz, in Sachsen: Landesbildungsrat).[40] Ihre Aufgabe ist es, das Kultusministerium bzw. die für das Schulwesen zuständige Senatsverwaltung bei grundsätzlichen Maßnahmen und Entscheidungen sowie bei der Vorbereitung der Gesetzgebung zu beraten und Anregungen zu vermitteln; die Landesschulbeiräte haben ihrerseits einen Anspruch auf ausreichende Information. In die Landesschulbeiräte werden Vertreter aller gesellschaftlichen Gruppen berufen, die am Schulwesen interessiert sind: an erster Stelle Vertreter der Lehrkräfte, Schüler und Eltern, sodann Vertreter von Wirtschaft und Gewerkschaften, Kirchen, kommunalen Spitzenverbänden, Hochschulen, Jugendverbänden sowie Einzelpersönlichkeiten.[41]

In den Zwischeninstanzen (Stadt, Kreis, Region, Bezirk) fehlen zumeist Gremien, die auf mittlerer Ebene der Schulkonferenz oder dem Landesschulbeirat entsprächen. Allerdings gibt es in Berlin Bezirksschulbeiräte, in Brandenburg Kreisschulbeiräte und im Saarland Schulregionkonferenzen.[42] Außerdem ist in diesem Zusammenhang auf die im 10. Kapitel behandelten Formen der Mitwirkung von Lehrkräften, Schülern und Eltern in den Organen der kommunalen Schulverwaltung (Schulbeiräte, Schuldeputationen, Schulausschüsse) hinzuweisen (TZ 10.52).

7.5 Besonderheiten der Länder

Die Besonderheiten der Schulverfassung in den einzelnen Ländern werden am Ende des 8. Kapitels unter TZ 8.3 tabellarisch dargestellt.

39 Walter *Schmidt*, „Schulprogramm“ und pädagogische Eigenverantwortung in der Schule. Schulrechtliche Entwicklungen am Beispiel der hessischen Schulgesetznovelle vom Dezember 1996, NVwZ 1997, 456.

40 § 71 bw SchG, Art. 73 BayEUG, § 115 bln SchulG, § 139 BbgSchulG, § 83 HmbSG, § 99a HSchG, § 93 SchulG M-V; §§ 168 Abs. 1 Satz 2, 171 NSchG, §§ 58 ff. saarl SchumG, § 63 sächs SchulG, § 78 SchulG LSA; § 135 sh SchulG, § 39 ThürSchulG.

41 Der Umstand, dass es in Nordrhein-Westfalen keinen Landesschulbeirat gibt, entbindet das Kultusministerium nicht von der Pflicht, in schulischen Angelegenheiten von allgemeiner und grundsätzlicher Bedeutung bestimmte Verbände und Organisationen zu beteiligen (§ 77 SchulG).

42 § 111 bln SchulG, § 137 BbgSchulG, §§ 54 ff. saarl SchumG.

8. Kapitel: Schulverfassung III (Schüler- und Elternvertretungen)

Neben Schulleitung, Lehrerkonferenzen und Schulkonferenz gehören auch die Vertretungsorgane der Schülerinnen und Schüler sowie der Eltern zur rechtlich verfassten Schule; sie werden nachfolgend im Grundmodell dargestellt. Schüler und Eltern treten in diesem Kapitel freilich nur in ihren Kollektivrollen in und gegenüber der Schule auf. Mit ihren individuellen Rechten und Pflichten im Rahmen des Schulverhältnisses befasst sich der Zweite Teil des Buches.

Besonderer Organe zur Wahrnehmung der schulbezogenen Lehrerinteressen bedarf es nicht, da die Lehrkräfte in der Gesamtkonferenz und in den Teilkonferenzen hinlänglich zu Wort kommen. Ihre Beteiligung an den sie betreffenden personellen, sozialen und organisatorischen Angelegenheiten ist zudem durch die Personalvertretungsgesetze gewährleistet; darauf wird im Dritten Teil im Zusammenhang mit der Rechtsstellung der Lehrerinnen und Lehrer eingegangen (TZ 30.5).

8.1 Schülervertretung

8.11 Allgemeine Rechtslage

8.111 Die Beteiligung der Schülerinnen und Schüler[1] an den Maßnahmen und Entscheidungen der Schule war in den ersten beiden Jahrzehnten des Bestehens der Bundesrepublik Deutschland schwach entwickelt. Die *Schülermitverantwortung* oder *Schülermitverwaltung* (abgekürzt: SMV) war mit nur geringen Rechten und Zuständigkeiten ausgestattet. Seither, nicht zuletzt in der Nachwirkung der studentischen Protestbewegung, hat sich die Lage deutlich geändert. Die gewandelten Auffassungen schlugen sich bereits im Beschluss der Kultusministerkonferenz zur Schülermitverantwortung vom 3.10.1968[2] nieder. Darin wird die Schülermitverantwortung als „ein grundlegendes Prinzip der Schule" bezeichnet; Konflikte als Begleiterscheinungen auch des schulischen Lebens dürften weder harmonisiert noch unterdrückt, sie müssten vielmehr fair und rational ausgetragen werden. Die KMK-Empfehlung unterscheidet zwischen drei Aufgabenbereichen der Schülermitverantwortung: selbstgewählten Aufgaben, Ordnungs- und Organisationsaufgaben und Vertretung von Schülerinteressen; zur letztgenannten Funktion rechnet die KMK die Teilnahme von Schülervertretern an Lehrerkonferenzen, das Informations- und Vertretungsrecht sowie die Beteiligung der Schülervertreter in altersgemäßer Weise an Planung und Gestaltung des Unterrichts. In ihrem Beschluss vom 25.5.1973 „Zur Stellung des Schülers in der Schule"[3] weist die Kultusministerkonfe-

---

1 *Wolff/Bachof/Stober*, Verwaltungsrecht III, 5. Aufl., München 2004, § 88 Rn. 178 f.; Wolfgang *Perschel*, Die Rechtslage der Schülermitverwaltung, Neuwied, Berlin 1966 (immer noch lesenswert). Ferner: Jeanette *Arnold*/Heiko *Kastner*/Diana *Möckel*, Schüler- und Elternpartizipation in Schulentwicklungsprozessen, Halle (Saale) 2004; Martina *Diedrich*, Demokratische Schulkultur. Messung und Effekte, Münster 2008; Angelika *Eikel* (Hrsg.), Demokratische Partizipation in der Schule, Schwalbach a.Ts. 2007; Katharina D. *Giesel*/Gerhard *de Haan*/Tobias *Diemer*, Demokratie in der Schule. Fallstudien zur Demokratiebezogenen Schulentwicklung als Innovationsprozess, Frankfurt am Main 2007; Christa *Schäfer*, Die partizipative Schule. Mit innovativen Konzepten zur demokratischen Schulkultur, Köln 2015.

2 KMK-BeschlS. Nr. 849.

3 KMK-BeschlS. Nr. 824, Abschnitt V.

renz der Schülervertretung die Aufgabe zu, den Schülern Gelegenheit zur Teilnahme an der Willensbildung innerhalb der Schule zu geben. Als Wege hierzu werden u.a. genannt: die Teilnahme an Fach-, Klassen- und Gesamtkonferenzen sowie die Einrichtung von gemeinsamen Ausschüssen mit der Aufgabe, Regelungen der einzelnen Schule vorzubereiten und Konflikte zu schlichten. Alle Vorschriften über das Zusammenwirken von Schülerinnen und Schülern, Eltern und Lehrkräften müssen nach Auffassung der KMK einen Interessenausgleich der an der Schule beteiligten Gruppen zum Ziel haben und dürfen die Aufgabe der Schule nicht gefährden.

Heute ist die Mitwirkung der Schülerinnen und Schüler am Schulgeschehen in sämtlichen Bundesländern, wenn auch in unterschiedlichem Grad, anerkannt und zumindest in den Grundzügen überall gesetzlich geregelt. Die Landesgesetzgeber vermeiden inzwischen meist die frühere Bezeichnung Schülermitverantwortung oder Schülermitverwaltung und ziehen es vor, von *Schülervertretung* oder *Schülermitwirkung* zu sprechen.

8.112 Die *Organisationsformen* der Mitwirkung von Vertretungsorganen der Schülerschaft an der Gestaltung des Schullebens gleichen einander in den Ländern im Großen und Ganzen, weisen jedoch in Einzelheiten mannigfache Unterschiede auf. Da die Mitwirkung eine gewisse Reife voraussetzt, ist sie in ihren Intensitätsgraden häufig *altersmäßig abgestuft*; bei Schülerinnen und Schülern an Förderschulen können sich auch aus der Art der Behinderung Einschränkungen ergeben. In der Grundschule finden sich vielfach Vorstufen in Form von Klassenämtern, welche die Lehrkraft einzelnen Schülerinnen und Schülern überträgt.

Die Schülerschaft jeder Klasse (in Berlin ab Jahrgangsstufe 3, in Brandenburg ab Jahrgangsstufe 4, in Baden-Württemberg, Bayern, Hessen, Niedersachsen, Nordrhein-Westfalen, im Saarland und in Sachsen ab Jahrgangsstufe 5) wählt in geheimer Wahl die *Klassensprecherin* oder den *Klassensprecher*; in Berlin, Brandenburg, Bremen und Hamburg wählt sie zwei Klassensprecherinnen oder -sprecher. Soweit die Schülerinnen und Schüler nicht in Klassen zusammengefasst sind – dies gilt insbesondere für die gymnasiale Oberstufe –, werden Jahrgangsstufensprecherinnen oder -sprecher nach der Zahl der Schülerinnen und Schüler der Jahrgangsstufe (z.B. eine Vertreterin bzw. ein Vertreter je 20 Schülerinnen und Schüler) gewählt.[4] Die Gesamtheit der Klassen- und Jahrgangsstufensprecher bildet die Schülervertretung (Schülerrat, Schülerbeirat, Klassensprecherversammlung) einer Schule (Gesamtschülervertretung) oder auch einer Schulstufe (Teilschülervertretung). Die Schülervertretung wählt in geheimer Wahl die *Schülersprecherin* oder den *Schülersprecher* (Stufensprecher, Schulsprecher), bei größeren Schulen auch eine *Verbindungslehrerin* oder einen *Verbindungslehrer* (Beratungs-, Vertrauenslehrer); in einigen Ländern kann die Schülersprecherin oder der Schülersprecher auch von der gesamten Schülerschaft direkt gewählt werden. Die gewählten Sprecherinnen und Sprecher bedürfen keiner Bestätigung seitens der Schulleitung. Sie sind an Aufträge und Weisungen ihrer Wählerinnen und Wähler nicht gebunden, es besteht also kein *imperatives Mandat*[5]; eine Schülervertreterin oder ein Schülervertreter kann jedoch unter bestimm-

4 Vereinzelt ist vorgeschrieben, dass auf (gleichmäßige) Vertretung durch Schülerinnen und Schüler hinzuwirken ist: § 75 Abs. 2 BbgSchulG; § 50 Abs. 1 Satz 2 BremSchVwG; § 102 HmbSG; § 3 Abs. 4 hess VO über die Schülervertretungen und Studierendenvertretungen vom 15.7.1993 (ABl. S. 708), zul.g.d.VO vom 11.11.2011 (ABl. S. 881); § 72 Abs. 2 Satz 1 NSchG; § 3 Abs. 1 Satz 2 sh Musterstatut für Schülervertretungen vom 1.4.2010 (NBl. S. 118). In Niedersachsen sollen ferner ausländische Schülerinnen und Schüler, in Nordrhein-Westfalen Schülerinnen und Schüler aus Migrantenfamilien angemessen berücksichtigt werden (§ 72 Abs. 2 Satz 2 NSchG, § 62 Abs. 8 nrw SchulG).

5 Vgl. z.B. § 11 Satz 1 hess VO über die Schülervertretungen und Studierendenvertretungen, § 25 Abs. 2 Satz 2 saarl SchumG, § 1 Abs. 5 Satz 1 sächs SchülerMitwirkungsVO vom 4.1.2005 (GVBl. S. 11), § 80 Abs. 1 Satz 1 sh SchulG.

ten Voraussetzungen abgewählt werden, wenn sie oder er das Vertrauen der Mehrheit der Mitschüler verloren hat.[6]

Außer durch die Wahl von Vertretern können sich die Schülerinnen und Schüler kollektiv auch in der Form von *Klassen-, Jahrgangs-, Stufen- und Schulversammlungen* (Vollversammlung) äußern; Schülerversammlungen sind allerdings in einigen Ländern (Baden-Württemberg, Bayern, Sachsen und Thüringen) nicht vorgesehen; in Schleswig-Holstein bedarf es einer entsprechenden Regelung im Statut der Schülervertretung.

Besondere Organisationsformen erfordern die *Berufsschulen* als Teilzeitschulen: Tagesschülervertretung, Tagesschülersprecher, Tagesschülerversammlung derjenigen Klassen, die jeweils an demselben Wochentag den Unterricht besuchen.

8.113 Je nach den landesrechtlichen Regelungen nehmen die Schülervertreterinnen und -vertreter an der *Lehrerkonferenz* und den *Teilkonferenzen* teil oder nur dann teil, wenn bestimmte Gegenstände zur Erörterung stehen, oder sie nehmen an bestimmten Konferenzen prinzipiell nicht teil (besonders an Zeugnis- und Versetzungskonferenzen), können aber hinzugezogen werden.[7] Der *Schulkonferenz* (TZ 7.3) gehören Schülervertreterinnen und -vertreter stets an. Der gewählte *Verbindungslehrer*, dessen Aufgabe es ist, die Schülervertretung zu beraten und zu unterstützen und zwischen ihr, dem Schulleiter und der Lehrerkonferenz zu vermitteln, nimmt an den Sitzungen der Schülervertretung teil; die Funktionen des Verbindungslehrers sind häufig einem gemischten Ausschuss zugewiesen, der die Zusammenarbeit von Schulleitung, Lehrerkonferenz(en) und Schülervertretung gewährleisten soll.

8.114 Die Schulgesetze und die zu ihrer Ausführung erlassenen Rechtsverordnungen enthalten im Kern übereinstimmende *formelle Vorschriften*. Diese regeln vor allem: das Wahlverfahren und die Dauer der Mandate; das Recht der gewählten Vertretungsorgane, sich Satzungen, Statuten, Geschäftsordnungen zu geben; die Verfahrensgrundsätze (z.B. Einberufung, Beschlussfähigkeit, Abstimmungen in den Gremien); die Bereitstellung von Schulräumen für Sitzungen und Veranstaltungen der Schülervertretung; die Unterrichtszeiten, die für Sitzungen der Schülervertretung und für Versammlungen wöchentlich oder monatlich freizuhalten sind; bei Berufsschulen auch den Umfang des Urlaubs, der den Schülervertretern von ihrer Ausbildungsstätte zur Wahrnehmung ihrer Funktionen zu gewähren ist. Einige Länder haben die Verfahrensvorschriften für alle an der Schule bestehenden Gremien generell und nach Möglichkeit einheitlich geregelt. Sonderbestimmungen gelten jeweils für die *Finanzierung* der Arbeit der Schülervertretung (durch das Land, den Schulträger oder durch Beiträge und Spenden) sowie für die Haushalts- und Kassenführung, deren Überwachung und Prüfung.

---

6 In Niedersachsen, Sachsen-Anhalt und Schleswig-Holstein können Schülervertreter mit einer Mehrheit von zwei Dritteln der Wahlberechtigten, in Baden-Württemberg, Bremen, Hessen, Mecklenburg-Vorpommern und Sachsen durch konstruktives Misstrauensvotum, also durch die Wahl eines Nachfolgers, abberufen werden (§ 75 Abs. 2 Nr. 1 NSchG, § 48 Abs. 2 Nr. 1 SchulG LSA, § 84 Abs. 2 sh SchulG; § 5 Abs. 3 Satz 1 bw SMV-VO vom 8.6.1976 (GBl. S. 524), zul.g.d.VO vom 9.12.2015 (GBl. 2016 S. 3), § 82 Abs. 3 Satz 2 BremSchVwG, § 2 Abs. 4 hess VO über die Schülervertretungen und Studierendenvertretungen, § 80 Abs. 8 SchulG M-V, § 6 Abs. 4 sächs SchülerMwVO).

7 Schulgesetzliche Regelungen, die Schüler-(und Eltern-)Vertretern Stimmrecht bei Entscheidungen über Zeugnisse, Versetzungen, Abschlüsse und Übergänge ermöglichen, sind verfassungswidrig. So NdsStGH, NVwZ 1997, 267 (269 ff.). § 36 Abs. 3 Nr. 1 NSchG räumt nunmehr Schüler-(und Eltern-)vertretern zwar grundsätzlich eine stimmberechtigte Mitgliedschaft in Lehrer-Teilkonferenzen (also auch in Klassenkonferenzen) ein, behält dieses Stimmrecht aber in § 36 Abs. 7 NSchG bei Entscheidungen über Leistungsbewertungen u.a. den die betreffenden Schülerinnen und Schüler unterrichtenden Lehrkräften vor. Vgl. auch TZ 6.322.

8.12 Aufgaben

Allgemeine Aufgabe der Organe der Schülervertretung ist die Förderung der Unterrichts- und Erziehungsarbeit der Schule, die Mitwirkung bei der Verwirklichung der Schulziele und die Vertretung der Schülerinteressen gegenüber Schulleitung, Lehrkräften und Schulbehörden. Doch können die Vertretungsorgane auch im außerschulischen Raum tätig werden und in die Öffentlichkeit hineinwirken.

8.121 Bei der *Vertretung der Schülerinteressen* im Schulbereich geht es vor allem um die Geltendmachung von Wünschen und Forderungen und um die Wahrnehmung von Rechten bei der Gestaltung des Unterrichts, der Auswahl der Lernstoffe und Lernmittel, der Gestaltung der Schul- und Hausordnung, der Regelung des Schulalltags sowie der Durchführung besonderer Veranstaltungen. Mit Rücksicht darauf stehen der Schülervertretung gegenüber der Schulleitung Auskunfts- und Beschwerderechte zu. Besonders wichtig ist ihre *Mitwirkung in Konfliktfällen und bei Ordnungsmaßnahmen*, um zum Beispiel die betroffene Schülerin vor allzu rigorosen Entscheidungen der Lehrerkonferenz zu schützen. Zur Vertretung der Schülerinteressen in und gegenüber der Öffentlichkeit gehört auch das Recht zur Abgabe von Erklärungen und zu Veröffentlichungen in der Presse. Vor allem in Hessen stehen der Schülervertretung weitreichende Mitbestimmungsrechte zu. Wichtige Beschlüsse der Schulkonferenz und der Gesamtkonferenz bedürfen nicht nur der Zustimmung des Schulelternbeirats, sondern auch des Schülerrats.[8]

8.122 Schülerschaft und Schülervertretung können sich *selbstgewählte Aufgaben* stellen, z.B. Durchführung von Veranstaltungen, Gründung von Schülervereinigungen, Bildung von Interessen-, Neigungs- und Diskussionsgruppen, Herausgabe und Redaktion einer Schülerzeitung (dazu ausführlich TZ 21.26), Hilfe für Mitschülerinnen und Mitschüler, aber auch Organisation internationaler Kontakte durch Schüleraustausch, Förderung sozialer Unterstützungsmaßnahmen, schulische Integration junger Flüchtlinge, Mitwirkung an Umweltinitiativen, Dritte-Welt-Aktionen, Bildung von Diskussionsgruppen über Probleme von allgemeiner Bedeutung oder von politischem Interesse.

Was die *politische Rolle* der Schülervertretung angeht, so räumt Schleswig-Holstein ihr ausdrücklich das Recht ein, politische Bildungsarbeit zu betreiben.[9] Diese Zuständigkeit ergibt sich in anderen Ländern aus der Aufgabe, neben den fachlichen, kulturellen und sportlichen Interessen auch die politischen Interessen der Schülerinnen und Schüler zu fördern sowie schulpolitische Belange wahrzunehmen (Baden-Württemberg, Nordrhein-Westfalen[10]) sonst aus der Mitwirkung der Schülervertretung am Bildungsauftrag der Schule, der die Erziehung der Schüler zu mündigen Staatsbürgern einschließt. Dabei ist allerdings stets zu beachten, dass die Schülervertretung Teil der Schule ist und deshalb wie diese in politischen Fragen neutral bleiben, also Einseitigkeiten vermeiden muss. Als Zwangsvertretung *aller* Schülerinnen und Schüler darf die Schülervertretung nur solche Aufgaben wahrnehmen, die zum Auftrag der Schule gehören. Stellungnahmen zu den in der Öffentlichkeit ausgetragenen politischen Kontroversen gehören nicht dazu; sie greifen in unzulässiger Weise in den individuellen Freiheitsbereich der Schülerinnen und Schüler mit abweichender Meinung ein. Deshalb hat die Schülervertretung *kein allgemeines politisches Mandat*.[11] Doch wird man ihr das Recht, schulpolitische Belange, also

8 § 122 Abs. 5 Satz 1 und 2 HSchG; vgl. TZ 8.224.

9 § 79 Abs. 1 Satz 3 sh SchulG.

10 § 7 Abs. 2 Satz 2 Nr. 1 bw SMV-VO, § 74 Abs. 1 nrw SchulG.

11 So ausdrücklich § 63 Abs. 3 bw SchulG, § 24 Satz 3 saarl SchumG; dazu *Wolff/Bachof/Stober* (Fn.1), § 88 Rn. 178. – Das allgemeinpolitische Mandat der Schülervertretung gehörte in den 70er Jahren des vorigen Jahrhunderts zu den heftig umstrittenen Fragen; diese Auseinandersetzung hat inzwischen

gruppenspezifische Interessen der Schüler, wahrzunehmen, nicht absprechen können; ein *schulpolitisches Mandat* der Schülervertretung ist in Nordrhein-Westfalen ausdrücklich anerkannt.[12] Die Grenzen zwischen schul- und allgemeinpolitischen Fragen lassen sich allerdings nicht exakt abstecken; ohnehin sollte man gerade unter erzieherischen Gesichtspunkten in diesem Bereich keine zu strengen Anforderungen stellen.

Bis auf Sachsen und Sachsen-Anhalt haben die Länder Regelungen über die Betätigung von *(politischen) Schülergruppen* getroffen. Während Baden-Württemberg, Bayern und das Saarland sie in den außerschulischen Raum verweisen,[13] räumen die anderen Länder den Schülerinnen und Schülern die Möglichkeit ein, sich zu solchen Vereinigungen an der Schule zusammenzuschließen[14]; diese dürfen aber durch ihre Zielsetzung oder Tätigkeit nicht gegen die Rechtsordnung verstoßen, insbesondere nicht den Schulfrieden stören (TZ 21.25).

8.123 Die Schule (Schulleitung, Lehrerkonferenz, Schulkonferenz) kann der Schülervertretung (wie auch einzelnen Schülerinnen und Schülern) mit deren Einwilligung *Aufgaben bei der Gestaltung des Schullebens* übertragen. In Frage kommen Mitwirkung beim Ordnungs- und Aufsichtsdienst, bei der Verwaltung von Büchereien und Sammlungen und bei der Sorge für Sauberkeit im Schulgebäude, Mitgestaltung von Schulveranstaltungen (Klassen- und Schulfesten, Klassenfahrten), Mitarbeit bei einer Schulzeitung, Schülerlotsendienst.

8.124 Mitglieder der Schülervertretung wirken nach Maßgabe der gesetzlichen Regelungen in den Organen der unmittelbaren Willensbildung mit (*Schulkonferenz*, *Lehrerkonferenz*). Die Schülervertretung ist außerdem – in den Ländern verschieden geregelt – vor bestimmten grundsätzlichen Entscheidungen der Schulleitung oder der Konferenzen zu hören, sofern solche Entscheidungen nicht sogar ihrer Zustimmung bedürfen.[15]

8.13 Besondere Rechtsfragen

8.131 Die Organe der Schülervertretung sind Organe der Schule. *Veranstaltungen* der Schülervertretung sind daher Schulveranstaltungen[16], fallen also in den Verantwortungsbereich der Schule. In der Regel finden diese Aktivitäten auf dem Schulgelände, wenn auch meist außerhalb der Unterrichtszeit, statt (z.B. Arbeitsgemeinschaften am Nach-

---

längst an Bedeutung verloren. Das BVerwG hat ein allgemeinpolitisches Mandat der Studentenschaft (BVerwGE 59, 231) und einer Industrie- und Handelskammer (BVerwGE 137, 171) verneint. S. aber OVG Lüneburg, NVwZ-RR 2015, 460: Danach kann die Studierendenschaft im Rahmen der ihr obliegenden Förderung der allgemeinpolitischen Bildung der Studierenden zu verschiedenen allgemein politischen und/oder gesellschaftlichen Themen Veranstaltungen und Diskussionen anbieten, sofern sich die Vielfalt in der Thematik widerspiegelt und sie von eigenen politischen Forderungen zu Themen ohne Berührungspunkte mit studentischen Interessen absieht.

12 § 74 Abs. 1 Satz 2 SchulG.

13 § 2 Abs. 1 bw SMV-VO, Art. 84 Abs. 2 BayEUG (Verbot politischer Werbung auf dem Schulgelände), § 13 Abs. 2 Satz 2 saarl ASchO. – Zur verfassungsrechtlichen Problematik einer generellen Untersagung politischer Schülergruppen s. TZ 21.25.

14 § 49 bln SchulG, § 49 BbgSchulG, § 52 BremSchVwG, § 33 Abs. 2 HmbSG, § 126 Abs. 3 HSchG, § 84 SchulG M-V, § 86 NSchG, § 45 Abs. 4 nrw SchulG, § 6 rp Übergreifende Schulordnung, § 87 sh SchulG, § 27 ThürSchulG.

15 So ist in Hessen für bestimmte Entscheidungen der Schulkonferenz (z.B. die Beschlussfassung über das Schulprogramm) die Zustimmung des Schülerrats erforderlich (§§ 122 Abs. 5 Satz 2, 110 Abs. 2, 129 Nr. 1 HSchG).

16 Zu den Voraussetzungen im Einzelnen s. etwa § 83 Abs. 4 bln SchulG, § 80 Abs. 4 SchulG M-V, § 74 Abs. 5 nrw SchulG, § 33 Abs. 1 Satz 1 saarl SchumG.

mittag).[17] Aus der Einbindung in die Schule folgt, dass derartige Veranstaltungen (z.B. Schülerversammlungen oder von der Schülervertretung initiierte Arbeitsgemeinschaften) mit dem Bildungs- und Erziehungsauftrag der Schule vereinbar sein müssen, dass sie Rechtsvorschriften nicht verletzen und die Sicherheit von Personen und Sachen nicht gefährden dürfen.[18] Aus der allgemeinen Verantwortung der Schulleitung und der Konferenzen für die Schule und für das Geschehen in ihr ergibt sich ferner, dass solche Veranstaltungen der generellen Zulassung oder Anerkennung durch diese Organe und im Einzelfall des Einvernehmens mit der Schulleitung bedürfen, wenn Schulräume und Schuleinrichtungen in Anspruch genommen werden sollen.[19] Die Schulleitung kann die Bereitstellung von Schulraum verweigern und eine Veranstaltung verbieten (nötigenfalls auch abbrechen), wenn die soeben genannten Voraussetzungen nicht oder nicht mehr gegeben sind, wenn von anerkannter Aufgabenstellung abgewichen wird oder wenn der Veranstaltungsleiter pflichtwidrig handelt.

Da die Veranstaltungen der Schülervertretung der schulischen Verantwortung unterliegen, muss die Schule ihrer *Aufsichtspflicht* (TZ 19.413) gerecht werden.[20] Doch ist es gerade hier angezeigt, den Schülerinnen und Schülern möglichst große Freiheit zu belassen. Der freien Stellung der Schülervertretung entspricht eine sinnvolle Beschränkung und Abstufung der Aufsicht nach Alter und Reife der Schüler, die sich möglichst auf gelegentliche Kontrollen beschränken sollte, vor allem, wenn es sich um ältere Schüler handelt und wenn nicht besondere Gefahren mit der Veranstaltung verbunden sind.[21]

8.132 Für den Schaden aus der *schuldhaften Pflichtverletzung eines Schülervertreters* haftet – sofern nicht die gesetzliche Schülerunfallversicherung aufkommt – das Land nach § 839 BGB i.V.m. Art. 34 GG. Das Gleiche gilt, wenn ein Schüler, der im Auftrag der Schule tätig wird (vgl. TZ 8.123), seine Pflichten verletzt. Ausführlich zu Haftungsfragen TZ 25.3.

8.133 Eine auch in der Praxis wichtige Frage betrifft die Möglichkeit der *Absetzung eines Schülervertreters*, der den Schulfrieden nachhaltig stört. Da diese Maßnahme einen Eingriff in die Rechte des Gewählten und die Rechte seiner Wählerschaft bedeutet, bedarf sie einer gesetzlichen Grundlage. An dieser Voraussetzung fehlt es derzeit in allen 16 Ländern. Zur Möglichkeit der Abwahl eines Schülervertreters s. TZ 8.112.

8.134 Schülerinnen und Schüler dürfen wegen ihrer Tätigkeit in der Schülervertretung *weder bevorzugt noch benachteiligt* werden.[22] Ihre Rechte und Pflichten im Schulverhältnis werden weder verstärkt noch abgeschwächt. Ausnahmen gelten nur insoweit, als Schülervertreterinnen und -vertretern ausdrücklich bestimmte Funktionen zuerkannt sind, wie insbesondere das Recht der Teilnahme an Konferenzen und die Pflicht zur Ver-

17 Veranstaltungen, die außerhalb des Schulgeländes stattfinden, sind Schulveranstaltungen, wenn der Schulleiter vorher zugestimmt hat (vgl. § 83 Abs. 4 Satz 3 bln SchulG, § 74 Abs. 5 nrw SchulG, § 33 Abs. 1 Satz 1 saarl SchumG).

18 S. etwa § 83 Abs. 4 Satz 2 bln SchulG, § 33 Abs. 1 Satz 2 saarl SchumG.

19 Niedersachsen begnügt sich mit vorheriger Unterrichtung der Schulleitung und verlangt nur eine Abstimmung hinsichtlich Zeitpunkt, Art und Dauer der Benutzung (§ 81 Abs. 2 NSchG).

20 Dazu Thomas *Böhm*, Aufsicht und Haftung in der Schule. 4. Aufl., Kronach 2011.

21 Nach § 26 Abs. 5 hess VO über die Schülervertretungen und die Studierendenvertretungen können Schüler ab 16 Jahren vom Schulleiter mit der selbständigen Aufsichtsführung beauftragt werden, sofern die Eltern schriftlich zugestimmt haben.

22 S. etwa § 1 Abs. 5 Satz 1 bw SMV-VO, § 83 Abs. 3 Satz 2 bln SchulG, § 12 Abs. 1 Satz 1 hess VO über die Schülervertretungen und die Studierendenvertretungen, § 80 Abs. 6 SchulG M-V, § 74 Abs. 6 Satz 1 nrw SchulG, § 25 Abs. 2 Satz 1 saarl SchumG, § 1 Abs. 4 Satz 1 sächs SchülerMwVO, § 80 Abs. 1 Satz 2 sh SchulG.

schwiegenheit. Der Schule ist es nicht verwehrt, die Mitarbeit in der Schülervertretung bei der Beurteilung der Gesamtpersönlichkeit des Schülers zu berücksichtigen.[23]

Aus der fortbestehenden Einbindung in das Schulverhältnis folgt, dass Schülervertreterinnen und -vertreter verpflichtet bleiben, sich so zu verhalten, dass die Schule ihre Aufgabe erfüllen kann (dazu und zum Folgenden das 21. Kapitel). Demzufolge verletzen sie ihre Pflichten aus dem Schulverhältnis, wenn sie ausschließlich den Konflikt suchen und sich nicht bemühen, Meinungsverschiedenheiten konstruktiv zu lösen; auf der anderen Seite gibt ihnen ihr Mandat das Recht, die Schülerinteressen mit aller Entschiedenheit zu vertreten und unvermeidliche Konflikte auszutragen, sofern sie die durch das Schulverhältnis gezogenen Schranken respektieren. Keinesfalls rechtfertigt ihr Auftrag als Schülervertreter systematische Störungen des Unterrichts, Anstiftung zu Leistungsverweigerungen und Blockaden, Beschimpfungen in der Schülerzeitung oder verleumderische Mitteilungen im Internet oder an die örtliche Presse.

8.14 Schülervertretungen oberhalb der Schulebene

In den meisten Ländern bestehen örtliche und/oder überörtliche Schülervertretungen, verschiedentlich in Kreisen bzw. Städten (Bremen, Hamburg, Hessen, Mecklenburg-Vorpommern, Niedersachsen, Sachsen, Sachsen-Anhalt, Schleswig-Holstein, Thüringen), vereinzelt auf Bezirksebene (Bayern, Berlin), vor allem aber als *Landesschülervertretungen* (Landesschülerräte, -beiräte, -konferenzen, -ausschüsse). Im Saarland und in Schleswig-Holstein sind die überschulischen Vertretungen nach Schularten aufgegliedert; in Hamburg gibt es überdies eine schulartübergreifende Schülerkammer. In Schleswig-Holstein können die Schülervertretungen jeweils auf die Schulart bezogene Landeschülervertretungen bilden, die sich wiederum zu einer gemeinsamen Landesschülervertretung zusammenschließen können. Die Mitglieder der Landesschülervertretungen werden von den Schülervertretungen der Einzelschulen teils unmittelbar (so z.B. im Saarland), teils mittelbar, über Gremien der Zwischenebenen, gewählt.

Aufgabe der örtlichen und überörtlichen Vertretungsorgane ist es, die Arbeit der einzelnen Schülervertretungen zu unterstützen und die Interessen der Schülerinnen und Schüler, die sie repräsentieren, geltend zu machen; die Landesschülervertretungen haben in wichtigen schulischen Angelegenheiten zumeist ein Anhörungsrecht gegenüber dem Kultusministerium.

Neben den gesetzlich vorgesehenen oder zugelassenen überschulischen Vertretungen gibt es freie Formen des Zusammenwirkens, etwa in Gestalt von Arbeitsgemeinschaften. Auf Bundesebene ist die Bundesschülerkonferenz („Ständige Konferenz der Landesschülervertretungen der Länder") zu nennen, welcher derzeit allerdings nicht alle Landesschülervertretungen angehören.

---

23 So ausdrücklich § 12 Abs. 1 Halbsatz 2 hess VO über die Schülervertretungen und die Studierendenvertretungen. In Baden-Württemberg, Nordrhein-Westfalen und Sachsen ist die Tätigkeit auf Antrag im Zeugnis oder in anderer geeigneter Form zu vermerken (§ 1 Abs. 6 Satz 2 bw SMV-VO, § 74 Abs. 6 Satz 2 nrw SchulG, § 1 Abs. 4 Satz 2 sächs SchülerMwVO).

8.2 Elternvertretung

8.21 Allgemeine Rechtslage

8.211 Dem organisierten Zusammenwirken von Schule und Eltern[24] dient die seit 1918 bestehende, in der nationalsozialistischen Zeit vorübergehend gestörte Institutionalisierung elterlicher Mitwirkungsbefugnisse in der Schule durch entsprechende Organe (Elternbeiräte).[25] Die elterlichen Beteiligungsrechte, die in den ersten Jahrzehnten nach dem Ende des Zweiten Weltkriegs erheblich größere Bedeutung hatten als die der Schülerinnen und Schüler, haben durch den Ausbau der Rechtspositionen der Schüler (TZ 8.111) und durch die Vorverlegung des Volljährigkeitsalters zwar nicht absolut, jedoch relativ an Gewicht eingebüßt. Die Mitwirkung der Eltern kommt vor allem bei den allgemeinbildenden Schulen zum Zuge. Zur Elternvertretung an den berufsbildenden Schulen s. TZ 8.23.

8.212 *Eltern sind diejenigen, denen nach bürgerlichem Recht die elterliche Sorge für das (minderjährige) Kind zusteht.* Sind die *Eltern nicht miteinander verheiratet*, so haben beide Elternteile gleichwohl das aktive und passive Wahlrecht zu den Organen der Elternvertretung, sofern sie gemeinsam sorgeberechtigt sind. Nach den Regelungen mehrerer Länder (u.a. Baden-Württemberg, Bayern, Brandenburg, Bremen, Niedersachsen, Rheinland-Pfalz, Saarland) kann auch der nicht sorgeberechtigte Elternteil, darüber hinaus sogar eine mit dem sorgeberechtigten Elternteil in familiärer Gemeinschaft lebende Person mit Zustimmung des Sorgeberechtigten in der Elternvertretung mitwirken. Ausführlich zur elterlichen Sorge bei nicht verheirateten Eltern, bei Getrenntleben und Scheidung der Eltern usw. unter TZ 16.36.

8.213 Die kollektive Elternmitwirkung geht in der Regel von der Gemeinschaft der Eltern der Klasse aus (*Klassenelternschaft, Elternversammlung*), deren gewählte Sprecher, Vertreter oder Vorsitzende den Elternbeirat (Elternrat, Elternausschuss) der Klasse bilden. Soweit – wie insbesondere in der gymnasialen Oberstufe – keine Klassenverbände bestehen, wählen die Eltern *Jahrgangselternsprecher*, deren Zahl sich nach der Anzahl der minderjährigen Schüler der Jahrgangsstufe richtet (z.B. je 20 Schüler ein Elternvertreter). Die Gesamtheit der Klassenelternvertreterinnen und -vertreter bildet oder wählt den *Elternbeirat* (Elternrat, Elternausschuss, Elternkonferenz) der Stufe (Teilelternvertretung) und/oder der Schule (Gesamtelternvertretung). Eine *Abberufung von Elternvertretern* ist in Baden-Württemberg, Bremen, Mecklenburg-Vorpommern, Niedersachsen, Sachsen, Sachsen-Anhalt und Schleswig-Holstein ausdrücklich vorgesehen.[26]

24 Literatur in Auswahl: *Wolff/Bachof/Stober* (Fn. 1) § 88 Rn. 177; Harald *Achilles*, Mitarbeit von Eltern und anderen Personen in Unterricht und Schule, RdJB 1998, 345; Thomas *Böhm*, Elternrechte in der Schule, München 2011; Brigitte *Meier*, Elternrecht und Elternmitwirkung in der Schule. Normative Entwicklung und gegenwärtige Rechtslage unter besonderer Berücksichtigung Niedersachsens, Münster 2005; Karin *Oechslein* (Hrsg.), Handbuch schulische Elternarbeit. Praxisratgeber für Schulleitungen, Lehrkräfte und Eltern zur gemeinsamen Gestaltung von Schule, Kronach 2016. Ferner teilweise die in Fn. 1 angegebene Literatur. – Vgl. auch die Nachweise zum Schulverfassungsrecht unter TZ 6.2 und die zum Verhältnis von Elternrecht und staatlicher Schulhoheit bei TZ 16.3.

25 Zum Verhältnis von grundgesetzlichem Elternrecht (Art. 6 Abs. 2 Satz 1 GG) und gemeinschaftlicher Mitwirkung der Eltern in der Schule s. TZ 16.37.

26 In Niedersachsen, Sachsen-Anhalt und Schleswig-Holstein ist für die Abwahl Zwei-Drittel-Mehrheit erforderlich (§ 91 Abs. 3 Nr. 1 NSchG, § 58 Abs. 3 Nr. 1 SchulG LSA, § 78 Abs. 5 sh SchulG); in Baden-Württemberg, Bremen, Mecklenburg-Vorpommern und Sachsen setzt die Abberufung voraus, dass die Mehrheit der Wahlberechtigten (in Bremen: eine Zwei-Drittel-Mehrheit) im Wege des konstruktiven Misstrauensvotums eine Nachfolgerin oder einen Nachfolger für den Rest der Amtszeit wählt (§ 16 Abs. 2 bw ElternbeiratsVO vom 16.7.1985 (GBl. S. 236), zul.g.d.VO vom 29.7.2014 (GBl. S. 378); § 82 Abs. 3 Satz 2 BremSchVwG, § 86 Abs. 4 Satz 1 SchulG M-V, § 4 Abs. 4 Satz 1 sächs ElternMwVO vom 5.11.2004 [GVBl. S. 592]).

An den zumeist einmal je Schulhalbjahr einzuberufenden Sitzungen der Klassenelternschaft (*Elternabend*) nehmen die Klassenlehrerin/der Klassenlehrer oder alle Lehrkräfte der Klasse mit beratender Stimme teil. An den Sitzungen des Elternbeirates der Schule und der Gesamtelternversammlung nehmen die Schulleiterin/der Schulleiter sowie Vertreterinnen und Vertreter der Lehrerschaft gleichfalls mit beratender Stimme teil. Zu den Sitzungen können Schülersprecher, Vertreter des Schulträgers und andere Personen eingeladen werden. Die Einzelheiten der Zusammensetzung der Gremien, der Wahl der Elternvertreter und des für die Gremien maßgeblichen Verfahrens sind jeweils im Schulgesetz, in einem besonderen Gesetz (Schulverwaltungsgesetz, Schulmitbestimmungsgesetz) sowie in Durchführungsverordnungen, Wahlordnungen u.a. festgelegt. Im Übrigen gelten die Ausführungen über die Verfahrensvorschriften unter TZ 8.114 sinngemäß auch für die Elternvertretungen.

Einige Länder weisen *Besonderheiten* auf. Baden-Württemberg kennt keine Klassenelternversammlung, stattdessen wirken Eltern und Lehrkräfte in *Klassenpflegschaften* zusammen; auf der Schulebene bestehen *Elternbeiräte* als Vertretungsorgane der Eltern wie in den übrigen Ländern.[27] In Bayern und Rheinland-Pfalz wird der Elternbeirat bzw. Schulelternbeirat unmittelbar von den Eltern der Schule gewählt; Klassenelternsprecher gibt es in Bayern an Grundschulen und Mittelschulen; an Gymnasien, Realschulen und Wirtschaftsschulen gibt es sie nur auf Antrag.[28]

Hessen, Niedersachsen, Nordrhein-Westfalen, Rheinland-Pfalz und Sachsen-Anhalt tragen der besonderen Lage der Ausländerkinder und der Kinder mit Migrationshintergrund (vgl. TZ 4.32) Rechnung. Hessen: Beträgt der Anteil ausländischer Schülerinnen und Schüler an der Gesamtschülerschaft zwischen 10 und 50 Prozent, wählen deren Eltern in den Klassen 1 bis 10 für jeweils 25 Schüler und ab Jahrgangsstufe 11 für jeweils 20 Schüler Elternvertreter mit beratender Stimme in den Schulelternbeirat.[29] Niedersachsen und Sachsen-Anhalt: Wird eine Schule von mindestens zehn ausländischen Schülerinnen oder Schülern besucht und gehört von deren Eltern niemand dem Schulelternrat an, so können Letztere ein zusätzliches Mitglied dieses Gremiums wählen (Niedersachsen) bzw. einen Antrag auf Durchführung der Wahl eines zusätzlichen Mitglieds aus ihrer Mitte stellen (Sachsen-Anhalt).[30] Rheinland-Pfalz: Bei einem Anteil der Schülerinnen und Schüler nichtdeutscher Herkunftssprache von mindestens 10 Prozent an der Gesamtzahl der minderjährigen Schülerinnen und Schüler können deren Eltern, sofern sie nicht entsprechend diesem Anteil im Schulelternbeirat vertreten sind, aus ihrer Mitte die entsprechende Anzahl zusätzlicher Vertreterinnen oder Vertreter in den Schulelternbeirat hinzuwählen; diese Mitglieder gehören dem Gremium allerdings nur mit beratender Stimme an.[31] In Nordrhein-Westfalen sollen nicht nur Schülerinnen und Schüler aus Migrantenfamilien, sondern auch ihre Eltern in den schulischen Mitwirkungsgremien angemessen vertreten sein.[32]

---

27 §§ 56, 57 bw SchG. – Den Klassen- und Jahrgangsstufenpflegschaften in Nordrhein-Westfalen gehören demgegenüber ausschließlich Eltern als stimmberechtigte Mitglieder an, mit beratender Stimme auch die Klassenlehrerin bzw. der Klassenlehrer sowie ab Klasse 7 die Klassensprecherin bzw. der Klassensprecher (§ 73 SchulG).

28 Art. 64 ff. BayEUG, § 37 ff. rp SchulG. In Bayern besteht der Elternbeirat an kleineren Grundschulen und Mittelschulen (mit nicht mehr als neun Klassen) aus den Klassenelternsprechern; an den übrigen Grundschulen und Mittelschulen wählen die Klassenelternsprecher den Elternbeirat.

29 § 109 HSchG.

30 § 90 Abs. 2 NSchG (dabei ist zu beachten, dass ohnehin nach § 88 Abs. 3 Satz 2 NSchG Erziehungsberechtigte ausländischer Schüler in angemessener Zahl berücksichtigt werden sollen); § 11 Abs. 1 ElternwahlVO LSA vom 22.8.1997 (GVBl. S. 821), zul.g.d.VO vom 20.8.2015 (GVBl. S. 442).

31 § 42 rp SchulG.

32 § 62 Abs. 8 SchulG.

Mehrere Länder sind außerdem um eine *ausreichende Repräsentanz von Frauen* in der Elternvertretung bemüht: Frauen und Männer sollen in den Ämtern gleichermaßen vertreten sein.[33]

8.214 Das Landesrecht bestimmt im Einzelnen, ob und bei welchen Themen Elternvertreterinen oder -vertreter an *Lehrerkonferenzen* teilnehmen können und welche Beteiligungsrechte sie dort besitzen. In der Schulkonferenz sind die Eltern stets vertreten.

8.215 Zur Vermeidung von Interessenkonflikten ist in der Mehrzahl der Länder bestimmt, dass die an der Schule tätigen Lehrkräfte, die Eltern eines Schülers sind, nicht zu Elternvertretern gewählt werden dürfen.[34] In Niedersachsen, Sachsen und Sachsen-Anhalt ist auch das sonstige schulische Personal von der *Wählbarkeit* ausgeschlossen. Diese Länder erstrecken den Ausschluss des passiven Wahlrechts überdies auf die für die Schule zuständigen Schulaufsichtsbeamtinnen und -beamten. Noch weiter gehen Baden-Württemberg und Sachsen: Dort sind auch der Ehegatte des Schulleiters, seines Stellvertreters und der die Klasse unterrichtenden Lehrkräfte, sämtliche Schulaufsichtsbeamten des höheren Dienstes, die Ehegatten der für die Schule verantwortlichen Schulaufsichtsbeamten sowie die gesetzlichen Vertreter des Schulträgers, ihre Stellvertreter und die beim Schulträger für die Schulverwaltung zuständigen leitenden Beamten nicht wählbar.[35]

8.216 Mit dem Eintritt der *Volljährigkeit der Schülerinnen und Schüler* endet die elterliche Sorge und damit grundsätzlich auch die Befähigung der Erziehungsberechtigten, Elternvertreter zu sein. Halbwegs folgerichtig lässt Nordrhein-Westfalen zu diesem Zeitpunkt die Amtszeit von Elternvertretern auslaufen.[36] Andere Länder ziehen aus praktischen Erwägungen eine typisierende Regelung vor: Dort scheiden Eltern volljähriger Schüler aus den Organen oder Gremien, in die sie gewählt wurden, am Ende des Schuljahres (Sachsen-Anhalt)[37] oder am Ende ihrer Amtszeit aus (Bremen, Hamburg, Hessen, Mecklenburg-Vorpommern, Niedersachsen).[38] Diese Lösungen mögen unter dem Gesichtspunkt der Funktionsfähigkeit der Elternvertretung noch hinnehmbar sein. Bedenklich ist hingegen der von Baden-Württemberg, Bayern und vom Saarland eingeschlagene Weg. In diesen Ländern bleibt der Eintritt der Volljährigkeit folgenlos; die Eltern Volljähriger haben die gleichen Mitwirkungsrechte wie die Erziehungsberechtigten minderjähriger Schüler.[39] Auf diese Weise werden den Eltern im schulischen Bereich hinsichtlich der eigenen – aber auch fremder – Kinder Einflussrechte eingeräumt, die ihnen nach den familienrechtlichen Vorschriften nicht mehr zustehen.

---

33 Z.B. § 75 Abs. 2 BbgSchulG, § 102 HmbSG, § 88 Abs. 3 Satz 1 NSchG.

34 Z.B. § 14 Abs. 2 Nr. 1 bw ElternbeiratsVO, § 68 Abs. 2 Satz 2 HmbSG, § 102 Abs. 1 Satz 3 HSchG, § 87 Abs. 1 Satz 8 SchulG M-V, § 91 Abs. 1 Satz 2 NSchG, § 3 Abs. 2 Satz 2 Nr. 1 sächs ElternMwVO, § 1 Abs. 3 ElternwahlVO LSA.

35 Jedenfalls die Ehegattenausschlussklausel erscheint nicht zuletzt unter dem Gesichtspunkt der Gleichbehandlung fragwürdig, da sie diejenigen Eltern nicht trifft, die mit einer dieser Personen zusammenleben, ohne mit ihr verheiratet zu sein.

36 § 64 Abs. 3 Satz 3 nrw SchulG, freilich mit der Einschränkung (Satz 4), dass diese Regelung nicht bei den Mitgliedern der Schulkonferenz sowie bei den Vorsitzenden und stellvertretenden Vorsitzenden der Klassenpflegschaft gilt; bei ihnen läuft das Mandat erst mit dem Ende der Wahlperiode aus.

37 § 58 Abs. 3 Nr. 2 SchulG LSA.

38 § 82 Abs. 3 Satz 3 Halbsatz 2 BremSchVwG, § 68 Abs. 3 Satz 2 HmbSG, § 102 Abs. 3 Satz 4 HSchG, §86 bs. 4 Satz 2 SchulG M-V, § 91 Abs. 3 Nr. 2 NSchG.

39 § 55 Abs. 3 Satz 1 bw SchG, Art. 65 Abs. 1 Satz 1 BayEUG, § 2 Abs. 3 Satz 2 saarl SchumG.

8.22 Aufgaben

Die Aufgaben der von den Organen der Elternvertretung und von den Kollektivorganen der Elternschaft (Elternversammlungen) ausgeübten Beteiligungsrechte betreffen – ähnlich wie bei den Schülerinnen und Schülern (TZ 8.12) – die Gestaltung der schulischen Arbeit und die Verwirklichung der Schulziele. Hinzu kommen die Sicherung der elterlichen Rechte, die Wahrung der Interessen ihrer Kinder in und gegenüber der Schule sowie die Pflege einer Erziehungsgemeinschaft zwischen Elternhaus und Schule.

8.221 Bei der *Wahrnehmung der elterlichen Interessen* in und gegenüber der Schule handelt es sich im Wesentlichen um die gleichen Gegenstände wie in TZ 8.121. Von besonderer Bedeutung ist auch hier die Mitwirkung in Konfliktfällen und bei Ordnungsmaßnahmen gegen Schülerinnen und Schüler. Ein allgemeinpolitisches Mandat kommt auch der Elternvertretung nicht zu.[40]

8.222 Die gemeinsame Erziehungsaufgabe von Schule und Elternhaus kann nur dann gelingen, wenn sich beide wechselseitig unterstützen. So sind es vor allem die Elternabende, bei denen wichtige Vorgänge aus dem Leben der Schule erörtert werden; dazu gehört auch die Information über die Unterrichtsgestaltung[41] (vgl. TZ 16.333, 19.132). Klassenelternschaften und Elternvertreter können ihrerseits die Arbeit der Schule durch vielfältige Aktivitäten fördern. Im Einzelnen sind zu erwähnen:
- Anregungen für die Erziehungs- und Unterrichtsarbeit der Schule;
- Sorge für Schüler mit Behinderungen und gefährdete Schüler, Unterstützung von Kindern und Jugendlichen mit Migrationshintergrund, Hilfe für junge Flüchtlinge, Förderung besonders Begabter, Übernahme von Betreuungsaufgaben außerhalb der Schule;
- Mitwirkung bei der Verbesserung der äußeren Schulangelegenheiten, Hilfe bei der Schaffung von Spielplätzen, Mitgestaltung von Schulfesten;
- Unterstützung der Schule gegenüber Schulträger und Öffentlichkeit.

8.223 Die Elternvertretung, manchmal auch die Klassenelternversammlungen, sind außerdem – nach Ländern verschieden geregelt – vor bestimmten grundsätzlichen Entscheidungen zu hören. Das gilt vor allem für Entscheidungen schulorganisatorischer Art und für solche Maßnahmen, die für die Schüler von besonderer Bedeutung sind.[42] Im Übrigen wirkt die Elternvertretung durch ihre gewählten Repräsentanten in den *Organen der unmittelbaren Willensbildung der Schule* mit (Schulkonferenz, Lehrerkonferenz). Die Eltern können durch die Beteiligung an diesen Konferenzen manchmal noch stärkeren Einfluss auf das schulische Geschehen ausüben als durch ihre Arbeit in der Elternvertretung.

8.224 Vor allem Hessen, Rheinland-Pfalz und Schleswig-Holstein räumen der Elternvertretung erheblichen Einfluss auf die Gestaltung des schulischen Lebens ein. Am weitesten reichen ihre Befugnisse in Hessen. Dort bedürfen wichtige Beschlüsse der Schulkonferenz und der Gesamtkonferenz der Zustimmung des Schulelternbeirats; das betrifft u.a. Entscheidungen über das Schulprogramm, die Antragstellung auf Umwandlung in eine selbständige Schule oder in eine rechtlich selbständige Schule, Grundsätze über die Verpflichtung zur Teilnahme an Ganztagsangeboten, die Einrichtung oder

40 VGH München, DÖV 1994, 921 (922).

41 S. z.B. § 96 Abs. 4 NSchG, § 59 Abs. 5 SchulG LSA.

42 Schulelternräte nach § 90 NSchG sind aber nur in den Fällen zur Mitwirkung berufen, in denen Entscheidungen über die Schule in der Schule selbst getroffen werden. Gegenüber einem Schulträger tritt der Schulelternrat hingegen nicht als Inhaber gesetzlicher Befugnisse auf; bei organisatorischen Entscheidungen, die der Schulträger auf Kreisebene trifft, ist nicht der Schul-, sondern der Kreiselternrat beteiligt. So OVG Lüneburg, NVwZ-RR 2006, 327.

Ersetzung einer Förderstufe (= Orientierungsstufe) an verbundenen Haupt- und Realschulen sowie an kooperativen Gesamtschulen, die fünf- oder sechsjährige Organisation der Mittelstufe (Sekundarstufe I) an Gymnasien oder des Gymnasialzweigs an kooperativen Gesamtschulen, die Zusammenfassung von Fächern zu Lernbereichen, die Auswahl der Fremdsprache in der Grundschule sowie Art, Umfang und Beginn der äußeren Fachleistungsdifferenzierung an Förderstufen und integrierten Gesamtschulen.[43] In Rheinland-Pfalz wird für verschiedene Maßnahmen – u.a. Schulentwicklung und Qualitätssicherung, Einbeziehung der Schule in Schulversuche, Organisation von Unterricht oder außerunterrichtlicher Betreuung an der Ganztagsschule – das Benehmen mit dem Schulelternbeirat (also Erörterung mit dem Ziel der Einigung) gefordert; bestimmte Maßnahmen – Abweichungen von der Stundentafel, Aufstellung von Grundsätzen eines besonderen unterrichtlichen Angebots, des Umfangs und der Verteilung von Hausaufgaben sowie der Durchführung von Schulfahrten, Einführung und Beendigung der Fünftagewoche – bedürfen sogar der Zustimmung dieses Organs.[44] In Schleswig-Holstein muss der Schulelternbeirat u.a. folgenden Maßnahmen zustimmen: Festlegung der täglichen Unterrichtszeit, Entscheidung über die Zahl der unterrichtsfreien Sonnabende im Monat, Einführung der Ganztagsschule und Durchführung von Schulversuchen.[45]

In diesen drei Ländern ist insoweit die *Mitbestimmung der Eltern* verwirklicht, eingeschränkt allerdings durch ein Letztentscheidungsrecht der Schulbehörde, wenn bei den zustimmungsbedürftigen Maßnahmen ein Einvernehmen nicht erreicht werden kann.[46] Dagegen ist die als solche bezeichnete Mitbestimmung der Eltern im Saarland[47], soweit sie nicht in der Schulkonferenz stattfindet, kaum mehr als das relativ unbedeutende Recht, angehört zu werden und beratend mitzuwirken.

8.225 Zu unmittelbaren *Eingriffen in den Schulbetrieb* sind die Elternvertretungen nicht befugt. Für die Gestaltung des Unterrichts und der Erziehung und für die Aufrechterhaltung ihrer Ordnung ist die Schule allein verantwortlich[48]; kritische Stellungnahmen, Äußerungen von Wünschen und Anregungen bleiben den Eltern und den Elternvertretungen allerdings unbenommen. In den meisten Ländern haben Mitglieder der Elternbeiräte das Recht zum Besuch des Unterrichts nach Rücksprache mit Schulleiter und Klassenlehrer (vgl. auch TZ 19.132).

8.23 Elternvertretung und Beiräte an berufsbildenden Schulen

8.231 In den meisten Ländern finden die Regelungen über die Elternvertretung auch auf die berufsbildenden Schulen Anwendung, freilich in unterschiedlichem Ausmaß. In Bremen, Hamburg, Hessen, Niedersachsen, Nordrhein-Westfalen, Rheinland-Pfalz, im Saarland, in Sachsen, Sachsen-Anhalt, Schleswig-Holstein und in Thüringen gelten diese Bestimmungen unmittelbar, sinngemäß oder zumindest als Sollvorschriften für sämtliche

43 § 110 Abs. 2 i.V.m. § 129 Nr. 1 bis 7 und § 133 Nr. 3 bis 5 HSchG. Diese Regelungen sind sehr partizipationsfreundlich, haben aber ein außerordentlich aufwendiges Verfahren zur Folge: Zunächst entscheidet die Schulkonferenz (der ja bereits vom Schulelternbeirat und vom Schülerrat gewählte Eltern- und Schülervertreter angehören) bzw. die Gesamtkonferenz; sodann ist noch das Einvernehmen des Elternbeirats und des Schülerrats (§ 122 Abs. 5 Satz 2 HSchG) einzuholen.

44 § 40 Abs. 5 und 6 SchulG.

45 § 72 Abs. 4 SchulG.

46 § 111 Abs. 3 HSchG, § 40 Abs. 6 Satz 2 rp SchulG, § 72 Abs. 4 Satz 2 und 3 sh SchulG.

47 § 35 Abs. 1 SchumG.

48 Hierzu NdsStGH, NVwZ 1997, 267 (270 f.), wonach die Funktionsfähigkeit der staatlichen Schulaufsicht nicht mehr gewährleistet ist, wenn Vertreter der Erziehungsberechtigten (und der Schüler) bei Entscheidungen über Zeugnisse, Versetzungen, Abschlüsse und Übergänge mit Stimmrecht beteiligt sind.

berufsbildenden Schulen, in Bayern nur für Fachoberschulen und Berufsfachschulen.[49] Baden-Württemberg nimmt die Kollegs, die einjährigen Berufskollegs zum Erwerb der Fachhochschulreife, die Berufsoberschulen sowie die Fachschulen (mit Ausnahme der Fachschulen für Sozialpädagogik) vom Anwendungsbereich dieser Bestimmungen aus.[50] Im Übrigen gibt es zahlreiche Besonderheiten. So wird in Berlin an Oberstufenzentren für jede Abteilung, die vollzeitschulische Bildungsgänge anbietet, eine Abteilungselternvertretung eingerichtet.[51] In den hessischen beruflichen Schulen mit Teilzeitunterricht treten an die Stelle der Klassenelternschaft Abteilungselternschaften, die einen Abteilungselternbeirat wählen; in den Berufsschulen können an den Sitzungen dieser Gremien Vertreter der jeweiligen Fachrichtung der Arbeitgeber- und Arbeitnehmerorganisationen beratend teilnehmen.[52] In Niedersachsen werden in den verschiedenen Bereichen einer Berufsschule Bereichselternräte gebildet, denen die Vorsitzenden der Klassenelternschaften angehören; die Klassenelternschaften des jeweiligen Bereichs werden zu einer Bereichselternschaft zusammengefasst.[53] In Baden-Württemberg gehören die Ausbilder der Klassenpflegschaft einer Berufsschule oder der ersatzweise einzurichtenden Berufsgruppen- oder Abteilungspflegschaft mit vollem Stimmrecht an.[54] Das Saarland trifft für Elternvertretungen an Berufsschulen Regelungen, die denen für Schülervertretungen (TZ 8.112) entsprechen: Anstelle der Klassenelternsprecher können Tageselternsprecher gewählt, die Elternvertretung kann in Teilelternvertretungen gegliedert werden.[55]

8.232 In Bayern, Berlin und Bremen werden an den Berufsschulen überdies *Beiräte* gebildet, die die Schule beratend unterstützen und für eine enge Verbindung zwischen Schule und Berufswelt sorgen sollen.[56] Die Beiräte (in Bayern: Berufsschulbeirat, in Berlin: Fachausschuss, in Bremen: Ausbildungsbeirat) sind paritätisch aus Vertretern der Arbeitgeber und Arbeitnehmer zusammengesetzt, wobei Vertreter der Lehrerschaft je nach landesrechtlicher Regelung mit oder ohne Stimmrecht an den Sitzungen teilnehmen. Als besondere Aufgaben der Beiräte sind zu nennen:
- Unterstützung der Schule bei der Sorge für die Schulpflichterfüllung;
- Klärung von Meinungsverschiedenheiten zwischen Schule und Betrieb sowie Förderung des Interesses der Betriebsleiter und Ausbilder für die Probleme der Schule und für Jugendfragen;
- Sorge für die Schülerinnen und Schüler außerhalb der Unterrichtszeit (Freizeitgestaltung, Jugendschutz);
- Mitwirkung bei der Verbesserung der Ausstattung der Schule;
- Unterstützung der Schule gegenüber Schulträger und Öffentlichkeit.

8.24 Elternvertretungen oberhalb der Schulebene

8.241 In den meisten Ländern gibt es Gremien der Elternvertretung auch oberhalb der Ebene der Einzelschule.[57] Es handelt sich dabei zumeist um einen *stufenförmigen Aufbau* nach folgendem Muster: Die Schulelternbeiräte entsenden ihre Vorsitzenden oder Delegierten in den *Kreis- bzw. Stadtelternbeirat* (Gesamtelternrat), in dem in der Regel alle im Landkreis oder in der Stadt vorhandenen Schularten vertreten sind. Die Kreis-

49 Art. 64 Abs. 1 BayEUG.
50 § 59 Abs. 2 bw SchG.
51 § 91 Abs. 2 bln SchulG.
52 § 113 Abs. 1 HSchG.
53 § 92 Satz 2 NSchG.
54 § 59 Abs. 1 Nr. 1 und 2 bw SchG.
55 § 51 Abs. 2 saarl SchumG.
56 Art. 70 f f. BayEUG, § 78 Abs. 3 bln SchulG, §§ 60 f. BremSchVwG.
57 In Bayern und Nordrhein-Westfalen sind diese Gremien privatrechtlich organisiert.

bzw. Stadtgremien wiederum wählen den *Landeseltern(bei)rat* (in Hamburg: Elternkammer[58]). Im Saarland und in Schleswig-Holstein sind die überschulischen Elternvertretungen nach Schularten getrennt.[59] Rheinland-Pfalz kennt Regionalelternbeiräte auf der Ebene der Wahlbezirke Koblenz, Rheinhessen-Pfalz und Trier.[60] In Berlin, Bremen und Hamburg ergeben sich durch die Besonderheiten der Stadtstaaten bedingte Abwandlungen des Grundschemas.[61]

8.242 Aufgabe der überschulischen Organe der Elternvertretung ist die Mitwirkung bei allen das Schulwesen betreffenden Angelegenheiten von grundsätzlicher Bedeutung. Die Mitwirkung besteht im Allgemeinen in dem Recht, Vorschläge und Anregungen zu unterbreiten.[62] Eine Sonderstellung nehmen der Landeselternbeirat in Hessen und – in schwächerer Form – der Landeselternrat in Niedersachsen ein.[63] In *Hessen* bedürfen der Zustimmung des Landeselternbeirats allgemeine Bestimmungen über Bildungsziele und Bildungsgänge, über die Aufnahme in weiterführende Schulen und die Übergänge zwischen den Bildungsgängen, ferner allgemeine Richtlinien für die Auswahl von Lernmitteln und schließlich allgemeine Schulordnungen zur Gestaltung des Unterrichts. Allerdings gilt dieses auf Art. 56 Abs. 6 der Hessischen Verfassung beruhende Mitbestimmungsrecht des Landeselternbeirats nicht uneingeschränkt. Zustimmungspflichtige Maßnahmen sind zwischen Kultusministerium und Landeselternbeirat mit dem Ziel der Verständigung zu erörtern. Über den Antrag des Kultusministeriums, einer Maßnahme zuzustimmen, muss der Landeselternbeirat binnen zehn Wochen entscheiden; bleibt er untätig, gilt die Zustimmung als erteilt. Verweigert er innerhalb dieser Frist die Zustimmung, findet eine erneute Beratung und Entscheidung innerhalb weiterer zehn Wochen statt. Hält der Landesbeirat an seiner Ablehnung fest, entscheidet das Kultusministerium; wurde der zweite ablehnende Beschluss mit Zwei-Drittel-Mehrheit der gesetzlichen Mitglieder gefasst, kann das Kultusministerium eine gegenteilige Entscheidung nur mit Zustimmung der Landesregierung treffen.

Verweigert in *Niedersachsen* der Landeselternrat dem Erlass allgemeiner Regelungen zu bestimmten im Gesetz aufgezählten Gegenständen[64] die Zustimmung, ist die beabsichtigte Regelung binnen vier Wochen erneut mit ihm zu erörtern. Kommt dabei eine Einigung nicht zustande und lehnt der Landeselternrat in derselben Sitzung mit den Stimmen von mehr als zwei Dritteln seiner gesetzlichen Mitglieder die beabsichtigte Regelung nochmals ab, muss das Kultusministerium vor Erlass der beabsichtigten Regelung die Landesregierung unterrichten.

8.243 Unabhängig von den gesetzlich vorgesehenen überschulischen Elternvertretungen haben sich freie Formen des Zusammenschlusses in einzelnen Ländern und im Bundesgebiet entwickelt. Auf Bundesebene ist vor allem der *Bundeselternrat* zu nennen, eine Arbeitsgemeinschaft der öffentlich-rechtlich oder privatrechtlich organisierten Elternvertretungen der Länder. Daneben sind u.a. zu erwähnen: die Bundesvereinigung

---

58 § 81 HmbSG.

59 § 65 Abs. 1 saarl SchumG, §§ 73 Abs 1, 74 Abs. 1 sh SchulG. Im Saarland können sich die Vorsitzenden der nach Schularten gegliederten Elternvertretungen zu einer Gesamtlandeselternvertretung zusammenschließen (§ 66a SchumG).

60 §§ 43, 44 rp SchulG.

61 In Berlin Bezirks- und Landesausschüsse der Eltern (Lehrer, Schüler) (§§ 90 Abs. 2 Nr. 3, 114, 85 Abs. 4 Nr. 2 bln SchulG); in Bremen Zentralelternbeiräte als Gesamtvertretungen der Eltern für die Stadtgemeinden Bremen und Bremerhaven (§ 78 BremSchVwG), in Hamburg Kreiselternräte für die Schulkreise (§ 75 HmbSG).

62 Z.B. § 60 Abs. 1 bw SchG.

63 §§ 116 ff. HSchG, § 169 NSchG.

64 Zum Beispiel allgemeine Bestimmungen über Bildungsziele und Bildungswege der Schulen und die Struktur des Schulsystems (§ 169 Abs. 3 Satz 4 Nr. 1 NSchG).

Evangelischer Eltern und Erzieher sowie die Katholische Elternschaft Deutschlands, die Elternverbände der Waldorfschulen und der Landerziehungsheime.

8.3 Besonderheiten der Schulverfassungen der Länder

Baden-Württemberg

Drittelparitätisch zusammengesetzte Schulkonferenz als gemeinsames Organ der Schule mit der Aufgabe, das Zusammenwirken der an der Schule Beteiligten zu fördern und bei Konflikten zu vermitteln. Mitwirkung der Schulkonferenz bei der Auswahl der Schulleiterin/des Schulleiters (vgl. TZ 11.4). Klassenpflegschaft als Ausdruck der Erziehungsgemeinschaft von Elternhaus und Schule (Eltern und Lehrer), also keine Klassenelternschaft, wohl aber (Schul-)Elternbeirat.[65]

Bayern

Starke Stellung der Schulleiterin/des Schulleiters. Schulforum (= Schulkonferenz) mit begrenzten Befugnissen (u.a. Vermittlung in Konfliktfällen); Mitglieder: Schulleiterin/Schulleiter sowie jeweils drei Vertreter der Lehrkräfte, Eltern und Schüler. Direkt gewählter Elternbeirat; keine Klassenelternschaften, Klassenelternsprecher grundsätzlich nur an Grundschulen und Mittelschulen; keine öffentlich-rechtlichen Vertretungsorgane auf Landesebene.[66]

Berlin

Drittelparitätisch aus Vertretern der Lehrkräfte, der Schüler und Eltern gebildete Schulkonferenz mit Schulleiter als stimmberechtigtem Vorsitzendem und einem kooptierten externen Mitglied. Entscheidet als oberstes Beratungs- und Beschlussgremium mit Zwei-Drittel-Mehrheit über wichtige Fragen, u.a. Grundsätze der Verwendung der der Schule zugewiesenen Personal- und Sachmittel, Schulprogramm, Vorschlag zur Bestellung einer Schulleiterin/eines Schulleiters (vgl. TZ 11.4). Ausschüsse der Lehrkräfte, Schüler und Eltern auf Bezirksebene (Bezirksausschüsse) und auf Landesebene (Landesausschüsse); darüber hinaus Schulbeiräte aus Vertretern der Lehrkräfte, Schüler und Eltern auf Bezirksebene (Bezirksschulbeiräte) und auf Landesebene (Landesschulbeirat unter Einbeziehung von Vertretern der Gewerkschaften, der Kammern und der Religionsgemeinschaften). Darüber hinaus Landeslehrer-, Landesschüler- und Landeselternausschuss. Außerdem Lehrerausschuss Berufliche Schulen, Schülerausschuss Berufliche Schulen und Elternausschuss Berufliche Schulen sowie ein aus Vertretern dieser drei Ausschüsse gebildeter Beirat Berufliche Schulen.[67]

Brandenburg

Drittelparitätisch zusammengesetzte Schulkonferenz mit weitreichenden Entscheidungs- und Anhörungsrechten, insbesondere im Verfahren der Bestellung der Schulleiterin/des Schulleiters.[68]

Bremen

Schulkonferenz (Mitglieder: Schulleiterin/Schulleiter und weitere stimmberechtigte Personen, davon in Schulen der Sekundarstufe I 50 Prozent gewählte Vertreter des Personals, 50 Prozent Eltern- und Schülervertreter) beschließt u.a. Schulprogramm und

65 §§ 47, § 40 Abs. 1 Nr. 1, §§ 56, 57 SchG.
66 Art. 57, 58 Abs. 5 BayEUG, §§ 24 ff. Lehrerdienstordnung, Art. 69, 64 ff. BayEUG.
67 §§ 75 ff., §§ 110 ff. SchulG.
68 §§ 90, 91, § 73 BbgSchulG.

Schulordnung. Findungsausschuss unter Einbeziehung von Mitgliedern der Schulkonferenz schlägt Anstellungsbehörde für die Besetzung der Schulleiterstelle bis zu drei Bewerberinnen oder Bewerber zur Auswahl vor. Kein Landesschulbeirat. Gesamtvertretungen der Schülerinnen und Schüler sowie der Eltern in den Stadtgemeinden Bremen und Bremerhaven.[69]

Hamburg

Bei allgemeinbildenden Schulen: Schulkonferenz als oberstes Beratungs- und Beschlussgremium der schulischen Selbstverwaltung; stimmberechtigte Mitglieder: Schulleiterin/Schulleiter sowie jeweils eine gleiche Anzahl von gewählten Mitgliedern des Schülerrats, des Elternrats und der Lehrerkonferenz. Mitwirkung von gewählten Vertretern der Lehrerkonferenz und der Schulkonferenz bei der Auswahl der Schulleiterin/des Schulleiters (Findungsausschuss). Bei beruflichen Schulen: Schulvorstand an Stelle der Schulkonferenz. Auf Landesebene Schüler-, Eltern- und Lehrerkammer sowie Landesschulbeirat (bestehend aus dem Vorsitzenden und je zwei gewählten Vertretern der drei Kammern sowie aus Vertretern verschiedener gesellschaftlicher Gruppen).[70]

Hessen

Schulkonferenz, die aus der Schulleiterin/dem Schulleiter sowie jeweils zur Hälfte aus Vertretern der Lehrkräfte einerseits und der Personengruppe der Eltern und Schüler andererseits besteht. Weitreichende Entscheidungsbefugnissen (u.a. Schulprogramm, 5- oder 6-jährige Organisation der Mittelstufe an Gymnasien). Beteiligung von Vertretern der Schulkonferenz an der Auswahl der Schulleiterin/des Schulleiters. Mitbestimmungsrechte des Elternbeirats und der Schülervertretung (vgl. TZ 8.224). Mitbestimmung des Landeselternbeirats auf Landesebene (vgl. TZ 8.242).[71]

Mecklenburg-Vorpommern

Paritätisch aus Vertretern der Lehrkräfte (einschließlich Schulleiterin/Schulleiter), der Eltern und Schüler sowie aus einem stimmberechtigten Vertreter des Schulträgers zusammengesetzte Schulkonferenz. Sie berät und entscheidet wichtige Fragen der Schulbeteiligten (z.B. Einführung der gebundenen Ganztagsschule). Anhörungsrecht der Schulkonferenz bei der Bestellung der Schulleiterin/des Schulleiters.[72]

Niedersachsen

Schulvorstand (= Schulkonferenz), der zur Hälfte aus Vertretern der Lehrkräfte, zur anderen Hälfte aus Vertretern der Eltern und Schüler besteht, entscheidet u.a. über Anträge auf Genehmigung einer Ganztagsschule und die Ausgestaltung der Stundentafel, schlägt Schulprogramm vor, das von der Gesamtkonferenz beschlossen wird. Der Schulvorstand nimmt Stellung zur Herstellung des Benehmens bei der Besetzung der Schulleiterstelle. Stimmberechtigte Mitwirkung von Schüler- und Elternvertretern in der Gesamtkonferenz und in den Teilkonferenzen. Mitbestimmungsbefugnisse des Landeselternrats (vgl. TZ 8.242).[73]

Nordrhein-Westfalen

Drittelparitätisch aus Vertretern der Lehrkräfte, der Eltern und Schüler gebildete Schulkonferenz, die als oberstes Mitwirkungsgremium der Schule u.a. über das Schulpro-

69 §§ 34, 35, §§ 60, 61, §§ 67 ff., §§ 77 ff. BremSchVwG.
70 §§ 52 ff., §§ 92, 94, §§ 76 ff., §§ 79 ff. HmbSG.
71 §§ 128 ff., § 89, §§ 101, 102, §§ 121 ff., §§ 116 ff. HSchG.
72 § 76 SchulG M-V.
73 §§ 38a ff., § 36, § 169 NSchG.

gramm sowie über Maßnahmen zur Qualitätsentwicklung und Qualitätssicherung entscheidet. Schulkonferenz und Schulträger wirken durch Vorschläge an der Entscheidung der Schulaufsichtsbehörde über die Besetzung der Schulleiterstelle mit. „Klassenpflegschaft“ und „Schulpflegschaft“, ausschließlich mit Eltern als stimmberechtigten Mitgliedern. Kein Landesschulbeirat, aber Beteiligungsrechte schulrelevanter Verbände auf Landesebene (insbesondere der privatrechtlich organisierten Landeseltern- und Landesschülervertretung).[74]

Rheinland-Pfalz

Schulausschuss (= Schulkonferenz), drittelparitätisch aus Vertretern der Lehrkräfte, Schüler und Eltern zusammengesetzt, bei berufsbildenden Schulen zusätzlich mit je einem Verreter der Arbeitnehmer und der Arbeitgeber. Aufgaben: Förderung des Zusammenwirkens der Gruppen, Vermittlung in Konflikten, Anregungen für die Gestaltung der schulischen Abeit. Der Schulausschuss ist vor allen wesentlichen Beschlüssen und Maßnahmen der Schule zu hören. Bestellung des Schulleiters im Benehmen mit dem Schulausschuss und dem Schulträger. Abgestufte Mitwirkungsbefugnisse des Schulelternbeirats (vgl. TZ 8.224). Regionale Arbeitskreise der Schülervertreter, Regionalelternbeiräte, Landesvertretungen für Schülerinnen und Schüler, Landeselternbeirat.[75]

Saarland

Drittelparitätisch gebildete Schulkonferenz mit der Aufgabe, gemeinsam interessierende Fragen des Schullebens zu erörtern und den jeweils zuständigen Gremien der Schule Vorschläge zu unterbreiten sowie in Konfliktsituationen zu vermitteln. Schulregionkonferenzen; Landesschulkonferenz (= Landesschulbeirat).[76]

Sachsen

Aus je vier Vertretern der Lehrkräfte, der Eltern und der Schüler gebildete Schulkonferenz. Bei Beschlüssen der Lehrerkonferenz in wichtigen Angelegenheiten (Schulprogramm, Hausordnung u.a.) Einverständnis der Schulkonferenz erforderlich. Landesbildungsrat beim Kultusministerium, dem u.a. Vertreterinnen und Vertreter der Lehrer, Eltern und Schüler angehören.[77]

Sachsen-Anhalt

Keine Schulkonferenz. Stattdessen stimmberechtigte Mitwirkung von Schüler- und Elternvertretern in der Gesamtkonferenz, beratende Mitwirkung in den Klassen- und Fachkonferenzen der Lehrkräfte. Wahl des Schulleiters durch die Gesamtkonferenz aus dem Kreis der ihr von der Schulbehörde vorgeschlagenen Bewerber. Landeselternrat, Landesschülerrat und Landesschulbeirat (aus Vertretern der Lehrer, der Eltern, der Schüler und gesellschaftlicher Gruppen).[78]

Schleswig-Holstein

Drittelparitätisch zusammengesetzte Schulkonferenz entscheidet als oberstes Beschlussgremium der Schule u.a. über Schulprogramm, Grundsatzfragen der Anwendung von Rahmenrichtlinien, Lehrplänen, Stundentafeln und Lehrmethoden, Grundätze für Hausaufgaben und Klassenarbeiten, Einführung der Ganztagsschule. Mitbestimmungsbefugnisse des Schulelternbeirats (TZ 8.224). Schulleiterwahlausschuss, gebildet aus Ver-

74 §§ 65 ff., § 61, §§ 72 f., § 77 Abs. 3 SchulG.
75 § 48, § 26 Abs 5, §§ 40 ff. 35, §§ 43 ff. SchulG.
76 §§ 44 ff., §§ 54 ff., §§ 59 ff. SchumG.
77 § 43, § 63 SchulG.
78 §§ 27 ff., § 31, §§ 75 ff. SchulG.

tretern des Schulträgers, der Lehrkräfte und der Eltern sowie an Schulen mit Sekundarstufe II auch der Schülerinnen und Schüler.[79]

Thüringen

Schulkonferenz als ein zu je einem Drittel von Lehrerkonferenz, Elternvertretung und Schülervertretung gewähltes Gremium mit überwiegend beratenden Funktionen. In wichtigen Fragen (z.B. wesentliche Festlegungen der Schulorganisation) ist der Schulkonferenz Gelegenheit zur vorherigen Stellungnahme zu geben. Landesschulbeirat aus Vertretern der Eltern, Lehrkräfte, Schülerinnen und Schüler.[80]

79 §§ 62 f., § 72 Abs. 4, § 37 ff. sh SchulG.
80 §§ 38, 39 ThürSchulG.

9. Kapitel: Schulaufsicht

Der allgemeine juristische Begriff der Aufsicht ist vielschichtig. Mit ihm werden Aufgaben in den unterschiedlichsten Zusammenhängen und Normenkomplexen erfasst, die mit Leitung, Lenkung, Koordinierung oder auch mit Kontrolle umschrieben werden können. In der gegenwärtigen Diskussion innerhalb der Verwaltungsrechtswissenschaft spielt der Begriff der „Aufsicht" eine zentrale Rolle, wird doch erwartet, dass zukünftig stärker an die Stelle eines primär durch Anleitung und Kontrolle geprägten Verständnisses von Aufsicht eine dynamische Prozessperspektive treten wird, in welcher „Aufsicht" als Teil der staatlichen Steuerung in einem durch verschiedenste Formen der Kooperation geprägten Staat verstanden wird.[1] Im Leitbild eines so verstandenen „Gewährleistungsstaates" konzentrieren sich die Aufgaben des Staates auf die Wahrnehmung von Führungs- und Leitungsfunktionen, so dass Kooperation, Koordination und Moderation in den Vordergrund treten, während auf Behördenhierarchien beruhende Weisungen von oben nach unten und entsprechende Kontrollmechanismen in den Hintergrund treten.[2] Zu diesem Wandel der Funktionen, Aufgaben und Handlungsinstrumente der Schulaufsicht trägt nicht zuletzt der in den letzten Jahren im Schulwesen zu beobachtende Umbau der Steuerungstechnologie hin zu einer stärker am „Output" der Schulen orientierten Steuerung bei, der begleitet wird von einer größeren Selbständigkeit der Schulen.[3]

Im schulischen Bereich hat der Begriff der Aufsicht eine Doppelbedeutung. Er lässt sich einmal verstehen als Schulaufsicht im engeren Sinne, der die insoweit unstreitige Befugnis des Staates zur Überwachung der staatlichen Schulen durch Fach-, Dienst- und Rechtsaufsicht umfasst. Zum anderen aber auch als Schulaufsicht im weiteren Sinne, die auch als Schulhoheit bezeichnet wird; danach ist der Staat nicht nur zur organisatorisch-strukturellen Gestaltung des Schulwesens berechtigt und zugleich verpflichtet, sondern ebenso zur Gestaltung, Leitung und Planung des Schulwesens in inhaltlicher Hinsicht.[4] Im Folgenden wird ausschließlich die *Schulaufsicht im engeren Sinne*, also die von staatlichen Schulbehörden ausgeübte Überwachung der inneren und äußeren Schulangelegenheiten erörtert.[5]

---

1 Vgl. etwa dazu Wolfgang *Kahl*, Die Staatsaufsicht. Entstehung, Wandel und Neubestimmung unter besonderer Berücksichtigung der Aufsicht über die Gemeinden, Tübingen 2000; Jörn Axel *Kämmerer*, Privatisierung: Typologie – Determinanten – Rechtspraxis – Folgen, Tübingen 2001; Wolfgang *Weiß*, Privatisierung und Staatsaufgaben: Privatisierungsentscheidungen im Lichte einer grundrechtlichen Staatsaufgabenlehre unter dem Grundgesetz, Tübingen 2002; Stefan Ulrich *Pieper*, Aufsicht. Eine verfassungs- und verwaltungsrechtlichen Strukturanalyse, Köln 2006, jeweils m.w.N.

2 Wolfgang *Hoffmann-Riem*/Eberhard *Schmidt-Aßmann* (Hrsg.), Verwaltungsorganisationsrecht als Steuerungsressource, Baden-Baden 1997; Eberhard *Schmidt-Aßmann*, Das Allgemeine Verwaltungsrecht als Ordnungsidee, 2. Aufl., Heidelberg 2006; Wolfgang *Hoffmann-Riem*/Eberhard *Schmidt-Aßmann*/Andreas *Voßkuhle* (Hrsg.), Grundlagen des Verwaltungsrechts, Bd. I, 2. Aufl., München 2012, jeweils m.w.N. – Speziell für das Bildungssystem s. Isabell *van Ackeren*/Klaus *Klemm*/Svenja Mareike *Kühn*, Entstehung, Struktur und Steuerung des deutschen Bildungssystems, 3. Aufl., Wiesbaden 2015, sowie die Beiträge in: Hermann Josef *Abs* u.a. (Hrsg.), Governance im Bildungssystem. Analysen zur Mehrebenenperspektive, Steuerung und Koordination, Wiesbaden 2015.

3 Hierzu: Felix *Hanschmann*, Staatliche Bildung und Erziehung, Tübingen 2017, S. 48 ff.

4 Ausführlich zum Bedeutungsgehalt des Aufsichtsbegriffs in Art. 7 Abs. 1 GG: Markus *Thiel*, Der Erziehungsauftrag des Staates in der Schule, Berlin 2000, S. 61 ff.; *Hanschmann* (Fn. 3), S. 125 ff.

5 Zur Schulaufsicht im engeren Sinne vor den gegenwärtigen Reformbemühungen nach wie vor lesenswert: Jürgen *Baumert*, Bürokratie und Selbständigkeit – Zum Verhältnis von Schulaufsicht und Schule, RdJB 1980, S. 437; Harald *Gampe*/Dieter *Margies*, Staatliche Schulaufsicht, in: Alfred Müller u.a. (Hrsg.), Leitung und Verwaltung einer Schule, 8. Aufl., Neuwied 1997; grundlegend auch Christel *Hopf*/Knut *Nevermann*/Ingo *Richter*, Schulaufsicht und Schule, Stuttgart 1980; zum gegenwärtigen Wandel der Schulaufsicht: Peter *Bräth*, Staatliche Verantwortung für eigenverantwortliche Schulen. Künftige

9.1 Schulaufsicht und Schulverwaltung

Die Schulaufsicht im engeren Sinne ist Sache der staatlichen Schulverwaltung, deren Aufgabenbereich allerdings über aufsichtliche Tätigkeiten weit hinausgeht, indem sie planende, regulierende und beratende Funktionen ausübt und den Schulen das Lehrpersonal zuweist; insoweit werden die, wie eingangs erwähnt, einem veränderten Verständnis von Aufsicht folgenden Aufgaben schon heute von der Schulaufsicht wahrgenommen.

9.2 Fach-, Dienst- und Rechtsaufsicht

Die Schulaufsicht umfasst die Fachaufsicht über die Schulen, die Dienstaufsicht über die Lehrkräfte und das sonstige pädagogische Personal sowie die Rechtsaufsicht über die Schulträger hinsichtlich der Aufgaben der äußeren Schulverwaltung.[6]

9.21 Fachaufsicht

9.211 Schulaufsicht ist in erster Linie Fachaufsicht über die Unterrichts- und Erziehungsarbeit der Schulen.[7] Sie erstreckt sich im Grundsatz auf die *rechtmäßige und zweckmäßige Wahrnehmung* der den Schulen zugewiesenen Aufgaben.[8] Die in der Schulaufsicht Tätigen betreuen die Schulen und wirken bei der Förderung und Sicherung der pädagogischen Qualität der Arbeit in den Schulen mit, indem sie darüber wachen, dass Rechts- und Verwaltungsvorschriften eingehalten werden und dass Unterricht und Erziehung den fachlich-inhaltlichen und fachdidaktischen Anforderungen entsprechen. Zu diesem Zweck können die Schulbehörden Schulleiterinnen bzw. Schulleitern sowie Lehrkräften Anweisungen erteilen. Die Fachaufsicht besteht gegenüber allen öffentlichen Schulen in gleichem Umfang, unabhängig davon, wer Schulträger ist.

9.212 Die neuen Steuerungsansätze im Schulwesen, die stärker auf den „Output" schulischer Bildung und Erziehung gerichtet sind, sowie die damit verbundene Einführung neuer Steuerungsinstrumente, wie Schulprogramme, Ziel- und Leistungsvereinbarungen, interne und externe Evaluation, Bildungsstandards (s. TZ 13.322), haben zu einer Veränderung der Rolle und der Aufgaben der Schulaufsicht geführt. In dem Maße, in dem den einzelnen Schulen mehr Selbständigkeit und Eigenverantwortung zugestanden wird, muss sich zwangsläufig auch die Dichte der Kontroll- und Eingriffsbefugnisse der Schulaufsichtsbehörden verändern. Bei dieser Veränderung der Aufgaben der Schulaufsicht ist eine Umstellung von einer in der Form der klassischen hierarchischen Ministerialbürokratie organisierten, stark auf kontrollierende und anweisende Tätigkeiten hin orientierten Instanz zu einem beratenden und kooperativ agierenden „Dienstleister" zu beobachten. Die Schulaufsichtsbehörden mussten zwar schon immer den Umstand berücksichtigen, dass die schulische Erziehung und Bildung pädagogischen Eigengesetzlichkeiten unterliegt.

Aufgaben von Schulaufsicht, ZBV 1/2008, 13; Petra *Gruner*/Jan *Hofmann*, Schulaufsicht im Umbruch?, ZBV 2/2000, 63; Judith *Müller*, Schulische Eigenverantwortung und staatliche Aufsicht: Eine Untersuchung der Möglichkeiten und Grenzen schulischer Eigenverantwortung unter Geltung des Grundgesetzes, Baden-Baden 2006.

6 Vgl. etwa § 32 Abs. 1 bw SchG, Art. 111 Abs. 1 Satz 1 BayEUG, § 130 Abs. 1 Satz 1 BbgSchulG, § 85 Abs. 1 Satz 1 HmbSG, § 92 Abs. 4 HSchG, § 96 Abs. 1 SchulG M-V, § 86 Abs. 2 nrw SchulG, § 96 Abs. 2 Satz 1 rp SchulG, § 58 Abs. 2 Satz 1 sächs SchulG, § 83 Abs. 1 Nr. 3-5 SchulG LSA, § 125 Abs. 3 Nr. 2-4 sh SchulG.

7 Beispiele für gesetzliche Regelungen: § 106 Abs. 1 Satz 1 bln SchulG, §§ 3 Abs. 3 Satz 2, 12 Abs. 1 und 2 BremSchVwG, § 93 Abs. 1 HSchG; vgl. auch die Übersicht bei Thomas *Böhm*, Eigenverantwortliche Schule und Fachaufsicht – Eine Synopse der Schulgesetze der Länder zur Schulaufsicht als Fachaufsicht, SchuR 2008, 50 ff.

8 So auch ausdrücklich die Definition in § 106 Abs. 1 Satz 1 bln SchulG.

Der schulische Bildungs- und Erziehungsauftrag kann letztendlich nur dann erfolgreich sein, wenn den Lehrerinnen und Lehrern ein Freiraum zur eigenverantwortlichen Ausgestaltung der konkreten Unterrichtssituation gelassen wird. Diese sogenannte pädagogische Freiheit der Lehrer (s. dazu TZ 30.7) setzt der Betätigung der Schulaufsichtsbehörden zwar tatsächliche Grenzen; in rechtlicher Hinsicht stellt sie jedoch keine Beschränkung der Fachaufsicht dar.[9] Gleichwohl hat der Wandel im Verständnis der Rolle der Schulaufsicht in den schulgesetzlichen Regelungen einer Reihe von Bundesländern nunmehr zu konkreten Beschränkungen der Eingriffs- und Kontrollbefugnisse der Schulaufsichtsbehörden geführt. Zwar ist (bisher) kein Land dem Vorschlag der Schulrechtskommission des Deutschen Juristentags[10] oder Forderungen in der rechtswissenschaftlichen Literatur[11] gefolgt, die Schulaufsicht auf die Rechtmäßigkeitskontrolle zu beschränken, also Eingriffe der Schulaufsicht in die Unterrichtsarbeit einer Lehrkraft nur dann zuzulassen, wenn diese gegen Rechtsvorschriften verstoßen hat. Festzustellen sind aber sehr wohl gesetzlich normierte Begrenzungen bei den Einwirkungsmöglichkeiten der Fachaufsicht, die regelmäßig mit der Erweiterung schulischer Selbständigkeit verknüpft werden (s. dazu TZ. 13.2, insb. TZ 13.226).

So ist in Bremen, Hessen, Niedersachsen, Nordrhein-Westfalen und Thüringen ausdrücklich bestimmt, dass die Schulbehörden die erweiterte Selbständigkeit der Schulen respektieren müssen. In Bremen müssen alle Aufsichtsmaßnahmen darauf gerichtet sein, dass die Schule ihre Aufgaben eigenverantwortlich in dem gesetzlich vorgegebenen Rahmen erfüllen kann, und alle Aufsichtsmaßnahmen sind so zu gestalten, dass die konzeptionell begründete pädagogische Arbeit von Lehrkräften und Schulleitung sowie deren Handlungsspielräume in der Personal- und Qualitätsentwicklung in der erforderlichen Eigenständigkeit sowie die Beteiligung von Eltern und Schülerinnen und Schülern weitestmöglich gewahrt und gestützt werden.[12] In Hessen sind Aufsichtsmaßnahmen so zu gestalten, dass die pädagogische Freiheit der Lehrerinnen und Lehrer und die pädagogische Eigenverantwortung der Schulen gewahrt und gefördert werden[13], in Niedersachsen so, dass die Eigenverantwortlichkeit der Schule nicht beeinträchtigt wird.[14] In Nordrhein-Westfalen sollen die Schulaufsichtsbehörden die Eigenverantwortung der einzelnen Schule und die Führungsverantwortung der Schulleitungen beachten[15], in Brandenburg die Selbständigkeit der Schule achten.[16] Während in Thüringen die pädagogische Eigenverantwortung der Schule und des einzelnen Lehrers nicht gefährdet werden soll[17], sollen in Berlin und im Saarland die Schulaufsichtsbehörden nur dann in die Gestaltung des Unterrichts und der Erziehung in den einzelnen Schulen eingreifen, wenn es zur rechtmäßigen, sachgerechten oder geordneten Durchführung von Unterricht und Erziehung, insbesondere bei einem

---

9 Vgl. dazu Johannes *Rux*, Die Pädagogische Freiheit des Lehrers – Eine Untersuchung zur Reichweite und zu den Grenzen der Fachaufsicht im demokratischen Rechtsstaat, Berlin 2002; Hinnerk *Wißmann*, Pädagogische Freiheit als Rechtsbegriff. Personales Handeln in der öffentlichen Verwaltung, Baden-Baden 2002; schon früh Hans *Heckel*, Die pädagogische Freiheit in der Sicht des Schulrechts, in: Hochschule für Internationale Pädagogische Forschung (Hrsg.), Pädagogische Forschung und pädagogische Praxis, Heidelberg 1958, S. 99 ff.

10 So § 73 Abs. 2 Satz 4 DJT-SchulGE.

11 Zuletzt etwa *Müller* (Fn. 5); *dies.*, Abschaffung der Fachaufsicht im Schulbereich als Gebot der Zeit? – Zu der Frage, ob eine Abschaffung der Fachaufsicht im Schulwesen sinnvoll und rechtlich möglich ist, DVBl. 2006, 878.

12 § 12 Abs. 4 BremSchVwG.

13 § 93 Abs. 2 Satz 1 HSchG.

14 § 121 Abs. 1 Satz 1 NSchG.

15 § 86 Abs. 3 Satz 5 nrw SchulG; vgl. auch § 106 Abs. 2 Satz 2 bln SchulG: Beachtung der „Selbständigkeit und Eigenverantwortung der Schulen".

16 § 130 Abs. 2 Satz 1 BbgSchulG.

17 § 3 Abs. 2 ThürSchAG.

Verstoß gegen Weisungen der Schulaufsichtsbehörde oder bei schwerwiegenden Mängeln in der Qualität der pädagogischen Arbeit bzw. aus Gründen der Chancengleichheit und zum Ausgleich von Bewertungsunterschieden geboten ist.[18]

In Bremen[19], Hessen[20], Mecklenburg-Vorpommern[21] und Niedersachsen[22] ist die Fachaufsicht in der Weise eingeschränkt worden, dass Eingriffe der Schulaufsicht an bestimmte Bedingungen geknüpft werden. Danach können pädagogische Bewertungen sowie unterrichtliche und pädagogische Entscheidungen im Rahmen der Fachaufsicht nur aufgehoben oder abgeändert werden, wenn diese gegen Rechts- oder Verwaltungsvorschriften verstoßen, wenn von unrichtigen Voraussetzungen ausgegangen wurde, wenn sachfremden Erwägungen angestellt wurden oder wenn gegen allgemein anerkannte pädagogische Grundsätze oder Bewertungsmaßstäbe oder gegen den Grundsatz der Gleichbehandlung verstoßen wurde. Diese Regelungsstrukturen nehmen auch sprachlich die Rechtsfigur der eingeschränkten gerichtlichen Kontrolldichte auf, welche die Rechtsprechung in Zusammenhang mit Beurteilungs- und Einschätzungsspielräumen der Verwaltung (s. dazu TZ 20.3) und im Zusammenhang mit normkonkretisierenden Verwaltungsvorschriften entwickelt hat.[23]

In den Schulgesetzen von Hamburg[24], Rheinland-Pfalz[25], Sachsen[26], Sachsen-Anhalt[27] und Schleswig-Holstein[28] sind demgegenüber die fachaufsichtlichen Befugnisse im Hinblick auf die Unterrichts- und Erziehungstätigkeit der Schulen nicht eingeschränkt worden; allerdings soll in Hamburg die Ausübung der Schulaufsicht über die staatlichen Schulen insbesondere durch den Abschluss und die Kontrolle von Ziel- und Leistungsvereinbarungen mit den Schulleitungen erfolgen.[29]

9.213 Verändert hat sich auch das Aufgabenprofil der Schulaufsichtsbehörden. Die von den Schulaufsichtsbehörden nunmehr zu leistende Beratung und Evaluation der einzelnen Schulen sind zentrale Instrumente der beabsichtigten Qualitätsentwicklung und Qualitätssicherung im schulischen Bereich. In nahezu allen Schulgesetzen sind entsprechende Regelungen enthalten, welche die Schulaufsichtsbehörden verpflichten, die Schulen bei der Wahrnehmung ihrer Aufgaben und insbesondere auch im Bereich der erweiterten Selbstverantwortung zu beraten und zu unterstützen.[30] Teilweise werden die Beratung und die Unterstützung als vorrangige Aufgaben bzw. als Schwerpunkt der Aufgaben der Schulaufsichtsbehörde benannt und dadurch der beabsichtigte Wechsel in der Zielrichtung

18 § 106 Abs. 3 Satz 1 bln SchulG, § 67 Abs. 2 saarl. SchumG.
19 § 12 Abs. 3 BremSchVwG.
20 § 93 Abs. 3 HSchG
21 § 97 Abs. 4 SchulG M-V.
22 § 121 Abs. 2 NSchG.
23 Vgl. zur sog. normativen Ermächtigungslehre: BVerfGE 49, 89 (136); 61, 82 (111); BVerwGE 106, 115 (121); 107, 338 (441); 114, 342 (347); OVG Münster, NVwZ 2004, 366 ff. Eine ausführliche Darstellung der Entwicklung der normativen Ermächtigungslehre findet sich bei Eberhard *Schmidt-Aßmann*, in: Maunz/Dürig, Grundgesetz. Kommentar, Art. 19 Abs. 4 Rn. 185 ff. Vgl. des Weiteren Michael *Gerhard*, in: Friedrich Schoch/Eberhard Schmidt-Aßmann/Rainer Pietzner (Hrsg.) Verwaltungsgerichtsordnung, 15. Aufl., München 2007, § 114 Rn. 55 ff.; Rainer *Wahl*, Risikobewertung der Exekutive und richterliche Kontrolldichte, NVwZ 1991, 409 ff. jeweils m.w.N
24 § 85 Abs. 1 Nr. 2 HmbSG.
25 § 96 Abs. 2 Satz 2 Nr. 5 rp SchulG.
26 § 58 Abs. 2 Satz 1 sächs SchulG.
27 § 83 Abs. 1 Nr. 3 SchulG LSA
28 § 125 Abs. 3 Nr. 2 sh SchulG.
29 § 85 Abs. 1 S. 3 HmbSG.
30 § 106 Abs. 2 Satz 1 bln SchulG, § 129 Abs. 4 Satz 3 und 4 BbgSchulG, § 9 Abs. 1 Satz 3 BremSchulG, § 85 Abs. 2 HmbSG, § 92 Abs. 2 Satz 2 HSchG, § 97 Abs. 2 Satz 1 SchulG M-V, § 120a NSchG, § 86 Abs. 3 Satz 2 und 3 nrw SchulG, § 96 Abs. 2 Nr. 2 rp SchulG, § 58 Abs. 1 sächs SchulG, § 83 Abs. 1 Nr. 2 SchulG LSA, § 125 Abs. 3 Nr. 1 sh SchulG.

schulaufsichtlichen Handelns besonders hervorgehoben.[31] Darüber hinaus sind die Schulaufsichtsbehörden angewiesen, die Qualität der schulischen Arbeit zu evaluieren, also systematisch Informationen über die schulische Arbeit zu sammeln, zu verarbeiten und zu interpretieren. Ziel der Evaluationen ist es, zu gesicherten Beschreibungen über die Qualität der schulischen Arbeit zu kommen, Bewertungen nach klaren Kriterien durchzuführen und so auf gesicherten Grundlagen Entscheidungen über die Weiterentwicklung des schulischen Bildungssystems zu treffen (externe Evaluation).[32] In manchen Gesetzen ist hierfür auch die Bezeichnung der Schulinspektion[33] bzw. der Schulvisitation[34] eingeführt worden.[35] Bei der internen Evaluation oder auch Selbstevaluation der einzelnen Schulen, die stets unter Bezugnahme auf die Schulprogramme erfolgt, in denen die Schule Ziele und Qualitätskriterien definiert, liegt die Verantwortung für die Einleitung, Planung, Gestaltung und Durchführung der internen Evaluation zwar bei der Schule und der an ihr tätigen Personen, die Schulaufsichtsbehörden haben die Schulen hierbei aber zu unterstützen und zu fördern.[36]

9.214 Die Aufgabe der externen Evaluation bzw. der Schulinspektion ist in der Mehrzahl der Bundesländer an neu geschaffene, auch teilweise außerhalb der Schulaufsichtsbehörden stehende Institutionen übertragen worden.[37] Deren Aufgabenbestimmung ist in den schulgesetzlichen Regelungen der Länder, sofern vorhanden, allerdings knapp ausgefallen. Hinzu kommt, dass in einer Reihe von Ländern zwar eine organisatorische Trennung der mit der externen Evaluation bzw. der Schulinspektion betrauten Einrichtungen von den Schulaufsichtsbehörden erfolgt ist, nicht aber eine klare Abgrenzung zwischen den jeweils wahrzunehmenden Aufgaben. Vielmehr sind die Bestimmungen zur Funktion und zu den Aufgaben der neu geschaffenen Einrichtungen neben die fortbestehenden schulgesetzlichen Regelungen zur grundlegenden Aufgabenbeschreibung der Schulaufsicht getreten.[38] Daraus ergeben sich schließlich in der Praxis auch rechtliche Probleme im Hinblick auf die Verwendung bzw. Weitergabe von Informationen, die im Rahmen von externen Evaluationen bzw. Schulinspektionen gewonnen worden sind.[39]

---

31 § 106 Abs. 2 Satz 1 bln SchulG, § 58 Abs. 1 Satz 2 sächs SchulG.

32 Art. 113c Abs. 1 Satz 2 und 3 BayEUG, § 9 Abs. 3 bln SchulG, § 7 Abs. 2 Satz 3 BbgSchulG, § 13 BremSchVwG, § 85 Abs. 3 HmbSG, § 98 Abs. 3 und 5 HSchG, §§ 4 Abs. 8 SchulG M-V, §123a NschG, § 86 Abs. 3 Satz 3 nrw SchulG, § 59a sächs SchulG, § 40b Abs. 3 ThürSchulG.

33 §§ 1 Abs. 1, 13 BremSchVwG, § 85 Abs. 3 HmbSG, § 123a Abs. 2 NSchG. In Sachsen-Anhalt stellt die Inspektion – neben der Evaluation durch Schulbesuch sowie Leistungserhebungen und Schulbefragungen – nach § 11a Abs. 1 Satz 3 Nr. 3 SchulG LSA ein Element der externen Evaluation dar.

34 § 129 Abs. 1 und Abs. 3 BbgSchulG.

35 S. hierzu auch: Wolfgang *Böttcher*/Jan *Hense*/Miriam *Keune*, Schulinspektion als eine Form externer Evaluation – ein Forschungsüberblick, in: Jan Hense u.a. (Hrsg.), Forschung über Evaluation. Bedingungen Prozesse und Wirkungen, Münster 2013, S. 231; Kathrin *Dedering*, Schulinspektion als wirksamer Weg der Systemsteuerung?, ZfPäd 2012, 69.

36 S. z.B. § 7 Abs. 2 Satz 2 BbgSchulG, § 127b Abs. 2 Satz 2 und 3 HSchG. S. auch: Christine *Langenfeld*, Aktivierung von Bildungsressourcen durch Verwaltungsrecht, DV 2007, 347 (376); Wolfgang *Schönig*/Gertrud *Häußler*, Qualitätsentwicklung und Qualitätssicherung in Schule und Schulsystem durch Evaluation, in: Hans-Jürgen Apel/Werner Sacher (Hrsg.), Studienbuch Schulpädagogik, 4. Aufl., 2009, S. 175 (181 f.).

37 Vgl. hierzu Hans *Döbert*/Matthias *Rürup*/Kathrin *Dedering*, Externe Evaluation von Schulen in Deutschland – die Konzepte der Bundesländer, ihre Gemeinsamkeiten und Unterschiede, in: Hans Döbert/Kathrin Dedering (Hrsg.), Externe Evaluation von Schulen, Münster 2008, S. 63 ff.; zur externen Evaluation aus rechtlicher Sicht: *Langenfeld* (Fn. 36), S. 347 (371 ff.).

38 S. Hans-Peter *Füssel*, Schulinspektion und Schulaufsicht, Schulinspektion oder Schulaufsicht, Schulinspektion versus Schulaufsicht, Schulinspektion als Schulaufsicht?, in: Döbert/Dedering (Fn. 37), S. 153 (insb. 156 f.).

39 Markus *Winkler*, Schulinspektionsberichte zwischen Feedbackfunktion und Prangerwirkung, JZ 2012, 762.

9.22 Dienstaufsicht

9.221 Die zweite Säule der Schulaufsicht ist die Dienstaufsicht über die Lehrkräfte und das sonstige pädagogische Personal.[40] Hinsichtlich *der Lehrkräfte*, die, soweit verbeamtet, in der überwiegenden Mehrzahl *Landesbeamte* sind[41], ergibt sie sich bereits aus dem allgemeinen öffentlichen Dienstrecht und umfasst somit als personalrechtliche Aufsicht über die Pflichterfüllung der Lehrerinnen und Lehrer auch die Ausübung der Disziplinargewalt, weshalb die Gesetze einiger Länder, in denen alle Lehrkräfte staatliche Bedienstete sind, die Dienstaufsicht nicht als Bestandteil der Schulaufsicht ansehen. Demgegenüber leitet sich für *angestellte Lehrkräfte* die Dienstaufsicht aus den entsprechenden arbeits- und tarifvertraglichen Regelungen ab (dazu TZ 28.3). Gegenüber *kommunalen Lehrern* beschränkt sich die Dienstaufsicht darauf, ihre fachliche und persönliche Eignung zu überwachen sowie ihnen die für einen geordneten Schulbetrieb erforderlichen Weisungen zu erteilen. Hier gehen Dienst- und Fachaufsicht ineinander über und lassen sich daher nur schwer gegeneinander abgrenzen.

9.222 Der Dienstaufsicht verwandt ist die *Aufsicht über die Organe der Schule* und die Mitglieder dieser Organe. Das zeigt sich besonders deutlich bei der Aufsicht über Schulleitung und Lehrerkonferenzen. Die Aufsichtsbefugnisse der Schulbehörde über die Vertretungsorgane der Schülerinnen und Schüler und der Eltern sind im Regelfall hingegen auf eine Rechtmäßigkeitskontrolle beschränkt (vgl. auch TZ 10.4).

9.23 Rechtsaufsicht

Zur Schulaufsicht gehört ferner die Rechtsaufsicht. Diese wendet sich im Gegensatz zur Fachaufsicht nicht an die Schule, sondern an den (kommunalen) Schulträger. Die äußere Schulverwaltung ist eine durch die kommunale Selbstverwaltungsgarantie in Art. 28 Abs. 2 GG grundgesetzlich abgesicherte Selbstverwaltungsaufgabe des Schulträgers. Daher darf die Schulaufsicht, die hier auf die Unterstützung durch die *Kommunalaufsicht* angewiesen ist, ebenso wie diese selbst nur die Rechtmäßigkeit, nicht auch die Zweckmäßigkeit des Handelns des kommunalen Schulträgers überwachen, soweit nicht nach Landesrecht ohnehin die Kommunalaufsicht zuständig ist. Als Rechtsaufsicht darf sie grundsätzlich nicht unmittelbar in die kommunale Selbstverwaltung eingreifen und etwa das eigene Ermessen an die Stelle des Ermessens des Schulträgers setzen. Handelt es sich um Fragen, die sich nicht auf äußere Schulangelegenheiten (Rechtsaufsicht) beschränken, sondern zugleich innere Schulangelegenheiten (Fachaufsicht) betreffen[42], ist die Schulbehörde befugt, die Grenzen der Rechtsaufsicht zu überschreiten und sachliche Anordnungen zu erlassen und durchzusetzen (vgl. auch die Ausführungen in TZ 10.4 über staatliche Beschränkungen der kommunalen Schulträgerschaft).

9.3 Aufsicht über Privatschulen und private Unterrichtseinrichtungen

Der staatlichen *Aufsicht über die Privatschulen* sind durch die Gewährleistung des Grundrechts der Privatschulfreiheit und die damit einhergehende Garantie der Privatschule als Institution Schranken gezogen (dazu TZ 13.8).

40 Zur Unterscheidung von Dienst- und Fachaufsicht s. *Maurer/Waldhoff*, Verwaltungsrecht, § 22 Rn. 32 f.

41 Eine Ausnahme stellen beispielsweise die Lehrkräfte im Bundesland Bremen dar, die bei einer der beiden Gemeinden Stadtgemeinde Bremen oder Stadt Bremerhaven angestellt sind, s. § 8 Abs. 1 BremSchVG.

42 Zur Unterscheidung von inneren und äußeren Schulangelegenheiten TZ 1.322.

Die Schulaufsicht bezieht sich auf das Schulwesen, nicht auf das Unterrichtswesen schlechthin. Die *Aufsicht über den Unterricht außerhalb des Schulwesens* (dazu TZ 13.82) beruht auf polizeirechtlichen (ordnungsrechtlichen) oder gewerberechtlichen Vorschriften; das schließt nicht aus, dass sie den Schulbehörden zur Wahrnehmung übertragen ist.[43] Zur Aufsicht über Schülerheime und Heimschulen vgl. TZ 5.311 bzw. 5.32.

9.4 Staatliche Schulbehörden

9.41 Allgemeiner Aufbau

9.411 Die Schulaufsicht wird von den Behörden der staatlichen Schulverwaltung (*Schulbehörden, Schulaufsichtsbehörden*) wahrgenommen. Sie ist heute in den meisten Ländern *zweistufig* organisiert. Das Kultusministerium übt die *oberste Schulaufsicht* aus. Ihm sind die Behörden der *unteren Schulaufsicht* nachgeordnet. Eine dreistufige Gliederung gibt es nur noch in Baden-Württemberg, Bayern und Nordrhein-Westfalen. Berlin, Bremen, Hamburg und das Saarland haben jeweils nur eine einzige Schulbehörde: Die Senatsverwaltung für Bildung, Jugend und Familie (Berlin), die Senatorin für Kinder und Bildung (Bremen), die Behörde für Schule und Berufsbildung (Hamburg) bzw. das Ministerium für Bildung und Kultur (Saarland).

Untere Schulbehörden sind die zumeist auf Kreisebene bestehenden Schulämter. In denjenigen Ländern, die an der dreistufigen Schulaufsicht festhalten, obliegt den Schulbehörden der mittleren Ebene in erster Instanz die Aufsicht über die Schulen der Sekundarstufe II und über die Schulen der Sekundarstufe I, soweit sie von der unteren Schulaufsicht nicht erfasst werden (Gymnasien, häufig auch Realschulen, berufsbildende Schulen).[44] In zweiter Instanz führen sie die Schulaufsicht über die Schulen, die in erster Instanz den Schulämtern und den Schulräten unterstehen. Soweit die Behördenorganisation eine Mittelstufe der Verwaltung aufweist (Baden-Württemberg, Bayern und Nordrhein-Westfalen), sind die Behörden der allgemeinen Verwaltung, also die Bezirksregierungen, zugleich Schulbehörden.

Eine Übersicht über die staatlichen Schulbehörden findet sich am Ende dieses Kapitels (TZ 9.6). Zur Mitwirkung der Kommunalaufsicht vgl. TZ 9.5.

9.412 Der Bund besitzt im Schulwesen mit ganz wenigen Ausnahmen keine unmittelbaren Kompetenzen (vgl. TZ 2.11); dem *Bundesministerium für Bildung und Forschung* stehen Aufsichtsfunktionen im Schulbereich nicht zu. Die *Kultusministerkonferenz* ist zwar ein für die Selbstkoordination der Länder im Bildungswesen überaus wichtiges Beratungs-, Empfehlungs- und Beschlussgremium (TZ 2.121); Aufsichtsbefugnisse besitzt sie indes nicht.

9.42 Schulaufsichtsbeamte

Mit der Ausübung der Schulaufsicht sind fachlich vorgebildete, hauptamtlich tätige Beamte (*Schulräte*) zu betrauen.[45] Diese Qualifikationsbedingungen, die auf Art. 144

43 So z.B. in Rheinland-Pfalz: § 36 Abs. 4 i.V.m. §§ 13, 17 und 35 Abs. 4 PrivSchG.

44 In Bayern sind die Gymnasien, Fachoberschulen, Berufsoberschulen, Realschulen einschließlich der entsprechenden Schulen zur sonderpädagogischen Förderung und der Schulen, die ganz oder teilweise die Lernziele der vorgenannten Schulen verfolgen, dem Staatsministerium für Bildung und Kultus direkt unterstellt, das die unmittelbare Aufsicht durch Ministerialbeauftragte bei den Regierungen ausübt (Art. 114 Abs. 1 Nr. 1, Art. 116 Abs. 4 BayEUG).

45 In den meisten Bundesländern gibt es Vereinigungen von Schulaufsichtsbeamten, die sich zur „Konferenz der Schulräte in der Bundesrepublik Deutschland" (KSD) zusammengeschlossen haben. Auf internatio-

Satz 2 der Weimarer Reichsverfassung (WRV) zurückgehen[46], sind in den Verfassungen oder Schulgesetzen zahlreicher Länder verankert.[47] Für besondere Aufgaben der Aufsicht, meist der Fachaufsicht, oder für den Vorsitz bei Prüfungen können geeignete *Fachberater* oder *Ministerialbeauftragte* bestellt werden.[48] Der Amtsführung der Schulaufsichtsbeamten kommt es zugute, wenn sie über ein hinlängliches Maß an Verwaltungserfahrung verfügen und dabei auch mit den Formen eines modernen Managements vertraut sind. Für die in den Schulbehörden tätigen verwaltungsfachlichen Beamten des höheren Dienstes – zumeist *Juristinnen und Juristen* – bestehen ebenso wenig wie für die in der allgemeinen Verwaltung der Schulaufsichtsbehörden tätigen anderen Mitarbeiter spezifische pädagogische Qualifikationsanforderungen.

9.5 Kommunale Mitwirkung

Durch Art. 7 Abs. 1 GG, der dem Staat die Aufsicht über das gesamte Schulwesen zuspricht, werden Schulaufsichtsrechte anderer Stellen ausgeschlossen.[49] Doch besteht die bereits in Art. 144 Satz 1 Halbsatz 2 WRV vorgesehene Möglichkeit, die Gemeinden an der Ausübung der Schulaufsicht zu beteiligen, trotz des Schweigens des Grundgesetzes zu dieser Frage unbestritten fort.[50] Eine solche Beteiligung ist nichts Einmaliges. Der Staat bedient sich auch sonst zur Erfüllung seiner Aufgaben der Gemeinden und Kreise, die in seinem Auftrag oder nach seiner Weisung wirken; er kann deshalb auch Schulaufsichtsbefugnisse mit Hilfe von Kommunalbeamten wahrnehmen. Die Beteiligung an der Ausübung der Schulaufsicht kommt in verschiedenen Formen zum Ausdruck. Entweder werden Mischbehörden aus staatlichen und kommunalen Beamten gebildet, oder Aufgaben der Schulaufsicht werden kommunalen Beamten (Stadtschulräten) durch besonderen Auftrag übertragen. In jedem Fall handelt es sich um die *Übertragung staatlicher Aufgaben „zur Erfüllung nach Weisung“*. Daraus folgt, dass der Gemeinde- oder Kreisbedienstete, der Aufgaben der Schulaufsicht erfüllt, als Beauftragter des Staates handelt und den Weisungen der übergeordneten Schulaufsichtsbehörden Folge zu leisten hat.

---

naler Ebene besteht eine „Standing International Conference of Inspectorates“ (SICI), in der aus Deutschland derzeit Vertreterinnen und Vertreter der für das Schulwesen zuständigen Ministerien in Bayern, Hamburg, Hessen, Niedersachsen, Nordrhein-Westfalen, Rheinland-Pfalz und Sachsen mitwirken. Zu dieser Organisation und zur Bedeutung einer internationalen Vernetzung von Schulaufsichtbeamten, s. Jacqueline *Baxter*, School Inspectors as Policy Implementers: Influences and Activities, in: dies. (ed.), School Inspectors. Policy Implementers, Policy Shapers in National Policy Contexts, Cham 2017, S. 1.

46 Art. 144 Satz 2 WRV lautete: „Die Schulaufsicht wird durch hauptamtlich tätige, fachmännisch vorgebildete Beamte ausgeübt.“

47 Z.B. Art. 17 Abs. 2 bw Verf. und § 32 Abs. 3 bw SchG, § 94 Abs. 1 und 2 HSchG, Art. 8 Abs. 3 Satz 3 nrw Verf. und § 87 Abs. 1 nrw SchulG, § 2 Abs. 5 Satz 1 ThürSchAG; vgl. auch § 105 Abs. 7 bln SchulG, wo zwar nicht auf die Hauptamtlichkeit abgestellt wird, vergleichsweise detailliert jedoch die fachlichen Qualifikationsanforderungen konkretisiert werden.

48 Z.B. § 107 Abs. 8 bln SchulG, § 132 Abs. 2 BbgSchulG, § 94 Abs. 5 HSchG, § 2 Abs. 5 Satz 2 ThürSchAG.

49 Indem Art. 144 Satz 1 WRV, auf den Art. 7 Abs. 1 GG zurückgeht, das Schulwesen der Aufsicht des Staates unterstellte, war die geistliche Schulaufsicht in jedweder Form, auch in Gestalt staatlicher Auftragsverwaltung, unstatthaft geworden. Dazu Ernst-Rudolf *Huber*, Deutsche Verfassungsgeschichte seit 1789, Bd. 6, Stuttgart 1981, S. 942 f. – Zu den kirchlichen Mitwirkungsrechten bei der Ausübung der Aufsicht über den Religionsunterricht vgl. TZ 5.223.

50 Zu aktuellen Herausforderungen im Verhältnis zwischen Kommunen und Staat im Schulwesen: Hermann *Avenarius*, Schule zwischen Kommune und Staat aus rechtlicher Sicht, in: Hans Döbert/Horst Weishaupt (Hrsg.), Bildungsmonitoring, Bildungsmanagement und Bildungssteuerung in Kommunen, Münster 2015, S. 73; Wolfgang W. *Weiß*, Schule als kommunale Gestaltungsaufgabe. Anmerkungen zum Begriff „Erweiterte Schulträgerschaft“, RdJB 2012, 302; Markus *Winkler*, Schulentwicklungsplanung zwischen kommunaler Selbstverwaltung und staatlicher Schulverantwortung, DÖV 2011, 686.

9.51 Schulämter

Die untere Schulaufsicht in den Landkreisen und in den kreisfreien Städten der Flächenländer obliegt in Bayern, Brandenburg, Nordrhein-Westfalen und Schleswig-Holstein den Schulämtern, die aus staatlichen Schulräten und kommunalen Verwaltungsbeamten bestehen (TZ 16.511). Die Schulämter in Baden-Württemberg, Hessen, Mecklenburg-Vorpommern, und Thüringen sind demgegenüber reine Staatsbehörden, arbeiten aber mit den Kreisen zusammen (TZ 16.512).

9.511 Die Schulämter in *Bayern* führen die Schulaufsicht über die Grundschulen und Mittelschulen[51], in *Nordrhein-Westfalen* über die Hauptschulen und einzelne Förderschulen[52], in *Schleswig-Holstein* über die Grundschulen, Gemeinschaftsschulen und Förderzentren[53], in *Brandenburg* über alle auf ihrem Gebiet liegenden Schulen.[54] Sie bestehen aus dem Landrat bzw. – bei den kreisfreien Städten – aus dem Oberbürgermeister und dem staatlichen Schulrat oder mehreren staatlichen Schulräten (in Bayern auch dem beauftragten Stadtschulrat, vgl. TZ 9.52). Die Schulämter sind selbständige Dienststellen neben den Kreis- oder Stadtverwaltungen. Ihre Mitglieder sind kollegial gleichgeordnet; als Landesbeamter behält der staatliche Schulrat in jedem Fall die volle Verantwortung gegenüber der Unterrichtsverwaltung und damit seine Selbständigkeit gegenüber der Stadt- oder Kreisverwaltung.

Die Schulämter *in den Landkreisen* sind dadurch gekennzeichnet, dass sie die Arbeit der Schule nicht nur fachlich beaufsichtigen, sondern durch den Landrat *auch die Rechtsaufsicht* über die kreisangehörigen Schulträger ausüben. Dem Schulrat obliegen im Schulamt die Angelegenheiten fachlicher Natur (die inneren Schulangelegenheiten), dem Landrat die Angelegenheiten verwaltungs- und haushaltsrechtlicher Art (die äußeren Angelegenheiten); gemischte Angelegenheiten werden von beiden gemeinsam erledigt.[55]

9.512 In Baden-Württemberg, Hessen, Mecklenburg-Vorpommern und Thüringen wird die untere Schulaufsicht von rein staatlichen Behörden ausgeübt.

In der dreistufigen Organisation der Schulaufsicht *Baden-Württembergs* ist das mit Schulräten besetzte staatliche Schulamt in den Stadt- und Landkreisen für alle in seinem Schulaufsichtsbezirk liegenden Grund-, Haupt-, Werkreal- und Realschulen, Gemeinschaftsschulen sowie die entsprechenden sonderpädagogischen Bildungs- und Beratungszentren mit Ausnahme der sonderpädagogischen Bildungs- und Beratungszentren mit Internat zuständig.[56] Die untere Schulaufsichtsbehörde führt die Fachaufsicht, die Dienstaufsicht über die Schulleiter und Lehrer sowie die Aufsicht über die Erfüllung der dem Schulträger obliegenden Angelegenheiten, soweit die Land- und Stadtkreise nicht selbst Schulträger sind und nicht durch Gesetz, Rechts- oder Verwaltungsvorschrift Aufgaben der Schulaufsicht einer anderen Schulaufsichtsbehörde zugewiesen sind.[57]

In *Hessen*, *Mecklenburg-Vorpommern* und *Thüringen* sind die Schulämter grundsätzlich für die *Fach- und Dienstaufsicht* über sämtliche in ihrem Bezirk liegenden Schulen zustän-

51 Vgl. Art. 114 Abs. 1 Nr. 5 lit. a BayEUG.
52 § 88 Abs. 3 Satz 3 nrw SchulG.
53 § 129 Abs. 2 Nr. 1 und 2 sh SchulG.
54 § 131 Abs. 2 Satz 2 BbgSchulG.
55 In den Stadtschulämtern kann der Oberbürgermeister nicht die Rechtsaufsicht über seine Stadt (und damit über sich selbst) ausüben. In den äußeren Angelegenheiten wird er daher nicht als Aufsichtsorgan, sondern als Repräsentant des Schulträgers tätig.
56 § 33 Abs. 1 bw SchG.
57 § 33 Abs. 2 bw SchG.

dig.[58] In Thüringen üben sie auch die *Rechtsaufsicht* über die kommunalen Schulträger aus, wobei indes nur die Kommunalaufsichtsbehörden befugt sind, Maßnahmen gegenüber den Schulträgern zur Durchsetzung der diesen obliegenden Aufgaben zu treffen.[59] In Hessen ist nicht das Staatliche Schulamt, sondern die Kommunalaufsichtsbehörde mit der Rechtsaufsicht über die Schulträger betraut; stellt das Schulamt fest, dass ein Schulträger seiner Verpflichtung nicht nachkommt, unterrichtet es die zuständige Kommunalaufsichtsbehörde, die sodann im Benehmen mit ihm darüber entscheidet, ob und welche Aufsichtsmaßnahmen ergriffen werden sollen.[60] Auch in Mecklenburg-Vorpommern fällt die Wahrnehmung der Rechtsaufsicht über die kommunalen Schulträger nicht in die Zuständigkeit des Schulamts, sondern in den Verantwortungsbereich des Landrats (gegenüber kreisangehörigen Schulträgern) bzw. des Kultusministeriums (gegenüber Landkreisen und kreisfreien Städten).[61]

9.52 Beauftragung kommunaler Fachbeamter

In *Bayern* können Bedienstete des kommunalen Schulträgers – der Leiter der Schulverwaltung (Stadtschulrat), aber auch einzelne seiner fachlich vorgebildeten Mitarbeiter – mit der Wahrnehmung der unteren Schulaufsicht beauftragt werden. Der Beauftragte übt die Funktionen eines staatlichen Schulrats im Wege der Organleihe aus.[62] *Rheinland-Pfalz* sieht die Möglichkeit vor, im Einvernehmen mit dem für das Kommunalrecht zuständigen Ministerium einzelne Aufgaben der Schulaufsicht den kreisfreien Städten als Auftragsangelegenheiten zu übertragen.[63] Die Bestellung zum Schulaufsichtsbeamten setzt fachliche Eignung voraus; zuständig für die Funktionsübertragung ist die oberste Schulaufsichtsbehörde (Ministerium für Bildung). Ein Anspruch auf Bestellung besteht nicht.

9.6 Übersicht über die Schulbehörden in den Ländern

In der folgenden Darstellung des Behördenaufbaus werden jeweils unter a) die unteren Schulbehörden, unter b) bei dreistufig organisierter Schulaufsicht die Schulbehörden der Mittelstufe (obere Schulbehörden), unter c) die Schulbehörde der Ministerialstufe (oberste Schulbehörde) aufgeführt. Zur *sachlichen Zuständigkeit* der Schulbehörden vgl. ergänzend TZ 16.41 und 16.51.

Baden-Württemberg[64]

a) Staatliche Schulämter[65]
b) Regierungspräsidium Freiburg i.Br., Regierungspräsidium Karlsruhe, Regierungspräsidium Tübingen und Regierungspräsidium Stuttgart[66]

---

58 Hessen: § 95 Abs. 1 HSchG (gegenüber den Berufsfach- und Fachschulen für die musikalische Berufsausbildung [sog. Musikakademien] allerdings nur die Fachaufsicht; vgl. § 95 Abs. 1 Satz 3 Halbsatz 2 HSchG). Mecklenburg-Vorpommern: § 95 Abs. 1 Satz 1 Nr. 2 i.V.m. § 97 Abs. 1 Nr. 1 und 2 SchulG M-V (nicht jedoch gegenüber landwirtschaftlichen Fachschulen; vgl. § 95 Abs. 1 Satz 1 Nr. 3 SchulG M-V). Thüringen: § 2 Abs. 2 Satz 2 Nr. 4 und 5, § 4 Abs. 3 Satz 1 ThürSchAG (nicht allerdings gegenüber landwirtschaftlichen, gärtnerischen sowie städtisch- und ländlich-hauswirtschaftlichen Fachschulen; vgl. § 4 Abs. 5 ThürSchAG).

59 § 4 Abs. 3 Satz 2 ThürSchAG.

60 § 97 HSchG.

61 § 97 Abs. 3 Satz 2 und Abs. 4 SchulG M-V.

62 Art. 116 Abs. 1 und 2 BayEUG.

63 § 98 Abs. 1 rp SchulG.

64 §§ 32 ff. bw SchG.

65 Derzeit gibt es 21 staatliche Schulämter. Die vollständigen Kontaktdaten der staatlichen Schulämter von Baden-Württemberg finden sich auf der Internetseite des Ministeriums für Kultus, Jugend und Sport.

66 Die jeweiligen Internetseiten der Regierungspräsidien (in Freiburg/Br., Karlsruhe, Stuttgart und Tübingen) sind auf der Internetseite des Ministeriums für Kultus, Jugend und Sport verlinkt. Für die

c) Ministerium für Kultus, Jugend und Sport

Bayern[67]

a) Staatliche Schulämter[68]
b) Regierungen für Oberbayern in München, Niederbayern in Landshut, Oberpfalz in Regensburg, Oberfranken in Bayreuth, Mittelfranken in Ansbach, Unterfranken in Würzburg, Schwaben in Augsburg[69]
c) Bayerisches Staatsministerium für Bildung und Kultus, Wissenschaft und Kunst (mit Ministerialbeauftragten[70] für bestimmte Schularten)[71]

Berlin

a) Den Schulämtern der Bezirke obliegt die Verwaltung und Unterhaltung der äußeren Angelegenheiten der allgemeinbildenden Schulen mit Ausnahme der zentral verwalteten Schulen[72]
b) fehlt
c) Die Schulaufsicht wird von der Senatsverwaltung für Bildung, Jugend und Familie ausgeübt.[73] Diese verwaltet auch die äußeren Schulangelegenheiten der beruflichen Schulen, der Staatlichen Technikerschule, der Staatlichen Ballettschule und Schule für Artistik, der Schulfarm Insel Scharfenberg, des Musikgymnasiums Carl Philipp Emanuel Bach, des Abendgymnasiums Prenzlauer Berg, der Eliteschulen des Sports und der Staatlichen Internationalen Schulen[74]

Fachschulen für Landwirtschaft (Landwirtschaftsschulen) ist obere Schulaufsichtsbehörde das Regierungspräsidium, oberste Schulaufsichtsbehörde das Ministerium für Ländlichen Raum und Verbraucherschutz. Das Gleiche gilt für die Staatlichen Fachschulen in der Staatlichen Lehr- und Versuchsanstalt für Gartenbau Heidelberg, der Staatlichen Lehr- und Versuchsanstalt für Wein- und Obstbau Weinsberg, der Staatlichen Milchwirtschaftlichen Lehr- und Forschungsanstalt – Dr.-Oskar-Farny-Institut – Wangen im Allgäu und die Staatliche Fachschule für ländlich-hauswirtschaftliche Berufe Kupferzell (s. § 110 Abs. 1 bw SchG).

67 Art. 111 ff. BayEUG.

68 Derzeit gibt es 96 Schulämter in Bayern. Davon entfallen 23 Schulämter auf Oberbayern, 12 Schulämter auf Niederbayern, 10 Schulämter auf die Oberpfalz, 13 Schulämter auf Oberfranken, 12 Schulämter auf Mittelfranken, 12 Schulämter auf Unterfranken und 14 Schulämter auf Schwaben. Ein Verzeichnis der staatlichen Schulämter von Bayern mit vollständigen Kontaktdaten findet sich auf der Internetseite des Bayerischen Staatsministeriums für Bildung und Kultus, Wissenschaft und Kunst.

69 Die Regierungen sind in erster Instanz u.a. zuständig für berufsbildende Schulen, Förderschulen und für die privaten Grund- und Mittelschulen (s. Art. 114 Abs. 1 Nr. 4 BayEUG).

70 Das Staatsministerium für Bildung und Kultus, Wissenschaft und Kunst bedient sich unter Aufnahme der Ermächtigung in Art. 116 Abs. 4 BayEUG bei der Aufsicht über die Gymnasien, die Fach- und die Berufsoberschulen sowie die Realschulen einschließlich der entsprechenden Schulen zur sonderpädagogischen Förderung der Ministerialbeauftragten als besonderer Beauftragter, die dezentral angesiedelt schulaufsichtliche Aufgaben erfüllen (durch acht Ministerialbeauftragte für die Gymnasien, durch drei Ministerialbeauftragte für die Fach- und die Berufsoberschulen, durch acht Ministerialbeauftragte für die Realschulen).

71 Die unmittelbare Schulaufsicht über die landwirtschaftlichen Fachschulen obliegt dem Staatsministerium für Ernährung, Landwirtschaft und Forsten (Art. 114 Abs. 1 Nr. 2 BayEUG), die unmittelbare Schulaufsicht über Unterrichtseinrichtungen in Justizvollzugsanstalten sowie in haftersetzenden Maßnahmen nach §§ 71, 72 Jugendgerichtsgesetz dem Staatsministerium der Justiz (Art. 114 Abs. 1 Nr. 3 BayEUG).

72 § 109 bln SchulG. Ein Verzeichnis der zwölf Bezirksschulämter von Berlin mit den entsprechenden Kontaktdaten findet sich auf der Internetseite des Landes Berlin.

73 § 105 Abs. 1 Satz 2 bln SchulG.

74 § 105 Abs. 5 bln SchulG.

Brandenburg
a) Staatliche Schulämter (dem Landkreis oder der kreisfreien Stadt zugeordnet)[75]
b) fehlt
c) Ministerium für Bildung, Jugend und Sport[76]

Bremen
a) Den Stadtgemeinden Bremen und Bremerhaven obliegt die äußere Schulverwaltung als Selbstverwaltungsangelegenheit, soweit es sich nicht um Schulen der öffentlichen Verwaltung oder Schulen für Gesundheitsfachberufe handelt[77]
b) fehlt
c) Senatorin für Kinder und Bildung[78]

Hamburg

Einzige Schulbehörde: Behörde für Schule und Berufsbildung[79]

Hessen[80]
a) Staatliche Schulämter[81]
b) fehlt
c) Hessisches Kultusministerium[82]

Mecklenburg-Vorpommern[83]
a) Schulämter in Greifswald, Neubrandenburg, Rostock und Schwerin[84]
b) fehlt
c) Ministerium für Bildung, Wissenschaft und Kultur[85]

Niedersachsen[86]
a) Die Landesschulbehörde ist als nachgeordnete Schulbehörde für alle Schulen Niedersachsens zuständig[87]

---

75 § 129 Abs. 2 BbgSchulG. Die vier staatlichen Schulämter haben ihren Sitz in Brandenburg a.d.H., Cottbus, Frankfurt (Oder) und Neuruppin.
76 131 Abs. 1 BbgSchulG.
77 Vgl. § 11 BremSchVwG.
78 Die Rechtsaufsicht in Angelegenheiten der den Stadtgemeinden obliegenden äußeren Schulverwaltung wird durch den Senat wahrgenommen (§ 11 Abs. 2 Satz 1 BremSchVwG).
79 § 85 Abs. 1 HmbSG.
80 §§ 92 ff. HSchG.
81 Die Dienstbezirke der 15 staatlichen Schulämter sind in § 95 Abs. 2 HSchG festgelegt. Ein Verzeichnis der Schulämter von Hessen mit sämtlichen Kontaktdaten findet sich auf der Internetseite des Hessischen Kultusministeriums. Über die Musikakademien üben die Staatlichen Schulämter lediglich die Fachaufsicht aus (§ 95 Abs. 1 Satz 3 Halbsatz 2 HSchG); die Dienstaufsicht über die landwirtschaftlichen Fachschulen wird von der Direktorin bzw. dem Direktor des Landesbetriebs Landwirtschaft Hessen wahrgenommen (§ 95 Abs. 2 HSchG); die Rechtsaufsicht über die kommunalen Schulträger nehmen nicht die Schulämter, sondern die jeweils zuständigen kommunalen Aufsichtsbehörden wahr (§ 97 Abs. Satz 1 HSchG). Einzelnen Schulämtern kann die Wahrnehmung überregionaler und zentraler Aufgaben durch Rechtsverordnung übertragen werden (§ 95 Abs. 4 Satz 1 HSchG).
82 Soweit nicht das Hessische Ministerium für Wissenschaft und Kunst zuständig ist, wie für die Musikakademien (vgl. § 95 Abs. 1 Satz 3 Halbsatz 2 HSchG, 96 Abs. 2 HSchG).
83 §§ 95 ff. SchulG M-V.
84 Ein Verzeichnis der Schulämter von Mecklenburg-Vorpommern mit vollständigen Kontaktdaten findet sich auf der Internetseite des Ministeriums für Bildung, Wissenschaft und Kultur. Den Landräten obliegt die Rechtsaufsicht über die Gemeinden, Ämter und gemeindlichen Schulverbände als Schulträger (§ 95 Abs. 4 SchulG M-V), für die Rechtsaufsicht über die Landkreise und kreisfreien Städte ist das Kultusministerium zuständig (§ 95 Abs. 3 und Satz 2 SchulG M-V).
85 Schulaufsichtsbehörde für die landwirtschaftlichen Fachschulen ist das Ministerium für Landwirtschaft, Umwelt und Verbraucherschutz (§ 95 Abs. 1 Satz 1 Nr. 3 SchulG M-V).
86 §§ 119 ff. NSchG.
87 Der Sitz und die Leitung der Landesschulbehörde befinden sich in Lüneburg. Weitere Standorte sind Braunschweig, Hannover und Osnabrück. Hinzu kommen noch 24 über das Land verteilte Außen-

b) fehlt
c) Niedersächsisches Kultusministerium[88]

Nordrhein-Westfalen[89]
a) Schulämter[90]
b) Bezirksregierungen in Arnsberg, Detmold, Düsseldorf, Köln und Münster[91]
c) Ministerium für Schule und Weiterbildung

Rheinland-Pfalz[92]
a) Die Schulaufsicht wird von der Aufsichts- und Dienstleistungsdirektion als Schulbehörde ausgeübt, deren Zentralstelle in Trier und deren Außenstellen in Koblenz und Neustadt an der Weinstraße liegen[93]
b) fehlt
c) Ministerium für Bildung[94]

Saarland[95]

Einzige Schulaufsichtsbehörde: Ministerium für Bildung und Kultur[96]

Sachsen[97]
a) Die Sächsische Bildungsagentur ist als nachgeordnete Schulbehörde für alle Schulen Sachsens zuständig[98]

---

stellen, die die Aufgaben vor Ort wahrnehmen. Die Kontaktdaten der einzelnen Standorte können der Internetseite der Landesschulbehörde entnommen werden.

88 § 119 Nr. 1 NSchG.

89 §§ 86 ff. nrw SchulG.

90 Derzeit gibt es 53 Schulämter in Nordrhein-Westfalen. Davon entfallen 12 Schulämter auf den Bereich der Bezirksregierung Arnsberg, 7 Schulämter auf den Bereich der Bezirksregierung Detmold, 15 Schulämter auf den Bereich der Bezirksregierung Düsseldorf, 11 Schulämter auf den Bereich der Bezirksregierung Köln und 8 Schulämter auf den Bereich der Bezirksregierung Münster. Ein Verzeichnis der Schulämter von Nordrhein-Westfalen mit sämtlichen Kontaktdaten findet sich auf der Internetseite des Ministeriums für Schule und Bildung.

91 Das Ministerium kann einer Bezirksregierung die Ausübung der Schulaufsicht in einem bestimmten Aufgabengebiet auch für den Bereich einer oder mehrerer anderer Bezirksregierungen durch Rechtsverordnung übertragen, soweit dies zur einheitlichen Wahrnehmung der Schulaufsicht erforderlich ist (§ 89 Abs. 3 Satz 1 nrw SchulG).

92 §§ 96 ff. rp SchulG.

93 § 97 Abs. 1 rp SchulG sowie Landesverordnung über die Aufgaben der Schulaufsicht nach dem Schulgesetz vom 6.2.2006 (GVBl. S. 49). Eine Übersicht über die Zuständigkeiten mit entsprechenden Ansprechpersonen und Kontaktdaten aller Schulen in Rheinland-Pfalz findet sich auf der Internetseite der Aufsichts- und Dienstleistungsdirektion.

94 Bei landwirtschaftlichen berufsbildenden Schulen wirken das für das Schulwesen zuständige Ministerium und das für Angelegenheiten der Landwirtschaft und des Weinbaus zuständige Ministerium zusammen (§ 97 Abs. 3 Satz 1 rp SchulG), bei Fachschulen für Altenpflege wirkt das für gesundheitliche Angelegenheiten zuständige Ministerium mit (§ 97 Abs. 3 Satz 2 rp SchulG).

95 § 57 Abs. 1 saarl SchoG.

96 Die Schulaufsichtsbehörde hat durch Rechtsverordnung die Aufgliederung des Landes in Schulregionen vorgenommen (§ 2 Abs. 3 und 4 saarl SchoG i.V.m. VO zur Aufgliederung des Saarlandes in Schulregionen vom 27.9.1974 [ABl. 1974, S. 802)], zul.g.d. das Gesetz vom 21.11.2007 [ABl. S. 2393]). Folgende Schulregionen wurden gebildet: 1. Schulregion Saarbrücken; sie umfasst die zum Regionalverband Saarbrücken gehörenden Gemeinden, 2. Schulregion Saarlouis; sie umfasst die zum Landkreis Saarlouis gehörenden Gemeinden, 3. Schulregion Merzig-Wadern; sie umfasst die zum Landkreis Merzig-Wadern gehörenden Gemeinden, 4. Schulregion St. Wendel; sie umfasst die zum Landkreis St. Wendel gehörenden Gemeinden, 5. Schulregion Neunkirchen; sie umfasst die zum Landkreis Neunkirchen gehörenden Gemeinden, 6. Schulregion Homburg/St. Ingbert; sie umfasst die zum Saar-Pfalz-Kreis gehörenden Gemeinden.

97 §§ 59 f. sächs SchulG.

98 Die Sächsische Bildungsagentur hat seit 2007 die Aufgaben der fünf ehemaligen Regionalschulämter und der staatlichen Seminare übernommen. In Chemnitz erfolgt eine Bündelung der zentralen und Querschnittsaufgaben. Die bisherigen Standorte der Regionalschulämter sind nunmehr als Regionalstellen

b) fehlt
c) Sächsisches Staatsministerium für Kultus[99]

Sachsen-Anhalt[100]
a) Das Landesschulamt ist als nachgeordnete Schulbehörde für alle Schulen Sachsen-Anhalts zuständig[101]
b) fehlt
c) Kultusministerium

Schleswig-Holstein[102]
a) Staatliche Schulämter[103]
b) fehlt
c) Ministerium für Bildung, Wissenschaft und Kultur[104]

Thüringen[105]
a) Staatliche Schulämter[106]
b) fehlt
c) Thüringer Kultusministerium[107].

---

der Sächsischen Bildungsagentur organisiert (Bautzen, Chemnitz, Dresden, Leipzig und Zwickau). Eine Übersicht findet sich auf der Internetseite der sächsischen Bildungsagentur.

99 Die staatliche Schulaufsicht über die Fachschulen in den Berufen der Land- Forst- und Hauswirtschaft sowie des Garten- und Landschaftsbaus obliegt dem Staatsministerium für Umwelt- und Landwirtschaft (§ 59 Abs. 4 S. 1 sächs SchulG), wird aber im Einvernehmen mit dem Staatsministerium für Kultus ausgeübt (§ 59 Abs. 4 S. 2 sächs SchulG) und kann – ebenfalls im Einvernehmen mit dem Staatsministerium für Kultus – durch Rechtsverordnung ganz oder teilweise auf nachgeordnete Behörden übertragen werden (§ 59 Abs. 4 S. 3 sächs SchulG).

100 §§ 82 f. SchulG LSA.

101 Das Landesschulamt hat seinen Hauptsitz in Halle (Saale) mit Nebenstellen in Dessau, Gardelegen und Magdeburg.

102 §§ 125 ff. sh SchulG.

103 Das Ministerium für Bildung, Wissenschaft und Kultur kann durch Verordnung einzelne Aufgaben der obersten Schulbehörde auf die Schulämter übertragen (§ 129 Abs. 3 sh SchulG).

104 Die Aufsicht über die Fachschulen für Agrarwirtschaft nimmt das Ministerium für Energiewende, Landwirtschaft, Umwelt, Natur und Digitalisierung wahr (§ 129 Abs. 4 Satz 1 sh SchulG), in einzelnen Bereichen, so z.B. hinsichtlich der Fachaufsicht über pädagogische Angelegenheiten und Unterricht in den Schulen, im Einvernehmen mit dem Ministerium für Bildung, Wissenschaft und Kultur (§ 129 Abs. 4 Satz 2 sh SchulG).

105 §§ 2 ff. ThürSchAG.

106 Das Ministerium für Bildung, Jugend und Sport kann im Benehmen mit dem Ministerium für Inneres und Kommunales die Schulaufsicht für das Gebiet mehrerer Landkreise und kreisfreier Städte festlegen (§ 5 Satz 2 ThürSchAG). Derzeit existieren fünf Schulämter in Thüringen: 1. Staatliches Schulamt Mittelthüringen mit Sitz in Weimar (Landkreis Sömmerda, kreisfreie Stadt Erfurt, kreisfreie Stadt Weimar, Landkreis Weimarer Land), 2. Staatliches Schulamt Nordthüringen mit Sitz in Worbis (Landkreis Eichsfeld, Landkreis Nordhausen, Unstrut-Hainich-Kreis, Kyffhäuserkreis), 3. Staatliches Schulamt Ostthüringen mit Sitz in Gera (kreisfreie Stadt Jena, Saale-Holzland-Kreis, Saale-Orla-Kreis, kreisfreie Stadt Gera, Landkreis Greiz, Landkreis Altenburger Land), 4. Staatliches Schulamt Südthüringen mit Sitz in Suhl (Landkreis Schmalkalden-Meiningen, kreisfreie Stadt Suhl, Landkreis Hildburghausen, Landkreis Sonneberg, Landkreis Saalfeld-Rudolstadt), 5. Staatliches Schulamt Westthüringen mit Sitz in Gotha (kreisfreie Stadt Eisenach, Wartburgkreis, Landkreis Gotha, Ilmkreis).

107 Die Schulaufsicht über die landwirtschaftlichen, gärtnerischen sowie städtisch- und ländlich-hauswirtschaftlichen Fachschulen wird von dem für die berufliche Bildung in der Landwirtschaft und der Hauswirtschaft zuständigen Ministerium und der Landesanstalt für Landwirtschaft ausgeübt (§ 4 Abs. 5 ThürSchAG).

10. Kapitel: Schulträgerschaft, dienstrechtliche Zuordnung der Lehrkräfte

10.1 Kommunale Schulträgerschaft als Regelform

10.11 Geschichte

Die öffentliche Schule ist in Deutschland nie eine ausschließliche Angelegenheit des Staates gewesen. Seit jeher haben auch die kommunalen Gebietskörperschaften sich ihrer angenommen. Der Initiative der Kommunen sind vor allem im 19. und zu Beginn des 20. Jahrhunderts bedeutende Fortschritte im Schulwesen zu verdanken. Es waren die Städte, die neben manchen berufsbildenden Schulformen die höheren Schulen des „realistischen Bildungsprinzips“, nämlich das Realgymnasium und die Oberrealschule, entwickelten und auf diese Weise das Bildungsprogramm des humanistischen Gymnasiums ergänzten. Darüber hinaus haben die Kommunen die Mittelschule (heute: Realschule), die Hilfsschule (heute: Förderschule) und verschiedene Institutionen der Mädchenbildung errichtet und unterhalten.[1]

Doch hat der Staat dem Vordringen der Gemeinden im Schulbereich alsbald Grenzen gezogen. Zwar hat er nicht verhindert, dass die Gemeinden durch Entwicklung neuer Formen und durch zahlreiche Schulgründungen den Rahmen des bisherigen Schulsystems erweiterten. Er hat sich aber nicht zugunsten der kommunalen Selbstverwaltung zurückgezogen, sich nicht mit der Gesetzgebung, der Setzung allgemeiner Richtlinien und der Rechtsaufsicht begnügt; vielmehr hat er versucht, seine Herrschaft über die Schule in ihren Bildungszielen und in ihrer Organisation zu behaupten. So hat er – und das gilt mehr oder weniger für alle deutschen Länder – kommunale Selbstverwaltungsbefugnisse im Schulbereich nur zögernd anerkannt.

Keine geringe Rolle bei der Zurückdrängung des kommunalen Einflusses spielte das entschiedene Drängen *der Lehrerschaft* auf Beibehaltung oder Neubegründung ihrer Rechtsstellung als Landesbeamte. Diese Forderung war nicht nur standespolitisch bedingt, sondern beruhte auch auf schlechten Erfahrungen insbesondere der Kleinstadt- und Landlehrer mit kommunalen Dienstherren; die Großstadtlehrer, vor allem solche des beruflichen Schulwesens, standen dagegen ihren kommunalen Dienstherren meist aufgeschlossen gegenüber.

10.12 Spannungsfeld Staat – Kommune: Die verfassungsrechtliche Ausgangslage[2]

Einerseits weist das Grundgesetz dem *Staat die Aufsicht über die Schulen* zu (Art. 7 Abs. 1); diese umgreift nach überkommener Auffassung „die Gesamtheit der staatlichen Befugnisse zur Organisation, Planung, Leitung und Beaufsichtigung des Schulwesens“.[3] Andererseits findet die staatliche Herrschaft über die Schule eine Grenze in dem Recht

---

1 Dazu die Literaturhinweise zur Bildungsgeschichte unter TZ 1.34; ferner: Hans *Heckel*, Die Städte und ihre Schulen, Stuttgart 1959; Bernd *Zymek*, Schulrecht und Schulentwicklung. Zum Verhältnis von Städten und Staat in der deutschen Schulgeschichte und heute, RdJB 2013, 484.

2 DJT-SchulGE, §§ 95-98 (S. 117 ff.), S. 359 ff.; Thomas *Oppermann*, Kulturverwaltungsrecht. Bildung – Wissenschaft – Kunst, Tübingen 1969, S. 248 ff.; *Rux/Niehues*, Schulrecht, Rn. 928 ff.; Hans Christian *Rühl*, in: Schoch, Besonderes Verwaltungsrecht, Rn. 16 ff; Torsten *Schmidt*, Schulnetzplanung. Verfassungs-, europa-, völker- und verwaltungsrechtliche Fragen der räumlichen Planung des Schulwesens – dargestellt an der Schulnetzplanung im sächsischen Schulrecht, Berlin 2016, S. 148-190; *Wolff/Bachof/Stober*, Verwaltungsrecht III, 5. Aufl., München 2004, § 88 Rn. 180 ff.

3 BVerwGE 6, 101 (st.Rspr.); s. auch BVerfGE 34, 165 (182), E 59, 360 (377).

der Gemeinde, alle Angelegenheiten der örtlichen Gemeinschaft im Rahmen der Gesetze in eigener Verantwortung zu regeln (Art. 28 Abs. 2 Satz 1 GG). Diese institutionelle Garantie sichert den Gemeinden einen grundsätzlich alle Angelegenheiten der örtlichen Gemeinschaft umfassenden Aufgabenbereich.[4] Die *Trägerschaft*, also die Errichtung und Unterhaltung von (Volks-)Schulen, *zählt seit jeher zu den Selbstverwaltungsaufgaben der Gemeinden.*[5]

In diesem Zusammenhang stellt sich die Frage, ob und unter welchen Voraussetzungen es mit der institutionellen Garantie der gemeindlichen Selbstverwaltung vereinbar ist, dass der Landesgesetzgeber die Aufgabe der Schulträgerschaft bei kreisangehörigen Gemeinden von der Gemeindeebene auf die Kreisebene „hochzont" und dadurch der Verantwortung der Gemeinde entzieht. In seiner wegweisenden *Rastede-Entscheidung* vom November 1988 hatte das Bundesverfassungsgericht betont, dass der Gesetzgeber eine Aufgabe mit relevantem örtlichen Charakter der gemeindlichen Zuständigkeit nur aus Gründen des Gemeininteresses, also vor allem dann entziehen darf, wenn anders die ordnungsgemäße Aufgabenerfüllung nicht sicherzustellen wäre. Der Gesichtspunkt der Verwaltungsvereinfachung oder der Wirtschaftlichkeit und Sparsamkeit der öffentlichen Verwaltung reiche dafür nicht aus.[6] Diese Aussage legte den Schluss nahe, dass die Trägerschaft für Grund- und Hauptschulen als Angelegenheit der örtlichen Gemeinschaft anzusehen ist und daher nicht auf die Kreisebene verlagert werden darf. Gleichwohl finden sich im juristischen Schrifttum gewichtige Stimmen, die die Zuordnung der Schulträgerschaft zu den Angelegenheiten der örtlichen Gemeinschaft angesichts der Ausdifferenzierung des öffentlichen Bildungswesens und der zunehmenden Mobilität der Bevölkerung in Frage stellen[7] oder sie solchen Gemeinden vorbehalten, die die dafür angemessene Größe und Leistungsfähigkeit aufweisen.[8] Einige Länder, z.B. Hessen und Thüringen, weisen die Trägerschaft über sämtliche Schulen sogar grundsätzlich den kreisfreien Städten und Landkreisen zu.[9]

Demgegenüber hat das Bundesverfassungsgericht in seinem Beschluss vom 19.11.2014 klargestellt, dass die Trägerschaft von Volksschulen (Grund- und Hauptschulen), die der Erfüllung der allgemeinen Schulpflicht dienen, zu den von Art. 28 Abs. 2 Satz 1 GG garantierten Selbstverwaltungsaufgaben der Gemeinden zählt.[10] Diese Zuordnung werde nicht dadurch in Frage gestellt, dass der Landesgesetzgeber die „Volksschule" mit anderen Schularten, insbesondere der Realschule, zu einer Mittel-, Regel-, Regional- oder Oberschule oder einer ähnlich bezeichneten Schulart zusammenlege. Zwar überlasse das Grundgesetz dem Gesetzgeber weitgehend die Entscheidung darüber, welche Schularten er einführen wolle; die in Art. 7 Abs. 5 GG enthaltene Wertentscheidung für eine grundsätzlich alle Schüler umfassende Volksschule habe er jedoch ebenso zu beachten wie die verfassungsrechtliche Rolle der Gemeinden bei der Schulträgerschaft. Der Zuordnung der Schulträgerschaft für Grund- und Hauptschulen zu den Gemeinden stehe nicht entgegen, dass manche nicht mehr über ein ausreichendes Schüleraufkommen für eine eigene Grund- oder Hauptschule verfügten. Genügten Leistungsfähigkeit und Verwaltungskraft einer Gemeinde nicht, um die mit der Schulträgerschaft verbundenen Aufgaben wahrzunehmen, so gewährleiste Art. 28 Abs. 2 Satz 1 GG den Gemeinden

4 Zuletzt BVerfGE 79, 127 (143 ff.).

5 Vgl. BVerfGE 26, 228 (239 f.); Jörg *Ennuschat*, Organisation der öffentlichen Schule. Trägerschaft, Rechtsform, Alternativmodelle, Die Verwaltung 2012, 331 (341).

6 BVerfGE 79, 127 (153 ff.).

7 So *Rux/Niehues*, Schulrecht, Rn. 932.

8 S. etwa Markus *Winkler*, Schulentwicklungsplanung zwischen kommunaler Selbstverwaltung und staatlicher Schulverantwortung, DÖV 2011, 686 (687).

9 § 138 HSchG, § 13 Abs. 2 ThürSchulG.

10 BVerfGE 138, 1 (23 ff.).

jedoch das Recht, diese Aufgabe in kommunaler Zusammenarbeit zu erfüllen, bevor der Staat sie an sich ziehe.[11]

Dabei hält das Bundesverfassungsgericht daran fest, dass sich die Schulträgerschaft auf die *äußeren Schulangelegenheiten* erstreckt, also auf die räumlich-sächlichen Voraussetzungen der Beschulung, einschließlich Errichtung, Änderung und Aufhebung von Schulen sowie deren Verwaltung, während dem Staat die Wahrnehmung der *inneren Schulangelegenheiten*, also die Zuständigkeit für die Lehr- und Lernprozesse und somit für Inhalte, Methoden und Strukturen der Schule vorbehalten bleibt.[12]

Die Wahrnehmung der mit der Schulträgerschaft verbundenen Aufgaben, also insbesondere die Errichtung, Zusammenlegung und Schließung von Schulen, ist in den meisten Ländern von den Festsetzungen eines *Schulentwicklungsplans (Schulnetzplans)* abhängig. Soweit kreisangehörige Gemeinden, vor allem bei Grund- und Hauptschulen, Schulträger sind, ist eine *Hochzonung der Schulentwicklungsplanung auf die Kreisebene nach Ansicht des Bundesverfassungsgerichts mit Art. 28 Abs. 2 Satz 1 GG nur vereinbar, wenn den Gemeinden bei den Planfestlegungen ein wirksames Mitentscheidungsrecht eingeräumt wird.* Eine Schulentwicklungsplanung gegen den Willen der betroffenen Gemeinden ist unzulässig. Auch eine bloße Anhörung in Gestalt des Benehmens wird der Beachtung ihrer spezifischen Belange nicht gerecht.[13]

Als *Resümee* lässt sich festhalten: Die Entscheidung des Bundesverfassungsgerichts vom 19.11.2014 macht in überraschender Klarheit deutlich, dass den Gemeinden gemäß Art. 28 Abs. 2 Satz 1 GG die Trägerschaft für Grundschulen und Hauptschulen und damit insbesondere die Entscheidung über deren Errichtung und Aufhebung auch dann zuzuordnen ist, wenn es sich um kreisangehörige Gemeinden handelt. Darüber hinaus steht (kreisangehörigen) Gemeinden die Schulträgerschaft für diejenigen weiterführenden allgemeinbildenden Schulen zu, die neben dem Hauptschul- den Realschulbildungsgang einbeziehen, z.B. Regionalschulen, Oberschulen, Regelschulen, Realschulen plus. Wird die Schulentwicklungsplanung (Schulnetzplanung) auf der Kreisebene angesiedelt, ist den kreisangehörigen Gemeinden ein wirksames Mitentscheidungsrecht einzuräumen.[14]

---

11 BVerfGE 138, 1 (27 f.).

12 BVerfGE 138, 1 (24 f.). Zur Unterscheidung zwischen inneren und äußeren Schulangelegenheiten s. TZ 1.322. Diese im Prinzip auch heute noch gültige Verteilung der schulrechtlichen Kompetenzen zwischen Gemeinde und Staat hat *Anschütz* auf die längst klassisch gewordene Formel gebracht: „Die Gemeinde baut, als Trägerin der äußeren Schulverwaltung, der Schule das Haus; Herr im Hause aber ist der Staat" (Gerhard *Anschütz*, Die Verfassung des Deutschen Reichs v. 11. August 1919. Ein Kommentar für Wissenschaft und Praxis. 14. Aufl., Berlin 1933, Art. 143 Anm. 2).

13 BVerfGE 138, 1 (29 ff.). Zur Bedeutung dieser Entscheidung s. Christian *Waldhoff*, Kommunalrecht und Schulrecht: Aufgabenverteilung zwischen Gemeinden und Kreisen im Schulbereich, JuS 2015, 190; der Autor hebt die an Subsidiaritätsgedanken orientierte gemeindefreundliche Rechtsprechungslinie des BVerfG hervor.

14 Der Beschluss des BVerfG ist in einem Verfahren der konkreten Normenkontrolle (Art. 100 Abs. 1 GG) auf Vorlage des VG Dresden ergangen. Die Entscheidungsformel lautet: „§ 23a Absatz 1 Satz 1 und Absatz 3 Satz 1 des Schulgesetzes für den Freistaat Sachsen ... ist mit Artikel 28 Absatz 2 Satz 1 Grundgesetz unvereinbar und nichtig, soweit er die Schulnetzplanung für Grund- und Mittelschulen betrifft." Damit stellt sich vor allem die Frage, welche Konsequenzen sich aus der Entscheidung für die Landesgesetzgeber in Ländern außerhalb Sachsens ergeben, die wie z.B. Hessen und Thüringen den kreisangehörigen Gemeinden die Schulträgerschaft für Grund- und Hauptschulen grundsätzlich vorenthalten (§ 138 HSchG, § 13 Abs. 2 Satz 2 ThürSchulG). Gemäß § 31 Abs. 1 BVerfGG binden die Entscheidungen des BVerfG die Verfassungsorgane des Bundes und der Länder sowie alle Gerichte und Behörden. Diese Bindungswirkung erstreckt sich nach h.M. nicht nur auf die Entscheidungsformel, sondern auch auf die tragenden Entscheidungsgründe. Ob die Ausführungen des BVerfG, die die Zuordnung der Schulträgerschaft für Grund- und Hauptschulen zu den von Art. 28 Abs. 2 Satz 1 GG garantierten Selbstverwaltungsaufgaben der (kreisangehörigen)

10.2 Aufgaben des Schulträgers

10.21 Übersicht über die Länder

Soweit die Länder in ihren gesetzlichen Regelungen die Begriffe „Schulträger" oder „Schulträgerschaft" verwenden, knüpfen sie zumeist an die erwähnte Unterscheidung zwischen inneren und äußeren Schulangelegenheiten an. Das findet seinen sichtbarsten Ausdruck in Bremen. Dort ist die Trägerschaft gleichbedeutend mit der äußeren Schulverwaltung; diese hat die äußeren Voraussetzungen für das Lehren und Lernen in der Schule zu schaffen.[15] Nichts anderes meinen die schulgesetzlichen Regelungen in Niedersachsen und Thüringen, die Schulträgerschaft als Vorhalten des notwendigen Schulangebots und der erforderlichen Schulanlagen definieren.[16] Diesen Definitionen entsprechen die Aufgabenzuweisungen in Berlin, Brandenburg, Hessen, Mecklenburg-Vorpommern, Nordrhein-Westfalen, Sachsen, Sachsen-Anhalt und Schleswig-Holstein; danach gehören zu den Funktionen des Schulträgers die Errichtung, Änderung und Aufhebung von Schulen sowie deren Unterhaltung und Verwaltung einschließlich des dafür erforderlichen Personals.[17] Rheinland-Pfalz bestimmt als Aufgabe der (kommunalen) Schulträger, das Schulvermögen zu verwalten, das Verwaltungs- und Hilfspersonal sowie den Sachbedarf der Schule bereitzustellen und die hiermit verbundenen Kosten zu tragen. Errichtung und Aufhebung von Schulen sind indes nicht Sache des Schulträgers, sondern der staatlichen Schulbehörde; sie bedarf allerdings hierzu grundsätzlich der Zustimmung des Schulträgers.[18] In Baden-Württemberg und im Saarland *gilt* als Schulträger, wer die sächlichen Kosten der Schule trägt. Doch erschöpft sich in diesen Ländern die Trägerschaft keineswegs in der Verantwortung für den Sachaufwand; auch dort sind es in erster Linie die Schulträger, welche die Schulen organisieren und verwalten.[19]

Bayern verwendet eine abweichende Terminologie. Es unterscheidet zwischen staatlichen und kommunalen Schulen, je nachdem, wer Dienstherr des Lehrpersonals ist: bei staatlichen Schulen das Land, bei kommunalen Schulen die kommunale Körperschaft (Gemeinde, Landkreis, Bezirk oder Zweckverband).[20] Eine staatliche Schule wird durch Rechtsverordnung der Regierung bzw. des Kultusministeriums, eine kommunale Schule durch Satzung des kommunalen Schulträgers errichtet und aufgelöst; vor Errichtung und Auflösung einer staatlichen Schule ist das Benehmen mit der Kommune herzustellen, die

---

Gemeinden betreffen, als tragende Gründe der Entscheidung anzusehen sind, dürfte umstritten sein. Zweifellos den tragenden Entscheidungsgründen des Gerichts zuzurechnen ist aber die Aussage, dass kreisangehörigen Gemeinden, die Schulträger von Grund- und Hauptschulen sind, ein wirksames Mitentscheidungsrecht auf die dem Landkreis zugewiesene Schulentwicklungsplanung einzuräumen ist. – Mögliche Auswirkungen des Beschlusses auf die unter TZ 10.3 referierten gesetzlichen Regelungen der Länder zur Aufgabenverteilung zwischen Gemeinden und Kreisen in der Schulträgerschaft bleiben außer Betracht.

15 § 4 Abs. 2 BremSchVwG.

16 § 101 Abs. 1 NSchG, § 13 Abs. 2 Satz 1 ThürSchulG.

17 § 109 Abs. 1 und 3 bln SchulG, § 99 Abs. 2 Satz 1 BbgSchulG, §§ 138, 144, 146, 155 und 156 HSchG, § 102 Abs. 2 Satz 2 SchulG M-V, § 79 nrw SchulG, § 23 Abs. 2 sächs SchulG, §§ 64 Abs. 1, 70 Abs. 1 SchulG LSA, § 48 Abs. 1 sh SchulG. In Berlin nehmen die Bezirke Schulträgerfunktionen für die allgemeinbildenden Schulen mit Ausnahme der durch die Senatschulbehörde zentral verwalteten Schulen wahr; die Bezirke sind Selbstverwaltungseinheiten ohne Rechtspersönlichkeit (§ 2 Abs. 1 Bezirksverwaltungsgesetz), die ihre Aufgaben „nach den Grundsätzen der Selbstverwaltung" erfüllen (Art. 66 Abs. 2 Verf.).

18 §§ 88 Abs. 1, 74 Abs. 3, 76 Abs. 1, 91 Abs. 1 und 2 SchulG.

19 §§ 27 ff. bw SchG, §§ 16 Abs. 2, 37 ff. saarl SchoG. Allerdings entscheidet im Saarland die Schulaufsichtsbehörde im Benehmen mit dem Schulträger über die Errichtung, Änderung und Auflösung einer öffentlichen Schule (§ 40 SchoG).

20 Art. 3 Abs. 1 Satz 2 und 3 BayEUG.

Errichtung einer kommunalen Schule ist der Schulaufsichtsbehörde vorher anzuzeigen.[21] Bei staatlichen Schulen trägt das Land den Personalaufwand (den Aufwand für Lehrkräfte und Verwaltungspersonal), die kommunale Körperschaft den Schulaufwand (den nicht zum Personalaufwand gehörenden übrigen Aufwand); bei kommunalen Schulen hat die kommunale Körperschaft sowohl den Personalaufwand als auch den Schulaufwand zu übernehmen, wobei der Staat für das jeweilige Haushaltsjahr einen Zuschuss zum Lehrpersonal gewährt.[22]

10.22 Definition des Schulträgerbegriffs

Die Übersicht lässt erkennen, dass trotz einiger Besonderheiten der Aufgabenbereich des Schulträgers in den Ländern weitgehend gleichartig ist. Danach ergibt sich: 1. Der Schulträger ist im Allgemeinen für schulische *Organisationsmaßnahmen*, d.h. für Errichtung, Änderung und Aufhebung der Schulen, zuständig. 2. Er deckt den *Sachbedarf der Schule* (Gebäude, Innenausstattung, Lehrmittel) und stellt das *Verwaltungspersonal.*[23] 3. Er ist für die *laufende Verwaltung* der Schule verantwortlich. 4. Er trägt die mit den vorgenannten Aufgaben verbundenen Aufwendungen. Kurz: *Schulträger ist, wer die äußeren Schulangelegenheiten verwaltet und die sächlichen Schulkosten trägt.*

10.3 Kompetenzordnung der Schulträgerschaft

10.31 Kommunale und staatliche Schulträgerschaft

Zwar hat sich in den Ländern die *kommunale Schulträgerschaft* der Gemeinden und Kreise *als Regelform* herausgebildet. Soweit es sich aber um *Schulen von überregionaler Bedeutung* handelt (insbesondere zentrale Berufsschulen für Auszubildende aus Streu- und Splitterberufen, bestimmte Fachschulen und Versuchsschulen, Kollegs), ist im Allgemeinen dem *Staat* (Land) die *Schulträgerschaft* zugeordnet. Besonderheiten gelten in Bayern (TZ 10.21). Dort sind Grundschulen, Mittelschulen, Förderzentren, Berufsschulen zur sonderpädagogischen Förderung, Schulen für Kranke und Berufsschulen ausnahmslos staatliche Schulen;[24] die Schulen der übrigen Schularten können als kommunale oder als staatliche Schulen geführt werden.[25] In Hamburg ist die Unterscheidung der öffentlichen Schulen nach der Trägerschaft gegenstandslos, da Staat und Gemeinde identisch sind; demgemäß gibt es nur staatliche Schulen.[26]

10.32 Ebenen kommunaler Schulträgerschaft: Gemeinde, Kreis, Zweckverband[27]

In den Flächenländern hängt es von der Kommunalorganisation, dem Einzugsbereich der Schulen und der Größe leistungsfähiger kommunaler Einheiten ab, welcher kommunalen

21 Vgl. Art. 26 Abs. 1, 27 BayEUG.
22 Art. 2, 3, 6, 8, 15 und 16 BaySchFG.
23 Zur dienstrechtlichen Zuordnung der Lehrkräfte s. TZ 10.7.
24 Art. 26 Abs. 1 BayEUG.
25 Die Errichtung einer kommunalen Schule ist gemäß Art. 27 Abs. 1 Satz 1 BayEUG zulässig, wenn gewährleistet ist, dass die Ausbildung der Lehrkräfte hinter der bei entsprechenden staatlichen Schulen eingesetzten Lehrkräfte nicht zurücksteht und die Schulräume und -anlagen die Durchführung eines einwandfreien Schulbetriebs sicherstellen.
26 Vgl. § 111 Abs. 1 HmbSG. Zur Zuordnung der Schulen in Berlin vgl. Fn. 17.
27 Die folgenden Ausführungen stützen sich auf die geltenden schulgesetzlichen Regelungen. Ob und wie weit diese angesichts der Entscheidung des BVerfG vom 19.11.2014 (dazu TZ 10.12) Bestand haben werden, steht dahin.

Ebene der Gesetzgeber die Schulträgerschaft zuweist. Träger der *Grundschulen,* häufig auch der *weiterführenden Schulen mit nichtgymnasialen Bildungsgängen* sind die Stadt- und Landgemeinden oder Kommunalverbände (z.B. Samtgemeinden in Niedersachsen, Verbandsgemeinden in Rheinland-Pfalz, Zweckverbände[28]). Das gilt für Baden-Württemberg, Mecklenburg-Vorpommern, Nordrhein-Westfalen, Rheinland-Pfalz, Sachsen und Schleswig-Holstein[29]; es gilt auch für Brandenburg, Niedersachsen, Saarland und Sachsen-Anhalt, in diesen Ländern aber nur hinsichtlich der Grundschulen.[30] Träger der Schulen der *übrigen Schularten* sind in der Regel große kreisangehörige Städte und Gemeinden, Zweckverbände, die kreisfreien Städte und die Landkreise; für die Schularten der Sekundarstufe II, also insbesondere die berufsbildenden Schulen, kommen fast nur Träger oberhalb der Ebene kreisangehöriger Gemeinden, also kreisfreie Städte und Landkreise, oder Zweckverbände in Betracht.[31] In Bremen steht den Stadtgemeinden Bremen und Bremerhaven die Trägerschaft sämtlicher Schularten zu.[32] In Hessen und Thüringen sind grundsätzlich die kreisfreien Städte und Landkreise Schulträger.[33] Zu den Besonderheiten der Schulträgerschaft in Bayern s. TZ 10.21.

10.33 Sonstige Schulträger

Einige Länder kennen öffentliche Schulen, die weder in staatlicher noch in kommunaler Trägerschaft betrieben werden. Hierzu rechnen die sogenannten *Kammerschulen* in Nordrhein-Westfalen und Schleswig-Holstein (berufsbildende Schulen einer Handwerkskammer, Industrie- und Handelskammer oder Landwirtschaftskammer) sowie die Förderschulen von überregionaler Bedeutung des *Landeswohlfahrtsverbands Hessen.*[34]

10.4 Kommunale Schulträger und Staat

Die mit der Schulträgerschaft verbundenen Aufgaben sind in der Regel *pflichtige Selbstverwaltungsaufgaben.* Sie gehören zwar zum eigenen Wirkungskreis der Kommunen; die Aufgabenwahrnehmung ist ihnen jedoch nicht freigestellt, sondern durch Gesetz vorgeschrieben.[35] Manchmal handelt es sich aber auch um die Erfüllung *freiwillig* übernommener Selbstverwaltungsaufgaben, wie Gründung und Unterhaltung weiterführender

---

28 Häufig führen zurückgehende Schülerzahlen in ländlichen Gebieten dazu, dass sich Gemeinden zu Zweckverbänden (Schulverbänden) als Schulträgern zusammenschließen.

29 §§ 28, 31 bw SchG, §§ 103, 104 SchulG M-V, § 78 nrw SchulG, § 76 rp SchulG, § 22 sächs SchulG, §§ 53 ff. sh SchulG. – In Baden-Württemberg sind Gemeinden auch Träger der Haupt- und Werkrealschulen, Realschulen, Gymnasien, Gemeinschaftsschulen und Sonderschulen, in Nordrhein-Westfalen grundsätzlich auch Träger der Hauptschulen, Realschulen, Gymnasien und Gesamtschulen. In Sachsen sind die Gemeinden Schulträger sämtlicher allgemeinbildenden Schulen, der entsprechenden Förderschulen und der Schulen des zweiten Bildungswegs. In Schleswig-Holstein sind die Gemeinden Träger der allgemeinbildenden Schulen und der Förderzentren mit dem Schwerpunkt Lernen.

30 §§ 100, 101 BbgSchulG, §§ 102, 104 NSchG, §§ 38, 39 saarl SchoG, §§ 65, 66 SchulG LSA.

31 In Schleswig-Holstein können die Kreise und kreisfreien Städte als Träger berufsbildender Schulen diese durch Satzung oder öffentlich-rechtlichen Vertrag in der Rechtsform einer rechtsfähigen Anstalt des öffentlichen Rechts errichten (§§ 100, 95 Abs. 1 sh SchulG, vgl. TZ 6.114). Die Schulen (mit der Bezeichnung „Regionales Berufsbildungszentrum") erhalten aufgrund dieser Rechtsform weitreichende Möglichkeiten eigenständiger pädagogischer Arbeit und Wirtschaftsführung. Dazu auch TZ 13.234.

32 § 4 Abs. 1 BremSchVwG.

33 § 138 Abs. 1 HSchG, § 13 Abs. 2 ThürSchulG.

34 § 139 Abs. 1 HSchG, § 6 Abs. 4 nrw SchulG, § 95 Abs. 2 sh SchulG.

35 S. etwa § 48 Abs. 1 bw SchG, § 99 Abs. 2 Satz 1 BbgSchulG, § 147 Satz 1 HSchG, § 102 Abs. 1 SchulG M-V, § 101 Abs. 2 NSchG, § 72 Satz 2 rp SchulG, § 51 saarl SchoG, § 23 Abs. 1 sächs SchulG, § 64 Abs. 3 Satz 1 SchulG LSA, § 47 sh SchulG. Zur Unterscheidung zwischen freiwilligen und pflichtigen Selbstverwaltungsangelegenheiten Peter J. *Tettinger*/Wilfried *Erbguth*/Thomas *Mann,* Besonderes Verwaltungsrecht. 12. Aufl., Heidelberg 2015, Teil I: Kommunalrecht, § 5 Rn. 192 ff.

Schulen ohne rechtliche Verpflichtung,[36] zusätzliche Ganztagsschulangebote, Förderung des Schulsports, Verpflegung in der Schule.[37] Daneben findet sich in Ausnahmefällen, zum Beispiel auf dem Gebiet der Schulgesundheitspflege (dazu TZ 25.1), die Übernahme sogenannte *Auftragsangelegenheiten*; hierbei handelt es sich um staatliche Aufgaben, die die kommunalen Schulträger nach staatlicher Weisung zu erfüllen haben.[38]

Die kommunalen Schulträger unterstehen nicht nur der allgemeinen Kommunalaufsicht, sondern auch der Rechtsaufsicht durch die staatlichen Schulbehörden (dazu TZ 9.23). Darüber hinaus sind sie in die übergreifenden Regelungen und Planungen des Landes einbezogen. Dem Staat stehen hierbei vielfältige Steuerungsmöglichkeiten zur Verfügung, die den Gestaltungsspielraum der Kommunen auf schulischem Gebiet nicht unerheblich einschränken.[39]

10.41 Einwirkungen des Staates auf die Schulträger

10.411 Die Schulträger sind verpflichtet, für das notwendige *Schulangebot* zu sorgen und es *nach Maßgabe des (öffentlichen) Bedürfnisses* zu gestalten.[40] Dabei ist die Errichtung neuer und die organisatorische Änderung oder Aufhebung bestehender Schulen an die *schulaufsichtliche Genehmigung* gebunden.[41] Diese Bindung der Schulträger ergibt sich letztlich aus der in Art. 7 Abs. 1 GG gründenden Befugnis des Staates zur zentralen Ordnung und Organisation des Schulwesens mit dem Ziel, ein Schulsystem zu gewährleisten, das allen Bürgern gemäß ihren Fähigkeiten die dem heutigen gesellschaftlichen Leben entsprechenden Bildungsmöglichkeiten eröffnet.[42] Wegen sinkender Schülerzahlen stehen Schulträger vor allem in ländlichen Gebieten immer häufiger vor der Notwendigkeit, Schulen zu schließen oder aufzulösen. Zu den damit einhergehenden rechtlichen Problemen s. TZ 16.331 a.E.

---

36 So können z.B. die Landkreise in Baden-Württemberg Schulträger von Realschulen, Gymnasien, Gemeinschaftsschulen und Sonderschulen sein, wenn kreisangehörige Gemeinden durch die Wahrnehmung der Schulträgerschaft überfordert sind (§ 28 Abs. 2 bw SchulG, § 2 Abs. 1 Landkreisordnung für Baden-Württemberg).

37 Zur Finanzierung der durch Verpflegung der Schülerinnen und Schüler verursachten Kosten s. TZ 23.4.

38 Vgl. *Tettinger/Erbguth/Mann* (Fn. 35.), § 5 Rn. 205 ff.

39 Dazu Ingo *Richter*: Gestaltungsspielräume der kommunalen Schulträger beim Schulangebot, DÖV 1992, 144.

40 S. etwa § 27 Abs. 2 bw SchG, § 104 Abs. 1 Satz 1 BbgSchulG, § 144 HSchG, § 102 Abs. 2 Satz 1 SchulG M-V, § 106 Abs. 1 NSchG, § 80 Abs. 1 Satz 1 nrw SchulG, § 21 Abs. 2 sächs SchulG, § 13 Abs. 2 Satz 1 ThürSchulG. – Zur Bedeutung der Feststellung des öffentlichen Bedürfnisses für Einrichtung und (Teil-)Aufhebung einer Schule s. OVG Bautzen vom 24.10.1996, Az. 2 S 485/96. Vgl. auch OVG Münster vom 23.1.1997, Az.: 15 B 154/97 (juris): Hat eine ausreichende Zahl von Eltern den Willen bekundet, ihr Kind auf eine Gesamtschule zu schicken, muss der Schulträger diese Schule errichten. Zum umgekehrten Fall des Fehlens des öffentlichen Bedürfnisses wiederum OVG Münster, NWVBl. 2004, 153: Weigert sich der Schulträger, die bei Unterschreiten der Mindestschülerzahl gesetzlich vorgesehene Auflösung einer Hauptschule zu beschließen, ist die Kommunalaufsichtsbehörde befugt, die sofortige Schließung der Hauptschule anzuordnen. Vgl. ferner OVG Greifswald, DÖV 2005, 750, zur Bindung des Schulträgers durch gesetzlich festgelegte Schülermindestzahlen.

41 S. etwa § 30 Abs. 1 Satz 1, Abs. 3 Satz 1 bw SchG, § 104 Abs. 2 und Abs. 4 BbgSchulG, § 146 Satz 3 HSchG, § 106 Abs. 8 Satz 1 NSchG, § 81 Abs. 3 Satz 1 nrw SchulG, § 24 Abs. 1, Abs. 3 Satz 1 sächs SchulG, §§ 58 Abs. 1 Satz 2, 59 sh SchulG, § 13 Abs. 3 Satz 1 ThürSchulG. In Bayern hingegen braucht die Errichtung einer kommunalen Schule der Schulaufsichtsbehörde nur angezeigt zu werden (vgl. TZ 10.21). Zur staatlichen Genehmigung als Voraussetzung für die sofortige Vollziehung eines Schulauflösungsbeschlusses s. OVG Münster, NVwZ-RR 1992, 21.

42 BVerfGE 34, 165 (182); 59, 360 (377). Im Übrigen bedarf es der Zustimmung der Schulaufsichtsbehörde auch deshalb, weil der jeweilige Schulorganisationsakt des Schulträgers Auswirkungen auf die Zuweisung von Lehrkräften hat (vgl. *Rux/Niehues*, Schulrecht, Rn. 973).

10.412 Die staatlichen Vorgaben beeinflussen nicht zuletzt die kommunale *Schulentwicklungsplanung.*[43] Soweit die Kommunen, zumeist die Landkreise und die kreisfreien Städte, für die Aufstellung von Schulentwicklungsplänen (Schulnetzplänen) zuständig sind – so in Brandenburg, Hessen, Mecklenburg-Vorpommern, Nordrhein-Westfalen, Rheinland-Pfalz, im Saarland, in Sachsen, Sachsen-Anhalt, Schleswig-Holstein und Thüringen[44] –, haben sie zumeist die Festlegung höherrangiger Planungen, insbesondere die Ziele der Raumordnung und Landesplanung zu beachten. Außer in Nordrhein-Westfalen, Rheinland-Pfalz und im Saarland bedürfen die Schulentwicklungspläne überdies staatlicher Genehmigung.

10.413 Die Ausführung der Baumaßnahmen haben die Länder bis ins Einzelne durch *Schulbaurichtlinien* und *Raumprogramme* geregelt. Diese sind in den Amtsblättern der staatlichen Schulverwaltungen und der staatlichen Bauverwaltungen veröffentlicht. Die Schulträger können bei ihren Bauvorhaben auf Planungshinweise, Arbeitshilfen und Schulbauempfehlungen der Zentralstelle für Normungsfragen und Wirtschaftlichkeit im Bildungswesen zurückgreifen.[45]

10.42 Sonstige Beschränkungen der kommunalen Schulträgerschaft

10.421 Sind die Schülerinnen und Schüler nicht bestimmten Schulbezirken gesetzlich zugeordnet, besteht eine *Pflicht zur Schüleraufnahme* unabhängig von dem Wohnsitz des Aufzunehmenden; die Aufnahme darf nur abgelehnt werden, wenn die Kapazität der Schule erschöpft ist (im Einzelnen TZ 18.223).

10.422 Die kommunalen Schulträger sind an die *Regelungen schulfachlicher Art* gebunden, welche die Schulaufsicht im Rahmen ihrer Befugnisse erlässt. Die Gliederung des Schulwesens, Klassenhöchst- und -mindestfrequenzen[46], Lehrpläne, Stundentafeln, Ferienordnungen, Prüfungs- und Versetzungsordnungen sind für Schulen in kommunaler Trägerschaft ebenso verbindlich wie für Schulen in staatlicher Trägerschaft.

Vorgaben der staatlichen Schulverwaltung können sich sogar auf die Verwendung der Schulgebäude für außerunterrichtliche Zwecke auswirken. So muss ein Schulträger bei der Entscheidung über die Überlassung von Schulräumen an nichtschulische Stellen Anordnungen des Kultusministeriums beachten, die als Ausprägung einer bildungspolitischen Gesamtkonzeption anzusehen sind. Stellt der Schulträger Schulräume grundsätzlich auch für außerunterrichtliche Zwecke zur Verfügung, darf er die Nutzung der Räume für den sogenannten Konsulatsunterricht, also für den in Verantwortung der Herkunftsländer organisierten muttersprachlichen Unterricht, nicht mit der Begründung der integrationsschädlichen Wirkung der Veranstaltung verweigern, sofern das

---

43 *Rux/Niehues*: Schulrecht, Rn. 948 ff.; Torsten *Schmidt* (Fn. 2), S. 638-751; vgl. auch Ernst *Rösner*: Schulentwicklungsplanung am Ende des 20. Jahrhunderts, RdJB 1999, 452.

44 § 102 BbgSchulG, § 145 HSchG, § 107 SchulG M-V, § 80 nrw SchulG, § 91 Abs. 3 rp SchulG, § 37 Abs. 1 Satz 2 saarl SchoG, § 23a sächs SchulG, § 22 SchulG LSA, § 51 sh SchulG, § 41 ThürSchulG. In den meisten Ländern sind nur die Landkreise und kreisfreien Städte für die Schulentwicklungsplanung zuständig, nicht aber die Gemeinden, obwohl auch sie Schulträger sind; allerdings ist zumeist das Benehmen mit den kreisangehörigen Gemeinden herzustellen – eine Form der Beteiligung, die nach der Entscheidung des BVerfG zu § 23a sächs SchulG nicht ausreicht (dazu TZ 10.12).

45 Die Zentralstelle, eine Abteilung des Sekretariats der Kultusministerkonferenz mit Sitz in Berlin, hat 1985 die Aufgaben des früheren Schulbauinstituts der Länder übernommen. Dazu der Beschluss der KMK v.14.12.1984 (KMK-BeschlS. Nr. 942).

46 Durch die Koordinierung der Aufnahmeentscheidungen der Schulleitungen bei der Umsetzung von Klassenfrequenzrichtlinien verletzt die Schulaufsichtsbehörde nicht das Selbstverwaltungsrecht des kommunalen Schulträgers, da ihr Handeln auf einer Rechtsverordnung beruht, die eine ausreichende Ermächtigungsgrundlage im Gesetz findet; vgl. VerfGH NRW, NVwZ-RR 1994, 158 (160).

Ministerium seinerseits den Unterricht in der Muttersprache als wichtigen Beitrag zur Förderung der Identitäts- und Persönlichkeitsentwicklung durch Mehrsprachigkeit und interkulturelle Bildung erklärt hat. Dies gilt selbst dann, wenn diese Auffassung nicht in einer Rechtsvorschrift, sondern nur in einer Verwaltungsvorschrift ihren Niederschlag gefunden hat.[47]

10.423 Der Schulträger kann der Schule einen *Namen* geben. Früher bedurfte dieser Akt in den meisten Ländern der Genehmigung der Schulaufsichtsbehörde. Inzwischen hat der Schulträger üblicherweise nicht mehr die Schulaufsicht, sondern die betroffene Schule zu beteiligen, indem er Einvernehmen oder Benehmen mit ihr herstellt.[48]

10.424 Soweit die Kommunen für die Durchführung der *Lernmittelfreiheit* (TZ 23.23) zuständig sind, dürfen sie nur solche Schulbücher anschaffen, die im ministeriellen Zulassungsverfahren gebilligt worden sind (TZ 5.133); hierbei überlassen sie in der Regel die Entscheidung darüber, welche Bücher gekauft werden sollen, der Einzelschule.

10.425 Organisation und Modalitäten der *Schülerbeförderung* (TZ 23.3) sind durch landesrechtliche Regelungen oft bis ins Detail vorgegeben. Sie legen die Voraussetzungen fest, die zur Teilnahme am kostenlosen Schülertransport oder zur Fahrkostenerstattung bei Benutzung öffentlicher oder privater Verkehrsmittel berechtigen; sie bestimmen Buskapazitäten, zulässige Fahrzeiten usw. Sind, wie in den meisten Ländern, die Kommunen (Landkreise und kreisfreie Städte) für die Organisation der Schülerbeförderung zuständig, können sie vom Land Erstattung ihrer Aufwendungen nur verlangen, sofern und soweit sie diese Richtlinien einhalten.

10.5 Organisation der kommunalen Schulverwaltung

10.51 Zuständigkeiten

Organe der kommunalen Schulverwaltung sind die gesetzlich bestimmten Vertretungs- und Verwaltungsorgane des Schulträgers (Gemeinderat, Verwaltungsausschuss, Schulausschuss, Schuldeputation, Verbandsausschuss, Bürgermeister, Landrat, Verbandsvorsteher u.a.). Die laufenden Verwaltungsaufgaben werden durch die damit betrauten Bediensteten der Kommune wahrgenommen, in den größeren Kommunen durch fachlich vorgebildete Beamte (Stadt- oder Kreisschulrat, Schul- und Oberschulräte, Referenten). Die kommunale Schulverwaltung ist Bestandteil der gesamten Verwaltung des Schulträgers; als Kommunalbehörde arbeitet sie nach den Vorschriften und Grundsätzen des Kommunalrechts.

10.52 Organisatorische Besonderheiten

In mehreren Ländern sind für den schulischen Bereich der Kommunalverwaltung organisatorische Besonderheiten vorgesehen.

10.521 In *Baden-Württemberg* können die Schulträger einen *Schulbeirat* als beschließenden oder beratenden Ausschuss bilden, der in allen wichtigen Schulangelegenheiten zu hören ist. Mitglieder sind Vertreter der Schulleitungen, der Lehrkräfte, der Eltern, der Schülerinnen und Schüler, der Religionsgemeinschaften und, wenn auch berufliche Schulen beteiligt sind, Vertreter der für die Berufserziehung der Schüler Mitverant-

---

47 So VGH Mannheim, NVwZ-RR 2008, 179.

48 S. etwa Art. 29 Abs. 1 BayEUG, § 99 Abs. 3 BbgSchulG, § 142 Abs. 2 HSchG, § 106 Abs. 2 SchulG M-V, § 107 NSchG.

wortlichen.[49] In *Brandenburg* gibt es einen *Kreisschulbeirat*, der mit dem staatlichen Schulamt und dem Landrat bzw. Oberbürgermeister schulische Angelegenheiten des Kreises oder der kreisfreien Stadt berät; er ist bei der Schulentwicklungsplanung, der Errichtung, Änderung oder Auflösung von Schulen, der Festlegung und Veränderung von Schulbezirken, bei Schulbaumaßnahmen sowie bei Grundsätzen der Schülerbeförderung zu hören. Stimmberechtigte Mitglieder des Kreisschulbeirats sind je acht von den Kreisräten der Schülerinnen und Schüler, der Eltern und der Lehrkräfte gewählte Vertreter. Mit beratender Stimme gehören dem Kreisschulbeirat an: der Vorsitzende des Schulausschusses des Kreistags bzw. der Stadtverordnetenversammlung, je ein Vertreter der Schüler, Eltern und der Lehrkräfte an Ersatzschulen sowie im Siedlungsgebiet der Sorben ein Vertreter dieser Bevölkerungsgruppe.[50]

10.522 In *Hessen*, *Niedersachsen*, *Nordrhein-Westfalen* und *Rheinland-Pfalz* müssen die Kommunen, die Schulträger sind, nach den Bestimmungen der Gemeindeordnung und der Landkreisordnung einen *Schulausschuss* (Schulkommission, Schulträgerausschuss) bilden. In Nordrhein-Westfalen können in diesen Ausschuss auch Vertreter der Schulen zur ständigen Beratung berufen werden. In Hessen und Niedersachsen müssen dem Schulausschuss Vertreter der Lehrkräfte, der Eltern sowie der Schülerinnen und Schüler, in Rheinland-Pfalz sollen diesem Organ Lehrkräfte und Elternvertreter angehören; Schülervertreter können hier mit beratender Stimme hinzugezogen werden. Weitere Mitglieder des Schulausschusses sind in Hessen und Nordrhein-Westfalen Vertreter der Kirchen, in Niedersachsen und Rheinland-Pfalz Arbeitnehmer- und Arbeitgebervertreter, sofern auch berufsbildende Schulen zu den Schulen des Schulträgers gehören. In Niedersachsen müssen die Mitglieder der Vertretungskörperschaft des Schulträgers über die Mehrheit verfügen.[51]

10.523 Trotz der Identität von Staat und Gemeinde im Stadtstaat *Berlin* (Art. 1 Abs. 1 Verf.) können sich Spannungen zwischen den *Bezirken* und der Senatsschulverwaltung daraus ergeben, dass den Bezirken, an sich Untergliederungen der Gesamtstadt, durch die Verfassung eine eingeschränkte Selbstverwaltung eingeräumt ist, die sich auch auf die Verwaltung der äußeren Schulangelegenheiten erstreckt.[52]

10.524 Die Schulträger werden in ihrer Arbeit durch die *überschulischen Vertretungsorgane* sowohl der Schülerinnen und Schüler als auch der Eltern unterstützt (TZ 8.14, 8.24). Diese sind zwar nicht der kommunalen Schulverwaltung zuzurechnen, können aber durch ihr Gewicht die Entscheidungen des Schulträgers beeinflussen.

10.6 Neue Entwicklungen

Kommunale Schulträgerschaft kann und soll mehr bedeuten als die Verwaltung und Finanzierung der äußeren Schulangelegenheiten.[53] Sie muss sich vielmehr in das gesamte

49 § 49 bw SchG.
50 § 137 BbgSchulG.
51 § 148 HSchG, § 110 NSchG, § 85 nrw SchulG, § 90 rp SchulG.
52 Art. 66 Abs. 2, 67 Abs. 2 Verf., § 109 SchulG.
53 Dazu Hermann *Avenarius*, Kommunale Verantwortung für innere Schulangelegenheiten?, SchulVerwaltung. Ausg. Hessen/Rheinland-Pfalz, Teil 1: 2014, 242; Teil 2: 2014, 268; Hans *Döbert*/Horst *Weishaupt* (Hrsg.), Bildungsmonitoring, Bildungsmanagement und Bildungssteuerung in Kommunen. Ein Handbuch, Münster 2015; Angela *Faber*, Die gegenwärtige und künftige Rolle der kommunalen Schulträger – Ein Bericht aus der Praxis, RdJB 2014, 229; Klaus *Hebborn*, Perspektiven Kommunaler Bildungspolitik. Die kommunale Bildungslandschaft – ein Entwicklungskonzept für qualitative Bildungsentwicklung, Beratung und Übergänge in den Kommunen, RdJB 2012, 293; Horst *Weishaupt*, Schulpolitische Herausforderungen für die Kommunen durch den demografischen Wandel, Kommu-

kommunale Dienstleistungsangebot einfügen. In dem Maße, in dem die Schulen neue Aufgaben wahrnehmen, müssen auch die kommunalen Schulbehörden im Zusammenwirken mit den anderen kommunalen Institutionen tätig werden. Schulen sind keine Einrichtungen, die losgelöst von den sie umgebenden sozialen Strukturen agieren können. Gesamtgesellschaftlicher Wandel, soziale und ökonomische Veränderungen in den Lebensbedingungen von Kindern, Jugendlichen und Familien sowie neue Vorstellungen von Erziehung und Bildung erfordern entsprechende Maßnahmen. Genannt seien beispielsweise die zunehmend wichtiger werdenden Ganztagsangebote, verbunden mit der Bereitstellung eines Mittagessens in der Schule, Zusammenarbeit zwischen Grundschulen und vorschulischen Bildungseinrichtungen, spezielle Förderungsprogramme für Kinder und Jugendliche mit Migrationshintergrund, stadtteilbezogene Projekte der Sozialarbeit im Umfeld der Schule. Dies bedeutet für die kommunalen Schulbehörden, dass sie tunlichst mit den anderen kommunalen Dienststellen sowie mit den am Ort vorhandenen staatlichen Stellen (Jugendamt, Jobcenter, Polizei) kooperieren.

Unerlässlich für ein erfolgreiches Wirken der Kommunen im schulischen Bereich ist überdies eine enge Zusammenarbeit mit den staatlichen Schulbehörden. Wenn äußere und innere Schulangelegenheiten nicht abgestimmt sind, wenn Kommune und Staatliches Schulamt aneinander vorbei- oder gar gegeneinander arbeiten, dann sind es die Schulen, die unter den Folgen am meisten zu leiden haben.

10.7 Dienstrechtliche Zuordnung der Lehrkräfte

Lehrkräfte an öffentlichen Schulen können Bedienstete des Landes, des kommunalen oder eines sonstigen Schulträgers sein.[54]

10.71 Lehrkräfte als Landesbedienstete

In den meisten Ländern sind sämtliche Lehrkräfte, also auch die Lehrerinnen und Lehrer an Schulen in kommunaler Trägerschaft, Landesbedienstete. Demnach ist das Land zuständig für Anstellung, Beförderung, Versetzung und für alle sonstigen dienstrechtlichen Maßnahmen. Kommunale Mitwirkungsrechte bei der Auswahl der Schulleiter und Lehrkräfte sind in verschiedenen Formen verwirklicht.[55]

10.711 Bei den *Schulen in kommunaler Trägerschaft* ist im Allgemeinen den Kommunen gesetzlich oder durch Verwaltungsübung das Recht zugebilligt, vor entscheidenden personalpolitischen Maßnahmen gehört zu werden. Die kommunale Mitwirkung lässt allerdings die Rechtsstellung der Lehrkräfte unberührt; der kommunale Schulträger wird nicht Dienstherr der staatlichen Lehrerinnen und Lehrer und nimmt auch an der staatlichen Dienstgewalt keinen Anteil.[56]

10.712 Bei der Auswahl der Lehrkräfte an *Schulen in staatlicher Trägerschaft* entfällt die kommunale Mitwirkung.

---

nalPraxisspezial. 1/2015, 19; Wolfgang W. *Weiß*, Schule als kommunale Gestaltungsaufgabe. Anmerkungen zum Begriff „Erweiterte Schulträgerschaft", RdJB 2012, 302.

54 Dazu die Übersicht über die Länder unter TZ 11.4.

55 Helmut *Kauther*/Jochen *Stemplewski*, Kommunale Beteiligung an Personalentscheidungen und an der Schulaufsicht, RdJB 1988, 306.

56 Begeht allerdings die Kommune bei der Ausübung des ihr gesetzlich eingeräumten Vorschlagsrechts für eine Beförderungsstelle einen Ermessensfehler, so kann die übergangene Lehrkraft Schadensersatz wegen Amtspflichtverletzung verlangen (BGH, DVBl. 1994, 1065).

10.72 Lehrkräfte als Kommunalbedienstete

In *Bayern* sind die Lehrkräfte an kommunalen Schulen ausnahmslos Bedienstete der kommunalen Körperschaft (dementsprechend die Lehrkräfte an staatlichen Schulen stets Landesbeamte).[57] In *Bremen* fallen (kommunale) Schulträgerschaft und Dienstherreneigenschaft zusammen; die Lehrkräfte sind also Bedienstete der Stadtgemeinden Bremen und Bremerhaven.[58]

Dienstvorgesetzter der als Kommunalbedienstete eingestellten Lehrkräfte ist die durch das Kommunalverfassungsrecht des Landes (Gemeindeordnung, Landkreisordnung) bestimmte Stelle. Dabei bleibt die staatliche Schulaufsicht und damit die Verantwortung des Staates für die inneren Schulangelegenheiten unberührt. Die staatliche Schulbehörde hat die fachliche und pädagogische Eignung auch dieser Lehrkräfte zu überprüfen. Sie hat die Mindestzahlen der Lehrkräfte und der Lehrerstellen sowie das Verhältnis der Schülerzahl zur Lehrerzahl (Messzahl) festzusetzen und den Umfang der *Lehrverpflichtung* (Pflichtstundenmaß, Regelstunden der Lehrkräfte) zu bestimmen. Ferner sind Dienst- und Konferenzordnungen, Anordnungen über eine gesundheitliche Überwachung der Lehrkräfte zum Schutz der Schülerinnen und Schüler vor übertragbaren Krankheiten usw. für den kommunalen Träger und die Lehrkräfte bindend. Auch darf der kommunale Dienstherr, der über mehrere Schulen verfügt, Lehrkräfte ohne schulaufsichtliche Zustimmung nicht von einer Schule zur anderen versetzen, weil die Schulaufsicht sonst für das Schulwesen insgesamt wie für die Leistung der einzelnen Schule in Unterricht und Erziehung nicht mehr einstehen könnte.

10.73 Lehrkräfte als Bedienstete sonstiger Träger

Die Lehrkräfte an den Kammerschulen in Nordrhein-Westfalen (vgl. TZ 10.33) stehen im Dienst des jeweiligen Schulträgers.[59]

57 Art. 3 Abs. 1 Satz 3 und 2 BayEUG.
58 § 8 BremSchVwG.
59 § 124 Abs. 1 Satz 1 nrw SchulG.

11. Kapitel: Schulfinanzierung (Schulunterhaltung)[1]

Im Jahr 2014 gaben Länder und Gemeinden für *öffentliche Schulen* insgesamt 61,8 Milliarden Euro aus; der Länderanteil belief sich auf rund 82 Prozent, der Anteil der Kommunen auf knapp 18 Prozent.[2]

Dieses Kapitel befasst sich zunächst mit der Frage, nach welchen Kriterien sich die Kostenträgerschaft von Ländern und Gemeinden bestimmt (TZ 11.1), erläutert des Weiteren die für Länder und kommunale Gebietskörperschaften maßgeblichen Grundsätze und Verfahren des schulrelevanten Haushaltsrechts (TZ 11.2) und behandelt sodann Rechtsfragen, die sich aus der erweiterten finanziellen Eigenständigkeit der Schulen ergeben (TZ 11.3). Den Abschluss bildet ein komprimierter Überblick über die Regelungen der Länder zu Schulträgerschaft, dienstrechtlicher Stellung der Lehrkräfte und Schulfinanzierung (TZ 11.4).

11.1 Länder und Kommunen als Kostenträger

Das Schulwesen fällt im Bundesstaat der Bundesrepublik Deutschland in den Verantwortungsbereich der Länder („Kulturhoheit der Länder", vgl. TZ 2.11). Soweit dort kommunale Gebietskörperschaften bestehen – das ist in sämtlichen Flächenländern sowie im Stadtstaat Bremen der Fall –, wirken die Kommunen an der Gestaltung des Schulwesens mit: Dem jeweiligen Land ist die Verantwortung für die *inneren Schulangelegenheiten* zugewiesen; die Gemeinden nehmen sich der *äußeren Schulangelegenheiten* an (vgl. TZ 10.12, 1.322). Die Unterscheidung zwischen inneren und äußeren Schulangelegenheiten wirkt sich auch auf die Frage aus, wer – Land oder Gemeinde – die bei der Schulfinanzierung anfallenden Kosten zu tragen hat, und zwar je nachdem, ob es sich um Personal- oder Sachkosten handelt.

11.11 Personalkosten

11.111 Die *Kosten des lehrenden Personals*, das Aufgaben im Rahmen der inneren Schulangelegenheiten wahrnimmt, sind vom Staat als Dienstherrn zu tragen. In der Regel übernimmt also das *Land* die Besoldung und Versorgung der Lehrkräfte. Diese Aufwendungen machen den mit Abstand größten Budgetposten in den Landesausgaben für die Schulfinanzierung aus. Sofern ausnahmsweise kommunale oder sonstige nichtstaatliche Schulträger Dienstherren des Lehrpersonals sind (vgl. TZ 10.72 und 10.73), kommen sie für die Kosten auf; die Ausgaben werden ihnen allerdings vom Land ganz oder teilweise erstattet.[3]

Wie viele Lehrkräfte die Länder den einzelnen Schulen zuweisen, richtet sich in der Regel nach dem Unterrichtsbedarf, der aus Stundentafeln, Pflichtstunden der Lehr-

1 Zur Einführung immer noch lesenswert: DJT-SchulGE, § 99-103 (S. 119 ff.), S. 372 ff.

2 *Statistisches Bundesamt*, Bildungsfinanzbericht 2017, Wiesbaden 2017, S. 44 ff. – Zu Fragen der Bildungsfinanzierung s. Heiner *Barz*, Handbuch Bildungsfinanzierung, Wiesbaden 2010; Dieter *Dohmen*/Klaus *Klemm*/Manfred *Weiß*, Bildungsfinanzierung in Deutschland. Grundbegriffe, Rahmendaten und Verteilungsmuster, Frankfurt am Main 2004; Roman *Jaich*, Bildungsfinanzierung der öffentlichen Hand – Stand und Herausforderungen. Schlussbericht für die Gewerkschaft Erziehung und Wissenschaft, Frankfurt am Main 2016; Manfred *Weiß*, Bildungsfinanzierung, Pädagogik 7-8/2014, 75; Joachim *Wieland*/Dieter *Dohmen*, Bildungsföderalismus und Bildungsfinanzierung, Berlin 2011.

3 S. etwa Art. 16 Abs. 1 BaySchFG.

kräfte, Klassenzahl usw. unter Berücksichtigung von Messzahlen resultiert. Ob und in welchem Umfang die Schulbehörden bei der Zuteilung von Lehrkräften *Schulen in sozial schwieriger Lage* („Brennpunktschulen"), insbesondere Schulen mit hohem Zuwanderungsanteil, gezielt *mit zusätzlichen Lehrerstellen versorgen* – etwa auf der Grundlage eines Sozialindex –, ist von Land zu Land unterschiedlich geregelt.[4]

11.112 Der *Schulträger* trägt aufgrund seiner Zuständigkeit für die äußeren Schulangelegenheiten nicht nur die Sachkosten (dazu TZ 11.12), sondern übernimmt auch die durch das von ihm zu stellende *nichtlehrende Personal* (Verwaltungspersonal, Hausmeister, Reinigungskräfte u.a.) entstehenden Ausgaben.[5] Unterschiedlich ist die Aufbringung der Kosten für die Bediensteten geregelt, die weder der Gruppe der Lehrkräfte angehören noch dem Verwaltungs- und Hilfspersonal der Schule zuzurechnen sind (Schulpsychologen, Pädagogische Assistenten, Schulassistenten, Sozialpädagogen, Erziehungsberater u.a.). Teils – so in *Bayern*[6], *Niedersachsen*[7], *Rheinland-Pfalz*[8] und *Sachsen-Anhalt*[9] – fallen Ausgaben für diese Personen beim Land, teils – so etwa in *Nordrhein-Westfalen*[10] – beim Schulträger an.

11.12 Sachkosten

11.121 Die Sachkosten werden von den *Schulträgern* aufgebracht.[11] Zu den Sachkosten gehören neben den Aufwendungen für die laufende Verwaltung, die Innenausstattung und die Lehrmittel der Schule insbesondere die Schulbaukosten. Die Schulträger übernehmen ferner in manchen Ländern die Ausgaben zur Durchführung der Lernmittelfreiheit und der Schülerbeförderung. Schulbau, Bereitstellung der Lernmittel und Schülerbeförderung sind heute die kostenträchtigsten Aufgabenbereiche der kommunalen Schulträger. Gerade die Schülerbeförderung, die infolge der mit dem Schülerrückgang einhergehenden Konzentration der Schulversorgung (Auflösung kleiner wohnortnaher Schulen und ihre Ersetzung durch größere, wohnortferne Mittelpunktschulen) erheblich an Bedeutung gewonnen hat, belastet die kommunalen Haushalte stark. Hinzu kommen in neuerer Zeit erhebliche Ausgaben für Infrastrukturmaßnahmen und Personalzuweisungen im Zuge der Einführung der schulischen Inklusion (vgl. TZ 3.6 und 11.122).

Für einige Aufwendungen der Kommunen, vor allem für die Kosten der Lernmittelfreiheit und der Schülerbeförderung, sind teilweise und unter bestimmten Voraussetzungen Erstattungen durch das Land vorgesehen. Überdies unterstützt der Staat leistungs-

4 Dazu der vom Forschungsbereich beim *Sachverständigenrat deutscher Stiftungen für Integration und Migration* herausgegebene sehr informative Policy Brief: „Ungleiches ungleich behandeln!". Wege zu einer bedarfsorientierten Schulfinanzierung, Berlin 2016 (Autor: Simon *Morris-Lange*); vgl. auch Kristina *Tillmann*/Horst *Weishaupt*, Ansätze bedarfsorientierter Ressourcenausstattung von sozial belasteten Schulen in Deutschland. Eine Situationsanalyse, ZBV 2/2015, 5.

5 Die Kosten für diese Personen werden landesrechtlich zum Teil auch als Sachkosten bezeichnet, vgl. etwa § 113 Abs. 1 Satz 2 NSchG, § 45 Abs. 3 Nr. 1 saarl SchoG, § 70 Abs. 1 SchulG LSA.

6 S. Art. 2 Abs. 2 Bay SchFG.

7 § 112 Abs. 1 NSchG.

8 S. § 74 Abs. 1 SchulG; danach stellt das Land auch das pädagogische Personal für Ganztagsschulen bereit, nicht aber die außerunterrichtlich eingesetzten Betreuungskräfte (§ 74 Abs. 3 SchulG).

9 S. § 69 SchulG LSA.

10 In NRW trägt das Land die Kosten des pädagogischen und sozialpädagogischen Personals an öffentlichen Schulen, deren Träger das Land, eine Gemeinde oder ein Gemeindeverband ist (§ 92 Abs. 2 SchulG); die übrigen Personalkosten fallen dem Schulträger zur Last (§ 92 Abs. 3 SchulG).

11 Das gilt in Bayern auch hinsichtlich der staatlichen Schulen, die vom Land errichtet und aufgelöst werden. Hier kommt gemäß Art. 8 BaySchFG die kommunale Körperschaft für den Schulaufwand, d.h. den nicht zum Personalaufwand gehörenden übrigen Aufwand, auf (vgl. TZ 10.21).

schwache Schulträger durch einmalige Beihilfen zu größeren Bauvorhaben sowie durch besondere *Zuschüsse* oder im Wege des Finanzausgleichs. Zu den verschiedenen Formen des Ausgleichs der Schullasten zwischen Land und kommunalen Schulträgern kommen *interkommunale Ausgleichszahlungen* durch Umlegung der Lasten nach bestimmten Schlüsseln sowie einmalige Baubeihilfen der Kreise für kreisangehörige Gemeinden und Gastschulbeiträge (Schulkostenbeiträge) der Wohnsitzgemeinden der Schüler – bei Berufsschulen der Arbeitsortsgemeinden – an den Schulträger (dazu die Übersicht in TZ 11.4).

11.122 Heftigen Streit löste vor allem in den Ländern Niedersachsen, Nordrhein-Westfalen und Rheinland-Pfalz die Frage aus, welche Gebietskörperschaft – Land oder kommunaler Schulträger – die Aufwendungen zu tragen hat, die durch die *Einführung der Inklusion* (vgl. TZ 3.6) entstehen. Bei diesen Ausgaben handelt es sich nicht nur um Sachkosten (für barrierefreie Gebäude, behindertengerechte Ausstattung von Räumen, Schülerfahrkosten u.a.), sondern auch um Personalkosten (für medizinisch-therapeutisches Personal, Integrationshelfer u.a.). In diesem Streit ging und geht es vor allem um die Frage, ob es mit dem verfassungsrechtlichen *Konnexitätsprinzip* vereinbar ist, dass der Landesgesetzgeber die mit der Einführung der Inklusion einhergehenden Kosten ganz oder teilweise den Kommunen aufbürdet. Das in den Verfassungen sämtlicher Flächenländer verankerte Konnexitätsprinzip gewährleistet den Kommunen, denen der Landesgesetzgeber neue Aufgaben überträgt, hinsichtlich der dabei anfallenden Kosten einen Ausgleichsanspruch gegen das Land. Kurz: Wer die Musik bestellt – nämlich das Land durch gesetzliche Einführung der Inklusion –, der soll sie auch bezahlen.[12] Zumeist konnten die Konflikte zwischen Land und kommunalen Spitzenverbänden einvernehmlich gelöst werden.[13]

11.13 Unterscheidung der Schulen nach der Kostenträgerschaft

Unter dem Gesichtspunkt der Kostenträgerschaft lassen sich die Schulen in staatliche, kommunale und staatlich-kommunale Schulen gliedern. Bei *staatlichen Schulen* ist das Land sowohl Schulträger als auch Dienstherr des Lehrpersonals; es bringt die gesamten dafür erforderlichen Mittel auf. Staatliche Schulen sind z.B. Kollegs (TZ 3.8). *Kommunale Schulen* sind solche, bei denen der kommunale Schulträger Dienstherr sowohl des lehrenden als auch des nichtlehrenden Personals ist und überdies für den gesamten

12 So bestimmt etwa Art. 57 Abs. 4 der nds Verf., dass den Gemeinden und Landkreisen durch Gesetz staatliche Aufgaben zur Erfüllung nach Weisung übertragen werden können, wenn gleichzeitig Bestimmungen über die Deckung der Kosten getroffen werden. Ähnlich die verfassungsrechtlichen Regelungen in Art. 78 Abs. 3 der nrw Verf. und in Art. 49 Abs. 4 und 5 rp Verf.

13 In Niedersachsen kam das Land den Forderungen der kommunalen Spitzenverbände durch die Verabschiedung des „Gesetzes über finanzielle Leistungen wegen der Einführung der inklusiven Schule" vom 12.11.2015 (GVBl. S. 313) entgegen; danach gewährt der Staat den kommunalen Schulträgern ab dem Haushaltsjahr 2016 für diesen Zweck eine jährliche Pauschale von 20 Mio. Euro. – In Rheinland-Pfalz schlossen beide Seiten am 11.11.2014 eine „Vereinbarung über den Unterstützungsfonds für die Wahrnehmung inklusiv-sozialintegrativer Aufgaben"; darin verpflichtet sich das Land, den Kommunen ab 2015 jährlich eine Pauschale in Höhe von 10 Mio. Euro für den Ausbau des gemeinsamen Unterrichts zu zahlen. – Zu den äußerst heftigen Auseinandersetzungen in Nordrhein-Westfalen, die von beiden Seiten mit mehreren Gutachten, darunter zwei Rechtsgutachten, bestritten und seitens des Städtetags NRW mit der Androhung einer kommunalen Verfassungsbeschwerde vor dem Landesverfassungsgericht befeuert worden waren, s. die aufschlussreiche Darstellung von Angela *Faber*, Inklusion und Konnexität – Bericht über einen Verhandlungsprozess in Nordrhein-Westfalen, Der Landkreis 2014, 228. Am Ende konnten Land und kommunale Spitzenverbände eine Einigung erzielen, die im Inklusionsförderungsgesetz vom 9.7.2014 (GV. S. 404) ihren Niederschlag gefunden hat. Das Gesetz sieht rückwirkend ab 2013 in den folgenden fünf Jahren Landeszuweisungen an die Kommunen in Höhe von insgesamt 175 Mio. Euro vor. Überdies ist die Kostenentwicklung jährlich zu evaluieren; bei höheren nachgewiesenen Kosten sind die Landeszuweisungen anzupassen.

Personal- und Sachaufwand verantwortlich ist, so z.B. die Schulen in Bremen[14] sowie zahlreiche Realschulen, Gymnasien und berufliche Schulen in Bayern.[15] Den Regelfall bilden die *staatlich-kommunalen Schulen*: Der (kommunale) Schulträger bringt die Sachkosten einschließlich der Aufwendungen für das nichtlehrende Personal auf; dem Staat als Dienstherrn der Lehrerinnen und Lehrer obliegen die Kosten des Lehrpersonals.[16]

11.2 Kultus- und Schulhaushalt

Aufbringung, Bereitstellung und Bewirtschaftung der Mittel für das Schulwesen des Landes oder einer kommunalen Gebietskörperschaft richten sich nach den für alle öffentlichen Verwaltungen geltenden Grundsätzen des Haushaltsrechts.[17] Ein – für ein oder zwei Kalenderjahre maßgeblicher – *Haushaltsplan* wird im Entwurf aufgestellt, dem die Anforderungen der einzelnen Schule sowie schlüsselmäßige Ansätze der zentralen Verwaltungsstellen zugrunde liegen. Die Schulen melden ihre Schüler- und Klassenzahlen; danach wird der Bedarf an Personalkosten errechnet (zur Ermittlung des Lehrerbedarfs TZ 11.111). Hierbei ergibt sich die Besonderheit, dass das am 1. Januar beginnende Haushaltsjahr und das jeweils am 1. August beginnende Schuljahr nicht übereinstimmen; dies hat zur Folge, dass der Bedarf der Schulen weit im Voraus ermittelt werden muss. Über den Haushaltsentwurf verhandeln zunächst Schul- und Finanzverwaltung. Sodann beschließt die Landesregierung – bei den kommunalen Gebietskörperschaften der Gemeindevorstand, z.B. der Magistrat – den Entwurf des Haushaltsplans, worauf dieser dem Landtag – der kommunalen Vertretungskörperschaft – zur Beratung und Entscheidung vorgelegt wird. Erst nach gesetzlicher bzw. satzungsrechtlicher Feststellung kann der Haushaltsplan ausgeführt werden; ist er nicht rechtzeitig festgestellt, dürfen zunächst nur die notwendigen und unaufschiebbaren Ausgaben (z.B. für Gehälter) geleistet werden (§ 37 Abs. 1 Satz 2 LHO).

Die Verwaltungsorgane haben die Möglichkeit, die Mittel zentral zu bewirtschaften oder – was zunehmend der Fall ist – *den Schulen Anteile* an den einzelnen Haushaltsansätzen *zur selbständigen Bewirtschaftung* zu überlassen (vgl. TZ 11.3). Im letzteren Fall pflegen die Verwaltungen *Zentralfonds* zu Ausgleichszwecken zurückzubehalten; daneben gibt es Haushaltspositionen, die aus der Natur der Sache zentral bewirtschaftet werden müssen (z.B. staatliche Beihilfen für größere Schulbaumaßnahmen). Verwaltungen wie Einzelschulen sind gehalten, den Rahmen der ihnen zur Verfügung stehenden Mittel nicht zu überschreiten und die Grundsätze der Wirtschaftlichkeit und Sparsamkeit zu beachten (§ 6 Abs. 1 HGrG, § 7 Abs. 1 LHO); sie unterliegen in ihrer Wirtschaftsführung der *Rechnungsprüfung* (§ 37 HGrG). Jeder Schulhaushalt ist ein *Defizithaushalt*; wenn überhaupt Einnahmen erzielt werden, sind sie im Vergleich zur Höhe der Ausgaben gering. Der Fehlbetrag wird aus den Gesamteinnahmen der Kostenträger gedeckt, also beim Staat aus Steuereinnahmen und Vermögenserträgen, bei den kommunalen

---

14 § 8 BremSchVwG.

15 Art. 27 BayEUG.

16 Zu den staatlich-kommunalen Schulen in diesem Sinne gehören auch die „staatlichen" Schulen in Bayern, Rheinland-Pfalz und Thüringen.

17 Den Rahmen für die Haushaltsvorschriften des Bundes und der Länder setzt das Haushaltsgrundsätzegesetz (HGrG), auf dessen Grundlage die Bundeshaushaltsordnung (BHO) und die in Paragraphenfolge und Wortlaut übereinstimmenden Landeshaushaltsordnungen (LHO) ergangen sind; da die Vorschriften des HGrG Grundsätze enthalten, welche die Gesetzgebung (des Bundes und) der Länder verpflichten, wirken sie über die Bestimmungen der von den Ländern erlassenen Gemeinde- und Kreisordnungen auf das Haushaltsrecht der Kommunen ein. – Zum öffentlichen Haushaltsrecht grundlegend Dieter *Engels*/Manfred *Eibelshäuser* (Hrsg.), Kommentar zum Haushaltsrecht. 2 Bände. Loseblattausgabe, Stand: Dezember 2015, Neuwied; Hans-Günter *Henneke*/Hermann *Pünder*/Christian *Waldhoff* (Hrsg.), Recht der Kommunalfinanzen, München 2006.

Gebietskörperschaften aus Steuereinnahmen, Vermögenserträgen, Beihilfen, Zuschüssen und Gastschulbeiträgen, bei den Kammerschulen aus Mitgliedsbeiträgen und öffentlichen Beihilfen. Nicht zum öffentlichen Haushalt gehören Zuwendungen, die der Schule durch einen Förderverein zugute kommen; sie werden getrennt nach vereinsrechtlichen Grundsätzen vom Vorstand des Vereins (TZ 12.222) verwaltet und stehen für die Bestreitung der laufenden Ausgaben einer Schule nicht zur Verfügung.

11.3 Auf dem Weg zur finanziellen Eigenständigkeit der Schule: Dezentrale Ressourcenverantwortung und Budgetierung

Die öffentliche Schule ist in ihrer Rechtsstellung dadurch gekennzeichnet, dass sie einerseits in der Regel nichtrechtsfähige öffentlich-rechtliche Anstalt des (kommunalen) Schulträgers ist, dass sie andererseits aufgrund ihrer Einbindung in die staatliche Schulverwaltung Behördencharakter hat (vgl. TZ 6.21). Im Unterschied zu juristischen Personen des öffentlichen Rechts kann sie daher nicht im eigenen Namen am Rechtsverkehr teilnehmen.

Das hat die Gesetzgeber in den Ländern nicht davon abgehalten, den Schulen im Zuge erweiterter pädagogischer Eigenverantwortung (dazu TZ 13.2) ein höheres Maß an finanzieller Eigenständigkeit zu gewähren.[18] Demgemäß verpflichten die meisten Schulgesetze die Schulträger durch Muss- oder Sollvorschriften dazu, den Schulen die für den Sachbedarf der Schule (insbesondere Lehr- und Lernmittel, laufende Verwaltung) notwendigen Haushaltsmittel zur selbständigen Bewirtschaftung zuzuweisen; Berlin, Brandenburg, Hessen, Niedersachsen und Nordrhein-Westfalen eröffnen darüber hinaus auch der staatlichen Schulverwaltung die Möglichkeit, den Schulen Entscheidungsbefugnisse über die Verwendung von Personalmitteln, etwa für die Honorierung von Vertretungskräften zur Sicherstellung der Unterrichtsversorgung, einzuräumen. In einigen Ländern werden die Handlungsmöglichkeiten der Schulen dadurch verstärkt, dass sie Rechtsgeschäfte für den Rechtsträger – Kommune oder Land – abschließen und für diesen Verpflichtungen eingehen können.[19]

Selbständige Bewirtschaftung bedeutet zunächst ganz allgemein *dezentrale Ressourcenverantwortung:* Die Schule kann im Rahmen der kommunalen Haushaltswirtschaft weitgehend selbst über den Einsatz der Mittel entscheiden. Das gilt vor allem dann, wenn der Schulträger Gelder, die bei verschiedenen Haushaltsstellen angesetzt sind, für gegenseitig deckungsfähig erklärt. In diesem Fall steht es der Schule frei, gemäß ihrer pädagogischen Eigenverantwortung (TZ 13.2) bedarfsgerecht besondere Akzente zu setzen (z.B. Einsparungen bei Bürokosten zugunsten der Förderung von Klassenfahrten). Diese Eigenständigkeit dürfte auch der Wirtschaftlichkeit und Sparsamkeit der Verwaltung zugute kommen, vor allem dann, wenn nicht verbrauchte Mittel auf das nächste Jahr übertragbar sind; dadurch wird der Versuchung entgegengewirkt, noch kurz vor

---

18 Dazu *Rux/Niehues*, Schulrecht, Rn. 1247 ff. Nach wie vor informativ *Kommunale Gemeinschaftsstelle*, Neue Steuerung im Schulbereich, Köln 1996; *Landesinstitut für Schule und Weiterbildung* des Landes Nordrhein-Westfalen (Hrsg.), Budgetierung und Schulentwicklung, Soest 1997 (Verfasser: Adolf *Bartz*). Aus bildungsökonomischer Sicht: Manfred *Weiß*, Mehr Effizienz im Schulbereich durch dezentrale Ressourcenverantwortung und Wettbewerbssteuerung?, in: Heinz-Hermann Krüger/Hartmut Wenzel (Hrsg.), Schule zwischen Effektivität und sozialer Verantwortung, Wiesbaden 2000, S. 45. Vgl. auch Gerd *Reinken*, „Schulautonomie" als Perspektive? Zu den gesellschaftlichen Voraussetzungen und zu den Konzepten der gegenwärtigen Diskussion über die Reorganisation der Schule und ihre Auswirkungen auf den Beruf des Lehrers, Hamburg 2011, insbesondere S. 73 ff.

19 Z.B.§ 7 Abs. 1 Satz 2 bln SchulG, § 21 Abs. 1 Satz 2 BremSchVwG, § 127a Abs. 1 Satz 2 HSchG, § 3 Abs. 2 sh SchulG.

Kassenschluss („Dezemberfieber“) die Ausgabenpositionen zur Vermeidung von Kürzungen in den Folgejahren auszuschöpfen.

Selbständige Bewirtschaftung kann darüber hinaus *Budgetierung* bedeuten: In diesem Fall muss die Schule einen eigenen Haushaltsplan aufstellen, wobei sie die Richtlinien des Schulträgers und des Landes zu beachten hat.[20] Die Grundsätze des Haushaltsrecht stehen dem nicht entgegen, können doch gemäß § 6a HGrG Einnahmen, Ausgaben und Verpflichtungsermächtigungen im Rahmen eines Systems der dezentralen Verantwortung einer Organisationseinheit veranschlagt werden. Voraussetzung ist allerdings ein Bewirtschaftungsverfahren, welches sicherstellt, dass das verfügbare Ausgabenvolumen nicht überschritten wird und die Mittelbewirtschaftung jederzeit überprüfbar ist.[21] Das alles bedeutet eine zusätzliche Arbeitsbelastung für die Schulleitung; die Schulen können diesen Aufgaben nur gerecht werden, wenn sie mit qualifiziertem Verwaltungspersonal ausgestattet sind.

11.4 Schulträgerschaft, dienstrechtliche Zuordnung der Lehrkräfte, Schulfinanzierung: Übersicht über die Länder

In der folgenden Übersicht werden in geraffter Form und unter Hinweis auf die maßgeblichen Vorschriften a) die Schulträgerschaft (TZ 9.1 bis 9.5), b) die dienstrechtliche Zuordnung der Lehrkräfte (TZ 10.7) und die Besonderheiten bei der Auswahl der Schulleiterinnen und Schulleiter (TZ 7.12) sowie c) die Schulfinanzierung einschließlich der Möglichkeiten der selbständigen Bewirtschaftung der Schulen (TZ 11.1 bis 11.3) Land für Land dargestellt.[22]

Baden-Württemberg

a) §§ 27-31 SchG

Die Gemeinden sind Schulträger der Grund-, Haupt- und Werkrealschulen, der Realschulen, der Gymnasien, der Gemeinschaftsschulen und der entsprechenden sonderpädagogischen Bildungs- und Beratungszentren. Die Landkreise und die Stadtkreise sind Schulträger der beruflichen Gymnasien, der Berufsschulen, der Berufsfachschulen, der Berufskollegs, der Berufsoberschulen, der Fachschulen und der entsprechenden sonderpädagogischen Bildungs- und Beratungszentren; die Landkreise können unter bestimmten Voraussetzungen auch Träger von Realschulen, Gymnasien, Gemeinschaftsschulen und sonderpädagogischen Bildungs- und Beratungszentren sein. Das Land ist Schulträger der Gymnasien in Aufbauform mit Internat, der Kollegs und der sonderpädagogischen Bildungs- und Beratungszentren mit Internat; es kann Träger von Versuchsschulen und von Schulen besonderer pädagogischer Prägung oder besonderer Bedeutung sein.

b) §§ 38-40 SchG

Die Lehrkräfte sind Landesbeamte.

20 Der Haushaltsplan hat vornehmlich die vom Schulträger bereitgestellten Sachmittel zum Gegenstand. Soweit der Schule darüber hinaus seitens des Landes Personalmittel für Lehrkräfte zugewiesen werden, ist für deren Bewirtschaftung ein gesonderter Haushalt aufzustellen. In Hessen kann den Schulen auf der Grundlage einer Vereinbarung zwischen Land und Schulträger ein gemeinsames Budget zur Verfügung gestellt werden (§ 127a Abs. 3 HSchG).

21 S. etwa § 21 Abs. 1 Satz 3 BremSchVwG, § 127a Abs. 2 Satz 3 HSchG.

22 Zu den Kosten der Lernmittelfreiheit, der Schülerbeförderung und der Schulverpflegung s. im Einzelnen das 23. Kapitel.

Über die Besetzung einer Schulleiterstelle wird im Rahmen eines Überprüfungsverfahrens nach Eignung, Befähigung und fachlicher Leistung auf der Grundlage des Vorschlags einer Auswahlkommission entschieden. Diese besteht aus zwei Vertretern der Schulaufsichtsbehörde und jeweils einem Vertreter der Schulkonferenz und des Schulträgers. Nach der Beschlussfassung der Auswahlkommission unterrichtet das Regierungspräsidium als obere Schulaufsichtsbehörde Schulkonferenz und Schulträger über alle eingegangenen Bewerbungen und den Beschlussvorschlag. Schulkonferenz und Schulträger können innerhalb von vier Wochen Stellung nehmen; sie sind gehalten, bei sonst gleichen Qualifikationen der Bewerber demjenigen den Vorzug zu geben, der der Schule nicht angehört. Daraufhin entscheidet das Regierungspräsidium über die Stellenbesetzung. Weicht das Votum der Schulkonferenz oder des Schulträgers vom Beschlussvorschlag der Auswahlkommission ab, entscheidet das Kultusministerium. Die Schulaufsichtsbehörde führt den Schulleiter in sein Amt ein.

c) §§ 15 ff. Gesetz über den kommunalen Finanzausgleich; Drittes Gesetz über die Förderung des Schulhausbaues; §§ 94, 48 Abs. 2 Satz 2 SchG

Das Land trägt die persönlichen Kosten für die Lehrkräfte. Die Schulträger bringen die übrigen Kosten auf. Sie erhalten für jeden Schüler mit Ausnahme der Grundschüler und Fachschüler einen Sachkostenbeitrag vom Land. Zur Schaffung des erforderlichen Schulraums gewährt das Land den Schulträgern entsprechend ihrer Leistungsfähigkeit Zuschüsse in Höhe von 20 bis 45 Prozent der Baukosten. Die Schulträger kommen für die notwendigen Kosten der Schülerbeförderung abzüglich eines Eigenanteils der Erziehungsberechtigten auf. Diese Aufwendungen werden ihnen vom Landkreis, sofern dieser nicht selbst Schulträger ist, aus pauschalen zweckgebundenen Zuweisungen des Landes erstattet. Der Schulträger überlässt den Schülern leihweise auf seine Kosten die notwendigen Lernmittel mit Ausnahme von Gegenständen geringen Werts und solcher Gegenstände, die auch außerhalb des Unterrichts gebräuchlich sind.

Der Schulträger soll dem Schulleiter die zur Deckung des laufenden Lehrmittelbedarfs erforderlichen Mittel zur selbständigen Bewirtschaftung überlassen.

Bayern

a) Art. 3, 26 f., 32-34 BayEUG

Das Gesetz unterscheidet zwischen staatlichen und kommunalen Schulen, je nachdem, ob das Land oder eine kommunale Körperschaft (Gemeinde, Landkreis, Bezirk oder Schulverband) Dienstherr des Lehrpersonals ist. Bei staatlichen Schulen ist das Land, bei kommunalen Schulen die Kommune für die Errichtung und Auflösung zuständig. Grundschulen, Mittelschulen, Förderzentren, Berufsschulen zur sonderpädagogischen Förderung, Schulen für Kranke und Berufsschulen sind stets staatliche Schulen; die anderen Schulen können als staatliche oder als kommunale Schulen betrieben werden.

b) Art. 133 Abs. 2 bay Verf.; Art. 18 Abs. 1 Satz 3, Abs. 2 BayBG

Die Lehrkräfte an den staatlichen Schulen sind Landesbeamte, Lehrkräfte an kommunalen Schulen sind Beamte der kommunalen Körperschaft. Die Leiter der staatlichen Schulen werden durch die zuständige staatliche Schulbehörde, die Leiter der kommunalen Schulen durch die nach der Satzung der kommunalen Gebietskörperschaft zuständige Stelle ernannt. Eine Mitwirkung der Schule bei der Besetzung der Schulleiterstelle ist weder bei staatlichen noch bei kommunalen Stellen vorgesehen.

c) Art. 2-23, 46 f. BaySchFG; Gesetz über die Kostenfreiheit des Schulwegs; Art. 14 Abs. 1 Satz 3 BaySchFG

Bei staatlichen Schulen trägt das Land den Aufwand für Lehrkräfte und Verwaltungspersonal (Personalaufwand); den übrigen Aufwand (Schulaufwand), der den Sachaufwand – u.a. die Kosten für die Bereitstellung, Einrichtung, Ausstattung, Bewirtschaftung und Unterhaltung der Schulanlagen, für Lehr- und Lernmittel – sowie den Aufwand für das Hauspersonal umfasst, trägt die kommunale Körperschaft. Bei kommunalen Schulen ist der Schulträger für den gesamten Aufwand verantwortlich; er erhält aber vom Land einen Lehrpersonalzuschuss. Im Übrigen gewährt das Land bei staatlichen wie bei kommunalen Schulen den zur Deckung des Sachaufwands verpflichteten Kommunen Finanzbeihilfen bei Baumaßnahmen. Außerdem sind für auswärtige Schüler Gastschulbeiträge der Wohnsitzkommune vorgesehen. Die Kommunen tragen die Kosten der Schülerbeförderung, zu denen der Staat pauschale Zuweisungen beisteuert. Sie erhalten ferner pauschale Zuschüsse für die Beschaffung der Lernmittel.

Der Aufwandsträger kann die Bewirtschaftung der für den Schulaufwand bereitgestellten Haushaltsmittel ganz oder teilweise dem Schulleiter oder nach dessen Vorschlag einer anderen Lehrkraft übertragen.

Berlin

a) §§ 6 Abs. 2 Satz 2, 109 Abs. 1, 105 Abs. 5 SchulG

Träger des öffentlichen Schul- und Unterrichtswesens ist das Land. Doch sind die Bezirke für die Verwaltung und Unterhaltung der allgemeinbildenden Schulen zuständig. Sie stellen die notwendige Ausstattung einschließlich der Lehr- und Lernmittel und das für die ordnungsgemäße Unterhaltung notwendige Personal und entscheiden mit Genehmigung der Senatsschulverwaltung über die Gründung, Zusammenlegung und Aufhebung dieser Schulen. Hinsichtlich der zentral verwalteten Schulen (berufliche Schulen und einige Spezialschulen) obliegen diese Aufgaben der Senatsschulverwaltung.

b) §§ 67, 72 f. SchulG

Lehrerinnen und Lehrer werden nicht verbeamtet; sie sind Angestellte des Landes Berlin.

Schulleiterstellen sind mit einem Anforderungsprofil, das die Besonderheiten der Schule berücksichtigt, auszuschreiben. Die Senatsschulverwaltung schlägt der Schulkonferenz die beiden geeignetsten Bewerber vor. Die Schulkonferenz führt binnen eines Monat eine Anhörung durch und schlägt der Senatsverwaltung innerhalb einer Woche nach der Anhörung einen Bewerber vor; für diesen Vorschlag bedarf es einer Mehrheit von zwei Dritteln der stimmberechtigten Mitglieder. Kommt keine Einigung zustande, hat die Senatsschulverwaltung das letzte Wort. Das Gleiche gilt, wenn die Schulkonferenz einen Beschluss nicht, nicht mit der erforderlichen Mehrheit oder nicht rechtzeitig fasst. Diese Regelungen finden auf Funktionsstellen (stellvertretende Schulleiter, Abteilungsleiter an Oberstufenzentren) entsprechende Anwendung.

c) § 109 SchulG; § 4 Abs. 1 Satz 1 Allgemeines Zuständigkeitsgesetz (AZG) i.V.m. Nr. 16 der Anlage zu § 4 Abs. 1 Satz 1 AZG; § 4 Bezirksverwaltungsgesetz; § 7 Abs. 3 Satz 2 und 3, Abs. 5 und 6 SchulG

Den Bezirken obliegt die Unterhaltung der äußeren Angelegenheiten der allgemeinbildenden Schulen mit Ausnahme der zentral verwalteten Schulen. Hierzu zählen die Maßnahmen zur Schaffung der äußeren Voraussetzungen für das Lehren und Lernen in der

Schule, insbesondere Bau, Ausstattung und Unterhaltung der Schulen sowie die Bereitstellung des für den ordnungsgemäßen Betrieb der Schulen notwendigen Personals. Im Übrigen kommt das Land unmittelbar für die Kosten des Schulwesens auf.

Die Schule kann befristete Verträge zur Unterrichtsversorgung und zur Durchführung pädagogischer und sonstiger Aufgaben abschließen; dafür stellt ihr die Dienstbehörde auf Antrag Mittel des anerkannten Unterrichtsbedarfs zur Verfügung. Darüber hinaus erhält sie im Rahmen ihrer sächlichen Verantwortung vom Bezirk die erforderlichen Mittel für die laufende Verwaltung und die erforderlichen Sachmittel. Sie ist befugt, diese Mittel selbst zu bewirtschaften; Einnahmen oder Ausgabenminderungen verbleiben ihr in voller Höhe.

Brandenburg

a) § 100 BbgSchulG

Die Gemeinden oder Gemeindeverbände (mit Ausnahme der Landkreise) sind Träger der Grundschulen; sie sind auch Träger der Grundschulen, die mit Förderschulen oder Förderklassen zusammengefasst sind. Die Landkreise und kreisfreien Städte sind Träger der weiterführenden allgemeinbildenden Schulen, der Oberstufenzentren, der Förderschulen und der Schulen des Zweiten Bildungswegs. Ausnahmsweise können auch kreisangehörige Gemeinden Träger weiterführender allgemeinbildender Schulen sein; das betrifft große und mittlere Städte, aber auch andere kreisangehörige Gemeinden sowie Gemeindezusammenschlüsse, wenn die Schülerzahl für die Errichtung oder Fortführung einer in der Schulentwicklungsplanung als notwendig bezeichneten weiterführenden allgemeinbildenden Schule vorhanden oder innerhalb von fünf Jahren zu erwarten ist. Das Land ist Träger der Schulen oder Klassen in Justizvollzugsanstalten sowie von Schulen mit einem besonderen Bildungsangebot.

b) §§ 67 Abs. 1 Satz 2, 68 Abs. 2, 73 BbgSchulG

Die Lehrkräfte und das weitere pädagogische Personal stehen in einem Dienstverhältnis zum Land; Lehrkräfte werden verbeamtet. Das sonstige Personal (z.B. Sekretärin, Hausmeister) steht in einem Dienstverhältnis zum Schulträger.

Stellen für Schulleiter und andere Mitglieder der Schulleitung sowie für Leiter von Schulstufen sind nach Anhörung des Schulträgers vom Staatlichen Schulamt auszuschreiben. Dieses unterrichtet den Schulträger über die eingegangenen Bewerbungen. Nach dessen Anhörung benennt es die Bewerber und Bewerberinnen, welche die erforderlichen Voraussetzungen erfüllen; die Benennung bedarf der vorherigen Bestätigung durch das Bildungsministerium. Der Schulträger kann sich für einen Bewerber aussprechen; das Staatliche Schulamt kann erklären, welcher Bewerber ihm als der geeignetste erscheint. Die Schulkonferenz hört die benannten Bewerber im Beisein eines Vertreters des Staatlichen Schulamts und des Schulträgers an und schlägt innerhalb einer Woche einen Kandidaten bzw. einen Kandidatin vor. Will das Staatliche Schulamt von dem Vorschlag abweichen, muss es dies gegenüber der Schulkonferenz begründen. Bleibt die Schulkonferenz bei ihrem Vorschlag, entscheidet das Ministerium.

c) §§ 108-116, 7 Abs. 4 und 5 BbgSchulG

Das Land trägt die Personalkosten für die Lehrkräfte und das sonstige pädagogische Personal. Die Kosten für das Verwaltungspersonal, für die nicht pädagogisch tätigen Bediensteten sowie für die Sachkosten übernimmt der Schulträger. Zu den Sachkosten gehören die Kosten für die Maßnahmen zur Errichtung und Instandsetzung von Schulgebäuden sowie die laufenden Ausgaben. Der Schulträger übernimmt auch die Aufwendungen für die Schulspeisung, kann aber von den Erziehungsberechtigten eine Kostenbeteiligung verlangen. Die Schülerfahrtkosten sind von den Landkreisen und kreisfreien Städten zu tragen, die hierfür Zuweisungen vom Land erhalten. Das Land kann den Schulträgern Zuwendungen, u.a. für Bau- und Ausstattungsinvestitionen, gewähren. Es stellt überdies für den Schullastenausgleich einen Betrag zur Verfügung, der auf die Schulträger nach Zahl und Größe der Schulen je Schulart verteilt wird. Für auswärtige Schüler können die Schulträger einen Schulkostenbeitrag von denjenigen Schulträgern verlangen, auf deren Gebiet die Schüler wohnen.

Der Schulträger soll den Schulen Entscheidungsbefugnisse über die Verwendung von Sachmitteln zumindest in dem Umfang einräumen, wie diese für Lehr- und Lernmittel und zur Deckung der laufenden Verwaltungskosten bestimmt sind. Er kann den Schulen auch ermöglichen, Sachmittel, einschließlich der Mittel, welche der Ausstattung und Unterhaltung von Gebäuden und Anlagen dienen, selbst zu bewirtschaften. Soweit mit Mitteln Maßnahmen finanziert werden, die sich über mehr als ein Haushaltsjahr erstrecken, kann der Schulträger die Mittel als in nachfolgende Haushaltsjahre übertragbar ausweisen. Einnahmen oder Ausgabenminderungen, die eine Schule selbst erzielt, sollen für ihre Aufgaben verwendet werden. Darüber hinaus sollen die Staatlichen Schulämter den Schulen Entscheidungsbefugnisse über die Verwendung von Personalmitteln einräumen und die Möglichkeit einer Selbstbewirtschaftung von Personalmitteln einräumen.

Bremen

a) § 4 BremSchVwG

Die Stadtgemeinden Bremen und Bremerhaven sind Schulträger der auf ihrem Gebiet gelegenen Schulen, soweit es sich nicht um Schulen der öffentlichen Verwaltung, um an Hochschulen angegliederte Bildungsgänge oder um die Schule für medizinisch-technische Assistenten handelt, deren Träger das Land ist.

b) §§ 8, 67, 69 f., 72 BremSchVwG

Anstellungskörperschaften des schulischen Personals an Schulen der Stadtgemeinden sind die Stadtgemeinden Bremen und Bremerhaven. Anstellungskörperschaft für das schulische Personal an Schulen des Landes und für die Referendare ist das Land.

Schulleiter werden in der Stadtgemeinde Bremen vom Bildungssenator, in der Stadtgemeinde Bremerhaven vom Magistrat bestellt. Die Stellen werden ausgeschrieben. Ein Findungsausschuss – bestehend aus einem Vertreter der zuständigen Behörde, einem von dieser Behörde und dem Zentralelternbeirat benannten Mitglied und zwei Mitgliedern der Schulkonferenz unter beratender Mitwirkung eines Mitglieds des Personalrats und der Frauenbeauftragten – sichtet die von der Dienstbehörde zuvor geprüften Bewerbungen und schlägt der Anstellungsbehörde bis zu drei Kandidaten in einer Rangfolge vor. Diese wählt aus der vom Findungsausschuss vorgelegten Bewerberliste einen Bewerber aus und überträgt ihm das Amt, und zwar zunächst im Beamtenverhältnis auf Probe, nach erfolgreichem Ablauf der Probezeit im Beamtenverhältnis auf Lebenszeit (vgl. TZ 7.122).

c) § 4 Abs. 2 BremSchVwG, § 3 Abs. 1 Gesetz über Finanzzuweisungen an die Gemeinden Bremen und Bremerhaven; § 21 BremSchVwG.

Die Stadtgemeinden bringen die persönlichen und sächlichen Kosten des Schulwesens auf. Das Land gewährt zusätzlich zu den allgemeinen Zuweisungen besondere Zweckzuweisungen nach Maßgabe des Landeshaushalts (u.a. zu den Personalausgaben für die Lehrkräfte).

Schulen können auf der Grundlage einer allgemeinen Zustimmung der Stadtgemeinde im Rahmen der ihnen zur Verfügung stehenden Mittel Rechtsgeschäfte mit Wirkung für die Stadtgemeinde abschließen und für sie im Rahmen dieser Mittel Verpflichtungen eingehen oder Nutzungsverträge über ihre Räume oder ihr Grundstück abschließen. Die zur Verfügung stehenden Mittel unterliegen der haushaltsrechtlichen Bewirtschaftung durch die Schule, die eine Beauftragte oder einen Beauftragten für den Haushalt zu bestellen hat. Die Schule muss ferner u.a. durch ein geeignetes Bewirtschaftungsverfahren sicherstellen, dass das verfügbare Ausgabenvolumen nicht überschritten wird und die Mittelbewirtschaftung jederzeit überprüfbar ist.

Hamburg

a) §§ 85 Abs. 1, 86 Abs. 2 HmbSG

Schulträger ist das Land Freie und Hansestadt Hamburg; die Errichtung, Schließung, Zusammenlegung, Umwandlung, Teilung und Verlegung von Schulen erfolgt durch Rechtsverordnung des Senats.

b) §§ 1 Nr. 1, 13 Abs. 2 Nr. 14 HmbBG; §§ 94-96a HmbSG

Lehrerinnen und Lehrer stehen als Landesbeamte im Dienst der Freien und Hansestadt Hamburg.

Die Besetzung von Schulleitungsstellen wird von der Schulbehörde durch ein Findungsverfahren vorbereitet. Der Findungsausschuss – Mitglieder: ein Vertreter der Schulbehörde, ein Schulleiter, eine von der Schulbehörde berufene, ihr nicht angehörende Person, ein von der Schulkonferenz aus ihrer Mitte gewählter Vertreter der Schüler oder Eltern, eine von der Lehrerkonferenz gewählte Lehrkraft und ein Mitglied des Personalrats – schlägt der Schulbehörde den Bewerber vor, den er für am besten geeignet hält. Die Lehrerkonferenz, der Elternrat und die mindestens vierzehn Jahre alten Mitglieder des Schülerrates erhalten Gelegenheit zur Stellungnahme; sie können die vorgeschlagene Person anhören. Die Schulbehörde entscheidet unter Einbeziehung dieser Stellungnahmen und wählt den am besten geeigneten Bewerber aus. Sie setzt diesen für eine Bewährungszeit von mindestens zwölf Monaten vorläufig als Schulleiter ein; soll die Bewährungszeit mehr als zwölf Monate betragen, ist dies besonders zu begründen. Nach Ablauf der Bewährungszeit und nach Anhörung der Lehrerkonferenz und der Schulkonferenz, an beruflichen Schulen des Schulvorstands, bestellt die Schulbehörde den Schulleiter, wenn er sich bewährt hat.

c) §§ 29 f. HmbSG

Die Kosten des Schulwesens trägt das Land, bei der Beschaffung der Lernmittel kann ein Kostenbeitrag der Erziehungsberechtigten bzw. der volljährigen Schüler erhoben werden.

Hessen

a) §§ 138-147 HSchG

Schulträger sind die kreisfreien Städte und Landkreise, außerdem die Städte Fulda, Gießen, Hanau, Marburg und Rüsselsheim; unter bestimmten Voraussetzungen können kreisangehörige Gemeinden die Übernahme der Schulträgerschaft und deren Umfang mit dem Landkreis vereinbaren; die Vereinbarung bedarf der Zustimmung des Kultusministeriums im Einvernehmen mit dem Innenministerium. Träger der Hessenkollegs und der landwirtschaftlichen Fachschulen ist das Land; das Land kann darüber hinaus Träger von Versuchsschulen, von Schulen besonderer Aufgabenstellung und von Schulen sein, die mit Hochschulen verbunden sind. Der Landeswohlfahrtsverband ist Träger der Förderschulen von überregionaler Bedeutung einschließlich erforderlicher Schülerheime; er kann Träger von beruflichen Schulen mit sonderpädagogischer Orientierung und von Fachschulen für Sozialpädagogik sein.

b) §§ 86, 89 HSchG

Lehrer sind als Bedienstete des Landes in der Regel in das Beamtenverhältnis zu berufen.

Für jede Schule wird ein Schulleiter oder eine Schulleiterin bestellt. Die Stelle wird in der Regel unter Fristsetzung ausgeschrieben. Die Schulaufsichtsbehörde gibt dem Schulträger Gelegenheit, zu den eingegangenen Bewerbungen Stellung zu nehmen. Der Schulleiter wird zunächst vorläufig mit der Aufgabenwahrnehmung beauftragt, die endgültige Beauftragung erfolgt nach Anhörung der Schulkonferenz im Benehmen mit dem Schulträger. Kommt eine Verständigung innerhalb von drei Monaten nach Mitteilung der Absicht, die Beauftragung endgültig vorzunehmen, nicht zustande, entscheidet die zuständige Schulaufsichtsbehörde.

c) §§ 151-165 HSchG; §§ 22, 22a Finanzausgleichsgesetz; § 127a HSchG

Das Land trägt die Personalkosten der Lehrkräfte, der sozialpädagogischen Mitarbeiter und der Schulpsychologen. Die Schulträger bringen die übrigen Kosten auf. Sie erhalten zum Ausgleich ihrer Belastungen vom Land einen jährlichen Schullastenausgleich, der sich überwiegend nach der Zahl der Schüler bemisst; besondere Zuschüsse des Landes sind für Betreuungs- sowie für Ganztagsschulangebote möglich. Für auswärtige Schüler kann der Schulträger Gastschulbeiträge vom Schulträger der Wohnsitzkommune verlangen. Die Kosten der Schülerbeförderung sind von den Schulträgern aufzubringen. Lernmittel werden den Schülern vom Land unentgeltlich zum Gebrauch überlassen.

Schulen können auf Grund einer Ermächtigung durch den Schulträger bzw. das Land im Rahmen der ihnen zur Verfügung gestellten Mittel Rechtsgeschäfte mit Wirkung für den Rechtsträger abschließen und Verpflichtungen für ihn eingehen. Die Schulträger sollen den Schulen für einen eigenen Haushalt die Mittel der laufenden Verwaltung und Unterhaltung und die Mittel zur Verbesserung der Lernbedingungen zur Verfügung stellen sowie ihnen die Entscheidungsbefugnis über deren Verwendung einräumen. Der Schule kann die Bewirtschaftung der ihr zur Verfügung gestellten Mittel übertragen werden, wenn die haushaltsrechtlichen Voraussetzungen – insbesondere ein geeignetes Verfahren zur Sicherstellung der Einhaltung des Budgets und der jederzeitigen Überprüfbarkeit der Mittelbewirtschaftung – gegeben sind. Diese Regeln gelten für die der Schule vom Land zugewiesenen Mitteln entsprechend. Über den Haushalt beschließt die Schulkonferenz auf Vorschlag der Gesamtkonferenz. Auf der Grundlage einer Vereinbarung zwischen Land und Schulträger kann der Schule ein gemeinsames Budget aus Landes- und Schulträgermitteln zur Verfügung gestellt werden.

Mecklenburg-Vorpommern

a) §§ 103-105 SchulG M-V

Die Gemeinden sind Schulträger der Grundschulen und der Regionalen Schulen, die Landkreise und kreisfreien Städte Schulträger der Gymnasien, beruflichen Schulen, Förderschulen, Gesamtschulen und Abendgymnasien. Einer kreisangehörigen Gemeinde, die auf Dauer die Leistungsfähigkeit zur Unterhaltung der Schule besitzt, kann der Landkreis auf Antrag die Schulträgerschaft eines Gymnasiums oder einer Gesamtschule übertragen. Das Land ist Träger der landwirtschaftlichen Fachschulen und kann Träger von Schulen besonderer Bedeutung und Aufgabenstellung sein. Die Krankenhäuser in öffentlicher Trägerschaft sind Träger der Schulen der Gesundheitsberufe nach dem Krankenhausfinanzierungsgesetz.

b) §§ 100 Abs. 1 Satz 2, 101 Abs. 2 SchulG M-V

Lehrkräfte stehen in einem unmittelbaren Dienstverhältnis zum Land, ebenso das pädagogische Fachpersonal der Förderschulen. Neu eingestellte Lehrkräfte werden überwiegend als Beamte beschäftigt.

Frei werdende Stellen für Schulleiter werden ausgeschrieben. Die Bestellung erfolgt nach Anhörung der Schulkonferenz und im Benehmen mit dem Schulträger.

c) §§ 109 ff., 54 Abs. 3, 39, 112 SchulG M-V

Das Land trägt die Personalkosten der Lehrer und des an Förderschulen tätigen Personals mit sonderpädagogischen Aufgaben. Die übrigen Personalkosten und die Sachkosten werden von den Schulträgern aufgebracht. Sie erhalten nach Maßgabe der im Landeshaushalt bereitgestellten Mittel vom Land Zuschüsse für Bau- und Ausstattungsinvestitionen sowie zu den Kosten der Lernmittelfreiheit. Die Schulträger tragen auch die Kosten für Ganztagsbetreuung und Schulspeisung, gemindert um die von den Erziehungsberechtigten erhobenen Beiträge; an diesen Aufwendungen beteiligt sich das Land in Form einer Kostenerstattung. Die Schulträger können für auswärtige Schüler von dem Schulträger, in dessen Gebiet sie wohnen, einen Schulkostenbeitrag verlangen. Die Landkreise übernehmen die bei der Schülerbeförderung anfallenden Kosten, erhalten aber zum Ausgleich der damit verbundenen Belastungen Zuweisungen des Landes.

Der Schulträger soll der Schulleiterin oder dem Schulleiter die für den Sachbedarf der Schule notwendigen Haushaltsmittel zur eigenen Bewirtschaftung übertragen. Die Vorschriften über die kommunale Haushaltswirtschaft bleiben unberührt.

Niedersachsen

a) §§ 101-111 NSchG

Schulträger der Grundschulen sind die Gemeinden und die Samtgemeinden.[23] Schulträger der übrigen Schulformen sind die Landkreise und die kreisfreien Städte. Die Schulbehörde überträgt einer kreisangehörigen Gemeinde oder Samtgemeinde auf deren Antrag die Trägerschaft für allgemeinbildende Schulformen, wenn es der Schulentwicklungsplanung entspricht. Das Land kann Schulträger von Schulen besonderer Bedeutung, insbesondere mit überregionalem Einzugsbereich, sein.

b) §§ 50 Abs. 2 Satz 1, 45, 48 f. NSchG

Die Lehrkräfte stehen in einem unmittelbaren Dienstverhältnis zum Land und sind überwiegend verbeamtet.

Das Land hat die freien Stellen für Schulleiter und Schulleiterinnen auszuschreiben, der Schulträger ist zur Bekanntgabe der Ausschreibung berechtigt. Über die eingegangenen Bewerbungen sind die Schule und der Schulträger zu unterrichten, die ihrerseits Vorschläge für die Stellenbesetzung machen können. Vor Besetzung der Stelle setzt sich die Schulbehörde mit der Schule und dem Schulträger ins Benehmen, falls sie deren Vorschlag nicht entsprechen will oder diese keinen Vorschlag vorgelegt haben. Kommt eine

23 Samtgemeinden sind in Niedersachsen Gemeindeverbände, die bestimmte öffentliche Aufgaben anstelle ihrer Mitgliedsgemeinden ausführen. Dazu im Einzelnen §§ 97 ff. Niedersächsisches Kommunalverfassungsgesetz.

Einigung innerhalb von acht Wochen nicht zustande, entscheidet die Schulbehörde. Eine Lehrkraft, die der Schule angehört, soll zum Schulleiter nur bestellt werden, wenn besondere Gründe dies rechtfertigen.

c) §§ 112-118, 71, 32 Abs. 4, 111 Abs. 1 NSchG

Das Land trägt die persönlichen Kosten für Lehrkräfte, Schulassistenten, pädagogische Mitarbeiter sowie das Verwaltungspersonal zur Personal- und Mittelbewirtschaftung an berufsbildenden Schulen. Die Schulträger kommen für die sächlichen Kosten einschließlich der nicht vom Land übernommenen Personalausgaben auf. Zur Finanzierung des Schulbaus errichten die Landkreise eine Kreisschulbaukasse als zweckgebundenes Sondervermögen; daraus gewähren sie Zuweisungen oder Darlehen an kreisangehörige Gemeinden, Samtgemeinden und Zweckverbände. Die Landkreise gewähren den kreisangehörigen Gemeinden und Samtgemeinden darüber hinaus Zuweisungen zu den laufenden Kosten der Sekundarbereiche in Höhe von 50 bis 80 Prozent. Das Land kann leistungsschwachen Schulträgern gesonderte Zuwendungen zum Schulbau, zur Erstausstattung und zur Modernisierung gewähren. Die Landkreise und kreisfreien Städte, denen die Schülerbeförderung obliegt, haben die dabei entstehenden Kosten zu tragen. Erziehungsberechtigte sind verpflichtet, die Schüler zweckentsprechend für den Unterricht auszustatten, also insbesondere die Lernmittel zu beschaffen. Zum Streit zwischen Land und Kommunen über die Kostenträgerschaft bei der Einführung der inklusiven Schule s. TZ 11.122.

Die Schule bewirtschaftet ein Budget aus Landesmitteln nach näherer Bestimmung des Landeshaushaltsplans. Sie kann unter bestimmten Voraussetzungen Girokonten führen; dabei können Ausnahmen von den Vorschriften der Landeshaushaltsordnung über Zahlungen, Buchführung und Rechnungslegung zugelassen werden. Der Schulträger soll den Schulen Mittel zur eigenen Bewirtschaftung zuweisen; soweit diese unmittelbar pädagogischen Zwecken dienen, sollen sie für gegenseitig deckungsfähig erklärt werden.

Nordrhein-Westfalen

a) § 78 SchulG

Grundsätzlich sind die Gemeinden Träger der Schulen. In Abweichung von diesem Grundsatz sind die Kreise und kreisfreien Städte Träger der Berufskollegs, die Landschaftsverbände Westfalen-Lippe und Rheinland Träger einer Anzahl von Förderschulen, das Land Träger des Kollegs für Aussiedler sowie von Schulen mit einem besonderen Bildungsangebot. Gemeinden und Gemeindeverbände können sich zu Schulverbänden als Zweckverbänden zusammenschließen oder dazu vom Kreis zusammengeschlossen werden; sie können auch durch öffentlich-rechtliche Vereinbarung die Aufgaben des Schulträgers auf eine Gemeinde übertragen. Zu den Kammerschulen s. TZ 10.33.

b) §§ 57 Abs. 4 und 5, 124 Abs. 1 i.V.m. § 6 Abs. 4, 61 SchulG

Lehrerinnen und Lehrer – mit Ausnahme der Lehrkräfte an Kammerschulen und an Schulen der Landschaftsverbände – stehen im Dienst des Landes; sie sind in der Regel Beamte.

Die Bezirksregierung als obere Schulaufsichtsbehörde schreibt die Stelle eines Schulleiters oder einer Schulleiterin mit Zustimmung der Schulkonferenz und des Schulträgers aus, prüft die eingegangenen Bewerbungen und benennt der Schulkonferenz unter Beachtung des im Ausschreibungsverfahren erstellten schulspezifischen Anforderungsprofils möglichst mindestens zwei geeignete Personen. Die Schulkonferenz, erweitert um ein vom Schulträger entsandtes stimmberechtigtes Mitglied, wählt in geheimer Wahl aus den Benannten den Schulleiter oder die Schulleiterin. Gewählt und damit vorgeschlagen ist, wer die Mehrheit der gesetzlichen Zahl der Stimmen erhält. Die Bezirksregierung holt die Zustimmung des Schulträgers zu dem gewählten Bewerber ein, die er nur binnen acht Wochen mit einer Zweidrittelmehrheit des nach der Hauptsatzung zuständigen Gremiums verweigern kann. Nach Verweigerung der Zustimmung kann die Schulkonferenz innerhalb von vier Wochen einen zweiten Vorschlag aus den vorliegenden Bewerbungen vorlegen, wobei sie einen Bewerber, dem der Schulträger nicht zugestimmt hat, nicht noch einmal vorschlagen kann. Die Bezirksregierung ernennt die gewählte Person, sofern der Schulträger seine Zustimmung nicht verweigert hat; wird die Zustimmung auch zu einem zweiten Vorschlag verweigert, trifft sie die Auswahlentscheidung.

c) §§ 92-97, 95 SchulG

Die Personalkosten der Lehrkräfte sowie des pädagogischen und sozialpädagogischen Personals, deren Träger das Land, eine Gemeinde oder ein Gemeindeverband ist, trägt das Land. Alle übrigen Personalkosten und die Sachkosten trägt der Schulträger. Zu den Sachkosten zählen auch die Schülerfahrkosten sowie die Lernmittelkosten, die der Schulträger abzüglich eines Eigenanteils bereitstellt. Das Land gewährt den Schulträgern für außerunterrichtliche Ganztags- und Betreuungsangebote Zuschüsse nach Maßgabe des Haushalts. Darüber hinaus erhalten die Schulträger für den Bau, den Erhalt sowie die Ausstattung von Schulgebäuden auf der Berechnungsgrundlage von Schülerzahlen pauschale Zuweisungen des Landes. Zu den Auseinandersetzungen zwischen Land und Kommunen über die Kostenträgerschaft bei der Einführung der inklusiven Schule s. TZ 11.122.

Das Land kann den Schulen nach Maßgabe des Haushalts Personalmittel zur eigenverantwortlichen Bewirtschaftung zuweisen. Die eigenverantwortliche Bewirtschaftung von Sachmitteln richtet sich nach den für den Schulträger geltenden haushalts- und kassenrechtlichen Regelungen. Schulträger können Schulleiter ermächtigen, Rechtsgeschäfte mit Wirkung für den Schulträger abzuschließen und für diesen Verpflichtungen einzugehen. Sie können zur Erleichterung der Mittelbewirtschaftung durch die Schulen Schulgirokonten einrichten, denen auch zusätzliche eigene Einnahmen der Schulen zufließen.

Rheinland-Pfalz

a) §§ 88 Abs. 1, 91, 76-80, 103 SchulG

Die Schulträger verwalten die Schulgebäude und Schulanlagen sowie die für die Schule bereitgestellten Sachen. Doch ist es die Schulbehörde, die Schulen errichtet und aufhebt; für diese Organisationsentscheidungen bedarf sie der Zustimmung des Schulträgers.

Schulträger in diesem Sinn ist bei Grundschulen eine Verbandsgemeinde, eine verbandsfreie Gemeinde, eine große kreisangehörige Stadt oder eine kreisfreie Stadt; bei Grundschulen, deren Schulbezirk sich mit dem Gebiet einer Ortsgemeinde deckt, kann die Ortsgemeinde auf ihren Antrag Schulträger bleiben, wenn die Verbandsgemeinde und die Schulbehörde zustimmen. Bei Realschulen plus, organisatorisch verbundenen Grund- und Realschulen plus und Schulen mit dem Förderschwerpunkt Lernen ist Schulträger eine Verbandsgemeinde, eine verbandsfreie Gemeinde, eine große kreisangehörige Stadt, eine kreisfreie Stadt oder ein Landkreis. Bei Gymnasien, Kooperativen Gesamtschulen, Integrierten Gesamtschulen, mit einer Fachoberschule organisatorisch verbundenen Realschulen plus, berufsbildenden Schulen und den übrigen Förderschulen ist Schulträger eine kreisfreie Stadt oder ein Landkreis. Als Schulträger kann in besonderen Fällen auch ein Schulverband aus Gebietskörperschaften, die als Schulträger von Grundschulen vorgesehen sind, festgelegt werden oder stattdessen durch öffentlich-rechtliche Vereinbarung der Beteiligten ein Schulträger bestimmt werden. Verbandsgemeinden, verbandsfreie Gemeinden oder große kreisangehörige Städte können Mitglieder eines Schulverbandes sein, der Träger einer Integrierten Gesamtschule ist; sie können sich auch durch öffentlich-rechtliche Vereinbarung an der Erfüllung einzelner Aufgaben eines Trägers einer Integrierten Gesamtschule beteiligen. Schulträger der Schulen eines Schulzentrums ist die Gebietskörperschaft (kreisfreie Stadt oder Landkreis), in deren Gebiet das Schulzentrum liegt. Die Schulbehörde kann die Schulträgerschaft auf einen anderen Schulträger übertragen, wenn beide Schulträger zustimmen. Der Bezirksverband Pfalz ist Träger der kommunalen Schule für Gehörlose und Schwerhörige in Frankenthal und der berufsbildenden Schule in Kaiserslautern mit Schulformen und Bildungsgängen von überregionaler Bedeutung.

b) § 25 Abs. 4 SchulG i.V.m. § 3 Abs. 2 LBG, § 26 Abs. 5 SchulG

Die Lehrkräfte stehen als unmittelbare Landesbeamte in einem Dienstverhältnis zum Land.

Die Schulbehörde bestellt Schulleiterinnen und Schulleiter im Benehmen mit dem Schulträger und dem Schulausschuss (= Schulkonferenz). Sie legt dem Schulträger und dem Schulausschuss die schriftliche Auswahlentscheidung sowie das Bewerbungsschreiben und Angaben über den beruflichen Werdegang der ausgewählten Person vor. Schulträger und Schulausschuss können ihre Benehmenserklärung vor der Auswahlentscheidung abgeben. In diesem Fall sind sie berechtigt, die Bewerbungsunterlagen einzusehen sowie Bewerberinnen und Bewerber zu Vorstellungsgesprächen einzuladen. Wird eine Übereinstimmung nicht erzielt, hat die Schulbehörde den Vorschlag mit dem Schulträger und dem Schulausschuss zu erörtern.

c) §§ 74 ff., 88 Abs. 3, 23 Abs. 4 SchulG

Das Land stellt für die Schulen die Lehrkräfte, die pädagogischen und technischen Fachkräfte und für die Ganztagsschulen auch das sonstige pädagogische Personal und trägt deren Kosten. Der kommunale Schulträger stellt in der Regel das Verwaltungs- und Hilfspersonal für die Schulen, die an Ganztagsschulen in offener Form außerunterrichtlich eingesetzten Betreuungskräfte sowie den Sachbedarf der Schulen bereit und trägt die hiermit verbundenen Kosten. Für Aufbaugymnasien, Kollegs sowie besondere Formen beruflicher Schulen mit spezifischen Bildungsangeboten und überregionalen Funktionen trägt das Land auch den Sachbedarf. Bei Schulzentren ist Kostenverteilung zwischen den beteiligten kommunalen Gebietskörperschaften vorgesehen. Das Land zahlt darüber hinaus bedürftigen Schulträgern nach Maßgabe der Haushaltsmittel Zuschüsse zu den Aufwendungen für Schulbau und -erstausstattung. Landkreise und kreisfreie Städte tragen die Kosten der Schülerbeförderung; sie erhalten zum Ausgleich pauschalierte Zuweisungen des Landes. Die Beschaffung der Lernmittel obliegt den Schulträgern; auch hierfür gewährt das Land pauschale Zuweisungen. Zur Frage, ob und wie weit der Schulträger oder das Land die Kosten der Einführung des Inklusion im Schulwesen zu tragen hat, s. TZ 11.122.

Der Schulträger soll dem Schulleiter die für den laufenden Sachbedarf der Schule notwendigen Haushaltsmittel zur Bewirtschaftung übertragen; er kann ihm Haushaltsmittel für Investitionsleistungen übertragen. Im Rahmen der vom Schulträger zur Verfügung gestellten Haushaltsmittel nehmen die Schulen ihre wirtschaftlichen Angelegenheiten selbständig und selbstverantwortlich wahr. Sie können Zuwendungen Dritter zur Förderung und Unterstützung der Erziehungs- und Bildungsarbeit einwerben (Sponsoring), soweit dies mit dem Auftrag der Schule vereinbar ist; die Belange des Schulträgers sind zu berücksichtigen.

Saarland

a) §§ 46 Abs. 1, 40, 46, 38 f. SchoG

Die Schulträger haben die erforderlichen Schulgebäude und Anlagen zu errichten, mit den notwendigen Lehrmitteln und Einrichtungen auszustatten und ordnungsgemäß zu unterhalten; sie haben ferner das erforderliche Verwaltungspersonal zur Verfügung zu stellen. Über die Errichtung, Änderung und Auflösung einer Schule entscheidet indes die Schulaufsichtsbehörde; sie bedarf dazu allerdings des Einvernehmens mit dem Schulträger.

Schulträger in diesem Sinn sind bei Grundschulen die Gemeinden, bei den sonstigen allgemeinbildenden Schulen in den Sekundarstufen I und II, den beruflichen Schulen sowie den Förderschulen geistige Entwicklung und den Förderschulen Lernen die Gemeindeverbände. Gemeinden können auf Antrag die Trägerschaft derartiger Schulen erhalten. Das Land ist Schulträger der Förderschulen mit Ausnahme der Förderschulen geistige Entwicklung und der Förderschulen Lernen; es kann auch Träger von Versuchsschulen zur Weiterentwicklung des Schulwesens zu sein.

b) §§ 27 Abs. 1, 21 Abs. 3 SchoG; § 17 SchumG

Die Lehrkräfte stehen im Dienst des Landes.

Freie Schulleiterstellen sind auszuschreiben. Die Leiter von Schulen in der Trägerschaft der kommunalen Gebietskörperschaften werden im Benehmen mit dem jeweiligen Schulträger bestellt.

c) §§ 41 bis 49 SchoG; §§ 15 Abs. 2, 16 Abs. 7 Kommunalfinanzausgleichsgesetz; §§ 3, 5 und 6 Schülerförderungsgesetz

Das Land trägt die Personalkosten der Lehrkräfte und der Lehrhilfskräfte, der Schulträger die Sachkosten einschließlich der Kosten des nichtlehrenden Personals. Gemeinden, Gemeindeverbände und Schulverbände haben als Schulträger das Recht, für die ihre Schule besuchenden Schüler aus einer anderen Gemeinde oder aus einem anderen Gemeindeverband einen angemessenen Beitrag zu den laufenden Sachkosten zu fordern (Schulsachkostenbeitrag). Das Land gewährt den Schulträgern Zuschüsse für die Finanzierung investiver Maßnahmen im Schulbereich sowie Zuweisungen zum Ausgleich der laufenden sächlichen Schullasten bei beruflichen Schulen. Es gewährt darüber hinaus bedürftigen Schülern Schulbuchzuschüsse. Die Schulträger übernehmen die Beförderungskosten für Grundschüler und behinderte Schüler; bedürftige Schüler anderer Schularten erhalten Fahrkostenzuschüsse vom Land.

Sachsen

a) § 22 SchulG

Die Gemeinden sind Schulträger der allgemeinbildenden Schulen und der Schulen des zweiten Bildungsweges; die Landkreise können Träger dieser Schulen sein. Die Landkreise und kreisfreien Städte sind Träger der berufsbildenden Schulen. Das Land kann Schulträger der Förderschulen mit Heim sowie von Versuchsschulen und Schulen besonderer pädagogischer Prägung oder besonderer Bedeutung sein.

b) §§40, 41 SchulG

Die Lehrkräfte stehen als Arbeitnehmerinnen und Arbeitnehmer im Dienst des Landes; sie werden nicht verbeamtet.

Schulleiter und stellvertretende Schulleiter werden nach Anhörung der Schulkonferenz vom Kultusministerium bestellt, dieses kann damit die Sächsische Bildungsagentur betrauen. An sorbischen Schulen ist auch der Sorbische Schulverein anzuhören. Der Schulträger wird am Auswahlverfahren beteiligt und kann eigene Vorschläge unterbreiten; im Falle einer Nichteinigung entscheidet das Kultusministerium.

c) **§§ 21 Abs. 1, 23 Abs. 2-4, 40 Abs. 1, 38 Abs. 2 SchulG; §§ 6-11 Finanzausgleichsgesetz; § 23 Abs. 2 Satz 4 SchulG**

Der Schulträger trägt die sächlichen Kosten der Schule; dazu rechnen auch die Kosten für die nicht im Dienst des Landes stehenden Mitarbeiter. Das Land trägt demgemäß die Personalkosten der Lehrkräfte und der pädagogischen Fachkräfte im Unterricht an den Förderschulen. Im Rahmen des kommunalen Finanzausgleichs erhalten die Schulträger Schlüsselzuweisungen. Darüber hinaus gewährt das Land auf der Grundlage entsprechender Richtlinien pauschale Zuschüsse zum Bau von Schulen. Die Schulträger stellen den Schülern (außer den Schülern an Fachschulen) die notwendigen Schulbücher leihweise zur Verfügung. Die Kosten der Schülerbeförderung, abzüglich eines Eigenanteils des Schülers oder der Eltern, werden von den Landkreisen und kreisfreien Städten übernommen.

Der Schulträger soll dem Schulleiter die zur Deckung des laufenden Lehr- und Lernmittelbedarfs erforderlichen Mittel zur selbständigen Bewirtschaftung überlassen; im Einvernehmen mit dem Schulleiter kann er diesem auch weitergehende Befugnisse zur Mittelbewirtschaftung einräumen.

Sachsen-Anhalt

a) **§ 65 SchulG LSA**

Schulträger der Grundschulen sind die Gemeinden, Schulträger der anderen Schularten die Landkreise und kreisfreien Städte. Die Schulbehörde hat unter bestimmten Voraussetzungen einer kreisangehörigen Gemeinde auf deren Antrag und nach Anhörung des Landkreises die Schulträgerschaft zu übertragen. Das Land kann Träger von Schulen besonderer Bedeutung sein. Zur Erfüllung einzelner Aufgaben können Schulträger Vereinbarungen miteinander treffen.

b) **§§ 30 Abs. 2 Satz 1, 31 SchulG LSA**

Die Lehrkräfte stehen in einem unmittelbaren Dienstverhältnis zum Land; sie werden in der Regel verbeamtet.

Schulleiterstellen werden durch das Land entsprechend den beamtenrechtlichen Bestimmungen öffentlich ausgeschrieben. Die Schulbehörde schlägt der Gesamtkonferenz in der Regel zwei geeignete Bewerberinnen oder Bewerber vor; zuvor hört sie den Schulträger an. Die Gesamtkonferenz wählt die Schulleiterin oder den Schulleiter aus dem Kreis der vorgeschlagenen Personen. Die Schulbehörde bestellt die Schulleiterin oder den Schulleiter entsprechend den beamtenrechtlichen Bestimmungen.

c) **§§ 69-74a, 24 Abs. 2 SchulG LSA**

Das Land trägt die Personalkosten für die Lehrkräfte, die pädagogischen Mitarbeiter und das Betreuungspersonal. Die übrigen Personalkosten sowie die Sachkosten bringt der Schulträger auf. Das Land kann nach Maßgabe des Landeshaushalts Zuwendungen zur Förderung des Schulbaus gewähren; die Landkreise können nach Anhörung der Gemeinden zur Finanzierung des Schulbaus eine Kreisschulbaukasse errichten. Zu den sonstigen Kosten der Schulen der Sekundarstufen gewähren die Landkreise den kreisangehörigen Gemeinden Zuweisungen in Höhe von 70 Prozent als Zuschuss. Die Landkreise und kreisfreien Städte sind Träger der Schülerbeförderung, an deren Kosten sich das Land beteiligt. Die Kosten für die Beschaffung der ausleihbaren Lernmittel trägt das Land.

Den Schulen werden für ihre pädagogische Arbeit Budgets zur Verwendung in eigener Verantwortung zur Verfügung gestellt. Die von den Schulen nicht verbrauchten Budgetmittel dürfen in das nachfolgende Haushaltsjahr übertragen werden.

Schleswig-Holstein

a) §§ 53-61, 94-96 SchulG

Die Gemeinden sind die Träger der allgemeinbildenden Schulen; die Trägerschaft soll Schulen unterschiedlicher Schularten umfassen, von denen mindestens eine die Möglichkeit bietet, den Mittleren Schulabschluss zu erreichen. Die Gemeinden sind außerdem Träger der Förderzentren mit dem Schwerpunkt Lernen; die Trägerschaft kann auch andere Förderschwerpunkte umfassen. Träger von Förderzentren ist das Land, wenn die Zahl der Schüler mit sonderpädagogischem Förderbedarf nur einzelne Förderzentren erfordert und die Schüler deshalb in einem Heim wohnen müssen. Träger der übrigen Förderzentren sind die Kreise und die kreisfreien Städte.

Träger der berufsbildenden Schulen sind die Kreise und die kreisfreien Städte. Zu den Kammerschulen s. TZ 10.33.

b) §§ 35 Abs. 1, 37-40 SchulG

Lehrkräfte stehen im Dienst des Landes und sind in der Regel Beamte.

Bei der Besetzung einer Schulleiterstelle wirken Schulträger, Lehrkräfte, Eltern sowie Schülerinnen und Schüler in einem Wahlverfahren mit: Der Schulträger bildet einen Schulleiterwahlausschuss, in den er selbst und die Schule je zehn Mitglieder entsendet. Von den zehn Mitgliedern, welche die Schule entsendet, sind fünf Vertreterinnen und Vertreter der Lehrkräfte, fünf Vertreterinnen und Vertreter der Eltern; bei weiterführenden Schulen treten an die Stelle von zwei Elternvertretern zwei Schülerinnen/Schüler, die die Schülerschaft vertreten. Die Vertreter der Lehrkräfte werden von der Gesamtkonferenz, die der Eltern vom Schulelternbeirat, die der Schülerinnen/Schüler von der Klassensprecherversammlung gewählt. Das Bildungsministerium schreibt die Schulleiterstelle aus und stellt dem Schulleiterwahlausschuss aus den eingegangenen Bewerbungen vier Personen zur Wahl, wobei weibliche und männliche Personen gleichermaßen berücksichtigt werden sollen. Gewählt und damit dem Ministerium zur Ernennung vorgeschlagen ist, wer mehr als die Hälfte der gesetzlichen Zahl der Stimmen erhält. Die dienstrechtlichen Vorschriften bleiben im Übrigen unberührt.

c) §§ 36, 48, 111-114, 33 Abs. 4 Satz 1, 3 Abs. 2 SchulG

Das Land trägt die Personalkosten der Lehrkräfte. Der Schulträger trägt die Kosten für die Schulentwicklungsplanung, für Planung und Bau der Schulgebäude, für Verwaltungs- und Hilfspersonal sowie für den Sachbedarf des Schulbetriebs, d.h. alle Kosten, die nicht Personalkosten der Lehrkräfte sind. Für auswärtige Schülerinnen und Schüler erhält der Schulträger von der Gemeinde oder dem Kreis des Wohnorts Schulkostenbeiträge; die Schulkostenbeiträge für jugendliche Asylbewerber trägt die Gemeinde, der sie zugewiesen sind. Die Kosten der Schülerbeförderung tragen der Kreis zu zwei Dritteln und die Schulträger zu einem Drittel. Die Aufwendungen für die Gewährung der Lernmittelfreiheit bringen die Schulträger auf.

Die Schulleiter verwalten das dem Schulzweck dienende Vermögen des Schulträgers und die ihnen vom Land zugewiesenen Haushaltsmittel. Die Schulen können auf der Grundlage einer Vollmacht und im Rahmen der ihnen zur Verfügung gestellten Mittel für ihren Aufgabenbereich Rechtsgeschäfte abschließen; dabei handelt der Schulleiter in Vertretung des Schulträgers oder des Landes.

Thüringen

a) §§ 13, 60a ThürSchulG

Schulträger sind die Landkreise und die kreisfreien Städte. Kreisangehörige Gemeinden und Zweckverbände können auf Antrag unter bestimmten Voraussetzungen Schulträger von Grundschulen, Regelschulen und Gemeinschaftsschulen sein. Das Land kann die Trägerschaft einer Schule von überregionaler Bedeutung übernehmen; Fachschulen der Agrarwirtschaft und Hauswirtschaft stehen in der Trägerschaft des Landes

b) §§ 34 Abs. 1, 33 Abs. 2 ThürSchulG

Lehrkräfte, Sonderpädagogische Fachkräfte sowie Erzieher an Grundschulhorten sind Landesbedienstete.

Das Kultusministerium bestellt im Benehmen mit dem Schulträger und nach Stellungnahme der Schulkonferenz den Schulleiter; die Stellungnahme der Schulkonferenz erfolgt nach Anhörung des Bewerbers.

c) §§ 2-9 Thüringer Schulfinanzierungsgesetz (ThürSchFG); § 44 Abs. 3 ThürSchulG; § 10 Abs. 1 Satz 3 ThürSchFG

Das Land trägt den Personalaufwand für die Lehrkräfte und die Sonderpädagogischen Fachkräfte sowie für die Erzieher an Grundschulhorten und an Horten der Gemeinschaftsschulen. Den übrigen Schulaufwand übernimmt der Schulträger. Zum Schulaufwand gehören nicht zuletzt die Baukosten, zu denen das Land nach Maßgabe des Landeshaushalts Finanzhilfen gewährt. Die Schulträger tragen darüber hinaus die Kosten der Schülerbeförderung und der Schulspeisung, werden hierbei aber durch pauschale staatliche Zuweisungen unterstützt; an den Verpflegungskosten können die Eltern beteiligt werden. Für die Kosten der Lernmittelfreiheit kommt das Land auf. Der Schulträger kann für jeden Gastschüler von dem an sich zuständigen Schulträger einen Gastschülerbeitrag verlangen.

Der Schulträger kann die Bewirtschaftung der für den Schulaufwand bereitgestellten Haushaltsmittel ganz oder teilweise dem Schulleiter oder nach dessen Vorschlag einer anderen Lehrkraft übertragen.

12. Kapitel: Verwaltung der Einzelschule

12.1 Allgemeines

Wenn von „Schulverwaltung"[1] die Rede ist, denken Außenstehende in erster Linie an die staatlichen und kommunalen Behörden, denen die Verwaltung des Schulwesens anvertraut ist. Dabei bleibt oft unberücksichtigt, dass auch die Schule selbst mannigfache administrative Aufgaben zu bewältigen hat und dass die zunehmende Übertragung von Verwaltungsaufgaben auf die Einzelschule in den letzten Jahren ein politisch gewollter, mit bestimmten Erwartungen verbundener Prozess ist. Diese reichen von einer schnelleren und im Einzelfall angemesseneren Lösung vor Ort über die Steigerung der Qualität der schulischen Leistungen bis hin zu mehr Vielfalt im Schulwesen.[2] Dabei ist jene Verwaltung an der Basis für die Schüler und deren Eltern im Schulalltag nicht nur stärker wahrnehmbar, sondern auch bedeutsamer als die Tätigkeiten der Schulverwaltungsbehörden, mit denen sie in der Regel selten oder gar nicht direkt in Berührung kommen.

Die Vielfalt der Verwaltungsaufgaben, die unmittelbar in der Schule anfallen und im Wesentlichen der Schulleitung und dem zu ihrer Unterstützung tätigen Verwaltungspersonal (Schulsekretariat[3]) obliegen, teilweise aber auch von jeder einzelnen Lehrkraft innerhalb ihres jeweiligen Arbeitsbereichs erfüllt werden müssen, ist bereits im 7. Kapitel bei der Darstellung der Aufgaben der Schulleitung aufgezeigt worden (TZ 7.13). Es handelt sich neben der äußeren Verwaltung der Schule um jene Verwaltungstätigkeit, die mit der Unterrichts- und Erziehungstätigkeit einhergeht. Erst auf den zweiten Blick berühren Verwaltungsaufgaben ganz unterschiedliche Rechtsbereiche, wie das Urheberrecht, dessen Bedeutung für die Schulen nicht zuletzt infolge der Nutzung neuer Medien an Bedeutung zunimmt (hierzu TZ 12.23). Aber auch bei dem unübersichtlichen und stark von Rechtsakten der Europäischen Union geprägten Vergaberecht handelt es sich um ein Rechtsgebiet, welches im Schulalltag von den zur Verwaltung der Schule berufenen Schulleitungen sowie dem übrigen schulischen Verwaltungspersonal zu beachten ist (hierzu TZ 12.25). Dies indiziert bereits die tatsächliche und vor allem auch rechtliche Komplexität der in der Schule anfallenden Verwaltungsaufgaben, deren Erfüllung noch dadurch erschwert wird, dass zum einen die administrative Ausstattung der Schulen nicht selten unzulänglich ist und zum anderen die Mitglieder der Schulleitung in der universitären Ausbildung oder im Berufsleben nicht immer hinreichend auf diese Aufgaben vorbereitet werden.[4] Hinzu kommt schließlich, dass die Schulleitungen im Zuge

---

1 Zur Verwaltung der Schule, s. die Beiträge zu Führungs- und Managementaufgaben, Organisationsgestaltung und -entwicklung, Personalmanagement, Unterrichtsentwicklung, Kommunikations-, Konfliktlösungs- und Beratungsaufgaben sowie Qualitätsmanagement in: Herbert *Buchen*/Hans-Günter *Rolff* (Hrsg.), Professionswissen Schulleitung, 2. Aufl., Weinheim 2009; Adolf *Bartz*/Maja *Dammann*/ Stephan *Huber* u.a. (Hrsg.), PraxisWissen SchulLeitung, Neuwied 2005 ff. (Loseblattausgabe); s. auch einzelne Bände der Reihe Schulmanagement Handbuch, München, etwa die Bände 121 (Hans Werner *Müller*, Grundlagen des Schulmanagements, 2007) und 125 (Heinke *Röbken*, Bildungsmanagement in der Schule, 2008); stark praxisorientiert auch Gerhard *Regenthal*, Schulmanagement kompakt, Köln 2018. Eine allgemeine Einführung in die Arbeitsweise öffentlicher Verwaltung geben: Günter *Püttner*, Verwaltungslehre, 4. Aufl., München 2007, §§ 5 ff.; Hans-Peter *Bull*/Veith *Mede,* Allgemeines Verwaltungsrecht mit Verwaltungslehre, 9. Aufl., Heidelberg 2015.

2 Hierzu: Felix *Hanschmann*, Staatliche Bildung und Erziehung, Tübingen 2017, S. 266 ff.

3 Zur Rolle, Stellung und den Aufgaben des Schulsekretariats: Renate *Brauer*/Karin *Burdorf*/Dirk *Greskowiak*/Klaus *Hebborn* (Hrsg.), Praxishandbuch Schulsekretariat (Loseblattausgabe), Neuwied 2007 ff.

4 Auch wenn dabei nicht verkannt werden darf, dass zunehmend nicht nur von den zuständigen Fortbildungseinrichtungen der Länder entsprechende Fortbildungsprogramme für (zukünftige) Schulleitungs-

der teilweisen Verselbständigung der Schule und des Umbaus der Steuerungstechnologie im Schulwesen hin zu einer stärker an ihrem sogenannten Output orientierten Steuerung mit einer Vielfalt an Veränderungen und neuen Instrumenten konfrontiert wird, die wiederum eingebettet sind in ein die einzelne Schule transzendierendes komplexes Steuerungsregime (hierzu Kap. 13).[5]

12.2 Rechtliche Probleme

12.21 Hausverwaltung, Hausordnung, Hausrecht

12.211 Der Schulleiter ist gegenüber dem Schulträger für die *Pflege, die Sicherheit und den ordnungsgemäßen Zustand des Schulgrundstücks, Schulgebäudes und Schulinventars* verantwortlich.[6] Die gleiche Verantwortung trägt er gegenüber jedem, der das Grundstück betritt, insbesondere gegenüber den Schülerinnen und Schülern (dazu TZ 25.221). Zwar gehört die unmittelbare Sorge für Sauberkeit, Reinigung, Unfallsicherheit, ausreichende Lüftung, Beheizung, Beleuchtung und die Behebung kleinerer Schäden zu den Aufgaben des Hausmeisters der Schule. Als Vertreter des Schulträgers und als Inhaber des Hausrechts kommt dem Schulleiter jedoch eine *Aufsichtspflicht* zu, der er indes durch Stichproben, Kontrollgänge, Fragen und Anordnungen genügt. Im Übrigen ist er an die Anordnungen und Weisungen des Schulträgers gebunden, dem das Schulgrundstück gehört.[7] Dieser führt zudem die Aufsicht über die Hausverwaltungstätigkeit des

---

mitglieder angeboten werden, sondern auch an bzw. in Zusammenarbeit mit Universitäten entsprechende Programme aufgelegt werden. Von Bedeutung ist schließlich auch, dass der Nachweis entsprechender Qualifikationen in einer Reihe von Ländern zur Voraussetzung für eine Bestellung zum Mitglied einer Schulleitung gemacht wird. S. etwa die eher pauschale Regelung in § 39 Abs. 2 Satz 1 bw SchG („für die mit der Schulleitung verbundenen Aufgaben geeignet") einerseits, die deutlich präzisere Bestimmung im § 71 bln SchulG andererseits, wonach „Kenntnisse und Fähigkeiten" nachzuweisen sind, „die über die Ausbildung für das Lehramt hinausgehen" (Satz 1), insbesondere „Fähigkeiten zur Führung und Organisation einer Schule und zur pädagogischen Beurteilung von Unterricht und Erziehung, Team- und Konfliktfähigkeit sowie die Bereitschaft zur Zusammenarbeit mit schulischen und außerschulischen Einrichtungen und zur Innovation und Weiterentwicklung der Schule, die durch Qualifizierungsmaßnahmen nachgewiesen werden soll" (Satz 2). Darüber hinaus sollen sich die Bewerberinnen und Bewerber „an einer anderen Schule, an anderen Bildungseinrichtungen, in der Verwaltung oder in der Wirtschaft bewährt haben" (Satz 3).

5 Es verwundert daher nicht, dass sich aktuelle Veröffentlichung zur Verwaltung der Schule und zur entsprechenden Rolle der Schulleitungen intensiv mit neuen Steuerungstechnologien und -instrumenten befassen. Aus der mittlerweile kaum noch überschaubaren Literatur, s. nur: Herbert *Altrichter*/David *Kemethofer*, Neue Ansätze der Steuerung des Schulsystems und die Einstellung von Schulleitungen, Bildung und Erziehung 68 (2015), 291; Stefan *Brauckmann*/Christoph *Herrmann*, Schulleitungshandeln im Rahmen Neuer Steuerung. Belastung oder Chance?, ZBV 1/2012, 87.

6 S. § 41 Abs. 1 Satz 3 bw SchG, § 29 Abs. 1 der Bayerischen Lehrerdienstordnung, § 69 Abs. 3 Satz 2 bln SchulG, § 90 Abs. 1 Satz 1 HSchG, § 111 Abs. 2 Satz 1 NSchG, § 16 Abs. 2 Nr. 7 saarl SchumG, § 42 Abs. 1 Satz 5 sächs SchulG.

7 S. z.B. § 41 Abs. 1 Satz 3 bw SchG, § 16 Abs. 2 Nr. 7 saarl SchumG. In Rheinland-Pfalz übt der Schulleiter zwar das Hausrecht aus, allerdings unbeschadet der Rechte des Schulträgers im Hinblick auf die gemeinsam mit dem Schulleiter zu erfüllende Sorge für die ordnungsgemäße Behandlung der Schulgebäude und Schulanlagen sowie für die für die Schule bereitgestellten Sachen (§ 88 Abs. 2 Satz 1 und 2 rp SchulG).

Schulleiters, zu der auch die Sorge für die *Inventarisierung* der Einrichtungsgegenstände, Lehrmittel und Lernmittelbestände zählt.[8]

11.212 Die Entscheidung, ob *Schulräume, Schulgeräte oder der Schulhof* außerhalb der Schulzeit an schulfremde Benutzer überlassen werden, obliegt dem Schulträger.[9] Hat er die Entscheidungsbefugnis nicht ohnehin auf den Schulleiter übertragen, so muss er sich allerdings mit diesem ins Benehmen setzen oder ihn zumindest vorher anhören.[10] Ergeben sich aus der Überlassung durch den Schulträger Schwierigkeiten für den Schulbetrieb, die sich nicht einvernehmlich beheben lassen, kann der Schulleiter auch die Schulaufsichtsbehörde einschalten.[11] Denn in Bezug auf entsprechende Entscheidungen ist zu berücksichtigen, dass die Schulinteressen gegenüber den Interessen desjenigen, der das Schulgebäude, die Schuleinrichtungen oder den Schulhof nutzen möchte, immer vorgehen.[12] Daher ist eine Überlassung schulischer Räume oder Einrichtungen beispielsweise dann ausgeschlossen, wenn die Schule ihre Räume nach Beendigung der üblichen Unterrichtszeit noch für Arbeitsgemeinschaften oder Schülergruppen benötigt. Auch finanzielle Interessen des Schulträgers, der aus der Überlassung von Schulräumen eventuell Einnahmen erzielt[13], sind nicht geeignet, den Vorrang schulischer Zwecke außer Kraft zu setzen.

12.213 Die *Hausordnung (Benutzungsordnung)* der Schule wird je nach landesrechtlicher Regelung von einem Organ der Schule (Schulleiter, Gesamtkonferenz, Schulkonferenz), von der Schulaufsichtsbehörde oder vom Schulträger erlassen.[14] Soweit sie von der Schule selbst oder von der Schulbehörde verabschiedet wird, findet sie ihre Rechtsgrundlage entweder in einer besonderen gesetzlichen Ermächtigung[15] oder aber in dem der Schule durch Gesetz allgemein zugewiesenen Bildungs- und Erziehungsauftrag.[16] Die Schule (Schulbehörde) muss sich ihrerseits mit dem Schulträger als dem Eigentü-

---

8 Anders *Rux/Niehues*, Schulrecht, Rn. 1259, die die Frage der Inventarisierung als (alleinige) Aufgabe des Schulträgers qualifizieren.

9 Das OVG Münster stellte fest, dass aus dem kommunalrechtlichen Anspruch auf Nutzung öffentlicher Einrichtungen der Kommunen kein Recht politischer Parteien auf Benutzung eines Schulhofs für ein Kinderfest (NJW 1980, 901) und kein Recht auf Zurverfügungstellung eines Schulgeländes für private Volksbefragungen folgt (NVwZ 1984, 665). Nach Ansicht des VGH Mannheim ist es rechtlich unbedenklich, wenn eine Gemeinde die Überlassung von Schulhallen zu Übernachtungszwecken bei Veranstaltungen politischer Parteien generell ablehnt (NVwZ-RR 1988, 43).

10 S. dazu etwa § 51 Satz 2 bw SchG, § 90 Abs. 2 HSchG, § 49 Abs. 3 Satz 2 sh SchulG.

11 So z.B. § 89 Abs.1 Satz 3 rp SchulG, in Baden-Württemberg entscheidet bei Meinungsverschiedenheiten die Rechtsaufsichtsbehörde (d.h. die Kommunalaufsichtsbehörde) im Einvernehmen mit der Schulaufsichtsbehörde (§ 51 Satz 3 bw SchG).

12 So ausdrücklich § 51 Satz 1 bw SchG: „Räume und Plätze öffentlicher Schulen dürfen nicht für Zwecke verwendet werden, die den Belangen der Schule widersprechen." Ganz ähnlich auch § 49 Abs. 3 Satz 1 sh SchulG: „Schulvermögen darf für außerschulische Zwecke nur bereitgestellt werden, soweit schulische Interessen nicht beeinträchtigt werden"; vgl. auch § 89 Abs. 1 Satz 1 rp SchulG.

13 Zunehmend haben Kommunen Satzungen verabschiedet, die speziell die Voraussetzungen und die Entgelte für die Überlassung und Nutzung von Schulräumen und Schuleinrichtungen zu außerschulischen Zwecken regeln. Allerdings wird in diesen Satzungen zumeist explizit festgestellt, dass durch die Überlassung die Belange der Schule nicht beeinträchtigt werden dürfen und/oder die beabsichtigte Nutzung nicht mit dem schulischen Bildungs- und Erziehungsauftrag kollidieren darf.

14 Nicht mit der Hausordnung zu verwechseln sind die in einigen Ländern (z.B. in Bayern, Nordrhein-Westfalen, Rheinland-Pfalz, im Saarland sowie in Sachsen und Thüringen) als Rechtsverordnungen erlassenen Schulordnungen, die die Rechte und Pflichten der Schüler und Eltern aus dem Schulverhältnis regeln und die schulgesetzlichen Vorgaben präzisieren. Die Terminologie ist bisweilen verwirrend, da in einigen Schulgesetzen auch die Hausordnung einer Schule als Schulordnung bezeichnet wird (so z.B. in § 129 Nr. 12 HSchG, § 36 Abs. 5 Satz 2 Nr. 3 NSchG, § 42 Abs. 3 Satz 3 und § 65 Abs. 2 Nr. 23 nrw SchulG).

15 Z.B. §§ 23 Abs. 2 Satz 1 i.V.m. § 47 Abs. 5 Nr. 1 bw SchG, § 53 Abs. 4 Nr. 1 HmbSG, § 47 Abs. 2 Satz 3 Nr. 1 saarl SchumG, § 32 Abs. 2 Satz 1 sächs SchulG, § 45 Abs. 5 Halbsatz 1 ThürSchulG.

16 S. auch *Rux/Niehues*, Schulrecht, Rn. 398 ff.

mer der Schulanlage und dem für die äußere Schulverwaltung Verantwortlichen abstimmen.[17] Umgekehrt darf eine vom kommunalen Schulträger für das Schulgebäude und das Schulgelände erlassene Benutzungsordnung, die auf einer ausdrücklichen gesetzlichen Ermächtigung oder der dem Schulträger allgemein eingeräumten Satzungsautonomie beruht, den Unterrichts- und Erziehungszweck nicht beeinträchtigen, weshalb es in diesen Fällen sinnvoll ist, das Benehmen mit der Schule herbeizuführen.

Die Hausordnung ist für jeden, der das Schulgrundstück betritt, also auch für die Lehrkräfte und ebenso für schulfremde Personen, verbindlich, soweit nicht Ausnahmen vorgesehen sind oder sich aus der Sache ergeben. Sie regelt insbesondere den Verkehr auf Treppen und Fluren, die Pflege und Sauberhaltung des Schulgebäudes, die Aufsicht im Gebäude und auf dem Hof, die Aufbewahrung von Kleidungsstücken und Fahrrädern oder die Verwendung technischer Geräte wie Handys oder Laptops. Ferner enthält die Hausordnung Regelungen u.a. zum Betreten der Schule durch Fremde, Sammlungen im Schulgebäude oder das grundsätzliche Verbot von Werbung und Warenhandel in der Schule.[18] Schließlich werden die Hausordnungen im Rahmen von Beschlüssen der insoweit zuständigen Schulkonferenzen[19] von Schulen zunehmend auch als ein pädagogisches Instrument der innerschulischen Verständigung über die Formen des Miteinander-Umgehens verstanden und entsprechend formuliert.[20]

12.214 Der Schulleiter ist *Vorgesetzter des Hausmeisters und des übrigen Hauspersonals* (z.B. der Schulsekretärin).[21]

12.215 Grundsätzlich übt der Schulleiter das *Hausrecht* aus[22]; ist der Schulleiter nicht anwesend, geht dieses Recht auf seinen Vertreter über. Für den Fall, dass auch der Vertreter des Schulleiters nicht anwesend ist, sehen einige Bundesländer eine Übertragung

---

17 So ausdrücklich für den Fall, dass durch die Hausordnung der Schule die Zuständigkeit des Schulträgers berührt ist: § 45 Abs. 5 Halbsatz 2 ThürSchulG. Nach § 88 Abs. 2 Satz 3 rp SchulG ist die Hausordnung grundsätzlich im Benehmen mit dem Schulträger aufzustellen.

18 Sofern nicht bereits generelle Vorgaben in den Schulgesetzen oder über Erlasse bestehen, wie z.B. in Art. 84 Abs.1 BayEUG, wobei Ausnahmen „im schulischen Interesse" möglich und in der Schulordnung zu regeln sind; ähnlich auch: § 47 Abs. 3 BbgSchulG, § 99 Abs. 2 nrw SchG, § 56 Abs. 3 Satz 1 ThürSchulG. In den anderen Ländern sind die entsprechenden Fragen in Runderlassen/Richtlinien bzw. Verwaltungsvorschriften geregelt, s. etwa Nr. 1 der baden-württembergischen Verwaltungsvorschrift „Werbung, Wettbewerbe und Erhebungen in Schulen" vom 21.9.2002 (K.u.U S. 309) i.d.F. vom 28.10.2005 (K.u.U S.167).

19 § 47 Abs. 5 Nr. 1 bw SchG, Art. 69 Abs. 4 Satz 3 Nr. 3 BayEUG, § 76 Abs. 2 Nr. 9 bln SchulG, § 91 Abs. 1 Satz 2 Nr. 2 Bbg SchulG, § 33 Abs. 2 Satz 3 Nr. 3 BremSchVwG, § 53 Abs. 4 Satz 2 Nr. 1 HmbSG, § 129 Nr. 12 HSchG, § 76 Abs. 7 Nr. 5 SchulG M-V, § 34 Abs. 2 Nr. 2 NSchG, § 65 Abs. 2 Nr. 23 nrw SchulG, § 48 Abs. 4 Satz 1 Nr. 2 rp SchulG, § 47 Abs. 2 Satz 3 Nr. 1 saarl SchumG, § 43 Abs. 3 Satz 1 Nr. 3 sächs SchulG, § 27 Abs. 1 Satz 3 Nr. 6 SchulG LSA; § 63 Abs. 1 Nr. 11 sh SchulG, § 38 Abs. 3 Satz 2 Nr. 6 ThürSchulG.

20 Indem, etwa in einer Präambel, auf allgemeine Regeln der Rücksichtnahme und Höflichkeit im Umgang Bezug genommen wird und darüber hinaus erwünschte und unzulässige Verhaltensweisen formuliert werden.

21 § 41 Abs. 3 bw SchG, Art. 57 Abs. 2 Satz 2 BayEUG, § 69 Abs. 4 Satz 1 bln SchulG, § 71 Abs. 2 Satz 1 BbgSchulG, § 63 Abs. 2 Satz 1 BremSchVwG, § 89 Abs. 2 Sätze 1 bis 3 HmbSG, § 90 Abs. 1 Satz 2 HSchG, § 101 Abs. 3 Satz 4 SchulG MV, § 43 Abs. 2 Satz 1 und § 111 Abs. 2 Satz 2 NSchG, § 26 Abs. 3 Satz 2 rp SchulG, § 16 Abs. 5 Satz 2 saarl SchumG, § 42 Abs. 3 sächs SchulG, § 26 Abs. 6 Satz 2 SchulG LSA, § 33 Abs. 1 Satz 2 ThürSchulG, mit einer eher pädagogischen Begründung s. auch *Rux/Niehus*, Schulrecht, Rn. 992.

22 § 41 Abs. 1 Satz 3 bw SchG, § 19 Satz 1 der Bayerischen LehrerdienstordnunG, § 69 Abs. 1 Nr. 2 bln SchulG, § 71 Abs. 1 Nr. 4 BbgSchulG, § 89 Abs. 2 Satz 6 HmbSG (während der Unterrichtszeit wird das Hausrecht für die Unterrichtsräume nach Satz 7 jedoch von der jeweils unterrichtenden Lehrkraft ausgeübt); § 90 Abs. 1 Satz 3 HSchG, § 101 Abs. 3 Satz 7 SchulG M-V, § 111 Abs. 2 Satz 1 NSchG, § 59 Abs. 2 Satz 1 Nr. 6 nrw SchulG, § 88 Abs. 2 Satz 2 Halbsatz 1 rp SchulG, § 16 Abs. 2 Nr. 7 saarl SchumG, § 42 Abs. 1 Satz 5 sächs SchulG, § 26 Abs. 6 Satz 1 SchulG LSA, § 33 Abs. 4 Satz 3 sh SchulG, § 33 Abs. 1 Satz 7 ThürSchulG – Inhalt, Zweck und Grundlagen des Hausrechts an öffentlichen Gebäu-

des Hausrechts auf den Schulhausmeister vor.[23] Das Hausrecht dient der *Abwehr von Störungen* des Schulbetriebs, *die von Schulfremden* innerhalb des räumlichen Bereichs der Schule *verursacht werden*.[24] Daher kann der Schulleiter Personen, die in der Schule nichts zu suchen haben, z.B. Passanten, die die sanitären Einrichtungen der Schule in Anspruch nehmen wollen, den Zugang zum Schulgrundstück untersagen oder sie vom Schulgrundstück verweisen. Demgegenüber lassen sich störende Einwirkungen, die von außerhalb auf das Schulgelände einwirken, wie zum Beispiel Lärm, nicht mit dem Mittel des Hausrechts bekämpfen. Gegen Lehrer und sonstiges Personal der Schule sowie gegen Schüler und Eltern kann das Hausrecht grundsätzlich nicht eingesetzt werden.[25] Sofern diese Personen Störungen auslösen, stützen sich die erforderlichen Gegenmaßnahmen in der Regel auf andere rechtliche Grundlagen, die sich bei Lehrkräften und sonstigen Bediensteten aus dem Beamten- oder Arbeitsrecht[26] und bei Schülern und Schülerinnen aus dem schulischen Ordnungsrecht[27] (hierzu TZ 22.2) ergeben. Gegenüber Eltern, die durch ihr Verhalten (z.B. Bedrohung von Lehrkräften oder sonstigem Schulpersonal) den ordnungsgemäßen Ablauf des Schulbetriebs derart stören, dass eine Beeinträchtigung der ordnungsgemäßen Bildungs- und Erziehungsarbeit der Schule auch in Zukunft zu erwarten ist, kann der Schulleiter gestützt auf das Hausrecht jedoch ein Hausverbot aussprechen.[28]

Die Ausübung des Hausrechts ist nach der herrschenden Meinung, die auf den Zweck des Hausverbotes in Gestalt der Sicherung der Erfüllung der öffentlichen Aufgaben im Verwaltungsgebäude abstellt, dem öffentlichen Recht zuzurechnen.[29] Bei einem vom Schulleiter erteilten Hausverbot handelt es sich um einen Verwaltungsakt i.S.d. des § 35 Satz 1 des jeweiligen Landes-Verwaltungsverfahrensgesetzes (VwVfG).[30] Entfernt sich der Eindringling trotz des Hausverweises nicht, begeht er einen Hausfriedensbruch (§ 123 Abs. 1 StGB) und damit zugleich eine Störung der öffentlichen Sicherheit, die die

---

den sind umstritten. Vgl. Wilfried *Peters*/Johannes *Lux*, Öffentliche Gebäude und Hausrecht: Inhalt und Rechtsgrundlagen, LKV 2018, 17; *Maurer/Waldhoff*, Verwaltungsrecht, § 3 Rn. 35.

23 So ausdrücklich z.B. Ziff. 2.2. der Dienstanweisung für die Schulhausmeister des Landkreises LüneburG, gerade außerhalb der eigentlichen Unterrichtszeiten gewinnt dieses Hausrecht des Schulhausmeisters besondere Bedeutung.

24 Vgl. *Wolff/Bachof/Stober/Kluth*, Verwaltungsrecht II, § 86 Rn. 67: „Besucher, welche die Anstaltsräume nicht widmungsgemäß benutzen."

25 Ausnahmen gelten dann, wenn Lehrer, Schüler oder Eltern nicht in ihrer schulischen Rolle, sondern wie beliebige Dritte den Schulbetrieb beeinträchtigen, indem sie etwa bei Teilnahme an einer außerschulischen Veranstaltung, die nachmittags in einem Gymnasium stattfindet, den Unterricht in einem Oberstufenkurs stören.

26 § 39 Satz 1 des Beamtenstatusgesetzes sieht bei „zwingenden dienstlichen Gründen" die Möglichkeit eines Verbots der Führung der Dienstgeschäfte vor, was im Regelfall ein Hausverbot einschließen kann. Vgl. auch die insoweit ausdrückliche Regelung in § 54 Abs. 3 Satz 2 des Brandenburgischen Beamtengesetzes: Untersagung, „sich in Diensträumen oder dienstlichen Unterkunftsräumen aufzuhalten".

27 So schließt die Ordnungsmaßnahme des (zweitweisen oder dauerhaften) Ausschlusses von der Schule notwendig ein entsprechendes Hausverbot mit ein.

28 OVG Münster, NWVBl 2006, 101; VG Braunschweig, NdsVBl 2005, 306; VG Aachen, Urteil vom 25.4.2008, Az.: 9 K 1428/08 (juris), Rn. 23 ff.; VG Hamburg, Beschluss vom 10.6.2014, Az.: 15 E 2165/14 (juris), Rn. 21 ff.; VG Sigmaringen, Beschluss vom 28.3.2017, Az.: 4 K 618/17 (juris), Rn. 47 ff. Eine Klage der Eltern gegen das Dritten (z.B. einer Integrationshelferin des Kindes) gegenüber ausgesprochene Hausverbot dürfte es jedoch an der für die Klage erforderlichen Klagebefugnis gemäß § 42 Abs. 2 VwGO fehlen. So OVG Münster, NJW 2016, 2519 (2519 f.).

29 M.w.N. auch zur Gegenauffassung, die auf den Zweck des Besuchers des öffentlichen Gebäudes abstellt: *Maurer/Waldhoff*, Verwaltungsrecht, § 3 Rn. 35); *Ehlers/Pünder*, Allgemeines Verwaltungsrecht, § 3 Rn. 63.

30 *Maurer/Waldhoff*, Verwaltungsrecht, § 3 Rn. 35; ebenso *Wolff/Bachof/Stober/Kluth*, Verwaltungsrecht II, § 86 Rn. 66.

vom Schulleiter herbeigerufene Polizei zum Einschreiten berechtigt.[31] Darüber hinaus kann ein Antrag auf Strafverfolgung wegen Hausfriedensbruchs gestellt werden.[32]

12.216 Gefundene Gegenstände sind durch Aushang bekanntzugeben. Die Rückgabe der *Fundsachen* darf nicht von der Zahlung einer Gebühr oder einer Spende abhängig gemacht werden.[33] Nach ergebnislosem Fristablauf ist der Gegenstand dem Schulträger zur Verwertung im Wege der Versteigerung (gemäß §§ 979 ff. BGB) abzuliefern, sofern dieser die Fundgegenstände nicht allgemein oder im Einzelfall der Schule überlässt. Jedenfalls darf die Schule nicht von sich aus über Fundgegenstände verfügen.

12.22 Haushalts- und Kassenführung

12.221 Wurde der Schulhaushalt früher üblicherweise von den jeweiligen Schulträgern verwaltet, sind nahezu alle Bundesländer hinsichtlich der *Bewirtschaftung der Mittel*[34] im Zuge der Stärkung der Selbständigkeit der Schule und der an sie gerichteten Aufforderung zur Profilbildung dazu übergegangen, dass der Schulträger den Schulen Globalbudgets zur Verfügung stellt[35], über die die Schulen in eigener Verantwortung und orientiert an ihrem jeweiligen Profil bestimmen können.[36] (Zu den Länderregelungen s. TZ 11.3.) In der Regel beziehen sich die Budgets auf die Lehr- und Lernmittel sowie auf den sonstigen Sach- und Verwaltungsbedarf der Schule; erfasst sein können aber auch die Kosten für das pädagogische Personal.[37] Dabei sind die Mittel weitgehend deckungsfähig, d.h. die Schule entscheidet selbst, für welche Posten sie ihr Geld ausgibt, wobei Mittel, die im laufenden Haushaltsjahr nicht verbraucht worden sind, in die folgenden Haus-

31 Von Rechts wegen kann der Schulleiter das Hausverbot nach den Bestimmungen des jeweiligen Landes-Verwaltungsvollstreckungsgesetzes selbst vollziehen und durchsetzen. Doch dürfte es ihm in der Regel nicht zumutbar sein, sich beispielsweise auf eine körperliche Auseinandersetzung einzulassen; er sollte hier von den Möglichkeiten einer Amtshilfe durch die Polizei Gebrauch machen, da diese erheblich kompetenter und geschulter handeln kann, vgl. auch § 5 Abs. 1 Nr. 2 VwVfG.

32 §§ 123 Abs. 2, 77 ff. StGB, 158 Abs. 2 StPO.

33 Hat ein Bediensteter der Schule die Sache gefunden, steht ihm kein Finderlohn zu (§ 978 Abs. 2 Satz 3 BGB).

34 Grundlegend: Dieter *Engels*/Manfred *Eibelshäuser* (Hrsg.), Kommentar zum Haushaltsrecht, Loseblattausgabe (Stand: Juli 2017), Neuwied, sowie die Beiträge in: Hans-Günter *Henneke*/Hermann *Pünder*/Christian *Waldhoff* (Hrsg.), Recht der Kommunalfinanzen, München 2006.

35 Normiert ist die Zuteilung eines Schulbudgets an die einzelne Schule zum Teil als gebundene (§ 7 Abs. 5 bln SchulG, § 4 Abs. 3 i.V.m. § 21 BremSchVwG, § 24 Abs. 2 Satz 1 SchulG LSA), zum Teil als „Soll"-Vorschrift (§ 48 Abs. 2 Satz 2 bw SchG, § 7 Abs. 4 Satz 1 BbgSchulG, § 127a Abs. 2 HSchG, § 112 SchulG M-V; § 111 Abs. 1 Satz 1 NSchG, § 88 Abs. 3 Satz 1 rp SchulG, § 23 Abs. 2 Satz 4 sächs SchulG, § 64 Abs. 3 Satz 2 SchulG LSA) oder als „Kann"-Vorschrift (§ 95 Abs. 1 und 2 nrw SchulG, § 14 Abs. 1 Satz 3 BaySchFG, § 10 Abs. 1 Satz 3 ThürSchFG). Grundlage dieser Regelungen ist § 6a des „Gesetzes über die Grundsätze des Haushaltsrechts des Bundes und der Länder" (HGrG), demzufolge die „Einnahmen, Ausgaben und Verpflichtungsermächtigungen im Rahmen eines Systems der dezentralen Verantwortung einer Organisationseinheit veranschlagt werden" können (Satz 1), wobei „die Finanzverantwortung auf der Grundlage der Haushaltsermächtigung auf die Organisationseinheiten übertragen [wird], die die Fach- und Sachverantwortung haben (Satz 2).

36 S. hierzu Claudia *Schmitt*/Horst *Weishaupt*/Manfred *Weiß*, Einzelschulische Bedingungen dezentraler Ressourcenverantwortung, RdJB 2003, 105; Manfred *Weiß*, Mehr Effizienz im Schulbereich durch dezentrale Ressourcenverantwortung und Wettbewerbssteuerung, RdJB 1999, 413; Gabriele *Bellenberg*/Wolfgang *Böttcher*, Budgetierung in Schulen – ein Element neuer Ressourcenbewirtschaftung, RdJB 1999, 439. Allgemein zur Dezentralisierung der Ressourcenverantwortung als Reforminstrument: Folke-Gunnar *Schuppert*, Verwaltungswissenschaft, Baden-Baden 2000, S. 708 ff.

37 So bspw. in Nordrhein-Westfalen (vgl. § 95 Abs. 1 SchulG NW), was nicht nur zu komplexen Haushaltsführungen, sondern vor allem zu bislang ungeklärten Abgrenzungsschwierigkeiten führen kann, da anders als für die Lehr- und Lernmittel und den sonstigen Sachaufwand die Kosten für das pädagogische Personal nicht von den Kommunen als Schulträgern, sondern vom Land getragen werden. S. hierzu mit einem Beispiel *Rux/Niehues*, Schulrecht, Rn. 1253.

haltsjahre transferiert werden können.[38] Soweit der Schulträger die Bewirtschaftung der Mittel noch selbst durchführt, muss der Schulleiter seine Anforderungen der Schulverwaltungsbehörde des Schulträgers oder dem zentralen Beschaffungsamt mitteilen und sich darum bemühen, dass seine Wünsche erfüllt werden. Darf jedoch der Schulleiter selbständig über einen eigenen Haushalt der Schule oder über einen Anteil am Gesamthaushalt des Schulträgers verfügen, dann trägt er die Verantwortung für eine wirtschaftliche und sparsame Verwaltung seines Haushalts oder Haushaltsanteils.[39] Hierzu bedarf es zu Beginn des Rechnungsjahres der Aufstellung eines *Wirtschaftsplans* und der laufenden Führung der Haushaltsüberwachungslisten als *Wirtschaftskontrollen*, in welche die Ausgaben nach Sachtiteln geordnet eingetragen werden. Dabei ergeben sich die Einzelheiten der Haushaltsbewirtschaftung (z.B. Zweckbestimmung der Ausgaben nach Maßgabe der einzelnen Haushaltstitel, Unzulässigkeit von Haushaltsüberschreitungen, gegenseitige Deckungsfähigkeit, Behandlung der Belege und Verwendungsnachweise) aus der jeweiligen kommunalen Haushaltsordnung und den dazu erlassenen Bewirtschaftungsvorschriften. In Bremen und Hessen sind in den Schulgesetzen spezifische Anforderungen an die Bewirtschaftungsverfahren gestellt, in Bremen ist ein eigens hierfür Beauftragter zu bestellen.[40]

Insbesondere um den Verwaltungsaufwand beim Schulträger zu verringern, sind Schulen ungeachtet ihrer fehlenden Rechtsfähigkeit in einigen Bundesländern befugt, ein eigenes Konto zu führen[41]; teilweise ist es dem Schulträger erlaubt, seinen Schulen Konten einzurichten.[42]

12.222 Als Glied im Organismus des Schulträgers stehen der Schule grundsätzlich keine eigenen *Einnahmen* zur freien Verfügung. Denn alle Einnahmen (z.B. aus Verwaltungsgebühren oder aus der Vermietung von Räumen) fließen dem Schulträger zu, der sie allerdings der Schule zur Deckung zusätzlicher Mehrausgaben zur Verfügung stellen kann. Das gilt auch für zweckbestimmte *Zuwendungen von dritter Seite* in Geld oder Sachwerten (z.B. Büchern, Lehrmitteln), bei deren Annahme und Verwendung der Schulträger jedoch gehalten ist, die Zweckbestimmung des Spenders zu erfüllen (vgl. auch TZ 12.223). Im Übrigen ist der Schulträger nicht gehindert, der Schule zu gestatten, selbständig über Einnahmen zu verfügen und sie sich ggf. auf einem Schulkonto gutschreiben zu lassen. Steht der Schule diese Möglichkeit nicht zu Gebote, erweist sich die Gründung einer *Vereinigung von Eltern, Freunden oder ehemaligen Schülerinnen und Schülern* als zweckmäßig, die in privater Form die Schulzwecke fördert und als Empfängerin von Spenden und sonstigen Zuwendungen (z.B. Lehrmitteln) auftreten kann (Schulverein).[43]

Allerdings kann die Unterstützung von Schulen durch Geld oder geldwerte Leistungen seitens Dritter zur Folge haben, dass die auf dem Gebiet des Schulträgers vorhandenen Schulen je nach den wirtschaftlichen Fähigkeiten der jeweiligen Schulklientel sowie deren Spendenbereitschaft in ganz unterschiedlichem Umfang gefördert werden, was im

---

38 Entsprechende Regelungen finden sich bspw. in: § 7 Abs. 6 Satz 2 und 3 bln SchulG, § 7 Abs. 4 Satz 3 BbgSchulG, § 111 Abs. 1 Satz 2 NSchG, § 24 Abs. 2 Satz 2 SchulG LSA.

39 S. insoweit die grundsätzliche haushaltsrechtliche Vorgabe, wie sie etwa im § 7 Abs.1 Satz 1 BHO und dementsprechend in den Landeshaushaltsordnungen niedergelegt ist.

40 Vgl. § 21 Abs. 1 Satz 3 und Abs. 3 BremSchVwG, § 127a Abs. 2 Satz 3 HSchG.

41 § 32 Abs 4 Satz 2 NSchG, § 95 Abs. 3 nrw SchulG, § 24 Abs. 3 SchulG LSA.

42 § 16 Abs. 1 Satz 2 saarl SchoG.

43 Zu Schulfördervereinen s. *Rux/Niehues*, Schulrecht, Rn. 1270 ff.; Johannes *Gröb*, Die rechtsfähige öffentliche Schule, Baden-Baden 2014, S. 286 ff. Allgemein zum Vereinsrecht: Rudi W. *Märkle*/Matthias *Alber*, Der Verein im Zivil- und Steuerrecht, 13. Aufl., Stuttgart 2014; Eugen *Sauter*/Gerhard *Schweyer*/ Wolfram *Waldner*, Der eingetragene Verein, 20. Aufl., München 2016.

Hinblick auf den Grundsatz der Chancengleichheit nicht unproblematisch ist.[44] Insbesondere vor dem Hintergrund der aktuellen Tendenzen in Richtung einer stärkeren Selbständigkeit der Schulen dürften sich dadurch entstehende Nachteile einzelner Schulen jedoch kaum vermeiden lassen. Denn man kann nicht einerseits den Schulen mehr Eigenverantwortung auch in finanzieller Hinsicht geben, ihnen andererseits aber untersagen, sich zusätzliche Mittel zu beschaffen. In diesem Zusammenhang erscheinen schließlich auch Vorschläge unrealistisch, die Spenden in einem gemeinsamen Pool zu sammeln und gleichmäßig auf die verschiedenen Schulen zu verteilen, da die Spender in der Regel einen besonderen Bezug zu einer konkreten Schule haben (etwa durch den Schulbesuch der eigenen Kinder) und deshalb nicht an einer Förderung aller vor Ort befindlichen Schulen interessiert sind, sondern im Gegenteil gerade eine bestimmte Schule mit ihrer Spende unterstützen möchten.[45]

12.223 Abzugrenzen von altruistischen Spenden ist das *Sponsoring*[46], von dem angesichts zunehmender Finanznöte der Kommunen immer mehr Schulen Gebrauch machen, um ihre Ausstattung zu verbessern (z.B. durch Computer, Sportgeräte oder Bücher für die Schulbibliothek), ihren Schülerinnen und Schülern besondere Angebote zu ermöglichen (z.B. kostenintensivere Schulprojekte, Arbeitsgemeinschaftenn oder Exkursionen) oder das eigene Schulprofil stärker auszuprägen.[47] Anders als bei Spenden erfolgt die Zuwendung von Geld, Sachleistungen oder geldwerten Vorteilen gegenüber der Schule aus der Sicht der diese Zuwendungen leistenden Sponsoren gerade nicht selbstlos, sondern im Interesse der Imagesteigerung, der Erschließung neuer Zielgruppen, der Produktwerbung oder gar der Beeinflussung von Inhalten schulischen Lernens.[48] So stiftet etwa die ortsansässige Sparkasse Trikots und T-Shirts für die Siegerinnen und Sieger schulischer Sportwettkämpfe, Automobilverbände stiften Mützen und Leuchtstreifen zum Schulanfang oder große Digitalunternehmen wie Apple, Google oder Microsoft stellen unterrichtsbezogene Apps oder Lernplattformen kostenlos zur Verfügung.[49]

---

44 So lässt sich einer Antwort des Hamburger Senats auf eine Kleine Anfrage bezüglich privater Geld- und Sachspenden sowie Sponsoring an staatlichen Schulen in Hamburg entnehmen, dass vor allem Schulen in ökonomisch stärkeren Stadtteilen von Spenden profitieren; s. Drs. 21/8441.

45 S. aber die Regelung in § 98 Abs. 1 nrw SchulG, wonach der Schulträger sicherstellt, dass einzelne Schulen nicht unangemessen bevorzugt oder benachteiligt werden, wenn Schulen für den Schulträger bei der Erfüllung ihrer Aufgaben durch Sach- und Geldzuwendungen Dritter unterstützt werden. Kritisch hierzu: Peter Paul *Cieslik*, Schulsponsoring, in: Ingrid Lohmann/Rainer Rilling (Hrsg.), Die verkaufte Bildung, Opladen 2002, 177 (183 ff.).

46 Zum Begriff sowie zu Erscheinungsformen des Sponsoring: Helmut *Satzger*, Bestechungsdelikte und Sponsoring, ZStW 115 (2003), 469 (470 ff.); Ingo *Wolff*, Schulsponsoring. Chancen und Risiken im Rahmen einer zeitgemäßen Schulentwicklung, Berlin 2011, S. 62 ff. Allgemein zum Sponsoring der öffentlichen Hand: Martin *Burgi*/Daniel *Hampe*/Andres *Friedrichsmeier*, Der Rechtsrahmen des Verwaltungssponsoring, in: Martin Burgi (Hrsg.), Sponsoring der öffentlichen Hand, Baden-Baden 2010; Frank, *Meininger*, Möglichkeiten, Grenzen und Praxis des Sponsoring der öffentlichen Verwaltung, Speyer 2000; Barbara *Remmert*, Rechtsfragen des Verwaltungssponsoring, DÖV 2010, 583.

47 Zu den rechtlichen Fragen des Schulsponsoring: Hermann *Avenarius*, Sponsoring in der Schule. Einige verfassungsrechtliche Anmerkungen, in: Wilfried *Erbguth*/Friedrich *Müller*/Volker *Neumann* (Hrsg.), Rechtstheorie und Rechtsdogmatik im Austausch. Gedächtnisschrift für Bernd Jeand'Heur, Berlin 1999, S. 321; Holger *Stellhorn*/André *Weßling*, Schulsponsoringverträge im Lichte des Schul- und Verwaltungsrechts, NVwZ 2014, 1488. Allgemein zum Schulsponsoring: Gerda M. *Heinrich*/Marion *Hüchtermann*/Susanne *Nowak*, Macht Sponsoring Schule?, Köln 2002; Lars *Lommatzsch*, Schulsponsoring. Grundlagen, Praxis, Chancen, Risiken für Unternehmen und Schulen, Saarbrücken 2012; *Cieslik*, Schulsponsoring, S. 177; Martina *Schmerr*, Sponsoring an allgemeinbildenden Schulen - Erfahrungen, Probleme, Handlungsmöglichkeiten, S. 189, beide in: Lohmann/Rilling, Verkaufte Bildung.

48 Zu den vielfältigen Motiven von Unternehmen, Wirtschaftsverbänden und unternehmensnahen Stiftungen: Felix *Kamella*, Lobbyismus an Schulen. Wer nimmt Einfluss? Was sind Motive und Ziele? Was kann getan werden?, Pädagogik 9/2015, S. 44; *Wolff*, Schulsponsoring (Fn. 46), S. 71 ff.

49 Bei einer Befragung von Schulleitungen im Rahmen der PISA-Studie 2006 stellte sich heraus, dass lediglich 12,5 Prozent der deutschen Schülerinnen und Schüler im Alter von 15 Jahren eine Schule besuchen,

Die Gegenleistungen der Schulen bestehen in der öffentlichkeitswirksamen Entgegennahme der Zuwendungen, der Erwähnung des Sponsors bei Schulveranstaltungen oder dem Abdruck von dessen Logo auf den gesponserten Sachen, auf der Schulhomepage oder in der Schülerzeitung oder in der Zurverfügungstellung von Räumen der Schule für Event-Veranstaltungen des Sponsors. Waren solche Werbeaktionen nach früher geltendem Recht unzulässig, erlauben nahezu alle Bundesländer das Schulsponsoring mittlerweile entweder ausdrücklich in ihren Schulgesetzen[50], oder sie haben entsprechenden Regelungen in Form von Verwaltungsvorschriften erlassen.[51] Damit reagieren sie nicht nur auf die zunehmenden Versuche einer interessenorientierten Einflussnahme vor allem wirtschaftlicher Akteure auf die Schule, sondern tragen daneben der Tatsache Rechnung, dass Werbung heute eine alltägliche Realität ist, die auch an der Schule nicht vorübergeht. Andererseits ist nicht von der Hand zu weisen, dass hierdurch Gefahren für den staatlichen Bildungs- und Erziehungsauftrag ebenso wie für die insoweit aufgrund ihres Alters besonders schutzbedürftigen und kraft Schulpflicht zur Anwesenheit verpflichteten Schülerinnen und Schüler entstehen, die von dem ungleichen Zugang unterschiedlich potenter Akteure über die Abhängigkeit der Schule von einzelnen Anbietern und die Privatisierung schulischer Aufgaben bis hin zur versteckten Einflussnahme auf Lehr- und Lerninhalte reichen.[52] Vor diesem Hintergrund ist zunächst daran zu erinnern, dass die Schule als Teil der öffentlichen Verwaltung dem öffentlichen Interesse, also dem Gemeinwohl zu dienen verpflichtet ist.[53] Bereits unter diesem Gesichtspunkt verträgt es ich nicht, wenn sie für private bzw. kommerzielle Zwecke instrumentalisiert wird.[54] Das Sponsoring darf nicht dazu führen, dass sich die Schule werbenden Unternehmen

---

an der Wirtschaft und Industrie keinen Einfluss auf die Lehr- und Lerninhalte ausüben. S. OECD, PISA 2006, Gütersloh 2007, S. 293.

50 Z.B. § 47 Abs. 4 Satz 1 BbgSchulG, § 3 Abs. 15 Satz 2 HSchG, § 99 Abs. 1 Satz 1 nrw SchulG, § 23 Abs. 4 Satz 2 rp SchulG, § 29 Abs. 3 Satz 1 sh SchulG, § 56 Abs. 3 Satz 2 ThürSchulG, vgl. auch § 76 Abs. 2 Nr. 9b bln SchulG, wonach die Schulkonferenz in der Hausordnung auch über die schuleigenen Grundsätze bezüglich der „Werbung an der Schule sowie Art und Umfang des Sponsoring" entscheidet.

51 Als Beispiele s. etwa die bw Verwaltungsvorschrift Werbung, Wettbewerbe und Erhebungen in Schulen vom 21.9.2002 (K.u.U. S 309), zul.g.d. VwV vom 28.10.2005 (K.u.U. S. 167); Brem. Richtlinien über Werbung in Schulen vom 18.2.1999 (Schulblatt 544.02); Hamburger Richtlinie zu Werbung, Sponsoring und sonstigen wirtschaftlichen Aktivitäten in staatlichen Schulen vom 11.11.1998 (MBISch, S. 125), i.d.F. vom 17.5.2000 (MBISch, S. 39); Wirtschaftliche Betätigung, Werbung, Informationen, Bekanntmachungen und Sammlungen in Schulen sowie Zuwendungen für Schulen, RdErl. d. Niedersächsischen Kultusministers vom 1.12.2012 (SVBl. S. 598); Saarländischer Erlass über Sponsoring, Spenden und Werbung an Schulen vom 24.4.2003 (AllSchO vom 24.04.2003, ABl. S. 1287 und ABl. 2003, S. 224); Sächsische VwV Sponsoring, Spenden und Erhebungen an Schulen vom 23.7.2008 (MBl.SMK S. 354), zul.g.d. VwV vom 30.6.2015 (MBl.SMK S. 252); Werbung, Warenverkauf und Sponsoring an Schulen des Landes Sachsen-Anhalt, RdErl. des MK vom 9.9.1998 (SVBl. LSA S. 296). Daneben haben einige Kultusministerien Leitfäden zum Schulsponsoring herausgegeben, s. z.B. *Ministerium für Schule und Weiterbildung des Landes Nordrhein-Westfalen*, Schulsponsoring heute. Leitfaden für Schulen, Schulträger und Unternehmen, Düsseldorf 2010, 1; *Ministerium für Bildung, Wissenschaft, Forschung und Kultur des Landes Schleswig-Holstein*, Schulsponsoring - ein Leitfaden für Schulen, Schulträger und Schulförderer, Kiel 2003.

52 Zu den Gefahren s. *LobbyControl* (Hrsg.), Lobbyismus an Schulen, Köln 2017, S. 14 f.

53 Grundlegend dazu Josef *Isensee*, Gemeinwohl im Verfassungsstaat, HdbStR IV, § 71, zur Schule insb. Rn. 2 und 82; s. auch: *ders.*, Gemeinwohl und öffentliches Amt, Wiesbaden 2014. M.w.N. ferner: Andreas *Voßkuhle*, Beteiligung an der Wahrnehmung öffentlicher Aufgaben und staatliche Verantwortung, VVDStRL 62 (2003), S. 266 (273 ff.); Winfried *Brugger*, Gemeinwohl als Ziel von Staat und Recht, in: Dietrich Murswiek/Ulrich Storost/Heinrich A. Wolff (Hrsg.), Festschrift für Helmut Quaritsch, Berlin 2000, S. 45.

54 Keine Instrumentalisierung i.d.S. soll nach Ansicht des BGH allerdings vorliegen, wenn ein Fotostudio einer Schule aufgrund einer „Sponsoring-Vereinbarung" einen PC allein dafür überlässt, dass die Schule dem Studio das Anfertigen von Fotos der Schülerinnen und Schüler in einem Raum der Schule erlaubt und anschließend die Fotos den Eltern zum Kauf anbietet. S. BGH, NJW 2006, 225; hierzu kritisch aus strafrechtlicher Perspektiven im Hinblick auf eine nach § 331 Abs. 1 StGB mit Strafe belegte Vorteils-

dienstbar macht, indem sie ihnen beispielsweise Einfluss auf die Unterrichtsinhalte einräumt.[55] Wie für jede Verwaltungseinrichtung gilt auch für die Schule, dass sie unparteilich und sachgerecht handeln muss und nicht für weltanschauliche, partei- oder verbandspolitische Ziele in Anspruch genommen werden darf. Daraus ergibt sich, dass Hinweise auf den Sponsor nur zurückhaltend erfolgen dürfen.[56] Ferner ist die Schule an ihren Bildungs- und Erziehungsauftrag gebunden, der unter anderem erfordert, dass die Schülerinnen und Schüler zu selbständigem und kritischem Denken und Handeln erzogen werden und sie ein eigenes Urteilsvermögen ausbilden können (s. TZ 5.11). Jene in den Landesverfassungen und in den Schulgesetzen der Länder normierten Bildungs- und Erziehungszielen dürfen durch das diesen Zielen tendenziell entgegenlaufende, auf die Beeinflussung der Schülerinnen und Schüler gerichtetes Sponsoring nicht beeinträchtigt werden.[57] Dadurch ist auch ausgeschlossen, dass die Schule Sponsoringverträge mit Herstellern von Zigaretten oder Alkohol abschließt.[58] Im Übrigen ist darauf zu achten, dass die Zuwendungen des Sponsors der Schule in der Erfüllung ihrer Aufgaben tatsächlich zugutekommen. Deshalb muss der Nutzen für die Schule in einem angemessenen Verhältnis zum Nutzen für das werbende Unternehmen stehen, was ausschließt, dass die Zuwendung ausschließlich oder auch nur überwiegend der Werbung für das Unternehmen dient; aus diesem Grund findet sich in den Regelungen der Länder ausdrücklich die Anforderung, dass die Werbewirkung „deutlich hinter dem schulischen Nutzen zurücktreten muss“[59].[60] Darüber hinaus hat die Schule im Umgang mit werbenden Unternehmen den Gleichheitssatz zu beachten, d.h. sie muss jedem Interessierten im Hinblick auf den Abschluss von Sponsoringverträgen die gleichen Chancen einräumen. Dabei obliegt es dem Schulleiter, in jedem einzelnen Fall zu prüfen, ob ein konkretes Sponsoring die beschriebenen Zulässigkeitsvoraussetzungen erfüllt. Zur Frage der Chancengleichheit durch Spenden s. TZ 12.222.

Die durch Sponsoring erzielten Einnahmen sowie die sachlichen Zuwendungen, die die Schule von Sponsoren erhält, werden Eigentum des Schulträgers (TZ 12.222). Dieser kann sie der Schule zur eigenen Bewirtschaftung überlassen und ihr außerdem gestatten, für das vereinnahmte Geld ein Schulkonto einzurichten. Unabhängig von der nicht

---

nahme: Ralf *Busch*, Kostenloser Computer für eine Schulfotoaktion – Erlaubtes „Schulsponsoring“ oder strafbare Korruption, NJW 2006, 1100.

55 Dazu zählt auch, dass interessierte Verbände und Organisationen fertig erarbeitetes Unterrichtsmaterial den Schulen zur Verfügung stellen.

56 So sind die Formulierungen in einzelnen Schulgesetzen zu interpretieren, die Hinweise auf die Leistungen des Sponsors nur „in geeigneter Weise“ erlauben (z.B. § 99 Abs. 1 Satz 1 nrw SchulG, § 29 Abs. 3 Satz 1 sh SchulG); ebenso: *Stellhorn/Weßling*, NVwZ 2014, 1488 (1490). Eine Konkretisierung findet sich in § 10 Abs. 2 Satz 3 und 4 der hessischen Dienstordnung für Lehrkräfte, wonach ein Hinweis auf Zuwendungen Dritter „zum Beispiel auf Plakaten, Veranstaltungshinweisen oder in sonstiger Weise unter Verwendung des Namens, Emblems oder Logos des Dritten, jedoch ohne besondere Hervorhebung, gegeben werden“ kann; vgl. auch 2.4. Saarländischer Erlass über Sponsoring, Spenden und Werbung an Schulen vom 24.4.2003.

57 S. z.B. § 47 Abs. 4 Satz 2 BbgSchulG, § 3 Abs. 15 Satz 2 HSchG, § 99 Abs. 1 Satz 1 nrw SchulG, § 23 Abs. 4 Satz 2 rp SchulG, § 29 Abs. 3 Satz 2 sh SchulG, § 56 Abs. 3 Satz 2 i.V.m. § 2 ThürSchulG. Hierzu auch: *Avenarius*, Sponsoring in der Schule (Fn. 47), 321 (331).

58 Ein explizites Verbot beispielsweise in III.4. Satz 2 Sächsische VwV Sponsoring, Spenden und Erhebungen an Schulen vom 23.7.2008; s. auch *Ministerium für Bildung, Wissenschaft, Forschung und Kultur des Landes Schleswig-Holstein*, Schulsponsoring - ein Leitfaden für Schulen, Schulträger und Schulförderer, Kiel 2003, S. 9.

59 § 29 Abs. 3 Satz 2 sh SchulG, ähnlich z.B. auch § 99 Abs. 1 Satz 1 nrw SchulG, 2.2 bw Verwaltungsvorschrift Werbung, Wettbewerbe und Erhebungen in Schulen; 4 Satz 2 Hamburger Richtlinie zu Werbung, Sponsoring und sonstigen wirtschaftlichen Aktivitäten in staatlichen Schulen. Hierzu auch: *Rux/Niehues*, Schulrecht, Rn. 1263.

60 Für den Versuch, Kriterien einer Kosten-Nutzen-Analyse zu entwickeln: *Stellhorn/Weßling*, NVwZ 2014, 1488 (1490 f.).

einheitlich beurteilten Frage, ob Sponsoringverträge privat- oder öffentlich-rechtlicher Natur sind[61], können diese mangels Rechtsfähigkeit der Schule nur im Namen des Schulträgers geschlossen werden und bedürfen jeweils im Einzelfall seiner Zustimmung, sofern diese nicht allgemein erteilt ist (vgl. TZ. 6.112).

12.224 Die Führung *„schwarzer Kassen"* oder „schwarzer Fonds", d.h. verheimlichter öffentlicher Mittel, die an sich dem Schulträger gehören, ist verboten. Andererseits weiß jede Schulleitung, dass sie freie Mittel außerhalb des Haushalts für unvorhergesehene oder besondere Zwecke benötigt (z.B. für ein Geschenk, einen Blumenstrauß, eine kleine Feier). Eine der Schule verbundene Vereinigung – etwa ein Schulförder-, Ehemaligen- oder Elternverein – gibt dem Schulleiter die Möglichkeit, auf derartige Sondermittel zuzugreifen, ohne gegen das Verbot der Führung schwarzer Kassen zu verstoßen. Um dem Aufkommen des Verdachtes der Begehung strafrechtlich relevanter Handlungen schon im Ansatz zu begegnen[62], tut der Schulleiter im Übrigen gut daran, Spenden und Schenkungen nicht selbst anzunehmen, sondern prinzipiell über eine entsprechende Vereinigung abzuwickeln, deren Geschäftsführung im besten Falle bei einer Person außerhalb der Schule liegt und deren Geschäftsgebaren ordnungsgemäß überprüft wird. Entsprechendes gilt für *Einnahmen aus freien Veranstaltungen*, etwa für Gewinne, die bei einem Schulfest erzielt werden. Soweit es sich um Einnahmen der Schule handelt, stehen sie dem Schulträger zu, wenn dieser sie nicht der Schule selbst überlassen hat; handelt es sich um Zuwendungen an die Vereinigungen, stehen sie dieser zu. Nur zur Klarstellung sei abschließend darauf hingewiesen, dass private Kassen, wie die Kaffeekasse des Lehrerkollegiums oder eine Klassenkasse, keine schwarzen Kassen im obigen Sinne sind.

12.23 Urheberrecht

Die Schule ist verpflichtet, die Vorschriften des Urheberrechtsgesetzes (UrhG) zu beachten, die für sie durch die Nutzung neuer Kommunikationstechnologien zusätzlich an Bedeutung gewinnen.[63] Zudem hat die mit dem zum 1.3.2018 in Kraft getretenen Urheberrechts-Wissensgesellschafts-Gesetz[64] vorgenommene Reform des Urheberrechts gerade für Schulen bedeutende Neuerungen gebracht, die beispielsweise das Verviel-

61 Für die privatrechtliche Natur der Verträge: *Avenarius*, Sponsoring in der Schule (Fn. 47), S. 321 (325); für die öffentlich-rechtliche Natur hingegen: *Stellhorn/Weßling*, NVwZ 2014, 1488 (1491 ff.) Zur Unterscheidung zwischen privat- und öffentlich-rechtlichen Verträgen s. *Maurer/Waldhoff*, Verwaltungsrecht, § 14 Rn. 11 ff.

62 Relevant ist insb. die Vorteilsnahme im Amt gem. § 331 StGB.

63 Urheberrechtsgesetz vom 9.9.1965 (BGBl. I S. 1273), zul.g.d.G. vom 1.9.2017 (BGBl. I S. 3946). Speziell zum Urheberrecht im Schulwesen: Wolf von *Bernuth*, Grundkurs Schulrecht XI: Fälle zum Urheber- und Medienrecht, Kronach 2014; Thomas *Hartmann*, Urheberrecht in der Bildungspraxis. Leitfaden für Lehrende und Bildungseinrichtungen, Bielefeld 2014; Torsten *Kleine*/Stephan *Rademacher*, Urheber- und Medienrecht in der Schule, München 2011; Christian *Berger*, Urheberrecht in der Wissensgesellschaft, GRUR 2017, 953; Pia *Sökeland*, Neue Schranken für Bildung und Forschung – Was ändert sich durch das Urheberrechts-Wissenschafts-Gesetz?, K&R 2017, 605; Eva-Maria *Herring*, Medienrecht und Schule, RdJB 2013, 164; Jörg *Knupfer*, Urheberrechtliche Fragen im Schulbereich, RdJB 2010, 472; Markus *Junker*/Maximilian *Herberger*, Urheberrechtliche Probleme beim Einsatz von Multimedia und Internet in der Schule, RdJB 2002, 307; Julia *Hasselbring*, Der urheberrechtliche Schutz im Bildungswesen, RdJB 1996, 84. Allgemein zum Urheberrecht: Thomas *Dreier*/Gernot *Schulze*, Urheberrechtsgesetz – Kommentar, 5. Aufl., München 2015; Artur-Axel *Wandtke*/Winfried *Bullinger* (Hrsg.), Praxiskommentar zum Urheberrecht, 5. Aufl., München 2018; Artur-Axel *Wandtke*, Urheberrecht, 6. Aufl., Berlin 2017; Gerhard *Schricker*/Ulrich *Loewenheim* (Hrsg.), Urheberrecht Kommentar, 5. Aufl., München 2017.

64 Gesetz zur Angleichung des Urheberrechts an die aktuellen Erfordernisse der Wissensgesellschaft (UrhWissG) vom 1.9.2017 (BGBl. I 3346).

fältigen von Werken speziell für den Unterricht oder das Anfertigen von sogenannten „Anschlusskopien" bei der Nutzung elektronischer Leseterminals in Schulbibliotheken betreffen. *Das UrhG schützt die Rechte der Urheber und Nutzungsberechtigten* (z.B. Verlage) von Werken der Literatur, Wissenschaft und Kunst; dazu zählen u.a. Sprachwerke, wie Schriften, Reden und Computerprogramme, Werke der Musik, Werke der bildenden Künste, Lichtbildwerke, Filmwerke und Darstellungen wissenschaftlicher oder technischer Art, aber auch Übersetzungen und andere Bearbeitungen[65] (§ 2 Abs. 1 UrhG). Voraussetzung ist stets, dass es sich um *persönliche geistige Schöpfungen* handelt (§ 2 Abs. 2 UrhG) und dass der Schöpfer des Werkes nicht ausdrücklich auf sein Urheberrecht verzichtet hat. Das Urheberrecht, das kraft Gesetzes im Moment der Schaffung eines Werkes unabhängig von der Geschäftsfähigkeit[66] des Urhebers entsteht, erlischt grundsätzlich 70 Jahre nach dem Tod des Urhebers (§ 64 UrhG), bei Lichtbildern hingegen in der Regel bereits nach 50 Jahren (§ 72 Abs. 3 Satz 1 UrhG).[67] Erst nach Ablauf dieser Fristen wird ein Werk, das nicht im überwiegenden Allgemeininteresse von vornherein vom Schutz des Urheberrechts ausgenommen ist, gemeinfrei und kann von jedermann ohne Genehmigung oder Zahlungspflicht gegenüber dem Urheber oder dessen Rechtsnachfolgern bzw. dem Nutzungsberechtigten zu beliebigen Zwecken verwendet werden.

12.231 Die *öffentliche Wiedergabe eines urheberrechtlich geschützten Musik- oder Sprachwerks* ist *nur mit Einwilligung des Komponisten oder Autors* zulässig (§ 15 Abs. 2 UrhG), wobei die Rechte der Urheber in der Regel von Verwertungsgesellschaften wahrgenommen werden.[68] Öffentlich ist die Wiedergabe, wenn sie für eine Mehrzahl von Personen bestimmt ist, es sei denn, dass der Kreis dieser Personen abgegrenzt ist und diese durch gegenseitige Beziehungen oder durch die Beziehung zur veranstaltenden Schule persönlich untereinander verbunden sind (vgl. §§ 15 Abs. 3, 52 Abs. 3 UrhG). Deshalb wird in Rechtsprechung und Literatur jedenfalls die Wiedergabe musikalischer oder sprachlicher Werke in einzelnen Lerngruppen oder Jahrgangsstufen als nicht-öffentlich betrachtet.[69] Innerhalb des Fachs Darstellendes Spiel oder anderer Unterrichtsfächer sind Nutzungen eines Werkes deshalb grundsätzlich ohne Genehmigung des Rechtsinhabers und ohne Verpflichtung zur Zahlung einer Vergütung zulässig. Uneinheitlich wird hingegen die Frage beantwortet, ob entsprechende Darbietungen beispielsweise bei Schultheater- oder Schulchoraufführungen, an denen ausschließlich Lehrkräfte und Schülerinnen

65 Zum Werkbegriff des UrhG: Artur-Axel *Wandtke,* Werkbegriff im Urheberrechts-Wissensgesellschafts-Gesetz, NJW 2018, 1129.

66 Deshalb können auch minderjährige Schüler Urheber sein, so dass z.B. deren im Kunstunterricht gefertigten Bilder oder im Deutschunterricht geschriebenen Aufsätze dem Schutz durch das UrhG unterfallen.

67 Die Frist beginnt nach § 69 UrhG mit dem Ablauf des Jahres, in dem der jeweilige Urheber eines Werkes verstorben ist; die Frist beginnt demnach am 1. Januar des darauffolgenden Jahres und endet mit dem 31. Dezember des siebzigsten Jahres, das auf das Todesjahr folgt.

68 Dazu Bernd *Weichhaus,* Das Recht der Verwertungsgesellschaften in Deutschland, Großbritannien und Frankreich, Hamburg 2002. Zu der mit dem Schutz musikalischer Werke befassten GEMA (Gesellschaft für musikalische Aufführungs- und mechanische Vervielfältigungsrechte): Harald *Heker*/Karl *Riesenhuber* (Hrsg.), Recht und Praxis der GEMA, 3. Aufl., Berlin 2015; zu der mit dem Schutz von Sprachwerken zuständigen VG Wort: Ferdinand *Melichar,* Die Wahrnehmung von Urheberrechten durch Verwertungsgesellschaften am Beispiel der VG WORT, München 1983. Allgemein zu den Verwertungsgesellschaften: Peter *Bühler*/Patrick *Schlaich*/Dominik *Sinner,* Medienrecht. Urheberrecht – Markenrecht – Internetrecht, Berlin/Heidelberg 2017, S. 22 f.

69 M.w.N. zur h.M.: Stephan *Rademacher,* Medienrecht im Schulalltag, ITRB 2014, 164 (165 f.); *ders.,* Filmvorführungen im Unterricht, UFITAS 2013, 717; Bernd *Lorenz,* Auswirkungen des Urheberrechts in der Informationsgesellschaft auf den Bildungsbereich, RdJB 2005, 43 (44 f.); Reinhard *Bender,* Urheberrecht und musikalische Schulveranstaltungen nach der Urheberrechtsnovelle, RdJB 1985, 486 (488 ff.); LG München I, InstGE 4, 283 (286); siehe auch schon: BT-Drs. 10/3360, S. 19.

und Schüler derselben Schule teilnehmen, öffentlich i.S.d. Urheberrechts sind.[70] Bejaht man dies, ist auch das Zugänglichmachen entsprechender Werke im Intranet einer Schule solange öffentlich, wie der Zugang zu den zur Verfügung gestellten Werken nicht durch die Vergabe von Nutzungsrechten und Passwörtern, die nur den Schülern der jeweiligen Klasse oder Jahrgangsstufe mitgeteilt werden, gesperrt ist.[71] Ausnahmsweise ist allerdings auch die öffentliche Wiedergabe eines veröffentlichten Werkes ohne Einwilligung des Berechtigten zulässig, wenn die Schule keinen Erwerbszweck verfolgt, kein Eintrittsgeld erhebt (auch nicht in Form eines Unkostenbeitrags) und keinem der ausübenden Künstler ein Honorar bezahlt (§ 52 Abs. 1 Satz 1 UrhG). Allerdings entlastet der Verzicht auf die Einwilligung grundsätzlich nicht von der Pflicht des Nutzers, für die öffentliche Wiedergabe eine angemessene Vergütung zu zahlen (§ 52 Abs. 1 Satz 2 UrhG). Die Einzelheiten der erlaubten Nutzungen speziell durch Schulen sowie der zu zahlenden Vergütung sind in Verträgen, die die Länder mit den Verwertungsgesellschaften abgeschlossen haben, geregelt.[72] Die bühnenmäßige Darstellung eines sprachlichen oder musikalischen Werkes ist jedoch nach § 52 Abs. 3 UrhG immer nur mit Einwilligung des Betroffenen zulässig. Bedarf es bei einer Schulveranstaltung der Zustimmung des Berechtigten, so hat der Schulleiter zuvor die Einwilligung der zuständigen Verwertungsgesellschaft einzuholen.[73]

12.232 Nach § 60a Abs. 1 UrhG dürfen zur Veranschaulichung des Unterrichts an Bildungseinrichtungen, zu denen Schulen gemäß Absatz 4 der Vorschrift ausdrücklich zählen, bis zu 15 Prozent eines veröffentlichten Werkes vervielfältigt, verbreitet, öffentlich zugänglich gemacht und in sonstiger Weise öffentlich wiedergegeben werden, soweit dies zum jeweiligen Zweck geboten und zur Verfolgung nicht kommerzieller Zwecke gerechtfertigt ist.[74] Dies gilt für Lehrende und Teilnehmer der jeweiligen Veranstaltung, für Lehrende und Prüfer an derselben Bildungseinrichtung ebenso wie für Dritte, soweit dies der Präsentation des Unterrichts oder von Unterrichts- oder Lernergebnissen an der Schule dient. Der Unterrichtsbegriff ist weit gefasst[75] und erstreckt sich zum einen auf die Vor- und Nachbereitung des Unterrichts und zum anderen nicht nur auf den Unter-

---

70 Ablehnend z.B. *Hasselbring*, RdJB 1996, 84 (95), die davon ausgeht, dass bei größeren Schulveranstaltungen die nach § 15 Abs. 3 Satz 2 UrhG erforderliche persönliche Beziehung aller Beteiligten untereinander nicht gewährleistet sei. Ebenso Bernd *Lorenz*, Braucht das Urheberrecht eine Schranke für die öffentliche Zugänglichmachung für Unterricht und Forschung (§ 52a UrhG)?, ZRP 2008, 261 (262 f.); *ders.*, RdJB 2005, 43 (45); Stefan *Haupt*, Die EG-Richtlinie „Urheberrecht in der Informationsgesellschaft“ und Konsequenzen für die Nutzung von Werken im Schulunterricht gemäß § 52 a UrhG, ZUM 2004, 104 (110).

71 Bernd *Lorenz*, ZRP 2008, 261 (263); *ders.*, RdJB 2005, 43 (44 und 47).

72 Insb. im Gesamtvertrag zur Vergütung von Ansprüchen nach § 52a UrhG für Nutzungen an Schulen vom 27.2.2014, sowie im Gesamtvertrag zur Einräumung und Vergütung von Ansprüchen nach § 53 UrhG. Darüber hinaus haben viele Schulträger mit der GEMA („Gesellschaft für musikalische Aufführungs- und mechanische Vervielfältigungsrechte“) Pauschalverträge abgeschlossen und die Rechte zur Nutzung eines bestimmten Repertoires musikalischer Werke in der Schule erworben.

73 Musikalische Darbietungen können nach kostenloser Anlegung eines allgemeinen Zugangs online auf der Homepage der GEMA angemeldet werden. Bei Schulfeiern mit musikalischen Darbietungen und bei Schülerkonzerten werden von der GEMA im Rahmen eines besonderen Tarifs für Konzerte mit pädagogischen Zwecken in der Regel reduzierte Vergütungssätze berechnet, die erheblich günstiger sind als die sonst üblichen Tarife. Die Wiedergabe eines Sprachwerks erfolgt unter ähnlichen Bedingungen bei der Verwertungsgesellschaft WORT.

74 Durch die starre Festlegung auf 15 Prozent konkretisiert der deutsche Gesetzgeber das in Art. 5 Abs. 3a der Richtlinie 2001/29/EG (ABl, L 167, S. 10) zur Harmonisierung bestimmter Aspekte des Urheberrechts und der verwandten Schutzrechte in der Informationsgesellschaft bei den zulässigen Bereichsausnahmen für das Bildungswesen enthaltene Tatbestandsmerkmal „soweit dies zur Verfolgung nicht kommerzieller Zwecke gerechtfertigt ist“.

75 Im Unterschied zur deutschen Fassung des Art. 5 Abs. 3a der Richtlinie 2001/29/EG (Fn. 73), die von einer Veranschaulichung „im Unterricht“ spricht, gehen andere Sprachfassungen deutlich weiter von einer Veranschaulichung „im Rahmen des Unterrichts“, „in Verbindung mit dem Unterricht“ oder „zu Unterrichtszwecken“ aus. Hierzu: *Lorenz*, RdJB 2005, 43 (46 f.).

richt in der Klasse, sondern auch auf elektronisch gestütztes Lernen in der Schule.[76] Darüber hinausgehend dürfen bestimmte Werke, wie einzelne Beiträge aus derselben Fachzeitschrift oder wissenschaftlichen Zeitschrift, Werke geringen Umfangs oder vergriffene Werke, vollständig in der beschriebenen Weise für den Unterricht genutzt werden (§ 60a Abs. 2 UrhG). Als „Werke geringen Umfangs" gelten in Anlehnung an bestehende Gesamtverträge zwischen den Verwertungsgesellschaften und den Nutzern Druckwerke mit maximal 25 Seiten, Noten mit sechs Seiten sowie Filme und Musikstücke mit einer maximalen Länge von jeweils fünf Minuten[77]; hiervon erfasst sein können beispielsweise Kurzgeschichten, Gedichte, Liedtexte oder auch Lichtbildwerke, nicht hingegen Monographien oder ganze Zeitschriften.[78] Darüber hinaus dürfen Schulbibliotheken Schülern und Lehrkräften an elektronischen Terminals erlaubnisfrei Werke aus ihrem Bestand zugänglich machen sowie den Nutzern bei jeder Benutzung eines elektronischen Leseplatzes Vervielfältigungen von bis zu 10 Prozent eines Werkes sowie von einzelnen Abbildungen, Beiträgen aus derselben Fachzeitschrift oder wissenschaftlichen Zeitschrift, sonstigen Werken geringen Umfangs und vergriffenen Werken zu nicht kommerziellen Zwecken ermöglichen (§ 60f Abs. 1 i.V.m. § 60e Abs. 4 UrhG).[79] Dies ist nicht zuletzt für Schulen deshalb von Interesse, weil die früher im UrhG enthaltene Bestandsakzessorietät, wonach eine Bibliothek in der Regel nicht mehr Exemplare eines Werkes an elektronischen Terminals zugänglich machen durfte, als sie tatsächlich jene Werke in ihrem Bestand hatte (§ 52b Abs. 2 UrhG a.F.)[80], nicht mehr besteht. Nunmehr können mehrere Schüler an elektronischen Leseplätzen gleichzeitig Zugriff auf ein Werk nehmen, auch wenn die Schulbibliothek davon nur ein Exemplar angeschafft hat.[81] Ob diese Regelung in der schulischen Praxis allerdings tatsächlich eine signifikante Relevanz entfalten wird, dürfte schon deshalb fraglich sein, weil es Schulen mangels finanzieller Mittel häufig schon an den entsprechenden Terminals fehlen und außerdem das für die Digitalisierung der erworbenen Werke erforderliche Personal gar nicht vorhanden sein dürfte.[82] Durch vertragliche Vereinbarungen dürfen die gesetzlich privilegierten Nutzungsweisen grundsätzlich nicht beschränkt oder untersagt, wohl aber erweitert werden, indem sich z.B. die Schulträger mit den insoweit passivlegitimierten Verwertungsgesellschaften durch Vertrag auf eine Erweiterung des Umfangs der Nutzungsrechte über die gesetzlich normierten prozentualen Grenzen hinaus einigen (§ 60g Abs. 1 Satz 1 i.V.m. Abs. 4 und 5 UrhG).[83] Werden die gesetzlichen Grenzen der privilegierten Nutzung durch Schulen überschritten, beispielsweise indem von einem Werk mehr als 15 Prozent vervielfältigt und im Unterricht verteilt werden, können die Rechteinhaber, soweit keine vertragliche Erweiterung der Nutzungsrechte vereinbart worden ist, Unterlassungs- und Schadensersatzansprüche geltend machen.[84] Unabhängig davon hat der Urheber gegen-

---

76 *Berger*, GRUR 2017, 953 (960); *Sökeland*, K&R 2017, 605 (606).

77 § 2 Abs. 1c des Gesamtvertrages zur Vergütung von Ansprüchen nach § 52a UrhG für Nutzungen an Schulen; hierzu auch: BT-Drs. 18/12329, S. 34.

78 *Wandtke*, NJW 2018, 1129 (1132). Der Rechtsausschuss des Deutschen Bundestages betrachtet auch Monografien als Werke „geringen Umfangs" (BT-Drs. 15/837, S. 34; hiergegen zu Recht unter Verweis auf den üblichen Umfang von Monografien: *Lorenz*, RdJB 2005, 43 (46).

79 S. hierzu: *EuGH*, GRUR 2014, 1078 (1081); BGH, GRUR 2015, 1101 (1104 ff.); kritisch aus der Sicht der Urheber bzw. Rechteinhaber: *Berger*, GRUR 2017, 953 (962).

80 Zur alten Rechtslage: Bernd *Lorenz*, Der zweite Korb des Urheberrechts in der Informationsgesellschaft, RdJB 2008, 312 (313 f.).

81 Kritisch hierzu aus der Sicht von Autoren und Verlagen: Jan Bernd *Nordemann*, Bildung und Wissenschaft ohne Marktwirtschaft, NJW 2017, 1586 (1586 f.).

82 So auch: *Rademacher*, ITRB 2014, 164 (168).

83 Hierzu und insb. zu den Folgen solcher vertraglichen Vereinbarungen für die zu zahlende Vergütung: *Berger*, GRUR 2017, 953 (954 f.).

84 Wobei sich der Schadensersatzanspruch dann lediglich auf denjenigen Nutzungsumfang beschränkt, der die gesetzliche Schranke von 15 Prozent übersteigt. S. *Dreier*, in: ders./Schulze, Urheberrechtsgesetz – Kommentar, § 54a Rn. 4.

über dem Schulträger grundsätzlich einen Anspruch auf Zahlung einer angemessenen Vergütung, es sei denn, es geht um die öffentliche Wiedergabe eines Werkes für Lehrkräfte und Schüler sowie deren Familien, soweit die Wiedergabe zur Veranschaulichung des Unterrichts dient und zu nicht kommerziellen Zwecken erfolgt (§ 60h Abs. 1 und 2 Nr. 1 i.V.m. § 60a Abs. 1 Nr. 1 bis 3 UrhG). Geltend gemacht wird der Anspruch, der auf der Basis einer Pauschalabrechnung ohne Erfassung der tatsächlichen Einzelnutzung oder auf der Grundlage einer repräsentativen Stichprobe der Nutzung eines Werkes berechnet wird, ausschließlich durch Verwertungsgesellschaften (§ 60h Abs. 3 und 4 UrhG).[85] Unabhängig davon steht dem Urheber gegen den Schulträger ein Anspruch auf angemessene Vergütung auch dann zu, wenn in der Schule beispielsweise in der Schulbibliothek ein Kopiergerät bereitgehalten wird (§ 54c Abs. 1 UrhG). Die Höhe der insgesamt geschuldeten Vergütung bemisst sich nach der Art und dem Umfang der Nutzung des Gerätes, die nach den Umständen, insbesondere nach dem Standort und der üblichen Verwendung, wahrscheinlich ist (§ 54c Abs. 2 UrhG). Zu zahlen ist die Vergütung an die zuständige Verwertungsgesellschaft (§ 54 h Abs. 1 UrhG). Demgegenüber dürfen nach § 60a Abs. 3 Nr. 1 UrhG weder vollständig noch zu kleinen Teilen Werke durch Aufnahme auf Bild- oder Tonträgern und öffentliche Wiedergabe vervielfältigt werden, während das Werk öffentlich vorgetragen, aufgeführt oder vorgeführt wird. Soweit graphische Aufzeichnungen von Werken der Musik nicht erforderlich sind, um jene Werke in der Schule öffentlich zugänglich zu machen, ist ferner auch deren Vervielfältigung untersagt (§ 60a Abs. 3 Nr. 3 UrhG). Von besonderem Interesse für Schulen ist der zum Schutz von Schulbuchverlagen im UrhG enthaltene § 60a Abs. 3 Nr. 2 UrhG, demzufolge auch Werke, die ausschließlich für den Unterricht an Schulen geeignet, bestimmt und entsprechend gekennzeichnet sind, nicht ohne Einwilligung des Nutzungsberechtigten vervielfältigt, verbreitet oder öffentlich wiedergegeben werden dürfen. Schulbücher werden dadurch von der in § 60a Abs. 1 UrhG vorgesehenen privilegierten Nutzung ausgenommen; Lehrkräfte dürfen mithin aus einzelnen Schulbüchern nicht bis zu 15 Prozent vervielfältigen, verbreiten oder öffentlich zugänglich machen.

12.233 Bezüglich der im Schulunterricht nicht selten vorkommenden Vorführung von Filmen und Fernsehsendungen zu didaktischen Zwecken stellt sich die Frage, auf welche Weise sich die Lehrkraft die entsprechenden Werke verschaffen darf. Soweit Filme, Dokumentationen, Serien oder ähnliches aus eine der zahlreichen Medienzentren stammen, die Schulen mit unterrichtsgeeigneten Medien versorgen, sind urheberrechtliche Fragen meist deshalb unproblematisch, weil die Medienzentren über entsprechende Nutzungsrechte verfügen. Schwieriger stellt sich die Rechtslage jedoch dar, wenn die im Unterricht verwendeten Filmwerke von der Lehrkraft gekauft, ausgeliehen oder heruntergeladen worden sind oder aber als Stream gezeigt werden sollen. Dabei ist zunächst zu berücksichtigen, dass Aufdrucke oder im Vorspann eines Films wiedergegebene Hinweise, dass eine Nutzung nur für den privaten Gebrauch zulässig ist, einer Wiedergabe im Unterricht nicht entgegenstehen, da es sich bei den zivilrechtlichen Verträgen zwischen dem Verkäufer bzw. Verleiher einer DVD und dem Endnutzer, der einen Film privat erwirbt oder ausleiht, um urheberrechtsfreie Kauf- bzw. Mietverträge handelt.[86] Das private Aufzeichnen eines Films oder einer Fernsehsendung, die eine Lehrkraft im Unterricht zeigen möchte, stellt jedoch eine Vervielfältigungshandlung dar, die nach § 53 Abs. 1 Satz 1 UrhG nur für den privaten Gebrauch erfolgen darf. Fertigt eine Lehrkraft

85 Hierzu: *Wandtke*, NJW 2018, 1129 (1134 f.).

86 M.w.N.: *Rademacher*, ITRB 2014, 164 (166), der zudem darauf hinweist, dass entsprechende Hinweise auch nicht über Allgemeine Geschäftsbedingungen in die Verträge mit dem Endnutzer einbezogen werden, weil es insoweit regelmäßig an einem deutlichen Hinweis des Verkäufers bzw. Verleihers fehlen und der Kunde deshalb hiervon keine Kenntnis nehmen wird; i.E. ebenso: Ulrich *Sieber*, Urheberrechtlicher Reformbedarf im Bildungsbereich, MMR 2004, 715 (718).

eine entsprechende Aufnahme an, um diese sodann im Unterricht zu zeigen, liegt indes gerade kein Handeln im privaten Interesse, sondern zu beruflichen Zwecken vor. Denn ein privater Gebrauch i.S.d. Vorschrift liegt bereits dann nicht mehr vor, wenn die Vervielfältigung zumindest auch beruflichen Zwecken dient.[87] In Betracht kommt dann nur § 53 Abs. 2 Satz 1 Nr. 4a UrhG, der die Herstellung eines Vervielfältigungsstückes zum sonstigen eigenen Gebrauch erlaubt, wenn es sich um kleine Teile eines erschienenen Werkes handelt und auch nur dann, wenn eine ausschließlich analoge Nutzung (z.B. auf einem Videorekorder) stattfindet (§ 53 Abs. 2 Satz 2 Nr. 2 UrhG), was angesichts der heute zur Verfügung stehenden und auch von Lehrkräften genutzten digitalen Technik wohl kaum der Fall sein wird. Anders sieht es hingegen aus, wenn der Lehrer einen Film oder eine Fernsehsendung im Unterricht als Stream vorführen möchte, weil er sich insoweit auf § 44a Nr. 2 UrhG berufen kann, der die rechtmäßige Nutzung eines Werkes erlaubt, wenn die Streamingdaten nur vorübergehend (im Arbeitsspeicher) und nicht dauerhaft auf dem jeweiligen Speichermedium gespeichert werden.

12.234 Werke, die innerhalb einer Schulfunksendung gesendet werden, dürfen im Interesse des staatlichen Bildungsauftrages nach § 47 Abs. 1 Satz 1 UrhG durch Übertragung auf Bild- und Tonträger sowie digitale Speichermedien vergütungsfrei und ohne Zustimmung des Urhebers einzeln vervielfältigt werden; eine Zustimmung des Urhebers, dessen sonstige Verwertungsrechte durch § 47 UrhG nicht angetastet werden, ist lediglich für die Sendung an sich erforderlich. Fraglich ist, ob sich die Vorschrift angesichts ihres Wortlautes, der nur von der Herstellung von Vervielfältigungsstücken durch Schulen spricht, auf von Lehrkräften privat aufgezeichnete Mitschnitte erstreckt und deren Verwendung im Unterricht erlaubt. Da Schulen Aufzeichnungen jedoch nicht selbst vornehmen können, sind die Lehrkräfte als Beauftragte der Schule insoweit als befugt anzusehen.[88] Angefertigt werden dürfen jedoch nur einzelne Vervielfältigungsstücke, d.h. so viele, wie für die Verwendung im Unterricht erforderlich sind. Schulfunksendungen i.S.d. Vorschrift sind Sendungen, die von Rundfunk- und Fernsehanstalten für den Unterricht an Schulen produziert worden sind, wobei die Bezeichnung der jeweiligen Sendung als Schulfunksendung als Indiz dient[89]; nicht ausreichend ist, dass eine Sendung einen allgemeinbildenden Charakter aufweist, wie beispielsweise Sprachkurse, Rundfunkkollegs, zeitgeschichtliche Reportagen oder populärwissenschaftliche Beiträge. Zudem dürfen die angefertigten Bild- und Tonträger nur für den Unterricht verwendet werden und müssen spätestens am Ende des auf die Übertragung der Schulfunksendung folgenden Schuljahres gelöscht werden; geschieht dies nicht, weil etwa die angefertigten Bild- und Tonträger im Unterricht als mehrfach verwendbares Lehr- und Lernmittel genutzt werden, ist dem Urheber eine angemessene Vergütung zu zahlen (§ 47 Abs. 2 UrhG).[90] Da bereits die Nichtlöschung innerhalb der genannten Frist eine Urheberrechtsverletzung

87 Stefan *Lüft*, in: Wandtke/Bullinger, Praxiskommentar zum Urheberrecht § 53 UrhG Rn. 23; s. hierzu auch: BGH, NJW 1978, 2596.

88 So *Dreier*, in: ders./Gernot Schulze, Urheberrechtsgesetz – Kommentar, § 47 Rn. 4; a.A.: *Lüft* (Fn. 86), § 47 Rn. 7.

89 *Lüft*, § 47 Rn. 5. Enger hingegen: *Dreier*, in: ders./Schulze (Fn. 82), § 47 Rn. 4; *Haupt*, ZUM 2004, 104 (106), wonach der Begriff Schulfunk nur solche Sendungen umfasst, die auch als solche bezeichnet sind; noch enger: Ferdinand *Melichar*, in: Schricker/Loewenheim, Urheberrecht, §47 UrhG Rn. 10, der über die Bezeichnung als Schulfunksendung hinaus fordert, dass die Sendung didaktisch auf den Schulunterricht zugeschnitten ist.

90 Die Vorschrift gestaltet in verfassungsgemäßer Weise Inhalt und Schranken des Urheberrechts als einer Eigentumsposition i.S.d. Art. 14 Abs. 1 Satz 1 GG (BVerfGE 31, 270); i.Ü. steht sie in Einklang mit Art. 5 Abs. 3a i.V.m. Abs. 4 der Richtlinie 2001/29/EG (Fn. 73), der eine Einschränkung des Vervielfältigungs- und Verbreitungsrechts und des Rechts der öffentlichen Wiedergabe von Werken zur Veranschaulichung im Unterricht zulässt, wenn und soweit dies zur Verfolgung nicht-kommerzieller Zwecke gerechtfertigt ist.

darstellt, ist die Schule, wenn sie die Bild- und Tonträger nicht löscht oder nicht löschen will, gut beraten, bereits innerhalb des in § 47 Abs. 2 Satz 2 UrhG normierten Zeitraumes mit dem Urheber eine Vereinbarung über die angemessene Vergütung zu treffen. Unabhängig von den in § 47 UrhG enthaltenen Bedingungen und Grenzen ist im Interesse der Informationsfreiheit nach § 48 Abs. 1 UrhG die veränderungsfreie (§ 62 UrhG) und mit Quellenangabe erfolgende (§ 63 UrhG) Vervielfältigung, Verbreitung und öffentliche Wiedergabe bestimmter Werke in Zeitungen, Zeitschriften, anderen Druckschriften und Datenträgern zulässig, ohne dass eine Vergütung zu zahlen ist. Erfasst sind hiervon unabhängig von dem jeweiligen Thema beispielsweise Reden über Tagesfragen[91] sowie Reden, die bei öffentlichen Verhandlungen von staatlichen, kommunalen oder kirchlichen Organen gehalten worden sind.[92]

12.235 Auch in der Schule prägt der Einsatz von Computern zunehmend den Alltag. Nach §§ 2 Abs. 1 Nr. 1 und 69a ff. UrhG sind *Computerprogramme*[93] grundsätzlich urheberrechtlich geschützt, wobei allerdings einige Besonderheiten zu berücksichtigen sind. Dem Urheber eines Computerprogramms[94] steht das ausschließliche Recht zu, dessen Vervielfältigung, Übersetzung, Bearbeitung oder Verbreitung vorzunehmen oder zu gestatten (§ 69c UrhG). Hiervon ausgenommen sind insbesondere Vervielfältigungen, Übersetzungen oder Bearbeitungen, die für eine bestimmungsgemäße Benutzung des Computerprogramms erforderlich sind, sowie das Erstellen einer Sicherungskopie (§ 69d Abs. 1 und 2 UrhG). Der Rechtsinhaber kann vom Eigentümer oder Besitzer des Programms verlangen, dass alle rechtswidrig hergestellten Vervielfältigungsstücke vernichtet werden (§ 69f Abs.1 Satz 1 UrhG). Eine Vervielfältigung von Computerprogrammen liegt bei jedem Abspeichern auf selbständig verkehrsfähigen Datenträgern, wie z.B. Festplatten, CD-ROM, CD-RW, DVD, Disketten, USB-Stick usw., aber auch beim Ausdrucken des Computerprogramms vor.[95] Daraus folgt, dass Computerprogramme auch für Schul- oder Unterrichtszwecke weder ganz noch teilweise (vgl. § 69c Nr. 1 UrhG) vervielfältigt werden dürfen.[96] Soll also ein Computerprogramm an mehreren Arbeitsplätzen in der Schule gleichzeitig oder eingebunden in ein Netzwerk eingesetzt werden, bedarf es hierfür regelmäßig einer Mehrplatz- oder Netzwerklizenz.[97] Allerdings können bisweilen vertragliche Sonderregelungen gemäß § 69d Abs. 1 UrhG, vor allem in Gestalt der Sonderversionen für Forschung und Lehre (sog. F+L-Versionen), mit günstigeren Nutzungsbedingungen erworben werden. Sofern Schüler oder Lehrkräfte ihrerseits in der Schule Programme auf der Grundlage installierter Programmsprachen entwickeln, sind sie jedenfalls dann als Urheber anzusehen, wenn das Programm das Ergebnis der eigenen geistigen Schöpfung ist (vgl. § 69a Abs. 3 Satz 1 UrhG).

---

91 Tagesfragen i.d.S. sind aktuelle Ereignisse, die sich kurz von der jeweiligen Rede ereignet haben. S. *Lüft*, in: Wandtke/Bullinger, § 48 Rn. 2.

92 Auch diese Vorschrift steht in Einklang mit europarechtlichen Rechtsakten, da Art. 5 Abs. 3e und f der Richtlinie 2001/29/EG (Fn. 73) entsprechende Einschränkungen des Vervielfältigungsrechts und des Rechtes der öffentlichen Wiedergabe ausdrücklich vorsehen.

93 Von diesem Begriff sind sowohl die dem unmittelbaren Betrieb des Computers dienenden als auch Anwenderprogramme umfasst, vgl. nur *von Bernuth*, Fälle zum Urheber- und Medienrecht, S. 33.

94 Urheber und damit Berechtigter zur Ausübung aller vermögensrechtlichen Befugnisse an einem Computerprogramm ist nach § 69b UrhG i.d.R. der Arbeitgeber derjenigen Arbeitnehmer bzw. Dienstverpflichteten, die in seinem Auftrag Programme entwickeln.

95 Malte *Grützmacher*, in: Wandtke/Bullinger, § 69c Rn. 4.

96 Da diese Programme aber notwendig gerätebezogen eingesetzt werden, ist die Nutzung durch unterschiedliche Personen an einem Gerät ohne rechtliche Relevanz. So auch: *von Bernuth*, Fälle zum Urheber- und Medienrecht, S. 33.

97 Ausführlich hierzu: Clemens *Appl*, Systembindungsklauseln im Softwarevertrag aus urheberrechtlicher Sicht, Medien und Recht 2016, 73.

12.24 Internet-Aufritt der Schule

Nahezu jede Schule verfügt heute über einen eigenen Internetauftritt, mit dem sie sich nach außen präsentiert.[98] Soweit hierdurch urheberrechtliche Aspekte betroffen sind, weil zum Beispiel urheberrechtlich geschützte Fotos oder Ausschnitte von Stadtplänen zur Erläuterung der Anfahrt zur Schule auf der Schulhomepage verwendet werden, gelten die oben gemachten Ausführungen zum Urheberrecht (TZ 12.23), da durch die Verwendung urheberrechtlich geschützter Werke auf der Homepage in das durch § 19a UrhG geschützte Recht der öffentlichen Zugänglichmachung eingegriffen wird.[99] Abseits der oben bereits dargestellten Privilegierungen für Bildungseinrichtungen, die auf den Unterricht bezogen sind, bestehen aus urheberrechtlicher Perspektive für den Internetauftritt einer Schule mithin keine weiteren Ausnahmetatbestände. Werden bei der Gestaltung der Schulhomepage die Urheberrechte schuldhaft und widerrechtlich verletzt, steht dem Rechteinhaber unabhängig von der Tatsache, dass Anbieter der Internetseite nach dem Telemediengesetz der Schulträger ist (s. TZ 12.242), gegen das Land als Anstellungskörperschaft des Schulleiters bzw. der Lehrkräfte, die für das Betreiben und den Inhalt der Homepage verantwortlich sind, ein Schadensersatzanspruch gemäß § 97 Abs. 2 UrhG i.V.m. § 839 BGB, Art. 34 GG zu. Unerheblich ist hierbei, ob die die Urheberrechtsverletzung begründende Handlung einen Bezug zur Lehrtätigkeit an der Schule hat, beispielsweise indem Lehrmaterialien auf der Homepage zur Verfügung

98 In ihrer 345. Sitzung am 13./14.6.2002 hat die KMK den Ländern empfohlen, auf der Grundlage der von ihr erarbeiteten Vorlage „Rechtliche Hinweise zur Nutzung des Internets an Schulen" eigenständige Vorgaben zur Internet-Nutzung an Schulen herauszugeben. Die meisten Länder sind dem gefolgt und haben entsprechende Erlasse verabschiedet. Bayern: Medienbildung – Medienerziehung und informationstechnische Bildung in der Schule, Bek. vom 24.10.2012 (KWMBl S. 357); Rechtliche Hinweise zur Nutzung der EDV-Einrichtung und des Internets an Schulen, Bek. vom 12.9.2012 (KWMBl S. 317); Berlin: Rundschreiben II Nr.20/2004 vom 13.2.2004 der Senatsverwaltung für Bildung, Jugend und Sport über Regelungen für die rechtssichere Nutzung des Internets an Schulen; Brandenburg: Rundschreiben 4/03 vom 12.5.2003 über Regelungen für die rechtssichere Nutzung des Internets an Schulen (ABl. MBJS 2004, S. 158); Bremen: Richtlinien zur schulischen Nutzung des Internets vom 31.1.2003 (SBl. 2004, AL 10, 234.03, S. 1 f.), Orientierungshilfe für den Einsatz des Internets an Schulen vom 31.1.2003 (SBl. 2004, AL 10, 234.04, S. 1), Muster für eine Nutzungsordnung der Computereinrichtungen an Schulen, Muster für eine Nutzungsordnung der Computereinrichtungen für Grundschülerinnen und Grundschüler und für Schülerinnen und Schüler mit besonderem Förderbedarf vom 31.1.2001 (SBl. 2004, AL 10, 234.05, S. 1); Hessen: Rechtliche Hinweise zur Nutzung des Internets an Schulen vom 10.7.2002 (ABl., S. 541); Niedersachsen: Richtlinien über die Gewährung von Zuwendungen zur Realisierung von Medienkonzepten in Schulen und anderen Bildungseinrichtungen in Niedersachsen, Runderlass vom 15.11.2000 (SVBl., S. 526), Vergabe von offiziellen E-Mail-Adressen für alle niedersächsischen Schulen, Runderlass vom 7.11.2001 (SVBl., S.503); Rheinland-Pfalz: Rechtliche Hinweise zur Nutzung des Internets an Schulen vom 25.6.2002 (GABl., S.385); Saarland: Hinweise zu Rechtsfragen der Nutzung des Internets an Schulen vom 14.5.2003 (GMBl., S. 293, 518); Sachsen: Richtlinie des Sächsischen Staatsministeriums für Kultus zur Förderung der Informations- und Kommunikationstechnologien an Schulen und Medienstellen im Freistaat Sachsen vom 12.1.2004 (ABl., S.152); Sachsen-Anhalt: Wahrnehmung unterrichtsbezogener Aufgaben beim Einsatz von Computern und Netzwerken an den öffentlichen allgemein bildenden und berufsbildenden Schulen, Runderlass vom 14.2.2002 (SVBl., S. 119), Richtlinie zur Förderung der informations- und kommunikationstechnischen Strukturen zur Nutzung elektronischer Medien an den allgemein bildenden und berufsbildenden Schulen in Sachsen-Anhalt, Bekanntmachung vom 29.5.2000 (SVBl., S. 152), EDV-Einsatz in Schulen, insbesondere der Anschluss an das Internet, Bekanntmachung vom 10.5.2000 (SVBl., S. 153), Förderung der informations- und kommunikationstechnischen Strukturen zur Nutzung elektronischer Medien an den allgemein bildenden und berufsbildenden Schulen in Sachsen-Anhalt. Runderlass vom 13.7.2000 (SVBl., S. 168); Schleswig-Holstein: Rechtliche Hinweise zur Nutzung des Internets an Schulen, Bekanntmachung vom 18.12.2003 (NBl. 2004, S. 5), Erlass über die Einführung von Schulporträts vom 1.6.2007 (NBl., S. 191).

99 *Herring*, RdJB 2013, 164 (178).

gestellt werden; ausreichend ist vielmehr jeder Bezug zur öffentlich-rechtlichen Tätigkeit der Schule, solange es nicht lediglich um sogenannte Fiskalhandlungen geht, mit denen nur die wirtschaftlichen und technischen Voraussetzungen für den Schulbetrieb geschaffen werden.[100] Da Urheber i.S.d. UrhG auch Schüler sein können, wenn sie etwa im Kunstunterricht ein Werk angefertigt oder im Deutschunterricht ein Gedicht verfasst haben, muss die Einwilligung der Schüler bzw. der Eltern eingeholt werden, wenn das urheberrechtlich geschützte Werk auf der Homepage der Schule veröffentlicht werden soll; die entsprechende Vereinbarung bezüglich der Nutzungsrechte muss jedoch nicht schriftlich, sie kann auch formlos erfolgen, zum Beispiel durch eine mündlich Absprache mit dem Schüler bzw. mit den Eltern, wenn die Schüler noch nicht geschäftsfähig sind.[101] Abseits urheberrechtlicher Fragen sind beim Betreiben einer Schulhomepage aber auch Vorschriften des Kunst- und Urheberrechtsgesetzes (TZ 12.241) sowie insbesondere des Telekommunikationsrechts (TZ 12.242) zu beachten.

12.241 Stellt die Schule Fotos von Schülern oder Eltern auf die Homepage, ist dies in der Regel nur mit Zustimmung der Betroffenen möglich, weil das Verbreiten und öffentliche Zurschaustellen der Fotos – auch über das Internet – einen Eingriff in das Recht am eigenen Bild des Abgebildeten darstellt (§ 22 Satz 1 KunstUrhG). Anders verhält es sich indes bei Aufnahmen, auf denen beispielsweise das Schulgebäude im Vordergrund steht, die ebenfalls auf dem Foto zu sehenden Schüler aber individuell kaum erkennbar sind.[102] Soweit es um Fotos minderjähriger Schüler geht, muss die Schule mangels Geschäftsfähigkeit der Schülerinnen und Schüler die Zustimmung der Erziehungsberechtigten einholen; wenn die hierfür notwendige Einsichtsfähigkeit vorhanden ist, muss jedoch im Interesse seines Selbstbestimmungsrechts auch der minderjährige Schüler in die Veröffentlichung seines Fotos auf der Schulhomepage einwilligen.[103] Lediglich unter den engen Voraussetzungen des § 23 Abs. 1 KunstUrhG dürfen Bilder ohne Einwilligung des Abgebildeten auf der Schulhomepage verbreitet werden, was etwa der Fall ist, wenn es sich um Bildnisse der Zeitgeschichte[104] handelt (§ 23 Abs. 1 Nr. 1 KunstUrhG) oder die abgebildeten Personen nur als Beiwerk neben einer Landschaft oder sonstigen Örtlichkeiten erscheinen (§ 23 Abs. 1 Nr. 1 KunstUrhG).

12.242 Betreibt die Schule eine eigene Homepage, hat sie darüber hinaus das Telekommunikationsrecht zu beachten, welches in Deutschland vor allem im Telekommunikationsgesetz (TKG), dem Telemediengesetz (TMG) sowie im Rundfunkstaatsvertrag (RStV) geregelt ist.[105] Während das TKG sich auf die technische Erbringung von Kommunikationsdienstleistungen und den Betrieb öffentlicher Netze – also die Infrastruktur der Telekommunikation – bezieht und insoweit für den Schulbereich unmittelbar ohne Bedeutung ist, werden die Inhalte der über Internet und Telefon angebotenen Dienst-

100 S. *OLG Celle*, ZUM-RD 2016, 77: Ein für die Schulhomepage verantwortlicher Lehrer eines Gymnasiums hatte auf der Homepage mit dem Lichtbild eines Fotografen ohne dessen Einwilligung für das Fremdsprachenangebot der Schule geworben.

101 *Von Bernuth*, Fälle zum Urheber- und Medienrecht, S. 83.

102 Hierzu: Michael *Fricke*, in: Wandtke/Bullinger, § 22 KunstUrhG Rn. 7.

103 *Herring*, RdJB 2013, 164 (180); *von Bernuth*, Fälle zum Urheber- und Medienrecht, S. 85.

104 Zum Begriff s. *Fricke* (Fn. 102), § 23 KunstUrhG Rn. 3 ff.

105 Einführend in das Internetrecht etwa Niko *Härting*, Internetrecht, 6. Aufl., Köln 2017; Sven *Hetmank*, Internetrecht, Wiesbaden 2016; Helmut *Redeker*, IT-Recht, 6. Aufl., München 2016. Speziell für den schulischen Bereich: *Herring*, RdJB 2013, 164 (178 ff.); Günther *Hörz*, Schulrelevante Fragen bei der Nutzung des Internets, RdJB 2000, 256; Bernd *Lorenz*, Die Anbieterkennzeichnung der Schulen und Hochschulen, RdJB 2008, 486; *ders.*, Impressum der Schulwebsite. Die Anbieterkennzeichnung für die Website der Schule, SchuR 2009, 50.

leistungen und Dienste im TMG[106] und im RStV[107] geregelt. Während das TMG die wirtschaftlichen Anforderungen regelt, umfasst der RStV die inhaltlichen Vorschriften für die sogenannten Telemedien. Der Begriff der *Telemedien* ist in § 1 Abs. 1 Satz 1 TMG definiert und sehr weit gefasst. Er umfasst alle Informations- und Kommunikationsdienste, die nicht Telekommunikation im engeren Sinn oder Rundfunk sind. Insofern unterfällt praktisch jeder Online-Auftritt dem TMG. Nach § 1 Abs. 1 Satz 2 TMG gilt das Gesetz für alle Anbieter, einschließlich der öffentlichen Stellen, und zwar unabhängig davon, ob für die Nutzung ein Entgelt erhoben wird. Staatliche Schulen unterfallen daher ebenso dem Gesetz wie private Anbieter.[108] Gemäß § 3 TMG gilt innerhalb der Europäischen Union das Herkunftslandprinzip: Ist der Dienst in dem Land, in dem der Erbringer seinen Sitz hat (vgl. § 2a TMG), zulässig, wird er von den anderen Mitgliedstaaten der Europäischen Union als zulässig anerkannt. Daher muss ein Anbieter mit Sitz in Deutschland nur die deutsche Rechtslage beachten, auch wenn er Nutzer über das Internet nicht nur in Deutschland, sondern darüber hinaus auch in anderen Mitgliedstaaten anspricht. Eine Prüfung der in den anderen EU-Staaten geltenden Rechtsordnungen muss der Anbieter daher nicht vornehmen.

Relevant für Schulen sind im TMG insbesondere die Regelungen über Online-Auftritte im Internet. Diesbezüglich bestimmt zunächst § 4 TMG in Übereinstimmung mit der E-Commerce-Richtlinie[109] die Zulassungs- und Anmeldefreiheit von Telemediendiensten. Die Vorschrift begründet einen Anspruch auf die Erbringung von Diensten im Internet.[110] Allerdings haben Diensteanbieter gemäß § 5 Abs. 1 TMG bestimmte Informationen leicht erkennbar, unmittelbar erreichbar und ständig verfügbar über sich auf ihrer Webseite bereitzustellen. § 5 Abs. 1 TMG gilt zwar nur für geschäftsmäßige, d.h. in der Regel gegen Entgelt angebotene Telemedien. „Geschäftsmäßig" i.S.d. Vorschrift setzt aber nicht zwingend voraus, dass der Anbieter eine Gewinnerzielungsabsicht aufweist.[111] Entscheidend ist vielmehr die Nachhaltigkeit der Diensteerbringung, wobei eine Tätigkeit dann als nachhaltig anzusehen ist, wenn sie auf einen längeren Zeitraum ausgerichtet ist und sich nicht auf einen Einzelfall beschränkt.[112] Vor diesem Hintergrund unterfällt auch die Internetpräsenz einer Schule den in Art. 5 Abs. 1 TMG normierten Informationspflichten.[113]

Diensteanbieter i.S.d. TMG ist gemäß § 2 Nr. 1 TMG jede natürliche oder juristische Person, die eigene oder fremde Telemedien zur Nutzung bereithält oder den Zugang zur

106 Gesetz vom 26.2.2007 (BGBl. I S. 179), zul.g.d. Art. 1 des Gesetzes vom 28.9.2017 (BGBl. I S. 3530). Zur Entstehungsgeschichte des TMG: Thomas *Hoeren*, Das Telemediengesetz, NJW 2007, 801; zu aktuellen Neuerungen im TMG: Gerald *Spindler*, Das neue Telemediengesetz – WLAN-Störerhaftung endgültig adé?, NJW 2017, 2305.

107 Der Staatsvertrag für Rundfunk und Telemedien (Rundfunkstaatsvertrag - RStV) vom 31.8.1991 ist ein Staatsvertrag zwischen den Bundesländern, der grundlegende Regelungen für den öffentlich-rechtlichen und den privaten Rundfunk in einem dualen Rundfunksystem der Länder enthält. Zuletzt geändert wurde der RStV durch den Zwanzigsten Staatsvertrag zur Änderung rundfunkrechtlicher Staatsverträge (Zwanzigster Rundfunkänderungsstaatsvertrag), der seit dem 1.9.2017 in Kraft ist.

108 S. Thorsten *Ricke*, in: Gerald Spindler/Fabian Schuster (Hrsg.), Recht der elektronischen Medien, 3. Aufl., München 2015, TMG § 1 Rn. 14.

109 Art. 4 Abs. 1 der Richtlinie 2000/31/EG vom 8.6.2000 über bestimmte rechtliche Aspekte der Dienste der Informationsgesellschaft, insbesondere des elektronischen Geschäftsverkehrs, im Binnenmarkt („Richtlinie über den elektronischen Geschäftsverkehr").

110 Hans-W. *Micklitz*/Martin *Schirmbacher*, in: Spindler/Schuster (Fn. 108), TMG § 4 Rn. 2.

111 So aber OLG Hamburg, CR 2008, 606 (606 f.); Phillip W. *Brunst*, Umsetzungsprobleme der Impressumpflicht bei Webangeboten, MMR 2004, 8 (10 f.).

112 *Hoeren*, NJW 2007, 801 (803); Bernd *Lorenz*, RdJB 2008, 486 (490); Barbara *Stickelbrock*, „Impressumpflicht" im Internet – eine kritische der Analyse der neueren Rechtsprechung zur Anbieterkennzeichnung nach § 6 TDG, GRUR 2004, 111 (112 f.).

113 *Micklitz/Schirmbacher*, in: Spindler/Schuster (Fn. 108), TMG § 5 Rn. 9.

Nutzung vermittelt. Der Begriff des Dienstanbieters setzt insofern die Rechtsfähigkeit der Person voraus. Da es sich bei öffentlichen Schulen jedoch mit ganz wenigen Ausnahmen (vgl. TZ 6.114) um nicht-rechtsfähige Anstalten des öffentlichen Rechts handelt, können sie selbst keine Diensteanbieter sein.[114] Diensteanbieter der Online-Auftritte der öffentlichen Schulen sind daher die jeweiligen Schulträger.[115] Die Pflichtangaben über die Anbieterkennzeichnung sind in § 5 Abs. 1 TMG geregelt. Öffentliche Schulen müssen den Namen und die Anschrift, die Rechtsform und die Vertretungsberechtigten des Anbieters (§ 5 Nr. 1 TMG) sowie Telefon- oder Faxnummer oder E-Mail-Adresse (§ 5 Nr. 2 TMG) angeben.[116] Nötig sind also Angaben, die eine schnelle elektronische Kontaktaufnahme und eine unmittelbare Kommunikation ermöglichen. § 5 Nr. 3 TMG verlangt zwar, dass, soweit der Dienst im Rahmen einer Tätigkeit angeboten oder erbracht wird, die der behördlichen Zulassung bedarf, auch Angaben zur zuständigen Aufsichtsbehörde zu machen sind; da jedoch die Schulträger und nicht die Schulen selbst die Diensteanbieter sind, ist § 5 Nr. 3 TMG für den Bereich der öffentlichen Schulen nicht einschlägig.[117] Hintergrund der Anbieterkennzeichungspflichten ist das Bestreben, für die Internetnutzer ein hinreichendes Maß an Transparenz zu schaffen, sie also in die Lage zu versetzen, Diensteanbieter auf ihre Seriosität zu überprüfen, bevor deren Dienste in Anspruch genommen werden, und im Bedarfsfall auch die Rechtsverfolgung zu ermöglichen. Hierzu müssen Internetnutzer wissen, gegen welche natürliche oder juristische Person gegebenenfalls Unterlassungs- und Schadensersatzansprüche geltend zu machen sind. Neben den bereits erörterten Urheberrechtsverstößen ist es in Bezug auf Schulen beispielsweise denkbar, dass sich in den in die Schulhomepage integrierten Gästebüchern Beleidigungen finden oder dort Datenschutzverletzungen begangen werden. Verletzt der Diensteanbieter i.S.d. des TMG seine Anbieterkennzeichnungspflicht, indem er auf seiner Internetseite entgegen Art. 5 Abs. 1 TMG eine Information nicht, nicht richtig oder nicht vollständig verfügbar hält, stellt dies eine Ordnungswidrigkeit dar, die mit einer Geldbuße geahndet werden kann (§ 16 Abs. 2 Nr. 1 i.V.m. Abs. 2 TMG).[118]

Aus diesem Grund empfiehlt es sich auf der Internetseite der Schule zwei Rubriken einzurichten. Unter einer Rubrik mit der Bezeichnung „Impressum“ sind die nach § 5 Abs. 1 TMG erforderlichen Anbieterkennzeichnungspflichten anzugeben. Dabei ist zu berücksichtigen, dass die vom Gesetz geforderte unmittelbare Erreichbarkeit und leichte Erkennbarkeit am besten dadurch gewährleistet wird, dass das Impressum in der Kopf- oder Fußzeile der Homepage dauerhaft abrufbar ist, so dass der Besucher der Seite nicht erst über den Bildschirm scrollen muss, um die gesuchten Informationen zu finden.[119] Unter einer Rubrik wie „Kontakt“ können dann die Kontaktdaten der Schule, also Name, Anschrift, Telefon- und Faxnummer sowie die E-Mail-Adresse angegeben werden.[120]

114 Vgl. Wolf *von Bernuth*, Urheber- und Medienrecht in der Schule: Praxisleitfaden mit Beispielen und Lösungshinweisen Köln/Kronach 2009, S. 160; *Lorenz*, RdJB 2008, 486 (487).

115 So *von Bernuth*, Fälle zum Urheber- und Medienrecht, S. 96;

116 Ein Leitfaden zur Impressumpflicht findet sich auf der Internetseite des Bundesministeriums der Justiz und für Verbraucherschutz. Ein Muster speziell für Internetauftritte von öffentlichen Schulen ist abgedruckt bei: *Lorenz*, SchuR 2009, 50 (51).

117 *Lorenz*, RdJB 2008, 486 (492); a.A. wohl *Brunst*, MMR 2004, 8 (11), demzufolge auch die Schulaufsichtsbehörden im Impressum anzugeben sind.

118 In Höhe von bis zu 50.000 Euro.

119 Hierzu: BGH, NJW 2006, 3633.

120 S. die ausführliche Auflistung notwendiger und möglicher Angaben im Impressum einer Schule bei: *von Bernuth*, Fälle zum Urheber- und Medienrecht, S. 96 f.

12.25 Vergaberecht

Bei dem von Schulträgern und Schulen ebenfalls zu beachtenden Vergaberecht handelt es sich um das „Einkaufsrecht des Staates".[121] Dieses ist geprägt durch zwei unterschiedliche Zielrichtungen: Einerseits soll ein möglichst sparsamer Einsatz öffentlicher Mittel durch einen Wettbewerb der Anbieter erreicht werden; andererseits soll der Staat als „Großeinkäufer" aber auch seine Marktmacht als Nachfrager nicht ausnutzen.[122] Da mit der staatlichen Nachfrage nach Gütern und Dienstleistungen notwendig auch wirtschaftliche Impulse verbunden sind, kommt dem Vergabewesen auch eine konjunkturelle Bedeutung zu.[123] Auf europäischer Ebene gilt schließlich der Grundsatz des einheitlichen Binnenmarktes[124], so dass das vom Recht der Europäischen Union stark überlagerte nationale Vergaberecht sich zusätzlich den Anforderungen potentieller Bewerber aus anderen Mitgliedstaaten um öffentliche Aufträge stellen muss, was notwendigerweise transparente und nichtdiskriminierende Vergabeverfahren erfordert.[125]

Um diesen Zielen Rechnung zu tragen, ist ein umfangreiches Regelwerk entstanden, das von öffentlichen Auftraggebern bei der Vergabe öffentlicher Aufträge zu beachten ist. Hierzu zählt das Haushaltsrecht, insbesondere das Haushaltsgrundsätzegesetz (HGrG) und die Bundeshaushaltsordnung (BHO) sowie die weitgehend identischen Landes- und Gemeindehaushaltsordnungen, das Gesetz gegen Wettbewerbsbeschränkungen (GWB), die Vergabeordnung (VgV), die Vergabe- und Vertragsordnungen (VOB/A, VOB/A EU, VOL/A) sowie schließlich die Vergabegesetze und Beschaffungsordnungen einzelner Bundesländer.

Das im Jahr 2016 in Reaktion auf europarechtliche Vorgaben umfassend reformierte Vergaberecht[126] ist auch weiterhin durch Schwellenwerte[127], d.h. Mindestauftragswerte (ohne Mehrwertsteuer), zweigeteilt. Oberhalb dieser Schwellenwerte ist das vom Bundesgesetzgeber in das deutsche Recht umgesetzte europäische Vergaberecht zu beachten,

---

121 Einführend in das Vergaberecht etwa: Martin *Burgi*, Vergaberecht. Systematische Darstellung für Praxis und Ausbildung, München 2016; Stefan *Hertwig*, Praxis der öffentlichen Auftragsvergabe, 6. Aufl., München 2016; Jan *Ziekow*, Öffentliches Wirtschaftsrecht, 4. Aufl., München 2016, § 9; vertiefend: Jan *Ziekow*/Uwe-Carsten *Völlink* (Hrsg.), Vergaberecht, 3. Aufl., München 2018; Ulrich *Loewenheim*/Karl M. *Meessen*/Alexander *Riesenkampff*/Christian *Kersting*/Hans Jürgen *Meyer-Lindemann* (Hrsg.), Kartellrecht – Kommentar, 3. Aufl., München 2016; Hermann *Pünder*/Martin *Schellenberg* (Hrsg.), Vergaberecht, 2. Aufl., Baden-Baden 2015.

122 S. Bernd *Grzeszick*, Vergaberecht zwischen Markt und Gemeinwohl, NJW 2002, 649, dort auch zur Zulässigkeit der Verfolgung weiterer Zwecke; instruktiv hierzu ferner auch die Aufzählung der bei einer Vergabeentscheidung zu berücksichtigenden Aspekte in § 97 Abs. 3 GWB.

123 Vgl. Art. 109 Abs. 2 GG.

124 S. Art. 3 Abs. 3 Satz 1 EUV; vgl. auch 26 f. AEUV.

125 Nach Ansicht des EuGH besteht der wesentliche Zweck der Vergaberichtlinien der Europäischen Union in der Öffnung der Beschaffungsmärkte für einen unverfälschten und umfassenden Wettbewerb, in dem insbesondere einheimische Unternehmer bei der Auftragsvergabe nicht bevorzugt werden. S. EuGH, EuZW 2016, 299 (302); NZBau 2015, 377 (381). Vergaberichtlinien der Union sind die am 26.2.2014 verabschiedeten Richtlinien 2014/24/EU über die öffentliche Auftragsvergabe (ABl. L 94, S. 65), 2014/23/EU über die Konzessionsvergabe (ABl. L 94, S. 1) und 2014/25/EU über die Vergabe von Aufträgen durch Auftraggeber im Bereich der Wasser-, Energie- und Verkehrsversorgung sowie der Postdienste (ABl. L 94, S. 243).

126 Hierzu: Christoph *Krönke*, Das neue Vergaberecht aus verwaltungsrechtlicher Perspektive, NVwZ 2016, 568; Matthias *Knauff*, Strukturfragen des neuen Vergaberechts, NZBau 2016, 195; Mark *von Wieterheim*, Aufbau und Struktur des neuen Vergaberechts, VergabeR 2016, 269; zu weiterem Reformbedarf s. Martin *Burgi*, Nach der Reform ist vor der Reform im Vergaberecht, NZBau 2016, 321.

127 Nach § 100 Abs.1 GWB.

wohingegen unterhalb der Schwellenwerte allein die nationalen Vergabebestimmungen, das heißt in erste Linie die Bundes- und Landeshaushaltsordnungen, gelten.[128]

Die Schwellenwerte ergeben sich aus Art. 106 Abs. 2 i.V.m. mit den jeweiligen Richtlinien der Europäischen Union. Für öffentliche Bauaufträge liegen sie derzeit bei 5.186 Mio. Euro und für Liefer- und Dienstleistungen bei 134.000 Euro.[129] Berücksichtigt man die gegenwärtigen Finanzzuweisungen an Schulen, dürfte es eher unwahrscheinlich sein, dass die von Schulen selbst bzw. von Schulträgern in Auftrag gegebene Baumaßnahmen diesen Schwellenwert erreichen. Anders kann es sich in Einzelfällen höchstens im Hinblick auf Liefer- und Dienstleistungen darstellen, wenn etwa größere Schulen Reinigungsaufträge vergeben oder wenn Ganztagsschulen zur Verpflegung ihrer Schüler langfristige Catering-Verträge schließen. Erreicht werden können die Schwellenwerte zudem aber auch bei der Beschaffung von Computer- oder anderen hochwertigen technischen Ausstattungen, die beispielsweise in Berufsschulen benötigt werden, sowie beim Abschluss entsprechender Wartungsverträge. Ebenso können schließlich im Einzelfall die entsprechenden vergaberechtlichen Vorgaben insbesondere des GWB bei der (Erst-) Beschaffung von Schulbüchern von Bedeutung sein.

12.251 Vergaberecht für Auftragswerte oberhalb der Schwellenwerte

Das Gesetz gegen Wettbewerbsbeschränkungen (GWB) enthält in seinem in Umsetzung der europarechtlichen Vorgaben strukturell und systematisch grundlegend umgestalteten vierten Teil (§§ 97-184) allgemeine Grundsätze für die Vergabe von öffentlichen Aufträgen, welche die Schwellenwert überschreiten.[130] Die Vorschriften bestimmen für die Vergabe öffentlicher Aufträge u.a. grundlegende Definitionen und Beschränkungen des Anwendungsbereichs (§§ 97-114 GWB) und regeln das Vergabeverfahren und die Auftragsausführung (§§ 115-135 GWB) sowie das Nachprüfungsverfahren vor den Vergabekammern und den Vergabesenaten der Oberlandesgerichte bzw. des BGH (§§ 155-184 GWB). Die in § 103 Abs. 1 GWB enthaltene Legaldefinition des Begriffs „öffentlicher Auftrag" ist bewusst weit gefasst und umfasst alle entgeltlichen Verträge zwischen öffentlichen Auftraggebern und Unternehmen über die Beschaffung von Leistungen, welche die Lieferung von Waren, die Ausführung von Bauleistungen oder die Erbringung von Dienstleistungen zum Gegenstand haben. Öffentliche Auftraggeber i.d.S. sind nach § 99 GWB Gebietskörperschaften (Bund, Länder, Gemeinden, Landkreise und Bezirke) und andere juristische Personen des öffentlichen (zum Beispiel Körperschaften, Anstalten oder öffentlich-rechtliche Stiftungen) oder des privaten Rechts, die im Allgemeininteresse liegende Aufgaben nichtgewerblicher Art erfüllen, wenn sie z.B. durch Gebietskörperschaften überwiegend finanziert oder beaufsichtigt werden.[131] Ob hierunter auch die mittlerweile in gewissem Umfang zwar verselbständigten, aber in allen Bundesländern immer noch als nicht-rechtsfähige Anstalten organisierten Schulen fallen, ist bisher nicht abschließend geklärt.[132] Berücksichtigt man aber zum einen die allgemeine Tendenz, die

128 Zur Verteilung der Gesetzgebungskompetenzen zwischen Bund und Ländern in Bezug auf das Vergaberecht: Martin *Burgi*, Vergaberechtsschutz unterhalb der Schwellenwerte aus der Hand des Bundesgesetzgebers?, NVwZ 2011, 1217.

129 S. Art. 4 a) und b) Richtlinie 2014/24/EU vom 26.2.2014 (ABl. L 94, 65) für die öffentliche Auftragsvergabe.

130 S. hierzu: Jan *Ziekow*, in: ders./Völlink (Hrsg.), Vergaberecht, GWB Einleitung Rn. 22 ff.

131 Vgl. § 99 Nr. 2 a) und b) GWB.

132 Zu der – grundsätzliche bejahten – Frage, ob Privatschulen „öffentliche Auftraggeber" i.S.d. Vergaberechts sind, s. Wolfgang E. *Trautner*/Sabrina *Schäffer*, Privat - und doch öffentlicher Auftraggeber? Zur Anwendung des Vergaberechts auf private Ersatzschulen, VergabeR 2010, 172 ff.; für die Eigenschaft als öffentlicher Auftraggeber eines privaten Trägers von Förderschulen, s. auch: *Vergabekammer Südbayern*, NZBau 2018, 59.

Vorschriften des GWB weit auszulegen, und zum anderen, dass den Schulen zunehmend im Zuge der Verselbständigung auch eigene Budgets zur Verfügung gestellt werden (vgl. TZ 13.223), dürfte davon auszugehen sein, dass auch Schulen die vergaberechtlichen Vorgaben zu erfüllen haben.[133]

Leitende Prinzipien bei der Vergabe solcher Aufträge sind *Wettbewerb und Transparenz* (§ 97 Abs. 1 Satz 1 GWB). In Bezug auf alle am Vergabeverfahren beteiligten Teilnehmer gilt grundsätzlich ein striktes Gleichbehandlungsgebot (§ 97 Abs. 2 GWB). Mittelständische Interessen sind bei der Vergabe öffentlicher Aufträge vornehmlich zu berücksichtigen (§ 97 Abs. 4 Satz 1 GWB). Verlangt wird vom Auftragnehmer, dass er fachkundig und leistungsfähig ist (§ 122 Abs. 1 GWB). Zudem können bei der Vergabe strategische Aspekte der Qualität und der Innovation sowie soziale und umweltbezogene Aspekte, die im GWB und den dem Gesetz nachgeordneten bundesrechtlichen Regelungen für die einzelnen Verfahrensstufen konkretisiert werden, berücksichtigt werden (§ 97 Abs. 3 GWB).[134]

Die nähere Ausgestaltung des bei der Vergabe von öffentlichen Aufträgen einzuhaltenden Verfahrens ergibt sich nach der Reform des Vergaberechts nunmehr in den Grundzügen unmittelbar aus dem GWB, das insoweit ergänzt wird durch Vorschriften der Vergabeordnung (§§ 14-63 VgV[135]) und – soweit es um die Vergabe von Bauaufträgen geht – auf einer dritten Stufe durch die in die Vergabe- und Vertragsordnung für Bauleistungen (VOB[136]) integrierten europarechtlichen Vorgaben, auf die in § 2 Satz 2 VgV ausdrücklich verwiesen wird.[137] § 119 Abs. 1 GWB (i.V.m. § 14 VgV) sieht für die Vergabe öffentlicher Aufträge abschließend unterschiedliche Verfahrensarten vor[138], wobei öffentlichen Auftraggebern nach § 119 Abs. 2 GWB, soweit gesetzlich nicht anderes vorgesehen ist, nur das offene und das nicht offene Verfahren zur Verfügung stehen. Während der öffentliche Auftraggeber beim offenen Verfahren eine unbeschränkte Anzahl von Unternehmen öffentlich zur Abgabe von Angeboten auffordert (§ 119 Abs. 3 GWB, § 15 VgV), werden beim nicht offenen Verfahren nach vorheriger öffentlicher Aufforderung zur Teilnahme nur eine beschränkte Anzahl von Unternehmen nach objektiven, transparenten und nichtdiskriminierenden Kriterien ausgewählt, die sodann zur Abgabe von Angeboten aufgefordert werden (§ 119 Abs. 4 GWB, § 16 VgV). Zwischen diesen beiden Verfahren besteht im Interesse der Beschaffungsautonomie und des Wirtschaftlichkeitsgrundsatzes ein Wahlrecht. Aus den fristgerecht eingereichten Angeboten ist ein Anbieter auszuwählen. Den „Zuschlag“ erhält, wer das wirtschaftlichste Angebot abgibt (§ 127 Abs. 1 Satz 1 GWB) – was nicht als das jeweils billigste Angebot missver-

133 Ebenso *Rux/Niehues*, Schulrecht, Rn. 1254; unstreitig ist, dass die öffentlichen Schulträger eingeschlossen sind.

134 Speziell hierzu: *Krönke*, NVwZ 2016, 568 (573 f.).

135 Erlassen auf der Grundlage des § 113 GWB.

136 Die Vergabe- und Vertragsordnung für Bauleistungen enthält Regelungen für die Vergabe und den Inhalt von Bauaufträgen durch öffentliche Auftraggeber. Die VOB gliedert sich in Teil A, der allgemeine Bestimmungen für die Vergabe von Bauleistungen enthält, Teil B regelt allgemeine Vertragsbedingungen für die Ausführung von Bauleistungen und Teil C allgemeine technische Vertragsbedingungen für Bauleistungen. S. hierzu nur: Ralf *Leinemann*, Die Vergabe öffentlicher Aufträge, 6. Aufl., Köln 2016.

137 Die Vergabe- und Vertragsordnung für Leistungen regelt die Ausschreibungen und Vergabe von Aufträgen der öffentlichen Hand über Lieferungen und (Dienst-)Leistungen. Die VOL gliedert sich in zwei Teile: während VOL/A allgemeine Bestimmungen für die Vergabe von Leistungen enthält, regelt die VOL/B allgemeine Vertragsbedingungen für die Ausführung von Leistungen. Die früher zum Vergabeverfahren in der VOL/A enthaltenen Bestimmungen sind nunmehr vollständig ersetzt durch die insoweit einschlägigen Regelungen im GWB und in der VgV.

138 Zu den unterschiedlichen Verfahrensarten s. nur: Matthias *Knauff*, Das Verhältnis der nachrangigen Vergabeverfahren, NZBau 2018, 134.

standen werden darf, da neben dem Preis wiederum auch qualitative, umweltbezogene und soziale Aspekte berücksichtigt werden können (§ 127 Abs. 1 Satz 4).

Von besonderer Bedeutung für die Durchsetzung des Grundsatzes der Transparenz des Vergabeverfahrens (§ 97 Abs. 1 Satz 1 GWB) ist die Möglichkeit unterlegener Bewerber, zeitnah eine Überprüfung der getroffenen Auswahlentscheidung herbeiführen zu können. Diese müssen daher so rechtzeitig über den Ausgang des Verfahrens informiert werden, dass ein Rechtsbehelf die Auswahlentscheidung noch anzuhalten in der Lage ist (§ 134 GWB). Zwischen dem öffentlichen Auftraggeber und dem im Vergabeverfahren erfolgreichen Bewerber darf daher ein Vertrag erst 15 Tage nach Information der Mitbewerber geschlossen werden[139]; ein Vertrag, der vor Ablauf dieser Frist abgeschlossen wird, ist von Anfang an unwirksam (§ 135 Abs. 1 Nr. 1 GWB).

12.252 Vergaberecht für Auftragswerte unterhalb der Schwellenwerte

In der schulischen Praxis von wesentlich größerer Bedeutung dürften jedoch öffentliche Aufträge sein, die unterhalb der oben genannten Schwellenwerte liegen. Die insoweit relevanten vergaberechtlichen Vorgaben finden sich in §§ 6 und 30 Haushaltsgrundsätzegesetz (HGrG), in §§ 7 und 55 Bundeshaushaltsordnung (BHO) bzw. in den weitgehend identischen Regelungen der Landes- und Gemeindehaushaltsordnungen. Soweit es um Konkretisierungen dieser Vorschriften geht, ist entscheidend, ob es um Auftragsvergaben in Bezug auf Bauaufträge oder Liefer- und Dienstleistungen geht. Während für Bauaufträge § 2 VgV auf bestimmte Vorschriften der VgV sowie den neu gefassten Abschnitt 2 der VOB/A verweist, gilt für Liefer- und Dienstleistungen die sich inhaltlich an die VgV anlehnende Verfahrensordnung für die Vergabe öffentlicher Liefer- und Dienstleistungsaufträge unterhalb der EU-Schwellenwerte (UVgO)[140], welche als Verwaltungsvorschrift, um Rechtsverbindlichkeit zu erlangen, im Haushaltsrecht der Länder oder bzw. in deren Vergabegesetzen in Landesrecht umgesetzt werden muss.[141] Nach den genannten Vorschriften sind die Auftraggeber zur wirtschaftlichen und sparsamen Verwendung ihrer Mittel verpflichtet (§§ 6 Abs. 1 HGrG, 7 Abs. 1 Satz 1 BHO, 2 Abs. 1 Satz 2 UVgO). Zudem muss dem Abschluss von Verträgen auch im unterschwelligen Bereich grundsätzlich eine öffentliche Ausschreibung vorausgehen, sofern nicht die Natur des Geschäfts oder besondere Umstände eine Ausnahme rechtfertigen (§§ 30 Satz 1 HGrG, 55 Abs. 1 Satz 1 BHO). Auch hier gelten größtenteils die bereits beschriebenen Grundsätze für Ausschreibungsverfahren, da sich die UVgO auch insoweit an den Regelungen der VgV orientiert.[142] Die Schule bzw. der Schulträger als Auftraggeber können grundsätzlich zwischen der öffentlichen Ausschreibung und der beschränkten Ausschreibung mit Teilnahmewettbewerb wählen (§ 8 Abs. 2 Satz 1 UVgO). Auf andere Vergabeverfahren[143] darf nur in Ausnahmefällen zurückgegriffen werden, etwa wenn die eigentlich vorgeschriebenen Vergabeverfahren für den Auftraggeber oder die Bewerber einen Aufwand verursachen würden, der zu dem erreichten Vorteil oder dem Wert der Leistung im Missverhältnis stehen würde (§ 8 Abs. 3 Nr. 2 UVgO). Für Auftragsvergaben in Bezug auf soziale oder andere Dienstleistungen i.S.d. § 130 Abs. 1 GWB enthält

---

139 Wird die Information auf elektronischem Weg oder per Fax versendet, verkürzt sich die Frist auf zehn Tage. S. § 134 Abs. 2 Satz 2 GWB.

140 Unterschwellenvergabeordnung – UVgO vom 2.2.2017 (BAnz AT 07.02.2017 B1). Vgl. dazu Benjamin *Pfannkuch*, Die Neuregelung des Vergaberechts im Unterschwellenbereich: Die Unterschwellenvergabeordnung (UVgO), Die Gemeinde 2017, 74; Irene *Lausen*, Die Unterschwellenvergabeordnung (UVgO), NZBau 2017, 3; Norbert *Portz*, Vergaberecht in Bewegung: Die neue Unterschwellenvergabeordnung (UVgO), KommJur 2017, 321.

141 Speziell hierzu: *Pfannkuch*, Die Gemeinde 2017, 74 (75).

142 *Lausen*, NZBau 2017, 3 (5).

143 Vorgesehen sind in der UVgO noch das die beschränkte Ausschreibung ohne einen Teilnahmewettbewerb sowie die Verhandlungsvergabe mit oder ohne Teilnahmewettbewerb (§ 8 Abs. 1 UVgO).

§ 49 UVgO jedoch eine Sonderregelung, die neben der öffentlichen Ausschreibung und der beschränkten Ausschreibung mit Teilnahmewettbewerb auch die Verhandlungsvergabe mit Teilnahmewettbewerb erlaubt, bei der der Auftraggeber mehrere, grundsätzlich mindestens drei Unternehmen zur Abgabe eines Angebots oder zur Teilnahme an Verhandlungen auffordert und mit diesen mit Ausnahme der vom Auftraggeber festgelegten Mindestanforderungen über den gesamten Angebotsinhalt verhandeln kann (§ 12 Abs. 2 Satz 1, Abs. 4 Satz 1 UVgO). Unterhalb eines voraussichtlichen Auftragswertes von 1.000 Euro (ohne Umsatzsteuer) können Aufträge nach § 14 UVgO unter Berücksichtigung der haushaltsrechtlichen Grundsätze der Wirtschaftlichkeit und Sparsamkeit allerdings im Wege des sogenannten Direktauftrages ohne ein Vergabeverfahren beschafft werden (Satz 1); in diesen Fällen soll der Auftraggeber aber zwischen den beauftragten Unternehmen wechseln (Satz 2). Hinsichtlich des Ablaufs des durchzuführenden Vergabeverfahrens bleibt es im Wesentlichen bei den oben bereits zum oberschwelligen Bereich dargestellten Modalitäten, da die insoweit einschlägigen §§ 9 ff. UVgO weitgehend den Parallelvorschriften in der VgV (§§ 15 ff.) entsprechen.[144] Der Auftraggeber hat insbesondere eine eindeutige und so erschöpfend wie möglich formulierte Leistungsbeschreibung zu entwerfen (§ 23 UVgO), den Auftrag bekannt zu machen (§§ 27 f. UVgO) und für alle Bewerber die gleichen angemessenen Fristen für den Eingang der Angebote und Teilnahmeanträge festzulegen (vgl. § 7 UVgO). Die Bekanntmachung des Auftrages kann auf der Internetseite der Schule bzw. des Schulträgers oder auf allgemeinen Internetportalen und zusätzlich in Tageszeitungen, amtlichen Veröffentlichungsblättern oder Fachzeitschriften erfolgen (§ 28 Abs. 1 UVgO).[145] In der Auftragsbekanntmachung muss der Auftraggeber eine elektronische Adresse angeben, unter der die Vergabeunterlagen unentgeltlich, uneingeschränkt, vollständig und direkt abgerufen werden können (§ 29 Abs. 1 UVgO). Schwierigkeiten bei der Auftragsvergabe durch Schulen könnten sich mit Blick auf § 40 Abs. 2 UVgO insofern ergeben, als dieser fordert, dass die Öffnung der Angebote von mindestens zwei Vertretern des Auftraggebers gemeinsam an einem Termin unverzüglich nach Ablauf der Angebotsfrist erfolgen muss, was insbesondere bei eher niedrigen Auftragswerten und für kleinere Schulen doch einen vergleichsweise unverhältnismäßigen Aufwand bedeuten kann.[146] Hinsichtlich der Eignung der Bewerber und Bieter stimmen die Anforderungen im unterschwelligen Bereichen ebenfalls im Wesentlichen mit denen überein, die im oberschwelligen Bereich gelten. Ungeachtet etwaiger Ausschlussgründe (§ 31 Abs. 1 UVgO i.V.m. §§ 123 und 124 GWB) gelten auch hier nur noch die Komponenten Fachkunde und Leistungsfähigkeit[147], während die Anforderung der Zuverlässigkeit wie im oberschwelligen Bereich keine Rolle mehr spielt (§ 31 Abs. 1 UVgO). Qualitäts- und innovationsbezogene sowie soziale und umweltbezogene Aspekte (§ 2 Abs. 2 UVgO; vgl. auch für die Leistungsbeschreibung § 23 Abs. 2 UVgO bzw. § 43 Abs. 2 Satz 2 für den Zuschlag) bzw. mittelständische Interessen (§ 2 Abs. 4 UVgO) sind auch bei Auftragsvergaben unterhalb der Schwellenwerte zu berücksichtigen. Schließlich entspricht § 43 UVgO, der den Zuschlag und die Zuschlagskriterien regelt, weitgehend der entsprechenden Regelung für den oberschwelligen Bereich in § 58 VgV. Die Ermittlung des wirtschaftlichsten Angebotes, das den Zuschlag erhält (§ 43 Abs. 1 UVgO), erfolgt auf der Grundlage des besten Preis-Leistungs-Verhältnisses, wobei korrespondierend zu § 2 Abs. 2 UVgO neben dem Preis oder

144 Zu den wenigen Ausnahmen s. *Lausen*, NZBau 2017, 3 (6).
145 Zu den Mindestangaben der Bekanntmachung, s. § 28 Abs. 2 UVgO.
146 So auch für kleinere Kommunen: *Portz*, KommJur 2017, 321 (324).
147 Fachkunde meint die Befähigung und Erlaubnis zur Berufsausübung, während die Leistungsfähigkeit auf die jeweils wirtschaftliche, finanzielle, technische und berufliche Komponente abzielt. S. hierzu: *Lausen*, NZBau 2017, 3 (7).

den Kosten qualitative, umweltbezogene und soziale Zuschlagskriterien berücksichtigt werden können. Ein Rechtsschutzverfahren ist, anders als im oberschwelligen Bereich, nicht vorgesehenen. Aus diesem Grund können beispielsweise Unterlassungsansprüche nur im Wege einer einstweiligen Verfügung nach §§ 935, 940 ZPO ebenso wie Ansprüche auf Schadensersatz nur vor den Zivilgerichten geltend gemacht werden, nicht aber vor spezialisierten Vergabekammern in vergabebezogenen Nachprüfungsverfahren.

13. Kapitel: „Schulautonomie“ und Schulqualität

13.1 Neue Tendenzen in der Steuerung des Schulwesens

Zwei Tendenzen kennzeichnen die Entwicklung des Schulwesens in jüngerer Zeit. Einerseits sind die Länder bestrebt, den Schulen mehr Selbständigkeit und Eigenverantwortung einzuräumen; andererseits haben sie Maßnahmen ergriffen, um die Qualität der pädagogischen Arbeit, die vor allem die fachlichen und überfachlichen Kompetenzen der Schülerinnen und Schüler steigern soll, zu erhöhen. Stattgefunden hat ein *Wandel von der Input- zur Outputsteuerung*, wie er auch sonst in manchen Bereichen der öffentlichen Verwaltung im Zuge des eigentlich aus der kommunalen Verwaltung kommenden „Neuen Steuerungsmodells“[1] und dem damit verwandten, aus dem angelsächsischen Raum stammenden „New Public Management“[2] zu beobachten ist.[3] Früher glaubte man, die Schulen allein mit Direktiven „von oben“ lenken zu können. Die staatliche Steuerung des Schulwesens beruhte dabei auf der Vermutung, dass diese Inputs den Schulalltag auch tatsächlich bestimmen. Häufig ist jedoch das, was den Schulen herkömmlicherweise durch Vorschriften und Anordnungen aufgebürdet wird, von der konkreten Wirklichkeit der Schule weit entfernt. Die Schule lässt sich nicht wie ein Finanzamt reglementieren. Sie muss den unterschiedlichen individuellen, sozialen und familiären Gegebenheiten ihrer Schülerinnen und Schüler gerecht werden und vermag selbst am besten einzuschätzen, wie sie ihre Aufgaben wahrnehmen und die Möglichkeiten des schulischen Umfelds einbeziehen kann. So erscheint es nur konsequent, die Schule als eigenständige und selbstverantwortliche pädagogische Einheit zu stärken (dazu TZ 13.2).

Zugleich achtet die staatliche Schulverwaltung in den Ländern weit mehr als zuvor auf die Ergebnisse der Schulen und versucht, durch systematische Erfolgskontrollen die tatsächlichen Schülerleistungen zu erfassen und zu verbessern. Das verstärkte Bemühen um die Steigerung der schulischen Qualität geht nicht zuletzt auf die Befunde der internationalen Vergleichsstudien PISA zurück. Diese haben zum einen gezeigt, dass die 15-jährigen deutschen Schülerinnen und Schüler in den Domänen Leseverständnis, Mathematik und Naturwissenschaften nur unterdurchschnittliche Kompetenzen vorzuweisen haben, dies wiederum bei einer ungewöhnlich breiten Spreizung der Leistungen. Zum anderen haben sie verdeutlicht, dass die Bildungsbeteiligung und die Bildungserfolge im deutschen Schulsystem extrem abhängig sind von der sozialen Herkunft. Je mehr den Schulen aber die Freiheit der Selbstgestaltung eingeräumt wird, desto stärker werden sie zu einer Rechenschaftslegung verpflichtet, die eine Überprüfung der Ergebnisse ihrer Arbeit ermöglicht. Begriffe wie Evaluation, Ziel- und Leistungsvereinbarung, Bildungsstandards, zentrale Abschlussprüfungen kennzeichnen diesen Trend zu einer stärker am

---

1 Zum „Neuen Steuerungsmodell“: Gunnar Folke *Schuppert*, Verwaltungsorganisation und Verwaltungsorganisationsrecht als Steuerungsfaktoren, § 16 Rn. 75 ff. und 117 ff.; Andreas *Voßkuhle*, Neue Verwaltungsrechtswissenschaft, § 1 Rn. 53 ff., beide in: Hoffmann-Riem u.a. (Hrsg.), GVerwR, Bd. I, 2. Aufl., München 2012; Werner *Jann*, Neues Steuerungsmodell, in: Bernhard Blanke u.a. (Hrsg.), Handbuch zur Verwaltungsreform, 4. Aufl., Wiesbaden 2011, S. 98; Veith *Mehde*, Neues Steuerungsmodell und Demokratieprinzip, Berlin 2000, S. 60 ff.; speziell zum „Neuen Steuerungsmodell“ im Schulwesen: Hermann *Lange*, Qualitätssicherung in Schulen, DDS 1999, 144 (146 f.).

2 Zum New Public Management: *Mehde* (Fn. 1), S. 41 ff.; Eckhard *Schröter*/Hellmut *Wollmann*, New Public Management, in: Blanke u.a. (Fn. 1), S. 63; *Voßkuhle* (Fn. 1), § 1 Rn. 49 ff.; speziell zum „New Public Management“ im Schul- und Bildungswesen: Julian Asmus *Nebel*, Schulprogramme als innovative Steuerungsinstrumente im System des allgemeinen Verwaltungsrechts, Berlin 2011, S. 36 ff.

3 Allgemein hierzu: Hermann *Lange*, Vom Messen zum Handeln – „empirische Wende“ der Bildungspolitik, RdJB 2008, 7.

Output der Schulen orientierten umfassenden Qualitätsentwicklung und -sicherung im Schulwesen (dazu TZ 13.3).

13.2 Selbständigkeit der Schule („Schulautonomie")

13.21 Begriff und Bedeutung

Die erweiterte Eigenständigkeit der Schule wird häufig mit dem Schlagwort „Schulautonomie" bezeichnet. Dieser Begriff ist juristisch nicht korrekt. Im Verwaltungsrecht versteht man unter Autonomie die Befugnis einer juristischen Person des öffentlichen Rechts, sei es Körperschaft, Anstalt oder Stiftung, ihre Angelegenheiten durch den Erlass von Rechtsnormen (*Satzungen*) selbst zu regeln.[4] Schulen sind indes keine juristischen Personen, sondern nichtrechtsfähige öffentliche Anstalten (TZ 6.112, zu den Ausnahmen TZ 6.114, vgl. auch TZ 13.234). Die Schulgesetze der Länder verwenden daher statt des Wortes „Schulautonomie" Begriffe wie schulische „Eigenständigkeit", „Selbständigkeit", „Eigenverantwortung" oder „Selbstverantwortung", Begriffe, die im Folgenden synonym gebraucht werden.

13.22 Stand der Gesetzgebung

13.221 Die *Bildungskommission des Deutschen Bildungsrates* hatte zu Beginn der 70er Jahre des vorigen Jahrhunderts vorgeschlagen, die Selbständigkeit der Schulen in den pädagogischen und administrativen Bereichen durch *Kompetenzverlagerung* nach unten zu stärken. Die Empfehlungen zielten darauf ab, die Entscheidungsspielräume der Schule bei der Planung und Gestaltung des Unterrichts zu erweitern, ihre Mitwirkung an der zentralen Curriculum-Entwicklung zu institutionalisieren, ihnen finanzielle Mittel zur eigenen Bewirtschaftung zuzuweisen und sie als rechtlich selbständige Verwaltungseinheiten zu etablieren, während zugleich die Weisungsbefugnisse der Schulaufsicht eingeschränkt werden sollten.[5] Der Bildungsrat forderte darüber hinaus, die zentralen Lehrpläne als Rahmenrichtlinien zu erlassen, die es den Schulen ermöglichen sollten, eigene praxisnahe Curricula zu entwickeln.[6] Die *Schulgesetzgebung* hatte einzelne Vorschläge aufgenommen, war den Empfehlungen insgesamt aber nur zögernd gefolgt. Diese Zurückhaltung war vor allem in der Sorge begründet, dass eine zu weitgehende Verselbständigung der Schule die Wahrung einheitlicher Qualitätsmaßstäbe und damit auch die Garantie der Chancengleichheit gefährden könnte.[7]

Anfang der achtziger Jahre des vergangenen Jahrhunderts unternahm die *Schulrechtskommission des Deutschen Juristentages* noch einmal den Versuch, die erweiterte Selbständigkeit der Schulen auf die bildungspolitische Agenda zu setzen.[8] Ausgehend von der Prämisse einer pädagogischen Freiheit des Lehrers, die eine begrenzte institutionelle

---

4 *Maurer/Waldhoff*, Verwaltungsrecht, § 4 Rn. 24 ff.

5 *Deutscher Bildungsrat*, Strukturplan für das Bildungswesen, Stuttgart 1970, S. 253 ff.; *ders.*, Empfehlungen der Bildungskommission. Zur Reform von Organisation und Verwaltung im Bildungswesen, Teil I: Verstärkte Selbständigkeit der Schule und Partizipation der Lehrer, Schüler und Eltern, Stuttgart 1973. Ausführlich hierzu: Knut *Nevermann*, Grundzüge des Schulverfassungsrechts, in: ders./Ingo Richter, Rechte der Lehrer – Rechte der Schüler – Rechte der Eltern, München 1977, S. 173 (174 ff.).

6 *Deutscher Bildungsrat*, Zur Förderung praxisnaher Curriculum-Entwicklung, Stuttgart 1974.

7 S. das Minderheitenvotum zu den Empfehlungen der Bildungskommission. Zur Reform von Organisation und Verwaltung im Bildungswesen, Teil I: Verstärkte Selbständigkeit der Schule und Partizipation der Lehrer, Schüler und Eltern, Stuttgart 1973, S. A 141 f. zur Kritik aus der juristischen Literatur, s. Gerhard *Eiselt*, Ein höchst gefährlicher Vorschlag, RdJB 1981, 169.

8 *Deutscher Juristentag* (Hrsg.), Schule im Rechtsstaat, Bd. I, München 1981, S. 45 ff. und 297 ff.

Autonomie der Schule mit einschloss, sollten mittels der Normierung nur der grundlegenden Materien schulischen Lehrens und Lernens in Rechtsvorschriften vor allem curriculare Freiräume geschaffen und damit korrespondierend die Befugnisse der Aufsichtsbehörden auf eine reine Rechtsaufsicht beschränkt werden. Allerdings stießen die Vorschläge zur Erweiterung der Selbständigkeit der Einzelschule erneut auf starke Vorbehalte der Schulverwaltung und der rechtswissenschaftlichen Literatur und wurden vor allem aufgrund der Befürchtung, damit könnten einheitliche Qualitätsstandards im staatlichen Schulwesen gefährdet werden, abermals nicht umgesetzt.[9]

Seit Anfang der 1990er Jahre hat aber die Forderung nach mehr Selbständigkeit der Einzelschule nicht nur in der erziehungswissenschaftlichen[10] und rechtswissenschaftlichen Diskussion[11] an Bedeutung gewonnen. Auch die Bildungspolitik hat den Grundsatz wieder aufgegriffen[12], was längst auch an der Schulgesetzgebung der Länder ablesbar ist.

13.222 Nunmehr bestimmen die Schulgesetze der weit überwiegenden Mehrzahl der Länder, dass die Schule *Unterricht, Erziehung und Schulleben im Rahmen der Rechts- und Verwaltungsvorschriften in eigener Verantwortung* gestaltet.[13] Damit hat es jedoch in der Regel nicht sein Bewenden. Zumeist muss die Schule nämlich in einem üblicherweise von der Schulkonferenz (TZ 7.3) auf Vorschlag der Gesamtkonferenz (TZ 7.211) zu beschließenden *Schulprogramm* festlegen, wie sie ihren gesetzlich bestimmten Bildungs- und Erziehungsauftrag erfüllen will; darin hat sie die Ziele, Schwerpunkte und Organisationsformen ihrer pädagogischen Arbeit sowie die Regeln, die das Schulleben

9 Zur Kritik insb. gegenüber den restriktiver gefassten Befugnissen der Schulaufsichtsbehörden: Gerhard *Eiselt*, Schulaufsicht im Rechtsstaat, DÖV 1981, 821 (insb. 826 ff.); Horst *Sendler*, Gesetzesrecht und Richterrecht im Schulwesen, DVBl. 1982, 381 (388 f.).

10 S. m.w.N. nur Herbert *Altrichter*/Matthias *Rürup*, Schulautonomie und die Folgen, in: Herbert Altrichter/Katharina Maag Merki (Hrsg.), Handbuch Neue Steuerung im Schulsystem, Wiesbaden 2010, S. 111; Tom *Stryck*, Schulautonomie – Programm oder Erinnerung?, in: Hans Döbert u.a. (Hrsg.), Bildung vor neuen Herausforderungen, Neuwied 2003, S. 151; Klaus-Jürgen *Tillmann*, Schulautonomie: eine pädagogische Utopie in der bildungspolitischen Debatte, in: Karl-Heinz Braun/Heinz-Hermann Krüger (Hrsg.), Pädagogische Zukunftsentwürfe. Festschrift zum siebzigsten Geburtstag von Wolfgang Klafki, Opladen 1997, S. 195; *ders.*, Autonomie der Schule oder: Wollen Schulen verwaltet werden?, Pädagogik 11/1993, 17.

11 M.w.N. s. nur Hermann *Avenarius*, Schulautonomie auf dem verfassungsrechtlichen Prüfstand, in: Manfred Aschke/Reimund Schmidt-De Caluwe (Hrsg.), Selbstbestimmung und Gemeinwohl. Festschrift zum 70. Geburtstag von Friedrich von Zezschwitz, Baden-Baden 2005, S. 82; Wolfram *Höfling*, Öffentliches Schulwesen und pädagogische Autonomie, DÖV 1988, 416; Friedhelm *Hufen*, Verfassungsrechtliche Möglichkeiten und Grenzen schulischer Selbstgestaltung, in: Frank-Rüdiger Jach/Siegfried Jenkner (Hrsg.), Autonomie der staatlichen Schule und des freien Schulwesens. Festschrift zum 65. Geburtstag von J.P. Vogel, Berlin 1998, S. 51; Johann Peter *Vogel*, Bedingungen einer umfassenden Selbstverwaltung der Schule, RdJB 2005, 36.

12 S. beispielsweise *Aktionsrat Bildung*: Bildungsautonomie: Zwischen Regulierung und Eigenverantwortung. Jahresgutachten 2010 Wiesbaden 2010; *Bildungskommission NRW*, Zukunft der Bildung – Schule der Zukunft. Denkschrift der Kommission „Zukunft der Bildung – Schule der Zukunft" beim Ministerpräsidenten des Landes Nordrhein-Westfalen, Neuwied 1995.

13 Vgl. etwa § 7 Abs. 2 bln SchulG, § 7 Abs. 1 BbgSchulG, § 22 Abs. 1 BremSchVwG, § 50 HmbSG, § 127 Abs. 1 HSchG, §§ 39a Abs. 1, 52 Abs. 2 SchulG M-V, § 32 Abs. 1 NSchG, § 3 Abs. 1 nrw SchulG, § 23 Abs. 1 rp SchulG, § 17 Abs. 1 Satz 1 saarl SchoG, §1 Abs. 11 sächs SchulG, § 24 Abs. 1 SchulG LSA, § 3 Abs. 1 sh SchulG. In Bayern kann einer Schule zur Verbesserung der Qualität von Unterricht und Erziehung auf Antrag der Status einer MODUS-Schule zuerkannt werden (Art. 82 Abs. 5 Satz 1 i.V.m. Art. 83 Abs. 1 BayEUG), mit der Folge, dass die Schule Weiterentwicklungsmaßnahmen in Bezug auf die Unterrichts- und Personalentwicklung sowie inner- und außerschulische Partnerschaften erproben darf (Art. 82 Abs. 5 Satz 2 BayEUG). Insb. ist es den MODUS-Schulen gestattet, von den Schulordnungen abzuweichen, soweit sichergestellt ist, dass die Lehrplanziele erreicht werden, die Abschlüsse gleichwertig sind und der Übergang in andere Schulen möglich bleibt (Art. 82 Abs. 5 Satz 3 BayEUG).

bestimmen, auszuweisen.[14] Dadurch ist die Schule zugleich verpflichtet, den ihr eröffneten Handlungsspielraum normativ auszuschöpfen. Sobald das Schulprogramm in Kraft getreten ist – durch förmliche Genehmigung oder widerspruchslose Duldung seitens der zuständigen Schulbehörde –, löst es eine Selbstbindung aus: für die Schule mit ihren Organen und den an ihr beteiligten Personen, aber auch für die Schulaufsicht, die der Schule fortan keine vom Schulprogramm abweichenden Weisungen erteilen kann.[15] Schließlich entfaltet das Schulprogramm eine wichtige Steuerungsfunktion, weil es neben externen Vorgaben (z.B. Bildungsstandards, Kerncurricula) eine ganz wesentliche Grundlage für die Rechenschaftslegung der Schule gegenüber der Schulaufsicht bildet.[16] Das Schulprogramm als gesetzlich bestimmte Pflichtaufgabe der Schule ist also weit mehr als ein pädagogisches L'art pour l'art. Im Rahmen der staatlichen Rechtsordnung ist es eine für Lehrkräfte, Schüler und Eltern verbindliche Handlungsanleitung.

13.223 Pädagogische Selbstverantwortung steht auf schwankendem Grund, wenn sie nicht durch *finanzielle Eigenständigkeit* untermauert ist. Wenn sich die Schule über ein Schulprogramm ein spezifisches inhaltliches Profil geben soll, muss ihr zugleich die Möglichkeit eingeräumt werden, zumindest einen Teil ihrer finanziellen Mittel orientiert an diesem Profil auszugeben, d.h. für die von ihr gewählten Schwerpunkte auch besondere monetäre Aufwendungen zu tätigen. Hinzu kommt die ökonomisch-steuerungstechnologische Einsicht, dass eine zentral verantwortete Verteilung finanzieller Ressourcen auch im Bildungswesen negative Effekte generieren kann, sei es, weil die konkreten Bedingungen der einzelnen Schule bei der Zuteilung von Geldern nicht hinreichend berücksichtigt werden oder Anreize für ein sparsames und zweckgerichtetes Wirtschaften nicht vorhanden sind.[17] Aus diesen Gründen sehen die meisten Schulgesetze die Möglichkeit *dezentraler Ressourcenverwaltung* ausdrücklich vor (dazu ausführlich TZ 11.5, 12.221). Zumeist verpflichten die Gesetze den Schulträger, vereinzelt auch das Land durch eine gebundene[18] oder eine Sollvorschrift[19] dazu, der Schule Haushaltsmittel zur eigenen Bewirtschaftung zu überlassen.[20] Einzelheiten sind vielfach in Schulordnungen und in Verwaltungsvorschriften geregelt. Der Umfang der Zuweisung ist im Allgemeinen auf bestimmte Aufgabenarten (z.B. Lehr- und

14 Z.B. § 8 bln SchulG, § 7 Abs. 2 BbgSchulG, § 9 Abs. 1 Satz 2 Nr. 1 BremSchulG, § 51 HmbSG, § 127b Abs. 1 HSchG, § 39a Abs. 2 SchulG M-V, § 32 Abs. 2 NSchG, § 3 Abs. 2 nrw SchulG, § 23 Abs. 2 Satz 1 rp SchulG, § 1 Abs. 11 Satz 2 und 3 sächs SchulG, § 24 Abs. 4 SchulG LSA, § 3 Abs. 1 Satz 2 sh SchulG. Aus der Literatur m.w.N.: Eva Julia *Lohse*, Verwaltungsrechtliche Steuerung von schulischem Bildungserwerb, Baden-Baden 2015, S. 328 ff.; Felix *Hanschmann*, Staatliche Bildung und Erziehung, Tübingen 2017, S. 45 f. und 285 f.; vgl. auch Heft 4/2005 der Zeitschrift PädF mit dem Themenschwerpunkt Schulprogrammarbeit.

15 Allerdings schreiben nur wenige Schulgesetze eine schulaufsichtliche Genehmigung des Schulprogramms vor: § 8 Abs. 4 bln SchulG, § 9 Abs. 1 Satz 2 Nr. 1 Satz 4 BremSchulG, § 39a Abs. 3 SchulG M-V. In Schleswig-Holstein muss die Schule nach § 3 Abs. 1 Satz 2 sh SchulG das Schulprogramm der Schulaufsichtsbehörde vorlegen.

16 Hierzu: Martin *Heinrich*/Jürgen *Kussau*, Das Schulprogramm zwischen schulischer Selbstregelung und externer Steuerung, in: Altrichter/Maag Merki (Fn. 10), S. 171; Norbert *Maritzen*, Schulprogramm und Rechenschaft – eine schwierige Beziehung, in: Thomas Brüsemeister/Klaus-Dieter Eubel (Hrsg.), Zur Modernisierung der Schule, Bielefeld 2003, S. 248.

17 Yvonne *Brückner*/Mareike *Tarazona*, Finanzierungsformen, Zielvereinbarung, New Public Management, Globalbudgets, in: Altrichter/Maag Merki (Fn. 10) S. 81 (83); Jens-Peter *Schneider*, Das neue Steuerungsmodell als Innovationsimpuls für Verwaltungsorganisation und Verwaltungsrecht, in: Eberhard Schmidt-Aßmann/Wolfgang Hoffmann-Riem (Hrsg.), Verwaltungsorganisationsrecht als Steuerungsressource, Baden-Baden 1997, S. 103 (117).

18 § 7 Abs. 5 bln SchulG, § 4 Abs. 3 i.V.m. § 21 BremSchVwG, § 24 Abs. 2 Satz 1 SchulG LSA.

19 § 48 Abs. 2 Satz 2 bw SchG, § 7 Abs. 4 Satz 1 und Abs. 5 Satz 1 BbgSchulG, § 127a Abs. 2 HSchG, § 112 SchulG M-V, § 111 Abs. 1 Satz 1 NSchG, § 88 Abs. 3 Satz 1 rp SchulG, § 23 Abs. 2 Satz 4 sächs SchulG, § 64 Abs. 3 Satz 2 SchulG LSA

20 In Nordrhein-Westfalen „kann" das Land den Schulen Personalmittel zur eigenverantwortlichen Bewirtschaft zuweisen (§ 95 Abs. 1 nrw SchulG), während in Thüringen der Schulträger die Bewirtschaftung der für den Schulaufwand bereitgestellten Haushaltsmittel ganz oder teilweise dem Schulleiter oder nach dessen Vorschlag einem anderen Lehrer übertragen kann (§ 10 Abs. 1 Satz 3 ThürSchFG; ähnlich auch in Bayern: § 14 Abs. 1 Satz 3 BaySchFG.

Lernmittel, laufende Verwaltung) beschränkt. Soweit sich die *Budgetierung* auf mehrere Aufgabenarten erstreckt, sind die Mittel üblicherweise gegenseitig deckungsfähig; eingesparte Mittel können in der Regel in nachfolgende Haushaltsjahre übertragen werden (dazu ausführlich TZ 11.5, 12.221). Im Allgemeinen ist es der Schulleiter, der den jährlichen Haushaltsplan über die der Schule zur Verfügung gestellten Mittel aufstellt und über deren Verwendung nach Maßgabe des von der Schulkonferenz verabschiedeten Haushalts entscheidet.[21] Zum Sponsoring von Schulen TZ 12.23.

Die Eigenständigkeit der Schule wird in mehreren Schulgesetzen noch dadurch gestärkt, dass sie ermächtigt ist oder vom Schulträger, verschiedentlich auch vom Land, ermächtigt werden kann, im Rahmen der ihr zur Verfügung stehenden Mittel *Rechtsgeschäfte mit Wirkung für den Rechtsträger* abzuschließen und für ihn Verpflichtungen einzugehen.[22]

13.224 Ob und wie weit es der Schule gelingt, sich ein eigenes Profil zu geben, hängt nicht zuletzt von ihrem Einfluss auf die *Auswahl des Personals* ab. Denn wenn sich die Schule curricular, didaktisch oder methodisch in besonderer Weise profilieren soll, dann bedarf sie für die Setzung jener Akzente entsprechend qualifiziertes Personal, welches aufgrund der jeweiligen beruflichen Erfahrungen und persönlichen Qualifikationen zu dem spezifischen Schulprofil der Schule passt. Einige Länder eröffnen der Schule daher insoweit nicht unbeträchtliche Beteiligungsrechte. Bei der *Rekrutierung der Schulleiterin bzw. des Schulleiters* können die Schulen in den meisten Ländern ihre Vorstellungen, wenn auch in unterschiedlichem Ausmaß, zur Geltung bringen: durch Anhörung (Mecklenburg-Vorpommern, Rheinland-Pfalz, Sachsen, Sachsen-Anhalt, Thüringen), durch Vorschlagsrechte (Baden-Württemberg, Berlin, Brandenburg, Niedersachsen), durch Wahl bzw. durch Mitwirkung an der Wahl eines von mehreren seitens der Schulbehörde vorgeschlagenen Bewerbers (Nordrhein-Westfalen, Schleswig-Holstein) oder durch Mitwirkung an einem sogenannten Findungsverfahren (Bremen, Hamburg); vgl. im Einzelnen TZ 11.4, jeweils unter Buchstabe b. Zu dem verfassungsrechtlich gebotenen Letztentscheidungsrecht der Schulbehörde bei der Bestellung des Schulleiters TZ 7.121.

In mehreren Ländern sind die Schulen auch an der Zuweisung der Lehrkräfte beteiligt, und zwar zumeist in der Weise, dass sie in einem schulbezogenen Ausschreibungsverfahren das Anforderungsprofil für die zu besetzende Stelle festlegen können[23] (s. auch TZ 28.33). Verschiedentlich ist der Schule die Befugnis eingeräumt, befristete Arbeitsverträge zur Sicherstellung der Unterrichtsversorgung abzuschließen.[24]

13.225 Je mehr der Gesetzgeber dazu übergeht, die schulische Selbständigkeit zu stärken, umso dringlicher stellt sich die Frage, welchen Organen innerhalb der Schule der erweiterte Handlungsspielraum zugute kommt. Wie die Aufgaben und Befugnisse auf die Schulleitung und auf die verschiedenen Gremien (Schulkonferenz, Lehrerkonferenzen, Eltern- und

---

21 Vgl. etwa §§ 88 Abs. 3 Satz 2 Nr. 5 HSchG, § 59 Abs. 9 nrw SchulG.

22 Z.B. § 7 Abs. 1 Satz 2 Halbsatz 1 bln SchulG, § 6 Abs. 1 Satz 2 BbgSchulG, § 21 Abs. 1 Satz 2 BremSchVwG, § 127a Abs. 1 Satz 2 HSchG, § 95 Abs. 2 Satz 2 nrw SchulG, § 16 Abs. 1 Satz 3 saarl SchoG, § 3 Abs. 2 sh SchulG. Zudem sind Schulen in einigen Ländern befugt, ein eigenes Konto zu führen, s. z.B. § 32 Abs. 4 Satz 2 NSchG, § 95 Abs. 3 nrw SchulG, § 24 Abs. 3 SchulG LSA; teilweise ist es dem Schulträger erlaubt, seinen Schulen Konten einzurichten (§ 16 Abs. 1 Satz 2 saarl SchoG).

23 Z.B. Baden-Württemberg: Beteiligung von Schulleiterinnen und Schulleitern bei der Lehrereinstellung, schulbezogene Stellenausschreibungen für Lehrkräfte und Einrichtung eines Auswahlverfahrens für Bewerberinnen und Bewerber mit Zusatzqualifikationen, Verwaltungsvorschrift des Kultusministeriums über die Einstellung von Lehramtsbewerberinnen und Lehramtsbewerbern vom 6.12.2016 (K.u.U. 2017, S. 2). Berlin: § 7 Abs. 3 bln SchulG. Niedersachsen: Einstellung von Lehrkräften an den öffentlichen allgemeinbildenden Schulen zum Schuljahresbeginn 2017/2018 – Einstellungstermin 31.7.2017, RdErl. vom 28.3.2017 (SVBl, S. 213). Rheinland-Pfalz: Schulscharfes Lehrereinstellungsverfahren, Bek. vom 11.2.2003 (GAmtsbl. S. 49).

24 Z.B. § 7 Abs. 3 Satz 3 bln SchulG.

Schülervertretungen) verteilt sind, ergibt sich aus den Ausführungen im 7. und 8. Kapitel. Unverkennbar ist aber – das sei an dieser Stelle erneut betont – die hervorgehobene Stellung der Schulleitung. Nicht nur, dass Schulleiterinnen und Schulleiter wie seit eh und je die Gesamtverantwortung für die Erfüllung des Bildungs- und Erziehungsauftrags der Schule tragen, dass sie die Schule nach außen vertreten, dass sie gegenüber den Lehrkräften und dem übrigen Personal weisungsberechtigt sind, dass sie das Hausrecht ausüben und dass sie rechtswidrige oder pädagogisch nicht zu verantwortende Gremienbeschlüsse beanstanden können. Im Zuge der zunehmenden Eigenständigkeit der Schule hat sich ihr Aufgabenspektrum erheblich erweitert. Man denke nur an ihren Einfluss auf die Rekrutierung des pädagogischen Personals, ihre Verantwortung für die Erfüllung der Fortbildungspflicht der Lehrkräfte, die Übernahme eines Teils der Aufgaben des Dienstvorgesetzten, die Bewirtschaftung der Haushaltsmittel und die rechtsgeschäftliche Vertretung der Schule (dazu TZ 7.135, 7.214).

13.226 Angesichts der Tatsache, dass der Schule *Selbständigkeit nur im Rahmen der Rechts- und Verwaltungsvorschriften* zusteht (vgl. TZ 13.222), liegt der Einwand nahe, dass ihre Eigenverantwortung von vornherein dem reglementierenden Zugriff der Schulaufsicht ausgesetzt ist, zumal die Verwaltungsvorschriften auf der Organisationsgewalt der Regierung beruhen und daher im Unterschied zu den Rechtsverordnungen keiner gesetzlichen Ermächtigung bedürfen. Ohnehin stehen der Schulaufsicht die herkömmlichen Befugnisse der Fach- und Dienstaufsicht zu Gebote (dazu TZ 9.21 und 9.22).

Zwar verpflichten mehrere Schulgesetze die Schulbehörden dazu, die Eigenverantwortung der Schule zu respektieren. So bestimmt etwa § 127b Abs. 1 HSchG, dass die Befugnis der Schule, Unterricht, Schulleben und Erziehung selbständig zu planen und durchzuführen, durch Rechts- und Verwaltungsvorschriften und durch Anordnungen der Schulaufsicht nicht unnötig oder unzumutbar eingeengt werden darf. In Berlin, Brandenburg und Bremen *muss*, in Niedersachsen, Nordrhein-Westfalen und Thüringen *soll* die Schulaufsicht die Selbständigkeit und Eigenverantwortung der Schule beachten bzw. ihre Aufsichtsbefugnisse so handhaben, dass die Eigenverantwortung nicht beeinträchtigt wird.[25]

So „autonomiefreundlich" diese Mäßigungsklauseln auch erscheinen mögen, so sind sie doch im Konfliktfall keineswegs ein sicherer Schutz und Schirm der Schule – dies umso weniger, da diese als nichtrechtsfähige Anstalt des Schulträgers und als Einrichtung auf der untersten Ebene der Hierarchie der staatlichen Schulverwaltung sich gegen Maßnahmen der Schulaufsichtsbehörde, durch die sie sich in ihrer Eigenverantwortung beeinträchtigt sieht, weder mit dem Rechtsbehelf des Widerspruchs noch gar mit der verwaltungsgerichtlichen Klage wehren kann.

13.23 Schulische Selbständigkeit und Grundgesetz

13.231 Erweitern die Schulgesetzgeber in den Ländern die schulische Selbständigkeit, müssen sie hierbei die vom Grundgesetz gezogenen Grenzen beachten.[26] Dabei scheint gegen die

25 § 106 Abs. 2 Satz 2 bln SchulG, § 130 Abs. 2 Satz 1 BbgSchulG, § 12 Abs. 4 BremSchVwG; § 121 Abs. 1 Satz 1 NSchG, § 86 Abs. 3 Satz 5 nrw SchulG, § 3 Abs. 2 ThürSchAG.

26 Aus der umfangreichen Diskussion zu diesem Thema, s. u.a.: Hermann *Avenarius*, Schulische Selbstverwaltung und Demokratieprinzip, in: Hans Eichel/Klaus-Peter Möller (Hrsg.), 50 Jahre Verfassung des Landes Hessen. Eine Festschrift, Wiesbaden 1997, S. 178; Wolfgang *Höfling*, Die Bedingungen für eine Schule in erweiterter Verantwortung nach deutschem Verfassungsrecht, in: Hermann Avenarius/Jürgen Baumert/Hans Döbert/Hans-Peter Füssel (Hrsg.), Schule in erweiterter Verantwortung, Neuwied 1998, S. 51; Ingo *Richter*, Die Steuerung des Schulwesens durch Autonomie. Juristische und pädagogische Fragen im Zusammenhang einer betriebswirtschaftlichen Orientierung der Bildungspolitik, Neue Sammlung 1999, 81. – Aus dem neueren Schrifttum: *Hanschmann* (Fn. 14), S. 309 ff.; Judith *Müller*, Schulische Eigenverantwortung und staatliche Aufsicht, Baden-Baden 2006; *dies.*, Abschaffung der Fachaufsicht im Schulbereich als Gebot der Zeit?, DVBl. 2006, 878; *Rux/Niehues*, Schulrecht, Rn. 1002 ff.

Stärkung der Eigenverantwortung der Schule auf den ersten Blick der Grundsatz der *staatlichen Schulaufsicht* (Art. 7 Abs. 1 GG) zu sprechen. Tatsächlich haben das Bundesverfassungsgericht und das Bundesverwaltungsgericht den verfassungsrechtlichen Schulaufsichtsbegriff sehr weit gefasst und als „Gesamtheit der staatlichen Befugnisse zur Organisation, Planung, Leitung und Beaufsichtigung des Schulwesens" interpretiert.[27] Dabei ist jedoch zu bedenken, dass diese Rechtsprechung sich auf die Abgrenzung der Zuständigkeitsbereiche zwischen Staat und Eltern bezieht, nicht aber auf die Frage, welche Hierarchieebene – das Kultusministerium, die ihm nachgeordneten Schulbehörden oder die Schule selbst – die staatlichen Befugnisse im Einzelfall wahrzunehmen hat. Aber auch dann, wenn man den Aufsichtsbegriff enger fasst, kann sich die Schule keineswegs aus der Verantwortung des Staates lösen. „Schulautonomie" darf den Staat insbesondere nicht daran hindern, für ein *leistungsfähiges und sozial gerechtes Schulwesen* zu sorgen und damit eine Verpflichtung zu erfüllen, die sich aus dem Sozialstaatsgebot (Art. 20 Abs. 1, 28 Abs. 1 GG) sowie aus dem Recht des Kindes auf gleiche Chancen bei der freien Entfaltung seiner Persönlichkeit und der freien Wahl der Ausbildungsstätte (Art. 2 Abs. 1, 12 Abs. 1 i.V.m. Art. 3 Abs. 1 GG) ergibt. Überdies muss der Staat mittels seiner Schulaufsicht darauf hinwirken, dass die *religiös-weltanschauliche Neutralität der öffentlichen Schule* gewahrt bleibt; Art. 4 Abs. 1 GG, der die Freiheit des Glaubens, des Gewissens und die Freiheit des religiösen und weltanschaulichen Bekenntnisses gewährleistet, verbietet es dem Staat zuzulassen, dass Schüler einer öffentlichen Schule für bestimmte weltanschauliche Tendenzen vereinnahmt werden.

13.232 Umstritten ist vor allem, ob die Übertragung wichtiger Entscheidungsbefugnisse an die Einzelschule mit dem grundgesetzlichen *Demokratieprinzip* (Art. 20 Abs. 1 und 2, 28 Abs. 1 GG) vereinbar ist. Dieses gebietet nicht nur, dass die wesentlichen Entscheidungen im Schulbereich vom Parlament getroffen werden. Es verlangt darüber hinaus, dass der für das Schulwesen zuständige Minister bzw. die für das Schulwesen zuständige Ministerin gegenüber dem Parlament für das, was im Schulwesen geschieht, einsteht; dies wiederum setzt voraus, dass er überhaupt in der Lage ist, die Entscheidungen der Schule zu beeinflussen und dafür Verantwortung zu übernehmen. Die Schule übt, wenn sie die ihr gesetzlich übertragenen Aufgaben wahrnimmt, Staatsgewalt aus. Nach Auffassung des Bundesverfassungsgerichts muss bei Entscheidungen von Bedeutung für die Erfüllung eines Amtsauftrags „die Letztentscheidung eines dem Parlament verantwortlichen Verwaltungsträgers gesichert" sein.[28]

Hinsichtlich der unmittelbaren Staatsverwaltung, in die die Schule als Einrichtung auf der untersten Ebene der Verwaltungshierarchie eingebunden ist, erfordert die verfassungsrechtlich notwendige demokratische Legitimation nach der Rechtsprechung des Bundesverfassungsgerichts eine ununterbrochene Legitimationskette vom Volk zu den mit staatlichen Aufgaben betrauten Organen und Amtswaltern. Die Ausübung von Staatsgewalt ist dann demokratisch legitimiert, wenn sich die Bestellung der Amtsträger auf das Staatsvolk zurückführen lässt (*personelle Legitimation*) sowie die Amtsträger im Auftrag und nach Weisung der Regierung handeln und die Regierung damit in die Lage versetzen, die Sachverantwortung gegenüber Volk und Parlament zu übernehmen (*sachlich-inhaltliche Legitimation*).[29]

Gleichwohl ist die Tatsache zu berücksichtigen, dass die einzelne Schule ihre Bildungs- und Erziehungsaufgabe unter den heute bestehenden Verhältnissen nicht hinreichend wahrnehmen kann, wenn sie ausschließlich zentral gesteuert wird und ihr nicht die Möglichkeit eröffnet ist, den besonderen Bedingungen vor Ort, die ihre Arbeit fördern oder beeinträchtigen,

---

27 BVerfGE 59, 360 (377) – st. Rspr.; BVerwGE 6, 101 (104); 47, 201 (204) – st. Rspr.
28 BVerfGE 93, 37 (70 ff.).
29 BVerfGE 93, 37 (67); 107, 59 (87 f.). Vgl. auch Ernst-Wolfgang *Böckenförde*, Demokratie als Verfassungsprinzip, in: HdbStR II, § 24 Rn. 16.

Rechnung zu tragen. So verfügt die einzelne Lehrkraft, mag sie auch grundsätzlich weisungsgebunden sein, dennoch über *pädagogische Freiheit*, die ihr einen Gestaltungsraum eigenverantwortlicher Unterrichtung und Erziehung sichert (dazu ausführlich TZ 30.7). Die pädagogische Freiheit weist aber auch eine institutionelle Dimension auf. Wie die Lehrerinnen und Lehrer, so steht auch die Schule insgesamt vor der Aufgabe, situationsgerechte pädagogische Entscheidungen zu treffen. Aufgrund ihrer Nähe zu den konkreten Verhältnissen an der Schule und aufgrund ihrer Vertrautheit mit den spezifischen Gegebenheiten des Schulalltags wird es der Schule ermöglicht, den ihr von der Verfassung zugewiesenen Bildungs- und Erziehungsauftrag angemessen zu erfüllen. Dabei bleibt freilich stets zu beachten, dass auch die Schule in eigener Verantwortung der Letztverantwortung des Staates unterliegt.

Den der schulischen Eigenverantwortung durch das Demokratieprinzip gezogenen Grenzen tragen jedenfalls die geltenden Schulgesetze schon dadurch Rechnung, dass sie ihr nur im Rahmen der Rechts- und Verwaltungsvorschriften Raum geben, dass sie die Schulleiterinnen und Schulleiter, die aufgrund ihrer Ernennung durch die Exekutive über personelle demokratische Legitimation verfügen, in ihrer Rolle gestärkt haben (vgl. TZ 13.225) und dass sie an der Fachaufsicht der Schulbehörden grundsätzlich festhalten.

13.233 Damit ist nicht gesagt, dass die geltenden Regelungen die äußerste Grenze schulischer Selbständigkeit bestimmen. Letztere könnte beispielsweise dadurch noch erweitert und zusätzlich gesichert werden, dass der Umfang der staatlichen Aufsicht über die Unterrichts- und Erziehungsarbeit der Schulen auf eine *Rechtmäßigkeitskontrolle* beschränkt würde; die Schulbehörden wären demgemäß zum Erlass von Anordnungen und Weisungen nur dann befugt, wenn geltende Rechtsvorschriften verletzt werden. Eine solche Beschränkung der staatlichen Schulaufsicht hatte bereits 1981 die Schulrechtskommission des Deutschen Juristentags vorgeschlagen.[30] Sie hätte zur Folge, dass die Einhaltung von Erlassen, Richtlinien und sonstigen Verwaltungsvorschriften, die Erziehung und Unterricht betreffen, nicht Gegenstand der Schulaufsicht sein könnte. Die Verbindlichkeit von Lehrplänen, Bildungsstandards usw. wäre demgemäß nur dann gewährleistet, wenn sie als Rechtsverordnungen ergingen.[31] Ein solches ausschließlich durch Rechtssätze staatlich gesteuertes Schulwesen, in dem den einzelnen Schulen im Rahmen dieses Normengefüges Gestaltungsfreiheit eingeräumt wäre, stünde durchaus im Einklang mit dem Demokratieprinzip, zumal die Exekutive imstande wäre, die Einhaltung der Gesetze und Rechtsverordnungen durch die Schulen zu kontrollieren, gegen Rechtsverstöße durch Weisungen einzuschreiten und auf diese Weise die Sachverantwortung gegenüber dem Parlament zu übernehmen.

13.234 Schon seit Längerem wird zur Diskussion gestellt, zumindest größeren Schulen dadurch ein höheres Maß an verlässlicher Eigenständigkeit zu gewähren, dass man sie in *rechtsfähige Anstalten des öffentlichen Rechts* umwandelt. Diese Möglichkeit wurde und wird vor allem im Zusammenhang mit einem Konzept erörtert, das die Entwicklung beruflicher Schulen zu multifunktionalen Einrichtungen der beruflichen Aus- und Weiterbildung in der Region anstrebt.[32] Einer der mit der Rechtsfähigkeit der Schule verbundenen Vorzüge bestünde darin, dass sie sich gegen rechtswidrige Anordnungen

---

30 § 73 Alt. 1 DJTSchulGE, S. 317 ff.; vgl. auch *Müller*, DVBl. 2006, 878 (881 ff.); *Hanschmann* (Fn. 14), S. 337 ff.

31 Eben deshalb hatte der DJTSchulGE in §§ 7 ff. bestimmt, dass die Lehrpläne als Rechtsverordnungen zu erlassen sind.

32 Vgl. etwa *Bund-Länder-Kommission für Bildungsplanung und Forschungsförderung*, Kompetenzzentren in regionalen Berufsbildungsnetzwerken – Rolle und Beitrag der beruflichen Schulen –, Bericht der BLK, Bonn 2001. Dazu: Johannes *Gröb*, Die rechtsfähige öffentliche Schule. Ein Mehrwert gegenüber einer selbständigen nichtrechtsfähigen Schule?, ZBV 1/2017, 21; Wolfgang *Bott*, Staatliche Verantwortung und Steuerung gegenüber einer rechtsfähigen öffentlichen Schule. Einführung der rechtlich selbständigen beruflichen Schule in Hessen, ZBV 1/2017, 33; Hermann *Avenarius*, Berufliche Schulen als Kompetenzzentren regionaler Bildungsnetzwerke – Rechtliche Rahmenbedingungen, RdJB 2001, 470.

der Schulaufsicht mit dem Rechtsbehelf des Widerspruchs und letztlich mit der Anfechtungsklage zur Wehr setzen könnte (TZ 26.2 und 26.3).

Im Hinblick auf das Demokratieprinzip und das Rechtsstaatsgebot ist zunächst darauf hinzuweisen, dass die Schulverwaltung ihre Aufgaben bei der Gestaltung des Schulwesens nicht kraft eigener Zuständigkeit, etwa unter Berufung auf ihre Organisationsgewalt, externalisieren kann. Die Errichtung einer rechtsfähigen Anstalt bedarf vielmehr eines Gesetzes, zumindest einer gesetzlichen Grundlage.[33] Soweit die Schulen bei der pädagogischen Arbeit, überdies bei der Rekrutierung des Personals und bei der Wirtschaftsführung über ein hohes Maß an Eigenverantwortung mit weitreichenden Entscheidungsbefugnissen der schulischen Organe verfügen sollen, stellt sich die Frage ihrer demokratischen Legitimation noch unter einem anderen Gesichtspunkt. Zwar ist auch hier eine staatliche Steuerung durch den Erlass von Rechtsnormen und durch Rechtsaufsicht gewährleistet; insoweit kann auf die Ausführungen unter TZ 13.233 verwiesen werden. Bei einer als rechtsfähiger Anstalt des öffentlichen Rechts errichteten Schule kommt aber ein weiterer Aspekt hinzu. Bei ihr handelt es sich um eine Einrichtung der mittelbaren Staatsverwaltung. Da in ihr die Betroffenen – Lehrkräfte, Schülerinnen und Schüler, Eltern, bei berufsbildenden Schulen auch Vertreter der Wirtschaft und der Gewerkschaften – an der Entscheidungsfindung maßgeblich mitwirken, ist sie der *funktionalen Selbstverwaltung* zuzuordnen.

Nach der Rechtsprechung des Bundesverfassungsgerichts[34] ist das Demokratiegebot außerhalb der unmittelbaren Staatsverwaltung (und der in ihrem sachlich-gegenständlichen Aufgabenbereich nicht beschränkten kommunalen Selbstverwaltung) offen für andere, insbesondere vom Erfordernis lückenloser personeller demokratischer Legitimation aller Entscheidungsbefugten abweichenden Formen der Organisation und Ausübung von Staatsgewalt. Im Rahmen der repräsentativ verfassten Volksherrschaft erlaube das Grundgesetz auch besondere Formen der Beteiligung von Betroffenen bei der Wahrnehmung öffentlicher Aufgaben. Insofern ergänze und verstärke die funktionale Selbstverwaltung das demokratische Prinzip. Sie könne als Ausprägung dieses Prinzips verstanden werden, soweit sie der Verwirklichung des übergeordneten Ziels der freien Selbstbestimmung aller diene. Demokratisches Prinzip und Selbstverwaltung stünden unter dem Grundgesetz nicht im Gegensatz zueinander. Sowohl das Demokratieprinzip in seiner traditionellen Ausprägung einer ununterbrochen auf das Volk zurückführenden Legitimationskette für alle Amtsträger wie auch die funktionale Selbstverwaltung als organisierte Beteiligung der sachnahen Betroffenen an den sie berührenden Entscheidungen verwirklichten die sie verbindende Idee des sich selbst bestimmenden Menschen in einer freiheitlichen Ordnung. Das demokratische Prinzip des Art. 20 Ab. 2 GG erlaube es deshalb, durch Gesetz des demokratisch legitimierten Gesetzgebers für abgegrenzte Bereiche der Erledigung öffentlicher Aufgaben besondere Organisationsformen der Selbstverwaltung zu schaffen. Dadurch dürfe zum einen ein wirksames Mitspracherecht der Betroffenen geschaffen und verwaltungsexterner Sachverstand aktiviert werden. Mit der Übertragung der Wahrnehmung öffentlicher Aufgaben in Form der Selbstverwaltung dürfe der Gesetzgeber zum anderen das Ziel verfolgen, einen sachgerechten Interessenausgleich zu erleichtern, und so dazu beitragen, dass die von ihm

33 *Maurer/Waldhoff*, Verwaltungsrecht, § 23 Rn. 51; *Wolff/Bachof/Stober/Kluth*, Verwaltungsrecht II, § 86 Rn. 50.

34 S. insbesondere BVerfGE 107, 59 (91 ff.), ferner BVerfG 111, 191 (213 ff.); BVerfG, NVwZ 2017, 1282 (1288 ff.). – Grundlegend zur funktionalen Selbstverwaltung: Hans-Heinrich *Trute*, Die demokratische Legitimation der Verwaltung, in: GVwR I, § 6 Rn. 82 ff.; Antje *von Münch*, Das Spannungsverhältnis zwischen funktionaler Privatisierung und demokratischer Legitimation, Baden-Baden 2014, S. 68 ff.; vgl. auch Andreas *Musil*, Das Bundesverfassungsgericht und die demokratische Legitimation der funktionalen Selbstverwaltung, DÖV 2004, 116.

beschlossenen Zwecke und Ziele effektiver erreicht würden. Gelinge es, die eigenverantwortliche Wahrnehmung einer öffentlichen Aufgabe mit privater Interessenwahrung zu verbinden, so steigere dies die Wirksamkeit des parlamentarischen Gesetzes. Denn die an der Selbstverwaltung beteiligten Bürger nähmen die öffentliche Aufgabe dann auch im wohlverstandenen Eigeninteresse wahr; sie seien der öffentlichen Gewalt nicht nur passiv unterworfen, sondern an ihrer Ausübung aktiv beteiligt. Wähle der Gesetzgeber für bestimmte öffentliche Aufgaben die Organisationsform der Selbstverwaltung, so dürfe er allerdings keine Ausgestaltung vorschreiben, die mit dem Grundgedanken autonomer interessengerechter Selbstverwaltung einerseits und effektiver öffentlicher Aufgabenwahrnehmung andererseits unvereinbar sei. Deshalb müssten die Regelungen über die Organisationsstruktur der Selbstverwaltungseinheiten auch ausreichende institutionelle Vorkehrungen dafür enthalten, dass die betroffenen Interessen angemessen berücksichtigt und nicht einzelne Interessen bevorzugt würden. Die Auswahl der auf die Organisationseinheiten zu übertragenden Aufgaben und die Regelungen der Strukturen und Entscheidungsprozesse, in denen diese bewältigt würden, stünden im Übrigen weitgehend im Ermessen des Gesetzgebers.

Werden diese vom Bundesverfassungsgericht für notwendig erachteten Maßgaben gewahrt, können auch Schulen als rechtsfähige Anstalten des öffentlichen Rechts geführt werden.[35] Das Gericht hebt eigens hervor, dass sich aus dem demokratischen Prinzip nicht ergebe, welche Aufgaben dem Staat als im engeren Sinne staatliche Aufgaben vorzubehalten sind.[36] Wenn Art. 7 Abs. 1 GG dem Staat die Aufsicht über das Schulwesen zuweist, bedeutet dies daher nicht, dass er die Schulen bei der Wahrnehmung des staatlichen Bildungs- und Erziehungsauftrags als Teil der unmittelbaren Staatsverwaltung organisieren muss. Solange der Gesetzgeber ihre Aufgaben, ihre Binnenstruktur und ihre Verfahrensregeln präzise bestimmt, Vorkehrungen für eine angemessene Berücksichtigung der betroffenen Interessen trifft und eine Aufsicht durch personell demokratisch legitimierter Amtswalter vorsieht, kann er die Schulen als Einrichtungen der funktionalen Selbstverwaltung organisieren.[37]

13.235 Möglicherweise ließen sich die trotz aller Flexibilisierung weiterhin bestehenden Bindungen des öffentlichen Rechts, beispielsweise bezüglich der Wirtschaftsführung und der Personalrekrutierung, dadurch vermeiden, dass man gerade im Blick auf berufliche Schulen als regionale Zentren beruflicher Aus- und Weiterbildung das Heil wie auch

---

35 So auch *Müller*, Schulische Eigenverantwortung (Fn. 26), S. 258 ff., die allerdings der Rechtsform der rechtsfähigen Körperschaft des öffentlichen Rechts den Vorzug gibt (S. 269 ff. und 284 f.). Vgl. auch Dieter *Sterzel*, Die Zukunft der Schule zwischen Rechtsfähigkeit und staatlicher Aufsicht, ZBV 2004, 47 (73 ff.); zu den diversen alternativen Organisationsmodellen schließlich: Johannes *Gröb*, Die rechtsfähige öffentliche Schule. Rechtsformalternativen zur rechtlich unselbstständigen Schule unter besonderer Berücksichtigung der rechtsfähigen Anstalt des öffentlichen Rechts, Baden-Baden 2014, insb. S. 169 ff.; *ders.* (Fn. 32); Jörg *Ennuschat*, Organisation der öffentlichen Schule. Trägerschaft, Rechtsform, Alternativmodelle, DV 2012, 331 (insb. 345 ff.).

36 BVerfGE 107 59 (93 f.).

37 Vgl. BVerfGE 107, 59 (94). Gegen die in *Schleswig-Holstein* durch §§ 100 ff. Schulgesetz eröffnete Möglichkeit, Schulen als „Regionale Berufsbildungszentren" in der Rechtsform der rechtsfähigen Anstalt des öffentlichen Rechts zu errichten (vgl. TZ 6.114), bestehen schon deshalb keine verfassungsrechtlichen Bedenken, weil sie der uneingeschränkten staatlichen Fach- und Dienstaufsicht unterliegen (§§ 109 Abs. 2 i.V.m. 125 sh SchulG). In Hamburg *können* staatliche berufliche Schulen als Teil des für die Schulverwaltung und Schulaufsicht zuständigen Hamburger Instituts für Berufliche Bildung (HIBB), das selbst als Landesbetrieb nach der Landeshaushaltsordnung geführt werden soll (Art. 85a Abs. 1 HmbSG), als Landesbetrieb nach der Landeshaushaltsordnung geführt werden; als Teil der HIBB *sollen* die beruflichen Schulen im Rahmen ihrer Selbstverantwortung eine weitgehende Übertragung der Budget- und Personalverantwortung erhalten (Art. 85a Abs. 3 HmbSG). Das ändert jedoch nichts daran, dass sie weiterhin nichtrechtsfähige Anstalten des öffentlichen Rechts sind (dazu TZ 6.114).

häufig sonst bei der Reform der öffentlichen Verwaltung in der *Privatisierung* sucht. In Betracht käme beispielsweise die Rechtsform der gemeinnützigen GmbH.[38]

Dieser Gedanke mag zunächst fremd anmuten. Völlig abwegig erscheint er indes nicht. Staat und Kommunen sind nicht gehindert, Weiterbildungsaktivitäten als Teil der sogenannten Leistungsverwaltung in privatrechtlicher Form durch einen privatrechtlichen Träger zu erbringen. Was die schulischen Aktivitäten angeht, könnte man etwa darauf hinweisen, dass das Grundgesetz in Art. 7 Abs. 4 die Existenz privater Schulen ausdrücklich vorsieht.

Das Recht zur Errichtung und zum Betrieb von Privatschulen ist jedoch als Freiheitsrecht gegenüber dem Staat gestaltet. Schon das verbietet dem Staat die Flucht ins Privatrecht; er kann sich nicht sich selbst gegenüber auf ein Grundrecht berufen. Es kommt hinzu, dass das Grundgesetz in Art. 7 ein Regel-Ausnahme-Verhältnis zwischen öffentlicher und privater Schule konstituiert, indem es die private Ersatzschule der Maßstäblichkeit der öffentlichen Schule unterwirft: Danach darf die private Ersatzschule nur genehmigt werden, wenn sie in ihren Lehrzielen und Einrichtungen sowie in der wissenschaftlichen Ausbildung ihrer Lehrkräfte nicht hinter den öffentlichen Schulen zurücksteht (Art. 7 Abs. 4 Satz 3 GG). Diese Maßstäblichkeit der öffentlichen Schule für die private Ersatzschule ginge verloren, wenn der Staat seinerseits seine berufsbildenden Schulen privatisierte. Darüber hinaus wäre es widersinnig, dass der Staat öffentliche Schulen erst aus seinem Hoheitsbereich entlässt, um sie sodann als beliehene Unternehmen mit Hoheitsrechten, z.B. bei der Vergabe von Zeugnissen und der Abhaltung von Prüfungen, auszustatten. Art. 7 GG steht schließlich in der Tradition der Weimarer Reichsverfassung, die in Art. 143 und 144 die Staatlichkeit des Schulwesens garantierte und damit eine liberale Errungenschaft der revolutionären Epoche von 1848 bekräftigte. Die bürgerliche Bewegung hatte die Staatlichkeit des Schulwesens nicht als freiheitsfeindlichen Etatismus, sondern als Garantie der Freiheit der Bildung erachtet. Für die sozialreformerischen Kräfte des 19. und 20. Jahrhunderts bot der Staat als Veranstalter der Schule überdies die Gewähr, dass die Schule, als Schule für alle, nicht partikularen Kräften überantwortet wurde: Nicht die Herkunft, sondern die schulische Leistung sollte über Erfolg in Beruf und Gesellschaft entscheiden. Diese Tradition wirkt in die Zukunft fort, sie kann bei allem verständlichen Wunsch nach mehr Flexibilität und Wirtschaftlichkeit im Bereich der beruflichen Bildung nicht zeitgeistgemäßen Privatisierungstendenzen geopfert werden.[39]

13.3 Qualitätsentwicklung und Qualitätssicherung im Schulwesen

Die Eigenständigkeit der Schule darf nicht zur Folge haben, dass die Qualität ihrer pädagogischen Aktivitäten leidet, dass vor allem die Förderung der Fähigkeiten und Fertigkeiten der Schüler zu kurz kommt. Schulen und Schulverwaltung sind daher zur kontinuierlichen Entwicklung und Sicherung der Qualität pädagogischen Arbeit verpflichtet.

13.31 Qualitätssicherung durch die Schule

13.311 Qualitätssicherung ist zunächst Aufgabe der Schule selbst. Dazu trägt sie bei, indem sie im *Schulprogramm* die Ziele ihrer pädagogischen Arbeit und die für das Schulleben

38 Dazu *Müller*, Schulische Eigenverantwortung (Fn. 26), S. 229 ff.; Jens *Popken*, Rechtsfähige Schule – die gemeinnützige GmbH als Träger, ZBV 2/2004, 93.

39 Im Ergebnis auch *Müller*, Schulische Eigenverantwortung (Fn. 26), S. 246 ff.; *Popken*, ZBV 2004, 94 (100), offener hingegen: *Ennuschat*, DV 2012, 331 (353 f.).

maßgeblichen Regeln festlegt (TZ 13.222) und dafür sorgt, dass das Programm auch tatsächlich umgesetzt wird. Hierbei kommt der Schulleitung eine Schlüsselfunktion zu.

13.312 Von besonderer Bedeutung ist die *schulinterne Evaluation.*[40] Mit Ausnahme des Saarlandes und Thüringens verpflichten mittlerweile die Schulgesetze aller Ländern die Schulen zur Überprüfung der Qualität ihrer Arbeit: der Erziehung und des Unterrichts, des Schullebens, der Organisationsentwicklung und der außerschulischen Kooperationsbeziehungen.[41] Hierbei hat die Schule in regelmäßigen zeitlichen Abständen zu untersuchen, ob und wie weit sie insbesondere die im Schulprogramm (TZ 13.222) gesetzten Ziele erreicht hat.[42]

Die interne Evaluation obliegt der einzelnen Schule und wird von Personen durchgeführt, die der Schule angehören. Die Verantwortung obliegt der Schulleitung. Bei Konzeption, Durchführung und Auswertung kann sich die Schule Dritter, zum Beispiel einer Forschungseinrichtung, bedienen. Der Evaluationsbericht ist der Schulkonferenz und der Schulaufsichtsbehörde vorzulegen.[43]

13.32 Qualitätssicherung durch die Schulverwaltung

Die Schulverwaltung hat ihrerseits dafür zu sorgen, dass sie durch die Lehrerbildung und die Zuweisung der Lehrkräfte qualifiziertes Unterrichtspersonal bereitstellt. Sie hat darüber hinaus Standards zu setzen, an denen sich die Schulen orientieren müssen. Durch systematische Erfolgskontrollen muss sie den „Output" der Schulen, auch im Vergleich zueinander, messen und bei Fehlentwicklungen einschreiten.

13.321 Die Leistungsfähigkeit jeder Schule hängt in hohem Maße von den fachlichen, didaktischen, und diagnostischen Fähigkeiten der Lehrkräfte und somit vor allem von ihrer Aus-, Fort- und Weiterbildung ab (s. dazu das 27. Kapitel).

Eine wichtige Rolle kommt der *Zuweisung der Lehrkräfte* an die einzelnen Schulen zu. Sie brauchen Lehrerinnen und Lehrer, die zu ihrem Profil „passen". Diesem Bedürfnis trägt die wachsende Tendenz, den Schulen Mitwirkungsmöglichkeiten bei der Rekrutierung des Lehrpersonals einzuräumen, Rechnung (vgl. TZ 13.224).

13.322 In zunehmendem Maße erweisen sich *Bildungsstandards* als ein wichtiges Steuerungsmittel der staatlichen Schulverwaltung.[44] Die Kultusministerkonferenz erachtet sie

---

40 Dazu Hans-Jürgen *Brackmann*, Auf dem Weg zur kontinuierlichen Qualitätsverbesserung, in: Hans-Peter Füssel/Peter M. Roeder (Hrsg.), Recht – Erziehung – Staat, Weinheim 2003, S. 234 (234 ff.); Wolfgang *Schönig*, Schulevaluation – eine neue Steuerungsphilosophie für die Qualitätsentwicklung und -sicherung der Schule, in: Ludwig Haag u.a. (Hrsg.), Studienbuch Schulpädagogik, 5. Aufl., Bad Heilbrunn 2013, S. 117 (122 f.); Nils *Berkemeyer*/Sabine *Müller*, Schulinterne Evaluation, in: Herbert Altrichter/Katharina Maag Merki (Hrsg.), Handbuch Neue Steuerung im Schulsystem, Wiesbaden 2010, S. 195; s. auch Heft 1/2003 und 1/2004 der Zeitschrift PädF mit den Themenschwerpunkten Evaluation bzw. Rechenschaftslegung.

41 § 114 Abs. 1 Satz 1 bw SchG, § 113c BayEUG, §§ 9 Abs. 2, 8 Abs. 2 Nr. 4 bln SchulG, § 7 Abs. 2 Satz 2 BbgSchulG, § 9 Abs. 1 Satz 2 Nr. 2 Satz 3 BremSchulG, § 51 Abs. 3 i.V.m. § 100 HmbSG, § 127b Abs. 2 Satz 3 HSchG, § 39a Abs. 4 SchulG M-V, § 32 Abs. 3 NSchG, § 3 Abs. 2 Satz 2 nrw SchulG, § 23 Abs. 2 Satz 2 rp SchulG, §§ 59a, 43 Abs. 2 Satz 1 Nr. 2 sächs SchulG, § 11a Abs. 1 Satz 3 Nr. 4, Abs. 3 SchulG LSA, § 3 Abs. 1 Satz 4 sh SchulG.

42 In Berlin und Hamburg soll die Evaluation sogar unter Einschluss von Methoden der empirischen Sozialforschung (§ 9 Abs. 1 Satz 3 bln SchulG) bzw. nach dem Stand der empirischen Sozialwissenschaften (§ 100 Abs. 1 Satz 1 HmbSG) durchgeführt werden.

43 S. etwa § 9 Abs. 2 bln SchulG.

44 Dazu *Bundesministerium für Bildung und Forschung* (Hrsg.), Zur Entwicklung nationaler Bildungsstandards. Eine Expertise, Bonn 2009; Rita *Meyer*, Bildungsstandards, in: Klaus-Peter Horn u.a. (Hrsg.), Klinkhardt Lexikon Erziehungswissenschaft, Bd. 1, Bad Heilbrunn 2012, S. 185. – Zu den rechtlichen Aspekten: Hermann *Avenarius*, Bildungsstandards auf dem rechtlichen Prüfstand, RdJB 2005, 423; Annette *Guckelberger*, Die Einführung nationaler Bildungsstandards, NVwZ 2005, 750; *Hanschmann* (Fn. 14), S. 165 ff.

als Bestandteil eines umfassenden Systems der Qualitätssicherung.[45] Im Dezember 2003 hat sie bundesweit geltende Bildungsstandards für den Mittleren Schulabschluss (Jahrgangsstufe 10) in den Fächern Deutsch, Mathematik und Erste Fremdsprache in den Sprachen Englisch und Französisch beschlossen, denen im Oktober 2004 Bildungsstandards für den Hauptschulabschluss (Jahrgangsstufe 9) in denselben Fächern sowie Bildungsstandards für den Primarbereich (Jahrgangsstufe 4) in Deutsch und Mathematik folgten; ferner verabschiedete die KMK im Dezember 2004 Bildungsstandards für den Mittleren Schulabschluss in den Fächern Biologie, Chemie und Physik. Für die gymnasiale Oberstufe hat die KMK schließlich im Oktober 2012 Bildungsstandards für die Fächer Deutsch, Mathematik und die fortgeführte Fremdsprache (Englisch/Französisch) verabschiedet.[46]

Die von dem im Jahr 2004 gegründeten „Institut zur Qualitätsentwicklung im Bildungswesen" (IQB)[47] entwickelten Bildungsstandards legen fest, welche Kompetenzen die Schülerinnen und Schüler bis zu einer bestimmten Jahrgangsstufe an wesentlichen Inhalten erworben haben sollen. Kompetenzen in diesem Sinne werden verstanden als „die bei Individuen verfügbaren oder durch sie erlernbaren kognitiven Fähigkeiten und Fertigkeiten, um bestimmte Probleme zu lösen sowie die damit verbundenen motivationalen, volitionalen und sozialen Bereitschaften und Fähigkeiten um die Problemlösungen in variablen Situationen erfolgreich und verantwortungsvoll nutzen zu können.[48]" Die von der KMK beschlossenen Bildungsstandards vermessen nicht das gesamte Spektrum der Bildung und Erziehung, sondern konzentrieren sich auf überprüfbare, fachbezogene Kompetenzen, die in graduelle Stufen differenziert und möglichst konkret beschrieben werden, so dass sie in Aufgabenstellungen umgesetzt und prinzipiell mit Hilfe von Testverfahren erfasst werden können. Im Unterschied zu klassischen Lehrplänen listen Bildungsstandards weder in detaillierter Weise die im Unterricht zu behandelnden Lerninhalte oder Lehrstoffe auf, noch beschreiben oder strukturieren sie Lernwege, sondern beschränken sich vielmehr auf Kernbereiche eines Fachs und benennen erwartete Lernergebnisse. Sie sollen die Lehrkräfte bei der Analyse, Planung und Überprüfung ihrer Unterrichtsarbeit unterstützen, Schülerinnen und Schülern Orientierung und Transparenz hinsichtlich der Leistungserwartungen geben und eine systematische Schulentwicklung durch interne und externe Evaluation der Schulen ermöglichen.[49]

Indem die KMK beschlossen hat, an Stelle der bisherigen durch mangelnde Präzision der Lernziele und durch unzureichende Überprüfbarkeit der Lernergebnisse gekennzeichneten Steuerungstechnologie mit Hilfe von Bildungsstandards ein neues System der Qualitätsentwicklung und -sicherung einzuführen, hat sie einen Paradigmenwechsel mit

45 *Sekretariat der Kultusministerkonferenz* (Hrsg.), Bildungsstandards der Kultusministerkonferenz. Erläuterungen zur Konzeption und Entwicklung, Köln 2010.

46 Die einzelnen Bildungsstandards sowie weitere auf Standards bezogene Beschlüsse der KMK können in ihrer jeweils aktuellen Fassung über die Homepage der KMK heruntergeladen werden.

47 Zu den Aufgaben des IQB gehören neben der Entwicklung von Bildungsstandards deren kontinuierliche Weiterentwicklung, ihre Operationalisierung durch die Generierung umfangreicher Aufgabenpools, die Formulierung von Kompetenzmodellen und Vergleichsaufgaben sowie die Erarbeitung entsprechender Test-, Auswertungs- und Rückmeldeverfahren.

48 Franz E. *Weinert*, Vergleichende Leistungsmessung in Schulen – eine umstrittene Selbstverständlichkeit, in: ders. (Hrsg.), Leistungsmessungen in Schulen, 3. Aufl., 2014, S. 17 (27 f.). Vgl. auch: Hermann Josef *Abs*, Standards schulischer Bildung, in: Sabine Andresen u.a. (Hrsg.), Handwörterbuch Erziehungswissenschaft, 2009, S. 819 (823), der die typischen Merkmale der in Bildungsstandards enthaltenen Kompetenzmodelle wie folgt beschreibt: „kognitiv, bereichsspezifisch, linear progressiv und dimensional differenziert."

49 Dazu *Sekretariat der Kultusministerkonferenz* (Hrsg.), Konzeption der Kultusministerkonferenz zur Nutzung der Bildungsstandards für die Unterrichtsentwicklung, KMK-BeschlS. Nr. 29.

weitreichenden Folgen eingeleitet. Er ist Teil einer umfassenden Bildungsreform, welche die Qualität der pädagogischen Arbeit der Schulen verbessern und sichern soll.

Die Vereinbarungen der KMK bedürfen, um wirksam zu werden, eines Transformationsakts in den einzelnen Ländern. Diese lassen es in der Mehrzahl damit bewenden, die Bildungsstandards durch Verwaltungsvorschriften (Erlasse, Runderlasse) des zuständigen Ministeriums für verbindlich zu erklären. Da mit ihrer Einführung eine substanzielle Wende in der Steuerung des Schulwesens angestrebt wird und sie ferner den staatlichen Bildungs- und Erziehungsauftrag aus Art. 7 Abs. 1 GG inhaltlich nicht unwesentlich mit ausgestalten, ist es jedoch Aufgabe der Landesparlamente, ihre Einführung zumindest in den Grundzügen selbst zu regeln. Das gilt umso mehr, als die Standards der KMK abschlussbezogen sind, sich also erheblich auf die Berufs- und Lebenschancen der Schülerinnen und Schüler auswirken.[50] Hierbei kann das Parlament das Ministerium zum Erlass von Rechtsverordnungen ermächtigen oder ihm die Möglichkeit einräumen, Standards durch Konkretisierung der gesetzlichen Grundentscheidung in Form von Verwaltungsvorschriften zu implementieren. Auf dieser Basis kann das Ministerium die von der KMK beschlossenen Standards für verbindlich erklären.[51]

Angesichts der zunehmenden Dominanz der Bildungsstandards stellt sich die Frage, welche rechtliche Bedeutung den herkömmlichen *Lehrplänen*, die im Allgemeinen nicht an der Vermittlung von Kompetenzen, sondern von Wissensstoff orientiert sind, künftig beizumessen ist.[52] In den Fächern, für die es bislang keine Bildungsstandards gibt (z.B. Geschichte, Sozialkunde), sind sie weiterhin maßgeblich. In den anderen Fächern werden sie durch die später erlassenen Bildungsstandards jedenfalls insoweit verdrängt, als sie mit ihnen nicht kompatibel sind.[53]

13.323 Die sich aus Art 7 Abs. 1 GG ergebende Verantwortung des Staates für das Schulwesen schließt die Verpflichtung ein, die Qualität der schulischen Arbeit systematisch zu überprüfen, nicht zuletzt auch deshalb, um den Schulen durch den „Blick von außen" die Möglichkeit zu eröffnen, ihre Stärken und Schwächen unabhängig von den Befunden der internen Evaluation (TZ 13.312) einzuschätzen. Zu diesem Zweck sehen mit Ausnahme Schleswig-Holsteins alle Schulgesetze eine in regelmäßigen Abständen durchzuführende *externe Evaluation* (Qualitätsanalyse) der Schulen vor.[54]

---

50 Hierzu auch *Guckelberger*, NVwZ 2005, 750 (753 f.).

51 Den verfassungsrechtlichen Anforderungen tragen bislang am ehesten Hessen (§ 4 Abs. 1, 2 und 5 HSchG) und Niedersachsen (§ 122 NSchG) Rechnung; in Hessen ist ausdrücklich geregelt, dass die von der KMK beschlossenen Standards „mit Bedacht auf die Einheit des deutschen Bildungswesens" durch Rechtsverordnung unmittelbar für verbindlich erklärt werden können. Auch die Regelungen in Berlin (§ 10 Abs. 1 Satz 3 und Abs. 4 SchulG), Nordrhein-Westfalen (§ 29 Abs. 1 Satz 2 SchulG), Rheinland-Pfalz (§ 96 Abs. 3 SchulG) und Sachsen (§ 35 Abs. 1 Satz 2 SchulG) dürften dem Gesetzesvorbehalt noch genügen. Vgl. auch *Avenarius*, RdJB 2005, 423 (427 ff.).

52 S. hierzu: Daniel *Scholl*, Sind die traditionellen Lehrpläne überflüssig? Zur lehrplantheoretischen Problematik von Bildungsstandards und Kernlehrplänen, Wiesbaden 2009.

53 Soweit neben Bildungsstandards noch Lehrpläne erlassen werden, müssen sich Letztere inhaltlich streng an den bundesweit geltenden Bildungsstandards orientieren und in Umfang und Dichte reduziert sein, weil anders die wesentlich durch Bildungsstandards mit ermöglichte Selbständigkeit der Schule durch zu detaillierte Vorgaben wieder unterlaufen würde. Hierzu: Wolfgang *Böttcher*, Bildungsstandards und Kerncurricula. Potenzielle, intendierte und nicht-intendierte Effekte eines zentralen Reformprojektes, in: Jörg Schlömerkemper (Hrsg.), Bildung und Standards, Weinheim 2004, S. 231 (240); *Bundesministerium für Bildung und Forschung* (Fn. 44), S. 94 f

54 § 114 Abs. 1 Satz 2 ff. bw SchG, Art. 113c BayEUG, § 9 Abs. 1 Satz 4, Abs. 3 bln SchulG, § 7 Abs. 2 Satz 3 BbgSchulG, § 13 BremSchulVwG, § 85 Abs. 3 und 4 HmbSG, § 98 Abs. 3 und 5 HSchG, § 39a Abs. 4 SchulG M-V, § 123a NSchG, § 86 Abs. 5 nrw SchulG, § 23 Abs. 2 Satz 2 rp SchulG, § 20e Abs. 1 Satz 1 saarl SchoG, § 59a sächs SchulG, § 11a Abs. 1 Satz 1, 2 und 3 Nr. 3, Abs. 2 Satz 1 SchulG LSA, § 40b Abs. 3 und 4 ThürSchulG. In Schleswig-Holstein können Schulen seit 2016 im Interesse der Unterrichtsentwicklung auf der Basis eines „Orientierungsrahmen Schulqualität" freiwillig an einer externen Evaluation teilnehmen.

Die Schulen sind verpflichtet, an den durch die Schulbehörden veranlassten Verfahren zur externen Evaluation mitzuwirken. Kriterien der externen Evaluation sind die gesetzlich bestimmten Bildungs- und Erziehungsziele, die Bildungsstandards bzw. Lehrpläne, das Schulprogramm, eventuell zwischen der Schule und Schulaufsicht in Zielvereinbarungen ausgehandelte Qualitätskriterien sowie allgemein anerkannte Bewertungsmaßstäbe, die sich aus den Erkenntnissen der Bildungsforschung ergeben. Die Bewertung stützt sich in der Regel auf einen von der Schule zu beantwortenden Fragebogen, der die relevanten Daten zum Entwicklungsstand der Schule bereitstellt, auf die Analyse von Dokumenten sowie auf eine „Begehung" der Schule unter Einschluss von Unterrichtsbeobachtungen durch die Bewertungsgruppe.[55] Nach dem Schulbesuch erhält die Schulleitung einen schriftlichen Bericht mit sämtlichen Ergebnissen der Evaluation, den sie innerhalb einer vorgegebenen Frist an die schulischen Gremien zu übermitteln hat; in manchen Ländern erhält die Schule zuvor einen Berichtsentwurf, zu dem die Schulleitung eine Stellungnahme abgegeben kann, welche im abschließenden Bericht berücksichtigt und diesem beigefügt wird.[56] Zugleich fließen die Befunde in eine übergreifende Bestandsaufnahme des Schulwesens im Bezirk des zuständigen Schulamts und des Landes insgesamt ein. Soweit die Befunde veröffentlicht werden, sind sie zu anonymisieren. Ein Ranking der Schulen ist nirgendwo vorgesehen.[57]

Enthält der den Schulgremien zugänglich gemachte Evaluationsbericht nachteilige Bewertungen, die bestimmten Personen, zum Beispiel dem Schulleiter, zugerechnet werden können, stellt sich die Frage, ob eine solche Äußerung mit der beamtenrechtlichen Fürsorgepflicht (TZ 29.211) vereinbar ist, die es dem Dienstherrn verbietet, den Beamten durch Kritik an seiner Amtsführung gegenüber Dritten ohne rechtfertigenden Grund bloßzustellen.[58] Darüber hinaus könnte ein Verstoß gegen das Recht auf informationelle Selbstbestimmung (vgl. TZ 29.32) vorliegen, das seinen Träger vor einer unzulässigen Weitergabe der auf ihn bezogenen individualisierten oder individualisierbaren Daten durch staatliche Stellen schützt.[59]

Die Länder haben die Zuständigkeit für die Durchführung der externen Evaluation unterschiedlich geregelt. Teils fällt sie in den Aufgabenbereich der Schulaufsichtsbehörde, die mit der Wahrnehmung der Untersuchung eine Bewertungsgruppe aus Pädagogen und Schulverwaltungsbeamten, der auch Experten außerhalb des Schulwesens angehören

---

55 Zur externen Evaluation s. Christine *Langenfeld*, Aktivierung von Bildungsressourcen durch Verwaltungsrecht, DV 2007, 347 (371 ff.); *Schönig* (Fn. 40), S. 117 (122 f.).

56 So z.B. das Verfahren in Niedersachsen (Schulinspektion in Niedersachsen, RdErl. d. MK v. 16.7.2014 – 31-81 824-1); für die einzelnen Qualitätsbereiche und -merkmale s. auch den Anhang zum Runderlass Orientierungsrahmen Schulqualität in Niedersachen als Grundlage der Qualitätsentwicklung an allgemeinbildenden Schulen (RdErl. d. MK v. 16.7.2014 – 31.81 821-1). Für Nordrhein-Westfalen s. § 3 Qualitätsanalyse-Verordnung vom 27.4.2007 (GV. NRW. S. 185).

57 Zum erfolgreich geltend gemachten Auskunftsanspruch einer Zeitschrift gegenüber der Schulaufsicht auf Herausgabe von Informationen zu den durchschnittlichen Abschlussnoten, den Abbrecher- und Durchfallquoten und dem Unterrichtsausfall an allen Schulen im Land zum Zwecke der Erstellung eines im Internet einsehbaren „Schulkompass", s. aber: VG Stuttgart, AfP 2010, 308; hierzu: Alexander *Dix*, Schulinspektion, Schulvisitation und Vergleichsuntersuchungen zwischen Datenschutz und Informationsfreiheit, ZBV 2/2011, 35 (37 ff.); Michael *Eule*, Informationsrechte nach Informationsfreiheitsgesetz und Presserecht in Schulinspektionsberichten und Ergebnisse von Vergleichsarbeiten und Prüfungsergebnissen von Schulen, ZBV 2/2011, 43.

58 Für die (erfolglose) Klage des Leiters einer Grundschule gegen die Veröffentlichung des seine Schule betreffenden Endberichts der Schulinspektion: VG Osnabrück, Beschl. v. 15.10.2010, Az.: 1 B 35/10 (juris).

59 Dazu Markus *Winkler*, Schulinspektionsberichte zwischen Feedbackfunktion und Prangerwirkung, JZ 2012, 762. Zur Schulinspektionen und deren Wirkungen: Denise *Demski*, Evidenzbasierte Schulentwicklung, Wiesbaden 2017, S. 102 ff.

können, betraut.[60] Andere Länder sind dazu übergegangen, eine aus der Hierarchie der Schulaufsichtsbehörden ausgegliederte *Schulinspektion* einzurichten und ihr die Verantwortung für die externe Evaluation der Schulen zu übertragen.[61] Diese Neuerung kann allerdings Überschneidungen bei den Zuständigkeiten von Schulinspektion und Schulaufsichtsbehörde zur Folge haben, vor allem dann, wenn das Schulgesetz daran festhält, den Schulaufsichtsbehörden die umfassende Verantwortung für die Schulen ihres Bezirks und damit auch für die schulische Qualitätsentwicklung zu übertragen. Hier zeigt sich, dass eine von Reformeifer beflügelte Bildungspolitik nicht selten Gefahr läuft, neue Instrumente und Verfahren einzuführen, ohne die Auswirkungen auf die bisher geltenden Regelungen hinreichend zu bedenken.

13.324 Im Zuge der Neuen Verwaltungssteuerung (New Public Management) erweisen sich *Ziel- oder Leistungsvereinbarungen* auch im Schulwesen als ein immer häufiger genutztes Instrument des Qualitätsmanagements.[62] Es handelt sich dabei um Absprachen zwischen zwei Ebenen (z.B. Staatliches Schulamt und einzelne Schule) oder innerhalb einer Ebene (z.B. zwischen Schulleitung einerseits und Lehrkräften, Abteilungen, Arbeitsgruppen andererseits). Die Rechtsnatur der Zielvereinbarungen ist in der Verwaltungsrechtswissenschaft noch weitgehend ungeklärt. Zumeist werden sie dem *informellen Verwaltungshandeln* zugerechnet. Auch wenn es sich nicht um Verwaltungsverträge (öffentlich-rechtliche Verträge) im engeren Sinne handelt – dies schon deshalb nicht, weil die Beteiligten in der Regel keine Rechtssubjekte sind –, so bedeutet das nicht, dass Zielvereinbarungen rechtlich wirkungslos wären. Sie sind einvernehmlich festgelegte Konkretisierungen der zu erbringenden Leistungen und bilden damit zugleich einen Maßstab für die Bewertung der erbrachten Leistungen.[63] Wegen ihres konsensuellen Charakters sind sie einseitigen Anweisungen der Schulaufsicht oder des Schulleiters vorzuziehen. Auch deshalb sehen mehrere Schulgesetze Ziel- oder Leistungsvereinbarungen zwischen Schulaufsichtsbehörde und Schule ausdrücklich als Steuerungsinstrument vor.[64]

13.325 Bundesweit ist es üblich geworden, die Unterrichtsqualität durch *Vergleichsarbeiten* zwischen Klassen, Schulen und Schularten zu messen.[65] Dazu tragen auch *länderübergreifende Studien* wie VERA (Vergleichsarbeiten in der 3. und 8. Jahrgangsstufe) bei. Diese Untersuchung ist ein Gemeinschaftsprojekt mehrerer Bundesländer, bei dem in Zusammenarbeit mit dem IQB zeitgleich im wechselnden Turnus am Ende der 3. bzw. der 8. Klassenstufe Vergleichsarbeiten in mindestens einem der Fächer Deutsch bzw. Mathematik (in der

60 Z.B. Berlin, Bremen, Hamburg, Hessen, Mecklenburg-Vorpommern, Nordrhein-Westfalen und Sachsen (§ 9 Abs. 3 Satz 1 Halbsatz 1 bln SchulG, § 13 Abs. 1 BremSchVwG, § 85 Abs. 3 i.V.m. § 85a Abs. 1 HmbSG, §§ 83 Abs. 4 Satz 1, 98 Abs. 5 Satz 1 HSchG, § 39a Abs. 4 Satz 2 Halbsatz 2 SchulG M-V, § 86 Abs. 3 nrw SchulG, § 59a Abs. 2 sächs SchulG). Dabei wird die Schulaufsichtsbehörde üblicherweise durch ein ihr nachgeordnetes Institut für Qualitätsentwicklung unterstützt.

61 Z.B. in Niedersachsen (§ 123a).

62 Allgemein zu Zielvereinbarungen in der öffentlichen Verwaltung: Josef *Aulehner*, Zielvereinbarungen im öffentlichen Recht, in: Rainer Pitschas/Arnd Uhle (Hrsg.), Wege gelebter Verfassung in Recht und Politik. Festschrift für Rupert Scholz zum 70. Geburtstag, Berlin 2007, S. 451 (458 ff.); Hermann *Hill*, Zur Rechtsdogmatik von Zielvereinbarungen in Verwaltungen, NVwZ 2002, 1059; Andreas *Musil*, Verwaltungssteuerung durch Zielvereinbarungen, VR 2006, 397; zu Zielvereinbarungen speziell im Schulrecht: Johannes *Gröb*, Die rechtsfähige öffentliche Schule, Baden-Baden 2014, S. 195 ff.; Daniel *Thym*, Zielvereinbarungen im Schulrecht zwischen informeller Verwaltungspraxis und rechtlicher Steuerung, RdJB 2009, 278; *Langenfeld*, DV 2007, 347 (373 ff.).

63 Mit möglicherweise erheblichen tatsächlichen Auswirkungen, z.B. auf dienstliche Beurteilungen und Beförderungschancen.

64 Z.B. § 7 Abs. 3 Satz 4 bln SchulG, §§ 12 Abs. 2 Satz 1 BremSchVwG, § 85 Abs. 1 Satz 3 HmbSG, § 92 Abs. 3 Satz 1 HSchG, § 39a Abs. 2 Satz 9 SchulG M-V; vgl. auch § 5 Abs. 3 Satz 2 saarl SchoG. Die gesetzlich geregelten Zielvereinbarungen beruhen allerdings je nach Land auf unterschiedlichen Voraussetzungen und dienen unterschiedlichen Zwecken.

65 Dazu Tobias *Diemer*/Harm *Kuper*, Formen innerschulischer Steuerung mittels zentraler Lernstandserhebungen, ZfPäd 2011, 559.

8. Klassenstufe noch Erste Fremdsprache) geschrieben werden.[66] In den meisten Ländern hat sich überdies die Tendenz durchgesetzt, die Unterrichtsqualität durch *zentrale Abschlussprüfungen* zu sichern. Das gilt jedenfalls für das Abitur, zunehmend auch für den Hauptschul- und den Realschulabschluss (dazu ausführlich TZ 20.251). Neuerdings wird sogar darüber diskutiert, ein bundesweites Zentralabitur durchzuführen. Vergleichsarbeiten und zentrale Prüfungen sind auch insoweit ein geeignetes Mittel der Erfolgskontrolle, als sie den Schulen Rückmeldung über das Leistungsniveau ihrer Schülerinnen und Schüler geben und dadurch Anlass sein können für die Begründung und Planung von pädagogischen Interventionen und Fördermaßnahmen.

13.326 Seit etwa Beginn der 1990er Jahre spielen *vergleichende Untersuchungen zum Leistungsstand der Schulen* eine zunehmend wichtige Rolle. Sie werden im Auftrag der Schulverwaltung von wissenschaftlichen Instituten durchgeführt und sollen vor allem ermitteln, über welche Kompetenzen die Schülerinnen und Schüler einer Region oder des jeweiligen Landes verfügen; die Schulgesetze verpflichten die Schüler, an solchen Erhebungen teilzunehmen.[67] (Ausführlich zu Schultests TZ 19.3) Auf diese Weise erhält die Schulverwaltung ein Steuerungswissen bezüglich der Leistungsfähigkeit der Schülerinnen und Schüler, aber auch über Rahmenbedingungen und Funktionsmerkmale von Unterricht und Schule, das sie in den Stand setzen soll, dafür Sorge zu tragen, die erforderlichen Maßnahmen zur Qualitätsentwicklung und Qualitätssicherung zu ergreifen.[68]

Die Befunde *internationaler Erhebungen* lassen erkennen, wie deutsche Schüler im Vergleich zu ihren Altersgenossen aus anderen Ländern abschneiden. Große bildungspolitische Bedeutung kommt *PISA*[69] (Programme for International Student Assessment) zu; die im Auftrag der OECD im dreijährigen Turnus durchgeführte Studie misst die Kompetenzen 15-jähriger Schülerinnen und Schüler in den Bereichen Lesen, Mathematik und Naturwissenschaften.[70] Die internationale PISA-Studie wird jeweils durch ver-

---

66 S. hierzu: Vereinbarung der Weiterentwicklung von VERA, Beschluss der KMK vom 8.3.2012. Dort ist ausdrücklich festgehalten, dass die Ergebnisse der Vergleichsarbeiten nicht zur Benotung der Schülerinnen und Schüler geeignet sind und nicht für eine Prognose ihres Schulerfolgs in weiterführenden Schulen genutzt werden sollen, sondern ihre zentrale Funktion vielmehr in der Unterrichts- und Schulentwicklung bestehe.

67 Z.B. § 9 Abs. 4 bln SchulG, § 100 Abs. 3 Satz 1 HmbSG, § 39a Abs. 5 SchulG M-V, § 30 Abs. 3 NSchG.

68 Allgemein hierzu Isabell *van Ackeren* u.a., Entstehung, Struktur und Steuerung des deutschen Schulsystems, 3. Aufl., 2015, S. 122 ff.; *dies.*/Esther Dominique *Klein*, Internationale Schulstrukturvergleiche, in: Ulrich Bauer u.a. (Hrsg.), Handbuch Bildungs- und Erziehungssoziologie, Wiesbaden 2012, S. 779; Jürgen *Baumert*, Vergleichende Leistungsmessung im Bildungsbereich, in: Jürgen Oelkers (Hrsg.), Zukunftsfragen der Bildung, Weinheim 2001, S. 13; Wilfried *Bos* u.a., Möglichkeiten, Grenzen und Perspektiven internationaler Schulleistungsforschung, in: Rudolf Tippelt/Bernhard Schmidt (Hrsg.), Handbuch Bildungsforschung, 4. Aufl., Wiesbaden 2018, S. 325; Kathrin *Dedering*/Wilfried *Bos*, Internationale Schulleistungsuntersuchungen und Schulleistungstests – eine Einführung, in: Wolfgang Böttcher u.a. (Hrsg.), Bildungsmonitoring und Bildungscontrolling in nationaler und internationaler Perspektive, Münster 2008, S. 177; Olaf *Köller*/Katrin *Schöps*, Die deutsche Schule im Lichte internationaler Schulleistungsuntersuchungen (TIMSS, PISA, PIRLS/IGLU, DESI und TEDS-M), in: Ludwig Haag (Hrsg.), Studienbuch Schulpädagogik, 5. Aufl., Bad Heilbrunn 2013, S. 72.

69 Umfassend zu dieser Studie Nina *Jude*/Eckhard *Klieme*, Das *Programme for International Student Assessment* (PISA), in: Eckhard Klieme u.a. (Hrsg.), PISA 2009. Bilanz nach einem Jahrzehnt, Münster 2010, S. 11.

70 Bislang liegen sechs Berichte vor: Jürgen *Baumert* u.a. (Hrsg.), PISA 2000. Basiskompetenzen von Schülerinnen und Schülern im internationalen Vergleich, Opladen 2001; Manfred *Prenzel* u.a. (Hrsg.), PISA 2003. Der Bildungsstand der Jugendlichen in Deutschland – Ergebnisse des zweiten internationalen Vergleichs, Münster 2004; Manfred *Prenzel* u.a. (Hrsg.), PISA 2006. Die Ergebnisse der dritten internationalen Vergleichsstudie, Münster 2007; Eckhard *Klieme* u.a. (Hrsg.), PISA 2009. Bilanz nach einem Jahrzehnt, Münster 2010; Manfred *Prenzel* u.a. (Hrsg.), PISA 2012. Fortschritte und Herausforderungen in Deutschland, Münster 2013; Kristina *Reiss* u.a. (Hrsg.), PISA 2015. Eine Studie zwischen Kontinuität und Innovation, Münster 2016. – Die PISA-Studien werden im Auftrag des Bundesministeriums für Bildung und Forschung und der Kultusministerkonferenz durchgeführt; Art. 91b Abs. 2 GG ermöglicht auch nach der Föderalismusreform I von 2006 ein Zusammenwirken auf diesem Gebiet.

gleichende Untersuchungen zu den Ländern in der Bundesrepublik ergänzt (*PISA-E*[71]), die mit den Bildungstrend-Erhebungen des IQB fortgeführt werden.[72] Darüber hinaus ist die „Internationale Grundschul-Lese-Untersuchung" (*IGLU*) zu nennen, die das Leseverständnis und die Orthographie von Schülerinnen und Schülern der vierten Jahrgangsstufe testet; an ihr hat sich Deutschland in den Jahren 2001, 2006, 2011 und 2016 beteiligt.[73] Bei der unter Beteiligung Deutschlands in den Jahren 2007, 2011 und 2015 durchgeführten „Trends in International Mathematics and Science Study" (TIMSS) werden hingegen die mathematischen und naturwissenschaftliche Kompetenzen von Schülerinnen und Schülern am Ende der Grundschule geprüft.[74] Die von der Kultusministerkonferenz in Ergänzung zu PISA und TIMSS initiierte Ergänzungsstudie „Deutsch Englisch Schülerleistungen International" (DESI) zielt schließlich auf Schülerinnen und Schüler am Beginn und am Ende der 9. Jahrgangsstufe ab und untersucht verschiedene Teilkompetenzen, etwa die Sprachbewusstheit, interkulturelle Kompetenzen, die Argumentations- oder die Textrekonstruktionsfähigkeiten.[75]

13.327 Länder und Bund, außerdem größere Kommunen sind darum bemüht, sich selbst, aber auch der Öffentlichkeit einen systematischen Überblick über Stand und Entwicklung des Bildungswesens in ihrem jeweiligen Zuständigkeitsbereich zu verschaffen. Dazu dient ein empirisch fundiertes, auf Indikatoren gestütztes Bildungsmonitoring in Form einer kontinuierlichen *Bildungsberichterstattung*. Diese soll es den Entscheidungsträgern in Politik und Verwaltung ermöglichen, Stärken und Schwächen des Bildungssystems zu erkennen und auf die Verbesserung seiner Qualität hinzuwirken.[76]

Hervorzuheben ist die *gemeinsame Berichterstattung von Bund und Ländern*, die auf Art. 91b Abs. 2 GG beruht.[77] Sie ist darauf gerichtet, die Situation des gesamten Bildungswesens in Deutschland durch systematische Aufbereitung und Auswertung der

---

71 Jürgen *Baumert* u.a. (Hrsg.), PISA 2000. Ein differenzierter Blick auf die Länder der Bundesrepublik Deutschland, Opladen 2003; Manfred *Prenzel* u.a., Der zweite Vergleich der Länder in Deutschland – Was wissen und können Jugendliche?, Münster 2005; Manfred *Prenzel* u.a., PISA 2006 in Deutschland. Die Kompetenzen der Jugendlichen im dritten Ländervergleich, Münster 2008.

72 Petra *Stanat* u.a. (Hrsg.), IQB-Bildungstrend 2015. Sprachliche Kompetenzen am Ende der 9. Jahrgangsstufe im zweiten Ländervergleich, Münster 2016; dies. u.a. (Hrsg.), IQB-Bildungstrend 2016. Kompetenzen in den Fächern Deutsch und Mathematik am Ende der 4. Jahrgangsstufe im zweiten Ländervergleich, Münster 2017. Der Bildungstrend 2018, an dem ca. 50.000 Schülerinnen und Schüler der 9. Jahrgangsstufe aus ca. 1.500 Schulen in allen Bundesländern teilnahmen, konzentrierte sich auf das Überprüfen des Erreichens der Bildungsstandards in den Fächern Mathematik, Biologie, Chemie und Physik.

73 Wilfried *Bos* u.a. (Hrsg.), Erste Ergebnisse aus IGLU. Schülerleistungen am Ende der vierten Jahrgangsstufe im internationalen Vergleich, Münster 2003; *ders.* u.a. (Hrsg.), IGLU 2006. Lesekompetenzen von Grundschulkindern in Deutschland im internationalen Vergleich, Münster 2007; *ders.* u.a. (Hrsg.), IGLU 2011. Lesekompetenzen von Grundschulkindern in Deutschland im internationalen Vergleich, Münster 2012. Anke Hußmann u.a. (Hrsg.), IGLU 2016. Lesekompetenzen von Grundschulkindern in Deutschland im internationalen Vergleich, Münster 2017.

74 Heike *Wendt* u.a. (Hrsg.), TIMSS 2015. Mathematische und naturwissenschaftliche Kompetenzen von Grundschulkindern in Deutschland im internationalen Vergleich, Münster 2016; Wilfried *Bos* u.a. (Hrsg.), TIMSS 2011. Mathematische und naturwissenschaftliche Kompetenzen von Grundschulkindern in Deutschland im internationalen Vergleich, Münster 2012; *ders.* u.a. (Hrsg.), TIMSS 2007. Mathematische und naturwissenschaftliche Kompetenzen von Grundschulkindern in Deutschland im internationalen Vergleich, Münster 2008. – Im Oktober 2016 hat die KMK die Teilnahme an TIMSS 2019 beschlossen.

75 Eckhard *Klieme* (Hrsg.), Unterricht und Kompetenzerwerb in Deutsch und Englisch. Ergebnisse der DESI-Studie, Weinheim 2008; *ders.*/Bärbel *Beck* (Hrsg.), Sprachliche Kompetenzen. Konzepte und Messung. DESI-Studie (Deutsch Englisch Schülerleistungen International), Weinheim 2007.

76 S. *Sekretariat der Kultusministerkonferenz* (Hrsg.), Gesamtstrategie der Kultusministerkonferenz zum Bildungsmonitoring, Berlin 2016.

77 Annette *Guckelberger*: Bildungsevaluation als neue Gemeinschaftsaufgabe gemäß Art 91b Abs. 2 GG, RdJB 2008, 267.

relevanten Daten im Zweijahresrhythmus zu erfassen. Inzwischen liegen sieben von einer unabhängigen Gruppe von Wissenschaftlerinnen und Wissenschaftlern unter der Federführung des Deutschen Instituts für Internationale Pädagogische in Frankfurt am Main erarbeitete Berichte vor. Der Bericht 2006 legte den Schwerpunkt auf eine Analyse von Bildung und Migration, der Bericht 2008 auf eine Analyse der Übergänge im Anschluss an den Sekundarbereich I, der Bericht 2010 auf eine Analyse der Perspektiven des Bildungswesens im demographischen Wandel, der Bericht 2012 auf eine Analyse der kulturellen Bildung im Lebenslauf, der Bericht 2014 auf eine Analyse der Bildung von Menschen mit Behinderungen, der Bericht 2016 erneut auf eine Analyse von Bildung und Migration, und der Bericht 2018 analysiert die Wirkungen und Erträge von Bildung.[78]

13.328 Sofern eine Schule ihrer Verantwortung für die Gewährleistung der Qualität von Unterricht und Erziehung nicht gerecht wird, muss die zuständige Schulaufsichtsbehörde *einschreiten*. Sie sollte dabei von Sanktionen gegen einzelne Lehrkräfte tunlichst absehen, ist es doch in erster Linie Aufgabe der Schulleitung, Lehrerinnen und Lehrer zur Erfüllung ihrer pädagogischen Pflichten anzuhalten. Umso wichtiger ist es, dass sich die Schulaufsicht mit der Schulleitung in Verbindung setzt, um geeignete Maßnahmen zur Behebung der Fehlentwicklungen zu erörtern. In allen Ländern gibt es ein *Institut für Qualitätsentwicklung* oder eine entsprechende Einrichtung; so liegt es nahe, dass die Schulbehörde dieses Institut zu Rate zieht und darauf hinwirkt, dass es die Schule bei der Bewältigung ihrer Probleme unterstützt. Hält die Behörde bestimmte Maßnahmen für erforderlich, kann sie eine *Ziel- oder Leistungsvereinbarung* (TZ 13.324) mit der Schule schließen, die festlegt, wie die vorhandenen Mängel fortan zu vermeiden sind und in welcher Weise die Schulaufsicht sie dabei unterstützt.

Führen Beratungsgespräche und Zielvereinbarungen allerdings nicht zum Erfolg, bleibt der Schulbehörde kein anderer Weg, als mit den Mitteln der Fachaufsicht, etwa durch Aufhebung rechtswidriger Gremienbeschlüsse, zu intervenieren oder im Wege der Dienstaufsicht die erforderlichen Personalmaßnahmen, etwa die Versetzung einer Lehrkraft oder die Einleitung eines Disziplinarverfahrens, zu ergreifen.

13.4 Spannungsverhältnis zwischen schulischer Eigenständigkeit und Qualitätssicherung

So richtig es ist, dass schulische Eigenverantwortung nicht zu Lasten der Qualität der pädagogischen Arbeit gehen darf, so stehen die beiden Grundsätze gleichwohl in einem manchmal schwer auflösbaren Spannungsverhältnis zueinander. Das liegt in der Natur der Sache. Einerseits soll die Schule ihre Ziele und die Schwerpunkte ihrer Arbeit selbst bestimmen, weil sie zusammen mit ihren Lehrkräften und den anderen an ihr beteiligten Personen am besten einzuschätzen vermag, wie sie ihre pädagogischen Aufgaben wahrzunehmen hat. Andererseits werden der Schule durch Bildungsstandards und Erfolgskontrollen Bedingungen auferlegt, die nicht immer ihren besonderen Gegebenheiten Rechnung tragen und auch nicht Rechnung tragen können. Es kommt hinzu, dass die ernüchternden Ergebnisse der internationalen PISA-Studien den Qualitätsaspekt derart in den Vordergrund gerückt haben, dass die Selbständigkeit der Schule oft aus dem Blick gerät. Die Schulen wurden und werden seitens der Kultusministerien mit Anordnungen und Empfehlungen zur Qualitätssicherung geradezu überschüttet. Das stellt vor allem Schulen mit einer Schülerklientel, die überwiegend aus sozial schwachen und bildungsfernen Familien stammt, vor erhebliche Schwierigkeiten. Sie stehen vor Problemen wie Aggression, Gewalt, Drogen und Apathie, die einen erfolgreichen Unterricht unter

78 Die Bildungsberichte stehen zum Download auf der Internetseite www.bildungsbericht.de bereit.

Umständen gar nicht erst möglich machen oder zumindest ganz erheblich erschweren und daher den Anforderungen an pädagogische Qualität von vornherein nicht entsprechen können.

Erhebliche Gefahren drohen der schulischen Eigenverantwortung durch die Art und Weise, wie in einigen Ländern die externe Evaluation betrieben wird. Ihr wird zumeist ein *Referenz-, Orientierungs- bzw. Handlungsrahmen oder ein Qualitätstableau* mit einem Set von Indikatoren zugrunde gelegt, die bestimmen, was eine gute Schule ausmachen soll. Diese Indikatoren beruhen teilweise auf einem Qualitätskonzept, das auf die Besonderheiten der Einzelschule und die von ihr im Schulprogramm gesetzten Ziele überhaupt nicht eingeht, sondern sämtliche Schulen einem einheitlichen Qualitätsmuster unterwirft.[79] Ein solches Vorgehen lässt sich mit der den Schulen gesetzlich eingeräumten Selbständigkeit und Eigenverantwortung kaum vereinbaren.

---

79 Dazu Hermann *Avenarius*, Staatliche Verantwortung und Eigenverantwortung der Schule – ein Widerspruch?, SchulVerwaltung NRW 2008, 130.

14. Kapitel: Deutsche Schulen im Ausland, Europäische Schulen

14.1 Deutsche Schulen im Ausland

Das deutsche Auslandsschulwesen ist eingebettet in die allgemeinen Ziele und Aufgaben der deutschen Auswärtigen Kultur- und Bildungspolitik.[1] Dementsprechend dienen deutsche Schulen im Ausland nicht nur der schulischen Versorgung von Kindern und Jugendlichen deutscher Staatsangehöriger, die ihren Wohnsitz vorübergehend im Ausland haben, sondern darüber hinaus der Förderung der deutschen Sprache sowie der Begegnung mit der Kultur und Gesellschaft des jeweiligen Sitzlandes der Schule und der Stärkung des Studien-, Wissenschafts- und Wirtschaftsstandorts Deutschland.[2] Die Zuständigkeit liegt denn auch beim Bund, da es sich beim Auslandsschulwesen um eine „auswärtige Angelegenheit" im Sinne der Gesetzgebungskompetenz des Art. 73 Abs. 1 Nr. 1 GG handelt. Dies gilt auch dann, wenn man berücksichtigt, dass die deutschen Auslandsschulen heute vor allem von Kindern der Beschäftigten deutscher Wirtschaftsunternehmen mit Niederlassung im Ausland und von Staatsangehörigen der jeweiligen Sitzländer, nicht aber von Kindern des Personals deutscher Auslandsvertretungen besucht werden. Denn nach wie vor ist für diese Schulen eine völkerrechtliche Grundlage erforderlich, bilden sie doch einen wichtigen Teil der kulturellen Außenpolitik der Bundesrepublik Deutschland und lässt sich ihre Tätigkeit zumindest teilweise immer noch mit der konsularischen Betreuung deutscher Staatsangehöriger im Ausland vergleichen.[3] Gestützt auf Art. 73 Abs. 1 Nr. 1 GG, hat der Bundesgesetzgeber 2013 das Auslandsschulgesetz[4] (ASchulG), das die wesentliche Grundlage der deutschen Auslandsschulen bildet, grundlegend reformiert.

14.11 Deutsche Auslandsschulen

14.111 Deutsche Auslandsschulen[5] sind nach § 2 Abs. 1 des Auslandsschulgesetzes Schulen, die im Ausland liegen und denen aus einem erheblichen Bundesinteresse heraus der Status

---

1 Hierzu: *Auswärtiges Amt*, Was wir tun. 20. Bericht der Bundesregierung zur Auswärtigen Kultur- und Bildungspolitik 2016. Menschen bewegen: Dialogräume schaffen, Brücken bauen, Perspektiven entwickeln, S. 15 ff.; ferner die Antworten der Bundesregierung zum Thema „Situation und Entwicklung der Deutschen Schulen im Ausland" vom 14.5.2006 (BT-Drucks. 16/1624).

2 So die Formulierung der „gemeinsamen Ziele der deutschen schulischen Arbeit im Ausland" in der Präambel der Verwaltungsvereinbarung zwischen dem Bundesminister des Auswärtigen und den Kultusministern der Länder in der Bundesrepublik Deutschland zum Einsatz von Lehrkräften im deutschen Auslandsschulwesen und zum Gesetz über die Förderung Deutscher Auslandsschulen (Auslandsschulgesetz – ASchulG) vom 5.12.2013 (VwV ASchulG).

3 So auch: BT-Drucks. 17/13058, S. 8; Arnd *Uhle*, in: Maunz/Dürig, GG, 2010, Art. 73 Rn. 41; Siegfried *Jutzi*, Die Deutschen Schulen im Ausland, Baden-Baden 1977, S. 62 ff.; a.A.: Markus *Winkler*, Der Bildungsföderalismus auf dem Prüfstand, DVBl. 2013, 1096 (1072), der jedoch eine Kompetenz des Bundes kraft Natur der Sache annimmt, da die Förderung der Auslandsschulen in der Regel nicht einem oder mehreren bestimmten Ländern zugeordnet werden könne.

4 Gesetz über die Förderung Deutscher Auslandsschulen (Auslandsschulgesetz – ASchulG) vom 26.8. 2013 (BGBl. I S. 3306), dessen Begründung ebenfalls explizit von der Gesetzgebungskompetenz des Bundes ausgeht (s. BT-Drs. 17/13058, S. 8).

5 Allgemein zu deutschen Auslandsschulen: Hanna *Kiper*, Arbeit in der Weltgesellschaft – Deutsche Schulen im Ausland, in: Kurt-Jürgen Maaß (Hrsg.), Kultur und Außenpolitik. Handbuch für Wissenschaft und Praxis, 3. Aufl., Baden-Baden 2015, S. 149; zu ihrer Geschichte: Klaus *Winter*, Ein Erfolgsmodell – Deutsche Schulen im Ausland, in: Kurt-Jürgen Maaß (Hrsg.), Kultur und Außenpolitik, 2. Aufl., Baden-Baden 2009, S. 171 (174 ff.). Zu rechtlichen Aspekten der Auslandsschulen: *Jutzi* (Fn. 3).

„Deutsche Auslandsschule" verliehen worden ist.[6] Grundlage ist ein Verleihungsvertrag zwischen dem Bund und dem Träger der Schule, wobei ein Anspruch auf Verleihung des Status „Deutsche Auslandsschule" ebenso wenig besteht[7] wie ein Anspruch auf Beschulung in einer deutschen Auslandsschule.[8] In organisatorischer Hinsicht handelt es sich bei den deutschen Auslandschulen um Schulen in privater Trägerschaft, die nach dem Recht des jeweiligen Sitzlandes gegründet und betrieben werden. Soweit es das Recht des jeweiligen Sitzlandes zulässt, übt der Bund auf der Grundlage des mit der Schule geschlossenen Verleihungs- und Fördervertrags die Aufsicht über die deutschen Auslandsschulen aus (vgl. § 4 Abs. 1 ASchulG). Dies geschieht insbesondere dadurch, dass der Bund eigene Überprüfungen vor Ort durchführt, die vertragsgemäße Verwendung der Fördermittel prüft und die Berichte der Schulen an die fördernden Stellen auswertet (§ 4 Abs. 2 ASchulG); zudem kann der Bund im Rahmen der Schulaufsicht den Auslandsschulen Weisungen erteilen (§ 4 Abs. 3 ASchulG). In ihrer großen Mehrzahl handelt es sich bei den deutschen Auslandsschulen um allgemeinbildende Schulen; seit Mitte der 1990er Jahre gewinnen jedoch zunehmend auch berufliche Schulen und berufsbezogene Ausbildungsgänge an allgemeinbildenden Schulen an Gewicht.[9] Träger der Auslandsschulen sind Schulvereine[10], Stiftungen[11], Kirchengemeinden[12] oder religiöse Orden[13]. Als Privatschulen finanzieren sie sich zu einem nicht unerheblichen Teil aus Schulgeldeinnahmen und freiwilligen Beiträgen. Darüber hinaus werden sie finanziell vom Bund nach Maßgabe des ASchulG durch Zuwendungen aus dem Auslandsschulfonds des Auswärtigen Amtes, personell von den Bundesländern durch die Freistellung von Lehrerinnen und Lehrern unterstützt; überdies weist ihnen der Bund unentgeltlich Lehr- und Lernmittel zu. Es ist daher zutreffend – und wird vom ASchulG auch ausdrücklich hervorgehoben[14] –, wenn die Unterstützung deutscher Auslandsschulen als eine „Gemeinschaftaufgabe von Bund und Ländern" bezeichnet wird[15], ebenso aber auch als „bewährtes Beispiel einer zukunftsweisenden öffentlich-privaten Partnerschaft".[16] Betrachtet man die tatsächliche wie rechtliche Realität des deutschen Auslandsschulwesens, lassen

---

6 Daneben gibt es noch Deutsche Schulen im Ausland, die vom Bundesministerium der Verteidigung getragen werden, sowie Deutsche Abteilungen an Internationalen Schulen, die beide nicht vom ASchulG erfasst werden (§ 1 Abs. 2 ASchulG).

7 Wie § 3 Abs. 1 Satz 1 ASchulG ausdrücklich klarstellt.

8 § 5 ASchulG.

9 Derzeit gibt es elf deutsche Berufsschulen im Ausland (s. die Auflistung in dem vom Bundesverwaltungsamt herausgegebenen Auslandsschulverzeichnis, Stand: 4/2018), das auf der Homepage des Amtes heruntergeladen werden kann. Ausführlich zu diesen Schulen: Maren *Lange*/Jens *Hohnwald*, Die duale kaufmännische Berufsausbildung im deutschen Auslandsschulwesen, Oldenburg 2008.

10 Dabei gibt es auch Kooperationen mit Einrichtungen anderer deutschsprachiger Einrichtungen, wie bei der RIS Swiss Section – Deutschsprachige Schule Bangkok, in der deutschsprachigen Kindern eine Schulbildung nach Schweizer Lehrplänen bis zur Matura nach der 12. Klasse ermöglicht wird, in Deutschland zum Studium an einer Hochschule berechtigt; ferner werden dort in der Sekundarstufe I bis zur 10. Klasse Bestandteile Thüringer Lehrpläne integriert, so dass sowohl der Haupt- als auch der Realschulabschluss erworben werden kann. Zudem sind Verbindungen mit anderen ausländischen Schulen möglich, z.B. zwischen der Deutschen Schule Shanghai mit dem Lycée Français de Shanghai.

11 So im Falle der 1990 von der Stiftung Deutsche Schule Budapest gegründeten Deutschen Schule Budapest oder der von der Stiftung Bildung und Handwerk im Jahr 2012 gegründeten International German School HCMC in Ho-Chi-Minh-Stadt in Vietnam.

12 Bereits 1873 gründete die Deutsche Evangelische Gemeinde in Kairo und ganz Ägypten die dortige Deutsche Evangelische Oberschule; das Berliner Missionswerk begründete zuvor schon im Jahr 1851 das Talitah Kumi College (Deutsche Evangelisch-Lutherische Schule) in Beit Jala in Palästina.

13 Z.B. die von der Kongregation der Barmherzigen Schwestern vom Hl. Borromäus 1884 in Alexandria begründete Deutsche Schule der Borromäerinnen.

14 Nach § 1 Abs. 1 Satz 2 ASchulG arbeiten Bund und Länder bei der Förderung der deutschen Auslandsschulen „im Rahmen ihrer jeweiligen Zuständigkeiten zusammen".

15 So im Bericht der Bundesregierung zur Auswärtigen Kulturpolitik 2006/2007 vom 8.11.2007 (BT-Drucks.16/7086), S. 12.

16 S. Antwort der Bundesregierung vom 12.2.2008 (BT-Drucks.16/8034), S. 1.

sich *drei Typen* von Auslandsschulen unterscheiden: die rein deutschsprachige deutsche Auslandsschule, die Begegnungsschule und die Sprachdiplomschule.[17]

14.112 Die *rein deutschsprachigen Schulen* wurden in der Vergangenheit in der Regel ausschließlich von Kindern der im Ausland lebenden deutschen Staatsangehörigen (Diplomaten, Geschäftsleute, Entwicklungsexperten usw.) besucht; sie öffnen sich jedoch zunehmend für den Besuch von Schülerinnen und Schülern aus dem jeweiligen Sitzland.[18] Sie sind ausgerichtet auf die für deutsche Inlandsschulen maßgebenden Bildungsziele, verwenden ausschließlich deutsche Lehrpläne und übernehmen die in der Bundesrepublik geltenden Schulstrukturen. Folglich umfassen sie in der Regel die Grundschule (oft auch mit angegliedertem Kindergarten), die Sekundarstufe I und die Sekundarstufe II mit reformierter gymnasialer Oberstufe. Unterrichtssprache ist Deutsch, daneben wird die Landessprache als Fremdsprache berücksichtigt. Abgeschlossen wird die Schule mit dem Abitur oder mit der Übergangsberechtigung zur Sekundarstufe II (vgl. § 2 Abs. 2 Nr. 1 ASchulG).

Demgegenüber können an *Begegnungsschulen*, die schon immer von Kindern deutscher Staatsangehöriger und von Schülern aus dem Sitzland besucht worden sind, neben deutschen Schulabschlüssen auch Schulabschlüsse des jeweiligen Sitzlandes oder das gemischtsprachige International Baccalaureate erworben werden (vgl. § 2 Abs. 2 Nr. 2 ASchulG). Besonderes Merkmal der Begegnungsschule ist ein intensiver Deutschunterricht für die fremdsprachigen Schüler sowie ein zweisprachiger Fachunterricht nach bilateral abgestimmten Lehrplänen. Die Schüler können einen zweisprachigen Abschluss mit Zuerkennung der Hochschulreife im Sitzland erlangen. Falls eine deutsche Abschlussprüfung nicht abgelegt werden kann, wird den fremdsprachigen Schülern Gelegenheit geboten, das von Bund und Ländern gemeinsam getragene und am Gemeinsamen europäischen Referenzrahmen für Sprachen orientierte „Deutsche Sprachdiplom der Kultusministerkonferenz“ zu erwerben, dessen Stufe II als Nachweis der für ein Hochschulstudium in der Bundesrepublik erforderlichen Deutschkenntnisse gilt.[19]

Bei *Sprachdiplomschulen* handelt es sich um landessprachliche Schulen, die vorwiegend von einheimischen Kindern und Jugendlichen besucht werden, die aber einen besonderen Schwerpunkt auf den Deutschunterricht legen und an denen der Erwerb des Deutschen Sprachdiploms auf den Stufen I und II möglich ist (vgl. § 2 Abs. 2 Nr. 3 ASchulG).

Im Jahr 2016 verteilten sich die insgesamt 1.264 Auslandsschulen wie folgt: 140 deutschsprachige und Begegnungsschulen mit zusammen 83.388 Schülerinnen und Schülern waren in 72 Ländern tätig. Ihnen standen 1.124 Sprachdiplomschulen in 70 Ländern

---

17 Davon zu unterscheiden sind die weltweit mehr als 1.800 Partnerschulen, in denen im Rahmen der vom Auswärtigen Amt in Zusammenarbeit mit der Zentralstelle für das Auslandsschulwesen, dem Goethe-Institut, dem Deutschen Akademischen Austauschdienst sowie dem Pädagogischen Austauschdienst der KMK verantworteten Initiative „Schulen. Partner der Zukunft“ (sog. PASCH-Initiative), bei jungen Menschen nachhaltiges Interesse für das moderne Deutschland und die deutsche Sprache geweckt werden soll. S. hierzu den Antrag von Abgeordneten der CDU/CSU- und der SPD-Fraktion des Deutschen Bundestages „Deutsches Auslandsschulwesen stärken und weiterentwickeln“, BT-Drs. 16/9303.

18 Zur schwindenden Bedeutung der Unterscheidung zwischen traditionellen deutschen Auslandsschulen einerseits und Begegnungsschulen andererseits infolge der Öffnung der traditionellen deutschen Auslandsschulen für Schüler aus dem jeweiligen Sitzland: Antwort der Bundesregierung auf eine Kleine Anfrage von Abgeordneten der Fraktion der FDP im Deutschen Bundestag, BT-Drs. 16/1624, S. 7.

19 Beschluss der KMK über das Deutsche Sprachdiplom vom 16.3.1972 (KMK-BeschlS. Nr. 1471); s. auch § 2 Abs. 2 der Prüfungsordnung für die Prüfung zum Deutschen Sprachdiplom vom 6.12.1996 i.d.F. vom 28.9.2005 (KMK-BeschlS. Nr. 1471.2); Prüfungsordnung für die Prüfung zum Deutschen Sprachdiplom – Zweite Stufe – vom 6.12.1996 (KMK-BeschlS. Nr. 1471.3).

gegenüber, die von 390.299 Schülerinnen und Schülern besucht wurden, von denen pro Jahr 70.000 Prüflinge ihr Sprachdiplom ablegten.[20]

14.113 Die *Förderung* der deutschen Auslandsschulen durch den Bund fällt als Teil der Auswärtigen Kulturpolitik in die Zuständigkeit des *Auswärtigen Amts*, dessen Aufgaben zum größten Teil von der beim Bundesverwaltungsamt in Köln eingerichteten *Zentralstelle für das Auslandschulwesen* (ZfA) wahrgenommen werden. Demgegenüber ist die *Kultusministerkonferenz* entsprechend der grundgesetzlichen Kompetenzzuweisung für das Schulwesen für die inneren Angelegenheiten der Auslandsschulen (Lehrpläne, Prüfungs- und Zeugniswesen u.a.[21]) zuständig; darüber hinaus trifft sie einheitliche Regelungen für die in den Auslandsschuldienst beurlaubten Lehrkräfte. Auswärtiges Amt und Kultusministerkonferenz wirken bei der Förderung der Auslandsschulen zusammen.[22] Koordiniert wird deren Zusammenarbeit von einem Bund-Länder-Ausschuss für schulische Arbeit im Ausland (BLAschA). Der Ausschuss, dem je ein Vertreter der Landeskultusverwaltungen sowie der Leiter des Schulreferats des Auswärtigen Amtes sowie der Leiter der ZfA im Bundesverwaltungsamt angehören, berät zu grundsätzlichen, pädagogischen, personellen, schul- und unterrichtsbezogenen Aspekten des Auslandsschulwesens und nimmt Stellung zu aktuellen Problemen der deutschen Schulen im Ausland. Darüber hinaus verabschiedet er durch einstimmige Beschlüsse Empfehlungen, die den zuständigen Stellen des Bundes und der Länder zur Entscheidung vorgelegt werden. Wird keine Einstimmigkeit erzielt, befasst sich ein Lenkungsausschuss mit der umstrittenen Frage; dessen Entscheidungen stehen unter dem Vorbehalt der Zustimmung der zuständigen Stellen des Bundes und der Länder.[23]

14.114 Die Kultsministerkonferenz kann eine deutsche Schule im Ausland als *Deutsche Auslandsschule anerkennen.*[24] Die Anerkennung, ein durch Beschluss der Kultusministerkonferenz erlassener simultaner Verwaltungsakt der Kultusministerien der Länder, setzt voraus, dass die Schule von innerdeutschen Bildungszielen wesentlich bestimmt ist, in Unterrichtsstruktur und Lehrplänen vergleichbaren deutschen inländischen Schulen entspricht, eine ausreichende Zahl amtlich vermittelter deutscher Lehrerinnen und Lehrer beschäftigt, ihre Arbeit auf pädagogisch geeignete Ordnungen stützt, deutschen bzw. deutschsprachigen Eltern eine angemessene Beteiligung an der Trägerschaft einräumt, wirtschaftlich gesichert ist und über die erforderlichen Räume, Einrichtungen und Ausstattung verfügt. Die Folgen der Anerkennung (Beleihung) sind die gleichen wie bei einer anerkannten Ersatzschule in der Bundesrepublik (vgl. TZ 15.65): Die Schule erhält

---

20 Angaben zur Anzahl der Deutschen Auslandsschulen finden sich in: *Bundesverwaltungsamt – Zentralstelle für das Auslandsschulwesen –*, Deutsches Auslandsschulwesen in Zahlen, 31.12.2016. Die Übersicht kann ebenso wie ein zuletzt im April 2018 aktualisiertes Verzeichnis aller offiziellen Deutschen Auslandsschulen auf der Homepage des Amts heruntergeladen werden kann. Zu Letzterem s. auch die vom Sekretariat der Kultusministerkonferenz herausgegebene und nach den unterschiedlichen Schulabschlüssen differenzierte „Übersicht über die von der Kultusministerkonferenz anerkannten deutschen Auslandsschulen", Stand: Juli 2018, die auf der Homepage der KMK heruntergeladen werden kann.

21 Seit 2006 werden die deutschen Schulen im Ausland einem spezifischen Verfahren der „Bund-Länder-Inspektion" anhand eines eigens dafür beschlossenen „Qualitätsrahmens für Deutsche Schulen im Ausland" unterzogen, das sich am niedersächsischen Verfahren der Schulinspektion orientiert und 15 Qualitätsmerkmale sowie 72 Qualitätskriterien aufweist. S. *Bundesverwaltungsamt – Zentralstelle für das Auslandsschulwesen/Kultusministerkonferenz*, Konzeption der Bund-Länder-Inspektion Deutscher Schulen im Ausland (BLI), Fassung vom 8.10.2008; informativ hierzu auch: *Projektgruppe PQM beim Bundesverwaltungsamt (BVA) – Zentralstelle für das Auslandsschulwesen* (Hrsg.), Deutsche Schulen – Strategie und Struktur. Bund-Länder-Inspektion Bilanz 2012, Köln 2012.

22 Beschluss der KMK über die Zuständigkeit des Auswärtigen Amts und der Kultusministerkonferenz für die deutschen Schulen im Ausland vom 4.2.1965 i.d.F. v. 8.10.1992 (KMK-BeschlS. Nr. 1001).

23 Dazu im Einzelnen die Vereinbarung zwischen dem Bundesminister des Auswärtigen und den Kultusministern der Länder in der Bundesrepublik Deutschland über die Einsetzung eines Bund-Länder-Ausschusses für schulische Arbeit im Ausland vom 16.11.1992 (KMK-BeschlS. Nr. 1002).

24 S. *Sekretariat der Kultusministerkonferenz*, Übersicht über die von der Kultusministerkonferenz anerkannten deutschen Auslandsschulen, Stand: Juli 2018.

das Recht, Zeugnisse und Abschlüsse zu erteilen, die denen einer entsprechenden öffentlichen Schule in Deutschland gleichwertig sind.[25]

14.115 Einen Anspruch auf personelle und finanzielle Förderung haben deutsche Auslandsschulen nach § 7 Abs. 1 i.V.m. § 8 ASchulG dann, wenn sie deutschsprachigen Unterricht anbieten und über einen Zeitraum von mindestens drei Jahren vor der Stellung des Antrages auf Förderung pro Jahr im Durchschnitt eine bestimmte Anzahl an deutschsprachig geprägten Abschlüssen vermittelt haben.[26] Ferner muss die Schule den demokratischen Werten Deutschlands Rechnung tragen, indem sie den unterschiedlichen Akteuren in der Schule eine angemessene Beteiligung am Schulleben sichert und diejenigen Mittel selbst aufbringt, die neben der staatlichen Förderung für einen nachhaltigen Betrieb der Schule notwendig sind. Schließlich muss die Schule gemeinnützig sein, d.h. sie darf keine Gewinne erzielen, und einen ordnungsgemäßen Betrieb einschließlich der vertragsgemäßen Verwendung der Fördermittel sicherstellen. Die Modalitäten der Förderung – Förderzeitraum, geförderte Abschlüsse, Vermittlung der Lehrkräfte, Anforderungen im Hinblick auf Schulgeldermäßigungen für einkommensschwache Familien, Beschulung von Kindern mit Behinderungen – werden in einem zwischen dem Bund und dem Schulträger geschlossenen Fördervertrag festgelegt (vgl. § 9 ASchulG). Darüber hinaus kann der Bund deutsche Auslandsschulen, die die Voraussetzungen für eine Förderung nicht erfüllen, freiwillig nach Maßgabe des Zuwendungsrechts fördern (§ 16 ASchulG); dies gilt insbesondere für Schulen, die zwar keine deutschen Auslandsschulen im Sinne des ASchulG sind, die aber das Deutsche Sprachdiplom der Kultusministerkonferenz anbieten (§ 17). Die Einzelheiten der Förderung, wie die Berechnung des geförderten Unterrichtsaufwandes, das Antragsverfahren oder das Verfahren zum Nachweis der Verwendung der Förderung, hat das Auswärtige Amt in entsprechenden Verwaltungsvorschriften konkretisiert.[27]

14.12 Lehrerinnen und Lehrer im Auslandsschuldienst

Der rechtliche Status von Lehrerinnen und Lehrern im deutschen Auslandsschulwesen bestimmt sich nach § 11 ASchulG und der hierzu zwischen dem Bund und den Ländern geschlossenen Verwaltungsvereinbarung[28] (VwV ASchulG), deren Regelungen wiederum durch Richtlinien des Bundesverwaltungsamtes für die Gewährung von Zuwendungen an Lehrkräfte im Auslandsschuldienst[29] (RL Auslandsschuldienst) ergänzt und konkretisiert werden.[30] Nach § 11 Abs. 2 Satz 1 ASchulG werden die erforderlichen Lehrkräfte

25 Beschlüsse der KMK über die „Bildungsgänge und Abschlüsse im Sekundarbereich I an Deutschen Schulen im Ausland" vom 24.5.1991 i.d.F. vom 10.12.2003 und über die „Anerkennung deutscher beruflicher Schulen im Ausland" vom 24.5.1991 (KMK-BeschlS. Nr. 1052 und 1152). – Die zahlreichen von den deutschen Auslandsschulen zu berücksichtigenden Beschlüsse der KMK, insb. die Prüfungsordnungen, können auf der Homepage der KMK heruntergeladen werden.

26 Nach § 9 Nr. 2 ASchulG müssen von den von der Schule vergebenen Abschlüssen pro Jahr im Durchschnitt mindestens zwölf Abschlüsse aus ein und derselben Kategorie stammen.

27 Verwaltungsvorschriften des Auswärtigen Amtes zur Förderung der Auslandsschulen vom 4.6.2014.

28 Verwaltungsvereinbarung zwischen dem Bundesminister des Auswärtigen und den Kultusministern der Länder in der Bundesrepublik Deutschland zum Einsatz von Lehrkräften im deutschen Auslandsschulwesen und zum Auslandsschulgesetz (ASchulG) vom 5.12.2013 (VwV ASchulG).

29 *Bundesverwaltungsamt – Zentralstelle für das Auslandsschulwesen –*, Richtlinien für die Gewährung von Zuwendungen an Lehrkräfte im Auslandsschulwesen, Stand: 1.12.2017.

30 Zu Lehrkräften an deutschen Auslandsschulen s. Raimund *Wattler*, Die Rechtsstellung der vermittelten Lehrer an deutschen Schulen im Ausland aus der Gesamtschau des Auslandsschulwesens, Frankfurt am Main 1994 sowie die unterschiedliche Facetten der Stellung und der Tätigkeiten von Auslandsschullehrkräften beleuchtenden Beiträge in: Wolfgang *Hammer/Verband Deutscher Lehrer im Ausland* (Hrsg.), Deutsche Lehrer in aller Welt, Baltmannsweiler 1990. Der Verband Deutscher Lehrer im Ausland gibt ferner die vierteljährlich erscheinende Zeitschrift „Deutsche Lehrer im Ausland" heraus; der Deutsche Philologenverband veröffentlicht das „Jahrbuch der aus der Bundesrepublik Deutschland an Auslandsschulen vermittelten Lehrkräfte – Auslands-Kunze", das Informationen und Hinweise für an Auslandsschulen tätige Lehrinnen und Lehrer enthält.

den deutschen Auslandsschulen durch den Bund auf bestimmte Zeit vermittelt. Zusätzliche Leherinnen und Lehrer, die über die erforderliche Anzahl an Lehrkräften hinausgehen, können gemäß § 15 ASchulG auf Antrag des Schulträgers vermittelt werden; die Kosten der Vergütung dieser Lehrkräfte haben jedoch die Schulen zu tragen. Je nach rechtlichem Status und den Aufgabenschwerpunkten unterscheidet die VwV ASchulG zwischen Auslandsdienstlehrkräften, Bundesprogrammlehrkräften, Landesprogrammlehrkräften und Ortslehrkräften.

14.121 *Auslandsdienstlehrkräfte* sind entsprechend den Zielen des deutschen Auslandsschulwesens nach der VwV ASchulG „in besonderem Maße Vertreter der Auswärtigen Kultur- und Bildungspolitik".[31] Bei ihnen handelt es sich um verbeamtete oder unbefristet tarifvertraglich beschäftigte Lehrkräfte aus dem inländischen Schuldienst, die beide Lehramtsprüfungen erfolgreich abgelegt haben. Möchte eine Lehrerin oder ein Lehrer an einer deutschen Schule im Ausland unterrichten, ist auf dem Dienstweg beim Kultusministerium zunächst ein Antrag für eine *Bewerbung in den Auslandsschuldienst* zu stellen. Hat sich die Lehrkraft im Schuldienst bewährt und stehen der Tätigkeit an einer Auslandsschule keine dienstlichen Gründe entgegen, erteilt das Kultusministerium eine sogenannte Freigabe. Befürwortete Bewerbungen werden an die ZfA weitergeleitet und dort in eine Bewerberdatei eingetragen. Aus dem Kreis der in dieser Datei geführten Lehrkräfte wählt die deutsche Auslandsschule eine ihr geeignet erscheinende Bewerberin bzw. einen Bewerber aus, wobei die ZfA der Auswahlentscheidung zustimmen muss.[32] Die Vermittlung erfolgt gegenüber der jeweiligen Lehrkraft durch einen Vermittlungsbescheid, des Bundesverwaltungsamts, in dem insbesondere der Einsatzort, die Einsatzdauer und die Rechte und Pflichten der Auslandsdienstlehrkraft geregelt werden; gegenüber der Schule wird die Vermittlung von Lehrkräften in einem zwischen dem Bund und dem Träger der deutschen Auslandsschule geschlossenen *Fördervertrag* geregelt (vgl. § 11 Abs. 2 Satz 2 ASchulG[33]). Zusätzlich schließen die Auslandsdienstlehrkräfte mit der Auslandsschule einen *Dienstvertrag* ab, der ein privates Anstellungsverhältnis zwischen dem Schulträger und der betreffenden Lehrkraft begründet; diese tritt also nicht in den Dienst des Bundes.[34]

Nach der Vermittlung werden die Auslandsdienstlehrkräfte für die Dauer der Vermittlung an die Auslandsschule von den Bundesländern unter Wahrung ihrer Beamtenrechte für den Auslandschuldienst *beurlaubt*. Die Beurlaubung, deren Zeit auf das Besoldungsdienstalter und als ruhegehaltfähige Dienstzeit voll angerechnet wird[35], erfolgt in der Regel für drei Jahre; sie kann, wenn alle Beteiligten einverstanden sind und sich die Lehrkraft im Auslandsschuldienst bewährt hat, bis auf insgesamt sechs Jahre verlängert werden. Für die Wahrnehmung schulstrukturtragender Funktionsstellen kann die Vermittlung darüber hinaus auf eine Höchstdauer von acht Jahren ausgedehnt werden; liegt ein dringendes Interesse von Bund und Ländern vor, hat sich die Lehrkraft in ihrer gesamten dienstlichen Tätigkeit besonders bewährt und können geeignete Ersatzbewerber trotz rechtzeitiger Anforderung durch die Auslandsschule von der ZfA nicht benannt werden,

---

31 Nr. 2.1 VwV ASchulG.

32 In besonderen Fällen kann die Auswahl auch unmittelbar durch die ZfA erfolgen (vgl. Ziff. 2.1.4 VwV ASchulG).

33 Vgl. auch § 9 Abs. 1 Nr. 4 ASchulG, der explizit bestimmt, dass die Vermittlung von Lehrkräften i.S.d. § 11 ASchulG Bestandteil des zwischen dem Bund und dem Schulträger der Auslandsschule geschlossenen Fördervertrages ist, sowie die Konkretisierungen in Ziff. 2.1.5 VwV ASchulG.

34 Lediglich sog. Fachberater für Deutsch als Prozessbegleiter oder als Schulkoordinatoren tätige Auslandsdienstlehrkräfte schließen direkt mit dem Bundesverwaltungsamt einen Dienstvertrag ab.

35 § 6 Abs. 1 Satz 2 Nr. 5 a) BeamtVG; ebenso geregelt in § 5 Abs. 1 Satz 1 der KMK-Vereinbarung über die rechtliche Behandlung der Auslandslehrer (Beschluss der KMK vom 4.2.1965). Waren Lehrer vor ihrer Berufung in das Beamtenverhältnis im öffentlichen oder nichtöffentlichen deutschen Schuldienst tätig, kann diese Zeit nach § 11 Nr. 1b BeamtVG als ruhegehaltfähig berücksichtigt werden.

kann schließlich in besonderen Einzelfällen eine weitere Verlängerung über acht Jahre hinaus erfolgen, wenn der BLAschA zugestimmt hat.[36] War eine Lehrkraft bereits einmal an einer Auslandsschule tätig, kann eine erneute Freigabe nur dann erfolgen, wenn ein besonderer schulischer Bedarf für die Zweitvermittlung zur Wahrnehmung schulischer Leitungsfunktionen besteht, die Lehrkraft für die Aufgabe an der Auslandsschule besonders geeignet ist und sie seit der letzten Verwendung im Ausland mindestens drei Schuljahre im Inlandsschuldienst tätig gewesen ist.[37]

Für die Zeit der *Beurlaubung* erhalten verbeamtete Lehrkräfte, denen in dieser Zeit eine Planstelle in ihrem Bundesland offengehalten wird, aus dem Haushalt des Auswärtigen Amts auf der Basis des Vermittlungsbescheides einen Grundbetrag, der der Besoldungsgruppe entspricht, die der Auslandsdienstlehrkraft am Tag vor Beurlaubungsbeginn im innerdeutschen Schuldienst oder bei einem innerdeutschen privaten Schulträger zustand; die im Herkunftsbundesland erworbenen Erfahrungs- bzw. Dienstaltersstufen werden auf die Erfahrungsstufen des Bundes umgerechnet.[38] Tarifbeschäftigte Auslandsdienstlehrkräfte erhalten demgegenüber eine Zuwendung, deren Höhe sich aus der Entgelttabelle des TVöD ergibt, wobei als Stufe die beim Land erreichte Stufe der Entgelttabelle zugrunde gelegt wird.[39] Hinzu kommen Auslandszuwendungen, die unter Berücksichtigung der wirtschaftlichen Lage im Sitzland und der deutschen Besoldungsverhältnisse bzw. Vergütungsordnung eine den Aufgaben der Auslandsdienstlehrkräfte entsprechende finanzielle Stellung gewährleisten und eine angemessene Lebensführung erlauben. Hiervon erfasst sind beispielsweise besondere Ortszuschläge, die den materiellen Mehraufwand und die immateriellen Belastungen des Auslandsdienstes ausgleichen, Familien- und Kinderzuwendungen oder besondere Leistungen zum Ausgleich von Mehrkosten für eine Unterkunft am Auslandsschulort.[40] Auch im Übrigen ist durch die Regelungen der VwV ASchulG sowie die RL Auslandsschuldienst Vorsorge getroffen, dass den Auslandsdienstlehrkräften während der Zeit ihrer Tätigkeit an einer deutschen Auslandsschule und nach ihrer Rückkehr in den deutschen Schuldienst in dienstlicher Hinsicht keine Nachteile entstehen. Während der Beurlaubung erhalten verbeamtete Auslandsdienstlehrkräfte in der Zeit ihrer Tätigkeit im Ausland im Krankheitsfalle Beihilfeleistungen, die sich an der Bundesbeihilfeverordnung orientieren; bei tarifvertraglich beschäftigten Lehrkräften trägt der Bund die Kosten der Sozialversicherung. Umzugskosten sowie Kosten für Hin- und Rückreisen zwischen Deutschland und dem Aufenthaltsland werden auch für die Angehörigen der Lehrkraft erstattet.[41] Erhält die Auslandsdienstlehrkraft indes Zahlungen vom Schulträger, werden diese ganz oder teilweise auf die Zahlungen des Bundes angerechnet.[42]

14.122 Lehrkräfte, die noch nicht im Schuldienst eines Bundeslandes eingestellt worden sind oder die unter Wegfall der Bezüge bzw. des Entgelts aus dem Landesschuldienst beurlaubt sind, können als *Bundesprogrammlehrkräfte* mithilfe der ZfA ebenfalls an deutsche Schulen im Ausland vermittelt werden. Sie erteilen Unterricht und sind in der sprachlichen und unterrichtspraktischen Aus- und Fortbildung für den deutschsprachigen Unterricht tätig; soweit es sich um beurlaubte Lehrkräfte aus den Ländern handelt,

36 Ziff. 2.1.5 b) VwV ASchulG.
37 Ziff. 2.1.5 c) VwV ASchulG. Eine Drittvermittlung ist hingegen nur in besonders begründeten Ausnahmefällen und im Einvernehmen von Bund und Ländern zuzulassen (s. Ziff. 2.1.5 d) VwV ASchulG.
38 Ziff. 2.1.1 RL Auslandsschuldienst.
39 Ziff. 2.1.3 RL Auslandsschuldienst.
40 Ziff. 2.2 RL Auslandsschuldienst; Allgemeine Verwaltungsvorschrift des Auswärtigen Amtes zur Festsetzung des Kaufkraftausgleichs nach dem Bundesbesoldungsgesetz vom 4.1.2011 (GMBl. S. 98), zul.g.d. Erl. vom 6.12.2016 (GMBl. S. 1154).
41 S. Ziff. 2.3 und 2.4 RL Auslandsschuldienst.
42 Ziff. 2.1.6 VwV ASchulG.

können Bundesprogrammlehrkräfte in Abstimmung mit dem zuständigen Beauftragten der Kultusministerkonferenz und unter Zustimmung des inländischen Dienstherrn ausnahmsweise auch zu den für Auslandsdienstlehrkräfte festgelegten Aufgaben sowie für Leitungsaufgaben herangezogen werden. Auf Bundesprogrammlehrkräfte sind größtenteils die für Auslandsdienstlehrkräfte dargestellten Regelungen anwendbar.

14.123 Ähnliche Aufgaben wie Bundesprogrammlehrkräfte erfüllen auch *Landesprogrammlehrkräfte*. Allerdings handelt es sich bei ihnen um verbeamtete oder unbefristet tarifvertraglich beschäftigte Lehrkräfte eines Landes, die unter Fortsetzung der Dienstbezüge aus dem Landesschuldienst beurlaubt oder nach dem Tarifvertrag des Landes zugewiesen sind, und die mit der jeweiligen Bildungseinrichtung im Ausland einen Arbeitsvertrag schließen. Landesprogrammlehrkräfte werden vom Kultusministerium des Landes, bei dem sie beschäftigt sind, ausgewählt und der ZfA mitgeteilt. Von der ZfA erhalten sie auf der Grundlage eines Zuwendungs- und Vermittlungsbescheides einmalige Zuwendungen nach den Regelungen des Bundes, z.B. für den Umzug an den Einsatzort und für jährliche Heimaturlaube. Betreut werden sie von einem Fachberater bzw. Koordinator des Bundes, welcher im Rahmen der von Bund und Ländern gemeinsam getroffenen Absprachen berechtigt sind, den Landesprogrammlehrkräften Weisungen zu erteilen.[43]

14.124 Die Schulen selbst beschäftigen schließlich auf der Grundlage direkt geschlossener Arbeitsverträge und unter Zugrundelegung der ortsüblichen Beschäftigungs- und Lohnbedingungen als dritte Gruppe sogenannte *Ortslehrkräfte*. Diese verfügen über eine in Deutschland oder in einem anderen Staat erworbene Lehrbefähigung und können an deutschen Auslandsschulen auch zur Vorbereitung und Durchführung deutscher Prüfungen eingesetzt werden, wenn dies durch einen Beauftragten der Kultusministerkonferenz genehmigt wird.[44]

14.2 Europäische Schulen

Die Europäischen Schulen[45] dienten ursprünglich allein der schulischen Versorgung der Kinder von Bediensteten der Europäischen Gemeinschaften, haben sich aber inzwischen einem erweiterten Schülerkreis geöffnet.[46] Derzeit gibt es dreizehn Europäische Schulen, die von ca. 27.000 Schülerinnen und Schülern besucht werden: eine in Alicante (Spanien), eine in Bergen in den Niederlanden, vier in Brüssel und eine in Mol in Belgien, zwei in Luxemburg, eine in Varese (Italien); drei Schulen sind in Deutschland angesiedelt: in Frankfurt am Main[47], Karlsruhe und München[48].[49] Sie sind zu unterscheiden von den zwölf Europaschulen, die zwar über ein Zulassungsabkommen dem System der Europäischen Schulen angehören und ein unional konzipiertes Akkreditierungsverfahren durchlaufen müssen, rechtlich, administrativ und finanziell aber in die nationalen Bil-

43 Die Regelungen zu den Landesprogrammlehrkräften finden sich in Ziff. 2.3 RL Auslandsschuldienst.

44 Die Regelungen zu den Ortslehrkräften finden sich in Ziff. 2.4 RL Auslandsschuldienst.

45 „Schola Europaea" – so die selbst gegebene Bezeichnung. Ausführliche Informationen zu den Europäischen Schulen finden sich auf: http://www.eursc.eu.

46 Zu Rechtsfragen bzgl. der Europäischen Schulen: Joachim *Gruber*, Europarecht verdrängt das Völkerrecht: Das Beispiel der Europäischen Schulen, EuR 2010, 453; *ders.*, Europäische Schulen: Ein in die EG integriertes Völkerrechtssubjekt, ZaöRV 65 (2005), 1015; *ders.*, Europäische Schulen: Annäherung an die EG durch eine neue Satzung, EuR 2005, 124; *ders.*, Die Europäische Schule, VBlBW 2000, 420.

47 Abkommen über die Europäischen Schule in Frankfurt am Main, Gesetz vom 22.8.2005 (BGBl. II S. 890).

48 Abkommen über die Europäischen Schulen in Karlsruhe und München, Gesetz vom 26.8.1998 (BGBl. II S. 2060).

49 Die Europäische Schule in Culham in Großbritannien wurde zum 31.8.2017 geschlossen.

dungssysteme eingegliedert sind und der Zuständigkeit des jeweiligen Mitgliedstaates der Europäischen Union unterliegen.[50] Bestandteil der nationalen Bildungssysteme sind auch die ebenfalls von den Europäischen Schulen abzugrenzenden sogenannten Europaschulen, die aufgrund einer Empfehlung der Kultusministerkonferenz eingeführt worden sind und deren Anerkennung sich nach je unterschiedlichen Vorgaben der Länder der Bundesrepublik richtet.[51]

Der Rechtsstatus der Europäischen Schulen beruht im Wesentlichen auf der Vereinbarung über die Satzung der Europäischen Schulen vom 21.6.1994[52], die am 1.10.2002 in Kraft getreten ist.[53] Bei der Vereinbarung handelt es sich um ein völkerrechtliches Abkommen, dem die Mitgliedstaaten der Europäischen Union und die Europäischen Gemeinschaften selbst beigetreten sind.[54] Europäische Schulen sind danach *unselbständige Anstalten der Institution Europäische Schulen, die als öffentliche Anstalt internationalen Rechts Rechtspersönlichkeit besitzt.*[55] Aus der Perspektive des nationalen Rechts ist die Institution Europäische Schulen eine zwischenstaatliche Einrichtung im Sinne des Art. 24 Abs. 1 GG.[56]

Das wichtigste für sämtliche Europäische Schulen gemeinsame Organ ist der *Oberste Rat*. Ihm gehören die zuständigen Ministerinnen und Minister der Mitgliedstaaten, ein Mitglied der Kommission der Europäischen Union, eine vom Personalausschuss der Europäischen Schulen benannte Lehrkraft sowie ein von den Elternvereinigungen benannter Vertreter der Elternschaft an[57]; ein Vertreter der Schülerschaft kann als Beobachter zu den Sitzungen des obersten Rats eingeladen werden, wenn es um die Schülerinnen und Schüler betreffende Fragen geht.[58] Der Oberste Rat trifft die wesentlichen Entscheidungen auf den Gebieten des Unterrichtswesens einschließlich der Festlegung

50 In Deutschland ist dies bislang nur die Europäische Schule RheinMain in Bad Vilbel. Die grundlegenden Regelungen bzgl. der anerkannten Europäischen Schulen sind zusammengefasst im „Regelwerk der anerkannten Europäischen Schulen“, das auf der Homepage der Europäischen Schulen heruntergeladen werden kann.

51 *Sekretariat der Kultusministerkonferenz*, Zur europäischen Dimension im Bildungswesen. Gemeinsamer Bericht der Länder zur Umsetzung der Entschließung des Rates und der im Rat vereinigten Minister für das Bildungswesen vom 24.5.1988 in der Bundesrepublik Deutschland, Bonn 1992; die entsprechende Entschließung des Rates und der im Rat vereinigten Minister für das Bildungswesen ist abgedruckt in: ABl. C 177/02.

52 ABl. L 212, S. 3 (BGBl. 1996 II, 2559); ausführlich zu dieser Vereinbarung: *Gruber* (Fn. 46), EuR 2005, 124 (125 ff.).

53 Alle weiteren grundlegenden rechtlichen wie sonstigen Dokumente sowie Beschlüsse der Organe der Europäischen Schulen können in ihrer jeweils aktuellen Fassung auf der Homepage des Büros des Generalsekretärs der Europäischen Schulen heruntergeladen werden: https://www.eursc.eu/de/Office/official-texts/basic-texts/de

54 Vgl. hierzu auch die mittlerweile außer Kraft getretene Satzung der Europäischen Schulen vom 12.4.1957 mit Prüfungsordnung der Europäischen Reifeprüfung vom 15.7.1957 und Berichtigungsprotokoll vom 17.3.1961 (BGBl. II 1965, 1042); Protokoll über die Gründung Europäischer Schulen vom 13.4.1962 (BGBl. II 1969, 1302).

55 S. hierzu auch: EuGH, Urt. v. 14.6.2011, Rs. C-196/09, Slg. 2011, I-5105, Rn. 3 f.; Urt. v. 15.1.1986, Rs. 44/84, Slg. 1986, 29, Rn. 20.

56 Hierzu: BGH, NJW 2009, 3164 (3165 f.), der für Streitigkeiten über die Höhe des Schulgelds einer in Deutschland gelegenen Europäischen Schule die Eröffnung der deutschen Gerichtsbarkeit mit Rücksicht auf die völkerrechtliche Immunität der Europäischen Schulen abgelehnt hat; ähnlich für Streitigkeiten zwischen einer in Deutschland gelegenen Europäischen Schule und ihren Bediensteten, die dem internen Organisationsrecht der Schule als zwischenstaatlicher Einrichtung unterliegen, auch: BVerwGE 91, 126 (128).

57 Art. 8 Abs. 1 der Satzung der Europäischen Schule.

58 Art. 8 Abs. 3 der Satzung der Europäischen Schule.

der allgemeinen Schulordnung[59], des Haushalts[60] und der Verwaltung[61]. Zwei *Inspektionsausschüsse* – einer für Kindergärten und Grundschulen, der andere für die Höheren Schulen – nehmen Aufsichts- und Beratungsfunktionen war; die Ausschüsse, in die die Mitgliedstaaten je einen Vertreter entsenden (vgl. Art. 16 Abs. 1 Satzung der Europäischen Schulen), sollen insbesondere die Qualität des Schulunterrichts überwachen, diesbezüglich entsprechende Inspektionen der einzelnen Europäischen Schulen durchführen und dem obersten Rat Empfehlungen und Vorschläge unterbreiten (Art. 17 f. Satzung der Europäischen Schulen). Der *Verwaltungsrat* jeder einzelnen Schule, der aus acht Mitgliedern besteht[62], ist für die örtlichen Haushalts- und Verwaltungsangelegenheiten zuständig (Art. 20 Satzung der Europäischen Schulen). Die *Direktorin* bzw. der *Direktor* leitet die Schule im Rahmen der allgemeinen Schulordnung in Alleinverantwortung.

Die vertikale Gliederung der Europäischen Schulen führt vom zweijährigen *Kindergarten* über die fünfjährige *Grundschule* zur siebenjährigen *Höheren Schule*, die mit der Reifeprüfung abschließt. In der Höheren Schule folgt auf die dreijährige gemeinsame Unterstufe die vierjährige spezialisierte Oberstufe mit altsprachlichem, neusprachlichem, mathematisch-naturwissenschaftlichem und wirtschafts-sozialwissenschaftlichem Zweig. Das Reifezeugnis berechtigt zum Studium an den Hochschulen sämtlicher Mitgliedstaaten und wird auch in anderen Ländern (z.B. in den USA und in der Schweiz) anerkannt.

Die Schulen unterrichten in *neun Sprachabteilungen* (Dänisch, Deutsch, Englisch, Französisch, Griechisch, Italienisch, Niederländisch, Portugiesisch und Spanisch) nach vereinheitlichten Lehrplänen. Jeder Schüler lernt bereits im ersten Grundschuljahr intensiv eine Fremdsprache (Deutsch, Englisch, Französisch oder Spanisch) als sogenannte Ergänzungssprache; diese wird vom dritten Jahr der Höheren Schule an in einer Reihe von Fächern (z.B. Geschichte, Geographie) als Unterrichtssprache verwendet. Zu Beginn der Höheren Schule wählen die Schüler eine der neun Unterrichtssprachen als zweite Fremdsprache.

---

59 Dazu gehört nach Art. 11 der Satzung der Europäischen Schule insb. die Festlegung der Richtlinien für den Unterricht und dessen Ausgestaltung; der Rat legt daher für jedes Schuljahr aufeinander abgestimmte Lehr- und Stundenpläne fest und gibt Empfehlungen zu den Unterrichtsmethoden, bestimmt über die Versetzungsregelungen und erlässt die Prüfungsordnungen; darüber hinaus sorgt er durch Inspektionsausschüsse und die Festlegung von Vorschriften für die Aufsicht über den Unterricht.

60 Hierzu zählt nach Art. 25 Nr. 4 der Satzung der Europäischen Schulen auch die Bestimmung der Höhe des Schulgeldes. Nach der Rechtsprechung des Bundesfinanzhofs können die Schulgeldzahlungen teilweise als Sonderausgaben geltend gemacht werden, da eine Europäische Schule in Deutschland zwar nicht wie eine Privatschule durch eine nationale Behörde staatlich genehmigt ist, sie aber die Voraussetzungen erfülle, unter denen bei einer deutschen Schule eine Genehmigung zu erteilen wäre und durch den deutschen Gesetzgeber in einer Weise anerkannt sei, die einer staatlichen Genehmigung gleichkommt; die Regelung des § 10 Abs. 1 Nr. 9 EStG, die die Geltendmachung von Schulbesuchskosten als Sonderausgaben regelt, enthalte insoweit eine (verdeckte) Regelungslücke, die im Wege teleologischer Extension in einer dem allgemeinen Gleichheitssatz gemäß Art. 3 Abs. 1 GG entsprechenden Weise zu schließen sei. S. BFHE 213, 345.

61 Der oberste Rat ernennt nach Art. 12 der Satzung der Europäischen Schulen z.B. den Direktor und seine Stellvertreter für jede Schule und bestimmt jährlich den Bedarf an Lehrkräften sowie an Verwaltungs- und Dienstpersonal.

62 Ihm gehören nach Art. 19 der Satzung der Europäischen Schulen der Generalsekretär, der Direktor der Schule, ein Vertreter der Kommission, zwei Mitglieder des Lehrkörpers, zwei Vertreter der Elternschaft und ein Vertreter des Verwaltungs- und Dienstpersonals an. Ein Vertreter des Mitgliedstaats, in dem die Schule ihren Sitz hat, kann als Beobachter an den Sitzungen des Verwaltungsrats teilnehmen; zwei Vertreter der Schülerschaft sind zu den Sitzungen des Verwaltungsrats ihrer Schule als Beobachter einzuladen, soweit sie von den behandelten Fragen betroffen sind.

Die Beschäftigungsverhältnisse der an Europäischen Schulen tätigen Lehrerinnen und Lehrer werden durch das Statut des abgeordneten Personals der Europäischen Schulen geregelt.[63] Danach müssen die Lehrerinnen und Lehrer an einer Europäischen Schule zunächst eine zweijährige Probezeit durchlaufen, bevor eine Verlängerung der Anstellung um drei Jahre erfolgt; danach ist eine Verlängerung noch einmal um vier Jahre möglich.[64]

63 Az.: 2011-04-D-14-de-8. Soweit die Gehälter der Lehrer vom Entsendestaat gezahlt werden, unterliegen sie nur dort der Besteuerung; die darüber hinausgehende, dem Ausgleich besonderer Belastungen dienende, von der Europäischen Schule geleistete Zulage darf hingegen von keinem Mitgliedstaat besteuert werden, soweit dadurch im Ergebnis der Haushalt der Europäischen Gemeinschaft belastet wird: EuGH, Urt. v. 15.1.1986, Rs. 44/84, Slg. 1986, 29; dazu auch *Gruber* (Fn. 46), ZaöRV 2005, 1015 (1023).

64 Nur in außergewöhnlichen Fällen und im Interesse der Schule kann die Gesamthöchstdauer der Anstellung von insgesamt neun Jahren auf Vorschlag des Direktors der Schule und mit Zustimmung des nationalen Inspektors von der Abordnungsbehörde um ein Jahr verlängert werden. S. Art. 28 f. des Statuts des abgeordneten Personals der Europäischen Schulen.

15. Kapitel: Überblick über das Privatschulrecht

15.1 Die Rolle der Privatschule im deutschen Schulwesen[1]

Die Gliederung des Schulwesens in öffentliche und private Schulen ist ein grundlegendes, das gesamte Schulrecht bestimmendes Ordnungsprinzip (vgl. TZ 3.11). Die öffentliche Schule befindet sich in öffentlicher Hand und ist damit unmittelbar – als kommunale Schule mittelbar – ein Instrument des staatlichen Erziehungswillens. *Die private Schule ist Schule in privater – d.h. weder unmittelbar noch mittelbar staatlicher – Trägerschaft.* Auch wenn sie öffentlichen Aufgaben dient (soweit in ihr z.B. die Schulpflicht erfüllt wird), ist sie Ausdruck des Gestaltungswillens ihrer Gründer und Träger. Dieser grundsätzlichen Unterscheidung entspricht die Unterscheidung des Privatschulrechts vom Recht der öffentlichen Schule.

15.11 Begriff der Privatschule

Der Begriff der Privatschule setzt den allgemeinen Begriff der Schule, wie ihn das Schulrecht zugrunde legt, voraus (dazu TZ 1.1). Auch sie ist daher wie die öffentliche Schule eine organisierte, auf eine Mindestdauer angelegte Einrichtung, in der unabhängig vom Wechsel der Lehrkräfte und der Schülerinnen und Schüler durch planmäßiges gemeinsames Lernen in mehreren Fächern bestimmte Bildungs- und Erziehungsziele verfolgt werden. Dieser *institutionelle Schulbegriff* hat zur Folge, dass private Bildungsangebote im frühkindlichen („vorschulischen“) Bereich, insbesondere Kindertagesstätten, von vornherein nicht als Schulen anzusehen sind.[2]

Die (Privat-)Schulgesetze der Länder definieren die Privatschulen nach dem formalen Kriterium der Trägerschaft, und zwar entweder – negativ – in Abgrenzung zur öffent-

---

1 Rechtlich relevante Literatur zu diesem Kapitel: Johanna *Keller*/Ingo *Krampen* (Hrsg.), Das Recht der Schulen in freier Trägerschaft. Handbuch für Praxis und Wissenschaft, Baden-Baden 2014; Frank-Rüdiger *Jach* unter Mitarbeit von Burkhard *Kämper* (Hrsg.), Bildung und Erziehung in freier Trägerschaft (BEFT). Neuwied (Loseblattausgabe; Stand: teilweise, aber bei weitem nicht vollständig September 2017). Der erste Teil bietet Informationen über Privatschulverbände u.a.; der zweite Teil enthält einen Grundriss des Rechts der Bildung und Erziehung in freier Trägerschaft; der dritte Teil umfasst die einschlägigen Rechtsquellen, der vierte gerichtliche Entscheidungen. Ferner: Hermann *Avenarius* – Bodo *Pieroth*/ Tristan *Barczak*, Die Herausforderung des öffentlichen Schulwesens durch private Schulen – eine Kontroverse. Die Freien Schulen in der Standortkonkurrenz, Baden-Baden 2012; Frauke *Brosius-Bergsdorf*, Privatschulen zwischen Autonomie und staatlicher Aufsicht, DV 2012, 389; Hans *Heckel*, Deutsches Privatschulrecht, Köln 1955 (immer noch grundlegend); Matthias *Jestaedt,* Schulische und außerschulische *Erziehung*, in: HdbStR VII, § 156 Rn. 48 ff.; Arletta-Marie *Kösling,* Die private Schule gemäß Art. 7 Abs. 4, 5 GG, Baden-Baden 2005; Stefan *Mückl*, Freiheit kirchlichen Wirkens, in: HdbStR VII, § 161 Rn. 16 ff.; Friedrich *Müller,* Das Recht der Freien Schule nach dem Grundgesetz. 2. Aufl., Berlin 1982; Friedrich *Müller*/Bernd *Jeand'Heur* (Hrsg.), Zukunftsperspektiven der Freien Schule. 2. Aufl., Berlin 1996; *Rux/Niehues,* Schulrecht, Rn. 1123 ff.; Reiner *Tillmanns,* Die Freiheit der Privatschulen nach dem Grundgesetz, Köln 2006; Johann Peter *Vogel*, Das Recht der Schulen und Heime in freier Trägerschaft, 3. Aufl., Neuwied 1997. – Zu allgemeinen Fragen des Privatschulbereichs: Klaus *Klemm*/ Lars *Hoffmann*/Kai *Maaz*/Petra *Stanat*, Privatschulen in Deutschland. Trends und Leistungsvergleiche, Berlin, 2018; Margret *Kraul,* Private Schulen, Wiesbaden 2015; Heiner *Ullrich*/Susanne *Strunck* (Hrsg.), Private Schulen in Deutschland. Entwicklungen – Profile – Kontroversen, Wiesbaden 2012; Manfred *Weiß*, Allgemeinbildende Privatschulen in Deutschland. Bereicherung oder Gefährdung des öffentlichen Schulwesens?, Berlin, 2011.

2 A.A. Frauke *Brosius-Gersdorf* (in: Dreier, Grundgesetz. Kommentar, Art. 7 Rn. 42), die einen funktionalen Schulbegriff vertritt, demzufolge Kindertagesstätten jedenfalls insoweit Schulen im Sinne des Art. 7 Abs. 1 GG sind, als sie Bildungsaufgaben wahrnehmen. S. auch *dies.* DV, 389 (413).

lichen Schule als eine Schule, die nicht in öffentlicher Trägerschaft steht[3], oder – positiv – durch Benennung der in Betracht kommenden Rechtsformen ihrer Trägerschaft, nämlich einer natürlichen oder juristischen Person des Privatrechts oder einer Religionsgemeinschaft oder Weltanschauungsgemeinschaft, die die Rechte einer Körperschaft des öffentlichen Rechts besitzt.[4] Eine über diese formalen Merkmale hinausgehende Definition könnte lauten: *Die Privatschule ist eine von einem der genannten Träger errichtete und betriebene Schule, die Erziehung und Unterricht in eigener Verantwortung gestaltet und von Eltern bzw. Schülern frei gewählt werden kann.*[5] Dem entspricht es, dass die Bezeichnung der Privatschulen als *Freie Schulen* oder als *Schulen in freier Trägerschaft* mehr und mehr Anklang findet, so wie man auch von der freien Wohlfahrtspflege spricht. Damit soll nicht gesagt werden, dass die öffentliche Schule unfrei sei. Auch wird nicht geleugnet, dass die Schule in freier Trägerschaft ebenso wie die freie Wohlfahrtspflege vielfältig gebunden ist; aber die Bindung ist selbstbestimmt durch die religiös-weltanschauliche Orientierung oder durch ein besonderes Erziehungskonzept. Andererseits verwendet das Grundgesetz selbst die Bezeichnung „private Schule", und die Gegenüberstellung von privatem und öffentlichem Recht durchzieht unsere gesamte Rechtsordnung; es wird deshalb im Folgenden die Bezeichnung Privatschule beibehalten.[6]

15.12 Für und Wider der Privatschule

Seit dem Entstehen des modernen Staates ist die Privatschule immer wieder heftig umstritten gewesen. Dem *Etatismus* gleich welcher Prägung erschien sie stets als Fremdkörper, als Gefährdung der Allzuständigkeit des Staates, auch und gerade im Bildungswesen. Teilweise wurzeln die Bedenken gegen die Privatschulen, die ganz überwiegend in kirchlicher, vor allem katholischer Trägerschaft geführt werden, in laizistisch-antiklerikalen Überzeugungen; damit mag es zusammenhängen, dass der politische *Liberalismus*,

---

3 Z.B. § 1 Abs. 1 brem PSchG, § 1 Abs. 1 HmbSfTG, § 100 Abs. 1 nrw SchulG, § 1 Abs. 1 saarl PrivSchG, § 1 SächsFrTrSchulG.

4 Z.B. § 2 Nr. 3 BbgSchulG, § 1 Abs. 4 Satz 1 NSchG, § 2 Abs. 3 SchulG LSA, § 2 Abs. 3 sh SchulG, § 2 Abs. 1 ThürSchfTG. – Unter den Privatschulen, die eine juristische Person des Privatrechts als Träger haben, ist der eingetragene Verein die am meisten verbreitete Rechtsform. Die Eintragung ins Vereinsregister setzt gem. § 21 BGB voraus, dass der Zweck des Vereins nicht auf einen wirtschaftlichen Geschäftsbetrieb gerichtet ist. Die Eintragungsfähigkeit eines Vereins, der nach seiner Satzung einen Zweckbetrieb wie z.B. eine Schule oder Kita betreibt, wurde zeitweise insbesondere vom KG Berlin verneint (RPfleger 2016, 423 mit zust. Anm. von Steffen *Kögel* [426]). Inzwischen hat der BGH (NJW 2017, 1943) klargestellt, dass ein Verein auch bei umfangreicher wirtschaftlicher Aktivität ein nichtwirtschaftlicher Verein im Sinne des § 21 BGB ist, wenn er zur Erreichung seiner ideellen Zwecke unternehmerische Tätigkeiten entfaltet, sofern diese dem nichtwirtschaftlichen Hauptzweck zu- und untergeordnet und Hilfsmittel zu dessen Erreichung sind. Als Indiz für die Erfüllung dieser Voraussetzung erachtet der BGH, dass der Verein als gemeinnützig im Sinne der §§ 51 ff. der Abgabenordnung anerkannt ist. – Dass die Kirchen gem. Art. 140 GG i.V.m. Art. 137 Abs. 5 WRV Körperschaften des öffentlichen Rechts sind, steht ihrer tradierten Rolle als Privatschulträger nicht entgegen. Bei ihnen handelt es sich nicht um Körperschaften des öffentlichen Rechts im verwaltungs- und staatsorganisatorischen Sinn. Sie nehmen keine Staatsaufgaben wahr, sind nicht in die Staatsorganisation eingebunden, unterliegen keiner staatlichen Aufsicht; dem Staat stehen sie als Teile der Gesellschaft gegenüber und sind grundrechtsfähig (BVerfGE 102, 370 [387 f.]).

5 Zum Privatschulbegriff auch Peter *Badura*, in: Maunz/Dürig, Grundgesetz. Kommentar, Art. 7 Rn. 107; Max-Emanuel *Geis*, in: Friauf/Höfling, Berliner Kommentar zum Grundgesetz, Art. 7 Rn. 74; *Jestaedt*, HdbStR VII, § 156 Rn. 49; Gerhard *Robbers*, in: v. Mangoldt/Klein/Starck, Grundgesetz. Kommentar, Art. 7 Rn. 178 ff.; Markus *Thiel*, in: Sachs, Grundgesetz. Kommentar, Art. 7 Rn. 61; Arnd *Uhle*, in: Epping/Hillgruber, Grundgesetz. Kommentar, Art. 7 Rn. 73; Hinnerk *Wißmann*, in: Bonner Kommentar, Art. 7-III Rn. 195.

6 Auch das BVerfG und das BVerwG halten an der Bezeichnung Privatschule fest, s. etwa BVerfGE 75, 40 (56 ff.); 88, 40 (46 ff.); 90, 107 (114 ff.); 112, 74 (83 ff.); BVerwGE 104, 1 (4 ff.); 112, 263 (266 ff.); 145, 333. Demgegenüber verwenden die Gesetze in den meisten Ländern inzwischen den Terminus „Schule in freier Trägerschaft".

der nach seiner Staatsauffassung die Privatschule an und für sich befürworten müsste, ihr früher vielfach mit Vorbehalten begegnet ist. Überdies haben *sozialreformerische Bewegungen*, für die die öffentliche Schule ein wichtiges Instrument der sozialen Integration von Schülerinnen und Schülern unterschiedlicher Schichten und Weltanschauungen ist, die Privatschule häufig wegen ihrer tatsächlich oder vermeintlich desintegrativen Tendenzen abgelehnt. Ein Umstand, der zusätzlich Widerspruch gegen die Institution der Privatschule zu erregen pflegt, ist der *erwerbswirtschaftliche Charakter* mancher Privatschule, sofern dadurch Kinder aus wohlhabenden Familien privilegiert werden. In neuerer Zeit wird die Sorge laut, dass das öffentliche Bildungsangebot mit verbreitetem Stundenausfall, überfüllten Klassen, Migrantenkindern sowie überforderten Lehrern und Schülern angesichts der mit den von diesen Problemen und Herausforderungen weniger betroffenen Privatschulen Schaden nehmen könne.

All diesen Bedenken ist entgegenzuhalten, dass die Privatschule die *Idee der Freiheit im Schulwesen* verwirklicht, wobei es nicht nur um die einzelne Schule, sondern um die Institution als solche geht. Das Bundesverfassungsgericht hat mehrfach deutlich gemacht, dass durch die Gewährleistung der Privatschule gemäß Art. 7 Abs. 4 GG einem staatlichen Schulmonopol eine Absage erteilt wird[7], zumal der weltanschaulich neutrale, säkularisierte Staat keine in sich geschlossene Bildungsidee, wie sie die Privatschule anzubieten vermag, haben kann. Der Staat muss den „schulischen Pluralismus auch gegen sich selbst" garantieren.[8] Dazu gehört, dass er private Initiativen im Bildungswesen zulässt, dass er den Eltern, die andere Wege suchen als die der öffentlichen Schule, die freie Wahl hinsichtlich der Bildung ihrer Kinder belässt. Deshalb ist es nur folgerichtig, dass das Grundgesetz in Art. 7 Abs. 4 die Freiheit der Privatschule gewährleistet.

Diese Freiheit erstreckt sich auch auf die *konfessionell geprägte Privatschule*, dies umso mehr, als es ein Gebot der Toleranz ist, dass denen, die eine an ihrem Bekenntnis orientierte Schulerziehung wünschen, eine Alternative zum öffentlichen Schulwesen ermöglicht wird. Im Übrigen sind die Vorbehalte gegenüber der konfessionellen Privatschule immer mehr zurückgegangen. Im Zusammenhang mit dem Bestreben, den Charakter der öffentlichen Schule als Gemeinschaftsschule (dazu TZ 5.251) zu sichern, wird die private Konfessionsschule als Ausweg gesehen und aus diesem Grunde in einigen Ländern sogar besonders gefördert.[9]

Zumindest von ihrem Anspruch her dienen die Privatschulen wie die öffentlichen Schulen der sozialen Integration der Schülerinnen und Schüler. Das gilt jedenfalls für die Ersatzschulen (dazu TZ 15.6) insoweit, als es ihnen untersagt ist, eine Sonderung der Schüler nach den Besitzverhältnissen der Eltern zu fördern (Art. 7 Abs. 4 Satz 3 GG). Nicht zuletzt deshalb sind die Privatschulen in der Regel auf *öffentliche Zuschüsse* angewiesen (dazu TZ 15.66).

Ein beliebtes Argument, um die Existenzberechtigung der Privatschule zu begründen, ist der Hinweis auf ihren pädagogischen Nutzen; die Bildungsgeschichte zeige, dass die Privatschule ein natürliches Experimentierfeld und ein *Schrittmacher des pädagogischen Fortschritts* sei.[10] Diese These, die für die Vergangenheit zutrifft, hat in der Gegenwart an Gewicht verloren. Viele Reformen, die zunächst im Privatschulwesen initiiert worden waren, haben sich längst im öffentlichen Schulsystem durchgesetzt. Heute wird die

---

7 BVerfGE 75, 40 (61 ff.); 90, 107 (114, 116); s. bereits BVerfGE 27, 195 (200 f.).

8 BVerfGE 75, 40 (66).

9 Z.B. Art. 15 Abs. 2 bw Verf., Gesetz zur Änderung der Verfassung des Landes Baden-Württemberg und zur Ausführung von Art. 15 Abs. 2 der Verfassung vom 8.2.1967 (GBl. S. 7); §§ 154 ff. NSchG.

10 *Heckel*, Deutsches Privatschulrecht, S. 8 f.

Privatschule eher als ein Stabilitätsanker angesichts eines sich fortwährend verändernden öffentlichen Schulwesens wahrgenommen.

Von jeher hat die Privatschule ihre Stärke daraus gezogen, Unzulänglichkeiten des öffentlichen Schulwesens auszugleichen. Das galt früher für die *Mädchenbildung*, das gilt noch heute für das *berufsbildende Schulwesen* (Berufsfachschulen, Fachschulen). Auch die *Heimschule* (Internatsschule) erfüllt Bedürfnisse, die im öffentlichen Bildungswesen kaum befriedigt werden; sie ersetzt weitgehend die familiäre Erziehung und bietet Waisen, Kindern aus gefährdeten oder zerrütteten Ehen („Sozialwaisen“) sowie Kindern, die infolge mangelnder häuslicher Fürsorge geistig oder seelisch gefährdet oder die wegen Erkrankung zurückgeblieben sind, eine Heimat.

15.13 Quantitative Bedeutung der Privatschulen

Die Zeiten, in denen Privatschulen nur eine marginale Rolle spielten, sind vergangen. Gab es 1992, im Jahr des Beginns der gesamtdeutschen Schulstatistik, 3.232 Privatschulen, so waren es im Schuljahr 2015/16 5.814, ein Anstieg um 80%. Die Anzahl der Privatschulen erhöhte sich sogar dann noch weiter, als die Gesamtzahl aller Schulen aufgrund der drastisch gesunkenen Geburtenzahlen Ende der 1990er Jahre verringert wurde. Während etwa von 2000 bis 2005 die Anzahl der Schulen insgesamt um 18% sank, stieg der die Anzahl der Privatschulen im gleichen Zeitraum um 43%. Das Wachstum der Privatschulen schlägt sich auch in der Zahl ihrer Schülerinnen und Schüler nieder. Sie ist mit ihrem Anteil an der Gesamtschülerzahl im Zeitraum 1992 bis 2015 bei den allgemeinbildenden Schulen von 4,8% auf 8,9% und bei den berufsbildenden Schulen von 5,2% auf 9,6% gestiegen, ein Zuwachs von jeweils 83%; allein bei den Förderschulen hat sich ihr Anteil von 12,6 auf 22,1% erhöht.[11] Erstaunlicherweise ist gerade auch der Anteil der privaten Grundschüler an der Gesamtzahl der Schüler in den Jahren zwischen 1992 und 2015 von 0,8% auf 3,5%, also auf mehr als das Vierfache, gestiegen[12], erstaunlich deshalb, weil das Grundgesetz die Errichtung privater Grundschulen gemäß Art. 7 Abs. 5 nur unter besonderen Voraussetzungen zulässt (vgl. TZ 15.63). Im Bereich der weiterführenden allgemeinbildenden Schulen sind es vor allem private Realschulen und Gymnasien, die mit einem Schüleranteil von 11,1% bzw. 11,9% auf hohe Nachfrage stoßen; bei den beruflichen Schulen erweisen sich private Berufsfachschulen (23,2%) und Fachschulen (33%) als besonders attraktiv.[13] Darüber hinaus sind diejenigen Schulen zu nennen, die neue pädagogische Wege beschritten haben, insbesondere die *Freien Waldorfschulen*, die *Montessori-Schulen* und die *Landerziehungsheime*, wie auch sonst die mit Internaten verbundenen, überwiegend konfessionellen Schulen.

15.14 Trägerorganisationen[14]

15.141 Die manchmal mit Internaten verbundenen *katholischen Schulen*[15] sind zum großen Teil Ordensschulen; sie werden daneben vor allem von Diözesen betrieben. Die

11 *Statistisches Bundesamt*, Bildung und Kultur. Private Schulen. Schuljahr 2015/2016 (Fachserie 11 Reihe 1.1), Wiesbaden 2016, S. 10 ff. und 76 f.

12 Ebda., S. 76.

13 Ebda., S. 76 und 77.

14 Die Anschriften der einzelnen Schulen und Verbände wie auch nähere Informationen über sie sind dem Internet zu entnehmen. – Zu den möglichen Rechtsformen der Trägerschaft privater Schulen s. Ingo *Krampen*, Welche Rechtsform passt für welche Schule? Geeignete Träger für Schulen in freier Trägerschaft, RdJB 2009, 355; *ders.*, Rechtsformen für Schulträger, in: Keller/Krampen (Fn. 1), S. 123 ff.

15 Clauß Peter *Sajak*, Schulen in katholischer Trägerschaft, in: Ullrich/Strunck (Fn. 1), S. 29; Rainer *Ilgner* (Hrsg.), Handbuch Katholische Schule. 6 Bde., Köln 1992.

Ordensschulen sind in der *Vereinigung katholischer Schulen in Ordenstradition (ODIV)*, Ordensdirektoren-Vereinigung, zusammengefasst. Auf Landesebene bestehen zumeist Arbeitsgemeinschaften katholischer Schulen in freier Trägerschaft. Dachorganisation der katholischen Privatschulen in der Bundesrepublik ist der *Arbeitskreis Katholischer Schulen in freier Trägerschaft* in Bonn.

15.142 Der *Arbeitskreis Evangelische Schule* in Hannover ist die Vertretung der Schulen, Internate und Schülerheime in evangelischer Trägerschaft.[16] Er vereinigt die kirchlichen und diakonischen Träger der evangelischen Schulen, die verschiedenen Schulstiftungen und Schulverbände (z.B. Christliches Jugenddorfwerk Deutschlands, Arbeitsgemeinschaft Evangelischer Schulbünde) und bietet eine zentrale Koordinations- und Kooperationsplattform.

15.143 Auf der Pädagogik Rudolf Steiners beruhen als Schulen besonderer pädagogischer Prägung die *Freien Waldorfschulen*.[17] Sie sind zwölfklassige Gesamtschulen mit eigenem Lehrplan und eigener Lehrerbildung, die ihre Schülerinnen und Schüler nach der 12. Klasse mit dem Waldorfabschluss entlassen; die Abiturprüfung für Schüler der Waldorfschule findet gleichzeitig mit der Abiturprüfung an den öffentlichen Gymnasien statt.[18] Die Schulen haben sich im *Bund der Freien Waldorfschulen e.V.* in Stuttgart zusammengeschlossen.

15.144 Der *Bundesverband der Freien Alternativschulen e.V.* mit Sitz in Berlin vereinigt Schulen, die ursprünglich vor allem aus der antiautoritären Protestbewegung („Kinderläden") hervorgegangen sind; sie wollen die Schule als eine möglichst angstfreie Institution erleben lassen und räumen daher der Selbstbestimmung der Kinder breite Entfaltungsmöglichkeiten ein.[19]

15.145 Nachdem die *Vereinigung Deutscher Landerziehungsheime e.V.* 2009 aufgrund der Aufdeckung systematischer sexueller Gewalt an der Odenwaldschule in eine schwere Krise geraten war und bald darauf auseinanderbrach[20], gründeten 2013 mehrere Internate aus Deutschland und der Schweiz als Heimschulen besonderer pädagogischer Prägung einen neuen Verband unter der Bezeichnung *Die Internate Vereinigung e.V.* mit Vereinssitz in Holzminden. Der Schulart nach handelt es sich bei den Internatsschulen um Gymnasien, meist in besondere Heime für Unterstufe, Mittelstufe und Oberstufe gegliedert.

15.146 Der *Verband Deutscher Privatschulverbände e.V. (VDP)* in Berlin vertritt freie Bildungseinrichtungen, die im allgemeinbildenden und berufsbildenden Schulbereich, darüber hinaus in der Erwachsenenbildung und im tertiären Bereich (Fachhochschulen und Hochschulen) tätig sind. Die berufsbildenden Schulen, die im Verband überwiegen, umfassen alle Bereiche der Berufsbildung; die Hauptgruppe bilden die kaufmännischen Schulen (Wirtschaftsschulen). Dem Verband gehören auch zahlreiche private Unterrichtseinrichtungen an. Träger sind teils Einzelpersonen, teils gemeinnützige Vereine oder sonstige gemeinnützige Organisationen.

---

16 *Rat der Evangelischen Kirche in Deutschland (EKD)*, Schulen in evangelischer Trägerschaft. Selbstverständnis, Leistungsfähigkeit und Perspektiven. Eine Handreichung, Gütersloh 2008; Annette *Scheunpflug*, Schulen in evangelischer Trägerschaft, in: Ullrich/Strunck (Fn. 1), S. 41.

17 Heiner *Ullrich*, Freie Waldorfschulen, in: Ullrich/Strunck (Fn. 1), S. 61.

18 Vgl. § 3 bw VO über die Abiturprüfung für Schüler an Freien Waldorfschulen vom 28.4.2011 (GBl. S. 209).

19 Jutta *Wiesemann*/Klaus *Amann*, Freie Alternativschulen, in: Ullrich/Strunck (Fn. 1), S. 97.

20 Dazu Jens *Brachmann*, Reformpädagogik zwischen Re-Education, Bildungsexpansion und Missbrauchsskandal. Die Geschichte der Vereinigung Deutscher Landerziehungsheime 1947-2012, Bad Heilbrunn 2015.

15.147 Die in TZ 15.141-15.146 genannten Trägerorganisationen haben sich in der in Hamburg ansässigen *Bundesarbeitsgemeinschaft Freier Schulen (AGFS)* zusammengeschlossen.

15.148 Darüber hinaus gibt es eine Vielzahl weiterer Privatschulen und Privatschulverbände:

Die *Montessori-Schulen* arbeiten auf der Grundlage der von der italienischen Ärztin und Pädagogin Maria Montessori (1870-1952) entwickelten Pädagogik. Die auf diesem Konzept beruhenden Unterrichtsformen und -materialien sollen dem kindlichen Forschungs- und Entwicklungsdrang Raum geben und selbstbestimmtes Lernen ermöglichen.[21] Die Montessori-Schulen sind in Landesverbänden und im *Montessori Dachverband Deutschland e. V.*, der seine Geschäftsstelle in Kriftel hat, vereinigt.

Die *Internationalen Schulen* orientieren sich an einem einheitlichen international, vorwiegend angelsächsisch geprägten Curriculum. Sie werden in Europa vom European Council of International Schools akkreditiert und führen nach zwölf Schuljahren zu dem vom International Baccalaureate Office in Genf abgenommenen International Baccalaureate Diploma. Unterrichtssprache ist Englisch; doch wird Deutsch als Muttersprache angeboten.[22] Diese Schulen sind im *Verband der Deutschen Internationalen Schulen e. V. (Association of German International Schools)*, Stuttgart, zusammengefasst.

Die *dänischen Privatschulen* in Schleswig führen die Kinder und Jugendlichen in die dänische Sprache und Kultur ein. Es gehört zu ihrem Auftrag, das Bewusstsein der Schülerinnen und Schüler für die Zugehörigkeit zum dänischen Bevölkerungsteil und zum dänischen Volk zu fördern und sie zugleich zu befähigen, in der deutschen Gesellschaft zu leben und zu wirken. Die Schulen sind im dänischen *Schulverein für Südschleswig (Dansk Skoleforening for Sydslesvig)* in Flensburg organisiert (dazu TZ 15.642).

15.149 Zahlreiche Privatschulen arbeiten *ohne Bindung an eine Privatschulorganisation.*

Dazu zählen *Schulen*, die *von berufsständischen Fachorganisationen oder von Gewerkschaften* zur beruflichen Aus- und Weiterbildung eingerichtet sind. Andere haben sich an nichtschulische Organisationen angelehnt; auch die von karitativen Einrichtungen betriebenen Schulen (meist Förderschulen und Ausbildungsstätten für die sozialpädagogische Arbeit) sind den Privatschulverbänden in der Regel nicht angegliedert. Überdies sind zahlreiche von Einzelunternehmern unterhaltene Schulen nicht organisiert.

Im Bereich der allgemeinbildenden Schulen stoßen in den letzten Jahren zunehmend die sogenannten *PHORMS-Schulen* auf Interesse, die als Schularten Vorschule, Grundschule und Gymnasium im Ganztagsbetrieb mit den Unterrichtssprachen Englisch und Deutsch anbieten; als Träger der PHORMS-Schulen fungieren gemeinnützige GmbHs, die ihrerseits in der übergreifenden PHORMS Management AG zusammengefasst sind. Zu nennen sind ferner verschiedene bilinguale *Metropolitan* oder *Cosmopolitan Schools.*

15.15 Gemeinnützigkeit

Die meisten Privatschulen sind gemeinnützige[23] Schulen, denen es nicht auf Gewinnerzielung, sondern auf Förderung pädagogischer, auch religiöser oder weltanschaulicher Ziele ankommt. Die gemeinnützigen Schulen können unter bestimmten Voraussetzun-

21 Gudula *Meisterjahn-Knebel*/Patricia *Eck*, Montessori-Schulen, in: Ullrich/Strunck (Fn. 1), S. 79.
22 Sabine *Hornberg*, Internationale Schulen, in: Ullrich/Strunck (Fn. 1), S. 117.
23 Dazu Klaus *Hesse*, Steuerrechtliche Grundlagen – Die Gemeinnützigkeit, in: Keller/Krampen (Fn. 1), S. 140; *Vogel* (Fn. 1), S. 234 ff.

gen staatliche Finanzhilfen erhalten (dazu TZ 15.66); soweit es sich dabei wie zumeist um juristische Personen handelt, sind sie nach § 5 Abs. 1 Nr. 9 des Körperschaftsteuergesetzes und nach § 3 Nr. 6 des Gewerbesteuergesetzes steuerlich privilegiert. Daneben stehen jene Schulen, deren Träger eine Erwerbsabsicht verfolgen. Die Charakterisierung einer Privatschule als erwerbswirtschaftlich (Unternehmerschule) bedeutet kein Unwerturteil; es gibt unter ihnen solche, die Bestes leisten. Gemeinnützig sind durchweg die Schulen der in TZ 15.141-15.145 genannten Vereinigungen sowie die Montessori-Schulen, darüber hinaus auch einige der dem Verband Deutscher Privatschulverbände (VDP) angehörenden Schulen.

15.2 Rechtsgrundlagen

Wie das Recht der öffentlichen Schule ist auch das Privatschulrecht im Wesentlichen Landesrecht. Es ist allerdings an die in Art. 7 Abs. 4 Satz 1 GG enthaltene Gewährleistung des Grundrechts zur Errichtung von Privatschulen und an die übrigen Normierungen in Art. 7 Abs. 4 und 5 GG gebunden.[24] Die Länder haben sich durch die Vereinbarung vom 10./11.8.1951[25] auf Grundsätze geeinigt, die zwar manche Übereinstimmungen, jedoch keine durchgreifende Vereinheitlichung der Privatschulgesetzgebung bewirkt haben.[26]

15.3 Das Grundrecht der Privatschulfreiheit

Mit dem in Art. 7 Abs. 4 Satz 1 GG gewährleisteten Grundrecht der Privatschulfreiheit[27] ist zugleich eine *Garantie der Privatschule als Institution* verbunden. Das Grundgesetz räumt demnach nicht nur ein subjektives öffentliches Recht auf Errichtung und Betrieb einer Privatschule ein; es garantiert darüber hinaus der Privatschule als Institution ihren Bestand und eine ihrer Eigenart entsprechende Verwirklichung.[28] Diese Gewährleistung bindet Gesetzgebung, Verwaltung und Rechtsprechung (Art. 1 Abs. 3 GG). Gesichert ist für jedermann die *Freiheit, Privatschulen zu errichten*; das gilt grundsätzlich selbst dann, wenn kein Bedürfnis für die Schulgründung besteht und die öffentliche Schule dadurch Schüler einbüßt.[29] Ebenso wenig kann die Schulverwaltung der Schließung einer Privatschule mit der Begründung widersprechen, dass sonst eine öffentliche Schule errichtet werden müsste. Umgekehrt darf die Schule vom Staat weder geschlossen noch beschränkt werden, solange die Voraussetzungen für ihre Errichtung und ihren Betrieb bestehen.

---

24 Zur Einwirkung des Rechts der EU auf die Rechtsstellung der Privatschulen Jörg *Ennuschat*, Der Schutz der Privatschulfreiheit im europäischen Gemeinschaftsrecht, RdJB 2003, 436; Stefan *Korte*/ Kathrin *Dingemann*, Das Recht des Privatschulbetriebs unter europäischem Einfluss, RdJB 2009, 380.

25 KMK-BeschlS. Nr. 484.

26 Das zeigt sich schon in der Form der Gesetzgebung: Während Baden-Württemberg, Bremen, Hamburg, Rheinland-Pfalz, das Saarland, Sachsen und Thüringen besondere Privatschulgesetze erlassen haben, ist das Privatschulrecht in Bayern, Berlin, Brandenburg, Hessen, Mecklenburg-Vorpommern, Niedersachsen, Nordrhein-Westfalen, Sachsen-Anhalt und Schleswig-Holstein in den allgemeinen Schulgesetzen geregelt.

27 *Kösling* (Fn. 1), S. 137 ff.; *Badura* (Fn. 5), Art. 7 Rn. 97 ff.; *Brosius-Gersdorf* (Fn. 2), Art. 7 Rn. 103 ff.; *Geis* (Fn. 5), Art. 7 Rn. 73; *Jestaedt*, HdbStR VII, § 156 Rn. 49 ff.; Robbers (Fn. 5), Art. 7 Rn. 165 ff.; *Thiel* (Fn. 5), Art. 7 Rn. 61; *Uhle* (Fn. 5), Art. 7 Rn 72 ff.; *Wißmann* (Fn. 5), Art. 7-III Rn. 189 ff.

28 BVerfGE 75, 40 (61 f.). Zu der Frage, ob und wieweit sich daraus eine Förderungspflicht des Staates für die Privatschule ergibt, s. TZ 15.66.

29 Zu den Problemen der Genehmigung von Ersatzschulen bei sinkenden Schülerzahlen s. TZ 15.627.

15.4 Freiheiten im Schulbetrieb

Die Privatschulfreiheit beschränkt sich nicht auf die Errichtung, sondern erstreckt sich auch auf den Betrieb der Privatschule.[30] Sie umfasst daher das Recht der freien Gestaltung der Schule sowie das Recht der freien Lehrer- und Schülerwahl.[31] Diese Rechte sind bei Ersatzschulen durch die grundgesetzlichen Genehmigungsbedingungen eingeschränkt (TZ 15.62), bei staatlich anerkannten Schulen zusätzlich durch die mit der Anerkennung verbundenen Anforderungen begrenzt (TZ 15.65).

15.41 Freie Gestaltung der Schule

Die Privatschule hat das Recht, ihren inneren und äußeren Schulbetrieb nach eigenem pädagogischen, religiösen oder weltanschaulichen Leitbild frei zu gestalten. Grenzen der Gestaltungsfreiheit ergeben sich bei der Ersatzschule durch die Genehmigungsvoraussetzungen nach Art. 7 Abs. 4 GG, insbesondere durch das Gebot der Gleichwertigkeit mit den Lehrzielen der öffentlichen Schule (TZ 15.621).

15.42 Freie Lehrerwahl

15.421 Das Recht der freien Lehrerwahl[32] bedeutet, dass die Privatschule grundsätzlich jede Person, die ihr geeignet erscheint, als Lehrkraft beschäftigen kann und dass ihr niemand als Lehrkraft aufgezwungen werden darf. Auch diese Freiheit hat Grenzen. Der Lehrer, den die Privatschule auswählt, muss die persönliche und fachliche Eignung für seine Aufgabe besitzen. Die persönliche Eignung (Zuverlässigkeit) wird im Allgemeinen durch ein polizeiliches Führungszeugnis nachgewiesen. Die fachliche Eignung (Befähigung) liegt im Besitz der nötigen Kenntnisse und pädagogischen Erfahrung. Auch hier gilt bei der Ersatzschule das Prinzip der Gleichwertigkeit mit der öffentlichen Schule (dazu TZ 15.623).

15.422 *Das Rechtsverhältnis zwischen der Privatschule und ihren Lehrkräften* richtet sich nach den Bestimmungen des bürgerlichen Rechts und des Arbeitsrechts.[33] Da für den privaten Unterrichtsbereich keine Tarifverträge bestehen, werden den *Arbeits- und Dienstverträgen* meist Muster der Privatschulverbände zugrunde gelegt, welche die Zustimmung der Aufsichtsbehörden gefunden haben. Streitigkeiten aus dem Arbeitsverhältnis werden vor dem Arbeitsgericht ausgetragen.[34] Die Lehrkräfte sind nach den Bestimmungen des Sozialversicherungsrechts versicherungspflichtig und genießen Kündigungsschutz nach dem Kündigungsschutzgesetz. Das Betriebsverfassungsgesetz mit seinen Mitbestimmungsregelungen ist auf Privatschulen in kirchlicher Trägerschaft nicht anwendbar (§ 118 Abs. 2 BetrVG); dieser *Tendenzschutz* ist sonstigen Privatschulen nur insoweit zugebilligt, als ihre Eigenart der Anwendung des Betriebsverfassungsgesetzes entgegensteht (§ 118 Abs. 1 Satz 1 Nr. 1 BetrVG). Die Kirchen haben für ihren Bereich Regelungen zur Mitarbeitervertretung erlassen. Die evangelischen Landeskirchen und mehrere katholische Diözesen haben einen Teil der Lehrerschaft in den von ihnen getragenen Schulen verbeamtet; für sie gilt daher kirchliches Beamtenrecht. Bei den katho-

30 Dazu Thorsten *Kingreen*/Ralf *Poscher*, Grundrechte, Rn. 758 ff.

31 BVerfGE 27, 195 (200 f.); 75, 40 (62); 88, 40 (46); 90, 107 (114).

32 *Vogel* (Fn. 1), S. 191.

33 Dazu *Müller* (Fn. 1), S. 251 ff., 264 ff., 367 ff.; Sandra *Meinke*, Arbeitsrecht, in: Keller/Krampen (Fn. 1), S. 166; *Vogel* (Fn. 1), S. 190 ff.; s. auch die Ausführungen zur Rechtslage der angestellten Lehrkräfte an öffentlichen Schulen unter TZ 28.3. – „Die Rechtsstellung von Lehrern an Schulen und anderen Erziehungseinrichtungen in kirchlicher Trägerschaft" untersucht in kritischer Auseinandersetzung mit der Rechtsprechung insbesondere des Bundesverfassungsgerichts Friedhelm *Hufen*, RdJB 2001, 345.

34 Es wird auf die Ausführungen unter TZ 32.22 verwiesen.

lischen Ordensschulen gelten die Ordensangehörigen nicht als Arbeitnehmer und unterliegen nicht dem Arbeitsrecht.

15.43 Freie Schülerwahl

15.431 Das Recht der freien Schülerwahl[35] bedeutet, dass die Privatschule in Abweichung von den Auslese- und Versetzungsgrundsätzen der öffentlichen Schule Schülerinnen und Schüler aufnehmen darf, soweit sie es erzieherisch verantworten kann, und dass ihr Schüler nicht gegen ihren Willen zugewiesen werden dürfen. Dieses Recht darf die Privatschule nicht missbrauchen. Bei Aufnahme nur von Kindern wohlhabender Eltern verletzt die Ersatzschule das verfassungsrechtliche Verbot, eine Sonderung nach den Besitzverhältnissen der Eltern zu fördern (Art. 7 Abs. 4 Satz 3 GG, vgl. TZ 15.624). Anerkannte Ersatzschulen können durch das Landesrecht verpflichtet werden, die für entsprechende öffentliche Schulen geltenden Aufnahmebestimmungen zu beachten[36] (TZ 15.655).

Die Ergänzungsschule (TZ 15.7) ist in der Auswahl ihrer Schülerinnen und Schüler frei. Was die Höhe des Schulgeldes betrifft, unterliegt sie nur den allgemeinen gesetzlichen Bindungen gegen Wucher (§ 138 Abs. 2 BGB). Sie kann grundsätzlich keine schulpflichtigen Schülerinnen und Schüler aufnehmen (s. TZ 15.722).

15.432 Die *Rechtsbeziehungen der Schule zu Schülern (und Eltern)* richten sich nach Privatrecht. Der *Schulvertrag*[37] (*Beschulungsvertrag*) ist im Allgemeinen ein Dienstvertrag gemäß §§ 611 ff. BGB, in dem sich der Schulträger zur Leistung von Unterricht und Erziehung, die Eltern zur Zahlung des vereinbarten Schulgelds verpflichten. Er wird üblicherweise als Formularvertrag abgeschlossen, der zugleich Allgemeine Geschäftsbedingungen des Schulträgers enthält. Dabei sind die Vorschriften des BGB zur Gestaltung rechtsgeschäftlicher Schuldverhältnisse durch Allgemeine Geschäftsbedingungen (§§ 305 bis 310) zu beachten. Zweifel bei der Auslegung Allgemeiner Geschäftsbedingungen gehen zu Lasten des Schulträgers (§ 305 Abs. 2 BGB). Bestimmungen in Allgemeinen Geschäftsbedingungen sind unwirksam, wenn sie Eltern oder Schüler als Vertragspartner entgegen den Geboten von Treu und Glauben unangemessen benachteiligen (§ 307 Abs. 1 BGB). Der Schulvertrag nimmt in der Regel Bezug auf die vom Schulträger erlassene Schulordnung, welche die Rechte und Pflichten der Schüler sowie die Folgen von Pflichtverletzungen (z.B. Ordnungsmaßnahmen, im Extremfall auch Kündigung[38]) näher umschreibt; die Schulordnung wird damit Bestandteil des Vertragsverhältnisses. Für Streitigkeiten aus dem Schulvertrag sind die ordentlichen Gerichte zuständig. Soweit eine anerkannte Ersatzschule jedoch hoheitliche Maßnahmen trifft – so bei Prüfungs- und Versetzungsentscheidungen –, erlässt sie Verwaltungsakte, die vor dem Verwaltungsgericht angefochten werden können[39] (vgl. TZ 15.652, 26.432).

35 Dazu *Kösling* (Fn. 1), S. 140 f.

36 BVerfGE 27, 195 (209); BVerwGE 68, 185. So z.B. Art. 100 Abs. 2 Satz 1 BayEUG, § 173 Abs. 2 Satz 2 HSchG.

37 Anja *Surwehme*, Schulvertragsrecht, in: Keller/Krampen (Fn. 1), S. 147; *Vogel* (Fn. 1), S. 211 ff. Hans-Gerd *Wienands*, Der private Unterrichtsvertrag, Neuwied 1996, S. 2 f., 6 ff., 46 ff.

38 Zur Kündigung des Schulvertrags s. *Wienands* (Fn. 37), S. 107 ff., 141 ff.; *Surwehme*, in: Keller/Krampen (Fn. 1), S. 150 f.; *Vogel* (Fn. 1), S. 212 ff.

39 Dazu *Vogel* (Fn. 1), S. 65 ff.

15.5 Allgemeine polizeirechtliche Anforderungen

Die Privatschule hat die allgemeinen polizeirechtlichen Anforderungen zu beachten. Insoweit kann sie sich nicht auf die Privatschulfreiheit berufen.[40] Diese Regelungen fallen nicht in den Schutzbereich des Grundrechts der Privatschulfreiheit[41]; hier gelten vielmehr die Schranken, die dem Grundrecht der freien Entfaltung der Persönlichkeit durch die verfassungsmäßige Ordnung (Art. 2 Abs. 1 GG) gezogen sind. So dürfen die äußeren Einrichtungen und der laufende Betrieb der Schule Sicherheit und Ordnung nicht gefährden, sind die Anforderungen der Bau- und Brandsicherheit, des Gesundheitsschutzes und des Jugendschutzes zu beachten. Erfüllt die Privatschule diese Voraussetzungen nicht, kann die zuständige Behörde auf Abhilfe drängen und nötigenfalls die Schule schließen. Gleiches gilt bei strafrechtlich relevantem Fehlverhalten von Lehrkräften, z.B. durch sexuellen Missbrauch von Schutzbefohlenen, Kindern oder Jugendlichen (§§ 174, 176, 182 StGB).

15.6 Ersatzschulen

Je nachdem, ob eine Privatschule einer vergleichbaren öffentlichen Schule entspricht oder nicht, handelt es sich um eine *Ersatz- oder* um eine *Ergänzungsschule*. An einer Ersatzschule[42] kann die Schulpflicht erfüllt werden, an einer Ergänzungsschule grundsätzlich nicht.[43]

15.61 Akzessorietät der Ersatzschule zur öffentlichen Schule

15.611 Ersatzschulen sind Privatschulen, die *nach dem mit ihrer Errichtung verfolgten Gesamtzweck als Ersatz* für eine in dem Land vorhandene oder grundsätzlich vorgesehene *öffentliche Schule* dienen sollen.[44] Es besteht somit eine Akzessorietät der privaten Ersatzschule zur öffentlichen Schule.[45] Um Ersatzschule zu sein, muss die Privatschule in ihren wesentlichen Merkmalen einer vom öffentlichen Schulwesen vorgehaltenen Schulart entsprechen; ein Mindestmaß an Verträglichkeit mit den im öffentlichen Schulwesen vorhandenen Strukturen einschließlich der damit verfolgten Ziele ist erforderlich.[46] Dieses Verständnis der Ersatzschule legen auch die meisten (Privat-)Schulgesetze zugrunde.[47] Über den bundesverfassungsrechtlich vorgegebenen Begriff der Ersatzschule darf sich der Landesgesetzgeber nicht hinwegsetzen.[48] Andererseits beeinflusst

40 *Vogel* (Fn. 1), S. 65 ff.; *Heckel* (Fn. 1), S. 236 ff.
41 *Müller* (Fn. 1), S. 129, 193.
42 *Brosius-Bergsdorf* (Fn. 1), 389 (413 ff.); *Jach*, Grundriss, BEFT, Nr. 20, S. 64 ff.; *Kösling* (Fn. 1), S. 163 ff. und Johann Peter *Vogel*, Zur Genehmigung von Ersatzschulen, DÖV 2008, 895; s. ferner *Müller* (Fn. 1), S. 121 ff.; *Rux/Niehues*, Schulrecht, Rn. 1128 ff.; *Vogel* (Fn. 1), S. 33 ff., 81 ff.
43 BVerfGE 27, 195 (201 f.); BVerwGE 104, 1 (8).
44 BVerfGE 27, 195 (201 f.); 75, 40 (76 f.); 90, 128 (139). BVerwGE 104, 1 (8); 112, 263 (266 f.); BVerwGE 105,20; BVerwGE 145, 333, (337).
45 BVerfGE 37, 314 (319). Zur Akzessorietät der Ersatzschule s. Hermann *Avenarius,* Gesetzesvorbehalt und Privatschulrecht, in: Schule im Rechtsstaat. Bd. 2. Gutachten für die Kommission Schulrecht des Deutschen Juristentages, München 1980, S. 153; Boas *Kümper*, Die Akzessorietät der privaten Ersatzschule zwischen Bundesverfassungsrecht und Landesverfassungsrecht, VerwArch 2016, 120; *Kösling* (Fn. 1), S. 216 ff.; *Vogel* (Fn. 42), 895 (897 ff.).
46 BVerwGE 104, 1 (7).
47 Lapidar § 120 Abs. 1 Satz 1 BbgSchG: „Ersatzschulen sind alle Schulen in freier Trägerschaft, die Schulen entsprechen, die aufgrund dieses Gesetzes bestehen oder vorgesehen sind." Vgl. auch § 104 Abs. 2 DJT-SchulGE: „Ersatzschulen sind alle Schulen in freier Trägerschaft, die den in § 15 Abs. 3 genannten Schularten oder im Land vorhandenen Versuchsschulen entsprechen…".
48 BVerfGE 90, 128 (139). Höchst fragwürdig daher § 20 Nr. 15 SächsFrTrSchulG, wonach die Staatsregierung durch Rechtsverordnung auch Privatschulen, die diesem Begriff nicht entsprechen, gleichwohl zu Ersatzschulen erklären kann, wenn ein wichtiges öffentliches Interesse besteht.

das Landesrecht die praktische Reichweite des bundesverfassungsrechtlichen Ersatzschulbegriffs insoweit, als es festlegt, welche öffentlichen Schulen es gibt, denen eine Privatschule überhaupt entsprechen kann.[49]

Die Akzessorietät der Ersatzschule ist so lange unproblematisch, als der Staat im öffentlichen Schulwesen eine Vielfalt der Schularten und ihrer Ausformungen bereithält. Schwierigkeiten können dann auftreten, wenn die herkömmlichen Strukturen der öffentlichen Schulen und die sie prägenden Merkmale modifiziert werden, zum Beispiel durch Einführung einer Schulart mit den Bildungsgängen der Hauptschule und der Realschule anstelle der zuvor selbständigen Hauptschule und Realschule, durch Einrichtung einer sechsklassigen statt der zuvor vierklassigen Grundschule mit entsprechend verkürzten weiterführenden Bildungsgängen oder durch Veränderung der Dauer des gymnasialen Bildungsgangs (Reduzierung auf acht bzw. Verlängerung auf neun Jahre).

Diesen Neuerungen im öffentlichen Schulwesen müssen die privaten Ersatzschulen Rechnung tragen. Hierbei ist mit dem Bundesverwaltungsgericht davon auszugehen, dass sich die Ersatzschuleigenschaft *primär anhand äußerer Strukturmerkmale* bestimmt.[50] Schon 1996 hatte das Gericht entschieden, dass ein bundesverfassungsrechtlicher Anspruch auf Genehmigung eines Privatgymnasiums, das ab Klasse 5 beginnt, nicht besteht, wenn der Landesgesetzgeber wie in Brandenburg eine ausnahmslos sechsjährige Grundschulpflicht in verfassungskonformer Weise vorgesehen hat und der Betrieb eines solchen grundständigen Gymnasiums der Gesamtkonzeption des öffentlichen Schulwesens des Landes widerspricht.[51] In der Konsequenz dieser Rechtsprechung müssen sich daher Privatgymnasien mit neunjährigem Bildungsgang auf G 8 umstellen, sofern die gymnasiale Schuldauer im öffentlichen Schulsystem ausnahmslos auf acht Jahre verkürzt wurde; da aber in den G 8-Ländern den Gymnasien zumindest im Rahmen von Modellversuchen die Möglichkeit eingeräumt ist, für G 9 zu optieren, können Privatschulen insoweit an der herkömmlichen Dauer des gymnasialen Bildungsgangs festhalten. Sind wie vor allem in den ostdeutschen Ländern Hauptschulen und Realschulen als eigenständige Schularten im öffentlichen Schulwesen weder vorhanden noch grundsätzlich vorgesehen, sondern in einer Schule mit mehreren Bildungsgängen zusammengefasst, kann beispielsweise eine private Realschule allenfalls dann als Ersatzschule errichtet werden, wenn der Realschulbildungsgang in der öffentlichen Schule, etwa in einer kooperativen Gesamtschule, als selbständige Einheit geführt wird.

Das Bundesverwaltungsgericht hatte allerdings in der Entscheidung vom Dezember 1996, mit der es die Ersatzschuleigenschaft grundständiger Gymnasien im Land Brandenburg prinzipiell verneinte, die Anforderungen an die Akzessorietät der Ersatzschule insoweit eingeschränkt, als es feststellte, dass private Gymnasien, die in den Grundschulbereich hineinragten, nicht zwangsläufig als unzulässige Schulartabweichungen zu qualifizieren seien, sofern sie sich in die Gesamtkonzeption des Landesgesetzgebers einpassten. Das sei der Fall, wenn die spezifischen pädagogischen Ziele, die mit der landesrechtlichen Ausgestaltung als „Gesamtzweck" verfolgt würden, auch in der vorgesehenen Privatschule erfüllt werden könnten, ohne zugleich diejenigen der öffentlichen Schule zu beeinträchtigen. Wenn das vorgesehene grundständige Gymnasium etwa in besonderer Weise darauf angelegt sei, das Verständnis seiner Schülerinnen und Schüler für die jeweils anderen gesellschaftlichen Gruppen zu fördern und eine einseitige Zusammensetzung der Schülerschaft wie auch der Lehrerschaft zu vermeiden, so könne man darin zumindest teilweise ein Äquivalent zur öffentlichen Grundschule in diesen Jahrgangsstufen sehen, das insoweit in die Gesamtkonzeption der für alle gemeinsamen

49 BVerwGE 105, 20 (24).
50 Urteil vom 30.1.2013, BVerwGE 145, 333.
51 Urteil vom 18.12.1996, BVerwGE 104, 1.

öffentlichen Grundschulen hineinpasse.[52] Zu klären bleibe dann aber immer noch, ob das Privatgymnasium der öffentlichen Grundschule leistungsstarke Schüler entziehe und dadurch deren spezifische Aufgabe, Schule für die Kinder aller Schichten und Begabungen zu sein, gefährde.

In seinem Urteil vom Januar 2013 hat das Bundesverwaltungsgericht nunmehr klargestellt, dass die *Ersatzschuleigenschaft einer Privatschule* jedenfalls immer dann zu *bejahen* ist, wenn sie *im Hinblick auf äußere Strukturmerkmale*, insbesondere Schulart sowie Art und Dauer des Bildungsgangs, einer vorhandenen oder grundsätzlich vorgesehenen öffentlichen Schule entspricht. Daher könne einem privaten Jungengymnasium die Genehmigung nicht wegen fehlender Akzessorietät versagt werden. Die Zulässigkeit *monoedukativer Erziehung* sei vielmehr erst bei der Genehmigungsbedingung des Nichtzurückstehens der Lehrziele gemäß Art. 7 Abs. 4 Satz 3 GG zu prüfen (dazu TZ 15.62). Die Einbeziehung pädagogisch-konzeptioneller Gegebenheiten bereits in die Beurteilung der Akzessorietät einer Privatschule würde dem Landesgesetzgeber über Gebühr Raum eröffnen, durch Festlegungen seiner schulpädagogischen Konzeption von vornherein den zulässigen Umfang des Ersatzschulwesens einzuengen und hiermit die Gewährleistung des Art. 7 Abs. 4 Satz 3 GG in Teilen leerlaufen zu lassen.[53]

15.612 Ob die *internationalen Schulen* (TZ 15.148) den Ersatzschulen zuzurechnen sind, ist umstritten.[54] Zwar kann das International Baccalaureate Diploma am Ende ihres zwölfjährigen Bildungsgangs unter bestimmten Voraussetzungen als in Deutschland wirksame Hochschulzugangsberechtigung anerkannt und damit dem Abitur gleichgestellt werden.[55] Da diese Schulen aber nach dem mit ihrer Errichtung verfolgten Gesamtzweck von vornherein nicht dazu bestimmt sind, eine deutsche öffentliche Schule zu ersetzen, zumal sie ohne jeden Bezug zum öffentlichen Schulwesen in Deutschland bestehen, fehlt ihnen die Ersatzschuleigenschaft. Sie sind daher Ergänzungsschulen.[56] Das hat Auswirkungen auf die Frage, ob an diesen Schulen die Schulpflicht erfüllt werden kann (dazu TZ 15.641, 15.722).

15.613 Die Länder haben das Schulwesen durch ihre Gesetzgebung auf *inklusive Bildung* umgestellt (dazu TZ 3.631). Das führt zu der Frage, ob die Akzessorietät privater

52 BVerwGE 104, 1 (8, 12 f.).

53 BVerwGE 145, 333 (339 f.).

54 Verneinend Werner *van den Hövel*, Erfüllung der Schulpflicht an internationalen und ausländischen Ergänzungsschulen, RdJB 2007, 330 (333); Arletta-Marie *Kösling*, Verfassungsrechtliche Probleme von Ergänzungsschulen, RdJB 2004, 208 (220); Hermann *Avenarius*, Allgemeine Schulpflicht und Privatschulfreiheit – Zur Integrationsfunktion der öffentlichen und der privaten Schule, in: Max-Emanuel Geis/Markus Winkler/Christian Bickenbach (Hrsg.), Von der Kultur der Verfassung. Festschrift für Friedhelm Hufen zum 70. Geburtstag, München 2015, S. 265 (273 ff.). Bejahend: *Vogel* (Fn. 42), 895 (899); Ralf *Poscher*/Michael *Neupert*, Die Rechtsstellung ausländischer und internationaler Schulen unter dem Grundgesetz – Verfassungsrechtliche Anforderungen an die Internationalisierung des Privatschulangebots, RdJB 2005, 244 (250).

55 Dazu die Vereinbarung der KMK über die Anerkennung des „International Baccalaureate Diploma/ Diplôme du Baccalauréat International" vom 10.3.1986 i.d.F. vom 18.11.2004, KMK-BeschlS. Nr. 283.

56 Auch die (Privat-)Schulgesetze der Länder ordnen die internationalen Schulen den Ergänzungsschulen zu (§ 15 Abs. 2 brem PSchG, § 161 Abs. 3 NSchG, § 118 Abs. 3 nrw SchulG, § 12 Abs. 3 SächsFrTrSchulG). Die Regelungen in Bremen sind allerdings widersprüchlich und teilweise nicht verfassungskonform: Einerseits wird einer allgemeinbildenden Ergänzungsschule auf Antrag die Eigenschaft einer anerkannten *Ergänzungsschule* verliehen, wenn deren Schulabschluss darauf gerichtet ist, das International Baccalaureate Diplome (B), das International Certificate of Secondary Education (IGCSE) oder das Advanced International Certificate of Education zu vergeben und die Schulabschlüsse international anerkannt werden (§ 15 Abs. 2 PSchG); andererseits bestimmt § 2 Abs. 2 Satz 3 und Abs. 3 PSchG, dass die International School of Bremen als *Ersatzschule* gilt. Eine Fiktion („gilt") ist die gesetzlich festgelegte Annahme eines Sachverhalts, der in Wirklichkeit nicht besteht; der Gesetzgeber kann aber eine Fiktion nicht dazu verwenden, sich über den verfassungsrechtlich determinierten Begriff der Ersatzschule hinwegzusetzen.

Ersatzschulen zur Folge hat, dass sie wie die öffentlichen Regelschulen als inklusive Schulen zu errichten sind. Gegen diese Erwägung spricht indessen, dass der Privatschule das Recht der freien Schülerwahl verbürgt ist; ihr dürfen Schüler nicht gegen ihren Willen zugewiesen werden (TZ 15.43). Das Recht der freien Schülerwahl steht auch der Ersatzschule zu; es ist bei ihr nur insoweit eingeschränkt, als sie gemäß Art. 7 Abs. 4 Satz 3 GG bei der Aufnahme von Schülern eine Sonderung nach den Besitzverhältnissen der Eltern nicht fördern darf (dazu TZ 15.624). Eltern von Schülerinnen und Schülern mit Behinderungen haben daher keinen Anspruch darauf, ihr Kind auf die Privatschule zu schicken.

15.62 Genehmigung der Ersatzschule

Die Ersatzschule bedarf der staatlichen Genehmigung (Art. 7 Abs. 4 Satz 2 GG).[57] Dadurch soll die Allgemeinheit vor unzureichenden Bildungseinrichtungen geschützt werden.[58] Mit dem Genehmigungsvorbehalt trägt das Grundgesetz der gleichzeitigen Verbürgung von Privatschulgarantie (Art. 7 Abs. 4 Satz 1 GG) auf der einen und staatlicher Gewährleistungsverantwortung für die Erfüllung des staatlichen Bildungs- und Erziehungsauftrags (Art. 7 Abs. 1 GG) auf der anderen Seite Rechnung.[59] Die Genehmigungsvoraussetzungen sind in Art. 7 Abs. 4 Satz 3 und 4 GG abschließend aufgeführt.[60]

Hierzu gehört zunächst die Forderung, dass die Schule in ihren Lehrzielen und Einrichtungen sowie in der wissenschaftlichen Ausbildung der Lehrkräfte nicht hinter der entsprechenden öffentlichen Schule zurückstehen darf. Das „Nichtzurückstehen" der privaten Schule wird in der schulrechtlichen Literatur und in den Landesgesetzen vielfach als *Gleichwertigkeit* bezeichnet; damit soll zum Ausdruck gebracht werden, dass ihr *keine Gleichartigkeit* mit der öffentlichen Schule abverlangt werden kann. Der Begriff Gleichwertigkeit mag insoweit missverständlich sein, als er den Schluss nahelegen könnte, dass die Privatschule, um genehmigt zu werden, ihre Gleichwertigkeit nachweisen müsse; demgegenüber ergibt sich aus dem Wortlaut der grundgesetzlichen Bestimmung, dass es Sache der Schulaufsichtsbehörde ist, den Ausnahmefall des Zurückstehens nachzuweisen, sofern die Schule ihre Gleichwertigkeit nur schlüssig dargelegt hat. Verbleibende Zweifel an der Gleichwertigkeit der Ersatzschule gehen daher zu Lasten des Staates, stehen also der Genehmigung der Ersatzschule nicht entgegen.[61]

---

57 Zur Genehmigung der Ersatzschule: BVerwGE 17, 236. – Aus der Literatur: *Badura* (Fn. 5), Art. 7 Rn. 111 f.; *Brosius-Gersdorf* (Fn. 2), Art. 7 Rn. 119 ff.; *Kösling* (Fn. 1), S. 180 ff.; *Müller* (Fn. 1), S. 121 ff. und passim; *Robbers* (Fn. 5), Art. 7 Rn. 192 ff.; *Thiel* (Fn. 5), Art. 7 Rn. 67 ff.; *Uhle* (Fn. 5), Art. 7 Rn. 82 ff; *Vogel* (Fn. 42), 895; *Wißmann* (Fn. 5), Art. 7-III Rn. 237. Kritisch zu der die Freiräume der Ersatzschulen einschränkenden Genehmigungspraxis der Schulverwaltungen Johann Peter *Vogel*: Was Schulverwaltungen von Ersatzschulgründern fordern, RdJB 2009, 346.

58 BVerfGE 27, 195 (203).

59 *Jestaedt*, HdbStR VII, § 156 Rn. 55.

60 BVerwGE 17, 236; 12, 349 (351). – Zu den zusätzlichen Anforderungen für die Zulassung privater Volksschulen nach Art. 7 Abs. 5 GG s. TZ 15.63.

61 So *Müller* (Fn. 1), S. 118 und 137 ff.; ähnlich *Badura* (Fn. 5), Art. 7 Rn. 118; ferner *Brosius-Gersdorf* (Fn. 2), Art. 7 Rn. 120 („… bedarf keines positiven Nachweises"); vgl. auch BVerwG, RdJB 1993, 352 (360), auszugsweise abgedruckt in BVerwGE 90,1 (15): „… der Anforderung des Art. 7 Abs. 4 Satz 3 GG wird schon dadurch genügt, dass – aufgrund einer konkreten und detaillierten Überprüfung der von der privaten Ersatzschule angestrebten Lehrziele – in nachprüfbarer Weise die Prognose möglich ist, dass sie – voraussichtlich – jedenfalls nicht hinter den Lehrzielen der öffentlichen Schule zurückstehen wird; bloße Zweifel genügen insoweit nicht, eine ansonsten konkret substantiierte Prognose in Frage zu stellen."

15.621 *Gleichwertigkeit der Lehrziele*[62] bedeutet, dass sich die Ersatzschule die Bildungs- und Erziehungsziele der entsprechenden öffentlichen Schulart in ihren wesentlichen Merkmalen zu eigen machen muss. Eine strikte Bindung an die von der Schulverwaltung erlassenen *Lehrpläne* und *Stundentafeln* ist indes nicht geboten. Auch bei der *Auswahl der Schulbücher* ist die Privatschule frei. Ebenso kann sie in den *Unterrichtsmethoden* von den öffentlichen Schulen abweichen. Gleichwertigkeit der Lehrziele besagt im Übrigen, dass die Ersatzschule an die Grundsätze der für entsprechende öffentliche Schulen geltenden *Prüfungsordnungen* gebunden ist. Bei der Vermittlung der zum Ende einer Abschlussklasse maßgeblichen Kenntnisse und Fähigkeiten der Schüler wird ihr Gleichwertigkeit abverlangt; insoweit hat sie auch die im Land geltenden Bildungsstandards (TZ 13.322) zu beachten.[63] Hingegen gehört der Ausbildungs- und Leistungsstand am Ende eines der Abschlussklasse vorausgehenden Schuljahres nicht zu den Lehrzielen, hinsichtlich derer die private Ersatzschule nicht hinter den öffentlichen Schulen zurückstehen darf.[64]

Die Schule darf eigene Erziehungsziele verfolgen und ein spezifisches religiös-weltanschauliches Gepräge haben[65], muss allerdings dabei der *Werteordnung der Verfassung*, insbesondere dem Toleranzgebot, der Achtung der Menschenwürde und den Grundrechten sowie den Verfassungsgrundsätzen des demokratischen und sozialen Rechtsstaats, Rechnung tragen.[66] Auch die Ersatzschule muss sich der *Sexualerziehung* annehmen. Sofern sie sich auf ein weltanschaulich-religiös begründetes Erziehungskonzept beruft, kann sie der Wahrnehmung dieser Erziehungsaufgabe ein eigenes Konzept zugrunde legen.[67] Die Vorgabe des *Erziehungsziels der Verinnerlichung der Gleichberechtigung der Geschlechter* durch die Schüler liegt innerhalb der staatlichen Bestimmungsmacht gegenüber Ersatzschulen. An dieses Erziehungsziel mit seinem engen Bezug zu Art. 3 Abs. 2 GG ist auch eine *monoedukative Schule* gebunden. Die staatlichen Einwirkungsbefugnisse gegenüber Ersatzschulen im Bereich von Erziehungsbelangen schließen aber nach Meinung des Bundesverwaltungsgerichts nicht das Recht ein, die Frage der Erlernbarkeit praktischer Alltagsfähigkeiten, also auch der Fähigkeit zu einem unbefangenen, unverkrampften Umgang mit Angehörigen des anderen Geschlechts in die Genehmigungsprüfung einzubeziehen. Die Einschätzung, dass die Monoedukation im Gegensatz zur Koedukation eine Verinnerlichung der Gleichberechtigung der Geschlechter durch die Schüler nicht hinreichend gewährleiste, könne keinen Vorrang vor der entgegenstehenden Einschätzung beanspruchen. Im Bereich des Privatschulwesens überschritte der Staat seine Bestimmungsmacht in Erziehungsfragen, beschränkte er sich in seinen Vorgaben nicht auf das, was als Wert- und Ordnungsvorstellung schon kraft verfassungsrechtlicher Bestimmung, mindestens aber aufgrund eines allgemein für verbindlich erachteten Minimalkonsenses nicht Gegenstand abweichender Betrachtung sein könne. Daher kann

---

62 Zu den Einzelheiten der Gleichwertigkeit der Lehrziele: *Kösling* (Fn. 1) S. 181 ff.; *Müller* (Fn. 1), S. 128 ff.; *Rux/Niehues*, Schulrecht, Rn. 1146 ff.; *Vogel* (Fn. 1), S. 86 ff.

63 So auch *Jach*, Grundriss, BEFT, Nr. 20, S. 98 f.

64 BVerwGE 112, 263 (267 ff.).

65 Prägnant BVerwG, NVwZ 1990, 864 (865), wonach die Genehmigungsbedingungen des Art. 7 Abs. 4 Satz 3 GG nicht das von der Privatschulfreiheit umfasste Recht des Ersatzschulträgers einschränken, „einen eigenverantwortlich gestalteten Unterricht frei von staatlichem Einfluss zu erteilen; unberührt bleiben insbesondere die Eigenständigkeit der Erziehungsziele, die weltanschauliche Basis, die Lehrmethode und die Lehrinhalte des Unterrichts an den privaten Schulen".

66 BVerwGE 90, 1 (11 f.).

67 Dazu *Kösling* (Fn. 1), S. 182; *Rux/Niehues*, Schulrecht, Rn. 1154; *Vogel* (Fn. 1), S. 87. – Zum Religionsunterricht an privaten Ersatzschulen s. Hermann *Avenarius*, Der Staat und die katholische Schule, in: Rainer Ilgner (Hrsg.), Handbuch Katholische Schule. Bd. 2. Heft 2, Köln 1992, S. 45; Ludwig *Renck*, Privatschulen und Religionsunterricht, BayVBl. 1993, 169.

die Schulbehörde die Genehmigung einer Ersatzschule nicht allein wegen ihrer monoedukativen Ausrichtung versagen.[68]

15.622 *Gleichwertigkeit der Einrichtungen* heißt, dass die Schule in ihrer Organisation und Ausstattung nicht hinter der entsprechenden öffentlichen Schule zurückstehen darf. Zu den Einrichtungen zählen alle Vorkehrungen, die funktionell mit Sinn und Inhalt des Grundrechts der Privatschulfreiheit notwendig verknüpft sind, die also im Dienst der Lehrziele stehen[69]; es handelt sich um *Inventar* und *Sachmittel*, *Klassen- oder Kursgliederung*, *Schülerhöchstzahlen* je Klasse und Kurs, *Lehrer-Schüler-Relation*, *Ferienordnung*.[70] Dabei muss den Ersatzschulen ein hinreichender Gestaltungsspielraum verbleiben. Nicht jede Abweichung von Organisation und Ausstattung entsprechender öffentlicher Schulen ist als Unterschreiten der Mindestanforderungen anzusehen.[71] Die für öffentliche Schulen geltenden Bestimmungen über das *Schulprogramm sowie die interne und externe Evaluation*, welche die pädagogische Arbeit der Schule bis in ihre Einzelheiten – einschließlich Schulkultur, Personalführung und -entwicklung, Kommunikation und Kooperation u.a. – zum Gegenstand haben (dazu TZ 13.31, 13.32), finden auf die genehmigte Ersatzschule keine Anwendung.[72] Umstritten ist, ob die Privatschule eine Schulverfassung haben muss, die Eltern und Schülern die Mitwirkung an schulischen Angelegenheiten ermöglicht.[73] Da die gesetzlich vorgeschriebenen Partizipationsstrukturen ein wesentliches Element der Einrichtungen öffentlicher Schulen bilden und dem für alle Schulen, also auch für die Ersatzschulen maßgeblichen staatsbürgerlichen Erziehungsauftrag dienen, sind grundsätzlich angemessene Formen der Mitwirkung vorzusehen.[74]

---

68 BVerwGE 145, 333 (343 ff.). Kritisch zu diesem Urteil Philipp *Lassahn*/Philipp J. *Butler*, Renaissance der Monoedukation? Ersatzschulen im Spannungsfeld von privater Freiheit und staatlichem Integrationsauftrag, NVwZ 2013, 1202, mit dem Argument, dass die privaten Ersatzschulen, je stärker sie von dem für öffentliche Schulen maßgeblichen Standard abweichen dürften, desto stärker den grundgesetzlichen Integrationsauftrag des Staates im Schulwesen gefährdeten. Die Autoren lassen dabei außer Acht, dass es gerade ein Kennzeichen der Privatschule ist, dass in ihr ein eigenverantwortlich geprägter und gestalteter Unterricht erteilt wird und dass sich ihre Benachteiligung allein wegen ihrer andersartigen Erziehungsformen und -inhalte verbietet (BVerfGE 27, 195 [200 f.]); insoweit begrenzt das Grundrecht der Privatschulfreiheit die Wirkungskraft des für die öffentliche Schule geltenden strengen Integrationsgebots.

69 *Müller* (Fn. 1), S. 130 ff.; so auch *Kösling* (Fn. 1), S. 187 f.; *Vogel* (Fn. 1), S. 88 ff.

70 Zur Frage, ob auch die für öffentliche Schulen vorgeschriebene Mindestzügigkeit zu den Einrichtungen zählt, hinter denen die Ersatzschule nicht zurückstehen darf, Klaus-Detlef *Hanßen*, Rechtliche Fragen der Genehmigung von Privatschulen in den neuen Ländern, RdJB 2009, 345 (bejahend); dazu Johann Peter *Vogel*, Falscher Alarm. Zu Klaus-Detlef Hanßen: Rechtliche Fragen der Genehmigung von Privatschulen (RdJB 3/2009), RdJB 2010, 222 (verneinend); demgegenüber wiederum *Hanßen*, Das unerfüllte Vorhaben einer staatlichen Steuerung des gesamten Schulwesens – eine Antwort auf Johann Peter Vogel: Falscher Alarm, RdJB 2010, 228. – Maßnahmen, die zur Erfüllung polizeirechtlicher Bestimmungen zu treffen sind (vgl. TZ 15.5), zählen nicht zu den Einrichtungen im Sinne des Art. 7 Abs. 4 Satz 3 GG. Bei ihnen gilt nicht der Maßstab der Gleichwertigkeit; vielmehr müssen die polizeirechtlichen Vorschriften strikt befolgt werden.

71 *Kösling* (Fn. 1), S. 188.

72 Zu den Besonderheiten bei anerkannten Ersatzschulen s. TZ 15.655.

73 Bejahend – im Sinne eines „Minimums an Mitbestimmung" – DJT-SchulGE, S. 395; verneinend: *Müller* (Fn. 1), S. 237 ff.

74 Das gilt umso mehr, als mehrere Landesverfassungen ausdrücklich die Erziehung zu einer freiheitlichen demokratischen Gesinnung als Aufgabe der Schule betonen: u.a. Art. 12 Abs. 1 Verf. BW, Art. 131 Abs. 3 Verf. Bay, Art. 28 Verf Bbg, Art. 7 Abs. 2 Verf. NRW, Art. 33 Verf. RP, Art. 30 Verf. Saarl, Art. 101 Abs. 1 Verf. Sachs, Art. 22 Abs. 1 Verf. Thür. Dieses Erziehungsziel kann letztlich nur erreicht werden, wenn Kinder und Jugendliche in demokratische Entscheidungsprozesse der Schule einbezogen werden. Demgemäß bestimmt z.B. § 100 Abs. 5 nrw SchulG, dass Ersatzschulen gleichwertige Formen der Mitwirkung von Schülerinnen, Schülern und Eltern gewährleisten müssen.

15.623 *Gleichwertigkeit der wissenschaftlichen Ausbildung der Lehrkräfte*[75] bedeutet, dass die an der Ersatzschule tätigen Lehrer in ihrer fachlichen, pädagogischen und unterrichtspraktischen Vor- und Ausbildung über die für die Schulart erforderliche Eignung verfügen. Das ist immer dann der Fall, wenn sie die staatliche Lehrerausbildung durchlaufen haben. Die fachliche und pädagogische Eignung kann aber auch auf gleichwertigen sonstigen Leistungen, auch auf praktischer Bewährung beruhen. Das Lehrpersonal muss die Gewähr dafür bieten – auf dieses Kriterium kommt es an –, dass die Schule in ihrem Leistungsniveau nicht hinter der entsprechenden öffentlichen Schule zurücksteht. Gesetzliche Regelungen, nach denen Lehrkräfte und Leiter einer Ersatzschule zur Ausübung ihrer Tätigkeit einer besonderen Genehmigung der staatlichen Schulaufsichtsbehörde bedürfen, verstoßen nicht gegen das Grundrecht der Privatschulfreiheit.[76]

15.624 Weitere Genehmigungsvoraussetzung ist, dass eine *Sonderung der Schüler nach den Besitzverhältnissen der Eltern nicht gefördert* wird. Dadurch soll der Gefahr vorgebeugt werden, dass sich Ersatzschulen zu „Standes- oder Plutokratenschulen" entwickeln. Nach Auffassung des Bundesverfassungsgerichts[77] muss die Schule grundsätzlich allen Bürgern ohne Rücksicht auf ihre persönlichen finanziellen Verhältnisse offenstehen. Diesem Grundsatz wird nicht schon dadurch Genüge getan, dass in Ausnahmefällen für besonders begabte oder besonders arme Kinder Schulgeldstipendien gewährt werden. In ihrer Auswirkung auf die allgemeine Zugänglichkeit der Schule damit nicht vergleichbar ist aber beispielsweise eine Staffelung der Schulgelder nach den Einkommensverhältnissen der Eltern: Das Sonderungsverbot verbietet nicht, an die Einkommensverhältnisse der Eltern anzuknüpfen, wenn gerade dadurch die Zugänglichkeit der Schule offengehalten wird; allerdings muss das durchschnittlich zu entrichtende Schulgeld sozialverträglich sein.[78] Jedenfalls ist die Genehmigung zu versagen oder aufzuheben, wenn überhöhte Schulgelder eine Sonderung der Schüler nach den Besitzverhältnissen der Eltern auch nur fördern würden.[79] Ob dieser vom Bundesverfassungsgericht festgelegte strenge Maßstab in der Genehmigungspraxis der Schulbehörden stets eingehalten wird, erscheint angesichts der Höhe der Schulgelder, wie sie von manchen Ersatzschulen verlangt werden, zweifelhaft. So war das Bundesverfassungsgericht 1994 zu der Ansicht gelangt, dass Schulgelder in der Größenordnung von monatlich 170 bis 190 DM nicht von allen Eltern gezahlt werden könnten und daher mit dem Sonderungsverbot des Art. 7 Abs. 4 Satz 3 GG unvereinbar seien.[80]

In letzter Zeit haben Michael *Wrase* und Marcel *Helbig* die Debatte über Inhalt und Tragweite des Sonderungsverbots neu belebt.[81] Aus der Entscheidung des Bundesverfassungsgerichts von 1994 ziehen sie in Anlehnung an die neuere verwaltungsgerichtliche Rechtsprechung[82] den Schluss, dass im Jahr 2016 ein monatliches Schulgeld von maximal 160 Euro im Durchschnitt aller einkommensabhängig zahlenden Eltern erhoben werden dürfe. Die Erhebung des Schulgelds setze eine Einkommensstaffelung ‚nach unten' bzw. Ermäßigung und Befreiung für geringer verdienende Eltern und für Eltern mit mehreren

75 Vgl. im Einzelnen *Müller* (Fn. 1), S. 143 ff.; *Kösling* (Fn. 1), S. 190 ff.; *Rux/Niehues*, Schulrecht, Rn. 1166 ff.; *Vogel* (Fn. 1)), S. 17 ff.

76 BVerwG, NVwZ 1990, 864. Auf der anderen Seite besteht kein Anspruch der Lehrkraft auf Erteilung einer Unterrichtsgenehmigung, wenn es an einer solchen gesetzlichen Regelung fehlt (VGH Mannheim, Urteil vom 14.3.2007, Az.: 9 S 1673/06 (juris).

77 BVerfGE 75, 40 (63 ff.); 90, 107 (119).

78 So BVerwG, Urteil vom 21.12.2011 – 6 C 18/10 (juris).

79 BVerfGE 75, 40 (64).

80 BVerfGE 90, 107 (119 f.)

81 Michael *Wrase*/Marcel *Helbig*, Das missachtete Verfassungsgebot – Wie das Sonderungsverbot nach Art. 7 IV 3 GG unterlaufen wird, NVwZ 2016, 1591.

82 Insbes. BVerwG, Urt. vom 21.12.2011 (Fn. 78); VGH Mannheim, Urt. vom 14.3.2013 – 9 S 233/12 (juris); VG Stuttgart, Urt. vom 2.2.2010 – 13 K 3238/09 (juris).

Kindern zwingend voraus; eine absolute Grenze ‚nach oben' sei nicht erforderlich. Tatsächlich aber verlangten nicht wenige Ersatzschulen Schulgelder, die weit höher lägen als durchschnittlich 160 Euro, ohne dass die Schulbehörden dagegen einschritten. Aufgrund des Nicht-Vollzugs des Sonderungsverbots in den Ländern habe sich eine Reihe von Ersatzschulen außerhalb des konfessionellen und reformpädagogischen Bereichs etabliert, die sich eine Sonderung der Schüler nach den Besitzverhältnissen der Eltern geradezu zum Programm gemacht hätten.[83] In keinem Land werde im Übrigen die tatsächliche Aufnahmepraxis der Ersatzschulen auf die Einhaltung des Sonderungsverbots hin überprüft, obwohl eine regelmäßige Kontrolle in Bezug auf die soziale Zusammensetzung der Schülerschaft im Vergleich mit den öffentlichen Schulen stattfinden müsste.[84] Damit die zwingend gebotene Einkommensstaffelung der Schulgelder überprüft werden könne, müssten die Schulträger verpflichtet werden, das Einkommen der Eltern zu erfassen und die Einkommensdaten der Aufsichtsbehörde in anonymisierter Form zu übermitteln.[85] Die gegenwärtige Verwaltungspraxis ignoriere teilweise die verfassungsrechtlichen Vorgaben und fördere dadurch eine Entwicklung, welche die ohnehin problematische soziale Segregation in den Schulen weiter forciere.[86]

Die von *Wrase* und *Helbig* präsentierten Schlussfolgerungen beruhen nach Auffassung von Frauke *Brosius-Gersdorf* auf einem missverstandenen Sonderungsverbot.[87] Dieses enthalte weder Vorgaben für die Höhe des durchschnittlichen Schulgelds von Ersatzschulen noch verlange es eine bestimmte soziale Zusammensetzung ihrer Schülerschaft. Ersatzschulen seien nicht verpflichtet, ihre Schülerschaft unabhängig von „Eignung, Befähigung und fachlicher Leistung" (sic) spiegelbildlich zur Schülerschaft öffentlicher Schulen zusammenzusetzen (S. 2 ff.). Bei richtiger Verfassungsinterpretation fordere das Sonderungsverbot von den Ersatzschulen, dass sie die Auswahl ihrer Schülerinnen und Schüler unabhängig von den Einkommens- und Vermögensverhältnissen der Eltern vornähmen (S. 42 ff.) und dass das für den Schulbesuch erhobene Schulgeld von Eltern aller Einkommens- und Vermögensschichten gezahlt werden könne (S. 64 ff.). Diesen Anforderungen genügten verschiedene Schulgeldmodelle, z.B. ein einheitliches gleich hohes Schulgeld für alle Schüler, das auf Antrag finanzschwacher Eltern vollständig erlassen werde, oder ein einheitliches Schulgeld ohne Ermäßigungsmöglichkeit, das so niedrig bemessen sei, dass es von allen Eltern ungeachtet ihrer Einkommens- und Vermögensverhältnisse getragen werden könne (S. 70 ff.). Zu den Schulgeldmodellen, die dem Sonderungsverbot nicht genügten, gehöre insbesondere die Festlegung der maximalen Höhe eines durchschnittlichen Schulgelds. Dieses Modell, das *Wrase/Helbig* für zulässig und wohl sogar für geboten hielten, sei nicht geeignet, das Sonderungsverbot zu verwirklichen, weil damit keine Verpflichtung der Ersatzschulen zur Ermäßigung des Schulgelds für Eltern verbunden sei, die sich das durchschnittliche Schulgeld nicht leisten könnten. Zudem sei es unzulässig, weil sich dem Sonderungsverbot kein Betrag entnehmen lasse, den das Schulgeld *aller* Ersatzschulen im Durchschnitt nicht übersteigen dürfe (S. 77 ff.). Im Übrigen sei eine gesetzliche Regelung, die sämtliche Eltern zur Offenlegung ihrer Einkommens- und Vermögensverhältnisse zum Zweck der Schulgeldberechnung und

83 NVwZ 2016, 1591 (1595 f.).
84 NVwZ 2016, 1591 (1595, 1598).
85 NVwZ 2016, 1591 (1598).
86 NVwZ 2016, 1591 (1598).
87 Frauke *Brosius-Gersdorf*, Das missverstandene Sonderungsverbot für private Ersatzschulen (Art. 7 Abs. 4 Satz 3 Halbs. 2 GG). Inhalt des Sonderungsverbots und Konsequenzen für den Gesetzgeber sowie die Schulbehörden. Rechtsgutachten im Auftrag der Friedrich-Naumann-Stiftung für die Freiheit, Hannover, Juli 2017. Das Gutachten ist im Internet auf der Homepage der Friedrich-Naumann-Stiftung abrufbar: https://www.freiheit.org/sonderungsverbot

-erhebung verpflichte, verfassungswidrig. Sie bewirke einen Eingriff in ihr allgemeines Persönlichkeitsrecht bzw. ihr Grundrecht auf informationelle Selbstbestimmung. Ein solcher Eingriff sei zur Wahrung des Sonderungsverbots nicht erforderlich und verletze daher das Verhältnismäßigkeitsgebot. Daher dürften nur diejenigen Eltern zur Offenlegung ihrer finanziellen Lage verpflichtet werden, die Schulgeldermäßigung beantragten (S. 84 ff.). [88]

Brosius-Gersdorfs Kritik an den Ausführungen von *Wrase/Helbig* zum Sonderungsverbot trifft jedenfalls insoweit zu, als private Ersatzschulen nicht verpflichtet sind, sich bei der Auswahl ihrer Schüler an der sozialen Zusammensetzung der Schülerschaft öffentlicher Schulen zu orientieren. Dass aber eine Begrenzung der Höhe des Schulgelddurchschnitts zur Wahrung des Sonderungsverbots ungeeignet und daher unzulässig sein soll, vermag angesichts der Rechtsprechung von Bundesverfassungsgericht und Bundesverwaltungsgericht nicht einzuleuchten. Vor allem erstaunt es, dass *Brosius-Gersdorf* kein Wort über die von *Wrase/Helbig* nachgewiesene höchst fragwürdige Handhabung des Sonderungsverbots in der Genehmigungs- und Aufsichtspraxis der Schulbehörden mehrerer Bundesländer verliert, die auch den von ihr selbst zugrunde gelegten verfassungsrechtlichen Maßstäben nicht entsprechen dürfte.[89]

15.625 *Die Genehmigung der Ersatzschule ist zu versagen, wenn die wirtschaftliche und rechtliche Stellung der Lehrkräfte nicht genügend gesichert ist.* Auch dadurch soll die Öffentlichkeit vor unzureichenden Bildungseinrichtungen geschützt werden.[90] Das heißt jedoch nicht, dass die Lehrerinnen und Lehrer an einer Ersatzschule in Bezahlung, Arbeitsplatzsicherheit und Altersversorgung den Lehrkräften an öffentlichen Schulen gleichgestellt sein müssen, wohl aber, dass ihre Rechte und Pflichten in einem Arbeitsvertrag, der dem Mindeststandard des Arbeits- und Sozialrechts entspricht, geregelt

---

88 Eine Fachtagung der Arbeitsgruppe Bildungsrecht der Deutschen Gesellschaft für Bildungsverwaltung, die am 31.8./1.9.2017 an der Universität Mainz stattfand, widmete sich der durch den Aufsatz von *Wrase* und *Helbig* in Gang gesetzten Diskussion. Die bei dieser Tagung gehaltenen Vorträge sind im Schwerpunktheft 4/2017 der Zeitschrift R&B abgedruckt. Das Heft enthält die folgenden Beiträge: Johann Peter *Vogel*, Die Sonderung der Schüler nach Art. 7 (4) Satz 3 GG (S. 2); Felix *Hanschmann*/ Michael *Wrase*, Grenzenlose Freiheit oder sozialstaatliche Bindung? – Zum Verbot der Sonderung der Schülerinnen und Schüler an privaten Ersatzschulen (S. 5) sowie Frauke *Brosius-Gersdorf*, Das missverstandene Sonderungsverbot für private Ersatzschulen (Art. 7 Abs. 4 Satz 3 Halbs. 2 GG) (S. 17); der letztgenannte Beitrag ist eine Zusammenfassung des Rechtsgutachtens der Referentin.

89 Immerhin ist es der Erwähnung wert, dass der Landtag von Baden-Württemberg am 27.9.2017 ein Gesetz zur Änderung des Privatschulgesetzes und dessen Vollzugsordnung beschlossen hat, das rückwirkend am 1.8.2017 in Kraft getreten ist (GBl., S. 521). Durch Art. 2 dieses Gesetzes wurde Nr. 5 Vollzugsordnung zum Privatschulgesetz neu gefasst. Die Vorschrift enthält nunmehr die Regelvermutung, dass ein monatliches Schulgeld von durchschnittlich über 160 Euro grundsätzlich geeignet ist, eine Sonderung der Schüler nach den Besitzverhältnissen der Eltern zu fördern. Die Schule kann diese Vermutung im Einzelfall widerlegen, wenn sie der oberen Schulaufsichtsbehörde nachweist, dass in einem angemessenen Umfang für finanzschwache Schüler wirksame wirtschaftliche Erleichterungen hinsichtlich des Schulgelds und der sonstigen im Zusammenhang mit dem Besuch der Schule stehenden Kosten angeboten und gewährt werden. In jedem Fall hat die Schule nachweislich sowohl allgemein als auch gegenüber den jeweiligen Eltern anzubieten, dass diese ein nach einem prozentualen Anteil am Haushaltsnettoeinkommen berechnetes Schulgeld zahlen können, wobei dieses fünf Prozent des Haushaltsnettoeinkommens nicht übersteigen darf. Die Schule ist darüber hinaus verpflichtet, die Eltern in einem Beratungsgespräch auf alle von ihr angebotenen Möglichkeiten zur Vermeidung einer finanziellen Überforderung hinzuweisen und diesen Hinweis schriftlich zu dokumentieren.
Die Vollzugsordnung weist in ihrer geänderten Fassung den Vorzug auf, dass sie keine starre Obergrenze des durchschnittlich zulässigen Schulgelds festsetzt und den Einkommens- und Vermögensverhältnissen der Eltern bei der Bemessung des jeweils von ihnen zu entrichtenden Schulgelds auf angemessene Weise Rechnung trägt.

90 *Müller* (Fn. 1), S. 157.

sind und dass sie mit den ihnen gewährten Bezügen ein standesgemäßes Leben führen können.[91]

15.626 Künftig dürfte die Frage, unter welchen Voraussetzungen *Minderheiten nichtdeutscher Herkunft* Privatschulen gründen und betreiben können, zunehmende Bedeutung gewinnen. Sollen diese Schulen schulpflichtige Kinder und Jugendliche aufnehmen, müssen sie sich als Ersatzschulen in das deutsche Schulwesen einfügen und die Genehmigungsanforderungen des Art. 7 Abs. 4 Satz 3 und 4 GG erfüllen. Sie müssen ihre Schülerinnen und Schüler in die deutsche Gesellschaft integrieren, dürfen sie davon nicht „abkapseln". Zwar können sie das Schulleben auch nach nichtdeutschen kulturellen und religiösen Traditionen gestalten, haben sich aber in ihrer Bildungs- und Erziehungsarbeit an den für öffentliche Schulen des jeweiligen Bundeslandes verbindlichen Maßgaben auszurichten. Die Unterrichtssprache muss Deutsch sein.[92] Eine solche Schule kann beispielsweise auch eine islamische Bekenntnisschule sein.[93] Zu privaten islamischen Bekenntnisgrundschulen TZ 15.633.

15.627 Erfüllt eine Ersatzschule sämtliche in Art. 7 Abs. 4 Satz 3 und 4 GG genannten Bedingungen, hat sie einen *verfassungsrechtlichen Anspruch auf Erteilung der staatlichen Genehmigung*.[94] Das entbindet den Staat jedoch nicht von seiner Pflicht, mithilfe der kommunalen Schulträger dafür zu sorgen, dass schulpflichtige Schülerinnen und Schüler auch bei sinkenden Schülerzahlen eine öffentlich Schule in zumutbarer Entfernung tatsächlich besuchen können, ohne auf Privatschulen angewiesen zu sein. Diese Beschulungspflicht ist zwar im Grundgesetz im Unterschied zur Weimarer Reichsverfassung und zu einigen Landesverfassungen nicht ausdrücklich geregelt.[95] Sie ergibt sich aber aus der überragenden Bedeutung der *Integrationsfunktion der öffentlichen Schule*, die Bundesverfassungsgericht wie Bundesverwaltungsgericht aus der auf Art. 7 Abs. 1 GG beruhenden Verantwortung des Staates für das Schulwesen herleiten.[96] Der Beschulungspflicht kann sich der Staat (und der kommunale Schulträger) nicht dadurch entledigen, dass er Unterricht und Erziehung privaten Ersatzschulen – mit ihrer je eigenen pädagogischen oder religiös-weltanschaulichen Prägung – überlässt, zumal er ihnen wegen ihres Rechts auf freie Schülerwahl keine Schüler aufzwingen kann. In diesem Zusammenhang geht es nicht zuletzt um die Frage, ob eine Ersatzschule auch dann zu genehmigen ist, wenn ihre Errichtung zur Folge hätte, dass die Schülerinnen und Schüler fortan keine in zumutbarer Entfernung vorhandene öffentliche Schule besuchen könnten und der Staat

---

91 Dazu im Einzelnen *Jach*: Grundriss, BEFT, Nr. 20, S. 112 ff.; *Müller* (Fn 1), S. 140 ff.; *Rux/Niehues*, Schulrecht, Rn. 1181 ff.; *Vogel* (Fn. 1), S. 105 ff. Nach *Geis* (Fn. 5), Art. 7 Rn. 85, wird man eine Abweichung von 10 bis 20 Prozent noch als zulässig ansehen müssen.

92 Zur Sonderstellung der Schulen der dänischen Minderheit s. TZ 15.642.

93 S. auch Christine *Langenfeld*, Integration und kulturelle Integrität zugewanderter Minderheiten. Eine Untersuchung am Beispiel des allgemeinbildenden Schulwesens in der Bundesrepublik Deutschland, Tübingen 2001, S. 561, die das Recht zur Gründung islamischer Bekenntnisschulen grundsätzlich bejaht; das gelte jedoch nicht, wenn die betreffende Religion in Widerspruch zu Grundentscheidungen der Verfassung gerate und gleichzeitig den Anspruch erhebe, dies auch im schulischen Bereich als erzieherische Vorgabe zu betrachten.

94 BVerfGE 27, 195 (200).

95 Art. 143 Abs. 1 Satz 1 WRV bestimmte: „Für die Bildung der Jugend ist durch öffentliche Anstalten zu sorgen." Gleichlautend oder ähnlich Art. 133 Abs. 1 Verf. Bay., Art. 29 Abs. 2 Verf. Bbg., Art. 27 Abs. 2 Verf. Brem, Art. 15 Abs. 2 Satz 1 Verf. M-V, Art. 27 Abs. 2 Verf. RP, Art. 24 Abs. 1 Verf. Thür. Nach Art. 26 Abs. 1 Verf. LSA müssen das Land und die Kommunen für ein ausreichendes und vielfältiges *öffentliches* Schulwesen sorgen. Den sich daraus ergebenden Vorrang des öffentlichen gegenüber dem privaten Schulwesen übersieht Frauke *Brosius-Gersdorf* (Verfassungsrechtlicher Status der Ersatzschulen in Sachsen-Anhalt, RdJB 2017, 351), wenn sie aus dem Status der Ersatzschulen einen prinzipiellen Gleichrang öffentlicher und privater Schulen ableitet und die Rolle des Staates darauf beschränkt, „bei Lücken oder nicht behebbaren Mängeln im Ersatzschulbetrieb Abhilfe durch öffentliche Schulen zu schaffen" (S. 354).

96 Zur Integrationsaufgabe des öffentlichen Schulwesens s. TZ 5.12 und 17.144.

insoweit nicht mehr in der Lage wäre, für die vom öffentlichen Schulwesen zu erfüllende Integrationsfunktion einzustehen.[97]

15.63 Zulassung privater Volksschulen

Bei privaten Volksschulen beschränkt sich die staatliche Kontrolle nicht auf die Überprüfung der Genehmigungsvoraussetzungen des Art. 7 Abs. 4 GG. Ihre Zulassung[98] ist nur bei Vorliegen der *zusätzlichen Bedingungen des Art. 7 Abs. 5 GG* möglich, nämlich dann, wenn die Schulbehörde ein besonderes pädagogisches Interesse anerkennt oder wenn die Eltern die Errichtung einer Gemeinschafts-, Bekenntnis- oder Weltanschauungsschule beantragen und eine öffentliche Schule dieser Art in der Gemeinde nicht besteht. Diese Einschränkung der Privatschulfreiheit liegt im Interesse der Zusammenfassung der Kinder aller Bevölkerungsschichten in der öffentlichen (Volks-)Schule. Sie bedeutet eine sozialstaatlichem und egalitär-demokratischem Gedankengut verpflichtete Absage an Klassen, Stände und sonstige Schichtung.[99]

15.631 Das führt zu der Frage, was unter dem Begriff *„Volksschule"*, der früher als zusammenfassende Bezeichnung für Grund- und Hauptschule üblich war, heute zu verstehen ist. *Unstreitbar wird die Grundschule als für alle gemeinsame Schule von Art. 7 Abs. 5 GG erfasst*; das gilt auch dort, wo sie die Klassenstufen 5 und 6 einschließt. Fraglich erscheint indes, ob auch die Hauptschule, soweit sie in den Ländern überhaupt noch als eigenständige weiterführende Schulart besteht, zur Volksschule gehört. Da sie – im Unterschied zur Weimarer Zeit und zur Situation bis zu den 60er Jahren des vorigen Jahrhunderts – keineswegs von der überwiegenden Anzahl der Schülerinnen und Schüler im Anschluss an die Grundschule besucht wird, ist sie nicht mehr als Bestandteil einer Volksschule anzusehen.[100]

15.632 Das *„besondere pädagogische Interesse"* ist nicht mit dem jeweiligen Interesse des Schulträgers, der Eltern oder der Unterrichtsverwaltung gleichzusetzen. Als Rechtfertigung für eine Ausnahme von dem Grundsatz der „Schule für alle" setzt es vielmehr nach Auffassung des Bundesverfassungsgerichts[101] „eine sinnvolle Alternative zum bestehenden öffentlichen und privaten Schulangebot voraus, welche die pädagogische Erfahrung bereichert und der Entwicklung des Schulsystems insgesamt zugute kommt". Dazu ist nicht erforderlich, dass das der privaten Schule zugrunde liegende Konzept in jeder Hinsicht neu oder gar einzigartig ist; es reicht aus, dass es „wesentliche neue Akzente setzt oder schon erprobte Konzepte mit neuen Ansätzen von einigem Gewicht kombiniert". Doch darf wegen des *grundsätzlichen Vorrangs der öffentlichen Grund-*

97 Zum Spannungsverhältnis zwischen dem verfassungsrechtlich gewährleisteten Anspruch der die Genehmigungsbedingungen erfüllenden Ersatzschule auf staatliche Genehmigung und der gleichfalls verfassungsrechtlich gewährleisteten Pflicht des Staates zur ausreichenden Versorgung schulpflichtiger Kinder und Jugendlicher mit öffentlichen Schulen s. des Näheren die kontroversen Positionen von *Avenarius* einerseits und *Pieroth-Barczak* andererseits in: Avenarius – Pieroth/Barczak (Fn.1). Zu diesem Thema schon zuvor die Auseinandersetzung zwischen Klaus-Detlef *Hanßen* und Johann Peter *Vogel* (dazu Fn. 70).

98 Bernd *Jeand'Heur*, Zulassung privater Grundschulen, in: Frank-Rüdiger Jach/Siegfried Jenkner (Hrsg.), Autonomie der staatlichen Schule und freies Schulwesen. Festschrift zum 65. Geburtstag von J.P. Vogel, Berlin 1998, S. 105; *Kösling* (Fn. 1), S. 227 ff.; *Rux/Niehues*, Schulrecht, Rn. 1184 ff.

99 BVerfGE 88, 40 (49 f.); so schon *Heckel* (Fn. 1), S. 290.

100 *Kösling* (Fn. 1), S. 229 ff. m.w.N.; *Rux/Niehues*, Schulrecht, Rn. 1186; wohl auch *Thiel* (Fn. 5), Art. 7 Rn. 72. A.A. *Wißmann* (Fn. 5), Art. 7-III Rn. 262, mit dem Argument, formell bleibe die Hauptschule die allgemeine Schulart, an der die Schulpflicht erfüllt werden müsse, wenn keine andere Schule besucht werde. Auch für *Badura* (Fn. 5), Art. 7 Rn. 122 umfasst die Volksschule „in heutiger Terminologie" die Grundschulen und die Hauptschulen. In den bislang von der Rechtsprechung entschiedenen Fällen ging es bei der Anwendung des Art. 7 Abs. 5 GG stets nur um Grundschulen.

101 BVerfGE 88, 40 (52 ff.); so auch VGH München, DÖV 2009, 1153.

schule dem Begriff des besonderen pädagogischen Interesses kein Verständnis zugrunde gelegt werden, das eine flächendeckende Zulassung von privaten Grundschulen mit demselben Alternativkonzept erlaubt.[102]

Bei der *Entscheidung über die Anerkennung des besonderen pädagogischen Interesses* verfügt die Schulverwaltung nicht über einen umfassenden Beurteilungsspielraum. Vielmehr ist die Auslegung dieses Begriffs *gerichtlich in vollem Umfang nachprüfbar.*[103] Wenn der Privatschulträger die ablehnende Entscheidung der Behörde mit hinreichend gewichtigen Gründen in Zweifel zieht, kann das Verwaltungsgericht die umstrittenen Fragen mithilfe unabhängiger Sachverständiger klären.[104] Allerdings unterliegt die Entscheidung der Verwaltung nicht in jeder Hinsicht der gerichtlichen Kontrolle. Soweit es um die Bewertung des pädagogischen Konzepts im konkreten Fall und die Abwägung gegenüber dem Vorrang der öffentlichen Volksschule geht, können die Gerichte ihre Auffassung nicht an die Stelle der behördlichen Entscheidung setzen. Bei dieser Gewichtung unterschiedlicher Belange, für die Art. 7 Abs. 5 GG keine vollständige rechtliche Bindung vorgibt, erwächst der Verwaltung ein in eigener Verantwortung auszufüllender Handlungsspielraum.[105]

Die Schulbehörden scheinen allerdings bei der Auslegung des Begriffs „besondere pädagogisches Interesse" in den letzten Jahren keinen strengen Maßstab anzulegen. Anders ist nicht zu erklären, dass die Zahl privater Grundschulen allein im Zeitraum 1992 bis 2014 auf mehr als das Vierfache gestiegen ist (vgl. TZ 15.13).

15.633 Bei der Auslegung der zweiten Alternative des Art. 7 Abs. 5 GG ist zu beachten, dass die *Möglichkeit, private Grundschulen wegen ihrer weltanschaulichen oder religiösen Ausrichtung zuzulassen*, nur um der positiven Bekenntnisfreiheit willen besteht und nicht zu dem Zweck, vor (vermeintlichen) Verstößen gegen das Neutralitätsgebot in der Praxis der öffentlichen Regelschule auszuweichen.[106] Vorausgesetzt wird die Homogenität des Bekenntnisses von Eltern, Schülern und Lehrkräften, das die Schule und den gesamten Unterricht prägt.[107] Auch private Grundschulen nichtchristlicher Bekenntnisse sind zuzulassen.[108] Dementsprechend sind unter Weltanschauungsschulen im Sinne

102 BVerwG, NJW 2000, 1280 (1282).

103 BVerfGE 88, 40 (56 f.) – Demgegenüber erachtete die h.M. in Literatur und Rspr. früher das „besondere pädagogische Interesse" als einen unbestimmten Rechtsbegriff, bei dessen Konkretisierung der Schulbehörde ein gerichtlich nur beschränkt nachprüfbarer Beurteilungsspielraum eingeräumt wurde. So *Heckel* (Fn. 1), S. 291; BVerwGE 75, 275 (279).

104 BVerfGE 88, 40 (58).

105 BVerfGE 88, 40 (61); dazu kritisch *Geis* (Fn. 5), Art. 7 Rn. 95; *Jeand'Heur* (Fn. 87), S. 118 f.; Bodo *Pieroth*/Sigmar *Kemm*, Beurteilungsspielraum und verwaltungsgerichtliche Kontrolldichte bei der Anerkennung eines besonderen pädagogischen Interesses an privaten Grundschulen – BVerfGE 88, 40, JuS 1995, 780 (783 f.); differenzierend *Kösling* (Fn. 1), S. 244 ff. m.w.N.

106 BVerwGE 89, 368 (378 ff.).

107 BVerwGE 90, 1 (6); dazu auch *Poscher/Neupert* (Fn. 54), S. 244 (246 ff.). Zum Begriff der öffentlichen Bekenntnisschule TZ 5.252.

108 *Geis* (Fn. 5), Art. 7 Rn. 97; *Brosius-Gersdorf* (Fn. 2), Art. 7 Rn. 135; Thomas *Günther*, Die Zulässigkeit der Errichtung privater Volksschulen als Bekenntnisschulen religiös-ethnischer Minderheiten nach Art. 7 Abs. 5 GG. Am Beispiel einer islamischen Grundschule, Frankfurt am Main 2006; *Langenfeld* (Fn. 93), S. 546 ff.; *Wißmann* (Fn. 5), Art. 7-III Rn. 270. Es ist nicht auszuschließen, dass diese Modalität künftig vor allem für muslimische Gemeinschaften ein attraktives pädagogisches Betätigungsfeld außerhalb des öffentlichen Schulwesens eröffnet. Demgegenüber vertritt Josef *Isensee*, Private islamische Bekenntnisschulen, in: Stefan Muckel (Hrsg.), Kirche und Religion im sozialen Rechtsstaat. Festschrift für Wolfgang Rüfner zum 70. Geburtstag, Berlin 2003, S. 355, die Auffassung, dass das Projekt der privaten islamischen Bekenntnisschule „jedenfalls zum jetzigen Stand der gesellschaftlichen Entwicklung" am Verfassungsprinzip der für alle gemeinsamen Grundschule scheitere.

des Art. 7 Abs. 5 GG nur solche Schulen zu verstehen, in denen eine von Eltern, Schülern und Lehrkräften geteilte Weltanschauung Schule und Unterricht bestimmt.[109]

Die private Bekenntnis- oder Weltanschauungsgrundschule darf in ihren Lehrzielen nicht hinter den entsprechenden öffentlichen Schulen zurückstehen (Art. 7 Abs. 4 Satz 3 GG). Sie muss daher für eine Erziehung Sorge tragen, die dem Menschenbild des Grundgesetzes gerecht wird; das Gebot der Achtung der Menschenwürde und verbunden damit die Grundrechte sowie die in Art. 20 GG aufgeführten Verfassungsgrundsätze des demokratischen und sozialen Rechtsstaats sind mithin auch für diese Schule verpflichtend.[110] Dadurch dürfte zugleich der Gefahr vorgebeugt sein, dass Sekten ohne Weiteres in den Genuss des in Art. 7 Abs. 5 GG verankerten Privilegs – und somit zugleich der staatlichen Finanzbeihilfe (dazu TZ 15.66) – kommen.[111]

Sind die zusätzlichen Bedingungen des Art. 7 Abs. 5 GG erfüllt, *muss* die Schulbehörde die Schule, sofern die sonstigen Genehmigungsvoraussetzungen nach Art. 7 Abs. 4 GG vorliegen, zulassen.

15.64 Ausländische Privatschulen, internationale Schulen und Schulen der dänischen Minderheit

15.641 *Ausländische Privatschulen* sind Schulen, die von Ausländern oder ausländischen Staaten in der Bundesrepublik betrieben werden.[112] Ihnen fehlt im Allgemeinen wegen ihrer Ausrichtung auf die Besonderheiten des heimatlichen Bildungssystems der Ersatzschulcharakter. Sie sind daher in der Regel Ergänzungsschulen (TZ 15.7).[113] Ausländerkinder, die wie deutsche Schüler grundsätzlich zum Besuch einer deutschen Schule verpflichtet sind, können deshalb ihre Schulpflicht an einer ausländischen Privatschule nur mit Ausnahmegenehmigung der Schulaufsichtsbehörde erfüllen.[114] Diese wird bei Schülern, die sich nachweislich nur vorübergehend in Deutschland aufhalten, ohne weiteres erteilt. Vgl. im Übrigen TZ 17.133.

Auch *internationale Schulen* sind keine Ersatz-, sondern Ergänzungsschulen (dazu TZ 15.612). Zur Frage, ob an ihnen die Schulpflicht erfüllt werden kann, TZ 15.722.

15.642 In *Schleswig-Holstein* können nördlich der Linie, die längs der Eider von ihrer Mündung bis zur Gemeinde Nübbel und von dort längs des Nord-Ostsee-Kanals bis

109 BVerwGE 89, 368 (372 ff.).

110 BVerwGE 90, 1 (12), ausführlicher in RdJB 1993, 352 (358).

111 Dazu Ingo *Richter*, Privatschulfreiheit für die Grundschulen von Sekten?, NVwZ 1992, 1162.

112 Kösling, RdJB 2004, 220 f.; *Poscher/Neupert* (Fn. 54), S. 244. – Zur Entstehung internationaler Bildungsmärkte, insbesondere zu den möglichen Auswirkungen des General Agreement on Trade in Services (GATS) im Rahmen der Welthandelsorganisation (WTO) s. Christoph *Scherrer*, Bildung als Handelsware? Die neue GATS-Verhandlungsrunde, RdJB 2003, 86. Diese Verhandlungen sind bislang zu keinem Ergebnis gelangt (vgl. *Rux/Niehues*, Schulrecht, Rn. 121.)

113 Ob die sog. *Koranschulen* überhaupt Schulen im Rechtssinne (vgl. TZ 1.21) sind, lässt sich nur im Einzelfall feststellen. Jedenfalls hat die Schulaufsichtsbehörde zu prüfen, ob die allgemeinen polizeirechtlichen Voraussetzungen vorliegen (vgl. TZ 15.5). Eine Koranschule kann z.B. untersagt werden, wenn in ihr Kinder und Jugendliche körperlich gezüchtigt werden; ihr Träger kann sich insoweit nicht auf das Grundrecht der Religionsfreiheit berufen. Dazu im Einzelnen: Martin *Stempel*, Schulaufsicht über Koranschulen, RdJB 1982, 58; vgl. ferner *Richter* (Fn. 111), S. 1162.

114 Z.B. § 56 Abs. 2 Satz 3 rp SchulG. Dazu OVG Koblenz, NVwZ-RR 2005, 116: Das Gericht lehnte den Antrag eines achtjährigen Kindes deutscher und jordanischer Staatsangehörigkeit, ihm die Erlaubnis zum weiteren Besuch der damals noch bestehenden König-Fahad-Akademie in Bonn statt der öffentlichen Grundschule zu gestatten, mit der Begründung ab, der Besuch einer ausländischen Schule könne nur in begründeten Ausnahmefällen, wie etwa der absehbaren Rückkehr in das Heimatland, erlaubt werden; die Pflicht zum Besuch deutscher öffentlicher Schulen diene dem Interesse der Allgemeinheit an der sozialen Integration ausländischer Kinder.

zu seiner Einmündung in die Ostsee verläuft, private Grundschulen mit dänischer Unterrichtssprache (*Schulen der dänischen Minderheit*) errichtet werden (§ 115 Abs. 4 Satz 1 SchulG).[115] Der Besuch solcher Schulen steht den schulpflichtigen Kindern der dänischen Minderheit offen. Unter dänischer Minderheit werden diejenigen deutschen Staatsangehörigen verstanden, die sich zu ihr bekennen; das Bekenntnis zur Minderheit darf von Amts wegen weder nachgeprüft noch bestritten werden.

15.65 Anerkennung der Ersatzschule

15.651 Die von der Ersatzschule erteilten *Zeugnisse und Abschlüsse* sind nicht eo ipso denen der öffentlichen Schule gleichgestellt. Die Ordnung des Berechtigungswesens, das in seinen Auswirkungen weit über den Schulbereich hinausgeht, ist dem Staat vorbehalten[116] (vgl. TZ 18.1). Erst durch die Anerkennung[117] erhält die Schule die Befugnis, ihren Schülern Leistungsnachweise mit öffentlich-rechtlicher Wirkung selbst zu erteilen. Eine *Ausnahme gilt in Nordrhein-Westfalen*. Dort vermitteln Ersatzschulen kraft landesverfassungsrechtlicher Bestimmung (Art. 8 Abs. 4 Satz 2 LV) bereits mit der Genehmigung die gleichen Berechtigungen wie die entsprechenden öffentlichen Schulen, bedürfen also keiner besonderen Anerkennung. Sie können mit gleicher Wirkung wie öffentliche Schulen Zeugnisse ausstellen und unter Vorsitz eines staatlichen Prüfungsleiters Prüfungen abhalten.[118]

15.652 In den anderen Ländern können Ersatzschulen allein aufgrund staatlicher Anerkennung solche Öffentlichkeitsrechte wahrnehmen; sie werden juristisch als sogenannte *Beliehene* qualifiziert. Darunter sind Privatpersonen zu verstehen, die aufgrund des Beleihungsakts (bei Privatschulen: der Anerkennung) mit der hoheitlichen Wahrnehmung bestimmter Verwaltungsaufgaben im eigenen Namen betraut sind. Sie bleiben also – in ihrem Status – Privatrechtssubjekte, sind aber – funktionell – in die Staatsverwaltung einbezogen. Beliehene sind Behörden im Sinne des § 1 Abs. 4 VwVfG und können im Rahmen ihrer Kompetenzen Verwaltungsakte erlassen und sonstige hoheitliche Maßnahmen treffen.[119] Absolventen nicht anerkannter Ersatzschulen können Abschlüsse mit öffentlich-rechtlicher Wirkung nur durch Teilnahme an der von einer öffentlichen Schule veranstalteten Externenprüfung erwerben (dazu TZ 20.256).

---

115 Der Sonderstellung der Schulen der dänischen Minderheit liegt eine völkerrechtliche Vereinbarung, nämlich das Ergebnis der deutsch-dänischen Besprechungen über die Rechte der beiderseitigen Minderheiten vom 28.3.1955, zugrunde, das sich die Bundesregierung durch Erklärung vom 29.3.1955 zu eigen gemacht hat. Der Bundestag hat der Erklärung der Bundesregierung am 23.6.1955 zugestimmt. – S. im Einzelnen Erlass der Landesregierung vom 7.3.1950 (ABl. S. 150), zul.g.d.Erl. vom 28.6.1973 (ABl. S. 570), und Erlass vom 7.3.1950 zur Durchführung des Erlasses vom 7.3.1950 (ABl. S. 151). – Dem Träger der Schulen der dänischen Minderheit wird für jeden Schüler und jede Schülerin ein bedarfsunabhängiger Zuschuss in Höhe von 100 Prozent der öffentlichen Schülerkostensätze gewährt (§ 124 Abs. 2 SchulG).

116 BVerfGE 27, 195 (206); BVerwGE 112, 263 (270 f.).

117 *Müller* (Fn. 1), S. 353 ff.; *Kösling* (Fn. 1), S. 203 ff.; Boas *Kümper*, Verfassungsrechtliche Aspekte der Anerkennung von Privatschulen: freiheitsrechtliche und institutionelle Dimensionen, DÖV 2015, 864; Markus *Ogorek*, Der Schutz anerkannter Ersatzschulen durch das Grundrecht der Privatschulfreiheit, DÖV 2010, 341; *Rux/Niehues*, Schulrecht, Rn. 1225 ff.; René *Seidel*, Die Anerkennung der privaten Ersatzschule und ihre Auswirkungen auf das Privatschulverhältnis, Frankfurt am Main 2005; *Vogel* (Fn. 1), S. 116 ff.; *Geis* (Fn. 5), Art. 7 Rn. 79; *Brosius-Gersdorf* (Fn. 2), Art. 7 Rn. 126 ff.; *dies.* (Fn. 1), S. 389 (422 ff.); *Jarass/Pieroth*: Grundgesetz. Kommentar, Art. 7 Rn. 38; *Thiel* (Fn. 5), Art. 7 Rn. 71.

118 § 100 Abs. 4 SchulG.

119 *Maurer/Waldhoff*, Verwaltungsrecht, § 23 Rn. 63; *Wolff/Bachof/Stober/Kluth*, Verwaltungsrecht II, § 90 Rn. 58; Martin *Burgi*, in: Ehlers/Pünder, Allgemeines Verwaltungsrecht, § 10 Rn. 22 ff.

15.653 Aus Art. 7 Abs. 4 GG steht der genehmigten Ersatzschule *kein grundrechtlicher Anspruch auf Anerkennung* zu.[120] Genehmigung und Anerkennung haben unterschiedliche Bedeutung: Mit der Genehmigung wird klargestellt, dass die Privatschule als Ersatzschule, an der die Schulpflicht erfüllt werden kann, geeignet ist; demgegenüber bewirkt die Anerkennung, dass die Privatschule darüber hinaus wie eine öffentliche Schule Berechtigungen vermitteln kann. Im einen Fall geht es um eine Unbedenklichkeitsbescheinigung, im anderen Fall um die Verleihung von Hoheitsrechten.[121] Daher kann der Landesgesetzgeber die Erteilung der Anerkennung von besonderen, über die Genehmigungsvoraussetzungen des Art. 7 Abs. 4 Satz 3 GG hinausgehenden Bedingungen abhängig machen.[122]

15.654 Die *Voraussetzungen der Anerkennung* sind in den Ländern unterschiedlich geregelt. In Berlin, Brandenburg, Hamburg, Hessen, im Saarland, in Sachsen-Anhalt und in Thüringen müssen die Ersatzschulen *die Genehmigungsbedingungen* gemäß Art. 7 Abs. 4 Satz 3 und 4 GG *auf Dauer erfüllen*, um in den Genuss der Anerkennung zu gelangen.[123] In den übrigen Ländern müssen sie darüber hinaus *die an entsprechende öffentliche Schulen gestellten Anforderungen auf Dauer erfüllen*.[124] Sind die Anerkennungsvoraussetzungen gegeben, besteht nach den Regelungen in Baden-Württemberg, Bayern, Hamburg, Niedersachsen, Rheinland-Pfalz, im Saarland, in Sachsen und Sachsen-Anhalt ein gesetzlicher Anspruch auf Anerkennung; in den anderen Ländern ist sie in das Ermessen der Schulverwaltung gestellt.[125]

15.655 Der Landesgesetzgeber kann *die anerkannte Ersatzschule verpflichten, bei der Aufnahme und Versetzung der Schüler sowie bei der Abhaltung von Prüfungen die für entsprechende öffentliche Schulen geltenden Regelungen anzuwenden*.[126] Beruht ihre

---

120 BVerfGE 27, 195 (203 f.); BVerwGE 68, 185 (188); BVerwGE 112, 263 (270 f.). So auch *Badura* (Fn. 5), Art. 7 Rn. 116; *Kösling* (Fn. 1), S. 203 ff.; *Kümper* (Fn. 116), S. 864 (870 f.); *Robbers* (Fn. 5), Art. 7 Rn. 201 f.; Thiel (Fn. 5), Art. 7 Rn. 71; *Wißmann* (Fn. 5), Art. 7 Rn. 203 f. Demgegenüber vertreten einige Autoren die Auffassung, die genehmigten Ersatzschulen hätten einen verfassungsrechtlich verbürgten Anspruch auf Anerkennung, da sie in ihrer Gesamtfunktion die öffentlichen Schulen nur dann effektiv ersetzen könnten, wenn sie auch über die den öffentlichen Schulen zustehenden Befugnisse im Berechtigungswesen verfügten. So insbes. *Müller* (Fn. 1), S. 353 ff.; *Jarass/Pieroth*, Grundgesetz. Kommentar, Art. 7 Rn. 38; *Ogorek* (Fn. 116), S. 341 (344 ff.); *Vogel* (Fn. 1), S. 42 ff.

121 BVerfGE 27, 195 (203 f.); BVerwGE 68, 185 (188). – Mit der Möglichkeit der Anerkennung wird dem Schulträger eine zusätzliche Möglichkeit der Betätigung der Privatschulfreiheit geboten, die er wahrnehmen kann, aber nicht wahrnehmen muss; so zutreffend *Kümper* (Fn. 116), S. 864 (871); vgl. auch *Kösling* (Fn. 1), S. 211 ff.

122 BVerfGE 27, 195 (208 f.); BVerwGE 68, 185 (188); BVerwGE 112, 263 (270 f.). Die landesrechtliche Regelung kann die Anerkennung beispielsweise an die Bedingung knüpfen, dass mindestens zwei Drittel der Lehrkräfte die Anstellungsfähigkeit für das ihrer Tätigkeit entsprechende Lehramt an öffentlichen Schulen besitzen (BVerwG, NVwZ-RR 2016, 182).

123 § 100 Abs. 1 bln SchulG, § 123 Abs. 1 Satz 1 BbgSchulG, § 9 Abs. 1 HmbSfTG, § 173 Abs. 1 Satz 1 HSchG, § 18 Abs. 1 saarl PrivSchG, § 17 Abs. 1 Satz 1 SchulG LSA, § 10 Abs. 1 Satz 1 ThürSchfTG; so auch § 107 DJT-SchulGE.

124 § 10 Abs. 1 bw PSchG, Art. 100 Abs. 1 Satz 1 BayEUG, § 12 Abs. 1 brem PSchG, § 122 Abs. 1 SchulG M-V, § 148 Abs. 1 Satz 1 NSchG, § 18 Abs. 1 rp PrivSchG, § 8 Abs. 1 SächsFrTrSchulG, § 116 Abs. 1 Satz 1 sh SchulG. – In der Verwaltungspraxis der Länder wird im einen wie im anderen Fall üblicherweise verlangt, dass die Ersatzschule die ihr gestellten Anforderungen drei Jahre lang erfüllt hat, bevor sie anerkannt werden kann.

125 Bei der Ausübung des Ermessens ist die Schulbehörde aber verpflichtet, den Gleichheitssatz (Art. 3 Abs. 1 GG) zu beachten, so dass sie bei Vorliegen der gesetzlichen Voraussetzungen zur Anerkennung der Ersatzschule verpflichtet ist; so *Robbers* (Fn. 5), Art. 7 Rn. 201; *Thiel* (Fn. 5), Art. 7 Rn. 71; *Uhle* (Fn. 5), Art. 7 Rn 88.

126 BVerfGE 27, 195 (209). Vgl. etwa Art. 100 Abs. 2 BayEUG, § 123 Abs. 2 BbgSchulG. Dazu *Kümper* (Fn. 116), 864 (873); *Rux/Niehues*, Schulrecht, Rn. 1227. Kritisch *Brosius-Gersdorf* (Fn. 1), S. 389 (414): Die Befolgung staatlicher Bestimmungen über Aufnahme und Versetzung der Schüler und die Einhaltung der Prüfungsordnungen für den Klassenabschluss seien nicht erforderlich, um zu gewährleisten, dass die Schüler privater Ersatzschulen beim Schulabschluss über gleiche Kenntnisse wie Schüler an

Anerkennung auf der Voraussetzung, dass sie die an entsprechende öffentliche Schulen gestellten Anforderungen dauerhaft erfüllt (dazu TZ 15.654), kann sie verpflichtet werden, auch die für die öffentlichen Schulen geltenden Bestimmungen zur Qualitätssicherung, insbesondere zum Schulprogramm sowie zur internen und externen Evaluation, zu beachten (vgl. TZ 13.3). Andererseits muss auch der anerkannten Ersatzschule Gestaltungsfreiheit erhalten bleiben; die Länder dürfen das Institut der Anerkennung nicht dazu benutzen, die Ersatzschulen zur Anpassung an die öffentlichen Schulen in einem der Sache nach nicht gebotenen Umfang zu veranlassen.[127]

15.656 In mehreren Ländern sind die Leiter und Lehrkräfte von (anerkannten) Ersatzschulen befugt, Amtsbezeichnungen zu führen, die denen der (beamteten) Leiter und Lehrkräfte an öffentlichen Schulen entsprechen.[128]

15.66 Staatliche Finanzhilfe für Ersatzschulen

15.661 Das große Problem der privaten Ersatzschule ist ihre Finanzierung.[129] Wenn das Grundgesetz in Art. 7 Abs. 4 als Genehmigungsvoraussetzungen neben der Gleichwertigkeit fordert, dass eine Sonderung der Schüler nach den Besitzverhältnissen der Eltern nicht gefördert werden darf und dass die wirtschaftliche und rechtliche Stellung der Lehrkräfte genügend gesichert sein muss, so sind Privatschulen bei dem heute bestehenden hohen Kostenniveau nicht mehr in der Lage, beide Bedingungen auf Dauer zu erfüllen. In seinem wegweisenden Finanzhilfe-Urteil vom 8.4.1987 hat das Bundesverfassungsgericht klargestellt: „Soll Art. 7 Abs. 4 Satz 1 GG nicht zu einem wertlosen Individualgrundrecht auf Gründung existenzunfähiger Ersatzschulen und zu einer nutzlosen institutionellen Garantie verkümmern, so muss diese Verfassungsnorm zugleich als eine *Verpflichtung des Gesetzgebers* verstanden werden, *die privaten Ersatzschulen zu schützen und zu fördern.*"[130] Die Schutzpflicht löst nach Auffassung des Bundesverfassungsgerichts aber *erst dann eine Handlungspflicht des Staates* aus, *„wenn anderenfalls der*

öffentlichen Schulen verfügten. – Bei der Aufnahme von Schülern ist die anerkannte Ersatzschule ohnehin nur insoweit durch öffentlich-rechtliche Vorschriften gebunden, als diese die Zulassung zu einer öffentlichen Schule, z.B. zum Gymnasium, von einer förmlichen Eignungsfeststellung, etwa einer Aufnahmeprüfung, abhängig machen; so zutreffend VGH Mannheim, NVwZ-RR 1990, 607.

127 BVerfGE 27, 195 (209).

128 Z.B. § 20 bw PSchG, § 174 Abs. 4 Satz 1 HSchG, § 153 NSchG, § 23 Abs. 6 rp PrivSchG, § 23 Abs. 6 saarl PrivSchG (in Niedersachsen mit dem Zusatz „im Dienst an Schulen in freier Trägerschaft", in Hessen, Rheinland-Pfalz und im Saarland jeweils mit dem Zusatz „im Privatschuldienst").

129 Aus der Literatur: Friedhelm *Hufen*/Johann Peter *Vogel*, Keine Zukunftsperspektiven für Schulen in freier Trägerschaft? Rechtsprechung und Realität im Schutzbereich eines bedrohten Grundrechts, Berlin 2006, darin insbesondere die Beiträge von *Vogel* (S. 17 ff.) und *Hufen* (S. 49 ff.), die sich kritisch mit der die staatliche Finanzhilfepflicht einschränkenden Rechtsprechung insbes. des BVerfG auseinandersetzen; Frank-Rüdiger *Jach*, Die Existenzsicherung der Institution Privatschulwesen in Zeiten knapper Haushaltsmittel – Umfang und Grenzen der Finanzhilfepflicht des Staates vor dem Hintergrund der Rechtsprechung des Bundesverfassungsgerichts, in: ders./Siegfried Jenkner (Hrsg.), Autonomie der staatlichen Schule und freies Schulwesen. Festschrift zum 65. Geburtstag von J.P. Vogel, Berlin 1998, S. 75; *Müller* (Fn. 1), S. 383 ff.; Friedrich *Müller*/Bodo *Pieroth*/Lothar *Fohmann*, Leistungsrechte im Normbereich einer Freiheitsgarantie, untersucht an der staatlichen Förderung Freier Schulen, Berlin 1982; Vgl. auch *Badura* (Fn. 5), Art. 7 Rn. 130 ff.; *Geis* (Fn. 5), Art. 7 Rn. 86 ff.; *Brosius-Gersdorf* (Fn. 2), Art. 7 Rn. 108 ff.; *dies.*, Schulaufsicht des Staates über freie Schulen und Privatschulautonomie – ein Spannungsverhältnis, R&B 1/2016, 2 ff. (8 ff.); *Jarass/Pieroth*, Grundgesetz. Kommentar, Art. 7 Rn. 39; *Rux/Niehues*, Schulrecht, Rn. 1394 ff.; Thomas *Schwabenbauer*, Privatschulfinanzierung unter Haushaltsvorbehalt, DÖV 2011, 672; *Thiel* (Fn. 5), Art. 7 Rn. 64 ff.; Astrid *Wallrabenstein*, Verfassungsfragen der Privatschulfinanzierung heute, RdJB 2014, 248; *Wißmann* (Fn. 5), Art. 7-III Rn. 222.

130 BVerfGE 75, 40 (63, 67) = RdJB 1987, 386 m.Anm.v. Jörg *Berkemann*. Eine Dokumentation der Entscheidung und ihrer Entstehungsgeschichte findet sich bei Bodo *Pieroth*/Gunnar Folke *Schuppert* (Hrsg.), Die staatliche Privatschulfinanzierung vor dem Bundesverfassungsgericht, Baden-Baden

Bestand des Ersatzschulwesens als Institution evident gefährdet wäre".[131] Unabdingbare Voraussetzung einer Förderungspflicht sei die *Bedürftigkeit der Ersatzschulen*. Dabei erachtet das Gericht deren *generelle Hilfsbedürftigkeit als einen empirisch gesicherten Befund*; gleichwohl bleibe es den Landesgesetzgebern im Rahmen ihrer Gestaltungsfreiheit unbenommen, die Förderung zusätzlich von der konkreten Hilfsbedürftigkeit jedes einzelnen privaten Schulträgers abhängig zu machen. Der Staat sei im Übrigen *nur* verpflichtet, *bis zur Höhe des Existenzminimums der Privatschulen* für die Erfüllung der Genehmigungsvoraussetzungen des Art. 7 Abs. 4 GG Leistungen zu erbringen.[132] Da die Schutzpflicht ihren Grund in der verfassungsrechtlichen Gewährleistung des Privatschulwesens, also in der Förderung individueller Freiheit finde, sei es auch selbstverständlich, die staatliche Hilfe von einer *angemessenen Eigenleistung des Schulträgers* abhängig zu machen.[133] In welcher Weise der Gesetzgeber seiner Förderungspflicht nachkomme – ob zum Beispiel durch direkte finanzielle Förderung und/oder ein System von Personal- und Sachleistungen – bleibe gleichfalls der Entscheidung des Gesetzgebers überlassen.[134] Schließlich stehe die Förderungspflicht von vornherein „unter dem *Vorbehalt dessen, was vernünftigerweise von der Gesellschaft erwartet werden kann*"; darüber habe in erster Linie der Gesetzgeber in eigener Verantwortung unter Berücksichtigung auch anderer Gemeinschaftsbelange und der Erfordernisse des gesamtwirtschaftlichen Gleichgewichts zu befinden.[135] Sofern der Gesetzgeber die Ersatzschulen durch finanzielle Zuwendungen fördere, müsse er sie nach Maßgabe des Gleichheitssatzes berücksichtigen.[136]

In der Folgezeit hat das Bundesverfassungsgericht die Hürden für das Einsetzen der staatlichen Förderpflicht spürbar erhöht. So lehnt es einen verfassungsunmittelbaren Anspruch auf Gewährung staatlicher Finanzhilfe ausdrücklich ab. „Der grundrechtliche Schutzanspruch des einzelnen Ersatzschulträgers ist nur darauf gerichtet, dass der Gesetzgeber diejenigen Grenzen und Bindungen beachtet, die seinem politischen Handlungsspielraum durch die Schutz- und Förderpflicht gesetzt sind"; der gerichtliche Rechtsschutz beziehe sich unter diesen Umständen „auf die Prüfung einer Untätigkeit, einer groben Vernachlässigung und eines ersatzlosen Abbaues getroffener Maßnahmen". Der konkrete Leistungsanspruch des einzelnen Ersatzschulträgers werde durch das Gesetz bestimmt.[137]

Wartefristen vor Einsetzen der staatlichen Finanzhilfe hält das Gericht für zulässig. Sie hätten den Zweck, den Einsatz öffentlicher Mittel an einen Erfolgsnachweis zu binden, der Aufschluss über die wirtschaftliche Solidität und pädagogische Bewährung des Schulträgers und damit über die effektive Verwendung öffentlicher Gelder gebe. Doch

---

1988; eine umfassende Auseinandersetzung mit dem Urteil enthalten die Beiträge in Friedrich *Müller*/Bernd *Jeand'Heur* (Hrsg.), Zukunftsperspektiven der Freien Schule (Fn. 1).

131 BVerfGE 75, 40 (67). Ähnlich argumentierte bereits BVerwGE 70, 290 (292), das nicht auf die Not der einzelnen privaten Schule abhob, sondern dieser nur dann einen Anspruch einräumte, wenn es zur Erhaltung der Institution des Ersatzschulwesens insgesamt vonnöten sei.

132 BVerfGE 75, 40 (67).

133 BVerfGE 75, 40 (68).

134 BVerfGE 75, 40 (66 f.).

135 BVerfGE 75, 40 (68) unter Verweis auf BVerfGE 33, 303 (333).

136 BVerfGE 75, 40 (71).

137 BVerfGE 90, 107 (117). Vgl. auch BVerwG, Urteil vom 21.12.2001, Az.: 6 C 18/10 (juris): Das Grundgesetz gebietet keine vollständige Übernahme der Kosten, die den Ersatzschulen durch die Erfüllung der Genehmigungsvoraussetzungen nach Art. 7 Abs. 4 Satz 3 und 4 GG entstehen. – Zu den Grenzen der Subjektivierbarkeit der objektiv-rechtlichen Leistungspflicht im Sinne eines Leistungsanspruchs s. auch *Müller* (Fn. 1), S. 383, S. 429 ff.; *Müller/Pieroth/Fohmann* (Fn. 130), insbes. S. 167 ff.; Bernd *Jeand'Heur*, Methodische Analyse, freiheitsrechtliche und leistungsrechtliche Konsequenzen des Finanzhilfe-Urteils, in: Friedrich Müller/Bernd Jeand'Heur (Fn. 1), S. 47 (60 ff.).

dürfe der Landesgesetzgeber neu errichtete Privatschulen nicht völlig von der Förderung ausschließen mit der Folge, dass Neugründungen praktisch unmöglich würden.[138]

Überdies hat das Gericht keine Einwendungen, wenn die Länder bei der Bemessung der wirtschaftlichen Hilfe, welche sie privaten Ersatzschulen gewähren, auf der Grundlage einer *Landeskinderklausel* nur noch die Schülerinnen und Schüler berücksichtigen, die ihre Wohnung oder Hauptwohnung im Sitzland der Schule haben. Der Träger einer einzelnen Ersatzschule könne nicht verlangen, vom Staat auch dann noch gefördert zu werden, wenn die Schule – wegen des Wegfalls der Bezuschussung für ihr angehörende landesfremde Kinder – nicht mehr lebensfähig sei; wiederum wird betont, der Staat sei erst dann zu einer Finanzhilfe verpflichtet, wenn ohne eine solche Förderung der Bestand des Ersatzschulwesens als Institution evident gefährdet wäre.[139] Hervorzuheben ist andererseits die Feststellung des Bundesverfassungsgerichts, dass die *Kosten für die Beschaffung des erforderlichen Schulraums* jedenfalls als Faktor für die Ermittlung des Bedarfs, an dem sich die staatlichen Zuschüsse auszurichten haben, nicht völlig unberücksichtigt bleiben dürften.[140]

Insgesamt aber gewinnt man den Eindruck, dass das Bundesverfassungsgericht der verschiedentlich in den Ländern zu beobachtenden Tendenz, die Finanzhilfe für Ersatzschulen einzuschränken, kaum Hindernisse in den Weg stellt.[141] Zwar erachtet es die generelle Hilfsbedürftigkeit der Ersatzschulen als einen empirisch gesicherten Befund. Da es aber andererseits eine staatliche Hilfspflicht immer erst bei evidenter Gefährdung des Ersatzschulwesens als Institution einsetzen lässt, verfügt der Landesgesetzgeber bei der Bemessung des Umfangs der finanziellen Förderung über einen großen Spielraum.

15.662 *Günstigere verfassungsrechtliche Voraussetzungen* für die finanzielle Förderung der Ersatzschulen, als sie nach der Rechtsprechung des Bundesverfassungsgerichts dem Grundgesetz zu entnehmen sind, bestehen in *Baden-Württemberg* und *Sachsen*. In diesen Ländern gewährleistet die jeweilige Landesverfassung den Ersatzschulen, die ihren Schülerinnen und Schülern Unterrichts- und Lernmittelfreiheit gewähren, einen Anspruch auf finanziellen Ausgleich gegen den Staat (Art. 14 Abs. 2 Satz 3 bw Verf., Art. 102 Abs. 4 Satz 2 sächs Verf.). Dieser Anspruch tritt neben die auf Art. 7 Abs. 4 GG und die entsprechenden Regelungen in der Landesverfassung beruhende Pflicht des Staates, das Ersatzschulwesen als Institution zu fördern und in seinem Bestand zu schützen. Es ist Aufgabe des Gesetzgebers, den Ausgleichsanspruch auszugestalten; dabei kommt ihm ein Gestaltungs- und Einschätzungsspielraum zu.[142]

---

138 BVerfGE 90, 107 (117 ff.). Das BVerfG hält demgemäß eine Wartefrist von drei Jahren bis zum Einsatz der Regelförderung (so in Baden-Württemberg) für verfassungsgemäß (BVerfGE 90, 128 [140 f.]); es hat sogar die bayerische Regelung, wonach Zuschüsse für private Realschulen, Gymnasien, berufliche Schulen und Schulen des Zweiten Bildungswegs erst gewährt werden, wenn die Schule in aufsteigenden Jahrgängen voll ausgebaut ist und Abschlussprüfungen in zwei aufeinanderfolgenden Schuljahren von mindesten zwei Dritteln der Schüler des letzten Ausbildungsabschnitts mit Erfolg abgelegt worden sind (Art. 38 Abs. 3 BaySchFG), gebilligt (BVerfGE 90, 107 [121 f.]).

139 BVerfGE 112, 74 (84). Mit diesem Beschluss hat das Gericht die Landeskinderklausel in § 17 Abs. 4 brem PSchG für zulässig erklärt.

140 BVerfGE 90, 128 (141 ff.).

141 So auch die resignierende Feststellung Friedrich *Müllers* im Vorwort zu Hufen/Vogel (Fn. 129), S. 7 (9 f.), dass die verbindlichen Vorgaben der Verfassung im Laufe der neueren Judikatur des Bundesverfassungsgerichts zwar nicht dogmatisch bezweifelt oder widerlegt, wohl aber faktisch ausgehöhlt worden seien.

142 Dazu die Entscheidungen des Staatsgerichtshofs Baden-Württemberg, Urteil vom 6.7.2015, Az.: 1 VB 130/13 (juris) und des Verfassungsgerichtshofs des Freistaats Sachsen, SächsVBl 2014, 83 m.Anm.v. Kerstin *Harzendorf* (SächsVBl 2014, 77). – Vgl. Michael *Quaas*, Staatsgerichtshof Baden-Württemberg (StGH): Privatschulförderung in Baden-Württemberg seit 1990 verfassungswidrig, R&B 3/2015, 3.

15.663 Nach dem gegenwärtig geltenden, in Gesetzen, Rechtsverordnungen, teilweise auch in Verwaltungsordnungen geregelten Recht erhalten die Ersatzschulen eine staatliche *Regelbeihilfe zu den laufenden Kosten des Schulbetriebs*, und zwar entweder *nach dem Bedarfs- oder Defizitdeckungsverfahren* (so das Saarland und Schleswig-Holstein) *oder nach dem Pauschalverfahren* (so die meisten anderen Länder). In Nordrhein-Westfalen, Rheinland-Pfalz und Sachsen wird eine Kombination beider Vorgehensweisen angewandt.[143] Soweit diese Regelungen die Gewährung der Finanzhilfe den *anerkannten Ersatzschulen* vorbehalten (u.a. in Bayern, Niedersachsen, Rheinland-Pfalz, Sachsen-Anhalt)[144], dürften sie mit der Rechtsprechung des Bundesverfassungsgerichts kaum vereinbar sein, sieht dieses doch die verfassungsrechtliche Grundlage der staatlichen Förderungspflicht in den von *allen*, nicht nur von den anerkannten Ersatzschulen zu erfüllenden Genehmigungsbedingungen des Art. 7 Abs. 4 Satz 3 und 4 GG. Auch geht es nicht an, dass manche Länder (Bayern, Hessen, Sachsen-Anhalt und Thüringen) die Förderung an die *Gemeinnützigkeit des Schulträgers im Sinne des Steuerrechts* knüpfen, sie mithin nur solchen Schulen zugute kommen lassen, die von juristischen Personen betrieben werden; auf diese Weise werden natürliche Personen als Ersatzschulträger von der Finanzhilfe auch dann ausgeschlossen, wenn sie über die *privatschulrechtliche Gemeinnützigkeit* verfügen, also die Gewähr bieten, dass öffentliche Gelder nicht zur Erwirtschaftung privaten Gewinns verwendet werden[145] (vgl. TZ 15.15).

Einige Länder stellen über die Regelbeihilfe hinaus zusätzliche Leistungen bereit: Gewährung der Lernmittelfreiheit für Schüler von Ersatzschulen oder Zuschuss an den Schulträger zum Ausgleich der ihm durch die Lernmittelfreiheit entstehenden Aufwendungen (u.a. Baden-Württemberg, Bayern, Berlin, Brandenburg, Hessen, Niedersachsen, Nordrhein-Westfalen, Rheinland-Pfalz, Saarland), Erstattung der Schülerbeförderungskosten (Baden-Württemberg, Bayern, Brandenburg, Hessen, Mecklenburg-Vorpommern, Niedersachsen, Nordrhein-Westfalen, Rheinland-Pfalz, Sachsen und Thüringen). Teilweise können beamtete Lehrer zur Tätigkeit an Ersatzschulen beurlaubt oder diesen zugewiesen werden (Baden-Württemberg, Bayern, Hamburg, Hessen, Niedersachsen, Rheinland-Pfalz, Saarland, Sachsen-Anhalt, Schleswig-Holstein, Thüringen); die Zeiten der Beurlaubung oder Zuweisung werden auf die Dienstzeit angerechnet. Mittelbar werden die privaten Schulen auch dadurch vom Staat gefördert, dass die Eltern 30 Prozent des Schulgelds bis höchstens 5.000 Euro als Sonderausgaben bei der Einkommensteuer geltend machen können (§ 10 Abs. 1 Nr. 9 EStG).

15.7 Ergänzungsschulen

15.71 Begriff

Privatschulen, die nicht als Ersatz für öffentliche Schulen dienen, sind Ergänzungsschulen.[146] Sie haben nach Aufgabe, Lehrgegenstand und Organisationsform schulischen Charakter, doch entsprechen sie nicht den im Schulwesen des jeweiligen Landes vorhandenen oder grundsätzlich vorgesehenen Schularten; sie stehen außerhalb des allgemeinen Schul-

143 Eine Übersicht über die staatliche Finanzhilfe in den Ländern bietet *Jach*, Grundriss, BEFT, Nr. 20, S. 171 ff.; vgl. auch Johann Peter *Vogel*, Die Landesgesetzgebung zur Finanzhilfe in der Bundesrepublik Deutschland, in: Hufen/Vogel (Fn. 129), S. 141.

144 Allerdings werden in diesen Ländern unter bestimmten Voraussetzungen auch nicht anerkannten Ersatzschulen, z.B. Waldorfschulen, Schulen besonderer pädagogischer Prägung u.a., Zuwendungen gewährt.

145 So ausdrücklich BVerfGE 75, 40 (67 f.).

146 *Kösling* (Fn. 1), S. 249 ff.; *dies.* (Fn. 54), S. 208 (209); *Jach*, Grundriss, BEFT, Nr. 20, S. 136 ff.

aufbaus.[147] Es handelt sich überwiegend um berufsbildende Schulen (z.B. in den meisten Ländern die Sprachschulen, in mehreren Ländern die Gymnastikschulen). Seit einigen Jahren gewinnen indes auch allgemeinbildende Ergänzungsschulen an Bedeutung; zu erwähnen sind hierbei die ausländischen Schulen (TZ 15.641) sowie vor allem die internationalen Schulen (TZ 15.148, 15.61), die auf eine wachsende Nachfrage stoßen.

15.72 Rechtlicher Unterschied zur Ersatzschule

15.721 Zwar muss die Ergänzungsschule wie jede Privatschule den allgemeinen polizeirechtlichen Anforderungen entsprechen (dazu TZ 15.5); zur Abwendung von Schäden oder Gefahren, die den Schülerinnen und Schülern oder der Allgemeinheit drohen, kann die zuständige Behörde daher die Fortführung der Schule untersagen.[148] Während aber die Ersatzschule nach Art. 7 Abs. 4 Satz 2 GG der Genehmigung bedarf, kann die Ergänzungsschule *ohne Genehmigung* errichtet werden; nach den Regelungen der Länder ist lediglich eine Anzeige über die Betriebsaufnahme erforderlich.[149] Die Anforderungen nach Art 7 Abs. 4 Satz 3 und 4 GG, denen die Ersatzschule genügen muss, gelten für die Ergänzungsschule nicht. So entfällt die Wahrung des Gebots der Gleichwertigkeit in den Lehrzielen und in der wissenschaftlichen Ausbildung der Lehrkräfte. Ebenso steht einer Sonderung der Schüler nach den Besitzverhältnissen der Eltern nichts entgegen, so dass die Schule bei der Festlegung der Höhe der Schulgelder relativ frei schalten und walten kann (vgl. TZ 15.431). Schließlich kommt es auf eine hinreichende Sicherung der wirtschaftlichen und rechtlichen Stellung der Lehrkräfte nicht an.

Ergänzungsschulen können *keine Berechtigungen mit Außenwirkung* erteilen. Doch sehen die meisten Länder für bewährte Ergänzungsschulen – vor allem solche im berufsbildenden Bereich – die *Möglichkeit der Anerkennung* vor, sofern der Unterricht nach einem von der Schulaufsichtsbehörde genehmigten Lehrplan erteilt wird; mit der Anerkennung erhält die Ergänzungsschule das Recht, nach den ministeriell genehmigten Prüfungsvorschriften Prüfungen abzuhalten.[150] In Bremen, Niedersachsen, Nordrhein-Westfalen und Sachsen wird einer internationalen Schule, die international anerkannte Schulabschlüsse wie das International Baccalaureate Diplome vergibt, die staatliche Anerkennung auf Antrag erteilt.

Die Ergänzungsschulen haben *keinen Anspruch auf staatliche Finanzhilfe*, können allerdings in mehreren Ländern unter bestimmten Voraussetzungen Zuschüsse nach Maßgabe des Haushaltsplans erhalten.

15.722 Da die Ergänzungsschule der öffentlichen Schule von vornherein nicht entspricht, da sie überdies nicht den Genehmigungsbedingungen nach Art. 7 Abs. 4 Abs. 3 und 4 GG unterliegt, kann und darf sie grundsätzlich keine schulpflichtigen Kinder auf-

147 *Brosius-Gersdorf* (Fn. 1), S. 389 (425) äußert erhebliche Zweifel, ob die sog. Ergänzungsschulen überhaupt zum Schulwesen i.S. des Art. 7 Abs. 1 GG und damit auch zum Privatschulwesen gem. Art. 7 Abs. 4 Satz 1 GG gehören. Sie seien Einrichtungen, die keine Aufgaben des Schulwesens wahrnähmen und daher keine (Privat-)*Schulen*, sondern freie Unterrichtseinrichtungen seien. Für dieses Ergebnis spreche u.a., dass Art. 7 Abs. 4 Satz 2 GG als private Schulen nur die Ersatzschulen nenne, nicht auch wie Art. 147 Abs. 4 WRV „private Schulen, die nicht als Ersatz für öffentliche Schulen dienen".

148 Z.B. § 125 Abs. 4 BbgSchulG, § 175 Abs. 3 HSchG, § 117 nrw SchulG, § 18c SchulG LSA.

149 Z.B. § 13 Abs. 2 bw PSchG, Art. 102 Abs. 2 BayEUG, § 102 Abs. 2 bln SchulG, § 175 Abs. 2 HSchG, § 158 Abs. 2 NSchG, § 116 Abs. 2 nrw SchulG, § 9 Abs. 2 SächsFrTrSchulG, § 18b Abs. 2 SchulG LSA. In Hamburg führt die zuständige Behörde ein Verzeichnis über Ergänzungsschulen, in das eine Ergänzungsschule auf Antrag eingetragen wird, wenn die bei ihr durchgeführte Ausbildung zur Erfüllung des Bildungs- und Erziehungsauftrags nach §§ 2 und 3 Abs. 1, 2 und 4 des Hamburgischen Schulgesetzes geeignet ist (§ 11 HmbSfTG).

150 Z.B. § 15 bw PSchG, § 126 BbgSchulG, § 176 HSchG, § 161 NSchG, § 118 nrw SchulG, § 11 Abs. 2 SächsFrTrSchulG, § 18d SchulG LSA.

nehmen;[151] daran vermag auch ihre staatliche Anerkennung nichts zu ändern. Wäre es anders, könnte insbesondere das Sonderungsverbot unterlaufen werden mit der Folge, dass Schulen, die wie zum Beispiel die internationalen Schulen hohe Schulgelder (in der Regel mehr als 1000 Euro monatlich) verlangen, Kindern und Jugendlichen aus wohlhabenden Familien vorbehalten bleiben. Bei allem Verständnis für das Interesse von Eltern an bestmöglicher Bildung für ihre Kinder und für das Interesse von Städten in international geprägten Ballungsräumen an den mit der Existenz solcher Schulen verbundenen Standortvorteilen, bei aller Aufgeschlossenheit für die Ausrichtung schulischer Bildung und Qualifikationen an internationalen Standards: Mit dem Grundgesetz sind Schulen, die ihre Schülerklientel von vornherein aus wirtschaftlich leistungsfähigen Schichten rekrutieren, nicht vereinbar.

Demgemäß darf in Deutschland lebenden Kindern der Besuch einer allgemeinbildenden Ergänzungsschule, beispielsweise einer internationalen Schule, *nur in Ausnahmefällen gestattet werden*, vor allem dann, wenn besondere Gründe wie das Fehlen einer dauerhaften Bleibeperspektive der Familie die Befreiung von der Schulpflicht rechtfertigen. Allerdings dürfte es angezeigt sein, bei Jugendlichen während der Berufsschulpflicht/Teilzeischulpflicht (dazu TZ 17.3), also nach Beendigung der Vollzeitschulpflicht, einen weniger strengen Maßstab anzulegen, zumal private berufsbildende Ergänzungsschulen häufig zu Qualifikationen führen, die im öffentlichen Schulwesen nicht angeboten werden.[152]

Die Schulbehörden scheinen die verfassungsrechtlich vorgegebenen Grenzen für die Betätigung von Ergänzungsschulen, insbesondere die Bedeutung des Sonderungsverbots, gelegentlich aus dem Blick zu verlieren. So gestatten sie in der Praxis offensichtlich nicht selten den Besuch internationaler Schulen trotz der von diesen geforderten hohen Schulgelder großzügig auch solchen Kindern und Jugendlichen, die sich keineswegs nur vorübergehend in Deutschland aufhalten. Zunehmend eröffnet auch die Gesetzgebung Ergänzungsschulen die Möglichkeit, Schülerinnen und Schüler mit ministerieller Genehmigung zur Erfüllung ihrer Schulpflicht aufzunehmen.[153] Das gilt vor allem für anerkannte Ergänzungsschulen.[154] In all diesen Fällen wird der verfassungsrechtlich bindende Grundsatz, dass die Schulpflicht jedenfalls während der Vollzeitschulpflicht nur

151 Das BVerfG (E 27, 195 [201 f.]) zieht diesen Schluss aus der fehlenden Akzessorietät der Ergänzungsschule: Da sie im Unterschied zur Ersatzschule nach dem mit ihrer Errichtung verfolgten Gesamtzweck nicht als Ersatz für eine in dem Land vorhandene oder grundsätzlich vorgesehene Schule dienen solle, könne in ihr der Schulpflicht nicht genügt werden. Vgl. auch BVerwG (E 104, 1 [7]) mit der Feststellung, „dass eine genehmigungsfreie Privatschule, die keine Ersatzschule ist, nie eine Schule sein kann, mit deren Besuch der Schulpflicht genügt werden kann".

152 Vgl. *Kösling* (Fn. 54), S. 208 (217 ff.).

153 Z.B. Art. 36 Abs. 1 Nr. 3 BayEUG, § 16 Abs. 1 rp PrivSchG, § 18d Abs. 2 SchulG LSA.

154 § 11 Abs. 3 Satz 3 SächsFrTrSchulG: „Durch den Besuch einer staatlich anerkannten Internationalen Schule wird die Schulpflicht erfüllt." § 34 Abs. 3 nrw SchulG: „Während der Dauer der Vollzeitschulpflicht können Schulpflichtige eine anerkannte Ergänzungsschule besuchen, wenn die obere Schulaufsichtsbehörde nach § 118 Abs. 2 festgestellt hat, dass an ihr zumindest das Bildungsziel der Hauptschule erreicht werden kann." § 15 Abs. 3 ThürSchfTG: „An einer staatlich anerkannten Ergänzungsschule kann die Schulpflicht nur erfüllt werden, wenn das [...] Ministerium hierfür die Eignung der Schule festgestellt hat." Immerhin bestimmt § 118 Abs. 3 Satz 2 nrw SchulG, dass bei allgemeinbildenden ausländischen oder internationalen Ergänzungsschulen eine Anerkennung in der Primarstufe nur möglich ist, wenn ein besonderes pädagogisches Interesse festgestellt worden ist und „eine Sonderung nicht gefördert wird"; das heißt aber zugleich im Umkehrschluss, dass das Sonderungsverbot ab Jahrgangsstufe 5 unbeachtlich ist und die Schulpflicht an einer solchen Schule gleichwohl erfüllt werden kann. In Bremen bedient sich der Gesetzgeber einer Fiktion, um die International School of Bremen, die begrifflich ganz offensichtlich eine Ergänzungsschule ist, als Ersatzschule einzuordnen (§ 2 Abs. 2 Satz 3 PSchG); sie kann kraft dieser Eigenschaft schulpflichtige Kinder aufnehmen. Ob die Schule wenigstens das für Ersatzschulen geltende Sonderungsverbot zu beachten hat, steht dahin.

an einer den besonderen Genehmigungsbedingungen des Art. 7 Abs. 4 Satz 3 und 4 GG unterliegenden Ersatzschule erfüllt werden kann, beiseite geschoben.[155]

15.8 Schulaufsicht über die Privatschulen[156]

Gemäß Art. 7 Abs. 1 GG steht das gesamte Schulwesen unter der Aufsicht des Staates. Diese Aufsicht ist bei Privatschulen durch die Gewährleistung des Grundrechts der Privatschulfreiheit und die damit einhergehende Garantie der Privatschule als Institution eingeschränkt. Die staatliche Aufsicht hat bei sämtlichen Privatschulen sicherzustellen, dass die *allgemeinen gesetzlichen und polizeirechtlichen Anforderungen* beachtet werden (TZ 15.5). Bei *Ersatzschulen* ist der Rahmen der staatlichen Aufsicht im Übrigen durch die Genehmigungsvoraussetzungen des Art. 7 Abs. 4 GG abgesteckt.[157] Die Schulbehörde hat darüber zu wachen, ob die Schule auch nach Erteilung der Genehmigung noch diesen Anforderungen entspricht.[158] Soweit einer Ersatzschule durch *staatliche Anerkennung* Hoheitsrechte verliehen sind, ist es Aufgabe der Schulaufsicht zu gewährleisten, dass bei der Erteilung von Zeugnissen und der Abhaltung von Prüfungen die für öffentliche Schulen geltenden staatlichen Prüfungs- und Versetzungsvorschriften eingehalten werden. Hier kann die staatliche Kontrolle, über die bloße Rechtsaufsicht hinaus, bis in die Einzelheiten des Prüfungsstoffs und des Prüfungsablaufs hineinreichen.[159]

15.9 Private Unterrichtserteilung

Von den Privatschulen (Ersatz- und Ergänzungsschulen) sind die privaten Unterrichtseinrichtungen[160] zu unterscheiden. Diese sind nicht Gegenstand des Privatschulrechts. Doch gibt es Berührungspunkte, die es rechtfertigen, sie im Zusammenhang mit den Privatschulen zu erörtern.

15.91 Formen

Die private Unterrichtserteilung geschieht in Form von Lehrgängen (Kursen) und Privatunterricht. *Lehrgänge* sind Unterrichtsveranstaltungen von begrenzter Dauer, die

155 Zu den verfassungsrechtlichen Bedenken, insbesondere im Blick auf die Regelungen in NRW, ausführlich *Kösling* (Fn. 54), S. 208 (215 ff.); s. auch *Kümper* (Fn. 116), S. 864 (874). *van den Hövel* (Fn. 54), S. 339 (332) meint, die Erfüllung der Schulpflicht an internationalen und ausländischen Schulen, wie sie in Nordrhein-Westfalen gesetzlich vorgesehen ist, damit rechtfertigen zu können, dass es nur so möglich gewesen sei, die Existenzbedingungen der internationalen und ausländischen Schulen zu verbessern und der fortschreitenden Internationalisierung des Bildungswesens angemessen Rechnung zu tragen.

156 Zur Schulaufsicht *Heckel* (Fn. 1), S. 315 ff.; *Müller* (Fn. 1), S. 76 ff., 190 ff. u. passim.

157 BVerwGE 12, 349 (351).

158 Nach Ansicht von *Brosius-Gersdorf* (Fn. 129), S. 2 (15 f.), steht die Schulaufsicht des Staates in einem „Spannungsverhältnis" zum Grundrecht der Privatschulfreiheit. Eine staatsunabhängige Aufsicht könne geboten sein, „wenn der Staat seiner Aufsichtsaufgabe andernfalls nicht gerecht wird, weil die zu beaufsichtigenden freien Schulen in Konkurrenz mit öffentlichen Schulen stehen, wodurch der Staat in Interessenkonflikte geraten kann". Dem ist entgegenzuhalten, dass sich Privatschulen gegen rechtswidrige Maßnahmen der staatlichen Aufsicht vor unabhängigen Gerichten zur Wehr setzen können. Die Forderung nach Abschaffung der durch Art. 7 Abs. 1 GG gebotenen staatlichen Aufsicht über Privatschulen und nach ihrer Ersetzung durch eine staatsunabhängige Aufsicht mag hier und da auf Widerhall stoßen; mit dem Grundgesetz, das dem Staat die Aufsicht über das *gesamte* Schulwesen zuweist, ist sie nicht vereinbar.

159 BVerfGE 27, 195 (206); *Müller* (Fn. 1), S. 112 ff., 279 ff. u.a.

160 Peter *Gilles*/Holger *Heinbuch*/Georgios *Gounalakis*, Handbuch des Unterrichtsrechts, München 1988; Georgios *Gounalakis*/Kathrin *Gounalakis*, Rechtsprobleme der Vertragsgestaltung bei privaten Unterrichtseinrichtungen, RdJB 1997, 229; *Heckel* (Fn. 1), S. 321 ff.; *Vogel* (Fn. 1), S. 141 ff.

Kenntnisse oder Fertigkeiten auf einzelnen Fachgebieten vermitteln. Von der Schule (Begriff TZ 1.21) unterscheiden sie sich dadurch, dass sie keine Bildungs- und Erziehungsziele verfolgen, keine Mehrzahl von Fächern umfassen und in einem vergleichsweise kurz bemessenen Zeitraum (wenige Tage, Wochen oder Monate) ablaufen.[161] Zu den privaten Unterrichtseinrichtungen, die Lehrgänge veranstalten, zählen z.B. juristische Repetitorien, ferner Fahrschulen, Tanzschulen, Reitschulen; hierher gehören außerdem Gymnastikkurse, Sprachkurse, Buchhaltungskurse, Computerkurse, selbst wenn solche Lehrgänge einer privaten Berufsfachschule angegliedert sind. Träger der privaten Einrichtungen können Einzelpersonen, aber auch Personenvereinigungen (Volkshochschulen, Gewerkschaften, Arbeitgeberorganisationen, Kirchen und kommerzielle Einrichtungen) sein.

Privatunterricht, insbesondere in Form des *Nachhilfeunterrichts*, ist die Unterrichtserteilung an einzelne Schüler oder an Schülergruppen außerhalb der Organisationsform einer Schule.[162] Er wird in Ergänzung oder Begleitung zum schulischen Unterricht erteilt, ist daher selbst nicht als Schule anzusehen. Nachhilfeunterricht stößt wegen des vielbeklagten schulischen Leistungsdrucks auf eine wachsende Nachfrage und ist in zunehmendem Maße ein Betätigungsfeld für einige wenige bundesweit agierende institutionelle Anbieter, die als Franchise-Unternehmen organisiert sind.[163] Die große Bedeutung, die dem Nachhilfeunterricht in Deutschland beizumessen ist und die damit zugleich Mängel des Schulwesens erkennen lässt, zeigt sich auch daran, dass, bezogen auf alle Schülerinnen und Schüler im allgemeinbildenden Schulwesen, im Schuljahr 2014/15 durchschnittlich 87 Euro für bezahlten Nachhilfeunterricht ausgegeben wurden.[164]

15.92 Rechtsgrundlagen

Da die private Unterrichtserteilung keinen schulischen Charakter trägt, ist sie nicht durch die Gewährleistung des Art. 7 Abs. 4 GG geschützt.[165] Auf sie findet vielmehr Art. 12 Abs. 1 GG Anwendung. Nach dieser Bestimmung steht allen Deutschen, aber auch den Bürgern der Europäischen Union aus anderen Mitgliedstaaten[166] das Grundrecht der freien Berufswahl zu; die Berufsausübung kann durch Gesetz oder aufgrund eines Gesetzes geregelt werden. Der Vorschrift ist ein einheitliches Grundrecht der Berufsfreiheit zu entnehmen; das Grundrecht soll die Freiheit des Individuums sichern, der Regelungsvorbehalt ausreichenden Schutz der Gemeinschaftsinteressen sicherstel-

161 *Heckel* (Fn. 1), S. 322 ff.

162 Georgios *Gounalakis*/Lydia *Klose-Mokroß*, Rechtsfragen des Nachhilfeunterrichts, RdJB 1994, 50. – Zu den bildungsökonomischen Aspekten des Nachhilfeunterrichts s. Klaus *Klemm*/Nicole *Hollenbach-Biele*, Nachhilfeunterricht in Deutschland: Ausmaß – Wirkung – Kosten, Gütersloh 2016.

163 Dieter *Dohmen*/Annegret *Erbes*/Kathrin *Fuchs*/Juliane *Günzel*, Was wissen wir über Nachhilfe? – Sachstand und Auswertung der Forschungsliteratur zu Angebot, Nachfrage und Wirkungen, Berlin 2008; Margitta *Rudoph*, Nachhilfe – gekaufte Bildung? Eine empirische Untersuchung zur Kritik der außerschulischen Lernbegleitung, Bad Heilbrunn 2002.

164 Dazu die aktuellen Zahlen bei Klaus *Klemm*/Nicole *Hollenbach-Biele* (Fn. 163): Auf die nahezu 1,2 Mio. Schülerinnen und Schüler, die im allgemeinbildenden Schulwesen Nachhilfe in Anspruch nehmen (= 14 Prozent der Gesamtschülerzahl), entfallen Gesamtausgaben von 879 Mio. Euro jährlich (S. 23 ff.). Schon sechs Jahre zuvor waren Klaus *Klemm*/Annemarie *Klemm* (Ausgaben für Nachhilfe – teurer und unfairer Ausgleich für fehlende individuelle Förderung, Gütersloh 2010) zu dem Schluss gelangt, dass sich Nachhilfe „zu einem etablierten, privat finanzierten Unterstützungssystem neben dem öffentlichen Schulsystem entwickelt" hat (S. 4).

165 Auch können Eltern ihr schulpflichtiges Kind nicht mit dem Argument von der Schule fernhalten, dass sie ihm die erforderlichen Fähigkeiten und Kenntnisse durch einen ihren Erziehungsvorstellungen entsprechenden Privatunterricht angedeihen lassen wollen. Zur Unzulässigkeit des *Homeschooling* s. TZ 17.144.

166 Dazu Joachim *Wieland*, in: Dreier: Grundgesetz. Kommentar, Art. 12 Rn. 58.

len. Der Gesetzgeber kann die Freiheit der Berufsausübung beschränken, soweit vernünftige Erwägungen des Gemeinwohls es zweckmäßig erscheinen lassen; eine Einschränkung der Freiheit der Berufswahl ist hingegen nur dann gerechtfertigt, wenn der Schutz besonders wichtiger Gemeinschaftsgüter es zwingend erfordert.[167]

Mehrere Länder haben von ihrer Befugnis, die Berufsausübung in Gestalt der privaten Unterrichtserteilung zu regeln, Gebrauch gemacht. Teilweise ist vorgeschrieben, dass die Unterrichtseinrichtungen keine Bezeichnung führen und keine Zeugnisse erteilen dürfen, die eine Verwechslung mit öffentlichen Schulen hervorrufen können.[168] Verschiedentlich unterliegen die Einrichtungen, soweit sie gewerblich betrieben werden und regelmäßig von Minderjährigen in Anspruch genommen werden, einer Anzeigepflicht[169]; demgegenüber brauchen private Einrichtungen in Bremen weder genehmigt noch angezeigt zu werden.[170] In Rheinland-Pfalz ist unter bestimmten Voraussetzungen die Möglichkeit der staatlichen Anerkennung einer freien Unterrichtseinrichtung vorgesehen.[171] Die Unterrichtserteilung kann zur Abwehr von Schäden oder Gefahren, die den Lernenden oder der Allgemeinheit durch Mängel in der persönlichen oder fachlichen Zuverlässigkeit des Unterrichtenden drohen, untersagt werden.[172] Die Befugnis zum Einschreiten der Schul- oder einer anderen Behörde ergibt sich in den übrigen Ländern aus den gewerberechtlichen oder polizeirechtlichen Vorschriften.

Der privaten Unterrichtserteilung liegt in der Regel ein *Dienstvertrag* nach § 611 ff. BGB zugrunde, durch den sich der Unterrichtende zur ordnungsgemäßen Erteilung des vereinbarten Unterrichts, der Lernende oder seine Eltern zur Zahlung der vereinbarten Vergütung verpflichten.[173] Kommerzielle Anbieter verwenden zumeist Formularverträge, die Allgemeine Geschäftsbedingungen enthalten (vgl. TZ 15.432).

15.93 Fernunterricht

Schon seit längerer Zeit stoßen private Lehrgänge, die in Form des Fernunterrichts[174] betrieben werden, auf große Nachfrage. Fernunterricht ist die auf vertraglicher Grundlage erfolgende entgeltliche Vermittlung von Kenntnissen und Fähigkeiten, bei der

---

167 BVerfGE 7, 377 (400 ff.) und st.Rspr.; Erläuterungen zu dieser Rechtsprechung („Stufentheorie") bei *Kingreen/Poscher*, Grundrechte, Rn. 924 f.; *Jarass/Pieroth*, Grundgesetz. Kommentar, Art. 7 Rn. 33 ff.; *Wieland* (Fn. 166), Art. 12 Rn. 92 ff.

168 § 16 bw PSchG, Art. 105 Satz 1 BayEUG, § 104 Abs. 2 bln SchulG, § 126 Satz 3 SchulG M-V, § 140 Abs. 2 NSchG, § 119 Abs. 1 nrw SchulG, § 35 Abs. 1 Satz 3 rp PrivSchG, § 33 Abs. 2 saarl PrivSchG, § 12 Satz 2 SächsFrTrSchulG, § 16 Satz 3 ThürSchfTG.

169 § 104 Abs. 1 bln SchulG, § 127 Abs. 1 BbgSchulG; s. auch § 35 Abs. 2 rp PrivSchG. Im Saarland ist auch der erwerbsmäßig Jugendlichen erteilte Privatunterricht anzeigepflichtig (§ 34 Abs. 2 PrivSchG); außerdem kann für einzelne Unterrichtszweige der Nachweis ausreichender fachlicher Vorbildung verlangt werden (§ 34 Abs. 3 PrivSchG). Vgl. auch § 177 Abs. 2 Satz 1 HSchG. – Nach Auffassung des BVerwG (E 78,6 [7 ff.]), besteht für die gewerbsmäßige Durchführung von Schülernachhilfekursen sowie von Schreibmaschinen- und Sprachkursen eine Anzeigepflicht nach § 14 GewO. Zwar finde die Gewerbeordnung gemäß § 6 GewO keine Anwendung auf das Unterrichtswesen; unter diesen Begriff fielen indessen nur landesgesetzlich geregelte Unterrichtsveranstaltungen; diejenigen Unterrichtsveranstaltungen, für die das Landesrecht keine abschließende Regelung treffe, unterlägen daher der Gewerbeordnung, vorausgesetzt, dass sie gewerblich betrieben würden. Dazu *Gounalakis/Klose-Mokroß* (Fn. 162), *S.* 50 (51 ff.).

170 § 16 Abs. 1 PSchG.

171 § 35 Abs. 5 Satz 1 PrivSchG.

172 Z.B. Art. 105 Satz 2 i.V.m. Art. 103 BayEUG, § 104 Abs. 4 Satz 2 bln SchulG, § 127 Abs. 3 Satz 2 BbgSchulG, § 16 Abs. 2 brem PSchG, § 177 Abs. 1 HSchG, § 119 Abs. 2 nrw SchulG, § 35 Abs. 3 i.V.m. § 15 rp PrivSchG, § 35 Abs. 1 saarl PrivSchG.

173 Dazu im Einzelnen *Gounalakis/Klose-Mokroß* (Fn. 162), S. 50 (55 ff.).

174 Fernunterrichtsschutzgesetz (FernUSG) i.d.F.d.Bek. v. 4.12.2000 (BGBl. I S. 1670), zul.g.d. Art. 3 G. v. 20.9.2013 (BGBl. II S. 3642).

Lehrende und Lernende räumlich getrennt sind und der Lernerfolg überwacht wird (§ 1 Abs. 1 Fernunterrichtsschutzgesetz).[175]

Gegenstände des Fernunterrichts sind vor allem die Vorbereitung auf mittlere und gehobene technische und kaufmännische Berufe, auf das Abitur und den Realschulabschluss; der Fernunterricht erfüllt insoweit Funktionen des Zweiten Bildungswegs (vgl. TZ 3.8). Hinzu kommen Sprachkurse und sonstige Kurse vielfältiger Art. Auch der Fernunterricht ist nicht Schule; ihm fehlt insbesondere die für den herkömmlichen Schulbegriff charakteristische unmittelbare und raumnahe Verbindung zwischen Lehrern und Schülern. Daran ändert die Tatsache nichts, dass der moderne Fernunterricht die Versendung von Fernbriefen durch ein intensives Korrektur- und Korrespondenzverfahren und durch Direktkurse (Wochenendseminare) ergänzt.

Die Rechtslage des Fernunterrichts ist grundsätzlich die gleiche wie die der übrigen Lehrgänge.[176] Doch haben sich vor allem hier Maßnahmen zur Sicherung der Qualität und zum Schutz der Teilnehmer vor ungeeigneten Anbietern und unsozialer Vertragsgestaltung als notwendig erwiesen. Das Fernunterrichtsschutzgesetz schreibt vor, dass Fernlehrgänge der Zulassung bedürfen (§ 12 Abs. 1). Die Zulassung ist bei Vorliegen bestimmter Mängel zu versagen, u.a. bei fehlender Eignung des Anbieters, Verstoß gegen die öffentliche Sicherheit oder Ordnung, unzureichender Aufklärung des Teilnehmers über das Vertragsangebot, Unvereinbarkeit der Vertragsbedingungen mit den gesetzlichen Vorschriften (§§ 12 Abs. 2, 13 Abs. 1). Über die Zulassung entscheidet die *Staatliche Zentralstelle für Fernunterricht* mit Sitz in Köln, die aufgrund des von den Ministerpräsidenten der Länder abgeschlossenen *Staatsvertrages über das Fernunterrichtswesen* vom 16.2.1978[177] errichtet worden ist. Bei berufsbildenden Fernlehrgängen ist das Benehmen mit dem Bundesinstitut für Berufsbildung in Bonn herzustellen (Art. 9 Staatsvertrag).

---

175 Die Rechtsquellen sind zu finden in: BEFT, Nr. 46. Auf der Homepage der Staatlichen Zentralstelle für Fernunterricht (zfu.de) können ein Ratgeber und das Amtliche Mitteilungsblatt der ZFU heruntergeladen werden.

176 So liegt auch der Erteilung des Fernunterrichts ein Dienstvertrag zugrunde (TZ 15.92). Das FernUSG regelt im Einzelnen die Rechte und Pflichten der Vertragschließenden (§ 2), Form und Inhalt des Fernunterrichtsvertrags (§ 3), das Widerrufsrecht des Teilnehmers am Fernunterricht (§ 4), das Kündigungsrecht des Teilnehmers nach § 5 (ohne Angabe von Gründen erstmals zum Ablauf des ersten Halbjahres nach Vertragsschluss mit einer Frist von sechs Wochen, danach jederzeit mit einer Frist von drei Monaten). Nach § 26 ist für Rechtsstreitigkeiten aus einem Fernunterrichtsvertrag das Gericht ausschließlich zuständig, in dessen Bezirk der Teilnehmer seinen Wohnsitz hat.

177 Geändert durch Staatsvertrag vom 4.12.1991.

Zweiter Teil:
Schülerinnen und Schüler sowie Eltern

16. Kapitel: Schulverhältnis, Rechtsstellung der Schülerinnen und Schüler, Elternrecht

16.1 Das Schulverhältnis als Rechtsverhältnis[1]

16.11 Allgemeines

16.111 Das Schulverhältnis, das mit der Aufnahme des Schülers in die Schule beginnt und mit seiner Entlassung aus der Schule endet, umfasst die Gesamtheit der rechtlichen Beziehungen zwischen der Schule einerseits, dem Schüler (und seinen Eltern) andererseits.[2] Früher wurde es als *besonderes Gewaltverhältnis* klassifiziert. Dieser Begriff, der auf die Staats- und Verwaltungslehre des ausgehenden 19. Jahrhunderts (Paul Laband, Otto Mayer) zurückgeht, grenzte die Sonderverhältnisse der Beamten, Soldaten, Strafgefangenen und eben auch der Schülerinnen und Schüler gegen das allgemeine Gewaltverhältnis ab, in dem jeder Bürger zum Staat steht. Im Unterschied zu diesem wurde das besondere Gewaltverhältnis als ein verwaltungsinterner Bereich erachtet, der dem Einfluss des Parlaments entzogen und der ausschließlichen Regelungskompetenz der Exekutive zugewiesen war. Der Schüler unterlag demnach der nahezu unbegrenzten Anstaltsgewalt der Schule. Die Rechtsfigur des besonderen Gewaltverhältnisses diente dazu, Eingriffe in die Grundrechte der Schüler zu rechtfertigen, ohne dass es einer gesetzlichen Grundlage bedurfte.

Diese Lehre vom besonderen Gewaltverhältnis ist mit dem Rechtsstaats- und dem Demokratieprinzip des Grundgesetzes nicht vereinbar. Das Bundesverfassungsgericht hat bereits 1972 in seinem Strafvollzugsbeschluss[3] klargestellt, dass die Einschränkung von Grundrechten stets nur in den verfassungsrechtlich vorgesehenen Formen durch Gesetz oder aufgrund eines Gesetzes zulässig ist. Es hat diesen Grundsatz in mehreren Entscheidungen auf das Schulverhältnis übertragen.[4] Auch für das Schulverhältnis gilt somit der Vorbehalt des Gesetzes. Maßnahmen der Schule und der Schulbehörden ergehen nicht in einem gesetzesfreien Raum. Sie bedürfen, soweit sie die Rechts- und Freiheitssphäre der Schülerinnen und Schüler wie auch der Eltern wesentlich berühren, der gesetzlichen Legitimation. *Das Schulverhältnis ist* daher ein gesetzlich geordnetes *öffentlich-rechtliches Rechtsverhältnis.* Das heißt nicht, dass das Gesetz dieses Rechtsverhältnis in allen Einzelheiten normieren muss. Das Parlament kann und soll nicht sämtliche Details festlegen. Im Gegenteil, die Schule verträgt eine gesetzliche Regelung nur in den Grundzügen. Die Ausgestaltung der Einzelheiten des Schulverhältnisses – durch Rechtsverordnungen und Verwaltungsvorschriften wie auch durch selbstgesetzte Regeln der schulischen Organe – gehört zu den Aufgaben der Schulverwaltung und der Schule. Ausführlich zum Vorbehalt des Gesetzes TZ 2.3.

---

1 Hans-Uwe *Erichsen*, Gesetzesvorbehalt, Schulverhältnis, Recht auf Bildung, VerwArch 1976, 93; Frank *Hennecke*, Staat und Unterricht. Die Festlegung didaktischer Inhalte durch den Staat im öffentlichen Schulwesen, Berlin 1972, S. 132 ff.; Friedhelm *Hufen*, Staatsrecht II, 6. Aufl., München 2017, § 9 Rn. 3; Matthias *Jestaedt*, Schulische und außerschulische *Erziehung*, in: HdbStR VII, § 156 Rn. 75 ff.; Bernd *Löhning*, Der Vorbehalt des Gesetzes im Schulverhältnis, Berlin 1974; *Rux/Niehues*, Schulrecht, Rn. 20 ff. – Speziell zum besonderen Gewaltverhältnis: *Maurer/Waldhoff*, Verwaltungsrecht, § 6 Rn. 24 ff.; § 8 Rn. 27 ff.; Jürgen *Staupe*, Parlamentsvorbehalt und Delegationsbefugnis. Zur „Wesentlichkeitstheorie" und zur Reichweite legislativer Regelungskompetenz, insbesondere im Schulrecht, Berlin 1986, S. 72 ff.

2 Zur kollektiven Interessenvertretung der Schülerinnen und Schüler sowie der Eltern s. TZ 8.1 und 8.2.

3 BVerfGE 33, 1 (9 ff.); s. auch BVerfGE 40, 237 (253 f.).

4 BVerfGE 41, 251 (259 f.); 45, 400 (417 f.); 47, 46 (78 f.); 58, 257 (268 f.); 108, 282 (312).

16.112 Eingriffe in Grundrechte der Schülerinnen und Schüler bedürfen auch dann einer gesetzlichen Grundlage, wenn sie *das Schulverhältnis nach Erfüllung der Schulpflicht freiwillig fortsetzen* oder neu begründen. Von echter Freiwilligkeit kann bei der Entscheidung, Schulen über die Schulpflicht hinaus zu besuchen, nicht gesprochen werden, hängt doch der Zugang zu den Hochschulen und zu den Berufen vom erfolgreichen Abschluss weiterführender Schulen ab. Im Übrigen steht der freiheitssichernde Grundsatz des Vorbehalts des Gesetzes ohnehin nicht zur Disposition des Schülers und seiner Eltern, da er nicht allein dem Schutz des Einzelnen, sondern auch dem öffentlichen Interesse dient.[5]

16.12 Inhalt des Schulverhältnisses

Die beiderseitigen Rechte und Pflichten im Schulverhältnis ergeben sich aus den Schulgesetzen und den sie konkretisierenden sonstigen Vorschriften.

16.121 *Aufgabe und Pflicht der Schule* ist es, durch Unterricht und Erziehung dazu beizutragen, dass der Schüler seine geistigen, seelischen und körperlichen Anlagen entfaltet (TZ 16.21). Allerdings hat die Schule kein Erziehungs-, nicht einmal ein Unterrichtsmonopol. Auf dem Gebiet der *Erziehung* nimmt sie zwar einen eigenständigen Auftrag wahr; hierbei ist sie aber im Unterschied zu den Eltern, die für den „Gesamtplan" der Erziehung verantwortlich sind, auf den schulischen Bereich beschränkt (TZ 16.32). Doch kommt der Schule als Stätte des *Unterrichts* eine Vorrangstellung gegenüber allen anderen Einrichtungen zu. Große Bedeutung gewinnt die Schule im Rahmen ihrer unterrichtenden Tätigkeit dadurch, dass sie Berechtigungen (z.B. Versetzungen, Abschlüsse) zuerkennt, die die Rechtsstellung und die Lebenschancen der Schülerinnen und Schüler wesentlich beeinflussen (vgl. TZ 4.21, ferner das 18. und 20. Kapitel). Um ihre Erziehungs- und Unterrichtsfunktion wirksam ausüben zu können, muss die Schule Maßnahmen zur Aufrechterhaltung der Ordnung sowie zur Förderung und zum Schutz der Schülerinnen und Schüler treffen.

16.122 Die *Pflichten der Schüler und Eltern* bestehen vor allem in Verhaltenspflichten. Die Schule kann von den Schülerinnen und Schülern *aktive Mitarbeit und Disziplin*, von den Eltern Unterstützung ihrer Arbeit verlangen (TZ 21.11). Dazu gehört auch die Duldung rechtmäßiger Erziehungs- und Ordnungsmaßnahmen (22. Kapitel). Im Rahmen der Schulverfassung stehen den Schülern und Eltern Vertretungs- und Beteiligungsrechte zu (vgl. TZ 8.1 und 8.2).

16.13 Schranken des Schulverhältnisses

Die öffentliche Schule ist eine mächtige, von Schülern und Eltern oft als erdrückend empfundene Institution. Daher sind die der Schule vom Recht gesetzten Schranken von besonderer Bedeutung.

16.131 Die grundrechtlich geschützten *Freiheiten der Schülerinnen und Schüler* dürfen von der Schule nur nach Maßgabe des Gesetzes begrenzt werden. Stets ist das rechtsstaatliche *Übermaßverbot* zu beachten. Das heißt, dass die Schule bei Eingriffen in die Grundrechtssphäre des Schülers unter mehreren möglichen Maßnahmen nur diejenige treffen darf, die geeignet ist, das angestrebte Ziel zu erreichen (*Geeignetheit*), die den Schüler möglichst wenig belastet (*Erforderlichkeit*) und bei der die Vorteile insgesamt

5 Das öffentliche Interesse liegt in der Bedeutung der Schulbildung für das gesamte Gemeinwesen und seine Bürger (vgl. BVerfGE 41, 251 [259 f.]).

die Nachteile überwiegen (*Verhältnismäßigkeit*).[6] Das Übermaßverbot gilt vor allem für Ordnungsmaßnahmen sowie für solche schulischen *Entscheidungen, durch die der künftige Berufs- und Lebensweg des Schülers bestimmt wird* (wie z.B. bei Versetzung, Prüfung, leistungsbedingtem Ausschluss aus der Schule).

16.132 Grenzen werden der Schule durch das *Elternrecht* gezogen. Sie muss die Verantwortung der Eltern für den Gesamtplan der Erziehung ihres Kindes achten (dazu TZ 16.3, insbesondere TZ 16.33).

16.133 Nur was dem Unterricht und der Erziehung, der Ordnung in der Schule und der Fürsorge für die Schülerinnen und Schüler dient, was also vom *Bildungs- und Erziehungsauftrag der Schule* umfasst ist, kann im Schulverhältnis den Schülern und Eltern zur Pflicht gemacht werden. Wenn es sich um Maßnahmen handelt, die nicht durch diesen Auftrag gedeckt sind, ist die Schule auf freiwillige Mitwirkung angewiesen.

16.134 Die Zuständigkeit der Schule ist *räumlich und zeitlich beschränkt.* Grundsätzlich ist die Schule nur auf dem *Schulgelände* – sowie auf den vorübergehend benutzten Grundstücken (z.B. Sportplatz, gemietete Räume) – und während der *Unterrichts- und Betreuungszeit* verantwortlich. Doch kann sie auch auf das außerschulische Leben des Schülers einwirken, insbesondere dadurch, dass sie ihm *Hausaufgaben* stellt (vgl. TZ 19.16). Überdies ist der *Schulweg* dem schulischen Bereich zugeordnet; die Schülerunfallversicherung trägt diesem Umstand Rechnung, indem sie Unfälle auf dem Schulweg als Schulunfälle wertet (vgl. TZ 25.311).

16.14 Das Schulverhältnis in Heimen

16.141 Schicken die Eltern ihr Kind in eine offene Schule, üben sie außerhalb der Schule ihr elterliches Erziehungsrecht uneingeschränkt aus. Anders ist es, wenn sie das Kind in einem *Schülerheim* (TZ 3.721) oder in einer *Heimschule* (TZ 3.722) untergebracht und damit die Ausübung eines Teils ihrer Erziehungsrechte und -pflichten dem Heim übertragen haben. Insoweit tritt das Heim weitgehend an die Stelle der Eltern. Die *Heimerziehung* geht über die Schulerziehung hinaus, weil sie auch das außerschulische Alltagsleben bestimmt, das der Schule verschlossen bleibt. Handelt es sich um eine Heimschule, bei der Schule und Heim organisch verbunden sind, erweitert sich das Schulverhältnis um das Heimerziehungsverhältnis; die Heimschule verfügt ihren Schülern gegenüber über stärkere Rechte als die offene Schule, deren Schüler nach Beendigung des Unterrichts in das Elternhaus zurückkehren.

Das gilt erst recht für ein *Erziehungsheim*, in das der junge Mensch aufgrund einer Entscheidung des Familiengerichts eingewiesen ist (§ 34 SGB VIII, § 1631b BGB). Aber auch eine solche Einrichtung verfügt nicht über ein eigenständiges Erziehungsrecht, sondern leitet ihre Rechtsmacht – abgesehen von dem Fall, dass den Eltern das Sorgerecht für ihr Kind durch das Familiengericht entzogen worden ist (§ 1666 BGB) – von den Eltern ab. Die in den Erziehungsheimen tätigen Erzieherinnen und Erzieher sind berechtigt, in Angelegenheiten des täglichen Lebens zu entscheiden sowie die Eltern in solchen Angelegenheiten zu vertreten (§ 1688 Abs. 2 BGB). Keineswegs darf aber das Heim das Elternrecht beeinträchtigen. Deshalb wäre es unzulässig, wenn es den schriftlichen Verkehr zwischen Eltern und Kind beschränkte oder einer Zensur unterwürfe.

6 Die Terminologie im verwaltungsrechtlichen Schrifttum ist nicht einheitlich. So wird statt vom Übermaßverbot auch vom Grundsatz der Verhältnismäßigkeit gesprochen und sodann das dem Übermaßverbot zugeordnete Element der Verhältnismäßigkeit als Verhältnismäßigkeit im engeren Sinne bezeichnet. Dazu *Maurer/Waldhoff*, Verwaltungsrecht, § 10 Rn. 51. – Grundlegend zum Übermaßverbot immer noch: Peter *Lerche*, Übermaß und Verfassungsrecht, Köln 1961.

Eine Begrenzung des individuellen Freiraums der Kinder und Jugendlichen ergibt sich aus ihrer Einbindung in die Gruppe und aus der Notwendigkeit, die Funktionsfähigkeit der Einrichtung zu sichern. Sie haben daher die Heimordnung zu beachten.[7]

Bei volljährigen Schülerinnen und Schülern in einem Schülerheim oder einer Heimschule kann von Erziehung im engeren Sinne nicht mehr die Rede sein. Doch bindet die Heimordnung auch den *volljährigen Heimbewohner*, der sie zumindest stillschweigend anerkannt hat. Verstößt der Volljährige gegen die Heimordnung, kann die Heimleitung zur Sicherung der Ordnung die erforderlichen Maßnahmen ergreifen. Zur Beschränkung der Aufsichtspflicht gegenüber volljährigen Schülern s. TZ 29.222.

16.142 Die für das Schulverhältnis an öffentlichen Schulen geltenden Grundsätze können auf *Privatschulen* im Allgemeinen nicht übertragen werden. Die Eltern schließen hier einen Schulvertrag (Beschulungsvertrag) des Privatrechts ab, der ihre und ihrer Kinder Rechtsbeziehungen zur Schule regelt. Die wechselseitigen Rechte und Pflichten im Einzelnen ergeben sich üblicherweise aus der Schulordnung des Schulträgers, die Bestandteil des Schulvertrags ist (dazu TZ 15.432).

Für die rechtliche Beurteilung der Unterrichts- und Erziehungstätigkeit der *anerkannten Ersatzschulen* reichen der Schulvertrag und die Vorschriften des Privatrechts aber nicht aus. Diese Schulen treffen, soweit sie Berechtigungen vermitteln oder vorenthalten (z.B. durch Entscheidungen über Versetzung oder Nichtversetzung, Bestehen oder Nichtbestehen von Prüfungen), hoheitliche Maßnahmen, die als Verwaltungsakte anzusehen sind (vgl. TZ 15.65 und 26.432). Insoweit gelten die gleichen Grundsätze wie für das Schulverhältnis an öffentlichen Schulen (dazu vor allem das 20. Kapitel).

16.2 Schülerinnen und Schüler als Träger von Grundrechten[8]

16.21 Allgemeines

Aus dem Schulverhältnis als einem Rechtsverhältnis ergibt sich, dass der Schüler nicht Objekt der Schule ist. „Die Schule ist um des Schülers willen da."[9] Mag ein Schüler noch so unreif, unfähig, uneinsichtig oder eigenwillig sein: er ist in seiner Menschenwürde (Art. 1 Abs. 1 GG) und als Träger von Grundrechten zu achten.

Zur Bedeutung der Grundrechte für das Schulverhältnis und für die Gestaltung des Schulwesens wird zunächst auf die Ausführungen in TZ 2.224 verwiesen.[10] Von besonderem Gewicht ist das Recht des Schülers auf freie Entfaltung seiner Persönlichkeit (Art. 2 Abs. 1 GG).[11] Der Schule ist es mit Rücksicht darauf verwehrt, den jungen Menschen nach wie auch immer gearteten Doktrinen auszurichten, ihn für „reine Lehren", gleich welcher Ausrichtung, zu vereinnahmen.

---

7 Zur Rechtsstellung von Kindern und Jugendlichen im Erziehungsheim: Reinhard *Wiesner*, SGB VIII: Kinder- und Jugendhilfe. Kommentar, 5. Aufl., München 2015, § 34 Rn. 54 ff.

8 *Oppermann*, Gutachten, C 81 ff.; Wolfgang *Perschel*, Die Meinungsfreiheit des Schülers, Berlin 1962; Bodo *Pieroth*, Erziehungsauftrag und Erziehungsmaßstab der Schule im freiheitlichen Verfassungsstaat, DVBl. 1994, 949 (957 ff.); Ekkehart *Stein*, Das Recht des Kindes auf Selbstentfaltung in der Schule, Neuwied 1967; Friederike *Wapler*, Religiöse Kindererziehung: Grenzen des Rechts, RdJB 2015, 420 (423 ff.). Vgl. auch den Beschluss der KMK vom 25.5.1973 „Zur Stellung des Schülers in der Schule" (KMK-BeschlS. Nr. 824); dazu TZ 5.12.

9 *Hennecke* (Fn. 1), S. 125.

10 Dort auch zur Frage, ob sich aus den Grundrechten ein „Recht auf Bildung" ableiten lässt, und zur Bedeutung des Art. 12 Abs. 1 GG (Recht auf freie Wahl der Ausbildungsstätte) für das Schulverhältnis.

11 Dazu *Oppermann*, Gutachten, C 82 ff.; *Stein* (Fn. 8), S. 37 ff.

Allerdings können Schülerinnen und Schüler ihre Entfaltungsfreiheit nicht in Form eines ungebrochenen, rücksichtslosen Individualismus auf Kosten anderer, sondern nur gemeinsam mit Mitschülern und Lehrkräften verwirklichen. Insoweit ist das Grundrecht durch die Rechte anderer eingeschränkt (Art. 2 Abs. 1 GG). Die Schüler müssen deshalb die für einen geordneten Ablauf des Schulbetriebs unvermeidlichen Spielregeln beachten[12], zumal ihre Freiheit ohnehin durch die verfassungsmäßige Ordnung im Sinne des Art. 2 Abs. 1 GG begrenzt ist. Diese umfasst alle formell und materiell verfassungsgemäßen Rechtsnormen.[13] Dazu gehören zum Beispiel die gesetzlichen Vorschriften über den Bildungs- und Erziehungsauftrag der Schule sowie die Schulpflicht, aber auch die als Rechtsverordnungen erlassenen Bestimmungen, die das Verhalten der Schülerinnen und Schüler in der Schule regeln[14] (dazu vor allem das 21. Kapitel).

16.22 Minderjährige und volljährige Schülerinnen und Schüler

16.221 Schülerinnen und Schüler können im Schulverhältnis grundsätzlich nur dann rechtswirksame Handlungen vornehmen, wenn sie volljährig sind. Das ergibt sich aus § 12 Abs. 1 Nr. 1 des in den Ländern gleichlautenden Verwaltungsverfahrensgesetzes (VwVfG)[15], einer Vorschrift, die auch für die Verwaltungstätigkeit der Schulen gilt. Danach ist im Verwaltungsverfahren nur handlungsfähig, wer nach bürgerlichem Recht geschäftsfähig, also volljährig ist (§§ 2, 106 BGB). Minderjährige Schüler können daher gegenüber der Schule grundsätzlich keine rechtswirksamen Handlungen vornehmen[16]; für sie handeln die Eltern als gesetzliche Vertreter (§ 1629 BGB). Ein Verwaltungsakt der Schule (z.B. die Entscheidung über eine Nichtversetzung oder das Nichtbestehen einer Prüfung) ist deshalb nicht dem Schüler, sondern seinen Eltern als gesetzlichen Vertretern bekanntzugeben; nicht er, sondern nur die Eltern vermögen hiergegen einen Rechtsbehelf einzulegen.[17] Auch der Antrag auf Erlass eines Verwaltungsakts (z.B. auf Befreiung des Schülers vom Unterricht) ist von den Eltern zu stellen.[18] Besonderheiten gelten für minderjährige Schüler, die das 7. Lebensjahr vollendet haben. Als beschränkt Geschäftsfähige (§ 106 BGB) sind sie unter bestimmten Voraussetzungen befugt, im Verwaltungsverfahren gegenüber der Schule selbständig zu handeln, und zwar insoweit, als

12 *Rux/Niehues*, Schulrecht, Rn. 397.

13 BVerfGE 6, 32 (37 f.); seither st. Rspr.

14 Insoweit sind auch die „Rechte anderer" bereits in der „verfassungsmäßigen Ordnung" enthalten, vgl. *Jarras/Pieroth*, Grundgesetz. Kommentar, Art. 2 Rn. 14.

15 Mit Ausnahme Schleswig-Holsteins. Dort entspricht § 77 Landesverwaltungsgesetz der Vorschrift des § 12 VwVfG der anderen Länder (und des Bundes).

16 Anders aber in schulischen Angelegenheiten einfacherer Art. Daher ist z.B. ein beschränkt geschäftsfähiger minderjähriger Schüler verfahrenshandlungsfähig, wenn gegen ihn ein zweistündiges Nachsitzen angeordnet wird; er kann in diesem Fall das Anhörungsrecht selbständig ausüben. So VGH Mannheim, DVBl. 1985, 65 (66). Zustimmend: Ferdinand O. *Kopp*/Ulrich *Ramsauer*, Verwaltungsverfahrensgesetz. Kommentar, 17. Aufl., München 2016, § 12 Rn. 8a; Cornel-Rupert *Meyer*, Die Stellung des Minderjährigen im öffentlichen Recht, Berlin 1988, S. 147 f., und Gerhard *Robbers*, Partielle Handlungsfähigkeit Minderjähriger im öffentlichen Recht, DVBl. 1998, 709 (713 ff.); ablehnend: Carl Hermann *Ule*/Hans-Werner *Laubinger*, Verwaltungsverfahrensrecht, 4. Aufl., Köln 1995, S. 183.

17 So *Robbers* (Fn. 16), S. 709, für den Fall der Anfechtung einer Prüfungsentscheidung; zustimmend *Kopp/Ramsauer* (Fn. 16), § 12 Rn. 8; a.A. Heinz Joachim *Bonk*/Heribert *Schmitz*, in: Paul Stelkens/Heinz Joachim Bonk/Michael Sachs (Hrsg.), Verwaltungsverfahrensgesetz. Kommentar, 8. Aufl., München 2014, § 12 Rn. 9.

18 Zur Möglichkeit, Verfahrenshandlungen von oder gegenüber Handlungsunfähigen durch Genehmigung des gesetzlichen Vertreters zu heilen, vgl. die Lehrbücher zum Allgemeinen Verwaltungsrecht und die Kommentare zum VwVfG, z.B. *Kopp/Ramsauer* (Fn. 16), § 12 Rn. 12 f.

sie für die Sache, um die es geht, durch Vorschriften des öffentlichen Rechts als handlungsfähig anerkannt sind (§ 12 Abs. 1 Nr. 2 VwVfG).[19] Hier ist vor allem auf § 5 RKEG hinzuweisen. Danach sind Schüler vom 14. Lebensjahr an religionsmündig; sie können allein über die Teilnahme am Religionsunterricht entscheiden (dazu TZ 19.144). Darüber hinaus ist den schulrechtlichen Vorschriften zu entnehmen, ob und in welchem Umfang minderjährige Schüler handlungsfähig sind.[20]

Bezüglich der *Grundrechte* gibt es hingegen keine Altersgrenzen. Sie stehen auch den minderjährigen Schülern zu. Zu ihrer Ausübung bedürfen sie keiner „Grundrechtsmündigkeit". Dem Wortlaut der grundrechtlichen Bestimmungen lässt sich eine solche Kategorie nicht entnehmen.[21] Daher kann der Schüler die Grundrechte selbst geltend machen, sich beispielsweise gegenüber der Lehrkraft auf seine Meinungsfreiheit berufen. In der schulischen Alltagswirklichkeit, fern des unmittelbaren Einflusses des Elternhauses, ist er bei der Ausübung von Grundrechten ohnehin zumeist auf sich selbst gestellt. Davon abgesehen, müssen die Eltern bei der Wahrnehmung ihrer Erziehungsverantwortung in der Schule die wachsende Reife und Einsichtsfähigkeit ihres minderjährigen Kindes berücksichtigen, es in seiner Selbstentfaltung fördern (§ 1626 Abs. 2 BGB). Gleiches gilt selbstverständlich auch für den Umgang der Schule mit ihren minderjährigen Schülern.

16.222 Bei den *volljährigen Schülerinnen und Schülern* entfallen die Einschränkungen der Handlungsfähigkeit, denen der Minderjährige unterliegt. Der Schüler tritt der Schule eigenverantwortlich gegenüber und nimmt seine Rechte selbst wahr. Die gegenseitigen Rechte und Pflichten der Schule und des Schülers im Schulverhältnis werden durch den Eintritt der Volljährigkeit an sich nicht berührt, können jedoch Modifikationen erfahren. Insbesondere stehen der Schule keine Erziehungsbefugnisse mehr zu; auch vermindert sich die Aufsichtspflicht der Schule, s. TZ 31.522). Vgl. im Übrigen die Hinweise auf die besondere Situation der volljährigen Schülerinnen und Schüler in den folgenden Kapiteln.

Mit dem Eintritt der Volljährigkeit *erlöschen die Rechte der Eltern als gesetzliche Vertreter des Schülers.*[22] Aber es erlischt deshalb nicht ihr Interesse an der schulischen Situation ihres nunmehr volljährigen Kindes, zumal – von seltenen Ausnahmefällen abgesehen – die Unterhaltspflicht fortbesteht: Nach §§ 1601, 1610 Abs. 2 BGB tragen

---

19 Nach § 12 Abs. 1 Nr. 2 VwVfG ist ein Minderjähriger im Verwaltungsverfahren auch insoweit handlungsfähig, als ihm für den Gegenstand des Verfahrens durch bürgerlich-rechtliche Vorschriften Geschäftsfähigkeit zuerkannt ist. So begründet z.B. die Ermächtigung nach §§ 112, 113 BGB zum selbständigen Betrieb eines Erwerbsgeschäfts bzw. zur Aufnahme eines Arbeitsverhältnisses zugleich die Handlungsfähigkeit des Minderjährigen für damit zusammenhängende Verwaltungsverfahren. Vgl. auch Roland *Proksch*, Die Rechte junger Menschen in ihren unterschiedlichen Altersstufen, RdJB 1996, 473.

20 Man denke etwa an die Mitwirkung minderjähriger Schülervertreter an Beschlüssen schulischer Gremien oder an die den Schülerinnen und Schülern in einigen Ländern eingeräumte Befugnis, ihre Rechte auf Auskunft und Akteneinsicht nach den datenschutzrechtlichen Bestimmungen bereits mit Vollendung des 14. Lebensjahres selbständig geltend zu machen (z.B. § 64 Abs. 7 bln SchulG [soweit die Schulleiterin oder der Schulleiter die Zustimmung der Eltern nicht für erforderlich hält], § 70 Abs. 6 Satz 2 SchulG M-V).

21 Die Frage, ob es eine spezifische Grundrechtsmündigkeit gibt, wird heute überwiegend verneint. Dazu bereits Ursula *Fehnemann*, Die Innehabung und Wahrnehmung von Grundrechten im Kindesalter, Berlin 1983, S. 14 ff.; ferner: Thorsten *Kingreen*/Ralf *Poscher*, Grundrechte. Staatsrecht II, 33. Aufl., Heidelberg 2017, Rn. 140; *Robbers* (Fn. 16), S. 709 (713 ff.); *Ule*/*Laubinger* (Fn. 16), S. 183 f.; *Jarass*/*Pieroth*, Grundgesetz. Kommentar, Art. 19 Rn. 13.

22 Vgl. OVG Münster, NJW 1996, 1769.

die Eltern auch weiterhin die Kosten der Schulerziehung und der Berufsausbildung. Der volljährige Schüler entscheidet zwar selbst über seinen weiteren Werdegang; er meldet sich in der Schule selbst an und ab, entschuldigt sich selbst für Versäumnisse, stellt selbst die erforderlichen Anträge (z.B. auf Beurlaubung), er ist auch Adressat der Schulzeugnisse und sonstiger Mitteilungen (z.B. über die vorzeitige Entlassung aus der Schule). Im Hinblick auf seine regelmäßig *fortdauernde Bindung an das Elternhaus* kann die Schule jedoch davon ausgehen, dass er die Eltern über die ihn betreffenden schulischen Vorgänge laufend informiert; bis zur ausdrücklichen Erklärung des Gegenteils kann sie sein Einverständnis unterstellen, dass zumindest ihre wichtigeren Mitteilungen auch den Eltern zugehen sollen und dass sie diesen auf ihr Verlangen hin Auskünfte erteilen darf.

16.223 Vor einiger Zeit haben die Länder der Schule überdies kraft Gesetzes die Befugnis eingeräumt, *sie zumeist sogar durch Sollvorschriften verpflichtet, die Eltern volljähriger Schülerinnen und Schüler unter 21 Jahren über wichtige schulische Sachverhalte zu unterrichten*, insbesondere über Nichtversetzung, Nichtzulassung zu einer Abschlussprüfung und ihr Nichtbestehen, Entlassung aus dem Schulverhältnis wegen mangelnder Leistung, Schulausschluss, Abmeldung von der Schule.[23] Im Allgemeinen ist vorgesehen, dass die Schule die Schülerinnen und Schüler über die den Eltern gegebenen Auskünfte vorab in Kenntnis setzt.[24]

Nach Auffassung des Verfassungsgerichtshofs Rheinland-Pfalz und des Bayerischen Verfassungsgerichtshofs[25] *sind die Regelungen in diesen beiden Ländern verfassungskonform*. Sie griffen zwar in das durch die jeweilige Landesverfassung geschützte Recht der volljährigen Schülerinnen und Schüler auf informationelle Selbstbestimmung ein (dazu TZ 24.12); der Eingriff sei jedoch im überwiegenden Allgemeininteresse gerechtfertigt, um Menschen davor zu bewahren, sich selbst oder anderen Schaden zuzufügen. Das gelte umso mehr, als die Schule für die ihr anvertrauten Schüler, mit denen sie ein über Jahre gewachsenes Erziehungs- und Fürsorgeverhältnis verbinde, eine besondere Verantwortung treffe. Auch wahrten die Bestimmungen den *Grundsatz der Verhältnismäßigkeit* (vgl. TZ 16.131).[26]

Zu den Folgen der Volljährigkeit für die Elternvertretung vgl. TZ 8.216.

23 Im Einzelnen: § 55 Abs. 3 Satz 2 und 3 bw SchG, Art. 75 Abs. 1 Satz 1 BayEUG, § 47 Abs. 5 Satz 3 bln SchulG, § 46 Abs. 5 und 6 BbgSchulG, § 6a BremSchulG, § 32 Abs. 4 und 5 HmbSG, § 72 Abs. 4 HSchG, § 55 a SchulG M-V, § 55 a NSchG, § 120 Abs. 8 nrw SchulG, § 4 rp SchulG, § 20f saarl SchoG, § 50 a Abs. 2 und 3 sächs SchulG, § 43 Abs. 3 SchulG LSA, §31 sh SchulG, § 31 Abs. 3 ThürSchulG. – In einigen Ländern, u.a. Hessen, Niedersachsen, Sachsen-Anhalt und Schleswig-Holstein, hat die Information der Eltern zu unterbleiben, wenn die Schülerin oder der Schüler widersprochen hat.

24 Auslöser dieser Bestimmungen war der Amoklauf eines 19-jährigen Schülers eines Erfurter Gymnasiums, der im April 2002 16 Menschen und schließlich sich selbst erschossen hatte. Diesem tragischen Ereignis war eine zunehmende Verschlechterung der Leistungen des Schülers, die Nichtversetzung in die 11. Klasse, ein wiederholtes Fernbleiben vom Unterricht und schließlich die Verweisung von der Schule Anfang Oktober 2001 vorausgegangen.

25 VerfGH RP, NJW 2005, 410; DVBl. 2004, 1111; BayVerfGH, BayVBl. 2005,16; FamRZ 2005, 1091.

26 Zustimmend Friedhelm *Hufen*, Staatsrecht II, 5. Aufl., München 2016, § 32 Rn. 10, der die „Kriseninformation“ aus Gründen der Rechtssicherheit für rechtmäßig hält; vgl. auch Konrad *Walter*, Die Information der Eltern volljähriger Schüler durch die Schule, RdJB 2005, 268. Ablehnend *Rux/Niehues*, Schulrecht, Rn. 577, mit dem Argument, die Entscheidungen beruhten sämtlich auf der irrigen Annahme, dass der Erziehungsanspruch des Staates mit dem Eintritt der Volljährigkeit noch nicht beendet sei.

16.3 Elternrecht und staatliche Schulhoheit

16.31 Inhalt und Schranken des Elternrechts

Nach Art. 6 Abs. 2 GG sind „Pflege und Erziehung der Kinder ... das natürliche Recht der Eltern und die zuvörderst ihnen obliegende Pflicht.[27] Über ihre Betätigung wacht die staatliche Gemeinschaft".[28] *Die Eltern können somit die Erziehung des Kindes nach ihren eigenen Vorstellungen*, frei von staatlichen Einflüssen, *gestalten*.

Eltern im Sinne des Art. 6 Abs. 2 GG sind die Eltern je für sich einschließlich der Adoptiveltern, nicht aber die Pflegeeltern. Der verfassungsrechtliche Elternbegriff schließt den nicht personensorgeberechtigten Elternteil ein. Auch der nichteheliche Vater ist Träger des Grundrechts aus Art. 6 Abs. 2 GG.[29]

Von allen anderen Grundrechten unterscheidet sich das Elternrecht dadurch, dass es *pflichtgebunden* ist.[30] Es ist also nicht um der Selbstverwirklichung der Eltern willen, sondern *zum Wohl des Kindes* verbürgt.[31]

Das Kindeswohl bildet auch die Richtschnur für die Ausübung des *staatlichen Wächteramts*.[32] Außerhalb der Schule ist der Staat zwar aufgrund seines Wächteramts nicht selbst zur Erziehung berufen; die Eltern müssen es aber hinnehmen, dass er ihr erzieherisches Verhalten überwacht und dass er, soweit sie dem Erziehungsanspruch ihrer Kinder nicht gerecht werden, durch die Jugendbehörden und das Familiengericht die unzureichende elterliche Erziehung ergänzt oder ersetzt (§ 1 Abs. 3 SGB VIII, § 1666 BGB).

16.32 Der Staat als Erziehungsträger

Im Schulbereich bleibt der Staat nicht auf sein Wächteramt nach Art. 6 Abs. 2 GG beschränkt. Hier hat er gemäß Art. 7 Abs. 1 GG einen *eigenständigen Bildungs- und*

27 Grundlegend Ernst-Wolfgang *Böckenförde,* Elternrecht – Recht des Kindes – Recht des Staates, in: Joseph Krautscheidt/Heiner Marré (Hrsg.), Essener Gespräche zum Thema Staat und Kirche. Bd. 14, Münster 1980, S. 54; Thomas *Böhm,* Elternrechte in der Schule, München 2007; Ursula *Fehnemann,* Zur näheren Bestimmung des grundgesetzlichen Elternrechts, DÖV 1982, 353; Wolfram *Höfling,* Elternrecht, in: HdbStR VII, § 155 Rn. 9 ff.; Bernd *Jeand'Heur,* Verfassungsrechtliche Schutzgebote zum Wohl des Kindes und staatliche Interventionspflichten aus der Garantienorm des Art. 6 Absatz 2 GG, Berlin 1993; Matthias *Jestaedt,* Staatliche Rollen in der Eltern-Kind-Beziehung, DVBl. 1997, 693; Fritz *Ossenbühl,* Das elterliche Erziehungsrecht im Sinne des Grundgesetzes, Berlin 1981; Bodo *Pieroth,* Erziehungsauftrag und Erziehungsmaßstab der Schule im freiheitlichen Verfassungsstaat, DVBl. 1994, 949 (955 ff.); Hinnerk *Wißmann,* Kulturelle Differenz und Prozeduren der Integration als Gegenstand der Grundrechtsdogmatik – Das Beispiel von Elternrechten und Kindeswohl, RdJB 2008, 153.

28 Die Landesverfassungen enthalten ähnliche Bestimmungen, z.B. Art. 15 Abs. 3 bw Verf., Art. 126 Abs. 1 bay Verf., Art. 12 Abs. 3 bln Verf., Art. 27 Abs. 2 bbg Verf., Art. 55 Satz 1 hess Verf., Art. 8 Abs. 1 Satz 2 nrw Verf., Art. 22 Abs. 3 sächs Verf., Art. 11 Abs. 1 Verf. LSA, Art. 18 Abs. 1 thür Verf.

29 *Jarass/Pieroth*, Grundgesetz. Kommentar, Art. 6 Rn. 34 mit Nachw. aus der Rspr. Zum personalen Geltungsumfang des grundgesetzlichen Elternrechts eingehend *Höfling* (Fn. 27), Rn. 62 ff. und Matthias *Jestaedt*, in: Bonner Kommentar, Art. 6 Rn. 52 ff.

30 BVerfGE 24, 119 (143); *Höfling* (Fn. 27), Rn. 29 ff. Zur Besonderheit dieser Pflichtbindung im Unterschied zur Sozialbindung des Eigentums (Art. 14 Abs. 2 GG) s. Hans H. *Klein*, Über Grundpflichten, Der Staat 1975, 153 (157). Zur Einführung in die Problematik der Grundpflichten s. Hasso *Hofmann,* Grundrechte und Grundpflichten, HdbStR XI, Rn. 18 ff.

31 BVerfGE 59, 360 (376); 72, 122 (137). Deshalb wird das Elternrecht häufig als fiduziarisches Recht, als treuhänderische Freiheit bezeichnet, vgl. etwa *Oppermann,* Gutachten, C 100; *Ossenbühl* (Fn. 27), S. 50 ff.; dazu kritisch: *Fehnemann* (Fn. 27), S. 353 (356 ff.) – Zur Bedeutung des Kindeswohls angesichts veränderter Realverhältnisse von Familie, Erziehung und Sozialisation Minderjähriger s. *Jeand'Heur* (Fn. 27), S. 39 ff.

32 Dazu Friedhelm *Hufen* (Fn. 26), § 16 Rn. 27 ff.; *Kingreen/Poscher* (Fn. 21), Rn. 713; Stefan *Engels,* Kinder- und Jugendschutz in der Verfassung – Verankerung, Funktion und Verhältnis zum Elternrecht, AöR 1997, 212 (232 ff.); *Jestaedt* (Fn. 27), S. 603 (696 f.).

Erziehungsauftrag, der, wie das Bundesverfassungsgericht in ständiger Rechtsprechung hervorgehoben hat, „in seinem Bereich dem elterlichen Erziehungsrecht nicht nach-, sondern gleichgeordnet ist".[33] Diese abstrakte Gleichordnung bedeutet allerdings keine Gleichrangigkeit im konkreten Konfliktfall; vielmehr ist jeweils nach dem Grundsatz praktischer Konkordanz zu ermitteln, welchem Rechtsgut – dem Erziehungsrecht der Eltern oder dem staatlichen Bildungs- und Erziehungsauftrag – der Vorzug zukommt.[34] Ohnehin ist das Grundrecht der Eltern aus Art. 6 Abs. 2 Satz 1 GG, unmittelbar in eigener Person und in pädagogischer Alleinverantwortung auf ihre Kinder einzuwirken, für die Dauer der Schulpflicht auf den außerschulischen Bereich beschränkt.[35]

Die Befugnisse des Staates reichen umso weiter, je mehr es um die äußeren Strukturen des Schulwesens geht und je mehr die Bildung und Erziehung der Kinder und Jugendlichen zu selbstverantwortlichen Bürgern im demokratischen Staat und ihre Vorbereitung auf die Berufswelt zur Aufgabe gestellt sind.

In einer zunehmend pluralistischen Gesellschaft nimmt die Schule mit ihrer Bildungs- und Erziehungsarbeit eine überaus bedeutsame Integrationsfunktion wahr. Umso wichtiger ist die in Art. 7 Abs. 1 GG wurzelnde *Schulpflicht*, die die Eltern strikt zu beachten haben (dazu TZ 17.144).

Der Bildungs- und Erziehungsauftrag des Staates umfasst die Befugnis, die Unterrichtsinhalte und -methoden festzulegen. Nach der neueren Rechtsprechung des Bundesverwaltungsgerichts tritt hierbei gerade wegen der Integrationsaufgabe der Schule sogar die Pflicht zur Rücksichtnahme auf religiöse Belange zurück; Eltern müssen demgemäß in einem bestimmten Umfang Beeinträchtigungen religiöser Erziehungsvorstellungen als typische, von der Verfassung von vornherein einberechnete Begleiterscheinung des staatlichen Bildungs- und Erziehungsauftrags hinnehmen (dazu TZ 5.12).

Zum staatlichen, der elterlichen Bestimmung grundsätzlich entzogenen Verantwortungsbereich gehören *die Organisation des Schulwesens nach Schularten, Schultypen und Schulstufen sowie die Ausgestaltung des Berechtigungswesens*.[36] Die Eltern haben also grundsätzlich keinen Anspruch darauf, dass die Schule eine bestimmte innere oder äußere Gestalt aufweist, dass sie etwa eine bestimmte Fremdsprachenfolge anbietet[37]; sie können insbesondere nicht verlangen, dass der Staat eine an ihren Wünschen orientierte Schulart vorhält[38] oder dass der Schulträger eine bestimmte Schule errichtet. Auch der

33 BVerfGE 34, 165 (183); 41, 29 (44); 41, 29 (44); 52, 223 (236); 96, 288 (304); 98, 218 (244); 108, 282 (301); 138, 296 (338). – Zur Reichweite des Bildungs- und Erziehungsauftrags des Staates in der Schule, der sich nicht auf die Vermittlung von Wissen und Fertigkeiten beschränkt, s. die Ausführungen unter TZ 5.1.

34 *Höfling* (Fn. 27), Rn. 91.

35 So OVG Münster, NVwZ-RR 2017, 498. Nach Auffassung des Gerichts führt daher der im innerschulischen Bereich herzustellende Ausgleich zwischen der erzieherischen Verantwortung einerseits der Schulen und andererseits der Eltern offensichtlich nicht dazu, dass die Aufklärung des Fehlverhaltens eines Schülers, das Anlass zu einer Ordnungsmaßnahme geben kann, nur mit Zustimmung der Eltern oder nur in deren Anwesenheit erfolgen kann.

36 BVerfGE 34, 165 (182); 45, 400 (415); 53, 185 (196); 59, 360 (377).

37 S. aber VGH Mannheim (DÖV 2007, 1059), der eine Regelung, die Schüler eines Gymnasiums verpflichtete, in verschiedenen Regionen eines Bundeslandes (hier: Baden-Württemberg) unterschiedliche Fremdsprachen (Englisch oder Französisch) als Kernfach zu erlernen, als einen erheblichen Eingriff in das Elternrecht qualifizierte und dafür eine Rechtsverordnung des Kultusministeriums nicht ausreichen ließ, sondern ein formelles Gesetz für notwendig erachtete.

38 BVerfGE 45, 400 (415 f.); 53, 185 (196); OVG Bremen, NVwZ 1986, 1038; OVG Koblenz, NVwZ 1986, 1036. – A.A. der HessStGH in seinem Urteil zur damaligen hessischen gymnasialen Oberstufe (RdJB 1982, 245). Er sah in dem Elternrecht des Art. 55 Satz 1 hess Verf. ein Grundrecht, das sich im Unterschied zu Art. 6 Abs. 2 GG nicht in einem Abwehrrecht gegen staatliche Übergriffe und in einem Wahlrecht zwischen verschiedenen Schularten erschöpfe, sondern darüber hinaus einen Anspruch auf eine bestimmte inhaltliche Gestaltung der Schule im Sinne einer aus Art. 55 Satz 1 und Art. 56 Abs. 4

Einführung von Ganztagsschulen steht das Elternrecht grundsätzlich nicht entgegen (dazu TZ 3.71).

16.33 Rechte der Eltern im Schulverhältnis

Die Reichweite des staatlichen Erziehungsauftrags ist umso begrenzter, je mehr die „Richtung", die das einzelne Kind in seiner Entwicklung nehmen soll, zur Entscheidung steht. Der Staat muss „in der Schule die Verantwortung der Eltern für den Gesamtplan der Erziehung ihrer Kinder achten und für die Vielfalt der Anschauungen in Erziehungsfragen soweit offen sein, als es sich mit einem geordneten staatlichen Schulsystem verträgt".[39] Die Eltern sind daher dem Staat in der Schule nicht ausgeliefert. Sie haben das Recht, den Bildungsweg des Kindes zu bestimmen (TZ 16.331), sich gegen schulische Maßnahmen, die ihrer Erziehungsverantwortung zuwiderlaufen, zur Wehr zu setzen (TZ 16.332) und sich über Vorgänge in der Schule, die für die elterliche Erziehung relevant sind, zu informieren (TZ 16.333).

16.331 Dem Staat ist es untersagt, die Schullaufbahn des Kindes und damit seinen späteren Lebensweg durch dirigistische Verfahren zu steuern. Er darf „nie den ganzen Werdegang des Kindes regeln wollen". Seine Aufgabe ist es, „im Rahmen seiner finanziellen und organisatorischen Möglichkeiten ein Schulsystem bereitzustellen, das den verschiedenen Begabungsrichtungen Raum zur Entfaltung lässt, sich aber von jeder ‚Bewirtschaftung des Begabungspotentials' freihält".[40] *Es ist Sache der Eltern, den Bildungsweg des Kindes zu bestimmen.*[41]

Daher haben die Eltern die Wahl zwischen der öffentlichen Schule und der privaten (Ersatz-) Schule. Die durch Art. 7 Abs. 4 GG gewährleistete Existenz privater Schulen ermöglicht die Realisierung ihrer Wünsche, wenn sie, aus welchen Gründen auch immer, ihr Kind einer öffentlichen Schule nicht anvertrauen wollen. Vgl. im Einzelnen das 15. Kapitel.

Innerhalb des öffentlichen Schulwesens können die Eltern *zwischen den verschiedenen Bildungsgängen und Schularten*[42], die der Staat im Anschluss an die für alle Kinder gemeinsame Grundschule zur Verfügung stellt, bei entsprechender Eignung des Schülers *frei wählen.* Zur „positiven Auslese" (durch die Eltern) und zur „negativen Auslese" (durch die Schule) vgl. TZ 18.211.

Das Bestimmungsrecht der Eltern wird nicht dadurch beeinträchtigt, dass der Staat die weiterführenden Schularten unter Wahrung ihrer pädagogischen Eigenständigkeit in der *kooperativen (additiven) Gesamtschule* als einziger Regelschule zusammenfasst.[43] Hier

und 5 hess Verf. abgeleiteten „umfassenden Allgemeinbildung" einschließe. Mit einem so verstandenen Elternrecht waren nach Ansicht des HessStGH die damaligen hessischen Regelungen über das Kurssystem der gymnasialen Oberstufe nicht vereinbar. Dieses Urteil ist seinerzeit von der Literatur zu Recht durchweg äußerst kritisch aufgenommen worden. Dazu die Beiträge von Frank *Hennecke*, Hansjoachim *Hoffmann*, Berthold *Huber*, Knut *Nevermann* und Erwin *Stein* in: RdJB 3/1982.

39 BVerfGE 34, 165 (183); 47, 46 (75).

40 BVerfGE 34, 165 (183 f.).

41 Zum Verhältnis von Schulorganisation einerseits, Elternrecht und Grundrechte des Schülers andererseits *Rux/Niehues*, Schulrecht Rn. 918 ff.; *Hufen* (Fn. 31), § 32 Rn. 10; Karl-Heinz *Ladeur*, Elternrecht, kulturstaatliches Vielfaltgebot und gesetzliche Regelung der Schulschließung, DÖV 1990, 945; *Ossenbühl* (Fn. 27), S. 122 ff.; Hinnerk *Wißmann*, in: Bonner Kommentar, Art. 7-III Rn. 97, bezeichnet die Befugnis, den schulischen Bildungsweg des Kindes mitzubestimmen, als wichtigstes Elternrecht im Bereich der Schule.

42 Zu den Begriffen Bildungsgang und Schulart s. TZ 3.14 Fn. 8.

43 HessStGH, StAnz. 1982, 2432 (2435 ff.); VGH Kassel, NVwZ 1991, 189 (192).

bleibt den Erziehungsberechtigten die Wahl zwischen mehreren Alternativen hinsichtlich der Schullaufbahn des Kindes gesichert.

Umstritten ist bis heute, ob der Staat dem Elternrecht noch hinreichend Raum gibt, wenn er die *integrierte Gesamtschule*[44] als Schulart mit Monopolcharakter – also nicht nur als Ergänzung des mehrgliedrigen Schulsystems – vorhält. Die verfassungsrechtliche Zulässigkeit der flächendeckend eingeführten integrierten Gesamtschule setzt jedenfalls voraus, dass sie ein nach den verschiedenen Begabungsrichtungen der Schüler differenziertes Unterrichtssystem aufweist, welches den Eltern die effektive Ausübung ihres Bestimmungsrechts und damit die Wahrnehmung ihrer Verantwortung für den „Gesamtplan der Erziehung ihrer Kinder" ermöglicht.[45] Mit Art. 6 Abs. 2 Satz 1 GG wäre es nicht vereinbar, dass „das Wahl- und Bestimmungsrecht der Eltern angesichts nur noch einer einzigen vorhandenen obligatorischen Schulform mit einem vom Staat einseitig festgelegten Bildungsziel obsolet wird und leerläuft".[46] Der Streit um die verfassungsrechtliche Zulässigkeit der integrierten Gesamtschule hat im Übrigen dadurch an Bedeutung verloren, dass vor allem die mit einer flächendeckenden Einführung dieser Schulart einhergehende Abschaffung des Gymnasiums politisch nicht durchsetzbar erscheint.

Nach Art. 7 Abs. 2 GG in Verbindung mit dem Gesetz über die religiöse Kindererziehung haben die Eltern das *Recht, über die Teilnahme ihres Kindes am Religionsunterricht zu bestimmen* (hierzu ausführlich TZ 19.143). Darüber hinaus können sie in denjenigen Ländern, in denen es noch öffentliche Bekenntnisschulen gibt, darüber entscheiden, ob sie ihr Kind in eine *Gemeinschafts- oder eine Bekenntnisschule* schicken oder deren Errichtung fordern wollen (vgl. TZ 5.252 und 18.226).

Die Entscheidung des Staates für ein differenziertes Schulsystem bedarf der Umsetzung durch *konkrete Organisationsmaßnahmen des Schulträgers*.[47] Die Eltern haben Anspruch auf ein ausreichendes tatsächliches Angebot der gesetzlich vorgesehenen Regelschulen. Angesichts sinkender Schülerzahlen sind die Schulträger jedoch vielfach außerstande, Schulen aller vorhandenen Schularten im bisherigen wohnortnahen Umfang aufrechtzuerhalten.[48] So müssen sie vorhandene Schulen auflösen oder zusammenlegen – mit nicht

44 Mit abweichenden Bezeichnungen in Baden-Württemberg, im Saarland, in Schleswig-Holstein und Thüringen (Gemeinschaftsschule), Berlin (Integrierte Sekundarschule), Bremen (Oberschule), Hamburg (Stadtteilschule).

45 *Böckenförde* (Fn. 27), S. 86 f.; Ursula *Fehnemann*, Die Bedeutung des grundgesetzlichen Elternrechts für die elterliche Mitwirkung in der Schule, AöR 1980, 542 m.w.N.; *Ossenbühl*, Schule im Rechtsstaat, DÖV 1977, 801; Christian *Starck*, Staatliche Schulhoheit, pädagogische Freiheit und Elternrecht, DÖV 1979, 269 (275).

46 BVerfGE 45, 400 (416); s. auch BVerfGE 34, 165 (187), wonach es dem Staat verwehrt ist, „die Kinder übermäßig lange in einer Schule mit undifferenziertem Unterricht festzuhalten". – In der Literatur wurde die Verfassungsmäßigkeit der integrierten Gesamtschule verneint von Thomas *Clemens*, Grenzen staatlicher Maßnahmen im Schulbereich, NVwZ 1984, 65 (69 ff.) mit dem Argument, dass diese Schulart den Eltern nicht genügend Wahlmöglichkeiten biete, ferner von *Ladeur*, DÖV 1990, 949, mit dem Hinweis auf den dem Elternrecht innewohnenden Anspruch auf Erhaltung schulischer Vielfalt. Die Verfassungsmäßigkeit wurde bejaht von Peter *Glotz*/Klaus *Faber*, Richtlinien und Grenzen des Grundgesetzes für das Bildungswesen, in: Ernst Benda/Werner Maihofer/Hans-Jochen Vogel (Hrsg.), Handbuch des Verfassungsrechts der Bundesrepublik Deutschland, 2. Aufl., S. 1363 (1384 ff. Rn. 24 ff.), mit der Erwägung, dass das vom BVerfG geforderte Differenzierungsgebot sich auch in dieser Schulart erfüllen lasse; so auch *Rux/Niehues*, Schulrecht, Rn. 944.

47 Wobei überall ein Zusammenwirken mit der Schulaufsicht, meist in Form eines Genehmigungsvorbehalts, vorgeschrieben ist (vgl. TZ 10.411).

48 An dieser Stelle sei allerdings daran erinnert, dass der Staat aufgrund der sich aus Art. 7 Abs. 1 GG ergebenden institutionellen Garantie der *öffentlichen* Schule und der ihr obliegenden Integrationsaufgabe verpflichtet ist, mithilfe der kommunalen Schulträger dafür zu sorgen dass schulpflichtige Schülerinnen und Schüler auch bei sinkenden Schülerzahlen eine öffentliche Schule, z.B. ein Gymnasium, in

unerheblichen Auswirkungen auf die Länge des Schulwegs für zahlreiche Schülerinnen und Schüler.[49] Sofern der Schulträger nicht bereits durch Gesetz, beispielsweise wegen Unterschreitens der vorgeschriebenen Mindestzügigkeit, zur Schließung einer bestimmten Schule verpflichtet ist[50], hat er bei solchen Entscheidungen im Rahmen der *Schulentwicklungsplanung* das bei jeder Planung zu wahrende Abwägungsgebot zu beachten. Er muss die für und wider die Planung sprechenden öffentlichen und privaten Belange sorgfältig gewichten und gerecht gegeneinander abwägen.[51] Danach verletzt der Schulträger das Abwägungsgebot, wenn er das Gewicht der betreffenden Belange verkennt oder eine ernsthaft in Betracht kommende Alternative zur jeweils geplanten Maßnahme, z.B. einer Schulschließung, unberücksichtigt lässt.[52] Wenn der Schulträger andererseits zwar die Folgen einer Planung für die Gesamtheit der Kinder, nicht aber die für jeden einzelnen Schüler auftretenden Probleme berücksichtigt, liegt darin allein noch kein Planungsfehler. Doch können die Eltern, deren Kind aufgrund der Organisationsänderung unzumutbare Nachteile, z.B. wegen der Länge des Schulwegs, erleidet, die Aufhebung der Maßnahme, soweit sie betroffen sind, zumindest solange verlangen, bis zumutbare Verhältnisse geschaffen sind (z.B. durch Bereitstellung eines Schulbusses, Einrichtung eines Lotsendienstes u.a.). Die Organisationsmaßnahme insgesamt können sie dagegen nicht zu Fall bringen.[53] Verletzt hingegen der Schulträger das bei der Planung zu beachtende Gebot gerechter Abwägung, indem er beispielsweise das Interesse der Eltern an einer kontinuierlichen Erziehung ihrer Kinder gänzlich unberücksichtigt lässt, und führt dies zu einer übermäßigen und damit unzumutbaren Zurückdrängung des Elternrechts – z.B. durch erhebliche Verkehrsgefährdung von Grundschülern auf dem Weg zur neuen Schule –, können die Erziehungsberechtigten verlangen, dass die bisherige Schulorganisation zumindest vorläufig aufrechterhalten bleibt.[54]

Demgegenüber berühren innerschulische Organisationsakte, etwa die Zusammenlegung von Klassen derselben Schule, die Zuweisung eines Schülers zu einer anderen Klasse derselben Jahrgangsstufe desselben Bildungsgangs oder die Gestaltung des Stundenplans, *das Elternrecht grundsätzlich nicht*.[55] Sie müssen von den Betroffenen im Interesse der Funktionsfähigkeit der Schule hingenommen werden. Beeinträchtigungen der individuellen Rechtssphäre sind allerdings bei Überschreiten der Zumutbarkeitsgrenze möglich, zum Beispiel dann, wenn in einer übergroßen Klasse ein geordneter Unterricht

---

zumutbarer Entfernung besuchen können; er kann sich dieser Pflicht nicht etwa dadurch entziehen, dass er Unterricht und Erziehung privaten Ersatzschulen überlässt (dazu TZ 15.627).

49 Zur Rechtsnatur dieser Schulorganisationsakte s. TZ 26.211 und 26.327.

50 Z.B. § 105 Abs. 3 BbgSchulG, § 87 Abs. 2 Satz 2 HmbSG (dazu OVG Hamburg, Beschluss vom 5.8.2005, Az.: 1 Bs 234/05 (juris); § 45 a Abs. 2 SchulG M-V.

51 BVerwG, NJW 1979, 828; BVerwG, DVBl. 1992, 1025; OVG Münster, NVwZ-RR 1996, 90 (92); OVG Münster, NVwZ 1997, 816 (dazu Thorsten *Kingreen*, Schulvielfalt, Elternwille und Bürgerwille, NVwZ 1997, 756). Aus der Literatur: Reinhart *Binder*, Die Schulschließung als Planungsentscheidung, Pfaffenweiler 1985, insbes. S. 83 ff.; Georg *Hermes*/Ralf *Leimkühler*, Schulschließung und Schulaufnahme, Jura 1996, 374 (378). *Rux/Niehues*, Schulrecht, Rn. 963 ff. S. auch Ingo *Richter*, Gestaltungsspielräume der kommunalen Schulträger beim Schulangebot, DÖV 1992, 144.

52 OVG Münster, NVwZ-RR 2013, 843 (844).

53 BVerfG, NJW 1979, 828; OVG Koblenz, NVwZ-RR 1988, 82; OVG Münster, NVwZ-RR 1992, 21. Vgl. auch VGH Mannheim, NVwZ-RR 1996, 89 (90), zur Verlegung einer Schule.

54 OVG Koblenz, NVwZ 1986, 1036; vgl. auch OVG Münster, NVwZ-RR 1996, 90 (92).

55 Beispiele aus der Rspr.: Verlegung einer Schule in ein anderes Schulgebäude (dazu OVG Bremen, RdJB 88, 113; BVerwG, NVwZ-RR 1989, 413); Zuteilung von Schülern zu einer bestimmten Klasse (OVG Lüneburg, NVwZ 2018, 233); Zusammenlegung von Klassen (dazu OVG Münster, NWVBl 1991, 86; VGH München, NVwZ 1993, 355); jahrgangsübergreifende Klassenbildung in der Grundschule (dazu VGH München, NVwZ-RR 2007, 531); Stundenplangestaltung hinsichtlich des Religionsunterrichts (dazu BVerwG, NVwZ 1993, 355).

nicht mehr gewährleistet ist oder wenn der Schüler einer Grundschule durch das rüde Verhalten des Lehrers in schwerwiegender Weise gesundheitlich geschädigt wird.[56]

16.332 *Abwehransprüche* auf der Grundlage des Elternrechts kommen vor allem dann in Betracht, wenn die Schule durch ihr Tun oder Unterlassen in die den Eltern vorbehaltene Erziehungsverantwortung eingreift.

Die Eltern brauchen eine *körperliche Züchtigung* (TZ 22.33) ihres Kindes oder eine *Freiheitsentziehung durch Arrest* (TZ 22.32) nicht zu dulden. Sie können ferner von der Schule verlangen, dass sie gegen *körperliche und seelische Misshandlungen des Kindes durch Mitschüler* im Rahmen ihrer Aufsichtspflicht einschreitet.

Eingriffe in die durch Art. 2 Abs. 1 i.V.m. Art. 1 Abs. 1 GG und durch Art. 6 Abs. 1 GG geschützte *Privatsphäre der Schülerinnen und Schüler wie auch des Elternhauses sind* der Schule grundsätzlich *untersagt*. Gegen eine Ausforschung der familiären Verhältnisse durch die Lehrkraft – möglicherweise mit dem Ziel, eine vermeintlich falsche häusliche Erziehung zu „korrigieren“ – können sich die Eltern außergerichtlich und gerichtlich zur Wehr setzen.

Die Eltern haben ein *Recht* darauf, *dass die Schule die von ihnen getroffenen Erziehungsmaßnahmen respektiert*. Sie können aber nicht verlangen, dass sie die Erziehungs- und Bildungsarbeit an den Vorstellungen der Eltern ausrichtet. Die Schule muss es demgemäß zwar hinnehmen, wenn Eltern ihrem Kind die Teilnahme an einer freiwilligen Arbeitsgruppe (z.B. einer Theater-AG) untersagen, darf es aber nicht dulden, dass sie ihrer minderjährigen Tochter die Teilnahme an einer verbindlichen Schulveranstaltung (z.B. Schwimmunterricht, Klassenfahrt) verbieten (vgl. TZ 17.146 und 19.224). Entziehen sich die Eltern der Verantwortung für das Kind, beispielsweise dadurch, dass sie es völlig vernachlässigen oder gar misshandeln, muss die Schulleitung das Jugendamt einschalten, dessen Aufgabe es ist, Minderjährige vor Gefahren für ihr Wohl zu schützen (vgl. § 1 Abs. 3 Nr. 3 SGB VIII).

Zum Elternrecht als Abwehrrecht gehört schließlich ihre Befugnis, einem Missbrauch des staatlichen Erziehungsauftrags durch Lehrkräfte, die die Schülerinnen und Schüler einseitig, im Sinne bestimmter weltanschaulicher, ideologischer oder politischer Richtungen, beeinflussen, *Einhalt zu gebieten*. Die Schule muss in ihrer Unterrichtsgestaltung das Toleranzgebot wahren[57]; sie muss für die Vielfalt der Anschauungen in Erziehungsfragen so weit offen sein, wie es sich mit einem geordneten staatlichen Schulsystem verträgt.[58] Das gilt vor allem bei solchen Inhalten, die wegen ihrer weltanschaulich-religiösen oder ethischen Dimension zugleich das Grundrecht der Religions- und Gewissensfreiheit (Art. 4 Abs. 1 GG) berühren; sie verlangen von der Lehrkraft ein hohes Maß an Sensibilität und Zurückhaltung. Eine Lehrkraft, die das Toleranzprinzip missachtet,

---

56 In diesem Fall besteht ein Anspruch auf Zuweisung des Schülers in eine Parallelklasse (so OVG Münster, NVwZ-RR 1995, 666).

57 Zum Toleranzprinzip s. TZ 2.224 und 5.12. Vgl. auch BVerfGE 41, 29 (49); 47, 46 (77); 52, 223 (247); BVerwGE 79, 298 (300 ff.). Aus der Literatur: Michael *Bothe*/Armin *Dittmann*, Erziehungsauftrag und Erziehungmaßstab der Schule im freiheitlichen Verfassungsstaat, VVDStRl 54 (1995), S. 7 (29 f.) bzw. S. 47 (59); Peter M. *Huber*, Erziehungsauftrag und Erziehungsmaßstab der Schule im freiheitlichen Verfassungsstaat, BayVBl. 1994, 545 (553); *Oppermann*, Gutachten, C 92 ff. („Grundrecht auf eine ideologisch tolerante Schule“); *Pieroth,* (Fn. 27), S. 960 f.; Günter *Püttner*, Toleranz und Lehrpläne für Schulen, DÖV 1974, 656; Klaus *Rennert*, Entwicklungen in der Rechtsprechung zum Schulrecht, DVBl. 2001, 504 (509 ff.).

58 BVerfGE 34, 165 (183); 47, 46 (75).

verletzt deshalb die Rechte der Eltern wie auch der Schülerinnen und Schüler. Hiergegen können die Erziehungsberechtigten nötigenfalls rechtliche Schritte unternehmen.[59]

16.333 Die gemeinsame Erziehungsaufgabe von Elternhaus und Schule lässt sich nur in einem *sinnvollen Zusammenwirken* erfüllen.[60] Dazu bedarf es der gegenseitigen Verständigung. Die Schule kann die „Verantwortung der Eltern für den Gesamtplan der Erziehung" nur achten, wenn sie diesen kennt. Die Eltern wiederum müssen über die wichtigen Geschehnisse in der Schule unterrichtet sein. Nur so können sie ihr Erziehungsrecht wirksam wahrnehmen, können sie Anregungen und Kritik gegenüber der Schule vorbringen. Deshalb ist aus Art. 6 Abs. 2 Satz 1 GG das *Recht der Eltern „auf Unterrichtung über Vorgänge in der Schule abzuleiten, deren Verschweigen die Ausübung des individuellen elterlichen Erziehungsrechts beeinträchtigen könnte"*.[61] Dazu gehören Informationen über Leistung und Verhalten des Kindes sowie über inhaltliche, methodische und pädagogische Aspekte der schulischen Arbeit und über die äußere Organisation.[62] Die Eltern müssen vor allem dann unterrichtet werden, wenn sensible weltanschaulich-religiöse oder ethische Bereiche berührt sind. Hier erstarkt der Anspruch auf Information zum Recht auf Anhörung; das gilt beispielsweise für das Gebiet der Sexualerziehung (TZ 19.142). Zu den sonstigen Gegenständen, auf die sich das Informationsrecht der Eltern erstreckt, zählen: Wahl der Schulart, Grundschulempfehlung (TZ 18.213 und 18.214), Leistungsbewertungen und Prüfungsakten (TZ 20.31) sowie Unterrichtsinhalte und -methoden (TZ 19.132). *Wie* die Schule ihren Auskunftspflichten nachkommt – durch Sprechstunden, Elternabende usw. –, hängt von den Umständen des Einzelfalls ab und bleibt im Übrigen gesetzlicher Regelung vorbehalten.[63] Zur Pflicht der Schule, auch die Eltern volljähriger Schülerinnen und Schüler über wichtige sie betreffende Vorkommnisse zu unterrichten, siehe TZ. 16.223.

Lehrkräfte, Schulpsychologen und Schülerberater können sich gegenüber dem Informationsanspruch der Eltern hinsichtlich ihres Kindes nicht auf ihre *Verschwiegenheitspflicht* (TZ 31.221 und 31.222) berufen. Besteht jedoch eine Ausnahmesituation, in der die Unterrichtung der Eltern aller Wahrscheinlichkeit nach die unmittelbare und gegenwärtige Gefahr körperlicher oder seelischer Schädigung des Kindes auslösen würde, sind sie von ihrer Mitteilungspflicht befreit (vgl. TZ 19.432).

---

59 Dazu TZ (TZ 26.325). – Vgl. aber *Jestaedt* (Fn. 1), Rn. 69, für den das Toleranzgebot eine rechtliche Maxime ist, „die der Staat für die Schüler aufrichten und damit zum Leitgrundsatz des Verhaltens der Schüler untereinander erheben darf, es ist aber kein Gebot, dem er selbst als Grundrechtsverpflichteter unterworfen wäre oder unterworfen werden dürfte".

60 BVerfGE 34, 165 (183).

61 BVerfGE 59, 360 (381). Vgl. auch *Ossenbühl* (Fn. 27), S. 150 ff. – Die gemeinsame Erziehungsaufgabe von Elternhaus und Schule und die Pflicht zur wechselseitigen Information sind zumeist einfachgesetzlich geregelt, z.B. §§ 55 f. bw SchG, Art. 74 ff. BayEUG, § 4 Abs. 1 bln SchulG, § 72 HSchG, § 2 Abs. 3 nrw SchulG, § 2 Abs. 2 rp SchulG, § 30 Abs. 2a SchulG LSA, § 31 ThürSchulG.

62 Allerdings greift die Pflicht der Schule zum Führen eines Dialogs mit den Erziehungsberechtigten sowohl bezüglich der schulischen Entwicklung als auch des Leistungsstands des Kindes gem. § 55 Abs. 2 und 3 NSchG nur, wenn sich bei dem Schüler entwicklungsspezifische Problemstellungen und Auffälligkeiten zeigen; auch können die Erziehungsberechtigten nicht eine ins Einzelne gehende Auseinandersetzung über die Art und Weise sowie die Inhalte der Wissensvermittlung und der Leistungsbewertung seitens der Lehrkräfte einfordern; so OVG Lüneburg, DVBl. 2013, 263. – Zur Frage, ob und unter welchen Voraussetzungen die Eltern den Unterricht der Schulklasse ihres Kindes besuchen dürfen, siehe TZ 19.132.

63 BVerfGE 59, 360 (382). Vgl. etwa § 53 DJT-SchulGE; ferner § 46 BbgSchulG, § 72 HSchG. Zum Akteneinsichtsrecht nach § 29 VwVfG Thomas *Böhm*, Einsicht in Protokolle, SchuR 2008, 29.

16.34 Elternrecht und elterliche Sorge

16.341 Einfachgesetzlich hat das verfassungsrechtlich gewährleistete Elternrecht seine Ausprägung vor allem in den *Vorschriften des Bürgerlichen Gesetzbuchs zur elterlichen Sorge* (§§ 1626 bis 1698b) gefunden. Diese umfasst neben der Sorge für das Vermögen des Kindes die Sorge für dessen Person (§ 1626 Abs. 1 BGB), also insbesondere Pflege, Erziehung und Beaufsichtigung des Kindes (§ 1631 Abs. 1 BGB).[64] Durch das am 1.7.1998 in Kraft getretene *Kindschaftsrechtsreformgesetz* vom 16.12.1997[65] ist die Zuordnung der elterlichen Sorge tiefgreifend geändert worden. Das Gesetz sollte der Pluralisierung familiärer Lebensformen (zunehmende Anzahl von geschiedenen Eltern, Alleinerziehenden und nichtehelichen Partnerschaften) Rechnung tragen.[66] Ihm liegt das Ziel zugrunde, den überkommenen Statusunterschied zwischen ehelichen und nichtehelichen Kindern zu überwinden und *die gemeinsame elterliche Sorge bei allen Kindern* zu ermöglichen, gleichgültig, ob deren Eltern miteinander verheiratet sind, waren oder sein werden.[67]

Im Regelfall haben die Eltern die gemeinsame Sorge, wenn sie miteinander verheiratet sind (§ 1626 Abs. 1 Satz 1 BGB i.V.m. dem Umkehrschluss aus § 1626a Abs. 1 BGB). Sind sie bei der Geburt des Kindes nicht miteinander verheiratet, erwerben sie die gemeinsame Sorge, abgesehen von der Möglichkeit der Heirat, dadurch, dass sie erklären, die Sorge gemeinsam übernehmen zu wollen, oder dadurch, dass das Familiengericht auf Antrag eines Elternteils die Sorge gemeinsam überträgt, sofern die Übertragung dem Kindeswohl nicht widerspricht (§ 1626a Abs. 1 und 2 BGB); die Sorgeerklärungen müssen von den Eltern selbst abgegeben werden, sind öffentlich zu beurkunden und dürfen nicht mit einer Bedingung oder Zeitbestimmung verbunden sein (§§ 1626b ff. BGB). Nur dann, wenn die Eltern nicht heiraten, keine Sorgeerklärungen abgegeben haben oder ihnen die Sorge nicht durch Entscheidung des Familiengerichts gemeinsam übertragen worden ist, hat die Mutter die alleinige Sorge (§ 1626a Abs. 3 BGB).[68] Auch eine Trennung

64 Im Verhältnis zur Schule geht es nahezu ausschließlich um Angelegenheiten, die sich aus der Personensorge, also dem Recht und der Pflicht der Eltern zur Erziehung des Kindes, ergeben. Deshalb werden die Begriffe „Eltern“ und „Erziehungsberechtigte“ in diesem Buch zumeist synonym verwendet.

65 BGBl. I S. 2942.

66 Zu diesem Gesetz: Uwe *Diederichsen*, Die Reform des Kindschafts- und Beistandsschaftsrechts, NJW 1998, 1977; Manfred *Hinz*, Die gemeinsame Sorge, Sorgerechtsentscheidungen und ergänzende Normen nach dem neuen Recht, FamRZ 1998, 76.

67 Zur Reform des Kindschaftsrechts sind wesentliche Anstöße vom BVerfG ausgegangen. Schon 1982 hatte das Gericht den Ausschluss der gemeinsamen Sorge geschiedener Eltern für verfassungswidrig erklärt (BVerfGE 61, 358); 1991 beanstandete es den Ausschluss der gemeinsamen Sorge bei nichtehelichen Lebensgemeinschaften (BVerfGE 84, 168; vgl. auch BVerfGE 92, 158).

68 Nach § 1626a BGB i.d.F. des Kindschaftsrechtsreformgesetzes trat gemeinsame Sorge nicht verheirateter Eltern nur aufgrund entsprechender Sorgeerklärungen beider Seiten oder aufgrund späterer Heirat der Kindeseltern ein. Lehnte die Mutter die gemeinsame Sorge entgegen dem Wunsch des Vaters ab, musste sich dieser damit auch dann abfinden, wenn es gute Gründe für seine Teilhabe an der elterlichen Sorge gab. Diesen generellen Ausschluss einer gerichtlichen Überprüfung der Zuweisung der Sorge allein an die Mutter hielt der EGMR im Blick auf das berechtigte Ziel des Kindeswohls für nicht verhältnismäßig. Er hat daher durch Urteil vom 3.12.2009 (NJW 2010, 501) die damalige Regelung des § 1626a BGB für nicht vereinbar mit Art. 14 EMRK (Diskriminierungsverbot) i.V.m. Art. 8 EMRK (Recht auf Achtung des Privat- und Familienlebens) erklärt. Das BVerfG hat hernach in einem Verfassungsbeschwerdeverfahren durch Beschluss vom 21.7.2010 (NJW 2010, 3008) entschieden, es verletze das Elternrecht des Vaters eines nichtehelichen Kindes aus Art. 6 Abs. 2 GG, dass er ohne Zustimmung der Mutter generell von der Sorgetragung für das Kind ausgeschlossen sei und nicht gerichtlich überprüfen lassen könne, ob es aus Gründen des Kindeswohls angezeigt ist, ihm zusammen mit der Mutter die Sorge für das Kind einzuräumen oder ihm an Stelle der Mutter die Alleinsorge zu übertragen. Der Bundesgesetzgeber hat daraufhin der Vorschrift des § 1626 BGB durch Gesetz vom 16.4.2013 (BGBl. I S. 795) die nunmehr geltende Fassung gegeben. Zu den Entscheidungen des EGMR und des BVerfG s. Lore Maria *Peschel-Gutscheid*, Die Sorgerechtsstellung des nicht mit der Mutter des Kindes

oder Scheidung hat nicht die automatische Auflösung der gemeinsamen Sorge zur Folge. Allerdings kann das Familiengericht einem Elternteil auf dessen Antrag unter bestimmten Voraussetzungen die Alleinsorge übertragen (§ 1671 BGB). Soweit den Eltern aber die Sorge gemeinsam zusteht, ist bei Entscheidungen in Angelegenheiten, die für das Kind von erheblicher Bedeutung sind, Einvernehmen erforderlich; im Streitfall überträgt das Familiengericht die Entscheidung auf die Mutter oder den Vater (§§ 1687 Abs. 1 Satz 1, 1628 BGB). Entscheidungen des täglichen Lebens – das sind solche, die häufig vorkommen und keine schwer abzuändernden Auswirkungen auf die Entwicklung des Kindes haben – trifft derjenige Elternteil, bei dem das Kind wohnt (§ 1687 Abs. 1 Satz 2 und 3 BGB). Besteht keine gemeinsame Sorge getrennter Eltern und wohnt das Kind bei dem nicht sorgeberechtigten Elternteil, so ist Letzterer gleichfalls für die laufenden Angelegenheiten zuständig (§ 1687a BGB). Lebt das Kind für längere Zeit in sogenannter Familienpflege, sind die Pflegepersonen (z.B. Großeltern) berechtigt, in Fragen des täglichen Lebens zu entscheiden sowie den Inhaber der elterlichen Sorge insoweit zu vertreten; doch können sie rechtswirksame Handlungen nicht vornehmen, wenn der Inhaber der elterlichen Sorge im Einzelfall oder generell etwas anderes erklärt (§ 1688 BGB). Der Ehegatte oder der Lebenspartner eines allein sorgeberechtigten Elternteils, der nicht leiblicher Elternteil des Kindes ist („Stiefvater" bzw. „Stiefmutter"), hat im Einvernehmen mit dem sorgeberechtigten Elternteil die Befugnis zur Mitentscheidung in Angelegenheiten des täglichen Lebens des Kindes; bei Gefahr im Verzug ist er dazu berechtigt, alle Rechtshandlungen vorzunehmen, die zum Wohl des Kindes notwendig sind, muss aber den sorgeberechtigten Elternteil unverzüglich unterrichten (§ 1687b Abs. 1 und 2 BGB, § 9 Abs. 1 und 2 LPartG).[69]

Für die Schule ist es wichtig zu wissen, wem das Sorgerecht zusteht und wer für Entscheidungen in Angelegenheiten des täglichen Lebens zuständig ist. Bei Kindern, deren Eltern nicht verheiratet sind oder die getrennt leben, kann die Schule von den Eltern den Nachweis verlangen, ob Alleinsorge sind oder gemeinsame Sorge besteht. Wohnt das Kind bei einem Elternteil, der nicht (alleiniger) Erziehungsberechtigter ist, kann die Schule davon ausgehen, dass dieser befugt ist, in laufenden Angelegenheiten des Schulverhältnisses (z.B. Entschuldigung im Krankheitsfall, Mitwirkung in Arbeitsgemeinschaften u.ä.) zu handeln. In wichtigen Fragen (z.B. Wahl der Schulart, Teilnahme am Religions- oder Ethikunterricht, Einlegung eines Rechtsbehelfs) ist bei gemeinsamer Sorge stets das einvernehmliche Handeln beider Eltern, sonst die Entscheidung des alleinsorgeberechtigten Elternteils erforderlich.

16.342 *Einige Schulgesetze erweitern den durch die familienrechtlichen Regelungen des BGB und des Lebenspartnerschaftsgesetzes bestimmten Kreis der Erziehungsberechtigten.* So nehmen in Bremen, Hamburg, Hessen, Niedersachsen, Nordrhein-Westfalen und Rheinland-Pfalz anstelle der oder neben den Personensorgeberechtigten diejenigen die Rechte und Pflichten der Eltern gegenüber der Schule wahr, denen die Erziehung des Kindes mit Einverständnis der Personensorgeberechtigten anvertraut oder mit-

---

verheirateten Vaters, NJW 2010, 2990, sowie Ingeborg *Rakete-Dombek*, Die gemeinsame elterliche Sorge nicht miteinander verheirateter Eltern: Noch keine gesetzliche Lösung in Sicht, RdJB 2011, 512.

69 Dazu Frauke *Brosius-Gersdorf*, Biologische, genetische, rechtliche und soziale Elternschaft. Herausforderungen für das Recht durch Fragmentierung und Pluralisierung von Elternschaft, RdJB 2016, 136. Die Autorin vertritt die Auffassung, dass der Gesetzgeber, da er dem Ehegatten bzw. Lebenspartner dieses „kleine Sorgerecht" eingeräumt habe, anderen Personen mit gleichem Näheverhältnis zum Kind gem. Art. 3 Abs. 1 GG die gleichen Befugnisse gewähren müsse. Zur Rechtsstellung „sozialer Eltern" s. auch die anderen vor allem diesem Thema gewidmeten Beiträge in Heft 2/2016 von RdJB, vorgelegt von Harry *Willekens* (S. 130), Margarete *Schuler-Harms* (S. 157), Mériem *Diouani-Streek*/Ludwig *Salgo* (S. 176), Laszlo A. *Vaskovics* (S. 194), Sabine *Walper*/Christine *Entleitner-Phleps*/Eva-Verena *Wendt* (S. 210), Kirsten *Scheiwe* (SW. 227) und Masha *Antokolskaia* (S. 241).

anvertraut ist; das Einverständnis ist der Schule schriftlich nachzuweisen.[70] Danach kann beispielsweise der Mann, der mit der allein sorgeberechtigten ledigen Mutter des Kindes in nichtehelicher Gemeinschaft zusammenlebt, ohne dessen leiblicher Vater zu sein, mit Einwilligung der Mutter Entscheidungen über die Schullaufbahn des Kindes, etwa hinsichtlich der Wahl der weiterführenden Schule, treffen. Doch können sich die durch die schulgesetzlichen Regelungen zu Erziehungsberechtigten berufenen Personen gegenüber der Schule nicht auf das verfassungsrechtlich verbürgte Elternrecht berufen, das allein den Eltern im Sinne des Art. 6 Abs. 2 GG zusteht (vgl. TZ 16.31). In Baden-Württemberg, Berlin, Brandenburg, im Saarland, in Sachsen-Anhalt und in Schleswig Holstein sind die Befugnisse von Personen, denen die Erziehung des Kindes mit Einverständnis der Sorgeberechtigten anvertraut ist, von vornherein auf die Mitwirkung in der Elternvertretung beschränkt.[71]

16.35 Elternrecht als Individualrecht

Das Elternrecht aus Art. 6 Abs. 2 Satz 1 GG ist ein *Individualgrundrecht* der Eltern, das auf das einzelne Kind bezogen ist. Das schließt die gleichgerichtete und gleichzeitige Geltendmachung der individuellen Rechte, zum Beispiel des Informationsanspruchs bezüglich des Leistungsstands der Kinder, nicht aus. Doch bleibt dabei der individuelle Charakter des Grundrechts unberührt; es kann nicht durch Mehrheitsentscheidung ausgeübt werden.[72] Das grundgesetzliche Elternrecht bietet daher – im Unterschied zu den anderslautenden Vorschriften einiger Landesverfassungen[73] – keine Grundlage für die kollektive Mitwirkung der Eltern in der Schule.[74] Im Übrigen steht es dem Landesgesetzgeber frei, im Interesse eines gedeihlichen Zusammenwirkens von Schule und Elternhaus Elterngremien Mitwirkungsrechte zu übertragen, wie es in allen Ländern, wenn auch in unterschiedlichem Umfang, geschehen ist (dazu TZ 8.2). Die Mitwirkung der Eltern darf jedoch nicht so weit gehen, dass das individuelle Elternrecht zur Disposition der jeweiligen Mehrheit gestellt würde.

70 Dazu des Näheren § 60 Abs. 1 Satz 2 BremSchulG, § 68 Abs. 1 Nr. 2 HmbSG, § 100 Abs. 1 Nr. 3 HSchG, § 55 Abs. 1 Satz 2 Nr. 1 NSchG, § 123 Abs. 1 Nr. 3 nrw SchulG, § 37 Abs. 3 rp SchulG. In Niedersachsen gilt gem. § 55 Abs. 1 Satz 2 Nr. 2 NSchG ferner auch eine Person als erziehungsberechtigt, die anstelle der Personensorgeberechtigten das Kind in ständiger Obhut hat, also z.B. die Großeltern.

71 § 1 bw ElternbeiratsVO vom 16.7.1985 (GBl. S. 236), zul.g.d.VO vom 19.4.2016 (GBl. S. 308, 331); § 88 Abs. 4 Satz 2 bln SchulG; § 74 Abs 2 Nr. 2 BbgSchulG; § 2 Abs. 3 Satz 1 Buchst. b saarl SchumG; § 1 Abs. 1 Satz 2 ElternwahlVO LSA vom 22.8.1997 (GVBl. S. 821), zul.g.d.VO vom 20.8.2015 (GVBl. S. 442); § 2 Abs. 5 Satz 2 sh SchulG.

72 BVerfGE 47, 46 (76); 59, 360 (380 f.); *Fehnemann* (Fn. 45), S. 545 ff.

73 Z.B. Art. 17 Abs. 4 bw Verf., Art. 30 Abs. 2 Satz 2 bbg Verf., Art. 56 Abs. 6 hess Verf., Art. 10 Abs. 2 nrw Verf., Art. 104 Abs. 1 sächs Verf., Art. 29 Abs. 2 Verf. LSA.

74 *Böckenförde* (Fn. 27), S. 91 ff.; *Fehnemann* (Fn. 45), S. 545 ff.); ferner *Jestaedt* (Fn. 1), § 156 Rn. 90; s. auch *Rux/Niehues*, Schulrecht, Rn. 1038 ff.

17. Kapitel: Schulpflicht

17.1 Allgemeines

17.11 Geschichte[1]

Die Schulpflicht entstand im Zuge des Absolutismus und der Aufklärung. Der absolute Staat, der die Bestimmungsgewalt über die Bildungseinrichtungen beanspruchte, wollte durch die Einführung der Schulpflicht seine Untertanen in dem Erwerb nützlicher Kenntnisse unterweisen. Die Weimarische Schulordnung (1619) und der Gothaische Schulmethodus (1648) können als die ersten deutschen Schulpflichtgesetze bezeichnet werden. Doch galt bis 1919 lediglich eine Unterrichtspflicht (Bildungspflicht); die Pflicht zum Schulbesuch bestand nur insoweit, als die nötigen Mindestkenntnisse nicht auf andere Weise, etwa durch häuslichen Privatunterricht, vermittelt wurden.[2] Erst Art. 145 der Weimarer Reichsverfassung begründete anstelle der früheren Unterrichtspflicht die Verpflichtung, in bestimmtem Umfang Schulen zu besuchen. Diese Vorschrift wurde durch das Grundschulgesetz vom 28. April 1920 konkretisiert, das alle Kinder in der gemeinsamen öffentlichen Grundschule zusammenführte. Das Reichsschulpflichtgesetz vom 6. Juli 1938 normierte die Schulpflicht reichseinheitlich. Die Bestimmung in § 2 des Hamburger Abkommens aus dem Jahr 1964 (TZ 2.121), wonach die Schulpflicht für *alle* Kinder, die bis zum Beginn des 30. Juni eines Jahres das sechste Lebensjahr vollendet haben, am 1. August desselben Jahres beginnt, hat die Länder nicht daran gehindert, in ihren Regelungen zum Schulbeginn (TZ 17.211) stark voneinander abweichende Wege einzuschlagen.

---

1 Tobias *Handschell*, Die Schulpflicht vor dem Grundgesetz. Geschichte der Schulpflicht und ihre verfassungsrechtliche Bewertung vor dem Hintergrund des sogenannten Homeschooling, Baden-Baden 2012; Albrecht *Mors*, Die Entwicklung der Schulpflicht in Deutschland, Tübingen 1986; Handbuch der deutschen Bildungsgeschichte. Bd. III (1800-1870), hrsg. von Christa Berg u.a., München 1987, S. 125, 147 und passim; Bd. IV (1870-1918), hrsg. von Christa Berg, München 1991, S. 192 f. und passim; Werner *Conze*, Sozialgeschichte 1800-1850, Sozialgeschichte 1850-1918, in: Hermann Aubin/Wolfgang Zorn (Hrsg.), Handbuch zur deutschen Wirtschafts- und Sozialgeschichte. Bd. 2, Stuttgart 1976, S. 426 (484 ff.) bzw. S. 602 (670 ff.); ferner: Ludwig *von Friedeburg*, Bildungsreform in Deutschland – Geschichte und gesellschaftlicher Widerspruch, Frankfurt am Main 1989, S. 32; Manfred *Heinemann*, Schule im Vorfeld der Verwaltung. Die Entwicklung der preußischen Unterrichtsverwaltung von 1717-1800, Göttingen 1974; Hubert *Hettwer*, Herkunft und Zusammenhang der Schulordnungen, Mainz 1965; Ernst Rudolf *Huber*, Deutsche Verfassungsgeschichte seit 1789. Bd. 1, 2. Aufl., Stuttgart 1960, S. 262 f.; Hinnerk *Wißmann*, Allgemeines Schulwesen und Schulpflicht: Projekt der Moderne – Programm der Freiheit? Zur rechtshistorischen Entwicklung unter besonderer Berücksichtigung von Schulpflicht und Privatunterricht, in: Franz Reimer (Hrsg.), Homeschooling – Bedrohung oder Bewährung des freiheitlichen Rechtsstaats?, Baden-Baden 2012, S. 17 ff.

2 Z.B. Art. 21 Abs. 2 der revidierten Verfassung für den Preußischen Staat vom 31. Januar 1850: „Eltern und deren Stellvertreter dürfen ihre Kinder oder Pflegebefohlenen nicht ohne den Unterricht lassen, welcher für die öffentlichen Volksschulen vorgeschrieben ist."

17.12 Rechtsgrundlagen[3]

17.121 Die Schulpflicht ist in den meisten *Landesverfassungen* ausdrücklich angeordnet.[4] Wie schon in der Weimarer Republik beschränkt sie sich nicht auf eine Unterrichts- oder Bildungspflicht, sondern umfasst die Verpflichtung zur regelmäßigen Teilnahme am schulischen Unterricht und an den sonstigen für verbindlich erklärten Veranstaltungen der Schule (vgl. TZ 17.131). Hausunterricht ist nur in eng begrenzten Ausnahmefällen, zum Beispiel bei Krankheit, zulässig (dazu ausführlich TZ 17.144).

Umstritten ist, ob sich die Schulpflicht auch aus dem *Grundgesetz* ergibt.[5] Die Klärung dieser Frage ist deshalb wichtig, weil die Schulpflicht mit dem durch Art. 4 Abs. 1 GG vorbehaltlos gewährleisteten Grundrecht der Glaubens- und Gewissensfreiheit kollidieren kann, dessen Schranken allein aus dem Grundgesetz herzuleiten sind. Berufen sich Eltern, die erreichen wollen, dass ihr Kind vom Schulbesuch freigestellt wird, auf dieses bundesverfassungsrechtlich verbürgte Grundrecht, kann ihnen die Schulpflicht nur dann entgegengehalten werden, wenn sie ihrerseits bundesverfassungsrechtlich, also im Grundgesetz, verankert ist.[6] Für das Bundesverfassungsgericht ergibt sich die Schulpflicht aus dem „verfassungsrechtlich anerkannten staatlichen Erziehungsauftrag", also aus Art. 7 Abs. 1 GG[7]; das Bundesverwaltungsgericht spricht von „der durch Art. 7 Abs. 1 GG gedeckten Begründung einer allgemeinen Schulpflicht".[8] Die Fundierung der Schulpflicht in Art. 7 Abs. 1 GG wird durch Art. 7 Abs. 2 GG bestätigt. Da die Eltern nach dieser Vorschrift berechtigt sind, über die Teilnahme ihres Kindes am Religionsunterricht zu bestimmen, folgt hieraus zugleich, dass der in Art. 7 Abs. 1 GG wurzelnde staatliche Bildungs- und Erziehungsauftrag im Regelfall die Pflicht zum Schulbesuch einschließt.[9] Im Übrigen wird die Spannung zwischen Art. 4 Abs. 1 und Art. 7 Abs. 1 GG dadurch entschärft, dass Eltern, die ihr Kind aus religiös-weltanschaulichen Grün-

---

3 Harald *Achilles*, Schulbesuchspflicht als Strukturprinzip des Schulsystems in Deutschland, RdJB 2014, 151; Jörg *Ennuschat*, Völker-, europa- und verfassungsrechtliche Rahmenbedingungen der Schulpflicht, RdJB 2007, 271; *Rux/Niehues*, Schulrecht, Rn. 129 ff.; Johannes *Rux*, Die Schulpflicht und der Bildungs- und Erziehungsanspruch des Staates, RdJB 2002, 423.

4 Zumeist mit der lakonischen Formel „Es besteht allgemeine Schulpflicht": Art. 14 Abs. 1 bw Verf., Art. 129 Abs. 1 bay Verf., Art. 30 Abs. 1 bbg Verf., Art. 30 brem Verf., Art. 56 Abs. 1 Satz 1 hess Verf., Art. 15 Abs. 2 Satz 2 Verf. M-V, Art. 4 Abs. 2 Satz 1 nds Verf., Art. 8 Abs. 2 Satz 1 nrw Verf., Art. 102 Abs. 1 Satz 2 sächs Verf., Art. 25 Abs. 2 Verf. LSA, Art. 8 Abs. 1 sh Verf., Art. 23 Abs. 1 thür Verf.

5 Bejahend Helmut *Fetzer*, Die Zulässigkeit der Schulpflicht nach Art. 7 Abs. 1 Grundgesetz, RdJB 1993, 91; Rolf *Gröschner*, in: Dreier, Grundgesetz. Kommentar (2. Aufl., 2004), Art. 7 Rn. 27; Hasso *Hofmann*, Grundrechte und Grundpflichten, HdbStR IX, § 195 Rn. 21; Josef *Isensee*, Die verdrängten Grundpflichten des Bürgers – Ein grundgesetzliches Interpretationsvakuum –, DÖV 1982, 609 (617 f.); verneinend Guy *Beaucamp*, Dürfte ein Bundesland die Schulpflicht abschaffen?, DVBl. 2009, 220; Frauke *Brosius*-Gersdorf, in: Dreier, Grundgesetz. Kommentar (3. Aufl., 2013), Art. 7 Rn. 35; Rolf *Stober*. Grundpflichten und Grundgesetz, Berlin 1979, S. 37 ff.; Hinnerk *Wißmann*, in: Bonner Kommentar, Art. 7-III Rn. 81; zweifelnd Markus *Thiel*, in: Sachs, Grundgesetz. Kommentar, Art. 7 Rn. 12 ff.

6 *Fetzer* (Fn. 5), S. 94.

7 BVerfG, RdJB 1993, 113; vgl. auch BVerfG, NVwZ 2003, 1113 und FamRZ 2006, 1094.

8 BVerwG, RdJB 1993, 113 m.Anm.v. Friedhelm *Hufen*, JuS 1993, 156. S. auch BVerwGE 94, 82 (84): „Damit der Staat seinen Bildungs- und Erziehungsauftrag ... wirksam und umfassend wahrnehmen kann, darf er eine allgemeine Schulpflicht einführen ..." Siehe auch die beiden Urteile des BVerwG vom 11.9.2013 (BVerwGE 147, 362 [366] und NJW 2014, 804 [806]): Der Staat könne seinem umfassend zu verstehenden Bildungs- und Erziehungsauftrag in der Schule, die eine für das Gemeinwesen unerlässliche Integrationsfunktion zu erfüllen habe, „nicht gerecht werden, ohne eine allgemeine Schulpflicht einzuführen, deren verfassungsrechtliche Zulässigkeit daher außer Frage steht".

9 *Fetzer* (Fn. 5), S. 94 f.; ähnlich *Gröschner*, in: Dreier, Grundgesetz. Kommentar (2. Aufl., 2004), Art. 7 Rn. 27. Andere Autoren leiten die bundesverfassungsrechtlich begründete Schulpflicht aus Art. 7 Abs. 5 GG ab, wonach eine private Volksschule auf Antrag der Erziehungsberechtigten zuzulassen ist, wenn sie als Gemeinschaftsschule, als Bekenntnis- oder Weltanschauungsschule errichtet werden soll und eine öffentliche Volksschule dieser Art in der Gemeinde nicht besteht. So *Isensee* (Fn. 5), S. 617 f., und ihm folgend *Hofmann* (Fn. 5), Rn. 21.

den von der öffentlichen Schule fernhalten möchten, aufgrund der Privatschulfreiheit (Art. 7 Abs. 4 und 5 GG) eine ihren Auffassungen entsprechende private Ersatzschule wählen können.[10]

Indem der Staat Schulpflicht anordnet, ist er seinerseits verpflichtet, die Voraussetzungen für ihre Erfüllung zu schaffen. Durch Bereitstellung der erforderlichen Schulen muss er, in der Regel mithilfe der kommunalen Schulträger, dafür sorgen, dass die Schulpflichtigen eine öffentliche Schule auch tatsächlich besuchen können (*Beschulungspflicht*).

17.122 Die Schulpflicht greift nachhaltig in die Grundrechte der Schüler und Eltern ein (Art. 2 Abs. 1, Art. 12 Abs. 1 einerseits, Art. 6 Abs. 2 Satz 1 GG andererseits). Sie hat zugleich hohe staats- und gesellschaftspolitische Bedeutung. Deshalb bedarf sie – über die nur sehr allgemein gehaltenen Verfassungsbestimmungen hinaus – jedenfalls in den Grundzügen der Regelung durch förmliches Gesetz. (Zum verfassungsrechtlichen Grundsatz des Vorbehalts des Gesetzes s. TZ 2.3). Die Voraussetzungen und Grenzen der Schulpflicht sowie die Art ihrer Erfüllung sind in allen Ländern durch formell-gesetzliche Vorschriften festgelegt. Außer im Saarland, das ein besonderes Schulpflichtgesetz erlassen hat, ist die Materie überall im Rahmen der allgemeinen Schulgesetze geregelt.[11]

17.123 Über Beginn und Dauer der Schulpflicht ist dem Grundgesetz und den Landesverfassungen nichts zu entnehmen.[12] Nach den gesetzlichen Bestimmungen der Länder *müssen Kinder und Jugendliche vom 6. Lebensjahr an*[13] *mindestens zwölf Jahre die Schule besuchen*; in den meisten Ländern können auch Volljährige, die sich in der Berufsausbildung befinden, schulpflichtig sein.[14]

17.124 Die Schulpflicht hängt nicht von der Staatsangehörigkeit ab.[15] Deshalb besteht sie *auch für Ausländer und Staatenlose*; Ausnahmen gelten, soweit völkerrechtliche Grundsätze oder zwischenstaatliche Vereinbarungen entgegenstehen (z.B. bei Diplomatenkindern).

Angesichts der Bedeutung des Schulbesuchs für die Persönlichkeitsentwicklung des jungen Menschen und für den Zusammenhalt der Gesellschaft geht es seit einiger Zeit vor allem um die *Frage, ob auch Kinder und Jugendliche, die als Flüchtlinge* nach Deutschland *kommen, schulpflichtig sind.*[16] Zur Bedeutung der Schulpflicht für die Integrationsaufgabe der Schule s. TZ 17.144.

---

10 BVerwG, RdJB 1993, 113 (114).

11 §§ 72 ff. bw SchG, Art. 35 ff. BayEUG, §§ 41 ff. bln SchulG, §§ 36 ff. BbgSchulG, §§ 52 ff. BremSchulG, §§ 37 ff. HmbSG, §§ 56 ff. HSchG, §§ 41 ff. SchulG M-V, §§ 63 ff. NSchG, §§ 34 ff. nrw SchulG, §§ 56 ff. rp SchulG, § 26 ff. sächs SchulG, §§ 36 ff. SchulG LSA; §§ 20 ff. sh SchulG, § 17 ff. ThürSchulG (alle mit ergänzenden Rechtsverordnungen und Verwaltungsvorschriften, die u.a. Einschulungsverfahren, Schulreifetests, Früheinschulung, Zurückstellung, Sprachstandsfeststellungen betreffen).

12 Vgl. BVerfGE 34, 165 (187).

13 In einigen Ländern von einem noch früheren Zeitpunkt an (dazu TZ 17.211).

14 Die verfassungsrechtliche Zulässigkeit der Schulpflicht für Volljährige bezweifelt Wolfram *Höfling*, Berufsschulpflicht für Erwachsene? – Eine verfassungsrechtliche Anfrage, NVwZ 1985, 550: Wenn das Elternrecht mit der Volljährigkeit des Kindes ende, erscheine es systemwidrig, dem Staat weiterhin ein Erziehungsmandat zuzubilligen; so auch *Rux/Niehues*, Schulrecht, Rn. 170 ff. Dieser Ansicht ist entgegenzuhalten, dass dem Staat gegenüber Volljährigen in der Berufsschule zwar kein Erziehungsauftrag mehr zusteht, dass die Berufsschulpflicht aber an das auf die Vermittlung von Kenntnissen und Fertigkeiten bezogene Ausbildungsziel gekoppelt sein kann. So Friedhelm *Hufen*, Der verfassungsrechtliche Rahmen des Berufsbildungsrechts nach dem Grundgesetz, RdJB 2003, 58 (66); vgl. auch Horst *Mirbach*, Berufsschulpflicht für Volljährige – verfassungswidrig?, RdJB 2002, 434 (440 ff.).

15 *Hofmann* (Fn. 5), Rn. 40.

16 Dazu Roman *Lehner*, „Bildungswege für junge Flüchtlinge in Deutschland" – Eine Problemskizze, RdJB 2016, 121; Barbara *Weiser*, Recht auf Bildung für Flüchtlinge. Rahmenbedingungen des Zugangs zu Bildungsangeboten für Asylsuchende, Flüchtlinge und Migranten mit Duldung (schulische oder berufliche Aus- und Weiterbildung), Beilage zum ASYLMAGAZIN 2013, Heft 11; *Mercator-Institut*

Asylbewerberinnen und -bewerber (Asylsuchende), denen mit der Stellung des Asylantrags der Aufenthalt im Bundesgebiet zur Durchführung des Asylverfahrens gemäß § 55 AsylG gestattet ist[17], sind nach den schulrechtlichen Bestimmungen Baden-Württembergs, Bayerns, Berlins, Brandenburgs, Hessens, Rheinland-Pfalz‘, des Saarlands und Thüringens ausdrücklich der Schulpflicht unterworfen.[18] In den anderen Ländern ergibt sich diese Rechtsfolge aus den allgemeinen schulgesetzlichen Bestimmungen, die die Schulpflicht an die Wohnung (den Wohnsitz) oder den gewöhnlichen Aufenthalt knüpfen.[19]

Die Entscheidung des Bundesamts für Migration und Flüchtlinge (BAMF) über den Asylantrag hat Folgen für den aufenthaltsrechtlichen Status der Flüchtlinge und damit

---

für Sprachförderung und Deutsch als Zweitsprache/Zentrum für LehrerInnenbildung der Universität zu Köln (Hrsg.), Neu zugewanderte Kinder und Jugendliche im deutschen Schulsystem. Bestandsaufnahme und Empfehlungen, Köln 2015; *Robert Bosch Stiftung GmbH* (Hrsg.), Themendossier Zugang zu Bildungseinrichtungen für Flüchtlinge: Kindertagesstätten, Schulen und Hochschulen, Stuttgart 2015. Zur Einbeziehung ausländischer Kinder und Jugendlicher in die Schulpflicht grundlegend Christine *Langenfeld*, Integration und kulturelle Identität zugewanderter Minderheiten. Eine Untersuchung am Beispiel des allgemeinbildenden Schulwesens in der Bundesrepublik Deutschland, Tübingen 2001, S. 39 ff. – Zum *Asylverfahren* und zu den je nach Entscheidung über den Asylantrag unterschiedlichen Folgen für den Rechtsstatus von Flüchtlingen: *Bundesamt für Migration und Flüchtlinge* (Hrsg.), Ablauf des deutschen Asylverfahrens. Ein Überblick über die einzelnen Verfahrensschritte und rechtlichen Grundlagen, Nürnberg 2016. Dazu auch Andreas *Heusch*/Nicola *Haderlein*/Klaus *Schönenbroicher*, Das neue Asylrecht, München 2016.

17 Ein Asylantrag gilt nach § 14a Abs. 1 AsylG auch als für jedes minderjährige ledige Kind des Ausländers gestellt. Unbegleitete Minderjährige, die irregulär in das Bundesgebiet eingereist sind, können selbst keinen Asylantrag stellen, da sie mangels Volljährigkeit nicht über die gemäß § 12 Abs. 1 AsylG zur Vornahme von Verfahrenshandlungen erforderliche Handlungsfähigkeit verfügen. Sie werden von der Polizei dem örtlich zuständigen Jugendamt übergeben, das sie nach § 42 SGB VIII in Obhut nimmt. Das Jugendamt stellt in einem Klärungsverfahren u.a. das Alter des Flüchtlings fest und veranlasst ggf. beim Familiengericht die Bestellung eines Vormunds oder Pflegers, der den Asylantrag für den unbegleiteten Minderjährigen stellt.

18 § 72 Abs. 1 Satz 3 bw SchG: ab sechs Monaten nach dem Zuzug aus dem Ausland; Art. 35 Abs. 1 Satz 2 Nr. 1 BayEUG: ab drei Monaten nach Zuzug; § 41 Abs. 2 bln SchulG; § 36 Abs. 2 BbgSchulG; § 46 Abs. 1 Satz 1 Halbsatz 2 hess VO zur Gestaltung des Schulverhältnisses vom 19.8.2011 (ABl. S. 546), zul.g.d. VO vom 29.4.2014 (ABl. S. 234): ab Zuweisung zu einer Gebietskörperschaft; § 34 Abs. 6 Satz 1 nrw SchulG: ab Zuweisung zu einer Gemeinde; § 56 Abs. 2 Satz 1 rp SchulG: ab Zuweisung zu einer Gemeinde; § 1 Abs. 1 Satz 2 saarl SchPflG, § 17 Abs. 1 Satz 2 ThürSchulG: ab drei Monaten nach Zuzug.

19 § 52 BremSchulG (Wohnung), § 37 Abs. 1 HmbSG (Wohnsitz oder gewöhnlicher Aufenthalt), § 41 Abs. 1 SchulG M-V (gewöhnlicher Aufenthalt), § 63 Abs. 1 NSchG (Wohnsitz oder gewöhnlicher Aufenthalt), § 26 Abs. 1 Satz 1 sächs SchulG (Wohnsitz oder gewöhnlicher Aufenthalt), § 36 Abs. 1 SchulG LSA (Wohnung), § 20 Abs. 1 Satz 1 sh SchulG (Wohnung). – „Wohnung“ ist nach § 20 Bundesmeldegesetz jeder umschlossene Raum, der zum Wohnen oder Schlafen benutzt wird; darunter fällt auch die Unterbringung in einer Gemeinschaftsunterkunft. Einen „gewöhnlichen Aufenthalt“ hat nach der Legaldefinition des § 30 Abs. 3 Satz 2 SGB I jemand dort, wo er sich unter Umständen aufhält, die erkennen lassen, dass er an diesem Ort oder in diesem Gebiet nicht nur vorübergehend verweilt. Nach der zutreffenden Auffassung des VGH München ist von einem gewöhnlichen Aufenthalt im schulrechtlichen Sinne auszugehen, wenn zum Zeitpunkt des Schulbesuchs eine Beschulung des Kindes für einen sinnvollen Zeitraum möglich erscheint; davon wird im Allgemeinen auszugehen sein, wenn es hinreichend wahrscheinlich ist, dass das betroffene Kind das kommende Schuljahr durchlaufen kann (Urteil vom 23.7.2002, BayVBl 2003, 116). Demnach unterliegen auch in Sachsen junge Asylsuchende schon wegen des gewöhnlichen Aufenthalts im Lande der Schulpflicht. Umso mehr verwundert es, dass nach Abschnitt I. 1.1 Satz 4 der VV zum Unterricht für ausländische Schüler an den allgemeinbildenden und beruflichen Schulen im Freistaat Sachsen vom 6.3.1992 (MBl. S. 25), zul.g.d.VV. vom 7.8.2003 (MBl. S.146) für Kinder von Asylbewerbern nur ein Recht auf Schulbildung bestehen soll. Widersprüchlich auch Nr. 2.2 des RdErl. des Kultusministeriums LSA über die Beschulung von Kindern deutscher Spätaussiedlerinnen und Spätaussiedler sowie ausländischer Bürgerinnen und Bürger vom 26.7.2001 (SVBl. S. 250): Danach unterliegen zwar Kinder ausländischer Bürgerinnen und Bürger der Schulpflicht, nicht aber die Kinder von Asylbewerberinnen und Asylbewerbern; diese sind allerdings nach Nr. 2.2 des RdErl. auf Antrag der Erziehungsberechtigten an einer Schule aufzunehmen.

auch für das Bestehen der Schulpflicht. Folgende *Entscheidungsalternativen* kommen in Betracht: Anerkennung der *Asylberechtigung* mit einer zunächst auf drei Jahre befristeten Aufenthaltserlaubnis (Art. 16a GG, § 2 AsylG, §§ 25 Abs. 1, 26 Abs. 1 Satz 2 AufenthG); Zuerkennung des *Flüchtlingsschutzes* im Sinne der Genfer Flüchtlingskonvention mit einer gleichfalls zunächst auf drei Jahre befristeten Aufenthaltserlaubnis (§ 3 AsylG, §§ 25 Abs. 2, 26 Abs. 1 Satz 2 AufenthG); Zuerkennung des *subsidiären Schutzes* bei Vorbringen stichhaltiger Gründe für die Annahme eines dem Flüchtling drohenden ernsthaften Schadens im Herkunftsland mit einer zunächst auf ein Jahr befristeten Aufenthaltserlaubnis (§ 4 AsylG, §§ 25 Abs. 2, 26 Abs. 1 Satz 3 AufenthG); Feststellung eines *Abschiebungsverbots*, vor allem bei erheblicher konkreter Gefahr für Leib, Leben oder Freiheit des Flüchtlings im anderen Staat, mit einer Aufenthaltserlaubnis von mindestens einem Jahr (§ 42 AsylG, §§ 60 Abs. 5 oder 7, 25 Abs. 3, 26 Abs. 1 Satz 4 AufenthG). Ist keine dieser Voraussetzungen für ein Bleiberecht erfüllt, erlässt das BAMF mit der ablehnenden Entscheidung über den Asylantrag eine schriftliche Abschiebungsandrohung (§ 34 AsylG). Der Antragsteller ist *zur Ausreise verpflichtet*; er hat das Bundesgebiet binnen einer Frist von 30 Tagen zu verlassen (§ 38 Abs. 1 AsylG). Allerdings kann die Ausländerbehörde die *Abschiebung* unter bestimmten Voraussetzungen *vorübergehend aussetzen*. Zur Anordnung dieser *Duldung* ist sie verpflichtet, solange die Abschiebung aus tatsächlichen oder rechtlichen Gründen unmöglich ist; über die Duldung stellt sie dem Ausländer eine Bescheinigung aus (§ 60a Abs. 2 und 4 AufenthG). Die Duldung begründet keinen rechtmäßigen Aufenthalt; sie dient ausschließlich dazu, dem Ausländer zu bescheinigen, dass er behördlich registriert ist und von der Durchsetzung der Ausreisepflicht für den Zeitraum der Duldung abgesehen wird.[20]

Im Hinblick auf die *Schulpflicht der verschiedenen Flüchtlingsgruppen* ergibt sich Folgendes: Kinder und Jugendliche, die *asylberechtigt* sind, denen *Flüchtlingsschutz* zuerkannt wurde, *die subsidiären Schutz* genießen oder denen ein *Abschiebungsverbot* zugute kommt, verfügen über eine Aufenthaltserlaubnis; diese ist zwar befristet und je nach Gruppenzugehörigkeit unterschiedlich lang, beträgt aber mindestens ein Jahr und kann verlängert werden. Bei ihnen ergibt sich die Schulpflicht schon aufgrund der Wohnung oder/und des gewöhnlichen Aufenthalts im jeweiligen Bundesland. Für junge Flüchtlinge, deren Aufenthalt im Bundesgebiet aufgrund der Aussetzung der Abschiebung *geduldet* wird, beruht die Schulpflicht zumeist auf ausdrücklichen gesetzlichen Vorschriften oder Rechtsverordnungen.[21] Doch auch in den Ländern, in denen es insoweit an gesetzlichen Vorschriften fehlt, ist davon auszugehen, dass die geduldeten Personen das die Schulpflicht begründende Tatbestandsmerkmal der Wohnung oder des gewöhnlichen Aufenthalts erfüllen; das wird zumeist durch Verwaltungsvorschriften klargestellt.[22] In einigen Ländern bleiben junge Flüchtlinge, auch wenn sie aufgrund der Ablehnung des Asylantrags zur Ausreise verpflichtet sind und nicht über eine Duldungsbescheinigung verfügen, weiterhin, und zwar bis zur Erfüllung der Ausreisepflicht, schulpflichtig.[23]

---

20 Einem jugendlichen Ausländer, der geduldet ist, kann im Übrigen unter bestimmten Voraussetzungen eine Aufenthaltserlaubnis für eine Berufsausbildung erteilt werden (s. im Einzelnen § 18a AufenthG).

21 § 72 Abs. 1 Satz 3 bw SchG, Art. 35 Abs. 1 Satz 2 Nr. 3 BayEUG, § 41 Abs. 2 bln SchulG, § 36 Abs. 2 BbgSchulG, § 46 Abs. 1 Satz 1 hess VO zur Gestaltung des Schulverhältnisses, § 34 Abs. 6 Satz 2 nrw SchulG, § 56 Abs. 2 Satz 2 rp SchulG, § 1 Satz 2 saarl SchPflG, § 17 Abs. 1 Satz 2 ThürSchulG.

22 So z.B. Nr 1 Satz 5 hmb Richtlinie für den Umgang mit Schulpflichtverletzungen vom 23.4.2013 (MBlSchul 2013, S. 28); Nr. 5 Satz 1 VV über die Beschulung von Schülerinnen und Schülern nichtdeutscher Herkunftssprache in Mecklenburg-Vorpommern vom 31.8.2016; Nr. 3.1.1 RdErl. des nds. Kultusministeriums vom 1.12.2016 (SVBl. S. 705); Nr. 2.1 RdErl des Kultusministeriums LSA über die Beschulung von Kindern deutscher Spätaussiedlerinnen und Spätaussiedler sowie ausländischer Bürgerinnen und Bürger vom 26.7.2001 (SVBl. S. 250).

23 § 72 Abs. 1 Satz 3 bw SchG, Art. 35 Abs. 1 Satz 2 Nr. 4 BayEUG, § 34 Abs. 6 Satz 2 nrw SchulG, § 56 Abs. 2 Satz 2 rp SchulG, § 1 Abs. 1 Satz 3 saarl SchPflG.

Nach den in der Mehrzahl der Länder geltenden schulrechtlichen Vorschriften sind diese *statuslosen Kinder* indes nicht in die Schulpflicht einbezogen; daher ist die Frage zu klären, ob sie wenigstens *das Recht* haben, *die Schule zu besuchen*.[24] Das ist in Berlin und Hessen der Fall.[25] Doch steht den nicht schulpflichtigen statuslosen Kindern dieses Schulbesuchsrecht auch in den anderen Ländern aufgrund des zumeist durch die jeweilige Landesverfassung gewährleisteten Rechts auf Bildung sowie nach Maßgabe völkerrechtlicher und supranationaler Normen zu.[26]

Bis vor wenigen Jahren waren Schulen und Schulbehörden nach § 87 Abs. 2 Satz 1 Nr. 1 AufenthG a.F. verpflichtet, die *Ausländerbehörde* unverzüglich zu unterrichten, wenn sie bei der Erfüllung ihrer Aufgaben Kenntnis vom Aufenthalt eines Ausländers erlangten, der keinen erforderlichen Aufenthaltstitel besaß und dessen Abschiebung nicht ausgesetzt war. Aus Angst vor Entdeckung riskierten es daher viele illegal in Deutschland lebende Eltern erst gar nicht, ihr Kind in der Schule anzumelden. Umgekehrt lehnten Schulleiter und Schulämter in nicht wenigen Fällen die Einschulung statusloser Kinder wegen Fehlens einer Meldebescheinigung ab, zumal sie fürchteten, dass sie sich andernfalls wegen Beihilfe zum illegalen Aufenthalt im Bundesgebiet strafbar machten. In dieser Hinsicht ist eine deutliche Verbesserung der Rechtslage zu verzeichnen: Seit Ende November 2011 sind die Schulen nicht mehr verpflichtet, die Ausländerbehörden davon zu unterrichten, dass statuslose Kinder und Jugendliche zu ihren Schülern zählen.[27]

Es gibt *verschiedene Verfahren zur Förderung der schulischen Integration von Flüchtlingskindern*. So sind beispielsweise in Hessen Schülerinnen und Schüler nichtdeutscher Herkunftssprache zur Teilnahme am Unterricht einer Intensivklasse oder eines Intensivkurses, alternativ zur Teilnahme an einem Deutsch-Förderkurs verpflichtet.[28]

17.13 Inhalt und Erfüllung der Schulpflicht

17.131 Die Schulpflicht erstreckt sich auf die regelmäßige Teilnahme am Unterricht und an den übrigen verbindlichen Veranstaltungen der Schule.[29] Veranstaltungen außerhalb der Unterrichtszeit dürfen nur insoweit für verbindlich erklärt werden, als sie den Schülern und Eltern zumutbar sind, also z.B. keine außergewöhnlichen finanziellen Belastun-

---

24 Zu Schulpflicht und Schulbesuchsrecht statusloser Kinder im Blick auf die Rechtslage im Jahr 2010 Felix *Hanschmann*, Unsichtbare Kinder – Der zynische Ausschluss nicht dokumentierter Kinder und Jugendlicher vom staatlichen Schulwesen, RdJB 2010, 80.

25 Abschnitt II.9 Abs. 1 Satz 3 bln AV Schulbesuchspflicht vom 19.11.2014 (ABl. S. 2235); § 46 Abs. 3 hess VO zur Gestaltung des Schulverhältnisses.

26 Nach Art. 28 UN-Kinderrechtskonvention, Art. 2 Satz 1 Zusatzprotokoll zur EMRK, wonach niemandem das Recht auf Bildung verwehrt werden darf, oder nach Art. 14 Abs. 2 AufnahmeRL – Richtlinie 2013/33/EU: „Die Mitgliedstaaten gestatten minderjährigen Kindern von Antragstellern und minderjährigen Antragstellern in ähnlicher Weise wie den Staatsangehörigen den Zugang zum Bildungssystem, solange keine Ausweisungsmaßnahme gegen sie selbst oder ihre Eltern vollstreckt wird."

27 Nach § 87 Abs. 1 und 2 AufenthG i.d.F.d.G vom 26.11.2011 (BGBl. I S. 2258) sind Schulen sowie Bildungs- und Erziehungseinrichtungen von der Meldepflicht ausgenommen.

28 §§ 45 ff. hess VO zur Gestaltung des Schulverhältnisses. S. auch die Übersicht zu den unterschiedlichen schulorganisatorischen Modellen der Unterrichtsorganisation für nach Deutschland zugewanderte Kinder und Jugendliche in: *Mercator-Institut für Sprachförderung und Deutsch als Zweitsprache/Zentrum für LehrerInnenbildung der Universität zu Köln* (Hrsg.), (Fn. 16), S. 43 ff.

29 So die Regelungen in Baden-Württemberg (§ 72 Abs. 3 Satz 1 SchG), Bremen (§ 55 Abs. 8 BremSchulG) und Sachsen (§ 26 Abs. 2 Satz 1 SchulG). Die Teilnahmepflichten der Schülerinnen und Schüler ergeben sich in den Schulgesetzen der anderen Länder aus den Bestimmungen über das Schulverhältnis (dazu TZ 19.121).

gen verursachen.[30] Falls die Schule aufgrund ihrer besonderen Aufgabenstellung Schülerinnen und Schüler außerhalb der Unterrichtszeit betreut (z.B. in einer gebundenen Ganztagsschule), besteht auch insoweit Teilnahmepflicht (vgl. TZ 3.712).

17.132 Die Eltern müssen minderjährige Schulpflichtige zum Besuch der Schule anmelden und dafür sorgen, dass sie am Unterricht und an den sonstigen verbindlichen Schulveranstaltungen teilnehmen. Die gleiche Verpflichtung trifft Ausbilder und Arbeitgeber, die Berufsschulpflichtige beschäftigen, unabhängig davon, ob diese minderjährig oder volljährig sind.[31]

17.133 *Die Schulpflicht ist durch Besuch einer (inländischen) deutschen Schule zu erfüllen*, die entweder öffentliche Schule oder staatlich genehmigte private Ersatzschule ist. An einer Ergänzungsschule, zum Beispiel einer internationalen Schule oder einer ausländischen Schule, kann die Schulpflicht grundsätzlich nicht erfüllt werden; der Besuch einer solchen Schule bedarf der Ausnahmegenehmigung der Schulaufsichtsbehörde (TZ 15.722).[32]

17.14 Befreiung von der Schulpflicht

17.141 In *Berlin, Brandenburg, Bremen, Hamburg, Mecklenburg-Vorpommern* und *Rheinland-Pfalz* ist die Schulaufsichtsbehörde gesetzlich ermächtigt, Schulpflichtige ausnahmsweise von der Schul(besuchs)pflicht zu befreien.[33]

17.142 Früher waren in den meisten Ländern diejenigen Kinder und Jugendlichen von der Schulpflicht befreit, die körperlich, geistig oder seelisch so behindert sind, dass sie auch in einer Sonderschule oder durch Sonderunterricht nicht gefördert werden können (sogenannte *Schulunfähigkeit* oder Bildungsunfähigkeit). Eine Befreiung aus diesem Grunde gibt es heute nicht mehr. In Nordrhein-Westfalen und in Sachsen ruht in solchen Fällen die Schulpflicht; in Hessen, im Saarland und in Thüringen kann sie ruhen.[34] Die Schulaufsichtsbehörde entscheidet aufgrund eines medizinischen und/oder pädagogisch-psychologischen Gutachtens; die Entscheidung ist in bestimmten Abständen zu überprüfen. In den anderen Ländern hat auch eine schwerwiegende körperliche, geistige oder seelische Behinderung weder eine Befreiung von der Schulpflicht noch ihr Ruhen zur Folge.

17.143 In einigen Ländern kann die Schulaufsichtsbehörde *ausländische Jugendliche* vom 14. Lebensjahr an in besonderen Härtefällen auf Antrag von der Schulbesuchs-

---

30 Vgl. z.B. II. 6. der bw Verwaltungsvorschrift über außerunterrichtliche Veranstaltungen der Schulen i.d.F. vom 6.10.2002 (ABl. S. 324): „Die für Schüler entstehenden Kosten sind so niedrig wie möglich zu halten, müssen in einem vertretbaren Verhältnis zum Nutzen der Veranstaltung stehen und dürfen die Eltern nicht in unzumutbarem Maße belasten."

31 S. etwa § 85 bw SchG, Art. 35 Abs. 4 BayEUG, § 44 bln SchulG, § 41 Abs. 1 BbgSchulG, § 41 HmbSG, § 67 Abs. 1 und 3 HSchG, § 41 Abs. 1 und 2 nrw SchulG, § 65 Abs. 1 und 3 rp SchulG, § 31 Abs. 1 und 2 sächs SchulG, § 43 Abs. 1 Satz 4 und Abs. 4 SchulG LSA; vgl. auch § 14 Abs. 1 Nr. 4 BBiG. Die Verantwortung der Eltern, der Ausbilder und Arbeitgeber für die Erfüllung der Schulpflicht von Schülerinnen und Schülern zu sorgen, ist eine öffentlich-rechtliche Pflicht; vgl. OVG Münster, NVwZ-RR 2017, 38.

32 Z.B. § 72 Abs. 4 Satz 2 bw SchG, § 37 Abs. 3 Satz Satz 2 Halbsatz 2 HmbSG, § 56 Abs. 2 Satz 3 und 4 HSchG, § 56 Abs. 3 Satz 2 rp SchulG (dazu OVG Koblenz, NVwZ-RR 2005, 116), § 26 Abs. 3 Satz 2 sächs SchulG.

33 Berlin: § 41 Abs. 3 Satz 3 SchulG („wenn ein besonderer Grund vorliegt"); Brandenburg: § 36 Abs. 4 Satz 1 BbgSchulG („wenn ein wichtiger Grund dies rechtfertigt und hinreichender Unterricht oder eine gleichwertige Förderung anderweitig gewährleistet ist"), so auch Hamburg (§ 39 Abs. 2 Satz 1 HmbSG) und Mecklenburg-Vorpommern (§ 48 Abs. 2 SchulG); Bremen: § 57 Abs. 2 BremSchulG („nur in besonderen Ausnahmefällen"). In Rheinland-Pfalz ist vom Schulbesuch befreit, wer „nach Feststellung der Schulbehörde anderweitig hinreichend ausgebildet ist" (§ 60 Abs. 2 Nr. 4 SchulG).

34 § 65 Abs. 2 HSchG, § 40 Abs. 2 nrw SchulG, § 13 Abs. 1 saarl SchPflG, § 29 Abs. 1 sächs SchulG, § 17 Abs. 5 ThürSchulG.

pflicht zeitweilig oder auf Dauer befreien, vor allem dann, wenn wegen der Kürze der verbleibenden Schulbesuchszeit eine sinnvolle Förderung nicht zu erwarten ist.[35]

17.144 Eine generelle *Befreiung von der Schulpflicht aus pädagogischen oder religiösen Gründen* ist nicht zulässig. Dies gilt auch in den Ländern, deren Schulgesetze ausnahmsweise eine Befreiung von der Schulpflicht ermöglichen.[36] Die Schulpflicht, die letztlich im staatlichen Bildungs- und Erziehungsauftrag (Art. 7 Abs. 1 GG) wurzelt, erfasst Kinder von Eltern unterschiedlicher Erziehungsvorstellungen sowie Angehörige aller Religionen und Weltanschauungen. Sie erstreckt sich auch auf Eltern, die ihr Kind aus religiösen Gründen der öffentlichen Schule entziehen wollen, um es beispielsweise zu Hause zu unterrichten (Hausunterricht, Heimunterricht, *Homeschooling*).[37]

Das Bundesverfassungsgericht hat das Homeschooling für unzulässig erklärt.[38] Wenngleich das Grundrecht der Glaubensfreiheit (Art. 4 Abs. 1 GG) keinem Gesetzesvorbehalt unterliege, sei es Einschränkungen zugänglich, die sich aus der Verfassung selbst ergäben. Hierzu gehöre der dem Staat erteilte Bildungs- und Erziehungsauftrag. Nach Ansicht des Gerichts wird das elterliche Erziehungsrecht, das auch die religiöse Orientierung einschließe (Art. 4 Abs. 1 GG), durch die zur Konkretisierung dieses staatlichen Auftrags angeordnete allgemeine Schulpflicht in grundsätzlich zulässiger Weise eingeschränkt. Die Schulpflicht diene nicht nur der Vermittlung von Wissen und der Erziehung zu einer selbstverantwortlichen Persönlichkeit, sondern auch der Heranbildung von Staatsbürgern, die gleichberechtigt und verantwortungsbewusst an den demokratischen Prozessen in einer pluralistischen Gesellschaft teilhaben. Dies gelte umso mehr, als die Allgemeinheit ein berechtigtes Interesse daran habe, der Entstehung von religiös oder weltanschaulich motivierten „Parallelgesellschaften“ entgegenzuwirken und Minderheiten zu *integrieren*. Integration setze dabei nicht nur voraus, dass die Mehrheit der Bevölkerung religiöse oder weltanschauliche Minderheiten nicht ausgrenze; sie verlange auch, dass diese sich nicht selbst abgrenzten und sich einem Dialog mit Andersdenkenden und Andersgläubigen nicht verschlössen.

Die Rechtsprechung des Bundesverfassungsgerichts ist nicht ohne Widerspruch geblieben.[39] Diese Bedenken vermögen indes nichts daran zu ändern, dass das Gericht mit

---

35 § 72 Abs. 1 Satz 2 bw SchG; ähnlich § 36 Abs. 6 BbgSchulG und § 20 Abs. 3 sh SchulG. In Niedersachsen kann die Schulbehörde für schulpflichtige Jugendliche, die eine Schule im Ausland besucht haben und einer besonderen Förderung in der deutschen Sprache bedürfen, für die Dauer der Teilnahme an den erforderlichen Sprachkursen das Ruhen der Schulpflicht anordnen (§ 70 Abs. 1 NSchG).

36 Wie in Berlin, Brandenburg, Bremen, Hamburg und Mecklenburg-Vorpommern (vgl. TZ 17.141) sowie im Rahmen der Vollzeitschulpflicht in Baden-Württemberg (§ 76 Abs. 1 Satz 2 SchG) und Hessen (§ 60 Abs. 2 Satz 2 HSchG).

37 Zum Für und Wider des Homeschooling s. Franz *Reimer* (Hrsg.), Homeschooling (Fn. 1), Baden-Baden 2012 mit den Beiträgen von Franz *Reimer*, Hinnerk *Wißmann*, Thomas *Spiegler*, Astrid *Wallrabenstein*, Harald *Achilles*, Thilo *Marauhn* und Karl *Stöger*; ferner: Thomas *Spiegler*, Home Education in Deutschland. Hintergründe – Praxis – Entwicklung, Wiesbaden 2008, und *ders.*, Kann Ordnungswidrigkeit Bildung sein? – Das Spannungsfeld zwischen Home Education und Schulpflicht in Deutschland aus soziologischer Perspektive –, RdJB 2005, 71. S. ferner Julian *von Lucius*, Homeschooling. Eine verfassungsrechtliche Untersuchung des Rechts der Eltern, ihre Kinder zu Hause zu unterrichten, Baden-Baden 2017.

38 S. die drei Kammerbeschlüsse vom 29.4.2003 (NVwZ 2003, 1113), 31.5.2006 (FamRZ 2006, 1094) und 15.10.2014 (NJW 2015, 44); dazu Hermann *Avenarius*, Schulpflicht vs. Homeschooling. Die neuere Rechtsprechung des BVerfG zur Integrationsaufgabe der öffentlichen Schule, NZFam 2015, 342. Zu BVerG vom 15.4.2014 s. die Besprechungen von Friedhelm *Hufen*, JuS 2015, 763; Stefan *Muckel*, JA 2015, 315 und Ludwig *Salgo*, FamRZ 2015, 31.

39 So hält etwa Franz *Reimer* (Allgemeine, nicht absolute Schulpflicht, NVwZ 2008, 718 [722]) die Berufung auf den staatlichen Erziehungsauftrag als Rechtfertigung des Verbots des Homeschooling für unzureichend, da die Schule auch angesichts ihrer Leistungsgrenzen nicht als alleinseligmachender Weg zur Vermittlung sozialer Kompetenzen betrachtet werden könne. Zudem weist Felix *Hanschmann* („Homeschooling“. Rigides Verfassungsrecht auf unsicherem Grund, in: Festschrift für Brun-Otto

seiner Auffassung dem Homeschooling in Deutschland auf absehbare Zeit den Boden entzogen hat. Die Fachgerichte haben sich in ihren Entscheidungen zum Hausunterricht diese Position uneingeschränkt zu eigen gemacht und auch die herrschende Meinung in der Literatur schließt sich dieser Ansicht an.[40]

Mag auch die Beschwörung der Gefahr des Entstehens von Parallelgesellschaften überzogen sein, so ist dem Bundesverfassungsgericht doch in der Feststellung beizupflichten, dass es eine überaus wichtige Aufgabe der öffentlichen Schule ist, den Dialog mit andersdenkenden und andersgläubigen Minderheiten im Sinne gelebter Toleranz zu praktizieren. Dies gilt umso mehr, als die zunehmende Pluralisierung der Gesellschaft, in der sich der wachsende Migrantenanteil mit seiner ethnischen, religiösen und kulturellen Vielfalt widerspiegelt, große Herausforderungen an den Zusammenhalt des Gemeinwesens stellt. Die nachdrückliche Betonung der Integrationsaufgabe der öffentlichen Schule geht mithin in ihrer Bedeutung weit über den Problembereich des Homeschooling hinaus. Das wird etwa bei der Frage deutlich, ob Schüler oder Eltern unter Berufung auf religiöse Verhaltensgebote die Befreiung von der Teilnahme an einzelnen Fächern oder einzelnen Unterrichtsveranstaltungen verlangen können (dazu TZ 17.146). Vor allem aber *hat der Staat wegen dieser dem öffentlichen Schulwesen zugewiesenen Integrationsfunktion dafür zu sorgen, dass alle schulpflichtigen Kinder und Jugendlichen eine öffentliche Schule in zumutbarer Entfernung tatsächlich besuchen können.*

Zwar muss auch die private Ersatzschule, an der die Schulpflicht gleichfalls erfüllt werden kann (vgl. TZ 17.133), zur Integration ihrer Schülerinnen und Schüler in Staat und Gesellschaft beitragen. Das ergibt sich schon daraus, dass sie nicht hinter den Lehrzielen der öffentlichen Schule zurückstehen darf (Art. 7 Abs. 4 Satz 3 GG). Insbesondere das Sonderungsverbot macht deutlich, dass die Ersatzschule keine Bildungsanstalt für Kinder aus privilegierten Schichten sein darf. Das ändert aber nichts daran, dass die Ersatzschule im Unterschied zur öffentlichen Schule ihren Schulbetrieb nach jeweils eigenem pädagogischen, religiösen oder weltanschaulichen Konzept frei gestalten und

---

Bryde zum 70. Geburtstag, Tübingen 2013, 382 [386 ff., 388 ff.]) darauf hin, dass sich die Auffassung, Homeschooling verhindere, dass Kinder und Jugendliche soziale und staatsbürgerliche Kompetenzen hinreichend einübten, und seine Duldung leiste der Entstehung von Parallelgesellschaften Vorschub, empirisch nicht belegen lasse; in zahlreichen Ländern, die Homeschooling erlaubten, seien die vom BVerfG behaupteten negativen Folgen jedenfalls nicht eingetreten. Im Übrigen wird bezweifelt (so Gerhard *Bülter*, Schulpflicht und Sorgerecht, SchulVerwaltung NRW 2009, 53), ob die rigorose Durchsetzung der Schulpflicht selbst in den Fällen, in denen eine staatliche Kontrolle des Lernerfolgs der Homeschooler sichergestellt werden könnte, verfassungsrechtlich noch vertretbar erscheint, zumal der staatliche Zwang geradezu kontraproduktiv auf die Persönlichkeitsentwicklung der Kinder wirke.

40 Die verwaltungsgerichtliche Rspr. lehnt eine generelle Befreiung von der Schulpflicht aus religiösen oder aus pädagogischen Gründen einhellig ab; s. etwa BVerwG, NVwZ 1992, 370; BVerwG, DÖV 2010, 147 (juris); VGH Mannheim NVwZ 2002, 561; VGH München, NVwZ-RR 2007, 763; VGH München, DÖV 2009, 542; OVG Hamburg, NVwZ-RR 2005, 183. S. auch BayVerfGH, DVBl. 2003, 346); auch die EGMR gewährt keinen Anspruch auf Hausunterricht (dazu Thilo *Marauhn*, Hausunterricht zwischen Bildungsrecht und Elternrecht – „Homeschooling" im Lichte der EMRK, in: Reimer [Hrsg.], Homeschooling, S. 99 [108]). Der Auffassung des BVerfG pflichtet auch die Literatur ganz überwiegend bei, s. Hinnerk *Wißmann*, in: Bonner Kommentar, Art. 7-III Rn. 94 m.w.N., Friedhelm *Hufen*, Staatsrecht II. Grundrechte. 5. Aufl., München 2016, § 32 Rn. 37, ferner Harald *Achilles*, Christlicher Fundamentalismus und Schulpflicht, RdJB 2004, 222; ders. (Fn. 3), S. 157 ff.; *Ennuschat* (Fn. 3), S. 277 f.; Anika *Hannemann*/Johannes *Münder*: Schulpflichtverletzung der Erziehungsberechtigten und Einschränkung der elterlichen Sorge, RdJB 2006, 244; Timo *Hebeler*/Julia *Schmidt*, Schulpflicht und elterliches Erziehungsrecht – Neue Aspekte eines alten Themas, NVwZ 2005, 1368; Sabine *Krampen-Lietzke*, Der Dispens vom Schulunterricht aus religiösen Gründen, Berlin 2013, S. 197 ff. (221 f.). – Demgegenüber kann nach Auffassung von Frauke *Brosius-Gersdorf*, in: Dreier, Grundgesetz. Kommentar, Art. 7 Rn. 37, Homeschooling die Voraussetzungen des von ihr vertretenen funktionalen Schulbegriffs erfüllen, weil dieser keine Kollektivbeschulung voraussetze (dazu TZ 1.21). Homeschooling könne auch als private Ersatzschule zu qualifizieren sein, wobei es allerdings fraglich sei, ob die Genehmigungsbedingungen des Art. 7 Abs. 4 Satz 3 und 4 GG vorlägen.

ihre Schüler frei auswählen kann. Konflikte aufgrund religiös motivierter Weigerung der Teilnahme am koedukativen Sportunterricht, an Klassenfahrten oder an sonstigen Schulveranstaltungen bleiben ihr schon deshalb erspart, weil sie die Aufnahme von Schülerinnen und Schülern im Schulvertrag von der Bereitschaft zur uneingeschränkten Mitwirkung am Schulleben abhängig zu machen pflegt. Angesichts dieser Gegebenheiten steht die Privatschule in weit geringerem Maße als die öffentliche Schule vor der Herausforderung, Schüler verschiedener Milieus gemeinsam zu unterrichten und zu erziehen. Das Grundrecht der Privatschulfreiheit begrenzt insoweit die Wirkungskraft des für die öffentliche Schule geltenden strengen Integrationsgebots.[41]

Umso mehr muss der Staat die Voraussetzungen dafür schaffen, dass das öffentliche Schulwesen überhaupt imstande ist, seine Integrationsfunktion durch eine ausreichende Zahl von Schulen zu erfüllen. Darin liegt angesichts des Rückgangs der Schülerzahlen vor allem im ländlichen Raum eine der größten Herausforderungen, vor denen die Flächenländer in ihrer Schulpolitik stehen.

17.145 Unbenommen bleibt es der Schule, Schülerinnen und Schüler an bestimmten Tagen mit Rücksicht auf ihre religiöse Überzeugung (z.B. wegen eines hohen Festtages ihrer Religionsgemeinschaft) von der Schulpflicht zu befreien. Sie muss dann allerdings den Gleichheitssatz beachten, indem sie auch Schülern, die einer anderen Religionsgemeinschaft angehören, bei entsprechendem Anlass von der Pflicht zum Schulbesuch freistellt. Dabei ist es unerheblich, ob die jeweilige Religionsgemeinschaft als öffentlich-rechtliche Körperschaft organisiert ist oder nicht.[42] Im Blick auf (Jugend-)Sekten ist zu prüfen, ob es sich im Einzelfall überhaupt um eine Religionsgemeinschaft im Sinne des die Glaubensausübung schützenden Grundrechts aus Art. 4 Abs. 1 und 2 GG handelt.[43] Die *Befreiung vom Religionsunterricht* ist auf Antrag der Eltern oder des religionsmündigen Kindes zu erteilen (TZ 19.143).

17.146 Die *Befreiung vom Unterricht in einzelnen Fächern* (abgesehen vom Religionsunterricht) oder bei einzelnen Veranstaltungen ist nur in besonderen Ausnahmefällen bzw. aus wichtigem Grund zulässig. So werden Schüler vom *Sportunterricht* ganz oder teilweise befreit, wenn es ihr Gesundheitszustand erfordert; je nach Dauer der Befreiung obliegt die Entscheidung dem (Fach- bzw. Klassen-)Lehrer, dem Schulleiter oder der Schulbehörde.[44] Zur Teilnahme von Schülerinnen und Schülern an einer Demonstration während der Unterrichtszeit s. TZ 21.242.

41 Vgl. Hermann *Avenarius*, Allgemeine Schulpflicht und Privatschulfreiheit – Zur Integrationsfunktion der öffentlichen und der privaten Schule, in: Festschrift für Friedhelm Hufen zum 70. Geburtstag, München 2015, S. 265 (270 ff.).

42 BVerwGE 42, 128. Vgl. in diesem Zusammenhang auch § 4 Abs. 2 Nr. 2 sächs Schulbesuchsordnung vom 12.8.1994 (GVBl. S. 1565), zul.g.d.VO vom 4.2.2004 (GVBl. S. 66). Danach werden Schüler einer anderen Religions- oder Weltanschauungsgemeinschaft aus Anlass der Gedenktage ihrer Gemeinschaft auf Antrag beurlaubt, sofern diese Gedenktage gesetzlichen Feiertagen der christlichen Religionsgemeinschaften gleichwertig sind.

43 BVerfGE 83, 341 (353): Allein die Behauptung und das Selbstverständnis, eine Gemeinschaft bekenne sich zu einer Religion und sei eine Religionsgemeinschaft, können für diese und ihre Mitglieder die Berufung auf die Freiheitsgewährleistung des Art. 4 Abs. 1 und 2 GG nicht rechtfertigen; vielmehr ist der Nachweis objektiver Kriterien erforderlich, die den Schluss nahelegen, dass es sich tatsächlich, nach geistigem Gehalt und äußerem Erscheinungsbild, um eine Religion und Religionsgemeinschaft handelt. – Allerdings entfällt der Schutz des Grundrechts der Religions- und Weltanschauungsfreiheit nicht schon dann, wenn eine Gemeinschaft sich überwiegend wirtschaftlich betätigt, sondern erst dann, wenn ihre religiösen oder weltanschaulichen Lehren nur als Vorwand für die Verfolgung wirtschaftlicher Ziele dienen (so BVerwG, NJW 1992, 2496).

44 Z.B. § 3 bw SchulbesuchsVO vom 21.3.1982 (ABl. S. 387), zul.g.d.VO vom 10.5.2009 (GBl. S. 229); § 43 Abs. 3 nrw SchulG; § 3 Abs. 1 sächs Schulbesuchsordnung vom 12.8.1994 (GVBl. S. 1565), zul.g.d.VO vom 4.2.2004 (GVBl. S. 66). Aus der Rspr.: VG Berlin vom 14.2.1997, Az.: 3 A 1720-96 (BeckRS 9998):

In dem Bemühen um eine möglichst umfassende Grundrechtsverwirklichung der Schüler und Eltern hatte die Rechtsprechung über längere Zeit *religiös motivierten Anträgen auf Befreiung von schulischen Veranstaltungen (koedukativer Schwimmunterricht, Klassenfahrten u.a.)* eher großzügig stattgegeben. So entschied etwa das Bundesverwaltungsgericht 1993, einer zwölfjährigen Schülerin islamischen Glaubens sei es im Hinblick auf die Bekleidungsvorschriften des Korans nicht zumutbar, sich am koedukativ erteilten Sportunterricht zu beteiligen, und gab demgemäß ihrem auf Art. 4 Abs. 1 und 2 GG gestützten Antrag auf Befreiung statt.[45] Im Fall gemeinsamer Klassenfahrten von Jungen und Mädchen sah das Oberverwaltungsgericht Münster sogar eine Gefährdung der seelischen Gesundheit muslimischer Schülerinnen als gegeben an.[46] Diese und ähnliche Entscheidungen sind im Schrifttum vor allem deshalb zu Recht *kritisiert* worden, weil sie die Integrationsaufgabe der Schule, der das Bundesverfassungsgericht so großes Gewicht beimisst, verkürzen.[47]

Das Bundesverwaltungsgericht hat inzwischen seine frühere Rechtsprechung zum Spannungsverhältnis zwischen der Schulpflicht einerseits und der Glaubensfreiheit bzw. dem religiösen Erziehungsrecht der Eltern andererseits in zwei an demselben Tag (11.9.2013) ergangenen Urteilen korrigiert. Der einzelne Schüler könne gestützt auf von ihm für maßgeblich erachtete Verhaltensgebote nur in Ausnahmefällen die Befreiung von einer Unterrichtsveranstaltung verlangen; einer Schülerin muslimischen Glaubens sei die Teilnahme am koedukativen Schwimmunterricht in einer Badekleidung zumutbar, die muslimischen Bekleidungsvorschriften entspreche („Burkini").[48] Ebenso könnten Eltern gestützt auf religiöse Erziehungsvorstellungen nur in Ausnahmefällen die Befreiung ihrer Kinder von einer Unterrichtsveranstaltung verlangen; Angehörigen der Glaubensgemeinschaft der Zeugen Jehovas sei es zumutbar, dass ihre Kinder in der Schule an der Vorführung eines Spielfilms teilnähmen, in dem das Praktizieren schwarzer Magie dargestellt werde („Krabat").[49] Das Gericht hat diese Entscheidungen wie folgt begründet:

Die Glaubensfreiheit des Schülers (Art. 4 Abs. 1 GG) bzw. das religiöse Erziehungsrecht der Eltern (Art. 6 Abs. 2 i.V.m. Art. 4 Abs. 1 GG) seien zwar vorbehaltlos gewährt, würden jedoch durch das in Art. 7 Abs. 1 GG verankerte staatliche Bestimmungsrecht im Schulwesen beschränkt. Dies bedinge schon auf abstrakt-genereller Ebene eine wechselseitige Relativierung beider Verfassungspositionen mit der Maßgabe, dass als maßgeblich erachtete religiöse Verhaltensgebote bzw. Erziehungsvorstellungen zwar nicht als generell unbeachtlich behandelt werden dürften, der einzelne Schüler bzw. seine Eltern aber nur in Ausnahmefällen eine Unterrichtsbefreiung beanspruchen könnten. Die Schule solle angesichts ihrer Bedeutung für den Zusammenhalt der Gesellschaft „unter den von ihr vorgefundenen Bedingungen einer pluralistisch und individualistisch geprägten Gesellschaft dazu beitragen, die Einzelnen zu dem Ganzen gegenüber verantwortungsbewussten ‚Bürgern' heranzubilden, und hierüber eine für das Gemeinwesen *unerlässliche Integrationsfunktion* erfüllen". Diesen weitreichenden Aufgaben könnte der Staat nicht gerecht werden, ohne eine allgemeine Schulpflicht einzuführen, deren verfassungsrechtliche Zulässigkeit daher außer Frage stehe. Für die Ausfüllung seiner Rolle

---

Keine Freistellung eines Schülers der 11. Jahrgangsstufe der gymnasialen Oberstufe vom Chemieunterricht wegen angeblicher Irrelevanz des Fachs Chemie für das Abitur und den künftigen Berufsweg.

45 BVerwGE 94, 82 (88 ff.).

46 NJW 2003, 1754.

47 So vor allem *Hufen* (Fn. 40), § 22 Rn. 47: Der verfassungsrechtliche Integrationsauftrag der Schule sowie das Einüben von Toleranz, Gleichberechtigung der Geschlechter und Offenheit forderten die ausnahmslose Durchsetzung von integrationsfördernden Veranstaltungen. *Krampen-Lietzke* (Fn. 40), S. 222 ff., hält für die partielle Befreiung von Schulveranstaltungen (Sportunterricht, Schwimmunterricht, Klassenfahrten) jeweils eine besondere gesetzliche Grundlage für erforderlich.

48 BVerwGE 147, 362.

49 NVwZ 2014, 237.

sei der Staat darauf angewiesen, das Bildungs- und Erziehungsprogramm für die Schule grundsätzlich unabhängig von den Wünschen der beteiligten Schüler und Eltern anhand eigener inhaltlicher Vorstellungen bestimmen zu können. Die verfassungsrechtlich anerkannte Bildungs- und Integrationsfunktion der Schule würde nur unvollkommen Wirksamkeit erlangen, müsste der Staat die Schul- und Unterrichtsgestaltung auf den kleinsten gemeinsamen Nenner der Beteiligten ausrichten. Die Schule wäre dann letztlich vom Konsens aller individuell Beteiligten abhängig. Dies könne in einer religiös pluralen Gesellschaft weder praktisch möglich noch, im Blick auf die Integrationsfunktion der Schule, verfassungsrechtlich intendiert sein. Sei die staatliche Pflicht zur Rücksichtnahme auf religiöse Belange aus Gründen der Praktikabilität und insbesondere auch aufgrund der Integrationsfunktion der Schule im Prinzip begrenzt, so folge hieraus für alle Beteiligten, *dass sie „in einem bestimmten Umfang Beeinträchtigungen ihrer religiösen Überzeugungen als typische, von der Verfassung von vornherein einberechnete Begleiterscheinung des staatlichen Bildungs- und Erziehungsauftrags und der seiner Umsetzung dienenden Schulpflicht" hinzunehmen hätten.* Eine Befreiung wegen befürchteter Beeinträchtigungen religiöser Positionen habe danach die Ausnahme zu bleiben.

Das Vorliegen eines Ausnahmefalls dürfe aber nicht bereits deshalb angenommen werden, weil ein Befreiungsverlangen nur von einer einzelnen Person in einer bestimmten Situation geltend gemacht werde, da sich die Befreiung in der Praxis präjudizierend auf künftige Entscheidungen in vergleichbar gelagerten Konstellationen auswirken könne. Auch mit dem Argument, dass ein Befreiungsverlangen nur eine einzelne Unterrichtsstunde oder eine überschaubare Zahl von Unterrichtseinheiten betreffe, könne eine Freistellung regelmäßig noch nicht hinreichend begründet werden, weil das auf eine unzulässige Ausblendung der Integrationsfunktion der Schule hinausliefe. Diese gebiete, dass der einzelne Schüler an sämtlichen schulischen Veranstaltungen teilnehme, *„weil nur die permanente, obligatorische Teilhabe am Schulunterricht unter Hintanstellung aller entgegenstehenden individuellen Präferenzen gleich welcher Art jenen gemeinschaftsstiftenden Effekt zu erzeugen vermag*, der mit der Schule bezweckt wird und der die Einführung der staatlichen Schulpflicht zu wesentlichen Anteilen legitimiert". Das Bundesverwaltungsgericht hält daher einen *Anspruch auf Unterrichtsbefreiung grundsätzlich nur dann für gerechtfertigt, wenn die Beeinträchtigung der Glaubensüberzeugungen den Umständen nach eine besonders gravierende Intensität aufweist.* Andernfalls komme dem staatlichen Bildungs- und Erziehungsauftrag Vorrang zu; einer weiteren Abwägung bedürfe es dann nicht mehr.[50]

Die neue Rechtsprechung des Bundesverwaltungsgerichts lässt es nicht damit bewenden, einen auf religiöse Verhaltensgebote bzw. religiöse Erziehungsvorstellungen gestützten Anspruch auf Befreiung von bestimmten Unterrichtseinheiten oder von einzelnen Schulveranstaltungen öffentlicher Schulen grundsätzlich zu verneinen; das allein schlösse nicht aus, dass die eine oder andere Schule gleichwohl aus Gründen der Konfliktvermeidung einem von Schülern oder Eltern vorgebrachten Befreiungswunsch stattgäbe, wie das in der Vergangenheit nicht zuletzt unter Berufung auf die bisherige Rechtsprechung des Gerichts hin und wieder der Fall war. *Beide Entscheidungen stellen nun aber klar, dass die Schulen mit Rücksicht auf die herausragende Bedeutung der schulischen Integrationsaufgabe solchen auf Glaubensgründe gestützten Befreiungsanträgen außer in gravierenden Ausnahmefällen nicht mehr stattgeben dürfen.*

---

50 Zur neuen Rechtsprechung des BVerwG s. Arnd *Uhle*, Die Urteile des BVerwG in den Verfahren „Burkini" und „Krabat" (6 C 25/12 und 6 C 12/12), NVwZ 2014, 541, sowie die Besprechungen von Friedhelm *Hufen*, JuS 2014, 379; Karl-Heinz *Ladeur*, RdJB 2014, 266; Stefan *Muckel*, JA 2014, 234; Stephan *Rademacher*, RdJB 2014, 270, und Markus *Winkler*, JZ 2014, 143. Das BVerfG hat die Verfassungsbeschwerde der muslimischen Schülerin gegen das „Burkini"-Urteil nicht zur Entscheidung angenommen, NVwZ 2017, 227.

Im Übrigen kann nicht ohne Weiteres davon ausgegangen werden, dass das religiöse Empfinden der Eltern stets im Einklang mit den Vorstellungen minderjähriger Schülerinnen und Schüler steht, wenn es um die unter Berufung auf religiöse Verhaltensgebote verlangte Befreiung von Unterrichtsveranstaltungen geht. Sofern Letztere das 14. Lebensjahr vollendet haben, mithin *religionsmündig* sind (TZ 19.143), muss die Schule bei solchen Konflikten der wachsenden Selbstverantwortung der Jugendlichen angemessen Rechnung tragen (vgl. auch TZ 16.221).

17.15 Gliederung der Schulpflicht

Einige Länder (Bremen, Hamburg, Rheinland-Pfalz und Sachsen-Anhalt) kennen nur eine *einheitliche Schulpflicht mit einer Dauer von zwölf (in Hamburg: elf) Jahren;* sie wird durch den Besuch einer Vollzeitschule erfüllt, kann nach neun (in Bremen: zehn) Jahren aber auch durch den Besuch einer Teilzeitschule (Berufsschule) erfüllt werden. Niedersachsen und Nordrhein-Westfalen stellen der Schulpflicht in der Primarstufe und der Sekundarstufe I die Schulpflicht in der Sekundarstufe II gegenüber. Die anderen Länder gliedern die Schulpflicht in

- *Vollzeitschulpflicht* für die Dauer von neun oder zehn Jahren (Grundschule sowie weiterführende allgemeinbildende Schulen)[51] und
- *Berufsschulpflicht* für die Dauer von zumeist drei Jahren, sofern nicht eine allgemeinbildende oder berufliche Vollzeitschule besucht wird.

Auch Kinder und Jugendliche mit Behinderungen unterliegen der Schulpflicht; sie werden nach ihrem individuellen Bedarf *sonderpädagogisch gefördert.*

Im Folgenden wird die Schulpflicht in Vollzeitschulpflicht (TZ 17.2) und Berufsschulpflicht (TZ 17.3) gegliedert; es folgen sodann Ausführungen zur Schulpflicht für Kinder und Jugendliche mit Behinderungen und zu ihrer sonderpädagogischen Förderung (TZ 17.4).

17.2 Vollzeitschulpflicht

17.21 Beginn und Dauer

17.211 Nach § 2 Abs. 1 des Hamburger Abkommens (TZ 2.121) *beginnt* die Schulpflicht für alle Kinder, die bis zum Beginn des 30. Juni[52] eines Jahres das sechste Lebensjahr vollendet haben, am 1. August desselben Jahres. Angesichts des im internationalen Vergleich hohen durchschnittlichen Einschulungsalters in Deutschland hat die Kultusministerkonferenz 1997 in ihren „Empfehlungen zum Schulanfang“[53] beschlossen, einerseits Maßnahmen zur Reduktion der teilweise hohen Rückstellungsquoten zu ergreifen, andererseits die Eltern zu ermutigen, bei Vorliegen der erforderlichen Voraussetzungen von der *Möglichkeit der vorzeitigen Einschulung* Gebrauch zu machen. Danach soll der Stichtag fortan nicht mehr am 30. Juni, sondern zwischen dem 30. Juni und 30. September liegen. Kinder, die nach dem jeweils festgelegten Stichtag für die Einschulung sechs Jahre alt werden, können auf Antrag der Eltern vorzeitig in die Schule aufgenommen

51 Statt des Begriffs Vollzeitschulpflicht wird in Baden-Württemberg die Bezeichnung „Pflicht zum Besuch der Grundschule und einer auf ihr aufbauenden Schule“, in Berlin der Begriff „allgemeine Schulpflicht“ verwendet (§ 72 Abs. 2 Nr. 1 bw SchG, § 41 Abs. 3 bln SchulG).

52 „Bis zum Beginn des 30. Juni“ heißt spätestens am 29. Juni.

53 Beschluss vom 24.10.1997, KMK-BeschlS. Nr. 825.

werden; in begründeten Ausnahmefällen können auch Kinder vorzeitig eingeschult werden, die nach dem 31. Dezember geboren worden sind.

Acht Länder (Bremen, Hamburg, Hessen, Mecklenburg-Vorpommern, das Saarland, Sachsen, Sachsen-Anhalt und Schleswig-Holstein) halten bislang für den Regelfall am 30. Juni als Stichtag fest.[54] Die anderen Länder haben den Stichtag hinausgeschoben und dadurch die Altersgrenze herabgesetzt: Thüringen auf den 1. August, Rheinland-Pfalz auf den 31. August, Baden-Württemberg, Bayern, Berlin, Brandenburg, Niedersachsen und Nordrhein-Westfalen auf den 30. September.[55] Alle Länder ermöglichen überdies die vorzeitige Einschulung noch nicht schulpflichtiger Kinder. So gelten in Sachsen auch diejenigen Kinder als schulpflichtig, die bis zum 30. September des laufenden Jahres das sechste Lebensjahr vollenden, wenn sie von den Eltern zum Schuljahresbeginn in der Schule angemeldet werden; in Baden-Württemberg können die Erziehungsberechtigten sogar Kinder vorzeitig einschulen, die erst bis zum 30. Juni des folgenden Kalenderjahres sechs Jahre alt werden.[56] In Brandenburg sind Kinder auf Antrag der Eltern vorzeitig einzuschulen, sofern sie bis zum 31. Dezember des laufenden Jahres das sechste Lebensjahr vollenden; in Berlin gilt das Gleiche für Kinder, die bis zum 31. März des Folgejahres sechs Jahre alt werden, sofern kein Förderbedarf besteht. In Bremen, Mecklenburg-Vorpommern, Sachsen-Anhalt und Thüringen werden sogar Kinder, die am 30. Juni des laufenden Kalenderjahres fünf Jahre alt geworden sind, vorzeitig eingeschult, wenn sie schulreif sind, also über die für den Schulbesuch erforderlichen körperlichen, geistigen und sozialen Fähigkeiten verfügen.[57]

Über diese immerhin noch an ein bestimmtes Mindestalter gebundene Option vorzeitiger Einschulung gehen Baden-Württemberg, Bayern, Hamburg, Hessen, Niedersachsen, Nordrhein-Westfalen, Rheinland-Pfalz, das Saarland, Sachsen und Schleswig-Holstein noch hinaus, indem diese Länder die Möglichkeit eröffnen, Kinder auf Antrag der Eltern zu einem beliebig frühen Zeitpunkt, also ohne Altersbegrenzung, in die Schule aufzunehmen; vorausgesetzt wird allein, dass aufgrund ihrer körperlichen, sozialen und geistigen Entwicklung zu erwarten ist, dass sie mit Erfolg am Unterricht teilnehmen werden.[58]

Für vorzeitig eingeschulte Kinder beginnt die Schulpflicht mit der Aufnahme in die Schule. Über die Aufnahme entscheidet der Schulleiter – in einigen Ländern die Schulaufsichtsbehörde (Schulrat, Schulamt) – nach Anhörung des Schularztes, des Gesundheitsamtes, des Schulpsychologen oder des Schülerberaters. Soweit für die vorzeitige Einschulung nur ein Mindestalter gefordert ist, muss der Schulleiter dem Antrag der Eltern stattgeben; handelt es sich um noch jüngere Kinder, steht ihm, was die Feststel-

54 § 53 Abs. 1 Satz 1 BremSchulG, § 38 Abs. 1 HmbSG, § 58 Abs. 1 Satz 1 HSchG, § 43 Abs. 1 Satz 1 SchulG M-V, § 2 Abs. 1 saarl SchPflG, § 27 Abs. 1 Satz 1 sächs SchulG, § 37 Abs. 1 Satz 1 SchulG LSA, § 22 Abs. 1 sh SchulG. In Bremen fällt der Stichtag auf den 29. Juni („bis zum Beginn des 30. Juni").

55 § 18 Abs. 1 ThürSchulG; § 57 rp SchulG; § 73 Abs. 1 bw SchG, Art. 37 Abs. 1 Satz 1 BayEUG, § 42 Abs. 1 bln SchulG, § 37 Abs. 3 BbgSchulG, § 64 Abs. 1 Satz 1 NSchG; § 35 Abs. Satz 1 nrw SchulG.

56 § 27 Abs. 1 Satz 2 sächs SchulG, § 73 Abs. 1 Satz 2 bw SchG.

57 § 37 Abs. 4 BbgSchulG, § 42 Abs. 2 bln SchulG, § 53 Abs. 3 Satz 1 BremSchulG, § 43 Abs. 1 Satz 2 SchulG M-V, § 37 Abs. 1 Satz 2 SchulG LSA, § 18 Abs. 2 ThürSchulG. – Eine gesetzliche Regelung über das Mindestalter für vorzeitige Einschulungen verletzt nicht Grundrechte des hochbegabten Kindes oder seiner Eltern: BVerwG, DVBl. 1994, 169; so auch OVG Schleswig, NVwZ-RR 1995, 664 (665). Die Rspr. hat schon früher die vom Landesgesetzgeber getroffenen Stichtagsregelungen für verfassungsrechtlich unbedenklich erachtet (vgl. BVerwGE 35, 111; OVG Bremen, Beschl. vom 4.1.1080, Az.: 1 B 47/79 (juris); VGH Kassel, ESVGH 25, 178; a.A. StGH BW, Urteil vom 2.8.1969, Az.: 3/1969 (juris).

58 § 74 Abs. 1 Satz 1 bw SchG, Art. 37 Abs. 1 Satz 2 BayEUG, § 38 Abs. 2 HmbSG, § 58 Abs. 1 Satz 2 f. HSchG, § 64 Abs. 1 Satz 2 NSchG, § 35 Abs. 2 nrw SchulG, § 58 Abs. 1 rp SchulG, § 2 Abs. 2 saarl SchPflG, § 27 Abs. 2 sächs SchulG, § 22 Abs. 3 sh SchulG.

lung der erforderlichen Schulreife betrifft, ein Beurteilungsspielraum zu.[59] Bei der Überprüfung des Entwicklungsstands des Kindes werden häufig Schulreifetests eingesetzt; soweit gesetzlich vorgeschrieben, besteht eine Pflicht zur Teilnahme an dem Testverfahren[60] (vgl. TZ 19.331).

17.212 Schulpflichtige Kinder, die körperlich, geistig oder in ihrem sozialen Verhalten nicht genügend entwickelt sind, um mit Aussicht auf Erfolg am Unterricht der Grundschule oder der Förderschule teilzunehmen, können außer in Schleswig-Holstein für ein Jahr ohne Wiederholungsmöglichkeit vom Schulbesuch *zurückgestellt* werden.[61] Es muss die begründete Erwartung bestehen, dass das Kind nach Ablauf des Zurückstellungszeitraums im neuen Schuljahr am Unterricht der ersten Jahrgangsstufe der Grundschule erfolgreich teilnehmen kann.[62] In Bremen, Nordrhein-Westfalen und im Saarland ist eine Zurückstellung nur aus gesundheitlichen Gründen zulässig. Die Zeit der Zurückstellung wird auf die Dauer der Schulpflicht nicht angerechnet. Über die Zurückstellung entscheidet in den meisten Ländern der Schulleiter oder die Schulleiterin, zumeist nach Einholung eines schulärztlichen oder schulpsychologischen Gutachtens.

Die zurückgestellten Kinder sollen möglichst einen *Schulkindergarten* oder eine andere fördernde Einrichtung (Vorklasse, Kindertagesstätte) besuchen. Bestehen nach Ablauf der Zurückstellungszeit Zweifel darüber, ob das Kind in der Lage ist, am Unterricht der Grundschule teilzunehmen, ist in einem förmlichen Verfahren zu klären, ob sonderpädagogischer Förderungsbedarf besteht (dazu TZ 17.41).

In *Schleswig-Holstein* gibt es keine Zurückstellungen. Dort kann die Schule aber eine zweijährige flexible Schuleingangsphase einführen, durch die den Kindern Zeit gegeben wird, die ersten beiden Jahre der Grundschule je nach Leistungsvermögen in ein, zwei oder drei Jahren zu durchlaufen; Schülerinnen und Schüler, die am Ende der Schuleingangsphase die Lern- und Entwicklungsziele noch nicht erreicht haben, können ein zusätzliches Schuljahr in der Schulanfangsphase verbleiben.[63]

17.213 Bei manchen Kindern ist die erfolgreiche Teilnahme am Unterricht der Grundschule dadurch in Frage gestellt, dass sie über *keine hinreichenden Kenntnisse der deutschen Sprache* verfügen; das betrifft nicht zuletzt in Deutschland geborene Kinder nichtdeutscher Muttersprache.[64]

Alle Länder sind bemüht, diesem Defizit, das insbesondere die soziale Integration junger Menschen nichtdeutscher Muttersprache erschwert, durch *Sprachstandsfeststellun-*

59 „Schulreife" bzw. „Schulfähigkeit", die in den Schulgesetzen durch unterschiedliche Kriterien definiert ist (in Niedersachsen z.B. mit der Wendung „wenn sie [die Kinder] die für den Schulbesuch erforderliche körperliche und geistige Schulfähigkeit besitzen und in ihrem sozialen Verhalten ausreichend entwickelt sind"), ist ein unbestimmter Rechtsbegriff, bei dessen Auslegung der Schulleiter über einen Beurteilungsspielraum verfügt. – In Bayern wird das Kind auf Antrag der Eltern schulpflichtig, sofern ein schulpsychologisches Gutachten die Schulreife bejaht. Über einen Beurteilungsspielraum verfügt die Schulleitung in diesen Fällen nicht.

60 Z.B. § 74 Abs. 3 bw SchG, Art. 80 Satz 1 BayEUG, § 52 Abs. 2 bln SchulG, § 45 Abs. 2 BbgSchulG, § 34 HmbSG, § 71 HSchG, § 56 NSchG, § 64 Abs. 3 rp SchulG, § 27 sh SchulG.

61 § 74 Abs. 2 bw SchG, Art. 37 Abs. 2 BayEUG, § 42 Abs. 3 bln SchulG, § 51 Abs. 2 BbgSchulG, § 38 Abs. 3 HmbSG, § 58 Abs. 3 und 4 HSchG, § 43 Abs. 2 SchulG M-V, § 64 Abs. 2 NSchG, § 35 Abs. 3 nrw SchulG, § 58 Abs. 2 rp SchulG, § 3 Abs. 2 saarl SchPflG, § 27 Abs. 3 sächs SchulG, § 37 Abs. 3 Satz 2 SchulG LSA, § 18 Abs. 3 ThürSchulG.– Die KMK betont in ihren „Empfehlungen zum Schulanfang" (Fn. 53), dass ein Kind nur noch dann zurückgestellt werden soll, wenn zu erwarten ist, dass eine Förderung im schulischen Rahmen keine für seine Entwicklung günstigeren Voraussetzungen schafft. Nur so könnten die teilweise hohen Zurückstellungsquoten reduziert werden.

62 OVG Magdeburg, LKV 212, 469 und NVwZ-RR 2014, 347 (348).

63 § 41 Abs. 2 sh SchulG.

64 Zur Sprachförderung von Flüchtlingskindern s. TZ 17.124.

gen und Sprachförderkurse möglichst bereits im Vorschulalter entgegenzuwirken; das geschieht vielfach im Rahmen staatlich geförderter Programme und Projekte. Auf diese Weise soll nicht zuletzt verhindert werden, dass Kinder allein wegen ungenügender Sprachkompetenz vom Schulbesuch zurückgestellt werden.[65]

In den meisten Ländern sind Kinder aufgrund schulgesetzlicher Regelungen *verpflichtet*, zumeist ein Jahr vor Schulbeginn (in Nordrhein-Westfalen sogar zwei Jahre vor der Einschulung) an einer Sprachstandserhebung teilzunehmen.[66] Verfügen sie nach dem Ergebnis dieser Untersuchung nicht über ausreichende Deutschkenntnisse, müssen sie einen Sprachförderkurs besuchen.

Es bleibt die Frage zu klären, ob dem Staat aus Art. 7 Abs. 1 GG auch Regelungsbefugnisse für den vorschulischen Bereich zustehen. Die gesetzliche Verpflichtung zur Teilnahme an Sprachstandsfeststellungen und Sprachförderkursen greift in das Elternrecht (Art. 6 Abs. 2 GG) ein. Diese Maßnahmen erweisen sich dann als gerechtfertigt, wenn sie Ausfluss der staatlichen Verantwortung für das Schulwesen (Art. 7 Abs. 1 GG) sind, die dem Staat ein eigenständiges Bildungs- und Erziehungsrecht einräumt.[67] Dabei reichen die Befugnisse des Staates umso weiter, je mehr die Bildung und Erziehung der nachwachsenden Generation und ihre Integration in die Gesellschaft zur Aufgabe gestellt sind. Sprachstandserhebungen und Sprachförderkurse sind für die Förderung der Schulreife zahlreicher Kinder unter den heutigen Verhältnissen wichtige Voraussetzungen; denn nur so lässt sich vermeiden, dass sie schon frühzeitig in der Schule scheitern oder zurückbleiben. Die Maßnahmen stehen in einem derart engen Zusammenhang mit dem Schulwesen, insbesondere mit der Schulpflicht, dass ihre Einführung der staatlichen Verantwortung nach Art. 7 Abs. 1 GG zuzuordnen ist. Das gilt umso mehr, als es dem Staat unbenommen bleibt, die Schulpflicht um ein oder zwei Jahre vorzuverlagern.[68] Wenn er stattdessen die Schulpflicht nur partiell vorzieht und es auf diese Weise bei einem schonenderen Eingriff in das Elternrecht bewenden lässt, erweisen sich die Regelungen umso mehr als verfassungsgemäß.[69]

65 Zur Frage, ob für die Integration von Migrantenkindern in erster Linie die Förderung der Sprache des Aufnahmelands, also der deutschen Sprache, oder eine Erziehung zur Mehrsprachigkeit anzustreben sei, s. die Kontroverse zwischen Ingrid *Gogolin*/Stefan *Oeter*, Sprachenrechte und Sprachminderheiten – Übertragbarkeit der internationalen Sprachenregimes auf Migrant[inn]en, RdJB 2011, 30 und Hartmut *Esser*, Migranten als Minderheiten? Eine Reaktion auf den Beitrag "Sprachenrechte und Sprachminderheiten – Übertragbarkeit der internationalen Sprachenregimes auf Migrant[inn]en" von Ingrid Gogolin und Stefan Oeter, RdJB 2011, 45.

66 Art. 37a BayEUG (nur Kinder nichtdeutscher Muttersprache), § 55 bln SchulG, § 37 Abs. 1 und 2 BbgSchulG, § 36 Abs. 1 und 2 BremSchulG, §§ 42 Abs. 1 Satz 2 und 3, 34 Abs. 1 und 2, 28a HmbSG, § 58 Abs. 1 Satz 2 HSchG, § 36 nrw SchulG, § 64a rp SchulG, § 22 Abs. 2 sh SchulG. – Zu Rechtsfragen digitaler Sprachtests äußert sich Matthias *Siegfried*, Obligatorische Sprachtests bei Kindern: Digitaler modus operandi und elterliches Auswahlrecht, NVwZ 2010, 296.

67 Nach Ansicht von *Brosius-Gersdorf*, in: Dreier, Grundgesetz. Kommentar, Art. 7 Rn. 37, die für einen funktionalen Schulbegriff plädiert, ist der Staat ohnehin nach Art. 7 Abs. 1 GG befugt, Lernprogramme sowie entsprechende Kontrollen bereits im frühkindlichen Bereich verbindlich vorzusehen.

68 Dazu Johann *Baader*, Verfassungsrechtliche Probleme der Kindergartenbesuchspflicht und vorschulischen Sprachförderung, NVwZ 2007, 537 (541 f.), der Untersuchungen und Tests, die anlässlich der Einschulung bei sämtlichen Kindern durchgeführt werden, für verfassungsrechtlich zulässig hält. Wenn der Gesetzgeber jedoch Sprachförderkurse ausdrücklich als außerschulische Unterweisungen und nicht als für alle Schüler verbindliche Vorschule vorschreibe, so gestalte er nicht die allgemeine Schulpflicht konkret aus, sondern begründe Sonderpflichten für einen Teil der Kinder außerhalb von Schule und Schulpflicht; insoweit könne der Staat sich nicht erfolgreich auf den staatlichen Erziehungsauftrag aus Art. 7 Abs. 1 GG berufen. – Zur Frage der Verfassungsmäßigkeit einer Kindergartenpflicht s. im Übrigen die Nachweise bei TZ 3.21.

69 Den Ländern ist es hingegen verwehrt, eine verpflichtende Teilnahme an Sprachstandsfeststellungen und Sprachförderkursen für Kindergartenkinder einzuführen. Die konkurrierende Gesetzgebungskompetenz zur Regelung des Kindergartenrechts steht nach Art. 74 Abs. 1 Nr. 7 GG dem Bund zu. Dieser hat von seiner Gesetzgebungsbefugnis durch Erlass des SGB VIII Gebrauch gemacht. Das

17.214 Die Vollzeitschulpflicht *dauert in den meisten Ländern neun Jahre*. In Berlin, Brandenburg, Bremen und Nordrhein-Westfalen sind es zehn Jahre[70], in den anderen Ländern kann die 10. Klasse der Haupt- und der Förderschule zumeist freiwillig besucht werden.[71] In Hessen wird die neunjährige Vollzeitschulpflicht für Jugendliche, die weder eine weiterführende Schule besuchen noch in ein Berufsausbildungsverhältnis überwechseln, um ein Jahr verlängert.[72] In manchen Ländern, die eine neunjährige Vollzeitschulpflicht vorsehen, ist eine *Verlängerung* um ein Jahr – teilweise auch um zwei Jahre – ohne Anrechnung auf die Berufsschulpflicht möglich für Schülerinnen und Schüler, die das Ziel der Hauptschule nicht erreicht haben, wenn begründete Aussicht besteht, dass sie hierdurch wesentlich gefördert werden können.[73] Dies gilt insbesondere für Kinder, die die Schule zum Beispiel wegen Erkrankung längere Zeit nicht besucht haben. Über die Verlängerung entscheidet die Schulaufsichtsbehörde auf Antrag der Eltern oder des Schulleiters; im letzteren Fall ist die Anhörung der Erziehungsberechtigten erforderlich. Automatisch verlängert sich die Dauer der Vollzeitschulpflicht für zurückgestellte Kinder, soweit die Zeit der Zurückstellung nicht angerechnet wird (vgl. TZ 17.212). *Die Vollzeitschulpflicht kann* in einigen Ländern *verkürzt werden*, wenn der Schüler ein Schuljahr übersprungen hat.[74]

17.22 Erfüllung

17.221 Die Vollzeitschulpflicht wird während der ersten vier Jahre (in Berlin und Brandenburg: sechs Jahre) in der *Grundschule*, danach in einer *weiterführenden Schule* erfüllt.[75]

17.222 Nur aus zwingenden Gründen darf die Schulaufsichtsbehörde die Erfüllung der Schulpflicht durch Teilnahme an außerschulischem Unterricht (etwa in Form des *Hausunterrichts*) gestatten; ein zwingender Grund liegt im Allgemeinen nur dann vor, wenn die Schülerin oder der Schüler wegen längerer Krankheit die Schule nicht besuchen kann.[76] Eine generelle Befreiung von der Schulpflicht aus religiösen oder pädagogischen Gründen ist grundsätzlich nicht zulässig (ausführlich dazu TZ 17.144).

SGB VIII geht von der Freiwilligkeit der Inanspruchnahme, insbesondere auch von der Freiwilligkeit des Kindergartenbesuchs aus. Ein Zwang zur Teilnahme an solchen Maßnahmen stünde zu diesem Prinzip in Widerspruch. Zur Verfassungswidrigkeit einer generellen Kindergartenbesuchspflicht wegen Verstoßes gegen das Elternrecht s. *Baader* (Fn. 68), S. 537 ff.

70 § 42 Abs. 4 Satz 1 bln SchulG, § 38 Abs. 1 Satz 1 BbgSchulG, § 55 Abs. 2 Satz 1 BremSchulG, § 37 Abs. 1 Satz 1 und 2 nrw SchulG.

71 Z.B. Niedersachsen: §§ 9 Abs. 3 Satz 2, 14 Abs. 5 NSchG.

72 Sie kann durch den Besuch einer Schule im Bereich der Sekundarstufe I oder einer beruflichen Vollzeitschule erfüllt werden (§§ 59 Abs. 3, 60 Abs. 3 HSchG).

73 Baden-Württemberg (§ 75 Abs. 2 Satz 2 SchG), Bayern (Art. 38 Satz 1 BayEUG), Hessen (§ 59 Abs. 2 HSchG), Niedersachsen (§ 66 Satz 5 NSchG), Saarland (§ 4 Abs. 2 SchPflG), Thüringen (§ 19 Abs. 2 ThürSchulG).

74 Z.B. Art. 37 Abs. 3 Satz 2 BayEUG, § 66 Satz 2 NSchG, § 19 Abs. 1 Satz 2 ThürSchulG. S. auch § 59 Abs. 2 Satz 2 rp SchulG: Bei besonders begabten Schülern kann die neunjährige Frist bis zum Besuch der Sekundarstufe II um ein Schuljahr verkürzt werden. In Mecklenburg-Vorpommern kann in Ausnahmefällen bei Vorliegen außergewöhnlicher Fähigkeiten von der Erfüllung der Vollzeitschulpflicht befreit werden (§ 48 Abs. 4 SchulG).

75 Allerdings gibt es in Berlin auch grundständige Gymnasien, die bereits mit Klasse 5 beginnen (dazu TZ 3.161); deren Schüler besuchen die Grundschule nur während der ersten vier Jahre der Vollzeitschulpflicht.

76 Z.B. § 21 bw SchG, § 69 Abs. 1 NSchG, § 54 ThürSchulG. Zum Anspruch eines körperbehinderten Schülers (mit spastischer Lähmung beider Beine) auf Erteilung von Hausunterricht VG Freiburg, Urteil vom 14.12.1973, Az.: VS II 153/72 (juris). Zum Anspruch eines volljährigen Schülers auf Hausunterricht zur Vorbereitung auf den Erwerb des Realschulabschlusses als Ausgleich für krankheitsbedingt versäumten Schulunterricht OVG Lüneburg, NVwZ-RR 1997, 291. – „Die Beschulung längerfristig kranker Schülerinnen und Schüler als Herausforderung des öffentlichen Schulorganisationsrechts"

17.223 Schülerinnen und Schüler einer *Pflichtschule* müssen die *örtlich zuständige Schule* besuchen, also die Schule des Schulbezirks, in dem sie wohnen (sog. *Sprengelpflicht*, TZ 3.14, TZ 4.13)[77]; demgegenüber bestehen für den Besuch einer *Wahlschule* im Allgemeinen *keine örtlichen Zuständigkeitsgrenzen*. Die Schulaufsichtsbehörde ist befugt, Pflichtschüler aus wichtigem Grund, also wegen der Umstände des Einzelfalls (z.B. Länge des Schulwegs) oder aus übergeordneten pädagogischen oder organisatorischen Erwägungen, insbesondere zur Sicherung einer gleichmäßigen Besetzung von Schulen und Klassen, einer anderen als der örtlich zuständigen Schule zuzuweisen.[78] Da solche Maßnahmen der Schulbehörde in der Regel das kommunale Selbstverwaltungsrecht (Art. 28 Abs. 2 GG) berühren, ist der Schulträger in den meisten Ländern zumindest im Wege der Anhörung zu beteiligen.[79] Sind die im Einzelfall von den Eltern vorgetragenen Gründe für die Zuweisung des Schülers an eine andere als die örtlich zuständige Schule so schwerwiegend, dass eine alternative Lösung nicht in Betracht kommt, schrumpft das Ermessen der Behörde auf Null; sie *muss* dem Antrag stattgeben. Schulpflichtige Kinder von Schaustellern, Zirkusangehörigen und fahrenden Personen gehören der Stammschule an, an der die Eltern ihren Winterstandort haben; während der Reisezeit besuchen sie von den Schulaufsichtsbehörden benannte Stützpunktschulen, die in unmittelbarer Nähe des jeweiligen Festplatzes liegen.[80] Können die Erziehungsberechtigten die Erfüllung der Schulpflicht ihres Kindes nicht sicherstellen und ist deshalb seine anderweitige Unterbringung notwendig, so haben sie Anspruch auf Beratung und Unterstützung durch das Jugendamt; in geeigneten Fällen können die Kosten der Unterbringung in einer geeigneten Wohnform durch den Träger der Jugendhilfe übernommen werden (§ 21 SGB VIII).

17.3 Berufsschulpflicht (Teilzeitschulpflicht)

17.31 Beginn und Dauer

17.311 In den Ländern, welche die Schulpflicht in zwei Abschnitte – Vollzeitschulpflicht und Berufsschulpflicht – gliedern (vgl. TZ 17.15), beginnt die Pflicht zum Besuch der Berufsschule nach Beendigung der Vollzeitschulpflicht. In den anderen Ländern, die eine einheitliche zwölfjährige Schulpflicht vorsehen, gibt es genau genommen keine gesonderte Berufschulpflicht; dort wird die Schulpflicht in den letzten drei Jahren durch

---

erörtert David *Heuer* (Baden-Baden 2015) im Hinblick auf Krankenhaus- und Hausunterricht im föderalen Schulwesen.

77 Hierzu *Rux/Niehues*, Schulrecht, Rn. 737 ff.; Günter *Püttner*, Die Sprengelpflicht, RdJB 1992, 230. Vgl. auch DJT-SchulGE, § 44 (S. 85 f.), S. 246 f.

78 Z.B. § 76 Abs. 2 Satz 3 Nr. 3 bw SchG („wenn wichtige Gründe vorliegen"); Art. 42 Abs. 2, 43 Abs. 3 BayEUG, § 19 Abs. 1 Satz 3 saarl SchoG („zur Bildung möglichst gleich starker Klassen"); § 63 Abs. 3 Satz 4 NSchG (wenn der Besuch der zuständigen Schule für die Betroffenen „eine unzumutbare Härte darstellen würde" oder der Besuch der anderen Schule „aus pädagogischen Gründen geboten erscheint"); § 62 Abs. 2 Satz 4 rp SchulG („aus wichtigem pädagogischen oder organisatorischen Grund"), § 24 Abs. 5 sh SchulG („aus wichtigem Grund"). In einigen Ländern kann auch die Schulleitung bei Vorliegen wichtiger Gründe Ausnahmen von der Sprengelpflicht zulassen, so z.B. in Sachsen (§ 25 Abs. 4 Satz 3 SchulG). Ein „wichtiger Grund" i.S.d. § 76 Abs. 2 Satz 3 Nr. 3 bw SchG für die Anordnung eines Schulbezirkswechsels gegen den Willen des Schülers bzw. seiner Eltern kann sich in besonderen Ausnahmefällen aus einer nachhaltigen Störung im Verhältnis zwischen der Schule und einem erziehungsberechtigten Elternteil ergeben; so VGH Mannheim, NVwZ-RR 2016, 341.

79 So verlangt z.B. Art. 42 Abs. 2 BayEUG das „Benehmen mit der zuständigen Gemeinde" (und den betroffenen Elternbeiräten), § 19 Abs. 3 saarl SchoG das „Benehmen" mit dem Schulträger. Zur Beteiligung des kommunalen Schulträgers *Rux/Niehues*, Schulrecht, Rn. 752.

80 Z.B. §§ 17 ff. bbg Sekundarstufe-I-VO vom 6.8.2007 (GVBl. II S. 200), zul.g.d.VO vom 25.3.2013 (GVBl. II S. 1) und bay Bek. betr. Schulische Betreuung von Kindern aus Schaustellerfamilien, von Zirkusangehörigen und von fahrenden Personen vom 7.2.1996 (KWMBl. I S. 114).

den Besuch einer allgemein- oder berufsbildenden Vollzeitschule oder einer Berufsschule erfüllt. Der Unterschied ist in der Praxis wenig bedeutsam, da auch in den erstgenannten Ländern der Besuch einer Vollzeitschule anstelle der Berufsschule möglich ist (dazu unten, TZ 17.321). Daraus ergibt sich: *Jugendliche, die nach neun Jahren die allgemeinbildende Schule verlassen, müssen die Berufsschule besuchen*. Das gilt jedenfalls dann, wenn ein Berufsausbildungsverhältnis begründet wird.

Die Pflicht zum Besuch der Berufsschule hat nicht nur zum Ziel, die Schülerinnen und Schüler in Abstimmung mit der betrieblichen Berufsausbildung oder unter Berücksichtigung ihrer beruflichen Tätigkeit beruflich zu bilden, sondern *bezweckt auch*, diese *zu erziehen* und die allgemeine Bildung zu fördern.[81]

17.312 Die Berufsschulpflicht *dauert* in der Regel drei Jahre[82], zumindest aber bis zum Ende der Berufsausbildung.[83] Solange das Ausbildungsverhältnis besteht, muss der Auszubildende die Berufsschule besuchen. Bei einem Wechsel des Ausbildungsberufs lebt im Allgemeinen die Berufsschulpflicht wieder auf.

Die Berufsschulpflicht *endet*[84]:
- in allen Ländern mit dem Abschluss der Berufsausbildung;[85]
- wenn die Schulaufsichtsbehörde feststellt, dass die bisherige Ausbildung den weiteren Besuch der Berufsschule entbehrlich macht (insbesondere für Schüler mit Abschlüssen an bestimmten Berufsfachschulen, z.B. Handelschulen);[86]
- in einigen Ländern aus sonstigen Gründen, insbesondere nach erfolgreichem Besuch bestimmter Vollzeitschulen oder bestimmter Klassenstufen von Vollzeitschulen, sofern kein Berufsausbildungsverhältnis begründet wird.[87]

---

81 VGH München, NVwZ-RR 2016, 626. Das Gericht lehnte mit dieser Begründung den Antrag eines Jugendlichen ab, ihn wegen Ausbildung zum Tennisprofi von der Pflicht zum Besuch der Berufsschule zu entbinden.

82 So ausdrücklich § 78 Abs. 1 Satz 1 bw SchG, § 9 Abs. 1 Satz 1 saarl SchPflG.

83 § 78 Abs. 2 Satz 1 bw SchG, Art. 39 Abs. 2 Satz 2 BayEUG, § 43 Abs. 1 Satz 2 bln SchulG, § 39 Abs. 2 BbgSchulG, § 54 Abs. 2 Satz 1 BremSchulG, § 37 Abs. 2 HmbSG, § 62 Abs. 2 HSchG, § 42 Abs. 2 Nr. 1 SchulG M-V, § 65 Abs. 2 Satz 1 NSchG, § 38 Abs. 2 nrw SchulG, § 61 Abs. 1 Satz 1 rp SchulG, § 9 Abs. 1 Satz 2 saarl SchPflG, § 28 Abs. 3 sächs SchulG, § 40 Abs. 4 Satz 3 SchulG LSA, § 23 Abs. 1 Nr. 1 sh SchulG, § 21 Abs. 1 Satz 3 ThürSchulG.

84 Die Terminologie ist uneinheitlich; einige Länder lassen bei einzelnen Tatbeständen eine Befreiung von der Schulpflicht oder ihr Ruhen eintreten (vgl. auch TZ 17.321).

85 Nach den gesetzlichen Bestimmungen der Länder kann die Berufsschulpflicht auch Volljährige erfassen, und zwar dann, wenn ein vor Vollendung des 18. Lebensjahres begonnenes Berufsausbildungsverhältnis erst danach endet oder wenn das Ausbildungsverhältnis nach diesem Zeitpunkt begründet wurde. Einige Länder begrenzen in solchen Fällen die Dauer der Berufsschulpflicht. In Baden-Württemberg, Mecklenburg-Vorpommern, Rheinland-Pfalz und Sachsen besteht eine Berufsschulpflicht für Volljährige nur für die Restzeit eines vor Vollendung des 18. Lj. begründeten Berufsausbildungsverhältnisses. Andere Länder legen eine Höchstaltersgrenze fest: Saarland: spätestens mit Vollendung des 21. Lj.; Bayern und Thüringen: spätestens mit dem Schuljahr, in dem der Auszubildende das 21. Lj. vollendet; Brandenburg und Nordrhein-Westfalen: mit Vollendung des 21. Lj.; wer aber vorher ein Ausbildungsverhältnis beginnt, bleibt bis zu dessen Ende berufsschulpflichtig. In den anderen Ländern endet die Berufsschulpflicht auch dann erst mit dem Ende der Berufsausbildung, wenn das Ausbildungsverhältnis nach Vollendung des 21. Lj. begründet wurde; doch ist in diesem Fall in Berlin auf Antrag von der Berufsschulpflicht zu befreien. – Zur Problematik einer Schulpflicht für Volljährige s. TZ 17.123. Im Blick auf zugewanderte Heranwachsende, die in ihrem Herkunftsland keine Berufsausbildung erfahren haben, stellt sich allerdings die Frage, ob nicht gerade bei ihnen trotz Vollendung des 21. Lj. eine Pflicht zur Teilnahme an beruflichen Bildungsgängen vorgesehen werden sollte. Die Aufgabe der Schule dürfte sich dann aber nicht auf erzieherische Einwirkungen erstrecken; sie müsste sich auf die Vermittlung der für das Ausbildungsziel relevanten beruflichen Kompetenzen beschränken.

86 Z.B. § 81 Abs. 1 Satz 2 Nr. 1 bw SchG, § 62 Abs. 5 HSchG, § 38 Abs. 4 nrw SchulG, § 9 Abs. 4 Nr. 1 saarl SchPflG, § 28 Abs. 5 Satz 1 sächs SchulG, § 23 Abs. 3 sh SchulG.

87 Z.B. in Bayern nach Erreichen des mittleren Schulabschlusses (Art. 39 Abs. 3 Satz 1 Nr 5 BayEUG: Befreiung vom Besuch der Berufsschule); in Brandenburg mit dem Abschluss einer mindestens einjäh-

Für Jugendliche ohne Ausbildungsvertrag endet die Berufsschulpflicht in den meisten Ländern spätestens mit dem Schuljahr oder Schulhalbjahr, in dem der Schüler 18 Jahre alt wird;[88] sie endet vorzeitig nach Besuch eines Vollzeitschuljahres an einer berufsbildenden Schule (z.B. Berufsgrundschuljahr, vgl. TZ 3.522).[89]

17.32 Erfüllung, Befreiung, Ruhen, Beurlaubung

17.321 Die Berufschulpflicht kann außer durch den Besuch der Berufsschule[90] auch in anderer Weise *erfüllt* werden, insbesondere
- durch den Besuch einer allgemeinbildenden oder berufsbildenden (öffentlichen oder privaten) Vollzeitschule oder einer Hochschule. Wird jedoch danach ein Ausbildungsverhältnis begründet, lebt in der Regel die Berufsschulpflicht wieder auf;
- durch eine Ausbildung für einen Beruf im öffentlichen Dienst im Rahmen eines Beamtenverhältnisses oder eines öffentlich-rechtlichen Ausbildungsverhältnisses.

In einigen Ländern tritt in diesen Fällen eine *Befreiung* von der Berufsschulpflicht oder ihr *Ruhen* ein. Die Pflicht zum Besuch der Berufsschule ruht ferner
- während des Wehrdienstes oder Bundesfreiwilligendienstes;
- während der Ableistung eines freiwilligen sozialen oder ökologischen Jahres;
- während bestimmter Zeiten vor und nach einer Niederkunft (soweit die Berufsschulpflicht nicht durch vorzeitige Beendigung entfällt).[91]

17.322 Auszubildende können nur aus wichtigem Grund vom Schulbesuch *beurlaubt* werden.[92] Das Vorbringen, sie würden zur Verrichtung bestimmter Arbeiten im Betrieb benötigt (z.B. Weihnachtsgeschäft, Ausverkaufszeit, Jahresabschluss), kann die Beurlaubung nur in besonderen Ausnahmefällen rechtfertigen. Der Betriebsurlaub der Auszubildenden soll in den Schulferien liegen. Ist dies aus betrieblichen Gründen nicht möglich, muss bei der Schule eine Beurlaubung beantragt werden. Die Berufsschule kann verlangen, dass der ausgefallene Unterricht nachgeholt wird. Diejenigen Länder, in denen die Mutterschaft nicht als Grund für die vorzeitige Beendigung oder das Ruhen der Schulpflicht anerkannt ist, sehen die Möglichkeit der Beurlaubung schulpflichtiger Mütter vor.[93]

17.323 *Zuständige Berufsschule* ist in der Regel die des Beschäftigungsorts[94], und zwar die Berufsschule oder Berufsschulabteilung der Fachrichtung, die der Berufsausbildung

---

rigen beruflichen Förderung (§ 39 Abs. 3 Satz 3 BbgSchulG); in Nordrhein-Westfalen mit dem erfolgreichen Abschluss eines vollzeitschulischen Bildungsganges der Sekundarstufe II (§ 38 Abs. 3 Satz 3 SchulG).

88 Z.B. § 78 Abs. 1 Satz 2 bw SchG, § 39 Abs. 3 BbgSchulG, § 62 Abs. 3 Satz 1 HSchG, § 42 Abs. 2 Satz 1 Nr. 2 SchulG M-V, § 38 Abs. 3 Satz 1 nrw SchulG, § 23 Abs. 1 Nr. 2 sh SchulG.

89 § 78a Abs. 1 Satz 1, § 10 Abs. 5 bw SchG, § 28 Abs. 5 Satz 1 sächs SchulG, § 40 Abs. 4 Satz 1 SchulG LSA, § 23 Abs. 3 sh SchulG.

90 Zur Möglichkeit, das erste Berufsschuljahr als Vollzeitschuljahr zur Vermittlung einer beruflichen Grundbildung einzurichten (Berufsgrundschuljahr), s. TZ 3.522.

91 Im Allgemeinen drei oder vier Monate vor, zwei oder drei Monate nach der Niederkunft (s. im Einzelnen z.B. § 40 Abs. 1 Nr. 7 BbgSchulG, § 56 BremSchulG, § 40 Abs. 1 HmbSG, § 65 Abs. 1 Satz 1 HSchG, § 44 Abs. 3 SchulG M-V, § 70 Abs. 2 NSchG, § 40 Abs. 1 Nr. 5 nrw SchulG, § 60 Abs. 1 Nr. 3 rp SchulG, § 29 Abs. 2 Nr. 5 sächs SchulG, § 40 Abs. 7 Satz 1 SchulG LSA, § 17 Abs. 6 ThürSchulG). – Eine Schülerin, die Mutter geworden ist und deren Schulpflicht während der achtwöchigen nachgeburtlichen Mutterschutzpflicht ruht, darf die Schule auf eigenen Wunsch auch vor Ablauf dieser Frist besuchen, wenn sie nach ärztlicher Bescheinigung die Schule besuchen kann. So OVG Münster, NVwZ-RR 2015, 664.

92 Vgl. § 5 bw SchulbesuchsVO.

93 S. etwa § 34 Abs. 7 bay Berufsschulordnung vom 30.8.2008 (GVBl. S. 631, 727), zul.g.d.VO vom 1.7.2016 (GVBl. S. 193).

94 So z.B. § 79 Abs. 1 bw SchG und § 63 Abs. 1 HSchG, wonach im Übrigen bei Berufsschulpflichtigen ohne Ausbildungs- oder Arbeitsverhältnis die Berufsschule des Wohnortes zuständig ist.

entspricht, sonst die allgemeine Berufsschule. Die Schule bzw. die Schulaufsichtsbehörde kann aus wichtigen (sozialen, wirtschaftlichen, verkehrstechnischen) Gründen den Besuch einer anderen als der zuständigen Berufsschule gestatten.[95] Falls an der Berufsschule des Beschäftigungsorts keine Fachklassen für einzelne Berufe vorhanden sind, ist die Zuweisung an eine andere Berufsschule mit Bezirksfachklassen durch die Schulaufsichtsbehörde zweckmäßig. Auszubildende aus Streu- und Splitterberufen können zur Teilnahme an zusammenhängenden Lehrgängen (Blockunterricht) in *Zentralberufsschulen* verpflichtet werden.[96] Auch für Jugendliche in den Jugendstrafanstalten ist in der Regel Berufsschulunterricht vorgesehen.[97]

17.4 Schulpflicht für Kinder und Jugendliche mit Behinderungen

17.41 Anspruch auf sonderpädagogische Förderung

Auch Kinder und Jugendliche mit Behinderungen unterliegen der Schulpflicht, die sie entweder in der allgemeinen Schule (Regelschule) oder in der Förderschule (Sonderschule) erfüllen. Dabei ist zu beachten, dass sie zur Gewährleistung ihrer körperlichen, sozialen, emotionalen und kognitiven Entwicklung besonderer Hilfen bedürfen und deshalb Anspruch auf sonderpädagogische Förderung haben.[98] Sie werden in der Regel zu demselben Zeitpunkt schulpflichtig wie die anderen Kinder. Allerdings ist auch bei ihnen in den meisten Ländern eine *Zurückstellung* möglich, wobei der Besuch eines Schulkindergartens oder einer anderen fördernden Einrichtung (Vorklasse, Kindertagesstätte) zur Pflicht gemacht werden kann (vgl. TZ 17.212).[99] Für bestimmte Gruppen von Behinderten (insbesondere für Blinde, Sehbehinderte und Hörgeschädigte) *dauert die Vollzeitschulpflicht* in manchen Ländern von vornherein *ein oder zwei Jahre länger als sonst üblich*.[100] Im Übrigen sehen die Gesetze zumeist die Möglichkeit der *Verlängerung* der Schulpflicht um ein, zwei oder drei Jahre vor, wenn zu erwarten ist, dass der Schüler dadurch dem angestrebten Abschluss nähergebracht wird.[101]

Bei der Einschulung behinderter Kinder wird im Allgemeinen ein förmliches *Verfahren zur Feststellung des sonderpädagogischen Förderbedarfs* auf Antrag der Schule, bei der

---

S. demgegenüber etwa § 25 Abs. 4 Satz 1 sächs SchulG, der vorschreibt, dass der Schüler, also auch der Berufsschüler, generell die Schule zu besuchen hat, in deren Schulbezirk er wohnt.

95 Z.B. § 79 Abs. 2 bw SchG, § 25 Abs. 4 Satz 3 sächs SchulG.

96 Doch verstößt der Gesetzgeber hierbei gegen den Gleichheitssatz, wenn er nicht dafür Sorge trägt, dass die Berufsschulpflichtigen in angemessenem Umfang von den unvermeidlichen Mehrkosten für eine notwendige auswärtige Unterbringung freizustellen sind, die ihnen während der Zeit des Blockunterrichts entstehen; so BayVerfGH, Entscheidung vom 15.4.1987, Az.: Vf 1-VII-85 (juris); so zuletzt auch VGH Mannheim, DÖV 2016, 960 (Ls.).

97 Z.B. § 36 Abs. 5 Satz 1 BbgSchulG, § 47 SchulG M-V, § 69 Abs. 2 NSchG, § 26 Abs. 5 sh SchulG.

98 §§ 15 und 82 ff. bw SchG, § 36 Abs. 1 Satz 2 bln SchulG, § 29 Abs. 1 BbgSchulG, 3 § 35 Abs. 1 BremSchulG, § 49 Abs. 1 HSchG, § 34 Abs. 1 Satz 1 SchulG M-V. Soweit in den Schulgesetzen der anderen Länder ein Rechtsanspruch auf sonderpädagogische Förderung nicht ausdrücklich enthalten ist, ergibt sich aus ihnen gleichwohl eine objektiv-rechtliche Pflicht von Schule und Schulbehörden, für die sonderpädagogische Förderung dieser Kinder und Jugendlichen Sorge zu tragen, z.B. Art. 41 Abs. 3 BayEUG, § 12 Abs. 4 HmbSG, § 4 Abs. 2 Satz 2 und § 14 NSchG, § 19 Abs. 1 nrw SchulG, §§ 14 Abs. 1 und 10 Abs. 10 rp SchulG, § 33 Abs. 1 Satz 2 SchulG LSA, § 4 Abs. 2 Satz 1 sh SchulG, § 1 Abs. 1 ThürFSG.

99 VGH München, NVwZ-RR 2008, 618: Die Zurückstellung von Kindern mit sonderpädagogischem Förderbedarf verstößt weder gegen das Verbot der Benachteiligung Behinderter (Art. 118a BayVerf.) noch gegen den allgemeinen Gleichheitssatz (Art. 118 BayVerf.).

100 Art. 41 Abs. 4 Satz 1, Art. 20 Abs. 4 Satz 1 Buchst. a Halbsatz 2 BayEUG, §§ 61 Abs. 3, 53 Abs. 6 HSchG, § 37 Abs. 3 nrw SchulG, § 6 Abs. 3 saarl SchPflG.

101 Z.B. § 83 Nr. 2 bw SchG, § 61 Abs. 2 HSchG, § 6 Abs. 4 saarl SchPflG.

das Kind angemeldet wird, oder auf Antrag der Eltern eingeleitet.[102] Sonderpädagogischer Förderbedarf besteht bei Schülerinnen und Schülern, die aufgrund einer Behinderung so schwerwiegend in ihren Bildungs-, Entwicklungs- und Lernmöglichkeiten beeinträchtigt sind, dass sie im Unterricht ohne sonderpädagogische Unterstützung nicht hinreichend gefördert werden können.[103] Wird sonderpädagogischer Förderbedarf festgestellt, sind die Eltern rechtzeitig und umfassend über geeignete schulische Angebote zu informieren.

17.42 Grundsatz der Inklusion

17.421 Aufgrund der *Behindertenrechtskonvention* der Vereinten Nationen sind die Länder in der Bundesrepublik Deutschland verpflichtet, ein inklusives Schulsystem einzuführen (vgl. TZ 3.622). Alle Länder haben ihre Schulgesetze inzwischen weitgehend nach Maßgabe dieses Abkommens novelliert. Sie haben allerdings die traditionellen Förderschulen nicht abgeschafft, sondern sich für eine Pluralität der Lernorte auf dem Gebiet der sonderpädagogischen Förderung entschieden. Demgemäß haben Eltern von Schülerinnen und Schülern mit Behinderungen in der Regel einen Anspruch darauf, ihr Kind auf eine allgemeine Schule zu schicken; sie können sich allerdings auch für den Besuch einer Förderschule entscheiden.[104] Dabei ist zu beachten, dass der Besuch der allgemeinen Schule in manchen Ländern nur unter dem Vorbehalt der personellen, sächlichen und organisatorischen Voraussetzungen möglich ist. Zu den Regelungen der Länder im Einzelnen s. TZ 3.631.[105]

Allgemeine Schulen, die Schülerinnen und Schüler mit und ohne sonderpädagogischen Förderbedarf gemeinsam unterrichten, sollen eng mit sonderpädagogischen Förder- und Beratungszentren zusammenarbeiten.[106] In Bayern, Nordrhein-Westfalen und Rheinland-Pfalz ist die Aufgabe der inklusiven Beschulung einzelnen Schwerpunktschulen zugewiesen.[107]

---

102 S. dazu Abschnitt II Nr. 3 der KMK-Empfehlungen zur sonderpädagogischen Förderung in den Schulen der Bundesrepublik Deutschland (Beschluss vom 6.5.1994, KMK-BeschlS. Nr. 301). Vgl. im Einzelnen auch § 82 bw SchG, § 36 Abs. 3 bln SchulG, § 35 Abs. 3 BremSchulG, § 12 Abs. 3 HmbSG, § 54 Abs. 2 HSchG, § 34 Abs. 4 SchulG M-V, § 19 Abs. 5 nrw SchulG, § 59 Abs. 4 rp SchulG, § 39 Abs. 2 Schul LSA.

103 Die KMK hat sich in Abschnitt II Nr. 2 ihrer Empfehlungen zur sonderpädagogischen Förderung (Fn. 102) mit Blick auf die Realisierung sonderpädagogischer Förderung für folgende Schwerpunkte ausgesprochen: Lernen, Sprache, emotionale und soziale Entwicklung, geistige Entwicklung, körperliche und motorische Entwicklung, Hören, Sehen; an diesen Empfehlungen orientieren sich die Schulgesetze der Länder (§ 15 Abs. 1 Satz 4 bw SchG, Art. 20 Abs. 1 BayEUG, § 36 Abs. 1 Satz 4 bln SchulG, § 30 Abs. 4 BbgSchulG, § 12 Abs. 2 Satz 2 HmbSG, § 50 Abs. 3 HSchG, § 36 Abs. 2 Satz 1 SchulG M-V, § 4 Abs. 2 Satz 3 NSchG, § 19 Abs. 2 nrw SchulG, § 12 Abs. 1 Satz 1 rp SchulG, § 13 Abs. 1 Satz 2 sächs SchulG, § 8 Abs. 3 SchulG LSA, § 45 Abs. 2 Satz 1 sh SchulG, § 2 Abs. 4 Satz 1 ThürFSG.

104 Und zwar für eine Förderschule, die mit ihrem Förderschwerpunkt, der Art der Behinderung entspricht. „Historische Aspekte der rechtlichen Ordnung einer Pädagogik für behinderte Schüler und Schülerinnen" beleuchtet Sieglind Luise *Ellger-Rüttgardt* in ihren Ausführungen zur Geschichte des Rechts der Sonderschule, RdJB 2013, 445.

105 Nach dem *Bildungsbericht 2016* (S. 81) hat die Zahl der Kinder und Jugendlichen mit sonderpädagogischem Förderbedarf zwischen 2012 und 2014 trotz insgesamt sinkender Schülerzahlen zugenommen; ihr Anteil an der Gesamtschülerzahl stieg in diesem Zeitraum von 6,6 auf 7,0 Prozent. Der Großteil der Schülerinnen und Schüler mit sonderpädagogischem Förderbedarf wird in Förderschulen unterrichtet, doch werden immer mehr von ihnen an allgemeinen Schulen inklusiv beschult; dabei handelt es überwiegend um Kinder und Jugendliche mit den Förderschwerpunkten Lernen (44%) sowie emotionale und soziale Entwicklung (25%).

106 Z.B. § 15 Abs. 2 bw SchG, § 29 Abs. 3 BbgSchulG, § 51 Abs. 1 HSchG, § 8 Abs. 2 SchulG LSA.

107 In Bayern ist das eine Schule mit dem Schulprofil „Inklusion" (Art. 41 Abs. 4 BayEUG); in Nordrhein-Westfalen können Schulträger „auf dem Weg zu einem inklusiven Schulangebot" mit Zustim-

Die Überweisung eines behinderten Kindes oder Jugendlichen an eine Förderschule gegen seinen oder seiner Eltern Willen greift in das Entfaltungsrecht des jungen Menschen (Art. 2 Abs. 1 GG) und in das Elternrecht (Art. 6 Abs. 2 Satz 1 GG) ein. Es handelt sich um einen anfechtbaren Verwaltungsakt (TZ 26.211), der der vollen gerichtlichen Kontrolle unterliegt. Dabei prüft das Verwaltungsgericht insbesondere, ob im konkreten Fall die gesetzlichen Voraussetzungen erfüllt sind, die es rechtfertigen, den Anspruch auf Zugang zur allgemeinen Schule zu versagen.

17.422 Jugendliche mit sonderpädagogischem Förderbedarf, die ihre Vollzeitschulpflicht erfüllt haben, sind zum Besuch der *Berufsschule* oder einer ihrer Behinderung entsprechenden *Förderberufsschule oder Förderklasse* einer Berufsschule verpflichtet.[108] Ihnen ist Gelegenheit zu einer qualifizierten Berufsausbildung in einem anerkannten Ausbildungsberuf oder, wo dies nicht durchführbar erscheint, in einem für Behinderte vorgesehenen Ausbildungsberuf zu eröffnen. Ist auch dies nicht möglich, sollen sie nach ihren individuellen Möglichkeiten und Fähigkeiten auf eine Berufstätigkeit mit selbständiger Lebensführung oder auf eine Beschäftigung in einer Werkstatt für behinderte Menschen (vgl. §§ 39, 136 ff. SGB IX) vorbereitet werden.[109]

17.43 Heimunterbringung

Wenn es erforderlich ist, kann ein behinderter Schüler mit Zustimmung der Eltern in einem *Heim oder in Familienpflege* untergebracht werden.[110] Die Entscheidung trifft die Schulaufsichtsbehörde im Einvernehmen mit dem Jugendamt[111]; die Durchführung obliegt den Jugendbehörden.[112] Eine mit Freiheitsentziehung verbundene *Unterbringung in einer geschlossenen Anstalt* bedarf in jedem Fall der Genehmigung des Familiengerichts (§ 1631b Satz 1 BGB); vor Erteilung der Genehmigung hat das Gericht das Gutachten eines Arztes für Psychiatrie, mindestens aber eines Arztes mit psychiatrischer Erfahrung einzuholen (§ 321 Abs. 1 FamFG). Verweigern die Eltern die Zustimmung, kann eine Entscheidung des Familiengerichts nach § 1666 Abs. 1 BGB herbeigeführt werden.[113] Falls das Kind die Schule wegen der Art oder Schwere der Behinderung nicht besuchen kann, kommt Hausunterricht in Betracht.[114]

---

mung der oberen Schulaufsichtsbehörde allgemeine Schulen als Schwerpunktschulen bestimmen (§ 20 Abs. 6 SchulG); in Rheinland-Pfalz wird diese Aufgabe vorrangig von Schulen wahrgenommen, die auf Dauer mit der Durchführung inklusiven Unterrichts beauftragt sind und diesen möglichst wohnortnah anbieten (§ 14a Abs. 1 Satz 3 SchulG).

108 S. etwa § 52 HSchG, § 36 Abs. 7 SchulG M-V, § 67 Abs. 5 NSchG, § 20 Abs. 6 nrw SchulG, § 23 Abs. 2 sh Schul, § 7 Abs. 1 ThürFSG. In einigen Ländern kann die Schulaufsichtsbehörde behinderte Berufsschulpflichtige, die dem Bildungsgang der Berufsschule nicht oder nicht genügend zu folgen vermögen, von der Pflicht zum Besuch der Berufsschule befreien, wenn eine Unterrichtung in entsprechenden Berufsschuleinrichtungen für Behinderte nicht durchführbar ist; so z.B. § 11 saarl SchPflG, vgl. auch § 6 Abs. 5 ThürFSG. – Zur Berufsschulpflicht für Jugendliche mit sonderpädagogischem Förderbedarf s. die Empfehlungen der KMK zur sonderpädagogischen Förderung (Fn. 102), Abschnitt III.3.6, ferner die KMK-Beschlüsse vom 20.6.1997 und vom 29.10.1982 (KMK-BeschlS. Nr. 303 und 304); die KMK betont, dass der Unterricht für behinderte Jugendliche grundsätzlich in beruflichen Schulen gemeinsam mit Nichtbehinderten stattfinden soll.

109 Zur Notwendigkeit der Beratung behinderter Jugendlicher bei der Vorbereitung auf den Übergang in das Berufs- und Arbeitsleben s. etwa § 36 Abs. 7 bln SchulG.

110 Klarstellende schulgesetzliche Regelungen finden sich in § 37 Abs. 4 nrw SchulG und § 7 Abs. 1 saarl SchPflG.

111 Z.B. § 37 Abs. 4 nrw SchulG.

112 Die Schulbehörde ist nur dann zuständig, wenn das Heim der Schulaufsicht untersteht.

113 So ausdrücklich § 7 Abs. 3 saarl SchPflG.

114 Vgl. § 21 Satz 1 bw SchG, § 36 Abs. 3 Satz 4 BbgSchulG. Dieser Hausunterricht ist zu unterscheiden vom *Homeschooling*, bei dem Eltern aus religiösen oder pädagogischen Gründen die Befreiung ihres Kindes von der Schulpflicht anstreben (vgl. TZ 17.144).

17.5 Durchsetzung der Schulpflichterfüllung

Die Verletzung der Schulpflicht ist kein Kavaliersdelikt. Deshalb darf die Schule die Absenz schwieriger Schüler vom Unterricht keineswegs hinnehmen, selbst wenn manche Lehrkräfte dies eher als Arbeitserleichterung empfinden mögen. Häufig handelt es sich bei Schulverweigerern um junge Menschen, die sich mangels Lernerfolgs innerlich längst von der Schule verabschiedet haben; als Nicht- oder gering Qualifizierte laufen sie Gefahr, beim Übergang in die Berufsausbildung und ins Arbeitsleben zu scheitern. (vgl. TZ 4.311).[115] Ebenso wenig kann die Schule es dulden, dass Eltern ihr Kind aus religiösen oder pädagogischen Gründen generell von der Schule fernhalten oder seine Teilnahme am Unterricht in einzelnen Fächern unterbinden (dazu TZ 17.144, 17.145). Selbst wenn Schüler nur an einem Tag den Unterricht unentschuldigt versäumen – sei es wegen einer Familienfeier, sei es, kurz vor oder nach den Schulferien, wegen eines vorteilhaften Pauschalangebots des Reiseveranstalters für die Urlaubsreise der Familie -, muss die Schule einschreiten.[116]

Verstöße gegen die Schulpflicht können mit verschiedenen Sanktionen geahndet werden. In Betracht kommen Geldbußen und Strafen (TZ 17.51), Schulzwang (TZ 17.52), nötigenfalls auch die Einleitung familiengerichtlicher Maßnahmen (TZ 17.53).[117]

17.51 Geldbußen und Strafen

17.511 Wer als Erziehungsberechtigter, Ausbilder oder Arbeitgeber die Pflicht zur Überwachung der Schulpflicht (TZ 17.132) vorsätzlich oder fahrlässig verletzt, begeht eine Ordnungswidrigkeit, die mit einer *Geldbuße* nach dem Gesetz über Ordnungswidrigkeiten (OWiG) geahndet werden kann.[118] Das Gleiche gilt in den meisten Ländern für den Schulpflichtigen selbst, wenn er sich durch unentschuldigtes Fernbleiben vom

115 Dazu Hermann *Rademacker,* Schuldistanz – eine Herausforderung für Schule und Jugendhilfe, RdJB 2006, 93; vgl. auch Christoph *Ehmann*/Hermann *Rademacker,* Schulversäumnisse und sozialer Ausschluss, Bielefeld 2003; Andrea *Michel*/Elke *Schreiber,* Prävention von Schulmüdigkeit und Reintegration von Schulverweigerern, RdJB 2006, 79; Maria *Schreiber-Kittl,* Konzepte und Maßnahmen gegen Schulverweigerung, RdJB 2001, 225.

116 S. etwa OLG Düsseldorf, NJW 1995, 2368, und NVwZ-RR 1996, 442 (jeweils zum Schulversäumnis unmittelbar vor oder nach den Ferien). – Aus der Weigerung der Schulverwaltung und der Schulen, Schülerinnen und Schülern kurz vor dem Ferienbeginn ein oder zwei Tage frei zu geben, ziehen wiederum Fluggesellschaften ihren Vorteil, indem sie z.B. die Preise für Flugreisen in die Türkei vom ersten Ferientag an massiv (um ca. 150 Euro je Passagier) erhöhen; daraus entsteht insbesondere für kinderreiche Zuwandererfamilien, die ihre Ferien im Heimatland verbringen möchten, eine erhebliche finanzielle Belastung. Hier wird ein Dilemma der Schulen (und der Schulverwaltung) deutlich: Wenden sie die Regeln konsequent an, verärgern sie vor allem Migrantenfamilien; beugen sie sich deren Druck, gibt es insgesamt kein Halten bei der Wahrung der Ferienordnung mehr.

117 Peter *Bräth,* Durchsetzung der Schulbesuchspflicht, RdJB 2007, 317; Wilhelm *Habermalz,* Geldbuße und Schulzwang – die andere Seite der Schulpflicht. Über das Instrumentarium des Staates zur Durchsetzung der Schulpflicht, RdJB 2001, 218.

118 Art. 119 Abs. 1 Nr. 1-4 BayEUG, § 126 Abs. 1 Nr. 1 bln SchulG, § 42 Abs. 1 BbgSchulG, § 65 Abs. 1 Satz 1 Nr. 1 und 2 BremSchulG, § 113 Abs. 1 HmbSG, § 181 Abs. 1 und 2 HSchG, § 139 Abs. 1 Nr. 1 SchulG M-V, § 176 Abs. 1 NSchG, § 126 Nr. 1-5 nrw SchulG, § 99 Abs. 1 Nr. 1 und Nr. 3 rp SchulG, § 17 Abs. 1 und 4 saarl SchPflG, § 61 Abs. 1 sächs SchulG, § 84 Abs. 1 Nr. 1-3 SchulG LSA, § 144 Abs. 1 Nr. 2-4 sh SchulG, § 59 ThürSchulG. Nur Baden-Württemberg sieht davon ab, Verstöße gegen die Schulpflicht als Ordnungswidrigkeiten zu sanktionieren. Verschiedentlich ist die Geldbuße auf einen Höchstbetrag begrenzt: z.B. Berlin, Brandenburg und Mecklenburg-Vorpommern: 2500 Euro, Rheinland-Pfalz und Thüringen: 1500 Euro, Sachsen: 1250 Euro. – Zur Verfassungsmäßigkeit der geldbußrechtlichen Ahndung einer Schulpflichtverletzung durch Eltern, die ihre Kinder aus religiösen Gründen nicht an einer für verbindlich erklärten Veranstaltung der Grundschule teilnehmen lassen, BVerfG, NJW 2009, 3151.

Unterricht („Schwänzen") der Schulpflicht entzieht[119]; Voraussetzung ist allerdings, dass der Jugendliche für sein Handeln verantwortlich ist (also mindestens 14 Jahre alt und zur Tatzeit nach seiner sittlichen und geistigen Entwicklung reif genug, das Unrecht der Tat einzusehen und nach dieser Einsicht zu handeln, § 12 Abs. 1 OWiG, § 3 Satz 1 JGG). Zuständige Behörde ist je nach landesrechtlicher Regelung die Schulaufsichtsbehörde (z.B. Bezirksregierung oder Schulamt) oder die untere allgemeine Verwaltungsbehörde (z.B. Bürgermeister oder Landrat als untere staatliche Behörde). Gegen den Bußgeldbescheid kann der Betroffene innerhalb von zwei Wochen nach Zustellung bei der Behörde Einspruch einlegen (§ 67 Abs. 1 OWiG). Nimmt diese den Bescheid nicht zurück, entscheidet das Amtsgericht, bei Jugendlichen und Heranwachsenden der Jugendrichter (§ 68 OWiG).

17.512 Bei besonders schwerem Unrechtsgehalt können in Bremen, Hamburg, Hessen, Mecklenburg-Vorpommern und im Saarland Schulpflichtverstöße auch strafrechtlich verfolgt werden.[120] Im Saarland kommt sogar eine Bestrafung des Schulpflichtigen selbst in Betracht; das erscheint schon deshalb wenig sinnvoll, weil der Schüler dadurch erst recht am Schulbesuch gehindert werden kann.[121] Die *Strafverfolgung* setzt einen Antrag der Schulbehörde voraus. Das Gericht kann – auf Antrag der Staatsanwaltschaft – durch Strafbefehl (§§ 407 ff. StPO) eine Geldstrafe bis zu 180 Tagessätzen, durch Urteil am Schluss der Hauptverhandlung (§§ 260, 268 StPO) sogar eine Freiheitsstrafe bis zu sechs Monaten aussprechen.[122] Bei Jugendlichen können als Rechtsfolgen der Straftat Erziehungsmaßregeln, Zuchtmittel oder Jugendstrafe verhängt werden (§ 5 JGG).

17.52 Schulzwang

Schülerinnen und Schüler, welche die Schulpflicht nicht erfüllen, können nach den gesetzlichen Vorschriften der Länder der Schule *zwangsweise zugeführt* werden.[123] Zwang darf nach dem rechtsstaatlichen Grundsatz der Verhältnismäßigkeit aber erst angewendet werden, wenn andere Einwirkungen auf den Schüler, die Eltern oder die Ausbilder und Arbeitgeber (z.B. eine Ordnungsmaßnahme der Schule, nachdrückliche Vorhaltungen gegenüber Eltern und Ausbildern) erfolglos geblieben sind oder keinen Erfolg versprechen.[124] Zumeist tut die Schule gut daran, sich der Unterstützung des Jugendamts zu versichern, das im Rahmen seiner Jugendsozialarbeit den Ursachen der Absenz nachgehen und sozialpädagogisch tätig werden kann (§§ 13, 81 Nr. 1 SGB VIII).

---

119 Nicht in Berlin; in Bayern nur bei vorsätzlichem, in Rheinland-Pfalz und Thüringen nur bei beharrlichem Verstoß. – Kritisch zur Anwendung der Ordnungswidrigkeitssanktionen auf Schülerinnen und Schüler *Habermalz* (Fn. 117), 218 (222 f.).; dazu bereits Eggert *Winter*, Schulpflicht und Strafzwang, RdJB 1978, 408 (416 f.).

120 § 17 Abs. 5 bln SchulG, § 66 BremSchulG, § 114 HmbSG, § 182 HSchG, § 17 Abs. 4 saarl SchPflG. Zur Strafbarkeit von Schulpflichtverletzungen OLG Frankfurt am Main, Beschluss vom 4.12.2008, Az.: 2 Ss 335/08 (juris). Zur Verfassungsmäßigkeit der strafrechtlichen Ahndung der Schulpflichtverletzung durch Eltern, die ihr Kind aus Glaubensgründen vom Schulunterricht fernhalten (Homeschooling), BVerfG, FamRZ 2006, 1094, NJW 2015, 44.

121 Zur Problematik der Strafsanktion gegen den Schulpflichtigen selbst s. die Kritik bei *Habermalz* (Fn. 117), S. 222, im Anschluss an *Winter* (Fn. 119), S. 414 ff.

122 Hat der Angeschuldigte einen Verteidiger, so kann bereits im Strafbefehl eine Freiheitsstrafe auf Bewährung festgesetzt werden (§ 407 Abs. 2 Satz 2 StPO).

123 Eine gesetzliche Grundlage ist wegen Art. 2 Abs. 2 Satz 2 und 3 i.V.m. Art. 104 Abs. 1 GG erforderlich. Sie ist in den schulgesetzlichen Vorschriften der Länder (außer Sachsen) enthalten: § 86 Abs. 2 bw SchG, Art. 118 Abs. 1 und 2 BayEUG, § 45 bln SchulG, § 41 Abs. 4 BbgSchulG, § 64 BremSchulG, § 41a HmbSG, § 68 HSchG, § 50 SchulG M-V, § 177 NSchG, § 41 Abs. 4 nrw SchulG, § 66 rp SchulG, § 16 saarl SchPflG, § 44a SchulG LSA, § 28 Abs. 1 sh SchulG, § 24 ThürSchulG.

124 Die Subsidiarität des Schulzwangs ist ausdrücklich geregelt in Berlin, Hessen, Nordrhein-Westfalen, Rheinland-Pfalz, im Saarland, in Schleswig-Holstein und Thüringen. In den übrigen Ländern ergibt sie sich aus dem rechtsstaatlichen Übermaßverbot (vgl. TZ 16.131).

Der gegen den Schulzwang gelegentlich vorgebrachte Einwand, er beeinträchtige das Elternrecht, ist in den Fällen elterlicher Pflichtverletzung fehl am Platz, da ein behördliches Einschreiten aufgrund des staatlichen Wächteramts (Art. 6 Abs. 2 Satz 2 GG) im Interesse des Kindeswohls geboten ist (vgl. TZ 16.31).[125] Andererseits ist zu bedenken, dass die erzwungene physische Anwesenheit des Schülers nur in seltenen Fällen zu seinem und seiner Mitschüler Lernfortschritt beitragen dürfte, zumal er sich gerade bei beharrlicher Schulverweigerung aus religiösen Gründen in seiner Abwehrhaltung eher bestärkt fühlen dürfte.[126]

Die zwangsweise Zuführung liegt in den Händen der für den Wohnsitz oder Beschäftigungsort des Schülers zuständigen Verwaltungs- oder Polizeibehörde, die meist im Wege der Amtshilfe, auf Antrag oder Anordnung des Schulleiters (der Schulbehörde), tätig wird.[127]

Kommen die Eltern ihrer Verantwortung zur Überwachung der Schulpflicht nicht nach, kann die Schulbehörde in Baden-Württemberg, Brandenburg und Nordrhein-Westfalen gegen sie ein Zwangsgeld festsetzen.[128] Ist das Zwangsgeld uneinbringlich, kann das Verwaltungsgericht auf Antrag der Schulbehörde *Ersatzzwangshaft* (*Erzwingungshaft*) anordnen.[129]

17.53 Familiengerichtliche Maßnahmen

Die beharrliche Weigerung der Eltern, ihr schulpflichtiges Kind in die Schule zu schicken, stellt einen das Kindeswohl gefährdenden Missbrauch des Sorgerechts dar. Das Familiengericht hat in diesem Fall, sofern die Eltern nicht gewillt oder nicht in der Lage sind, ihrer Verantwortung gerecht zu werden, die zur Abwendung der Gefahr erforderlichen Vorkehrungen zu treffen (§ 1666 Abs. 1 BGB).[130] Gemäß § 1666 Abs. 3 Nr. 2, Abs. 4 BGB kann das Gericht – auch gegenüber Dritten, etwa gegenüber Personen, bei denen sich das Kind während der Schulzeit aufhält – das Gebot erlassen, für die Einhaltung der Schulpflicht zu sorgen. Wenn solche Maßnahmen nicht ausreichen, kann das Familiengericht den Eltern unter Wahrung des Verhältnismäßigkeitsgrundsatzes (§ 1666a BGB) *wesentliche Teile der Personensorge entziehen*, zum Beispiel durch Übertragung des Aufenthaltsbestimmungsrechts auf das Jugendamt oder einen Ergänzungspfleger.[131]

---

125 Vgl. VGH München, BayVBl. 1992, 343 (344).

126 So auch *Bülter* (Fn. 39). – Es kommt hinzu, dass sich das Zwangsmittel kaum über einen längeren Zeitraum Tag für Tag anwenden lassen wird.

127 Z.B. Art. 118 Abs. 1 BayEUG, § 68 Satz 3 HSchG.

128 § 86 Abs. 1 bw SchG, § 41 Abs. 3 BbgSchulG, § 41 Abs. 5 nrw SchulG. Die in den Schulgesetzen geregelten Handlungspflichten der Eltern schulpflichtiger Schüler reichen in den anderen Ländern als gesetzliche Ermächtigungsgrundlage für die Verhängung eines Zwangsgelds nicht aus. Vgl. VGH Kassel, NVwZ-RR 2015, 498.

129 Z.B. § 61 nrw Verwaltungsvollstreckungsgesetz.

130 *Hannemann/Münder* (Fn. 40), 244 (248 ff.).

131 Uwe *Diederichsen*, in: Palandt: Bürgerliches Gesetzbuch. Kommentar. 75. Aufl., München 2016, § 1666 Rn. 38; Thomas *Meysen*: Neuerungen im zivilrechtlichen Kinderschutz, NJW 2008, 2673 (2674). – Die teilweise Entziehung des Sorgerechts und die Anordnung einer Pflegschaft können die Kindeswohlgefährdung allerdings nur dann abwenden, wenn durch die Auswahl eines geeigneten Pflegers oder durch geeignete Weisungen des Familiengerichts an den Pfleger sichergestellt ist, dass der Schulpflicht der Kinder und der Verantwortung der Eltern für deren Einhaltung Geltung verschafft werden kann. So BGH, FamRZ 2008, 45.

18. Kapitel: Zugang zur Schule

18.1 Allgemeines

Das Recht auf Bildung im Sinne eines Anspruchs auf gleiche Teilhabe an den vorhandenen öffentlichen Bildungseinrichtungen (TZ 2.223 und 2.224) erstreckt sich auf das, was für alle Kinder und Jugendlichen Gegenstand der Schulpflicht ist (dazu das 17. Kapitel). Doch ist der *Bildungsanspruch* mehr als die bloße Kehrseite der Schulpflicht.[1] Er umfasst nicht nur die Befugnis der Schüler, für die Dauer der Schulpflicht eine Schule zu besuchen, sondern schließt das Recht des jungen Menschen ein, seine Anlagen und Befähigungen in der Schule möglichst ungehindert zu entfalten und zu diesem Zweck zwischen den verschiedenen vom Staat angebotenen Schularten zu wählen sowie entsprechende Abschlüsse erwerben zu können. Zum Recht der Eltern auf Bestimmung des Bildungsweges des Kindes TZ 16.33 und 18.21.

Dieses *Teilhaberecht an Bildung* ist jedoch nicht unbegrenzt. Schulbehörden und Schulen machen den Zugang der Schüler zu den verschiedenen weiterführenden Schularten und ebenso ihr Voranschreiten in der Schullaufbahn von der Erfüllung bestimmter Voraussetzungen, vor allem von den jeweiligen Fähigkeiten und der Eignung abhängig. Solche Einschränkungen können weitreichende Folgen für die Rechtsstellung und den künftigen schulischen und beruflichen Werdegang des Schülers haben, wenn sie den Erwerb der angestrebten Berechtigungen (TZ 4.2) gefährden oder unmöglich machen. Schulische Auslese-, Versetzungs- und Prüfungsentscheidungen, durch die dem Schüler Berechtigungen versagt werden, beeinträchtigen ihn daher im Recht auf eine möglichst ungehinderte Entfaltung der eigenen Persönlichkeit sowie der individuellen Anlagen und Fähigkeiten (Art. 2 Abs. 1 GG), bei bestimmten weiterführenden Schulen auch im Recht auf die freie Wahl der Ausbildungsstätte (Art. 12 Abs. 1 GG).[2] Zugleich tangieren derartige Beschränkungen auch das Elternrecht (Art. 6 Abs. 2 Satz 1 GG).[3] Die Legitimation des Staates, durch die Schule Berechtigungen zu erteilen und zu versagen, beruht auf der ihm zugewiesenen Verantwortung für das Schulwesen (Art. 7 Abs. 1 GG), außerdem auf seiner Befugnis, die Berufsausübung – und damit mittelbar auch den Zugang zu den Berufen – zu regeln (Art. 12 Abs. 1 Satz 2 GG).[4] Wegen ihrer Grundrechtsrelevanz bedürfen die Erteilung und Versagung von Berechtigungen jedoch einer *gesetzlichen Grundlage.* Dabei hängt es von der Reichweite des Vorbehalts des Gesetzes ab, ob eine formellgesetzliche Regelung erforderlich ist oder ob eine Rechtsverordnung aufgrund der gesetzlichen Ermächtigung durch das Parlament genügt, wobei sich der Umfang des parlamentarischen Regelungsvorbehalts nach der Intensität richtet, mit der die Grundrechte der Schüler und ihrer Eltern betroffen sind (vgl. im einzelnen TZ 2.3).[5]

1 Zum Verhältnis von Bildungsanspruch und Schulpflicht OVG Bremen, Beschluss vom 22.1.2015, Az.: 1 B 338/14 (juris), Rn. 6.

2 Zur Frage, welche Schulen als Ausbildungsstätten im Sinne des Art. 12 Abs. 1 GG anzusehen sind TZ 2.224.

3 Zu den unions- und völkerrechtlichen Gewährleistungen des Elternrechts, s. TZ 2.45 und 2.5.

4 Vgl. BVerfGE 27, 195 (206).

5 BVerfGE 58, 257 (274); OVG Bautzen, LKV 2017, 30; für die Regelungen des sogenannte Übertrittsverfahren in Bayern s. auch BayVerfGH, BayVBl 2015, 46 (46 f.); für Brandenburg OVG Berlin-Brandenburg, Beschluss vom 18.9.2017, Az.: OVG 3 S 69/17 (juris), Rn. 5 ff.; zweifelnd hingegen für die mittlerweile geänderten Regelungen in Thüringen OVG Weimar, LKV 1997, 291. Zu den Anforderungen an den „demokratischen Gesetzgeber“ im Schulverhältnis s. auch BVerfGE 138, 296 (333).

18.2 Zugang zur Schule

Beim Zugang zur Schule ist zwischen dem Recht auf Wahl der Schulart (TZ 18.21) und dem Anspruch auf Aufnahme in eine bestimmte Einzelschule (TZ 18.22) zu unterscheiden.

18.21 Wahl der Schulart

Hinsichtlich der Wahl der Schulart[6] haben Eltern im Bereich der Sekundarstufen I und II grundsätzlich das Recht, den Bildungsweg des Kindes zu bestimmen (dazu ausführlich TZ 16.33). Ihnen obliegt also grundsätzlich die Entscheidung, welche Schulart ihr Kind im Anschluss an die Grundschule besucht und ob es später von der einen zur anderen Schulart überwechselt. Allerdings kann der Staat den Übergang in eine andere Schulart von der jeweiligen Eignung abhängig machen.

18.211 Eine sinnvolle Auswahl bezweckt nicht primär die Zurückweisung der für eine Schulart ungeeigneten Schüler (*negative Auslese*), sondern möglichst die Zuordnung des Einzelnen zu dem ihm individuell gemäßen Bildungsweg (*positive Auslese*). Die Auswahl soll darauf hinwirken, dass jeder Schüler gemäß seinen Anlagen gefördert wird.[7] Deshalb suchen die Unterrichtsverwaltungen auf mannigfache Weise (z.B. durch Tests), Begabungsrichtung und Begabungshöhe der Schülerinnen und Schüler festzustellen, um die für sie bestgeeignete schulische Laufbahn zu prognostizieren. Dabei kann die Schule in ihrem Bestreben, die negative durch eine positive Auslese zu ersetzen, um einen Schüler entsprechend seinen jeweiligen Anlagen und Fähigkeiten der geeigneten Schulart zuzuweisen, jedoch in Widerspruch zu den elterlichen Wünschen geraten.

Die Frage, ob die Schule sich mit der negativen Auslese begnügen muss oder ob sie eine positive Auslese betreiben darf, ist durch die Rechtsprechung seit Längerem geklärt.[8] Danach umfasst das durch die Verfassung abgesicherte elterliche Recht, die künftige Lebensrichtung des Kindes zu bestimmen, auch die Auswahl des von dem Kind zu besuchenden Bildungsganges und der zu besuchenden Schulart. Dieses Recht kann nicht durch ein schulisches Bestimmungsrecht außer Kraft gesetzt werden, da die Verantwortung der Eltern für die Ausbildung und das künftige Lebensschicksal ihres Kindes größer ist als die der Schule, auch wenn diese imstande sein sollte, die in dem Kind liegenden Entwicklungsmöglichkeiten besser zu erkennen als die Eltern. Selbst individuelle Bildungsnachteile müssen daher hingenommen werden, weil die Eltern nicht gezwungen werden können, ihr begabtes Kind einer Schulart mit höherem Anspruchsniveau zuzuführen.[9] Insoweit

---

6 Dazu Hermann *Avenarius*/Bernd *Jeand'Heur*, Elternwille und staatliches Bestimmungsrecht bei der Wahl der Schullaufbahn. Die gesetzlichen Grundlagen und Grenzen der Ausgestaltung von Aufnahme- bzw. Übergangsverfahren für den Besuch weiterführender Schulen, Berlin 1992; Tristan *Barczak*, Der Übergang von der Grundschule in die Sekundarstufe als Grundrechtsproblem, Baden-Baden 2011, insb. S. 127 ff.; Ingo *Richter*, Recht im Bildungssystem, Stuttgart 2006, S. 57 ff.

7 So heißt es in den „Empfehlungen zur Arbeit in der Grundschule" der KMK vom 2.7.1970 i.d.F. vom 6.5.1994 (KMK-Beschl. Nr. 130.2, S. 16): „Grundschule und weiterführende Schule haben die Aufgabe, die Eltern und Kinder intensiv und kontinuierlich bei der Wahl der Schullaufbahn zu beraten, um Fehlentscheidungen soweit wie möglich zu vermeiden. Dabei berücksichtigt die Empfehlung der Grundschule nicht nur die Leistungen in Bezug auf die fachlichen Ziele der Lehrpläne, sondern auch die für den Schulerfolg wichtigen allgemeinen Fähigkeiten". Aus rechtlicher Sicht hierzu Florian *Meinel*, Lebensentscheidungen auf ungewisser Grundlage, DÖV 2007, 66 (66): Eltern sollten „in vertrauensvollem Zusammenwirken mit der Schule zu einer vertretbaren Entscheidung kommen"; Ingo *Richter*, Eignungsbegutachtung von Schülern, NVwZ 1990, 35 (35), spricht von einem „freundlichen Miteinander von Schule und Elternhaus".

8 BVerfGE 34, 165 (184); BVerwGE 5, 164 (165); OVG Weimar, LKV 1997, 291 (291).

9 So ausdrücklich BVerfG 34, 165 (184); OVG Weimar, LKV 1997, 291 (291).

sind die Befugnisse der Schule schwächer als die der Eltern, die, solange sie die elterliche Sorge nicht missbrauchen[10], tun dürfen, was sie wollen, und nicht tun müssen, was sie nach der vielleicht sachverständigeren Meinung der Schule bzw. der Lehrkräfte tun sollen. Den gleichen Vorrang genießen volljährige Schüler, die ihren Bildungsanspruch durchsetzen wollen.

Daher bleibt der *Einfluss der Schule darauf beschränkt, ungeeigneten Kindern den Zugang zur gewünschten Schulart zu versagen*, womit dem Grundsatz der Schaffung möglichst homogener Lerngruppen Rechnung getragen werden soll.[11] Insoweit können dem jeweiligen elterlichen Erziehungsrecht durch die Gewährleistung der staatlichen Bildungs- und Erziehungsaufgabe im Gemeinschaftsinteresse Grenzen gezogen werden. Denn die Geltendmachung der elterlichen Rechte für das *eine* Kind darf Erziehung und Unterricht der *anderen* Schüler nicht ernstlich beeinträchtigen.[12] Maßnahmen, die dazu dienen sollen, die Eignung des Kindes für die von den Eltern gewählte Schulart zu ermitteln und ungeeignete Schülerinnen von dem entsprechenden Bildungsgang fernzuhalten, wenn sie die Arbeit der Klasse nachdrücklich behindern und die Entwicklung der Mitschüler hemmen würden, sind daher grundsätzlich zulässig. Dabei muss jedoch berücksichtigt werden, dass die zu bewertende Eignung eines Schülers ihre Grundlage zum einen in Feststellungen findet, die sich auf die Vergangenheit beziehen, zum anderen muss eine solche Bewertung zugleich aber auch eine perspektivische Dimension aufweisen, also eine Prognose im Hinblick auf die zukünftige Entwicklung von Lernverhalten und Lernerfolg einschließen.[13] Im Ergebnis bedeutet dies, dass eine bloße Bezugnahme auf in der Vergangenheit erbrachte fachliche Leistungen nicht hinreicht, um die Eignung eines Schülers für den Besuch einer weiterführenden Schule zu bestimmen.

18.212 Allerdings sind der Eignung als Kriterium für den Zugang zu einer von den Eltern gewählten Lerngruppe (Schulart, Klasse) bei Kindern und Jugendlichen mit Behinderungen Grenzen gezogen (dazu ausführlich TZ 3.622, 3.63; s. auch TZ 17.4). Denn unabhängig von der jeweiligen Schulart muss die Schule infolge des in Art. 24 BRK normierten Inklusionsgebotes nicht nur räumlich-technisch, sondern ebenso in didaktischer und curricularer Hinsicht so gestaltet sein, dass sie den besonderen Bedürfnissen und Fähigkeiten der Schüler mit Behinderungen gerecht wird, um eine gemeinsame Beschulung mit nichtbehinderten Kindern und Jugendlichen zu ermöglichen. Das aber erfordert die Einführung eines zieldifferenzierten Unterrichts (vgl. TZ 3.622), der gewährleistet, dass Schülerinnen mit Behinderungen auch dann am Unterricht in der allgemeinen Schule teilnehmen können, wenn absehbar ist, dass sie die Ziele des jeweiligen Bildungsganges aufgrund ihrer Beeinträchtigung selbst mit sonderpädagogischen Fördermaßnahmen voraussichtlich

---

10 Für einen solchen, freilich sehr seltenen Ausnahmefall, s. OLG Koblenz, FamRZ 2007, 1680. Zu den Fällen, in denen die Eltern den Schulbesuch ihrer Kinder vollständig verweigern (sogenanntes Homeschooling) oder die Eltern nicht in der Lage sind, den Schulbesuch ihrer Kinder sicherzustellen s. TZ 17.144.

11 Aus erziehungswissenschaftlicher Sicht s. hierzu Isabell *van Ackeren*/Svenja *Kühn*, Homogenität und Heterogenität im Schulsystem, in: Thorsten Bohl/Jürgen Budde/Markus Rieger-Ladich (Hrsg.), Umgang mit Heterogenität in Schule und Unterricht, Bad Heilbrunn 2017, S. 175.

12 Im Zusammenhang mit der Frage nach der Inklusion von Schülern und Schülerinnen mit Behinderung in allgemeine Schulen hat das BVerfG festgestellt, dass neben den Interessen des Kindes oder Jugendlichen mit Behinderung sowie dessen damit eröffneten Chancen für seine Ausbildung und sein späteres Erwachsenenleben „auch denkbare Belastungen für Mitschüler und Lehrpersonal […] in die Gesamtbetrachtung einzubeziehen" sind, s. BVerfGE 96, 288 (307 f.).

13 Entsprechende Parallelen finden sich in dem – das Beamtenrecht prägenden – Begriff der „Eignung" i.S.d. Art. 33 Abs. 2 GG, denn soweit dort die Anforderung formuliert wird, dass „Eignung" verlangt, dem angestrebten Amt „in körperlicher, psychischer und charakterlicher Hinsicht gewachsen" zu sein (BVerfGE 92, 140 [151]), kommt darin gleichermaßen die prognostische Dimension dieses Begriffs zum Ausdruck; vgl. dazu auch *Barczak* (Fn. 6), S. 176 ff; *Rux/Niehues*, Schulrecht, Rn. 192 und 694.

nicht erreichen können.[14] Die Verweigerung des Zugangs zur allgemeinen Schule kann für Kinder mit Behinderungen nur noch dann zulässig sein, wenn unter Berücksichtigung des Kindewohls und/oder der Rechte Dritter ein zwingender Grund vorliegt, wobei die Behauptung, die vorhandenen Ressourcen seien bereits durch die Bereitstellung von Förderschulen verbraucht, nicht ausreicht.[15]

18.213 Für alle Schüler und ihre Erziehungsberechtigten ist die Art und Weise der rechtlichen Ausgestaltung des Übergangsverfahrens bei der Wahl der weiteren Schullaufbahn nach der Grundschule aus mindestens zwei Gründen von aktueller Bedeutung. Zum einen werden die im internationalen Vergleich besonders ausgeprägte soziale Selektivität des deutschen Schulwesens und die Entstehung sozialer Ungleichheit bei der Bildungsbeteiligung in der Bildungsforschung auch mit den Übergangsentscheidungen innerhalb des Bildungssystems in Verbindung gebracht.[16] Insbesondere das Verhalten der Eltern bei der Wahl der Schule für ihr Kind ist abhängig vom jeweiligen sozialen Status, der Höhe des Einkommens und der Bildungsnähe sowie von dem über das Schulsystem verfügbaren Wissen[17], aber auch von den wirtschaftlichen, sozialen und kulturellen Bedingungen des jeweiligen sozialräumlichen Lebensumfeldes.[18] Zum anderen haben die seit einigen Jahren zu beobachtenden Veränderungen bei den Schülerzahlen zwischen den verschiedenen Schularten[19] zu der Befürchtung eines „Absterbens der Hauptschule" geführt und das Gymnasium als „heimliche Hauptschule" erscheinen lassen.[20] Hierbei ist weniger streitig, dass die Regelung der Eignungsvoraussetzungen einer gesetzlichen Grundlage bedarf, die den Anforderungen des Vorbehalts des Gesetzes (s. TZ 2.23) standhält[21], als vielmehr die Frage, inwieweit sich der Staat seiner schulhoheitlichen Befugnisse begeben und die Ent-

14 So auch Johannes *Rux*, Schulische Inklusion, DÖV 2017, 309 (314 f.); Markus *Krajewski*, Ein Menschenrecht auf integrativen Schulunterricht. Zur innerstaatlichen Wirkung von Art. 24 der UN-Behindertenrechtskonvention. JZ 2010, 120 (122); anders, erstaunlicherweise aber gänzlich ohne Bezugnahme auf Art. 24 BRK OVG Hamburg, Beschluss vom 10. April 2014 – 1 BS 72/14 (juris), Rn. 10 und 15.

15 Insoweit hat sich der Inhalt des Benachteiligungsverbotes in Art. 3 Abs. 3 Satz 2 GG, wie er noch im Jahr 1997 vom BVerfG interpretiert worden ist (TZ 3.621), gewandelt. S. Theresia *Degener*, Die UN-Behindertenrechtkonvention als Inklusionsmotor, RdJB 2009, 209 (217); Eibe *Riedel*/Jan-Michael *Arnd*, Im Zweifel Inklusion: Zuweisung an eine Förderschule nach Inkrafttreten der BRK, NVwZ 2010, 1346 (1349).

16 Ausführlich hierzu Kai *Maaz*/Jürgen *Baumert*/Ulrich *Trautwein*, Genese sozialer Ungleichheit im institutionellen Kontext der Schule: Wo entsteht und vergrößert sich soziale Ungleichheit?, in: Heinz-Hermann Krüger u.a. (Hrsg.), Bildungsungleichheit revisited. Bildung und soziale Ungleichheit vom Kindergarten bis zur Hochschule, 2. Aufl., Wiesbaden 2011, S. 69.

17 Jürgen *Oelkers*, Die Freiheit der Schulwahl, in: Ethikkommission der Universität Zürich (Hrsg.), Ethische Verantwortung in den Wissenschaften, Zürich 2006, S. 175 (197).

18 Hierzu Steffen *Hillmert*, Soziale Ungleichheit im Bildungsverlauf: Zum Verhältnis von Bildungsinstitutionen und Entscheidungen, in: Rolf *Becker*/Wolfgang *Lauterbach* (Hrsg.), Bildung als Privileg. Erklärungen und Befunde zu den Ursachen der Bildungsungleichheit, 5. Aufl., Wiesbaden 2016, S. 87 (insb. 106 ff.).

19 Während z.B. 1952 im Durchschnitt der alten Bundesländer rund 15 % aller Schüler und Schülerinnen ein Gymnasium besuchten, lag dieser Anteil im Jahr 2014 in Deutschland insgesamt bereits bei 38 %; die entsprechenden Anteile für die Hauptschule als eigener Schulart betragen 78 % im Jahre 1952 und 14 % im Jahre 2014, so *Bundesministeriums für Bildung und Forschung*, Bildung und Forschung in Zahlen 2016, Berlin 2016, S. 39; zu den regionalen und sozialen Disparitäten im Schulbesuch nach Schularten, s. Bildungsbericht 2016, S. 77 ff. und 259.

20 Zur Entwicklung der Hauptschule s. m.w.N. Marcel *Helbig*/Rita *Nicolai*, Die Unvergleichbaren. Der Wandel der Schulsysteme in den deutschen Bundesländern seit 1949, Bad Heilbrunn 2015, S. 86 f., 99 und 101; zu den (möglichen) Auswirkungen auf das Gymnasium Kathrin *Dedering*/Heinz Günter *Holtappels*, Schulische Bildung, in: Rudolf Tippelt/Bernhard Schmidt-Hertha (Hrsg.), Handbuch Bildungsforschung, 4. Aufl., Wiesbaden 2018, S. 431 (433 ff.).

21 Im Einzelnen *Avenarius/Jeand'Heur* (Fn. 6), S. 20 ff.; instruktiv auch der Streit um die Anforderungen an die gesetzliche Ausgestaltung des Begriffs der *Eignung* gemäß § 34 Abs. 2 a.F. SächsSchulG: OVG Bautzen, LKV 2017, 30 (31 ff.).

scheidungen über die Wahl des Bildungsgangs letztlich dem alleinigen Bestimmungsrecht der Eltern überantworten darf.

Dabei sind verschiedene Aspekte zu unterscheiden: Es ist nicht nur zulässig, sondern auch rechtlich geboten, Verfahren zu entwickeln[22], die Konflikte zwischen elterlichen Wahlentscheidungen und staatlichen Zuweisungsentscheidungen vermeiden helfen. Gelingt es, eine Übereinstimmung herzustellen zwischen den elterlichen Vorstellungen bezüglich der Wahl der weiterführenden Schule, also ihrer positiven Auslese, und dem staatlichen Recht der negativen Auslese, entspricht dies dem grundgesetzlichen Verständnis des Verhältnisses zwischen Staat und Bürger deutlich eher als eine einseitige staatliche Entscheidung, welche die elterliche Entscheidung korrigiert.[23] Dem kommt es entgegen, wenn den Eltern schulische Gutachten zur Verfügung gestellt und Beratungsangebote gemacht werden, damit sie ihre Entscheidung bezüglich der weiterführenden Schule für ihr Kind auf einer fundierten Grundlage treffen können.

18.214 Die elterliche Wahlentscheidung für einen weiterführenden Bildungsgang betrifft vor allem den *Übergang von der Grundschule in eine weiterführende Schulart*, entweder in eine der Schularten mit einem Bildungsgang (Hauptschule, Realschule oder Gymnasium, s. TZ 3.41) oder in eine Schulart mit mehreren Bildungsgängen (die Gesamtschule sowie diejenigen Schularten, die nichtgymnasiale Bildungsgänge miteinander verbinden, s. TZ 3.42). Die bestehenden Länderbestimmungen zur Regelung des Übergangsverfahrens nach der Grundschule[24] nehmen die beschriebenen verfassungsrechtlichen Vorgaben (TZ 18.211 und 18.213) auf und setzten sie, wenn auch unterschiedlich gewichtet, um.

18.215 Alle Länder versuchen, durch besondere Verfahrensregelungen die Grundlagen der elterlichen Wahlentscheidung zu verbessern.[25] Dem dienen einerseits *Informations-*

---

22 S. grundlegend zur verfahrensrechtlichen Bedeutung der Grundrechte BVerfGE 53, 30 (65); ferner Johannes *Masing*, Der Rechtsstatus des Einzelnen im Verwaltungsrecht, in: Wolfgang Hoffmann-Riem/Eberhard Schmidt-Aßmann/Andreas Voßkuhle (Hrsg.), GVwR I, § 7, Rn. 53 ff.

23 So BVerfGE 45, 297 (335): „Die Notwendigkeit des Gesprächs zwischen Verwaltung und Bürger entspricht dem grundgesetzlichen Verständnis der Stellung des Bürgers im Staat."

24 Zu der insoweit bestehenden Notwendigkeit einer gesetzlichen Regelung s. nur OVG Münster NVwZ-RR 2008, 539 (539 f.); Detlef *Sannwald*, Rechtsprobleme des Übergangsverfahrens von der Grundschule auf die weiterführenden Schularten, VBlBW 1985, 412.

25 Baden-Württemberg: Verordnung des Kultusministeriums über das Aufnahmeverfahren für die Realschulen und die Gymnasien der Normalform (Aufnahmeverordnung) vom 8.12.2011 (GBl. S. 562), zul.g.d. Art. 3 der Verordnung vom 21.6.2017 (GBl. S. 344); Bayern: § 6 der Schulordnung für die Grundschulen in Bayern (Grundschulordnung – GrSO) vom 11.9.2008 (GVBl. S. 684), zul.g.d. § 2 der Verordnung vom 12.1.2018 (GVBl. S. 23); Berlin: Verordnung über die Schularten und Bildungsgänge der Sekundarstufe I (Sekundarstufe I-Verordnung – Sek I-VO) vom 31.3.2010 (GVBl. S. 175), zul.g.d. Artikel 1 der Verordnung vom 16.8.2017 (GVBl. S. 420); Brandenburg: §§ 14 und 15 der Verordnung über den Bildungsgang in der Grundschule (Grundschulverordnung – VO) vom 2.8.2007 (GVBl. II S. 190), zul.g.d. Verordnung vom 20.9.2017 (GVBl. II S. 1), sowie §§ 6 und 7 der Verordnung über die Bildungsgänge in der Sekundarstufe I (Sekundarstufe I-Verordnung – Sek I-V) vom 2.8.2007 (GVBl. II, S. 200), zul.g.d. Verordnung vom 25.3.2013 (GVBl. II, S. 1); Bremen: Verordnung über die Aufnahme von Schülerinnen und Schülern in öffentliche allgemeinbildende Schulen vom 18.2.2016; Hamburg: § 42 Abs. 3 Satz 1 HmbSG; Hessen: § 77 HSchG; Mecklenburg-Vorpommern: § 66 SchulG M-V; Niedersachsen: § 59 Abs. 1 Satz 1 NSchG, Nr. 7 des RdErl. „Die Arbeit in der Grundschule" vom 1.8.2012 (SVBl. S. 404), zul.g.d. RdErl. vom 1.9.2015 (SVBl. S. 399, ber. S. 493); Nordrhein-Westfalen: § 8 der Verordnung über den Bildungsgang in der Grundschule (Ausbildungsordnung Grundschule – AO-GS) vom 23.3.2005 (SGV. NRW. S. 269), zul.g.d. Verordnung vom 26.3.2014 (SGV. NRW. 223); Rheinland-Pfalz: § 59 Abs. 1 Satz 1 rp SchulG; §§ 10 Abs. 1, 12 ff. Schulordnung für die öffentlichen Realschulen plus, Integrierten Gesamtschulen, Gymnasien, Kollegs und Abendgymnasien (Übergreifende Schulordnung) vom 12.6.2009 (GVBl. S. 224), zul.g.d. Verordnung vom 3.6.2013 (GVBl. S. 257); Saarland: Verordnung zum Übergang von der Grundschule in weiterführende allgemein bildende Schulen (Aufnahmeverordnung) vom 22.1.1997 i.d.F. der Bekanntmachung vom 20.9.1999 (Amtsbl. S. 1618), zul.g.d. Verordnung vom 1.8.2012 (Amtsbl. I S. 268), § 16 Zeugnis- und Versetzungsordnung – Schulordnung – für die Grundschulen im Saarland (ZVO-GS) vom 29.6.1979 i.d.F.d. Bekannt-

möglichkeiten für die Eltern über die an die Grundschule anschließenden sowie die weiterführenden Bildungswege[26], andererseits spezifische *Beratungsangebote*, die sich auf die Situation des einzelnen Kindes beziehen.[27] Auch dort, wo eine ausdrückliche Regelung fehlt, haben die Eltern aus Art. 6 Abs. 2 Satz 1 GG einen *Anspruch auf ausführliche Information* über den Leistungsstand und die Eignung ihres Kindes hinsichtlich des weiteren Bildungswegs (vgl. TZ 16.333).

18.216 Im Regelfall wird seitens der abgebenden Schule die aus der Sicht der Schule vorhandene „Eignung" des Schülers zusammenfassend in einer (schriftlichen) *Empfehlung*[28] festgehalten, die auf einem *Gutachten der Klassenkonferenz der Grundschule* beruht und Angaben über den Leistungsstand des Schülers und seiner Befähigung für eine erfolgreiche Mitarbeit in der empfohlenen Schulart enthält.[29] In das der Empfehlung zugrundeliegenden Schulgutachten können die Eltern Einsicht nehmen.[30] Ob sie bereits gegen eine (verbindliche) Schulwahlempfehlung gerichtlich vorgehen können oder aber das Ergebnis einer Aufnahmeprüfung bzw. eines Probeunterrichts abwarten müssen, um dieses dann gerichtlich anzugreifen, ist umstritten (s. dazu auch TZ 26.211). Selbst wenn man aber die Möglichkeit eines Vorgehens gegen die Empfehlung bejaht[31], ist in jedem Fall nur eine eingeschränkte gerichtliche Überprüfung möglich. Denn bei der Schulwahlempfehlung handelt es sich um eine pädagogische Entscheidung mit Beurteilungsspielraum, die aus diesem Grund vom Verwaltungsgericht nur dann aufgehoben werden kann, wenn Verfahrensvorschriften nicht eingehalten worden sind, die Klassenkonferenz von einem falschen

---

machung vom 24.8.2000 (Amtsbl. S. 1674), zul.g.d. Verordnung vom 3.8.2015 (Amtsbl. I S. 540, 2016 I S. 217); Sachsen: § 34 Abs. 1–3 sächs SchulG, § 6 Abs. 4 und 5 und § 21 Schulordnung Grundschule vom 3.8.2004 (GVBl. S. 312), zul.g.d. Verordnung vom 15.2.2017 (GVBl. S. 87); Sachsen-Anhalt: § 4 Abs. 5 Satz 1 SchulG LSA; § 2 der Verordnung über die Übergänge zwischen den Schulformen in der Sekundarstufe I (Sek I-Üg-VO) vom 1.4.2014 (GVBl. LSA S. 238), zul.g.d. Verordnung vom 7.5.2013 (GVBl. LSA S. 235), RdErl. „Aufnahme an weiterführenden Schulen" vom 18.11.2014 (SVBl. LSA, S. 240, ber. SVBl. LSA 2015, S. 15), zul.g.d. RdErl. vom 9.1.2017 (SVBl. LSA, S. 11); Schleswig-Holstein: § 2 der Landesverordnung über die Sekundarstufe I der Gymnasien (Schulartverordnung Gymnasium – SAVOGym) vom 18.6.2014 (NBl. MBW. Schl.-H., S. 158); Thüringen: §§ 124 ff. Thüringer Schulordnung für die Grundschule, die Regelschule, die Gemeinschaftsschule, das Gymnasium und die Gesamtschule (Thüringer Schulordnung – ThürSchulO -) vom 20.1.1994 (GVBl. S. 185), zul.g.d. Verordnung vom 7.7.2011 (GVBl. S. 208).

26 S. z.B. Nr. 7.1 des in der vorherigen Fußnote erwähnten niedersächsischen RdErl. „Die Arbeit in der Grundschule" oder § 6 Abs. 1 Satz 1 der bay Grundschulordnung.

27 Z.B. §§ 5 Abs. 2 Satz 1–3, 19 Abs. 1 Satz 2 bw SchG, Art. 78 Abs. 1 S. 1 BayEUG, § 56 Abs. 1 Satz 2 und 3 bln SchulG, §§ 52 Satz 1, 53 Abs. 2 Satz 1 BbgSchulG, § 37a Satz 1 BremSchulG, § 42 Abs. 4 Satz 3 HmbSG, § 77 Abs. 3 Satz 1 HSchG, §§ 15 Abs. 4, 66 Abs. 1 Satz 3 SchulG M-V, § 44 Abs. 5 SchulG NRW, §§ 17 Abs. 1, 34 Abs. 1 Satz 2 sächs SchulG, § 34 Abs. 1 Satz 3 SchulG LSA, § 3 Abs. 2 ThürSchulG, § 127 ThürSchulO.

28 In Bayern auch als Übertrittszeugnis bezeichnet (vgl. § 6 Abs. 3 und 4 Grundschulordnung), in Baden-Württemberg ausdrücklich als Grundschulempfehlung (§ 5 Abs. 2 Satz 4 bw SchG, § 1 bw Aufnahmeverordnung).

29 Vgl. etwa für Hessen: § 77 Abs. 3 Satz 4 i.V.m. Abs. 2 HSchG, für Sachsen: § 34 Abs. 1 Satz 3 sächs SchulG, für Thüringen: 125 Abs. 4 Thüringer Schulordnung.

30 Z.B. § 46 Abs. 1 Satz 2 Nr. 2, Abs. 3 Nr. 1 und 2 BbgSchulG; § 72 Abs. 5 Satz 1 HSchG, § 55 Abs. 3 Satz 1 NSchG oder § 20a Abs. 5 Satz 1 saarl SchoG.

31 So bspw. Guy *Beaucamp*, Neues zum Rechtsschutz gegen die verbindliche Schulwahlempfehlung, NVwZ 2009, 280 (282 f.); Christian *Birnbaum*, Bildungsempfehlung für das Gymnasium in Sachsen, LKV 2002, 502 (505 f.); Stefan *Huster*/Andrea *Kirsch*, Die verbindliche Schulformempfehlung als Rechtsproblem. Eine Bestandsaufnahme anlässlich der Neuregelung in Nordrhein-Westfalen, RdJB 2010, 212 (217 ff.); *Sannwald* (Fn. 24) 412 (414); *Rux/Niehues*, Schulrecht, Rn. 697; OVG Münster, NVwZ-RR 2008, 109 (109 f.); a.A.: OVG Bautzen, LKV 1994, 450 (452); VGH Mannheim, NVwZ-RR 1990, 246 (247 f.).

Sachverhalt ausgegangen ist, allgemein anerkannte Bewertungsmaßstäbe missachtet oder sachfremde bzw. willkürliche Erwägungen angestellt hat.[32]

Darüber hinaus haben Eltern das Recht der *Einsichtnahme in den Schülerbogen* und überhaupt in alle ihr Kind betreffende Unterlagen (TZ 16.333 und 16.35); die gleichen Befugnisse stehen den volljährigen Schülern zu. Voraussetzung des Einsichtsrechts ist allerdings, dass die Einsichtnahme zur Geltendmachung oder Verteidigung rechtlicher Interessen der Eltern bzw. des Kindes beansprucht wird und dafür die Kenntnis der Unterlagen erforderlich ist.[33] Verweigern darf die Schule die Einsicht nur dann, wenn sie dadurch in der ordnungsgemäßen Erfüllung ihrer Aufgaben beeinträchtigt würde oder wenn die Vorgänge nach einem Gesetz oder ihrem Wesen nach geheim gehalten werden müssen, etwa weil berechtigte Interessen Dritter betroffen sind (§ 29 VwVfG).[34] Einzusehen sind die Akten im Allgemeinen in Gegenwart des Schulleiters oder seines Beauftragten.

Auf der Grundlage der schulischen Bewertung der Eignung des Kindes entscheiden dann die Eltern über die zu wählende Schulart.[35] Stimmen Elternwille und Empfehlung überein, stehen dem Zugang des Kindes zur gewählten Schulart keine Hindernisse im Wege. Treffen die Eltern keine Wahl, wird es der empfohlenen Schulart zugewiesen, da man davon ausgehen kann, dass die Erziehungsberechtigten mit der Empfehlung der abgebenden Schule einverstanden sind.[36] Sofern die Eltern ihr Kind ungeachtet der Empfehlung in eine Schule mit niedrigerem Anspruchsniveau schicken wollen (z.B. in die Realschule statt in das Gymnasium), ist ihre Wahl zu respektieren.[37] Für den Fall, dass das Kind nach dem Wunsch der Eltern entgegen der Empfehlung eine Schule mit höherem Anspruchsniveau besuchen soll, müssen in einigen Ländern mittlerweile besondere Aufnahmeverfahren von den betroffenen Schülern bestanden werden.[38] In Sachsen[39] muss eine schriftliche Auf-

---

32 Ebenso *Beaucamp* (Fn. 31), 280 (282 f.); *Huster/Kirsch* (Fn. 31), 212 (219 f.); Florian *Meinel*, Lebensentscheidungen auf ungewisser Grundlage, DÖV 2007, 66 (68); OVG Münster, Beschluss vom 18.11.2014, Az.: 19 B 1004/13 (juris), Rn. 5; NVwZ-RR 2008, 109 (110); VG Saarlouis, NVwZ-RR 2008, 791 (791 f.).

33 *Niehues/Fischer/Jeremias*, Prüfungsrecht, Rn. 191.

34 Die dem § 29 VwVfG des Bundes entsprechenden Bestimmungen in den Verwaltungsverfahrensgesetzen der Länder gilt zumeist auch für die Verwaltungstätigkeit der Schulen.

35 Das Hessische Schulgesetz enthält die Regelung, dass die Eltern zunächst eine Wahlentscheidung formulieren, die dann von Seiten der Schule gewürdigt und mit einer Empfehlung für einen „geeigneten" Bildungsgang bewertet wird, bevor die Eltern dann endgültig entscheiden (§ 77 Abs. 3 HSchG). Nach dem VGH Kassel, NVwZ 1988, 949 (950), verletzt eine der Elternwahl vorausgehende Eignungsbeurteilung das Elternrecht gemäß Art. 6 Abs. 2 Satz 1 GG, weil sie gegen das Verbot der positiven Auslese verstoße und außerdem mit dem Verhältnismäßigkeitsprinzip nicht zu vereinbaren sei, da geeignete, aber weniger einschneidende Maßnahmen zur Erreichung des beabsichtigten (Orientierungs-)Zwecks zur Verfügung stünden. Demgegenüber hat das OVG Koblenz, NVwZ-RR 1993, 143, entschieden, dass die der Elternwahl vorausgehende Schullaufbahnempfehlung am Ende der schulartabhängigen Orientierungsstufe, also am Ende der Jahrgangsstufe 6, nicht gegen das Wahlrecht der Erziehungsberechtigten verstößt.

36 In Sachsen gilt die Anmeldung zum Gymnasium dann als zurückgenommen, wenn kein Elternteil eines Kindes, das nur über eine Empfehlung für die Oberschule verfügt, zu dem in diesem Fall erforderlichen Beratungsgespräch erscheint (§ 34 Abs. 2 Satz 3 sächs SchulG) oder wenn das Gymnasium im Beratungsgespräch eine Anmeldung an der Oberschule empfohlen hat, die Eltern aber nicht innerhalb von drei Wochen schriftlich mitteilen, dass sie entgegen den Empfehlungen der Grundschule und des Gymnasiums an der Anmeldung festhalten (§ 34 Abs. 2 Satz 6 sächs SchulG).

37 Vgl. § 1 Abs. 4 der bw Aufnahmeverordnung: „Eine Empfehlung für die Realschule beinhaltet auch eine Empfehlung für die Werkrealschule und die Hauptschule. Eine Empfehlung für das Gymnasium beinhaltet auch eine Empfehlung für die Realschule und die Hauptschule."

38 Zu den unterschiedlichen Modellen *Kultusministerkonferenz*, Übergang von der Grundschule in Schulen des Sekundarbereichs I und Förderung, Beobachtung und Orientierung in den Jahrgangsstufen 5 und 6 (sogenannte Orientierungsstufe), Informationsschrift des Sekretariats der KMK, Stand: 19.2.2015, insb. S. 8 ff.; *Barczak* (Fn. 6), S. 51 ff.

39 § 7 Abs. 1 i.V.m. § 6 Abs. 1 Satz 1 sächs. Schulordnung Gymnasien Abiturprüfung.

nahmeprüfung, in Bayern[40], Brandenburg[41], und Thüringen[42] müssen an mehreren Tagen sogenannte Probe- und Prognoseunterrichtsstunden erfolgreich absolviert werden.[43]

18.217 Die von den Ländern für die Zulassung zur Realschule bzw. dem Gymnasium gestellten Anforderungen hinsichtlich der Eignung unterscheiden sich.[44] In Baden-Württemberg[45], Berlin[46], Bremen[47], Hamburg[48], Hessen[49], Mecklenburg-Vorpommern[50], Niedersachsen[51], Rheinland-Pfalz[52], im Saarland[53] sowie in Sachsen-Anhalt[54] und Schleswig-Holstein[55] bleibt die Wahl der Schulart auch bei entgegenstehender Empfehlung letztlich den Eltern überlassen. Ohne Aufnahmeprüfung oder Probeunterricht können die Schülerinnen und Schüler nach den schulgesetzlichen Regelungen dieser Länder in das Gymna-

40 Gemäß § 3 i.V.m. § 2 Abs. 3 Nr. 1 bay Gymnasialschulordnung ist bei Fehlen eines entsprechenden Übertrittszeugnisses an Gymnasien ein dreitägiger Probeunterricht in den Fächern Deutsch und Mathematik zu absolvieren, dem die Anforderungen der Jahrgangsstufe 4 unter Berücksichtigung der Aufgaben des Gymnasiums zugrunde gelegt werden und in dessen Rahmen zentral gestellte schriftliche Arbeiten geschrieben werden müssen; der Probeunterricht ist bestanden, wenn in einem Prüfungsfach mindestens die Note 3 und im anderen Prüfungsfach mindestens die Note 4 erreicht wurde. Allerdings kann die Aufnahme einer Schülerin oder eines Schülers in das Gymnasium auch bei Nichterreichen der erwarteten Leistungen im Rahmen des Probeunterrichts erfolgen, sofern die Schülerin oder der Schüler in den beiden zu prüfenden Fächern mindestens die Note 4 erreicht hat und die Eltern ausdrücklich die Aufnahme wünschen (§ 2 Abs. 4 bay Gymnasialschulordnung). Zur Vereinbarkeit dieser Regelungen zum Übertrittsverfahren mit den Grundrechten der bayerischen Verfassung s. BayVerfGH, BayVBl 2015, 46.

41 Fehlt eine Bildungsgangempfehlung für das Gymnasium und übersteigt der Zahlenwert der Noten aus den Fächern Mathematik, Deutsch und erste Fremdsprache im Halbjahreszeugnis der Jahrgangsstufe 6 nicht den Wert von sieben, müssen Schülerinnen und Schüler in Brandenburg an einem zweitägigen Probeunterricht in den Fächern Deutsch und Mathematik an ausgewählten Schulen teilnehmen (§ 53 Abs. 5 BbgSchulG, §§ 40 ff. Sekundarstufe I-Verordnung).

42 § 7 Abs. 2 ThürSchulG i.V.m. §§ 124 ff. Thüringer Schulordnung: fehlt eine entsprechende Schullaufbahnempfehlung oder wird in den Fächern Deutsch, Mathematik sowie Heimat- und Sachkunde nicht jeweils mindestens die Note „gut“ erreicht, muss an ausgewählten Schulen an drei aufeinanderfolgenden Tagen eine Aufnahmeprüfung in Gestalt eines Probeunterrichts absolviert werden.

43 In Mecklenburg-Vorpommern gilt das erste Halbjahr der Jahrgangsstufe 7 als Probezeit, wenn sich die Erziehungsberechtigten entgegen der nach der Orientierungsstufe ausgesprochenen Schullaufbahnempfehlung für den Besuch des gymnasialen Bildungsganges entscheiden; wird die Probezeit nicht erfolgreich absolviert, hat der Schüler oder die Schülerin den gymnasialen Bildungsgang zu verlassen, § 66 Abs. 2 SchulG M-V.

44 So verlangt Bayern für den unmittelbaren Übergang in die Realschule eine Durchschnittsnote aus den Fächern Deutsch, Mathematik sowie Heimat- und Sachkunde von 2,66, für das Gymnasium von 2,33 (§ 6 Abs. 5 Satz 2 und 3 bay Grundschulordnung); in Baden-Württemberg wird für eine Realschulempfehlung als „Orientierungshilfe“ eine Durchschnittsnote von 3,0 in den Fächern Deutsch und Mathematik verlangt, für die Gymnasialempfehlung von 2,5 (§ 1 Abs. 3 Satz 3 bw Aufnahmeverordnung).

45 § 88 Abs. 1 Satz 1 bw SchG i.V.m. § Satz 1 bw Aufnahmeverordnung.

46 § 56 Abs. 1 Satz 1, Abs. 3 Satz 1 bln SchulG i.V.m. Sekundarstufe I-Verordnung.

47 In Bremen wählen die Erziehungsberechtigten am Ende des Bildungsganges der vierjährigen Grundschule nach Beratung durch die Grundschule und unter Berücksichtigung der Empfehlung der Grundschule den weiteren Bildungsgang für ihr Kind aus. Nehmen die Erziehungsberechtigten nicht an der Beratung teil, ist die Empfehlung der Grundschule verbindlich (§ 37a Abs. 1 BremSchulG i.V.m. §§ 6 ff. BremSchVwG und den brem. Richtlinien über die Empfehlung der Grundschule zu den weiterführenden Bildungsgängen vom 5.6.2011).

48 § 42 Abs. 4 Satz 3 HmbSG.

49 § 77 Abs. 3 Satz 6 HSchG.

50 § 66 Abs. 1 Satz 1 SchulG M-V.

51 § 6 Abs. 5 Satz 2 i.V.m. § 59 Abs. 1 Satz 1 NSchG.

52 § 59 Abs. 1 Satz 1 rp SchulG i.V.m. §§ 10 Abs. 1, 12 Abs. 2 rp Übergreifende Schulordnung.

53 § 32 Abs. 1 Satz 3 i.V.m. § 16 der saarl Zeugnis- und Versetzungsordnung.

54 § 34 Abs. 2 SchulG LSA i.V.m. § 2 Abs. 1 der LSA Verordnung über die Übergänge zwischen den Schulformen in der Sekundarstufe I.

55 § 2 II i.V.m. § 3 I Schulartverordnung Gymnasien.

sium überwechseln, wobei jedoch der Übergang als Prozess gestaltet ist und die endgültige Aufnahme erst nach einer Erprobungszeit erfolgen kann.[56]

In einem gegliederten Schulsystem, das an dem Ziel der Herstellung möglichst homogener Lernklassen festhält, erscheint die weitgehende Freigabe des elterlichen Wahlrechts dann nicht unproblematisch, wenn sie auch solchen Kindern den Zugang zu einer weiterführenden Schulart ermöglicht, die die dafür erforderliche Eignung offensichtlich nicht besitzen. Abgesehen davon, dass einige Landesverfassungen die Zulassung zu weiterführenden Schulen ausdrücklich unter den Vorbehalt von Eignung oder Begabung des Kindes stellen[57], ist der Staat bei der Regelung des Übergangs zu den weiterführenden Schulen jedenfalls auch deshalb verpflichtet, dem Eignungskriterium angemessen Rechnung zu tragen, weil er im Rahmen der ihm durch Art. 7 Abs. 1 GG zugewiesenen Aufgabe der Gestaltung des Schulwesens dafür Sorge zu tragen hat, dass die Schüler ihre Fähigkeiten in der jeweiligen Schulart optimal entfalten können.

Zwar ist der Staat auf der einen Seite aufgrund des Rechtes auf Entfaltung der Persönlichkeit sowie des Sozialstaatsprinzips gehalten, in das Selbstentfaltungsrecht der weiterentwickelten Schülerinnen und Schüler so weit einzugreifen, „wie dadurch erst auch die förderungsbedürftigen Kinder die Chance erhalten, sich entsprechend ihren Möglichkeiten zu entfalten“[58]. Daraus ergeben sich beispielsweise Bedenken gegen eine zu frühe Aufgabe der gemeinsamen Unterrichtung aller Schüler, aber auch gegen ein zu enges Verständnis des Begriffes der „Eignung“. Mit Ausnahme von Kindern mit Behinderungen (vgl. hierzu TZ 18.212) stößt andererseits die gleiche Förderung aller Schüler auch bei grundsätzlicher Anerkennung der positiven Auswirkungen heterogener Lerngruppen[59] dann an eine Grenze, wenn der Unterricht in einer weiterführenden Schulart mit höherem Anspruchsniveau durch die Anwesenheit von Schülerinnen und Schülern, die das angestrebte Ziel des Bildungsganges nicht erreichen können, zu einer Beeinträchtigung der Lern- und Entwicklungsmöglichkeiten anderer Schüler führen würde. Zudem kann es durchaus auch im Interesse eines Schülers selbst liegen, der schulischen Entscheidung über seine künftige Schullaufbahn letztlich Vorrang gegenüber den Wünschen und Einschätzungen der Eltern einzuräumen, wenn er auf diese Weise davor bewahrt wird, nach dem voraussehbar erfolglosen Besuch einer höheren Schulart in eine niedrigere Schulart versetzt zu werden und sich dort einarbeiten zu müssen.[60] Auch wenn sich das deutsche Schulsystem – möglicherweise auch wegen der durch Art. 24 BRK geforderten Umsetzung des Inklusionsgebotes (s. dazu TZ 3.622) – künftig in Richtung einer größeren Heterogenität der Schülerinnen und Schüler in den einzelnen Schularten entwickeln sollte und die schulische Unterrichtspraxis dementsprechend stärker durch differenzierte Lernziele geprägt sein könnte, bleibt im Einzelfall die Abweisung eines Kindes daher schon deshalb weiterhin möglich, soweit

56 In Mecklenburg-Vorpommern gemäß § 66 Abs. 2 Satz 1 SchulG M-V nach einem Schulhalbjahr. In Berlin sind nach § 56 Abs. 5 Satz 2 bln SchulG zwischen der Schule und dem Schüler sowie seinen Erziehungsberechtigten spätestens zum Beginn des zweiten Schulhalbjahres Bildungs- und Erziehungsvereinbarungen zu schließen, wenn im Laufe des ersten Schulhalbjahres der Jahrgangsstufe 7 Leistungsrückstände zu verzeichnen sind, die eine Versetzung gefährdet erscheinen lassen.

57 Vgl. insb. Art. 59 Abs. 2 hess Verf.: „Der Zugang zu den Mittel-, höheren und Hochschulen ist nur von der Eignung des Schülers abhängig zu machen“; ferner Art. 11 Abs. 1 bw Verf., Art. 31 rp Verf., Art. 25 Abs. 1 Verf. LSA Art. 12 Abs. 2 sh Verf.

58 So Hans-Walter *Schlie*, Elterliches Erziehungsrecht und staatliche Schulaufsicht im Grundgesetz, Frankfurt am Main 1986, S. 98.

59 S. hierzu, insb. auch zu den empirischen Befunden, die Beiträge in Thorsten *Bohl*/Jürgen *Budde*/Markus *Rieger-Ladich* (Hrsg.), Umgang mit Heterogenität in Schule und Unterricht, Bad Heilbrunn 2017.

60 So auch OVG Koblenz, NVwZ-RR 1993, 143 (144).

das Kindeswohl des Kindes selbst, aber auch der anderen Kinder seiner Beschulung in einer weiterführenden Schulart entgegensteht.[61]

Im Übrigen stellt die Differenzierung der Schülerinnen und Schüler nach dem Kriterium der Eignung keine Verletzung des Gleichheitssatzes (Art. 3 Abs. 1 GG) dar, sondern ist vielmehr geradezu Ausdruck des daraus abzuleitenden Gebots, ungleiche Gegebenheiten rechtlich nicht gleich zu behandeln.[62]

18.218 Um die Wahl der Schulart geht es nicht nur beim Übergang von der Grundschule bzw. der Orientierungsstufe in die weiterführende Schule. *Auch während der Sekundarstufe I* und im Anschluss daran ist in allen Ländern ein *Wechsel der Schulart möglich*.[63]

Schülerinnen und Schüler, die nach ihrem Leistungsstand eine erfolgreiche Mitarbeit im neugewählten Bildungsgang erwarten lassen, können *in die nächsthöhere Schulart aufsteigen*. Die Voraussetzungen und das Verfahren sind in den Ländern unterschiedlich geregelt. Zumeist ist auch hier eine *Empfehlung* der Klassenkonferenz der abgebenden Schule, verschiedentlich eine besondere Prüfung erforderlich. Wegen der Einzelheiten sei auf die einschlägigen Vorschriften der Länder verwiesen.[64]

Schülerinnen und Schüler mit Realschulabschluss oder mit qualifiziertem Hauptschulabschluss nach dem (freiwilligen) zehnten Schuljahr der Hauptschule können bei entsprechender Eignung *in die gymnasiale Oberstufe* aufgenommen werden. Anforderungen und Verfahren ergeben sich aus den landesrechtlichen Bestimmungen.[65] In einigen Ländern kann der Zugang zu Berufsfachschulen und Fachschulen vom Nachweis bestimmter Fähigkeiten und Fertigkeiten in Form einer Aufnahmeprüfung (Eignungsfeststellung) abhängig gemacht werden.[66]

Die grundsätzlich vorhandenen vielfältigen Möglichkeiten des Aufstiegs in eine andere Schulart zeigen, dass die Entscheidung für einen bestimmten Bildungsgang im Anschluss an die Grundschule keineswegs in eine Sackgasse führen muss. Damit setzt sich zwar einerseits die Tendenz einer Entkoppelung von besuchter Schulart und erreichtem Schulabschluss fort, und die heute erreichte *Durchlässigkeit des Schulwesens* ist zweifellos eines der wichtigsten Ergebnisse der Reformbemühungen der letzten Jahrzehnte.[67] Andererseits informieren Erhebungen der Bildungsforschung aber auch darüber, dass innerhalb des

61 Das Kindeswohl ist sowohl nach der Behindertenrechtskonvention (Art. 7 Abs. 2) als auch nach der Kinderrechtskonvention (Art. 3 Abs. 1) ein Gesichtspunkt, der bei allen Maßnahmen, die Kinder betreffen, mit Vorrang zu berücksichtigen ist.

62 Zu diesem „Gleichbehandlungsverbot" Heike *Krieger*, in: Schmidt-Bleibtreu/Hofmann/Henneke (Hrsg.), Grundgesetz. Kommentar, Art. 3 Rn. 26; s. auch BVerfGE 98, 365 (385).

63 Hierzu die Empfehlung der KMK „Übergänge von einer Schulart in die andere" vom 8./9.12.1960 i.d.F. vom 23.3.1966 (KMK-BeschlS. Nr. 120), die in die Entwicklung der schulrechtlichen Regelungen der Länder eingegangen ist.

64 Vgl. etwa § 10 Abs. 2 bay Gymnasialschulordung; § 78 HSchG; § 59 Abs. 3 NSchG; § 59 Abs. 1 Satz 1 rp SchulG, §§ 28 ff. rp Übergreifende Schulordnung; § 34 Abs. 1 Satz 1 sächs SchulG, § 6 Abs. 2, 3 und 5 sächs Schulordnung Gymnasien; § 34 Abs. 3 SchulG LSA, §§ 3 ff. der LSA Verordnung über die Übergänge zwischen den Schulformen in der Sekundarstufe I.

65 Z.B. § 7 der bay Gymnasialschulordnung, § 31 Abs. 1 Nr. 1 Ausbildungs- und Prüfungsordnung für die Grundschule und die Jahrgangsstufen 5 bis 10 der Stadtteilschule und des Gymnasiums (APO-GrundStGy) vom 22.7.2011 (HmbGVBl. S. 325), zul.g. am 16.7.2015 (HmbGVBl. S. 178), § 34 Abs. 3 und 4 SchulG LSA i.V.m. § 3 Abs. 3 der LSA Verordnung über die Übergänge zwischen den Schulformen in der Sekundarstufe I.

66 Z.B. § 57 bln SchulG i.V.m. § 2 Berufsschulverordnung für das Land Berlin (Berufsschulverordnung – BSV) vom 13.2.2007 (GVBl. S. 54), zul.g.d. Artikel 1 der Verordnung 22.3.2016 (GVBl. S. 147).

67 S. Olaf *Köller*/Rainer *Watermann*/Ulrich *Trautwein*, Transformation des Sekundarschulsystems in der Bundesrepublik Deutschland. Differenzierung, Öffnung von Bildungswegen und die Wahrung von Standards, in: Olaf Köller u.a. (Hrsg.), Wege zur Hochschulreife in Baden-Württemberg, Opladen 2004, S. 13; ferner Bildungsbericht 2008, S. 88 und S. 270 f.

gegliederten Schulsystems ein Schulartwechsel nach oben ein seltenes Ereignis ist, während ein Wechsel in eine niedrigere Schulart deutlich häufiger vorkommt, wovon insbesondere Kinder aus sozioökonomisch schwächeren Schichten oder Kinder mit Migrationshintergrund betroffen sind.[68]

18.22 Wahl der Einzelschule

18.221 Für den Bildungsweg der Schülerinnen und Schüler ist nicht nur die Wahl der Schulart, sondern auch die Wahl der Einzelschule von erheblicher Bedeutung. Schule ist nicht gleich Schule. Tradition und pädagogische Qualität, Schulleitung, Lehrerinnen und Lehrer sowie Schülerschaft geben jeder Schule ihr besonderes Gepräge. Je mehr die Länder dazu übergehen, den Schulen ein höheres Maß an Eigenverantwortung einzuräumen und sie verpflichten, sich durch ein *Schulprogramm* ein besonderes Profil zu geben (dazu TZ 13.222), desto wichtiger wird es für die Eltern, darüber entscheiden zu können, auf welche konkrete Schule sie ihr Kind schicken. Zwar räumen die Grundrechte aus Art. 6 Abs. 2 Satz 1 und Art. 2 Abs. 1 GG, gegebenenfalls auch Art. 12 Abs. 1 GG, den Eltern und Schülern *keinen Anspruch auf Errichtung einer an ihren Wünschen orientierten Schule* ein.[69] Doch ist die Frage, in welche der *bestehenden* öffentlichen Schulen einer Schulart ein Schüler aufgenommen wird, für die Verwirklichung dieser Grundrechte wesentlich. Sie betrifft die Grenzziehung zwischen dem Elternrecht und dem Bildungsanspruch des Schülers einerseits und der staatlichen Gestaltungsbefugnis andererseits. Infolgedessen ist, zumindest in den Grundzügen, *eine Regelung durch den Gesetzgeber notwendig,* die das einzuhaltende Verfahren und die Kriterien der Entscheidung benennt.[70] Demgegenüber berührt die *Zuweisung von Schülerinnen und Schülern zu einer bestimmten Klasse* desselben Bildungsgangs innerhalb der Schule die Grundrechte der Betroffenen nur geringfügig. In diesem Bereich stehen ihnen und den Eltern grundsätzlich keine gerichtlich durchsetzbaren Ansprüche zu[71]; eine gesetzliche Grundlage ist daher nicht erforderlich (dazu auch TZ 26.211 m.w.N.).

68 Nach *Bertelsmann Stiftung u.a.* (Hrsg.), Chancenspiegel – eine Zwischenbilanz. Zur Chancengerechtigkeit und Leistungsfähigkeit der deutschen Schulsysteme seit 2002, Gütersloh 2017, S. 69 f. und Tab 9 auf S. 403, kamen im Schuljahr 2014/15 auf einen Aufwärtswechsel durchschnittlich 5,4 Wechsel in eine niedrigere Schulart, wobei jedoch erhebliche Unterschiede zwischen den einzelnen Ländern bestehen; während im gleichen Schuljahr in der oberen Gruppe der Länder auf einen Aufwärtswechsel durchschnittlich 2,9 Abwärtswechsel kommen, stehen einem Aufwärtswechsel in der unteren Gruppe der Länder durchschnittlich 9,4 Abwärtswechsel gegenüber; vgl. auch die von diesen Zahlen nur leicht abweichende Tabelle D2-3A in Bildungsbericht 2014, S. 256.

69 BVerwGE 18, 40 (42); auch BVerwGE 21, 289 (292); OVG Lüneburg, NdsVBl 2013, 243 (245); s. ferner Art. 44 Abs. 3 BayEUG: „Ein Rechtsanspruch auf Aufnahme in eine bestimmte Schule an einem bestimmten Ort besteht nicht“; auch nach § 31 Abs. 2 Satz 1 saarl SchoG besteht kein Anspruch auf Aufnahme in eine bestimmte Schule.

70 So, jedenfalls in der Tendenz, das BVerfG, RdJB 1984, 370 m.Anm.v. Ulrich *Kaschner* (a.a.O. 371) und Hans-Peter *Füssel* (NVwZ 1984, 775). Vgl. auch DJT-SchulGE, §§ 43, 44 (S. 48), S. 234 f. und 243 f. Das BVerfG hatte es offen gelassen, ob sich aus dem Elternrecht (und dem Persönlichkeitsrecht des Schülers) ein Anspruch auf Zuweisung zu einer bestimmten Schule ergibt; ausdrücklich abgelehnt haben einen solchen Anspruch u.a. BbgVerfG, NVwZ 2001, 912; VGH Mannheim, NVwZ 1984, 112 (112); VG Halle, Beschluss vom 25.7.2017, Az.: 6 b 431/17 (juris), Rn. 7. Auch der VerfGH NRW, DVBl. 1993, 1209 (1211) räumt den Eltern nur ein Recht auf die Wahl der Schulart ein; er lässt dabei offen, ob die Zuweisung zu einer anderen als der gewünschten Schule innerhalb der gewählten Schulart – „etwa bei einer besonderen Ausrichtung der gewählten Schule“ – ausnahmsweise das Elternrecht beeinträchtigen könne.

71 VGH München, NVwZ-RR 1993, 355 (356). Zur Ausnahme bei Anbringung eines Kruzifixes in Schulräumen und einer dadurch bewirkten Beeinträchtigung der Religions- und Weltanschauungsfreiheit aus Art. 4 Abs. 1 und 2 GG s. BVerwGE 109, 40 (49).

18.222 Sofern eine *Pflichtschule* (TZ 3.15) zu besuchen ist, haben Schülerinnen und Schüler sowie Eltern einen Anspruch auf Zulassung zur örtlich zuständigen Schule (TZ 4.13). Dieser Anspruch bildet die Kehrseite der gesetzlich geregelten Pflicht, in diese Schule gehen zu müssen.[72] Solange von Gesetzes wegen keine ausdrücklich andere Regelung besteht[73], ist damit zugleich das Recht ausgeschlossen, das Kind auf eine Schule außerhalb des Schulbezirks[74] zu schicken.[75] Allerdings sehen manche Schulgesetze vor, dass bei Vorliegen „wichtiger Gründe" die Möglichkeit der Aufnahme in einer anderen als der eigentlich zuständigen Schule eröffnet werden soll.[76] Solche Gründe können beispielsweise darin liegen, dass die Pflichtschule aufgrund der Verkehrsverhältnisse nur unter besonderen Schwierigkeiten zu erreichen ist, besondere soziale Umstände vorliegen oder gewichtige pädagogische Gründe für einen Besuch der Wahlschule sprechen.[77] Unabhängig von solchen Vorschriften, die nur Einzelfälle betreffen können, erscheint die Sprengelpflicht im Hinblick auf das Elternrecht jedoch in dem Maße problematisch, in dem Schulen vom Gesetzgeber aufgefordert werden, sich ein eigenes Profil zu geben (dazu TZ 13.222), die Erziehungsberechtigten aber mit dem pädagogischen Konzept der Pflichtschule nicht einverstanden sind oder sich für ihr Kind gerade das profilierte Bildungsangebot einer außerhalb des Schulsprengels gelegenen Schule wünschen. Vor diesem Hintergrund müsste die Sprengelpflicht jedenfalls insoweit gelockert werden, als durch sie der Zugang zu einer Schule versperrt wird, die sich mit ihrem Profil von der im Sprengel gelegenen Schule substanziell unterscheidet.[78]

18.223 Sofern die landesrechtlichen Bestimmungen Eltern und Schülern ein *Wahlrecht* einräumen[79], sehen sich Schulen zunehmend mit dem Problem unterschiedlichen Wahlverhaltens konfrontiert: Manche Einzelschulen werden überdurchschnittlich, andere Schulen

72 Vgl. die Regelung in DJT-SchulGE, § 43 Abs. 1 (S. 85); ferner Hartwig *Ihlenfeld*, Pflicht und Recht zum Besuch öffentlicher Schulen nach deutschem Bundes- und Landesrecht, Hamburg 1971, S. 245 ff.; vgl. insoweit auch VG Wiesbaden, NVwZ-RR 2008, 181.

73 Wie etwa in Nordrhein-Westfalen, wo die Schulträger lediglich unverbindliche Schuleinzugsbereiche bilden können (§ 84 Abs. 1 Satz 1 nrw SchulG), mit der Folge, dass eine Schule die Aufnahme einer Schülerin ablehnen kann, wenn sie nicht im Schuleinzugsbereich wohnt und keinen wichtigen Grund für den Besuch der Schule darlegt (Satz 2).

74 In Berlin können nach § 54 Abs. 4 Satz 1 und 2 bln SchulG unter Beachtung des Grundsatzes altersangemessener Schulwege allerdings auch gemeinsame Schulbezirke für mehrere Grundschulen gebildet werden. Zu den konkreten Anforderungen an die Schulbehörde: OVG Berlin-Brandenburg, Beschluss vom 18.11.2016, Az.: OVG 3 S 80.16 (juris); speziell bezogen auf den Grundsatz altersangemessener Schulwege s. auch OVG Berlin-Brandenburg, Beschluss vom 7.9.2011, Az.: OVG 3 S 102.11 (juris), Rn. 2 ff.

75 Dazu OVG Bautzen, LKV 2017, 559 (560); VG Gera, LKV 1997, 297; VGH München, BayVBl 2015, 641; DÖV 2010, 408; zur „Brisanz der Sprengelpflicht" schon früh Günter *Püttner*, Die Sprengelpflicht, RdJB 1992, 230 (233 f.); s. auch *Rux/Niehues*, Schulrecht, Rn. 741 mit Fn. 867 und Rn. 747.

76 S. etwa die entsprechenden Bestimmungen in § 66 Satz 1 HSchG, § 46 Abs. 3 Satz 1 SchulG M-V, § 62 Abs. 2 Satz 3 rp SchulG oder § 25 Abs. 4 Satz 3 sächs SchulG.

77 So z.B. § 4 Abs. 2 hess Verordnung zur Gestaltung des Schulverhältnisses (VOGSV) vom 19.8.2011 (ABl. S. 546), zul.g.d. Verordnung vom 1.12.2018 (ABl. 2018 S. 2).

78 Das BVerfG, NJW 2013, 2813 (2813 f.), schließt die Möglichkeit der Unvereinbarkeit von Sprengelpflicht und schulischer Profilbildung angesichts der gesetzlich geforderten Profilbildung von Schulen zumindest nicht mehr aus; a.A. VGH Kassel, NVwZ-RR 2009, 958 (958). Das VG Darmstadt, Beschluss vom 12.8.2009, Az.: 7 L 840/09.DA (3) (juris), insb. Rn. 12 ff., erörtert die Frage der Vergleichbarkeit zweier Schulen zwar noch im Hinblick auf das Vorliegen eines „wichtigen Grundes", der nach § 66 Satz 1 HSchG ausnahmsweise zum Besuch einer außerhalb des maßgeblichen Schulbezirks liegenden Schule berechtigt; auf Dauer wird man jedoch den Konflikt zwischen der Sprengelpflicht und der Profilbildung der Schulen kaum in Einzelfallentscheidungen über die in den Schulgesetzen vorgesehenen Ausnahmeregelungen lösen können. Ganz ähnliche Fragen stellen sich im Übrigen in Bezug auf außerhalb des Schulbezirks liegende Ganztagsschulen, s. BVerfG, NVwZ-RR 2001, 311; OVG Hamburg, NVwZ-RR 2000, 679.

79 So in § 24 Abs. 1 Satz 1 sh SchulG, vgl. auch § 41 Abs. 1a Satz 2 SchulG LSA; für den Bereich außerhalb der Pflichtschulen auch Art. 44 Abs. 1 Satz 1 BayEUG.

weniger häufig gewählt. Daher kann es an besonders stark angewählten Schulen zu der Situation kommen, dass von Eltern und ihren Kindern der Zugang über die vorhandenen Aufnahmekapazitäten dieser Schule hinaus begehrt wird. In diesem Fall muss der Landesgesetzgeber entsprechende Regelungen treffen, und diese müssen wegen der für den weiteren Bildungsgang eines Schülers zentralen Bedeutung der Zulassungsentscheidung zumindest in den Grundzügen im Schulgesetz niedergelegt werden.[80] In Anlehnung an die in der Rechtsprechung des Bundesverfassungsgerichts zum universitären *Numerus Clausus* entwickelten[81] und kürzlich für das Studium der Humanmedizin noch einmal bestätigten Grundsätze[82] besteht zwar kein Anspruch auf die Schaffung erweiterter Kapazitäten[83], wohl aber ist eine vollständige Ausnutzung vorhandener Kapazitäten sicherzustellen[84]; Zugangsbegrenzungen dürfen daher erst dann angewandt werden, wenn andernfalls angesichts der personellen, räumlichen, sächlichen und fachlichen Gegebenheiten ein geordneter Unterricht nicht mehr möglich ist.[85] Begrenzungen des Zugangs sind demnach nur zulässig, wenn jede weitere Aufnahme zu faktisch unerträglichen Verhältnissen führte.[86] Weiterhin ist in den Grundzügen gesetzlich zu bestimmen, dass die vorhandenen Plätze nach sachbezogenen Kriterien zu vergeben sind und welche Verfahren bei der Auswahl Anwendung finden sollen.[87] Hierbei können Eignung und Leistung eines Schülers als zulässige Auswahlkriterien dienen[88], aber auch die in Bezug auf ein spezifisches schulisches Profil bestehende Präferenz eines Schülers (etwa im Hinblick auf besondere Ganztagsprogramme, die an einer Schule angebotenen Fremdsprachen oder das spezifische

80 Exemplarisch s. § 53 Abs. 3 und 4 Bbg SchulG und § 6 BremSchVwG.

81 BVerfGE 33, 303 (336 ff.).

82 BVerfGE 147, 253 (305 ff.). Zur Umsetzung der verfassungsgerichtlichen Vorgaben bei entsprechenden Verfahren im Hochschulbereich, die als solche grundsätzlich auch für den Schulbereich fruchtbar gemacht werden können, s. statt vieler nur Wolfgang *Zimmerling*/Robert *Brehm*, Rechtsstaatliche Aspekte des Kapazitätsprozesses, DÖV 2009, 239.

83 So auch BVerfGE 147, 253 (306 f.); BbgVerfG, NVwZ 2001, 912 (912).

84 Dazu auch VG Magdeburg, Beschluss vom 29.7.2014, Az.: 7 B 110/14 (juris), Rn. 30 ff.; VG Hannover, NVwZ-RR 2009, 205 (207); vgl. zur Berechnung der Kapazitätszahlen für einzelne Klassen auch OVG Hamburg, NVwZ-RR 2006, 401.

85 So auch die Regelungen etwa in Bayern, s. Art. 44 Abs. 4 BayEUG, § 2 Abs. 7 Realschulordnung, § 2 Abs. 6 Gymnasialschulordnung: bei Bewerberüberhang bemühen sich die staatlichen und nichtstaatlichen Schulen um einen örtlichen Ausgleich; misslingt dieser, entscheidet der Ministerialbeauftragte. Siehe auch § 54 Abs. 2 bln SchulG, § 70 Abs. 2 HSchG, § 31 Abs. 2 Satz 2 saarl SchoG; zu den Grenzen räumlicher Art OVG Lüneburg NVwZ-RR 2009, 372 (373 f.), OVG Bremen, SchuR 2009, 17 und OVG Bremen, SchuR 2009, 137.

86 *Rux/Niehues*, Schulrecht, Rn. 779. Demgegenüber ist es nach einem Urteil des VerfGH NRW (DVBl. 1993, 1209) verfassungsrechtlich nicht zu beanstanden, dass in einer Rechtsverordnung für die Verteilung der Schüler auf verschiedene Schulen derselben Schulart im Bereich eines Schulträgers das Kriterium der Einrichtung möglichst gleichstarker Klassen zugrunde gelegt wird, dass die Schulaufsichtsbehörde mit der Koordinierung der Entscheidung der Schulleitungen über die Aufnahme betraut wird und dass der Schulträger im Rahmen seiner Verantwortung für die Organisation des örtlichen Schulwesens darüber entscheidet, an welchen Schulen die erforderlichen Eingangsklassen gebildet werden. Diese Regelung verstoße weder gegen das Elternrecht noch gegen das Recht auf Selbstverwaltung des kommunalen Schulträgers; ähnlich auch OVG Lüneburg, NVwZ-RR 2004, 258 (259); s. auch § 88 Abs. 4 Satz 2 Halbsatz 2 bw SchG (dazu Oliver *Knörr*, Umgang mit Lenkungsmaßnahmen gemäß § 88 Abs. 4 Schulgesetz, SchulVerw BW, 4/2003, 82); vgl. schließlich auch die Bestimmung des § 54 Abs. 2 Satz 1 Alt. 2 bln SchulG, wonach auch das Nichterreichen der für einen geordneten Schulbetrieb notwendigen Schülerzahl Grund für eine Ablehnung sein kann.

87 S. dazu OVG Bautzen, NVwZ-RR 2017, 109 (109); VG Braunschweig, NVwZ-RR 2007, 324. Für mögliche und zulässige Kriterien einer gleichheitsgerechten Vergabe von Studienplätzen im Studiengang Humanmedizin, s. auch BVerfGE 147, 253 (307 ff.).

88 So z.B. geregelt in Baden-Württemberg: § 88 Abs. 2 bw SchG; in Bayern: Art. 44 Abs. 1 Satz 2; in Brandenburg: § 53 Abs. 3 Satz 1 und Satz 3 Nr. 2 BbgSchulG.

Fächerangebot einer Schule[89]). Ferner können die Erreichbarkeit[90] oder auch die örtliche Nähe der Wohnung zur Schule[91] von Bedeutung sein. In Betracht kommen schließlich pädagogische und soziale Gründe (wie etwa das Vorliegen einer besonderen Härte[92]) sowie die Tatsache, dass die Schule bereits von einem Geschwisterkind besucht wird.[93] Wenn bei Vorhandensein gleicher Kriterien noch immer eine Auswahl unter den sich um Aufnahme bemühenden Schülerinnen und Schülern notwendig bleibt, kann am Ende auch eine Losentscheidung zulässig sein.[94]

18.224 Die Aufnahme eines Schülers kann abgelehnt werden, wenn er die Sicherheit der Mitschülerinnen und Mitschüler oder die Unterrichts- und Erziehungsaufgabe der Schule zu gefährden droht und aus diesem Grund alsbald von der Schule zwangsweise entlassen werden könnte; die naheliegende Möglichkeit der Schulentlassung rechtfertigt es, ihm den Zugang zu verweigern.[95] Allerdings bedarf es konkreter Anhaltspunkte, die sich vor allem aus vorangegangenem Verhalten des Schülers in der zuvor von ihm besuchten Schule ergeben können. Zur Ordnungsmaßnahme des zwangsweisen Ausschlusses von der Schule TZ 22.23.

18.225 Die dargestellten Regelungen betreffen nicht nur den Übergang von der Grundschule bzw. Orientierungsstufe in die weiterführenden Schulen, sondern auch den *Schulwechsel* im Sekundarbereich I und II. Zu den Besonderheiten beim Übertritt in die Schule eines anderen Bundeslandes TZ 4.14.[96]

---

89 S. § 55a Abs. 2 Satz 2 Nr. 2 bln SchulG; § 70 Abs. 3 Satz 1 Nr. 4 HSchG; s. auch § 42 Abs. 7 Satz 4 HmbSG, der für den Fall eines Aufnahmeüberhangs feststellt, dass der Besuch von Klassen mit einem erweiterten Lernangebot für sportlich besonders talentierte Schülerinnen und Schüler „von einem entsprechenden Nachweis abhängig gemacht werden" kann.

90 S. § 53 Abs. 4 Satz 2 Nr. 3 BbgSchulG, § 70 Abs. 3 Satz 1 Nr. 2 HSchG.

91 § 70 Abs. 3 Satz 1 Nr. 1 HSchG; § 42 Abs. 7 Satz 3 HmbSG spricht von der „Ermöglichung altersangemessener Schulwege".

92 Die Berufstätigkeit beider Elternteile, die Erziehung nur durch einen Elternteil oder kürzere (Fahr-) Wege zwischen Elternhaus, Arbeitsplatz und Schule begründen i.d.R. keinen Härtefall. S. nur VG Koblenz, LKRZ 2011, 394; eine außergewöhnliche Härte hat das OVG Koblenz, NVwZ-RR 2000, 680, jedoch für die besondere Situation eines Legasthenikers anerkannt.

93 S. z.B. § 42 Abs. 7 Satz 3 HmbSG; §§ 6 Abs. 1 Satz 3 Nr. 2; Abs. 3 Satz 4, 10 Abs. 2 Satz 2 Nr. 3 brem Aufnahmeverordnung; zur Geschwisterkindregelung in Bremen s. auch OVG Bremen, Beschluss vom 4.9.2017, Az.: 1 B 155/17 (juris), Rn. 13. Dass das VG Hamburg dieses Kriterium nicht anerkannt hat, ist auf das Fehlen einer ausdrücklichen Regelung im Hamburgischen Schulgesetz gestützt worden, s. VG Hamburg, NVwZ-RR 2009, 208 (209).

94 S. § 55a Abs. 2 Satz 3 blnSchulG; die Zulässigkeit des Losverfahrens ist in der Rechtsprechung anerkannt, s. VG Hannover, NVwZ-RR 2009, 205 (207); VG Braunschweig, NVwZ-RR 2007, 324 (325); kritisch bezüglich der fehlenden Dokumentationspflicht bei der Durchführung des Losverfahrens *Huster/Kirsch* (Fn. 31), 212 (213).

95 So kann in Bayern gemäß Art. 44 Abs. 2 Satz 2 BayEUG die Aufnahme ab Jahrgangsstufe 10 versagt werden, wenn ein Schüler wegen einer vorsätzlich begangenen Straftat zu einer Freiheitsstrafe von mindestens einem Jahr rechtskräftig verurteilt worden ist, die Strafe noch der unbeschränkten Auskunft unterliegt und wenn nach der Art der begangenen Straftat durch die Anwesenheit des Schülers die Sicherheit oder die Ordnung des Schulbetriebs oder die Verwirklichung der Bildungsziele der Schule erheblich gefährdet wäre.

96 Ändert das aufnehmende Land im Rahmen eines Gastschulabkommens mit einem anderen Land seine Verwaltungspraxis hinsichtlich der Aufnahme von Schülerinnen und Schülern aus diesem Land, muss es bei der Entscheidung über die Aufnahme eines Gastschülers dessen Entfaltungsrecht aus Art. 2 Abs. 1 GG beachten. Die Wahrnehmung dieses Grundrechts setzt ein Mindestmaß an vorausschauender Planung voraus, in die eingegriffen wird, wenn die Grundlagen der bisherigen Planung unvorhergesehen verändert werden. In diesem Fall muss es dem Schüler, der seinen Aufnahmeantrag schon vor Änderung der Verwaltungspraxis gestellt hat, grundsätzlich möglich sein, gegenüber der ablehnenden Entscheidung, die ihn überraschend und unerwartet nachteilig trifft, Vertrauensschutz geltend zu machen. So BVerfG, NVwZ 1997, 781 (782); vgl. zum Recht eines Bundeslandes, den Zugang zu seinen Schulen nur auf Landeskinder zu beschränken: OVG Koblenz, NVwZ 2008, 1251. Im Übrigen können Dritte aus den zwischen einzelnen Bundesländern geschlossenen Gastschulabkommen mangels

18.226 Steht, wie in Nordrhein-Westfalen[97] oder Niedersachsen[98], im Bereich der Grund- und/oder Hauptschulen neben der Gemeinschaftsschule die *Bekenntnisschule* zur Verfügung, können die Eltern zwischen den vorhandenen Schulen unterschiedlicher Prägung wählen.[99] Gibt es in ihrer Gemeinde keine Schule ihrer Wahl, haben sie das Recht, ihr Kind in eine entsprechende Schule der Nachbargemeinde zu schicken.[100] *Bekenntnisfremde Kinder* können nicht verlangen, in die Schule einer anderen Konfession aufgenommen zu werden[101], es sei denn, dass weder eine Schule des eigenen Bekenntnisses noch eine Gemeinschaftsschule in zumutbarer Entfernung zu erreichen ist.[102] Werden, wie in Nordrhein-Westfalen üblich[103] und vom Gesetzgeber in Niedersachsen ausdrücklich zugelassen[104], auch bekenntnisfremde Kinder von einer öffentlichen Bekenntnisschule aufgenommen, ist das Aufnahmeermessen aufgrund der landesverfassungsrechtlichen Definition der Bekenntnisschule, die auf eine bekenntnishomogene Schülerschaft zielt, dahingehend eingeschränkt, dass bekenntnisangehörige Kinder vorrangig vor bekenntnisfremden Kindern aufzunehmen sind.[105]

Rechtsnormqualität der Abkommen keine Rechte herleiten: VG Hamburg, Beschluss vom 16.2.2017, Az.: 2 E 479/17 (juris), Rn. 21 ff.

97 S. Art. 12 Abs. 2 Satz 1, Abs. 3 Satz 2 nrw Verf., auch § 26 Abs. 1 Satz 1, Abs. 3 Satz 1 nrw SchulG.

98 S. §§ 129 ff. NSchG.

99 Kritisch zu den öffentlichen Bekenntnisschulen in Niedersachen und Nordrhein-Westfalen Martin *Thormann*, Kreuz, Kopftuch und Bekenntnisschule, DÖV 2011, 945 (950 f.): „Anachronismus".

100 § 26 Abs. 5 Satz 3 nrw SchulG. Zur Regelung des religiös-weltanschaulichen Charakters der Schulen in Nordrhein-Westfalen: BVerfGE 41, 88 (110 ff.).

101 Gleiches gilt für Kinder, die keiner Religion oder Weltanschauung angehören.

102 BVerfG, NVwZ 2018, 156 (158); nach der vorausgegangenen Entscheidung des BVerwG, NVwZ 2017, 1141 (1142), kommt die Aufnahme bekenntnisfremder Schülerinnen und Schüler zudem nur dann in Betracht, wenn die Eltern die Unterrichtung und Erziehung ihres Kindes nach den Grundsätzen des jeweiligen Bekenntnisses der Schule vorbehaltlos anerkennen. Kritisch gegenüber diesen Entscheidungen Hinnerk *Wißmann*, Teilnahme am Religionsunterricht – Zugangsvoraussetzungen in staatlichen Schulen?, ZevKR 2018, 209.

103 In Nordrhein-Westfalen beträgt der Anteil katholischer Schülerinnen und Schüler an öffentlichen katholischen Grundschulen lediglich 51,4 %, an evangelischen Grundschulen sind sogar nur 39,3% der Schülerinnen und Schüler evangelisch (*Ministerium für Schule und Weiterbildung des Landes Nordrhein-Westfalen*, Das Schulwesen in Nordrhein-Westfalen aus quantitativer Sicht 2016/17. Statistische Übersicht Nr. 395, Düsseldorf 2017, S. 26).

104 Nach § 129 Abs. 3 Satz 1 i.V.m. § 157 Abs. 1 Satz 1 NSchG darf der Anteil bekenntnisfremder Schülerinnen und Schüler allerdings 30% nicht überschreiten, wobei das Kultusministerium auf Antrag des Schulträgers und im Einvernehmen mit der Schule nach § 129 Abs. 3 Satz 2 i.V.m. § 1 Abs. 1 der nds Verordnung über die Aufnahme bekenntnisfremder Schülerinnen und Schüler in Grundschulen für Schülerinnen und Schüler des gleichen Bekenntnisses (Bekenntnisschulen-Aufnahmeverordnung) vom 11.8.2011 (Nds. GVBl. Nr. 19/2011 S. 278), zul.g.d. Art. 2 der Verordnung vom 22.1.2013 (Nds. GVBl. 2/2013 S. 23) befristet für vier Jahre Ausnahmen zugunsten von Schülerinnen und Schülern mit Migrationshintergrund oder sonderpädagogischem Unterstützungsbedarf zulassen kann.

105 OVG Münster, NVwZ-RR 2016, 581.

19. Kapitel: Unterricht und sonstige Schulveranstaltungen, Schutz- und Fürsorgepflichten der Schule

Die Schule ist eine Einrichtung zur Vermittlung von Wissen, Fähigkeiten und Fertigkeiten. Im Vordergrund des Schullebens steht deshalb der *Unterricht* (TZ 19.1). Darin aber erschöpft sich die Rolle der Schule nicht. Da sie die Kinder und Jugendlichen zu selbstverantwortlichen Mitgliedern der Gesellschaft heranbilden und ihnen dazu verhelfen muss, sich als nachwachsende Generation in die Gesellschaft zu integrieren, ist es wichtig, sie das Miteinander und Füreinander auch in sonstigen Aktivitäten der Klassen- und Schulgemeinschaft erfahren zu lassen. Diesem Ziel dienen insbesondere die *außerunterrichtlichen Schulveranstaltungen* (TZ 19.2). Die Schule ist, wie auch die Schulverwaltung, für ihre pädagogische und planende Arbeit auf verlässliche Informationen über Leistungsstand, Fähigkeiten und Persönlichkeitsmerkmale der Schülerinnen und Schüler angewiesen; zu diesem Zweck führt sie bei verschiedenen Anlässen *Schultests* durch (TZ 19.3). Nicht zuletzt hat die Schule die ihr anvertrauten Kinder und Jugendlichen im Rahmen ihrer *Schutzpflichten* vor Gefahren und Schäden zu bewahren, sie überdies aufgrund ihrer *Fürsorgepflicht* bei der Entwicklung der geistigen, seelischen und körperlichen Anlagen zu fördern; dies gilt umso mehr, als sie in wachsendem Umfang, vor allem in Ganztagsschulen, Betreuungsaufgaben auch auf dem Gebiet der Freizeitgestaltung übernehmen muss (TZ 19.4). Ihre Fürsorgepflicht erfüllt die Schule schließlich auch durch *Beratung* der Schülerinnen und Schüler in psychisch-sozialen Fragen und bei der Wahrnehmung individueller Bildungsmöglichkeiten (TZ 19.5).

19.1 Unterricht

19.11 Umfang des Unterrichts

19.111 Die Zahl der in einer Klasse zu erteilenden wöchentlichen Unterrichtsstunden und ihre Verteilung auf die einzelnen Fächer ergeben sich aus den vom Kultusministerium festgelegten *Stundentafeln* (TZ 4.121).

19.112 Schulen und Schulbehörden müssen dafür sorgen, dass das in den Stundentafeln festgelegte Unterrichtssoll auch tatsächlich eingehalten wird. Doch ergeben sich in der Praxis immer wieder Schwierigkeiten, weil Lehrkräfte wegen Erkrankung, Mutterschutz- und Elternzeiten oder Teilnahme an einem Fortbildungskurs verhindert sind. In nicht wenigen Ländern wirkt sich darüber hinaus in einzelnen Fächern wie Mathematik, Physik, Chemie der Mangel an einer ausreichenden Zahl von Lehrkräften nachteilig auf die Unterrichtsversorgung aus: Das vorhandene Personal reicht häufig nicht aus, die Stunden in der vorgesehenen Zahl zu erteilen. Die in den letzten Jahren verfügte Erhöhung der Pflichtstundenzahlen für Lehrkräfte, die mit einer Herabsetzung der Zahl der Ermäßigungsstunden einherging, wie auch die Vergrößerung der Klassenhöchststärken (vgl. TZ 4.15) haben diesen Mangel kaum zu beheben vermocht. So nimmt es nicht wunder, dass in vielen Schulen erhebliche Unterrichtsausfälle zu verzeichnen sind. Dabei handelt es sich nicht mehr nur um eine an dieser oder jener Schule gelegentlich anzutreffende vorübergehende Erscheinung, sondern um ein permanentes, politisch zwar nicht gewolltes, aber planmäßig in Kauf genommenes Defizit. Umso mehr gewinnt die Frage an Bedeutung, ob Schülerinnen und Schüler wie auch Eltern sich mit diesem Mangel abfinden müssen oder ob ihnen ein *Anspruch auf unverkürzten Unterricht* zusteht, den sie nötigenfalls mit Hilfe der Gerichte durchsetzen können.[1]

Dem einfachen Recht ist ein solcher Anspruch im Allgemeinen nicht zu entnehmen.[2] Auch die Kommission Schulrecht des Deutschen Juristentages hat Anfang der 80er Jahre des vorigen Jahrhunderts entgegen ursprünglichen Plänen davon abgesehen, ein subjektives Recht auf unverkürzten Unterricht zu normieren, weil es sich im Streitfall vor den Gerichten nicht verwirklichen lasse und weil es Situationen unvermeidbaren Unterrichtsausfalls gebe; sie hat es mit einer objektiv-rechtlichen Verpflichtung des Staates bewenden lassen, für einen Unterricht nach Maßgabe des jeweiligen Stundenrahmens und der Stundentafeln zu sorgen.[3]

Das schließt jedoch nicht aus, dass sich unter bestimmten Voraussetzungen ein Anspruch auf angemessene Unterrichtsversorgung unmittelbar aus der Verfassung, und zwar aus dem Recht des Schülers auf Bildung, herleiten lässt. Dieses Recht, das den Schülerinnen und Schülern einen Anspruch auf gleiche Teilhabe an den vorhandenen Bildungseinrichtungen vermittelt (TZ 2.224), erstreckt sich wenigstens auf das, was für alle Kinder und Jugendlichen Inhalt der Schulpflicht ist, bedeutet aber darüber hinaus, dass sie ihre Anlagen und Befähigungen in der Schule möglichst ungehindert entfalten und im Rahmen ihrer Eignung das angestrebte Bildungsziel erreichen können (TZ 18.1). Als Teilhaberecht besteht dieser Anspruch indes grundsätzlich nur im Rahmen der geltenden Bestimmungen und unter dem Vorbehalt des Möglichen.[4] Schulen und Schulverwaltung wären überfordert, könnten Schüler und Eltern von ihnen verlangen, den Stundenplan lückenlos einzuhalten. Sofern der Unterrichtsausfall sich in Grenzen hält und auf nicht oder nur schwer vorhersehbaren Umständen beruht (z.B. Krankheit einer Lehrkraft), sind solche Beeinträchtigungen hinzunehmen. Schüler und Eltern können allerdings verlangen, dass die Schulleitung bzw. die Schulverwaltung den Mangel soweit wie möglich gerecht verteilt, beispielsweise Verzerrungen im Unterrichtsangebot von Klassen derselben Jahrgangsstufe einer Schule oder auch im Angebot benachbarter Schulen derselben Schulart entgegenwirkt. Lassen sich Engpässe in der Unterrichtsversorgung auf andere Weise nicht beheben, muss die Schulaufsichtsbehörde nötigenfalls Mehrarbeit anordnen (vgl. TZ 29.238).[5]

Anders ist die Rechtslage zu beurteilen, wenn der Staat über längere Zeit Einschränkungen der Unterrichtsversorgung verursacht, die die Grenze des Schülern und Eltern Zumutbaren überschreiten. Nicht zumutbar sind Stundenausfälle, die zur Folge haben, dass Schülerinnen und Schüler das Bildungsziel zum Ende der Jahrgangsstufe oder gar zum Ende des Bildungsgangs nicht, jedenfalls nicht auf dem den Qualitätsanforderungen entsprechenden Niveau erreichen können. Sofern über mehrere Monate ein Großteil der in einem wichtigen Fach (z.B. Deutsch, Fremdsprache, Mathematik) zu unterrichtenden Stunden nicht erteilt wird, kann von einer quantitativ und qualitativ ausreichenden Bildungsarbeit nicht mehr die Rede sein. Indem der Staat durch die Stundentafeln die Anzahl der wöchentli-

---

1 Zum Für und Wider eines Rechts auf unverkürzten Unterricht Brun-Otto *Bryde,* Neue Entwicklungen im Schulrecht, DÖV 1982, 661 (673 f.); *Rux/Niehues,* Schulrecht, Rn. 787 ff.; ferner Johannes *Rux*, Schulrecht, in: Ehlers/Fehling/Pünder (Hrsg.), Besonderes Verwaltungsrecht. Bd. 3 (Kommunalrecht, Haushalts- und Abgabenrecht, Ordnungsrecht, Sozialrecht, Bildungsrecht, Recht des öffentlichen Dienstes), Heidelberg 2013, S. 1277, Rn. 129; Bernhard *Stüer,* Recht auf unverkürzten Unterricht, RdJB 1986, 282.

2 S. aber § 44 Abs. 2 Satz 1 BbgSchulG: „Anspruch auf Unterricht nach Maßgabe der für den gewählten Bildungsgang geltenden Stundentafel"; ähnlich § 69 Abs. 2 Satz 1 HSchG und § 53 Abs. 1 SchulG M-V, dort indes jeweils nur „im Rahmen der personellen, sächlichen und fachspezifischen Möglichkeiten der Schule".

3 DJT-SchulGE, § 52 (S. 89), S. 265 f.

4 *Rux* (Fn. 1), Rn. 129 f. S. auch die gesetzlichen Regelungen in Hessen und Mecklenburg-Vorpommern (Fn. 2).

5 Darüber hinaus ist die Schule verpflichtet, Eltern und Schüler rechtzeitig in geeigneter Weise über den drohenden Unterrichtsausfall und über geplante Gegenmaßnahmen zu informieren.

chen Unterrichtsstunden und ihre Verteilung auf die verschiedenen Fächer je nach Jahrgangsstufe und Schulart bestimmt (TZ 4.121), schreibt er ein Bildungsprogramm vor, das er für die Erreichung des Bildungsziels als notwendig erachtet.[6] Eben deshalb verpflichtet er die Schüler, an diesem Unterricht regelmäßig und pünktlich teilzunehmen (TZ 19.121). Wenn auch das Recht der Schülerinnen und Schüler auf Bildung keinen Anspruch auf einen unter allen Umständen und in jeder Hinsicht unverkürzten Unterricht vermittelt, so aber doch den Anspruch darauf, dass die Schule wenigstens so viel Unterricht erteilt, wie es zur Erreichung des Bildungsziels unerlässlich ist.[7] Wie viel Stunden für die Mindestversorgung erforderlich sind, ist von Fall zu Fall, gegebenenfalls unter Heranziehung von Sachverständigen, zu entscheiden.

Dieser Anspruch lässt sich auch gerichtlich durchsetzen. Das Gericht könnte auf entsprechenden Klageantrag die Schulbehörde verpflichten, Vorkehrungen zu treffen, dass im jeweiligen Fach ein ordnungsgemäßer Unterricht mit einem verbindlichen Stundensoll erteilt wird. Es wäre sodann Sache der Schulverwaltung, Mittel und Wege zu finden, dieser Verpflichtung nachzukommen.[8] Für den Fall, dass die Schulbehörde den Unterrichtsausfall nicht behebt, käme ein Schadensersatzanspruch aus Amtspflichtverletzung (§ 839 Abs. 1 Satz 1 BGB i.V.m. Art. 34 Satz 1 GG) in Betracht, der gegen den Staat als Dienstherrn der für den Unterrichtsausfall verantwortlichen Beamtinnen und Beamten in der Schulverwaltung zu richten wäre.[9]

19.12 Teilnahmepflichten der Schülerinnen und Schüler

19.121 Im Rahmen des Schulverhältnisses sind die Schülerinnen und Schüler, unabhängig davon, ob sie der Schulpflicht unterliegen oder nicht, *verpflichtet, regelmäßig und pünktlich am Unterricht teilzunehmen.*[10] Physische Anwesenheit allein genügt nicht. Sie müssen sich vielmehr am Unterricht beteiligen, die erforderlichen Arbeiten anfertigen und die Hausaufgaben erledigen. Die Eltern minderjähriger Schüler trifft eine Mitwirkungspflicht. Sie haben, wie auch die Arbeitgeber und Ausbilder berufsschulpflichtiger Schüler, für den Besuch der Schule Sorge zu tragen (TZ 17.132); außerdem müssen sie darauf achten, dass ihr Kind die ihm aufgegebenen sonstigen schulischen Pflichten erfüllt.[11]

---

6 Hierbei spielt es keine Rolle, ob die Stundentafeln wie etwa in Bayern (z.B. § 16 Abs. 1 Realschulordnung) durch Rechtsverordnung oder wie in den meisten anderen Ländern durch Verwaltungsvorschrift für verbindlich erklärt worden sind.

7 S. auch VGH Mannheim, Beschl. vom 18.3.1974, Az.: IX 961/73, SPE 350 Nr. 3, der bereits damals betonte, dass die staatliche Gestaltungsfreiheit im Schulwesen eine Grenze dort finde, wo durch schulorganisatorische Maßnahmen in der Unterrichtsversorgung der Erziehungsauftrag des Staates konkret und nachhaltig gefährdet, die Schüler möglicherweise in ihrem Recht auf eine ihrer Begabung entsprechende Erziehung und Ausbildung und die Eltern, die ihre Kinder der staatlichen Schulerziehung anvertrauen müssen, in ihrem Elternrecht unzumutbar beeinträchtigt würden.

8 So müssten z.B. zusätzliche Lehrkräfte befristet im Anstellungsverhältnis beschäftigt werden. Insoweit ähnelt die Situation den Problemen, vor denen solche Hochschulen stehen, die von den Verwaltungsgerichten in Numerus-clausus-Streitigkeiten zur Bereitstellung von Studienplätzen verurteilt werden.

9 Die Höhe des Schadens könnte beispielsweise in dem Entgelt bestehen, das für den ersatzweise zu erteilenden Privatunterricht zu zahlen ist.

10 Art. 56 Abs. 4 Satz 2 BayEUG, § 46 Abs. 2 Satz 1 bln SchulG, § 44 Abs. 3 Satz 1 BbgSchulG, § 28 Abs. 2 HmbSG, § 69 Abs. 4 Satz 1 HSchG, § 53 Abs. 2 Satz 1 SchulG M-V, § 58 NSchG, § 42 Abs. 3 Satz 2 nrw SchulG, § 64 Abs. 1 rp SchulG, § 30 Abs. 4 saarl SchoG, § 11 Abs. 2 Satz 1 sh SchulG, § 30 Abs. 1 ThürSchulG. Baden-Württemberg, Bremen und Sachsen unterscheiden zwischen der Teilnahmepflicht als Ausfluss der Schulpflicht und der Teilnahmepflicht für nicht (mehr) schulpflichtige Schüler aufgrund ausdrücklicher gesetzlicher Anordnung (§ 72 Abs. 3 bw SchG; §§ 55 Abs. 7 Satz 1, 58 BremSchulG; § 26 Abs. 2 sächs SchulG).

11 Z.B. § 69 Abs. 4 Satz 3 HSchG, § 53 Abs. 2 Satz 3 SchulG M-V, § 71 NSchG, § 65 Abs. 1 rp SchulG, § 46 Abs. 1 Nr. 1 sh SchulG.

19.122 Bei alternativen Unterrichtsangeboten (*Wahlpflichtfächern*) kann der Schüler selbst entscheiden, an welchem Unterricht er teilnimmt.[12] Das gilt vor allem für Wahlmöglichkeiten im Kurssystem der *gymnasialen Oberstufe* (TZ 3.511). Der Schüler – auch der minderjährige – belegt die Kurse eigenständig; er wird dabei von Tutoren beraten. Die Schule kann davon ausgehen, dass der minderjährige Schüler sich vor seiner Entscheidung mit den Eltern verständigt hat; erklären die Eltern, dass sie mit der Wahl des Schülers nicht einverstanden sind, und treffen sie eine andere Entscheidung, ist letztere maßgeblich. Auch bei freiwilligen Unterrichtsveranstaltungen (z.B. zusätzlich zu den Pflichtfächern angebotenen *Wahlfächern* oder freiwilligen Arbeitsgemeinschaften) entscheidet der Schüler über die Teilnahme; hat er sich für eine Teilnahme entschieden, ist er für den folgenden Unterrichtsabschnitt (zumeist das nächste Schulhalbjahr) zur Teilnahme verpflichtet.[13] Steht für alternative Unterrichtsangebote oder für zusätzliche Unterrichtsveranstaltungen auch nach Ausschöpfung aller vorhandenen Möglichkeiten nur eine begrenzte Anzahl von Plätzen zur Verfügung, müssen diese nach sachbezogenen Kriterien (z.B. nach der Reihenfolge der Meldungen) verteilt werden.[14]

19.123 Ist eine Schülerin oder ein Schüler durch *Krankheit* oder aus anderen zwingenden Gründen an der Unterrichtsteilnahme verhindert, haben die Eltern – bei Volljährigkeit die Schülerin bzw. der Schüler selbst – die Schule unverzüglich zu benachrichtigen. Die Form der Benachrichtigung (im Allgemeinen eine schriftliche „Entschuldigung"), die Voraussetzungen, unter denen die Schule ein privatärztliches oder schulärztliches (amtsärztliches) Zeugnis verlangen kann,[15] die Pflicht zur Nachholung versäumter Leistungsnachweise (z.B. Nachschreiben von Klassenarbeiten) usw. sind in Rechtsverordnungen oder Verwaltungsvorschriften geregelt.[16] Eine *kurzfristige Befreiung* vom Schulbesuch (*Beurlaubung*) kann aus wichtigen Gründen gewährt werden.[17] Die Beurlaubung ist rechtzeitig, in der Regel schriftlich zu beantragen.[18] Als Befreiungsgründe kommen u.a. in Betracht: familiäre Anlässe (z.B. Todesfall), Teilnahme an religiösen Veranstaltungen, außerschulischen Bildungsveranstaltungen, sportlichen Wettkämpfen, Tagungen der örtlichen Schülervertretung. Zur Befreiung von Unterrichtsfächern und sonstigen Schulveranstaltungen aus religiösen Gründen TZ 17.146; zur Beurlaubung von Schülern wegen Teilnahme an einer Schülerdemonstration TZ 21.242. Ein Anspruch auf Befreiung vom Schulbesuch unmittel-

---

12 Diese Wahlfreiheit darf weder positiv noch negativ durch sachlich ungerechtfertigte geschlechtsspezifische Differenzierungen beeinträchtigt werden. In diesem Sinne hatte der VGH München, JuS 1988, 645, eine nur für Mädchen verpflichtende Teilnahme am Handarbeitsunterricht in der Unterstufe des Gymnasiums als mit Art. 3 Abs. 2 GG unvereinbar erklärt: Eine solche im Hinblick auf die Belastung durch Schulstunden und Hausaufgaben nicht geringfügige Benachteiligung der Mädchen verstoße gegen die Gleichberechtigung der Geschlechter.

13 Z.B. § 46 Abs. 4 Satz 4 bln SchulG, § 43 Abs. 1 Satz 2 nrw SchulG, § 22 Abs. 2 Satz 2 saarl SchumG.

14 Zu den auch hierbei maßgeblichen Auswahlgrundsätzen vgl. TZ 18.223.

15 Die zwingende Forderung nach Vorlage einer ärztlichen Bescheinigung durch einen Schüler selbst in Fällen eines nur kurzzeitigen, etwa auf die erste Schulstunde beschränkten Fernbleibens vom Unterricht, ist in der Regel unverhältnismäßig. So VGH München, NVwZ-RR 2008, 787.

16 Z.B. einerseits (Rechtsverordnung) § 2 bw SchulbesuchsVO vom 21.3.1982 (GBl. S. 387), zul.g.d.VO vom 10.5.2009 (GBl. S. 229); §§ 27, 56 bay GymnasialschulO (GSO) vom 23.1.2007 (GVBl. S. 68), zul.g.d.VO vom 1.7.2016 (GVBl. S. 193); § 37 rp Übergreifende SchulO vom 12.6.2009 (GVBl. S. 224), zul.g.d.VO vom 3.6.2013 (GVBl. S. 257); § 2 sächs SchulbesuchsO vom 12.8.1994 (GVBl. S. 1565), zul.g.d.VO vom 4.2.2004 (GVBl. S. 66); § 5 ThürSchulO vom 20.1.1994 (GVBl. S. 185), zul.g.d.VO vom 7.7.2011 (GVBl. S. 208); andererseits (als Verwaltungsvorschrift) Abschnitt I.7 bln AV Schulbesuchspflicht vom 19.11.2014 (ABl. S. 2235).

17 Z.B. § 46 Abs. 5 Satz 1 bln SchulG, § 28 Abs. 3 HmbSG, § 69 Abs. 3 HSchG, § 43 Abs. 3 nrw SchulG (sogar „bis zur Dauer eines Schuljahres"), § 38 Abs. 1 Satz 1 rp Übergreifende SchulO. In Baden-Württemberg, Bayern, Sachsen und Thüringen ist eine Beurlaubung nur in begründeten, in besonders begründeten, in besonderen bzw. in dringenden Ausnahmefällen zulässig (§ 4 Abs. 1 Satz 1 bw SchulbesuchsVO, § 37 Abs. 3 Satz 1 bay GymnasialschulO, § 4 sächs SchulbesuchsO, § 7 ThürSchulO).

18 Zu den Folgen der Beurlaubung für die Aufsichtspflicht des Lehrers s. TZ 29.22.

bar vor und nach den Ferien wegen des von den Eltern geplanten Urlaubstermins besteht nicht.[19] *Die Schule kann den Unterricht vorübergehend ausfallen lassen*, wenn äußere Bedingungen seinem ordnungsgemäßen Ablauf entgegenstehen, z.B. bei Defekt der Heizung im Winter oder bei unzumutbar hohen Temperaturen im Sommer („hitzefrei").[20] Zu solchen Maßnahmen ist die Schule bei Gefährdung der Gesundheit der Schüler aufgrund der ihr obliegenden Fürsorge sogar verpflichtet.

19.13 Informationspflichten der Schule

19.131 Die Schule kann ihrer Aufgabe, zu selbständigem kritischen Urteil und zu eigenverantwortlichem Handeln zu erziehen, nur dann gerecht werden, wenn sie den *Schülerinnen und Schülern* – ihrer Altersreife entsprechend – begreiflich macht, wie (und warum so und nicht anders) sich das Unterrichtsgeschehen vollziehen soll und vollzieht. Die Schülerinnen und Schüler können verlangen, über Planung, Gestaltung und Verlauf des Unterrichts sowie die Auswahl der Unterrichtsstoffe informiert zu werden. Sie können ihre Meinung dazu äußern, Wünsche, Anregungen und Kritik vorbringen. Wenn ihre Vorschläge oder kritischen Äußerungen keine Berücksichtigung finden, sind ihnen die *Gründe* dafür zu *nennen*. Wenn sie glauben, Entscheidungen der Lehrkraft nicht akzeptieren zu können, haben sie das Recht der *Beschwerde* bei der Schulleitung, nötigenfalls bei der Schulaufsichtsbehörde. Entsprechendes gilt für die Erläuterung der Bewertungsmaßstäbe bei der Notengebung und bei sonstigen Beurteilungen. Diese *Informationsrechte* stehen den Schülern *einzeln und im Klassenverband* zu.[21] Der einzelne Schüler kann außerdem verlangen, über seinen persönlichen Leistungsstand informiert zu werden. Einige Länder haben diese Auskunftsrechte (dazu im Einzelnen TZ 20.214, 20.225, 20.236) in ihren Schulgesetzen ausdrücklich anerkannt.[22] Zum Anspruch des Schülers auf Einsicht in Schulgutachten, Schülerbögen, Prüfungsakten und sonstige Unterlagen TZ 20.57.

19.132 Auch die *Eltern* sind über den Unterricht, die Stoffauswahl und die Bewertungsmaßstäbe zu informieren.[23] Auch sie haben das Recht, *einzeln* in der Elternsprechstunde oder *gemeinsam* in der Elternversammlung ihre Meinungen, Wünsche, Anregungen und Kritik zu äußern und sich gegebenenfalls zu beschweren.[24] Sie können verlangen, über den

---

19 *Rux/Niehues,* Schulrecht, Rn. 365. VGH Mannheim, NVwZ-RR 2005, 721: Der Wunsch der Eltern, aus klimatischen und wirtschaftlichen Gründen sowie zur Bildung ihrer beiden grundschulpflichtigen Kinder mit diesen zusammen eine mehrwöchige Reise nach und durch Neuseeland zu unternehmen, kann keinen Anspruch auf eine zweiwöchige Beurlaubung vom Besuch der Schule im Zusammenhang mit den Weihnachtsferien begründen. – Zu den Sanktionen bei einer Zuwiderhandlung OLG Düsseldorf, NJW 1995, 2368, und NVwZ-RR 1996, 442 (vgl. TZ 17.5 vor TZ 17.51).

20 S. z.B. Abschnitt I.8 bln AV Schulpflicht; Nr. 4 nds RdErl. über Unterrichtsorganisation vom 20.12.2013 (SVBl. S. 49).

21 Zu den Mitwirkungsrechten der Vertretungsorgane der Schülerinnen und Schüler TZ 8.121.

22 Z.B. Art. 56 Abs. 2 BayEUG, § 47 Abs. 1 und 4 bln SchulG, § 46 Abs. 1 und 3 BbgSchulG, § 32 HmbSG, § 72 HSchG, § 55 SchulG M-V, § 44 Abs. 1 und 2 nrw SchulG, § 11 Abs. 3 Satz 3 sh SchulG, § 25 Satz 2 und 5 ThürSchulG.

23 Gesetzliche Regelungen über Informationspflichten der Schule und Informationsrechte der Eltern finden sich beispielsweise in § 47 Abs. 1 und 4 bln SchulG, § 46 Abs. 1 und 3 BbgSchulG, § 32 HmbSG, § 72 HSchG, § 55 SchulG M-V, § 96 Abs. 4 NSchG, § 44 Abs. 1 und 2 nrw SchulG, § 59 Abs. 5 SchulG LSA, § 11 Abs. 4 Satz 3 sh SchulG, § 31 Abs. 2 und 4 ThürSchulG. S. auch VG Münster, Urt. vom 10.1.2006, Az.: 1 K 2073/05 (juris): Die Festlegung der Art und Weise einer Information liegt grundsätzlich im pflichtgemäßen Organisationsermessen der Schule. Die Eltern können in der Regel nicht bestimmen, *wie* sie von der Schule zu informieren sind.

24 Es ist also nicht in jedem Fall eine individuelle Information vonnöten; die Schule darf auch in Elternversammlungen die Eltern gemeinsam informieren, sofern es der Gegenstand zulässt (also nicht bei persönlichen Angelegenheiten des einzelnen Schülers); vgl. dazu schon Ursula *Fehnemann,* Die Bedeutung des grundgesetzlichen Elternrechts für die elterliche Mitwirkung in der Schule, AöR 105 (1980), 529

Leistungsstand ihres Kindes informiert zu werden (TZ 18.215 und 20.237). Die meisten Länder räumen den Eltern die Möglichkeit ein, den Unterricht zu besuchen; Voraussetzung für die Wahrnehmung dieses *Hospitationsrechts* ist im Allgemeinen das Einvernehmen der Lehrkraft oder auch des Schulleiters und die Gewähr, dass der geordnete Unterrichtsbetrieb nicht unangemessen beeinträchtigt wird.[25] Zum Informationsanspruch der Eltern im Übrigen TZ 16.333.

Mit der Volljährigkeit des Schülers erlöschen die Informationsrechte der Eltern; doch kann die Schule, solange der Schüler nicht ausdrücklich widerspricht, sein Einverständnis unterstellen, dass sie den Eltern auch weiterhin Auskünfte erteilen darf. Über wichtige den volljährigen Schüler betreffende schulische Vorkommnisse muss bzw. soll sie die Eltern sogar in Kenntnis setzen (vgl. TZ 16.223) Zur Mitwirkung der Eltern volljähriger Schülerinnen und Schüler in der Elternvertretung TZ 8.216.

19.14 Inhaltliche Gestaltung des Unterrichts (politischer Unterricht, Sexualerziehung, Medienbildung), Teilnahme am Religionsunterricht

Schon mehrfach war davon die Rede, dass die Schule bei der inhaltlichen Ausgestaltung des Unterrichts dem *Gebot der Toleranz* Rechnung tragen und für die verschiedenen in der Gesellschaft vorhandenen Wertvorstellungen offen sein muss (TZ 2.224 und 5.12). Sie hat außerdem nach der ständigen Rechtsprechung des Bundesverfassungsgerichts die *Verantwortung der Eltern für den Gesamtplan der Erziehung* zu achten (TZ 16.33). Toleranz, Zurückhaltung, Sachlichkeit sind vor allem in weltanschaulich sensiblen Fächern und Lernbereichen, insbesondere im politischen Unterricht (TZ 19.141) und in der Sexualerziehung (TZ 19.142), gefordert. Für die Teilnahme am Religionsunterricht und für die Abmeldung von diesem Unterrichtsfach gelten besondere Regelungen (TZ 19.144). Zur Befreiung vom Sportunterricht TZ 17.146.

19.141 *Politischer Unterricht (Gemeinschaftskunde, Gesellschaftslehre)*[26] erschöpft sich nicht in einer Institutionenlehre, so wichtig diese angesichts der verbreiteten Unkenntnis über Organisation und Verfahren des parlamentarischen Regierungssystems auch ist. Das Interesse der Schülerinnen und Schüler ist zugleich auf die politische Realität, auch auf ihre Fehlentwicklungen zu richten. Die Lehrkraft muss Geist und Sinn der freiheitlichen demokratischen Grundordnung verdeutlichen.[27] Sie hat die Einsicht zu vermitteln, dass

---

(545); BayVerfGH, NJW 1980, 1838 (1839). – Zu den Mitwirkungsrechten der Vertretungsorgane der Eltern TZ 8.221.

25 Z.B. Berlin: § 47 Abs. 2 Satz 1 SchulG; Brandenburg: § 46 Abs. 2 BbgSchulG; Bremen: § 61 Abs. 2 BremSchulG (auch Anwesenheit bei Prüfungen möglich, allerdings nicht bei Prüfungen des eigenen Kindes); Hamburg: § 32 Abs. 1 Satz 4 HmbSG; Hessen: § 72 Abs. 2 Satz 2 HSchG; Nordrhein-Westfalen: § 44 Abs. 3 Satz 1 SchulG; Rheinland-Pfalz: § 2 Abs. 5 SchulG; Saarland: § 36 Abs. 2 Satz 2 SchumG; Sachsen-Anhalt: § 59 Abs. 6 SchulG; Schleswig-Holstein: § 11 Abs. 4 Satz 2 SchulG; Thüringen: § 31 Abs. 6 ThürSchulG. In Brandenburg und Hamburg können geeignete Eltern sogar aktiv am Unterricht mitwirken (§§ 7 Abs. 7 Satz 3, 68 Abs. 3, 91 Abs. 2 Satz 1 Nr. 6 BbgSchulG; § 88 Abs. 5 HmbSG).

26 Zum politischen Unterricht s. Beschluss der KMK vom 6.3.2009 „Stärkung der Demokratieerziehung" (KMK-BeschlS. Nr. 554); Wolfgang *Sander*, Politik in der Schule. Kleine Geschichte der politischen Bildung in Deutschland. 3. Aufl., Marburg 2013.

27 Nach der Rechtsprechung des Bundesverfassungsgerichts „lässt sich die freiheitliche demokratische Grundordnung als eine Ordnung bestimmen, die unter Ausschluss jeglicher Gewalt- und Willkürherrschaft eine rechtsstaatliche Herrschaftsordnung auf der Grundlage der Selbstbestimmung des Volkes nach dem Willen der jeweiligen Mehrheit und der Freiheit und Gleichheit darstellt. Zu den grundlegenden Prinzipien dieser Ordnung sind mindestens zu rechnen: die Achtung vor den im Grundgesetz konkretisierten Menschenrechten, vor allem vor dem Recht der Persönlichkeit auf Leben und freie Entfaltung, die Volkssouveränität, die Gewaltenteilung, die Verantwortlichkeit der Regierung, die Gesetzmäßigkeit der Verwaltung, die Unabhängigkeit der Gerichte, das Mehrparteienprinzip und die

die Demokratie vom Konflikt, aber auch vom Kompromiss lebt; dass die Mehrheit entscheidet und es gleichwohl einen Schutz der Minderheit gibt; dass die Funktionsfähigkeit des Rechtsstaats auch vom Rechtsgehorsam des Bürgers abhängt; dass die Bundesrepublik Deutschland ein Sozialstaat ist, der der Verwirklichung sozialer Gerechtigkeit zu dienen hat.[28] Bei der Auseinandersetzung mit politischen Fragen braucht die Lehrkraft mit ihrer persönlichen Meinung nicht hinter dem Berg zu halten, sie darf sie aber den Schülerinnen und Schülern nicht aufdrängen. Vor allem muss sie dafür sorgen, dass auch andere Auffassungen zur Geltung gelangen und dass die Schüler zu selbständigem Urteil finden. Von den Lehrerinnen und Lehrern wird somit im politischen Unterricht eine Erziehung im Sinne einer Identifikation mit der freiheitlichen demokratischen Grundordnung verlangt; verboten ist ihnen hingegen eine Erziehung im Sinne einer Identifikation mit einer bestimmten politischen Richtung oder Partei.[29] Zur politischen Betätigung der Lehrkräfte TZ 30.123, 30.124 und 30.125.

19.142 Dass der Staat aufgrund seines Bildungs- und Erziehungsauftrags (Art. 7 Abs. 1 GG) berechtigt ist, *Sexualerziehung* in der Schule durchzuführen, haben Bundesverfassungsgericht und Bundesverwaltungsgericht klargestellt.[30] Nach dieser Rechtsprechung ergeben sich allerdings aus dem Grundgesetz bestimmte *inhaltliche Anforderungen*. Diese lassen sich wie folgt zusammenfassen.

Die Eltern können Zurückhaltung und Toleranz verlangen. Die Schule darf die Schülerinnen und Schüler nicht mit dem Ziel indoktrinieren, ein bestimmtes Sexualverhalten zu befürworten oder abzulehnen. Sie hat das Schamgefühl der Kinder zu achten und muss allgemein Rücksicht nehmen auf die religiösen oder weltanschaulichen Überzeugungen der Eltern, soweit sie sich auf dem Gebiet der Sexualität auswirken. Nach der Rechtsprechung des Bundesverfassungsgerichts ist der erzieherische Gesamtplan der Eltern zu respektieren.[31] Eine einseitige Sexualerziehung, etwa in emanzipatorischer, repressionsfreier Richtung, überschritte die von der Verfassung gezogenen Grenzen.[32] Die Sexualerziehung muss überdies der Bedeutung, die das Grundgesetz dem Schutz von Ehe und Familie beimisst (Art. 6 Abs. 1 GG), entsprechen wie sie umgekehrt auch andere Formen sexueller Partnerschaft und Orientierung nicht ausgrenzen darf.

Schon bei der bloßen Wissensvermittlung sind Alter und Reifegrad des Schülers zu berücksichtigen[33]; das trifft umso mehr auf die eigentliche Sexualerziehung zu. Die Eltern haben einen Anspruch darauf, rechtzeitig und umfassend über den Inhalt und den methodisch-didaktischen Weg der Sexualerziehung *informiert* zu werden, damit es ihnen möglich ist, im Sinne ihrer eigenen Auffassungen und Überzeugungen über die Themen, die in der Schule behandelt werden sollen, auf ihre Kinder einzuwirken und so das ihnen nach dem

---

Chancengleichheit für alle politischen Parteien mit dem Recht auf verfassungsmäßige Bildung und Ausübung einer Opposition" (BVerfGE 2, 1 [12] – SRP-Urteil, BVerfGE 5, 85 [140] – KPD-Urteil, BVerfG, NJW 2017, 611 [618 ff.] – NPD-Urteil).

28 Zu den Verfassungsprinzipien der Demokratie, des Rechtsstaats und des Sozialstaats und zu ihrer Bedeutung für die Schule TZ 2.22.

29 Ingo *Richter*, Der Staat als Erzieher. Ist eine staatliche Erziehung zur Demokratie möglich?, RdJB 2015, 483 (487).

30 BVerfGE 47, 46 (71 ff.); BVerwGE 47, 194 (197); 57, 360 (364); vgl. ferner BVerfG, NJW 2009, 3151. S. auch das Urteil des Europäischen Gerichtshofs für Menschenrechte mit abweichender („persönlicher") Meinung des Richters Alfred. Verdross, EuGRZ 1976, 478, auszugsweise abgedruckt in RdJB 1977, 144. – Aus dem Schrifttum: Hans-Ulrich *Evers,* Die Befugnis des Staates zur Festlegung von Erziehungszielen in der pluralistischen Gesellschaft, Berlin 1979, S. 115 ff.; Gisela *Friesecke*, Das Bundesverfassungsgericht und Grundrechte bei der schulischen Sexualerziehung, DVBl. 2015, 680; *Rux/Niehues*, Schulrecht, Rn. 880 ff.

31 BVerfGE 47, 46 (77, 75).

32 BVerwGE 57, 360 (366).

33 BVerfGE 47, 46 (75).

Grundgesetz vorrangig zustehende individuelle Erziehungsrecht zur Geltung zu bringen.[34] Andererseits können weder sie noch die Schülerinnen und Schüler unter Berufung auf Grundrechte verlangen, dass die schulische Sexualerziehung von ihrer Zustimmung abhängig gemacht, dass ihnen die Möglichkeit der Befreiung eröffnet wird[35] oder dass sie gar von der Schulpflicht insgesamt freigestellt werden.[36] Auch ein Mitbestimmungsrecht der Eltern bei der Ausgestaltung der Sexualerziehung ist zu verneinen; das Elternrecht ist ein Individualrecht, das nicht durch Mehrheitsbildung ausgeübt werden kann[37] (vgl. TZ 16.35).

Weil die schulische Sexualerziehung das Elternrecht (Art. 6 Abs. 2 GG) und die Persönlichkeitsrechte der Schülerinnen und Schüler (Art. 2 Abs. 1 GG) in besonders starkem Maße berührt, ist der Landesgesetzgeber wegen des Grundsatzes vom *Vorbehalt des Gesetzes* (TZ 2.3) verpflichtet, die wesentlichen Entscheidungen selbst zu treffen. Zwar muss er nicht sämtliche Modalitäten dieses Unterrichts normieren. Formellgesetzlich zu regeln sind aber jedenfalls die für die Sexualerziehung relevanten Erziehungsziele in den Grundzügen, die Frage, ob Sexualerziehung als fächerübergreifendes Unterrichtsprinzip oder als besonderes Unterrichtsfach durchgeführt werden soll, das Gebot der Zurückhaltung und Toleranz sowie der Offenheit für die vielfachen im sexuellen Bereich möglichen Wertungen und das Verbot der Indoktrinierung der Schüler, ferner die Pflicht, die Eltern zu informieren.[38] Dagegen ist für die Unterrichtung über biologische und andere Fakten aus dem sexuellen Bereich keine besondere gesetzliche Grundlage erforderlich.[39]

Die *Sexualerziehung* ist inzwischen *in sämtlichen Ländern gesetzlich geregelt*.[40] Sie wird überall fächerübergreifend unterrichtet. Die gesetzlichen Vorschriften orientieren sich im

---

34 BVerfGE 47, 46 (76).

35 BVerfGE 47, 46 (77 f.); HessStGH, DVBl. 1985, 682. Das BVerwG hat in seiner neueren, die Integrationsfunktion der Schule hervorhebenden Rspr. („Krabat“: NVwZ 2014, 237; „Burkini“: BVerwGE 147, 362; dazu TZ 17.146) betont, dass Eltern wie auch Schülerinnen und Schüler nur in äußerst seltenen Ausnahmefällen unter Berufung auf religiöse Erziehungsvorstellung bzw. religiöse Verhaltensgebote eine Befreiung von Unterrichtsfächern und schulischen Veranstaltungen verlangen können. Überdies hatte das BVerwG schon in seinem Urteil vom August 1993 (BVerwGE 94, 82), durch das es dem Anspruch einer zwölfjährigen Schülerin islamischen Glaubens auf Befreiung vom koedukativen Sportunterricht seinerzeit noch stattgegeben hatte, in einem Obiter dictum zugleich klargestellt (E 94, 82 [92]), dass diese Entscheidung keine Weiterungen zulasse: Andere Einschränkungen des staatlichen Bildungs- und Erziehungsauftrags in Form einer Befreiung einzelner Schüler vom Unterricht seien in aller Regel auch nicht aus Gründen der Glaubensfreiheit zu rechtfertigen; das gelte selbst für die Einführung eines obligatorischen Sexualkundeunterrichts.

36 In den gerichtlichen Verfahren, in denen die generelle Befreiung von der Schulpflicht aus religiösen Gründen zugunsten des *Homeschooling* angestrebt wurde (dazu TZ 17.144), ist es nicht zuletzt die schulische Sexualerziehung, die wegen ihrer vermeintlich emanzipatorischen, auf sexuelle Freizügigkeit gerichteten Tendenz immer wieder den Stein des Anstoßes bildet.

37 BVerfGE 47, 46 (76).

38 BVerfGE 47, 46 (83); BVerwGE 47, 194 (198 f.); 57, 360 (363 f.).

39 BVerfGE 47, 46 (66 f., 84). – Ob die Unterscheidung des BVerfG zwischen bloßer Wissensvermittlung (Sexualkunde) und „eigentlicher“ Sexualerziehung wirklich tragfähig ist, erscheint zweifelhaft. Auch für die Darbietung sexueller Fakten kommt es auf die ihnen zugrunde gelegte Sinngebung und damit auf grundrechtlich relevante Wertungen an.

40 Baden-Württemberg: § 100b SchG („Familien- und Geschlechtserziehung“); Bayern: Art. 48 BayEUG („Familien- und Sexualerziehung“); Berlin: § 12 Abs. 7 SchulG; Brandenburg: § 12 Abs. 3 BbgSchulG; Bremen: § 11 BremSchulG; Hamburg: § 6 HmbSG; Hessen: § 7 HSchG; Mecklenburg-Vorpommern: § 6 SchulG; Niedersachsen: § 96 Abs. 4 NSchG; Nordrhein-Westfalen: § 33 SchulG; Rheinland-Pfalz: § 1 Abs. 3 SchulG; Saarland: § 15a SchoG; Sachsen: § 36 SchulG („Familien- und Sexualerziehung“); Sachsen-Anhalt: § 59 Abs. 5 SchulG; Schleswig-Holstein: § 4 Abs. 9 SchulG; Thüringen: § 47 Abs. 4 ThürSchulG. Im Schulgesetz Sachsen-Anhalts wird zwar Sexualerziehung als solche nicht ausdrücklich benannt; sie ist aber mittelbar dadurch erfasst, dass die Lehrerinnen und Lehrer vor allem in Unterrichtsfächern, „durch die das Erziehungsrecht der Erziehungsberechtigten in besonderer Weise berührt wird“, Inhalt, Planung und Gestaltung des Unterrichts mit den Klassenelternschaften erörtern müssen; dabei sind das Erziehungsrecht der Eltern und das Persönlichkeitsrecht der Schüler zu achten; ferner

Wesentlichen an den Grundsätzen des Bundesverfassungsgerichts und des Bundesverwaltungsgerichts. Das Gebot der Toleranz und Zurückhaltung ist nahezu überall – teils stärker, teils schwächer – betont. Die Informationspflicht gegenüber den Eltern wird in allen Gesetzen ausdrücklich hervorgehoben. Zumeist ist vorgeschrieben, dass die Sexualerziehung die Schülerinnen und Schüler mit den Fragen der Sexualität altersgemäß vertraut machen, ihr Bewusstsein für die grundlegende Bedeutung von Familie, Ehe und Partnerschaft und ihr Verantwortungsbewusstsein stärken soll. Baden-Württemberg, Bayern, Hessen, Niedersachsen, Rheinland-Pfalz, Sachsen und das Saarland unterstreichen in ihren Schulgesetzen die Förderung von Ehe und Familie als vorrangiges Ziel der Sexualerziehung. Demgegenüber soll sie in Berlin und Hamburg der Verschiedenheit und Vielfalt der Wertvorstellungen und Lebensweisen hinsichtlich der Sexualität Rechnung tragen; in Bremen ist sie dem Prinzip der sexuellen Selbstbestimmung aller Menschen verpflichtet und hat auch der Diskriminierung aufgrund sexueller Orientierung oder Identität entgegenzuwirken.

Die gesetzlichen Regelungen sind in einigen Ländern durch Richtlinien, Lehrpläne oder Bildungspläne konkretisiert worden.[41] Diese stimmen darin überein, dass die schulische Sexualerziehung auch die Verschiedenheit sexueller Beziehungen, Orientierungen und Identitäten zu thematisieren und auf Toleranz gegenüber nicht-heterosexuellen Lebensformen hinzuwirken hat. Diese Aufgabe der Sexualerziehung ist unstreitig. Umstritten ist hingegen, ob sie die Schülerinnen und Schüler auch zur *Akzeptanz*, also zur Bejahung sexueller Vielfalt erziehen soll.[42] Vor allem stellt sich die Frage, ob eine solche Sexualpädagogik, die alle Formen der Sexualität als gleichwertig erachtet, im Einklang mit dem Grundgesetz steht, das hinsichtlich der schulischen Sexualerziehung gemäß der Rechtsprechung des Bundesverfassungsgerichts Toleranz und Zurückhaltung, Beachtung der Bedeutung des Schutzes von Ehe und Familie sowie Rücksichtnahme auf das natürliche Erziehungsrecht der Eltern und deren religiöse und weltanschauliche Überzeugungen verlangt.[43]

---

sind Zurückhaltung, Offenheit und Toleranz gegenüber verschiedenen Wertvorstellungen in diesem Bereich geboten.

41 Z.B. Bayern: Bek. Vom 15.12.2016: Richtlinien für die Familien- und Sexualerziehung in den bayerischen Schulen; Hessen: Lehrplan Sexualerziehung für allgemeinbildende und berufliche Schulen in Hessen, verbindlich erklärt durch VO vom 19.8.2016 (ABl. S. 427); Nordrhein-Westfalen: RdErl. vom 30.9.1999: Richtlinien für die Sexualerziehung in Nordrhein-Westfalen; Rheinland-Pfalz: Rundschreiben vom 22.6.2009: Richtlinien zur Sexualerziehung für Schulen in Rheinland-Pfalz (ABl. S. 193); Saarland: Erl. betr. die Richtlinien zur Sexualerziehung an den Schulen des Saarlandes vom 4.6.2013 (ABl. II S. 603); Sachsen: Orientierungsrahmen für die Familien- und Sexualerziehung an sächsischen Schulen vom 22.12.2006 (MBl. S. 430); Sachsen-Anhalt: RdErl. vom 15.4.2015 (SVBl. S. 46); Thüringen: Thüringer Bildungsplan bis 18 Jahre, Fassung: Dezember 2016, S. 26 ff.: Geschlechtliche und sexuelle Vielfalt; der Bildungsplan, erarbeitet vom einem Konsortium, ist herausgegeben vom Thüringer Ministerium für Bildung, Jugend und Sport. In Baden-Württemberg gibt es inzwischen einen neuen Bildungsplan 2016 des Ministeriums für Kultus, Jugend und Sport sowie des Landesinstituts für Schulentwicklung, der sehr allgemein gehaltene „Leitperspektiven für Toleranz und Akzeptanz von Vielfalt" enthält, die auch für die Sexualerziehung maßgeblich sind.

42 Der Streit entzündete sich zuletzt in Hessen am neuen Lehrplan zur Sexualerziehung vom 19.8.2016. Danach soll Gegenstand der schulischen Sexualerziehung „die Vermittlung von Wissen über die Existenz unterschiedlicher Partnerschaftsformen und Verständnisse von Familie, sexuellen Orientierungen sowie geschlechtlichen Identitäten und deren Akzeptanz sein". – Eine „Sexualpädagogik der Vielfalt" wird insbesondere vertreten von Uwe *Sielert*, Einführung in die Sexualpädagogik. 2. Aufl., Weinheim und Basel 2015, sowie Elisabeth *Tuider*/Mario *Müller*/Stefan *Timmermanns*/Petra *Bruns-Bachmann*/ Carola *Koppermann*, Sexualpädagogik der Vielfalt. 2. Aufl., Weinheim und Basel 2012. „Die Implementation einer ‚Sexualpädagogik der Vielfalt' in den Schulen der Bundesländer. Inhalte, Absichten, Bewertungen" untersucht Werner J. *Patzelt* in: Arnd Uhle (Hrsg.), Sexuelle Vielfalt – Gegenstand staatlicher Erziehung? Grund und Grenzen der Sexualpädagogik in der staatlichen Schule, Berlin 2016, S. 11.

43 Kritisch zu einer Sozialpädagogik der Vielfalt Christian *Hillgruber*, Verfassungsrechtliche Grenzen der Sexualpädagogik in der staatlichen Schule, in: Arnd Uhle (Hrsg.), Sexuelle Vielfalt (Fn. 42), S. 131:

Schulische Sexualerziehung heißt nicht zuletzt, *dass es die Schule ist, die die Verantwortung für diese Aufgabe* trägt. Ihr darf sie sich nicht durch „Outsourcing" an außerschulische Institutionen oder Personen entledigen. Lehrkräfte können zwar die Unterstützung durch externe Sexualpädagogen in Anspruch nehmen, dürfen diesen aber die Sexualerziehung nicht ganz und gar überlassen. Die Lehrkraft muss während des Unterrichts präsent sein, um jederzeit intervenieren und nötigenfalls gegensteuern zu können.

19.143 Angesichts der zunehmenden Digitalisierung aller Lebensbereiche gehört die *Medienbildung*, vor allem die Vermittlung von Kompetenzen im Umgang mit digitalen Medien (Smartphones, Tablets, PCs usw.), zu den Aufgaben, deren sich auch die Schule annehmen muss.[44] Es geht darum, Schülerinnen und Schüler unabhängig von Herkunft und sozialem Status zu einer aktiven, selbstbestimmten Teilhabe in der digitalen Welt zu befähigen. Dazu gehört nicht zuletzt ein verantwortungsvoller Umgang mit sozialen Netzwerken wie Facebook und Instagram. Die Eltern können die Schule, etwa unter Berufung auf das vorbehaltlos gewährleistete religiöse Erziehungsrecht aus Art. 6 Abs. 2 i.V.m. Art. 4 Abs. 1 GG, nicht daran hindern, die Medienbildung in die Unterrichts- und Erziehungsarbeit einzubeziehen; auch können sie nicht verlangen, dass ihr Kind von der Teilnahme an diesem Unterricht befreit wird. (Zu den engen Grenzen einer Unterrichtsbefreiung mit Rücksicht auf religiöse Verhaltensgebote s. TZ 5.12 und 17.146). Doch sind es die Eltern, die im außerschulischen Bereich darüber entscheiden, ob, ab welchem Alter und wie sie ihre Kinder im Umgang mit digitalen Medien erziehen; schon deshalb empfiehlt sich eine Abstimmung zwischen Schule und Elternhaus, zumal die Eltern einen Anspruch auf Information über Inhalt und Methoden der Medienbildung haben (vgl. TZ 19.132).

Bislang sind digitale Medien in deutschen Schulen allerdings noch kein selbstverständlicher Bestandteil des Unterrichts.[45] Ob und wie weit sie in der schulischen Bildungs- und Erziehungsarbeit genutzt werden, bleibt weitgehend der Initiative einzelner Lehrkräfte überlassen. Auch fehlt es in den Schulen häufig an einem Medienkonzept. Nicht selten lassen Geräteausstattung und Netzzugang der Schulen zu wünschen übrig; in diesem Bereich hängt vieles von den Prioritäten und der Finanzkraft der kommunalen Schulträger ab. In den von den Kultusministerien der Länder erlassenen Lehrplänen (TZ 5.131) und in der Lehrerbildung (TZ 27.1) spielt die Vermittlung digitaler Kompetenzen immer noch eine geringe Rolle.

Im Dezember 2016 hat sich die Kultusministerkonferenz in einem Strategiepapier auf einen verbindlichen Rahmen für eine „Bildung in der digitalen Welt" verständigt.[46] Darin verpflichten sich die Länder, dafür zu sorgen, dass alle Schülerinnen und Schüler, die bis zum Schuljahr 2018/19 in die Grundschule eingeschult werden oder in die Sekundarstufe I eintreten, bis zum Ende der Pflichtschulzeit die in diesem Strategiepapier formulierten digitalen Kompetenzen erwerben. Medienbildung wird nicht einem gesonderten Unterrichtsfach, z.B. Medienkunde, zugeordnet; sie soll vielmehr integrativer Teil der Fachcurricula sämtlicher Fächer sein. In der fachspezifischen Lehrerbildung für alle Lehrämter sei die Entwicklung entsprechender Kompetenzen verbindlich festzulegen. Es

---

Der Staat müsse bestimmtes Sexualverhalten in seiner schulischen Sexualerziehung entschieden und strikt ablehnen, weil und soweit es mit der Unantastbarkeit der Menschenwürde oder der sexuellen Selbstbestimmung schlechthin unvereinbar sei; er habe auf der Gleichberechtigung der Geschlechter zu beharren und vor den Gefahren sexuellen Missbrauchs zu warnen (S. 150).

44 Gerd *Birkigt* (Hrsg.), Digitale Medien in der Schule, Stuttgart 2015; Julia *Gerick*/Birgit *Eickelmann*/ Winfried *Bos*, Vermittlung digitaler Kompetenzen als neues Handlungsfeld für Schule und Schulleitungen. Zentrale Ergebnisse der internationalen Schulleistungsstudie ICCS 2013, Stuttgart 2015.

45 Vgl. etwa die Studie der Deutschen Telekom Stiftung, Schule digital. Der Länderindikator 2015, Bonn 2015.

46 *KMK*, Bildung in der digitalen Welt. Strategie der Kultusministerkonferenz. Beschluss vom 8.12.2016.

sei Aufgabe der Länder, in den Lehrplänen der verschiedenen Fächer die angestrebten digitalen Medienkompetenzen der Schülerinnen und Schüler zu verankern sowie Aus- und Fortbildungsprogramme für Lehrkräfte auszuarbeiten und umzusetzen. Die KMK betont im Übrigen die Wichtigkeit des Datenschutzes im Umgang mit digitalen Medien und weist auf die Notwendigkeit einer Fortentwicklung des Urheberrechts hin, um die erlaubnisfreie Nutzung auch von Inhalten in digitaler Form zu ermöglichen. Nach Auffassung der KMK ist eine technische Grundausstattung der Schulen Ausgangspunkt und Voraussetzung allen digitalen Lehrens und Lernens. Hierzu zähle die Bereithaltung einer leistungsfähigen Netzinfrastruktur zur Nutzung digitaler Endgeräte. Darüber hinaus sei vor allem für den Bereich der beruflichen Bildung die Ausstattung mit realen und berufstypischen technischen Geräten und Anlagen sowie branchenspezifischer Software notwendig. In dieser Hinsicht seien die Voraussetzungen in den Ländern und Kommunen äußerst unterschiedlich. Manche Kommunen dürften in ihrer Finanzkraft überfordert sein, wenn es darum geht, für eine angemessene digitale Infrastruktur und Ausstattung der Schulen zu sorgen.

In diesem Zusammenhang wird es voraussichtlich heftigen Streit darüber geben, ob die kommunalen Schulträger auf den mit der Einführung digitaler Medien in die Unterrichtsgestaltung einhergehenden erheblichen Investitionskosten sitzen bleiben oder ob sie sich aufgrund des verfassungsrechtlichen Konnexitätsprinzips beim Land schadlos halten können.[47]

Es bleibt abzuwarten, ob die sich abzeichnenden finanziellen Belastungen von Ländern und Kommunen durch eine Beteiligung des Bundes verringert werden könnten. In diesem Zusammenhang ist auf eine Initiative des Bundesministeriums für Bildung und Forschung (BMBF) vom Oktober 2016 hinzuweisen. Um die Schulen in Deutschland flächendeckend in die Lage zu versetzen, digitale Bildung zu vermitteln, hatte das BMBF einen Digital-Pakt zwischen Bund und Ländern vorgeschlagen. Danach soll der Bund innerhalb von fünf Jahren insgesamt 5 Mrd. Euro in die digitale Infrastruktur der 40.000 Schulen investieren. Im Gegenzug sollen sich die Länder verpflichten, die entsprechenden pädagogischen Konzepte zu erarbeiten, Lehrkräfte fortzubilden sowie gemeinsame technische Standards festzulegen. Nach Ansicht des BMBF erlaubt Art. 91c GG, der eine Kooperation von Bund und Ländern auf dem Gebiet der informationstechnischen Systeme ermöglicht, ein solches Zusammenwirken. Ende Januar 2017 haben sich KMK und BMBF darauf verständigt, eine Bund-Länder-Vereinbarung zur Unterstützung der Bildung in der digitalen Welt im Bereich Schule zu erarbeiten. Sie haben eine gemeinsame Arbeitsgruppe auf Staatssekretärsebene eingesetzt, die sich auf der Grundlage von Art. 91 c GG über „Eckpunkte" für die Verwendung der Gelder verständigen sollte.[48]

---

47 Das in den Verfassungen sämtlicher Flächenländer verankerte Konnexitätsprinzip gewährleistet den kommunalen Gebietskörperschaften, denen der Landesgesetzgeber neue Aufgaben überträgt, hinsichtlich der dabei anfallenden Kosten einen Ausgleichsanspruch gegen den Staat. Z.B. Art. 71 Abs. 3 bw Verf., Art. 83 Abs. 3 bay Verf., Art. 137 Abs. 6 hess Verf., Art. 57 Abs. 4 nds Verf., Art. 78 Abs 3 nrw Verf., Art. 85 Abs. 1 und 2 sächs Verf., Art. 87 Abs. 3 Verf. LSA, Art. 49 Abs. 2 sh Verf. Es handelt sich um ein Problem, das auch im Zusammenhang mit der Einführung der Inklusion in einigen Ländern Konflikte ausgelöst hat (vgl. TZ 11.122).

48 Seit Frühjahr 2017 liegt eine unterschriftsreife Eckpunkte-Erklärung vor; zur allgemeinen Überraschung sah sich jedoch das BMBF außerstande, die Erklärung zu unterzeichnen. Inzwischen (Mai 2018) zeichnet sich ab, dass der geplante Digitalpakt nur ein Volumen von 3,5 Mrd. Euro umfassen wird; die erforderliche Verwaltungsvereinbarung dürfte frühestens in der zweiten Jahreshälfte 2018 zustande kommen. Als verfassungsrechtliche Grundlage dieser Vereinbarung soll nunmehr nach den Plänen der Bundesregierung Art. 104c GG in geänderter Fassung dienen, der es dem Bund ermöglicht, den Ländern Finanzhilfen für gesamtstaatlich bedeutsame Investitionen der Länder und Gemeinden im Bereich der kommunalen Bildungsinfrastruktur zu gewähren.

Weithin ungeklärt ist die Frage, wer über die digitale Infrastruktur und Ausstattung der Schulen zu entscheiden hat (Land oder kommunaler Schulträger) und wie weit die Schulen selbst an dieser Entscheidung zu beteiligen sind.

Auf der Ebene der Einzelschule können künftig Konflikte dadurch entstehen, dass sich einzelne Lehrkräfte unter Berufung auf die pädagogische Freiheit weigern, in ihrem Unterrichtsfach digitale Medien so zu verwenden, wie sie nach dem im Lehrplan vorgesehenen oder nach dem Medienkonzept der Schule zu nutzen sind. Doch gibt die pädagogische Freiheit Lehrerinnen und Lehrern nicht das Recht, sich über geltende Regeln hinwegzusetzen (vgl. TZ 30.711 und 30.712). Schulleitung und Schulaufsicht können die Lehrkraft daher verpflichten, sich an die Vorgaben des Lehrplans oder des schulischen Medienkonzepts zu halten. Ob damit allerdings der Medienbildung und der Qualität des Unterrichts gedient wäre, ist eine andere Frage.

19.144 *Der Religionsunterricht*[49] (dazu TZ 4.121) *ist Pflichtfach*. Die Eltern haben aber das Recht, über die Teilnahme des Kindes am Religionsunterricht zu bestimmen (Art. 7 Abs. 2 GG); sie können den Schüler *abmelden*. Die Einzelheiten ergeben sich aus dem Gesetz über die religiöse Kindererziehung (RKEG) vom 15.7.1921, das gemäß Art. 125 Nr. 1 i.V.m. Art. 74 Nr. 1 GG als Bundesrecht fortgilt.[50] Das bedeutet: Zunächst bestimmen die Eltern über die Teilnahme am Religionsunterricht (§ 1 RKEG). Nach Vollendung des zwölften Lebensjahres darf das Kind nicht gegen seinen Willen in einem anderen Bekenntnis als bisher erzogen, also auch nicht vom Religionsunterricht ab- oder in den eines anderen Bekenntnisses umgemeldet werden (§ 5 Satz 2 RKEG). Vom 14. Lebensjahr an ist der Schüler *religionsmündig*; er entscheidet allein über seine Teilnahme am Religionsunterricht (§ 5 Satz 1 RKEG).[51] In Bayern und im Saarland kann der Schüler erst mit 18 Jahren über seine Teilnahme am Religionsunterricht entscheiden.[52]

Die Religionsmündigkeit des minderjährigen Schülers bedeutet nicht, dass das *elterliche Erziehungsrecht* auf religiösem Gebiet schlechthin erlischt. Vielmehr gewährt das aus Art. 6 Abs. 2 Satz 1 GG folgende Recht auf Pflege und Erziehung des Kindes trotz seiner Einschränkung durch § 5 RKEG den Eltern weiterhin die Befugnis, den Schüler in seinen religiösen Bemühungen zu unterstützen und Rechte, die er auf diesem Gebiet beansprucht, mit der verwaltungsgerichtlichen Klage auch im eigenen Namen geltend zu machen.[53]

---

49 Dazu Christoph *Link*, Religionsunterricht, in: Joseph Listl/Dietrich Pirson (Hrsg.), Handbuch des Staatskirchenrechts der Bundesrepublik Deutschland. Bd. II. 2. Aufl., Berlin 1995, S. 439 (474 ff.); Uta *Hildebrand*, Das Grundrecht auf Religionsunterricht: Eine Untersuchung zum subjektiven Rechtsgehalt des Art. 7 Abs. 3 GG, Tübingen 2000; Stefan *Mückl*, Freiheit kirchlichen Wirkens, HdbStR VII, § 161 Rn. 28 ff.; Wilhelm *Rees*, Der Religionsunterricht und die katechetische Unterweisung in der kirchlichen und staatlichen Rechtsordnung, Regensburg 1986; *ders.*, Der Religionsunterricht, in: Joseph Listl/Heribert Schmitz (Hrsg.), Handbuch des katholischen Kirchenrechts. 2. Aufl., Regensburg 1999, S. 734; Reinhard *Schmoeckel*, Der Religionsunterricht. Die rechtliche Geltung nach Grundgesetz und Landesgesetzgebung, Neuwied 1964, sowie die übrige in den Fn. zu TZ 5.221 angegebene Literatur.

50 Zu diesem Gesetz Matthias *Jestaedt*, Das elterliche Erziehungsrecht im Hinblick auf Religion, in: Listl/Pirson (Fn. 49), S. 371 (386 ff.).

51 Zur Vereinbarkeit dieser Regelung mit Art. 6 Abs. 2 und Art. 7 Abs. 2 GG s. BGHZ 21, 340 (352 f.).

52 Art. 137 Abs. 1 bay Verf., Art. 46 Abs. 4 Satz 2 BayEUG; Art. 29 Abs. 2 Satz 3 saarl Verf., § 14 Abs. 1 Satz 2 saarl SchoG. – Es ist umstritten, ob Landesverfassungsvorschriften eine von den Regelungen des RKEG abweichende Altersgrenze festsetzen konnten. Nach der einen Auffassung ist das Grundrecht des Art. 7 Abs. 2 GG unter Heranziehung des RKEG auszulegen und steht demnach Schülern bereits vom 14. Lebensjahr an zu; in dieser Auslegung verdränge es gemäß Art. 31 GG die abweichenden landesverfassungsrechtlichen Bestimmungen (so u.a. *Schmoeckel* (Fn. 49), S. 108 f. Nach der anderen Ansicht gelten die landesverfassungsrechtlichen Normen gem. Art. 125 Nr. 2 GG als partielles Bundesrecht fort; dieser Ansicht zufolge haben sie in ihrem Geltungsbereich § 5 RKEG abgeändert (so u.a. Peter *Badura*, in: Maunz-Dürig. Grundgesetz. Kommentar, Art. 7 Rn. 84; *Jestaedt* (Fn. 50), S. 405 ff.

53 BVerwGE 68, 16 (18 f.).

Die Abmeldung vom Religionsunterricht hat in der Regel *schriftlich* zu erfolgen; in Baden-Württemberg müssen religionsmündige Minderjährige ihre Erklärung persönlich vor dem Schulleiter abgeben.[54] Regelungen, die eine Abmeldung nur zu Beginn eines Schul(halb)jahres zulassen[55], erscheinen aus verfassungsrechtlicher Sicht bedenklich. Schulorganisatorische Gesichtspunkte, so einleuchtend sie sein mögen, dürfen mit Rücksicht auf die überragende Bedeutung des Grundrechts der Glaubens- und Gewissensfreiheit (Art. 4 Abs. 1 GG) nicht dazu führen, dass auch nur vorübergehend ein Teilnahmezwang ausgeübt wird.[56] Im Übrigen ist die Abmeldung auch ohne Berufung auf weltanschauliche oder Gewissengründe zulässig. Art. 7 Abs. 2 GG steht zwar im Zusammenhang mit Art. 4 Abs. 1 GG, sieht jedoch – im Unterschied zum Grundrecht der Kriegsdienstverweigerung (Art. 4 Abs. 3 Satz 1 GG) – davon ab, hinsichtlich des Ablehnungsrechts nach der Art der Motive zu differenzieren. Daher sind Eltern und Schüler nicht verpflichtet, die Gründe ihrer Entscheidung mitzuteilen. Der Sache des Religionsunterrichts wäre zudem nicht damit gedient, wenn sie ihre Erwägungen offenbaren müssten; die Schüler würden entweder nur widerwillig am Unterricht teilnehmen oder aber Glaubens- und Gewissensgründe vorspiegeln.

Zum islamischen Religionsunterricht TZ 5.23. Zum religiös- und weltanschaulich neutralen *Ethikunterricht* als gleichwertiger Alternative zum Religionsunterricht s. TZ 5.24.

19.15 Rechtschreibreform

Zu den für den Unterricht relevanten Bestimmungen gehören auch die Regeln für die deutsche Rechtschreibung. Bis vor zwei Jahrzehnten waren die durch die Staatliche Orthographiekonferenz von 1901 festgelegten und von der Redaktion des „Duden" schrittweise weiterentwickelten Regeln maßgeblich. Auf der Orthographiekonferenz vom 12.11.1994 bis 24.11.1994 in Wien verständigten sich Fachleute und Vertreter staatlicher Stellen aus Deutschland, Österreich und der Schweiz auf neue Regelungen der Rechtschreibung. In ihrer Vereinbarung vom 1.12.1995 zur „Neuregelung der Rechtschreibung" beschloss die Kultusministerkonferenz, diesen Neuregelungsvorschlag als verbindliche Grundlage für den Unterricht in allen Schulen einzuführen. Die Kultusminister haben diesen Beschluss für ihr jeweiliges Land zum 1. August 1998 durch Erlass in Kraft gesetzt.

Die Einführung der Rechtschreibreform stieß in weiten Kreisen auf Ablehnung. Sie war Gegenstand heftiger Auseinandersetzungen, die in zahlreiche verwaltungsgerichtliche Verfahren mündeten. Die juristische Kontroverse konzentrierte sich auf die Frage, ob für die Einführung der Reform eine bloße Verwaltungsvorschrift genüge oder eine Regelung durch den Gesetzgeber erforderlich sei.[57] Das Bundesverfassungsgericht hat durch Urteil vom 14.7.1998 eine Verfassungsbeschwerde gegen die Einführung der Rechtschreibreform zurückgewiesen.[58] Nach seiner Auffassung genügte eine Regelung durch Verwaltungsvorschrift. Die Neuerung sei für die Ausübung der Grundrechte von Eltern und Schülern nicht von wesentlicher Bedeutung. Die landesschulgesetzlichen Regelungen über die Bildungs- und Erziehungsziele der Schule und über die Aufgaben der jeweiligen Schulart seien eine ausreichende gesetzliche Grundlage für die Einführung der Reform; eine besondere gesetzliche Regelung sei nicht erforderlich gewesen.

54 § 100 Abs. 2 SchG.
55 Z.B. § 100 Abs. 3 bw SchG (zu Beginn eines Schulhalbjahres).
56 A.A. *Rux/Niehues*, Schulrecht, Rn. 302, die die Festlegung von Fristen wegen der Notwendigkeit der Anpassung des Unterrichtsangebots an den Bedarf als „grundsätzlich zulässig" erachten.
57 Dazu seinerzeit vor allem Wolfgang *Kopke*, Rechtschreibreform und Verfassungsrecht, Tübingen 1995.
58 BVerfGE 98, 218.

Angesichts der sich hinziehenden öffentlichen Auseinandersetzungen über die Rechtschreibreform hatte die KMK im Juni 2004 beschlossen, einen *Rat für deutsche Rechtschreibung* einzurichten; dieser sollte vor allem auf die Klärung von Zweifelsfällen hinwirken. Der Rat überreichte am 27.2.2006 der KMK erste Empfehlungen zu Änderungen der eingeführten Regeln; sie betrafen vor allem die Groß- und Kleinschreibung sowie die Zusammen- und Getrenntschreibung von Wörtern. Die KMK hat den Empfehlungen am 3.3.2006 zugestimmt[59]; diesen Beschluss hat die Ministerpräsidentenkonferenz am 30.3.2006 bestätigt. Die Amtliche Regelung der deutschen Rechtschreibung in der Fassung von 2006 ist nunmehr die verbindliche Grundlage des Unterrichts in allen Schulen. Danach sind gerade im Bereich der Zusammen- und Getrenntschreibung viele alte – zunächst als nicht mehr zulässig vorgesehene – Schreibungen weiterhin erlaubt; somit gibt es zahlreiche Varianten, die den Schreibenden die Möglichkeit bieten, selbst darüber zu entscheiden, welche Schreibung sie bevorzugen. Es ist offensichtlich, dass den Lehrkräften wie auch den Schülerinnen und Schülern und nicht zuletzt den Schulbuchverlagen aufgrund der nunmehr möglichen Versionen die Orientierung an eindeutigen Regeln erschwert wird, zumal die maßgeblichen Wörterbücher („Wahrig" und „Duden") in ihren Empfehlungen die neuen Regeln sehr unterschiedlich umsetzen.

19.16 Hausaufgaben

Schülerinnen und Schüler sind verpflichtet, die ihnen gestellten Hausaufgaben[60] anzufertigen (TZ 19.121). Die *Grundsätze*, die die Lehrkräfte bei der Vergabe von Hausaufgaben zu beachten haben, sind in der Regel in Rechtsverordnungen oder Verwaltungsvorschriften festgelegt.[61] Danach sollen die Schüler durch die Anfertigung von Hausaufgaben die im Unterricht vermittelten Kenntnisse einüben und zu eigener Tätigkeit angeregt werden. Wichtig ist, dass sie von der Lehrkraft schon in der Grundschule angeleitet werden, mög-

59 KMK-BeschlS. Nr. 661.

60 Die Pflicht des Schülers, Hausaufgaben anzufertigen, ist inzwischen in den meisten Ländern gesetzlich geregelt: Berlin: § 46 Abs. 2 Satz 1 SchulG, Brandenburg: § 44 Abs. 3 Satz 1 BbgSchulG, Hamburg: § 28 Abs. 2 HmbSG, Hessen: § 69 Abs. 4 Satz 1 HSchG, Mecklenburg-Vorpommern: § 53 Abs. 2 Satz 1 SchulG M-V, Niedersachsen: § 58 NSchG, Nordrhein-Westfalen: § 42 Abs. 3 Satz 2 SchulG, Rheinland-Pfalz: § 64 Abs. 1 SchulG, Saarland: § 30 Abs. 4 SchoG, Schleswig-Holstein: § 11 Abs. 3 Satz 2 SchulG, Thüringen: § 30 Abs 1 Satz 2 ThürSchulG. – Ingo Richter, Bildungsrecht und Bildungspolitik, RdJB 1991, 490, nahm eine im Sommer 1991 erhobene Verfassungsbeschwerde eines Elternpaares, das sich durch die Erteilung von Hausaufgaben in seinem Elternrecht bzw. in seinem Gleichheitsgrundrecht (fünf schulpflichtige Kinder) verletzt sah, zum Anlass, für die Verhältnismäßigkeit der Erteilung von Hausaufgaben einzutreten und über ihre rechtlichen Grundlagen zu reflektieren. Seinen Ausführungen ist zumindest insoweit beizupflichten, als es verwundern muss, dass Hausaufgaben – obwohl sie einen erheblichen Teil der Zeit des Schülers in Anspruch nehmen – bislang „im Schatten der Aufmerksamkeit der Fachwelt" (der juristischen Literatur und der Rechtsprechung) gestanden haben und weiterhin stehen. – Auch in der empirischen Bildungsforschung gibt es nur vergleichsweise wenige Untersuchungen zum Thema Hausaufgaben. Einigkeit scheint insoweit zu bestehen, als der Umfang der Hausaufgaben keine oder sogar eine tendenziell negative Wirkung auf die Leistungsentwicklung der Schüler hat. Insbesondere für den Mathematikunterricht wurde nachgewiesen, dass es wichtiger ist, Hausaufgaben regelmäßig und häufig statt selten und umfangreich zu stellen. Vgl. Ulrich *Trautwein*, Hausaufgaben, in: Wolfgang Schneider/Marcus Hasselhorn (Hrsg.), Handbuch der Pädagogischen Psychologie, Göttingen 2008, S. 563; *ders.*/Olaf *Köller*/Jürgen *Baumert*, Lieber oft als viel. Hausaufgaben und die Entwicklung von Leistung und Interesse im Mathematikunterricht der 7. Jahrgangsstufe, ZfPäd 2002, 703.

61 Z.B. § 28 Schulordnung für schulartübergreifende Regelungen an Schulen in Bayern (BaySchO) vom 1.7.2016 (GVBl. S. 164, 241); Abschnitt 1 Nr. 5 bbg VV-Schulbetrieb vom 29.5.2010 (ABl. S. 154), zul.g.d.VV vom 10.9.2015 (ABl. S. 317); § 35 hess VO zur Gestaltung des Schulverhältnisses vom 19.8.2011 (ABl. S. 546), zul.g.d.VO vom 19.4.2014 (ABl. S. 234); nds. RdErl. über Hausaufgaben an allgemein bildenden Schulen vom 22.3.2012 (SVBl. S. 266); Nr. 4 nrw RdErl. Unterrichtsbeginn, Verteilung der Wochenstunden, Fünf-Tage-Woche, Klassenarbeiten und Hausaufgaben an allgemeinbildenden Schulen vom 5.5.2015 (ABl. S. 270); RdErl. LSA über Hausaufgaben an den allgemeinbildenden Schulen i.d.F. vom 26.5.1994 (SVBl. S. 204); § 57 ThürSchulO.

lichst *selbständig*, d.h. ohne Hilfe der Eltern, zu arbeiten.[62] Der pädagogische Zweck der Hausaufgaben wird verfehlt, wenn sie als Strafe oder als Mittel zur Wahrung der Disziplin („Strafarbeit“) eingesetzt werden.[63] Das ist vor allem dann der Fall, wenn dem Schüler mechanische Abschreibübungen ohne pädagogischen Wert auferlegt werden. Dagegen ist es zulässig, ihn aus Anlass eines Fehlverhaltens zu einer häuslichen Übungsarbeit zu verpflichten, deren Zweck gerade darin besteht, das in dem Fehlverhalten zum Ausdruck gekommene Bildungs- und Erziehungsdefizit auszugleichen. Die bearbeiteten Hausaufgaben sollen in den Unterricht einbezogen und regelmäßig von der Lehrkraft überprüft werden. Umfang und Schwierigkeitsgrad der Hausaufgaben müssen dem Leistungsstand der Schüler entsprechen; die Besonderheit der Schulart und der Jahrgangsstufe sind zu beachten. Die Schülerinnen und Schüler dürfen nicht überfordert und in ihrer Freizeit nicht unangemessen eingeschränkt werden. Bei Berufsschülern mit Teilzeitunterricht ist die Belastung des Schülers durch die betriebliche Ausbildung zu berücksichtigen. Sonntage, Feiertage und Ferien sind von Hausaufgaben freizuhalten.

Auch soweit die Länder in Verordnungen oder Verwaltungsvorschriften Richtwerte oder Höchstgrenzen für den zeitlichen Umfang der täglich zu erledigenden Hausaufgaben bestimmen,[64] überlassen sie es doch im Zeichen verstärkter schulischer Eigenständigkeit zumeist der *einzelnen Schule*, in der Regel der Schulkonferenz, *über Umfang und Verteilung der Hausaufgaben zu entscheiden.*[65]

19.17 Eigentum und Urheberrecht an Schülerarbeiten

Im Zusammenhang mit den von den Schülern im und für den Unterricht zu erbringenden schriftlichen und künstlerischen Leistungsnachweisen stellt sich die Frage nach der Zuordnung des Eigentums und des Urheberrechts an Schülerarbeiten.

19.171 *Schulhefte*, *Zeichnungen* u.ä. werden, selbst wenn das Arbeitsmaterial im Rahmen der Lernmittelfreiheit unentgeltlich bereitgestellt wird, durch die Benutzung und Bearbeitung *Eigentum des Schülers* (§ 950 Abs. 1 BGB). Die Schule ist also *nicht befugt*, Hefte und Zeichnungen *dauernd einzubehalten*. Entsprechende Anordnungen sind unwirksam, weil sie die Eigentums- und Urheberrechte des Schülers verletzen. Den Bedürfnissen der Schule wird durch zeitweilige Einbehaltung hinreichend Rechnung getragen.

---

62 Vgl. dazu die Empfehlungen der KMK zur Arbeit in der Grundschule vom 2.7.1970 (KMK-BeschlS. Nr. 130.2) unter Abschnitt VII. – Die von Eltern an die Schule gerichtete Forderung, ihnen eine Liste der von ihrem Kind in der Grundschule zu fertigenden Hausaufgaben mindestens einen Monat im Voraus zu übermitteln, widerspricht pädagogischen Erfordernissen; so VG Münster, Urt. vom 10.1.2006 Az.: 1 K 2073/05 (juris).

63 In einigen Ländern ausdrücklich für unzulässig erklärt, so in Nordrhein-Westfalen (Nr. 1.4 RdErl. vom 5.5.2015 [Fn. 61]): „Sie dürfen nicht dazu dienen, Fachunterricht zu verlängern, zu ersetzen oder zu kompensieren oder Schüler zu disziplinieren.“ Demgegenüber dürfen in Sachsen-Anhalt zusätzliche häusliche Übungsarbeiten als Erziehungsmittel angeordnet werden (Nr. 2 Satz 3 Buchst. d des RdErl. vom 26.5.1994 [Fn. 61].

64 In der Primarstufe und in der Sekundarstufe I z.B. Brandenburg: in den Jahrgangsstufen 1 und 2: 30 Minuten; in den Jahrgangsstufen 3 und 4: 45 Minuten; in den Jahrgangsstufen 5 und 6: 60 Minuten; in den Jahrgangsstufen 7 bis 10: 90 Minuten; Hessen: Jahrgangsstufen 1 bis 10: bis zu 1 Stunde; Niedersachsen: im Primarbereich: 30 bis 45 Minuten, im Sekundarbereich I: 1 bis 2 Stunden; Nordrhein-Westfalen: für die Klassen 1 und 2: 30 Minuten, Klassen 3 und 4: 60 Minuten, Klassen 5 und 6: 90 Minuten, Klassen 7 bis 10: 120 Minuten.

65 § 47 Abs. 5 Nr. 2 bw SchG, § 76 Abs. 1 Nr. 11 bln SchulG, § 91 Abs. 1 Satz 2 Nr. 8 BbgSchulG, § 36 Abs. 2 Nr. 5 BremSchVwG, § 129 Nr. 5 HSchG, § 76 Abs. 7 Nr. 2 SchulG M-V, § 34 Abs. 2 Nr. 5 Buchst. b NSchG, § 65 Abs. 2 Nr. 11 nrw SchulG, § 47 Abs. 2 Satz 3 Nr. 2 saarl SchumG, § 63 Abs. 1 Nr. 7 sh SchulG.

19.172 Die *zeitweilige Einbehaltung* ist aus schulischen Gründen (Kontrolle der Entwicklung des Schülers, pädagogische oder psychologische Auswertung, Verhütung missbräuchlicher Benutzung u.a.) und zur Sicherung der Beweismittel im Verwaltungsverfahren gerechtfertigt. Die zulässige Dauer der Einbehaltung richtet sich, soweit nicht besondere Vorschriften bestehen,[66] nach den sachlichen Notwendigkeiten. In der Regel sind die Arbeiten spätestens zum Ende des Schuljahres oder beim Ausscheiden aus der Schule auszuhändigen. Die Eltern als gesetzliche Vertreter des Kindes oder der volljährige Schüler können der Schule das Eigentum an der Schülerarbeit übertragen, indem sie z.B. auf die Rückgabe verzichten.

19.173 Die Schülerarbeiten, die *für die Schule angefertigt* worden sind (z.B. im Werkunterricht hergestellte Lernmittel und Ausstellungsstücke oder Zeichnungen zur Ausschmückung der Schule), werden Eigentum des Schulträgers. Hier ist die Schule, für die der Schüler die Arbeit anfertigt, als Hersteller im Sinne des § 950 Abs. 1 Satz 1 BGB anzusehen.

19.174 Prüfungsarbeiten werden aufgrund ihrer Zweckbestimmung *Bestandteil der Prüfungsakten* und gehen damit in das Eigentum des Landes über. Sie werden zusammen mit den Prüfungsakten aufbewahrt.

19.175 Das *Urheberrecht* an Schülerarbeiten steht dem Schüler auch dann zu, wenn sie Eigentum des Schulträgers oder des Landes geworden sind. Daher ist z.B. die Veröffentlichung von Schülerarbeiten in Büchern oder Zeitschriften nur mit Einwilligung, also mit vorheriger Zustimmung des Schülers, bei minderjährigen Schülern mit Einwilligung der Eltern, zulässig (§§ 15 Abs. 1 Nr. 2, 17 UrhG).

19.2 Schulveranstaltungen außerhalb des Unterrichts

Außerunterrichtliche Schulveranstaltungen sind ein wichtiges Element der Erziehungs- und Bildungsarbeit der Schule; sie ergänzen den Unterricht, fördern das schulische Gemeinschaftsleben und stärken die Persönlichkeitsentwicklung der Schülerinnen und Schüler.

19.21 Schülerkonzerte, Theateraufführungen, Ausstellungen u.ä.

In Schulveranstaltungen dieser Art erhalten Schülerinnen und Schüler Gelegenheit, Fähigkeiten und Fertigkeiten zum Ausdruck zu bringen, die sie im Unterricht nur begrenzt entfalten können; damit wird zugleich ein wichtiger Beitrag zur Öffentlichkeitsarbeit der Schule geleistet. Das Engagement der unmittelbar an der Vorbereitung und Durchführung solcher Aktivitäten beteiligten Kinder und Jugendlichen ist zunächst *freiwillig*; haben sie sich aber einmal zur Mitwirkung bereit erklärt, sind sie zur weiteren Teilnahme verpflichtet. So kann beispielsweise die Flötensolistin im Schulorchester nicht wenige Tage vor dem Konzert ohne zwingenden Grund ihren Part aufkündigen. Bei Gemeinschaftsveranstaltungen, wie Spielnachmittagen, Sportwettbewerben (Bundesjugendspielen) oder Abschlussfeiern, besteht Teilnahmepflicht jedenfalls dann, wenn sie für verbindlich erklärt worden sind.[67] Die Verpflichtung zur Teilnahme entfällt, wenn sie aus Kosten- oder anderen Gründen für Schüler und Eltern unzumutbar ist (TZ 17.131). Ist ein Schüler durch Krankheit oder aus anderen unabweisbaren Gründen verhindert, eine Schulveranstaltung

66 Z.B. § 56 Abs. 5 rp Übergreifende SchulO.

67 Vgl. z.B. § 44 Abs. 3 Satz 1 BbgSchulG, § 64 Abs. 1 rp SchulG, wonach die Schülerinnen und Schüler verpflichtet sind, nicht nur am Unterricht, sondern auch an den sonstigen „für verbindlich erklärten Schulveranstaltungen" teilzunehmen.

außerhalb des Unterrichts zu besuchen, muss die Schule unverzüglich benachrichtigt werden (vgl. TZ 19.123).

19.22 Schulwanderungen, Klassenfahrten, Schullandheimaufenthalte

Diese Gemeinschaftsveranstaltungen ergänzen den Unterricht und bereichern die Erziehungsarbeit der Schule.[68] Sie sollen den Schülern neue Erfahrungen vermitteln sowie gegenseitiges Verständnis und Gemeinschaftssinn fördern. Die Einzelheiten sind in Verwaltungsvorschriften geregelt.[69] Daraus ergeben sich die folgenden, weitgehend übereinstimmenden Grundsätze.[70]

19.221 *Schulwanderungen* dienen dem Kennenlernen natürlicher Landschaften. Ihre Zahl, Dauer und Zielsetzung sollen dem Alter der Schülerinnen und Schüler angemessen sein; dabei ist vor allem auf ihre altersbedingte Erlebnisfähigkeit Rücksicht zu nehmen. Für Schülerinnen und Schüler an Berufsschulen kommen Betriebsbesichtigungen anstelle der Schulwanderungen in Betracht. Nicht zuletzt mit Blick auf die Gewährleistung des *Unfallversicherungsschutzes* für die Schüler sowie die beamtenrechtliche Unfallfürsorge müssen Schulwanderungen grundsätzlich von der Schulleitung *genehmigt* werden; doch besteht Versicherungsschutz in der Regel auch bei Fehlen der erforderlichen schulaufsichtlichen Genehmigung, sofern nur ein innerer Zusammenhang mit der schulischen Tätigkeit gegeben ist (TZ 25.312). Art und Umfang der *Aufsicht* haben sich nach den konkreten Umständen zu richten; insbesondere sind mögliche Gefährdungen sowie Alter und Entwicklungsstand der Schüler, bei behinderten Schülern auch die Art und der Grad der Behinderung zu berücksichtigen (Einzelheiten zur Aufsichtspflicht der Lehrkraft unter TZ 29.22). Schulwanderungen werden in den unteren Grundschulklassen zumeist als Halbtagswanderungen unternommen; in den höheren Jahrgangsstufen kommen eintägige Fußwanderungen in Betracht. Die Eltern sind rechtzeitig zu informieren. Die Zahl der *Wandertage* beträgt je nach landesrechtlicher Regelung zwei bis vier, in Hessen sogar acht Tage je Schuljahr.

19.222 An die Stelle der Schulwanderungen treten in der Sekundarstufe I üblicherweise *Klassenfahrten*. Dabei handelt es sich um mehrtägige Reisen im Klassen- oder Kursverband, die mit der Unterrichtsarbeit unmittelbar zusammenhängen.[71] Klassenfahrten kommt vor allem in den Abschlussklassen der Sekundarstufe I und II große Bedeutung zu.

---

68 Torsten *Kleine*/Stephan *Rademacher*, Klassenfahrten. Ausgewählte Rechtsfragen, Schulmanagement 2006, 31; Johannes *Rux*, Klassenfahrten und andere Exkursionen, SchulVerwaltung NRW 2009, 51.

69 Z.B. Baden-Württemberg: VV über außerunterrichtliche Veranstaltungen der Schulen vom 19.10.1995 (ABl. S. 554), zul.g.d.VV vom 6.10.2002 (ABl. S. 324); Bayern: Durchführungshinweise zu Schülerfahrten. Bek. vom 9.7.2010 (KWMBl. S. 204; Hessen: Erl. über Schulwanderungen und Schulfahrten vom 7.12.2009 (ABl. S. 24); Mecklenburg-Vorpommern: VV über schulische Veranstaltungen außerhalb von Schulen (VVSchulf) vom 13.1.2014 (ABl. S. 8); Niedersachsen: RdErl. Schulfahrten vom 1.11.2015 (SVBl. S. 548); Nordrhein-Westfalen: RdErl. Richtlinien für Schulfahrten vom 19.3.1997 (GABl. S. 101), zul.g.d.RdErl. vom 26.4.2013 (ABl. S. 232); Rheinland-Pfalz: Richtlinien für Schulfahrten vom 4.11.2005 (GABl. 2006 S. 12), g.d.VV vom 2.10.2007 (ABl. S. 505); Sachsen: VV-Schulfahrten vom 7.4.2004 (ABl. S. 372), zul.g.d. VV vom 14.12.2015 (Abl.SDr. S. 407); Sachsen-Anhalt: RdErl. Richtlinien für Schulwanderungen und Schulfahrten vom 6.4.2013 (SVBl. S. 59).

70 In mehreren Ländern gehört es darüber hinaus zu den Aufgaben der Schulkonferenz, ihrerseits Grundsätze für die Durchführung von Schulwanderungen und Klassenfahrten festzulegen; z.B. § 47 Abs. 5 Nr. 5 bw SchG, § 91 Abs. 1 Satz 2 Nr. 9 BbgSchulG, § 33 Abs. 2 Satz 3 Nr. 7 BremSchVwG, § 129 Nr. 8 HSchG, § 76 Abs. 7 Nr. 4 SchulG M-V, § 47 Abs. 2 Satz 3 Nr. 4 saarl SchumG, § 63 Abs. 1 Nr. 20 sh SchulG.

71 In Nordrhein-Westfalen entscheidet die Schulkonferenz über die Dauer der Klassenfahrt; bei einer Dauer von mehr als zwei Wochen muss der darüber hinausgehende Teil in die Ferien gelegt werden (Nr. 2.3 der Richtlinien [Fn. 69]).

Die Veranstaltung von Klassenfahrten setzt nach den Richtlinien der Länder im Allgemeinen einen zustimmenden Beschluss der Klassenelternschaft – tunlichst in geheimer Abstimmung[72] –, in jedem Fall aber eine ausführliche und rechtzeitige Information der Eltern voraus. Die Schülerinnen und Schüler sind an der Vorbereitung zu beteiligen. Hat sich die Klassenelternschaft mehrheitlich für die Durchführung einer Schulwanderung ausgesprochen, kann diese nicht von einzelnen Eltern, die die pädagogische Zweckmäßigkeit anzweifeln, verhindert werden.[73] Ein Schüler, der grobes Fehlverhalten an den Tag legt, kann von der weiteren Teilnahme an der Klassenfahrt ausgeschlossen und auf Kosten der Eltern nach Hause geschickt werden.[74]

Die verantwortliche Lehrkraft – in der Regel die Klassenlehrerin oder der Klassenlehrer – tut gut daran, *Verträge mit Beherbergungs- und Beförderungsunternehmen* nicht im eigenen Namen abzuschließen, da sie sonst Gefahr läuft, bei Vertragsverletzung persönlich auf Schadensersatz in Anspruch genommen zu werden.[75] Deshalb ist darauf zu achten, dass rechtsgeschäftliche Erklärungen vom Schulleiter auf Kopfbogen der Schule – mit Wirkung für den Schulträger[76] – abgegeben werden.[77] Klassenfahrten sind Veranstaltungen im Rahmen des öffentlich-rechtlichen Schulverhältnisses; infolgedessen sind die Vorschriften des Bürgerlichen Gesetzbuchs über den Reisevertrag (§§ 651a bis 651l) nicht anwendbar.[78]

---

72 In Nordrhein-Westfalen bei mehrtägigen und bei mit erhöhten finanziellen Belastungen verbundenen Schulwanderungen gemäß Nr. 2.4 der Richtlinien (Fn. 68) zwingend vorgeschrieben.

73 BVerwG, NJW 1986, 1949.

74 Wird einem Schüler während einer Studienfahrt der Konsum von Haschisch nachgewiesen, kann er sofort auf eigene Kosten nach Hause geschickt werden (so VG Düsseldorf, Urt. vom 14.8.1998, Az.: 1 K 12848/96, SPE 158 Nr. 3). Ein Schüler kann auch von vornherein von der Teilnahme an einer geplanten Klassenfahrt ausgeschlossen werden, wenn aufgrund massiver Unterrichtsstörungen abzusehen ist, dass er ein undiszipliniertes und die Autorität der Lehrkraft missachtendes Verhalten an den Tag legen wird (so VG Berlin, Beschl. vom 30.6.2008, Az.: 3 A 219.08 [juris]); das gilt auch bei einem am Aufmerksamkeits-Defizit-Syndrom leidenden Schüler der Jahrgangsstufe 6 eines Gymnasiums, der in der Vergangenheit häufig den Unterricht und seine Mitschüler gestört hat; sein Ausschluss von einer Klassenfahrt ist aber nicht in erster Linie als eine Sanktion für Fehlverhalten, sondern als auch seinem eigenen Schutz dienendes Mittel der Gefahrenabwehr anzusehen (saarl VerfGH, Beschl. vom 8.9.2008, Az.: Lv 9/08 [juris]). Vgl. aber VGH München, BayVBl. 2006, 23: Verstößt ein Schüler mit dem Erwerb einer Soft-Air-Pistole im Ausland weder gegen strafrechtliche Bestimmungen noch gegen spezielle Anordnungen der Schulleitung oder Lehrkräfte und kommt es beim konkreten Umgang mit dem Spielzeug weder zu einer gezielten Bedrohung noch zu einer konkreten Gefährdung von Personen oder zu Sachbeschädigungen, ist ein Zurückschicken von der Klassenfahrt unverhältnismäßig.

75 Allgemein ist hier zur Vorsicht und zur Einhaltung der Formalien zu raten. Andernfalls könnte passieren, was einem Lehrer in dem vom VGH Kassel, NJW 1990, 202, entschiedenen Fall widerfahren ist. Dieser hatte einen von ihm gebuchten Schullandheimaufenthalt wegen mangelnder Beteiligung der Schüler absagen müssen und wurde daraufhin vom Träger des Schullandheims mit Erfolg wegen der Ausfallkosten in Anspruch genommen. Ein Ersatzanspruch des Lehrers gegen den Dienstherrn musste entfallen, da er zuvor weder eine Anerkennung als Schulveranstaltung beantragt noch eine Zustimmung der Erziehungsberechtigten eingeholt hatte; zudem hatte er versäumt, den vorgeschriebenen Finanzierungsplan zu erstellen.

76 Anders in Niedersachsen. Zwar haben die Schulträger im Rahmen ihrer Haushaltsmittel Beihilfen für Schülerinnen und Schüler bei Schulfahrten zu gewähren; die zur Durchführung von Schulfahrten erforderlichen Verträge werden von der Schule gleichwohl „im Namen des Landes" abgeschlossen (§ 113 Abs. 4 NSchG).

77 Allerdings wird der Schulträger aus dem vom Schulleiter abgeschlossenen Beherbergungsvertrag nur dann verpflichtet, wenn sein zuständiges Vertretungsorgan den Schulleiter dazu bevollmächtigt hat; bei einer im Streit befindlichen größeren Summe kann auch nicht davon ausgegangen werden, dass der Abschluss des Beherbergungsvertrags zu den laufenden schulischen Angelegenheiten gehört, in denen der Schulleiter den Schulträger rechtsgeschäftlich vertreten darf (so OLG Hamm, NJW 1986, 1943).

78 Bei Reisen in einen anderen Mitgliedstaat der Europäischen Union außerhalb des Schengen-Gebiets können sich Probleme ergeben, wenn der Reisegruppe ausländische Schüler angehören, die keine Unionsbürger sind. Durch Beschluss des Rates der EU vom 30.11.1994 über „gemeinsame Maßnahmen über Reiseerleichterungen für Schüler von Drittstaaten mit Wohnsitz in einem Mitgliedstaat" (ABl. L 327 vom 19.12.1994) ist die Grenzabfertigung für diese Schüler jedoch erleichtert worden: Die Schule reicht bei der zuständigen Ausländerbehörde eine Liste mit den Namen aller mitreisenden Schüler ein,

Als Übernachtungsstätten werden in den Richtlinien der Länder vorzugsweise Jugendherbergen empfohlen. Erstreckt sich die Wanderung über einen Sonntag oder kirchlichen Feiertag, ist den Schülern Gelegenheit zum Besuch des Gottesdienstes zu geben. Entsprechendes gilt an einem Freitag für Schüler muslimischen Glaubens, sofern in erreichbarer Entfernung eine Moschee vorhanden ist.

Gemeinschaftliche Wanderungen von Schülern und Lehrkräften in den Schulferien sind keine Schulveranstaltungen und stehen außerhalb der Verantwortung der Schule.

19.223 Der Aufenthalt im *Schullandheim*[79] ist eine Fortführung des Unterrichts in besonderer Form. Der Stundenplan ist aufgelockert, der Lehrplan richtet sich weitgehend nach der Umwelt des Heimes; Unterricht im Freien und sportliche Betätigungen nehmen breiten Raum ein (vgl. TZ 3.723). Die für Klassenfahrten maßgeblichen Grundsätze (TZ 19.222) gelten entsprechend.

19.224 In den meisten Ländern sind *Schülerinnen und Schüler grundsätzlich zur Teilnahme* an den in TZ 19.221 bis 19.223 genannten Schulveranstaltungen *verpflichtet*.[80] Es sind gerade Klassenfahrten, die zu den besonders integrationsfördernden Veranstaltungen gehören; sie lassen die Schülerinnen und Schüler das Miteinander verschiedener Kulturen im Einüben von Toleranz, Offenheit und Gleichberechtigung der Geschlechter erfahren.[81] Häufig ergibt sich aber das Problem, dass Kinder aus muslimischen Familien, zumeist Mädchen, nicht an Klassenfahrten teilnehmen dürfen, weil ihre Eltern sie „abmelden".[82] Nach der neueren Rechtsprechung des Bundesverwaltungsgerichts zur Schulpflicht und ihrer Bedeutung für die Integrationsaufgabe der Schule[83] muss eine Befreiung von der Pflicht zur Teilnahme an einer Klassenfahrt wegen befürchteter Beeinträchtigungen religiöser Erziehungsvorstellungen die Ausnahme bleiben. Zwar hat die Schule etwa dafür zu sorgen, dass muslimische Kinder während der Fahrt die durch den Islam vorgeschriebenen täglichen Waschungen und Gebete vornehmen sowie die Speisegebote (Vermeidung von Schweinefleisch) einhalten können. Vor allem muss sie die Eltern von der pädagogischen und sozialen Bedeutung der Fahrt für die Entwicklung ihres Kindes überzeugen. Sind aber die Eltern zu keinem Entgegenkommen bereit, kommt eine Befreiung nur dann in

---

anhand derer sich die Schüler identifizieren lassen und die den Zweck und die Umstände des beabsichtigten Auslandsaufenthalts oder der Durchreise belegt. Auf der Liste ist außerdem für jeden Schüler ein Lichtbild anzubringen, sofern er sich nicht durch ein gültiges Reisedokument ausweisen kann. Die Ausländerbehörde muss sodann bestätigen, dass die mitreisenden Schüler aus einem Drittstaat in Deutschland wohnhaft und zur Wiedereinreise berechtigt sind.

79 KMK-Beschluss „Zur pädagogischen Bedeutung und Durchführung von Schullandheimaufenthalten" vom 30.9.1983 (KMK-BeschlS. Nr. 736).

80 Vgl. Nr. 4.2 der nrw RL und Nr. 4.2 RL LSA (jeweils Fn. 69), wonach die Schülerinnen und Schüler zur Teilnahme verpflichtet sind. In den Vorschriften der meisten anderen Länder ergibt sich der Grundsatz der Teilnahmepflicht daraus, dass die Verpflichtung, einen anderen Unterricht zu besuchen, nur für solche Schüler gilt, die „in begründeten Ausnahmefällen", „in besonderen Ausnahmefällen", „aus wichtigem Grund" oder „aus gesundheitlichen oder anderen wichtigen Gründen" an der Schulwanderung nicht teilnehmen können. In Brandenburg und Rheinland-Pfalz müssen die Schülerinnen und Schüler an Schulwanderungen und Klassenfahrten teilnehmen, wenn diese Veranstaltungen für verbindlich erklärt worden sind (§ 44 Abs. 3 Satz 1 BbgSchulG, § 64 Abs. 1 rp SchulG). Demgegenüber ist in Niedersachsen nur die Teilnahme an Schulfahrten ohne Übernachtung für Schülerinnen und Schüler (wie auch für Lehrkräfte) verbindlich, die Teilnahme an Schulfahrten mit Übernachtung hingegen freiwillig (so Nr. 6 des RdErl. [Fn. 69]).

81 Hierzu eindringlich Friedhelm *Hufen*, Staatsrecht II. Grundrechte, 5. Aufl., München 2016, § 22 Rn. 47.

82 Zweifel an der Glaubhaftigkeit der Begründung der „Abmeldungen" von Klassenfahrten ergeben sich vor allem dann, wenn sie auf den von einem Imam unterschriebenen Vordrucken erklärt werden, in denen pauschal die Unvereinbarkeit einer Klassenfahrt mit dem Koran behauptet wird.

83 S. die beiden Urteile vom 11.9.2013, „Krabat": NVwZ 2014, 237, und „Burkini": BVerwGE 147, 362; dazu ausführlich TZ 17.146.

Betracht, wenn die behauptete Beeinträchtigung religiöser Erziehungsvorstellungen von besonders gravierender Intensität ist.[84]

Für die (Klassen-)Lehrerinnen und Lehrer gehört die *Teilnahme* an diesen Veranstaltungen *zu den dienstlichen Aufgaben*. Es handelt sich mithin um eine *Dienstreise*. Bei der Genehmigung der Dienstreise einer teilzeitbeschäftigten Lehrkraft hat der Schulleiter darauf zu achten, dass sie im Verhältnis zur Zahl der wöchentlichen Pflichtstunden nur in entsprechend größeren Zeitabständen an mehrtägigen Schulwanderungen teilnimmt; soweit dies im Einzelfall nicht möglich ist, ist für einen innerschulischen Ausgleich insbesondere bei den außerunterrichtlichen Aufgaben zu sorgen.[85] Einen Anspruch auf Mehrarbeitsvergütung haben teilzeitbeschäftigte beamtete Lehrkräfte nicht.[86]

19.225 Die für die Schülerinnen und Schüler anfallenden *Kosten* sind von den Eltern zu tragen (§§ 1601, 1602, 1610 Abs. 2 BGB).[87] Aus der Schulgeldfreiheit (dazu TZ 23.1) ergibt sich kein Anspruch auf Übernahme der Aufwendungen für eine Klassenfahrt durch die Schule; die Schulgeldfreiheit entbindet allein von der Verpflichtung, eine Gebühr als Nutzungsentgelt für den Besuch der Schule zu entrichten. Doch besteht für Kinder von Hartz-IV-Empfängern gemäß § 28 Abs. 2 Satz 1 SGB II ein Anspruch gegen den Träger der Grundsicherung für Arbeitsuchende auf Übernahme der Kosten für Schulausflüge und mehrtägige Klassenfahrten „im Rahmen der schulrechtlichen Bestimmungen".[88] Dieser Anspruch kann unabhängig von den übrigen Grundsicherungsleistungen geltend gemacht werden. Eine Begrenzung im Hinblick auf die Höhe der Kosten ist dem Gesetz nicht zu entnehmen; sieht das Landesschulrecht aber eine finanzielle Obergrenze für Klassenfahrten vor, muss der Hartz-IV-Leistungsträger darüber hinausgehende Kosten nicht ersetzen.[89] Einige Länder sehen solche Höchstgrenzen vor.[90] Dadurch soll erreicht werden, dass der Aufwand allen Teilnehmenden zumutbar ist. Im Übrigen kann auch der Schulverein (Förderverein), soweit vorhanden (dazu TZ 12.222), unterstützend tätig werden.

Zur Reisekostenvergütung für die Lehrkräfte s. TZ 31.131 und 31.216.

---

84 So – in Anlehnung an die Rspr. des BVerwG – OVG Bremen, NordÖR 2014, 92. Vgl. demgegenüber die frühere Rspr. des OVG Münster, NJW 2003, 1754: Das Gericht billigte einem muslimischen Mädchen der 10. Jahrgangsstufe zu, dass es wegen der bei einer Klassenfahrt zu befürchtenden Gefährdungen ihres Glaubens unter Zwängen und Ängsten leide, die Krankheitswert erreichten, so dass sie aus gesundheitlichen Gründen an der Teilnahme verhindert sei. Kritisch zu diesem Beschluss Stephan *Rixen*, Krankheit oder Glaubensfreiheit?, NJW 2003, 1712.

85 Vgl. Nr. 4.1 Satz 4 und 5 der nrw Richtlinien (Fn. 69).

86 So BVerwG, DVBl. 2005, 453, in Abgrenzung zur Rechtsprechung des Bundesarbeitsgerichts (BAGE 98, 368), nach dessen Entscheidung teilzeitbeschäftigte Lehrkräfte im Angestelltenverhältnis für die Dauer der Teilnahme an ganztägigen Klassenfahrten wie vollzeitbeschäftigte Lehrkräfte zu vergüten sind. S. aber zur Mehrarbeitsvergütung für teilzeitbeschäftigte Lehrkräfte, die Unterricht über die Pflichtstundenzahl hinaus erteilen, TZ 31.117.

87 Eine schriftliche Anmeldung zur Klassenfahrt enthält grundsätzlich zugleich die verbindliche Zusage der Eltern, für ihr Kind anfallende Kosten auch dann zu übernehmen, wenn dieses krankheitsbedingt die Fahrt nicht antreten kann (so OVG Koblenz, Urt. vom 9.10.2003, Az.: 2 A 11188/03, SPE 770 Nr. 35).

88 Gleiches gilt gemäß § 34 Abs. 1 Satz 1 SGB XII bei Kindern von Sozialhilfeempfängern. Der Anspruch ist nach § 6 Abs. 1 Satz 1 Nr. 2 i.V.m. § 28 Abs. 2 Satz 1 SGB II bzw. nach § 3 SGB XII gegenüber dem örtlich zuständigen Sozialamt geltend zu machen.

89 So Hess LSG, NVwZ-RR 2009, 959.

90 In Hessen z.B. dürfen die Gesamtkosten für die Eltern bei langfristiger Ansparung bei Inlandsfahrten den Betrag von 300 Euro nicht übersteigen; so VI. Nr. 2 des hess Erlasses über Schulwanderungen und Schulfahrten (Fn. 68).

19.23 Betriebspraktika

Betriebspraktika sind vorzugsweise für Schülerinnen und Schüler allgemeinbildender Schulen ab Jahrgangsstufe 8 bestimmt. Sie vermitteln exemplarisch Einsichten in die Arbeitswelt und tragen zur Orientierung des Schülers bei der Berufswahlentscheidung bei. Die während des Betriebspraktikums gesammelten Erfahrungen und Erkenntnisse sind im Unterricht auszuwerten. Die Kultusministerien der Länder haben die Einzelheiten durch Verwaltungsvorschriften geregelt.[91] Daraus ergibt sich im Wesentlichen Folgendes.

Betriebspraktika dauern, von Land zu Land verschieden, zwei bis vier Wochen. Die Schüler sind *zur Teilnahme verpflichtet*. Die Zahlung einer Vergütung ist unzulässig. Gegen Unfälle sind die Praktikanten im Rahmen der *gesetzlichen Schülerunfallversicherung* geschützt (vgl. TZ 25.312). Von möglichen Schadensersatzansprüchen, z.B. wegen nicht sachgemäßer Handhabung eines Arbeitsgeräts, sind sie durch Abschluss einer *Haftpflichtversicherung* freizustellen; sofern nicht das Land eine pauschale Haftpflichtversicherung abgeschlossen hat[92], ist es Sache der Schule bzw. des Schulträgers, für Versicherungsschutz zu sorgen.[93] Ist der dem Betrieb zugefügte Schaden darauf zurückzuführen, dass die verantwortliche Lehrkraft ihre Aufsichtspflicht schuldhaft verletzt hat, haftet das Land nach § 839 Abs. 1 Satz 1 BGB i.V.m. Art. 34 Satz 1 GG (TZ 29.312). Für Schäden, die der Schüler nicht im Zusammenhang mit den übertragenen Tätigkeiten, sondern nur bei Gelegenheit des Betriebspraktikums verursacht (z.B. mutwilliges Demolieren von Maschinen), kommt weder die Haftpflichtversicherung noch das Land auf; für sie gelten die allgemeinen haftungsrechtlichen Grundsätze des BGB in den §§ 823 ff. (TZ 25.4).

Das Betriebspraktikum ist kein Ausbildungsverhältnis, diesem aber ähnlich. Die Vorschriften des *Jugendarbeitsschutzgesetzes* sind teils unmittelbar, teils entsprechend anzuwenden (§§ 1 Abs. 1 Nr. 4, 5 Abs. 2 Satz 2 JArbSchG). Schülerinnen und Schüler, die noch nicht 15 Jahre alt sind, dürfen nur mit leichten, für sie geeigneten Tätigkeiten bis zu sieben Stunden täglich und 35 Stunden wöchentlich beschäftigt werden; sind sie älter, darf die tägliche Arbeitszeit nicht mehr als acht, die wöchentliche Arbeitszeit nicht mehr als 40 Stunden dauern. Ihnen stehen Ruhepausen zu: mindestens 15 Minuten, bei einer täglichen Arbeitszeit von mehr als viereinhalb Stunden 30 Minuten, bei einer Arbeitszeit von mehr als sechs Stunden 60 Minuten. Praktikantinnen und Praktikanten dürfen nur von Montag bis Freitag im Betrieb tätig sein; Beschäftigung am Samstag ist nur in Ausnahmefällen zulässig (z.B. im Krankenhaus oder im Gaststättengewerbe).

19.24 Schülerfirmen

Schülerfirmen[94] sind Gruppen von Schülern, die sich unter dem Dach einer Schule oder eines Schulfördervereins oder als selbständige Körperschaft durch Vermarktung von Produkten und Dienstleistungen aktiv am Markt betätigen. Sie verfolgen jedoch in erster Linie

91 S. etwa §§ 18 ff. des hess Erlasses zur Ausgestaltung der Berufs- und Studienordnung in Schulen vom 8.6.2015 (ABl. S. 217).

92 Z.B. Hessen: § 26 und Anlage 1 zu § 19 Abs. 10 des Erlasses zur Ausgestaltung der Berufs- und Studienordnung (Fn. 91).

93 Z.B. Rheinland-Pfalz: Nr. 3.2.3 der VV über Erkundungen und Praktika an allgemein bildenden Schulen vom 9.10.2000 (GABl. S. 737).

94 Gordon *von Miller*, Wirtschaftliche Betätigung von Schülern an öffentlichen Schulen, Baden-Baden 2015; Thomas *Böhm*, Der angestellte Schüler. Wirtschaftliche Betätigung von Schülern für die Schule, SchuR 2010, 124. Vgl. auch Nicole *Göler von Ravensburg*, Schülergenossenschaft. Pädagogische Potenziale genossenschaftlich organisierter Schülerfirmen, Baden-Baden 2014.

eine pädagogische Zielsetzung. Ihre Arbeit ist im schulischen Bereich verankert und wird von Lehrkräften betreut.[95]

Es handelt sich um eine relativ neue Initiative im Schulbereich, die sich zunehmend ausbreitet, zumal sie von Einrichtungen wie der Deutschen Kinder- und Jugendstiftung und der Deutschen Bundesstiftung Umwelt gefördert wird. Die pädagogische Bedeutung der Schülerfirmen besteht darin, dass sie den an ihnen mitwirkenden Schülerinnen und Schülern praktische Erfahrungen im Unternehmensbereich vermitteln und es ihnen auf diese Weise ermöglichen, die Funktionsweise von Wirtschaft und Finanzen anschaulich zu erleben. Schülerfirmen können höchst unterschiedliche Geschäftsideen verfolgen, z.B. Nachhilfeunterricht, Schülerreisebüro, Speisen- und Getränkeversorgung in den Schulpausen, Partyservice, Computerkurse für Senioren, Fahrradreparaturen und dergleichen mehr.

Der *pädagogische Zweck* begrenzt und erleichtert die Betätigung der Schülerfirma. Er begrenzt sie dadurch, dass die wirtschaftliche Betätigung niemals zum Selbstzweck geraten darf, dass eine Genehmigung durch die Schulleitung und eine Betreuung durch Lehrkräfte erforderlich sind, dass die Schülerfirma Unternehmen der lokalen Wirtschaft keine Konkurrenz machen darf und dass sie sich für Außenstehende deutlich als Schülerfirma zu erkennen geben muss. Zugleich erleichtert der pädagogische Zweck die Arbeit der Schülerfirma: Sie kann sich verschiedene im realen Wirtschaftsleben übliche *Rechtsformen* – von der GmbH und Genossenschaft bis hin zur Aktiengesellschaft – zu eigen machen, ohne an die förmlichen Vorschriften bezüglich Mindestbetrag des Stamm- oder Grundkapitals, Eintragung ins Handelsregister, Anzeigepflicht beim Gewerbeaufsichtsamt usw. gebunden zu sein. Notwendig ist aber in jedem Fall, dass sich die beteiligten Schülerinnen und Schüler auf eine entsprechende *Satzung* einigen. Bei minderjährigen Schülern ist die Einwilligung der Eltern erforderlich. Schülerfirmen, deren Einnahmen einschließlich Umsatzsteuer insgesamt nicht mehr als 35.000 Euro im Jahr betragen, können vom Finanzamt auf Antrag als *gemeinnützig* anerkannt werden; sie unterliegen dann gemäß § 64 Abs. 3 Abgabenordnung *weder* der *Körperschaftsteuer noch* der *Gewerbesteuer*. Sofern die Schülerfirma zu den Kleinunternehmern zählt, ihr Umsatz also zuzüglich der darauf entfallenden Umsatzsteuer im vorangegangenen Kalenderjahr die Summe von 17.500 Euro nicht überschritten hat und im laufenden Kalenderjahr 50.000 Euro nicht übersteigen wird, erhebt das Finanzamt auch *keine Umsatzsteuer* (§ 19 UStG).

Eine von der Schulleitung genehmigte Schülerfirma ist eine Schulveranstaltung. Die beteiligten Schülerinnen und Schüler sind durch die gesetzliche Unfallversicherung geschützt (vgl. TZ 25.312).

19.25 Zusammenarbeit der Schule mit außerschulischen Einrichtungen

Die Erziehungstätigkeit der Schule wird bereichert, wenn sie außerschulische Einrichtungen (z.B. Vereine, Kirchengemeinden, Bürgerinitiativen, Betriebe) und Personen (z.B. Eltern, Nachbarn) in ihre Arbeit einbezieht. Diese *Öffnung der Schule*[96] kann dazu beitragen, dass sie mehr als bisher Teil der sie umgebenden Lebenswelt wird; Begriffe wie „Nachbarschaftsschule" oder „community education" stehen für diesen seit den 80er Jahren des vorigen Jahrhunderts auch in Deutschland viel diskutierten Reformansatz. Die Schule soll dadurch einerseits ein handlungsorientiertes und lebensnahes Lernen ermöglichen und andererseits den Mitgliedern der Gemeinde oder des Stadtteils als Begegnungs-

95 So die gewissermaßen amtliche Definition der Oberfinanzdirektion Koblenz, Vfg. vom 20.10.2003, Az.: S0171 A – St 33 1, DB 2003, 2572. Vgl. auch § 7 Abs. 4 bln SchulG, wonach die Schulen selbst Schülerfirmen insbesondere zur Unterstützung des Erwerbs von Handlungskompetenz einrichten können.

96 S. etwa Art. 31 BayEUG, § 5 bln SchulG, § 9 Abs. 1 BbgSchulG, § 12 BremSchulG, § 16 HSchG, § 40 SchulG M-V, § 5 nrw SchulG, § 35b sächs SchulG.

stätte dienen. Vor allem im Umgang mit Schulverweigerern kann die Zusammenarbeit mit der öffentlichen und privaten Jugendhilfe nützlich sein, zumal das Jugendamt seinerseits im Rahmen der Jugendsozialarbeit zur Unterstützung der Schulen verpflichtet ist (§§ 13, 81 Nr. 1 SGB VIII).

Bei der Kooperation der Schule mit anderen Einrichtungen geht es nicht selten um die Frage, ob die dabei wahrgenommenen Aktivitäten *Schulveranstaltungen oder außerschulische Veranstaltungen* sind. Nur im ersten Fall ist Schulrecht anzuwenden – mit der wichtigen Konsequenz, dass die Schule ihre Aufsichtspflicht wahrnehmen muss (dazu TZ 19.41 und 29.22), die Schüler aber auch durch die Schülerunfallversicherung geschützt sind (vgl. TZ 25.312). Um eine schulische Veranstaltung handelt es sich immer dann und nur dann, wenn die Schule hierbei Regie führt, also die Verantwortung dafür trägt. Hingegen ist z.B. die in Räumen der Schule durchgeführte Disco des örtlichen Jugendclubs oder der Theaterabend einer Laienspielgruppe eine Veranstaltung des außerschulischen Trägers.[97]

19.3 Schultests

19.31 Zweck

Schultests[98] dienen verschiedenen Zwecken. Sie werden z.B. bei vorschulischen Sprachstandserhebungen (TZ 17.213), bei der Einschulung zur Ermittlung der Schulreife (TZ 17.211 a.E.) oder bei der Feststellung sonderpädagogischen Förderbedarfs (TZ 17.41) eingesetzt; sie finden ferner bei der Einleitung besonderer Förderungsmaßnahmen (etwa zur Überwindung der Legasthenie) oder in der Erziehungsberatung (beispielsweise bei Verhaltensstörungen) Anwendung. Seit einigen Jahren haben international vergleichende Schulleistungstests, vor allem PISA und IGLU, sowie innerdeutsche länderübergreifende Erhebungen wie VERA bildungspolitische Bedeutung erlangt (vgl. TZ 13.325/13.326).

19.32 Testarten

In der rechtswissenschaftlichen Literatur ist eine Einteilung der Tests üblich geworden, die sich an der Intensität orientiert, mit der sie die Rechtssphäre der Probanden berühren. Demgemäß pflegt man zwischen Leistungstests, Fähigkeitstests und Persönlichkeitstests zu unterscheiden.[99] *Leistungstests* (genauer: Tests zur Prüfung von Kenntnissen und Fertigkeiten) sind dadurch gekennzeichnet, dass das Testverhalten zugleich das Erkenntnisziel ist; die ermittelten Kenntnisse und Fertigkeiten sollen nicht auf dahinterliegende persönliche Merkmale hinweisen. *Fähigkeitstests* messen bestimmte Fähigkeiten (z.B. Konzentrationsvermögen, Intelligenz, Ausdauer, handwerkliche Geschicklichkeit), die als intellektuell-kognitive und sensu-motorische Bedingungen bestimmte Verhaltensweisen ermöglichen; Prototyp dieser Art von Tests ist der Intelligenztest. *Persönlichkeitstests* richten sich auf die

---

97 Die Schulleitung kann Vereinen und anderen privaten Einrichtungen die Schule zur Nutzung überlassen, soweit sich nicht der Schulträger diese Entscheidung vorbehalten hat. In jedem Fall ist dafür Sorge zu tragen – tunlichst durch schriftlichen Vertrag –, dass die Räumlichkeiten in ordnungsgemäßem Zustand hinterlassen werden und dass der Veranstalter die Haftung für die evtl. von ihm verursachten Schäden übernimmt.

98 Hermann *Avenarius*, Anwendung diagnostischer Testverfahren in der Schule. Ein Rechtsgutachten, Weinheim, Basel 1990; Ursula *Fehnemann*, Rechtsfragen des Persönlichkeitsschutzes bei der Anwendung psychodiagnostischer Verfahren in der Schule, Berlin 1976; *dies.*, Schultests im Schulrecht, RdJB 1979, 266; vgl. auch Manfred M. *Wienand*, Psychotherapie, Recht und Ethik, Weinheim, Basel 1982; Martin *Willke*, Psychologische Eignungstests und öffentlicher Dienst, Berlin 1981; DJT-SchulGE, § 46 (S. 87), S. 249 ff.

99 Vgl. *Avenarius* (Fn. 98), S. 16 f.; Fehnemann (Fn. 98), S. 17 und 84 ff.; *Willke* (Fn. 98), S. 40 ff.

Persönlichkeit als Ganzes; sie erheben Merkmale (z.B. Charakter, Affektivität), welche das Verhalten der Person in den unterschiedlichsten Lagen bestimmen. Persönlichkeitstests und andere Verfahren zur Erforschung der Persönlichkeit dienen häufig dazu, die Ursache von Störungen, z.B. bei verhaltensauffälligen Schülern, aufzudecken.

19.33 Schultests und Recht auf informationelle Selbstbestimmung

19.331 Jeder Test zielt auf die Erhebung und Verarbeitung personenbezogener Daten, greift also in das durch Art. 2 Abs. 1 i.V.m. Art. 1 Abs. 1 GG geschützte allgemeine Persönlichkeitsrecht ein, das nach dem Volkszählungsurteil des Bundesverfassungsgerichts als Recht auf informationelle Selbstbestimmung die Befugnis des Einzelnen umfasst, „grundsätzlich selbst zu entscheiden, wann und innerhalb welcher Grenzen persönliche Lebenssachverhalte offenbart werden“[100] (dazu ausführlich TZ 24.33). Das „überwiegende Allgemeininteresse“, das eine Einschränkung dieses Rechts rechtfertigt, ergibt sich bei der Anwendung von Schultests aus dem staatlichen Bildungs- und Erziehungsauftrag (Art. 7 Abs. 1 GG). Allerdings bedarf es wegen des mit der Testanwendung verbundenen Eingriffs in das informationelle Selbstbestimmungsrecht einer gesetzlichen Grundlage, aus der sich gemäß dem rechtsstaatlichen Gebot der Normenklarheit die Voraussetzungen und der Umfang der Beschränkungen für Schüler und Eltern eindeutig erkennen lassen.[101] (Zum Vorbehalt des Gesetzes TZ 2.3)

19.332 Beim Einsatz von Schultests ist das *Übermaßverbot* (dazu TZ 16.131) zu beachten. Ein Test darf daher nur dann angewendet werden, wenn er als Entscheidungshilfe *geeignet* ist. Diese Voraussetzung ist erfüllt, sofern die von der psychologischen Diagnostik entwickelten methodischen Anforderungen eingehalten werden.[102] Der Test muss überdies *erforderlich* sein, um den angestrebten Zweck, z.B. die Feststellung vorhandener oder fehlender Schulreife, zu erreichen. Tests, die den Gütekriterien der Objektivität, der Reliabilität (Zuverlässigkeit) und der Validität (Gültigkeit) entsprechen, sich also wegen ihrer geringeren Fehleranfälligkeit von anderen, nicht wissenschaftlich begründeten Erkenntnisquellen abheben, dürften in aller Regel dem Gebot der Erforderlichkeit Rechnung tragen. Schließlich muss die dem Schüler auferlegte Mitwirkung an einem Testverfahren *verhältnismäßig* sein; der Eingriff in das informationelle Selbstbestimmungsrecht darf seiner Intensität nach nicht außer Verhältnis zur Bedeutung der dadurch beeinflussten pädagogischen Entscheidung stehen. Mit der Proportionalität von Mittel und Zweck wäre es beispielsweise nicht vereinbar, wenn bereits die Verhängung einer vergleichsweise geringfügigen Ordnungsmaßnahme gegen den Schüler (etwa der zeitweilige Ausschluss vom Unterricht) zum Anlass für die Durchführung eines Persönlichkeitstests genommen würde.

19.333 Die mit der Verpflichtung des Schülers zur Teilnahme an einem Test verbundene Einschränkung des allgemeinen Persönlichkeitsrechts ist nur zulässig, wenn der *Verwendungszweck der dabei zu erhebenden Daten bereichsspezifisch und präzise bestimmt* ist.[103] Die schulrechtliche Vorschrift, die die Durchführung des Testverfahrens anordnet,

---

100 BVerfGE 65, 1 (41 ff.).

101 Vgl. BVerfGE 65, 1 (44). – Gesetzliche Regelungen: z.B. §§ 74 Abs. 3, 82 Abs. 2 Satz 2 bw SchG; §§ 9 Abs. 4, 52 Abs. 2 bln SchulG; §§ 44 Abs. 4, 45 Abs. 2 BbgSchulG; §§ 35 Abs. 3 Satz 4 BremSchulG; §§ 34, 100 Abs. 3 Satz 1 HmbSG; §§ 71, 98 Abs. 2 HSchG; §§ 39a Abs. 5, 58 SchulG M-V; §§ 30 Abs. 3, 56 NSchG; §§ 54 Abs. 3, 120 Abs. 2 Satz 1 nrw SchulG; 11 Abs. 2 Satz 3 sh SchulG; §§ 30 Abs. 2, 57 Abs. 6 ThürSchulG.

102 Zu diesen Anforderungen s. Karlheinz *Ingenkamp*/Urban *Lissmann*, Lehrbuch der Psychologischen Diagnostik. 6. Aufl., Weinheim 2008: allgemein (S. 39 ff.) sowie hinsichtlich der verschiedenen Testarten (S. 130 ff., 202 ff. und S. 272 ff.).

103 Vgl. BVerfGE 65, 1 (46).

muss also erkennen lassen, wozu die Daten genutzt werden sollen (z.B. zur Ermittlung der Schulreife, zur Feststellung des sonderpädagogischen Förderbedarfs, zur Vorbereitung von Schullaufbahnentscheidungen nach dem Ende der Grundschule). Die zuständigen Personen und Stellen dürfen die Daten nur im Rahmen dieser Zweckbindung verwenden; sie dürfen die Testergebnisse ohne Einwilligung des Betroffenen der Schule oder den Schulbehörden nur insoweit übermitteln, als diese sie für ihre Entscheidungen benötigen.[104] Darüber hinaus sind *Verfahrensregelungen* erforderlich, die den effektiven Schutz des Rechts auf informationelle Selbstbestimmung gewährleisten. Doch muss der Gesetzgeber Organisation und Verfahren der Testanwendung nicht bis in die Einzelheiten selbst regeln. Die Schulverwaltung ist dank ihrer Flexibilität und Praxisnähe am ehesten in der Lage, die geeigneten Vorkehrungen zu treffen. Oft können gerade auf diesem Wege die Grundrechte der Schüler und Eltern besser gesichert werden, als wenn das Parlament durch starre Detailregelungen die notwendige Anpassung an neue Entwicklungen und wechselnde Anforderungen erschwert.[105]

19.334 *Fehlt eine gesetzliche Grundlage, darf der Test nur mit Einwilligung der Eltern bzw. des volljährigen Schülers angewendet werden.*[106] So wurden und werden beispielsweise die Leistungstests im Rahmen von PISA auf freiwilliger Basis und unter Anonymisierung der Daten durchgeführt; sie werfen daher insoweit keine rechtlichen Probleme auf.[107] Werden einzelne Schüler im Auftrag der Schule einem individuellen Test unterzogen, dürfen ihr nur die Erkenntnisse mitgeteilt werden, die sie für ihre Entscheidung (z.B. Feststellung sonderpädagogischen Förderbedarfs) benötigt. Die Eltern haben kraft ihres Informationsrechts (TZ 16.35) einen Anspruch auf Einsichtnahme in die Testunterlagen und -ergebnisse.[108] Zur Schweigepflicht von Schulpsychologen ausführlich TZ 19.53.

19.4 Schutz- und Fürsorgepflichten der Schule

Hierbei geht es vor allem um drei Tätigkeitsgebiete. Die Schule muss ihre gegenüber den Schülerinnen und Schülern bestehende Aufsichtspflicht erfüllen (TZ 19.41). Hinzu kommt in zunehmendem Maße die Aufgabe, den Unterricht durch Betreuungsangebote zu ergänzen (19.42). Schließlich fallen auch die Gesundheitserziehung und die Fürsorge für einzelne Schüler, deren Gesundheit gefährdet oder beeinträchtigt ist, in den Verantwortungsbereich der Schule (TZ 19.43).

---

104 Vgl. etwa § 65 Abs. 7 Satz 1 BbgSchulG, § 99 Abs. 1 Satz 2 HmbSG, § 83 Abs. 4 Satz 3 HSchG.

105 Zu der aus Praxisnähe und Flexibilität der Exekutive abgeleiteten administrativen Regelungskompetenz s. insbes. Peter *Lerche*, Bayerisches Schulrecht und Gesetzesvorbehalt, München 1981, S. 39 ff. und 50 ff. Dieser Gedanke wurde bereits zuvor von Knut *Nevermann*, Lehrplanrevision und Vergesetzlichung, VerwArch 1980, 249 ff., entfaltet.

106 Zur Frage, unter welchen Voraussetzungen der noch minderjährige Schüler selbständig einwilligen kann, vgl. TZ 16.221, 19.533.

107 Daher kann offen bleiben, ob es zulässig wäre, die Schülerinnen und Schüler zur Teilnahme an diesen Tests zu verpflichten. Angesichts des anonymen Charakters der Erhebungen spricht vieles dafür, die in allen Schulgesetzen geregelte Pflicht zur Teilnahme an den für verbindlich erklärten Schulveranstaltungen als gesetzliche Grundlage ausreichen zu lassen. In den meisten Ländern sind die Schüler inzwischen ausdrücklich zur Teilnahme an Testverfahren verpflichtet, durch die der Erfolg der pädagogischen Arbeit der Schulen schulübergreifend und vergleichend überprüft werden soll (vgl. TZ 13.326).

108 Sollen jedoch bei Leistungsmessungen die Testunterlagen, insbesondere die Testinstrumente, für künftige Tests wiederverwendet werden, handelt es sich um Unterlagen, die „ihrem Wesen nach" geheim gehalten werden müssen; insoweit besteht kein Einsichtsrecht (§ 29 Abs. 2 VwVfG). Vgl. auch VGH München, DVBl. 1997, 378 (379).

19.41 Aufsichtspflicht[109]

Aufgrund des staatlichen Erziehungsauftrags (Art. 7 Abs. 1 GG) ist die Schule verpflichtet, die ihr anvertrauten *Schülerinnen und Schüler vor Schaden zu bewahren* sowie zu *verhindern, dass sie anderen Personen einen Schaden zufügen.*[110] Zur Aufsichtspflicht der einzelnen Lehrkraft ausführlich TZ 29.22.

19.411 Für den *ordnungsgemäßen Zustand des Schulgebäudes und der Schulanlagen* ist der *Schulleiter verantwortlich,* der dafür zu sorgen hat, dass Flure und Treppen in Ordnung und beleuchtet sind,[111] splitternde Glastüren gesichert werden, bei Glatteis gestreut wird, damit weder Schüler noch Lehrkräfte, weder Schulbesucher noch Straßenpassanten zu Schaden kommen. Zu seinen Aufgaben gehört es, Gefahrenquellen für die Schüler zu erkennen und auf ihre Behebung hinzuwirken. Eine Anzeige beim Schulträger befreit den Schulleiter noch nicht von seiner Verantwortung; er muss vielmehr auf eine verstärkte Aufsicht an der gefährlichen Stelle hinwirken, sich immer wieder um die Beseitigung der Gefahr bemühen, den Hausmeister kontrollieren und nötigenfalls die Aufsichtsbehörden, die Elternschaft, die Öffentlichkeit mobilisieren.

Der Schulleiter hat ferner im Zusammenwirken mit dem Schulträger dafür zu sorgen, dass die von den Schülerinnen und Schülern mitgebrachten Sachen, vor allem *Kleidungsstücke und Fahrräder*, so aufbewahrt werden können, dass sie nicht abhanden kommen oder beschädigt werden. Die Schule genügt ihrer Obhutspflicht für das Eigentum der Schüler nicht, wenn die Kleider im Flur jedermann zugänglich sind, insbesondere wenn Fremde das Schulgebäude während der Schulzeit unkontrolliert betreten und verlassen können. Für die Fahrräder ist ein geeigneter Platz zur Verfügung zu stellen (dazu TZ 25.323). Daneben ist es Sache der Schülerinnen und Schüler, auch ihrerseits die nötigen Sicherheitsvorkehrungen zu treffen, z.B. Geld nicht im Mantel stecken zu lassen und die Fahrräder abzuschließen[112] (TZ 25.322 und 25.323).

Diese Hinweise gelten sinngemäß für *Schulveranstaltungen in schulfremden Räumen.* Auch hier trifft den Schulleiter bzw. die verantwortliche Lehrkraft eine entsprechende Fürsorgepflicht.

19.412 Auch bei *Schulfesten* ist in geeigneter Weise darauf zu achten, dass die Schülerinnen und Schüler beaufsichtigt werden. Das gilt vor allem dann, wenn die Feier geselligen Charakter hat, z.B. als Tanzveranstaltung oder Diskothek. Der Schulleiter trägt die Verantwortung für die Organisation der Aufsicht; er muss insbesondere Vorkehrungen dafür treffen, dass die Bestimmungen des Gesetzes zum Schutz der Jugend in der Öffentlichkeit

---

109 Aus der Literatur: Thomas *Böhm,* Aufsicht und Haftung in der Schule. Schulrechtlicher Leitfaden. 4. Aufl., Köln, Kronach 2011, S. 97 ff.

110 Vgl. OLG Celle (Urt. vom 8.10.1985, Az.: 16 U 35/85 [juris]), hinsichtlich eines in Schulnähe geparkten Pkw: Es ist durch genügende Aufsicht sicherzustellen, dass nicht in den Schulbetrieb integrierte Personen durch Schüler während der Schulzeit vom Schulgelände aus keinen Schaden erleiden, also auch nicht an ihrem Eigentum geschädigt werden. Dagegen soll die Aufsichtspflicht nach Auffassung desselben OLG, NVwZ-RR 1996, 153, nur im Interesse der Schüler bestehen, nicht hingegen im Interesse der Teilnehmer des allgemeinen Straßenverkehrs, der durch das Verhalten der Schüler möglicherweise beeinträchtigt werden kann (entschieden auf die Schadensersatzklage des Halters eines Kfz., das dadurch beeinträchtigt wurde, dass zwei Schüler einer Sonderschule an einer Schulhaltestelle nach Aussteigen aus dem Schulbus auf die Straße gelaufen und dort mit dem Pkw des Klägers zusammengestoßen waren).

111 Hierzu gehören auch Vorkehrungen gegen das Hinunterrutschen auf dem Treppengeländer; so BGH, NJW 1980, 1745.

112 Für abhanden gekommenen Schmuck vgl. BGH, NJW 1964, 1670; für entwendeten Mantel BGH, Urt. vom 20.9.1973, Az.: III ZR 174/71 (juris); für entwendete Armbanduhr LG Braunschweig, SchulVerwaltung NI 1996, 94.

eingehalten werden. Nehmen Eltern und ehemalige Schüler an dem Schulfest teil, erstreckt sich die Aufsichtspflicht nur auf diejenigen Schüler, die der Schule angehören.[113]

19.413 *Veranstaltungen der Schülervertretung* sind Schulveranstaltungen und unterliegen der Verantwortung der Schule (vgl. TZ 8.131). Art und Umfang der Aufsicht bei derartigen Veranstaltungen sind unter Berücksichtigung des Alters und der Reife der teilnehmenden Schüler sinnvoll abzustufen. Ein Mindestmaß an Überwachung und Kontrolle gehört zu den Aufsichtspflichten des Schulleiters und der beteiligten Lehrkräfte; gelegentliche Kontrollen dürften jedoch genügen. Finden solche Veranstaltungen außerhalb des Schulgrundstücks und außerhalb der Schulzeit statt, entfällt die Aufsichtspflicht, es sei denn, dass die Schule die Veranstaltung ausdrücklich als Schulveranstaltung anerkannt hat. Diese Grundsätze gelten nicht für Aktivitäten, die unabhängig von der Schülervertretung durchgeführt werden, wie etwa die Versammlung einer Schülervereinigung[114] (TZ 21.25).

19.42 Betreuungsaufgaben und Betreuungsangebote

19.421 Aus dem Schulverhältnis ergibt sich die Pflicht der Schule, dazu beizutragen, dass die Schülerinnen und Schüler ihre geistigen, seelischen und körperlichen Anlagen entfalten (vgl. TZ 16.121). Aufgrund dieser Fürsorgepflicht muss sie ihnen die *Hilfestellungen und Hinweise* geben, die sie in den Stand setzen, das angestrebte Bildungsziel zu erreichen. Hilfestellungen und Hinweise sind vor allem dann geboten, wenn ein Schüler Gefahr läuft, dieses Bildungsziel zu verfehlen, oder wenn ihm sonst ein Rechtsverlust droht.[115] Die Schule hat überdies im Rahmen ihrer Möglichkeiten dafür zu sorgen, dass die Regeln der Fairness beachtet werden, dass Schüler das Zusammensein mit ihren Mitschülern gewaltfrei erleben und dass schwächere Schüler nicht von anderen gemobbt werden.

19.422 Immer mehr Schulen verabschieden sich von der Tradition der Halbtagsschule und kümmern sich auch außerhalb des Unterrichts und der sonst üblichen Schulveranstaltungen um ihre Schülerinnen und Schüler; das gilt vor allem für *Ganztagsschulen* (dazu TZ 3.71). In der Folge dieser Entwicklung nehmen die Anforderungen an die schulische Fürsorgepflicht erheblich zu. Die Schule muss eine Vielfalt von Betreuungsangeboten vorhalten. Dabei erweist es sich als notwendig, dass sie, tunlichst im Rahmen ihres Schulprogramms (TZ 13.222), ein Konzept entwickelt, das erkennen lässt, mit welchen Zielen, auf welche Weise und mit welchem Personal sie die Kinder und Jugendlichen in den unterrichtsfreien Zeiten sinnvoll beschäftigen will. In der Regel sollte die Schule eine enge Zusammenarbeit mit dem Jugendamt, aber auch mit den Trägern der freien Jugendhilfe (z.B. Jugendverbände, Sportvereine usw.) anstreben. Wichtig ist vor allem eine Verständigung mit den Eltern.

Zur freiwilligen oder verpflichtenden Teilnahme der Schülerinnen und Schüler an den Betreuungsaktivitäten der Ganztagsschule s. TZ 3.712.

---

113 So gehört es beispielsweise bei einer Schulfeier in einem kommunalen Saal zur Aufsichtspflicht der Schule, zu verhindern, dass Schüler den dort aufgestellten Konzertflügel des örtlichen Gesangvereins mutwillig beschädigen (OLG Hamm, Urt. vom 14.1.1994, Az.: 11 U 93/93 (juris)). In dem diesem Urteil zugrunde liegenden Fall war das Instrument bei einem von Schülern und anderen Personen besuchten Schulfest schwer beschädigt worden. Da sich aber nicht feststellen ließ, ob der Aufsicht unterliegende Schüler oder andere Festteilnehmer den Schaden verursacht hatten, wies das Gericht die auf Verletzung der Aufsichtspflicht gestützte Klage des Gesangvereins gegen das Land als Dienstherrn der Lehrkräfte ab.

114 Vgl. aber §§ 87 Abs. 2 Satz 1, 17 Abs. 2 sh SchulG, wonach Schülergruppen außerhalb der Unterrichtszeiten Räume in der Schule kostenlos zur Verfügung gestellt werden sollen; dabei ist eine Aufsicht durch Lehrkräfte zu gewährleisten.

115 Zu den Grenzen dieser Fürsorgepflicht OVG Münster, Beschl. vom 8.3.2006, Az.: 19 A 4789/05 (juris).

19.423 Bei der Realisierung außerunterrichtlicher Projekte kann die Schule im Rahmen der ihr zur Verfügung gestellten Mittel neben ihren eigenen Lehrkräften auch nichtschulisches Personal einsetzen, z.B. Sozialpädagogen, Sozialarbeiter, Künstler, Musiker, Handwerker. Es hängt von der Rechtslage im jeweiligen Land ab, ob der Schulträger oder der Staat für den Abschluss der erforderlichen Arbeits- oder Werkverträge zuständig ist. Dabei besteht in zunehmendem Maße die Möglichkeit, dass der Schulleiter aufgrund einer allgemein oder im Einzelfall erteilten Ermächtigung diese Verträge mit Wirkung für den ermächtigenden Rechtsträger schließt (vgl. TZ 7.135 und 13.223). Sofern in den Ländern Rahmenvereinbarungen zwischen dem Kultusministerium und den Dachorganisationen der Träger der freien Jugendhilfe über die Zusammenarbeit an Ganztagsschulen bestehen, sind diese beim Abschluss der Arbeitsverträge zu beachten.[116]

Die außerschulischen Mitarbeiter haben die Weisungen der Schulleitung zu befolgen (TZ 7.111) und unterstehen bei ihrer Tätigkeit der Fachaufsicht der staatlichen Schulbehörden (TZ 9.21); das Schulprogramm ist auch für sie verbindlich. Ihre den Unterricht ergänzenden Betreuungsaktivitäten sind schulische Veranstaltungen, so dass die daran teilnehmenden Schülerinnen und Schüler durch die Schülerunfallversicherung (TZ 25.312) geschützt sind.

19.424 Vor allem in Ganztagsschulen ist dafür zu sorgen, dass den Schülerinnen und Schülern eine warme *Mittagsmahlzeit* angeboten wird. Die Qualität des Mittagessens muss den Erkenntnissen der Ernährungswissenschaft über eine gesunde, altersgemäße Ernährung der Schüler entsprechen.[117]

Bei der Bereitstellung der Schulverpflegung handelt es sich um eine Aufgabe, die zu den äußeren Schulangelegenheiten zählt und daher üblicherweise in den Zuständigkeitsbereich der Schulträger fällt[118] (vgl. TZ 10.12 und 10.22). Verschiedentlich ermächtigen die Schulgesetze die Schulen (Schulleitung, Schulkonferenz), die Organisation der Verpflegung im Einvernehmen mit dem Schulträger zu regeln.[119] Im Allgemeinen schließen Schulträger bzw. Schulen einen Vertrag mit einem *Cateringunternehmen*, durch den dieses sich verpflichtet, bestimmten Schulen an näher bezeichneten Wochentagen zur Mittagszeit ein oder mehrere Menüs nach Maßgabe festgelegter Qualitätskriterien zu den vereinbarten Preisen zu liefern. Auf der Grundlage dieses Rahmenvertrags schließt das Cateringunternehmen seinerseits mit den Schülern bzw. deren Eltern Einzelverträge ab, in denen diese sich verpflichten, an bestimmten Wochentagen eines der angebotenen Menüs abzunehmen und das vereinbarte Entgelt zu zahlen. Der Schulträger bzw. die Schule hat im Vorhinein zu klären, ob der Beauftragung eines Cateringunternehmens nach den gegebenen Umständen eine öffentliche oder beschränkte Ausschreibung vorauszugehen hat oder ob eine freihändige Vergabe in Frage kommt.[120]

---

116 Die Länder haben die Kooperation von (Ganztags-)Schulen mit außerschulischen Fachkräften oft bis in die Einzelheiten durch Erlasse normiert, s. z.B. nds RdErl. betr. Einsatz von außerschulischen Partnern und Fachkräften im Zusammenhang mit ganztagsspezifischen Angeboten an Schulen vom 21.3.2012 (SVBl. S. 260).

117 So ausdrücklich § 8 Satz 2 saarl GanztagsschulVO vom 30.1.2013 (ABl. S. 52), zul.g.d. VO vom 4.5.2015 (ABl. S. 276): Das Mittagessen muss den Stadards der Deutschen Gesellschaft für Ernährung entsprechen.

118 Vgl. etwa § 113 BbgSchulG; §§ 102 Abs. 2 Satz 2 Nr. 3, 39 Abs. 5 SchulG M-V; §§ 74 Abs. 3 Satz 1, 75 Abs. 2 Nr. 5 rp SchulG; § 46 Abs. 1 Satz 1 saarl SchoG, § 8 Satz 1 saarl GanztagsschulVO (Fn. 117); § 72a SchulG LSA; § 13 Abs. 2 Satz 1 ThürSchulG, § 3 Abs. 2 Satz 1 Nr. 7 ThürSchFG. In Brandenburg müssen die Schulträger das Benehmen mit den Schulen, in Sachsen-Anhalt sollen sie das Benehmen mit Schülerrat und Schulelternrat der Schulen herstellen.

119 Z.B. § 55 Abs. 1 Satz 2 nrw SchulG. In Bayern entscheidet das Schulforum im Einvernehmen mit der Schulleitung (Art. 69 Abs. 4 Satz 2 Nr. 4 BayEUG).

120 S. § 3 der Vergabeordnung für Leistungen – Teil A (VOL/A).

Sofern die Schule selbst eine Küche vorhält, aus der Speisen an Schülerinnen und Schüler abgegeben werden, muss die Schulleitung die Vorschriften des Infektionsschutzgesetzes (TZ 25.11) beachten; dabei geht es insbesondere um die Belehrung der in der Schulküche tätigen Personen (§ 43) und um Beschäftigungsverbote für Personen, die an bestimmten übertragbaren Krankheiten erkrankt oder dessen verdächtig sind (§ 42). Soweit Cateringunternehmen die Schulküche in eigener Regie betreiben, darf die Schulleitung in der Regel davon ausgehen, dass diese ihre Verpflichtungen nach dem Infektionsschutzgesetz erfüllen und eine Bescheinigung des Gesundheitsamts gemäß § 43 Abs. 1 IfSG vorweisen können.

Übernimmt ein privater Förderverein (Schulverein, dazu TZ 12.222) die Schulverpflegung, so sind nach einem Urteil des Bundesfinanzhofs[121] die dabei getätigten Umsätze grundsätzlich umsatzsteuerpflichtig. Die Steuerpflicht entfällt, wenn es sich bei dem Verein um einen Kleinunternehmer im umsatzsteuerrechtlichen Sinne handelt, wenn also die steuerpflichtigen Einnahmen im vorangegangenen Kalenderjahr 17.500 Euro nicht überschritten haben und im laufenden Jahr voraussichtlich 50.000 Euro nicht übersteigen werden (vgl. TZ 19.24). Die Umsätze sind sogar nach § 4 Nr. 23 UStG generell steuerfrei, wenn der Schulverein den verpflegten Schülerinnen und Schülern über die Schulspeisung hinaus Betreuung und Hausaufgabenhilfe gewährt.[122]

Zur Frage der Kostenbeteiligung der Eltern bei der Bereitstellung einer Mittagsmahlzeit s. TZ 23.4.

Die Schulverpflegung ist eine Schulveranstaltung unter Aufsicht der Schule; daher sind die daran teilnehmenden Schülerinnen und Schüler durch die Schülerunfallversicherung (TZ 25.312) geschützt.

19.43 Gesundheitserziehung und -fürsorge

19.431 Die Schule muss die Schülerinnen und Schüler im Rahmen ihres Erziehungsauftrags (Art. 7 Abs. 1 GG) zu verantwortungsvollem Handeln im Umgang mit ihrer Gesundheit und der Gesundheit anderer Menschen befähigen. Zu den Gegenständen dieser *Gesundheitserziehung* gehören Hinweise auf gesunde Ernährung und Lebensweise, die Sexualerziehung (vgl. TZ 19.142), die Aufklärung über Suchtgefahren (Drogen, Alkohol, Nikotin, vgl. 21.143), der Sportunterricht, Anleitungen zur Ersten Hilfe u.a.

19.432 Gewinnt die Lehrkraft den Eindruck, dass eine *dauernde körperliche Behinderung eines Schülers vorliegt oder dass er geistig oder seelisch erheblich beeinträchtigt ist*, hat sie die Eltern zu verständigen und zur Konsultation bei einer Beratungsstelle für Rehabilitation oder bei einem Arzt zu veranlassen (§ 61 Abs. 2 SGB IX). Werden der Schule Tatsachen bekannt, die darauf schließen lassen, dass das Wohl eines Schülers ernsthaft gefährdet oder beeinträchtigt ist und deshalb Maßnahmen der Jugendhilfe notwendig sind, so soll sie das zuständige Jugendamt unterrichten.[123] Wenn Lehrkräfte im Rahmen ihrer dienstlichen Tätigkeit Informationen erhalten, die auf Straftaten gegen Schüler hindeuten (z.B. Misshandlung von Schutzbefohlenen durch Heimerzieher), so dürfen sie aufgrund des schulischen Erziehungsauftrags diesen Informationen auch durch Rückfragen nachgehen und das Jugendamt davon in Kenntnis setzen.[124] Ergibt sich der begründete Verdacht, dass ein Lehrer sich *sexueller Delikte gegenüber Schülerinnen oder Schülern* schuldig gemacht

121 Vom 12.2.2009, Az.: V R 47/07, BFHE 225, 178 (juris).

122 So *Finanzministerium Baden-Württemberg*, Umsatzsteuer bei Verpflegung von Schülern durch Schulfördervereine. Stand: September 2009, Stuttgart 2009.

123 So z.B. Art. 31 Abs. 1 Satz 2 BayEUG.

124 OVG Schleswig, NVwZ-RR 1993, 304.

hat,[125] muss die Schulleitung nach pflichtgemäßem Ermessen Strafanzeige erstatten. Eine Anzeigepflicht nach dem Strafgesetzbuch besteht allerdings nicht. Ungeachtet dessen ist ein Einschalten der Staatsanwaltschaft häufig schon im Interesse möglicher Missbrauchsopfer und zur Vermeidung von Tatwiederholungen geboten. Andererseits ist auch die Situation der Missbrauchsopfer und ihrer Eltern zu berücksichtigen, die ein Interesse daran haben können, nicht in den Blickpunkt der (Medien-)Öffentlichkeit zu geraten.[126]

19.433 Ein *Schüler, der während des Unterrichts erkrankt*, plötzlich fiebert oder von Unwohlsein befallen wird, ist sofort nach Hause oder zum Arzt zu schicken; dabei kann es je nach den Umständen geboten sein, ihn von einem Mitschüler begleiten und ein Taxi benutzen zu lassen. Auch bei kleineren Unfällen ohne sichtbare Folgen können innere Verletzungen nicht ausgeschlossen werden; deshalb empfiehlt sich auch in solchen Situationen die Inanspruchnahme eines Arztes.

19.5 Beratung in der Schule

19.51 Aufgaben, Organisation und Verfahren

19.511 Die schulische Beratung[127] soll im Rahmen des Bildungs- und Erziehungsauftrags der Schule dazu beitragen, dass die Schülerinnen und Schüler eine ihren Fähigkeiten und Neigungen entsprechende, ihnen ein Höchstmaß an Können und Wissen vermittelnde Ausbildung und Erziehung erfahren (vgl. TZ 16.21). Sie informiert über das Bildungsangebot wie auch über individuelle Bildungsmöglichkeiten und hilft bei Lern- und Verhaltensstörungen. Als *Schullaufbahnberatung* orientiert sie Eltern und Schüler bei der Wahl des schulischen Bildungsweges. Als *Erziehungsberatung* steht sie den Schülern in psychisch-sozialen Problemlagen und Konfliktfällen bei.

19.512 Schulische Beratung ist zunächst *Sache einer jeden Lehrerin und eines jeden Lehrers*. Sie dürfen sich dieser Verantwortung, die zu ihren dienstlichen Pflichten zählt, nicht entziehen. Allerdings sind sie nur gehalten, nach bestem Wissen und Gewissen Rat und Hilfe zu erteilen; nötigenfalls müssen sie die Ratsuchenden an den Beratungslehrer oder Schulpsychologen (TZ 19.513) verweisen. Angesichts der Vielfalt des staatlichen Bildungsangebots und der Häufigkeit von Lern- und Verhaltensstörungen bei Schülern reicht die Beratungskompetenz der einzelnen Lehrkraft oft nicht aus. Die Länder sind deshalb schrittweise dazu übergegangen, die schulische Beratung zu *professionalisieren* und zu *institutionalisieren*.[128] Zumeist gibt es *Beratungslehrerinnen und -lehrer* an den Schulen, die sich in erster Linie mit der Schullaufbahnberatung befassen, daneben aber auch bei der Bewältigung psychischer und sozialer Schwierigkeiten helfen. Vor allem an großstädtischen Schulen werden für die Behandlung von Drogenproblemen *Drogenbera-*

125 In Betracht kommen z.B. die Straftatbestände des sexuellen Missbrauchs von Schutzbefohlenen und Jugendlichen (§§ 174 und 182 StGB) sowie der Verbreitung pornographischer Schriften (§ 184 StGB).

126 In Niedersachsen ist die Schulleitung durch Verwaltungsvorschrift ausdrücklich verpflichtet, die Polizei zu informieren, sobald sie Kenntnis von einer solchen Straftat erhält; so Nr. 3.1 nds RdErl. betr. Sicherheits- und Gewaltpräventionsmaßnahmen in Schulen in Zusammenarbeit mit Polizei und Staatsanwaltschaft vom 1.6.2016 (SVBl. S. 433).

127 Abschnitt I. des KMK-Beschlusses zur Beratung in Schule und Hochschule (KMK-BeschlS. Nr. 889). Peter-Christian *Kunkel*, Schulsozialarbeit zwischen Elternrecht und Schweigepflicht, RdJB 2013, 95.

128 Beispiele für gesetzliche Regelungen: § 19 bw SchG; Art. 78 BayEUG; § 107 bln SchulG; § 133 BbgSchulG; § 14 BremSchVwG; § 59 SchulG M-V; § 120 Abs. 1 Satz 2 NSchG; § 21 Abs. 3 rp SchulG; § 20a saarl SchoG; § 17 sächs SchulG; § 38 Abs. 1 Satz 2 SchulG LSA; §§ 132 f. sh SchulG, § 53 ThürSchulG.

tungslehrer eingesetzt.[129] Beratungslehrer sind voll ausgebildete Lehrkräfte, die sich einer entsprechenden Zusatzausbildung unterzogen haben. Sie erhalten im Allgemeinen Pflichtstundenermäßigung (vgl. TZ 29.233).

19.513 In allen Ländern besteht ein *Schulpsychologischer Dienst*, der üblicherweise bei den unteren Schulaufsichtsbehörden eingerichtet ist. Seine Mitarbeiter sind Diplom-Psychologen, die über eine ergänzende pädagogische Qualifikation oder einschlägige erzieherische Erfahrung verfügen. Sie nehmen sich besonders solcher Schülerinnen und Schüler an, die unter Störungen im sozialen oder affektiv-emotionalen Bereich leiden. Darüber hinaus unterstützen sie durch Beratung, Fortbildungsmaßnahmen und Gutachten Schulleiter, Lehrkräfte sowie Schulaufsicht in pädagogisch-psychologischen Fragen.[130]

19.514 Wichtigste *Beratungsmethode* ist das persönliche Gespräch mit dem Schüler, den Eltern, aber auch mit dem zuständigen (Klassen-)Lehrer. Darüber hinaus werden Informationsveranstaltungen für Eltern und Schüler zu ausgewählten Problemen angeboten. Psychodiagnostische Untersuchungen sind im Rahmen der Bildungsberatung nur auf freiwilliger Grundlage zulässig.

19.52 Berufsberatung

Die Berufsberatung, die nicht Aufgabe der Schule ist, sondern in die *ausschließliche Zuständigkeit der Agentur für Arbeit* fällt (§§ 29 ff. SGB III), wendet sich an Schülerinnen und Schüler aller Schulen und Schuljahrgänge, die vor Berufs- oder Studienwahlentscheidungen stehen.[131] Sie führt für Schüler und Eltern Einzelberatungen sowie Gruppenbesprechungen und Vorträge durch. Die Agentur für Arbeit kann Schüler allgemeinbildender Schulen durch vertiefte Berufsorientierung und Berufswahlvorbereitung in einer bis zu vier Wochen dauernden Maßnahme fördern. Sie arbeitet bei ihren Beratungsaktivitäten mit der Schule zusammen. Die weiterführenden Schulen sind durch Dienstanweisungen gehalten, die Schüler der Abschlussklassen zum Besuch der Berufsberatung aufzufordern

129 Beschluss der KMK zur Sucht- und Drogenprävention vom 3.7.1990 (KMK-BeschlS. Nr. 660.1). Aus den Verwaltungsvorschriften der Länder: Baden-Württemberg: VV Prävention und Gesundheitsförderung in der Schule vom 10.12.2014 (K.u.U. S. 33); Bayern: Bek. über Suchtprävention an den bayerischen Schulen vom 2.9.1991 (KWMBl. I S. 303), g.d.Bek. vom 23.5.1996 (KWMBl. I S. 214); Berlin: Rundschreiben über Suchtprophylaxe in der Schule vom 4.8.1997; Hessen: Erl. Suchtprävention in der Schule vom 6.5.2015 (ABl. S. 214); Niedersachsen: Gem. Erl. über Suchtprävention und Verhalten bei Suchtproblemen an niedersächsischen Schulen vom 26.5.1992 (MBl. S. 1055) sowie RdErl. Rauchen und Konsum alkoholischer Getränke in der Schule vom 7.12.2012 (SVBl. S. 30; Rheinland-Pfalz: VV Suchtprävention in der Schule und Verhalten bei suchtmittelbedingten Auffälligkeiten vom 28.2.2011 (ABl. S. 200); Saarland: Erl. über die Suchtprävention und die Vorgehensweise bei Suchtmittelmissbrauch an Schulen vom 24.75.22013 (Abl. II S. 763); Sachsen: VV zur Suchtprävention in Schulen im Freistaat Sachsen vom 28.10.1993 (ABl. S. 409), zul. enthalten i.d.VV vom 14.12.2015 (ABl. S. 407). – Aus der Literatur: Wolfgang Bott, Hinweise auf rechtliche Rahmenbedingungen schulischer Suchtprävention. 4. Aufl., Frankfurt am Main 2003; Rolf Günther, Suchtberatung und Suchtprävention im Handlungsfeld Schule, RdJB 1999, 94.

130 Die Einzelheiten über Aufgaben, Organisation und Arbeitsweise des schulpsychologischen Dienstes sind zumeist durch Verwaltungsvorschriften, teilweise durch Rechtsverordnungen geregelt: z.B. Nordrhein-Westfalen: RdErl. über Aufgaben, Laufbahn, Einstellungsvoraussetzungen und Eingruppierung von Schulpsychologinnen und Schulpsychologen vom 8.1.2007 (ABl. S. 101); Rheinland-Pfalz: VV über den Schulpsychologischen Dienst vom 14.1.1983 (ABl. S. 203, ber. ABl. S. 319); Saarland: VO über den Schulpsychologischen Dienst vom 7.8.2008 (Amtsbl. S. 1347); Sachsen: VV über die schulpsychologische Beratung im Freistaat Sachsen vom 6.8.1999 (MBl. S. 382), zul. enthalten i.d.VV vom 14.12.2015 (Abl. S. 407).

131 Bei der Bundesagentur für Arbeit sind Informationsschriften zum Thema Ausbildung und Beruf erhältlich (www.ba-bestellservice.de). Hinzuweisen ist auch auf online verfügbare Publikation: *Bundesministerium für Bildung und Forschung* (Hrsg.), Ausbildung & Beruf. Rechte und Pflichten während der Berufsausbildung, Bonn 2016.

oder dafür zu sorgen, dass der Berufsberater in die Schule kommt. Mit Einwilligung der Eltern bzw. des volljährigen Schülers[132] stellt die Schule der Berufsberatung Unterlagen über den Schüler (z.B. Schülerbogen) zur Verfügung.

19.53 Schweigepflicht der Beraterinnen und Berater

19.531 Die Berater[133] sind aufgrund ihres Dienstverhältnisses zur Amtsverschwiegenheit verpflichtet (vgl. TZ 31.221). Darüber hinaus unterliegen sie einer *besonderen Schweigepflicht*, deren Verletzung durch § 203 Abs. 1 Nr. 2 bzw. Nr. 4 StGB unter Strafe gestellt ist. Der Berater muss daher über Informationen, die ihm im Rahmen seiner Beratungsfunktion anvertraut werden, Stillschweigen wahren.[134] Verboten ist nach § 203 StGB allerdings nur die „unbefugte" Weitergabe der Kenntnisse. Gesetzliche Regelungen können den Berater zur Offenbarung des ihm anvertrauten Geheimnisses berechtigen. Bei drohender Gefahr einer schweren Straftat (z.B. Totschlag, Mord, Raub oder einer anderen in § 138 StGB bezeichneten Tat) muss er sogar sein Wissen der Polizei oder Staatsanwaltschaft mitteilen. Darüber hinaus kann sich die Befugnis zur Weitergabe von Informationen an Dritte unter dem Gesichtspunkt des rechtfertigenden Notstands ergeben (§ 34 StGB), in Situationen also, in denen nur auf diese Weise eine gegenwärtige Gefahr für Leben, Leib, Freiheit, Ehre, Eigentum oder ein anderes Rechtsgut nach sorgfältiger Interessenabwägung abgewendet werden kann. Im Strafverfahren steht dem Berater kein Zeugnisverweigerungsrecht zu; er gehört nicht zu den in § 53 StPO genannten Berufsgruppen (Geistliche, Rechtsanwälte, Ärzte u.a.), denen dieses Recht eingeräumt ist.[135]

19.532 *Die Schweigepflicht gilt grundsätzlich nicht gegenüber den Eltern des minderjährigen Schülers.* Diese haben aufgrund ihres Elternrechts (Art. 6 Abs. 2 GG) einen Anspruch darauf, über die Situation des Kindes in der Schule, also auch über seine sozialen und psychischen Probleme, unterrichtet zu werden, zumal sie häufig nur so imstande sind, ihrer erzieherischen Aufgabe gerecht zu werden (TZ 16.35). In besonders gelagerten Fällen kann jedoch eine Mitteilung an die Eltern Reaktionen auslösen, die im Interesse des Schülers nicht zu verantworten sind (z.B. Gefahr der Kindesmisshandlung, Beeinträchtigung des Heilerfolges bei Drogensucht). Wenn konkrete Tatsachen vorliegen, die bei Information der Eltern die unmittelbare und gegenwärtige Gefahr einer körperlichen oder seelischen Schädigung des Kindes wahrscheinlich machen, ist die Beraterin oder der Berater von der Mitteilungspflicht befreit.[136]

19.533 Der Berater braucht ferner dann nicht zu schweigen, wenn ihn der Betroffene *von der Schweigepflicht entbunden* hat. Dabei taucht in der Praxis nicht selten die Frage auf, ob auch der noch minderjährige Schüler den Berater ohne Einwilligung der Eltern von der

---

132 Zur Frage, unter welchen Voraussetzungen der minderjährige Schüler selbständig einwilligen kann, vgl. TZ 16.221, 19.533.

133 *Kunkel* (Fn. 127), S. 95 (97 ff.).

134 So ausdrücklich § 14 Abs. 2 BremSchVwG, außerdem die entsprechenden Rechtsverordnungen oder Verwaltungsvorschriften in anderen Ländern, z.B. Nr. IV.2. bw Richtlinien für die Bildungsberatung vom 13.11.2000 (ABl. S. 332); § 6 saarl VO über den Schulpsychologischen Dienst (Fn. 130); Nr. 6 der sächs VV über die schulpsychologische Beratung (Fn. 130).

135 Das Zeugnisverweigerungsrecht nach § 53 Abs. 1 Nr. 3b StPO zugunsten der Beraterinnen und Berater für Betäubungsmittelabhängigkeit gilt lediglich für Mitarbeiterinnen und Mitarbeiter in einer amtlich anerkannten oder eingerichteten Suchtberatungsstelle (vgl. BVerfG, NJW 1996, 1587), erstreckt sich also nicht auf Drogenberatungslehrkräfte oder Mitarbeiterinnen und Mitarbeiter des Schulpsychologischen Dienstes, die mit Drogenfragen befasst sind.

136 So BVerfGE 59, 360 (386 f.). Das Gericht hatte die Vorschrift des damaligen § 13 Abs. 2 Satz 3 (nunmehr § 14 Abs. 3 Satz 3) BremSchVwG, wonach die Schweigepflicht des Beraters bei Gefährdung von Gesundheit und Wohlergehen des Minderjährigen auch gegenüber den Erziehungsberechtigten gilt, in diesem einschränkenden Sinne verfassungskonform ausgelegt.

Pflicht zur Verschwiegenheit gegenüber Dritten wirksam freistellen kann. Die Beantwortung dieser Frage richtet sich nach den einschlägigen Rechts- oder Verwaltungsvorschriften. Fehlen entsprechende Regelungen, ist – so das Bundesverfassungsgericht[137] – jeweils zwischen der Selbstbestimmungsfähigkeit des Jugendlichen und seiner Erziehungsbedürftigkeit abzuwägen. Das Elternrecht, das als pflichtgebundenes Recht dem Wohl des Kindes dient, muss seinem Wesen und Zweck nach zurücktreten, wenn der Minderjährige ein Alter erreicht hat, in dem er über eine genügende Reife zur selbständigen Beurteilung der Lebensverhältnisse und zum eigenverantwortlichen Auftreten im Rechtsverkehr verfügt. Das elterliche Erziehungsrecht wird in dem Maße überflüssig und gegenstandslos, in dem das Kind in die Mündigkeit hineinwächst. Für die Ausübung höchstpersönlicher Rechte gilt der Grundsatz, dass der zwar noch Unmündige, aber schon Urteilsfähige die ihm um seiner Persönlichkeit willen zustehenden Rechte eigenständig soll ausüben können. Daraus folgt: Der minderjährige Schüler kann den Berater von der Schweigepflicht entbinden, sofern er aufgrund seiner natürlichen Einsichtsfähigkeit die Bedeutung und Tragweite dieser Entscheidung zu beurteilen vermag.[138]

137 BVerfGE 59, 360 (387 ff.).

138 So auch die h.M. in der strafrechtlichen Literatur zur Rechtfertigung einer Straftat durch Einwilligung des durch die Tat betroffenen Minderjährigen. Vgl. etwa Helmut *Frister,* Strafrecht. Allgemeiner Teil. 7. Aufl., München 2015, Kap. 15 Rn. 8; Claus *Roxin,* Strafrecht. Allgemeiner Teil. Bd. I., 4. Aufl., München 2006; Johannes *Wessels*/Werner *Beulke,* Strafrecht. Allgemeiner Teil. 45. Aufl., Heidelberg 2015, § 9 Rn. 374. Dem entspricht die Regelung des § 14 Abs. 3 Satz 1 (früher: § 13 Abs. 3 Satz 1) BremSchVwG, die mit dem Elternrecht vereinbar ist (so BVerfGE 59, 369 [387 f.]).

20. Kapitel: Leistungsbewertungen

20.1 Grundsätzliches

20.11 Regelungsformen

Die Bewertung schulischer Leistungen dient einerseits der *Orientierung* der Schüler sowie ihrer Eltern, stellt andererseits aber auch die Grundlage für die *Zuerkennung von Berechtigungen* dar (zu Notwendigkeit und Nutzen der Berechtigungen TZ 4.21).[1] Die Grundlagen der Leistungsbewertung sind die von den einzelnen Schülern erbrachten mündlichen, schriftlichen und praktischen Leistungsnachweise.

Die Frage, ob und wieweit der Gesetzgeber nach dem Grundsatz des *Vorbehalts des Gesetzes* (TZ 2.23) Vorgaben für die Bewertung selbst bestimmen muss oder die Regelung der Verwaltung überlassen darf, lässt sich nicht einheitlich beantworten. Es kommt jeweils auf die durch die Bewertung ausgelösten Folgen an: Je mehr pädagogische Gesichtspunkte im Vordergrund stehen, umso geringer sind die Anforderungen an die Reichweite des Gesetzesvorbehalts; je mehr andererseits eine Bewertung Berechtigungen vermittelt und sich auf künftige Lebenschancen der Schüler auswirkt, umso nachhaltiger ist der Gesetzgeber aufgerufen, durch eigene Entscheidungen die Grundlagen zu bestimmen.[2]

20.12 Maßstäbe der Leistungsbewertung

20.121 Die Leistungsbewertung in Form von Noten geschieht in allen Bundesländern übereinstimmend nach folgenden *Notenstufen*[3]:
- sehr gut (1), wenn die Leistung den Anforderungen in besonderem Maße entspricht;
- gut (2), wenn die Leistung den Anforderungen voll entspricht;
- befriedigend (3), wenn die Leistung im Allgemeinen den Anforderungen entspricht;
- ausreichend (4), wenn die Leistung zwar Mängel aufweist, aber im Ganzen den Anforderungen noch entspricht;
- mangelhaft (5), wenn die Leistung den Anforderungen nicht entspricht, jedoch erkennen lässt, dass die notwendigen Grundkenntnisse vorhanden sind und die Mängel in absehbarer Zeit behoben werden können;

---

1 Vgl. hierzu *Niehues/Fischer/Jeremias*, Prüfungsrecht; Wolfgang *Zimmerling*/Robert G. *Brehm*, Prüfungsrecht. Verfahren – Vermeidbare Fehler – Rechtsschutz, 3. Aufl., Köln 2007; Thomas *Böhm*, Grundkurs Schulrecht III: Zentrale Fragen zur Leistungsbeurteilung und zum Prüfungsrecht, 2. Aufl., Kronach 2015; Ingo *Richter*, Recht im Bildungssystem. Eine Einführung, Stuttgart 2006, S. 94 ff.; Frank *Stolpmann*/Andreas *Teufer*, Prüfungsrecht für Auszubildende und ihre Prüfer, Baden-Baden 2009.

2 Differenzierend auch Peter *Lerche*, Bayerisches Schulrecht und Gesetzesvorbehalt, München 1981, S. 100 ff.; ferner *Niehues/Fischer/Jeremias*, Prüfungsrecht, Rn. 22, 44 und 48. Demgegenüber hält der DJT-SchulGE, § 54 (S. 90 f.), S. 268 ff., eine formellgesetzliche Regelung der Grundsätze für Leistungsbewertungen gleich welcher Art wegen der Bedeutung dieser Fragen für die Grundrechte der Schüler sowie der Eltern für erforderlich. Zu diesen Grundsätzen werden die allgemeinen Kriterien der Bewertung, das Bewertungssystem, die dem Bewertungssystem zuzuordnenden Bewertungsmaßstäbe sowie die Entscheidungszuständigkeiten gerechnet.

3 So § 19 Abs. 2 des Hamburger Abkommens vom 28.10.1964 i.d.F. vom 14.10.1971 (KMK-BeschlS. Nr. 101; hierzu TZ 2.121) i.V.m. dem Beschluss der KMK vom 3.10.1968 über die Erläuterung der Notenstufen bei Schulzeugnissen und Einzelergebnissen in staatlichen Prüfungszeugnissen (KMK-BeschlS. Nr. 675). Aus den Landesschulgesetzen vgl. etwa Art. 52 Abs. 2 Satz 1 BayEUG, § 58 Abs. 3 Satz 3 bln SchulG, § 73 Abs. 4 Satz 1 HSchG, § 62 Abs. 4 SchulG M-V, § 48 Abs. 3 nrw SchulG.

– ungenügend (6), wenn die Leistung den Anforderungen nicht entspricht und selbst die Grundkenntnisse so lückenhaft sind, dass die Mängel in absehbarer Zeit nicht behoben werden können.

Bei der *Leistungsbewertung nach Punkten* werden auf der Grundlage eines 15-Punkte-Systems die Punkte den Notenstufen wie folgt zugeordnet[4]:
- 15/14/13 Punkte: sehr gut (1),
- 12/11/10 Punkte: gut (2),
- 9/8/7 Punkte: befriedigend (3),
- 6/5/4 Punkte: ausreichend (4),
- 3/2/1 Punkte: mangelhaft (5),
- 0 Punkte: ungenügend (6).

20.122 *Maßstab der Leistungsbewertung* sind die für die jeweilige Schulart und Jahrgangsstufe verbindlichen Anforderungen des Fachs. Solche objektiven Kriterien lassen sich allerdings wegen ihres hohen Abstraktionsgrades nur schwer auf den Einzelfall anwenden. Deshalb ist es nicht unzulässig, dass die Lehrkräfte bei der Beurteilung der Leistungsnachweise der einzelnen Schüler den Vergleich mit dem Leistungsstand der Klasse berücksichtigen.[5] Eine völlige Relativierung der Leistungsbewertung ist indes mit dem Gebot der Chancengleichheit (Art. 3 Abs. 1 GG) nicht vereinbar. Vor allem dann, wenn mit der Leistungsbewertung Berechtigungen verknüpft werden, muss sich die Schule darum bemühen, generelle Standards heranzuziehen, um zu vermeiden, dass „absolut" gute Schüler gegenüber nur „relativ" guten Schülern im Konkurrenzkampf um Lehrstellen und Studienplätze benachteiligt werden.[6]

20.2 Bewertung einzelner Leistungen

20.21 Bewertungen einzelner Unterrichtsleistungen

20.211 Die Bewertung einzelner Leistungen während des Schuljahres (Klassenarbeiten, Hausaufgaben, mündliche und praktische Leistungsnachweise) erfüllt in erster Linie einen *pädagogischen Zweck*. Sie soll den Schülern – und ebenso auch den Eltern – die Gelegenheit geben, ihre Stärken und Schwächen zu erkennen; sie soll den Lehrkräften helfen, den Leistungsstand der Schüler zu ermitteln und daraus Folgerungen für die Förderung einzelner Schüler sowie für die Unterrichtsgestaltung zu ziehen. Zwar kann die Beurteilung einer Einzelleistung mittelbar, nämlich in ihren Auswirkungen auf die Entscheidung über Versetzung und Abschlüsse, auch die Rechtsstellung der Schüler berühren; als vorrangig pädagogische Maßnahme bedarf sie jedoch *keiner formellgesetzlichen Normierung*.[7] Es genügt, wenn der Gesetzgeber das Kultusministerium zum Erlass der einschlägigen Bestimmungen durch Rechtsverordnung ermächtigt; auch eine Regelung in Form der Verwaltungsvorschrift kommt in Betracht.

---

4 Ziff. 9.2 der „Vereinbarung zur Gestaltung der gymnasialen Oberstufe und der Abiturprüfung", Beschluss der KMK vom 7.7.1972 i.d.F. vom 15.2.2018 (KMK-BeschlS. Nr. 176).

5 Z.B. dann, wenn eine Klausur insgesamt ein außergewöhnlich schlechtes Ergebnis nach sich zieht. In einem solchen Fall muss letztlich auch das von einem Schüler zur Überprüfung der Rechtmäßigkeit der Leistungsbewertung seiner Arbeit angerufene Gericht den möglichen Ursachen der völlig aus dem Rahmen fallenden Misserfolgsquote nachgehen, etwa die Frage klären, ob eine ungeeignete Prüfungsaufgabe gestellt worden ist. Dazu BVerwG, NVwZ-RR 1996, 176 (178).

6 Vorschriften wie § 57 Abs. 2 Satz 2 BbgSchulG wonach bei der Leistungsbewertung der Leistungsstand der Lerngruppe und die Lernentwicklung des Schülers zu berücksichtigen sind, dürfen daher nicht zu einer Bewertungspraxis führen, in der die allgemeinen Maßstäbe dem konkret vorhandenen Leistungsniveau angepasst werden und dadurch ihre Verbindlichkeit verlieren.

7 Ebenso *Niehues/Fischer/Jeremias*, Prüfungsrecht, Rn. 52.

Da die Bewertung eines einzelnen vom Schüler erbrachten Leistungsnachweises nicht auf unmittelbare Rechtswirkung nach außen gerichtet ist, ist sie zudem in der Regel *nicht als Verwaltungsakt* im Sinne des § 35 VwVfG anzusehen; anfechtbare Verwaltungsakte stellen vielmehr nur die endgültigen Entscheidungen über das Bestehen oder Nichtbestehen der schulischen Abschlussprüfung bzw. über die Versetzung oder Nichtversetzung in die nächste Jahrgangsstufe dar.[8] Anders verhält es sich nur dann, wenn die Bewertung für die weitere Schullaufbahn des Schülers erheblich ist oder über den Schulbereich hinaus die Rechtsstellung des Prüflings ändert, etwa weil die Bewertung tatsächliche Auswirkungen auf das künftige Berufsleben entfaltet, indem sie seine Chancen verbessert oder verschlechtert.[9]

20.212 Für die Ermittlung des Leistungsstands der Schüler und die gegebenenfalls notwendigen Fördermaßnahmen ist vor allem die Anfertigung von *Klassenarbeiten* (Klausuren) bedeutsam. Diese beziehen sich in der Regel auf eine abgeschlossene Unterrichtseinheit.[10] Damit sich die Schüler in geeigneter Weise vorbereiten können, ist eine rechtzeitige Ankündigung erforderlich.[11] Klassenarbeiten müssen unter Aufsicht geschrieben werden, da sie nur so ein zutreffendes Bild von den tatsächlich vorhandenen Kenntnissen und Fähigkeiten der Schüler vermitteln.[12] Klassenarbeiten sind gleichmäßig über das Schul(halb) jahr zu verteilen.[13] An ein und demselben Tag soll nicht mehr als eine Arbeit geschrieben werden.[14] Die Lehrkraft fasst die Bewertung in einer Note zusammen (TZ 20.121); eine Begründung ist, anders als eine Besprechung der Klassenarbeit[15], zwar rechtlich nicht geboten[16], sie ist aber gerade unter pädagogischen Gesichtspunkten sinnvoll.[17] Weigern sich Schüler, die Klassenarbeit zu schreiben, oder versäumen sie diese unentschuldigt, wird

8 BVerwG, NVwZ-RR 1994, 582 (582), allerdings für die Erste Juristische Staatsprüfung; ebenso (für die Note im Fach Englisch) im Berufskolleg OVG Münster, NVwZ-RR 2001, 384 (384).

9 M.w.N. OVG Münster, NVwZ-RR 2001, 384 (384 f.); BVerwG, DÖV 1983, 819; vgl. auch schon BVerwGE 73, 376 (377).

10 S. § 24 Abs. 2 Satz 2 und 3 der Verordnung des Sächsischen Staatsministeriums für Kultus über allgemeinbildende Gymnasien und die Abiturprüfung im Freistaat Sachsen (Schulordnung Gymnasien Abiturprüfung – SOGYA) vom 27.6.2012 (GVBl. S. 348), zul.g.d. Artikel 3 der Verordnung vom 3.8.2017 (GVBl. S. 428).

11 S. § 22 Abs. 4 Satz 1 der Schulordnung für die Gymnasien in Bayern (Gymnasialschulordnung – GSO) vom 23.1.2007 (GVBl. S. 68), zul.g.d. § 8 der Verordnung vom 1.7.2016 (GVBl. S. 193): „Schulaufgaben werden spätestens eine Woche vorher angekündigt"; nach § 25 Abs. 6 der sächs Schulordnung Gymnasien Abiturprüfung sind schriftliche Arbeiten „den Schülern in der Regel mindestens 2 Wochen zuvor anzukündigen".

12 Zur Aufsichtspflicht bei schriftlichen Arbeiten s. bspw. § 10 Abs. 2 der sh Landesverordnung über das Berufliche Gymnasium (BVGO) vom 20.7.2017 (NBl. 2017, 230); vgl. auch § 58 Abs. 3 Satz 1 ThürSchulO, wonach die Klassenarbeit abgenommen und mit der Note „ungenügend" bewertet werden kann, wenn sich der Schüler unerlaubter Hilfe bedient.

13 Z.B. § 25 Abs. 1 Satz 2 sächs Schulordnung Gymnasien Abiturprüfung.

14 § 25 Abs. 5 Satz 2 sächs Schulordnung Gymnasien Abiturprüfung; nach § 58 Abs. 2 Satz 3 ThürSchulO darf sogar an zwei aufeinander folgenden Tagen „insgesamt nur eine Klassenarbeit abgehalten werden".

15 Zum Besprechungserfordernis s. bspw. § 25 Abs. 1 bay Gymnasialschulordnung; § 20 Abs. 1 der Schulordnung für die Realschulen (Realschulordnung – RSO) vom 18.7.2007 (GVBl. S. 458, ber. S. 585), zul.g.d. § 7 der Verordnung vom 1.7.2016 (GVBl. S. 193).

16 Hierzu OVG Münster, Beschl. v. 22.4.2002, – 19 B 575/02 (juris), Rn. 14 ff.; Beschl. v. 2.6.2008 – 19 B 609/08 (juris), Rn. 10 ff. Danach ist die Schule nicht verpflichtet, in jedem Fall eine schriftliche oder auch nur mündliche Begründung der Bewertung der einzelnen Kompetenzbereiche zu geben; vielmehr ist es Sache des Schülers und seiner Eltern, eine dahingehende Begründung oder die Ergänzung einer bereits vorliegenden Begründung zu verlangen, wobei es jedoch nicht genügt, pauschal Kritik zu üben; für eine gesteigerte Begründungspflicht bei Abweichungen zwischen der Bewertung des Sozialverhaltens im Unterricht einerseits und außerhalb des Unterrichts bzw. in den Vorjahren s. aber VG Braunschweig, NVwZ-RR 2010, 809.

17 S. aber unten TZ 20.55 für schriftliche Prüfungsarbeiten.

die Note „ungenügend" erteilt.[18] Sofern sie die Arbeit mit ausreichender Entschuldigung versäumen, kann die Lehrkraft die nachträgliche Anfertigung jedenfalls dann verlangen, wenn nur so eine sachgerechte Leistungsbeurteilung im nächsten Zeugnis möglich ist.

20.213 Für den Umgang mit *Täuschungshandlungen* oder Täuschungsversuchen enthalten die jeweiligen Prüfungsordnungen konkrete Bestimmungen, die insbesondere die in Frage kommenden Sanktionsmaßnahmen benennen. Diese im Regelfall als Rechtsverordnungen (TZ 2.231) erlassenen Vorschriften weichen in den Einzelheiten landesspezifisch voneinander ab und richten sich insbesondere nach der Art und dem Charakter der Prüfung.[19] Grundlegend ist die Unterscheidung zwischen schweren, mittleren und leichteren Täuschungshandlungen bzw. Täuschungsversuchen.[20] Die Prüfungsordnungen sehen nach dem Verhältnismäßigkeitsprinzip abgestufte Sanktionen vor. Danach kann die auf der Täuschungshandlung beruhende Teilleistung, in schweren Fällen auch die gesamte Prüfungsleistung mit der Note „ungenügend" bewertet werden.[21] Den Ausgangspunkt für Reaktionen auf Täuschungshandlungen stellt der das Prüfungsrecht prägende *Grundsatz der Chancengleichheit* dar, so dass im Einzelfall zu fragen ist, ob ein Schüler sich aufgrund der Täuschungshandlung oder des Täuschungsversuchs einen gegenüber anderen Prüflingen unberechtigten Vorteil verschafft hat oder verschaffen wollte und in welchem Maße dieser angestrebte Vorteil im Hinblick auf die zu bewertende Leistung ins Gewicht fällt. Entsprechend der Einstufung der Täuschungshandlung entscheidet dann die einzelne Lehrkraft oder die Prüfungskommission nach pflichtgemäßem Ermessen über die zu verhängende Sanktion.[22]

20.214 Wie bereits erwähnt, sollen die Klassenarbeiten und ihre Bewertung den Eltern Einblick in die Unterrichtstätigkeit der Schule und Aufschluss über den Leistungsstand ihrer Kinder geben; deshalb werden die Arbeiten nach Benotung und Besprechung in der Klasse den Schülern mit nach Hause gegeben.[23] Auf diese Weise trägt die Schule dem auf dem Elternrecht beruhenden *Informationsanspruch* (TZ 16.333) Rechnung. Aus dem Eltern-

18 Es begegnet – insbesondere im Hinblick auf das Gebot der Chancengleichheit – grundsätzlich keinen Bedenken, eine verweigerte Leistung ebenso wie eine ungenügende Leistung zu bewerten, OVG Magdeburg, Beschl. v. 11.3.2015 – 3 M 9/15 (juris), Rn. 20 f.; VG Berlin, Beschl. v. 4.5.2010 – 3 L 145.10 (juris), Rn. 14. S. auch die Regelung in § 54 Abs. 2 der rp Schulordnung für die öffentlichen Realschulen plus, Integrierten Gesamtschulen, Gymnasien, Kollegs und Abendgymnasien (Übergreifende Schulordnung) vom 12.6.2009 (GVBl. S. 224), zul.g.d. Verordnung vom 3.6.2013 (GVBl. S. 257), wonach die infolge unentschuldigten Fehlens nicht erbrachte Leistung als „nicht feststellbar" festgehalten und hierfür die Note „ungenügend" erteilt wird.

19 Z.B. besondere Regelungen für Abschlussprüfungen. S. hierzu ausführlich *Niehues/Fischer/Jeremias*, Prüfungsrecht, Rn. 228 ff.; s. ferner Günther *Hoegg*, Die schulische Täuschung und ihre unzureichende Ahndung, RdJB 1994, 72.

20 Als Beispiel s. § 5 Abs. 1 brem Verordnung über die Prüfungen zu den Abschlüssen der Sekundarstufe I (Prüfungsverordnung Sekundarstufe I – PrüfV Sek. I) vom 20.6.2013 (GBl. S. 360), zul.g.d. Geschäftsverteilung des Senats vom 2.8.2016 (GBl. S. 434). Danach ist die gesamte Prüfung grundsätzlich für nicht bestanden zu erklären, wenn ein Prüfling versucht, das Ergebnis der Prüfung durch Täuschung zu beeinflussen (Satz 1); in leichteren Fällen ist hingegen nur die betroffene Teilleistung mit ungenügend zu bewerten (Satz 2).

21 S. z.B. die Ermessensvorschriften in § 25 Abs. 1 und 2 rp Übergreifende Schulordnung; § 106 Abs. 2 Satz 2 ThürSchulO.

22 Kritisch zur Ausgestaltung der Sanktionsvorschriften für Täuschungen als Ermessensnormen *Hoegg* (Fn. 19), S. 72 (72 f.), der für „juristisch ungeschulte Lehrer" Kriterien für eine sachgerechte Ermessensentscheidung herausarbeitet (a.a.O., 73 ff.). Strenger hingegen z.B. die bayerischen Regelungen, denen zufolge eine Arbeit zwingend mit „ungenügend" zu bewerten ist, wenn sich ein Schüler unerlaubter Hilfsmittel bedient oder den Versuch hierzu macht; Ermessen besteht lediglich dann, wenn die Täuschungshandlungen zugunsten eines Mitschülers unternommen werden (s. § 45 Abs. 1 Satz 1 und 3 bay Realschulordnung; § 49 Abs. 1 Satz 1 und 3 bay Gymnasialschulordnung).

23 Entsprechende Regelungen bspw. in § 25 Abs. 2 bay Gymnasialschulordnung; § 25 Abs. 8 sächs Schulordnung Gymnasien Abiturprüfung; nach § 56 Abs. 3 Satz 2 rp Übergreifende Schulordnung sollen die Eltern minderjähriger Schüler Kenntnis nehmen.

recht kann aber nicht die Verpflichtung der Schule und der Lehrkräfte abgeleitet werden, nach jeder Arbeit eine Übersicht über die in der gesamten Klasse erreichten Noten in Form eines *Notenspiegels* zu geben.[24] Andererseits erfüllen Lehrer den Auskunftsanspruch der Eltern nicht schon durch die bloße Benotung der Arbeit. Im Rahmen des Zumutbaren und unter Wahrung der Persönlichkeitsrechte Dritter müssen sie den Erziehungsberechtigten für die von diesen erbetenen Informationen über die Leistungen und das leistungsbedingte Verhalten des Kindes zur Verfügung stehen. Negative Noten sind den Eltern auf Verlangen in einer Rücksprache zu erläutern. Im Falle vorsätzlicher Leistungsverweigerung müssen die Lehrkräfte die Eltern von sich aus in Kenntnis setzen. Auch die Schüler sind auf Wunsch jederzeit über ihren Leistungsstand zu unterrichten.[25] Zu Beginn des Schuljahres sollen die Schüler darüber aufgeklärt werden, nach welchen Gesichtspunkten die schriftlichen, mündlichen und praktischen Leistungen bewertet werden.

20.22 Zeugnisse

20.221 Das Zeugnis[26] ist eine von der Schule ausgestellte Urkunde, durch die die Leistungen der Schüler in den verschiedenen Fächern während eines Unterrichtsabschnitts zusammenfassend bewertet werden und in der – jedenfalls in den Schulen der Primarstufe und der Sekundarstufe I – wichtige Aussagen über sonstiges schulisches Verhalten enthalten sind (TZ 20.225). Zeugnisse werden *am Ende eines jeden Schulhalbjahres* ausgegeben.[27]

Schüler, die die Schule verlassen, nachdem sie das Ziel des Bildungsgangs erreicht, das heißt die Abschlussklasse erfolgreich durchlaufen oder eine Abschlussprüfung bestanden haben, erhalten ein *Abschlusszeugnis*. Schülern, die von der Schule nach erfüllter Schulpflicht abgehen, ohne das Ziel erreicht zu haben, wird ein *Abgangszeugnis* erteilt.[28] Hinsichtlich des Bewertungssystems und der verschiedenen Abstufungen (Noten, Punkte) wird auf die Ausführungen unter TZ 20.121 verwiesen.

20.222 Zeugnisse haben zunächst eine *Informations- und Beweisfunktion*. Insoweit sind die Grundrechte der Betroffenen nicht wesentlich berührt. Eine formellgesetzliche Regelung ist daher unter diesem Aspekt nicht erforderlich.[29] Anders liegen die Verhältnisse,

---

24 BVerwG, DÖV 1978, 845.

25 So ausdrücklich § 56 Abs. 1 rp Übergreifende Schulordnung: „Schülerinnen und Schüler haben das Recht auf Auskunft über ihren Leistungsstand, auf Bekanntgabe der Bewertungsmaßstäbe und auf Begründung der Noten."

26 Ausführlich zu Zeugnissen DJT-SchulGE § 55 (S. 91), S. 271 ff.; Fritz *Ossenbühl*, Rechtliche Grundfragen der Erteilung von Schulzeugnissen, Berlin 1978.

27 In den Klassen 1 und 2 der Grundschule in manchen Ländern nur am Ende des Schuljahres, z.B. in *Brandenburg*: § 11 Abs. 3 Satz 1 Verordnung über den Bildungsgang in der Grundschule (Grundschulverordnung – VO) vom 2.8.2007 (GVBl. II S. 190), zul.g.d. Verordnung vom 20.9.2017 (GVBl. II S. 1); *Hessen*: § 14 Abs. 2 Satz 1 Verordnung zur Ausgestaltung der Bildungsgänge und Schulformen der Grundstufe (Primarstufe) und der Mittelstufe (Sekundarstufe I) und der Abschlussprüfungen in der Mittelstufe (VOBGM) vom 14.6.2005 (ABl. S. 438, 579), zul.g.d. Artikel 1 der Verordnung vom 27.10.2015 (ABl. S. 582, 2016 S. 108); *Nordrhein-Westfalen*: § 6 Abs. 1 Verordnung über den Bildungsgang in der Grundschule (Ausbildungsordnung Grundschule – AO-GS) vom 23.3.2005 (GV. S. 269), zul.g.d. Verordnung vom 26.3.2014 (GV. S. 223).

28 Nr. II und IV des Beschlusses der KMK vom 4./5.11.1954 i.d.F. vom 28./29.9.1961: Bezeichnung von Schulzeugnissen (KMK-BeschlS. Nr. 677).

29 S. zuletzt BVerwG, DVBl. 1998, 969 (970): Der Gesetzgeber ist nicht verpflichtet, die Ermittlung der Zeugnisnote aus schriftlichen und mündlichen Leistungsnachweisen in einem versetzungsrelevanten Fach selbst zu regeln. Dies gilt sogar dann, wenn die Erteilung einer unzureichenden Zeugnisnote am Anfang einer Kausalkette steht, die zur Nichtversetzung und – bei wiederholter Nichtversetzung – zur Schulentlassung führte; es fehlt in einem solchen Fall dasjenige Maß an Grundrechtsrelevanz, das eine Detailregelung des Gesetzgebers hinsichtlich der Notenvergabe gebietet. S. hierzu auch die Anmerkung von Friedhelm *Hufen*, JuS 1999, 493.

wenn ein Zeugnis zugleich eine Berechtigung (z.B. Versetzung, Abschluss[30]) vermittelt oder versagt. Welche Anforderungen hierbei an den *Vorbehalt des Gesetzes* zu stellen sind, ist jeweils im entsprechenden Zusammenhang (TZ 20.233, 20.242 und 20.252) zu erörtern. Die Einführung einer anderen Form der Leistungsbewertung in den Zeugnissen, beispielsweise die Ersetzung der Noten durch eine allgemeine verbale Beurteilung während der ersten beiden Grundschulklassen, ist nicht derart wesentlich, dass eine richtungweisende Entscheidung des Parlaments vonnöten wäre.[31] Durch eine gesetzliche Ermächtigung des Kultusministeriums zum Erlass entsprechender Regelungen im Wege der Rechtsverordnung wird dem Grundsatz des Gesetzesvorbehalts hinreichend Rechnung getragen. Ebenso wenig bedürfen Aussagen zum Sozialverhalten in einem Zeugnis (z.B. in Form der sogenannten Kopfnoten) der formellgesetzlichen Grundlage.[32] Zu der Frage, ob verbalisierte Zeugnisse und Zeugnisaussagen über das Sozialverhalten der Schüler mit ihren Grundrechten und denen der Eltern vereinbar sind, s. TZ 20.225.

20.223 Hinsichtlich der *Rechtsnatur des Zeugnisses*[33] ist zu unterscheiden. Sofern es die Rechtslage der Schüler unmittelbar ändert oder feststellt, ist es ein Verwaltungsakt im Sinne des § 35 VwVfG. Das trifft etwa auf Versetzungs- und Abschlusszeugnisse zu.[34] Demgegenüber fehlt einem Zeugnis, das – wie das Zeugnis am Ende des ersten Schulhalbjahres – keine Berechtigung zuerkennt oder vorenthält, sondern sich auf die Informations- und Beweisfunktion beschränkt, der Verwaltungsaktscharakter. *Einzelnoten* sind in der Regel unselbständige Bestandteile des Zeugnisses und daher keine Verwaltungsakte; eine Ausnahme gilt dann, wenn Einzelnoten ihrerseits unmittelbar Rechtsfolgen auslösen (z.B. wenn bestimmte Halbjahreszeugnisse regelmäßig Bewerbungszwecken dienen, ferner für den Fall, dass der Zugang zu einer Bildungseinrichtung von Mindestnoten in bestimmten Fächern abhängt, oder bei Noten im Abiturzeugnis, denen zumindest im Hinblick auf den Numerus clausus entscheidende Bedeutung zukommt).[35] Zum Rechtsschutz gegen Zeugnisse und Einzelnoten TZ 26.322.

20.224 Bei der *Bildung der Zeugnisnote* sind Umfang und Schwierigkeitsgrad der einzelnen von den Schülern erbrachten Leistungsnachweise zu berücksichtigen. Klassenarbeiten haben gegenüber den mündlichen Leistungen im Allgemeinen höheres Gewicht.[36] Mangels gegenteiliger Vorschriften bleibt es den Lehrern überlassen, auf welche Weise sie sich eine Meinung über die *mündlichen Leistungen* der Schüler verschaffen. Auch steht es weitgehend in ihrem pädagogischen Ermessen, wie sie die mündlichen Leistungen ermitteln. Sie können die individuelle Verschiedenheit der Schüler bei der Leistungsentwicklung und beim Lernverhalten berücksichtigen. Die Feststellung der Leistungsnachweise braucht daher nicht bei allen Schülern mit gleicher Häufigkeit und in formal gleicher Weise zu

---

30 Insoweit kann ein Halbjahreszeugnis ohne eine Berechtigungsentscheidung im Einzelfall ebenso zu beurteilen sein, wenn es z.B. typischerweise als wesentlicher Bestandteil von Bewerbungen bei der Ausbildungsstellensuche genutzt wird.

31 M.w.N. *Niehues/Fischer/Jeremias*, Prüfungsrecht, Rn. 55. Für eine entsprechende Regelung, s. § 11 Abs. 1 bbg Grundschulverordnung.

32 BVerwG, NJW 1982, 250; für § 69 Nr. 3a SchulG M-V, der eine Verordnungsermächtigung in Bezug auf die Regelung einheitlicher Bewertungsmaßstäbe für das Arbeits- und Sozialverhalten enthält, s. auch OVG Greifswald, NordÖR 2009, 128; ähnlich OVG Saarlouis, Urt. v. 19.8.2002 – 3 N 1/01 (juris), Rn. 25 ff.; anders hingegen DJT-SchulGE, § 55 Abs. 1 Satz 1 (S. 91), S. 272.

33 Hierzu *Ossenbühl* (Fn. 26), S. 14 ff.

34 Für die Erste Juristische Staatsprüfung BVerwG, NVwZ-RR 1994, 582 (582); ebenso für die Note im Fach Englisch im Berufskolleg OVG Münster, NVwZ-RR 2001, 384 (384).

35 M.w.N. OVG Münster, NVwZ-RR 2001, 384 (384 f.); BVerwG, DÖV 1983, 819; vgl. auch schon BVerwGE 73, 376 (377); hierzu auch *Niehues/Fischer/Jeremias*, Prüfungsrecht, Rn. 698 f.

36 Doch ist, sofern nichts anderes bestimmt ist, jedenfalls für den Bereich der Grundschule die von einem Fachlehrer vorgenommene Gewichtung der schriftlichen und mündlichen Leistungen im Verhältnis 1:1 rechtsfehlerfrei. S. VGH Mannheim, NVwZ-RR 1992, 189 (191).

geschehen. Deshalb ist es zulässig, dass die Lehrkräfte Schüler, deren Notenbild noch nicht klar ist, häufiger als andere Schüler befragen, bei denen ein Urteil schon feststeht.[37]

20.225 Die Eltern haben zwar aus Art. 6 Abs. 2 Satz 1 GG ein Recht auf angemessene Information über Leistungsvermögen und Lernentwicklung des Kindes; ein gleicher Anspruch steht den Schülern selbst aus Art. 2 Abs. 1 GG zu. Das bedeutet jedoch nicht, dass die Leistungen nach Notenstufen (Ziffernoten) bewertet werden müssten. Vielmehr kann dem Auskunftsanspruch, jedenfalls in den ersten Klassen der Grundschule, auch durch *verbalisierte Zeugnisse* Rechnung getragen werden.[38] Allerdings dürfen sich die verbalisierten Leistungsbewertungen nicht auf allgemeine Formulierungen beschränken, in denen einem Schüler zum Beispiel bescheinigt wird, dass er alle Anforderungen ohne Schwierigkeiten bewältigt hat; erforderlich sind auf einzelne Fächer und gegebenenfalls Teilbereiche bezogene Bemerkungen zum Lernfortschritt und zu eventuell bestehenden Schwächen in einzelnen Lernbereichen.[39]

Da die Schule im Rahmen ihrer Erziehungsaufgabe dazu beizutragen hat, dass die Schüler zu selbstverantwortlichen Mitgliedern der Gesellschaft herangebildet werden, darf sie auch deren *Sozialverhalten* – durch sogenannte Kopfnoten oder in verbalisierter Form – im Zeugnis bewerten. Weder das elterliche Erziehungsrecht (Art. 6 Abs. 2 Satz 1 GG) noch das Recht der Schüler auf möglichst ungehinderte Entfaltung ihrer jeweiligen Persönlichkeit (Art. 2 Abs. 1 GG) begründet einen Anspruch gegen die Schule auf Unterlassung der Beurteilung des Sozialverhaltens. Allerdings ist es der Schule untersagt, die vom Elternhaus eingeschlagene Erziehungsrichtung zu konterkarieren und die Beurteilung im Zeugnis als Mittel der „Indoktrinierung zu einem bestimmten Sozialverhalten“ einzusetzen.[40]

20.226 Die Zeugnisnote eines Fachs wird je nach landesrechtlicher Regelung entweder vom Fachlehrer oder auf Vorschlag des Fachlehrers von der Klassenkonferenz festgesetzt. Der Lehrer soll den Schülern rechtzeitig die beabsichtigte Notengebung in pädagogisch sinnvoller Weise erläutern. Mitarbeit und Verhalten der Schüler werden aufgrund der Vorschläge der einzelnen Lehrkraft von der Klassenkonferenz bewertet. Die Zeugnisse sind vom Schulleiter und vom Klassenlehrer zu unterzeichnen.

20.23 Versetzung (Vorrücken)

20.231 Ein Schüler wird am Ende des Schuljahres in die nächsthöhere Klasse (Jahrgangsstufe) versetzt[41], wenn er insgesamt ausreichende Leistungen nachgewiesen hat. Bei Nichtversetzung ist die zuletzt besuchte Klasse zu wiederholen. Schüler an Realschulen oder an Gymnasien, die zweimal in derselben Klasse oder in zwei aufeinanderfolgenden Klassen nicht versetzt worden sind, müssen von der Schule abgehen und dürfen in der Regel nicht

---

37 S. z.B. § 33 Abs. 2 Satz 4 rp Schulordnung für die öffentlichen Grundschulen vom 10.10.2008 (GVBl. S. 219), zul.g.d. Artikel 1 der Verordnung vom 9.12.2013 (GVBl. S. 514): „Form und Anzahl der Leistungsfeststellungen werden von pädagogischen Gesichtspunkten bestimmt.“

38 BVerwG, NJW 1982, 250 (hinsichtlich der ersten beiden Grundschulklassen); VG Dresden, Beschl. v. 19.6.2018 (juris), Rn. 20. So auch DJT-SchulGE, § 54 Abs. 1 Satz 3 (S. 90), S. 271 f.; a.A. *Ossenbühl* (Fn. 26), S. 19 ff.

39 So unter Berufung auf den aus Art. 2 Abs. 1 GG bzw. Art. 6 Abs. 2 GG folgenden Informations- und Auskunftsanspruch der Schüler bzw. Eltern VGH Kassel, DVBl. 1995, 436.

40 So BVerwG, NJW 1982, 250 (250); OVG Greifswald, NordÖR 2009, 128 (130). Gegen die Zulässigkeit der Bewertung des Sozialverhaltens *Ossenbühl* (Fn. 26), S. 38 ff.

41 Hierzu die Beschlüsse der KMK über die Grundsätze bzw. Richtlinien für Versetzungsordnungen an Volks- und Mittelschulen sowie Gymnasien (KMK-BeschlS. Nr. 680 ff.). S. auch DJT-SchulGE, § 56 (S. 91 f.), S. 273 ff.

in eine Schule derselben Schulart aufgenommen werden.[42] Bei Grund- und Hauptschülern ist auch die Einleitung eines Verfahrens zur Feststellung eines sonderpädagogischen Förderbedarfs zu erwägen (TZ 17.41).

Aufgrund der schulstrukturellen Veränderungen, aber auch als Folge veränderter pädagogischer Überlegungen sind in einzelnen Ländern *Nichtversetzungen teilweise nicht mehr vorgesehen*. Dies betrifft bestimmte Jahrgangsstufen der Grundschule (im Regelfall die erste und zweite Jahrgangsstufe), die zusammengefasst worden sind und auch rechtlich als Einheit ohne Notwendigkeit von Versetzungsentscheidungen betrachtet werden[43]; es bezieht sich aber auch auf einzelne höhere Jahrgangsstufen, die als pädagogische Einheit gesehen werden.[44] Im Sekundarbereich ist in Berlin eine Versetzung nur beim Besuch des Gymnasiums, der Einführungsphase der gymnasialen Oberstufe oder der Fachoberschule vorgesehen[45]; in der Sekundarstufe I soll eine Jahrgangsstufenwiederholung nur in Ausnahmefällen stattfinden und dann auch nur unter der Voraussetzung, dass zwischen der Schule und dem Schüler sowie dessen Erziehungsberechtigten Bildungs- und Erziehungsvereinbarungen (dazu TZ 21.11) getroffen werden.[46] Hintergrund dieser Überlegungen sind einerseits die nach wie vor – wenn auch in den letzten Jahren kontinuierlich rückläufige – hohe Zahl der Klassenwiederholungen[47] und die damit verbundenen Kosten für die öffentlichen Haushalte[48], aber auch die pädagogischen Zweifel an Maßnahmen, die sich auf das Wiederholen eines bereits bekannten Lernstoffes beschränken, weitergehende För-

42 Vgl. etwa § 75 Abs. 2 HSchG: Bei einer Nichtversetzung hat der Schüler dieselbe Jahrgangsstufe zu wiederholen. Bei zweimaliger Nichtversetzung in derselben Jahrgangsstufe oder in zwei aufeinander folgenden Jahrgangsstufen der Realschule oder des Gymnasiums oder der entsprechenden Schulzweige einer schulformbezogenen Gesamtschule hat er die besuchte Schule oder den besuchten Zweig zu verlassen. Er darf nicht in eine Schule desselben Bildungsganges aufgenommen werden. Ebenso § 72 Abs. 2 rp Übergreifende Schulordnung: Schüler, die zweimal in derselben Klassenstufe oder in zwei aufeinanderfolgenden Klassenstufen des Gymnasiums nicht versetzt wurden, müssen die Schule verlassen und können an keiner Schule der besuchten Schulart mehr aufgenommen werden. Ähnlich auch Art. 53 Abs. 2 und 3 BayEUG; § 50 Abs. 5 nrw SchulG. Nach OVG Münster, NVwZ 1986, 399, darf ein Schüler dieselbe Klasse aber zweimal wiederholen, wenn er zuvor freiwillig mit Zustimmung der Versetzungskonferenz diese Klassenstufe wiederholt hatte. Zu weiteren Ausnahmeregelungen, die im Wesentlichen auf von dem Schüler nicht zu vertretende Umstände abstellen, s. VGH München, NVwZ 1986, 398; VGH Kassel, NVwZ-RR 1989, 547.

43 So etwa in § 1 Abs. 1 Satz 1 bw Verordnung des Kultusministeriums über die Versetzung an Grundschulen (Grundschulversetzungsordnung) vom 30.1.1984 (GBl. S. 145), zul.g.d. Artikel 2 der Verordnung vom 21.6.2017 (GBl. S. 344); § 13 Abs. 1 Satz 1 Schulordnung für die Grundschulen in Bayern (Grundschulordnung – GrSO) vom 11.9.2008 (GVBl. S. 684), zul.g.d. § 2 der Verordnung vom 12.1.2018 (GVBl. S. 23); § 20 Abs. 3 Satz 1 bln SchulG; § 59 Abs. 4 Satz 1 BbgSchulG; § 17 Abs. 3 Satz 1 HSchG; § 22 Abs. 2 Satz 1 Verordnung des Sächsischen Staatsministeriums für Kultus über Grundschulen im Freistaat Sachsen (Schulordnung Grundschulen – SOGS) vom 3.8.2004 (GVBl. S. 312), zul.g.d. Artikel 1 der Verordnung vom 15.2.2017 (GVBl. S. 87); § 5 Abs. 2 ThürSchulG; vgl. auch § 59 Abs. 4 Satz 2 NSchG, § 34 Abs. 5 Satz 2 SchulG LSA.

44 Z.B. in Schleswig-Holstein in der Orientierungsstufe von der Jahrgangsstufe 5 nach 6, sowie in der Regel beim Übergang von der Jahrgangsstufe 8 nach 9 an Gymnasien (so § 5 Abs. 2 Satz 1 und § 6 Abs. 1 Satz 1 der Landesverordnung über die Sekundarstufe I der Gymnasien [Schulverordnung Gymnasien – SAVOGym] vom 18.6.2014 [NBl. S. 158]).

45 D.h. nicht an integrierten Sekundarschulen bzw. an Gemeinschaftsschulen, s. §§ 59 Abs. 1 Satz 4, 17a Abs. 6 Satz 3 bln SchulG.

46 S. § 59 Abs. 1 Satz 2 und 3 bln SchulG; für Gemeinschaftsschulen: § 17a Abs. 6 Satz 3 und 4 bln SchulG. Ähnlich die Regelung in Hamburg: §§ 45 Abs. 1 Satz 1, Abs. 2 i.V.m. § 42 Abs. 5 HmbSG.

47 Im Schuljahr 2012/13 wiederholten – bei nicht unwesentlichen Divergenzen der Zahlen zwischen den einzelnen Bundesländern und den einzelnen Schulformen – bundesweit insgesamt 154.438 und damit 2,3 Prozent aller Schüler eine Klasse. S. Tab. D2-13Web zum Bildungsbericht 2014; zu differenzierten Angaben bezogen auf die einzelnen Länder und Schulstufen: Bildungsbericht 2008, S. 69 f.

48 Klaus *Klemm*, Klassenwiederholungen – teuer und unwirksam. Eine Studie zu den Ausgaben für Klassenwiederholungen, Gütersloh 2009, S. 12 ff., kommt bezogen auf das Schuljahr 2008/09 auf Kosten für Klassenwiederholungen von 931 Millionen Euro.

dermaßnahmen aber nicht vorsehen.[49] Die Frage, inwieweit Leistungshomogenität innerhalb einer Lerngruppe bestehen muss oder ihrer Heterogenität Rechnung zu tragen ist, beeinflusst diese Debatte zusätzlich (vgl. TZ 18.212).

In der gymnasialen Oberstufe ist die Versetzungsregelung von der jeweiligen landesspezifischen Ausgestaltung abhängig; diese hat sich mit der Ausdifferenzierung in einen 12- und einen 13-jährigen gymnasialen Bildungsgang verändert (zu den Einzelheiten in den Ländern s. TZ 3.413). Für den dreijährigen Bildungsgang der gymnasialen Oberstufe[50] ist in einer Reihe von Bundesländern ausdrücklich eine Versetzung nach der Einführungsphase vorgesehen[51], innerhalb der sich anschließenden zweijährigen Qualifikationsphase demgegenüber nicht mehr. Wer sich nach dreieinhalbjährigem Besuch einer gymnasialen Oberstufe nicht zur Abiturprüfung meldet oder die Zulassungsvoraussetzungen innerhalb dieser Zeit nicht erfüllt, hat die Schule zu verlassen[52]; die Verweildauer darf, außer im Falle einer nichtbestandenen Abschlussprüfung, insgesamt vier Jahre nicht überschreiten[53].

20.232 In den meisten Ländern ist auch die Möglichkeit des Überspringens einer Klasse bzw. die Vorversetzung vorgesehen, wenn zu erwarten ist, dass ein Schüler die Lernanforderungen der nächsthöheren Jahrgangsstufe wird erfüllen können.[54]

20.233 Nichtversetzung und leistungsbedingte zwangsweise Schulentlassung bedürfen einer *gesetzlichen Grundlage*; jedoch können die Einzelheiten durch Rechtsverordnung geregelt werden. Zur Reichweite des Vorbehalts des Gesetzes vgl. TZ 2.23.

---

49 S. nur Julia A. *Krohne*/Ulrich *Meier*/Klaus-Jürgen *Tillmann*, Sitzenbleiben, Geschlecht und Migration – Klassenwiederholungen im Spiegel der PISA-Daten, ZfPäd 2004, 373; Grit *Arnhold*/ Gabriele *Bellenberg*, Klassenwiederholungen. Ein verzichtbares Selektionsinstrument, Pädagogik 2/2006, 38; Rainer *Peek*/Kerstin *Darge*, Sitzenbleiben – aus der Sicht von Bildungsforschung und Schulpädagogik, Schule heute 12/2008, 1/2009, 4; ausführlicher auch Monika *Palowski*, Der Diskurs des Versagens. Nichtversetzung und Klassenwiederholung in Wissenschaft und Medien, Wiesbaden 2016.

50 Nordrhein-Westfalen kennt bspw. nur eine dreijährige gymnasiale Oberstufe, die im Gymnasium die Jahrgangsstufen 10 bis 12 und in der Gesamtschule die Jahrgangsstufen 11 bis 13 umfasst (§ 18 Abs. 1 nrw SchulG); s. auch § 20 Abs. 4 Satz 1 BremSchulG.

51 So z.B. in Berlin: § 59 Abs. 1 Satz 4 bln SchulG, § 18 Abs. 1 Satz 1 Verordnung über die gymnasiale Oberstufe (VO-GO) vom 18.4.2007 (GVBl. S. 156), zul.g.d. Verordnung vom 16.8.2017 (GVBl. S. 677); Nordrhein-Westfalen: § 9 Abs. 1 Verordnung über den Bildungsgang und die Abiturprüfung in der gymnasialen Oberstufe (APO-GOSt) vom 5.10.1998 (GV. S. 593), zul.g.d. Verordnung vom 11.5.2016 (GV. S. 245).

52 Ziff. 6.2 der „Vereinbarung zur Gestaltung der gymnasialen Oberstufe und der Abiturprüfung" vom 7.7.1972 i.d.F. vom 15.2.2018 (KMK-BeschlS. Nr. 176).

53 Ziff. 6.1 der „Vereinbarung zur Gestaltung der gymnasialen Oberstufe und der Abiturprüfung" vom 7.7.1972 i.d.F. vom 15.2.2018 (KMK-BeschlS. Nr. 176); entsprechend die Regelungen z.B. in § 28 Abs. 1 Satz 3 bln SchulG; § 2 Abs. 1 nrw Verordnung über den Bildungsgang und die Abiturprüfung in der gymnasialen Oberstufe. Der Schüler kann allerdings aus Art. 12 Abs. 1 Satz 1 GG einen Anspruch darauf haben, die festgelegte Höchstverweildauer zu überschreiten, wenn die Nichteinhaltung des Zeitrahmens auf Umständen beruht, die von ihm nicht zu vertreten sind (z.B. gesundheitliche Probleme); s. hierzu einerseits OVG Schleswig, Beschl. v. 28.1.2005 – 3 MB 71/04 (juris), Rn. 5, andererseits VG Dresden, Beschl. v. 24.8.2005 – 5 K 1701/05 (juris), Rn. 19 f.; VGH Kassel, NVwZ-RR 1989, 547 (548 f.).

54 Z.B. § 59 Abs. 6 BbgSchulG (wenn die bisherigen Leistungen eine erfolgreiche Mitarbeit in der höheren Jahrgangsstufe erwarten lassen); § 75 Abs. 7 i.V.m. Abs. 5 Satz 1 und 2 HSchG (wenn zu erwarten ist, dass der Schüler dadurch in seiner Lernentwicklung besser gefördert werden kann) oder § 49 Abs. 3 Satz 1 ThürSchulG (wenn die Leistungen eines besonders begabten und leistungswilligen Schülers deutlich über die seiner Mitschüler hinausragen und seine Arbeitsweise erwarten lässt, dass er erfolgreich in der neuen Klassenstufe mitarbeiten kann).

20.234 Schüler sind zu versetzen, wenn sie in allen (versetzungserheblichen) Fächern[55] während des vorausgegangenen Unterrichtsabschnitts (Schuljahr, Schulhalbjahr)[56] *mindestens ausreichende Leistungen* erbracht haben; bisweilen ist vorgesehen, dass die Note „mangelhaft" in nur einem Fach unschädlich ist.[57] Eine schlechte Einzelnote darf bei der Versetzungsentscheidung nicht berücksichtigt werden, wenn die für das Fach vorgeschriebene Mindestzahl von Klassenarbeiten unterschritten worden ist.[58]

In allen Ländern besteht die Möglichkeit des *Notenausgleichs* (z.B. „mangelhaft" in dem einen durch „gut" in einem anderen Fach), wobei die Modalitäten von Land zu Land, auch von Schulart zu Schulart und je nach Bedeutung der Fächer (Haupt- und Nebenfächer) verschieden sind. Weisen die Schüler auch unter dem Gesichtspunkt des Notenausgleichs insgesamt keine ausreichenden Leistungen nach, können sie gleichwohl versetzt werden, falls zu erwarten ist, dass sie in der nächsthöheren Klasse erfolgreich mitarbeiten werden[59]; solche Ausnahmen sind in den entsprechenden Regelungen der Länder aber an das Vorliegen besonderer Umstände geknüpft, beispielsweise an eine längere Krankheit oder eine Schwangerschaft.[60] Die Mehrzahl der Länder gibt Schülern der Sekundarstufe I – zumindest bestimmter Schularten und Klassen dieser Schulstufe –, die mangels ausreichender Leistungen in einem oder zwei Fächern nicht versetzt worden sind, Gelegenheit, sich zu Beginn des neuen Schuljahres einer *Nachprüfung* zu unterziehen[61] oder probeweise in die nächste Jahrgangsstufe vorzurücken.[62] Wer die Nachprüfung mit mindestens „ausreichend" besteht oder die Probezeit erfolgreich absolviert, wird nachträglich versetzt. Für die Versetzung von *Schülern mit Migrationshintergrund*, die bisher Schulen in ihren Herkunftsländern besucht haben, sind teilweise zusätzliche Erleichterungen vorgesehen.[63]

---

55 In den meisten Ländern sind sämtliche Fächer versetzungsrelevant. Baden-Württemberg und Bayern unterscheiden zwischen versetzungserheblichen und anderen Fächern (§ 2 Abs. 1 bw Verordnung des Kultusministeriums über die Versetzung an Gymnasien der Normalform und an Gymnasien in Aufbauform mit Internat [Versetzungsordnung Gymnasium] vom 30.1.1984 [GBl. S. 149], zul.g.d. Artikel 7 der Verordnung vom 21.6.2017 [GBl. S. 344, 345]; § 30 Abs. 1 i.V.m. § 16 bay Gymnasialschulordnung).

56 Für Baden-Württemberg hat der VGH Mannheim, NVwZ-RR 1992, 189 (190), klargestellt, dass die Noten in dem für die Versetzung maßgeblichen Jahreszeugnis nach den Leistungen im gesamten Schuljahr, nicht nur nach denen im zweiten Schulhalbjahr zu bilden sind.

57 §§ 65 Abs. 4 Satz 1, 66 Abs. 1 Satz 1, 80 Abs. 8 Nr. 2 rp Übergreifende Schulordnung.

58 VG Leipzig, Beschl. v. 22.8.2003 – 4 K 1245/03 (juris), Rn. 19 f.; s. hierzu ferner VGH Mannheim, NVwZ-RR 2010, 269 (270); VG Berlin, Beschl. v. 27.8.2004 – 3 A 506/04 (juris), Rn. 20.

59 Umgekehrt darf aber die Nichtversetzung nicht mit einer verselbständigten, von den Zeugnisnoten unabhängigen Prognose der Klassenkonferenz gerechtfertigt werden, der Schüler werde den Anforderungen der nächsthöheren Klasse nicht gewachsen sein. So VGH Mannheim, NVwZ-RR 1992, 189 (190).

60 S. z.B. Baden-Württemberg: § 1 Abs. 3 Satz 1 Versetzungsordnung Gymnasium; Bayern: Art. 53 Abs. 6 Satz 2 BayEUG; Rheinland-Pfalz: § 71 Übergreifende Schulordnung; Saarland: § 12 Zeugnis- und Versetzungsordnung – Schulordnung – für die Klassenstufen 5 bis 10 des Gymnasiums (ZVO-Gym.) vom 14.7.2002 (Amtsbl. I S. 1462), zul.g.d. Verordnung vom 27.6.2017 (Amtsbl. I S. 624); Sachsen: § 31 Abs. 5 Satz 1 Schulordnung Gymnasien Abiturprüfung, § 28 Abs. 4 Satz 1 Verordnung des Sächsischen Staatsministeriums für Kultus über Mittel- und Abendmittelschulen im Freistaat Sachsen (Schulordnung Mittel- und Abendmittelschulen – SOMIA) vom 11.7.2011 (GVBl. S. 277), zul.g.d. Artikel 3 der Verordnung vom 15.2.2017 (GVBl. S. 87, 92); Sachsen-Anhalt: § 4 Abs. 7 Versetzungsordnung (VersetzVO) vom 17.12.2009 (GVBl. S. 730), zul.g.d. Verordnung vom 18.6.2014 (GVBl. S. 345); Thüringen: § 49 Abs. 1 Satz 2 ThürSchulG i.V.m. § 52 ThürSchulO.

61 S. z.B. Art. 53 Abs. 6 Satz 1 Halbsatz 2 BayEUG i.V.m. § 33 bay Gymnasialschulordnung; §§ 68 ff. rp Übergreifende Schulordnung; § 2 Abs. 7 Satz 3 sh Landesverordnung über die Gestaltung der Oberstufe und der Abiturprüfung in den Gymnasien und Gemeinschaftsschulen (OAPVO) vom 2.10.2007 (NBl. S. 285), zul.g.d. LVO vom 1.12.2015 (NBl. S. 372).

62 Z.B. Art. 53 Abs. 6 Satz 1 Halbsatz 1 BayEUG i.V.m. § 31 bay Gymnasialschulordnung.

63 Z.B. § 46 Abs. 3 rp Übergreifende Schulordnung; ferner auch § 30 Abs. 3 bay Gymnasialschulordnung, wonach bei Schülern mit nichtdeutscher Muttersprache, die keinen eigenständigen Deutschunterricht erhalten, und bei Aussiedlerschülern in den ersten beiden Jahren des Schulbesuchs in der Bundesrepu-

20.235 Auch der *Religionsunterricht* kann – außer in Bremen und Berlin – versetzungsrelevantes Fach sein (dazu TZ 5.221).

20.236 Über Versetzung und Nichtversetzung entscheidet die *Klassenkonferenz*. Zur stimmberechtigten Teilnahme sind alle Lehrkräfte verpflichtet, die die Schüler der Klasse planmäßig unterrichtet haben. Zumeist ist vorgeschrieben, dass über die Beratung ein Protokoll geführt wird. Zur Bedeutung dieser *Formvorschriften* TZ 7.213 und TZ 20.51.

20.237 Ist die Versetzung von Schülern nach Auffassung der Klassenkonferenz *gefährdet*, hat die Schule die Eltern bzw. die volljährigen Schüler selbst durch einen Vermerk im vorausgehenden Halbjahreszeugnis zu *benachrichtigen*, bei späterem Leistungsabfall unverzüglich durch schriftliche Mitteilung („Blauer Brief"). Die Nichtbeachtung dieser Formvorschriften hat jedoch keinen Anspruch auf Versetzung zur Folge, jedenfalls dann nicht, wenn die Schule auf andere geeignete Weise, beispielsweise durch mündliche Unterrichtung der Eltern, ihrer Informationspflicht nachgekommen ist.[64] Gerade in Zusammenhang mit dem erwünschten Rückgang der Zahl derjenigen, die eine Klasse wiederholen müssen (TZ 20.231), bieten Schulen und Schulverwaltung zunehmend verschiedene Fördermaßnahmen an[65], so dass dem rechtzeitigen Erkennen einer möglichen Versetzungsgefährdung eine erhöhte Bedeutung zukommt. Allerdings wird man hieraus nicht eine veränderte rechtliche Bewertung der Benachrichtigung über den Leistungsstand und die Gefährdung der Versetzung ableiten können.[66]

Die Versetzung/Nichtversetzung, die auf dem zum Ende des Schuljahres ausgestellten Zeugnis vermerkt wird, ist ein *Verwaltungsakt*. Die Zusage des Klassenlehrers über die Versetzung ist unwirksam, da sie der Entscheidung der insoweit allein zuständigen Klassenkonferenz vorgreift und zudem in aller Regel der erforderlichen Schriftform entbehrt (vgl. § 38 Abs. 1 Satz 1 VwVfG). Zu den Verfahrensanforderungen bei Versetzungsentscheidungen TZ 20.236, zum Umfang der gerichtlichen Überprüfung und zum vorläufigen Rechtsschutz TZ 20.3 und TZ 26.36.

---

blik Deutschland unzureichende Leistungen im Fach Deutsch in den Jahrgangsstufen 5 bis 9 bei der Entscheidung über das Vorrücken nicht zu berücksichtigen sind.

64 Vgl. bereits BVerwGE 1, 260 (266), 56, 155 (162); ferner VG Köln, Beschl. v. 28.1.2015 – 10 L 2654/14 (juris), Rn. 19; VG Oldenburg, Beschl. v. 13.10.2014 – 5 B 3087/14 (juris), Rn. 15; VGH Kassel, Beschl. v. 8.2.1993 – 7 TG 2540/92 (juris), Rn. 7; exemplarisch für entsprechende Regelungen im Landesrecht s. § 50 Abs. 4 nrw SchulG, § 13 Versetzungsverordnung LSA.

65 Vgl. etwa §§ 11, 9 Abs. 2 brem Verordnung über die Sekundarstufe I des Gymnasiums vom 9.7.2008 (GBl. S. 256), zul.g.d. Artikel 3 der Verordnung vom 19.12.2014 (GVBl. 2015, S. 5): Vor den Osterferien kommt die Klassenkonferenz zusammen und berät die Lernentwicklung der einzelnen Schüler. Lässt die Leistungsentwicklung eines Schülers erkennen, dass er nicht erfolgreich im Unterricht der einzelnen Fächer mitarbeiten kann, ist er zu fördern, wobei die Fördermaßnahmen mit den Erziehungsberechtigten zu beraten und zu dokumentieren sind. Ähnlich auch § 59 Abs. 2 Satz 2 bln SchulG: Für Schüler, die im Laufe des Schuljahres deutliche Leistungsrückstände aufweisen, legen die jeweiligen Lehrer koordiniert und gemeinsam mit dem jeweiligen Schüler und seinen Erziehungsberechtigten aufeinander abgestimmte individuelle Fördermaßnahmen fest, um eine Versetzung zu erreichen. Ebenso dienen dem Zweck, die Versetzung zu ermöglichen, den Schülern angebotene „Feriencamps", in denen in unterrichtsfreien Zeiten vorhandene Leistungsrückstände aufgeholt werden sollen (hierzu die Beiträge in: Anja *Ballis*/Kaspar H. *Spinner* [Hrsg.], Sommerschule, Sommerkurse, Summer Learning, Baltmannsweiler 2008).

66 Dass auch ein Gesamtnotenbild des einer Nichtversetzung vorangehenden Halbjahreszeugnisses „unmittelbar" eine Gefährdung der Versetzung bedeuten kann und es insofern einer – gesonderten – Unterrichtung der Eltern nicht mehr bedarf, zeigt die Entscheidung des VGH Mannheim, NVwZ-RR 2010, 269 (269).

20.24 Abschlüsse ohne Prüfung

20.241 In einigen Schularten erhalten diejenigen Schüler, die eine bestimmte Jahrgangsstufe erfolgreich durchlaufen haben, das Abschlusszeugnis, ohne zuvor eine Prüfung ablegen zu müssen. So erwerben beispielsweise Schüler, die in Brandenburg die Sekundarstufe I in der Gesamtschule mit Erfolg abschließen, ohne weitere Prüfung entsprechend ihren Leistungen den erweiterten Hauptschulabschluss oder den Realschulabschluss[67], wohingegen am Gymnasium Schülern bei Versetzung in die 10. Jahrgangsstufe der Hauptschulabschluss[68] bzw. am Ende dieser Jahrgangsstufe der Realschulabschluss oder der erweiterte Hauptschulabschluss erteilt werden kann.[69] In Hessen kann das Zeugnis am Ende der Jahrgangsstufe 9 in der Realschule dem Hauptschulabschluss gleichgestellt werden, wenn der für den Hauptschulabschluss erforderliche Leistungsstand erreicht worden ist.[70]

20.242 Wegen der Grundrechtsrelevanz der Abschlüsse, insbesondere im Hinblick auf die freie Wahl von Beruf und Ausbildungsstätte (Art. 12 Abs. 1 GG), ist eine *rechtssatzförmige Regelung* notwendig. Darüber hinaus wird verschiedentlich eine gesetzliche Festlegung der Abschlussvoraussetzungen und der Entscheidungszuständigkeiten für geboten erachtet.[71] Doch ist zu bedenken, dass die Abschlüsse sowohl in ihren inhaltlichen Anforderungen als auch im Verfahren der Versetzung entsprechen. Die Schüler erhalten das Abschlusszeugnis, wenn sie bei entsprechender Anwendung der für die Versetzung geltenden Vorschriften zu versetzen wären[72]; die Entscheidung trifft die Klassenkonferenz. Somit könnte eine formellgesetzliche Regelung nur das verdeutlichen, was ohnehin schon selbstverständlich ist. Deshalb wird – wie bei der Versetzung – dem Vorbehalt des Gesetzes hinreichend Rechnung getragen, wenn das Parlament das Kultusministerium in allgemeiner Form ermächtigt, die für den Schulabschluss erforderlichen Regelungen im Wege der Rechtsverordnung zu treffen. Anders liegen die Verhältnisse, wenn das wiederholte Scheitern von Schülern in der Abschlussklasse zu ihrer zwangsweisen Entlassung aus der Schule oder gar zum Ausschluss von der ganzen Schulart führt. Wie im Fall der mehrfachen Nichtversetzung (dazu TZ 20.231) muss das Parlament die diese Maßnahme rechtfertigenden Kriterien in den Grundzügen selbst festlegen.[73]

---

67 § 20 Abs. 3 BbgSchulG. Ähnlich § 8 Abs. 4 bw SchG; § 3a Abs. 2 Satz 2 saarl SchoG. In Sachsen wird der (einfache) Hauptschulabschluss gemäß § 5 Abs. 4 Satz 3 sächs SchulG generell mit dem erfolgreichen Besuch des 9. Schuljahrgangs erworben; ebenso § 4 Abs. 3 Satz 2 ThürSchulG.

68 So z.B. auch in Bremen, wo ein Schüler mit der Versetzung in die gymnasiale Oberstufe die einfache Berufsbildungsreife erwirbt (§ 21 Abs. 2 BremSchulG i.V.m. § 14 Abs. 1 Satz 1 brem Verordnung über die Sekundarstufe I des Gymnasiums). Vgl. auch § 19 Abs. 4 Satz 1 SchulG M-V: Erwerb eines Abschlusses, „der der Berufsreife gleichwertig ist".

69 § 21 Abs. 3 BbgSchulG; vgl. auch § 7 Abs. 7 Satz 1 sächs SchulG: Erwerb eines dem Realschulabschluss gleichgestellten mittleren Schulabschlusses mit der Versetzung von der 10. in die 11. Klasse. In Mecklenburg-Vorpommern erreichen die Schüler mit der Anerkennung des schulischen Teils der Fachhochschulreife in der gymnasialen Oberstufe nach § 21 Abs. 3 Satz 3 SchulG M-V einen der Mittleren Reife gleichwertigen Abschluss. Für berufsbildende Schulen s. auch § 11 Abs. 7 Satz 1 rp SchulG, wonach der Abschluss einer Fachschule in Vollzeitunterricht mit der Dauer von mindestens zwei Schuljahren oder in Teilzeitunterricht mit entsprechend längerer Dauer der Fachhochschulreife gleichwertig ist und zum Studium an Fachhochschulen in Rheinland-Pfalz berechtigt.

70 § 23a Abs. 3 Satz 2 HSchG. Demgegenüber erwerben in Sachsen Schüler der Oberschule mit dem erfolgreichen Abschluss der 9. Klasse grundsätzlich den Hauptschulabschluss (§ 6 Abs. 1 Satz 3 sächs SchulG). S. auch Nr. 1 bw VV „Hauptschulabschluss, Realschulabschluss" vom 31.3.2009 (K.u.U. S. 63), wonach Schüler der Realschule und des Gymnasiums, die an ihrer Schulart von Klasse 9 nach Klasse 10 versetzt wurden, einen dem Hauptschulabschluss gleichwertigen Bildungsstand haben.

71 Z.B. DJT-SchulGE, § 59 (S. 94), S. 280.

72 So z.B. § 74 Abs. 3 Satz 2 HSchG.

73 Zur zwangsweisen Entlassung aus der Schule genügt auch hier eine formellgesetzliche Regelung, wonach der Schüler bei zweimaligem Nichterreichen der Abschlussqualifikation die Schule verlassen muss, so BVerwG, DVBl. 1998, 969 (970).

20.243 Die Entscheidung über die Zuerkennung eines Abschlusses ist ein *Verwaltungsakt*. Hinsichtlich der Abschlussvoraussetzungen (insgesamt ausreichende Leistungen), der für den Abschluss maßgebenden Fächer, der Entscheidungszuständigkeiten (Klassenkonferenz), des Verfahrens (u.a. rechtzeitige schriftliche Benachrichtigung bei Gefährdung des Abschlusses) gelten die gleichen Grundsätze wie bei der Versetzung (TZ 20.242). Zum Umfang der gerichtlichen Überprüfung TZ 20.31; zum vorläufigen Rechtsschutz TZ 26.36.

20.25 Abschlüsse mit Prüfung

20.251 Die meisten Schularten schließen den Bildungsgang mit einer Prüfung ab; das gilt vor allem für das Gymnasium und durchweg für die mehrjährigen berufsbildenden Vollzeitschulen sowie in einigen Ländern auch für den (qualifizierten) Hauptschulabschluss und den Realschulabschluss (zu den gegenläufigen Regelungen s. TZ 20.241). Die Prüfung ist ein formalisiertes, zeitlich begrenztes Verfahren, das der Ermittlung des Leistungsstands der Schüler dient; das Bestehen der Prüfung ist Voraussetzung für den Erwerb des Abschlusses und damit für den Zugang zu weiteren Bildungsgängen und zu Berufen.

20.252 Der Erfolg des Prüflings hängt davon ab, ob er imstande ist, zu einem bestimmten Zeitpunkt unter außergewöhnlichen, psychisch wie physisch belastenden Bedingungen die verlangten Leistungsnachweise zu erbringen. Der Schüler muss sich in einer Ausnahmesituation bewähren. Zu beachten ist auch, dass den aufgrund einer Prüfung zuerkannten Abschlüssen besonderes Gewicht beigemessen wird; umso größer ist das Interesse der Allgemeinheit an der Qualifikation der Absolventen wie auch an der Aussagekraft und Vergleichbarkeit der Prüfungsergebnisse. Sowohl wegen der Intensität der Grundrechtsberührung (vor allem im Hinblick auf Art. 12 Abs. 1 GG) als auch wegen der erheblichen gesellschaftspolitischen Bedeutung der schulischen Abschlussprüfungen ist eine gesetzliche Grundlage erforderlich (dazu TZ 2.33).[74]

20.253 Abschussprüfungen werden vor einem *Prüfungsausschuss* abgelegt, dem in der Regel die planmäßig unterrichtenden Lehrkräfte der Jahrgangsstufe angehören. Den Vorsitz führen entweder Staatsbeauftragte (z.B. ein Schulrat) oder der Schulleiter.

20.254 Der *Prüfungsablauf* ist von Land zu Land und je nach Schulart verschieden.[75] Auf die Darstellung der Einzelheiten muss deshalb verzichtet werden. Im Allgemeinen gelten die folgenden Grundsätze:

Die Prüfung besteht aus einem *schriftlichen* und einem *mündlichen Teil*. Im Bereich der Abschlussprüfungen ist es hinsichtlich der schriftlichen Arbeiten zu einem Neuorientierungsprozess gekommen. Insbesondere für das Abitur als bundesweit gültige schulische Abschlussqualifikation hat die KMK zur Sicherung der Qualität in der Vergangenheit für über 40 Abiturprüfungsfächer die *Einheitlichen Prüfungsanforderungen für die Abiturprüfung (EPA)* vereinbart. In diesen werden vergleichbares Orientierungswissen, fachliche Standards und Grundkompetenzen, die über den spezifischen Auftrag des jeweiligen

---

74 Das Bundesverfassungsgericht hat in zwei Beschlüssen vom 17.4.1981 klargestellt, dass bei berufsbezogenen Prüfungen wegen ihres Eingriffs in das Grundrecht der Berufsfreiheit (Art. 12 Abs. 1 GG) die geforderten Leistungen und die Bewertungsmaßstäbe einer gesetzlichen Grundlage bedürfen; das muss auch für solche schulischen Abschussprüfungen gelten, die, wie z.B. die Abiturprüfung, in das gleichfalls durch Art. 12 Abs. 1 GG geschützte Grundrecht auf freie Wahl der Ausbildungsstätte eingreifen; s. BVerfGE 84, 34 (45 f.); 84, 59 (72); vgl. auch BVerwG, DVBl. 1996, 1381 (1382).

75 Die Anzahl der Prüfungsordnungen, der Prüfungs- und Versetzungsordnungen, der Ausbildungs- und Prüfungsordnungen, der Prüfungsbestimmungen und Schulordnungen usw. ist kaum überschaubar. Weitgehend vereinheitlicht ist das Verfahren der Abiturprüfung aufgrund der Vereinbarung der KMK zur Gestaltung der gymnasialen Oberstufe und der Abiturprüfung vom 7.7.1972 i.d.F. vom 15.2.2018 (KMK-BeschlS. Nr. 176).

Faches hinausgehen, beschrieben.[76] Im Oktober 2007 hat die Kultusministerkonferenz beschlossen, die EPA zunächst in einigen ausgewählten Fächern zu *Bildungsstandards für die allgemeine Hochschulreife* weiterzuentwickeln. Fünf Jahre später wurden die vom Institut zur Qualitätsentwicklung im Bildungswesen (IQB) mit Fachexperten der Länder und der Wissenschaft erarbeiteten Bildungsstandards in den Fächern Deutsch, Mathematik und in der fortgeführten Fremdsprache (Englisch/Französisch) vorgelegt. Diese haben die EPA in den jeweiligen Fächern vollständig abgelöst und sind seit dem Schuljahr 2016/17 Grundlage für die Abiturprüfungen in allen Bundesländern.[77] Darüber hinaus steht seit den Abiturprüfungen 2017 in den genannten Fächern als wesentlicher Bestandteil der Implementation der Bildungsstandards ein gemeinsamer Pool von standardbasierten Abiturprüfungsaufgaben zur Verfügung, die die Vergleichbarkeit von Anforderungen im Abitur sichern sollen.[78] In allen Bundesländern außer in Rheinland-Pfalz werden zudem mittlerweile nicht nur in der gymnasialen Oberstufe die Prüfungsaufgaben für die schriftlichen Prüfungen vom jeweiligen Kultusministerium landeseinheitlich gestellt. Diese zentralen Prüfungsvorgaben knüpfen an die verbindlichen Vorgaben der aktuellen Lehrpläne oder – soweit vorhanden – an die Bildungsstandards für die jeweiligen Bildungsgänge an. Die Schulen sind von den obersten Schulaufsichtsbehörden über die inhaltlichen Voraussetzungen für die zentralen Prüfungsaufgaben zu informieren. Vorgaben, fachliche Hinweise und weitere Informationen sollen es den Lehrkräften ermöglichen, ihre Unterrichtsplanung auf die zentralen Prüfungen zu orientieren.[79] Gegenwärtig hat – außerhalb des inhaltlichen Einflusses, der in den jeweiligen Fächern über bundeseinheitlich geltende Bildungsstandards erzeugt wird – nur Rheinland-Pfalz das dezentrale Abitur beibehalten.[80] In den Ländern Berlin und Brandenburg ist mittlerweile ein gemeinsames Zentralabitur in den Fächern Deutsch, Englisch, Französisch und Mathematik eingeführt worden.

Für mündliche Prüfungen werden die Aufgabenstellungen von den jeweiligen Fachlehrern entwickelt. Die Bewertung der mündlichen Leistungen eines Schülers erfolgt durch einen Prüfungsausschuss auf Vorschlag der jeweiligen Fachlehrer. Wird in einem Fach sowohl schriftlich als auch mündlich geprüft, werden bei der Bildung der Gesamtnote (Gesamtpunktzahl) die Ergebnisse der schriftlichen Arbeit zumeist stärker (z.B. im Ver-

76 Vgl. dazu die Vereinbarung über Einheitliche Prüfungsanforderungen in der Abiturprüfung, Beschluss der KMK vom 1.6.1979 i.d.F. vom 24.10.2008 sowie die Vorgaben für die jeweiligen Fächer, abrufbar auf der Internetseite der KMK.

77 Die Bildungsstandards sowie weitere auf Standards bezogene Beschlüsse der KMK können in ihrer aktuellen Fassung entweder von der Homepage der KMK oder des IQB heruntergeladen werden.

78 Ausführlich hierzu Felix *Hanschmann*, Staatliche Bildung und Erziehung, Tübingen 2017, S. 173 ff.

79 S. bspw. in Bayern: § 49 Abs. 1 Satz 1 Gymnasialschulordnung; Berlin: § 39 Abs. 1 Satz 1 Verordnung über die gymnasiale Oberstufe; Brandenburg: § 23 Abs. 2 Verordnung über den Bildungsgang in der gymnasialen Oberstufe und über die Abiturprüfung (Gymnasiale-Oberstufe-Verordnung-GOSTV) vom 21.8.2009 (GVBl. II, S. 578), zul.g.d. Verordnung vom 30.1.2018 (GVBl. II, S. 1), § 27 Abs. 1 Verordnung über die Bildungsgänge in der Sekundarstufe I (Sekundarstufe I-Verordnung-Sek I-V) vom 2.8.2007 (GVBl. II, S. 200), zul.g.d. Verordnung vom 25.3.2013 (GVBl. II, S. 1); Hessen: § 32 Abs. 1 Satz 1 Oberstufen- und Abiturverordnung vom 20.7.2009 (ABl. S. 408), zul.g.d. Verordnung vom 1.8.2017 (ABl. S. 672), § 46 Abs. 2 Satz 1 Verordnung zur Ausgestaltung der Bildungsgänge und Schulformen der Grundstufe (Primarstufe) und der Mittelstufe (Sekundarstufe I) und der Abschlussprüfungen in der Mittelstufe (VOBGM) vom 14.6.2005 (ABl. S. 438; 579), zul.g.d. Artikel 1 der Verordnung vom 27.10.2015 (ABl. S. 582, 2016 S. 108); Nordrhein-Westfalen: § 33 Abs. 1 Satz 1 Verordnung über den Bildungsgang und die Abiturprüfung in der gymnasialen Oberstufe, § 33 Abs. 1 Verordnung über die Ausbildung und die Abschlussprüfungen in der Sekundarstufe I (Ausbildungs- und Prüfungsordnung Sekundarstufe I – APO-S I) vom 2.11.2012 (GV. S. 488), zul.g.d Verordnung vom 21.3.2017 (GV. S. 375); Thüringen: § 97 Abs. 1 ThürSchulO.

80 Vgl. § 83 Abs. 3 rp Übergreifende Schulordnung, demzufolge die Fachlehrkräfte im Einvernehmen mit dem Vorsitzenden des Prüfungsausschusses die Aufgaben und die Bewertungsmaßstäbe aufgrund der schulart- und schulstufenspezifischen Vorgaben für die Schularten, aus denen die Schüler kommen, bestimmen.

hältnis von 2:1) gewichtet. Die Endergebnisse in den einzelnen Prüfungsfächern beruhen auf den Gesamtleistungen während des vorausgegangenen Unterrichtsabschnitts und den in der Prüfung nachgewiesenen Leistungen. In den Fächern, die nicht geprüft werden, werden die Noten aufgrund der zuvor erbrachten Unterrichtsleistungen festgesetzt. Der Prüfungsausschuss entscheidet, ob die Schüler die Prüfung bestanden haben oder nicht. Bei erfolgreich abgelegter Prüfung wird ein *Abschlusszeugnis (Prüfungszeugnis)* erteilt, das die in den einzelnen Fächern erzielten Noten bzw. Punkte ausweist (vgl. TZ 20.221). Die nicht bestandene Prüfung kann in der Regel einmal – zumeist erst zum nächsten regulären Prüfungstermin – *wiederholt* werden.

20.255 Schüler, die durch Krankheit oder andere von ihnen nicht zu vertretende Umstände an der Ablegung der Prüfung ganz oder teilweise *verhindert* waren[81], können die Prüfung bzw. die nicht abgelegten Prüfungsteile *nachholen. Versäumen* die Schüler die Prüfung ohne ausreichende Entschuldigung, gilt sie als *nicht bestanden*; versäumte Prüfungsleistungen werden als „ungenügend" bewertet. Bei *Täuschungshandlungen* oder *Täuschungsversuchen* wird für die Prüfungsarbeit in der Regel die Note „ungenügend" erteilt; in schweren Fällen werden die Schüler von der Prüfung ausgeschlossen, die Prüfung gilt dann als nicht bestanden (s. hierzu bereits TZ 20.213).[82]

20.256 Die meisten Abschlussprüfungen können auch von Nichtschülern (Schulfremden) abgelegt werden *(Nichtschülerprüfungen, Schulfremdenprüfungen)*.[83] Als Schulfremde gelten auch die Absolventen nichtanerkannter privater Ersatzschulen. Die Ordnung dieser Prüfungen muss rechtsstaatlichen Erfordernissen umso mehr entsprechen, als das Bestehen und die Zeugnisnoten (Punkte) ausschließlich von den in der Prüfung nachgewiesenen Leistungen abhängen. Dass die zuvor von Privatschülern in der Schule und von Nichtschülern im Beruf erbrachten Leistungen bei der Festlegung des Prüfungsergebnisses gänzlich unberücksichtigt bleiben, verstößt zwar nicht gegen den allgemeinen Gleichheitssatz (Art. 3 Abs. 1 GG), erscheint aber unter bildungspolitischen und pädagogischen Gesichtspunkten bedenklich. Deshalb sollte eine Änderung der Prüfungsanforderungen für diese Bewerber angestrebt werden.[84]

---

81 Erkrankungen sind durch ärztliches Attest nachzuweisen; die Schule kann ein amtsärztliches Attest verlangen (s. z.B. §§ 56 Abs. 1 Satz 1 bay Gymnasialschulordnung; § 63 Abs. 2 sächs Schulordnung Gymnasien Abiturprüfung). Dem amtsärztlichen Attest kommt Vorrang gegenüber einem privatärztlichen Attest zu; die Anordnung der Schule, durch die dem Schüler die Vorlage eines amtsärztlichen Attests aufgegeben wird, ist kein anfechtbarer Verwaltungsakt, sondern eine unselbständige Verfahrenshandlung. So BVerwG, NVwZ-RR 1993, 252 (252 f.); ebenso – für die an einen Schüler gerichtete Anordnung, sich einer amtsärztlichen Untersuchung in Vorbereitung einer schulischen Ordnungsmaßnahme zu unterziehen – auch VG Magdeburg, Urt. v. 4.11.2016 – 7 B 743/16 (juris), Rn. 6 ff.

82 Dazu *Niehues/Fischer/Jeremias*, Prüfungsrecht, Rn. 228 ff.

83 Z.B. §§ 46 ff. bay Realschulordnung, §§ 59 ff. bay Gymnasialschulordnung; § 27 NSchG i.V.m. der Verordnung über die Prüfungen zum Erwerb der Abschlüsse des Sekundarbereichs I durch Nichtschüler (NAVO-SEK I) vom 11.2.2016 (GVBl. S. 53); § 100 rp SchulG i.V.m. der Abiturprüfungsordnung für Nichtschülerinnen und Nichtschüler vom 26.5.2011 (GVBl. S. 137); §§ 69 ff. sächs Schulordnung Gymnasien Abiturprüfung; § 9 ThürSchulG i.V.m. §§ 69 ff. ThürSchulO. Zur Schülerprüfung für Nichtschüler vgl. die KMK-Vereinbarung über die Abiturprüfung für Nichtschülerinnen und Nichtschüler entsprechend der Gestaltung der gymnasialen Oberstufe in der der Sekundarstufe II vom 13.9.1974 i.d.F. vom 9.6.2017 (KMK-BeschlS. Nr. 192.2) und die Empfehlungen der KMK zur Gestaltung von Nichtschülerprüfungen zum Nachholen schulischer Abschlüsse vom 26.4.1996 (KMK-BeschlS. Nr. 483). Vgl. hierzu auch Heinrich *Althoff*, Externenprüfung und geburtenstarke Jahrgänge, RdJB 1989, 321; Michael *Eule*, Zulassung zur Externenprüfung, RdJB 1989, 329; *ders.*, Abitur und Schulabschluss für chronisch Kranke?, RdJB 2014, 200 (213).

84 Wie es die KMK für die Abiturprüfung der Waldorfschüler empfohlen hat. Vgl. die KMK-Vereinbarung über die Durchführung der Abiturprüfung für Schüler an Waldorfschulen vom 21.2.1980 i.d.F. vom 9.6.2017, deren Regelungen versuchen, die sich aus der Pädagogik der Waldorfschulen ergebenden Besonderheiten zu berücksichtigen. So kann nach Ziff. 7.2 der Vereinbarung in zwei der ausschließlich mündlich zu prüfenden Fächer an die Stelle der mündlichen Prüfung eine Anrechnung der Leistungen

20.3 Rechtliche Grundsätze der Leistungsbewertung

20.31 Beurteilungs- und Beantwortungsspielraum

20.311 Leistungen der Schüler werden bei verschiedenen Anlässen bewertet: bei der Benotung von Klassen- oder Vergleichsarbeiten und anderen Unterrichtsbeiträgen, bei Zeugnis- und Versetzungsentscheidungen, bei Prüfungen. In all diesen Fällen werden Entscheidungen getroffen, die auf der Anwendung unbestimmter Rechtsbegriffe (dazu TZ 2.231) beruhen. Zu den unbestimmten Rechtsbegriffen zählen in diesem Zusammenhang insbesondere die Notenstufen von „sehr gut" bis „ungenügend" (vgl. TZ 20.121). Die Rechtsprechung hat seit jeher den Standpunkt vertreten, dass die Anwendung unbestimmter Rechtsbegriffe auf den Einzelfall nur *eine* Entscheidung zulässt und deshalb uneingeschränkt gerichtlich nachprüfbar ist.[85] Dieser Grundsatz gilt anerkanntermaßen für Prüfungsentscheidungen und sonstige Leistungsbewertungen nur eingeschränkt. Insbesondere mit Rücksicht auf das dabei zu fällende höchstpersönliche Fachurteil räumt die Rechtsprechung den Lehrkräften und Prüfern einen *Beurteilungsspielraum* ein.[86] Dieser wird mit der Erwägung begründet, dass Prüfungsnoten nicht isoliert gesehen werden dürfen, sondern in einem Bezugssystem zu finden sind, das durch die persönlichen Erfahrungen und Vorstellungen der Prüfer beeinflusst wird; es widerspräche dem Grundsatz der Chancengleichheit (Art. 3 Abs. 1 GG), wenn einzelne Kandidaten bei einer rechtlichen Überprüfung die Chance einer vom Vergleichsrahmen unabhängigen Bewertung erhielten.[87]

Der *Beurteilungsspielraum* ist jedoch auf *prüfungsspezifische Wertungen* beschränkt, also insbesondere auf die Benotungen von Prüfungsleistungen. Nur diese bleiben der Letztentscheidungskompetenz der Prüfungsinstanzen überlassen.[88] Fachfragen sind dagegen der gerichtlichen Kontrolle nicht entzogen.[89]

---

des zweiten Halbjahres der Jahrgangsstufe 13 treten, wenn die Leistungen durch geeignete Maßnahmen der Schulaufsichtsbehörde überprüft worden sind. Bei der Berechnung der Gesamtqualifikation treten die Leistungsergebnisse dieser beiden Fächer an die Stelle von zwei vorgesehenen mündlichen Prüfungsfächern.

85 S. etwa BVerwGE 15, 207 (208); 23, 112 (114); 24, 60 (63 f.); 28, 223 (224); st. Rspr.

86 Das Bundesverwaltungsgericht hatte zunächst den Lehrkräften einen weit größeren Beurteilungsspielraum zugestanden. Dessen Grenzen seien nur überschritten, wenn Lehrkräfte oder Prüfer Verfahrensfehler begehen, allgemeingültige Bewertungsmaßstäbe verletzen, von einem unrichtigen Sachverhalt ausgehen oder sich von sachfremden Erwägungen leiten lassen würde (BVerwGE 8, 272 und fortan in st. Rspr., vgl. etwa die Nachweise bei Christian *Koenig*, Zur gerichtlichen Kontrolle sogenannter Beurteilungsspielräume im Prüfungsrecht, VerwArch 1992, 351 (353 ff.). Dieser weite Beurteilungsspielraum wurde auch auf die Bewertung einer Aufgabenlösung als richtig oder falsch erstreckt, es sei denn, dass sich das Ergebnis der Fehleinschätzung „dem Richter als gänzlich unhaltbar aufdrängen muss" (BVerwG, DÖV 1980, 380; NJW 1984, 2650 [2651]; DÖV 1986, 212; NVwZ 1990, 66; NVwZ 1991, 271 [272]). Mit seinen zwei wegweisenden Beschlüssen vom 17.4.1991 hat das Bundesverfassungsgericht die frühere Rspr. des Bundesverwaltungsgerichts korrigiert und ergänzt (BVerfGE 84, 34; 84, 59). Das Bundesverwaltungsgericht hat die Vorgaben des Bundesverfassungsgerichts in mehreren Entscheidungen umgesetzt und ausdifferenziert (BVerwGE 91, 262; 92, 132; 94, 64; 96, 126; 99, 74; 99, 185; 104, 203; 105, 328; 123, 362; BVerwG, NVwZ 1995, 788; NJW 1995, 977; DVBl. 1996, 1381; NVwZ 1998, 738). Vgl. aus jüngerer Zeit m.w.N. zur aktuellen Rspr. etwa VG Hamburg, Urt. v. 22.3.2017 – 2 K 1201/15 (juris), Rn. 37.

87 BVerfGE 84, 34 (49 ff.); BVerwGE 91, 262 (273 f.).

88 BVerfGE 84, 34 (53); vgl. auch a.a.O., 57.

89 Zur Definition von Fachfragen sowie zur Unterscheidung von prüfungsspezifischen Wertungen und Fachfragen BVerwG, NVwZ 1998, 738. Danach sind Fachfragen solche Fragen, die fachwissenschaftlicher Erörterung zugänglich sind, unabhängig davon, ob die Fragen fachwissenschaftlich geklärt oder in der Fachwissenschaft kontrovers behandelt werden. Instruktiv hierzu auch BVerwG, NVwZ 2000, 915 (918 und 920 f.); NVwZ 2004, 1375 (1377).

20.312 Soweit eine Prüfungsfrage unterschiedlichen Ansichten Raum lässt, gebührt zwar dem Prüfer ein Bewertungsspielraum; andererseits muss aber auch den Prüfungskandidaten ein angemessener Antwortspielraum zugestanden werden. Eine vertretbare und mit gewichtigen Argumenten folgerichtig begründete Lösung darf nicht als falsch gewertet werden. Um herauszufinden, ob eine Fehleinschätzung des Prüfers vorliegt, wird ein Gericht in aller Regel auf sachverständige Hilfe zurückgreifen müssen; die dadurch ausgelösten praktischen Schwierigkeiten sind jedoch kein hinreichender Grund, den durch Art. 19 Abs. 4 GG gewährleisteten Rechtsschutz einzuschränken.[90]

20.313 Zum Ausgleich des den Prüfern vorbehaltenen Bewertungsspielraums hat das Bundesverfassungsgericht unter Berufung auf das Grundrecht der Berufsfreiheit (Art. 12 Abs. 1 GG) Garantien für das Verfahren der Leistungsbewertung verlangt.[91] Insbesondere müssen die Prüflinge auf vermeintliche Irrtümer und Bewertungsfehler rechtzeitig und wirkungsvoll hinweisen und damit ein Überdenken anstehender oder bereits getroffener Entscheidungen erreichen können.[92] Ansonsten ist eine Zurücknahme der gerichtlichen Kontrolle jedenfalls bei berufsbezogenen Prüfungen mit der Rechtsschutzgarantie des Art. 19 Abs. 4 GG unvereinbar.[93]

Der prüfungsspezifische Beurteilungsspielraum gilt nicht nur für berufsbezogene Prüfungen, sondern auch für schulische Leistungsbewertungen, beispielsweise für Versetzungsentscheidungen und Abschlussprüfungen. Denn auch bezüglich der gerichtlichen Kontrolldichte von berufsbezogenen Prüfungen stützt sich das Bundesverfassungsgericht nicht auf das Grundrecht der freien Berufswahl (Art. 12 Abs. 1 GG), sondern auf die Rechtsschutzgarantie des Art. 19 Abs. 4 GG. Daraus folgt, dass auch dann, wenn nicht die Freiheit der Berufswahl oder die gleichermaßen durch Art. 12 Abs. 1 GG geschützte Freiheit der Wahl der Ausbildungsstätte tangiert ist, jedenfalls das durch Art. 2 Abs. 1 GG geschützte Recht auf freie Entfaltung der Persönlichkeit verletzt sein kann. Auch dieses Grundrecht muss, nicht anders als das Grundrecht der Berufsfreiheit, die Ausgestaltung des Verfahrens von Leistungsbewertungen prägen.[94] Daher sind die vom Bundesverfassungsgericht entwickelten Grundsätze zum Umgang des Beurteilungsspielraums bei Prüfungsentscheidungen auf schulische Leistungsbewertungen zumindest sinngemäß anzuwenden.[95]

20.4 Inhaltliche Anforderungen an die Leistungsbewertung

Gerade weil Lehrkräfte und Prüfer über einen erheblichen Entscheidungsspielraum bei der Bewertung (Benotung) der Schülerleistung verfügen, ist es wichtig, dass sie die dabei

90 BVerfGE 84, 34 (54 f.); 84, 59 (78 f.).

91 BVerfGE 84, 34 (46 f.).

92 BVerfGE 84, 34 (48 f.). Aus der Vielzahl von Stellungnahmen zu dieser Rechtsprechungsänderung vgl. nur Wolfram *Höfling*, Die Prüfungsentscheidungen des Bundesverfassungsgerichts und die Dogmatik des exekutiven Beurteilungsspielraums, RdJB 1995, 387; Dieter *Leuze*, Beurteilungsfehler bei schriftlichen Aufsichtsarbeiten, PersV 2012, 133; Wolfgang *Löwer*, Kontrolldichte im Prüfungsrecht nach dem Maßstab des Bundesverfassungsgerichts, in: Bernd Bender/Rüdiger Breuer/Fritz Ossenbühl/Horst Sendler (Hrsg.), Rechtsstaat zwischen Sozialgestaltung und Rechtsschutz. Festschrift für Konrad Redeker zum 70. Geburtstag, München 1993, S. 515 ff.

93 BVerfGE 84, 34 (54 f.); 84, 59 (78 f.).

94 Zur Grundrechtsverwirklichung und -sicherung durch Organisation und Verfahren Konrad *Hesse*, Die Bedeutung der Grundrechte, in: Ernst Benda/Werner Maihofer/Hans-Jochen Vogel (Hrsg.), Handbuch des Verfassungsrechts, 2. Aufl., Berlin 1995, S. 127 (146 ff.); Johannes *Masing*, Der Rechtsstatus des Einzelnen im Verwaltungsrecht, in: GVwR I, § 7, Rn. 53 ff.; grundlegend in der Verfassungsrechtsprechung BVerfGE 53, 30 (65).

95 Vgl. dazu auch BVerwG, DVBl. 1996, 1381 (1382), wonach die vom Bundesverfassungsgericht und Bundesverwaltungsgericht entwickelten Grundsätze zur gerichtlichen Nachprüfbarkeit fachlicher Fragen in gleicher Weise für die Abiturprüfung gelten.

zu beachtenden inhaltlichen Anforderungen und Grenzen einhalten. Diese ergeben sich aus allgemeingültigen Bewertungsmaßstäben (TZ 20.41), dem Gebot stets sachbezogener Entscheidung (TZ 20.42) und der Bindung an die tatsächlichen und rechtlichen Voraussetzungen der Bewertung (TZ 20.43).[96]

20.41 Allgemeingültige Bewertungsmaßstäbe

Bei der Bewertung der schulischen Leistungen sind die Grundsätze zu beachten, die sich aus dem Wesen jeder Leistungsbewertung ergeben.[97]

20.411 Die Leistung muss *individuell zurechenbar* sein. Das setzt voraus, dass die Schüler die Arbeit *selbständig und ohne fremde Hilfe* erbringen. Mit diesem Grundsatz ist es nicht vereinbar, dass eine Lehrkraft den Schülern, zum Beispiel bei der Anfertigung einer Hausarbeit, konkrete Lösungshinweise gibt, die über die in der Aufgabe enthaltenen, allen Schülern bekannten Hinweise hinausgehen.[98] Eine *Gruppenarbeit* ist als Grundlage der Beurteilung von Prüfungsleistungen nur dann geeignet, wenn die individuellen Beiträge deutlich abgrenzbar und bewertbar sind.[99] Im laufenden Unterrichtsbetrieb einer Klasse dürfen die Anforderungen an die individuelle Zurechenbarkeit der Leistung allerdings nicht überspannt werden. Aus pädagogischen Gründen, vor allem zur Förderung schwächerer Schüler, kann es sehr wohl angebracht sein, Gemeinschaftsarbeiten zu ermöglichen und kollektiv zu beurteilen. Allerdings darf deren Bewertung bei der Festsetzung der Zeugnisnote nicht den Ausschlag geben. *Klassenarbeiten* vermitteln nur dann ein zutreffendes Bild von den tatsächlich vorhandenen Kenntnissen und Fähigkeiten der einzelnen Schüler, wenn sie *unter Aufsicht* geschrieben worden sind (vgl. dazu TZ 20.212). Hat die Aufsicht gefehlt, können sie nicht als Beurteilungsgrundlage herangezogen werden; werden sie gleichwohl bewertet, darf das Ergebnis sich nicht auf die Zeugnisnote auswirken.[100]

20.412 Es entspricht einem anerkannten Bewertungsgrundsatz, dass die Schüler nach ihren „hic et nunc" *tatsächlich erbrachten Leistungen* zu bewerten sind; ein früherer oder für die Zukunft zu erwartender Leistungsstand muss außer Betracht bleiben.[101] Ein Schüler, der nach längerer Krankheit trotz der dadurch entstandenen Wissenslücken eine Klassenarbeit

---

96 Hier gilt weiterhin die geradezu klassisch gewordene Formel des Bundesverwaltungsgerichts vom Beurteilungsspielraum des Lehrers bzw. Prüfers, der nur insoweit gerichtlich überprüfbar ist, als der Lehrer bzw. Prüfer von einem unrichtigen Sachverhalt ausgegangen ist, allgemeingültige Bewertungsmaßstäbe nicht beachtet hat, sich von sachfremden Erwägungen hat leiten lassen oder das anzuwendende Recht verkannt hat (s z.B. BVerwGE 91, 262 [265 f.]; st. Rspr.). Nicht diese Formel als solche ist vom Bundesverfassungsgericht beanstandet worden, sondern ihre Handhabung bei der Beurteilung der Frage, ob eine vom Prüfling erarbeitete Aufgabenlösung als richtig oder angemessen anzusehen ist (BVerfGE 84, 34 [53 ff.]).

97 Dazu Wolfgang *Hofmeyer*, „Allgemein anerkannte Bewertungsgrundsätze" als schulrechtliche Beurteilungskriterien, Berlin 1988, insb. S. 91 ff. und 110 ff.

98 S. z.B. die Regelung in § 39 Abs. 3 der bln Verordnung über die gymnasiale Oberstufe. Danach darf der Umschlag mit den Abituraufgaben erst am Tage der Prüfung geöffnet werden, sofern nicht ein vorzeitiges Öffnen ausdrücklich zugelassen ist (Satz 3), und den Prüflingen dürfen die Aufgaben erst bei Beginn der jeweiligen Arbeit bekannt werden (Satz 1); jedes vorzeitige Bekanntwerden der Themen oder Aufgaben sowie jede zielgerichtete Vorbereitung auf die Aufgaben führt zur Ungültigkeit dieses Prüfungsteils (Satz 2).

99 *Niehues/Fischer/Jeremias*, Prüfungsrecht, Rn. 225 und 432 f. Zur Frage der Zulässigkeit von Gruppenarbeiten VG Augsburg, BayVBl 2011, 643; VG Berlin, Urt. v. 24.7.1979 – 12 A 2094/78 (juris), Rn. 16 ff.; für ein plastisches Beispiel s. ferner VG Bremen, Beschl. v. 4.3.2015 – 1 V 80/15 (juris), Rn. 30.

100 OVG Münster, Urt. v. 15.3.1965 – VA 1206/64

101 Hat aber ein Lehrer die Leistung eines Schülers, die nach der Zeugniskonferenz erbracht worden ist, förmlich bewertet, so muss diese Einzelnote auch bei der Bildung der Zeugnisnote berücksichtigt werden. So OVG Koblenz, NVwZ 1987, 619.

mitschreibt oder sich einer Prüfung unterzieht, ist gemäß den für alle Schüler gleichermaßen verbindlichen Anforderungen zu beurteilen. Es gibt insoweit keinen „Krankheitsbonus"; aus dem Gleichheitssatz folgt vielmehr, dass über Leistungsmängel grundsätzlich nicht wegen eines persönlichen Grundes hinweggesehen werden darf.[102] In solchen Fällen sollte dem Schüler nahegelegt werden, sich von der Beteiligung an der Klassenarbeit oder Prüfung entbinden zu lassen; bei der Klassenarbeit könnte der Lehrer im Übrigen eine probeweise Anfertigung – ohne Auswirkung auf die Zeugnisnote – gestatten. Zur krankheitsbedingten Leistungs- bzw. Prüfungsunfähigkeit TZ 20.532; zu Arbeitserleichterungen für Schüler mit Behinderung TZ 20.522.

20.413 *Formale Schwächen* der schriftlichen Arbeit dürfen die Benotung nur dann zum Nachteil der Schüler beeinflussen, wenn es nach der Art der Aufgabe (auch) auf die äußere Form ankam. So muss eine Klassenarbeit zwar *lesbar* sein; ist das aber der Fall, darf sich die Schriftqualität nicht in der Bewertung niederschlagen[103], es sei denn, dass die geforderte Leistung gerade im Schönschreiben bestand. Haben die Schüler die Aufgabe richtig gelöst und im Wesentlichen zutreffende Erwägungen bei klarer Gedankenführung angestellt, ist es unzulässig, lediglich wegen ungeschickter Ausdrucksweise die Note „mangelhaft" zu geben.[104] Jedoch können sprachliche Mängel, auch außerhalb der Fächer Deutsch und Fremdsprachen, jedenfalls als Element zur Abrundung des Gesamturteils berücksichtigt werden[105]; allerdings verlangt schon das Gebot der Sachlichkeit, dass diese Unzulänglichkeiten nicht überbewertet werden.[106]

20.414 Zwar erfüllen Leistungsbewertungen auch einen pädagogischen Zweck; sie orientieren die Schüler über ihre Lernentwicklung, spornen sie an und warnen sie. Die pädagogische Funktion der Schülerbeurteilung darf indes nicht dazu führen, dass die Benotung selbst pädagogisiert, also von generellen Standards abgelöst wird. *Maßstab der Leistungsbewertung* sind vielmehr die für die jeweilige Schulart und Jahrgangsstufe verbindlichen Anforderungen, wie sie sich insbesondere aus den Lehrplänen bzw. den vorgegebenen Standards ergeben (dazu TZ 20.122). Es geht deshalb nicht an, dass der Lehrer die Beurteilung ausschließlich am Leistungsstand der Klasse ausrichtet. Doch bleibt zu berücksichtigen, dass die durch allgemeine Leistungsanforderungen festgesetzten Bewertungskriterien wenig präzise sind; die Steuerungskraft dieser Kriterien ist begrenzt.[107] Daher kommen die Lehrkräfte nicht umhin, auch auf den Vergleich mit den übrigen von ihnen zu bewertenden Schülerarbeiten abzuheben. Solche *vergleichenden Betrachtungen* tragen dazu bei, dass jedenfalls die Leistungen der einer Lerngruppe angehörenden Schüler im Verhältnis zueinander gerecht bewertet werden.[108] Sie ermög-

---

102 Vgl. dazu etwa BVerwG, DÖV 1963, 475; BVerwG, Urt. v. 6.8.1968 – VII B 23.68 (juris); OVG Münster, NJW 1967, 1772; VGH Mannheim, Urt. v. 22.12.1976 – IX 782/74 (juris).

103 BVerwG, 19.8.1975 – VII B 24.75 (juris).

104 VGH Kassel, JZ 1970, 501 (Juristische Staatsprüfung). Anders natürlich, wenn, wie z.B. bei einem Deutsch-Aufsatz, der Stil von Belang ist.

105 Nach § 26 Abs. 1 bay Gymnasialschulordnung kann bei der Bewertung einer schriftlichen Arbeit die äußere Form mit berücksichtigt werden (Satz 1); zudem können Verstöße gegen die Sprachrichtigkeit sowie Ausdrucksmängel, die zu kennzeichnen sind, angemessen bewertet werden (Satz 2).

106 Vgl. BVerwGE 92, 132 (135 f.), hinsichtlich der Aufsichtsarbeit in der Ersten Juristischen Staatsprüfung, vgl. ferner OVG Münster, NVwZ 1995, 800 (803); VGH Mannheim, NJW 1988, 2633, wonach die Prüfer in der Ersten Juristischen Staatsprüfung auch den schlechten Sprachstil eines Prüflings in ihre Bewertung einbeziehen dürfen.

107 Mit der Anerkennung des prüfungsrechtlichen Bewertungsspielraums wird in Kauf genommen, dass verschiedene Prüfer ohne Rechtsverletzung dieselbe Prüfungsleistung unterschiedlich bewerten können. Unerheblich ist hierbei, ob und wieweit die Bewertungen einzelner Prüfer von statistischen Durchschnittswerten abweichen. So BVerwG, NVwZ 1999, 74.

108 Es ist ja gerade der sich aus der gleichmäßigen Beurteilung der vergleichbaren Kandidaten ergebende Vergleichsrahmen, der nach Auffassung des Bundesverfassungsgerichts den prüfungsspezifischen Bewertungsspielraum rechtfertigt (BVerfGE 84, 34 [51 f.]).

lichen es den Lehrkräften überdies, den Schwierigkeitsgrad der Aufgabe genauer abzuschätzen. Rechtlich fehlerhaft ist der Vergleich allerdings dann, wenn er die alleinige Grundlage der Bewertung bildet, denn damit verfehlen die Lehrkräfte Ziel und Zweck der Leistungskontrolle.[109] Vor allem bei Abschlussprüfungen, die für den weiteren Bildungs- und Berufsweg von ausschlaggebender Bedeutung sind, müssen die Prüfer von dem Bemühen geleitet sein, ihrer Leistungsbewertung einen „absoluten" Maßstab („Standard") zugrunde zu legen, also zu ermitteln, ob und bis zu welchem Grade die Schüler die Lernziele erreicht haben.

20.415 Grundsätzlich müssen die Lehrer eine Leistung *selbständig aufgrund eigener Wahrnehmung* bewerten.[110] Sie dürfen daher beispielsweise eine Klassenarbeit nicht anderen Kollegen zur Beurteilung überlassen und sich deren Votum unbesehen zu eigen machen. Wohl aber ist es zulässig, dass ein Prüfer Kenntnis von den vorausgegangenen Bewertungen durch andere Prüfer nimmt.[111] Auch können Zeugnis-, Versetzungs- oder Prüfungsordnungen bestimmen, dass die Klassenkonferenz über die Zeugnisnote auf Vorschlag des Fachlehrers oder dass der Prüfungsausschuss über die Bewertung der schriftlichen Prüfungsarbeiten auf Vorschlag der Einzelgutachter entscheidet. In diesen Fällen ist es nicht erforderlich, dass jedes Mitglied der Konferenz bzw. des Prüfungsausschusses ein Urteil aus unmittelbarer Kenntnis der schriftlichen Leistungen trifft; allerdings haben die mit dem Vorschlagsrecht ausgestatteten Lehrer bzw. Gutachter die Arbeit aufgrund persönlicher Wahrnehmung zu beurteilen.[112]

20.416 Die den Schülern gestellte *Aufgabe muss zur Lösung geeignet sein*, darf also nicht unlösbar, unverständlich, missverständlich oder mehrdeutig sein. Das Bundesverfassungsgericht hat diesen Grundsatz ausdrücklich für Prüfungen nach dem Multiple-Choice-Verfahren bestätigt.[113] Er gilt darüber hinaus für sämtliche Arten der Leistungsbewertung. Unverständliche und in sich widersprüchliche Fragestellungen verstoßen gegen das das Prüfungsrecht beherrschende, verfassungsrechtlich verbürgte Gebot der Chancengleichheit, wonach für vergleichbare Prüflinge soweit wie möglich gleiche Prüfungsbedingungen und Bewertungsmaßstäbe gegeben sein müssen.[114] Die Gerichte haben im konkreten Fall zu kontrollieren, ob Lehrer und Prüfer diesen Grundsatz beachtet haben.

20.417 *Die richtige Lösung einer Aufgabe darf nicht als falsch beurteilt werden.*[115] Die Entscheidung darüber, was der Schüler richtig oder falsch gemacht hat, unterliegt nicht einem unbegrenzten Bewertungsspielraum der Lehrer, sondern ist gerichtlich überprüfbar.[116] Wie bereits erwähnt (TZ 20.312), korrespondiert dem Bewertungsspielraum der Lehrkraft ein *Beantwortungsspielraum* der Schüler, so dass eine Antwort nicht allein des-

---

109 So OVG Münster, NJW 1973, 640; a.A. VGH Kassel, NJW 1970, 1061.

110 BVerwGE 12, 359 (363); BVerwG, NJW 2003, 1063 (1063); *Niehues/Fischer/Jeremias*, Prüfungsrecht, Rn. 320 ff. m.w.N.

111 BVerwG, NVwZ 1995, 788 (789); NJW 2003, 1063 (1063 f.); OVG Münster, NVwZ 1995, 800 (801); Beschl. v. 27.12.2017 – 19 B 1255/17 (juris), Rn. 2; VGH Mannheim, NWVBl 2009, 389.

112 Schreibt die Prüfungsordnung für die Abiturprüfung vor, dass der Prüfungsausschuss nach jeder mündlichen Prüfung über die vom Kursleiter vorgeschlagene Note und Punktwertung berät, so ist die Leistungsbewertung fehlerhaft, wenn nicht der Kursleiter vor Beginn der Beratung Note und Punktwert ausdrücklich vorschlägt. So OVG Schleswig, NVwZ-RR 1993, 30 (31).

113 BVerfGE 84, 59 (77 ff.).

114 Vgl. BVerwG, DVBl. 1996, 1381 (1382 f.), wonach der Grundsatz der Chancengleichheit gebietet, dass eine in der Klausur der Abiturprüfung zu lösende Aufgabe sich im Rahmen der Prüfungsordnung hält, außerdem verständlich und in sich widerspruchsfrei ist; andernfalls werde der Prüfling gegenüber anderen Prüflingen – etwa denen einer anderen Schule – benachteiligt, soweit diesen korrekte Prüfungsfragen gestellt würden. Zur Konkretisierung des Grundsatzes der Chancengleichheit im Prüfungsrecht s. auch VG Hamburg, Urt. v. 22.3.2017 – 2 K 1201/15 (juris), Rn. 47.

115 BVerfGE 84, 34 (55); 84, 59 (79); BVerfG, NVwZ 2011, 486 (489); BVerwG, NVwZ 2004, 1375 (1377).

116 BVerfGE 84, 34 (54 f.); BVerwG, DVBl. 1996, 1381 (1382).

halb als falsch gewertet werden darf, weil sie nicht der herrschenden Auffassung in der Fachwissenschaft oder der eigenen Überzeugung der Prüfer entspricht. Anders formuliert: Eine Lösung muss stets dann als richtig angesehen werden, wenn sie fachwissenschaftlich vertretbar ist und argumentativ schlüssig vorgetragen wird.

20.418 Die von den Schülern zu lösende Aufgabe muss zu dem Stoff gehören, der zuvor im Unterricht behandelt wurde. Ihnen dürfen in der Klassenarbeit keine Kenntnisse abverlangt werden, die über das im Unterricht vermittelte Wissen hinausgehen; es ist aber zulässig, das erworbene Wissen in anderen Zusammenhängen zum Prüfungsgegenstand zu machen. Allerdings dürfen in einer Prüfung nur solche Fragen gestellt werden, die durch das Lernziel gedeckt sind.[117] Ob diese Voraussetzungen erfüllt sind, hat das Gericht zu kontrollieren.[118]

20.419 Der im Rechtsstaatsprinzip wurzelnde *Grundsatz des Vertrauensschutzes* verlangt, dass die für die Leistungsbewertung maßgebenden Anforderungen nicht nachträglich zu Ungunsten des Schülers geändert werden. Werden zum Beispiel die Versetzungsvoraussetzungen im Laufe des Schuljahres durch Änderung der Bestimmungen über den Notenausgleich verschärft, ist eine darauf beruhende Nichtversetzung rechtsfehlerhaft. Das Gebot des Vertrauensschutzes ist gleichfalls verletzt, wenn die Schüler bei der Vorbereitung auf die Abschlussprüfung nicht ausreichend Zeit hatten, sich auf wesentlich strengere Prüfungsbedingungen einzustellen.[119]

20.42 Streng sachbezogene Bewertung

Leistungsbewertungen dürfen nicht von sachfremden Erwägungen beeinflusst sein. Der Prüfer überschreitet seinen Entscheidungsspielraum, wenn er sich bei der Bewertung von Gesichtspunkten leiten lässt, die in keinem Zusammenhang mit Sinn und Zweck der Leistungskontrolle stehen, also willkürlich sind. Es ist daher nicht hinzunehmen, dass ein Prüfer als Mitglied eines Prüfungsausschusses bei der Vergabe einer Note im Streit mit anderen Mitgliedern des Ausschusses „um des lieben Friedens“ willen einlenkt.[120] Lehrkräfte dürfen einen Schüler nicht wegen seiner persönlichen oder weltanschaulichen Überzeugungen, wegen seiner sozialen Stellung, aus Sympathie oder Antipathie bevorzugen oder benachteiligen (Art. 3 GG, s. hierzu auch TZ 20.541 und 20.542). Ebenso wenig geht es an, dass die Versetzungskonferenz Schüler, die ausreichende Leistungen erbracht haben, wegen unbotmäßigen Verhaltens „sitzen lässt“. Sachfremd und somit rechtswidrig handelt auch ein Prüfer, der die Leistung von Schülern im Prüfungsgespräch deshalb schlechter benotet, weil diese dem üblichen äußeren Erscheinungsbild nicht entsprechen oder in der Artikulation eingeschränkt sind (z.B. stottern).

---

117 BVerwG, Beschl. v. 18.12.2012 – BVerwG 1 WB 64/11 (juris), Rn. 43; VGH Kassel, Urt. v. 1.7.2011 – 11 A 653/11 (juris), Rn. 40 f.; VG Augsburg, Urt. v. 25.7.2002 – Au 9 K 01.1431 (juris), Rn. 28, wonach es darauf ankommt, „inwieweit der Schüler im Rahmen der vorgegebenen Lehrpläne und Lernziele Wissen und Können erworben hat“.

118 Vgl. BVerwG, NJW 1998, 323 (327 f.).

119 BVerwGE 16, 150; VGH Mannheim, VBlBW 1985, 344 (345); VGH Mannheim, VBlBW 2004, 220 (223). Zum fehlenden schutzwürdigen Vertrauen der Schüler auf das Fortbestehen einer für sie günstigeren Klassenwiederholungsregelung s. hingegen VG Hamburg, Beschl. v. 1.9.2015 – 2 E 4806/15 (juris), Rn. 7 ff.; auch die Streichung der Regelung zur – nur ausnahmsweise unter engen Voraussetzungen – möglichen Wiederholung der Abiturprüfung mit sofortiger Wirkung für alle Schüler überschreitet nicht die durch den rechtsstaatlichen Grundsatz des Vertrauensschutzes gezogenen Grenzen, s. VG Münster, Beschl. v. 28.10.2009 – 1 L 523/09 (juris), Rn. 7 ff.

120 BVerfG, NVwZ 1995, 469 (470).

20.43 Tatsächliche und rechtliche Voraussetzungen der Bewertung

Lehrkräfte und Prüfer dürfen bei der Bewertung von Schülerleistungen nicht von einem falschen Sachverhalt ausgehen; sie müssen also die im Vorfeld der Bewertung *relevanten Tatsachen beachten*. Erliegen sie hierbei einem Irrtum, der sich auf das Ergebnis auswirkt, leidet die Bewertung an einem Rechtsmangel. Dazu zählt beispielsweise der *Irrtum über die Person* des Verfassers einer Klausur (der Prüfer hält X für den Autor der in Wirklichkeit von Y geschriebenen Arbeit). Auch ein *Irrtum über die Voraussetzungen*, unter denen die Leistung erbracht wurde, kann die Bewertung fehlerhaft machen (der Gutachter glaubt, für die dreistündige Klausur hätten fünf Stunden zur Verfügung gestanden; er liest die Klausur nicht vollständig oder vergisst, einzelne Passagen zu bewerten). Der Prüfer, der sich über die Prüfungsaufgabe irrt, diese etwa nicht zur Kenntnis nimmt, Aufgaben verwechselt oder von einer anderen als der tatsächlich gestellten Aufgabe ausgeht, legt seiner Beurteilung gleichfalls einen unrichtigen Sachverhalt zugrunde. Ein solcher Fehler wird von seinem Bewertungsspielraum nicht gedeckt; er gehört zu den gerichtlich voll überprüfbaren Sachverhaltsirrtümern.[121]

Die Bewertung ist auch dann fehlerhaft, wenn der Lehrer das maßgebliche *Recht* missachtet hat, also rechtliche Bindungen übersieht, in ihrer Reichweite verkannt oder fälschlich angenommen hat. Zu denken ist etwa an den Fall, dass die Mitglieder eines Prüfungsausschusses meinen, die Gesamtnote in einem Fach unter gleich starker Berücksichtigung schriftlicher und mündlicher Leistungen festsetzen zu können, während die Prüfungsordnung eine Gewichtung im Verhältnis von 2:1 vorschreibt, oder – in der umgekehrten Variante – dass die Kommission irrtümlich der Ansicht ist, für die Festsetzung des Gesamtergebnisses sei nach der Prüfungsordnung nicht die freie Überzeugung der Ausschussmitglieder vom Gesamteindruck des Kandidaten, sondern das arithmetische Mittel aus den Einzelnoten maßgebend.

20.5 Verfahren der Leistungskontrolle

20.51 Allgemeines

Trotz der unter TZ 20.4 dargestellten inhaltlichen Anforderungen an die Leistungsbewertung verbleibt einem Lehrer ein erheblicher gerichtlich nicht überprüfbarer Entscheidungsspielraum (dazu TZ 20.31). Dies lässt sich nur dann hinnehmen, wenn jedenfalls das Verfahren, in dem der Leistungsstand der Schüler ermittelt wird, rechtsstaatlich ausgestaltet ist und korrekt verläuft. Verfahrensvorschriften mögen manchmal als lästige Formalität empfunden werden; sie sind gleichwohl von großer Bedeutung und deshalb im Interesse der Schüler, aber auch der Schule selbst, sorgfältig zu beachten. Das trifft in besonderem Maße auf Prüfungen zu, da deren Ergebnis unmittelbar den weiteren Ausbildungsweg der Schüler beeinflusst und auch für deren künftigen Berufs- und Lebenschancen bedeutsam ist.

Im Folgenden kann es nicht darum gehen, die Vielzahl der – häufig von Land zu Land abweichenden – Verfahrensbestimmungen für die verschiedenen Arten der Leistungsbewertung im Einzelnen zu erörtern. Näher zu erläutern ist hingegen der verfassungsrechtlich durch Art. 3 Abs. 1 GG verbürgte *Grundsatz der Chancengleichheit*[122], der für jede

---

121 BVerwGE 70, 143 (145 f.); vgl. auch BVerwGE 105, 328 (332); ferner VGH München, NVwZ 1991, 499.

122 Josef Franz *Lindner*, Die Prägung des Prüfungsrechts durch den Grundsatz der Chancengleichheit – ein vielschichtiges Phänomen –, BayVBl 1999, 100; Emanuel *Ost*, Die Bewertung von Prüfungsleistungen und die Gleichheit, NWVBl 2013, 209.

Form der Leistungskontrolle von besonderer Bedeutung ist. Er verpflichtet Lehrer und Prüfer, sich korrekt und fair zu verhalten. Dabei ergeben sich teilweise Überschneidungen mit den unter TZ 20.4 dargelegten inhaltlichen Anforderungen an die Leistungsbewertung.

Der Grundsatz der Chancengleichheit vermittelt keinen – im Übrigen gar nicht einlösbaren – *Anspruch auf völlig gleiche Prüfungsbedingungen*; die Prüfungsbedingungen müssen nur im Wesentlichen gleich oder dürfen jedenfalls nicht ohne sachlichen Grund wesentlich ungleich sein. Die unterschiedliche Lage des Prüfungsraumes im Keller oder im Obergeschoss, abweichende Uhrzeiten der jeweiligen Prüfungen oder Unterschiede der Prüfer hinsichtlich ihres Geschlechts, ihrer politischen oder weltanschaulichen Auffassungen oder ihrer Herkunft sind folglich als unwesentlich zu erachten, soweit diese nicht sachwidrig in die Gestaltung der Prüfung oder die Bewertung der Prüfungsleistungen einfließen.[123]

Allerdings gebietet der Grundsatz der Chancengleichheit, dass Schüler *Mängel im Prüfungsverfahren*[124] *unverzüglich*, also ohne schuldhaftes Zögern, *rügen* müssen. Auf diese Weise soll zum einen verhindert werden, dass sie sich, indem sie in Kenntnis eines Verfahrensmangels zunächst die Prüfung fortsetzen und das Prüfungsergebnis abwarten, eine ihnen im Verhältnis zu den Mitschülern nicht zustehende zweite Chance verschaffen; zum anderen soll die Prüfungsbehörde in den Stand gesetzt werden, den gerügten Mangel möglichst zeitnah zu überprüfen und gegebenenfalls zu korrigieren.[125]

Zu beachten ist, dass die Verfahrensgestaltung der vollen gerichtlichen Nachprüfung unterliegt. Das gilt auch dort, wo es an förmlichen Vorschriften fehlt und der Verfahrensablauf dem Ermessen der Schule überlassen ist (vgl. § 10 VwVfG). In diesen Fällen haben die Gerichte zu kontrollieren, ob die organisatorischen Maßnahmen der Schule ausreichen, um die Chancengleichheit der Schüler zu sichern.[126]

20.52 Äußere Bedingungen der Leistungskontrolle

20.521 Dem Gebot der Chancengleichheit ist bereits in der Gestaltung der äußeren Rahmenbedingungen der Leistungskontrolle Rechnung zu tragen. Werden die Schüler bei der Anfertigung einer Klassenarbeit, einer Prüfungsklausur oder bei der mündlichen Prüfung durch Baulärm, beißenden Farbgeruch, das Kollabieren von Mitprüflingen, Unruhe im Klassenzimmer, übergroße Hitze oder Kälte oder auf andere Weise *gestört*, sind sie gegenüber anderen Schülern benachteiligt, die den entsprechenden Leistungsnachweis unter normalen Verhältnissen erbringen können.[127] Die störenden Einwirkungen haben jedoch nicht automatisch die Rechtswidrigkeit der Leistungsbewertung zur Folge. Auf Beeinträchtigungen des Prüfungsablaufs bei einer *schriftlichen Arbeit* kann sich der Schüler im Allgemeinen nur dann berufen, wenn er sie gegenüber dem Aufsichtsführenden gerügt hat

---

123 VG Hamburg, Urt. v. 22.3.2017 – 2 K 1201/15 (juris), Rn. 47.

124 Demgegenüber gilt die Rügeobliegenheit als Mitwirkungspflicht des Prüflings nicht für materielle Beurteilungsfehler, wie das BVerwG, NVwZ 2000, 921 (921), hervorhebt.

125 Vgl. BVerwGE 96, 126 (129 f.); BVerwG, NVwZ 2000, 921 (921); vgl. auch schon BVerwGE 69, 46 (51 f.).

126 Vgl. BVerfG, NJW 1993, 917 (918).

127 BVerwGE 99, 172 (179 f.); OVG Berlin-Brandenburg, Urt. v. 28.4.2017 – OVG 6 B 20.16 (juris); zur Rügepflicht bei einem Kreislaufkollaps eines Mitprüflings BVerwG, DVBl. 1994, 1364 (1365); bei Eindringen von Farbgeruch in den Prüfungsraum OVG Koblenz, NVwZ 1988, 457 (457); auch ein zu kleiner Arbeitstisch kann einen rügebedürftigen Verfahrensfehler darstellen, s. einerseits VG Schwerin, Beschl. v. 26.9.2005 – 3. B 1260/05 (juris), Rn. 19, andererseits VG Koblenz, NVwZ-RR 1999, 747. Hierzu insgesamt auch *Niehues/Fischer/Jeremias*, Prüfungsrecht, Rn. 467 ff.; Guy *Beaucamp*/ Jens *Seifert*, Wann lohnt sich die Anfechtung einer Prüfungsentscheidung? Ein Überblick anhand der jüngeren obergerichtlichen Rechtsprechung, NVwZ 2008, 261 (262 f.), jeweils m.w.N. aus der Rspr.

(TZ 20.63).[128] Werden die Schüler allerdings durch Lärm oder andere Einwirkungen so erheblich gestört, dass der Mangel im Prüfungsverfahren offensichtlich und unzweifelhaft ist, muss der Aufsichtführende von sich aus tätig werden, indem er entweder die Bearbeitungszeit verlängert oder die Klausur abbricht und zu einem anderen Zeitpunkt wiederholen lässt; nur dann, wenn es nach den konkreten Umständen zweifelhaft ist, ob sich der Durchschnittsschüler durch die Störung in seiner Chancengleichheit verletzt sieht, ist es Sache des betroffenen Schülers, den Lehrer auf die Störung hinzuweisen.[129] Sofern die Lärmbelästigung durch Schreibverlängerung kompensiert wird, muss dafür in der Regel soviel Zeit eingeräumt werden, wie die Störung gedauert hat.[130] Während der *mündlichen Prüfung* kann von einem Schüler grundsätzlich nicht verlangt werden, das Verhältnis zu den ihn prüfenden Lehrkräften dadurch zu belasten, dass er etwa aufgrund verletzender Äußerungen eine Befangenheitsrüge erhebt und dadurch die durch die Prüfungssituation für den Schüler ohnehin schon vorhandene psychische Belastung zusätzlich erhöht.[131]

20.522 Der Grundsatz der Chancengleichheit gebietet, dass *Hilfsmittel* (z.B. Taschenrechner bei einer Mathematikarbeit, Wörterbücher bei einer Fremdsprachenklausur), sofern ihr Gebrauch überhaupt zulässig ist[132], nach Anzahl und Qualität gleichmäßig verteilt sind.[133]

20.523 *Behinderungen* sind durch Gewährung besonderer Arbeitserleichterungen auszugleichen. Solche Maßnahmen des *Nachteilsausgleichs* können beispielsweise in der Verlängerung der verfügbaren Zeit für schreib- oder sehbehinderte Schüler, aber auch für Schüler mit einer Lese- und Rechtschreibschwäche[134], in der Einräumung der Möglichkeit zur Nutzung besonderer Hilfsmittel, zum Beispiel eines besonderen Computers für die Niederschrift der Prüfungsarbeit, oder in der Unterstützung durch eine Schulbegleiterin bestehen.[135] Die Arbeitserleichterungen dienen dem Ziel der Herstellung von Chancen-

---

128 BVerwGE 69, 46 (51 f.); 85, 323 (330 ff.); 94, 64 (72 f.); BVerwG, DVBl. 1994, 1364 (1365). Auch hier gilt der Grundsatz, dass die Rüge unverzüglich zu erheben ist; s. VGH Mannheim, NVwZ-RR 2016, 305; VG Karlsruhe, Urt. v. 4.11.2015 – 4 K 1093/15 (juris), Rn. 17 ff.; OVG Greifswald, DVBl. 1998, 972 (973); *Niehues/Fischer/Jeremias*, Prüfungsrecht, Rn. 478 ff.; jedenfalls kommt die Rüge zu spät, wenn der Verfahrensmangel erst nach Bekanntgabe des Prüfungsergebnisses geltend gemacht wird (OVG Greifswald, DVBl. 1998, 972 [973]).

129 Vgl. BVerwGE 94, 64 (72 f.); BVerwG, DVBl. 1994, 1364 (1365); VGH Mannheim, NVwZ-RR 2016, 305 (305 f.).

130 BVerwGE 94, 64 (70 f.); sehr differenziert und plastisch zur Gewährung einer Schreibzeitverlängerung infolge von Verfahrensmängeln OVG Berlin-Brandenburg, Urt. v. 28.4.2017 – OVG 6 B 20.16 (juris), Rn. 13 ff.; vgl. dazu schließlich auch die Ausführungen und Nachweise in BVerfG, NJW 1993, 917 (918).

131 OVG Münster, NVwZ-RR 1992, 246 (247); OVG Bautzen, Urt. v. 25.10.2016 – 2 A 318/16 (juris), Rn. 16; OVG Bremen, Beschl. v. 12.2.2018 – 2 PA 293/16 (juris), Rn. 16. S. auch *Niehues/Fischer/Jeremias*, Prüfungsrecht, Rn. 217.

132 Zu den Folgen des Gebrauchs unzulässiger Hilfsmittel s. bereits oben TZ 20.213.

133 BVerwGE 41, 34: Es verstößt gegen das Gebot der Gleichbehandlung aller Prüflinge, wenn bei den Aufsichtsarbeiten in der zweiten juristischen Staatsprüfung ein Teil der Prüflinge die zu benutzenden Bücher selbst mitzubringen hat, die anderen Prüflinge die vom Prüfungsamt zur Verfügung gestellten Bücher zu benutzen haben und nicht sichergestellt ist, dass die mitgebrachten Bücher bezüglich Auflage, Randbemerkungen und ähnlichem den zur Verfügung gestellten Büchern entsprechen. Vgl. auch BVerwG, BayVBl 1979, 58.

134 M.w.N. s. nur BVerwGE 152, 330 (334). Vgl. zu diesem Problemfeld auch Wolfram *Cremer*/Katharina *Kolok*, Verfassungsrechtliche Anforderungen an den Umgang mit Legasthenie und Dyskalkulie in der Schule – insbesondere zum grundrechtlich fundierten Anspruch auf eine fähigkeits- und begabungsgerechte Beurteilung, DVBl. 2014, 333; Jörg *Ennuschat*, Nachteilsausgleich und Notenschutz für Schülerinnen und Schüler mit Legasthenie oder Dyskalkulie, Behindertenrecht 2008, 93; Christine *Langenfeld*, Maßnahmen des Nachteilsausgleichs des besonderen Schutzes für Schüler und Schülerinnen mit Legasthenie an Schulen, RdJB 2007, 211.

135 In Betracht kommt als Kompensationsmaßnahme auch eine Verlängerung der Schulbesuchsdauer, wenn ein Schüler nur für einen bestimmten Zeitraum in der Lage ist, am Unterricht teilzunehmen;

gleichheit (Art. 3 Abs. 1 GG), indem sie ungleiche Ausgangsbedingungen ausgleichen, so dass auch der Prüfling mit Behinderungen nachweisen kann, dass er die gesetzten Ziele des Unterrichts erreicht hat. Unterbleiben solche Kompensationsmaßnahmen, können sich Schüler mit Behinderungen auf das verfassungsrechtlich verankerte Verbot der Benachteiligung von Menschen mit Behinderung (Art. 3 Abs. 3 Satz 2 GG) berufen. Dieser Grundsatz des Ausgleichs erschwerter Bedingungen gilt aber nicht nur bei dauerhaften, sondern auch bei nur temporär vorhandenen Einschränkungen (etwa bei einem gebrochenen Arm, der die Schreibfähigkeit während einer Klassenarbeit beschränkt). Entsprechende Arbeitserleichterungen sind, wenn im Vorfeld erkennbar, rechtzeitig vor der Prüfung vom Prüfling geltend zu machen; gegebenenfalls bedarf es eines ärztlichen Gutachtens, um beispielsweise eine notwendige Schreibzeitverlängerung angemessen bestimmen zu können. Selbstverständlich darf ein Nachteilsausgleich jedoch nur insoweit gewährt werden, als dies zur Herstellung der Chancengleichheit erforderlich ist, da ein „überkompensatorischer" Nachteilsausgleich wiederum zu einer Verletzung der Chancengleichheit der anderen Schüler führen würde.[136] Soweit dies jedoch nicht der Fall ist, berührt die Gewährung von Kompensationsmaßnahmen die Rechte von Mitschülern nicht, weshalb der Gesetzgeber auch nicht gezwungen ist, eine explizite Regelung zu treffen.[137]

Während es beim Nachteilsausgleich darum geht, Gleichheit überhaupt erst herzustellen, indem Maßnahmen getroffen werden, die es Schülern mit Behinderungen erlauben, den Nachweis zu erbringen, dass sie die allgemeinen Leistungsanforderungen erfüllen, stellt der sogenannte *Notenschutz* eine partielle Individualisierung der Leistungsanforderungen dar. Dabei kann bei Schülern mit Behinderungen entweder das geforderte Leistungsniveau ihrer Leistungsfähigkeit angepasst oder für die Bewertung von Leistungen von den für die Mitschüler ohne Behinderungen geltenden Bewertungsmaßstäben abgewichen werden. Nach der neueren Rechtsprechung des Bundesverwaltungsgerichts sind Notenschutzmaßnahmen durch den Grundsatz der Chancengleichheit und das Benachteiligungsverbot in Art. 3 Abs. 3 Satz 2 GG zwar gerechtfertigt, regelmäßig aber nicht geboten. Der Vermerk bezüglich der Gewährung eines sogenannte *Notenschutzes* im Zeugnis soll daher – anders als beim Nachteilsausgleich – im Interesse der Erhöhung der Aussagekraft des Zeugnisses zulässig sein.[138] Weil der Notenschutz einerseits die Erfolgschancen von Schülern mit Behinderungen und ihre schulischen wie beruflichen Entfaltungs- und Betätigungsmöglichkeiten erhöht, andererseits Lernziele und Leistungsanforderungen nicht mehr einheitlich definiert und somit die Vergleichbarkeit der Leistungsbewertungen tangiert wird, unterfallen der Notenschutz und dessen Vermerk im Abschlusszeugnis jedenfalls

---

ob unter Berufung auf Art. 3 Abs. 3 Satz 2 GG darüber hinaus eine Abweichung von den gesetzlichen Bestimmungen über den Ablauf der gymnasialen Oberstufe und damit des Weges zum Erwerb der allgemeinen Hochschulreife verlangt werden kann, wird nicht einheitlich beurteilt. Ablehnend OVG Bautzen, Beschl. v. 28.2.2014 – 2 B 430/13 (juris), Rn. 13 ff.; befürwortend SächsVerfGH, NVwZ-RR 2014, 789.

136 M.w.N. OVG Magdeburg, LKV 2014, 231 (234); OVG Lüneburg, NVwZ-RR 2009, 68 (68 f.).

137 Gleichwohl finden sich in einigen Schulgesetzen entsprechende Vorschriften, s. z.B. Art. 52 Abs. 5 BayEUG; hierzu Tanja *Götz*, Neuregelung von Nachteilsausgleich und Notenschutz im bayerischen Schulrecht auf der Grundlage der Rechtsprechung des Bundesverwaltungsgerichts, BayVBl 2018, 190.

138 So BVerwGE 152, 330 (341), vor allem mit dem Argument, die Länder seien aufgrund der in Art. 7 Abs. 1 GG normierten Schulhoheit befugt, den Erwerb eines Schulabschlusses und der dadurch vermittelten berufsbezogenen Qualifikation an den Nachweis eines allgemeinen Ausbildungs- und Kenntnisstandes zu knüpfen, was die Anwendung eines allgemeinen, an objektiven Leistungsanforderungen ausgerichteten Bewertungsmaßstabes für die Notengebung bedinge, wohingegen Abweichungen von diesem Maßstab die Aussagekraft der Noten und letztlich des Schulabschlusses beeinträchtigen würden. Gegen diese Entscheidung sind beim Bundesverfassungsgericht mehrere Verfassungsbeschwerden anhängig, s. BVerfG, NVwZ 2016, 1243 (1245). Zum Notenschutz s. auch Jörg *Ennuschat*/Angela *Volino*, Art. 3 Abs. 3 Satz 2 GG als Grundlage für Notenschutz zugunsten von Schülerinnen und Schülern mit Behinderungen, Behindertenrecht 2009, 166; *Rux*/*Niehues*, Schulrecht, Rn. 507 ff.

hinsichtlich der grundlegenden Regelungen (wie z.B. der Bestimmung des begünstigten Personenkreises, der erfassten schulischen Abschlussprüfungen und der Art und Weise der Gewährung des Notenschutzes) dem Parlamentsvorbehalt.[139]

20.53 Verhalten der Schüler bei der Leistungskontrolle

Aus dem Gebot der Chancengleichheit folgt, dass alle der Leistungskontrolle unterworfenen Schüler in gleicher Weise Gelegenheit erhalten müssen, ihre vorhandenen individuellen Kenntnisse und Fähigkeiten nachzuweisen.

20.531 Mit diesem Grundsatz ist es nicht vereinbar, dass sich Schüler durch *Täuschungshandlungen* (z.B. Verwendung nicht zugelassener Hilfsmittel) gegenüber anderen Schülern Vorteile verschaffen (s. TZ 20.213).

Gruppenarbeiten können als Grundlage der Leistungsbeurteilung nur dann herangezogen werden, wenn die individuellen Beiträge deutlich abgrenzbar und bewertbar sind (TZ 20.411). Es kommt im Übrigen allein auf den im Augenblick der Leistungskontrolle nachgewiesenen *tatsächlichen Leistungsstand*, nicht auf frühere oder für die Zukunft zu erwartende Leistungen an (TZ 20.412).

20.532 Sind Schüler wegen *Krankheit* außerstande, die ihnen gestellten Anforderungen zu erfüllen, kann es ausnahmsweise gerechtfertigt sein, den Leistungsnachweis nicht zu bewerten und nötigenfalls nachholen zu lassen.[140] Die krankheitsbedingte Prüfungsunfähigkeit muss unverzüglich, also zum frühestmöglichen Zeitpunkt und vor Bekanntgabe der Prüfungsaufgabe, durch Rücktritt geltend gemacht werden.[141] Die Schüler müssen die Gründe für ihren Rücktritt bezeichnen, die förmliche Genehmigung des Rücktritts beantragen und die Prüfungsunfähigkeit in der Regel durch ein ärztliches Attest nachweisen.[142]

---

139 BVerwGE 152, 330 (342 f.). Darüber hinausgehend wird in der Literatur eine Dokumentation des Notenschutzes in allen Versetzungszeugnissen gefordert, weil diese den erfolgreichen Weg durch den jeweiligen Bildungsgang dokumentieren und ihnen deshalb bei einem Schulwechsel maßgebliche Bedeutung zukommen kann, jedenfalls aber in Zeugnissen, mit denen sich Schüler um Ausbildungsplätze bewerben. Andererseits sei dem Parlamentsvorbehalt bereits dann Genüge getan, wenn das jeweilige Schulgesetz nur mittelbar eine Zieldifferenzierung vorsieht; weitere explizite Regelungen in Bezug auf den Notenschutz seien dann nicht erforderlich. S. *Rux/Niehues*, Schulrecht, Rn. 527; Johannes *Rux*, Schulische Inklusion, DÖV 2017, 309 (315).

140 Eine andere Frage betrifft den Fall, dass der Schüler krankheitsbedingt erst gar nicht an der Prüfung teilnehmen kann.

141 BVerwGE 99, 172 (180 ff.); BVerwG, DVBl. 1994, 640, DVBl. 1996, 1379 (1380); VG Berlin, Urt. v. 8.9.2015 – 3 K 425/14 (juris), Rn. 33 ff. Vgl. auch VGH Mannheim, NVwZ 2016, 305 (305). Eine verzögerte Mitteilung des Grundes für die krankheitsbedingte Versäumnis einer Prüfung kann allerdings gerechtfertigt sein, wenn sie offensichtlich nicht zu einer Beeinträchtigung der Chancengleichheit zu Lasten Dritter führen kann; dies gilt jedenfalls in Fällen, in denen von der Beurteilung der Unverzüglichkeit der Mitteilung der endgültige Verlust der Prüfungschance abhängt. So BVerwGE 106, 369 (371 ff.). Vgl. hierzu auch die Nachweise bei Wolfgang *Zimmerling*/Robert *Brehm*, Die aktuelle Rechtsprechung zu den juristischen Prüfungen, NVwZ 2009, 358 (360 f.); zu den Unterschieden zwischen Rüge und Rücktritt Christian *Birnbaum*, Die Rügepflicht des Prüflings, NVwZ 2006, 286 (290 f.).

142 *Birnbaum* (Fn. 141), S. 2006, 286 (290); *Niehues/Fischer/Jeremias*, Prüfungsrecht, Rn. 267 ff. und 282 ff. Aus bundesrechtlicher Sicht ist es nicht zu beanstanden, dass eine landesrechtliche Regelung an die Geltendmachung krankheitsbedingter Prüfungsunfähigkeit hinsichtlich des zeitlichen Rahmens der Unverzüglichkeit wie auch hinsichtlich der Formalisierung des Nachweises durch amtsärztliches Zeugnis strenge Anforderungen stellt (BVerwG, NVwZ-RR 1990, 481). Darüber hinaus ist die Prüfungsbehörde berechtigt, auch in den Fällen, in denen die Prüfungsordnung nicht regelt, dass für den Nachweis krankheitsbedingter Prüfungsunfähigkeit ein amtsärztliches Attest verlangt werden kann, gleichwohl eine solche Bescheinigung zu verlangen, wenn der Einzelfall berechtigten Anlass gibt, an der Richtigkeit der vorgelegten privatärztlichen Atteste zu zweifeln (OVG Münster, NWVBl 1999, 23). Im Übrigen ist es Sache der Prüfungsbehörde, darüber zu entscheiden, ob die durch (amts-)ärzt-

Sie verletzen ihre Mitwirkungspflichten, wenn sie der Anordnung der Schule, bei einer Erkrankung ein amtsärztliches Attest vorzulegen, ohne rechtfertigenden Grund nicht nachkommen.[143]

Doch darf, wiederum aus Gründen der Chancengleichheit, eine Krankheit nachträglich ausnahmsweise nur dann berücksichtigt werden, wenn sie den Schülern zum Zeitpunkt der Leistungskontrolle nicht bewusst war und ihnen auch kein Vorwurf daraus gemacht werden kann, dass sie die Möglichkeit einer Erkrankung nicht in Betracht gezogen haben.[144] Im Allgemeinen ist aber mit dem Bundesverwaltungsgericht von folgendem auszugehen: Wer keine erhebliche Verminderung seines Leistungsvermögens bemerkt, ist in der Regel auch nicht prüfungsunfähig. Selbst Krankheiten, seien sie offen oder latent, führen keine Prüfungsunfähigkeit herbei, solange sie das Leistungsvermögen nicht oder nur unerheblich beeinträchtigen. Bemerkt ein Prüfling indes eine erhebliche Verminderung seines Leistungsvermögens, kann er sich auf unerkannte Prüfungsunfähigkeit ohnehin nicht berufen.[145] Wer in Kenntnis seines Zustands das Risiko eines negativen Ausgangs in Kauf nimmt, muss sich mit dem Prüfungsergebnis abfinden, weil er sonst eine – seinen Mitschülern vorenthaltene – zusätzliche Prüfungschance erhielte.[146]

20.533 *Prüfungsangst und Prüfungsstress*, die alle Prüflinge mehr oder weniger stark belasten, können grundsätzlich nicht als krankheitsbedingte Prüfungsunfähigkeit anerkannt werden. Sie sind der Risikosphäre der Schüler zuzurechnen und rechtfertigen nicht den Rücktritt von der Prüfung oder gar die Aufhebung des Prüfungsergebnisses.[147]

20.54 Verhalten der Lehrer (Prüfer) bei der Leistungskontrolle

20.541 Der Grundsatz der Chancengleichheit, aber auch das Rechtsstaatsgebot verpflichten Lehrer und Prüfer, sich bei der Leistungskontrolle *fair und sachlich* zu verhalten. Daher ist der Prüfer zwar nicht gehalten, mit seiner Ansicht über die Leistungen des Prüflings hinter dem Berg zu halten, über Fehlleistungen zur Beruhigung des Prüflings einfach hinwegzugehen oder sie gar zu beschönigen und positive Leistungen besonders zu loben; Schüler müssen zudem gelegentliche Ausrutscher und Entgleisungen sowie beiläufige Äußerungen, denen es an Einfühlungsvermögen in die besondere Situation der Prüflinge mangelt, hinnehmen, da die Lehrkräfte und Prüfer in der Prüfungssituation nicht verpflichtet sind, jede Äußerung „auf die Goldwaage" zu legen.[148] Sehr wohl sind sie aber verpflichtet, darauf Bedacht zu nehmen, dass das Prüfungsverfahren auch hinsichtlich des

liches Zeugnis nachgewiesenen Gründe es rechtfertigen, dass der Prüfling aus Gründen, die er nicht zu vertreten hat, verhindert ist (BVerwG, DVBl. 1996, 1379 [1380]; BVerwG, Beschl. v. 25.1.2018 – BVerwG 6 B 36/17 [juris], Rn. 8).

143 OVG Münster, NVwZ-RR 2000, 432 (434 f.). Allerdings geht es nicht zu Lasten des Schülers, wenn die für ihn zumutbarer Weise erreichbaren Gesundheitsämter die Ausstellung eines amtsärztlichen Attestes mit dem Hinweis verweigern, ein solches Attest werde nicht mehr ausgestellt (so OVG Lüneburg, Beschl. v. 12.8.2016 – 2 ME 150/16 [juris], Rn. 9).

144 BVerwGE 66, 213 (216 f.); VGH München, Beschl. v. 12.5.2016 – 7 ZB 151279 (juris), Rn. 10. Allerdings verstößt es nicht gegen den Grundsatz der Chancengleichheit, wenn die nachträgliche Geltendmachung der Prüfungsunfähigkeit an eine Ausschlussfrist gebunden wird; das gilt auch für den Fall der unerkannten Prüfungsunfähigkeit (BVerwG, DÖV 1984, 810).

145 BVerwG, DÖV 1984, 810; BayVBl 1985, 26.

146 BVerwG, DÖV 1984, 810; ebenso *Niehues/Fischer/Jeremias*, Prüfungsrecht, Rn. 288 f. und 293.

147 VGH Mannheim, MedR 2009, 616; DÖV 2009, 591. Etwas anderes gilt nach Auffassung des VGH Mannheim, NVwZ-RR 1989, 17, wenn die psychische Reaktion auf das Prüfungsgeschehen zu einer Erkrankung führt und der Prüfling nach Einholung ärztlichen Rats noch während der Prüfung zurücktritt.

148 S. BVerwGE 55, 355 (359 f.); 70, 143 (152); 107, 363 (368 f.); FG München, DStR 2017, 352; ferner VGH Mannheim, NVwZ-RR 1995, 275, wonach auch sehr kritische Äußerungen eines Lehrers zu Schülerleistungen im Laufe eines zweijährigen Unterrichts sowie eine mehrere Monate vor der münd-

Stils der Prüfung und der Umgangsformen der Beteiligten einen einwandfreien Verlauf nimmt.[149] Zu unterlassen sind daher – unabhängig von der Richtigkeit oder Qualität der vom Prüfling gegebenen Antworten – Verhaltensweisen wie sarkastische, spöttische, höhnische oder persönlich herabwürdigende Äußerungen, die geeignet sind, beim Prüfling eine leistungsverfälschende Verunsicherung auszulösen oder ihn gar der Lächerlichkeit preiszugeben.[150]

Kennt sich ein Mitglied der Prüfungskommission in einem Prüfungsgebiet nicht aus, muss es sich in den Prüfungsgegenstand einarbeiten oder anregen, dass ein anderer Prüfer bestellt wird.[151]

20.542 *Befangenheit (Voreingenommenheit)* des Prüfers kann sich nicht nur aus seinem Verhalten während der Prüfung, sondern auch aus seinen persönlichen oder sonstigen Beziehungen zum Prüfungskandidaten ergeben. Liegt ein Grund vor, der Misstrauen gegen ein unparteiisches Verhalten des Prüfers wecken könnte, so hat dieser den Vorsitzenden des Prüfungsausschusses zu unterrichten; der Ausschuss entscheidet daraufhin ohne Beteiligung des Betroffenen darüber, ob der Prüfer sich der weiteren Mitwirkung am Prüfungsverfahren zu enthalten hat (§ 21 VwVfG).[152] Das Gleiche gilt, wenn Schüler die Befangenheit des Prüfers geltend gemacht haben.[153] Entsprechend ist hinsichtlich der Beteiligung eines befangenen Lehrers an Beratungen und Beschlüssen der Klassenkonferenz über die Versetzung zu verfahren. Hat der Schüler eine ihn unterrichtende Lehrkraft zu Recht als befangen abgelehnt, steht ihm mit Rücksicht auf die übrigen Schüler nur ein Anspruch auf Wechsel in eine Parallelklasse, nicht aber auf Entfernung der Lehrkraft zu.[154] Bei *naher Verwandtschaft* zu einem Schüler dürfen die Lehrer weder an dessen Prüfung noch an der Beratung und Entscheidung über seine Versetzung mitwirken (§ 20 VwVfG).[155]

20.543 Chancengleichheit ist nur dann gewährleistet, wenn Lehrer bzw. Prüfer sowohl bei der Leistungsfeststellung (z.B. während der mündlichen Prüfung) als auch bei der Beratung über die Leistungsbewertung (z.B. bei der Entscheidung über die Versetzung der Schüler oder über das Prüfungsergebnis) *anwesend* sind. Nur so sind sie in der Lage,

---

lichen Abschlussprüfung abgegebene negative Erfolgsprognose nicht ohne weiteres die Annahme einer Voreingenommenheit des Lehrers bei dieser Prüfung rechtfertigen.

149 BVerwGE 70, 143 (152 f.). Das Fairnessgebot kann daher auch dann verletzt sein, wenn ein Prüfer während einer Prüfung sein Smartphone verwendet, ohne die Prüflinge darauf hinzuweisen, dass er das Smartphone dazu benutzt, sich Notizen über das Prüfungsgeschehen zu machen, und die Prüflinge hierdurch verunsichert werden (so VG Saarlouis, PflegeRecht 2015, 568).

150 OVG Münster, NVwZ-RR 1997, 714; VGH Mannheim, NVwZ 2002, 235; OVG Münster, Beschl. v. 24.11.2014 – 14 E 1126/14 (juris). Hierzu auch *Niehues/Fischer/Jeremias*, Prüfungsrecht, Rn. 328 ff.

151 VGH Kassel, DÖV 2008, 39 (39).

152 Die der Befangenheitsvorschrift des § 21 VwVfG entsprechende Bestimmung in den Landesverwaltungsverfahrensgesetzen gilt in allen Ländern für die Tätigkeit der Behörden, also auch der Schulen, bei Leistungs-, Eignungs- und ähnlichen Prüfungen von Personen. Dazu auch *Niehues/Fischer/Jeremias*, Prüfungsrecht, Rn. 336. – Zu beachten ist, dass die „Selbstablehnung" eines Prüfers für sich allein noch kein Grund ist, der geeignet ist, Misstrauen gegen die unparteiische Amtsausübung zu rechtfertigen (BVerwG, NVwZ 1985, 576).

153 OVG Münster, DVBl. 1994, 648 (649): Eine Besorgnis der Befangenheit besteht nur dann, wenn sich aus objektiv feststellbaren Umständen aus der Sicht des Prüfungskandidaten subjektiv vernünftige Zweifel an der gebotenen Chancengleichheit der Prüfung ergeben. – Die Schüler müssen die Befangenheit der Lehrkräfte unverzüglich geltend machen. Sie dürfen also i.d.R. das Prüfungsergebnis nicht abwarten, um erst bei negativem Ausgang Rüge zu erheben. Doch ist es ihnen im Allgemeinen nicht zumutbar, die erst während der mündlichen Prüfung erkennbare Voreingenommenheit des Prüfers sogleich monieren zu müssen (s. hierzu schon TZ 20.521).

154 So auch *Niehues/Fischer/Jeremias*, Prüfungsrecht, Rn. 354.

155 Dieses Mitwirkungsverbot gilt allerdings nicht in sämtlichen Ländern. So findet es z.B. in Hessen keine Anwendung auf Schulleiter und Lehrer, die mit einem von ihnen unterrichteten Schüler verwandt sind (§ 2 Abs. 3 Nr. 3 Satz 2 hess VwVfG).

ihre Bewertungstätigkeit aufgrund eigener, unmittelbarer und vollständiger Kenntnis der konkreten Prüfungsaufgabe und der darauf bezogenen Lösungen sachgerecht wahrzunehmen.[156] Bei der mündlichen Prüfung fordert die Anwesenheitspflicht mehr als physische Präsenz; sie verlangt, dass der Prüfer dem Prüfungsgespräch uneingeschränkt zu folgen in der Lage ist und dies auch aktiv tut.[157]

20.55 Begründung der Leistungsbewertung

Die Schüler haben einen Anspruch darauf, dass sie die Gründe erfahren, auf denen die von ihnen als fehlerhaft erachtete Leistungsbewertung beruht. Sie können auf vermeintliche Irrtümer und Rechtsfehler nur dann wirkungsvoll hinweisen und damit ein Überdenken der Entscheidung erreichen, wenn sie die Erwägungen der Lehrer (Prüfer), die für die Notengebung ausschlaggebend waren, in den Grundzügen nachzuvollziehen vermögen. Nur so ist das Recht der Schüler auf gerichtlichen Rechtsschutz gewährleistet, der sich auch auf die Überprüfung der fachlichen Richtigkeit der Aufgabenlösung erstreckt.[158]

20.551 Bei schriftlichen Prüfungsarbeiten muss die *Begründung schriftlich* erfolgen. Diese muss *ihrem Inhalt nach* so beschaffen sein, dass das Recht der Schüler, Einwände gegen die Abschlussnote wirksam vorzubringen, ebenso gewährleistet ist wie das Recht auf gerichtliche Kontrolle des Prüfungsverfahrens unter Beachtung des Bewertungsspielraums der Prüfer. Inhalt und Umfang einer Begründung müssen es dem Prüfling und den Gerichten ermöglichen, die grundlegenden Gedankengänge nachzuvollziehen, die den Prüfer zu der abschließenden Bewertung veranlasst haben. Es muss erkennbar sein, welchen Sachverhalt sowie welche allgemeinen oder besonderen Bewertungsmaßstäbe der Prüfer zugrunde gelegt hat und auf welcher fachlichen Annahme des Prüfers die Benotung beruht. Ohne entsprechende Angaben hierzu wäre im Fall der Beanstandung der Prüfung dem Gericht die verfassungsrechtlich gebotene Kontrolle versagt, ob der Prüfer einen rechtserheblichen Bewertungsfehler begangen hat, der sich auf die Notengebung ausgewirkt haben kann.[159] Allerdings ist es zulässig, dass eine objektive mehrdeutige Einzelbewertung im gerichtlichen Verfahren von den Prüfern nachträglich erläutert und die Bewertung in der klargestellten Fassung sodann Gegenstand der gerichtlichen Überprüfung wird.[160]

20.552 Auch bei *mündlichen Prüfungen* ist eine angemessene Begründung erforderlich. Sie kann nach Form, Zeitpunkt, Umfang und Inhalt auf unterschiedliche Weise geschehen. Solange eine spezielle Regelung fehlt, muss dem Grundrechtsschutz des Prüfungskandidaten Rechnung getragen werden, soweit dies dem Prüfer unter Ausschöpfung aller Möglichkeiten zumutbar ist. Je konkreter die Prüfungskandidaten ihren Begründungsanspruch geltend machen, desto konkreter muss die Begründung sein, um die Schüler in den Stand zu versetzen, berechtigte Einwände wirkungsvoll vorzubringen. Unmittelbar im Anschluss an die Prüfung kann der Prüfungskandidat lediglich eine *mündliche Begründung* der Bewertung seiner mündlichen Leistung verlangen. Macht er mit sachlich vertretbaren Argumenten geltend, dass diese nicht ausreiche, ihm das Vorbringen von substantiierten Einwänden zu ermöglichen, kann er eine weitere, konkretere Begründung

156 BVerfG, DVBl. 1995, 1349 (1350); BVerwG, DÖV 1979, 753.
157 *Niehues/Fischer/Jeremias*, Prüfungsrecht, Rn. 436. M.w.N. s. auch FG Hamburg, Urt. v. 12.10.2017 – 1 K 54/15 (juris), Rn. 177 ff.
158 BVerwGE 91, 262 (265).
159 S. insb. BVerwGE 91, 262 (265 ff.); vgl. außerdem BVerwGE 99, 185 (195); BVerfG, NVwZ-RR 1994, 582 (583).
160 So BVerwG, NVwZ 2001, 922; NVwZ-RR 2000, 503; hierzu auch Robert *Brehm*, Nachbesserung der Bewertungsbegründung durch den Prüfer und Pflichten des Anwalts, NVwZ 2001, 880.

verlangen. Diese muss nicht notwendig in schriftlicher Form erfolgen; eine weitere mündliche Begründung kann genügen, wenn sie die Belange des Prüfungskandidaten wahrt.[161]

20.56 Prüfungsprotokoll, Öffentlichkeit der mündlichen Prüfung

Da die Prüfungskandidaten Anspruch auf effektiven Rechtsschutz haben (Art. 19 Abs. 4 GG), müssen hinreichende verfahrensmäßige Vorkehrungen getroffen werden, die es ermöglichen, das Prüfungsgeschehen auch noch nachträglich aufzuklären, denn auch fachliche Urteile des Prüfers über die Richtigkeit oder Fehlerhaftigkeit einer vom Prüfungskandidaten vorgetragenen Lösung unterliegen der gerichtlichen Kontrolle.

20.561 Deshalb ist es wichtig, dass sich der Ablauf des Prüfungsgesprächs durch die Anfertigung eines Protokolls rekonstruieren lässt.[162] Die *Herstellung eines Wortprotokolls* ist indes verfassungsrechtlich *nicht zwingend geboten.* Insbesondere ergibt sich aus dem Grundgesetz nicht, dass über mündliche Prüfungen Wortprotokolle erstellt werden müssen.[163] Auch muss eine Prüfungsniederschrift bei Prüfungsende nicht in einer für jedermann verständlichen und leserlichen Form vorliegen. Fragen und Antworten können stichwortartig aufgezeichnet und die Qualität der Antworten mit Abkürzungen vermerkt werden.[164]

20.562 Zum Nachweis des tatsächlichen Prüfungsgeschehens kann der Prüfungskandidat auch auf die üblichen Beweismittel, insbesondere den Zeugenbeweis durch bei der Prüfung anwesende Zuhörer, zurückgreifen. Die Anwesenheit einer oder mehrerer Personen außer Prüfungskandidat und Prüfer in der mündlichen Prüfung ist in Ermangelung einer Dokumentation von Prüfungsfragen und Antworten des Prüfungskandidaten eine unverzichtbare Voraussetzung für einen hinreichend wirksamen Rechtsschutz in Prüfungsangelegenheiten. Dabei obliegt es dem Normgeber, in der Prüfungsordnung entsprechende verfahrensmäßige Vorkehrungen zu treffen. Durch die Zulassung von Zuhörern kann der Nachteil des Fehlens einer vollständigen Dokumentation des Prüfungsgeschehens ausgeglichen werden. Eine wenn auch nur beschränkte *Öffentlichkeit der mündlichen Prüfung* bietet außerdem nach aller Erfahrung eine zusätzliche Garantie für einen einwandfreien Prüfungsablauf.[165] Im Umkehrschluss bedeutet dies, dass es einer eingehenderen und genaueren Dokumentation des Prüfungsgeschehens bedarf, wenn die Prüfungsordnung bestimmt, dass die Prüfung nicht öffentlich ist.

20.563 *Versetzungsentscheidungen der Klassenkonferenz müssen protokolliert werden*, da nichtversetzte Prüflinge nur so mögliche Fehler, die dem Beschluss der Klassenkonferenz zugrunde liegen, erkennen und durch entsprechende Hinweise eine erneute Beratung erreichen können; nur so ist effektiver Rechtsschutz gewährleistet.

20.57 Einsicht in die Prüfungsakten

Die Schüler sind ebenso wie ihre sorgeberechtigten Eltern berechtigt, in die einschlägigen Unterlagen der Schule, deren Kenntnis für eine etwaige Rechtsverfolgung erforderlich

---

161 BVerwGE 99, 185 (189 ff.); s. auch BVerwG, DVBl. 1998, 971; Stefan *Muckel*, Zur Begründungspflicht bei mündlichen Prüfungen, RdJB 1997, 190.

162 Zur Protokollpflicht bei Prüfungen s. z.B. § 55 Abs. 2 (für schriftliche Prüfungen) und Abs. 3 (für mündliche Prüfungen) der sächs Schulordnung Gymnasien Abiturprüfung.

163 BVerfG, NVwZ 1997, 263; BVerwG, NVwZ 1995, 494; OVG Münster, NVwZ-RR 2017, 882 (882).

164 OVG Saarlouis, NVwZ-RR 2007, 250.

165 BVerwG, NVwZ 1995, 494 (bestätigt durch BVerfG, NVwZ 1997, 263) hinsichtlich berufsbezogener Prüfungen. Gleiches muss wegen des Grundrechts der freien Wahl der Ausbildungsstätte aus Art. 12 Abs. 1 GG und wegen der Rechtsschutzgarantie des Art. 19 Abs. 4 GG für schulische Abschlussprüfungen gelten.

ist, Einblick zu nehmen. Ein genaues Wissen über den Prüfungsverlauf ist Voraussetzung für die Überprüfung der Richtigkeit der Leistungsbewertung.[166] Daher sind *Schüler bzw. Eltern als Beteiligte* (§ 13 VwVfG) berechtigt, *die Prüfungsakten* oder auch die Niederschrift über die Versetzungskonferenz *einzusehen*. Im Interesse der „Waffengleichheit" und des rechtlichen Gehörs und zur Gewährleistung tatsächlich wirksamen Rechtsschutzes (Art. 19 Abs. 4 GG) muss ein Beteiligter *alle* Akten, die dem Gericht vorgelegt worden sind, deren Inhalt also Einfluss auf die Entscheidung haben kann, einsehen und (auszugsweise) abschreiben (lassen) dürfen, um einen sachgerechten Vortrag halten und eine effektive Rechtsverfolgung betreiben zu können.[167] Nur so sind Schüler und Eltern imstande, auf vermeintliche Irrtümer und Rechtsfehler rechtzeitig und wirkungsvoll hinzuweisen und damit ein Überdenken anstehender oder bereits getroffener Entscheidungen zu erreichen (s. TZ 20.61).

20.571 Das Akteneinsichtsrecht ergibt sich im Übrigen, sofern es nicht bereits in der jeweiligen Prüfungsordnung vorgesehen ist[168], aus § 29 VwVfG[169]. Nach Absatz 1 Satz 1 dieser Vorschrift hat die Behörde den Beteiligten Einsicht in die das Verfahren betreffenden Akten zu gestatten, soweit deren Kenntnis zur Geltendmachung oder Verteidigung ihrer rechtlichen Interessen erforderlich ist. Die Schule darf die Einsicht nur dann verweigern, wenn sie dadurch in der ordnungsgemäßen Erfüllung ihrer Aufgaben beeinträchtigt wird (§ 29 Abs. 2 VwVfG).[170] Die Verweigerung der Einsichtnahme in Prüfungsunterlagen aus diesen Gründen ist im Einzelfall zulässig, wenn und soweit es um die *nicht abgeschlossene Ermittlung der Leistungen* des Prüflings in einem *noch andauernden Prüfungsverfahren* geht. Denn in diesem Stadium müssen die noch unvollständigen Akten vorrangig der Prüfungsbehörde und den Prüfern zur Verfügung stehen.[171]

20.572 Die Schule hat auch die Bewertungshinweise, Stellungnahmen und Korrekturbemerkungen der Prüfer vorzulegen, wenn konkrete Anhaltspunkte für eine Verletzung zwingender Vorschriften des Prüfungsverfahrens bestehen und eine ausreichende Sachaufklärung nur bei Vorlage der vollständigen Prüfungsakten möglich erscheint.[172]

---

166 Hierzu *Niehues/Fischer/Jeremias*, Prüfungsrecht, Rn. 520 ff.; *Zimmerling/Brehm*, (Fn. 141), § 17; *Stolpmann/Teufer* (Fn. 1), S. 199 ff.; Jörn *Steike*, Akteneinsicht bei der Prüfungsanfechtung, NVwZ 2001, 868.

167 So für die Abiturprüfung etwa VG München, Urt. v. 26.1.2016 – M 3 K 132722 (juris), Rn. 27, wo auch festgestellt wird, dass der Prüfling keinen Anspruch auf die Fertigung von Kopien hat; ob die Behörde dies zulässt, liegt grundsätzlich in ihrem pflichtgemäßen Ermessen. Ebenso für juristische Prüfungen *Zimmerling/Brehm* (Fn. 141), S. 358 (365); a.A. *Steike* (Fn. 166), S. 868 (870 f.).

168 S. z.B. § 38 bln Verordnung über die gymnasiale Oberstufe oder § 88 rp Übergreifende Schulordnung.

169 Die § 29 VwVfG des Bundes entsprechende Vorschrift der Länder gilt überall auch für das Prüfungsverfahren (s. z.B. § 2 Abs. 3 Nr. 2 hess VwVfG). Das Akteneinsichtsrecht ist ausgeschlossen, wenn die Unterlagen „ihrem Wesen nach" geheim gehalten werden müssen (§ 29 Abs. 2 VwVfG; vgl. auch § 99 Abs. 1 Satz 2 VwGO). Demgemäß hat der VGH München, DVBl. 1997, 378 (379), entschieden, dass ein Anspruch auf Einsicht in die Prüfungsunterlagen, die als Testaufgaben wiederverwendet werden können, nicht besteht; kritisch hierzu *Steike* (Fn. 166), S. 868 (870),

170 Entgegen einer früheren Rspr. des Bundesverwaltungsgerichts gehören Prüfungsakten mittlerweile nicht mehr zu den „ihrem Wesen nach geheim zu haltenden" Unterlagen, vgl. mit Nachweisen zur älteren Rspr. BVerwGE 91, 262 (266 f.); OVG Lüneburg, NJW 1973, 638.

171 *Niehues/Fischer/Jeremias*, Prüfungsrecht, Rn. 192; s. auch Dieter *Kallerhoff*, in: Paul Stelkens/Heinz Joachim Bonk/Michael Sachs, Verwaltungsverfahrensgesetz – Kommentar, 9. Aufl., München 2018, § 29 Rn. 59.

172 BVerwGE 92, 132 (137).

20.6 Verwaltungsinterne Überprüfung der Leistungsbewertung

20.61 Allgemeines

Als Ausgleich für die eingeschränkte Kontrolle und Überprüfung von Leistungsbewertungen ist den betroffenen Schülern unter dem Gesichtspunkt des effektiven Grundrechtsschutzes die Möglichkeit einzuräumen, auf vermeintliche Irrtümer und Rechtsfehler rechtzeitig und wirkungsvoll hinzuweisen, um auf diese Weise ein „Überdenken" der Bewertung unter Berücksichtigung der vorgebrachten Einwände zu erreichen.[173] Diesen Anspruch, der zusätzlich zu dem Anspruch auf gerichtlichen Rechtsschutz besteht, hat das Bundesverwaltungsgericht in seinen Voraussetzungen und in den Modalitäten seiner Umsetzung wie folgt konkretisiert[174]:

Damit das *Verfahren des Überdenkens der Leistungsbewertung* seinen Zweck, effektiven Rechtsschutz zu sichern, erfüllen kann, muss zunächst gewährleistet sein, dass die Prüfer jedenfalls ihre Bewertungen von schriftlichen Prüfungsleistungen hinreichend begründen (dazu TZ 20.55). Ferner muss der Prüfling die Prüfungsakten mit den Protokollen der mündlichen Prüfung und den Korrekturbemerkungen zu den schriftlichen Arbeiten einsehen können (TZ 20.57); die von ihm erhobenen substantiierten Einwände müssen den beteiligten Prüfern zugeleitet werden. Letztere müssen sich schließlich mit den Einwänden des Prüflings auseinandersetzen und, soweit diese berechtigt sind, ihre Bewertung der betroffenen Prüfungsleistung korrigieren sowie alsdann auf dieser – möglicherweise geänderten – Grundlage erneut über das Prüfungsergebnis entscheiden. Diese für berufsbezogene Prüfungen entwickelten Grundsätze gelten mit Rücksicht auf die Rechtsschutzgarantie des Art. 19 Abs. 4 GG sinngemäß auch für schulische Leistungsbewertungen, die, wie Versetzungs- und Prüfungsentscheidungen, in das durch Art. 12 Abs. 1 GG geschützte Grundrecht der Schüler auf freie Wahl der Ausbildungsstätte eingreifen (vgl. TZ 20.11).[175]

20.62 Verwaltungsinterne Überprüfung im Rahmen des Widerspruchsverfahrens

Das Verfahren des Überdenkens der Leistungsbewertung muss so gestaltet sein, dass die Schüler rechtzeitig, also möglichst zeitnah, auf wesentliche Mängel hinweisen können. Das lässt sich in nicht wenigen Fällen bereits dadurch erreichen, dass die Lehrkräfte noch vor der endgültigen Festsetzung und Bekanntgabe der Noten den Schülern Gelegenheit zur Stellungnahme geben. Diese Vorgehensweise kommt vor allem bei der zum Schuljahresende zu erteilenden Zeugnisnote in Betracht.

Zur Überprüfung einer Leistungsbewertung, die, wie zum Beispiel ein Prüfungs- oder Versetzungszeugnis, als Verwaltungsakt ergeht, führt im Übrigen auch letztlich das *Wider-*

---

173 BVerfGE 84, 34 (45 f. und 48 f.). Um eine unzulässige Einflussnahme auf den Prüfer, die die Bewertung einer schriftlichen Arbeit „mit der Sanktionsnote ungenügend" rechtfertigt, soll es sich nach der Rspr. jedoch bereits dann handeln, wenn der Prüfungskandidat bei einem Gespräch mit dem Prüfer für die Beurteilung der schriftlichen Prüfungsleistung (auch) sachfremde und völlig unerhebliche Gesichtspunkte (etwa seine Biographie oder persönliche Lebensumstände) vorträgt, vgl. VGH Mannheim, NJW 2007, 2875; kritisch zu dieser Rspr. mit Blick auf die Grundrechte der Prüflinge Tobias *Linke*, Täuschungsversuch durch Kontaktaufnahme des Prüflings mit einem Prüfer im Widerspruchsverfahren?, NJW 2007, 2825.

174 Insb. BVerwGE 84, 34 (45 ff.), 91, 262 (266 ff.), 92, 132 (136 ff.); ferner BVerwG, NVwZ 2013, 83 (84).

175 S. auch BVerwG, DVBl. 1996, 1381 (1382). Danach gelten die Grundsätze der neueren Rspr. zur Nachprüfbarkeit berufseröffnender Prüfungen auch für die Kontrolle von Prüfungsaufgaben in einer Abiturarbeit.

spruchsverfahren (dazu TZ 26.2). Im Widerspruchsverfahren werden Rechtmäßigkeit und Zweckmäßigkeit des Verwaltungsakts nachgeprüft (§ 68 Abs. 1 Satz 1 VwGO). Dadurch ist die über den gerichtlichen Rechtsschutz hinausgehende Möglichkeit einer umfassenden verwaltungsinternen „Richtigkeitskontrolle" der Leistungsbewertung unter Einschluss der prüfungsspezifischen Wertungen eröffnet. Dabei muss grundsätzlich diejenige Lehrkraft die Schülerleistung erneut beurteilen, die die ursprüngliche Bewertung vorgenommen hat (dazu TZ 20.64). Die Schulaufsichtsbehörde als Widerspruchsbehörde darf deshalb die Bewertung der ursprünglichen Lehrkraft nicht durch die eigene Beurteilung ersetzen, also beispielsweise die Note von sich aus ändern. Was die prüfungsspezifischen Wertungen betrifft, stehen ihr keine weitergehenden Befugnisse zu als den Verwaltungsgerichten im gerichtlichen Verfahren.[176]

20.63 Hinweispflichten der Schüler

Der Anspruch der Schüler auf ein verwaltungsinternes Kontrollverfahren außerhalb des Widerspruchsverfahrens setzt voraus, dass sie auf vermeintliche Irrtümer und Rechtsfehler rechtzeitig und wirkungsvoll hinweisen.[177] Deshalb müssen alle Einwände konkret und nachvollziehbar begründet werden. Dazu genügt es nicht, dass sich die Schüler generell gegen eine bestimmte Bewertung ihrer Leistungen wenden und etwa pauschal eine zu strenge Korrektur bemängeln. Vielmehr muss konkret dargelegt werden, in welchen Punkten die Korrektur bestimmter Leistungen Bewertungsfehler aufweist, indem substantiierte Einwände gegen Korrekturbemerkungen und Bewertungen erhoben werden.[178] Wird geltend gemacht, dass eine als falsch bewertete Antwort in Wahrheit vertretbar sei und so in Schulbüchern oder der jeweiligen Fachliteratur auch vertreten werde, ist dies unter Hinweis auf entsprechende Literaturstellen näher darzulegen.[179]

20.64 Neubewertung der Schülerleistung durch die ursprünglichen Beurteiler

Der Grundsatz der Chancengleichheit gebietet es, dass grundsätzlich diejenige Lehrkraft die Schülerleistung erneut beurteilt, die die ursprüngliche Bewertung vorgenommen hat. Dadurch ist am ehesten gewährleistet, dass dieselben Maßstäbe, Vorstellungen und Erwägungen wie bei der Erstbenotung und wie bei den anderen Prüfungskandidaten zugrunde gelegt werden.[180] Aus dem Umstand allein, dass die Lehrkraft schon einmal

176 Zum Verhältnis von Schulleitung und Klassenkonferenz in diesem Zusammenhang vgl. § 1 Abs. 3 Satz 1 bw Versetzungsordnung Gymnasium, die nach Auffassung des VGH Mannheim, DVBl. 1993, 53, ausschließlich der Klassenkonferenz einen Einschätzungsspielraum bezüglich der vorübergehenden Natur eines Leistungsdefizits sowie einer positiven Leistungsprognose für die nächsthöhere Klasse einräumt. S. demgegenüber – aus der früheren verwaltungsgerichtlichen Rspr. – VGH Mannheim, NVwZ-RR 1989, 305: Der Schulleiter kann im Rahmen seiner Verantwortlichkeit für die Einhaltung der für die Notengebung allgemein geltenden Grundsätze dem Lehrer im Einzelfall eine Weisung für die Benotung einer Klassenarbeit erteilen und im Fall der Nichtausführung der Weisung die von dem Lehrer erteilte Note durch eine andere Note ersetzen.

177 Vgl. BVerfGE 84, 34 (48 f.). Ausführlich zu Hinweis- bzw. Rügepflichten, wenn auch fokussiert auf berufsbezogene Prüfungen *Birnbaum* (Fn. 141), S. 286.

178 OVG Münster, Beschl. v. 2.6.2008 – 19 B 609/08 (juris), Rn. 12. Auch im förmlichen Widerspruchsverfahren kann der Schüler es nicht damit bewenden lassen, die Leistungsbewertung nur pauschal zu beanstanden. Zwar muss die Behörde auch bei einem nicht mit einer Begründung versehenen Widerspruch der Sache von Amts wegen nachgehen; fehlen ihr aber Anhaltspunkte für den behaupteten Rechtsmangel, muss der Schüler die Nachteile in Kauf nehmen, die sich daraus ergeben, dass die vermeintliche Fehlerhaftigkeit der Leistungsbewertung nicht aufgeklärt werden kann.

179 BVerwGE 92, 132 (138).

180 Vgl. BVerwGE 91, 262 (273 f.), 92, 132 (137); BVerwG, DVBl. 1994, 1362 (1364); so auch OVG Münster, DVBl. 1994, 644 (647).

mit der Benotung der Arbeit befasst war, kann nicht der Schluss gezogen werden, sie sei nunmehr befangen. Befangenheit kann sich allerdings aus anderen Gründen ergeben, etwa dann, wenn sich ein Lehrer bereits endgültig auf die Beibehaltung der ursprünglichen Note festgelegt hat; in diesem Fall ist die Neubewertung durch eine andere Lehrkraft vorzunehmen.[181] Aus dem Gebot der Chancengleichheit im Prüfungsrecht folgt nicht, dass bei der Neukorrektur einer Prüfungsarbeit durch neue Prüfer die überholten Korrekturbemerkungen der ausgeschiedenen Prüfer aus der Prüfungsarbeit zu entfernen sind.[182]

20.65 Nachholen der verwaltungsinternen Kontrolle während des gerichtlichen Verfahrens

Ist nach erfolglos eingelegtem Widerspruch Klage erhoben worden, so ist es Sache des Gerichts, zu klären, ob dem Anspruch eines Schülers auf ein Überdenken der Bewertung im Widerspruchsverfahren hinreichend Rechnung getragen wurde. Stellt sich dabei heraus, dass die verwaltungsinterne Kontrolle, gerade auch im Hinblick auf die gerichtlich nicht nachprüfbaren (prüfungs-)spezifischen Wertungen, unterblieben oder nur sehr oberflächlich und vordergründig erfolgt ist[183], hebt das Gericht die mit der Klage angefochtene Bewertung nicht sogleich auf, sondern trägt vielmehr dafür Sorge, dass die verwaltungsinterne Kontrolle alsbald nachgeholt wird. Auf einen entsprechenden Antrag des Klägers hat es zu diesem Zweck das verwaltungsgerichtliche Verfahren auszusetzen (§ 94 Abs. 1 VwGO). Die Pflicht des Gerichts, die Streitsache mit den Beteiligten tatsächlich und rechtlich zu erörtern (§ 104 Abs. 1 VwGO) und darauf hinzuwirken, dass sachdienliche Anträge gestellt werden (§ 86 Abs. 3 VwGO), gebietet es, den Kläger auf seinen Anspruch auf Aussetzung des gerichtlichen Verfahrens hinzuweisen.[184]

---

181 BVerwG, DVBl. 1994, 1362 (1364); NVwZ 1993, 868 (688); *Niehues/Fischer/Jeremias*, Prüfungsrecht, Rn. 344.

182 BVerwG, NJW 2002, 1063. Anders hingegen das vorinstanzliche Urteil, dem zufolge durch die neuen Prüfer eine eigene Bewertung der Prüfungsarbeit ohne die Korrekturanmerkungen der ausgeschiedenen Prüfer anzufertigen ist, wenn und soweit dies ohne unverhältnismäßigen Aufwand möglich ist (OVG Münster, NVwZ-RR 2002, 193 [194 f.]); hierbei stützte sich das OVG wiederum auf eine vorangegangene Entscheidung des Bundesverwaltungsgerichts, in dem dieses bei Heranziehung neuer Prüfer noch „eine von Grund auf neue Gesamtbewertung“ gefordert hatte (BVerwG, NVwZ 1993, 686 [688]).

183 So etwa, wenn die Lehrkraft, die die frühere Bewertung vorgenommen hat, überhaupt nicht mit den substantiierten Einwänden des Schülers befasst worden ist oder diese pauschal und ohne Begründung beiseite geschoben hat.

184 Vgl. BVerwGE 92, 132 (146). Das Urteil betrifft die Bewertung von Klausuren in einer in Rheinland-Pfalz durchgeführten Ersten Juristischen Staatsprüfung. Nach damaligem Recht konnte gegen die Prüfungsentscheidung kein Widerspruch eingelegt werden. Das Bundesverwaltungsgericht kam zu dem Ergebnis, dass dem Prüfling gleichwohl von Verfassung wegen ein Anspruch auf ein eigenständiges verwaltungsinternes Kontrollverfahren zustand. Es hob das Urteil des Berufungsgerichts auf, weil dieses es unterlassen hatte, den Kläger auf die Möglichkeit der Aussetzung des gerichtlichen Verfahrens zum Zweck der Durchführung der verwaltungsinternen Kontrolle hinzuweisen. Das Gleiche muss gelten, wenn das Widerspruchsverfahren zwar gesetzlich vorgesehen und auch durchgeführt worden ist, bei seiner Handhabung aber kein „Überdenken“ der Leistungsbewertung stattgefunden hat. – Im Übrigen wird durch die Neubewertung der Prüfungsarbeiten aufgrund eines während des Rechtsstreits nachgeholten verwaltungsinternen Kontrollverfahrens der Anspruch des Klägers auf eine gerichtliche Überprüfung seiner Einwendungen gegen fachlich-wissenschaftliche Bewertungen nicht erfüllt, so dass die Hauptsache dadurch nicht erledigt ist; die fachlich-wissenschaftlichen Beanstandungen der Bewertung sind durch das Tatsachengericht auf ihre Erheblichkeit hin zu überprüfen (so BVerwG, NVwZ 1995, 788 [789]).

20.7. Folgen von Verfahrens- und Bewertungsfehlern

20.71 Erheblichkeit des Fehlers als Voraussetzung der Rechtswidrigkeit der Leistungsbewertung

Fehler im Verfahren der Leistungskontrolle oder bei der Leistungsbewertung haben nicht ohne weiteres zur Folge, dass die Schulaufsichtsbehörde bzw. das Gericht die Entscheidung als rechtswidrig aufheben. Derartige Mängel machen die Bewertung nur rechtsfehlerhaft, wenn sie sich auf das Ergebnis ausgewirkt haben können[185]; es muss also die nicht ganz entfernte Möglichkeit bestehen, dass der Mangel für das Ergebnis *ursächlich* war.[186] Leidet beispielsweise die Bewertung einer Klassenarbeit an einem Verfahrensfehler, weil die vorgeschriebene rechtzeitige Ankündigung unterblieben war, ist die Nichtversetzung des Schülers dennoch rechtmäßig, sofern er ohnehin aufgrund der übrigen Leistungen keinen Anspruch auf Versetzung gehabt hätte.

20.72 Erneute Durchführung der Leistungskontrolle bei Verfahrensfehlern

Hat sich ein Verfahrensfehler bei der Leistungskontrolle (z.B. Baulärm während der Abiturklausur) auf die Benotung ausgewirkt, führt dieser Mangel nicht zu einer Neubewertung der erbrachten Leistungen. Denn ein solcher Fehler lässt sich nicht durch eine nachträgliche Änderung des Bewertungsmaßstabs oder durch das Zugrundelegen fiktiver Leistungen ausgleichen. Vielmehr ist die Prüfung zu wiederholen.[187] Allerdings ist nicht die Prüfung insgesamt, sondern nur der von dem Verfahrensfehler betroffene Teil erneut durchzuführen. Es verstieße gegen das rechtsstaatliche Übermaßverbot, wenn ein Prüfungskandidat, der mit Erfolg die Beurteilung einer einzelnen Leistung rügt, auch diejenigen Prüfungsteile wiederholen müsste, die zu seinen Gunsten ausgegangen sind. Einer Neuauflage der gesamten Prüfung steht außerdem der Gesichtspunkt entgegen, dass die Schüler auf diesem Weg schlecht ausgefallene, aber rechtsfehlerfrei erteilte Noten verbessern könnten und dadurch eine mit dem Gebot der Chancengleichheit nicht zu vereinbarende zusätzliche Prüfungschance erhielten.[188] Andererseits gestattet der Grundsatz der Chancengleichheit nicht, im Wege der Neubewertung über eine Prüfungsleistung zu entscheiden, wenn eine verlässliche Entscheidungsgrundlage für die Beurteilung der Prüfung nicht mehr besteht, weil durch Zeitablauf das Erinnerungsvermögen der Prüfer an die Prüfungssituation verloren gegangen ist. In diesem Fall muss auch die verfahrensfehlerhaft oder inhaltlich fehlerhaft bewertete Prüfung in Teilen oder ganz wiederholt werden.[189]

20.73 Neubewertung der Leistung bei sonstigen Fehlern

Fehler, die die Bewertung einer schriftlichen Arbeit als solche betreffen, führen nicht zu einer Wiederholung der Leistungskontrolle, sondern zu einer erneuten Durchführung der

---

185 BVerfGE 84, 34 (55); *Niehues/Fischer/Jeremias*, Prüfungsrecht, Rn. 487 ff. Zur Erheblichkeit von Bewertungsfehlern auch BVerwGE 105, 328 (332 f.); BVerwG, NVwZ-RR 1994, 582 (583 f.).

186 BVerwGE 70, 143 (148): Es verstößt gegen das Rechtsstaatsprinzip und das Gebot, wirksamen Rechtsschutz zu gewährleisten, wenn dem Prüfling die (materielle) Beweislast dafür auferlegt wird, dass sich ein Bewertungsfehler des Prüfers auf das Prüfungsergebnis ausgewirkt hat.

187 BVerwGE 96, 126 (134 f.); 105, 328 (335); VGH Kassel, DÖV 2010, 367; speziell für die nicht erfolgte Einsetzung eines Fachausschusses für die mündliche Prüfung im Fach Deutsch s. OVG Bautzen, Beschl. v. 17.7.2013 – 2 B 310/17 (juris), Rn. 19; für objektiv ungeeignete Prüfungsaufgaben s. VG Berlin, Urt. v. 30.3.2011 – 3 A 218.08 (juris), Rn. 20.

188 VGH Mannheim, DÖV 1984, 814.

189 So VGH Mannheim, NVwZ-RR 2006, 255.

Bewertung unter Beachtung der Rechtsauffassung des Gerichts bzw. der Schulaufsichtsbehörde. Hierfür sind grundsätzlich die Lehrer bzw. Prüfer oder der Prüfungsausschuss zuständig, die die beanstandete Bewertung vorgenommen haben; nur dann, wenn der Einsatz der ursprünglichen Prüfer, zum Beispiel aus Gründen der Befangenheit, nicht zu einer rechtsfehlerfreien Bewertung führen kann, ist es geboten, andere Prüfer heranzuziehen (TZ 20.542).[190]

190 S. auch BVerwG, SPE 460 Nr. 7: Ist durch die Prüfungsordnung vorgeschrieben, dass Prüfungsarbeiten durch zwei Fachlehrer unabhängig voneinander zu bewerten sind, und wird die Prüfungsentscheidung aufgehoben, weil sich die mit der Beurteilung betrauten Gutachter vor Festsetzung der Note abgesprochen haben, so muss die erneute Bewertung der Leistung durch andere Lehrer vorgenommen werden.

21. Kapitel: Verhalten der Schülerinnen und Schüler

21.1 Allgemeine Verhaltenspflichten

21.11 Grundsätze

Die Schülerinnen und Schüler haben sich so zu verhalten, dass die Schule ihre Aufgabe erfüllen kann.[1] Nur wenn sie lernwillig sind und gewisse Spielregeln einhalten, sind ein erfolgreicher Unterricht und ein erträgliches Miteinander möglich. Vor dem Hintergrund der Pluralität von Religionen, Traditionen, Lebensstilen und Interessen, deren Artikulation, Vertretung und Verwirklichung in einer freien und demokratischen Gesellschaft nicht nur legitim, sondern erwünscht sind, zeigt es sich zunehmend als wichtig für ein friedliches und harmonisches Zusammenleben, dass gerade die Schule als ein Ort erfahren und erlebt wird, an welchem dem gesellschaftlichen Pluralismus mit Toleranz und Rücksicht Rechnung getragen wird. In den jeweiligen Schulgemeinschaften können dabei in diskursiven Prozessen gemeinsam erarbeitete Regeln für das schulische Zusammenleben, welche unter anderem in Bildungs- und Erziehungsvereinbarungen zwischen der Schule und den Schülerinnen und Schülern einmünden, einen eigenen pädagogischen Nutzen stiften und die Akzeptanz der Festlegungen fördern. Ob derartige Vereinbarungen als Verträge im Rechtssinn anzusehen sind oder nur moralisch-ethische Verpflichtungen begründen, ist streitig. Gegen ihre rechtliche Verbindlichkeit dürfte sprechen, dass die Beteiligten beim Abschluss der Vereinbarung von vornherein nicht beabsichtigen, die Einhaltung der eingegangenen Verpflichtungen mit rechtlichen Mitteln durchzusetzen (s. 1.311); im Einzelfall können diese Vereinbarungen aber die Grundlage für Erziehungsmaßnahmen (TZ 22.1) bilden und insoweit mittelbar rechtliche Wirkung entfalten.

Durch die Verpflichtung, im Unterricht mitzuwirken und sich der Ordnung der Schule einzufügen, wird die grundrechtlich verbürgte Entfaltungsfreiheit der Schülerinnen und Schüler (Art. 2 Abs. 1 GG – s. TZ 2.224) nicht unverhältnismäßig beeinträchtigt. Denn hierbei handelt es sich nicht um eine „Ellbogenfreiheit“, sondern um eine Freiheit, die nur so lange gewährleistet ist, als der Schüler sich nicht über die Rechte anderer, insbesondere der Mitschüler sowie der Lehrkräfte, hinwegsetzt[2] oder gegen die verfassungsmäßige Ordnung verstößt, zu der auch die gesetzlichen Vorschriften über den Bildungs- und Erziehungsauftrag der Schule gehören. Die Eltern, die ihrerseits dazu beitragen müssen, dass die Schule ihre Aufgabe wahrnehmen kann, haben dafür Sorge zu tragen, dass die Schüler ihre schulischen Pflichten erfüllen.[3]

---

1 Z.B. Art. 56 Abs. 4 Satz 1 BayEUG; § 44 Abs. 3 Satz 4 BbgSchulG; § 46 Abs. 2 Satz 3 bln SchulG; § 69 Abs. 4 Satz 2 HSchG; § 53 Abs. 2 Satz 2 SchulG M-V;,§ 42 Abs. 3 Satz 1 und 3 nrw SchulG; § 30 Abs. 4 saarl SchoG, § 14 Abs. 1 Satz 1 saarl ASchO; § 17 Abs. 1 sh SchulG; § 30 Abs. 3 ThürSchulG. S. hierzu auch die Erklärung der KMK vom 25.5.1973 „Zur Stellung des Schülers in der Schule“ (KMK-BeschlS. Nr. 824).

2 Diese Einschränkung zeigt sich in der Systematik des Art. 2 Abs. 1 GG selbst: Jeder hat nur soweit das Recht auf die freie Entfaltung seiner Persönlichkeit, wie er nicht die Rechte anderer verletzt und nicht gegen die verfassungsmäßige Ordnung oder das Sittengesetz verstößt. S. hierzu nur BVerfGE 6, 32; 80,137.

3 Z.B. § 85 Abs. 1 bw SchG, Art. 76 Satz 1 BayEUG, § 44 Satz 1 bln SchulG, § 41 Abs. 1 BbgSchulG, §§ 67 Abs. 1, 69 Abs. 4 Satz 3 Halbsatz 1 HSchG, § 71 Abs. 1 Satz 1 NSchG, § 42 Abs. 4 Satz 2 nrw SchulG, § 65 Abs. 1 i.V.m. § 64 rp SchulG, § 31 Abs. 1 sächs SchulG, § 43 Abs. 1 Satz 4 SchulG LSA, § 26 Abs. 1 Nr. 1 sh SchulG, § 23 Abs. 3 ThürSchulG.

21.12 Teilnahme am Unterricht

Teilnahme am Unterricht bedeutet aktive Mitarbeit, wozu auch die Mitwirkung an Klassenarbeiten und anderen Leistungskontrollen gehört (vgl. TZ 19.121). Die Folgen einer *Leistungsverweigerung* treffen den Schüler unmittelbar, da die verweigerte Leistung mit den entsprechenden Folgen für das Zeugnis, die Versetzung oder die Abschlussbewertung als „ungenügend“ benotet wird (TZ 20.212). Die Eltern sind in diesem Fall zu benachrichtigen (zur Information der Eltern volljähriger Schüler s. TZ 16.223). Sofern die Leistungsverweigerung den Lernerfolg der übrigen Schülerinnen und Schüler gefährdet, kommen schulische Ordnungsmaßnahmen (TZ 22.2) in Betracht. Zur Verpflichtung der Schüler und Eltern, an statistischen und sonstigen Erhebungen sowie an wissenschaftlichen Untersuchungen und Tests mitzuwirken vgl. TZ 19.331. Zu den datenschutzrechtlichen Regelungen bei wissenschaftlichen Untersuchungen und Tests vgl. TZ 24.231.

21.13 Aufenthalt auf dem Schulgrundstück

Während der Unterrichtszeit dürfen die Schülerinnen und Schüler das Schulgrundstück nur mit Genehmigung einer Lehrkraft verlassen; dies gilt auch für die Pausen und Freistunden. Nur so ist die Schule imstande, ihre *Aufsichtspflicht* (TZ 29.22) wahrzunehmen. Hingegen bleibt es den Schülerinnen und Schülern der Jahrgangsstufen 10 bis 13 im Allgemeinen freigestellt, sich in den großen Pausen und in den Freistunden auch ohne besondere Erlaubnis vom Schulgelände zu entfernen (dazu TZ 29.222).[4]

21.14 Hausordnung, Weisungen des Schulpersonals, Sozialverhalten der Schülerinnen und Schüler

21.141 Die Schüler haben die *Hausordnung* (TZ 12.213) einzuhalten sowie die im Unterricht oder zur Aufrechterhaltung der Ordnung des Schulbetriebs notwendigen Weisungen der Schulleitung, *der* Lehrkräfte oder anderer dazu befugter Personen zu befolgen.[5] Das gilt etwa für die Sitzordnung in der Klasse, für das Öffnen und Schließen der Fenster und Türen des Klassenzimmers, das Reinigen der Tafel, die Benutzung der Garderobe, das Verhalten auf dem Schulhof oder das Abstellen von Fahrrädern und Rollern.[6] Besondere Bedeutung kommt solchen Anordnungen zu, die dem *Schutz vor Unfällen* (z.B. im Sportunterricht) oder der *Bewahrung der Gesundheit* dienen (s. dazu auch TZ 25.2).

21.142 Wenn es in einer Schule pädagogisch sinnvoll erscheint, unter Beteiligung der Eltern und der Schüler spezielle *Sprachregelungen* zu treffen, etwa die, dass sich alle Mitglieder der Schulgemeinschaft auch außerhalb des Unterrichts verpflichten, Unterhaltungen auf dem Schulgelände ausschließlich auf Deutsch zu führen, begegnet dies keinen verfassungsrechtlichen Bedenken.[7]

21.143 Das *Rauchen* in den Schulgebäuden und auf den Schulgrundstücken ist nicht nur den Schülern, sondern auch den Lehrkräften[8] untersagt. Spätestens mit der Einführung der allgemeinen Rauchverbote der Länder wie des Bundes besteht ein lückenloses Rauch-

4 Vgl. § 62 Abs. 1 Satz 2 NSchG, § 14 Abs. 4 Satz 2 saarl ASchO.

5 Explizit bspw. § 69 Abs. 4 Satz 2 HSchG, § 42 Abs. 3 Satz 3 nrw SchulG, § 14 Abs. 2 saarl ASchO, § 17 Abs. 1 sh SchulG. Diese Pflicht der Schüler ergibt sich ebenfalls aus den schulischen Generalklauseln etwa in § 23 Abs. 2 bw SchG, Art. 56 Abs. 4 Satz 1 BayEUG, § 46 Abs. 2 Satz 3 bln SchulG, § 44 Abs. 3 Satz 4 BbgSchulG, § 32 Abs. 2 sächs SchulG, § 30 Abs. 3 ThürSchulG.

6 *Rux/Niehues*, Schulrecht, Rn. 397.

7 So auch *Rux/Niehues*, Schulrecht, Rn. 411 f.

8 Zur Verfassungsmäßigkeit des Rauchverbotes für verbeamtete Lehrerinnen und Lehrer vgl. VerfGH RP, NVwZ-RR 2009, 89; OVG Berlin-Brandenburg, LKV 2012, 415 (415 ff.).

verbot in öffentlichen Gebäuden.[9] Die Länder haben die *Rauchverbote* über unterschiedliche Regelungsformen verankert: Einige Länder haben die Rauchverbote in den Schulen in ihren allgemeinen Nichtraucherschutzgesetzen[10] geregelt, andere hingegen in den Schulgesetzen selbst[11]; teilweise werden die Regelungen speziell für Schulen zudem in Verwaltungsvorschriften[12] konkretisiert, etwa im Hinblick auf die Entwicklung schulischer Präventionskonzepte oder den Gebrauch von E-Zigaretten bzw. sog. Shishas.[13] Verstöße von Schülerinnen und Schülern gegen das Rauchverbot können mit Ordnungsmaßnahmen (TZ 22.22)[14], Verstöße von Lehrkräften mit disziplinar- oder arbeitsrechtlichen Maßnahmen (TZ 29.33 und 29.34) geahndet werden.

Damit ist es den einzelnen Schulen nicht mehr gestattet, Schülerinnen und Schülern der Sekundarstufe II oder Lehrerinnen und Lehrern, die auf das Rauchen in der Schule nicht verzichten möchten, in gewissen Grenzen Zugeständnisse zu machen, z.B. durch Bereitstellung eines Raucherzimmers[15] oder einer Raucherecke.[16] Dieses allgemeine Rauchverbot gilt auch bei schulischen Veranstaltungen außerhalb der Schule. Soweit die Nichtraucherschutzgesetze bzw. die Schulgesetze Ausnahmen zulassen[17], sind aber die Regelungen des Jugendschutzgesetzes zu beachten, wonach Jugendlichen unter 18 Jahren das Rauchen in der Öffentlichkeit nicht gestattet werden darf.[18] Wenn die spezielleren gesetzlichen Rege-

---

9 Vgl. dazu auch Punkt 4 der Empfehlung des Rates der Europäischen Union vom 2.12.2002 zur Prävention des Rauchens und für Maßnahmen zur gezielteren Eindämmung des Tabakkonsums, ABl. L 22 vom 25.1.2003, S. 31, wonach den Mitgliedstaaten empfohlen wird, Rechtsvorschriften und/oder sonstige wirksame Maßnahmen einzuführen, die einen Schutz am Arbeitsplatz, in öffentlichen Einrichtungen und öffentlichen Verkehrsmitteln vor den mit dem Passivrauchen verbundenen Gesundheitsrisiken gewährleisten. Besonderes Augenmerk soll dabei Bildungs- und Gesundheitseinrichtungen sowie Einrichtungen gelten, die Dienstleistungen für Kinder anbieten.

10 So in Baden-Württemberg, Bayern, Hamburg, Mecklenburg-Vorpommern, Niedersachsen, Nordrhein-Westfalen, Rheinland-Pfalz, Sachsen und Sachsen-Anhalt.

11 § 52 Abs. 4 bln SchulG, § 4 Abs. 3 Satz 3 BgbSchulG, § 3 Abs. 9 Satz 3 HSchG, § 4 Abs. 10 Satz 2 sh SchulG, § 47 Abs. 2 Satz 1 ThürSchulG.

12 Vgl. z.B. Nr. 4 Abs. 6 bw VV Prävention und Gesundheitsförderung in der Schule vom 10.12.2014, K.u.U. 2000, S. 33; bln Rundschreiben I Nr. 80/2004 vom 14.6.2004; m-v VV Gesundheitserziehung, Sucht- und Gewaltprävention an den Schulen des Landes Mecklenburg-Vorpommern vom 20.11.2007 (Mittl.bl. BM M-V S. 582 ff.); nds RdErl. Rauchen und Konsum alkoholischer Getränke in der Schule vom 7.12.2012 34-82 114/5–; VV des Sächsischen Staatsministeriums für Kultus zur Suchtprävention in Schulen des Freistaates Sachsen vom 28.10.1993 (MBl.SMK S. 409), zuletzt enthalten in der VV vom 11.12.2017 (SächsABl. S. 409).

13 Zur Erstreckung des Rauchverbotes in Schulen auch auf E-Zigaretten s. VG Gießen, NVwZ-RR 2013, 643.

14 So explizit etwa § 93 Abs. 1 Halbsatz 2 i.V.m. § 95 rp Übergreifende Schulordnung: Verstöße von Schülerinnen und Schülern gegen das durch das Nichtraucherschutzgesetz Rheinland-Pfalz normierte Rauchverbot sind Verstöße gegen die Ordnung in der Schule i.S.d. § 95; s. auch Nr. 2 LSA Runderlass zum Alkoholverbot an Schulen und bei schulischen Veranstaltungen vom 14.08.2009 (SVBl. LSA S. 194): Ein Verstoß gegen das Alkoholverbot ist in der jeweils gebotenen Form zu ahnden.

15 S. hierzu VerfGH RP, NVwZ-RR 2009, 89 (90 f.); OVG Berlin-Brandenburg, LKV 2012, 415.

16 Davon ausgenommen sind allerdings die Wohnräume des Hausmeisters, vgl. z.B. § 5 Abs. 1 Nr. 1 Bayerisches Gesetz zum Schutz der Gesundheit (Gesundheitsschutzgesetz – GSG) vom 23.7.2010 (GVBl. S. 314); § 93 Abs. 1 Halbsatz 1 rp rp Schulordnung für die öffentlichen Realschulen plus, Integrierten Gesamtschulen, Gymnasien, Kollegs und Abendgymnasien (Übergreifende Schulordnung) vom 12.6.2009 (GVBl. S. 224), zul.g.d. Artikel 1 der Verordnung vom 3.6.2013 (GVBl. S. 257) i.V.m. § 5 Abs. 1 Satz 2 Nichtraucherschutzgesetz Rheinland-Pfalz vom 5.10.2007 (GVBl. S. 188), zul.g.d. Artikel 1 des Gesetzes vom 26.5.2009 (GVBl. S. 205); § 47 Abs. 2 Satz 2 ThürSchulG.

17 Die Leitung von Schülerheimen kann bspw. in Rheinland-Pfalz gemäß § 5 Abs. 2 i.V.m. § 2 Abs. 2 Satz 2 Nichtraucherschutzgesetz volljährigen Schülerinnen und Schülern das Rauchen in besonderen Räumen oder sonstigen abgegrenzten Bereichen erlauben, soweit Vorkehrungen getroffen werden, die eine Passivrauchbelastung Dritter so weit wie möglich ausschließen.

18 Gemäß § 10 Abs. 1 Jugendschutzgesetz vom 23.7.2002 (BGBl. I S. 2730), zul.g.d. Artikel 11 des Gesetzes vom 10.3.2017 (BGBl. I S. 420).

lungen dies nicht ohnehin vorsehen[19], müssen die verantwortlichen Lehrkräfte auch bei schulischen Veranstaltungen außerhalb der Schule das Rauchen von Schülern unter 18 Jahren unterbinden.

21.144 Der Verkauf, der Ausschank und der Genuss *alkoholischer Getränke* ist innerhalb des Schulgeländes grundsätzlich untersagt.[20] Über Ausnahmen können je nach Bundesland die Schulleitungen, die Schulträger oder die Schulkonferenzen unter verschiedenen Voraussetzungen entscheiden[21], wobei in einigen Ländern[22] Ausnahmen für hochprozentigen Alkohol explizit ausgeschlossen sind.

21.145 Jeglicher Besitz, Handel und Genuss von *Drogen*[23] ist innerhalb wie auch außerhalb der Schule ohne Ausnahme verboten.[24] Verstöße gegen das *Betäubungsmittelgesetz* werden nicht nur strafrechtlich verfolgt, sondern können auch von den Schulen mit Ordnungsmaßnahmen (TZ 22.2) geahndet werden.[25] Vor jedem repressiven Handeln muss jedoch die Drogenprävention stehen, die sich schon aus dem pädagogischen Auftrag der Schule und den allgemeinen Bildungs- und Erziehungszielen ergibt. Der gemeinsame Erziehungsauftrag von Schule und Elternhaus erfordert hier eine enge und vertrauensvolle Zusammenarbeit von Lehrkräften und Eltern. Wenn bekannt wird, dass Schüler Rauschmittel erwerben, zu sich nehmen oder damit handeln, müssen Schulleitung und Lehrkräfte in einem auf den Einzelfall abstellenden Abwägungsprozess entscheiden, inwieweit die Förderung, Beratung und Hilfe der gefährdeten Schüler oder schulordnungsrechtliche

19 So etwa ausdrücklich § 4 Abs. 3 Satz 3 BgbSchulG; § 3 Abs. 1 Satz 3 i.V.m. § 2 Nr. 3a des Gesetzes zum Schutz von Nichtraucherinnen und Nichtrauchern in Nordrhein-Westfalen (Nichtraucherschutzgesetz NRW – NiSchG NRW) vom 20.12.2007 (GV. NRW. S. 742), zul.g.d. Artikel 1 des Gesetzes vom 4.12.2012 (GV. NRW. S. 635); § 4 Abs. 10 Satz 2 sh SchulG.

20 § 31 Abs. 3 Satz 2 HmbSG; Nr. 1 nds. Runderlass Rauchen und Konsum alkoholischer Getränke in der Schule vom 7.12.2012 – 34-82 114/5 (SVBl. 2013 S. 30); § 54 Abs. 5 Satz 1 nrw SchulG; § 93 Abs. 2 Satz 1 rp Übergreifende Schulordnung; § 14 Abs. 6 Satz 1 saarl ASchO; Nr. 1 Satz 1 und 2 LSA Runderlass zum Alkoholverbot an Schulen und bei schulischen Veranstaltungen vom 14.8.2009 – 21.3-8300 (SVBl. LSA S. 194); § 4 Abs. 10 Satz 2 sh SchulG; § 51 Abs. 6 Satz 1 ThürSchulG.

21 Vgl. etwa § 31 Abs. 3 Satz 4 HmbSG; § 54 Abs. 5 Satz 2 nrw SchulG; § 93 Abs. 2 Satz 2 rp Übergreifende Schulordnung; § 14 Abs. 6 Satz 2 saarl ASchO; § 4 Abs. 10 Satz 3 und 4 sh SchulG; Nr. 4 nds. Runderlass Rauchen und Konsum alkoholischer Getränke in der Schule; Nr. 1 Satz 3 LSA Runderlass zum Alkoholverbot an Schulen und bei schulischen Veranstaltungen.

22 Bspw. in Nordrhein-Westfalen (§ 54 Abs. 5 Satz 1 und 2 nrw SchulG) und im Saarland (§ 14 Abs. 6 Satz 2 a.E. saarl ASchO).

23 Diejenigen Drogen, deren Anbau, Herstellung, Besitz, Handel, Verkauf, Abgabe usw. in Deutschland verboten ist (sog. illegale Drogen) sind in den Anlagen I bis III des Gesetzes über den Verkehr mit Betäubungsmitteln (Betäubungsmittelgesetz) vom 1.3.1994 (BGBl. I S. 358), zul.g.d. Artikel 1 der Verordnung vom 16.6.2017 (BGBl. I S. 1670), aufgeführt.

24 Dies ergibt sich bereits aus den §§ 3 ff. und 29 ff. Betäubungsmittelgesetz, wird in den schulrechtlichen Regelungen einiger Länder aber nochmals statuiert, vgl. etwa § 31 Abs. 3 Satz 2 HmbSG, § 14 Abs. 6 Satz 1 saarl ASchO, § 51 Abs. 6 Satz 1 ThürSchulG. § 54 Abs. 5 Satz 3 nrw SchulG erwähnt Rauschmittel indirekt, indem festgestellt wird, dass ausnahmsweise die Zulassung des Konsums in der Schule nicht nur bei „branntweinhaltigen Getränken", sondern auch bei „sonstigen Rauschmitteln" ausgeschlossen ist.

25 So überwiegt etwa das öffentliche Interesse an der sofortigen Vollziehung des Ausschlusses von der Schule bereits dann, wenn ein Schüler während einer Klassenfahrt nach Amsterdam einen Haschischjoint beschafft, diesen in Anwesenheit anderer Schülerinnen und Schüler raucht und darüber hinaus dazu beiträgt, dass im Umfeld der Schule Kontakte zur Drogenszene hergestellt bzw. aufrechterhalten werden können, vgl. OVG Koblenz, NJW 1996, 1690. Selbst der Handel mit den erst durch das 2016 verabschiedete Neue-psychoaktive-Stoffe-Gesetz vom 21.11.2016 (BGBl. S. 2615), zul.g.d. Artikel 6 Abs. 8 des Gesetzes vom 13.4.2017 (BGBl. I S. 872), verbotenen „Legal Highs" und der dadurch erweckte Anschein, es werde im schulischen Umfeld mit illegalen Drogen gehandelt, rechtfertigt nach dem OVG Koblenz, NVwZ-RR 2013, 963, den Ausschluss von der Schule ohne eine vorherige Androhung.

oder auch strafrechtliche Maßnahmen[26] – nicht zuletzt zum Schutz der Mitschüler – vordringlich geboten sind.

Dabei ist zu berücksichtigen, dass für ein Zusammenwirken von Schule und Elternhaus bei der gemeinsamen Erziehung des Kindes ein offenes gegenseitiges Vertrauensverhältnis unabdingbar ist. Die Eltern haben daher grundsätzlich auch das Recht, von den *Drogenberatungslehrern* über deren Erkenntnisse informiert zu werden. Das Bundesverfassungsgericht hat jedoch eine gesetzlich angeordnete *Schweigepflicht* dieser Lehrkräfte gegenüber den Erziehungsberechtigten der betroffenen Minderjährigen dann für verfassungsgemäß erklärt, wenn in besonders gelagerten Fällen eine Information der Eltern zu Reaktionen führen würde, welche im Interesse des Kindeswohls nicht zu verantworten sind. Es seien – so das Bundesverfassungsgericht – Fälle von Alkohol- und Drogensucht denkbar, in denen die Einschaltung der Eltern den Heilerfolg möglicherweise beeinträchtigt. Hier könne es im Interesse des Kindes geboten sein, dass der Beratungslehrer auch den Eltern gegenüber schweigt, um den Heilerfolg nicht zu gefährden und das Vertrauensverhältnis zwischen ihm und dem Kind nicht in Frage zu stellen.[27] Zur Schweigepflicht von Schülerberatern s. TZ 19.53.

21.146 *Aggressives und gewalttätiges Verhalten* in den Schulen äußert sich in Vandalismus[28], Mobbing und Erpressung gegenüber schwächeren Mitschülerinnen und Mitschülern, Bedrohungen mit Waffen und anderen Verhaltensweisen.[29] Auch hier kommt die Schule oft nicht umhin, Ordnungsmaßnahmen zu ergreifen (TZ 22.2); nötigenfalls muss die Schulleitung auch die Polizei einschalten (TZ 22.4). Mit schul- oder strafrechtlichen Sanktionen allein lässt sich indes das Gewaltphänomen nicht aus der Welt schaffen. Sehr viel hängt vom Klassen- und Schulklima ab, insbesondere vom Verhalten der Lehrkräfte gegenüber den Schülern.

Häufig liegen die Ursachen der Gewalt außerhalb des schulischen Einflussbereichs.[30] Deshalb sollte die Schule auch hier das Gespräch mit den Eltern suchen. Vor allem die Zusammenarbeit mit den örtlichen Vereinen, dem Jugendamt oder auch mit der Polizei kann dazu

26 Der Umgang mit Drogen ist nach § 29 Betäubungsmittelgesetz strafbar und damit rechtswidrig. Allerdings kann die Staatsanwaltschaft gemäß § 31a des Gesetzes bei geringer Schuld des Täters und bei Fehlen eines öffentlichen Interesses an der Strafverfolgung von der Verfolgung absehen, wenn der Täter die Drogen ausschließlich für den Eigenverbrauch in geringer Menge beschafft oder besitzt. Was den Umgang mit Haschisch (Cannabis) betrifft, sind diese Voraussetzungen nach Auffassung des BVerfG beim gelegentlichen Eigenverbrauch ohne Fremdgefährdung in aller Regel erfüllt, so dass die Staatsanwaltschaften von der Strafverfolgung abzulassen haben. Der Verzicht auf die Strafverfolgung ändert indes nichts daran, dass die Handlung rechtswidrig bleibt. Im Übrigen weist auch das Bundesverfassungsgericht ausdrücklich darauf hin, dass die Tat weiterhin als Straftat verfolgt werden kann, wenn sie eine Fremdgefährdung verursacht, etwa weil sie in Schulen, Jugendheimen o.ä. stattfindet (BVerfGE 90, 145 [190]).

27 Vgl. BVerfGE 59, 360; kritisch zu dieser Entscheidung Christian *Starck*, Anmerkung, JZ 1982, 329 (329 f.); zust. hingegen Ursula *Fehnemann*, Artikel 6 des Grundgesetzes und das Schulrecht, speziell das Bremische Schulverwaltungsgesetz, FamRZ 1982, 753.

28 So kann das wiederholte Anbringen von Graffiti an der eigenen Schule die Überweisung an eine andere Schule (vgl. OVG Lüneburg, NVwZ-RR 2007, 529) oder den Ausschluss von einer Kursfahrt (VG Berlin, Beschluss vom 1.12.2017, Az.: 3 L 1317.17 [juris], Rn. 12) rechtfertigen.

29 Das Thema „Gewalt in der Schule" beschäftigt insbesondere die Sozial- und Erziehungswissenschaft in steigendem Maße und findet nicht zuletzt in den Medien immer wieder Aufmerksamkeit. Aus der umfangreichen Literatur seien nur erwähnt: Dirk *Baier* u.a., Gewalt an Schulen. Fakten, Theorien, Praxiskonzepte, München 2016; Wilfried *Schubarth*, Gewalt und Mobbing an Schulen. Möglichkeiten der Prävention und Intervention, 2. Aufl., Stuttgart 2013; speziell zum Mobbing in der Schule Karl *Gebauer*, Mobbing in der Schule, 2. Aufl., Weinheim 2009; Wolfgang *Kindler*, Schnelles Eingreifen bei Mobbing. Strategien für die Praxis, Mülheim a.d.R. 2009.

30 Zur außerschulischen Gewaltanwendung als Voraussetzung für Ordnungsmaßnahmen s. TZ 22.243.

beitragen, dem Entstehen von Gewalt vorzubeugen.[31] Zur Öffnung der Schule gegenüber außerschulischen Einrichtungen s. TZ 19.25.

Bei dem Verdacht auf Amokläufe oder bei Bombendrohungen ist unverzüglich die Polizei zu informieren und ihr die weitere Bewertung der Situation zu überlassen.[32]

21.147 Das *Mitbringen und Mitführen gefährlicher Gegenstände* (z.B. Waffen) ist *in den* Schulen und *auf schulischen Veranstaltungen* unzulässig.[33] Als Waffen gelten alle Gegenstände, die in den Anlagen zum Waffengesetz (WaffG)[34] aufgeführt werden. Dazu gehören etwa Butterflymesser, Stahlruten, Totschläger, Schlagringe oder auch Reizgas.[35] Bremen und Hamburg gehen darüber hinaus und verbieten das Mitführen von Waffen an Schulen unabhängig von den im Waffengesetz geregelten Einzelerlaubnissen oder von dortigen Regelungen, nach denen der Umgang erlaubnisfrei ist.[36] Die Lehrkräfte sind befugt, dem Schüler diese Gegenstände wegzunehmen und sie so lange aufzubewahren, bis keine Stö-

31 Die Schulaufsichtsbehörden haben zum Thema Gewalt an den Schulen mittlerweile Vorgaben und Handreichungen herausgegeben. Vgl. z.B. für Brandenburg: Hinsehen – Handeln – Helfen. Angst- und gewaltfrei leben und lernen in der Schule, Rundschreiben 16/17 vom 1.12.2017 (ABl. I S. 432 ff.); Bremen: Ergänzende Richtlinien für die Schulen der Stadtgemeinde Bremen zum Verbot der sexuellen Diskriminierung und Gewalt gegenüber Kindern und Jugendlichen vom 09.1.2006 (SBl. 740.02), nunmehr neugefasst und umbenannt in „Ergänzende Richtlinien für die Schulen der Stadtgemeinde Bremen zum Verbot der sexuellen Belästigung und Gewalt gegenüber Kindern und Jugendlichen" (Informationsschreiben der Senatorin für Bildung und Wissenschaft vom 8.3.2013); Hamburg: Richtlinie zur Meldung und Bearbeitung von Gewaltvorfällen in Schulen vom 22.7.2009 (MBl S. 71); Mecklenburg-Vorpommern: VV Gesundheitserziehung, Sucht- und Gewaltprävention an den Schulen des Landes Mecklenburg-Vorpommern vom 20.11.2007 (Mittlbl. S. 582 ff.); Niedersachsen: Zusammenarbeit zwischen Schule, Polizei und Staatsanwaltschaft, Gem. RdErl. vom 30.9.2003 (MBl. S. 675), Sicherheits- und Gewaltpräventionsmaßnahmen in Schulen in Zusammenarbeit mit Polizei und Staatsanwaltschaft vom 1.6.2016 (MBl. S. 648); Nordrhein-Westfalen: Netzwerke gegen Gewalt an Schulen und im schulischen Umfeld; Einrichtung von Arbeitsgemeinschaften bei den Kreisen und kreisfreien Städten. Gem. RdErl. vom 16.2.1994 (GABl. I 994, S. 38), Zusammenarbeit bei der Verhütung und Bekämpfung von Jugendkriminalität, Gem. RdErl. vom 22.8.2014 (MBl. S. 493).

32 Vgl. dazu etwa Baden-Württemberg: Gemeinsame Verwaltungsvorschrift des Kultusministeriums, des Innenministeriums und des Umweltministeriums über das Verhalten an Schulen bei Gewaltvorfällen und Schadensereignissen (VwV Gewaltvorfälle, Schadensereignisse an Schulen – VerhaltensVwV) vom 15.2.2012 (GABl. S. 194); Hamburg: Richtlinie zur Bearbeitung und Meldung von Gewaltvorfällen in Schulen, Stand: August 2015; Niedersachsen: Zusammenarbeit zwischen Schule, Polizei und Staatsanwaltschaft, Gem. RdErl. vom 30.9.2003 (MBl. S. 675), Sicherheits- und Gewaltpräventionsmaßnahmen in Schulen in Zusammenarbeit mit Polizei und Staatsanwaltschaft vom 1.6.2016 (MBl. S. 648).

33 Explizit finden sich solche Formulierungen etwa in § 4 Abs. 7 und 8 BremSchulG, § 31 Abs. 3 Satz 2 HmbSG. Sie lassen sich aber durchaus auch auf die schulgesetzlichen Generalklauseln wie z.B. in § 46 Abs. 2 Satz 3 bln SchulG i.V.m. der Schulordnung stützen, wonach die Schüler Vorgaben, die dazu bestimmt sind, das Bildungs- und Erziehungsziel der Schule zu erreichen und die Ordnung in der Schule zu gewährleisten, einhalten müssen. Ähnlich § 23 Abs. 2 bw SchG, Art. 56 Abs. 4 Satz 1 BayEUG, § 44 Abs. 3 Satz 4 BbgSchulG, § 32 Abs. 2 sächs SchulG, § 30 Abs. 3 ThürSchulG.

34 WaffG vom 11.10.2002 (BGBl. I S. 3970, 4592, 2003 I S. 1957), zul.g.d. Artikel 1 des Gesetzes vom 30.6.2017 (BGBl. I S. 2133).

35 Der alleinige *Besitz* solcher Waffen ist – ohne den dazugehörigen sog. *Kleinen Waffenschein* (§ 10 Abs. 4 Satz 4 WaffG i.V.m. Anlage 2 Abschnitt 2 Unterabschnitt 3 Nr. 2 und 2.1.) – verboten und wird strafrechtlich verfolgt (§§ 51 f. WaffG).

36 S. § 4 Abs. 7 BremSchulG; § 31 Abs. 3 Satz 2 und 3 HmbSG. Zudem kann in Bremen durch Rechtsverordnung festgelegt werden, dass das Mitführen gefährlicher Gegenstände, die ihrer Art und den Umständen nach als Angriffs- oder Verteidigungsmittel mitgeführt werden, an Schulen und *deren unmittelbarem räumlichen Umfeld* und auf schulischen Veranstaltungen verboten ist (§ 4 Abs. 8 BremSchulG); hiervon wurde mit Erlass der Verordnung über das Verbot des Führens von gefährlichen Gegenständen in Schulen vom 29.6.2010 (Brem.GBl. S. 427), zul.g.d. durch Geschäftsverteilung des Senats vom 2.8.2016 (Brem.GBl. S. 434), Gebrauch gemacht.

rung mehr zu befürchten ist[37]; sie dürfen diese jedoch nicht behalten, da sie weiterhin Eigentum des Schülers sind. Wenn die Rückgabe an den Schüler nach Ablauf der Stunde oder des Schultages untunlich ist, müssen die Gegenstände den Eltern zur Abholung zur Verfügung gestellt werden. Erscheint auch dieser Weg unzweckmäßig (z.B. bei einer Waffe), kann sich die Schule des Gegenstands durch Ablieferung an die Polizei entledigen.

21.148. Auch *Gegenstände,* die den Unterricht *oder* die Ordnung der Schule stören oder offensichtlich stören könnten, kann die Lehrkraft wegnehmen und einbehalten.[38] Dies gilt auch für *Smartphones,* wenn der Unterricht durch ihre *Benutzung* gestört wird. Eine ausdrückliche Regelung hierzu gilt in Bayern, wo im Schulgebäude und auf dem Schulgelände Mobilfunktelefone und sonstige digitale Speichermedien, die nicht zu Unterrichtszwecken verwendet werden, grundsätzlich auszuschalten sind und bei Zuwiderhandlungen vorübergehend einbehalten werden können.[39]

Kommt es in Zusammenhang mit der Benutzung von Smartphones oder Digitalkameras zu schweren Verfehlungen oder gar zu Straftaten, kann die Schule über die Wegnahme dieser Geräte hinaus Ordnungsmaßnahmen verhängen. So etwa, wenn sich auf Handys verbotene Inhalte befinden, beispielsweise verfassungswidrige Inhalte, Gewaltdarstellungen oder Pornographie (hierzu TZ 22.243). Solche Handlungen sind zudem strafbar[40] und können, wenn die Schüler über vierzehn Jahre alt sind (§ 19 StGB), auch strafrechtlich verfolgt werden. Ähnlich gelagert sind die Fälle, in denen mit Smartphones oder Digitalkameras rechtswidrige Aufnahmen gemacht werden, etwa die unerlaubte Herstellung eines Handyvideos im Unterricht, heimliche Aufnahmen von Mitschülerinnen beim Duschen, bei speziell für solche Aufnahmen initiierten Gewalttätigkeiten (sog. Happy Slapping) oder bei sexueller Nötigung.[41]

21.149 Die Schülerinnen und Schüler sind verpflichtet, das *Schuleigentum* (z.B. die ihnen leihweise überlassenen Schulbücher) pfleglich zu behandeln.[42] Sie haben alles zu unterlassen, was die Sauberkeit im Schulgebäude und auf dem Schulhof beeinträchtigt. Zur Haftung der Schüler und Eltern bei der Beschädigung von Schuleigentum s. TZ 23.22 und TZ 25.42.

21.15 Gebrauch von Hilfsmitteln

Die Schule muss den Gebrauch bestimmter Hilfsmittel im Unterricht untersagen, wenn dadurch die Leistung der Schüler in unzulässiger Weise beeinflusst, das Urteil der Schule getäuscht oder die Chancengleichheit verletzt werden (dazu TZ 20.213).

---

37 Was in den Schulgesetzen unter den beispielhaft genannten Erziehungsmaßnahmen aufgeführt wird. S. z.B. § 49 Abs. 2 Satz 2 HmbSG (einschließlich der dazu im Einzelfall erforderlichen Nachschau in der Kleidung oder in mitgeführten Sachen); ähnlich auch § 82 Abs. 1 Satz 2 HSchG, § 53 Abs. 2 Satz 1 nrw SchulG, § 25 Abs. 1 Satz 3 sh SchulG, § 51 Abs. 6 Satz 2 und 3 ThürSchulG.

38 Dies ergibt sich wiederum aus den in der vorangegangenen Fußnote wiedergegebenen generalklauselartig gefassten Bestimmungen über Erziehungsmaßnahmen.

39 Art. 56 Abs. 5 Satz 1 und 3 BayEUG. Allerdings kann die unterrichtende oder die außerhalb des Unterrichts Aufsicht führende Lehrkraft nach Satz 2 der Vorschrift Ausnahmen gestatten.

40 Vgl. § 86 StGB (Verbreiten von Propagandamitteln verfassungswidriger Organisationen), § 86a StGB (Verwenden von Kennzeichen verfassungswidriger Organisationen), § 130 SGB (Volksverhetzung); § 131 StGB (Gewaltdarstellung), § 184 StGB (Verbreitung pornographischer Schriften), § 184a StGB (Verbreitung gewalt- oder tierpornographischer Schriften), § 185 StGB (Beleidigung).

41 S. hierzu mit entsprechenden Nachweisen zur Rechtsprechung TZ 22.243.

42 S. etwa § 50 Abs. 3 Satz 2 bln SchulG, wonach, falls das Lernmittel beschädigt oder nach Ablauf der Leihfrist nicht zurückgegeben wird, die volljährige Schülerin oder die Erziehungsberechtigten zum Schadenersatz verpflichtet sind. Vgl. auch § 14 Abs. 3 saarl ASchO.

21.16 Äußeres Erscheinungsbild der Schülerin und des Schülers

21.161 Grundsätze

Die Verantwortung für *Kleidung, Haarschnitt, Körperpflege und auch Kosmetik* obliegt den Eltern sowie den Schülerinnen und Schülern selbst, nicht der Schule. Auch diesbezüglich gilt der Grundsatz des Art. 2 Abs. 1 GG: Jeder genießt das Recht auf die freie Entfaltung seiner Persönlichkeit, soweit er nicht die Rechte anderer verletzt und nicht gegen die verfassungsmäßige Ordnung oder das Sittengesetz verstößt. Die Schule kann nur eingreifen und diese Freiheit beschränken, wenn intensive Belästigungen oder Störungen des Unterrichts oder des Schullebens bereits eingetreten sind oder absehbar drohen.

21.162 Schulische Bildung und Erziehung ist auf *Kommunikation* (Hören, Sehen, Mimik) zwischen den Lehrkräften und Schülern angewiesen. Ebenso unverzichtbar für den Erziehungsprozess ist es, dass der jeweils andere *Kommunikationspartner* sein Gegenüber auch als Individuum identifizieren kann. Zum Tragen eines Kopftuches und zur Vollverschleierung muslimischer Schülerinnen im Unterricht s. TZ 5.264.

Die Lehrkräfte können daher von den Schülern verlangen, ihre Kleidung oder sonstige Gegenstände nicht so zu tragen, dass eine angemessene Kommunikation im Unterricht unmöglich gemacht wird. Erziehungsmaßnahmen sind daher zulässig, wenn Schülerinnen und Schüler etwa ihre Baseballmützen so tief in Gesicht ziehen, dass kein *Augenkontakt* möglich ist. Ebenso können Schülerinnen und Schüler aufgefordert werden, Kopfhörer während des Unterrichts von oder aus den Ohren zu nehmen, damit auch der *akustische Kontakt* sichergestellt ist.

21.163 Falls Schülerinnen und Schüler *Markenkleidung* tragen, welche zwar nicht dem Verbot der Verwendung von Kennzeichen verfassungswidriger Organisationen (§ 86 a StGB) unterfällt, jedoch eine neonazistische Einstellung erkennen lässt und als Ausdruck der Sympathie oder der Identifikation mit den Zielen verfassungswidriger Organisationen getragen wird, können schulische Ordnungsmaßnahmen (TZ 22.2) verhängt werden.[43] Dies ist aber vornehmlich eine Frage der Verhältnismäßigkeit (vgl. dazu TZ 16.131). Vor der Verhängung von Ordnungsmaßnahmen sind daher im Regelfall zunächst Erziehungsmaßnahmen einzuleiten (TZ 22.1). Ist das Tragen von Markenkleidung jedoch in der Schulordnung oder in den zwischen Schule und Schülern geschlossenen Bildungs- und Erziehungsvereinbarungen verboten, können zur Durchsetzung des Verbots auch Ordnungsmaßnahmen verhängt werden, wenn diese geeignet, erforderlich und angemessen sind. Derartige Verbote lassen sich mit den in den Landesverfassungen und Schulgesetzen festgelegten Bildungs- und Erziehungszielen begründen.[44] Sie verstoßen nicht gegen die in Art. 5 Abs. 1 GG geschützte Meinungsfreiheit. Zwar falle – so das Bundesverfassungsgericht – selbst die Verbreitung nationalsozialistischen Gedankenguts als radikale Infragestellung der geltenden Ordnung nicht von vornherein aus dem Schutzbereich des Art. 5 Abs. 1 GG heraus. Doch weise das Grundgesetz die Aufgabe, den hierin begründeten Gefahren entgegenzutreten, primär dem bürgerschaftlichen Engagement im freien politischen Diskurs sowie der staatlichen Aufklärung und Erziehung in den Schulen gemäß Art. 7 GG zu.[45]

43 Offen gelassen für das Tragen einer Jacke der Marke „Lonsdale“ vom VG Berlin, NVwZ-RR 2002, 33 (35). Zur fehlenden Strafbarkeit gemäß § 86a Abs. 1 Nr. 1 StGB im Falle des Tragens eines Sweatshirts mit dem Aufdruck „CONSDAPLE“, das bei teilweisem Verdecken die Buchstabenfolge „NSDAP“ erkennen lässt und deshalb in neonazistischen Kreisen beliebt ist, s. OLG Hamm, NStZ 2004, 12.

44 S. VG Berlin, NVwZ-RR 2002, 33 (35).

45 BVerfGE 124, 300 (320 f.).

Was das äußere Erscheinungsbild der Schülerinnen und Schüler betrifft, so sind *Heimschulen* (TZ 3.722) weitergehende Einwirkungsmöglichkeiten eingeräumt, da die Heimleitung Erziehungsaufgaben anstelle der abwesenden Eltern wahrnimmt. Wie die Eltern Einfluss auf das Aussehen ihres minderjährigen Kindes nehmen können, ist auch das Heim, dem sie ihr Kind anvertraut haben, dazu befugt (TZ 16.141).

21.164 Auch in Deutschland gibt es seit einiger Zeit Diskussionen und Bestrebungen, an Schulen eine einheitliche Schulkleidung für alle Schülerinnen und Schüler („Schuluniform"[46]) einzuführen[47]; teilweise sind entsprechende Regelungen bereits in die Schulgesetze eingegangen.[48] Dahinter stehen im Interesse integrativer Effekte und einer Verbesserung des Schulklimas einerseits Bemühungen, die durch das Tragen unterschiedlich teurer Kleidung in der Schülerschaft zum Ausdruck gebrachten sozialen Unterschiede weniger erkennbar werden zu lassen; andererseits haben sich zur Stärkung der Identität und Verbundenheit mit der Schule einzelne Schulen entschlossen, eine einheitliche Schulkleidung vorzusehen, die beispielsweise in den Farben der Schule gehalten ist und den Schulnamen deutlich zeigt. Die Einführung einer einheitlichen Schulkleidung ist eine Beschränkung des Rechts auf freie Entfaltung der Persönlichkeit (Art. 2 Abs. 1 GG). Sie ist rechtmäßig, wenn sie durch eine an einer Einzelschule getroffene Regelung geschieht[49], sei es im Rahmen einer Schulordnung, sei es im Rahmen der Bildungs- und Erziehungsvereinbarung der einzelnen Schule mit den Schülerinnen und Schülern. Berücksichtigt man einerseits die vergleichsweise geringe Intensität des Grundrechtseingriffs und andererseits die positiven Wirkungen einer einheitlichen Schulkleidung nach den hierzu vorliegenden – wenn auch bislang nur sehr wenigen – empirischen Studien[50], begegnet die Einführung einer einheitlichen Schulkleidung keinen verfassungsrechtlichen Bedenken.[51]

21.165 Schülerinnen und Schüler können auch dann angehalten werden, bestimmte (Schutz-)Kleidung zu tragen, wenn die Gefahr der *Übertragung* von *Krankheitserregern* droht oder sich dies wegen der Gefährlichkeit einer Unterrichtssituation (z.B. im Chemieunterricht) als notwendig erweist.

---

46 Gemeint ist in der deutschen Diskussion jedoch in der Regel keine Uniform im Sinne einer exakt nach Schnitt, Farbe, Stoff und Marke ausnahmslos vorgeschriebenen Kleidung, sondern vielmehr die Festlegung bestimmter Farben oder Schnitte für Kleidungsstücke sowie u.U. der Ausschluss bestimmter Kleidungsmarken; den Schülerinnen und Schülern verbleiben mithin bei der einheitlichen Schulkleidung im Unterschied zur Schuluniform noch Auswahlmöglichkeiten.

47 Mit Stellungnahmen der Bundesländer, politischer Parteien, von Verbänden, Medien und Wissenschaft s. nur *Bundesamt für Migration und Flüchtlinge*, Einheitliche Schulkleidung in Deutschland. Dokumentation der aktuellen Debatte unter besonderer Berücksichtigung von Integrationsfragen, Nürnberg 2006.

48 So kann in Nordrhein-Westfalen gemäß § 42 Abs. 8 i.V.m. § 65 Abs. 2 Nr. 26 nrw SchulG eine einheitliche Schulkleidung durch Beschluss der Schulkonferenz bei Zustimmung aller dort vertretenen Schülerinnen und Schüler empfohlen werden. Kritisch zu dieser Regelung im Hinblick auf die dadurch bedingten Eingriffe in das Recht auf freie Entfaltung der Persönlichkeit (Art. 2 Abs. 1 GG), die Religionsfreiheit (Art. 4 Abs. 1 und 2 GG) sowie das Elternrecht (Art. 6 Abs. 2 GG) Jörg *Ennuschat*/Ruth C. *Siegel*, Schuluniformen – Flucht aus der Verantwortung in die Unfreiheit. Zur Verfassungswidrigkeit hoheitlich induzierter Schuleinheitskleidung öffentlicher Schulen, NWVBl 2007, 125.

49 Wie in Nordrhein-Westfalen, wo § 42 Abs. 8 nrw SchulG gerade die Zustimmung aller in der Schulkonferenz vertretener Schülerinnen und Schüler verlangt.

50 Für die Ergebnisse einer der wenigen empirischen Untersuchungen zu einheitlicher Schulkleidung s. Oliver *Dickhäuser* u.a., Kleider machen Schule? Korrelate des Tragens einheitlicher Schulkleidung, Psychologie in Erziehung und Unterricht 2004, 296.

51 Ebenso *Rux/Niehues*, Schulrecht, Rn. 406. A.A. Jörg *Ennuschat*, Völker-, europa- und verfassungsrechtliche Rahmenbedingungen der Schulpflicht, RdJB 2007, 271 (287 f.); *Ennuschat/Siegel* (Fn. 48) 125 (127 f.), die die Verhältnismäßigkeit der Einführung einer einheitlichen Schulkleidung bezweifeln, da diese im Widerspruch stehe zum schulischen Erziehungsziel der Entwicklung einer eigenständigen Persönlichkeit, es an empirischen Nachweisen für die damit angeblich verbundenen positiven Wirkungen auf das Schulklima und die Lernatmosphäre fehle und im Übrigen die Integrationsprobleme an deutschen Schulen durch eine einheitliche Schulkleidung nur „übertüncht" würden.

21.17 Verhalten außerhalb der Schule

21.171 Grundsätze

Die Verantwortung für das außerschulische Verhalten des Schülers trifft grundsätzlich die Eltern und, dem jeweiligen Reifegrad entsprechend, den Schüler selbst. Volljährige Schülerinnen und Schüler sind für sich allein verantwortlich. Der direkte Einflussbereich der Schule beginnt und endet auf dem Schulgrundstück und mit der Schulzeit, schließt allerdings den *Schulweg* einschließlich des *Schultransports* ein (TZ 16.134). Allerdings hat der schulische Bildungs- und Erziehungsauftrag keine „geographischen Grenzen"[52]. Ordnungs- und Erziehungsmaßnahmen (Kap. 22) können bei außerschulischem Fehlverhalten eines Schülers jedoch nur verhängt werden, wenn ein direkter Zusammenhang mit dem Schulverhältnis besteht, insbesondere wenn das Fehlverhalten unmittelbar in den schulischen Bereich hineinwirkt (TZ 22.243).[53] Klassische Fälle sind etwa die Erledigung von Hausaufgaben oder Ereignisse auf dem Schulweg. Entsprechendes gilt, wenn es sich um direkte Aktionen von Schülerinnen und Schülern gegen die Schule handelt, durch die das Schulverhältnis unmittelbar betroffen ist[54] (TZ 21.173).

21.172 Die Befugnis, ja die Aufgabe der Schule, bei ihren Entscheidungen und Maßnahmen auch das außerschulische Verhalten der Schülerin oder des Schülers kritisch und erzieherisch zu würdigen, ist zu bejahen. Eine Schule, die kraft Verfassung nicht nur einen Bildungs-, sondern auch einen Erziehungsauftrag hat (TZ 5.1.), kann und darf den jungen Menschen nicht in Schüler und außerschulisches Wesen aufspalten. Als Erziehungsschule kann die Schule das außerschulische Verhalten ihrer Schülerinnen und Schüler nicht gänzlich ignorieren; die Lehrkräfte können sich nicht blind und taub stellen. Auch das, was sie über das außerschulische Verhalten erfahren, darf berücksichtigt werden.[55] Der Umstand, dass das Wissen der Schule über die Schüler außerhalb der Schule zufällig und lückenhaft bleibt, darf nicht dazu führen, diese Informationen bei der Bewertung ihres schulischen Verhaltens (z.B. bei der Verhängung von Ordnungsmaßnahmen) von vornherein auszuschließen.

21.173 Mit der zunehmenden Verwendung von elektronischen Medien und Kommunikationsmitteln kommt es auch zu Formen des *„Cybermobbing"* oder *„Cyberbullying"*, also zum Belästigen, Bloßstellen, Demütigen, Verleumden und Attackieren „im virtuellen Raum", vor allem im Internet und mit Hilfe von Smartphones und Digitalkameras.[56] In diesem Zusammenhang ist zunächst zu beachten, dass es zu den Pflichten der Schüler gehört, die Persönlichkeitsrechte aller im Schulalltag zusammen lebenden

---

52 So *Rux/Niehues*, Schulrecht, Rn. 417.

53 So explizit etwa in § 86 Abs. 3 Nr. 5 BayEUG: Außerschulisches Verhalten darf Anlass einer Ordnungsmaßnahme nur sein, soweit es die Verwirklichung der Aufgabe der Schule gefährdet. Ähnlich § 64 Abs. 1 Satz 3 BbgSchulG, § 82 Abs. 6 Satz 3 HSchG, § 95 Abs. 2 rp Übergreifende Schulordnung.

54 So kann etwa ein Schulausschluss gerechtfertigt sein, wenn ein Schüler mit Diebstahlsabsicht in seine Schule eindringt, vgl. VGH Mannheim, NVwZ-RR 2007, 251. Ebenso kann das wiederholte Anbringen von Graffiti an der eigenen Schule die Überweisung an eine andere Schule rechtfertigen, vgl. OVG Lüneburg, NVwZ-RR 2007, 529.

55 Das OVG Schleswig, NVwZ-RR 1993, 304, räumt Lehrerinnen und Lehrern beim Verdacht von Straftaten sogar ein Nachforschungsrecht gegen Schülerinnen und Schülern ein.

56 Vgl. dazu Georg *Koenne*, Cyberbullying/Cybermobbing. Mobbing mit neuen Medien, SchVw Bayern 2014, 120; Julia K. *Müller*/Jörg *Neubauer*, Cyberbullying unter Schülern – Abgrenzung, Erscheinungsformen und Auftretenshäufigkeit, Wirtschaft und Erziehung 2013, 119. Zu den damit verbundenen schulrechtlichen Fragen Kurt *Faßbender*/Tilmann *Herbrich*, Rechtliche Anforderungen an schulische Ordnungsmaßnahmen wegen Fehlverhaltens im Internet, DVBl. 2016, 216; Holger *Steenhoff*, Das Internet und die Schulordnung, NVwZ 2013, 1190; Felix *Hanschmann*, Schulische Ordnungsmaßnahmen und die Nutzung moderner Aufzeichnungs- und Kommunikationstechniken, NVwZ 2008, 1295; *ders.*, Cybermobbing und Schulordnungsmaßnahmen, RdJB 2010, 445.

Menschen zu achten. Die Verletzung von Persönlichkeitsrechten im Internet kann – auch wenn diese Verletzung außerhalb der Schule stattfindet – Anlass zur Verhängung von Ordnungsmaßnahmen sein, um hieraus erwachsende Beeinträchtigungen oder Störungen der Unterrichts- und Erziehungsarbeit für die Zukunft zu verhindern. Notwendige Voraussetzung für den Erlass von Ordnungsmaßnahmen in solchen Fällen ist jedoch auch hier, dass ein direkter Zusammenhang mit dem Schulverhältnis besteht.[57] Es liegt in der Natur der Sache, dass das überkommene Verständnis des räumlichen Zusammenhangs im „virtuellen Raum“ des Internets kein geeignetes Zurechnungskriterium sein kann, da die für eine Ordnungsmaßnahme erforderliche individuelle Pflichtverletzung bei modernen Kommunikationsmedien an jedem Ort und zu jeder Zeit begangen werden kann. Dementsprechend muss vielmehr gefragt werden, inwieweit das Fehlverhalten von Schülerinnen und Schülern unmittelbar in den schulischen Bereich hineinwirkt.

Die außerhalb der Schule vorgenommene sinnverändernde Bearbeitung eines im Unterricht hergestellten Handyvideos soll – so die Rechtsprechung – bereits einen Schulausschluss rechtfertigen können. Entscheidend sei, dass das aufgenommene Video an andere Schüler weitergegeben wurde und damit der Kontrolle entzogen war.[58] Ein Schulbezug wurde ferner auch bejaht, wenn ein Schüler von der Schulhomepage das Foto einer Lehrkraft herunterlädt und dieses Foto, kombiniert mit einer barbusigen Frau im Rahmen eines Bilderspiels, im Internet wiederverwendet.[59] Schließlich kann es nach der Rechtsprechung für den Erlass einer Ordnungsmaßnahme ausreichen, dass sich ein Schüler, der außerhalb der Schule selbst eine Internetseite erstellt, von den auf dieser Seite geäußerten verbalen Entgleisungen seiner Mitschüler nicht deutlich distanziert oder diese nicht von der Seite entfernt.[60] In diesen Fällen zeigt sich nicht nur, wie sich im Zusammenhang mit der Verwendung neuer Medien der überkommene Grundsatz wandelt, dass Anknüpfungspunkt für Ordnungsmaßnahmen immer alleine *das* Fehlverhalten des einzelnen Schülers sein muss, und dass ein Schüler daher nicht für Pflichtverletzungen anderer haftbar gemacht werden darf (vgl. hierzu TZ 22.242). Deutlich wird auch, dass die Frage, wann eine Pflichtverletzung den für eine Ordnungsmaßnahme hinreichenden Schulbezug aufweist, nicht immer einfach zu beantworten ist.

Unabhängig davon, inwieweit ein Cybermobbing einzelnen Schülerinnen und Schülern individuell zugeordnet werden kann, und ungeachtet dessen, inwieweit ein solches außerschulisches Verhalten in den schulischen Bereich hineinwirkt, muss die Schule bei der Anwendung von Ordnungsmaßnahmen das *Übermaßverbot* berücksichtigen (vgl. TZ 22.241; allgemein zum Übermaßverbot im Schulrecht TZ 16.131). So rechtfertigen die Beschimpfung einer Lehrkraft mit sexuellen Begriffen und Unterstellungen oder Drohungen gegenüber der Schulleitung, Mitschülerinnen sowie deren Eltern auf einer Internet-

57 Zu den unterschiedlichen Auffassungen hinsichtlich der Weite der räumlichen und personellen Anknüpfungspunkte für Ordnungsmaßnahmen *Faßbender/Herbrich* (Fn. 56), 216 (221 f.); *Steenhoff*, NVwZ 2013, 1190 (1192) einerseits, *Hanschmann* (Fn. 56), 1295 (1298 f.) andererseits.

58 Vgl. OVG Bautzen, Beschluss vom 29.7.2009, Az.: 2 B 214/08 (juris). S. auch VG Karlsruhe, NVwZ-RR 2008, 788: Wiederholtes heimliches Fotografieren von Mitschülerinnen beim Duschen und anschließendes Brennen der Fotos auf eine CD.

59 VG Sigmaringen, NVwZ-RR 2006, 616 (617). Für das Verbreiten einer von einem Schüler erstellten Fotomontage, in der einem Mitschüler durch Veränderung der Frisur sowie durch einen ins Gesicht eingefügtem Oberlippenbart eine deutliche Ähnlichkeit mit Adolf Hitler verliehen wurde, der rechte Ärmel der Kleidung des Mitschüler zudem mit einer roten Hakenkreuzbinde versehen und dieses Foto sodann per E-Mail an Mitschülerinnen und Mitschüler verschickt wird, s. VG Lüneburg, Beschluss vom 29.04.2002, Az.: 4 B 45/02 (juris).

60 VG Augsburg, Beschluss vom 26.3.2001, Az.: Au 2 S 01.472 (juris); ähnlich auch schon VGH München, K&R 2010, 610 (611 ff.); VGH München, NJW 2002, 3044 (3045).

plattform ebenso Ordnungsmaßnahmen der Schule[61] wie die Teilnahme an Internet-Foren (sog. Chatrooms)[62] oder in Messaging-Diensten wie WhatsApp[63], in denen entsprechende Äußerungen getätigt werden. Andererseits kann der Ausschluss vom Unterricht wegen der unbefugten Verwendung und Veränderung eines Lehrerbildes in einem Internet-Beitrag ebenso unverhältnismäßig sein[64] wie ein eintägiger Ausschluss vom Unterricht wegen beleidigender Äußerungen gegenüber einer Mitschülerin auf einer privaten Homepage einer Schülerin[65].

21.174 Neben der Benutzung moderner Aufzeichnungs- und Kommunikationsmedien wirft in jüngster Zeit insbesondere die Veröffentlichung der Namen und Daten von Lehrerinnen und Lehrern bei Bewertungs- und sonstigen Webportalen oder bei Blogs im Internet rechtliche Fragen auf.[66] Nachdem der Bundesgerichtshof[67] in dem von ihm entschiedenen Einzelfall einen Anspruch[68] auf Unterlassung der Veröffentlichung von *Lehrerbewertungen im Internet* auf der mittlerweile abgeschalteten Internetplattform Spick-mich abgelehnt hat, besteht über die Reichweite des Schutzes des Persönlichkeitsrechts von Lehrerinnen und Lehrern in Zusammenhang mit entsprechenden Bewertungen im Internet eine gewisse Klarheit. Grundlage der rechtlichen Beurteilung ist die Abwägung zwischen dem der Lehrkraft zustehenden Recht auf informationelle Selbstbestimmung aus Art. 2 Abs. 1 i.V.m. Art. 1 Abs. 1 GG und dem in Art. 5 Abs. 1 GG garantierten Recht auf Kommunikationsfreiheit desjenigen, der sich im Internet äußert. Der Bundesgerichtshof stellt hierzu fest, dass die Bewertung von Lehrkräften in Internetportalen lediglich einen Eingriff in die nur rudimentär geschützte Sozialsphäre innerhalb des Rechts auf informationelle Selbstbestimmung, nicht aber in die umfassender gegen Eingriffe geschützte Intimsphäre darstellt. Weil die Bewertungen die berufliche Tätigkeit betreffen, also einen Bereich, in dem sich die persönliche Entfaltung von vornherein im Kontakt mit der Umwelt vollziehe, liegt nach Ansicht des Bundesgerichtshofes keine Verletzung des Rechts auf informationelle Selbstbestimmung vor. Denn Äußerungen im Rahmen der Sozialsphäre dürften nur im Falle schwerwiegender Auswirkungen auf das Persönlichkeitsrecht mit negativen Sanktionen verknüpft werden, so etwa dann, wenn eine Stigmatisierung, soziale Ausgrenzung oder Prangerwirkung vorliege. Dies sei zumindest bei der der Internetplattform Spick-mich jedoch nicht der Fall.

---

61 VG Braunschweig, NdsVBl 2004, 52; VG Düsseldorf, NVwZ-RR 2008, 619; VG Sigmaringen, NVwZ-RR 2006, 616.

62 VG Hannover, NVwZ-RR 2008, 35; VGH Mannheim, NVwZ-RR 2011, 647; VGH München, K&R 2010, 610; OVG Münster, NVwZ-RR 2015, 34.

63 VG Ansbach, Beschluss vom 4.2.2016, Az.: AN 2 S 16.00126 (juris), insb. Rn. 27 und 34; VG Ansbach, Beschluss vom 18.7,2017, Az.: AN 2 K 17.00250 (juris), Rn. 46; VG Karlsruhe, Beschluss vom 18.7.2016, Az.: 4 K 3276/16 (juris), insb. Rn. 24 ff.; VG Sigmaringen, Beschluss vom 14.11.2016, Az.: 4 K 4895/16 (juris), insb. Rn. 25 ff.; VG Würzburg, Beschluss vom 21.6.2016, Az.: W 2 S 16.554 (juris), Rn. 35; VG München, Beschluss vom 14.2.2017, Az.: M 3 K 15.979 (juris).

64 VG Sigmaringen, NVwZ-RR 2006, 616.

65 VGH Mannheim, NVwZ-RR 2011, 647.

66 Zu den damit verbundenen Rechtsfragen Jürgen *Kühling*, Im Dauerlicht der Öffentlichkeit – Freifahrt für personenbezogene Bewertungsportale!?, NJW 2015, 447; Stephan *Pötters*/Johannes *Traut*, Bewertungsportale und Abwehrrechte Betroffener, RDV 2015, 117; Günther *Wiese*, Bewertungsportale und allgemeines Persönlichkeitsrecht, JZ 2011, 608; speziell zu schulbezogenen Bewertungsportalen Jörg *Ennuschat*/ Björn *Reith*, Kein Schutz für Lehrer vor Schülerbewertungen im Internet? R&B 3/2009, 3.

67 BGHZ 181, 328. Die Annahme der hiergegen von der betroffenen Lehrerin erhobenen Verfassungsbeschwerde hat das BVerfG ohne Begründung abgelehnt (BVerfG, DSB 10/2010, 21).

68 Aus §§ 823 Abs. 2, 1004 BGB analog, i.V.m. § 4 Abs. 1 BDSG.

21.175 Die Verantwortung für die Beachtung der Regeln des Jugendschutzes in der Öffentlichkeit tragen vor allem die Erziehungsberechtigten, die jungen Menschen selbst und die sonst nach dem Gesetz verantwortlichen Personen (Gastwirte, Barbesitzer, Clubbetreiber usw.). Wenn die Schule ihren minderjährigen Schülerinnen und Schülern etwa den Besuch von bestimmten Clubs oder sonstigen Veranstaltung verbietet, greift sie in unzulässiger Weise in die Befugnisse der Eltern, aber auch in die Rechtsstellung der Jugendlichen selbst ein. Über die Teilnahme an außerschulischen Veranstaltungen, den Beitritt zu Vereinen oder zu Jugendclubs usw. entscheiden die Eltern bzw. die Schülerinnen und Schüler selbst. Nur die Eltern dürfen die Bestimmungen des Jugendschutzgesetzes einengen und ihren Kindern Bindungen auferlegen, die über diejenigen des Gesetzes hinausgehen, indem sie ihnen etwa den Besuch von bestimmten Veranstaltungen überhaupt verbieten. Nicht verwehrt ist es der Schule hingegen, dass sie in Erfüllung ihres Erziehungsauftrags und ihrer Fürsorgepflicht die Schülerinnen und Schüler etwa über die gesundheitsschädigenden Wirkungen des Rauchens oder des Alkoholkonsums aufklärt (vgl. TZ 21.143 und 21.144). Gerade angesichts der aus dem Drogenmissbrauch herrührenden erheblichen Gefahren für die physische und psychische Gesundheit der Schüler gehört die *Suchtprävention* heute zu den Erziehungsaufgaben der Schule[69] (TZ 21.145). Im Übrigen sind es häufig die Eltern selbst, die die Schule zu solchen Hinweisen und Beratungsaktivitäten auffordern.

Anders ist die Lage wiederum bei einer Heimschule, die im Rahmen ihres erweiterten, von den Eltern übertragenen Erziehungsrechts zu Anordnungen und Verboten befugt sein kann (vgl. TZ 16.141).

21.176 Erhält ein Schüler *Nachhilfeunterricht*, kann es im Interesse der Zusammenarbeit von Elternhaus und Schule sinnvoll sein, dass die Eltern dies den Lehrkräften mitteilen. Diese vermögen so den Leistungsstand ihrer Schülerinnen und Schüler besser einzuschätzen und ihn gezielter zu fördern. Einen Anspruch auf eine entsprechende Information hat die Schule jedoch nicht. Vielmehr obliegt es allein den Eltern, zu entscheiden, ob sie es eine solche Auskunft gegenüber der Schule für zweckdienlich halten.

21.177 Ebenso kann die Schule nicht verlangen, dass ihr eine Tätigkeit, die die Schülerin oder der Schüler in seiner freien Zeit regelmäßig ausübt (z.B. Erteilen von Nachhilfestunden, Austragen von Zeitungen, zur Kenntnis gebracht wird.

---

69 S. bspw. § 12 Abs. 4 Satz 2 bln SchulG, der die Erziehung zur Suchtprävention ausdrücklich zu den besonderen Bildungs- und Erziehungsaufgaben der Schule zählt. Deutlich ist insoweit auch die Rechtslage in Thüringen: Nach § 47 Abs. 1 ThürSchulG hat die Schule die Gesundheitserziehung durch geeignete Maßnahmen zu unterstützen (Satz 1) und ein umfassendes Konzept zur Gesunderhaltung und gesunden Lebensweise zu entwickeln (Satz 2), wobei ein Schwerpunkt des Konzepts die Prävention des Konsums von illegalen Drogen sowie von Tabak und Alkohol ist (Satz 3). Darüber hinaus haben mehrere Kultusministerien Empfehlungen zur Suchtvorbeugung veröffentlicht, s. z.B. in Baden-Württemberg: VV Prävention und Gesundheitsförderung in der Schule vom 10.12.2014 (K.u.U. S. 33); Bayern: VV Suchtprävention an den bayerischen Schulen vom 2.9.1992 (KWMBl I S. 303), geändert durch Bekanntmachung vom 23.5.1996 (KWMBl S. 214); Berlin: Rundschreiben I Nr. 80/2004 vom 14.6.2004; Hessen: VV Suchtprävention in der Schule vom 6.5.2015 (ABl. S. 214); Mecklenburg-Vorpommern: VV Gesundheitserziehung, Sucht- und Gewaltprävention an den Schulen des Landes Mecklenburg-Vorpommern vom 20.11.2007 (Mittl.bl. BM M-V S. 582); Rheinland-Pfalz: VV Suchtprävention in der Schule und Verhalten bei suchtmittelbedingten Auffälligkeiten vom 28.2.2011 (Amtsbl. S. 200); Sachsen: VV des Sächsischen Staatsministeriums für Kultus zur Suchtprävention in Schulen des Freistaates Sachsen vom 28.10.1993 (MBl.SMK S. 409), zuletzt enthalten in der VV vom 11.12.2017 (SächsABl.SDr. S. S 409).

21.2 Meinungsfreiheit, politische Betätigung

21.21 Grundsätze

Das Grundrecht der freien Meinungsäußerung (Art. 5 Abs. 1 GG) steht den Schülerinnen und Schülern[70] auch im Schulverhältnis (TZ 16.1) zu.[71] Es ist geradezu Aufgabe der Schule, sie zu befähigen, einen eigenen Standpunkt zu gewinnen und diesen argumentativ zu vertreten.[72] Die Schüler sollen lernen, in Rede und Widerrede zu neuen Einsichten vorzudringen. Die Schule, die die freie Meinungsäußerung ihrer Schüler behindert, hemmt deren Persönlichkeitsentwicklung und verstößt damit gegen ihren Bildungs- und Erziehungsauftrag. Sie verletzt ihre Pflicht aber auch, wenn sie den Versuch unternimmt, Schüler politisch oder weltanschaulich zu indoktrinieren oder wenn sie Meinungszwänge erzeugt, fördert oder duldet.

Schülerinnen und Schüler sind berechtigt, innerhalb und außerhalb des Unterrichts jede, auch die unbequemste und abwegigste Meinung zu äußern.[73] Doch findet diese Freiheit ihre *Schranken* in den Vorschriften der allgemeinen Gesetze, in den gesetzlichen Bestimmungen zum Schutz der Jugend und in dem Recht der persönlichen Ehre (Art. 5 Abs. 2 GG). Allgemeine Gesetze in diesem Sinne sind nur diejenigen Rechtsnormen, die sich nicht gegen die Meinungsfreiheit selbst oder eine bestimmte Meinung richten, sondern dem Schutz eines Rechtsgutes schlechthin – ohne Rücksicht auf bestimmte Meinungen – dienen.[74] Dabei müssen die allgemeinen Gesetze „in ihrer das Grundrecht beschränkenden Wirkung ihrerseits im Lichte der Bedeutung für dieses Grundrecht gesehen und so interpretiert werden, dass der besondere Wertgehalt dieses Rechts, der in der freiheitlichen Demokratie zu einer grundsätzlichen Vermutung für die Freiheit der Rede in allen Bereichen [...] führen muss, auf jeden Fall gewahrt bleibt"[75]. Zu den allgemeinen Gesetzen, die die Meinungsfreiheit einschränken, zählen auch die Vorschriften über die Aufgaben der Schule, die in sämtlichen Schulgesetzen enthalten sind und die den im Grundgesetz (Art. 7 Abs. 1 GG) sowie in den Landesverfassungen vorgegebenen Bildungs- und Erziehungsauftrag konkretisieren (dazu TZ 5.11).

---

70 Immer noch grundlegend Wolfgang *Perschel*, Die Meinungsfreiheit des Schülers, Berlin und Neuwied 1962. Ferner Jörg *Berkemann*, Die „politischen Rechte" des Schülers, in: Knut Nevermann/Ingo Richter (Hrsg.), Rechte der Lehrer, Rechte der Schüler, Rechte der Eltern, München 1977, S. 102; DJT-SchulGE, §§ 63, 64 (S. 96), S. 258 f., 262, 285 ff.; *Rux/Niehues*, Schulrecht, Rn. 595 ff.

71 Beispiele für gesetzliche Regelungen: Art. 56 Abs. 3 Satz 1 BayEUG, § 46 Abs. 1 Satz 1 bln SchulG, § 47 Abs. 1 BbgSchulG, § 126 Abs. 1 HSchG, § 45 Abs. 1 und 2 nrw SchulG, § 4 Abs. 1 rp Übergreifende Schulordnung, § 26 Abs. 1 ThürSchulG.

72 Vgl. BVerfGE 124, 300 (321).

73 Dabei ist zu beachten, dass das Grundrecht der Meinungsfreiheit wie die übrigen Grundrechte als objektive Prinzipien auch in die Privatrechtsordnung hineinwirkt: Das Privatrecht darf zum einen den Grundrechten nicht widersprechen und muss zum anderen in ihrem Geist ausgelegt werden (BVerfGE 7, 198 [205]). So darf nach BVerfGE 86, 122 (128 ff.) ein ausbildendes Unternehmen sich nicht allein deshalb weigern, einen Auszubildenden in ein Arbeitsverhältnis zu übernehmen, weil dieser in der Schülerzeitung seiner Berufsschule den Kampf gegen die Kernenergie befürwortet hat. Selbst wenn sein Artikel als Befürwortung von Gewalt gegen den Bau von Atomkraftwerken zu deuten wäre, stünde damit noch nicht fest, dass er auch die gewaltsame Lösung betrieblicher Konflikte befürworten würde. Aus radikalen Äußerungen eines jungen Menschen dürfe nicht der Schluss gezogen werden, er neige generell zur Gewalttätigkeit. „Wer befürchten muss, dass seine Äußerungen zu einer negativen Bewertung seines Charakters und einer entsprechenden Einschätzung seines künftigen Verhaltens führen, wird sich besondere Zurückhaltung auferlegen. Eine solche Bewertung ist daher in hohem Maße geeignet, ihn in der Ausübung seines Grundrechts auf freie Meinungsäußerung zu behindern" (S. 131).

74 BVerfGE 7, 198 (209 f.); 28, 175 (185 f.), und seitdem in st.Rspr. S. zur Einführung auch Thorsten *Kingreen*/Ralf *Poscher*, Grundrechte – Staatsrecht II, 33. Aufl., Heidelberg 2017, Rn. 645 ff.; Gerrit *Manssen*, Staatsrecht II – Grundrechte, 15. Aufl., München 2018, Rn. 358 ff.; Dieter *Grimm*, Die Meinungsfreiheit in der Rechtsprechung des Bundesverfassungsgerichts, NJW 1995, 1697.

75 BVerfGE 7, 198 (208).

Allerdings erlaubt Art. 5 Abs. 1 und 2 GG mit Rücksicht auf die Einzigartigkeit der Verbrechen der nationalsozialistischen Gewalt- und Willkürherrschaft und der für die Identität des Bundesrepublik Deutschland prägenden Bedeutung dieser Vergangenheit ausnahmsweise auch Eingriffe durch Vorschriften, die nicht den Anforderungen an ein allgemeines Gesetz entsprechen.[76] Dies gilt in besonderer Weise auch für das Schulleben, da es zur Aufgabe des staatlichen Bildungs- und Erziehungsauftrags gehört, den Gefahren der Verbreitung von totalitären und menschenverachtenden Ideologien entgegenzutreten.[77]

Unabhängig von dieser spezifischen Problematik verlangt die Aufgabe der Schule ganz grundsätzlich von allen Beteiligten, dass im planmäßigen Unterricht die Bildungsziele erreicht, die Schülerinnen und Schüler nicht gefährdet und die Regeln des Zusammenlebens in der Schule eingehalten werden.[78] Demgemäß ergeben sich Einschränkungen der Meinungsfreiheit insbesondere

- hinsichtlich des Zeitpunktes: Lehrkräfte können verlangen, dass Äußerungen von Schülerinnen und Schülern auf einen geeigneten Zeitpunkt verschoben werden;
- hinsichtlich des Umfangs: Dauerreden einzelner Schülerinnen oder Schüler, die damit oder durch die Häufigkeit ihrer Äußerungen ihre Rechte zu Lasten der anderen Schülerinnen und Schüler missbrauchen, kann Einhalt geboten werden;
- hinsichtlich des Themas: Äußerungen, die in keinem sachlichen Zusammenhang mit dem behandelten Unterrichtsstoff stehen, können unterbunden werden.

Maßnahmen der Schule gegen Meinungsäußerungen der Schülerinnen und Schüler außerhalb des zeitlichen und räumlichen Bereichs der Schule sind grundsätzlich nicht zulässig. Ausnahmen von diesem Grundsatz sind nur gerechtfertigt bei solchen Äußerungen, die sich unmittelbar auf die Schule beziehen oder auswirken und ihren Bildungs- und Erziehungsauftrag erheblich gefährden, etwa bei Aufforderungen zum Unterrichtsboykott (dazu TZ 21.23).

21.22 Meinungsäußerung durch Plaketten, Abzeichen und ähnliche Zeichen

Meinungen können auch in Form konkludenter Handlungen bekundet werden, etwa wenn Schülerinnen und Schüler durch das Tragen von Plaketten, Abzeichen oder Anstecknadeln zu politischen Streitfragen Stellung beziehen. Auch diese Art der zu einem Slogan oder Symbol verkürzten Meinungsäußerung ist grundrechtlich geschützt.[79] Die dabei von den Schülerinnen und Schülern einzuhaltenden Grenzen sind weit zu ziehen. Im Unterschied etwa zur Lehrerin, die als Beamtin und Erzieherin in ihrer politischen Betätigung Zurückhaltung und Mäßigung wahren muss (TZ 30.123), haben die Schüler ein „Recht auf jugendlichen Überschwang", können sie politische, gesellschaftskritische und sozialethische

---

76 So das BVerfG in Bezug auf § 130 Abs. 4 StGB, der die Billigung, Verherrlichung oder Rechtfertigung der nationalsozialistischen Gewalt- und Willkürherrschaft unter Strafe stellt (BVerfGE 128, 300).

77 BVerfGE 128, 300 (321).

78 So auch die KMK-Erklärung „Zur Stellung des Schülers in der Schule" vom 25.5.1973 unter Abschnitt VI: „Die Meinungsfreiheit des Schülers"; ihr sind auch die folgenden Hinweise entnommen. Vgl. ferner DJT-SchulGE, § 63 Abs. 1 (S. 96), S. 285 ff.

79 Rspr. und Literatur haben sich vor allem zu Beginn der 1980er Jahre mit dieser Form der Meinungsäußerung intensiv befasst. Aus der Rechtsprechung: BayVerfGH, DÖV 1982, 691 m.Anm.v. Frank *Hennecke*; VGH München, DVBl. 1982, 457, hierzu Ludwig *Gramlich*, Meinungsplaketten in der Schule, DVBl. 1982, 745; VG Regensburg, RdJB 1981, 66 m.Anm.v. Karl-Heinz *Ladeur* (alle zur Plakette „Stoppt Strauß"); VGH Mannheim, RdJB 1977, 71, m.Anm.v. Erwin *Gehrhardt* (Plakette „Weg mit § 218, Volksentscheid"). – Aus der Literatur: Ludwig *Gramlich*, Meinungsfreiheit des Schülers und Tragen „politischer Plaketten", BayVBl 1980, 358; Dieter *Suhr*, Ein Schul-Fall zur streitbaren Meinungsfreiheit, NJW 1982, 1065. Seitdem spielt das Tragen von Plaketten im Unterricht nur noch eine untergordnete Rolle.

Auffassungen offensiv und pointiert vertreten.[80] Allerdings dürfen sie die Erfüllung des schulischen Bildungs- und Erziehungsauftrages nicht gefährden, insbesondere den Schulfrieden nicht stören.[81] Diese der Meinungsfreiheit gesetzte Schranke wird aber durch das bloße Tragen von Plaketten im Allgemeinen nicht überschritten.

21.23 Unterrichtsboykott, Schülerstreik

21.231 Meinungsäußerungen, die den Charakter *direkter Aktionen gegen die Schule* annehmen (z.B. Beschimpfungen, Tätlichkeiten, Unterrichtsstörung, Aufforderung zur Leistungsverweigerung oder zum Unterrichtsboykott, gewaltsames Eindringen in Amtsräume, Zerstörungen, Sitzstreiks auf oder vor dem Grundstück), sind durch die Meinungsfreiheit nicht gedeckt. Der Schutzbereich des Grundrechts umfasst keine außerargumentativen Druckmittel; wer sich nicht auf die Überzeugungskraft seiner Argumente beschränkt, sondern Methoden anwendet, die den Betroffenen die Möglichkeit nehmen, ihre Entscheidung frei zu treffen, kann sich nicht auf Art. 5 Abs. 1 Satz 1 berufen.[82] Die Schule ist daher berechtigt, zur Sicherung der Erfüllung ihrer Aufgaben und zur Aufrechterhaltung ihrer Ordnung die erforderlichen Maßnahmen zu ergreifen (dazu TZ 22.2).

Auch das *Grundrecht der Versammlungsfreiheit* (Art. 8 Abs. 1 GG; vgl. TZ 21.24) rechtfertigt Verhaltensweisen nicht, die nichts mehr mit einer friedlichen Versammlung zu tun haben; dies ergibt sich bereits aus dem Grundrecht selbst, das nur friedliche Versammlungen schützt. Demgegenüber ist ein Sitzstreik, der sich auf passive Resistenz beschränkt, zwar friedlich und insoweit vom Schutz der Versammlungsfreiheit umfasst.[83] Allerdings ist das Grundrecht durch den Bildungs- und Erziehungsauftrag der Schule, insbesondere durch die Teilnahmepflicht der Schülerinnen und Schüler (TZ 19.12), gesetzlich beschränkt.

21.232 Die vorstehenden Erwägungen gelten in besonderem Maße für den sogenannten *Schülerstreik*[84], der nichts anderes ist als eine kollektive Leistungsverweigerung durch das Fernbleiben vom Unterricht. Auch derartige Aktionen verletzen die sich aus dem Schulverhältnis ergebenden Pflichten zur Teilnahme am Unterricht und sonstigen schulischen Veranstaltungen (vgl. TZ 19.12). Da das Schulverhältnis kein Arbeitsverhältnis ist, steht den Schülerinnen und Schülern ferner das durch Art. 9 Abs. 3 GG geschützte Streikrecht der Arbeitnehmerinnen und Arbeitnehmer nicht zu. Schließlich können sich die Schülerinnen und Schüler deshalb nicht auf das in Art. 20 Abs. 4 GG normierte Widerstandsrecht berufen, weil dieses nur das äußerste und letzte Mittel der Verteidigung der freiheitlichen demokratischen Grundordnung[85] bildet und weil gegen rechts- oder gar verfassungswidrige Maßnahmen der Schule zudem Rechtsschutz durch die Gerichte gewährleistet ist.

Allerdings ist nicht zu übersehen, dass die Schule gegenüber einem Schülerstreik in der Regel ziemlich machtlos ist. Ordnungsmaßnahmen als Kollektivmaßnahmen sind unzulässig (TZ 22.242). Ordnungsmaßnahmen gegenüber einer Vielzahl von Betroffenen (Verweis gegen sämtliche Schülerinnen und Schüler einer Klasse oder gar Jahrgangsstufe),

---

80 Vgl. BVerfGE 86, 122 (131 f.).

81 Nach Ansicht des BayVerfGH, DÖV 1982, 691 (692 ff.), ist für derartige Beschränkungen allerdings eine formellgesetzliche Regelung erforderlich, wie sie in der Folge dieses Urteils durch Art. 84 Abs. 3 BayEUG (vormals Art. 61 Abs. 3 BayEUG) geschaffen wurde. Ebenso § 45 Abs. 2 Satz 2 nrw SchulG.

82 Vgl. BVerfGE 25, 256 (264 f.); dazu *Grimm* (Fn. 74), 1697 (1699).

83 Vgl. BVerfGE 87, 399 (406).

84 Die Literatur, die sich mit diesem Thema befasst, stammt vorwiegend aus den 1970er Jahren. Zu nennen sind u.a. Lutz Dietze, Zur rechtlichen Zulässigkeit von Schülerstreiks, RdJB 1970, 336; Klaus Grupp, „Schülerstreik" und Schulbesuchspflicht, DÖV 1974, 661; Frank Hennecke, Ordnungsrecht und Schülerstreik (Fn. 70), S. 123; Hartwig Ihlenfeld, Pflicht und Recht zum Besuch öffentlicher Schulen nach deutschem Bundes- und Landesrecht, Hamburg 1971, S. 176 ff.

85 Zum Begriff und zum Inhalt der freiheitlichen demokratischen Grundordnung s. BVerfGE 2, 1 (12 f.).

denen die Teilnahme ein einem Schulstreik jeweils als individuelles Fehlverhalten vorgeworfen werden kann, sind zwar zulässig, andererseits aber insofern problematisch, als sie von den Schülerinnen und Schülern vermutlich nicht ernst genommen werden. Ein zeitweiliger Ausschluss vom Unterricht ist schließlich sinnwidrig und die Entlassung ganzer Klassen oder Schulstufen könnte gegenüber der Öffentlichkeit nicht durchgehalten werden.

21.24 Demonstrationen

21.241 Das Recht der Schülerinnen und Schüler zur Teilnahme an öffentlichen Demonstrationen ist durch Art. 8 Abs. 1 GG gewährleistet.[86] Kommt es zu Ausschreitungen und Straftaten, ist es Sache der Polizei- oder Ordnungsbehörden, die erforderlichen Maßnahmen zu treffen.[87] Da es sich um Vorgänge handelt, die sich außerhalb des Schulbereichs abspielen, ist die Schule allenfalls mittelbar betroffen (TZ 21.17).

21.242 Schwieriger ist die Rechtslage zu beurteilen, wenn die Demonstration, an welcher der Schüler teilnehmen will, während der Unterrichtszeit stattfindet. Der lapidare Satz in der Erklärung der Kultusministerkonferenz vom 25.5.1973, die Teilnahme an Demonstrationen rechtfertige nicht das Fernbleiben vom Unterricht, da die politische Betätigung der Schüler in den außerschulischen Raum gehöre und das Demonstrationsrecht in der unterrichtsfreien Zeit ausgeübt werden könne[88], wird der rechtlichen und tatsächlichen Problematik nicht gerecht. Der einzelne Schüler hat in der Regel keinen Einfluss auf die Planung von Zeit und Ort einer Demonstration. So kommt es darauf an, das Spannungsverhältnis zwischen zwei verfassungsrechtlich geschützten Positionen – einerseits die im staatlichen Bildungs- und Erziehungsauftrag (Art. 7 Abs. 1 GG) verankerte und gesetzlich konkretisierte Schulbesuchspflicht der Schülerinnen und Schüler, andererseits die grundrechtlich garantierte Demonstrationsfreiheit (Art. 8 Abs. 1 GG) – durch Rechtsgüterabwägung zu lösen. Schul(pflicht)gesetze und Rechtsverordnungen ermöglichen überall eine kurzfristige Beurlaubung vom Schulbesuch aus wichtigen Gründen; das gilt für familiäre Anlässe ebenso wie für religiöse Veranstaltungen (s. hierzu TZ 19.123). Auch die Teilnahme an einer Demonstration kann einen wichtigen Grund darstellen. Es geht nicht an, dass die Schule bei Beurlaubung aus privatem Anlass großzügig verfährt, die Beteiligung an einer Demonstration hingegen zu unterbinden sucht. Will die Schule die Schüler zu mündigen Staatsbürgern erziehen, muss sie ihnen auch die politische Betätigung in angemessenem Rahmen gestatten.[89] Unerheblich ist hierbei, welche Bedeutung die Schule dem Anliegen der jeweiligen Demonstration beimisst oder ob ihr die durch die Kundgebung angestrebten Ziele wünschenswert erscheinen oder nicht, weil entsprechende Wertungen

86 Berkemann (Fn. 70), S. 102 (117 ff.); Karl-Heinz Hage, Demonstrationsrecht und Schulbesuchspflicht, Schulmanagement 1/1982, 4; Hennecke (Fn. 84), S. 123 (133); Ihlenfeld (Fn. 84), S. 176 ff.; *Rux/Niehues*, Schulrecht, Rn. 618; Wolfgang Perschel, Demonstrationsrecht und Schulbesuchspflicht, RdJB 1968, 269; Dieter Sterzel, Versammlungsfreiheit und Anwesenheitspflicht in der Schule, KJ 1989, 307. Zur Demonstrationsfreiheit im Allgemeinen *Kingreen/Poscher*, Grundrechte, Rn. 805 ff.; *Manssen*, (Fn. 74), Rn. 503 ff.; Michael *Kloepfer*, Versammlungsfreiheit, HdbStR VII, § 164.

87 Dabei sind die Behörden allerdings gehalten, versammlungsfreundlich zu verfahren, wie das BVerfG in seinem für die Versammlungsfreiheit grundlegenden Brokdorf-Beschluss festgehalten hat (BVerfGE 69, 315 [356]; hierzu auch Michael *Kloepfer*, Versammlungsfreiheit, HdbStR VII, § 164, Rn. 39 f.).

88 Erklärung der KMK „Zur Stellung des Schülers in der Schule" vom 25.5.1973, S. 12; ebenso VGH Mannheim, NJW 1969, 1791. Nach Sebastian *Müller-Franken*, in: Bruno Schmidt-Bleibtreu/Hans Hofmann/Hans-Günther Henneke (Hrsg.), Kommentar zum Grundgesetz, 14. Aufl. 2017, Art. 8 Rn. 32, ist Art. 8 Abs. 1 GG jedoch im Rahmen der Entscheidung der Schule über Sanktionsmaßnahmen zu berücksichtigen.

89 Im Ergebnis deshalb zutreffend VG Hannover, NJW 1991, 1000 (1001); VG Saarlouis, Urteil vom 28.8.2000, Az.: 1 K 257/98 (juris), Rn. 31; weitergehend *Sterzel* (Fn. 86), 307 (313 ff.): Unbeschränkter Anspruch auf Beurlaubung vom Unterricht.

dem Grundsatz der staatlichen Neutralität gegenüber den Inhalten grundrechtsgeschützter Versammlungen widersprächen.[90] Andererseits darf der Ablauf des Unterrichts nicht zur Disposition demonstrationsfreudiger Schülerinnen und Schüler gestellt werden. Eine Beurlaubung kann daher nur im Einzelfall und nur dann erteilt werden, wenn der durch die Demonstrationsteilnahme ausgelöste Unterrichtsausfall geringfügig bleibt. Es sind jeweils die besonderen Umstände zu berücksichtigen: die konkrete Unterrichtssituation (z.B. eine geplante Klassenarbeit), der Leistungsstand der Klasse insgesamt und der demonstrationswilligen Schüler im Besonderen, die Zahl der beteiligten Schüler, der Umfang und die Häufigkeit der Absenzen usw.[91]

Jedenfalls sind Schüler nicht berechtigt, sich selbst von der Schulbesuchspflicht zu dispensieren. Sie müssen vielmehr eine Beurlaubung beantragen[92]; bei minderjährigen Schülern ist ein Antrag der Eltern erforderlich (TZ 16.221). Ausnahmen kommen höchstens bei Spontandemonstrationen in Betracht, die es unmöglich machen, rechtzeitig einen Antrag zu stellen (z.B. bei einer am Vorabend für den nächsten Morgen angekündigten Versammlung). In einem solchen Fall ist aber die Schule umgehend zu benachrichtigen.

21.25 Schülervereinigungen (Schülergruppen)

Die Schülerinnen und Schüler haben nach Art. 9 Abs. 1 GG, der das Grundrecht der Vereinigungsfreiheit[93] garantiert, das Recht, sich auch innerhalb der Schule in Vereinigungen zu betätigen.[94] Dies schließt das Engagement in politischen Schülergruppen ein.[95] Die Gründung und die Tätigkeit von Schülervereinigungen darf nicht von einer Genehmigung

90 Problematisch ist insoweit, wenn das VG Hannover, NJW 1991, 1000 (1001), darauf abstellt, dass es bei der Demonstration gegen den Golfkrieg, an der der Schüler teilnehmen wollte, um die „Wiederherstellung des Weltfriedens" gehe. Nicht weniger problematisch ist es, wenn das VG Saarlouis, Urteil vom 28.8.2000, Az.: 1 K 257/98 (juris), Rn. 31, im Rahmen der Abwägung der kollidierenden Verfassungsgüter allgemeiner danach fragt, ob „das mit der Versammlung verbundene Anliegen von allgemeiner Bedeutung und ganz besonderem Gewicht ist".

91 Ebenso VG Saarlouis, Urteil vom 28.8.2000, Az.: 1 K 257/98 (juris), Rn. 31; der Sache nach auch VG Hannover, NJW 1991, 1000 (1001). Vgl. auch VG Berlin, SchuR 1998, 122: Kein Anspruch auf Beurlaubung zur Teilnahme an einer von Eltern, Lehrern und der Landesschülervertretung initiierten Demonstration während des Vormittags, wenn sie ohne weiteres in die Nachmittagsstunden hätte verlegt werden können und wenn außerdem zur gleichen Zeit an der Schule ein von der dortigen Schülervertretung veranstaltetes Sportfest stattfindet.

92 *Rux/Niehues*, Schulrecht, Rn. 621.

93 Zum Grundrecht der Vereinigungsfreiheit *Kingreen/Poscher*, Grundrechte, Rn. 836 ff.; *Manssen*, (Fn. 74), Rn. 540 ff.; Detlef *Merten*, Vereinsfreiheit, HdbStR VII, § 165.

94 Beispiele für gesetzliche Normierungen: § 49 bln SchulG; § 49 BbgSchulG, § 52 BremSchVwG, § 33 Abs. 2 HmbSG, § 126 Abs. 3 HSchG, § 86 NSchG, § 45 Abs. 4 nrw SchulG; § 6 Abs. 1 rp Übergreifende Schulordnung; § 13 Abs. 1 Satz 1 saarl ASchO; § 87 sh SchulG, § 27 ThürSchulG. – Problematisch ist die Regelung in Baden-Württemberg, welche die Befugnis der Schülerinnen und Schüler, Vereinigungen zu bilden und ihnen beizutreten, ausdrücklich nur für den außerschulischen Bereich anerkennt (§ 2 Abs. 1 Verordnung des Kultusministeriums über Einrichtung und Aufgaben der Schülermitverantwortung [SMV-Verordnung] vom 8.6.1976 [GBl. S. 524], zul.g.d. Verordnung vom 9.12.2015 [GBl. 2016 S. 3])). Zu Schülervereinigungen s. auch DJT-SchulGE, § 64 (S. 96), S. 289; *Rux/Niehues*, Schulrecht, Rn. 623 f.

95 Daher ist beispielsweise § 13 Abs. 1 Satz 2 saarl ASchO, der die Bildung und Betätigung politischer Schülergruppen in der Schule für unzulässig erklärt, mit Art. 9 Abs. 1 GG unvereinbar; demgegenüber ist § 34 Abs. 1 Satz 3 Halbsatz 2 saarl SchoG, der die Bildung politischer Schülergruppen „innerhalb der Schülervertretung" verbietet, verfassungsrechtlich unbedenklich, da die Schülervertretung als Zwangsvertretung *aller* Schülerinnen und Schüler in politischen Fragen neutral sein muss (vgl. TZ 8.122). Behutsamer und verfassungsgemäß Art. 84 Abs. 2 BayEUG, der nur die politische Werbung im Rahmen von Schulveranstaltungen oder auf dem Schulgelände verbietet. Nach § 86 Abs. 2 NSchG können Schülergruppen, deren Mitglieder das 14. Lebensjahr vollendet haben, in der Schule für eine bestimmte politische, religiöse oder weltanschauliche Richtung eintreten.

der Schule abhängig gemacht werden[96]; doch erwächst aus dem Schulverhältnis die Verpflichtung, solche Zusammenschlüsse der Schule mindestens zu melden, zumal dann, wenn diese ihre Räume und Einrichtungen zur Verfügung stellen soll. Politische Schülergruppen dürfen gegenüber anderen Gruppen nicht benachteiligt, aber auch nicht bevorzugt werden (Art. 3 Abs. 1 GG). Allerdings ergeben sich aus dem Bildungs- und Erziehungsauftrag der Schule Einschränkungen für die Aktivitäten von Schülervereinigungen. Sie dürfen den Schul- und Unterrichtsbetrieb nicht stören. Deshalb muss die Schule einschreiten, wenn eine politische Schülergruppe durch Agitation den Schulfrieden beeinträchtigt.

Die Schule kann Schülervereinigungen außerhalb der Unterrichtszeiten ihre Räume kostenlos zur Verfügung stellen; sie entscheidet dabei nach pflichtgemäßem Ermessen unter Beachtung des Gleichheitsgrundsatzes.[97] Die Zustimmung des Schulträgers ist jedenfalls dann nicht erforderlich, wenn die Nutzung der Räume einen Bezug zur Schule hat; das ist bei Veranstaltungen von Schülergruppen in der Regel zu bejahen.[98] Zur schulischen Aufsichtspflicht bei derartigen Veranstaltungen s. TZ 29.22.

21.26 Schülerzeitungen, Flugblätter, Mitarbeit im Medienbereich

21.261 *Schülerzeitungen* (Schülerzeitschriften)[99] sind periodische Druckschriften, deren Inhalt für die Schülerinnen und Schüler einer oder mehrerer Schulen bestimmt ist und die von diesen in eigener Verantwortung redigiert und vertrieben werden. Obwohl sie im Hinblick auf ihre Redakteure und Mitarbeiter, ihren Zweck und ihren Leserkreis mit der Schule verbunden sind, stellen sie eine außerschulische Einrichtung dar. Sie unterstehen den Landespressegesetzen[100]; daneben gelten besondere schulrechtliche Regelungen, die sich – von Land zu Land verschieden – aus Schulgesetz, Rechtsverordnungen oder Verwaltungsvorschriften ergeben.[101]

---

96 So aber § 13 Abs. 1 Satz 1 saarl ASchO, der die Bildung von (nichtpolitischen) Schülervereinigungen nur mit Zustimmung des Schulleiters gestattet. Nach § 6 Abs. 2 rp Übergreifende Schulordnung sind Veranstaltungen der politischen Schülervereinigungen keine Schulveranstaltungen.

97 In Niedersachsen ist die Schule zur Nutzungsüberlassung sogar verpflichtet, wenn nicht die Erfüllung des Bildungsauftrages der Schule gefährdet ist oder Belange der Schule oder des Schulträgers entgegenstehen (§ 86 Abs. 1 NSchG); in Nordrhein-Westfalen (§ 45 Abs. 4 Satz 4 nrw SchulG) und Schleswig-Holstein (§ 87 Abs. 2 Satz 1 SchulG) soll sie die Nutzung gestatten.

98 DJT-SchulGE, S. 289; *Rux/Niehues*, Schulrecht, Rn. 624.

99 Dazu die KMK-Erklärung „Zur Stellung des Schülers in der Schule" vom 25.5.1973 unter VII; s. ferner DJT-SchulGE, § 63 (S. 96), S. 287 ff. – Eine Auswahl aus der – zumeist älteren – Literatur: Hans D. Jarass, Rechtliche Grundlagen der Schülerpresse und der Schulpresse, DÖV 1983, 609; Albrecht Leuschner, Das Recht der Schülerzeitungen, Berlin 1966; Gerald Rieger, Schülerpresserecht in Nordrhein-Westfalen, RdJB 1982, 454; Axel Tiemann, Der Vertrieb von Schülerzeitungen auf dem Schulgelände, in: Hans-Jörg Birk/Armin Dittmann/Manfred Erhardt (Hrsg.), Kulturverwaltungsrecht im Wandel. Festschrift für Thomas Oppermann, Stuttgart 1980, S. 143.

100 Nach Art. 63 Abs. 1 Satz 4 BayEUG hat die Redaktion der Schülerzeitung das Wahlrecht, ob die Schülerzeitung als Einrichtung der Schule im Rahmen der Schülermitverantwortung oder als Druckwerk im Sinn des Bayerischen Pressegesetzes erscheint. Gemäß § 5 Abs. 2 rp Übergreifende Schulordnung kann die Herausgabe einer Schülerzeitung in alleiniger Verantwortung der Schüler oder im Rahmen einer schulischen Veranstaltung erfolgen. Erfolgt die Herausgabe der Schülerzeitung in alleiniger Verantwortung der Schüler, so richtet sich ihre Verantwortung nach dem Presserecht und den allgemeinen Gesetzen (Abs. 3 Satz 1); erfolgt die Herausgabe der Schülerzeitung im Rahmen einer schulischen Veranstaltung, so richtet sich die Verantwortung der Schüler im Rahmen des Schulverhältnisses zwar auch nach dem Presserecht und den allgemeinen Gesetzen, jedoch müssen die Schüler mit einer beratenden Lehrkraft zusammenarbeiten, welche von der Redaktion der Schülerzeitung gewählt wird (Abs. 4 Satz 1 und 4).

101 Baden-Württemberg: VV Werbung, Wettbewerbe und Erhebungen in Schulen vom 21.9.2002 (K.u.U. S. 309), zul.g.d. VV vom 28.10.2005 (K.u.U. S. 167); Bayern: Art. 63 BayEUG; Berlin: § 48 bln SchulG; Bremen: § 51 BremSchulG; Hamburg: § 33 Abs. 1 HmbSG; Hessen: § 126 Abs. 2 HSchG, Richtlinie für Schülerzeitungen und Schulzeitungen. Erlass vom 8.12.2017 (ABl. 2018, S. 32); Mecklenburg-Vor-

Von der Schülerzeitung ist die *Schulzeitung* zu unterscheiden, die eine Veranstaltung der Schule ist und bei der Schulleitung oder Lehrkräfte maßgeblichen Einfluss auf die inhaltliche Gestaltung nehmen.[102] Bei ihr kommt es in der Regel seltener zu Konflikten, so dass sich die nachfolgende Darstellung auf Schülerzeitungen konzentriert.

21.262 Schülerzeitungen genießen den *Schutz der Pressefreiheit* (Art. 5 Abs. 1 Satz 2 GG).[103] Diese gewährleistet die freie Beschaffung der Information bis hin zur freien Verbreitung der Nachricht und der Meinung.[104] Schranken ergeben sich auch hier gemäß Art. 5 Abs. 2 GG aus den Vorschriften der allgemeinen Gesetze (dazu TZ 21.21), den gesetzlichen Regelungen zum Schutz der Jugend und dem Recht der persönlichen Ehre. Zu den allgemeinen Gesetzen gehören auch die schulgesetzlichen Vorschriften, die den Erziehungs- und Bildungsauftrag der Schule konkretisieren. Eine Schülerzeitung darf daher insbesondere den Schulfrieden nicht beeinträchtigen. Dass weggeworfene Zeitungsexemplare zusätzliche Anforderungen an die Reinhaltung des Schulgebäudes stellen, bedeutet keine der Redaktion anzulastende Beeinträchtigung des Schulfriedens. Von einer Störung des Schulfriedens kann selbst dann keine Rede sein, wenn Missstände an der Schule mit heftiger Polemik kritisiert werden. Engagierte, überzogene und einseitige Meinungsäußerungen dürfen bei Jugendlichen und Heranwachsenden nicht in gleicher Weise auf die Goldwaage gelegt werden wie bei gereiften Menschen (vgl. TZ 21.22).[105] Karikaturen oder Glossen über Lehrerinnen und Lehrer oder über Schülerinnen und Schüler stören weder den Schulfrieden noch setzen sie die Ehre der Betroffenen herab.[106] Anders ist die Rechtslage zu bewerten, wenn die Zeitung hämisch über Angehörige der Schule, seien es Lehrkräfte oder Schüler, berichtet, sie „kaputt zu machen" versucht oder ihr Persönlichkeitsrecht verletzt; in diesen Fällen werden die von Art. 5 Abs. 2 GG gezogenen Grenzen des Schutzes der persönlichen Ehre überschritten.

Die der Pressefreiheit gezogenen Grenzen rechtfertigen jedoch keine vorbeugende Kontrolle der Schülerzeitung durch die Schule.[107] Das *Zensurverbot* des Art. 5 Abs. 1 Satz 3

---

pommern: § 85 Abs. 2 und 3 SchulG M-V; Niedersachsen: § 87 NSchG; Nordrhein-Westfalen: § 45 Abs. 3 nrw SchulG; Rheinland-Pfalz: § 36 rp SchulG, § 5 rp Übergreifende Schulordnung; Saarland: § 13 Abs. 3 bis 5 saarl ASchO; Sachsen: § 57 sächs SchulG; Sachsen-Anhalt; § 54 SchulG LSA, Schülerzeitungen. RdErl. Des MK vom 18.1.1995 (MBl. LSA S. 208); Schleswig-Holstein: § 86 sh SchulG; Thüringen: § 26a ThürSchulG.

102 Vgl. etwa § 48 Abs. 4 bln SchulG, § 126 Abs. 2 Satz 2 HSchG, § 13 Abs. 2 saarl ASchO, § 26a Abs. 1 Satz 3 ThürSchulG.

103 Die in der Schülerzeitung veröffentlichten einzelnen Artikel unterliegen hingegen dem Schutz der Meinungsäußerungsfreiheit nach Art. 5 Abs. 1 Satz 1 GG; demgegenüber tritt die Pressefreiheit zurück (s. m.w.N. BVerfGE 86, 122 [127 f.]).

104 BVerfGE 10, 118 (121). Zum Schutzbereich des Grundrechts auf Pressefreiheit *Kingreen/Poscher*, Grundrechte, Rn. 667 ff.; *Manssen*, (Fn. 74), Rn. 376 ff.; Martin *Bullinger*, Freiheit von Presse, Rundfunk und Film, HdbStR VII, § 163.

105 BVerfGE 86, 122 (131).

106 Zumal sie im Zweifel auch unter die in Art. 5 Abs. 3 Satz 1 GG vorbehaltlos gewährte Kunstfreiheit fallen können.

107 Zweifelhaft ist daher die Rechtmäßigkeit des Art. 63 Abs. 4 BayEUG, wonach der Schulleitung, wenn die Schülerzeitung auf dem Schulgelände verteilt werden soll, vor Drucklegung ein Exemplar zur Kenntnis zu geben ist; diese kann Einwendungen erheben. Berücksichtigt die Redaktion die Einwendungen nicht, so hat sie die Schülerzeitung zusammen mit einer Stellungnahme dem Schulforum vorzulegen. Das Schulforum soll auf eine gütliche Einigung hinwirken; scheitert die gütliche Einigung, kann das Schulforum die Verteilung der Schülerzeitung auf dem Schulgelände untersagen. Auch in Baden-Württemberg ist gemäß Ziff. 5.4.2 VV Werbung, Wettbewerbe und Erhebungen in Schulen dem Schulleiter auf sein Verlangen jeweils ein Exemplar mindestens drei Tage vor der beabsichtigten Verteilung zugänglich zu machen, wenn die Schülerzeitschrift auf dem Schulgelände vertrieben werden soll. Der Schulleiter kann den Vertrieb der einzelnen Ausgabe der Schülerzeitung auf dem Schulgelände untersagen, wenn er der Meinung ist, dass der Inhalt oder die Art des Vertriebes der Schülerzeitung gegen Gesetze verstoßen oder eine schwere Beeinträchtigung der Aufgaben der Schule zu befürchten ist; allerdings ist ähnlich wie in Bayern vor der endgültigen Entscheidung des Schulleiters

GG untersagt die Vor- oder Präventivzensur; einschränkende Maßnahmen *vor* der Herstellung oder Verbreitung einer Publikation sind unzulässig.[108] Freilich schließt dies nicht aus, dass die Schule die Herausgeber der Schülerzeitung im Rahmen ihrer Möglichkeiten fördert[109] oder dass sich die Redaktion der Unterstützung einer beratenden Lehrerin oder eines beratenden Lehrers versichert.[110] Der Vertrieb der Schülerzeitung auf dem Schulgelände darf grundsätzlich nicht von einer Vorprüfung oder Genehmigung abhängig gemacht werden; entgegenstehende Vorschriften sind verfassungswidrig.[111] Ergeben sich jedoch konkrete Anhaltspunkte für eine rechtswidrige Gestaltung der Zeitung, kann deren Vorlage auch vor ihrer Verteilung angeordnet werden.[112]

Nachträgliche Sanktionen gegen die in einer Schülerzeitung begangenen Rechtsverstöße bleiben der Schule unbenommen. Pflichtverletzungen von Redakteurinnen und Redakteuren können mit Ordnungsmaßnahmen (TZ 22.2) geahndet werden.[113]

Die Schulleiterin oder der Schulleiter ist ferner befugt, im Einzelfall den Vertrieb einer Schülerzeitung, die die Grenzen der Pressefreiheit überschreitet, auf dem Schulgelände (nicht außerhalb des Schulgrundstücks) zu unterbinden.[114] Dabei muss allerdings der Grundsatz der Verhältnismäßigkeit gewahrt werden. Ein Vertriebsverbot darf nur angeordnet werden, wenn mildere Mittel (z.B. Richtigstellung in der nächsten Ausgabe, Androhung eines künftigen Vertriebsverbots) keinen Erfolg versprechen oder angesichts des Unrechtsgehalts der Veröffentlichung nicht als ausreichend erscheinen (z.B. bei einem Aufruf zum Unterrichtsboykott). Darüber hinaus hat die Schule die Möglichkeit, privatrechtlich (z.B. durch Klage auf Widerruf), gegebenenfalls auch strafrechtlich (durch Strafanzeige) vorzugehen.

---

eine Beratung in der Schulkonferenz über die Untersagung des Vertriebs der Ausgabe der Schülerzeitung auf dem Schulgelände erforderlich. Anders wiederum § 51 Abs. 1 Satz 3 BremSchulG, der lediglich fordert, dass der Schulleitung ein Exemplar der Schülerzeitung mit Beginn der Verteilung zur Kenntnis zuzuleiten ist.

108 Vgl. BVerfGE 33, 52 (71 f.); 47, 198 (236); BVerfG 2015, 1438 (1440). Zum Zensurverbot auch *Kingreen/Poscher*, Grundrechte, Rn. 710 ff.; *Manssen*, (Fn. 74), Rn. 414.

109 Nach Ansicht des BayVerfGH, DVBl. 1995, 419 (423 f.), wäre eine gesetzliche Vorschrift verfassungswidrig, die einerseits bestimmt, dass die Schülerzeitung außerhalb der schulischen Verantwortung liegt, und andererseits anordnet, dass die Schule die Arbeit der Redaktion unterstützt und ihr Arbeitsmöglichkeiten zur Verfügung stellt. Eine solche Regelung löse das „verfassungsrechtliche Spannungsverhältnis" zwischen dem staatlichen Bildungs- und Erziehungsauftrag und dem Recht der Schülerin und des Schülers auf Meinungs- und Pressefreiheit nicht auf; es werde nicht klar, welcher dieser beiden verfassungsrechtlichen Bestimmungen der Vorrang eingeräumt werde, wie die Verantwortlichkeiten verteilt und wie Konfliktfälle gelöst werden. Das Gericht hat u.a. deshalb die verfassungsrechtlichen Voraussetzungen für die Zulassung eines Volksbegehrens zur Änderung des BayEUG verneint, in dem diese Vorschrift enthalten war. Kritisch zu dieser Entscheidung Raimund *Wimmer*, Die Volksbegehren zur Novellierung des Bayerischen Gesetzes über das Erziehungs- und Unterrichtswesen, RdJB 1995, 340 (343).

110 Zu den – extensiv ausgelegten – Pflichten einer Beratungslehrerin für Schülerzeitungen OVG Koblenz, DVBl. 1981, 1015; kritisch zu dieser Entscheidung Karl-Heinz Hage, Zensurverbot von Schülerzeitungen, DVBl. 1981, 1018; Lutz Dietze, Unzensierte Schülerzeitung als Haftungsrisiko, KJ 1981, 286. Zur vorinstanzlichen Entscheidung (VG Koblenz, RdJB 1980, 377) s. Lutz Dietze, Zu einer Einschränkung der Pressefreiheit bei Schülerzeitungen, RdJB 1980, 380; Sieghart *Ott*, Schülerzeitung und beratender Lehrer, DÖV 1981, 68.

111 *Rux/Niehues*, Schulrecht, Rn. 610.

112 *Jarass* (Fn. 99), 609 (615).

113 Der Schulausschluss eines engagierten Redakteurs dürfte aber in der Regel ein unverhältnismäßiges Mittel sein.

114 Vgl. etwa 5.4.2 bw VV Werbung, Wettbewerbe und Erhebungen in Schulen; Art. 63 Abs. 5 BayEUG; § 48 Abs. 3 bln SchulG; § 48 Abs. 2 Satz 2 BgbSchulG (nur mit Genehmigung des staatlichen Schulamtes); § 85 Abs. 3 Satz 2 SchulG M-V; § 36 Abs. 3 Satz 2 rp SchulG, § 5 Abs. 6 Satz 1 rp Übergreifende Schulordnung; § 13 Abs. 5 Satz 2 ASchO; § 26a Abs. 3 Satz 1 ThürSchulG. Weitergehend aber § 57 Abs. 2 Satz 2 sächs SchulG: Der Schulleiter kann den Vertrieb auf dem Schulgrundstück einschränken oder verbieten, wenn es die Erfüllung des Erziehungs- und Bildungsauftrages der Schule erfordert.

21.263 Verfassungsrechtlich zulässige Einschränkungen der für Schülerzeitungen geltenden Pressefreiheit bedürfen einer gesetzlichen Grundlage und sind durch Rechtssatz, also mindestens in Form einer Rechtsverordnung, zu regeln. Verwaltungsvorschriften genügen diesen Erfordernissen nicht. Zum Vorbehalt des Gesetzes s. TZ 2.23.

21.264 Für Schülerzeitungen gelten die Vorschriften des jeweiligen *Landespressegesetzes.*[115] Danach muss die Zeitung ein Impressum aufweisen (Namen und Anschrift des Druckers, des Verlags bzw. Herausgebers sowie des verantwortlichen Redakteurs). Bei Tatsachenbehauptungen steht den betroffenen Personen ein Anspruch auf *Gegendarstellung* zu. Ein Exemplar jeder Ausgabe der Schülerzeitung ist an die im Landespressegesetz benannte Bibliothek als Pflichtexemplar abzuliefern.[116] *Behörden* sind verpflichtet, den Vertreterinnen und Vertretern der Schülerzeitung zur Erfüllung ihrer öffentlichen Aufgabe Auskünfte zu erteilen.

21.265 Die *rechtsgeschäftliche Verantwortung* für Schülerzeitungen trifft ausschließlich die Herausgeberinnen und Herausgeber. Soweit diese nicht volljährig sind, gelten die allgemeinen Grundsätze des bürgerlichen Rechts für Rechtsgeschäfte Minderjähriger (§§ 106 ff. BGB).

21.266 Für *Flugblätter*[117] und andere Druckschriften wie auch für *akustische, visuelle und elektronische Medien* (z.B. Veröffentlichungen im Internet) gelten die Grundsätze für Schülerzeitungen entsprechend.[118] Da bei Flugblättern anders als bei einer Schülerzeitung die Gefahr besteht, dass die – sich häufig in die Anonymität zurückziehenden – Verantwortlichen nicht zur Schule gehören, kann die Schulleitung die Verteilung auf dem Schulgrundstück von ihrer Erlaubnis und diese wiederum von der Vorlage eines Exemplars abhängig machen. Diese Einschränkung der Pressefreiheit bedeutet keine verfassungswidrige Zensur; sie soll vielmehr verhindern, dass die in der Schule (nur) den Schülerinnen und Schülern gewährleistete Pressefreiheit nicht von schulfremden Personen missbraucht wird. Ein Vertriebsverbot für Flugblätter ist gerechtfertigt, wenn ihr Inhalt den Bildungs- und Erziehungsauftrag der Schule ernstlich gefährdet.[119]

21.267 Die sonstige *Mitarbeit von Schülerinnen und Schülern bei Presse und Rundfunk* ist eine außerschulische Tätigkeit, die keiner Genehmigung seitens der Schule bedarf. Die Meinungs- und Pressefreiheit der Schülerinnen und Schüler unterliegt – abgesehen von der Begrenzung durch die elterlichen Rechte gegenüber ihren minderjährigen Kindern (dazu TZ 16.221) – nur den in Art. 5 Abs. 2 GG genannten Schranken.

---

115 Vgl. aber die oben (Fn. 100) bereits erwähnte Wahlmöglichkeit nach Art. 63 Abs. 1 Satz 4 BayEUG.

116 S. z.B. § 13 Abs. 1 Satz 1 Bbg. Landespressegesetz vom 13.5.1993 (GVBl. S. 162), zul.g.d. Gesetz vom 8.5.2018 (GVBl. S. 23); § 12 Abs. 1 Satz 1 Brem. Pressegesetz vom 16.5.1965 (GBl. S. 63, 75), zul.g.d. Gesetz vom 8.5.2018 (GBl. S. 149, 151); § 11 Abs. 1 Landespressegesetz M-V vom 6.6.1993 (GVOBl. S. 541), zul.g.d. Gesetz vom 22.5.2018 (GVOBl. S. 193, 204); sehr ausführlich auch § 14 saarl. Mediengesetz vom 27.2.2002 (ABl. S. 498), zul.g.d. Gesetz vom 16.5.2018 (ABl. I S. 268).

117 Dazu *Rux/Niehues*, Schulrecht, Rn. 614 f.; Rieger (Fn. 99), 454 (464 f.).

118 S. etwa § 51 Abs. 3 BremSchulG, § 87 Abs. 1 und Abs. 3 NSchG.

119 Diese Voraussetzung ist bei dem in einem Flugblatt enthaltenen Aufruf zu einer Demonstration, der den Unterrichtsausfall nicht zum Ziel hat, sondern ihn lediglich als mittelbare Folge in Kauf nimmt, nicht erfüllt. So VG Hannover, NJW 1991, 1000 (1001).

22. Kapitel: Erziehungsmaßnahmen, Ordnungsmaßnahmen

Gegenüber Schülerinnen und Schülern, die die ihnen obliegenden Verhaltenspflichten (vgl. das 21. Kapitel) verletzen und den geordneten Ablauf des Schulbetriebs beeinträchtigen, stehen der Schule ganz unterschiedliche Reaktionsmöglichkeiten zur Verfügung, von denen sie je nach den Umständen Gebrauch machen kann: Erziehungsmaßnahmen verschiedener Art, die den Schüler zu einer Änderung seines Verhaltens bewegen sollen (TZ 22.1), aber auch förmliche Ordnungsmaßnahmen abgestufter Intensität, die über die erzieherische Einwirkung hinaus der Wiederherstellung der schulischen Ordnung dienen und vom schriftlichen Verweis bis zum Ausschluss von allen Schulen des Landes reichen können (TZ 22.2).[1]

Sowohl Erziehungs- als auch Ordnungsmaßnahmen dienen der Verwirklichung des Bildungs- und Erziehungsauftrags der Schule.[2] Insoweit ist eine allgemeingültige und trennscharfe Unterscheidung von Erziehungs- und Ordnungsmaßnahmen nicht möglich.[3] Erziehungsmaßnahmen sind allerdings primär pädagogische Mittel, die eng mit der Lehrkraft verbunden sind, die diese Maßnahmen einsetzt[4] und deren Erfolg sich danach beurteilt, inwieweit ihr Ziel – eine Einsicht der Schüler in ihr Fehlverhalten – erreicht wird (TZ 22.11). Demgegenüber sichern Ordnungsmaßnahmen in erster Linie die Funktionsfähigkeit der Schule, auch wenn mit ihnen durchaus auch erzieherische Zwecke verfolgt werden können. Im Unterschied zu Erziehungsmaßnahmen werden sie zudem nicht im laufenden Unterrichtsbetrieb verfügt, sondern sind gebunden an die Einhaltung eines förmlichen Verfahrens sowie materieller Rechtsgrundsätze, wie insbesondere des Übermaßverbots (TZ 22.24 und 22.25).

22.1 Erziehungsmaßnahmen

22.11 Grundsätze

Die meisten Länder haben mögliche Erziehungsmaßnahmen[5] in den einschlägigen Rechtsvorschriften benannt. Diese Aufzählungen sind jedoch nicht abschließend, weil dies der

---

1 Hierzu insgesamt DJT-SchulGE, § 65 (S. 96 ff.), S. 283 ff.; Thomas *Böhm*, Erziehungs- und Ordnungsmaßnahmen in der Schule. Schulrechtlicher Leitfaden. 4. Aufl., Köln 2011; Andreas *Gleim*, Schulische Ordnungsmaßnahmen. Was man darf, was man nicht darf, und was man beachten muss, Pädagogik 12/2008, 26; Dieter *Hesselberger*, Die verfassungsrechtliche Zulässigkeit von Erziehungs-, Sicherungs- und Strafmaßnahmen gegenüber Schülern, RdJB 1974, 17; Dieter *Margies*/Gerald *Rieger*, Erziehungs- und Ordnungsmaßnahmen, in: Alfred Müller u.a. (Hrsg.), Leitung und Verwaltung einer Schule. 8. Aufl., Neuwied 1997, S. 401; Anke *Peters*, Erziehungs- und Ordnungsmaßnahmen im Schulrecht, Göttingen 1991; *dies.*, Grundrechtseingriffe durch schulische Erziehungs- und Ordnungsmaßnahmen, RdJB 1994, 229; *Rux/Niehues*, Schulrecht, Rn. 416 ff.; Christoph *Tangermann*, Die Schulstrafe, BayVBl 2008, 357; Witgar *Weber*, Das Ordnungsrecht der Schule. Eine Betrachtung der Schulstrafen mit Schwerpunkt auf dem baden-württembergischen Recht, Tübingen 1985.

2 Vgl. etwa § 90 Abs. 1 bw SchG, Art. 86 Abs. 1 Satz 1 BayEUG, § 49 Abs. 1 Satz 1 HmbSG, § 53 Abs. 1 Satz 1 nrw SchulG, § 39 Abs. 1 sächs SchulG, § 51 Abs. 2 Satz 1 ThürSchulG.

3 *Rux/Niehues*, Schulrecht, Rn. 420.

4 Vgl. bspw. § 60 Abs. 1 Satz 3 SchulG M-V, wonach Erziehungsmaßnahmen grundsätzlich von der Lehrkraft ausgesprochen werden, die das Fehlverhalten wahrnimmt; ähnlich § 62 Abs. 3 Satz 1 bln SchulG, § 16 Abs. 1 Satz 1 saarl ASchO.

5 Die Terminologie der Schulgesetze ist nicht einheitlich. So werden in Baden-Württemberg „Erziehungs- und Ordnungsmaßnahmen" und „pädagogische Erziehungsmaßnahmen" (§ 90 Abs. 2 Satz 1 Halbsatz 1 bw SchG) unterschieden, in Bayern „andere Erziehungsmaßnahmen" und „Ordnungsmaß- und Sicherungsmaßnahmen" (Art. 86 Abs. 1 Satz 3 BayEUG), in Berlin, Hamburg und Sachsen „Erzie-

pädagogischen Zielsetzung der Maßnahmen und zugleich auch der pädagogischen Freiheit der Lehrerinnen und Lehrer widersprechen würde (s. hierzu TZ 30.7), welche nicht zuletzt auf der Erkenntnis beruht, dass der schulische Bildungs- und Erziehungsauftrag nur dann erfolgreich sein kann, wenn den Lehrkräften ein Freiraum zur eigenverantwortlichen Ausgestaltung der konkreten Unterrichtssituation belassen wird. Nach Art und Grad der Einwirkung lassen sich anregende und fördernde Erziehungsmaßnahmen (TZ 22.12) unterscheiden von solchen Maßnahmen, die Gebote oder Verbote enthalten (TZ 22.13).[6]

22.12 Anregende und fördernde Erziehungsmaßnahmen

Viele kleinere Störungen und Konflikte, die in der Schule auftreten, etwa Unaufmerksamkeit oder Desinteresse eines Schülers, gelegentliches Zuspätkommen oder unangemessenes Benehmen, fordern die Lehrkräfte in ihrer Rolle als Erzieherinnen und Erzieher heraus. Zu der Bandbreite von Mitteln, die ihnen zur Verfügung stehen, zählen beispielsweise Verhaltensmodalitäten, die sich in freundlicherer oder unfreundlicherer Behandlung, in größerer oder geringerer Beachtung des Schülers (wiederholtes Aufrufen oder Linksliegenlassen) äußern. Hierzu rechnen ferner das erzieherische Gespräch unter vier Augen oder Gruppengespräche mit Schülern und Eltern, gemeinsame Absprachen, Ermunterung und Ermahnung, Lob und Missbilligung oder auch der Entzug von Vergünstigungen (z.B. Absage eines geplanten Wandertages). Solche erzieherischen Einwirkungen richten sich nach Gesichtspunkten pädagogischer Zweckmäßigkeit und berühren die Rechtssphäre der Schüler allenfalls am Rande. Gleichwohl gibt es Grenzen des rechtlich Zulässigen. So dürfen die Lehrkräfte durch ihren Erziehungsstil die Schülerinnen und Schüler nicht in ihrer Gesundheit beeinträchtigen.[7] Auch darf ein Lehrer das Fehlverhalten des einen Schülers nicht stets mit Nachsicht übergehen, während sie einen anderen wegen gleichartiger Verstöße barsch zur Ordnung ruft, da ein solches Verhalten gegen die Pflicht zu unparteiischer und gerechter Amtsführung verstößt und daher rechtwidrig ist (vgl. auch TZ 29.111).

---

hungsmaßnahmen“ („erzieherische Mittel“) und „(förmliche) Ordnungsmaßnahmen“ (§§ 62 f. bln SchulG, § 49 Abs. 1 Satz 1 HmbSG, § 39 sächs SchulG), in Hessen, Sachsen-Anhalt, Schleswig-Holstein und Thüringen „pädagogische Maßnahmen“ und „Ordnungsmaßnahmen“ (§ 82 HSchG, § 44 Abs. 1 Satz 1, Abs. 2 Satz 1 SchulG LSA, § 25 Abs. 1 Satz 1, Abs. 2 sh SchulG, 51 ThürSchulG). In Mecklenburg-Vorpommern werden „Erziehungsmaßnahmen“, die auch als „pädagogische Maßnahmen“ bezeichnet werden, und „Ordnungsmaßnahmen“ aufgeführt (§§ 60 f. SchulG M-V). Niedersachsen differenziert zwischen „Erziehungsmitteln“ und „Ordnungsmaßnahmen“ (§ 61 Abs. 1 und 2 NSchG), während in Nordrhein-Westfalen (§ 53 nrw SchulG), Rheinland Pfalz (§ 96 Abs. 1 Satz 1 rp Schulordnung für die öffentlichen Realschulen plus, Integrierten Gesamtschulen, Gymnasien, Kollegs und Abendgymnasien [Übergreifende Schulordnung] vom 12.6.2009 [GVBl. S. 224], zul.g.d. Artikel 1 der Verordnung vom 3.6.2013 [GVBl. S. 257]) sowie im Saarland (§ 32 Abs. 1 Satz 1 saarl SchoG) zwischen „erzieherischen Einwirkungen“ und „Ordnungsmaßnahmen unterschieden wird. In Bremen schließlich nennt das Schulgesetz nur „Ordnungsmaßnahmen“ sowie „Maßnahmen zur Sicherheit der Schule“ (§ 46 und § 47a BremSchulG).

6 Vgl. die Aufzählung von Erziehungsmaßnahmen z.B. in § 62 Abs. 2 bln SchulG, § 49 Abs. 2 Satz 2 HmbSG, § 82 Abs. 1 Satz 2 HSchG, § 60 Abs. 2 SchulG M-V, § 53 Abs. 2 Satz 1 nrw SchulG, § 96 Abs. 1 Satz 2 rp Übergreifende Schulordnung, § 16 Abs. 2 Satz 1 und 2 saarl ASchO, § 25 Abs. 1 Satz 3 sh SchulG,§ 51 Abs. 1 Satz 3 ThürSchulG.

7 Etwa dadurch, dass die Schüler durch das Schreien der Lehrkraft derart eingeschüchtert werden, dass sie sich aus Angst unter den Schulbänken verstecken. Zu einem solchen Fall OVG Münster, NVwZ-RR 1995, 666.

22.13 Erziehungsmaßnahmen als Gebote und Verbote

In diesen Bereich verstärkter erzieherischer Einwirkung fallen vornehmlich diejenigen Anordnungen, mit denen die Schule Unzuträglichkeiten und Störungen fast beiläufig und unmittelbar beseitigt: Der Lehrer veranlasst den Schüler, der Papier auf den Boden geworfen hat, es aufzuheben; er fordert die auf dem Flur tobenden Schüler auf, Ruhe zu wahren; er setzt Schüler, die im Unterricht fortwährend schwätzen, auseinander[8]; er weist einen Schüler, der sich danebenbenimmt, vorübergehend aus dem Klassenzimmer[9]; er ordnet wegen wiederholten Auseinandersetzungen zwischen einzelnen Schülern deren Teilnahme an einem Mediationsverfahren oder innerschulischen sozialen Trainingsmaßnahmen an; er besteht darauf, dass eine nachlässig angefertigte Arbeit erneut geschrieben wird[10]; er fordert einen Schüler, der sich ehrverletzend gegenüber einem Mitschüler geäußert hat, zur Entschuldigung auf oder verlangt von einem Schüler wegen vorangegangenen Fehlverhaltens die Erstellung und Präsentation eines Referates[11]. Reaktionen dieser Art sind ferner der mündliche Tadel mit Eintragung ins Klassenbuch, die vorübergehende Einbehaltung störender Gegenstände oder die Auferlegung besonderer Pflichten (z.B. die Wiedergutmachung des angerichteten Schadens).

Auch bei derartigen Maßnahmen steht der pädagogische Zweck ganz im Vordergrund. Von den anregenden und fördernden Erziehungsmaßnahmen (TZ 22.11) heben sie sich indes dadurch ab, dass sie dem Schüler ein bestimmtes Verhalten *verbindlich vorschreiben oder untersagen* und dadurch seine Entfaltungsfreiheit in den durch Art. 2 Abs. 1 GG vorgegebenen Schranken begrenzen (vgl. TZ 2.224). Von den förmlichen Ordnungsmaßnahmen wiederum unterscheiden sie sich durch ihre geringere Eingriffsintensität, da sie allein darauf gerichtet sind, den Schüler zur Beachtung der unerlässlichen „Spielregeln" anzuhalten. Mangels unmittelbarer Rechtswirkung handelt es sich bei ihnen nicht um Verwaltungsakte im Sinne des § 35 Satz 1 VwVfG.[12] Auch wenn sie in den Schulgesetzen der Länder explizit vorgesehen sind, bedürfen sie eigentlich keiner besonderen Rechtsgrundlage, da sie bereits durch den Bildungs- und Erziehungsauftrag der Schule hinreichend abgesichert sind (TZ 5.1).[13]

---

8 Zutreffend VG Braunschweig, NVwZ-RR 1989, 549: Die Umsetzung eines Schülers innerhalb der Klasse gegen seinen Willen stellt in ihren Auswirkungen eine nur geringfügige Beeinträchtigung dar; sie gehört zu den gebräuchlichen Erziehungsmitteln, um den Unterricht störungsfreier gestalten zu können, und fällt in die pädagogische Verantwortung des Lehrers. Dieser Kernbereich der eigenen pädagogischen Gestaltung ist der verwaltungsgerichtlichen Kontrolle entzogen, soweit es sich nicht um eine willkürliche Maßnahme handelt.

9 Bei betreuungsbedürftigen jüngeren Schülerinnen und Schülern kann ein solches Vorgehen unter dem Gesichtspunkt der Aufsichtspflicht problematisch sein; zur Aufsichtspflicht s. TZ 29.22.

10 Zur Frage, ob Hausaufgaben als „Strafarbeiten" erteilt werden dürfen s. TZ 19.16; zum Nachsitzen s. unten TZ 22.31.

11 VG Berlin, Beschluss vom 15.1.2014, Az.: 3 L 1.14 (juris).

12 Dazu Friedhelm *Hufen*, Verwaltungsprozessrecht, 10. Aufl., München 2016, § 14 Rn. 41. M.w.N. s. auch Paul *Stelkens*, in: ders./Heinz Joachim Bonk/Michael Sachs, Verwaltungsverfahrensgesetz – Kommentar, 9. Aufl., München 2018, § 35 Rn. 202.

13 So auch *Rux/Niehues*, Schulrecht, Rn. 55 und 420; DJT-SchulGE, S. 291. Dementsprechend sind im Saarland die Ordnungsmaßnahmen in § 32 saarl SchoG, die Erziehungsmaßnahmen dagegen in § 16 saarl ASchO geregelt.

22.2 Ordnungsmaßnahmen

22.21 Zweck und Ziel

Zwar erfüllen auch Ordnungsmaßnahmen[14] erzieherische Ziele, weil auch sie das Verhalten des Schülers beeinflussen sollen[15]; die Auswirkungen einer Ordnungsmaßnahme auf dessen weitere Lern- und Persönlichkeitsentwicklung sind schon aus diesem Grund stets zu berücksichtigen. Je schwerer aber die vom Schüler verursachte Störung und die darauf anzuwendende Maßnahme ins Gewicht fallen, desto mehr treten individuelle erzieherische Erwägungen hinter den Gesichtspunkt der Funktionssicherung der Schule zurück. *Ordnungsmaßnahmen sind in erster Linie darauf gerichtet, auf schwerwiegende Pflichtverletzungen und Beeinträchtigungen der Unterrichts- und Erziehungsarbeit der Schule zu reagieren sowie zukünftige Störungen des schulischen Bildungs- und Erziehungsauftrages zu verhindern.* Daraus folgt, dass Ordnungsmaßnahmen nicht der Sühne und Vergeltung für vergangenes Fehlverhalten des Schülers dienen[16], andererseits aber bei der Wahl der anzuwendenden Ordnungsmaßnahme die subjektiven Umstände, insbesondere die Verantwortlichkeit des Schülers, angemessen zu berücksichtigen sind.

Ordnungsmaßnahmen unterliegen dem *Opportunitätsprinzip*. Sie können, müssen aber nicht getroffen werden. Ob und wie die Schule auf eine Störung reagiert, ist im Wesentlichen eine Frage der Zweckdienlichkeit. Deshalb haben Eltern grundsätzlich selbst dann keinen gerichtlich einklagbaren Anspruch darauf, dass gegenüber Mitschülern ihres Kindes Ordnungsmaßnahmen verhängt werden, wenn die tatbestandlichen Voraussetzungen für den Erlass einer solchen Maßnahme erfüllt sind. Etwas anderes kann sich nur dann ergeben, wenn das der Schule insoweit zustehende Ermessen „auf Null" reduziert ist, das heißt eine fehlerfreie Ermessensausübung einzig und allein den Erlass der von den Eltern begehrten Ordnungsmaßnahme zuließe.[17]

22.22 Rechtsnatur

Ordnungsmaßnahmen greifen als Einzelakte in die Rechtssphäre der Schüler (und der Eltern) ein. Daher sind sie im Unterschied zu den Erziehungsmaßnahmen (TZ 22.1) generell *Verwaltungsakte*. Wegen ihrer Grundrechtsrelevanz bedürfen sie einer besonderen gesetzlichen Grundlage (dazu TZ 2.23). Für die Abgrenzung gegenüber Erziehungsmaßnahmen kommt es dabei nicht auf die in den Schulgesetzen verwendete Terminologie an.

---

14 Rechtsgrundlagen: § 90 bw SchG, Art. 86–88a BayEUG sowie die entsprechenden Bestimmungen der jeweiligen Schulordnungen, § 63 bln SchulG, § 64 BbgSchulG, bbg Verordnung über Konfliktschlichtung, Erziehungs- und Ordnungsmaßnahmen (Erziehungs- und Ordnungsmaßnahmenverordnung – EOMV) vom 12.10.1999 (GVBl. II S. 611), zul.g.d. Verordnung vom 12.8.2014 (GVBl. II Nr. 60), §§ 46 f. BremSchulG, brem Verordnung über das Verfahren beim Erlaß von Ordnungsmaßnahmen in der Schule (Ordnungsmaßnahmenverordnung) vom 12.5.1998 (GBl. S. 151), zul.g.d. Geschäftsverteilung des Senats vom 2.8.2016 (GBl. S. 434), § 49 HmbSG, § 82 HSchG, § 60a SchulG M-V, § 61 Abs. 2–7 NSchG, § 53 nrw SchulG, §§ 95–101 rp Übergreifende Schulordnung, § 32 SchoG, § 39 sächs SchulG, § 44 SchulG LSA, § 25 Abs. 2–8 sh SchulG, §§ 51 Abs. 2–6, 54, 52 ThürSchulG. Vgl. auch § 65 DJT-SchulGE.

15 Ausdrücklich etwa § 96 Abs. 2 rp Übergreifende Schulordnung: Ordnungsmaßnahmen müssen von erzieherischen Gesichtspunkten bestimmt sein.

16 Vgl. jedoch § 82 Abs. 6 Satz 1 HSchG, wonach die Anwendung von Ordnungsmaßnahmen so rechtzeitig erfolgen soll, dass der Bezug zum Fehlverhalten nicht verloren geht. Ungeachtet dessen ist die frühere Bezeichnung „Schulstrafen" überholt. S. hierzu bereits Günther *Hoegg*, Die Gefahren des OWiG für die Schule, RdJB 1987, 298.

17 VG Darmstadt, Beschluss vom 16.7.2014, Az.: 3 L 87914.DA, Rn. 7 ff. Allgemein zum Ausnahmecharakter der Ermessensreduzierung auf Null s. Michael *Gerhardt*, in: Friedrich Schoch/Jens-Peter Schneider/Wolfgang Bier (Hrsg.), Verwaltungsgerichtsordnung – Kommentar, Stand: Juni 2017, § 114 Rn. 27.

Was der Gesetzgeber als „Erziehungsmaßnahme" bezeichnet, kann sehr wohl eine Ordnungsmaßnahme sein[18] und umgekehrt[19].[20] Allerdings ist Kennzeichen der Ordnungsmaßnahmen im Allgemeinen, dass sie nicht im laufenden Unterrichtsbetrieb verfügt werden, sondern in einem förmlichen Verfahren ergehen (dazu TZ 22.242).

22.23 Mögliche Ordnungsmaßnahmen

22.231 In allen Landesschulgesetzen – mit Ausnahme von Rheinland-Pfalz[21] – sind die zulässigen Ordnungsmaßnahmen katalogartig und abschließend normiert worden. Andere als die in diesen Katalogen aufgeführten Ordnungsmaßnahmen sind unzulässig.[22] Vorgesehen sind in den Landesschulgesetzen folgende Ordnungsmaßnahmen:
- der schriftliche Verweis durch die Lehrkräfte,
- der verschärfte schriftliche Verweis durch die Schulleitung,
- die Auferlegung besonderer pädagogischer Aufgaben und Auflagen,
- das Nachsitzen,
- die Überweisung (Umsetzung, Versetzung) in eine Parallelklasse,
- die Androhung des zeitweiligen Ausschlusses von einzelnen Fächern, Veranstaltungen oder vom gesamten Unterricht,
- der zeitweilige Ausschluss in einem spezifischen Fach,
- der zeitweilige Ausschluss von einzelnen schulischen Veranstaltungen,
- der zeitweilige Ausschluss vom gesamten Unterricht insgesamt,
- die Androhung der Überweisung an eine andere Schule,
- die Androhung des Ausschlusses von der Schule,
- der Ausschluss (Entlassung) von der Schule,
- die Überweisung an eine andere Schule,
- der Ausschluss von allen Schulen derselben Schulart,
- der Ausschluss von allen Schulen des Landes.

22.232 Im Einzelnen sind in den jeweiligen Schulgesetzen zahlreiche Abweichungen und Variationen von dieser allgemeinen Aufzählung normiert. So kennen z.B. Baden-Württemberg, Hessen und Niedersachsen die Ordnungsmaßnahme des schriftlichen Verweises nicht, während sie in allen anderen Ländern normiert ist.[23] Bremen hat eine typische Erziehungsmaßnahme – die Beauftragung der Schülerinnen und Schüler mit Aufgaben, die geeignet sind, sie ihr Fehlverhalten erkennen zu lassen – in den Katalog der förmlichen Ordnungsmaßnahmen aufgenommen[24], zudem können in Bremen Ordnungsmaßnahmen,

---

18 Instruktiv zur Grundrechtsbeeinträchtigung unterhalb förmlicher Ordnungsmaßnahmen OVG Münster, NVwZ-RR 1995, 666; OVG Koblenz, NVwZ-RR 1993, 480; hierzu auch *Peters*, Grundrechtseingriffe (Fn. 1), 229 (235).

19 So wird z.B. die mit Ausnahme von Rheinland-Pfalz in allen Landesgesetzen terminologisch den förmlichen Ordnungsmaßnahmen zugeordnete Verweisung in eine Parallelklasse vereinzelt als eine nicht in Grundrechte der Schüler eingreifende Maßnahme gesehen (so etwa von Dieter *Falckenberg*/Werner *Schiedermaier*/Hellmuth *Amberg*, BayEUG – Kommentar, 2. Aufl., München 1989, Art. 63 Erl. 8; Hermann *Sellschopp*, Das Schulverhältnis und der Gesetzesvorbehalt, DÖV 1971, 413 [415]).

20 S. hierzu auch *Rux*/*Niehues*, Schulrecht, Rn. 421 ff.

21 Hier findet sich ein „Maßnahmenkatalog" in § 97 rp Übergreifende Schulordnung.

22 So explizit etwa Art. 86 Abs. 3 Nr. 6 BayEUG, § 51 Abs. 5 Satz 1 ThürSchulG.

23 In Bayern ist zwischen dem schriftlichen Verweis durch die Lehrkraft oder Förderlehrkraft (Art. 86 Abs. 2 Nr. 1 i.V.m. Art. 88 Abs. 1 Nr. 1 BayEUG) und dem verschärften Verweis durch den Schulleiter bzw. die Schulleiterin (Art. 86 Abs. 2 Nr. 2 i.V.m. Art. 88 Abs. 1 Nr. 2 BayEUG) zu unterscheiden; vgl. auch § 64 Abs. 2 Nr. 1 BbgSchulG, § 49 Abs. 4 Nr. 1 HmbSG, § 60a Abs. 1 Satz 1 und Satz 2 Nr. 1 SchulG M-V, § 51 Abs. 3 Nr. 1 ThürSchulG.

24 § 47 Abs. 1 Nr. 1 BremSchulG.

die besonders pädagogisch begleitet werden müssen, mit Auflagen verbunden werden.[25] In Baden-Württemberg gilt das Nachsitzen (dazu ausführlich TZ 22.31) als Ordnungsmaßnahme[26], während es in allen anderen Ländern unter die Kategorie der Erziehungsmaßnahme gefasst wird.[27] Rheinland-Pfalz zählt die Überweisung des Schülers in eine Parallelklasse nicht zu den Ordnungs-, sondern zu den Erziehungsmaßnahmen[28], alle anderen Länder haben dagegen die Überweisung in eine Parallelklasse in die Kataloge der Ordnungsmaßnahmen aufgenommen.[29]

Alle Länder sehen den zeitlichen Ausschluss vom Unterricht vor.[30] Darüber hinaus ist es in es einzelnen Ländern möglich, den Ausschluss von einzelnen Schulveranstaltungen[31], in Bayern, Hessen und Thüringen sogar von einzelnen Fächern[32], zu verfügen. In weiteren Ländern ist zusätzlich die Androhung des zeitweiligen Ausschlusses vorgesehen.[33]

Mehrere Länder verknüpfen den Ausschluss von der besuchten Schule mit der *Überweisung* in eine andere Schule derselben Schulart[34]; andere Länder sehen beide Maßnahmen

25 § 47 Abs. 3 Satz 1 BremSchulG. Erforderlich ist eine solche besondere pädagogische Begleitung nach Satz 2 der Vorschrift insbesondere in Fällen der Verletzung der Würde von Mädchen, Frauen, Homosexuellen und der von kulturellen, ethnischen und religiösen Gruppen durch alle Formen der Gewalt. In besonderen Fällen ist nach Satz 3 ein Schulpsychologe oder eine Schulpsychologin hinzuzuziehen.

26 § 90 Abs. 3 Satz 1 Nr. 1, Nr. 2a bw SchG.

27 Dies ergibt sich in Bayern, Brandenburg, Bremen, Niedersachsen, Sachsen und Sachsen-Anhalt, in denen etwaige Erziehungsmaßnahmen nicht explizit aufgeführt werden, bereits daraus, dass das Nachsitzen nicht in die Kataloge der zulässigen Ordnungsmaßnahmen aufgenommen worden ist. In denjenigen Ländern, die mögliche Erziehungsmaßnahmen in ihren Schulgesetzen aufführen, wird das Nachsitzen dagegen ausdrücklich bei den Erziehungsmaßnahmen genannt, vgl. Hamburg (§ 49 Abs. 2 Satz 2 HmbSG); Hessen (§ 82 Abs. 1 Satz 2 HSchG), Mecklenburg-Vorpommern (§ 60 Abs. 2 Nr. 6 SchulG M-V); Nordrhein-Westfalen (§ 53 Abs. 2 Satz 1 nrw SchulG); in Rheinland-Pfalz (§ 96 Abs. 1 Satz 2 rp Übergreifende Schulordnung); im Saarland (§ 16 Abs. 2 Satz 2 saarl AschO); in Schleswig-Holstein (§ 25 Abs. 1 Satz 2 sh SchulG) und Thüringen (§ 51 Abs. 1 Satz 3 ThürSchulG).

28 § 96 Abs. 1 Satz 2 rp Übergreifende Schulordnung. S. hierzu auch OVG Koblenz, NVwZ-RR 1993, 480.

29 § 90 Abs. 3 Satz 1 Nr. 2b bw SchG, Art. 86 Abs. 2 Nr. 3 BayEUG, § 63 Abs. 2 Satz 1 Nr. 3 bln SchulG, § 64 Abs. 2 Nr. 2 BbgSchulG, § 47 Abs. 1 Nr. 5 BremSchulG, § 49 Abs. 3 Nr. 2 und Abs. 4 Nr. 3 HmbSG, § 82 Abs. 2 Satz 1 Nr. 4 HSchG, § 60a Abs. 1 Satz 2 Nr. 2 SchulG M-V, § 61 Abs. 3 Nr. 2 NSchG, § 53 Abs. 3 Satz 1 Nr. 2 nrw SchulG, § 32 Abs. 2 Satz 1 Nr. 2a saarl SchoG, § 39 Abs. 2 Satz 1 Nr. 2 sächs SchulG, § 44 Abs. 4 Nr. 3 SchulG LSA, § 25 Abs. 3 Satz 1 Nr. 4 sh SchulG, § 51 Abs. 3 Nr. 4 ThürSchulG.

30 In Baden-Württemberg, Bayern, Hessen, Mecklenburg-Vorpommern, Niedersachsen, Rheinland-Pfalz und Thüringen werden unterschiedliche Zeiträume gesetzlich unterschieden, vgl. Art. 86 Abs. 2 Nr. 5–7 BayEUG, § 90 Abs. 3 Satz 1 Nr. 2d und e bw SchG, § 82 Abs. 2 Satz 1 Nr. 1 und 2 HSchG, § 60a Abs. 1 Satz 2 Nr. 3a und b SchulG M-V, § 61 Abs. 3 Nr. 1 und 3 NSchG, § 97 Abs. 1 Nr. 1, 3–5 rp Übergreifende Schulordnung, § 32 Abs. 2 Satz 1 Nr. 2d und 3a saarl SchoG, § 51 Abs. 3 Nr. 5 und 6 ThürSchulG. Einheitliche Regelungen finden sich dagegen in § 63 Abs. 2 Satz 1 Nr. 2 bln SchulG, § 64 Abs. 2 Nr. 3 BbgSchulG, § 47 Abs. 1 Nr. 2 BremSchulG, § 53 Abs. 3 Satz 1 Nr. 3 nrw SchulG, § 39 Abs. 2 Satz 1 Nr. 4 sächs SchulG, § 44 Abs. 4 Nr. 2 SchulG LSA, § 25 Abs. 3 Satz 1 Nr. 3 sh SchulG.

31 Art. 86 Abs. 2 Nr. 4 BayEUG, § 63 Abs. 2 Satz 1 Nr. 2 bln SchulG, § 64 Abs. 2 Nr. 3 BbgSchulG, § 47 Abs. 1 Nr. 3 BremSchulG, § 49 Abs. 3 Nr. 1 und Abs. 4 Nr. 2 HmbSG, § 82 Abs. 2 Satz 1 Nr. 2 HSchG, § 60a Abs. 1 Satz 2 Nr. 3a und b SchulG M-V, § 53 Abs. 3 Satz 1 Nr. 3 nrw SchulG, § 97 Abs. 1 Nr. 3–4 rp Übergreifende Schulordnung, § 32 Abs. 2 Satz 1 Nr. 2b saarl SchoG, § 39 Abs. 2 Satz 1 Nr. 4 sächs SchulG, § 25 Abs. 3 Satz 1 Nr. 2 sh SchulG, § 51 Abs. 3 Nr. 2 ThürSchulG.

32 Art. 86 Abs. 2 Nr. 4, § 82 Abs. 2 Satz 1 Nr. 2 HSchG, § 51 Abs. 3 Nr. 2 ThürSchulG.

33 § 97 Abs. 1 Nr. 6 rp Übergreifende Schulordnung, § 32 Abs. 2 Satz 1 Nr. 2c und 3b saarl SchoG.

34 § 60a Abs. 1 Satz 2 Nr. 4 SchulG M-V, § 44 Abs. 4 Nr. 4 SchulG LSA, § 25 Abs. 3 Satz 1 Nr. 5 sh SchulG, § 51 Abs. 3 Nr. 7 ThürSchulG. Aus der Rspr. OVG Lüneburg, NordÖR 2016, 436; NVwZ-RR 2010, 394.

kumulativ vor.[35] Wieder andere Länder sehen dagegen ausschließlich den Schulausschluss vor[36].[37] In manchen Ländern ist zusätzlich die Androhung dieser Maßnahmen normiert.[38]

In besonders schweren Fällen können Schülerinnen und Schüler in einigen Ländern von allen Schulen derselben Schulart[39] und sogar von allen Schulen des Landes ausgeschlossen werden.[40] Diese Maßnahme ist jedoch gegenüber vollzeitschulpflichtigen Kindern gänzlich unzulässig[41], in jedem Fall aber an erschwerte Voraussetzungen oder besondere Bedingungen gebunden[42]; zumindest darf der Besuch geeigneter Förderschulen nicht verhindert werden.[43]

Ein zeitweiliger Schulausschluss kommt in einigen Ländern auch unabhängig von einer Pflichtverletzung in Betracht, wenn das Verbleiben des Schülers in der Schule eine ernsthafte Gefahr für Sicherheit, Gesundheit oder Unterricht und Erziehung der Mitschüler, Lehrkräfte oder des sonstigen Personals der Schule bedeutet.[44]

22.24 Materielle Rechtmäßigkeitsvoraussetzungen

22.241 Bei der Anwendung von Ordnungsmaßnahmen muss die Schule das *Übermaßverbot* beachten (TZ 16.131; zum Rechtsschutz gegenüber Ordnungsmaßnahmen TZ 26.2 und TZ 26.3). Das bedeutet zunächst, dass die Maßnahme überhaupt geeignet ist, schwerwiegende Pflichtverletzungen und Beeinträchtigungen der Unterrichts- und Erziehungsarbeit der Schule abzustellen und zugleich zukünftige Störungen des schulischen Bildungs- und Erziehungsauftrages zu verhindern (TZ 22.11). An dieser Voraussetzung fehlt es beispiels-

---

35 Art. 86 Abs. 2 Nr. 8 und 10 BayEUG, § 63 Abs. 2 Satz 1 Nr. 4 und 5 bln SchulG, § 64 Abs. 2 Nr. 4 und 5 BbgSchulG, § 49 Abs. 4 Nr. 5 und 6 HmbSG, § 82 Abs. 2 Satz 1 Nr. 6 und 7 HSchG, § 61 Abs. 3 Nr. 4 und 5 NSchG.

36 § 90 Abs. 3 Satz 1 Nr. 2g bw SchG, § 53 Abs. 3 Satz 1 Nr. 5 nrw SchulG, § 55 rp Schulgesetz i.V.m. § 97 Abs. 2 Nr. 1 rp Übergreifende Schulordnung, § 32 Abs. 2 Satz 1 Nr. 4 saarl SchoG, § 39 Abs. 2 Satz 1 Nr. 5 sächs SchulG.

37 Kritisch zum Schulausschluss DJT-SchulGE, S. 194; Günther *Hoegg*, Sind Schulausschlußmaßnahmen verfassungskonform?, RdJB 1998, 352 zu alternativen Formen der Konfliktlösung und Störungsbeseitigung. Zu Letzterem auch Christiane *Simsa*, Strafe muß sein? – Zum Verhältnis von Schulordnungsrecht und Schulmediation, RdJB 1990, 140; ausführlich zur Mediation in der Schule Jörg *Ennuschat*, Schulmediation, in: Fritjof Haft/Katharina von Schlieffen (Hrsg.), Handbuch Mediation, 3. Aufl., München 2016, § 44.

38 § 90 Abs. 3 Satz 1 Nr. 2f bw SchG, Art. 86 Abs. 2 Nr. 9 BayEUG, § 49 Abs. 4 Nr. 4 HmbSG, § 53 Abs. 3 Satz 1 Nr. 4 nrw SchulG, § 97 Abs. 1 Nr. 6 rp Übergreifende Schulordnung, § 39 Abs. 2 Satz 1 Nr. 3 sächs SchulG.

39 Art. 86 Abs. 2 Nr. 11 BayEUG; § 55 rp Schulgesetz i.V.m. § 97 Abs. 2 Nr. 2 rp Übergreifende Schulordnung; § 52 Abs. 3 Alt. 1 ThürSchulG.

40 Art. 86 Abs. 2 Nr. 12 BayEUG, § 64 Abs. 2 Nr. 6 BbgSchulG, § 47a BremSchulG, § 60a Abs. 1 Satz 2 Nr. 5 SchulG M-V, § 61 Abs. 3 Nr. 6 NSchG, § 32 Abs. 2 Satz 1 Nr. 5 saarl SchoG, § 44 Abs. 4 Nr. 5 SchulG LSA, § 52 Abs. 3 ThürSchulG. In einigen Ländern kann die Verweisung von allen Schulen als selbständige Ordnungsmaßnahme vorher angedroht werden: § 53 Abs. 3 Satz 1 Nr. 6 nrw SchulG; § 55 rp Schulgesetz i.V.m. § 97 Abs. 1 Nr. 6 rp Übergreifende Schulordnung.

41 Art. 86 Abs. 2 Nr. 12 i.V.m. Abs. 3 Nr. 4 BayEUG, § 64 Abs. 2 Nr. 6 BbgSchulG, § 60a Abs. 1 Satz 2 Nr. 5 Satz 2 SchulG M-V, § 61 Abs. 4 Satz 2 NSchG, § 44 Abs. 4 Nr. 4 SchulG LSA, § 52 Abs. 3 ThürSchulG.

42 In Nordrhein-Westfalen muss nach § 43 Abs. 5 Satz 3 nrw SchulG für geeignete Bildungsmaßnahmen gesorgt werden, soweit der Schüler die Schulpflicht noch nicht erfüllt hat; ähnlich § 99 Abs. 4 rp Übergreifende Schulordnung. Im Saarland erfordert der Ausschluss von allen Schulen des Landes neben einer schweren oder wiederholten Pflichtverletzung des Schülers, dass dessen Verbleib in der Schule eine Gefahr für die Erziehung und Unterrichtung, die sittliche Entwicklung sowie die Gesundheit oder Sicherheit der Mitschüler befürchten lässt und zu erwarten ist, dass auch bei einem Wechsel der Schule die gleiche Gefährdung der Mitschüler gegeben ist (§ 32 Abs. 4 Satz 2 SchoG).

43 § 90 Abs. 5 bw SchG, § 32 Abs. 2 Satz 1 Nr. 5 saarl SchoG.

44 Vgl. etwa Art. 87 BayEUG, § 64 Abs. 3 BbgSchulG, § 47a BremSchulG, § 55 Abs. 1 und 3 rp SchulG, § 52 Abs. 1 ThürSchulG.

weise, wenn die Schule einen Schüler, der dem Unterricht immer wieder unentschuldigt fernbleibt, zeitweilig vom Unterricht ausschließt. Sodann darf die Schule nur zu den für die Störungsbeseitigung oder -verhinderung *erforderlichen* Maßnahmen greifen. Solange und soweit deshalb Erziehungsmaßnahmen ausreichen, ist die Anwendung von Ordnungsmaßnahmen unzulässig.[45]

Aus der Subsidiarität der Ordnungs- gegenüber den Erziehungsmaßnahmen folgt jedoch nicht, dass grundsätzlich erst Erziehungsmaßnahmen gescheitert sein müssen, bevor eine Ordnungsmaßnahme getroffen werden darf. Eine derartige Stufenfolge ist nur in Brandenburg und Hessen vorgesehen.[46] Ansonsten reicht es aus, dass eine Erziehungsmaßnahme keine Aussicht auf Erfolg verspricht. Auch können Ordnungsmaßnahmen mit Erziehungsmaßnahmen verbunden werden.[47]

Vor allem aber hat sich die zu treffende Ordnungsmaßnahme an der Art, der Schwere und den Folgen des Fehlverhaltens zu orientieren, d.h. es ist stets die Maßnahme zu ergreifen, die für den Schüler die geringstmögliche Belastung darstellt, ohne dass der angestrebte pädagogische und erzieherische Zweck verfehlt wird.[48] Können der Ordnungszweck und das erzieherische Ziel mit einer gleich geeigneten Maßnahme geringerer Tragweite erreicht werden, so ist die weniger eingreifende Maßnahme vorzuziehen. Konkret bedeutet dies, dass die einmalige „Entgleisung“ eine mildere Reaktion verlangt als die gezielte und länger anhaltende Störung des Schulfriedens. Gegen einen Schüler, der federführend und/oder wiederholt an störenden Handlungen beteiligt ist, können schärfere Maßnahmen angezeigt sein als gegen denjenigen, der sich eher als Mitläufer an entsprechenden Handlungen beteiligt.[49]

Allerdings gebietet der *Grundsatz der Verhältnismäßigkeit* nicht zwingend die formelle Einhaltung der Stufenfolge der Ordnungsmaßnahmen, also kein schrittweises Vorgehen vom mildesten zum schärfsten Mittel.[50] Die Verhältnismäßigkeit fordert eine der Schwere und den Auswirkungen des Pflichtverstoßes entsprechende Antwort, was im Extremfall

---

45 S, z.B. § 90 Abs. 2 Satz 1 Halbsatz 1 bw SchG, Art. 86 Abs. 1 Satz 3 BayEUG, vgl. aber auch Satz 4 der Norm, wonach Erziehungs-, Ordnungs- und Sicherungsmaßnahmen einerseits und Maßnahmen des Hausrechts andererseits stets nebeneinander zulässig sind, § 62 Abs. 1 Satz 1 und § 63 Abs. 1 Satz 1 bln SchulG, § 64 Abs. 1 Satz 1 BbgSchulG, § 96 Abs. 1 Satz 2 rp Übergreifende Schulordnung, § 32 Abs. 1 Satz 1 saarl SchoG, § 39 Abs. 1 sächs SchulG, § 25 Abs. 1 Satz 1 sh SchulG, § 51 Abs. 2 Satz 1 ThürSchulG.

46 § 64 Abs. 1 Satz 1 BbgSchulG, § 82 Abs. 4 Nr. 1 a.E. HSchG. In Mecklenburg-Vorpommern dürfen Ordnungsmaßnahmen gemäß § 60a Abs. 1 Satz 1 SchulG M-V verhängt werden, wenn Erziehungsmaßnahmen „nicht zu einer Konfliktlösung geführt haben“, daneben aber auch, wenn sie erforderlich sind, „um einer Gefahr für anderer Schülerinnen und Schüler zu begegnen“; das OVG Greifswald, NJW 1997, 1721, folgert hieraus, „dass nicht in jedem Fall zunächst die geeigneten pädagogischen Maßnahmen unternommen und gescheitert sein müssen, ehe eine Ordnungsmaßnahme ergriffen werden darf.“ In Hamburg haben nach § 49 Abs. 1 Satz 5 HmbSG Erziehungsmaßnahmen „grundsätzlich Vorrang vor Ordnungsmaßnahmen“; daraus folgt nach Ansicht des VG Hamburg, Beschluss vom 15.5.2017, Az.: 2 E 4217/17 (juris), Rn. 57, jedoch gerade nicht, „dass Ordnungsmaßnahmen in jedem Fall nur dann zulässig sind, wenn pädagogische Maßnahmen nicht zu einer Konfliktlösung geführt haben“.

47 S. z.B. § 98 Abs. 1 rp Übergreifende Schulordnung. In Hamburg „sollen“ Ordnungsmaßnahmen nach § 49 Abs. 1 Satz 6 HmbSG sogar mit Erziehungsmaßnahmen verknüpft werden. Vgl. auch § 47 Abs. 3 Satz 1 BremSchulG, demzufolge Ordnungsmaßnahmen mit Auflagen verbunden werden können und besonders pädagogisch begleitet werden müssen.

48 Vgl. dazu nur § 90 Abs. 2 Satz 2 bw SchG, Art. 86 Abs. 1 Satz 5 BayEUG, § 63 Abs. 1 Satz 1 bln SchulG, § 60a Abs. 1 Satz 1 SchulG M-V, § 32 Abs. 1 Satz 2 saarl SchoG, § 39 Abs. 1 sächs SchulG, § 51 Abs. 2 Satz 1 ThürSchulG.

49 Zur Bedeutung von Verursachungsbeiträgen s. beispielhaft VGH Mannheim, NVwZ-RR 2009, 924; VG Karlsruhe, NVwZ-RR 2008, 788 (789 f.); VG München, Beschluss vom 14.2.2017, Az.: M 3 K 15.979 (juris), Rn. 43.

50 VGH München, BayVBl 1994, 346 (347); OVG Münster, NVwZ-RR 2001, 163 (163); OVG Münster, NVwZ-RR 2006, 615 (616); VG Braunschweig, NVwZ-RR 1998, 754 (754); ebenso *Tangermann*,

bedeuten kann, dass der Ausschluss von der Schule auch ohne vorherige Androhung verfügt werden darf; allerdings ist die Androhung nur dann entbehrlich, wenn der durch sie verfolgte Zweck nicht oder nicht mehr erreicht werden kann.[51] Ist die Androhung des Schulausschlusses zu Unrecht unterblieben, ist die Ordnungsmaßnahme des Ausschlusses rechtswidrig; bei schuldhafter Amtspflichtsverletzung der verantwortlichen Bediensteten können die Eltern des Schülers vom Land Schadensersatz gemäß § 839 BGB i.V.m. Art. 34 GG geltend machen[52] (s. TZ 26.44). Im Übrigen erweisen sich intensivere Ordnungsmaßnahmen, wie vor allem der Ausschluss von der Schule, nur dann als verhältnismäßig, wenn der Schüler durch schweres oder wiederholtes Fehlverhalten die Erfüllung der Aufgabe der Schule oder die Rechte anderer gefährdet.[53] Die mit einer Ordnungsmaßnahme notwendig verbundenen Konsequenzen für die Rechtsstellung des betroffenen Schülers verlangen darüber hinaus, dass vor der Entscheidung über eine zwangsweise Entlassung im Wege der *Prognose* geprüft wird, ob das Verbleiben des Schülers die Unterrichts- und Erziehungsarbeit der Schule auch zukünftig beeinträchtigen würde.[54] Kann die Funktionsstörung der Schule durch ein milderes Mittel, z.B. den zeitweiligen Ausschluss des Schülers vom Unterricht, erreicht werden, ist seine Entlassung unverhältnismäßig und daher rechtswidrig.[55] Unverhältnismäßig kann ein Schulausschluss wegen der damit verbundenen schwerwiegenden Konsequenzen für die weitere Schullaufbahn schließlich auch dann sein, wenn der davon betroffene Schüler in nur wenigen Wochen ohnehin seinen Schulabschluss erreichen und die Schule verlassen würde.[56]

22.242 Eine Ordnungsmaßnahme ist darüber hinaus nur dann rechtmäßig, wenn der Schüler den ordnungswidrigen Zustand selbst in zurechenbarer Weise herbeigeführt hat.[57] *Anknüpfungspunkt* für Ordnungsmaßnahmen ist daher allein das *Fehlverhalten des*

(Fn. 1), 357 (361); *Rux/Niehues*, Schulrecht, Rn. 447. Anders hingegen, allerdings auf der Grundlage einer mittlerweile überholten Rechtslage, VGH München, DVBl. 1982, 457.

51 So mittlerweile § 99 Abs. 2 rp Übergreifende Schulordnung. Vgl. dazu OVG Koblenz, NJW 1996, 1690: Der Konsum von Haschisch und die Herstellung von Kontakten zwischen Schülern und der Drogenszene im Umfeld einer Schule durch einen Schüler rechtfertigen dessen Ausschluss aus der Schule auf Dauer, ohne dass dieser Ordnungsmaßnahme die Androhung des Ausschlusses hätte vorausgehen müssen. So auch VGH München, NVwZ-RR 1998, 239, hinsichtlich der Weitergabe von Marihuana durch einen Schüler an seine Mitschüler. Selbst der Handel mit „Legal Highs", die erst mit dem im Jahr 2016 verabschiedeten Neue-psychoaktive-Stoffe-Gesetz vom 21.11.2016 (BGBl. S. 2615), zul.g.d. Artikel 6 Abs. 8 des Gesetzes vom 13.4.2017 (BGBl. I S. 872), verboten worden sind, und der dadurch erweckte Anschein, es werde im schulischen Umfeld mit illegalen Drogen gehandelt, rechtfertigt nach dem OVG Koblenz, NVwZ-RR 2013, 963, den Ausschluss von der Schule ohne vorherige Androhung. S. schließlich VGH Mannheim, DÖV 2004, 349: Der erste tätliche Angriff eines Schülers gegen eine Lehrkraft in Anwesenheit der Mitschüler kann einen Schulausschluss ohne vorherige Androhung rechtfertigen.

52 So OLG Hamm, NJW 1997, 1512: Schadensersatz in Höhe der Aufwendungen für den Besuch einer Privatschule.

53 Z.B. § 90 Abs. 6 bw SchG, Art. 86 Abs. 2 Nr. 6.12 BayEUG, § 49 Abs. 4 HmbSG, § 60a Abs. 4 Satz 1 und 2 SchulG M-V, § 53 Abs. 4 Satz 1 nrw SchulG, § 39 Abs. 4 sächs SchulG.

54 Vgl. § 55 Abs. 1 rp SchulG, § 32 Abs. 4 Satz 2 saarl SchoG.

55 Zum zeitweiligen Ausschluss vom Unterricht vgl. z.B. VGH Mannheim, NVwZ 2017, 833: Unterrichtsausschluss für fünf Tage gegenüber einem Schüler mit Asperger-Syndrom wegen wiederholten Tätlichkeiten gegenüber Mitschülern; VGH Mannheim, NVwZ-RR 2011, 647: Eintägiger Schulausschluss wegen Beleidigungen einer Mitschülerin in einem Internet-Forum; VG Sigmaringen, Beschluss vom 14.11.2016, Az.: 4 K 4895/16 (juris): Unterrichtsausschluss für fünf Tage wegen den Holocaust verharmlosenden und antisemitischen Äußerungen in der Whatsapp-Gruppe einer Jahrgangsstufe.

56 VG Würzburg, Beschluss vom 21.6.2016, Az.: W 2 S 16.554 (juris), Rn. 37 und 39.

57 VG Braunschweig, NdsVBl 2004, 52 (53). Unzulässig ist es daher, einem 15-jährigen Schüler, der auf Anordnung seiner Eltern dem Unterricht drei Tage lang fern bleibt, um mit diesen zu verreisen, einen schriftlichen Verweis zu erteilen, so VG Düsseldorf, SPE 922 Nr. 2. Kritisch zu beurteilen ist in diesem Zusammenhang ferner die Bejahung der Rechtmäßigkeit der Versetzung eines Schülers in eine Parallelklasse, wenn die nachhaltige Störung des Schulfriedens nicht von dem Schüler, sondern von seinen Eltern ausgeht (so aber OVG Bremen, NJW 2003, 1962). S. hierzu auch TZ 22.5.

einzelnen Schülers einschließlich der Auswirkungen seines Verhaltens auf die Mitschüler; ohne eigenes Zutun dürfen Schüler daher nicht für Pflichtverletzungen anderer haftbar gemacht werden.[58] Deshalb sind *Kollektivmaßnahmen*, also Ordnungsmaßnahmen gegenüber Klassen und Gruppen als solchen, *verboten*.[59] Das schließt jedoch ein Vorgehen gegen sämtliche Schülerinnen und Schüler einer Klasse dann nicht aus, wenn alle die Störung mitverursacht haben.

22.243 *Außerschulisches Fehlverhalten* der Schüler kann nur in Ausnahmefällen Anlass *einer Ordnungsmaßnahme* sein, da für dieses grundsätzlich nicht die Schule, sondern die Eltern bzw. der Schüler selbst verantwortlich sind (TZ 21.17). Allerdings können bei Fehlverhalten von Schülern *außerhalb* des Schulgebäudes Ordnungsmaßnahmen dann verhängt werden, wenn das Fehlverhalten unmittelbar in den schulischen Bereich hineinwirkt. Das ist der Fall, wenn das Zusammenleben der am Schulleben Beteiligten oder die Verwirklichung der Aufgabe der Schule gestört oder gefährdet werden.[60] Anerkannt ist dies etwa bei Tätlichkeiten gegen Mitschüler an der Bushaltestelle vor der Schule oder auf dem weiteren Schulweg[61], beim Konsum von Drogen oder der Verleitung von Mitschülern zum Drogenkonsum vor der Schule[62] sowie bei extremem Mobbing eines Mitschülers außerhalb der Schule und der Schulzeit.[63]

Soweit es um außerschulisches Fehlverhalten als Anknüpfungspunkt für die Verhängung von Ordnungsmaßnahmen geht, ist mittlerweile vor allem die Nutzung moderner Aufzeichnungs- und Kommunikationstechniken, insbesondere in Gestalt von Smartphones oder dem Internet, in den Vordergrund getreten.[64] Anlass für Ordnungsmaßnahmen sind in diesem Zusammenhang die Aufzeichnung und anschließende Verbreitung körperlicher Misshandlungen und sexueller Nötigungen von Mitschülerinnen mittels einer Digitalkamera oder eines Handys[65], die Weitergabe von Gewalt- oder pornographischen Videos[66], beleidigende oder bedrohende Äußerungen gegenüber Lehrern und Mitschülern

58 Vgl. etwa § 53 Abs. 1 Satz 5 nrw SchulG; DJT-SchulGE, S. 295; *Rux/Niehues*, Schulrecht, Rn. 441 und 446.

59 So ausdrücklich etwa Art. 86 Abs. 3 Nr. 2 BayEUG, § 51 Abs. 5 Satz 1 ThürSchulG; vgl. auch § 82 Abs. 6 Satz 2 HSchG, § 60a Abs. 4 Satz 4 SchulG M-V, § 53 Abs. 1 Satz 5 nrw SchulG, § 32 Abs. 2 Satz 3 saarl SchoG. Zur umstrittenen Frage, ob eine Ordnungsmaßnahme auch zu generalpräventiven Zwecken verhängt werden darf, s. jeweils m.w.N. OVG Münster, NVwZ-RR 2015, 34 (34) einerseits sowie *Rux/Niehues*, Schulrecht, Rn. 446 andererseits.

60 So etwa Art. 86 Abs. 3 Nr. 5 BayEUG, § 64 Abs. 1 Satz 3 BbgSchulG, § 82 Abs. 6 Satz 3 HSchG, § 95 Abs. 2 rp Übergreifende Schulordnung; vgl. auch § 65 Abs. 4 Satz 2 DJT-SchulGE.

61 OVG Münster, NVwZ-RR 1999, 29; VG Hannover, NVwZ-RR 20 – 04, 852 (853); VG Stuttgart, Beschluss vom 3.5.2016, Az.: 12 K 2336/16 (juris), Rn. 10 ff.; zurückhaltender jedoch für das Anschreiben der Telefonnummer einer Mitschülerin an einem Straßenbahnwartehäuschen und einem Stromkasten außerhalb des Schulgeländes VGH Mannheim, Beschluss vom 10.6.1992, Az.: 9 S 1303/92 (juris), Rn. 8, mit dem Argument, die konkret feststellbaren negativen Auswirkungen auf den Schulbetrieb seien gering gewesen, da sie vor allem in störenden Anrufen im Haus der Eltern der Mitschülerin bestanden hätten.

62 OVG Koblenz, NJW 1996, 1690; VGH München, NVwZ-RR 1998, 239; VGH München, BayVBl 2002, 671; VGH München, Beschluss vom 14.4.2014, Az.: 7 CS 14.553 (juris); VG München, Urteil vom 12.5.2015, Az.: M 3 K 14.1189 (juris).

63 S. VGH Mannheim, NVwZ-RR 2009, 924: Eine Gruppe von Schülern suchte nachts das Haus eines Mitschülers auf, um dort gegen die Hauswand und den Eingang zu urinieren, den Briefkasten mit Spucke zu verkleben, gegen den Rollladen zu schlagen und Feuerwerkskörper abzubrennen.

64 S. hierzu Kurt *Faßbender*/Tilmann *Herbrich*, Rechtliche Anforderungen an schulische Ordnungsmaßnahmen wegen Fehlverhaltens im Internet, DVBl. 2016, 216; Felix *Hanschmann*, Schulische Ordnungsmaßnahmen und die Nutzung moderner Aufzeichnungs- und Kommunikationstechniken, NVwZ 2008, 1295; *ders.*, Cybermobbing und Schulordnungsmaßnahmen, RdJB 2010, 445; Holger *Steenhoff*, Das Internet und die Schulordnung, NVwZ 2013, 1190.

65 VG Karlsruhe, NVwZ-RR 2008, 788; VG Berlin, ZJJ 2007, 219.

66 OVG Münster, Beschluss vom 17.6.2014, Az.: 19 B 679/14 (juris), Rn. 7 ff.

auf eigens erstellten oder bereits vorhandenen Internet-Homepages[67] sowie die Teilnahme an Internet-Foren (Chatrooms)[68] und Messaging-Diensten wie WhatsApp, in denen entsprechende Äußerungen getätigt werden (Cyberbullying/Cybermobbing[69]). Hinsichtlich der Schwere der Pflichtverletzung sind zudem die Besonderheiten bei der Benutzung moderner Aufzeichnungs- und Kommunikationstechniken zu berücksichtigen, die z.B. in der großen und oftmals unkontrollierbaren sowie nicht zurückholbaren Verbreitung von Nachrichten oder Bild- bzw. Videomaterial liegen.[70]

22.25 Formelle Rechtmäßigkeitsvoraussetzungen

22.251 Die *Zuständigkeiten* für den Erlass der einzelnen Ordnungsmaßnahmen sind abgestuft. In der Regel ist der Klassenlehrer, der Schulleiter oder die Klassenkonferenz für den schriftlichen Verweis und die Umsetzung in eine Parallelklasse zuständig, die Klassenkonferenz oder Lehrerkonferenz für den zeitweiligen Ausschluss vom Unterricht, die Gesamtkonferenz oder Schulkonferenz für den Ausschluss von der besuchten Schule und dessen Androhung, die obere oder oberste Schulaufsichtsbehörde für den Ausschluss von den übrigen Schulen.[71] Als zentrale Verfahrensanforderungen an die Verhängung von Ordnungsmaßnahmen sind die Zuständigkeiten strikt zu waren.

22.252 Die tatbestandlichen Voraussetzungen für den Erlass von Ordnungsmaßnahmen lassen sich wegen der Vielzahl denkbarer Pflichtverletzungen und der notwendigen pädagogischen Flexibilität nicht präzise fassen; daher sind *generalklauselartige Regelungen unvermeidlich*.[72] Umso mehr kommt es darauf an, dass das *Verfahren*, in dem die Maßnahmen ergehen, rechtsstaatlich ausgestaltet ist und von der Schule eingehalten wird.

Das allgemeine Verfahrensrecht verlangt, dass dem Beteiligten die Gelegenheit gegeben werden muss, sich zu äußern (§ 28 VwVfG), bevor ein in subjektive Rechte eingreifender Verwaltungsakt (§ 35 Satz 1 VwVfG) erlassen wird. Zwar ist nicht jede Ord-

---

67 VGH München, NJW 2002, 3044; VG Düsseldorf, NVwZ-RR 2008, 619; VG Braunschweig, NdsVBl 2004, 52; vgl. auch VG Sigmaringen, NVwZ-RR 2006, 616: Herunterladen des Fotos einer Lehrkraft von der Schulhomepage und unveränderte Wiederverwendung des Fotos im Rahmen eines Bilderspiels im Internet mit dem Bild einer barbusigen Frau. Dabei kann es für eine Ordnungsmaßnahme ausreichen, dass sich der Initiator einer Internetseite von den auf dieser Seite geäußerten verbalen Entgleisungen seiner Mitschüler nicht deutlich distanziert oder diese von der Seite nicht entfernt; ähnlich auch VGH München, K&R 2010, 610 (611 ff.); VGH München, NJW 2002, 3044 (3045).

68 VGH München, K&R 2010, 610; VGH Mannheim, NVwZ-RR 2011, 647; OVG Münster, NVwZ-RR 2015, 34; VG Hannover, NVwZ-RR 2008, 35.

69 VG Ansbach, Beschluss vom 4.2.2016, Az.: AN 2 S 16.00126 (juris), insb. Rn. 27 und 34; VG Ansbach, Beschluss vom 18.7.2017, Az.: AN 2 K 17.00250 (juris), Rn. 46; VG Karlsruhe, Beschluss vom 18.7.2016, Az.: 4 K 3276/16 (juris), insb. Rn. 24 ff.; VG Sigmaringen, Beschluss vom 14.11.2016, Az.: 4 K 4895/16 (juris), insb. Rn. 25 ff.; VG Würzburg, Beschluss vom 21.6.2016, Az.: W 2 S 16.554 (juris), Rn. 35; VG München, Beschluss vom 14.2.2017, Az.: M 3 K 15.979 (juris). S. hierzu Georg *Koenne*, Cyberbullying/Cybermobbing. Mobbing mit neuen Medien, SchVw Bayern 2014, 120; Julia K. *Müller*/ Jörg *Neubauer*, Cyberbullying unter Schülern – Abgrenzung, Erscheinungsformen und Auftretenshäufigkeit, Wirtschaft und Erziehung 2013, 119.

70 Differenziert hierzu VGH Mannheim, NVwZ-RR 2011, 647 (648). Problematisch ist allerdings, wenn die Androhung der Entlassung aus der Schule damit begründet wird, bei den im Internet getätigten Äußerungen und bildlichen Collagen handele es sich um ein „Pamphlet übelster Art und Sorte", die unabhängig von ihrer strafrechtlichen Beurteilung „in extremem Maße geschmack-, distanz- und schamlos" seien (so VG Düsseldorf, NVwZ-RR 2008, 619 (620).

71 S. z.B. § 90 Abs. 3 Satz 1 bw SchG, Art. 87 Abs. 1 und 2 BayEUG, § 63 Abs. 5 und 6 bln SchulG, § 10 Abs. 2 bbg Erziehungs- und Ordnungsmaßnahmenverordnung, § 49 Abs. 6 Satz 1 HmbSG, § 82 Abs. 9 Satz 1 und 2 HSchG, § 60a Abs. 1 Satz 2 und 3, Abs. 2 SchulG M-V, § 53 Abs. 6 Satz 1 und 2, Abs. 7 Satz 1 nrw SchulG, § 55 Abs. 2 rp SchulG, § 97 Abs. 1 rp Übergreifende Schulordnung, § 32 Abs. 2 Satz 1 saarl SchoG, § 39 Abs. 3 sächs SchulG, § 51 Abs. 3 ThürSchulG.

72 DJT-SchulGE, S. 284.

nungsmaßnahme ein Verwaltungsakt, fehlt doch dem schriftlichem Verweis[73] wie auch dem Nachsitzen der hierzu erforderliche Regelungscharakter.[74] Allerdings ist meist zu Beginn des Verfahrens, wenn die genauen Umstände des Sachverhalts ermittelt (§ 24 VwVfG) und die rechtlichen Voraussetzungen geprüft werden müssen, noch nicht klar, ob beim Abschluss des Verfahrens die Ordnungsmaßnahme zwingend als Verwaltungsakt erlassen werden muss und somit eine Anhörung erforderlich ist.[75] Im Übrigen ist zu berücksichtigen, dass die Beweislast für das Vorliegen der Tatbestandsvoraussetzungen einer Ordnungsmaßnahme bei der Schule liegt.[76] Erfolgt daher die Verhängung einer Ordnungsmaßnahme auf der Grundlage eines nicht nachgewiesenen Sachverhalts, zu dessen Aufklärung gerade auch der Betroffene beitragen kann, führt dies zur Rechtswidrigkeit der Maßnahme.[77] Aus diesen Gründen ist es angezeigt, wenn auch rechtlich nicht zwingend, generell in jedem Verfahren, das auf den Erlass einer Ordnungsmaßnahme gerichtet ist, die Schüler bzw. deren Eltern anzuhören. In diesem Sinne wird von manchen Schulgesetzen auch bei weniger schwerwiegenden Ordnungsmaßnahmen den Schülern bzw. bei minderjährigen Schülern den Eltern die Gelegenheit zur Äußerung gegeben.[78] Zu solchen Anhörungen können die Schüler eine Lehrkraft ihres Vertrauens, ein Mitglied der Schülervertretung oder auch einen Rechtsbeistand (§ 14 Abs. 4 Satz 1 VwVfG) hinzuziehen.[79]

Für bestimmte, meist schwerwiegende Ordnungsmaßnahmen, wie den Ausschluss eines Schülers von der Schule, gelten häufig zusätzliche Verfahrensanforderungen (z.B. Anhörung der Schulkonferenz, der Schülervertretung, der Elternvertretung; qualifizierte Mehrheit; Einschaltung des Schulpsychologen).[80] In einigen Ländern sind die Schulen zudem

---

73 VGH München, K&R 2010, 610 (611); im Anschluss hieran ebenso VG Ansbach, Beschluss vom 15.7.2010, Az.: AN 2 K 09.01245 (juris), Rn. 25; vorher bereits VG Bayreuth, Beschluss vom 4.8.1999, Az.: B 6 K 99/153 (juris), Rn. 19 ff. Differenzierend nach der Intensität der Grundrechtsbeeinträchtigung, die wiederum nach der Dauer bestimmt wird, sowie nach den während des Nachsitzens der Schülerin übertragenen Aufgaben *Rux/Niehues*, Schulrecht, Rn. 423 f.

74 So ausdrücklich für das Nachsitzen VG Berlin, Beschluss vom 15.1.2014, Az.: 3 L 1.14 (juris), Rn. 9; ebenso Paul *Stelkens*, in: ders./Heinz Joachim Bonk/Michael Sachs, Verwaltungsverfahrensgesetz – Kommentar, 9. Aufl., München 2018, § 35 Rn. 202; a.A. VGH Mannheim, NVwZ 1994, 808 (Beschränkung der allgemeinen Handlungsfreiheit gemäß Art. 2 Abs. 1 GG, die allerdings aufgrund einer gesetzlichen Generalermächtigung, hier: § 23 Abs. 2 bw SchG a.F., angeordnet werden darf).

75 Ungeachtet dessen kann die erforderliche Anhörung eines Beteiligten grundsätzlich bis zum Abschluss der letzten Tatsacheninstanz eines verwaltungsgerichtlichen Verfahrens nachgeholt werden (§ 45 Abs. 1 Nr. 3 i.V.m. Abs. 2 VwVfG), vgl. dazu VGH Kassel, LKRZ 2009, 103 (104); zu den Einschränkungen der Heilungsmöglichkeit s. VGH Kassel, DVBl. 2013, 726.

76 VG Karlsruhe, NVwZ-RR 2008, 788 (788); VG Braunschweig, NdsVBl 2004, 52 (53). Allerdings gehen die Anforderungen an die Sachverhaltsermittlung durch die Schule nicht so weit wie nach der Strafprozessordnung, weshalb ein Schüler vom Lehrer z.B. nicht über ein „Aussageverweigerungsrecht" zu belehren ist; vgl. OVG Münster, NVwZ-RR 2017, 498 (498).

77 VG München, Beschluss vom 11.10.2011, Az.: M 3 K 10.3990 (juris), Rn. 29 ff.

78 § 90 Abs. 7 bw SchG, § 63 Abs. 4 bln SchulG, § 64 Abs. 5 BbgSchulG, § 47 Abs. 4 Satz 1 und 2 BremSchulG, § 49 Abs. 5 Satz 1 HmbSG, § 60a Abs. 5 Satz 1 Schulg M-V, § 53 Abs. 8 Halbsatz 1 nrw SchulG, § 98 Abs. 2 Satz 1 rp Übergreifende Schulordnung, § 32 Abs. 5 Satz 1 saarl SchoG, § 39 Abs. 5 Satz 1 sächs SchulG, § 44 Abs. 5 Satz 1 SchulG LSA, § 25 Abs. 4 Satz 2 sh SchulG; vgl. auch die differenzierten Regelungen in Art. 88 Abs. 3 BayEUG; § 51 Abs. 4 Satz 2 Halbsatz 2, Satz 4 ThürSchulG.

79 S. § 90 Abs. 7 Satz 2 Halbsatz 2 bw SchG, § 64 Abs. 5 Satz 3 BbgSchulG, § 49 Abs. 5 Satz 2 HmbSG, § 72 Abs. 2 hess Verordnung zur Gestaltung des Schulverhältnisses (VOGSV) vom 19.8.2011 (ABl. S. 546), zul.g.d. Verordnung vom 1.12.2017 (ABl. 2018 S. 2), § 60a Abs. 5 Satz 2 SchulG M-V, § 53 Abs. 8 Halbsatz 2 nrw SchulG.

80 Z.B. Art. 88 Abs. 3 Satz 1 Nr. 3, Satz 2 Nr. 3 BayEUG, § 47 Abs. 3 Satz 3 BremSchulG, § 49 Abs. 5 Satz 4 und 5 HmbSG, § 82 Abs. 11 Halbsatz 2 HSchG, §§ 68 Abs. 4 Satz 1, 69 Abs. 2, 72 Abs. 1 Satz 1, 74 Abs. 1 hess Verordnung zur Gestaltung des Schulverhältnisses, § 100 rp Übergreifende Schulordnung, § 32 Abs. 2 Satz 2, Abs. 5 Satz 2 saarl SchoG, § 52 Abs. 2 Satz 2 ThürSchulG.

verpflichtet, beim zeitweiligen oder vollständigen Ausschluss von Schülern aus der Schule das Jugendamt zu beteiligen oder von der Maßnahme zumindest in Kenntnis zu setzen.[81]

22.253 Eine Ordnungsmaßnahme kann unabhängig davon, ob es sich um einen Verwaltungsakt handelt, sowohl *mündlich wie auch schriftlich* erlassen werden. Allerdings muss ein mündlicher Verwaltungsakt schriftlich bestätigt werden, wenn dies von dem Betroffenen verlangt wird (§ 37 Abs. 2 Satz 2 VwVfG). Ungeachtet dessen sollten Ordnungsmaßnahmen den Eltern bzw. dem volljährigen Schüler immer *schriftlich* mitgeteilt und begründet werden[82], da die Rechtsmittelfristen, nach deren Ablauf die Maßnahmen nicht mehr angefochten werden können, nur zu laufen beginnen, wenn der Beteiligte über den Rechtsbehelf, die Verwaltungsbehörde oder das Gericht, bei denen der Rechtsbehelf anzubringen ist, den Sitz und die einzuhaltende Frist schriftlich belehrt worden ist (§ 58 VwGO).[83] Vgl. dazu die Ausführungen in TZ 26.347.

Generell ist vor der Erhebung einer Klage ein Widerspruchsverfahren durchzuführen (§ 68 Abs. 1 Satz 1 VwGO).[84] Der Widerspruch gegen eine Ordnungsmaßnahme hat grundsätzlich aufschiebende Wirkung (§ 80 Abs. 1 Satz 1 VwGO). Dies bedeutet, dass die Ordnungsmaßnahme nicht vollzogen werden kann, bis über den Widerspruch entschieden worden ist. Allerdings entfällt die aufschiebende Wirkung des Widerspruchs gegen eine Ordnungsmaßnahme, wenn bereits in den Schulgesetzen vorgesehen ist, dass Widerspruch und Klage keine aufschiebende Wirkung zukommt (§ 80 Abs. 2 Satz 1 Nr. 3 VwGO).[85] Wird hingegen die sofortige Vollziehung der Ordnungsmaßnahme angeordnet (§ 80 Abs. 2 Satz 1 Nr. 4 VwGO), bedarf es eines besonderen schulischen Interesses an der sofortigen

81 § 90 Abs. 5 Satz 2, Abs. 8 Satz 1 und 2 bw SchG, Art. 88 Abs. 4 Satz 1 Nr. 5 BayEUG, § 49 Abs. 8 Satz 3 HmbSG, § 69 Abs. 2 hess Verordnung zur Gestaltung des Schulverhältnisses, §§ 99 Abs. 3 Satz 2, 100 Abs. 1 Satz 2 Nr. 3 rp Übergreifende Schulordnung, § 32 Abs. 7 saarl SchoG. S. auch § 55 Abs. 5 rp SchulG, wonach die Schulbehörde im Benehmen mit dem Jugendamt die nach dem Ausschluss erforderlichen schulischen Maßnahmen trifft. Ähnlich § 51 Abs. 4 Satz 5 ThürSchulG.

82 So ausdrücklich etwa Art. 88 Abs. 2 BayEUG, der zudem in Abs. 7 eine Anordnung von Ordnungs- und Sicherungsmaßnahmen in elektronischer Form explizit ausschließt; s. auch § 47 Abs. 4 Satz 3 BremSchulG, § 53 Abs. 9 nrw SchulG, § 99 Abs. 6 Satz 1 und 2 rp Übergreifende Schulordnung, § 32 Abs. 7 saarl SchoG. In Berlin sind Ordnungsmaßnahmen in der Regel vorher schriftlich anzudrohen (§ 63 Abs. 3 Satz 1 Halbsatz 2 bln SchulG).

83 In einigen Ländern ist ausdrücklich vorgesehen, dass der schriftlichen Mitteilung der Ordnungsmaßnahme eine Rechtsbehelfsbelehrung beizufügen ist, so in Mecklenburg-Vorpommern (§ 60a Abs. 7 Satz 2 SchulG M-V) oder in Sachsen-Anhalt (§ 8 Abs. 3 Verordnung über schulische Ordnungsmaßnahmen vom 6.2.2012 [GVBl. S. 42]).

84 Vgl. auch § 9 der Verordnung über schulische Ordnungsmaßnahmen LSA, wonach die Klassenkonferenz, die über eine Ordnungsmaßnahme entschieden hat, dem Widerspruch aufgrund der früheren Verhandlung ohne nochmaliges förmliches Verfahren oder aber nach erneuter Anhörung abhelfen kann (Abs. 1); will die Klassenkonferenz dem Widerspruch hingegen nicht oder nicht in vollem Umfang abhelfen, gibt die Schulleitung die Angelegenheit mit Begründung an das Landesschulamt ab, das dann über den Widerspruch entscheidet (Abs. 2).

85 So z.B. § 90 Abs. 3 Satz 4, Abs. 9 Satz 3 bw SchG, Art. 88 Abs. 8 BayEUG, § 32 Abs. 8 saarl SchoG. Anders hingegen in Berlin, wo die aufschiebende Wirkung von Widerspruch und Anfechtungsklage nur dann entfällt, wenn in dringenden Fällen ausnahmsweise die Schulleiterin oder der Schulleiter vorläufig über den Ausschluss vom Unterricht oder anderen schulischen Veranstaltungen sowie über die Umsetzung in eine Parallelklasse oder eine andere Unterrichtsgruppe entscheidet (§ 63 Abs. 6 Satz 2 bln SchulG); ähnlich in Hamburg, wo die aufschiebende Wirkung von Widerspruch und Anfechtungsklage nur entfällt, wenn ausnahmsweise die Schulleiterin oder der Schulleiter eine vorläufige Beurlaubung vom Schulbesuch anordnet (§ 49 Abs. 9 Satz 3 HmbSG). Auch in Sachsen entfällt die aufschiebende Wirkung, wenn der Schulleiter in dringenden Fällen vorläufig über den Ausschluss vom Unterricht und anderen schulischen Veranstaltungen entscheidet, darüber hinaus aber auch bei der Androhung des Ausschlusses aus der Schule, beim zeitweisen Ausschluss vom Unterricht und anderen schulischen Veranstaltungen sowie beim Ausschluss von der Schule (§ 39 Abs. 7 sächs SchulG; ganz ähnlich auch § 61 Abs. 4 Satz 3 Halbsatz 2 NSchG; § 25 Abs. 8 sh SchulG). In Nordrhein-Westfalen entfällt die aufschiebende Wirkung von Widerspruch und Anfechtungsklage nur bei der Überweisung in eine Parallelklasse oder Lerngruppe sowie beim zeitweisen Unterrichtsausschluss (§ 53 Abs. 3 Satz 2 nrw SchulG).

Vollziehung, das beispielsweise in einer erheblichen Gefährdung von Mitschülern bestehen kann. Das besondere schulische Interesse muss zudem schriftlich begründet werden (§ 80 Abs. 3 Satz 1 VwGO). Erforderlich ist eine auf den konkreten Einzelfall abstellende Darstellung, dass ausnahmsweise die sofortige Vollziehung notwendig ist; lediglich formelhafte Begründungen, die bloße Wiederholung des Gesetzestextes oder die einfache Bezugnahme auf die Begründung der für sofort vollziehbar erklärten Ordnungsmaßnahme genügen dafür nicht.[86] Die Anordnung der sofortigen Vollziehung kann mit dem Erlass der Ordnungsmaßnahme verbunden werden.

22.3 Nachsitzen, körperliche Züchtigung

22.31 Nachsitzen

Die Anordnung des Nachsitzens, die den Schüler verpflichtet, außerhalb der üblichen Unterrichtsstunden für kürzere Zeit unter Aufsicht einer Lehrerin besondere Aufgaben zu erfüllen, ist als *Erziehungsmaßnahme* zulässig, wenn es gilt, Lernrückstände aufzuarbeiten; diese können z.B. auf nicht angefertigten Hausaufgaben, Zuspätkommen zum Unterricht oder fortwährender Störung des Unterrichts beruhen. In diesen Fällen wird der Schüler dazu angehalten, Versäumtes nachzuholen.[87] Die Schüler müssen insoweit – wie auch sonst bei einer für verbindlich erklärten Schulveranstaltung – eine Begrenzung ihrer grundrechtlich geschützten Entfaltungsfreiheit (Art. 2 Abs. 1 GG) hinnehmen. Dazu reicht der Bildungs- und Erziehungsauftrag der Schule aus; eine besondere Rechtsgrundlage – neben den die Schulpflicht und die Teilnahmepflichten der Schülerinnen und Schüler regelnden Gesetzesvorschriften – ist nicht erforderlich.[88] Anders ist die Situation zu beurteilen, wenn das Nachsitzen nicht zur Kompensation von Lernrückständen, sondern dazu benutzt wird, den Schüler wegen sonstigen Fehlverhaltens (z.B. Beleidigung einer Lehrerin) zur Rechenschaft zu ziehen, da es sich dann nicht um eine rein erzieherische Reaktion handelt. Eine derart motivierte Anordnung greift in die Freiheit der Person (Art. 2 Abs. 2 Satz 2 GG) ein und ist – sofern nicht wie in Baden-Württemberg etwas anderes gesetzlich bestimmt ist[89] – mangels besonderer gesetzlicher Regelungen unzuläs-

---

86 Vgl. dazu VG Berlin, Beschluss vom 8.3.2006, Az.: 3 A 80.06 (juris), Rn. 3: Ausreichend, wenn auch knapp, sei, wenn zur Begründung ausgeführt wird, die Anordnung der sofortigen Vollziehung der Ordnungsmaßnahme sei notwendig, „weil sonst die ordnungsgemäße Unterrichts- und Erziehungsarbeit der bisher besuchten Schule beeinträchtigt werde". S. auch VG Augsburg, Beschluss vom 26.2.2002, Az.: Au 9 S 02.618 (juris), Rn. 33 ff., demzufolge die nach § 80 Abs. 3 Satz 1 VwGO erforderliche gesonderte Begründung der Anordnung des Sofortvollzuges ausnahmsweise auf die Begründung des zu vollziehenden Verwaltungsaktes Bezug nehmen kann, wenn aus dieser bereits die besondere Dringlichkeit sowie die von der Schule getroffene Interessenabwägung klar hervorgeht, d.h. das Erlassinteresse mit dem Interesse am sofortigen Vollzug identisch ist; kritisch hierzu Friedrich *Schoch*, in: Schoch/Schneider/Bier, VwGO. Kommentar, § 80 Rn. 248. Fehlt die Begründung für die Anordnung der sofortigen Vollziehung oder ist sie unzureichend, kann sie, bspw. im Widerspruchsbescheid, allerdings erneut – diesmal fehlerfrei – angeordnet werden. So VGH München, NJW 2002, 3044 (3044).

87 Entsprechende Formulierungen finden sich in den einschlägigen Rechtsnormen derjenigen Länder, die das Nachsitzen als Erziehungsmaßnahme benannt haben. § 60 Abs. 2 Nr. 6 SchulG M-V, § 53 Abs. 2 Satz 1 nrw SchulG und § 16 Abs. 2 Satz 2 saarl AschO sprechen von der „Nacharbeit unter Aufsicht", § 82 Abs. 1 Satz 2 HSchG, § 25 Abs. 1 Satz 2 sh SchulG und § 51 Abs. 1 Satz 3 ThürSchulG vom „Nachholen schuldhaft versäumten Unterrichts" und § 49 Abs. 2 Satz 2 HmbSG vom „Nachholen von Unterricht"; § 96 Abs. 1 Satz 2 rp Übergreifende Schulordnung schließlich spricht vom „Nacharbeiten von Versäumtem".

88 So im Ergebnis auch *Rux/Niehues*, Schulrecht, Rn. 423 f. Demgegenüber hält der DJT-SchulGE, S. 292, eine hinreichend spezifizierte rechtliche Regelung für geboten.

89 § 90 Abs. 3 Nr. 1, Nr. 2a bw SchG. Vgl. auch VGH Mannheim, NVwZ 1984, 808 (809), der das Nachsitzen als eine durch den gesetzlichen Bildungs- und Erziehungsauftrag der Schule gerechtfertigte Erziehungsmaßnahme auch dann für zulässig erklärt, wenn es nicht dem Nachholen von Lernrückständen,

sig. Gleiches gilt, wenn es sich beim Nachsitzen um eine in den Schulgesetzen zahlreicher Länder verbotenen Kollektivstrafe handelt (s. TZ 22.242), bei der die gesamte Klasse bzw. Lerngruppe unabhängig von individuellen Pflichtverletzungen für Verfehlungen Einzelner haftbar gemacht wird.[90]

22.32 Körperliche Züchtigung

Die körperliche Züchtigung[91] ist in allen Ländern durch Rechts-, zumindest aber durch Verwaltungsvorschrift ausdrücklich verboten.[92] Der Lehrer, der den Schüler körperlich züchtigt, erfüllt den Straftatbestand der Körperverletzung im Amt (§ 340 StGB)[93] und kann darüber hinaus disziplinarrechtlich belangt werden (hierzu TZ 29.33). Keine körperliche Züchtigung im Sinne der schulrechtlichen Bestimmungen liegt – unabhängig von der pädagogischen Zweckmäßigkeit und der Rechtswidrigkeit einer solchen Handlung mangels gesetzlicher Grundlage – jedoch vor, wenn ein Schüler, der den Unterricht stört und der Aufforderung zum Verlassen des Schulraumes nicht nachkommt, ohne Züchtigungsabsicht vom Lehrer gewaltsam aus dem Schulraum entfernt wird.[94] Ausnahmsweise kann die Körperverletzung nach den für alle Bürgerinnen und Bürger geltenden Bestimmungen der §§ 32 ff. StGB gerechtfertigt sein, wenn der Lehrer sich in einer *Notwehr- oder Nothilfesituation* befindet. Notwehr liegt dann vor, wenn eine Lehrkraft selbst angegriffen wird;

---

sondern der Ahndung sonstigen Fehlverhaltens dient; kritisch hierzu Lutz *Dietze*, Zur Zulässigkeit von Schulstrafen, RdJB 1984, 145.

90 Zumindest bedenklich erscheint deshalb, wenn das zwecks Säuberung des verschmutzen Schulraums erfolgende Einschließen einer Gruppe von Schülern für 15 Minuten über das eigentliche Unterrichtsende hinaus vom OVG Schleswig, NJW 1993, 952 (953), scheinbar auch dann für rechtmäßig gehalten wird, wenn „der Fachlehrer den individuellen Beitrag an dem Aufräumen nicht exakt nach dem jeweiligen Umfang des Fehlverhaltens des einzelnen Schülers bemessen haben sollte". Demgegenüber hat das AG Neuss einen Lehrer wegen Freiheitsberaubung gemäß § 239 Abs. 1 StGB verurteilt, der die Schülerinnen und Schüler für mindestens 15 Minuten über das planmäßige Unterrichtende hinaus am Verlassen des Klassenraums hinderte, indem er sich mit quer auf dem Schoß liegender Konzertgitarre in den Türrahmen setzte und die Schülerinnen und Schüler aufforderte, im Klassenraum zu verbleiben, bis sie einen an die Tafel geworfenen Text aus Wikipedia abgeschrieben haben (AG Neus, Urteil vom 24.8.2016, Az.: 12 Ds 333/16 [juris]). Differenzierend zur Freiheitsberaubung und zu weiteren möglicherweise verwirklichten Straftatbeständen Christian *Fahl*, Inwiefern ist es strafbar, Schülern den Gang zur Toilette während des Unterrichts zu verbieten?, JR 2017, 405.

91 Umfassend zum Züchtigungsrecht in der Schule Heike *Jung*, Das Züchtigungsrecht des Lehrers, Berlin 1977; Hinrich *Rüping*/Uta *Hüsch*, Abschied vom Züchtigungsrecht des Lehrers, GA 1979, 1; ferner Hans-Jörg *Albrecht*, Die Entwicklung des Züchtigungsrechts, RdJB 1994, 198.

92 Gesetzliche Verbote enthalten § 90 Abs. 3 Satz 5 bw SchG, Art. 86 Abs. 3 Nr. 1 BayEUG, § 39 Abs. 2 Satz 2 sächs SchulG, § 51 Abs. 5 Satz 1 ThürSchulG. Die § 63 Abs. 2 Satz 2 bln SchulG, § 63 Abs. 1 Satz 4 BbgSchulG, § 49 Abs. 1 Satz 3 HmbSG, § 60 Abs. 4 SchulG M-V und § 32 Abs. 3 saarl SchoG verbieten neben der körperlichen Züchtigung „andere entwürdigende (Erziehungs-)Maßnahmen"; § 82 Abs. 3 HSchG verbietet körperliche Züchtigungen „und andere herabsetzende Maßnahmen". In Schleswig-Holstein sind nach § 25 Abs. 3 Satz 2 sh SchulG „[k]örperliche Gewalt und andere entwürdigende Maßnahmen" verboten. Gemäß § 44 Abs. 2 Satz 2 SchulG LSA darf durch Ordnungsmaßnahmen die „Würde der Schülerin oder des Schülers […] nicht verletzt werden."

93 Im Einzelfall kann dem Schüler ein Anspruch auf Schmerzensgeld zustehen, der allerdings zu verneinen ist, wenn der Schüler an dem Vorfall mitschuldig ist und sein körperliches Wohlbefinden nur geringfügig beeinträchtigt wurde. So LG Hanau, NJW 1991, 2028.

94 S. VG Münster, Urteil vom 19.4.2016, Az.: 13 K 2455/15.0 (juris), Rn. 17: Der Lehrer zog den Schüler mit Kraft aus dem Stuhl und beförderte ihn zwei bis drei Meter gegen dessen Widerstand Richtung Tür, wobei beide stürzten und der Lehrer den Schüler daraufhin in den „Schwitzkasten" nahm; ähnlich auch LG Berlin, JuS 2010, 458. Anders – unter Bezugnahme auf das in § 44 Abs. 2 Satz 2 SchulG LSA normierte Verbot von die Würde der Schülerinnen und Schüler verletzenden Ordnungsmaßnahmen sowie das in hierzu ergangenen Verwaltungsvorschriften enthaltene Züchtigungsverbot – hingegen, wenn eine Grundschullehrerin Schülern den Mund mit Tesafilm verklebt, weil diese den Unterricht stören; vgl. BAG, NZA 2012, 1274 (1275 f.).

Nothilfe etwa dann, wenn unter der Aufsicht einer verantwortlichen Lehrkraft Schüler Opfer eines Angriffes sind.

22.4 Maßnahmen der Schule bei strafbarem Verhalten von Schülerinnen und Schülern

Auch gegenüber Schülerinnen und Schülern, die sich strafbar gemacht haben, hat die Schule in erster Linie ihren erzieherischen Auftrag wahrzunehmen. Insbesondere, aber nicht nur, in Fällen des *Drogenmissbrauchs* sollten die Lehrkräfte das Gespräch mit dem Schüler suchen und dessen Eltern informieren (s. TZ 19.53 und 21.145). Sofern der Schüler durch sein Verhalten Mitschüler gefährdet, muss der Lehrer die Schulleitung unterrichten, welche die weiteren Schritte mit dem Klassenlehrer und dem (Drogen-)Beratungslehrer erörtert. Nötigenfalls sind Ordnungsmaßnahmen bis hin zum Ausschluss aus der Schule zu treffen (TZ 22.2).[95] Eine *Strafanzeige* bei Polizei oder Staatsanwaltschaft ist nur dann geboten, wenn die beabsichtigte Strafverfolgung das einzige Mittel ist, die Gefährdung anderer Kinder oder Jugendlicher zu verhindern (z.B. dann, wenn ein Schüler mit Drogen handelt).[96] Dabei ist es Sache der Schulleitung, nicht der einzelnen Lehrer, die Strafverfolgungsbehörden zu verständigen; die Schulleitung sollte sich zuvor mit der Schulaufsicht ins Benehmen setzen.[97]

22.5 Maßnahmen gegenüber Eltern sowie Ausbilderinnen und Ausbildern

Die Möglichkeiten, die der Schule gegenüber den Eltern wie auch gegenüber den die Schülerinnen und Schüler ausbildenden Personen zur Verfügung stehen, um ihren Bildungs- und Erziehungsauftrag durchzusetzen, sind beschränkt. Insoweit ermöglichen die Schul(pflicht)gesetze die Verhängung von Strafen und Bußgeldern sowie die Anwendung des Schulzwangs (TZ 17.5).[98] Im Übrigen ist die Schule aber auf indirekte Wege angewiesen, da sie gegenüber den Erziehungsberechtigten keine „Ordnungsgewalt" besitzt. Weigern sich z.B. die Eltern, durch Unterschrift von einer Mitteilung oder einem Zeugnis Kenntnis zu nehmen, oder lehnen sie es ab, zu einem Elterngespräch zu erscheinen, kann die Schule

---

95 Gemäß § 86 Abs. 2 Nr. 12 BayEUG können Schüler von allen Schulen mehrerer Schularten unbeschadet der Erfüllung der Schulpflicht ausgeschlossen werden, wenn sie wegen einer vorsätzlich begangenen Straftat zu einer Freiheitsstrafe von mindestens einem Jahr rechtskräftig verurteilt worden sind, die Strafe noch der unbeschränkten Auskunft unterliegt und wenn nach der Art der von den Schülern begangenen Straftat die Ordnung oder die Sicherheit des Schulbetriebs oder die Verwirklichung der Bildungsziele der Schule erheblich gefährdet ist.

96 Anders jedoch die Gesetzeslage in Hamburg und Bayern: Während in Hamburg gemäß § 49 Abs. 8 Satz 4 HmbSG die Schulleitung die Polizei bei Straftaten von Schülerinnen und Schülern grundsätzlich zu informieren hat, ist in Bayern gemäß Art. 88 Abs. 4 Satz 1 Nr. 5 BayEUG u.a. die Polizei zu informieren, wenn eine Schülerin nach Art. 87 Abs. 1 BayEUG vorläufig vom Besuch der Schule bzw. der praktischen Ausbildung ausgeschlossen worden ist, weil ihr Verhalten das Leben oder in erheblicher Weise die Gesundheit von Mitschülern, Lehrkräften, sonstigem an der Schule tätigem Personal oder anderen Personen im Rahmen ihrer schulischen oder praktischen Ausbildung gefährdet und die Gefahr nicht anders abwendbar ist.

97 Liegt der Verdacht einer strafbaren Handlung vor, hat die Schulleiterin gemäß § 74 Abs. 2 hess Verordnung zur Gestaltung des Schulverhältnisses sogar unverzüglich die Schulaufsichtsbehörde zu unterrichten, die dann über weitere Maßnahmen entscheidet.

98 Für auf die Verletzung der Schulpflicht bezogene Strafbarkeitsnormen s. bspw. § 66 Abs. 1 BremSchulG und § 140 Abs. 1 SchulG M-V; für auf die Verletzung der Schulpflicht bezogenen Ordnungswidrigkeits- bzw. Verwaltungsvollstreckungsvorschriften §§ 15 ff. saarl Schulpflichtgesetz, §§ 44a, 84 Abs. 1 Nr. 1-3, Abs. 2 und 3 SchulG LSA. Zur verfassungsrechtlichen Zulässigkeit strafrechtlicher Sanktionen bei Verletzung der Schulpflicht BVerfGK 8, 151 (155); BVerfGE 32, 98 (108 f.). Allgemein zur zwangsweisen Durchsetzung der Schulpflicht Carsten *Rinio*, Die Verletzung der Schulpflicht durch die Erziehungsberechtigten als Straftat und als Ordnungswidrigkeit, ZfJ 2001, 221.

wenig tun. Allenfalls kann sie dem Schüler, dessen Mutter oder Vater das Zeugnis nicht unterschrieben hat, zum nächsten Termin die Aushändigung eines zukünftigen Zeugnisses in der Erwartung verweigern, dass ein elterlicher Protest dann zu einer klärenden Aussprache mit der Schule führen wird. Keinesfalls darf sie den Schüler unter dem Unverstand oder dem bösen Willen der Eltern leiden lassen. Sie darf ihn insbesondere nicht für Zuwiderhandlungen der Eltern durch Ordnungsmaßnahmen zur Rechenschaft ziehen.[99] Gegenüber Eltern, die durch ihr Verhalten (z.B. Bedrohung von Lehrkräften oder sonstigem Schulpersonal) den ordnungsgemäßen Ablauf des Schulbetriebs derart stören, dass eine Beeinträchtigung der ordnungsgemäßen Bildungs- und Erziehungsarbeit der Schule auch in Zukunft zu erwarten ist, kann die Schulleitung, die das Hausrecht ausübt, jedoch ein Hausverbot aussprechen[100] oder den Eltern die direkte Kontaktaufnahme mit den Lehrkräften untersagen[101] (vgl. auch TZ 12.215).

Treten bei einem Schüler erhebliche Verhaltensauffälligkeiten auf, die eine Maßnahme der Jugendhilfe erforderlich erscheinen lassen, oder werden Tatsachen bekannt, die auf Vernachlässigung, Missbrauch oder Misshandlung eines Schülers schließen lassen, unterrichtet die Schule das zuständige Jugendamt.[102] Die Erziehungsberechtigten sind vorher anzuhören[103], jedenfalls aber über die Einschaltung des Jugendamtes[104] zu informieren[105], wobei die Informationspflicht dann ausgeschlossen sein kann, wenn der wirksame Schutz des Schülers dadurch infrage gestellt wird[106]. Bei Verdacht auf strafbare Handlungen (z.B. Kindesmisshandlung) ist Strafanzeige zu erheben.

---

99 Insofern begegnet die Bejahung der Rechtmäßigkeit der Versetzung eines Schülers in eine Parallelklasse wegen Meinungsverschiedenheiten und Konflikten zwischen den Eltern des Schülers einerseits und der Klassenlehrerin sowie den Eltern der anderen Kinder in der Klasse andererseits Bedenken, auch wenn die Versetzung ausdrücklich nicht als Ordnungsmaßnahme gesehen, sondern als pädagogische Maßnahme zur Erhaltung des Schulfriedens auf den Bildungs- und Erziehungsauftrag der Schule gestützt wird (so OVG Bremen, NJW 2003, 1962).

100 OVG Münster, NWVBl 2006, 101; VG Braunschweig, NdsVBl 2005, 306; VG Aachen, Urteil vom 25.4.2008, Az.: 9 K 1428/06 (juris), Rn. 23 ff.; VG Hamburg, Beschluss vom 10.6.2014, Az.: 15 E 2165/14 (juris), Rn. 21 ff.; VG Sigmaringen, Beschluss vom 28.3.2017, Az.: 4 K 618/17 (juris), Rn. 47 ff. Der Klage der Eltern gegen ein gegenüber Dritten ausgesprochenes Hausverbot (z.B. einer Integrationshelferin des Kindes) dürfte es jedoch an der für die Klage erforderlichen Klagebefugnis gemäß § 42 Abs. 2 VwGO fehlen, s. OVG Münster, NJW 2016, 2519 (2519 f.).

101 So OVG Koblenz, NVwZ-RR 2005, 722.

102 Vgl. bspw. § 85 Abs. 3 Satz 1 Halbsatz 1 bw SchG, Art. 31 Abs. 1 Satz 2 BayEUG, § 5a Satz 1 und 2 bln SchulG, § 63 Abs. 3 Satz 1 BbgSchulG, § 12 Abs. 2 Satz 1 BremSchulG, § 42 Abs. 6 Satz 1 nrw SchulG, § 38 Abs. 3 Satz 1 SchulG LSA, § 55a Abs. 2 Satz 4 ThürSchulG.

103 § 85 Abs. 3 Satz 1 Halbsatz 2 bw SchG.

104 Hält das Jugendamt seinerseits gerichtliche Maßnahmen zur Abwendung einer Gefährdung des Kindeswohls für erforderlich, ruft es das Familiengericht an (§ 50 SGB VIII, § 1666 BGB).

105 § 63 Abs. 3 Satz 2 BbgSchulG, § 12 Abs. 2 Satz 2 BremSchulG.

106 § 12 Abs. 2 Satz 3 BremSchulG, § 38 Abs. 3 Satz 2 SchulG LSA, vgl. auch § 3 Abs. 10 Satz 3 HSchG, § 55a Abs. 2 Satz 3 ThürSchulG.

23. Kapitel: Finanzielle Hilfen für Schülerinnen und Schüler

Der Staat ist mit Rücksicht auf das Sozialstaatsgebot (Art. 20 Abs. 2, 28 Abs. 1 Satz 1 GG) verpflichtet, grundsätzlich ein Förderungssystem bereitzustellen, das den Erwerb von Bildung nicht an fehlenden finanziellen Hilfen scheitern lässt.[1] Förderungsmaßnahmen sollen die Schülerinnen und Schüler in die Lage versetzen, ihr Recht auf Bildung unabhängig von ihrer wirtschaftlichen Situation und sozialen Herkunft zu verwirklichen. Auf diese Weise gewährleistet der Staat ein Schulsystem, das allen jungen Bürgern gemäß ihren Fähigkeiten die dem heutigen gesellschaftlichen Leben entsprechenden Bildungsmöglichkeiten eröffnet.[2] Das Sozialstaatsprinzip gebietet indessen nicht, dass die Schulausbildung keinerlei Kosten verursachen darf.[3] Auch das Recht auf Bildung und das Elternrecht gewähren Schülern und Eltern keinen Anspruch auf bestimmte finanzielle Leistungen.[4] Diese Rechte stehen ohnehin unter dem Vorbehalt des Möglichen im Sinne dessen, was der Einzelne vernünftigerweise von der Gesellschaft fordern kann.[5] Wie und mit welchen Mitteln der Staat seine Verpflichtung, für ein sozial gerechtes Bildungswesen Sorge zu tragen, erfüllt, ist in erster Linie vom Gesetzgeber zu entscheiden.[6] Insoweit besteht gesetzgeberische Gestaltungsfreiheit.

Diese Gestaltungsfreiheit endet aber dort, wo es um die *Sicherung des Existenzminimums* von Menschen geht, denen die zur Gewährleistung eines menschenwürdigen Daseins erforderlichen materiellen Mittel fehlen. Zu diesem Bedarf gehören vor allem bei schulpflichtigen Kindern auch die notwendigen Aufwendungen für Bildung (dazu vor allem TZ 23.5).

Die wichtigsten Förderungsmaßnahmen betreffen die Schulgeldfreiheit (TZ 23.1), die Lernmittelfreiheit (TZ 23.2), die Fahrkostenerstattung (TZ 23.3), zunehmend auch eine kostengünstige Schulspeisung in Form eines warmen Mittagessens (TZ 23.4), sonstige soziale Leistungen für hilfebedürftige Kinder und Jugendliche im Rahmen des Bildungs- und Teilhabepakets (TZ 23.5) sowie Ausbildungsförderung für bestimmte Schülergruppen (TZ 23.6).

23.1 Schulgeldfreiheit

Im gesamten Bundesgebiet ist der Besuch öffentlicher Schulen schulgeldfrei.[7] Es wird somit für die Benutzung der Schule als öffentlicher Anstalt kein Entgelt in Form einer

---

1 Vgl. *Oppermann*, Gutachten, C 25.
2 Vgl. BVerfGE 26, 228 (238); 34, 165 (182).
3 BVerwG, DÖV 1978, 615; vgl. auch BayVerfGH, BayVBl. 1985, 14.
4 Zum Recht auf Bildung s. TZ 2.224, zum Elternrecht s. TZ 16.3.
5 Vgl. BVerfGE 33, 303 (333); BayVerfGH, BayVBl. 1985, 14 (15).
6 Vgl. BVerfGE 33, 303 (333).
7 Schulgeldfreiheit war in der Weimarer Republik nur für die Volksschule und für die Fortbildungsschule (= Berufsschule) garantiert (Art. 145 S. 3 WRV). Dagegen war die Erhebung von Schulgeld für den Besuch der höheren Schule obligatorisch (s. z.B. § 1 Preußisches Schulgeldgesetz vom 18.7.1930). Dazu Walter *Landé*, Preußisches Schulrecht, Berlin 1933. Bd. 1, S. 29 ff.; Bd. 2, S. 815 ff. Heute ist die Schulgeldfreiheit in einigen Ländern sogar verfassungsrechtlich garantiert. – Rechtsgrundlagen: Baden-Württemberg: Art. 14 Abs. 2 Satz 1 und 2 Verf., § 93 Abs. 1 SchG; Bayern: Art. 129 Abs. 2 Verf., Art. 23 Abs. 1 Halbsatz 1 BaySchFG; Berlin: § 50 Abs. 1 Satz 1 SchulG; Brandenburg: Art. 30 Abs. 5 Satz 2 Verf., § 114 Abs. 1 BbgSchulG; Bremen: Art. 31 Abs. 2 Verf., § 1 Abs. 1 des brem Gesetzes zum Art. 31 Abs. 2 der Landesverfassung der Freien Hansestadt Bremen vom 21.10.1947 über die Unentgeltlichkeit des Schulunterrichts i.d.F.d.Bek. vom 25.7.1958 (GBl. S. 75), zul.g.d. Geschäftsverteilung des Senats vom 2.8.2016 (GBl. S. 434); Hamburg: § 29 Abs. 1 Satz 1 HmbSG; Hessen: Art. 59 Abs. 1 Satz 1 Verf.,

Benutzungsgebühr erhoben.[8] Bei genauerem Zusehen zeigt sich allerdings, dass sich die Schulgeldfreiheit in mehreren Ländern (Baden-Württemberg, Bremen, Hessen, Mecklenburg-Vorpommern, Saarland, Sachsen und Sachsen-Anhalt) auf Unterrichtsgeldfreiheit beschränkt; dort können daher für die Teilnahme an Schulveranstaltungen außerhalb des Unterrichts Gebühren erhoben werden.[9] Das gilt für ergänzende Betreuungsangebote sowohl in der traditionellen (Halbtags-)Schule als auch in der offenen Ganztagsschule.[10] (Zur Ganztagsschule vgl. TZ 3.71). Die Schulgeldfreiheit entbindet die Eltern zudem nicht von der Pflicht, diejenigen Kosten zu tragen, die durch Teilnahme ihres Kindes an Veranstaltungen neben dem üblichen Schulbetrieb (z.B. Theaterbesuch, Klassenfahrten) entstehen[11]; auch die Teilnahme an der vom Schulträger oder der Schule angebotenen Mittagsmahlzeit ist nicht kostenfrei (dazu näher TZ 23.4). Im Übrigen aber gilt, dass die Eltern für die mit dem Schulbesuch allgemein verbundenen Aufwendungen auf Seiten des Schulträgers und des Staates keine Gegenleistung zu erbringen brauchen.

Brandenburg, Bremen, Hamburg und Niedersachsen knüpfen die Schulgeldfreiheit daran, dass der Schüler seinen Wohnsitz im Lande hat;[12] Gegenseitigkeitsvereinbarungen mit anderen Ländern sichern aber, dass sie auch landesfremden Schülern zugute kommt.[13] Im Übrigen gewähren die Länder Schulgeldfreiheit nur beim Besuch der auf ihrem Gebiet vorhandenen öffentlichen Schulen. Wer keine für ihn geeignete Schule vorfindet und deshalb auf eine Privatschule oder auf eine landesfremde öffentliche Schule ausweichen muss, kann nicht unter Berufung auf das Sozialstaatsgebot, das Elternrecht oder das Recht auf Bildung verlangen, dass ihm die dadurch entstehenden Aufwendungen ersetzt werden; ein solcher Anspruch ist jedenfalls dann zu verneinen, wenn das Land ein nach den Bedürfnissen der Allgemeinheit hinlänglich differenziertes Schulwesen vorhält.[14] Die Schulgeld-

---

§ 3 Abs. 11 Satz 1 HSchG; Mecklenburg-Vorpommern: § 54 Abs. 1 Satz 1 SchulG; Niedersachsen: § 54 Abs. 2 Satz 1 NSchG; Nordrhein-Westfalen: Art. 9 Abs. 1 Verf., § 92 Abs. 4 SchulG; Rheinland-Pfalz: § 68 Satz 1 SchulG; Saarland: § 1 Gesetz Nr. 662 über Schulgeldfreiheit vom 6.2.1959 (Amtsbl. S. 597), zul.g.d.G. vom 9.7.2003 (Amtsbl. S. 1990); Sachsen: Art. 102 Abs. 4 Satz 1 Verf., § 38 Abs. 1 SchulG; Sachsen-Anhalt: Art. 26 Abs. 4 Verf.; Schleswig-Holstein: § 12 Abs. 1 SchulG; Thüringen: Art. 24 Abs. 3 Satz 1 Verf., § 16 Satz 1 ThürSchulG.

8 In Baden-Württemberg sind die Fachschulen von der Schulgeldfreiheit ausgenommen (§ 93 Abs. 2 bw SchulG), in Bayern kann an kommunalen Fachschulen Schulgeld erhoben werden (Art. 23 Abs. 1 Halbsatz 2 BaySchFG). Im Saarland gilt die Schulgeldfreiheit nicht für Fachschulen als „Einrichtungen der beruflichen Aufstiegsfortbildung“ (§ 1 Gesetz über Schulgeldfreiheit). In Berlin können gemäß § 34 Abs. 2 Satz 4 SchulG für Teilnehmerinnen und Teilnehmer an Weiterbildungsveranstaltungen sowie für Gasthörerinnen und Gasthörer Gebühren erhoben werden; dazu die Fachschulgebührenordnung vom 24.11.1987 (GVBl. S. 2682), zul.g.d.VO vom 26.5.2000 (GVBl. S. 338).

9 Diese Möglichkeit besteht allerdings selbst in denjenigen Ländern, die den Begriff Schulgeldfreiheit nicht auf Unterrichtsgeldfreiheit reduzieren, z.B. § 19 Abs. 3 Satz 1 und Abs. 6 Satz 10 und 11 bln SchulG, § 54 Abs. 1 Satz 2 SchulG M-V, § 68 Satz 2 rp SchulG.

10 So ausdrücklich § 68 Satz 2 rp SchulG.

11 Zur Pflicht der Eltern, die bei Klassenfahrten anfallenden Kosten zu tragen, s. TZ 19.225.

12 § 114 Abs. 2 Satz 1 BbgSchulG, § 1 Abs. 1 brem Gesetz zum Art. 31 Abs. 2 der Landesverfassung der Freien Hansestadt Bremen, § 29 Abs. 1 Satz 2 Nr. 1 HmbSG, § 54 Abs. 2 Satz 2 NSchG. In Berlin wird die Aufnahme auswärtiger Schüler davon abhängig gemacht, dass Gegenseitigkeit mit dem betreffenden Land und ein angemessener Finanzausgleich vereinbart sind, dass Schulpflichtige die Befreiung von der Schulpflicht in dem anderen Bundesland nachweisen und dass freie Plätze vorhanden sind (§ 41 Abs. 4 SchulG).

13 Z.B. das Abkommen über die Gegenseitigkeit beim Besuch von Schulen in öffentlicher Trägerschaft zwischen dem Land Brandenburg und dem Land Berlin vom 27.6.2013 (abgedruckt in ABl. für Brandenburg S. 389) und die Vereinbarung der Gegenseitigkeit des Besuchs öffentlicher Schulen zwischen den Ländern Niedersachsen und Bremen vom 1.3.1996 (abgedruckt im brem ABl. S. 639).

14 Vgl. OVG Münster, Urteil vom 14.9.1979, Az.: V A 968/78 (juris): Keine Verpflichtung des Landes Nordrhein-Westfalen zur Erstattung von Berufsschulkosten, die Auszubildenden in Splitterberufen dadurch entstehen, dass sie auf freiwilliger Basis spezielle (bundesoffene) Berufsschulklassen in anderen Ländern besuchen. Vgl. aber BayVerfGH, Entscheidung vom 15.4.1987, Az.: Vf 1-VII-85 (juris): Der Gesetzgeber verstößt gegen den Gleichheitssatz, wenn er nicht dafür Sorge trägt, dass die Berufsschul-

freiheit erstreckt sich *nicht auf den Besuch eines Horts* (TZ 3.3), selbst dann nicht, wenn der Hort mit der Schule verbunden ist.[15] Zum Schulgeld für den Besuch von Privatschulen s. TZ 15.432 und 15.624.

23.2 Lernmittelfreiheit

Lernmittelfreiheit[16] bedeutet, dass die Eltern zumindest teilweise von den Kosten für die Beschaffung der von den Schülerinnen und Schülern benötigten Lernmittel befreit sind. Wie die Schulgeldfreiheit soll die Lernmittelfreiheit dazu beitragen, dass auch Schüler aus wirtschaftlich schwächer gestellten Familien die gleichen Chancen besitzen wie ihre Mitschüler.

Lernmittel sind die für die Hand des Schülers bestimmten Arbeitsmittel, die er zur erfolgreichen Teilnahme am Unterricht benötigt (Schulbücher und Lernmaterial). Zu den *Schulbüchern* gehören auch schulbuchersetzende Lernsoftware und ergänzende Druck-

---

pflichtigen in angemessenem Umfang von den unvermeidbaren Mehrkosten für eine notwendige auswärtige Unterbringung freigestellt werden, die ihnen während der Zeit des Blockunterrichts entstehen.

15 Nach den Kindertagesstättengesetzen der neuen Länder werden vielmehr Elternbeiträge erhoben, die einen Teil der Betriebskosten abdecken. S. im Einzelnen §§ 16 Abs. 1, 17 Abs. 1 bis 3 bbg Kita-Gesetz vom 27.6.2004 (GVBl. S. 384), zul.g.d.G. vom 27.7.2015 (GVBl. I Nr. 21); §§ 17 Abs. 1, 21 Kindertagesförderungsgesetz M-V vom 1.4.2004 (GVOBl. S. 146), zul.g.d.G. vom 3.11.2014 (GVOBl. S. 594); §§ 14 Abs. 4, 15 Sächs Gesetz über Kindertageseinrichtungen vom 15.5.2009 (GVBl. S. 225), zul.g.d.G. vom 29.4.2015 (GVBl. S. 349); § 13 Kinderförderungsgesetz LSA vom 5.3.2003 (GVBl. S. 48), zul.g.d.G. vom 21.12.2016 (GVBl. S. 354); § 16 Satz 2 ThürSchulG, §§ 18 Abs. 1, 20 ThürKitaG vom 16.12.2005 (GVBl. S. 365, 3371), zul.g.d.G. vom 21.12.2015 (GVBl. S. 233, 236). – In Berlin sind die ergänzenden Betreuungsangebote für Schüler der Jahrgangsstufen 1 bis 6 entgeltpflichtig (§ 19 Abs. 6 Satz 10 und 11 SchulG i.V.m. den Bestimmungen des Tagesbetreuungskostenbeteiligungsgesetzes vom 23.4.2010 (GVBl. S. 250), zul.g.d.G. vom 9.5.2016 (GVBl. S. 243).

16 Rechtsgrundlagen: Baden-Württemberg: Art. 14 Abs. 2 Satz 1 Verf.; § 94 Abs. 1 SchG, § 17 Abs. 2 PSchG; LernmittelVO vom 19.4.2016 (GBl. S. 308, 327). Bayern: Art. 21 f., 46 und 60 Satz 2 Nr. 7 BaySchFG; Art. 51 Abs. 4 BayEUG; VO über die Zulassung von Lernmitteln vom 17.11.2008 (GVBl. S. 902), zul.g.d.VO vom 11.3.2016 (GVBl. S. 65); Bek. betr. den Vollzug der Vorschriften des BayEUG und des BaySchFG über die Lernmittelfreiheit vom 1.9.2009 (KWMBl. I S. 224). Berlin: §§ 50 Abs. 2 bis 4, 101 Abs. 8 SchulG; LernmittelVO vom 16.12.2010 (GVBl. S. 662), zul.g.d.VO vom 2.11.2012 (GVBl. S. 382). Brandenburg: Art. 30 Abs. 5 Satz 3 Verf.; §§ 111 BbgSchulG; LernmittelVO vom 14.2.1997 (GVBl. II S. 88), zul.g.d.VO vom 30.10.2013 (GVBl. II Nr. 77). Bremen: Art. 31 Abs. 3 Verf. Hamburg: § 30 HmbSG; LernmittelVO vom 3.5.2005 (GVBl. S. 184), zul.g.d.G. vom 5.5.2009 (GVBl. S. 121). Hessen: Art. 59 Abs. 1 Satz 2 Verf.; § 153 HSchG; § 5 Ersatzschulfinanzierungsgesetz; VO über die Durchführung der Lernmittelfreiheit vom 4.9.1995 (ABl. S. 608), zul.g.d.VO vom 19.10.2006 (ABl. S. 982). Mecklenburg-Vorpommern: § 54 Abs. 2 bis 4 SchulG; VO über die Kostenbeiträge der Erziehungsberechtigten bei der Beschaffung von Unterrichts- und Lernmitteln vom 11.7.1996 (MittBl. S. 390), zul.g.d.VO vom 3.7.1997 (MittBl. S. 504). Niedersachsen: RdErl. betr. Entgeltliche Ausleihe von Lernmitteln vom 1.11.2013 (SVBl. S. 30). Nordrhein-Westfalen: Art. 9 Abs. 2 Verf.; §§ 96, 106 Abs. 2 Nr. 2 Buchst. c SchulG; VO über die Durchschnittsbeträge und den Eigenanteil nach § 96 Abs. 5 SchulG vom 12.4.2005 (GV. S. 419), zul.g.d. VO vom 25.7.2015 (GV. S. 223); RdErl. Bestimmungen zur Lernmittelfreiheit vom 24.5.2005 (ABl. S. 226). Rheinland-Pfalz: § 70 SchulG; LandesVO über die Lernmittelfreiheit vom 16.4.2010 (GVBl. S. 67). Saarland: §§ 2 und 7 Schülerförderungsgesetz vom 6.5.2009 (Amtsbl. S. 706), zul.g.d.G vom 30.11.2011 (Amtsbl. I S. 1617); §§ 1 bis 4 VO über die Ausführung des Schülerförderungsgesetzes vom 1.7.2009 (Amtsbl. S. 1155), zul.g.d.G vom 30.11.2011 (Amtsbl. I S. 1617). Sachsen: Art. 102 Abs. 4 Satz 1 und Abs. 5 Verf.; § 38 Abs. 2 SchulG. Sachsen-Anhalt: § 72 SchulG; LernmittelkostenentlastungsVO vom 17.4.2013 (GVBl. S. 174); Lernmittelerlass (RdErl.) vom 18.4.2013 (SVBl. S. 95), zul.g.d.RdErl. vom 1.7.2016 (SVBl. S. 126). Schleswig-Holstein: § 13 SchulG. Thüringen: Art. 24 Abs. 3 Satz 2 Verf.; § 44 ThürSchulG; § 24 ThürSchfTG; Thür Lehr- und LernmittelVO vom 1.3.2004 (GVBl. S. 432), g.d.VO vom 18.6.2009 (GVBl. S. 543); Durchführungsbestimmungen zur Lernmittelbeschaffung für das Schuljahr 2016/2017 vom 17.3.2016 (ABl. S. 33). – Aus der Literatur: *RuxNiehues*, Schulrecht, Rn. 1283 ff; Ralf *Poscher*/Johannes *Rux*/Thomas *Langer*, Das Recht auf Bildung, Völkerrechtliche Grundlagen und innerstaatliche Umsetzung, Baden-Baden 2009, S. 107 ff., passim.

werke, wie Quellenhefte und Textsammlungen. *Lernmaterial* umfasst die Gebrauchs- und Übungsmittel, z.B. Taschenrechner[17], Computer-Algebra-Systeme (CAS), Zeichengeräte, Zirkelkästen, Arbeitshilfen für den Werkunterricht, Schreibhefte und Schreibmaterial, jedoch nicht Gegenstände, die auch außerhalb des Unterrichts verwendet werden (z.B. Turn- und Schwimmkleidung, Musikinstrumente), ferner keine Gegenstände, die zugleich der Berufsausübung dienen (z.B. Werkzeug, das der Berufsschüler im Rahmen seiner betrieblichen Ausbildung verwendet).

Lernmittel dürfen nicht mit Lehrmitteln verwechselt werden; *Lehrmittel* sind Unterrichtsmittel, die zur Ausstattung der Schule gehören (z.B. die im Unterricht von Schülern und Lehrkräften genutzten technischen Geräte, wie Computer, geographische Karten, Sammlungen für den naturwissenschaftlichen Unterricht); sie sind vom Schulträger bereitzustellen.[18]

23.21 Zunehmende Einschränkung der Lernmittelfreiheit

Lernmittelfreiheit im Sinne kostenfreier Nutzung von Schulbüchern und Lernmaterial gibt es *nicht mehr im gesamten Bundesgebiet*. Sparmaßnahmen in den öffentlichen Haushalten haben dazu geführt, dass die Erziehungsberechtigten immer mehr zu den Aufwendungen für die Lernmittel herangezogen werden. In mehreren Ländern werden Lernmittel unentgeltlich nur noch unter Abzug eines von den Eltern aufzubringenden Eigenanteils zum befristeten Gebrauch überlassen; in anderen Ländern muss für ihre Nutzung ein Entgelt gezahlt werden.[19] Dabei bleibt es den Eltern oder den volljährigen Schülern freigestellt, ob sie die Möglichkeit der Leihe oder Miete überhaupt in Anspruch nehmen wollen, oder ob sie es vorziehen, die Lernmittel selbst zu beschaffen.

Im Einzelnen bestehen erhebliche Unterschiede hinsichtlich des Verfahrens der Bereitstellung der Lernmittel (TZ 23.22) und der Zuständigkeit für die Finanzierung der von der öffentlichen Hand zu tragenden Kosten (TZ 23.23).

23.22 Verfahren

23.221 *In den meisten Ländern* werden zumindest die Schulbücher immer noch wie bislang den Schülerinnen und Schülern vorübergehend *zum unentgeltlichen Gebrauch überlassen*. Werden darüber hinaus weiterverwendbare Lernmittel (z.B. Taschenrechner, technische Hilfsmittel) zur Verfügung gestellt, verbleiben sie im Eigentum des Schulträgers bzw. des Landes; zum Abschluss des Schuljahres, spätestens beim Abgang von der Schule sind sie zurückzugeben. Wenn zum Verbrauch bestimmtes Lernmaterial (wie Übungs- und Arbeitshefte) in die Lernmittelfreiheit einbezogen ist, wird es den Schülern übereignet, üblicherweise unter Bestimmung der Verwendungsdauer.

Der Grundsatz der (unentgeltlichen) *Leihe* ist in Berlin, Brandenburg und Nordrhein-Westfalen insoweit eingeschränkt, als die Eltern verpflichtet sind, Lernmittel in Höhe eines

17 Dazu OVG Bautzen, DÖV 2015, 531 (Ls.).

18 Z.B. § 79 nrw SchulG.

19 Nach Auffassung des BayVerfGH BayVerfGHE 60, 80) verstößt Art. 21 BaySchFG, wonach von Schülern als Eigenbeteiligung für die Überlassung von Schulbüchern ein Büchergeld erhoben wird, weder gegen die in der bay Verf. gewährleistete allgemeine Handlungsfreiheit (Art. 101) noch gegen das Rechtsstaatsprinzip (Art. Art. 3 Abs. 1 Satz 1). Nach Ansicht des VGH München, NVwZ-RR 2009, 163, spricht nichts dafür, dass die in Art. 13 Abs. 2 Buchst. b UN-Sozialpakt enthaltene Verpflichtung der Vertragsstaaten zur Gewährung unentgeltlicher Teilhabe an den verschiedenen Formen des höheren Schulwesens neben einem prinzipiellen Verbot von Schulgeld auch die positive Verpflichtung enthalten könne, den gesamten durch den Schulbesuch verursachten privaten Kostenaufwand, also auch die Kosten für Schulbücher, zu tragen.

Eigenanteils selbst zu beschaffen.[20] In Hamburg, Niedersachsen, im Saarland und in Sachsen-Anhalt werden die Lernmittel, sofern die Eltern sie nicht auf eigene Kosten erwerben, gegen Entgelt (Gebühr) zur Nutzung überlassen;[21] es handelt sich also um eine *Miete*. In Hamburg und im Saarland ist das Mietentgelt durch Höchstkostensätze bzw. durch Pauschalbeträge begrenzt;[22] in Sachsen-Anhalt ist nur eine vergleichsweise geringe Gebühr zu entrichten.[23] *Von der Übernahme des Eigenanteils bzw. von der Zahlung der Miete sind* ganz oder teilweise *Eltern, die Sozialleistungen erhalten, befreit.*[24] Rheinland-Pfalz überlässt die notwendigen Lernmittel nur Kindern und Jugendlichen aus einkommensschwachen Familien zum unentgeltlichen Gebrauch[25]; im Übrigen haben die Eltern die Wahl zwischen entgeltlicher Ausleihe (Miete) oder Erwerb auf eigene Kosten.

23.222 Soweit Schülerinnen und Schülern die Lernmittel leihweise oder mietweise zur Nutzung erhalten, sind sie verpflichtet, diese pfleglich zu behandeln und in gebrauchsfähigem Zustand zurückzugeben.[26] Vor allem im Hinblick auf Haftung und Haftungsfolgen bei Verlust oder Beschädigung ist die Frage klärungsbedürftig, ob mit der Gebrauchsüberlassung ein privatrechtliches oder ein öffentlich-rechtliches Schuldverhältnis begründet wird. In Berlin, Hamburg und Sachsen-Anhalt ist das Schuldverhältnis öffentlich-rechtlicher Natur. In Hessen haften die Schüler bzw. ihre Eltern „nach den gesetzlichen Vorschriften". In den anderen Ländern fehlen ausdrückliche Bestimmungen über Ersatzansprüche und ihre Durchsetzung. Nach verbreiteter Auffassung wird mit der Gebrauchsüberlassung zwischen dem Schulträger bzw. dem Land einerseits und den Schülern oder ihren Eltern andererseits ein privatrechtliches Schuldverhältnis begründet, das sich nach den Vorschriften des BGB über die Leihe (§§ 598 ff.) bzw. die Miete (§§ 535 ff.) bestimmt. Ansprüche auf Rückgabe oder Schadensersatz können demgemäß nur durch Klage beim ordentlichen Gericht durchgesetzt werden.[27] Diese Auffassung lässt jedoch den Umstand außer Acht, dass die Übergabe der Lernmittel an die Schülerinnen und Schüler nicht auf freier Vereinbarung beruht, sondern eine durch Rechts- oder Verwaltungsvorschrift angeordnete Maßnahme ist, die nur dann ausnahmsweise unterbleibt, wenn Schüler bzw. Eltern darauf verzichten, die Lernmittelfreiheit wahrzunehmen. Es entsteht somit ein *öffentlich-rechtliches (verwaltungsrechtliches) Schuldverhältnis*, auf das die bürgerlich-rechtlichen Vorschriften

---

20 In Berlin, Brandenburg und Nordrhein-Westfalen ist der Eigenanteil durch Höchstbeträge im Schuljahr begrenzt: in Berlin einheitlich 100 Euro; in Brandenburg z.B. im allgemeinbildenden Schulwesen zwischen 12 und 29 Euro; in Nordrhein-Westfalen z.B. im allgemeinbildenden Schulwesen je nach Schulstufe zwischen 12 und 26 Euro.

21 In Niedersachsen beträgt das Entgelt mindestens 33 %, höchstens 40 % des Kaufpreises (Einjahresbände) bzw. mindestens 40 %, höchstens 60 % (Mehrjahresbände); in Hamburg beläuft es sich auf mindestens 40 %, höchstens 60 %. In beiden Ländern erhalten Familien mit drei oder mehr schulpflichtigen Kindern eine Ermäßigung.

22 In Hamburg in der Primarstufe 50 Euro, in der Sekundarstufe I 80 Euro, in der Sekundarstufe II 100 Euro; im Saarland zwischen 20 und 60 Euro. In Niedersachsen haben die Eltern nur die Wahl zwischen Eigenbeschaffung der Lernmittel oder deren Anmietung; eine Höchstgrenze für das Mietentgelt gibt es nicht.

23 Höchstens 3 Euro je Lernmittel.

24 Zu den berücksichtigungsfähigen Beziehern von Sozialleistungen zählen je nach landesrechtlicher Regelung Personen, die Leistungen bzw. Hilfe zum Lebensunterhalt nach SGB II oder SGB XII erhalten, außerdem Heim- und Pflegekinder (SGB VIII), Wohngeldempfänger nach dem Wohngeldgesetz und Leistungsberechtigte nach dem Asylbewerberleistungsgesetz.

25 Die Einkommenshöchstgrenze liegt im Regelfall bei einem Familieneinkommen von 26.500 Euro zuzüglich 3.750 Euro für jedes weitere kindergeldberechtigte Kind.

26 Die Verwendungsdauer der zur Nutzung ausgehändigten Lernmittel beträgt – von Land zu Land verschieden – drei oder vier Schuljahre. Es liegt auf der Hand, dass Schulbücher nach zwei bzw. drei Jahren Gebrauch durch andere Schüler die Lernfreude der Letztnutzer nicht gerade anregen, zumal die Inhalte in manchen Fächern wegen des rapiden Wandels der Verhältnisse und wegen der Erkenntnisfortschritte in den zugrunde liegenden Wissenschaftsdisziplinen nicht mehr auf dem neusten Stand sein dürften.

27 So OVG Lüneburg, NJW 1996, 2947.

über die Leihe bzw. Miete nur entsprechend anzuwenden sind.[28] Der Eigentümer, also das Land oder der Schulträger (dazu TZ 23.23), kann seinen Schadensersatzanspruch, sofern er ihn nicht im Wege der Leistungsklage vor dem Verwaltungsgericht geltend macht, durch Leistungsbescheid, mithin durch Verwaltungsakt, einseitig festsetzen[29] und den Anspruch sodann nach Maßgabe des Verwaltungsvollstreckungsgesetzes des jeweiligen Landes zwangsweise durchsetzen.

23.223 Selbst in den Ländern, die zumindest im Prinzip an der Lernmittelfreiheit festhalten, gibt es über die schon erwähnten Restriktionen hinaus weitere Einschränkungen. So schließen Baden-Württemberg und Sachsen die Fachschüler, Berlin und Sachsen-Anhalt die Berufsschüler, Rheinland-Pfalz und Thüringen die Schüler der meisten berufsbildenden Schulen aus dem Berechtigtenkreis aus. *Schüler privater Ersatzschulen* haben Anspruch auf Lernmittelfreiheit nur in Baden-Württemberg, Bayern (nach Entscheidung des Schulträgers), Berlin, Brandenburg, Hessen, Nordrhein-Westfalen, Sachsen-Anhalt, und Thüringen (dort außerdem Schüler staatlich anerkannter Ergänzungsschulen, an denen die Schulpflicht erfüllt werden kann).

Weitere Einschränkungen betreffen den Umfang der Lernmittelfreiheit, insbesondere die Nichtberücksichtigung von Lernmaterial (Bayern, Berlin, Brandenburg, Mecklenburg-Vorpommern, Nordrhein-Westfalen, Rheinland-Pfalz, Sachsen, Schleswig-Holstein und Thüringen)[30] und von geringwertigen Lernmitteln (Baden-Württemberg, Hessen und Sachsen-Anhalt).[31]

23.23 Kostenträger

Die *Finanzierung* der durch die Bereitstellung der Lernmittel im Wege der Leihe oder Miete anfallenden Kosten *obliegt* in den Flächenländern *entweder dem Staat* (Hessen, Niedersachsen, Saarland, Sachsen-Anhalt, Thüringen) *oder den Schulträgern* (Baden-Württemberg, Brandenburg, Mecklenburg-Vorpommern, Nordrhein-Westfalen, Rheinland-Pfalz, Sachsen, Schleswig-Holstein) bzw. in Bayern den *Trägern des Schulaufwands*; dort unterstützt der Staat die kommunalen Träger des Schulaufwands durch Zuweisungen nach Maßgabe von Kopfpauschalen. (Zu den Einzelheiten vgl. die Übersicht bei TZ 11.4,

---

28 Dazu Johannes *Rux*, Die Öffentlich-Rechtliche Leihe – Zum Anspruch auf Ersatz für die Beschädigung und den Verlust von Schulbüchern, RdJB 1998, 362. S. außerdem VGH München, NVwZ-RR 1995, 86, wonach der Schulaufwandsträger sogar die Erstattung von Kosten für die Herstellung von Lernmitteln, die nicht in die Lernmittelfreiheit einbezogen sind, nach den Grundsätzen der öffentlich-rechtlichen Geschäftsführung ohne Auftrag, zumindest aber nach den Grundsätzen des öffentlich-rechtlichen Erstattungsanspruchs durch eine beim Verwaltungsgericht erhobene Leistungsklage durchsetzen kann.

29 So die Regelungen in Berlin (durch Verwaltungsakt der Schule) und Sachsen-Anhalt (durch Leistungsbescheid des Landesverwaltungsamts); unklar ist die Bestimmung in Hamburg, wonach die Erziehungsberechtigten bzw. die volljährigen Schülerinnen und Schüler bei Verlust oder Beschädigung der überlassenen Lernmittel die Kosten der Ersatzbeschaffung als „besondere Auslage" zu tragen haben. – Die Zulässigkeit eines Leistungsbescheids zur Feststellung von Leistungsansprüchen der Verwaltung wird von der Rspr. bejaht. S. etwa BVerwG hinsichtlich der Ansprüche auf Rückerstattung zuviel gezahlter Dienstbezüge von Beamten (vgl. BVerwGE 28, 1; 71, 353 [357 f.]) oder auf Schadensersatz wegen einer Dienstpflichtverletzung (vgl. BVerwGE 19, 243; 27, 245). Dagegen wird in der Literatur die Geltendmachung von Leistungsansprüchen der Verwaltung durch Leistungsbescheid wegen Fehlens einer gesetzlichen Ermächtigung überwiegend für unzulässig erklärt; vgl. *Maurer/Waldhoff*, Verwaltungsrecht, § 10 Rn. 33; *Wolff/Bachof/Stober/Kluth*, Verwaltungsrecht I, § 55 Rn. 41.

30 Allerdings ist in Mecklenburg-Vorpommern und Schleswig-Holstein Lernmaterial, soweit es sich um Gegenstände handelt, die ausschließlich im Unterricht eingesetzt werden und in der Schule verbleiben, von der Lernmittelfreiheit mitumfasst.

31 2001 entschied der VGH Mannheim (DÖV 2001, 387), dass Lernmittel im Wert von 9,90 DM nicht zu den von der Lernmittelfreiheit ausgenommenen „Gegenständen geringen Wertes" (§ 94 Abs. 1 Satz 1 bw SchG) zählen.

jeweils unter Buchstabe c.) Soweit Schülerinnen und Schüler der privaten Ersatzschulen an der Lernmittelfreiheit teilhaben, werden den Schulen die Kosten zumeist im Rahmen der staatlichen Regelbeihilfe, vereinzelt, wie in Bayern, durch besondere Zuschüsse erstattet. In Bremen sind die Kommunen (Stadtgemeinde Bremen und Bremerhaven) Kostenträger.

Mit Rücksicht auf die Stärkung schulischer Eigenständigkeit (dazu TZ 13.223) überlassen die Kostenträger die finanzielle und organisatorische Abwicklung der Bereitstellung von Lernmitteln in zunehmendem Maße den (öffentlichen) Schulen selbst, indem sie ihnen einen zweckgebundenen Etat zur Verfügung stellen und sie ermächtigen, Schulbücher usw. zu beschaffen, den von den Eltern zu tragenden Eigenanteil einzufordern, Nutzungsentgelte einzuziehen und teilweise auch Schadensersatzforderungen geltend zu machen.[32]

Bei der Beschaffung preisgebundener Lernmittel (Schulbücher) können die Schulen Aufträge grundsätzlich freihändig erteilen. Soweit sie nicht preisgebundene Lernmittel erwerben, müssen sie jeweils prüfen, ob der Auftrag nach § 3 der Verdingungsordnung für Leistungen – Teil A (VOL/A) auf der Grundlage einer öffentlichen oder beschränkten Ausschreibung oder im Wege freihändiger Vergabe zu erteilen ist (dazu ausführlich TZ 12.25).

23.3 Schülerbeförderung und Fahrkostenerstattung[33]

Die durch sinkende Schülerzahlen bedingte Zusammenlegung oder Schließung mancher Schulen, das veränderte Wahlverhalten vieler Eltern bei der Bestimmung des Bildungswegs ihres Kindes und nicht zuletzt die zunehmende Ausdifferenzierung des Schulwesens aufgrund der Vielfalt der Schulprofile haben vor allem in ländlichen Gebieten dazu geführt, dass die meisten Schülerinnen und Schüler nicht mehr wie früher eine Schule am Wohnort oder in dessen unmittelbarer Nähe besuchen können, sondern vielfach erheblich längere Schulwege zurücklegen müssen. Unter diesen Umständen hat es sich

32 Vgl. etwa § 7 Abs. 5, insbes. Satz 2 Nr. 1 und 2 bln SchulG; § 13 Abs. 1 Satz 2 und 3 bbg LernmittelVO; nds RdErl betr. Entgeltliche Ausleihe von Lernmitteln; thür Durchführungsbestimmungen zur Lernmittelbeschaffung für das Schuljahr 2016/2017.

33 Rechtsgrundlagen: Baden-Württemberg: § 18 Gesetz über den kommunalen Finanzausgleich i.d.F. vom 1.1.2000 (GBl. S. 14), zul.g.d.G. vom 17.12.2015 (GBl. S. 1210). Bayern: Schulwegkostenfreiheitsgesetz i.d.F. der Bek. vom 31.5.2000 (GVBl. S. 452), zul.g.d. VO vom 22.7.2014 (GVBl. S. 286); Art. 10a FAG i.d.F. der Bek. vom 16.4.2013 (GVBl. S. 210); SchülerbeförderungsVO i.d.F.d.Bek. vom 8.9.1994 (GVBl. S. 953), zul.g.d.VO vom 1.7.2016 (GVBl. S. 193). Berlin: Nr. 2 Abs. 2 der Ausführungsvorschriften über Schülerausweise vom 8.7.2002 (ABl. S. 2888). Brandenburg: §§ 3 Abs. 3, 112, 110 Abs. 2 Satz 1 Nr. 5, BbgSchulG. Bremen: Fahrkostenrichtlinien der Stadtgemeinde Bremen vom 15.7.2008 (BrSBl. 549.01). Hamburg: Schülerfahrgeldbestimmungen vom 18.7.2011. Hessen: § 161 HSchG. Mecklenburg-Vorpommern: § 113 SchulG. Niedersachsen: §§ 114, 141 Abs. 3 und 156 Abs. 3 NSchG. Nordrhein-Westfalen: §§ 97, 94 Abs. 1 SchulG; SchülerfahrkostenVO vom 16.4.2005 (GV. S. 420), zul.g.d.VO vom 10.7.2016 (GV. S. 632); VV zur Ausführung der SchülerfahrkostenVO vom 23.5.2005 (ABl. S. 191), zul.g.d. RdErl. vom 23.9.2010 (ABl. S. 521). Rheinland-Pfalz: § 69 SchulG, § 33 PrivSchG; LandesVO über die Höhe der Einkommensgrenzen bei der Schülerbeförderung vom 18.5.2009 (GVBl. S. 206). Saarland: § 45 Abs. 3 Nr. 3 bis 5 und Abs. 4 SchoG; VO über die notwendigen Beförderungskosten gemäß § 45 Abs. 3 Nr. 3 bis 5 und Abs. 4 des SchoG vom 16.5.1984 (Amtsbl. S. 561), zul.g.d.VO vom 2.12.2015 (Amtsbl. I S. 960); §§ 5 ff. VO über die Ausführung des Schülerförderungsgesetzes vom 1.7.2009 (Amtsbl. S. 1155), zul.g.d.G. vom 30.11.2011 (Amtsbl. I S. 1617); § 32d PrivSchG. Sachsen: § 23 Abs. 3 SchulG. Sachsen-Anhalt: § 71 SchulG; VO über Fahrkostenzuschüsse für die Schülerbeförderung vom 23.12.1993 (GVBl. 1994 S. 3), zul.g.d.G. vom 7.12.2001 (GVBl. S. 540). Schleswig-Holstein: §§ 114, 48 Abs. 1 Nr. 4, Abs 2 Nr. 8 SchulG. Thüringen: §§ 4, 3 Abs. 2 Satz 1 Nr. 8, 9 und 9a, 7 Abs. 2 ThürSchFG, § 18 Abs. 1 ThürSchFTG. – Aus der Literatur: *Rux/Niehues*, Schulrecht, Rn. 1321 ff.; *Poscher/Rux/Langer* (Fn. 16), S. 107 ff. (passim).

als notwendig erwiesen, die Schülerbeförderung so zu organisieren, dass sich jedenfalls die durch die größeren Entfernungen zwischen Wohnung und Schule verursachten finanziellen Belastungen für Eltern und Schüler in zumutbaren Grenzen halten. In allen Ländern gibt es daher Regelungen zur Erstattung der Fahrkosten, in den verkehrsschwachen Gebieten außerdem Einrichtungen für den Transport auswärtiger Schüler zur Schule und zurück. *Zuständig* für die Organisation der Schülerbeförderung sind in den Flächenländern *teils die Schulträger* (Baden-Württemberg, Bayern, Hessen, Nordrhein-Westfalen, das Saarland, Schleswig-Holstein), *teils die Landkreise und kreisfreien Städte* (Brandenburg, Mecklenburg-Vorpommern, Niedersachsen, Rheinland-Pfalz, Sachsen, Sachsen-Anhalt, Thüringen); in Bremen sind es die Kommunen (Stadtgemeinde Bremen und Bremerhaven). In manchen Ländern beteiligt sich der Staat an der Aufbringung der damit verbundenen Kosten (vgl. die Übersicht bei TZ 11.4, jeweils unter Buchstabe c). Voraussetzungen und Umfang des Anspruchs auf Fahrkostenerstattung bzw. Schülerbeförderung sind von Land zu Land verschieden. Haushaltsengpässe haben dazu geführt, dass die Leistungen bei der Übernahme von Schülerfahrkosten vor allem durch Eingrenzung des Kreises der Begünstigten oder durch Einführung eines Eigenanteils der Eltern eingeschränkt worden sind.[34]

Die oft überaus komplizierten Regelungen können hier nur in den Grundzügen dargestellt werden. Die Rechtslage ist dadurch noch unübersichtlicher geworden, dass mehrere Länder den Land- und Stadtkreisen weitreichende Entscheidungsbefugnisse hinsichtlich des Umfangs der notwendigen Beförderungskosten übertragen haben.[35]

23.31 Anspruchsberechtigte

Anspruchsberechtigt sind in den meisten Flächenländern Schülerinnen und Schüler des Schulkindergartens, der Grundschulen, der weiterführenden Schule bis Klasse 10 und der Förderschulen (Sonderschulen).[36] Im Allgemeinen erhalten auch die Schüler (anerkannter)

34 VGH Mannheim, NVwZ-RR 1996, 659: Weder die staatliche Verpflichtung zum besonderen Schutz der Familie (Art. 6 Abs. 1 GG) noch das durch Art. 6 Abs. 2 GG gewährleistete Recht der Eltern, den Bildungsweg des Kindes zu bestimmen, und ebenso wenig das Entfaltungsrecht des Schülers gem. Art. 2 Abs. 1 GG begründen einen Anspruch darauf, dass die öffentliche Hand die Kosten der Schülerbeförderung vollständig übernimmt.

35 In Baden-Württemberg und Sachsen regeln die Stadt- und Landkreise bzw. die Landkreise und kreisfreien Städte die Einzelheiten der Schülerbeförderung, insbes. Umfang und Abgrenzung der notwendigen Beförderungskosten einschließlich der Festsetzung von Mindestentfernungen, Höhe und Verfahren der Erhebung eines Eigenanteils oder Gewährleistung eines Zuschusses sowie Pauschalen oder Höchstbeträge für die Kostenerstattung (§ 18 Abs. 2 bw Gesetz über den kommunalen Finanzausgleich, § 23 Abs. 3 Satz 2 sächs SchulG). In Brandenburg bestimmen die Landkreise und kreisfreien Städte „das Nähere" durch Satzung (§ 112 Abs. 1 Satz 3 BbgSchulG). In Mecklenburg-Vorpommern, Niedersachsen und Sachsen-Anhalt legen die Landkreise und kreisfreien Städte die Mindestentfernung zwischen Wohnung und Schule fest, von der an die Beförderungs- oder Erstattungspflicht entsteht (§ 113 Abs. 3 SchulG M-V, § 114 Abs. 2 NSchG, § 71 Abs. 6 SchulG LSA). In Rheinland-Pfalz dürfen die Landkreise und kreisfreien Städte einen Eigenanteil nur fordern, wenn das Familieneinkommen eine Einkommensgrenze von 26.500 Euro zuzüglich 3.750 Euro für jedes weitere kindergeldberechtigte Kind überschreitet (§§ 1 und 2 LandesVO über die Höhe der Einkommensgrenzen bei der Schülerbeförderung). In Schleswig-Holstein bestimmen die Kreise, welche Kosten für die Schülerbeförderung als notwendig anerkannt werden (§ 114 Abs. 2 SchulG). In Thüringen regeln die Landkreise oder kreisfreien Städte als Träger der Schülerbeförderung die Einzelheiten der Fahrkostenerstattung, ferner das Verfahren der Erhebung eines Eigenanteils bei Schülern, die ab Klassenstufe 11 das Gymnasium oder die dreijährige mit einer Gesamtschule verbundene gymnasiale Oberstufe besuchen (§ 4 Abs. 3 Satz 4 ThürSchFG).

36 Im Saarland werden nur die Beförderungskosten übernommen, die notwendig durch den Besuch der Grundschule, den Pflichtbesuch des Schulkindergartens, den Besuch von Förderschulen sowie durch die Teilnahme behinderter Schüler am Unterricht einer Schule der Regelform entstehen.

Ersatzschulen Fahrkostenerstattung.[37] Die Mehrzahl dieser Länder bezieht darüber hinaus auch Schüler zumindest einiger Schularten und Jahrgangsstufen der Sekundarstufe II ein.[38] In Berlin wird „Schülern mit Vollzeitunterricht“ der Schülerausweis I ausgestellt, bei dessen Vorlage sie Schülertickets für die Nutzung des Verkehrsverbunds Berlin-Brandenburg erhalten. In Bremen und Hamburg kommt eine Übernahme der Fahrkosten nur in Ausnahmefällen, insbesondere bei sonderpädagogischer Förderung und bei Bedürftigkeit der Eltern in Betracht. Im Saarland haben selbst Schüler von Schulkindergärten und Grundschüler nur dann einen Anspruch auf Fahrkostenzuschüsse, wenn ihre Eltern auf Sozialleistungen angewiesen sind oder wenn das Familieneinkommen bestimmte Grenzen nicht übersteigt.

23.32 Umfang der Leistungen

Auch der *Umfang* der Fahrkostenerstattung ist in mehreren Ländern eingeschränkt. So werden in Nordrhein-Westfalen Aufwendungen nur bis zu einem *Höchstbetrag* von 100 Euro monatlich übernommen; wenn Schülerzeitkarten auch zur sonstigen Nutzung im öffentlichen Nahverkehr berechtigen, kann der Schulträger überdies einen *Eigenanteil* bis zu 12 Euro je Beförderungsmonat festsetzen. In Bayern werden Fahrkosten für Schülerinnen und Schüler an Gymnasien, Berufsfachschulen und Wirtschaftsschulen, Fachoberschulen und Berufsoberschulen sowie Berufsschulen nur erstattet, sofern sie eine *Familienbelastungsgrenze* von 370 Euro im Schuljahr übersteigen.[39] In Baden-Württemberg, Brandenburg, Sachsen und Thüringen können Schüler bzw. Eltern aufgrund kommunaler Satzung an den Kosten beteiligt werden. Das Saarland gewährt den einkommensschwachen Familien einen Zuschuss, der je nach Höhe des Einkommens 50, 75 oder 100 Prozent der Fahrkosten beträgt.[40]

---

37 OVG Koblenz, DÖV 2015, 346: Der Gesetzgeber ist aus verfassungsrechtlicher Sicht nicht gehalten, Schüler von öffentlichen und privaten Schulen schulwegkostenrechtlich gleich zu behandeln. – BayVerfGH, BayVBl. 2010, 76: Es ist verfassungsrechtlich nicht zu beanstanden, wenn neben den Schülern bestimmter öffentlicher Schulen nur den Schülern entsprechender staatlich anerkannter Ersatzschulen ein Anspruch auf kostenfreie Schülerbeförderung eingeräumt wird, den Schülern genehmigter Ersatzschulen wie der Waldorfschulen jedoch nicht. Eine Ungleichbehandlung sei hierdurch nicht gegeben, weil anerkannte Ersatzschulen, die wie eine öffentlich Schule Berechtigungen erteilen könnten (vgl. TZ 15.65), im Hinblick auf die an sie gestellten Anforderungen und die für sie geltenden Regelungen den öffentlichen Schulen sehr nahe stünden, während nur genehmigte Ersatzschulen nicht in vergleichbarer Weise in die Erfüllung des staatlichen Bildungsauftrags eingebunden seien.

38 Baden-Württemberg: alle Schularten außer Fachschulen; Bayern: u.a. gymnasiale Oberstufe, Berufsschule, berufsbildende Vollzeitschulen außer Fachschulen. Hessen: Grundstufe der Berufsschule, erstes Jahr der besonderen Bildungsgänge an der Berufschule oder einer Berufsfachschule im Rahmen der Erfüllung der Vollzeitschulpflicht. Mecklenburg-Vorpommern, Niedersachsen und Sachsen-Anhalt: u.a. Berufsgrundbildungs- und Berufsvorbereitungsjahr, erste Klassenstufe der Berufsfachschule, die nicht den Realschulabschluss voraussetzt. Nordrhein-Westfalen: gymnasiale Oberstufe, Berufskollegs in Vollzeitform. Rheinland-Pfalz: Sekundarstufe II der Gymnasien und Integrierten Gesamtschulen, berufliche Gymnasien, Berufsfachschulen, Fachoberschulen, Berufsoberschulen, Vollzeitbildungsgänge der Fachschulen, für die eine abgeschlossene Berufsausbildung nicht zwingend erforderlich ist. Thüringen: gymnasiale Oberstufe, Berufsgrundbildungs- und Berufsvorbereitungsjahr, zweijährige Fachoberschule und die keinen berufsqualifizierenden Abschluss vermittelnde Berufsfachschule.

39 Für die Berechnung der Familienbelastung sind die nachgewiesenen Gesamtkosten der Beförderung für die im gemeinsamen Haushalt der Unterhaltleistenden lebenden Schüler maßgeblich.

40 Behinderten Schülern, die eine Regelschule besuchen, wird ohne Nachweis der Einkommensverhältnisse ein Zuschuss in Höhe von 75 % der Fahrkosten bewilligt.

23.33 Notwendigkeit der Beförderungskosten

Leistungen werden nur gewährt, soweit die *Beförderungskosten notwendig* sind.[41] Die Notwendigkeit hängt zumeist von der Länge des Schulwegs ab;[42] dabei werden bestimmte *Mindestentfernungen* zugrunde gelegt, die in der Regel nach Schulstufen gestaffelt sind.[43] Maßgeblich ist die Distanz zur Pflichtschule oder zur nächstgelegenen Wahlschule (vgl. TZ 3.15). Als Letztere gilt die Schule, die den gewünschten Bildungsgang anbietet, mit dem geringsten Aufwand an Zeit und Kosten erreicht werden kann und deren Besuch schulorganisatorische Gründe (z.B. Kapazitätsengpässe) nicht entgegenstehen.[44] Wählen die Eltern eine weiter entfernte Schule, werden nur die Fahrkosten übernommen, die für den Schulweg zur nächstgelegenen Schule entstünden (*„fiktive" Fahrkosten*).[45] Der Begriff Bildungsgang im Sinne des Schülerbeförderungsrechts ist mit dem Begriff Schulart nicht

---

41 Nach nordrhein-westfälischem Schülerbeförderungsrecht gibt es keinen Anspruch auf Übernahme der Personalkosten für die Begleitung und Betreuung einer behinderten Schülerin oder eines behinderten Schülers im Schülerspezialverkehr (so OVG Münster, DÖV 2006, 703). Wohl aber besteht ein solcher Anspruch bei Hilfebedürftigkeit gegen den Träger der Sozialhilfe nach § 54 Abs. 1 Nr. 1 SGB XII i.V.m. § 12 Nr. 1 Eingliederungshilfe-Verordnung. Das gilt umso mehr für die Erstattung der Kosten der Beförderung des behinderten Schülers selbst, die über die notwendigen Beförderungskosten im Sinne des jeweiligen Landesrechts hinausgehen, z.B. bezüglich der durch Benutzung eines Taxis verursachten Mehrkosten (so BVerwG, NVwZ-RR 1993, 198, auf der Grundlage des § 39 Abs. 1 Satz 1 des seinerzeit noch geltenden Bundessozialhilfegesetzes).

42 Zur Auslegung des Begriffs „Schulweg" als Anspruchsvoraussetzung für die Übernahme von Schülerbeförderungskosten VGH Kassel, NVwZ-RR 1991, 75. Eine ausdrückliche Regelung enthält § 7 Abs. 1 Satz 3 nrw SchülerfahrkostenVO, wonach der Schulweg des Schülers an der Haustür des Wohngebäudes beginnt und am nächstliegenden Eingang des Schulgrundstücks, also nicht erst am Eingang zum Schulgebäude, endet. – Die Entfernung ist maßgeblich für die Berechnung der Gesamtlänge des Schulwegs und damit für das Entstehen der Beförderungspflicht; das schließt jedoch nicht aus, dass auch bei bestehender Beförderungspflicht Restwege von und zu Haltestellen verbleiben können und hinzunehmen sind; so VGH München, NVwZ-RR 2015, 778.

43 Z.B. Bayern und Hessen: für Schüler der Jahrgangsstufen 1 bis 4 mehr als 2 km, ab Jahrgangsstufe 5 mehr als 3 km; Nordrhein-Westfalen: Primarstufe mehr als 2 km, Sekundarstufe I mehr als 3,5 km, Sekundarstufe II mehr als 5 km; Rheinland-Pfalz: Grundschule mehr als 2 km, Realschule plus und Integrierte Gesamtschule mehr als 4 km. OVG Koblenz, NVwZ-RR 2005, 41: Ist der Fußweg kürzer als die Mindestentfernung, braucht der Träger der Schülerbeförderung nur dann für die Beförderung der Schüler Sorge tragen, wenn dieser Weg besonders gefährlich ist; die öffentliche Beförderungssorge entfällt nur dann, wenn der Schüler auf einen anderen zumutbaren Fußweg verwiesen werden kann, was voraussetzt, dass dieser Schulersatzweg die Entfernungsgrenze nicht überschreitet und nicht seinerseits besonders gefährlich ist.

44 Nach BVerwG, DVBl. 1995, 1084, werden Beförderungskosten nur beim Besuch inländischer Schulen erstattet, da sich aus dem Grundgesetz kein Anspruch darauf ergebe, dass der Staat die Kosten der Schülerbeförderung beim Besuch ausländischer Schulen erstatte. Nach VGH München, BayVBl. 2011,572, widerspricht es Sinn und Zweck der Bestimmungen zur Kostenfreiheit des Schulwegs, die die Beförderungspflicht auf die nächstgelegene Schule beschränken, den Aufgabenträger zu verpflichten, Schüler kostenfrei zu einer außerhalb Bayerns gelegenen Schule zu befördern, wenn die Schüler eine vergleichbare Schule in Bayern deshalb nicht besuchen dürfen, weil sie deren Aufnahmevoraussetzungen nicht erfüllen.

45 Z.B. § 9 Abs. 9 nrw SchülerfahrkostenVO, ferner § 161 Abs. 5 Nr. 3 Satz 1 HSchG (dazu VGH Kassel, NVwZ-RR 2010, 890). – Eine Regelung, die die Erstattung der tatsächlichen Fahrkosten auf den Betrag begrenzt, der für den Schulweg zur nächstgelegenen Schule des gewählten Bildungsgangs anzusetzen ist, verstößt weder gegen den Gleichheitssatz noch gegen das Recht der Eltern auf Bestimmung des Bildungswegs des Kindes (HessStGH, NVwZ 1984, 788). Nach VGH Mannheim, NVwZ-RR 1996, 391 (392), verletzt die Versagung der Erstattung fiktiver Schülerbeförderungskosten den Gleichheitssatz. Demgegenüber ist es nach BayVerfGH, NVwZ-RR 1991, 74, mit dem Gleichheitssatz vereinbar, eine Regelung (hier: § 2 bay SchülerbeförderungsVO), die die Übernahme der fiktiven Beförderungskosten nicht explizit anordnet, dahin auszulegen, dass kein Anspruch auf Erstattung dieser Kosten besteht. Ein uneingeschränkter Anspruch auf unentgeltliche Beförderung zu jeglicher gewählten Schule kann nicht aus Art. 12 Abs. 2 EU-Grundrechte-Charta hergeleitet werden, da der EU für den Schulbereich einschließlich Schülerbeförderungskosten die Regelungszuständigkeit fehlt. So VGH Kassel, NVwZ-RR 2013, 417.

identisch, sondern schulartunabhängig und ggf. schulartübergreifend; er ist durch das abstrakte Bildungsangebot einer Fachrichtung und durch einen spezifischen Abschluss gekennzeichnet. Daher kann der Bildungsgang der Hauptschule, der Realschule oder des Gymnasiums auch in der Schule einer integrierten Schulart verfolgt werden.[46] Besucht der Schüler eine weiter entfernte Schule, z.B. ein Gymnasium in der Nachbarstadt statt der näheren Gesamtschule, werden nur die Beförderungskosten für den Schulweg bis zur Gesamtschule übernommen.[47] Unabhängig von der Länge des Schulwegs sind Fahrkosten notwendig, wenn der Schulweg besonders gefährlich oder für Schüler ungeeignet ist.[48] Soweit den Schülern privater Ersatzschulen Fahrkosten erstattet werden, sind bei der Bestimmung der nächstgelegenen Schule in den meisten Ländern entsprechende öffentliche Schulen einzubeziehen; etwas anderes kann gelten, wenn die Ersatzschule wegen ihrer pädagogischen oder weltanschaulichen Eigenheiten besucht wird.[49] Landkreise und kreisfreie Städte sind mangels ausdrücklicher gesetzlicher Regelung nicht verpflichtet, für

46 So OVG Lüneburg, NVwZ-RR 1996, 656 (657), zuletzt NVwZ-RR 2003, 857. Das Gericht betont, das Festhalten am Erfordernis des Abschlusses sei nicht zuletzt deshalb erforderlich, um bei der Schülerbeförderung die Subventionierung beliebiger Besonderheiten schulischer Angebote auf Kosten der Allgemeinheit auszuschließen. Das BVerwG (DVBl. 1995, 430, und BVerwGE 96, 350) ist demgegenüber der Auffassung, es sei auf den „konkreten Bildungsgang" abzustellen, da jeder Schüler (bzw. seine Eltern) mit der Wahl und dem Besuch einer bestimmten Schule einen bestimmten Bildungsgang verfolge; das Gericht weist darauf hin, es könne in diesem Zusammenhang auf die Klärung der Frage ankommen, „ob und unter welchen Voraussetzungen schulorganisationsrechtliche Elemente und insbesondere die Zusammensetzung von Lehrerschaft und Schülerschaft einen schulformübergreifenden ‚Bildungsgang' prägen können oder ihn gar erst ermöglichen" (DVBl. 1995, 430 [433]). Bejaht man diese Frage, ergäbe sich als Konsequenz, dass sich der in einer Schulart des gegliederten Schulwesens angebotene Bildungsgang von dem entsprechenden Bildungsgang in einer integrierten Schulart unterscheidet. Demnach wäre beispielsweise das von den Eltern gewählte Gymnasium auch dann nächstgelegene Schule, wenn eine integrierte Gesamtschule oder Orientierungsstufe weniger weit entfernt ist. Kritisch zu dieser Rspr. Karl-Heinz *Ladeur*, Schulvielfalt und Schulbeförderungsrecht, RdJB 1995, 335, der zu Recht darauf hinweist, dass es bei dieser Frage nicht um eine Einschränkung des elterlichen Bestimmungsrechts bei der Wahl der Schulart (dazu TZ 16.33), sondern um die leistungsrechtliche Subventionierung dieser Entscheidung gehe (S. 336). – Nach OVG Münster, NVwZ-RR 1991, 484, ist die besondere fachliche Ausrichtung einer Schule, z.B. als altsprachliches Gymnasium, schülerfahrkostenrechtlich bei der Bestimmung der nächstgelegenen Schule nicht zu berücksichtigen.

47 S. aber Hessen: Dort ist aufgrund ausdrücklicher gesetzlicher Regelung (§ 161 Abs. 5 Nr. 3 Satz 1 HSchG) darauf abzustellen, ob der gewählte Bildungsgang der Mittelstufe schulformbezogen (z.B. in der selbständigen Realschule bzw. in der kooperativen Gesamtschule) oder schulformübergreifend angeboten wird. In Rheinland-Pfalz ist für die Bestimmung der nächstgelegenen weiterführenden Schule die gewählte erste Fremdsprache maßgeblich (§ 69 Abs. 3 Satz 2 SchulG). In Bayern kommt es bei Wahlschulen auf diejenige Schule der gewählten Schulart, Ausbildungs- und Fachrichtung an, die mit dem geringsten Beförderungsaufwand erreichbar ist. Dabei gelten das humanistische, das wirtschaftswissenschaftliche und das sozialwissenschaftliche Profil des Gymnasiums jeweils als eigene Ausbildungsrichtung; beim sprachlichen Gymnasium tritt an die Stelle der Ausbildungsrichtung die erste Fremdsprache, wenn Latein oder Französisch gewählt wird (§ 2 Abs. 1 SchülerbeförderungsVO).

48 Vgl. § 6 Abs. 2 Satz 1 nrw SchülerfahrkostenVO. Dazu OVG Münster, NVwZ-RR 1991, 483. Vgl. ferner VGH München vom 30.1.2003, Az.: 7 B 02.1135, SPE 670 Nr. 90: Ein privater Weg, der über einen Friedhof führt, kann nach den konkreten örtlichen Gegebenheiten für Grundschüler geeignet und zumutbar sein.

49 S. etwa § 2 Abs. 3 Satz 1 bay SchülerbeförderungsVO, der, unabhängig davon, ob es sich um eine öffentliche oder private Schule handelt, eine Sonderregelung insbes. für Tagesheimschulen, nicht-koedukative Schulen und Bekenntnisschulen trifft. Auf die Beweggründe für den Besuch gerade einer (privaten) Bekenntnisschule kommt es dabei nicht an; so VGH München, NVwZ-RR 1994, 501 (502). Vgl. demgegenüber § 9 Abs. 7 nrw SchülerfahrkostenVO: Ganztagsschulen, Schulen mit angegliedertem Tagesheim, Schulen mit einem Angebot besonderer Unterrichtsveranstaltungen, Schulen ohne Koedukation, das unterschiedliche Angebot von Fremdsprachen sowie unterschiedliche Kursangebote begründen keinen weitergehenden Anspruch auf die Erstattung von Schülerfahrkosten.

die Beförderung der Schülerinnen und Schüler von Ganztagsschulen in offener Form an den Nachmittagen Schulbusse einzusetzen und die damit verbundenen Kosten zu tragen.[50]

Erstattet werden nur die Fahrkosten, die für die *wirtschaftlichste dem Schüler zumutbare Beförderung* entstehen.[51] Die Schüler haben vorrangig öffentliche Verkehrsmittel in Anspruch zu nehmen. Soweit zumutbare öffentliche Verkehrsmittel nicht vorhanden sind und auch die Beförderung mit einem Schulbus nicht in Betracht kommt, werden die Kosten für die Benutzung privater Kraftfahrzeuge bis zu bestimmten Höchstgrenzen erstattet. Unfälle bei der Schülerbeförderung werden von der gesetzlichen Unfallversicherung reguliert (TZ 25.313).

23.34 Erstattung von Schülerbeförderungskosten nach SGB II und SGB XII

Im Rahmen des Bildungs- und Teilhabepakets (dazu TZ 23.5) haben Kinder von Hartz-IV- und Sozialhilfeempfängern, die für den Besuch der nächstgelegenen Schule des gewählten Bildungsgangs auf Schülerbeförderung angewiesen sind, gemäß § 28 Abs. 4 SGB II bzw. § 34 Abs. 4 SGB XII einen Anspruch auf Erstattung der dafür erforderlichen tatsächlichen Aufwendungen. Der Anspruch besteht aber nur insoweit, als die Aufwendungen nicht von Dritten übernommen werden. Soweit landesrechtliche Regelungen eine vollständige oder teilweise Kostenübernahme vorsehen, ist daher eine Erstattung nach § 28 Abs. 4 SGB II oder § 34 Abs. 4 SGB XII ausgeschlossen. Von Bedeutung sind Ansprüche nach diesen Vorschriften somit vor allem in denjenigen Ländern, die Leistungen für Schülerbeförderung nur bis zum Abschluss der Sekundarstufe I, also nicht für den Besuch von Bildungsgängen der Sekundarstufe II, erbringen. Zur Gewährleistung der Chancengleichheit für Kinder aus besonders förderungsbedürftigen Familien ist bei der Ausfüllung des Begriff der „nächstgelegenen Schule des gewählten Bildungsgangs" auf diejenige Schule abzustellen, die nach ihrem Profil und ihrer inhaltlichen Ausrichtung im Vergleich zu anderen auch näher gelegenen Schulen am ehesten geeignet ist, Begabung und Fähigkeiten des Schülers zu fördern.[52]

23.4 Gemeinschaftliche Mittagsverpflegung

Die Kosten für die Bereitstellung einer warmen Mittagsmahlzeit, die sich vor allem in Ganztagsschulen als notwendig erweist (dazu TZ 19.424), sind nicht von der Schulgeldfreiheit umfasst (vgl. TZ 23.1). Einige Schulgesetze und Rechtsverordnungen sehen sogar ausdrücklich vor, dass die Eltern die Kosten zu tragen haben, dass sie an den Kosten zu

---

50 So zur Rechtslage in Rheinland-Pfalz OVG Koblenz, DÖV 2004, 350; ferner OVG Koblenz, NVwZ-RR 2005, 182: Kreisfreie Städte sind dann ausnahmsweise nicht zur Einrichtung eines Schulbusverkehrs für die Schüler der in ihrem Gebiet gelegenen *Grundschulen* verpflichtet, wenn sich der Einsatz des Schulbusses als vollkommen unwirtschaftlich erweist.

51 Für Nordrhein-Westfalen hat das OVG Münster, NVwZ-RR 1990, 197, entschieden, die „zwischen Wohnung und Schule" bestehende Beförderungspflicht gelte lediglich ab der Haltestelle des zur Verfügung stehenden öffentlichen Verkehrsmittels, soweit der Schüler dieses in zumutbarer Weise erreichen könne; ein Anspruch auf Fahrkostenerstattung zur Wohnung selbst oder auch nur bis zu ihr am nächsten gelegenen Haltestelle bestehe nicht. Im Übrigen setzt der Anspruch auf Erstattung von Schülerfahrkosten nicht voraus, dass der Schüler das wirtschaftlichste Beförderungsmittel tatsächlich benutzt. Wählt er eine andere Beförderungsart, so bemisst sich die Höhe seines Erstattungsanspruchs nach den Kosten, die bei der wirtschaftlichsten Beförderung entstanden wären (OVG Münster, DÖV 1974, 754); auch insoweit ist demnach auf die „fiktiven" Beförderungskosten abzustellen. – Zu den Grenzen der Zumutbarkeit der Benutzung öffentlicher Verkehrsmittel für den Schulweg: OVG Lüneburg, NVwZ 1984, 812.

52 So BSG, NJW 2016, 3262.

beteiligen sind oder dass sie daran beteiligt werden können.[53] Zugleich wird der Grundsatz betont, dass die Belastung der Eltern sozial angemessen, dass die Preise der Mittagsmahlzeit kostengünstig sein müssen oder dass in besonderen Fällen Freitische zur Verfügung zu stellen sind.[54]

Nach dem Bildungs- und Teilhabepaket (TZ 23.5) werden bei Schülerinnen und Schülern, die Kinder von Hartz-IV-Beziehern oder Sozialhilfeempfängern sind, auch die Mehraufwendungen für eine gemeinschaftliche Mittagsverpflegung übernommen (§ 28 Abs. 6 SGB II bzw. § 34 Abs. 6 SGB XII). Das setzt voraus, dass das Mittagsessen in schulischer Verantwortung angeboten wird, also durch schuleigene Mensen, aber auch durch Einrichtungen außerhalb des Schulgeländes, wenn die Schule die gemeinsame Mittagsverpflegung dort verantwortet oder organisatorisch begleitet. Der Verkauf von belegten Brötchen an einem Kiosk auf dem Schulgelände erfüllt diese Voraussetzung nicht. Die Vorschriften decken nur die Mehraufwendungen gegenüber den mit dem Regelbedarf abgegoltenen häuslichen Aufwendungen für Speisen und Getränke; deshalb ist pro Tag, für den ein Mehrbedarf anerkannt wird, ein Eigenanteil von 1 Euro zu leisten. [55]

23.5 Sonstige Leistungen im Rahmen des Bildungs- und Teilhabepakets

23.51 Gesetzgebungsgeschichte, Leistungskatalog

Das Bundesverfassungsgericht hat in seinem wegweisenden Urteil vom 9.2.2010[56] klargestellt, dass die Gewährleistung eines menschenwürdigen Existenzminimums auch die Teilhabe an Bildungschancen und am Kulturleben einschließt. Es hat aus Art. 1 Abs. 1 GG und dem Sozialstaatsgebot des Art. 20 Abs. 1 GG das *Grundrecht auf Gewährleistung eines menschenwürdigen Existenzminimums* abgeleitet. Wenn einem Menschen die für ein menschenwürdiges Dasein notwendigen materiellen Mittel fehlten, weil er sie weder aus seiner Erwerbstätigkeit noch aus eigenem Vermögen noch durch Zuwendungen Dritter erhalten könne, sei der Staat verpflichtet, dafür Sorge zu tragen, dass die Mittel dem Hilfebedürftigen zur Verfügung stehen. Der objektiven Verpflichtung des Staates korrespondiere ein *Leistungsanspruch des Grundrechtsträgers*.[57]

Das Gericht hielt die damaligen Bestimmungen des SGB II über die pauschalierte Regelleistung zur Sicherung des Lebensunterhalts für erwerbsfähige Hilfebedürftige und ihre

---

53 Z.B. § 19 Abs. 3 Satz 2 und Abs. 6 Satz 10 bln SchulG, § 113 Satz 1 BbgSchulG, § 39 Abs. 5 Satz 2 SchulG M-V, § 85 rp SchulG, § 8 Satz 3 saarl VO über die Gebundene Ganztagsschule vom 30.1.2013 (Amtsbl. I S. 52,; § 72a Satz 2 und 3 SchulG LSA, § 6 Abs. 1 ThürSchFG).

54 OVG Magdeburg, NVwZ-RR 2010, 108: Vom Vorliegen eines besonderen Falls, in dem nach § 72a Satz 3 SchulG LSA ein Freitisch, also eine kostenlose Schulspeisung, zur Verfügung zu stellen ist, ist regelmäßig dann auszugehen, wenn eine „besondere soziale Notlage“ besteht. Hierfür reicht es im Allgemeinen nicht schon aus, dass die Familie zur Sicherung des Lebensunterhalts auf Sozialleistungen angewiesen ist oder sich etwa aufgrund einer (hohen) Schuldenlast in einer schwierigen finanziellen Situation befindet. Vielmehr müssen im Einzelfall besondere Umstände hinzutreten, die über das Bestehen einer sozialen Notlage hinausgehen und die es unverhältnismäßig oder gar unzumutbar erscheinen lassen, die Kinder auf die Entrichtung eines sozial angemessenen Preises für die Schulspeisung zu verweisen; vom Gericht bejaht im Fall der Schülerin aus einer Familie mit eingeschränkten finanziellen Verhältnissen (Bezug von Leistungen nach SGB II) und nicht unerheblicher Schuldenlast, in der die alleinerziehende Mutter, die acht Kinder zu versorgen hat, mit der Erziehung völlig überfordert und nicht imstande ist, für eine ausgewogene häusliche Ernährung zu sorgen.

55 Andy *Groth*/Heiko *Siebel-Huffmann*, Das neue SGB II, NJW 2011, 1105 (1108); vgl. auch Wolfhard *Kothe*, SGB II – Grundsicherung für Arbeitsuchende, § 28 Rn. 45 ff., in: Sabine Krickrehm/Wolf Kreikebohm/Raimund Waltermann (Hrsg.), Kommentar zum Sozialrecht. 5. Aufl., München 2017.

56 BVerfGE 125,175; NJW 2010, 505.

57 BVerfGE 125, 175 (221 ff.); NJW 2010, 505 (507 f.).

Angehörigen mit diesem Grundrecht für unvereinbar. Die für Hartz-IV-Empfänger zugrunde gelegten *Regelsätze* seien *nicht in verfassungsgemäßer Weise ermittelt* worden. So seien bei der Bemessung des regelleistungsrelevanten Verbrauchs die Ausgaben für Bildung vollständig unberücksichtigt geblieben. Insbesondere sei nicht hinnehmbar, dass bei der Festsetzung des *Regelbedarfs für Kinder*, die mit ihren Eltern in häuslicher Gemeinschaft zusammenleben, der besondere kinder- und altersgerechte Bedarf nicht eigenständig ermittelt, sondern durch einen prozentualen Abschlag von der Regelleistung für alleinstehende Erwachsene bestimmt worden sei. Kinder seien aber keine kleinen Erwachsenen. Gerade *bei schulpflichtigen Kindern gehörten notwendige Aufwendungen zur Erfüllung schulischer Pflichten zu ihrem existenziellen Bedarf*. Ohne Deckung dieser Kosten drohe ihnen der Ausschluss von Lebenschancen, weil sie ohne den Erwerb der erforderlichen Schulmaterialien die Schule nicht erfolgreich besuchen könnten. Bei schulpflichtigen Kindern bestehe die Gefahr, dass mangels hinreichender staatlicher Leistungen ihre Möglichkeiten eingeschränkt würden, später ihren Lebensunterhalt aus eigenen Kräften bestreiten zu können.

Aufgrund dieser Entscheidung war der Gesetzgeber vor die Aufgabe gestellt, eine nachhaltige *Kurskorrektur* vorzunehmen, die im sogenannten *Bildungs- und Teilhabepaket des § 28 SGB II und des § 34 SGB XII* ihren Ausdruck gefunden hat.[58] Danach haben Kinder von Hartz-IV-Beziehern und von Sozialhilfeempfängern Anspruch auf Leistungen für Schulausflüge und mehrtägige Klassenfahrten (Abs. 2), für den persönlichen Schulbedarf (Abs. 3), für Schülerbeförderung (Abs. 4), für Lernförderung (Abs. 5), für Teilnahme an der gemeinschaftlichen Mittagsverpflegung in der Schule (Abs. 6) und für die Teilhabe am sozialen und kulturellen Leben (Abs. 7). *Anspruchsberechtigt* sind Schülerinnen und Schüler allgemein- und berufsbildender Schulen bis zur Vollendung des 25. Lebensjahres, nicht hingegen Auszubildende (vgl. § 28 Abs. 1 Satz 2 SGB II, § 34 Abs. 1 Satz 2 SGB XII); bei den Leistungen zur Förderung der Teilhabe am sozialen und kulturellen Leben liegt die Altersgrenze bei 18 Jahren.

Mehrere Leistungsansprüche wurden bereits im jeweiligen Sachzusammenhang erörtert: Leistungen für *Schulausflüge und mehrtägige Klassenfahrten* (TZ 19.225), für *Schülerbeförderung* (TZ 23.34) sowie für die Teilnahme an der *gemeinschaftlichen Mittagsverpflegung* (TZ 23.4). Demgemäß können sich die folgenden Ausführungen auf die Darstellung der Rechtsfragen bezüglich der Leistungen für den persönlichen Schulbedarf (23.511), für Lernförderung (23.512) sowie für die Teilhabe am sozialen und kulturellen Leben (23.513) beschränken.

23.511 Schülerinnen und Schüler allgemein- und berufsbildender Schulen haben einen Anspruch auf *Ausstattung mit persönlichem Schulbedarf*: Sie erhalten in jedem Schuljahr 100 Euro, die in zwei Teilbeträgen, jeweils zu Beginn des Schuljahres und des zweiten Schulhalbjahres ausgezahlt werden: 70 Euro zum 1. August, 30 Euro zum 1. Februar (*Schulbasispaket*). Mit diesen Leistungen soll der Erwerb von Schulranzen, Schreib-, Rechen- und Zeichenmaterialien u.a. ermöglicht werden.

Nach Auffassung des Bundesverfassungsgerichts stößt die Entscheidung des Gesetzgebers, Verbrauchsausgaben für Kinder und Jugendliche, die durch die Beschaffung von Schreibwaren, Zeichenmaterial u.ä. anfallen, über das Schulbasispaket gesondert zu erfassen, nicht auf durchgreifende verfassungsrechtliche Bedenken. Der Betrag von 100 Euro jährlich

58 Gesetz zur Ermittlung von Regelbedarfen und zur Änderung des Zweiten und Zwölften Buches Sozialgesetzbuch vom 24.3.2011 (BGBl. S. 453), gemäß Art. 14 mit Wirkung vom 1.1.2011 in Kraft getreten. – Aus der Literatur: Sabine *Knickrehm*, Drei Jahre Bildungs- und Teilhabepaket nach dem SGB II. Die einzelnen Leistungen, ihre Inanspruchnahme und Umsetzungsdefizite, Soziale Sicherheit 2014, 157.

unterschreite nicht wesentlich die auf der Grundlage der amtlichen Einkommens- und Verbrauchsstichprobe 2008 (EVS) ermittelten Durchschnittsausgaben für diesen Bedarf.[59]

23.512 Bei Schülerinnen und Schülern wird eine schulische Angebote ergänzende angemessene *Lernförderung* (Nachhilfe) berücksichtigt, soweit diese geeignet und zusätzlich erforderlich ist, um die nach den schulrechtlichen Bestimmunen der Länder wesentlichen Lernziele zu erreichen. Die gesetzliche Regelung bringt in der Praxis wegen unbestimmter Rechtsbegriffe erhebliche Probleme mit sich.[60] *Wesentliche Lernziele* sind im Regelfall die Versetzung in die nächste Klassenstufe und der Schulabschluss; umstritten ist, ob auch eine bloße Notenverbesserung ausreicht.[61] *Geeignet und erforderlich* ist die Lernförderung, wenn eine günstige Prognose besteht, dass die wesentlichen Lernziele erreicht werden können; hierbei kommt es im Allgemeinen auf die Einschätzung der Schule an. Schuldhaftes Verhalten, etwa Schulschwänzen, spricht nicht von vornherein gegen die Geeignetheit und Erforderlichkeit der Nachhilfe. Weithin ungeklärt sind in der Bewilligungspraxis die Anforderungen an die Geeignetheit von *Nachhilfeanbietern*. Schwierigkeiten wirft auch die Frage auf, welche *Dauer die Lernförderung* umfassen darf; der staatliche Bildungs- und Erziehungsauftrag darf durch private Lernförderung nicht untergraben werden.

23.513 Hilfebedürftige Personen bis zur Vollendung des 18. Lebensjahres – also nicht nur Schülerinnen und Schüler – haben einen Anspruch auf eine pauschale Leistung von 10 Euro monatlich, der einen Bedarf zur *Teilhabe am sozialen und kulturellen Leben in der Gemeinschaft* ermöglichen soll. Dieser Betrag wird für spezifische Teilhabeaktivitäten zur Verfügung gestellt. Es handelt sich um Mitgliedschaft in den Bereichen Sport, Spiel, Kultur und Geselligkeit, um Unterricht in künstlerischen Fächern und vergleichbare Aktivitäten sowie um die Teilnahme an Freizeiten, also um Teilhabe an gemeinschaftlichen Aktivitäten mit Gleichaltrigen. Für den Besuch öffentlicher Einrichtungen (Eintrittsgelder für Zoo, Schwimmbad, Museum usw.) kann das Geld nicht verwendet werden.[62]

Der Umfang des Teilhabebetrags von monatlich nur 10 Euro ist nach Auffassung des Bundesverfassungsgerichts zwar knapp bemessen. Für Kinder unter sechs Jahren sei er aber nicht „ins Blaue hinein" geschätzt, sondern in Orientierung an gekürzten Positionen der EVS ausgewiesen und berechnet worden; die Begrenzung der Höhe dieses Betrages bei Jugendlichen von 15 bis unter 18 Jahren ebenfalls auf 10 Euro sei tragfähig begründet.[63]

23.52 Leistungsträger, Jobcenter, Leistungserbringung, Rechtsschutz

23.521 *Träger sämtlicher Leistungen* im Rahmen des Bildungs- und Teilhabepakets nach § 28 SGB II sind die *Kreise und kreisfreien Städte* (§ 6 Abs. 1 Satz 1 Nr. 2 SGB II). Die Wahrnehmungszuständigkeit für diese Leistungen liegt jedoch gemäß § 44b SGB II bei den *gemeinsamen Einrichtungen*, die die Bundesagentur für Arbeit und die Kreise bzw.

---

59 BVerfGE 137, 34 (97 f.); NJW 2014, 3425 (3433).

60 Zu den Umsetzungsschwierigkeiten bei der Auslegung der gesetzlichen Regelung s. Wiebke *Brose*, Die Lernförderung nach dem Bildungspaket: Eine kritische Zwischenbilanz, NZS 2013, 51; s. auch *Groth/Siebel-Huffmann*, NJW 2011, 1105 (1107 f.).

61 LSG Hessen, Urteil vom 13.11.2015, Az.: L 9 AS 192/14 (juris): Wesentliches Lernziel nach den schulrechtlichen Regelungen des Landes Hessen ist die Versetzung in die nächste Jahrgangsstufe bzw. ein ausreichendes Leistungsniveau. Die Stabilisierung eines (noch) befriedigenden Leistungsniveaus zur Verhinderung des Abrutschens auf die Notenstufe „ausreichend" stellt ohne Hinzutreten besonderer Umstände kein wesentliches Lernziel i.S. des § 28 Abs. 5 SGB II dar.

62 *Groth/Siebel-Huffmann*, NJW 2011, 1105 (1108). Im Rahmen des § 28 Abs 7 SGB II sind nur außerschulische Aktivitäten förderfähig; Mietkosten eines Cellos für den schulischen Unterricht sind kein Bedarf, der von § 28 Abs. 7 SGB II umfasst wird; so LSG Baden-Württemberg, Urt. vom 23.1.2013, Az.: L 2 AS 580/12 (juris).

63 BVerfGE, 137, 34 (95 ff.); NJW 2014, 3425 (3432 f.).

kreisfreien Städte auf dem Gebiet jedes kommunalen Trägers bilden. Die gemeinsamen Einrichtungen führen die Bezeichnung *Jobcenter* (§ 6d SGB II). Die Jobcenter nehmen die Rechte im eigenen Namen wahr, erlassen Bescheide und Widerspruchsbescheide und sind am gerichtlichen Verfahren nach § 70 SGG beteiligt.

23.522 § 29 SGB II regelt die *Art der* im Rahmen des Bildungs- und Teilhabepakets *zu erbringenden Leistungen*. Nur der *persönliche Schulbedarf* und die Aufwendungen für die *Schülerbeförderung* werden *durch Geldleistungen* gedeckt. Für die anderen Bedarfslagen sind *Sach- oder Dienstleistungen* vorgesehen. Sie können insbesondere in Form von personalisierten Gutscheinen oder Direktzahlungen an Leistungsanbieter (z.B. Nachhilfeeinrichtungen) erbracht werden.

23.523 Sofern sich Schülerinnen oder Schüler durch eine Entscheidung des Jobcenters in ihren rechtlich geschützten Interessen beeinträchtigt erachten (z.B. wegen Ablehnung eines Antrags auf Lernförderung), können sie bzw. ihre Eltern als gesetzliche Vertreter binnen eines Monats *Widerspruch* beim Jobcenter gegen die Entscheidung einlegen; der Widerspruch hat aufschiebende Wirkung (§ 83 ff. SGG). Hilft das Jobcenter dem Widerspruch nicht ab, so erlässt es einen Widerspruchsbescheid, gegen den, wiederum innerhalb eines Monats, *Klage beim örtlich zuständigen Sozialgericht* eingelegt werden kann (§ 87 ff. SGG). Zum Verfahren vor dem Sozialgericht s. TZ 26.52.

23.6 Ausbildungsförderung für hilfebedürftige Schülerinnen und Schüler

23.61 Ausbildungsförderung nach dem Bundesausbildungsförderungsgesetz (BAföG)

Nach diesem Gesetz[64] besteht für eine der Neigung, Eignung und Leistung entsprechende Ausbildung ein Rechtsanspruch auf individuelle Ausbildungsförderung, wenn dem Auszubildenden die für seinen Lebensunterhalt und für seine Ausbildung erforderlichen Mittel anderweitig nicht zur Verfügung stehen (§ 1 BAföG). Zielgruppe sind in erster Linie Studierende. Doch werden auch bestimmte Gruppen von Schülern gefördert (§ 2 Abs. 1 BAföG), und zwar vor allem
- Schüler von weiterführenden allgemeinbildenden Schulen und Berufsfachschulen, einschließlich der Klassen aller Formen der beruflichen Grundbildung, ab Klasse 10 sowie von Fach- und Fachoberschulklassen, deren Besuch eine abgeschlossene Berufsausbildung nicht voraussetzt; das gilt nach § 2 Abs. 1a BAföG aber nur, wenn der Auszubildende nicht bei seinen Eltern wohnt, sei es, weil von der elterlichen Wohnung aus eine entsprechende zumutbare Schule nicht erreichbar ist oder weil er einen eigenen Hausstand führt und verheiratet ist oder war oder weil er einen eigenen Hausstand führt und mit mindestens einem Kind zusammenlebt. Im Übrigen erhalten Ausbildungsförderung
- Schüler von Berufsfachschulklassen und Fachschulklassen, deren Besuch eine abgeschlossene Berufsausbildung nicht voraussetzt und die in einem zumindest zweijährigen Bildungsgang einen berufsqualifizierenden Abschluss vermitteln;
- Schüler von Fach- und Fachoberschulklassen, deren Besuch eine abgeschlossene Berufsausbildung voraussetzt;
- Schüler von Abendhauptschulen, Berufsaufbauschulen, Abendrealschulen, Abendgymnasien und Kollegs.

---

64 I.d.F.d.Bek. vom 7.12.2010 (BGBl. I S. 197), zul.g.d.G. vom 27.6.2015 (BGBl. I S. 1386). Dazu Ulrich *Ramsauer* (Hrsg.), Bundesausbildungsförderungsgesetz. Kommentar. 6. Aufl., München 2016; Friedrich *Rothe*/Ernst August *Blanke*, Bundesausbildungsförderungsgesetz. 41. Aktualisierung, Stuttgart (Loseblattausgabe, Stand: September 2016). Ernst August *Blanke*/Roland *Deres*, Ausbildungsförderungsrecht. 39. Aufl., Stuttgart 2016.

Falls ein Anspruch auf Ausbildungsförderung besteht, gelten für die Höhe der als Zuschuss geleisteten Förderung *Bedarfssätze*, die nach Schultyp und persönlichen Verhältnissen (Wohnen zu Hause oder notwendige auswärtige Unterbringung, Kinderbetreuung) differieren (§§ 11, 12, 13a, 14b, 17 Abs. 1 BAföG). Auf den Bedarf werden Einkommen und Vermögen des Schülers und der Eltern unter Berücksichtigung bestimmter Freibeträge angerechnet (§§ 12 Abs. 2, 21 ff., 26 ff. BAföG). Die Ausbildung des Schülers wird nur gefördert, wenn seine Leistungen erwarten lassen, dass er den Schulabschluss erreicht; dies wird in der Regel angenommen, solange er die Schule besucht (§ 9 BAföG). Die Förderung wird für die *Dauer des Schulbesuchs*, einschließlich der Ferien, geleistet; eine Förderungshöchstdauer ist für Schüler im Unterschied zu Studierenden nicht vorgesehen (§ 15 BAföG).

Ausbildungsförderung steht nach Maßgabe des § 8 BAföG auch ausländischen Unionsbürgern und anderen Ausländern zu und wird unter bestimmten Voraussetzungen auch für eine Ausbildung im Ausland geleistet (im Einzelnen § 5 BAföG).

Über *Förderungsanträge* entscheiden die bei den Landkreisen und kreisfreien Städten eingerichteten Ämter für Ausbildungsförderung (§§ 40 Abs. 1, 45 Abs. 1 Satz 1 BAföG). Für öffentlich-rechtliche Streitigkeiten ist der Rechtsweg zum Verwaltungsgericht eröffnet (§ 54 BAföG, vgl. TZ 26.3).

23.62 Ausbildungsförderung nach Landesrecht

Einzelne Bundesländer sind bemüht, die wegen des weitgehenden Rückzugs des Bundes aus der Schülerförderung entstandene Lücke durch *eigene Ausbildungsförderungsgesetze und Förderungsrichtlinien* wenigstens teilweise zu füllen.[65] So erweitert z.B. Art. 2 BayAföG den Kreis der durch das BAföG berücksichtigten Schüler, indem es auch Schülern der Klassen 5 bis 9 von Realschulen und Gymnasien sowie der Klassen 7 bis 9 von Wirtschaftsschulen einen Rechtsanspruch auf Ausbildungsförderung einräumt; das setzt allerdings voraus, dass der Schüler nicht bei seinen Eltern wohnt und von der elterlichen Wohnung aus eine entsprechende zumutbare Schule nicht erreichbar ist.

65 Z.B. Bayern: Bay Ausbildungsförderungsgesetz (BayAföG) vom 28.9.1982 (GVBl. S. 896), zul.g.d.G. vom 22.7.2014 (GVBl. S. 286, 405); Hamburg: Richtlinie der Behörde für Schule und Berufsbildung zur Förderung der Ausbildung von benachteiligten Jugendlichen im Rahmen der Jugendberufshilfe vom 11.12.2012 (Amtl. Anzeiger 2013 S. 6), zul.g.d.Bek. vom 4.4.2016 (Amtl. Anzeiger S. 681); Rheinland-Pfalz: VV über Schülerbegabtenförderung vom 16.2.2000 (ABl. S. 300), zul.g.d.VV vom 22.9.2005 (ABl. S. 670).

24. Kapitel: Schülerdaten und Datenschutz

24.1 Informationsbedarf von Schule und Schulverwaltung

Um ihre Aufgaben erfüllen zu können, muss die Schule über die persönlichen Verhältnisse der Schülerinnen und Schüler in gewissem Umfang Bescheid wissen. Sie benötigt Angaben über ihre Namen, Geburtsdaten und Anschriften, über ihre bisherige Schullaufbahn (insbesondere Einschulung, Versetzungen oder Nichtversetzungen, Noten und Zeugnisbemerkungen). Diese Daten werden in einem über die einzelnen Schülerinnen und Schüler angelegten *Schülerbogen* (*Schülerbeobachtungsbogen, Schülerstammblatt, Schülerkarte, Schülerakte*) vermerkt, der die für den schulischen Bildungsweg wesentlichen Feststellungen und Empfehlungen enthält. Wurden relevante Angaben (*Schülerstammdaten*) früher in einer Handkartei festgehalten, werden sie heute in einer EDV-gestützten Datei zusammengefasst. Außerdem werden für jede Klasse (jeden Kurs) *Klassenbücher* (Kursbücher) als Hilfsmittel zur Vorbereitung des Unterrichts und als Nachweis des Unterrichtsverlaufs angelegt; diese enthalten gleichfalls personenbezogene Daten der Schülerinnen und Schüler (außer den Namen z.B. Vermerke über Abwesenheiten, Eintragung eines Verweises). Für ihre pädagogische Arbeit – im Bedarfsfall auch als Beweismittel bei Rechtsstreitigkeiten – stehen der Schule noch weitere Unterlagen zur Verfügung: der Aufnahmeantrag, die Empfehlung (das Gutachten) der Grundschule, schriftliche Leistungsnachweise (z.B. Klassenarbeitshefte, Prüfungsarbeiten), Zensurenlisten, Zeugnisentwürfe, Prüfungsakten u.a. Die Schule selbst ist ebenso wie die Schulverwaltung zur Wahrnehmung ihrer Aufgaben, etwa bei der Vorbereitung einer Evaluation (TZ 13.323) oder bei der Wahrnehmung schulaufsichtlicher (TZ 9.2) oder schulplanerischer Tätigkeiten, auf die Erhebung und Auswertung *statistischer Daten* angewiesen.

Datenerhebung und Datennutzung können die Persönlichkeitsrechte der Einzelnen beeinträchtigen, so dass es klarer rechtlicher Regelungen bedarf, die bestimmen, was zulässig ist und welche Grenzen bestehen.

24.2 Schulrelevantes Datenschutzrecht: Vom Volkszählungsurteil (1983) bis zum Geltungsbeginn der Datenschutz-Grundverordnung (25.5.2018)

24.21 Datenschutz im Grundgesetz

Die Grundlagen des deutschen Datenschutzrechts wurden vom Bundesverfassungsgericht im *Volkszählungsurteil* vom 15.12.1983[1] herausgearbeitet. Das Recht auf informationelle Selbstbestimmung ist danach Teil des durch Art. 2 Abs. 1 in Verbindung mit Art. 1 Abs. 1 GG geschützten allgemeinen Persönlichkeitsrechts.[2] Unter den Bedingungen moderner Informationsverarbeitungstechnologien setzt die individuelle Selbstbestimmung voraus, dass dem Einzelnen grundsätzlich die Entscheidungsfreiheit über seine persönlichen Daten verbleibt. Das Recht auf informationelle Selbstbestimmung umfasst demgemäß die

---

1 BVerfGE 65, 1 (41 ff.).

2 Zur Einführung: *Kingreen/Poscher*, Grundrechte, Rn. 441 ff.; Gerrit *Manssen*, Staatsrecht II – Grundrechte, 15. Aufl., München 2018, Rn. 254 ff.; Martin *Eifert*, Das Allgemeine Persönlichkeitsrecht des Art. 2 Abs. 1 GG, Jura 2015, 1181; Gabriele *Britz*, Schutz informationeller Selbstbestimmung gegen schwerwiegende Grundrechtseingriffe – Entwicklungen im Lichte des Vorratsdatenspeicherungsurteils, JA 2011, 81; Friedhelm *Hufen*, Schutz der Persönlichkeit und Recht auf informationelle Selbstbestimmung, in: Peter Badura/Horst Dreier (Hrsg.), Festschrift 50 Jahre Bundesverfassungsgericht, Bd. II, Tübingen 2001, S. 105.

Befugnis des Menschen, grundsätzlich selbst über die Preisgabe und Verwendung seiner persönlichen Daten zu entscheiden.

Mit diesem Recht – so das Bundesverfassungsgericht – wäre eine Gesellschaftsordnung und eine diese ermöglichende Rechtsordnung nicht vereinbar, in der die Bürgerinnen und Bürger nicht mehr wissen können, wer was wann und bei welcher Gelegenheit über sie weiß; gegen die unbegrenzte Erhebung, Speicherung, Verwendung und Weitergabe ihrer personenbezogenen Daten müssen sie geschützt werden. Die verfassungsrechtliche Ausgestaltung des Datenschutzrechtes als eines in der Informationsgesellschaft wesentlichen Bestandteils des allgemeinen Persönlichkeitsrechts ist seitdem von Literatur[3] und Rechtsprechung[4] weiter präzisiert worden. So hat das Bundesverfassungsgericht im Zusammenhang mit sogenannten Online-Durchsuchungen das *Grundrecht auf Gewährleistung der Vertraulichkeit und Integrität informationstechnischer Systeme* entwickelt, das den Betroffenen vor Zugriffen auf die von ihm genutzten „informationstechnischen Systeme"[5] schützt.[6] Dieses Grundrecht steht dem Recht auf informationelle Selbstbestimmung gleich und ist aus Sicht des Bundesverfassungsgerichts zur lückenschließenden Gewährleistung des Persönlichkeitsschutzes notwendig, um den neuartigen Gefährdungen durch den technischen Fortschritt und den Wandel der Lebensverhältnisse zu begegnen.[7]

Abseits dieses vom Bundesverfassungsgericht geschaffenen Schutzes personenbezogener Daten fehlt es im Grundgesetz jedoch nach wie vor an einer ausdrücklichen Gewährleistung eines Datenschutzgrundrechts, während die meisten Landesverfassungen mittlerweile entsprechende Datenschutzregelungen aufgenommen haben.[8]

24.22 Gesetzlicher Datenschutz nach dem bislang geltenden Recht[9]

24.221 Auf der Ebene einfacher Gesetze entstanden seit den 70er Jahren des vorigen Jahrhunderts das *Bundesdatenschutzgesetz* (BDSG) und die *Datenschutzgesetze der Länder*;

3 Marion *Albers*, Informationelle Selbstbestimmung, Baden-Baden 2005; Hans Peter *Bull*, Zweifelsfragen um die informationelle Selbstbestimmung - Datenschutz als Datenaskese, NJW 2006, 1617; Gabriele *Britz*, Vertraulichkeit und Integrität informationstechnischer Systeme, DÖV 2008, 411; Wolfgang *Hoffmann-Riem*, Der grundrechtliche Schutz der Vertraulichkeit und Integrität eigengenutzter Informationstechnischer Systeme, JZ 2008, 1009.

4 S. etwa BVerfGE 67, 100 (143); 92, 191 (197); 113, 29 (45 f.); 115, 320 (341 ff.); 133, 277 (320 ff.).

5 Z.B. Telekommunikationsgeräte, elektronische Geräte in Wohnungen und in Kraftfahrzeugen, elektronische Terminkalender, Rechnernetzwerke sowie das Internet insgesamt.

6 BVerfGE 120, 274.

7 Dazu *Britz*, DÖV 2008, 411; Martin *Eifert*, Informationelle Selbstbestimmung im Internet. Das BVerfG und die Online-Durchsuchungen, NVwZ 2008, 521; Burkhard *Hirsch*, Das Grundrecht auf Gewährleistung der Vertraulichkeit und Integrität informationstechnischer Systeme - Zugleich Anmerkung zu BVerfG, NJW 2008, 822; *Hoffmann-Riem*, JZ 2008, 1009; Martin *Kutscha*, Mehr Schutz von Computerdaten durch ein neues Grundrecht?, NJW 2008, 1042; Walter *Leisner*, Das neue „Kommunikationsgrundrecht" – Nicht Alibi für mehr, sondern Mahnung zu weniger staatlicher Überwachung, NJW 2008, 2902; Alexander *Rossnagel*/Christoph *Schnabel*, Das Grundrecht auf Gewährleistung der Vertraulichkeit und Integrität informationstechnischer Systeme und sein Einfluss auf das Privatrecht, NJW 2008, 3534; Michael *Sachs*/Thomas *Krings*, Das neue Grundrecht auf Gewährleistung der Vertraulichkeit und Integrität informationstechnischer Systeme, JuS 2008, 481.

8 Vgl. Berlin: Art. 33; Brandenburg: Art. 11; Bremen: Art. 12; Mecklenburg-Vorpommern: Art. 6 Abs. 1 und 2; Nordrhein-Westfalen: Art. 4 Abs. 2; Rheinland-Pfalz: Art. 4a; Saarland: Art. 2 Satz 2 und 3; Sachsen: Art. 33; Sachsen-Anhalt: Art. 6 Abs. 1; Thüringen: Art. 6 Abs. 2 und 3.

9 Die in diesem Abschnitt zitierten Datenschutzgesetze, das Bundesdatenschutzgesetz i.d.F.d.Bek. vom 30.12.1990 (BGBl. I S. 2954) und die zumeist in den 90er Jahren des vorigen Jahrhunderts novellierten Landesdatenschutzgesetze, treten wegen der Datenschutz-Grundverordnung der Europäischen Union, die ab dem 25.5.2018 gilt (Art. 99 Abs. 2 DSGVO), in Kürze außer Kraft und werden durch neue Datenschutzgesetze ersetzt (dazu TZ 24.3). Das bis zum 24.5.2018 geltende Bundesdatenschutzgesetz regelt die Datenverarbeitung durch öffentliche Stellen des Bundes sowie durch nicht-öffentliche Stellen; zu den nicht-öffentlichen Stellen zählen auch die Privatschulen. – Im Folgenden steht das für die öffentlichen

sie wurden aufgrund des Volkszählungsurteils des Bundesverfassungsgerichts und der Vorgaben der Landesverfassungsgerichte jeweils fortentwickelt. Sämtliche Länder haben das in ihren Datenschutzgesetzen normierte allgemeine Datenschutzrecht durch besondere Regelungen in den Schulgesetzen, teilweise noch zusätzlich in Rechtsverordnungen konkretisiert.[10] Diese schulspezifischen *(bereichsspezifischen) Rechtsvorschriften* gehen den Bestimmungen des jeweiligen Datenschutzgesetzes vor.[11]

24.222 Die Landesdatenschutzgesetze enthalten Grundsatzregelungen (u.a. hinsichtlich des Anwendungsbereichs, der Zulässigkeit der Datenverarbeitung, der Rechte der Betroffenen, des Datengeheimnisses, der technischen und organisatorischen Maßnahmen). Sie gelten für Behörden und sonstige öffentliche Stellen des Landes, der Gemeinden und Landkreise sowie der sonstigen der Aufsicht des Landes unterstehenden juristischen Personen des öffentlichen Rechts; somit finden sie auch auf die *Schulen als öffentliche Stellen des Landes* Anwendung. Die Gesetze präzisieren in weitreichender Übereinstimmung die Rechtsgrundlagen der Datenverarbeitung und *definieren die datenschutzrechtlichen Begriffe*. So sind *„personenbezogene Daten"* Einzelangaben über persönliche oder sachliche Verhältnisse einer bestimmten oder bestimmbaren natürlichen Person[12]; dazu rechnen beispielsweise Namen, Adressen, Geburtsdaten und -ort, Konfessionszugehörigkeit, Muttersprache, ärztliche Befunde oder Test- und Prüfungsergebnisse.[13] *„Datenverarbeitung"* ist nach der Definition der meisten Datenschutzgesetze[14] das Erheben, Speichern, Ver-

---

Schulen maßgebliche Datenschutzrecht der Länder im Vordergrund. Dazu werden jeweils die Regelungen der Datenschutzgesetze in Brandenburg und Nordrhein-Westfalen zitiert; die Vorschriften der Datenschutzgesetze der übrigen Länder stimmen mit ihnen weitgehend überein.

10 Baden-Württemberg: § 115 SchG, VV Datenschutz an öffentlichen Schulen vom 5.12.2014 (K.u.U. 2015 S. 15); Bayern: Art. 85 BayEUG, Verordnung zur Durchführung des Art. 28 Abs. 2 des Bayerischen Datenschutzgesetzes (Durchführungsverordnung StMBW Art. 28 Abs. 2 BayDSG - DVBayDSG-KM) vom 23.3.2001 (GVBl. S. 113), Bekanntmachung über erläuternde Hinweise zum Vollzug der datenschutzrechtlichen Bestimmungen über die Schulen vom 11.1.2013 (KWMBl S. 27, ber. S. 72); Berlin: §§ 64 ff. bln SchulG; Brandenburg: §§ 65 ff. BbgSchulG; Verordnung über den Schutz personenbezogener Daten in Schulen, Schulbehörden sowie nachgeordneten Einrichtungen des für Schule zuständigen Ministeriums im Land Brandenburg (Datenschutzverordnung Schulwesen - DSV) 15.8.2012 (GVBl. II Nr. 72), zul.g.d. Verordnung vom 12.8.2014 (GVBl. II Nr. 59), Verordnung über die Genehmigung wissenschaftlicher Untersuchungen an Schulen (WissUV) vom 11.12.1997 (GVBl. II Nr. 118); Bremen: Bremisches Schuldatenschutzgesetz (BremSchulDSG) vom 27.2.2007 (GBl. S. 182); Hamburg: §§ 98 ff. HmbSG, Verordnung über die Verarbeitung personenbezogener Daten im Schulwesen (Schul-Datenschutzverordnung) vom 20.6.2006 (GVBl. S. 349); Hessen: §§ 83 ff. HSchG, Verordnung über die Verarbeitung personenbezogener Daten in Schulen und statistische Erhebungen an Schulen vom 4.2.2009 (ABl. S. 131), zul.g.d. Artikel 3 der Verordnung vom 1.4.2015 (ABl. S. 113); Mecklenburg-Vorpommern: §§ 70 ff. SchulG M-V, Verordnung zum Umgang mit personenbezogenen Daten der Schülerinnen und Schüler und Erziehungsberechtigten (Schuldatenschutzverordnung – SchulDSVO M-V) vom 8.8.2011 (GVOBl. S. 913); Niedersachsen: §§ 30 f. NSchG; Nordrhein-Westfalen: §§ 120 ff. nrw SchulG, Verordnung über die zur Verarbeitung zugelassenen Daten von Schülerinnen, Schülern und Eltern (VO-DV I) vom 14.6.2007 (GV S. 223); Rheinland-Pfalz: § 67 rp SchulG; Saarland: §§ 20b ff. SchoG, Verordnung über die Verarbeitung personenbezogener Daten in den Schulen vom 17.9.2008 (Abl. S. 1596), zul.g.d. Artikel 2 des Gesetzes vom 20.1.2016 (Amtsbl. I S. 120); Sachsen: §§ 63a ff. sächs SchulG; Sachsen-Anhalt: §§ 84a ff. SchulG LSA, Verordnung über die statistische Erhebung von Daten im Schulbereich vom 18.9.1995 (GVBl. S. 251), zul.g.d. Verordnung vom 15.5.2002 (GVBl. S. 267); Schleswig-Holstein: §§ 30 ff. sh SchulG, Landesverordnung über die Verarbeitung personenbezogener Daten an öffentlichen Schulen (Schul-Datenschutzverordnung – SchulDSVO) vom 5.6.2015 (NBl. MSB. S. 163); Thüringen: §§ 57 f. ThürSchulG; Thüringer Verordnung über die statistische Erhebung von personenbezogenen Daten im Kultusbereich vom 5.8.1994 (GVBl. S.954), zul.g.d. Verordnung vom 22.5.2014 (GVBl. S. 200).

11 Vgl. § 3 Abs. 2 Satz 3 BbgDSG, § 2 Abs. 3 DSG NRW.

12 Vgl. § 3 Abs. 1 BbgDSG, § 3 Abs. 1 DSG NRW.

13 S. als Beispiel die Aufzählung in § 30 Abs. 1 Satz 2 sh SchulG.

14 Anders das Bundesdatenschutzgesetz, das das Erheben und Nutzen von Daten nicht zur Datenverarbeitung rechnet (vgl. §§ 1 Abs. 2, 3 Abs. 4 BDSG); ihm folgend auch die Datenschutzgesetze in Bayern, Mecklenburg-Vorpommern, Sachsen-Anhalt und Thüringen.

ändern, Übermitteln, Sperren und Löschen sowie die (sonstige) Nutzung personenbezogener Daten.[15] Der Anwendungsbereich der datenschutzrechtlichen Regelungen ist nicht auf die Verarbeitung in Dateien beschränkt.[16] Es spielt also keine Rolle, ob die Daten in EDV-Dateien, in Karteiform oder in Akten gespeichert werden; hierbei ist der Begriff der Akte in einem umfassenden Sinn definiert; darunter fällt jede amtlichen oder dienstlichen Zwecken dienende Unterlage einschließlich Bild- und Tonträgern.[17]

24.23 Verwirklichung des Datenschutzes in der Schule

Bei der Erhebung und Verarbeitung personenbezogener Daten darf sich die Schule nicht über das durch Art. 2 Abs. 1 i.V.m. Art. 1 Abs. 1 GG geschützte allgemeine *Persönlichkeitsrecht* (TZ 24.21) hinwegsetzen; sie muss die Regelungen in den Landesdatenschutzgesetzen und die sie ergänzenden bereichsspezifischen Bestimmungen in den Schulgesetzen und Rechtsverordnungen beachten.

Im Schulverhältnis ergeben sich Datenschutzprobleme vor allem bei der Datenerhebung (TZ 24.231), der Datenspeicherung (TZ 24.232) und Datenaufbewahrung (TZ 24.233), der Datenübermittlung (TZ 24.234) sowie der Sicherung, Sperrung und Löschung von Daten (TZ 24.235). Von großer Bedeutung sind überdies die Rechte von Schülerinnen, Schülern und Eltern auf Auskunft und Schadensersatz (TZ 24.236).

24.231 Wenn die Schule bei der Anmeldung der Schülerinnen und Schüler oder aus sonstigem Anlass personenbezogene Daten *erhebt* (z.B. mit Hilfe eines auszufüllenden Fragebogens), darf sie nicht nach Belieben verfahren. Es dürfen *nur die Auskünfte* abverlangt werden, *deren Kenntnis zur Erfüllung der Aufgaben der Schule erforderlich ist.* Das entspricht dem auch im Datenschutzrecht geltenden Grundsatz der Verhältnismäßigkeit (s. TZ 16.131).[18] Diesen Grundsatz haben alle Länder durch bereichsspezifische gesetzliche Regelungen in der Weise konkretisiert, dass sie die Datenerhebung nur insoweit für zulässig erklären, als dies zur Erfüllung der den Schulen, Schulbehörden und Schulträgern zugewiesenen Aufgaben nach dem jeweiligen Schulgesetz oder nach anderen Rechtsvorschriften notwendig ist.[19]

Dabei ist zu beachten, dass Inhalt und Umfang der erlaubten Datensammlung je nach Schulart und Schulstufe verschieden sein können. Ein Gymnasium muss über seine Abiturientinnen und Abiturienten anderes wissen als eine Schule über ein Kind mit einer geistigen oder körperlichen Behinderung. Der Schule ist es grundsätzlich nicht gestattet, sich gewissermaßen auf Vorrat Informationen zu beschaffen, die die Privatsphäre der Schülerinnen und Schüler und ihrer Familie betreffen (z.B. Einkommen der Eltern, Freizeitverhalten, Wohnungsverhältnisse).[20] Nicht selten treten freilich Situationen auf, die zu Zweifeln Anlass geben, ob eine Information pädagogisch notwendig und damit zulässig ist oder ob der Schutz familiärer Privatheit vorgeht. In solchen Fällen sollte die Schule den

15 Vgl. § 3 Abs. 2 BbgDSG, § 3 Abs. 2 DSG NRW.
16 Zum Begriff der Datei § 3 Abs. 6 BbgDSG.
17 Vgl. § 3 Abs. 7 BbgDSG, § 3 Abs. 6 DSG NRW.
18 § 13 Abs. 1 BDSG, § 12 Abs. 1 BbgDSG, § 12 Abs. 1 Satz 1 DSG NRW.
19 S. § 115 Abs. 3 bw SchG, Art. 85 Abs. 1 Satz 1 BayEUG, § 65 Abs. 1 Satz 1 BbgSchulG, § 64 Abs. 1 Satz 1 bln SchulG, § 2 Abs. 1 Satz 1 BremSchulDSG, § 98 Abs. 1 Satz 1 HmbSG, § 83 Abs. 1 Satz 1 HSchG, § 70 Abs. 1 Satz 1 SchulG M-V, § 31 Abs. 1 Satz 1 NSchG, § 120 Abs. 1 Satz 1 nrw SchulG, § 67 Abs. 1 Satz 1 rp SchulG, § 20b Abs. 1 Satz 1 saarl SchoG, § 63a Abs. 1 Satz 1 sächs SchulG, § 84a Abs. 1 Satz 1 SchulG LSA, § 30 Abs. 1 Satz 1 sh SchulG, § 57 Abs. 1 ThürSchulG.
20 Das schließt nicht aus, dass die einzelne Lehrkraft sich aus konkretem Anlass nach der familiären Situation der Schüler erkundigt (z.B. durch einen Besuch bei den Eltern), um das Verhalten des Kindes besser einschätzen und pädagogisch angemessen darauf reagieren zu können.

Schülerinnen und Schülern bzw. ihren Eltern den Zweck der Fragestellung erläutern und sie zur freiwilligen Mitarbeit motivieren.

Auch die *Datenerhebung für schulstatistische Zwecke*[21] bedarf einer hinreichenden gesetzlichen Grundlage.[22] Nur unter dieser Voraussetzung sind Schüler und ihre Eltern verpflichtet, wahrheitsgemäße und vollständige Angaben zu machen. Die zu erfassenden Sachverhalte müssen schulbezogen sein. Gerade weil statistische Erhebungen eine enge und konkrete Zweckbindung nicht immer zulassen, hat der Gesetzgeber Vorkehrungen gegen Missbrauch zu treffen und zu verhindern, dass der Einzelne zum bloßen Informationsobjekt wird. Zum Schutz des Rechts auf informationelle Selbstbestimmung sind die strikte Geheimhaltung der Einzelangaben und ihre möglichst frühzeitige Anonymisierung geboten.[23] Häufig ist die getrennte Speicherung von Sach- und Identifizierungsmerkmalen vorgeschrieben. Zudem entspricht es dem Gebot der *informationellen Gewaltenteilung*, Sicherungsmechanismen einzubauen, welche gewährleisten, dass die erhobenen Daten nicht zu anderen Verwaltungszwecken gegen die Betroffenen verwendet werden können.[24]

Bei Datenerhebungen in der Schule, die im Rahmen *wissenschaftlicher Untersuchungen* durchgeführt werden, sind das Recht auf informationelle Selbstbestimmung seitens der Betroffenen und das Grundrecht der Wissenschaftsfreiheit (Art. 5 Abs. 3 GG) auf der Seite der beteiligten Wissenschaftler zum Ausgleich zu bringen.[25] Forschungsvorhaben bedürfen der Genehmigung der jeweiligen Schulbehörde. Diese ist in der Regel zu erteilen, wenn der Forscher die erbetenen Auskünfte auf freiwilliger Basis einholt und die vertrauliche Behandlung der Daten gewährleistet. *Freiwilligkeit der Teilnahme* an der Erhebung heißt, dass die Schüler bzw. die Eltern in die Befragung eingewilligt haben, nachdem sie zuvor über den Untersuchungszweck aufgeklärt worden sind.[26] Verweigern sie ihre Teilnahme, so darf ihnen daraus kein Nachteil erwachsen. Eine Einwilligung in die Erhebung und Verarbeitung personenbezogener Daten kann jedoch je nach gesetzlicher Regelung entbehrlich sein, wenn das öffentliche Interesse an der Durchführung des Forschungsvorhabens die schutzwürdigen Belange der Betroffenen erheblich überwiegt und der Zweck der Forschung nicht auf andere Weise erreicht werden kann; dies gilt insbesondere für die Teilnahme an (länderübergreifenden) Schulleistungsstudien.[27] Die *Vertraulichkeit der Datenverarbeitung* gebietet, dass außer den Forschern und ihrem Hilfspersonal niemand

---

21 S. hierzu auch den Beschluss der KMK vom 8.5.2003 „Kerndatensatz (KDS) für schulstatistische Individualdaten der Länder" (KMK-BeschlS. Nr. 111).

22 Beispiele für gesetzliche Regelungen: § 115 bw SchG, § 85 HSchG, § 72 SchulG M-V, § 30 NSchG, § 67 Abs. 8 und 9 rp SchulG, § 63b sächs SchulG, § 84b SchulG LSA, § 30 Abs. 4 sh SchulG, § 58 ThürSchulG.

23 BVerfGE 65, 1 (47 ff.).

24 In diesem Sinne etwa § 16 Abs. 6 Satz 3 des Gesetzes über die Statistik im Land Hessen (Hessisches Landesstatistikgesetz - HessLStatG) vom 19.5.1987 (GVBl. I S. 67), zul.g.d. Gesetz vom 19.6.2016 (GVBl. S. 158), auf dessen Vorschriften § 85 Satz 3 HSchG verweist.

25 Schulgesetzliche Regelungen zur wissenschaftlichen Forschung in Schulen enthalten u.a. § 65 bln SchulG, § 66 BbgSchulG, § 13 BremSchulDSG, § 84 HSchG, § 71 SchulG M-V, § 120 Abs. 4 nrw SchulG, § 20c saarl SchoG, § 32 sh SchulG, § 57 Abs. 5 ThürSchulG.

26 Einwilligung bedeutet vorherige Zustimmung (§ 183 BGB). Die Einwilligung des noch minderjährigen Schülers in die Datenerhebung genügt, wenn er aufgrund seiner natürlichen Einsichtsfähigkeit die Bedeutung und Tragweite dieser Entscheidung zu beurteilen vermag (TZ 16.221); das gilt jedoch nicht, sofern gesetzlich bestimmt ist, dass bei minderjährigen Schülern das Einverständnis der Eltern erforderlich ist (vgl. etwa § 65 Abs. 3 Satz 2 bln SchulG, § 66 Abs. 2 Satz 1 BbgSchulG, § 84 Abs. 2 Satz 1 HSchG, § 20c Abs. 2 Satz 1 und 2 saarl SchoG, § 30 Abs. 10 sh SchulG).

27 So z.B. § 65 Abs. 3 Satz 4 bln SchulG, § 66 Abs. 3 Satz 4 BbgSchulG, § 4 Abs. 1 Nr. 1 BremSchulDSG, § 84 Abs. 2 Satz 3 HSchG; vgl. auch § 100 Abs. 3 HmbSG, wonach die Schülerinnen und Schüler zur Teilnahme an Testverfahren und Unterrichtsbeobachtungen verpflichtet sind, die Teilnahme an weiteren Befragungen hingegen freiwillig ist. Anders z.B. § 20c Abs. 2 Satz 1 saarl SchoG, der die Erhebung personenbezogener Daten im Rahmen eines Forschungsvorhabens nur bei schriftlicher Einwilligung der Eltern bzw. der volljährigen Schülerin oder des volljährigen Schülers für zulässig erklärt.

Zugang zu den Rohdaten erhält und dass die Daten alsbald anonymisiert werden. S. auch TZ 24.234.

24.232 Die Schule darf ohne Einwilligung der Eltern bzw. der volljährigen Schülerinnen und Schüler personenbezogene Daten in ihren Unterlagen speichern, wenn und solange dies zur rechtmäßigen Erfüllung ihrer Aufgaben notwendig ist. Diese verfassungsrechtlich zulässige Beschränkung des Rechts auf informationelle Selbstbestimmung ergibt sich aus den bereichsspezifischen Regelungen der Schulgesetze. Bedenken hiergegen mögen gering gewesen sein, solange Schule und Schulverwaltung sich traditioneller Techniken (z.B. in Form manuell zusammengetragener Karteien) bedienten. Je mehr sie aber dazu übergegangen sind, Informationen im automatisierten Verfahren zu speichern (Schülerindividualdatei), desto größer ist die Gefahr eines Missbrauchs. Die elektronische Datenverarbeitung ermöglicht es – vor allem dann, wenn sie in Verbundsystemen organisiert ist –, eine Vielzahl von Daten zu sammeln und miteinander zu verknüpfen. Deshalb ist ein behutsamer Umgang mit sensiblen Daten, z.B. über den gesundheitlichen Zustand oder die psychische Verfassung von Schülerinnen und Schülern, unerlässlich. Mit Rücksicht darauf haben einige Länder die automatisierte Verarbeitung medizinischer und psychologischer Befunde ausdrücklich eingeschränkt oder untersagt.[28]

Die Sorge mancher Lehrkräfte, Schüler und Eltern vor einer „Totalerfassung" erscheint zwar gelegentlich übertrieben; doch ist nicht zu übersehen, dass die Entwicklung der modernen Informations- und Kommunikationstechnologien wie auch die in Schulen und Schulverwaltungen zu beobachtende Tendenz zu administrativer Perfektion den privaten Lebensbereich bedrohen. Deshalb sind strenge Anforderungen an die Notwendigkeit der Datenspeicherung zu stellen. So darf beispielsweise die Konfessionszugehörigkeit von Schülerinnen und Schülern nur dann festgehalten werden, wenn keine Befreiung vom Religionsunterricht vorliegt; Angaben über Funktionen des Schülers in der Schülervertretung, nicht hingegen über seine Mitgliedschaft in einer Schülervereinigung können festgehalten werden; gesundheitliche Beeinträchtigungen oder körperliche Behinderungen der Schüler (z.B. Sehschwäche) sind nur insoweit zu speichern, als dies zu deren Förderung (etwa im Rahmen von Prüfungen in Gestalt eines Nachteilsausgleichs, hierzu TZ 20.523) notwendig ist. Entsprechende *Kataloge*, in denen Daten aufgelistet sind, welche die Schulen speichern dürfen, finden sich in den Vorschriften der Schulgesetze[29] oder auch in untergesetzlichen Vorschriften.[30] Will eine Schule personenbezogene Daten speichern, die über den Rahmen

28 S. etwa § 65 Abs. 7 Satz 1 BbgSchulG, wonach der schulärztliche oder schulzahnärztliche Dienst sowie die Schulpsychologen der Schule nur das Ergebnis der Pflichtuntersuchung übermitteln dürfen. Nach § 15 Abs. 2 BremSchulDSG darf der Schulpsychologische Dienst personenbezogene Daten in nichtautomatisierten Dateien und Akten nur verarbeiten, wenn er im Rahmen seiner Aufgaben Schülerinnen und Schüler untersucht und die Erhebung und Speicherung zur Wahrnehmung seiner Aufgaben erforderlich ist; allerdings erstreckt sich das Verbot gemäß § 16 des Gesetzes nicht auf die Verarbeitung von Gesundheitsdaten innerhalb des Schulärztlichen Dienstes. Ähnlich wie in Brandenburg dürfen der schulärztliche Dienst und die Schulpsychologen in Hessen der Schule ebenfalls nur das Ergebnis der Pflichtuntersuchungen übermitteln (§ 83 Abs. 6 Satz 2 HSchG); ferner dürfen die von den Schulpsychologen erhobenen personenbezogenen Daten gemäß Satz 4 der Vorschrift automatisiert nur dann verarbeitet werden, wenn sie dabei nach dem jeweiligen Stand der Technik hinreichend sicher verschlüsselt werden; eine Übermittlung personenbezogener Daten durch die Schulpsychologen ist nach Satz 5 nur dann zulässig, wenn tatsächliche Anhaltpunkte dafür vorliegen, dass die Kenntnis der Daten zur Abwehr einer erheblichen Gefahr für die öffentliche Sicherheit oder zur Abwehr einer erheblichen Gefährdung Dritter erforderlich ist. Ein Verbot der automatisierten Datenverarbeitung findet sich schließlich auch in Mecklenburg-Vorpommern für die Ergebnisse schulärztlicher oder schulpsychologischer Untersuchungen, für Daten über gesundheitliche Auffälligkeiten und etwaige Behinderungen sowie für Verhaltensdaten von Schülerinnen und Schülern (s. § 70 Abs. 3 Satz 1 SchulG M-V).

29 Vgl. etwa § 64a Abs. 2 bln SchulG; § 65a Abs. 1 Satz 2, Abs. 2 Satz 3 BbgSchulG; § 30 Abs. 1 Satz 2 sh SchulG; vgl. auch § 20b Abs. 1 Satz 2 saarl SchoG.

30 Vgl. etwa Anlage 1 zur Verordnung LSA über die statistische Erhebung von Daten im Schulbereich; Anlage 2 hess Verordnung über die Verarbeitung personenbezogener Daten in Schulen und statistische

des Erforderlichen hinausgehen, benötigt sie das ausdrückliche (schriftliche) Einverständnis der Eltern bzw. des volljährigen Schülers.[31]

Eine zusätzliche Gefährdung des Rechts auf informationelle Selbstbestimmung entsteht dann, wenn Lehrkräfte die Daten von Schülern, Eltern und Kollegen auf ihrem häuslichen PC, ihrem Laptop oder Smartphone verarbeiten; in solchen Fällen ist nicht auszuschließen, dass die Geräte, auf denen die Daten gespeichert werden, auch von anderen Personen (und seien es „nur“ Familienangehörige) genutzt werden oder dass auf diese unerlaubt online zugegriffen wird. Eine Kontrolle der Datenverwendung durch den schulischen Datenschutzbeauftragten bleibt hier wirkungslos. Aus diesem Grund verbieten die Regelungen einiger Länder ausdrücklich die Datenverarbeitung auf privaten Geräten.[32]

24.233 *Personenbezogene Daten dürfen nur solange aufbewahrt werden, wie ihre Kenntnis für die Schule zur Wahrnehmung ihrer Aufgaben erforderlich ist.* Wie lange die Schule Informationen über die Schülerinnen und Schüler benötigt, lässt sich nicht für alle Fälle eindeutig beantworten. Keineswegs wird ihr Datenbestand schon mit der Entlassung der Schülerinnen und Schüler überflüssig; die Angaben müssen vielmehr auch danach eine geraume Zeit für Rückfragen, Auswertungen oder zu Beweiszwecken verfügbar sein. Die Kultusministerien haben zumeist *Fristen für die Aufbewahrung von Schülerdaten* festgelegt. So müssen in Hessen die Schülerkarte sowie die Hauptakte der Schülerakte 50 Jahre aufbewahrt werden[33], während in Brandenburg die Schülerakte nur 10 Jahre aufzubewahren ist.[34] Nach Ablauf dieser Fristen sind die Unterlagen entweder an das zuständige Staats- bzw. kommunale Archiv abzuliefern oder zu vernichten.[35] In Dateien gespeicherte personenbezogene Daten (z.B. die in der Schülerkartei gesammelten Stammdaten) müssen gelöscht bzw. gesperrt werden, wenn sie für die Aufgabenwahrnehmung der Schule nicht mehr benötigt werden.[36] Eine Löschung ist ferner vorgeschrieben, wenn die Speicherung der Daten von vornherein unzulässig war.[37]

Erhebungen an Schulen; § 2 der Thüringer Verordnung über die statistische Erhebung von personenbezogenen Daten im Kultusbereich.

31 Vgl. § 4 Abs. 1 Nr. 1, Abs. 2 Satz 1 BbgDSG, § 4 Abs. 1 Satz 1 Buchst. b, Satz 2 und 3 DSG NRW.

32 Am strengsten ist die Regelung in Berlin, die keine Ausnahmen von dem Verbot zulässt (§ 64 Abs. 2 S. 2 bln SchulG). In Schleswig-Holstein kann das für Bildung zuständige Ministerium durch Rechtsverordnung Ausnahmen von dem grundsätzlichen Verbot zulassen (§ 30 Abs. 2 sh SchulG). In Brandenburg gilt das Verbot „in der Regel“; dort kann die Schulleiterin oder der Schulleiter in begründeten Ausnahmefällen die Datenverarbeitung auf privateigenen Geräten gestatten (§ 65 Abs. 5 Satz 2 BbgSchulG). In Hessen muss die Datenverarbeitung auf privaten Rechnern bei der Schulleitung schriftlich angezeigt werden; sie ist im Übrigen weiteren Einschränkungen unterworfen (§ 3 Verordnung über die Verarbeitung personenbezogener Daten in Schulen und statistische Erhebungen an Schulen). Ganz ähnlich werden in Bayern detaillierte Richtlinien für den Einsatz privater Rechner von Lehrkräften vorgegeben (s. 4.3. der erläuternden Hinweise zum Vollzug der datenschutzrechtlichen Bestimmungen für die Schulen). In Bremen und Mecklenburg-Vorpommern ist die Datenverarbeitung auf privaten Rechnern zulässig, wenn sich die Lehrerin oder der Lehrer zuvor zur Beachtung der datenschutzrechtlichen Bestimmungen schriftlich verpflichtet hat, die Daten vor dem Zugriff Dritter geschützt sind und die Kontrolle durch den Datenschutzbeauftragten der Schule bzw. des Landes gesichert ist (§ 3 Abs. 2 BremSchulDSG; § 70 Abs. 4 SchulG M-V).

33 S. A 2.1. und A 2.3. der Anlage 3 der hess Verordnung über die Verarbeitung personenbezogener Daten in Schulen und statistische Erhebungen an Schulen. Ebenso in Baden-Württemberg für Schülerkarteikarten und Schülerlisten in Papierform (II. 5.2 Datenschutz an öffentlichen Schulen).

34 § 12 Abs. 1 Satz 2 Nr. 2 bbg Datenschutzverordnung Schulwesen.

35 Vgl. etwa 5.2 der bay erläuternden Hinweise zum Vollzug der datenschutzrechtlichen Bestimmungen für die Schulen.

36 In Bayern und Brandenburg sind die in automatisierten Verfahren gespeicherten Schülerdaten ein Jahr nach der Entlassung des Schülers von Amts wegen zu löschen (Nr. 5.3 der bay erläuternden Hinweise zum Vollzug der datenschutzrechtlichen Bestimmungen für die Schulen, § 12 Abs. 1 Satz 3 bbg. Datenschutzverordnung Schulwesen).

37 Vgl. § 19 Abs. 2 Satz 1 Buchst. a. BbgDSG, § 19 Abs. 3 Satz 1 Buchst. a) DSG NRW.

24.234 Die Schule darf die ihr anvertrauten Informationen nicht leichtfertig *weitergeben.* Sie muss verhindern, dass personenbezogene Daten über Schülerinnen und Schüler, Eltern sowie Lehrerinnen und Lehrer unkontrollierbar verbreitet werden. Daher dürfen Leistungsdaten, z.B. die Ergebnisse der Abiturprüfung mit der Nennung einzelner Schülerdaten, nicht am Schwarzen Brett der Schule ausgehängt oder auf der Homepage der Schule veröffentlicht werden. Oft genug ist aber die Entscheidung schwierig, ob und was die Schule aus ihrem Wissensbestand anderen zur Kenntnis geben darf. Sie hat sich hierbei von dem *Grundsatz* leiten zu lassen, *dass die Daten*, über die sie verfügt, *durch die Weitergabe nicht zweckentfremdet werden dürfen.*[38] Für die *Datenübermittlung* gelten die bereichsspezifischen schulgesetzlichen Regelungen, hilfsweise die Bestimmungen der Landesdatenschutzgesetze.

An *andere öffentliche Stellen außerhalb des Schulbereichs* (z.B. Jugendamt, Polizeibehörden) darf die Schule Daten ohne Einwilligung des Betroffenen nur weitergeben, soweit dies zur Erfüllung ihrer eigenen Aufgaben oder der Aufgaben der anderen Stelle erforderlich ist.[39] Die Schule braucht die Informationen nicht weiterzugeben, wenn sie dadurch ihren Bildungs- und Erziehungsauftrag ernstlich gefährden, z.B. das Vertrauensverhältnis zu einer Schülerin oder einem Schüler beeinträchtigen würde.[40] Fehlt die für die Weitergabe von Daten erforderliche rechtliche Grundlage, ist die Übermittlung nur mit schriftlicher Einwilligung der Schülerinnen und Schüler oder ihrer Eltern erlaubt. Das gilt z.B. dann, wenn die Agentur für Arbeit, die Schülerinnen und Schüler in eine Lehrstelle vermitteln soll, über ihren Leistungsstand mehr erfahren möchte, als dem vom Jugendlichen übergebenen Abschlusszeugnis zu entnehmen ist.[41]

Die Schule kann Daten an Hochschulen und andere *öffentliche Forschungseinrichtungen* zum Zweck der Datenverarbeitung im Rahmen eines Forschungsvorhabens übermitteln, wenn die Betroffenen eingewilligt haben. In einigen Ländern ist auch hier die Einwilligung entbehrlich, wenn das öffentliche Interesse an der Durchführung des Forschungsvorhabens die schutzwürdigen Belange erheblich überwiegt und der Zweck der Forschung nicht auf andere Weise erreicht werden kann.[42] Vor der Veröffentlichung sind personenbezogene Daten zu anonymisieren.[43]

---

38 Vgl. BVerfGE 65, 1 (46).

39 Z.B. § 65 Abs. 6 Satz 1 BbgSchulG, § 120 Abs. 5 Satz 1 nrw SchulG. In einigen Ländern sind die Voraussetzungen zulässiger Datenübermittlung an andere öffentliche Stellen strenger geregelt. So ist in Bayern die Weitergabe von Daten und Unterlagen über Schülerinnen und Schüler und Erziehungsberechtigte an außerschulische Stellen untersagt, sofern nicht ein rechtlicher Anspruch auf die Herausgabe nachgewiesen wird (Art. 85 Abs. 2 Satz 1 BayEUG). Ähnlich § 67a Abs. 1 Satz 1 rp SchulG, wonach die Übermittlung personenbezogener Daten an andere öffentliche Stellen nur zulässig ist, soweit die Kenntnis der Daten zur Erfüllung der dem Empfänger durch Rechtsvorschrift zugewiesenen Aufgaben erforderlich ist und die Übermittlung dem Auftrag der Schule nicht widerspricht. Auch in Thüringen ist die Datenübermittlung ohne Einwilligung des Betroffenen nur unter strengen Voraussetzungen erlaubt: wenn es im rechtlichen Interesse eines Dritten unerlässlich ist, an die Gesundheitsämter zur Durchführung schulärztlicher Untersuchung, soweit eine rechtswirksame Einwilligung des Betroffenen vorliegt, oder an die Fachkräfte und Jugendämter im Rahmen des Schutzes des Kindeswohls (§ 57 Abs. 4 Satz 1 ThürSchulG). Zur – begrenzten – Auskunftspflicht des schulärztlichen und des schulpsychologischen Dienstes s. TZ 24.132.

40 Z.B. § 20b Abs. 2 Satz 2 saarl SchoG.

41 So darf das Arbeitsamt in seine Selbstinformationseinrichtungen Daten über Ausbildungssuchende nur aufnehmen, soweit die Informationen für die Vermittlung erforderlich sind; ermöglichen die Daten eine Identifizierung des Betroffenen, ist dessen Einwilligung notwendig (§ 40 Abs. 3 Satz 1 und 2 SGB III).

42 Anders hingegen in Berlin, im Saarland und in Schleswig-Holstein, wo die zum Zweck eines Forschungsvorhabens erhobenen personenbezogenen Daten nicht an Dritte übermittelt werden dürfen (§ 65 Abs. 3 Satz 5 Halbsatz 2 bln SchulG, § 20c Abs. 2 Satz 3 Halbsatz 2 saarl SchoG, § 32 Abs. 2 Satz 3 Halbsatz 2 sh SchulG).

43 So ausdrücklich § 65 Abs. 3 Satz 5 Halbsatz 1 bln SchulG, § 20c Abs. 2 Satz 3 Halbsatz 1 saarl SchoG, § 32 Abs. 2 Satz 3 Halbsatz 2 sh SchulG. Allerdings gilt das nur, solange die Anonymisierung ohne Beeinträchtigung des Forschungsvorhabens möglich ist.

An *private Personen und Einrichtungen* darf die Schule Daten ohne Einwilligung des Betroffenen im Allgemeinen nur weitergeben, wenn die Empfängerin oder der Empfänger ein berechtigtes Interesse an der Kenntnis der Daten glaubhaft macht und keine Anhaltspunkte dafür bestehen, dass schutzwürdige Belange der Schülerinnen und Schüler oder ihrer Eltern beeinträchtigt werden.[44] Beabsichtigen Eltern, gegen einen ihnen namentlich nicht bekannten Mitschüler, der ihr Kind während der Pause auf dem Schulhof schuldhaft verletzt hat, Schadensersatzansprüche geltend zu machen, können sie von der Schule die Mitteilung des Namens und der Anschrift des Mitschülers verlangen und diesen Anspruch im Wege der Leistungsklage vor dem Verwaltungsgericht durchsetzen.[45]

Elternvertreter können die Auskünfte verlangen, die sie zur Wahrnehmung ihres Amtes benötigen. So sind zum Beispiel dem Vorsitzenden der Klassenelternschaft Namen und Anschriften der Schülerinnen und Schüler sowie ihrer Eltern auf Wunsch zur Verfügung zu stellen. Wenn ehemalige Schülerinnen und Schüler zu einem Klassentreffen einladen wollen, darf die Schule ihnen die ihr bekannten Adressen in der Regel herausgeben; es ist im Allgemeinen anzunehmen, dass durch diese Information schutzwürdige Belange früherer Mitschüler nicht beeinträchtigt werden.

Anders ist die Situation jedoch, wenn etwa *Wirtschaftsunternehmen* wie Banken oder Versicherungen mit der Bitte um Auskunft an die Schule herantreten. Diese erklären sich bisweilen bereit, finanzielle Zuwendungen zu Studienfahrten, Schullandheimaufenthalten oder anderen Schulveranstaltungen unter der Voraussetzung zu gewähren, dass die Schule ihnen Namen, Adressen und Geburtsdaten der teilnehmenden Schülerinnen und Schüler mitteilt. Die Weitergabe der Daten in diesen Fällen ist ausschließlich mit schriftlicher Einwilligung der Schülerinnen und Schüler bzw. der Eltern zulässig. In einigen Ländern ist ausdrücklich geregelt, welche personenbezogenen Daten die Schule in eigene *Veröffentlichungen* (z.B. Jahresberichte) aufnehmen darf.[46]

24.235 Wer personenbezogene Daten verarbeitet, hat die *technischen und organisatorischen Maßnahmen* zu treffen, die zur Einhaltung der Datenschutzbestimmungen erforderlich sind. Erforderlich sind Maßnahmen nur, wenn ihr Aufwand in einem angemessenen Verhältnis zu dem angestrebten Schutzzweck steht.[47] Dies gilt auch für Daten, die in manuell geführten Dateien (z.B. Schülerkarteien) oder in Akten gespeichert werden. Die Unterlagen müssen so aufbewahrt werden, dass sie nur berechtigten Personen (Schulleitung, Sekretariat) zugänglich sind; nur auf diese Weise läßt sich verhindern, dass Unbefugte Einsicht nehmen und z.B. Karteikarten entfernen oder verändern. Bei automatisierter Verarbeitung sind besondere Kontrollmaßnahmen zu treffen, die dem Zugriff unberechtigter

44 Vgl. z.B. § 83 Abs. 8 HSchG i.V.m. § 16 Abs. 1 HDSG; § 67 Abs. 5 2 rp SchulG; § 120 Abs. 5 Satz 3 nrw SchulG; § 30 Abs. 3 Satz 2 sh SchulG. Strengere Anforderungen gelten in Baden-Württemberg (§ 115 Abs. 4 bw SchG i.V.m. § 18 Abs. 1 Landesdatenschutzgesetz), Bayern (Art. 85 Abs. 2 Satz 1 BayEUG), Brandenburg (§ 65 Abs. 6 Satz 2 BbgSchulG), im Saarland (§ 20b Abs. 2 Satz 3 saarl. SchoG) und in Thüringen (§ 57 Abs. 4 Satz 1 ThürSchulG). Noch höher sind die Hürden in Mecklenburg-Vorpommern (§ 70 Abs. 2 Satz 4 SchulG M-V), denn dort ist für die Datenübermittlung an Personen oder Stellen außerhalb der öffentlichen Verwaltung stets die Einwilligung des Betroffenen erforderlich. In einigen Ländern ist die Weitergabe von Daten über den Schulbesuch an Ausbildungsbetriebe, die gemeinsam mit den Berufsschulen ausbilden, im Rahmen des Erforderlichen ausdrücklich gestattet (z.B. § 64 Abs. 5 Satz 1 bln SchulG, § 10 Abs. 1 Satz 1 BremSchulDSG).

45 VG Gelsenkirchen, NJW 1991, 3298.

46 Z.B. Art. 85 Abs. 3 BayEUG: Name, Geburtsdatum, Jahrgangsstufe und Klasse der Schülerinnen und Schüler, Name, Fächerverbindung und Verwendung der einzelnen Lehrkräfte, Angaben über besondere schulische Tätigkeiten und Funktionen einzelner Lehrkräfte, Schülerinnen und Schüler und Erziehungsberechtigter; ähnlich auch § 20b Abs. 3 saarl SchoG. In Thüringen sind solche Veröffentlichungen nur zulässig, sofern die oder der Betroffene nicht widersprochen hat; auf dieses Widerspruchsrecht muss sie oder er in geeigneter Weise hingewiesen werden (§ 57 Abs. 7 ThürSchulG).

47 Vgl. § 10 Abs. 1 Satz 2 BbgDSG.

Dritter auf personenbezogene Daten vorbeugen. Vor allem ist dafür Sorge zu tragen, dass solche Daten an einem durch strenge Zugangsrechte gesicherten Ort gespeichert sind.[48] Auch die Nutzung schulfremder IT-Infrastrukturen (z.B. das sogenannte Cloud Computing) steht unter diesem Vorbehalt, da die datenschutzrechtliche Verantwortung stets bei der Schule verbleibt.

Die bei der Datenverarbeitung beschäftigten Personen sind zur Wahrung des *Datengeheimnisses* verpflichtet.[49] Einen *Datenschutzbeauftragten* braucht die Schule in der Regel nicht zu bestellen, da die Datenschutzgesetze der Länder dies im Allgemeinen nur für den Fall vorschreiben, dass eine – von den Schulen üblicherweise nicht erreichte – Mindestzahl von Beschäftigten regelmäßig mit der Datenverarbeitung befasst ist.[50]

24.236 Schülerinnen und Schüler sowie Eltern haben ein Recht auf *Auskunft* über die sie betreffenden Daten sowie die Stellen, an die Daten übermittelt worden sind. Für minderjährige Schülerinnen und Schüler wird das Recht durch die Eltern ausgeübt.[51] In diesem Zusammenhang ist auch die Institution des *Landesbeauftragten für den Datenschutz* hervorzuheben. An ihn kann sich jede Person wenden, die der Ansicht ist, bei der Verarbeitung personenbezogener Daten in eigenen Rechten verletzt worden zu sein.[52]

Entsteht durch eine unzulässige oder unrichtige automatisierte Verarbeitung personenbezogener Daten ein Schaden, hat der Betroffene einen verschuldensunabhängigen Anspruch auf *Schadensersatz*.[53] Verstöße gegen datenschutzrechtliche Vorschriften können nach den Datenschutzgesetzen unter bestimmten Voraussetzungen mit *Geldbußen oder Strafen* geahndet werden.

24.3 Neues schulrelevantes Datenschutzrecht seit dem 25.5.2018: Die Datenschutz-Grundverordnung

Die Europäische Union hat bereits durch ihre Richtlinie 95/46/EG vom 24.10.1995 auf das Datenschutzrecht in den Mitgliedstaaten eingewirkt. Zweck der Richtlinie war schon damals die Harmonisierung der Vorschriften zum Schutz der Grundrechte und Grundfreiheiten natürlicher Personen bei der Datenverarbeitung. Eine Richtlinie ist zwar für jeden Mitgliedstaat, an den sie gerichtet ist, hinsichtlich des zu erreichenden Ziels verbindlich, überlässt jedoch den innerstaatlichen Stellen die Wahl der Form und der Mittel.[54]

---

48 Vgl. § 2 Abs. 1 Satz 1 hess Verordnung über die Verarbeitung personenbezogener Daten in Schulen und statistische Erhebungen an Schulen: Anlagen zur Verarbeitung personenbezogener Daten in Schulen dürfen mit Datenverarbeitungseinrichtungen für Unterrichtszwecke nur vernetzt werden, wenn eine zuverlässige Trennung der Daten gewährleistet ist. Gemäß Satz 2 der Norm i.V.m. § 10 Abs. 2 Satz 2 HDSG muss jede Schule ein IT-Sicherheitskonzept erstellen. Nach § 2 Abs. 2 der Verordnung dürfen Geräte zur Verarbeitung personenbezogener Daten nur an Einrichtungen zur elektronischen Kommunikation angeschlossen werden, wenn die in dem Gerät gespeicherten personenbezogenen Daten durch geeignete Maßnahmen gegen unberechtigten Zugriff geschützt werden.

49 Vgl. § 6 BbgDSG, § 6 DSG NRW.

50 Eine Ausnahme macht Hessen: Gemäß § 5 Abs. 1 Satz 1 HDSG hat die „datenverarbeitende Stelle" einen Beauftragten für den Datenschutz sowie einen Vertreter zu bestellen.

51 Z.B. § 31 Abs. 3 NSchG, § 20b Abs. 4 Satz 1 Halbsatz 2 saarl SchoG, § 30 Abs. 8 Satz 1 Halbsatz 2 sh SchulG. Anders in Berlin, Brandenburg, Mecklenburg-Vorpommern und Sachsen-Anhalt. Dort können Minderjährige ab 14 Jahren die Rechte auf Auskunft und Akteneinsicht auch ohne Zustimmung der Eltern geltend machen, sofern die Schule deren Zustimmung für entbehrlich hält (§ 64 Abs. 7 Satz 1 Halbsatz 1 bln SchulG, § 65 Abs. 8 Satz 2 BbgSchulG, § 70 Abs. 6 Satz 2 SchulG M-V; § 84a Abs. 10 Satz 2 SchulG LSA, der zusätzlich auf die für den Auskunftsanspruch erforderliche Einsichtsfähigkeit abstellt).

52 Vgl. § 21 Abs. 1 BbgDSG, § 25 Abs. 1 DSG NRW.

53 Vgl. § 20 BbgDSG, § 20 DSG NRW.

54 Art. 288 Abs. 3 AEUV.

Eben deshalb hat die Richtlinie 95/46/EG nicht verhindern können, dass der Datenschutz in der EU unterschiedlich gehandhabt wurde.[55] Damit in der Union fortan ein gleichmäßiges Datenschutzniveau für natürliche Personen gewährleistet ist, hielten das Europäische Parlament und der Ministerrat eine Verordnung für erforderlich[56], deren Vorzug darin besteht, dass sie allgemeine Geltung hat, in allen ihren Teilen verbindlich ist und unmittelbar in jedem Mitgliedstaat gilt.[57]

Die Datenschutz-Grundverordnung (DSGVO) vom 27.4.2016, die gemäß Art. 99 Abs. 1 am 20. Tag nach ihrer Veröffentlichung im Amtsblatt der EU, also am 25.5.2016, in Kraft getreten ist, gilt nach Art. 99 Abs. 2 ab dem 25.5.2018.[58] Sie findet *auch auf Schulen Anwendung*.

Die Schulen sehen sich gewissermaßen über Nacht einem neuen datenschutzrechtlichen Regime ausgesetzt, das manche Irritationen wecken dürfte. So enthält die DSGVO eine Vielzahl von *Öffnungsklauseln*, die dem nationalen Gesetzgeber den Erlass ergänzender und konkretisierender, aber auch modifizierender Regelungen ermöglichen; von diesen Handlungsbefugnissen haben die Bundesländer durch den Erlass neuer Landesdatenschutzgesetze Gebrauch gemacht.[59] Die Öffnungsklauseln haben ein Nebeneinander von Unionsrecht und nationalem Recht entstehen lassen, das der Rechtsklarheit nicht immer zuträglich ist[60], zumal die Schulen vermutlich manchmal nicht wissen, wie sie mit den bisherigen schulbezogenen (bereichsspezifischen) Datenschutzregelungen fortan umgehen sollen (dazu TZ 24.322).

---

55 ErwG 9 DSGVO.

56 ErwG 13 DSGVO.

57 Art. 288 Abs. 2 AEUV.

58 Die DSGVO wurde am 4.5.2016 im Amtsblatt der EU, L 119, veröffentlicht. Der amtliche Titel lautet: Verordnung (EU) 2016/679 des Europäischen Parlaments und des Rates vom 27. April 2016 zum Schutz natürlicher Personen bei der Verarbeitung personenbezogener Daten, zum freien Datenverkehr und zur Aufhebung der Richtlinie 95/46/EG (Datenschutz-Grundverordnung).

59 Alle Länder haben inzwischen ihre Datenschutzgesetze an die DSGVO angepasst: bw Gesetz zur Anpassung des allgemeinen Datenschutzrechts und sonstiger Vorschriften an die Verordnung (EU) 2016/79 vom 12.6.2018 (GBl. S. 173); darin Art. 1: Landesdatenschutzgesetz (LDSG). Bayerisches Datenschutzgesetz (BayDSG) vom 15.5.2018 (GVBl. S. 230). Berliner Datenschutzgesetz (BlnDSG) vom 13.6.2018 (GVBl. S. 418). Brandenburgisches Gesetz zur Anpassung des Allgemeinen Datenschutzrechts an die Verordnung (EU) 2016/679 und zur Umsetzung der Richtlinie (EU) 2016/680 vom 8.5.2018 (GVOBl. I/2018 Nr. 8); darin Art. 1: Brandenburgisches Datenschutzgesetz (BbgDSG). Bremisches Ausführungsgesetz zur EU-Datenschutz-Grundverordnung (BremDSGVOAG) vom 8.5.2018 (GBl. S. 131). Hamburgisches Gesetz zur Anpassung des Hamburgischen Datenschutzgesetzes sowie anderer Vorschriften an die Verordnung (EU) 2016/79 (GVBl. S. 145); darin Art. 1: Hamburgisches Datenschutzgesetz (HmbDSG). Hessisches Gesetz zur Anpassung des Hessischen Datenschutzrechts an die Verordnung (EU) Nr. 2016/679 und zur Umsetzung der Richtlinie (EU) Nr. 2016/680 und zur Informationsfreiheit vom 3.5.2018 (GVBl. S. 82); darin Art. 1: Hessisches Datenschutz- und Informationsfreiheitsgesetz (HDSIG). Datenschutzgesetz für das Land Mecklenburg-Vorpommern (DSG M-V) vom 22.5.2018 (GVOBl. S. 193). Niedersächsisches Datenschutzgesetz (NDSG) vom 16.5.2018 (GVBl. S. 66); Datenschutzgesetz. Nordrhein-Westfalen (DSG NRW) vom 17.5.2016 (GV. S. 244). Landesdatenschutzgesetz Rheinland-Pfalz (LDSG) vom 8.5.2018 (GVBl. S. 93). Saarländisches Datenschutzgesetz vom 16.5.2018 (Amtsbl. S. 254). Sächsisches Datenschutzdurchführungsgesetz (SächsDSDG) vom 26.4.2018 (GVBl. S. 198). Datenschutzgesetz Sachsen-Anhalt (DSG LSA) i.d.F.d.Bek. vom 13.1.2016 (GVBl. S. 24). Schleswig-Holsteinisches Gesetz zum Schutz personenbezogener Daten (Landesdatenschutzgesetz – LDSG) vom 2.5.2018 (GVOBl. S. 162). Thüringer Datenschutzgesetz (ThürDSG) vom 6.6.2018 (GVBl. S. 229). – Soweit die Öffnungsklauseln für den Datenschutz an *Privatschulen* bedeutsam sind, ist auf die Durchführungsbestimmungen des Bundesdatenschutzgesetzes vom 30.6.2017 (BGBl. I S. 2097) zu verweisen.

60 Ganz abgesehen davon, dass die den Mitgliedstaaten zugestandenen Optionen für Abweichungen von der Vorschriften der DSGVO dem Anspruch der Verordnung auf unmittelbare Geltung in sämtlichen Mitgliedstaaten zuwiderlaufen.

24.31 Schulrelevante Regelungen der DSGVO

Die DSGVO ist überaus detailliert. Sie umfasst insgesamt 99, häufig umfangreiche Artikel. Der Verordnung selbst sind 173 Erwägungsgründe vorangestellt, die ausführliche Auslegungshilfen enthalten und bis ins Einzelne gehende Empfehlungen für die Anwendung der Vorschriften geben.

Die folgenden Hinweise beschränken sich auf einige für den Datenschutz in Schulen und Schulverwaltung wichtige Vorschriften.

24.311 Die Verordnung gilt für die ganz oder teilweise automatisierte Verarbeitung personenbezogener Daten sowie für die nichtautomatisierte Verarbeitung personenbezogener Daten, die in einem Datensystem gespeichert sind oder gespeichert werden sollen (Art. 2 Abs. 1). Sie enthält in ihrem Art. 4 *Begriffsbestimmungen*. Danach sind *„personenbezogene Daten“* – wie zuvor schon nach der Definition der deutschen Datenschutzgesetze – Informationen, die sich auf eine identifizierte oder identifizierbare natürliche Person beziehen (Art. 4 Nr. 1). *„Verarbeitung“* wird weit definiert, nämlich als jeder mit oder ohne Hilfe automatisierter Verfahren ausgeführte Vorgang oder jede solche Vorgangsreihe im Zusammenhang mit personenbezogenen Daten, ohne dass, wie im deutschen Datenschutzrecht üblich, zwischen Erheben, Speichern, Verändern, Übermitteln, Sperren, Löschen oder sonstigem Nutzen personenbezogener Daten unterschieden wird (Art. 4 Nr. 2).[61] *„Verantwortlicher“* ist die natürliche oder juristische Person, Behörde, Einrichtung oder andere Stelle, die allein oder gemeinsam mit anderen über die Zwecke oder Mittel der Verarbeitung von personenbezogenen Daten entscheidet (Art. 4 Nr. 7). Schulen sind Verantwortliche in diesem Sinne. Öffentliche Schulen fallen wie bisher unter den auch in den neuen Landesdatenschutzgesetzen verwendeten Begriff der öffentlichen Stelle.

24.312 Schulen – das heißt konkret: die Schulleiterin oder der Schulleiter – müssen als Verantwortliche im Sinne des Art. 4 Nr. 7 DSGVO die *datenschutzrechtlichen Grundsätze* einhalten und darüber Rechenschaft ablegen; zu den datenschutzrechtlichen Grundsätzen gehören insbesondere Rechtmäßigkeit und Zweckbindung der Datenverarbeitung, das Gebot der Datenminimierung (Beschränkung der Daten auf das für den Zweck der Verarbeitung notwendige Maß) und die Richtigkeit der Daten (Art. 5). *Nachweis- und Dokumentationspflichten* erstrecken sich überdies auf die Sicherheitsvorkehrungen durch geeignete *technische und organisatorische Maßnahmen* (Art. 24 Abs. 1), auf die von der Schule ausgewählten Personen oder Stellen, die in ihrem Auftrag personenbezogene Daten verarbeiten (*„Auftragsverarbeiter“*, Art. 28), auf das *Verzeichnis von Verarbeitungstätigkeiten*, die ihrer Zuständigkeit unterliegen (Art. 30), und auf die Meldung von *„Datenpannen“* (also von Verletzungen des Schutzes personenbezogener Daten) an die Aufsichtsbehörde (Art. 33) und an die betroffene Person (Art. 34).

24.313 Die Verarbeitung personenbezogener Daten unterliegt wie schon zuvor im deutschen Datenschutzrecht dem *Grundsatz des Verbots mit Erlaubnisvorbehalt*. Für die Schule kommen vor allem zwei Erlaubnistatbestände in Betracht: zum einen, dass die betroffene Person in die Verarbeitung ihrer personenbezogenen Daten einwilligt (Art. 6 Abs. 1 Buchst. a), zum anderen, dass die Verarbeitung für die Wahrnehmung einer Aufgabe, die im öffentlichen Interesse liegt, erforderlich ist oder in Ausübung öffentlicher Gewalt, die dem Verantwortlichen übertragen wurde, erfolgt (Art. 6 Abs. 1 Buchst. e). Privatschulen sind bei der Datenverarbeitung auf die Einwilligung der betroffenen Schülerinnen, Schüler und Eltern angewiesen. Öffentliche Schulen, um die es im Folgenden

---

61 Nur vereinzelt sind besondere Formen der Verarbeitung, z.B. das Recht auf Löschung (Art. 17) oder die Übermittlung personenbezogener Daten an Drittländer und an internationale Organisationen (Art. 44 ff.), Gegenstand der Regelungen.

vor allem geht, werden die Verarbeitung vorzugsweise auf den Erlaubnistatbestand des Art. 6 Abs. 1 Buchst. e stützen. Bei dieser Form der Verarbeitung wird die Rechtsgrundlage außer durch Unionsrecht durch das Recht des jeweiligen Mitgliedstaats festgelegt; die Rechtsgrundlage kann spezifische Bestimmungen zur Anpassung der Anwendung der Vorschriften der DSGVO vorsehen (Art. 6 Abs. 2 und 3).

Demgemäß enthalten die Landesdatenschutzgesetze üblicherweise eine Klausel, wonach die Verarbeitung personenbezogener Daten unbeschadet sonstiger Vorschriften zulässig ist, wenn sie zur Erfüllung der in der Zuständigkeit der öffentlichen Stelle liegenden Aufgabe oder in Ausübung öffentlicher Gewalt, die der öffentlichen Stelle übertragen wurde, erforderlich ist; sie regeln sodann im Einzelnen die Voraussetzungen der Zulässigkeit besonderer Verarbeitungsformen (zum Beispiel Datenverarbeitung zu anderen Zwecken, Datenübermittlung).[62]

Art. 9 untersagt die Verarbeitung personenbezogener Daten, aus denen die rassische und ethnische Herkunft, politische Meinungen sowie religiöse oder weltanschauliche Überzeugungen hervorgehen, und die Verarbeitung anderer *sensibler Daten* (z.B. Gesundheitsdaten, Daten zur sexuellen Orientierung) (Abs. 1), lässt aber zugleich durch Öffnungsklauseln gesetzliche Ausnahmen zu (Abs. 2). Danach gilt das Verarbeitungsverbot u.a. dann nicht, wenn die Verarbeitung aus Gründen eines erheblichen öffentlichen Interesses notwendig ist, in angemessenem Verhältnis zum angestrebten Ziel steht, den Wesensgehalt des Rechts auf Datenschutz wahrt, und spezifische Maßnahmen zum Schutz der Grundrechte und Interessen der betroffenen Person vorsieht (Buchst. g).

Während zum Beispiel Hessen die Voraussetzungen, unter denen die Verarbeitung sensibler Daten im Sinne des Art. 9 Abs. 1 DSGVO ausnahmsweise erlaubt ist, und die dabei zu beachtenden Sicherheitsvorkehrungen bis ins Einzelne festlegt[63], Bayern und Nordrhein-Westfalen zwar strenge Bedingungen für die Verarbeitung solcher Daten stellen, ohne dabei aber ins Detail zu gehen[64], hält beispielsweise Baden-Württemberg die Verarbeitung sensibler personenbezogener Daten generell dann für zulässig, wenn sie aus Gründen eines erheblichen öffentlichen Interesses oder zur Abwehr einer erheblichen Gefahr für die öffentliche Sicherheit erforderlich ist und die Interessen der öffentlichen Stelle an der Datenverarbeitung die Interessen der betroffenen Person überwiegen.[65] Für wissenschaftliche oder statistische Zwecke ist die Verarbeitung sensibler Daten im Sinne des Art. 9 Abs. 1 DSGVO in allen Ländern zulässig (vgl. TZ 24.317).

24.314 Schulen unterliegen gemäß Art. 12 ff. umfangreichen *Informations- und Auskunftspflichten*. Sie müssen alle Informationen, die sich auf die Datenverarbeitung beziehen, „in präziser, transparenter, verständlicher und leicht zugänglicher Form in einer klaren und einfachen Sprache“ den betroffenen Personen übermitteln; dies gilt insbesondere für Informationen, die sich speziell an Kinder richten (Art. 12 Abs. 1). Überdies hat die Schule verschiedene Rechte der betroffenen Schülerinnen, Schüler und Eltern zu erfüllen:
- das Recht auf *Auskunft* über die von ihr verarbeiteten personenbezogenen Daten (Art. 15);
- das Recht auf *Berichtigung* unrichtiger Daten (Art. 16);
- das *Recht* auf *Löschung* von Daten, die beispielsweise unrechtmäßig verarbeitet wurden (Art. 17);

62 S. etwa §§5 ff. bw LDSG, Art. 4 ff. BayDSG, §§ 3 ff. SächsDSDG.
63 § 20 HDSIG.
64 Art. 8 BayDSG, §§ 15 f. DSG NRW.
65 § 17 Abs. 2 bw LDSG.

- das *Recht* auf *Einschränkung der Verarbeitung* von Daten, u.a. dann, wenn die Schule die Informationen für die Zwecke der Verarbeitung nicht mehr benötigt, der Betroffene aber zur Geltendmachung von Rechtsansprüchen auf sie angewiesen ist (Art. 18);
- das *Recht* auf *Datenübertragbarkeit*, also der Anspruch des Betroffenen, die Daten, die er der Schule bereitgestellt hat, in maschinenlesbarem Format zu erhalten und sie einem anderen Verantwortlichen zu übermitteln (Art. 20);
- das Recht des Betroffenen, aus Gründen, die sich aus seiner besonderen Situation ergeben, gegen die Verarbeitung seiner aufgrund von Art. 6 Abs. 1 Buchst. e erhobenen Daten *Widerspruch* einzulegen (Art. 21).

Da die meisten Schulen heutzutage eine *Homepage* haben, müssen sie den Personen, die die Website nutzen, zum Zeitpunkt der Erhebung u.a. Folgendes mitteilen:
- Namen und Kontaktdaten der Schule und des Datenschutzbeauftragten (vgl. TZ 24.315),
- Verarbeitungszwecke und Rechtsgrundlage für die Verarbeitung,
- Empfänger der personenbezogenen Daten,
- Speicherdauer.

Zu den Informationspflichten der Schule gegenüber den Nutzern ihrer Homepage im Einzelnen s. Art. 13.

24.315 Bislang war es den Schulen in der Regel freigestellt, einen Datenschutzbeauftragten zu berufen (TZ 24.235); nunmehr sind sie *verpflichtet, einen behördlichen Datenschutzbeauftragten zu benennen* (Art. 37 ff.). Es soll sich dabei um eine auf dem Gebiet des Datenschutzrechts und der Datenschutzpraxis ausgewiesene Person handeln. Für mehrere Schulen kann ein gemeinsamer Datenschutzbeauftragter benannt werden. Der Datenschutzbeauftragte muss die Schule, also insbesondere die Schulleiterin bzw. den Schulleiter, aber auch die anderen für die Datenverarbeitung zuständigen Personen (vor allem Schulsekretärin, Klassenlehrerinnen und Klassenlehrer) hinsichtlich ihrer datenschutzrechtlichen Pflichten unterrichten und beraten sowie die Einhaltung der Datenschutzvorschriften überwachen.

Den Maßgaben der DSGVO zur Benennung und Rechtsstellung des behördlichen Datenschutzbeauftragten tragen die Landesdatenschutzgesetze durch ergänzende Regelungen Rechnung.[66]

24.316 Wenn eine Form der Verarbeitung voraussichtlich ein hohes Risiko für die Rechte und Freiheiten natürlicher Personen zur Folge hat, muss der Schulleiter vorab die Folgen der vorgesehenen Verarbeitungsvorgänge für den Schutz personenbezogener Daten abschätzen („*Datenschutz-Folgenabschätzung*“, Art. 35). Er soll bei der Durchführung einer solchen Maßnahme den Rat des Datenschutzbeauftragten einholen.

24.317 Werden in der Schule *Forschungsprojekte* durchgeführt oder *statistische Daten* erhoben, so ist Art. 89 zu beachten. Nach dieser Vorschrift müssen bei der Verarbeitung zu wissenschaftlichen und zu statistischen Zwecken geeignete Garantien für die Rechte und Freiheiten der betroffenen Personen gewährleistet sein, dazu gehören insbesondere technische und organisatorische Maßnahmen und die Achtung des Grundsatzes der Datenminimierung; außerdem sind die erforderlichen Daten, wenn möglich, zu pseudonymisieren[67] (Abs. 1). Doch können vorbehaltlich dieser Garantien im Recht der Mitgliedstaaten insoweit Ausnahmen von den Rechten der betroffenen Personen nach den Art. 15 (Auskunfts-

66 Z.B. Art. 12 BayDSG, §§ 8 HDSIG, § 58 NDSG, § 31 DSG NRW, § 14a DSG LSA.

67 Pseudonymisierung ist nach Art. 4 Nr. 7 die Verarbeitung personenbezogener Daten in einer Weise, dass die Daten ohne Hinzuziehung zusätzlicher Informationen nicht mehr einer spezifischen Person zugeordnet werden können, sofern diese zusätzlichen Informationen gesondert aufbewahrt werden und technischen und organisatorischen Maßnahmen unterliegen, die gewährleisten, dass die Daten nicht einer identifizierten oder identifizierbaren Person zugewiesen werden.

recht), 16 (Recht auf Berichtigung), 18 (Recht auf Einschränkung der Verarbeitung) und 21 (Widerspruchsrecht) vorgesehen werden, als andernfalls die Wahrnehmung dieser Rechte voraussichtlich die Verwirklichung der mit der Datenverarbeitung angestrebten Zwecke unmöglich macht oder ernsthaft behindert (Abs. 2). Darüber hinaus gibt die Öffnungsklausel des Art. 85 Abs. 2 den Mitgliedstaaten die Möglichkeit, Vorschriften zu erlassen, die eine Datenverarbeitung zu wissenschaftlichen Zwecken von der Beachtung nahezu aller Vorschriften der DSGVO freistellt.[68]

Von diesen Öffnungsklauseln haben sowohl die Landesdatenschutzgesetze als auch das Bundesdatenschutzgesetz in angemessener Weise Gebrauch gemacht.[69] Allerdings ist jeweils vorgeschrieben, dass die personenbezogenen Daten zu *anonymisieren* sind, sobald dies nach dem Forschungs- oder Statistikzweck möglich ist.[70]

24.318 Jeder Mitgliedstaat muss dafür Sorge tragen, dass eine oder mehrere *unabhängige Aufsichtsbehörden* für die Überwachung der Anwendung der DSGVO zuständig sind, damit die Grundrechte und Grundfreiheiten natürlicher Personen bei der Verarbeitung geschützt werden und der freie Verkehr personenbezogener Daten in der EU erleichtert wird (Art. 51 ff.).

Die Aufgaben der unabhängigen Aufsichtsbehörde nehmen in den Ländern die *Landesbeauftragten für Datenschutz* (und Informationsfreiheit) wahr; im Bund ist es die bzw. der Bundesbeauftragte für den Datenschutz und die Informationsfreiheit.[71]

24.319 Erleidet eine Person wegen eines Verstoßes gegen die DSGVO einen materiellen oder immateriellen Schaden, kann sie *Schadensersatz* verlangen (Art. 82). Art. 83 sieht außerdem bei Verstößen gegen bestimmte Vorschriften der DSGVO teilweise empfindliche Geldbußen vor, überlässt es aber in Art. 83 Abs. 7 den Mitgliedstaaten, Regelungen zu treffen, ob und in welchem Umfang gegen Behörden und öffentliche Stellen Geldbußen verhängt werden können.

Die Landesdatenschutzgesetze haben von dieser Öffnungsklausel Gebrauch gemacht, indem sie bestimmen, dass gegen öffentliche Stellen, also auch gegen Schulen, keine Geldbußen festgesetzt werden dürfen.[72] Verstoßen aber Mitarbeiterinnen und Mitarbeiter der

---

68 Der Kommissionsvorschlag sah ursprünglich im Vergleich zu den nun geltenden Fassungen der Art. 89 und 85 deutlich strengere Regelungen vor; die Änderungsvorschläge des Europäischen Parlaments hätten sogar noch zu weiteren Restriktionen geführt. Vorgesehen waren u.a. eine grundsätzliche Pflicht zur Anonymisierung der Daten und das Erfordernis einer Einwilligung des Betroffenen vor der Veröffentlichung personenbezogener Daten. Diese Regelungen wurden von zahlreichen Vertretern der Wissenschaft scharf kritisiert; ihre Forderungen haben allesamt in die endgültige Fassung der DSGVO Eingang gefunden. Dazu Stephan *Pötters*, in: Peter Gola (Hrsg.), Datenschutz-Grundverordnung: DSGVO. 2. Aufl., München 2018, Art. 89 Rn. 1.

69 Z.B. § 13 bw LDSG, Art. 25 BayDSG, § 24 HDSIG, § 17 DSG NRW, § 27 DSG LSA; § 27 BDSG.

70 Dass die Datenschutzgesetze *Anonymisierung* der personenbezogenen Daten verlangen, heißt nicht, dass strengere Anforderungen an die Datenverarbeitung gestellt würden, als das bei der Pseudonymisierung der Fall ist. Der Begriff Anonymisierung wird weder in der DSGVO noch in den neuen Datenschutzgesetzen des Bundes und der Länder definiert. § 3 Abs. 6 BDSG a.F. definierte Anonymisieren als das Verändern personenbezogener Daten derart, dass die Einzelangaben über persönliche oder sachliche Verhältnisse nicht mehr oder nur mit einem unverhältnismäßig großen Aufwand an Zeit, Kosten und Arbeitskraft einer bestimmten oder bestimmbaren natürlichen Person zugeordnet werden können. Demnach besteht zwischen Anonymisierung und Pseudonymisierung kein substantieller Unterschied.

71 Z.B. §§ 20 ff. bw LDSG, § 8 HDSIG, § 57 NDSG, §§ 25 ff. DSG NRW, §§ 14 ff. SächsDSDG. §§ 20 ff. DSG LSA; §§ 8 ff. BDSG.

72 Z.B. § 28 bw LDSG, § 36 Ans. 2 HDSIG, § 30 Abs. 4 DSG NRW. Auch § 43 Abs. 3 BDSG nimmt Behörden und öffentliche Stellen des Bundes von der Verhängung von Geldbußen gänzlich aus. Da dem deutschen Ordnungswidrigkeiten Recht die Verhängung von Geldbußen gegen Behörden und öffentliche Stellen ohnehin fremd ist, dienen diese Regelungen angesichts der durch Art. 83 Abs. 7 DSGVO eröffneten Sanktionsmöglichkeit auch im öffentlichen Bereich allein der Klarstellung, dass es bei dem bisherigen Rechtszustand bleibt.

Schule gegen Rechtsvorschriften über den Schutz personenbezogener Daten, kommen nach den näheren Bestimmungen der Landesdatenschutzgesetze und des Bundesdatenschutzgesetzes wie bisher Geldbußen oder Strafen in Betracht.[73]

24.32 Zum Verhältnis zwischen Unionsrecht und innerstaatlichem Recht

24.321 Die Ausführungen im Abschnitt TZ 24.31 dürften deutlich gemacht haben, dass das schulrelevante Datenschutzrecht auf zwei Säulen ruht: der Datenschutz-Grundverordnung der Europäischen Union einerseits und dem Datenschutzrecht der Bundesländer andererseits.[74] Die von den Ländern verabschiedeten neuen Datenschutzgesetze beruhen auf den Öffnungsklauseln der DSGVO; teils ergänzen und konkretisieren sie die Vorschriften der Verordnung, teils enthalten sie Modifikationen. Das heißt aber zugleich, dass die Kenntnis der DSGVO allein in vielen Fällen zur Klärung datenschutzrechtlicher Probleme nicht ausreicht. Deshalb ist man in der Regel gut beraten, zusätzlich auch die Vorschriften des jeweiligen Landesdatenschutzgesetzes heranzuziehen.

24.322 Es kommt hinzu, dass das schulrelevante Datenschutzrecht nicht nur aus der DSGVO und dem Landesdatenschutzgesetz besteht. Vielmehr finden sich in allen Ländern seit jeher zahlreiche *bereichsspezifische Regelungen*, die zumeist im Schulgesetz und in Rechtsverordnungen enthalten sind (vgl. TZ 24.221 und 24.23).[75] Das führt zu der Frage, ob diese Vorschriften unter der Geltung der DSGVO noch Bestand haben.

Während die Datenschutzgesetze auf den Öffnungsklauseln der DSGVO beruhen und daher dem Unionsrecht entsprechen dürften, sind die bisherigen schulspezifischen (bereichsspezifischen) Regelungen noch nicht förmlich mit der Verordnung in Einklang gebracht worden. Jedenfalls können sie wegen des *Anwendungsvorrangs des Unionsrechts* gegenüber dem innerstaatlichen Recht fortan nur insoweit Geltung beanspruchen, als sie der DSGVO nicht widersprechen. Angesichts der bislang schon hohen Standards im schulischen Datenschutz (vgl. TZ 24.2) können die Schulen aber davon ausgehen, dass diese Bestimmungen im Großen und Ganzen mit den Anforderungen der Verordnung vereinbar sind. Um Rechtsunsicherheit zu vermeiden, müssen die Länder gleichwohl auch dieses schulbezogene Datenschutzrecht alsbald der Datenschutz-Grundverordnung anpassen.[76]

24.33 Resümee

Schulen und Schulverwaltung befinden sich, was den Datenschutz betrifft, in einer Übergangssituation: Neues Recht gilt, altes wirkt nach. So bleiben einstweilen offene Fragen. Bis zu deren Klärung durch Rechtsprechung und Literatur werden einige Jahre vergehen.

---

73 Z.B. §§ 36 Abs. 1, 37 HDSIG, §§ 30, 31 DSG NRW; s. auch §§ 42, 43 BDSG.

74 Soweit es sich um öffentliche Schulen handelt.

75 In Hessen z.B. §§ 83 ff. HSchG und die Verordnung über die Verarbeitung personenbezogener Daten in Schulen und statistische Erhebungen an Schulen.

76 Zur Anpassung des innerstaatlichen Rechts an das Unionsrecht s. Jürgen *Kühling*/Mario *Martini* u.a., Die Datenschutz-Grundverordnung und das nationale Recht. Erste Überlegungen zum innerstaatlichen Regelungsbedarf, Münster 2016, S. 3 f. – Die Länder waren verpflichtet, die zweijährige Frist zwischen dem Inkrafttreten und der Geltung der DSGVO zur Anpassung des Datenschutzrechts zu nutzen. Dieser Verpflichtung sind sie bislang hinsichtlich der Anpassung der Datenschutzgesetze, nicht aber bezüglich der Anpassung des schulbezogenen Datenschutzrechts nachgekommen.

Dessen ungeachtet sind die *Schulen* in dieser Übergangszeit verpflichtet, sich an die schulrelevanten Vorschriften der Datenschutz-Grundverordnung zu halten. Sie müssen insbesondere einen *Datenschutzbeauftragten* benennen oder sich mit anderen Schulen auf die Benennung eines gemeinsamen Datenschutzbeauftragten verständigen, die für ihre Schule maßgeblichen *datenschutzrechtlichen Grundsätze* reflektieren und schriftlich festhalten, die ihnen durch die Verordnung aufgegebenen *Nachweis- und Dokumentationspflichten* sorgfältig erfüllen, Sicherheitsvorkehrungen durch *geeignete technische und organisatorische Maßnahmen* treffen und ein Verzeichnis von Verarbeitungstätigkeiten führen. Die DSGVO verlangt ferner von ihnen, die *Informations- und Auskunftspflichten* gegenüber Schülerinnen, Schülern und Eltern ernst zu nehmen und die verschiedenen *Rechte der Betroffenen* zu wahren. Sofern sie ihr Verhalten im Übrigen an den bisherigen bereichsspezifischen Datenschutzvorschriften ausrichten, mit denen sie seit Jahren vertraut sind, dürften sie auf einigermaßen sicherem datenschutzrechtlichen Grund stehen.

Aufgabe der *Schulaufsicht* und der Behörde des *Landesdatenschutzbeauftragten* ist es, die Schulen bei der Umstellung auf die neue Datenschutz-Grundverordnung zu beraten und zu unterstützen.

Die *rechtsetzenden Instanzen der Länder* müssen die bereichsspezifischen Regelungen zum Datenschutz in der Schule auf ihre Übereinstimmung mit der DSGVO überprüfen und sie ggf. der Verordnung anpassen.

25. Kapitel: Schulgesundheitspflege, Unfallverhütung, Haftung

Dass die Schule ihre Schülerinnen und Schüler zu verantwortungsvollem Umgang mit ihrer Gesundheit und der Gesundheit der Mitmenschen befähigen soll, war bereits Gegenstand vorangehender Kapitel (vgl. TZ 19.43, 21.143 bis 21.145). In diesem Kapitel geht es demgegenüber um die Schulgesundheitspflege, also um die Verhütung und Bekämpfung von Infektionskrankheiten (TZ 25.11) sowie um Maßnahmen des schulärztlichen Dienstes (TZ 25.12). Die Schule hat darüber hinaus Vorkehrungen zur Vermeidung von Körper- und Sachschäden zu treffen; hierzu rechnet vor allem die Unfallverhütung (TZ 25.2). Tritt gleichwohl ein Schaden ein, können für Schüler wie für Eltern Haftungsprobleme unterschiedlicher Art auftreten: Als Geschädigte fordern Schüler Schadensausgleich (TZ 25.3); als Schädiger müssen sie damit rechnen, auf Schadensersatz in Anspruch genommen zu werden (TZ 25.4). Auch Eltern können als Geschädigte entsprechende Rechte geltend machen (TZ 25.5), können aber auch in Haftung für einen von ihnen zu verantwortenden Schaden genommen werden (TZ 25.6). Ausgleichsansprüche und Haftung der Lehrkräfte werden im Dritten Teil dieses Buches erörtert (TZ 31.126/7, 31.223, 29.31).

25.1 Schulgesundheitspflege: Schutz der Gesundheit der Schülerinnen und Schüler

Im Rahmen des Gesundheitsschutzes soll in Zusammenarbeit mit Schule und Erziehungsberechtigten die gesundheitliche Entwicklung der Schülerinnen und Schüler durch Vorsorge gefördert werden[1]; gesundheitliche Störungen sollen frühzeitig erkannt und Maßnahmen zu ihrer Behebung eingeleitet werden. Auch den Fragen der allgemeinen Schulhygiene muss sich die Schule stellen.[2]

25.11 Verhütung und Bekämpfung von Infektionskrankheiten

Die notwendigen gesundheitlichen Vorbeugungs- und Schutzmaßnahmen zur Verhinderung der Verbreitung von Infektionskrankheiten[3] sind im Infektionsschutzgesetz (IfSG)[4],

---

1 Vgl. Dieter *Pfau*, Schulgesundheitsberatung, RdJB 1999, 111; zu den Grenzen individueller medizinischer Hilfeleistungen durch Lehrkräfte s. auch Thomas *Böhm*, Die medizinische Versorgung, SchuR 2010, 52.

2 Vgl. etwa Art. 15 Abs. 5 Satz 2 Bay Gesundheitsdienst- und VerbraucherschutzG vom 28.10.2015 (GVBl. S. 382), § 17 Abs. 1 Satz 1 BremSchVwG, § 149 Satz 3 HSchG, § 54 Abs. 1 Satz 1 nrw SchulG, § 26a Abs. 1 Satz 1 sächs SchulG. Zu den arbeitsschutzrechtlichen Aspekten s. Wolfgang *Kothe*, Arbeits- und Gesundheitsschutz in der Schule, RdJB 2008, 198 (206 f.); den Aspekt der Hygiene in der Schule im Zusammenhang mit der Haltung von Tieren behandelt Konstantin *Klingenberg*, Lebende Tiere in der Schule – Rechtliche Rahmenbedingungen bei Einsatz und Haltung, SchuR 2010, 74 (75).

3 § 34 Abs. 1 Satz 1 IfSG und § 34 Abs. 3 Satz 1 IfSG benennen die folgenden Infektionskrankheiten: Cholera, Diphtherie, Enteritis durch enterohämorrhagische E. coli (EHEC), virusbedingtes hämorrhagisches Fieber, Haemophilus influenza Typ b-Meningitis, Impetigo contagiosa (ansteckende Borkenflechte), Keuchhusten, ansteckungsfähige Lungentuberkulose, Masern, Meningokokken-Infektion, Mumps, Paratyphus, Pest, Poliomyelitis, Scabies (Krätze), Scharlach oder sonstige Streptococcus pyogenes-Infektionen, Shigellose, Typhus abdominalis, Virushepatitis A oder E und Windpocken.

4 Das IfSG vom 20.7.2000 (BGBl. I S. 1045), zul.g.d.G. vom 18.7.2016 (BGBl. I S. 1666), ist 2001 an die Stelle des früheren Bundesseuchengesetzes getreten.

in schulgesetzlichen Vorschriften[5] und den sie ergänzenden Rechtsverordnungen[6], in landesrechtlichen Bestimmungen über den öffentlichen Gesundheitsdienst[7] sowie in ministeriellen Verwaltungsvorschriften[8] näher geregelt.

25.111 Wichtigste Rechtsgrundlage für die *allgemeine Schulhygiene* ist das *Infektionsschutzgesetz.* Es soll die Eigenverantwortung der Träger und Leiter von Gemeinschaftseinrichtungen, zu denen auch Schulen zählen[9], sowie des Einzelnen bei der Verhinderung von übertragbaren Krankheiten stärken (§ 1 Abs. 2 Satz 2 IfSG). Information und Aufklärung der Allgemeinheit über die Gefahren übertragbarer Krankheiten und die Möglichkeiten zu deren Verhütung sind eine öffentliche Aufgabe (§ 2 IfSG); Ziel ist der Schutz der Bevölkerung durch ein effektives Überwachungssystem für Infektionskrankheiten, das Risikosignale schnell erkennt. Das IfSG regelt daher, welche Krankheiten und welche Nachweise von Krankheitserregern meldepflichtig sind.[10] Zudem legt es fest, welche Angaben von Meldepflichtigen gemacht werden müssen und welche dieser Angaben an welche Behörden übermittelt werden dürfen.[11] Schließlich ermächtigt das Gesetz die zuständige Behörde, die erforderlichen Maßnahmen zur Verhütung und Bekämpfung übertragbarer Krankheiten zu treffen: von der Beobachtung und Ermittlung bis hin zur Ergreifung spezifischer Schutzmaßnahmen (Quarantäne, berufliche Tätigkeitsverbote).[12]

25.112 Das IfSG enthält besondere Vorschriften für *Schulen und andere Gemeinschaftseinrichtungen* (§§ 33 ff.). Das tägliche Beisammensein zahlreicher Menschen auf engem Raum – zumal von Kindern und Jugendlichen, die für Ansteckungen anfälliger sind als Erwachsene – macht spezielle *gesundheitliche Vorbeugungs- und Schutzmaßnahmen in der Schule erforderlich*; enge Kontakte begünstigen die Übertragung von Krankheitserregern und können gerade bei Risikogruppen wie Kindern schwere Krankheitsverläufe verursachen. Die Verbreitung ansteckender Infektionskrankheiten soll zunächst durch die Einhaltung von *Hygieneregeln* vermieden werden. Schulen müssen in *Hygieneplänen* Ver-

5 § 91 bw SchG; Art. 80 BayEUG; § 52 bln SchulG; § 45 BbgSchulG; § 36 Abs. 4 und 5 BremSchulG, § 17 BremSchVwG; § 34 HmbSG; §§ 71, 149 HSchG; § 58 SchulG M-V; § 56 NSchG; § 54 nrw SchulG; § 64 Abs. 2 und 3 rp SchulG; § 20 saarl SchoG; § 26a sächs SchulG; § 38 SchulG LSA; § 27 sh SchulG; §§ 47, 55 ThürSchulG.

6 Z.B. Baden-Württemberg: SchuluntersuchungsVO vom 8.12.2011 (GBl. S. 559); Hessen: VO über die Zulassung und die Ausgestaltung von Untersuchungen und Maßnahmen der Schulgesundheitspflege vom 19.6.2015 (GVBl. S. 270); Sachsen: SchulgesundheitspflegeVO vom 10.1.2005 (GVBl. S. 15), zul.g.d.VO vom 14.8.2013 (GVBl. S. 737).

7 Z.B. Baden-Württemberg: §§ 8 f. GesundheitsdienstG vom 17.12.2015 (GBl. S. 121); Hamburg: § 7 GesundheitsdienstG vom 18.6.2001 (GVBl. S. 201), zul.g.d.G. vom 21.2.2017 (GVBl. S. 46); Hessen: §§ 9 ff. GesundheitsdienstG vom 28.9.2007 (GVBl. I S. 659), zul.g.d.G. vom 15.10.2014 (GVBl. I S. 241); Nordrhein-Westfalen: §§ 12 f. GesundheitsdienstG vom 25.11.1997 (GV. S. 430), zul.g.d.G. vom 30.4.2013 (GV. S. 202); Sachsen: §§ 8 ff. GesundheitsdienstG vom 11.12.1991 (GVBl. S. 413), zul.g.d.G. vom 25.2.2016 (GVBl. S. 96); Schleswig-Holstein: § 7 GesundheitsdienstG vom 13.7.2011 (GVOBl. S. 218), zul.g.d.G. vom 16.3. 2015 (GVOBl. S. 96).

8 Z.B. Berlin: Rdschr. Nr. 43/2003 vom 17.4.2003 über Herstellung, Behandlung, Ausgabe und Verkauf von Lebensmitteln im Rahmen des Unterrichts und von schulischen Veranstaltungen, Unterweisung nach §§ 42, 43 IfSG; Hessen: Arbeitsschutz, Sicherheit und Gesundheitsschutz an Schulen, Erl. vom 15.10.2009 (ABl. S. 764).

9 Nach der Definition des § 33 IfSG sind Gemeinschaftseinrichtungen Einrichtungen, in denen überwiegend Säuglinge, Kinder oder Jugendliche betreut werden, insbesondere Kinderkrippen, Kindergärten, Kindertagesstätten, Kinderhorte, Schulen oder sonstige Ausbildungseinrichtungen, Heime, Ferienlager und ähnliche Einrichtungen.

10 §§ 6 und 7 IfSG.

11 §§ 8 und 9 IfSG.

12 Vgl. hierzu die §§ 16 ff. (Verhütung übertragbarer Krankheiten) und §§ 24 ff. (Bekämpfung übertragbarer Krankheiten) IfSG.

fahrensweisen zur Infektionshygiene festlegen (§ 36 Abs. 1 Satz 1 IfSG).[13] Sie sollen schulspezifische Regelungen über Lufthygiene, Schulreinigung und Abfallentsorgung sowie besondere Bestimmungen über die Hygiene im Sanitärbereich, in den Turnhallen, bei der Essensabgabe sowie in Lehr- und anderen Küchen enthalten.[14] Der *Schulleiter* ist dafür verantwortlich, dass die Verhältnisse in den Schulräumen, insbesondere in den *Wasch- und Toilettenanlagen*, den Erfordernissen einer zeitgemäßen *Hygiene* entsprechen; er hat darauf zu achten, dass das Schulgebäude sauber ist und dass Abfall- und Schadstoffe ordnungsgemäß gelagert und beseitigt werden. Gegebenenfalls muss er beim Schulträger auf die Behebung von Mängeln dringen und das Gesundheitsamt sowie die Schulaufsichtsbehörde verständigen.

25.113 Die Schulen unterliegen der infektionshygienischen Überwachung durch das *Gesundheitsamt* (§ 36 Abs. 1 Nr. 1 IfSG). Es kontrolliert den hygienischen Zustand von Schulgebäuden und Einrichtungsgegenständen. Werden Mängel festgestellt, wirkt es darauf hin, dass die erforderlichen Maßnahmen eingeleitet werden; in dringenden Fällen kann es vorläufige Anordnungen zur Abwehr von Gefahren für Leben oder Gesundheit treffen. Außerdem sorgt das Gesundheitsamt für eine gesundheitsgerechte Gestaltung der Lebens- und Umweltbedingungen; es hat auf Gesundheitsgefährdungen, beispielsweise durch Asbest oder Schimmelbefall[15], hinzuweisen und zu veranlassen, dass diese Gefahren durch Sanierung des Gebäudes beseitigt werden.

25.114 Lehrkräfte und Schüler, die an übertragbaren Krankheiten i.S. des § 34 IfSG erkrankt oder dessen verdächtig sind, müssen der Schule hiervon *unverzüglich Mitteilung* machen (§ 34 Abs. 5 Satz 1 IfSG). Die Schulleitung hat alle Schülerinnen und Schüler bzw. deren Eltern über diese Pflichten zu *belehren* (§ 34 Abs. 5 Satz 2 IfSG).[16]

Um Ansteckungen mit Infektionskrankheiten zu verhindern, dürfen daran erkrankte Lehrkräfte – ebenso wie solche, die dessen verdächtig sind oder in deren Wohngemeinschaft nach ärztlichem Urteil eine Erkrankung oder ein Verdacht auf solche Krankheiten besteht – keine Lehr-, Erziehungs-, Pflege-, Aufsichts- oder sonstige Tätigkeiten ausüben, bei denen sie Kontakt mit Schülern haben, bis nach ärztlichem Urteil eine Weiterverbreitung der Krankheit nicht mehr zu befürchten ist (§ 34 Abs. 1 Satz 1 IfSG).

Schülerinnen und Schüler mit Infektionserkrankungen dürfen Einrichtungen der Schule weder betreten noch benutzen und auch nicht an schulischen Veranstaltungen teilnehmen (§§ 28 Abs. 134 Abs. 1 Satz 2 IfSG). Schüler oder Lehrkräfte, die, ohne selbst krank oder krankheitsverdächtig zu sein, gleichwohl Krankheitserreger ausscheiden, dürfen sich nur mit Zustimmung des Gesundheitsamts und unter Beachtung der vorgeschriebenen Schutzmaßnahmen in der Schule aufhalten; das gilt auch für gesunde Personen, in deren Wohngemeinschaft eine übertragbare Krankheit oder ein Krankheitsverdacht aufgetreten

---

13 Vgl. dazu Manfred *Schreiner*, Hygieneplan für Schulen, SchuR 2010, 2. Ein vom Stadtgesundheitsamt Frankfurt am Main erarbeitetes Muster für Hygienepläne an Schulen kann auf der Homepage der Stadt abgerufen werden.

14 Ein Leitfaden für die Innenraumhygiene in Schulgebäuden ist von der Innenraumlufthygiene-Kommission des Umweltbundesamtes erarbeitet worden und auf der Homepage des Umweltbundesamtes abrufbar.

15 *Kothe* (Fn. 2), S. 207.

16 Das Hessische Ministerium für Soziales und Integration hat einen IfSG-Leitfaden (gegenwärtig Ausgabe 2013) für Kinderbetreuungsstätten und Schulen in Hessen herausgegeben, der auf der Internetseite des Ministeriums abrufbar ist. In diesem Leitfaden findet sich ein Muster über einen entsprechenden „Elternbrief“, der sich auf die Mitteilungspflichten gegenüber Eltern und sonstigen Sorgeberechtigten gemäß § 34 Abs. 5 Satz 2 IfSG bezieht.

ist (§ 34 Abs. 2 IfSG). Das Gesundheitsamt kann gemäß § 28 Abs. 1 Satz 1 IfSG die notwendigen Schutzmaßnahmen treffen.[17]

Wenn in einer Schule Tatsachen bekannt werden, die Erkrankungen von Schülern oder Lehrkräften an übertragbaren Krankheiten im Sinne des Infektionsschutzgesetzes annehmen lassen, hat die Schulleitung das zuständige Gesundheitsamt unverzüglich zu benachrichtigen und krankheits- und personenbezogene Angaben zu machen (§ 34 Abs. 6 IfSG).[18] Die Schule selbst kann die notwendigen Schutzmaßnahmen anordnen, wenn Personen Krankheitserreger derart in oder an sich tragen, dass im Einzelfall die Gefahr einer Weiterverbreitung besteht (§ 34 Abs. 9 IfSG). Um gesunde Schülerinnen und Schüler vor einer übertragbaren Krankheit zu bewahren, können die Gesundheitsämter Schulen verpflichten, *das Auftreten von Erkrankungen in der Schule* ohne Hinweis auf die erkrankte Person *bekanntzugeben* (§ 34 Abs. 8 IfSG).

25.115 Ein *Impfzwang* für *Schülerinnen und Schüler besteht nicht.*[19] Doch *sollen* Gesundheitsämter und Schulen gemeinsam die Schüler und deren Eltern über die Bedeutung eines vollständigen, altersgemäßen, nach den Empfehlungen der Ständigen Impfkommission ausreichenden *Impfschutzes* und über die Prävention übertragbarer Krankheiten *aufklären* (§ 34 Abs. 10 IfSG). Bei Erstaufnahme in die erste Klasse einer allgemeinbildenden Schule hat das Gesundheitsamt oder der von ihm beauftragte Arzt den *Impfstatus zu erheben* und die hierbei gewonnenen anonymisierten Daten an die zuständigen Stellen zu übermitteln (§ 34 Abs. 11 IfSG). Die Gesundheitsministerien der Länder können bestimmen, dass die Gesundheitsämter unentgeltlich Schutzimpfungen oder andere Vorbeugungsmaßnahmen gegen übertragbare Krankheiten durchführen (§ 20 Abs. 5 IfSG).[20] Die Teilnahme an solchen Impfungen ist stets freiwillig; bei minderjährigen Schülern müssen die Eltern einwilligen.[21]

Auch für *Lehrerinnen und Lehrer besteht* kein *Impfzwang*. Jedoch sind sie vor erstmaliger Aufnahme ihrer Tätigkeit und im Weiteren mindestens im Abstand von zwei Jahren von ihrem Dienstherrn oder Arbeitgeber über die gesundheitlichen Anforderungen und Mitwirkungsverpflichtungen nach dem Infektionsschutzgesetz zu belehren.[22] Über die Belehrung ist ein Protokoll zu erstellen, das beim Dienstherrn oder Arbeitgeber für die Dauer von drei Jahren aufzubewahren ist (§ 35 IfSG).

---

17 Das Gesundheitsamt kann als notwendige Schutzmaßnahme i.S. von § 28 Abs. 1 Satz 1 IfSG auch gegenüber einem Schüler, der im Verdacht steht, sich bei Schülern einer benachbarten Schule mit Masern angesteckt zu haben, und dessen Eltern eine Schutzimpfung ablehnen, ein Schulbetretungsverbot anordnen, dies aber nur dann, wenn der Schüler Ansteckungsverdächtiger i.S. von § 2 Nr. 7 IfSG ist. Das ist zu verneinen, wenn das Gesundheitsamt nicht mit hinreichender Wahrscheinlichkeit davon ausgehen konnte, dass der Schüler Kontakt mit einer infizierten Person gehabt hat. So BVerwG, NJW 2012, 2823.

18 Ein entsprechendes Meldeformular lässt sich dem IfSG-Leitfaden (Fn. 16) entnehmen.

19 Die früher vorgeschriebene Pockenschutzimpfung ist zum 1.7.1983 abgeschafft worden (Gesetz über die Aufhebung des Gesetzes über die Pockenschutzimpfung vom 24.11.1982). Auch die Möglichkeit der Verpflichtung von Schülerinnen und Schüler zur Teilnahme an *Tuberkuloseuntersuchungen* ist mit dem aufgehobenen *Bundesseuchengesetz* (Fn. 4) entfallen.

20 Gemäß § 22 Abs. 1 IfSG hat der impfende Arzt jede Schutzimpfung unverzüglich in einem Impfausweis zu dokumentieren; der notwendige Inhalt der Eintragung wird im § 22 Abs. 2 IfSG näher bestimmt.

21 Die Einwilligung des Minderjährigen reicht nur dann aus, wenn er aufgrund seiner natürlichen Einsichtsfähigkeit die Bedeutung und Tragweite der Entscheidung zu beurteilen vermag (vgl. TZ 19.533).

22 Ein Merkblatt über diese Belehrung wie auch ein entsprechendes Formular für die Erklärung, gemäß § 35 IfSG über die gesundheitlichen Anforderungen und Mitwirkungspflichten nach dem IfSG aufgeklärt worden zu sein, lässt sich dem IfSG-Leitfaden (Fn. 16) entnehmen.

25.116 Einige Krankheitserreger können auch durch *Lebensmittel* übertragen werden oder sich in diesen besonders schnell vermehren und auf diese Weise Massenerkrankungen in der Schule auslösen. Die schulische Lebensmittelhygiene ist umso wichtiger, seit im Rahmen von Ganztagsangeboten eine gemeinschaftliche Mittagsverpflegung stattfindet (TZ 19.424).

Daher dürfen Personen, die an bestimmten Krankheiten erkrankt oder dessen verdächtig sind[23], nicht an Schulen tätig sein oder beschäftigt werden, wenn sie regelmäßig mit Lebensmitteln in Kontakt kommen, d.h. diese direkt (z.B. mit der Hand) oder indirekt (z.B. über Geschirr, Besteck) berühren oder Lebensmittel in den Schulküchen bearbeiten oder Essen ausgeben (§ 42 Abs. 1 IfSG). Zu diesem Personenkreis zählen alle, die regelmäßig in der Schule andere mit Essen oder Trinken versorgen, also in der Küche, Cafeteria, beim Pausenkiosk oder einer sonstigen Verpflegungsstation tätig sind; die Tätigkeitsverbote gelten auch für Ehrenamtliche, z. B. Eltern, die in einer Schulküche mitarbeiten oder Essen ausgeben.

Gewerbsmäßig dürfen Personen diese Tätigkeiten nur dann ausüben, wenn durch eine nicht mehr als drei Monate alte Bescheinigung nachgewiesen ist, dass sie über die Regelungen des Infektionsschutzgesetzes im Zusammenhang mit Lebensmitteln in mündlicher und schriftlicher Form belehrt worden sind und schriftlich erklärt haben, dass ihnen keine Tatsachen für ein Tätigkeitsverbot bekannt sind (§ 43 Abs. 1 IfSG). Treten bei Personen nach Aufnahme ihrer Tätigkeit Erkrankungen oder entsprechende Verdachtsmomente auf, sind sie verpflichtet, dies der Schulleitung unverzüglich mitzuteilen (§ 43 Abs. 2 IfSG). Werden der Schulleitung Anhaltspunkte oder Tatsachen bekannt, die ein Tätigkeitsverbot begründen, so hat sie unverzüglich die zur Verhinderung der Weiterverbreitung der Krankheitserreger erforderlichen Maßnahmen einzuleiten (§ 43 Abs. 3 IfSG). Der Schulleiter muss Personen, die mit Lebensmitteln in Berührung kommen, nach Aufnahme ihrer Tätigkeit und im Weiteren alle zwei Jahre über die gesetzlichen Tätigkeitsverbote und Mitteilungspflichten belehren. Die Teilnahme an der Belehrung ist zu dokumentieren (§ 43 Abs. 4 IfSG). Alle Bescheinigungen über diese Belehrungen sind in der Schule aufzubewahren und dort verfügbar zu halten, um sie dem Gesundheitsamt auf Verlangen vorlegen zu können (§ 43 Abs. 5 IfSG).

25.12 Schulärztlicher Dienst

25.121 In allen Ländern besteht ein *schulärztlicher Dienst*, dessen Aufgaben das Gesundheitsamt wahrnimmt; es bestellt für jede Schule eine Schulärztin oder einen Schularzt.[24] Der schulärztliche Dienst hat insbesondere folgende Aufgaben[25]:
- *Reihenuntersuchungen*[26], vor allem bei der Einschulung;
- *Beratung* von Schülerinnen und Schülern, Eltern und Lehrkräften in Fragen der Gesundheitsförderung und des Gesundheitsschutzes;

23 Vgl. die Aufzählung dieser Infektionskrankheiten in § 42 Abs. 1 Satz 1 Nr. 1 bis 3 IfSG.
24 In Nordrhein-Westfalen ist der Schularzt im Benehmen mit dem Schulträger zu bestellen (§ 54 Abs. 2 SchulG).
25 Vgl. etwa die Regelungen in § 8 bw GesundheitsdienstG, § 7 Abs. 4 und 5 hmb GesundheitsdienstG, § 10 f. hess GesundheitsdienstG.
26 Es handelt sich um eine verbindliche Schulveranstaltung (s. z.B. § 52 Abs. 1 Satz 2 2.Halbs. bln SchulG, § 45 Abs. 1 Satz 2 BbgSchulG), bei der der Schüler durch die Schülerunfallversicherung geschützt ist (TZ 25.312).

- *zahnärztliche Untersuchungen*[27];
- Durchführung von *Impfungen*;
- *Überwachen* der Einhaltung spezifischer Hygienebestimmungen in Schulen.

Das *Gesundheitsamt hat im Rahmen der* schulärztlichen Betreuung, zu der eine ärztliche Behandlung nicht gehört[28], darüber zu wachen, dass der schulärztliche Dienst einschließlich der Schulzahnpflege einwandfrei durchgeführt wird; Schulärzte – dazu rechnen auch frei praktizierende Ärzte, die das Gesundheitsamt auf vertraglicher Grundlage heranzieht – unterstehen seiner Aufsicht.[29]

25.122 *Schülerinnen und Schüler sind verpflichtet, sich den schulärztlichen Untersuchungen zu unterziehen.*[30] Das Grundrecht auf körperliche Unversehrtheit (Art. 2 Abs. 2 Satz 1 GG) wird insoweit eingeschränkt.[31] Bei der Durchführung der Untersuchungen ist stets das Übermaßverbot (vgl. TZ 16.131) zu beachten. Sie sind daher nur zulässig, soweit sie ein zum angestrebten schulischen Zweck geeignetes, erforderliches und verhältnismäßiges Mittel bilden.[32] Mit Rücksicht auf die Persönlichkeitsrechte der Schüler und die ärztliche Schweigepflicht dürfen Untersuchungen niemals in Anwesenheit Dritter, z.B. von Mitschülern, stattfinden. Ein Untersuchungsergebnis, das eine ärztliche Behandlung notwendig macht, ist den Eltern des minderjährigen Schülers oder dem volljährigen Schüler mitzuteilen. Die Schule ist nur insoweit zu informieren, als aus dem Untersuchungsbefund Folgerungen für Unterricht und Erziehung zu ziehen sind.[33]

25.2 Vorbeugung gegen Schäden, Unfallverhütung

25.21 Aufsichtspflicht der Schule

Aufgrund des staatlichen Erziehungsauftrags (Art. 7 Abs. 1 GG) sind Schule und Lehrkräfte verpflichtet, die ihnen anvertrauten Schülerinnen und Schüler vor Schaden zu bewahren, aber auch zu verhindern, dass andere Personen durch sie einen Schaden erleiden. Dazu TZ 19.41 und 29.22.

---

27 Z.B. Baden-Württemberg: VO zur Durchführung der Jugendzahnpflege vom 8.12.2011 (GBl. S. 559), Richtlinien zur Durchführung der Jugendzahnpflege vom 21.10.2003 (GABl. S. 991); Nordrhein-Westfalen: Richtlinien für die planmäßige Durchführung der Zahnpflege im öffentlichen Gesundheitsdienst für Kinder und Jugendliche vom 17.1.1973 (SMBl. S. 2128) i.d.F. vom 30.6.1992 (MBl. S. 1090).

28 § 8 Abs. 1 Satz 2 bw GesundheitsdienstG, § 10 Abs. 1 Satz 2 hess GesundheitsdienstG.

29 Vgl. etwa § 5 Abs. 3 Sätze 2 und 3 nrw GesundheitsdienstG.

30 § 91 bw SchG; Art. 80 BayEUG; § 52 Abs. 2 bln SchulG; § 45 Abs. 2 BbgSchulG; § 36 Abs. 4 BremSchulG; § 34 Abs. 1 und 2 HmbSG; § 71 HSchG; § 58 SchulG M-V; § 56 NSchG; § 54 Abs. 3 nrw SchulG; § 64 Abs. 2 und 3 rp SchulG; § 20 Abs. 2 saarl SchoG; § 26a Abs. 4 und 5 sächs SchulG; § 38 Abs. 2 SchulG LSA; § 27 sh SchulG; § 55 Abs. 3 ThürSchulG. In Hamburg kann bei einer einschlägigen haus- oder kinderärztlichen Untersuchung von der Verpflichtung zur Teilnahme an schulärztlichen Untersuchungen befreit werden (§ 34 Abs. 6 HmbSG); ähnlich die Regelung in Sachsen (§ 26a Abs. 6 SchulG).

31 Z.B. Art. 80 Satz 3 BayEUG; § 145 Satz 2 BbgSchulG. Demgegenüber umfasst nach § 64 Abs. 2 rp SchulG die Verpflichtung zur Teilnahme an schulärztlichen Untersuchungen nicht auch die Duldung von Eingriffen in die körperliche Unversehrtheit.

32 S. etwa § 27 Abs. 1 sh SchulG, wonach die Schüler nur zur Teilnahme an solchen Untersuchungen verpflichtet sind, die zur Vorbereitung schulischer Maßnahmen erforderlich werden. Vgl. auch § 45 Abs. 2 Satz 1 BbgSchulG.

33 Vgl. § 64 Abs. 8 Satz 2 bln SchulG, § 65 Abs. 7 Satz 1 BbgSchulG, § 99 Abs. 1 Satz 2 HmbSG, § 83 Abs. 6 Satz 2 HSchG.

25.22 Unfallverhütung

25.221 Die *Träger der Unfallversicherung* (vgl. TZ 25.316) haben mit allen geeigneten Mitteln für die Verhütung von Schulunfällen und für eine wirksame Erste Hilfe zu sorgen (§ 14 Abs. 1 SGB VII).[34] Sie erlassen Vorschriften über Einrichtungen und Maßnahmen zur Unfallverhütung (§ 15 SGB VII). Ihre technischen Aufsichtsbeamten überwachen die Durchführung; sie sind berechtigt, bei Gefahr im Verzuge sofort vollziehbare Anordnungen zu treffen (§§ 17 ff. SGB VII). Der *Schulträger* ist für die Sicherheit im äußeren Schulbereich (Gebäude und Einrichtungen) verantwortlich. Aufgabe der *Schulleitung* ist es, Vorkehrungen zur Unfallverhütung im inneren Schulbereich zu treffen. Sie informiert Lehrkräfte sowie Schülerinnen und Schüler über Sicherheitsbestimmungen, hält die Lehrkräfte zur Einbeziehung der Sicherheitserziehung in den Unterricht an, achtet auf den gefahrenfreien Zustand des Gebäudes und der Einrichtungen, organisiert im Zusammenwirken mit dem Schulträger die Erste Hilfe (§ 21 SGB VII). Sie bestellt eine Lehrkraft als Sicherheitsbeauftragten für den inneren Schulbereich; dieser berät und unterstützt die Schulleitung bei der Durchführung des Unfallschutzes (§ 22 SGB VII).[35] Die Schulen haben außerdem die *Unfallverhütungsrichtlinien* der Unterrichtsverwaltungen[36] zu beachten, die nahezu allen denkbaren Unfallmöglichkeiten durch detaillierte Anweisungen zu begegnen suchen.[37] Hinzu kommen, in erster Linie für die berufsbildenden Schulen, besondere Vorschriften für den Umgang mit Maschinen sowie die Strahlenschutzverordnung und die Röntgenverordnung des Bundes.[38]

---

34 Vgl. zu den rechtlichen Grundlagen: Wolfgang *Gitter*/Jochem *Schmitt*, Sozialrecht. 5. Aufl., München, 2001, § 19, Rn. 2 ff.; Jochem *Schmitt*, SGB VII. Gesetzliche Unfallversicherung. 4. Aufl., München 2009, § 15; Edgar *Franke*/Thomas *Molkentin*, Sozialgesetzbuch VII: Gesetzliche Unfallversicherung – Lehr- und Praxiskommentar. 5. Aufl., Baden-Baden 2017, § 15.

35 Daneben bestellt der Schulträger einen Bediensteten, z.B. den Hausmeister, zum Sicherheitsbeauftragten für den äußeren Schulbereich.

36 Und die entsprechenden Richtlinien der Unfallversicherungsträger.

37 Beispiele: Baden-Württemberg: VV Gesetzliche Schülerunfallversicherung, Unfallverhütung und Gesundheitsschutz für Schülerinnen und Schüler in Schulen vom 13.10.1998 (ABl. S. 30), zul g.d. VV vom 12.6.2006 (K.u.U. S. 246); Bayern: Bek. Sicherheit in der Schule und gesetzliche Schülerunfallversicherung vom 11.12.2002 (KWMBl. I, S. 4); Berlin: AV über die Wahrnehmung der Aufsichtspflicht im schulischen Bereich und die Verkehrssicherungspflicht sowie die Haftung vom 25.4.2006 (ABl. S. 1758); Brandenburg: Rdschr. Unfallversicherung und Haftpflicht in Schulen vom 30.5.1998 (ABl. S. 337); Hessen: Erl. Durchführung medizinischer Hilfsmaßnahmen an Schulen vom 29.4.2015 (ABl. S. 176); Mecklenburg-Vorpommern: Erl. Unfallverhütung und Sicherheit in Schulen vom 26.1.2015 (Mittbl. S. 18); Nordrhein-Westfalen: §§ 43 Abs. 5, 59 Abs. 8 nrw SchulG; RdErl. zu § 57 Abs. 1 SchulG – Aufsicht vom 18.7.2005 (ABl. S. 289), Nr. 9 RdErl. Gebundene und offene Ganztagsschulen sowie Ganztags- und Betreuungsangebote im Primarbereich vom 26.1.2006 (ABl. S. 38); Rheinland-Pfalz: VV Gesetzliche Schülerunfallversicherung, Unfallverhütung und Gesundheitsschutz an Schulen vom 26.4.2010 (GABl. S. 2); Saarland: Erl. über die gesetzliche Unfallversicherung, die Unfallverhütung und den Gesundheitsschutz für Schüler und Schülerinnen in Schulen vom 27.6.2001 (GMBl. S. 198).

38 StrahlenschutzVO vom 20.7.2001 (BGBl. I S. 1714, BGBl. I 2002, S. 1459), zul.g.d.G vom 27.1.2017 (BGBl. I S. 114); RöntgenVO i.d.F.d.Bek. vom 30.4.2003 (BGBl. I S. 604), zul.g.d.VO vom 11.12.2014 (BGBl. I S. 2010). Zur Anwendung im Schulbereich haben die Länder besondere Verwaltungsvorschriften erlassen, z.B. Bayern: Bek. Strahlenschutz in Schulen, Vollzug der RöntgenVO und der StrahlenschutzVO im Zusammenhang mit der Richtlinie zur Sicherheit im Unterricht in Schulen vom 27.7.2016 (KWMBl. I S. 201); Hessen: VO über die Aufsicht über Schülerinnen und Schüler vom 11.12.2013 (ABl. 2014, S. 2), zul.g.d.VO vom 17.8.2015 (ABl. S. 498); Erl. vom 1.6.2006 über Strahlenschutzorganisationen an Schulen in Trägerschaft des Landes Hessen (ABl. S. 558); Mecklenburg-Vorpommern: Erl. Unfallverhütung und Sicherheit in Schulen vom 26.1.2015 (Mittbl. S. 18); Niedersachsen: RdErl. Strahlenschutz in Schulen. Verwendung von radioaktiven Stoffen und Schulröntgeneinrichtungen vom 12.07.2005 (MBl. S. 736); Nordrhein-Westfalen: RdErl. Strahlenschutz in Schulen vom 22.4.1994 (GABl. I S. 87), RdErl. zur Sicherheit im Unterricht an allgemeinbildenden Schulen in Nordrhein-Westfalen vom 10.2.2007 (ABl. S. 159); Sachsen-Anhalt: RdErl. Sicherheit im Unterricht vom 19.3.2014 (SVBl. S. 207), zul.g.d.RdErl. vom 14.9.2016 (SVBl. S. 596); Schleswig-Holstein: RdErl. zur Sicherheit im Unterricht vom 6.1.2004 (NBl. MBWFK S. 5); Thüringen: *Thüringer Landesbetrieb für Arbeits-*

25.222 Die Schule beugt Verkehrsunfällen vor, indem sie *Verkehrserziehung* im Unterricht und durch besondere Veranstaltungen betreibt.[39] In fast allen Ländern ist zur Vermeidung von Unfällen beim Überqueren verkehrsreicher Straßen vor dem Schulgebäude oder in dessen Nähe ein Verkehrshelferdienst (*Schülerlotsendienst*)[40] eingerichtet.[41] Als Schülerlotsen dürfen nur Schülerinnen und Schüler vom 13. Lebensjahr an herangezogen werden.[42] Voraussetzungen sind Freiwilligkeit, persönliche Eignung und schriftliches Einverständnis der Eltern. Der Schülerlotsendienst ist zumeist eine schulische Angelegenheit; die Schule arbeitet hierbei mit der Polizei (in der Regel auch mit der Verkehrswacht) zusammen. Ein Schülerlotse hat zwar keine polizeilichen Befugnisse, doch sind seine Weisungen für die Mitschüler verbindlich; insoweit nimmt er im Auftrag der Schule hoheitliche Aufgaben wahr.[43] Für eine schuldhafte Pflichtverletzung des Schülerlotsen haftet deshalb nach § 839 Abs. 1 Satz 1 BGB i.V.m. Art. 34 Satz 1 GG das Land (TZ 25.422)[44]; sofern ein Mitschüler aufgrund des Fehlverhaltens des Schülerlotsen einen Körperschaden erleidet, tritt die Schülerunfallversicherung ein (dazu unten, TZ 25.31). Der Schülerlotse selbst ist bei seiner Tätigkeit gemäß § 2 Abs. 1 Nr. 10 Buchst. a SGB VII unfallversichert.

25.3 Haftungsprobleme: Ansprüche von geschädigten Schülerinnen und Schülern

Im Folgenden werden die Ausgleichsansprüche von Schülern dargestellt, die einen Schaden erlitten haben. Dabei ist zwischen Körperschäden (TZ 25.31) und Sachschäden (TZ 25.32) zu unterscheiden.

---

schutz und technischen Verbraucherschutz (Hrsg.), Strahlenschutz in Schulen. Informationen für Lehrer, Suhl 2012.

39 Vgl. dazu die Empfehlung der KMK zur Mobilitäts- und Verkehrserziehung vom 7.7.1972 i.d.F. vom 10.5.2012 (KMK-BeschlS. Nr. 666).

40 Angezeigt durch das Verkehrszeichen 356 gemäß § 42 Straßenverkehrsordnung. Der erweiterte Begriff „Verkehrshelfer" umfasst neben Schülerlotsen auch Schulweghelfer, Schulbuslotsen und Schulbusbegleiter.

41 Zum Schülerlotsendienst s. die einschlägigen Richtlinien der Länder etwa Bayern: Gem. Bek. Sicherheit auf dem Schulweg – Verkehrssicherheitsarbeit und Schulwegdienst vom 8.6.2005 (KWMBl. I S. 182); Berlin: AV über den Einsatz von Verkehrshelfern zur Schulwegsicherung – Schulwegdienste vom 23.3.1993 (ABl S. 1218); Brandenburg: VV über den Einsatz von Schulweglotsen vom 1.1.1993 (ABl. S. 368), VV über den Einsatz von Schulweglotsen vom 29.1.2008 (ABl. S. 60); Hessen: RL für die Mitwirkung der Polizeibehörden bei der Verkehrserziehung und -aufklärung vom 17.9.2003 (StAnz. S. 4082); Mecklenburg-Vorpommern: Erl. Schülerlotsendienst vom 21.10.1992 (ABl. S. 572); Niedersachsen: RdErl. Würdigung der Arbeit von Schülerlotsen vom 13.11.1996 (SVBl. S. 457), RdErl. Schulweglotsendienst; Verkehrshelfer iSd. § 42 Abs. 7 StVO-Zeichen 356 – vom 5.11.2012 (SVBl. S. 998); Rheinland-Pfalz: VV Einrichtung des Schülerlotsendienstes, Elternlotsendienstes und Schulwegbegleitdienstes vom 11.4.2000 (GABl. S. 367); Sachsen: Gem. VV zur Schulwegsicherung und Beförderung von Schülern vom 20.8.1992 (ABl. S. 1486), zul. enthalten i.d. VV vom 14.12.2015 (ABl. S. 407); Sachsen-Anhalt: Erl. Zusammenarbeit zwischen Schule und Polizei, Schülerlotsendienst vom 20.8.1992 (MBl. S. 1386); Schleswig-Holstein: RdErl. Verkehrserziehung und Schulwegsicherung vom 12.9.2002 (NBl. S. 605).

42 In Berlin schon ab dem zweitem Halbjahr der 5. Klasse: Nr. 3 Abs. 2 der AV über den Einsatz von Verkehrshelfern zur Schulwegsicherung (Fn. 41), in Brandenburg vom 11. Lebensjahr an, Nr. 5. Abs. 1 VV über den Einsatz von Schulweglotsen (Fn. 41).

43 Er handelt dabei aber nicht selbständig, sondern im Auftrag und nach Weisung der Schule. Daher ist er nicht Beliehener (zum Begriff TZ 13.652), sondern Verwaltungshelfer; so *Maurer/Waldhoff*, Verwaltungsrecht, § 23, Rn. 66. Vgl. auch die immer noch lesenswerte Schrift von Rolf *Stober*, Schüler als Amtshelfer, dargestellt am Beispiel des Schülerlotsendienstes, Berlin 1972.

44 Vgl. OLG Köln, NJW 1968, 655.

25.31 Ansprüche bei Körperschäden, Schülerunfallversicherung

25.311 Schülerinnen und Schüler unterliegen dem Schutz der gesetzlichen Unfallversicherung, die im Siebten Buch des Sozialgesetzbuchs (SGB VII) geregelt ist.[45] Unfälle sind zeitlich begrenzte, von außen auf den Körper einwirkende Ereignisse, die zu einem *Gesundheitsschaden* oder zum *Tod* führen (§ 8 Abs. 1 Satz 2 SGB VII).

Versichert sind Schüler allgemeinbildender und berufsbildender Schulen (§ 2 Abs. 1 Nr. 8 Buchst. b SGB VII)[46] einschließlich der Schüler genehmigter privater Ersatzschulen.[47] Ursprünglich bezog sich die gesetzliche Unfallversicherung nur auf das Arbeitsleben, deshalb geht sie vom Begriff des Arbeitsunfalls aus. Diesem wird sozialversicherungsrechtlich der Schulunfall gleichgestellt: Arbeitsunfälle (Schulunfälle) sind danach Unfälle versicherter Personen infolge einer versicherten Tätigkeit; Unfälle wiederum werden vom Gesetz definiert als zeitlich begrenzte, von außen auf den Körper einwirkende Ereignisse, die zu einem Gesundheitsschaden oder zum Tod führen (§ 8 Abs. 1 Satz 2 SGB VII).[48] Es kommt nicht darauf an, wer oder was den Unfall verursacht hat; die Versicherung tritt auch dann ein, wenn der Schaden z.B. auf dem Fehlverhalten von Lehrkräften oder Mitschülern beruht.

25.312 Schulunfälle *sind versicherungsgeschützt*, wenn sie sich *während des Schulbesuchs* und während der Teilnahme an unmittelbar vor oder nach dem Unterricht von der Schule oder im Zusammenwirken mit ihr durchgeführten Betreuungsmaßnahmen ereignen (§ 2 Abs. 1 Nr. 8 Buchst. b SGB VII). Zum Besuch der Schule zählt die Teilnahme am *Unterricht* einschließlich der Pausen und Freistunden, an außerunterrichtlichen Schulangeboten einer Ganztagsschule, aber auch an *sonstigen schulischen Veranstaltungen* innerhalb und außerhalb des Schulgeländes (z.B. Schulwanderung, Schullandheimaufenthalt, Betriebs-

45 Zu den rechtlichen Grundlagen der gesetzlichen Unfallversicherung im SGB VII: Sabine *Knickrehm*/Ralf *Kreikebohm*/Raimund *Waltermann,* Kommentar zum Sozialrecht. 5. Aufl., München 2017. SGB VII. Gesetzliche Unfallversicherung, S. 2103 ff.; *Schmitt* (Fn. 34); *Franke/Molkentin* (Fn. 34); *Gitter/Schmitt* (Fn. 34), § 17; Eberhard *Eichenhofer,* Sozialrecht. 10. Aufl., Tübingen 2017, § 18; Stefan *Muckel*/Markus *Ogorek*, Sozialrecht, 5. Aufl., München 2017, § 10; Sonja *Kallmeyer*, in: Jürgen Brand (Hrsg.), Praxis des Sozialrechts. 2. Aufl., München 2011, S. 157 ff.; Axel *Kokemoor*, Sozialrecht, 7. Aufl., Köln 2016. Rn. 119; Raimund *Waltermann*, Sozialrecht. 12. Aufl., Heidelberg 2016; s. auch Hermann *Plagemann*/Kerstin *Radtke-Schwenzer*, Aktuelle Entwicklungen im Recht der Gesetzlichen Unfallversicherung, NJW 2016, 2004. Zur gesetzlichen Unfallversicherung in der Schule: Thomas *Meiser,* Gewalt an Schulen – Eine versicherungs- und haftungsrechtliche Betrachtung, SchuR 1999, 35. „Aktuelle Entwicklungen in der Schülerunfallversicherung" behandeln Christian *Rolfs*/Stefanie *Dieckmann*, VersR 2010, 296.

46 Schüler berufsbildender Schulen sind auch während der beruflichen Aus- und Fortbildung in Betriebsstätten, Lehrwerkstätten und ähnlichen Einrichtungen in die Unfallversicherung einbezogen (§ 2 Abs. 1 Nr. 2 SGB VII); sofern sich aber der Unfall im Rahmen der dualen Berufsausbildung im Ausbildungsbetrieb ereignet, ergibt sich der Versicherungsschutz aus § 2 Abs. 1 Nr. 1 SGB VII für Beschäftigte. Versichert sind ferner Kinder beim Besuch von Kindertagesstätten und Horten (§ 2 Abs. 1 Nr. 8 Buchst. a SGB VII).

47 Zur privaten Ersatzschule TZ 15.6. Auch Schüler privater Ergänzungsschulen (dazu TZ 15.71) sind jedenfalls dann versichert, wenn die Schulen nach ihren Bildungszielen denen der öffentlichen Schulen entsprechen. Das gilt beispielsweise für solche Ergänzungsschulen, die auf den Hauptschul- oder Realschulabschluss oder auf die allgemeine Hochschulreife vorbereiten; so BSG, VersR 1988, 615. Schüler von Ergänzungsschulen, die in ihren Bildungszielen denen der öffentlichen Schulen nicht entsprechen, unterliegen dagegen nicht dem Schutz der gesetzlichen Unfallversicherung; erleiden sie einen Schulunfall, richtet sich die Haftung nach privatrechtlichen Vorschriften. Es empfiehlt sich daher dringend der Abschluss einer privaten Unfallversicherung durch den Schulträger.

48 Als Gesundheitsschaden gilt gemäß § 8 Abs. 3 SGB VII auch die Beschädigung oder der Verlust eines Hilfsmittels (z.B. einer Brille).

praktikum, Klassenfahrten[49] und Sportveranstaltungen[50]). Versicherungsschutz besteht in der Regel selbst bei solchen Veranstaltungen der Schule, die ohne die erforderliche Genehmigung der Schulaufsichtsbehörde durchgeführt werden, sofern nur ein innerer Zusammenhang mit dem schulischen Bildungs- und Erziehungsauftrag gegeben ist.[51] Dies gilt daher auch für Aktivitäten im Rahmen der schulischen Nachmittagsbetreuung (§ 2 Abs. 1 Nr. 8 Buchst. b SGB VII).[52] Für den Unfallversicherungsschutz einer in der Schule veranstalteten Rockparty reicht es aus, dass die Veranstaltung zumindest unter organisatorischer Mitverantwortung der Schulleitung stattfindet.[53]

Versichert ist der Schüler auch auf *Unterrichtswegen*, z.B. zwischen Schulgebäude und Sportstätte, sowie auf dem Weg, den er im Auftrag einer Lehrkraft zum Zweck einer Besorgung für den Unterricht zurücklegt (sog. *Betriebsweg*).[54] Doch ist nicht jede Tätigkeit, die irgendwie mit der Schule zu tun hat, versichert; sie muss vielmehr dem organisa-

---

49 BSG, DÖV 1996, 748: Klassenfahrten dienen nicht allein dazu, den Schülern neue, im nachfolgenden Unterricht verwertbare Eindrücke zu vermitteln, sondern auch der Förderung des sozialen Verhaltens in der Gruppe und der Beherrschung und Bewältigung der auf solchen Reisen besonders zum Ausdruck kommenden Gruppendynamik. Das gilt gerade auch dann, wenn Schüler zu mehreren Personen in einem Schlafraum untergebracht sind. Die gemeinsame Unterbringung steht in engem Zusammenhang mit der Klassenfahrt und ist daher dem organisatorischen Verantwortungsbereich der Schule zuzuordnen. Kommt es hierbei zu einer Rangelei zwischen 15-jährigen Schülern, die zu einem Unfall führt, besteht Versicherungsschutz. Hingegen bleiben Verrichtungen, die überwiegend persönlichen Bedürfnissen dienen, wie Essen, Trinken und Schlafen, vom Versicherungsschutz während der Klassenfahrt grundsätzlich ausgenommen. Vgl. auch LSG Celle, Urt. vom 29.11.2006, Az.: L 9 U 77/05 (juris): Zu den vom organisatorischen Verantwortungsbereich der Schule erfassten Veranstaltungen gehören auch die im inneren Zusammenhang mit dem Schulbesuch (einer Berufsschule) stehenden Klassenfahrten ins Ausland und die mit damit im inneren Zusammenhang stehenden schulischen Veranstaltungen; ferner LSG Hessen, Urt. vom 21.11.2006, Az.: L 3 U 154/05 (juris): Setzt sich ein Schüler nach einer langen Anreise zum Ort einer Klassenfahrt bei bestehendem Drang nach Bewegung und frischer Luft ohne Verstoß gegen ein ausdrückliches Verbot oder sogar mit stillschweigender Erlaubnis der Lehrer bei einem Spaziergang den Gefahren des nächtlichen Straßenverkehrs aus, handelt es sich bei einem erlittenen Unfall um einen Schulunfall.

50 Vgl. BGH, DVBl. 2003, 479: Wird Sportunterricht nach dem Willen des Schulträgers auf einer von ihm betriebenen Sportstätte (Skipiste) als Schulunterricht durchgeführt, ist nicht nur ein bei der unterrichtsbezogenen Tätigkeit eines Schülers eingetretener Unfall als Schulunfall anzusehen, sondern es sind auch alle mit der Vorbereitung und Durchführung eines solchen ausgelagerten Schulunterrichts befassten Mitarbeiter der Sportstätte im Rahmen der Haftungsprivilegierung des § 106 Abs. 1 Nr. 3 SGB VII als insoweit in den Schulbetrieb eingegliederte Betriebsangehörige zu betrachten.

51 Z.B. bei der Teilnahme an einem von der Schule offiziell – wenn auch ohne die vorgeschriebene Genehmigung der Schulbehörde – veranstalteten Skikurs in den Ferien (BSG, Urt. vom 23.06.1977, Az.: 2 RU 25/77, SPE II J II/85); vgl. auch BSG, Urt. vom 25.01.1979, Az.: 8a RU 54/78 (juris).

52 Vgl. OLG München, Urt. vom 25.1.2007, Az.: 1 K 5048/06, SPE 892 Nr. 17: Befindet sich ein Schüler in der Nachmittagsbetreuung seiner Schule und sucht zusammen mit anderen Mitschülern mit Wissen und Wollen der Betreuerin den in der Nähe der Schule befindlichen öffentlichen Spielplatz auf, um dort zu spielen, steht sein Aufenthalt auf dem Spielplatz in einem inneren Zusammenhang mit dem Schulbesuch. Der Unfall ereignete sich somit infolge einer den Versicherungsschutz nach § 2 SGB VII begründenden Tätigkeit. Da aber zwischen dem Schüler und dem für den öffentlichen Spielplatz Verantwortlichen keine die gesetzliche Unfallversicherung begründende Beziehung bestand und daher auch keine Haftungsprivilegierung gem. § 104 Abs. 1 Satz 1 SGB VII gegeben war, konnte der Schüler, statt den Versicherungsschutz der Schülerunfallversicherung in Anspruch zu nehmen, von dem Spielplatzbetreiber wegen Verletzung der Verkehrssicherungspflicht Schadensersatz und Schmerzensgeld verlangen.

53 So LSG Rheinland-Pfalz, Urt. vom 3.2.2015, Az.: L 3 U 62/13 (juris). Danach erfordert die organisatorische Mitverantwortung einen unmittelbaren räumlichen und zeitlichen Zusammenhang zur Schule und ausreichende tatsächliche Einwirkungsmöglichkeiten der Schulleitung auf die Vorbereitung und Durchführung der Veranstaltung; daran fehlt es, wenn wirksame schulische Aufsichtsmaßnahmen nicht mehr gewährleistet sind.

54 Selbst dann, wenn die Besorgung auftragsgemäß außerhalb des Schulgeländes und außerhalb der Unterrichtszeit erledigt wird, z.B. zur Beschaffung von Materialien für den Biologieunterricht (BSG, Urt. vom 31.3.1981, Az.: 2 RU 29/79, BSGE 51, 257).

torischen Verantwortungsbereich der Schule zuzurechnen sein.[55] Das ist jedenfalls dann zu bejahen, wenn und solange der Schüler der Aufsichtspflicht der Schule unterliegt (dazu TZ 29.222). Demgemäß entfällt grundsätzlich der Versicherungsschutz beim Verlassen des Schulgeländes für private Zwecke,[56] bei Erledigung von Hausaufgaben im häuslichen Bereich[57] und bei der Teilnahme am privaten Nachhilfeunterricht.[58] Während die *Mitarbeit in der Schülervertretung* und in anderen Mitwirkungsgremien (z.B. Schulkonferenz) versichert ist[59], kommt die Unfallversicherung für Körperschäden bei Aktivitäten in einer Schülervereinigung oder bei der Gestaltung einer Schülerzeitung nicht auf, da die Schule für diese Betätigungen keine Verantwortung trägt (vgl. TZ 21.261).[60]

25.313 Die Schülerinnen und Schüler sind im Übrigen auch gegen Unfälle auf dem *Weg zu und von der Schule* oder dem Ort, an dem eine Schulveranstaltung stattfindet, versichert (*Wegeunfall*, § 8 Abs. 2 Nr. 1 SGB VII), zum Beispiel auch dann, wenn ein Schülerlotse (dazu TZ 25.222) den Unfall verursacht hat. Der Weg beginnt an der Haustür des Wohngebäudes und endet an dem Ort, an dem die schulische Veranstaltung beginnt; der Rückweg endet wiederum an der Haustür. Es kommt nicht darauf an, ob die Schüler den Schulweg zu Fuß oder mit einem Beförderungsmittel (Fahrrad, Pkw, Transport in dem von den Eltern gelenkten Fahrzeug[61], öffentliches Verkehrsmittel, Schulbus u.a.) zurücklegen. Allerdings muss ein innerer Zusammenhang mit dem Schulbesuch bestehen.[62] Daran fehlt es beispielsweise, wenn ein Schüler nachmittags zur Schule geht, um auf dem Schulhof mit seinen Freunden Fußball zu spielen. Ein innerer Zusammenhang mit dem Schulbesuch besteht dagegen etwa dann, wenn ein Schüler beim Heimweg von der Schule aufgrund von Gedankenlosigkeit, Unkonzentriertheit und Fahrigkeit eine Haltestelle zu spät aus dem Schulbus aussteigt, sofern sich der Fußweg nach Hause dadurch nur mäßig verlängert.[63]

Der Schulweg ist auf der üblichen Wegstrecke zurückzulegen, die nicht unbedingt die kürzeste zu sein braucht; ein *Umweg* aus verkehrstechnischen Gründen hebt den Versicherungsschutz nicht auf.[64] Hiervon zu unterscheiden ist der sogenannte *Abweg*, bei

---

55 Zu verneinen beim Weg zum oder vom privaten Nachhilfeunterricht: BSG, Urt. vom 27.1.1976, Az.: 8 RU 114/75, BSGE 41, 149.

56 S. aber BSG, MDR 1983, 875: Der Unfallschutz erstreckt sich auch auf den Weg, den ein Schüler während einer Freistunde zu einem 250 Meter entfernten Kiosk zurücklegt, um sich Lebensmittel zu besorgen; dabei ist es unschädlich, dass er sich entgegen einem ausdrücklichen Verbot vom Schulgelände entfernt hat (vgl. § 7 Abs. 2 SGB VII). Die Zurücklegung des Weges war im entschiedenen Fall wesentlich durch die versicherte Tätigkeit bedingt, da der Schüler der Nahrungsaufnahme bedurfte, um seine „Arbeitsfähigkeit" zu erhalten.

57 BSG, Urt. vom 1.2.1979, Az.: 2 RU 107/77 (juris): Der Schüler einer allgemeinbildenden Schule, der im Rahmen des Unterrichts ein Werkstück herstellen soll, steht bei Arbeiten, die er hierfür im häuslichen Bereich verrichtet, nicht unter Versicherungsschutz.

58 BSG, Urt. vom 27.1.1976 (Fn. 55). Demgegenüber steht nach Auffassung des BSG (NJW 1992, 1525) eine Hausaufgabenhilfe, die ein von Mitgliedern des Schulelternbeirats gegründeter Förderverein während des Nachmittags organisiert und die in den Schulräumen unter wesentlicher Mitwirkung des Schulleiters stattfindet, im inneren Zusammenhang mit dem Schulbesuch, da sie in den organisatorischen Verantwortungsbereich der Schule falle; es handele es sich um eine Schulveranstaltung mit der Folge, dass die Teilnahme an dieser Hausaufgabenhilfe durch die Schülerunfallversicherung geschützt sei.

59 § 2 Abs. 1 Nr. 10 Buchst. a SGB VII.

60 Im Unterschied zur Schülerzeitung ist die Schulzeitung keine außerschulische, sondern eine schulische Einrichtung (vgl. TZ 21.26); Schülerinnen und Schüler, die an ihr mitwirken, sind durch die Schülerunfallversicherung versichert.

61 Zum Problem des Versicherungsschutzes der Eltern beim Transport des Kindes auf dem Schulweg s. TZ 25.512.

62 BSG, NJW 1995, 214.

63 So BSG, NZS 2008, 488, jedenfalls dann, wenn es sich bei dem Schüler um ein achtjähriges Kind handelt.

64 Benutzen Schüler gemeinsam ein Fahrzeug, z.B. ein Motorrad, auf dem Weg zur Schule, so bilden sie eine *Fahrgemeinschaft*, deren Teilnehmer Unfallversicherungsschutz nach § 8 Abs. 2 Nr. 2 Buchst. b SGB VII genießen. Es ist dabei nicht erforderlich, dass die Teilnehmer der Fahrgemeinschaft von dem-

dem Schüler vom normalen Weg abweichen, um persönlichen Interessen nachzugehen (z.B. private Einkäufe, Besuch eines abseits vom Schulweg wohnenden Mitschülers).[65] In diesen Fällen ist der Versicherungsschutz unterbrochen, bis der unmittelbare Weg wieder erreicht wird;[66] bei Unterbrechung von mehr als zwei Stunden fällt der Versicherungsschutz gänzlich fort. Ausnahmsweise sind Schüler auch auf dem Abweg geschützt, wenn die Abweichung darauf beruht, dass sie wegen der Berufstätigkeit der Eltern fremder Obhut anvertraut werden (§ 8 Abs. 2 Nr. 3 SGB VII). Das betrifft etwa Fälle, in denen ein berufstätiger Elternteil auf dem Weg zum Arbeitsplatz das Kind vor Schulbeginn zu den Großeltern bringt, damit diese es später zur Schule begleiten; Versicherungsschutz besteht sowohl auf dem Weg zu den Großeltern als auch auf dem anschließenden Weg zur Schule.[67]

Gemäß § 8 Abs. 2 Nr. 5 SGB VII gehört außerdem die mit dem Schulbesuch zusammenhängende Verwahrung, Beförderung, Instandhaltung, *Erneuerung und Erstbeschaffung eines „Arbeitsgeräts"* zu den versicherten Tätigkeiten, letztere aber nur, wenn dies auf Veranlassung der Schule erfolgt. Demnach ist ein Schüler, der auf dem Weg zum Kauf eines für den Unterricht benötigten Schulbuchs verunglückt, unfallversichert, nicht hingegen ein Schüler, der einen hauptsächlich zum Gebrauch in der Freizeit bestimmten Sportanzug ersteht.[68]

25.314 Der Entschädigungsanspruch gegen die gesetzliche Unfallversicherung entfällt nicht deshalb, weil der Verletzte den Unfall selbst fahrlässig herbeigeführt hat. Ein Schüler ist somit auch gegen Unfälle geschützt, die er bei einer von ihm provozierten Rauferei mit Mitschülern, bei einem riskanten Spiel während der Pause oder aufgrund einer waghalsigen Mutprobe auf einer Klassenfahrt erleidet.[69] Selbst verbotswidriges Verhalten, z.B. ein Verstoß von Schülern gegen Weisungen einer Lehrkraft, schließt die Annahme eines Schulunfalls nicht aus (§ 7 Abs. 2 SGB VII). Lediglich dann, wenn sich der Schüler derart vernunftwidrig und gefährlich verhalten hat, dass er mit hoher Wahrscheinlichkeit den Unfall hätte voraussehen können oder *wenn er den Unfall gar absichtlich verursacht hat* (z.B.

---

selben Ausgangspunkt aus mitfahren und bis zu demselben Zielort (derselben Schule) mitgenommen werden. Vielmehr genügt es, dass nur ein Teil des Weges mithilfe der Fahrgemeinschaft zurückgelegt wird. Der Fahrer des Motorrads verliert nicht dadurch seinen Unfallversicherungsschutz, dass er einen Schüler zur Schule bringt, um dann zu einem anderen Schüler zu fahren, um mit diesem eine weitere Fahrgemeinschaft auf dem Weg zur Schule zu bilden. So BSG, Urt. vom 12.1.2010, Az.: B 2 U 36/08 R (juris).

65 Der Unfallversicherungsschutz für einen 12-jährigen Schüler wird dadurch unterbrochen, dass er auf dem Heimweg einen Mitschüler zu dessen Wohnung begleitet und dort infolge unachtsamen Hantierens mit Schusswaffen eine Verletzung erleidet (BSG, Urt. vom 25.11.1977, Az.: 2 RU 75/77, SPE 878 Nr. 22).

66 Der Versicherungsschutz ist nicht unterbrochen, wenn sich ein Schüler im Einverständnis der beiderseitigen Eltern von der Schule aus zu einem Mitschüler begibt und dabei dessen regulären Schulweg benutzt (BSG, NJW 1982, 791).

67 Nach § 8 Abs. 2 Nr. 3 SGB VII ist Versicherungsschutz gegeben, wenn die Berufstätigkeit der Eltern für die Unterbrechung des Heimwegs ursächlich ist, z.B. deshalb, weil die Wartezeit bis zum Eintreffen der von der Arbeit zurückkehrenden Mutter durch den Aufenthalt bei der Großmutter überbrückt wird.

68 Das BSG, SozSich 1975, 150, hat sogar den Unfallversicherungsschutz für einen Schüler verneint, der auf dem Weg zum Kauf einer Bademütze für den Schwimmunterricht verunglückte; eine Bademütze sei kein „Arbeitsgerät", weil sie ihrer Zweckbestimmung nach nicht hauptsächlich zum schulischen Gebrauch bestimmt sei.

69 Vgl. dazu BGH, NJW 1977, 296: Die bei einer Rauferei im Pausenhof zugefügte Verletzung eines Schülers durch einen Mitschüler ist in der Regel als „schulbezogen" anzusehen. Sie fällt deshalb unter den gesetzlichen Versicherungsschutz. S. auch BSG, NJW 2001, 2909: Kommt ein 17-jähriger Schüler auf einer Klassenfahrt durch einen Unfall zu Schaden, so ist er auch dann versichert, wenn der Unfall sich aufgrund einer waghalsigen Mutprobe ereignet hat.

dadurch, dass er sich eine Verletzung zufügt, um vom Sportunterricht befreit zu werden), *steht ihm kein Entschädigungsanspruch zu.*[70]

25.315 Die Träger der Schülerunfallversicherung gewähren u.a. die folgenden *Leistungen* (§§ 26 ff. SGB VII): Sie sorgen für Heilbehandlung und Pflege, übernehmen also insbesondere die Arzt- und Krankenhauskosten (§§ 27 ff., 44 SGB VII); hinzu können Hilfen zu einer angemessenen Schulbildung (§§ 35 SGB VII) kommen. Daher sind den Schülerinnen und Schülern die Aufwendungen für Nachhilfeunterricht zu erstatten, wenn infolge des Unfalls ein so wesentlicher Lernrückstand eintritt, dass das Erreichen des Klassenziels oder des schulischen Abschlusses gefährdet ist.[71] Außerdem werden im Einzelfall auch Leistungen zur Teilhabe am Leben in der Gemeinschaft gewährt, so z.B. durch Bereitstellung einer behindertengerechten Wohnung bzw. des entsprechenden Umbaus (§§ 39 ff. SGB VII). Darüber hinaus wird Verletzten- und Hinterbliebenenrente gezahlt (§§ 56 ff. SGB VII); Verletztenrente kommt allerdings nur in Betracht, wenn die Erwerbsunfähigkeit eines Schülers um mindestens ein Fünftel gemindert und über die 26. Woche nach dem Schulunfall hinaus andauert (§§ 56, 90 SGB VII). *Ein Anspruch auf Schmerzensgeld besteht nicht. Sachschäden* (mit Ausnahme der Beschädigung oder des Verlustes von Hilfsmitteln, z.B. einer Brille[72]) *werden* auch dann von der Unfallversicherung *nicht erstattet*, wenn sie mit der Körperverletzung unmittelbar zusammenhängen.

25.316 Dem geschädigten Schüler stehen gegenüber einem Mitschüler, der den Unfall verursacht hat, *keine Schadensersatzsprüche* wegen des erlittenen Personenschadens zu (§ 106 Abs. 1 Nr. 1 i.V.m. §§ 104, 105 SGB VII). Er kann daher von ihm auch *kein Schmerzensgeld* verlangen.[73] Die zivilrechtliche Haftung des Schädigers wird durch die öffentlich-rechtliche Leistungspflicht der Träger der gesetzlichen Unfallversicherung abgelöst.[74] Mit dieser Ablösung geht eine Haftungsfreistellung aller Schulangehörigen einher. Die gesetzliche Regelung dient zum einen dem Schutz des Geschädigten durch Einräumung eines vom Verschulden des Schädigers unabhängigen Anspruchs gegen den Träger der Unfallversicherung; der Geschädigte muss weder ein Verschulden des Schädigers nachweisen noch sich ein eigenes Mitverschulden auf seine Ansprüche anrechnen lassen. Zum anderen dient die Haftungsfreistellung der Mitschüler und auch der anderen Schulangehörigen dem Schulfrieden.[75] Der Haftungsausschluss entfällt nach § 106 Abs. 1 Nr. 1 i.V.m. § 104 Abs. 1 SGB VII ausnahmsweise dann, wenn der Unfallverursacher den Versicherungsfall vorsätzlich oder auf dem Schulweg herbeigeführt hat. *Vorsatz* setzt nach der Rechtsprechung des Bundesgerichtshofs voraus, dass der Schädiger nicht nur die Verletzungshandlung, sondern auch den „Verletzungserfolg" zumindest billigend in Kauf genommen hat (bedingter Vorsatz). Der Schädigungsvorsatz muss sich also insbesondere darauf erstrecken, dass bei dem geschädigten Mitschüler Verletzungsfolgen eintreten.[76] Eine Haftung des Schädigers

70 Der Gesetzgeber hat die frühere Bestimmung des § 553 RVO, wonach der Anspruch entfiel, wenn der Verletzte den Unfall absichtlich herbeigeführt hatte, für entbehrlich gehalten, weil in einem solchen Fall ein Arbeitsunfall i.S. von § 7 SGB VII schon begrifflich nicht vorliege (vgl. BT-Drucks. 13/2204, 99).

71 *Schmitt* (Fn. 34), § 35, Rn. 10.

72 S. § 8 Abs. 3 SGB VII.

73 Ein Schmerzensgeldanspruch scheidet aber nur insoweit aus, als er sich auf die erlittenen Körper- und Gesundheitsschäden bezieht; beruht er hingegen auf einer Verletzung des Persönlichkeitsrechts des Schülers, wird die Schmerzensgeldforderung von der Haftungsfreistellung des Schädigers nach §§ 104 ff. SGB VII nicht erfasst. So OLG Zweibrücken, NJW 1998, 995: Im entschiedenen Fall hatte ein Lehrer einen an den Schüler gerichteten beleidigenden Brief vor der Klasse verlesen und den Schüler dadurch dem Hohn und Spott der Mitschüler ausgesetzt.

74 Der Ausschluss des Schmerzensgeldanspruchs durch §§ 104 ff. SGB VII (früher nach RVO) ist mit dem Grundgesetz vereinbar; so BVerfGE 34, 118 und BVerfG, NJW 1995, 1607.

75 BGH, NZS 2012, 546.

76 So die st. Rspr. des BGH, vgl. zuletzt BGH, NZS 2012, 546 m.w.N. In dem entschiedenen Rechtsstreit war der 11-jährige Schüler eines Gymnasiums während des Sportunterrichts beim Fangen-Spielen zu

für einen *Unfall*, der sich *auf dem Schulweg* ereignet, kommt trotz der Regelung in § 104 Abs. 1 Satz 1 SGB VII („auf einem nach § 8 Abs. 2 Nr. 1 bis 4 versicherten Weg") dann nicht in Betracht, wenn der Weg zur oder von der Schule maßgeblich durch die schulische Organisation, z.B. Bereitstellung eines Schulbusses, geprägt ist.[77]

Beruht ein Schulunfall auf der schuldhaften Verletzung der Amtspflicht eines Bediensteten bei Ausübung hoheitlicher Tätigkeit (z.B. einer Lehrkraft infolge Vernachlässigung der Aufsichtspflicht, dazu TZ 29.22), oder des Schulhausmeisters aufgrund unzureichender Vorkehrungen zur Vorbeugung von Unfällen in der Turnhalle), so trifft die Verantwortlichkeit an sich den Dienstherrn (§ 839 Abs. 1 Satz 1 BGB i.V.m. Art. 34 Satz 1 GG, vgl. TZ 25.321). Der geschädigte Schüler könnte demnach Ansprüche gegen den Staat als Dienstherrn der Lehrkraft bzw. gegen den kommunalen Schulträger als Dienstherrn des Hausmeisters erheben; so könnte er insbesondere Schmerzensgeld fordern (§ 253 Abs. 2 BGB). Auch in diesem Fall sieht das Gesetz aber einen Haftungsausschluss vor: *Die Amtshaftung wird durch die Leistungspflicht der Unfallversicherung abgelöst* (§§ 104 Abs. 1 Satz 1, 105 Abs. 1 Satz 1 SGB VII). Eine Haftung des Dienstherrn kommt daher gemäß § 104 Abs. 1 SGB VII nur dann in Betracht, wenn die Lehrkraft bzw. der Hausmeister den Unfall vorsätzlich herbeigeführt hat.[78,79] Zum Wegfall des Haftungsausschlusses bei einem Unfall auf dem Schulweg s. die Ausführungen im oberen Abschnitt von TZ 25.316.

25.317 *Träger der Schülerunfallversicherung* sind für Schüler der Schulen in kommunaler Trägerschaft die Gemeindeunfallversicherungsverbände (§§ 114 Abs. 1 Nr. 7, 129 Abs. 1 Nr. 1, 136 Abs. 3 Nr. 3 SGB VII), für Schüler der Schulen in staatlicher Trägerschaft

---

Fall gekommen und hatte sich an einer mit unverputzten Klinkersteinen besetzten Wand der Turnhalle verletzt. Der BGH hat die gegen den Schulträger gerichtete Klage des Schülers auf Zahlung von Schmerzensgeld und auf Feststellung der Ersatzpflicht des Beklagten abgewiesen.

77 So verneint der BGH die Haftung für einen Unfall, den ein Arbeitnehmer bei der gemeinsamen Fahrt mit Arbeitskollegen zum Betriebsgelände erleidet, wenn die Fahrt als Teil des innerbetrieblichen Organisations- und Funktionsbereichs erscheint. BGH, NJW 1992, 572; vgl. auch BGH, NJW 2004, 949. Nach Auffassung des Gerichts handelt es sich um den Arbeitsunfall auf einem Betriebsweg i.S. von § 8 Abs. 1 Satz 2 Nr. 1 SGB VII. S. aber BGH, NJW 1992, 2032: Keine Haftungsfreistellung des Schädigers, wenn es nach Schulschluss auf der Heimfahrt in einem Schulbus zwischen zwei Schülern zu Reibereien kommt, die in eine körperliche Auseinandersetzung mit Körperschäden münden; die konkrete Verletzungshandlung sei nicht durch die Besonderheiten des Schulbetriebs geprägt.

78 OLG Frankfurt am Main, MDR 2013, 846: Abweisung der Klage einer Grundschülerin, die im Sportunterricht durch das Herunterfallen der in der Turnhalle hochkant aufgestellten Bodenmatten am Bein verletzt worden war und daraufhin den Sportlehrer wegen vorsätzlicher Verletzung seiner Aufsichtspflicht auf Schmerzensgeld in Anspruch nahm. Das Gericht verneinte eine vorsätzliche Herbeiführung des Unfalls durch den Sportlehrer.

79 Ereignet sich der Schulunfall auf einer Schulwanderung in einem anderen Mitgliedstaat der Europäischen Union, können der geschädigte Schüler bzw. die Eltern eines tödlich verunglückten Schülers den Lehrer zwar vor einem dortigen Gericht persönlich auf Schadensersatz wegen Verletzung der Aufsichtspflicht in Anspruch nehmen. Das der Klage stattgebende Urteil ist nach dem Europäischen Übereinkommen über die gerichtliche Zuständigkeit und die Vollstreckung gerichtlicher Entscheidungen in Zivil- und Handelssachen vom 27.9.1968 (BGBl. II 1972 S. 774) auch grundsätzlich in Deutschland vollstreckbar. Das gilt aber nur insoweit, als es sich um den Ersatz von Sachschäden handelt, die von der gesetzlichen Unfallversicherung nicht erstattet werden (s. TZ 25.315). Zwar ist nach deutschem Recht die persönliche Haftung des Lehrers für die Sachschäden ausgeschlossen (§ 839 BGB i.V.m. Art. 34 GG, vgl. TZ 33.221); doch wird die deutsche öffentliche Ordnung („ordre public") i.S. des Art. 27 Nr. 1 des Übereinkommens nicht dadurch verletzt, dass das ausländische Gericht den Lehrer unmittelbar zur Haftung für den eingetretenen Sachschaden heranzieht, zumal aufgrund der Fürsorgepflicht des Dienstherrn eine Freistellung von der Schadensersatzleistung oder deren nachträglicher Ausgleich in Betracht kommt. Wenn der Schüler bzw. seine Eltern darüber hinaus bei dem ausländischen Gericht gegen den Lehrer ein Urteil auch auf Ersatz von Personenschäden erwirken, so ist dieses insoweit in Deutschland nicht vollstreckbar. Nach deutschem Recht ist der Lehrer gem. §§ 104, 105 SGB VII von der Haftung freigestellt. Dieser Haftungsausschluss gehört zum Inhalt der deutschen öffentlichen Ordnung, weil er ein wesentliches Element des Gesamtsystems der gesetzlichen Unfallversicherung ist. So BGH, ZBR 1994, 125, m.Anm.v. Rudolf *Summer*.

die jeweilige Landesunfallkasse (§§ 114 Abs. 1 Nr. 4, 128 Abs. 1 Nr. 1, 136 Abs. 3 Nr. 3 SGB VII). Den Ländern steht es nach § 116 Abs. 1 Satz 2 SGB VII frei, gemeinsame Unfallkassen für die Unfallversicherung im Landes- und im kommunalen Bereich zu errichten, so dass sich deren Zuständigkeit auf die Schüler sämtlicher öffentlicher Schulen erstreckt.[80] Versicherungsträger für Schüler an Privatschulen ist je nach landesrechtlicher Regelung entweder die Landesunfallkasse oder die gemeinsame Unfallkasse (§§ 114 Abs. 1 Nr. 6, 128 Abs. 1 Nr. 3, 116 Abs. 1 Satz 2 SGB VII).

Die erforderlichen Mittel werden von den Schulträgern im Umlageverfahren aufgebracht (§§ 150 Abs. 1, 152, 136 Abs. 3 Nr. 3 SGB VII). Die versicherten Schüler oder deren Eltern selbst brauchen keine Beiträge zu leisten.

25.318 *Die Schulleitung hat jeden Schulunfall*, durch den ein Schüler getötet oder so verletzt wird, dass ärztliche Hilfe in Anspruch genommen werden muss, binnen drei Tagen dem zuständigen Versicherungsträger schriftlich *anzuzeigen* (§ 193 SGB VII).[81] Leistungen werden von Amts wegen erbracht (§ 19 Satz 2 SGB IV). Auf sie besteht ein Anspruch (§ 38 SGB I); allerdings ist es Sache des Versicherungsträgers, Art, Umfang und Durchführung der Heilbehandlung und Rehabilitation nach pflichtgemäßem Ermessen zu bestimmen (§ 26 Abs. 5 SGB VII). Minderjährige Schüler, die das 15. Lebensjahr vollendet haben, können selbst Anträge stellen und Leistungen entgegennehmen, sofern nicht der Erziehungsberechtigte widerspricht (§ 36 SGB I). Bei bestimmten Leistungsarten (insbesondere Renten) ergeht ein schriftlicher Feststellungsbescheid (§ 102 SGB VII i.V.m. § 36a Abs. 1 Satz 1 Nr. 2 SGB IV). Ist der Verletzte mit der Feststellung nicht einverstanden (z.B. weil er die ihm gewährte Rente für zu gering hält), kann er Widerspruch einlegen und Klage vor dem Sozialgericht erheben (dazu TZ 26.5).

25.319 Wenn der Schädiger (z.B. ein Mitschüler oder eine Lehrkraft) den Unfall vorsätzlich oder grob fahrlässig[82] herbeigeführt hat, ist der Versicherungsträger berechtigt, bei ihm bzw. – im Fall des Lehrkraft – beim Dienstherrn *Regress* zu nehmen (§ 110 Abs. 1 Satz 1 SGB VII). Im Übrigen kann der Versicherungsträger nach billigem Ermessen, insbesondere unter Berücksichtigung der wirtschaftlichen Verhältnisse des Schädigers, auf seinen Ersatzanspruch verzichten (§ 110 Abs. 2 SGB VII).

25.32 Ansprüche bei Sachschäden

25.321 Die Unfallversicherung kommt nur für Gesundheitsschäden auf (§ 8 Abs, 1 Satz 2 SGB VII). Für den Sachschaden, den ein Bediensteter des Staates (z.B. eine Lehrkraft) oder des Schulträgers (z.B. der Schulhausmeister) in Ausübung eines ihm anvertrauten öffentlichen Amtes einer Schülerin oder einem Schüler durch schuldhafte Verletzung einer diesem gegenüber bestehenden Amtspflicht zufügt, haftet nach § 839 Abs. 1 Satz 1 BGB i.V.m. Art. 34 Satz 1 GG anstelle des Bediensteten dessen Dienstherr, also entweder der Staat oder der Schulträger (*Amtshaftung*).[83] Für die Amtshaftung ist es unerheblich,

80 Von dieser Ermächtigung haben u.a. Brandenburg, Hessen, Rheinland-Pfalz, das Saarland, Sachsen und Schleswig-Holstein Gebrauch gemacht.

81 Das Erfordernis der Schriftform ergibt sich aus § 193 Abs. 4 Satz 2 SGB VII, wonach der Versicherte verlangen kann, dass ihm eine Kopie der Anzeige überlassen wird.

82 Grob fahrlässig handelt, wer die erforderliche Sorgfalt nach den gesamten Umständen des Falles in ungewöhnlich hohem Maße verletzt, d.h. schon einfache, ganz naheliegende Überlegungen nicht anstellt und nicht einmal das beachtet, was im gegebenen Fall jedem hätte einleuchten müssen; so die st. Rspr. des BGH, vgl. BGHZ 10, 14 (16); 84, 153 (161); s. auch Helmut *Heinrichs*, in: Otto Palandt: Bürgerliches Gesetzbuch. Kommentar. 77. Aufl., München 2018, § 277 Rn. 5.

83 Zur Einführung in das Recht der Amtshaftung s. *Maurer/Waldhoff*, Verwaltungsrecht, § 26; Bernd *Grzeszick*: Staatshaftungsrecht, in: Ehlers/Pünder, Verwaltungsrecht, § 43 ff. Grundlegend Fritz *Ossenbühl*/Matthias *Cornlis*, Staatshaftungsrecht. 6. Aufl., München 2013, S. 7 ff.; Hans-Jürgen *Papier*, Staats-

ob der Bedienstete Beamter oder Arbeitnehmer ist.[84] Beruht die Amtspflichtverletzung auf Fahrlässigkeit, kann der Dienstherr nur in Anspruch genommen werden, sofern der geschädigte Schüler nicht auf andere Weise, z.B. von einem Drittschädiger, Ersatz zu erhalten vermag (Grundsatz der Subsidiarität, § 839 Abs. 1 Satz 2 BGB). Die Verweisung auf eine andere Ersatzmöglichkeit scheidet allerdings aus, wenn mehrere öffentlich-rechtliche Körperschaften (z.B. Staat, kommunaler Schulträger) nebeneinander haften oder wenn sich der Ersatzanspruch gegen eine gesetzliche oder private Versicherung richtet.[85] Die Ersatzpflicht tritt ferner dann nicht ein, wenn der Schüler (bzw. die für den minderjährigen Schüler handelnden Eltern) es schuldhaft unterlassen hat (haben), den Schaden durch Gebrauch eines Rechtsbehelfs (z.B. Widerspruch und Klage gegen einen Verwaltungsakt) abzuwenden (§ 839 Abs. 3 BGB). Die Amtshaftung des Dienstherrn entfällt oder mindert sich nach § 254 BGB außerdem bei anderweitigem Mitverschulden des Geschädigten (z.B. leichtsinniges Verhalten des Schülers).

In Brandenburg und Thüringen besteht neben der Haftung für schuldhafte Amtspflichtverletzung *eine verschuldensunabhängige Staatshaftung*; diese geht zurück auf das *Staatshaftungsgesetz der DDR* aus dem Jahre 1969.[86] Das Gesetz wurde im Einigungsvertrag erheblich modifiziert (Art. 9 Abs. 1 EVtr)[87] und gilt als Landesrecht fort.[88] *Berlin* (für die östlichen Bezirke der Stadt), *Mecklenburg-Vorpommern* und *Sachsen* haben das Gesetz inzwischen aufgehoben,[89] in *Sachsen-Anhalt* gilt es nur noch für rechtswidrige hoheitliche Eingriffe in das Eigentum.[90] Das Gesetz gewährt dem Betroffenen für Schäden, die ihm durch Mitarbeiter oder Beauftragte staatlicher oder kommunaler Organe in Ausübung staatlicher Tätigkeit rechtswidrig zugefügt werden, vollen Schadensersatz, der grundsätzlich in Geld zu leisten ist (§§ 1 Abs. 1, 3 Abs. 1 StHG DDR);[91] der Anspruch besteht nicht, sofern ein Ersatz des Schadens auf andere Weise erlangt werden kann (§ 3 Abs. 3 StHG DDR). Die Haftung beschränkt sich auf die hoheitliche Tätigkeit; für die Schadensersatzpflicht staatlicher oder kommunaler Organe und Einrichtungen als Teilnehmer am Zivilrechtsverkehr gilt das Privatrecht (§ 1 Abs. 3 StHG DDR). Die in Brandenburg und Thüringen geltenden Vorschriften des Staatshaftungsgesetzes finden auch im schulischen

---

haftung, HbStR VI, § 157. Nachweise der Rspr. zur Amtshaftung im Schulbereich bei Hartwig *Sprau*, in: Palandt (Rn. 82), § 839 Rn. 137.

84 Art. 34 GG lässt es genügen, dass „jemand" in Ausübung eines ihm anvertrauten öffentlichen Amts eine Amtspflichtverletzung begeht; das kann auch nur ein vorübergehend mit Hoheitsfunktionen ausgestatteter Dritter, z.B. der Schülerlotse, sein (dazu TZ 25.222). – Zum Regressanspruch des Dienstherrn gegen den Bediensteten vgl. TZ 29.312.

85 Dazu *Maurer/Waldhoff*, Verwaltungsrecht, § 26, Rn. 30 f.; *Grzeszick* (Fn. 83), § 43, Rn. 32 ff.; *Ossenbühl/Cornlis* (Fn. 83), S. 80 ff., jeweils mit Nachweis der Rspr.: Die Leistung der Versicherung soll nicht den Schädiger begünstigen, sondern den Geschädigten absichern.

86 Vom 12.5.1969 (GBl. I S. 34).

87 Gem. Anlage II Kapitel III Sachgebiet B Abschnitt III Nr. 1 EVtr. Dazu und zum Folgenden: *Ossenbühl/Cornlis* (Fn. 83), S. 557 ff.; *Grzeszick* (Fn. 83), § 45, Rn. 27 ff.

88 Brandenburg: G. vom 2.6.1992 (GVBl. I S. 202), zul.g.d.G. vom 3.9.1997 (GVBl. I S. 104); Thüringen: Bek. der als Landesrecht fortgeltenden Vorschriften der ehemaligen DDR vom 2.10.1998 (GVBl. S. 329).

89 Berlin: G. zur Aufhebung der Regelung zur Staatshaftung in der DDR vom 21.9.1995 (GVBl. S. 607); Mecklenburg-Vorpommern: G. zur Aufhebung des Staatshaftungsgesetzes vom 17.3.2009 (GVOBl. S. 281); Sachsen: RechtsbereinigungsG vom 17.4.1998 (GVBl. S. 151).

90 Dort hat der Hoheitsträger für einen rechtswidrig zugefügten Vermögensnachteil, den seine Mitarbeiter oder Beauftragten durch einen unmittelbaren hoheitlichen Eingriff in das Eigentum des Betroffenen verursacht haben, eine angemessene Entschädigung in Geld zu leisten (§§ 1 Abs. 1, 3 Abs. 1 Satz 1 G. zur Regelung von Entschädigungsansprüchen im Lande Sachsen-Anhalt i.d.F. vom 1.1.1997 [GVBl. S. 2], zul.g.d.G. vom 18.11.2005 [GVBl. S. 698]).

91 § 1 Abs. 1 StHG DDR gilt trotz des missverständlichen Wortlauts auch für Schäden, die dem Betroffenen durch hoheitliches Handeln im kommunalen Wirkungskreis zugefügt werden (*Ossenbühl/Cornlis* [Fn. 83], S. 562 f.). Daher haftet nach dieser Vorschrift der kommunale Schulträger für den Schaden, den einer seiner Bediensteten durch hoheitliches Handeln rechtswidrig verursacht.

Bereich Anwendung[92], so dass in diesen Ländern ein Schüler bei einem ihm rechtswidrig zugefügten Sachschaden auch dann einen Schadensersatzanspruch hat, wenn ein Verschulden des Bediensteten nicht besteht bzw. nicht bewiesen werden kann.[93] Die Haftung nach § 839 Abs. 1 Satz 1 BGB i.V.m. Art. 34 Satz 1 GG ist durch diese Form der Staatshaftung nicht ausgeschlossen.[94]

25.322 Es gehört zu den Amtspflichten des Schulträgers, *Gebäude und Einrichtungen der Schule* in einem Zustand zu erhalten, der Gefahren für Gesundheit und Eigentum der Schülerinnen und Schüler ausschließt.[95] Bei Sachschäden, die Schüler erleiden, muss die Kommune für den Schaden nach den Grundsätzen der Amtshaftung aufkommen, falls ein Verschulden des Hausmeisters oder eines anderen Mitarbeiters vorliegt. Wenn die Einrichtungen der Schule nicht in ordnungsgemäßem Zustand sind, wird ein solches Verschulden in der Regel anzunehmen sein. Trifft den Schüler ein Mitverschulden, z.B. wegen Unachtsamkeit, mindert sich die Ersatzpflicht des Schulträgers, ggf. entfällt sie völlig (§ 254 BGB). Die Amtshaftung der Kommune für den von einem ihrer Bediensteten schuldhaft verursachten Schulunfall ist zwar hinsichtlich der nicht vorsätzlich verursachten Körperschäden durch die gesetzliche Unfallversicherung ausgeschlossen (TZ 25.316 a.E.); der dabei gleichzeitig entstandene Sachschaden ist indes dem Schulträger zuzurechnen. Stürzt beispielsweise ein Schüler im Turnunterricht vom Reck, weil sich die Reckstange aus der Verankerung gelöst hat, mit der Folge, dass er sich den Arm verstaucht und zugleich seine Armbanduhr zertrümmert, so kommt für den Körperschaden die Schülerunfallversicherung auf; den Sachschaden hingegen muss der Schulträger ersetzen, sofern es der zuständige Bedienstete schuldhaft unterlassen hat, den Zustand des Recks zu überprüfen. Neben der Kommune haftet auch das Land, falls es der Sportlehrer pflichtwidrig versäumt hat, die Sicherheit der Turngeräte zu kontrollieren.

25.323 Der *Schulträger ist den Schülern gegenüber dazu verpflichtet*, ihr berechtigterweise in die Schule mitgebrachtes *Eigentum* durch zumutbare und geeignete Vorkehrungen *gegen Diebstahl und Beschädigung zu schützen*. Auch diese Pflicht ist eine auf dem öffentlich-rechtlichen Schulverhältnis beruhende Amtspflicht. Wird sie schuldhaft verletzt, muss die Kommune für den dadurch entstehenden Schaden nach § 839 BGB i.V.m. Art. 34 GG Ersatz leisten.[96] Eine Amtshaftung des Schulträgers ist z.B. zu bejahen, wenn *Kleidungsstücke* abhanden kommen, weil die Schülergarderobe im Flur offen und für jedermann zugänglich aufgehängt werden muss und das Gebäude während der Unterrichtszeit von Unbefugten unkontrolliert betreten und verlassen werden kann.[97] Soweit Sachen in den

---

92 Zur Anwendbarkeit des StHG DDR auf Schadensfälle im Schulbereich s. Eckart *Klein*, Staatshaftung DDR, in: Bundesministerium für Innerdeutsche Beziehungen (Hrsg.), Bürger und Staat. Materialien zur Lage der Nation, Bonn 1990, S. 308 (310).

93 Schadensersatzansprüche nach dem StHG DDR sind wie beim Amtshaftungsprozess vor dem Landgericht geltend zu machen (§ 6a StHG DDR); vgl. TZ 26.44. In *Brandenburg* muss der Klage ein behördliches Antragsverfahren vorausgehen; demgegenüber ist der Anspruch in *Thüringen* unmittelbar durch gerichtliche Klage geltend zu machen.

94 So die h.M., vgl. etwa OLG Brandenburg, DtZ 1996, 391; *Ossenbühl/Cornlis* (Fn. 83), S. 588 f.; *Grzeszick* (Fn. 83), § 46, Rn. 29.

95 Die Sicherungspflicht des Schulträgers gegenüber den Schülerinnen und Schülern hat einen spezifischen, auf dem öffentlich-rechtlichen Schulverhältnis beruhenden Charakter. Sie zählt zu den hoheitlich wahrzunehmenden Amtspflichten. Anders ist die Rechtslage, wenn Schüler außerhalb des Schulverhältnisses, z.B. bei nachmittäglichem Spiel auf dem Schulgelände, einen Schaden erleiden; in diesem Fall haftet der Schulträger, wie gegenüber jedem Dritten, wegen Verletzung der privatrechtlichen Verkehrssicherungspflicht nach §§ 823, 831 BGB.

96 OLG Düsseldorf, Urt. vom 25.4.1974, Az.: 18 U 20/74, SPE 304 Nr. 5; VersR 1974, 1226.

97 Allerdings tritt die Ersatzpflicht des Schulträgers erst dann ein, wenn der für den Schaden verantwortliche Dieb nicht zu ermitteln ist (§ 839 Abs. 1 Satz 2 BGB). Deshalb muss zunächst Strafanzeige bei der Polizei oder Staatsanwaltschaft erhoben und der Bescheid über die Einstellung des Ermittlungsverfahrens abgewartet werden.

Unterrichtsraum mitgebracht und der Lehrkraft anvertraut werden, trifft diese eine Aufsichtspflicht (z.B. Aufbewahrung einer Armbanduhr während des Sportunterrichts); wird der Gegenstand wegen Unaufmerksamkeit der Lehrkraft entwendet, hat das Land für den Schaden einzustehen.[98] Die Haftung entfällt, wenn der Diebstahl oder die Beschädigung trotz ausreichender Sicherungsmaßnahmen eingetreten ist oder von dem Schüler selbst durch Unachtsamkeit oder Nichtbefolgen von Sicherungsvorschriften ermöglicht wurde. Die Ersatzpflicht entfällt ferner ganz oder wird zumindest gemindert, wenn der Schüler kostbare Gegenstände (z.B. wertvollen Schmuck, Designerkleidung) in die Schule mitbringt und diese Gegenstände abhandenkommen.[99] Die Haftung entfällt schließlich bei Diebstählen durch unentdeckt gebliebene Mitschüler, gegen die eine Sicherung praktisch kaum möglich ist. Das Vorhalten verschließbarer Einzelschränke ginge über das hinaus, was vom Schulträger billigerweise gefordert werden kann.

Umstritten ist, ob der Schulträger auch für die diebessichere *Aufbewahrung von Fahrrädern und Kraftfahrzeugen der Schüler* zu sorgen hat. Eine solche Verpflichtung würde indes zu weit führen. Es muss genügen, wenn die Kommune einen unbewachten Fahrradständer bereitstellt; die Schülerinnen und Schüler haben ihre Räder durch Abschließen oder Anketten selbst zu sichern. Für Diebstahl oder Beschädigung kann der Schulträger nur dann haftbar gemacht werden, wenn er durch Einrichtung eines gesicherten Fahrradraumes die Verantwortung erkennbar übernommen hat. Dem Schulträger ist zu empfehlen, Schüler durch Abschluss einer privaten Zusatzversicherung gegen Diebstahl und Sachschäden zu schützen.

25.324 Eine Amtshaftung des Landes ist immer dann zu bejahen, wenn Lehrkräfte durch *schuldhafte Verletzung ihrer Aufsichtspflicht* (TZ 29.22) einen Sachschaden verursachen. Haben Mitschüler den Schaden herbeigeführt – sie zerreißen beispielsweise ihrem Klassenkameraden während eines Streits auf dem Pausenhof die Jacke –, kommt subsidiär eine Haftung des Staates wegen Verletzung der Aufsichtspflicht der für die Aufsicht eingesetzten Lehrkraft in Betracht (vgl. TZ 29.312).

25.325 Ein geschädigter Schüler hat gegenüber einem *Mitschüler* einen Schadensersatzanspruch aus unerlaubter Handlung (§§ 823 ff. BGB), wenn dieser das Eigentum widerrechtlich und schuldhaft beeinträchtigt. Ist der Schädiger allerdings noch keine sieben Jahre alt, entfällt nach § 828 Abs. 1 BGB die Haftung mangels *Deliktsfähigkeit* (Zurechnungsfähigkeit). Minderjährige Schüler ab sieben Jahren sind nur bedingt deliktsfähig; sie brauchen dann keinen Ersatz zu leisten, wenn ihnen zum Zeitpunkt der Tat die für die Erkenntnis ihrer Verantwortlichkeit erforderliche Einsicht gefehlt hat (§ 828 Abs. 3 BGB). In solchen Fällen kommt nach § 829 BGB eine Haftung aus Billigkeitsgründen dann in Betracht, wenn der Schüler wirtschaftlich leistungsfähig ist. Bei einem Mitverschulden des geschädigten Schülers kann die Ersatzpflicht je nach den Umständen gemindert werden oder gänzlich entfallen (§ 254 BGB). Zur Amtshaftung des Landes wegen der der Lehrkraft obliegenden Aufsichtspflicht TZ 25.324.

25.326 Wird einem Schüler durch *Eltern eines Mitschülers oder schulfremde Personen* ein Schaden zugefügt, sind diese ihm aus unerlaubter Handlung (§§ 823 ff. BGB) zum Ersatz verpflichtet.

98 BGH, NJW 1964, 1670; s. aber LG Wuppertal, Urt. vom 29.11.2007, Az.: 160 56/07, SPE 304 Nr. 38: Ein Sportlehrer muss nicht für eine besondere Sicherung eines Mobiltelefons sorgen, das ohne ausdrückliche Aufforderung zu den von anderen Schülern abgegebenen Wertsachen gelegt wird.

99 Schüler müssen sich u.U. ein Mitverschulden der Eltern, die ihnen gestatten, Wertgegenstände in die Schule mitzunehmen, nach §§ 254, 278 BGB anrechnen lassen; die Rechtsbeziehungen zwischen Schüler und Schule stellen insoweit ein verwaltungsrechtliches Schuldverhältnis dar, auf das die Vorschriften für privatrechtliche Schuldverhältnisse entsprechend anzuwenden sind (BGH, NJW 1964, 1670).

25.327 Für Schadensersatzansprüche von *Schülern an Privatschulen* gelten abweichende Regelungen. Die Haftung des Schulträgers und des Schulpersonals richtet sich nach den allgemeinen privatrechtlichen Vorschriften.[100] Der Schulträger hat aufgrund des *Schulvertrags* (TZ 15.432) geeignete und zumutbare Vorkehrungen zu treffen, damit den Schülern kein Schaden widerfährt. Verletzt der Schulleiter, eine Lehrkraft oder ein sonstiger Arbeitnehmer der Schule diese vertragliche Pflicht widerrechtlich und schuldhaft, muss der Schulträger für den durch den sogenannten Erfüllungsgehilfen verursachten Schaden einstehen (§ 278 BGB). Außerdem kommt eine persönliche Haftung des Schädigers aus unerlaubter Handlung (§§ 823 ff. BGB) in Betracht. Dabei wird regelmäßig schon aus Beweisgründen der vertragliche Anspruch gegen den Schulträger günstiger sein. Soweit Bedienstete einer anerkannten Ersatzschule bei der Wahrnehmung hoheitlicher Funktionen (vgl. TZ 15.65) schuldhaft einen Schaden verursachen, haftet das Land nach § 839 Abs 1 Satz 1 BGB i.V.m. Art. 34 Satz 1 GG.

25.4 Haftungsprobleme: Schülerinnen und Schüler als Schädiger

Auch Schüler verursachen Schäden, für die sie anderen gegenüber haftbar gemacht werden können. Dabei ist zwischen einer Haftung für Körperschäden (TZ 25.41) und für Sachschäden (TZ 25.42) zu unterscheiden.

25.41 Haftung für Körperschäden

25.411 Verletzt ein Schüler einen Mitschüler bei einem Schulunfall, ist die Haftung in der Regel durch § 106 Abs. 1 Nr. 1 i.V.m. §§ 104, 105 SGB VII ausgeschlossen (vgl. TZ 25.316). Sofern er aber den Mitschüler vorsätzlich verletzt und soweit der Vorsatz auch die Verletzungsfolgen umfasst, haftet er gegenüber dem Geschädigten nach den allgemeinen Haftungsvorschriften der §§ 823 ff. BGB.[101]

25.412 Erleidet eine *Lehrkraft* einen Arbeitsunfall, braucht der unfallverursachende Schüler gleichfalls nicht zu haften, weil die Lehrkraft „Betriebsangehörige" der Schule ist (§ 106 Abs. 1 Nr. 2 i.V.m. §§ 104, 105 SGB VII).[102] Gleiches gilt für Arbeits- bzw. Dienstunfälle *anderer Schulbediensteter*, die von Schülern verursacht worden sind.

25.413 Wenn ein Schüler einem *Dritten*, der sich auf dem Schulgelände aufhält (z.B. einer Mutter, die zur Elternsprechstunde kommt, oder einem Vertreter, der seine Ware anbietet), einen Körperschaden zufügt, haftet er nach den allgemeinen Vorschriften über die unerlaubte Handlung (§§ 823 ff. BGB). Die Ersatzpflicht entfällt, falls der Geschädigte – z.B. durch Wahrnehmung eines Amts in der Elternvertretung, durch Mitwirkung bei der Organisation und Durchführung eines Schulfests – als „Betriebsangehöriger" der Schule tätig wird (§ 106 Abs. 1 Nr. 2 i.V.m. §§ 104, 105 SGB VII).

25.42 Haftung für Sachschäden

25.421 Die Schüler müssen für Sachschäden, die sie einem anderen rechtswidrig und schuldhaft zufügen, nach §§ 823 ff. BGB einstehen.[103] Wer beispielsweise den Taschen-

100 Zur Schülerunfallversicherung für Privatschüler TZ 25.311.
101 Vgl. BGH, NZS 2012, 546; so schon BGH, NJW 2003, 1605.
102 Auch beamtete Lehrer sind Betriebsangehörige, vgl. *Schmitt* (Fn. 34), § 106 Rn. 5.
103 Oder auch, im Verhältnis zum Schulträger bzw. zum Land, aufgrund eines verwaltungsrechtlichen Schuldverhältnisses, auf das die Vorschriften des privatrechtlichen Schuldrechts zumeist entsprechend anzuwenden sind. So richtet sich z.B. die Haftung der Schüler für die Beschädigung der ihm leihweise überlassenen Schulbücher nach den BGB-Bestimmungen über die Leihe (§§ 598 ff., dazu TZ 23.222).

rechner des Mitschülers entwendet, die Kleidung einer Lehrkraft mit Tintenspritzern beschmiert, die Wandtafel demoliert oder ein ihm leihweise überlassenes Schulbuch zerfleddert, hat Schadensersatz zu leisten. Diese Haftung entfällt bei minderjährigen Schülerinnen und Schülern nur dann, wenn sie zum Zeitpunkt der Tat nicht deliktsfähig waren (s. TZ 25.325).

Die in der Praxis gelegentlich angewandte *Kollektivhaftung der Klasse* für einen Schaden, dessen Verursacher ersichtlich der Klasse angehört, sich aber nicht meldet und nicht zu ermitteln ist, ist unzulässig. Pädagogisch mag sie im Einzelfall zwar als vertretbar erscheinen; eine Zahlung lässt sich aber weder von den Schülern noch von deren Eltern erzwingen. Falls jedoch mehrere Schüler durch eine gemeinschaftlich begangene unerlaubte Handlung einen Schaden verursacht haben, kann jeder Beteiligte nach § 830 BGB zum Ersatz des gesamten Schadens herangezogen werden.

Beschädigt oder zerstört ein Schüler einer Privatschule Sachen, die im Eigentum des Schulträgers stehen, kommt eine Haftung der Eltern aus dem Schulvertrag in Betracht; bei grob vertragswidrigem Verhalten des Schülers müssen sie sich dessen Handlung als die eines „Erfüllungsgehilfen" (§ 278 BGB, dazu TZ 25.227) zurechnen lassen.[104]

25.422 Wird ein Schüler im Auftrag der Schule oder einer Lehrkraft gegenüber Mitschülern hoheitlich tätig (z.B. als Schülerlotse oder bei der Beaufsichtigung einer Klasse), muss der Staat für den aus einer schuldhaften Amtspflichtverletzung des Schülers entstehenden Sachschaden nach § 839 BGB i.V.m. Art. 34 GG aufkommen.[105] Sofern ein Verschulden des Schülers entfällt, weil ihm als Minderjährigem im konkreten Fall die für die Erkenntnis seiner Verantwortlichkeit erforderliche Einsicht gefehlt hat (vgl. TZ 25.325), dürfte eine Amtshaftung des Landes wegen der von der Lehrkraft fehlerhaft getroffenen Auswahl des Schülers gleichwohl zu bejahen sein.[106]

25.5 Haftungsprobleme: Eltern als Geschädigte

25.51 Ansprüche bei Körperschäden

25.511 Wenn Eltern *im Rahmen des Schulverhältnisses* mit der Schule in Kontakt treten (z.B. eine Lehrkraft während der Sprechstunde aufsuchen oder einen Elternabend besuchen), muss der Schulträger oder das Land für einen Schaden, den ein Bediensteter schuldhaft verursacht hat, *nach Amtshaftungsgrundsätzen* (§ 839 BGB i.V.m. Art. 34 GG) Ersatz leisten (vgl. TZ 25.321). Die Amtshaftung tritt subsidiär auch dann ein, wenn der Schaden, den Eltern oder schulfremde Personen erleiden, auf das Fehlverhalten eines Schülers zurückzuführen ist und zugleich eine Verletzung der Aufsichtspflicht der Lehrkraft vorliegt.[107]

25.512 Eltern, die für die Schule *ehrenamtlich tätig* sind (z.B. als Mitglieder im Schulelternbeirat), stehen unter dem Schutz der gesetzlichen Unfallversicherung (§ 2 Abs. 1

---

104 Vgl. BGH, NJW 1984, 2093 (Internatsvertrag).

105 Die Amtshaftung des Landes scheitert nicht daran, dass die Übertragung von Hoheitsrechten auf Schüler der gesetzlichen Grundlage ermangelt. Abgesehen davon, dass die vermeintliche Rechtswidrigkeit des Übertragungsaktes ihn nicht unwirksam macht, dürfte die Beauftragung der Schüler mit begrenzten Hoheitsbefugnissen gegenüber Mitschülern durch den gesetzlichen Erziehungsauftrag der Schule gerechtfertigt sein. Vgl. dazu OLG Köln, NJW 1968, 655 (Schülerlotse); LG Rottweil, NJW 1990, 474 (Übertragung der Klassenaufsicht auf einen Schüler).

106 Dazu auch schon *Stober* (Fn. 43), S. 139, 144; vgl. auch TZ 25.222.

107 Die Aufsichtspflicht ist eine Amtspflicht, die nicht nur dem Schutz des Schülers dient, sondern auch verhindern soll, dass ein Schüler einer anderen Person einen Schaden zufügt (vgl. TZ 19.41).

Nr. 10a SGB VII).[108] Das Gleiche gilt bei der *Wahrnehmung von Hilfsfunktionen* für die Schule (§ 2 Abs. 2 Satz 1 SGB VII). So hat ein Vater, der anstelle eines verhinderten Lehrers mit Einverständnis des Schulleiters Schwimmunterricht erteilt und dabei einen Badeunfall erleidet, Anspruch auf die Leistungen der gesetzlichen Unfallversicherung. Ebenso besteht Versicherungsschutz für Eltern, die im Auftrag der Schule die Klasse auf einer Schulwanderung, bei einer Studienfahrt oder bei einem Schullandheimaufenthalt begleiten oder die auf eigene Initiative mit Zustimmung des Schulträgers in ihrer Freizeit Schulräume renovieren. Nicht versichert sind Eltern hingegen beim Transport ihres Kindes zur Schule oder von dort nach Hause; es handelt sich hierbei um eine Tätigkeit im Rahmen der elterlichen Aufsichts- und Fürsorgepflicht, die ausschließlich dem privaten Bereich zuzuordnen ist.[109] Etwas anderes gilt, wenn die Erziehungsberechtigten das Kind auf der Fahrt zur Arbeit mitnehmen, mögen sie dabei auch einen Umweg in Kauf nehmen müssen; da sie mit ihrem Kind eine Fahrgemeinschaft bilden, sind sie nach § 8 Abs. 2 Buchst. b SGB VII gegen einen Unfall versichert.[110]

25.513 Im Übrigen können Eltern und dritte Personen bei einem (Körper-)Schaden, der der Schule *außerhalb ihres öffentlich-rechtlichen Pflichtenkreises* zuzurechnen ist[111], Schadensersatz aus unerlaubter Handlung verlangen (z.B. Sturz eines die Schule besuchenden Vertreters bei Glatteis, weil der Hausmeister nicht gestreut hatte). Schadensersatzpflichtig ist nach § 823 BGB der Bedienstete, der den Schaden schuldhaft herbeigeführt hat. Daneben kommt eine Haftung des Dienstherrn in Betracht: für die schadensersatzpflichtige Handlung eines „verfassungsmäßig berufenen Vertreters" (z.B. des Schulleiters) nach §§ 31, 89 BGB sowie für die widerrechtliche Schädigung durch einen „Verrichtungsgehilfen" (z.B. Hausmeister) nach § 831 BGB mit der Möglichkeit des Entlastungsbeweises. Gegenüber einer Privatschule kann der Ersatzanspruch ggf. außerdem auf den Schulvertrag gestützt werden (TZ 25.328). Die Haftung mindert sich oder entfällt nach § 254 BGB, wenn ein Mitverschulden des Geschädigten vorliegt.

25.514 Von einem *Schüler* können Eltern (oder Dritte) Schadensersatz verlangen, sofern er für seine Tat verantwortlich ist (§§ 823 ff. BGB, vgl. TZ 25.325) und die gesetzliche Unfallversicherung nicht eintritt. Zur Frage der Amtshaftung wegen Aufsichtspflichtverletzung der Lehrkräfte s. TZ 25.511.

25.52 Ansprüche bei Sachschäden

Insoweit wird auf die Ausführungen unter 25.511 und 25.514 verwiesen.

25.6 Haftungsprobleme: Eltern als Schädiger

25.61 Haftung für Körperschäden

Für Körperschäden, die sie schuldhaft verursacht haben, haften Eltern aus unerlaubter Handlung (§§ 823 ff. BGB). Sofern sie jedoch als „Betriebsangehörige" der Schule tätig werden (z.B. als Aufsichtsperson bei einer Schulwanderung oder als Helfer bei der

---

108 BSG, Urt. vom 12.7.1979, Az.: 2 RU 10/79 (juris). Das BSG rechnet das Amt des Vorsitzenden des Elternbeirats dem Aufgabenbereich des Schulträgers zu; demnach wäre, sofern nicht eine gemeinsame Unfallkasse für die Unfallversicherung im Landes- und im kommunalen Bereich besteht, die Entschädigung vom zuständigen Gemeindeunfallversicherungsverband zu leisten (vgl. TZ 25.317).

109 Das Kind selbst ist demgegenüber auf dem Schulweg versichert (vgl. TZ 25.313).

110 Zuständiger Unfallversicherungsträger ist allerdings nicht der Träger der Schülerunfallversicherung, sondern die Berufsgenossenschaft des Betriebes.

111 So dass kein auf Amtshaftung gestützter Anspruch besteht.

gemeinschaftlichen Mittagsverpflegung) und in dieser Funktion den Unfall eines Schülers verursachen, sind sie in der Regel von der Haftung befreit (§ 106 Abs. 1 Nr. 3 i.V.m. §§ 104, 105 SGB VII).[112] Der Haftungsausschluss nach §§ 104 ff. SGB VII bezieht sich indes nur auf Körperschäden einschließlich Schmerzensgeld.

25.62 Haftung für Sachschäden

Für einen von ihnen selbst verursachten Schaden müssen Eltern nach §§ 823 ff. BGB aufkommen. Gegenüber der Privatschule ist außerdem eine Haftung wegen Verletzung der ihnen aufgrund des Schulvertrags obliegenden Obhuts- und Sorgfaltspflichten möglich.

25.63 Haftung wegen Aufsichtspflichtverletzung

Eltern können auch dann ersatzpflichtig gemacht werden, wenn sie ihr Kind nicht genügend beaufsichtigt haben (§ 832 BGB); sie haften in diesem Fall gewissermaßen als mittelbare Schädiger. Zu denken ist vor allem an die den Schülerinnen und Schülern im Rahmen der Lernmittelfreiheit leihweise überlassenen *Schulbücher* (TZ 23.222). Hier haben die Eltern dafür zu sorgen, dass ihre Kinder pfleglich mit fremdem Eigentum umgeht; sie müssen die Folgen ihrer Erziehungsversäumnisse tragen und Ersatz leisten, wenn die Bücher verloren gehen oder infolge nachlässiger oder mutwilliger Behandlung in einer Weise beschädigt werden, die über die übliche Abnutzung hinausgeht.

---

112 Deshalb besteht z.B. keine Haftung des Ehemanns einer Lehrerin oder des Vaters eines Schülers, der bei einem Schulfest das Grillgerät bedient und hierbei einen Schüler verletzt (BSG, NJW 1980, 289). Demgegenüber sind der Transportunternehmer eines Schulbusses und der von ihm eingesetzte Fahrer nicht in den Schulbetrieb eingegliedert; ihre Haftung für einen Schulunfall ist daher durch die Regelung der gesetzlichen Unfallversicherung nicht ausgeschlossen (BGH, NJW 1982, 1042).

26. Kapitel: Rechtsschutz von Schülerinnen und Schülern sowie Eltern

Schüler und ihre Eltern sind der Schule und den Schulbehörden nicht schutzlos ausgeliefert. Wenn sie sich durch das Verhalten einer Lehrkraft, durch eine Entscheidung der Klassenkonferenz, durch eine Maßnahme der Schulaufsicht oder des Schulträgers in ihren Rechten beeinträchtigt fühlen, können sie sich außergerichtlich und gerichtlich zur Wehr setzen.[1] Neben formlosen Rechtsbehelfen (TZ 26.1) können sie gegen Verwaltungsakte den förmlichen Rechtsbehelf des Widerspruchs erheben (TZ 26.2). Vor allem aber steht ihnen aufgrund der in Art. 19 Abs. 4 GG garantierten Rechtsschutzgarantie der Rechtsweg zu den Gerichten offen. Dabei ist im Schulverhältnis das verwaltungsgerichtliche Verfahren von herausragender Bedeutung (TZ 26.3). In Betracht kommen außerdem Klagen vor dem Zivilgericht (TZ 26.4) und dem Sozialgericht (TZ 26.5). Zum Rechtsschutz der Lehrkräfte s. das 32. Kapitel.

26.1. Formlose Rechtsbehelfe

Schülern und Erziehungsberechtigten, die darauf hinwirken wollen, dass eine aus ihrer Sicht fehlerhafte Entscheidung der Schule rückgängig gemacht oder ein Missstand in der Schule abgestellt wird, stehen formlose Rechtsbehelfe zur Verfügung.[2] Dazu zählt das in Art. 17 GG[3] als Grundrecht normierte (Petitions-)Recht, das den Betroffenen einen Anspruch auf Entgegennahme, Prüfung und Bescheidung der Petition durch den (zuständigen) Petitionsadressaten verbürgt.[4] Mit der *Gegenvorstellung* wendet man sich an die Stelle, die den beanstandeten Akt erlassen hat oder für den beanstandeten Mangel unmittelbar verantwortlich ist, um auf Aufhebung oder Änderung zu dringen (z.B. Gegenvorstellung bei der Schule wegen fortgesetzten Unterrichtsausfalls). Mit der *(Dienst-)Aufsichtsbeschwerde* wird an die übergeordnete Behörde appelliert, die umstrittene Maßnahme zu überprüfen (z.B. Aufsichtsbeschwerde beim staatlichen Schulamt wegen Verletzung der Aufsichtspflicht durch eine Lehrkraft). Gegenvorstellung und Aufsichtsbeschwerde sind weder an eine Frist noch an die Einhaltung einer bestimmten Form gebunden.[5] Im Unterschied

---

1 Vgl. zum verwaltungsgerichtlichen Rechtsschutz im Allgemeinen: Edgar *Bosch*/Jörg *Schmidt*/Rolf R. *Vondung*, Praktische Einführung in das verwaltungsgerichtliche Verfahren, 9. Aufl., Stuttgart 2012; Jürgen *Brandt*/Ulf *Domgörgen* (Hrsg.), Handbuch Verwaltungsverfahren und Verwaltungsprozess, 4. Aufl., Heidelberg 2018; Friedhelm *Hufen* Verwaltungsprozessrecht. 10. Aufl., München 2016; Wolf-Rüdiger *Schenke*, Verwaltungsprozessrecht. 15. Aufl., Heidelberg 2017. Speziell zum Rechtsschutz im Schulverhältnis: Thomas *Böhm*, Grundkurs Schulrecht III: Zentrale Fragen zur Leistungsbeurteilung und zum Prüfungsrecht, 2. Aufl., Köln 2015, S. 80 ff.; *Niehues/Fischer/Jeremias*, Prüfungsrecht, Kap. G und H; *Rux/Niehues*, Schulrecht, Rn. 1433 ff.; Wolfgang *Zimmerling*/Rolf *Brehm*, Prüfungsrecht, 3. Aufl., Köln 2007, §§ 61 ff.

2 Zur Einführung *Hufen* (Fn. 1), § 1 Rn. 45 ff. *Schenke* (Fn. 1), Rn. 2 ff.; Albert *von Mutius*, Nichtförmliche Rechtsbehelfe in der öffentlichen Verwaltung, Jura 1989, 105. S. auch Timo *Hebeler*, Verwaltungspersonal, Baden-Baden 2008, S. 334 ff.

3 Jedermann hat das Recht, sich einzeln oder in Gemeinschaft mit anderen schriftlich mit Bitten oder Beschwerden an die zuständigen Stellen und an die Volksvertretung zu wenden.

4 Hierzu Wolfgang *Hoffmann-Riem*, Zum Gewährleistungsgehalt der Petitionsfreiheit, in: Lerke Osterloh/Karsten Schmidt/Hermann Weber (Hrsg.), Staat, Wirtschaft, Finanzverfassung. Festschrift für Peter Selmer, Berlin 2004, S. 93.

5 Da Art. 17 GG das Recht gewährleistet, sich schriftlich mit Bitten oder Beschwerden an die zuständigen Stellen und an die Volksvertretung zu wenden, sind mündliche Eingaben vom Grundrechtsschutz nicht umfasst. Demgegenüber erstreckt sich das Petitionsrecht nach einigen Landesverfassungen auch auf mündlich eingereichte Bitten und Beschwerden. S. bspw. Art. 24 Satz 1 bbg Verf., Art. 16 hess Verf. und Art. 14 Satz 1 thür Verf. Damit gehen diese Vorschriften in zulässiger Weise (Art. 142 GG) über die bundesrechtliche Gewährleistung des Art. 17 GG hinaus.

zu förmlichen Rechtsbehelfen (für den Widerspruch TZ 26.23; für die Klage TZ 26.33) kommt ihnen keine aufschiebende Wirkung zu. Die angegangene Behörde ist verpflichtet, den Rechtsbehelf entgegenzunehmen, ihn sachlich zu prüfen und zu bescheiden. Außerdem ist der Beschwerdeführer zumindest über die Art der beabsichtigten oder vollzogenen Erledigung zu unterrichten; eine Begründung ist jedoch nicht zwingend erforderlich.[6] Das Gleiche gilt, wenn Schüler oder ihre Eltern eine Eingabe an den *Petitionsausschuss des Landtages* richten.

Zu den formlosen Rechtsbehelfen gehört ferner die Möglichkeit der Schüler, auf etwaige Irrtümer und Rechtsfehler von Entscheidungen der Lehrkräfte zeitnah hinzuweisen, so dass diese ihre Bewertungen „überdenken" können und hiernach möglicherweise abändern (s. hierzu in Zusammenhang mit Bewertungen ausführlich TZ 20.61 und 20.62).

26.2 Widerspruchsverfahren

26.21 Allgemeines

Sofern sich Schüler oder Eltern durch einen *Verwaltungsakt* oder durch die Ablehnung eines beantragten Verwaltungsakts in ihren rechtlich geschützten Interessen beeinträchtigt fühlen, können sie Widerspruch einlegen (§ 68 Abs. 1 und 2 VwGO, § 78 Abs. 1 und 3 SGG) und damit ein förmliches Widerspruchverfahren einleiten.[7]

Aufgrund jüngerer Reformen zur Straffung von Abläufen in der Verwaltung ist zwar für einige Teilbereiche des Verwaltungsrechts das Widerspruchsverfahren abgeschafft worden.[8] Da der Schulbereich hiervon jedoch ausgenommen ist, stellt die Durchführung eines Widerspruchsverfahrens dort weiterhin eine zwingende Voraussetzung für die Erhebung einer späteren *Anfechtungs- oder Verpflichtungsklage* dar (§ 68 Abs. 1 Satz 1, Abs. 2 VwGO).[9] Einzig in Bayern hat der Betroffene im Bereich des Schulrechts[10] ein Wahlrecht, ob er Widerspruch einlegen oder unmittelbar Klage erheben will.[11] Zu den Klagearten TZ 26.32.

Begründet wird die Notwendigkeit der Beibehaltung des Widerspruchsverfahrens damit, dass im schulischen Bereich in der überwiegenden Zahl der Fälle Entscheidungen von juristisch nicht ausgebildeten Beschäftigten getroffen werden. Außerdem werden durch Entscheidungen im Laufe des schulischen Bildungsweges (beispielsweise über den Zugang zu einem bestimmten Bildungsgang, die Aufnahme oder Nichtaufnahme in eine bestimmte Schule, die Versetzung in den nächsthöheren Jahrgang, im Prüfungsrecht oder bei der Ver-

6 So BVerfGE, 2, 225 (330); BVerfG, NJW 1992, 3033; BVerwG, NJW 1991, 936 (937); von einer Begründungspflicht gehen hingegen aus OVG Bremen, JZ 1990, 965 (966 f.), mit zust. Anmerkung von Jörg *Lücke*; Hans H. *Klein*, in: Maunz/Dürig, Grundgesetz Kommentar, Art. 17 Rn. 90, dort auch zahlreiche weitere Nachweise zum Streitstand. Nach Art. 10 Satz 2 Verf. M-V, Art. 35 Satz 2 sächs Verf. und Art. 14 Satz 2 thür Verf. besteht ein Anspruch auf einen begründeten Bescheid in angemessener Frist.

7 Zur Einführung s. *Hufen* (Fn. 1), §§ 5 ff.; *Schenke* (Fn. 1), § 18. Speziell zum Widerspruchsverfahren im schulischen Bereich s. *Rux/Niehues*, Schulrecht, Rn. 1461 ff.; *Zimmerling/Brehm* (Fn. 1), § 64.

8 S. hierzu nur Guy *Beaucamp*/Petra *Ringermuth*, Empfiehlt sich die Beseitigung des Widerspruchsverfahrens?, DVBl. 2008, 426; Thomas *Holzner*, Die Abschaffung des Widerspruchsverfahrens, DÖV 2008, 217.

9 Bei Verwaltungsakten, die von einer obersten Landesbehörde (§ 68 Abs. 2 Satz 2 Nr. 1 VwGO), z.B. dem Kultusministerium, erlassen worden sind, ist das Widerspruchsverfahren allerdings entbehrlich; in Baden-Württemberg gilt dies auch für Verwaltungsakte der allgemeinen Landesmittelbehörden (Regierungspräsidien), s. § 15 Abs. 1 Satz 1 AGVwGO.

10 Einschließlich des Rechts der Schulfinanzierung und der Schülerbeförderung

11 Art. 15 Abs. 1 Satz 1 Nr. 3 des Gesetzes zur Ausführung der Verwaltungsgerichtsordnung (AGVwGO) vom 20.6.1992 (GVBl. S. 162), zul.g.d. Artikel 10b Abs. 4 des Gesetzes vom 23.6.2015 (GVBl. S. 178).

hängung von Ordnungsmaßnahmen) für das weitere Leben der davon Betroffenen derart wichtige Festlegungen getroffen, dass ein dem gerichtlichen Rechtsschutz vorgeschaltetes verwaltungsinternes Kontrollverfahren geboten ist.[12]

26.211 Ein *Verwaltungsakt ist jede Verfügung, Entscheidung oder andere hoheitliche Maßnahme, die eine Behörde zur Regelung eines Einzelfalls auf dem Gebiet des öffentlichen Rechts trifft und die auf unmittelbare Rechtswirkung nach außen gerichtet ist* (§ 35 Satz 1 VwVfG, § 31 Satz 1 SGB X). Davon zu unterscheiden sind vor allem die sog. *Realakte*, also solche Handlungen einer Behörde, die nicht auf bestimmte Rechtswirkungen abzielen, sondern nur einen tatsächlichen Erfolg herbeiführen.[13] Wann jeweils ein Verwaltungsakt oder ein Realakt vorliegt, wird in den verschiedenen Kapiteln dieses Buchs in Bezug auf die dort jeweils behandelten Handlungen, Maßnahmen bzw. Entscheidungen im Schulbereich konkret erläutert. Die *wichtigsten Bereiche, in denen darüber gestritten wird, ob ein Verwaltungsakt vorliegt,* seien der Übersicht wegen an dieser Stelle aufgezählt:

- Im Zusammenhang mit der *Schulpflicht* handelt es sich insbesondere bei der Ablehnung der vorzeitigen Einschulung, bei der Zurückstellung noch nicht schulreifer Kinder, bei der Verlängerung der Vollzeitschulpflicht für Schüler, die einen Abschluss der Hauptschule oder der Förderschule nicht erreicht haben, bei der Feststellung eines sonderpädagogischen Förderbedarfs und der Zuweisung zur Förderschule um Verwaltungsakte.[14]
- Die *Nichtaufnahme von Schülerinnen in eine weiterführende Schulart oder in die gewünschte Einzelschule* ist gleichfalls ein Verwaltungsakt[15], nicht hingegen die Verweigerung der Aufnahme in eine bestimmte Klasse[16].
- Im Bereich der *Leistungsbewertungen* rechnen zu den Verwaltungsakten insbesondere die Nichtversetzung *von Schülern*, Versetzungs- und Abschlusszeugnisse sowie Prüfungsentscheidungen.[17] Keine Verwaltungsakte sind hingegen die Benotung einer Klassenarbeit, die Bewertung einzelner Unterrichtsleistungen, die Beurteilung des Sozialverhaltens im Zeugnis, in der Regel auch nicht die einzelne Zeugnisnote[18]; Einzelnoten sind ausnahmsweise dann als Verwaltungsakte anzusehen, wenn sie als solche, z.B. bei der Zulassung zum Studium, unmittelbar rechtserheblich sind[19] (vgl. TZ 20.211, 20.223).
- Die *inhaltliche Gestaltung des Unterrichts* wird weitgehend durch pädagogische Prozesse und sonstige Einwirkungen bestimmt, denen die Merkmale des Verwaltungsakts in aller Regel fehlen. Unzulängliche Unterrichtsleistungen von Lehrkräften, Verstöße gegen das Toleranzgebot oder der Ausfall von Stunden sind Mängel, die sich nicht als

---

12 So etwa die Begründung für die Beibehaltung des Widerspruchsverfahrens im Schulbereich in Bayern im Zuge der Reform des verwaltungsinternen Kontrollverfahrens, s. Bayerischer Landtag, Drucks. 15/7252, S. 7.

13 Zum Begriff des Realakts Barbara *Remmert*, Verwaltungshandeln und Verwaltungsrechtsverhältnis, in: Hans-Uwe Erichsen/Dirk Ehlers (Hrsg.), Allgemeines Verwaltungsrecht, 14. Aufl., Berlin und New York 2010, § 35 Rn. 1 ff.; *Maurer/Waldhoff*, Verwaltungsrecht, § 15.

14 Dazu etwa VGH Kassel, DÖV 2007, 349; OVG Münster, NVwZ-RR 1989, 303 (304); VGH Mannheim, Beschluss vom 10.12.2017, Az.: 9 S 2313 (juris), Rn. 3.

15 Vgl. dazu BVerwGE 5, 153 (153 f.); OVG Münster, Beschluss vom 10.8.2007, Az.: 19 B 758/07 (juris), Rn. 13.

16 Für die verweigerte Aufnahme in eine besondere, im Hinblick auf die Klassenstärke indes begrenzte Notebook-Klasse s. OVG Lüneburg, NdsVBl 2014, 108 (109).

17 BVerwGE 56, 155 (157 f.); 88, 111 (112); BVerwG, DÖV 2007, 166 (166); VGH Mannheim, NVwZ-RR 1993, 358 (358 f.).

18 BVerwG, NVwZ-RR 1994, 582 (582), allerdings für die Erste Juristische Staatsprüfung; ebenso (für die Note im Fach Englisch) im Berufskolleg: OVG Münster, NVwZ-RR 2001, 384 (384).

19 M.w.N. OVG Münster, NVwZ-RR 2001, 384 (384 f.); BVerwG, DÖV 1983, 819; vgl. auch schon BVerwGE 73, 376 (377).

Verwaltungsakt qualifizieren lassen.[20] Die *Nichtzulassung eines Schulbuchs* stellt gegenüber dem Verlag hingegen einen Verwaltungsakt dar.[21]

- Förmliche *Ordnungsmaßnahmen* sind Verwaltungsakte, nicht jedoch *Erziehungsmaßnahmen.*[22]
- *Schulorganisationsakte* haben die Eigenschaft von Verwaltungsakten, wenn sie für die Betroffenen weitreichende Folgen nach sich ziehen. So sind die Schließung einer Schule, die Zusammenlegung von Schulen, die Verlegung des Standorts einer Schule oder der Übergang von der Sechs- zur Fünf-Tage-Woche als Verwaltungsakte anzusehen[23], nicht aber schulinterne Maßnahmen wie die Auflösung einer Parallelklasse, die Zuweisung von Schülern zu einer bestimmten Klasse oder deren Umsetzung innerhalb der Klasse.[24]
- Wird der Antrag auf *Genehmigung oder Anerkennung einer privaten Ersatzschule* durch die Schulbehörde abgelehnt, liegt darin ebenfalls ein Verwaltungsakt.[25]
- Auch Entscheidungen über *finanzielle Hilfen für Schüler* sind Verwaltungsakte (z.B. die Nichteinbeziehung von Schülern in die Lernmittelfreiheit, die Versagung der Fahrtkostenerstattung, die Ablehnung eines Antrags auf Ausbildungsförderung (TZ 23.6) oder der Gewährung zusätzlicher Leistungen für die Schule nach § 28 SGB II bzw. § 34 SGB XII (TZ 23.5). Das Gleiche gilt für die *Entscheidungen der Träger der Schülerunfallversicherung* über die Entschädigungsleistungen für durch einen Schulunfall verletzte Schüler (TZ 25.31).
- Umstritten ist der Verwaltungsaktcharakter von *verbindlichen Schulempfehlungen*, in denen die abgebenden Grundschulen beim Übergang in die weiterführenden Schulen die Eignung des Schülers feststellen. Die Eltern können zunächst ungeachtet der jeweiligen Empfehlungen über die von ihrem Kind zu wählenden Schulart entscheiden; erst wenn das Kind nach dem Wunsch der Eltern entgegen der bindenden Empfehlung eine Schule besuchen soll, schließen sich möglicherweise weitere Schritte an (vgl. dazu ausführlich TZ 18.21). Infolgedessen geht die Rechtsprechung davon aus, dass Schulempfehlungen nur die *erste Stufe auf dem Weg zu einer Aufnahmeprüfung* darstellen und ihnen selbst kein Regelungscharakter i.S.d. § 35 Satz 1 VwVfG zukommt.[26] In der rechtswissenschaftlichen Literatur wird hingegen auf die in Art. 19 Abs. 4 GG normierte Rechtsschutzgarantie und darauf hingewiesen, dass die Schulempfehlung die Pflicht begründet, an einem von geringen Erfolgsquoten[27] geprägten Aufnahmeverfah-

---

20 Zur Rechtsnatur von Maßnahmen der inhaltlichen Unterrichtsgestaltung Hinnerk *Wißmann*, Pädagogische Freiheit als Rechtsbegriff, Baden-Baden 2002, S. 45 ff.

21 Vgl. BVerwGE 79, 289; s. auch VGH München, NVwZ-RR 1993, 357.

22 Dazu *Hufen* (Fn. 1), § 14 Rn. 41. M.w.N. s. auch Paul *Stelkens*, in: ders./Heinz Joachim Bonk/Michael Sachs, Verwaltungsverfahrensgesetz – Kommentar, 9. Aufl., München 2018, § 35 Rn. 202. Zur Unterscheidung zwischen Erziehungs- und Ordnungsmaßnahmen s. das 22. Kapitel.

23 Schließung einer Schule: BVerwGE 18, 40 (41 f.); BVerwG, DVBl. 1978, 640; BVerwG, DVBl. 1979, 352; OVG Koblenz, NVwZ-RR 1988, 82; OVG Münster, NVwZ-RR 1996, 90 (91 f.). Zusammenlegung von Schulen: OVG Lüneburg, KirchE 46, 75. Standortverlegung einer Schule: OVG Münster, DVBl. 1979, 563; VG Münster, Urteil vom 21.2.2008, Az.: 1 K 1564/07 (juris), Rn. 44 ff.; demgegenüber lässt es der VGH Mannheim, NVwZ-RR 1996, 89 (90), offen, ob die Verlegung einer Schule im Gemeindegebiet ein Verwaltungsakt oder eine bloß innerorganisatorische Maßnahme ist.

24 Festsetzung von Klassenstärken und Zuteilung zu einer Klasse: OVG Lüneburg, NdsVBl 2014, 108 (109); VGH München, NVwZ-RR 1993, 355; VGH München, Beschluss vom 10.9.2013, Az.: 7 CS 13.1880 (juris), Rn. 7 ff.; etwas anders kann ausnahmsweise nur dann gelten, wenn durch die schulische Organisationsmaßnahme schwerwiegende Gesundheitsbeeinträchtigungen bei den Schülern zu befürchten sind, s. OVG Münster, NVwZ-RR 1995, 666. Für die fehlende Außenwirkung bei der Schulnetzplanung s. OVG Weimar, ThürVBl 2017, 99.

25 BVerwGE 153, 301 (302).

26 S. OVG Bautzen, LKV 1994, 450 (452); VGH Mannheim, NVwZ-RR 1990, 246 (247 f.); offen gelassen vom OVG Münster NVwZ-RR 2008, 108 (109), und vom VG Saarlouis NVwZ-RR 2008, 791 (791).

27 Zu Zahlen aus einzelnen Ländern Guy *Beaucamp*, Neues zum Rechtsschutz gegen die verbindliche Schulwahlempfehlung, NVwZ 2009, 280 (282).

ren teilzunehmen, um Zugang zur gewünschten Schulform zu erhalten; zudem könne die Schulempfehlung Rechtsfehler enthalten (z.B. ein zu Lasten der Schülerin gehender Rechenfehler bei der Durchschnittsberechnung der Noten), die durch eine Klage gegen das Nichtbestehen der Aufnahmeprüfung nicht mehr zu beseitigen sind.[28]

26.212 Besondere Bedeutung kommt dem Widerspruchsverfahren deshalb zu, weil in ihm anders als im gerichtlichen Verfahren nicht nur die *Rechtmäßigkeit*, sondern auch die *Zweckmäßigkeit* der umstrittenen Maßnahme überprüft wird. Neben seiner Rechtsschutzfunktion dient es damit zugleich der Selbstkontrolle der Verwaltung sowie der Entlastung der Verwaltungsgerichte. So eröffnet es etwa bei *Einwendungen von Schülern gegen eine Leistungsbewertung* die Möglichkeit der verwaltungsinternen Überprüfung der Beurteilung, sofern diese Kontrolle nicht schon zuvor in einem nichtförmlichen Verfahren stattgefunden hat (dazu TZ 20.6).

26.22 Form und Frist des Widerspruchs

26.221 Der Widerspruch ist *innerhalb eines Monats* nach Bekanntgabe des Verwaltungsakts *schriftlich, in elektronischer Form oder zur Niederschrift bei der Behörde* zu erheben, die den Verwaltungsakt erlassen hat (§ 70 Abs. 1 Satz 1 VwGO, § 84 Abs. 1 SGG). Die Frist wird auch durch Einlegung des Widerspruchs bei der Behörde gewahrt, die den Widerspruchsbescheid erlassen hat (§ 70 Abs. 1 Satz 2 VwGO). Daher kann der Widerspruch gegen den Verwaltungsakt einer Schule sowohl bei dieser selbst als auch bei der Schulaufsichtsbehörde eingelegt werden. In der Schülerunfallversicherung genügt es zur Fristwahrung, dass der Rechtsbehelf durch Einreichen einer Widerspruchsschrift bei einer inländischen Behörde oder bei einem Versicherungsträger erhoben wird (§ 84 Abs. 2 Satz 1 SGG). Die Monatsfrist beginnt nur dann zu laufen, wenn der Betroffene *zuvor* schriftlich über den Rechtsbehelf des Widerspruchs belehrt worden ist; ist eine solche *Rechtsbehelfsbelehrung* unterblieben oder fehlerhaft, beträgt die Widerspruchsfrist ein Jahr (§ 70 Abs. 2 i.V.m. § 58 Abs. 2 Satz 1 VwGO, § 84 Abs. 2 Satz 3 i.V.m. 66 Abs. 2 Satz 1 SGG).

26.222 Hilft die Behörde, die den umstrittenen Verwaltungsakt erlassen hat, nach nochmaliger Überprüfung ihrer Entscheidung dem Widerspruch nicht ab, so ergeht ein *Widerspruchsbescheid*. Diesen erlässt in der Regel die nächsthöhere Behörde (sog. Devolutiveffekt)[29], beim Widerspruch gegen eine Entscheidung des Trägers der Schülerunfallversicherung die von der Vertreterversammlung bestimmte Widerspruchsstelle (§ 73 Abs. 1 Satz 1 Nr. 1 VwGO, § 85 Abs. 2 Satz 1 Nr. 2 SGG). Der Widerspruchsbescheid ist zu begründen, mit einer Rechtsbehelfsbelehrung zu versehen und förmlich zuzustellen (§ 73 Abs. 3 Satz 1 VwGO); in Angelegenheiten der Schülerunfallversicherung ist er den Beteiligten bekanntzugeben und kann zugestellt werden (§ 85 Abs. 3 Satz 1 und 2 SGG). Zu bestimmen ist auch, wer die Kosten trägt (§ 73 Abs. 3 Satz 3 VwGO). Soweit der Widerspruch erfolgreich ist, besteht Anspruch auf Erstattung der notwendigen Aufwendungen (§ 80 VwVfG, § 63 SGB X). Das Widerspruchsverfahren im Bereich der Ausbildungsförderung und in der Schülerunfallversicherung ist kostenfrei (§§ 64 Abs. 1 Satz 1 SGB X i.V.m. §§ 3, 4 SGB I).

---

28 So *Beaucamp* (Fn. 27), 280 (282 f.); Christian *Birnbaum*, Bildungsempfehlung für das Gymnasium in Sachsen, LKV 2002, 502 (505 f.); Stefan *Huster*/Andrea *Kirsch*, Die verbindliche Schulformempfehlung als Rechtsproblem, RdJB 2010, 212 (217 ff.); Detlef *Sannwald*, Rechtsprobleme des Übergangsverfahrens von der Grundschule auf die weiterführende Schule, VBlBW 1985, 412 (414); *Rux/Niehues*, Schulrecht, Rn. 697.

29 In Schleswig-Holstein entscheidet die Schule nach § 141 Abs. 1 Satz 1 sowie Satz 2 i.V.m. § 25 Abs. 3 Satz 1 Nr. 1–4 SchulG selbst über den Widerspruch gegen Leistungsbewertungen und gegen bestimmte Ordnungsmaßnahmen (schriftlicher Verweis, vorübergehender Ausschluss von Schulveranstaltungen außerhalb des Unterrichts und vom Unterricht, Überweisung in eine Parallelklasse).

26.23 Aufschiebende Wirkung des Widerspruchs (Suspensiveffekt)

26.231 *Der Widerspruch* gegen einen belastenden Verwaltungsakt *hat aufschiebende Wirkung* (§ 80 Abs. 1 Satz 1 VwGO, § 86a Abs. 1 Satz 1 SGG), in der Schülerunfallversicherung allerdings nur dann, wenn durch den Verwaltungsakt eine Entschädigungsleistung zurückgefordert oder eine laufende Leistung, z.B. eine Rente, ganz oder teilweise entzogen wird (vgl. dazu § 86a Abs. 2 Nr. 1–3 SGG). Aufschiebende Wirkung bedeutet, dass der Widerspruchsführer bis zum rechtskräftigen Abschluss des Verfahrens so zu behandeln ist, als wäre die suspendierte Entscheidung nicht ergangen. Wird beispielsweise eine Schülerin vom Unterricht ausgeschlossen, kann die Ordnungsmaßnahme vorläufig nicht vollzogen werden (vgl. aber TZ 26.232). Erfasst werden von der aufschiebenden Wirkung aber auch schulische Organisationsakte, weshalb die mit dem Widerspruch angefochtene Schließung einer Schule zunächst nicht umgesetzt werden darf (vgl. § 80 Abs. 1 Satz 2 VwGO).[30] Andererseits verbessert der Betroffene durch den Widerspruch nicht seine ursprüngliche Rechtsposition. Daher rückt die nichtversetzte Schülerin nicht etwa in die nächste Klasse vor;[31] wer eine Prüfung nicht bestanden hat, kann nicht die Berechtigungen in Anspruch nehmen, die sich aus dem erfolgreichen Abschluss ergeben.

26.232 *Die aufschiebende Wirkung* des Widerspruchs *entfällt* zum einen, wenn bereits in den Schulgesetzen angeordnet wird, dass dem Widerspruch (und einer späteren Klage) keine aufschiebende Wirkung zukommt (§ 80 Abs. 2 Satz 1 Nr. 3 VwGO). Im schulischen Bereich ist dies aufgrund schulgesetzlicher Regelungen in einer Reihe von Ländern ausschließlich beim Widerspruch gegen (einzelne) Ordnungsmaßnahmen der Fall.[32] Zum anderen entfällt die aufschiebende Wirkung, wenn die Schule oder die Schulaufsichtsbehörde die sofortige Vollziehung der umstrittenen Maßnahme (z.B. des Schulausschlusses) durch schriftlichen Bescheid *anordnet*. Voraussetzung hierfür ist, dass das öffentliche Interesse oder das überwiegende Interesse anderer Schülerinnen und Schüler oder ihrer Eltern den Sofortvollzug gebietet (§ 80 Abs. 2 Satz 1 Nr. 4 VwGO). Dabei muss das besondere Interesse schriftlich begründet werden (§ 80 Abs. 3 Satz 1 VwGO).[33] Die Begründung muss klar erkennen lassen, warum das besondere Interesse an der sofortigen Vollziehung besteht und warum es das Individualinteresse an der aufschiebenden Wirkung übersteigt; bloße Formeln, die Wiedergabe des Gesetzeswortlauts oder die Bezugnahme auf die Begründung für die eigentliche Entscheidung reichen insoweit auch dann nicht aus, wenn die Gründe für den Sofortvollzug offensichtlich sind.[34] Mit der Anordnung der sofortigen Vollziehung müssen sich die betroffenen Schülerinnen und Schüler oder ihre Eltern jedoch nicht

---

30 S. hierzu Ferdinand O. *Kopp*/Wolf-Rüdiger *Schenke*, Verwaltungsgerichtsordnung – Kommentar, 23. Aufl., München 2017, § 80 Rn. 15, m.w.N. aus der Rspr. Allerdings tritt der Suspensiveffekt nur zugunsten des Widerspruchsführers ein, hat also nicht notwendig den Schwebezustand der Organisationsmaßnahme insgesamt zur Folge. S. hierzu auch Walter *Krebs*, Probleme des vorläufigen Rechtsschutzes gegen Schulorganisationsakte, VerwArch 1978, 231 (241 ff.).

31 Allerdings kann das Verwaltungsgericht auf Antrag im Wege der einstweiligen Anordnung nach § 123 VwGO gestatten, dass die Schülerin einstweilen am Unterricht der höheren Klasse teilnehmen darf. Zum vorläufigen Rechtsschutz durch einstweilige Anordnung TZ 26.362.

32 Für Nachweise zu den jeweiligen Rechtnormen TZ 22.253.

33 Zum Begründungserfordernis *Kopp/Schenke* (Fn. 30), § 80 Rn. 84 ff.; Christian *Tietje*, Die Heilung von Begründungsmängeln nach § 80 Abs. 3 Satz 1 VwGO im verwaltungsgerichtlichen Verfahren, DVBl. 1998, 124 (124 und 125).

34 Bezogen auf die Begründung der Anordnung des Sofortvollzugs im Fall der Verpflichtung zum Besuch einer Schule zur Lernförderung hat das OVG Bautzen, Beschluss vom 12.9.2013, Az.: 2 B 396/13 (juris), Rn. 8 f., allerdings festgestellt, dass die inhaltlichen Anforderungen an die Begründungspflicht um so geringer sind, je mehr sich die Notwendigkeit einer sofortigen Vollziehung, insbesondere im Hinblick auf deren besondere Dringlichkeit, aufdrängt; dabei können dem Erfordernis einer auf den konkreten Einzelfall abstellenden Darlegung des besonderen öffentlichen Interesses bei gleichartigen Tatbeständen auch gleiche oder „gruppentypisierende“ Begründungen genügen. Vgl. auch OVG Münster, Beschluss vom 6.11.2007, Az.: 19 B 1117/07 (juris), Rn. 3 ff.

abfinden. Sie können ihrerseits im Wege des vorläufigen Rechtsschutzes mit einem *Antrag beim Verwaltungsgericht* darauf hinwirken, dass der Suspensiveffekt durch gerichtlichen Beschluss ganz oder teilweise wiederhergestellt wird (§ 80 Abs. 5 Satz 1 Alt. 2 VwGO). In diesem Eilverfahren wägt das Gericht die Interessen des Antragstellers auf Anordnung oder Wiederherstellung der *aufschiebenden Wirkung* des Widerspruchs gegen das Interesse der Behörde auf sofortige Vollziehung des Verwaltungsaktes ab. Dabei richtet sich die vom Gericht vorzunehmende originäre Entscheidung in besonderem Maße nach den Erfolgsaussichten der Hauptsache, die das Gericht in einer summarischen Prüfung, das heißt im Wesentlichen ohne eine eigenständige Beweisaufnahme, ermittelt. Erweist sich der angegriffene Verwaltungsakt in dieser Prüfung als offensichtlich rechtswidrig, ordnet das Gericht die aufschiebende Wirkung in den Fällen des § 80 Abs. 2 Satz 1 Nr. 3 VwGO an bzw. stellt sie in den Fällen des § 30 Abs. 2 Satz 1 Nr. 4 VwGO wieder her, da an der Vollziehung eines rechtswidrigen Verwaltungsaktes kein öffentliches Interesse bestehen kann. Erweist sich der Verwaltungsakt dagegen als rechtmäßig, wägt das Gericht das private Aussetzungsinteresse und das schulische Vollziehungsinteresse vor dem Hintergrund der Wertung des Gesetzgebers in § 80 Abs. 1 und 2 VwGO ab. Zu weiteren Einzelheiten des vorläufigen Rechtsschutzes s. TZ 26.36.

26.3 Rechtsschutz vor dem Verwaltungsgericht

26.31 Verwaltungsrechtsweg

Art. 19 Abs. 4 Satz 1 GG bestimmt: „Wird jemand durch die öffentliche Gewalt in seinen Rechten verletzt, so steht ihm der Rechtsweg offen." Die von einer schulischen Maßnahme betroffenen Schüler und ihre Eltern sind daher nicht allein auf die Einsicht und das Wohlwollen der Behörde angewiesen. Sie können ihre Sache vor Gericht bringen und durch unabhängige, nur dem Gesetz unterworfene Richterinnen und Richter (Art. 97 Abs. 1 GG) entscheiden lassen.[35]

Schulische Konflikte sind zumeist „öffentlich-rechtliche Streitigkeiten nichtverfassungsrechtlicher Art", so dass der *Rechtsweg zu den Verwaltungsgerichten* eröffnet ist (§ 40 Abs. 1 Satz 1 VwGO). Doch gibt es Ausnahmen von dieser Regel. Wer Schadensersatzansprüche aus einer Amtspflichtsverletzung geltend machen oder seine Rechte gegenüber einer Privatschule durchsetzen will, muss sich an das Zivilgericht wenden (dazu TZ 26.4); Streitigkeiten mit dem Träger der Schülerunfallversicherung gehören vor das Sozialgericht (TZ 26.5).[36]

26.32 Klagearten

26.321 Die Verwaltungsgerichtsordnung sieht mehrere Klagearten vor.[37] Welche Klageart statthaft ist, richtet sich danach, was der Kläger erreichen möchte (vgl. § 88 VwGO). Zunächst muss er sich Klarheit darüber verschaffen, ob der Rechtsstreit einen Verwaltungsakt oder ein sonstiges Verwaltungshandeln – etwa einen Realakt – zum Gegenstand hat. Geht es dem Kläger um die Aufhebung eines ihn belastenden Verwaltungsakts, z.B. einer Ordnungsmaßnahme, erhebt er *Anfechtungsklage* (§ 42 Abs. 1 Alt. 1 VwGO). Strebt er hingegen den Erlass eines ihn begünstigenden Verwaltungsakts an (z.B. die Erteilung

35 Allgemein zu den Voraussetzungen des Rechtsschutzes vor den Verwaltungsgerichten *Hufen* (Fn. 1), §§ 10 ff.; *Schenke* (Fn. 1), §§ 2 ff.

36 Für Streitigkeiten um Ausbildungsförderung nach dem Bundesausbildungsförderungsgesetz ist nicht der Rechtsweg zum Sozialgericht, sondern zum Verwaltungsgericht gegeben (§ 54 Abs. 1 BAföG).

37 Zu den Klagearten s. nur *Hufen* (Fn. 1), §§ 13 ff.

eines Förderungsbescheids durch das Amt für Ausbildungsförderung), ist die *Verpflichtungsklage* (§ 42 Abs. 1 Alt. 2 VwGO) die richtige Klageart; wurde der Erlass eines Verwaltungsakts zuvor von der Behörde abgelehnt, spricht man von der Versagungsgegenklage. Möchte der Kläger erreichen, dass die Behörde zu einem sonstigen Tun, Dulden oder Unterlassen – also nicht zur Aufhebung oder zum Erlass eines Verwaltungsakts – verurteilt wird (z.B. Verbesserung des Unfallschutzes auf dem Schulgelände, Maßnahmen gegen fortgesetzten Unterrichtsausfall), steht ihm die *allgemeine Leistungsklage* zur Verfügung. Daneben kommt noch die *Feststellungsklage* in Betracht, durch die der Kläger das Bestehen oder Nichtbestehen eines öffentlich-rechtlichen Rechtsverhältnisses oder die Nichtigkeit eines Verwaltungsakts gerichtlich feststellen lassen kann (§ 43 Abs. 1 VwGO). Grundsätzlich ist diese Klage allerdings nur dann zulässig, wenn der Kläger ein berechtigtes Interesse[38] an der baldigen Feststellung hat und seine Rechte nicht im Wege der Anfechtungs-, Verpflichtungs- oder allgemeinen Leistungsklage geltend machen kann (Subsidiarität der Feststellungsklage, § 43 Abs. 2 Satz 1 VwGO). Richtet sich die Klage, wie es in schulischen Streitigkeiten zumeist der Fall sein wird, gegen einen Hoheitsträger, wird der Subsidiaritätsgrundsatz jedoch eingeschränkt und eine Feststellungsklage selbst dann für statthaft erachtet, wenn auch eine allgemeine Leistungsklage in Betracht käme. Begründet wird dies damit, dass bei Behörden wegen der verfassungsrechtlichen Gesetzesbindung (Art. 20 Abs. 3 GG) mit Sicherheit zu erwarten ist, dass auch ein – im Unterschied zur Leistungsklage nicht vollstreckbares – Feststellungsurteil befolgt wird und die Feststellungsklage daher eine der Leistungsklage gleichwertige Rechtsschutzform bietet.[39] Hinzuweisen ist schließlich auf die sogenannte *Fortsetzungsfeststellungsklage* (§ 113 Abs. 1 Satz 4 VwGO). Hat sich ein Verwaltungsakt erledigt, ehe über die Anfechtungsklage entschieden worden ist (z.B. weil eine Ordnungsmaßnahme wieder aufgehoben worden ist), kann das Verwaltungsgericht auf Antrag feststellen, dass der Verwaltungsakt rechtwidrig gewesen ist, wenn der Kläger ein berechtigtes Interesse an der Feststellung hat.[40]

Zusätzlich zu den verschiedenen Klagearten sieht § 47 Abs. 1 Nr. 2, Abs. 2 Satz 1 VwGO ein *verwaltungsgerichtliches Normenkontrollverfahren* vor. Danach kann der Landesgesetzgeber bestimmen, dass das Oberverwaltungsgericht[41] auf Antrag einer natürlichen oder juristischen Person über die Gültigkeit untergesetzlicher, von Regierung oder Verwaltungsorganen erlassener Rechtsnormen entscheidet. Von dieser Ermächtigung haben mit Ausnahme Berlins, Hamburgs und Nordrhein-Westfalens alle Länder Gebrauch gemacht.[42] Im Schulbereich kann die Möglichkeit der Normenkontrolle vor allem im Hin-

38 Ein berechtigtes Interesse i.d.S. ist gegeben, wenn die Entscheidung des Verwaltungsgerichts geeignet ist, die Position des Klägers in rechtlicher, wirtschaftlicher oder ideeller Hinsicht zu verbessern. S. *Hufen* (Fn. 1), § 18 Rn. 12 ff.

39 „Ehrenmannargument"; s. BVerwGE 114, 61 (63); 36, 179 (181 f.).

40 Dazu BVerwG, NVwZ 2007, 227: Ein berechtigtes Interesse besteht auch dann, wenn sich ein durch die Nichtversetzung in die nächsthöhere Jahrgangsstufe auswirkender Nachteil für die weitere schulische oder berufliche Laufbahn des Schülers weder unmittelbar bevorsteht noch sich konkret abzeichnet.

41 In Baden-Württemberg, Bayern oder Hessen wird für die obersten Verwaltungsgerichte die Bezeichnung „Verwaltungsgerichtshof" anstelle „Oberverwaltungsgericht" verwendet.

42 Vgl. Baden-Württemberg: § 4 AGVwGO; Bayern: Art. 5 Satz 1 AGVwGO; Brandenburg: § 4 Abs. 1 Gesetz über die Errichtung der Verwaltungsgerichtsbarkeit und zur Ausführung der Verwaltungsgerichtsordnung im Land Brandenburg (Brandenburgisches Verwaltungsgerichtsgesetz – BbgVwGG); Bremen: Art. 7 Abs. 1 AGVwGO; Hessen: § 15 AGVwGO; Mecklenburg-Vorpommern: § 13 Gesetz zur Ausführung des Gerichtsstrukturgesetzes; Niedersachsen: § 7 AGVwGO); Rheinland Pfalz: § 4 Abs. 1 AGVwGO (allerdings mit Ausnahme von Rechtsvorschriften, die ein Verfassungsorgan i.S.d. Art. 130 Abs. 1 rp Verf. erlassen hat, § 4 Abs. 1 Satz 2 AGVwGO); Saarland: § 18 AGVwGO; Sachsen: § 24 Abs. 1 Sächsisches Justizgesetz; Sachsen-Anhalt: § 10 AGVwGO; Schleswig-Holstein: § 67 Gesetz zur Bereinigung des Landesrechts im Bereich der Justiz; Thüringen: § 4 AGVwGO.

blick auf die Rechtmäßigkeit von Schulprogrammen, Schulordnungen und Prüfungsordnungen von Bedeutung sein.[43]

In Bayern existiert darüber hinaus auf dem Gebiet der Verfassungsgerichtsbarkeit eine sogenannte *Popularklage*. Nach Art. 98 Satz 4 bay Verf. i.V.m. Art. 55 des Gesetzes über den Verfassungsgerichtshof (VfGHG) kann jedermann die Verfassungswidrigkeit eines Gesetzes oder einer Verordnung wegen unzulässiger Einschränkung eines Grundrechts durch Beschwerde beim Verfassungsgerichtshof geltend machen. Das betraf in der Vergangenheit gerade auch schulrechtlichen Streitigkeiten, in denen der Bayerische Verfassungsgerichtshof im Verfahren der Popularklage mehrfach wichtige Entscheidungen getroffen hat.[44]

26.322 Bei Klagen gegen *Leistungsbewertungen* bereitet die Wahl der richtigen Klageart gelegentlich Schwierigkeiten.[45] Wer gegen rechtswidrige schulische Leistungsbewertungen (z.B. die Nichtversetzung oder das Nichtbestehen einer Prüfung) vorgehen will, kann entweder Anfechtungs- oder Verpflichtungsklage erheben. Die Anfechtungsklage erweist sich immer dann als die richtige Klageart, wenn das Verfahren der Leistungskontrolle mangelhaft war. Führt sie zum Erfolg, hebt das Gericht die umstrittene Maßnahme und den Widerspruchsbescheid mit dem Ergebnis auf, dass die Schule erneut – gegebenenfalls. nach Durchführung einer nochmaligen Leistungskontrolle – zu entscheiden hat (§ 113 Abs. 1 Satz 1 VwGO). Demgegenüber ist der Verpflichtungsklage von Schülern, denen die beanspruchte Leistungsbewertung widerrechtlich versagt wurde, antragsgemäß nur dann stattzugeben, wenn die Sache „spruchreif" ist (§ 113 Abs. 5 Satz 1 VwGO). Spruchreife bedeutet, dass alle tatsächlichen und rechtlichen Voraussetzungen für den Erlass einer abschließenden Entscheidung durch das Gericht erfüllt sind. Das ist beispielsweise der Fall, wenn die Nichtversetzung einer Schülerin auf einer zu Unrecht als „ungenügend" benoteten Klassenarbeit beruht und sie ohne diese Bewertung in die nächste Jahrgangsstufe vorrücken müsste. Weit häufiger wird die Spruchreife jedoch fehlen, weil das Gericht, das die Leistungsbewertung für rechtswidrig hält, mit Rücksicht auf den der Schule verbleibenden Bewertungsspielraum (TZ 20.3.) keine endgültige Entscheidung treffen kann. Die Schule wird dann dazu verurteilt, die Klägerin unter Beachtung der Rechtsauffassung des Gerichts neu zu bescheiden (§ 113 Abs. 5 Satz 2 VwGO). Kann das eigentlich angestrebte Ziel, z.B. das Bestehen einer Prüfung, mangels Spruchreife nicht erreicht werden, empfiehlt es sich für die Klägerin, ihren Klageantrag von vornherein auf ein solches *Bescheidungsurteil* zu richten, da auf diese Weise eine Teilabweisung der Klage und die damit verbundenen Kosten vermieden werden.

Anfechtungs- und Verpflichtungsklage können allerdings nur bei solchen Leistungsbewertungen erhoben werden, welche die Eigenschaft eines Verwaltungsakts im Sinne des § 35 Satz 1 VwVfG aufweisen. Das ist in der Regel bei der Benotung einer Klassenarbeit, Einzelnoten im Zeugnis oder Zeugnissen ohne Berechtigungsfolgen nicht der Fall (zur Verwaltungsaktsqualität von Einzelnoten s. TZ 20.223), die deshalb mit der allgemeinen Leistungsklage anzugreifen sind.

26.323 Wird die *Aufnahme von* Schülern *in eine weiterführende Schulart* (TZ 18.21) mangels Eignung abgelehnt, ist wie bei negativen Leistungsbewertungen mit Verwaltungsakts-

43 *Kopp/Schenke* (FN. 30), § 47 Rn. 34.

44 Z.B. BayVerfGH, DÖV 1982, 691 m.Anm.v. Frank *Hennecke* (Meinungsfreiheit in der Schule, Gesetzesvorbehalt für Ordnungsmaßnahmen); NJW 1983, 560 (Rauchen in der Schule); NVwZ 1984, 97; BayVBl 2008, 78 (Schulgeldersatz beim Besuch privater Schulen); NJW 1988, 3141 (Ehrfurcht vor Gott als verfassungsrechtlich verankertes oberstes Bildungsziel); SPE n.F. 670 Nr. 36 (Umfang der Erstattung von Schülerbeförderungskosten); NJW 1997, 3157 (Anbringen von Kreuzen in den Klassenräumen der Volksschulen).

45 Dazu *Niehues/Fischer/Jeremias*, Prüfungsrecht, Rn. 821 ff.

qualität Anfechtungs- oder Verpflichtungsklage zu erheben.[46] Wollen Eltern die *Zulassung des Kindes zu einer bestimmten Einzelschule* (TZ 18.22) erstreiten, müssen sie Verpflichtungsklage einlegen. Bei Entscheidungen, welche die Erfüllung der *Schulpflicht* betreffen, hängt die Klageart von dem Ziel ab, welches der Kläger verfolgt. Wendet er sich gegen einen belastenden Verwaltungsakt (z.B. die Zuweisung zu einer Förderschule[47]), ist die Anfechtungsklage zu erheben; soll hingegen der Erlass eines begünstigenden Verwaltungsakts erreicht werden (z.B. die vorzeitige Einschulung des Kindes[48]), ist die Verpflichtungsklage die richtige Klageart.

26.324 Die Aufhebung von *Ordnungsmaßnahmen* (TZ 22.22) wird mit der Anfechtungsklage beantragt. Da es sich bei Erziehungsmaßnahmen demgegenüber nicht um Verwaltungsakte handelt (TZ 21.3), kann der Betroffene sie (nur) mit der allgemeinen Leistungsklage angreifen, sofern er durch die Maßnahmen in seinen Rechten beeinträchtigt ist. Liegt ein besonderes Interesse hierfür vor, kann in solchen Fällen bei Klagen gegen Hoheitsträger (s. TZ 26.32) mit der Feststellungsklage allerdings auch auf Feststellung der Rechtswidrigkeit einer Erziehungsmaßnahme geklagt werden.

26.325 Setzen sich die Schüler oder die Eltern vergebens gegen die *unzureichende Qualität und Quantität des Unterrichts* zur Wehr (z.B. fachliche oder pädagogische Unfähigkeit von Lehrkräften, Nichtbeachtung der Lehrpläne, einseitige Stoffauswahl, ideologische Verzerrung der Lerninhalte; Nichterteilung von bestimmten Unterrichtsfächern, genereller Unterrichtsausfall), können sie ihre Rechte mit der allgemeinen Leistungsklage, bei Vorliegen eines besonderen Rechtsschutzinteresses auch mit der Feststellungsklage geltend machen.

26.326 Ein Schulbuchverlag, der sich nicht damit abfinden will, dass das Kultusministerium die *Zulassung eines Schulbuchs* (TZ 5.133) versagt hat, kann mit der Verpflichtungsklage beantragen, dass die Behörde zur Erteilung der Genehmigung verurteilt wird.[49] Wird die Zulassung eines Schulbuchs wegen nachträglicher Änderung der Lerninhalte durch das Kultusministerium widerrufen, kann er hiergegen mit der Anfechtungsklage vorgehen.[50] Ebenfalls statthaft ist die Anfechtungsklage, wenn Eltern sich gegen die Verwendung eines zugelassenen Schulbuches im Unterricht wenden.[51]

26.327 *Schulorganisationsakte*, die als Verwaltungsakte ergehen (z.B. die Schließung einer Schule), sind mit der Anfechtungsklage anzugreifen (vgl. TZ 16.331 und TZ 26.211). Innerschulische Organisationsmaßnahmen, wie die Unterbringung der Klasse in einem bestimmten Raum oder die Zusammenfassung von Parallelklassen zu einer einzigen Klasse, stellen im Allgemeinen keine Verwaltungsakte dar. Sofern sie in individuelle Rechte eingreifen (z.B. unzumutbarer Unterricht in einem nicht beheizbaren Raum oder in einer

---

46 Ausführlicher zu den Rechtsschutzfragen beim Übertrittsverfahren Hermann *Avenarius*/Bernd *Jeand'Heur*, Elternwille und staatliches Bestimmungsrecht bei der Wahl der Schullaufbahn. Die gesetzlichen Grundlagen und Grenzen der Ausgestaltung von Aufnahme- bzw. Übergangsverfahren für den Besuch weiterführender Schulen, Berlin 1992, S. 65 ff.

47 Dazu VGH Kassel, NVwZ-RR 2010, 602; OVG Bautzen, Beschluss vom 12.9.2013, Az.: 2 B 396/13 (juris); OVG Münster, NVwZ-RR 1989, 303; VGH Mannheim, NVwZ-RR 1991, 479.

48 OVG Bremen, NordÖR 2016, 20; OVG Lüneburg, NVwZ-RR 2012, 106; OVG Münster, NVwZ-RR 2007, 30.

49 VGH München, NVwZ-RR 1993, 357.

50 BVerwG, NVwZ 1984, 102.

51 BVerwGE 79, 298 – Hat das Kind die Klasse bereits verlassen, bevor über die Anfechtungsklage entschieden worden ist, kann mit der Fortsetzungsfeststellungklage die Feststellung der Rechtswidrigkeit der Verwendung des Schulbuches verlangt werden, da das hierfür erforderliche besondere Feststellungsinteresse nach Ansicht des BVerwG unabhängig davon gegeben ist, ob der betroffene Schüler im Zeitpunkt der gerichtlichen Entscheidung noch nachhaltig durch das Schulbuch beeinflusst oder verunsichert ist.

übergroßen Klasse), können sich die betroffenen Schüler und Eltern aber mit der allgemeinen Leistungsklage zur Wehr setzen.

26.328 Der Träger einer *privaten Ersatzschule* kann die ihm von der Schulbehörde verweigerte Genehmigung oder Anerkennung im Wege der Verpflichtungsklage erstreiten (vgl. TZ 15.62 und 15.65).

26.33 Aufschiebende Wirkung der Anfechtungsklage

Die Anfechtungsklage hat wie der Widerspruch aufschiebende Wirkung (§ 80 Abs. 1 Satz 1 VwGO). Ordnet die Behörde gemäß § 80 Abs. 2 Satz 1 Nr. 4 VwGO die sofortige Vollziehung des Verwaltungsakts an, kann das Gericht auf Antrag des Klägers den Sofortvollzug aussetzen und den Suspensiveffekt wiederherstellen (§ 80 Abs. 5 VwGO). Dazu im Einzelnen TZ 26.232.

26.34 Zulässigkeit der Klage (Sachentscheidungsvoraussetzungen)

Bevor sich das Gericht mit der Sache selbst, d.h. mit der Begründetheit der Klage, auseinandersetzt, muss es prüfen, ob die gesetzlich vorgeschriebenen Sachentscheidungsvoraussetzungen gegeben sind, die Klage also zulässig ist. Im Folgenden werden die wichtigsten Sachentscheidungsvoraussetzungen kurz erläutert.

26.341 Das Gericht muss *sachlich und örtlich zuständig* sein. Für Schulprozesse ist in erster Instanz das Verwaltungsgericht sachlich zuständig (§ 45 VwGO). Hat der Kläger seine Klage fälschlicherweise bei der Zivil- oder einer anderen Gerichtsbarkeit erhoben, wird der Rechtsstreit an das insoweit zuständige Verwaltungsgericht verwiesen (§ 17a Abs. 2 Satz 1 GVG). Für die örtliche Zuständigkeit gilt, dass Anfechtungs- und Verpflichtungsklagen bei demjenigen Verwaltungsgericht zu erheben sind, in dessen Bezirk der Verwaltungsakt erlassen wurde oder zu erlassen wäre (§ 52 Nr. 3 VwGO); in den übrigen Fällen (allgemeine Leistungsklage und Feststellungsklage) ist das Verwaltungsgericht örtlich zuständig, in dessen Bezirk die beklagte Behörde ihren Sitz hat (§ 52 Nr. 5 VwGO).

26.342 Die Klägerin muss *klagebefugt* sein. Klagen kann nur diejenige, die geltend macht, durch eine Maßnahme der Verwaltung in *ihren* Rechten verletzt zu sein. Zu den möglicherweise beeinträchtigten Rechten gehören häufig Grundrechte, z.B. das Recht der Schülerinnen und Schüler auf freie Entfaltung der Persönlichkeit (TZ 16.21)[52], das Elternrecht (TZ 16.3) und das Recht der Privatschulfreiheit (TZ 15.3).

Für Anfechtungs- und Verpflichtungsklagen ist das Erfordernis der Klagebefugnis ausdrücklich in § 42 Abs. 2 VwGO geregelt. Während diese Zulässigkeitsvoraussetzung auch für die allgemeine Leistungsklage gilt, ist bei der Feststellungsklage umstritten, ob der Kläger über das besondere Feststellungsinteresse (TZ 26.321) hinaus klagebefugt sein muss.[53] Die Zulässigkeitsvoraussetzung der Klagebefugnis soll verhindern, dass jemand das Gericht zur Korrektur rechtswidriger Maßnahmen der Schule oder Schulbehörde in Anspruch nimmt, ohne selbst in eigenen Rechten betroffen zu sein. Wird beispielsweise die in einer Gemeinde bestehende Grundschule aufgelöst, können nur die unmittelbar betrof-

52 Zu den prozessualen Problemen bei der Geltendmachung von Grundrechten durch Schüler vgl. Ursula *Fehnemann*, Die Innehabung und Wahrnehmung von Grundrechten im Kindesalter, Berlin 1983, S. 24 ff.; Monika *Roell*, Die Geltung der Grundrechte für Minderjährige, Berlin 1984, S. 56 ff.

53 Zu diesem Streit nur *Hufen* (Fn. 1), § 18 Rn. 17.

fenen Schüler und Eltern, nicht aber eine zum Zweck der Erhaltung der Schule gegründete Bürgerinitiative oder ein Elternverein gegen diese Entscheidung gerichtlich vorgehen.[54]

Darüber hinaus ist für die Zulässigkeit der Klage erforderlich, dass für sie ein *allgemeines Rechtsschutzbedürfnis* besteht.[55] Dies ist zu verneinen, wenn sich das Klageziel auf einfachere Weise erreichen lässt. Eine Schülerin, die trotz negativer Grundschulempfehlung den Zugang ins Gymnasium anstrebt, sich aber nicht der für diesen Fall vorgesehenen Aufnahmeprüfung unterzieht, versäumt die nächstliegende Möglichkeit, ihre Eignung für das Gymnasium ohne Inanspruchnahme des Gerichts nachzuweisen; eine gegen den Ablehnungsbescheid gerichtete Klage ist daher mangels Rechtsschutzbedürfnis unzulässig.[56] Kein Rechtsschutzbedürfnis besteht auch bei Klagen, die von vornherein keine Aussicht auf Erfolg haben (z.B. weil sich der belastende Verwaltungsakt erledigt hat[57]) oder missbräuchlich sind (etwa bei einer offensichtlich querulatorischen Klage).

Die *Antragsbefugnis für die Einleitung eines Normenkontrollverfahrens* (TZ 26.321) setzt voraus, dass der Antragsteller geltend macht, durch die Rechtsvorschrift, deren Gültigkeit er überprüfen lassen will, oder durch deren Anwendung in seinen Rechten verletzt zu sein oder in absehbarer Zeit verletzt zu werden (§ 47 Abs. 2 Satz 1 VwGO).

26.343 Die an einem Verwaltungsprozess Beteiligten, d.h. vor allem der Kläger und der Beklagte (§ 63 VwGO), müssen die *Beteiligungsfähigkeit* besitzen. Als *Kläger* kommen zunächst und insbesondere Schüler und Eltern in Betracht. Als natürliche Personen sind sie gemäß § 61 Nr. 1 Alt. 1 VwGO beteiligungsfähig. *Eltern* müssen gemeinsam klagen, weil das Erziehungsrecht nur von beiden Elternteilen einvernehmlich wahrgenommen werden kann (§ 1629 Abs. 1 Satz 2 Halbsatz 1 BGB). Für juristische Personen (z.B. Gemeinden, Privatschulen) ergibt sich die Beteiligungsfähigkeit aus § 61 Nr. 1 Alt. 2 VwGO. Sofern eine *Gemeinde als Schulträger* gegen Eingriffe der Schulbehörde in ihr kommunales Selbstverwaltungsrecht vorgehen will (vgl. TZ 10.12), muss die Gemeinde selbst klagen. Wendet sich eine *private Ersatzschule* gegen die Versagung ihrer Genehmigung oder Anerkennung, ist die Klage vom Schulträger (etwa einem eingetragenen Verein) zu erheben.

Beklagter ist nicht die Behörde, die den Verwaltungsakt erlassen oder unterlassen hat, sondern nach § 78 Abs. 1 Nr. 1 Halbsatz 1 VwGO die öffentlich-rechtliche Körperschaft, für die die Behörde tätig geworden ist.[58] Betrifft der Rechtsstreit die inneren Schulangelegenheiten, also etwa die Gestaltung des Unterrichts oder eine Note im Zeugnis, ist die Klage nicht gegen die Schule oder die Schulbehörde, sondern gegen das Land zu richten; sind hingegen äußere Schulangelegenheiten, z.B. die Ausstattung der Schule, Gegenstand des Rechtsstreits, ist Klagegegnerin nicht die Oberbürgermeisterin, sondern die Gemeinde (zur Unterscheidung zwischen äußeren und inneren Schulangelegenheiten TZ 1.322).

54 Anders aber in Bayern aufgrund des dort möglichen Popularklageverfahrens vor dem Verfassungsgerichtshof gemäß Art. 98 Satz 4 bay Verf. i.V.m. Art. 55 VfGHG (s. TZ 26.321).

55 Dazu im einzelnen *Hufen* (Fn. 1), § 23 Rn. 10 ff.

56 Vgl. VGH Mannheim, NVwZ 1990, 246 (247).

57 Hat sich der belastende Verwaltungsakt noch nicht vollständig erledigt, ist der Betroffene weiterhin beschwert und es besteht ein Rechtsschutzbedürfnis. So tritt beispielsweise der Wegfall der Beschwer aus einem negativen Erstprüfungsbescheid nicht allein durch eine bestandene Wiederholungsprüfung ein. Zumindest bei der Reifeprüfung könnten noch negative Folgen des Erstbescheids fortwirken, so dass die Klage nicht automatisch erledigt sei (BVerwG, DÖV 1991, 935).

58 Die von der kommunalen Aufsichtsbehörde im Wege der Ersatzvornahme durchgesetzte Auflösung einer Schule ist gegenüber den betroffenen Schülerinnen und Schüler sowie Eltern ein von der Aufsichtsbehörde, nicht vom kommunalen Schulträger erlassener Verwaltungsakt, mag die Behörde auch im Rechtskreis der Kommune tätig geworden sein (OVG Münster, DVBl. 1989, 1272 [1273]); zum Verhältnis zwischen Aufsichtsbehörde und Schulträger und damit verbundenen Prozessfragen auch Tobias *Engelstätter*, Auflösung von Schulen. Rechtsfragen und Rechtsprobleme aus der Sicht des Schulträgers, NordÖR 2014, 269.

Allerdings genügt zur Bezeichnung des Beklagten nach § 78 Abs. 1 Nr. 1 Halbsatz 2 VwGO die Angabe der Behörde. § 78 Abs. 1 Nr. 2 VwGO räumt den Landesgesetzgebern jedoch auch die Möglichkeit ein, zu bestimmen, dass sich die Klage gegen die Behörde selbst richten kann.[59] Von dieser Ermächtigung haben Brandenburg[60], Mecklenburg-Vorpommern[61], Niedersachsen[62], das Saarland[63], Sachsen-Anhalt[64] und Schleswig-Holstein[65] Gebrauch gemacht.

Schulgremien sind nach § 61 Nr. 2 VwGO beteiligungsfähig, soweit ihnen eigene Rechte zustehen.[66] So kann etwa die Schulkonferenz Klage erheben, um ihre gesetzlich vorgeschriebene Mitwirkung bei der Bestellung des Schulleiters durchzusetzen.[67] Mitglieder von Schulgremien, die in ihrem Recht auf Teilnahme an den Gremiensitzungen verletzt worden sind (z.B. dadurch, dass sie nicht ordnungsgemäß geladen wurden), können gegen das Gremium – vertreten durch den Vorsitzenden – auf Feststellung der Rechtwidrigkeit dieses Vorgehens klagen.

26.344 Der am Verfahren Beteiligte muss nicht nur beteiligungsfähig, er muss auch *prozessfähig* sein. Nur dann ist er zur Vornahme von Verfahrenshandlungen imstande (vgl. § 62 VwGO). Prozessfähig sind alle natürlichen Personen, die nach bürgerlichem Recht geschäftsfähig sind (§ 104 BGB). Volljährige Schülerinnen und Schüler können folglich selbst Klage erheben, die Klage zurücknehmen, für erledigt erklären usw. Die minderjährigen – mangels Geschäftsfähigkeit nicht prozessfähigen – Schülerinnen und Schüler werden durch ihre Eltern vertreten (§ 1629 BGB). Für juristische Personen, z.B. eine Gemeinde oder einen Privatschulträger, wird das zuständige Organ (Bürgermeister, Vorsitzender) als gesetzlicher Vertreter tätig. Vor dem Verwaltungsgericht kann der prozessfähige Kläger seine Sache selbst verhandeln; doch bleibt es ihm unbenommen, sich durch einen Rechtsanwalt als Bevollmächtigten vertreten zu lassen (§ 67 Abs. 2 Satz 1 VwGO). Vor dem Bundesverwaltungsgericht und dem Oberverwaltungsgericht besteht Anwaltszwang (§ 67 Abs. 4 Satz 1 VwGO).

26.345 Die Klage ist *schriftlich oder zur Niederschrift* des Urkundsbeamten der Geschäftsstelle des Verwaltungsgerichts zu erheben (§ 81 Abs. 1 VwGO). Sie *muss* den Kläger, den Beklagten und den Streitgegenstand (z.B. den aufzuhebenden oder zu erlassenden Verwaltungsakt) bezeichnen (§ 82 Abs. 1 Satz 1 VwGO). Wird sie schriftlich erhoben, ist sie zu unterzeichnen; wenn Eltern – sei es in Vertretung ihres Kindes, sei es in eigenem Namen – klagen, müssen beide Elternteile unterschreiben. Die Klage *soll* einen bestimmten Antrag (z.B. auf Aufhebung des Verwaltungsakts) enthalten, die zur Begründung dienenden Tatsachen und Beweismittel angeben sowie durch Beifügung des ursprünglichen Verwaltungsakts und des etwaigen Widerspruchsbescheids ergänzt werden (§ 82 Abs. 1 Satz 2 und 3 VwGO).

---

59 S. BVerwGE 152, 308 (310): Obgleich der Rechtsträger der handelnden Behörde allein Verpflichteter des materiell-rechtlichen Anspruchs ist und daher durch das Urteil ausschließlich der Rechtsträger, nicht aber die beklagte Behörde selbst verpflichtet wird, ist die Klage gegen die Behörde zu richten.

60 § 8 Abs. 2 BbgVwGG.

61 § 14 Abs. 2 Gesetz zur Ausführung des Gerichtsstrukturgesetzes.

62 § 8 Abs. 2 AGVwGO.

63 § 19 Abs. 2 AGVwGO.

64 § 8 Satz 2 AGVwGO.

65 § 69 Abs. 2 Gesetz zur Bereinigung des Landesrechts im Bereich der Justiz.

66 Nicht beteiligtenfähig ist daher der Elternbeirat, wenn um den schulorganisatorischen Akt der Teilverlegung der Förderschule gestritten wird, weil ihm zwar insoweit ein formelles Beteiligungsrecht zukommt, nicht aber ein materielles Recht, das der Schulträger bei seiner Entscheidung über die Verlegung der Schule berücksichtigen müsste, VGH Mannheim, NVwZ-RR 1996, 89 (89).

67 Zur Beteiligungsfähigkeit der Schulkonferenz bei schulorganisatorischen Maßnahmen OVG Berlin, NVwZ-RR 1990, 21. VG Frankfurt, NVwZ-RR 1999, 379.

26.346 Der Anfechtungsklage sowie der Versagungsgegenklage muss in der Regel ein *Widerspruchsverfahren (Vorverfahren)* vorausgegangen sein (§ 68 Abs. 1 und 2 VwGO; § 78 SGG). Dazu ausführlich TZ 26.2.

26.347 Anfechtungsklage und Versagungsgegenklage müssen innerhalb einer bestimmten *Klagefrist* erhoben werden. Die Frist beträgt einen Monat (§ 74 Abs. 1 und 2 VwGO, § 87 SGG). Sie beginnt mit der Zustellung des Widerspruchsbescheids oder, wenn es keines Widerspruchsverfahrens bedurfte, mit der Bekanntgabe des Verwaltungsakts. Enthält der Widerspruchsbescheid oder der ursprüngliche Verwaltungsakt keine oder keine ordnungsgemäße Rechtsbehelfsbelehrung, wird die Frist nicht in Lauf gesetzt (§ 58 Abs. 1 VwGO). In diesem Fall muss die Klage innerhalb eines Jahres seit Zustellung bzw. Bekanntgabe eingereicht werden (§ 58 Abs. 2 Satz 1 VwGO). Sofern die Behörde über einen Widerspruch oder über einen Antrag auf Erlass eines Verwaltungsakts ohne zureichenden Grund in angemessener Frist nicht sachlich entschieden hat, kann der Betroffene Untätigkeitsklage erheben, die allerdings in der Regel erst drei Monate seit der Einlegung des Widerspruchs oder seit Antragstellung zulässig ist (§ 75 VwGO).

Die Frist für den Normenkontrollantrag beträgt zwei Jahre vom Zeitpunkt der Bekanntmachung der zu überprüfenden Rechtsvorschrift an (§ 47 Abs. 2 Satz 1 VwGO).

26.35 Begründetheit der Klage, Umfang der gerichtlichen Kontrolle

Erst wenn die Sachentscheidungsvoraussetzungen nach der Überzeugung des Gerichts erfüllt sind, befasst es sich mit der Frage, ob der Kläger in der Sache selbst Recht hat. Die Klage ist begründet, wenn die behauptete Rechtsverletzung tatsächlich stattgefunden hat oder der geltend gemachte Anspruch tatsächlich besteht (s. zur Anfechtungs- und Verpflichtungsklage § 113 Abs. 1, Abs. 5 VwGO). Der gerichtlichen Kontrolle des Verwaltungshandelns sind aber gerade im Schulrecht Grenzen gezogen.[68] Aufgabe der Richterin ist es nicht, über die pädagogische Zweckmäßigkeit schulischer Maßnahmen zu entscheiden. Vielmehr hat sie allein darüber zu befinden, ob sich die Schule im Streitfall rechtmäßig verhalten hat oder nicht. Insbesondere dort, wo es um Leistungsbeurteilungen geht, muss die Richterin den Bewertungsspielraum der Schule respektieren. Insoweit ist das Ausmaß der gerichtlichen Kontrolle beschränkt. Das gilt nach der Rechtsprechung des Bundesverfassungsgerichts[69] aber nur für die Bewertung als solche; hingegen ist die Frage, ob die Schüler die ihnen gestellten Aufgabe richtig oder zumindest in vertretbarer Weise gelöst haben, der Überprüfung durch die Richterin zugänglich (dazu im einzelnen TZ 20.3).

26.36 Vorläufiger Rechtsschutz

Die Wirksamkeit des verwaltungsgerichtlichen Rechtsschutzes hängt nicht nur davon ab, dass der von einer schulischen Maßnahme Betroffene seine Rechte mit der Klage durchsetzen kann. Ehe das Hauptsacheverfahren, möglicherweise nach Durchlaufen aller drei Instanzen der Verwaltungsgerichtsbarkeit, zum rechtskräftigen Abschluss gelangt ist, vergehen oft mehrere Jahre. Die gerichtliche Entscheidung kommt dann insbesondere auch in schulischen Streitigkeiten meist zu spät. Die beteiligten Schülerinnen und Schüler sind möglicherweise längst von der Schule abgegangen, so dass sich der Rechtsstreit durch Zeitlablauf gewissermaßen von selbst erledigt hat. Um so wichtiger ist die Frage, ob der Kläger mit Hilfe des Gerichts vorläufige Maßnahmen erreichen kann, welche Schule und

68 Hierzu *Rux/Niehues*, Schulrecht, Rn. 74 ff und 1477 ff.
69 BVerfGE 84, 34 (49 ff.).

Schulbehörde daran hindern, ihn während des schwebenden Verfahrens in der Hauptsache vor vollendete Tatsachen zu stellen.[70]

26.361 Soweit der Betroffene gegen einen belastenden Verwaltungsakt mit Widerspruch und Anfechtungsklage vorgeht, kommt ihm die *aufschiebende Wirkung* dieser Rechtsbehelfe zugute. Die Behörde hat zwar die Möglichkeit, den sofortigen Vollzug des Verwaltungsakts anzuordnen. Doch kann das Gericht auf Antrag des Betroffenen den Suspensiveffekt wiederherstellen (§ 80 Abs. 5 Satz 1 VwGO). Dazu im einzelnen TZ 26.23 und 26.33.

26.362 Strebt die Klägerin den Erlass eines Verwaltungsakts (durch Verpflichtungsklage), ein sonstiges Tun, Dulden oder Unterlassen der Schulverwaltung (durch allgemeine Leistungsklage) oder die Feststellung des Bestehens oder Nichtbestehens eines Rechtsverhältnisses (durch Feststellungsklage) an, kann ihr das Gericht auf Antrag vorläufigen Rechtsschutz im Wege der *einstweiligen Anordnung* gewähren (§ 123 VwGO). Gegenüber belastenden Verwaltungsakten, die mit der Anfechtungsklage angegriffen werden, ist der Erlass einer einstweiligen Anordnung ausgeschlossen; hier erfolgt der vorläufige Rechtsschutz nach § 80 Abs. 5 VwGO (TZ 26.361).

Allerdings gibt es Konstellationen, in denen allein die Erhebung eines Widerspruchs bzw. einer Klage mit daran anknüpfender Suspensivwirkung oder auch das Stellen eines Antrages auf Wiederherstellung der aufschiebenden Wirkung gemäß § 80 Abs. 5 Satz 1 VwGO das eigentliche Ziel des Betroffenen nicht zu erreichen vermag. Ein Schüler, der nicht versetzt wurde, würde damit nur erreichen, dass der Nichtversetzungsbeschluss suspendiert wird; das allein berechtigte ihn ab noch nicht dazu, am Unterricht der nächsthöheren Klasse teilzunehmen. Dieser Anspruch, der auf ein positives Handeln der Schule gerichtet ist, kann nur im Verfahren nach § 123 VwGO geltend gemacht werden.[71] Ebenso wenig nützt es einer Schülerin, deren Antrag auf Aufnahme in eine Schule abgelehnt wurde, wenn der Sofortvollzug des Ablehnungsbescheids vom Verwaltungsgericht ausgesetzt wird; denn erreichen möchte sie, bis zur Entscheidung in der Hauptsache vorläufig zur gewünschten Schule zugelassen zu werden. Hierfür kommt wiederum nur das Verfahren nach § 123 VwGO in Betracht.[72] Gleiches gilt für einen Prüfling, dessen Prüfung vor Bewertung der Prüfungsleistungen wegen eines Täuschungsversuchs für nicht bestanden erklärt worden ist. Auch hier führt die Wiederherstellung des Suspensiveffekts von Widerspruch oder Klage nicht weiter. Vorläufiger Rechtsschutz kann vielmehr nur mittels einer auf die Fortsetzung der Prüfung gerichteten einstweiligen Anordnung gewährt werden.[73] Schließlich muss auch eine Schülerin, die von der weiteren Teilnahme an der Abiturprüfung ausgeschlossen worden ist, aber die Ausstellung eines vorläufigen Reifezeugnisses verlangt, im vorläufigen Rechtsschutzverfahren nach § 123 Abs. 1 VwGO vorgehen.[74]

Durch die einstweilige Anordnung, die schon vor der Erhebung einer Klage beantragt werden kann, wird entweder die Aufrechterhaltung eines Zustands verfügt, wenn die

---

70 Allgemein zum vorläufigen Rechtsschutz vor den Verwaltungsgerichten *Hufen* (Fn. 1), §§ 31 ff.; speziell zum vorläufigen Rechtsschutz im Schulrecht Klaus *Finkelnburg*/Klaus Peter *Jank*/*Christoph Külpmann*, Vorläufiger Rechtsschutz im Verwaltungsstreitverfahren, 7. Aufl., München 2017, § 62; Wolfgang *Kuhla*, Vorläufiger Rechtsschutz in typischen Fallkonstellationen des besonderen Verwaltungsrechts, in: ders./Jost Hüttenbrink (Hrsg.), Der Verwaltungsprozess, 3. Aufl., München 2002, S. 664 (850 ff.).

71 Zur einstweiligen Anordnung gegen Nichtversetzungsbeschlüsse OVG Bautzen, SächsVBl 2013, 242; OVG Lüneburg, NVwZ-RR 2010, 63; VGH Kassel, NVwZ-RR 1993, 386.

72 Im Zusammenhang mit einer Geschwisterkind-Regelung s. z.B. OVG Bremen, NVwZ 2003, 122. Zur vorläufigen Zulassung zur Qualifikationsphase der gymnasialen Oberstufe VGH Kassel, DÖV 2010, 236.

73 OVG Münster, DÖV 1985, 493.

74 VG Mainz, Beschluss vom 18.10.2014, Az.: 6 L 925/14.MZ (juris).

Gefahr besteht, dass durch dessen Änderung die Verwirklichung eines Rechts des Antragstellers vereitelt oder erschwert wird (*Sicherungsanordnung*, § 123 Abs. 1 Satz 1 VwGO). Es kann aber auch ein vorläufiger Zustand einstweilen geregelt werden, wenn dies nötig erscheint, um eine drohende Gefahr oder wesentliche Nachteile zu verhindern (*Regelungsanordnung*, § 123 Abs. 1 Satz 2 VwGO). Zuständig ist das Gericht der Hauptsache (§ 123 Abs. 2 Satz 1 VwGO). Die den Antrag begründenden Tatsachen müssen glaubhaft gemacht, brauchen also nicht bewiesen zu werden (§ 123 Abs. 3 VwGO i.V.m. §§ 920 Abs. 2, 294 Abs. 1 ZPO).

Ein Antrag auf Erlass einer einstweiligen Anordnung ist begründet, wenn aufgrund einer summarischen Prüfung eine überwiegende Wahrscheinlichkeit eines Anordnungsanspruches besteht und wenn zusätzlich die Voraussetzungen einer Sicherungsanordnung oder einer Regelungsanordnung vorliegen. Grundsätzlich darf im einstweiligen Rechtsschutzverfahren keine Entscheidung getroffen werden, welche die Entscheidung im Hauptsacheverfahren vorwegnimmt; die Vorwegnahme der endgültigen Entscheidung ist nur dann ausnahmsweise zulässig, wenn allein auf diese Weise effektiver Rechtsschutz gewährt werden kann. Deshalb darf z.B. den nichtversetzten Schülern, auch wenn sie voraussichtlich mit ihrer Klage Erfolg haben werden, nur die vorläufige Teilnahme am Unterricht der nächsthöheren Klasse gestattet werden.[75]

26.37 Verfahrensgrundsätze

Im Verwaltungsprozess gilt die sog. *Dispositionsmaxime (Verfügungsgrundsatz)*. Das bedeutet, dass die Beteiligten Inhalt und Ablauf des Verfahrens bestimmen. Das Gericht wird nur auf Antrag eines Beteiligten tätig und darf über das Klagebegehren nicht hinausgehen (§ 88 VwGO). Den Sachverhalt hingegen erforscht das Gericht von Amts wegen (*Untersuchungsgrundsatz*) und ist dabei an das Vorbringen und die Beweisanträge der Beteiligten nicht gebunden (§ 86 Abs. 1 VwGO). Daher kann und muss es seine Ermittlungen auch auf Tatsachen erstrecken, die von den Beteiligten nicht vorgebracht wurden, sowie Beweise erheben, welche die Beteiligten nicht beantragt haben. Andererseits hat der Vorsitzende darauf hinzuwirken, dass Formfehler beseitigt, sachdienliche Anträge gestellt, ungenügende tatsächliche Angaben ergänzt und die für die Feststellung und Beurteilung des Sachverhalts wesentlichen Erklärungen abgegeben werden (§ 86 Abs. 3 VwGO). Ebenfalls muss der Vorsitzende darauf hinwirken, dass die Beteiligten ihre Anträge begründen (§ 103 Abs. 3 VwGO) und die Streitsache mit den Beteiligten tatsächlich und rechtlich erörtern (§ 104 Abs. 1 VwGO). Schließlich darf das Urteil nur auf solche Tatsachen und Beweisergebnisse gestützt werden, zu denen die Beteiligten sich äußern konnten (§ 108 Abs. 2 VwGO).

26.38 Gerichtliche Entscheidung, Rechtsmittel, Rechtskraft

26.381 Das Gericht entscheidet durch Urteil, Beschluss oder Gerichtsbescheid.

Das *Urteil* hat den mit der Klage gestellten Antrag zum Gegenstand. Sofern die Klage unzulässig oder unbegründet ist, wird sie abgewiesen. Bei einer erfolgreichen Anfechtungsklage hebt das Gericht den rechtswidrigen Verwaltungsakt und den ihn bestätigenden Widerspruchsbescheid auf, allerdings nur insoweit, als der Kläger davon betroffen ist.[76] Ist eine Verpflichtungsklage, eine allgemeine Leistungsklage oder eine Feststellungsklage

75 S. VGH Mannheim, NVwZ-RR 2010, 269; OVG Lüneburg, NVwZ-RR 2010, 63.

76 Vgl. BVerwG, DVBl. 1979, 354: Eine erfolgreiche Anfechtungsklage gegen eine Schulorganisationsmaßnahme (z.B. Schließung der Schule) führt nicht notwendig dazu, dass diese vollständig rückgängig zu machen ist. Der angefochtene Verwaltungsakt kann nur insoweit aufgehoben werden, als der Schüler

begründet, wird der Beklagte antragsgemäß verurteilt; soweit allerdings bei einer Verpflichtungs- oder allgemeinen Leistungsklage die Sache noch nicht spruchreif ist, ergeht nur ein Bescheidungsurteil (vgl. TZ 26.322).

Beschlüsse sind entweder Anordnungen während des laufenden Verfahrens (z.B. Beweisbeschluss) oder ergehen als Entscheidungen über den Antrag auf Wiederherstellung der aufschiebenden Wirkung von Widerspruch und Anfechtungsklage (§ 80 Abs. 5 Satz 1 VwGO) sowie über den Antrag auf Erlass einer einstweiligen Anordnung (§ 123 VwGO).

Das Gericht kann im erstinstanzlichen Verfahren durch *Gerichtsbescheid* entscheiden, wenn die Sache keine besonderen Schwierigkeiten tatsächlicher oder rechtlicher Art aufweist und der Sachverhalt geklärt ist. Der Gerichtsbescheid hat die Wirkung eines Urteils, ergeht aber im Unterschied zu diesem ohne mündliche Verhandlung (§§ 84, 125 Abs. 1 Satz 2 VwGO).

26.382 Gerichtliche Entscheidungen können durch *Rechtsmittel* angefochten werden.[77] Wird ein Rechtsmittel eingelegt, hat dies zur Folge, dass der Fall der nächsthöheren Instanz zur Überprüfung unterbreitet (Devolutiveffekt) und der Eintritt der Rechtskraft gehemmt wird (Suspensiveffekt).

Urteile des Verwaltungsgerichts können mit der *Berufung* angefochten werden, wenn es diese im Urteil zugelassen hat (§§ 124 Abs. 1, 124a Abs. 1 Satz 1 VwGO) oder wenn sie das Oberverwaltungsgericht auf einen entsprechenden Antrag hin zulässt (§§ 124 Abs. 4 und 5 VwGO, 84 Abs. 2 Nr. 1 VwGO). Das Verwaltungsgericht lässt die Berufung zu, wenn die Rechtssache grundsätzliche Bedeutung hat oder wenn das Urteil von einer Entscheidung des Oberverwaltungsgerichts, des Bundesverwaltungsgerichts, des Gemeinsamen Senats der obersten Gerichtshöfe des Bundes oder des Bundesverfassungsgerichts abweicht und auf dieser Abweichung beruht (§ 124a Abs. 1 Satz 1 i.V.m. § 124 Abs. 1 Nr. 3 und Nr. 4 VwGO); das Oberverwaltungsgericht ist an die Zulassung gebunden (§ 124a Abs. 1 Satz 2 VwGO). Die Berufung ist innerhalb eines Monats nach Zustellung des vollständigen Urteils unter Bezeichnung des angefochtenen Urteils beim Verwaltungsgericht einzulegen (§ 124a Abs. 2 VwGO). Lässt das Verwaltungsgericht in seinem Urteil die Berufung hingegen nicht zu, so ist die Zulassung innerhalb eines Monats nach Zustellung des vollständigen Urteils beim Verwaltungsgericht zu beantragen (§ 124a Abs. 4 Satz 1 VwGO). Die Berufung bzw. der Antrag auf Zulassung der Berufung sind innerhalb von zwei Monaten nach Zustellung des vollständigen Urteils zu begründen (§§ 124a Abs. 3 Satz 1, Abs. 4 Satz 3 VwGO). Das Berufungsgericht überprüft die erstinstanzliche Entscheidung in rechtlicher und tatsächlicher Hinsicht und berücksichtig auch erst in der Berufungsinstanz vorgebrachte Tatsachen und Beweismittel (§ 128 VwGO).

Gegen (Berufungs-)Urteile des Oberverwaltungsgerichts und gegen dessen Beschlüsse im Normenkontrollverfahren steht den Beteiligten die *Revision* an das Bundesverwaltungsgericht zu, wenn sie vom Oberverwaltungsgericht zugelassen wurde oder auf Beschwerde gegen die Nichtzulassung durch das Bundesverwaltungsgericht zugelassen wird (§ 132 Abs. 1 i.V.m. § 49 Nr. 1 bzw. § 47 Abs. 5 Satz 1 VwGO). Zuzulassen ist die Revision nur, wenn die Rechtssache grundsätzliche Bedeutung hat, wenn das Urteil von einer Entscheidung des Bundesverwaltungsgerichts, des Gemeinsamen Senats der obersten Gerichtshöfe des Bundes oder des Bundesverfassungsgerichts abweicht und auf dieser Abweichung beruht oder wenn ein Verfahrensmangel geltend gemacht wird und vorliegt, auf dem die Entscheidung beruhen kann (§ 132 Abs. 2 VwGO); das Bundesverwaltungs-

---

davon betroffen ist. Das bedeutet, dass ihm der Schulbesuch zu ermöglichen ist wie bisher. Dies lässt sich allerdings häufig nur durch Aufrechterhaltung der bisherigen Schulorganisation erreichen.

77 Hierzu *Hufen* (Fn. 1), §§ 40 ff.; *Finkelnburg/Jank/Külpmann* (Fn. 70), § 25.

gericht ist an die Zulassung gebunden (§ 132 Abs. 3 VwGO). Im Unterscheid zur Berufung eröffnet die Revision jedoch keine neue Tatsacheninstanz, sondern dient ausschließlich der Überprüfung der angefochtenen Entscheidung in rechtlicher Hinsicht (vgl. § 545 ZPO). Beschlüsse des Verwaltungsgerichts können mit der *Beschwerde* an das Oberverwaltungsgericht angefochten werden (§ 146 VwGO).

26.383 Eine Entscheidung, die nicht (mehr) mit einem Rechtsmittel angefochten werden kann (z.B. weil die Rechtsmittelfrist versäumt worden ist), wird *rechtskräftig*. Sie ist fortan für die Beteiligten bindend (vgl. § 121 VwGO).

26.4 Rechtsschutz vor dem Zivilgericht

26.41 Zulässigkeit des Rechtswegs

Bürgerlich-rechtliche (privatrechtliche) Streitigkeiten werden vor den Zivilgerichten ausgetragen (§ 13 GVG).[78] Für Auseinandersetzungen zwischen einer Privatschule und ihren Schülern oder Eltern ist daher grundsätzlich der ordentliche Rechtsweg gegeben (TZ 26.43). Wenn die Schüler einer öffentlichen Schule Schadensersatz wegen Amtspflichtverletzung verlangen, müssen sie aufgrund der besonderen Rechtswegzuweisung in Art. 34 Satz 3 GG vor dem Zivilgericht klagen (TZ 26.44). Für Schadensersatzansprüche der Schule gegen Schüler oder Eltern aus unerlaubter Handlung ist ebenfalls das Zivilgericht zuständig (TZ 26.45).

26.42 Verfahren

26.421 Die Klage kann auf die Verurteilung des Beklagten zu einem Tun, Dulden oder Unterlassen gerichtet sein (*Leistungsklage*) oder die Feststellung des Bestehens oder Nichtbestehens eines Rechtsverhältnisses bezwecken (*Feststellungsklage*), wobei Letztere nur dann zulässig ist, wenn der Kläger ein rechtliches Interesse an der baldigen gerichtlichen Entscheidung hat (§ 256 Abs. 1 ZPO).

26.422 Hinsichtlich der *Sachentscheidungsvoraussetzungen* sind folgende Besonderheiten hervorzuheben. Sachlich *zuständig* ist für vermögensrechtliche Streitigkeiten bis 5.000 Euro das Amtsgericht, sonst das Landgericht (§§ 23 Nr. 1, 71 Abs. 1 GVG). Amtshaftungsklagen können nur beim Landgericht erhoben werden (§ 71 Abs. 2 Nr. 2 GVG); Gleiches gilt in Brandenburg und Thüringen gemäß § 6a des Staatshaftungsgesetzes der DDR für die auf diesem Gesetz beruhenden Ansprüche aus verschuldensunabhängiger Staatshaftung (TZ 25.321). Örtlich zuständig ist in der Regel das Gericht, in dessen Bezirk der Beklagte seinen Sitz oder Wohnsitz hat (§§ 12 ff. ZPO). Erhoben wird die Klage durch *Zustellung einer* beim Gericht einzureichenden *Klageschrift*[79]; die Zustellung geschieht von Amts wegen (§§ 253 Abs. 1 i.V.m. 270, 271 ZPO). Kläger und Beklagter müssen *partei- und prozessfähig* sein (§§ 50 ff. ZPO); die Parteifähigkeit entspricht der Beteiligungsfähigkeit im verwaltungsgerichtlichen Verfahren. Vor dem Landgericht und vor allen Gerichten des höheren Rechtszugs besteht Anwaltszwang (§ 78 Abs. 1 ZPO).

26.423 Wie im Verwaltungsprozess gilt auch im Zivilprozess die *Dispositionsmaxime*. Anders als dort wird das Verfahren jedoch nicht vom Untersuchungsgrundsatz, sondern vom *Verhandlungsgrundsatz* beherrscht. Das Gericht erforscht also die Wahrheit nicht

78 Zum Zivilprozessrecht Petra *Pohlmann*, Zivilprozessrecht, 4. Aufl., München 2018; Martin *Schwab*, Zivilprozessrecht, 5. Aufl., Heidelberg 2016; Heinz *Thomas*/Hans *Putzo*, Zivilprozessordnung – Kommentar, 39. Aufl., München 2018.

79 Anders im Verwaltungsprozess, in dem die Zustellung der Klageschrift nicht zur Klageerhebung gehört.

von Amts wegen; vielmehr bestimmen die Parteien selbst, welchen Sachverhalt sie dem Gericht zur Entscheidung unterbreiten. Zur Vermeidung prozessualer Nachteile sind die Parteien gehalten, möglichst frühzeitig und umfassend den Streitstoff vorzutragen (vgl. z.B. §§ 282, 295, 296 ZPO).

26.424 Auch der Zivilprozess kennt einen *vorläufigen Rechtsschutz*. Zur Sicherung eines gefährdeten Anspruchs kann das Gericht auf Antrag einen *Arrest* (bei Geldforderungen, §§ 916 ff. ZPO) oder eine *einstweilige Verfügung* (bei sonstigen Ansprüchen, §§ 935 ff. ZPO) anordnen. Geldforderungen können darüber hinaus in einem vereinfachten gerichtlichen Verfahren, dem *Mahnverfahren*, durch Antrag auf Erlass eines Mahnbescheids durchgesetzt werden (§§ 688 ff. ZPO).

26.425 Gegen erstinstanzliche Urteile des Amtsgerichts und des Landgerichts ist die *Berufung* an das jeweils nächsthöhere Gericht zulässig (§§ 511 Abs. 1 ZPO, §§ 72 Abs. 1 Satz 1, 119 Abs. 1 Nr. 3 GVG). Zulässig ist die Berufung nur, wenn der Wert des Beschwerdegegenstandes 600 Euro übersteigt oder das Gericht des ersten Rechtszuges die Berufung im Urteil zugelassen hat (§ 511 Abs. 2 ZPO). Zulassungsgründe in diesem Sinne sind nur dann gegeben, wenn die Rechtssache grundsätzliche Bedeutung hat oder die Fortbildung des Rechts bzw. die Sicherung einer einheitlichen Rechtsprechung eine Entscheidung des Berufungsgerichts erfordert (§ 511 Abs. 4 ZPO). Gegen die in der Berufungsinstanz ergangenen Endurteile der Landgerichte und Oberlandesgerichte kann beim Bundesgerichtshof (§ 133 GVG) *Revision* eingelegt werden, nicht hingegen gegen Urteile, durch die über die Anordnung, Abänderung oder Aufhebung eines Arrestes oder einer einstweiligen Verfügung entschieden worden ist (§ 542 Abs. 1 und 2 Satz 1 ZPO). Allerdings findet die Revision nur statt, wenn sie das Berufungsgericht in dem Urteil oder das Revisionsgericht auf Beschwerde gegen die Nichtzulassung zugelassen hat (§ 543 Abs. 1 ZPO); an die Zulassung ist der Bundesgerichtshof als Revisionsinstanz gebunden (§ 543 Abs. 2 Satz 2 ZPO). Zuzulassen ist die Revision, wenn die Rechtssache grundsätzliche Bedeutung hat oder die Fortbildung des Rechts oder die Sicherung einer einheitlichen Rechtsprechung eine Entscheidung des Revisionsgerichts erfordert (§ 543 Abs. 2 ZPO). Einzulegen ist die Revision beim Bundesgerichtshof (§ 549 Abs. 1 Satz 1 ZPO) innerhalb eines Monats ab Zustellung des in vollständiger Form abgefassten Berufungsurteils (§ 548 ZPO).

26.43 Rechtsschutz im Privatschulverhältnis

26.431 Die wechselseitigen Rechte und Pflichten zwischen Privatschule einerseits, Schülern und Eltern andererseits beruhen auf dem privatrechtlichen Schulvertrag und gehören damit dem bürgerlichen Recht an (vgl. TZ 15.432). Für Streitigkeiten zwischen den Vertragsparteien ist daher *grundsätzlich das ordentliche Gericht* (Amtsgericht oder Landgericht) *zuständig*. Dort können Schüler und Eltern gegen die Privatschule klagen, falls sie etwa mit einer Ordnungsmaßnahme oder mit der Kündigung des Schulvertrages nicht einverstanden sind.[80] Die Klage ist gegen den Schulträger zu richten; soweit es sich dabei um eine juristische Person – zumeist einen eingetragenen Verein – handelt, wird er durch den Vorstand vertreten (§ 26 Abs. 2 BGB). Umgekehrt kann der Privatschulträger vor dem Zivilgericht gegen Schüler und ihre Eltern vorgehen, um beispielsweise seinen Anspruch

80 S. etwa OVG Münster, NJW 1998, 1579: Für Streitigkeiten, die sich aus der Entlassung von Schülerinnen und Schülern von einer privaten Ersatzschule ergeben, ist der Rechtsweg zu den ordentlichen Gerichten und nicht der Verwaltungsrechtsweg gegeben. – Für die Inhaltskontrolle einer in Allgemeinen Geschäftsbedingungen enthaltenen Kündigungsklausel, nach der das Vertragsverhältnis nur schriftlich zum 31. Januar oder zum 31. Juli unter Einhaltung einer Kündigungsfrist von zwei Monaten gekündigt werden kann BGHZ 175, 102.

auf Zahlung des Schulgelds oder auf Ersatz für einen von den Schülerinnen und Schülern verursachten Schaden durchzusetzen.

26.432 *Besonderheiten* ergeben sich bei *anerkannten Ersatzschulen* (TZ 13.65). Zwar ist auch hier das Schulverhältnis privatrechtlich ausgestaltet, doch wird es durch die Anwendung öffentlich-rechtlicher Vorschriften teilweise überlagert. *Wenn die anerkannte Ersatzschule über die Aufnahme, Versetzung und Prüfung von* Schülern *befindet, wird sie hoheitlich tätig.*[81] Insoweit hat das Rechtsverhältnis zwischen Schule und Schülern öffentlich-rechtlichen Charakter; die Entscheidungen stellen Verwaltungsakte dar. Kommt es in diesen Fällen zu einem Konflikt (z.B. wegen der Nichtversetzung von Schülern), handelt es sich um eine öffentlich-rechtliche Streitigkeit nichtverfassungsrechtlicher Art, für die nach § 40 Abs. 1 Satz 1 VwGO der *Verwaltungsrechtsweg* gegeben ist. Die Schüler können folglich Widerspruch und Anfechtungsklage erheben. Hoheitlich handelt der Privatschulträger aber auch dann, wenn er im Rahmen der ihm gesetzlich zugewiesenen Aufgaben über finanzielle Hilfen für Schüler, z.B. über Lernmittelfreiheit und Fahrtkostenerstattung, entscheidet. Deshalb kann gegen die Ablehnung eines Antrags auf Gewährung einer Leistung nach erfolglosem Vorverfahren vor dem Verwaltungsgericht mit der Verpflichtungsklage vorgegangen werden. Zu Einzelheiten des verwaltungsgerichtlichen Rechtsschutzes wird auf die Ausführungen unter TZ 26.2 und 26.3 verwiesen.

26.44 Amtshaftungsprozesse

Schülerinnen und Schüler können Schadensersatzansprüche aus Amtspflichtverletzung nach § 839 BGB i.V.m. Art. 34 GG nur wegen Sachschäden geltend machen (vgl. im einzelnen TZ 25.32); für Körperschäden, die bei einem Schulunfall entstanden sind, kommt ausschließlich die gesetzliche Schülerunfallversicherung auf (TZ 25.31).[82] Die Amtshaftungsklage ist gegen den Dienstherrn des für den Schaden verantwortlichen Bediensteten zu richten: bei Lehrkräften in der Regel gegen das Land, vertreten durch die nach Rechtsvorschrift oder ministerieller Anordnung zuständige Schulbehörde[83], bei Angehörigen des Schulverwaltungspersonals (z.B. Hausmeister) üblicherweise gegen den Schulträger, vertreten durch das nach der Kommunalverfassung zuständige Organ (z.B. Bürgermeister, Landrat oder Dezernent). *Sachlich zuständig ist ausschließlich das Landgericht* (TZ 26.422). Fällt dem Bediensteten nur Fahrlässigkeit zur Last, muss der geschädigte Kläger darlegen, dass und weshalb keine andere Ersatzmöglichkeit besteht (§ 839 Abs. 1 Satz 2 BGB). Wenn ihm etwa eine Sache in der Schule durch Diebstahl abhandengekommen ist, hat er darzutun, dass die durch seine Strafanzeige eingeleiteten polizeilichen Ermittlungen ergebnislos verlaufen sind und ein Anspruch gegen den Schädiger deshalb nicht möglich ist (vgl. TZ 25.321).

---

81 Allerdings ist die Entscheidung der Schule über die Aufnahme oder Nichtaufnahme von Schülern nur insoweit hoheitlicher Natur, als die Zulassung zu einer weiterführenden Schule nach den für die öffentlichen Schulen geltenden Bestimmungen von einer Eignungsfeststellung, z.B. in Form einer Aufnahmeprüfung, abhängig zu machen ist.

82 Zum Amtshaftungsprozess Bernd *Tremml*/Michael *Karger*/Michael *Luber*, Der Amtshaftungsprozess, 4. Aufl., München 2013. Zur Verwirklichung des Amtshaftungsanspruchs ferner *Maurer/Waldhoff*, Verwaltungsrecht, § 26 Rn. 43 ff.

83 Vgl. z.B. § 1 Abs. 1a der Anordnung über die Vertretung des Landes Hessen im Geschäftsbereich des Hessischen Kultusministeriums vom 6.12.2012 (StAnz. S. 22) i.d.F. vom 5.1.2015 (StAnz. S. 445). Danach wird das Land in Rechtsstreitigkeiten u.a. vor den ordentlichen Gerichten und den Verwaltungsgerichten durch die Staatlichen Schulämter und die Hessische Lehrkräfteakademie vertreten, wobei sich der Kultusminister nach Absatz 2 vorbehält, in Einzelfällen die Vertretung des Landes zu übernehmen.

26.45 Schadensersatzansprüche gegen Schülerinnen und Schüler sowie Eltern

Wer durch die unerlaubte Handlung von Schülerinnen und Schülern oder eines Erziehungsberechtigten geschädigt worden ist, kann seinen auf §§ 823 ff. BGB gestützten Ersatzanspruch nötigenfalls gerichtlich geltend machen (vgl. TZ 25.4). In Betracht kommt z.B. eine Klage des Schulträgers gegen Schülerinnen wegen Beschädigung von Schuleigentum oder die Klage von Schülern gegen Mitschülerinnen wegen Beschädigung von Gegenständen, z.B. von Fahrrädern.

26.5 Rechtsschutz vor dem Sozialgericht

26.51 Zulässigkeit des Rechtswegs

Für Schüler ist das Sozialgericht immer dann zuständig, wenn es um Streitigkeiten nach dem Sozialgesetzbuch geht. Zu nennen sind insbesondere öffentlich-rechtliche Streitigkeiten in Angelegenheiten der *Schülerunfallversicherung* (§ 51 Abs. 1 Nr. 3 SGG, dazu TZ 25.31), ferner Streitigkeiten im Zusammenhang mit dem *Bildungs- und Teilhabepaket* (§ 51 Abs. 1 Nr. 4a und 6a SGG, dazu TZ 23.5).[84] Sonstige „soziale" Ansprüche, wie die auf Lernmittelfreiheit oder Fahrtkostenerstattung und Ansprüche nach dem Bundesausbildungsförderungsgesetz (BAföG), müssen vor dem Verwaltungsgericht geltend gemacht werden.[85]

26.52 Verfahren

Das sozialgerichtliche Verfahren ist weitgehend dem Verwaltungsprozess nachgebildet. Daher gibt es mit der Anfechtungs-, Verpflichtungs-, allgemeinen Leistungs- sowie Feststellungsklage dieselben *Klagearten* (vgl. TZ 26.32). Auch die Anforderungen an die *Zulässigkeit der Klage* (TZ 26.34) stimmen im Wesentlichen mit denen im verwaltungsgerichtlichen Prozess überein. Das gilt etwa für die Klagebefugnis (§ 54 Abs. 1 Satz 2 SGG), das Feststellungsinteresse (§ 55 Abs. 1 SGG), die Beteiligungs- und Prozessfähigkeit (§§ 70 f. SGG), die Form und den Inhalt der Klage (§§ 90 ff. SGG) sowie die Klagefrist (§ 87 SGG). Die Klage ist gegen den Träger der gesetzlichen Schülerunfallversicherung (vgl. TZ 25.317) bzw. gegen das Jobcenter (vgl. TZ 23.52) zu richten. Die Beteiligten können sich in jeder Lage des Verfahrens durch prozessfähige Bevollmächtigte vertreten lassen; ein Vertretungszwang durch Prozessbevollmächtigte besteht nur vor dem Bundessozialgericht (§§ 73 Abs. 1 und 4 SGG). Ebenso wie im Verwaltungsprozess (vgl. TZ 26.33) kommt dem Widerspruch und der Anfechtungsklage grundsätzlich *aufschiebende Wirkung* zu (§ 86a Abs. 1 Satz 1 SGG). Allerdings entfällt die aufschiebende Wirkung z.B. bei der Entscheidung über Versicherungs-, Beitrags- und Umlagepflichten (§ 86a Abs. 2 Nr. 1 SGG) und bei Anfechtungsklagen in Angelegenheiten der Sozialversicherung bei Verwaltungsakten, die eine laufende Leistung herabsetzen oder entziehen (§ 86a Abs. 2 Nr. 3 SGG). Für die Fälle, in denen die aufschiebende Wirkung entfällt, hält § 86b Abs. 1 SGG ein an § 80 Abs. 5 VwGO angelehntes Verfahren des einstweiligen Rechtsschutzes bereit. Danach kann das Sozialgericht die aufschiebende Wirkung des Widerspruchs oder der Anfechtungsklage anordnen oder wiederherstellen (§ 86b Abs. 1 Satz 1 Nr. 2 SGG). Für die übrigen Fälle ist die § 123 VwGO entsprechende Möglichkeit des Erlasses einer einstweiligen Anordnung vorgesehen (§ 86b Abs. 2 SGG). Das Verfahren ist wie der Ver-

84 Vgl. Otto Ernst *Krasney*/Peter *Udsching*/Andy *Groth*, Handbuch des sozialgerichtlichen Verfahrens. 7. Aufl., Berlin 2016; Peter *Kummer*, Das sozialgerichtliche Verfahren, 3. Aufl., Köln 2018.
85 Für den Bereich der Ausbildungsförderung ausdrücklich § 54 Abs. 1 BAföG.

waltungsprozess von der *Dispositionsmaxime* und dem *Untersuchungsgrundsatz* geprägt (§§ 99 ff., 103 SGG, vgl. TZ 26.37). Wie das Verwaltungsgericht entscheidet auch das Sozialgericht durch *Urteil*, *Beschluss* oder *Gerichtsbescheid* (§§ 125, 142, 105 SGG, vgl. TZ 26.381). Gegen Urteile des Sozialgerichts ist in der Regel *Berufung* an das Landessozialgericht zulässig (§§ 143 ff. SGG). Die beim Bundessozialgericht einzulegende *Revision* gegen Berufungsurteile des Landessozialgerichts ist nur als Zulassungsrevision statthaft (§§ 160 ff. SGG).

Dritter Teil:
Lehrerinnen und Lehrer im öffentlichen Schulwesen

27. Kapitel: Lehrerbildung

Die Lehrerbildung, die die Lehrkräfte zur Wahrnehmung des staatlichen Bildungs- und Erziehungsauftrags befähigen soll, umfasst die Gesamtheit der Lehr- und Lernaktivitäten zum Aufbau, zur Aktualisierung und zur Erweiterung der für die Ausübung des Lehrerberufs erforderlichen Kompetenzen.[1] Sie gliedert sich in die Lehrerausbildung (TZ 27.1 bis 27.3) und die Lehrerfort- und -weiterbildung (TZ 27.4). Die meisten Länder (Bayern, Berlin, Brandenburg, Bremen, Hessen, Mecklenburg-Vorpommern, Nordrhein-Westfalen, das Saarland, Schleswig-Holstein und Thüringen) haben die Lehrerbildung jedenfalls in den Grundzügen durch ein besonderes Gesetz normiert.[2] Die anderen Länder halten demgegenüber die gesetzliche Ausgestaltung der Lehrerbildung bislang nicht für geboten; sie beschränken sich auf den Erlass von Rechtsverordnungen und stützen sich dabei auf die im jeweiligen Schulgesetz oder Beamtengesetz enthaltenen Ermächtigungen.[3]

27.1 Lehrerausbildung für Lehrämter

27.11 Ländergemeinsame Ausgangslage

Die Ausbildung zur Lehrkraft, die die allgemeine Hochschulreife voraussetzt, ist an Lehrämtern orientiert. Sie ist in *zwei Phasen* gegliedert: zunächst *Studium* an einer wissenschaftlichen Hochschule (Universität, Pädagogische Hochschule) oder an einer Kunst- oder Musikhochschule, sodann ein auf schulpraktische Ausbildung gerichteter *Vorbereitungsdienst*. Der erfolgreiche Abschluss des Studiums (Erste Staatsprüfung) ist Voraussetzung für den Zugang zum Vorbereitungsdienst. Dieser wird mit der Zweiten Staatsprüfung, die die Lehramtsbefähigung vermittelt, abgeschlossen.

27.111 *Bis in die 70er Jahre des vorigen Jahrhunderts* war die Lehrerausbildung auch in der konkreten Ausgestaltung durch die einzelnen Länder *weitgehend einheitlich*. Es gab

---

1 Vgl. etwa § 1 Abs. 1 Hessisches Lehrerbildungsgesetz, § 1 Abs. 1 Lehrerbildungsgesetz M-V, § 2 Abs. 1 Thüringer Lehrerbildungsgesetz. – Literatur zur Lehrerbildung: Ewald *Terhart*/Hedda *Bennewitz*/Martin *Rothland* (Hrsg.), Handbuch der Forschung zum Lehrerberuf, 2. Aufl., Münster 2014, darin insbes.: Sigrid *Blömeke, Forschung zur Lehrerbildung im internationalen Vergleich (S. 441);* Tina *Hascher*, Forschung zur Wirksamkeit der Lehrerbildung (S. 542); Udo *Rauin*, Forschung zur Lehrerbildung aus nationaler und internationaler Perspektive (S. 572); Petra *Herzmann*/Johannes *König*, Lehrerberuf und Lehrerbildung, Bad Heilbrunn 2016; Peter *Loebell*/Philipp *Martzog*, Wege zur Lehrerpersönlichkeit. Kompetenzerwerb, Persönlichkeitsentwicklung und aktuelle Herausforderungen in der Lehrerbildung, Opladen 2017.

2 Bayern: Lehrerbildungsgesetz (BayLBG) vom 12.12.1995 (GVBl. 1996 S. 16), zul.g.d.G. vom 26.4.2016 (GVBl. S. 74); Berlin: Lehrkräftebildungsgesetz (LBiG) vom 7.2.2014 (GVBl. S. 49); Brandenburg: Brandenburgisches Lehrerbildungsgesetz (BbgLeBiG) vom 18.12.2012 (GVBl. I Nr. 45), zul.g.d.G. vom 25.1.2016 (GVBl. I Nr. 5); Bremen: Lehrerausbildungsgesetz (BremLAG) vom 16.5.2006 (GBl. S. 259), zul.g.d.G. vom 27.9.2016 (GBl. S. 599); Hessen: Hessisches Lehrerbildungsgesetz (HLbG) i.d.F.d.Bek. vom 28.9.2011 (GVBl. I S. 590), zul.g.d.G. vom 5.2.2016 (GVBl. I S. 30); Mecklenburg-Vorpommern: Lehrerbildungsgesetz (LehbildG) i.d.F.d.Bek. vom 26.11.2014 (GVOBl. S. 606); Nordrhein-Westfalen: Lehrerausbildungsgesetz (LABG) vom 12.5.2009 (GV. S. 308), zul.g.d.G. vom 24.6.2016 (GV. S. 330); Saarland: Saarländisches Lehrerinnen- und Lehrerbildungsgesetz (SLBiG) vom 23.6.1999 (Amtsbl. S. 1054), zul.g.d.G. vom 17.6.2015 (Amtsbl. S. 446); Schleswig-Holstein: Lehrkräftebildungsgesetz (LehrBG) vom 15.7.2015 (GVOBl. S. 134); Thüringen: Thüringer Lehrerbildungsgesetz (ThürLbG) vom 12.3.2008 (GVBl. S. 45), zul.g.d.G. vom 2.7.2016 (GVBl. S. 229).

3 Sachsen: § 40 Abs. 3 SchulG; Sachsen-Anhalt: § 30 Abs. 5 Satz 4 SchulG LSA; Baden-Württemberg: § 18 Abs. 2 und 3 LBG; Hamburg und Niedersachsen: §§ 14 Abs. 4, 25 und 26 des jeweiligen Beamtengesetzes; Rheinland-Pfalz: §§ 15 Abs. 5, 25 und 26 LBG.

fünf schulartbezogene Lehrämter: die Lehrämter an Grund- und Hauptschulen, an Realschulen, an Gymnasien, an berufsbildenden Schulen und an Sonderschulen.

Das *Studium* erstreckte sich je nach Art des angestrebten Lehramts und nach landesrechtlich bestimmter Regelstudienzeit auf sieben, acht oder neun Semester mit einem Umfang von 20 Semesterwochenstunden. Es umfasste erziehungswissenschaftliche sowie fachwissenschaftliche und fachdidaktische Studien in mindestens zwei Fächern und schloss ein mehrwöchiges Schulpraktikum ein. Den Abschluss des Studiums bildete die *Erste Staatsprüfung*. Der Aufbau des Studiums war durch staatlich genehmigte Studienordnungen der Hochschulen geregelt; seine Inhalte richteten sich nach den Anforderungen der Ersten Staatsprüfung.

27.112 Wer die Erste Staatsprüfung bestanden hatte, konnte auf Antrag in den *Vorbereitungsdienst* übernommen werden. Der Vorbereitungsdienst, dessen Dauer in der Regel zwei Jahre betrug, vermittelte dem Lehramtsanwärter die schulpraktische Ausbildung sowie die Vorbereitung auf die Tätigkeit und Verantwortung im Lehrerberuf. Er wurde einem Seminar (Studienseminar, Ausbildungsseminar)[4] zugewiesen. Die theoretische Ausbildung in Pädagogik und Fachdidaktik fand am Seminar, die praktische Ausbildung an einer Schule unter Anleitung eines zum Betreuungslehrer (Mentor) bestellten Lehrers statt. Die den Vorbereitungsdienst abschließende *Zweite Staatsprüfung* war Voraussetzung für die endgültige Einstellung als Lehrkraft.

27.12 Von der Einheit zur Vielfalt

27.121 Seit der deutschen Einigung sind die Länder in der Lehrerausbildung *verschiedene Wege* gegangen.[5]

Das betraf zunächst die *Art und Zahl der Lehrämter*. Zwar hielten alle Länder an der lehramtsbezogenen Ausbildung fest. Sie gingen aber zumeist dazu über, neben Hauptschulen, Realschulen und Gymnasien neue Schularten, häufig mit mehreren Bildungsgängen, einzuführen und vorhandene Schularten beispielsweise zur Gesamtschule oder zur Mittelschule zusammenzulegen (vgl. insbesondere TZ 3.4). Aufgrund der zunehmenden Ausdifferenzierung der Schulstruktur veränderte sich auch die Ausrichtung der schulartbezogenen Lehrämter. Einige Länder haben überdies stufenbezogene Lehrämter eingeführt (z.B. Lehramt für die Primarstufe, Lehramt für die Sekundarstufe I). So entstand eine *große Vielfalt von Lehrämtern*. Die dadurch bedingte Unterschiedlichkeit der Lehrerausbildung von Land zu Land führte nicht nur zu erheblichen *Problemen bei der wechselseitigen Anerkennung von Abschlüssen*, sondern trug überdies zur Unübersichtlichkeit und zum vielbeklagten Wirrwarr im deutschen Schulsystem bei.

27.122 Während die Struktur des Vorbereitungsdienstes im Wesentlichen unverändert blieb,[6] zeichneten sich *in der Organisation des Studiums* umso mehr *zentrifugale Tenden-*

4 Die Seminare sind auch heute noch zumeist nichtrechtsfähige Anstalten des jeweiligen Landes und unterstehen der Aufsicht des Kultusministeriums. S. etwa Hessen: Dort ist Ausbildungsbehörde im pädagogischen Vorbereitungsdienst die Hessische Lehrkräfteakademie. Sie nimmt ihre Aufgaben durch zentrale Einrichtungen oder durch regionale Niederlassungen (Studienseminare) wahr. Das Kultusministerium führt die Aufsicht über die Ausbildungsbehörde (§§ 4 Abs. 2 Satz 1 und 2, 7 Abs. 1 HLbG).

5 Dazu eingehend Fridtjof *Filmer*, Lehrerausbildung in Deutschland. Akteure, Spannungsfelder und Entwicklungen, RdJB 2015, 116.

6 Mehrere Länder verkürzten allerdings die Dauer des Vorbereitungsdienstes auf 18 und sogar auf zwölf Monate. – Literatur zum Vorbereitungsdienst: Hermann Josef *Abs*/Eva *Anderson-Park*, Programme zur Berufseinführung: die zweite Phase der Lehrerbildung, in: Terhart/Bennewitz/Rothland (Fn. 1), S. 489; Hagen *Kunz*/Frank *Sauerland*/Siegfried *Uhl*, Die zweite Phase der Lehrerbildung in Deutschland, Östringen 2014.

zen ab. Im Zuge des sogenannten *Bologna-Prozesses* entschieden sich immer mehr Länder dafür, das Lehramtsstudium tiefgreifend zu reformieren.[7] Sie stellten es schrittweise auf *gestufte Studiengänge mit den Hochschulabschlüssen Bachelor und Master* um.[8] In diesem neuen Studiensystem gliedern sich die Studiengänge in thematisch und zeitlich abgegrenzte Lehr- und Lerneinheiten (sogenannte *Module*). Diese sind mit *Leistungspunkten nach dem European Credit Transfer System (ECTS)* versehen, das die von Studierenden an europäischen Hochschulen erbrachten Studienleistungen vergleichbarer und leichter anrechenbar machen soll.[9] An die Stelle der zuvor geforderten Semesterwochenstunden tritt die durch Leistungspunkte nachzuweisende Arbeitsbelastung der Studierenden.[10]

Der *Bachelorstudiengang* im Umfang von sechs Semestern ist im Allgemeinen auf zwei Fächer ausgerichtet, enthält aber zumeist auch auf Berufsfelder außerhalb der Schule vorbereitende Module und ermöglicht dadurch Studierenden einen ersten berufsqualifizierenden Abschluss. Der auf dem Bachelorstudium aufbauende *Masterstudiengang* im Umfang von zumeist vier Semestern, der in der Regel gleichfalls zwei Fächer umfasst, ist lehramtsbezogen und schließt mit einer Masterprüfung (z.B. „Master of Education") ab, deren Bestehen Voraussetzung für den Zugang zum Vorbereitungsdienst ist.[11] Um die Qualität des Studiums zu sichern, halten mehrere Länder ihre Hochschulen dazu an, die Studiengänge, soweit sie als Bachelor- oder Masterstudiengänge konzipiert sind, *akkreditieren* zu lassen.[12] Sehr unterschiedlich fallen die Regelungen der Länder über die *Praxisanteile des Studiums* aus, die deshalb so wichtig sind, weil sie den Studierenden eine realistische Anschauung von den didaktischen und pädagogischen Anforderungen der Lehrerrolle vermitteln sollen.[13]

Die Reform der Lehrerausbildung nach Maßgabe des gestuften Studiensystems löste nicht geringe Probleme vor allem bei der Anerkennung darauf beruhender Lehramtsprüfungen durch diejenigen Länder aus, die an der herkömmlichen einstufigen Struktur des Lehramtsstudiums festhielten.[14] Aber auch zwischen den „Reformländern", sogar zwischen

7 Literatur zum Lehramtsstudium: Kurt *Czerwenka*/Karin *Nölle*, Forschung zur ersten Phase der Lehrerbildung, in: Terhart/Bennewitz/Rothland (Fn. 1), S. 468.

8 Z.B. § 9a bln LBiG i.d.F. vom 13.2.1985 (GVBl. S. 434), g.d.G. vom 17.5.1999 (GVBl. S. 178); § 4 BremLAG vom 26.5.2006 (GVBl. S. 259).

9 Das European Credit Transfer System geht zurück auf das am 11.4.1997 in Lissabon unterzeichnete Abkommen über die Anerkennung von Qualifikationen im Hochschulbereich in der europäischen Region (*Lissabon-Konvention*). Das Abkommen wurde durch Gesetz vom 16.5.2007 (BGBl. II S. 712) ratifiziert.

10 Die Vergabe von Leistungspunkten richtet sich nach der erwarteten Arbeitszeit, die durchschnittlich begabte Studierende zur Absolvierung eines Moduls investieren müssen. Sie sind also keine qualitativen Leistungsindikatoren. Je Semester sind üblicherweise insgesamt 30 ECTS-Leistungspunkte zu erbringen.

11 Demgemäß ergibt sich eine Gesamtstudienzeit von zehn Semestern; dem entsprechen 300 ECTS-Leistungspunkte.

12 Im Rahmen der Akkreditierung wird durch eine externe Begutachtung die Qualität eines Studiengangs überprüft. Die Akkreditierung ersetzt die frühere Genehmigung von Studien- und Prüfungsordnungen durch das zuständige Ministerium. Zu den Voraussetzungen für die Verfassungsmäßigkeit der Akkreditierung von Studiengängen s. Fn. 18.

13 Im Zuge der Umstellung auf Bachelor- und Masterstudiengänge wurden neue Lehrerausbildungskonzepte verwirklicht, die einen engeren Praxis-, aber auch Forschungsbezug ermöglichen. Die meisten Universitäten haben inzwischen Lehrerbildungszentren (Schools of Education) errichtet, die die an der Lehrerbildung beteiligten Fächer und Fakultäten unter einem Dach zusammenführen und auf diese Weise den Lehramtsstudierenden eine Heimstatt an der Universität bieten.

14 So Bayern, Hessen, Mecklenburg-Vorpommern, das Saarland, Sachsen, Sachsen-Anhalt und Thüringen. Diese Länder haben das Lehramtsstudium zwar „modularisiert" und den Modulen ECTR-Leistungspunkte zugeordnet; sie haben es aber bis heute (noch) nicht durchweg auf gestufte Studiengänge (Bachelor/Master) umgestellt. In Sachsen verlief die Entwicklung in umgekehrte Richtung: Dort wurden die gestuften Bachelor-/Masterstudiengänge aufgrund eines Kabinettsbeschlusses vom 19.10.2010 schrittweise wieder auf einstufige Studiengänge umgestellt. In all diesen Ländern wie auch in Rhein-

einzelnen Hochschulen desselben Landes stieß die gegenseitige Anerkennung vor allem wegen Abweichungen in der Dauer und Gewichtung einzelner Module immer wieder auf Schwierigkeiten.

27.13 Bemühungen der KMK um Einheit in der Vielfalt

Es ist das Verdienst der Kultusministerkonferenz, dem Auseinanderdriften der Länder in der Regelung von Struktur, Dauer und Anforderungen der Lehrerausbildung Grenzen gezogen zu haben. Ihr ist es gelungen, sich auf Mindeststandards zu verständigen, die die Länder einhalten müssen, wenn sie in der Qualität der Lehrerausbildung und damit letztlich in der Qualität der schulischen Bildungs- und Erziehungsarbeit nicht hinter den anderen Ländern zurückstehen wollen.

27.131 In einem ersten Schritt hat die KMK in den 90er Jahren des vorigen Jahrhunderts die verschiedenen in den Ländern vorhandenen Lehrämter zu Clustern von *sechs Lehramtstypen* gebündelt: Lehramtstyp 1: Lehramt der Grundschule bzw. Primarstufe, Lehramtstyp 2: übergreifende Lehrämter der Primarstufe und aller oder einzelner Schularten der Sekundarstufe I, Lehramtstyp 3: Lehramt der Sekundarstufe I, Lehramtstyp 4: Lehramt der Sekundarstufe II (allgemeinbildende Fächer) oder für das Gymnasium, Lehramtstyp 5: Lehramt der Sekundarstufe II (berufliche Fächer) oder für die beruflichen Schulen, Lehramtstyp 6: sonderpädagogisches Lehramt. Zu jedem Lehramtstyp hat die KMK eine *Rahmenvereinbarung* verabschiedet, die sich zunächst darauf beschränkte, Maßgaben für den Umfang des Studiums und die Dauer des Vorbereitungsdienstes festzulegen; diese Anforderungen wurden somit für alle dem jeweiligen Lehramtstyp zugeordneten Lehrämter verbindlich.[15] Das war ein erster wichtiger Schritt auf dem Weg zu mehr Transparenz und struktureller Angleichung in der Lehrerausbildung zwischen den Ländern.

27.132 Bezüglich der Akzeptanz gestufter mit Leistungspunkten nach dem ECTS versehener Studiengänge (Bachelor/Master) erreichte die KMK sodann aufgrund des *Quedlinburger Beschlusses* vom Juni 2005 gleichfalls eine einvernehmliche Lösung.[16] Gemäß dieser Vereinbarung akzeptiert die KMK Studiengänge, die Bachelor-/Masterstrukturen in der Lehrerausbildung vorsehen, wenn sie folgenden Vorgaben entsprechen: Studium von mindestens zwei Fachwissenschaften und von Bildungswissenschaften[17] in der Bachelor-

---

land-Pfalz schließt das Lehramtsstudium mit der Ersten Staatsprüfung, in Bayern zusätzlich mit einer universitären Prüfung ab.

15 Es handelt sich um die folgenden sechs KMK-Vereinbarungen: Rahmenvereinbarung über die Ausbildung und Prüfung für ein Lehramt der Grundschule bzw. Primarstufe (Lehramtstyp 1), Beschluss der KMK vom 28.2.1997 i.d.F. vom 10.10.2013 (BeschlS. Nr. 743); Rahmenvereinbarung über die Ausbildung und Prüfung für ein Lehramt für übergreifende Lehrämter der Primarstufe und aller oder einzelner Schularten der Sekundarstufe I (Lehramtstyp 2), Beschluss der KMK vom 28.2.1997 i.d.F. vom 10.10.2013 (BeschlS. Nr. 745); Rahmenvereinbarung über die Ausbildung und Prüfung für ein Lehramt der Sekundarstufe I (Lehramtstyp 3), Beschluss der KMK vom 28.2.1997 i.d.F. vom 10.10.2013 (BeschlS. Nr. 748); Rahmenvereinbarung über die Ausbildung und Prüfung für ein Lehramt der Sekundarstufe II (allgemeinbildende Fächer) oder für das Gymnasium (Lehramtstyp 4), Beschluss der KMK vom 28.2.1997 i.d.F. vom 10.10.2013 (BeschlS. Nr. 751); Rahmenvereinbarung über die Ausbildung und Prüfung für ein Lehramt der Sekundarstufe II (berufliche Fächer) oder für die beruflichen Schulen (Lehramtstyp 5), Beschluss der KMK vom 12.5.1995 i.d.F. vom 10.10.2013 (BeschlS. Nr. 781); Rahmenvereinbarung über die Ausbildung und Prüfung für ein sonderpädagogisches Lehramt (Lehramtstyp 6), Beschluss der KMK vom 6.5.1994 i.d.F. vom 10.10.2013 (BeschlS. Nr. 775).

16 Beschluss der KMK vom 2.6.2006: Eckpunkte für die gegenseitige Anerkennung von Bachelor- und Masterabschlüssen in Studiengängen, mit denen die Voraussetzungen für ein Lehramt vermittelt werden (KMK-BeschS. Nr. 1912.6); s. auch Beschluss der KMK vom 28.2.2007: Lösungen von Anwendungsproblemen beim Quedlinburger Beschluss (KMK-BeschlS. Nr. 1912.6.2).

17 Bildungswissenschaften umfassen die wissenschaftlichen Disziplinen, die sich mit Bildungs- und Erziehungsprozessen, mit Bildungssystemen sowie mit deren Rahmenbedingungen auseinandersetzen (so

sowie in der Masterphase, schulpraktische Studien bereits während des Bachelorstudiums, keine Verlängerung der geltenden Regelstudienzeiten, Differenzierung des Studiums und der Abschlüsse nach Lehrämtern. Darüber hinaus sind die Länder nach dem Quedlinburger Beschluss nunmehr verpflichtet, die Bachelor- und Masterstudiengänge zu akkreditieren.[18]

Die KMK hat 2004 außerdem *„Standards für die Lehrerbildung: Bildungswissenschaften"* verabschiedet.[19] Der Beschluss benennt und erläutert in einem Katalog die sich aus den Anforderungen beruflichen Handelns im Lehramt abgeleiteten Kompetenzen, und zwar in den Kompetenzbereichen Unterrichten, Erziehen, Beurteilen und Innovieren. Diese bildungswissenschaftlichen Standards sollen zusammen mit den von der KMK 2008 entwickelten *„Ländergemeinsamen Anforderungen für die Fachwissenschaften und Fachdidaktiken in der Lehrerbildung"*[20], den sogenannten *Fachstandards*, eine Basis für die Akkreditierung und Evaluierung lehramtsbezogener Studiengänge bilden.

Auf der Grundlage des Quedlinburger Beschlusses und der nachfolgenden Beschlüsse zu den bildungswissenschaftlichen Standards und den Fachstandards hat die Kultusministerkonferenz schließlich für jeden der sechs Lehramtstypen ein *Raster* entwickelt, das Inhalt (unter Bezug auf die pädagogischen Standards und die Fachstandards), Struktur und Dauer der Ausbildung jeweils bundeseinheitlich festlegt. Danach gliedert sich die Ausbildung in zwei Phasen (Studium einschließlich schulpraktischer Studien sowie Vorbereitungsdienst). Im Einzelnen wird geregelt, welche Teile das *Studium* umfasst[21], wie viel Leistungspunkte

---

die Definition im KMK-Beschluss vom 16.12.2004 i.d.F. vom 12.6.2014). Dazu zählen insbesondere Erziehungswissenschaften, pädagogische Psychologie und auf Bildungsfragen bezogene Soziologie, aber auch Bildungsrecht und Bildungsökonomie.

18 Die KMK hat ländergemeinsame Strukturvorgaben für die *Akkreditierung* von Bachelor- und Masterstudiengängen verabschiedet (Beschuss vom 10.10.2003 i.d.F. vom 4.2.2010, KMK-BeschlS. Nr. 1908), die gemäß § 2 Abs. 1 Nr. 2 des nordrhein-westfälischen Gesetzes zur Errichtung einer „Stiftung zur Akkreditierung von Studiengängen in Deutschland" (GV. NRW 2005, S. 45) bei der Akkreditierung zugrunde zu legen sind. Diese Vorgaben richten sich unmittelbar an den Akkreditierungsrat als das zentrale Beschlussorgan der Stiftung und an die vom Akkreditierungsrat zu überwachenden Akkreditierungsagenturen. Vgl. dazu auch die Eckpunkte der KMK für die Weiterentwicklung der Akkreditierung in Deutschland (Beschluss vom 15.10.2004, BeschlS. Nr. 1912.5). – Die KMK-Vorgaben für die Akkreditierung von Bachelor- und Masterstudiengängen sind allerdings als solche keine ausreichende rechtliche Grundlage für die Durchführung von Akkreditierungsverfahren. Auch reicht es nicht aus, dass der Landesgesetzgeber vorschreibt, dass Studiengänge durch Agenturen „nach den geltenden Regelungen" akkreditiert werden können. Vielmehr muss er wegen der mit der Akkreditierung verbundenen schwerwiegenden Eingriffe in die durch Art. 5 Abs. 3 GG geschützte Wissenschaftsfreiheit die für die Grundrechtsverwirklichung maßgeblichen gesetzlichen Regelungen selbst treffen. Erforderlich sind hinreichende gesetzgeberische Entscheidungen zu den Bewertungskriterien, den Verfahren und der Organisation der Akkreditierung; das Gesetz muss Vorgaben für eine hinreichende Beteiligung der Wissenschaft selbst enthalten. So BVerfG, NVwZ 2016, 675 m.Anm.v. Matthias *Wiemers*; vgl. dazu auch Friedhelm *Hufen*, Akkreditierung von Studiengängen nach früherem nordrhein-westfälischen Landesrecht verfassungswidrig, JuS 2016, 855, und Rolf *Müller-Terpitz*, Die Zukunft der Akkreditierung nach der bundesverfassungsgerichtlichen Entscheidung vom 17. Februar 2016, RdJB 2017, 23. – Im Juni 2017 haben die Ministerpräsidenten einen Staatsvertrag über die Organisation eines ländergemeinsamen Akkreditierungssystems für Qualitätssicherung in Studium und Lehre an deutschen Hochschulen beschlossen. Wichtigste Änderungen gegenüber dem bisherigen System: Der Akkreditierungsrat trifft die Akkreditierungsentscheidung, während die Akkreditierungsagenturen nur noch eine vorbereitende Funktion innehaben; bei Entscheidungen des Akkreditierungsrats in fachlich-inhaltlichen Fragen ist eine strukturelle Mehrheit der Wissenschaft erforderlich.

19 Beschluss der KMK vom 16.12.2004 i.d.F. 12.6.2014 (KMK-BeschlS. Nr. 814). S. auch Ewald *Terhart*, Standards für die Lehrerbildung. Eine Expertise für die Kultusministerkonferenz, Münster 2002.

20 Beschluss der KMK vom 16.10.2008 i.d.F. vom 12.6.2014 (BeschlS. Nr. 815).

21 Für die meisten Lehramtstypen ist ein *Studium* in den Fachwissenschaften und ihren Didaktiken von mindestens zwei Fächern vorgeschrieben; dabei soll der Umfang der Fächer gegenüber dem der Bildungswissenschaften etwa im Verhältnis von 2:1 stehen. Den pädagogischen und didaktischen Basisqualifikationen in den Themenbereichen Umgang mit Heterogenität und Inklusion sowie Grundlagen

gemäß ECTS bzw. wie viel Semester Regelstudienzeit das Studium mindestens beträgt und dass es mit einem Hochschulabschluss oder einer Ersten Staatsprüfung abschließt. Bezüglich des *Vorbereitungsdienstes* hat die KMK dessen *Aufgabe* (schulpraktische Ausbildung), *Dauer* (mindestens zwölf, höchstens 24 Monate) und *Abschluss* (ausschließlich durch [Zweite] Staatsprüfung) festgelegt. Diese verbindlichen Vorgaben belassen den Ländern vor allem hinsichtlich der Organisation des Studiums (u.a. Einführung gestufter Studiengänge, Modularisierung, Gliederung nach Leistungspunkten gemäß ECTS, Dauer, zeitliche Platzierung, Art und Organisation der schulpraktischen Studien sowie Form des Abschlusses) immer noch hinreichend Freiräume.[22] Das Raster ist wesentlicher Bestandteil der zuletzt in den Jahren 2013 und 2016 aktualisierten Rahmenvereinbarungen für die sechs Lehramtstypen.[23] Diese Rahmenvereinbarungen sind somit die *wichtigste Klammer*, die die Lehrerausbildung der Länder in ihrer Vielfalt zusammenhält und damit zur Einheit des deutschen Schulwesens beiträgt.

27.133 Wer ein Lehramtsstudium aufnehmen möchte, kommt nicht umhin, sich Gewissheit über die konkreten Studienbedingungen zu verschaffen. Diese sind, trotz der auf Vereinheitlichung angelegten Rahmenbedingungen der KMK, von Land zu Land und von Hochschule zu Hochschule in mancher Hinsicht, z.B. bezüglich der möglichen Fächer und Fächerkombinationen, unterschiedlich. Für eine erste Orientierung mag der Blick in das Lehrerbildungsgesetz des Landes, in dem sich der Studienort befindet, hilfreich sein.[24] Letztlich aber ist dringend zu empfehlen, sich mit den Studien- und Prüfungsbedingungen an der gewählten Hochschule vertraut zu machen.[25]

Zur Anerkennung der in einem anderen Land abgelegten Lehramtsprüfungen s. TZ 27.223.

27.2 Vorbereitungsdienst

27.21 Rechtsstatus der Lehramtsanwärterinnen und -anwärter

27.211 Der erfolgreiche Abschluss des Lehramtsstudiums (durch Hochschulprüfung oder Erste Staatsprüfung) ist Voraussetzung für die Aufnahme in den Vorbereitungsdienst. Die auf Antrag zugelassenen Bewerber (Referendare) werden in der Regel in das *Beamtenverhältnis auf Widerruf* (§ 4 Abs. 4 Buchst. a BeamtStG) berufen.[26]

---

der Förderpädagogik kommt dabei eine besondere Bedeutung zu. Das Studium in der Sonderpädagogik (Lehramtstyp 6) enthält fachrichtungsspezifische und fachrichtungsübergreifende Anteile unter Berücksichtigung der Aspekte der gemeinsamen Erziehung von Schülerinnen und Schülern mit und ohne sonderpädagogischen Förderbedarf.

22 Das gilt insbesondere für die Gestaltung der wichtigen Praxisanteile des Studiums durch Schulpraktika, Orientierungspraktika oder Praxissemester. Die Rahmenvereinbarungen eröffnen den Ländern im Übrigen die Möglichkeit, schulpraktische und vergleichbare fachliche Anteile des Studiums auf den Vorbereitungsdienst anzurechnen, so dass dessen Dauer verkürzt werden kann.

23 Nachweise zu den von der KMK beschlossenen Rahmenvereinbarungen über die Ausbildung und Prüfung für die sechs Lehramtstypen finden sich in Fn. 15.

24 Zum Nachweis der Lehrerbildungsgesetze (die es nicht in allen Ländern gibt) s. Fn. 2.

25 Einen ersten Einstieg ermöglichen die Bildungsserver für das jeweilige Land; vor allem ist auf die Websites der Hochschulen hinzuweisen.

26 Vgl. die entsprechenden Landesvorschriften, etwa Bayern: Art. 5 Abs. 1 Satz 1 BayLBG; Brandenburg: § 5 Abs. 2 Satz 1 BbgLeBiG; Bremen: § 3 Abs. 1 Satz 1 VO über den Vorbereitungsdienst für die Lehrämter an öffentlichen Schulen vom 19.8.2008 (GBl. S. 277), zul.g.d. Geschäftsverteilung des Senats vom 2.8.2016 (GBl. S. 434); Hessen: § 36 Abs. 4 S. 1 HLbG; Mecklenburg-Vorpommern: § 4 Abs. 1 LBG; Niedersachsen: § 4 Abs. 1 NBG; § 17 Abs. 1 Satz 2 Niedersächsische LaufbahnVO (NLVO) vom 30.3.2009 (GVBl. S. 118), zul.g.d.G. vom 20.12.2016 (GVBl. S. 308); Nordrhein-Westfalen: § 6 Abs. 1 Satz 1 Ordnung des Vorbereitungsdienstes und der Staatsprüfung (OVP) vom 10.4.2011 (GV. S. 218), zul.g.d.G. vom 25.4.2016 (GV. S. 216); Saarland: § 17 Abs. 4 Satz 1 SLBiG; Schleswig-Holstein: § 21 Satz 1 LehrBG; Thüringen: § 24 ThürLbG.

Die Rechtsstellung der Beamten auf Widerruf scheint, jedenfalls auf den ersten Blick, höchst prekär zu sein: Sie können nach § 23 Abs. 4 Satz 1 BeamtStG *jederzeit* entlassen werden. Im folgenden Satz des § 23 Abs. 4 BeamtStG heißt es sodann aber, dass ihnen die Gelegenheit zur Fortsetzung des Vorbereitungsdienstes und zur Ablegung der Prüfung gegeben werden *soll*. Betrachtet man beide Vorschriften im Zusammenhang, so wird deutlich, dass Sinn und Zweck des pädagogischen Vorbereitungsdienstes, der zugleich Ausbildungsstätte gemäß Art. 12 Abs. 1 GG ist, verfehlt würden, wenn der Dienstherr etwa auf fachliche Mängel, die sich während des Vorbereitungsdienstes zeigen, ohne Weiteres mit der Entlassung reagieren könnte. Die Sollvorschrift des § 23 Abs. 4 Satz 2 BeamtStG beruht ersichtlich auf der Erwägung, auch weniger qualifizierte Beamte auf Widerruf den Vorbereitungsdienst beenden zu lassen und ihnen damit die Chance zu geben, die (Zweite) Staatsprüfung abzulegen und mit dieser Qualifikation einen Beruf außerhalb des (öffentlichen) Schuldienstes auszuüben. Deshalb kann es für eine Entlassung des Beamten auf Widerruf allein nicht ausreichen, dass während des Vorbereitungsdienstes Zweifel an der fachlichen oder gesundheitlichen Eignung auftreten.[27]

Das Beamtenverhältnis der Lehramtsanwärter endet, sofern durch Landesrecht nichts anderes bestimmt ist, mit Ablauf des Tages der Ablegung oder des endgültigen Nichtbestehens der für die Laufbahn vorgeschriebenen Prüfung (§ 22 Abs. 4 BeamtStG).[28] Je nach landesrechtlicher Regelung handelt es sich bei dieser Prüfung um eine Staatsprüfung oder eine Zweite Staatsprüfung (vgl. TZ 27.132). Durch die bestandene (Zweite) Staatsprüfung wird die Lehramtsbefähigung vermittelt.

Die Lehramtsanwärter erhalten keine Dienstbezüge, sondern *Anwärterbezüge* nach der jeweiligen Vorschrift des Landesbesoldungsgesetzes[29] (TZ 31.118).

27.212 Die sich aus Art. 33 Abs. 5 GG als hergebrachtem Grundsatz des Berufsbeamtentums ergebende *Verfassungstreuepflicht* (dazu TZ 28.224) gilt für jedes Beamtenverhältnis, also auch für das Beamtenverhältnis auf Widerruf. Bestehen ernsthafte und begründete Zweifel an der Verfassungstreue des Bewerbers, darf er nicht als Beamter auf Widerruf eingestellt werden.[30] Für diese Bewerber ist die Möglichkeit einer Fortsetzung der Ausbildung außerhalb des Beamtenverhältnisses zu eröffnen.[31]

Die meisten Länder sehen für Bewerberinnen und Bewerber, die die beamtenrechtlichen Voraussetzungen, zu denen das Verfassungstreueerfordernis gehört, nicht erfüllen, als *Alternative zum Beamtenverhältnis auf Widerruf ein öffentlich-rechtliches Ausbildungsverhältnis* (Praktikantenverhältnis, Beschäftigungsverhältnis) vor.[32] Diese Auszubildenden brauchen sich im Vorbereitungsdienst nicht aktiv für den Staat und seine Verfassung ein-

---

27 *Schnellenbach/Bodanowitz*, Beamtenrecht in der Praxis, § 6 Rn. 50.

28 Vgl. die entsprechenden Landesvorschriften, etwa in Baden-Württemberg: § 13 Abs. 5 Satz 1 LandeslaufbahnVO vom 28.8.1991 (GBl. S. 577), zul.g.d.G. vom 17.12.2015 (GBl. S. 1210). § 7 Abs. 2 Satz 1 nrw LABG. Dazu OVG Münster, NVwZ-RR 2017, 831: Der Vorbereitungsdienst eines Lehramtsanwärters endet mit der Bekanntgabe des endgültigen Nichtbestehens einer Prüfungsentscheidung unabhängig vom Bestand der Prüfungsentscheidung.

29 Zu den Änderungen im Rahmen der Föderalismusreform I s. TZ 2.11.

30 BVerfGE 39, 334 (346 ff.): Für die Übernahme eines Bewerbers in den Vorbereitungsdienst reicht allerdings nach Auffassung des BVerfG eine gewissermaßen „vorläufige" Beurteilung seiner politischen Loyalität aus; systematische Ermittlungen durch die Staatsschutzbehörden und die Speicherung ihrer Ergebnisse für Zwecke der Einstellungsbehörden seien mit den im Rechtsstaatsprinzip verankerten Gebot der Verhältnismäßigkeit schwerlich zu vereinbaren (356 f.).

31 BVerfGE 39, 334 (371 ff.); BAGE 54, 340 (343) m.w.N. aus der Rspr. des BAG.

32 Z.B. § 16 Abs. 1 Buchst. b bw LBG, § 10 Abs. 4 Satz 2 bln LBiG, § 5 Abs. 2 Satz 2 BbgLeBiG, § 3 Abs. 1 Satz 2 brem VO über den Vorbereitungsdienst (Fn. 27), § 4 Abs. 2 Satz 1 HmbBG, § 36 Abs. 4 Satz 2 HLBG i.V.m. § 17 Abs. 1 2. Halbsatz HBG, § 4 Abs. 2 LBG M-V, § 17 Abs. 1 Satz 3 NLVO (Fn. 27) i.V.m. § 4 Abs. 3 NBG, § 7 Abs. 1 Satz 2 nrw LBG, § 17 Abs. 4 Satz 2 SLBiG, § 21 Satz 2 sh LehrBG.

zusetzen; es genügt, dass sie eine *gleichsam neutrale Haltung* einnehmen, im Unterricht die Grundwerte der Verfassung nicht in Zweifel ziehen und nicht darauf abzielen, die freiheitliche demokratische Grundordnung zu beeinträchtigen oder gar zu beseitigen.[33]

27.22 Zugang zum Vorbereitungsdienst

Da der Vorbereitungsdienst der Ausbildung für einen Beruf dient, ist er eine Ausbildungsstätte im Sinne des Art. 12 Abs. 1 Satz 1 GG.[34] Der Zugang zu ihm ist mithin durch das jedem Deutschen zustehende Grundrecht der freien Wahl der Ausbildungsstätte geschützt.

27.221 Der Grundrechtsschutz erschöpft sich nicht in der den Freiheitsrechten herkömmlich beigemessenen Abwehrfunktion gegen Eingriffe der öffentlichen Gewalt. Nach der Rechtsprechung des Bundesverfassungsgerichts garantiert die Berufsfreiheit (Art. 12 Abs. 1 Satz 1 GG) i.V.m. dem Gleichheitssatz (Art. 3 Abs. 1 GG) und dem Sozialstaatsgebot (Art. 20 Abs. 1, 28 Ab. 1 Satz GG) dem die subjektiven Zulassungsvoraussetzungen erfüllenden Bewerber zugleich ein Recht auf Teilhabe an den faktisch in alleiniger staatlicher Verantwortung betriebenen Ausbildungseinrichtungen.[35] Das gilt im Fall des pädagogischen Vorbereitungsdienstes umso mehr, als er auch auf Tätigkeiten außerhalb des staatlichen Bereichs (z.B. als Lehrkraft an Privatschulen) vorbereitet. Wegen dieses staatlichen Ausbildungsmonopols muss auch eine *muslimische Bewerberin* deutscher Staatsangehörigkeit, die darauf besteht, in der Schule ein *Kopftuch* zu tragen, zum Vorbereitungsdienst zugelassen werden (dazu ausführlich TZ 5.263).

27.222 Kapazitätsbedingte *Zulassungsbeschränkungen* beim Zugang zum Vorbereitungsdienst sind nur unter strengen formellen und materiellen Voraussetzungen statthaft. Sie bedürfen einer gesetzlichen Grundlage und sind nur in den Grenzen des unbedingt Erforderlichen unter erschöpfender Nutzung der vorhandenen, mit öffentlichen Mitteln geschaffenen Ausbildungskapazitäten zulässig. Allerdings hat der Gesetzgeber bei seiner Haushaltswirtschaft auch andere Gemeinschaftsbelange zu berücksichtigen; das Teilhaberecht auf Zulassung zur Ausbildungsstätte steht unter dem Vorbehalt des Möglichen im Sinne dessen, was der Einzelne vernünftigerweise von der Gesellschaft beanspruchen kann.[36] Der Staat genügt dem verfassungsrechtlichen Kapazitätserschöpfungsgebot, wenn er dafür Sorge trägt, dass nach vertretbarer Prognose für die abgewiesenen Bewerber zum Vorbereitungsdienst Wartezeiten von höchstens zwei Jahren entstehen.[37] Wird das Grundrecht der Bewerberinnen und Bewerber auf Zulassung zum Vorbereitungsdienst durch

33 BAG, NJW 1983, 779 (781); BAG, NJW 1982, 2396 (2398), s. auch BAGE 54, 340 (345 ff.). BVerfGE 46, 43 (52): Wer die freiheitliche demokratische Grundordnung aktiv bekämpft, darf auch dann nicht in den Vorbereitungsdienst aufgenommen werden, wenn dieser außerhalb des Beamtenverhältnisses abgeleistet werden soll; so z.B. § 4 Abs. 2 Satz 3 BremBG. – Zum Begriff der freiheitlichen demokratischen Grundordnung BVerfGE 2, 1 (12 f.); 5, 85 (140); 69, 315 (345 f.); s. auch Erhard *Denninger*, „Streitbare Demokratie" und Schutz der Verfassung, in: Ernst Benda/Werner Maihofer/Hans-Jochen Vogel (Hrsg.), Handbuch des Verfassungsrechts. 2.Aufl., Berlin 1995, S. 675 (692 ff., Rn. 33 ff.).

34 BVerfGE 39, 334 (373); BVerwGE 47, 330 (332 f.); 64, 153 (159); BVerwG, NJW 2008, 3654 (3655). Vgl. Joachim *Wieland*, in: Dreier, Grundgesetz. Kommentar, Art. 12 Rn. 47; Hans D. *Jarass, in*: Jarass/Pieroth, Grundgesetz. Kommentar, Art. 12, Rn. 94; Thomas *Mann,* in: Sachs, Grundgesetz. Kommentar, Art. 12 Rn. 89.

35 Grundlegend BVerfGE 33, 303 (330 ff.). S. auch *Mann*, in: Sachs, Grundgesetz. Kommentar, Art. 12 Rn. 18 ff., 160 ff.; *Wieland*, in: Dreier, Grundgesetz. Kommentar, Art. 12 Rn. 162 ff.; *Jarass, in*: Jarass/Pieroth, Grundgesetz, Kommentar. Art. 12 Rn. 99.

36 BVerfGE 33, 303 (338).

37 So VGH Mannheim, DÖV 1998, 209. Die auf verwaltungspraktischen Erwägungen beruhende Festsetzung von Einstellungsterminen ist keine Zulassungsbeschränkung, da sie den Normbereich des Art. 12 Abs. 1 GG solange nicht berührt, als ein Bewerber bei typisierender Betrachtung den Zeitraum zwischen Erster Staatsprüfung und Einstellung in den Vorbereitungsdienst finanziell überbrücken und trotz der Unterbrechung noch substantiell an seinen Bildungsstand anknüpfen kann. Ebenso *Schnellen-*

Kapazitätsengpässe eingeschränkt, muss ein *Auswahlverfahren* durchgeführt werden, das allen Antragstellern die Möglichkeit des Zugangs wahrt.[38] Als eines der Auswahlkriterien kommt das *Ergebnis der Hochschulabschlussprüfung bzw. der Ersten Staatsprüfung* in Betracht. Damit auch den Bewerbern mit schlechteren Prüfungsnoten eine Ausbildungschance erhalten bleibt, bietet sich daneben die *Wartezeit* als taugliches Auswahlkriterium an; sie ermöglicht es, dass Antragsteller, deren Studienabschluss längere Zeit zurückliegt, bevorzugt berücksichtigt werden. Aufgrund des Sozialstaatsgebots ist ein Teil der Ausbildungsplätze für *Härtefälle* zu reservieren, also zum Ausgleich schwerwiegender sozialer, familiärer oder gesundheitlicher Benachteiligungen.[39]

Wegen der einschneidenden Bedeutung der Auswahlregelung ist das jeweilige Landesparlament aufgrund des Vorbehalts des Gesetzes (TZ 2.23) verpflichtet, zumindest die Art der anzuwendenden Auswahlkriterien und deren Rangverhältnis untereinander selbst festzulegen.[40] Die Länder haben entsprechende Vorschriften im Landesbeamtengesetz oder im Lehrerbildungsgesetz erlassen, dabei aber unterschiedliche Kriterien und Auswahlmaßstäbe zugrunde gelegt.[41]

27.223 Immer wieder traten in der Vergangenheit Fälle auf, in denen Bewerberinnen und Bewerber nicht zum Vorbereitungsdienst zugelassen wurden, weil sie eine das Lehramtsstudium abschließende *Hochschulprüfung oder das Erste Staatsexamen in einem anderen Bundesland* abgelegt hatten. Die Nichtanerkennung der Prüfung wurde damit begründet, dass die Vorbildung der Antragstellerin oder des Antragstellers in Qualität, Fächerwahl oder Lehramtsbezug nicht den Bestimmungen des aufnehmenden Landes entspreche.

Festzuhalten ist, dass ein Landesgesetzgeber grundsätzlich berechtigt ist, den Zugang zum Vorbereitungsdienst bei allen Berberinnen und Bewerbern, auch bei solchen aus anderen Bundesländern, von der Erfüllung bestimmter Anforderungen an die Vorbildung abhängig zu machen; diese subjektiven Zulassungsvoraussetzungen, die dem Schutz wichtiger Gemeinschaftsgüter – hier: der staatlichen Schulerziehung – dienen, sind mit Art. 12 Abs. 1 GG vereinbar. Daher kann ein Antragsteller, der mit seiner in einem anderen Land erworbenen Qualifikation diese Voraussetzungen nicht oder nur teilweise erfüllt, aus dem Grundrecht auf freie Wahl der Ausbildungsstätte keinen Anspruch auf Zulassung zum

---

bach/Bodanowitz, Beamtenrecht in der Praxis, § 3 Rn. 24; vgl. auch VG Berlin, NVwZ-RR 1999, 181 (182); OVG Schleswig, DVBl. 1995, 208 (210).

38 Vgl. dazu und zum Folgenden grundlegend: BVerfGE 33, 303 (338 f., 348 ff., 351 ff.).

39 Durch eine solche Härtefallklausel muss überdies vor allem erreicht werden, dass die Benachteiligung von Behinderten vermieden wird (Art. 3 Abs. 3 Satz 2 GG). Zudem sind nach § 46 BeamtStG Mutterschutz (TZ 30.321) und Elternzeit (TZ 30.322) zu gewährleisten. Zur Umsetzung dieser Grundsätze hatte die Kultusministerkonferenz in einem Beschluss vom 20.11.1975 (in der KMK-BeschlS. nicht mehr enthalten) einheitliche Kriterien für die Aufnahme von Lehramtsanwärtern in den Vorbereitungsdienst empfohlen und dabei die folgende Quotierung vorgesehen: 1. in der Regel 10 Prozent für Härtefälle, 2. die überwiegende Zahl der Ausbildungsplätze nach der durch die Zeugnisnote der Ersten Staatsprüfung nachgewiesenen Qualifikation, 3. bis höchstens 35 Prozent nach der Wartezeit, wobei dem Bewerber aufgrund der Zahl der erfolglosen Bewerbungen ein Zuschlag zu seiner Zeugnisnote gewährt wird; eine Bevorzugung von Landeskindern wird als unzulässig erachtet. Vgl. auch BVerfGE 134, 1 (19 ff.): Die Auferlegung von Studiengebühren nach der Wohnung zugunsten von Landeskindern verstößt gegen Art. 12 Abs. 1 GG i.V.m. Art. 3 Abs. 1 GG, weil sie den danach notwendigen freien und gleichen Hochschulzugang in einem bundesweit zusammenhängenden System ohne hinreichenden Sachgrund beeinträchtigt.

40 BVerfGE 33, 303 (345 f.).

41 Sie sind dabei auch von dem in Fn. 39 zitierten KMK-Beschluss abgewichen. So sieht z.B. Hessen ein Aufnahmeverhältnis der Bewerberinnen und Bewerber von 50 % nach der Examensnote, 15 % nach Härte und 35 % nach Wartezeit vor (§ 17 Abs. 3 HBG). In Nordrhein-Westfalen werden die Ausbildungsplätze wie folgt vergeben: vorab bis zu 10 % nach Bedarf, mindestens 60 % nach dem Ergebnis der Studienabschlüsse, bis zu 25 % nach der Wartezeit, bis zu 5 % für Härtefälle (§ 6 Abs. 2 LABG).

Vorbereitungsdienst herleiten.[42] Ein Anspruch auf Aufnahme als Lehramtsanwärter kann sich aber aus der fortgeltenden Vorschrift des § 122 Abs. 1 BRRG ergeben.[43] Danach darf die Zulassung zum Vorbereitungsdienst einer Laufbahn nicht deshalb abgelehnt werden, weil der Bewerber die für seine Laufbahn „vorgeschriebene Vorbildung" im Bereich eines anderen Dienstherrn erworben hat.[44] Diese Vorschrift hindert das aufnehmende Land jedoch nicht daran, den Zugang des auswärtigen Bewerbers zum Vorbereitungsdienst deshalb zu versagen, weil dessen Vorbildung ein wesentliches Maß an Übereinstimmung mit den gesetzlich geregelten Qualifikationsanforderungen im Aufnahmeland vermissen lässt.[45]

Den Ländern bleibt es andererseits unbenommen, die in einem anderen Bundesland erworbene Vorbildung trotz mangelnder Gleichwertigkeit für die Zulassung zum Vorbereitungsdienst ausreichen zu lassen.[46] Sie können aber durch solche gesetzliche Regelungen nicht die Mobilität der eigenen Absolventen jenseits der Landesgrenzen gewährleisten.[47]

Angesichts dieser Gesetzeslage haben sich die Länder seit Jahrzehnten immer wieder darum bemüht, die gegenseitige Anerkennung von Lehramtsprüfungen, insbesondere auch der Ersten Staatsprüfungen bzw. Hochschulprüfungen, durch *zwischenstaatliche Vereinbarungen im Rahmen der Kultusministerkonferenz* zu sichern. Zuletzt hatten sie im *„Husumer Beschluss"* vom Oktober 1999 vereinbart, Lehramtsprüfungen und Lehramtsbefähigungen gegenseitig anzuerkennen.[48] Doch stand diese Vereinbarung unter dem Vorbehalt entgegenstehender landesrechtlicher Regelungen. Die angestrebte Mobilität der Lehramtsbewerber scheiterte dabei nicht so sehr an der Versagung formeller Anerkennungsbescheide als vielmehr an den spezifischen Einstellungsbedingungen der Länder, indem Inhaber eines Anerkennungsbescheides im aufnehmenden Land beim Einstellungsverfahren für den Vorbereitungsdienst und auch den Schuldienst häufig nicht oder nur nachrangig berücksichtigt wurden.[49]

42 BVerwGE 64, 142 (143 f.).

43 Zwar wurde im Rahmen der Föderalismusreform I zur Neuordnung der bundesstaatlichen Ordnung die Rahmenkompetenz des Bundes zur Regelung der Rechtsverhältnisse der im öffentlichen Dienst der Länder, Gemeinden und sonstigen Körperschaften des öffentlichen Rechts stehenden Personen (Art. 75 Abs. 1 Nr. 1 GG a.F.) abgeschafft. Damit ist die verfassungsrechtliche Grundlage für die Zuständigkeit des Bundes zum Erlass des Beamtenrechtsrahmengesetzes (BRRG) entfallen. Dem Bund steht nunmehr nur noch die konkurrierende Gesetzgebungskompetenz für die Regelung der Statusrechte und -pflichten der Beamten der Länder, Gemeinden und sonstigen Körperschaften des öffentlichen Rechts mit Ausnahme der Laufbahnen, Besoldung und Versorgung zu (Art. 74 Abs. 1 Nr. 27 GG n.F.). Auf dieser Grundlage hat der Bund das Beamtenstatusgesetz erlassen. (Zur Neuordnung der Gesetzgebungszuständigkeiten ausführlich TZ 2.11). Nach § 63 Abs. 3 Satz 2 BeamtStG ist das BRRG am 1.4.2009 mit Ausnahme von Kapitel II (mit der darin enthaltenen Vorschrift des § 122) und § 135 außer Kraft getreten. § 122 BRRG gilt mithin vorläufig weiter.

44 BVerwGE 64, 142 (144 ff.).

45 BVerwGE 64, 142 (147); E 64, 153 (159).

46 BVerwGE 64, 142 (150 f.); E 64, 153 (158).Von dieser Möglichkeit haben einzelne Landesgesetzgeber Gebrauch gemacht. So bestimmte z.B. § 16 Abs. 1 LBiG i.d.F. vom 24.6.1988 (GVBl. S. 954), dass eine außerhalb des Landes Berlin abgelegte Lehramtsprüfung oder Hochschulprüfung für ein Lehramt anerkannt werden kann.

47 Fridtjof *Filmer*, Anerkennung von Lehramtsabschlüssen aus anderen Bundesländern. Mobilität trotz Pluralität im Bundesstaat. Zum Beschluss der Kultusministerkonferenz vom 7. März 2013, RdJB 2013, 292 (297).

48 Beschluss über die gegenseitige Anerkennung von Lehramtsprüfungen und Lehramtsbefähigungen vom 22.10.1999 (alte Fassung, in der KMK-BeschlS. nicht mehr enthalten).

49 *Filmer* (Fn. 47), S. 292 (301).

Einen *Durchbruch* in der Anerkennungsfrage erzielte die *Kultusministerkonferenz* schließlich 2013 durch ihren *Beschluss „Regelungen und Verfahren zur Erhöhung der Mobilität und Qualität von Lehrkräften"*.[50]

In diesem Beschluss *verpflichten sich die Länder* u.a. dazu, *allen Bewerberinnen und Bewerbern*, die ein *Lehramtsstudium gemäß den Vorgaben der KMK* absolviert haben, unabhängig vom Land, in dem der Abschluss erworben wurde, *über die formale Anerkennung von Abschlüssen hinaus auch gleichberechtigten Zugang zum Vorbereitungsdienst* für den ihrem Abschluss entsprechenden Lehramtstyp *zu ermöglichen*. Somit bilden die in den einschlägigen Beschlüssen und Rahmenvereinbarungen der KMK (TZ 27.131 und 27.132) enthaltenen Vorgaben die *ländergemeinsame Anerkennungsreferenz für lehramtsbezogene Abschlüsse*. Die Tatsache, dass die Länder in dem neuen Beschluss die Voraussetzungen, unter denen Lehramtsprüfungen anerkannt werden, präzise bestimmt haben, ist ein deutliches Indiz für deren Bindungswillen; die Länder haben sich insoweit wechselseitig verpflichtet, bei der Anerkennung von andernorts abgelegten Lehramtsprüfungen nur die in diesen Beschlüssen und Rahmenvereinbarungen enthaltenen Kriterien und Bedingungen zugrunde zu legen. Überdies hat sich die KMK in ihrem Beschluss vom 7.3.2013/27.12.2013 auf *„Musterformulierungen"* geeinigt, an denen sich die Länder bei der Anpassung ihrer Gesetze und untergesetzlichen Regelungen orientieren sollen.[51] Für die Umsetzung in das jeweilige Landesrecht wurde eine Frist bis zum Ende 2013 gesetzt. Bislang haben allerdings nur einige Länder ihre Regelungen zur Anerkennung der in einem anderen Bundesland erworbenen Vorbildung in Anlehnung an die Musterformulierungen der KMK neu gefasst.[52]

Das führt zu der Frage, ob einem Bewerber, der sein Lehramtsstudium nach den Vorgaben der KMK absolviert hat, ein *subjektives öffentliches Recht auf gleichberechtigten Zugang zum Vorbereitungsdienst im Aufnahmeland* auch dann zusteht, wenn dieses den KMK-Beschluss vom 7.3.2013/27.12.2013 (noch) nicht in Landesrecht umgesetzt hat. Für die Bejahung eines subjektiven öffentlichen Rechts spricht, dass es sich bei den von der KMK getroffenen Regelungen um eine Verwaltungsvereinbarung handelt, die im Hoheitsbereich eines jeden Landes wie eine vom Kultusministerium erlassene Verwaltungsvorschrift wirkt. Eine Verwaltungsvorschrift genügt als solche zwar nicht zur Begründung eines subjektiven öffentlichen Rechtes. Sie kann aber nach dem *Grundsatz der Selbstbindung der Verwaltung* Außenwirkung erzeugen, die dem Bürger einen rechtlichen Anspruch vermittelt. Dieser auf dem Gleichheitsgebot des Art. 3 Abs. 1 GG beruhende Grundsatz bedeutet, dass die Verwaltung bei gleichmäßig geübter Praxis gleichgelagerte Fälle nicht ohne sachlichen Grund unterschiedlich behandeln darf. Sofern eine Verwaltungsvorschrift

---

50 Beschluss vom 7.3.2013 i.d.F.v. 27.12.2013, KMK-BeschlS. Nr. 704. Die vollständige Überschrift dieses Beschlusses lautet: „Regelungen und Vereinbarungen zur Erhöhung der Mobilität und Qualität von Lehrkräften. Ländergemeinsame Umsetzungsrichtlinien für die Anpassung von Regelungen und Verfahren bei der Einstellung in Vorbereitungs- und Schuldienst sowie für die Anerkennung von Studien- und Prüfungsleistungen in Studiengängen der Lehramtsausbildung". Zur Bedeutung des Beschlusses s. den sehr kenntnisreichen und informativen Beitrag von *Filmer* (Fn. 47), S. 292, insbes. 301 ff.

51 Die Musterformulierungen bezüglich des Zugangs zum Vorbereitungsdienst lauten: „Die fachlichen Zugangsvoraussetzungen zum Vorbereitungsdienst für ein Lehramt erfüllt, wer das für das betreffende Lehramt nach den Vorgaben der Kultusministerkonferenz vorgesehene Studium mit einer Ersten Staatsprüfung (bzw. einer gleichgestellten lehramtsbezogenen Hochschulprüfung) oder einem auf dieses Lehramt bezogenen Magistergrad abgeschlossen hat. Der Zugang zum Vorbereitungsdienst wird gewährleistet, soweit die Ausbildung in den entsprechenden Fächern und Lehrämtern vorgesehen ist." Mit der letztgenannten Einschränkung soll der Tatsache Rechnung getragen werden, dass die Ausbildungsmöglichkeiten an Schulen und Studienseminaren z.B. hinsichtlich der studierten Fächer passen müssen. Wer beispielsweise in NRW Niederländisch studiert hat, kann nicht erwarten, dass er seine Ausbildung in Bayern fortsetzen kann.

52 Z.B. § 14 Abs. 1 bln LBiG, § 13 Abs. 1 BbgLeBiG, § 14 Abs. 1 Satz 2 nrw LABG, § 7 Abs. 1 SLBiG, § 34 Abs. 9 sh SchulG, § 21 Abs. 1 ThürLbG.

veröffentlicht ist, löst sie mit Rücksicht auf den Vertrauensschutz der Bürgerinnen und Bürger von vornherein als „im Voraus bekanntgegebene und antizipierte Verwaltungspraxis“ eine Bindungswirkung aus.[53] Dies muss umso mehr gelten, wenn es sich um Regelungen handelt, die auf einer zwischen den Ländern getroffenen Verwaltungsvereinbarung beruhen.[54]

27.224 Ein *Nicht-EU-Ausländer*[55], der das Lehramtsstudium in Deutschland mit einer Hochschulprüfung oder einer Ersten Staatsprüfung abgeschlossen hat, *hat grundsätzlich keinen Anspruch darauf, zum Vorbereitungsdienst zugelassen zu werden*; das Grundrecht auf freie Wahl der Ausbildungsstätte (Art. 12 Abs. 1 GG) steht allein Deutschen und EU-Ausländern[56] zu.

Das hindert den Landesgesetzgeber jedoch nicht, den Vorbereitungsdienst auch für *sonstige Ausländer* zu öffnen. Da sie die beamtenrechtlichen Voraussetzungen, zu denen das Erfordernis der deutschen oder einer anderen EU-Staatsangehörigkeit gehört, nicht erfüllen, können sie zwar gemäß § 7 Abs. 1 BeamtStG nicht zu Beamten auf Widerruf berufen werden. Wohl aber steht es dem Gesetzgeber frei, sie während der Dauer des Vorbereitungsdienstes in einem öffentlich-rechtlichen Ausbildungsverhältnis außerhalb des Beamtenverhältnisses zu beschäftigen (vgl. TZ 27.212). Diese Möglichkeit haben die meisten Landesgesetzgeber eröffnet.[57]

Weit günstiger ist die Rechtsstellung von EU-Ausländern, die in Deutschland ihr Lehramtsstudium erfolgreich abgeschlossen haben. Sie genießen *Freizügigkeit* im Sinne des Art. 45 AEUV. Die Freizügigkeit umfasst nach Abs. 2 dieser Vorschrift die Abschaffung jeder auf der Staatsangehörigkeit beruhenden Diskriminierung in Bezug auf Beschäftigung, Entlohnung und sonstige Arbeitsbedingungen. Sie gilt auch für Ausbildungsverhältnisse wie den Vorbereitungsdienst der Lehramtsanwärter. Dem steht Art. 45 Abs. 4 AEUV, wonach die Beschäftigung in der öffentlichen Verwaltung von der Freizügigkeit ausgenommen ist, nicht entgegen. Diese Ausnahmevorschrift findet auf Lehramtsanwärter keine Anwendung.[58] Sie betrifft nur diejenigen Stellen des öffentlichen Dienstes, deren Inhaber als Richter, Polizisten, Diplomaten u.ä. an der Ausübung substantieller hoheitlicher Befugnisse und an der Wahrung der allgemeinen Staatsbelange teilnehmen.[59] Infolgedessen ist

53 BVerwGE 35, 159 (162); E 52, 193 (199) und st. Rspr.

54 Zur rechtlichen Außenwirkung von KMK-Vereinbarungen auf diesem Gebiet s. Hermann *Avenarius*, Gegenseitige Anerkennung von Lehramtsprüfungen zwischen den Ländern in der Bundesrepublik Deutschland, DÖV 1997, 485 (489).

55 Als *EU-Ausländer* werden im Folgenden diejenigen Personen bezeichnet, die die Staatsangehörigkeit eines anderen Mitgliedstaates der Europäischen Union oder eines anderen Vertragsstaates des Abkommens über den Europäischen Wirtschaftsraum (d.h. Island, Liechtenstein und Norwegen) oder eines Drittstaates besitzen, dem Deutschland und die Europäische Union einen Anspruch auf Anerkennung von Berufsqualifikationen eingeräumt haben (d.h. die Schweiz). Der unschöne Begriff des „Nicht-EU-Ausländers“ bezieht sich somit auf Ausländer, die keine dieser Staatsangehörigkeiten besitzen.

56 Dazu, dass sich auch EU-Ausländer auf Art. 12 GG berufen können, s. Hans D. *Jarass*, in: Jarass/Pieroth, Grundgesetz. Kommentar, Art. 12 Rn. 12; Rüdiger *Breuer*, Freiheit des Berufs, in: HdbStR VIII, § 170 Rn. 43.

57 S. die in Fn. 32 zitierten Rechtsvorschriften mehrerer Länder.

58 So der EuGH in seinem Grundsatzurteil vom 3.7.1986 in der Rechtsache 66/85 (Lawrie-Blum), Slg. 1986, 2121 (NJW 1987, 1138). Dazu Hermann *Avenarius*, Zugangsrechte von EG-Ausländern im Bildungswesen der Bundesrepublik Deutschland, NVwZ 1988, 385 (391 ff.); Stefan *Forch*, Freizügigkeit für Studienreferendare, NVwZ 1987, 27; Heinz *Putzhammer*, EG-Ausländer im deutschen öffentlichen Dienst?, RdJB 1989, 157 (161 ff.), jeweils m.w.N. Das Urteil des EuGH ist von weittragender Bedeutung. Es gilt gleichermaßen für alle Lehramtsanwärter und ist vom EuGH (NVwZ 1992, 1181) dahingehend fortentwickelt worden, dass insgesamt die Tätigkeit als Lehrkraft im höheren Lehramt nicht als Beschäftigung in der öffentlichen Verwaltung i.S. des (heutigen) Art. 45 Abs. 4 AEUV anzusehen ist.

59 So schon EuGH, Slg. 1980, S. 3881 (NJW 1980, 2635); dazu Ernst *Steindorff*, Ausbildungsrechte im EG-Recht, NJW 1983, 1231 (1232).

die Nichtzulassung eines EU-Ausländers als Lehramtsanwärters allein aus Gründen der Staatsangehörigkeit mit dem Unionsrecht unvereinbar. EU-Ausländer mit Hochschulabschluss oder Erster Staatsprüfung haben somit einen deutschen Mitbewerbern gleichrangigen Anspruch auf Zugang zu den im Vorbereitungsdienst verfügbaren Stellen. Das innerstaatliche Recht bekräftigt die Gleichstellung der EU-Ausländer, indem es in § 7 Abs. 1 Nr. 1 BeamtStG bestimmt, dass sie in das Beamtenverhältnis (auf Widerruf) berufen werden dürfen.

27.23 Soziale Absicherung von Lehramtsanwärtern

Noch immer gibt es eine erhebliche Zahl von Lehramtsanwärterinnen und -anwärtern, die nach der (Zweiten) Staatsprüfung nicht oder zunächst nicht in den Schuldienst aufgenommen werden. Damit stellt sich die Frage, ob sie gegen die Folgen der *Arbeitslosigkeit* rechtlich abgesichert sind. Einen Anspruch auf Übernahme in das Beamtenverhältnis auf Lebenszeit haben sie nicht. Da sie als Lehramtsanwärter keine Dienst-, sondern nur Anwärterbezüge erhalten haben, steht ihnen nach der Entlassung aus dem Vorbereitungsdienst auch *kein Übergangsgeld* zu, wie es anderen Beamten gewährt wird (vgl. TZ 31.128).

Ebenso wenig können sie *Arbeitslosengeld I* nach dem SGB III verlangen. Als Beamte waren sie keine Arbeitnehmer, sie unterlagen folglich nicht der Beitragspflicht zur Arbeitslosenversicherung (§ 24 SGB III) und können deshalb die Anwartschaftszeit, deren Erfüllung eine der Anspruchsvoraussetzungen für die Gewährung von Arbeitslosengeld ist, nicht nachweisen (§§ 137 Abs. 1 Nr. 3, 142 f. SGB III).[60] Allerdings steht ihnen gemäß §§ 19 Abs. 1 Satz 1, 7 Abs. 1 SGB II *Arbeitslosengeld II* als Grundsicherungsleistung für erwerbsfähige Hilfebedürftige nach dem SGB II zu (vgl. TZ 31.226).

Beamte auf Widerruf im Vorbereitungsdienst (TZ 27.21) sind von der Versicherungspflicht in der gesetzlichen *Rentenversicherung* befreit (§ 5 Abs. 1 Satz 1 Nr. 1 SGB VI). Werden sie nach dem Abschluss der Ausbildung nicht in den Schuldienst übernommen, sind sie aber *nachzuversichern* (§ 8 Abs. 2 Satz 1 Nr. 1 SGB VI). Der frühere Dienstherr trägt die nachzuzahlenden Beiträge in voller Höhe (§ 181 Abs. 5 SGB VI); er führt diese an die Rentenversicherung ab (§ 185 Abs. 1 SGB VI) und erteilt hierüber eine Bescheinigung (§ 185 Abs. 3 SGB VI).

27.3 Ausbildung sonstiger Lehrkräfte

Neben den an wissenschaftlichen Hochschulen ausgebildeten Lehrern, die sich für ein Lehramt qualifiziert haben, gibt es verschiedene Lehr- und pädagogische Hilfskräfte, die aufgrund berufspraktischer Erfahrungen oder besonderer Fähigkeiten in der Schule eingesetzt werden. Sie sind Beamte in der Laufbahngruppe des mittleren oder gehobenen Dienstes (vgl. TZ 28.223), sofern sie nicht außerhalb des Beamtenverhältnisses beschäftigt werden. Ihre Ausbildung ist nicht in den Lehrerbildungsgesetzen (soweit vorhanden),

60 Eine Verfassungsbeschwerde gegen den Ausschluss der Gerichtsreferendare von der Arbeitslosenversicherung hatte das BVerfG, NJW 1977, 1816, mangels hinreichender Erfolgsaussicht nicht zur Entscheidung angenommen. Diese Versicherung sei wie jede andere gesetzliche Versicherung, die auf dem Solidarprinzip beruhe, darauf angewiesen, dass ihre Mitglieder ihr grundsätzlich auf Dauer angehörten und durch dauerhafte Beitragsleistung gewährleisteten, dass die durchschnittliche Beitragsberechnung den durchschnittlichen Risiken gerecht werde. Damit sei die Zugehörigkeit eines Personenkreises schwer vereinbar, der wie die Referendare nach der Ausbildung zu einem erheblichen Teil der Arbeitslosenversicherung nicht angehören werde.

sondern in Rechtsverordnungen geregelt, zu deren Erlass das Kultusministerium durch das Landesbeamtengesetz oder Schulgesetz ermächtigt ist.[61]

27.31 Fachlehrer für musisch-technische Fächer

Mehrere Flächenländer haben eine besondere Ausbildung für technische und künstlerische Fächer (insbesondere für Werken, Technisches Zeichnen, Kommunikationstechnik, Kunsterziehung, Musik, Ernährung, Gestaltung, Sport) geschaffen, die nicht das Abitur, sondern den Realschul- oder einen gleichwertigen Bildungsabschluss voraussetzt. Die Ausbildung findet in *pädagogischen Fachinstituten (Seminaren, Fachseminaren)* statt; sie dauert – je nach Fachrichtung und Land – zwei, drei oder vier Jahre. Die Absolventen werden nach einer oder zwei staatlichen Prüfungen als Fachlehrer in der Primarstufe, in der Sekundarstufe I oder auch an berufsbildenden Schulen eingesetzt (s. TZ 27.32).

27.32 Lehrkräfte für Fachpraxis

An *berufsbildenden Schulen*, vorzugsweise an Vollzeitschulen, unterrichten Lehrer für Fachpraxis (Technische Lehrer, Werkstattlehrer), deren Aufgabe es ist, berufspraktische Kenntnisse und Fertigkeiten zu vermitteln.[62] Nach Abschluss der Realschule oder nach einem als gleichwertig anerkannten Bildungsabschluss haben sie entweder die Meisterprüfung abgelegt oder eine mindestens dreisemestrige Fachschule absolviert. In jedem Fall verfügen sie über mehrjährige berufspraktische Erfahrungen. Ihre pädagogische Ausbildung erhalten sie, zumeist im Rahmen eines eineinhalb- bis zweijährigen Vorbereitungsdienstes, als Beamte auf Widerruf, in staatlichen *Seminaren* (berufspädagogischen Fachseminaren) oder *Staatsinstituten*.

27.33 Sozialpädagogische Fachkräfte

Bei den sozialpädagogischen Fachkräften, welche in der dem Schulbereich ein- und zugeordneten Vorschulerziehung (Schulkindergärten und Vorklassen) tätig sind, handelt es sich um *Kindergärtnerinnen* und *Jugendleiterinnen* mit entsprechender Ausbildung, um *Erzieher* (mit Realschulabschluss, Praktikum und entsprechende Fachschulausbildung) sowie um *Sozialpädagogen* (mit Fachhochschulreife und Studium an einer Fachhochschule für Sozialarbeit bzw. Sozialpädagogik). Erzieher, Sozialpädagogen und sonstige Mitarbeiter sind ferner an Horten und Ganztagsschulen, in Heimen und auf dem Gebiet der Sonderpädagogik tätig. Vor allem Sozialpädagogen finden wegen des Ausbaus der inklusiven Beschulung auch in den Regelschulen ein wichtiges Betätigungsfeld. Soweit erforderlich, erhalten sie eine zusätzliche Ausbildung an entsprechenden *Fachseminaren*.

---

61 S. beispielsweise in Baden-Württemberg: VO über die Ausbildung und Prüfung von Fachlehrkräften für musisch-technische Fächer an Pädagogischen Fachseminaren vom 15.12.2006 (GBl. S. 407), zul.g.d.G. vom 17.12.2015 (GBl. S. 1210, 1230); in Bayern: StudienO für das Staatsinstitut für die Ausbildung von Fachlehrern (FISO) vom 9.8.2005 (GVBl. S. 436), zul.g.d.G. vom 22.6.2014 (GVBl. S. 286); Zulassungs-, Ausbildungs- und Prüfungsordnung (II. Lehramtsprüfung) der Fachlehrer vom 12.12.1996 (GVBl. S. 562, ber. 1997, S. 23), zul.g.d.VO vom 22.6.2014 (GVBl. S. 286); in Niedersachsen: Qualifizierungen gem. § 13 Abs. 1 und 2 der Nds. VO über die Laufbahn der Laufbahngruppe 2 der Fachrichtung Bildung und Erwerb einer Ergänzungsqualifikation für ein Lehramt, RdErl. vom 28.8.2012 (SVBl. S. 509); in Nordrhein-Westfalen: §§ 58 ff. LaufbahnVO vom 8.2.2014 (GV. S. 22).

62 Vgl. die Rahmenordnung der KMK für die Ausbildung und Prüfung der Lehrer für Fachpraxis im beruflichen Schulwesen vom 6.7.1973, KMK-BeschlS. Nr. 786; s. auch die weiteren Nachweise in Fn. 61.

27.34 Pädagogische Assistenten

Einige Länder bilden pädagogische Assistentinnen und Assistenten aus, die Schulleitungen und Lehrkräfte bei der Vorbereitung und Durchführung ihrer Unterrichts- und Verwaltungsarbeit unterstützen und entlasten sollen.[63] Ihnen können in gewissem Umfang auch selbständige Aufgaben übertragen werden (z.B. Betreuung von Schülergruppen, Aufsichtsfunktionen und technische Aufgaben).

27.4 Lehrerfort- und -weiterbildung

Die Lehrerfort- und -weiterbildung[64] schließt als *dritte Phase* an die erste und zweite Phase der Lehrerbildung an. Während die *Lehrerfortbildung* der Erhaltung, Aktualisierung und Erweiterung der in Studium, Vorbereitungsdienst und Berufspraxis erworbenen Kenntnisse, Fähigkeiten und Fertigkeiten dient und die Lehrkräfte mit neuen pädagogischen und didaktischen Erkenntnissen vertraut machen soll (*Qualifikationserhaltung*), zielt die *Lehrerweiterbildung* auf die Vermittlung zusätzlicher Qualifikationen, und zwar entweder durch Erwerb der Lehrbefähigung für ein weiteres Fach oder durch Aufstieg in ein höher dotiertes Lehramt (*Qualifikationserweiterung*). Die Begriffe lassen sich freilich nicht immer trennscharf unterscheiden, zumal sie in der Praxis häufig synonym verwendet werden.

Da sich Lehrkräfte als *Beamte* mit vollem persönlichen Einsatz ihrem Beruf zu widmen haben (§ 34 Satz 1 BeamtenStG), *sind sie zur Fortbildung verpflichtet.*[65] Die *Rechtsgrundlagen* der Lehrerfort- und -weiterbildung ergeben sich zusätzlich aus beamtenrechtlichen Vorschriften der Länder, darüber hinaus vor allem aus ihren *Lehrerbildungsgesetzen* und *Schulgesetzen.*[66]

Vor allem die Lehrerfortbildung ist zur Sicherung der Leistungsfähigkeit der Schule und zur Umsetzung von inhaltlichen, methodischen und organisatorischen Neuerungen im Schulwesen, wie sie in jüngster Zeit vor allem auf die Einführung der *Inklusion* zurückzuführen sind, unerlässlich. Die Fortbildung gewinnt auch deshalb an Bedeutung, weil sich das für den Lehrerberuf relevante Wissen sowohl quantitativ als auch qualitativ in immer kürzeren Zeitabständen verändert. Gerade diejenigen Lehrkräfte, die sich in zunehmender Zahl dem Rentenalter nähern[67], haben einen besonderen Bedarf an der Aktualisierung ihrer früher erworbenen beruflichen Kompetenzen.

---

63 So z.B. in Bayern die „Förderlehrer“ nach Art. 60 Abs. 1 BayEUG (nicht zu verwechseln mit den Lehrern an Förderschulen gemäß Art. 19 ff. BayEUG) und in Niedersachsen die „Schulassistenten“ (§ 53 NSchG).

64 Aus der Literatur: Frank *Lipowski*, Theoretische Perspektiven und empirische Befunde zur Wirksamkeit von Lehrerfort- und -weiterbildung, in: Terhart/Bennewitz/Rothland (Hrsg.), Handbuch der Forschung zum Lehrerberuf (Fn. 1), S. 511; Botho *Priebe*, Anforderungen an eine neue Lehrerfortbildung. Wirksamkeit, Qualitätsentwicklung und Qualitätsstandards, in: Lernende Schule 2014, S. 4.

65 Zu der auf § 34 Satz 1 BeamtStG beruhenden Fortbildungspflicht der Beamtinnen und Beamten s. *Reich*, BeamtStG. Kommentar, § 34 Rn. 8.

66 Baden-Württemberg: § 50 LBG; Bayern: Art. 20 BayLBG; Berlin: § 17 LBiG, § 67 Abs. 6 SchulG; Brandenburg: §§ 9 und 10 BbgLeBig, § 67 Abs. 3 BbgSchulG; Bremen: § 59 Abs. 4 BremSchulG, § 22 BremBG; Hamburg: § 88 Abs. 4 HmbSG; Hessen: §§ 63 ff. HLbG; Mecklenburg-Vorpommern: §§ 15 ff. LehbildG M-V, § 100 Abs. 5 SchulG M-V; Niedersachsen: § 51 Abs. 2 NSchG, § 22 NBG; Nordrhein-Westfalen: § 57 Abs. 3 SchulG, § 22 LBG; Rheinland-Pfalz: § 25 Abs. 9 SchulG, § 22 LBG; Saarland: § 11 SLBiG, § 29 Abs. 3 SchoG; Sachsen: § 40 Abs. 2 Satz 2 und 3 SchulG, § 23 SächsBG; Sachsen-Anhalt: § 30a SchulG LSA, § 25 LBG LSA; Schleswig-Holstein: §§ 29 ff. LehrBG; Thüringen: §§ 31 ff. ThürLbG, § 34 Abs. 5 ThürSchulG.

67 Bildungsbericht 2016, 85 f.

Wegen der Bedeutung der Fortbildung lassen es mehrere Länder nicht mit einer allgemein angeordneten Fortbildungspflicht bewenden, sondern halten die Lehrerinnen und Lehrer dazu an, auch in der unterrichtsfreien Zeit an Fortbildungsmaßnahmen teilzunehmen und darüber einen Nachweis zu führen.[68] Wer als beamtete Lehrkraft schuldhaft die Pflicht zur Fortbildung verletzt, begeht ein Dienstvergehen, das disziplinarrechtlich geahndet werden kann.[69]

Der Fortbildungspflicht der Lehrkräfte entspricht die Pflicht des Landes, durch angemessene institutionelle Vorkehrungen für ihre Fortbildung zu sorgen. Heute gibt es in allen Ländern *Einrichtungen der Lehrerfort- und -weiterbildung*, die Lehrgänge, Arbeitsgemeinschaften und Tagungen auch von mehrtägiger Dauer veranstalten und überdies schulinterne Fortbildung und Beratung anbieten.[70] Die Einzelheiten über Anmeldung und Zulassung zu Fortbildungsveranstaltungen sind durch Erlasse der Kultusministerien geregelt. Die – genehmigte – Teilnahme an einer Fortbildungsveranstaltung ist Bestandteil der dienstlichen Tätigkeit. Der Lehrkraft werden in der Regel die Fahrkosten (zumindest teilweise) ersetzt; zumeist muss sie einen Beitrag zu den Verpflegungskosten leisten. Bei (Dienst-)Unfällen während der Dauer des Lehrgangs einschließlich Hin- und Rückreise wird Unfallfürsorge gewährt.

68 Z.B. § 88 Abs. 4 HmbSG, § 64 HLbG, § 17 Abs. 1 und 3 SchulG M-V, § 31 sh LehrBG, § 35 ThürLbG.

69 Das VG Koblenz (RdJB 1984, 155 m.Anm.v. Hans-Peter *Füssel*), hatte gegen einen Realschullehrer, dessen Unterricht erhebliche Mängel aufwies, eine Gehaltskürzung verfügt, weil er es unterlassen hatte, sich zur Aufbesserung seiner methodischen und didaktischen Kenntnisse um Fortbildung zu bemühen.

70 Hierzu stehen den Schulen teilweise Pauschalmittel zur Verfügung, die sie in eigener Verantwortung einsetzen können, s. TZ 13.223.

28. Kapitel: Der Rechtsstatus der Lehrkräfte

28.1 Beamtenrecht versus Arbeitsrecht

28.11 Unterschiede zwischen Beamten- und Arbeitsverhältnis

Lehrkräfte sind in der Regel Landesbedienstete, und zwar *entweder Beamte oder Arbeitnehmer*. Von den insgesamt 830.000 Lehrerinnen und Lehrern sind rund 625.000 verbeamtet.[1]

Das *Beamtenverhältnis unterscheidet sich* in mancher Hinsicht *vom Arbeitsverhältnis.* Beispiele: Begründung öffentlich-rechtlich durch Verwaltungsakt statt privatrechtlich durch Vertrag, Festanstellung auf Lebenszeit statt möglicher Kündbarkeit, Regelung der Entlohnung durch Gesetz statt durch Tarifvertrag, Alterssicherung durch Ruhegehalt statt durch Altersrente, Ahndung von Dienstverfehlungen durch Disziplinarrecht statt durch Abmahnung und ggf. Kündigung, Streikverbot statt Streikrecht, Rechtsschutz vor dem Verwaltungsgericht statt vor dem Arbeitsgericht.

Doch haben sich die *Unterschiede zwischen beiden Bedienstetengruppen* im Laufe der Zeit *abgeschwächt;* durch wechselseitige Beeinflussung von Beamtenrecht und Arbeitsrecht des öffentlichen Dienstes hat sich materiell eine Angleichung ergeben. So steht heute das früher den Beamten vorbehaltene Privileg der Unkündbarkeit auch den Arbeitnehmern im Tarifgebiet West zu, sofern sie 15 Jahre bei demselben Arbeitgeber im öffentlichen Dienst beschäftigt sind und ein Mindestalter von 40 Jahren erreicht haben. Umgekehrt gibt es im Beamtenrecht längst den Anspruch auf Mutterschutz und Elternzeit, wird – in Auflockerung des Alimentationsprinzips – Mehrarbeitsvergütung gewährt und kommt Teilzeitbeschäftigung in Betracht. Nicht zuletzt erstreckt sich der Grundsatz der Bestenauslese des Art. 33 Abs. 2 GG, der jedem Deutschen nach Eignung Befähigung und fachlicher Leistung gleichen Zugang zu den öffentlichen Ämtern eröffnet, auf den gesamten öffentlichen Dienst; diese Einstellungskriterien gelten also auch bei der Begründung privatrechtlicher Arbeitsverhältnisse.[2]

28.12 Verbeamtung der Lehrkräfte als Verfassungsgebot?

Umstritten ist die Frage, ob Lehrkräfte grundsätzlich zu verbeamten sind. Gemäß Art. 143 Abs. 3 Weimarer Reichsverfassung hatten die Lehrer an öffentlichen Schulen die Rechte und Pflichten der Staatsbeamten. Das Grundgesetz enthält keine entsprechende Vorschrift. Allerdings bestimmt Art. 33 Abs. 4 GG, dass die Ausübung hoheitsrechtlicher Befugnisse als ständige Aufgabe in der Regel Angehörigen des öffentlichen Dienstes zu übertragen ist, die in einem öffentlich-rechtlichen Dienstverhältnis stehen. Dieser *Funktionsvorbehalt* für Berufsbeamte trifft nach der im Schrifttum vorherrschenden Meinung gerade auch auf Lehrerinnen und Lehrer zu.[3] Indem sie Noten geben, über Versetzungen entscheiden und die Disziplin in der Schule aufrechterhalten, üben

1 *Statistisches Bundesamt*, Finanzen und Steuern. Personal des öffentlichen Dienstes 2016. Fachserie 14 Reihe 6, Wiesbaden 2017, S. 58.

2 Johannes *Masing*, in: Dreier, Grundgesetz. Kommentar (2. Aufl. 2004), Art. 33 Rn. 41.

3 Peter *Badura*, Aufgaben des Staates und die Verantwortung des Berufsbeamtentums, ZBR 1996, 321 (326); Ulrich *Battis*/Dieter *Schlenga*, Die Verbeamtung der Lehrer, ZBR 1995, 253; Josef *Isensee*, Affekt gegen Institutionen – überlebt das Berufsbeamtentum? Die neue Legitimationskrise, ZBR 1998, 295 (307); Helmut *Schnellenbach*, Funktionsvorbehalt und Monopolausbildung, ZBR 1996, 327.

sie hoheitsrechtliche Funktionen aus.[4] Dem wird entgegengehalten, dass diese Befugnisse nicht das Gesamtbild der Tätigkeit der Lehrerinnen und Lehrer prägten; Art. 33 Abs. 4 GG fordere daher keine Verbeamtung der Lehrkräfte.[5] Gegen deren Verbeamtung wird außerdem vorgebracht, der Beamtenstatus sei auf den Kernbereich hoheitlicher Tätigkeit in Polizei, Justiz und Teilen der Steuerverwaltung zu beschränken; die Lehrer erbrächten demgegenüber „Fürsorgeleistungen des Staates“, die nicht zum Kernbereich zählten.[6] Diese Bedenken lassen jedoch außer Acht, dass die Lehrkräfte durch ihre Unterrichts- und Erziehungsarbeit eine für das Gemeinwohl bedeutsame Aufgabe erfüllen, die dem staatlichen Ziel der Integration und Konsensbildung dient; diese für den Zusammenhalt der Gesellschaft überaus wichtige Aufgabe spricht wiederum für den Beamtenstatus, der Amtsethos, Rechtsbindung und Zuverlässigkeit in besonderem Maße sicherstellt.[7] Demgemäß halten jedenfalls die westdeutschen Länder daran fest, ihre Lehrkräfte grundsätzlich zu verbeamten.[8]

Die Argumente zugunsten des Beamtenstatus ändern jedoch nichts an der Tatsache, dass nahezu ein Viertel der insgesamt 830.000 Lehrkräfte Arbeitnehmer sind, dass einige ostdeutsche Länder – insbesondere Berlin, bislang auch Sachsen – schon seit Jahren generell oder partiell von einer Verbeamtung ihrer Lehrerinnen und Lehrer Abstand nehmen und sie stattdessen im Arbeitsverhältnis beschäftigen.[9] Selbst diejenigen Länder, die ihre Lehr-

---

4 *Battis/Schlenga* (Fn. 3), S. 257; s. zuletzt ferner Stefan *Werres*, Der Funktionsvorbehalt für das Berufsbeamtentum – Deutungen und Entwicklungen des Art. 33 Abs. 4 GG, ZBR 2016, 109 (113).

5 *Masing* (Fn. 2), Rn. 67, dessen Ansicht sich auch das BVerfG in einem Obiter dictum angeschlossen hatte (Beschluss vom 19.9.2007, NVwZ 2007, 1396 [1399]). Kritisch dazu Wolfram *Cremer*//Nicole *Wolf*, Art. 33 Abs. 4 GG und die Verbeamtung von Lehrerinnen und Lehrern, RdJB 2014, 215 (226 f.), aus deren Sicht es für die Qualifikation einer Tätigkeit als Ausübung hoheitsrechtlicher Befugnisse maßgeblich darauf ankommt, ob diese grundrechtswesentlich ist, und nicht darauf, ob die eingriffsverwaltenden Elemente im Lehrerberuf bei einer quantitativ oder qualitativ ausgerichteten Würdigung nachrangig sind. Das BVerfG hat später, in seinem Urt. vom 18.1.2012 (BVerfGE 130, 76 [118 ff.], NJW 2012, 1563 [1565 f.]), nachdrücklich die Bedeutung des Funktionsvorbehalts für Berufsbeamte unterstrichen: Abweichungen von diesem Grundsatz bedürften eines besonderen sachlichen Grundes; dabei müssten rein fiskalische Gesichtspunkte, wonach eine Aufgabenwahrnehmung durch Nichtbeamte den öffentlichen Haushalt entlasteten, außer Betracht bleiben; Ausnahmen vom Grundsatz des Funktionsvorbehalts seien durch den Gesichtspunkt der Verhältnismäßigkeit begrenzt. Je intensiver eine bestimmte Tätigkeit Grundrechte berühre, desto weniger seien Einbußen an der institutionellen Absicherung qualifizierter und gesetzestreuer Aufgabenwahrnehmung hinnehmbar.

6 Erhard *Denninger*/Günter *Frankenberg*, Grundsätze zur Reform des öffentlichen Dienstrechts, Baden-Baden 1997, S. 17 ff. Vgl. auch Monika *Böhm*, Lehrerstatus heute: Rahmenbedingungen und Reformperspektiven, DÖV 2006, 665, die aus verfassungsrechtlicher und europarechtlicher Sicht eine Beschäftigung der Lehrkräfte als Arbeitnehmer für durchaus möglich hält.

7 Josef *Isensee*, Öffentlicher Dienst, in: Ernst Benda/Werner Maihofer/Hans-Jochen Vogel (Hrsg.), Handbuch des Verfassungsrechts. 2. Aufl., Berlin 1995, § 32 (S. 1527).

8 In Bayern ist die Verbeamtung überdies durch die Landesverfassung (Art. 133 Abs. 2), in Nordrhein-Westfalen und Rheinland-Pfalz durch das jeweilige Schulgesetz (§ 57 Abs. 4 Satz 2 nrw SchulG, § 25 Abs. 4 rp SchulG) vorgeschrieben.

9 Einen Überblick über die Verbeamtungspraxis der Länder zum Stand von 2013 geben Andreas *Gehrke*/ Gesa *Bruno-Latocha*, Die Verbeamtungspraxis der Bundesländer bei Lehrkräften, RdJB 2013, 306, die zutreffend darauf hinweisen, dass bei der Entscheidung pro oder contra Verbeamtung finanzielle Erwägungen und Arbeitsmarktfragen eine wichtige Rolle spielen. – Nach gegenwärtigem Stand (März 2018) verbeamtet Berlin seine Lehrkräfte grundsätzlich nicht, übernimmt aber beamtete Lehrkräfte aus anderen Bundesländern ins Beamtenverhältnis, sofern diese zuvor den Beamtenstatus bereits fünf Jahre innehatten. Sachsen hat seine Lehrkräfte bislang strikt nicht verbeamtet; doch sollen nach dem von der Staatsregierung am 9.3.2018 verabschiedeten „Handlungsprogramm: Nachhaltige Sicherung der Bildungsqualität im Freistaat Sachsen“ Lehrkräfte mit grundständiger Ausbildung vom 1.1.2019 an verbeamtet werden. Sachsen-Anhalt verbeamtet nur neu eingestellte Lehrerinnen und Lehrer. In Thüringen können sich Lehrkräfte seit dem Schuljahr 2017/18 verbeamten lassen; diese Regelung gilt für neu eingestellte Lehrkräfte sowie für die bereits im Arbeitsverhältnis beschäftigten Lehrkräfte. Alle anderen Bundesländer beschäftigen ihre Lehrerinnen und Lehrer in der Regel im Beamtenverhältnis.

kräfte grundsätzlich verbeamten, haben mit Lehramtsbewerbern, die die beamtenrechtlichen Voraussetzungen nicht erfüllen, seit eh und je Arbeitsverträge abgeschlossen. Aus all diesen Gründen ist bei der Erörterung des Rechtsstatus der Lehrkräfte auch dem Arbeitsrecht Rechnung zu tragen.

Bevor in den folgenden Kapiteln die Pflichten und Rechte der Lehrkräfte im Einzelnen erörtert werden, geht es in diesem Kapitel darum, die grundlegenden Unterschiede herauszuarbeiten, die ihre Rechtsstellung als Beamte einerseits, als Arbeitnehmer andererseits kennzeichnen. Demgemäß wird zunächst der Status der Lehrerinnen und Lehrer im Beamtenverhältnis erörtert (TZ 28.2) und sodann der Status der Lehrkräfte im Arbeitsverhältnis dargestellt (TZ 28.3).

28.2 Der Rechtsstatus der beamteten Lehrkräfte

28.21 Rechtsnatur des Beamtenverhältnisses

28.211 Die ins Beamtenverhältnis berufenen Lehrkräfte stehen in einem *öffentlich-rechtlichen Dienst- und Treueverhältnis.*[10] Als Beamte auf Lebenszeit sind sie *Berufsbeamte.* Ihr *Dienstherr* ist entweder das Land oder eine andere Gebietskörperschaft (Gemeinde, Kreis, Zweckverband). Näheres zur dienstrechtlichen Zuordnung der Lehrkräfte (als Landes- oder als Kommunalbedienstete) vgl. TZ 10.7; zur Rechtslage in den einzelnen Ländern TZ 11.4 (jeweils unter Buchstabe b).

28.212 Als Landes- oder Kommunalbeamte unterliegen die Lehrerinnen und Lehrer dem *Beamtenstatusgesetz.*[11] Dieses Gesetz, das der Bund aufgrund seiner konkurrierenden Gesetzgebungskompetenz gemäß Art. 74 Abs. 1 Nr. 27 GG erlassen hat[12], regelt die

---

10 Monographien zum Beamtenrecht: *Schnellenbach/Bodanowitz,* Beamtenrecht in der Praxis; Helmut *Schnellenbach*/Jan-Peter *Fiebig*, Öffentliches Dienstrecht, 3. Aufl., Hagen 2015; Sabine *Leppek*, Beamtenrecht. 12. Aufl., Heidelberg 2015; Thorsten Ingo *Schmidt*, Beamtenrecht, Tübingen 2017; Manfred *Wichmann*/Karl-Ulrich *Langer*, Öffentliches Dienstrecht. Das Beamten- und Arbeitsrecht für den öffentlichen Dienst. 8. Aufl., Stuttgart 2017, Teil I: Allgemeines Beamtenrecht, S. 1. – Abhandlungen in Sammelbänden: Ulrich *Battis*, Beamtenrecht, in: Ehlers/Fehling/Pünder, Besonderes Verwaltungsrecht, Bd. III, S. 1332; Hans-Peter *Füssel*, Rechtsstellung, Laufbahnen und Besoldung der Lehrkräfte, in: Ewald Terhart/Hedda Bennewitz/Martin Rothland (Hrsg.), Handbuch der Forschung zum Lehrerberuf, 2. Aufl., Münster 2014, S. 123; Philip *Kunig,* Das Recht des öffentlichen Dienstes, in: Schoch, Besonderes Verwaltungsrecht, Rn. 58 ff. – Informationen über aktuelle Entwicklungen des Beamtenrechts (Gesetzgebung, Schrifttum, Rechtsprechung) bieten Überblicksaufsätze in den juristischen Zeitschriften: zuletzt Ulrich *Battis*/Klaus Joachim *Grigoleit*, Entwicklung des Beamtenrechts in den Jahren 2010 – 2015, NVwZ 2016, 194. – Zur *historischen Entwicklung* s. die umfassende Monographie von Hans *Hattenhauer,* Geschichte des Beamtentums. 2. Aufl., Köln 1993; vgl. auch Hellmuth *Günther*, Gesetzgebungskompetenzen für das Beamtenrecht, Kodifikationen des allgemeinen Beamtenrechts – Vom Kaiserreich bis zur Bundesrepublik nach der Föderalismusreform, ZBR 2010, 1.

11 Gesetz zur Regelung des Statusrechts der Beamtinnen und Beamten in den Ländern (Beamtenstatusgesetz – BeamtStG) vom 17.6.2008 (BGBl. I S. 1010), zul.g.d. Art. 2 d.G. vom 8.6.2017 (BGBl. I S. 1570). Erläuterungen dazu bei *Reich,* BeamtStG. Kommentar; Karin *Metzler-Müller*/Reinhard *Rieger*/Erich *Seeck*/Renate *Zentgraf*, Beamtenstatusgesetz. Kommentar. 3. Aufl., Wiesbaden 2014. Ferner Bettina *Auerbach*, Das Beamtenstatusgesetz in der Praxis, ZBR 2009, 217; Ulrich *Battis*/Klaus-Joachim *Grigoleit,* Die Statusgesetzgebung des Bundes – Dienstrechtliche Gesetzgebungskompetenz und Gesetzgebungspflicht des Bundes nach der Föderalismusreform, ZBR 2008, 1; Anja *Dillenburger,* Das Beamtenstatusgesetz als neues Beamtenbundesrecht für die Beamtinnen und Beamten der Länder, NJW 2009, 1115; Heinrich Amadeus *Wolff*, Der zweite Schritt zur Föderalisierung des Beamtenrechts: Der Entwurf zum Beamtenstatusgesetz, DÖV 2007, 504.

12 Zur Neuordnung der Gesetzgebungszuständigkeiten zwischen Bund und Ländern durch die 2006 in Kraft getretene Föderalismusreform I s. TZ 2.11.

wesentlichen Rechte und Pflichten, die den Status der Lehrerinnen und Lehrer prägen. Es ist darauf gerichtet, die Funktionalität des Berufsbeamtentums durch gesetzgeberische Entfaltung und Ausgestaltung der sie garantierenden Strukturprinzipien aus Art. 33 GG bundeseinheitlich abzusichern.[13] Zwar gehören auch Laufbahnen, Besoldung und Versorgung begrifflich zum Statusrecht der Beamten. Die Regelung dieser Materien ist jedoch, wie Art. 74 Abs. 1 Nr. 27 GG a.E. ausdrücklich hervorhebt, von der konkurrierenden Gesetzgebungszuständigkeit des Bundes nicht umfasst; sie steht daher nach Art. 70 Abs. 1 GG allein den Ländern zu.

Das Beamtenstatusgesetz ist unmittelbar und einheitlich geltendes Recht in den Ländern und bedarf im Unterschied zum früheren Beamtenrechtsrahmengesetz keiner Umsetzung durch den Landesgesetzgeber. Soweit das Gesetz eine Materie abschließend regelt (z.B. § 8 Abs. 1: beamtenrechtliches Erfordernis einer Ernennung; § 21: Beendigung des Beamtenverhältnisses), löst es eine Sperrwirkung aus; in diesen Fällen bleibt kein Raum für eine landesrechtliche Regelung (Art. 72 Abs. 1 GG). Tatsächlich aber verzichtet das Gesetz auf die Einbeziehung wichtiger Statuselemente (z.B. Versetzung innerhalb der Länder, Altersgrenzen) und beschränkt sich überdies weitgehend auf die Formulierung von „Eckpunkten“, deren Ausgestaltung es den Ländern überlässt (z.B. § 40: Nebentätigkeit; § 43: Teilzeitbeschäftigung). Die Länder haben die verbliebenen Lücken inzwischen durch ihr jeweiliges (Landes-)Beamtengesetz ausgefüllt.[14]

Bei der Ausgestaltung des Beamtenrechts müssen die Landesgesetzgeber die *verfassungsrechtlichen Bestimmungen des Grundgesetzes* (insbesondere Art. 33 Abs. 2 bis 5) beachten. Art. 33 GG eröffnet jedem Deutschen nach Eignung, Befähigung und fachlicher Leistung und ohne Rücksicht auf religiöses Bekenntnis oder Weltanschauung gleichen Zugang zu den öffentlichen Ämtern (Abs. 2 und 3), behält die Ausübung hoheitsrechtlicher Funktionen für den Regelfall den Beamten vor (Abs. 4) und gebietet, das Recht des öffentlichen Dienstes unter Berücksichtigung der *hergebrachten Grundsätze des Berufsbeamtentums* zu regeln und fortzuentwickeln (Abs. 5). Art. 33 Abs. 5 GG ist unmittelbar geltendes Recht und enthält einen Regelungsauftrag an den Gesetzgeber sowie eine institutionelle Garantie des Berufsbeamtentums. Darüber hinaus begründet die Norm ein grundrechtsgleiches Recht der Beamten, soweit ein hergebrachter Grundsatz deren persönliche Rechtsstellung betrifft. *Einzelne hergebrachte Grundsätze*, wie z.B. das Lebenszeitprinzip, das Alimentationsprinzip, die Fürsorgepflicht des Dienstherrn, der Grundsatz der Hauptberuflichkeit, die beamtenrechtliche Treuepflicht und das Streikverbot, sind nach der Rechtsprechung des Bundesverfassungsgerichts wegen ihrer wesentlichen Bedeutung für das Berufsbeamtentum *nicht nur zu berücksichtigen, sondern zu beachten*. Insoweit verbietet die Vorschrift dem Gesetzgeber, bei der Regelung des öffentlichen Dienstrechts von den die Institution des Berufsbeamtentums prägenden Leitgedanken und Merkmalen

---

13 *Battis/Grigoleit* (Fn. 11), S. 4.

14 Es würde eher verwirren, bei der Darstellung des Rechtsstatus der beamteten Lehrkräfte im Folgenden stets auf die Rechtsgrundlagen in sämtlichen Landesbeamtengesetzen zu verweisen. Deshalb werden zumeist beispielhaft einzelne landesbeamtenrechtliche Vorschriften zitiert, verschiedentlich hilfsweise die entsprechenden Vorschriften des Bundesbeamtengesetzes (BBG) angeführt. In den BBG-Kommentaren und Lehrbüchern des Beamtenrechts sind zumeist Synopsen enthalten, die das Auffinden der relevanten landesrechtlichen Parallelnormen erleichtern.

abzuweichen.[15] An diesem Verbot hat sich auch durch die im Jahre 2006 eingefügte Fortentwicklungsklausel nichts geändert.[16]

28.213 Innerhalb des Berufsbeamtentums unterschied man früher je nach Vor- und Ausbildung sowie nach wahrzunehmender Funktion vier *Laufbahngruppen*: den einfachen, mittleren, gehobenen und höheren Dienst. Auch die Lehrkräfte waren in dieses Schema eingegliedert. Die Lehrerinnen und Lehrer an Grund- und Hauptschulen, Realschulen und Förderschulen gehörten zur Laufbahngruppe des *gehobenen Dienstes*, die Lehrkräfte an Gymnasien und berufsbildenden Schulen (Studienräte) zur Laufbahngruppe des *höheren Dienstes*. Auch das Besoldungsrecht richtete sich nach dieser Zuordnung, indem es die Lehrkräfte nach den damals vorherrschenden Lehrämtern einstufte. Demgemäß waren z.B. Lehrkräfte an Grund- und Hauptschulen der Besoldungsgruppe A 12, Lehrkräfte an Realschulen der Besoldungsgruppe A 13 und Studienräte an Gymnasien und berufsbildenden Schulen der Besoldungsgruppe A 13 mit Zulage zugewiesen.

Die laufbahn- und besoldungsrechtliche Struktur der Lehrämter hat sich vor allem aufgrund der durch die Föderalismusreform I den Ländern zugewiesenen Gesetzgebungszuständigkeit für Laufbahnen, Besoldung und Versorgung (Art. 74 Abs. 1 Nr. 27 GG) erheblich geändert. Die Länder, deren Gestaltungsmöglichkeiten zuvor durch das Beamtenrechtsrahmengesetz und das bundeseinheitlich geltende Bundesbesoldungsgesetz erheblich eingeschränkt waren, haben ihre neu gewonnenen Rechtsetzungskompetenzen unterschiedlich genutzt.[17] Die Zahl der (Fach-)Laufbahnen haben sie teils mehr, teils weniger reduziert, dabei aber sämtlich an einer für Lehrkräfte spezifischen Laufbahn („Bildung“, „Bildung und Wissenschaft“, „Dienst in der Bildung“, „Schuldienst“) festgehalten. Das viergliedrige Laufbahngruppensystem besteht nur noch in Brandenburg und im Saarland weiter;[18] Baden-Württemberg, Hessen und Thüringen haben die Laufbahngruppe des einfachen Dienstes entfallen lassen, halten aber am mittleren, gehobenen und höheren Dienst fest.[19] Die Küstenländer (Bremen, Hamburg, Mecklenburg-Vorpommern, Niedersachsen und Schleswig-Holstein), ihnen folgend auch Berlin, Nordrhein-Westfalen, Sachsen und Sachsen-Anhalt haben ihr Laufbahnsystem auf zwei Laufbahngruppen (Laufbahngruppe 1 und Laufbahngruppe 2 mit jeweils einem ersten und einem zweiten Einstiegsamt) reduziert.[20] In Bayern und Rheinland-Pfalz gibt es sogar nur noch eine einzige

---

15 Zur Beachtung hergebrachter Grundsätze BVerfGE 117, 372 (379 ff.): Verlängerung der Wartefrist für die Versorgungsbezüge aus dem letzten Amt; BVerfGE 119, 247 ((259 ff.): niedersächsische Zwangsteilzeit; BVerfGE 121, 205 (219 ff.): Leitungsfunktionen auf Zeit; BVerfGE 140, 240 (277 ff.): Alimentationsprinzip; BVerfG, NVwZ 2017, 292 (254 ff.) m.Anm.v. Martin *Stuttmann*: verfassungsrechtliche Wartefrist im Besoldungsrecht. – Zu den Grenzen der Fortentwicklung der hergebrachten Grundsätze: Wolfram *Höfling*/Christian *Burkiczak*, Die Garantie der hergebrachten Grundsätze des Berufsbeamtentums unter Fortentwicklungsvorbehalt, DÖV 2007, 328; Markus *Kenntner*, Sinn und Zweck der Garantie des hergebrachten Berufsbeamtentums, DVBl. 2007, 1321; Nicolai *Panzer*, Die aktuelle Rechtsprechung des Bundesverfassungsgerichts zum öffentlichen Dienstrecht zwischen Bewahrung und Fortentwicklung, DÖV 2008, 707; Matthias *Pechstein*, Wie können die Länder ihre neuen beamtenrechtlichen Kompetenzen nutzen?, ZBR 2006, 285. Vgl. ferner Herbert *Landau*/Martin *Steinkühler*, Die Zukunft des Berufsbeamtentums in Deutschland, DVBl. 2007, 133 (135 ff.); Josef Franz *Lindner*, Unabhängigkeit als Paradigma des Berufsbeamtentums, ZBR 2013, 145.

16 BT-Drs. 16/813, S. 10; m.w.N. ebenso: Hans Christoph *Grigoleit*, in: Stern/Becker, Grundrechte-Kommentar, 2. Aufl., Köln 2016, Art. 33 Rn. 7.

17 Sabrina *Idecke-Lux*, Quo vadis Laufbahnrecht?, RiA 2014, 112; Ludger *Schrapper*, Auf zu neuen Ufern? – Neues Laufbahnrecht in Nordrhein-Westfalen, ZBR 2016, 397.

18 § 9 Abs. 2 Nr. 3 und 4 bbg LBG, § 15 und 16 SBG.

19 § 14 Abs. 2 Nr. 2 und 3 bw LBG; § 13 Abs. 3 Satz 1 HBG; § 9 Abs. 1 Satz 2 ThürLaufbG vom 12.8.2014 (GVBl. S. 472, 498).

20 Bremen, Hamburg, Mecklenburg-Vorpommern, Niedersachsen und Schleswig-Holstein weitgehend einheitlich in §§ 13 Abs. 3, 14 Abs. 3 des jeweiligen Beamtengesetzes; § 2 Abs. 4 bln LaufbahnG vom 21.6.2011 (GVBl. S. 266), § 5 Abs. 2 nrw LBG, § 15 Abs. 2 SächsBG, § 13 Abs. 2 LBG LSA.

Leistungslaufbahn mit jeweils vier Qualifikationsebenen bzw. vier Einstiegsämtern.[21] Die frühere länderübergreifende Einheitlichkeit auf diesem Gebiet ist mithin vergangen. Die Vielfalt wird noch dadurch verstärkt, dass sich die Struktur der Lehrämter weiter ausdifferenziert und ihre Zahl teilweise deutlich zugenommen hat (vgl. TZ 27.121). Jedes Land steht daher vor der Herausforderung, dieser Vielfalt auch in seinem Besoldungsrecht Rechnung zu tragen und nicht zuletzt darauf zu achten, dass es bei der Festsetzung der Lehrerbesoldung im Wettbewerb mit anderen Ländern nicht den Kürzeren zieht. Zur Besoldung der Lehrkräfte TZ 31.11.

28.214 Die Schule ist in die Hierarchie der Unterrichtsverwaltung mit ihren Über- und Unterordnungsverhältnissen eingegliedert (TZ 6.11). Dabei ist *zwischen dem Vorgesetzten und dem Dienstvorgesetzten* zu *unterscheiden*. Der Schulleiter ist unmittelbarer *Vorgesetzter* der Lehrerinnen und Lehrer seiner Schule (TZ 7.111). Als solcher ist er befugt, ihnen für ihre dienstliche Tätigkeit Anordnungen zu erteilen (vgl. § 35 Satz 2 BeamtStG), z.B. die kurzfristige Übertragung einer Krankheitsvertretung.

Der *Dienstvorgesetzte* ist dazu berufen, über die persönlichen Angelegenheiten der ihm nachgeordneten Beamten zu entscheiden (vgl. § 3 Abs. 2 Satz 1 BBG), z.B. Gewährung von Urlaub, Genehmigung einer Nebentätigkeit, dienstliche Beurteilung. Der Dienstvorgesetzte ist immer unmittelbarer oder mittelbarer Vorgesetzter, der Vorgesetzte aber nicht immer Dienstvorgesetzter. Nächster Dienstvorgesetzter der Lehrkräfte und Schulleiter, die Landesbeamte sind, ist der Leiter der Behörde (Schulamt, Bezirksregierung usw.), die die unmittelbare Schulaufsicht ausübt. In einigen Ländern nimmt der Schulleiter einzelne Aufgaben des Dienstvorgesetzten gegenüber den Lehrkräften wahr[22] (vgl. TZ 7.135). Höchster Dienstvorgesetzter ist stets der Kultusminister (Bildungsminister, Bildungssenator) als Leiter der obersten Dienstbehörde. Die Übersicht über die staatlichen Schulbehörden im 9. Kapitel (TZ 9.6) lässt erkennen, wer jeweils unmittelbarer und höherer Dienstvorgesetzter ist.[23]

28.22 Begründung des Beamtenverhältnisses

28.221 Das Beamtenverhältnis des Lehrers wird wie das jedes anderen Beamten dadurch begründet, dass ihm eine *Ernennungsurkunde* ausgehändigt wird, die die Worte enthält: „... *unter Berufung in das Beamtenverhältnis*" mit dem die Art des Beamtenverhältnisses bestimmenden Zusatz, z.B. „auf Lebenszeit", „auf Probe", „auf Widerruf" (§ 8 Abs. 2 Satz 2 Nr. 1 BeamtStG). Nur der Lehrer, der eine Urkunde dieses Wortlauts erhalten hat, ist Beamter geworden.[24] Diese zwingende Formvorschrift schafft Klarheit darüber, ob im Einzelfall ein Beamtenverhältnis begründet worden ist. Die Ernennung ist ein mitwir-

21 Art. 5 ff. bay Leistungslaufbahngesetz vom 5.8.2010 (GVBl. S. 410, 571), §§ 14 Abs. 4, 15 rp LBG.

22 Z.B. in Hessen (§ 88 Abs. 1 Satz 3 HSchG, § 16 Dienstordnung für Lehrkräfte, Schulleiterinnen und Schulleiter und sozialpädagogische Mitarbeiterinnen und Mitarbeiter vom 4.11.2011 [ABl. S. 870]). In Bayern übt die Schulleiterin oder der Schulleiter an staatlichen Schulen die Dienstaufsicht aus und trifft dienstrechtliche Entscheidungen über die persönlichen Angelegenheiten der Beamten und Angestellten der Schule im Rahmen ihrer oder seiner Zuständigkeit (§ 24 Abs. 1 Spiegelstrich 3 und 4 Lehrerdienstordnung vom 5.7.2014 [KWMBl. S. 112]).

23 Zum Dienstvorgesetzten der Lehrkräfte, die Kommunalbeamte sind, vgl. TZ 10.72.

24 Nach Ansicht einiger Autoren kann die Ernennung auch durch Übersendung eines elektronischen Dokuments mit elektronischer Signatur nach dem Signaturgesetz vollzogen werden; so *Auerbach* (Fn. 11), S. 219; Jan *Ziekow*, Beginn des Abschieds vom einheitlichen Beamtenstatus?, PersV 2007, 344 (348). Dieser Auffassung ist entgegenzuhalten, dass § 8 Abs. 2 BeamtStG von einer *Aushändigung* der Urkunde spricht. Da die Vorschrift keine Öffnungsklausel zu Gunsten des Landesrechts enthält, ist eine Ergänzung durch den Landesgesetzgeber unzulässig; so zutreffend *Reich*, BeamtStG. Kommentar, § 8 Rn. 8.

kungsbedürftiger Verwaltungsakt; die Lehrkraft muss also der Ernennung zustimmen.[25] Die Zustimmung liegt üblicherweise in der vorbehaltlosen Entgegennahme der Urkunde. Aus technischen Gründen wird die Urkunde nicht immer sogleich am Tag des Eintritts in den Schuldienst ausgehändigt. In der Zwischenzeit besteht noch kein Beamtenverhältnis. Ist allerdings durch das Verschulden der noch nicht beamteten Lehrkraft ein Schüler zu Schaden gekommen, so haftet gleichwohl der Staat für ihn (§ 839 Abs. 1 Satz 1 BGB i.V.m. Art. 34 Satz 1GG).[26]

Beamte müssen zu Beginn des Beamtenverhältnisses einen *Diensteid* leisten, der eine Verpflichtung auf das Grundgesetz enthält (§ 38 Abs. 1 BeamtStG). Die Beamtengesetze der Länder bestimmen darüber hinaus, dass sich die zu beeidende Verpflichtung auch darauf erstreckt, die jeweilige Landesverfassung und die geltenden Gesetze zu wahren sowie die Amtspflichten gewissenhaft und unparteiisch zu erfüllen.[27] Der Eid kann mit („So wahr mir Gott helfe") oder auch ohne religiöse Beteuerung geleistet werden. Lehnt ein Beamter die Ablegung des vorgeschriebenen Eides aus Glaubens- oder Gewissensgründen ab, können anstelle der Worte »Ich schwöre« auch die Worte »Ich gelobe« oder eine andere Beteuerungsformel gesprochen werden.

28.222 Bei der Einstellung wird *zunächst nur ein aufhebbares Beamtenverhältnis* begründet. Als Lehramtsanwärter im Vorbereitungsdienst wird der Bewerber zum *Beamten auf Widerruf* ernannt (dazu TZ 27.21). Soll er nach der (Zweiten) Staatsprüfung in das Beamtenverhältnis übernommen werden, wird er zum *Beamten auf Probe* ernannt. Als Dienstbezeichnung führt er die Amtsbezeichnung des Eingangsamts seiner Laufbahn, z.B. Studienrat. Das Probebeamtenverhältnis dient der Ableistung einer Probezeit zur späteren Verwendung auf Lebenszeit (§ 4 Abs. 3 Buchst. a BeamtStG); dadurch soll die Eignung der Lehrkraft festgestellt werden. Die Ernennung zum Beamten auf Lebenszeit ist nur zulässig, wenn der Beamte sich in einer Probezeit von mindestens sechs Monaten (Ausnahmen durch das Landesrecht möglich) und höchstens fünf Jahren bewährt hat (§ 10 BeamtStG). Das Beamtenverhältnis auf Probe ist spätestens nach fünf Jahren in ein solches auf Lebenszeit umzuwandeln, wenn die beamtenrechtlichen Voraussetzungen hierfür erfüllt sind (vgl. § 11 Abs. 2 BBG). Bewährt sich der Beamte auf Probe nicht, kann er entlassen werden (§ 23 Abs. 3 Nr. 2 BeamtStG). Weigert sich z.B. eine Lehrkraft im Beamtenverhältnis auf Probe, an der Feststellung ihrer Eignung durch Zulassung von Unterrichtsbesuchen mitzuwirken, lässt die darin liegende Verletzung der Gehorsamspflicht (TZ 29.112) einen Eignungsmangel erkennen, der regelmäßig bereits für sich allein eine Entlassung wegen mangelnder Bewährung rechtfertigt.[28]

Zur Übertragung von Leitungsfunktionen (z.B. Schulleitung) im Beamtenverhältnis auf Zeit oder im Beamtenverhältnis auf Probe s. TZ 7.122.

Ernennungsfehler können zur Folge haben, dass die *Ernennung nichtig* ist – beispielsweise wenn sie von einer sachlich unzuständigen Behörde ausgesprochen wurde –, dass sie *zurückgenommen werden muss* – falls sie z.B. durch Zwang, arglistige Täuschung oder Bestechung herbeigeführt wurde – oder dass sie *zurückgenommen werden soll* – sofern nicht bekannt war, dass die ernannte Person in einem Disziplinarverfahren aus dem Dienst entfernt oder zum Verlust des Ruhegehalts verurteilt war – (im Einzelnen §§ 11, 12 BeamtStG).

25 BVerwG, ZBR 2015, 344. Zur Beteiligung des Personalrats TZ 29.321, zur Beteiligung der Frauenbeauftragten TZ 29.311.

26 Falls nicht ohnehin die gesetzliche Schülerunfallversicherung für den Schaden aufkommt (TZ 25.311).

27 Z.B. § 47 bw LBG, Art. 73 BayBG, § 52 bbg LBG, § 47 HBG, § 48 LBG M-V, § 47 NBG, § 46 nrw LBG, § 36 ThürBG.

28 OVG Koblenz, NVwZ 2006, 1320.

28.223 *Voraussetzungen der Ernennung* zum Beamten sind die *Eigenschaft als Deutscher* im Sinne des Art. 116 GG *oder* als *EU-Ausländer*[29], die Gewähr der *Verfassungstreue* (TZ 28.224) und die nach Landesrecht vorgeschriebene *Befähigung* (§ 7 Abs. 1 BeamtStG). Diese Befähigung (*Laufbahnbefähigung*) besitzt nach den Vorschriften der Landesbeamtengesetze, wer über die für die entsprechende Laufbahn vorgeschriebene oder, mangels solcher Vorschriften, über die übliche Vorbildung verfügt. Sie wird in der Regel durch die Ableistung des Vorbereitungsdienstes und das Bestehen der (Zweiten) Staatsprüfung erworben (TZ 27.21).

Die Befähigung für die Laufbahn kann nach den Landesbeamtengesetzen auch durch Lebens- oder Berufserfahrung innerhalb oder außerhalb des öffentlichen Dienstes erlangt werden.[30] Das legt den Gedanken nahe, dem *Lehrermangel, der* in manchen Schularten und Unterrichtsfächern vorherrscht, dadurch abzuhelfen, dass man Personen mit einschlägiger Berufserfahrung als *Seiteneinsteiger* (Quereinsteiger) ins Beamtenverhältnis übernimmt. Die beamtenrechtliche Öffnungsklausel ist aber in den Gesetzen stets mit einem Vorbehalt versehen: Sie gilt nicht, wenn eine bestimmte Vorbildung, Ausbildung oder Prüfung durch fachgesetzliche Regelung vorgeschrieben oder nach der Eigenart der Aufgaben erforderlich ist. Über diese insbesondere durch die Lehrerbildungsgesetze vorgeschriebene Qualifikation verfügen Seiteneinsteiger aber gerade nicht. Sie können zwar unter bestimmten Voraussetzungen als Lehrkräfte im Arbeitsverhältnis beschäftigt werden, müssen dann aber einen berufsbegleitenden Vorbereitungsdienst absolvieren (dazu TZ 28.324). Eine Übernahme ins Beamtenverhältnis ist allenfalls und frühestens dann zulässig, wenn diese Nachqualifizierung erfolgreich abgeschlossen ist.

28.224 Nur dann, wenn der Bewerber die Gewähr dafür bietet, dass er jederzeit für die freiheitliche demokratische Grundordnung eintritt (§ 7 Abs. 1 Nr. 2 BeamtStG), kann er die jedem Beamten als Dienstpflicht obliegende *Verfassungstreuepflicht* (politische Treuepflicht) erfüllen. Sie ist als hergebrachter Grundsatz des Berufsbeamtentums (Art. 33 Abs. 5 GG) von Verfassungs wegen zu beachten. Die Verfassungstreuepflicht fordert mehr als nur eine formal korrekte, im Übrigen uninteressierte, kühle, innerlich distanzierte Haltung gegenüber Staat und Verfassung; sie fordert vom Beamten insbesondere, dass er sich eindeutig von Gruppen und Bestrebungen distanziert, die diesen Staat, seine verfassungsmäßigen Organe und die geltende Verfassungsordnung angreifen, bekämpfen und diffamieren.[31] *Bestehen ernsthafte und begründete Zweifel an der Verfassungstreue des Beamtenbewerbers, darf er nicht eingestellt werden.* Solche Zweifel können nach Auffassung des Bundesverfassungsgerichts auch auf der Mitgliedschaft in einer nicht verbotenen, aber verfassungsfeindliche Ziele verfolgenden Partei beruhen.[32] Gerade Lehrerinnen und

29 Zum Begriff des EU-Ausländers TZ 27.224.

30 Vgl. u.a. die inhaltsgleiche Bestimmung des § 17 Abs. 1 Satz 1 in den Beamtengesetzen der fünf Küstenländer, ferner § 24 Abs. 1 Satz 1 bln Laufbahngesetz, § 16 Satz 1 bbg LBG, § 8 Abs. 2 Satz 1 HBG, § 3 Abs. 1 Satz 2 nrw LBG, § 18 Abs. 1 Satz 1 rp LBG, § 4 Abs. 3 Satz 1 SBG, § 18 Abs. 1 Satz 1 LBG LSA, § 26 Abs. 1 ThürLaufbG.

31 BVerfGE 39, 334 (348), die grundlegende „Radikalen"-Entscheidung. Aus der Literatur: *Battis*, BBG, § 7 Rn. 10 ff.; *Reich*, BeamtStG. Kommentar, § 7 Rn. 7; *Kunig* (Fn. 10), Rn. 79 ff.

32 S. aber das Urteil des Europäischen Gerichtshofs für Menschenrechte (EGMR) vom 26.9.1995 (NJW 1996, 375), wonach die Bundesrepublik Deutschland dadurch gegen Art. 10 EMRK (Recht der freien Meinungsäußerung) und Art. 11 EMRK (Versammlungs- und Vereinsfreiheit) verstoßen hat, dass eine niedersächsische Lebenszeitbeamtin wegen ihrer Mitgliedschaft und entsprechender politischer Aktivitäten in der DKP im Disziplinarverfahren aus dem Dienst entfernt wurde: Die Tätigkeit der Beamtin sei mit keinem Sicherheitsrisiko verbunden gewesen. Dass sie ihre Schüler indoktriniert habe, sei ihr nicht vorgeworfen worden. Es sei auch kein Nachweis dafür erbracht worden, dass sie sich außerhalb der Schule gegen die Grundlagen der Verfassung ausgesprochen habe. Die DKP sei auch nicht vom Bundesverfassungsgericht verboten worden. Im Lichte dieser Erwägungen seien die von der Bundesregierung für die Entlassung genannten Gründe nicht schwerwiegend genug, um in überzeugender Weise zu begründen, dass es in einer demokratischen Gesellschaft notwendig war, sie zu entlassen. Dazu

Lehrer erfüllen in Wahrnehmung des verfassungsrechtlich vorgegebenen Erziehungsauftrags Aufgaben von hoher staatspolitischer Bedeutung; sie müssen daher von der Richtigkeit dieses Auftrags überzeugt und imstande sein, die Erziehungsziele einschließlich der Grundwerte und Grundentscheidungen der Verfassung den Schülerinnen und Schülern glaubhaft zu vermitteln. Das gilt umso mehr, als die pädagogische Freiheit ein besonders hohes Maß an Vertrauen in die Verfassungstreue der Lehrer voraussetzt.[33]

Die Behörde, die über den Antrag auf Übernahme in das Beamtenverhältnis entscheidet, verfügt über einen *Beurteilungsspielraum*. Lehnt sie den Bewerber wegen fehlender Verfassungstreue ab, hat sie in ihrem Bescheid die Umstände darzulegen, auf die sie die Ablehnung stützt. Der abgewiesene Bewerber kann hiergegen vor dem Verwaltungsgericht Klage erheben. Das Gericht seinerseits darf das prognostische Urteil der Einstellungsbehörde nicht durch die eigene Beurteilung ersetzen. Die gerichtliche Kontrolle beschränkt sich vielmehr darauf zu prüfen, ob die Behörde von einem unrichtigen Sachverhalt ausgegangen ist,[34] ob sie die anzuwendenden Begriffe und die Grenzen des Beurteilungsspielraums verkannt, allgemeingültige Bewertungsmaßstäbe nicht beachtet, sachfremde Erwägungen angestellt oder gegen Verfahrensvorschriften verstoßen hat.[35] Obsiegt der Bewerber, kann das Gericht daher die Verwaltung nicht zu dessen Übernahme in das Beamtenverhältnis verurteilen, sondern nur den Ablehnungsbescheid aufheben und dadurch die Behörde verpflichten, über den Antrag auf Zulassung zum öffentlichen Dienst erneut zu entscheiden.[36] Zur Verfassungstreuepflicht von Lehramtsanwärtern im Vorbereitungsdienst TZ 27.212.

28.225 Bei der Einstellung von Beamten muss der Dienstherr den schon mehrfach erwähnten *Grundsatz der Bestenauslese* beachten, der gebietet, dass jeder Deutsche – wie auch jeder den Deutschen durch § 7 Abs. 1 Buchst. a, b und c BeamtStG gleichgestellte EU-Ausländer – nach seiner Eignung, Befähigung und fachlichen Leistung gleichen Zugang zu jedem öffentlichen Amt hat (Art. 33 Abs. 2 GG), und zwar ohne Rücksicht auf Geschlecht, Abstammung, Rasse oder ethnische Herkunft, Behinderung, Religion oder Weltanschauung, politische Anschauungen, Herkunft, Beziehungen oder sexuelle Identität (§ 9 BeamtStG).[37] Unter *Eignung* sind physische und psychische Persönlichkeitsmerkmale zu verstehen, die anlagebedingt oder aus der persönlichen Entwicklung entstanden sind; dazu zählen auch eine hinreichende Gesundheit und die Kenntnis der deutschen Sprache.[38] Zur

Ulrich *Häde*/Monika *Jachmann*, Mitglieder extremistischer Parteien im Staatsdienst. Zum Urteil des Europäischen Gerichtshofs für Menschenrechte vom 26. September 1995 (Vogt gegen Deutschland), ZBR 1997, 8, sowie Helmut *Rittstieg*, Der Radikalenerlass in europäischer Sicht. Zum Urteil des Europäischen Gerichtshofs für Menschenrechte vom 26.9.1995 in der Sache Dorothea Vogt, RdJB 1996, 492.

33 BVerwGE 47, 330 (343).

34 Die Einstellungsbehörde muss gerichtsverwertbare Tatsachen vorbringen; bloße Andeutungen und durch Fakten nicht belegte Behauptungen genügen nicht.

35 Die Ablehnung eines Lehramtsbewerbers wegen fehlender Verfassungstreue ist rechtswidrig, wenn die Prognose der Einstellungsbehörde auf einem unvollständigen bzw. unzutreffenden Sachverhalt beruht und wenn sie die Führung des Bewerbers während des Vorbereitungsdienstes zwar als tadelsfrei ermittelt, diesem Befund aber gegenüber den früheren dem Bewerber zur Last gelegten Aktivitäten keine entscheidende Bedeutung beigemessen hat. So VGH Mannheim, ZBR 2008, 260 (265).

36 BVerfGE 39, 334 (354); vgl. auch BVerwGE 61, 176 (185).

37 Christoph *Eckstein*, Der Grundsatz der Bestenauslese nach Art. 33 Abs. 2 GG in der neuesten verfassungs- und verwaltungsgerichtlichen Rechtsprechung, ZBR 2009, 86. S. insbesondere *Battis*, BBG, § 9 Rn. 2 ff., der auf die Gefahren durch partei- und verbandspolitische Ämterpatronage hinweist.

38 *Reich*, BeamtStG. Kommentar, § 9 Rn. 7. Die *gesundheitliche Eignung* ist nach den landesrechtlichen Vorschriften auf der Grundlage eines amtsärztlichen Gutachtens festzustellen (z.B. §§ 8 Abs. 2, 45 bln LBG; §§ 9 Abs. 2, 44 HmbBG; §§ 9 Abs. 2, 44 LBG M-V; §§ 9 Abs. 2, 45 NBG; § 10 Abs. 1 LBG LSA; §§ 10 Abs. 2, 44 sh LBG). – Wolfram *Höfling*/Ulrich *Stockter*, Die gesundheitliche Eignung als Zugangskriterium für ein öffentliches Amt, ZBR 2008, 17; Sabrina *Schönrock*, Die Feststellung der gesundheitlichen Eignung von Beamtinnen und Beamten, ZBR 2017, 243. Vgl. auch VG Gelsenkirchen, NVwZ-RR 2009, 252, zum Übergewicht eines Bewerbers als Eignungsmangel. – Zur Beherrschung der

Frage, ob einer muslimischen Lehrerin deutscher Staatsangehörigkeit, die darauf besteht, in der Schule ein Kopftuch zu tragen, die Übernahme in den Schuldienst wegen mangelnder Eignung verweigert werden darf, TZ 5.262. *Befähigung* meint das auf Vorbildung und ggf. Berufstätigkeit beruhende fachliche, aber auch allgemeine Wissen, Erfahrungsgut und das berufliche Können.[39] Die *fachliche Leistung* besteht in den nach den dienstlichen Anforderungen bewerteten Arbeitsergebnissen.[40]

Bei der Auswahl der in den Schuldienst zu übernehmenden Lehrkräfte pflegen die Schulbehörden das Leistungsprinzip in der Weise anzuwenden, dass sie die zu besetzenden Stellen *ausschreiben*[41], die Bewerberinnen und Bewerber nach den Ergebnissen der beiden Abschlussprüfungen[42] in eine Rangfolge bringen und sie sodann nach Fächern und Fachrichtungen in lehramtsspezifischen Ranglisten erfassen. Je mehr aber die Schulen sich ein eigenes, durch ein Schulprogramm ausgewiesenes Profil geben, desto mehr benötigen sie Lehrkräfte, die zu diesem Konzept passen. Insoweit sind bei der Ausschreibung der Stellen und bei der Auswahl der dafür in Betracht kommenden Bewerber die besonderen Bedürfnisse der jeweiligen Schule zu berücksichtigen (vgl. TZ 13.224); der Grundsatz der Bestenauslese darf hierbei jedoch nicht ausgehöhlt werden.[43] Wird gegen diesen Grundsatz verstoßen, können unterlegene Bewerberinnen und Bewerber ihre Rechte gerichtlich geltend machen (Konkurrentenstreit, dazu TZ 32.135).

28.226 Für die Berufung in das Beamtenverhältnis müssen nach Landesrecht weitere Voraussetzungen erfüllt sein. Dazu gehört die Beachtung von *Höchstaltersgrenzen*, nach deren Erreichen der Bewerber grundsätzlich nicht mehr in das Beamtenverhältnis berufen werden darf.[44] Solche Altersgrenzen sind – so das Bundesverfassungsgericht in seinem Beschluss vom 21.4.2015[45] – ein *schwerwiegender Eingriff in das Grundrecht der Berufsfreiheit (Art. 12 Abs. 1 GG), insbesondere in den Leistungsgrundsatz des Art. 33 Abs. 2 GG,*

deutschen Sprache in dem für die Wahrnehmung der Amtsaufgaben erforderlichen Maß s. z.B. § 10 Abs. 2 LBG LSA.

39 *Battis*, BBG, § 9 Rn. 10.

40 *Battis*, BBG, § 9 Rn. 10; *Reich*, BeamtStG. Kommentar, § 9 Rn. 9.

41 Die Ermittlung der Bewerber durch öffentliche Ausschreibung ist in den Beamtengesetzen der meisten Länder vorgeschrieben, s. etwa § 11 Abs. 1 bw LBG, § 8 Abs. 1 bln LBG; § 6 bbg LBG, § 10 Abs. 1 HmbBG, § 10 Abs. 3 HBG, § 9 Abs. 1 LBG M-V, § 9 LBG LSA, § 10 Abs. 1 sh LBG, § 3 ThürLaufbG. In Bayern ist eine Stellenausschreibung nur erforderlich, wenn dies im Besonderen dienstlichen Interesse liegt (Art. 20 BayBG). – Vgl. Jürgen Th. *Koll*, Verfassungsrechtliches Leistungsprinzip und Ausschreibung, LKV 2001, 394; Karl-Heinz *Ladeur*, Öffentliche Stellenausschreibung als Gewährleistung des Rechts auf gleichen Zugang zum öffentlichen Dienst, Jura 1992, 77. – Die gelegentlich zu beobachtende Praxis, anlässlich eines (langjährigen) Bewerberüberhangs Wartelisten für Lehramtsbewerber einzuführen, ist zulässig. Zu deren Voraussetzungen sowie zu den Rechtsschutzmöglichkeiten gegen die eine Aufnahme in die Warteliste ablehnende Entscheidung s. BVerwG, NVwZ-RR 1990, 619.

42 Studienabschluss durch Hochschulprüfung oder (Erste) Staatsprüfung, Abschluss des Vorbereitungsdienstes durch (Zweite) Staatsprüfung.

43 Zur Frage, wie die Probleme von Schulen in sozialen Brennpunkten u.a. bei der Lehrerzuweisung berücksichtigt werden können, s. Kristina *Tillmann*/Horst *Weishaupt*, Ansätze bedarfsorientierter Ressourcenausstattung von sozial belasteten Schulen in Deutschland. Eine Situationsanalyse, ZBV, Heft 2/2015, S. 5; Simon *Morris-Lange*, Wider das Gießkannenprinzip? Formen bedarfsorientierter Schulfinanzierung zur Förderung von Kindern und Jugendlichen mit Migrationshintergrund, RdJB 2016, 67; vgl. auch *BMBF* (Hrsg.), Zur Konstruktion von Sozialindizes. Ein Beitrag zur Analyse sozialräumlicher Benachteiligung von Schulen als Voraussetzung für qualitative Schulentwicklung, Bonn/Berlin 2010.

44 Nach den rechtlichen Regelungen der Länder liegen diese Altersgrenzen gegenwärtig in Berlin und Hessen bei Vollendung des 50. Lebensjahres, in Brandenburg und Thüringen: 47. Lj., in Bayern, Hamburg, Niedersachsen, Rheinland-Pfalz, Sachsen-Anhalt und Schleswig-Holstein: 45. Lj., in Nordrhein-Westfalen: 42. Lj., in Bremen, Mecklenburg-Vorpommern und im Saarland: 40. Lj.

45 BVerfGE 139, 19. Zu dieser Entscheidung Kathrin *Bünningmann*, Zur Zulässigkeit von Höchstaltersgrenzen bei Berufung ins Beamtenverhältnis, DÖV 2015, 832; Michael *Kawik*, Sind beamtenrechtliche Altersgrenzen rechtlich zulässig?, ZBR 2016, 404.

indem sie ältere Bewerberinnen und Bewerber ohne Rücksicht auf Eignung, Befähigung und fachliche Leistung vom Beamtenverhältnis ausschließen und auf diese Weise zu einer eignungswidrigen Ungleichbehandlung führen.[46] *Der Eingriff kann durch* die mit Verfassungsrang ausgestatteten hergebrachten Grundsätze des Berufsbeamtentums, vor allem *das Lebenszeitprinzip und das Alimentationsprinzip gerechtfertigt sein*[47]: Einstellungshöchstaltersgrenzen dienen der Schaffung eines ausgewogenen zeitlichen Verhältnisses zwischen Lebensdienstzeit und Ruhestandszeit; die Alimentation der Beamten im Ruhestand wiederum lässt sich nur ermöglichen, wenn ihre Arbeitskraft dem Dienstherrn zuvor über einen längeren Zeitraum zur Verfügung gestanden hat. Demgemäß können Höchstaltersgrenzen im Zusammenspiel mit Ruhestandsgrenzen, insbesondere im Hinblick auf die steigende Lebenserwartung und die wachsenden Versorgungslasten der öffentlichen Haushalte, eine wesentliche Grundlage für die Finanzierbarkeit und Funktionsfähigkeit des beamtenrechtlichen Versorgungssystems darstellen und damit zur Sicherung des Alimentations- und Lebenszeitprinzips beitragen.[48]

Nach der Wesentlichkeitslehre des Bundesverfassungsgerichts (vgl. TZ 2.23) ist es vorrangig Aufgabe des parlamentarischen Gesetzgebers, die Abwägung und den Ausgleich zwischen dem Leistungsgrundsatz des Art. 33 Abs. 2 GG und anderen in der Verfassung geschützten Belangen selbst wahrzunehmen. Ausnahmen vom Leistungsgrundsatz beim Zugang zum Beamtenverhältnis durch Altersgrenzen bedürfen demnach zumindest einer hinreichend bestimmten gesetzlichen Grundlage.[49] *Eine pauschale gesetzliche Ermächtigung zur Regelung des Laufbahnwesens der Beamten genügt diesen verfassungsrechtlichen Maßgaben nicht.*[50]

Höchstaltersgrenzen müssen außerdem den *europarechtlichen Ausformungen des Verbots der Altersdiskriminierung* durch die Richtlinie 2000/78/EG[51] Rechnung tragen.[52] Die Ablehnung eines Bewerbers wegen Überschreitens einer Höchstaltersgrenze ist eine Ungleichbehandlung wegen des Alters. Nach Art. 6 Abs. 1 Satz 1 der Richtlinie können Mitgliedstaaten jedoch vorsehen, dass derartige Ungleichbehandlungen keine Diskriminierungen darstellen, sofern sie objektiv und angemessen sind und im Rahmen des nationalen Rechts durch ein legitimes Ziel gerechtfertigt sind und die Mittel zur Erreichung dieses Ziels angemessen und erforderlich sind. Art. 6 Abs. 1 Satz 2 der Richtlinie enthält eine Reihe von Beispielen für zulässige Ungleichbehandlungen wegen des Alters, u.a. die Festsetzung eines Einstellungshöchstalters aufgrund der Notwendigkeit einer angemessenen Beschäftigungszeit vor dem Eintritt in den Ruhestand. Auch insoweit ist es Aufgabe des parlamentarischen Gesetzgebers zu beurteilen und abzuwägen, ob die beamtenrechtlichen Höchstaltersgrenzen notwendig sind, um legitime Ziele im Sinne des Art. 6 Abs. 1 Satz 1 der Richtlinie zu verwirklichen.[53] *Eine pauschale gesetzliche Ermächtigung der Exekutive zum Erlass einer Rechtsverordnung reicht* daher auch in dieser Hinsicht *nicht aus.*

Legt man die strengen Maßstäbe des Bundesverfassungsgerichts an die verfassungsrechtliche und unionsrechtliche Zulässigkeit der Festlegung von Höchstaltersgrenzen für den Zugang zum Beamtenverhältnis zugrunde, so ist *festzustellen, dass die meisten diesbezüglichen Regelungen der Länder diesen Anforderungen bislang nicht entsprechen.* Nur

46 BVerfGE 139, 19 (52 f., Rn. 68).
47 BVerfGE 139, 19 (55 ff., Rn. 75 ff.).
48 BVerfGE 139, 19 (58 f., Rn. 81).
49 BVerfGE 139, 19 (45 ff., Rn. 52 ff.).
50 BVerfGE 139, 19 (53, Rn. 70).
51 Sie ist durch das Allgemeine Gleichbehandlungsgesetz (AGG) vom 14.8.2006 (BGBl. I S. 1897), zul.g.d.G. vom 3.4.2013 (BGBl. I S. 610), in innerstaatliches Recht umgesetzt worden.
52 BVerfGE 139, 19 (50 ff., Rn. 61 ff.). Dazu Christian *Hartig*, Altersdiskriminierung im öffentlichen Recht, Berlin 2014.
53 BVerfGE 139, 19 (52, Rn. 66).

Bayern, Brandenburg, Nordrhein-Westfalen, Rheinland-Pfalz und Thüringen haben die Altersgrenzen durch förmliches Gesetz geregelt.[54] Alle anderen Länder bestimmen die Altershöchstgrenzen immer noch durch Vorschriften in Laufbahn- oder Haushaltsverordnungen auf unzureichender gesetzlicher Ermächtigungsgrundlage.

28.227 Bei Bewerberinnen und Bewerbern für den Schuldienst, die ihre *zweite Lehramtsprüfung (Staatsprüfung oder Zweite Staatsprüfung) in einem anderen Bundesland* bestanden haben, stellt sich die Frage, ob die Schulverwaltung ihren Antrag allein deshalb ablehnen darf, weil sie die Lehrerausbildung nicht im aufnehmenden Land durchlaufen haben. Art. 33 Abs. 2 GG räumt keinen Anspruch auf Übernahme in ein öffentliches Amt, auch nicht auf Einstellung in den Schuldienst eines anderen Landes ein.[55] Zwar hat gemäß dieser Vorschrift jeder Deutsche nach seiner Eignung, Befähigung und fachlichen Leistung gleichen Zugang zu jedem öffentlichen Amt. Allein wegen des Umstands, dass er die maßgeblichen Qualifikationsnachweise bei einem anderen als dem um Einstellung angegangenen Dienstherrn erworben hat, darf ein Bewerber daher nicht abgelehnt werden. Wohl aber ist die Einstellungsbehörde berechtigt, die Übernahme in das Beamtenverhältnis deshalb abzulehnen, weil die im anderen Land erworbene Lehrbefähigung den im aufnehmenden Land geltenden Anforderungen an die entsprechende Lehrbefähigung nicht genügt.

In jahrelangen Verhandlungen haben sich die Länder in der Kultusministerkonferenz um eine wechselseitige Anerkennung der zweiten Lehramtsprüfungen bemüht. In den hierbei erzielten Vereinbarungen[56] war die Anerkennung allerdings zumeist nur unter dem Vorbehalt entgegenstehender beamtenrechtlicher Regelungen der einzelnen Länder gewährleistet. Umso bedeutsamer ist der Beschluss der Kultusministerkonferenz vom 7.3.2013 („*Regelungen und Verfahren zur Erhöhung der Mobilität von Lehrkräften*“[57]). In diesem Beschluss haben sich die Länder verpflichtet, allen Absolventinnen und Absolventen eines Vorbereitungsdienstes für ein Lehramt, das den Vereinbarungen der KMK entspricht, in allen Ländern gleichermaßen den Berufszugang für den ihrem Abschluss entsprechenden Lehramtstyp zu ermöglichen.[58] Prüfungsmaßstab für Anerkennungsentscheidungen sind nicht mehr die Ausbildungsregelungen des aufnehmenden Landes, sondern die Vorgaben der Kultusministerkonferenz.[59] Die Länder haben sich in dem Beschluss ausdrücklich verpflichtet, ihre landesrechtlichen Regelungen bis zum Ende des Jahres 2013 anzupassen und sich bei der Regelung zur Lehramtsbefähigung an folgender Musterformulierung zu orientieren: „Eine in einem anderen Land […] nach den Vorgaben der Kultusministerkon-

---

54 Art. 23 Abs. 1 BayBG, § 3 Abs. 2 bbg LBG, § 14 Abs. 3 nrw LBG, § 19 Abs. 1 Satz 1 rp LBG, § 7 Abs. 1 Satz 1 ThürLaufbG. – Die frühere Vorschrift des § 5 nrw LBG hatte die Landesregierung ermächtigt, unter Berücksichtigung der Erfordernisse der einzelnen Verwaltungen durch Rechtsverordnung Vorschriften über die Laufbahnen der Beamten (Laufbahnverordnung) zu erlassen. Nach § 52 Abs. 1 dieser Verordnung durfte in das Beamtenverhältnis auf Probe eingestellt oder übernommen werden, wer das 40. Lebensjahr noch nicht vollendet hatte. Das BVerfG hat in seinem Beschluss vom 21.4.2015 diese landesrechtlichen Bestimmungen u.a. deshalb für unvereinbar mit dem Grundgesetz erklärt, weil eine für die Grundrechte aus Art. 33 Abs. 2 und 12 Abs. 1 GG derart wesentliche Regelung nicht durch Verordnung getroffen werden könne. Nunmehr bestimmt § 14 Abs. 3 LBG, dass als Laufbahnbewerberin oder Laufbahnbewerber in das Beamtenverhältnis auf Probe eingestellt werden darf, wer das 42. Lebensjahr noch nicht vollendet hat. Diese Regelung ist nach dem Urteil des BVerwG vom 11.10.2016, NVwZ 2017, 481, sowohl mit dem Grundgesetz als auch mit Unionsrecht vereinbar.

55 BVerwGE 75, 133 (135). Die Garantie der Berufsfreiheit für staatliche Berufe durch Art. 12 Abs. 1 GG wird durch die Sonderregelung des Art. 33 Abs. 2 GG überlagert und modifiziert. Vgl. Thomas *Mann*, in: Sachs, Grundgesetz. Kommentar, Art. 12 Rn. 56.

56 Zu diesen Vereinbarungen ausführlich TZ 27.223.

57 Beschluss vom 7.3.2013 i.d.F.v. 27.12.2013, KMK-BeschlS. Nr. 704. Auch dazu ausführlich TZ 27.223.

58 Zu den sechs verschiedenen Lehramtstypen der KMK s. TZ 27.131 und 27.132.

59 Dazu Fridtjof *Filmer*, Anerkennung von Lehramtsabschlüssen aus anderen Bundesländern. Mobilität trotz Pluralität im Bundesstaat. Zum Beschluss der Kultusministerkonferenz vom 7. März 2013, RdJB 2013, 292 (301 ff.).

ferenz erworbene Befähigung zu einem Lehramt gilt als Befähigung zu einem Lehramt im Sinne dieses Gesetzes ...“. Es verwundert allerdings, dass bislang nur wenige Länder diese Klausel in ihr Beamtenrecht uneingeschränkt übernommen haben.[60]

28.228 Die durch Art. 45 AEUV gewährleistete *Freizügigkeit der Arbeitnehmer* kommt auch *Lehrkräften* zugute, die ihre *Lehrbefähigung in einem anderen Mitgliedstaat der Europäischen Union* oder in Island, Liechtenstein, Norwegen oder der Schweiz erworben haben. Die Ausnahmeregelung des Art. 45 Abs. 4 AEUV, wonach die Beschäftigung in der öffentlichen Verwaltung von der Freizügigkeit ausgenommen ist, findet auf die Lehrerschaft keine Anwendung. Das hat der EuGH seit seiner Lawrie-Blum-Entscheidung[61] in ständiger Rechtsprechung klargestellt (vgl. TZ 27.224).

Um zu vermeiden, dass die Mitgliedstaaten mithilfe ihrer jeweiligen Rechts- und Verwaltungsvorschriften die Anerkennung eines in einem anderen Mitgliedstaat erworbenen akademischen Diploms, also auch einer dort erlangten Lehrbefähigung, verhindern und auf diese Weise die europarechtlich gewährleistete Freizügigkeit praktisch unterlaufen, haben das Europäische Parlament und der Rat der Europäischen Union die Richtlinie 2005/36/EG vom 7.9.2005 über die Anerkennung von Berufsqualifikationen erlassen.[62]

Danach gilt: Macht ein Mitgliedstaat die Aufnahme oder Ausübung eines reglementierten Berufs von dem Besitz eines Diploms abhängig, so muss einem Bewerber, der das für die Aufnahme und Ausübung dieses Berufs im Hoheitsgebiet eines anderen Mitgliedstaats erforderliche Diplom besitzt, die Aufnahme oder Ausübung des Berufs unter denselben Voraussetzungen wie Inländern gestattet werden (Art. 13 RL). Unter Diplom in diesem Sinne ist eine Berufsqualifikation zu verstehen, die nach Abschluss einer postsekundären Ausbildung von mindestens drei und höchstens vier Jahren an einer Hochschule oder einer anderen Ausbildungseinrichtung mit gleichwertigem Ausbildungsniveau und nach der gegebenenfalls neben dem Studium geforderten Berufsausbildung erteilt wird (Art. 11 Buchst. d RL). Art. 13 RL hindert den Aufnahmestaat nicht, vom Antragsteller zu verlangen, dass er nach seiner Wahl entweder einen höchstens dreijährigen Anpassungslehrgang absolviert oder eine Eignungsprüfung ablegt, und zwar u.a. dann, wenn die Ausbildungsdauer mindestens ein Jahr unter der im Aufnahmestaat geforderten Dauer liegt oder wenn die bisherige Ausbildung sich auf Fächer bezieht, die sich wesentlich von denen unterscheiden, die durch den im Aufnahmestaat vorgeschriebenen Ausbildungsnachweis abgedeckt werden (Art. 14 Abs. 1 Buchst. a und b RL).

---

60 Und zwar die Länder Berlin (§ 22 Abs. 2 Satz 1 LaufbahnG), Brandenburg (§ 14 Abs. 1 LBG), das Saarland (§ 17 Abs. 2 l LBG) und Sachsen-Anhalt (§ 16 Abs. 1 Satz 1 LBG). Die meisten anderen Länder knüpfen die Anerkennung der in einem anderen Land erworbenen Laufbahnbefähigung bei einem Defizit gegenüber der Ausbildung im Aufnahmeland an die Bedingung einer Unterweisung oder Fortbildung (§ 15 Abs. 1 BremBG, § 15 Abs. 2 HmbBG, § 14 Abs. 2 HBG, § 15 Abs. 1 NBG, § 15 Abs. 2 LBG M-V, § 10 Abs. 1 nrw LBG, § 16 Abs. 2 rp LBG, § 15 Abs. 2 sh LBG, § 24 ThürLaufbG). Nach § 23 Abs. 1 bw LBG *soll* die Laufbahnbefähigung eines Bewerbers aus einem anderen Land nur *grundsätzlich* anerkannt werden; Art. 11 Abs. 1 bay LeistungslaufbahnG beschränkt sich darauf zu bestimmen, dass ein Bewerber aus einem anderen Land bei gleichwertiger Qualifikation übernommen werden *kann*.

61 Rechtssache 66/85, Slg. 1986, 2121, Rn. 28; bestätigt u.a. in Rs. C-4/91, Slg. 1991, I-5627, Rn. 7 (Bleis); Rs. C-195/98, Slg. 2000, I-10497, Rn. 36 (Österreichischer Gewerkschaftsbund). Nach Ansicht des Gerichtshofes kann der in Art. 4 Abs. 2 EUV normierte Schutz der *nationalen Identität der Mitgliedstaaten* „selbst in besonders empfindlichen Bereichen wie dem Bildungswesen“ durch mildere Mittel, insbesondere durch strenge Einstellungsvoraussetzungen, gewahrt werden. S. EuGH, Rs. C-473/93, Slg. 1996, I-3207, Rn. 35 (Kommission/Luxemburg).

62 ABl. L 255 vom 30.9.2005, S. 22. Diese Richtlinie fasst die Richtlinie 89/48/EWG vom 21.12.1988 über eine allgemeine Regelung zur Anerkennung der Hochschuldiplome und mehrere andere Richtlinien über die Anerkennung von Berufsqualifikationen zusammen; die früheren Richtlinien sind durch Art. 62 der neuen Richtlinie aufgehoben.

Die Bundesländer haben die Richtlinie für ihren jeweiligen Hoheitsbereich transformiert.[63] Sie machen die Anerkennung des in einem anderen Mitgliedstaat erworbenen Diploms davon abhängig, dass die dort für die Berufsqualifikation erforderliche Ausbildung keine wesentlichen Unterschiede im Vergleich zu der im aufnehmenden Bundesland vorgeschriebenen Ausbildung aufweist.[64]

Das führt zu der Frage, ob die Lehrbefähigung des Bewerbers nur dann anerkannt werden kann, wenn sie sich, wie in Deutschland üblich, auf *mindestens zwei Unterrichtsfächer* erstreckt. Genau dies hat die KMK noch 1990 gefordert.[65] Gegen diese Auffassung bestehen jedoch aus europarechtlicher Sicht erhebliche Bedenken. Lehrkräfte werden nämlich in den anderen Mitgliedstaaten üblicherweise nur in einem Unterrichtsfach ausgebildet. Sie hätten daher kaum eine Chance, den Lehrerberuf in Deutschland auszuüben, dies umso weniger, als die meisten Bundesländer nicht nur eine Lehrerausbildung in zwei Unterrichtsfächern (bzw. Fachrichtungen) fordern, sondern in der Regel zusätzlich bestimmte Fächerkombinationen verlangen. Diese Bedingungen können Bewerber aus anderen Mitgliedstaaten nur ausnahmsweise erfüllen. Da es ihnen durch die Zwei-Fächer-Hürde faktisch unmöglich gemacht würde, das durch die Richtlinie konkretisierte Freizügigkeitsrecht des Art. 45 AEUV in Anspruch zu nehmen, läge ein Fall versteckter Diskriminierung vor, die nach der Rechtsprechung des Europäischen Gerichtshofs unzulässig ist.[66] Der EuGH hat schon vor einiger Zeit klargestellt, dass es gegen die Richtlinie verstößt, wenn der Aufnahmestaat von dem Bewerber eine Hochschulausbildung verlangt, die sich auf mindestens zwei der für die Lehrtätigkeit im Aufnahmestaat vorgeschriebenen Unterrichtsfächer erstreckt.[67]

Die Bundesländer sind der restriktiven Haltung der Kultusministerkonferenz nicht gefolgt. Sie lassen für die Anerkennung der im Herkunftsland erworbenen Berufsqualifikation den Ausbildungsnachweis zur Ausübung des Lehrerberufs in mindestens einem Fach genügen[68] oder gewähren einen partiellen Zugang zum Lehrerberuf[69]; einige Länder schreiben die erfolgreiche Teilnahme an einer Ausgleichsmaßnahme (Anpassungslehrgang bzw. Eignungsprüfung) vor.[70]

---

63 Sie haben die Umsetzung der Richtlinie jeweils durch eine Bestimmung in ihren Landesbeamtengesetzen (z.B. § 16 Abs. 1 bw LBG, § 15 bbg LBG, § 16 HBG, § 11 nrw LBG), einige Länder zusätzlich durch eine Vorschrift im Lehrerbildungsgesetz (z.B. § 13 Abs. 3 Satz 2 BbgLeBiG, § 61 HLbG) angeordnet. Die Einzelheiten über Voraussetzungen und Verfahren der Anerkennung sowie über Ausgleichsmaßnahmen (Anpassungslehrgang oder Eignungsprüfung) sind jeweils in einer Rechtsverordnung geregelt, zu deren Erlass die Landesregierung oder das zuständige Ministerium in dem betreffenden Gesetz ermächtigt worden ist.

64 Z.B. § 2 Abs. 1 Satz 1 Nr. 2 nrw AnerkennungsVO Berufsqualifikation Lehramt vom 22.10.2007 (GV. S. 430), zul.g.d.VO vom 11.1.2016 (GV. S. 21); § 2 Abs. 1 Nr. 4 saarl. EG-Richtlinien-Verordnung-Lehrkräfte vom 17.6.2016 (Amtsbl. S. 469).

65 So der bis heute nicht geänderte Beschluss zur Umsetzung der Richtlinie 89/48/EWG in innerstaatliches Recht für die Berufe der Lehrer (KMK-BeschlS. Nr. 718) unter Nr. 2 A. I. Nr. 3.

66 Vgl. dazu bereits Hildegard *Schneider,* Die Anerkennung von Diplomen in der Europäischen Gemeinschaft, Antwerpen 1995, S. 384, m.w.N.

67 Urteil des EuGH (5. Kammer) vom 29.4.2004 in der Rechtssache C-102/02 (juris), auf Vorlagebeschluss des VG Stuttgart. Aufgrund der Vorabentscheidung des EuGH verpflichtete das VG Stuttgart durch Urteil vom 26.4.2006, Az.: 17 K 2800/04 (juris), das Land Baden-Württemberg, die in Österreich erworbene Befähigung für den Beruf der Volksschullehrerin als Befähigung für das Lehramt an Grund- und Hauptschulen anzuerkennen.

68 Z.B. § 1 Abs. 2 Nr. 2 ThürLehrämteranerkennungsVO vom 28.4.2008 (GVBl. S. 115).

69 Und zwar dann, wenn der Antragsteller im Herkunftsland ohne Einschränkung qualifiziert ist, die berufliche Tätigkeit auszuüben (z.B. § 2 Abs. 3 nrw AnerkennungsVO Berufsqualifikation Lehramt vom 20.10.2007 [GV. S. 430], zul.g.d.VO vom 11.1.2016 [GV. S. 21]).

70 Z.B. § 5 Abs. 1 Nr. 3, Abs. 2 bw LaufbahnbefähigungsanerkennungsVO vom 18.10.2011 (GBl. S. 494).

28.23 Beförderung

28.231 *Beförderung*[71] *ist eine Ernennung, durch die einer Beamtin oder einem Beamten ein anderes Amt mit höherem Grundgehalt verliehen wird.*[72] So können im Schulbereich beispielsweise Lehrerinnen mit der Befähigung für das Lehramt Grundschule zur Konrektorin und schließlich zur Rektorin befördert werden; bei Gymnasien und beruflichen Schulen erstrecken sich die Beförderungsmöglichkeiten vom Amt des Studienrats (der Studienrätin) über das des Oberstudienrats (der Oberstudienrätin) und des Studiendirektors (der Studiendirektorin) bis hin zum Amt des Oberstudiendirektors (der Oberstudiendirektorin). Die Beförderung geschieht durch *Aushändigung einer Ernennungsurkunde*; in der Urkunde muss die neue Amtsbezeichnung enthalten sein (§ 8 Abs. 2 Satz 2 Nr. 3 BeamtStG).

Beförderungsstellen sind in der Regel auszuschreiben (vgl. TZ 28.225). Ein Rechtsanspruch auf Beförderung besteht nicht[73], auch nicht für den, der eine Beförderungsstelle kommissarisch verwaltet hat.[74] Wenn die Lehrkraft die dienstlichen Obliegenheiten des Amtes einer höheren Besoldungsgruppe längere Zeit wahrnehmen muss (z.B. eine Studiendirektorin verwaltet eine freie Schulleiterstelle, ohne zur Oberstudiendirektorin ernannt zu werden), erhält sie nach Ablauf einer Übergangsfrist von zwölf Monaten eine *Zulage* in Höhe der Differenz zwischen ihren Dienstbezügen und denen der höheren Besoldungsgruppe, sofern die haushaltsrechtlichen und laufbahnrechtlichen Voraussetzungen für die Übertragung dieses Amtes erfüllt sind.[75] Als Beförderung ist eine derartige zeitlich begrenzte Wahrnehmung höherwertiger Ämter nicht anzusehen.

28.232 Im Fall der Besetzung eines Beförderungsamtes ist der Dienstherr bei der Auswahl zwischen mehreren in Betracht kommenden Bewerbern an den Grundsatz der Bestenauslese (Art. 33 Abs. 2 GG, § 9 BeamtStG) gebunden. Er muss sich für den am besten geeigneten Bewerber entscheiden, darf daher keinen Bewerber übergehen, der die nach dem Anforderungsprofil maßgeblichen Kriterien besser erfüllt als die Mitbewerber. Die Auswahlentscheidung kann nur auf solche Gesichtspunkte gestützt werden, die sich unmittelbar auf Eignung, Befähigung und fachliche Leistung beziehen.[76]

---

71 *Reich*, BeamtStG. Kommentar, § 9 Rn. 4 f.; *Battis*, Beamtenrecht (Fn. 10), Rn. 73 ff. *Kunig* (Fn. 10), Rn. 112 ff.; *Schnellenbach/Bodanowitz,* Beamtenrecht in der Praxis, § 3 Rn. 56 ff.

72 So die inhaltsgleiche Begriffsbestimmung in den beamtenrechtlichen Vorschriften der Länder: § 20 Abs. 1 bw LBG, § 3 Abs. 2 bay LVO, § 13 Abs. 1 Satz 1 bln LaufbG, § 10 Abs. 1 Satz 1 bbg LVO, § 20 Abs. 1 Satz 1 HmbBG, § 2 Abs. 5 Hess LVO, § 20 NBG, § 19 Abs. 1 Nr. 2 nrw LBG, § 21 Abs. 1 rp LBG,§ 22 Abs. 1 Satz 1 LBG LSA, § 20 Abs. 1 sh LBG, § 35 Abs. 1 Satz 1 ThürLaufbG. Es handelt sich um einen Unterfall des § 8 Abs. 1 Nr. 3 BeamtStG, der für die Verleihung eines anderen Amtes mit anderem (also nicht nur höherem, sondern auch niedrigerem) Grundgehalt eine Ernennung vorschreibt. – § 2 Abs. 8 Bundeslaufbahnverordnung wiederum definiert Beförderung als die Verleihung eines anderen Amtes mit höherem Endgrundgehalt; eine Ernennung ist nach dieser Vorschrift aber nur bei Änderung der Amtsbezeichnung erforderlich.

73 VGH Kassel, DÖV 2015, 264: Ein Anspruch auf Beförderung ergibt sich auch nicht allein aus dem Umstand, dass ein Bewerber der letzte in dem Bewerbungsverfahren verbliebene Bewerber ist. Ein Anspruch auf Beförderung besteht ausnahmsweise nur dann, wenn eine freie und besetzbare Stelle vorhanden ist, der Dienstherr diese Stelle auch besetzen will und er den klagenden Beamten für den am besten geeigneten Bewerber hält.

74 BVerwG 151, 114 Rn. 16; Markus *Kenntner*, Rechtsstruktur und Gestaltung von Konkurrentenstreitigkeiten um die Vergabe von Ämtern, ZBR 2016, 181 (182).

75 So z.B. § 59 nrw LBesG.

76 BVerwG, NVwZ 2014, 75. Dem widerspricht es, wenn der Dienstherr bei der Vergabe von Beförderungsämtern vorrangig nicht die Leistung, sondern das Dienstalter zum Auswahlkriterium erhebt (OVG Koblenz, DÖV 2008, 690). Hilfskriterien, wie z.B. Dienst- oder Lebensalter, Schwerbehinderung, können erst dann zum Tragen kommen, wenn sich gemessen an den Bestenauslesekriterien der Eignung, Befähigung und fachlichen Leistung zwischen den Bewerbern kein beachtlicher Qualifikati-

Regelungen, die die *Bevorzugung von Frauen* in Bereichen, in denen sie unterrepräsentiert sind, bei gleicher Qualifikation, also bei gleicher Eignung, Befähigung und fachlichen Leistung, vorsehen, sind mit dem Leistungsprinzip vereinbar. Dabei genügt es, wenn die Qualifikation weiblicher und männlicher Bewerber „im Wesentlichen“ gleich ist.[77] Gleiche Qualifikation ist aber nicht schon bei gleichlautenden Gesamturteilen zu bejahen. Außer den in den aktuellen Beurteilungen erteilten Gesamtnoten sind in Pattsituationen vielmehr Einzelfeststellungen in aktuellen dienstlichen Beurteilungen heranzuziehen. Verbleibt auch in Würdigung dieser Einschätzungen immer noch ein Gleichstand zwischen weiblichem und männlichem Bewerber, so ist es Pflicht des Dienstherrn, auch ältere dienstliche Beurteilungen der Bewerber in den Blick zu nehmen und der Frage nachzugehen, ob sich daraus zusätzliche Erkenntnisse für die zu erwartende künftige Bewährung in einem Beförderungsamt ergeben. Kriterien ohne unmittelbaren Leistungsbezug wie der Gesichtspunkt der Frauenförderung sind demgegenüber keine mit Art. 33 Abs. 2 GG in Einklang zu bringende Auswahlmaßstäbe.[78]

Wird gegen das Leistungsprinzip des Art. 33 Abs. 2 GG verstoßen, kann der unterlegene Bewerber seine Rechte im Wege der verwaltungsgerichtlichen *Konkurrentenklage* geltend machen.[79] Das Auswahlverfahren zur Besetzung einer Beförderungsstelle ist fehlerhaft, wenn die der Auswahlentscheidung zugrunde liegenden wesentlichen Erwägungen nicht schriftlich festgelegt sind; der Mitbewerber darf nicht daran gehindert werden, in Kenntnis dieser Erwägungen, die er sich gegebenenfalls durch Akteneinsicht verschaffen kann, darüber zu befinden, ob er die Entscheidung akzeptieren soll oder gerichtlichen Eilrechtsschutz in Anspruch nehmen will.[80] Im Übrigen muss ein im Auswahlverfahren *unterlegener Bewerber* wegen des Gebots effektiven Rechtsschutzes (Art. 19 Abs. 4 GG) *rechtzeitig vor der Ernennung des Mitbewerbers* durch eine Mitteilung *Kenntnis vom Ausgang des Auswahlverfahrens erhalten*; der Dienstherr ist überdies verpflichtet, vor Aushändigung der Ernennungsurkunde einen ausreichenden Zeitraum abzuwarten, um dem Mitbewerber die Chance zu geben, vor dem Verwaltungsgericht einstweiligen Rechtsschutz im beamtenrechtlichen Konkurrentenverfahren zu beantragen.[81] Zu den Rechtsbehelfen im gerichtlichen Verfahren s. TZ 32.135.

28.233 *Sprungbeförderung* (z.B. vom Studienrat zum Oberstudiendirektor) und *Eilbeförderung* (während der Probezeit und vor Ablauf eines Jahres seit der Anstellung oder der letzten Beförderung) sind nur ausnahmsweise zulässig.[82] Das früher in den meisten Beamtengesetzen oder Laufbahnverordnungen enthaltene Altersbeförderungsverbot, wonach Beamte binnen zwei Jahren vor Erreichen der Altersgrenze nicht mehr befördert werden dürfen, ist fast überall mit Rücksicht auf die durch die europarechtliche Richtlinie

onsunterschied ergibt. So OVG Münster, Beschl. vom 1.8.2011, Az.: 1 B 186/11 (juris); *Schnellenbach/Bodanowitz*, Beamtenrecht in der Praxis, § 3 Rn. 64 ff.

77 So zuletzt OVG Münster, DÖV 2017, 643. Mit „im Wesentlichen“ gleicher Eignung begnügt sich auch BVerwGE 140, 83 Rn. 16; BVerwG, NVwZ 2013, 1227 Rn. 36.

78 OVG Münster, DÖV 2017, 643; vgl. auch BVerwG, NVwZ 2003, 1397.

79 Anlass zu gerichtlichen Streitigkeiten gibt immer wieder die Frage der korrekten Beurteilung verschiedener Bewerberinnen und Bewerber. Dabei sind zeitnahe Beurteilungen heranzuziehen. So BVerfG, NJW 2004, 1935 (1940); NVwZ 2011, 1191 (1192). Nach OVG Hamburg, DÖV 1992, 274, erfordert eine Beförderungsentscheidung, die der Dienstherr maßgeblich auf einen Vergleich der letzten dienstlichen Beurteilungen stützt, dass bei allen in Betracht kommenden Bewerbern in gleicher Weise zeitnahe Beurteilungen zugrunde gelegt werden, die einen aktuellen Überblick über Leistung, Eignung und Befähigung vermitteln.

80 BVerfG, ZBR 2008, 169; OVG Münster, ZBR 2009, 274.

81 BVerfG, ZBR 2008, 169; s. auch BVerwG, NVwZ 2011, 358 Rn. 34 ff.

82 Z.B. Art. 17 bay LeistungsLaufbG; § 19 Abs. 2 Satz 1, Abs. 5 nrw LBG; § 22 Abs. 3 LBG LSA

2000/78/EG untersagte Diskriminierung wegen des Alters aufgehoben worden.[83] Eine generelle Regelung, wonach von der Beförderung eines Lehrers zum Leiter der eigenen Schule grundsätzlich Abstand genommen werden soll, ist mit dem verfassungsrechtlichen Grundsatz der Bestenauslese nicht vereinbar[84] (vgl. TZ 7.121).

28.24 Versetzung, Umsetzung, Abordnung[85]

28.241 *Versetzung* ist die auf Dauer angelegte Übertragung eines anderen Amtes bei demselben oder einem anderen Dienstherrn innerhalb des Landes.[86] Beamtinnen und Beamte können in ein anderes Amt einer Laufbahn, für die sie die Befähigung besitzen, versetzt werden, wenn sie es beantragen oder ein dienstliches Bedürfnis besteht. Die Versetzung bedarf nicht ihrer Zustimmung, wenn das neue Amt zum Bereich desselben Dienstherrn gehört, derselben Laufbahn angehört wie das bisherige Amt und mit mindestens demselben Grundgehalt verbunden ist; der Verlust einer Stellenzulage steht der zustimmungsfreien Versetzung nicht entgegen. Vor der Versetzung ist die Beamtin oder der Beamte zu hören (vgl. § 28 BBG).

Demgemäß kann z.B. die Lehrkraft an einer Grundschule auch gegen ihren Willen an eine andere Grundschule versetzt werden, wenn dienstliche Gründe (z.B. dringender Lehrerbedarf an der anderen Schule) dies rechtfertigen und das neue Amt mit demselben Endgrundgehalt verbunden ist wie das bisherige Amt.[87] Ausnahmsweise können Beamtinnen und Beamte ohne ihre Zustimmung sogar in ein anderes Amt derselben Laufbahn mit geringerem Grundgehalt versetzt werden. Dieser schwerwiegende Eingriff in ihre Rechtsstellung setzt allerdings erstens voraus, dass die Behörde, bei der sie ihr Amt ausüben, aufgelöst, wesentlich geändert oder mit einer anderen Behörde verschmolzen wird, dass zweitens ihr Aufgabengebiet durch diese Veränderung berührt wird und dass drittens eine dem bisherigen Amt entsprechende Verwendung nicht möglich ist; das Grundgehalt muss in diesem Fall mindestens dem des Amtes entsprechen, das sie vor ihrem bisherigen Amt

83 S. aber § 19 Abs. 2 Satz 2 nrw LBG, der eine weitere Beförderung innerhalb von zwei Jahren vor Eintritt in den Ruhestand wie eh und je für unzulässig erklärt. Der VGH Kassel (NVwZ-RR 2011, 651) sah noch 2011 in der damaligen (inzwischen aufgehobenen) Bestimmung des § 19 Abs. 2 Satz 1 Nr. 3 HBG, die ein Altersbeförderungsverbot enthielt, keinen Verstoß gegen das Verbot der Diskriminierung wegen des Alters, da sie durch Art. 6 Abs. 1 der Richtlinie hinreichend gerechtfertigt sei. Zu dem auf der Richtlinie 2000/78/EG beruhenden Verbot der Ungleichbehandlung wegen des Alters bei der Begründung des Beamtenverhältnisses s. TZ 28.226.

84 VGH Kassel, NVwZ-RR 1989, 30; vgl. auch OVG Münster, Beschl. vom 7.5.2008, Az.: 6 B 408/08 (juris): Es ist sachlich nicht gerechtfertigt, einen besonderen Erfahrungshorizont nur von hausinternen Bewerbern zu verlangen, nicht aber von externen Bewerbern; diese haben mit ihrer Bewerbung lediglich die Bereitschaft zu einem Schulwechsel zu erkennen gegeben, was regelmäßig angesichts der Umstände – nämlich die angestrebte Beförderung – für sich genommen nur geringen Wert hat.

85 Das BeamtStG (§§ 13 ff.) normiert nur die länderübergreifende Versetzung und Abordnung sowie die Versetzung und Abordnung aus einem Land in die Bundesverwaltung. Für die landesinternen Versetzungen, Umsetzungen und Abordnungen kommt es also auf das jeweilige Landesrecht an, z.B. § 24 bw LBG, Art. 48 BayBG, § 30 bbg LBG, § 26 HBG, § 25 nrw LBG, § 31 LBG LSA, § 29 sh LBG, § 11 ThürBG.

86 Aus dem Schrifttum *Battis* Beamtenrecht (Fn. 10), Rn. 80 ff.; *Schnellenbach/Bodanowitz*, Beamtenrecht in der Praxis, § 4 Rn. 7 ff.

87 Dienstliche Gründe können auch in der Person der Beamtin oder des Beamten liegen: Eine Schulleiterin kann wegen dienstlichen Bedürfnisses versetzt werden, wenn ihre Mitgliedschaft in einer Vereinigung, deren Gedankengut mit dem staatlichen Erziehungsauftrag unvereinbar ist („Scientology"), zu einer tiefgreifenden Störung des Vertrauens bei Eltern und Lehrerschaft geführt hat. So VG Koblenz, NVwZ-RR 2005, 476. S. auch VGH München, Beschl. vom 30.1.2012 (juris): Ein innerdienstliches Spannungsverhältnis zwischen einem Schulleiter und dem Lehrerkollegium und ein Konflikt eines Schulleiters mit dem Schulamt können ein dienstliches Bedürfnis im Sinne des Bayerischen Beamtengesetzes für eine Versetzung des Schulleiters begründen.

wahrgenommen hatten.[88] Diese Regelung gewinnt vor allem in ländlichen Gebieten angesichts zurückgehender Schülerzahlen und dadurch bedingter Schulschließungen zunehmend an praktischer Bedeutung. Schulleiterinnen und Schulleiter einer aufgelösten Schule müssen es nötigenfalls hinnehmen, dass sie als Lehrkraft an eine andere Schule versetzt werden. Ist eine Versetzung nicht möglich, sind sie in den einstweiligen Ruhestand zu versetzen (§ 31 Abs. 1 BeamtStG).

Aus der Weisungsgebundenheit der Beamtinnen und Beamten (dazu TZ 29.112) folgt, dass die Lehrkraft einer (zustimmungsfreien) Versetzungsverfügung Folge leisten muss, auch wenn sie ihren Wünschen nicht entspricht. Andererseits muss die Schulbehörde bei ihrer Entscheidung schwerwiegende persönliche Umstände, die der Versetzung möglicherweise entgegenstehen (z.B. hohes Alter, beeinträchtigte Gesundheit), berücksichtigen. Die Versetzung ist ein Verwaltungsakt. Die Lehrkraft kann dagegen Widerspruch und Anfechtungsklage erheben, die jedoch keine aufschiebende Wirkung haben (§ 54 Abs. 4 BeamtStG, vgl. TZ 32.13). Zur Beteiligung des Personalrats TZ 30.511. Zum Anspruch der Lehrkraft auf Erstattung der Umzugskosten vgl. TZ 31.132.

28.242 Eine besondere Art der Versetzung ist der *länderübergreifende Dienstherrenwechsel.* Will eine Lehrkraft auf Dauer in den *Schuldienst eines anderen Landes* übertreten, ist § 15 BeamtStG zu beachten. Die Versetzung wird in diesem Fall auf Antrag der Lehrkraft vom abgebenden im Einvernehmen mit dem aufnehmenden Dienstherrn verfügt; erklärt der künftige Dienstherr das Einvernehmen, wird das Beamtenverhältnis mit ihm fortgesetzt.[89] Die länderübergreifende Versetzung kann auch aus dienstlichen Gründen angeordnet werden, bedarf dann aber der Zustimmung der Lehrkraft.

Die Kultusministerkonferenz hat einheitliche Regelungen über den Landeswechsel von bereits im Schuldienst eines Landes beschäftigten Lehrkräften getroffen.[90] Darin wird zwischen dem Bewerbungs- und Auswahlverfahren und dem Tauschverfahren unterschieden. Beim *Bewerbungs- und Auswahlverfahren* können sich Lehrkräfte jederzeit in einem anderen Land bewerben. Sie müssen der Bewerbung eine Freigabeerklärung ihrer Dienststelle beifügen. Die Länder verpflichten sich, Freigabeerklärungen so großzügig wie möglich – in der Regel nicht später als zwei Jahre nach dem Antrag auf Freigabe – zu erteilen. Das aufnehmende Land verpflichtet sich, das abgebende Land zum frühestmöglichen Zeitpunkt über eine geplante Einstellung zu informieren.

Im *Tauschverfahren* (Einigungsverfahren), das besonders aus sozialen Gründen zusätzliche Möglichkeiten des Landeswechsels eröffnen soll, ist jedes Land grundsätzlich bereit, mindestens ebenso viele Lehrkräfte zu übernehmen, wie es in andere Länder abgibt. Das Tauschverfahren wird einmal jährlich zum Schuljahresbeginn durchgeführt, überdies zusätzlich zum Schulhalbjahresbeginn für Länder, die hierfür einen besonderen Bedarf haben. Der Versetzungsantrag ist auf einheitlichem Formular spätestens sechs Monate vor dem beantragten Termin bei der zuständigen Schulbehörde des abgebenden Landes einzureichen.

28.243 Von der Versetzung ist die *Abordnung* zu unterscheiden. Die Lehrkraft kann, wenn ein dienstliches Bedürfnis besteht, *vorübergehend* ganz oder teilweise zu einer ihrem Amt entsprechenden Tätigkeit an eine andere öffentliche Schule abgeordnet werden, z.B.

88 Z.B. § 24 Abs. 2 Satz 3 bw LBG, § 26 Abs. 2 nrw SchulG; vgl. § 28 Abs. 3 BBG.

89 Es bedarf daher keiner Ernennung durch den aufnehmenden Dienstherrn (*Reich,* BeamtStG. Kommentar, § 15 Rn. 14).

90 Beschluss der KMK vom 10.5.2001 über die Übernahme von Lehrkräften aus anderen Ländern (KMK-BeschlS. Nr. 714); ergänzend dazu die Verfahrensabsprache zur Durchführung dieser Vereinbarung vom 7.11.2002 i.d.F. vom 2.3.2012 (KMK-BeschlS. Nr. 714.1).

als Studienrat vom Gymnasium X an das Gymnasium Y (vgl. § 27 BBG).[91] Ein Beamter kann aus dienstlichen Gründen auch ohne seine Zustimmung für die Dauer von bis zu zwei Jahren zu einer seinem bisherigen Amt nicht entsprechenden, auch unterwertigen Tätigkeit abgeordnet werden; allerdings muss ihm die neue Tätigkeit aufgrund seiner Vorbildung oder Berufsausbildung zumutbar sein. Dabei ist auch die Abordnung zu einer Tätigkeit, die nicht einem Amt mit demselben Endgrundgehalt entspricht, zulässig.[92] Die Schulbehörde kann daher beispielsweise den schwer alkoholabhängigen Leiter einer kleinen Grundschule (BesGr A 13), der durch sein Verhalten den Schulfrieden erheblich und nachhaltig stört, gegen seinen Willen für die Dauer von bis zu zwei Jahren an eine größere Grundschule eines anderen Orts abordnen und dort mit der Wahrnehmung der Dienstgeschäfte eines Konrektors (BesGr A 12) beauftragen. Die Abordnung ist in diesem Fall durch dienstliche Gründe gerechtfertigt; sie ist auch zumutbar.[93]

Die Abordnung ist ein Verwaltungsakt; doch haben Widerspruch und Anfechtungsklage wie im Fall der Versetzung keine aufschiebende Wirkung.

§ 20 Abs. 1 Satz 1 BeamtStG ermöglicht es darüber hinaus, einem Beamten mit seiner Zustimmung vorübergehend ganz oder teilweise eine seinem Amt entsprechende Tätigkeit bei einer öffentlichen Einrichtung ohne Dienstherreneigenschaft oder bei einer öffentlich-rechtlichen Religionsgemeinschaft (Nr. 1) oder bei einer anderen Einrichtung (Nr. 2) *zuzuweisen*. Es handelt sich hierbei um eine abordnungsähnliche Beurlaubung.[94]

28.244 Wird eine Lehrkraft dauernd oder zeitweilig ein anderer Aufgabenbereich innerhalb derselben Schule übertragen, handelt es sich um eine – gesetzlich nicht geregelte – *Umsetzung*.[95] Sie ist kein Verwaltungsakt, sondern eine innerbehördliche Maßnahme, deren Zulässigkeit aus der Organisationsgewalt der öffentlichen Verwaltung und dem Weisungsrecht des Dienstvorgesetzten folgt;[96] die Zustimmung des Beamten ist nicht erforderlich.[97] Daher kann z.B. eine Lehrkraft an einem Berufsbildungszentrum auch gegen ihren Willen in eine andere Abteilung umgesetzt werden.

91 Aus der Literatur: Maximilian *Baßlsperger*, Die Abordnung des Beamten, ZBR 2016, 14; *Battis*, Beamtenrecht (Fn. 10), Rn. 79; *Schnellenbach/Bodanowitz*, Beamtenrecht in der Praxis, § 4 Rn. 48 ff.

92 Diese auf das Dienstrechtsreformgesetz von 1997 zurückgehende Neuregelung soll insbesondere im Schuldienst den vorübergehenden ganzen oder teilweisen Einsatz von Lehrkräften an einer Schulart ermöglichen, die nicht der erworbenen Laufbahnbefähigung entspricht, z.B. den Einsatz von Lehrkräften mit der Befähigung für das Lehramt an Realschulen in einer Hauptschule (BT-Drs. 13/3994, 58).

93 VG Göttingen, NVwZ-RR 1998, 667. Vgl. auch OVG Münster, NVwZ-RR 2010, 73, zur Abordnung einer Realschulleiterin auf eine Konrektorenstelle an einer anderen Realschule aufgrund erheblicher Spannungen mit großen Teilen des Lehrerkollegiums.

94 Dazu *Schnellenbach/Bodanowitz*, Beamtenrecht in der Praxis, § 4 Rn. 73 ff. VGH München, DVBl. 2007, 1579: Wird eine im Dienst des Freistaats Bayern stehende Beamtin als staatliche Lehrkraft einer Privatschule gemäß Art. 33 Abs. 2 BaySchFG unter Fortgewährung der Leistungen des Dienstherrn zugeordnet, handelt es sich weder um eine Beurlaubung noch um eine Abordnung, sondern um eine beamtenrechtliche *Zuweisung* nach § 20 Abs. 1 Satz 2, Abs. 3 BeamtStG (früher § 123a Abs. 1 Satz 2, Abs. 3 BRRG); die Zuweisung ist eine abordnungsähnliche Beurlaubung für eine Tätigkeit bei einer öffentlichen Einrichtung oder einer anderen Einrichtung im öffentlichen Interesse. Erleidet die Beamtin in Ausübung ihres Dienstes als zugewiesene Lehrkraft einen Unfall, so ist ihr beamtenrechtliche Unfallfürsorge nach Beamtenversorgungsrecht (nach damaliger Rechtslage: §§ 30 ff. BeamtVG) zu gewähren.

95 Zur Umsetzung s. *Battis* Beamtenrecht (Fn. 10), Rn. 83 ff.; *Schnellenbach/Bodanowitz*, Beamtenrecht in der Praxis, § 4 Rn. 62 ff.

96 Die Umsetzung ist allerdings dann ausnahmsweise als Verwaltungsakt anzusehen, wenn der dem Beamten durch die Umsetzung zugewiesene Aufgabenbereich nicht seiner Laufbahn und seiner Vorbildung entspricht; der Beamte kann sich gegen diese Maßnahme mit Widerspruch und Anfechtungsklage (die allerdings wie im Falle der Versetzung keine aufschiebende Wirkung haben) zur Wehr setzen. – Letztlich spielt es für den Rechtsschutz der betroffenen Lehrkraft keine Rolle, ob es sich bei der Umsetzung um einen Verwaltungsakt handelt oder nicht, da in letzterem Fall die Möglichkeit der allgemeinen Leistungsklage eröffnet ist (dazu TZ 32.134).

97 BVerwG, NVwZ 1992, 572.

28.25 Beendigung des Beamtenverhältnisses

Das Beamtenverhältnis endet außer durch Tod durch Entlassung, Verlust der Beamtenrechte, Entfernung aus dem Beamtenverhältnis nach den Disziplinargesetzen oder durch Eintritt oder Versetzung in den Ruhestand (§ 21 BeamtStG).

28.251 Beamtinnen und Beamte können jederzeit ihre *Entlassung* in schriftlicher Form *beantragen* (§ 23 Abs. 1 Nr. 4 BeamtStG).[98] Der *Antrag* kann innerhalb von zwei Wochen ohne, später nur mit Zustimmung der Dienstbehörde zurückgenommen werden; diese kann die Entlassung so lange hinausschieben, bis die Lehrkraft die ihr übertragenen Aufgaben ordnungsgemäß erledigt hat, allerdings längstens drei Monate), d.h. in der Regel bis zum Ende des Schulhalbjahres.[99]

Das Beamtenrecht kennt auch eine Entlassung *ohne Antrag*. So müssen Beamtinnen und Beamte entlassen werden, wenn sie sich weigern, den Diensteid oder das an dessen Stelle vorgeschriebene Gelöbnis zu leisten (§ 23 Abs. 1 Satz 1 Nr. 1 BeamStG; dazu TZ 28.221 a.E.). Die Entlassung tritt *kraft Gesetzes* ein, wenn Beamtinnen oder Beamte die Eigenschaft als Deutscher oder eine andere nach § 7 Abs. 1 Nr. 1 Buchst. a, b und c BeamtStG geforderte Staatsangehörigkeit (vgl. TZ 28.223) verlieren oder in den Dienst eines anderen Dienstherrn treten, sofern durch Landesrecht nichts anderes bestimmt ist (§ 22 Abs. 1 Nr. 1, Abs. 2 BeamtStG). Der als Beamter auf Probe beschäftigte Lehrer *kann* wegen unwürdigen Verhaltens oder mangelnder Bewährung entlassen werden[100], ferner bei Auflösung, Zusammenlegung oder wesentlichen Strukturveränderungen der Schule, sofern eine anderweitige Verwendung nicht möglich ist (§ 23 Abs. 3 BeamtStG). Zur Möglichkeit, Probebeamtinnen und Probebeamte bei Dienstunfähigkeit in den Ruhestand zu versetzen, TZ 28.256. Beamtinnen und Beamte auf Widerruf können jederzeit entlassen werden (§ 23 Abs. 4 Satz 1 BeamtStG), dazu TZ 27.211.

Nach der Entlassung besteht kein Anspruch auf Dienstbezüge und Versorgung; die oberste Dienstbehörde kann die Erlaubnis erteilen, die Amtsbezeichnung mit dem Zusatz „außer Dienst“ oder „a.D.“ zu führen (vgl. § 39 BBG). Werden Beamtinnen oder Beamte nicht auf eigenen Antrag, aber in Ehren entlassen (z.B. im Fall eines Probebeamten, der sich nicht bewährt hat), erhalten sie ein *Übergangsgeld* (TZ 31.128). Der Dienstherr muss für die Zeit der Beschäftigung im öffentlichen Schuldienst die Beiträge in der gesetzlichen Rentenversicherung für Angestellte nachentrichten, wenn die Lehrkraft ohne Gewährung eines Übergangsgeldes aus dem (sozialversicherungsfreien) Beamtenverhältnis ausscheidet (§ 8 Abs. 1 Nr. 1, Abs. 2 Satz 1 Nr. 1, §§ 181 ff. SGB VI). Die Nachversicherung ist insbesondere im Hinblick auf Lehramtsanwärterinnen und -amtswärter von Bedeutung, die nach der (Zweiten) Staatsprüfung nicht als Beamte übernommen werden (TZ 27.23). Eine Pflicht des Dienstherrn zu weitergehender Sicherung, etwa durch Nachversicherung bei der betrieblichen Altersversorgung (§ 25 TV-L), besteht nicht.[101]

28.252 Beamtinnen und Beamte, die im ordentlichen *Strafverfahren* wegen vorsätzlich begangener Tat zu einer Freiheitsstrafe von mindestens einem Jahr oder wegen vorsätzlicher hochverräterischer, staatsgefährdender oder landesverräterischer Handlungen oder wegen Bestechlichkeit zu einer Freiheitsstrafe von mindestens sechs Monaten verurteilt werden, *verlieren* mit der Rechtskraft des Urteils *alle Beamtenrechte*, insbesondere die Ansprüche auf Dienstbezüge und Versorgung; sie dürfen die Amtsbezeichnung nicht mehr

98 *Kunig* (Fn. 10), Rn. 123 ff.
99 Z.B. § 29 Abs. 2 Satz 3 HBG.
100 Zur Entlassung eines Berufsschullehrers im Beamtenverhältnis auf Probe wegen charakterlicher Eignungsmängel (Mitgesellschafter einer Sexfilmbar): VGH Kassel, ZBR 1992, 115.
101 BVerfG, DVBl. 2000, 1117.

führen (§ 24 Abs. 1 Satz 1 BeamtStG). Wird im Wiederaufnahmeverfahren das Urteil aufgehoben, gilt das Beamtenverhältnis als nicht unterbrochen (§ 24 Abs. 2 BeamtStG). Eine Milderung der Folgen im Gnadenweg, wie sie § 43 BBG ermöglicht, sieht das Beamtenstatusgesetz nicht vor.[102]

28.253 Die *Entfernung aus dem Beamtenverhältnis* nach den Disziplinargesetzen zieht gleichfalls den Verlust der Beamtenrechte nach sich (dazu TZ 29.332).

28.254 Durch den *Eintritt in den Ruhestand*[103] wird das aktive Beamtenverhältnis beendet und in das Ruhestandsbeamtenverhältnis umgewandelt.

Nach § 25 BeamtStG treten die Beamten auf Lebenszeit *nach Erreichen der Altersgrenze* in den Ruhestand. Das Gesetz selbst legt die Altersgrenze nicht fest; dies bleibt dem Landesrecht überlassen. Nach den Bestimmungen der meisten Landesbeamtengesetze wird die Altersgrenze in der Regel mit Vollendung des 67. Lebensjahres erreicht[104]; für die Jahrgänge bis zum Geburtsjahr 1963 gibt es zumeist eine Übergangsregelung, die bewirkt, dass die Anhebung der Regelaltersgrenze von früher 65 auf nunmehr 67 Jahre schrittweise vollzogen wird und erst 2029 volle Wirkung entfaltet.[105] Berlin und Sachsen-Anhalt halten demgegenüber weiterhin an der Altersgrenze von 65 Jahren fest.[106] Für Lehrkräfte ist die *Altersgrenze* zur Vermeidung von Beeinträchtigungen des Unterrichtsbetriebs auf das *Ende des Schuljahres bzw. Schulhalbjahres* festgelegt.[107]

Die Festsetzung einer Altersgrenze, mit deren Erreichen der Beamte von Gesetzes wegen in den Ruhestand tritt, stellt zwar eine unmittelbare *Benachteiligung wegen des Alters* im Sinne der Richtlinie 2000/78/EG dar. Sie ist aber nach Art. 6 Abs. 1 Satz 1 der Richtlinie zulässig, weil diese Maßnahme objektiv und angemessen und durch das legitime Ziel der Verwirklichung einer günstigen Schichtung des Altersaufbaus der Beamtenschaft gerechtfertigt ist und weil die Mittel zur Erreichung dieses Ziels angemessen und erforderlich sind.[108]

Lehrkräfte, die das 63. Lebensjahr vollendet haben, können auf Antrag ohne Nachweis der Dienstunfähigkeit in den Ruhestand versetzt werden.[109] In manchen Ländern können Lehrerinnen und Lehrer *auf Antrag* auch nach Erreichen der Altersgrenze für bis zu drei Jahren *im Amt belassen* werden, wenn es im dienstlichen Interesse liegt.[110] Darüber hinaus ermöglichen einige Beamtengesetze ein Hinausschieben der Altersgrenze *auf Initiative des Dienstherrn*, und zwar dann, wenn dienstliche Gründe im Einzelfall die Fortführung der

102 Wohl aber einige Landesbeamtengesetze, z.B. § 34 bw LBG, § 36 brbg LBG.

103 *Battis*, Beamtenrecht (Fn. 10), Rn. 100 ff.; *Kunig* (Fn. 10), Rn. 119 ff.; *Schnellenbach/Bodanowitz*, Beamtenrecht in der Praxis, § 5 Rn. 3 ff.

104 § 36 Abs. 1 bw LBG, Art. 62 Satz 1 BayBG, § 45 Abs. 1 bbg LBG, § 35 Abs. 1 Satz 1 BremBG, § 35 Abs. 1 Satz 1 HmbBG, § 33 Abs. 1 HBG, § 35 Abs. 1 LBG M-V, § 35 Abs. 2 NBG, § 31 Abs. 1 Satz 2 nrw LBG, § 37 Abs. 1 Satz 1 rp LBG, § 43 Abs. 1 Satz 2 SBG, § 46 Abs. 1 SächsBG, § 35 Abs. 1 Satz 1 sh LBG, § 25 Abs. 2 Satz 1 ThürBG. – Die Anhebung der Altersgrenze von 65 auf 67 Jahre verstößt nicht gegen Grundrechte oder grundrechtsgleiche Rechte. So das BVerfG, NVwZ 2008, 1233.

105 Z.B. § 31 Abs. 2 Satz 2 nrw LBG. *Schnellenbach/Bodanowitz*, Beamtenrecht in der Praxis, § 5 Rn. 5.

106 § 38 Abs. 1 bln LBG, § 39 Abs. 1 LBG LSA.

107 Z.B. § 31 Abs. 1 Satz 3 nrw LBG (Ende des Schulhalbjahres, in dem die Lehrkraft das 67. Lj. vollendet), § 36 Abs. 2 bw LBG (Ende des Schuljahres, in dem sie 66 Jahre alt wird).

108 VGH Kassel, NVwZ 2010, 140 (zu der seinerzeit nach § 50 Abs. 1 HBG geltenden Altersgrenze von 65 Jahren), gegen VG Frankfurt am Main, ZBR 2009, 422. – Zur Frage der Zulässigkeit von Altershöchstgrenzen bei der Begründung des Beamtenverhältnisses s. TZ 28.226.

109 § 35 Abs. 3 nrw LBG; in Bayern erst mit 64 Jahren (Art. 64 BayBG), in Hessen schon mit 62 Jahren (§ 38 HBG). Bei Schwerbehinderung ist die vorzeitige Zurruhesetzung bereits mit Vollendung des 60. Lebensjahres zulässig (in Baden-Württemberg und Hamburg erst ab 62 Jahren).

110 So z.B. § 32 Abs. 1 nrw LBG; vgl. demgegenüber etwa § 39 bw LBG, der ein Hinausschieben der Altersgrenze auf Antrag des Beamten nur für eine Zeitspanne von höchstens einem Jahr zulässt.

Dienstgeschäfte erfordern; die Dauer der Verlängerung darf jeweils ein Jahr und insgesamt drei Jahre nicht übersteigen. Der Entscheidung müssen sowohl das Kultusministerium als auch die Lehrkraft zustimmen.[111]

28.255 Beamtinnen und Beamte *sind in den Ruhestand zu versetzen*, wenn sie wegen ihres körperlichen Zustands oder aus gesundheitlichen Gründen *dauernd dienstunfähig* sind (§ 26 Abs. 1 Satz 1 BeamtStG).[112] Ob Dienstunfähigkeit vorliegt, hängt jeweils auch von der Art der ausgeübten Tätigkeit ab; bei Lehrkräften kommt es vor allem darauf an, ob sie noch ordnungsgemäß unterrichten können. Als dienstunfähig kann auch angesehen werden, wer infolge Erkrankung innerhalb eines Zeitraums von sechs Monaten mehr als drei Monate keinen Dienst getan hat sofern keine Aussicht besteht, dass innerhalb weiterer sechs Monate die Dienstfähigkeit wieder voll hergestellt wird (§ 26 Abs. 1 Satz 2 BeamtStG). Die Dienstbehörde kann die Lehrkraft verpflichten, sich ärztlich untersuchen und, falls ein Amtsarzt dies für erforderlich hält, auch beobachten zu lassen.[113] Die Zurruhesetzung wegen Dienstunfähigkeit wird *auf Antrag der Lehrkraft oder als Zwangspensionierung von Amts wegen* verfügt.[114] Von der Pensionierung wegen Dienstunfähigkeit soll abgesehen werden, wenn eine andere Verwendung möglich ist (§ 26 Abs. 1 Satz 3 BeamtStG) oder wenn die Lehrkraft unter Beibehaltung des Amtes ihre Arbeit mit mindestens halbem Umfang verrichten kann (*begrenzte Dienstfähigkeit*, § 27 Abs 1 BeamtStG).

Hält der Dienstvorgesetzte die Lehrkraft aufgrund eines ärztlichen Gutachtens über den Gesundheitszustand für dienstunfähig, teilt er ihr mit, dass die Versetzung in den Ruhestand beabsichtigt ist. Die Lehrkraft kann innerhalb eines Monats Einwendungen gegen die beabsichtigte Maßnahme erheben. Danach entscheidet die für die Ernennung zuständige Behörde über die Versetzung in den Ruhestand.[115] Gegen die Entscheidung steht der Rechtsweg zum Verwaltungsgericht offen (§ 54 BeamtStG). Zum Rechtsschutz im Beamtenverhältnis TZ 32.1.

Beamtinnen und Beamte, die wegen Dienstunfähigkeit in den Ruhestand versetzt worden sind, sind nach dem Grundsatz „Rehabilitation vor Versorgung“ verpflichtet, an der Wiederherstellung ihrer Dienstfähigkeit mitzuwirken und sich zu diesem Zweck geeigneten und zumutbaren Maßnahmen zu unterziehen[116]; der Dienstherr kann ihnen entsprechende Weisungen erteilen (§ 29 Abs. 4 BeamtStG).

28.256 *Beamtinnen und Beamte auf Probe* sind in den Ruhestand zu versetzen, wenn sie infolge einer Krankheit dienstunfähig geworden sind, die sie sich ohne grobes Verschulden bei Ausübung oder aus Anlass des Dienstes zugezogen haben. Wenn sie aus anderen Gründen dienstunfähig geworden sind, *kann* sie die Dienstbehörde, statt zu entlassen (TZ 28.222), in den Ruhestand versetzen (§ 28 BeamtStG).

28.257 Ruhestandsbeamtinnen und -beamte erhalten *Versorgungsbezüge* (s. TZ 31.121). Bestimmte *Rechte und Pflichten* aus dem aktiven Beamtenverhältnis wirken fort. So dürfen sie ihre letzte Amtsbezeichnung mit dem Zusatz „außer Dienst“ oder „a.D.“ führen (vgl.

---

111 So z.B. § 32 Abs. 2 nrw LBG. – „Das Hinausschieben des Ruhestandseintritts im Beamtenrecht – Bestandsaufnahme, Motive und Voraussetzungen“ erörtern Timo *Hebeler* und Thomas *Spitzlei*, DVBl. 2016, 534.

112 Markus *Kenntner*, Dienstunfähigkeit, ZBR 2015, 181; Timo *Hebeler*, Dienstunfähigkeit – Gesetzliche Bewältigungs- und Vermeidungsstrategien sowie Rechtsprechungsentwicklungen, ZBR 2017, 21

113 Z.B. § 53 Abs. 1 bw LBG, § 43 Abs. 1 NBG.

114 § 26 BeamtStG differenziert nicht danach, ob der Beamte auf Antrag oder ohne Antrag in den Ruhestand wegen Dienstunfähigkeit versetzt wird; eine solche Differenzierung ist aber nach dem Landesrecht möglich (vgl. etwa § 33 Abs. 2 nrw LBG).

115 S. etwa § 34 nrw LBG.

116 Die Versetzung in den Ruhestand wegen Dienstunfähigkeit ohne hinreichende Klärung einer anderweitigen Verwendbarkeit des Beamten ist rechtswidrig. So BVerwG, NVwZ-RR 2015, 625.

§ 86 Abs. 3 BBG); sie sind auch weiterhin zur Verfassungstreue und zur Wahrung der Amtsverschwiegenheit verpflichtet (§ 37 Abs. 1 Satz 2 BeamtStG).

28.258 Dem Beamten wird nach Beendigung des Beamtenverhältnisses auf Antrag ein *Dienstzeugnis* über Art und Dauer der von ihm bekleideten Ämter erteilt[117]; anstelle dieses einfachen Zeugnisses ist ihm auf Verlangen ein (qualifiziertes) Dienstzeugnis über die von ihm ausgeübte Tätigkeit auszustellen.[118] In einigen Ländern kann der Beamte auch schon vor Beendigung des Beamtenverhältnisses ein Zeugnis beantragen, wenn er ein berechtigtes Interesse nachweist, z.B. zum Zweck der Bewerbung um eine andere Stelle.[119] Das Dienstzeugnis muss wahr sein und alle wesentlichen Tatsachen und Bewertungen enthalten, die für die Gesamtbeurteilung des Beamten von Bedeutung sind. Es soll zugleich von verständigem Wohlwollen für den Beamten getragen sein, um ihm sein Fortkommen nicht unnötig zu erschweren.

28.3 Der Rechtsstatus der im Arbeitsverhältnis beschäftigten Lehrkräfte

Lehrerinnen und Lehrer sind zwar in der Regel Beamte (vgl. TZ 28.12). In einigen Ländern, insbesondere Berlin und Sachsen, werden sie jedoch, sofern es sich nicht um (stellvertretende) Schulleiterinnen und Schulleiter handelt, ausschließlich oder überwiegend im Arbeitsverhältnis beschäftigt; allerdings wird Sachsen seiner Lehrkräfte vom 1.1.2019 an verbeamten.[120] Das Arbeitsrecht kommt im Übrigen dann zur Anwendung, wenn die Verbeamtung von Lehrkräften daran scheitert, dass sie die beamtenrechtlichen Voraussetzungen nicht erfüllen, wenn sie zum Beispiel weder Deutsche noch EU-Ausländer sind (TZ 28.223) oder wenn sie die durch Landesbeamtenrecht vorgeschriebene Höchstaltersgrenze überschritten haben (TZ 28.226).

28.31 Rechtsnatur des Arbeitsverhältnisses

28.311 Die im öffentlichen Dienst als Arbeitnehmer beschäftigten Lehrkräfte stehen in einem privatrechtlichen Arbeitsverhältnis zum Arbeitgeber, entweder dem Land oder der kommunalen Gebietskörperschaft.[121] Grundlage des Arbeitsverhältnisses ist der pri-

117 Art. 72 Satz 1 BayBG, § 109 Satz 1 HBG, § 61 Abs. 2 Satz 1 2. Alt. LBG M-V.

118 Art. 72 Satz 2 BayBG, § 59 Abs. 2 HBG, § 61 Abs. 2 LBG M-V, § 92 Abs. 3 nrw LBG, § 77 Satz 2 SBG.

119 § 116 Abs. 1 Satz 2 bw LBG, § 61 Abs. 2 Satz 1 1. Alt. LBG M-V, § 77 Satz 1 SBG,.

120 Nach dem von der sächsischen Staatsregierung am 9.3.2018 beschlossenen „Handlungsprogramm: Nachhaltige Sicherung der Bildungsqualität im Freistaat Sachsen" verbeamtet das Land vom 1.1.2019 an neu einzustellende Lehrkräfte mit grundständiger Ausbildung und übernimmt zur Bedarfsdeckung statuswahrend bereits verbeamtete Lehrkräfte aus anderen Bundesländern; grundständig ausgebildeten Lehrkräften bis zur Vollendung des 42. Lebensjahres wird die Möglichkeit eröffnet, sich ebenfalls verbeamten zu lassen. Lehramtsanwärter werden im Beamtenverhältnis auf Widerruf eingestellt.

121 Lehr- und Handbücher zum Arbeitsrecht: Hans *Brox*/Bernd *Rüthers*/Martin *Henssler*, Arbeitsrecht. 19. Aufl., Stuttgart 2016; Wolfgang *Däubler*/*Jens* Peter *Hjort*/Michael *Schubert*/Martin *Wolmerath* (Hrsg.), Arbeitsrecht. 4. Aufl., Baden-Baden 2017; Wilhelm *Dütz*/Gregor *Thüsing*, Arbeitsrecht. 22. Aufl., München 2017; Günter *Schaub*, Arbeitsrechts-Handbuch. 16. Aufl., München 2015. Speziell zum Arbeitsrecht im öffentlichen Dienst: Ulrich *Battis*, Recht des Öffentlichen Dienstes, in: Ehlers/Fehling/Pünder, Besonderes Verwaltungsrecht. Bd. III S. 1332; Richard *Giesen*, Arbeitnehmer im öffentlichen Dienst, in: Reinhard Richardi/Otfried Wlotzke (Hrsg.), Münchener Handbuch zum Arbeitsrecht. Bd. 2, 3. Aufl. München 2009, § 326 (zu angestellten Lehrern: Rn. 119 ff.); Bernd *Müller*, Arbeitsrecht im öffentlichen Dienst. 7. Aufl., München 2009; Manfred *Wichmann*/Karl-Ulrich *Langer*, Öffentliches Dienstrecht. Das Beamten- und Arbeitsrecht für den öffentlichen Dienst. 8. Aufl., Stuttgart 2017, Teil III: Arbeitsrecht, S. 827.

vatrechtliche Arbeitsvertrag, durch den sich der Arbeitnehmer zur Arbeitsleistung, der Arbeitgeber zur Zahlung einer Vergütung verpflichtet.[122]

28.312 Das individuelle Arbeitsrecht der im öffentlichen Dienst beschäftigten Lehrkräfte wird weitestgehend durch *Tarifverträge* bestimmt. Das Tarifrecht für den öffentlichen Dienst ist in den letzten Jahren grundlegend umgestaltet worden. 2003 einigten sich Arbeitgeber und Gewerkschaften auf eine umfassende Reform des zuvor im Bundesangestelltentarifvertrag (BAT) geregelten Tarifrechts. Die Neuregelung sollte ein modernes, leistungsbezogenes und transparentes Tarifwerk für eine dienstleistungs- und wettbewerbsorientierte Verwaltung schaffen sowie flexible Arbeitszeitregelungen, ein leistungs- und erfahrungsorientiertes Entgeltsystem, verbesserte Formen der Personalentwicklung und Führungsverantwortung und passgenaue Regelungen für einzelne Verwaltungssparten schaffen.[123] Ziel der Reform war zudem eine einheitliche Tarifstruktur für den gesamten öffentlichen Dienst. Die frühere Unterscheidung in Angestellte und Arbeiter des öffentlichen Dienstes wurde zugunsten der einheitlichen Statusgruppe der *„Beschäftigten"* aufgegeben (§ 1 Abs. 1 TV-L).

Es gelten nunmehr zwei Tarifwerke: der Tarifvertrag für den öffentlichen Dienst (TVöD), der Bestimmungen für die Beschäftigten des Bundes und der Kommunen enthält, und der Tarifvertrag für den öffentlichen Dienst der Länder (TV-L)[124], der sich auf die in den Ländern Beschäftigten bezieht und in weiten Teilen dem TVöD entspricht. In Hessen gibt es einen eigenen Tarifvertrag für den öffentlichen Dienst des Landes Hessen (TV-H), der sich weitgehend an den TV-L anlehnt.[125]

Gegliedert ist der für die Lehrkräfte als Landesbedienstete maßgebliche TV-L in einen Allgemeinen Teil (§§ 1 bis 39), der das bisherige Manteltarifrecht enthält, und die Sonderregelungen (§§ 40 bis 49), zu denen auch die besonderen Regelungen für Lehrkräfte zählen (§ 44). Zum Entgeltsystem für Tarifbeschäftigte s. TZ 31.211.

28.313 Der TV-L (wie auch der TV-H) gilt für Gewerkschaftsmitglieder unmittelbar, für sonstige Lehrkräfte aufgrund ausdrücklicher Vereinbarung im Arbeitsvertrag. Nur soweit keine tarifrechtlichen Normen bestehen, sind die Vorschriften des bürgerlichen Rechts über den Dienstvertrag anzuwenden (§§ 611 ff. BGB). Verschiedene arbeitsrecht-

---

122 Bislang gab es keine gesetzliche Definition des Arbeitsvertrags. Zum 1.4.2017 ist nun aber ein neuer § 611a in Kraft getreten. Er lautet:
„(1) Durch den Arbeitsvertrag wird der Arbeitnehmer im Dienste eines anderen zur Leistung weisungsgebundener, fremdbestimmter Arbeit in persönlicher Abhängigkeit verpflichtet. Das Weisungsrecht kann Inhalt, Durchführung, Zeit und Ort der Tätigkeit betreffen. Weisungsgebunden ist, wer nicht im Wesentlichen frei seine Tätigkeit gestalten und seine Arbeitszeit bestimmen kann. Der Grad der persönlichen Abhängigkeit hängt dabei auch von der Eigenart der jeweiligen Tätigkeit ab. Für die Feststellung, ob ein Arbeitsvertrag vorliegt, ist eine Gesamtbetrachtung aller Umstände vorzunehmen. Zeigt die tatsächliche Durchführung des Vertragsverhältnisses, dass es sich um ein Arbeitsverhältnis handelt, kommt es auf die Bezeichnung im Vertrag nicht an.
(2) Der Arbeitgeber ist zur Zahlung der vereinbarten Vergütung verpflichtet."

123 Dazu etwa Gerhard *Pfohl*, TVöD – neues Tarifrecht des öffentlichen Dienstes und Leistungsorientierung, ZBR 2005, 329; Marina *Tamm*, TVöD und BAT: Was hat sich geändert und was bleibt? PersV 2006, 44; Jürgen *Lorse*, Aktuelle tarif- und dienstrechtliche Reformüberlegungen im öffentlichen Dienst – eine Zwischenbilanz, ZBR 2006, 24; Hanns Eberhard *Meixner*, Der neue Tarifvertrag des öffentlichen Dienstes. Das 7-Stufen-Programm. Von der Leistungsbewertung hin zum Leistungsentgelt, PersV 2007, 124; Günter *Schaub*, Paradigmenwechsel im öffentlichen Dienst, PersV 2007, 278.

124 Tarifvertrag für den öffentlichen Dienst der Länder (TV-L) vom 12.10.2006 i.d.F. des Änderungstarifvertrages Nr. 9 vom 17.2.2017. Der TV-L in der jeweils aktuellen Fassung ist abrufbar auf der Homepage der Tarifgemeinschaft deutscher Länder (TdL). Dazu Ernst *Burger*, TVöD/TV-L. Tarifverträge für den öffentlichen Dienst, Handkommentar, 3. Aufl. Baden-Baden 2016; Jörg *Bredemeier*/Reinhard *Neffke*, TVöD/TV-L. Tarifverträge für den öffentlichen Dienst, Kommentar, 5. Aufl., München 2017.

125 Tarifvertrag für den öffentlichen Dienst des Landes Hessen (TV-H) vom 1.9.2009 i.d.F. des Änderungstarifvertrags Nr. 7 vom 16.4.2013. Den folgenden Ausführungen liegt der TV-L zugrunde.

liche Einzelgesetze schützen die beschäftigten Lehrkräfte vor unbilligen Nachteilen; zu nennen sind insbesondere das Kündigungsschutzgesetz (KSchG), das Mutterschutzgesetz (MuSchG), und das Schwerbehindertengesetz (SchwbG).

28.314 Für *Lehrkräfte als Kommunalbedienstete* – es gibt sie in Bayern und in Bremen (vgl. TZ 10.72, TZ 11.4) –, die im Arbeitsverhältnis zu einem Arbeitgeber stehen, der Mitglied eines Mitgliedsverbands der Vereinigung der kommunalen Arbeitgeberverbände (VKA) ist, gilt der Tarifvertrag für den öffentlichen Dienst (TVöD). Dieser ist in Gliederung und Inhalt (aber nicht in der Höhe des Arbeitsentgelts) mit dem TV-L weitgehend identisch.

28.315 Nicht im Arbeitsverhältnis zum Land, sondern im Dienst ihrer Kirchen stehen die *Religionslehrer*, die den Ländern von den Kirchen zur Erteilung des Religionsunterrichts an öffentlichen Schulen gestellt werden (vgl. TZ 5.223).

28.316 Auf das Arbeitsverhältnis einer Lehrkraft, die im Sinne von § 8 Abs. 1 Nr. 2 SGB IV geringfügig beschäftigt ist, finden die Vorschriften des TV-L keine Anwendung (§ 1 Abs. 2 Buchst. i TV-L).[126] Die Rechtsstellung einer geringfügig beschäftigten Lehrkraft bestimmt sich nach den *Vorschriften des bürgerlichen Rechts über den Dienstvertrag* (§§ 611 ff. BGB).

28.32 Begründung des Arbeitsverhältnisses

28.321 Das Arbeitsverhältnis wird durch einen schriftlichen *Arbeitsvertrag* begründet (§ 2 Abs. 1 TV-L). Dieser verpflichtet die Lehrkraft zur Arbeitsleistung, den Arbeitgeber zu Beschäftigung und Vergütung. Nebenabreden sind nur wirksam, wenn sie schriftlich vereinbart wurden; sie dürfen nicht im Widerspruch zu den tarifvertraglichen Vorschriften stehen, es sei denn, dass sie zugunsten des Arbeitnehmers davon abweichen (§ 4 Abs. 3 TVG). Nebenabreden können gesondert gekündigt werden, soweit dies einzelvertraglich vereinbart ist (§ 2 Abs. 3 S. 1 TV-L).

Die ersten sechs Monate der Beschäftigung gelten als *Probezeit,* soweit nicht eine kürzere Zeit vereinbart ist (§ 2 Abs. 4 S. 1 TV-L). Während der Probezeit kann das Arbeitsverhältnis mit einer Frist von zwei Wochen gekündigt werden (§ 622 Abs. 3 BGB).

28.322 Bei Lehrkräften, die als Arbeitnehmer beschäftigt werden, kommt auch der Abschluss *befristeter Arbeitsverträge* in Betracht. Zur rechtlichen Wirksamkeit einer Befristung TZ 28.342.

28.323 Die Begründung des Arbeitsverhältnisses setzt in der Regel voraus, dass die Bewerberin oder der Bewerber für den Lehrerberuf qualifiziert ist, also über die *Lehramtsbefähigung* verfügt, die durch das Bestehen der (Zweiten) Staatsprüfung am Ende des Vorbereitungsdienstes vermittelt wird (vgl. TZ 27.21).

Die rechtlichen *Grundsätze für die Anerkennung von Lehramtsbefähigungen*, die Bewerberinnen und Bewerber in einem anderen Bundesland oder in einem anderen Mitgliedstaat der Europäischen Union erworben haben (dazu TZ 28.227 bzw. TZ 28.228), *gelten auch für die im Arbeitsverhältnis beschäftigten Lehrkräfte.*

126 Eine geringfügige Beschäftigung im Sinne von § 8 Abs. 1 Nr. 2 SGB IV liegt vor, wenn sie auf längstens zwei Monate oder 50 Arbeitstage innerhalb eines Kalenderjahres begrenzt ist. Für diese Form der geringfügigen Beschäftigung gilt die sonst maßgebliche Verdienstgrenze von 450 Euro monatlich nur dann, wenn die Beschäftigung berufsmäßig ausgeübt wird.

28.324 In Zeiten akuten *Lehrermangels* kommen die Schulbehörden häufig nicht umhin, die Unterrichtsversorgung in den Schulen dadurch aufrechtzuerhalten, dass sie auch Personen in den Schuldienst übernehmen, die nicht die vorgeschriebene Lehramtsbefähigung besitzen. Die Zahl dieser *Seiteneinsteiger* (Quereinsteiger) ist in einigen Ländern geradezu sprunghaft angestiegen; es wird befürchtet, dass dadurch die Qualität des Schulwesens erheblich beeinträchtigt wird.[127]

Die Schulbehörden müssen bei der Einstellung von Seiteneinsteigern bestimmte Regeln einhalten, die sich vor allem aus den Lehrerbildungsgesetzen ergeben. Danach gilt im Wesentlichen Folgendes: Der Rückgriff auf Seiteneinsteiger ist nur bei dringendem Personalbedarf infolge eines Mangels an qualifizierten Lehramtsbewerbern zulässig; Voraussetzung für die Aufnahme in den Schuldienst ist ein erfolgreich abgeschlossenes, tunlichst fachnahes Hochschulstudium, darüber hinaus zumeist auch der Nachweis mehrjähriger praktischer Berufstätigkeit; die in den Schuldienst übernommenen Bewerber sind verpflichtet, sich neben ihrer Unterrichtstätigkeit durch Teilnahme an einem berufsbegleitenden Vorbereitungsdienst für den Lehrerberuf nachzuqualifizieren. Im Einzelnen ergeben sich bezüglich der von den Bewerbern zu erfüllenden Bedingungen sowie hinsichtlich der Dauer und Ausgestaltung der berufsbegleitenden Ausbildung einige Besonderheiten. Insoweit wird auf die gesetzlichen Regelungen und die dazu ergangenen Rechtsverordnungen verwiesen.[128]

28.325 Tarifbeschäftigte im öffentlichen Dienst müssen sich durch ihr gesamtes Verhalten zur freiheitlichen demokratischen Grundordnung im Sinne des Grundgesetzes *bekennen* (§ 3 Abs. 1 Satz 2 TV-L); sie *unterliegen* aber *nicht der gesteigerten Verfassungstreuepflicht*, die von den Beamten gefordert wird (vgl. TZ 28.224). Daher setzt die Begründung eines Arbeitsverhältnisses – im Unterschied zur Begründung eines Beamtenverhältnisses – nicht voraus, dass Bewerber und Bewerberinnen die Gewähr dafür bieten, *jederzeit* für die freiheitliche demokratische Grundordnung *einzutreten*. Sie schulden (nur) diejenige politische Loyalität, die für eine funktionsgerechte Amtsausübung unverzichtbar ist.[129] Dabei ist allerdings zu bedenken, dass Lehrkräften die staatspolitisch höchst wichtige Aufgabe der Bildung und Erziehung junger Menschen anvertraut ist. Funktionsgerechte Amtsausübung verlangt daher von ihnen die Fähigkeit und Bereitschaft, die Erziehungsziele einschließlich der Grundwerte und Grundentscheidungen der Verfassung den Schülerinnen und Schülern glaubhaft zu vermitteln.

Dem Diensteid im Beamtenverhältnis (TZ 28.221) entsprach früher im Arbeitsverhältnis das *Gelöbnis*.[130] Der TV-L schreibt ein Gelöbnis nicht mehr vor.

---

127 Schulartbezogener Lehrermangel besteht zurzeit vor allem in Grundschulen und im Bereich der Sonderpädagogik. Fachbezogener Lehrermangel betrifft in den weiterführenden allgemeinbildenden Schulen gegenwärtig vor allem die MINT-Fächer und das Fach Informatik, in den berufsbildenden Schulen Elektrotechnik, Metalltechnik und Pflegewissenschaften. – Zum Ausmaß und zu den Ursachen des Lehrermangels s. Klaus *Klemm*/Dirk *Zorn*, Demographische Rendite adé. Aktuelle Bevölkerungsentwicklung und Folgen für die allgemeinbildenden Schulen, Gütersloh, Juli 2017.

128 Gesetzliche Regelungen u.a.: § 12 bln LBiG, § 7 BbgLeBiG, § 6a BremLAG, § 3 Abs. 4 HLbG, § 14 Abs. 3 LehbildG M-V, § 13 nrw LABG, § 8 sh LehrBG, § 32 Abs. 1 Satz 2 und 3 ThürLbG. Nähere Informationen über die im jeweiligen Land bestehenden Möglichkeiten des Seiteneinstiegs sind den Landesbildungsservern zu entnehmen. – Aus der Literatur: Rolf *Puderbach*/Kristin *Stein*/Axel *Gehrmann*, Nicht-grundständige Wege in den Lehrerberuf in Deutschland. Eine systematisierende Bestandsaufnahme, in: Lehrerbildung auf dem Prüfstand, Heft 1/2016, S. 5.

129 BVerwGE 81, 212 (214 ff.)

130 Nach § 6 BAT hatten Angestellte im öffentlichen Dienst dem Arbeitgeber die gewissenhafte Diensterfüllung und die Wahrung des Grundgesetzes und der Gesetze zu geloben.

28.33 Versetzung, Abordnung, Zuweisung

Der Arbeitgeber kann eine Lehrkraft unter Fortsetzung des bisherigen Arbeitsverhältnisses aus dienstlichen oder betrieblichen Gründen an eine Dienststelle außerhalb des bisherigen Arbeitsortes *versetzen* oder *abordnen*; bei einer Versetzung und bei einer Abordnung für die Dauer von länger als drei Monaten ist die Lehrkraft vorher zu hören (§ 4 Abs. 1 TV-L).[131] Lehrkräften kann zudem im dienstlichen oder öffentlichen Interesse mit ihrer Zustimmung vorübergehend eine mindestens gleich vergütete Tätigkeit bei einem Dritten *zugewiesen* werden. Die Zustimmung kann nur aus wichtigem Grund verweigert werden. Die Rechtsstellung der Lehrkraft bleibt bei einer solchen Zuweisung unberührt (§ 4 Abs. 2 TV-L).

28.34 Beendigung des Arbeitsverhältnisses

Das Arbeitsverhältnis endet außer durch Tod und Auflösungsvereinbarung durch Kündigung (TZ 28.341), durch Zeitablauf oder Zweckerreichung eines befristeten Arbeitsvertrags (TZ 28.342), durch Erreichen der Regelaltersgrenze (TZ 28.343) oder, unter bestimmten Voraussetzungen, bei Erwerbsminderung (TZ 28.344).

28.341 Die *Kündigung*, die der Schriftform bedarf (§ 623 BGB), ist als ordentliche oder als außerordentliche Kündigung möglich. Bei der *ordentlichen Kündigung* sind tarifvertraglich bestimmte, nach der Beschäftigungszeit gestaffelte Fristen zu beachten (§ 30 Abs. 5 TV-L).[132] Zur Kündigungsfrist innerhalb der Probezeit s. TZ 28.321. Arbeitsverhältnisse von Lehrkräften, die das 40. Lebensjahr vollendet haben und unter die Regelungen des Tarifgebiets West fallen[133], können nach einer Beschäftigungszeit[134] von mehr als 15 Jahren durch den Arbeitgeber nur aus wichtigem Grund gekündigt werden. Beschäftigte können jederzeit aus wichtigem Grund fristlos kündigen und gekündigt werden; diese *außerordentliche Kündigung* setzt voraus, dass dem Kündigenden die Fortsetzung des Arbeitsverhältnisses aufgrund bestimmter Tatsachen unzumutbar geworden ist (§ 626 BGB). An einer Kündigung durch den Arbeitgeber muss der Personalrat nach den Vorschriften des Personalvertretungsgesetzes des jeweiligen Landes beteiligt werden (s. TZ 30.511).

---

131 Nach den Protokollerklärungen zu § 4 Abs. 1 TV-L ist *Versetzung* die vom Arbeitgeber veranlasste, auf Dauer bestimmte Beschäftigung bei einer anderen Dienststelle oder einem anderen Betrieb desselben Arbeitgebers, während *Abordnung* die vom Arbeitgeber veranlasste vorübergehende Beschäftigung bei einer anderen Dienststelle oder einem anderen Betrieb desselben oder eines anderen Arbeitgebers ist; sowohl bei der Versetzung als auch bei der Abordnung wird das bestehende Arbeitsverhältnis fortgesetzt.

132 Bei einem Arbeitsverhältnis von insgesamt mehr als sechs Monaten: vier Wochen, von insgesamt mehr als einem Jahr: sechs Wochen, jeweils zum Schluss eines Kalendermonats; bei einem Arbeitsverhältnis von insgesamt mehr als zwei Jahren: drei Monate, von insgesamt mehr als drei Jahren: vier Monate, jeweils zum Schluss eines Kalendervierteljahres.

133 Was mit Tarifgebiet West gemeint ist, ergibt sich ex negativo aus der Definition des Tarifgebiets Ost: Sofern im TV-L auf die Tarifgebiete Ost oder West Bezug genommen wird, gelten gemäß § 38 die Regelungen für das Tarifgebiet Ost für diejenigen Beschäftigten, deren Arbeitsverhältnis in dem in Art. 3 des Einigungsvertrages genannten Gebiet (also in den Ländern Brandenburg, Mecklenburg-Vorpommern, Sachsen, Sachsen-Anhalt und Thüringen sowie im Ostteil von Berlin) begründet wurden; für die übrigen Beschäftigten gelten die Regelungen für das Gebiet West. Ungeachtet dessen gelten für Beschäftigte, die in einem Arbeitsverhältnis zum Land Berlin stehen, einheitlich die Regelungen des Tarifgebiets West.

134 Wechseln Beschäftigte zwischen Arbeitgebern, die vom Geltungsbereich des TV-L erfasst werden, werden Zeiten bei einem anderen Arbeitgeber als Beschäftigungszeit anerkannt (§ 34 Abs. 3 Satz 3 und 4 TV-L). Die Beschäftigungszeit hat Bedeutung für die Dauer der Krankenbezüge (§ 22 Abs. 3 TV-L) und ist für die Höhe der Jubiläumszuwendung (§ 23 Abs. 2 TV-L) maßgeblich.

Lehrkräfte genießen wie andere Beschäftigte *Kündigungsschutz* nach dem Kündigungsschutzgesetz. Hat ihr Arbeitsverhältnis ohne Unterbrechung länger als sechs Monate bestanden[135], *ist die Kündigung rechtsunwirksam, wenn sie sozial ungerechtfertigt ist*, also weder auf Gründen beruht, die in der Person oder dem Verhalten des Beschäftigten liegen, noch durch dringende betriebliche Erfordernisse bedingt ist (§ 1 Abs. 1 und 2 KSchG). Die Rechtsunwirksamkeit der Kündigung muss innerhalb von drei Wochen nach Zustellung durch Feststellungsklage beim Arbeitsgericht geltend gemacht werden (§ 4 KSchG). Für Personalratsmitglieder und Schwerbehinderte besteht ein zusätzlicher Kündigungsschutz (§ 15 Abs. 2 KSchG, §§ 85 ff. SBG IX).

Die *Kündigung einer Lehrerin während der Schwangerschaft* und bis zum Ablauf von vier Monaten nach der Entbindung ist unzulässig, wenn dem Arbeitgeber zur Zeit der Kündigung die Schwangerschaft oder Entbindung bekannt war oder ihm binnen zwei Wochen nach Zugang der Kündigung mitgeteilt wird (§ 9 Abs. 1 MuSchG). Darüber hinaus darf einer Lehrerin nicht wegen Fehlzeiten gekündigt werden, die auf einer durch die Schwangerschaft verursachten Krankheit beruhen.[136]

28.342 *Befristete Arbeitsverhältnisse* sind solche, deren Dauer entweder kalendermäßig bestimmt ist oder sich aus Art, Zweck oder Beschaffenheit der Arbeitsleistung ergibt. Für sie gilt nach § 620 Abs. 3 BGB das Teilzeit- und Befristungsgesetz (TzBfG). Die Vereinbarung einer Befristung bedarf der Schriftform (§ 14 Abs. 4 TzBfG). Bis zur Dauer von zwei Jahren können Arbeitsverhältnisse wirksam befristet werden, ohne dass dafür ein sachlicher Grund vorliegen muss; bis zu dieser Gesamtdauer von zwei Jahren ist auch die höchstens dreimalige Verlängerung eines kalendermäßig befristeten Vertrages zulässig (§ 14 Abs. 2 Satz 1 TzBfG).[137] Für eine über zwei Jahre hinausgehende Befristungsvereinbarung muss ein sachlicher Grund vorliegen (§ 14 Abs. 1 Satz 1 TzBfG); das Gesetz nennt in § 14 Abs. 1 Satz 2 Nr. 1 bis 8 „insbesondere" acht Sachgründe.[138] Andere als die gesetzlichen Sachgründe sind nur anzuerkennen, wenn sie in ihrem Gewicht den gesetzlich genannten gleichwertig sind.[139]

Befristungen, die die formellen (Schriftform) oder materiellen (sachlicher Grund) Voraussetzungen nicht erfüllen, sind unwirksam. Ein rechtsunwirksam befristeter Arbeitsvertrag gilt als auf unbestimmte Zeit geschlossen (§ 16 TzBfG). Der Arbeitnehmer muss die Unwirksamkeit der Befristung innerhalb von drei Wochen nach dem vereinbarten Ende

---

135 Dabei sind Zeiten eines früheren Arbeitsverhältnisses bei demselben Arbeitgeber anzurechnen, wenn das neue Arbeitsverhältnis in einem engen sachlichen Zusammenhang mit dem früheren Arbeitsverhältnis steht; abzustellen ist insbesondere auf Anlass und Dauer der Unterbrechung sowie auf die Art der Weiterbeschäftigung (so BAG, ZTR 1999, 43 und ZTR 1999, 44).

136 So EuGH, EAS 1998, 98. Der EuGH stützt seine Entscheidung auf Art. 2 Abs. 1 und Art. 5 Abs. 1 der „Richtlinie 76/207/EWG zur Verwirklichung des Grundsatzes der Gleichbehandlung von Männern und Frauen hinsichtlich des Zugangs zur Beschäftigung, zur Berufsbildung und zum beruflichen Aufstieg sowie in Bezug auf die Arbeitsbedingungen" vom 9.2.1976 (ABl. EG Nr. L 39 S. 40): da eine solche Entlassung nur Frauen treffen könne, sei sie als eine unmittelbare Diskriminierung aufgrund des Geschlechts anzusehen.

137 Nach dem Koalitionsvertrag zwischen CDU, CSU und SPD vom 12.3.2018 sollen Befristungen ohne Vorliegen eines sachlichen Grundes nur noch für die Dauer von 18 Monaten zulässig sein; bis zu dieser Gesamtdauer soll nur noch eine einmalige statt einer dreimaligen Befristung zulässig sein.

138 Gesetzlich bestimmte Sachgründe sind u.a. dann gegeben, wenn der betriebliche Bedarf an der Arbeitsleistung nur vorübergehend besteht, wenn die Eigenart der Arbeitsleistung die Befristung rechtfertigt, wenn in der Person des Arbeitnehmers liegende Gründe die Befristung rechtfertigen, wenn der Arbeitnehmer aus Haushaltsmitteln vergütet wird, die haushaltsrechtlich für eine befristete Beschäftigung bestimmt sind, und er entsprechend beschäftigt wird. In der Praxis ist vor allem der Sachgrund der Vertretung eines anderen Arbeitnehmers (§ 14 Abs. 1 Satz 2 Nr. 3 TzBfG) bedeutsam.

139 BAG, NZA 2010, 495; NZA 2014, 150.

des befristeten Arbeitsvertrags durch Feststellungsklage beim Arbeitsgericht geltend machen (§ 17 TzBfG).

In einigen Bundesländern werden *Lehrkräfte* häufig nicht im Rahmen eines Beamten- oder Arbeitsverhältnisses auf Dauer eingestellt, sondern stattdessen *als Vertretungskräfte nur befristet jeweils für ein Schuljahr beschäftigt*: Mit Beginn der Sommerferien endet ihr Arbeitsverhältnis; erst zum neuen Schuljahr erhalten sie einen neuen, wiederum befristeten Arbeitsvertrag. Den Betroffenen bleibt zumeist nichts anderes übrig, als sich für die Dauer der Ferien arbeitslos zu melden und Arbeitslosengeld zu beziehen. Diese Aneinanderreihung von Arbeitsverhältnissen („*Kettenverträge*") ist zunehmend in die Kritik geraten; sie umgehe den gesetzlichen Kündigungsschutz und sei daher missbräuchlich.

Nach der Rechtsprechung des Bundesarbeitsgerichts dürfen sich die Gerichte bei der Kontrolle der Wirksamkeit einer Befristungsvereinbarung nicht auf die Prüfung des geltend gemachten Sachgrundes der Vertretung beschränken. Sie müssen zusätzlich *alle Umstände des Einzelfalls prüfen* und dabei namentlich die Gesamtdauer und die Zahl der mit derselben Person zur Verrichtung der gleichen Arbeit geschlossenen aufeinanderfolgenden befristeten Verträge berücksichtigen, um auszuschließen, dass Arbeitgeber missbräuchlich auf befristete Arbeitsverträge zurückgreifen.[140]

Die Aneinanderreihung mehrerer befristeter Arbeitsverträge im Schuldienst über einen längeren Zeitraum erscheint zudem im Hinblick auf den Grundsatz der Verbeamtung der Lehrkräfte (vgl. TZ 28.12) jedenfalls dann problematisch, wenn man davon ausgeht, dass Lehrerinnen und Lehrer gemäß Art. 33 Abs. 4 GG in der Regel zu verbeamten sind. Vor allem in den Ländern Bayern, Nordrhein-Westfalen und Rheinland-Pfalz zieht das durch Verfassung oder Gesetz ausdrücklich angeordnete Verbeamtungsprinzip[141] der Dauerbeschäftigung von Lehrerinnen und Lehrern in befristeten Arbeitsverhältnissen nachdrücklich Grenzen.

28.343 Das Arbeitsverhältnis *endet*, ohne dass es einer Kündigung bedarf, *mit Ablauf des Schulhalbjahres, in dem die Lehrkraft das gesetzlich festgelegte Alter zum Erreichen der Regelaltersrente* vollendet hat (§ 44 Nr. 4 TV-L). Lehrkräfte, die vor dem 1.1.1949 geboren sind, erreichen die Regelaltersgrenze mit Vollendung des 65. Lebensjahres (§ 236 Abs. 2 Satz 1 SGB VI). Für später Geborene wurde die Altersgrenze schrittweise angehoben; die Geburtsjahrgänge ab 1964 erreichen die Altersgrenze erst mit Vollendung des 67. Lebensjahres (§ 236 Abs. 2 Satz 2 SGB VI).

28.344 Das Arbeitsverhältnis endet ferner mit Ablauf des Monats, in dem der Bescheid eines Rentenversicherungsträgers (Rentenbescheid) zugestellt wird, wonach die beschäftigte Lehrkraft voll oder teilweise erwerbsgemindert ist (§ 33 Abs. 2 TV-L).

28.345 Gemäß § 35 TV-L haben Lehrkräfte bei Beendigung des Arbeitsverhältnisses *Anspruch auf ein schriftliches Zeugnis* über Art und Dauer ihrer Tätigkeit; es muss sich auch auf Führung und Leistung erstrecken (Endzeugnis, Qualifiziertes Zeugnis). Aus triftigen Gründen können Lehrerinnen und Lehrer auch während des Arbeitsverhältnisses ein Zeugnis verlangen (Zwischenzeugnis). Anspruch auf ein vorläufiges Zeugnis, das sich nur auf die Art und Dauer der Tätigkeit bezieht (einfaches Zeugnis), besteht dann, wenn die Beendigung des Arbeitsverhältnisses bevorsteht.

---

140 BAG, NZA 2012, 1359 im Anschluss an das Urteil des EuGH vom 26.1.2012 („Kücük"), NJW 2012, 989. Das BAG hat einen Rechtsmissbrauch bei einer Gesamtdauer von mehr als elf Jahren und 13 Befristungen bejaht, ihn hingegen bei einer Gesamtdauer von sieben Jahren und neun Monaten sowie vier Befristungen verneint.

141 Art. 133 Abs. 2 bay Verf., § 57 Abs. 4 nrw SchulG, § 25 Abs. 4 rp LBG.

29. Kapitel: Pflichten der Lehrkräfte

Lehrkräfte sind entweder Beamte oder (tarifbeschäftigte) Arbeitnehmer (vgl. TZ 28.1); aus ihrem Beamtenverhältnis bzw. Arbeitsverhältnis ergeben sich *statusbezogene Pflichten*, die in Abschnitt TZ 29.1 erörtert werden. Als Pädagoginnen und Pädagogen erfüllen alle Lehrkräfte, ungeachtet ihres jeweiligen Status, den auf Art. 7 Abs. 1 GG beruhenden Bildungs- und Erziehungsauftrag des Staates in der Schule; die damit einhergehenden *funktionsspezifischen Pflichten* sind Gegenstand des Abschnitts TZ 29.2. Schließlich ist zu klären, welche rechtlichen Konsequenzen Lehrkräfte zu gewärtigen haben, wenn sie die ihnen obliegenden Pflichten missachten oder vernachlässigen; mit den *Folgen von Pflichtverletzungen* befasst sich Abschnitt TZ 29.3.

29.1 Statusbezogene Pflichten

Je nachdem, ob Lehrkräfte zur Gruppe der Beamten oder zur Gruppe der Tarifbeschäftigen gehören, zeichnen sich bezüglich ihrer statusbezogenen Pflichten teilweise deutliche Unterschiede ab. Die Pflichten der Beamtinnen und Beamten werden durch das Beamtenstatusgesetz und ergänzende beamtenrechtliche Vorschriften der Länder, die Pflichten der Arbeitnehmerinnen und Arbeitnehmer vor allem durch Tarifvertrag (vgl. TZ 28.312) bestimmt.

29.11 Pflichten der beamteten Lehrkräfte

29.111 Beamtete Lehrkräfte[1] stehen in einem öffentlich-rechtlichen *Dienst- und Treueverhältnis* (Art. 33 Abs. 4 GG, § 3 Abs. 1 BeamtStG). Wichtigste beamtenrechtliche Pflicht ist die aus der Grundstruktur des Beamtenverhältnisses abgeleitete *Treuepflicht*. In Erfüllung dieser Pflicht dienen die Beamtinnen und Beamten dem ganzen Volk, nicht einer Interessengruppe, Partei oder Religionsgemeinschaft. Sie müssen ihre Aufgaben *unparteiisch und gerecht* erfüllen und ihr Amt zum Wohl der Allgemeinheit führen (§ 33 Abs. 1 Satz 1 und Satz 2 BeamtStG). Die Pflicht der Lehrkraft zu unparteiischer und gerechter Amtsführung bedeutet insbesondere, dass sie keine Schülerinnen und Schüler wegen ihrer persönlichen oder weltanschaulichen Überzeugungen, wegen ihrer sozialen Stellung oder aus Sympathie bzw. Abneigung bevorzugen oder benachteiligen darf. Falls es vermeidbar ist, sollte ihr kein Unterricht in einer Lerngruppe übertragen werden, zu der ihr eigenes Kind gehört.[2]

Als Beamte haben Lehrkräfte ihre volle Arbeitskraft der Schule zu widmen (*Dienstleistungspflicht*, § 34 Satz 1 BeamtStG) und die ihnen übertragenen Aufgaben uneigennützig nach bestem Gewissen wahrzunehmen (§ 34 Satz 2 BeamtStG). Insbesondere sind sie verpflichtet, sich durch ihr gesamtes Verhalten zu der freiheitlichen und demokratischen Grundordnung im Sinne des Grundgesetzes zu bekennen und für deren Erhaltung ein-

---

1 Ulrich *Battis*, Beamtenrecht, in: Ehlers/Fehling/Pünder, Allgemeines Verwaltungsrecht, Rn. 116 ff., Hans-Peter *Füssel*, Rechtsstellung, Laufbahnen und Besoldung der Lehrkräfte, sowie Horst *Weishaupt*, Lehrerberuf: Arbeitsplatz, Arbeitszeit, Arbeitsmarkt, beide in: Ewald Terhart/Hedda Bennewitz/Martin Rothland (Hrsg.), Handbuch der Forschung zum Lehrerberuf, 2. Aufl., Münster 2014, S. 123 (127 ff.) bzw. S. 103; Philip *Kunig*, Das Recht des öffentlichen Dienstes, in: Schoch, Besonderes Verwaltungsrecht, Rn. 131 ff.; *Wichmann/Langer*, Öffentliches Dienstrecht, Rn. 200 ff.

2 So ausdrücklich Nr. 7.12 Satz 6 Dienstordnung für die Leiter und Lehrer an öffentlichen Schulen in Rheinland-Pfalz; § 4 Abs. 3 Satz 1 saarl Allgemeine Dienstordnung für Lehrer.

zutreten (*Verfassungstreuepflicht*, politische Treuepflicht, vgl. TZ 28.224). Im Unterschied zu ihren tarifbeschäftigten Kolleginnen und Kollegen *dürfen sie nicht streiken* (vgl. TZ 30.117). Falls sich beamtete Lehrkräfte politisch betätigen, müssen sie die *Mäßigung und Zurückhaltung* wahren, die sich aus ihrer Stellung gegenüber der Allgemeinheit und der Rücksicht auf ihre Amtspflichten ergeben (§ 33 Abs. 2 BeamtStG, vgl. TZ 30.123).

29.112 Lehrerinnen und Lehrer müssen bei ihrer schulischen Tätigkeit die geltenden Vorschriften beachten; sie haben ihre Vorgesetzten zu beraten und zu unterstützen und sind verpflichtet, die dienstlichen Anordnungen ihrer Vorgesetzten auszuführen und deren allgemeine Richtlinien zu befolgen (*Weisungsgebundenheit*, § 35 BeamtStG).[3]

Als Beamte sind sie *für die Rechtmäßigkeit ihrer Amtsführung verantwortlich* (§ 36 Abs. 1 BeamtStG). Daher müssen sie grundsätzlich nur rechtmäßige Vorschriften und Anordnungen befolgen; doch dürfen sie die Ausführung einer dienstlichen Weisung nicht schon deshalb ablehnen, weil sie diese für rechtswidrig halten. Sie müssen vielmehr Bedenken gegen die Rechtmäßigkeit unverzüglich bei ihrem Vorgesetzten und, wenn dieser die Anordnung bestätigt, bei dem nächsthöheren Vorgesetzten geltend machen (*Remonstrationspflicht*). Erhält auch dieser die Anordnung aufrecht, so müssen sie diese ausführen; sie sind dann von der eigenen Verantwortung befreit. Sofern aber das ihnen aufgetragene Verhalten – für sie erkennbar – strafbar oder ordnungswidrig ist oder die Menschenwürde verletzt, müssen sie die Ausführung verweigern (§ 36 Abs. 2 BeamtStG).

29.113 Das *Verhalten der Lehrkräfte innerhalb und außerhalb des Dienstes* muss der Achtung und dem Vertrauen gerecht werden, die ihr Beruf erfordert (§ 34 Satz 3 BeamtStG). Der Zweck dieser Generalklausel besteht darin, die sachgemäße Erfüllung der den Beamten obliegenden Pflichten zu gewährleisten. Eine Lehrkraft hat sich so zu verhalten, dass die Schule ihren Bildungs- und Erziehungsauftrag erfüllen kann. Sie muss den Schülerinnen und Schülern gegenüber höflich auftreten, sich gegenüber den Vorgesetzten respektvoll, aber nicht devot verhalten; im Umgang mit den Kolleginnen und Kollegen sind Kooperationsbereitschaft und Takt geboten. Bei dienstlichen Äußerungen muss sie sich an die Wahrheit halten und darf wesentliche Tatsachen nicht verschweigen; das gilt auch für dienstrechtlich bedeutsame persönliche Angelegenheiten, über die Beamte Auskunft zu erteilen haben.

29.114 Zwar kennt das Beamtenrecht eine allgemeine strenge *Residenzpflicht* nicht mehr.[4] Allerdings müssen Beamte nach den Vorschriften der meisten Länder ihre *Wohnung so nehmen, dass die ordnungsgemäße Wahrnehmung ihrer Dienstgeschäfte nicht beeinträchtigt wird.* Wenn die dienstlichen Verhältnisse es erfordern, kann der Beamte zudem angewiesen werden, seine Wohnung innerhalb einer bestimmten Entfernung von der Dienststelle zu wählen oder eine Dienstwohnung zu beziehen.[5]

29.115 Die Lehrkraft muss, auch nach Beendigung ihres Beamtenverhältnisses, über die ihr bei ihrer amtlichen Tätigkeit bekannt gewordenen dienstlichen Angelegenheiten schweigen (§ 37 Abs. 1 BeamtStG). Die *Verschwiegenheitspflicht* dient dem Interesse des Staates, der unmittelbar Betroffenen, aber auch des Beamten selbst. Sie bezieht sich auf die der Lehrkraft bei ihrer dienstlichen Tätigkeit in Unterricht, Konferenzen, Aussprachen

---

3 Gegen diese Pflichten verstoßen etwa Lehrer, die einen „Verwaltungstag" organisieren, an dem sie entgegen der ausdrücklichen Weisung des Vorgesetzten keinen Unterricht erteilen, sondern Verwaltungsarbeit verrichten (VG Münster, NVwZ-RR 1996, 264).

4 BVerwG, NVwZ-RR 2004, 668 (669).

5 S. etwa § 54 bw LBG, Art. 54 BayBG, § 41 BbG LBG, § 52 HBG, § 56 LBG M-V, § 54 NBG. Darüber hinaus kann der Beamte, wenn besondere dienstliche Verhältnisse es dringend erfordern, angewiesen werden, während der dienstfreien Zeit erreichbar zu sein und sich in der Nähe des Dienstorts aufzuhalten.

mit Schülern und Eltern bekannt gewordenen Angelegenheiten. Ausgenommen sind Tatsachen, die offenkundig sind oder ihrem Wesen nach keiner Geheimhaltung bedürfen. Die Verschwiegenheitspflicht besteht gegenüber jedermann, auch gegenüber den Kolleginnen und Kollegen; ausgenommen sind Vorgänge, auf die sich der Informationsanspruch der Eltern bezieht.[6] Angelegenheiten, die der Amtsverschwiegenheit unterliegen, dürfen nur im dienstlichen Verkehr erörtert werden. Für die Erteilung von *Auskünften an die Presse* ist nicht die einzelne Lehrkraft, sondern der *Schulleiter* zuständig; darüber hinaus kann die Schul- oder Gesamtkonferenz in Angelegenheiten, die in ihre Zuständigkeit fallen, Presseerklärungen abgeben.[7] Die Pflicht zur Amtsverschwiegenheit besteht *auch gegenüber den Gerichten*, gleichgültig, ob der Lehrer als Zeuge, Sachverständiger, Kläger oder Beklagter eine Erklärung abgeben soll; unter Berufung auf diese Pflicht muss er vor Gericht die Aussage verweigern, bis der Dienstvorgesetzte ihn von der Pflicht zur Amtsverschwiegenheit entbunden und ihm eine *Aussagegenehmigung* erteilt hat (§ 37 Abs. 3 BeamtStG). Das Gleiche gilt gegenüber der Polizei, die bei ihren Ermittlungen im Jugendstrafverfahren oft Auskünfte von den Schulen anfordern muss (§ 43 Abs. 1 Satz 2 JGG). Soweit den Schulen (Schulleitung und Lehrkräften) die erforderliche Aussagegenehmigung für den Verkehr mit der Polizei nicht allgemein erteilt ist[8], entscheidet der Dienstvorgesetzte über jeden Einzelfall. Manchmal allerdings kann die Pflicht zur Warnung oder Anzeige einen höheren Rang als die Verschwiegenheitspflicht besitzen, vor allem dann, wenn Leben oder Gesundheit von Menschen auf dem Spiel steht. Um die Amtsverschwiegenheit sicherzustellen, muss die Lehrkraft, auch nach Beendigung des Beamtenverhältnisses, amtliche Schriftstücke und private Aufzeichnungen über dienstliche Vorkommnisse auf Verlangen des Dienstvorgesetzten herausgeben; die gleiche Verpflichtung trifft ihre Hinterbliebenen (vgl. § 37 Abs. 6 Satz 2 BeamtStG).

29.116 Als Beamte dürfen Lehrkräfte *keine Belohnungen, Geschenke oder sonstigen Vorteile* für sich oder einen Dritten in Bezug auf ihr Amt fordern, sich versprechen lassen oder annehmen; Ausnahmen bedürfen der Zustimmung des Dienstvorgesetzten (§ 42 BeamtStG). Belohnungen und Geschenke sind alle wirtschaftlichen Vorteile, die den Beamten unmittelbar oder mittelbar (z.B. den Angehörigen) zugewendet werden, ohne dass sie darauf einen Anspruch haben.[9] Darunter fallen beispielsweise Einladungen zu Mahlzeiten, vergünstigte oder kostenlose Mitnahme auf Urlaubsreisen, unentgeltliche Heranziehung von Schülern zu privaten Dienstleistungen. In Bezug auf das Amt wird ein Geschenk oder eine Belohnung dann gewährt, wenn der Grund hierfür darin liegt, dass der Beamte ein bestimmtes Amt innehat oder innehatte (die Eltern machen dem Lehrer ein Geschenk, um sein Wohlwollen für ihr leistungsschwaches Kind zu gewinnen) oder dass er eine bestimmte Amtshandlung vornimmt, vorgenommen hat,

---

6 Zu dem von der Pflicht zur Amtsverschwiegenheit nicht berührten Anspruch der Eltern auf Informationen über die Leistungen und das Verhalten ihres Kindes in der Schule vgl. TZ 16.333.

7 Z.B. § 16 Abs. 3 Satz 3 und 4 hess Dienstordnung für Lehrkräfte, Schulleiterinnen und Schulleiter und sozialpädagogische Mitarbeiterinnen und Mitarbeiter.

8 In Schleswig-Holstein gelten bis heute der Gemeinsame Erlass des Kultusministers und des Innenministers vom 12.8.1959 über Auskünfte der Schulen an die Polizei (NBl. Schulw. S. 237) und der Erlass vom 8.7.1960 über Auskünfte der Schulen an Jugendämter, Gerichte und Staatsanwaltschaften (NBl. Schulw. S. 264); danach können die Schulen Auskünfte an die Polizei, die Jugendämter, die Gerichte und die Staatsanwaltschaften erteilen.

9 In den meisten Ländern bestehen detaillierte Regelungen über das Verbot der Annahme von Belohnungen oder Geschenken durch Landesbedienstete, vgl. nur Berlin: Ausführungsvorschriften der Senatsverwaltung für Inneres und Sport über das Verbot der Annahme von Belohnungen, Geschenken und sonstigen Vorteilen vom 21.1.2013 (ABl. S. 158); Nordrhein-Westfalen: VV des Innenministeriums zu § 42 BeamtStG/§ 59 LBG NRW vom 10.11.2009 (MBl. S. 532), zul.g.d.VV vom 2.6.2015 (MBl. S. 392); Sachsen: VV der Sächsischen Staatsregierung über das Verbot der Annahme von Belohnungen und Geschenken durch die öffentlich Bediensteten des Freistaates Sachsen vom 12.10.2011 (ABl. S. 1531), g.d.VV vom 5.7.2013 (ABl. S. 718).

vornehmen kann oder unterlässt (ein Kfz-Händler gewährt der Lehrerin beim Verkauf des Autos einen großzügig bemessenen Rabatt, um für sein Kind eine günstige Zeugnisnote zu erreichen).

Die Lehrkraft kann in Konflikte kommen, wenn ihr einzelne *Schüler oder die gesamte Klasse* etwas schenken will. Die strikte Ablehnung selbst kleiner Aufmerksamkeiten, die ihr beispielsweise aus Anlass ihres Geburtstages oder einer gelungenen Klassenfahrt zugewendet werden, wäre ihrer pädagogischen Aufgabe abträglich. Geringwertige Geschenke, z.B. ein Blumenstrauß oder eine selbstgefertigte Schülerarbeit, können ohne Bedenken angenommen werden. Insoweit ist die erforderliche behördliche Zustimmung als stillschweigend erteilt anzunehmen.[10]

29.117 Gemäß § 40 Satz 1 BeamtStG ist eine *Nebentätigkeit* des Beamten grundsätzlich anzeigepflichtig. Die Einzelheiten des Nebentätigkeitsrechts ergeben sich aus den beamtenrechtlichen Vorschriften der Länder. Für beamtete Lehrkräfte gilt danach im Wesentlichen Folgendes.[11]

Sie sind verpflichtet, auf Verlangen ihres Dienstvorgesetzten eine Nebentätigkeit im öffentlichen Dienst auszuüben, sofern diese Tätigkeit ihrer Vorbildung entspricht und sie nicht über Gebühr in Anspruch nimmt. Eine solche Nebentätigkeit darf auch während der Dienststunden wahrgenommen werden. Die Entrichtung einer Vergütung ist grundsätzlich unzulässig; für bestimmte Fälle, z.B. Mitwirkung bei einer Staatsprüfung, Referententätigkeit in der Lehrerfortbildung, gelten Ausnahmen vom Vergütungsverbot.[12] Im Übrigen *bedürfen beamtete Lehrkräfte zur Ausübung einer Nebentätigkeit grundsätzlich der vorherigen Genehmigung*. Diese ist zu versagen, wenn zu besorgen ist, dass dadurch dienstliche Interessen beeinträchtigt werden. Ein solcher Versagungsgrund besteht insbesondere dann, wenn die Nebentätigkeit die Lehrkraft in einen Widerstreit mit den dienstlichen Pflichten bringen, sie in ihrer Unparteilichkeit oder Unbefangenheit beeinflussen, sie zu einer wesentlichen Einschränkung ihrer künftigen dienstlichen Verwendbarkeit führen oder sonst dem Ansehen der öffentlichen Verwaltung abträglich sein kann. Ein Versagungsgrund liegt auch dann vor, wenn die Nebentätigkeit nach Art und Umfang die Arbeitskraft der Lehrkraft so stark in Anspruch nimmt, dass die ordnungsgemäße Erfüllung der dienstlichen Pflichten behindert werden kann; diese Voraussetzung gilt in der Regel als erfüllt, wenn die zeitliche Beanspruchung durch eine oder mehrere Nebentätigkeiten in der Woche ein Fünftel der regelmäßigen Arbeitskraft überschreitet. Die zur Übernahme einer Nebentätigkeit (z.B. *Nachhilfeunterricht*) erforderliche Genehmigung gilt allgemein als erteilt, wenn sie insgesamt einen geringen Umfang hat, dienstliche Interessen nicht beeinträchtigt und die Vergütung hierfür im Kalenderjahr 1.200 Euro nicht übersteigt. Eine solche Nebentätigkeit ist dem Dienstvorgesetzten anzuzeigen, sofern es sich nicht um einen einmaligen Vorgang handelt.

---

10 S. z.B. Ziff. III Nr. 1 der sächs VV Belohnungen und Geschenke: Die Zustimmung zur Annahme von Geschenken gilt bei geringwertigen Aufmerksamkeiten bis zu einem handelsüblichen Marktwert von im Einzelfall schätzungsweise 20 Euro und jährlich insgesamt höchstens 60 Euro als allgemein erteilt.

11 S. z.B. die Regelungen in Baden-Württemberg und Nordrhein-Westfalen: §§ 60 ff. bw LBG und die bw LandesnebentätigkeitsVO vom 28.12.1972 (GBl. 1973 S. 57), zul.g.d.VO vom 23.2.2017 (GBl. S. 99, 107) sowie §§ 48 ff. nrw LBG und die nrw NebentätigkeitsVO vom 21.9.1982 (GV. S. 605), zul.g.d.VO vom 29.11.20016 (GV. S. 1038). Aus der Literatur: *Schnellenbach/Bodanowitz*, Beamtenrecht in der Praxis, § 8: Herwig *Zwehl*, Nebentätigkeit im öffentlichen Dienst, Neuwied 2011.

12 Vgl. dazu z.B. Baden-Württemberg: Verwaltungsvorschrift des Finanzministeriums über die Vergütung von nebenamtlichem/nebenberuflichem Unterricht vom 11.10.2013 (GABl. S. 549); Bayern: Grundsätze der Honorierung von Referententätigkeiten in der Lehrerfortbildung, Bekanntmachung des Bayerischen Staatsministeriums für Unterricht und Kultus vom 19.9.2001 (KWMBl. I S. 400).

Vom Grundsatz der Genehmigungspflicht ausgenommen sind folgende Nebentätigkeiten der Lehrkräfte:
- die Verwaltung eigenen oder der Nutznießung der Lehrkraft unterliegenden Vermögens,
- schriftstellerische, wissenschaftliche, künstlerische oder Vortragstätigkeiten,
- Tätigkeiten zur Wahrung von Berufsinteressen in Gewerkschaften, Berufsverbänden oder Selbsthilfeeinrichtungen der Lehrkräfte.

Soweit die Lehrkraft schriftstellerische, wissenschaftliche, künstlerische oder Vortragstätigkeiten wahrnimmt oder in Selbsthilfeeinrichtungen mitwirkt und dafür eine Vergütung erhält, muss sie diese Aktivitäten dem Dienstvorgesetzten vorher anzeigen; die Nebentätigkeit ist ganz oder teilweise zu untersagen, wenn dadurch dienstliche Interessen beeinträchtigt werden.

Ruhestandsbeamtinnen und -beamte müssen dem letzten Dienstvorgesetzten die Ausübung einer Erwerbstätigkeit anzeigen, wenn sie innerhalb eines Zeitraums von fünf Jahren nach Beendigung des Beamtenverhältnisses aufgenommen wird, mit ihrer dienstlichen Tätigkeit in den letzten fünf Jahren vor Beendigung des Beamtenverhältnisses zusammenhängt und dadurch dienstliche Interessen beeinträchtigt werden können (§ 41 Satz 1 BeamtStG i.V.m. der jeweiligen landesbeamtenrechtlichen Regelung).

Landesbeamtengesetze schränken die *Nebentätigkeit bei Teilzeitbeschäftigung* ausdrücklich ein.[13] (Zu den Voraussetzungen der Bewilligung einer Teilzeitbeschäftigung von Beamten s. TZ 30.343). Danach dürfen *während einer aus familiären Gründen bewilligten Freistellung* (Teilzeitbeschäftigung oder Urlaub ohne Dienstbezüge) nur solche Nebentätigkeiten ausgeübt werden, die dem Zweck der Freistellung nicht zuwiderlaufen. Einem Antrag auf Bewilligung *voraussetzungsloser Teilzeitbeschäftigung* darf nur entsprochen werden, wenn der Beamte sich verpflichtet, während der Dauer des Bewilligungszeitraums auf die Ausübung entgeltlicher Nebentätigkeiten zu verzichten und genehmigungsfreie Nebentätigkeiten (z.B. Vortragstätigkeit oder Mitwirkung in Selbsthilfeeinrichtungen) nur in dem Umfang auszuüben, wie es bei Vollzeittätigkeit gestattet ist.

29.12 Pflichten der tarifbeschäftigten Lehrkräfte

Die Pflichten der tarifbeschäftigten Lehrkräfte[14] ergeben sich vor allem aus dem Tarifvertrag. Maßgeblich sind demgemäß die Bestimmungen des TV-L, in Hessen des TV-H (vgl. TZ 28.312). Darüber hinaus kann der öffentliche Arbeitgeber die zu erbringende Arbeitsleistung im Rahmen seines sogenannten Direktionsrechts (§ 611a Abs. 1 Satz 2 BGB, § 106 GewO) in ihrem Inhalt näher bestimmen.

Der TV-L ist in seinem Pflichtenkatalog bei Weitem nicht so streng wie das Beamtenrecht. Er enthält ohnehin nur wenige allgemeine Pflichten.

Danach haben sich die Beschäftigten zwar *durch ihr gesamtes Verhalten zur freiheitlichen demokratischen Grundordnung im Sinne des Grundgesetzes zu bekennen* (§ 3 Abs. 1 Satz 2), ohne aber wie die Beamten für deren Erhaltung eintreten zu müssen.

Die arbeitsvertraglich geschuldete Leistung ist *gewissenhaft und ordnungsgemäß* auszuführen (§ 3 Abs. 1 Satz 1).

---

13 S. etwa Art. 89 Abs. 2, 88 Abs. 2, 89 Abs. 3 BayBG; §§ 80 Abs. 3, 78 Abs. 2 bbg LBG; §§ 62 Abs. 2, 61 Abs. 2 NBG.

14 *Wichmann/Langer*, Öffentliches Dienstrecht, Rn. 563 ff.

Über Angelegenheiten, deren Geheimhaltung durch gesetzliche Vorschriften vorgesehen oder vom Arbeitgeber angeordnet ist, haben die Beschäftigten *Verschwiegenheit* zu wahren; das gilt auch über die Beendigung des Arbeitsverhältnisses hinaus (§ 3 Abs. 2).

Arbeitnehmer dürfen von Dritten *Belohnungen, Geschenke, Provisionen oder sonstige Vergünstigungen* in Bezug auf ihre Tätigkeit nicht annehmen; Ausnahmen sind nur mit Zustimmung des Arbeitgebers möglich. Werden den Beschäftigten derartige Vergünstigungen angeboten, haben sie dies dem Arbeitgeber unverzüglich anzuzeigen.

Nebentätigkeiten gegen Entgelt müssen Arbeitnehmer ihrem Arbeitgeber rechtzeitig vorher schriftlich anzeigen. Der Arbeitgeber kann die Nebentätigkeit untersagen oder mit Auflagen versehen, wenn diese geeignet ist, die Erfüllung der arbeitsvertraglichen Pflichten der Beschäftigten oder berechtigte Interessen des Arbeitgebers zu beeinträchtigen.

29.2 Funktionsspezifische Pflichten

29.21 Bildungs- und Erziehungsauftrag

So verschieden die Pflichtenbindung der Lehrkräfte je nach ihrem Status als Beamte oder Tarifbeschäftigte ist, so treten die Unterschiede doch weitgehend zurück, wenn es um ihre *pädagogische Aufgabe*, um die *Wahrnehmung des ihnen durch Art. 7 Abs. 1 GG zugewiesenen Bildungs- und Erziehungsauftrags des Staates in der Schule* geht. In ihrer Rolle als Lehrkräfte sind sie gleichermaßen verpflichtet, die ihnen anvertrauten Schülerinnen und Schüler zu bilden und zu erziehen. Die Bildungs-und Erziehungsarbeit beschränkt sich nicht darauf, den Schülerinnen und Schülern Wissen und Fertigkeiten zu vermitteln; sie hat auch ihre *Persönlichkeitsentwicklung zu fördern* und ihr *Sozialverhalten zu beeinflussen*.[15] In einer zunehmend pluralistischen Gesellschaft mit Kindern und Jugendlichen verschiedener Kulturen, Religionen, Weltanschauungen und Sprachen haben Lehrer mithin maßgeblich zur überaus wichtigen *Integrationsaufgabe der öffentlichen Schule* beizutragen (dazu ausführlich TZ 5.1).

Mit der Erfüllung des staatlichen Bildungs- und Erziehungsauftrags in der öffentlichen Schule nehmen die tarifbeschäftigten Lehrkräfte nicht anders als ihre beamteten Kolleginnen und Kollegen gegenüber Schülerinnen und Schülern (und deren Eltern) eine Funktion wahr, die ihre *rechtliche Grundlage im öffentlich-rechtlichen Schulverhältnis* (TZ 16.1) hat. Die damit einhergehenden *Pflichten ergeben sich für sämtliche Lehrkräfte vor allem aus den Schulgesetzen*.[16] Demgemäß *unterrichten, erziehen und beaufsichtigen sie die Schülerinnen und Schüler in eigener pädagogischer Verantwortung* im Rahmen der schulischen

15 BVerfGE 93, 1 (20).

16 Mehrere Länder haben die Pflichten der Lehrkräfte darüber hinaus in einer Dienstordnung niedergelegt. Bayern: Dienstordnung für Lehrkräfte an staatlichen Schulen in Bayern (Lehrerdienstordnung – LDO) vom 5.7.2014 (KWMBl. S. 112); Hamburg: Dienstanweisung für Lehrerinnen und Lehrer vom 26.2.2010 (MBlSchul S. 6); Hessen: Dienstordnung für Lehrkräfte, Schulleiterinnen und Schulleiter und sozialpädagogische Mitarbeiterinnen und Mitarbeiter vom 8.7.1993 (ABl. S. 691), zul.g.d.VO vom 22.7.1998 (ABl. S. 938); Nordrhein-Westfalen: Allgemeine Dienstordnung für Lehrerinnen und Lehrer, Schulleiterinnen und Schulleiter an öffentlichen Schulen (ADO). RdErl. vom 18.6.2012 (ABl. S. 384); Rheinland-Pfalz: Dienstordnung für die Leiter und Lehrer an öffentlichen Schulen in Rheinland-Pfalz vom 15.3.1976 (Amtsbl. S. 188); Saarland: Allgemeine Dienstordnung für Lehrer (ADO) vom 10.11.1975 (GMBl. S. 896); Schleswig-Holstein: Dienstordnung für Lehrer und Lehrerinnen an öffentlichen Schulen im Lande Schleswig-Holstein. Erl. vom 17.2.1950 (NBl. S. 31), zul.g.d. Erl. vom 5.7.1978 (NBl. S. 233); Thüringen: Dienstordnung für Lehrer, Erzieher und Sonderpädagogische Fachkräfte an den staatlichen Schulen in Thüringen. VV vom 28.5.1993 (GABl. S. 235), g.d.VV vom 19.6.2001 (GABl. S. 326).

Bildungs- und Erziehungsziele, der sonstigen Rechts- und Verwaltungsvorschriften sowie der Beschlüsse der schulischen Gremien.[17]

Wie sich Lehrkräfte im Schulverhältnis gegenüber Schülerinnen und Schülern, auch gegenüber Eltern verhalten müssen, darum geht es vor allem im Zweiten Teil dieses Buchs (Kapitel 16 bis 26). Gerade unter rechtlichen Aspekten – auch im Hinblick auf die Folgen professionellen Fehlverhaltens (vgl. TZ 29.3) – erscheint es angezeigt, einige wichtige Pflichten zu verdeutlichen.

29.211 Bei der Wahrnehmung ihrer *Unterrichtspflichten* sind die Lehrkräfte an die geltenden Lehrpläne und Stundentafeln gebunden; doch eröffnet ihnen die pädagogische Freiheit (vgl. TZ 30.7) zugleich einen eigenverantwortlichen Gestaltungsraum. Sie sollen sich um eine gleichmäßige Verteilung des Lehrstoffs und der schriftlichen Leistungserhebungen über das Schuljahr bemühen. Die Lehrkraft muss sich *sorgfältig* auf den Unterricht *vorbereiten* und sich um die *Nachbereitung* (Korrektur von Schülerarbeiten, Auswertung der gewonnenen Erfahrungen zur Verbesserung der Unterrichtsgestaltung) kümmern. Darüber hinaus hat sie in regelmäßigen Abständen zu überprüfen, *ob die Lernziele erreicht worden sind* und ob die Schüler den Lehrstoff verarbeitet haben. Wichtig ist, dass sich die Lehrkräfte der Klasse in der Unterrichtsarbeit untereinander abstimmen. Soweit Schüler in einzelnen Fächern besonderen Gefährdungen ausgesetzt sind (z.B. Sport, Werken, Chemie), sind alle gebotenen Vorsichtsmaßnahmen zu treffen.

Bei der *Erteilung von Hausaufgaben* soll die Lehrkraft Rücksicht auf die Leistungsfähigkeit und Belastbarkeit der Schüler nehmen; soweit sie Halbtagsschulen besuchen, sollte ihnen genügend Zeit für die Wahrnehmung persönlicher Interessen verbleiben.

29.212 *Lehrkräfte* sind nicht nur Fachleute für den Unterricht. Sie müssen sich auch *extracurricularen Aufgaben* widmen. Dazu gehören u.a. Gespräche mit Schülern und Eltern, Teilnahme an Lehrerkonferenzen, Vorbereitung schulischer Veranstaltungen wie Abschlussfeiern.

Je mehr sich Schulen im Rahmen der ihnen eingeräumten Selbständigkeit ein eigenes Profil geben, desto mehr kommt es auch insoweit auf die Mitwirkung von Lehrkräften bei der Gestaltung des Schullebens, bei der Entwicklung und Sicherung der pädagogischen Qualität der Schule (Schulprogramm, interne Evaluation) an. Gerade in *Ganztagsschulen* sollten Lehrkräfte bei extracurricularen Aktivitäten wie Arbeitsgruppen und Sportwettbewerben mitwirken, statt diese allein den sozialpädagogischen Mitarbeiterinnen und Mitarbeitern sowie freiwilligen Kräften zu überlassen. Soweit und solange sich aber die Arbeitszeit der Lehrkräfte maßgeblich nach den von ihnen zu erteilenden Unterrichtspflichtstunden bemisst (vgl. TZ 29.231), könnten sich daraus Grenzen für ein außerunterrichtliches Engagement der Lehrerinnen und Lehrer ergeben.

29.213 Die Verantwortung der Lehrkraft schließt auch Pflichten der *Fürsorge für die Schülerinnen und Schüler* ein. Die Fürsorgepflichten der Schule und der Lehrkräfte werden zusammenhängend im 19. Kapitel behandelt (TZ 19.42 und 19.43).

29.214 Zu den *Erzieherpflichten* einer Lehrkraft gehört eine aufgeschlossene Haltung gegenüber den Organen der *Schülervertretung* (zur Rolle des Verbindungslehrers vgl. TZ 8.113). Auch die *Zusammenarbeit mit den Eltern* und ihren Vertretungen rechnet zu den Dienstpflichten der Lehrerinnen und Lehrer (vgl. TZ 16.333). Sie sollen Verbindung zu

---

17 § 38 Abs. 6 bw SchG, Art. 59 Abs. 1 BayEUG, § 67 Abs. 2 bln SchulG, § 67 Abs. 2 BbgSchulG, § 59 Abs. 1 BremSchulG, § 88 Abs. 2 HmbSG, § 86 Abs. 2 HSchG, § 100 Abs. 2 SchulG M-V, § 50 Abs. 1 NSchG, § 57 Abs. 1 nrw SchulG, § 25 Abs. 1 rp SchulG, § 28 Abs. 1 saarl SchoG, § 40 Abs. 2 sächs SchulG, § 30 Abs. 1 SchulG LSA, § 34 Abs. 1 sh SchulG, § 34 Abs. 2 ThürSchulG.

den Eltern halten, sie beraten und über die Schülerinnen und Schüler erschöpfend und wahrheitsgemäß *informieren.*[18] Für die Lehrkräfte an berufsbildenden Schulen gilt Entsprechendes im Verhältnis zu Ausbildern, Arbeitgebern, Vertretern der Wirtschaft und der Gewerkschaften. An den Sitzungen der Elternvertretungen, bei berufsbildenden Schulen der Beiräte sollen die Lehrkräfte nach Möglichkeit teilnehmen. Vgl. im Übrigen das 8. Kapitel.

29.215 Besonders sorgfältig müssen Lehrkräfte *Geld verwalten*, das ihnen zur Durchführung von Veranstaltungen (z.B. Klassenfahrt), für Anschaffungen usw. anvertraut worden ist. Diese *Sorgfaltspflicht* verlangt genaue Buchführung. Das vorhandene Geld muss jederzeit vorgewiesen werden können und darf auch nicht vorübergehend für private Belange in Anspruch genommen werden. Es empfiehl sich, Eltern oder ältere Schüler an Kassenführung und -prüfung zu beteiligen.

29.216 Beamtete Lehrkräfte sind schon wegen ihrer beamtenrechtlichen Pflicht, sich mit vollem persönlichen Einsatz ihrem Beruf zu widmen (§ 34 Satz 1 BeamtStG), zur Fortbildung verpflichtet. Doch erfasst die *Fortbildungspflicht* aufgrund der einschlägigen Vorschriften der Schulgesetze und der Lehrerbildungsgesetze der Länder[19] als öffentlich-rechtliche Pflicht sämtliche Lehrerinnen und Lehrer, mithin *auch die tarifbeschäftigten Lehrkräfte*. Zur Ausgestaltung dieser Pflicht s. TZ 27.4.

29.22 Aufsichtspflicht

Die *Aufsichtspflicht*[20] *der Lehrkräfte* gehört in der Berufsgruppe der Pädagogen zu den meistdiskutierten und für manche geradezu angstbesetzten Themen: „Wir Lehrer stehen doch mit einem Bein im Gefängnis".[21]

Dieser wichtigen Aufgabe[22] können sich die Lehrkräfte in der Tat nicht entziehen. Sie ergibt sich aus den Schulgesetzen, aus den darauf beruhenden Rechts- und Verwaltungsvorschriften, im Übrigen aus dem Bildungs- und Erziehungsauftrag der Schule. Danach müssen die Lehrkräfte die ihnen anvertrauten *Schülerinnen und Schüler vor Schaden bewahren, aber auch verhindern, dass andere Personen durch sie einen Schaden erleiden.*[23]

29.221 Die Aufsichtspflicht muss, wie immer wieder betont wird, *kontinuierlich, präventiv und aktiv* wahrgenommen werden.[24] Andererseits verträgt es sich mit einer Erziehung zu Freiheit, Selbständigkeit und Selbstverantwortung nicht, Schülerinnen und Schüler als hilflose oder gar gefährliche Wesen zu betrachten, die ständig beschützt oder bewacht werden müssten. Eine ununterbrochene Aufsicht wird daher nicht verlangt.[25] Was die Lehrkraft im Einzelnen zu tun und zu lassen hat, muss sie aufgrund der allgemeinen Lebens-

---

18 Zum Spannungsfeld zwischen dem Informationsanspruch der Eltern und der Schweigepflicht von Schülerberatern vgl. TZ 19.53.

19 Z.B. § 88 Abs. 4 HmbSG, § 66 HLbG.

20 Aus der Literatur: Thomas *Böhm*, Aufsicht und Haftung in der Schule, 4. Aufl., Kronach 2011; Gerald *Nolte*, Aufsichtspflicht im Schulalltag, SchulVerwaltung, NI 2015, 4; 2015, 52; 2015, 84; Stephan *Rademacher*, Die Aufsichtspflicht der Lehrkräfte. Kritische Anmerkungen zur schulrechtlichen Literatur, RdJB 2012, 278; *ders.*, Aufsichtspflicht in der Schule. Grundlagen und Fallbeispiele, München 2013; *Rux/Niehues*, Schulrecht, Rn. 1109.

21 So der Titel eines Beitrags von Harald *Achilles* in SchulVerwaltung, BW 2012, 107.

22 Die individuelle Aufsichtspflicht der Lehrkraft ist zu unterscheiden von der institutionellen Aufsichtspflicht der Schule (dazu TZ 19.41).

23 Vgl. OLG Hamm, NJW 1994, 3236; OLG Celle, Urt. vom 8.10.1985, Az.: 16 U 35/85 (juris); OLG Frankfurt a.M., NVwZ-RR 2010, 479.

24 Vgl. *Böhm* (Fn. 20), S. 17 ff.

25 OLG Karlsruhe, SPE 140 Nr. 5; OLG Hamm, Urt. vom 17.10.2007, Az.: 11 U 132/06 (juris); LG Augsburg, Urt. vom 28.8.2017, Az.: 34 O 8/17 (juris).

erfahrung, ihrer besonderen erzieherischen Erfahrung und nach der jeweiligen Lage entscheiden, wobei es nicht zuletzt auf Zahl, Alter, Disziplin und Reife der Schüler, auf die örtlichen Verhältnisse und auf die Einschätzung der eigenen Eingriffsmöglichkeiten ankommt. Zu beachten sind neben den allgemeinen Regelungen über die Aufsichtspflicht[26] die besonderen *Schutzvorschriften*, die die meisten Unterrichtsverwaltungen für das Verhalten bei Sport, Baden, Wanderungen, Klassenfahrten, im Schullandheim usw. erlassen haben.[27] Zwar können diese Vorschriften nicht jeden denkbaren Fall regeln; sie enthalten aber Grundsätze und Hinweise, an denen sich die Lehrkräfte in solchen Fällen orientieren können. Auch nach einem harmlos aussehenden Unfall sollte die Lehrkraft zum Schutz des Verunglückten, aber auch zur eigenen Entlastung im Zweifel einen Arzt hinzuziehen (TZ 19.433).

29.222 Der Aufsichtspflicht werden durch das praktische Leben *Grenzen* gesetzt: Die Aufsicht lässt sich nur *im Rahmen des Möglichen* wahrnehmen. *Zeitlich und räumlich beschränkt* sich die Aufsichtspflicht auf schulische Veranstaltungen und die Orte, wo diese sich abspielen, also insbesondere auf das Schulgrundstück. Sie setzt eine angemessene Zeit vor Schulbeginn ein und endet eine angemessene Zeit nach Schulschluss: bei Halbtagsschulen nach Beendigung des Unterrichts, bei Ganztagsschulen nach Ende des Ganztagsprogramms. Der tägliche *Schulweg* zwischen Wohnung und Schule unterliegt grundsätzlich nicht der Aufsichtspflicht der Schule. Werden Schüler mit dem *Schulbus* befördert, ist der Schulträger für die Aufsicht verantwortlich; das gilt auch für die Endhaltestelle in Schulnähe.[28]

Gegenüber volljährigen Schülerinnen und Schülern besteht keine Aufsichtspflicht; sie sind für sich selbst verantwortlich, dürfen beispielsweise auch ohne besondere Erlaubnis in den Pausen oder während anderer unterrichtsfreier Zeiten das Schulgelände verlassen. Die Aufgabe der Lehrkräfte beschränkt sich darauf, sie über mögliche Gefahren aufzuklären.

29.223 *Während des Unterrichts im Klassenzimmer* ergeben sich unter dem Gesichtspunkt der Aufsichtspflicht im Allgemeinen keine besonderen Probleme. Es ist Sache der Lehrkraft, für einen ungestörten Unterricht zu sorgen. Sie kann einen Schüler, der ständig gegen die Ordnung verstößt, vom Unterricht ausschließen. Ein solches Vorgehen ist als Erziehungs- oder Ordnungsmaßnahme (vgl. TZ 22.1 bzw. 22.2) grundsätzlich zulässig.[29] Die Annahme, diese Sanktion sei rechtswidrig, weil der Schüler daran gehindert werde, seine Schulpflicht zu erfüllen und sein Recht auf Bildung wahrzunehmen, geht fehl. Die Schulpflicht verlangt mehr als physische Präsenz, sie verlangt Mitwirkung (vgl. TZ 17.131). Wer den Unterricht stört, handelt der Schulpflicht zuwider und hindert die Lehrer, die ihnen übertragene Unterrichts- und Erziehungsaufgabe ordnungsgemäß wahrzunehmen. Die Lehrkraft, die den Schüler in einem solchen Fall heimschickt und ihm dadurch sein Fehlverhalten vor Augen führt, beeinträchtigt daher nicht den mit der Schulpflicht zu

---

26 Etwa in Bayern: § 5 bay LDO; Brandenburg: VV über die Wahrnehmung der Fürsorge- und Aufsichtspflicht im schulischen Bereich vom 8.7.1996 (ABl. S. 383), zul.g.d. VV vom 13.4.2004 (ABl. S. 194); Hessen: Verordnung über die Aufsicht über Schülerinnen und Schüler vom 11.12.2013 (ABl. 2014 S. 2); Nordrhein-Westfalen: VV zu § 57 Abs. 1 SchulG – Aufsicht – vom 18.7.2005 (ABl. S. 289); Thüringen: § 8 Dienstordnung.

27 Z.B. Bayern: Sicherheit im Sportunterricht. Bek. vom 8.4.2003 (KWMBl. I S. 202), Durchführung von Schwimmunterricht an Schulen. Bek vom 1.4.1996 (KWMBl. I S. 192); Mecklenburg-Vorpommern: Sicherheitsmaßnahmen im Schulsport. Erl. vom 14.6.1996 (Mittbl. S. 399); Saarland: Erl. über den Schwimmunterricht sowie das Schwimmen, Baden und sonstigen Wassersport bei außerunterrichtlichen Schulveranstaltungen vom 21.3.2003 (GMBl. S. 63); Thüringen: VV Sicherheit im Schulsport vom 13.6.2017 (StAnz. S 186).

28 Besonderheiten gelten in Niedersachsen: Nach § 62 Abs. 1 Satz 1 NSchG haben die Lehrkräfte die Schülerinnen und Schüler nicht nur auf dem Schulgelände, sondern auch „an Haltestellen am Schulgelände“ zu beaufsichtigen.

29 Vgl. OLG Stuttgart, SPE 144 Nr. 4.

erreichenden Zweck, sondern fördert ihn. Ebenso wenig verstößt sie gegen das Recht des Schülers auf Bildung. Dieses Recht (dazu TZ 2.224) unterliegt den in Art. 2 Abs. 1 GG gezogenen Schranken, die es insbesondere nicht zulassen, dass Schülerinnen und Schüler die für den geordneten Unterrichtsablauf unerlässlichen Spielregeln missachten. Allerdings ist den besonderen Umständen des Einzelfalls Rechnung zu tragen. So darf die Lehrerin ein betreuungsbedürftiges Kind (z.B. in der Grundschule) nicht nach Hause schicken, wenn es wegen der vorzeitigen Entlassung aus der Schule besonderen Gefährdungen auf dem Schulweg ausgesetzt ist oder wenn es daheim nicht beaufsichtigt werden kann (etwa aufgrund berufsbedingter Abwesenheit beider Eltern). *Besondere Sorgfaltspflichten* treffen die Lehrkraft in gefahrengeneigten, vor allem *in den naturwissenschaftlichen Unterrichtsfächern und beim Sportunterricht.*

29.224 Während der *Pausenaufsicht* darf es auf dem Schulhof und im Schulgebäude keine ständig aufsichtsfreien Bereiche geben. Kommt es zwischen Schülern zu *Raufereien*, muss der mit der Aufsicht betraute Lehrer einschreiten. Bei kleineren Schülern dürfte es genügen, dass er dazwischen geht. Bei größeren, kräftigeren Schülern sollte er einen Kollegen um Unterstützung bitten oder die Polizei rufen. Jedenfalls darf er einen rebellischen Schüler *nicht festhalten oder sonst Gewalt gegen ihn anwenden*. Wenn Lehrkräfte einen Schüler verdächtigen, *Messer oder andere Waffen* bei sich zu tragen, können sie ihn zwar zur Rede stellen und ihn auffordern, freiwillig die Tasche zu öffnen. Weigert er sich, dürfen sie ihn aber nicht „filzen“; sie müssen die Polizei hinzuziehen.

29.225 *Schulwanderungen, Klassenfahrten und Schullandheimaufenthalte* (TZ.19.22) können den Schülerinnen und Schülern nur dann ein besonderes Erlebnis vermitteln, wenn ihnen hinlängliche Freiheit zugestanden wird. Damit wird die Aufsicht für die Lehrkraft erschwert. Eine Hilfe bieten Dienstanweisungen, die eine gründliche Vorbereitung vorschreiben, vor längeren Aufenthalten in Jugendherbergen oder anderen Unterkünften ärztliche Untersuchung verlangen und Überanstrengungen der Schüler untersagen.[30] Erforderlich sind Kenntnisse der Lehrkraft in *Erster Hilfe*. Die Durchführung von Schulwanderungen usw. gehört grundsätzlich zu den Dienstpflichten des Lehrers; er kann sie nicht im Hinblick auf die erschwerte Aufsichtspflicht ablehnen. Doch erscheint es wenig sinnvoll, eine Lehrkraft, die sich weigert, die damit verbundene Verantwortung zu übernehmen, unter Druck zu setzen. Eine Klassenfahrt dürfte unter diesen Umständen für alle Beteiligten eher eine Belastung als eine Bereicherung sein.

Ob bei mehrtägigen Schulfahrten oder Schullandheimaufenthalten älteren Schülerinnen und Schülern *Zeiten zum freien Ausgang* eingeräumt werden sollten, ist nach pflichtgemäßem Ermessen zu entscheiden; dabei spielt die Reife der Schüler und die Art der beabsichtigten Freizeitgestaltung eine wichtige Rolle. Volljährigen Schülern ist jedenfalls ein aufsichtsfreier Bereich einzuräumen.

29.226 Zu den Folgen der Verletzung der Aufsichtspflicht s. TZ 29.312.

---

30 Z.B. Baden-Württemberg: Außerunterrichtliche Veranstaltungen der Schulen. VV vom 6.10.2002 (K.u.U. S. 324); Bayern: Durchführungshinweise für Schülerfahrten. Bek. des Bayerischen Staatsministeriums für Unterricht und Kultus vom 5.2.2010 (KWMBl. S. 82); Hessen: Erl. Schulwanderungen und Schulfahrten vom 15.9.2003 (ABl. S. 715), g.d.Erl. vom 1.4.2004 (ABl. S. 284); Mecklenburg-Vorpommern: Richtlinien zur Durchführung von Schulwanderungen und Schulfahrten an den öffentlichen Schulen vom 6.2.1997 (Mittl.bl. S. 198), zul.g.d.Erl. vom 21.12.2000 (Mittl.bl. S. 68); Nordrhein-Westfalen: Richtlinien für Schulwanderungen und Schulfahrten (Wanderrichtlinien). RdErl. vom 19.3.1997 (GABl. I S. 101), zul.g.d. RdErl. vom 20.7.2004 (ABl. S. 268); Rheinland-Pfalz: Richtlinien für Schulfahrten, VV vom 4.11.2005 (GABl. 2006, S. 12), zul.g.d.VV vom 28.7.2015 (GABl. S. 184); Sachsen: VV Schulfahrten vom 7.4.2004 (ABl. S. 372); Thüringen: VV für die Durchführung von Wandertagen und Klassenfahrten vom 22.6.2016 (ABl. S. 186).

29.23 Arbeitszeit der Lehrkräfte

29.231 Wie alle Angehörigen des öffentlichen Dienstes sind Lehrkräfte verpflichtet, sich an die vorgeschriebene Arbeitszeit[31] zu halten. Für Beamte wird die regelmäßige wöchentliche Arbeitszeit durch das Beamtenrecht des jeweiligen Landes, für Arbeitnehmer durch Tarifvertrag festgesetzt. Bei Beamten beträgt die Arbeitszeit in den meisten Ländern 40 Stunden, bei Arbeitnehmern je nach Land zwischen 39 und 40 Stunden.

Demgegenüber richtet sich die Arbeitszeit der Lehrkräfte nicht nach Zeitstunden, sondern nach *Unterrichtsstunden von je 45 Minuten.* Die Zahl der von beamteten Lehrkräften wöchentlich zu erteilenden Unterrichtsstunden (*Pflichtstunden*) wird durch den Dienstherrn bestimmt; diese Regelungen gelten gemäß § 44 Nr. 2 TV-L auch für die tarifbeschäftigten Lehrerinnen und Lehrer. Das hat zur Folge, dass es innerhalb eines jeden Landes hinsichtlich des Umfangs der zu leistenden Arbeitszeit zwischen den Lehrkräften, ob sie nun Beamte oder Arbeitnehmer sind, keine Unterschiede gibt. Wohl aber ist die Zahl der wöchentlich wahrzunehmenden Pflichtstunden *von Land zu Land und überdies je nach Schulart verschieden.*

Nach Auffassung des Bundesverwaltungsgerichts macht die *Zahl der Pflichtstunden den maßgeblichen Anteil der wöchentlichen Lehrerarbeitszeit* aus, da die Lehrkräfte nur während der Unterrichtsstunden und weiterer anlassbezogenen Dienstpflichten (Teilnahme an Klassenkonferenzen, Gespräche mit Eltern, Pausenaufsicht u.a.) in der Schule präsent sein müssen und es ihnen überlassen bleibt, wo und wann sie die Dienstpflichten der Vor- und Nachbereitung des Unterrichts einschließlich der Korrektur von Klassenarbeiten erfüllen. Das Gericht hält es für geboten, die Pflichtstundenzahlen *durch Rechtsverordnung auf gesetzlicher Grundlage festzulegen.*[32]

29.232 Die Unterrichtsverpflichtung beträgt je nach Land an *Grundschulen* zumeist 27 oder 28, an *Gymnasien und berufsbildenden Schulen* in der Regel 25 oder 26, an *Förderschulen* 26 oder 27 Wochenstunden. In den nichtgymnasialen *Schulen der Sekundarstufe I* mit ihren sehr unterschiedlichen Schularten (Hauptschule, Realschule, Kooperative oder Integrierte Gesamtschule, Oberschule, Mittelschule, Regelschule, Regionalschule, Gemeinschaftsschule u.a.) erstreckt sich die Bandbreite auf 25 bis 28 Wochenstunden.[33] Kann die Lehrkraft das Regelstundenmaß an der Schule, der sie zugewiesen ist, nicht ausfüllen, ist sie verpflichtet, zusätzlich an einer anderen Schule zu unterrichten.

---

31 S. insbesondere *Füssel* (Fn. 1), S. 131 f.; *Weishaupt* (Fn. 1), S. 108 ff.

32 BVerwG, NVwZ 2013, 234. Nach Ansicht des Gerichts war in einer Übergangszeit bis zum Ende des Schuljahres 2013/2014 der frühere Rechtszustand, also die Regelung der Arbeitszeit durch bloße Verwaltungsvorschrift, noch hinzunehmen. – Die Lehrerarbeitszeit ist nunmehr u.a. in den folgenden Ländern durch Rechtsverordnung normiert: Baden-Württemberg: Lehrkräfte-ArbeitszeitVO vom 8.7.2017 (GBl. S. 311); Berlin: § 1 Abs. 3 ArbeitszeitVO vom 16.2.2005 (GVBl. S. 114), zul.g.d.G. vom 19.12.2017 (GVBl. S. 695) i.V.m. der Anlage zu § 1 Abs. 3 AZVO; Brandenburg: § 16 Abs. 2 Satz 1 der ArbeitszeitVO vom 16.9.2009 (GVBl. II S. 614), zul.g.d.VO vom 13.10.2015 (GVBl. II/15,[Nr. 51]) i.V.m. der Anlage zu § 16 Abs. 2 Satz 1 AZV; Hamburg: Lehrkräfte-ArbeitszeitVO vom 1.7.2003 (GVBl. S. 197), zul.g.d.VO vom 15.2.2011 (GVBl. S. 79); Hessen: PflichtstundenVO vom 25.6.2012 (ABl. S. 322); Mecklenburg-Vorpommern: Lehrkräfte-Arbeitszeit-LandesVO vom 16.3.2016 (GVOBl. S. 77); Niedersachsen: Niedersächsische VO über die Arbeitszeit der Beamtinnen und Beamten an öffentlichen Schulen vom 14.5.2012 (GVBl. S. 106); zul.g.d.VO vom 6.7.2017 (GVBl. S. 234); Nordrhein-Westfalen: VO zu § 93 Abs. 2 SchulG vom 18.3.2005 (GV. S. 218), zul.g.d.VO vom 14.3.2017 (GV. S. 373); Rheinland-Pfalz: Lehrkräfte-ArbeitszeitVO vom 30.6.1999 (GVBl. S. 148), zul.g.d.G. vom 15.6.2015 (GVBl. S. 90); Sachsen: Sächsische Lehrkräfte-ArbeitszeitVO vom 7.7.2017 (GVBl. S. 387); Sachsen-Anhalt: Verordnung über die Arbeitszeit der Lehrkräfte an öffentlichen Schulen i.d.F.d.Bek. vom 6.9.2001 (GVBl. S. 376), zul.g.d.VO vom 18.3.2016 (GVBl. S. 160).

33 Vgl. die vom Sekretariat der KMK jährlich aktualisierte Übersicht über die Pflichtstunden der Lehrkräfte an allgemeinbildenden und beruflichen Schulen, zuletzt für das Schuljahr 2017/2018 (Stand: September 2017). Die Übersicht ist abrufbar unter www.kmk.org.

Wenngleich der wesentliche Anteil der Arbeitszeit auf die Unterrichtsstunden entfällt, werden die Lehrkräfte noch durch zusätzliche Aufgaben in Anspruch genommen: häusliche Vor- und Nachbereitung des Unterrichts, Korrekturen von Klassenarbeiten und Klausuren, Elternbesuche und Elternsprechstunden sowie die sonstige Mitarbeit in der Schule (Konferenzen, Elternabende, Arbeitsgemeinschaften usw.). Auch die Teilnahme an einer mehrtägigen *Klassenfahrt* gehört zum normalen Arbeitsumfang einer Lehrkraft.[34] So ergibt sich eine Gesamtbelastung, die der von den übrigen Beamtinnen und Beamten einzuhaltenden Wochenarbeitszeit entsprechen soll.[35] Da sich nach verbreiteter Ansicht die durchschnittliche Gesamtarbeitszeit der Lehrkräfte nicht präzise durch Normen steuern lässt (vgl. aber TZ 29.234 a.E.), verfügt der Dienstherr bei der Festlegung der Pflichtstundenzahl über einen Gestaltungsspielraum, der gerichtlich nur in engen Grenzen nachprüfbar ist.[36]

29.233 Lehrkräfte, die ein bestimmtes Alter erreicht haben (im Allgemeinen 50., 55. und 60. Lebensjahr, nach Ländern verschieden), erhalten eine *Pflichtstundenermäßigung*. *Schwerbehinderte* haben Anspruch auf Reduzierung der Pflichtstundenzahl. Außerdem werden die Pflichtstundenzahlen für die Schulleitung je nach Schulart und Größe der Schule mehr oder weniger herabgesetzt. Darüber hinaus sind Stundenermäßigungen (*Anrechnungsstunden*) vorgesehen: für die Ausübung von Verwaltungsfunktionen (z.B. ständige Vertretung der Schulleiterin oder des Schuleiters, Planung und Koordination des Kursprogramms der gymnasialen Oberstufe, Betreuung von Werkstätten, Laboreinrichtungen und Bibliotheken) oder für die Wahrnehmung von Sonderaufgaben (z.B. Lehrerbildung, Tätigkeit als Beratungslehrer).[37] Es fällt auf, dass in den Verordnungen über die Lehrerarbeitszeit Anrechnungsstunden für Aufgaben, die mit der *zunehmenden Selbständigkeit der Schule* (TZ 13.2) einhergehen (Schulprogramm, Entwicklung und Sicherung der pädagogischen Qualität, Gestaltung des Schullebens, Öffentlichkeitsarbeit) kaum eine Rolle spielen.

29.234 Die *Festsetzung verschieden hoher Pflichtstundenzahlen für einzelne Gruppen der Lehrkräfte* ist im Hinblick auf den Gleichheitssatz gerechtfertigt, wenn sie auf die unterschiedliche Arbeitsbelastung der Gruppen abstellt.[38] Eine Differenzierung der Pflichtstundenzahlen allein nach der beamtenrechtlichen Stellung der Lehrkräfte – etwa der Studienräte an Gymnasien einerseits und der Lehrkräfte an Grund- und Hauptschulen andererseits – wäre hingegen unzulässig: Unterschieden in Vorbildung und Laufbahn ist bei der Einstellung, Beförderung und Besoldung, nicht bei der Arbeitszeit Rechnung zu tragen. Demgegenüber bildet die Verschiedenartigkeit der Ausbildungsziele der einzelnen Schularten ein sachgerechtes Differenzierungsmerkmal für die Festsetzung unterschiedlicher Pflichtstundenzahlen, sofern sie bei generalisierender Betrachtung die Annahme einer unterschiedlichen Arbeitsbelastung stützen kann. Daher bestehen beispielsweise keine Bedenken dagegen, dass der Dienstherr den Lehrkräften an Grund- und Hauptschulen eine höhere Pflichtstundenzahl als den Lehrkräften an Gymnasien abverlangt.

---

34 BVerwG, NVwZ 2005, 594.

35 Allerdings wird bemängelt, dass die Pflichtstundenzahl der Lehrkräfte nicht an den allgemeinen Rückgang der Wochenarbeitszeit der Angehörigen des öffentlichen Dienstes angepasst worden sei. Vgl. *Weishaupt* (Fn. 1), S. 109.

36 So bereits BVerwGE 38, 191 (197 ff.); ferner BVerwG, NVwZ 2003, 617; NVwZ-RR 2004, 593; OVG Münster, Beschl. vom 14.7.2003, Az.: 6 A 2014/01 (juris).

37 Dagegen besteht kein Anspruch der Lehrkraft darauf, für die Wahrnehmung eines kommunalpolitischen Mandats einen pauschalen Ausgleich durch generelle Ermäßigung der Pflichtstundenzahl zu erhalten. So VGH Kassel, NVwZ 1990, 887, bestätigt durch Hess StGH, Beschl. vom 15.8.1990, Az.: P.St.1101 (juris).

38 Zu dieser Problematik Ulrich *Haug*, Lehrerarbeitszeit und Gleichbehandlungsgrundsatz RdJB 1984, 129. Aus der Rspr.: BVerwG, ZBR 1983, 187; OVG Lüneburg, Urt. vom 9.6.2015, Az.: 5 KN 148/15 (juris); VGH München, Beschl. vom 14.6.2016, Az.: 3 ZB 15.959 (juris).

Die Pflichtstundenregelungen differenzieren in der Regel nicht nach dem Ausmaß der tatsächlichen Belastung, die vor allem in der Vor- und Nachbereitung der Unterrichtsstunden besteht. Umso bemerkenswerter erscheint es, dass die Länder Baden-Württemberg und Mecklenburg-Vorpommern nunmehr für die Mitwirkung von Lehrkräften im extracurricularen Programm einer Ganztagsschule je nach der Intensität des Einsatzes eine abgestufte Anrechnung auf ihre Unterrichtsverpflichtung vorsehen.[39]

Hamburg hat im Jahr 2003 ein Arbeitszeitmodell in Kraft gesetzt, das im Unterschied zu den herkömmlichen Pflichtstundenregelungen nicht nur die Unterrichtszeit, sondern durch pauschalierende Zeitansätze die gesamte Arbeitszeit der Lehrkräfte – unterrichtsbezogene, funktionsbezogene und allgemeine Aufgaben – umfasst. Zudem trägt dieses Modell bei den unterrichtsbezogenen Aufgaben den schulart-, fächer- und jahrgangsspezifischen Unterschieden in der Arbeitsbelastung durch die Setzung von höheren oder niedrigeren Zeitfaktoren Rechnung.[40]

29.235 *Teilzeitbeschäftigte Lehrkräfte* (dazu TZ 30.34) dürfen in der Summe ihrer Tätigkeiten (Unterricht, Vor- und Nachbereitung des Unterrichts, Teilnahme an Konferenzen, Elterngespräche, Vertretungsstunden, aber auch Funktionstätigkeiten) nur entsprechend ihrer Teilzeitquote zur Dienstleistung herangezogen werden.[41]

29.238 Lehrerinnen und Lehrer sind verpflichtet, über die regelmäßige wöchentliche Arbeitszeit hinaus Dienst zu tun, wenn zwingende dienstliche Verhältnisse es erfordern.[42] *Mehrarbeit im Schuldienst* liegt vor, wenn die Lehrkraft Unterricht über die Pflichtstundenzahl hinaus erteilen, also z.B. auf Anordnung des Schulleiters Vertretungsstunden übernehmen muss.[43] Teilzeitbeschäftigte Lehrkräfte leisten Mehrarbeit, sofern sie über das reduzierte Stundenmaß hinaus unterrichten müssen.

Mehrarbeit darf nur zur Erteilung von Pflichtunterricht angeordnet oder genehmigt werden, der nach Ausschöpfung aller Möglichkeiten andernfalls ausfallen müsste; sie ist tunlichst gleichmäßig auf die Lehrkräfte zu verteilen. Zur *Mehrarbeitsvergütung* vgl. TZ 31.117.

29.3 Rechtliche Folgen von Pflichtverletzungen

Dienstliches Fehlverhalten der Lehrkräfte kann haftungsrechtliche Folgen auslösen (TZ 29.31), aber auch strafrechtliche Sanktionen nach sich ziehen (TZ 29.32). Soweit Lehrerinnen und Lehrer Beamte sind, kommen überdies disziplinarische Maßnahmen in Betracht (TZ 29.33). Gegen Pflichtverletzungen von tarifbeschäftigten Lehrkräften kann der Staat als Arbeitgeber mit den Mitteln des Arbeitsrechts vorgehen (TZ 29.34).

---

39 Vgl. § 1 Abs. 2 bw Lehrkräfte-Arbeitszeit-VO, § 1 Abs. 5 LehrArbzLVO M-V. Nach diesen Bestimmungen wird eine den Unterricht ergänzende bzw. unterrichtsähnliche Angebotseinheit angerechnet, wenn sie eine dem Unterricht vergleichbare Vor- und Nachbereitung erfordert, mit 1,0 Lehrerwochenstunden, bei einer nur eingeschränkten Vor- und Nachbereitung mit 0,75, bei geringfügiger oder fehlender Vor- und Nachbereitung mit 0,5 Lehrerwochenstunden.

40 Vgl. §§ 2 ff. hmbg Lehrkräfte-ArbeitszeitVO.

41 BVerwG, NVwZ 2015, 1775.

42 Z.B. § 67 Abs. 3 bw LBG, § 61 Abs. 1 nrw LBG. Es sei daran erinnert, dass die beamtenrechtlichen Bestimmungen über die Arbeitszeit der Lehrkräfte gemäß § 44 Nr. 2 TV-L auch für die tarifbeschäftigten Lehrkräfte gelten.

43 Z.B. § 8 Abs. 3 hess Dienstordnung für Lehrkräfte, Schulleiterinnen und Schulleiter und sozialpädagogische Mitarbeiterinnen und Mitarbeiter.

29.31 Haftungsrechtliche Folgen[44]

Eine vermögensrechtliche Haftung der Lehrkraft auf Schadensersatz kann sich daraus ergeben, dass sie unmittelbar den Dienstherrn geschädigt (TZ. 29.311), oder darauf beruhen, dass sie einem Dritten Schaden zugefügt hat und der Dienstherr/Arbeitgeber, der dem Dritten den Schaden ersetzt hat, gegen die Lehrkraft Rückgriff nimmt (TZ 29.312). Da für die Schadenshaftung der tarifbeschäftigten Arbeitnehmer die für die Beamten geltenden Bestimmungen entsprechende Anwendung finden (§ 3 Abs. 7 TV-L), wird im Folgenden auf diese Vorschriften Bezug genommen.

29.311 Hinsichtlich der *unmittelbaren Schädigung des Dienstherrn bzw. Arbeitgebers* ist Folgendes zu beachten:

Lehrkräfte, die *vorsätzlich oder grob fahrlässig* die ihnen obliegenden Pflichten verletzen, müssen dem Dienstherrn/Arbeitgeber, dessen Aufgaben sie wahrgenommen haben, den daraus entstehenden Schaden ersetzen (§ 48 Satz 1 BeamtStG). *Vorsatz* ist zu bejahen, wenn der Beamte/Arbeitnehmer bewusst und gewollt den Tatbestand verwirklicht, der eine Pflichtverletzung darstellt, und sich auch der Pflichtwidrigkeit seines Verhaltens bewusst ist.[45] *Grobe Fahrlässigkeit* liegt vor, sofern die Lehrkraft die erforderliche Sorgfalt in besonders schwerem Maße verletzt, also nicht beachtet, was im gegebenen Fall jedem einleuchten muss.[46] Grob fahrlässig handeln insbesondere Lehrerinnen und Lehrer, die sich gleichgültig gegenüber Gefahren verhalten und die offensichtlich gebotenen Sicherheitsvorkehrungen außer Acht lassen. Dagegen fällt beispielsweise einer Lehrkraft nur leichte Fahrlässigkeit zur Last, wenn sie durch bloße Ungeschicklichkeit an einem ihr von der staatlichen Schulbehörde für Unterrichtszwecke überlassenen Laborgerät einen Defekt auslöst; für den dadurch verursachten Schaden kann sie nicht haftbar gemacht werden.

Umstritten ist, ob die beamtenrechtlichen Haftungsvorschriften auch dann (entsprechend) anzuwenden sind, wenn ein Lehrer, der im Dienst des Landes steht, nicht das Eigentum des Dienstherrn, sondern des *kommunalen Schulträgers* beschädigt, z.B. durch unsachgemäßen Umgang mit einem für den Musikunterricht angeschafften Instrument oder durch Verlust des zu einem Schließsystem gehörenden Schlüssels. Nach Auffassung des Bundesgerichtshofs kann als Dienstherr im Sinne der beamtenrechtlichen Haftungsvorschriften auch ein anderer als die Anstellungskörperschaft in Betracht kommen, sofern der Beamte nur dessen Aufgaben wahrgenommen und dieser dadurch einen Schaden erlitten hat; demgemäß hat der kommunale Schulträger, der durch vorsätzliches oder grob fahrlässiges Verhalten des Lehrers geschädigt wird, unmittelbar gegen diesen einen Schadensersatzanspruch.[47] Demgegenüber geht die verwaltungsgerichtliche Rechtsprechung davon aus, dass eine im Dienst des Landes stehende Lehrkraft keine Aufgaben des kommunalen Schulträgers wahrnimmt. Deshalb könne die Kommune nicht als ihr Dienstherr betrachtet werden und keinen auf die beamtenrechtliche Schadensersatzregelung gestützten Anspruch gegen sie erheben. Der kommunale Schulträger wird dadurch aber nicht schutzlos gestellt: Das Land kann nämlich als Dienstherr der Lehrkraft den beamtenrechtlichen Schadensersatzanspruch im „Drittinteresse" des Schulträgers gegen die Lehrkraft erheben, der Schulträger wiederum aus dem Gemeinschaftsverhältnis, in dem Kommune und Land im Blick auf die Einrichtung und Unterhaltung öffentlicher Schulen zueinander stehen, vom Land

---

44 Dazu Jörg *Beckmann*, Die Haftung des Beamten gegenüber seinem Dienstherrn, Berlin 2002; *ders.*, Zum Schadensersatz des Dienstherrn gegen den Beamten, ZBR 2004, 109; *Böhm* (Fn. 20), S. 35 ff.; Holger *Zetsche*, Zur Haftung des öffentlichen Bediensteten gegenüber seinem Dienstherrn, ZBR 2004, 130.

45 BVerwGE 70, 296 (299).

46 BGH, NJW 1992, 3236; *Schnellenbach/Bodanowitz*, Beamtenrecht in der Praxis, § 9 Rn. 24.

47 BGH, NJW 1973, 1461.

die Geltendmachung des Schadensersatzanspruchs verlangen (sogenannte *Drittschadensliquidation*).[48]

Wenn der Dienstherr durch eine beamtete Lehrkraft geschädigt worden ist, steht es ihm frei, seinen Schadensersatzanspruch durch *Leistungsklage* vor dem Verwaltungsgericht durchzusetzen[49] oder stattdessen einen *Leistungsbescheid*, also einen Verwaltungsakt, zu erlassen, gegen den der Beamte seinerseits Anfechtungsklage erheben kann.[50]

Der Ersatzanspruch *verjährt* in drei Jahren von dem Zeitpunkt an, zu dem der Dienstherr/Arbeitgeber von dem Schaden und der Person der ersatzpflichtigen Lehrkraft Kenntnis erlangt hat, spätestens aber in zehn Jahren nach dem Schadensereignis.[51]

29.312 Verletzt die Lehrkraft in Ausübung des Amtes schuldhaft die ihr einem Dritten (z.B. einem Schüler) gegenüber obliegende Amtspflicht, so *trifft die Verantwortlichkeit den Dienstherrn/Arbeitgeber* (§ 839 Abs. 1 Satz 1 BGB i.V.m. Art. 34 Satz 1 GG). Der Geschädigte kann also nicht die Lehrkraft, er muss den Staat[52] auf Schadensersatz in Anspruch nehmen (*Amtshaftung, Staatshaftung*).[53] Diese Regelung ist vor allem bei Schadensfällen durch Verletzung der Aufsichtspflicht (TZ 29.217) bedeutsam. Die Lehrkraft braucht also nicht zu befürchten, von dem geschädigten Schüler persönlich zur Kasse gebeten zu werden. Für Personenschäden von Schülern infolge eines Schulunfalls kommt ohnehin die gesetzliche Unfallversicherung auf (Näheres unter TZ 25.311). Hat das Land in den Fällen, in denen die Unfallversicherung nicht eintritt (also bei Sachschäden oder bei Personenschäden schulfremder Personen), Schadensersatz leisten müssen, kann es gegen die Lehrkraft nur dann *Rückgriff* (*Regress*) nehmen, wenn diese vorsätzlich oder grob fahrlässig gehandelt hat (Art. 34 Satz 2 GG, § 48 Satz 1 BeamtStG).[54]

---

48 VGH Mannheim, ZBR 1985, 113, bestätigt durch BVerwG NVwZ 1985, 904 (905); so auch OVG Koblenz, NVwZ-RR 2005, 477. Zu dieser besonderen Haftungsproblematik s. Roland *Wörz*, Haftungsfragen bei Beschädigung von Eigentum des kommunalen Schulträgers durch Lehrer an öffentlichen Schulen, ZBR 1987, 237.

49 Demgegenüber muss der öffentliche Arbeitgeber zur Durchsetzung eines Schadensersatzanspruchs gegen eine tarifbeschäftigte Lehrkraft Klage vor dem Arbeitsgericht erheben.

50 Die Geltendmachung des Schadensersatzanspruchs durch Leistungsbescheid wird vom BVerwG mit dem Argument gerechtfertigt, dass im öffentlich-rechtlichen Dienstverhältnis die Unterordnung des Beamten seine Inanspruchnahme durch Verwaltungsakt legitimiere (BVerwGE 19, 243 [246]; 21, 270 [272]; 27, 350). Dies wird im Schrifttum wegen Fehlens einer gesetzlichen Ermächtigung überwiegend für unzulässig erklärt; vgl. *Maurer/Waldhoff*, Verwaltungsrecht, § 10 Rn. 33.

51 So z.B. Art. 78 Abs. 1 Satz 1 BayBG, § 72 Abs. 1 Satz 1 bln LBG. In einigen Ländern gilt das Gleiche durch Verweisung auf die Verjährungsvorschriften des BGB (z.B. § 59 Abs. 1 bw LBG, § 51 Abs. 1 Satz 1 NBG). Das BeamtStG (§ 48) selbst wie auch mehrere Beamtengesetze der Länder (z.B. NRW) sehen von einer Regelung der Verjährung ab. Die Abstinenz des Gesetzgebers wird damit begründet, dass dem Dienstherrn im Rahmen seiner Fürsorgepflicht (§ 45 BeamtStG) die Entscheidung überlassen sein müsse, ob und zu welchem Zeitpunkt er seinen Schadensersatzanspruch geltend mache. Aus diesem Grund wird auch eine entsprechende Anwendung der zivilrechtlichen Verjährungsvorschriften abgelehnt. So *Reich*, BeamtStG. Kommentar, § 48 Rn. 6.

52 Bei kommunalen Beamten die kommunale Gebietskörperschaft (Gemeinde, Kreis, Zweckverband).

53 In Brandenburg und Thüringen besteht neben der Haftung für schuldhafte Amtspflichtverletzung eine verschuldensunabhängige Staatshaftung, die auf das Staatshaftungsgesetz der DDR zurückgeht; in Sachsen-Anhalt haftet der Hoheitsträger neben der Haftung nach § 839 Satz 1 BGB i.V.m. Art. 34 Satz 1 GG für rechtswidrig zugefügte hoheitliche Eingriffe seiner Mitarbeiter in des Eigentum der Betroffenen. Dazu näher TZ 25.321.

54 Soweit die gesetzliche Unfallversicherung für den Schaden aufzukommen hat, kann der Versicherungsträger bei der Lehrkraft, die vorsätzlich oder grob fahrlässig gehandelt hat, Rückgriff nehmen (§ 110 Abs. 1 Satz 1 SGB VII); er kann allerdings nach billigem Ermessen, insbes. unter Berücksichtigung der wirtschaftlichen Verhältnisse der Lehrkraft, auf diesen Ersatzanspruch verzichten (§ 110 Abs. 2 SGB VII).

Das Land muss seine Rückgriffsforderung vor dem ordentlichen Gericht, und zwar vor dem Landgericht, geltend machen (Art. 34 Satz 3 GG, § 71 Abs. 2 Nr. 2 GVG), so dass die letzte Entscheidung nicht der Behörde, sondern unabhängigen Richtern zugewiesen ist.

29.32 Strafrechtliche Folgen

29.321 Wer als Lehrkraft eine Straftat begeht, muss mit strafrechtlichen Sanktionen rechnen.[55] Manche Straftaten werden schwerer geahndet, wenn sie *im Amt* begangen werden (z.B. Körperverletzung nicht nach § 223 StGB, sondern nach § 340 StGB); andere können überhaupt nur von *Amtsträgern* begangen werden (z.B. Vorteilsannahme und Bestechlichkeit, §§ 331, 332 StGB).[56] Bestimmte strafgerichtliche Urteile haben mit Rechtskraft automatisch den Verlust der Beamtenrechte zur Folge (vgl. TZ 28.252).

29.322 Beim Lehrer sind es vor allem Körperverletzungen und Sexualdelikte, deren er beschuldigt werden kann. Überdies können Lehrerinnen und Lehrer dem Vorwurf der Bestechlichkeit und der Verletzung von Dienstgeheimnissen ausgesetzt sein.

Bei einer körperlichen Züchtigung kommt ein Strafverfahren wegen *Körperverletzung im Amt* (§ 340 StGB) in Betracht.[57] Steht der Lehrer, der gegen das Züchtigungsverbot (TZ 22.33) verstoßen hat, im Beamtenverhältnis, macht er sich überdies eines Dienstvergehens schuldig, kann also disziplinarisch belangt werden, und zwar selbst dann, wenn eine strafrechtliche Verfolgung unterbleibt oder mit Freispruch endet.

Ereignet sich unter Aufsicht der Lehrkraft ein schwerer Unfall, droht ihr ein Strafverfahren wegen *fahrlässiger Körperverletzung* (§ 230 StGB) oder wegen *fahrlässiger Tötung* (§ 222 StGB). Es handelt sich in diesen Fällen um sogenannte unechte Unterlassungsdelikte (§ 13 StGB): Zwar hat die Lehrkraft die Körperverletzung bzw. den Tod nicht selbst durch aktives Tun herbeigeführt; sie hat es aber fahrlässig unterlassen, das schädigende Ereignis zu verhindern, obwohl sie dazu aufgrund ihrer mit dem Lehramt verbundenen „Garantenstellung“ verpflichtet war.

Heutzutage sind Lehrer besonders leicht Verdächtigungen im Bereich der *Sexualdelikte*[58] ausgesetzt. Deshalb sind größte Vorsicht und Zurückhaltung geboten; der Lehrer ist gut beraten, verfängliche Situationen gar nicht erst entstehen zu lassen.[59]

---

55 Eingehende Erläuterungen zu den in Betracht kommenden strafrechtlichen Tatbeständen in den Kommentaren zum Strafgesetzbuch u.a. von Thomas *Fischer*, 61. Aufl., München 2018; Karl *Lackner*/Kristian *Kühl*, 29. Aufl., München 2018; Adolf *Schönke*/Horst *Schröder*, 29. Aufl., München 2014.

56 Lehrkräfte sind Amtsträger im Sinne des Strafgesetzbuchs, und zwar als Beamte wegen ihres Beamtenstatus (§ 11 Abs. 1 Nr. 2 Buchst. a StGB) und als Arbeitnehmer, weil sie dazu bestellt sind, bei einer Behörde Aufgaben der öffentlichen Verwaltung wahrzunehmen (§ 11 Abs. 1 Nr. 2 Buchst. c StGB).

57 Der Lehrer an einer Privatschule, der störende Schüler dadurch zu disziplinieren versucht, dass er sie an den Ohren hochzieht, sie am Genick packt und mit den Köpfen frontal gegeneinander stößt, begeht zwar eine Körperverletzung, nicht aber eine Körperverletzung im Amt. Er ist kein Amtsträger im Sinne des § 11 Abs. 1 Nr. 2 Buchst. c StGB, also keine Person, die dazu bestellt ist, bei einer Behörde oder sonstigen Stelle oder in deren Auftrag Aufgaben der öffentlichen Verwaltung wahrzunehmen. „Sonstige Stellen“ sind nach st. Rspr. des BGH behördenähnliche Institutionen, die zwar keine Behörden im organisatorischen Sinne, wohl aber rechtlich befugt sind, bei der Ausführung von Gesetzen und bei der Erfüllung öffentlicher Aufgaben mitzuwirken. Das trifft auf eine Privatschule gerade nicht zu. Diese ist vielmehr ein aliud zur öffentlichen Schule; sie kann deshalb nicht als verlängerter Arm des Staates und damit nicht als sonstige Stelle im Sinne des § 11 Abs. 1 Nr. 2 Buchst. c StGB angesehen werden. So OLG München, NJW 2008, 1174.

58 Zu denken ist insbesondere an die Straftatbestände des sexuellen Missbrauchs von Schutzbefohlenen und Jugendlichen (§§ 174, 182 StGB), der Verbreitung pornographischer Schriften (§ 184 StGB).

59 Zu der Frage, ob die Schulleitung verpflichtet ist, die Polizei zu informieren, wenn sie erfährt, dass ein Lehrer Schülerinnen oder Schüler missbraucht hat, s. TZ 19.432.

Eine Lehrkraft, die ein Geschenk oder einen sonstigen Vorteil als Gegenleistung dafür fordert, sich versprechen lässt oder annimmt, dass sie eine Diensthandlung vornimmt (z.B. Vergabe einer Zeugnisnote, Mitwirkung an einer Versetzungsentscheidung, Empfehlung für die weiterführende Schulart) und dadurch ihre Dienstpflichten verletzt, macht sich wegen *Bestechlichkeit* (§ 332 StGB) strafbar. Wer als Lehrer unbefugt ein Privatgeheimnis offenbart, das ihm als Amtsträger bekannt geworden ist, kann nach § 203 Abs. 2 StGB wegen *Verletzung von Privatgeheimnissen* bestraft werden; handelt es sich bei dem Geheimnis um ein Dienstgeheimnis, durch dessen Kundgabe öffentliche Interessen gefährdet werden, kommt eine Bestrafung nach § 353b StGB wegen *Verletzung des Dienstgeheimnisses* in Betracht.

Lehrkräfte, die mit dem Strafgesetz in Konflikt geraten, können keine Ausnahmestellung beanspruchen. Aber sie brauchen sich nicht schutzlos zu fühlen. Ihre Dienstbehörde kann sie einem Strafverfahren nicht entziehen; aufgrund ihrer Fürsorgepflicht ist sie jedoch gehalten, der nach ihrer Überzeugung nicht oder nur geringfügig schuldigen Lehrkraft beizustehen, indem sie bei Staatsanwaltschaft und Gericht ihren Sachverstand zur Geltung bringt und dadurch zu ihrer Entlastung beiträgt.

29.33 Disziplinarrechtliche Folgen

Hat eine *beamtete Lehrkraft* ein Dienstvergehen begangen, kann eine Disziplinarmaßnahme gegen sie verhängt werden.[60] Während das Strafrecht der Abschreckung und Besserung sowie der Sühne und Vergeltung für begangenes Unrecht dient, soll das Disziplinarrecht bewirken, dass die Beamten ihre dienstrechtlichen Pflichten beachten und dadurch das Vertrauen der Allgemeinheit in die Integrität des Beamtentums gewahrt bleibt.[61] Hierbei ist zwischen materiellem und formellem Disziplinarrecht zu unterscheiden.

29.331 Das *materielle Disziplinarrecht* betrifft die Frage, welches Verhalten als Dienstvergehen anzusehen ist. Nach § 47 Abs. 1 Satz 1 BeamtStG begehen Beamte ein Dienstvergehen, wenn sie schuldhaft (vorsätzlich oder fahrlässig) die ihnen obliegenden Pflichten verletzen. Zu den Pflichten der beamteten Lehrkräfte s. ausführlich TZ 29.11 und 29.2.

Außerdienstliches Fehlverhalten des Beamten ist nur dann ein Dienstvergehen, wenn es nach den Umständen des Einzelfalls in besonderem Maße geeignet ist, das Vertrauen in einer für sein Amt bedeutsamen Weise zu beeinträchtigen (§ 47 Abs. 1 Satz 2 BeamtStG). Deshalb kann die Lehrkraft wegen geringfügiger Straftaten, z.B. wegen leichter Fahrlässigkeitsdelikte im Straßenverkehr, in der Regel disziplinarisch nicht belangt werden.[62] Bei Ruhestandsbeamten gelten nur bestimmte Pflichtwidrigkeiten, z.B. Verletzung der Verschwiegenheitspflicht und Verstoß gegen das Verbot der Annahme von Geschenken, als Dienstvergehen (§ 47 Abs. 2 BeamtStG).

60 Hans-Dietrich *Weiß*, Disziplinarrecht des Bundes und der Länder. Erläutert auf der Grundlage des Bundesbeamtengesetzes und des Bundesdisziplinargesetzes unter Einbeziehung des entsprechenden Rechts der Länder, Berlin. Loseblattwerk, Stand: März 2016; Frank *Bieler*/Otto *Lukat*, Das behördliche Disziplinarverfahren. 4. Aufl., Köln 2012; Hans Rudolf *Claussen*/Matthias *Bennecke*/Ernst-Albrecht *Schwandt*, Das Disziplinarverfahren. 6. Aufl., Köln 2010; *Wichmann/Langer*, Öffentliches Dienstrecht, Rn. 398 (Grundzüge des Disziplinarrechts).

61 OVG Koblenz, ZBR 2005, 430 (431); BVerwG, NJW 2008, 3489 (3491); *Wichmann/Langer*, Öffentliches Dienstrecht, Rn. 399.

62 Anders bei wiederholter Trunkenheitsfahrt. Dazu BVerwG, NJW 1998, 2463.

29.332 Das *formelle Disziplinarrecht* hat das Verfahren der *Verfolgung von Dienstvergehen* zum Gegenstand. Es ist in den *Disziplinargesetzen der Länder* geregelt (§ 47 Abs. 3 BeamtStG).[63]

Disziplinarmaßnahmen zur Ahndung von Dienstvergehen sind in aufsteigender Stufenfolge: der Verweis, die Geldbuße, die Kürzung der Dienstbezüge, die Zurückstufung und die Entfernung aus dem Beamtenverhältnis, bei Ruhestandsbeamten die Kürzung und die Aberkennung des Ruhegehalts; einem Beamten auf Probe und einem Beamten auf Widerruf können nur Verweise und Geldbußen auferlegt werden (§§ 5 ff. BDG). *Verweis* ist der schriftliche Tadel eines bestimmten Verhaltens. Die *Geldbuße* darf die monatlichen Dienst- oder Anwärterbezüge nicht übersteigen. Die *Kürzung der Dienstbezüge* besteht in der bruchteilmäßigen Verminderung der monatlichen Dienstbezüge um höchstens ein Fünftel auf längstens drei Jahre. Die *Zurückstufung* ist die Versetzung des Beamten in ein Amt derselben Laufbahn mit geringerem Endgrundgehalt. Mit der *Entfernung aus dem Dienst* endet das Dienstverhältnis; der Beamte verliert den Anspruch auf Dienstbezüge und Versorgung sowie die Befugnis, die Amtsbezeichnung zu führen. Ein Beamter, der aus dem Dienst entfernt worden ist, darf nicht wieder zum Landesbeamten ernannt und soll auch nicht als Arbeitnehmer im Landesdienst beschäftigt werden.

29.333 Liegen zureichende tatsächliche Anhaltspunkte vor, die den Verdacht eines Dienstvergehens rechtfertigen, leitet der Dienstvorgesetzte (TZ 28.214) ein Disziplinarverfahren ein (§§ 17 ff. BDG, *Legalitätsprinzip*). Der Beamte kann auch selbst die Einleitung eines Disziplinarverfahrens gegen sich beantragen, um sich vom Verdacht eines Dienstvergehens zu entlasten (sogenanntes *Selbstreinigungsverfahren*).

Das *behördliche Disziplinarverfahren* wird durch Einstellungsverfügung, Disziplinarverfügung oder Erhebung der Disziplinarklage abgeschlossen (§§ 32 ff. BDG). *Eingestellt* wird das Verfahren u.a. dann, wenn ein Dienstvergehen nicht erwiesen ist. Durch *Disziplinarverfügung* wird ein Verweis, eine Kürzung der Dienstbezüge oder des Ruhegehalts ausgesprochen. Soll gegen den Beamten auf Zurückstufung, Entfernung aus dem Beamtenverhältnis oder auf Aberkennung des Ruhegehalts erkannt werden, ist *Disziplinarklage* zu erheben.[64] Für die Erhebung der Disziplinarklage ist die oberste Dienstbehörde zuständig (§§ 34, 45 BDG).

29.334 Für das *gerichtliche Disziplinarverfahren* sind im ersten Rechtszug Verwaltungsgerichte zuständig.[65] Sie entscheiden über Disziplinarklagen, über Klagen der Beamten

---

63 Z.B. bw Landesdisziplinargesetz (LDG) vom 14.10.2008 (GBl. S. 343), zul.g.d.G. vom 1.12.2015 (GBl. S. 1035,1038); Hessisches Disziplinargesetz vom 21.7.2006 (GVBl. I S. 394), zul.g.d.G. vom 27.5.2013 (GVBl. I S. 218); Landesdisziplinargesetz M-V i.d.F.d.Bek. vom 11.11.2015 (GVOBl. S. 437); nrw Landesdisziplinargesetz vom 16.11.2004 (GV. S. 624), zul.g.d.G. vom 14.6.2016 (GV. S. 310); rp Disziplinargesetz vom 2.3.1998 (GVBl. S. 29), zul.g.d.G. vom 15.6.2015 (GVBl. S. 90); sh Landesdisziplinargesetz vom 18.3.2003 (GVOBl. S. 154), zul.g.d.G. vom 10.4.2017 (GVOBl. S. 222); Thüringer Disziplinargesetz vom 21.6.2002 (GVBl. S. 257), zul.g.d.G. vom 24.8.2017 (GVBl. S. 91, 95). – Da die Landesdisziplinargesetze sich weitgehend an das Bundesdisziplinargesetz vom 9.7.2001 (GVBl. I S. 1510), zul.g.d.G. vom 19.10.2016 (GVBl. I S. 1666), anlehnen, *werden im Folgenden, soweit das Landesrecht nicht Abweichungen vorsieht, die Bestimmungen des BDG zitiert.*

64 In Mecklenburg-Vorpommern und Schleswig-Holstein ist der Dienstvorgesetzte befugt, auch auf eine Zurückstufung durch Disziplinarverfügung zu erkennen (§ 35 Abs. 1 Satz 1 LDG M-V, § 33 Abs. 1 sh LDG). Noch weiter geht Baden-Württemberg. Dort kann der Dienstvorgesetzte sogar die schärfsten Maßnahmen, nämlich die Entfernung aus dem Beamtenverhältnis und die Aberkennung des Ruhegehalts, verhängen (§ 38 Abs. 1 Satz 1 bw LDG: „Disziplinarmaßnahmen werden durch Disziplinarverfügung ausgesprochen."); ein gerichtliches Disziplinarverfahren findet demgemäß nicht statt. Dazu Alexander *Wilhelm,* Abschied von der Disziplinarklage, DÖV 2009, 800.

65 Im Verfahren gegen einen Lehrer soll der Disziplinarkammer ein Lehrer als Beamtenbeisitzer angehören; ist eine Lehrerin beschuldigt, soll möglichst eine weibliche Lehrkraft das Beisitzeramt ausüben (vgl. § 47 Abs. 4 nrw LDG).

gegen eine Disziplinarverfügung[66] und über Anträge der Beamten auf Aussetzung der vorläufigen Dienstenthebung und der Einbehaltung von Dienstbezügen. Bei einer Disziplinarklage kann das Verwaltungsgericht in seinem Urteil auf die erforderliche Disziplinarmaßnahme erkennen oder die Disziplinarklage abweisen[67]; bei der Klage gegen eine Disziplinarverfügung prüft das Gericht neben der Rechtmäßigkeit auch die Zweckmäßigkeit der angefochtenen Entscheidung (§ 60 BDG). Gegen das Urteil über eine Disziplinarklage steht den Beteiligten die Berufung an das Oberverwaltungsgericht (den Verwaltungsgerichtshof) zu; im Übrigen kann Berufung nur eingelegt werden, wenn sie vom Verwaltungsgericht oder dem Oberverwaltungsgericht zugelassen wird (§ 64 BDG). Für die Zulassung der Revision zum Bundesverwaltungsgericht gelten die Vorschriften der Verwaltungsgerichtsordnung (§ 69 BDG).

29.335 Das Disziplinarverfahren wird bis zur Beendigung eines laufenden Strafverfahrens wegen desselben Sachverhalts ausgesetzt und erst nach dessen Abschluss fortgeführt; es *kann* ausgesetzt werden, wenn in einem anderen gesetzlich geordneten Verfahren (z.B. Bußgeldverfahren) über eine Frage zu entscheiden ist, deren Beurteilung für die Entscheidung im Disziplinarverfahren von wesentlicher Bedeutung ist (§ 22 BDG). Die tatsächlichen Feststellungen eines rechtskräftigen Urteils im Straf- oder Bußgeldverfahren sind für die Organe der Disziplinargewalt, also auch für die Disziplinargerichte, bindend (§ 23 Abs. 1 BDG).

29.336 Im Disziplinarrecht gibt es eine *Verfolgungsverjährung*. Sind seit Vollendung eines Dienstvergehens mehr als zwei Jahre vergangen, darf ein Verweis nicht mehr erteilt werden; bei Dienstvergehen, die mit Geldbuße, Kürzung der Dienstbezüge oder Kürzung des Ruhegehalts geahndet werden, beträgt die Frist drei Jahre, bei einer Zurückstufung sieben Jahre (§ 15 BDG). Die *Kosten des Disziplinarverfahrens* trägt der unterliegende Teil (§ 77 BDG, § 154 VwGO). *Eintragungen in den Personalakten* (TZ 30.62) über einen Verweis *sind* nach zwei Jahren *zu tilgen*, über eine Geldbuße, eine Kürzung der Dienstbezüge und eine Kürzung des Ruhegehalts nach drei, über eine Zurückstufung nach sieben Jahren. Nach Ablauf der Fristen dürfen diese Maßnahmen bei weiteren Disziplinarmaßnahmen nicht mehr berücksichtigt werden; der Beamte gilt als von der Disziplinarmaßnahme nicht betroffen (§ 16 BDG).

29.34 Arbeitsrechtliche Folgen[68]

Disziplinarrechtliche Sanktionen wie bei Pflichtverletzungen der Beamten kennt das Arbeitsrecht nicht. Wohl aber kann der Arbeitgeber eine Lehrkraft, die ihre Dienstpflichten verletzt, abmahnen. Mit der *Abmahnung* beanstandet er ein bestimmtes vertragswidriges Verhalten des Arbeitnehmers (Hinweisfunktion), fordert ihn zu einem künftig vertragsgemäßen Verhalten auf (Ermahnungsfunktion) und droht ihm für den Wiederholungsfall arbeitsrechtliche Konsequenzen an (Warnfunktion). Für die Abmahnung ist keine bestimmte Form vorgeschrieben; sie kann also schriftlich oder mündlich erklärt werden.

Härteste Konsequenz einer Abmahnung ist die verhaltensbedingte *Kündigung*. Daraus folgt umgekehrt, dass nach dem Grundsatz der Verhältnismäßigkeit eine solche Kündigung nur gerechtfertigt ist, wenn ihr eine Abmahnung vorausgegangen ist. Zu den übrigen Voraussetzungen der Wirksamkeit einer Kündigung und zum Kündigungsschutz s. TZ 28.341.

---

66 Vor der Erhebung der Klage gegen eine Disziplinarverfügung ist wie sonst bei der verwaltungsgerichtlichen Anfechtungsklage in den meisten Ländern ein Widerspruchsverfahren durchzuführen (vgl. TZ 34.212), es sei denn, dass die angefochtene Disziplinarverfügung durch die oberste Schulbehörde erlassen worden ist (vgl. § 41 BDG).

67 Im disziplinargerichtlichen Verfahren ist die Abweisung der Disziplinarklage an die Stelle des früher in den Disziplinarordnungen des Bundes und der Länder vorgesehenen Freispruchs getreten.

68 Hans *Brox*/Bernd *Rüthers*/Martin *Henssler*, Arbeitsrecht. 19. Aufl., Stuttgart 2016, Rn. 420 ff., 488 ff.; Wilhelm *Dütz*/Gregor *Thüsing*, Arbeitsrecht. 22. Aufl., München 2017, Rn. 186 ff., 211 f. *Wichmann/Langer*, Öffentliches Dienstrecht, Rn. 652 ff., 669 ff.

30. Kapitel: Nichtvermögenswerte Rechte der Lehrkräfte

In diesem den *nichtvermögenswerten* Rechten der Lehrerinnen und Lehrer gewidmeten Kapitel geht es im Wesentlichen um die Frage, welche *Freiheits- und Gleichheitsrechte* die Lehrkräfte in der Wahrnehmung ihrer beruflichen Rolle als Pädagogen haben.[1] Alle Ansprüche, die Besoldung, Versorgung, Arbeitsentgelt, Sozialleistungen usw. betreffen; bleiben hier außer Betracht; sie werden im 31. Kapitel behandelt. Mit Rechten sind vor allem *subjektive Rechte* gemeint, also die von der Rechtsordnung geschützten Interessen der Lehrerinnen und Lehrer. Dabei handelt es sich zumeist um solche Rechte, die ihnen gegenüber ihrem Dienstherrn bzw. Arbeitgeber zu Gebote stehen.

Die Lehrkräfte können sich, ungeachtet des Beamten- oder Arbeitnehmerstatus, vor allem auf die verfassungsrechtlich verbürgten *Freiheitsrechte* berufen (TZ 30.1). Außerdem wirken die grundrechtlich gewährleisteten *Gleichheitsrechte,* die durch das *Allgemeine Gleichbehandlungsgesetz* und das im jeweiligen Bundesland geltende *Gleichstellungsgesetz* konkretisiert werden, auf ihre Rechtsstellung im öffentlichen Dienst ein (TZ 30.2). Darüber hinaus verfügen Lehrkräfte als Beamte wie auch als Arbeitnehmer über *soziale Rechte*: Fürsorge, Mutterschutz, Elternzeit, Erholungsurlaub und Teilzeitarbeit (TZ 30.3); nicht zu vernachlässigen sind die spezifischen Rechte der beamteten Lehrkräfte in Bezug auf ihr Amt (TZ 30.4). Darüber hinaus haben alle Lehrkräfte *Partizipationsrechte* im Rahmen der Personalvertretung (TZ 30.5). Zu besprechen sind überdies Regelungen, die zwar nicht in erster Linie auf die Begründung subjektiver Rechte im engeren Sinn zielen, wohl aber dem Schutz der Interessen der Angehörigen des öffentlichen Dienstes dienen; dazu zählen die Vorschriften über *dienstliche Beurteilungen* und *Personalakten* (TZ 30.6). Für die berufliche Tätigkeit der Lehrkräfte besonders relevant ist schließlich die *pädagogische Freiheit* (TZ 30.7). Zum *Rechtsschutz* der Lehrkräfte s. das 32. Kapitel.

30.1 Grundrechte als Freiheitsrechte

30.11 Allgemeines

Die grundrechtlich geschützten Freiheitsrechte[2] stehen *allen*, auch den beamteten *Lehrkräften* zu. Das Beamtenverhältnis ist *kein besonderes Gewaltverhältnis*, in dem Lehrerinnen und Lehrer den uneingeschränkten Einwirkungen des Dienstherrn schutzlos ausgesetzt wären. Vielmehr gilt auch für Beamte der *Grundsatz vom Vorbehalt des Gesetzes.*

---

1 Aus der Literatur: Ulrich *Battis*, Beamtenrecht, in: Ehlers/Fehling/Pünder, Besonderes Verwaltungsrecht, Bd. III, § 87; *ders.*, Arbeiter und Angestellte im Öffentlichen Dienst, in: Ehlers/Fehling/Pünder, Besonderes Verwaltungsrecht, § 88; Hans *Brox*/Bernd *Rüthers*/Martin *Henssler*, Arbeitsrecht. 19. Aufl., Stuttgart 2016, Rn. 271 ff.; Hans-Peter *Füssel*, Rechtsstellung, Laufbahnen und Besoldung der Lehrkräfte, in: Ewald Terhart/Hedda Bennewitz/Martin Rothland (Hrsg.), Handbuch der Forschung zum Lehrerberuf, 2. Aufl., Münster 2014, S. 123 (127 ff.); Philip *Kunig*, Das Recht des öffentlichen Dienstes, in: Schoch. Besonderes Verwaltungsrecht, Rn. 130 ff.; *Schnellenbach*/*Bodanowitz*, Beamtenrecht in der Praxis; Manfred *Wichmann*/Karl-Ulrich *Langer*, Öffentliches Dienstrecht. Das Beamten- und Arbeitsrecht für den öffentlichen Dienst, 8. Aufl., Stuttgart 2017: Rn. 236 ff. (Rechte des Beamten); Rn. 627 ff. passim (Arbeitgeberpflichten).

2 Einführendes Schrifttum in die allgemeine Grundrechtslehre: Jörn *Ipsen,* Staatsrecht II (Grundrechte). 29. Aufl., Köln 2017; *Kingreen*/*Poscher*, Grundrechte; *Hufen*, Staatsrecht II; Gerrit *Manssen,* Staatsrecht II – Grundrechte. 17. Aufl., München 2017. Speziell zum Beamtenrecht: Fritjof *Wagner*/Sabine *Leppek*, Beamtenrecht, 12. Aufl., Heidelberg 2015, *§ 16;* Stefan *Werres,* Der Beamte als Grundrechtsträger, ZBR 2006, 288. Vgl. auch Franz Josef *Lindner,* Grundrechtssicherung durch das Berufsbeamtentum, ZBR 2006, 1.

Daher kann der Dienstherr in ihre Grundrechte nur eingreifen, wenn er dazu gesetzlich, z.B. durch beamtenrechtliche oder schulgesetzliche Vorschriften, ermächtigt ist. Grundrechtsbeschränkungen können auch durch verfassungsrechtlich geschützte Rechtsgüter gerechtfertigt sein; als solche kommen insbesondere der staatliche Erziehungsauftrag (Art. 7 Abs. 1 GG) sowie hergebrachte Grundsätze des Berufsbeamtentums (Art. 33 Abs. 5 GG) in Betracht.[3] Zum Abschied von der Rechtsfigur des besonderen Gewaltverhältnisses s. TZ 16.111.

Auch als *Arbeitnehmer* im öffentlichen Dienst beschäftigte Lehrkräfte können sich auf ihre Grundrechte berufen. Die Grundrechtsberechtigung wird durch ihre Eingliederung in den staatlichen Aufgabenbereich der Schule nicht von vornherein oder grundsätzlich in Frage gestellt.[4] Die rechtliche Möglichkeit, von den Grundrechten Gebrauch zu machen, kann aber durch arbeitsrechtliche oder schulrechtliche Normen, vor allem durch den staatlichen Erziehungsauftrag begrenzt sein.

30.12 Einzelne Freiheitsgrundrechte[5]

30.121 Das Grundrecht auf *freie Entfaltung der Persönlichkeit* (Art. 2 Abs. 1 GG) gewährleistet die allgemeine *Handlungsfreiheit* im umfassenden Sinn.[6] Diese ist nicht auf den Kernbereich der Persönlichkeit reduziert, sondern schließt die gesamte Lebensführung ein.[7] Daher schützt das Grundrecht auch die freie wirtschaftliche Betätigung und die freie Verwertung der Arbeitskraft (was insbesondere für das Nebentätigkeitsrecht, TZ 29.119, bedeutsam ist). Aus Art. 2 Abs. 1 GG in Verbindung mit der in Art. 1 Abs. 1 GG geschützten Menschenwürde leitet das Bundesverfassungsgericht das zu einem eigenständigen Grundrecht verselbständigte *allgemeine Persönlichkeitsrecht* ab, dessen Aufgabe es ist, „im Sinne des obersten Konstitutionsprinzips der ‚Würde des Menschen' (Art. 1 Abs. 1 GG) die engere persönliche Lebenssphäre und die Erhaltung ihrer Grundbedingungen zu gewährleisten".[8] Das allgemeine Persönlichkeitsrecht umfasst das *Recht auf informationelle Selbstbestimmung* sowie das Recht auf *Gewährleistung der Vertraulichkeit und Integrität informationstechnischer Systeme*.

---

3 Vgl. *Schnellenbach/Bodanowitz*, Beamtenrecht in der Praxis, § 7 Rn. 2 f.; BVerfGE 19, 303 (322); 39, 443 (366); *Kunig* (Fn. 1), Rn. 49 ff., 171 ff.

4 BVerfG, NJW 2015, 1359 (1360). Nach *Kunig* (Fn. 1), Rn. 49, wirken die Grundrechte auf die privatrechtliche Beziehung der Arbeitnehmer zum Dienstgeber im Wege der Vermittlung durch Generalklauseln ein, insbes. §§ 134, 138, 242 BGB; dieses Umwegs zur Begründung der Grundrechtsgeltung zugunsten der Arbeitnehmer im öffentlichen Dienst bedarf es nach der zitierten Rspr. des BVerfG nicht.

5 Neben den durch das Grundgesetz verbürgten Grundrechten gewinnen die durch die *Grundrechtecharta der Europäischen Union* vom 7.12.2000 (Amtsbl. EU vom 18.12.2000, C83/389) gewährleisteten Grundrechte auch für die Angehörigen des öffentlichen Dienstes zunehmend an Bedeutung. Zu nennen sind u.a. die Rechte auf Freiheit und Sicherheit (Art. 6), Schutz personenbezogener Daten (Art. 8), Gedanken-, Gewissens- und Religionsfreiheit (Art. 10), Freiheit der Meinungsäußerung und Informationsfreiheit (Art. 11), die Gleichheit vor dem Gesetz (Art. 20), das Verbot der Diskriminierung (Art. 21), die Gleichheit von Frauen und Männern (Art. 23), darüber hinaus auch „solidarische" Grundrechte wie die Rechte auf Kollektivverhandlungen und Kollektivmaßnahmen (Art. 28), auf Schutz bei ungerechtfertigter Entlassung (Art. 30) und auf gesunde, sichere und würdige Arbeitsbedingungen (Art. 31). Allerdings gilt die Charta nach ihrem Art. 51 Abs. 1 für die Mitgliedstaaten ausschließlich bei der Durchführung des Unionsrechts; ihre Grundrechte können künftig vor allem bei der Umsetzung und Auslegung von EU-Richtlinien in innerstaatliches Recht eine wichtige Rolle spielen.

6 BVerfGE 6, 32 (36 f.); 80, 137 (152 ff.).

7 Wolfgang *Kahl*, Art. 2 Abs. 1 GG im Beamtenrecht – Eine grundrechtsdogmatische Untersuchung unter besonderer Berücksichtigung des Nebentätigkeitsrechts, ZBR 2001, 225.

8 BVerfGE 54, 148 (153); 72, 155 (170). Vgl. auch Dieter *Leuze*, Das allgemeine Persönlichkeitsrecht des Beamten, ZBR 1998, 187 (insbes. 190 ff.);

Handlungsfreiheit und allgemeines Persönlichkeitsrecht sind aber nur insoweit gewährleistet, als nicht die Rechte anderer verletzt werden und nicht gegen die verfassungsmäßige Ordnung oder das Sittengesetz verstoßen wird. Dabei meint „verfassungsmäßige Ordnung“ nicht nur die elementaren Verfassungsgrundsätze, sondern alle formell und materiell verfassungsmäßigen Rechtsnormen. Die freie Entfaltung der Persönlichkeit der Lehrkräfte wird insbesondere durch die beamten- und arbeitsrechtliche Weisungsgebundenheit (TZ 29.112) eingeschränkt; deshalb können Lehrkräfte verpflichtet werden, bestimmte Aufgaben zu erfüllen, auch wenn dies mit Mehrarbeit verbunden ist (ausführlich TZ 29.238).

30.122 Die *Glaubens- und Bekenntnisfreiheit* (Art. 4 Abs. 1 und 2 GG) schützt die Freiheit des Glaubens und die Freiheit des religiösen und weltanschaulichen Bekenntnisses sowie die ungestörte Religionsausübung. Sie wird für den Bereich des öffentlichen Dienstes zudem durch Art. 33 Abs. 3 GG gewährleistet. Danach ist die Zulassung zu öffentlichen Ämtern unabhängig von dem religiösen Bekenntnis (Satz 1); niemandem darf aus der Zugehörigkeit oder Nichtzugehörigkeit zu einem Bekenntnis oder zu einer Weltanschauung ein Nachteil erwachsen (Satz 2).[9] Die Glaubens- und Bekenntnisfreiheit erstreckt sich nicht nur auf die innere Freiheit, zu glauben oder nicht zu glauben, sondern auch auf die äußere Freiheit, den Glauben zu bekunden, zu verbreiten und das gesamte Verhalten an den Lehren des Glaubens auszurichten und der inneren Glaubensüberzeugung gemäß zu handeln.[10] Das Grundrecht ist vorbehaltlos garantiert, kann also durch ein Gesetz nicht begrenzt werden.[11] Doch darf eine Lehrkraft ihre religiösen oder weltanschaulichen Überzeugungen nicht zur Indoktrination der Schülerinnen und Schüler einsetzen. Dem steht insbesondere das verfassungsrechtliche Gebot der religiös-weltanschaulichen Neutralität des Staates im öffentlichen Schulwesen entgegen, das die Lehrkraft in Unterricht und Erziehung wahren muss (dazu TZ 5.11).[12] Zum „Kopftuchstreit“ TZ 5.262.

Das Grundrecht der Glaubens- und Bekenntnisfreiheit schließt das Recht ein, keinen Glauben und kein Bekenntnis zu haben (*negative Religionsfreiheit*). Damit ist es unvereinbar, Lehrkräfte zur Abhaltung von Religionsunterricht zu zwingen. So bestimmt Art. 7 Abs. 3 Satz 3 GG ausdrücklich, das kein Lehrer gegen seinen Willen verpflichtet werden darf, Religionsunterricht zu erteilen (TZ 5.22). Doch darf er sich bei entsprechender fachlicher Vorbildung nicht weigern, Ethikunterricht zu erteilen (TZ 5.24).

30.123 Die durch Art. 5 Abs. 1 Satz 1 GG gewährleistete *Meinungsfreiheit* gibt Lehrerinnen und Lehrern das Recht, ihre Meinung in Wort, Schrift und Bild frei zu äußern und zu verbreiten. Dieses Grundrecht hat nach der Rechtsprechung des Bundesverfassungsgerichts für eine freiheitliche demokratische Staatsordnung schlechthin konstituierende Bedeutung.[13]

Die Freiheit der Meinungsäußerung umfasst die Meinungsäußerung selbst und die mit ihr bezweckte Meinungsbildung. Meinungen sind durch die *subjektive Beziehung des*

---

9 Da die „konfessionelle Patronage“ gegenüber der politischen Patronage an Einfluss verloren hat, ist die Bedeutung der Vorschrift in der Praxis insoweit gering. So Ulrich *Battis,* in: Sachs, Grundgesetz. Kommentar. Art. 33 Rn. 42.

10 Vgl. nur BVerfGE 24, 236; 32, 98; 33, 23; 41, 29.

11 Der Gesetzgeber kann bei einem vorbehaltlos gewährleisteten Grundrecht nur die verfassungsimmanenten Grenzen, wie sie sich beispielsweise aus der staatlichen Pflicht zur Achtung und zum Schutz der Menschenwürde (Art. 1 Abs. 1 GG) ergeben, deklaratorisch feststellen. Dazu wegweisend Konrad *Hesse,* Grundzüge des Verfassungsrechts der Bundesrepublik Deutschland. 20. Aufl., Heidelberg 1999, Rn. 312; vgl. auch *Kingreen/Poscher*, Grundrechte, Rn. 336.

12 Hierzu Stefan *Huster,* Die ethische Neutralität des Staates. Eine liberale Interpretation der Verfassung, Tübingen 2002.

13 Grundlegend BVerfGE 7, 198 (208), das berühmte „Lüth-Urteil“.

Einzelnen zum Inhalt seiner Aussage geprägt; sie genießen den Schutz des Grundrechts, ohne dass es darauf ankommt, ob die Äußerung begründet oder grundlos, emotional oder rational ist, als wertvoll oder wertlos, gefährlich oder harmlos eingeschätzt wird.[14] Auch Tatsachenbehauptungen sind durch Art. 5 Abs. 1 Satz 1 GG geschützt, soweit sie Voraussetzung für die Bildung von Meinungen sind.[15] Nicht geschützt sind jedoch Tatsachenbehauptungen, die bewusst oder erwiesenermaßen unwahr sind.[16]

Die Meinungsfreiheit findet ihre Schranken in den Vorschriften der allgemeinen Gesetze[17], den gesetzlichen Bestimmungen zum Schutz der Jugend und dem Recht der persönlichen Ehre (Art. 5 Abs. 2 GG). Zu den allgemeinen Gesetzen gehören in diesem Zusammenhang insbesondere die *Beamtengesetze*, die den Lehrkräften bestimmte Verhaltenspflichten (Verfassungstreue, Mäßigung und Zurückhaltung bei politischer Betätigung) auferlegen und sie verpflichten, durch ihr Verhalten innerhalb und außerhalb des Dienstes dem Vertrauen, das ihrem Beruf entgegengebracht wird, gerecht zu werden.[18] Allerdings müssen die allgemeinen Gesetze „in ihrer das Grundrecht der Meinungsfreiheit beschränkenden Wirkung ihrerseits im Lichte des Grundrechts gesehen und so interpretiert werden, dass der besondere Wertgehalt dieses Rechts, der in der freiheitlichen Demokratie zu einer grundsätzlichen Vermutung für die Freiheit der Rede in allen Bereichen… führen muss, auf jeden Fall gewahrt bleibt."[19]

Für *Lehrkräfte, die im Beamtenverhältnis stehen*, folgt daraus, dass sie *innerhalb des Dienstes*, bei der Wahrnehmung der ihnen zugewiesenen Aufgaben, durch ihre beamtenrechtlichen Pflichten weitgehend gebunden sind. Hier handeln sie als Amtsträger, nicht als Privatpersonen, so dass der Meinungsfreiheit enge Grenzen gezogen sind. *Außerhalb des Dienstes* ergibt sich hingegen ein relativ großer Freiraum für politische Aktivitäten. Sie sind grundsätzlich zulässig, jedoch im Inhalt durch die Verfassungstreuepflicht, in der Form durch die Mäßigungspflicht beschränkt. Zurückhaltung muss ein Beamter besonders dann üben, wenn seine Äußerungen im Zusammenhang mit dienstlichen Angelegenheiten stehen.

Als Arbeitnehmer beschäftigte Lehrkräfte müssen sich zwar auch durch ihr gesamtes Verhalten zur freiheitlichen demokratischen Grundordnung im Sinne des Grundgesetzes bekennen (§ 3 Abs. 1 Satz 2 TV-L); sie schulden jedoch im Unterschied zu ihren beamteten Kollegen nur diejenige Loyalität, die für eine funktionsgerechte Amtsausübung unverzichtbar ist[20]; das setzt aber auch bei ihnen die Fähigkeit und Bereitschaft voraus, die Erziehungsziele einschließlich der Grundwerte und Grundentscheidungen der Verfassung den Schülerinnen und Schülern glaubhaft zu vermitteln (vgl. TZ 28.325).

Diese Maßgaben bestimmen im Einzelnen *Reichweite und Grenzen* der Meinungsfreiheit der Lehrkräfte:

---

14 Vgl. BVerfG, NJW 2010, 47 (48).

15 BVerfGE 94, 1 (7).

16 BVerfGE 85, 1 (15); 90, 241 (247 f.).

17 Allgemeine Gesetze sind Rechtsnormen, „die sich nicht gegen die Äußerung einer Meinung als solche richten, die vielmehr dem Schutz eines schlechthin, ohne Rücksicht auf eine bestimmte Meinung, zu schützenden Rechtsgutes dienen" (BVerfGE 7, 198 [209]; 117, 244 [260]; BVerwGE 93, 323 [325]); vgl. aber einschränkend BVerfG, NJW 2010, 47 (51).

18 Dazu Walter *Rudolf*, Meinungs- und Pressefreiheit in der „verwaltungsrechtlichen Sonderbindung" der Soldaten, Beamten und Richter, in: Peter Selmer/Ingo von Münch (Hrsg.), Gedächtnisschrift für Wolfgang Martens, Berlin 1987, S. 199 (205 ff.); Guido *Kämmerling*, Aspekte der Meinungsfreiheit – auch von Beamten, ZBR 2017, 289.

19 So BVerfGE 7, 198 (208).

20 BVerwGE 81, 212 (214 ff.).

Im Unterricht müssen sie – ob Beamte oder Arbeitnehmer – politische Sachverhalte ausgewogen und sachlich behandeln.[21] Sie brauchen zwar mit ihrer eigenen Überzeugung nicht hinter dem Berg zu halten, dürfen sie aber den Schülern nicht aufdrängen; insbesondere haben sie dafür zu sorgen, dass auch andere Auffassungen zur Geltung gelangen. Das Klassenzimmer darf nicht zur Arena politischer Auseinandersetzungen umfunktioniert werden. Außerdem legen pädagogische Gesichtspunkte Sachlichkeit nahe: Nur zu leicht ist ein politisch einseitig engagierter Lehrer dem Verdacht ausgesetzt, sich bei der Bewertung von Klassenarbeiten oder bei der Erteilung von Zeugnisnoten von sachfremden Erwägungen leiten zu lassen. Als Erzieher müssen Lehrkräfte sich, zumal bei den in der öffentlichen Diskussion heftig umstrittenen Fragen, einseitiger Einflussnahme enthalten. Es ist ihnen nicht gestattet, *Flugblätter* politischen Inhalts in der Schule zu verteilen, weil die Erziehungsaufgabe der Schule beeinträchtigt würde, wenn sie als Kampfplatz politischer Kontroversen benutzte würde.[22] Das *Tragen von Plaketten* mit politisch kontroversen Inhalten ist den Lehrerinnen und Lehrern in der Schule untersagt.[23]

Außerhalb der Schule steht es Lehrkräften hingegen frei, ihre politische Auffassung kundzutun: durch *Anzeigen, Leserbriefe*, das Verteilen von *Flyern* oder eben auch durch das Anstecken von *Plaketten*. Diese Freiheit kommt auch beamteten Lehrkräften zugute. Insoweit tritt die Pflichtgebundenheit des Beamten hinter der Meinungsfreiheit des Bürgers zurück. Daher handelt beispielsweise ein Lehrer, der in einem Leserbrief die Bildungspolitik seines Kultusministers heftig kritisiert, nicht schon wegen dieser Kritik rechtswidrig.[24] Unterzeichnen Lehrkräfte aber einen als Anzeige veröffentlichten Aufruf für oder gegen ein bestimmtes bildungspolitisches Programm, so erscheint die Verwendung der Amtsbezeichnung jedenfalls dann als bedenklich, wenn sie dazu benutzt wird, die vermeintliche Qualität der in der Erklärung vertretenen politischen Aussage zu unterstreichen; hier wird der Hinweis auf das im Dienst an der Allgemeinheit verliehene Amt für private politische Aktivitäten missbraucht.[25]

Ein Lehrer überschreitet ferner den Rahmen zulässiger politischer Betätigung, wenn er in Leserbriefen, Flugblättern, Aufrufen usw. zu *demagogischen Mitteln* greift. Wer nur seine eigene Ansicht als rechtmäßig gelten lässt, abweichende Meinungen hingegen schlechthin als verfassungswidrig bezeichnet[26], wer politisch Andersdenkenden die intellektuelle und moralische Qualifikation rundweg abspricht[27], der verletzt die Pflicht zur Mäßigung. Zurückhaltung erscheint nicht nur wegen des beamtenrechtlichen Mäßigungsgebots, sondern auch deshalb geboten, weil Lehrer ihre Glaubwürdigkeit verlieren, wenn sie in der Schule Toleranz predigen, in der Öffentlichkeit aber das Gegenteil praktizieren. Ohnehin verlassen Lehrkräfte den verfassungsrechtlich geschützten Bereich der Meinungsfreiheit, wenn sie den Adressaten in dessen *persönlicher Ehre* herabzusetzen versuchen (Art. 5 Abs. 2 GG).

---

21 VGH Mannheim, NJW 1985, 1661. Vgl. auch die einschlägigen schulrechtlichen Vorschriften, z.B. § 67 Abs. 3 bln SchulG, § 2 Abs. 8 nrw SchulG, § 2 Abs. 12 sh SchulG.

22 Doch überschreiten Lehrer die Grenze zulässiger politischer Betätigung nicht, wenn sie nach Schulschluss an den Schulausgängen an die Oberstufenschüler ein Flugblatt verteilen, in dem sie sich für eine Friedenssicherung ohne Nachrüstung aussprechen. So VGH Mannheim, RdJB 1987, 327.

23 BVerwGE 84, 292 (293 ff.); so auch BAG, NJW 1982, 2888 (zu Lehrern im Angestelltenverhältnis). Ebenso Joachim *Hoffmann*, Zur Meinungsfreiheit des Lehrers, RdJB 1984, 98 (104 ff.).

24 Vgl. BVerfGE 28, 55; 44, 197 (201 ff.); dazu Simon *Sieweke*, Die Beschränkung der politischen Äußerungsrechte der Beamten durch die Mäßigungs- und Zurückhaltungspflicht, ZBR 2010, 157.

25 Vgl. BVerwG, NJW 1988, 1747.

26 Vgl. Urteil des VG Münster vom 16.10.2009, Az. 4 K 1765/08 (juris): Ein Lehrer, der sich in Leserbriefen im Zusammenhang mit politischen Debatten u.a. der Begriffe „Spaltpilz", „Volksfront", „Kraftmeier" bedient, überschreitet die Grenzen der zulässigen Meinungsäußerung.

27 Dazu und zu weiteren Beispielen aus dem Bereich der Richterschaft: Horst *Sendler*, Was dürfen Richter in der Öffentlichkeit sagen?, NJW 1984, 689 (697); s. auch *Hoffmann* (Fn. 23), S. 98 (101 f.).

Aufgrund des Grundrechts der Meinungsäußerungsfreiheit (Art. 5 Abs. 1 Satz 1 GG) können sich Lehrerinnen und Lehrer auch *publizistisch betätigen*, also ihre Erkenntnisse in Büchern, Zeitungen, Zeitschriften und auf sonstige Weise veröffentlichen. Soweit sie wissenschaftliche Ergebnisse publizieren, kommt ihnen überdies das Grundrecht der Wissenschaftsfreiheit (Art. 5 Abs. 3 GG) zugute. Allerdings sind bei diesen Veröffentlichungen gegebenenfalls die *urheberrechtlichen Besonderheiten* zu beachten.[28] An einem Werk, das ein Lehrer in Erfüllung seiner dienstrechtlichen Verpflichtungen geschaffen hat, erwirbt nach § 43 UrhG der Dienstherr die ausschließlichen Nutzungsrechte. Ein bloßer Zusammenhang mit den dienstlichen Pflichten genügt indes nicht, um die Nutzungsrechte auf den Dienstherrn übergehen zu lassen. So können Lehrkräfte, die eine von ihnen vorbereitete Unterrichtseinheit schriftlich ausformuliert haben, diese ohne weiteres in einer Zeitschrift, als „graue Literatur" oder auch innerhalb eines Buches veröffentlichen; die schriftliche Ausarbeitung gehört nicht zu ihren Dienstpflichten und bleibt daher ihrer freien Disposition vorbehalten. Anders ist die Rechtslage, wenn Lehrer, etwa im Rahmen einer vom Kultusministerium eingesetzten Projektgruppe, den dienstlichen Auftrag erhalten haben, an der Entwicklung einer neuen Fachdidaktik oder zentraler Prüfungsaufgaben mitzuwirken. Das Veröffentlichungsrecht steht in diesem Fall im Allgemeinen dem Dienstherrn zu.[29] Die Einschränkung der Publikationsfreiheit der Lehrkräfte durch die Vorschrift des § 43 UrhG darf allerdings nur so weit gehen, als schutzwürdige Belange der Schulverwaltung berührt werden. Falls daher die Veröffentlichung keinerlei Interessen des Dienstherrn beeinträchtigt, sind Lehrkräfte berechtigt, die von ihnen erarbeiteten Texte der Allgemeinheit zugänglich zu machen. Wegen der Weisungsgebundenheit (TZ 29.112) dürfen sie sich aber über ein Publikationsverbot des Dienstherrn nicht einfach hinwegsetzen; nötigenfalls müssen sie eine entsprechende Erlaubnis im Klageweg einholen (TZ 32.134).

30.124 Das Grundrecht der *Versammlungsfreiheit* (Art. 8 Abs. 1 GG) gibt allen Deutschen das Recht, sich ohne Anmeldung oder Erlaubnis friedlich und ohne Waffen zu versammeln, also z.B. an Demonstrationen, Kundgebungen oder Protestmärschen teilzunehmen. Für Versammlungen unter freiem Himmel kann dieses Recht durch Gesetz oder aufgrund eines Gesetzes beschränkt werden (Art. 8 Abs. 2 GG).[30]

Auch bei der Wahrnehmung dieses Grundrechts ist zwischen Aktivitäten *innerhalb und außerhalb des Dienstes* zu unterscheiden: Außerhalb des Dienstes können Lehrkräfte an *Demonstrationen* teilnehmen, zumal ihnen die Mitwirkung auch durch das Grundrecht der Meinungsfreiheit (Art. 5 Abs. 1 Satz 1 GG) gewährleistet ist. Allerdings müssen sie, wenn sie Beamte sind, auch hierbei die ihnen obliegende Mäßigungspflicht beachten.[31] Demgegenüber ergeben sich für Demonstrationen während der Unterrichtszeit weitreichende Einschränkungen. So darf der Lehrer nicht den Unterricht ausfallen lassen, um sich – möglicherweise sogar gemeinsam mit seinen Schülerinnen und Schülern – einem Protestmarsch anzuschließen. Ebenso wenig kann er in der Regel verlangen, wegen Teilnahme an einer Demonstration vom Dienst befreit zu werden.[32]

30.125 Das Grundrecht der *Vereinigungsfreiheit* (Art. 9 Abs. 1 GG) garantiert allen Deutschen das Recht, Vereinigungen und Gesellschaften zu bilden, ihnen beizutreten, sich in ihnen zu betätigen, aber auch ihnen fernzubleiben oder aus ihnen auszutreten. Vereinigungen, deren Zwecke oder deren Tätigkeit den Strafgesetzen zuwiderlaufen oder die

28 Zum Urheberrecht in der Schule ausführlich TZ 12.23.

29 So auch Wolf *von Bernuth*, Urheber- und Medienrecht in der Schule, Köln-Kronach 2009, S. 14.

30 Dazu das Versammlungsgesetz i.d.F. d.Bek.v. 15.11.1978 (BGBl. I S. 1789), zul.g.d.G. vom 8.12.2008 (BGBl. I S. 2366).

31 Vgl. BVerwGE 83, 60 zur Teilnahme eines Stabsoffiziers in Zivil an einem „Ostermarsch".

32 BVerwGE 42, 79.

sich gegen die verfassungsmäßige Ordnung oder gegen den Gedanken der Völkerverständigung richten, sind hingegen verboten (Art. 9 Abs. 2 GG).

Das Recht, einer *Partei beizutreten* und in ihr zu wirken, ist durch die Freiheit zur Gründung von Parteien (Art. 21 Abs. 1 Satz 2 GG) besonders gewährleistet. Daher *haben auch Lehrer das Recht zur Mitgliedschaft und Mitwirkung in Parteien* und sonstigen politischen Zusammenschlüssen. Sofern sie Beamte sind, fordert aber die Verfassungstreuepflicht, dass sie sich eindeutig von Gruppen und Bestrebungen distanzieren, die den Staat, seine verfassungsmäßigen Organe und die geltende Verfassungsordnung angreifen, bekämpfen und diffamieren (dazu TZ 28.224).

Lehrkräften, die sich für ein Parlament zur Wahl stellen, ist zur Vorbereitung ihrer Wahl innerhalb der letzten zwei Monate vor dem Wahltag auf Antrag Urlaub von bis zu zwei Monaten zu gewähren; ein Anspruch auf Fortzahlung der Bezüge besteht nicht.[33] Bei beamteten Lehrkräften, die in den *Bundestag* gewählt worden sind, ruhen für die Dauer der Parlamentszugehörigkeit die Rechte und Pflichten aus dem Dienstverhältnis mit Ausnahme der Pflicht zur Verschwiegenheit und des Verbots der Annahme von Belohnungen und Geschenken[34]; bei Landtagsabgeordneten bleiben Tätigkeiten beruflicher oder anderer Art neben dem Mandat grundsätzlich zulässig.[35] Tarifbeschäftigte Lehrkräfte, die in den Bundestag oder einen Landtag gewählt worden sind, dürfen am Arbeitsplatz nicht benachteiligt werden; ihnen darf insbesondere nicht gekündigt werden.[36] Bundestagsabgeordnete können nach Beendigung ihrer Parlamentszugehörigkeit wieder in das aktive Beamtenverhältnis eintreten; das ihnen zu übertragende Amt muss derselben oder einer gleichwertigen Laufbahn angehören wie das zuletzt bekleidete Amt und mit mindestens demselben Endgrundgehalt ausgestattet sein.[37] Die Zeit der Parlamentsmitgliedschaft wird auf laufbahnrechtliche Dienstzeiten, mit Ausnahme der Probezeit, voll angerechnet; beim Besoldungsdienstalter und bei der Dienstzeit im Sinne des Versorgungsrechts wird sie hingegen nicht berücksichtigt.[38]

Die Lehrkraft darf einer *kommunalen Vertretungskörperschaft* (Gemeinderat, Kreistag) angehören, ohne aus dem Amt ausscheiden zu müssen. Wenn es sich um die Vertretungskörperschaft seines Dienstherrn handelt (z.B. ein als Kommunalbeamter tätiger Lehrer wird Mitglied der Stadtverordnetenversammlung), können Sonderregelungen eingreifen.

30.126 Nach Art. 9 Abs. 3 GG besteht für jedermann und für alle Berufe, also auch für die Angehörigen des öffentlichen Dienstes, *Koalitionsfreiheit*. Sie können zur Wahrung und Förderung der Arbeits- und Wirtschaftsbedingungen Vereinigungen (Koalitionen) bilden. Das Grundrecht schützt die Bildung einer Koalition, den Verbleib und die Betätigung in ihr wie auch den Austritt und die Entscheidung, einer Koalition fernzubleiben. Auch Lehrkräfte, ob Beamte oder Arbeitnehmer, können sich daher einer Gewerkschaft oder einem Berufsverband anschließen und diese mit der Vertretung ihrer Interessen beauf-

33 Art. 48 Abs. 1 GG, § 3 Abs. 1 (Bundes-)Abgeordnetengesetz; ähnlich die Regelungen in den Ländern, s. z.B. Art. 3 Bay AbgG; § 3 HessAbgG; § § 3 AbgG LSA.

34 § 5 Abs. 1 Satz 1 (Bundes-)AbgG.

35 S. etwa § 4a Abs. 1 Satz 2 HessAbgG.

36 Art. 48 Abs. 2 GG; s. etwa § 2 Abs. 2 HessAbgG. Allerdings besteht, sofern der Lehrer im Rahmen des Arbeitsverhältnisses keine Leistung erbringt, auch kein Anspruch auf Fortzahlung der Bezüge (vgl. Bodo *Pieroth*, in: Jarass/Pieroth, Grundgesetz. Kommentar, Art. 48 Rn. 4), zumal die Abgeordneten für die Ausübung des Mandats Diäten erhalten: vgl. §§ 11 ff. (Bundes-)AbgG, §§ 5 ff. HessAbgG.

37 § 6 Abs. 1 Satz 3 (Bundes-)AbgG.

38 § 7 (Bundes-)AbgG: Ein Abgeordneter, der bei seinem Ausscheiden weder eine Anwartschaft noch einen Anspruch auf Altersentschädigung für seine Mitgliedschaft im Bundestag erworben hat, erhält für die Zeit der Parlamentszugehörigkeit auf Antrag eine Versorgungsabfindung; er kann stattdessen auch verlangen, dass die Zeit der Parlamentszugehörigkeit als Dienstzeit im Sinne des Besoldungs- und Versorgungsrechts berücksichtigt wird (§ 23 [Bundes-]AbgG).

tragen (vgl. § 52 BeamtStG).[39] Wegen der Betätigung für eine Gewerkschaft oder einen Berufsverband dürfen Angehörige des öffentlichen Dienstes dienstlich nicht gemaßregelt oder benachteiligt werden (§ 52 Satz 2 BeamtStG, § 612a BGB); umgekehrt kann ihnen für diese Betätigung, soweit es die schulischen Belange gestatten, Dienstbefreiung gewährt werden. Die Verteilung von Werbe- und Informationsschriften einer Gewerkschaft oder eines Berufsverbandes an Kolleginnen und Kollegen auch während der Dienstzeit ist durch Art. 9 Abs. 3 GG geschützt.[40]

30.127 *Während die Koalitionsfreiheit bei den als Arbeitnehmern beschäftigten Lehrkräften das Streikrecht einschließt, steht ihren beamteten Kollegen dieses Recht nicht zu.* Das beamtenrechtliche Verbot, an kollektiven Kampfmaßnahmen teilzunehmen, gilt als hergebrachter Grundsatz des Berufsbeamtentums gemäß Art. 33 Abs. 5 GG verfassungsunmittelbar für alle Beamten unabhängig von ihrem Aufgabenbereich.[41] Daher sind schon der Aufruf zum Streik, aber auch streikähnliche Maßnahmen – z.B. ein „Bummelstreik“ (Dienst nach Vorschrift)[42] oder ein Demonstrationsstreik[43] – als Verletzung der Treuepflicht anzusehen, die disziplinarrechtliche Folgen nach sich ziehen können.[44]

Das Bundesverfassungsgericht hat zuletzt mit Urteil vom 12.6.2018 die Verfassungsmäßigkeit des Streikverbots für Beamte bekräftigt.[45] Das Grundrecht der Koalitionsfreiheit, das auch den Beamten zustehe, sei zwar vorbehaltlos gewährleistet, werde aber durch kollidierende Grundrechte Dritter und andere mit Verfassungsrang ausgestattete Rechte begrenzt. Das Streikverbot für Beamte sei ein mit Verfassungsrang ausgestattetes Recht; es stelle einen eigenständigen hergebrachten Grundsatz des Berufsbeamtentums im Sinne des Art. 33 Abs. 5 GG dar, weise eine enge Verbindung mit dem beamtenrechtlichen Alimentationsprinzip, der Treuepflicht sowie dem Lebenszeitprinzip auf und sei vom Gesetzgeber bei der Regelung der beamtenrechtlichen Rechtsverhältnisse einschließlich der Besoldung zu beachten.

In der Begründung seiner Entscheidung setzt sich das Gericht ausführlich mit der Frage auseinander, ob das Streikverbot für Beamte mit Art. 11 der Europäischen Menschenrechts-

---

39 Die meisten Lehrkräfte sind in einem der drei großen Lehrerverbände organisiert: der Gewerkschaft Erziehung und Wissenschaft (GEW), dem Deutschen Lehrerverband (DL) oder dem Verband Bildung und Erziehung (VBE). Zum DL gehören der Deutsche Philologenverband, der Bundesverband der Lehrer an beruflichen Schulen, der Verband Deutscher Realschullehrer und der Bundesverband der Lehrer an Wirtschaftsschulen. Der VBE ist auf Länderebene organisiert, ihm gehören auch der Bayerische Lehrer- und Lehrerinnenverband (BLLV) und der Saarländische Lehrer- und Lehrerinnenverband (SLLV) an. Die GEW ist dem Deutschen Gewerkschaftsbund (DGB), DL und VBE sind dem Deutschen Beamtenbund (DBB) angeschlossen.

40 Nach der früheren Rspr. des BVerfG war gewerkschaftliche Werbung in der Dienststelle und während der Dienstzeit nur vor Personalratswahlen grundsätzlich zulässig (BVerfGE 19, 303 [319 ff.]); in BVerfGE 93, 352 (357 ff.) hat das Gericht den Schutz des Art. 9 Abs. 3 GG auf alle koalitionsspezifischen Verhaltensweisen, zu denen auch die Mitgliederwerbung zählt, erstreckt.

41 BVerfGE 119, 247 (264); 130, 263 (297 f.).

42 BVerwG, NJW 1978, 178 (179); NJW 1980, 1809; BVerwGE 63, 158 (161); vgl. auch VG Münster, NVwZ-RR 1996, 264, zu einem von Lehrern entgegen ausdrücklicher Weisung des Dienstvorgesetzten veranstalteten „Verwaltungstag“, an dem sie, statt Unterricht zu erteilen, Verwaltungsarbeit erledigen.

43 VG Hannover, RdJB 1984, 150 (mit krit. Anm. von Karl-Jürgen *Bieback*).

44 Der Dienstherr kann gegen die Durchführung einer Urabstimmung und eines Streiks eine Unterlassungsverfügung unter Festsetzung eines Zwangsgelds erlassen: OVG Hamburg, NJW 1989, 2705.

45 NVwZ 2018, 1121 m.Anm.v. Martin *Stuttmann*. Dem Urteil lagen folgende Sachverhalte zugrunde: Mehrere beamtete Lehrkräfte hatten während der Dienstzeit an Streikmaßnahmen teilgenommen. Daraufhin waren ihnen gegenüber Disziplinarverfügungen ergangen. Gegen diese Maßnahmen und die sie bestätigenden verwaltungsgerichtlichen Entscheidungen erhoben die Betroffenen jeweils Verfassungsbeschwerde. Das Bundverfassungsgericht hat die zur gemeinsamen Entscheidung verbundenen Verfassungsbeschwerden zurückgewiesen.

konvention (EMRK)[46] vereinbar ist, der nach Auffassung der Beschwerdeführer in seiner bindenden Auslegung durch den Europäischen Gerichtshof für Menschenrechte allen Angehörigen des öffentlichen Dienstes, die nicht in den Streitkräften, der Polizei und der genuinen Hoheitsverwaltung organisiert sind, ein Recht auf Kollektivverhandlungen und darauf bezogene kollektive Kampfmaßnahmen gewährleiste. Demgegenüber betont das Bundesverfassungsgericht, die EMRK sei ein völkerrechtlicher Vertrag, der innerhalb der deutschen Rechtsordnung nur im Range eines Bundesgesetzes stehe. Gleichwohl komme ihren Gewährleistungen verfassungsrechtliche Bedeutung zu, indem sie die Auslegung der Grundrechte *völkerrechtsfreundlich* beeinflussten. Sie dienten als Auslegungshilfen für die Bestimmung von Inhalt und Reichweite von Grundrechten und rechtsstaatlichen Grundsätzen des Grundgesetzes. Bei der Berücksichtigung der Rechtsprechung des Europäischen Gerichtshofs für Menschenrechte seien aber der konkrete Sachverhalt des entschiedenen Falles und sein (rechtskultureller) Hintergrund ebenso mit einzustellen wie mögliche spezifische Besonderheiten der deutschen Rechtsordnung. Daher dürften Ähnlichkeiten im Normtext der Konvention und des Grundgesetzes nicht über Unterschiede, die sich aus dem Kontext der Rechtsordnungen ergäben, hinwegtäuschen. Die Möglichkeiten einer konventionsfreundlichen Auslegung endeten dort, wo diese nach den anerkannten Methoden der Gesetzesauslegung und der Verfassungsinterpretation nicht mehr vertretbar erschienen. Vor diesem Hintergrund sei ein Streikverbot für deutsche Beamte und konkret für beamtete Lehrkräfte nach Art. 11 Abs. 2 Satz 1 EMRK gerechtfertigt. Das Streikverbot sei gesetzlich vorgesehen; wegen der Besonderheiten des deutschen Systems des Berufsbeamtentums sei es auch notwendig in einer demokratischen Gesellschaft; es diene zudem der Aufrechterhaltung der Ordnung und verfolge damit ein legitimes Ziel im Sinne von Art. 11 Abs. 2 Satz 1 EMRK. Das für Teile des öffentlichen Dienstes geltende und als Verfassungstradition anerkannte Streikverbot sei nicht Ausdruck der privilegierten Stellung der Beamtinnen und Beamten (Unkündbarkeit, Beihilfeberechtigung, Ruhestandsversorgung) und rechtfertige sich auch nicht alleine aus ihrer Funktion für die Aufrechterhaltung der Verwaltung und den Schutz der Rechte Dritter. Maßgeblich sei vielmehr der Umstand, dass im System des deutschen Beamtenrechts mit dem Beamtenstatus aufeinander abgestimmte Rechte und Pflichten einhergingen und Ausweitungen oder Beschränkungen auf der einen Seite in der Regel auch Veränderungen auf der anderen Seite des Beamtenverhältnisses zeitigten. Insbesondere die Zuerkennung eines Streikrechts für Beamte wäre unvereinbar mit der Beibehaltung grundlegender beamtenrechtlicher Prinzipien, die während eines längeren, traditionsbildenden Zeitraums als verbindlich anerkannt und gewahrt worden seien und die wegen ihres Verfassungsranges nicht zur Disposition des einfachen Gesetzgebers stünden. Dies betreffe insbesondere die Treuepflicht des Beamten, das Lebenszeitprinzip sowie das Alimentationsprinzip, zu dessen Ausprägungen die Regelung der Besoldung durch Gesetz zähle. Die Zuerkennung eines Streikrechts für Beamte würde das System des deutschen Beamtenrechts im Grundsatz verändern und damit in Frage stellen. Bei diesem System handele es sich um eine nationale Besonderheit der Bundesrepublik Deutschland, die dem Umstand geschuldet sei, dass sich die Staaten in Europa kulturell und historisch sehr unterschiedlich entwickelt hätten.

---

46 Art. 11 EMRK lautet:
„(1) Jede Person hat das Recht, sich frei und friedlich mit anderen zu versammeln und sich frei mit anderen zusammenzuschließen; dazu gehört auch das Recht, zum Schutz seiner Interessen Gewerkschaften zu gründen und Gewerkschaften beizutreten.
(2) Die Ausübung dieser Freiheiten darf nur Einschränkungen unterworfen werden, die gesetzlich vorgesehen und in einer demokratischen Gesellschaft notwendig sind für die nationale oder öffentliche Sicherheit, zur Aufrechterhaltung der Ordnung oder zur Verhütung von Straftaten, zum Schutz der Gesundheit oder der Moral oder zum Schutz der Rechte und Freiheiten anderer. Dieser Artikel steht rechtmäßigen Einschränkungen der Ausübung dieser Rechte für Angehörige der Streitkräfte, der Polizei oder der Staatsverwaltung nicht entgegen."

30.2 Grundrechte als Gleichheitsrechte und ihre einfachgesetzlichen Konkretisierungen

30.21 Einzelne Gleichheitsgrundrechte

30.211 Nach Art. 3 Abs. 1 GG sind *alle Menschen vor dem Gesetz gleich*. Dieser allgemeine Gleichheitssatz wird im öffentlichen Dienst durch Art. 33 Abs. 2 GG verdrängt, der *jedem Deutschen nach seiner Eignung, Befähigung und fachlichen Leistung gleichen Zugang zu jedem öffentlichen Amt* gewährleistet.[47] (Zu den Merkmalen der Eignung, Befähigung und fachlichen Leistung s. TZ 28.225). Der Begriff des öffentlichen Amts ist weit zu verstehen. Ein öffentliches Amt im Sinne des Art. 33 Abs. 2 GG haben *alle Beschäftigten im öffentlichen Dienst, also auch die Lehrkräfte*, unabhängig davon, ob sie Beamte oder Arbeitnehmer sind. Zur Verfassungsmäßigkeit von Frauenquoten bei Stellenbesetzungen im öffentlichen Dienst s. TZ 30.222.

30.212 Aufgrund des Gebots der *Gleichberechtigung von Männern und Frauen* (Art. 3 Abs. 2 Satz 1 GG) ist die Rechtsstellung der Lehrerin die gleiche wie die ihrer männlichen Kollegen. Sie hat die gleiche Zahl von Unterrichtsstunden zu erteilen und erhält die gleichen Dienstbezüge bzw. das gleiche Arbeitsentgelt. Besonderheiten können sich durch spezielle beamten- oder arbeitsrechtliche Vorschriften, etwa über den Mutterschutz, ergeben. Der Staat ist darüber hinaus gemäß Art. 3 Abs. 2 Satz 2 GG verpflichtet, die tatsächliche Durchsetzung der Gleichberechtigung von Frauen und Männern zu fördern und auf die Beseitigung bestehender Nachteile hinzuwirken[48] (vgl. TZ 30.221).

30.213 Nach Art. 3 Abs. 3 Satz 1 GG darf niemand wegen seines Geschlechts, seiner Abstammung, seiner Rasse, seiner Sprache, seiner Heimat und Herkunft, seines Glaubens, seiner religiösen oder politischen Anschauungen benachteiligt oder bevorzug werden. Diese *Diskriminierungsverbote* gelten auch für die Beschäftigten des öffentlichen Dienstes einschließlich der Lehrerinnen und Lehrer. Art. 3 Abs. 3 Satz 2 GG bestimmt außerdem, dass niemand wegen seiner Behinderung benachteiligt werden darf. Diese Vorschrift enthält im Unterschied zu Satz 1 kein Bevorzugungsverbot, lässt dadurch also den Schutzzweck, die Stellung behinderter Menschen in Recht und Gesellschaft zu stärken, deutlich hervortreten. Näheres zur Rechtsstellung schwerbehinderter Lehrkräfte unter TZ 30.324.

30.22 Einfachgesetzliche Konkretisierungen der Gleichheitsgrundrechte

Das Allgemeine Gleichbehandlungsgesetz des Bundes und die Gleichstellungsgesetze der Länder konkretisieren die grundrechtlich verbürgten Gleichheitsrechte.

30.221 Ziel des *Allgemeinen Gleichbehandlungsgesetzes (AGG)*[49] ist es, *Benachteiligungen* aus Gründen der Rasse oder wegen der ethnischen Herkunft, des Geschlechts, der Religion oder Weltanschauung, einer Behinderung, des Alters oder der sexuellen Identität zu verhindern oder zu beseitigen (§ 1 AGG).[50] Das AGG geht im Hinblick auf die Merk-

---

47 BVerfGE 61, 43; Elke *Osterloh*/Angelika *Nußberger*, in: Sachs, Grundgesetz. Kommentar, Art. 3 Rn. 197.

48 Vgl. hierzu *Osterloh*/*Nußberger*, in: Sachs, Grundgesetz. Kommentar, Art. 3 Rn. 197, Rn. 281.

49 Vom 14.8.2006 (BGBl. I S. 1897), zul.g.d.G. vom 3.4.2013 (BGBl. I S. 610). Kommentare: Jobst-Hubertus *Bauer*/Steffen *Krieger*, Allgemeines Gleichbehandlungsgesetz. 4. Aufl., München 2015; Wolfgang *Däubler*/Martin *Betzbach*, Allgemeines Gleichbehandlungsgesetz. 3. Aufl., Baden-Baden 2013.

50 Durch das Gesetz sind zugleich vier europäische Richtlinien in innerstaatliches Recht umgesetzt worden: RL 2000/43/EG des Rates vom 29.6.2000 zur Anwendung des Gleichbehandlungsgrundsatzes ohne Unterschied der Rasse oder der ethnischen Herkunft (ABl. Nr. L 180 vom 19.7.2000, S. 22); RL 2000/78/EG des Rates vom 27.11.2000 zur Festlegung eines allgemeinen Rahmens für die Verwirklichung der Gleichbehandlung in Beschäftigung und Beruf (ABl. Nr. L 303 vom 2.12.2000, S. 16);

male Alter und sexuelle Identität über die Diskriminierungsverbote des Art. 3 Abs. 3 GG hinaus. Die besondere Bedeutung des AGG liegt darin, dass seinen Vorschriften, obwohl es im Rang eines einfachen Bundesgesetzes steht, der *Anwendungsvorrang des Rechts der EU* (dazu TZ 2.43) zugute kommt.

Gerichtet ist das AGG vornehmlich auf den Schutz vor *Benachteiligung im Arbeitsrecht.*[51] Es ist somit unmittelbar auf *Arbeitnehmer im öffentlichen Dienst, damit auch auf tarifbeschäftigte Lehrkräfte,* anwendbar; sie dürfen nach § 7 nicht wegen eines in § 1 AGG genannten Grundes benachteiligt werden.[52] Benachteiligungen sind u.a. unzulässig in Bezug auf die Bedingungen beim Zugang zu einer Beschäftigung, einschließlich Auswahlkriterien und Einstellungsbedingungen, sowie beim beruflichen Aufstieg (§ 2 Abs. 1 Nr. 1 AGG), in Bezug auf Beschäftigungs- und Arbeitsbedingungen (§ 2 Abs. 1 Nr. 2 AGG) wie auch in Bezug auf den Zugang zu allen Formen und allen Ebenen der Berufsberatung, der Berufsbildung und der praktischen Berufserfahrung (§ 2 Abs. 1 Nr. 3 AGG). Doch können unterschiedliche Behandlungen wegen beruflicher Anforderungen, wegen der Religion oder Weltanschauung oder wegen des Alters unter bestimmten Voraussetzungen zulässig sein (dazu im Einzelnen §§ 8 bis 10 AGG). Sie sind außerdem zulässig, wenn durch geeignete und angemessene Maßnahmen bestehende Nachteile wegen eines der genannten Gründe verhindert oder ausgeglichen werden sollen (§ 5 AGG).

Bei einem schuldhaften Verstoß gegen das Benachteiligungsverbot ist der Arbeitgeber verpflichtet, den hierdurch entstandenen Schaden zu ersetzen (§ 15 Abs. 1 AGG). Bei Nichtvermögensschäden kann der Arbeitnehmer auch bei fehlendem Verschulden des Arbeitgebers eine angemessene Entschädigung in Geld verlangen (§ 15 Abs. 2 AGG). Ergreift der Arbeitgeber keine oder offensichtlich ungeeignete Maßnahmen zur Unterbindung einer (sexuellen) Belästigung am Arbeitsplatz, sind die davon betroffenen Beschäftigten berechtigt, ihre Tätigkeit ohne Verlust des Arbeitsentgelts einzustellen (§ 14 AGG).

§ 22 sieht im Streitfall eine *Beweiserleichterung* vor: Wenn die eine Partei Indizien beweist, die eine Benachteiligung wegen eines in § 1 AGG genannten Grundes vermuten lassen, trägt die andere Partei die Beweislast dafür, dass sie nicht gegen die Bestimmungen zum Schutz vor Benachteiligung verstoßen hat.

Die Vorschriften des Allgemeinen Gleichbehandlungsgesetzes gelten gemäß § 24 AGG für Beamtinnen und Beamte unter Berücksichtigung ihrer besonderen Rechtsstellung entsprechend. Insoweit *finden* sie *auch auf Lehrkräfte im Beamtenverhältnis Anwendung.*[53] Es ist vor allem das *Diskriminierungsverbot wegen des Alters*, das im Hinblick auf die Zulässigkeit von *Höchstaltersgrenzen* für die Berufung in das Beamtenverhältnis erhebliche Bedeutung hat (dazu TZ 28.226).

RL 2002/73/EG des Europäischen Parlaments und des Rates vom 23.9.2002 zur Änderung der RL 76/207/EWG des Rates zur Verwirklichung des Grundsatzes der Gleichbehandlung von Männern und Frauen hinsichtlich des Zugangs zur Beschäftigung, zur Berufsbildung und zum beruflichen Aufstieg sowie in Bezug auf die Arbeitsbedingungen (ABl. Nr. L 269 vom 5.10.2002, S. 15); RL 2004/113/EG des Rates vom 13.12.2004 zur Verwirklichung des Grundsatzes der Gleichbehandlung von Männern und Frauen beim Zugang zu und bei der Versorgung mit Gütern und Dienstleistungen (ABl. Nr. L 373 vom 21.12.2004, S. 37).

51 Zum Schutz vor Benachteiligung im Zivilrechtsverkehr s. §§ 19 ff. AGG.

52 Matthias *Mahlmann*, Gleichbehandlungsschutz im öffentlichen Dienstrecht – ein Überblick, ZBR 2007, 325.

53 Auch darin zeigt sich der durch das AGG bewirkte zunehmende Einfluss des Rechts der EU auf das (deutsche) Beamtenrecht. Zu dieser Entwicklung Franziska *Klaß*, Die Fortentwicklung des deutschen Beamtenrechts durch das europäische Recht, Baden-Baden 2014; Heinrich Amadeus *Wolff*, Die Unionalisierung des Beamtenrechts, ZBR 2014, 1.

Aufgrund des Benachteiligungsverbots des AGG sind finanzielle Leistungen, die verheirateten Beamten zustehen, auch Beamten, die in einer *eingetragenen Lebenspartnerschaft* leben, zu gewähren. Die früher in der Rechtsprechung vorherrschende Auffassung, dass dem Partner einer eingetragenen Lebenspartnerschaft neben dem Grundgehalt kein Anspruch auf einen Familienzuschlag nach § 40 Abs. 1 Nr. 1 BbesG a.F. zusteht[54], lässt sich nach gegenteiligen Entscheidungen des EuGH[55] und des Bundesverfassungsgerichts[56] nicht aufrechterhalten.

Im Übrigen hat die eingetragene Lebenspartnerschaft durch die jüngst verwirklichte „*Öffnung der Ehe für alle*" ohnehin an Bedeutung verloren: Durch das Gesetz zur Einführung des Rechts auf Eheschließung für Personen gleichen Geschlechts vom 20.7.2017[57], in Kraft getreten am 1.10.2017, wurde § 1353 BGB wie folgt neu gefasst: „Die Ehe wird von zwei Personen *verschiedenen oder gleichen Geschlechts* auf Lebenszeit geschlossen." In das Lebenspartnerschaftsgesetz wurde zugleich ein neuer § 20a eingefügt; danach wird eine Lebenspartnerschaft in eine Ehe umgewandelt, wenn zwei Lebenspartnerinnen oder Lebenspartner gegenseitig persönlich und bei gleichzeitiger Anwesenheit erklären, miteinander eine Ehe auf Lebenszeit führen zu wollen. Nach Art. 3 Abs. 3 des Gesetzes zur Einführung des Rechts auf Eheschließung für Personen gleichen Geschlechts *können Lebenspartnerschaften ab Inkrafttreten dieses Gesetzes nicht mehr begründet werden.*

30.222 Alle Länder haben *Gleichstellungsgesetze* erlassen, die das Ziel verfolgen, im öffentlichen Dienst das Grundrecht der Gleichberechtigung von Frauen und Männern zu verwirklichen, die Vereinbarkeit von Familie und Beruf für Frauen und Männer zu verbessern und die Unterrepräsentanz von Frauen zu beseitigen.[58]

Dienststellen sind verpflichtet, *Gleichstellungspläne* aufzustellen.[59] Dabei ist von einer Bestandsaufnahme der Beschäftigtenstruktur sowie einer Schätzung der im Geltungszeitraum zu besetzenden Stellen und möglichen Beförderungen auszugehen.[60] Der Gleichstellungsplan muss verbindliche *Zielvorgaben*, bezogen auf den Anteil der Frauen bei Stellenbesetzungen, Beförderungen und bei der Übertragung höherwertiger Tätigkeiten, enthalten, und zwar mit dem Ziel, den Frauenanteil in Bereichen zu erhöhen, in denen sie

---

54 Vgl. etwa BVerwGE 125; 79, BVerwG, ZBR 2008, 381.

55 EuGH, NVwZ 2008, 537.

56 BVerfGE 131, 239.

57 BGBl. I S. 2787.

58 Baden-Württemberg: ChancengleichheitsG vom 23.2.2016 (GBl. S. 108); Bayern: GleichstellungsG vom 24.5.1996 (GVBl. S. 86), zul.g.d.G. vom 23.5.2006 (GVBl. S. 292); Berlin: LandesgleichstellungsG i.d.F. vom 6.9.2002 (GVBl. S. 280), zul.g.d.G. vom 30.5.2016 (GVBl. S. 282); Brandenburg: LandesgleichstellungsG vom 4.7.1994 (GVBl. I S. 254), zul.g.d.G. vom 5.12.2013 (GVBl. I/13, Nr. 35, GVBl. I/14, Nr. 1); Bremen: LandesgleichstellungsG vom 30.11.1990 (GBl. S. 433), zul.g.d.G. vom 16.5.2017 (GBl. S. 225); Hamburg: GleichstellungsG vom 2.12.2014 (GVBl. S. 495); Hessen: GleichberechtigungsG vom 20.12.2015 (GVBl. I S. 637); Mecklenburg-Vorpommern: GleichstellungsG vom 11.7.2016 (GVOBl. S. 550); Niedersachsen: GleichberechtigungsG vom 9.10.2010 (GVBl. S. 558); Nordrhein-Westfalen: LandesgleichstellungsG vom 9.11.1999 (GV. S. 590), zul.g.d.G. vom 19.9.2017 (GV. S. 764); Rheinland-Pfalz: LandesgleichstellungsG vom 22.12.2015 (GVBl. S. 505); Saarland: LandesgleichstellungsG vom 24.4.1996 (Amtsbl. I S. 623), zul.g.d.G. vom 20.9.2017 (Amtsbl. S. 974); Sachsen: Frauenförderungsgesetz vom 31.3.1994 (GVBl. S. 684, zul.g.d.G. vom 6.6.2002 (GVBl. S. 168); Sachsen-Anhalt: FrauenförderungsG i.d.F.d.Bek. vom 27.5.1997 (GVBl. S. 516), zul.g.d.G. vom 19.12.2005 (GVBl. S. 740, 743); Schleswig-Holstein: GleichstellungsG vom 13.12.1994 (GVOBl. 562), zul.g.d. LVO vom 16.3.2015 (GVOBl. S. 96); Thüringen: GleichstellungsG vom 6.3.2013 (GVBl. S. 49).

59 Der Begriff der Dienststelle wird für den Schulbereich unterschiedlich bestimmt: Teils sind die einzelnen Schulen Dienststellen (so etwa in § 4 Abs. 4 bw ChancengleichheitsG); teils ist es die Schulbehörde, die den Gleichstellungsplan erstellt (z.B. § Abs. 1 Satz 3 Nr. 5 hess GleichberechtigungsG, § 16 Abs. 4 hmb GleichstellungsG, § 3 Abs. 1 Satz 2 nrw LandesgleichstellungsG).

60 Als Geltungszeitraum des Gleichstellungsplans ist je nach landesrechtlicher Regelung eine Dauer von zwei, drei, vier, fünf oder sechs Jahren bestimmt; der Plan muss zumeist nach zwei Jahren an die aktuelle Entwicklung angepasst werden.

unterrepräsentiert sind.[61] Stellen sind grundsätzlich für Frauen und Männer auszuschreiben; bei teilzeitfähigen Stellen ist in der Ausschreibung auf die Möglichkeit der Teilzeitbeschäftigung hinzuweisen. In Bereichen, in denen Frauen unterrepräsentiert sind, sind alle Bewerberinnen – oder mindestens ebenso viele Frauen wie Männer – zum Vorstellungsgespräch zu laden, sofern sie die für die Stelle erforderliche Qualifikation besitzen.

Die Dienststellen müssen eine *Gleichstellungsbeauftragte* bestellen, die die Durchführung des Gleichstellungsgesetzes überwacht und die Dienststelle bei dessen Vollzug unterstützt.[62] Sie hat das Recht, an der Aufstellung des Frauenförderplans und an allen gleichstellungsrelevanten Vorhaben beteiligt zu werden; in die dafür maßgeblichen Unterlagen kann sie Einsicht nehmen, über geplante Maßnahmen ist sie rechtzeitig und umfassend zu unterrichten. Lehrkräfte können sich in ihren Angelegenheiten ohne Einhaltung des Dienstweges an sie wenden.[63] Verstoßen Maßnahmen der Dienststelle gegen das Gleichstellungsgesetz, hat die Gleichstellungsbeauftragte ein Widerspruchsrecht; in einigen Ländern (u.a. Brandenburg, Hessen, Nordrhein-Westfalen, Saarland, Thüringen) kann sie bei erfolglosem Widerspruch Klage vor dem Verwaltungsgericht erheben. Die Frauenbeauftragte, die der Dienststellenleitung zugeordnet ist, nimmt ihre Aufgaben und Befugnisse als dienstliche Tätigkeit wahr; dabei ist sie von fachlichen Weisungen frei. Sie ist im erforderlichen Umfang von den übrigen dienstlichen Aufgaben zu entlasten und mit den zur Erfüllung ihrer Aufgaben notwendigen räumlichen, personellen und sachlichen Mittel auszustatten.[64]

Die Gleichstellungsgesetze sehen bei Stellenbesetzungen, Beförderungen und der Übertragung höherwertiger Tätigkeiten *Quotenregelungen* zur Erhöhung des Frauenanteils im öffentlichen Dienst vor. Danach sind Frauen in Bereichen, in denen sie unterrepräsentiert sind, bei gleicher Eignung, Befähigung und fachlicher Eignung (Art. 33 Abs. 2 GG) vorrangig zu berücksichtigen, sofern nicht in der Person eines männlichen Bewerbers liegende Gründe überwiegen.[65] Bei der Beurteilung der Eignung sind die in den Familien- und Pflegeaufgaben und in ehrenamtlicher Tätigkeit erworbenen überfachlichen Kompetenzen einzubeziehen, soweit sie für die vorgesehene Tätigkeit von Bedeutung sind.

61 Mit „Bereichen" sind vor allem Entgelt- oder Besoldungsgruppen gemeint.

62 Die Bestellung erfolgt zumeist auf mehrheitlichen Vorschlag der weiblichen Beschäftigten, in Hessen mit deren Zustimmung. In Berlin, Bremen, Mecklenburg-Vorpommern, im Saarland, in Sachsen-Anhalt und Schleswig-Holstein wird die Gleichstellungsbeauftragte von den weiblichen Beschäftigten gewählt. Die Beschränkung des Wahlrechts für Gleichstellungsbeauftragte auf weibliche Beschäftigte verstößt nicht gegen das Verbot aus Art. 3 Abs. 2 Satz 1 und Abs. 3 Satz 1GG, aus Gründen des Geschlechts benachteiligt zu werden, weil sie durch das Gleichberechtigungsgebot des Art. 3 Abs. 2 GG legitimiert ist. So m-v Verfassungsgericht, NVwZ 2017, 1705. – Auch die Gleichstellungsgesetze Mecklenburg-Vorpommerns, Niedersachsens und Thüringens, die es ansonsten streng vermeiden, das unterrepräsentierte Geschlecht, nämlich die Frauen, beim Namen zu nennen, bekennen bezüglich der Gleichstellungsbeauftragten Farbe und sehen dafür ausnahmslos eine Frau vor. In Hamburg bestellt hingegen die Schulbehörde mindestens eine Gleichstellungsbeauftragte oder *einen Gleichstellungsbeauftragten* für das pädagogische Personal und mindestens eine Gleichstellungsbeauftragte oder einen Gleichstellungsbeauftragten für das Verwaltungspersonal (§ 18 GleichstellungsG).

63 § 20 Abs. 3 bw Chancengleichheitsgesetz: Das Beschwerderecht ist weiblichen Beschäftigten vorbehalten. § 17 Abs. 2 nrw Landesgleichstellungsgesetz: Die Gleichstellungsbeauftragte kann die Beschäftigten in Fragen der Gleichstellung von Mann und Frau beraten.

64 Zu den Unterschieden zwischen den Ländern in der Rechtsstellung der Gleichstellungsbeauftragten im Schulbereich s. Lisa *Düerkop*/Katharina *Schröder*, Gleichstellungsbeauftragte im Schulbereich, RdJB 2017, 201.

65 Weitgehend übereinstimmend u.a. § 11 bw ChancengleichheitsG, Art. 8 bay Gleichstellungsgesetz, § 8 berl Gleichstellungsgesetz, § 9 bbg Gleichstellungsgesetz, §§ 5 f. hmb Gleichstellungsgesetz, § 4 Abs. 2 und 4 Gleichstellungsgesetz LSA, §§ 4 ff. sh Gleichstellungsgesetz, § 8 Thür Gleichstellungsgesetz. Nach § 13 Abs. 5 nds Gleichstellungsgesetz *darf* unter diesen Voraussetzungen die Bewerberin bevorzugt werden.

Die Verfassungsmäßigkeit von Quotenregelungen, wie sie in den Gleichstellungsgesetzen der Länder enthalten sind, wird kaum noch ernstlich in Frage gestellt.[66] Nach Auffassung des EuGH sind sie bei gleicher Qualifikation der Frau zulässig, solange es keinen Automatismus der Bevorzugung der Frau bei gleicher Qualifikation mit dem männlichen Bewerber gibt, sondern durch eine Öffnungsklausel gewährleistet ist, dass alle die Bewerber betreffenden Kriterien berücksichtigt werden und der der weiblichen Bewerberin eingeräumte Vorrang entfällt, wenn diese Kriterien zugunsten des männlichen Bewerbers überwiegen.[67] Auch die h.M. im Schrifttum hat gegen diese Regelungen keine verfassungsrechtlichen Bedenken mehr, hält sie insbesondere mit dem Leistungsgrundsatz des Art. 33 Abs. 2 für vereinbar.[68] Zu den Anforderungen an die Ermittlung der Gleichwertigkeit der Qualifikation weiblicher und männlicher Bewerber bei Beförderungen s. TZ 28.232.

30.3 Soziale Rechte

30.31 Fürsorge und Schutz

30.311 *Beamtete Lehrkräfte* stehen zum Dienstherrn in einem *Dienst- und Treueverhältnis* (TZ 28.211). In dessen Rahmen hat der Dienstherr für das Wohl der Beamten und ihrer Familien, auch für die Zeit nach Beendigung des Beamtenverhältnisses zu sorgen; er schützt die Beamten bei ihrer amtlichen Tätigkeit und in ihrer Stellung (§ 45 BeamtStG). Die Fürsorge- und Schutzpflicht des Dienstherrn zählt zu den hergebrachten Grundsätzen des Berufsbeamtentums (Art. 33 Abs. 5 GG).[69]

Zur *Fürsorge* des Dienstherrn gehört es, den Beamten wohlwollend und gerecht zu behandeln, keine unbilligen oder gar unzulässigen Anforderungen an ihn zu stellen, seine Fortbildung zu fördern und ihm zu helfen, wenn er unverschuldet in Not gerät.[70] Mit der Fürsorgepflicht verträgt es sich beispielsweise nicht, wenn eine Lehrkraft durch die ihr übertragene Ausbildung von Lehramtsanwärtern dermaßen zusätzlich belastet wird, dass sie die Wahrnehmung der insgesamt zu erfüllenden Aufgaben überfordert.[71] Lehrkräfte haben keinen Anspruch darauf, dass ihnen der Dienstherr ein Dienst-/Arbeitszimmer zur Erledigung der außerunterrichtlichen Aufgaben zur Verfügung stellt[72], wohl aber können sie verlangen, dass Schulräume und Lehrerzimmer so eingerichtet sind, dass Gesundheits- und Vermögensschäden vermieden werden. An den Schulen besteht ein generelles Rauchverbot (s. TZ 21.143); Lehrkräfte können nicht verlangen, dass für sie besondere Raucherbereiche eingerichtet werden. Die allgemeine Handlungsfreiheit der Lehrkräfte wird durch das generelle Rauchverbot in Schulen in verfassungsgemäßer Weise eingeschränkt.[73] Die Fürsorge- und Schutzpflicht verbietet es dem Dienstherrn, den Beamten durch Kritik an seiner Amtsführung – in Gestalt nachteiliger Tatsachenbehauptungen oder missbilligender Werturteile – gegenüber Dritten ohne rechtfertigenden Grund bloßzustellen.[74] Gegen-

66 So Michael *Sachs*, Grundrechte: Gleicher Ämterzugang unabhängig vom Geschlecht. Keine Einschränkung der Bestenauslese zwecks Gleichberechtigungsförderung, JuS 2017, 1036.

67 EuGH, NJW 1997, 3429.

68 S. etwa Hans D. *Jarass*, in: Jarass/Pieroth, Grundgesetz. Kommentar, Art. 3 Rn. 106; Philipp *Kunig*, in: Münch/Kunig, Grundgesetz. Kommentar, Art. 33 Rn. 34.

69 Zur Fürsorgepflicht des Dienstherrn: *Battis*, Beamtenrecht (Fn. 1), Rn. 131 ff.; *Schnellenbach/Bodanowitz*, Beamtenrecht in der Praxis, § 10; *Kunig* (Fn. 1), Rn. 155 ff.; *Wagner/Leppek* (Fn. 2), § 16 ff.

70 Rudolf *Summer*, Neue Aspekte zur Fürsorgepflicht – Einerseits Entzauberung, andererseits weitere Anwendungen, ZBR 1998, 151.

71 BVerwG, ZBR 1978, 373 (374).

72 OVG Lüneburg, ZBR 2012, 313.

73 Vgl. hierzu RhPfVerfGH, NVwZ-RR 2009, 89.

74 S. den Fall in BVerwGE 99, 56: Der Leiter eines Gymnasiums wurde zu Unrecht beschuldigt, er habe Lehrer seiner Schule, die ein kritisches Buch über die Geschichte des Gymnasiums in der Zeit des

über unberechtigten Angriffen kann der Lehrer den *Schutz der vorgesetzten Behörde in Anspruch nehmen*, die – z.B. wenn er beleidigt wird – neben ihm selbst befugt ist, Strafantrag zu stellen (§§ 185, 194 Abs. 3 StGB).[75]

30.312 Auch *Lehrkräfte, die in einem Arbeitsverhältnis stehen,* haben gegenüber dem Arbeitgeber einen Anspruch auf Fürsorge und Schutz. Doch ist die arbeitsrechtliche Fürsorgeverpflichtung vom Umfang her geringer als im beamtenrechtlichen Bereich; allerdings geht die sozialpolitische Entwicklung in Richtung einer immer weitergehenden Normierung von Rechtsansprüchen, die Ausfluss des Fürsorgegedankens sind.[76] So haben insbesondere das Allgemeine Gleichbehandlungsgesetz (dazu TZ 30.21) und das Arbeitsschutzgesetz[77] die arbeitsrechtliche und die beamtenrechtliche Fürsorgepflicht einander angenähert.[78]

30.313 Einzelne soziale Rechte der Lehrkräfte, die im Folgenden erörtert werden (Mutterschutz, Elternzeit, Erholungsurlaub, Teilzeitbeschäftigung), beruhten ursprünglich auf arbeits- bzw. sozialrechtlichen Vorschriften des Bundes (z.B. Mutterschutzgesetz, Bundeselterngeld- und Elternzeitgesetz) oder auf tarifrechtlichen Bestimmungen (z.B. Regelungen bezüglich des Erholungsurlaubs); sie haben sodann für die Beamten ihren Niederschlag im Beamtenrecht gefunden. Das Beamtenstatusgesetz hat diese Materie allerdings nicht selbst geregelt, sondern die Länder in §§ 46, 44 und 43 zum Erlass der entsprechenden Vorschriften angehalten.[79] Das hat zur Folge, dass die für Beamtinnen und Beamte maßgeblichen Normen für jedes Land gesondert im jeweiligen Beamtengesetz und in den darauf beruhenden Verordnungen enthalten sind.

Nationalsozialismus geschrieben hatten, bei der Erstellung der Broschüre behindert. Der Kultusminister hatte sich diese Vorwürfe in einer Rede zu Eigen gemacht. Das BVerwG verurteilte den Minister, gegenüber dem Veranstalter der Tagung, bei der er aufgetreten war, schriftlich klarzustellen, dass im Zusammenhang mit den in der Rede angesprochenen Vorgängen dem Schulleiter weder eine Verletzung seiner Dienstpflichten zur Last gelegt noch sonst seine Amtsführung beanstandet wird. Vgl. auch Gregor C. *Biletzki*: „Beamtenbeleidigung“ und die Folgen – Die Fürsorgepflicht als Schranke des Strafantragsrechts des Dienstvorgesetzten, ZBR 2007, 151.

75 Lehrkräfte, die durch *Mobbing* von Vorgesetzten, Kolleginnen oder Kollegen drangsaliert werden, können vom Dienstherrn verlangen, dass er im Rahmen seiner Fürsorgepflicht auf Unterlassen hinwirkt; ist ein Einschreiten nicht (mehr) möglich, können sie bei schuldhafter Verletzung der Fürsorge- und Schutzpflicht einen Anspruch auf Schadensersatz, etwa auf Richtigstellung herabwürdigender Tatsachenbehauptungen, haben. Dazu ausführlich Michaela *Wittinger*/Dirk *Herrmann*, Mobbing und Beamtenrecht, ZBR 2002, 337; ferner Günter *Bochmann*, Mobbing und die hergebrachten Grundsätze des Berufsbeamtentums, ZBR 2003, 257.

76 *Battis*, Arbeiter und Angestellte im öffentlichen Dienst (Fn. 1), Rn. 27.

77 ArbSchG vom 7.8.1996 (BGBl. I S. 1246), zul.g.d.VO vom 31.8.2015 (BGBl. I S. 1474). Das Gesetz dient nach seinem § 1 Abs. 1 Satz 1 dazu, Sicherheit und Gesundheitsschutz der Beschäftigten bei der Arbeit durch Maßnahmen des Arbeitsschutzes zu sichern und zu verbessern. Beschäftigte im Sinne des Gesetzes sind außer Arbeitnehmern auch Beamte (§ 1 Abs. 2).

78 Demgemäß können beispielsweise beamtete Lehrkräfte, die aufgrund zunehmend schlechter Arbeitsbedingungen an der Schule der Auffassung sind, dass der Schutz ihrer Gesundheit nicht mehr ausreichend gewährleistet ist, vom Dienstherrn unter Berufung auf seine Fürsorge- und Schutzpflicht Abhilfe verlangen. Darüber hinaus kommt für beamtete wie nichtbeamtete Lehrkräfte gemäß § 17 ArbSchG eine *Überlastungsanzeige* in Betracht, um auf Beseitigung der Gesundheitsgefährdung zu dringen. Überlastungsanzeigen sind vor allem dann wirksam, wenn sie öffentlichkeitswirksam von mehreren Lehrkräften derselben Schule(n) vorgebracht werden.

79 Zu den Statusrechten und -pflichten, auf die sich nach Art. 74 Abs. 1 Nr. 27 GG die konkurrierende Gesetzgebung des Bundes erstreckt, zählen die aus dem Beamtenverhältnis abgeleiteten Rechte ohnehin nicht (vgl. Bodo *Pieroth*, in: Jarass/Pieroth, Grundgesetz. Kommentar, Art. 74 Rn. 75). Demgemäß hätte der Bundesgesetzgeber die hier zur Diskussion stehenden Rechte selbst nicht regeln können.

30.32 Mutterschutz, Elternzeit, Schwerbehindertenschutz

30.321 Das *Mutterschutzrecht* sichert der berufstätigen Frau wegen des Anspruchs jeder Mutter auf Schutz und Fürsorge der Gemeinschaft (Art. 6 Abs. 4 GG) einen besonderen Schutz in der Zeit vor und nach der Niederkunft. Für Arbeitnehmerinnen ist er im Mutterschutzgesetz[80] geregelt; für Beamtinnen ergibt er sich aus § 46 BeamtStG („Mutterschutz und Elternzeit sind zu gewährleisten."), den Vorschriften der Beamtengesetze der Länder[81] und den diese konkretisierenden Rechtsverordnungen[82]; die Landesverordnungen über den Mutterschutz für Beamtinnen sind dem Mutterschutzgesetz nachgebildet und stimmen mit ihm weitgehend überein.

Danach soll eine schwangere Lehrerin dem Arbeitgeber (Dienstvorgesetzten) ihre Schwangerschaft und den voraussichtlichen Tag der Entbindung mitteilen, sobald sie weiß, dass sie schwanger ist; eine stillende Frau soll so früh wie möglich mitteilen, dass sie stillt.[83] In den letzten sechs Wochen vor und in den ersten acht Wochen nach der Entbindung besteht ein *Beschäftigungsverbot*[84]; in dieser Zeit erhält die Frau, sofern sie Arbeitnehmerin ist, Mutterschaftsgeld (TZ 31.221 a.E.); handelt es sich um eine Beamtin, werden die Dienst- oder Anwärterbezüge weitergezahlt.[85] Der Arbeitgeber (Dienstvorgesetzte) hat bei der Gestaltung der Arbeitsbedingungen einer schwangeren oder stillenden Frau alle erforderlichen Maßnahmen für den Schutz ihrer physischen und psychischen Gesundheit sowie der des Kindes zu treffen.[86] Außerdem hat die Lehrerin während der ersten zwölf Wochen nach der Entbindung Anspruch auf Freistellung für die zum Stillen erforderliche Zeit, mindestens aber zweimal täglich für eine halbe Stunde oder einmal täglich für eine Stunde.[87]

Die *Kündigung* einer als Arbeitnehmerin beschäftigten Lehrerin ist *unzulässig* während der Schwangerschaft, bis zum Ablauf von vier Monaten nach einer Fehlgeburt nach der zwölften Schwangerschaftswoche und bis zum Ablauf von vier Monaten nach der Entbindung. Das setzt voraus, dass dem Arbeitgeber zum Zeitpunkt der Kündigung die Schwangerschaft, die Fehlgeburt oder Entbindung bekannt ist oder ihm binnen zwei Wochen nach Zugang der Kündigung mitgeteilt wird (§ 17 Abs. 1 MuSchG). Eine Beamtin auf Probe oder auf Widerruf darf während der Schwangerschaft und innerhalb von vier Monaten nach der Entbindung nicht gegen ihren Willen entlassen werden; eine in Unkenntnis der

---

80 I.d.F. des Gesetzes zur Neuregelung des Mutterschutzrechts vom 23.5.2017 (BGBl. I S. 1228)

81 § 99 Nr. 1 bw LBG; § 99 Abs. 1 Nr. 1 BayBG; § 74 Abs. 2 bln LBG; § 71 Bbg LBG; § 81 Nr. 1 BremBG; § 81 Satz 1 Nr. 1 HmbBG; § 82 Nr. 1 HBG; § 81 Satz 1 Nr. 1 LBG M-V; § 81 NBG; § 74 Abs. 1 nrw LBG; § 64 Nr. 1 rp LBG; § 66 Nr. 1 SBG; § 82 Nr. 1 LBG LSA; § 81 Nr. 1 sh LBG; § 75 Nr. 1 ThürBG.

82 Z.B. Baden-Württemberg: Arbeitszeit- und UrlaubsVO vom 29.11.2005 (GBl. S. 71), zul.g.d.VO vom 18.7.2017 (GBl. S. 334, 338); Hessen: Mutterschutz- und ElternzeitVO vom 8.12.2011 (GVBl. I S. 758), zul.g.d.G. vom 16.12.2015 (GVBl. I S. 594); Mecklenburg-Vorpommern: MutterschutzVO vom 14.4.1994 (GVBl. S. 584), zul.g.d.VO vom 20.1.2010 (GVBl. S. 36); Nordrhein-Westfalen: Freistellungs- und UrlaubsVO vom 10.1.2012 (GV S. 2), zul.g.d.G. vom 7.4.2017 (GV. S. 452); Thüringen: Thüringer MutterschutzVO vom 30.9.1994 (GVBl. S. 1093.), zul.g.d.G. vom 12.8.2014 (GVBl. S. 472, 524). Für Brandenburg und Niedersachsen gilt die VO über den Mutterschutz für Beamtinnen des Bundes und die Elternzeit für Beamtinnen und Beamte des Bundes vom 12.2.2009 (BGBl. I S. 320), zul.g.d.G. vom 19.12.2016 (BGBl. 1 S. 2362).

83 Einerseits § 15 Abs. 1 MuSchG; andererseits z.B. § 33 Abs. 1 Satz 1 bw Arbeitszeit- und UrlaubsVO, § 8 Abs. 1 MutterschutzVO M-V.

84 Einerseits § 9 MuSchG; andererseits z.B. § 32 Abs. 2 und § 34 Abs. 1 Satz 1 bw Arbeitszeit- und UrlaubsVO, § 2 Abs. 2 und § 4 Abs. 1 nrw MutterschutzVO.

85 Einerseits § 19 MuSchG; andererseits z.B.§ 38 Abs. 1 bw Arbeitszeit- und UrlaubsVO, § 5 MutterschutzVO M-V; § 5 Abs. 1 nrw MutterschutzVO.

86 Einerseits § 3 Abs, 1 MuSchG; andererseits z.B. § 32 Abs. 1 bw Arbeitszeit- und UrlaubsVO, § 2 Abs. 1 MutterschutzVO M-V; § 2 Abs. 1 nrw MutterschutzVO.

87 Einerseits § 7 Abs. 2 MuSchG; andererseits z.B. § 32 Abs. 3 und § 34 Abs. 3 und § 35 Abs. 1 bw Arbeitszeit- und UrlaubsVO, § 3 und § 7 MutterschutzVO M-V.

Schwangerschaft oder Entbindung verfügte Entlassung ist zurückzunehmen, sofern sie dem Dienstvorgesetzten binnen zwei Monaten mitgeteilt wird.[88]

30.322 Seit dem 1.1.2007 gewährt das *Bundeselterngeld- und Elternzeitgesetz (BEEG)*[89] Arbeitnehmerinnen und Arbeitnehmern einen *Anspruch auf Elternzeit* (§ 15 ff. BEEG); für die Dauer der Elternzeit können sie ihre Erwerbstätigkeit unterbrechen. Elternzeit ist *auch für Beamtinnen und Beamte* zu gewährleisten; die Länder haben entsprechende beamtenrechtliche Bestimmungen erlassen.[90]

Voraussetzung für die Gewährung von Elternzeit ist u.a., dass der Elternteil mit dem Kind in einem Haushalt lebt und das Kind selbst betreut und erzieht.[91] Ein Anspruch auf Elternzeit besteht bis zur Vollendung des dritten Lebensjahres des Kindes. Die *Gesamtdauer der Elternzeit* beträgt *drei Jahre*; ein Anteil von bis zu 24 Monaten kann zwischen dem dritten Geburtstag und dem vollendeten achten Lebensjahr des Kindes in Anspruch genommen werden.[92] Elternzeit kann, auch anteilig, von jedem Elternteil allein oder von beiden Elternteilen gemeinsam beansprucht werden[93]; sie kann auch für einzelne Monate oder Wochen genommen werden. Während der Elternzeit dürfen die Lehrkräfte nicht mehr als 30 Wochenstunden im Monatsdurchschnitt erwerbstätig sein.[94] Für die Wahrnehmung von Elternzeit bedarf es keiner Zustimmung des Arbeitgebers bzw. Dienstherrn, allerdings muss sie spätestens sieben Wochen vor ihrem Beginn schriftlich gegenüber dem Dienstherrn verlangt werden.[95] Bei Lehrkräften sind Unterbrechungen der Elternzeit, die überwiegend auf die Ferien entfallen, nicht zulässig; bei Beginn und Ende der Elternzeit dürfen Ferien nicht ausgespart werden.[96] Für Arbeitnehmer gilt vor und während der Elternzeit ein besonderer Kündigungsschutz[97]; bei Beamten auf Probe oder auf Widerruf ist eine Entlassung gegen ihren Willen unzulässig.[98]

---

88 Z.B. § 37 Abs. 1 bw Arbeitszeit- und UrlaubsVO; § 11 Abs. 1 MutterschutzVO M-V.

89 Vom 5.12.2006 (BGBl. I S. 2748), zul.g.d.G. vom 23.5.2017 (BGBl. I S. 1228).

90 Baden-Württemberg: §§ 40 ff. Arbeitszeit- und UrlaubsVO; Bayern: Art. 99 Abs. 1 Nr. 2 BayBG i.V.m. UrlaubsVO vom 24.6.1997 (GVBl S. 173), zul.g.d.VO vom 27.6.2017 (GVBl S. 380); Bremen: § 81 Nr. 2 BremBG i.v.m.VO über den Mutterschutz und die Elternzeit vom 8.2.2011 (GBl. S. 77), zul.g.d.VO vom 25.8.2015 (GBl. S. 396); Hamburg: § 81 Satz 1 Nr. 2 HmbBG i.V.m. Hmb ElternzeitVO vom 7.12.1999 (GVBl. S. 279), zul.g.d.VO vom 15.12.2015 (GVBl. S. 370); Hessen: § 82 Nr. 2 HBG i.V.m. §§ 7 ff. hess Mutterschutz- und ElternzeitVO vom 8.12.2012 (GVBl. I S. 758), zul.g.d.G. vom 16.12.2015 (GVBl. I S. 594); Mecklenburg-Vorpommern: § 81 Satz 1 Nr. 2 LBG M-V i.V.m. ElternzeitVO vom 22.2.2002 (GVOBl. S. 134), zul.g.d.VO vom 20.1.2010 (GVOBl. S. 36); Nordrhein-Westfalen: § 74 Abs. 2 LBG i.V.m. §§ 9 ff. nrw Freistellungs- und UrlaubsVO; Rheinland-Pfalz: § 64 Nr. 2 LBG i.V.m. UrlaubsVO vom 17.3.1971 (GVBl S. 125), zul.g.d.VO vom 30.6.2017 (GVBl. S. 137); Saarland: § 66 Nr. 2 SBG i.V.m. ElternzeitVO vom 14.1.2015 (Amtsbl. S. 193), zul.g.d.VO vom 14.1.2015 (Amtsbl. S. 134); Schleswig-Holstein: § 81 Nr. 2 LBG i.V.m. ElternzeitVO vom 18.12.2001 (GOVBl 2002, S. 6), zul.g.d.G. vom 21.7.2016 (GVOBl. S. 597); Thüringen: § 75 Nr. 2 ThürBG i.V.m. §§ 17 ThürUrlaubsVO vom 29.11.2016 (GVBl S. 574). In Berlin (§ 74 Abs. 3 LBG), Brandenburg (§ 71 Bbg LBG), Niedersachsen (§ 81 NBG) und Sachsen-Anhalt (§ 82 Abs. 1 Nr. 2 LBG LSA finden – bis zum Inkrafttreten einer eigenen Regelung – die für die Bundesbeamtinnen und Bundesbeamten jeweils geltenden Rechtsvorschriften entsprechende Anwendung.

91 Einerseits: § 15 Abs. 1 BEEG; andererseits: z.B. § 40 Abs. 1 bw Arbeitszeit- und UrlaubsVO, § 12 Abs. 1 bay UrlaubsVO, § 17Abs. 1 thür UrlaubsVO.

92 Einerseits: § 15 Abs. 2 BEEG; andererseits: z.B. § 40 Abs. 2 Satz 1 bw Arbeitszeit- und UrlaubsVO, § 12 Abs. 3 Satz 1 bay UrlaubsVO, § 17 Abs. 2 thür UrlaubsVO.

93 Einerseits: § 15 Abs. 3 BEEG; andererseits: z.B. § 40 Abs. 4 bw Arbeitszeit- und UrlaubsVO, § 12 Abs. 4 bay UrlaubsVO, § 17 Abs. 3 thür UrlaubsVO.

94 Einerseits § 15 Abs. 4 BEEG; andererseits z.B. § 42 bw Arbeitszeit- und UrlaubsVO, § 12 Abs. 4 bay UrlaubsVO, § 17 Abs. 4 thür UrlaubsVO.

95 Einerseits: § 16 Abs. 1 BEEG; andererseits: z.B. § 41 Abs. 1 Satz 1 bw Arbeitszeit- und UrlaubsVO, § 13 Abs. 1 bay UrlaubsVO, § 18 Abs. 1 thür UrlaubsVO.

96 § 13 Abs. 2 bay UrlaubsVO.

97 § 18 BEEG.

98 Z.B. § 14 Abs. 1 bay UrlaubsVO, § 19d Abs. 1 rp UrlaubsVO, § 16 Abs. 1 thür UrlaubsVO.

Zusätzlich zum Anspruch auf Elternzeit besteht nach §§ 1 bis 4 BEEG ein *Anspruch auf Elterngeld*. Dieses vermögenswerte Recht wird wegen seines engen Zusammenhangs mit dem Anspruch auf Elternzeit schon an dieser Stelle erörtert.

Während Elternzeit nur Arbeitnehmern und Beamten zusteht, kann Elterngeld auch verlangen, wer weder Arbeitnehmer noch Beamter ist. Anspruch auf Elterngeld hat, wer einen Wohnsitz oder seinen gewöhnlichen Aufenthalt in Deutschland hat, mit seinem Kind in einem Haushalt lebt, dieses Kind selbst betreut und erzieht und keine oder keine volle Erwerbstätigkeit ausübt (§ 1 BEEG); eine Teilzeitbeschäftigung von nicht mehr als 30 Wochenstunden im Monatsdurchschnitt schadet nicht (§ 1 Abs. 6 BEEG). Das Elterngeld beträgt 67 % des in den zwölf Kalendermonaten vor dem Monat der Geburt des Kindes durchschnittlich erzielten Nettoeinkommens, höchstens 1.800, mindestens 300 Euro monatlich (§ 2 BEEG). Es kann in der Zeit vom Tag der Geburt bis zum 14. Lebensmonat des Kindes bezogen werden, und zwar für die Dauer von zwölf Monaten (Alleinerziehende: 14 Monate); sofern der andere Elternteil seinerseits Elternzeit nimmt, erhöht sich die Bezugsdauer auf 14 Monate (§ 3 BEEG). Eltern, die in Teilzeit arbeiten, können das Elterngeld doppelt so lange beziehen: Anstelle eines Lebensmonats des Kindes können sie jeweils zwei Lebensmonate in Anspruch nehmen, so dass das Elterngeld zwar nur halb so hoch ist, dafür aber doppelt so lange gezahlt wird („*Elterngeld Plus*", § 4 Abs. 3 BEEG).[99]

30.323 *Schwangerschaft, Mutterschutz, Elternzeit* und die *Betreuung von Kindern*, aber auch die *Pflege* einer oder eines nach ärztlichem Gutachten *pflegebedürftigen Angehörigen* dürfen sich bei der Einstellung und der beruflichen Entwicklung nicht nachteilig auswirken. Dieses *Benachteiligungsverbot* gilt nach § 7 i.V.m. § 24 AGG unabhängig davon, ob die Lehrkraft im Beamten- oder im Arbeitsverhältnis steht (vgl. TZ 30.21).[100] Haben sich die Anforderungen an die fachliche Eignung für die Einstellung in den öffentlichen Dienst in der Zeit erhöht, in der sich die Bewerbung infolge der Geburt Kindes verzögert hat, und hat sich die Bewerberin oder der Bewerber innerhalb von drei Jahren nach der Geburt dieses Kindes oder sechs Monate nach Erfüllung der ausbildungsmäßigen Einstellungsvoraussetzungen beworben, so ist der Grad der fachlichen Eignung nach den Anforderungen zu prüfen, die zu dem Zeitpunkt bestanden haben, zu dem die Bewerbung ohne die Geburt oder die Betreuung des Kindes hätte erfolgen können.[101] Führt die Prüfung zu dem Ergebnis, dass die Bewerberin oder der Bewerber ohne diese Verzögerung eingestellt worden wäre, kann sie oder er vor anderen Bewerbern eingestellt werden (*Nachteilsausgleich*).[102]

30.324 Für *schwerbehinderte Lehrkräfte*[103] gelten neben den allgemeinen Vorschriften des 9. Buches des SGB (Rehabilitation und Teilhabe behinderter Menschen) besondere

99 Nützliche Hinweise enthält die Broschüre *Bundesministerium* für Familie, Senioren, Frauen und Jugend (Hrsg.), Elterngeld, ElterngeldPlus und Elternzeit. Das Bundeselterngeld- und Elternzeitgesetz. 20. Aufl., Berlin, November 2017.

100 Das Benachteiligungsverbot findet seinen Niederschlag überdies in beamtenrechtlichen Vorschriften, z.B. § 20 Abs. 1 nrw LBG, § 26 Abs. 1 LBG LSA, § 23 Abs. 1 sh LBG, § 6 Abs. 3 und 4 ThürBG.

101 Vgl. z.B. § 24 Abs. 2 Bbg LBG, § 23 Abs. 2 Satz 1 HmbBG, § 21 Abs. 2 Satz 1 nrw LBG, § 26 Abs. 1 LBG LSA, § 23 Abs. 2 sh LBG, § 6 Abs. 3 Satz 1 ThürBG.

102 Z.B. § 6 Abs. 3 Satz 2 ThürBG.

103 Menschen sind gemäß § 2 Abs. 1 SGB IX behindert, wenn ihre körperliche Funktion, geistige Fähigkeit oder seelische Gesundheit mit hoher Wahrscheinlichkeit länger als sechs Monate von dem für das Lebensalter typischen Zustand abweichen und daher ihre Teilhabe am Leben in der Gesellschaft beeinträchtigt ist. Menschen sind gemäß § 2 Abs. 2 SGB IX schwerbehindert, wenn bei ihnen ein Grad der Behinderung von wenigstens 50 vorliegt. Schwerbehinderten Menschen gleichgestellt werden sollen nach § 2 Abs. 3 SGB IX behinderte Menschen mit einem Grad der Behinderung von weniger als 50, aber wenigstens 30, wenn sie infolge ihrer Behinderung ohne die Gleichstellung einen geeigneten Arbeitsplatz nicht erlangen oder nicht behalten können (*gleichgestellte behinderte Menschen*).

Integrationsvereinbarungen (§ 83 SGB IX).[104] Bei Einstellung, Prüfung und dienstlicher Beurteilung sind nach dem Beamtenrecht erleichterte Anforderungen zu stellen[105]; schwerbehinderte Lehrer können unter erleichterten Voraussetzungen Ruhestand beantragen (TZ 28.254). Zudem ist ihre Pflichtstundenzahl ermäßigt (TZ 29.233). Ihre berechtigten Wünsche sind bei der Stundenplangestaltung und Pausenaufsicht weitgehend zu berücksichtigen. Die Leitung von Schulwanderungen, Schullandaufenthalten und Studienfahrten kann ihnen nur mit ihrer ausdrücklichen Zustimmung übertragen werden.[106]

30.33 Urlaub, Sonderurlaub

30.331 Schrittmacher für die Weiterentwicklung des *Erholungsurlaubs* im öffentlichen Dienst sind schon seit langem die Tarifvertragsparteien. Nach § 26 Abs. 1 Satz 2 TV-L vom 17.2.2017 ist die Dauer des jährlichen Urlaubs nicht mehr wie früher nach dem Lebensalter der Beschäftigten gestaffelt, sondern beträgt nunmehr einheitlich 30 Arbeitstage im Kalenderjahr; der Urlaub der Lehrkräfte ist in den Schulferien zu nehmen (§ 44 Nr. 3 Abs. 1 Satz 1 TV-L).

Das Beamtenrecht hat diese Regelungen übernommen und ausdifferenziert. Den Beamten steht jährlicher *Erholungsurlaub* unter Fortzahlung der Dienstbezüge zu (§ 44 BeamtStG). Die Einzelheiten ergeben sich aus den Urlaubsverordnungen der Länder.[107] Danach beträgt die Urlaubsdauer auch für Beamtinnen und Beamte 30 Arbeitstage für jedes Urlaubsjahr. Auch für beamtete Lehrkräfte ist bestimmt, dass der Urlaub durch die Ferien abgegolten wird; sie können also nicht Erholungsurlaub zu einem von ihnen gewünschten Zeitpunkt verlangen. Aus zwingenden dienstlichen Gründen können sie auch während der Ferien in angemessenem Umfang zu Dienstleistungen herangezogen werden. Sie haben dafür zu sorgen, dass ihnen während dieser Zeit Mitteilungen der Dienstbehörde zugeleitet werden können. Aus der Abgeltung des Urlaubs durch die Ferien folgt, dass Lehrkräfte bei *Erkrankung* während der Ferien keinen Nachurlaub fordern können.[108] Andererseits bedürfen sie bei Erkrankung während der Schulzeit keines Urlaubs. Jede Erkrankung ist unverzüglich dem Vorgesetzten zu melden; bei längerer Krankheit oder auf Verlangen des Vorgesetzten ist ein ärztliches Zeugnis beizubringen. Wenn eine erkrankte Lehrkraft ihren Wohnort verlassen will (etwa zu einer Spezialbehandlung, zu einer Kur), muss dies der Dienstherr genehmigen.

30.332 Während der Schulzeit können Lehrkräfte auf Antrag ausnahmsweise *Dienstbefreiung* (*Sonderurlaub*) erhalten (z.B. aus Anlass familiärer Ereignisse, zur Teilnahme an kirchlichen, gewerkschaftlichen oder anderen Veranstaltungen, zur Wahrnehmung eines

---

104 Z.B. Nordrhein-Westfalen: RL zur Durchführung der Rehabilitation und Teilhabe behinderter Menschen (SGB IX) im öffentlichen Dienst im Lande Nordrhein-Westfalen, RdErl. vom 14.11.2003 (MBl. S. 1498), zul.g.d.RdErl. vom 20.5.2005 (MBl. S. 598); Rheinland-Pfalz: Integrationsvereinbarung für die schwerbehinderten Beschäftigten an staatlichen Schulen und Studienseminaren, Bek. vom 7.7.2003 (GABl. S. 496) i.d.F. vom 5.7.2007 (ABl. S. 219); Sachsen: Vereinbarung zur Integration schwerbehinderter Beschäftigter im Schuldienst im Sinne des § 83 SGB IX vom 20.10.2003 (MBl.SMK S. 298).

105 Z.B. § 12 Abs. 2 und 3 BremLVO; § 14 Abs. 2 und 4 rp LVO; § 13 sh LVO.

106 Z.B. nrw RL zur Durchführung der Rehabilitation und Teilhabe behinderter Menschen (Fn. 109).

107 Z.B. bay UrlaubsVO; bln ErholungsurlaubsVO vom 26.4.1988 (GVBl. S. 846), zul.g.d.VO vom 26.8.2014 (GVBl. S. 23); hmb ErholungsurlaubsVO vom 7.12.1999 (GVBl. S. 279), zul.g.d.VO vom 26.8.2014 (GVBl. S. 191); nds ErholungsurlaubsVO vom 7.8.2004 (GVBl. S. 318), zul.g.d.VO vom 19.9.2013 (GVBl. S. 238); rp UrlaubsVO; UrlaubsVO LSA vom 25.11.2014 (GVBl. S. 456), zul.g.d.G. vom 19.9.2016 (GVBl. S. 248); thür UrlaubsVO.

108 S. aber § 3 Abs. 5 Satz 3 bay UrlaubsVO: Bleiben bei einer Erkrankung während der Schulferien die dienstfreien Ferientage hinter der Zahl der zustehenden Urlaubstage zurück, so ist insoweit Erholungsurlaub außerhalb der Schulferien zu gewähren. Ähnlich § 2 Abs. 3 Satz 2 UrlaubsVO LSA; § 4 Abs. 4 Satz 3 thür UrlaubsVO.

Mandats in der kommunalen Vertretungskörperschaft).[109] Bei Beurlaubung bis zu drei Tagen ist in der Regel der Schulleiter, bei längerem Sonderurlaub oder Urlaub im Anschluss an die Ferien ist die vorgesetzte Behörde zuständig. Der Schulleiter erhält kurzfristigen Urlaub oder Dienstbefreiung von der Schulaufsichtsbehörde, sofern er nicht befugt ist, sich selbst (meist bis zu drei Tagen) zu beurlauben; dies ist dann jeweils dem Dienstvorgesetzten mitzuteilen. Wird die Lehrkraft im unmittelbaren dienstlichen Interesse beurlaubt (z.B. zu Studienzwecken), können Dienstbezüge während der Beurlaubung oder eines Teils dieser Zeit ganz oder teilweise weitergewährt werden. Eine Anrechnung der Zeit der Beurlaubung auf das Besoldungsdienstalter ist möglich. Zum Urlaub ohne Dienstbezüge s. TZ 30.342, zur Elternzeit s. TZ 30.322.

30.34 Teilzeitbeschäftigung

30.341 Teilzeitarbeit erweist sich für Angehörige des öffentlichen Dienstes, nicht zuletzt für Lehrerinnen, als überaus attraktiv. Diesem Bedürfnis tragen bezüglich der *im Arbeitsverhältnis beschäftigten Lehrkräfte* das Teilzeit- und Befristungsgesetz und der Tarifvertrag für den öffentlichen Dienst der Länder Rechnung. Nach § 11 Abs. 1 TV-L i.V.m. § 8 TzBfG soll einer *tarifbeschäftigten Lehrkraft* auf Antrag *Teilzeitbeschäftigung aus familiären Gründen* bewilligt werden, wenn sie mindestens ein Kind unter 18 Jahren oder einen pflegebedürftigen Angehörigen tatsächlich betreut oder pflegt und dringende dienstliche bzw. betriebliche Belange nicht entgegenstehen. Die Teilzeitbeschäftigung ist auf bis zu fünf Jahre zu befristen; sie kann auf Antrag verlängert werden. Die *Teilzeitbeschäftigung aus anderen als familiären Gründen* ist an keine Voraussetzungen geknüpft und wird bewilligt, soweit dienstliche Gründe nicht entgegenstehen; zeitliche Höchstgrenzen bestehen nicht (§ 11 Abs. 2 TV-L i.V.m. § 8 TzBfG).

30.342 Um die Konkurrenzfähigkeit des Beamtentums auf dem Arbeitsmarkt zu sichern, musste *auch das Beamtenrecht* der verstärkten Nachfrage nach Teilzeitarbeit Rechnung tragen. Allerdings war deren *Vereinbarkeit mit dem Prinzip der hauptberuflichen Beschäftigung auf Lebenszeit und dem Alimentationsprinzip* als prägenden Strukturmerkmalen des Berufsbeamtentums (Art. 33 Abs. 5 GG) lange Zeit *umstritten*. Nach Auffassung des Bundesverfassungsgerichts ist die *obligatorische (antragslose) Einstellungsteilzeit*, wie sie der frühere § 80b des Niedersächsischen Beamtengesetzes aus arbeitsmarktpolitischen Gründen vorgesehen hatte, mit den hergebrachten Grundsätzen des Berufsbeamtentums nicht vereinbar; das Gericht hat die Regelung daher für nichtig erklärt.[110] Anders verhält es sich mit der freiwilligen, also der dem Beamten auf Antrag eingeräumten Teilzeitbeschäftigung. Insoweit ist der hergebrachte Grundsatz der Hauptberuflichkeit neu zu bewerten, weil die Arbeitsflexibilisierung durch individuelle Bestimmung der persönlichen Arbeitszeit einen sozialen Standard darstellt, dem sich auch der Gesetzgeber im Interesse der

---

109 §§ 28 f. TV-L. Zu entsprechenden beamtenrechtlichen Regelungen u.a. §§ 16 ff. bay UrlaubsVO; §§ 25 ff. nrw Freistellungs- und UrlaubsVO; §§ 20 ff. rp UrlaubsVO; §§ 11 ff. UrlaubsVO LSA; §§ 21 ff. thür UrlaubsVO. In einigen Ländern sind spezielle Sonderurlaubsverordnungen erlassen worden, z.B. in Berlin: VO über den Urlaub der Beamten und Richter aus besonderen Anlässen vom 1.1.1971 (GVBl. S. 245), zul.g.d.VO vom 26.8.2014 (GVBl. S. 323); in Nordrhein-Westfalen: VO über den Sonderurlaub der Beamtinnen und Beamten und Richterinnen und Richter im Lande Nordrhein-Westfalen vom 14.9.1993 (GV. S. 691), zul.g.d.VO vom 8.12.2009 (GV. S. 837). – Aus der Rechtsprechung: BVerwGE 42, 79: kein Sonderurlaub für einen Lehrer zwecks Teilnahme an einer Demonstration; BVerwG, DVBl. 1986, 241. Hess StGH, NVwZ 1991, 157, VGH Kassel, NVwZ 1990, 857, und OVG Lüneburg, Urt. vom 13.12.1983, Az.: 5 A 173/82 (juris): kein Sonderurlaub für einen als Mitglied kommunaler Gremien tätigen Lehrer durch Verringerung der Pflichtstundenzahl (a.A. OVG Münster, Urt. vom 22.6.1983, Az.: 12 A 1038/82 (juris).

110 BVerfGE 119, 247 (259 ff.).

Funktionsfähigkeit des Berufsbeamtentums nicht entziehen kann.[111] *Freiwillige Teilzeitarbeit* ohne Aufnahme einer zusätzlichen anderweitigen Erwerbstätigkeit kann daher – sofern eine prinzipiell hinreichende finanzielle Unabhängigkeit des Beamten gesichert ist – ohne Verstoß gegen Art. 33 Abs. 5 GG grundsätzlich zugelassen werden.

30.343 Das *Beamtenstatusgesetz* beschränkt sich in § 43 auf die Anweisung an die *Landesgesetzgeber*, Teilzeitbeschäftigung zu ermöglichen. Die Regelungen, mit denen die Länder diesem Gesetzgebungsauftrag Rechnung getragen haben, lassen sich in ihrem wesentlichen Inhalt wie folgt zusammenfassen.[112]

Übereinstimmung besteht insoweit, als sämtliche Länder an der *Teilzeitbeschäftigung aus familiären Gründen* festhalten. Danach muss Beamtinnen und Beamten, die mindestens ein Kind unter 18 Jahren oder einen pflegebedürftigen sonstigen Angehörigen betreuen, auf Antrag Teilzeitbeschäftigung bis zur Hälfte der regelmäßigen Arbeitszeit für den beantragten Zeitraum gewährt werden. Unter denselben Bedingungen haben sie Anspruch auf (Dauer-)*Urlaub ohne Dienstbezüge*. Der Antrag darf nur dann abgelehnt werden, wenn ihm zwingende dienstliche Belange entgegenstehen. Bei Lehrkräften kann der Bewilligungszeitraum bis zum Ende des laufenden Schuljahres verlängert werden. Während der Freistellung vom Dienst dürfen nur solche Nebentätigkeiten genehmigt werden, die dem Zweck der Freistellung nicht zuwiderlaufen (TZ 29.117).

Darüber hinaus eröffnen die Länder ihren Beamtinnen und Beamten auch die Möglichkeit der *voraussetzungslosen Teilzeitarbeit*. Ihnen *soll* bzw. *kann* auf Antrag Teilzeitbeschäftigung mit mindestens der Hälfte der regelmäßigen Arbeitszeit für den jeweils beantragten Zeitraum bewilligt werden, soweit dienstliche Belange nicht entgegenstehen.[113] Unter diesen Voraussetzungen kann ihnen in den meisten Ländern auch *Urlaub ohne Dienstbezüge* für einen unterschiedlich lang bemessenen Zeitraum gewährt werden.[114] Dem Antrag auf Dauerurlaub darf nur entsprochen werden, wenn der Beamte sich verpflichtet, während des Bewilligungszeitraums berufliche Verpflichtungen außerhalb des Beamtenverhältnisses nur in dem Umfang einzugehen, in dem den vollzeitbeschäftigten Beamten die Ausübung von Nebentätigkeiten gestattet ist.

30.344 Mehrere Länder (u.a. Baden-Württemberg, Bayern, Brandenburg, Nordrhein-Westfalen, Sachsen-Anhalt und Thüringen) eröffnen Lehrkräften die Möglichkeit des Teilzeitbeamtenverhältnisses in Form eines sogenannten *Sabbatjahres* (Sabbatical), sofern dienstliche Belange nicht dagegen sprechen.[115] Die auf das Freistellungsjahr entfallende Arbeitszeit muss in den vorausgehenden Jahren „vorgearbeitet“ werden. So kann die Lehrkraft z.B. für die Dauer von vier Jahren bei drei Vierteln der Dienstbezüge drei Jahre lang vollbeschäftigt tätig sein und im vierten Jahr, in dem sie das Sabbatical in Anspruch nimmt, völlig freigestellt werden.

Die Bewilligung eines Sabbatjahres steht auch Lehrkräften im Arbeitsverhältnis offen; sie ist jedenfalls in § 11 Abs. 2 TV-L ausdrücklich vorausgesetzt.

---

111 Dazu *Battis*, Beamtenrecht (Fn. 1), § 87 Rn. 140.

112 *Rechtsgrundlagen*: §§ 69 ff. bw LBG; Art. 88 ff. BayBG; §§ 78 ff. bbg LBG; §§ 61 ff. Brem BG; §§ 62 ff. HmbBG; §§ 62 ff. HBG; §§ 63 ff. LBG M-V; §§ 61 ff. NBG; §§ 63 ff. nrw LBG; §§ 75 ff. rp LBG; §§ 79 f. SBG; §§ 64 ff. LBG LSA; §§ 61 f. sh LBG; §§ 61 ff. ThürBG.

113 Sollvorschriften finden sich in Bayern, Brandenburg und Schleswig-Holstein, Kannbestimmungen in den anderen Ländern.

114 In einigen Ländern, z.B. Bayern (Art. 90 BayBG), Rheinland-Pfalz (§ 77 LBG) und dem Saarland (§ 83 SBG) ist die Gewährung von Dauerurlaub nur in einer Arbeitsmarktsituation zulässig, in der ein außergewöhnlicher Bewerberüberhang besteht und deshalb ein dringendes öffentliches Interesse gegeben ist, verstärkt Personen im öffentlichen Dienst zu beschäftigen.

115 § 69 Abs. 5 bw LBG, Art. 88 Abs. 4 BayBG, § 78 Abs. 4 bbg LBG, § 65 Abs. 1 nrw LBG, § 64 LBG LSA, § 63 ThürBG.

30.345 Bis vor wenigen Jahren konnten Arbeitgeber nach dem auf der Grundlage des Altersteilzeitgesetzes geschlossenen Tarifvertrags zur Regelung der *Altersteilzeitarbeit*[116] mit einem in Vollzeit tätigen Beschäftigten, der das 55. Lebensjahr vollendet hatte, die Umwandlung des Arbeitsverhältnisses in ein Teilzeitarbeitsverhältnis vereinbaren; vom 60. Lebensjahr an hatten Beschäftigte einen Anspruch auf eine solche Vereinbarung. Während des Teilzeitarbeitsverhältnisses betrug die durchschnittliche wöchentliche Arbeitszeit die Hälfte der regelmäßigen tariflichen Arbeitszeit (*Teilzeitmodell*); doch konnte die während der Gesamtdauer der Altersteilzeit insgesamt zu leistende Arbeit so verteilt werden, dass der Beschäftigte zunächst in Vollzeit weiterarbeitete und anschließend von der Arbeit freigestellt wurde (*Blockmodell*). Während der Dauer des Teilzeitarbeitsverhältnisses erhielten die Lehrkräfte eine Vergütung von mindestens 83 Prozent des Nettobetrags des Vollzeitarbeitsentgelts. Außer den für die Altersteilzeitbezüge zu entrichtenden Sozialversicherungsbeiträgen zahlte der Arbeitgeber zusätzliche Beiträge zur gesetzlichen Rentenversicherung. *Dieser Tarifvertrag ist allerdings Ende 2009 ausgelaufen*, so dass Arbeitgeber und Arbeitnehmer für die Zeit danach keine Altersteilzeit mehr vereinbaren können.

Die meisten Länder hatten die zuvor den Arbeitnehmern im öffentlichen Dienst vorbehaltene Altersteilzeit auch für Beamte eingeführt; aus Kostengründen halten jedoch nur noch wenige an dieser Vergünstigung fest.[117]

30.4 Rechte beamteter Lehrkräfte mit Bezug auf das Amt

Beamtete Lehrkräfte sind berechtigt, innerhalb und außerhalb des Dienstes ihre *Amtsbezeichnung* zu führen.[118] Sie können aber nicht verlangen, mit der Amtsbezeichnung angeredet zu werden.[119] Demgegenüber haben tarifbeschäftigte Lehrkräfte, die in einem privatrechtlichen Arbeitsverhältnis stehen und daher kein Amt innehaben, auch kein Recht auf eine Amtsbezeichnung; sie führen vielmehr die Berufsbezeichnung „Lehrerin“ bzw. „Lehrer“.

Die Amtsbezeichnungen sind überwiegend in den Besoldungsordnungen der Landesbesoldungsgesetze festgelegt. Die konkrete Amtsbezeichnung des einzelnen Beamten ergibt sich in der Regel aus der Ernennungsurkunde. Beamtinnen führen die Amtsbezeichnung grundsätzlich in der weiblichen Form.[120]

Bei der Festsetzung von Amtsbezeichnungen darf sich der Gesetzgeber nicht über Art. 33 Abs. 5 GG hinwegsetzen. Aus dieser Vorschrift ergibt sich als hergebrachter Grundsatz des Berufsbeamtentums, dass die einem Beamten zugewiesene Amtsbezeichnung angemessen sein muss. Angemessen ist sie nur, wenn sie wirklichkeitsgerecht erkennen lässt, wo das Amt im Ämtergefüge einzuordnen ist. Mit diesem Grundsatz lässt es sich nicht vereinbaren, dass Amtsbezeichnungen von Lehrern, die qualitativ andersartige Lehrämter

---

116 Vom 5.5.1998 i.d.F. des Änd-TV Nr. 2 vom 30.6.2000.

117 Ausnahmen: Baden-Württemberg (§ 70 LBG), Bayern (Art. 91 BayBG), Bremen (§ 63 BremBG), Niedersachsen (§ 63 NBG), Nordrhein-Westfalen (§ 66 LBG),

118 Z.B. § 56 Abs. 2 Satz 1 bw LBG; § B 1 HBG; § 77 Abs. 2 Satz 1 und 2 nrw LBG; § 61 Abs. 1 Satz 1 und 2 LBG LSA; § 106 Abs. 1 Satz 1 SächsBG.

119 Vgl. § 69 Abs. 3 Satz 2 bbg LBG; § 77 Abs. 2 Satz 3 nrw LBG.

120 Was sich in den meisten Ländern schon daraus ergibt, dass die Beamtengesetze der geschlechtergerechten Sprache angepasst sind (Beamtin, Beamter; Beamtinnen, Beamte). Im brandenburgischen Landesbeamtengesetz, das wie die Beamtengesetze Mecklenburg-Vorpommerns und Thüringens generell die männliche Form verwendet, bestimmt § 69 Abs. 6, dass Beamtinnen die Amtsbezeichnung in der weiblichen Form führen.

wahrnehmen und sich in Vorbildung und Besoldungsgruppe voneinander unterscheiden, nivelliert werden.[121]

Ruhestandsbeamte dürfen ihre letzte Amtsbezeichnung mit dem Zusatz „außer Dienst" (a.D.) führen.[122] Auch dem in Ehren entlassenen Beamten kann durch Verfügung der obersten Dienstbehörde die Erlaubnis zur Führung der Amtsbezeichnung mit dem Zusatz „a.D." erteilt werden.[123] Neben der Amtsbezeichnung dürfen Beamte nur staatlich verliehene *Titel* und *akademische Grade*, dagegen *keine Berufsbezeichnungen* (z.B. Architekt oder Baumeister) führen. Da Beamte keinen Rechtsanspruch auf Beibehaltung ihrer Amtsbezeichnungen haben, müssen sie sich bei deren Änderung der neuen Form bedienen. Die unbefugte Führung von Amtsbezeichnungen oder Titeln ist strafbar (§ 132a Abs. 1 Nr. 1 StGB).

30.5 Personalvertretungsrecht

30.51 Grundlagen

30.511 Das Personalvertretungsrecht[124] regelt die *Interessenvertretung der im öffentlichen Dienst Beschäftigten* bei innerdienstlichen Maßnahmen. Sein personeller Geltungsbereich erstreckt sich auf Beamtinnen und Beamte[125] sowie Arbeitnehmerinnen und Arbeitnehmer; es erfasst somit alle Lehrkräfte ungeachtet ihres jeweiligen Rechtsstatus (dazu TZ 28.2 und TZ 28.3). Das Personalvertretungsrecht entspricht in seiner Funktion dem Betriebsverfassungsgesetz, das die Grundlage für die Arbeit der Betriebsräte in der privaten Wirtschaft bildet. Die Interessenvertretung steht unter dem Gebot der vertrauensvollen Zusammenarbeit. Zur Erfüllung ihrer Aufgaben verfügt die Personalvertretung über ein umfassendes Informationsrecht.

Personalräte haben vielfältige *Beteiligungsrechte*: Mitbestimmung, Mitwirkung, Anhörung, Beratung und Unterrichtung. Zu ihren Aufgaben gehört die Sicherung einer angemessenen Mitwirkung der Angehörigen des öffentlichen Dienstes bei *sozialen Maßnahmen* (z.B. Gesundheitsfürsorge, Unfallverhütung), in *personellen Angelegenheiten* (insbesondere bei Einstellung, Beförderung, Versetzung, Abordnung, Entlassung) und bei der *Gestaltung des inneren Dienstbetriebes*. Die Personalräte sollen darüber wachen, dass alle Bediensteten gleichmäßig und gerecht behandelt und die zu ihren Gunsten bestehenden Vorschriften eingehalten werden; sie sollen in Zusammenarbeit mit Gewerkschaften und Berufsverbänden die Interessen der Bediensteten vertreten, Beschwerden entgegennehmen, beratend und ausgleichend wirken.

---

121 Demgemäß hat das BVerfG entschieden (BVerfGE 62, 374 = RdJB 1984, 162, m.Anm.v. Ulrich *Battis*), dass die seinerzeit vom bremischen Gesetzgeber eingeführte Amtsbezeichnung „Lehrer für das Lehramt an öffentlichen Schulen" für einen Lehrer mit der Befähigung für die Sekundarstufe II gegen Art. 33 Abs. 5 GG verstößt. Ähnlich auch BVerfGE 64, 323, für die Amtsbezeichnung von Hochschullehrern: „Professor" allein genügt nicht.

122 Z.B. § 55 Abs. 2 bw LBG; § 58 Abs. 3 HBG; § 77 Abs. 3 nrw LBG; § 61 Abs. 3 LBG LSA.

123 Z.B. § 56 Abs. 2 bw LBG; § 58 Abs. 4 HBG; § 77 Abs. 4 nrw LBG.

124 Ulrich *Battis*, Personalvertretungsrecht, in: Ehlers/Fehling/Pünder, Besonderes Verwaltungsrecht, Bd. III, § 89; Lothar *Altvater*/Manfred *Peiseler* u.a. (Hrsg.), Bundespersonalvertretungsgesetz mit Wahlordnung und ergänzenden Vorschriften sowie vergleichenden Anmerkungen zu den Landespersonalvertretungsgesetzen, 9. Aufl., Frankfurt am Main 2016; Ulrich *Widmaier*, Aktuelle Rechtsprechung zu personalvertretungsrechtlichen Streitigkeiten, DVBl. 2015, 667.

125 So bestimmt § 51 BeamtStG ausdrücklich, dass die Beteiligung von Personalvertretungen zum Zweck der vertrauensvollen Zusammenarbeit zwischen Behördenleitung und dem Personal *unter Einbeziehung der Beamtinnen und Beamten* zu gewährleisten ist.

30.512 Die *Regelung des Personalvertretungsrechts fällt in die Zuständigkeit der Länder*; demgemäß gibt es in jedem der 16 Länder ein Personalvertretungsgesetz.[126] Zwar enthält das Bundespersonalvertretungsgesetz sowohl Rahmenvorschriften für die Landesgesetzgebung (§§ 94 bis 106 BPersVG) als auch unmittelbar für die Länder geltende Vorschriften (§§ 107 bis 109 BPersVG). Da insbesondere die frühere Rahmengesetzgebungskompetenz des Bundes im Zuge der Föderalismusreform I weggefallen ist (vgl. TZ 2.11), können die Länder gemäß Art. 125a Abs. 1 Satz 2 GG von den Vorgaben des Bundespersonalvertretungsgesetzes abweichen.[127] Von dieser Möglichkeit haben sie weitgehend Gebrauch gemacht[128], so dass das Bundesgesetz für das Personalvertretungsrecht der Länder kaum noch relevant ist.

30.52 Organisation und Verfahren

30.521 Personalräte werden bei den *Dienststellen* in der öffentlichen Verwaltung gebildet. In den meisten Ländern gelten auch die Schulen als Dienststellen. In den Flächenländern bestehen überdies *Stufenvertretungen*, z.B. Bezirkspersonalräte bei den Mittelbehörden (Baden-Württemberg, Bayern und Nordrhein-Westfalen) sowie Hauptpersonalräte bei der obersten Dienstbehörde.[129]

30.522 Alle Beschäftigten der jeweiligen Dienststelle bilden die *Personalversammlung*, die mindestens einmal jährlich einberufen wird, um den Tätigkeitsbericht des Personalrats entgegenzunehmen, Anträge zu stellen und Anregungen zu geben; die Personalversammlung findet grundsätzlich außerhalb der Unterrichtszeit statt.[130]

30.523 Für die Personalräte gelten in den Ländern annähernd gleiche *Verfahrensvorschriften*. *Wahlberechtigt* sind alle Beschäftigten, also auch die Lehrkräfte, die am Wahltag

---

126 Baden-Württemberg: Landespersonalvertretungsgesetz i.d.F. vom 12.3.2015 (GBl. S. 221); Bayern: Bayerisches Personalvertretungsgesetz (BayPVG) i.d.F.d.Bek. vom 11.11.1986 (GVBl. S. 349), zul.g.d.G. vom 17.7.2015 (GVBl. S. 243); Berlin: Personalvertretungsgesetz (PersVG) i.d.F. vom 14.7.1994 (GVBl. S. 337, 1995 S. 24), zul.g.d.G. vom 30.5.2016 (GVBl. S. 282, 287); Brandenburg: Landespersonalvertretungsgesetz (PersVG) vom 15.9.1993 (GVBl. I S. 358), zul.g.d.G. vom 25.1.2016 (GVBl. I/16 [Nr. 5]); Bremen: Bremisches Personalvertretungsgesetz vom 5.3.1974 (GBl. S. 131), zul.g.d.G. vom 16.5.2017 (GBl. S. 225); Hamburg: Hamburgisches Personalvertretungsgesetz (HmbPersVG) vom 8.7.2014 (GVBl. S. 299), zul.g.d.G. vom 20.12.2016 (GVBl. S. 570, 572); Hessen: Hessisches Personalvertretungsgesetz (HPVG) vom 24.3.1988 (GVBl. I S. 103), zul.g.d.G. vom 16.12.2015 (GVBl. S. 594); Mecklenburg-Vorpommern: Personalvertretungsgesetz (PersVG) vom 24.2.1993 (GVOBl. S. 125), zul.g.d.G. vom 16.12.2010 (GVOBl. S. 730, 758); Niedersachsen: Niedersächsisches Personalvertretungsgesetz (NPersVG) vom 9.2.2016 (GVBl. S. 2); Nordrhein-Westfalen: Landespersonalvertretungsgesetz (LPVG) vom 3.12.1974 (GV. S. 1514), zul.g.d.G. vom 5.7.2011 (GV. S. 384); Rheinland-Pfalz: Landespersonalvertretungsgesetz i.d.F. vom 24.11.2000 (GVBl. S. 529), zul.g.d.G. vom 22.9.2017 (GVBl. S. 237); Saarland: Saarländisches Personalvertretungsgesetz (SPersVG) i.d.F.d.Bek. vom 2.3.1989 (Amtsbl. S. 413), zul.g.d.G. vom 2.12.2015 (Amtsbl. S. 967); Sachsen: Sächsisches Personalvertretungsgesetz i.d.F.d.Bek. vom 25.6.1999 (GVBl. S. 430), zul.g.d.G. vom 9.6.2017 (GVBl. S. 306); Sachsen-Anhalt: Landespersonalvertretungsgesetz (PersVG) i.d.F.d.Bek. vom 16.3.2004 (GVBl. S. 205, 491); Schleswig-Holstein: Gesetz über die Mitbestimmung der Personalräte (Mitbestimmungsgesetz) vom 11.12.1990 (GVOBl. S. 577); Thüringen: Thüringer Personalvertretungsgesetz (ThürPersVG) i.d.F.d. Bek. vom 13.1.2012 (GVBl. S. 1), zul.g.d.G. vom 2.7.2016 (GVBl. S. 5, 212).

127 *Battis*, Personalvertretungsrecht (Fn. 124), § 89 Rn. 3.

128 Die folgende Darstellung des Personalvertretungsrechts kann nicht die Vielzahl der Regelungen der einzelnen Länder in den Blick nehmen. Sie muss sich auf das Wesentliche beschränken und nimmt dabei vor allem Bezug auf die Vorschriften des Landespersonalvertretungsgesetzes Nordrhein-Westfalens als größten Bundeslandes.

129 Wegen der Einzelheiten wird auf die Regelungen des jeweiligen Landespersonalvertretungsgesetzes verwiesen.

130 So ausdrücklich § 93 Abs. 1 HPVG, § 100 Satz 1 NPersVG.

das 18. Lebensjahr vollendet haben.[131] Die *Wählbarkeit* setzt in der Regel sechsmonatige Zugehörigkeit zur Dienststelle (Schule) voraus.[132] Der Personalrat wird in *geheimer und unmittelbarer Wahl* gewählt[133]; die Amtszeit beträgt in den meisten Ländern vier Jahre.[134] Die Anzahl der Mitglieder ist von Land zu Land verschieden, richtet sich aber zumeist nach der Zahl der in einer Dienststelle Beschäftigten. Die Sitzungen der Personalräte sind nicht öffentlich[135]; für die Mitglieder besteht Schweigepflicht.[136] Personalakten dürfen nur mit Zustimmung des Beschäftigten von Mitgliedern des Personalrats eingesehen werden.[137]

30.524 Personalratsmitglieder sind *ehrenamtlich* tätig.[138] Sie dürfen in ihrer Tätigkeit nicht behindert und wegen ihrer Tätigkeit weder begünstigt noch benachteiligt werden.[139] Gegen ihren Willen sind sie nur dann versetzbar, wenn die Versetzung aus wichtigen dienstlichen Gründen unvermeidbar ist und der Personalrat zustimmt.[140] Die durch die Wahl und Tätigkeit der Personalvertretungen entstehenden Aufwendungen trägt die Dienststelle.[141] Personalratsmitglieder sind unter Fortzahlung der Bezüge für einschlägige Schulungs- und Bildungsveranstaltungen, z.B. eines Lehrerverbandes, freizustellen; die Dienststelle hat die dabei anfallenden Kosten zu tragen.[142]

30.53 Grenzen der Mitwirkungsbefugnisse der Personalvertretung

30.531 In seinem 1995 ergangenen Beschluss über die Verfassungsmäßigkeit des schleswig-holsteinischen Gesetzes über die Mitbestimmung der Personalräte hat das *Bundesverfassungsgericht* betont, dass die Ausübung von Staatsgewalt *demokratischer Legitimation* (Art. 20 Abs. 1 und 2 GG) bedarf, die grundsätzlich nur durch eine ununterbrochene Legitimationskette vom Volk über Parlament und Regierung zu dem jeweiligen Amtswalter sicherzustellen ist.[143] Auf dieser Grundlage hat das Gericht bezüglich der Reichweite der Mitwirkungsbefugnisse der Personalvertretung bei Behördenentscheidungen ein *Drei-Stufen-Modell* entwickelt:

Bei Angelegenheiten, die in ihrem Schwerpunkt die Beschäftigten in ihrem Beschäftigungsverhältnis betreffen, typischerweise aber nicht oder nur unerheblich die Wahrnehmung von Amtsaufgaben gegenüber dem Bürger berühren (z.B. soziale Angelegenheiten), gestattet das Demokratieprinzip eine weitreichende Mitwirkung der Beschäftigten. Sofern es um Maßnahmen geht, die zwar den Binnenbereich des Beschäftigungsverhältnisses betreffen, die Wahrnehmung des Amtsauftrags jedoch typischerweise nicht unerheblich berühren (z.B. Einrichtungen zur Verhaltens- und Leistungskontrolle), erfordert die Beteiligung des Personalrats ein höheres Maß an demokratischer Legitimation; die Kompetenz einer Einigungsstelle zur abschließenden Entscheidung kann unter der Voraussetzung hingenommen werden, dass die Mehrheit ihrer Mitglieder uneingeschränkt demokratisch legitimiert ist und die Entscheidung darüber hinaus von einer Mehrheit der so legitimierten Mitglieder getragen wird (Prinzip der sogenannten doppelten Mehrheit). Innerdienstliche

131 Vgl. § 10 Abs. 1 nrw LPVG.
132 § 11 Abs. 1 nrw LPVG.
133 § 16 Abs. 1 nrw LPVG.
134 § 23 Abs. 1 nrw LPVG.
135 § 31 Abs. 2 nrw LPVG.
136 § 9 Abs. 1 nrw LPVG.
137 § 65 Abs. 3 nrwLPVG.
138 § 42 Abs. 1 nrw LPVG.
139 § 7 Abs. 1 nrw LPVG.
140 § 43 Abs. 1 nrw LPVG.
141 § 40 Abs. 1 nrw LPVG.
142 § 42 Abs. 5 nrw LPVG.
143 BVerfGE 93, 37 (66 f.).

Maßnahmen, die schwerpunktmäßig die Erfüllung von Amtsaufgaben betreffen, unvermeidlich aber auch die Interessen der Beschäftigten berühren (z.B. Maßnahmen, die den Rechtsstatus der Bediensteten betreffen), sind stets von so großer Bedeutung für die Erfüllung des Amtsauftrags, dass die *parlamentarische Verantwortlichkeit der Regierung* keine substantielle Einschränkung erfahren darf; die Einbindung der Personalvertretung und der Einigungsstelle in die Entscheidungsfindung kann allenfalls in Form der sogenannten eingeschränkten Mitbestimmung geschehen; die Entscheidung der Einigungsstelle darf daher nur den Charakter einer Empfehlung an die zuständige Dienstbehörde haben.[144]

30.532 Die Vorgaben des Bundesverfassungsgerichts haben vor allem für die Reichweite der abgestuften Mitbestimmungsbefugnisse der Personalvertretung bei Entscheidungen in personellen Angelegenheiten erhebliche Bedeutung. Die meisten Länder haben sie sich zu eigen gemacht. Demgemäß sehen die Gesetze, wie zum Beispiel das Personalvertretungsgesetz für das Land Nordrhein-Westfalen, zwar ein Mitbestimmungsrecht der Personalräte vor, das insbesondere bei Entscheidungen über Einstellung, Beförderung, Versetzung und Abordnung von Beamten sowie über Einstellung, Höhergruppierung, Versetzung, Abordnung und Kündigung von Arbeitnehmern zu beachten ist.[145] Kommt eine Einigung zwischen Behördenleitung und Personalvertretung in solchen Fällen auch auf der Ebene der Stufenvertretungen nicht zustande, so unterliegen diese Maßnahmen letztlich der Entscheidung der Landesregierung; die Einigungsstelle kann insoweit nur eine Empfehlung aussprechen.[146]

30.54 Gerichtliches Verfahren

Über Rechtsstreitigkeiten auf dem Gebiet des Personalvertretungsgesetzes entscheiden die Verwaltungsgerichte im Beschlussverfahren.[147]

30.6 Dienstliche Beurteilung, Personalakten

Für die berufliche Entwicklung der Lehrkräfte können nicht zuletzt dienstliche Beurteilungen und die über sie geführten Personalakten eine Rolle spielen. Diese Materien sind durch das Beamtenrecht geprägt.

30.61 Dienstliche Beurteilung

30.611 Eignung, Befähigung und fachliche Leistung der Beamten sind in regelmäßigen Abständen dienstlich zu beurteilen.[148] Der *Regelbeurteilung* liegt die Zielsetzung zugrunde, die Leistungen und Fähigkeiten der Beamten in gewissen Intervallen – etwa

144 Grundlegende Kritik an diesem Beschluss des BVerfG bei Alfred *Rinken*, Demokratie und Hierarchie. Zum Demokratieverständnis des Zweiten Senats des Bundesverfassungsgerichts, KritV 1996, 282.

145 Z.B. § 72 Abs. 1 nrw LPVG.

146 S. etwa §§ 68 Satz 1 Nr. 1, 66 Abs. 7 Satz 3 nrw LPVG. Zur Zusammensetzung der Einigungsstelle in NRW s. § 67 nrw LPVG.

147 Vgl. §§ 79 f. nrw LPVG.

148 Z.B. § 51 Abs. 1 bw LBG; § 19 Bbg LBG; § 59 Abs. 1 BremBG; § 59 Abs. 1 HBG; § 61 Abs. 1 LBG M-V; § 92 Abs. 1 Satz 1 nrw LBG; § 21 Abs. 1 LBG LSA; § 59 Abs. 1 sh LBG. Das Nähere, insbesondere die Grundsätze der Beurteilung und das Verfahren, wird in allen Ländern durch Rechtsverordnung geregelt. – Aus dem Schrifttum: Jürgen *Lorse*, Die dienstliche Beurteilung von Lehrkräften im Spannungsverhältnis pädagogischer und rechtlicher Herausforderungen, ZBR 2013, 295. Zur dienstlichen Beurteilung umfassend mit Abdruck einschlägiger Gerichtsentscheidungen Frank *Bieler*, Die dienstliche Beurteilung – Beamte, Angestellte und Arbeiter im öffentlichen Bereich. 5. Aufl., Berlin 2012; *Schnellenbach/Bodanowitz*, Beamtenrecht in der Praxis, §§ 11 und 12; *Wichmann/Langer* (Fn. 1), Rn. 230; Heinrich Amadeus *Wolff*, Die Aktualität der dienstlichen Beurteilung, ZBR 2016, 7.

alle drei Jahre – im Vergleich mit einer größeren Zahl anderer gleich besoldeter Beamter derselben Laufbahn und Laufbahngruppe zu bewerten. Eine Personalmaßnahme, z.B. eine Beförderung, kann auf eine Regelbeurteilung gestützt werden, wenn diese hinreichend *aktuell* ist; das ist nach Auffassung mehrerer Obergerichte dann zu bejahen, wenn die Beurteilung nicht deutlich länger als drei Jahre zurückliegt.[149] Ein unabweisbarer dienstlicher Beurteilungsbedarf drängt sich auf, wenn die Behörde z.B. bei der Besetzung einer Beförderungsstelle ohne eine gesonderte Beurteilung nicht imstande ist, einen Bewerbervergleich vorzunehmen, der dem aktuellen Leistungs- und Befähigungsstand sämtlicher Konkurrenten mindestens einigermaßen gerecht wird. In einer solchen Situation ist eine *Bedarfsbeurteilung* (*Anlassbeurteilung*) unerlässlich.[150]

Die Mehrzahl der Länder verzichtet im Bereich der Lehrkräfte auf Regelbeurteilungen und *beschränkt sich auf das anlassbezogene Beurteilungsverfahren*.[151] Dies hat zur Folge, dass Lehrerinnen und Lehrer in diesen Ländern nur sporadisch beurteilt und langfristige Leistungsentwicklungen nicht kontinuierlich dokumentiert werden.[152]

Die Beurteilung ist die wesentliche Grundlage für die dienstliche Verwendung der Beamten und für ihr berufliches Fortkommen; sie ist vor allem für eine am Leistungsprinzip orientierte Auswahl bei Personalentscheidungen maßgeblich. Bei Lehrkräften ist sie zumeist an einen *Unterrichtsbesuch* gebunden. Sie gibt Aufschluss über die Eignung, Befähigung und fachliche Leistung des Lehrers bei der Wahrnehmung des Bildungs- und Erziehungsauftrags der Schule innerhalb und außerhalb des Unterrichts. Die Beurteilung, die der Lehrkraft im Wortlaut zu eröffnen und mit ihr zu erörtern ist, wird zu den Personalakten genommen. Zuständig für die Abgabe dienstlicher Beurteilungen ist in der Regel der unmittelbare Dienstvorgesetzte, also der Leiter der Schulaufsichtsbehörde (vgl. TZ 9.6). Im Zuge der Einführung der verstärkten Selbständigkeit der Schule (TZ 13.2) haben einige Länder den *Schulleitern einzelne Aufgaben des Dienstvorgesetzten* gegenüber den Lehrkräften übertragen, wozu auch dienstliche Beurteilungen und Berichte über die Bewährung des Personals an der Schule gehören (s. auch TZ 28.214).[153]

30.612 Die dienstliche Beurteilung ist *kein Verwaltungsakt*, da sie keine Regelung mit unmittelbaren Rechtswirkungen nach außen trifft.[154] Sie kann deshalb nicht mit der Anfechtungsklage angefochten werden. (Zum Begriff des Verwaltungsakts TZ 26.211). Dennoch kann eine rechtswidrige Beurteilung den Beamten in seinen Rechten verletzen mit der Folge, dass er verwaltungsgerichtlichen Rechtsschutz in Form der allgemeinen Leistungsklage (TZ 32.134 a.E.) in Anspruch nehmen kann. Allerdings sind dienstliche Beurteilungen als Akte wertender Erkenntnis gerichtlich nur begrenzt nachprüfbar. Die gerichtliche Rechtmäßigkeitskontrolle beschränkt sich darauf zu überprüfen, ob der (Dienst-)Vorgesetzte gegen Verfahrensvorschriften verstoßen, einen unrichtigen Sachverhalt zugrunde gelegt, die anzuwendenden Begriffe oder den gesetzlichen Rahmen ver-

149 OVG Münster, Beschl. vom 22.9.2011, Az.: 6 A 1284/11 (juris), und NVwZ-RR 2002, 594; OVG Saarlouis, Beschl. vom 26.10.2012, Az.: 1 B 219/12 (juris); VGH Mannheim, NVwZ-RR 2004, 120; so auch die gesetzlichen Regelungen in § 61 Abs. 1 Satz 2 LBG M-V und § 59 Abs. 1 Satz 2 sh LBG. Zu den Anforderungen an die Aktualität der dienstlichen Beurteilung ferner *Wolff* (Fn. 148), S. 7.

150 *Schnellenbach/Bodanowitz*, Beamtenrecht in der Praxis, § 11 Rn. 112 ff.

151 Es handelt sich u.a. um die Länder Brandenburg, Bremen, Mecklenburg-Vorpommern, Niedersachsen, Rheinland-Pfalz, Sachsen-Anhalt, Schleswig-Holstein, Thüringen.

152 Dazu *Lorse*, (Fn. 153), S. 297.

153 Z.B. § 24 Abs. 1 bay Lehrerdienstordnung; § 69 Abs. 6 Satz 2 bln SchulG; § 89 Abs. 2 S. 1 HmbSG; § 88 Abs. 1 S. 3 HSchG i.V.m. § 16a hess DienstO für Lehrkräfte; § 101 Abs. 3 S. 6 SchulG M-V; § 43 Abs. 2 S. 1 NSchG; 59 Abs. 5 nrw SchulG; § 26 Abs. 5 SchulG LSA.

154 So BVerwGE 28, 191 (192 f.); 49, 351 (353 ff.9). Demgegenüber stellt die Ablehnung eines Antrags des Beamten auf Änderung der Beurteilung einen Verwaltungsakt dar.

kannt, allgemeingültige Bewertungsmaßstäbe missachtet oder sachfremde Erwägungen angestellt hat.[155]

30.613 Soweit *Lehrkräfte* nicht verbeamtet sind (vgl. TZ 28.3), zeichnet sich die Tendenz ab, die beamtenrechtlichen Regelungen grundsätzlich auch auf sie anzuwenden.[156]

30.62 Personalakten

30.621 Für jede Beamtin und jeden Beamten, also auch für jede im Beamtenverhältnis beschäftigte Lehrkraft ist eine Personalakte zu führen (§ 50 Satz 1 BeamtStG).[157] Zur Personalakte gehören alle Unterlagen, die den Beamten betreffen, soweit sie mit dem Dienstverhältnis in einem unmittelbaren inneren Zusammenhang stehen (§ 50 Satz 2 BeamtStG); zu diesen *Personalaktendaten* rechnen z.B. Schul- und Prüfungszeugnisse, dienstliche Beurteilungen, Beförderungsvorgänge, ärztliche Gutachten, nicht hingegen Prüfungs-, Sicherheits- und Kindergeldakten.[158] Die Personalakte ist vertraulich zu behandeln (§ 50 Satz 3 BeamtStG). Personalaktendaten dürfen nur für Zwecke der Personalverwaltung oder Personalwirtschaft verwendet werden, es sei denn, der Beamte willigt in eine anderweitige Verwendung ein (§ 50 Satz 4 BeamtStG); doch darf, soweit in Ausnahmefällen landesrechtlich vorgesehen, die Personalakte auch ohne Einwilligung des Beamten für Zwecke der Personalverwaltung oder Personalwirtschaft der obersten Dienstbehörde vorgelegt werden (§ 50 Satz 4 BeamtStG).[159]

Die Personalakte kann nach sachlichen Gesichtspunkten in *Grundakte* und *Teilakten* gegliedert werden[160]; Teilakten können bei der für den betreffenden Aufgabenbereich zuständigen Behörde geführt werden.[161] Unterlagen über Beihilfen in Krankheitsfällen (TZ 31.129) sind stets als Teilakten und getrennt von der übrigen Personalakte aufzubewahren; sie sollen in einer separaten Organisationseinheit bearbeitet werden.[162] *Nebenakten* (d.h. Unterlagen, die sich auch in der Grundakte oder in Teilakten befinden) dürfen nur geführt werden, wenn die personalverwaltende Behörde (z.B. Bezirksregierung) nicht zugleich Beschäftigungsbehörde (z.B. Staatliches Schulamt) ist oder wenn mehrere perso-

155 BVerwGE 21, 127; 60, 245; 153, 48. An dieser Rspr. hält das BVerwG auch nach den prüfungsrechtlichen Beschlüssen des BVerfG vom 27.4.1991 (BVerfGE 84, 34; 84, 59 – vgl. hierzu TZ 20.312) mit der Begründung fest, dass diese Entscheidungen sich auf Prüfungen bezögen, die für den Berufszugang relevant seien und deshalb auf dienstliche Beurteilungen innerhalb eines bestehenden Beamtenverhältnisses nicht übertragen werden könnten.

156 Dazu *Lorse* (Fn. 148), S. 297 f. m.w.N. Beispiele für diese Tendenz: *Berlin*: Die Ausführungsvorschriften über die Beurteilung der Beamten und Beamtinnen des Schul- und Schulaufsichtsdienstes vom 12.7.2010 (ABl. S. 1185), zul.g.d.VO vom 27.6.2012 (ABl. S. 2282) finden laut Rundschreiben 5/2007 auch Anwendung auf tarifbeschäftigte Lehrkräfte. *Sachsen*: Ziff. I. der Verwaltungsvorschrift Lehrkräftebeurteilung des Sächsischen Staatsministeriums für Kultus vom 12.7.2002 (MBl. S. 230), zul.g.d.VwV vom 6.8.2004 (MBl. S. 385): Diese VV gilt für Lehrkräfte unabhängig vom Status als Angestellte oder Beamte. *Sachsen-Anhalt*: Nr. 2.1.2. des RdErl. des Ministeriums für Bildung vom 20.3.2017: Die Beurteilungsrichtlinien gelten analog auch für tarifvertraglich oder außertariflich beschäftigte Lehrkräfte oder Schulfunktionsstelleninhaber an öffentlichen Schulen.

157 *Battis*, Beamtenrecht (Fn. 1), Rn. 164 ff.; *ders.*, Arbeiter und Angestellte im Öffentlichen Dienst (Fn. 1), Rn. 55; *Kunig* (Fn. 1), Rn. 167 ff.; *Schnellenbach/Bodanowitz*, Beamtenrecht in der Praxis, § 12; *Wichmann/Langer* (Fn. 1), Rn. 224 ff., 569.

158 Z.B. § 94 Abs. 2 Satz 2 Bbg LBG; § 86 Abs. 1 HBG; § 83 Abs. 3 nrw LBG; § 81 Abs. 1 Satz 2 ThürBG.

159 Art. 108 Abs. 1 BayBG; § 90 Abs. 1 HBG; § 87 Abs. 1 nrw LBG; § 85 Abs. 1 ThürBG.

160 Art. 104 Abs. 1 Satz 1 BayBG; § 94 Abs. 4 Satz 1 Bbg LBG; § 86 Abs. 2 HBG; § 84 Abs. 1 Satz 1 nrw LBG.

161 Art. 104 Abs. 4 Satz 1 und 2 BayBG; § 94 Abs. 4 Satz 2 Bbg LBG; § 84 Abs. 1 Satz 2 nrw LBG; § 89 Abs. 2 Satz 2 ThürBG.

162 Art. 105 Satz 1–3 BayBG; § 95 Satz 1 und 2 Bbg LBG; § 87 Abs. 1 Satz 1 HBG; § 84 Satz 3 nrw LBG; § 82 ThürBG.

nalverwaltende Behörden zuständig sind.[163] Die Führung geheimer Nebenakten, die dem Beamten aus welchen Gründen auch immer vorenthalten werden sollen, ist unzulässig. Zugang zu Personalakten dürfen nur Beschäftigte haben, die in der Personalverwaltung mit der Bearbeitung von Personalangelegenheiten beauftragt sind, dies wiederum nur, soweit es zu Zwecken der Personalverwaltung oder der Personalwirtschaft erforderlich ist.[164]

30.622 Der Beamte muss zu Beschwerden, Behauptungen und Bewertungen, die für ihn ungünstig sind oder ihm nachteilig werden können, vor Aufnahme in die Personalakte *gehört werden*; seine Äußerung muss zur Personalakte genommen werden.[165] Zu jeder Zeit, auch nach Beendigung des Beamtenverhältnisses, besteht ein Recht auf Einsicht in die vollständige Personalakte[166]; die Einsicht ist auch einem bevollmächtigten Vertreter des Beamten, z.B. einem Rechtsanwalt oder einem Beauftragten einer Gewerkschaft oder eines Berufsverbandes, gestattet, soweit dienstliche Gründe nicht entgegenstehen. Die Behörde, die die Personalakten führt, bestimmt, wo die Einsicht gewährt wird. Soweit dienstliche Gründe nicht entgegenstehen, können Auszüge oder Kopien gefertigt werden; dem Beamten ist auf Verlangen ein Ausdruck der zu seiner Person automatisiert gespeicherten Personalaktendaten zu überlassen. Dagegen sind Auskünfte an Dritte nur mit Einwilligung des Beamten zulässig, es sei denn, dass die Abwehr einer erheblichen Beeinträchtigung des Gemeinwohls oder der Schutz berechtigter, höherrangiger Interessen des Dritten die Auskunftserteilung zwingend erfordert; Inhalt und Empfänger der Auskunft sind dem Beamten schriftlich mitzuteilen.[167]

30.623 Bezüglich der Arbeitnehmer im öffentlichen Dienst, also auch der *im Arbeitsverhältnis beschäftigten Lehrkräfte*, lässt es § 3 Abs. 6 TV-L mit wenigen Bestimmungen bewenden. Danach haben diese wie ihre beamteten Kollegen ein *Recht auf Einsicht in ihre vollständigen Personalakten,* das sie durch einen hierzu Bevollmächtigten ausüben lassen können. Sie können Auszüge oder Kopien aus ihren Personalakten erhalten. Auch sie müssen über Beschwerden und Behauptungen tatsächlicher Art, die für sie ungünstig sind oder ihnen nachteilig werden können, vor Aufnahme in die Personalakten gehört werden; auch für sie gilt, dass ihre Äußerung zu den Personalakten zu nehmen ist.

Die Bestimmungen des TV-L enthalten keine Regelungen darüber, auf welche Art und Weise Personalakten zu führen sind. Aus diesem Schweigen kann nach Auffassung des Bundesarbeitsgerichts nur der Schluss gezogen werden, dass die Tarifvertragsparteien die Modalitäten der Aktenführung der Organisationsbefugnis des öffentlich-rechtlichen Arbeitgebers überlassen wollen. In welcher Form der Arbeitgeber Personalakten führt, liegt somit in seinem Organisationsermessen. Ihm wird damit ermöglicht, eine auf die Besonderheiten der ihm übertragenen Aufgaben und der Zusammensetzung seiner Bediensteten abgestimmte Personalaktenführung zu praktizieren.[168] Es bleibt ihm hierbei unbenommen, die für Beamte geltenden Bestimmungen zur Führung und Verwaltung von Personalakten sinngemäß auf seine Arbeitnehmer anzuwenden.[169]

---

163 Art. 104 Abs. 1 Satz 3 BayBG; § 86 Abs. 3 Satz 1 HBG; § 84 Abs. 1 Satz 3 nrw LBG; § 80 Abs. 1 ThürBG.

164 Art. 103 BayBG; § 94 Abs. 5 Bbg LBG; § 86 Abs. 3 Satz 1 HBG; § 83 Abs. 2 Satz 1 nrw LBG; § 80 Abs. 1 ThürBG.

165 Art. 106 BayBG; § 88 HBG; § 85 nrw LBG; § 83 ThürBG.

166 Art. 107 BayBG; § 89 HBG; § 8 nrw LBG; § 84 ThürBG.

167 S. etwa Art. 108 Abs. 2 BayBG; § 90 Abs. 2 HBG; § 87 Abs. 2 nrw LBG; § 85 Abs. 2 ThürBG.

168 BAG, NZA 2008, 367 (368).

169 So z.B. Nr. 2.1 der sächsischen VwV Personalakten vom 3.12.1996 (ABl. S. 145), zul.g.d.VwV vom 20.7.1999 (ABl. S. 866).

30.624 Wichtig für beamtete Lehrkräfte: *Eintragungen über Disziplinarmaßnahmen* sind nach den in den Disziplinargesetzen festgelegten Fristen zu tilgen. Inhalte, die sich als unbegründet oder falsch erwiesen haben, sind mit Zustimmung des Beamten unverzüglich aus der Personalakte zu entfernen und zu vernichten; Inhalte, die für den Beamten ungünstig sind oder ihm nachteilig werden können (mit Ausnahme dienstlicher Beurteilungen), und Mitteilungen in Strafsachen sind auf Antrag des Beamten nach drei Jahren zu entfernen und zu vernichten.[170]

30.7 Pädagogische Freiheit

30.71 Rechtsgrundlagen, Inhalt, Grenzen

Lehrkräfte sind wie die übrigen Beamten weisungsgebunden (dazu TZ 29.112). Doch sichert ihnen die pädagogische Freiheit einen *Gestaltungsraum eigenverantwortlicher Unterrichtung und Erziehung.*[171] Die pädagogische Freiheit kann als „Komplementärbegriff" zum staatlichen Erziehungsauftrag verstanden werden, die als „Grundbedingung der Schule" der „personalen Erziehungssituation" geschuldet ist.[172] Sie ist ein die beamtenrechtliche Stellung des Lehrers ergänzendes und zugleich modifizierendes Prinzip.[173] Sie ist der Sache nach in den Schulgesetzen sämtlicher Länder anerkannt[174] und wird in der Rechtsprechung als selbstverständlicher Grundsatz vorausgesetzt.[175]

30.711 *Die pädagogische Freiheit ist eine pflichtgebundene Freiheit, die ihren Grund und ihre innere Rechtfertigung in der Erziehungsaufgabe des Lehrers findet.*[176] Sie ist ihm nicht um seiner selbst, sondern um seiner Funktion, seines Amtes willen gewährleistet.[177] Es handelt sich also nicht um eine personale, sondern um eine auf den Schulzweck, auf die

---

170 Z.B. Art. 17 bay DisziplinarG; § 16 bbg DisziplinarG; § 19 hess DisziplinarG; § 16 nrw DisziplinarG.

171 Aus der Literatur: Hinnerk *Wißmann,* Pädagogische Freiheit als Rechtsbegriff. Personales Handeln in der öffentlichen Verwaltung, Baden-Baden 2002; Johannes *Rux*, Die pädagogische Freiheit des Lehrers. Eine Untersuchung zur Reichweite und zu den Grenzen der Fachaufsicht im demokratischen Rechtsstaat, Berlin 2002; Frank *Hennecke,* Versuch einer juristischen Begründung von pädagogischer Freiheit, RdJB 1986, 233; Wolfram *Höfling,* Öffentliches Schulwesen und pädagogische Autonomie. Eine Skizze der schulrechtlichen Diskussion und schulgesetzlichen Entwicklung, DÖV 1988, 416; Fritz *Ossenbühl,* Die pädagogische Freiheit und die Schulaufsicht, DVBl. 1982, 1157; Christian *Starck*, Staatliche Schulhoheit, pädagogische Freiheit und Elternrecht, DÖV 1979, 269; Martin *Stock*, Pädagogische Freiheit und politischer Auftrag der Schule, Heidelberg 1971; vgl. auch *ders.*, Die pädagogische Freiheit des Lehrers im Lichte des schulischen Bildungsauftrags, RdJB 1986, 212.

172 *Wißmann,* Pädagogische Freiheit (Fn. 171), S. 163, 95 ff. und 125.

173 Dabei kann es dahingestellt bleiben, ob sie zugleich einen hergebrachten Grundsatz des Berufsbeamtentums bildet. So Ingo *Richter*, Die gesetzliche Regelung des Lehrerstatus, RdJB 1979, 250 (254 ff.); a.A. *Rux*, Pädagogische Freiheit (Fn. 171), S. 95 ff.

174 § 67 Abs. 2 BbgSchulG und § 30 Abs. 1 SchulG LSA sprechen von „pädagogischer Freiheit" bzw. von „eigener pädagogischer Freiheit und Verantwortung". Andere Länder verwenden den Begriff „eigene (pädagogische) Verantwortung" bzw. „unmittelbare pädagogische Verantwortung", z.B. § 67 Abs. 2 bln SchulG, § 88 Abs. 2 HmbSG, § 86 Abs. 2 HSchG, § 100 Abs. 2 SchulG M-V, § 50 Abs. 1 NSchG, § 57 Abs. 1 nrw SchulG, § 25 Abs. 1 rp SchulG, § 28 Abs. 1 saarl SchoG, § 40 Abs. 2 sächs SchulG, § 34 Abs. 1 sh SchulG und § 34 Abs. 2 ThürSchulG.

175 Vgl. z.B. BVerfGE 47, 46 (83). Eine Übersicht und Besprechung der Oberverwaltungsgerichte und des BVerwG bis 2002 findet sich bei *Rux* (Fn. 171), S. 120 ff.

176 Dazu *Wißmann*, Pädagogische Freiheit (Fn. 171), S. 131: Die Individualität der einzelnen Lehrkraft präge auch die spezifische Erziehungssituation im schulischen Alltag. Denn das „Amtswalten" der Lehrkraft in der konkreten Situation des Erziehungsvorgangs sei nicht immer auswechselbar, ersetzbar oder steuerbar, wie es dem Modell der hierarchischen Verwaltung als theoretischer Grundlage voraus liege. Der notwendig mitzudenkende Teil dieser Erziehungssituation sei das unwiederholbare individuelle Handeln des Lehrers.

177 Gerhard *Eiselt*, Schulaufsicht im Rechtsstaat, DÖV 1981, 821 (825); *Ossenbühl* (Fn. 171), S. 1159; *Starck* (Fn. 171), S. 273.

Bildungsinteressen der Schülerinnen und Schüler bezogene Freiheit.[178] Die pädagogische Freiheit ist daher kein subjektives öffentliches Recht der einzelnen Lehrkraft.[179]

Damit ist auch ihr *verfassungsrechtlicher Standort* bestimmt: Die pädagogische Freiheit wurzelt in der vorrangig durch den Lehrer wahrzunehmenden *staatlichen Aufgabe, erfolgreich Schule zu halten* (Art. 7 Abs. 1 GG), und in dem *Recht der Schüler auf ihre vom Lehrer zu fördernde Selbstentfaltung* (Art. 2 Abs. 1 GG).[180] Daher müssen frühere Versuche, die pädagogische Freiheit in der Lehrfreiheit des Art. 5 Abs. 3 Satz 1 GG zu verankern[181], als gescheitert gelten.[182] Die herrschende Meinung beschränkt die Lehre im Sinne des Art. 5 Abs. 3 GG auf die Übermittlung der durch eigene Forschung gewonnenen Erkenntnisse, also vor allem auf den Hochschulbereich[183]; sie schließt den schulischen Unterricht aus dem Geltungsbereich der („akademischen") Lehrfreiheit aus.[184]

30.712 Von daher zeichnen sich auch die *Grenzen der pädagogischen Freiheit* ab. Sie dient weder dazu, den individuellen Ansichten und Überzeugungen der einzelnen Lehrkraft zu Lasten des vorgeschriebenen Bildungskanons freien Lauf zu lassen, noch gibt sie ihr die Befugnis, im Unterrichtsniveau die vorgegebenen Qualitätsanforderungen zu unterschreiten. Kurz: *Die pädagogische Freiheit endet dort, wo die Leistungsfähigkeit des öffentlichen Schulwesens und die Bildungsinteressen der Schüler beeinträchtigt werden.* Deshalb darf die pädagogische Freiheit den Schutz der Schüler vor Willkür, Ungerechtigkeit und Indoktrination sowie ihren Anspruch auf sach- und fachgerechten Unterricht nicht gefährden. Die Befugnisse der *Fachaufsicht* müssen daher in einem gewissen Umfang bestehen bleiben (dazu TZ 9.21). Der Lehrer hat Verfassung, Gesetze und sonstige Rechtsvorschriften zu beachten; er ist ferner an die Richtlinien, zentralen Reformmaßnahmen, Lehrpläne[185], Lernzielorientierungen und sonstigen curricularen Anordnungen der Schulbehörde gebunden, auch soweit sie die Unterrichtsinhalte und ihre Verteilung auf die Schuljahrgänge festlegen.[186]

---

178 Hans-Ulrich *Evers,* Verwaltung und Schule, in: VVDStRL 23 (1966), S. 147 (181).

179 *Wißmann* (Fn. 171), S. 222 ff., m.w.N.; a.A. *Rux* (Fn. 171), S. 139 f.

180 *Eiselt* (Fn. 177), S. 825. Ähnlich *Hennecke* (Fn. 171), S. 240.

181 So insbes. Andreas *Laaser*, Wissenschaftliche Lehrfreiheit in der Schule, Königstein 1981 (vor allem die historische Dimension aufarbeitend); nach wie vor von Interesse: Wolfgang *Perschel*, Die Lehrfreiheit des Lehrers, DÖV 1970, 34.

182 *Rux* (Fn. 171), S. 87 ff.; *Eiselt* (Fn. 177), S. 825; *Ossenbühl* (Fn. 171), S. 1160; *Richter* (Fn. 173), S. 251; *Starck* (Fn. 171), S. 273 f.

183 Vgl. BVerfGE 35, 79 (112 f.); 90, 1 (11 ff.).

184 Herbert *Bethge,* in: Sachs, Grundgesetz. Kommentar. Art. 5 Rn. 212; Gabriele *Britz*, in: Dreier, Grundgesetz. Kommentar, Art. 5 Abs. 3 (Wissenschaft) Rn. 30; Rupert *Scholz*, in: Maunz/Dürig, Grundgesetz. Kommentar, Art. 5 Abs. III Rn. 107; Rudolf *Wendt*, in: von Münch/Kunig, Grundgesetz. Kommentar, Art. 5 Rn. 103.

185 Dazu OVG Schleswig, ZBR 1992, 186: „Die vom Gesetzgeber betonte pädagogische Verantwortung für den eigenen Unterricht entbindet den Lehrer nicht von den Vorgaben des Lehrplans".

186 Nach § 66 Abs. 2 Satz 2 DJT-SchulGE sollte die pädagogische Freiheit nur durch Rechtsvorschriften, zu denen allerdings die Lehrpläne rechnen (§ 7 Abs. 1 DJT-SchulGE), und durch Konferenzbeschlüsse eingeschränkt werden, dies wiederum nur im Rahmen des Erforderlichen und Zumutbaren. Mehrere Schulgesetze lehnen sich an die Formulierung des § 66 Abs. 2 Satz 2 DJT-SchulGE an: § 67 Abs. 2 Satz 2 BbgSchulG; § 100 Abs. 2 Satz 4 SchulG M-V. Sie verpflichten zwar den Lehrer, außer Rechtsvorschriften und Konferenzbeschlüssen auch Verwaltungsvorschriften zu beachten; zugleich verbieten sie aber wie der DJT-SchulGE eine Begrenzung der pädagogischen Freiheit, die über das Nötige und Erforderliche hinausgeht. Dazu auch TZ 9.212. – Nach *Rux/Niehues,* Schulrecht, Rn. 1093 ff., kommt es vor allem darauf an, inwieweit die Weisungsbefugnisse der Vorgesetzten und der Schulaufsicht beschränkt sind; darüber hinaus führe der Umstand, dass die tatsächlichen Umstände von pädagogischen Entscheidungen während des Unterrichts später nicht gänzlich nachvollzogen werden könnten, weil diese nicht dokumentiert würden, dazu, dass die Fachaufsicht auch ohne eine gesetzliche Regelung faktisch stark eingeschränkt sei und die Vorgesetzten die Anwendung von Ermessensvorschriften und die Auslegung unbestimmter Rechtsbegriffe durch die Lehrkräfte nur eingeschränkt überprüfen könnten.

Umstritten ist, ob sich Lehrkräfte gegen rechtswidrige Eingriffe in ihre pädagogische Freiheit nötigenfalls auch vor Gericht zur Wehr setzen können. Da es sich hierbei nicht um ein subjektives öffentliches Recht handelt (TZ 30.711), wird dies von der h.M. verneint.[187]

30.713 Die pädagogische Freiheit wirkt sich in der näheren Ausgestaltung der *Formen der Unterrichts- und Erziehungstätigkeit* aus. Wenn sie freilich nur als methodische und didaktische Freiheit des Lehrers interpretiert wird, ist dies einerseits zu eng, andererseits zu weit. *Zu eng*, da die pädagogische Freiheit in dem soeben abgesteckten Rahmen auch die Wahl der Unterrichtsinhalte und -stoffe umfassen kann; eine Lehrkraft kann z.B. ein Thema exemplarisch behandeln und dafür anderes beiseite lassen, sie kann innerhalb eines Lektürekanons auswählen. *Zu weit*, da Lehrer auch Vorschriften und Anweisungen befolgen müssen, die ihnen etwa die Anwendung veralteter Unterrichts- oder Erziehungsmethoden oder den Einsatz schulfremder Personen im Unterricht ohne Zustimmung des Schulleiters untersagen[188]; auch allgemein anerkannte Ergebnisse der pädagogischen Forschung setzen seiner Freiheit Grenzen. Eingeschränkt wird die pädagogische Freiheit ferner durch das Gebot, im Schulalltag mit den anderen Lehrkräften der Schule zusammenzuarbeiten, und durch das Bestreben, dass jede Schule in Zielsetzung und Haltung ein möglichst einheitliches und geschlossenes Gefüge darstellen soll. Der einzelne Lehrer muss sich den ordnungsgemäß zustande gekommenen *Konferenzentscheidungen* fügen und nötigenfalls auf Sonderwege verzichten[189]; andererseits sind Schulkonferenz und Lehrerkonferenz verpflichtet, jedem Lehrer den erforderlichen Spielraum seiner pädagogischen Möglichkeiten zu belassen.

30.714 Die Tatsache, dass die Schulen gesetzlich verpflichtet sind, sich ein *eigenes Profil* zu geben und dieses in einem von der Schule zu beschließenden *Schulprogramm* festzulegen (dazu TZ 13.222), wirkt sich im Zweifel auch auf das Spannungsverhältnis zwischen pädagogischer Freiheit der einzelnen Lehrkraft und pädagogischer Eigenverantwortung der Schule als Ganzer aus.[190] Das gilt jedenfalls dann, wenn ein Lehrer mit dem Schulprogramm nicht einverstanden ist. Eine Schule, die ein bestimmtes Profil aufweist, braucht Lehrkräfte, die dazu passen. Das ist schon deshalb wichtig, weil sie nur dann engagiert mitwirken, wenn sie das Bildungs- und Erziehungskonzept ihrer Schule bejahen. Um Konflikte zwischen schulischen Gremien und einzelnen Lehrern gering zu halten, sollte die Schulverwaltung bei der Zuweisung von Lehrern die Personalwünsche der Schule im Rahmen des Möglichen berücksichtigen.[191]

---

187 So insbesondere Matthias *Jestaedt*, Schulische und außerschulische Erziehung, in: HdbStR VII, § 156 Rn. 75 ff. und 96, mit dem Argument, dass die „pädagogische Freiheit“ überhaupt nicht grundrechtlich geschützt, sondern zweckgebundene Gestaltungsmacht in Ausübung von Staatsgewalt sei. Demgegenüber vertritt *Wißmann*, Pädagogische Freiheit (Fn. 171), S. 232 ff., die Auffassung, die pädagogische Freiheit wäre zwar als persönlich-grundrechtliche Freiheit missverstanden; ihre „Wehrfähigkeit“ ergebe sich gleichwohl aus der Fremdnützigkeit der Funktion des Lehrers. S. auch *ders.*, in: Bonner Kommentar zum Grundgesetz, Art. 7-III Rn. 116.

188 Zu Letzterem VGH Kassel, NVwZ-RR 1993, 483.

189 So ist er verpflichtet, ein bestimmtes, auf Vorschlag der Fachkonferenz und auf Antrag der Gesamtkonferenz beschafftes Schulbuch im Unterricht zu verwenden: BVerwG, NVwZ 1994, 583, in Bestätigung der Vorinstanz OVG Lüneburg, RdJB 1994, 147, mit krit. Anm. von Martin *Stock*.

190 Kritisch zu den damals eingeführten Regelungen in Hessen Walter *Schmidt*, „Schulprogramm“ und pädagogische Eigenverantwortung in der Schule, NVwZ 1997, 456: Das von der Schule zu entwickelnde Schulprogramm verenge den früher vorhandenen Spielraum der Erziehungs- und Unterrichtsarbeit der einzelnen Lehrer; ein öffentliches Interesse, das diese Begrenzung rechtfertige, sei nicht erkennbar.

191 Dazu Hermann *Avenarius*, Schulische Selbstverwaltung – Grenzen und Möglichkeiten, RdJB 1994, 256 (267).

30.72 Einzelprobleme

30.721 Anordnungen der Schulaufsicht – etwa durch den Unterricht besuchenden Schulrat – sind für den Lehrer verbindlich. Doch gebieten schon Vernunft und pädagogische Einsicht dem Schulaufsichtsbeamten, sich auf Ratschläge, Hinweise und Anregungen zu beschränken. Zudem hat die Einführung von neuen Steuerungsansätzen und von neuen Steuerungsinstrumenten zu einer Veränderung der Rolle der Schulaufsicht geführt; diese soll nur dann durch Anordnungen und sonstige Maßnahmen in die Unterrichtsgestaltung eingreifen, wenn es zur rechtmäßigen, sachgerechten oder geordneten Durchführung von Bildung und Erziehung geboten ist[192]. Fühlt sich eine Lehrkraft durch eine Weisung des Schulaufsichtsbeamten zu Unrecht in ihrer Freiheit eingeschränkt, kann sie bei diesem Gegenvorstellungen erheben und sich, sofern der Schulrat die Anordnung aufrechterhält, an den nächsthöheren Dienstvorgesetzten wenden (vgl. TZ 29.112). Eine Klage kommt hingegen nicht in Betracht, da die Lehrkraft durch die Anordnung der Schulaufsicht nicht als Träger eigener Rechte betroffen ist.[193]

30.722 Die vorstehenden Überlegungen gelten auch für das Verhältnis zum *Schulleiter*, der Vorgesetzter ist und im Rahmen seiner pädagogischen und administrativen Gesamtverantwortung für die Schule Weisungsbefugnisse besitzt (s. TZ 7.111 und 28.214). Aus dieser Gesamtverantwortung folgt, dass er sich über den Stand der Arbeiten in den Klassen auf dem Laufenden halten muss, dass er auch den Unterricht der Lehrer seiner Schule besuchen darf.[194] In die Unterrichtsgestaltung der voll ausgebildeten Kollegen soll er nur eingreifen bei Verstößen gegen Rechts- oder Verwaltungsvorschriften, gegen Weisungen der Schulaufsichtsbehörde oder Beschlüsse der schulischen Gremien, bei Mängeln in der Qualität der pädagogischen Arbeit oder soweit dies aus Gründen der Wahrung des Gleichheitsgrundsatzes und bei gravierenden Bewertungsunterschieden zwischen Lehrkräften geboten ist (s. auch TZ 30.723).[195]

30.723 Bei der *Bewertung von Schülerleistungen* (z.B. durch Zeugnisnoten oder Versetzungsentscheidungen) handelt die Lehrkraft in eigener Verantwortung. Diese beruht jedoch nicht auf ihrer pädagogischen Freiheit, sondern ergibt sich aus der Eigenart der Wertung, soweit sie ein höchstpersönliches Fachurteil enthält.[196] Die Schulbehörde darf daher die Bewertung der Lehrkraft nicht durch die eigene Beurteilung ersetzen[197] (vgl. TZ 20.62).

30.724 Die pädagogische Freiheit geht nicht so weit, dass eine Lehrkraft den Unterricht in bestimmten Klassen oder Jahrgangsstufen ihrer Schule verweigern dürfte. Doch ist sie *grundsätzlich nicht verpflichtet, Unterricht in Fächern zu erteilen, für die sie keine Lehrbefähigung besitzt*. Bei dringenden dienstlichen Erfordernissen (z.B. krankheitsbedingtem Ausfall eines Kollegen) muss sie allerdings vorübergehend auch fachfremden Unterricht

---

192 Vgl. dazu TZ 9.212.

193 OVG Münster, NVwZ-RR 1991, 72 = ZBR 1992, 25: Die pädagogische Selbstverantwortung begründet kein gegenüber der Schulaufsicht einklagbares subjektives öffentliches Individualrecht des Lehrers; so auch OVG Lüneburg NVwZ 1998, 94, und VGH Mannheim, VBlBW 1998, 108. A. A. *Rux/ Niehues*, Schulrecht, Rn. 1082 ff.; *Rux* (Fn. 171), S. 135 ff.

194 Z.B. Art. 57 Abs. 2 Satz 1 BayEUG; § 41 Abs. 2 Satz 2 bw SchulG, § 69 Abs. 4 Satz 3 Nr. 1 bln SchulG; § 88 Abs. 4 Satz 2 HSchG, § 101 Abs. 3 Satz 5 SchulG MV; § 42 Abs. 2 Satz 2 sächs SchulG.

195 So etwa § 69 Abs. 4 Satz 3 Nr. 3 bln SchulG; § 71 Abs. 2 Satz 2 und 3 BbgSchulG; § 88 Abs. 4 Satz 3 HSchG, § 16 Abs. 4 saarl SchumG.

196 Dazu *Ossenbühl* (Fn. 171), S. 1163.

197 A.A. VGH Mannheim, NVwZ-RR 1989, 305: Der Schulleiter kann im Rahmen seiner Verantwortlichkeit für die Einhaltung der für die Notengebung allgemein geltenden Grundsätze dem Lehrer im Einzelfall eine Weisung für die Benotung einer Klassenarbeit erteilen und im Fall der Nichtausführung der Weisung die vom Lehrer erteilte Note durch eine andere Note ersetzen. Ähnlich auch OVG Lüneburg, NVwZ 1999, 94.

erteilen.[198] Dies gilt jedoch nicht für Fächer, die Gefährdungen für die Schüler mit sich bringen können (z.B. Sport). Hier kann eine Lehrkraft, die sich nicht sicher fühlt, die Erteilung des Unterrichts auch in schulischen Ausnahmesituationen ablehnen; sie schützt damit Leben und Gesundheit der Schülerinnen und Schüler.[199] Zu den Besonderheiten beim Religionsunterrichts TZ 30.122 a.E.

198 § 66 Abs. 3 DJT-SchulGE; vgl. auch § 51 Abs. 1 Satz 2 NSchG. Zur Problematik *Ossenbühl* (Fn. 171), S. 1162 f.).

199 Allerdings kann der Lehrer auch in solchen Fällen den ihm auferlegten Unterricht nicht einfach verweigern; er muss vielmehr gegen die rechtswidrige Anordnung des Schulleiters Gegenvorstellungen erheben („remonstrieren“) und sich nötigenfalls an die vorgesetzte Schulbehörde wenden (vgl. TZ 29.112).

31. Kapitel: Vermögenswerte Rechte der Lehrkräfte

Die vermögenswerten Rechte der Lehrkräfte sind je nach dem Status der Berechtigten unterschiedlicher Art: Bei *Beamten* stehen Besoldung und Versorgung im Vordergrund. Bei *Arbeitnehmern* geht es vornehmlich um Arbeitsentgelt und Sozialleistungen (u.a. Kranken-, Pflege-, Unfall-, Renten- und Arbeitslosenversicherung).

Diese statusspezifischen Ausprägungen der vermögenswerten Rechte mit ihren jeweiligen Besonderheiten legen es nahe, die maßgeblichen Regelungen für beide Beschäftigtengruppen (Beamte einerseits, Arbeitnehmer andererseits) getrennt darzustellen.

31.1 Die vermögenswerten Rechte der beamteten Lehrkräfte

Die Verpflichtung des Dienstherrn zu amtsangemessener Besoldung und Versorgung (*Alimentationsprinzip*) gehört zu den hergebrachten Grundsätzen des Berufsbeamtentums (Art. 33 Abs. 5 GG).[1] Die Beamtenbesoldung ist kein Entgelt für konkrete Dienste, sondern Gegenleistung dafür, dass sich der Beamte dem Dienstherrn mit seiner ganzen Persönlichkeit zur Verfügung stellt und gemäß den jeweiligen Anforderungen seine Dienstpflicht nach Kräften erfüllt.[2] Die Dienstbezüge sowie die Alters- und Hinterbliebenenversorgung dienen der Sicherung des amtsangemessenen Unterhalts des Beamten und seiner Familie. Sie sind so zu bemessen, dass Besoldung und Versorgung der Bedeutung des Amtes entsprechen und mit der Entwicklung der allgemeinen Lebensverhältnisse Schritt halten.[3]

31.11 Besoldung

Die Besoldung der Beamten war bis zum Inkrafttreten der Föderalismusreform I von 2006 (dazu TZ 2.11) bundeseinheitlich durch das Bundesbesoldungsgesetz normiert. Seitdem sind die Länder gemäß Art. 74 Abs. 1 Nr. 27 GG für die Regelung der Besoldung der Beamten in ihrem Hoheitsbereich allein zuständig. Demgemäß hat jedes Land ein eigenes Besoldungsgesetz erlassen.[4]

---

1 BVerfGE 8, 1 (16); 44, 249 (263 f.); 99, 300 (314); 114, 258 (287); 119, 247 (268 ff.); BVerfG, NVwZ 2012, 357 (Rn. 145); s. auch BVerwGE 60, 212; 110, 363 (348). Das BVerfG erachtet den Alimentationsgrundsatz als so bedeutsam, dass er nicht nur zu berücksichtigen, sondern – über den Wortlaut des Art. 33 Abs. 5 GG hinaus – zu *beachten* ist (vgl. etwa BVerfGE 8, 1 [16]; 61, 43 [57 f.]; 81, 363 [375]); 117, 330 [350 f.]; 119, 247 [263]).

2 BVerfG, NVwZ 2003, 1364 (1365).

3 BVerfGE 44, 249 (265); 81, 363 (375 ff.); 119, 247 (268).

4 Landesbesoldungsgesetz Baden-Württemberg (LBesGBW) vom 9.11.2010 (GBl. S. 793, 826), zul.g.d.G. vom 19.12.2017 (GBl. S. 645); Bayerisches Besoldungsgesetz (BayBesG) vom 5.8.2010 (GVBl. S. 410, 745), zul.g.d.G. vom 12.7.2017 (GVBl. S. 326); Brandenburgisches Besoldungsgesetz (BbgBesG) vom 20.11.2013 (GVBl. I/13 [Nr. 32]), zul.g.d.Bek. vom 13.7.2017 (GVBl. I/17 [Nr. 20]); Bremisches Besoldungsgesetz (BremBesG) vom 20.12.2016 (GBl. S. 924); Hamburgisches Besoldungsgesetz (HmbBesG) vom 26.1.2010 (GVBl. S. 23), zul.g.d.G. vom 18.7.2017 (GVBl. S. 214); Hessisches Besoldungsgesetz (HBesG) vom 27.5.2013 (GVBl. S. 218, 256, ber. S. 508); Besoldungsgesetz für das Land Mecklenburg-Vorpommern (LBesG M-V) i.d.F.d.Bek. vom 5.9.2001, zul.g.d.G. vom 17.3.2015 (GVOBl. S. 98); Niedersächsisches Besoldungsgesetz (NBesG) vom 20.12.2016 (GVBl. S. 308), zul.g.d.G. vom 21.9.2017 (GVBl. S. 287); Besoldungsgesetz für das Land Nordrhein-Westfalen (LBesG NRW) vom 14.6.2016 (GV. S. 310); Rheinland-Pfalz: Landesbesoldungsgesetz (LBesG) vom 18.6.2013 (GVBl. S. 157); Saarländisches Besoldungsgesetz (SBesG) i.d.F.d.Bek. vom 10.1.1989 (Amtsbl. S. 301), zul.g.d.G. vom 4.12.2017 (Amtsbl. S. 1013); Landesbesoldungsgesetz LSA (LBesG LSA) vom 8.2.2011 (GVBl. S. 78), zul.g.d.G.

Die durch die Föderalismusreform bewirkte Neuverteilung der Gesetzgebungszuständigkeiten auf dem Gebiet der Besoldung hat entgegen verbreiteten Befürchtungen nicht zu einer Zersplitterung des Besoldungsrechts geführt. Vielmehr lehnen sich die Besoldungsgesetze der Länder weitgehend an das frühere Bundesbesoldungsgesetz an; Abweichungen betreffen vornehmlich die Höhe der Besoldung.[5] Die weiterhin bestehenden Gemeinsamkeiten zwischen den Ländern ermöglichen jedenfalls eine Gesamtdarstellung des Besoldungsrechts. Dazu im Einzelnen:

31.111 Der Beamte kann auf die ihm gesetzlich zustehende Besoldung weder ganz noch teilweise verzichten; ausgenommen sind die vermögenswirksamen Leistungen.[6] Der Anspruch auf Besoldung entsteht mit dem Tag, an dem die Ernennung wirksam wird[7]; er endet mit Ablauf des Tages, an dem der Beamte aus dem Dienstverhältnis ausscheidet.[8]

Zur Besoldung gehören *Dienstbezüge und sonstige Bezüge*.[9]

31.112 Die Lehrkräfte erhalten *Dienstbezüge*, die sich aus Grundgehalt *und* Familienzuschlag sowie Zulagen und Vergütungen zusammensetzen.[10] Bei *Teilzeitbeschäftigung* (vgl. TZ 30.341) werden die Dienstbezüge im gleichen Verhältnis wie die Arbeitszeit gekürzt.[11]

---

vom 24.11.2017 (GVBl. S. 218); Besoldungsgesetz Schleswig-Holstein (SHBesG) vom 26.1.2012 (GVOBl. S. 153, 154), zul.g.d.G. vom 28.3.2017 (GVOBl. S. 199); ThürBesoldungsgesetz (ThürBesG) i.d.F.d.Bek.vom 18.1.2016 (GVBl. S. 166, 202). Die Besoldungsgesetze Berlins und Sachsens bleiben außer Betracht, da Lehrkräfte in Berlin bislang (Stand: April 2018) nicht und in Sachsen erst ab 1.1.2019 verbeamtet werden. Das Bundesbesoldungsgesetz (BbesG) regelt nur noch die Besoldung der Bundesbeamten. – Aus dem Schrifttum: Bruno *Schwegman*/Rudolf *Summer*, Besoldungsrecht des Bundes und der Länder. Kommentar Loseblattwerk. Stand: Dezember 2017; Horst *Clemens*/Christian *Millack*/ Helmut *Engelking*/Heinrich *Lantermann*/Karl-Heinz *Henkel*, Besoldungsrecht des Bundes und der Länder. Loseblatt-Kommentar, Stand: Juni 2017; Helmut *Schnellenbach*/Jan-Peter *Fiebig*, Öffentliches Dienstrecht. 3. Aufl., Berlin 2015, S. 189 ff.; Sabine *Leppek* Beamtenrecht (begr. von Fritjof Wagner). 12. Aufl., Heidelberg 2015; Manfred *Wichmann*/Karl-Ulrich *Langer*, Öffentliches Dienstrecht. Das Beamten- und Arbeitsrecht für den öffentlichen Dienst. 8. Aufl., Stuttgart 2017, Rn. 319 ff. (Grundzüge des Besoldungsrechts).

5 *Wichmann*/*Langer* (Fn. 4), Rn. 321. – Nach dem Besoldungsreport 2017 des DGB (hrsg. vom DGB Bundesvorstand. Abteilung Öffentlicher Dienst und Beamtenpolitik, Berlin 2017, S. 10) erhält beispielsweise eine in der Endstufe der BesGr A 13 eingruppierte Gymnasiallehrerin 2017 in Bayern ein Jahresbruttogehalt von 62.736,41 Euro, in Baden-Württemberg von 61.307,28 Euro; unter den 14 ihre Lehrkräfte verbeamtenden Ländern (also ohne Berlin und zurzeit noch Sachsen) zahlen demgegenüber das Saarland und Rheinland-Pfalz nur ein Jahresbruttogehalt von 58.172,16 bzw. 57.928,44 Euro. Im Durchschnitt der 14 Länder beläuft sich das Jahresbruttogehalt auf 59.612,16. Die ostdeutschen Länder befinden sich im mittleren Bereich der Besoldungsskala. Überdurchschnittlich hoch ist im Vergleich dazu die Besoldung der Beamtinnen und Beamten im Bund. Stünde die Gymnasiallehrerin im Sold des Bundes, erhielte sie Jahresbruttobezüge von 63.974,04 Euro (DGB, Besoldungsreport 2017, ebda.).

6 Z.B. § 3 Abs. 3 LBesGBW; § 2 Abs. 3 LBesG NRW. Als Gesetzesnachweise für die Länderregelungen dienen hier und im Folgenden vor allem die Vorschriften des LBesGBW und des LBesG NRW; die Verortung der jeweiligen Norm in diesen Gesetzen erleichtert wiederum das Auffinden der entsprechenden Bestimmung in anderen Landesbesoldungsgesetzen. Unterschiede zeigen sich vor allem bei der Zuordnung von Lehrämtern zu Besoldungsgruppen und bei der Ausstattung einzelner Lehrämter mit Amts- und Stellenzulagen, sie treten auch in der Höhe der Grundgehaltssätze zutage.

7 § 4 Abs. 1 Satz 2 LBesGBW; § 3 Abs. 1 Satz 2 LBesG NRW.

8 § 4 Abs, 2 LBesGBW; § 3 Abs. 2 LBesG NRW.

9 § 1 Abs. 1 und 2 LBesGBW; § 1 Abs. 4 und 5 LBes NRW. Das Kindergeld zählt nicht zur Besoldung. Bei ihm handelt es sich um eine durch das Bundeskindergeldgesetz geregelte allgemeine Sozialleistung des Staates.

10 § 1 Abs. 2 LBesGBW; § 1 Abs. 4 LBesG NRW.

11 § 8 Abs. 1 LBesGBW; § 8 Abs. 1 LBesG NRW.

Die Dienstbezüge werden *monatlich im Voraus* gezahlt.[12] Werden sie erst nach dem Tag der Fälligkeit geleistet, haben die Lehrkräfte *keinen Anspruch auf Verzugszinsen.*[13] Eine Lehrkraft, die ohne Genehmigung schuldhaft dem Dienst fernbleibt, verliert für die Dauer des Fernbleibens ihre Bezüge.[14] *Abtretung oder Verpfändung* der Dienstbezüge ist nur möglich, soweit sie der Pfändung unterliegen.[15] *Zu viel gezahlte Bezüge* brauchen nicht zurückgezahlt zu werden, sofern der Empfänger glaubhaft macht, das Geld im Rahmen seiner Lebensführung verbraucht zu haben; auf den Wegfall der Bereicherung kann er sich jedoch nicht berufen, wenn er die Überzahlung erkannte oder wegen Offensichtlichkeit hätte erkennen müssen.[16] Von der Rückforderung kann im Übrigen aus Billigkeitsgründen ganz oder teilweise abgesehen werden.[17]

31.113 Das *Grundgehalt* ist der Teil der Dienstbezüge, der die Bedeutung des Amtes in der Ämterhierarchie und die erforderliche Vor- und Ausbildung berücksichtigt. Es bestimmt sich nach der *Besoldungsgruppe* des der Lehrerin bzw. dem Lehrer verliehenen Amtes.[18] Die Zuordnung der Lehrämter zu den verschiedenen Besoldungsgruppen ergibt sich aus der jeweiligen Landesbesoldungsordnung A.[19]

Darüber hinaus sind bei einzelnen Lehrämtern für herausgehobene Funktionen Amtszulagen oder Stellenzulagen vorgesehen.[20]

Lehrkräfte können aus dem jeweiligen Eingangsamt in eine höhere Besoldungsgruppe aufsteigen, wenn sie *befördert* werden.[21]

31.114 Das Grundgehalt, dessen Höhe sich aus den *Grundgehaltssätzen* in der jeweiligen Landesbesoldungsordnung A ergibt, wird nach *Erfahrungsstufen* bemessen. Der Aufstieg in die nächsthöhere Stufe richtet sich nicht mehr, wie früher, nach dem Besoldungsdienstalter, sondern in allen Ländern nach Erfahrungszeiten, in denen anforderungsgerechte

12 § 5 Abs. 1 LBesGBW; § 3 Abs. 4 LBesG NRW.
13 § 5 Abs. 2 LBesGBW; § 3 Abs. 5 LBesG NRW.
14 § 11 LBesGBW; § 11 LBesG NRW.
15 § 14 LBesGBW; § 14 Abs. 1 LBesG NRW.
16 § 15 Abs. 2 Satz 1 und 2 LBesGBW; § 15 Abs. 2 Satz 1 und 2 LBesG NRW.
17 § 15 Abs. 2 Satz 3 LBesGBW; § 15 Abs. 2 Satz 3 LBesG NRW.
18 § 21 Abs. 1 LBesGBW; § 20 Abs. 1 Satz 1 LBesG NRW.
19 So sind z.B. Lehrkräfte mit ihrem Eingangsamt in *Baden-Württemberg* u.a. wie folgt eingestuft: Besoldungsgruppe A 10: Fachoberlehrer für musisch-technische Fächer; A 11: Fachoberlehrer als Fachbetreuer; A 12: Lehrer mit der Befähigung für das Lehramt Grundschule, Lehrer mit der Befähigung für das Lehramt an Grund- und Hauptschulen; A 13: Lehrer mit der Befähigung für das Lehramt Sonderpädagogik, Lehrer mit der Befähigung für das Lehramt Werkreal-, Haupt- und Realschule, Studienrat mit der Befähigung für das Lehramt an Gymnasien oder an berufsbildenden Schulen. In *Nordrhein-Westfalen* finden sich u.a. folgende Zuordnungen: A 10: Fachlehrer an allgemeinbildenden Schulen; A 11: Fachlehrer an Berufskollegs; A 12: Lehrer mit der Befähigung für das Lehramt an Grund-, Haupt- und Realschulen und den entsprechenden Jahrgangsstufen der Gesamtschule (soweit nicht in der BesGr A 13); A 13: Lehrer mit der Befähigung für ein sonderpädagogisches Lehramt, Studienrat mit der Befähigung für das Lehramt an Berufskollegs oder für das Lehramt an Gymnasien und Gesamtschulen.
20 Amtszulagen – für herausgehobene Funktionen, die dauerhaft wahrgenommen werden – sind unwiderruflich und ruhegehaltfähig; Stellenzulagen dürfen nur für die Dauer der Wahrnehmung der herausgehobenen Funktionen gewährt werden (vgl. §§ 43, 47 LBesGBW; §§ 45, 48 LBesG NRW).
21 Beispiele für den Aufstieg zu Beförderungsämtern im Schuldienst Baden-Württembergs: Lehrer mit der Befähigung für das Lehramt Grundschule (A 12) zum Konrektor als ständigem Vertreter des Leiters einer Grundschule mit mehr als 360 Schülern (A 13) zum Rektor einer Grundschule mit mehr als 360 Schülern (A 14); Realschullehrer mit der Befähigung für das Lehramt an Realschulen (A 13) zum Realschulkonrektor als ständigem Vertreter des Leiters einer Realschule mit mehr als 180 bis zu 360 Schülern (A 14) zum Realschulrektor einer Realschule mit mehr als 360 Schülern (A 15); Studienrat mit der Befähigung für das Lehramt an Gymnasien (A 13) zum Oberstudienrat mit der Befähigung für das Lehramt an Gymnasien (A 14) zum Studiendirektor als ständigem Vertreter des Leiters eines voll ausgebauten Gymnasiums mit mehr als 360 Schülern (A 15) zum Oberstudiendirektor als Leiter eines voll ausgebauten Gymnasiums mit mehr als 360 Schülern (A 16).

Leistungen erbracht wurden. Mit der ersten Ernennung in ein Beamtenverhältnis wird ein Grundgehalt der ersten Stufe der maßgeblichen Besoldungsgruppe (*Anfangsgrundgehalt*) festgesetzt, und zwar mit Wirkung vom Ersten des Monats, in dem das Beamtenverhältnis begründet wird; die Stufenfestsetzung ist dem Beamten schriftlich mitzuteilen.[22] Hat er die Erfahrungszeiten sämtlicher Stufen seiner Besoldungsgruppe durchlaufen, bezieht er das *Endgrundgehalt*. Wenn die Leistungen des Beamten nicht den mit seinem Amt verbundenen Mindestanforderungen entsprechen, ist er darauf hinzuweisen, anforderungsgerechte Leistungen zu erbringen; ergibt eine weitere Leistungsfeststellung, dass er die mit seinem Amt verbundenen Mindestanforderungen nach wie vor nicht erbringt, gelten seine Dienstzeiten von diesem Zeitpunkt an nicht als Erfahrungszeiten; er verbleibt daher in seiner bisherigen Stufe.[23] Zeiten, in denen die Lehrkraft ein Kind betreut (je Kind höchstens drei Jahre) oder einen pflegebedürftigen Angehörigen tatsächlich pflegt, sowie Zeiten einer hauptberuflichen Tätigkeit im Dienst eines öffentlich-rechtlichen Dienstherrn oder einer öffentlich-rechtlichen Religionsgemeinschaft sind als *berücksichtigungsfähige Zeiten* anzuerkennen, so dass der Zeitpunkt des Beginns der Stufe vorverlegt wird. Wenn die Lehrkraft im weiteren Verlauf des Beamtenverhältnisses berücksichtigungsfähige Zeiten in Anspruch nimmt, dürfen diese den Stufenaufstieg nicht verzögern.[24]

31.115 Der *Familienzuschlag* soll unterschiedlichen Belastungen aufgrund des Familienstands Rechnung tragen, hat also eine soziale Ausgleichsfunktion.[25] Seine Höhe, die sich aus einer Anlage zum jeweiligen Landesbesoldungsgesetz ergibt, richtet sich nach der Besoldungsgruppe des Beamten und nach der Stufe, die seinen Familienverhältnissen entspricht. Zur Stufe 1 gehören Beamte in einer Ehe oder Lebenspartnerschaft, verwitwete Beamte und hinterbliebene Beamte einer Lebenspartnerschaft, ferner geschiedene Beamte und Beamte, deren Ehe oder Lebenspartnerschaft für aufgehoben oder nichtig erklärt ist, wenn sie gegenüber dem früheren Ehegatten oder dem früheren Lebenspartner aus der Ehe oder Lebenspartnerschaft zum Unterhalt verpflichtet sind. Der Familienzuschlag der Stufe 2 und der folgenden Stufen wird kindergeldberechtigten Beamten gewährt; die Stufe richtet sich nach der Anzahl der berücksichtigungsfähigen Kinder (demgemäß Stufe 2 bei einem Kind, Stufe 3 bei zwei Kindern). Steht auch der Ehegatte oder der Lebenspartner des Beamten im öffentlichen Dienst, wird der Familienzuschlag der Stufe 1 zur Hälfte gezahlt; die darüber hinausgehenden Beträge der Stufe 2 und der folgenden Stufen verbleiben dem kindergeldberechtigten Beamten in voller Höhe.[26]

31.116 In einigen Ländern können Beamte der Besoldungsordnung A, also auch Lehrkräfte, zur Abgeltung herausragender Leistungen unter bestimmten Voraussetzungen einmalige *Leistungsprämien* oder befristete *Leistungszulagen* erhalten.[27]

31.117 Erteilt die Lehrkraft im Rahmen ihrer Lehrbefähigung Unterricht über die Pflichtstundenzahl hinaus (vgl. TZ 29.238), kommt eine *Mehrarbeitsvergütung* in Betracht. Die Gewährung dieser Vergütung setzt in den meisten Ländern voraus, dass die Mehrarbeit schriftlich angeordnet oder genehmigt wurde, dass sie die Pflichtstundenzahl um mehr als drei Unterrichtsstunden monatlich übersteigt und dass sie aus zwingenden dienstlichen Gründen nicht durch Dienstbefreiung innerhalb eines Jahres ausgeglichen werden kann.

---

22 § 31 Abs. 3 Satz 4 LBesGBW; § 29 Abs. 2 LBesG NRW.
23 § 31 Abs. 5 LBesGBW.
24 § 32 LBesGBW; § 30 LBesG NRW.
25 Andreas *Becker*/Alexia *Tepke*, Ausgestaltungen des besoldungsrechtlichen Familienzuschlags im Bund und in den Ländern, ZBR 2016, 27.
26 §§ 41 f. LBesGBW; §§ 42 f. LBesG NRW. Der Familienzuschlag beträgt 2018 z.B. in Baden-Württemberg: Stufe 1: 143,04, Stufe 2: 268,11, Stufe 3: 393,18 Euro; in Nordrhein-Westfalen: Stufe 1: 137,50, Stufe 2: 257,25, Stufe 3: 377,00 Euro.
27 Z.B. § 76 LBesGBW, Art. 68 BayBesG, § 43 BbgBesG, § 46 HBesG, § 53 NBesG, § 60 LBesG NRW.

Teilzeitbeschäftigte Lehrkräfte erhalten bis zur Erreichung der regelmäßigen Arbeitszeit von vollbeschäftigten Lehrkräften je Unterrichtsstunde vergütungsfähiger Mehrarbeit statt der niedrigeren Mehrarbeitsvergütung ein Entgelt in Höhe des auf eine Unterrichtsstunde entfallenden Anteils der Besoldung entsprechender vollzeitbeschäftigter Lehrkräfte.[28]

31.118 Zu den *sonstigen Bezügen* gehören Anwärterbezüge, vermögenswirksame Leistungen, in einzelnen Ländern auch jährliche Sonderzahlungen.

Lehramtsanwärterinnen und -anwärter erhalten als Beamte auf Widerruf im Vorbereitungsdienst keine Dienstbezüge, sondern *Anwärterbezüge*. Dazu rechnet insbesondere der *Anwärtergrundbetrag*, der sich aus einer Anlage zum jeweiligen Landesbesoldungsgesetz ergibt; er ist nach den Besoldungsgruppen der Eingangsämter gestaffelt. Außerdem steht Lehramtsanwärtern der *Familienzuschlag* zu; auch dieser bemisst sich nach der Besoldungsgruppe des späteren Eingangsamts. Anwärter, die über die im Rahmen der Ausbildung festgesetzten Unterrichtsstunden hinaus zusätzlich selbständig Unterricht erteilen, können, wenn in Ausnahmefällen die Unterrichtsversorgung ansonsten nicht gewährleistet werden kann, eine *Unterrichtsvergütung* erhalten; diese darf je Unterrichtsstunde 75 Prozent der für das angestrebte Lehramt festgesetzten Beträge der Mehrarbeitsvergütung nicht überschreiten.[29] Zum Rechtsstatus der Lehramtsanwärter s. TZ 27.21.

In einigen Ländern erhalten Angehörige verschiedener Besoldungsgruppen der Besoldungsordnung A, darunter auch die Lehrkräfte, eine *vermögenswirksame Leistung* nach dem Fünften Vermögensbildungsgesetz. Sie beträgt je Kalendermonat 6,65 Euro.[30]

Bis zum Herbst 2003 bestand nach dem damals geltenden § 67 Bundesbesoldungsgesetz bundesweit ein Anspruch auf eine jährliche *Sonderzuwendung* und auf ein jährliches *Urlaubsgeld*. Durch Bundesgesetz vom 10.9.2003[31], also noch vor der Föderalismusreform I, wurde diese Vorschrift geändert und den Ländern die Möglichkeit eröffnet, eigene Regelungen bezüglich einer *Sonderzahlung* anstelle der Sonderzuwendung und des Urlaubsgeldes zu erlassen. Die meisten Länder haben die Öffnungsklausel vor allem dazu genutzt, die Sonderzahlung massiv zu kürzen; sie ist seitdem in der Mehrzahl der Länder in die monatlichen Bezüge integriert worden; nur noch vereinzelt, zum Beispiel in Bayern, wird sie mit den Dezemberbezügen ausgezahlt.

28 Vgl. § 65 Abs. 2 LBesGBW. So auch Thür MehrarbeitsvergütungsVO vom 1.2.2010 (GVBl. S. 16); entsprechende Regelungen in mehreren anderen Ländern (z.B. Brandenburg, Nordrhein-Westfalen), die die Bundesmehrarbeitsvergütungsverordnung i.d.F.d.Bek. vom 3.12.1998 (BGBl. I S. 3494) in der am 13.11.2004 geltenden Fassung als Landesrecht fortgelten lassen. – Die die teilzeitbeschäftigten Beamten begünstigende Bemessung der Vergütung für Mehrarbeit nach Maßgabe des Stundensatzes für vollzeitbeschäftigte Lehrkräfte beruht auf folgenden Erwägungen (vgl. OVG Münster, NVwZ-RR 2009, 294): Nach Art. 141 Abs. 1 EGV (nunmehr Art. 157 Abs. 1 AEUV) stellt jeder Mitgliedstaat der Europäischen Union die Anwendung des Grundsatzes des gleichen Entgelts für Männer und Frauen bei gleicher oder gleichwertiger Arbeit sicher. Da es unter den Teilzeitbeschäftigten im öffentlichen Dienst erheblich mehr Frauen als Männer gibt, liegt eine gegen Art. 157 AEUV verstoßende mittelbare Diskriminierung wegen des Geschlechts vor, wenn eine teilzeitbeschäftigte Lehrerin für die über ihr reguläres Unterrichtsdeputat hinaus erteilten Unterrichtsstunden eine Mehrarbeitsvergütung erhält, deren Stundensatz niedriger als der einer vollzeitbeschäftigten Lehrkraft ist (vgl. EuGH, NJW 2008, 499). Das wiederum hat zur Folge, dass männliche teilzeitbeschäftigte Lehrkräfte ebenfalls Anspruch auf Gewährung des höheren Entgelts haben, da sie sonst ihrerseits gegenüber den Bediensteten des zunächst benachteiligten Geschlechts unmittelbar ungleich behandelt würden.

29 Z.B. §§ 79 ff. LBesGBW.

30 Z.B. § 80 LBesG NRW.

31 Gesetz über die Anpassung von Dienst- und Versorgungsbezügen in Bund und Ländern 2003/2004 sowie zur Änderung dienstrechtlicher Vorschriften (BGBl. I S. 1798).

31.12 Versorgung

Die Versorgungsbezüge sollen, anstelle oder zusätzlich zu der Besoldung, den amtsangemessenen Lebensunterhalt des (Ruhestands-)Beamten, seiner Familienangehörigen und seiner Hinterbliebenen gewährleisten. Die Beamtenversorgung war wie die Besoldung bis zum Inkrafttreten der Föderalismusreform I durch Bundesgesetz bundeseinheitlich normiert (vgl. TZ 2.11); für die Beamten in Bund, Ländern und Kommunen galt unmittelbar das Beamtenversorgungsgesetz. Seitdem sind die Länder gemäß Art. 74 Abs. 1 Nr. 27 GG für die Regelung auch dieser Materie allein zuständig. Nach Art. 125a Abs. 1 GG gilt allerdings das Beamtenversorgungsgesetz (des Bundes) in seiner bis zum 31.8.2006 geltenden Fassung[32] fort, soweit es nicht durch Landesrecht ersetzt wurde. Von ihrer Ersetzungsbefugnis haben die meisten Länder in der Zwischenzeit Gebrauch gemacht, indem sie die Materie durch ein eigenes Beamtenversorgungsgesetz insgesamt neu geregelt haben.[33] Demgegenüber haben es Mecklenburg-Vorpommern, das Saarland und Sachsen-Anhalt bislang damit bewenden lassen, das frühere Beamtenversorgungsgesetz mit einigen Modifikationen in Landesrecht überzuleiten.[34] Aber auch in denjenigen Ländern, die eigenständige Vollregelungen der Materie verabschiedet haben, überwiegen deutlich die auf dem früheren Recht beruhenden Gemeinsamkeiten. Die Darstellung konzentriert sich auf die wichtigsten *Arten der Versorgung*: Ruhegehalt oder Unterhaltsbeitrag, Hinterbliebenenversorgung, Unfallfürsorge und Übergangsgeld[35], sie bezieht außerdem das Altersgeld ein, das mehrere Länder zur Versorgung ehemaliger Beamter gewähren, die freiwillig aus dem Beamtenverhältnis ausgeschieden sind.

---

32 BeamtVG i.d.F.d.Bek. vom 16.3.1999 (BGBl. I S. 322, ber. S. 847 und 2033), zul.g.d.G. vom 19.7.2006 (BGBl. I S. 1652).

33 Landesbeamtenversorgungsgesetz Baden-Württemberg (LBeamtVGBW) vom 9.11.2010 (GBl. S. 793, 911), zul.g.d.G. vom 7.11.2017 (GBl. S. 565, 568); Bayerisches Beamtenversorgungsgesetz (BayBeamtVG) vom 5.8. 2010 (GVBl. S. 410, 528), zul.g.d.G. vom 12.7.2017 (GVBl. S. 326); Brandenburgisches Beamtenversorgungsgesetz (BbgBeamtVG) vom 20.11.2013 (GVBl.I/13, [Nr. 32]), zul.g.d.G. vom 10.7.2017 (GVBl. I/17, [Nr. 14]); Bremisches Beamtenversorgungsgesetz (BremBeamtenVG) vom 14.11.2014 (GBl. S. 458), zul.g.d.G. vom 17.12.2017 (GBl. S. 784, 823); Hamburgisches Beamtenversorgungsgesetz (HmbBeamtVG) vom 26.1.2010 (GVBl. 2010 S. 23, 72), zul.g.d.G. vom 18.7.2017 (GVBl. S. 191, 194); Hessisches Beamtenversorgungsgesetz (HBeamtVG) vom 27.5.2013 (GVBl. S. 218), zul.g.d.G. vom 30.6.2017 (GVBl. S. 114); Niedersächsisches Beamtenversorgungsgesetz (NBeamtVG) i.d.F. vom 2.4.2013 (GVBl. S. 73), zul.g.d.G. vom 20.12.2016 (GVBl. S. 308); Beamtenversorgungsgesetz für das Land Nordrhein-Westfalen (LBeamtVG NRW) vom 14.6.2016 (GV. S. 310; Rheinland-Pfalz: Landesbeamtenversorgungsgesetz (LBeamtVG) vom 18.6.2013 (GVBl. S. 157), zul.g.d.G. vom 20.9.2017 (GVBl. S. 235); Beamtenversorgungsgesetz Schleswig-Holstein (SHBeamtVG) vom 26.1.2012 (GVOBl. S. 153, 219), zul.g.d.G. vom 28.3.2017 (GVOBl. S. 199); Thüringer Beamtenversorgungsgesetz (ThürBeamtVG) vom 22.6.2011 (GVBl. S. 99), zul.g.d.G. vom 13.9.2017 (GVBl. S. 161, 181). – Aus dem Schrifttum: Hubert *Minz*/Sabine *Leppek*, Praxis-Handbuch Beamtenversorgungsrecht. 4. Aufl., Regensburg 2015; Helmut *Schnellenbach*/Jan-Peter *Fiebig*, Öffentliches Dienstrecht, 3. Aufl., Berlin 2015, S. 207 ff.; Manfred *Stegmüller*/Rudolf *Schmalhofer*/Erwin *Bauer*, Beamtenversorgungsrecht des Bundes und der Länder. Kommentar. Loseblattwerk, Heidelberg (Stand: Januar 2018); *Wichmann*/*Langer*, Öffentliches Dienstrecht (Fn. 4), Rn. 362 ff. (Grundlagen der Beamtenversorgung); Timo *Hebeler*/Adina *Sitzer*, Entwicklungen im Beamtenversorgungsrecht in Bund und Ländern, ZBR 2016, 115.

34 Landesbeamtenversorgungsgesetz Mecklenburg-Vorpommern (LBeamtVG M-V) i.d.F.d.Bek. vom 8.3.2012 (GVOBl. S. 26), zul.g.d.G. vom 4.7.2014 (GVOBl. S. 322); Beamtenversorgungsgesetz des Bundes vom 16.3.1999 in der Überleitungsfassung für Sachsen-Anhalt vom 8.2.2011 (GVBl. S. 68, 101), zul.g.d.G. vom 24.11.2017 (GVBl. S. 218); Saarländisches Beamtenversorgungsgesetz (SBeamtVG) vom 14.5.2008 (Amtsbl. S. 1062), zul.g.d.G. vom 21.1.2015 (Amtsbl. S. 184). – Die Beamtenversorgungsgesetze Berlins und Sachsens bleiben außer Betracht, da Lehrkräfte in Berlin bislang (Stand: April 2018) nicht und in Sachsen erst ab 1.1.2019 verbeamtet werden (vgl. dazu TZ 28.3 vor TZ 28.31).

35 Auch bei der Erläuterung des Rechts der Beamtenversorgung dienen die gesetzlichen Regelungen der Länder Baden-Württemberg und Nordrhein-Westfalen als exemplarische Nachweise, die zugleich das Auffinden der Parallelvorschriften in den Beamtenversorgungsgesetzen der übrigen Länder erleichtern dürften.

31.121 Die beamtete Lehrkraft, die in den Ruhestand getreten ist oder in den Ruhestand versetzt wurde, erhält bis an ihr Lebensende *Ruhegehalt*.[36] Der Ruhestand beginnt kraft Gesetzes mit dem Erreichen der Regelaltersgrenze, die für Lehrkräfte auf das Ende des Schuljahres bzw. Schulhalbjahres festgelegt ist, in dem sie das 67. Lebensjahr vollenden (s. TZ 28.254). *Voraussetzung* für die Gewährung des Ruhegehalts ist, dass der Beamte eine Dienstzeit von wenigstens fünf Jahren abgeleistet hat; die *Mindestdienstzeit* wird nicht gefordert, wenn er infolge Krankheit oder sonstiger Beschädigung, die er sich ohne grobes Verschulden bei Ausübung oder aus Veranlassung des Dienstes zugezogen hat, dienstunfähig geworden ist.[37] Das Ruhegehalt wird auf der Grundlage der ruhegehaltfähigen Dienstbezüge und der ruhegehaltfähigen Dienstzeit berechnet.[38]

Ruhegehaltfähige Dienstbezüge sind das Grundgehalt, das dem Beamten zuletzt zugestanden hat, der Familienzuschlag der Stufe 1[39] und die für ruhegehaltfähig erklärten sonstigen Bezüge.[40] Doch muss er diese Bezüge mindestens zwei Jahre vor Eintritt in den Ruhestand erhalten haben; andernfalls sind nur die Bezüge des vorher bekleideten Amts maßgeblich.[41]

Ruhegehaltfähig ist die Dienstzeit, die die Lehrkraft vom Tag ihrer ersten Berufung ins Beamtenverhältnis an im Dienst eines öffentlich-rechtlichen Dienstherrn im Beamtenverhältnis zurückgelegt hat.[42] Bestimmte Vordienstzeiten gelten als ruhegehaltfähige Dienstzeiten oder können als solche berücksichtigt werden.[43] *Teilzeitbeschäftigung* (dazu TZ 30.343) ist nur zu dem Teil ruhegehaltfähig, der dem Verhältnis der ermäßigten zur regelmäßigen Arbeitszeit entspricht.[44] Wenn der Beamte vor Vollendung des 60. Lebensjahres wegen *Dienstunfähigkeit* in den Ruhestand versetzt worden ist, wird die dadurch verkürzte aktive Dienstzeit der ruhegehaltfähigen Dienstzeit zu zwei Dritteln als sogenannte Zurechnungszeit zugeschlagen.[45]

Das Ruhegehalt beträgt für jedes Jahr ruhegehaltfähiger Dienstzeit 1,79375 Prozent der ruhegehaltfähigen Dienstbezüge bis zum Höchstbetrag von 71,75 Prozent[46], mindestens aber 35 Prozent der ruhegehaltfähigen Dienstbezüge oder, wenn dies günstiger ist, 65 Prozent der ruhegehaltfähigen Dienstbezüge aus der Endstufe der Besoldungsgruppe A 5.[47]

31.122 Vorzeitige Pensionierung (dazu TZ 28.254 a.E.) führt zu *Versorgungsabschlägen*: Das Grundgehalt vermindert sich um 3,6 Prozent für jedes Jahr, um das der Beamte auf eigenen Wunsch vor Erreichen der Regelaltersgrenze in den Ruhestand versetzt wird.[48]

---

36 § 18 Abs. 2 LBeamtVGBW; § 4 Abs. 2 LBeamtVG NRW.
37 § 18 Abs. 1 LBeamtVGBW; § 4 Abs. 1 LBeamtVG NRW.
38 § 18 Abs. 3 LBeamtVGBW; § 4 Abs. 3 LBeamtVG NRW.
39 Der Unterschiedsbetrag zwischen der Stufe 1 und der nach dem Besoldungsrecht in Betracht kommenden Stufe des Familienzuschlags wird neben dem Ruhegehalt gezahlt (§ 65 Abs. 1 LBeamtVGBW; § 58 Abs. 1 LBeamtVG NRW).
40 § 19 Abs. 1 Satz 1 LBeamtVGBW; § 5 Abs. 1 Satz 1 LBeamtVG NRW.
41 § 19 Abs. 3 LBeamtVGBW; § 5 Abs. 3 LBeamtVG NRW.
42 § 21 LBeamtVGBW; § 6 LBeamtVG NRW.
43 S. im Einzelnen §§ 21 Abs. 3, 22 und 23 LBeamtVGBW; §§ 7 ff BeamtVG NRW: Als ruhegehaltfähige Dienstzeit gilt die Zeit, in der der Beamte im berufsmäßigen oder nichtberufsmäßigen Wehrdienst gestanden hat. Die Zeiten eines Studiums in der Regelstudienzeit können ebenso als ruhegehaltfähige Dienstzeit berücksichtigt werden wie die Zeit, während der der Beamte als Entwicklungshelfer im Sinne des Entwicklungshelfer-Gesetzes tätig gewesen ist.
44 § 21 Abs. 1 Satz 3 LBeamtVGBW; § 5 Abs. 1 Satz 2 LBeamtVG NRW.
45 § 26 LBeamtVGBW; § 15 LBeamtVG NRW.
46 § 27 Abs. 1 LBeamtVGBW; § 16 Abs. 1 LBeamtVG NRW. Den Höchstbetrag von 71,75 Prozent erreicht der Beamte mithin nach 40 Jahren ruhegehaltfähiger Dienstzeit.
47 § 27 Abs. 4 LBeamtVGBW; § 16 Abs. 3 LBeamtVG NRW.
48 § 27 Abs. 2 Satz 1 Nr. 1 und 2 BeamtVGBW; § 16 Abs. 2 Nr. 1 und 2 BeamtVG NRW.

Doch darf die Minderung 14,4 Prozent nicht übersteigen.[49] Ist der Ruhestandsbeamte geschieden, wird das Ruhegehalt mit Rücksicht auf den Versorgungsausgleich reduziert.[50]

31.123 Einem Lebenszeitbeamten, der vor Ableistung der erforderlichen fünfjährigen Mindestdienstzeit (s. TZ 31.121) wegen Dienstunfähigkeit entlassen ist, kann ein *Unterhaltsbeitrag* bis zur Höhe des Ruhegehalts bewilligt werden; das Gleiche gilt für einen wegen Dienstunfähigkeit entlassenen Beamten auf Probe.[51]

31.124 *Scheiden Lebenszeitbeamte vor Eintritt in den Ruhestand aus dem Beamtenverhältnis aus*, steht ihnen für die bis dahin abgeleistete Dienstzeit *kein Ruhegehalt* zu; allerdings muss der Dienstherr sie für diesen Zeitraum *in der gesetzlichen Rentenversicherung nachversichern* (§ 8 Abs. 2 Satz 1 Nr. 1 SGB VI). Die Regelung ist mit wirtschaftlichen Einbußen für die Altersversorgung der Betroffenen verbunden; sie hemmt daher den Wechsel zwischen öffentlichem Dienst und Privatwirtschaft.[52] Dieser Mobilitätsbremse suchen die Länder Baden-Württemberg, Bremen, Hamburg, Hessen, Niedersachsen und Sachsen durch Einführung eines *Altersgeldes* entgegenzuwirken.[53] Gemäß den dazu ergangenen Regelungen haben Lehrkräfte nach der Entlassung aus dem Beamtenverhältnis einen Anspruch auf Altersgeld, wenn sie eine altersgeldfähige *Dienstzeit von mindestens fünf Jahren* zurückgelegt haben. Der Anspruch entsteht mit Ablauf des Tages, an dem das Beamtenverhältnis durch Entlassung endet; er ruht bis zum Ablauf des Monats, zu dem die Lehrkraft die Regelaltersgrenze von 67 Jahren erreicht hat. Das Altersgeld wird auf Antrag gewährt. Es beträgt gemäß der Formel zur Berechnung der Höhe des Ruhegehalts für jedes Jahr altersgeldfähiger Dienstzeit 1.79375 Prozent der altersgeldfähigen Dienstbezüge.

31.125 Mit der *Hinterbliebenenversorgung* erfüllt der Dienstherr seine auf dem Alimentationsprinzip (Art. 33 Abs. 5 GG) beruhende Pflicht, nicht nur dem Beamten, sondern auch dessen Familie angemessenen Unterhalt zu gewähren. Stirbt der Beamte, verbleiben den Erben die *Bezüge für den Sterbemonat*.[54] Überdies erhalten der überlebende Ehegatte oder/und die Abkömmlinge des Beamten *Sterbegeld* in Höhe des Zweifachen der Dienst- bzw. Anwärterbezüge oder des Ruhegehalts des Verstorbenen.[55] Die Witwe bezieht ein *Witwengeld in Höhe von 55 Prozent des Ruhegehalts*.[56] Der Anspruch entfällt bei einer Ehe, die weniger als ein Jahr gedauert hat („Versorgungsehe"), und bei einer erst nach Eintritt in den Ruhestand und nach Erreichen der Regelaltersgrenze geschlossenen Ehe. Das Witwengeld wird gekürzt, wenn die Witwe mehr als 20 Jahre jünger als der Verstorbene war. Die Kürzung findet nicht statt, sofern aus der Ehe ein Kind hervorgegangen ist; sie vermindert sich oder fällt fort, wenn die Ehe wenigstens fünf Jahre gedauert hat. Im Fall ihrer Wiederverheiratung erhält die Witwe statt des Witwengelds eine *Abfindung*.[57] Die *geschiedene Ehefrau* eines verstorbenen Beamten erhält einen Unterhaltsbeitrag, soweit sie Anspruch auf schuldrechtlichen Versorgungsausgleich hatte; der Unterhaltsbeitrag wird aber nur gewährt, wenn sie berufs- oder erwerbsgemindert ist, mindestens ein waisen-

49 § 27 Abs. 2 Satz 2 BeamtVGBW; § 16 Abs. 2 Satz BeamtVG NRW.
50 § 72 BeamtVG NRW.
51 § 29 Abs. 1 und 2 BeamtVGBW; § 18 BeamtVG NRW.
52 Dazu *Hebeler/Sitzer* (Fn. 33), S. 120; ferner Arno *Bokeloh*, Europarechtliche Probleme bei Verlust beamtenrechtlicher Versorgungsanwartschaften, DÖV 2017, 378 (381 f.).
53 §§ 84 ff. BeamtVGBW; § 83 ff. BremBeamtVG; §§ 89a ff. HmbBeamtVG; §§ 76 f. HBeamtVG; §§ 81 ff. NBeamtVG; §§ 92 SächsBeamtVG. – Der Bundesgesetzgeber sieht übrigens für ehemalige Bundesbeamte gleichfalls ein Altersgeld vor, das er aber in einem gesonderten Altersgeldgesetz normiert hat.
54 § 31 Abs. 1 BeamtVGBW; § 21 Abs. 1 BeamtVG NRW.
55 S. im Einzelnen § 32 BeamtVGBW; § 22 BeamtVG NRW.
56 Gleiches gilt für den überlebenden Lebenspartner (§ 1 Abs. 4 BeamtVGBW, § 1 Abs. 4 BeamtVG NRW). Vgl. auch TZ 30.211.
57 § 35 BeamtVGBW; § 25 BeamtVG NRW.

geldberechtigtes Kind erzieht, für ein gebrechliches Kind sorgt oder das 60. Lebensjahr vollendet hat.[58]

Der Gesetzgeber hat Vorkehrungen zur *Einschränkung der Doppelversorgung* getroffen. Bezieht beispielsweise die Witwe selbst Erwerbseinkommen oder tritt sie ihrerseits in den Ruhestand, wird das Witwengeld nur bis zu einer Höchstgrenze gezahlt.[59] Höchstgrenzen gelten auch für das Zusammentreffen von beamtenrechtlichen Versorgungsbezügen mit Renten.[60]

Kinder erhalten bis zum Ende des Monats, in dem sie das 18. Lebensjahr vollenden, *Waisengeld*. Für Halbwaisen werden 12 Prozent, für Vollwaisen 20 Prozent des Ruhegehalts gewährt; Witwen- und Waisengeld dürfen weder einzeln noch zusammen den Betrag des Ruhegehalts übersteigen.[61]

31.126 Wird der Beamte durch einen Unfall verletzt, der in Ausübung oder infolge des Dienstes eingetreten ist (*Dienstunfall*), erhalten er und seine Hinterbliebenen *Unfallfürsorge*.[62] Zum Dienst der Lehrkräfte gehören die Teilnahme an Wanderungen, Schullandheimaufenthalten[63] und sonstigen Schulveranstaltungen[64], amtlich angeordneten Lehrgängen, Übungen, Besichtigungen sowie der Weg zur und von der Schule (nicht aber ein Umweg aus privaten Gründen).[65] Ein Dienstunfall liegt z.B. auch dann vor, wenn ein Lehrer außerhalb der Unterrichtszeit von einem rabiaten Vater aus Verärgerung über die seinem Kind erteilte schlechte Zeugnisnote tätlich angegriffen und verletzt wird. Die Unfallfürsorge umfasst das *Heilverfahren* sowie die *Erstattung von Sachschäden* und besonderen Aufwendungen, evtl. ein *Unfallruhegehalt* oder einen *Unterhaltsbeitrag*, eine *Hinterbliebenenversorgung* und einmalige *Unfallentschädigung*. Ein *Unfallausgleich* wird neben den Dienst- bzw. Anwärterbezügen oder dem Ruhegehalt gewährt, wenn der Beamte infolge des Unfalls in seiner Erwerbstätigkeit länger als sechs Monate wesentlich beschränkt ist.

Erleidet die Lehrkraft auf dem Schulgrundstück einen Schaden, der nicht auf einen Dienstunfall zurückzuführen ist, haftet in der Regel der Schulträger; soweit die Lehrkraft dabei ihrerseits die im Verkehr erforderliche Sorgfalt außer Acht gelassen hat, muss sie sich ihr Mitverschulden nach § 254 BGB anrechnen lassen.

58 § 27 BeamtVG NRW.

59 § 68, 70 BeamtVGBW; §§ 66 f. BeamtVG NRW. So gelten als Höchstgrenzen für Ruhestandsbeamte und Witwen i.d.R. die ruhegehaltfähigen Dienstbezüge aus der Endstufe der Besoldungsgruppe, aus der sich das Ruhegehalt berechnet.

60 § 68 BeamtVG NRW.

61 §§ 37 ff. BeamtVGBW; §§ 28 ff. BeamtVG NRW. Bei Schul- oder Berufsausbildung der Waisen wird das Waisengeld auf Antrag längstens bis zum 25. Lj. (BW) bzw. 27. Lj. (NRW) gewährt.

62 §§ 44 ff. BeamtVGBW; §§ 35 ff. BeamtVG NRW.

63 Ein Unfall, den ein Lehrer im Schullandheim während des morgendlichen Duschens erleidet, ereignet sich jedenfalls dann „in Ausübung des Dienstes“, wenn er aus dienstlichen Gründen im Schullandheim übernachten muss und sich ein spezifisches örtliches Risiko verwirklicht (so BVerwG, ZBR 2008, 256). Demgegenüber erkannte das Bundessozialgericht, Urteil vom 18.11.2008, Az.: B 2 U 31/07 R (juris) in einem ähnlich gelagerten Fall den Duschunfall einer angestellten Lehrerin nicht als Arbeitsunfall im Sinne des § 8 SGB VII an, weil das Duschen als Körperreinigung nicht im sachlichen Zusammenhang mit der versicherten Beschäftigung stehe. Zur gesetzlichen Unfallversicherung für tarifbeschäftigte Lehrkräfte s. TZ 31.223.

64 Wenn eine Lehrerin, die im Rahmen eines Schulprojekts auf einem im Wald gelegenen ehemaligen Bauernhof eine Gruppe von Schülern der 3. Grundschulklasse betreut und dabei von einer Zecke gebissen wird, handelt es sich um ein schädigendes Ereignis in einem der Risikosphäre des Dienstherrn zuzurechnenden räumlichen Bereich; die infolge des Zeckenbisses erlittene Borrelioseerkrankung ist als Dienstunfall anzuerkennen (so BVerwG, NVwZ 2010, 708).

65 Der Verkehrsunfall eines Lehrers, der sich in einer Buchhandlung über ein Fachbuch für den Unterricht in seinem Fach informieren will, kann ein Dienstunfall sein (so OVG Lüneburg, ZBR 1996, 98).

31.127 Wenn der Lehrkraft in Ausübung oder infolge des Dienstes ein *Sachschaden* zustößt, kann der Dienstherr aufgrund seiner Fürsorgepflicht (TZ 30.311) zu Schadensersatz verpflichtet sein.[66] Das setzt voraus, dass es sich um die Beschädigung oder den Verlust von Gegenständen handelt, die üblicherweise zur Wahrnehmung des Dienstes mitgeführt werden. So kann ein Lehrer Ersatz des durch einen Verkehrsunfall bei einer Dienstreise an seinem Kraftfahrzeug entstandenen Schadens beanspruchen, wenn der dienstliche Einsatz des Fahrzeugs genehmigt worden ist.[67]

31.128 Ein Beamter mit Dienstbezügen, der nicht auf Antrag, aber in Ehren entlassen wurde (TZ 28.251), erhält ein *Übergangsgeld*.[68] Es wird nach vollendeter einjähriger Beschäftigungszeit gewährt, und zwar gestaffelt nach der Beschäftigungsdauer zwischen dem Einfachen und dem Sechsfachen der Dienstbezüge des letzten Monats.[69] Einem wegen Dienstunfähigkeit entlassenen Beamten mit Dienstbezügen, dem ein Unterhaltsbeitrag bewilligt worden ist (TZ 31.122), wird das Übergangsgeld nicht gewährt.[70]

31.129 In Krankheits-, Pflege-, Geburts- und Todesfällen, aber auch zur Gesundheitsvorsorge u.a. hat der Beamte Anspruch auf *Beihilfe*. Die Beihilfe ist eine die *Alimentation ergänzende Absicherung*. Der Beihilfeanspruch, der aus der beamtenrechtlichen Fürsorgepflicht folgt, ist höchstpersönlicher Natur, daher weder übertragbar noch pfändbar.[71] Er ist in den Landesbeamtengesetzen ausdrücklich anerkannt; die Gesetze regeln häufig darüber hinaus auch, nach welchen Grundsätzen Leistungen erbracht und bemessen oder ausgeschlossen werden.[72] Die Einzelheiten sind in Rechtsverordnungen festgelegt.[73] *Die Höhe der Beihilfe bemisst sich nach einem Prozentsatz der beihilfefähigen Aufwendungen des Beamten selbst und seiner berücksichtigungsfähigen Angehörigen*. Der Beihilfesatz beträgt im Allgemeinen 50 Prozent für alleinstehende Beamte; er erhöht sich für verheiratete oder in Lebenspartnerschaft lebende Beamte auf 55 Prozent und für jedes Kind um weitere 5 Prozent bis höchstens 70 Prozent. *Die Beihilfe darf zusammen mit den Leistungen aus Krankenversicherungen oder Pflegeversicherungen die beihilfefähigen Aufwendungen nicht überschreiten*. Bei *Pflegebedürftigkeit* sind die Aufwendungen für die von Ärzten als notwendig bescheinigte Behandlungspflege beihilfefähig. Pflegebedürftig sind Personen, die wegen einer körperlichen, geistigen oder seelischen Krankheit oder Behinderung für die gewöhnlichen und regelmäßig wiederkehrenden Verrichtungen im Ablauf des täglichen Lebens auf Dauer, voraussichtlich für mindestens sechs Monate, in erheblichem Maße der Hilfe bedürfen. Die Pflegebedürftigen sind einem der fünf Pflegegrade nach § 15 SGB XI zuzuordnen.

Beamte unterliegen zwar nicht der Versicherungspflicht in der gesetzlichen Krankenversicherung (§ 6 Abs. 1 Nr. 2 SGB V). Sie *sind* aber nach § 193 Abs. 3 Versicherungsvertragsgesetz wie jede andere Person mit Wohnsitz im Inland *verpflichtet*, *sich* bei einem privaten Krankenversicherungsunternehmen *gegen Krankheitskosten zu versichern*. Als Beihilfe-

66 Ist der Sachschaden bei einem Dienstunfall entstanden, ergibt sich in Baden-Württemberg die Ersatzpflicht des Dienstherrn bereits aus § 47 BeamtVGBW. Im Übrigen beruht sie auf der Fürsorgepflicht des Dienstherrn (dazu BVerwG, DVBl. 1994, 582). In einigen Beamtengesetzen ist der Ersatz für nicht dienstunfallbedingte, aber dienstlich verursachte Sachschäden der Beamten inzwischen ausdrücklich geregelt, z.B. § 80 bw LBG, § 46 bbg LBG, § 96 NBG, § 82 nrw LBG, § 70 rp LBG.

67 OVG Koblenz, NVwZ-RR 2004, 633.

68 Lehramtsanwärtern steht ein Übergangsgeld nicht zu; sie sind keine Beamten mit Dienst-, sondern mit Anwärterbezügen.

69 § 64 Abs. 1 BeamtVGBW; § 56 Abs. 1 BeamtVG NRW.

70 § 64 Abs. 3 Nr. 3 BeamtVGBW; § 56 Abs. 3 Nr. 2 BeamtVG NRW

71 BVerwG, NVwZ 2010, 1568 (1570).

72 Z.B. § 78 Abs. 2 bw LBG; § 75 Abs. 8 nrw LBG.

73 Z.B. BeihilfeVO BW vom 28.7.1995 (GBl. S. 561), zul.g.d.VO vom 2.6.2015 (GBl. S. 379); Beihilfeverordnung NRW vom 5.11.2009 (GV. S. 602), zul.g.d.VO vom 15.12.2017 (GV. S. 967).

berechtigte *müssen* sie überdies gemäß § 23 Abs. 3 SGB XI bei einer privaten Krankenversicherung *eine beihilfekonforme Pflegeversicherung abschließen*.

31.13 Bezüge zum Ausgleich von Sonderbelastungen

Diese Bezüge dienen der Unterstützung der Lehrkraft aus Anlass dienstlich bedingter Mehraufwendungen.

31.131 *Reisekostenvergütung*: Aufwendungen anlässlich von *Dienstreisen* werden nach den Bestimmungen der Landesreisekostengesetze erstattet.[74] Dienstreisen sind Reisen zur Erledigung von Dienstgeschäften außerhalb des Dienstortes, die vom Dienstvorgesetzten schriftlich angeordnet oder genehmigt worden sind. Die Beamten werden durch eine *Reisekostenvergütung* für die ihnen entstandenen Aufwendungen entschädigt. Die Reisekostenvergütung umfasst insbesondere Fahrkostenerstattung, Tagegeld, Übernachtungsgeld und Ersatz der Nebenkosten. Nur die wirklich entstandenen Auslagen an Fahr- und Nebenkosten werden ersetzt, während die Aufwendungen für Verpflegung und Unterkunft durch Tage- und Übernachtungsgelder pauschal abgegolten werden; sind jedoch die nachgewiesenen Übernachtungskosten höher als das Übernachtungsgeld, wird der Mehrbetrag bis zu einer Höchstgrenze erstattet. Sonderregelungen bestehen für Beamte, denen ein Amtsbezirk zugewiesen ist (z.B. Schulamtsdirektor) oder die bestimmte wiederkehrende Dienstreisen zu demselben Ort oder in demselben Bezirk ausführen müssen (z.B. Lehrkräfte, die in verschiedenen ländlichen Gemeinden unterrichten).

Bei Dienstreisen aus Anlass von *Schulwanderungen und Klassenfahrten* erhalten Lehrkräfte aufgrund besonderer Vorschriften der Länder[75] anstelle von Tage- und Übernachtungsgeldern vielfach nur eine niedriger bemessene Aufwandsvergütung. In der Praxis wird mitunter von ihnen erwartet, dass sie wegen unzureichender Haushaltsmittel auf einen Teil der Reisekostenvergütung verzichten. Zwar ist ein *Verzicht* grundsätzlich zulässig; die Reisekostenvergütung ist kein Bestandteil der Besoldung, auf die der Beamte weder ganz noch teilweise verzichten kann (TZ 31.111).[76] Wirksam ist ein Verzicht jedoch nur, wenn er auf der freien Willensentschließung des Beamten beruht. Daran fehlt es, wenn Lehrkräfte vor die Wahl gestellt werden, ob sie die Verzichterklärung abgeben und dadurch die Klassenfahrt ermöglichen oder sich weigern mit der Folge, dass die Fahrt nicht stattfinden kann. Einen solchen Interessenwiderspruch darf der Dienstherr aufgrund seiner Fürsorgepflicht gar nicht erst entstehen lassen. Die Reisekostenvergütung ist der Lehrkraft daher trotz ihres ursprünglichen Verzichts in voller Höhe auszuzahlen. Hält der Dienstherr diesem Anspruch die ursprüngliche Verzichterklärung entgegen, liegt darin eine unzulässige Rechtsausübung.[77]

Bei Reisen zu *Fortbildungsveranstaltungen* im ausschließlich dienstlichen Interesse erhält die Lehrkraft die ihr nach dem jeweiligen Reisekostengesetz zustehende Reisekostenvergütung. Liegt die Teilnahme partiell im dienstlichen Interesse, können je nach landesrechtlicher Regelung die Auslagen für Verpflegung und Unterkunft bis zur Höhe des bei

---

74 In mehreren Ländern (z.B. Berlin, Brandenburg, Sachsen-Anhalt, Schleswig-Holstein) werden die bundesrechtlichen Vorschriften, insbesondere das Bundesreisekostengesetz, entsprechend angewendet, wobei einige dieser Länder teilweise einschränkende Regelungen erlassen haben: § 77 bln LBG; § 63 bbg LBG; § 4 Besoldungs- und Versorgungsrechtsergänzungsgesetz LSA vom 8.2.2011 (GVBl. S. 68, 101), zul.g.d.G. vom 24.11.2017 (GVBl. S. 218); § 84 sh LBG.

75 Z.B. nrw RdErl. über die Festsetzung von Aufwandsvergütungen nach § 7 Abs. 3 Landesreisekostengesetz vom 23.11.1999 (GV. 2000 S. 14), g.d.RdErl. vom 5.2.2002 (ABl. S. 190).

76 Einige Reisekostengesetze sehen die Möglichkeit des Verzichts auf die Reisekostenvergütung sogar ausdrücklich vor, z.B. Art. 3 Abs. 6 Bay Reisekostengesetz; so auch § 63 Abs. 2 bbg LBG.

77 So VGH München, ZBR 2008, 271; vgl. auch BAGE 107, 272, bezüglich der Reisekostenvergütung für angestellte Lehrkräfte.

Dienstreisen zustehenden Tage- und Übernachtungsgeldes sowie die notwendigen Fahr- und Nebenkosten erstattet werden. Für die Teilnahme an sonstigen Fortbildungsveranstaltungen werden keine Auslagen erstattet.

31.132 *Umzugskostenvergütung und Trennungsgeld:* Aufwendungen des Beamten, die durch einen Umzug oder durch getrennte Haushaltsführung bedingt sind, können unter bestimmten Voraussetzungen nach den Umzugskostengesetzen der Länder erstattet werden.[78]

Umzugskostenvergütung darf nur gewährt werden, wenn sie vorher schriftlich zugesagt worden ist. Die Zusage *muss* erteilt werden bei einer Versetzung aus dienstlichen Gründen und bei einer Anweisung des Dienstvorgesetzten, die Wohnung innerhalb bestimmter Entfernung von der Dienststelle zu nehmen oder eine Dienstwohnung zu beziehen. Die Zusage *kann* erteilt werden u.a. aus Anlass der Einstellung oder Abordnung des Beamten oder aus Anlass eines gesundheitsbedingten Wohnungswechsels. Die Umzugskostenvergütung umfasst die notwendigen Auslagen für die Beförderung des Umzugsgutes, die Reisekosten des Beamten und seiner Familie und die notwendigen ortsüblichen Wohnungsvermittlungsgebühren. Die sonstigen Umzugsauslagen werden gegen Nachweis erstattet oder durch eine nach Besoldungsgruppe, Familienstand und Kinderzahl gestaffelte Pauschalvergütung abgegolten.

Die Lehrkraft muss sich nach ihrer Versetzung um eine Wohnung bemühen. Sofern sie, z.B. wegen Wohnungsmangels am neuen Dienstort, nicht umhin kommt, die bisherige Wohnung beizubehalten, erhält sie für die durch die getrennte Haushaltsführung entstehenden Mehrkosten vorübergehend eine *Trennungsentschädigung* (*Trennungsgeld*).[79]

Eine Trennungsentschädigung erhalten auch diejenigen Lehrkräfte, die aus dienstlichen Gründen an eine auswärtige Beschäftigungsstelle ohne Zusage der Umzugskostenvergütung abgeordnet werden, und zwar für ihre notwendigen Auslagen unter Berücksichtigung der häuslichen Ersparnisse. Die Einzelheiten sind in Rechtsverordnungen der Landesfinanzministerien geregelt.

31.133 Zum Anspruch auf Elterngeld und Elterngeld Plus s. TZ 30.322.

31.2 Die vermögenswerten Rechte der im Arbeitsverhältnis beschäftigten Lehrkräfte

Wie zu Anfang dieses Kapitels erwähnt, umfassen die vermögenswerten Rechte der tarifbeschäftigten Lehrkräfte einerseits den Anspruch auf Zahlung des Arbeitsentgelts einschließlich der Erstattung der mit dem Arbeitsverhältnis zusammenhängenden Aufwendungen (TZ 31.21), andererseits die auf den Vorschriften der gesetzlichen Sozialversicherung beruhenden Leistungsrechte (TZ 31.22).

31.21 Arbeitsentgelt

31.211 Während bei beamteten Lehrkräften die Dienstbezüge der Sicherung des amtsangemessenen Unterhalts für den Beamten und seine Familie dienen, ist *das den tarifbeschäf-*

---

78 In einigen Ländern (z.B. Berlin, Sachsen-Anhalt und Schleswig-Holstein) gilt auch insoweit kraft Verweisung das Bundesumzugskostengesetz.

79 S. dazu die aufgrund einer Ermächtigung im jeweiligen Umzugskostengesetz erlassenen Trennungsgeldverordnungen der Länder, z.B. nrw TrennungsentschädigungsVO vom 29.4.1988 (GV. S. 226), zul.g.d.VO vom 28.3.2014 (GV. S. 238). In einigen Ländern (z.B. Brandenburg, Niedersachsen, Sachsen-Anhalt) gilt die TrennungsgeldVO des Bundes entsprechend.

tigten Lehrkräften gezahlte Arbeitsentgelt die Gegenleistung des öffentlich-rechtlichen Arbeitgebers für ihre Arbeitsleistung.[80] Die Vergütung richtet sich nach dem Tarifvertrag, auf den der Arbeitsvertrag Bezug nimmt. Gemäß § 12 TV-L i.d.F. des § 3 TV EntgO-L[81] erhält die Lehrkraft Entgelt nach der Entgeltgruppe, in der sie eingruppiert ist. Die Entgeltgruppe ergibt sich für die gesamte nicht nur vorübergehend auszuübende Tätigkeit aus den *Eingruppierungsregelungen der Entgeltordnung Lehrkräfte*, die in der Anlage zum TV EntgO-L enthalten sind. Die Entgeltgruppe ist im Arbeitsvertrag anzugeben.[82]

Diejenigen tarifbeschäftigten *Lehrkräfte*, die (wie im Regelfall) die fachlichen und pädagogischen Voraussetzungen für die Übernahme ins Beamtenverhältnis erfüllen, sind *in der Entgeltgruppe* eingruppiert, die der beim Arbeitgeber geltenden *Besoldungsgruppe entspricht* und der sie als Beamte, zugeordnet wären. Die tarifliche Eingruppierung ist also an der Besoldungsgruppe einer vergleichbaren beamteten Lehrkraft orientiert. So entspricht beispielsweise EntgGr 10 der BesGr A 11, EntgGr 11 der BesGr A 12, EntGr 13 der BesGr A 13, EntgGr 14 der BesGr A 14, EntgGr 15 der BesGr A 15. Sind in dem Besoldungsgesetz *Beförderungsämter* in einer höheren Besoldungsgruppe als dem Eingangsamt ausgebracht, erfolgt eine *Höhergruppierung* unter denselben Voraussetzungen wie eine Beförderung bei einer vergleichbaren beamteten Lehrkraft.[83]

Die Lehrerinnen und Lehrer erhalten monatlich ein *Tabellenentgelt*, dessen Höhe sich nach der Entgeltgruppe, in der sie eingruppiert sind, und nach der für sie geltenden Stufe bestimmt.[84] Die Entgeltgruppen umfassen bei Arbeitnehmern im öffentlichen Dienst in der Regel sechs Stufen. Bei der Einstellung werden sie der Stufe 1 zugeordnet, sofern keine einschlägige Berufserfahrung vorliegt. Sie erreichen Stufe 2 nach einem Jahr in Stufe 1, Stufe 3 nach zwei Jahren in Stufe 2, Stufe 4 nach drei Jahren in Stufe 3, Stufe 5 nach vier Jahren in Stufe 4 und Stufe 6 nach fünf Jahren in Stufe 5.[85] Bei Leistungen, die erheblich über dem Durchschnitt liegen, kann die erforderliche Zeit für das Erreichen der Stufen 4 bis 6 jeweils verkürzt, bei Leistungen, die erheblich unter dem Durchschnitt liegen, kann sie jeweils verlängert werden.[86] Für Lehrkräfte der Entgeltgruppen 10 und 11 gilt jedoch die Besonderheit, dass sie Stufe 3 erst nach fünf, Stufe 4 erst nach neun Jahren erreichen und dass die Stufen 5 und 6 wegfallen.[87]

Die *Höhe des Tabellenentgelts* ist der Anlage B zum TV-L zu entnehmen. Es wird im Unterschied zu den Dienstbezügen der Beamten nicht monatlich im Voraus, sondern am letzten Tag des Monats gezahlt.[88] *Teilzeitbeschäftigte* erhalten das Entgelt in dem Umfang,

---

80 Zum Folgenden insbesondere *Wichmann/Langer* (Fn. 4), Rn. 604 ff.

81 Tarifvertrag über die Eingruppierung und die Entgeltordnung für die Lehrkräfte der Länder vom 28.3.2015 i.d.F. des Änd-TV Nr. 2 vom 17.2.2017. Hessen, das der Tarifgemeinschaft deutscher Länder nicht angehört, wendet nicht den TV-L, sondern einen eigenen Tarifvertrag, den TV-H, an (dazu TZ 28.312/28.313). Der TV-H stimmt mit dem TV-L weitgehend überein. Die Tabellenentgelte nach dem TV-H fallen allerdings geringfügig höher als nach dem TV-L aus; ein nicht unwichtiger Unterschied zum TV-L dürfte im Übrigen darin bestehen, dass der TV-H in seinem § 23a einen Kinderzuschlag gewährt, den der TV-L nicht kennt. Zum beamtenrechtlichen Familienzuschlag vgl. TZ 31.115.

82 § 12 TV-L.

83 Abschnitt 1 der Anlage zum TV EntgO-L.

84 § 15 Abs. 1 TV-L.

85 § 16 Abs. 1 (ab 1.1.2018), Abs. 2 und Abs. 3 (ab 1.1.2018) TV-L.

86 § 17 Abs. 2 TV-L.

87 Abschnitt 1 der Anlage zum TV EntgO. – Für Lehrkräfte, bei denen die fachlichen und pädagogischen Voraussetzungen für die Übernahme ins Beamtenverhältnis nicht erfüllt sind, die gleichwohl die Tätigkeit von Lehrkräften mit abgeschlossenem Lehramtsstudium an einer wissenschaftlichen Hochschule und mit abgeschlossenem Referendariat oder Vorbereitungsdienst ausüben (zum Beispiel Seiteneinsteiger, vgl. TZ 28.324), gelten die Eingruppierungsregelungen und Stufenzuordnungen gemäß Abschnitt 2 der Anlage zum TV EntgO.

88 § 24 Abs. 1 Satz 2 TV-L.

der dem Anteil der Teilzeitarbeit an der regelmäßigen Arbeitszeit vergleichbarer Vollbeschäftigter entspricht.[89]

Wird einer Lehrkraft *vorübergehend eine andere Tätigkeit mit den Tätigkeitsmerkmalen einer höheren Entgeltgruppe* übertragen, und hat sie diese Tätigkeit mindestens einen Monat ausgeübt, erhält sie für die Dauer der Ausübung eine *persönliche Zulage* rückwirkend ab dem ersten Tag der Übertragung der Tätigkeit.[90] Die Höhe der Zulage bemisst sich nach dem Unterschiedsbetrag zu dem Tabellenentgelt, das sich bei dauerhafter Übertragung ergeben hätte.[91]

31.212 Ein *Familienzuschlag*, der bei der Besoldung der beamteten Lehrkräfte den unterschiedlichen Belastungen aufgrund des Familienstandes Rechnung trägt (vgl. TZ 31.112), wird ihren tarifbeschäftigten Kollegen *nicht gewährt*. Während aber die jährliche Sonderzahlung im Besoldungsrecht stark gekürzt wurde und zumeist in die monatlichen Bezüge integriert ist, haben die Beschäftigten, die am 1. Dezember des Jahres im Arbeitsverhältnis stehen, weiterhin Anspruch auf die *Jahressonderzahlung*.[92]

Den tarifbeschäftigten Lehrkräften stehen wie ihren beamteten Kollegen *vermögenswirksame Leistungen* zu[93] (vgl. TZ 31.113).

31.213 Lehrerinnen und Lehrer, die *infolge Krankheit arbeitsunfähig* verhindert sind, ohne dass sie ein Verschulden trifft, erhalten *bis zur Dauer von sechs Wochen das Tabellenentgelt* sowie die sonstigen in Monatsbeträgen festgelegten Entgeltbestandteile.[94] Der *Entgeltfortzahlungsanspruch* ist vom ersten Tag des rechtlichen Bestehens des Arbeitsverhältnisses an gegeben.[95] Nach Ablauf der Sechs-Wochen-Frist erhält die Lehrkraft für die Zeit, in der ihr Krankengeld (TZ 31.221 oder entsprechende Leistungen gezahlt werden, vom Arbeitgeber einen *Krankengeldzuschuss* in Höhe des Unterschiedsbetrag zwischen den tatsächlichen Barleistungen der Krankenkasse und dem Nettoentgelt; Nettoentgelt ist das um die gesetzlichen Abzüge verminderte Arbeitsentgelt. Der Krankengeldzuschuss wird bei einer Beschäftigungszeit von mehr als einem Jahr bis zum Ende der 13. Woche, von mehr als drei Jahren längstens bis zum Ende der 39. Woche seit dem Beginn der Arbeitsunfähigkeit infolge derselben Krankheit gezahlt.[96]

31.214 Beim Tod eines Beschäftigten wird der Witwe oder den Kindern ein *Sterbegeld* gewährt. Der Anspruch setzt voraus, dass das Arbeitsverhältnis am Todestag nicht geruht hat.[97] Als Sterbegeld wird das Tabellenentgelt für den Sterbemonat sowie für zwei weitere Monate gezahlt.[98]

---

89 § 24 Abs. 2 TV-L.

90 Demgegenüber erhalten beamtete Lehrkräfte, denen vorübergehend die dienstlichen Obliegenheiten des Amts einer höheren Besoldungsgruppe übertragen sind, eine Zulage erst nach Ablauf einer Frist von zwölf Monaten (vgl. TZ 28.231).

91 § 14 TV-L.

92 § 20 TV-L. Bemessungsgrundlage ist das monatliche Entgelt in den Kalendermonaten Juli, August und September. Die Jahressonderzahlung ist degressiv ausgestaltet: Je höher die Entgeltgruppe, desto niedriger der Prozentsatz des monatlichen Entgelts: 95 % in den Entgeltgruppen E 1 bis E 8, 80 % in den Entgeltgruppen 9 bis 11, 50 % in den Entgeltgruppen 12 bis 13 und 35 % in den Entgeltgruppen 14 bis 15.

93 § 23 TV-L.

94 §§ 22 Abs. 1, 21 TV-L.

95 *Wichmann/Langer* (Fn. 4), Rn. 626a.

96 § 22 Abs. 2 TV-L.

97 Das Arbeitsverhältnis ruht z.B., wenn der Arbeitnehmer sich in Elternzeit befindet. Vgl. *Wichmann/Langer* (Fn. 4), Rn. 615.

98 § 23 Abs. 3 TV-L.

31.215 Für die Erstattung von *Reise- und Umzugskosten sowie Trennungsgeld* finden die Bestimmungen, die für die Beamtinnen und Beamten jeweils gelten, entsprechende Anwendung.[99]

31.216 Für *kommunale Lehrkräfte* (TZ 28.314) und ihre Hinterbliebenen gelten hinsichtlich der Jahressonderzahlung, der vermögenswirksamen Leistungen, der Entgeltfortzahlung im Krankheitsfall, des Krankengeldzuschusses, der Erstattung von Reise- und Umzugskosten u.a. die Vorschriften des TVöD, die mit den entsprechenden Bestimmungen des TV-L weitgehend inhaltsgleich sind. Allerdings gibt es für den Bereich der Vereinigung der kommunalen Arbeitgeber (VKA) bislang keine tarifliche Vereinbarung über Eingruppierung und Bezahlung der Lehrkräfte, wie sie im Tarifgebiet der Tarifgemeinschaft deutscher Länder besteht. Die kommunalen Arbeitgeber pflegen diese rechtliche Lücke dadurch zu füllen, dass sie sich bei der Bemessung des Arbeitsentgelts ihrer tarifbeschäftigten Lehrerinnen und Lehrer an dem Tarifvertrag über die Eingruppierung und die Entgeltordnung für die Lehrkräfte der Länder (TZ 31.211) orientieren.

31.22 Gesetzliche Sozialversicherung

Für die Versorgung der im Arbeitsverhältnis beschäftigten Lehrkräfte kommt – anders als bei den Beamten – nicht der Dienstherr, sondern die gesetzliche Sozialversicherung auf, die ihnen als Zwangsversicherung einen Risikoschutz vor den Wechselfällen des Lebens bietet.[100] Sie gliedert sich in die *Versicherungszweige* der Kranken-, Pflege-, Unfall-, Renten- und Arbeitslosenversicherung. *Die Mittel* der Sozialversicherung *werden überwiegend durch Beiträge der Versicherten und der Arbeitgeber* aufgebracht; der Arbeitgeber führt die Beiträge gemäß § 28h SGB IV an die *Träger der gesetzlichen Krankenkasse als Einzugsstellen* ab.

31.221 Die gesetzliche *Krankenversicherung*[101], Fünftes Buch des Sozialgesetzbuchs, gewährt ihren Mitgliedern, deren Ehegatten und Kindern sowie den Lebenspartnern Sach- und Dienstleistungen zur Verhütung und Früherkennung von Krankheiten sowie Leistungen bei Krankheit, insbesondere *Krankenbehandlung* (§ 27 ff. SGB V) *und Krankengeld* (§§ 44 ff. SGB V). Das Krankengeld setzt mit Ablauf der Sechs-Wochen-Frist der Entgeltfortzahlung des Arbeitgebers ein (TZ 31.213); es beträgt 70 Prozent des Bruttoentgelts. Tarifbeschäftigte Lehrkräfte sind *Pflichtmitglieder der Krankenversicherung* (§ 5 Abs. 1 Nr. 1 SGB V), sofern ihre Vergütung die Versicherungspflichtgrenze (2018: 4.950 Euro monatlich) nicht übersteigt (§ 6 Abs. 1 Nr. 1 i.V.m. Abs. 6 bis 9 SGB V).

Der *Beitragssatz* in der Krankenversicherung beträgt 14,6 % bis zur *Beitragsbemessungsgrenze* (2018: 4.425 Euro). Von den 14,6 % trägt der Arbeitgeber die Hälfte (7,3 %); für die andere Hälfte und für die von der Krankenkasse erhobenen individuellen Zusatzbeiträge muss der Arbeitnehmer aufkommen (§ 249 Abs. 1 SGB V).[102] Wer wegen Überschreitens der Pflichtversicherungsgrenze nicht versicherungspflichtig, aber freiwillig in der gesetzlichen Krankenversicherung versichert ist, erhält vom Arbeitgeber einen Zuschuss zu seinem Versicherungsbeitrag in Höhe des Betrages, den dieser bei Krankenversicherungs-

99 § 23 Abs. 4 TV-L.

100 Vgl. hierzu insgesamt Eberhard *Eichenhofer*, Sozialrecht. 10. Aufl., Tübingen 2017, § 12 Rn. 268 ff.; Raimund *Waltermann*, Sozialrecht. 12. Aufl., Heidelberg 2016, § 7 Rn. 106 ff.

101 Regine *Wagner*/Stefan *Knittel*/Gerhard *Baier* (Hrsg.), Soziale Krankenversicherung, Pflegeversicherung. Loseblatt-Kommentar, München 2017.

102 Laut Koalitionsvertrag zwischen CDU, CSU und SPD vom 12.3.2018 soll die gesetzliche Krankenversicherung künftig wieder paritätisch von Arbeitgebern und Arbeitnehmern finanziert werden.

pflicht des Beschäftigten zu tragen hätte (§ 257 SGB V).[103] *Träger der Krankenversicherung* sind vornehmlich die Ortskrankenkassen und die Ersatzkassen, zwischen denen die Versicherten wählen können.

Tarifbeschäftigte Lehrerinnen, die ein Kind zur Welt bringen, erhalten während der 14-wöchigen Mutterschutzfrist (vgl. TZ 30.321) *Mutterschaftsgeld*. Sind sie in der gesetzlichen Krankenversicherung versichert, beträgt das von der Krankenkasse zu zahlende Mutterschaftsgeld höchstens 13 Euro je Kalendertag (§ 19 Abs. 1 MuSchG, § 24i SGB V). Sofern sie nicht in der gesetzlichen Krankenversicherung versichert sind, zahlt ihnen das Bundesversicherungsamt auf Antrag ein Mutterschaftsgeld in Höhe von insgesamt 210 Euro (§ 19 Abs. 2 MuSchG). Der *Arbeitgeber ist verpflichtet*, zu den von der Krankenkasse bzw. vom Bundesversicherungsamt gezahlten Mutterschaftsgeld *einen Zuschuss* in Höhe des Unterschiedsbetrags zwischen 13 Euro kalendertäglich und den um die gesetzlichen Abzüge verminderten *durchschnittlichen* kalendertäglichen Arbeitsentgelt der letzten drei Kalendermonate vor Beginn der Schutzfrist *zu gewähren* (§ 20 MuSchG).

31.222 Die soziale *Pflegeversicherung*[104], Elftes Buch des Sozialgesetzbuchs, hat die *Aufgabe, Pflegebedürftigen Hilfe zu leisten, die wegen der Schwere ihrer Pflegebedürftigkeit auf solidarische Unterstützung angewiesen sind* (§ 1 Abs. 4 SGB XI). Die Pflegeversicherung erbringt auf Antrag Leistungen für die Pflegebedürftigen (§§ 28 ff. SGB XI) und für Pflegepersonen (§§ 44 ff. SGB XI). Pflegebedürftigen, die je nach Hilfebedarf *fünf Pflegegraden* zugeordnet sind (§ 15 SGB XI), *gewährt sie Leistungen für die häusliche, stationäre und vollstationäre Pflege* (im Einzelnen: §§ 28 ff. SGB XI). Vor allem sind häusliche Pflege und Pflegebereitschaft der Angehörigen und Nachbarn zu unterstützen; Leistungen der teilstationären Pflege und der Kurzzeitpflege gehen den Leistungen der vollstationären Pflege vor. Insgesamt gilt der Grundsatz des *Vorrangs der Rehabilitation vor Pflege* (§ 31 SGB XI).

Die Pflegeversicherung *erfasst sämtliche in der gesetzlichen Krankenversicherung versicherten Personen* (§ 20 SGB XI). Die Mittel für die Pflegeversicherung werden durch *Beiträge* und sonstige Einnahmen gedeckt. *Arbeitnehmer und Arbeitgeber* kommen für die Beiträge *je zur Hälfte* auf, kinderlose Arbeitnehmer über 23 Jahre entrichten einen Beitragszuschlag von 0,25 % (§§ 54, 58 SGB XI).[105] Der *Beitragssatz* beträgt 2,55 % bis zur *Beitragsbemessungsgrenze* von 4.425 Euro monatlich. *Träger der Pflegeversicherung* sind die den gesetzlichen Krankenkassen zugeordneten Pflegekassen.

31.223 Die gesetzliche *Unfallversicherung*[106], Siebtes Buch des Sozialgesetzbuchs, bietet vor allem *Schutz bei Arbeitsunfällen*; dazu gehören auch die Unfälle, die sich auf dem Weg

103 Statt freiwilliger Versicherung in der gesetzlichen Krankenversicherung kommt für diese Personengruppe unter den Beschäftigten auch eine private Krankenversicherung in Betracht. In diesem Fall beläuft sich der Zuschuss des Arbeitgebers auf die Hälfte des Betrags, der sich unter Anwendung des durchschnittlichen allgemeinen Beitragssatzes der gesetzlichen Krankenkassen ergibt. Wer kein Mitglied der gesetzlichen Krankenversicherung ist, muss sich gemäß § 193 Abs. 3 Versicherungsvertragsgesetz wie jede andere Person mit Wohnsitz im Inland bei einem privaten Krankenversicherungsunternehmen *gegen Krankheitskosten versichern* (vgl. TZ 31.129 a.E.).

104 Peter *Udsching*/Bernd *Schütze* (Hrsg.), SGB XI. Soziale Pflegeversicherung, 5.Aufl., München 2017.

105 Die hälftige Teilung des Beitrags zur Pflegeversicherung setzt allerdings voraus, dass der Beschäftigungsort in einem Bundesland liegt, das – zum Ausgleich der mit den Arbeitgeberbeiträgen verbundenen Belastungen der Wirtschaft – einen landesweiten Feiertag aufgehoben hat, der, wie der Buß- und Bettag, stets auf einen Werktag fällt. Wenn, wie in Sachsen, ein solcher Feiertag nicht abgeschafft worden ist, beläuft sich der Arbeitgeberanteil auf 0,775 %, der Arbeitnehmeranteil auf 1,775 %, bei Arbeitnehmern mit Beitragszuschlag sogar auf 2,025 %.

106 Sabine *Knickrehm*/Ralf *Kreikebohm*/Raimund *Waltermann*, Kommentar zum Sozialrecht, 4. Aufl., München 2015, SGB VII. Gesetzliche Unfallversicherung, S. 2103 ff.; Harald *Becker*/Edgar *Franke*/ Thomas *Molkentin*, Sozialgesetzbuch VII: Gesetzliche Unfallversicherung; Lehr- und Praxiskommentar, 5. Aufl. Baden-Baden 2017.

zum und vom Arbeitsplatz Schule ereignen (§ 8 Abs. 2 SGB VII). Als Tarifbeschäftigte sind die *Lehrerinnen und Lehrer kraft Gesetzes versichert* (§ 2 Abs. 1 Nr. 1 SGB VII). Sie haben Anspruch auf Heilbehandlung einschließlich der Leistungen zur medizinischen Rehabilitation, auf Leistungen zur Teilhabe am Arbeitsleben und am Leben in der Gemeinschaft, auf Leistungen bei Pflegebedürftigkeit sowie auf Geldleistungen, insbesondere Renten, Beihilfen und Abfindungen (§§ 26 ff. SGB VII). Durch die Unfallversicherung wird die Haftung des Arbeitgebers und der Arbeitskollegen für Körperschäden ausgeschlossen, es sei denn, dass der Unfall vorsätzlich herbeigeführt wurde oder bei der Teilnahme am allgemeinen Verkehr eingetreten ist (s. §§ 104 ff. SGB VII).[107]

Die Mittel werden durch Beiträge der Arbeitgeber aufgebracht; sie werden nach Ablauf des Kalenderjahres im Wege der Umlage festgesetzt (§§ 150 ff. SGB VII). *Träger der Unfallversicherung* sind die Unfallkassen der Länder.

31.224 Die gesetzliche *Rentenversicherung*[108], Sechstes Buch des Sozialgesetzbuchs, gewährt insbesondere *Renten wegen Alters* (§§ 35 ff. SGB VI), wegen (teilweiser oder voller) *Erwerbsminderung* (§ 43 SGB VI) und *wegen Todes* (Witwen-/Witwerrente, Erziehungsrente, Waisenrente, §§ 46 ff. SGB VI).

Als gegen Arbeitsentgelt beschäftigte Personen sind Lehrkräfte versicherungspflichtig (§ 1 Abs. 1 Nr. 1 SGB VI). Ruhestandsbeamte, die im Arbeitsverhältnis beschäftigt werden, sind indes versicherungsfrei (§ 5 Abs. 4 Nr. 2 SGB VI). Versicherte haben *Anspruch auf Regelaltersrente*, wenn sie die *Regelaltersgrenze* erreicht und die allgemeine *Wartezeit von fünf Jahren* erfüllt haben; die Regelaltersgrenze wird mit Vollendung des 67. Lebensjahres erreicht (§ 35 SGB VI). Da das Arbeitsverhältnis der Lehrkraft gemäß § 44 Nr. 4 TV-L mit Ablauf des Schulhalbjahres endet, in dem sie das 67. Lebensjahr vollendet hat (vgl. TZ 28.343), ist ein nahtloser Übergang in die Altersrente gewährleistet.

Die Einnahmen der gesetzlichen Rentenversicherung beruhen ganz überwiegend auf *Beiträgen*, im Übrigen auf Zuschüssen des Bundes (§ 153 SGB VI). Die Beiträge werden von den *Versicherten und den Arbeitgebern je zur Hälfte* aufgebracht. Der *Beitragssatz* beträgt 18,7 % des Arbeitsentgelts bis zur *Beitragsbemessungsgrenze*, aus der sich der höchstmögliche Beitrag ergibt. Die Beitragsbemessungsgrenze ist 2018 für die alten Bundesländer auf 6.500 Euro, für die neuen Länder auf 5.800 Euro festgesetzt. *Träger der gesetzlichen Rentenversicherung* ist die Deutsche Rentenversicherung in Berlin.

Nach § 25 TV-L haben tarifbeschäftigte Lehrkräfte Anspruch auf eine *zusätzliche Alters- und Hinterbliebenenversorgung* unter Eigenbeteiligung. Einzelheiten bestimmt der Tarifvertrag über Altersversorgung (§ 25 TV-L).[109] Der Arbeitgeber muss die Lehrer bei der *Versorgungsanstalt des Bundes und der Länder* (VBL) versichern. Die Altersrente aus der gesetzlichen Rentenversicherung wird durch die Betriebsrente der VBL ergänzt.

31.225 Die *Arbeitsförderung*[110], Drittes Buch des Sozialgesetzbuchs, soll dem Entstehen von Arbeitslosigkeit entgegenwirken, die Dauer der Arbeitslosigkeit verkürzen und den Ausgleich von Angebot und Nachfrage auf dem Ausbildungs- und Arbeitsmarkt unterstützten (§ 1 Abs. 1 SGB III). Zu ihren Aufgaben gehören *einerseits Leistungen der aktiven Arbeitsförderung* wie Beratung und Vermittlung, Berufsausbildung, berufliche Weiterbildung, Förderung des Verbleibs in Beschäftigung durch Kurzarbei-

107 Vgl. insoweit auch die Ausführungen zur Schülerunfallversicherung (TZ 25.31).

108 Ralf *Kreikebohm* (Hrsg.), Sozialgesetzbuch – Gesetzliche Rentenversicherung – SGB VI. Kommentar, 5. Aufl. München 2017.

109 Tarifvertrag über die betriebliche Altersversorgung der Beschäftigten des öffentlichen Dienstes vom 1.3.2002 i.d.F. des Änd-TV Nr. 10 vom 8.6.2017.

110 Alexander *Gagl* (Hrsg.), SGB II/SGB III. Grundsicherung und Arbeitsförderung. Kommentar. Loseblattausgabe. 66. Aufl., München 2017 (Stand: Juni 2017).

tergeld u.a. (§§ 29 ff. SGB III), *andererseits Leistungen zum Ersatz des Arbeitsentgelts bei Arbeitslosigkeit* (§§ 136 ff. SGB III). Das Arbeitslosengeld ist die wichtigste Entgeltersatzleistung.

Lehrerinnen und Lehrer sind als gegen Arbeitsentgelt beschäftigte Personen *in der Arbeitslosenversicherung pflichtversichert* (§ 25 SGB III). Die Leistungen der Arbeitsförderung und die sonstigen Ausgaben der Bundesanstalt für Arbeit, insbesondere für das Arbeitslosengeld, werden durch *Beiträge* der Versicherungspflichtigen, der Arbeitgeber und Mittel des Bundes finanziert (§ 340 SGB III). Die Beiträge werden von den versicherungspflichtig Beschäftigten und den Arbeitgebern *je zur Hälfte* aufgebracht. Der *Beitragssatz* liegt (2018) bei 3.0 %[111], die *Beitragsbemessungsgrenze*, bis zu der der Beitrag erhoben wird, ist wie in der Rentenversicherung auf 6.500 Euro festgesetzt.

Lehrkräfte haben *Anspruch auf Arbeitslosengeld*, wenn sie arbeitslos sind, sich bei der Agentur für Arbeit gemeldet und die Anwartschaftszeit erfüllt haben. Letzteres setzt voraus, dass sie innerhalb einer Rahmenfrist von zwei Jahren mindestens zwölf Monate in einem versicherungspflichtigen Arbeitsverhältnis gestanden haben (§§ 137, 142 f. SGB III). Das Arbeitslosengeld beträgt für *Arbeitslose mit mindestens einem Kind 67, sonst 60 Prozent* des um die gesetzlichen Abzüge geminderten bisherigen Arbeitsentgelts (§ 149 SGB III).

Der Anspruch auf Arbeitslosengeld ist *zeitlich befristet*. Die *Dauer* richtet sich gemäß § 147 SGB III nach der Dauer des Versicherungspflichtverhältnisses innerhalb der um drei Jahre erweiterten Rahmenfrist und dem Lebensalter, das der Arbeitslose bei der Entstehung des Anspruchs vollendet hat; demgemäß beträgt die Bezugsdauer zwischen sechs und 24 Monaten. Der Anspruch *ruht* während der Zeit, für die einem Arbeitslosen andere Sozialleistungen (Berufsausbildungsbeihilfe, Krankengeld, Mutterschaftsgeld, Rente wegen Erwerbsminderung u.a.) zustehen (§§ 156 ff SBG III). Der Anspruch ruht auch dann, wenn Arbeitnehmer sich versicherungswidrig verhalten, ohne dafür einen wichtigen Grund zu haben; in diesem Fall setzt eine mehrwöchige *Sperrzeit* ein. Versicherungswidriges Verhalten liegt etwa vor, wenn der Arbeitslose seine Arbeit aufgibt oder eine ihm von der Agentur für Arbeit unter Benennung des Arbeitgebers und der Art der Tätigkeit angebotene Beschäftigung nicht annimmt oder nicht antritt (dazu im Einzelnen § 159 SGB III).

31.226 Das Zweite Buch des Sozialgesetzbuches[112] dient der *Grundsicherung für Arbeitsuchende*. Die Aufwendungen werden vom Bund getragen (§ 46 SGB II). Die Grundsicherung soll es Leistungsberechtigten ermöglichen, ein Leben zu führen, das der Würde des Menschen entspricht, soll die Eigenverantwortung von erwerbsfähigen Leistungsberechtigten stärken und dazu beitragen, dass sie ihren Lebensunterhalt unabhängig von der Grundsicherung aus eigenen Mitteln bestreiten können (§ 1 Abs. 1 und 2 SGB II). Erwerbsfähige Leistungsfähige und die mit ihnen in einer Bedarfsgemeinschaft lebenden Personen müssen alle Möglichkeiten zur Beendigung oder Verringerung ihrer Hilfsbedürftigkeit ausschöpfen (§ 2 SGB II). Leistungen erhalten Personen, die das 15. Lebensjahr vollendet und noch nicht die Altersgrenze nach § 7a SGB II erreicht haben[113], erwerbsfähig und hilfsbedürftig sind und ihren gewöhnlichen Aufenthalt in Deutschland haben

111 Nach dem Koalitionsvertrag zwischen CDU, CSU und SPD vom 7.2.2018 soll der Beitragssatz zur Arbeitslosenversicherung um 0,3 % herabgesetzt werden.

112 Vgl. dazu Wolfgang *Eicher*/Wolfgang *Spellbrink* (Hrsg.), SGB II, Kommentar. Grundsicherung für Arbeitssuchende. 4. Aufl., München 2017.

113 Schrittweise Anhebung der Altersgrenze von 65 auf 67 Jahre.

(§ 7 SGB II)[114]. Hilfsbedürftig ist, wer seinen Lebensunterhalt nicht oder nicht ausreichend aus dem zu berücksichtigenden Einkommen oder Vermögen sichern kann (§ 9 SGB II).

Das SGB II unterscheidet zwischen Leistungen zur Eingliederung in Arbeit (z.B. Arbeitsvermittlung, Berufsausbildung, berufliche Weiterbildung, §§ 14 ff. SGB) und Leistungen zur Sicherung des Lebensunterhalts (§§ 19 SGB II). Unter den Leistungen zur Sicherung des Lebensunterhalts kommt dem Arbeitslosengeld II, das die frühere Arbeitslosenhilfe und die frühere Sozialhilfe zusammenfasst, herausragende Bedeutung zu. Häufig sind gerade Lehramtsanwärterinnen und Lehramtsanwärter, die nicht in den Schuldienst übernommen worden sind, darauf angewiesen (vgl. TZ 27.23).

Erwerbsfähige Leistungsberechtigte haben Anspruch auf Arbeitslosengeld II. Es umfasst den Regelbedarf, insbesondere Ernährung, Kleidung, Körperpflege, Hausrat, Haushaltsenergie sowie persönliche Bedürfnisse des täglichen Lebens; zu den persönlichen Bedürfnissen des täglichen Lebens gehört in vertretbarem Umfang eine Teilhabe am sozialen und kulturellen Leben (§ 20 Abs. 1 SGB II). Bei Kindern, Jugendlichen und jungen Erwachsenen werden Bedarfe bei Bildung und Teilhabe am sozialen und kulturellen Leben in der Gemeinschaft neben dem Regelbedarf gesondert berücksichtigt (§§ 28 f. SGB II).[115] Hinzu kommen Mehrbedarfe für besondere Lebenslagen (werdende Mütter, Alleinerziehende, Behinderte u.a., § 21 SGB II) sowie der Bedarf für Unterkunft und Heizung in Höhe der tatsächlichen Aufwendungen (§ 22 SGB II).

Träger der Leistungen nach dem SGB II sind gemäß § 6 Abs. 1 SGB II in der Regel die Bundesagentur für Arbeit und, soweit Arbeitslosengeld II für den Bedarf für Unterkunft und Heizung geleistet wird, die kreisfreien Städte und Kreise. Die Wahrnehmungszuständigkeit für diese Leistungen liegt jedoch nach § 44b SGB II bei den *gemeinsamen Einrichtungen*, die die Bundesagentur und die Kommunen auf dem Gebiet jedes kommunalen Trägers bilden. Die gemeinsamen Einrichtungen führen die Bezeichnung *Jobcenter* (§ 6d SGB II). Die Jobcenter nehmen die Rechte im eigenen Namen wahr, erlassen Bescheide und Widerspruchsbescheide und sind am gerichtlichen Verfahren nach § 70 SGG beteiligt.

114 Ausnahmen gelten für Nicht-EU-Ausländer, Ausländer, deren Aufenthaltsrecht sich allein aus dem Zweck der Arbeitsuche ergibt, und Leistungsberechtigte nach dem Asylbewerberleistungsgesetz.

115 S. dazu insbesondere die Ausführungen zum sogenannten Bildungs- und Teilhabepaket für Schülerinnen und Schüler (TZ 23.5).

32. Kapitel: Rechtsschutz

Lehrerinnen und Lehrer stehen ihrem Dienstherrn bzw. Arbeitgeber nicht schutzlos gegenüber; auch Entscheidungen der Sozialversicherungsträger müssen sie nicht klaglos hinnehmen. Vielmehr können sie sich gegen rechtswidrige Maßnahmen vor Gericht zur Wehr setzen.[1] Dabei ist jeweils zu klären, welcher *Rechtsweg* zu beschreiten ist, ob also vor dem Verwaltungsgericht, dem Arbeitsgericht oder dem Sozialgericht Klage erhoben werden kann.

Für alle Klagen aus dem Beamtenverhältnis ist der Rechtsweg zu den Verwaltungsgerichten eröffnet (§ 54 Abs. 1 BeamtStG); für Rechtsstreitigkeiten zwischen tarifbeschäftigten Lehrkräften und Arbeitgebern sind ausschließlich die Arbeitsgerichte zuständig (§ 2 Abs. 1 Nr. 3 ArbGG); über öffentlich-rechtliche Streitigkeiten in Angelegenheiten der gesetzlichen Sozialversicherung entscheiden allein die Sozialgerichte (§ 51 Abs. 1 SGG). Ungeachtet der Möglichkeit, ihre vermögenswerten und nichtvermögenswerten Rechte gerichtlich geltend zu machen, können die Lehrkräfte überdies ihre Interessen durch Zusammenschluss mit anderen Angehörigen des öffentlichen Dienstes stärken und mithilfe von Gewerkschaften und Standesorganisationen Parlament und Öffentlichkeit zum Schutz ihrer Rechte in Anspruch nehmen.

32.1 Rechtsschutz im Beamtenverhältnis

Dem Rechtsschutz der Beamtinnen und Beamten[2] dient nicht nur die Klage vor dem Verwaltungsgericht. Ihnen stehen auch *außergerichtliche Rechtsbehelfe* zu Gebote. Die Lehrkraft hat ein Anhörungsrecht in den sie betreffenden Fragen; sie kann Anträge stellen und sich beschweren, wenn sie ihre Rechte verletzt glaubt. Im Disziplinarverfahren (TZ 29.33) werden ihr ausreichende Möglichkeiten der Verteidigung geboten; so kann sie, um Verdacht oder unberechtigte Angriffe abzuwehren, ein sogenanntes *Selbstreinigungsverfahren* beantragen.

32.11 Anhörungsrecht

Der Beamte muss zu Beschwerden, Behauptungen und Bewertungen, die für ihn ungünstig sind oder ihm nachteilig werden können, vor deren Aufnahme in die Personalakte gehört werden (TZ 30.622). *Dienstliche Beurteilungen* sind den Lehrkräften vor Einordnung in die Personalakte zu eröffnen und mit ihnen zu erörtern (TZ 30.611).

32.12 Formlose Rechtsbehelfe

Beamte können, ohne an Fristen und Formen gebunden zu sein, *Anträge und Beschwerden* vorbringen. Anträge zielen auf den Erlass einer künftigen, Beschwerden auf die Beseitigung einer bereits getroffenen Maßnahme. Die *Einhaltung des Dienstweges* ist zwingend vor-

1 Zu den besonderen Fragen im Zusammenhang mit haftungs-, straf- und disziplinarrechtlichen Folgen bei Pflichtverletzungen von Lehrkräften (s. TZ 29.31, 29.32 und 29.33).

2 Friedhelm *Hufen*, Verwaltungsprozessrecht. 10. Aufl., München 2016; *Schnellenbach/Bodanowitz*, Beamtenrecht in der Praxis, jeweils am Ende des fünften bis elften Teils; Wolf-Rüdiger *Schenke*, Verwaltungsprozessrecht. 15. Aufl., Heidelberg 2017; Manfred *Wichmann*/Karl-Ulrich *Langer*, Öffentliches Dienstrecht. Das Beamten- und Arbeitsrecht für den öffentlichen Dienst. 8. Aufl., Stuttgart 2017, Rn. 297 ff. (Beschwerdeweg und Rechtsschutz).

geschrieben.[3] Das Dienstwegprinzip bedeutet, dass der Beamte die Eingabe, auch wenn sie an eine höhere Stelle gerichtet ist, beim unmittelbaren Vorgesetzten einzureichen hat. Der Dienstweg verläuft über die jeweils nächsthöheren Vorgesetzten bis zur obersten Dienstbehörde. Über die Eingabe entscheidet diejenige Stelle, deren Entscheidung der Beamte beantragt hat. Richtet sich eine Beschwerde gegen den unmittelbaren Vorgesetzten, kann sie ausnahmsweise beim nächsthöheren Vorgesetzten eingereicht werden.

Die Eingaben müssen sachlich formuliert, sie dürfen nicht ehrenrührig gehalten sein. Die zuständige Behörde ist verpflichtet, Anträge und Beschwerden entgegenzunehmen und zu beantworten; der Beamte ist zumindest über die Art der Erledigung zu unterrichten. Die Lehrkraft handelt pflichtwidrig, wenn sie sich bei außenstehenden Stellen über ihren Vorgesetzten beschwert oder gar die Flucht in die Öffentlichkeit antritt. Es bleibt ihr jedoch unbenommen, Anregungen und Beschwerden beim *Personalrat* (TZ 30.511) einzubringen; erscheinen diese dem Personalrat berechtigt, ist es dessen Aufgabe, durch Verhandlung mit der Dienststellenleitung auf ihre Erledigung hinzuwirken.[4] Außerdem können sich Lehrkräfte, wenn sie sich bei der Verarbeitung ihrer personenbezogenen Daten in ihren Rechten verletzt glauben, an den *Landesbeauftragten für den Datenschutz* wenden. Wie allen Bürgern steht es den Beamtinnen und Beamten aufgrund des durch Art. 17 GG verbürgten Petitionsrechts frei, Bitten und Beschwerden an den *Petitionsausschuss des Landtags* zu richten (s. hierzu auch TZ 26.1). Soweit es sich allerdings um Fragen handelt, die ihren Amtsbereich betreffen, müssen sie dabei den Dienstweg einhalten.

32.13 Förmliche Rechtsbehelfe

32.131 Für alle Klagen aus dem Beamtenverhältnis ist, wie bereits erwähnt, der *Verwaltungsrechtsweg* gegeben; das gilt sowohl für Klagen des Beamten als auch solche des Dienstherrn (§ 54 Abs. 1 BeamStG). Die besondere disziplinargerichtliche Zuständigkeit der Verwaltungsgerichte wird dadurch nicht berührt (TZ 29.334). Die Zivilgerichte, und zwar die Landgerichte, sind nur für Schadensersatzforderungen des Beamten gegen den Dienstherrn aus Amtspflichtverletzungen und für Rückgriffsansprüche des Dienstherrn gegen den Beamten wegen einer von diesem begangenen Amtspflichtverletzung zuständig (Art. 34 Satz 3 GG, § 71 Abs. 2 Nr. 2 GVG, vgl. hierzu TZ 26.44).

32.132 Zum Verfahren vor den Verwaltungsgerichten wird auf die allgemeinen Ausführungen über Vorverfahren, Klagearten, Rechtsmittel (Rechtsmittelfristen, Rechtsmittelbelehrung u.a.) und sonstige Verfahrensbestimmungen im 26. Kapitel (insbesondere TZ 26.3) verwiesen. Für das verwaltungsgerichtliche Verfahren in Beamtenrechtssachen gilt die Besonderheit, dass *vor Erhebung jeder Klage* – also nicht nur bei Anfechtungs- und Verpflichtungsklagen, sondern auch bei Feststellungs- und Leistungsklagen – *ein Vorverfahren (Widerspruchsverfahren)* durchzuführen ist; eines Vorverfahrens bedarf es im Gegensatz zu sonstigen Verwaltungsstreitigkeiten auch dann, wenn der angegriffene Verwaltungsakt von der obersten Dienstbehörde erlassen worden ist (§ 54 Abs. 2 Satz 2 BeamtStG). Doch ist gemäß § 54 Abs. 2 Satz 3 BeamtStG ein Vorverfahren nicht erforderlich, wenn ein Landesgesetz dieses ausdrücklich bestimmt.[5] Widerspruch und Anfech-

3 § 49 Abs. 1 bw LBG; § 103 Abs. 2 nrw LBG.

4 vgl. § 70 Ab. 1 Nr. 4 bw LPVG; § 61 Abs. 1 Nr. 3 nrw LPVG. Zum Beschwerderecht der (weiblichen) Beschäftigten gegenüber der Gleichstellungsbeauftragten s. TZ 30.222.

5 Von diesem Abweichungsrecht haben die Länder Bremen, Hessen, Niedersachsen und Nordrhein-Westfalen Gebrauch gemacht: § 102 Abs. 1 BremBG: Vor Erhebung einer Klage gegen eine vom Senat getroffene Entscheidung findet ein Vorverfahren nicht statt. § 105 HBG: Eines Vorverfahrens bedarf es nicht bei versorgungsrechtlichen Entscheidungen. § 105 Abs. 1 NBG und § 103 nrw LBG: Für Klagen der Beamten aus dem Beamtenverhältnis findet ein Widerspruchsverfahren nicht statt; dies gilt nicht für die Bewertung einer berufsbezogenen Prüfungsleistung, für dienstliche Beurteilungen und für Maßnahmen

tungsklage des Beamten gegen seine Versetzung (TZ 28.241) oder Abordnung (TZ 28.243) haben keine aufschiebende Wirkung (§ 54 Abs. 4 BeamtStG).

32.133 Die Klage ist in den meisten Ländern gegen den Dienstherrn, im Allgemeinen also gegen das Land (§ 78 Abs. 1 Nr. 1 VwGO), nicht gegen die Dienstbehörde zu richten. Allerdings haben einige Länder[6] einzelnen Behörden Beteiligungsfähigkeit zuerkannt (s. auch TZ 26.343), so dass die Klage in diesen Ländern gegen die Behörde, die den angefochtenen Verwaltungsakt erlassen oder den beantragten Verwaltungsakt unterlassen hat, zu richten ist (§ 78 Abs. 1 Nr. 2 VwGO). Das Land als Dienstherr wird durch die oberste Dienstbehörde, d.h. im Bereich der Lehrkräfte: durch das Kultusministerium, vertreten; dieses kann die Vertretung einer anderen Behörde, z.B. der Bezirksregierung oder dem Staatlichen Schulamt, übertragen.[7] *Örtlich zuständig* ist das Verwaltungsgericht, in dessen Bezirk der Beamte seinen dienstlichen Wohnsitz hat; liegt dieser nicht im Zuständigkeitsbereich der Behörde, die den Erstbescheid erlassen hat, ist dasjenige Verwaltungsgericht zuständig, in dessen Bezirk diese Behörde ihren Sitz hat (§ 52 Nr. 4 VwGO).

32.134 Die Klage ist nur zulässig, wenn die Lehrkraft geltend macht, durch eine Maßnahme des Dienstherrn (wenigstens auch) in ihren Rechten verletzt zu sein (vgl. dazu auch TZ 26.342). Beamte dürfen also durch das Handeln oder Unterlassen der Behörde nicht lediglich in ihrer Stellung als weisungsgebundene Amtswalter, sie müssen vielmehr als Träger eigener Rechte betroffen sein. Das ist insbesondere bei belastenden Verwaltungsakten (z.B. falsche Festsetzung des Besoldungsdienstalters, besoldungsrechtliche Rückstufung, Entlassung) zu bejahen; diese kann die Lehrkraft mit der *Anfechtungsklage* angreifen. Auch auf Erlass eines beantragten, durch Weigerung oder Untätigkeit der Behörde unterbliebenen Verwaltungsaktes (z.B. Genehmigung einer Nebentätigkeit) kann geklagt werden (*Verpflichtungsklage*), ferner bei Vorliegen eines berechtigten Interesses auf *Feststellung* des Bestehens oder Nichtbestehens eines Rechtsverhältnisses (z.B. der Berechtigung zum Führen einer Amtsbezeichnung oder der Unzulässigkeit der Erweiterung des Umfangs der Arbeitszeit[8]). Handelt es sich um eine Entscheidung, die im *Ermessen der Behörde* liegt, erstreckt sich die verwaltungsgerichtliche Kontrolle nur darauf, ob die Verwaltung ihr Ermessen überschritten, unterschritten oder missbraucht hat (Letzteres z.B., wenn das Schulamt eine Lehrkraft willkürlich, also ohne sachlichen Grund, versetzt).

Innerbehördliche Maßnahmen ohne Verwaltungsaktqualität, z.B. Beauftragung der Lehrkraft mit der Führung einer bestimmten Klasse, Umsetzung eines Beamten (dazu TZ 28.244) unterliegen grundsätzlich nicht der gerichtlichen Nachprüfung. Ausnahmen gelten dann, wenn sie trotz behördeninternen Charakters individuelle Rechte des Beamten verletzen[9]; in solchen Fällen kommt die *allgemeine Leistungsklage* in Betracht, die auch sonst immer dann zulässig ist, wenn der Beamte in anderer Weise als durch den Erlass oder die Unterlassung eines Verwaltungsakts in seinen Rechten beeinträchtigt wird (z.B. zur Geltendmachung von Schadensersatzansprüchen wegen Fürsorgepflichtverletzung, zur

---

u.a. in besoldungs- und versorgungsrechtlichen Angelegenheiten. Zur Abschaffung des Widerspruchsverfahrens in einigen Bundesländern s. *Hufen* (Fn. 2), § 5 Rn. 5.

6 Brandenburg (§ 8 BbgVwGG), Mecklenburg-Vorpommern (§ 14 Gesetz zur Ausführung des Gerichtsstrukturgesetzes), Niedersachsen (§ 8 AG VwGO), Nordrhein-Westfalen (§ 5 AG VwGO), das Saarland (§ 19 AGVwGO), Sachsen-Anhalt (§ 8 AG VwGO) und Schleswig-Holstein (§ 6 sh AGVwGO).

7 In Baden-Württemberg wird das Land in den Geschäftsbereichen des Kultusministeriums durch das zuständige Regierungspräsidium vertreten (§ 4 Abs. 6 BeamtenrechtszuständigkeitsVO vom 9.11.2010 (GBl. S. 334).

8 Dazu OVG Münster, NWVBl. 2004, 320.

9 Z.B. durch Nichteinhaltung einer Zusage oder durch Verletzung der Fürsorgepflicht. Hier muss wegen Art. 19 Abs. 4 GG der Rechtsweg eröffnet sein; vgl. BVerwG, DVBl. 1981, 495.

Durchsetzung des Rechts auf Einsicht in die Personalakten).[10] (Zu den unterschiedlichen Klagearten s. TZ 26.32).

32.135 Von erheblicher Bedeutung in der verwaltungsgerichtlichen Praxis sind Rechtsbehelfe im beamtenrechtlichen *Konkurrentenstreit,* insbesondere bei Beförderungen (vgl. TZ 28.232).[11] Jeder Bewerber um ein öffentliches Amt hat einen Anspruch darauf, dass der Dienstherr die Auswahl unter den Konkurrenten ausschließlich nach Eignung, Befähigung und fachlicher Leistung (Art. 33 Abs. 2 GG) trifft, anders gewendet: dass seine Bewerbung nur aus Gründen zurückgewiesen wird, die durch den Grundsatz der Bestenauslese gedeckt sind.[12] Doch bezieht sich der Anspruch nicht nur auf die inhaltliche Richtigkeit der zu treffenden Auswahl[13], sondern erstreckt sich auch auf die Gewährleistung eines Verfahrens, in dem sich der übergangene Bewerber gegen die zugunsten des Mitbewerbers getroffene Entscheidung in angemessener Weise zur Wehr setzen kann (*Bewerbungsverfahrensanspruch*). Nur so kann er verhindern, dass der Dienstherr die ausgeschriebene Stelle mit dem ausgewählten Bewerber besetzt und durch die Verleihung des Amtes bewirkt, dass die Ernennung nach dem *Grundsatz der Ämterstabilität* nicht mehr rückgängig gemacht werden kann.[14] Aus dem Gebot des effektiven Rechtsschutzes für die bei der Auswahlentscheidung unterlegenen Mitbewerberinnen und -bewerber nach Art. 19 Abs. 4 i.V.m. Art. 33 Abs. 2 GG ergibt sich die Verpflichtung des Dienstherrn, ihnen vor der Ernennung des vorgesehenen Stelleninhabers Kenntnis vom Ausgang des Auswahlverfahrens zu geben, die wesentlichen Auswahlerwägungen schriftlich niederzulegen und einen ausreichenden Zeitraum für die Einlegung eines Rechtsbehelfs abzuwarten (vgl. TZ 28.232).[15] Der unterlegene Bewerber erhält auf diese Weise die Möglichkeit, Widerspruch gegen die Auswahlentscheidung einzulegen und auf die Verpflichtung des Dienstherrn zur Vornahme einer erneuten Auswahlentscheidung zu klagen.[16] Um aber zu verhindern, dass der Dienstherr die sofortige Vollziehung der Auswahlentscheidung anordnet, kommt der übergangene Bewerber oft nicht umhin, gemäß § 123 VwGO eine einstweilige Anordnung des Verwaltungsgerichts zu beantragen, die dem Dienstherrn die

---

10 Im Übrigen ist es für den gerichtlichen Rechtsschutz unerheblich, ob es sich bei der streitigen Maßnahme um einen Verwaltungsakt handelt oder nicht. Vielmehr kommt es entscheidend darauf an, ob der Beamte durch die Maßnahme (auch) in seinen eigenen Rechten betroffen ist. Doch muss auch bei Fehlen eines Verwaltungsakts der Klage ein Vorverfahren vorangehen, es sei denn, dass nach den landesgesetzlichen Bestimmungen wie in Bremen, Hessen, Niedersachsen und Nordrhein-Westfalen ein Vorverfahren nicht stattfindet (vgl. TZ 32.132).

11 Aus der Literatur: Helmut *Schnellenbach*, Konkurrenzen im öffentlichen Dienst, Heidelberg 2015; Christoph *Eckstein*, Die Konkurrentenklage – neueste Entwicklungen in der verwaltungsgerichtlichen Rechtsprechung, ZBR 2016, 217; Markus *Kenntner*, Rechtsstruktur und Gestaltung von Konkurrentenstreitigkeiten um die Vergabe öffentlicher Ämter, ZBR 2016, 181; *Kunig* (Fn. 1), Rn. 94 f.; Wolf-Rüdiger *Schenke*, Neuestes zur Konkurrentenklage, NVwZ 2011, 321; *Schnellenbach/Bodanowitz*, Beamtenrecht in der Praxis, § 3 Rn. 44 ff., 77 ff.; Jan *Schlottbohm*, Der Rechtsstaat blockiert sich selbst. Konkurrentenstreit an Bundesgerichten, ZBR 2015, 368; *Wichmann/Langer* (Fn. 1), Rn. 313 ff.

12 BVerfG, NVwZ 2003, 200 (201 f.); BVerfGE 122,147 (149 f.); BVerwGE 122, 237 (239 f.); BVerwG, NVwZ 2011, 358 Rn. 19 ff.

13 Zu den Mitteln der Bestenauslese, insbesondere zeitnahe dienstliche Beurteilungen, s. *Schnellenbach/Bodanowitz*, Beamtenrecht in der Praxis, § 3 Rn. 69; vgl. auch TZ 28.232.

14 Der Grundsatz der Ämterstabilität ist zwar, wie Kenntner (Fn. 11), S. 185 ff., zu Recht betont, kein hergebrachter Grundsatz des Berufsbeamtentums, findet seine Rechtfertigung aber im Interesse der Funktionsfähigkeit der öffentlichen Verwaltung.

15 Zur Praxis der Verwaltungsgerichte, den gerichtlichen Rechtsschutz in die Phase zwischen Auswahlentscheidung und Ernennung des ausgewählten Bewerbers zu verlagern, s. BVerwG, NVwZ 2011, 358 Rn. 31 f.

16 Dabei ist zu beachten, dass der Widerspruch in denjenigen Ländern entfällt, die ein Vorverfahren gesetzlich ausgeschlossen haben (s. TZ 32.132).

Ernennung des ausgewählten Bewerbers untersagt.[17] Dieses Verfahren des einstweiligen Rechtsschutzes weist die Besonderheit auf, dass statt einer summarischen ausnahmsweise eine umfassende tatsächliche und rechtliche Überprüfung der Auswahlentscheidung am Grundsatz der Bestenauslese stattfinden muss.[18]

Der Grundsatz der Ämterstabilität, der den unterlegenen Bewerber in der Regel daran hindert, gegen die Ernennung des ausgewählten Konkurrenten vorzugehen, *gilt dann nicht, wenn dem Bewerber effektiver Rechtsschutz verwehrt wurde.* Da die Ernennung auf einem Verstoß gegen Art. 19 Abs. 4 GG beruht, kann ihr keine Rechtsbeständigkeit zugebilligt werden. Dem übergangenen Bewerber muss daher nachträglich der verfassungsrechtlich gebotene Rechtsschutz gewährt werden, indem ihm die Möglichkeit eröffnet wird, im Wege der Anfechtungsklage das Ziel zu verfolgen, die Ernennung des Konkurrenten aufzuheben. Stellt sich in diesem Verfahren die Fehlerhaftigkeit der Ernennung wegen Verstoßes gegen den Leistungsgrundsatz (Art. 33 Abs. 2 GG) heraus, ist dem Antrag stattzugeben.[19]

Beamtenrechtliche Konkurrentenstreitigkeiten haben häufig gerade auch im öffentlichen Schulwesen die problematische Folge, dass die Besetzung von Beförderungsstellen über lange Zeit blockiert ist. Diesem Dilemma wirkt eine neuere Entscheidung des Bundesverwaltungsgerichts entgegen.[20] Darin vertritt das Gericht die Auffassung, dass der Dienstherr in einer solchen Situation einem Mitbewerber den höherwertigen Dienstposten zwar nicht als (dauerhaftes) Statusamt, wohl aber als *(vorläufiges) Funktionsamt* übertragen und dadurch das *Problem der Stellenblocke vermeiden* könne. Die Vergabe des Funktionsamtes unterliege nicht den strengen Anforderungen des Art. 33 Abs. 2 GG, solange eine Vorwirkung auf die nachfolgende Vergabe des Statusamts vermieden werde. Um eine unzulässige Bevorzugung des mit dem Funktionsamt betrauten Bewerbers zu vermeiden, müsse dessen „Bewährungsvorsprung" im Auswahlverfahren „ausgeblendet" werden.[21]

32.2 Rechtsschutz im Arbeitsverhältnis

32.21 Außergerichtliche Rechtsbehelfe

Auch Arbeitnehmer können zur Beilegung von Konflikten und Unzuträglichkeiten im Arbeitsverhältnis auf außergerichtliche Rechtsbehelfe zurückgreifen. So verfügen sie als Angehörige des öffentlichen Dienstes wie ihre beamteten Kollegen über das Recht, Anregungen und Beschwerden beim Personalrat, beim Landesbeauftragten für den Datenschutz oder beim Petitionsausschuss des Landtags vorzubringen (vgl. TZ 32.12). Die verbindliche Entscheidung von arbeitsrechtlichen Streitigkeiten bleibt jedoch den Gerichten der Arbeitsgerichtsbarkeit vorbehalten.

17 *Kenntner* (Fn. 11), S. 184 f.; vgl. auch BVerwG, NVwZ 2011, 368 Rn. 32.
18 BVerwG, NVwZ 2011, 368 Rn. 32; *Maurer/Waldhof*, Verwaltungsrecht, § 8 Rn. 12.
19 *Kenntner* (Fn. 11), S. 190, 199.
20 BVerwG, NVwZ 2016, 1650.
21 Zu dieser neuen Rspr. des BVerwG und zu ihren unterschiedlichen Auswirkungen auf die Rspr. der Oberverwaltungsgerichte bzw. Verwaltungsgerichtshöfe s. Jan *Bergmann*/Cornelia *Paehlke-Gärtner*, Zur Dogmatik des Konkurrentenstreits, NVwZ 2018, 110.

32.22 Arbeitsgerichtliche Streitigkeiten

Für Streitigkeiten zwischen Arbeitnehmern und Arbeitgebern aus dem Arbeitsverhältnis sind die Arbeitsgerichte ausschließlich zuständig (§ 2 Abs. 1 Nr. 3 ArbGG).[22] Es findet das sog. Urteilsverfahren Anwendung, in dem die Vorschriften der *Zivilprozessordnung* (ZPO) entsprechend gelten (§§ 46 Abs. 2, 64 Abs. 6, 72 Abs. 5 ArbGG). Die *Lehrkräfte können den Rechtsstreit* vor dem Arbeitsgericht *selbst führen*, sich aber auch *durch einen Rechtsanwalt* oder durch den *Vertreter einer Gewerkschaft oder eines Lehrerverbands* vertreten lassen; vor dem Landesarbeitsgericht als Berufungsinstanz ist diese Vertretung vorgeschrieben; im Revisionsverfahren vor dem Bundesarbeitsgericht herrscht *Anwaltszwang* (§ 11 ArbGG). Gegenstand der Auseinandersetzungen vor dem Arbeitsgericht sind vor allem Streitigkeiten über Arbeitsentgelt, Entgeltfortzahlungsanspruch im Krankheitsfall und Urlaubsanspruch sowie Kündigungsschutzklagen und Klagen gegen Befristungen (zu Letzteren TZ 28.341 bzw. 28.342). In erster Instanz *örtlich zuständig* ist in der Regel das Arbeitsgericht, in dessen Bezirk die Arbeitsleistung zu erbringen ist (§ 46 Abs. 2 ArbGG, § 29 ZPO). Nach Eingang der Klage hat der Vorsitzende einen Termin zur *Güteverhandlung* festzusetzen, bei dem er das gesamte Streitverhältnis unter freier Würdigung aller Umstände zu erörtern hat (§ 54 ArbGG). Das Gericht kann den Parteien auch eine *Mediation* oder ein anderes Verfahren der außergerichtlichen Konfliktbeilegung vorschlagen (§ 54a ArbGG). Scheitert die Güteverhandlung oder führt die Mediation zu keinem Ergebnis, hat der Vorsitzende die *streitige Verhandlung* so vorzubereiten, dass sie möglichst in einem Termin zu Ende geführt werden kann (§ 56 Abs. 1 ArbGG). Angriffs- und Verteidigungsmittel, die erst nach Ablauf einer vom Vorsitzenden gesetzten Frist vorgebracht werden, sind nur zuzulassen, wenn nach der freien Überzeugung des Gerichts ihre Zulassung die Erledigung des Rechtsstreits nicht verzögern würde oder wenn die Partei die Verspätung genügend entschuldigt (§ 56 Abs. 2 ArbGG). Die gütliche Einigung des Rechtsstreits soll während des ganzen Verfahrens angestrebt werden (§ 57 Abs. 2 ArbGG).

Gegen die Urteile des Arbeitsgerichts findet die *Berufung an das Landesarbeitsgericht* statt, sofern sie im Urteil des Arbeitsgerichts zugelassen worden ist (§ 64 Abs. 1, 2a ArbGG); die Urteile des Landesarbeitsgerichts können mit der *Revision beim Bundesarbeitsgericht* angefochten werden, wenn sie im Endurteil des Landesarbeitsgerichts oder auf Nichtzulassungsbeschwerde vom Bundesarbeitsgericht zugelassen worden ist (§§72, 72a Abs. 5 Satz 2 ArbGG). Urteile in Arbeitssachen sind in der Regel vorläufig vollstreckbar (§ 62 Abs. 1 Satz 1 ArbGG).

32.3 Rechtsschutz vor dem Sozialgericht

Die Gerichte der Sozialgerichtsbarkeit entscheiden über öffentlich-rechtliche Streitigkeiten in den für tarifbeschäftigte Lehrkräfte relevanten Angelegenheiten der gesetzlichen Krankenversicherung, der sozialen Pflegeversicherung, der gesetzlichen Unfallversicherung, der gesetzlichen Rentenversicherung, der Arbeitslosenversicherung und der Grundsicherung für Arbeitsuchende (TZ 31.22). Wegen der Einzelheiten kann auf die Darstellung im 26. Kapitel (TZ 26.5) verwiesen werden.

22 Claas-Hinrich *Germelmann*/Hans-Christoph *Matthes*/Hans *Prütting*, Arbeitsgerichtsgesetz. 9. Aufl., München 2017; Wilhelm *Dütz*/Gregor *Thüsing*, Arbeitsrecht. 22. Aufl., München 2017, Rn. 1006 ff.

Sachregister

Die Zahlen verweisen auf die Seiten im Buch.
Kursive Hinweise führen zu den grundlegenden Informationen.